GERENCIAMENTO DE PROJETOS

Os 16 Itens do Dr. Kerzner para a Maturidade em Gerenciamento de Projetos

1. Adotar uma metodologia de gerenciamento de projetos e utilizá-la constantemente.
2. Implementar uma filosofia que conduza a empresa rumo à maturidade em gerenciamento de projetos e comunicá-la a todos.
3. Comprometer-se com o desenvolvimento de planos eficazes no início de cada projeto.
4. Diminuir as mudanças no escopo por meio do comprometimento com objetivos realistas.
5. Reconhecer que o gerenciamento dos custos e o gerenciamento do cronograma são inseparáveis.
6. Selecionar a pessoa certa para gerente de projetos.
7. Fornecer aos executivos as informações voltadas para o patrocinador do projeto, e não as informações de gerenciamento do projeto.
8. Fortalecer o envolvimento e o apoio da gerência de linha.
9. Focar nas entregas, em vez de focar nos recursos.
10. Cultivar a comunicação eficaz, a cooperação e a confiança para alcançar rápida maturidade em gerenciamento de projetos.
11. Compartilhar o reconhecimento pelo sucesso do projeto com toda a equipe do projeto e com a gerência de linha.
12. Eliminar reuniões improdutivas.
13. Focar em identificar e resolver problemas com antecedência, com rapidez e de maneira rentável.
14. Medir o progresso periodicamente.
15. Utilizar o software de gerenciamento de projetos como ferramenta – não como um substituto ao planejamento eficaz ou às habilidades interpessoais.
16. Instituir um programa de treinamento para todos os funcionários, com atualizações periódicas baseadas nas lições aprendidas documentadas.

Blucher

GERENCIAMENTO DE PROJETOS

Uma abordagem sistêmica para planejamento, programação e controle

Tradução da
décima primeira edição americana

Harold Kerzner, Ph.D.
Diretor Executivo Sênior para Gerenciamento de Projetos
The International Institute for Learning New York,
New York

Tradução:
João Gama Neto, PMP
Joyce I. Prado, PMP

Gerenciamento de projetos: uma abordagem sistêmica para planejamento, programação e controle

Título original: Project management: a systems approach to planning, scheduling and controlling

Blucher

Rua Pedroso Alvarenga, 1245, 4° andar
04531-934 - São Paulo - SP - Brasil
Tel 55 11 3078-5366
editora@blucher.com.br
www.blucher.com.br

Segundo o Novo Acordo Ortográfico, conforme 5ª ed.
do *Vocabulário Ortográfico da Língua Portuguesa*,
Academia Brasileira de Letras, março de 2009.

Ficha Catalográfica

Kerzner, Harold

Gerenciamento de projetos: uma abordagem sistêmica para planejamento, programação e controle / Harold Kerzner; tradução de João Gama Neto e Joyce I. Prado. - São Paulo: Blucher, 2015.

Tradução da décima primeira edição americana

ISBN 978-85-212-0841-9

Título original: *Project management: a systems approach to planning, scheduling and controlling*

1. Administração de projetos I. Título II. Gama Neto, João III. Prado, Joyce I.

15-0623 CDD 658.404

Índices para catálogo sistemático:
1. Administração de projetos

Para
Dr. Herman Krier,
meu amigo e guru,
que me ensinou bem o
significado da palavra "persistência"

PREFÁCIO

O gerenciamento de projetos evoluiu de uma filosofia de gestão restrita a poucas áreas funcionais e lembrada como algo interessante de se ter, para um sistema empresarial de gerenciamento de projetos que afeta cada unidade funcional da empresa. Isso dito, o gerenciamento de projetos evoluiu para um processo de negócio, em vez de, simplesmente, um processo de gerenciamento de projetos. Mais e mais companhias estão se referindo ao gerenciamento de projetos como obrigatório para a sobrevivência da empresa. Organizações que se opunham são agora suas defensoras. Professores de administração do passado, que pregavam que o gerenciamento de projetos poderia não funcionar e seria apenas mais uma mania, são agora apoiadores convictos. O gerenciamento de projetos veio para ficar. Faculdades e universidades estão oferecendo pós-graduações em gerenciamento de projetos.

O texto discute os princípios do gerenciamento de projetos. Estudantes que estão interessados em tópicos avançados, como o conteúdo dos Capítulos 21 a 25 desta obra, podem querer ler um de meus outros livros, Advanced project management: best practices in implementation (New York: Wiley, 2004) e Project management best practices: achieving global excellence 2ª edição (Hoboken, NJ: Wiley and II L Publishers, 2010). A Editora John Wiley & Sons e o International Institute for learning lançaram uma série de quatro livros sobre as melhores práticas de gerenciamento de projetos, com os autores Frank Saladis, Carl Belack e Harold Kerzner.

Este livro é endereçado não apenas aos estudantes graduados e de graduação que desejam melhorar suas habilidades em gerenciamento de projetos, mas também àqueles gerentes funcionais e executivos de alto escalão que atuam como patrocinadores de projetos e que devem fornecer apoio contínuo aos projetos. Durante os últimos anos, o conhecimento e o entendimento da alta administração em gerenciamento de projetos amadureceu a um ponto em que quase toda empresa está utilizando gerenciamento de projetos, de uma forma ou de outra. Essas empresas perceberam que o gerenciamento de projetos e a produtividade estão relacionados e que estamos agora gerindo nossos negócios como se fossem um conjunto de projetos. Os cursos de gerenciamento de projetos estão consumindo mais do que nunca o orçamento para treinamentos.

A referência geral é fornecida no texto aos engenheiros. Porém, o leitor não deve considerar o gerenciamento de projetos relacionado estritamente à engenharia. Os exemplos de engenharia são um resultado do fato de que o gerenciamento de projetos surgiu primeiramente nas disciplinas de engenharia, e nós devemos aprender com seus erros. O gerenciamento de projetos hoje reside em todas as profissões, incluindo sistemas de informação, saúde, consultoria, indústria farmacêutica, setor bancário e agências governamentais.

O texto pode ser utilizado tanto para cursos de graduação como de pós-graduação em administração, sistemas de informação e engenharia. A estrutura do texto é baseada na minha crença de que gerenciamento de projetos é muito mais comportamental do que quantitativo, já que projetos são gerenciados por pessoas e não por ferramentas. Os primeiros cinco capítulos fazem parte do núcleo básico de conhecimentos necessários para o entendimento do gerenciamento de projetos. Os Capítulos 6 a 8 tratam das funções de apoio, como gerenciar seu tempo de forma eficaz, conflitos e outros tópicos especiais. Os Capítulos 9 e 10 descrevem fatores para previsão do sucesso e apoio dos executivos. Pode parecer estranho que sejam necessários dez capítulos sobre comportamento e estrutura organizacional antes dos capítulos mais pesados como planejamento, programação e controle. Esses dez capítulos são necessários para a compreensão do ambiente cultural de todos os projetos e sistemas. Eles são necessários para que o leitor entenda as dificuldades em alcançar a cooperação multifuncional nos projetos em que os membros da equipe estão trabalhando em vários projetos simultaneamente e por que as pessoas envolvidas, as quais possuem formações diferentes, não podem simplesmente forjar uma unidade de trabalho coesa sem atritos. Os Capítulos 11 a 20 são mais quantitativos, sobre planejamento, programação, controle de custos, estimativas, aquisições e qualidade. Os cinco capítulos seguintes são tópicos avançados e tendências futuras. O Capítulo 26 é um estudo de caso aprofundado que está relacionado a quase todos os capítulos do livro.

As mudanças que foram feitas na décima primeira edição incluem:

- Uma nova seção sobre sucesso, compensações e restrições concorrentes
- Uma nova seção sobre o valor adicionado
- Uma nova seção sobre inteligência de negócios
- Uma nova seção sobre governança de projetos
- Uma atualização de seção sobre processos de suporte ao gerenciamento de projetos
- Uma atualização de seção sobre os tipos de encerramento de projeto
- Uma nova seção sobre gerenciamento de projetos de "engajamento"
- Uma nova seção sobre os obstáculos à implementação de gerenciamento de projetos em mercados emergentes
- Uma nova seção sobre falácias na implementação de gerenciamento de projetos
- Uma nova seção sobre os sistemas empresariais de gerenciamento de projetos
- Uma nova seção sobre Como as Metodologias de Gerenciamento de Projetos Podem Falhar
- Uma nova seção sobre o futuro do gerenciamento de projetos
- Uma nova seção sobre gestão de projetos complexos
- Uma nova seção sobre scope creep
- Uma nova seção sobre exames de saúde do projeto
- Uma nova seção sobre como recuperar um projeto problemático
- Uma nova seção sobre gerenciamento de projetos públicos
- Uma nova seção sobre gerenciamento de projetos internacionais
- Uma nova seção sobre políticas de projeto
- Uma nova seção sobre vinte erros comuns em gerenciamento de projetos
- Uma nova seção sobre gerenciamento de projetos de inovação
- Uma nova seção sobre as diferenças entre melhores práticas e práticas comprovadas
- Uma seção atualizada sobre patrocínio de projeto
- Uma seção atualizada sobre a cultura, trabalho em equipe e confiança
- Uma nova seção sobre gerenciamento de relacionamento com partes interessadas
- Uma nova seção sobre liderança baseada em valor
- Uma atualização de seção sobre validação das premissas do projeto
- Uma nova seção sobre validação dos objetivos de projeto
- Uma nova seção sobre o dicionário da Estrutura Analítica do Projeto
- Uma nova seção sobre validação e verificação
- Uma nova seção sobre linhas de base do projeto
- Uma nova seção sobre a matriz de rastreabilidade
- Uma expansão dos atributos principais da Estrutura Analítica do Projeto
- Uma expansão do uso da EAP e do dicionário da EAP para verificação
- Uma nova seção sobre métricas de gerenciamento de projetos
- Uma nova seção sobre indicadores-chave de desempenho
- Uma nova seção sobre métricas baseadas em valor
- Uma nova seção sobre dashboard de gerenciamento de projetos
- Uma nova seção sobre gestão de portfólio
- Uma nova seção sobre a teoria da complexidade
- Uma nova seção sobre sistemas de informação de gerenciamento de projetos
- Uma nova seção sobre sistemas de gestão empresarial
- Uma nova seção sobre resolução de problemas em projetos
- Uma nova seção sobre brainstorming
- Uma nova seção sobre tomada de decisões em projetos
- Uma nova seção sobre a determinação do impacto de uma decisão
- Uma nova seção sobre escuta ativa
- Uma nova seção sobre gerenciamento ágil de projetos
- E, para coroar, um estudo de caso que pode ser usado como revisão das áreas de domínio do Guia PMBOK® 5ª edição.

O texto contém mais de 25 estudos de caso, mais de 125 questões de múltipla escolha, e cerca de 400 questões para discussão. Há também um livro de casos separado (Estudos de Caso de Gerenciamento de Projetos, 4ª edição), que fornece exemplos adicionais do mundo real.

Esse texto, o Guia PMBOK® e o livro de casos são ideais como ferramentas autodidáticas para o exame de Certificação PMP®, do Project Management Institute. Por esse motivo, há tabelas com referências cruzadas em cada página de abertura dos capítulos ao longo do livro que detalham as seções do livro de casos e de um Guia do Conhecimento em Gerenciamento de Projetos (Guia PMBOK®) que se aplicam ao conteúdo do capítulo. A margem esquerda das páginas do texto contém barras laterais que identificam a referência cruzada do material na página à(s) seção(ões) apropriada(s) do Guia PMBOK®. Ao final da maioria dos capítulos há uma seção sobre dicas de estudo para o exame PMP®, incluindo mais de 125 questões de múltipla escolha.

Este livro é atualmente utilizado no mercado universitário, no mercado de referência e no estudo para o exame de Certificação PMP®. Portanto, para atender às necessidades de todos os mercados, um compromisso teve que ser firmado sobre o quanto o texto seria alinhado ao Guia PMBOK® e quanto material novo seria incluído, sem duplicar o tamanho do livro. Algumas faculdades e universidades utilizam o livro para ensinar fundamentos de gerenciamento de projetos sem referência ao Guia PMBOK®. O texto não contém todo o material necessário para embasar cada seção do Guia PMBOK®. Por isso, para estudar para o exame de Certificação PMP®, o Guia PMBOK® deve ser utilizado em conjunto com este livro. O texto cobre o conteúdo da maioria das áreas de conhecimento do Guia PMBOK®, mas não necessariamente na profundidade que o guia apresenta.

Um manual do instrutor está disponível apenas para membros de faculdades e universidades por meio do contato com o seu representante local Wiley ou por meio da visita ao website da Wiley em www.wiley.com/kerzner. Esse website inclui não apenas o manual do instrutor, mas também 500 slides em PowerPoint que seguem o conteúdo do livro e ajudam a organizar e executar as instruções das aulas e o aprendizado em grupo. O acesso ao material do instrutor pode ser fornecido apenas por intermédio da Editora John Wiley & Sons, e não pelo autor.

São oferececidos seminários de um, dois ou três dias sobre gerenciamento de projetos e treinamento para a Certificação PMP® utilizando o livro, por meio do contato com Lori Milhaven, Vice Presidente Executivo do International Institute for Learning, pelo telefone 800-325-1533, ramal 5121 (endereço de e-mail: lori.milhaven@iil.com).

Os exercícios e estudos de casos ao final dos capítulos abrangem uma variedade de setores. Quase todos os estudos de casos abordam situações reais extraídas da minha experiência em consultorias. As respostas de colegas meus, que estão utilizando o livro, proporcionaram críticas frutíferas, muitas das quais foram incorporadas à décima primeira edição.

A maioria dos artigos que se tornaram clássicos sobre gerenciamento de projetos foi citada no livro durante os primeiros 11 capítulos. Esses artigos foram a base para muitos desenvolvimentos modernos em gerenciamento de projetos e foram, portanto, identificados ao longo do texto.

Muitos colegas forneceram críticas valiosas. Especificamente, estou em dívida com os gerentes de treinamento de vários setores e do governo, cuja dedicação e compromisso com a capacitação e treinamento em gerenciamento de projetos levaram a mudanças valiosas nesta edição e nas edições anteriores. Particularmente, gostaria de agradecer a Frank Saladis, PMP®, Consultor Sênior e Instrutor no International Institute for Learning, por seus comentários construtivos, recomendações e assistência no mapeamento do texto do Guia PMBOK®, assim como pelas mudanças recomendadas em vários capítulos. Estou em dívida com o Dr. Edmund Conrow, PMP®, por uma década de assistência na elaboração dos capítulos de gerenciamento de riscos de todos os meus livros. Agradeço também ao Dr. Rene Rendon por sua revisão e recomendações de mudanças no capítulo sobre gestão de contratos.

À equipe de gestão e aos funcionários do International Institute for Learning, agradeço a todos pelos 20 anos de interminável incentivo, apoio e assistência em todas as minhas pesquisas e textos sobre gerenciamento de projetos.

Harold Kerzner
International Institute for Learning

CONTEÚDO

1 VISÃO GERAL 1

1.0 Introdução 1
1.1 Entendimento do Gerenciamento de Projetos 2
1.2 Definição de Sucesso do Projeto 5
1.3 Sucesso, Compensações e Restrições Concorrentes 5
1.4 A Interface entre o Gerente de Projetos e o Gerente de Linha 6
1.5 Definição do Papel do Gerente de Projetos 9
1.6 Definição do Papel do Gerente Funcional 10
1.7 Definição do Papel do Colaborador Funcional 11
1.8 Definição do Papel do Executivo 12
1.9 Como Trabalhar com Executivos 12
1.10 Governança/Patrocínio por Comitês 13
1.11 O Gerente de Projetos como Agente de Planejamento 15
1.12 Campeões do Projeto 16
1.13 O Lado Negativo do Gerenciamento de Projetos 16
1.14 Organizações Orientadas a Projetos e Organizações Não Orientadas a Projetos 16
1.15 O Marketing nas Organizações Orientadas a Projetos 18
1.16 Classificação de Projetos 20
1.17 A Posição do Gerente de Projetos 20
1.18 Diferentes Visões sobre Gerenciamento de Projetos 21
1.19 Gerenciamento de Projetos no Setor Público 24
1.20 Gerenciamento de Projetos Internacionais 25
1.21 Engenharia Simultânea: Uma Abordagem de Gerenciamento de Projetos 25
1.22 Valor Agregado 25
1.23 Dicas de Estudo para o Exame de Certificação em Gerenciamento de Projetos PMI® 26

Exercícios 27

Estudo de Caso

Williams Machine Tool Company 29

2 CRESCIMENTO DO GERENCIAMENTO DE PROJETOS: CONCEITOS E DEFINIÇÕES 31

2.0 Introdução 31
2.1 Administração Geral dos Sistemas 31
2.2 Gerenciamento de Projetos: 1945-1960 32
2.3 Gerenciamento de Projetos: 1960-1985 33
2.4 Gerenciamento de Projetos: 1985-2012 36
2.5 Resistência a Mudanças 38
2.6 Sistemas, Programas e Projetos: Uma Definição 42
2.7 Gerenciamento de Produtos *versus* Gerenciamento de Projetos: Uma Definição 44
2.8 Maturidade e Excelência: Uma Definição 45
2.9 Gerenciamento de Projetos Informal: Uma Definição 46

2.10 As Várias Faces do Sucesso 46
2.11 As Várias Faces do Fracasso 47
2.12 O Processo *Stage-Gate* 49
2.13 Ciclos de Vida do Projeto 50
2.14 Reuniões de *Gate Review* (Encerramento do Projeto) 53
2.15 Gerenciamento de Engajamento 54
2.16 Metodologias de Gerenciamento de Projetos: Uma Definição 55
2.17 Metodologias Empresariais de Gerenciamento de Projetos 56
2.18 As Metodologias Podem Falhar 58
2.19 O Gerenciamento de Mudanças Organizacionais e as Culturas Corporativas 60
2.20 Propriedade Intelectual em Gerenciamento de Projetos 63
2.21 Pensamento Sistêmico 64
2.22 Dicas de Estudo para o Exame de Certificação em Gerenciamento de Projetos PMI® 65
Exercícios 67
Estudo de Caso
Criando uma Metodologia 68

3 ESTRUTURAS ORGANIZACIONAIS 71
3.0 Introdução 71
3.1 Fluxo Organizacional de Trabalho 72
3.2 Organização Tradicional (Clássica) 73
3.3 Desenvolvimento de Posições de Integração no Trabalho 75
3.4 Organização *Linha-Staff* (Coordenador de Projetos) 77
3.5 Organização por Produtos (Projetizada) 78
3.6 Modelo Organizacional Matricial 79
3.7 Modificação das Estruturas Matriciais 84
3.8 As Matrizes Forte, Fraca e Balanceada 86
3.9 Centro de Competências em Gerenciamento de Projetos 87
3.10 Sobreposição Matricial 87
3.11 Seleção do Modelo Organizacional 88
3.12 A Estruturação da Pequena Empresa 91
3.13 Gerenciamento de Projetos por Unidades Estratégicas de Negócios (UEN) 92
3.14 Gestão de Transição 93
3.15 Obstáculos para Implementar Gerenciamento de Projetos em Mercados Emergentes 94
3.16 Sete Falácias que Atrasam a Maturidade do Gerenciamento de Projetos 99
3.17 Dicas de Estudo para o Exame de Certificação em Gerenciamento de Projetos PMI® 101
Exercícios 101
Estudos de Caso
Jones and Shephard Accountants, Inc. 105
Coronado Communications 107

4 ORGANIZAÇÃO E SELEÇÃO DE PESSOAL PARA O ESCRITÓRIO DE PROJETOS E EQUIPE 109
4.0 Introdução 109
4.1 O Ambiente de Seleção de Pessoal 110
4.2 Seleção do Gerente de Projetos: Uma Decisão Executiva 111
4.3 Requisitos Organizacionais e Comportamentais da Empresa para Gerentes de Programas e de Projetos 114
4.4 Situações Especiais Durante a Seleção do Gerente de Projetos 117
4.5 A Seleção do Gerente de Projetos Errado 118
4.6 Gerentes de Projetos da Próxima Geração 120
4.7 Deveres e Descrições de Trabalho 120
4.8 O Processo Organizacional de Seleção de Pessoal 123
4.9 O Escritório de Projetos 127
4.10 A Equipe Funcional 130
4.11 O Organograma do Projeto 131
4.12 Problemas Especiais 133
4.13 Seleção da Equipe de Implementação do Gerenciamento de Projetos 134
4.14 Erros Cometidos por Gerentes de Projetos Inexperientes 135
4.15 Dicas de Estudo para o Exame de Certificação em Gerenciamento de Projetos PMI® 136
Exercícios 137

5 FUNÇÕES DE GESTÃO 143
5.0 Introdução 143
5.1 Controle 144
5.2 Direção 144
5.3 Autoridade do Projeto 147
5.4 Influências Interpessoais 152
5.5 Barreiras ao Desenvolvimento da Equipe do Projeto 154
5.6 Sugestões para Lidar com a Equipe Recém-Formada 156
5.7 A Construção da Equipe como um Processo Contínuo 157

5.8 As Disfunções de uma Equipe 158
5.9 A Liderança em um Ambiente de Projetos 160
5.10 A Liderança no Ciclo de Vida 161
5.11 Liderança em Projetos Baseada em Valor 163
5.12 O Impacto Organizacional 165
5.13 Os Problemas entre o Colaborador e o Gerente 166
5.14 As Armadilhas de Gestão 168
5.15 As Comunicações 169
5.16 As Reuniões de Avaliação do Projeto 174
5.17 Os Gargalos do Gerenciamento de Projetos 175
5.18 Habilidades Transversais 175
5.19 Escuta Ativa 175
5.20 Resolução de Problemas em Projetos 177
5.21 *Brainstorming* 183
5.22 Tomada de Decisão em Projetos 186
5.23 Prevendo o Resultado de uma Decisão 191
5.24 Facilitação 192
5.25 Lidando com Dinâmicas de Equipe Negativas 195
5.26 As Armadilhas de Comunicação 195
5.27 Provérbios e Leis 196
5.28 Educação do Comportamento Humano 198
5.29 Políticas e Procedimentos de Gestão 199
5.30 Dicas de Estudo para o Exame de Certificação em Gerenciamento de Projetos PMI® 200
Exercícios 201
Estudos de Caso
O Projeto Trophy 207
McRoy Aerospace 210
O Funcionário Ruim 211
A Prima-Dona 212
A Reunião de Equipe 213
Eficácia da Liderança (A) 214
Eficácia da Liderança (B) 216
Questionário Motivacional 221

6 ADMINISTRAÇÃO DO SEU TEMPO E ESTRESSE 227
6.0 Introdução 227
6.1 Entendimento da Administração do Tempo 227
6.2 Ladrões de Tempo 228
6.3 Formulários para Administração do Tempo 229
6.4 Administração Eficaz do Tempo 229
6.5 Estresse e Esgotamento 230
6.6 Dicas de Estudo para o Exame de Certificação em Gerenciamento de Projetos PMI® 231
Exercícios 232
Estudo de Caso
Os Trabalhadores Relutantes 232

7 CONFLITOS 233
7.0 Introdução 233
7.1 Objetivos 233
7.2 O Ambiente de Conflito 234
7.3 Tipos de Conflitos 235
7.4 Resolução de Conflitos 237
7.5 Entendimento dos Conflitos de Origem Superior, Subordinada e Funcional 237
7.6 O Gerenciamento de Conflitos 238
7.7 Métodos de Resolução de Conflitos 239
7.8 Dicas de Estudo para o Exame de Certificação em Gerenciamento de Projetos PMI® 240
Exercícios 241
Estudos de Caso
Programação das Instalações na Mayer Manufacturing 243
Telestar International 243
Tratamento de Conflitos no Gerenciamento de Projetos 244

8 TÓPICOS ESPECIAIS 249
8.0 Introdução 249
8.1 Medição do Desempenho 249
8.2 Compensação Financeira e Recompensas 253
8.3 Questões Críticas sobre a Recompensa às Equipes de Projetos 257
8.4 Gerenciamento de Projetos Eficaz na Organização de Pequeno Porte 259
8.5 Megaprojetos 261
8.6 Moralidade, Ética e Cultura Corporativa 261
8.7 Responsabilidades Profissionais 263
8.8 Parcerias Internas 265
8.9 Parcerias Externas 266
8.10 Treinamento e Capacitação 267
8.11 Equipes Integradas de Produto/Projeto 269
8.12 Equipes Virtuais de Projetos 270
8.13 Projetos de Avanço 271
8.14 Gerenciando Projetos de Inovação 272
8.15 Gerenciamento Ágil de Projetos 273

8.16 Dicas de Estudo para o Exame de Certificação em Gerenciamento de Projetos PMI® 274
Exercícios 278
Estudo de Caso
Isso é Fraude? 280

9 AS VARIÁVEIS PARA O SUCESSO 283
9.0 Introdução 283
9.1 Como Prever o Sucesso do Projeto 283
9.2 A Eficácia no Gerenciamento de Projetos 286
9.3 Expectativas 287
9.4 Lições Aprendidas 288
9.5 Entendimento das Melhores Práticas 288
9.6 Melhores Práticas *versus* Práticas Comprovadas 292
9.7 Dicas de Estudo para o Exame de Certificação em Gerenciamento de Projetos PMI® 293
Exercícios 293
Estudo de Caso
Radiance International 293

10 COMO TRABALHAR COM EXECUTIVOS 295
10.0 Introdução 295
10.1 O Patrocinador do Projeto 295
10.2 Como Lidar com as Discordâncias com o Patrocinador 302
10.3 A Crença Coletiva 303
10.4 O Campeão de Saída 303
10.5 Os Representantes Internos 304
10.6 Gerenciamento do Relacionamento com as Partes Interessadas 305
10.7 Política 310
10.8 Dicas de Estudo para o Exame de Certificação em Gerenciamento de Projetos PMI® 311
Exercícios 311
Estudos de Caso
Corwin Corporation 314
Priorização de Projetos 320
O Patrocinador Irresponsável 320
Vendendo Executivos no Gerenciamento de Projetos 321

11 PLANEJAMENTO 323
11.0 Introdução 323
11.1 Validação das Premissas 325
11.2 Validando os Objetivos 325
11.3 Planejamento Geral 326
11.4 Fases do Ciclo de Vida 328
11.5 Elaboração de Propostas 330
11.6 Reuniões de *Kickoff* 330
11.7 Entendimento dos Papéis dos Participantes 332
11.8 Planejamento do Projeto 332
11.9 A Declaração do Trabalho 333
11.10 As Especificações do Projeto 337
11.11 Cronogramas de Marcos 338
11.12 A Estrutura Analítica do Projeto 338
11.13 Problemas na Decomposição da EAP 343
11.14 Dicionário de Estrutura Analítica do Projeto 345
11.15 O Papel dos Executivos na Seleção de Projetos 346
11.16 O Papel dos Executivos no Planejamento 348
11.17 O Ciclo de Planejamento 349
11.18 Autorização de Planejamento do Trabalho 350
11.19 Por que os Planos Fracassam? 350
11.20 Interrupção de Projetos 351
11.21 Como Lidar com Finalizações e Transferências de Projetos 351
11.22 Cronogramas e Gráficos Detalhados 352
11.23 A Programação Mestre de Produção 355
11.24 O Plano do Projeto 355
11.25 Planejamento Total do Projeto 358
11.26 O Termo de Abertura do Projeto 360
11.27 Linhas de Base do Projeto 362
11.28 Verificação e Validação 364
11.29 Matriz de Rastreabilidade de Requisitos 365
11.30 Controle de Gestão 366
11.31 A Interface entre o Gerente de Projetos e o Gerente de Linha 366
11.32 Paralelismo 368
11.33 Gerenciamento de Configuração 369
11.34 Metodologias de Gerenciamento de Projetos da Empresa 369
11.35 Auditorias de Projetos 371
11.36 Dicas de Estudo para o Exame de Certificação em Gerenciamento de Projetos PMI® 371
Exercícios 373

12 TÉCNICAS DE PROGRAMAÇÃO DE REDE 381
12.0 Introdução 381
12.1 Fundamentos de Rede 383

12.2 Técnica de Avaliação e Revisão Gráfica (GERT) 385
12.3 Dependências 386
12.4 Tempo de Folga 386
12.5 Replanejamento da Rede 390
12.6 Estimativa do Tempo da Atividade 392
12.7 Estimativa do Tempo Total do Projeto 393
12.8 Planejamento do PERT/CPM Total 394
12.9 Compressão dos Tempos 394
12.10 Áreas Problemáticas no PERT/CPM 396
12.11 Modelos PERT/CPM Alternativos 397
12.12 Redes de Precedência 398
12.13 Espera 400
12.14 Problemas de Programação 401
12.15 Os Mitos da Compressão do Cronograma 401
12.16 Entendimento do Software de Gerenciamento de Projetos 402
12.17 Características de Software Oferecidas 402
12.18 Classificação de Software 403
12.19 Problemas de Implementação 404
12.20 Corrente Crítica 405
12.21 Dicas de Estudo para o Exame de Certificação em Gerenciamento de Projetos PMI® 406
Exercícios 408
Estudos de Caso
Crosby Manufacturing Corporation 414
O Patrocinador Invisível 416

13 GRÁFICOS DO PROJETO 419
13.0 Introdução 419
13.1 Relatório para o Cliente 420
13.2 Gráfico de Barras (Gantt) 420
13.3 Outras Técnicas Convencionais de Apresentação 424
13.4 Redes e Diagramas Lógicos 426
13.5 Dicas de Estudo para o Exame de Certificação em Gerenciamento de Projetos PMI® 426
Exercícios 426

14 DEFINIÇÃO DE PREÇOS E ESTIMATIVAS 427
14.0 Introdução 427
14.1 Estratégias Globais de Precificação 428
14.2 Tipos de Estimativas 429
14.3 Processo de Precificação 431
14.4 Requisitos de Colaboração Organizacional 432
14.5 Distribuições de Mão de Obra 433
14.6 Taxas de *Overhead* 435
14.7 Custos de Materiais e de Apoio 437
14.8 Precificação do Trabalho 438
14.9 Suavização da Curva de Homens-Horas do Departamento 439
14.10 O Procedimento de Revisão da Precificação 440
14.11 Processo Sistêmico de Precificação 441
14.12 Desenvolvimento dos Custos de Apoio/Reserva 441
14.13 O Dilema da Oferta Baixa 443
14.14 Problemas Específicos 444
14.15 Armadilhas do Processo de Estimativa 444
14.16 Como Estimar Projetos de Alto Risco 444
14.17 Riscos do Projeto 445
14.18 O Desastre da Aplicação da "Solução 10%" nas Estimativas do Projeto 446
14.19 O Custo do Ciclo de Vida (LCC) 449
14.20 Apoio Logístico 451
14.21 Critérios Econômicos de Seleção de Projetos: Orçamento de Capital 453
14.22 Período de *Payback* 453
14.23 O Valor do Dinheiro no Tempo 453
14.24 Valor Presente Líquido (VPL) 454
14.25 Taxa Interna de Retorno (TIR) 454
14.26 Comparação entre TIR, VPL e *Payback* 455
14.27 Análise de Riscos 455
14.28 Racionamento de Capital 456
14.29 Financiamento de Projetos 456
14.30 Dicas de Estudo para o Exame de Certificação em Gerenciamento de Projetos PMI® 457
Exercícios 458
Estudo de Caso
O Problema de Estimativa 460

15 CONTROLE DOS CUSTOS 463
15.0 Introdução 463
15.1 Compreensão de Controle 466
15.2 O Ciclo Operacional 467
15.3 Códigos de Contas de Custos 468
15.4 Orçamentos 472
15.5 O Sistema de Medição do Valor Agregado (EVMS) 473
15.6 Variação e Valor Agregado 474
15.7 A Linha de Base dos Custos 485
15.8 Como Justificar os Custos 486
15.9 O Dilema dos Sobrecustos 488

15.10 Registro dos Custos de Materiais Utilizando a Medição do Valor Agregado 488
15.11 O Critério da Contabilidade de Materiais 490
15.12 Variações de Materiais: Preço e Quantidade 490
15.13 Variações Resumidas 491
15.14 Relatório de Andamento 491
15.15 Problemas de Controle de Custos 494
15.16 Sistemas de Informação de Gerenciamento de Projetos 496
15.17 Sistemas de Gestão Empresarial 496
15.18 Métricas do Projeto 496
15.19 Indicadores-Chave de Desempenho 500
15.20 Métricas Baseadas em Valor 504
15.21 *Dashboards* e *Scorecards* 508
15.22 *Business Intelligence* 510
15.23 Infográficos 510
15.24 Dicas de Estudo para o Exame de Certificação em Gerenciamento de Projetos PMI® 511
Exercícios 512
Estudos de Caso
O Período na "Geladeira" 521
Franklin Electronics 522
Problemas no Paraíso 523

16 ANÁLISE DE COMPENSAÇÕES EM UM AMBIENTE DE PROJETO 525
16.0 Introdução 525
16.1 Metodologia para Análise de Compensações 527
16.2 Os Contratos e Suas Influências em Projetos 537
16.3 Preferências de Compensações nos Setores 537
16.4 Conclusão 539
16.5 Dicas de Estudo para o Exame de Certificação em Gerenciamento de Projetos PMI® 539

17 GERENCIAMENTO DE RISCOS 541
17.0 Introdução 541
17.1 Definição de Risco 543
17.2 Tolerância aos Riscos 544
17.3 Definição de Gerenciamento de Riscos 545
17.4 Certeza, Risco e Incerteza 545
17.5 Processos de Gerenciamento dos Riscos 549
17.6 Planejar o Gerenciamento dos Riscos (11.1) 549
17.7 Identificação dos Riscos (11.2) 550
17.8 Análise de Riscos (11.3, 11.4) 555
17.9 Análise Qualitativa de Riscos (11.3) 558
17.10 Análise Quantitativa de Riscos (11.4) 562
17.11 Distribuições de Probabilidade e o Processo de Monte Carlo 563
17.12 Planejar Respostas aos Riscos (11.5) 569
17.13 Monitorar e Controlar os Riscos (11.6) 574
17.14 Algumas Considerações sobre Implementação 575
17.15 A Utilização das Lições Aprendidas 576
17.16 Dependências entre os Riscos 578
17.17 O Impacto das Medidas de Tratamento de Riscos 581
17.18 Os Riscos e a Engenharia Simultânea 582
17.19 Dicas de Estudo para o Exame de Certificação em Gerenciamento de Projetos PMI® 585
Exercícios 586
Estudos de Caso
Teloxy Engineering (A) 591
Teloxy Engineering (B) 591
O Departamento de Gerenciamento de Risco 592

18 CURVAS DE APRENDIZAGEM 595
18.0 Introdução 595
18.1 Teoria Geral 595
18.2 O Conceito de Curva de Aprendizagem 596
18.3 Representação Gráfica 597
18.4 Palavras-Chave Associadas com Curvas de Aprendizagem 598
18.5 A Curva Média Cumulativa 598
18.6 Fontes de Experiência 599
18.7 Desenvolvimento de Medidas de Inclinação 601
18.8 Custos Unitários e Utilização de Pontos Centrais 601
18.9 Seleção de Curvas de Aprendizagem 602
18.10 Pedidos Posteriores 603
18.11 Paradas de Produção 603
18.12 Limitações da Curva de Aprendizagem 604
18.13 Preços e Experiência 604
18.14 Arma Competitiva 605
18.15 Dicas de Estudo para o Exame de Certificação em Gerenciamento de Projetos PMI® 605
Exercícios 606

19 GERENCIAMENTO DE CONTRATOS 607
19.0 Introdução 607
19.1 Aquisições 608
19.2 Planejar as Aquisições 609

19.3 A Condução das Aquisições 611
19.4 Conduzir as Aquisições: Solicitar Respostas dos Fornecedores 612
19.5 Conduzir as Aquisições: Selecionar Fornecedores 613
19.6 Tipos de Contratos 615
19.7 Contratos de Incentivo 618
19.8 Tipo de Contrato *versus* Risco 620
19.9 O Ciclo de Administração do Contrato 620
19.10 Encerramento do Contrato 623
19.11 Utilização de uma Lista de Verificação 623
19.12 A Interação Entre Proposta e Contrato 624
19.13 Resumo 626
19.14 Dicas de Estudo para o Exame de Certificação em Gerenciamento de Projetos PMI® 626

Estudos de Caso

O Dilema de Cronograma 629
Concorrer ou não Concorrer 630
A Reserva de Gerenciamento 631

20 GERENCIAMENTO DA QUALIDADE 635

20.0 Introdução 635
20.1 Definição de Qualidade 636
20.2 O Movimento da Qualidade 637
20.3 Comparação entre os Pioneiros da Qualidade 639
20.4 A Abordagem de Taguchi 640
20.5 O Prêmio Nacional de Qualidade Malcom Baldrige 642
20.6 ISO 9000 643
20.7 Conceitos de Gerenciamento da Qualidade 643
20.8 O Custo da Qualidade 645
20.9 As Sete Ferramentas de Controle da Qualidade 647
20.10 A Capacidade do Processo (*Cp*) 655
20.11 Amostragem de Aceitação 656
20.12 Implementação do Seis Sigma 657
20.13 *Lean* Seis Sigma e DMAIC 658
20.14 Liderança da Qualidade 659
20.15 Responsabilidade pela Qualidade 659
20.16 Círculos de Qualidade 660
20.17 Produção *Just-in-Time* (JIT) 660
20.18 Gestão da Qualidade Total (TQM) 660
20.19 Dicas de Estudo para o Exame de Certificação em Gerenciamento de Projetos PMI® 663

21 DESENVOLVIMENTOS MODERNOS EM GERENCIAMENTO DE PROJETOS 667

21.0 Introdução 667
21.1 O Modelo de Maturidade em Gerenciamento de Projetos (PMMM) 667
21.2 Desenvolvimento de uma Documentação Processual Eficaz 670
21.3 Metodologias de Gerenciamento de Projetos 672
21.4 Melhoria Contínua 673
21.5 Planejamento da Capacidade 673
21.6 Modelos de Competência 674
21.7 Gerenciamento de Vários Projetos 675
21.8 Reuniões de Revisão de Final de Fase 676

Estudo de Caso

Honicker Corporation 676

22 O "NEGÓCIO" DAS MUDANÇAS NO ESCOPO 679

22.0 Introdução 679
22.1 Necessidade de Conhecimento do Negócio 680
22.2 O Momento Certo para Mudanças no Escopo 681
22.3 A Necessidade do Negócio por uma Mudança no Escopo 682
22.4 A Lógica para Não Aprovar uma Mudança no Escopo 682

Estudo de Caso

Kemko Manufacturing 682

23 O ESCRITÓRIO DE PROJETOS 685

23.0 Introdução 685
23.1 O Escritório de Projetos Atual 685
23.2 Os Riscos de Implementação 686
23.3 Tipos de Escritórios de Projetos 687
23.4 Escritórios de Gerenciamento de Projetos em Rede 687
23.5 Sistemas de Informação de Gerenciamento de Projetos 688
23.6 Divulgação de Informações 689
23.7 *Mentoring* 690
23.8 Desenvolvimento de Padrões e Modelos 690
23.9 *Benchmarking* de Gerenciamento de Projetos 691
23.10 O Desenvolvimento do *Business Case* 691
23.11 Treinamento sob Medida (Relacionado a Gerenciamento de Projetos) 692
23.12 Gerenciamento das Partes Interessadas 693

23.13 Melhoria Contínua 693
23.14 Planejamento da Capacidade 693
23.15 Os Riscos da Utilização de um Escritório de Projetos 693
23.16 Gerenciamento de Portfólio de Projetos 694

Estudo de Caso

A Ação Judicial de Gerenciamento de Projetos 698

24 GERENCIAMENTO DE PROJETOS DE CRISE 701

24.0 Introdução 701
24.1 Compreensão do Gerenciamento de Crises 701
24.2 Ford *versus* Firestone 702
24.3 O Acidente do *Concorde* da Air France 703
24.4 A Intel e o Chip Pentium 703
24.5 O Submarino Russo *Kursk* 704
24.6 Os Envenenamentos por Tylenol 704
24.7 O Marketing da Fórmula Infantil da Nestlé 706
24.8 O Desastre do Ônibus Espacial *Challenger* 708
24.9 O Desastre do Ônibus Espacial *Columbia* 708
24.10 Vítimas *versus* Vilões 709
24.11 As Fases do Ciclo de Vida 709
24.12 As Implicações no Gerenciamento de Projetos 710

25 O FUTURO DO GERENCIAMENTO DE PROJETOS 713

25.0 Tempos de Mudança 713
25.1 Projetos Complexos 716
25.2 Teoria da Complexidade 719
25.3 Escalada de Escopo (*Scope Creep*) 720
25.4 Avaliações da Saúde do Projeto 723
25.5 Gerenciando Projetos Problemáticos 726

26 A ASCENSÃO, QUEDA E RESSURREIÇÃO DO IRIDIUM: UMA PERSPECTIVA DO GERENCIAMENTO DE PROJETOS 733

26.0 Introdução 733
26.1 A Nomeação do Projeto "Iridium" 735
26.2 A Obtenção de Apoio Executivo 735
26.3 O Lançamento do Empreendimento 735
26.4 O Sistema Iridium 737
26.5 A Rede Terrestre e Espacial 737
26.6 A Iniciação do Projeto: Desenvolvimento do *Business Case* 737
26.7 O *Business Case* "Oculto" 738
26.8 O Gerenciamento dos Riscos 738
26.9 A Crença Coletiva 739
26.10 O Campeão de Saída 740
26.11 Os Anos de Infância do Iridium 740
26.12 O Financiamento da Dívida 742
26.13 O Projeto M-Star 743
26.14 Um Novo CEO 743
26.15 Os Lançamentos dos Satélites 744
26.16 Uma Oferta Pública Inicial (IPO) 744
26.17 O Cadastramento de Clientes 744
26.18 A Ascenção Rápida do Iridium 745
26.19 A Queda Rápida do Iridium 746
26.20 A "Gripe" da Iridium 749
26.21 À Procura de um "Cavaleiro Branco" 749
26.22 A Definição do Fracasso (Outubro de 1999) 750
26.23 O Plano de Exorbitação de Satélites 750
26.24 A Iridium é Resgatada por $ 25 Milhões 751
26.25 Epílogo 751
26.26 Processos de Acionistas 751
26.27 A Decisão do Tribunal de Falências 752
26.28 Autópsia 752
26.29 O Impacto Financeiro da Falência 753
26.30 O Que Realmente Deu Errado? 753
26.31 Lições Aprendidas 755
26.32 Conclusão 757
26.33 Epílogo (2011) 757

Apêndice A Soluções para o Exercício de Conflito em Gerenciamento de Projetos 759
Apêndice B Soluções para o Exercício de Liderança 763
Apêndice C Estudos de Casos *Dorale Products* 767
Apêndice D Soluções para os Estudos de Casos *Dorale Products* 775
Apêndice E Alinhamento do Guia PMBOK® ao Texto 779

1

VISÃO GERAL

Estudos de Caso Relacionados (de Kerzner/*Project Management Case Studies*, 4. ed.)	Livro de Exercícios Relacionado (de Kerzner/*Project Management Workbook and PMP®/CAPM® Exam Study Guide*, 11. ed.)	Guia PMBOK® – 5. ed., Seção de Referência para o Exame de Certificação PMP®
• Kombs Engineering • Williams Machine Tool Company* • Hyten Corporation • Macon, Inc. • Continental Computer Corporation • Jackson Industries	• Multiple Choice Exam	• Gerenciamento da Integração • Gerenciamento do Escopo • Gerenciamento dos Recursos Humanos

* *Estudo de caso também aparece ao final do capítulo.*

1.0 INTRODUÇÃO

Os executivos enfrentarão desafios cada vez mais complexos durante a próxima década. Esses desafios serão resultados de fatores da alta escalada por salários e matérias-primas, aumento das reivindicações sindicais, pressão dos acionistas e a possibilidade de alta inflação em longo prazo acompanhada de uma ligeira recessão e da incapacidade de obter empréstimos nas instituições financeiras. Essas condições ambientais já existiram antes, mas não no grau em que elas existem hoje.

No passado, os executivos tentaram aliviar o impacto dessas condições ambientais ao embarcar em programas de redução massiva de custos. Os resultados comuns desses programas foram aposentadorias antecipadas, dispensas e uma redução da força de trabalho por meio do desgaste. À medida que os postos de trabalho ficam vagos, os executivos pressionam os gerentes de linha a realizar a mesma quantidade de trabalho com menos recursos, seja aumentando a eficiência ou atualizando os requisitos de desempenho para uma posição mais alta na curva de aprendizagem. Em virtude de os custos de pessoal serem mais inflacionários do que os custos de equipamentos ou instalações, os executivos estão financiando cada vez mais projetos de bens de capital na tentativa de aumentar ou melhorar a produtividade sem aumentar a mão de obra.

Infelizmente, os executivos são um pouco limitados no que diz respeito a até onde podem ir para reduzir a força de trabalho sem incorrer em um alto risco para a lucratividade corporativa. Projetos de bens de capital nem sempre são a resposta. Desse modo, os executivos estão sendo forçados a procurar em outro lugar as soluções para seus problemas.

Quase todos os executivos de hoje concordam que a maioria dos problemas da empresa envolve a obtenção de um controle melhor e a utilização de recursos corporativos existentes, procurando internamente pela solução, ao invés de externamente. Como parte da tentativa de conseguir uma solução interna, os executivos estão tendo um olhar crítico para as formas com as quais as atividades corporativas são gerenciadas. O gerenciamento de projetos é uma das técnicas que estão sendo consideradas para essa solução.

A abordagem de gerenciamento de projetos é relativamente moderna. É caracterizada por métodos de reestruturação da administração e adaptação de técnicas especiais de gestão, com o objetivo de obter melhor controle e utilização dos recursos existentes. Quarenta anos atrás o gerenciamento de projetos estava confinado aos fornecedores do Departamento de Defesa dos Estados Unidos e às empresas de construção. Hoje, o conceito por trás do gerenciamento de projetos está sendo aplicado em diversos setores e organizações, como defesa, construção, indústrias farmacêutica e química, setor bancário, hospitais, contabilidade, publicidade, direito, governos municipais e estaduais e nas Nações Unidas.

O ritmo rápido das mudanças, tanto em tecnologia como no mercado, criou enorme variedade nos modelos organizacionais existentes. A estrutura tradicional é altamente burocrática e a experiência tem mostrado que essa estrutura não pode responder de modo suficientemente rápido a um ambiente em constante mudança. Por isso, a estrutura tradicional deve ser substituída pelo gerenciamento de projetos, ou outra estrutura temporária de gestão que seja altamente orgânica e que possa responder muito rapidamente conforme as situações se apresentarem internamente e externamente à empresa.

O gerenciamento de projetos tem sido amplamente discutido por executivos e acadêmicos como uma das possibilidades exequíveis para modelos organizacionais futuros que poderiam integrar esforços complexos e reduzir a burocracia. Todavia, a aceitação do gerenciamento de projetos não tem sido fácil. Muitos executivos não estão querendo aceitar a mudança e são inflexíveis quando se trata da adaptação a um ambiente diferente. A abordagem de gerenciamento de projetos exige a renúncia aos modelos organizacionais tradicionais de negócios que são basicamente verticais e que enfatizam uma forte relação chefe-subordinado.

1.1 ENTENDIMENTO DO GERENCIAMENTO DE PROJETOS

Guia PMBOK®, 5. ed.
1.2 O que é um projeto?
1.3 O que é gerenciamento de projetos?

Para entender o gerenciamento de projetos, deve-se começar com a definição de projeto. Um projeto pode ser considerado como sendo quaisquer séries de atividades e tarefas que:

- Possuem um objetivo específico a ser atingido dentro de determinadas especificações
- Possuem datas de início e término definidas
- Possuem limites de financiamento (se aplicável)
- Consomem recursos humanos e não humanos (ou seja, dinheiro, pessoas, equipamentos)
- São multifuncionais (isto é, cruzam diversas linhas funcionais)

O gerenciamento de projetos, em contrapartida, envolve cinco grupos de processos, conforme identificados no Guia PMBOK®, a saber:

- Iniciação do projeto
  - Seleção do melhor projeto, dados os limites de recursos
  - Reconhecimento dos benefícios do projeto
  - Elaboração de documentos para autorizar o projeto
  - Designação do gerente do projeto
- Planejamento do projeto
  - Definição dos requisitos de trabalho
  - Definição da qualidade e da quantidade de trabalho
  - Definição dos recursos necessários
  - Programação de atividades
  - Avaliação dos vários riscos
- Execução do projeto
  - Negociação dos membros da equipe do projeto
  - Direção e gerenciamento do trabalho
  - Trabalho com os membros da equipe para ajudá-los a se aperfeiçoar
- Monitoramento e controle do projeto
  - Rastreamento do progresso
  - Comparação do resultado real com o resultado previsto
  - Análise das variações e impactos
  - Realização de ajustes
- Encerramento do projeto
  - Verificação de que todo o trabalho foi realizado
  - Encerramento do contrato
  - Encerramento financeiro dos números ordenados
  - Encerramento administrativo da documentação

O gerenciamento de projetos bem-sucedido pode, então, ser definido como tendo cumprido com os objetivos do projeto:

- Dentro do prazo
- Dentro dos custos
- Conforme o nível de tecnologia/desempenho desejado
- Com utilização eficiente e eficaz dos recursos atribuídos
- Quando aceito pelo cliente

Os benefícios potenciais do gerenciamento de projetos são:

- Identificação de responsabilidades funcionais para garantir que todas as atividades sejam explicadas, independentemente da rotatividade de pessoal
- Redução da necessidade de reporte contínuo
- Identificação de limites de prazo para o cronograma
- Identificação de uma metodologia para a análise de compensações
- Medição das realizações em comparação com os planos
- Identificação antecipada de problemas para que possam ocorrer ações corretivas
- Capacidade melhorada para realizar estimativas a serem utilizadas em planejamentos futuros
- Identificar quando os objetivos não podem ser alcançados ou quando podem ser excedidos

Infelizmente, os benefícios não podem ser obtidos sem a superação de obstáculos, como:

- Complexidade do projeto
- Requisitos especiais do cliente e mudanças no escopo
- Reestruturação organizacional
- Riscos do projeto
- Mudanças na tecnologia
- Planejamento e definição de preços antecipado

Gerenciamento de projetos pode ter significados diferentes para pessoas diferentes. Frequentemente, as pessoas confundem o conceito porque possuem projetos em andamento dentro de suas empresas e acham que estão utilizando o gerenciamento de projetos para controlar essas atividades. Nesses casos, a seguinte definição deve ser considerada adequada:

> O gerenciamento de projetos é a arte de criar a ilusão de que qualquer resultado provém de uma série de atos deliberados predeterminados quando, na verdade, tudo ocorreu por acaso.

Embora essa possa ser a maneira pela qual algumas empresas estão gerenciando seus projetos, isso não é gerenciamento de projetos. O gerenciamento de projetos busca o melhor uso dos recursos existentes fazendo o trabalho fluir horizontal e verticalmente dentro da empresa. Essa abordagem não destrói o fluxo de trabalho vertical e burocrático, mas simplesmente exige que as organizações de linha conversem entre si horizontalmente para que o trabalho seja realizado mais suavemente em toda a organização. O fluxo vertical de trabalho ainda é responsabilidade dos gerentes de linha. O fluxo horizontal de trabalho é responsabilidade dos gerentes de projeto e seu esforço principal é comunicar e coordenar as atividades horizontalmente entre as organizações de linha.

Guia PMBOK®, 5. ed.
1.7.2 Habilidades de gerenciamento de projetos

A Figura 1-1 mostra como muitas empresas são estruturadas. Há sempre gargalos de "classe ou prestígio" entre os vários níveis de gestão. Há também gargalos funcionais entre unidades de trabalho da organização. Se nós sobrepusermos os gargalos de gestão aos gargalos funcionais, percebemos que as empresas são feitas de pequenas ilhas operacionais que se recusam a se comunicar umas com as outras por medo de que entregar informações possa fortalecer seus oponentes. A responsabilidade do gerente de projetos é fazer essas ilhas se comunicarem de forma multifuncional em direção a objetivos e metas comuns.

A seguir, temos uma definição geral do gerenciamento de projetos:

> O gerenciamento de projetos é o planejamento, a organização, a direção e o controle dos recursos da empresa para um objetivo de relativo curto prazo, que foi estabelecido para concluir metas e objetivos específicos. Ademais, o gerenciamento de projetos utiliza a abordagem sistêmica de gestão por meio da alocação de pessoal funcional (hierarquia vertical) para um projeto específico (hierarquia horizontal).

Guia PMBOK®, 5. ed.
2.1.3 Estrutura organizacional

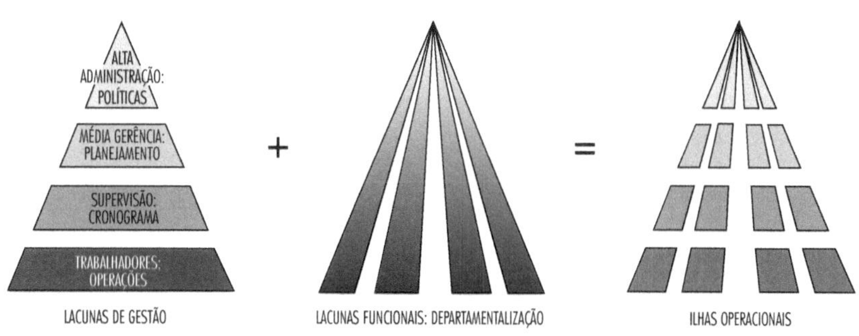

FIGURA 1-1 Por que os sistemas são necessários?

Essa definição requer um comentário adicional. Geralmente, considera-se que a gestão clássica tem cinco funções ou princípios:

- Planejamento
- Organização
- Seleção de pessoal
- Controle
- Direção

Você perceberá que, nessa definição, a função de seleção de pessoal foi omitida. Isso foi intencional, pois o gerente de projetos não seleciona o pessoal do projeto. A seleção de pessoal é uma responsabilidade da linha. O gerente de projetos tem o direito de solicitar recursos específicos, mas a decisão final sobre quais recursos serão enviados para o projeto é do gerente de linha.

Nós também devemos comentar o que quer dizer projeto de "relativo" curto prazo. Nem todos os setores dão a mesma definição para projeto de curto prazo. Na engenharia, o projeto pode durar de seis meses a dois anos; na construção, de três a cinco anos; na indústria de componentes nucleares, dez anos; e no ramo de seguros, duas semanas. Projetos de longo prazo que consomem recursos em tempo integral geralmente são estabelecidos como uma divisão separada (se for grande o suficiente) ou simplesmente como uma organização de linha.

A Figura 1-2 é uma representação ilustrada do gerenciamento de projetos. O objetivo da figura é mostrar que o gerenciamento de projetos tem a finalidade de gerenciar ou controlar os recursos da empresa para uma dada atividade, dentro do prazo, dentro dos custos e com o desempenho esperado. Prazos, custos e desempenho são restrições de projeto. Se o projeto for realizado para um cliente externo, então possuirá uma quarta restrição: bom relacionamento com o cliente. O leitor deve

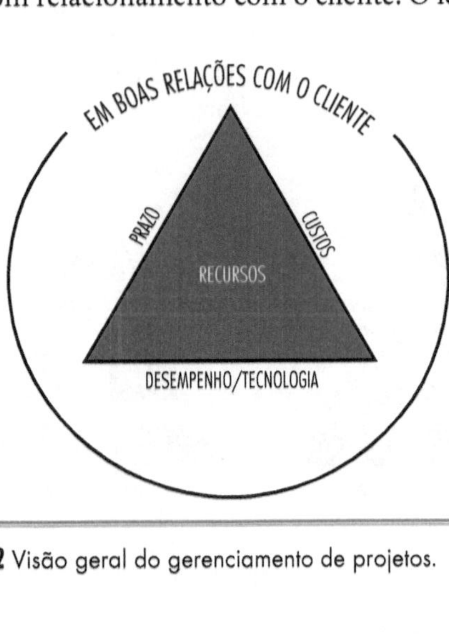

FIGURA 1-2 Visão geral do gerenciamento de projetos.

perceber imediatamente que é possível gerenciar um projeto internamente dentro do prazo, dos custos e com o desempenho esperado e, em seguida, afastar o cliente de tal forma que nenhum negócio futuro acontecerá. Os executivos geralmente selecionam gerentes de projetos baseados em quem é o cliente e em qual tipo de relação com o cliente será necessário.

Projetos existem para produzir entregas. A pessoa finalmente designada como gerente do projeto pode muito bem ser designada com base em tamanho, natureza e escopo das entregas. Entregas são resultados, ou o resultado final, seja da conclusão do projeto, seja do final de uma fase do ciclo de vida do projeto. Entregas são resultados mensuráveis e tangíveis e podem ter a forma de:

- **Entregas físicas:** são itens físicos, como uma mesa, um protótipo ou uma parte de um equipamento.
- **Entregas de conteúdo:** são similares às entregas físicas, mas geralmente são produtos impressos, como relatórios, estudos, comunicados ou documentação. Algumas empresas não diferenciam entre entregas físicas e de conteúdo.
- **Entregas parciais:** podem ser tanto entregas físicas como de conteúdo e evoluem progressivamente conforme o projeto avança. Um exemplo pode ser uma série de relatórios provisórios que levam até o relatório final.

Um outro fator que influencia a seleção do gerente de projetos são as partes interessadas. Partes interessadas são indivíduos ou organizações que podem ser impactadas favorável ou desfavoravelmente pelo projeto. Como tal, gerentes de projetos devem fazer a interface com essas partes interessadas e várias delas podem exercer influência ou pressão sobre a direção do projeto.

Algumas partes interessadas são chamadas de partes interessadas "ativas" ou "principais" que podem ter autoridade para tomar decisões durante a execução do projeto. Cada parte interessada pode ter seu próprio conjunto de objetivos, e isso pode colocar o gerente do projeto na posição de ter de equilibrar vários interesses de partes interessadas sem criar uma situação de conflito de interesse para si mesmo.

Cada empresa tem seu próprio sistema de categorização para identificar as partes interessadas. Um sistema típico pode ser:

- Partes interessadas organizacionais
  - Executivos
  - Gerentes de linha
  - Funcionários
  - Sindicatos

- Partes interessadas de produto/mercado
  - Clientes
  - Fornecedores
  - Comitês locais
  - Governos (municipal, estadual e federal)
  - Público em geral
- Partes interessadas do mercado de capitais
  - Acionistas
  - Credores
  - Bancos

1.2 DEFINIÇÃO DE SUCESSO DO PROJETO

Guia PMBOK®, 5. ed.
2.2.3 Sucesso do projeto

Na seção anterior, definimos o sucesso do projeto como a conclusão de uma atividade dentro das restrições de prazo, custos e desempenho. Essa foi a definição utilizada nos últimos 20 anos ou mais. Hoje, a definição de sucesso do projeto foi modificada para incluir a conclusão:

- Dentro do período de tempo alocado
- Dentro do custo orçado
- No nível de especificação ou desempenho adequado
- Com aceitação pelo cliente/usuário
- Com mudanças mínimas ou mutuamente adequadas no escopo
- Sem atrapalhar o fluxo principal de trabalho da organização
- Sem modificar a cultura da empresa

Os três últimos elementos requerem explicações adicionais. Pouquíssimos projetos são concluídos dentro de seu escopo original. Mudanças no escopo são inevitáveis e têm o potencial de destruir não apenas o moral do projeto, mas o projeto inteiro. As mudanças no escopo *devem* ser reduzidas ao máximo e as que são realmente necessárias *devem* ser aprovadas tanto pelo gerente do projeto como pelo cliente/usuário.

Gerentes de projetos devem querer gerenciar (e fazer concessões/compensações, se necessário) de tal forma que o fluxo principal de trabalho da empresa não seja alterado. A maioria dos gerentes de projetos se vê como empreendedora autoempregada após a autorização do projeto, e gostaria de separar seus projetos das operações da organização-mãe. Isso nem sempre é possível. O gerente de projetos deve querer gerenciar dentro das diretrizes, políticas, procedimentos, regras e instruções da organização-mãe.

Todas as companhias possuem cultura corporativa e mesmo que cada projeto seja inerentemente diverso, o gerente de projetos não deve esperar que seu pessoal designado se desvie das normas culturais. Se a empresa possui um padrão cultural de abertura e honestidade no tratamento com os clientes, então esse valor cultural deve permanecer para todos os projetos, independentemente de quem é o cliente/usuário ou de quão forte é o desejo de sucesso do gerente do projeto.

Por fim, deve ser entendido que simplesmente o fato de um projeto ser um sucesso não significa que a empresa como um todo seja bem-sucedida em suas iniciativas de gerenciamento de projetos. A excelência em gerenciamento de projetos é definida como um fluxo contínuo de projetos gerenciados de forma bem-sucedida. Qualquer projeto pode ser orientado ao sucesso por meio de uma autoridade formal e da forte interferência de um executivo. Mas, para que um fluxo contínuo de projetos bem-sucedidos ocorra, deve existir um firme comprometimento da empresa com o gerenciamento de projetos, e esse comprometimento *deve ser visível*.

1.3 SUCESSO, COMPENSAÇÕES E RESTRIÇÕES CONCORRENTES

Embora muitos projetos sejam concluídos com sucesso, pelo menos aos olhos das partes interessadas, o critério final pelo qual o sucesso é medido pode ser diferente do critério inicial, por causa das compensações. Como exemplo, o triângulo mostrado na Figura 1-2 representa as restrições triplas em um projeto, ou seja, tempo, custo e desempenho, em que o desempenho pode ser escopo, qualidade ou tecnologia. Estes são considerados as principais restrições e, muitas vezes, são os critérios contra os quais o sucesso de um projeto é medido.

Hoje, sabemos que pode haver várias restrições em um projeto e, em vez de usar a terminologia das restrições triplas, focamos nossa atenção nas restrições concorrentes. Por vezes, as restrições são classificadas como primárias e secundárias. Pode haver fatores secundários, como risco, relacionamento com clientes, imagem e reputação, que podem nos levar a desviar dos nossos critérios de sucesso originais, de tempo, custo e desempenho. Isso será abordado posteriormente na Seção 2.10. Essas alterações podem ocorrer a qualquer momento durante a vida de um projeto, podendo então causar compensações nas restrições triplas, exigindo portanto que mudanças sejam feitas nos critérios de sucesso. Em uma situação ideal, poderíamos realizar compensações em qualquer uma ou em todas as restrições concorrentes, de forma que critérios de sucesso aceitáveis ainda seriam satisfeitos.

Como exemplo, vamos supor que um projeto foi iniciado usando o critério de sucesso das restrições triplas, como mostrado na Figura 1-3. Durante o projeto, o ambiente muda, uma nova equipe de executivos chega com suas próprias prioridades, ou uma crise corporativa ocorre, de forma que a credibilidade da empresa está em jogo. Neste caso, as restrições concorrentes mostradas na Figura 1-3 podem ser mais importantes que as restrições triplas originais. Para simplificar, na Figura 1-3 foi utilizado um triângulo para mostrar as restrições concorrentes. No entanto, pode haver muito mais do que três restrições concorrentes, de forma que outra figura geométrica diferente do triângulo poderia funcionar melhor.

Os fatores secundários também são considerados restrições e podem ser mais importantes que as restrições primárias. Por exemplo, anos atrás, na Disneylândia e na Disneyworld, os gerentes de projetos que projetaram e construíram as atrações nos parques temáticos tiveram seis restrições:

- Tempo
- Custo
- Escopo
- Segurança
- Valor estético
- Qualidade

Na Disney, as três últimas restrições, de segurança, valor estético e qualidade, foram consideradas restrições "travadas", que não poderiam ser alteradas durante as compensações. Todas as compensações foram feitas em tempo, custo e escopo. Algumas restrições simplesmente não podem mudar, ao passo que outras podem ter flexibilidade.

Nem todas as restrições têm a mesma importância. Por exemplo, na fase inicial de um projeto, o escopo pode ser um fator crítico e todas as compensações são feitas em tempo e custo. Durante a fase de execução do projeto, tempo e custo podem se tornar mais importantes, e então as compensações serão feitas no escopo. Uma discussão mais detalhada sobre compensações pode ser encontrada no Capítulo 16.

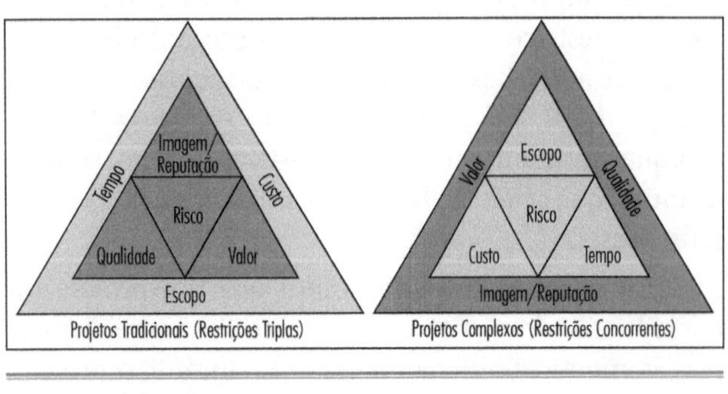

FIGURA 1-3 Restrições concorrentes.

1.4 A INTERFACE ENTRE O GERENTE DE PROJETOS E O GERENTE DE LINHA

Guia PMBOK®, 5. ed.
1.7.2 Habilidades de gerenciamento de projetos

Afirmamos que o gerente de projetos deve controlar os recursos da empresa dentro do prazo, dos custos e do desempenho esperado. A maioria das empresas possui seis recursos:

- Dinheiro
- Mão de obra
- Equipamentos
- Instalações
- Materiais
- Informação/tecnologia

Na verdade, o gerente de projetos *não* controla nenhum desses recursos diretamente, exceto talvez o dinheiro (isto é, o orçamento do projeto)[1]. Os recursos são controlados pelos gerentes de linha, gerentes funcionais, ou, como geralmente são chamados, gerentes de recursos. Os gerentes de projetos devem, portanto, negociar todos os recursos para o projeto com os gerentes de linha. Quando dizemos que os gerentes de projetos controlam recursos, na verdade queremos dizer que eles controlam os recursos (que são emprestados temporariamente a eles) *por meio dos gerentes de linha.*

Hoje, temos uma nova geração de gerentes de projetos. Anos atrás, virtualmente todos os gerentes de projetos eram engenheiros com especializações. Essas pessoas tinham o domínio da tecnologia, em vez de apenas o entendimento da tecnologia. Se o gerente de linha acreditasse que o gerente do projeto possuía de fato o domínio da tecnologia, então ele permitiria aos colaboradores funcionais designados receber orientações do gerente do projeto. Em consequência, os gerentes de projetos eram solicitados para gerenciar pessoas.

A maioria dos gerentes de projetos hoje tem um entendimento da tecnologia em vez do domínio da tecnologia. Como resultado, a responsabilidade pelo sucesso do projeto é hoje vista como uma responsabilidade compartilhada entre o gerente do projeto e todos os gerentes de linha envolvidos. Com responsabilidade compartilhada, os gerentes de linha devem ter um bom entendimento de gerenciamento de projetos, o que explica por que os gerentes de linha estão hoje se tornando

[1] Aqui estamos supondo que o gerente de linha e o gerente do projeto não são a mesma pessoa. Porém, os termos "gerente de linha" e "gerente funcional" são utilizados indiferentemente ao longo do texto.

PMP®s[NT1]. Os gerentes de projetos hoje devem focar mais em gerenciar as entregas do projeto em vez de fornecer orientação técnica à equipe do projeto. O gerenciamento dos recursos alocados é, na maioria das vezes, uma função de linha.

Outro fato importante é que os gerentes de projetos são tratados mais como gerentes de parte de um negócio do que simplesmente de um projeto e, como tal, é esperado que tenham voz nas decisões de negócios, bem como nas decisões dos projetos. Gerentes de projetos devem entender os princípios do negócio. No futuro, pode ser exigido que os gerentes de projetos sejam certificados externamente pelo PMI® e internamente pela empresa sobre os processos de negócio da organização.

Nos últimos anos, a rápida aceleração de tecnologia forçou o gerente de projetos a se tornar mais orientado a negócios. De acordo com Hans Thamhain:

> A nova geração de líderes de negócio deve lidar eficazmente com o amplo espectro de desafios contemporâneos que focam em pressões *time-to-market*[NT2], aceleração de tecnologias, inovação, limites de recursos, complexidades técnicas, questões sociais e étnicas, dinâmicas operacionais, custos, riscos e tecnologia em si, como resumido a seguir:
>
> - Complexidade alta, riscos altos e incertezas altas nas tarefas
> - Mercados, tecnologias e regulamentos muito dinâmicos
> - Competição intensa, mercados abertos globais
> - Restrição de recursos, requisitos rígidos de desempenho
> - Cronogramas apertados, orientados a datas de entrega
> - Considerações do ciclo de vida total do projeto
> - Organizações complexas e vínculos multifuncionais
> - *Joint ventures*[NT3], alianças e parcerias, necessidade de lidar com diferentes culturas e valores organizacionais
> - Processos complexos de negócios e comunidades de partes interessadas
> - Necessidade de melhorias contínuas, atualizações e aperfeiçoamentos
> - Necessidade de habilidades pessoais sofisticadas, habilidade para lidar com conflitos, poder e políticas organizacionais
> - Aumento do impacto da TI e do *e-business*[2]
>
> O Dr. Thamhain acredita ainda que existam mudanças de paradigmas nos ambientes de negócios orientados à tecnologia que afetarão os líderes de negócios do futuro, incluindo os gerentes de projetos. De acordo com o Dr. Thamhain, estamos mudando de:
>
> - processos de trabalho majoritariamente lineares para altamente dinâmicos, orgânicos e integrados aos sistemas de gestão
> - eficiência para eficácia
> - execução de projetos para gerenciamento de projetos por toda a empresa
> - gestão da informação para a utilização total da tecnologia da informação
> - controle gerencial para responsabilidade e autogestão
> - gestão de tecnologia como parte de uma especialidade funcional para gestão da tecnologia como um diferente conjunto de habilidades e status[3] profissional

Um outro exemplo para a necessidade de um gerente de projetos tornar-se mais ativamente envolvido em aspectos de negócio foi identificado por Gary Heerkens. Heerkens faz várias revelações sobre o motivo de o conhecimento do negócio ter se tornado importante, algumas das quais são[4]:

- Realmente não importa o quão bem você executa um projeto, se você está trabalhando no projeto errado!
- Há momentos em que investir mais dinheiro em um projeto pode ser um bom negócio – mesmo se você exceder o orçamento original!
- Há momentos em que gastar mais dinheiro em um projeto pode ser um bom negócio – mesmo se o projeto for entregue depois do prazo original!
- Forçar a equipe do projeto a concordar com um prazo irreal pode não ser muito inteligente, do ponto de vista empresarial.

NT1 Project Management Professional (PMP). Certificação criada pelo Project Management Institute (PMI) e concedida aos profissionais de gerenciamento de projetos que comprovam, através de um exame oferecido pelo PMI, conhecimento sobre o conjunto de conhecimentos e as melhores práticas em gerenciamento de projetos, de acordo com o Guia PMBOK®. Maiores informações em www.pmi.org (em inglês).

NT2 Termo de marketing que significa o tempo entre a concepção e o lançamento de um produto no mercado.

NT3 São uma associação de empresas, provisória ou não, realizada para explorar determinadas oportunidades de negócio, mantendo a personalidade jurídica das empresas envolvidas.

2 THAMHAIN, H. J. *Management of technology*. Hoboken, NJ: Wiley, 2005. p. 3-4.

3 Ver nota 2; THAMHAIN; p. 28.

4 HERRKENS, G. *The business-savvy project manager*. New York: McGraw-Hill, 2006. p. 4-8.

- Um portfólio de projetos que gera um fluxo de caixa positivo pode não representar a melhor oportunidade de investimentos para a organização.

Neste ponto, deve ficar evidente que o gerenciamento de projetos bem-sucedido é muito dependente de:

- Um bom trabalho de relacionamento diário entre o gerente de projetos e os gerentes de linha que designam recursos aos projetos
- Habilidades de colaboradores funcionais em se reportar verticalmente aos gerentes de linha, ao mesmo tempo em que se reportam horizontalmente a um ou mais gerentes de projetos

Esses dois itens tornam-se críticos. No primeiro item, colaboradores funcionais que são designados a um gerente de projetos ainda recebem orientações de seus gerentes de linha. No segundo, funcionários que se reportam a múltiplos gerentes sempre favorecerão o gerente que controla seus salários. Portanto, a maioria dos gerentes de projetos parece sempre estar à mercê dos gerentes de linha.

A gestão clássica é sempre definida como um processo pelo qual o gerente não necessariamente realiza as coisas por ele mesmo, mas alcança objetivos por meio de outros em condição de grupo. Essa definição básica também se aplica ao gerente de projetos. Além disso, um gerente de projetos deve ajudar a si mesmo. Não há ninguém mais para ajudá-lo.

Se olharmos de perto o gerenciamento de projetos, veremos que o gerente de projetos, na verdade, trabalha para os gerentes de linha, e não vice-versa. Muitos executivos não percebem isso. Eles tendem a colocar uma auréola sobre a cabeça do gerente de projetos e a oferecer-lhe um bônus na conclusão do projeto quando, de fato, o crédito deveria ser dado aos gerentes de linha, que são pressionados constantemente a fazer um melhor uso de seus recursos. O gerente de projetos é simplesmente o agente por meio do qual isso é alcançado. Então, por que as empresas glorificam a posição do gerenciamento de projetos?

Para ilustrar o papel do gerente de projetos, considere as restrições de prazo, custos e desempenho exibidas na Figura 1-2. Muitos gerentes funcionais, caso se deixe, reconheceriam apenas a restrição de desempenho: "Apenas dê-me mais $ 50.000 e mais dois meses, e eu te arranjo a tecnologia ideal".

O gerente de projetos, como parte dessas responsabilidades de comunicação, coordenação e integração, recorda aos gerentes de linha que também há restrições de prazo e custos no projeto. Esse é o ponto de partida para um melhor controle de recursos.

Os gerentes de projetos dependem dos gerentes de linha. Quando o gerente de projetos está com problemas, o único socorro ao qual ele pode recorrer é o gerente de linha, pois quase sempre são necessários recursos adicionais para aliviar os problemas. Quando um gerente de linha está com problemas, ele geralmente procura primeiro o gerente de projetos e solicita ou um financiamento adicional ou algum tipo de autorização para mudanças no escopo.

Para ilustrar esse relacionamento de trabalho entre os gerentes de linha e de projetos, considere a seguinte situação:

Gerente do projeto (dirigindo-se ao gerente de linha): "Eu tenho um problema sério. Estou considerando um sobrecusto de $ 150.000 no meu projeto e preciso da sua ajuda. Eu queria que você realizasse a mesma quantidade de trabalho que está programada no cronograma, porém em menos 3.000 homens-hora. Visto que sua organização é cobrada em $ 60/hora, isso mais do que compensaria esse sobrecusto".

Gerente de linha: "Mesmo se eu pudesse, porque deveria? Você sabe que bons gerentes de linha sempre podem fazer o trabalho aumentar para cumprir com o orçamento. Vou verificar minhas curvas de mão de obra e te dou uma posição amanhã".

No dia seguinte...

Gerente de linha: "Verifiquei minhas curvas de mão de obra e tenho trabalho suficiente para manter meu pessoal alocado. Eu te devolverei as 3.000 horas de que você precisa, mas lembre-se que *você me deve uma*!"

Vários meses depois...

Gerente de linha: "Acabei de ver o planejamento do seu novo projeto que está previsto para iniciar em dois meses. Você precisará de duas pessoas do meu departamento. Há dois funcionários que eu gostaria de alocar no seu projeto. Infelizmente, essas duas pessoas estão disponíveis agora. Se eu não selecionar esse pessoal para o seu centro de custos agora, algum outro projeto pode selecioná-lo em período integral e ele não estará disponível quando o seu projeto começar".

Gerente do projeto: "Você está querendo dizer que quer que eu o deixe ocupar o meu centro de custos, sabendo que não preciso dos recursos agora?"

Gerente de linha: "Isso mesmo. Tentarei encontrar outros trabalhos (e centros de custos) para eles trabalharem temporariamente para que o seu projeto não seja cobrado totalmente. Lembre-se de que você me deve uma".

Gerente do projeto: "Ok. Sei que te devo uma, por isso vou fazer isso por você. Isso nos deixa empatados?"

Gerente de linha: "Claro que não! Mas você está no caminho certo".

Quando o relacionamento entre o gerenciamento de projetos e a gerência de linha começa a se deteriorar, o projeto quase sempre sofre. Os executivos devem promover um bom relacionamento de trabalho entre a gerência de projetos e a gerência de linha. Uma das formas mais comuns de destruir esse relacionamento é perguntar: "Quem contribui para os lucros – o gerente de linha ou o gerente de projetos?" Gerentes de projetos acham que controlam os lucros porque controlam o orçamento. Os gerentes de linha, por sua vez, argumentam que eles devem alocar pessoal adequado ao orçamento, fornecer os recursos no momento desejado e supervisionar o desempenho. Na verdade, tanto as linhas horizontais como as verticais contribuem para os lucros. Esses tipos de conflitos podem destruir todo um sistema de gerenciamento de projetos.

Os exemplos anteriores devem indicar que o gerenciamento de projetos é muito mais comportamental do que quantitativo. O gerenciamento de projetos eficaz exige um entendimento de:

- Ferramentas e técnicas quantitativas
- Estruturas organizacionais
- Comportamento organizacional

A maioria das pessoas conhece as ferramentas quantitativas para planejamento, programação e controle do trabalho. É imperativo que os gerentes de projetos compreendam totalmente as operações de cada organização de linha. Além disso, os gerentes de projetos devem compreender sua própria descrição de cargo, especialmente onde sua autoridade começa e onde ela termina. Durante um seminário interno sobre gerenciamento de projetos de engenharia, o autor pediu a um dos engenheiros de projetos para fornecer a descrição do seu cargo como engenheiro de projetos. Durante a discussão que se seguiu, vários gerentes de projetos e gerentes de linha disseram haver diversas sobreposições entre suas descrições de cargo e a do engenheiro de projetos.

O comportamento organizacional é importante porque os colaboradores funcionais na posição de interface encontram-se reportando a mais de um chefe – um gerente de linha e um gerente de projetos para cada projeto em que estão alocados. Os executivos devem fornecer treinamento apropriado para que os colaboradores funcionais possam se reportar de maneira eficaz a múltiplos gerentes.

1.5 DEFINIÇÃO DO PAPEL DO GERENTE DE PROJETOS

Guia PMBOK®, 5. ed.
2.2.1 Partes interessadas Capítulo 4 gerenciamento da Integração do Projeto

O gerente de projetos é o responsável pela coordenação e integração das atividades por meio das várias linhas funcionais. As atividades de integração realizadas pelo gerente de projetos inclui:

- Integração das atividades necessárias para desenvolver um plano de projeto
- Integração das atividades necessárias para executar o plano
- Integração das atividades necessárias para realizar modificações no plano

Essas responsabilidades integradoras são ilustradas na Figura 1-4, em que o gerente de projetos deve converter as entradas (isto é, recursos) em resultados de produtos, serviços e, finalmente, lucros. Para fazer isso, o gerente de projetos precisa de ótimas habilidades interpessoais e de comunicação, ele deve se familiarizar com as operações de cada organização de linha e deve conhecer as tecnologias utilizadas.

Guia PMBOK®, 5. ed.
Capítulo 4 gerenciamento da Integração do Projeto

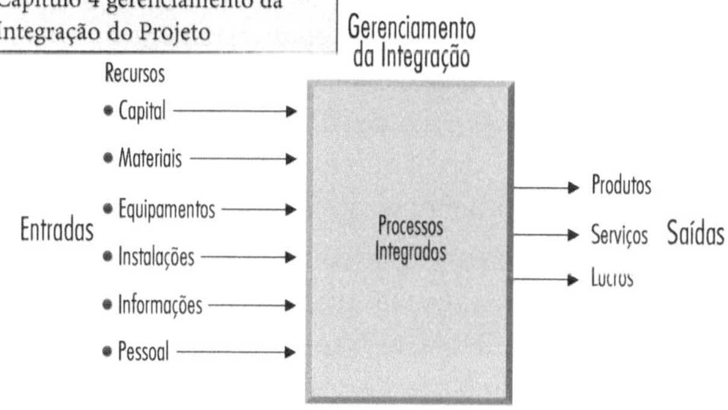

FIGURA 1-4 Gerenciamento da integração.

Um executivo de uma fabricante de computadores declarou que sua empresa estava procurando externamente por gerentes de projetos. Quando perguntado se ele esperava que os candidatos tivessem domínio de informática, ele reforçou: "Você me mostre um indivíduo que tenha boas habilidades interpessoais e de comunicação e eu darei a ele um emprego. Posso ensinar a tecnologia às pessoas e fornecer especialistas técnicos para assessorá-las nas tomadas de decisões. Mas não posso ensinar alguém a trabalhar com pessoas".

O trabalho do gerente de projetos não é um trabalho fácil. Gerentes de projetos podem ter responsabilidade aumentada, mas pouquíssima autoridade. Essa falta de autoridade pode forçá-los a "negociar" com a alta administração, bem como com a gerência funcional pelo controle de recursos da empresa. Eles podem ser frequentemente tratados como intrusos pelas organizações formais.

No ambiente do projeto, tudo parece girar em torno do gerente de projetos. Embora a organização do projeto seja uma entidade especializada orientada a atividades, ela não pode existir alheia à estrutura tradicional da organização. O gerente de projetos, portanto, deve caminhar na linha entre as duas organizações. O termo *gerenciamento de interface* é geralmente aplicado para esse papel, que pode ser descrito como gerenciamento de relacionamentos:

- Dentro da equipe do projeto
- Entre a equipe do projeto e as organizações funcionais
- Entre a equipe do projeto e a alta administração
- Entre a equipe do projeto e o cliente da organização, seja interno ou externo à organização

Para ser eficaz como gerente de projetos, um indivíduo deve possuir habilidades gerenciais, bem como habilidades técnicas. Pelo fato de os engenheiros frequentemente considerarem suas carreiras limitadas às disciplinas funcionais, eles se direcionam ao gerenciamento de projetos e à engenharia de projetos como oportunidades de carreira. Mas tornar-se um gerente implica aprender sobre psicologia, comportamento humano, comportamento organizacional, relações interpessoais e comunicação. Programas de MBA vieram para o resgate de indivíduos que desejam essa formação para se tornarem gerentes de projetos eficazes.

No passado, os executivos motivavam e preservavam o pessoal qualificado, principalmente com incentivos financeiros. Hoje, outras formas estão sendo utilizadas, como mudança no cargo ou promessa de um trabalho desafiador. Talvez as taxas de rotatividade mais baixas de todas as profissões no mundo estejam no gerenciamento de projetos e na engenharia de projetos. Em um ambiente de projetos, os gerentes e engenheiros de projetos conseguem ver seus projetos do "nascimento à morte". Ter a possibilidade de ver os frutos dos esforços de alguém é altamente gratificante. Um gerente de projetos sênior de uma empresa de construção comentou sobre o porquê de nunca ter aceitado uma vice-presidência que foi oferecida a ele: "Eu posso levar meus filhos e netos para dez países do mundo e mostrar a eles as instalações que eu construí como gerente de projetos. O que posso mostrar a meus filhos como um executivo? O tamanho do meu escritório? Minha conta bancária? Um relatório dos acionistas?"

O gerente de projetos é, na realidade, um gerente geral e consegue conhecer todas as operações da empresa. De fato, gerentes de projetos conseguem saber mais sobre as operações de uma empresa do que a maioria dos executivos. É por isso que o gerenciamento de projetos é geralmente utilizado como um campo de treinamento para preparar futuros gerentes gerais que serão capazes de preencher cargos de alta gestão.

1.6 DEFINIÇÃO DO PAPEL DO GERENTE FUNCIONAL

Guia PMBOK®, 5. ed.
Capítulo 9 Gerenciamento dos Recursos Humanos do Projeto 9.1.2 Planejamento dos recursos humanos: ferramentas e técnicas

Supondo que o gerente funcional e o gerente de projetos não são a mesma pessoa, podemos identificar um papel específico para o gerente funcional. Há três elementos para esse papel:

- O gerente funcional tem a responsabilidade de definir *como* e *onde* a tarefa será feita (ou seja, os critérios técnicos)
- O gerente funcional tem a responsabilidade de fornecer recursos suficientes para alcançar os objetivos dentro das restrições do projeto (ou seja, *quem* realizará o trabalho)
- O gerente funcional tem a responsabilidade pela entrega

Em outras palavras, uma vez que o gerente de projetos identifica os requisitos para o projeto (isto é, que trabalho precisa ser realizado e as suas restrições), passa a ser responsabilidade do gerente de linha identificar os critérios técnicos. Exceto, talvez, em esforços de P&D, o gerente de linha deve ser reconhecido como o especialista técnico. Se o gerente de linha acredita que certos aspectos técnicos dos requisitos do gerente de projetos são deficitários, então o gerente de linha tem o direito, em virtude de sua especialidade, de acionar uma exceção e defender sua causa para uma autoridade superior.

Na Seção 1.1 declaramos que todos os recursos (incluindo pessoal) são controlados pelo gerente de linha. O gerente de projetos tem o direito de solicitar pessoal específico, mas as nomeações finais ficam a cargo do gerente de linha. É importante que o gerente de projetos compreenda os problemas do gerente de linha:

- Solicitações de trabalho ilimitadas (especialmente durante uma concorrência de licitação)
- Prazos predeterminados
- Todas as solicitações são de alta prioridade
- Número limitado de recursos
- Disponibilidade limitada de recursos
- Mudanças imprevistas no plano do projeto
- Falta de progresso não prevista
- Ausência não planejada de recursos
- Divisão não planejada de recursos

- Perda não planejada de recursos
- Taxa de rotatividade de pessoal não planejada

Apenas em alguns poucos setores o gerente de linha poderá identificar antecipadamente para o gerente de projetos exatamente quais recursos estarão disponíveis no momento do início programado do projeto. Não é importante para o gerente de projetos ter os melhores recursos disponíveis. Gerentes funcionais não devem se comprometer com a disponibilidade de certos recursos. Em vez disso, o gerente funcional deve comprometer-se em realizar a sua parte do objetivo dentro do prazo, dos custos e do desempenho, mesmo que ele tenha de utilizar pessoal mediano ou abaixo da média. Se o gerente de projetos estiver descontente com os recursos designados, então ele deve acompanhar de perto essa parte do projeto. Apenas se e quando o gerente de projetos estiver convencido por evidências que os recursos designados são inaceitáveis, ele deve confrontar o gerente de linha e solicitar recursos melhores.

O fato de um gerente de projetos ser designado não desobriga o gerente de linha de sua responsabilidade de desempenho. Se um gerente funcional designa recursos que não atendem às restrições, *ambos* os gerentes, funcional e de projetos, serão culpados. Uma empresa pode até mesmo considerar avaliar os gerentes de linha para aumento de méritos e promoções com base na frequência com que eles honraram seus compromissos com os gerentes de projetos. Portanto, é extremamente valioso para todos os envolvidos que todos os compromissos com o projeto *estejam visíveis a todos.*

Algumas empresas levam o conceito de compromisso a extremos. Uma fabricante de componentes de aeronaves possui um Departamento de Compromissos chefiado por um gerente de segundo escalão. A função do Departamento de Compromissos é acompanhar o quão bem os gerentes de linha mantêm suas promessas com os gerentes de projetos. O gerente do departamento reporta-se diretamente ao vice-presidente da divisão. Nessa empresa, gerentes de linha são extremamente preocupados e cuidadosos ao se comprometerem, mas fazem tudo o que for possível para cumprir as entregas. Essa empresa chegou ao ponto de dizer tanto aos gerentes de projetos como aos gerentes de linha que ambos podem ser desligados da organização por esconderem um problema ao invés de trazê-lo à tona *imediatamente.*

Em uma indústria automotiva, a tensão entre os gerentes de linha e de projetos ficou tão combativa que estava causando um sério impacto no desempenho e nas restrições do projeto. Os gerentes de projetos argumentavam que os gerentes de linha não estavam cumprindo suas promessas, ao passo que estes argumentavam que os requisitos dos gerentes de projetos estavam mal definidos. Para atenuar o problema, um novo formulário foi criado para servir como um acordo contratual entre gerentes de linha e de projetos, que tinham de se comprometer com as entregas. Isso resultou em uma "responsabilidade compartilhada" pelas entregas do projeto.

O gerenciamento de projetos é projetado para ter a autoridade e a responsabilidade compartilhadas entre os gerentes de linha e de projetos. Os gerentes de projetos planejam, monitoram e controlam o projeto, ao passo que os gerentes funcionais realizam o trabalho. A Tabela 1-1 mostra essa responsabilidade compartilhada. A única exceção na Tabela 1-1 ocorre quando os gerentes de linha e de projetos são a mesma pessoa. Essa situação, que ocorre na maioria das vezes, cria um conflito de interesses. Se um gerente de linha tem de atribuir recursos a seis projetos, um dos quais está sob seu controle direto, ele deve preservar os melhores recursos para o seu projeto. Nesse caso, o seu projeto será um sucesso à custa de todos os outros projetos.

Guia PMBOK®, 5. ed.
2.1.3 Estrutura organizacional

TABELA 1-1 Responsabilidade dupla

Tópico	Responsabilidade	
	Gerente do Projeto	Gerente de Linha
Recompensas	Fazer recomendações: Informal	Fornecer recompensas: Formal
Direção	Marco (resumida)	Detalhada
Avaliação	Resumida	Detalhada
Medições	Resumidas	Detalhadas
Controle	Resumido	Detalhado

A relação exata entre os gerentes de linha e de projetos é de importância suprema no gerenciamento de projetos em que prevalece a subordinação a múltiplos chefes. A Tabela 1-2 mostra que o relacionamento entre os gerentes de linha e de projetos nem sempre está em equilíbrio e, portanto, tem um impacto sobre quem exerce maior influência sobre os colaboradores funcionais designados.

1.7 DEFINIÇÃO DO PAPEL DO COLABORADOR FUNCIONAL

Uma vez que os gerentes de linha se comprometem com as entregas, é responsabilidade dos colaboradores funcionais designados realizar as entregas funcionais. Durante anos, os colaboradores funcionais foram chamados de subordinados. Embora esse termo ainda exista nos livros, o mercado prefere se referir aos funcionários designados como "colaboradores" em vez de subordinados.

TABELA 1-2 Relações de subordinação

Guia PMBOK®, 5. ed.
2.1.3 Estrutura organizacional

Tipo de Gerente de Projetos	Tipo de Estrutura Matricial*	Relacionamento Gerente do Projeto (GP) – Gerente de Linha (GL) – Empregado			
		GP Negocia por	Empregado Recebe Orientação Técnica de	GP Recebe Progresso Funcional de	Avaliações do Desempenho do Empregado Feitas pelo
Peso-leve	Fraca	Entregas	GL	Principalmente dos GL	GL apenas, sem contribuição do GP
Peso-pesado	Forte	Pessoas que se reportam informalmente ao GP, mas formalmente aos GL	GP e GL	Empregados designados que se reportam aos GL	GL com contribuição do GP
Tiger Teams	Muito forte	Pessoas que se reportam totalmente ao GP em tempo integral pela duração do projeto	GP somente	Empregados designados que se reportam agora diretamente ao GP	Apenas GP

* *Os tipos de estruturas organizacionais são discutidos no Capítulo 3*

A razão para isso é que em gerenciamento de projetos os colaboradores podem ter um salário maior do que o gerente do projeto. Os colaboradores podem, até mesmo, ganhar mais do que o gerente funcional.

Na maioria das organizações, os funcionários designados se reportam hierarquicamente por uma linha "sólida" a seu gerente funcional, mesmo que estejam trabalhando simultaneamente em vários projetos. Eles possuem uma linha "pontilhada" com o projeto, mas uma linha sólida com suas funções. Isso coloca os funcionários na incômoda posição de se reportarem aos vários indivíduos. Essa situação é ainda mais complicada quando o gerente do projeto possui mais conhecimento técnico do que o gerente de linha. Isso ocorre em projetos de P&D.

O colaborador funcional deve realizar as seguintes atividades quando for designado a projetos:

- Aceitar a responsabilidade pela realização das entregas designadas dentro das restrições do projeto
- Concluir o trabalho o mais cedo possível
- Informar periodicamente tanto o gerente do projeto como o gerente de linha sobre o andamento do projeto
- Apresentar os problemas rapidamente para resolução
- Compartilhar as informações com o restante da equipe do projeto

1.8 DEFINIÇÃO DO PAPEL DO EXECUTIVO

Em um ambiente de projetos há novas expectativas que têm origem nos executivos e/ou se direcionam a eles, bem como um novo papel de interface[5]. Os executivos devem intermediar o projeto da seguinte maneira:

- No planejamento do projeto e no estabelecimento de objetivos
- Na resolução de conflitos
- No estabelecimento de prioridades
- Como patrocinadores[6] do projeto

Os executivos devem intermediar o projeto de perto na iniciação e no planejamento, mas permanecer distantes durante a execução, a não ser que sejam necessários para o estabelecimento de prioridades e resolução de conflitos. Uma razão pela qual os executivos se "intrometem" durante a execução do projeto é o fato de não estarem recebendo informações precisas do gerente do projeto em relação ao andamento. Se os gerentes de projetos fornecem aos executivos relatórios de andamento significativos, então a tão chamada intromissão pode ser reduzida ou até mesmo eliminada.

1.9 COMO TRABALHAR COM EXECUTIVOS

O sucesso no gerenciamento de projetos é como um banco com três pernas. A primeira perna é o gerente de projetos, a segunda é o gerente de linha e a terceira perna é a alta administração. Se uma das três pernas falha, nem mesmo um equilíbrio delicado pode evitar que o banco caia.

O ponto crucial no gerenciamento de projetos é a interface entre o gerente de projetos e o gerente de linha. Nessa interface, os dois gerentes devem se ver como iguais e devem querer compartilhar autoridade, responsabilidade e prestação de contas. Em empresas administradas com excelência, os gerentes de projetos não negociam

[5] As expectativas são discutidas na Seção 9.3.
[6] O papel do patrocinador do projeto é discutido na Seção 10.1.

Guia PMBOK®, 5. ed.
2.2.1 Partes interessadas do projeto

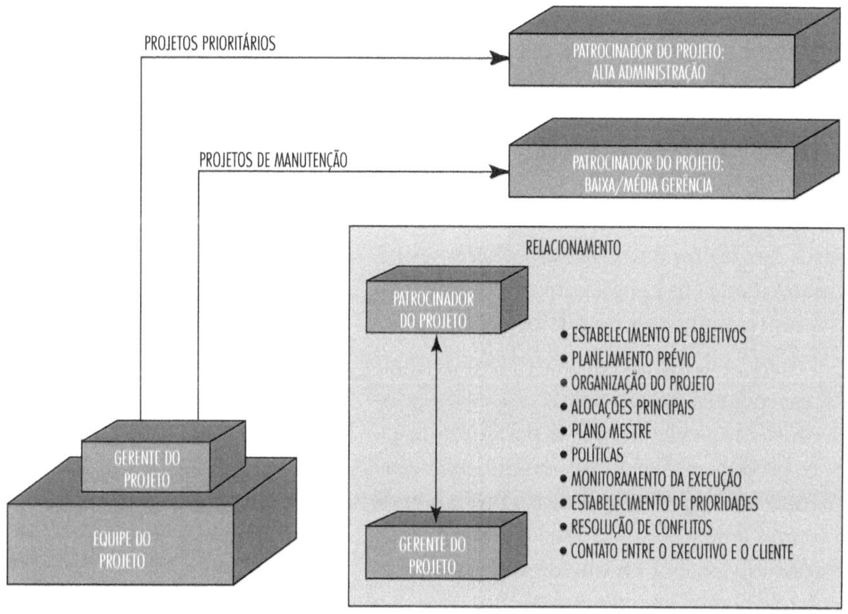

FIGURA 1-5 A interface do patrocinador do projeto.

por recursos, mas simplesmente pedem o comprometimento do gerente de linha para que execute sua parte do trabalho dentro do prazo, dos custos e do desempenho esperado. Portanto, em empresas excelentes, não é importante quem o gerente de linha designa, contanto que ele mantenha os compromissos assumidos.

Uma vez que os gerentes de projetos e de linha são "iguais", o envolvimento da alta administração é necessário para fornecer aconselhamento e orientação ao gerente de projetos, bem como incentivar os gerentes de linha a manter suas promessas. Quando um executivo tem essa capacidade, ele assume o papel de patrocinador do projeto, como ilustrado na Figura 1-5[7], que também mostra que o patrocínio nem sempre precisa vir dos níveis executivos. A nomeação do patrocinador do projeto se baseia no valor monetário do projeto, na prioridade do projeto e em quem é o cliente.

O objetivo fundamental do patrocinador do projeto é fornecer assistência ao pessoal do projeto a partir dos bastidores, tanto para os projetos "internos" da empresa, como para os projetos "externos", como mostra a Figura 1-5. Os projetos podem ainda ser bem-sucedidos sem comprometimento e apoio, contanto que o trabalho flua sem problemas. Mas em tempos de crise, certamente ajuda ter um "irmão mais velho" à disposição como uma possível voz ressonante.

Quando um executivo é solicitado para atuar como patrocinador do projeto, ele tem a responsabilidade de tomar decisões eficazes e oportunas para o projeto. Para conseguir isso, ele necessita de dados precisos, oportunos e completos. Manter a administração informada serve a esse propósito, enquanto a frequente prática da obstrução impede que o executivo tome decisões eficazes para o projeto.

Não é necessário que o patrocínio do projeto fique exclusivamente no alto nível. Conforme as empresas amadurecem em seu entendimento do gerenciamento de projetos, o patrocínio do projeto pode ser transferido para a gerência de nível médio. Um comitê de patrocínio também é aceitável.

1.10 GOVERNANÇA/PATROCÍNIO POR COMITÊS

Todos os projetos podem potencialmente ter problemas, mas em geral o gerenciamento de projetos pode funcionar bem, desde que os requisitos não imponham uma pressão muito grande sobre o gerente do projeto e que o patrocinador seja um aliado para auxiliá-lo quando surgirem problemas. Infelizmente, nos ambientes caóticos atuais, essa pressão parece estar aumentando, pois:

- Empresas aceitam projetos de alto risco e grande complexidade por necessidade de sobrevivência
- Clientes demandam produtos de baixo volume, alta qualidade e com algum grau de customização
- Ciclos de vida do projeto e os tempos de desenvolvimento de novos produtos são comprimidos
- Fatores ambientais da empresa têm um impacto ainda maior sobre a execução do projeto

[7] A Seção 10.1 descreve o papel do patrocinador do projeto com mais profundidade.

- Clientes e partes interessadas querem participar mais ativamente na execução dos projetos
- Empresas estão desenvolvendo parcerias estratégicas com fornecedores, e cada fornecedor pode estar em um nível diferente de maturidade de gerenciamento de projetos
- A competição global tem forçado empresas a aceitar projetos de clientes que estão em diferentes níveis de maturidade em gerenciamento de projetos e com diferentes requisitos de relatórios

Essas pressões tendem a desacelerar os processos de tomada de decisão num momento em que as partes interessadas querem que os projetos e os processos sejam acelerados. Uma pessoa atuando como patrocinadora do projeto pode não ter nem o tempo e nem a capacidade de encaminhar todas essas questões adicionais. O resultado será uma desaceleração do projeto e poderá ocorrer porque:

- Espera-se que o gerente de projetos tome decisões em áreas nas quais ele ou ela tenha conhecimento limitado
- O gerente de projetos hesita em aceitar responsabilização integral e propriedade pelos projetos
- Há camadas excessivas de gestão sobrepostas à organização de gerenciamento de projetos
- O gerenciamento de riscos foi levado aos níveis mais altos da hierarquia da organização, resultando em decisões demoradas
- O gerente de projetos demonstra capacidade de liderança questionável em alguns dos projetos não tradicionais

Os problemas resultantes dessas pressões talvez não possam ser resolvidos, pelo menos não facilmente ou em tempo hábil, por um único patrocinador do projeto. Esses problemas podem ser resolvidos usando-se uma governança de projetos eficaz. A governança de projetos é na verdade uma estrutura pela qual as decisões são tomadas e diz respeito a decisões que definem expectativas, prestação de contas, responsabilidade, concessão de poder, ou verificação de desempenho. Ela está relacionada a gerenciamento consistente, políticas coerentes, processos e direito de tomada de decisão para uma dada área de responsabilidade. A governança possibilita uma tomada de decisão eficiente e eficaz.

Cada projeto pode ter uma governança diferente mesmo que todos utilizem a mesma metodologia corporativa de gerenciamento de projetos. A função de governança pode operar como um processo separado ou como parte da liderança de gerenciamento de projeto. A governança foi projetada não para substituir a tomada de decisão, mas para evitar que decisões indesejadas sejam tomadas.

Historicamente, a governança era efetuada por um único patrocinador do projeto. Hoje, governança é um comitê e pode incluir representantes de cada parte interessada. A Tabela 1-3 apresenta várias abordagens de governança com base no tipo de equipe de projeto. A composição do comitê pode mudar de projeto para projeto e de setor para setor. A composição também pode variar com base no número de partes interessadas, e se o projeto for para um cliente interno ou externo. Em projetos de longo prazo, a composição do comitê pode mudar ao longo do projeto.

TABELA 1-3 Tipos de governança de projeto

Estrutura	Descrição	Governança
Distribuída localmente	Membros da equipe podem atuar em tempo total ou parcial. Eles continuam vinculados administrativamente às suas áreas funcionais.	Geralmente, uma única pessoa está atuando como patrocinador do projeto, mas pode ser um comitê interno, de acordo com a complexidade do projeto.
Distribuída geograficamente	Essa é uma equipe virtual. O gerente de projetos pode nunca ver alguns dos membros da equipe. Os membros podem atuar em tempo total ou parcial.	Geralmente, governança por comitê e pode incluir representação por partes interessadas
Agrupada	Todos os membros da equipe estão localizados próximos fisicamente ao gerente de projetos. O gerente de projetos não tem responsabilidade por renumeração ou administração de salário.	Geralmente, uma única pessoa atuando como patrocinador do projeto.
Projetizada	É similar à equipe agrupada, mas o gerente de projetos, geralmente, opera como um gerente de linha e pode ter responsabilidade por renumeração e salário.	Pode ser governança por comitê, com base no tamanho do projeto e no número de parceiros estratégicos.

A governança em projetos e programas, às vezes, falha porque as pessoas confundem governança de projeto com governança corporativa. O resultado é que os membros do comitê não têm certeza de qual deveria ser seu papel. Algumas das diferenças mais importantes incluem:

- **Alinhamento:** Governança corporativa se concentra em quão bem o portfólio de projetos está alinhado e satisfaz aos objetivos gerais de negócios. A governança de projetos foca em maneiras de manter o projeto sob controle.
- **Direção:** Governança corporativa fornece uma direção estratégica com foco em como o sucesso do projeto irá satisfazer aos objetivos corporativos. A governança de projetos está mais relacionada à direção de operação com decisões baseadas em parâmetros predefinidos de escopo, tempo, custo e funcionalidade do projeto.

- **Painéis** (*Dashboards*): Os painéis de governança corporativa são baseados em métricas de finanças, marketing e vendas. Os painéis de governança de projetos têm métricas de operação baseadas em tempo, custo, escopo, qualidade, itens de ação, riscos e entregas.
- **Composição:** Comitês de governança corporativa são compostos de níveis mais altos de gerenciamento. Os comitês de governança de projetos podem incluir alguns membros de média gerência.

Outra razão pela qual pode ocorrer falha é a situação em que os membros do grupo de governança de projeto ou programa não entendem de gerenciamento de projetos ou de programas. Isso pode levar a um microgerenciamento pelo comitê de governança. Sempre há a questão de quais decisões devem ser tomadas pelo comitê de governança e quais decisões o gerente de projetos pode tomar. Em geral, o gerente de projetos deve ter autoridade para tomar decisões relacionadas a ações necessárias para manter as linhas de base. Os comitês de governança devem ter autoridade para aprovar mudanças no escopo acima de um determinado valor e para tomar as decisões necessárias objetivando alinhar o projeto com a estratégia e os objetivos corporativos.

1.11 O GERENTE DE PROJETOS COMO AGENTE DE PLANEJAMENTO

Guia PMBOK®, 5. ed.
Capítulo 9 Gerenciamento dos Recursos Humanos do Projeto

A maior responsabilidade do gerente de projetos é o planejamento. Se o planejamento do projeto for realizado corretamente, então há uma possibilidade de que o gerente de projetos fique sem trabalho, pois o projeto se executará por si mesmo. No entanto, isso raramente ocorre. Poucos projetos são concluídos sem algum tipo de conflito ou análise de compensações para que o gerente de projetos resolva.

Na maioria dos casos, o gerente de projetos oferece definições gerais ou resumidas do trabalho a ser realizado, mas os gerentes de linha (os verdadeiros especialistas) fazem o planejamento detalhado. Embora os gerentes de projetos não possam controlar ou designar os recursos de linha, eles devem se certificar de que esses recursos estejam adequados e programados para satisfazer às necessidades do projeto, e não vice-versa. Como um arquiteto do plano do projeto, o gerente de projetos deve fornecer:

- Definições completas das atividades
- Definições dos requisitos dos recursos (possivelmente níveis de habilidades)
- Principais marcos do calendário
- Definições dos requisitos de qualidade e confiabilidade do item final
- A base para a medição de desempenho
- Definição do sucesso do projeto

Esses fatores, se devidamente estabelecidos, resultam em:

- Garantia de que as unidades funcionais compreenderão suas responsabilidades totais para o cumprimento das necessidades do projeto
- Garantia de que problemas resultantes de alocação e programação de recursos cruciais sejam antecipadamente conhecidos
- Identificação antecipada de problemas que possam prejudicar a conclusão bem-sucedida do projeto, de modo que ações corretivas eficazes e replanejamentos possam ser realizados para evitar ou resolver problemas

Gerentes de projetos são responsáveis pela administração do projeto e, portanto, devem ter o direito de estabelecer suas próprias políticas, procedimentos, regras, diretrizes e instruções – considerando que essas políticas, diretrizes e assim por diante obedecem à política global da empresa. Empresas com estruturas maduras de gerenciamento de projetos geralmente preferem abrandar suas próprias diretrizes para que os gerentes de projetos tenham um grau de flexibilidade no controle de seus projetos. No entanto, os gerentes de projetos não podem fazer promessas aos colaboradores funcionais que se refiram a:

- Promoção
- Categoria
- Salário
- Bônus
- Horas extras
- Responsabilidade
- Futuras designações de trabalho

Esses sete itens podem ser administrados apenas pelos gerentes de linha, mas o gerente de projetos pode ter um envolvimento indireto, informando ao gerente de linha o quão bem um colaborador está indo (e informando por escrito), solicitando horas extras permitidas pelo orçamento do projeto e oferecendo aos indivíduos a oportunidade de realizar atividades que estejam acima de sua categoria atual de salário. Porém, estas podem trazer graves problemas gerenciais se não forem coordenadas com o gerente de linha, pois os indivíduos ficarão na expectativa de recompensas imediatas, caso tenham um bom desempenho.

O estabelecimento de requisitos administrativos faz parte do planejamento do projeto. Os executivos ou devem trabalhar com o gerente do projeto na iniciação, ou devem atuar como recursos mais tarde. O planejamento administrativo inapropriado do projeto pode gerar situações que exijam:

- Uma revisão contínua e/ou o estabelecimento de políticas, procedimentos e instruções para a empresa ou para o projeto
- Mudança contínua na responsabilidade organizacional e uma possível reestruturação desnecessária
- Uma necessidade de o pessoal alocado ter de adquirir novos conhecimentos e habilidades

Se essas situações ocorrerem simultaneamente em vários projetos, poderá haver confusão por toda a organização.

1.12 CAMPEÕES DO PROJETO

As empresas incentivam seus empregados a pensar em novas ideias que, se aprovadas pela empresa, gerarão recompensas monetárias e não monetárias para o gerador da ideia. Uma das recompensas é a nomeação do "campeão do projeto". Infelizmente, é comum o campeão do projeto se tornar o gerente do projeto e, embora a ideia tenha sido boa tecnicamente, o projeto falha.

A Tabela 1-4 fornece uma comparação entre os gerentes de projetos e os campeões de projetos. Ela mostra que os campeões de projetos se tornam tão ligados à parte técnica que se tornam negligentes em suas responsabilidades administrativas. Talvez o campeão do projeto funcione melhor como engenheiro do projeto do que como gerente do projeto.

TABELA 1-4 Gerentes de projetos *versus* campeões de projetos

Gerentes de Projetos	Campeões de Projetos
• Preferem trabalhar em grupos	• Preferem trabalhar individualmente
• Comprometidos com suas responsabilidades técnicas e gerenciais	• Comprometidos com a tecnologia
• Comprometidos com a organização	• Comprometidos com a profissão
• Procuram atingir os objetivos	• Procuram exceder o objetivo
• Têm disposição para assumir riscos	• Não estão dispostos a assumir riscos; tentam testar tudo
• Procuram o que é possível	• Buscam a perfeição
• Pensam em termos de espaços curtos de tempo	• Pensam em termos de espaços longos de tempo
• Gerenciam pessoas	• Gerenciam coisas
• São comprometidos com valores materiais e os perseguem	• São comprometidos com valores intelectuais e os perseguem

Essa comparação não significa que gerentes/campeões de projetos orientados à parte técnica irão falhar. Ao contrário, isso implica que a seleção do gerente "adequado" deve ser feita com base em *todas* as facetas do projeto.

1.13 O LADO NEGATIVO DO GERENCIAMENTO DE PROJETOS

O gerenciamento de projetos é, geralmente, reconhecido como uma profissão de altos salários e altamente desafiadora, em que o gerente de projetos recebe treinamentos excelentes em gestão geral.

Para projetos que são realizados por fontes externas, o gerente de projetos é primeiramente visto como quem começa com um pote de ouro e passa a gerenciar o projeto para que sejam gerados lucros suficientes para os acionistas. Se ele tiver um bom desempenho, o projeto será bem-sucedido. Mas o custo pessoal pode ser alto para o gerente de projetos.

Existem riscos graves que nem sempre são evidentes. Alguns cargos de gerenciamento de projetos podem exigir uma semana de trabalho de 60 horas e um vasto tempo fora de casa. Quando o gerente de projetos começa a se apaixonar mais pelo trabalho do que pela família, o resultado é falta de amigos, uma vida doméstica ruim e, possivelmente, divórcio. Durante o lançamento dos programas espaciais e de mísseis, empresas estimaram que a taxa de divórcio entre os gerentes de projetos e os engenheiros de projetos foi provavelmente o dobro da média nacional. Aceitar a atribuição de gerenciamento de projetos nem sempre é compatível com cuidar de uma jovem família. As características de um gerente de projetos *workaholic* incluem:

- Toda sexta-feira ele lembra que há apenas mais dois dias até a segunda-feira
- Às 5h00 da tarde ele considera que passou apenas metade do dia de trabalho
- Ele não tem tempo para descansar e relaxar
- Ele sempre leva trabalho do escritório para casa
- Ele leva o trabalho com ele durante as férias

1.14 ORGANIZAÇÕES ORIENTADAS A PROJETOS E ORGANIZAÇÕES NÃO ORIENTADAS A PROJETOS

Guia PMBOK®, 5. ed.
2.0 Influências organizacionais
1.5.2 Organizações e gerenciamentos de projetos

Em um nível micro, praticamente todas as organizações são orientadas seja a marketing, engenharia ou produção. Mas em um nível macro, as organizações ou são orientadas a projetos ou não. O Guia PMBOK® utiliza os termos "baseada em projetos" e "não baseada em projetos", ao passo que neste livro utilizamos os termos "orientada a projetos" e "não orientada a projetos" ou "orientada a operações". Em uma organização orientada a projetos, como os setores de construção ou aeroespacial, todo o trabalho é caracterizado por meio de projetos, com cada projeto como um centro de custo separado tendo seus próprios demonstrativos de lucros e prejuízos.

O lucro total para a empresa é simplesmente a soma dos lucros de todos os projetos. Em uma organização orientada a projetos, tudo gira em torno de projetos.

Na organização não orientada a projetos, como produção de baixa tecnologia, os lucros e prejuízos são mensurados em linhas verticais ou funcionais. Nesse tipo de organização, os projetos existem meramente como apoio às linhas de produtos e às linhas funcionais. Recursos prioritários são designados às atividades de linha funcional produtoras de receitas, em vez de serem designados a projetos.

O gerenciamento de projetos em uma organização não orientada a projetos é geralmente mais difícil pelas seguintes razões:

- Os projetos podem ser esporádicos.
- Nem todos os projetos possuem os mesmos requisitos de gerenciamento de projetos e, portanto, não podem ser gerenciados de forma idêntica. Essa dificuldade resulta em uma má compreensão do gerenciamento de projetos e em uma relutância das empresas em investir em treinamento adequado.
- Os executivos não possuem tempo suficiente para gerenciar os projetos eles mesmos e, ainda assim, se recusam a delegar autoridade.
- Os projetos tendem a atrasar porque as aprovações, na maioria das vezes, seguem a linha de comando vertical. Como resultado, o trabalho do projeto permanece muito tempo em departamentos funcionais.
- Pelo fato de a alocação para o projeto ocorrer de forma "local", apenas uma parte da organização compreende o gerenciamento de projetos e consegue visualizar um sistema em ação.
- Há uma forte dependência de empresas subcontratadas e agências externas para a obtenção de conhecimentos em gerenciamento de projetos.

Organizações não orientadas a projetos também podem ter um fluxo constante de projetos, os quais são geralmente concebidos para melhorar as operações de produção. Alguns projetos podem ser solicitados pelo cliente, como:

- A introdução de conceitos estatísticos de dimensionamento para melhorar o controle de processos
- A introdução de mudanças no processo para melhorar o produto final
- A introdução de conceitos de mudança no processo para aumentar a confiabilidade do produto

Se essas mudanças não são identificadas como projetos específicos, o resultado pode ser:

- Áreas de responsabilidades mal definidas dentro da organização
- Má comunicação, tanto externa como internamente à organização
- Implementação lenta
- Ausência de um sistema de rastreamento de custos para implementação
- Critérios de desempenho mal definidos

A Figura 1-6 mostra a síndrome da ponta do iceberg, que pode ocorrer em todos os tipos de organizações, mas que é mais comum em organizações não orientadas a projetos. Na superfície, tudo o que vemos é a falta de au-

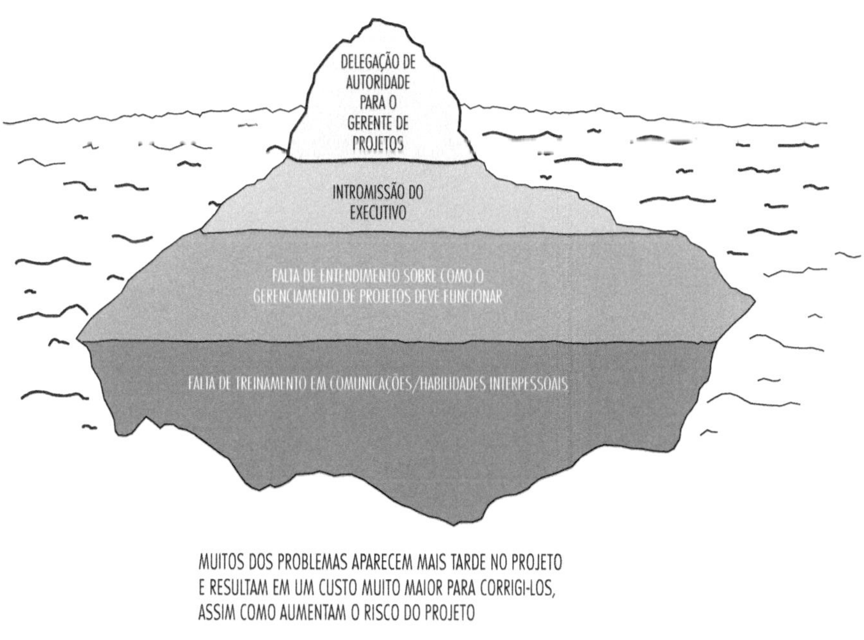

FIGURA 1-6 A síndrome da ponta do iceberg para implementação matricial.

toridade para o gerente de projetos. Mas, sob a superfície, vemos as causas; há intromissão excessiva devido à falta de entendimento do gerenciamento de projetos que, por sua vez, resultou da incapacidade do reconhecimento da necessidade de treinamento adequado.

Nas seções anteriores, declaramos que o gerenciamento de projetos pode ser conduzido tanto de maneira formal como informal. Como pode ser visto na Figura 1-7, o gerenciamento de projetos informal aparece geralmente em organizações não orientadas a projetos. É duvidoso que o gerenciamento de projetos informal possa funcionar em organizações orientadas a projetos, nas quais o gerente de projetos possui a responsabilidade por lucros e prejuízos.

1.15 O MARKETING NAS ORGANIZAÇÕES ORIENTADAS A PROJETOS

Guia PMBOK®, 5. ed.
1.4.3 Projetos e planejamento estratégico

Conseguir novos projetos é a seiva de qualquer negócio orientado a projetos. As práticas da empresa orientada a projetos são, porém, substancialmente diferentes dos tradicionais negócios voltados a produtos e exigem esforços de equipes altamente especializadas e disciplinadas entre o pessoal de marketing, da área técnica e operacional, mais o envolvimento significativo do cliente. Projetos são diferentes de produtos em vários aspectos, especialmente em marketing. Projetos de marketing exigem a habilidade de identificar, perseguir e capturar oportunidades únicas e são caracterizados por:

- **Um Esforço Sistemático:** uma abordagem sistemática geralmente é necessária para desenvolver a condução de um novo programa em um contrato real. O esforço de aquisição do projeto é, com frequência, altamente integrado com programas contínuos e envolve pessoas importantes tanto do cliente potencial como da organização executora.
- **Design sob Medida:** enquanto negócios tradicionais fornecem produtos e serviços padronizados para uma variedade de aplicações e clientes, projetos são itens sob medida para atender a requisitos específicos de uma comunidade de um único cliente.
- **Ciclo de Vida do Projeto:** negócios orientados a projetos possuem um início e um fim bem definidos e não se perpetuam. Os negócios devem ser gerados de projeto em projeto em vez de criarem demanda para um produto ou serviço padronizado.
- **Fase de Marketing:** geralmente, existem longos prazos entre a definição do produto, o início e a conclusão das fases de um projeto.
- **Riscos:** há riscos, especialmente durante a pesquisa, o design e a produção de programas. O gerente de programas não somente tem de integrar as tarefas multidisciplinares e os elementos do projeto dentro das restrições de orçamento e cronograma, como também tem de gerenciar as invenções e a tecnologia, enquanto trabalha com uma variedade de prima-donas orientadas tecnicamente.
- **Capacidade Técnica de Realização:** a habilidade técnica é fundamental para a busca do sucesso e para a aquisição de um novo projeto.

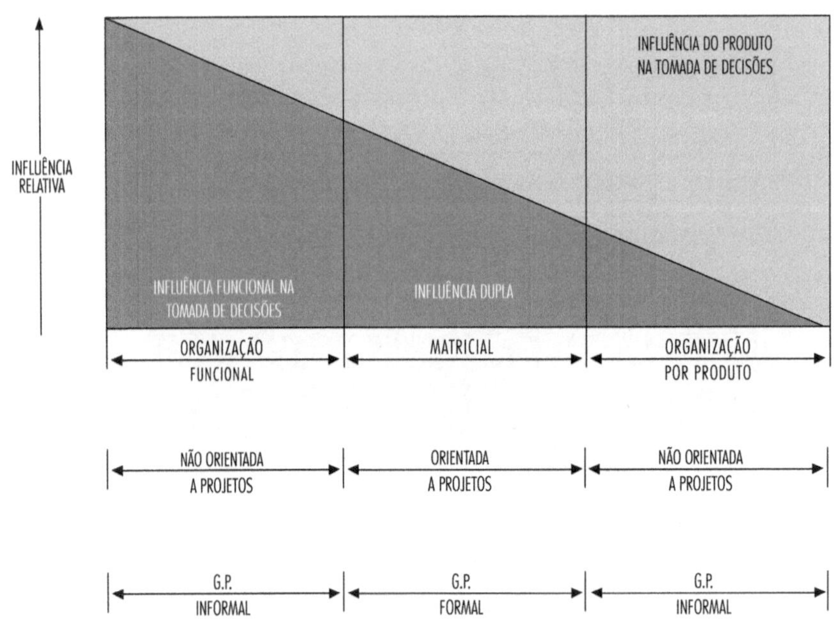

FIGURA 1-7 Influência na tomada de decisões.

A despeito dos riscos e problemas, os lucros em projetos são geralmente muito baixos em comparação com as práticas de negócios comerciais. Alguém pode se perguntar por que as empresas buscam negócios por meio de projetos. Claramente, existem vários motivos pelos quais projetos são bons negócios:

- Embora os lucros imediatos (como porcentagem de vendas) sejam geralmente baixos, o retorno do investimento de capital é frequentemente muito atraente. Práticas de pagamentos escalonados mantêm os inventários e as contas a receber em um nível mínimo e permitem às empresas conceber projetos muitas vezes maiores em valor do que a totalidade de seus ativos.
- Uma vez que um contrato foi garantido e está sendo gerenciado adequadamente, o projeto pode ser de baixo risco financeiro para a empresa. Esta possui poucos gastos adicionais de vendas e um mercado previsível ao longo do ciclo de vida do projeto.
- O ramo de projetos deve ser visto de uma perspectiva mais ampla do que a motivação por lucros imediatos. Os projetos fornecem a oportunidade de desenvolver as capacidades técnicas da empresa e de construir uma base de experiências para o crescimento futuro do negócio.
- Conseguir um projeto grande frequentemente proporciona um potencial atrativo de crescimento, como: (1) crescimento com o projeto por meio de aditivos e mudanças; (2) trabalhos posteriores; (3) peças de reposição, manutenção e treinamento; (4) capacidade de competir de maneira eficaz durante a fase seguinte do projeto, como a maturação de um programa de estudo em um contrato de desenvolvimento e, finalmente, em um contrato de produção.

Os clientes surgem de várias maneiras e em vários tamanhos. Especialmente para pequenas e médias empresas, é um desafio competir por contratos de grandes indústrias ou governos. Embora o contrato para uma empresa possa ser relativamente pequeno, ele geralmente é subcontratado por intermédio de uma organização maior. Vender para um tipo de cliente heterogêneo e diversificado é um desafio de marketing que exige uma abordagem altamente sofisticada e disciplinada.

O primeiro passo no esforço de desenvolvimento de um novo negócio é definir o mercado a ser perseguido. O segmento de mercado para uma oportunidade de um novo programa geralmente está em uma área de relevante experiência passada, capacidade técnica e envolvimento do cliente. Bons profissionais no negócio de programas devem pensar como gerentes de linhas de produtos. Eles precisam entender todas as dimensões do negócio e ser capazes de definir e buscar objetivos de mercado que sejam consistentes com a capacidade de suas organizações.

Negócios de programas operam em um mercado orientado a oportunidades. É um erro comum, no entanto, acreditar que esses mercados são imprevisíveis e ingerenciáveis. O planejamento e a estratégia de mercado são importantes. Novas oportunidades de projetos se desenvolvem ao longo do tempo, às vezes até em anos, para projetos maiores. Esses desenvolvimentos devem ser devidamente acompanhados e cultivados para formar as bases para ações de gerenciamento como: (1) decisões sobre licitações, (2) comprometimento de recursos, (3) prontidão técnica e (4) interface eficaz com o cliente. Essa estratégia para conseguir novos negócios é apoiada por abordagens sistemáticas e disciplinadas que estão ilustradas na Figura 1-8.

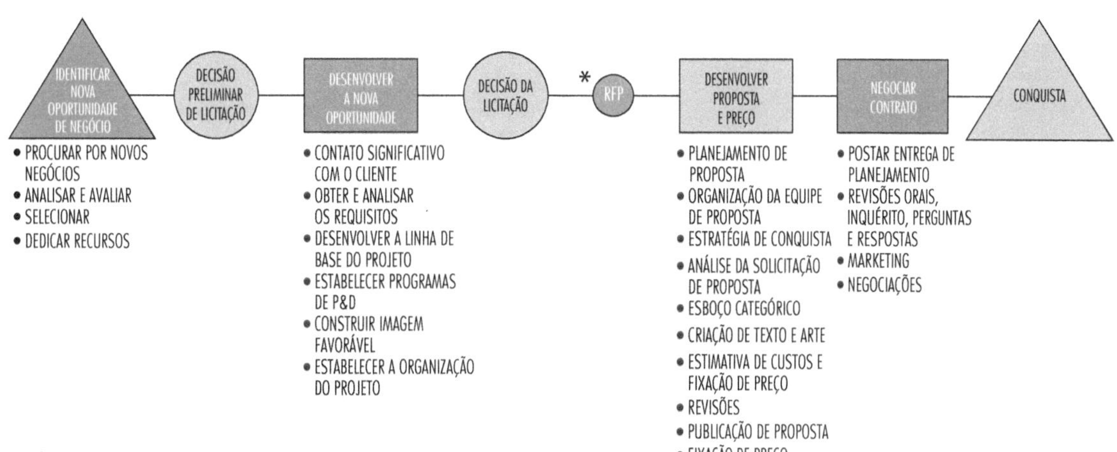

* *RFP* = SOLICITAÇÃO DE PROPOSTA

FIGURA 1-8 As fases de conquista de novos contratos em negócios orientados a projetos.

1.16 CLASSIFICAÇÃO DE PROJETOS

Os princípios de gerenciamento de projetos podem ser aplicados a qualquer tipo de projeto e em qualquer setor. No entanto, o grau relativo de importância desses princípios pode variar de projeto para projeto e de setor para setor. A Tabela 1-5 mostra uma breve comparação entre certos tipos de setores/projetos.

Para os setores orientados a projetos, como o setor aeroespacial e o setor de grandes construções, o alto valor dos projetos obriga a uma abordagem de gerenciamento de projetos muito mais rigorosa. Para setores não orientados a projetos, os projetos podem ser gerenciados mais informal do que formalmente, principalmente se nenhum lucro imediato estiver envolvido. O gerenciamento de projetos informal é parecido com o gerenciamento de projetos formal, mas os requisitos de documentação são mantidos em um nível mínimo.

1.17 A POSIÇÃO DO GERENTE DE PROJETOS

O sucesso do gerenciamento de projetos pode depender facilmente da posição do gerente de projetos dentro da empresa. Duas questões devem ser respondidas:

- Qual salário deve ganhar o gerente de projetos?
- A quem o gerente de projetos deve se reportar?

A Figura 1-9 ilustra uma hierarquia organizacional típica (os números representam categorias salariais). Teoricamente, o gerente de projetos deveria estar no mesmo nível de salário dos indivíduos com os quais ele negocia diariamente. Utilizando esse critério e supondo que o gerente de projetos faça interface com o gerente de departamento, o gerente de projetos deveria ganhar um salário entre os níveis 20 e 25. Um gerente de projetos que ganha significativamente mais ou menos do que o gerente de linha geralmente causará conflitos. A posição final de subordinação do gerente de projetos (e talvez do seu salário) é fortemente dependente de a organização ser ou não orientada a projetos e de o gerente de projetos ser responsável por lucros e prejuízos.

Guia PMBOK®, 5. ed.
2.0 Influências organizacionais

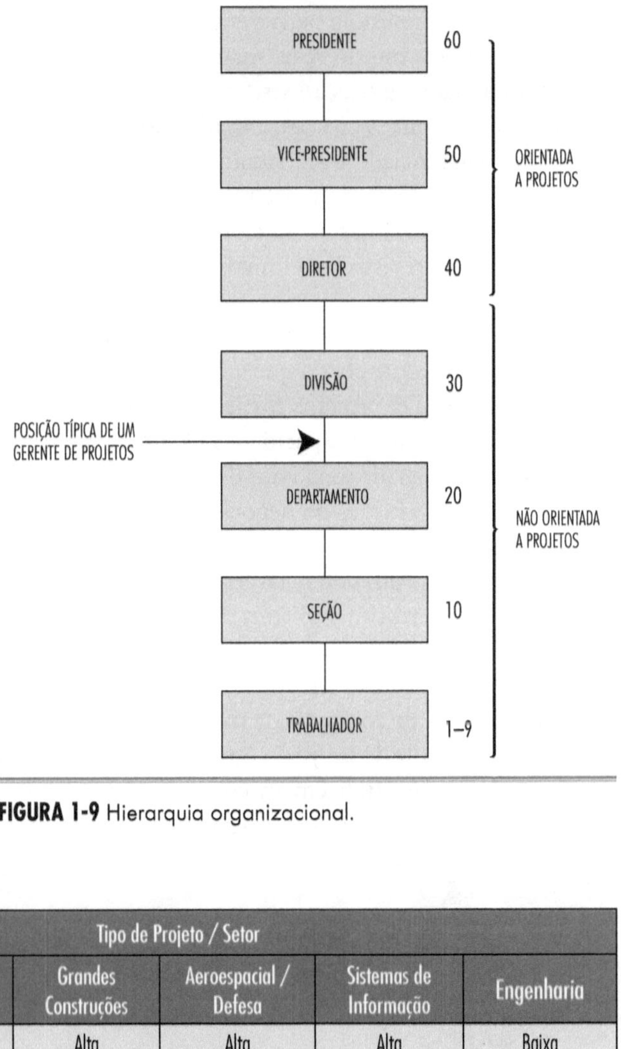

FIGURA 1-9 Hierarquia organizacional.

TABELA 1-5 Classificação dos projetos/características

	Tipo de Projeto / Setor					
	P&D Interno	Pequenas Construções	Grandes Construções	Aeroespacial / Defesa	Sistemas de Informação	Engenharia
Necessidade de habilidades interpessoais	Baixa	Baixa	Alta	Alta	Alta	Baixa
Importância da estrutura organizacional	Baixa	Baixa	Baixa	Baixa	Alta	Baixa
Dificuldades de gerenciamento do tempo	Baixa	Baixa	Alta	Alta	Alta	Baixa
Número de reuniões	Excessivo	Baixo	Excessivo	Excessivo	Alto	Médio
Supervisor do gerente do projeto	Gerência Média	Alta Gerência	Alta Gerência	Alta Gerência	Gerência Média	Gerência Média
Presença do patrocinador do projeto	Sim	Não	Sim	Sim	Não	Não
Intensidade de conflitos	Baixa	Baixa	Alta	Alta	Alta	Baixa
Nível de controle dos custos	Baixo	Baixo	Alto	Alto	Baixo	Baixo
Nível de planejamento/programação do cronograma	Apenas marcos	Apenas marcos	Plano detalhado	Plano detalhado	Apenas marcos	Apenas marcos

O gerente de projetos pode estar subordinado a níveis altos e baixos em uma organização durante o ciclo de vida de um projeto. Durante a fase de planejamento do projeto, ele pode se reportar aos níveis altos; ao passo que durante a implementação, ele pode se reportar a níveis mais baixos. Da mesma forma, a posição do gerente de projetos pode ser dependente do risco, do tamanho ou do cliente do projeto.

Finalmente, deve-se notar que mesmo que o gerente de projetos se reporte a níveis mais baixos, ele ainda deve ter o direito de fazer a interface com os executivos durante o planejamento do projeto, embora possa haver dois ou mais níveis de subordinação entre o gerente de projetos e os executivos. No lado oposto do espectro, o gerente de projetos deve ter o direito de ir diretamente às profundezas da organização, em vez de ter de seguir as linhas descendentes de comando, especialmente durante o planejamento. Como exemplo, veja a Figura 1-10. O gerente de projetos tinha duas semanas para planejar e orçar um pequeno projeto. A maior parte do trabalho deveria ser realizada dentro de uma seção. Ele foi informado de que todas as solicitações de trabalho, mesmo durante as estimativas, teriam de seguir a linha de comando desde o executivo até o supervisor da seção. Quando a solicitação foi recebida pelo supervisor da seção, 12 dos 14 dias haviam passado e foi possível realizar apenas uma estimativa de ordem de grandeza. A lição a ser aprendida com isso é:

- A linha de comando deve ser utilizada para a aprovação de projetos e não para o planejamento de projetos.

Forçar o gerente de projetos a utilizar a linha de comando (em qualquer direção) para o planejamento pode resultar em grande quantidade de tempo improdutivo e em custo de tempo ocioso.

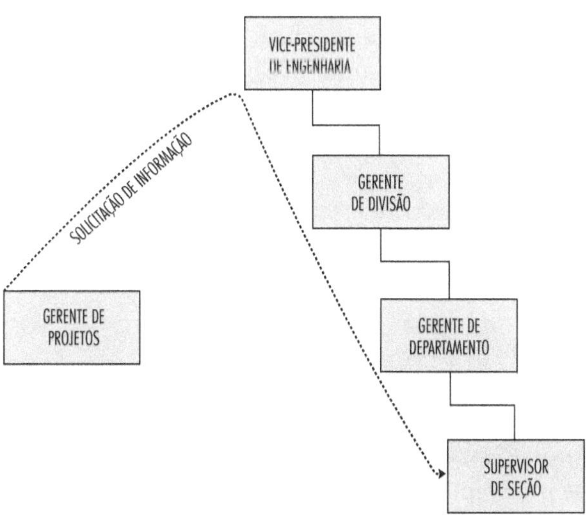

FIGURA 1-10 A hierarquia organizacional: para planejamento e/ou aprovação?

1.18 DIFERENTES VISÕES SOBRE GERENCIAMENTO DE PROJETOS

Muitas empresas, especialmente aquelas organizações orientadas a projetos, possuem visões diferentes sobre gerenciamento de projetos. Algumas pessoas veem o gerenciamento de projetos como um meio excelente de se atingir objetivos, ao passo que outros veem como uma ameaça. Em organizações orientadas a projetos, existem três caminhos que podem levar à alta administração:

- Por meio do gerenciamento de projetos
- Por meio da engenharia de projetos
- Por meio da gerência de linha

Em organizações orientadas a projetos, a posição da via expressa está no gerenciamento de projetos, ao passo que em uma organização não orientada a projetos, está na gerência de linha. Embora os gerentes de linha apoiem a abordagem de gerenciamento de projetos, eles se ressentem com o gerente de projetos pelas suas promoções e visibilidade no alto nível. Em uma construtora, o gerente de departamento foi informado de que não teria chances de promoção, a não ser que migrasse para o gerenciamento de projetos ou para a engenharia de projetos, onde passaria a conhecer as operações de toda a empresa. Uma segunda construtora exige que os indivíduos aspirantes a gerentes de departamento primeiro passem uma "temporada" como gerente de projetos assistente ou engenheiro de projetos assistente.

Executivos podem ter antipatia pelos gerentes de projetos porque devem delegar mais autoridade e controle. Porém, uma vez que os executivos percebem que essa é uma boa prática de trabalho, isso torna-se importante, como mostrado na carta[8] a seguir:

> A fim de perceber e reagir rapidamente e para garantir uma rápida tomada de decisão, as linhas de comunicação devem ser as mais curtas possíveis entre todos os níveis da organização. As pessoas com maior conhecimento devem estar disponíveis na fonte do problema, e devem ter autoridade e responsabilidade pela tomada de decisão. Dados importantes devem estar disponíveis de forma periódica e a organização deve ser estruturada para produzir esse ambiente.
>
> Na indústria aeroespacial, é uma grave fraqueza ficar preso a organogramas, planos e procedimentos fixos. Em relação à organização, nós unimos com sucesso o conceito de projeto da

[8] Carta de J. Donald Rath, Vice-Presidente da Corporação Martin-Marietta, Divisão Denver, para J. E. Webb, da Nasa, 18 de outubro de 1963.

administração com o conceito de função central. O que resultou disso foi uma organização dentro da organização – uma para cutucar os problemas do dia a dia; e outra para fornecer apoio aos projetos existentes e para antecipar os requisitos para projetos futuros.

O sistema do projeto é essencial para conseguir fazer com que trabalhos complicados sejam benfeitos e realizados no prazo, mas ele resolve apenas parte do problema da administração. Quando você mergulha de cabeça no projeto, nem sempre fica em condições de ver muito além desse projeto. É aí que entra a organização funcional central. Minha experiência diz que você precisa dessa organização central para obter profundidade, flexibilidade e perspectiva. Juntas, as duas partes permitem que você veja tanto a floresta como as árvores.

A iniciativa é essencial em todos os níveis da organização. Tentamos pressionar o nível das decisões para o degrau mais baixo possível da escada gerencial. Esse tipo de tomada de decisão motiva e permite o reconhecimento para o indivíduo e para o grupo em todos os níveis. Estimula a ação e cria dedicação.

Com esse tipo de incentivo, a organização se torna algo vivo – sensível a problemas e capaz de lidar com eles com muito mais rapidez e entendimento do que seria esperado normalmente em uma grande operação. Dessa forma, podemos nos reagrupar ou nos reorganizar facilmente conforme as situações determinam e podemos focar rapidamente em uma "crise". Nesse setor, uma empresa deve ser sempre capaz de se redirecionar para atingir novos objetivos. Em uma organização mais estática e conservadora, a frequente reorientação, geralmente acompanhada por mudanças correspondentes nas atividades das pessoas, poderia ser mais perturbadora. No entanto, na indústria aeroespacial, devemos estar preparados para a mudança. Todo o quadro é de mudanças.

Os desafios do gerencimaneto de projetos no setor público

Os gerentes de projetos do setor privado gostam de presumir que o seu trabalho é mais exigente do que os projetos do setor público. Eles presumem que seus projetos são mais complexos, sujeitos a uma supervisão de gestão mais dura e exigidos a mover-se em velocidades mais rápidas. Embora os do setor privado possam ser mais difíceis, em muitos casos, é mais fácil alcançar resultados no setor privado do que no setor público.

Projetos do setor público podem ser mais difíceis que muitos projetos do setor privado porque:

- Operam em um ambiente de metas e resultados frequentemente conflitantes
- Envolvem muitas camadas de partes interessadas do projeto com interesses variados
- Devem apaziguar interesses políticos e operam sob o escrutínio da mídia
- Permitem pouca tolerância a falhas
- Atuam em organizações que, muitas vezes, têm dificuldades em identificar resultados, medidas e missões
- Exige-se que sejam realizados sob restrições impostas por regras administrativas e políticas muitas vezes pesadas, e processos que podem atrasar e consumir recursos do projeto
- Requerem a cooperação e atuação de entidades ou setores que não fazem parte do time do projeto para compras, contratações e outras funções
- Devem se contentar com os recursos humanos existentes com mais frequência do que nos projetos do setor privado por causa de proteções ao trabalho civil e sistemas de contratação
- São realizados em organizações que podem não estar confortáveis ou acostumadas a ações dirigidas e ao sucesso do projeto
- São realizados em ambientes que podem incluir adversários políticos

Como se esses desafios não fossem difíceis o suficiente, em razão de sua capacidade para empurrar o ônus de pagar por projetos para as gerações futuras, os projetos do setor público têm um alcance profundo no futuro. Isso introduz o desafio de atender às necessidades de partes interessadas que ainda não estão "à mesa" e cujos interesses podem ser de difícil identificação. Alguns também citam a relativa falta de maturidade de gerenciamento de projetos em organizações públicas como um desafio dos projetos do setor público.

Além dessas complicações, os projetos públicos, muitas vezes, são mais complexos do que os do setor privado. Para alguns projetos, o resultado pode ser definido no início do projeto. Projetos de construção são um exemplo. Para outros projetos, o resultado esperado só pode ser definido à medida que o projeto avança. Exemplos disso são projetos de mudança organizacional e projetos de tecnologia da informação complexos. Apesar de o primeiro tipo de projeto ser difícil e exigir planejamento e implementação detalhados, o segundo tipo, aquele cujos resultados são determinados ao longo do projeto, é considerado mais desafiador. Eles exigem mais interação com as partes interessadas e uma maior abertura a fatores fora do controle da equipe do projeto.

Em virtude das várias partes interessadas envolvidas, dos tipos de projetos e da dificuldade de identificar resultados mensuráveis, mais projetos do setor público tendem a ser deste último tipo e mais difíceis. A complexidade do projeto e as ferramentas para gerenciar a complexidade e o caos serão discutidas mais adiante neste livro.

Como resultado das características peculiares das organizações do setor público, os projetos do setor público exigem gestão não somente da equipe do projeto, mas de toda uma comunidade. Pouco é realizado no setor público por indivíduos isolados ou mesmo por equipes trabalhando em isolamento. Em vez disso, os projetos do setor público envolvem grandes grupos de partes interessadas que não só têm participação no projeto, mas também têm voz e oportunidade para influenciar os resultados. Nos projetos do setor público, embora o gerente de projeto possa ser responsabilizado, em última análise, a governança do projeto e o crédito pelo sucesso devem ser compartilhados.

A boa notícia para os gerentes de projetos do setor público é que a comunidade de partes interessadas, que pode parecer um fardo, também pode ser considerada uma oportunidade e uma fonte de recursos e apoio. Muitas dessas partes interessadas estão prontas para prestar ajuda ao gerente do projeto enquanto ele ou ela tenta navegar pelas restrições que afetam o projeto. Outros podem ser convocados para apoiar o projeto, e sua autoridade pode fazer a diferença entre o sucesso e o fracasso do projeto.

A tempestade que se aproxima

Além dos desafios existentes de projetos do setor público relacionados anteriormente, alguns fatores vão colocar em breve mais estresse em organizações do setor público, e exigir ainda mais ênfase na gestão sólida de projetos. Alguns dos desafios emergentes para as organizações do setor público incluem:

- Crescimento econômico modesto ou estagnado
- Globalização e perda da base de rendimento industrial e, cada vez mais, da base de rendimento do setor de serviços
- Diminuição dos salários reais e pressão para uma reforma tributária
- Práticas do setor privado delegam a rede de segurança corporativa aos indivíduos, que então buscam o governo para esses mecanismos essenciais de segurança, como cobertura de saúde
- Dificuldade em transmitir a necessidade de rendimentos públicos aos contribuintes e uma perda geral de confiança no governo
- Limitações estruturais na geração de rendimentos, como a indexação fiscal de propriedade
- Redirecionamento dos escassos rendimentos públicos para a segurança e a defesa interna sem a imposição de tributos de guerra
- A erosão dos rendimentos do setor público com programas de benefícios que esgotam as rendas em resposta ao envelhecimento da população
- Um desequilíbrio de idade, com menos trabalhadores fornecendo mão de obra para suportar o número crescente de aposentados e crianças
- Maior expectativa de vida, o que sobrecarrega programas de benefícios e de saúde
- Aumento crescente dos custos com assistência médica muito além do nível de inflação
- Investimentos tardios em infraestrutura nacional, incluindo estradas, pontes e sistemas hídricos

Em conjunto, esses fatores constituem uma tempestade iminente que irá exigir que questionemos nossas premissas sobre as operações e serviços do governo. Fazer muito mais com muito menos vai exigir um novo pensamento sobre como o governo executa o seu trabalho. Isto exigirá mais inovação do que desenvolvimento de novos serviços. Será necessário um repensar radical sobre o que o governo faz e sobre a forma como pretende que essas coisas se realizem.

Por que projetos do setor público falham?

Projetos do setor público falham por todas as razões normais que qualquer projeto falha. Projetos em todos os setores da economia falham porque:

- Não conseguem identificar as necessidades dos clientes ou usuários do produto ou do projeto
- Criam agendas excessivamente otimistas e falham em antecipar o impacto das entregas finais
- Não obtêm os recursos necessários para concluir o projeto
- Não dedicam tempo suficiente para o planejamento do projeto
- Estão sujeitos à mudança de prioridades de gestão
- Empregam tecnologia que não funciona como o esperado
- Não obtêm um bom desempenho dos fornecedores
- Ficam sobrecarregados por projetos concorrentes e não aplicam uma sólida priorização de projetos
- Não identificam, analisam e tratam os riscos do projeto adequadamente
- Fazem premissas que não são validadas e acordadas
- Dissolvem frente a conflitos entre as partes interessadas
- São surpreendidos por acontecimentos inesperados [Mais comentários no Capítulo 14 sobre os desafios de gerenciar incerteza e caos.]
- Não aplicam métodos sólidos e reproduzíveis de gerenciamento de projetos
- Não têm o benefício de um gerente de projetos experiente
- Não engajam e envolvem as partes interessadas ao longo do projeto
- Não identificam as lições aprendidas em projetos anteriores
- Definem um escopo de projeto muito amplo que pode não ser bem definido

Além disso, os projetos do setor público podem falhar por um conjunto de razões relacionadas ao caráter único dos projetos do setor público. A este respeito, eles:

- Entram em conflito com os processos políticos
- Não dispõem dos recursos necessários em virtude da exigência de usar o pessoal disponível em vez de contratar pessoas com a experiência adequada
- São restringidos pelas regras da função pública que limitam a atribuição de atividades para a equipe do projeto
- Perdem autorização orçamentária
- Perdem apoio na mudança de administração em decorrência dos ciclos eleitorais
- São dominados por regras administrativas e processos necessários para a compra e contratação
- Falham ao satisfazer agências supervisoras
- Adotam abordagens excessivamente conservadoras por causa da natureza controversa do ambiente de projeto
- São vitimados por fornecedores de qualidade inferior que foram selecionados por meio de processos de compra excessivamente focados em custos ou que podem ser influenciados por fatores que não são relevantes para o desempenho
- Estão comprometidos pela tendência de gerentes e funcionários do setor público em garantir a conformidade acima do desempenho
- Falham ao identificar os objetivos do projeto, em razão da ampla gama de partes interessadas no setor público e dos desafios de identificar os objetivos e métricas para o sucesso no setor público

1.19 GERENCIAMENTO DE PROJETOS NO SETOR PÚBLICO

Por várias décadas, os projetos do setor público nos Estados Unidos foram geridos por contratados cujo principal objetivo era o lucro. Esses contratados, muitas vezes, podiam fazer compensações e acompanhamento de decisões apenas para apoiar o objetivo do lucro. Ao final do projeto, forneciam ao agente do setor público uma entrega, mas levavam consigo as melhores práticas e lições aprendidas do gerenciamento do projeto.

Atualmente, os agentes do setor público norte-americano solicitam ao contratado que compartilhe toda a propriedade intelectual de gerenciamento de projetos acumulada durante o transcorrer do projeto. Além disso, mais agentes estão se tornando experientes em gerenciamento de projetos a ponto de os projetos serem gerenciados pelo pessoal interno em vez dos contratados.

À medida que mais e mais agentes do governo adotam a abordagem de gerenciamento de projetos, descobrimos que os projetos do setor público podem ser mais complexos que os projetos do setor privado e mais difíceis de gerenciar. De acordo com David Wirick[9]:

1.20 GERENCIAMENTO DE PROJETOS INTERNACIONAIS

À medida que o mercado mundial começa a aceitar o gerenciamento de projetos e reconhece a necessidade de gerentes de projetos experientes, mais oportunidades se tornaram disponíveis para as pessoas que aspiram se tornar gerentes de projeto. A necessidade existe e está crescendo. De acordo com Thomas Grisham[10]:

> Nos últimos dez anos, os negócios internacionais e a prática de gerenciamento de projetos têm convergido. As organizações estão tendendo para a contratação de pessoas multitalentosas que são automotivadas, inteligentes e dispostas a assumir responsabilidades. Algumas das razões são as seguintes:
>
> - Necessidade de organizações mais enxutas e planas para reduzir custos
> - Necessidade de competências de liderança em toda a cadeia alimentar organizacional, do topo para baixo – liderar um dia, ser liderado no próximo e estar confortável nos dois papéis
> - Necessidade de profissionais do conhecimento em toda a organização
> - Globalização e a necessidade de melhorar a qualidade reduzindo custos
> - *Kaizen* para manter alta qualidade, reduzindo custos
> - Diversidade
>
> Anos atrás, as empresas tinham três níveis de remuneração para os gerentes de projeto; gerentes de projeto júnior, gerentes de projeto e gerentes de projeto sênior. Hoje, estamos adicionando uma quarta faixa salarial, a do gerente de projeto global. Infelizmente, pode haver outras habilidades necessárias para ser um gerente de projeto global. Algumas das habilidades adicionais incluem gerenciamento de equipes virtuais, compreender as diferenças culturais globais, trabalhar em um ambiente em que a política pode ditar muitas das decisões e trabalhar com comitê de governança em vez de um único patrocinador do projeto.

1.21 ENGENHARIA SIMULTÂNEA: UMA ABORDAGEM DE GERENCIAMENTO DE PROJETOS

Na década passada, as organizações se tornaram mais conscientes do fato de que a arma mais formidável dos Estados Unidos é sua capacidade de produção e, ainda assim, cada vez mais trabalho está sendo desviado para o sudeste da Ásia e para o Extremo Oriente. Se os Estados Unidos e outros países devem manter-se competitivos, então a sobrevivência pode depender da produção de um produto de qualidade e de uma introdução rápida no mercado. Hoje, as empresas estão sob tremenda pressão para introduzir rapidamente novos produtos porque o ciclo de vida dos produtos está ficando menor. Como resultado, as organizações não se dão mais ao luxo de executar trabalho em série.

Engenharia simultânea ou concorrente é uma tentativa de realizar trabalho em paralelo em vez de em série. Isso requer que marketing, P&D, engenharia e produção estejam todos envolvidos ativamente durante as fases iniciais do projeto e que desenvolvam planos, mesmo antes de o design do produto estar finalizado. O conceito de engenharia simultânea acelera o desenvolvimento de produtos, mas traz riscos sérios e dispendiosos, sendo o maior deles o custo de retrabalho.

Quase todos concordam que a melhor forma de reduzir ou minimizar os riscos é a organização planejar melhor. Uma vez que o gerenciamento de projetos é uma das melhores metodologias para se fomentar um melhor planejamento, não é de se admirar que mais organizações estejam aceitando o gerenciamento de projetos como caminho.

1.22 VALOR AGREGADO

As pessoas muitas vezes querem saber o que os gerentes de projetos fazem com seu tempo uma vez que o plano de projeto é criado. Embora seja verdade que eles monitoram e controlam o trabalho que está sendo realizado,

---

9 WIRICK, D. W. *Public-sector project management*. Hoboken, NJ: Wiley, 2009. p. 8-10, 18-19.

10 GRISHAM, T. W. *International project management*. Hoboken, NJ: Wiley, 2010. p. 3.

também procuram maneiras de adicionar valor ao projeto. Valor agregado pode ser definido como melhorias incrementais para a entrega de um projeto de tal forma que o desempenho será melhorado ou uma vantagem comercial significativa é obtida, e que o cliente está disposto a pagar por essa diferença. A procura por oportunidades de valor agregado que beneficiam o cliente é uma boa abordagem, uma vez que a procura por oportunidades fictícias de valor agregado apenas para aumentar o custo do projeto é ruim.

Em certos projetos, como no desenvolvimento de novos produtos na indústria farmacêutica, os gerentes de projeto devem estar atentos às oportunidades. De acordo com Trevor Brown e Stephen Allport[11]:

> A questão crítica enfrentada por empresas que compreendem a importância da construção de valor para o cliente em novos produtos é como incorporar isso no processo de desenvolvimento e investir adequadamente para compreender plenamente a oportunidade. Na prática, as equipes de projeto têm mais oportunidades do que geralmente se imagina para adicionar, aprimorar ou diminuir o valor em cada uma das quatro perspectivas; corporativa, médica, pagador e paciente. As ferramentas de que as equipes do projeto dispõem para melhorar a geração de valor para o cliente incluem desafiar e aprimorar processos estabelecidos, adotando uma abordagem dirigida a valor para gerenciamento dos projetos de desenvolvimento, aproveitando metodologias testadas e aprovadas para a compreensão do valor do produto.

Os gerentes de projeto geralmente não reservam tempo suficiente para avaliar oportunidades. Nesse caso, ou a mudança de escopo é reprovada ou é autorizada, e repentinamente o projeto fica em risco quando informações adicionais são descobertas. As oportunidades devem ser totalmente compreendidas.

1.23 DICAS DE ESTUDO PARA O EXAME DE CERTIFICAÇÃO EM GERENCIAMENTO DE PROJETOS PMI®

Esta seção aplica-se à revisão dos princípios de apoio às áreas de conhecimento e grupos de processos do Guia PMBOK®. Este capítulo aborda parte do conteúdo das áreas de conhecimento do Guia PMBOK®:

- Gerenciamento da Integração
- Gerenciamento do Escopo
- Gerenciamento dos Recursos Humanos

A compreensão dos princípios a seguir é benéfica se o leitor estiver utilizando este livro em conjunto com o Guia PMBOK® como estudo para o Exame de Certificação PMP®:

- Definição de um projeto
- Definição da restrição tripla
- Definição da execução bem-sucedida de um projeto
- Benefícios da utilização do gerenciamento de projetos
- A responsabilidade do gerente de projetos em lidar com as partes interessadas e como estas podem afetar o resultado do projeto
- A responsabilidade do gerente de projetos em cumprir as entregas
- O fato de que o gerente do projeto é o principal responsável pelo sucesso do projeto
- As responsabilidades do gerente de linha durante a alocação de pessoal e execução no gerenciamento de projetos
- O papel do executivo patrocinador e do campeão
- Diferença entre organização orientada a projetos e organização não orientada a projetos

Certifique-se de revisar as devidas seções do Guia PMBOK® e o glossário de termos ao final do Guia PMBOK®.

Algumas questões de múltipla escolha são fornecidas nessa seção como revisão do material. Há outras fontes para revisão de questões práticas que são específicas para o Exame PMP®, a saber:

- *Project Management IQ®*, do International Institute for Learning (iil.com)
- *PMP® Exam Practice Test and Study Guide*, do editor J. LeRoy Ward, PMP
- *PMP® Exam Prep*, de Rita Mulcahy
- *Q & As for the PMBOK® Guide*, Project Management Institute

Quanto mais questões práticas revisadas, mais bem preparado o leitor estará para o Exame de Certificação PMP®.

No Apêndice C, há uma série de pequenos estudos de casos chamados Dorale Products que revisam alguns dos conceitos. Os minicasos podem ser utilizados ou como introdução ao capítulo ou como revisão do conteúdo do capítulo. Esses pequenos estudos de casos foram colocados no Apêndice C porque podem ser utilizados para vários capítulos no livro. Para este capítulo, se aplicam os seguintes:

---

[11] BROWN, T. J.; ALLPORT, S. Developing products with added value. In: HARPUM, P. (Ed.). *Portfolio, program, and project management in the pharmaceutical and biotechnology industries.* Hoboken, NJ: Wiley, 2010. p. 218.

- Dorale Products (A) [Gerenciamento da Integração e do Escopo]
- Dorale Products (B) [Gerenciamento da Integração e do Escopo]

As respostas aos minicasos Dorale Products estão no Apêndice D.

As seguintes questões de múltipla escolha ajudarão na revisão dos conceitos citados:

1. As restrições triplas em um projeto são:
   a. Tempo, custos e lucratividade
   b. Recursos adquiridos, envolvimento do patrocínio e financiamento
   c. Tempo, custos e qualidade e/ou escopo
   d. Datas de calendários, instalações disponíveis e financiamento
2. Qual das seguintes alternativas não faz parte da definição de projeto?
   a. Atividades repetitivas
   b. Restrições
   c. Utilização de recursos
   d. Um objetivo bem definido
3. Qual das seguintes alternativas geralmente não faz parte dos critérios para o sucesso do projeto?
   a. Satisfação do cliente
   b. Aceitação do cliente
   c. Cumprir pelo menos 75% dos requisitos de especificação
   d. Atender aos requisitos da restrição tripla
4. Qual das seguintes alternativas geralmente não é um benefício conseguido por meio da utilização do gerenciamento de projetos?
   a. Flexibilidade na data final do projeto
   b. Gerenciamento de riscos melhorado
   c. Estimativas melhoradas
   d. Rastreamento dos projetos
5. A pessoa responsável por designar recursos ao projeto é geralmente:
   a. O gerente do projeto
   b. O departamento dos recursos humanos
   c. O gerente de linha
   d. O executivo patrocinador
6. Conflitos entre o gerente de projetos e o gerente de linha são frequentemente resolvidos pelo(a):
   a. Gerente de projetos assistente para conflitos
   b. Patrocinador do projeto
   c. Comitê diretor
   d. Departamento de recursos humanos
7. Sua empresa realiza apenas projetos. Se os projetos realizados pela sua empresa são para clientes externos e existe um critério de lucros no projeto, então sua organização é provavelmente:
   a. Orientada a projetos
   b. Não orientada a projetos
   c. Híbrida
   d. Todas as alternativas anteriores são possíveis, com base na margem de lucro

RESPOSTAS

1. C 2. A 3. C 4. A 5. C 6. B 7. A

EXERCÍCIOS

1-1 No ambiente de projetos, relacionamentos de causa e efeito são quase sempre aparentes. O bom gerenciamento de projetos analisará o efeito para entender melhor a causa e possivelmente prevenir que ocorra novamente. Abaixo estão causas e efeitos. Para cada um dos efeitos, selecione a(s) possível(is) causa(s) que pode(m) ter existido para criar essa situação:

Efeitos

1. Conclusão atrasada de atividades
2. Sobrecustos
3. Desempenho abaixo do padrão
4. Alta taxa de rotatividade no pessoal do projeto
5. Alta taxa de rotatividade no pessoal funcional
6. Dois departamentos funcionais realizando as mesmas atividades em um projeto

Causas

a. A alta administração não reconhece essa atividade como projeto
b. Vários projetos executados ao mesmo tempo
c. Comprometimentos com prazos impossíveis
d. Ausência de participação funcional na fase de planejamento
e. Ninguém responsável pelo projeto total
f. Controle precário das mudanças de design
g. Controle precário das mudanças do cliente
h. Entendimento precário do trabalho do gerente de projetos
i. Pessoa errada designada como gerente de projetos
j. Ausência de planejamento e controle integrados
k. Os recursos da empresa estão super comprometidos
l. Planejamento e prazos irreais
m. Falta de capacidade na contabilidade dos custos do projeto
n. Prioridades conflitantes no projeto
o. Escritório de projetos precariamente organizado

(Exercício adaptado de Russell D. Archibald, *Managing High-Technology Programs and Projects*. New York: John Wiley, 1976. p. 10.)

1-2 Por causa da individualidade das pessoas, sempre existem visões diferentes sobre o que é gestão. A seguir, estão listados possíveis perspectivas e um grupo selecionado de membros organizacionais. Para cada indivíduo selecione as possíveis maneiras às quais esse indivíduo vê o gerenciamento de projetos:

Indivíduos

1. Alta administração
2. Gerente de projetos
3. Gerente funcional
4. Membro da equipe do projeto
5. Cientista e consultor

Perspectivas

a. Uma ameaça à autoridade estabelecida
b. Uma fonte para futuros gerentes gerais
c. Uma causa de mudanças indesejadas em procedimentos contínuos
d. Um meio para um fim
e. Um mercado importante para seus serviços
f. Um lugar para construir um império
g. Um mal necessário à gestão tradicional
h. Uma oportunidade de crescimento e progresso
i. Uma forma melhor de motivar pessoas em direção a um objetivo
j. Uma fonte de frustração em autoridade
k. Uma forma de introduzir mudanças controladas
l. Uma área de pesquisa
m. Um veículo para a introdução de criatividade
n. Um meio de coordenar as unidades funcionais
o. Um meio de profunda satisfação
p. Um caminho

1-3 Considere uma organização que é composta de gerentes de alto, médio e baixo escalões e de colaboradores. Qual dos grupos deve ser o primeiro a perceber que pode ser necessário uma reestruturação organizacional direcionada para o gerenciamento de projetos?

1-4 Como você defenderia a declaração de que um gerente de projetos deve ajudar a si mesmo?

1-5 O gerenciamento de projetos funcionará em todas as empresas? Em caso contrário, identifique aquelas empresas nas quais o gerenciamento de projetos pode não ser aplicável e defenda suas respostas.

1-6 Em uma organização de projetos, você acha que pode existir um conflito de opiniões em relação a quem contribui para os lucros, se é o gerente de projetos ou o gerente funcional?

1-7 Quais atributos um gerente de projetos deve possuir? Pode um indivíduo ser treinado para se tornar um gerente de projetos? Se uma empresa estivesse mudando para uma estrutura de gerenciamento de projetos, seria melhor promover um treinamento interno ou contratar externamente?

1-8 Você acha que gerentes funcionais seriam bons gerentes de projetos?

1-9 Quais tipos de projetos podem ser mais apropriados para um gerenciamento funcional em vez de gerenciamento de projetos, e vice-versa?

1-10 Você acha que haveria mudanças no relativo grau de importância dos seguintes termos em um ambiente de gerenciamento de projetos, em oposição ao ambiente da gestão tradicional?
a. Gerenciamento do tempo
b. Comunicações
c. Motivação

1-11 A gestão clássica é definida, com frequência, como um processo no qual o gerente não necessariamente realiza as coisas por ele mesmo, mas alcança os objetivos por intermédio de outros, em uma situação de grupo. Essa definição também se aplica ao gerenciamento de projetos?

1-12 Qual das seguintes alternativas são características básicas do gerenciamento de projetos?
a. Problema do cliente
b. Identificação de responsabilidade
c. Abordagem sistêmica para a tomada de decisões
d. Adaptação a um ambiente em constante mudança
e. Atividades multidisciplinares em uma duração de tempo finita
f. Relacionamentos organizacionais horizontais e verticais

1-13 Gerentes de projetos são geralmente dedicados e comprometidos com o projeto. Quem deveria "supervisionar" o gerente de projetos para garantir que o trabalho e as solicitações também estejam dentro dos melhores interesses da empresa? Sua resposta depende da prioridade do projeto?

1-14 O gerenciamento de projetos é designado a transferir poder dos gerentes de linha para os gerentes de projetos?

1-15 Explique como planos de carreira e crescimento profissional podem ser diferentes entre organizações orientadas a projetos e organizações não orientadas a projetos. Em cada organização, o plano de carreira é mais rápido no gerenciamento de projetos, na engenharia de projetos ou na gerência de linha?

1-16 Explique como a seguinte declaração pode ter uma influência sobre quem é, fundamentalmente, selecionado como parte da equipe do projeto:
"Chega uma hora no ciclo de vida de todos os projetos em que se deve retirar os engenheiros de design e começar a produção."

1-17 Como você lida com a situação em que o gerente do projeto se tornou um generalista, mas ainda pensa que é um especialista?

ESTUDO DE CASO

WILLIAMS MACHINE TOOL COMPANY

Por 85 anos, a Williams Machine Tool Company forneceu produtos de qualidade a seus clientes, tornando-se a terceira maior empresa de máquinas-ferramenta dos Estados Unidos em 1990. A empresa era altamente lucrativa e tinha uma taxa de rotatividade de funcionários extremamente baixa. Os salários e os benefícios eram excelentes.

Entre 1980 e 1990, os lucros da empresa subiram a níveis recorde. O sucesso da empresa era devido a uma linha de produtos de máquinas-ferramenta para a fabricação padrão. A Williams gastou a maior parte de seu tempo e esforços procurando maneiras de melhorar sua linha básica de produtos, em vez de desenvolver novos produtos. A linha de produtos era tão bem-sucedida que as empresas estavam preferindo modificar suas linhas de produção em torno dessas máquinas-ferramenta em vez de solicitar à Williams modificações em seus produtos.

Em 1990, a Williams Company era extremamente complacente, esperando que seu sucesso fenomenal com uma linha de produtos continuasse por mais 20 a 25 anos. A recessão do início dos anos 1990 forçou a administração a realinhar seus pensamentos. Cortes na produção diminuíram a demanda por máquinas-ferramenta. Mais e mais clientes estavam solicitando ou grandes modificações à máquina-ferramenta padrão, ou um redesenho total de um novo produto.

O mercado estava mudando e a alta administração reconheceu que era necessário um novo foco estratégico. Porém, os níveis mais baixos de gestão e a força de trabalho, especialmente a engenharia, estavam muito resistentes à mudança. Os empregados, muitos com mais de 20 anos de trabalho na Williams Company, se recusaram a reconhecer a necessidade dessa mudança, na crença de que os dias de glória de outrora retornariam ao final da recessão.

Em 1995, a recessão já acabara havia pelo menos dois anos e a Williams Company ainda não tinha novas linhas de produtos. A receita estava baixa, as vendas para o produto padrão (com e sem modificações) estavam diminuindo e os funcionários ainda resistiam à mudança. As demissões eram iminentes.

Em 1996, a empresa foi vendida para a Crock Engineering. A Crock possuía uma divisão própria e experiente de máquinas-ferramenta e entendia do negócio. A Williams Company foi autorizada a funcionar como uma entidade separada de 1995 a 1996. Em 1996, a tinta vermelha apareceu nos balanços da Williams Company. A Crock substituiu todos os gerentes seniores da Williams por seu próprio pessoal. Ela anunciou a todos os funcionários que a Williams se tornaria uma fabricante de especialidades de máquinas-ferramenta e que os "bons e velhos tempos" nunca retornariam. A demanda de clientes por produtos especiais triplicou apenas nos últimos 12 meses. A Crock deixou claro que os funcionários que não apoiassem essa nova direção seriam substituídos.

A nova alta administração da Williams reconheceu que 85 anos de gestão tradicional haviam chegado ao fim para a empresa, então comprometida com produtos especiais. A cultura da empresa estava prestes a mudar, encabeçada pelo gerenciamento de projetos, pela engenharia simultânea e pela gestão da qualidade total.

O compromisso da alta administração com a gestão de produto era evidente pelo tempo e dinheiro gastos com a capacitação dos empregados. Infelizmente, os veteranos de mais de 20 anos ainda não apoiavam a nova cultura. Reconhecendo os problemas, a administração forneceu apoio contínuo e visível ao gerenciamento de projetos, além de contratar um consultor de gerenciamento de projetos para trabalhar com as pessoas. O consultor trabalhou na Williams de 1996 a 2001.

De 1996 a 2001, a Williams Division, da Crock Engineering, amargou prejuízos durante 24 trimestres consecutivos. O trimestre finalizado em 31 de março de 2002 foi o primeiro trimestre lucrativo em mais de seis anos. Muito do crédito foi dado ao desempenho e maturidade do sistema de gerenciamento de projetos. Em maio de 2002, a Williams Division foi vendida. Mais de 80% dos funcionários perderam seus empregos quando a empresa mudou para um local distante mais de 2.400 quilômetros.

2

CRESCIMENTO DO GERENCIAMENTO DE PROJETOS: Conceitos e Definições

Estudos de Caso Relacionados (de Kerzner/*Project Management Case Studies*, 4. ed.)	Livro de Exercícios Relacionado (de Kerzner/*Project Management Workbook and PMP®/CAPM® Exam Study Guide*, 11. ed.)	Guia PMBOK® – 5. ed., Seção de Referência para o Exame de Certificação PMP®
• Goshe Corporation • MIS Project Management at First National Bank • Cordova Research Group • Cortez Plastics • L. P. Manning Corporation • Project Firecracker • Apache Metals, Inc. • Haller Specialty Manufacturing • Creating a Methodology*	• Multiple Choice Exam	• Gerenciamento da Integração • Gerenciamento do Escopo

* *Estudo de caso também aparece ao final do capítulo.*

2.0 INTRODUÇÃO

Guia PMBOK®, 5. ed.
Capítulo 4 Gerenciamento da Integração do Projeto

O crescimento e a aceitação do gerenciamento de projetos mudaram significativamente nos últimos 40 anos e essas mudanças devem continuar no século XXI, principalmente na área de gerenciamento de projetos multinacionais. É interessante traçar a evolução e o crescimento do gerenciamento de projetos desde os primórdios da administração sistêmica até o que alguns chamam de "gerenciamento de projetos moderno".

O crescimento do gerenciamento de projetos pode ser traçado por meio de tópicos como papéis e responsabilidades, estruturas organizacionais, delegação de autoridade e tomada de decisões, além de, principalmente, lucratividade da empresa. Há 20 anos, as empresas tiveram a opção de aceitar ou não a abordagem de gerenciamento de projetos. Hoje, algumas empresas ingenuamente ainda acham que podem optar. Nada poderia estar mais longe da verdade. A sobrevivência da empresa pode muito bem depender do quão bem o gerenciamento de projetos é implementado e do quão rapidamente isso é feito.

2.1 ADMINISTRAÇÃO GERAL DOS SISTEMAS

As filosofias sobre teoria organizacional e administração sofreram uma mudança dramática nos últimos anos com a emergência da abordagem de gerenciamento de projetos na administração. Como o gerenciamento de projetos é uma consequência natural da gestão sistêmica, é razoável que os princípios fundamentais da teoria geral dos sistemas sejam descritos. Sendo assim, a teoria geral dos sistemas pode ser classificada como uma abordagem de gestão que busca integrar e unificar informações científicas em vários campos de conhecimento. Ela busca resolver problemas olhando para o quadro geral, em vez de analisar os componentes individuais.

A teoria geral dos sistemas existe há mais de quatro décadas. Infelizmente, como geralmente ocorre com o desenvolvimento de novas teorias, os profissionais demandam anos de estudo e análise antes da implementação. Essa teoria ainda está sendo ensinada em programas de graduação. Hoje, o gerenciamento de projetos é visto como gestão sistêmica aplicada.

Em 1951, Ludwig von Bertalanffy, um biólogo, descreveu os assim chamados sistemas abertos utilizando nomenclatura de anatomia. Os músculos, esqueleto, sistema circulatório e assim por diante do corpo, foram descritos como subsistemas do sistema total (o ser humano). A contribuição do Dr. Von Bertalanffy foi importante, pois ele identificou como os especialistas em cada subsistema poderiam ser integrados de forma a se obter um melhor entendimento dos inter-relacionamentos, contribuindo, desse modo, para o conhecimento total das operações do sistema. Portanto, a base foi estabelecida para a evolução e consequência do gerenciamento de projetos.

Em 1956, Kenneth Boulding identificou problemas de comunicação que podem ocorrer durante a integração de sistemas. O Professor Boulding estava preocupado com o fato de que especialistas dos subsistemas (ou seja, físicos, economistas, químicos, sociólogos etc.) possuem linguagens próprias. Ele defendia o ponto de vista de que, para uma integração bem-sucedida ocorrer, todos os especialistas dos subsistemas devem falar uma linguagem comum, como matemática. Hoje, nós utilizamos o Guia PMBOK®, o Conjunto de Conhecimentos em Gerenciamento de Projetos, para atender a essa necessidade no gerenciamento de projetos.

A teoria geral dos sistemas implica a criação da técnica de administração que é capaz de atravessar várias disciplinas organizacionais – finanças, produção, engenharia, marketing, e assim por diante – enquanto ainda realiza as funções de gestão. Essa técnica passou a ser chamada administração de sistemas, gerenciamento de projetos ou gerenciamento matricial (os termos são utilizados indiferentemente).

2.2 GERENCIAMENTO DE PROJETOS: 1945-1960

Durante a década de 1940, os gerentes de linha utilizaram o conceito de gerenciamento "por cima da cerca" para gerenciar projetos. Cada gerente de linha, usando o chapéu de gerente do projeto, realizaria o trabalho necessário pela sua organização de linha e, quando concluído, jogaria a "bola" por sobre a cerca, na esperança de que alguém a agarraria. Uma vez que a bola fosse jogada por cima da cerca, os gerentes de linha lavariam as suas mãos de qualquer responsabilidade pelo projeto, pois a bola não estaria mais em seu quintal. Se o projeto falhasse, a culpa seria do gerente de linha que estivesse com a bola no momento.

O problema com o gerenciamento por cima da cerca era que o cliente não tinha um ponto de contato único para questionamentos. A filtragem de informações gastava tempo precioso tanto do cliente como do fornecedor. Clientes que queriam informações de primeira mão tinham de procurar o gerente que estava com a bola. Para pequenos projetos, era fácil, mas, conforme os projetos cresciam em tamanho e complexidade, isso ficava mais difícil.

Depois da Segunda Guerra Mundial, os Estados Unidos entraram na Guerra Fria. Para vencê-la, deve-se competir na corrida armamentista e rapidamente construir armas de destruição em massa. O vencedor da Guerra Fria é aquele que consegue retaliar com força suficiente para eliminar o inimigo.

A corrida armamentista deixou claro que o uso comum do gerenciamento por cima da cerca não seria aceito pelo Departamento de Defesa (DoD) para projetos como o Bombardeiro B52, o Míssil Balístico Intercontinental Minuteman e o Submarino Polaris. O governo queria um ponto de contato único, isto é, um gerente de projetos que teria responsabilidade total por todas as fases do projeto. O uso do gerenciamento de projetos foi, então, obrigatório para alguns dos menores sistemas de armas, como aviões de caça e tanques. A Nasa obrigou a utilização de gerenciamento de projetos para todas as atividades relacionadas ao programa espacial.

Os projetos na indústria aeroespacial e de defesa estavam tendo sobrecustos acima de 200 a 300%. A culpa era erroneamente atribuída à implementação inadequada do gerenciamento de projetos quando, na verdade, o problema real era a incapacidade em se prever a tecnologia. A previsão de tecnologia é extremamente difícil para projetos que podem durar de 10 a 20 anos.

No final dos anos 1950 e início dos anos 1960, a indústria aeroespacial e de defesa estava utilizando gerenciamento de projetos em praticamente todos os projetos e estava pressionando seus fornecedores a também utilizarem. O gerenciamento de projetos estava crescendo, mas a um ritmo relativamente lento, exceto na indústria aeroespacial e de defesa.

Em virtude do vasto número de contratadas e subcontratadas, o governo precisou de padronização, especialmente no processo de planejamento e na distribuição das informações. Ele estabeleceu um modelo de planejamento e controle do ciclo de vida e um sistema de monitoramento e controle, tendo criado também um grupo de auditores de gerenciamento de projetos para garantir que o dinheiro público estava sendo gasto conforme planejado. Essas práticas foram utilizadas em todos os programas de governo acima de um determinado valor monetário. O setor privado tratou essas práticas como excesso de gerenciamento de custos e não viu valor prático no gerenciamento de projetos.

2.3 GERENCIAMENTO DE PROJETOS: 1960-1985

O crescimento do gerenciamento de projetos veio mais em decorrência da necessidade do que da vontade. Seu lento crescimento pode ser devido, principalmente, à falta de aceitação das novas técnicas de gestão necessárias para a sua implementação bem-sucedida. Um medo inerente do desconhecido agiu como um impeditivo para os gerentes.

Entre a metade e o final dos anos 1960, mais executivos começaram a procurar por novas técnicas de gestão e estruturas organizacionais que pudessem ser rapidamente adaptadas a ambientes de mudança. A tabela a seguir identifica duas grandes variáveis que os executivos consideravam em relação à reestruturação organizacional.

TIPO DE SETOR	TAREFAS	AMBIENTE
A	Simples	Dinâmico
B	Simples	Estático
C	Complexas	Dinâmico
D	Complexas	Estático

Quase todos os setores de tipo C e a maioria dos setores de tipo D possuem estruturas relacionadas a gerenciamento de projetos. A principal variável parece ser a complexidade da tarefa. Empresas que possuem tarefas complexas e que também operam em um ambiente dinâmico acham o gerenciamento de projetos obrigatório. Essas indústrias incluem a indústria aeroespacial, de defesa, o setor de construção, de engenharia de alta tecnologia, de computação e de instrumentação eletrônica.

Fora a indústria aeroespacial, de defesa e o setor de construção, a maioria das empresas nos anos 1960 manteve um método informal de gerenciar projetos. No gerenciamento de projetos informal, como as próprias palavras indicam, os projetos eram tratados de maneira informal e a autoridade do gerente de projetos era minimizada. A maioria dos projetos era controlada por gerentes funcionais, mantida em uma ou duas linhas funcionais e a comunicação formal ou era desnecessária ou era realizada informalmente, devido ao bom relacionamento de trabalho entre os gerentes de linha. Hoje, muitas organizações, como produção de baixa tecnologia, possuem gerentes de linha que trabalham lado a lado há dez anos ou mais. Nossas situações, o gerenciamento de projetos informal pode ser eficaz em projetos de bens de capital ou de desenvolvimento de instalações.

Em 1970 e, novamente, durante o início dos anos 1980, mais empresas desistiram do gerenciamento de projetos informal e reestruturaram-se para formalizar o processo de gerenciamento de projetos, principalmente porque o tamanho e a complexidade de suas atividades aumentaram até o ponto em que ficaram ingerenciáveis dentro da estrutura vigente. A Figura 2-1 ilustra o que aconteceu a uma empresa de construções. As cinco questões seguintes ajudam a determinar se o gerenciamento de projetos formal é necessário:

- Os trabalhos são complexos?
- Existem considerações ambientais dinâmicas?
- As restrições são apertadas?
- Há várias atividades a serem integradas?
- Há várias fronteiras funcionais a serem superadas?

Se qualquer uma dessas questões é respondida com um sim, então alguma forma de gerenciamento de projetos formal pode ser necessária. É possível que o gerenciamento de projetos formal exista apenas em um departamento ou divisão funcional, como P&D ou talvez apenas para certos tipos de projeto. Algumas empresas implementaram de forma bem-sucedida o gerenciamento de projetos informal e formal simultaneamente, mas essas empresas são poucas e raras. Hoje percebemos que as duas últimas questões podem ser as mais importantes.

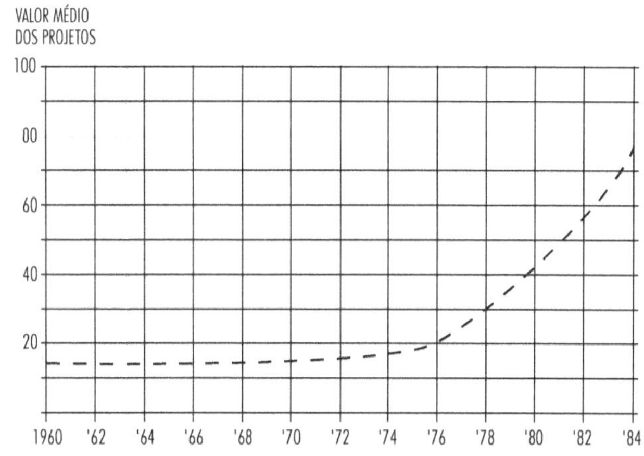

FIGURA 2-1 Capacidade média do tamanho dos projetos de uma empresa de construção, 1960 -1984.

A moral aqui é que nem todos os setores precisam de gerenciamento de projetos, e os executivos devem determinar se há uma necessidade real antes de se comprometerem.

Vários setores com tarefas simples, seja em um ambiente estático ou dinâmico, não precisam de gerenciamento de projetos. Setores produtivos com tecnologias de mudanças lentas não precisam de gerenciamento de projetos, a não ser, claro, que tenham solicitação para vários projetos especiais, como atividades de bens de capital, que poderiam interromper o fluxo normal de trabalho na rotina das operações de produção. O ritmo lento de crescimento e aceitação do gerenciamento de projetos estava relacionado ao fato de que as limitações do gerenciamento de projetos eram aparentes, já as vantagens não eram completamente reconhecíveis. O gerenciamento de projetos exige uma reestruturação organizacional. A questão, é claro, é: "O quanto de reestruturação?" Os executivos têm evitado o assunto gerenciamento de projetos por medo de que mudanças "revolucionárias" sejam feitas na organização. Conforme será visto no Capítulo 3, o gerenciamento de projetos pode ser realizado com pouco desvio da estrutura tradicional existente.

A reestruturação da administração permitiu às empresas:

- Realizar tarefas que não podiam ser tratadas de maneira eficaz pela estrutura tradicional
- Realizar atividades únicas com interrupção mínima do trabalho de rotina

O segundo item implica que o gerenciamento de projetos é uma estrutura "temporária" de gestão e, portanto, causa o mínimo de interrupção organizacional. Os maiores problemas identificados por esses gerentes que se esforçaram para se adaptar ao novo sistema giravam todos em torno de conflitos sobre autoridade e recursos.

Os três maiores problemas foram identificados por Killian[1]:

- As prioridades dos projetos e a competição por talentos podem interromper a estabilidade da organização e interferir em seus interesses de longo prazo por meio da perturbação das atividades normais da organização funcional.
- O planejamento de longo prazo pode ser impactado conforme a empresa fica mais envolvida em cumprir os prazos e atender aos requisitos de projetos temporários.
- Mudar as pessoas de projeto para projeto pode interromper o treinamento de novos funcionários e especialistas. Isso pode entravar seus crescimentos e desenvolvimentos dentro de seus campos de especialização.

Outra grande preocupação era quanto ao gerenciamento de projetos vir a exigir que os gerentes de alto escalão cedessem parte de sua autoridade por meio da delegação aos gerentes de médio escalão. Em várias situações, os gerentes médios logo ocupavam as posições de poder, mais ainda que os gerentes de alto escalão. Apesar dessas limitações, havia várias forças condutoras por trás da abordagem de gerenciamento de projetos.

Como as forças condutoras ultrapassaram as forças de retenção, o gerenciamento de projetos começou a amadurecer. Os executivos começaram a perceber que a abordagem estava no melhor interesse da empresa. O gerenciamento de projetos, se adequadamente implementado, pode tornar mais fácil para os executivos a superação de obstáculos internos e externos, como:

- Economia instável
- Escassez
- Custos crescentes
- Aumento da complexidade
- Aumento da competitividade
- Mudanças tecnológicas
- Preocupações sociais
- Consumismo
- Ecologia
- Qualidade de trabalho

O gerenciamento de projetos não pode eliminar esses problemas, mas pode tornar mais fácil para a empresa se adaptar a um ambiente de mudanças.

Se esses obstáculos não forem controlados, os resultados podem ser:

- Diminuição de lucros
- Aumento das necessidades de mão de obra
- Sobrecustos, atrasos no cronograma e pagamentos de penalidades ocorrendo cada vez mais cedo
- Incapacidade de lidar com novas tecnologias
- Resultados de P&D muito tardios para beneficiar as linhas existentes de produto
- Novos produtos introduzidos muito tardiamente no mercado
- Tentação de tomar decisões precipitadas que podem sair caro
- Insistência da administração por retornos do investimento cada vez mais antecipados e maiores
- Dificuldade maior no estabelecimento de objetivos precisos em tempo real
- Problemas em relacionar custos com desempenho técnico e cronograma durante a execução do projeto

[1] KILLIAN, William P. Project management – future organizational concepts. *Marquette Business Review*, 1971. v. 2, p. 90-107.

O gerenciamento de projetos se tornou uma necessidade para muitas empresas, conforme elas expandiram para múltiplas linhas de produtos – muitas das quais eram diferentes – e as complexidades organizacionais cresceram. Esse crescimento pode ser atribuído a:

- Tecnologia aumentando a uma velocidade espantosa
- Mais dinheiro investido em P&D
- Mais informações disponíveis
- Encurtamento do ciclo de vida dos projetos

Para atender às necessidades impostas por esses quatro fatores, a administração foi "forçada" a uma reestruturação organizacional; o modelo tradicional organizacional que sobreviveu por décadas era inadequado para a integração de atividades entre os "impérios" funcionais.

Em 1970, o ambiente começou a mudar rapidamente. Empresas aeroespaciais, de defesa e de construção foram pioneiras na implantação do gerenciamento de projetos e outros setores logo as seguiram, alguns com grande relutância. A Nasa e o Departamento de Defesa "forçaram" as subcontratadas a aceitar o gerenciamento de projetos. A década de 1970 também trouxe muito mais dados publicados sobre gerenciamento de projetos. Como um exemplo[2]:

> Equipes de projetos e grupos de trabalho se tornarão mais comuns no enfrentamento das complexidades. Haverá mais do que algumas pessoas chamam de sistemas de gestão temporária, como sistemas de gerenciamento de projetos, em que os homens (e mulheres) necessários para contribuir com a solução se reúnem, dão a sua contribuição, e talvez nunca se tornem membros permanentes de nenhum grupo de gestão fixo ou permanente.

A definição simplesmente declara que o propósito do gerenciamento de projetos é reunir a melhor equipe possível para atingir o objetivo e, na conclusão, a equipe é dissolvida. Em parte alguma da definição nós vemos a autoridade do gerente de projetos ou sua posição, título ou salário.

Pelo fato de as estruturas organizacionais atuais serem incapazes de acomodar uma grande variedade de tarefas inter-relacionadas necessárias para a conclusão bem-sucedida do projeto, a necessidade do gerenciamento de projetos se torna evidente. Ela é inicialmente identificada por aqueles gerentes de baixo e médio escalões, que acham impossível controlar seus recursos de maneira eficaz para as atividades diversas dentro de sua organização de linha. Frequentemente, os gerentes de médio escalão sentem mais o impacto de um ambiente dinâmico do que os executivos de alto escalão.

Uma vez que a necessidade por mudança é identificada, a média gerência deve convencer a alta administração de que essa mudança, de fato, se justifica. Se os executivos de alto escalão não puderem reconhecer os problemas com controle de recursos, então o gerenciamento de projetos não será adotado, ao menos formalmente. A aceitação informal, porém, é uma outra história.

Conforme o gerenciamento de projetos se desenvolveu, alguns fatores essenciais em sua implementação bem-sucedida foram reconhecidos. O principal fator foi o papel do gerente de projetos, o qual se tornou o ponto central de responsabilidade integrativa. A necessidade de responsabilidade integrativa foi identificada primeiramente nas atividades de pesquisa e desenvolvimento[3]:

> Recentemente, a tecnologia de P&D eliminou as fronteiras que existiam entre os setores. Mercados e canais de distribuição, antes estáveis, estão agora em estado de constante mudança. O ambiente industrial é turbulento e cada vez mais difícil de prever. Muitos fatos complexos sobre mercados, métodos de produção, custos e possibilidades científicas estão relacionados a decisões de investimentos.
>
> Todos esses fatores foram combinados para produzir uma dor de cabeça gerencial de tamanho colossal. Há simplesmente decisões críticas demais para que todas elas sejam processadas e resolvidas por meio das linhas regulares de hierarquia até o topo da organização. Elas devem ser integradas de uma outra forma.

Fornecer ao gerente de projetos a responsabilidade integrativa resultou em:

- Responsabilidade total assumida por uma única pessoa
- Dedicação ao projeto, em vez de dedicação funcional
- Uma necessidade de coordenação por intermédio das interfaces funcionais
- Utilização adequada de planejamento e controle integrados

[2] Reimpresso na edição de 17 de outubro de 1970 da *Business Week* com permissão especial, Copyright 1970 por McGraw-Hill, New York. Todos os direitos reservados.

[3] LAWRENCE, Paul R.; LORSCH, Jay W. New management job: the integrator. *Harvard Business Review*, nov.-dez. 1967. p. 142. Copyright 1967 pela Harvard Business School Publishing Corporation. Todos os direitos reservados.

TABELA 2.1 Fases do ciclo de vida para a maturidade em gerenciamento de projetos

Fase Embrionária	Fase de Aceitação da Administração Executiva	Fase de Aceitação da Gerência de Linha	Fase de Crescimento	Fase de Maturidade
• Reconhecer a necessidade • Reconhecer os benefícios • Reconhecer as aplicações • Reconhecer o que deve ser feito	• Apoio executivo visível • Entendimento do gerenciamento de projetos pelos executivos • Patrocínio de projetos • Vontade de mudar a maneira de fazer negócios	• Apoio da gerência de linha • Comprometimento da gerência de linha • Capacitação da gerência de linha • Vontade de liberar os funcionários para treinamento em gerenciamento de projetos	• Utilização de fases do ciclo de vida • Desenvolvimento de uma metodologia de gerenciamento de projetos • Comprometimento com o planejamento • Diminuição do "scope creep"[NT2] • Seleção de um sistema de rastreamento de projetos	• Desenvolvimento de um sistema de gerenciamento para controle de prazos/custos • Controle integrado de custos e cronograma • Desenvolvimento de um programa educacional para melhorar as habilidades de gerenciamento de projetos

Sem o gerenciamento de projetos, esses quatro elementos têm de ser realizados pelos executivos e é de se questionar se essas atividades devem fazer parte da descrição de trabalho de um executivo. Um executivo na lista das 500 empresas na *Fortune*[NT1] declarou que estava gastando 70 horas por semana atuando como executivo e gerente de projetos e que achava que não estava realizando nenhum dos trabalhos no melhor de sua capacidade. Durante uma apresentação ao pessoal, o executivo declarou o que esperava da organização após a implementação do gerenciamento de projetos:

- Empurrar a tomada de decisões para níveis mais baixos na organização
- Eliminar a necessidade de comitês de soluções
- Confiar nas decisões de colegas

Aqueles executivos que escolheram aceitar mais cedo o gerenciamento de projetos encontraram as vantagens da nova técnica:

- Fácil adaptação a um ambiente em constante mudança
- Habilidade em lidar com atividades multidisciplinares em um período específico de tempo
- Fluxo de trabalho horizontal, bem como vertical
- Melhor orientação aos problemas do cliente
- Melhor identificação das responsabilidades das atividades
- Um processo multidisciplinar de tomada de decisões
- Inovação no modelo organizacional

2.4 GERENCIAMENTO DE PROJETOS: 1985-2012

Nos anos 1990, as empresas começaram a perceber que implementar o gerenciamento de projetos era uma necessidade e não uma escolha. A questão não era como implementar o gerenciamento de projetos, mas: "quão rápido isso poderia ser feito?".

A Tabela 2-1 mostra as fases típicas do ciclo de vida pelas quais uma organização passa para implementar o gerenciamento de projetos. Na primeira fase, a Fase Embrionária, a organização reconhece a necessidade aparente pelo gerenciamento de projetos. Esse reconhecimento geralmente ocorre nos níveis baixos e médios de gestão, em que as atividades de projeto realmente acontecem. Então, os executivos são informados da necessidade e avaliam a situação.

Há seis forças condutoras que levam os executivos a reconhecer a necessidade do gerenciamento de projetos:

- Projetos de capital
- Expectativas do cliente
- Competitividade
- Entendimento executivo
- Desenvolvimento de novos produtos
- Eficiência e eficácia

Empresas fabricantes são orientadas ao gerenciamento de projetos por causa dos grandes projetos de capital ou pela multiplicidade de projetos simultâneos. Os executivos logo percebem o impacto no fluxo de caixa e que os desvios no cronograma poderiam acabar deixando os trabalhadores ociosos.

Empresas que vendem produtos ou serviços (incluindo instalações) a seus clientes devem possuir boas práticas de gerenciamento de projetos. Essas empresas geralmente não são orientadas a projetos, mas funcionam como se fossem. Elas vendem soluções a seus clientes, em vez de produtos. É quase impossível vender soluções completas a clientes sem possuir práticas excepcionais de gerenciamento de projetos, pois o que você está realmente vendendo é seu conhecimento em gerenciamento de projetos.

NT1 *Fortune* é uma publicação americana sobre negócios globais, fundada em 1930. As listas da *Fortune* incluem as 500 maiores empresas dos Estados Unidos, as 500 maiores empresas globais, as 100 melhores empresas para se trabalhar e as empresas mais admiradas no mundo, entre outras.

NT2 Ver nota de tradução no Capítulo 10, Seção 10.1.

Há duas situações em que a competitividade se torna a força condutora: projetos internos e externos (cliente externo). Internamente, as empresas entram em apuros quando a organização percebe que muito do trabalho pode ser terceirizado por menos do que custaria para elas mesmas realizarem o trabalho. Externamente, as empresas entram em apuros quando não estão mais competitivas em preço ou qualidade, ou simplesmente não conseguem aumentar seu *market share*[NT3].

O entendimento executivo é a força condutora naquelas organizações que possuem uma estrutura tradicional rígida e que realiza atividades de rotina, repetitivas. Essas organizações são muito resistentes a mudanças, a não ser que sejam impulsionadas pelos executivos. Esta força condutora pode aparecer em conjunto com qualquer outra força condutora.

O desenvolvimento de novos produtos é a força condutora para aquelas organizações que investem pesado em atividades de P&D. Dado que apenas um percentual dos projetos de P&D consegue chegar à comercialização, na qual os custos com P&D podem ser recuperados, o gerenciamento de projetos se torna uma necessidade. O gerenciamento de projetos também pode ser utilizado como um sistema de alerta precoce de que um projeto deve ser cancelado.

Eficiência e eficácia, como forças condutoras, podem existir em conjunto com qualquer outra força condutora. Eficiência e eficácia assumem importância fundamental para pequenas empresas que passam por sofrimento crescente. O gerenciamento de projetos pode ser utilizado para ajudar essas empresas a permanecer competitivas durante os períodos de crescimento e para ajudar a determinar restrições de capacidade.

Por causa da inter-relatividade dessas forças condutoras, algumas pessoas argumentam que a única força condutora é a sobrevivência. Isso é ilustrado na Figura 2-2. Quando a empresa reconhece que sua sobrevivência está por um fio, a implementação do gerenciamento de projetos fica mais fácil.

A velocidade com a qual as empresas atingem algum grau de maturidade em gerenciamento de projetos é frequentemente baseada no quão importante essas empresas percebem que as forças condutoras são. Isso está ilustrado na Figura 2-3. Organizações não orientadas a projetos e organizações híbridas se dirigem rapidamente para a maturidade se o aumento da eficiência e da eficácia interna for necessário. A competitividade é o caminho mais lento, pois esses tipos de organização não reconhecem que o gerenciamento de projetos impacta diretamente em sua posição competitiva. Para organizações orientadas a projetos, o caminho é reverso. Competitividade é o nome do jogo e o veículo utilizado é o gerenciamento de projetos.

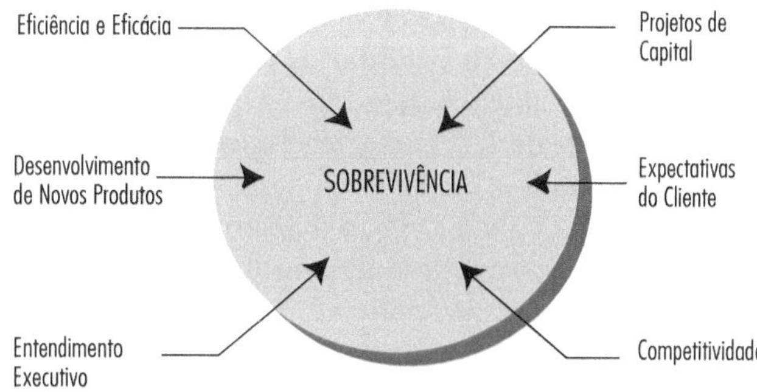

FIGURA 2-2 Os componentes da sobrevivência.

Fonte: Reproduzido de H. Kerzner, *Search of excellence in project management*. New York: Wiley, 1998. p. 51.

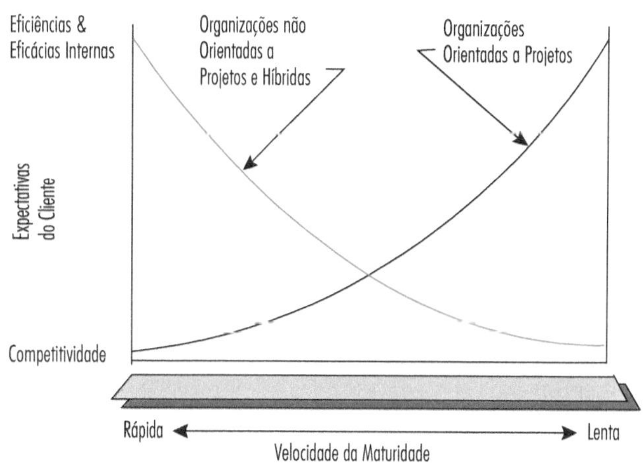

FIGURA 2-3 A velocidade da maturidade.

Uma vez que a organização percebe a necessidade de gerenciamento de projetos, ela entra na segunda fase do ciclo de vida da Tabela 2-1, Aceitação Executiva. O gerenciamento de projetos não pode ser implementado rapidamente no curto prazo sem o apoio executivo. Além disso, o apoio deve ser visível a todos.

A terceira fase do ciclo de vida é a Aceitação da Gerência de Linha. É altamente improvável que qualquer gerente de linha apoie ativamente a implementação do gerenciamento de projetos sem, primeiramente, reconhecer o mesmo apoio vindo de cima. Mesmo o mínimo apoio da gerência de linha ainda causa ao gerenciamento de projetos um grande esforço.

A quarta fase do ciclo de vida é a Fase de Crescimento, na qual a organização se torna comprometida com o desenvolvimento de ferramentas corporativas para o

[NT3] Termo de marketing que significa "participação de mercado" ou, em tradução literal, "fatia de mercado".

gerenciamento de projetos. Isso inclui a metodologia de gerenciamento de projetos para o planejamento, programação e controle, bem como seleção adequada do software de apoio. Partes dessa fase podem iniciar durante as fases anteriores.

A quinta fase do ciclo de vida é a Maturidade. Nela, a organização começa a utilizar as ferramentas desenvolvidas na fase anterior. Nessa fase, a organização deve estar totalmente dedicada ao gerenciamento de projetos. Ela deve desenvolver um currículo razoável de gerenciamento de projetos para fornecer treinamento e capacitação adequados no suporte às ferramentas, bem como no comportamento organizacional esperado.

Nos anos 1990, as empresas finalmente começaram a reconhecer os benefícios do gerenciamento de projetos. A Tabela 2-2 mostra os benefícios do gerenciamento de projetos e como nossa visão em relação ao gerenciamento de projetos se modificou.

Guia PMBOK®, 5. ed.
1.5 Gerenciamento de projetos em gerenciamento de operações

TABELA 2.2 Os benefícios do gerenciamento de projetos

Visão do Passado	Visão Atual
• O gerenciamento de projetos demandará mais pessoas e aumentará os custos de *overhead*[NT4].	• O gerenciamento de projetos permite que realizemos mais trabalho em menos tempo, com menos gente.
• A lucratividade pode diminuir.	• A lucratividade aumentará.
• O gerenciamento de projetos aumentará a quantidade de mudanças no escopo.	• O gerenciamento de projetos fornece melhor controle das mudanças.
• O gerenciamento de projetos cria instabilidade organizacional e aumenta os conflitos.	• O gerenciamento de projetos torna a organização mais eficiente e eficaz, por meio de melhores princípios de comportamento organizacional.
• O gerenciamento de projetos é na verdade uma "enganação" para benefício do cliente.	• O gerenciamento de projetos permitirá que trabalhemos mais perto de nossos clientes.
• O gerenciamento de projetos criará problemas.	• O gerenciamento de projetos fornece um meio para a resolução de problemas.
• Apenas grandes projetos precisam de gerenciamento de projetos.	• Todos os projetos se beneficiarão do gerenciamento de projetos.
• O gerenciamento de projetos aumentará os problemas com a qualidade.	• O gerenciamento de projetos aumenta a qualidade.
• O gerenciamento de projetos criará problemas de poder e autoridade.	• O gerenciamento de projetos diminuirá as lutas por poder.
• O gerenciamento de projetos foca na subutilização, por olhar somente para o projeto.	• O gerenciamento de projetos permite que as pessoas tomem boas decisões em grupo.
• O gerenciamento de projetos entrega produtos para um cliente.	• O gerenciamento de projetos entrega soluções.
• O custo do gerenciamento de projetos pode nos tornar não competitivos.	• O gerenciamento de projetos aumentará os nossos negócios.

[NT4] Termo que se refere aos custos relacionados à operacionalização do negócio, mas que não podem ser associados diretamente ao produto ou serviço comercializado; custos indiretos.

Reconhecer que a organização pode beneficiar-se da implementação do gerenciamento de projetos é apenas o ponto de partida. A questão agora é: "Quanto tempo levará para conseguirmos esses benefícios?" Isso pode ser respondido parcialmente na Figura 2-4. No início do processo de implementação, serão adicionadas despesas para o desenvolvimento da metodologia de gerenciamento de projetos e o estabelecimento dos sistemas de apoio ao planejamento, à programação e ao controle. No final, os custos vão se nivelar e se estabilizarão. O ponto de interrogação na Figura 2-4 é o ponto em que os benefícios se igualam aos custos de implementação. Esse ponto pode ser empurrado à esquerda por meio de treinamento e capacitação.

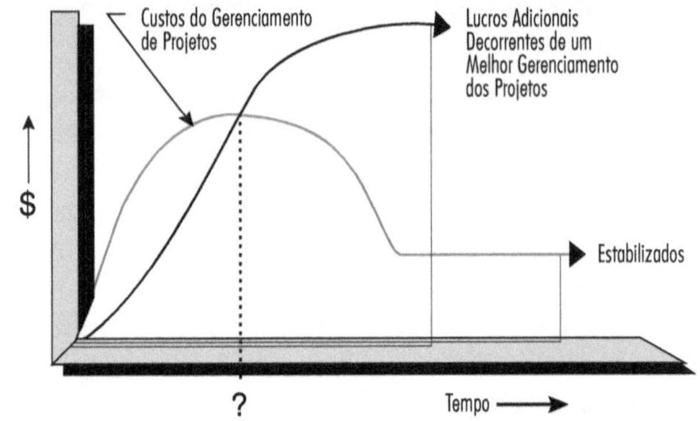

FIGURA 2-4 Os custos *versus* os benefícios do gerenciamento de projetos.

2.5 RESISTÊNCIA A MUDANÇAS

Por que foi tão difícil para as empresas aceitar e implementar o gerenciamento de projetos? A resposta está na Figura 2-5. Historicamente, o gerenciamento de projetos residia apenas nos setores de mercado orientados a projetos. Nesses setores, os gerentes de projetos tinham responsabilidade por lucros e prejuízos, o que praticamente forçava as empresas a tratar o gerenciamento de projetos como profissão.

Nos setores de mercado não orientados a projetos, a sobrevivência da empresa era baseada em produtos e serviços, em vez de ser baseada em um fluxo contínuo de projetos. A lucratividade era identificada por meio do marketing e das vendas, com poucos projetos tendo lucros e prejuízos identificáveis. Como resultado, o gerenciamento de projetos nessas empresas nunca foi visto como profissão.

Na verdade, a maioria das empresas que acreditava que não era orientada a projetos era, de fato, híbrida. Organizações híbridas são empresas geralmente não orientadas a projetos com uma ou duas divisões orientadas a projetos. Historicamente, as organizações híbridas funcionavam como se não fossem orientadas a projetos, conforme ilustrado na

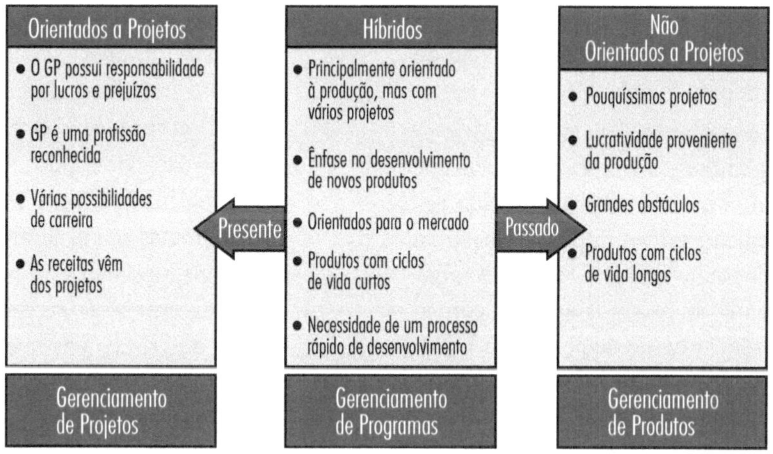

FIGURA 2-5 Classificação por setor (por utilização do gerenciamento de projetos).

Figura 2-5, mas hoje elas estão funcionando como empresas orientadas a projetos. Por que a mudança? A administração dessas empresas percebeu que pode gerenciar melhor seus negócios na base da "gestão por projetos" e, assim, atingir os objetivos tanto de uma organização por gerenciamento de projetos como de uma organização tradicional. O rápido crescimento e a aceitação do gerenciamento de projetos nos últimos dez anos ocorreram nos setores não orientados a projetos/híbridos. Agora, o gerenciamento de projetos está sendo promovido pelo marketing, pela engenharia e pela produção, em vez de somente pelos departamentos orientados a projetos (veja Figura 2-6).

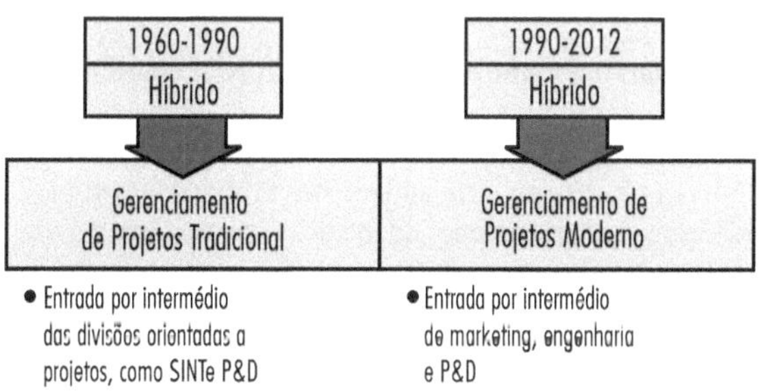

FIGURA 2-6 De híbrido para orientado a projetos.

Um segundo fator que contribuiu para a aceitação do gerenciamento de projetos foi a economia, especificamente as recessões de 1979-1983 e de 1989-1993. Isso pode ser visto na Tabela 2-3. Ao final da recessão de 1979-1983, as empresas reconheceram os benefícios da utilização do gerenciamento de projetos, mas estavam relutantes em vê-lo implementado. As empresas retornaram ao *status quo*[NT5] do gerenciamento tradicional. Não havia aliados ou técnicas alternativas de gestão que estivessem promovendo a utilização do gerenciamento de projetos.

A recessão de 1989-1993 finalmente viu o crescimento do gerenciamento de projetos no setor não orientado a projetos. Essa recessão foi caracterizada por demissões nas categorias de gestão/administração. Os aliados ao gerenciamento de projetos estavam aparecendo e a ênfase estava nas soluções de longo prazo para os problemas. O gerenciamento de projetos estava chegando para ficar.

[NT5] Locução que significa "situação inalterada".

TABELA 2-3 Efeitos recessivos

Características					
Recessão	Demissões	P&D	Treinamento	Soluções Procuradas	Resultados das Recessões
• 1979-1983	• Colarinho azul	• Eliminado	• Eliminado	• Curto prazo	• Retorno ao *status quo* • Sem apoio ao gerenciamento de projetos • Sem aliados ao gerenciamento de projetos
• 1989-1993	• Colarinho branco	• Focada	• Focado	• Longo prazo	• Mudança na maneira de fazer negócios • Gerenciamento de riscos • Examinar as lições aprendidas

Os aliados ao gerenciamento de projetos começaram a emergir em 1985 e continuaram durante a recessão de 1989-1993. Podemos ver isso na Figura 2-7.

- **1985:** as empresas reconhecem que devem competir com base em qualidade, bem como em custos. Empresas começam a utilizar os princípios do gerenciamento de projetos para a implementação da gestão da qualidade total (TQM). O primeiro aliado do gerenciamento de projetos aparece com o "casamento" de gerenciamento de projetos e TQM.
- **1990:** durante a recessão de 1989-1993, as empresas reconheceram a importância da compressão do cronograma e em serem as primeiras no mercado. Defensores da engenharia simultânea, começam a promover o uso do gerenciamento de projetos para obter melhores técnicas de programação do cronograma. Nasce outro aliado do gerenciamento de projetos.
- **1991-1992:** os executivos percebem que o gerenciamento de projetos funciona melhor se a tomada de decisões e a autoridade forem descentralizadas, mas reconhecem que o controle ainda pode ser realizado em alto nível, por meio da atuação como patrocinadores de projetos.
- **1993:** conforme a recessão de 1989-1993 chega ao fim, as empresas começam o processo de reengenharia na organização, o que realmente representa a eliminação da "gordura" organizacional. A organização é agora uma máquina "enxuta e cruel". As pessoas devem fazer mais trabalho em menos tempo e com menos pessoas; os executivos reconhecem que ser capaz de fazer isso é um benefício do gerenciamento de projetos.
- **1994:** as empresas reconhecem que um bom sistema de controle dos custos do projeto (ou seja, contabilidade horizontal) permite melhores estimativas e um aperto mais firme do custo real de realizar o trabalho e desenvolver produtos.
- **1995:** as empresas reconhecem que pouquíssimos projetos são concluídos, dentro da estrutura dos objetivos iniciais, sem mudanças no escopo. As metodologias são criadas para um gerenciamento eficaz das mudanças.
- **1996:** as empresas reconhecem que o gerenciamento dos riscos envolve mais do que preencher estimativas e prazos. Os planos de gerenciamento dos riscos são então incluídos nos planos de gerenciamento do projeto.
- **1997-1998:** o reconhecimento do gerenciamento de projetos como carreira profissional obriga a consolidação do conhecimento em gerenciamento de projetos e em um grupo de gerenciamento de projetos localizado centralmente. O *benchmarking*[NT6] das melhores práticas força a criação de centros de excelência em gerenciamento de projetos.
- **1999:** as empresas que reconhecem a importância da engenharia simultânea e do desenvolvimento rápido de produtos percebem que é melhor ter recursos dedicados para a duração do projeto. Os custos do excesso de gerenciamento podem ser insignificantes se comparados aos riscos do

[NT6] *Benchmarking* é um processo sistemático e contínuo de avaliação dos produtos, serviços e processos de trabalho das organizações que são reconhecidas como representantes das melhores práticas com a finalidade de comparar desempenhos e identificar oportunidades de melhoria na organização que está realizando (ou monitorando) o *benchmarking*. Fonte: http://pt.wikipedia.org/wiki/Benchmarking.

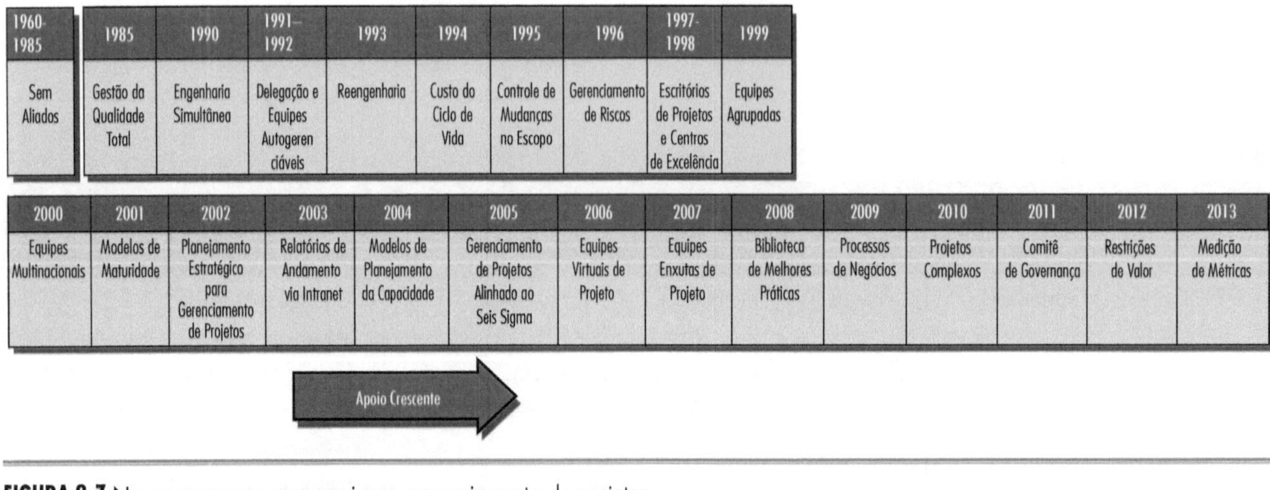

FIGURA 2-7 Novos processos que apoiam o gerenciamento de projetos.

gerenciamento insuficiente. Mais organizações começam a utilizar equipes agrupadas, todas abrigadas juntas.

- **2000:** as fusões e aquisições criam mais empresas multinacionais. O gerenciamento de projetos multinacional se torna um desafio maior.
- **2001:** as corporações estão sob pressão para atingir a maturidade o mais rapidamente possível. Os modelos de maturidade em gerenciamento de projetos ajudam as empresas a alcançar essa meta.
- **2002:** os modelos de maturidade em gerenciamento de projetos fornecem às empresas a base para o planejamento estratégico de gerenciamento de projetos. O gerenciamento de projetos é então visto como uma competência estratégica para a companhia.
- **2003:** surgem os relatórios de andamento via intranet[NT7]. Isso é particularmente importante para empresas multinacionais que precisam trocar informações rapidamente.
- **2004:** os relatórios via intranet fornecem às companhias informações sobre como os recursos estão sendo designados e utilizados. As empresas desenvolvem modelos de planejamento da capacidade para saber quanto trabalho adicional a organização pode assumir.
- **2005:** as técnicas utilizadas no Seis Sigma são aplicadas ao gerenciamento de projetos, especialmente para a melhoria contínua da metodologia de gerenciamento de projetos. Isso resulta no estabelecimento de categorias de aplicações Seis Sigma, algumas das quais não são tradicionais.
- **2006:** equipes virtuais de projetos e os escritórios virtuais de gerenciamento de projetos se tornarão mais comuns. O crescimento das equipes virtuais se baseia na confiança, no trabalho em equipe, na cooperação e na comunicação eficaz.
- **2007:** os conceitos da produção enxuta serão aplicados ao gerenciamento de projetos.
- **2008:** as empresas reconhecerão o valor de se capturar as melhores práticas de gerenciamento de projetos e de se criar uma biblioteca de melhores práticas ou um repositório de conhecimentos.
- **2009:** as metodologias de gerenciamento de projetos incluirão mais processos de negócios para apoiar o gerenciamento de projetos.
- **2010:** A realização de projetos mais complexos trouxe consigo partes interessadas adicionais com as quais o gerente de projeto faz interface. Portanto, o gerenciamento de relacionamento com partes interessadas assumirá importância primordial.
- **2011:** Com partes interessadas adicionais interagindo nos projetos, a governança será realizada por meio de um comitê e não apenas por meio do patrocinador do projeto.
- **2012:** O conceito de valor como uma restrição em gerenciamento de projetos se tornará tão importante quanto tempo, custo, qualidade e outras restrições concorrentes.
- **2013:** As empresas reconhecerão que um gerenciamento de projetos eficaz exige mais informação do que apenas tempo e custo. Desta forma, será necessário que gerentes de projeto desenvolvam uma longa lista de métricas para cada projeto.

[NT7] Intranet é uma rede privada de computadores que utiliza tecnologias de protocolos de internet para compartilhar de forma segura as informações internas de uma organização.

Conforme o gerenciamento de projetos continua a crescer e amadurecer, ele passa a ter mais aliados. No século XXI, países de segundo e terceiro mundos virão a reconhecer os benefícios e a importância do gerenciamento de projetos. Padrões globais de gerenciamento de projetos serão estabelecidos.

Se uma empresa deseja alcançar a excelência em gerenciamento de projetos, deve passar por um processo de implementação bem-sucedido. Isso é ilustrado na Situação 2-1.

> **Situação 2-1:** a divisão aeroespacial de uma empresa que faz parte das 500 da *Fortune* vem utilizando gerenciamento de projetos por mais de 30 anos. Todos na organização participaram de cursos sobre os princípios de gerenciamento de projetos. De 1985 a 1994, a divisão passou por um ritual anual de *benchmarking* da própria divisão em comparação com outras organizações da indústria aeroespacial e de defesa. Ao final do período de *benchmarking*, o pessoal abraçava uns aos outros, acreditando que estavam realizando o gerenciamento de projetos tão bem quanto era esperado.
>
> Em 1995, o quadro mudou. A empresa decidiu fazer o *benchmarking* da divisão em comparação com organizações que não eram da indústria aeroespacial e de defesa. A empresa logo soube que havia empresas que estavam utilizando o gerenciamento de projetos por menos de seis anos, mas cujas habilidades durante a implementação ultrapassaram as empresas da indústria aeroespacial e de defesa. Foi um triste despertar.

Um outro fator que contribuiu para a resistência a mudanças foi a preferência da alta administração pelo *status quo*. Geralmente, essa preferência era baseada no que era do melhor interesse para os executivos e não para a organização. Também era comum alguém participar de programas básicos de gerenciamento de projetos e depois descobrir que a organização não permitia a total implementação do gerenciamento de projetos, levando à frustração aqueles que estavam nas gerências médias e baixas. Considere a Situação 2-2:

> **Situação 2-2:** a maior divisão de uma empresa que faz parte das 500 da *Fortune* reconheceu a necessidade de gerenciamento de projetos. Durante um período de três anos, 200 pessoas foram treinadas nos fundamentos de gerenciamento de projetos e 18 pessoas passaram no exame de certificação nacional em gerenciamento de projetos. A empresa criou uma divisão de gerenciamento de projetos e desenvolveu uma metodologia. Conforme o gerenciamento de projetos evoluía nessa divisão, os gerentes de projetos rapidamente perceberam que a organização não permitiria que suas "manias de grandeza" se materializassem. O vice-presidente executivo deixou claro que os departamentos funcionais, em vez da divisão de gerenciamento de projetos, teriam o controle orçamentário. Os gerentes de projetos *não* teriam autoridade delegada ou oportunidades na tomada de decisões importantes. Sendo assim, os gerentes de projetos estavam sendo tratados como facilitadores ou coordenadores, em vez de gerentes de projetos de verdade.

Embora o gerenciamento de projetos exista há mais de 40 anos, ainda existem visões diferentes e equívocos sobre o que realmente é. Livros sobre estudos das operações ou sobre a ciência da administração ainda possuem capítulos intitulados "Gerenciamento de Projetos" para discutir apenas técnicas PERT de programação do cronograma. Um livro sobre modelo organizacional reconheceu o gerenciamento de projetos apenas como mais um modelo organizacional.

Todas as empresas, cedo ou tarde, entendem os fundamentos do gerenciamento de projetos. Mas as empresas que alcançaram a excelência em gerenciamento de projetos o fizeram por meio da implementação e execução bem-sucedidas de processos e metodologias.

2.6 SISTEMAS, PROGRAMAS E PROJETOS: UMA DEFINIÇÃO

Nas seções anteriores, a palavra "sistemas" foi utilizada de maneira pouco rigorosa. A definição exata de um sistema depende dos usuários, do ambiente e da meta principal. Profissionais de negócios definem um sistema como:

> Um grupo de elementos, humanos ou não humanos, que é organizado e arranjado de forma que os elementos possam agir como um todo rumo ao alcance de alguma meta ou objetivo comum.

Sistemas são coleções de subsistemas interativos que, se adequadamente organizados, podem fornecer um resultado sinérgico. Sistemas são caracterizados por suas fronteiras ou condições de interface. Por exemplo, se um sistema de uma empresa de negócios fosse completamente isolado do sistema ambiental, existiria um **sistema fechado**, no qual a administração teria controle total sobre todos os componentes do sistema. Se o sistema de negócios reage com o ambiente, então o sistema é dito como **aberto**. Todos os sistemas sociais, por exemplo, são categorizados como sistemas abertos. Sistemas abertos devem possuir fronteiras permeáveis.

Se um sistema é significativamente dependente de outros sistemas para a sua sobrevivência, então é um **sistema estendido**. Nem todos os sistemas abertos são estendidos. Sistemas estendidos estão sempre mudando e podem impor grandes dificuldades aos indivíduos que desejam trabalhar em uma atmosfera disciplinada.

Organizações militares e governamentais foram as primeiras a tentar definir as fronteiras dos sistemas, programas e projetos. A seguir estão duas definições para sistemas:

- **Definição da Força Aérea:** uma combinação de equipamentos, habilidades e técnicas capazes de realizar e/ou apoiar um papel operacional. Um sistema completo inclui instalações, equipamentos, serviços materiais e pessoal necessário para a sua operação, em um grau em que possa ser considerado como uma unidade autossuficiente em seu ambiente operacional e/ou de apoio proposto.
- **Definição da Nasa:** uma das principais entidades de funcionamento que compõem a parte física do projeto, em um projeto ou programa. O significado pode variar para se adaptar a uma área específica de projeto ou programa. Comumente, um "sistema" é a primeira grande subdivisão do trabalho do projeto (sistemas para ônibus espaciais, sistemas de lançamento de veículos espaciais).

Guia PMBOK®, 5. ed.
1.4.1 Definição de gerenciamento de programas

Os programas podem ser construídos como os elementos de primeiro nível necessários em um sistema. Duas definições representativas de programas são apresentadas a seguir:

- **Definição da Força Aérea:** tarefas necessárias integradas em fases do tempo para alcançar um propósito específico.
- **Definição da Nasa:** uma série relativa de iniciativas que continuam durante um período de tempo (geralmente anos) e que são designadas a alcançar um objetivo amplo, científico ou técnico no plano de longo prazo da Nasa (exploração planetária e lunar, sistemas de veículos espaciais tripulados).

Programas podem ser considerados subsistemas. No entanto, os programas são geralmente definidos como esforços planejados em fases de tempo, enquanto os sistemas existem de forma contínua.

Os projetos também são esforços planejados em fases de tempo (muito mais curtos do que os programas) e formam o primeiro nível de divisão de um programa. Uma definição típica seria:

- **Definição da Nasa/Força Aérea:** um projeto está dentro de um programa como uma iniciativa que possui um início e um fim programados, e que normalmente envolve algum propósito principal.

Conforme ilustrado na Tabela 2-4, o setor de governo tende a gerenciar esforços como programas, chefiados por um gerente de programas. A maior parte do setor industrial, por outro lado, prefere descrever esforços como projetos, chefiados por um gerente de projetos. Se chamamos nossas iniciativas de gerenciamento de projetos ou de gerenciamento de programas é algo sem importância, pois as mesmas políticas, procedimentos e diretrizes tendem a regular os dois. Para o restante do livro, programas e projetos serão discutidos indiferentemente. Porém, o leitor deve estar ciente de que projetos estão normalmente no primeiro nível de subdivisão de um programa e de que programas são mais continuados do que projetos. Essa divisão será discutida em mais detalhes no Capítulo 11.

TABELA 2-4 Resumo de definição

Nível	Setor	Cargo
Sistema*	—	—
Programa	Governo	Gerentes de Programas
Projeto	Indústria	Gerentes de Projetos

*Definições, como utilizadas aqui, não incluem sistemas industriais internos como gestão dos sistemas de informação ou sistemas de controle de chão de fábrica.

Entretanto, há muitas outras diferenças significantes como:

- Os projetos podem ter um único objetivo, enquanto programas podem ter vários objetos com pesada orientação para negócios ao invés de objetivos técnicos.
- A duração dos programas muitas vezes torna-os mais suscetíveis às mudanças das condições ambientais, políticas, economia, estratégia de negócios e taxas de juros.
- A possibilidade de mudanças nas condições econômicas pode causar estragos na fixação de preços de programas de longo prazo baseados em estimativas futuras de preços.
- Gerentes funcionais são muitas vezes relutantes em ceder seus melhores colaboradores, que são muito solicitados, comprometendo-os em um único programa que será executado durante anos.
- A governança de programa é conduzida por um comitê e não por um único indivíduo e seus membros podem mudar ao longo da vida do programa.
- O financiamento do programa pode ser feito em base anual e as alterações nos financiamentos planejados são baseadas em necessidades existentes, que podem mudar de ano para ano, assim como em condições econômicas.
- Mudanças de escopo podem ocorrer com maior frequência e têm maior impacto sobre o projeto.
- Redefinição da linha de base e replanejamento acontecerão com maior frequência.
- Com base na duração do programa, um planeja mento de sucessão pode ser necessário para colaboradores com habilidades críticas.
- A perda de alguns colaboradores ao longo do programa pode ser esperada por causa de mudanças de posição, melhores oportunidades em outra empresa, e aposentadorias.
- Os colaboradores podem não acreditar que um trabalho de longo prazo em apenas um programa seja uma oportunidade de progressão na carreira.

O PMI tem programas de certificação tanto para gerente de projeto como para gerente de programa e faz distinção entre os dois. Há livros que se dedicam inteiramente a gerenciamento de programas.

Uma vez que um grupo de tarefas é selecionado e considerado um projeto, o próximo passo é definir os tipos de unidades de projeto. Há quatro categorias de projetos:

- **Projetos Individuais:** projetos de curta duração, normalmente designados a um único indivíduo que pode atuar tanto como gerente do projeto, quanto como gerente funcional.
- **Projetos de Equipe:** projetos que podem ser realizados por uma unidade organizacional, isto é, um departamento. Uma equipe ou grupo de trabalho é desenvolvido em cada seção envolvida. Funciona melhor se apenas uma unidade funcional estiver envolvida.

- **Projetos Especiais:** projetos especiais ocorrem frequentemente e demandam certas funções e/ou autoridade primárias a serem designadas temporariamente a outros indivíduos ou unidades. Funciona melhor para projetos de curta duração. Em projetos de longa duração, pode levar a sérios conflitos nessa configuração.
- **Projetos Matriciais ou de Agregação:** demandam participação de um grande número de unidades funcionais e geralmente controlam recursos vastos.

O gerenciamento de projetos pode agora ser definido como o processo de alcançar objetivos de projeto por meio da estrutura tradicional da organização e das especialidades dos indivíduos relacionados. O gerenciamento de projetos é aplicável para qualquer iniciativa pontual (única) relacionada a um objetivo final específico. Para concluir uma tarefa, um gerente de projetos deve:

Guia PMBOK®, 5. ed.
1.3 O que é gerenciamento de projetos?

- Estabelecer objetivos
- Estabelecer planos
- Organizar recursos
- Fornecer a equipe
- Definir os controles
- Fornecer instruções
- Motivar o pessoal
- Aplicar a inovação para ações alternativas
- Permanecer flexível

O tipo de projeto frequentemente vai ditar quais dessas funções o gerente de projetos será solicitado a executar.

2.7 GERENCIAMENTO DE PRODUTOS *VERSUS* GERENCIAMENTO DE PROJETOS: UMA DEFINIÇÃO

Guia PMBOK®, 5. ed.
4.1.1 Desenvolver o termo de abertura do projeto: entradas 2.1.1.1 Introdução ao Capítulo 5

Por todas as razões práticas, não há grande diferença entre um projeto e um programa, além da duração. Gerentes de projetos focam na data final de seus projetos desde o dia em que são designados. Gerentes de programas, normalmente possuem um espaço de tempo muito mais longo do que os gerentes de projetos e nunca querem ver seus programas terminarem. Nos primeiros anos do gerenciamento de projetos com o Departamento de Defesa atuando como cliente principal, gerentes de projetos da indústria aeroespacial e de defesa eram chamados de gerentes de programas, pois seus objetivos eram acompanhar os contratos governamentais a cada ano.

Mas e quanto à definição de gerenciamento de produtos ou gerenciamento de linhas de produtos? Gerentes de produtos atuam estreitamente como gerentes de programas. O gerente do produto quer que o seu produto tenha a vida mais longa possível e seja o mais lucrativo possível. Mesmo quando a demanda pelo produto diminui, o gerente do produto vai sempre procurar por derivações para manter o produto vivo.

Também existe uma diferenciação entre o escopo do projeto e o escopo do produto:

- O **escopo do projeto** define o trabalho que deve ser realizado para produzir a entrega com características ou funções especificadas. A entrega pode ser um produto, um serviço ou outro resultado.
- O **escopo do produto** define as características ou funções que caracterizam a entrega.

A Figura 2-8 mostra o relacionamento entre o gerenciamento do projeto e o gerenciamento do produto. Quando o projeto está na fase de P&D, um gerente de projetos é envolvido. Uma vez que o produto é desenvolvido e introduzido no mercado, o gerente de produtos assume o controle. Em algumas situações, o gerente do projeto pode se tornar o gerente do produto. O gerenciamento do produto e o do projeto podem existir, e existem, simultaneamente dentro das empresas.

A Figura 2-8 mostra que o gerenciamento de projetos pode operar horizontalmente, bem como verticalmente. Quando um produto é apresentado horizontalmente no organograma, a implicação é que a linha de produtos não é grande o suficiente para controlar seus próprios recursos em tempo integral e, portanto, compartilha recursos funcionais importantes. Se a linha de produtos fosse grande o suficiente para controlar seus próprios recursos em tempo integral, seria apresentada como uma divisão separada ou em uma linha vertical no organograma.

Também ilustrado na Figura 2-8 está o notável fato de que o gerente de projetos (ou engenheiro de projetos) se reporta a uma pessoa de marketing. A razão é que os líderes tecnicamente orientados a projetos ficam muito envolvidos com detalhes técnicos do projeto e perdem a visão de quando e como "matar" um projeto. Lembre-se, líderes mais técnicos foram treinados em ambientes acadêmicos, em vez de ambiente de negócios. Seu compromisso com o sucesso geralmente não leva em conta parâmetros importantes como retorno sobre o investimento, lucratividade, competição e apelo de mercado.

Para aliviar esses problemas, gerentes e engenheiros de projetos, especialmente de projetos de P&D, estão se reportando ao marketing para que a contribuição do marketing seja incluída em todas as decisões de P&D, em virtude dos altos custos incorridos nesses projetos. Os executivos devem ter cautela em relação a essa estrutura, na qual tanto gerentes de projetos quanto gerentes de produtos se reportam à função de marketing. O executivo de marketing pode se tornar o ponto focal de toda a organização, com capacidade de construir um grande império.

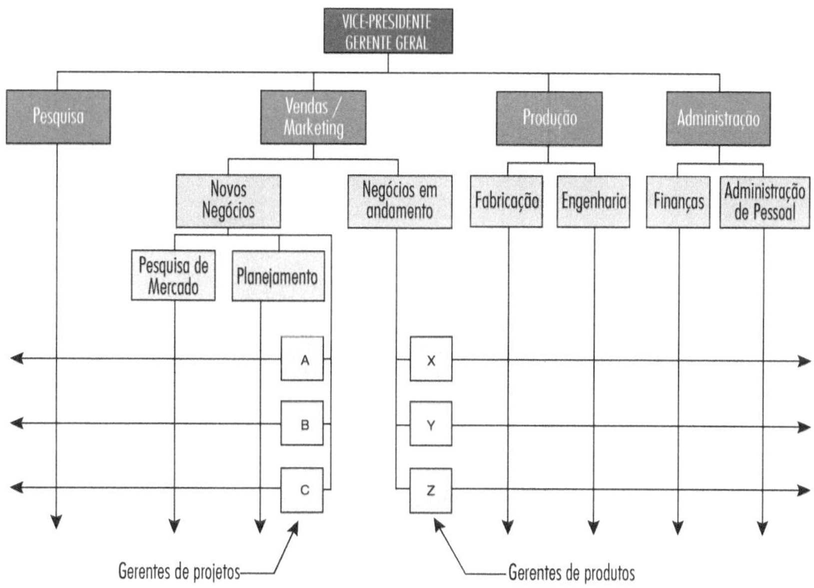

FIGURA 2-8 Organograma.

2.8 MATURIDADE E EXCELÊNCIA: UMA DEFINIÇÃO

Algumas pessoas alegam que maturidade e excelência em gerenciamento de projetos são a mesma coisa. Considere a seguinte definição:

> Maturidade em gerenciamento de projetos é a implementação de uma metodologia padrão e de processos de acompanhamento, de tal forma que exista uma alta probabilidade de sucessos repetidos.

Essa definição é apoiada pelas fases do ciclo de vida apresentadas na Tabela 2-1. Maturidade implica que existe a base adequada de ferramentas, técnicas, processos e até mesmo, cultura. Quando projetos chegam ao fim, geralmente ocorre um relatório com a alta administração para discutir a forma como a metodologia foi utilizada e para recomendar mudanças. Esse interrogatório busca por "importantes indicadores de desempenho", que são tópicos de aprendizado compartilhado e permite à organização potencializar o que faz certo e corrigir o que fez errado.

A definição de excelência pode ser descrita como:

> Organizações excelentes em gerenciamento de projetos são aquelas que criam um ambiente no qual exista um fluxo **contínuo** de projetos gerenciados de forma bem-sucedida e no qual o sucesso é medido pelo que está no melhor interesse **tanto** da empresa **quanto** do projeto (ou seja, o cliente).

Excelência vai muito além de maturidade. Você deve ter maturidade para alcançar a excelência. A Figura 2-9 mostra que, uma vez que a organização conclui as primeiras quatro fases do ciclo de vida da Tabela 2-1, pode levar dois anos ou mais para que atinja alguns níveis iniciais de maturidade. A excelência, se for possível de fato, pode demorar cinco anos adicionais ou mais.

A Figura 2-9 também traz outro fato importante. Durante a maturidade, ocorrem mais sucessos do que fracassos. Durante a excelência, obtemos um fluxo contínuo de projetos bem-sucedidos. Ainda assim, mesmo depois de alcançar a excelência, ainda haverá alguns fracassos.

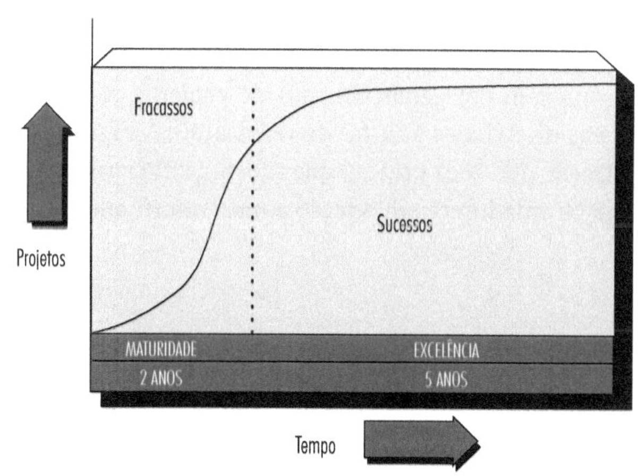

FIGURA 2-9 O crescimento da excelência.

Os executivos que sempre tomam a decisão correta não estão tomando decisões o suficiente. Da mesma forma, organizações em que todos os projetos são concluídos com sucesso não estão correndo riscos o bastante e não estão trabalhando o suficiente em projetos.

É irreal crer que todos os projetos serão concluídos com sucesso. Algumas pessoas alegam que apenas verdadeiros fracassos em projetos são aqueles com os quais nada é aprendido. O fracasso pode ser visto como um sucesso se for identificado suficientemente cedo para que os recursos sejam realocados para outras atividades mais convenientes.

2.9 GERENCIAMENTO DE PROJETOS INFORMAL: UMA DEFINIÇÃO

As empresas hoje estão gerenciando projetos mais informalmente do que antes. O gerenciamento de projetos informal possui algum grau de formalidade, mas enfatiza gerenciar o projeto com o mínimo de burocracia. Além disso, o gerenciamento de projetos informal é baseado em diretrizes, em vez de políticas e procedimentos, que são a base para o gerenciamento de projetos formal. Isso foi apresentado anteriormente como sendo uma característica de uma boa metodologia de gerenciamento de projetos. O gerenciamento de projetos informal requer:

- Comunicação eficaz
- Cooperação eficaz
- Trabalho em equipe eficaz
- Confiança

Esses quatro elementos são absolutamente essenciais para que o gerenciamento de projetos informal seja eficaz.

A Figura 2-10 mostra a evolução da documentação do projeto ao longo dos anos. Conforme as empresas amadurecem em gerenciamento de projetos, a ênfase é dada às diretrizes e às listas de verificação. A Figura 2-11 ilustra as questões críticas quando o gerenciamento de projetos amadurece em direção a mais informalidade.

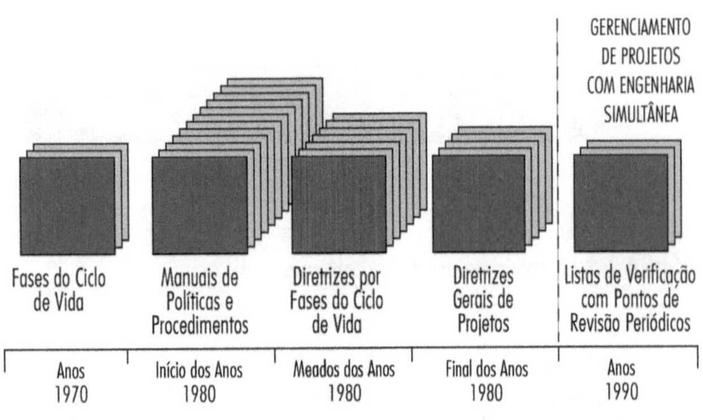

FIGURA 2-10 Evolução de políticas, procedimentos e diretrizes.

Fonte: Reproduzido de H. Kerzner, In search of excellence in project management. New York: Wiley, 1998. p. 196.

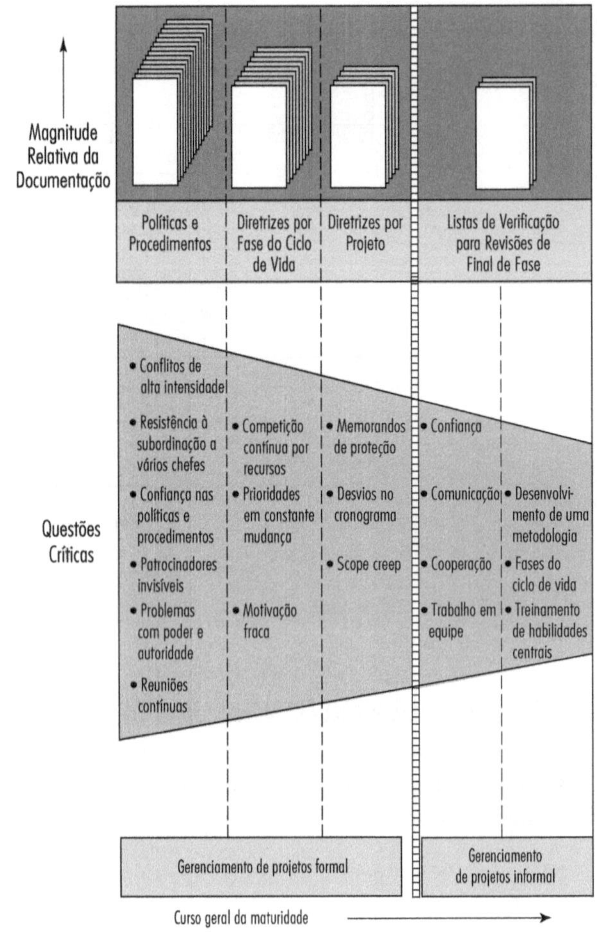

FIGURA 2-11 Curso da maturidade.

Para finalizar, nem todas as empresas possuem o luxo de utilizar o gerenciamento de projetos informal. A voz dos clientes muitas vezes possui forte peso sobre a decisão quanto ao uso de gerenciamento de projetos formal ou informal.

2.10 AS VÁRIAS FACES DO SUCESSO

Historicamente, a definição de sucesso tem sido atender às expectativas do cliente, independentemente de o cliente ser interno ou externo. Sucesso também inclui realizar o trabalho dentro das restrições da grade de tempo, custos e qualidade/desempenho. Mas como os muitos projetos, especialmente aqueles que requerem inovação, são realizados a esse ponto?

Pouquíssimos projetos são jamais concluídos sem compensações ou mudanças no escopo quanto a tempo, custos e qualidade. Assim, o sucesso ainda poderia ocorrer sem atingir exatamente esse ponto. A esse respeito, o sucesso pode ser definido como um cubo, tal qual na Figura 2-12. O ponto singular de tempo, custos e qualidade seria um ponto dentro do cubo, constituindo a convergência dos fatores críticos de sucesso (FCS)[NT8] para o projeto.

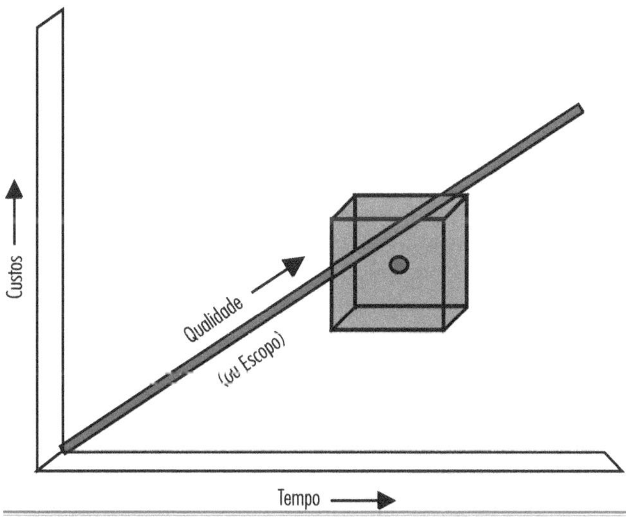

FIGURA 2-12 Sucesso: ponto ou cubo?

Outro fator a considerar é que podem existir ambas as definições, primárias e secundárias de sucesso, conforme mostra a Tabela 2-5. As definições primárias de sucesso são vistas pelos olhos do cliente. As definições secundárias do sucesso geralmente são benefícios internos. Se atingir 86% das especificações for aceitável para o cliente e trabalhos posteriores forem recebidos, então o projeto original pode muito bem ser considerado um sucesso.

TABELA 2-5 Fatores de sucesso

Primários	Secundários
• Dentro do prazo • Dentro dos custos • Dentro dos limites de qualidade • Aceito pelo cliente	• Trabalhos posteriores desse cliente • Utilizar o nome do cliente como uma referência em sua literatura • Comercialização de um produto • Mudanças mínimas e acordadas no escopo • Ausência de perturbação do fluxo principal de trabalho • Ausência de mudanças da cultura corporativa • Não violação dos requisitos de segurança • Fornecer eficiência e eficácia das operações • Cumprimento das exigências ambientais, de segurança e de saúde ocupacional • Manutenção de conduta ética • Fornecimento de alinhamento estratégico • Manutenção da reputação corporativa • Manutenção das relações com as agências regulatórias

A definição de sucesso pode variar também de acordo com quem são as partes interessadas. Por exemplo, cada um, a seguir, pode ter sua própria definição do sucesso em um projeto:

- Clientes: segurança no uso
- Empregados: emprego garantido
- Administração: bônus
- Acionistas: lucratividade
- Agências governamentais: adequação aos regulamentos federais

É possível que uma metodologia de gerenciamento de projetos identifique os fatores primários e secundários de sucesso. Isso pode orientar o gerente de projetos para o desenvolvimento de um plano de gerenciamento de riscos e para decidir quais riscos vale a pena correr.

Os fatores críticos de sucesso identificam o que é necessário para cumprir as entregas desejadas pelo cliente. Nós também podemos olhar para os indicadores chave de desempenho (KPI)[NT9], que medem a qualidade do processo utilizado para alcançar os resultados finais. Os KPIs são medidas internas ou métricas que podem ser revisadas de forma periódica durante o ciclo de vida do projeto. KPIs típicos incluem:

- Utilização de metodologia de gerenciamento de projetos
- Estabelecimento dos processos de controle
- Utilização de métricas provisórias
- Qualidade dos recursos designados *versus* planejados
- Envolvimento do cliente

Os indicadores chave de desempenho respondem a questões como: Nós utilizamos corretamente a metodologia? Nós mantivemos a administração informada, e em que frequência? Os recursos adequados foram designados ao projeto e foram utilizados de forma eficaz? Houve lições aprendidas que poderiam precisar da atualização da metodologia para a sua utilização? Empresas excelentes em gerenciamento de projetos medem o sucesso interno e externo utilizando FCSs e KPIs.

2.11 AS VÁRIAS FACES DO FRACASSO[4]

Anteriormente declaramos que o sucesso poderia ser um cubo, em vez de um ponto. Se ficarmos dentro do cubo, mas errarmos o ponto, isso é um fracasso? Provavelmente não! A definição verdadeira de fracasso é quando os resultados finais não são os esperados, mesmo que as expectativas originais possam ou não ter sido razoáveis. Algumas vezes os clientes, ou mesmo os executivos internos, estabelecem alvos para o desempenho que são totalmente irreais, na esperança de se alcançar de 80 a 90%. Para simplificar, vamos definir fracasso como expectativas não alcançadas.

NT8 Do termo em inglês *Critical Sucess Factor* (CSF), que significa o(s) elemento(s) necessário(s) para uma organização ou projeto completar a sua missão.

NT9 Do termo em inglês *Key Performance Indicator* (KPI), que representa uma medição de desempenho.

4 Adaptado de: GILBREATH, Robert D. *Winning at project management*. New York: Wiley, 1986. p. 2-6.

Com expectativas inalcançáveis, o fracasso é praticamente garantido, já que definimos fracasso como expectativas não alcançadas. Isso é chamado de **planejamento para o fracasso** e é a diferença entre o que foi planejado e o que foi, de fato, realizado. O segundo componente do fracasso é desempenho ruim ou **fracasso real**. Essa é a diferença entre o que era alcançável e o que foi realmente realizado.

Fracasso percebido é a soma líquida do **fracasso real** e do **planejamento para o fracasso**. As Figuras 2-13 e 2-14 ilustram os componentes do fracasso percebido. Na Figura 2-13, o **gerenciamento de projetos** planejou um nível de realizações (C) menor do que o possível, dadas as circunstâncias e os recursos do projeto (D). Essa é uma situação clássica de falta de planejamento. As realizações reais (B), no entanto, ficaram abaixo do planejado.

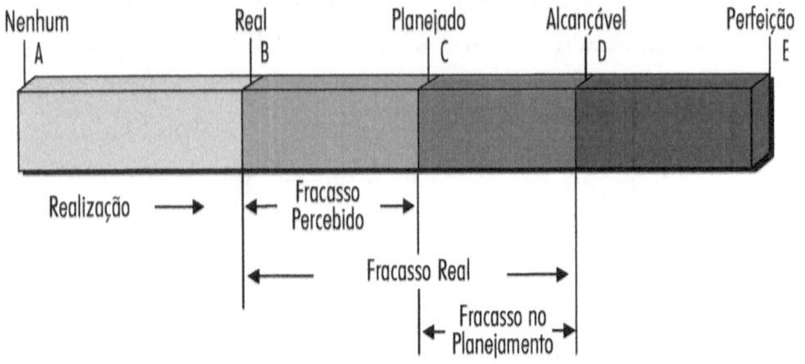

FIGURA 2-13 Componentes do fracasso (planejamento pessimista).

Um caso levemente diferente é ilustrado na Figura 2-14. Aqui, planejamos realizar mais do que o possível. O planejamento para o fracasso é novamente garantido, mesmo se nenhum fracasso real ocorrer. Em ambas as situações (excesso de planejamento e falta de planejamento), o fracasso real é o mesmo, mas o fracasso percebido pode variar consideravelmente.

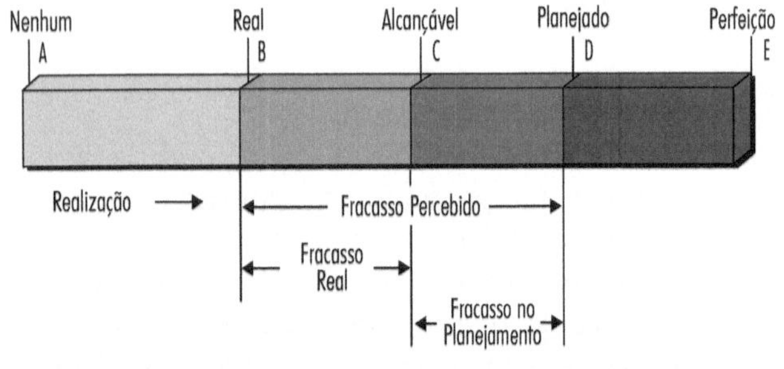

FIGURA 2-14 Componentes do fracasso (planejamento otimista).

Hoje, a maioria dos profissionais de gerenciamento de projetos foca no termo **planejamento para o fracasso**. Se esse termo puder ser comprimido ou mesmo eliminado, então a magnitude do fracasso real, se ele ocorrer, seria diminuída. Uma boa metodologia de gerenciamento de projetos ajuda a reduzir esse termo. Nós agora acreditamos que a existência desse termo se dá em grande parte pela incapacidade do gerente de projetos para realizar um gerenciamento de riscos eficaz. Nos anos 1980, acreditávamos que o fracasso de um projeto era, em boa parte, um fracasso quantitativo devido a:

- Planejamento ineficaz
- Programação ineficaz do cronograma
- Estimativas ineficazes
- Controle ineficaz dos custos
- Objetivos do projeto como "alvos móveis"

Durante os anos 1990, mudamos a nossa visão de fracasso de orientado quantitativamente para orientado qualitativamente. Um fracasso nos anos 1990 era em grade parte atribuído a:

- Baixo moral
- Baixa motivação
- Relações humanas deficitárias
- Baixa produtividade
- Falta de comprometimento dos funcionários
- Falta de comprometimento funcional
- Atrasos na resolução de problemas
- Muitas questões políticas não resolvidas
- Prioridades conflitantes entre executivos, gerentes de linha e os gerentes de projetos

Embora essas abordagens quantitativas e qualitativas continuem a ser válidas até certo ponto, hoje acreditamos que o maior componente do planejamento para o fracasso é o gerenciamento inadequado ou inapropriado dos riscos, ou ter uma metodologia de gerenciamento de projetos que não forneça nenhuma orientação para o gerenciamento dos riscos.

Algumas vezes, o componente de fracasso do gerenciamento de riscos não é prontamente identificado. Por exemplo, veja a Figura 2-15. O desempenho real entregue pela contratada foi significativamente menor do que as expectativas do cliente. A diferença se deve à fraca habilidade técnica ou a uma combinação de incapacidade técnica e fraco gerenciamento de riscos? Hoje nós acreditamos que seja uma combinação.

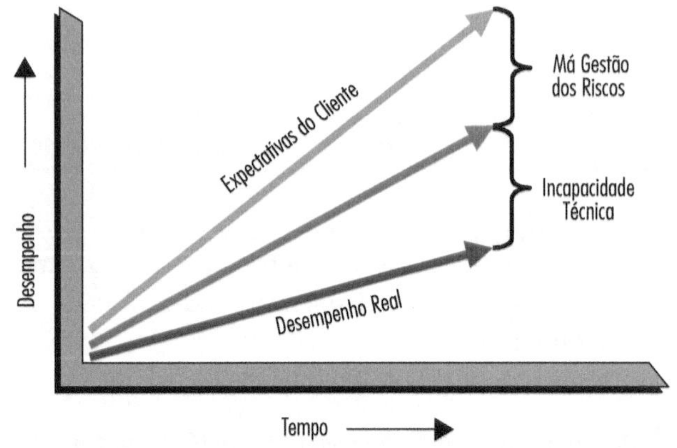

FIGURA 2-15 Planejamento dos riscos.

Quando um projeto é concluído, as empresas realizam uma revisão das lições aprendidas. Algumas delas são classificadas inadequadamente e a verdadeira razão para o evento de risco é desconhecida. A Figura 2-16 mostra o relacionamento entre o pessoal de marketing e a equipe técnica na iniciativa de um projeto para desenvolver um novo produto. Se o projeto é concluído com o desempenho real sendo menor do que as expectativas do cliente, será por causa do fraco gerenciamento dos riscos pela equipe de avaliação técnica e de previsão ou por causa de uma fraca avaliação dos riscos pelo marketing? O relacionamento entre o marketing e o gerenciamento técnico dos riscos nem sempre é claro.

A Figura 2-16 também mostra que as oportunidades de escolhas diminuem conforme nos aprofundamos no projeto. Há inúmeras oportunidades para compensações antes do estabelecimento dos objetivos finais para o projeto. Em outras palavras, se o projeto falha, pode ser por causa do momento em que os riscos foram analisados.

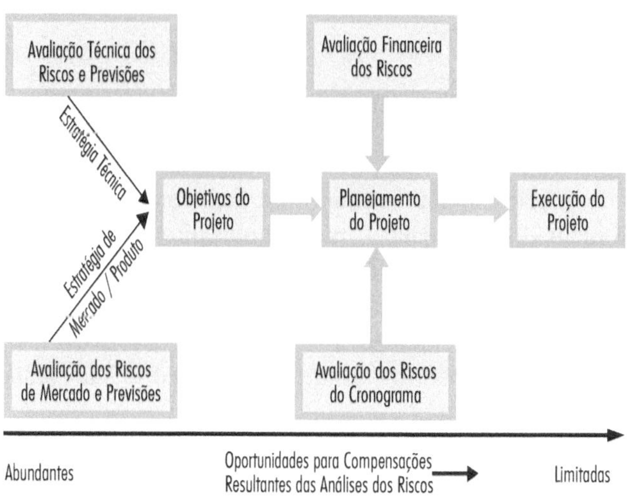

FIGURA 2-16 Estratégias de mitigação disponíveis.

Guia PMBOK®, 5. ed.
2.4 Ciclo de vida e a organização do projeto
2.1.1 Características do ciclo de vida do projeto

2.12 O PROCESSO *STAGE-GATE*[NT10]

Quando as empresas reconhecem a necessidade de começar a desenvolver processos para o gerenciamento de projetos, o ponto de partida é, normalmente, o processo *stage-gate*. Esse processo foi criado porque a estrutura organizacional tradicional foi concebida primeiramente para que gerenciamento, controle e comunicação sejam *top-down*[NT11] e centralizados, características que não eram práticas para organizações que utilizam gerenciamento de projetos e um fluxo horizontal de trabalho. O processo *stage-gate* eventualmente evoluiu para fases do ciclo de vida.

Como as palavras em inglês sugerem, o processo é composto por estágios e portões. Os estágios são grupos de atividades que podem ser realizadas em série ou em paralelo, com base na magnitude dos riscos que a equipe do projeto pode aguentar. Os estágios são gerenciados por equipes multifuncionais. Os portões são pontos de decisão estruturados ao final de cada estágio. Bons processos de gerenciamento de projetos geralmente não possuem mais do que seis portões. Com mais de seis portões, a equipe do projeto foca muita atenção na preparação para as *gate reviews* (revisões de final de fase ou de encerramento do projeto), em vez de focar no gerenciamento real do projeto.

O gerenciamento de projetos é utilizado para gerenciar os estágios entre os portões e pode encurtar o tempo entre eles. Esse será um fator crítico de sucesso se o processo *stage-gate* for utilizado no desenvolvimento e lançamento de novos produtos. Uma boa metodologia corporativa para o gerenciamento de projetos fornecerá listas de verificação, formulários e diretrizes para garantir que os passos críticos não sejam omitidos.

As listas de verificação para as *gate reviews* são cruciais. Sem elas, os gerentes de projetos podem gastar horas preparando relatórios para as *gate reviews*. Boas listas de verificação focam em respostas para as questões:

- Onde estamos hoje (ou seja, em tempo e custos)?
- Onde vamos terminar (ou seja, em tempo e custos)?
- Quais são os riscos presentes e futuros?
- Qual assistência da administração será necessária?

Gerentes de projetos nunca podem atuar como seus próprios porteiros. Os porteiros ou são indivíduos (ou seja, patrocinadores) ou grupos de indivíduos designados pela alta administração e habilitados a fazer cumprir o processo estruturado de tomada de decisões. Os porteiros são autorizados a avaliar o desempenho atualizado frente aos critérios predeterminados e a fornecer à equipe do projeto informações adicionais técnicas e de negócio.

Os porteiros devem gostar de tomar decisões. As quatro decisões mais comuns são:

- Seguir para o próximo portão com base nos objetivos originais
- Seguir para o próximo portão com base nos objetivos revisados
- Atrasar a tomada de decisões em um portão até que sejam obtidas informações adicionais
- Cancelar o projeto

[NT10] Em tradução literal da língua inglesa, "estágio-portão".

[NT11] De ou relativo ao sistema hierárquico que avança de uma unidade individual para várias, múltiplas subunidades. Em tradução literal, significa "de cima para baixo".

Os patrocinadores também devem ter a coragem de cancelar um projeto. O propósito dos portões não é apenas obter autorização para continuar, mas identificar falhas cedo o bastante para que os recursos não sejam gastos, mas, sim, designados a atividades mais promissoras.

Nós agora podemos identificar os três maiores benefícios do processo *stage-gate*:

- Fornecer estrutura para o gerenciamento de projetos
- Fornecer possível padronização para o planejamento, programação do cronograma e controle (ou seja, formulários, listas de verificação e diretrizes)
- Permitir um processo estruturado de tomada de decisões

As empresas embarcam no processo *stage-gate* com boas intenções, mas existem armadilhas que podem romper o processo. Isso inclui:

- Designar porteiros e não habilitá-los para a tomada de decisões
- Designar porteiros que tenham medo de cancelar um projeto
- Negar o acesso a informações críticas à equipe do projeto
- Permitir à equipe do projeto focar mais nos portões do que nos estágios

Deve ser reconhecido que o processo *stage-gate* não é nem um resultado final, nem uma metodologia autossuficiente. Em vez disso, é apenas um de vários processos que fornecem estrutura para a metodologia global de gerenciamento de projetos.

Hoje, o processo *stage-gate* parece ter sido substituído por fases do ciclo de vida. Embora haja alguma verdade nisso, esse processo está retornando. Como ele foca mais na tomada de decisões do que nas fases do ciclo de vida, está sendo utilizado como uma ferramenta interna, de tomada de decisões, dentro de cada uma das fases do ciclo de vida. A vantagem é que, enquanto as fases do ciclo de vida são as mesmas para todos os projetos, o processo *stage-gate* pode ser feito sob medida para cada projeto para facilitar a tomada de decisões e o gerenciamento dos riscos. O processo *stage-gate* é agora uma parte integrante do gerenciamento de projetos, enquanto anteriormente era utilizado primeiramente para esforços de desenvolvimento de novos produtos.

2.13 CICLOS DE VIDA DO PROJETO

Guia PMBOK®, 5. ed.
2.4 Ciclos de vida do projeto

Todo programa, projeto ou- 5produto possui certas fases de desenvolvimento conhecidas como fases do ciclo de vida. Um entendimento claro dessas fases permite ao gerente de projetos e aos executivos controlar melhor os recursos para atingir as metas.

Durante os últimos anos, tem havido concordância, ao menos parcial, sobre as fases do ciclo de vida de um produto. Elas incluem:

- Pesquisa e desenvolvimento
- Introdução ao mercado
- Crescimento
- Maturidade
- Declínio
- Morte

Hoje, não há consenso entre os setores, ou mesmo entre empresas do mesmo setor, sobre as fases do ciclo de vida de um projeto. Isso é compreensível em virtude da natureza complexa e da diversidade dos projetos.

As definições teóricas sobre as fases do ciclo de vida de um sistema podem ser aplicadas ao projeto. Essas fases incluem:

- Conceitual
- Planejamento
- Testes
- Implementação
- Encerramento

A primeira fase, a conceitual, inclui a avaliação preliminar de uma ideia. O mais importante nessa fase é a análise preliminar de riscos e o impacto resultante nos requisitos de tempo, custos e desempenho, juntamente com o impacto potencial nos recursos da empresa. A fase conceitual também inclui um "primeiro corte" na viabilidade do esforço.

A segunda fase é a de planejamento. É, principalmente, um refinamento dos elementos da fase conceitual e demanda uma identificação firme dos recursos necessários e o estabelecimento de prazos, custos e parâmetros realistas. Essa fase também inclui a preparação inicial da documentação necessária para apoiar o sistema. Para um projeto baseado em uma licitação, a fase conceitual incluiria a decisão de licitar ou não e a fase de planejamento incluiria o desenvolvimento do pacote total da proposta (isto é, tempo, cronograma, custos e desempenho).

Devido à quantidade de estimativas envolvidas, analisar os custos do sistema durante as fases conceitual e de planejamento não é uma tarefa fácil. Conforme ilustrado na Figura 2-17, a maioria dos custos de sistemas ou projetos pode ser dividida nas categorias: operacional (recorrentes), e de implementação (não recorrentes). Os custos de implementação incluem despesas únicas, como a construção de instalações, aquisição de equipamentos de computador ou planejamento detalhado. Os custos operacionais incluem despesas recorrentes, como mão de obra. Os custos operacionais podem ser reduzidos, como mostra a Figura 2-17, se a equipe desempenhar em uma posição mais alta na curva de aprendizagem. A identificação da posição na curva de aprendizagem é vitalmente importante durante a fase de planejamento, quando posições firmes de custos devem ser estabelecidas. É claro, nem sempre é possível saber quais indivíduos estarão disponíveis ou o quão antecipadamente eles desempenharão em uma posição mais alta na curva de aprendizagem.

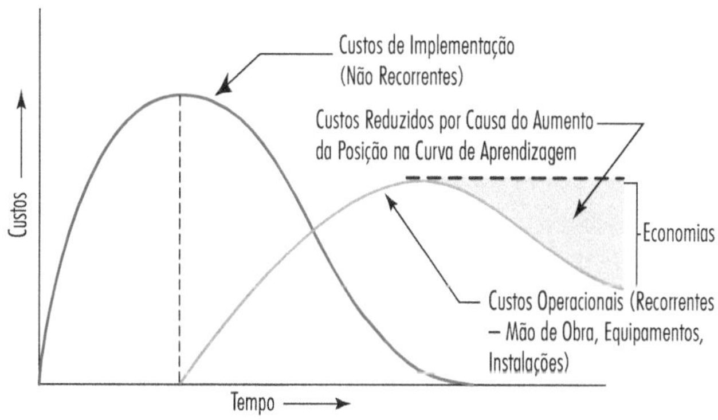

FIGURA 2-17 Custos do sistema.

Uma vez determinado o custo total aproximado do projeto, uma análise de custo-benefício deve ser conduzida (veja Figura 2-18) para determinar se o valor estimado das informações obtidas do sistema excede os custos de se obtê-las. Essa análise é frequentemente incluída como parte do estudo de viabilidade. Há várias situações, como nas licitações, onde o estudo de viabilidade é, na realidade, composto pelas fases conceitual e de definição. Por causa dos custos que podem ser incorridos durante essas duas fases, a aprovação do alto escalão é quase sempre necessária antes da iniciação de tal estudo de viabilidade.

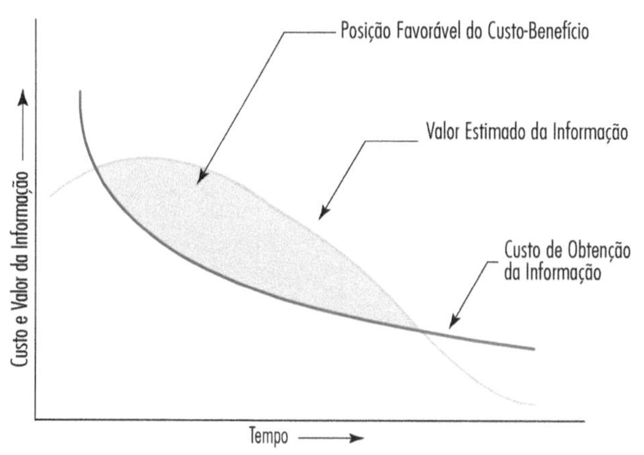

FIGURA 2-18 Análise custo-benefício.

A terceira fase – de testes – é predominantemente um esforço de testes e de padronização final para que as operações possam começar. Quase toda a documentação deve estar completa nessa fase.

A quarta fase é a de implementação, que integra o produto ou serviço do projeto na organização existente. Se o projeto foi desenvolvido para o estabelecimento de um produto para comercialização, então essa fase incluiria as fases do ciclo de vida do produto: introdução no mercado, crescimento, maturidade e parte da fase de declínio.

A fase final é o encerramento e inclui a realocação dos recursos. Considere uma empresa que vende produtos. Conforme um produto entra nas fases de seu ciclo de vida de declínio e morte (ou seja, fase de desinvestimento de um sistema), novos produtos ou projetos devem ser estabelecidos. Essa empresa demandaria, portanto, um fluxo contínuo de projetos para sobreviver, como ilustrado na Figura 2-19. Conforme os projetos A e B entram em declínio, novos esforços (projeto C) devem ser desenvolvidos para a realocação de recursos. Em uma situação ideal, esses novos projetos serão estabelecidos em uma taxa, cuja receita total aumentará e o crescimento da empresa será claramente visível.

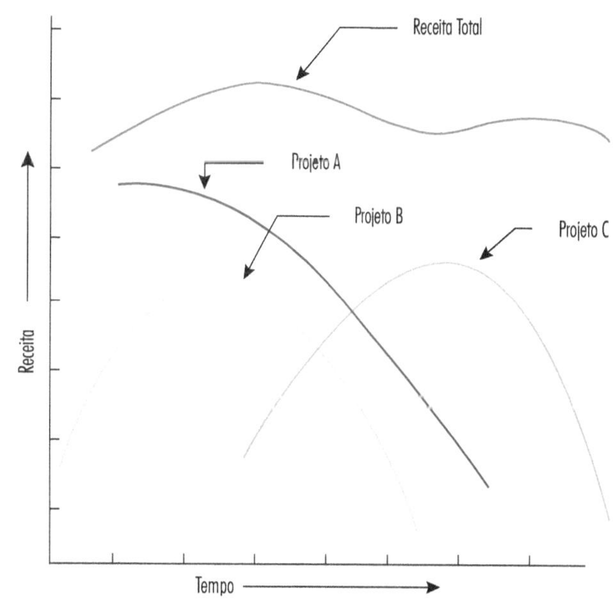

FIGURA 2-19 Um fluxo de projetos.

A fase de encerramento avalia os esforços do sistema total e serve de entrada para as fases conceituais de novos projetos e sistemas. Essa fase final também tem um impacto em outros projetos em andamento com relação à identificação de prioridades.

Até agora não houve tentativa em identificar o tamanho de um projeto ou sistema. Grandes projetos geralmente demandam pessoal em tempo integral, enquanto que em projetos pequenos, embora passem pelas mesmas fases do ciclo de vida, podem demandar apenas pessoal em tempo parcial. Isso quer dizer que um indivíduo pode ser responsável por vários projetos e, possivelmente, com cada projeto existindo em uma fase diferente do ciclo de vida. As questões a seguir devem ser consideradas no gerenciamento de vários projetos:

- Os objetivos dos projetos são os mesmos?
  - Para o bem do projeto?
  - Para o bem da empresa?
- Há distinção entre projetos grandes e pequenos?
- Como lidamos com prioridades conflitantes?
  - Prioridades críticas *versus* projetos críticos
  - Prioridades críticas *versus* projetos não críticos
  - Prioridades não críticas *versus* projetos não críticos

Os capítulos posteriores discutem métodos de resolução de conflitos e estabelecimento de prioridades.

As fases de um projeto e as fases de um produto são comparadas na Figura 2-20. Repare que as fases do ciclo de vida de um produto geralmente não se intercalam, enquanto as fases de um projeto podem se intercalar e, frequentemente, intercalam-se.

A Tabela 2-6 identifica as várias fases do ciclo de vida que são comumente utilizadas. Mesmo nos setores maduros em gerenciamento de projetos como construção, alguém poderia pesquisar dez empresas diferentes de construção e encontraria dez definições diferentes para as fases do ciclo de vida.

TABELA 2-6 Definições de fases do ciclo de vida

Engenharia	Fabricação	Desenvolvimento de Software	Construção
• Inicialização • Definição • Principal • Conclusão	• Formação • Acúmulo • Produção • Descontinuação gradual • Auditoria final	• Conceitual • Planejamento • Definição e design • Implementação • Conversão	• Planejamento,coleta de dados e procedimentos • Estudos e engenharia básica • Revisão principal • Engenharia detalhada • Sobreposição da engenharia e da construção detalhada • Construção • Testes e comissionamento

As fases do ciclo de vida para programação de computadores, como listado na Tabela 2-6, também são mostradas

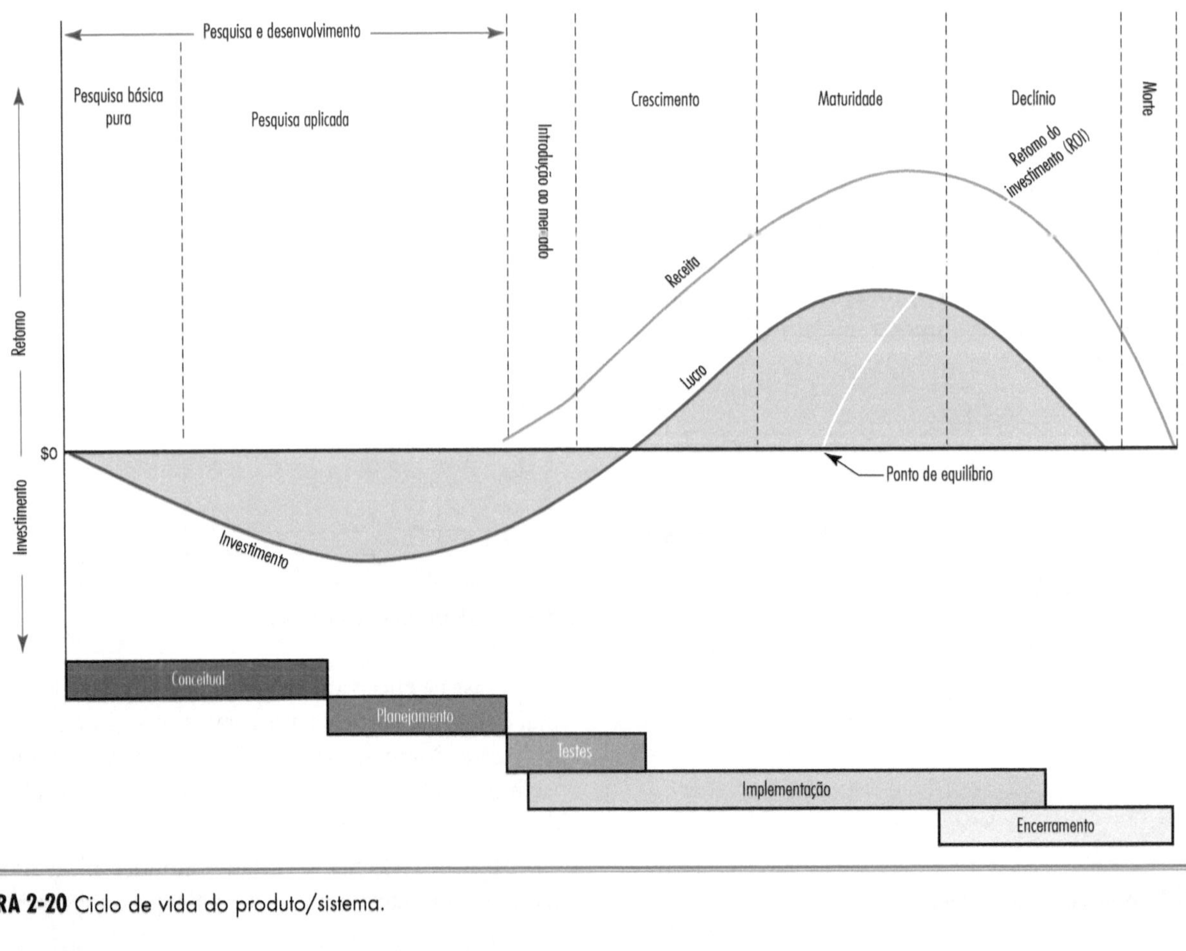

FIGURA 2-20 Ciclo de vida do produto/sistema.

na Figura 2-21, que ilustra como os recursos de mão de obra se acumulam e declinam durante um projeto. Na Figura 2-21, a sigla PMO representa o método presente de operações (*present method of operations*), e PMO' representa o "novo" método presente de operações, após a conversão. Esse ciclo de vida seria provavelmente representativo para uma atividade de 12 meses. A maioria dos executivos preferem ciclos de vida curtos de processamento de dados porque a tecnologia da computação muda rapidamente. Um executivo de uma grande empresa de serviços públicos comentou que sua empresa estava tendo problemas em estabelecer como terminar um projeto de programação de computadores para melhorar o serviço do cliente porque, no momento em que um pacote estava pronto para a implementação total, uma versão atualizada entrava em cena. Deveria-se cancelar o projeto original e iniciar-se um novo projeto? A solução parecia estar na definição de fases curtas de processamento de dados para o ciclo de vida do projeto, talvez por meio da implementação segmentada.

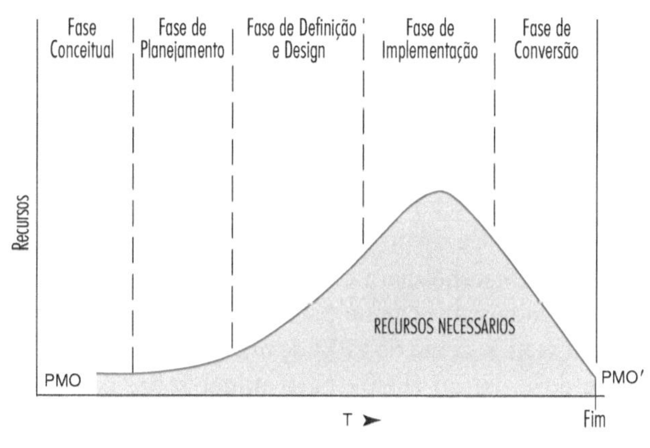

FIGURA 2-21 Definição do ciclo de vida de um projeto.

A alta administração é responsável pela revisão periódica de projetos principais. Isso deve ser realizado, no mínimo, na conclusão de cada fase do ciclo de vida.

Mais empresas estão preparando manuais de procedimentos para gerenciamento de projetos e para a estruturação do trabalho utilizando fases do ciclo de vida. Há vários motivos para essa tendência:

- Pode ser possível o delineamento claro do trabalho a ser realizado em cada fase
- A atribuição de preços e as estimativas podem ficar mais fáceis se existirem definições de trabalho bem estruturadas
- Existem pontos importantes de decisão ao final de cada fase do ciclo de vida, de modo que é possível o financiamento incremental

Para finalizar, o leitor deve ficar ciente de que nem todos os projetos podem ser simplesmente transpostos para as fases do ciclo de vida (por exemplo, projetos de P&D). Pode ser possível (mesmo na mesma empresa) que existam definições diferentes das fases do ciclo de vida, por causa da extensão e da complexidade do cronograma, ou apenas da dificuldade em gerenciar as fases.

2.14 REUNIÕES DE *GATE REVIEW* (ENCERRAMENTO DO PROJETO)

Reuniões de *gate review* são uma forma de encerramento do projeto. Elas podem resultar no encerramento de uma fase do ciclo de vida ou o encerramento de todo o projeto. As reuniões de *gate review* devem ser planejadas e isso inclui coleta, análise e disseminação das informações pertinentes. Isso pode ser feito de maneira eficaz com a utilização de formulários, modelos e listas de verificação.

Há duas formas de encerramento pertencentes às reuniões de *gate review*: encerramento contratual e encerramento administrativo. O encerramento contratual precede o administrativo e significa a verificação e aceitação de que todas as entregas necessárias para essa fase foram concluídas e que todos os itens de ação foram cumpridos. O encerramento contratual é de responsabilidade tanto do gerente do projeto quanto do administrador do contrato.

O encerramento administrativo é a atualização de todos os registros pertinentes necessários tanto para o cliente quanto para o contratado. Os clientes têm interesse particular na documentação "*as-built*" ou "*as installed*"[NT12], sobre quaisquer mudanças ou desvios das especificações. Também é necessário um arquivo de todas as mudanças acordadas no escopo durante o ciclo de vida do projeto. Os contratados possuem interesse em dados arquivados que incluem os registros do projeto, minutas, memorandos, *newsletters*, documentação de gerenciamento das mudanças, documentação de aceitação do projeto e o histórico de auditorias para lições aprendidas e melhoria contínua.

Um subconjunto do encerramento administrativo é o encerramento financeiro, que é o fechamento de todos os números de cobrança para o trabalho concluído. Embora o encerramento contratual possa já ter ocorrido, ainda podem existir números de cobrança abertos para o reparo de

[NT12] Termos em inglês que em português significam respectivamente, em tradução literal, "como construído" e "como instalado". São utilizados na engenharia e/ou na tecnologia da informação e referem-se à documentação que reflete o que foi efetivamente construído, incluindo todas as adaptações realizadas até a entrega do produto ou serviço.

defeitos ou para a conclusão de documentação arquivada. O encerramento deve ser planejado, e isso inclui a definição de uma programação e de um orçamento. A Tabela 2-7 mostra as atividades para cada tipo de encerramento.

TABELA 2-7 Formas de encerramento do projeto

	Engenharia	Administrativa	Financeira
Objetivo	Aceite final do cliente	Documentação e rastreabilidade completa	Encerrar os pacotes de trabalho completados
Quando	Término do projeto	Depois que o encerramento contratual esteja completo	Durante o projeto quando os pacotes de trabalho são completados
Atividades	Verificação e validação	Conclusão de minutas, memorandos, comunicados, relatórios, e todas as outras formas de documentação	Encerrar as ordens de trabalho para os trabalhos completados
	Conformidade com os critérios de aceitação, incluindo requisitos de garantia de qualidade	Arquivamento da documentação do fechamento administrativo	Documentação de resultados para transferência de fundos não utilizados para a reserva de gerenciamento ou lucros
	Explicações passo-a-passo, testes, revisões e auditorias	Captação das lições aprendidas e melhores práticas	
	Teste de conformidade	Liberação dos recursos	
	Teste de usuário		
	Revisão de mudanças de escopo		
	Documentação de mudanças no *as-built*		

2.15 GERENCIAMENTO DE ENGAJAMENTO

As empresas, tradicionalmente, enxergam cada cliente como uma oportunidade única. Depois que as necessidades de um cliente são atendidas, a ênfase é colocada em encontrar outros clientes. Isto é aceitável, desde que exista uma base de clientes potencialmente grande. Hoje, as organizações orientadas a projeto, ou seja, aquelas que sobrevivem com a renda de um fluxo contínuo de projetos financiados pelo cliente, estão implementando a abordagem de "gerenciamento de engajamento". Desta forma, cada novo cliente potencial é abordado de maneira semelhante a um compromisso de casamento em que o fornecedor está solicitando um relacionamento de longo prazo com o cliente, em vez de uma única oportunidade. Com esta abordagem, os fornecedores estão vendendo não só resultados e soluções completas para as necessidades de negócio do cliente, mas também a disposição em promover mudanças na forma em que gerenciam seus projetos, a fim de receber contratos futuros desse cliente.

Para manter esse nível de satisfação do cliente e, quem sabe, um relacionamento de longo prazo, os clientes são convidados a fornecer dados sobre como a metodologia de gerenciamento de projetos do fornecedor pode ser mais bem utilizada no futuro. Algumas empresas têm adicionado à sua metodologia uma fase do ciclo de vida intitulada "Gestão de Satisfação do Cliente". Esta fase ocorre após a conclusão do encerramento administrativo. Ela envolve uma reunião entre o cliente e o fornecedor, na qual participam os gerentes de projeto de cada empresa, os patrocinadores, membros da equipe e gerentes funcionais selecionados, e equipe de vendas. A questão que precisa ser tratada pelo fornecedor é: "O que podemos melhorar no próximo projeto que realizamos para você?".

Embora essa abordagem pareça plausível, adicionar uma fase no ciclo de vida para gerenciamento de satisfação do cliente pode criar graves problemas. Os clientes podem agora esperar ter voz na concepção da metodologia EPM[NT13] do fornecedor. Um fornecedor automotivo decidiu solicitar contribuições a uma das "Três Grandes"[NT14] de Detroit durante o desenvolvimento sua metodologia de gerenciamento de projetos. Embora isso tenha criado satisfação e boa reputação com um cliente, criou um problema grave com outros clientes que tinham diferentes necessidades e diferentes visões de gerenciamento de projetos. O resultado foi uma metodologia de gerenciamento de projeto diferente para cada cliente. Quanta liberdade deve ser dada a um cliente para fazer recomendações de mudanças no sistema de EPM de um fornecedor? Quanta voz se deve dar ao cliente para opinar sobre como um fornecedor gerencia projetos? O que acontece quando se permite que os clientes comecem a dizer aos fornecedores como fazer o seu trabalho? Obviamente há riscos a serem considerados para esse nível de satisfação do cliente.

Se é esperado que o gerente de projetos gerencie vários projetos para este cliente, então este deve entender a natureza e o ambiente no qual o cliente faz negócio. Isto é essencial, a fim de identificar e mitigar os riscos associados a esses projetos. Algumas empresas mantêm um gerente de engajamento e um gerente de projeto para cada cliente. O

[NT13] Sigla, em inglês para Enterprise Project Management, campo de desenvolvimento organizacional que trata do gerenciamento de projetos no âmbito empresarial, por meio da criação de processos de gerenciamento de projetos da empresa para o gerenciamento, monitoramento e avaliação de todos os projetos da empresa.

[NT14] O termo original em inglês "Big Three", quando usado em relação à indústria automotiva nos Estados Unidos, geralmente se refere às três grandes empresas automotivas americanas: Ford, General Motors, e Chrysler. O termo também pode ser utilizado em referência às três maiores montadoras de outros países.

gerente de envolvimento funciona como um executivo de contas para aquele cliente e pode fornecer ao gerente de projeto as informações de negócio necessárias.

2.16 METODOLOGIAS DE GERENCIAMENTO DE PROJETOS: UMA DEFINIÇÃO

O alcance da excelência ou da maturidade em gerenciamento de projetos é mais provável com um processo repetitivo que possa ser utilizado em cada um dos projetos. Esse processo repetitivo é chamado de metodologia de gerenciamento de projetos.

Se possível, as empresas devem manter e apoiar uma única metodologia de gerenciamento de projetos. Boas metodologias integram outros processos à metodologia de gerenciamento de projetos, como visto na Figura 2-22. Empresas como Nortel, Ericsson e Johnson Controls Automotive possuem todos esses cinco processos integrados em suas metodologias de gerenciamento de projetos.

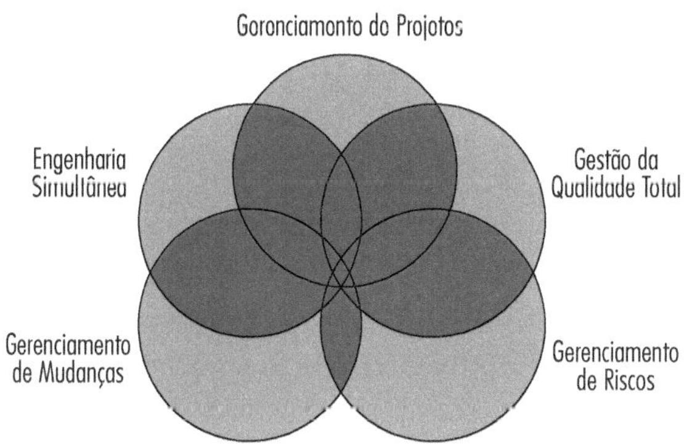

FIGURA 2-22 Processos integrados para o século XXI.

Durante os anos 1990, os seguintes processos foram integrados em uma única metodologia:

- **Gerenciamento de Projetos:** os princípios básicos para o trabalho de planejamento, programação do cronograma e controle.
- **Gestão da Qualidade Total:** processo de garantia de que o resultado final atenderá às expectativas de qualidade do cliente.
- **Engenharia Simultânea:** o processo de realização do trabalho em paralelo, em vez de em série, para comprimir o cronograma sem incorrer em sérios riscos.
- **Controle de Mudanças no Escopo:** processo de controlar a configuração do resultado final, de forma que seja fornecido valor agregado ao cliente.
- **Gerenciamento dos Riscos:** processo de identificação, quantificação e resposta aos riscos do projeto, sem nenhum impacto material nos objetivos do projeto.

Nos próximos anos, pode-se esperar que as empresas integrem mais os seus processos de negócio à metodologia de gerenciamento de projetos, como ilustrado na Figura 2-23.

A gestão de uma metodologia única diminui os custos, reduz os requisitos de recursos para apoio, diminui a burocracia e elimina esforços duplicados.

As características de uma boa metodologia baseada em processos integrados incluem:

- Um nível recomendado de detalhamento
- Utilização de modelos
- Técnicas padronizadas de planejamento, programação do cronograma e controle de custos
- Formato padronizado de relatórios tanto para uso interno quanto do cliente
- Flexibilidade para aplicação em todos os projetos
- Flexibilidade para melhorias rápidas
- Facilidade para o cliente entender e seguir
- Prontamente aceita e utilizada em toda a empresa
- Utilização de fases padronizadas do ciclo de vida (que podem se sobrepor) e revisões de final de fase (Seção 2.13)
- Baseada em diretrizes, em vez de políticas e procedimentos (Seção 2.9)
- Baseada em um bom trabalho ético

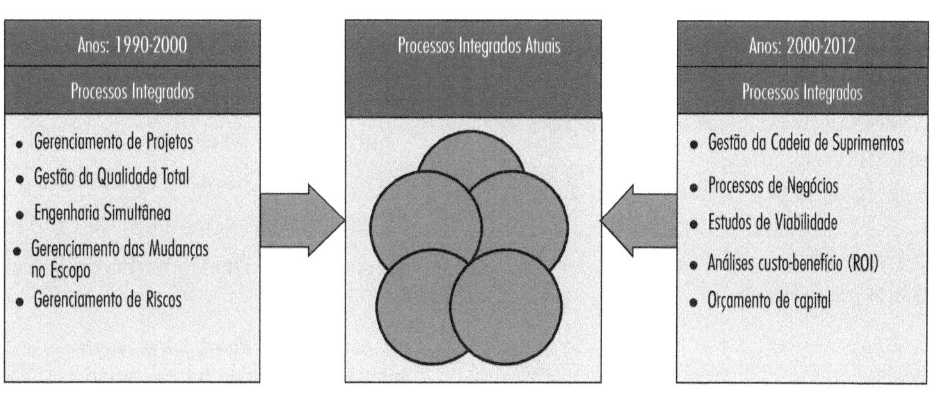

FIGURA 2-23 Processos integrados (passado, presente e futuro).

As metodologias não gerenciam projetos, pessoas sim. É a cultura corporativa que executa a metodologia. A alta administração deve criar uma cultura corporativa que apoie o gerenciamento de projetos e que demonstre confiança na metodologia. Se isso for feito com sucesso, então podem-se esperar os seguintes benefícios:

- Um "*time-to-market*" mais rápido, por meio de um melhor controle do escopo do projeto
- Menor risco total do projeto
- Melhor processo de tomada de decisões
- Satisfação maior do cliente, o que leva a aumento dos negócios
- Mais tempo disponível para esforços de valor agregado do que para políticas e competições internas

Uma empresa descobriu que seus clientes gostaram tanto de sua metodologia e que os projetos eram tão bem-sucedidos, que o relacionamento entre o contratado e o cliente melhorou a um ponto em que os clientes começaram a tratar o contratado como parceiro em vez de fornecedor.

2.17 METODOLOGIAS EMPRESARIAIS DE GERENCIAMENTO DE PROJETOS

Como dito anteriormente, metodologia é um conjunto de processos, atividades e ferramentas que fazem parte de uma disciplina específica, como gestão de projetos, e que é projetado para atingir um objetivo específico. Quando os produtos, serviços ou clientes têm requisitos semelhantes e não necessitam de personalização significativa, as empresas desenvolvem metodologias para ter algum grau de consistência na forma como os projetos são gerenciados. Esses tipos de metodologias, muitas vezes, são baseados em políticas e procedimentos rígidos, mas podem ser bem-sucedidos. Boas metodologias permitem:

- Encurtar os cronogramas do projeto
- Reduzir e/ou controlar melhor os custos
- Evitar mudanças indesejadas de escopo
- Planejar para executar melhor
- Prever resultados
- Melhorar a relação com o cliente durante a execução do projeto
- Ajustar o projeto durante a execução para atender novos requisitos dos clientes
- Fornecer à gerência sênior melhor visibilidade do status
- Padronizar a execução
- Capturar melhores práticas

À medida que as empresas se tornam razoavelmente maduras em gestão de projetos, as políticas e os procedimentos são substituídos por formulários, diretrizes, modelos e listas de verificação. Isso proporciona mais flexibilidade para o gerente de projeto em como aplicar a metodologia para satisfazer os requisitos específicos de um cliente. Isso leva a uma aplicação mais informal da metodologia de gerenciamento de projetos.

Hoje, nos referimos a isso como uma abordagem informal de gerenciamento de projetos que foi ligeiramente modificada e chamada de *framework*. O *framework* é uma estrutura conceitual básica que é usada para abordar um problema, como um projeto. Ele inclui um conjunto de premissas, conceitos, modelos, valores e processos que fornecem ao gerente de projetos um meio para verificar o que é necessário para satisfazer os requisitos do cliente. Um *framework* é uma estrutura de apoio para construir as entregas do projeto. Os *frameworks* funcionam bem, desde que os requisitos do projeto não imponham uma pressão muito severa sobre o gerente de projetos. Infelizmente, no ambiente caótico atual, essa pressão existe e parece estar aumentando.

Tanto *frameworks* quanto metodologias empresariais de gerenciamento de projetos podem melhorar o processo de planejamento do projeto, bem como fornecer algum grau de padronização e consistência. O International Institute for Learning criou uma metodologia tipo *framework* que chama de *Unified Project Management Methodology* (UPMM™) com modelos categorizados de acordo com o Guia PMBOK® de Áreas de Conhecimento[5]. O gerente de projeto irá selecionar quais dos modelos são apropriados para aquele projeto. Ao fazer isso, a metodologia resultante é, na verdade, um *framework* projetado especificamente para um projeto ou cliente particular. Alguns dos modelos que geralmente fazem parte da UPMM™ incluem:

Comunicação

Termo de Abertura do Projeto
Documento de Procedimentos do Projeto
Registro de Solicitações de Mudança do Projeto
Relatório de Status do Projeto
Relatório de Garantia da Qualidade
Sumário de Gerenciamento de Aquisições
Registro de Questões do Projeto
Plano de Gerenciamento do Projeto
Relatório de Desempenho do Projeto

[5] *Unified Project Management Methodology* (UPMM™) é uma marca registrada do International Institute for Learning, Inc., ©2003-2012 pelo International Institute for Learning, Inc.; todos os direitos reservados.

Custos

Cronograma do Projeto

Plano de Respostas Registro de Riscos

Estrutura analítica do projeto (EAP)

Pacote de trabalho

Documento de Estimativas de Custos

Orçamento do Projeto

Lista de Verificação do Orçamento do Projeto

Recursos Humanos

Termo de Abertura do Projeto

Estrutura Analítica do Projeto (EAP)

Plano de Gerenciamento de Comunicações

Organograma do Projeto

Lista da Equipe do Projeto

Matriz de Responsabilidades (MR)

Plano de Gerenciamento do Projeto

Documento de Procedimentos do Projeto

Lista de Verificação da Reunião de *Kick-Off*

Avaliação do Desempenho da Equipe

Avaliação de Desempenho do Gerente do Projeto

Integração

Visão Geral dos Procedimentos do Projeto

Proposta do Projeto

Plano de Gerenciamento de Comunicações

Plano de Aquisições

Orçamento do Projeto

Procedimentos do Projeto

Cronograma do projeto

Matriz de Responsabilidades (MR)

Plano de Respostas e Registro dos Riscos

Declaração do Escopo

Estrutura Analítica do Projeto (EAP)

Plano de Gerenciamento do Projeto

Registro de Solicitações de Mudança do Projeto

Registro de Questões do Projeto

Registro de Mudanças no Plano de Gerenciamento do Projeto

Relatório de Desempenho do Projeto

Documento de Lições Aprendidas

Feedback de Desempenho do Projeto

Documento de Aceitação do Produto

Termo de Abertura do Projeto

Lista de Verificação do Processo de Encerramento

Relatório dos Arquivos do Projeto

Aquisições

Termo de Abertura do Projeto

Declaração do Escopo

Estrutura Analítica do Projeto (EAP)

Plano de Aquisições

Lista de Verificação do Planejamento das Aquisições

Declaração de Trabalho (DT) das Aquisições

Esboço do Documento de Solicitação de Proposta

Registro de Solicitações de Mudança do Projeto

Lista de Verificação de Formação de Contrato

Sumário do Gerenciamento de Aquisições

Qualidade

Termo de Abertura do Projeto

Visão Geral dos Procedimentos do Projeto

Plano de Qualidade do Trabalho

Plano de Gerenciamento do Projeto

Estrutura Analítica do Projeto (EAP)

Relatório de Garantia da Qualidade do Gerenciamento do Projeto

Documento de Lições Aprendidas

Feedback do Desempenho do Projeto

Avaliação do Desempenho da Equipe do Projeto

Documento de Melhoria do Processo de Gerenciamento de Projetos

Riscos

Plano de Aquisições

Termo de Abertura do Projeto

Documento de Procedimentos do Projeto

Estrutura Analítica do Projeto (EAP)

Plano de Resposta e Registro de Riscos

Escopo

Declaração de Escopo do Projeto

Estrutura Analítica do Projeto (EAP)

Pacote de Trabalho

Termo de Abertura do Projeto

Tempo

Planilha de Estimativa de Duração das Atividades

Documento de Estimativas de Custos

Plano de Resposta e Registro de Riscos

Estrutura Analítica do Projeto (EAP)

Pacote de Trabalho

Cronograma do Projeto

Lista de Verificação de Revisão do Cronograma do Projeto

2.18 AS METODOLOGIAS PODEM FALHAR

A maioria das empresas atualmente parece reconhecer a necessidade de uma ou mais metodologias de gerenciamento de projetos. Entretanto, ou criam metodologias erradas, ou utilizam mal as metodologias que foram criadas. Muitas vezes, se apressam para o desenvolvimento ou aquisição de uma metodologia sem nenhuma compreensão da necessidade e apenas pelo fato de seus concorrentes possuírem uma. Jason Charvat afirma[6]:

> Utilizar metodologias de gerenciamento de projetos é uma estratégia de negócio que permite às empresas maximizar o valor do projeto para a organização. As metodologias devem evoluir e ser "ajustadas" para acomodar a mudança de foco ou de direção da empresa. É quase um paradigma, um caminho que remodela processos organizacionais inteiros: vendas e marketing, design de produto, planejamento, implantação, recrutamento, finanças, suporte de operações. Isto significa uma mudança cultural radical para muitas organizações. Assim como indústrias e empresas mudam, também suas metodologias devem mudar. Caso contrário, estarão se afastando de seus objetivos.

As metodologias são um conjunto de formulários, diretrizes, modelos e listas de verificação que podem ser aplicadas a um projeto ou situação específica. Pode não ser possível criar uma metodologia única para toda a empresa que possa ser aplicada a cada um dos projetos. Algumas empresas têm tido sucesso fazendo isso, mas ainda há muitas empresas que mantêm com êxito mais de uma metodologia. A menos que o gerente de projetos seja capaz de adaptar a metodologia de gerenciamento de projetos da empresa para suas necessidades, talvez usando uma abordagem de *framework*, mais do que uma metodologia pode ser necessária.

Existem várias razões pelas quais as boas intenções, muitas vezes, perdem o rumo. Nos níveis executivos, as metodologias podem falhar se possuírem uma má compreensão do que é uma metodologia, e se acreditarem que uma metodologia seja:

- Uma correção rápida
- Uma bala de prata
- Uma solução temporária
- Um livro de receitas culinárias para o sucesso do projeto[7]

Em relação ao trabalho, as metodologias também podem falhar se:

- Forem abstratas e de alto nível
- Contiverem narrativas insuficientes para suportar essas metodologias
- Não forem funcionais ou não abordarem áreas cruciais
- Ignorarem os padrões da setor e melhores práticas
- Parecerem impressionantes, mas não tiverem integração real com o negócio
- Usarem convenções de projeto e terminologia fora do padrão
- Competirem por recursos similares, sem tratar esse problema
- Não tiverem métricas de desempenho
- Demorarem muito tempo para terminar por causa da burocracia e da administração[8]

Outras razões pelas quais metodologias podem levar ao fracasso do projeto incluem:

- A metodologia deve ser seguida à risca, mesmo que as premissas e os fatores ambientais tiverem mudado.
- A metodologia é focada em pensamento linear.
- A metodologia não permite ter ideias inusitadas.
- A metodologia não permite alterações de valor adicionado que não façam parte dos requisitos originais.
- A metodologia não se encaixa no tipo de projeto.
- A metodologia utiliza terminologia fora do padrão.
- A metodologia é muito abstrata (pressa na concepção).
- A equipe de desenvolvimento da metodologia deixa de considerar os gargalos e as preocupações da comunidade de usuários.

6 CHARVAT, J. *Project management methodologies*. Hoboken: Wiley, 2003. p. 2.

7 Nota 6, p. 4.

8 Nota 6, p. 5.

- A metodologia é muito detalhada.
- A metodologia leva muito tempo para ser usada.
- A metodologia é muito complexa para que o mercado, os clientes e as partes interessadas compreendam.
- A metodologia não tem métricas suficientes ou corretas.

Decidir sobre o tipo de metodologia não é uma tarefa fácil. Há muitos fatores a considerar, tais como:

- A estratégia global da empresa – "Quão competitivos somos enquanto empresa?"
- O tamanho da equipe do projeto e/ou escopo a ser gerenciado
- A prioridade do projeto
- O quanto o projeto é crucial para a empresa
- O quanto a metodologia e os seus componentes são flexíveis[9]

As metodologias de gerenciamento de projeto são criadas de acordo com o nível de maturidade de gerenciamento de projetos da empresa e sua cultura corporativa. Se a empresa é madura o bastante em gerenciamento de projetos e tem uma cultura que promove cooperação, comunicação eficaz, trabalho em equipe e confiança, então poderá ser criada uma metodologia altamente flexível, com base em diretrizes, formulários, listas de verificação e modelos. Os gerentes de projeto podem escolher as partes da metodologia que são apropriadas para um cliente em particular. As organizações que não possuem nenhuma dessas duas características dependem fortemente de metodologias construídas com políticas e procedimentos rígidos, criando então exigências burocráticas significativas, seguidas de aumentos de custos e eliminando a flexibilidade de que o gerente de projeto precisa para adaptar a metodologia às necessidades de um cliente específico.

Jason Charvat descreve esses dois tipos como metodologias leves e metodologias pesadas[10]:

Metodologias leves

> Complexidades tecnológicas crescentes, atrasos nos projetos e mudanças nos requisitos do cliente trouxeram uma pequena revolução no mundo do desenvolvimento de metodologias. Uma espécie totalmente nova de metodologia – que é ágil, adaptável, e envolve o cliente em cada parte do caminho – está começando a surgir. Muitos dos metodologistas "pesos-pesados" foram resistentes à introdução destas metodologias "leves" ou "ágeis" (FOWLER, 2001[11]). Essas metodologias usam um estilo de comunicação informal. Ao contrário das metodologias pesadas, projetos leves têm apenas algumas poucas regras, práticas e documentos. Os projetos são concebidos e construídos em discussões face a face, reuniões, e no fluxo de informações com os clientes. A diferença imediata do uso de metodologias leves é que elas são pouco orientadas à documentação, geralmente enfatizando uma quantidade menor de documentação para o projeto.

Metodologias pesadas

> As metodologias de gerenciamento de projetos tradicionais (ou seja, abordagem CVDS[NT15]) são consideradas burocráticas ou "previsíveis" por natureza e resultaram em vários projetos malsucedidos. Essas metodologias pesadas estão cada vez menos populares. Elas são tão trabalhosas que todo o ritmo de design, desenvolvimento e implantação desacelera – e nada é feito. Os gerentes de projeto tendem a prever cada marco, porque querem antever todos os detalhes técnicos (ou seja, o código do software ou detalhes de engenharia). Isto leva os gerentes a começar a exigir muitos tipos de especificações, planos, relatórios, pontos de verificação, e prazos. Metodologias pesadas tentam planejar grande parte do projeto muito detalhadamente durante um longo espaço de tempo. Isso funciona bem até que as coisas começam a mudar, e, inerentemente, os gerentes de projeto tentam resistir à mudança.

À medida que as organizações amadurecem, o foco é dirigido para o desenvolvimento de uma biblioteca de formulários de gerenciamento de projetos. Em vez de utilizar metodologias leves ou pesadas, como descrito aqui, o gerente de projeto pode selecionar os formulários que são aplicáveis ao seu projeto. Essa abordagem permite que o gerente de projeto possa customizar uma metodologia para um cliente em particular. Cynthia Stackpole preparou um livro de formulários que gerentes de projeto podem usar, e seu livro está alinhado com o Guia PMBOK[12].

9 Nota 6, p. 66.

10 Nota 6, p. 102-104.

11 FOWLER, M. The new methodology, thought works, 2001. Disponível em: <www.martinfowler.com/articles>.

NT15 Ciclo de Vida de Desenvolvimento de Sistemas – CVDS, do inglês, Systems Development Life Cycle – SDLC.

12 STACKPOLE, C. S. *A project manager's book of forms*. Hoboken: Wiley, 2009.

Metodologias rígidas de gerenciamento de projetos são frequentemente projetadas para autobeneficiar a empresa, em vez do cliente. Robert Wysocki identifica seis pontos fracos das metodologias lineares de gerenciamento do ciclo de vida do projeto[13]:

- Não acomodam bem as mudanças
- Custam muito caro
- Leva muito tempo para que alguma entrega seja produzida
- Requerem planos completos e detalhados
- Devem seguir uma sequência rígida de processos
- Não estão focadas em valor para o cliente

Esses seis pontos fracos, o último em particular, deixam claro que os clientes podem sofrer com a utilização de uma metodologia rígida, especialmente se as oportunidades de valor agregado não podem ser facilmente descobertas.

2.19 O GERENCIAMENTO DE MUDANÇAS ORGANIZACIONAIS E AS CULTURAS CORPORATIVAS

Guia PMBOK®, 5. ed.
Capítulo 4 Gerenciamento da Integração do projeto 4.5 Realizar o controle integrado de mudanças 2.1.1 Culturas e estilos organizacionais

Frequentemente é dito que os projetos mais difíceis de gerenciar são aqueles que envolvem o gerenciamento de mudanças. A Figura 2-24 mostra as quatro entradas necessárias para desenvolver uma metodologia de gerenciamento de projetos. Cada uma tem um lado "humano" que pode exigir que as pessoas mudem.

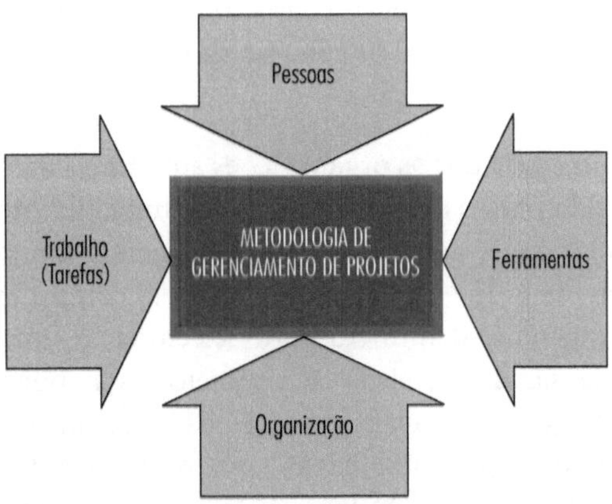

FIGURA 2-24 Entradas para a metodologia.

O desenvolvimento e a implementação bem-sucedida de uma metodologia de gerenciamento de projetos demandam:

- Identificação das razões mais comuns de mudanças em gerenciamento de projetos
- Identificação de maneiras para superar a resistência a mudanças
- Aplicação dos princípios de gerenciamento de mudanças organizacionais para garantir que o ambiente de gerenciamento de projetos desejado será criado e mantido

Para simplificar, a resistência pode ser classificada em resistência profissional e resistência pessoal a mudanças. A resistência profissional ocorre quando cada unidade funcional, como um todo, se sente ameaçada pelo gerenciamento de projetos. Isso pode ser visto na Figura 2-25. Os exemplos incluem:

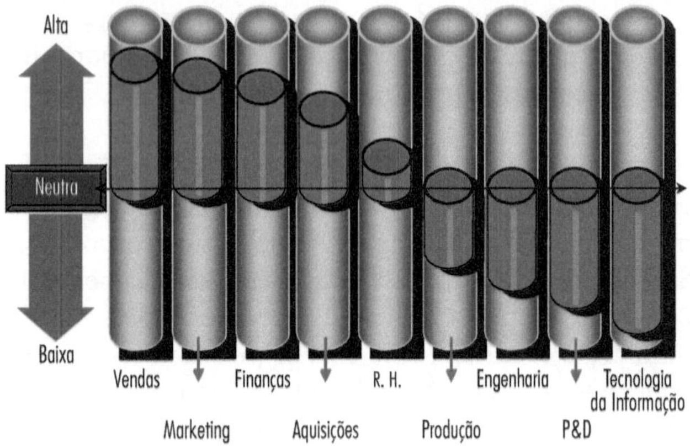

FIGURA 2-25 Resistência a mudanças.

- **Vendas:** a resistência a mudanças da equipe de vendas vem do medo de que o gerenciamento de projetos leve crédito pelos lucros da empresa, reduzindo, com isso, os bônus anuais da força de vendas. O pessoal de vendas teme que os gerentes de projetos se envolvam no esforço das vendas; dessa forma, diminuindo o poder da força de vendas.
- **Marketing:** o pessoal do marketing teme que os gerentes de projetos acabem trabalhando tão próximos aos clientes que possam receber algumas funções de marketing e vendas. Esse medo não é descabido, pois os clientes geralmente querem se comunicar com quem gerencia o projeto, em vez de conversar com aqueles que podem desaparecer depois que a venda for fechada.
- **Finanças (e Contabilidade):** esses departamentos temem que o gerenciamento de projetos venha a demandar o desenvolvimento de um sistema de contabilidade do projeto (como medição do valor agregado) que aumente a carga de trabalho na contabilidade e no financeiro, e que eles tenham de realizar a contabilidade horizontal (dos projetos) e vertical (dos grupos de linha).

[13] WYSOCKI, R. K. *Effective project management*. 5. ed. Hoboken: Wiley, NJ, 2009. p. 350-351.

- **Aquisições:** o medo nesse grupo é de que o sistema de aquisições do projeto seja implementado em paralelo ao sistema de aquisições da empresa, e que os gerentes de projetos realizem suas próprias aquisições, desse modo, atropelando o departamento de aquisições.
- **Gestão dos Recursos Humanos:** o departamento de RH pode temer a criação de degraus na carreira de gerenciamento de projetos, demandando novos programas de treinamento. Isso aumenta a sua carga de trabalho.
- **Produção:** há pouca resistência aqui, pois, embora o segmento de produção não seja orientado a projetos, há inúmeros projetos de instalação e manutenção de bens de capital que exigirão a utilização de gerenciamento de projetos.
- **Engenharia, P&D, e Tecnologia da Informação:** esses departamentos são quase que totalmente orientados a projetos, com pouquíssima resistência ao gerenciamento de projetos.

A obtenção de apoio e parceria da gestão funcional pode, normalmente, superar a resistência funcional. Porém, a resistência individual é geralmente mais complexa e mais difícil de superar. A resistência individual pode derivar de:

- Mudanças potenciais nos hábitos de trabalho
- Mudanças potenciais nos grupos sociais
- Medos incorporados
- Mudanças potenciais no salário e no programa de administração dos salários

As Tabelas de 2-8 a 2-11 mostram as causas da resistência e as possíveis soluções. Os funcionários tendem a procurar a constância e normalmente temem que novas iniciativas os tirem de suas zonas de conforto. A maioria dos trabalhadores já é pressionada por prazos em seu trabalho atual e tem receio de que novos programas demandem mais tempo e energia.

TABELA 2-8 Resistência: hábitos de trabalho

Causa da Resistência	Formas de Superação
• Novas diretrizes/processos • Necessidade de compartilhar as informações "de poder" • Criação de um ambiente de trabalho fragmentado • Necessidade de abrir mão de padrões de trabalho estabelecidos (aprender novas habilidades) • Mudança nas zonas de conforto	• Decretar adaptação obrigatória a partir de cima • Criar novas zonas de conforto em um ritmo aceitável • Identificar benefícios individuais tangíveis/intangíveis

TABELA 2-9 Resistência: grupos sociais

Causa da Resistência	Formas de Superação
• Relacionamentos novos e desconhecidos • Vários chefes • Designações múltiplas e temporárias • Rompimento de vínculos estabelecidos	• Manter os relacionamentos existentes • Evitar o choque cultural • Encontrar um ritmo aceitável para a velocidade da mudança

TABELA 2-10 Resistência: medos incorporados

Causa da Resistência	Formas de Superação
• Medo do fracasso • Medo de rescisões • Medo de sobrecarga de trabalho • Medo de não gostar das incertezas/do desconhecido • Medo de constrangimentos • Medo de uma organização "nós/eles"	• Educar os colaboradores sobre os benefícios da mudança para a pessoa/organização • Demonstrar vontade de assumir/aceitar os erros • Demonstrar vontade de contribuir • Transformar o desconhecido em oportunidades • Compartilhar informações

TABELA 2-11 Resistência: administração de salários e remunerações

Causa da Resistência	Formas de Superação
• Mudanças de autoridade e poder • Ausência de reconhecimento após as mudanças • Recompensas e punições desconhecidas • Avaliação inadequada do desempenho do pessoal • Vários chefes	• Vincular incentivos à mudança • Identificar oportunidades de crescimento futuro/carreira

Algumas empresas se sentem obrigadas a empreender continuamente novas iniciativas e algumas pessoas podem ficar céticas a esses programas, especialmente se as iniciativas anteriores não tiverem sido bem-sucedidas. O pior cenário ocorre quando os funcionários são solicitados a aceitar novas iniciativas, procedimentos e processos que eles não compreendem.

É imperativo que entendamos a resistência a mudanças. Se os indivíduos estão contentes com seu ambiente atual, haverá resistência a mudanças. Mas, e se as pessoas não estão contentes? Ainda haverá resistência a mudanças, a não ser que (1) as pessoas acreditem que a mudança seja possível e (2) as pessoas acreditem que vão, de alguma forma, se beneficiar com a mudança.

A administração é a arquiteta do processo de mudanças e deve desenvolver estratégias adequadas para que a organização possa mudar. A melhor forma de conseguir isso é desenvolver um entendimento compartilhado com os funcionários por meio do seguinte:

- Explicação das razões para a mudança e solicitação de feedback[NT16]
- Explicação dos resultados desejados e da lógica
- Defesa do processo de mudança
- Habilitação dos indivíduos apropriados para institucionalizar as mudanças
- Investimento no treinamento necessário para apoiar as mudanças

Para muitas empresas, o processo de gerenciamento de mudanças seguirá um padrão ilustrado na Figura 2-26. Inicialmente, os empregados se recusam a admitir a necessidade da mudança. Conforme a administração começa a prosseguir com a mudança, o apoio diminui e bolsões de resistência começam a surgir. O apoio contínuo da administração à mudança incentiva os funcionários a explorar oportunidades potenciais que resultarão da mudança que está para acontecer. Infelizmente, essa exploração frequentemente causa o surgimento de informações negativas adicionais, reforçando, assim, a resistência à mudança. Conforme a pressão da administração aumenta e os funcionários começam a perceber os benefícios da mudança proposta, o apoio começa a crescer.

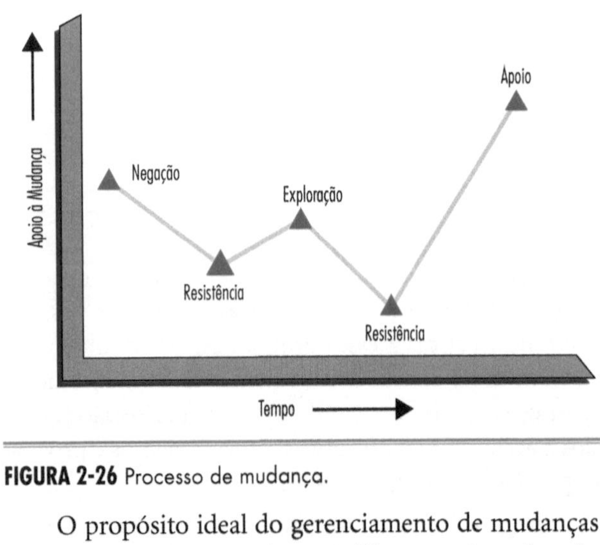

FIGURA 2-26 Processo de mudança.

O propósito ideal do gerenciamento de mudanças é criar uma cultura superior. Há diferentes tipos de culturas de gerenciamento de projetos baseadas na natureza do negócio, no nível de confiança e cooperação e no ambiente competitivo. Tipos de cultura incluem:

- **Culturas Cooperativas:** baseadas na confiança e na comunicação eficaz, interna e externamente.
- **Culturas não Cooperativas:** nessas culturas, a desconfiança prevalece. Os funcionários se preocupam mais com eles mesmos e com seus interesses pessoais do que com o que é melhor para a equipe, empresa ou cliente.
- **Culturas Competitivas:** essas culturas forçam as equipes de projeto a competir entre si pelos recursos valiosos da empresa. Nessas culturas, os gerentes de projetos geralmente exigem que os empregados demonstrem mais lealdade ao projeto do que aos seus gerentes de linha. Isso pode ser desastroso quando os funcionários estão trabalhando em vários projetos ao mesmo tempo.
- **Culturas Isoladas:** ocorre quando uma grande organização permite às unidades funcionais desenvolver suas próprias culturas de gerenciamento de projetos e pode resultar em um ambiente de cultura dentro de uma cultura.
- **Culturas Fragmentadas:** ocorre quando parte de uma equipe está geograficamente separada do resto da equipe. Culturas fragmentadas também ocorrem em projetos multinacionais, em que o escritório central ou a equipe da empresa possuem uma forte cultura de gerenciamento de projetos, mas a equipe estrangeira não possui uma cultura sustentável de gerenciamento de projetos.

Culturas cooperativas prosperam em comunicação eficaz, confiança e cooperação. As decisões são baseadas no melhor interesse de todas as partes interessadas. O patrocínio executivo é passivo e pouquíssimos problemas sobem ao nível executivo para resolução. Os projetos são gerenciados informalmente, com o mínimo de documentação e com poucas reuniões. Essa cultura leva anos para ser alcançada e funciona bem durante condições econômicas favoráveis e desfavoráveis.

Culturas não cooperativas são reflexos da incapacidade da alta administração em cooperar entre si e com os funcionários. O respeito é inexistente. Essas culturas não são bem-sucedidas como uma cultura cooperativa.

Culturas competitivas podem ser saudáveis no curto prazo, especialmente se houver trabalho abundante. Os efeitos de longo prazo, geralmente, não são favoráveis. De um lado, uma empresa de eletrônicos que regularmente licita projetos que demandavam a cooperação de três departamentos. A administração, então, implementou a

[NT16] É um mecanismo ou processo de retroalimentação de um sistema. Na maioria dos contextos do livro, o termo será utilizado para significar "resposta" ou "retorno" a um estímulo de comunicação.

decisão insalubre de permitir que cada um dos três departamentos licitassem cada trabalho. Os dois departamentos "perdedores" seriam tratados como terceirizados.

A administração acreditava que essa competitividade era saudável. Infelizmente, os resultados no longo prazo foram desastrosos. Os três departamentos se recusaram a conversar um com o outro e pararam de compartilhar informações. Para conseguir que o trabalho fosse feito no preço cotado, os departamentos começaram a terceirizar pequenas quantidades de trabalho em vez de utilizar os outros departamentos, que eram mais caros. Conforme mais trabalho era terceirizado, demissões ocorriam. A administração percebeu, assim, as desvantagens da cultura competitiva que fomentou.

Executivos sao os arquitetos da cultura corporativa. A cultura muitas vezes reflete os caprichos pessoais e aspirações dos níveis mais altos da administração e como esperam que a empresa funcione. Boas culturas podem apoiar ativamente o gerenciamento de projetos ao passo que culturas pobres podem ser um obstáculo.

Como discutido anteriormente, existem diversos tipos de culturas. Alguns aspectos de uma cultura de gerenciamento de projetos eficaz são apresentados na Figura 2-27.

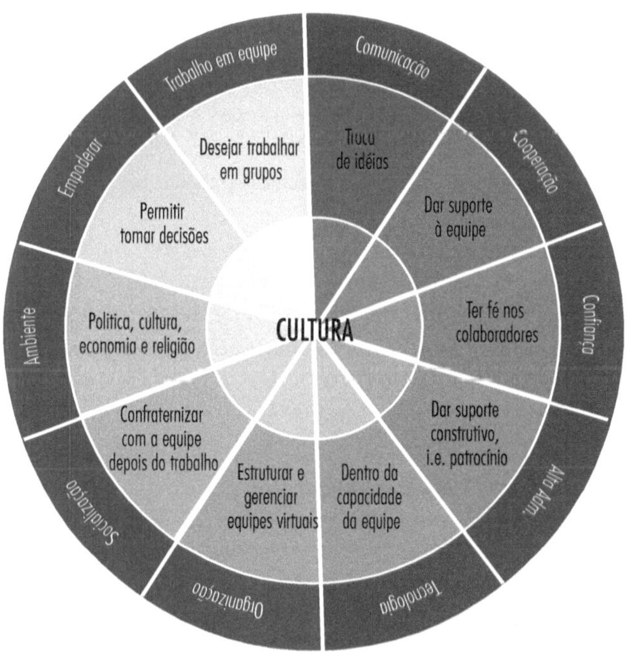

FIGURA 2-27 Aspectos de uma cultura de gerenciamento de projetos.

Os aspectos essenciais de uma boa cultura são o trabalho em equipe, confiança, comunicação e cooperação. Alguns profissionais de gerenciamento de projetos argumentam que comunicação e cooperação são os ingredientes essenciais para o trabalho em equipe e a confiança. Nas empresas com culturas excelentes, o trabalho em equipe é demonstrado por:

- Funcionários e gerentes partilhando ideias uns com os outros e estabelecendo altos níveis de inovação e criatividade em grupos de trabalho
- Funcionários e gerentes confiando uns nos outros e demonstrando lealdade entre si e pela empresa
- Funcionários e gerentes se comprometendo com o trabalho e com as promessas que fazem
- Funcionários e gerentes compartilhando informação livremente
- Funcionários e gerentes sendo consistentemente abertos e honestos uns com os outros

Quando o trabalho em equipe existe, a confiança flui normalmente, e isso inclui confiança entre os funcionários da empresa e confiança no trato com os clientes. Quando ocorre confiança entre o comprador e o vendedor, ambas as partes eventualmente irão se beneficiar, como mostrado na Tabela 2-12.

TABELA 2-12 Confiança na relação cliente-fornecedor

Sem Confiança	Com Confiança
Realização contínua de concorrências	Contratos de longo prazo, continuação do negócio, adjudicação de contratos de fornecedor único ou exclusivo
Massiva documentação do projeto	Documentação mínima
Quantidade excessiva de reuniões de equipe entre cliente e fornecedor	Quantidade mínima de reuniões de equipe
Reuniões de equipe com documentação excessiva	Reuniões de equipe sem documentação ou com documentação mínima
Patrocínio em nível executivo	Patrocínio nos níveis médio e baixo da gerência

2.20 PROPRIEDADE INTELECTUAL EM GERENCIAMENTO DE PROJETOS

Acreditamos hoje que estamos gerenciando nossos negócios por projetos. Assim, é esperado dos gerentes de projetos que tomem decisões de negócio, bem como decisões do projeto. Isso quer dizer que devemos armazenar não apenas as melhores práticas relacionadas a projetos, mas também as melhores práticas do negócio.

Durante a década passada, sempre que armazenávamos as melhores práticas de gerenciamento de projetos, elas eram colocadas em uma biblioteca de gerenciamento de projetos. Mas, conforme armazenamos as melhores práticas do negócio, começamos a substituir a biblioteca de melhores práticas em gerenciamento de projetos por um repositório de conhecimentos que inclui as melhores práticas, tanto de gerenciamento de projetos, quanto relacionadas ao negócio, como ilustrado na Figura 2-28.

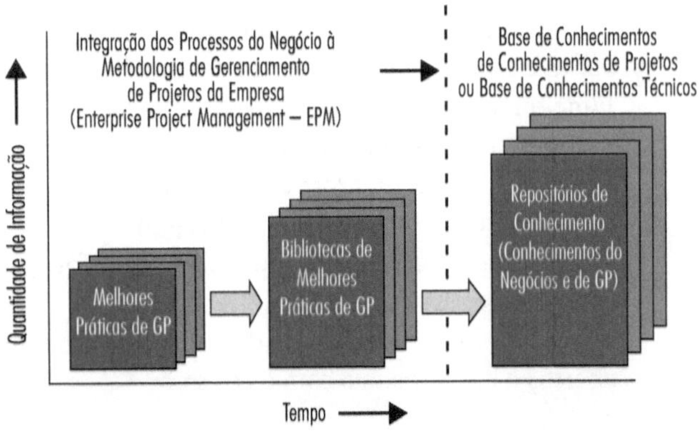

FIGURA 2-28 Crescimento do gerenciamento de projetos.

Outro motivo para o crescimento em propriedade intelectual se refere às atividades de *benchmarking* que algumas empresas estão realizando, provavelmente utilizando o escritório de gerenciamento de projetos. A Figura 2-29 mostra as atividades típicas de *benchmarking* e os tipos de informação solicitadas.

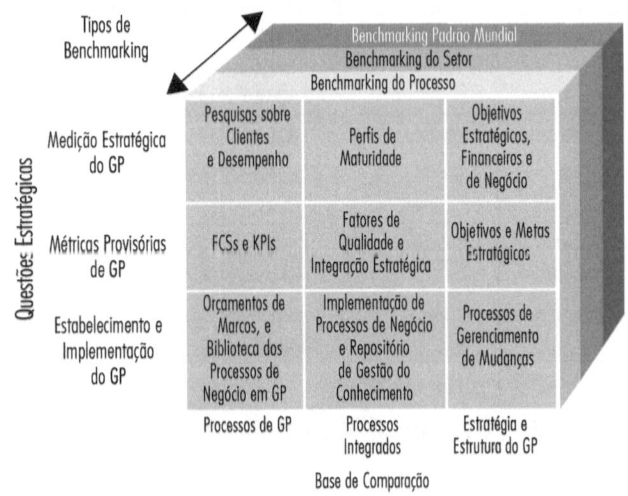

FIGURA 2-29 *Benchmarking* e gestão do conhecimento em GP.

2.21 PENSAMENTO SISTÊMICO

Fundamentalmente, todas as decisões e políticas são realizadas na base de julgamentos; não há outro jeito, e nunca haverá. No final, a análise é apenas um auxílio ao julgamento e à intuição do tomador de decisões. Esses princípios são verdadeiros para o gerenciamento de projetos, bem como para a administração de sistemas.

A abordagem sistêmica pode ser definida como um processo lógico e disciplinado de resolução de problemas. A palavra *processo* indica um sistema ativo em curso que é alimentado pela entrada de suas partes.

A abordagem sistêmica:

- Força a revisão do relacionamento dos vários subsistemas
- É um processo dinâmico que integra todas as atividades em um sistema total significativo
- Agrega e combina sistematicamente as partes do sistema em um todo unificado
- Busca uma solução ou estratégia ideal na resolução de um problema

A abordagem sistêmica para resolução de problemas possui fases de desenvolvimento similares às fases do ciclo de vida exibidas na Figura 2-21. Essas fases são definidas como:

- **Tradução:** terminologia, objetivo do problema, critérios e restrições são definidos e aceitos por todos os participantes.
- **Análise:** todas as abordagens ou alternativas possíveis para a solução do problema são apresentadas.
- **Compensações:** critérios de seleção e restrições são aplicados às alternativas para alcançar o objetivo.
- **Síntese:** a melhor solução para alcançar o objetivo do sistema é o resultado da combinação das fases de análise e de compensações.

Outros termos essenciais na abordagem sistêmica são:

- **Objetivo:** a função do sistema ou estratégia que deve ser alcançada.
- **Requisito:** uma necessidade parcial para alcançar o objetivo.
- **Alternativa:** um dos caminhos selecionados para implementar e atender a um requisito.
- **Critérios de seleção:** fatores de desempenho utilizados na avaliação de alternativas para selecionar uma alternativa preferível.
- **Restrição:** um fator absoluto que descreve as condições a que as alternativas devem atender.

Um erro comum cometido pelos tomadores de decisões em potencial (aqueles indivíduos insatisfeitos e com autoridade para agir) que baseiam seus pensamentos somente em experiências subjetivas, julgamento e intuição é que eles falham em reconhecer a existência de alternativas. O pensamento subjetivo é inibido ou afetado pelos preconceitos pessoais.

O pensamento objetivo, por outro lado, é um traço fundamental da abordagem sistêmica e é exibido ou caracterizado pela ênfase na tendência de visualizar eventos, fenômenos e ideias como externos à autoconsciência. O pensamento objetivo é imparcial.

O processo de análise de sistemas, ilustrado na Figura 2-30, começa com um exame sistemático e uma comparação das alternativas de ação relativas à realização do objetivo desejado. As alternativas são comparadas com base nos custos de recursos e seus benefícios associados. Assim, o *loop*[NT17] está completo utilizando o feedback para determinar o quão compatível cada alternativa está com os objetivos da organização.

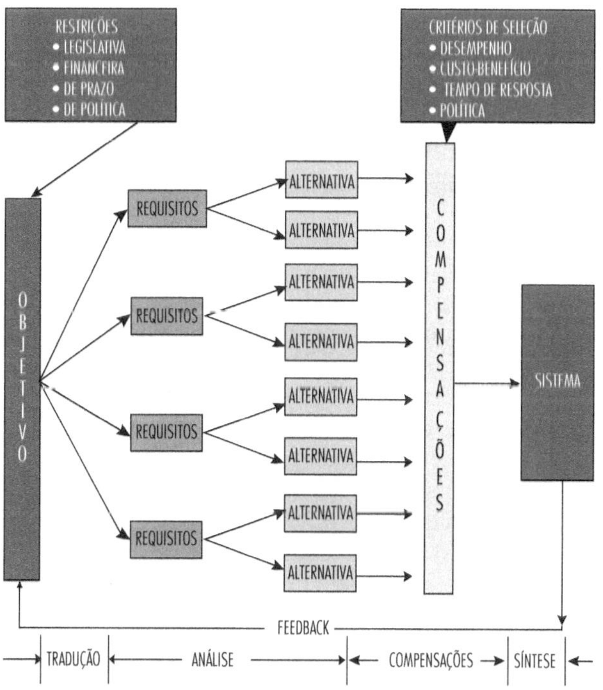

FIGURA 2-30 A abordagem sistêmica.

Essa análise pode ser organizada nos passos:

- Entrar dados ao processo mental
- Analisar dados
- Prever resultados
- Avaliar resultados e comparar alternativas
- Escolher a melhor alternativa
- Tomar medidas
- Medir os resultados e compará-los com as previsões

A abordagem sistêmica é mais eficaz se os indivíduos forem treinados para estarem prontos para ações alternativas que combinem diretamente com a previsão de resultados. A ferramenta básica é o rol de resultados, que representa a matriz de todas as circunstâncias possíveis. Esse rol apenas pode ser desenvolvido se o tomador de decisões pensar em termos de um amplo escopo de resultados possíveis. As descrições dos resultados forçam o tomador de decisões a soletrar claramente o que ele está tentando alcançar (ou seja, seus objetivos).

O pensamento sistêmico é vital para o sucesso de um projeto. Os sistemas de gerenciamento de projetos precisam urgentemente de novas formas de percepção e questionamento estratégico e análise das necessidades do projeto para soluções alternativas técnicas e não técnicas. A habilidade de analisar o projeto total, em vez de as partes individuais, é essencial para o gerenciamento de projetos bem-sucedido.

2.22 DICAS DE ESTUDO PARA O EXAME DE CERTIFICAÇÃO EM GERENCIAMENTO DE PROJETOS PMI®

Esta seção aplica-se à revisão dos princípios de apoio às áreas de conhecimento e aos grupos de domínio no Guia PMBOK®. Este capítulo aborda:

- Gerenciamento da Integração
- Gerenciamento do Escopo
- Encerramento

A compreensão dos princípios a seguir é benéfica se o leitor estiver utilizando este livro como estudo para o Exame de Certificação PMP®:

- Breve histórico do gerenciamento de projetos
- Que, no começo, os gerentes de projetos eram designados da engenharia
- Benefícios do gerenciamento de projetos
- Barreiras à implementação do gerenciamento de projetos e como superá-las
- Diferenças entre um programa e um projeto
- O que significa gerenciamento de projetos informal
- Como identificar o sucesso e o fracasso no gerenciamento de projetos
- Fases do ciclo de vida do projeto
- O que significa o encerramento de uma fase do ciclo de vida ou de todo o projeto
- O que significa metodologia de gerenciamento de projetos
- O que significa fatores críticos de sucesso (CSFs) e indicadores chave de desempenho (KPIs)

No Apêndice C, os seguintes pequenos estudos de caso Dorale Products se aplicam:

- Dorale Products (A) [Gerenciamento da Integração e do Escopo]
- Dorale Products (B) [Gerenciamento da Integração e do Escopo]
- Dorale Products (C) [Gerenciamento da Integração e do Escopo]

[NT17] Tradução literal da língua inglesa, "círculo" que, no contexto, se refere à retroalimentação (feedback) de informações ao sistema, ou seja, o resultado se torna insumo para o mesmo sistema, criando a base para a tomada de decisões.

- Dorale Products (D) [Gerenciamento da Integração e do Escopo]
- Dorale Products (E) [Gerenciamento da Integração e do Escopo]
- Dorale Products (F) [Gerenciamento da Integração e do Escopo]

As seguintes questões de múltipla escolha ajudarão na revisão dos conceitos deste capítulo:

1. Um processo estruturado para o gerenciamento de vários projetos é mais comumente chamado de:
   a. Políticas de gerenciamento de projetos
   b. Diretrizes de gerenciamento de projetos
   c. Modelos do setor
   d. Uma metodologia de gerenciamento de projetos
2. A terminologia mais comum para uma metodologia reutilizável de gerenciamento de projetos é:
   a. Modelo
   b. Técnica simultânea de programação de cronograma
   c. Técnica simultânea de planejamento
   d. Documento de estrutura do esqueleto
3. A maior questão comportamental em fazer a organização aceitar e utilizar a metodologia de gerenciamento de projetos de maneira eficaz é:
   a. Ausência de patrocínio executivo
   b. Subordinação a vários chefes
   c. Políticas e procedimentos inadequados
   d. Aplicações limitadas do gerenciamento de projetos
4. A maior diferença entre um projeto e um programa geralmente é:
   a. O papel do patrocinador
   b. O papel do gerente de linha
   c. A duração
   d. As especificações
5. Projetos que permanecem quase que totalmente em uma área funcional são mais bem gerenciados pelo:
   a. Gerente do projeto
   b. Patrocinador do projeto
   c. Gerente funcional
   d. Trabalhadores funcionais designados
6. Grandes projetos são gerenciados pelo:
   a. Patrocinador executivo
   b. Escritório de projetos ou programas para aquele projeto
   c. Gerente dos gerentes de projetos
   d. Diretor de marketing
7. Os limiares mais comuns sobre quando utilizar uma metodologia de gerenciamento de projetos são:
   a. A importância do cliente e a lucratividade potencial
   b. O tamanho do projeto (ou seja, $) e a duração
   c. Os requisitos de reporte e a posição do patrocinador
   d. Os desejos cruzados das fronteiras funcionais e da administração
8. Um agrupamento de projetos é chamado de:
   a. Programa
   b. Modelo de projeto
   c. Modelo de negócio
   d. Plano de Negócio
9. Metodologias de gerenciamento de projetos frequentemente funcionam melhor se forem estruturadas em torno de:
   a. Políticas rígidas
   b. Procedimentos rígidos
   c. Formulários e listas de verificação mínimos
   d. Fases do ciclo de vida
10. Uma forma de validar a implementação bem-sucedida do gerenciamento de projetos é olhando o número e a magnitude dos conflitos que demandam:
    a. Envolvimento executivo
    b. Envolvimento do cliente
    c. Envolvimento do gerente de linha
    d. Envolvimento do gerente de projetos
11. Padronização e controle são benefícios geralmente atribuídos a:
    a. Gestão liberal (*ou laissez-faire*)
    b. Gerenciamento de projetos nos esforços de P&D
    c. Utilização de fases do ciclo de vida
    d. Uma organização com fraco patrocínio executivo
12. A decisão mais difícil para um patrocinador executivo ao fazer uma revisão de final de fase é:
    a. Permitir que o projeto prossiga para a fase seguinte com base no objetivo original
    b. Permitir que o projeto prossiga para a fase seguinte com base em um objetivo revisado
    c. Postergar uma decisão até que mais informações sejam processadas
    d. Cancelar o projeto
13. Ter muitas fases no ciclo de vida pode ser prejudicial por que:
    a. Os patrocinadores executivos vão realizar microgerenciamento
    b. Os patrocinadores executivos se tornarão "invisíveis"
    c. O gerente do projeto gastará muito tempo no planejamento das reuniões de *gate review*, em vez de gerenciar as fases
    d. O gerente do projeto precisará desenvolver vários planos diferentes para cada fase
14. Um projeto é terminado antecipadamente porque a tecnologia não pode ser desenvolvida e os recursos são destinados a outro projeto, que termina com sucesso. Qual das opções é verdadeira em relação ao primeiro projeto?
    a. O primeiro projeto é considerado um fracasso
    b. O primeiro projeto é bem-sucedido se o cancelamento for feito cedo o suficiente, antes que recursos adicionais sejam desperdiçados
    c. O primeiro projeto é um sucesso se o gerente do projeto for promovido

d. O primeiro projeto é um fracasso se o gerente do projeto for designado para um projeto menos importante

15. Qual das opções a seguir *não* seria considerada como uma definição secundária de sucesso no projeto?
   a. O cliente está insatisfeito com a entrega, mas trabalhos posteriores são concedidos, com base na relação eficaz com o cliente
   b. As entregas são cumpridas, mas as leis da OSHA[NT18] (Administração de Segurança e Saúde Ocupacional) e da EPA[NT19] (Agência de Proteção Ambiental dos Estados Unidos) são violadas
   c. O cliente está descontente com o desempenho, mas você desenvolveu uma nova tecnologia que poderia gerar vários produtos novos.
   d. Os custos do projeto excederam em 40%, mas o cliente financia um projeto de reforço

RESPOSTAS

1. D 2. A 3. B 4. C 5. C 6. B 7. B 8. A 9. D 10. A
11. C 12. D 13. C 4. B 15. B

EXERCÍCIOS

2-1 Pode o organograma de uma empresa ser considerado um modelo de sistemas? Se sim, qual modelo de sistemas?

2-2 Você acha que alguém poderia ser um bom gerente de sistemas, mas um mau gerente de projetos? E o contrário? Descreva quaisquer suposições que você queira fazer.

2-3 Podemos considerar P&D como um sistema? Se sim, sob quais circunstâncias?

2-4 Para cada um dos projetos a seguir, diga se estamos discutindo sobre um sistema aberto, fechado ou estendido:
   a. Um projeto de alta tecnologia
   b. P&D de um novo produto
   c. Um sistema on-line de computador para um banco
   d. Construção de uma fábrica para uma indústria química
   e. Desenvolvimento de um sistema interno de relatório de contabilidade de custos

2-5 Pode uma organização inteira ser considerada um modelo? Se sim, de qual tipo?

2-6 Sistemas podem ser definidos como uma combinação ou inter-relacionamento de subsistemas. Um projeto possui subsistemas?

2-7 Se, de fato, um sistema pode ser dividido em subsistemas, quais problemas podem ocorrer durante a integração?

2-8 Como poderia ocorrer a subotimização durante a análise e o pensamento sistêmico?

2-9 Uma análise de custo-benefício seria mais fácil ou mais difícil de ser realizada em uma estrutura organizacional tradicional ou de gerenciamento de projetos?

2-10 Que impacto o ciclo de vida do produto poderia ter na seleção da estrutura organizacional do projeto?

2-11 No desenvolvimento de um sistema, quais critérios devem ser utilizados para determinar onde uma fase começa e outra termina e onde podem ocorrer sobreposições?

2-12 Considere a seguinte expressão: "Danem-se os torpedos: velocidade máxima." É possível que essa filosofia militar possa ser aplicada ao gerenciamento de projetos e levar o projeto ao sucesso?

2-13 Uma empresa pode ter sucesso em gerenciamento de projetos sem ter ou utilizar uma metodologia de gerenciamento de projetos?

2-14 Quem determina quantas fases de ciclo de vida uma metodologia de gerenciamento de projetos deve conter?

2-15 A medida que o gerenciamento de projeto amadurece, você esperaria um aumento ou uma diminuição do número de fases do ciclo de vida?

2-16 Algumas pessoas acreditam que a maior resistência às mudanças necessárias para a implementação do gerenciamento de projetos ocorre nos níveis executivos. Por que isso?

2-17 O que você consideraria ser o possível fator mais importante na redução dos custos de implementação do gerenciamento de projetos?

2-18 Em quais condições um projeto poderia ser considerado tanto um sucesso como um fracasso ao mesmo tempo?

2-19 O objetivo de um sistema de gerenciamento de projetos sem papel é mais facilmente atingido com um gerenciamento de projetos formal ou informal?

2-20 possível atingir uma abordagem informal de gerenciamento de projetos sem primeiro passar por um gerenciamento de projetos formalizado?

NT18 Occupational Safety and Health Administration – OSHA (http://www.osha.gov).

NT19 U. S. Environmental Protection Agency – EPA (http://www.epa.gov)

ESTUDO DE CASO

CRIANDO UMA METODOLOGIA[1]

Plano de fundo

John Compton, o presidente da empresa, expressou seus sentimentos muito claramente na reunião da equipe executiva;

> Não somos mais competitivos no mercado. Quase todas as Solicitações de Proposta que pretendemos licitar possuem a exigência de que devemos identificar qual metodologia de gerenciamento de projetos será usada. Não temos metodologia de gerenciamento de projetos. Temos apenas alguns modelos que usamos com base no Guia PMBOK®. Todos os nossos concorrentes têm metodologias, exceto nós.
>
> Tenho solicitado o desenvolvimento de uma metodologia por mais de um ano, e tudo que eu recebo são desculpas. Alguns de vocês estão obviamente com medo de possivelmente perder poder e autoridade, uma vez que a metodologia esteja instalada e funcionando. Isso pode ser verdade, mas perder um pouco de poder e autoridade é obviamente melhor do que perder o seu emprego. Em seis meses, eu quero ver uma metodologia em uso em todos os projetos ou eu mesmo vou tratar essa situação. Eu simplesmente não posso acreditar que minha equipe executiva tem medo de desenvolver uma metodologia de gerenciamento de projetos.

Questões críticas

A equipe executiva sabia que esse dia era inevitável; eles tiveram de tomar a iniciativa na implementação de uma metodologia de gerenciamento de projetos. No ano anterior, um consultor foi contratado para realizar uma sessão matinal de três horas sobre os benefícios do gerenciamento de projetos e o valor de uma metodologia empresarial de gerenciamento de projetos (EPM)[NT20]. Como parte da sessão, o consultor explicou que o tempo necessário para desenvolver e implementar um sistema EPM podia ser encurtado, se a empresa tivesse um escritório de gerenciamento de projetos (PMO) pronto para assumir o papel principal. O consultor também explicou que qualquer executivo que assumisse o controle do PMO poderia tornar-se mais poderoso do que os outros, porque ele ou ela iria controlar toda a propriedade intelectual de gestão de projetos. A equipe executiva entendeu plenamente a implicação disso e, portanto, ficou relutante em apoiar o gerenciamento de projetos até que pudesse ver como sua organização seria afetada. Nesse meio tempo, o gerenciamento de projetos padeceu.

Relutantemente, um PMO foi formado reportando ao diretor de informática. O PMO foi composto por um punhado de gerentes de projetos experientes que esperançosamente assumiriam a liderança no desenvolvimento de uma metodologia. O PMO concluiu que havia cinco passos que teriam de ser tomados inicialmente. Depois de tomados os cinco passos, o comitê executivo receberia um *briefing* final sobre o que havia sido realizado. Além das atualizações mensais e relatórios de progresso, haveria também o *briefing* final. O PMO acreditava que obter apoio executivo e assinatura das contas em tempo hábil seria difícil.

O primeiro passo que precisou ser tomado foi o estabelecimento do número de fases do ciclo de vida. Algumas das pessoas entrevistadas queriam de dez a doze fases. Isso significava que teria de haver de dez a doze reuniões de *gate review*[NT21] e os gerentes de projeto gastariam um tempo considerável preparando a papelada para as reuniões, em vez de gerenciar o projeto. A decisão tomada então foi de que não haveria mais que seis fases do ciclo de vida.

O segundo passo foi decidir se a metodologia deveria ser projetada com base em políticas e procedimentos rígidos ou seguir por uma rota mais informal, usando formulários, guias, listas de verificação e modelos. O PMO sentiu que os gerentes de projeto precisavam de algum grau de liberdade para lidar com os clientes e, portanto, uma abordagem mais informal funcionaria melhor. Além disso, os clientes estavam pedindo que a metodologia fosse concebida em torno das suas necessidades de negócio e uma abordagem mais informal forneceria a flexibilidade necessária para fazer isso.

O terceiro passo foi verificar o que poderia ser salvo dos modelos e listas de verificação existentes. A empresa tinha alguns poucos modelos e listas de verificação, mas nem todos os gerentes de projeto utilizavam. A decisão tomada foi desenvolver um conjunto padronizado de documentos, de acordo com as informações do Guia PMBOK®.

---

[1] ©2010 Harold Kerzner. Reproduzido com permissão. Todos os direitos reservados.

[NT20] Sigla, em inglês, paa *Enterprise Project Management*, ou Metodologias empresariais de gerenciamento de projetos, campo de desenvolvimento organizacional que trata do gerenciamento de projetos no âmbito empresarial, por meio da criação de processos de gerenciamento de projetos da empresa para o gerenciamento, monitoramento e avaliação de todos os projetos da empresa.

[NT21] Expressão que se refere a revisão de final de fase ou de encerramento do projeto.

Os gerentes de projetos poderiam então selecionar quais formulários, diretrizes, modelos e listas de verificação seriam adequados para um determinado projeto e cliente.

O quarto passo seria desenvolver um meio de capturar as melhores práticas, utilizando o sistema EPM. Os clientes passaram a exigir na Solicitação de Proposta que as melhores práticas em um projeto deveriam ser capturadas e compartilhadas com o cliente, antes do fechamento do projeto. A maioria das pessoas no PMO acreditava que isso poderia ser feito por meio de formulários ou listas de verificação na reunião final de balanço do projeto.

O quinto passo envolvia educação e treinamento. Os gerentes de projetos e organizações funcionais que formariam os projetos teriam de ser treinados no uso da nova metodologia. O PMO acreditava que um programa de treinamento de um dia seria suficiente e as organizações funcionais poderiam facilmente liberar seu pessoal para o treinamento.

QUESTÕES

1. O que você pode afirmar sobre a cultura corporativa a partir do fato de terem esperado tanto tempo para o desenvolvimento de um sistema de EPM?
2. Um PMO pode acelerar o processo de implementação?
3. É aceitável que o PMO se reporte ao diretor de informática ou para outra pessoa?
4. Por que é melhor ter seis ou menos fases de ciclo de vida em um sistema EPM?
5. É melhor projetar um sistema de EPM em torno de elementos flexíveis ou inflexíveis? Geralmente, quando o primeiro sistema EPM é desenvolvido, as empresas preferem usar um design formal ou informal?
6. Um sistema de EPM deve ter a capacidade de capturar as melhores práticas?

3

ESTRUTURAS ORGANIZACIONAIS

Estudos de Caso Relacionados (de Kerzner/*Project Management Case Studies*, 4. ed.)	Livro de Exercícios Relacionado (de Kerzner/*Project Management Workbook and PMP®/CAPM® Exam Study Guide*, 11. ed.)	Guia PMBOK® – 5. ed., Seção de Referência para o Exame de Certificação PMP®
• Quasar Communications, Inc. • Jones and Shephard Accountants, Inc.* • Fargo Foods • Mohawk National Bank • Coronado Communications, Inc.*	• The Struggle with Implementation • Multiple Choice Exam	• Gerenciamento dos Recursos Humanos

** Estudo de caso também aparece no final do capítulo.*

3.0 INTRODUÇÃO

Guia PMBOK®, 5. ed.
2.1.3 Estrutura organizacional Capítulo 9 Gerenciamento dos Recursos Humanos do Projeto

Durante os últimos 30 anos existiu uma, assim chamada, revolução secreta na introdução e no desenvolvimento de novas estruturas organizacionais. A administração começou a perceber que as organizações devem ser dinâmicas por natureza; ou seja, capazes de se reestruturar rapidamente se as condições ambientais exigirem. Esses fatores ambientais evoluíram da crescente competitividade do mercado, das mudanças em tecnologia e da necessidade de um melhor controle dos recursos para as empresas que possuíam vários produtos. Muito foi escrito sobre como identificar e interpretar aqueles sinais que indicam que um novo modelo organizacional pode ser necessário. De acordo com Grinnell e Apple, há cinco indicações gerais de que a estrutura tradicional pode não ser adequada para gerenciar os projetos[1]:

- A administração está satisfeita com suas habilidades técnicas, mas os projetos não estão cumprindo prazos, custos e outros requisitos
- Há um grande comprometimento em realizar o trabalho do projeto, mas grandes flutuações sobre o quanto as especificações de desempenho são atendidas
- Especialistas altamente talentosos envolvidos no projeto se sentem explorados e mal utilizados
- Indivíduos ou grupos técnicos específicos constantemente culpam uns aos outros pelo fracasso em atender às especificações ou datas de entrega.
- Os projetos estão no prazo e dentro das especificações, mas os grupos e indivíduos não estão satisfeitos com a realização

Infelizmente, muitas empresas não percebem a necessidade de uma mudança organizacional até que seja tarde demais. A administração busca externamente (isto é, no ambiente) as soluções aos problemas, em vez de buscar internamente. Um exemplo típico é que os custos de novos produtos estão aumentando enquanto o ciclo

[1] GRINNELL, S. K.; APPLE, H. P. When two bosses are better than one. *Machine Desing*, jan. 1975. p. 84-87.

de vida dos produtos pode estar diminuindo. A ênfase deveria ser colocada na diminuição de custos ou no desenvolvimento de novos produtos?

Se considerarmos que um sistema organizacional é composto tanto de recursos humanos quanto não humanos, então devemos analisar o subsistema sociotécnico sempre que mudanças organizacionais estiverem sendo consideradas. O sistema social é representado pelos funcionários da organização e em seu comportamento de grupo. O sistema técnico inclui a tecnologia, materiais e máquinas necessários para realizar as tarefas solicitadas.

Os behavioristas argumentam que não há uma estrutura única e melhor que atenda aos desafios das organizações de amanhã. A estrutura utilizada, no entanto, deve ser a que otimize o desempenho da empresa, alcançando um equilíbrio entre as necessidades sociais e técnicas.

As organizações podem ser definidas como grupos de pessoas que devem coordenar suas atividades para alcançar objetivos organizacionais. A função de coordenação exige forte comunicação e um claro entendimento dos relacionamentos e interdependências entre as pessoas. As estruturas organizacionais são ditadas por fatores como tecnologia e seu ritmo de mudança, complexidade, disponibilidade de recursos, produtos e/ou serviços, competitividade e necessidades na tomada de decisões. O leitor deve ter em mente que *não existe uma estrutura organizacional boa ou ruim; existem apenas estruturas adequadas e inadequadas.*

Mesmo o mais simples tipo de mudança organizacional pode gerar grandes conflitos. A criação de um novo cargo, a necessidade de um planejamento melhor, o alongamento ou encurtamento da amplitude de controle, a necessidade de tecnologia adicional (conhecimento) e a centralização ou descentralização podem resultar em grandes mudanças no subsistema sociotécnico.

A reestruturação organizacional é um compromisso entre as escolas de pensamento tradicionais (clássicas) e comportamentais; a administração deve considerar as necessidades dos indivíduos, bem como as necessidades da empresa. A organização está estruturada para gerenciar pessoas ou trabalhos?

Há uma vasta variedade de modelos organizacionais para a reestruturação da administração. O método correto depende das pessoas na organização, das linhas de produtos da empresa e da filosofia da administração. Uma organização precariamente reestruturada pode romper canais de comunicação que podem ter levado meses ou anos para serem construídos; causar a reestruturação da organização informal, criando, assim, novos poder, *status* e posições políticas; e eliminar a satisfação no trabalho e os fatores motivacionais em um nível que resulta em completo descontentamento.

Se a posição da empresa é muito sensível ao ambiente, então a administração pode ficar mais preocupada com a tarefa de controle. Para uma organização com múltiplos produtos, cada um demandando um grau de engenharia e tecnologia, a tarefa de integração pode ser primária. Finalmente, para situações com grandes sindicatos e tarefas repetitivas, as relações externas podem predominar, especialmente em ambientes fortes como os tecnológicos e científicos, em que estritas regulamentações governamentais devem ser seguidas.

Nas seções a seguir, uma variedade de modelos organizacionais será apresentada. Obviamente, é uma tarefa impossível descrever todas as estruturas organizacionais possíveis. Cada modelo descreve como a organização do gerenciamento de projetos evoluiu desde as teorias clássicas da administração. Vantagens e desvantagens são listadas para os sistemas tecnológico e social. As respostas para essas perguntas não são fáceis. Para a maioria, elas se tratam de julgamentos executados pelos gerentes organizacionais e comportamentais.

3.1 FLUXO ORGANIZACIONAL DE TRABALHO

As organizações são continuamente reestruturadas para atender às demandas impostas pelo ambiente. A reestruturação pode mudar o papel dos indivíduos na organização formal e informal. Muitos pesquisadores acreditam que a grande utilidade dos behavioristas[NT1] está em sua capacidade de ajudar a organização informal a se adaptar às mudanças e a resolver os conflitos resultantes. Infelizmente os behavioristas não podem ser totalmente eficazes, a não ser que também contribuam na organização formal. Qualquer que seja o modelo organizacional selecionado finalmente, devem ser desenvolvidos canais formais, para que cada indivíduo tenha uma clara descrição da autoridade, do dever e da responsabilidade necessários para que o trabalho prossiga.

Na discussão das estruturas organizacionais, as seguintes definições serão utilizadas:

- *Autoridade* é o poder concedido a indivíduos (possivelmente por seus cargos) para que possam tomar decisões finais.
- *Dever* é a incumbência à qual estão sujeitos os indivíduos em seus papéis na organização formal para realizar de maneira eficaz suas atribuições.

[NT1] Relativo ao behaviorismo, proveniente da palavra em inglês *behavior*, que significa "comportamento". O behaviorismo é uma teoria da psicologia que estuda o comportamento, com base em estímulos e respostas. Também chamado de comportamentismo.

- *Responsabilidade* é prestar contas pela conclusão satisfatória de uma atribuição específica (Responsabilidade = autoridade + dever).

A autoridade e os deveres podem ser delegados aos níveis mais baixos da organização, enquanto a responsabilidade normalmente fica com o indivíduo. Ainda assim, muitos executivos se recusam a delegar e argumentam que um indivíduo só pode ter responsabilidade total por meio dos deveres.

Mesmo com essas definições claramente justificáveis de autoridade, dever e responsabilidade, o estabelecimento de bons relacionamentos entre o gerente de projetos e o gerente funcional pode levar bastante tempo, especialmente durante a conversão do modelo organizacional tradicional para o modelo organizacional de projetos. A confiança é a chave para o sucesso. A progressao normal do crescimento da confiança se dá da seguinte forma:

- Mesmo que um problema exista, tanto o gerente de projetos quanto o gerente funcional negam que qualquer problema exista
- Quando um problema finalmente surge, um gerente culpa o outro
- Conforme a confiança se desenvolve, ambos os gerentes prontamente admitem responsabilidade pelos problemas
- Ambos os gerentes, de projetos e funcional, se encontram para resolver o problema
- Ambos os gerentes, de projetos e funcional, começam a antecipar os problemas formal e informalmente

Para cada uma das estruturas organizacionais descritas nas seções a seguir, são listadas as vantagens e desvantagens. Muitas das desvantagens vêm de possíveis conflitos que surgem de problemas com autoridade, deveres e responsabilidades.

3.2 ORGANIZAÇÃO TRADICIONAL (CLÁSSICA)

A estrutura tradicional de gestão sobreviveu por mais de dois séculos. Porém, desenvolvimentos recentes de negócios, tais como o ritmo rápido das mudanças em tecnologia e o aumento das demandas dos acionistas, criaram distorções nos modelos organizacionais existentes. Há 50 anos, as empresas podiam sobreviver com apenas uma ou duas linhas de produtos. A organização do gerenciamento clássico, como ilustrado na Figura 3-1, era satisfatória para o controle e os conflitos eram mínimos[2].

No entanto, com o passar do tempo, as empresas descobriram que a sobrevivência dependia de várias linhas de produtos (ou seja, diversificação) e da integração vigorosa de tecnologia na organização existente. Conforme as organizações cresciam e amadureciam, os gerentes descobriam que as atividades da empresa não estavam sendo integradas de maneira eficaz e que novos conflitos estavam surgindo nos tão bem estabelecidos canais formais e informais. Os gerentes começaram a procurar por modelos organizacionais mais inovadores que pudessem aliviar esses problemas.

[2] Muitos autores se referem às organizações clássicas como organizações funcionais. Podemos ver isso na Figura 3-1. Também note que o nível do departamento está abaixo do nível de divisão. Em algumas organizações esses títulos são opostos.

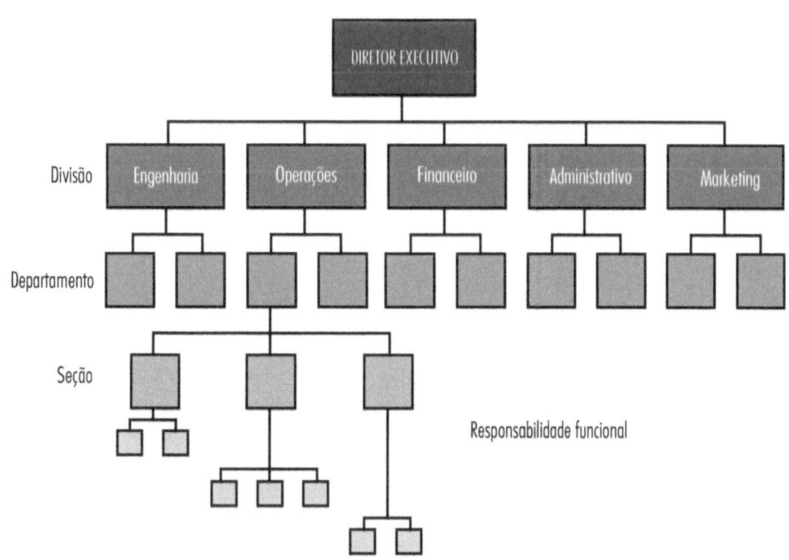

FIGURA 3-1 A estrutura tradicional de gestão.

Antes que uma comparação válida possa ser feita com os modelos mais novos, as vantagens e desvantagens da estrutura tradicional podem ser vistas. A Tabela 3-1 lista as vantagens da estrutura tradicional. Como visto na Figura 3-1, o diretor possui todas as entidades funcionais necessárias para realizar P&D ou desenvolver e produzir um produto. Todas as atividades são realizadas dentro dos grupos funcionais e são encabeçadas por um chefe de departamento (ou, em alguns casos, de uma divisão). Cada departamento mantém uma forte concentração de especialidades técnicas. Uma vez que todos os projetos devem fluir através dos departamentos funcionais, cada projeto pode se beneficiar da mais avançada tecnologia, fazendo, assim, com que esse modelo organizacional se adapte bem à produção em massa. Os gerentes funcionais podem contratar uma grande variedade de especialistas e fornecer a eles caminhos facilmente definidos de progressão de carreira.

TABELA 3.1 Vantagens da organização tradicional (clássica)

- Possibilita um controle mais fácil dos custos e do orçamento.
- Possibilita um controle técnico melhor:
  - Os especialistas podem ser agrupados para compartilhar conhecimentos e responsabilidade.
  - O pessoal pode ser utilizado em vários projetos diferentes.
  - Todos os projetos se beneficiarão da mais avançada tecnologia (melhor utilização de profissionais escassos).
- Flexibilidade na utilização da mão de obra.
- Uma base ampla de mão de obra para trabalhar.
- Continuidade nas disciplinas funcionais, políticas, procedimentos e responsabilidades de linha são facilmente definidas e compreensíveis.
- Admite as atividades de produção em massa dentro das especificações estabelecidas.
- Bom controle sobre o pessoal, contanto que cada funcionário possua um único chefe para se reportar.
- Os canais de comunicação são verticais e bem estabelecidos
- Existe a capacidade de reação rápida, mas pode depender das prioridades dos gerentes funcionais.

Os gerentes funcionais mantêm controle absoluto sobre o orçamento. Eles estabelecem os próprios orçamentos, com aprovação superior, e especificam as necessidades de pessoal adicional. Pelo fato de o gerente funcional ter flexibilidade na mão de obra e uma ampla base sobre a qual trabalhar, a maioria dos projetos é concluída dentro dos custos.

Ambas as organizações, formal e informal, são bem estabelecidas e os níveis de autoridade e dos deveres são claramente definidos. Como cada pessoa se reporta a apenas um indivíduo, os canais de comunicação são bem estruturados. Se uma estrutura possui tantas vantagens, então por que estamos procurando por outras estruturas?

Para cada vantagem, quase sempre há uma desvantagem correspondente (veja a Tabela 3-2). A maioria dessas desvantagens está relacionada à ausência de uma autoridade central ou de um indivíduo responsável pela total idade do projeto. Como resultado, a integração de atividades que atravessam as linhas funcionais se torna difícil e os executivos de alto escalão têm de se envolver com a rotina diária. Os conflitos ocorrem conforme cada grupo funcional luta pelo poder. As ideias podem permanecer funcionalmente orientadas, com pouca preocupação com os projetos em andamento e o processo de tomada de decisões será lento e tedioso.

TABELA 3.2 Desvantagens da organização tradicional (clássica)

- Nenhum indivíduo é diretamente responsável por todo o projeto (ou seja, sem autoridade formal; soluções em comitês).
- Não dá a ênfase necessária orientada ao projeto para a realização das tarefas.
- A coordenação se torna complexa, e é preciso um tempo extra de espera para a aprovação das decisões.
- As decisões normalmente favorecem os grupos funcionais mais fortes.
- Não há ponto focal com o cliente.
- A resposta às necessidades do cliente é lenta.
- Dificuldade em apontar a responsabilidade; isso resulta da falta ou insuficiência de subordinação direta no projeto, de pouco planejamento orientado ao projeto e da ausência de autoridade no projeto.
- A motivação e a inovação são menores.
- As ideias tendem a ser orientadas funcionalmente, com pouca consideração aos projetos em andamento.

Por não existir um ponto focal para o cliente, todas as comunicações devem ser canalizadas pela alta administração. Então, os gerentes superiores atuam na capacidade de relações com o cliente e enviam todos os problemas complexos abaixo, na linha vertical de comando, aos gerentes funcionais. A resposta às necessidades do cliente, por sua vez, se torna um processo lento e agravante.

Nas estruturas organizacionais clássicas, os projetos tendem a atrasar no cronograma. Tempos inacreditáveis de espera são necessários. Os gerentes funcionais cumprem primeiro as tarefas que vão beneficiá-los mais e a seus subordinados.

Com o crescimento do gerenciamento de projetos no final dos anos 1960, os executivos começaram a perceber que muitos dos problemas eram resultado das fraquezas da estrutura tradicional. William Goggin identificou problemas que a Dow Corning[3] enfrentou:

> Embora a Dow Corning fosse uma corporação saudável em 1967, ela apresentava dificuldades que perturbava muitos de nós, da alta administração. Esses sintomas eram, e ainda são,

[3] Reproduzido com permissão da *Harvard Business Review*. GOGGIN, William C. How the multidimensional structure works at dow corning. *Harvard Business Review*, jan.-fev. 1974. p. 54. Copyright 1973 por Harvard Business School Publishing Corporation. Todos os direitos reservados.

comuns nos negócios nos E.U.A. e têm sido descritos incontáveis vezes em relatórios, auditorias, artigos e discursos. Nossos sintomas tomaram uma forma tal que:

- Os executivos não tinham informações financeiras adequadas e controle de suas operações. Os gerentes de marketing, por exemplo, não sabiam quanto custava para produzir um produto. Os preços e as margens eram definidos pelos gerentes das divisões.
- Existiam canais confusos de comunicação entre as principais funções, especialmente produçao e marketing.
- Diante da competição severa, a corporação permaneceu muito interiorizada em seu pensamento e estrutura organizacional. Era insuficientemente orientada ao mundo externo.
- A falta de comunicação entre as divisões não apenas criou o oposto de um esforço corporativo em equipe, como foi um desperdício de recursos preciosos – as pessoas.
- O planejamento corporativo de longo prazo era esporádico e superficial; estava levando a um excesso de pessoal, a esforços duplicados e à ineficiência.

3.3 DESENVOLVIMENTO DE POSIÇÕES DE INTEGRAÇÃO NO TRABALHO

Conforme as empresas cresciam em tamanho, maior ênfase era dada aos vários programas em andamento que demandavam por alta tecnologia. As armadilhas organizacionais logo apareceram principalmente na integração do fluxo de trabalho. Conforme a organização percebia que o ponto crítico em qualquer programa é a interface entre as unidades funcionais, as novas teorias de "gerenciamento de interfaces" se desenvolviam.

Em virtude dos problemas de interface, a administração começou a procurar por métodos inovadores para coordenar o fluxo de trabalho entre as unidades funcionais, sem modificar a estrutura organizacional existente. Essa coordenação foi conseguida por meio de vários mecanismos de integração[4]:

- Regras e procedimentos
- Processos de planejamento
- Encaminhamento hierárquico
- Contato direto

[4] GALBRAITH, Jay. R. Matrix Organization designs. Reproduzido com permissão de *Business Horizons*, fev. 1971. p. 29-40. Copyright 1971 pelo Conselho de Curadores da Universidade de Indiana. Galbraith define um quinto mecanismo, os departamentos de ligação, que serão discutidos mais adiante nesta seção.

Por meio da especificação e da documentação das políticas e procedimentos de gestão, a administração tentou eliminar os conflitos entre os departamentos funcionais. Eles sentiam que, embora muitos projetos fossem diferentes, as ações solicitadas pelo pessoal funcional eram repetitivas e previsíveis. O comportamento dos indivíduos deveria ser, portanto, facilmente integrado ao fluxo de trabalho, com o mínimo de comunicação entre os indivíduos ou grupos funcionais.

Outra forma de reduzir conflitos e minimizar a necessidade de comunicação era o planejamento detalhado. A representação funcional estaria presente em todo o planejamento, na programação do cronograma e nas reuniões de orçamento. Esse método funcionava melhor para tarefas e projetos não repetitivos.

Na organização tradicional, uma das responsabilidades mais importantes da alta administração era a resolução de conflitos por meio do "encaminhamento hierárquico". Os conflitos contínuos e a luta por poder entre as unidades funcionais consistentemente demandavam que a alta administração resolvesse aqueles problemas resultantes de situações que, ou não eram de rotina, ou eram imprevisíveis e para as quais não existiam políticas ou procedimentos.

O quarto método é contato direto e as interações entre os gerentes funcionais. As regras e procedimentos, bem como o método do processo de planejamento foram criados para diminuir as comunicações em curso entre os grupos funcionais. A quantidade de conflitos que os executivos tinham de resolver forçava funcionários importantes a gastar um grande percentual de seu tempo atuando como mediadores, em vez de atuarem como gerentes. Para aliviar o problema do encaminhamento hierárquico, a alta administração solicitou que todos os conflitos fossem resolvidos nos níveis mais baixos possíveis. Isso exigiu que os gerentes funcionais se encontrassem para resolver conflitos.

Em muitas organizações, esses novos métodos se provaram ineficazes, primeiramente porque ainda existia uma necessidade de um ponto focal para o projeto, a fim de garantir que todas as atividades fossem adequadamente integradas.

Quando a necessidade de gerentes de projetos foi reconhecida, a questão lógica seguinte era onde colocá-los na organização. Os executivos preferiram manter os gerentes de projetos em nível mais baixo na organização. Afinal de contas, se eles fossem subordinados a alguém do alto escalão, teriam de receber mais e seriam uma ameaça constante à administração.

A primeira tentativa para resolver esse problema foi desenvolver líderes ou coordenadores de projetos em cada departamento funcional, como mostra a Figura 3-2. Os funcionários no nível de seção foram temporariamente designados como líderes de projetos e retornariam às suas posições anteriores no término do projeto. É por isso que o termo "líder de projetos" é utilizado em vez de "gerente de projetos", pois a palavra "gerente" implica um relacionamento permanente. Essa disposição se mostrou eficaz para a coordenação e integração do trabalho dentro de um departamento, contanto que o líder adequado para o projeto fosse selecionado. Alguns funcionários consideraram esse cargo como aumento de poder e *status*, e ocorriam conflitos em relação às designações se basearem em experiência, senioridade ou capacidade. Além disso, os líderes de projetos não tinham quase nenhuma autoridade e os gerentes do nível de seção se recusavam a receber orientações deles, temendo que os líderes de projetos pudessem ser os próximos na fila para o cargo de gerente de departamento.

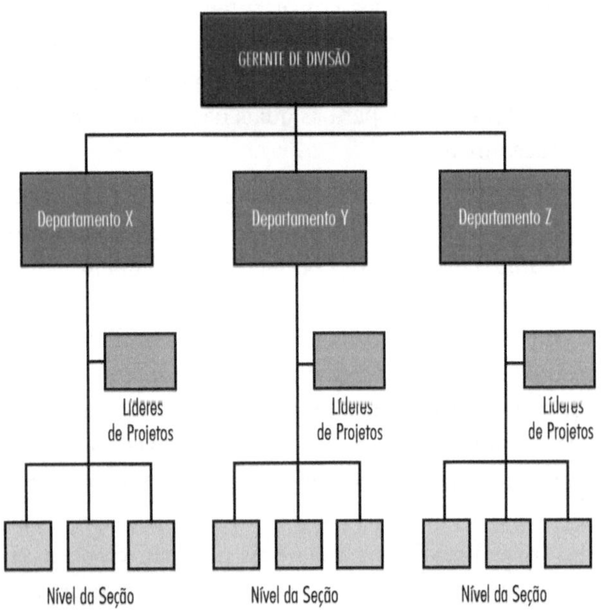

FIGURA 3-2 Gerenciamento de projetos departamental.

Quando as atividades demandavam esforços que atravessavam mais de uma fronteira funcional, os conflitos surgiam. O líder de projetos de um departamento não tinha autoridade para coordenar atividades em nenhum outro departamento. Além disso, a criação dessa nova posição causou conflitos internos dentro de cada departamento. Como resultado, muitos funcionários se recusaram a se dedicar ao gerenciamento de projetos e ficavam ansiosos para retornar ao seu trabalho "seguro". Quase sempre, especialmente quando a integração multifuncional era necessária, o gerente da divisão era forçado a atuar como o gerente de projetos. Se o empregado gostasse da designação de líder de projetos, ele tentaria "esticar" o projeto ao máximo possível.

Embora tenhamos criticado esse modelo organizacional, isso não significa que ele não funcione. Qualquer modelo organizacional funcionará se os funcionários quiserem que funcione. Por exemplo, uma fabricante de computadores possui uma divisão centro-oeste com três departamentos, conforme mostrado na Figura 3-2, e aproximadamente 14 pessoas por departamento. Quando um projeto chega, o gerente da divisão determina qual departamento fará a maior parte do trabalho. Digamos que a carga de trabalho seja de 60% do departamento X, 30% do departamento Y e 10% do departamento Z. Como o esforço maior está no departamento X, o líder do projeto é selecionado nesse departamento. Quando o líder do projeto vai até os outros dois departamentos para conseguir recursos, ele quase sempre consegue os recursos de que precisa. Esse modelo organizacional funciona nesse caso porque:

- Os outros gerentes de departamento sabem que podem ter de suprir o líder do projeto na próxima atividade.
- Existem apenas três fronteiras funcionais ou departamentos envolvidos (isto é, uma pequena organização).

O passo seguinte na evolução do gerenciamento de projetos foi o conceito de força-tarefa. A lógica por trás desse conceito era a integração que poderia ser conseguida se cada unidade funcional colocasse um representante em um grupo de trabalho. Então, o grupo poderia, em conjunto, resolver os problemas conforme eles ocorressem, contanto que ainda estivessem dentro das limitações de orçamento. Teoricamente, as decisões agora poderiam ser tomadas nos níveis mais baixos possíveis; agilizando, assim, as informações e reduzindo, ou mesmo eliminando, o tempo de atraso.

A força-tarefa era composta de pessoal de cada departamento envolvido, tanto de pessoal trabalhando em tempo parcial, quanto em tempo integral. As reuniões diárias ocorriam para revisar as atividades e discutir problemas potenciais. Os gerentes funcionais logo acharam que seus funcionários da força-tarefa estavam gastando mais tempo com reuniões improdutivas do que realizando atividades funcionais. Além disso, a natureza da posição da força-tarefa fazia com que muitos indivíduos se desmembrassem dentro da organização informal. Então, vários gerentes funcionais alocavam recursos não qualificados e indivíduos inexperientes para as forças-tarefas. O resultado foi que o grupo logo se tornou ineficaz porque, ou não possuíam as informações necessárias para tomar as decisões, ou não tinham autoridade (delegada pelos gerentes funcionais) para alocar recursos e designar trabalhos.

O desenvolvimento do conceito de força-tarefa era um passo gigante rumo à resolução de problemas: o trabalho estava sendo realizado no prazo, os cronogramas estavam sendo mantidos e os custos geralmente ficavam dentro do orçamento. Mas a integração e a coordenação ainda eram problemas, pois não havia relacionamentos de autoridade especificados ou indivíduos para supervisionar o projeto inteiro até a conclusão. Foram feitas tentativas para superar isso, colocando várias pessoas responsáveis pela força-tarefa: gerentes funcionais, chefes de divisão e, até mesmo, a alta administração tiveram oportunidades de chefiar as forças-tarefas. Porém, sem relacionamentos formais de autoridade para o projeto, os membros do grupo permaneciam leais às suas organizações funcionais, o projeto sempre sofria.

Embora o conceito de força-tarefa fosse um passo na direção correta, as desvantagens pesavam bem mais do que as vantagens. Um ponto forte da abordagem é que ela poderia ser estabelecida rapidamente e com pouquíssima burocracia. A integração, porém, era complicada; o fluxo de trabalho era difícil de controlar; e o apoio funcional era difícil de se obter, por ser quase sempre, controlado estritamente pelo gerente funcional. Além disso, as forças-tarefa se mostraram muito ineficazes em projetos de longo prazo.

O passo seguinte na evolução da integração do trabalho era o estabelecimento de departamentos de ligação, particularmente em divisões de engenharia que realizavam vários projetos envolvendo alto nível de tecnologia (veja Figura 3-3). O propósito do departamento de ligação era gerenciar as transações entre as unidades funcionais dentro da divisão (engenharia). O pessoal desse departamento obtinha autoridade pelo chefe da divisão. O departamento de ligação não resolvia, de fato, os conflitos. A sua função principal era garantir que todos os departamentos trabalhassem em direção aos mesmos requisitos e metas. Os departamentos de ligação ainda existem em muitas empresas grandes e lidam geralmente com mudanças de engenharia e problemas de design.

Infelizmente, o departamento de ligação é simplesmente uma extensão do coordenador do projeto dentro do departamento. A autoridade dada ao departamento se estende somente aos limites externos da divisão. Se um conflito surgisse entre as divisões de produção e engenharia, por exemplo, a alta administração ainda seria procurada para a resolução. Hoje, os departamentos de ligação são sinônimos de departamento de engenharia de projetos ou de engenharia de sistemas e os indivíduos nesses departamentos possuem autoridade para alcançar toda a organização.

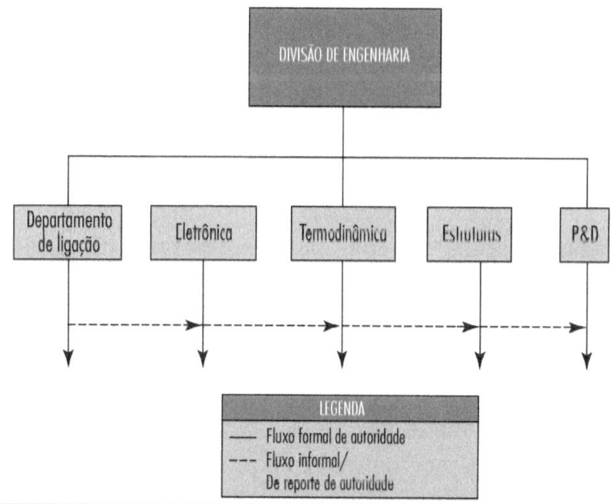

FIGURA 3-3 Divisão de engenharia com departamento de ligação (o facilitador).

3.4 ORGANIZAÇÃO *LINHA-STAFF* (COORDENADOR DE PROJETOS)

Logo ficou óbvio que o controle do projeto deveria ser dado ao pessoal cuja lealdade prioritária fosse orientada para a conclusão do projeto. Assim, a posição do gerenciamento de projetos não poderia ser controlada pelos gerentes funcionais. A Figura 3-4 mostra uma típica organização *linha-staff*.

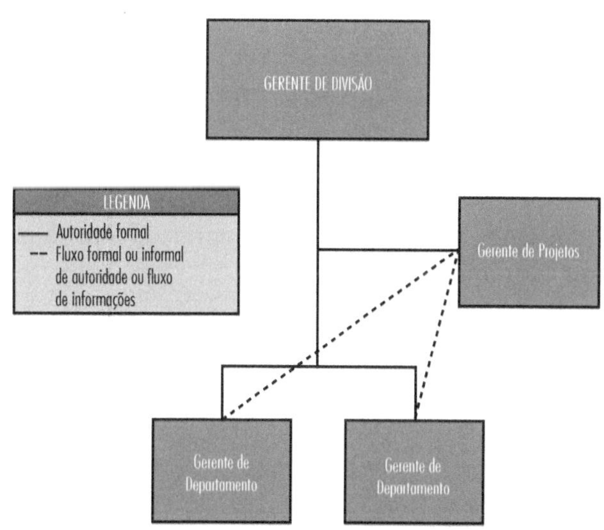

FIGURA 3-4 Organização *linha-staff* (coordenador de projetos).

Duas situações possíveis podem ocorrer com esse formato de controle de projetos *linha-staff*. No começo, o gerente de projetos serve apenas como ponto focal para as atividades de controle, ou seja, um centro de informações. A principal responsabilidade dele é manter o gerente da divisão informado sobre o andamento do projeto e "assediar" ou tentar "influenciar" os gerentes a concluir as atividades no prazo. Referindo-se a esses gerentes de projetos, Galbraith declarou: "Como esses homens não tinham autoridade formal, eles tinham de recorrer à suas competências técnicas e habilidades interpessoais para serem eficazes".[5]

O gerente de projetos da primeira situação mantinha apenas autoridade de controle, apesar de tanto ele quanto o gerente funcional se reportarem à mesma pessoa. Tanto as designações de trabalho quanto as avaliações de desempenho eram feitas pelo gerente funcional. Os gerentes de departamento se recusavam a receber orientações dos gerentes de projetos porque isso caracterizaria um reconhecimento de que o gerente de projetos era o próximo da fila para se tornar gerente de divisão.

A extensão de autoridade dada ao gerente de projetos causou problemas graves. Quase toda a alta administração e os gerentes de divisão eram das escolas clássicas de administração e, portanto, mantinham várias restrições sobre o quanto de autoridade ceder. Muitos desses gerentes consideravam como um rebaixamento se tivessem de abrir mão de qualquer poder já estabelecido.

Na segunda situação, o gerente de projetos possui mais autoridade; utilizando a autoridade conferida a ele pelo gerente da divisão, ele pode designar trabalho aos indivíduos das organizações funcionais. O gerente funcional, porém, ainda mantém a autoridade de realizar as avaliações de desempenho, mas não pode impor padrões profissionais ou organizacionais para a conclusão de uma atividade. O indivíduo que realiza o trabalho é agora pego em uma teia de relacionamentos de autoridade, e conflitos adicionais se desenvolvem, pois os gerentes funcionais são forçados a compartilhar sua autoridade com os gerentes de projetos.

Embora essa segunda situação tenha ocorrido durante os primeiros estágios do gerenciamento de projetos matricial, ela não durou porque:

- A alta administração não estava pronta para lidar com os problemas decorrentes da autoridade compartilhada
- A alta administração estava relutante em delegar qualquer poder e autoridade aos gerentes de projetos
- Os gerentes de projetos *linha-staff* que se reportavam a um chefe de divisão não tinham nenhuma autoridade ou controle sobre as partes do projeto em outras divisões; ou seja, o gerente de projetos da divisão de engenharia não podia coordenar as atividades na divisão de produção.

3.5 ORGANIZAÇÃO POR PRODUTOS (PROJETIZADA)

A organização por produtos, como ilustrado na Figura 3-5, se desenvolve como uma divisão dentro de uma divisão. Contanto que exista um fluxo contínuo de projetos, o trabalho é estável e os conflitos são mínimos. A maior vantagem desse fluxo organizacional é que um indivíduo, o gerente do programa, possui autoridade total de linha sobre todo o projeto. Ele não apenas designa trabalhos, mas também conduz as avaliações de desempenho. Como cada indivíduo se reporta a apenas uma pessoa, canais sólidos de comunicação se desenvolvem e resultam em um tempo de reação muito rápido.

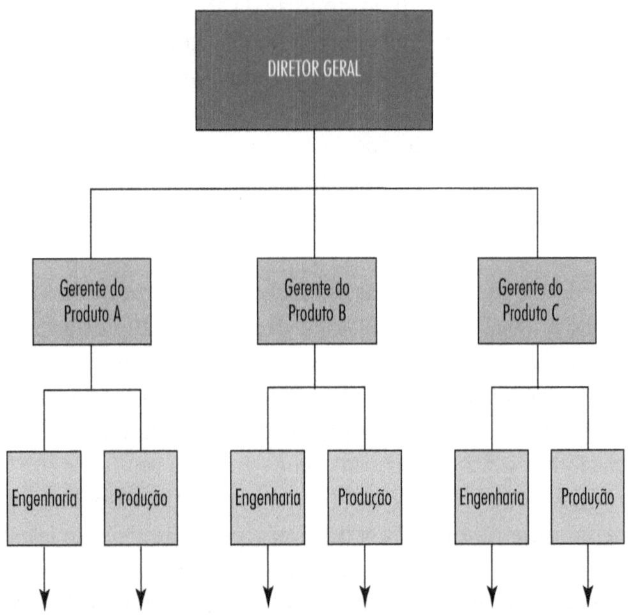

FIGURA 3-5 Estrutura projetizada ou por produtos.

Em organizações por produtos, longos tempos de espera se tornam coisa do passado. Estudos de compensações podem ser conduzidos tão rapidamente quanto possível, sem a necessidade de verificar o impacto em outros projetos (a não ser, é claro, que fossem necessários instalações e equipamentos idênticos). Os gerentes funcionais podiam manter pessoal qualificado para o desenvolvimento de novos produtos sem compartilhá-lo com outros programas e projetos.

[5] GALBRAITH, Jay R. Matrix organization designs. *Business Horizons*, fev. 1971. p. 29-40.

As responsabilidades atribuídas ao gerente de projetos eram totalmente novas. Primeiro, sua autoridade era garantida pelo vice-presidente e pelo diretor. O gerente de programas resolvia todos os conflitos, tanto os gerados dentro de sua organização quanto os que envolviam outros projetos. O gerenciamento de interface era conduzido no nível hierárquico do gerente de programas. A alta administração podia agora gastar mais tempo nas tomadas de decisões executivas do que com a mediação de conflitos.

A maior desvantagem do modelo de organização por produtos é o custo de manutenção da organização. Não há como compartilhar um indivíduo com outro projeto para reduzir custos. Os funcionários normalmente ficam ligados a esses projetos muito além do que o necessário, pois uma vez que o funcionário é cedido, o gerente do projeto pode não conseguir tê-lo de volta. Motivar os funcionários se torna um problema. Na conclusão do projeto, os colaboradores funcionais não têm uma "casa" para retornar. Muitas organizações colocam esses indivíduos em um pool geral de mão de obra, do qual a seleção pode ser feita durante o desenvolvimento de um novo projeto. As pessoas que permanecem no pool de mão de obra podem ser dispensadas. Conforme cada projeto chega ao encerramento, as pessoas ficam apreensivas e se esforçam para provar o seu valor para a empresa desempenhando acima do esperado, uma condição que é apenas temporária. É muito difícil para a administração convencer os especialistas-chave de que eles, de fato, têm oportunidades de carreira nesse tipo de organização.

Nas estruturas funcionais (tradicionais), as tecnologias são bem desenvolvidas, mas os cronogramas dos projetos geralmente atrasam. Nas estruturas projetizadas, a reação rápida mantém as atividades no prazo, mas a tecnologia sofre porque, sem grupos funcionais sólidos para manter uma comunicação técnica interativa, as perspectivas da empresa para alcançar a concorrência podem ser severamente prejudicadas. O departamento de engenharia para um projeto pode não se comunicar com seu correspondente em outros projetos, criando uma duplicação de esforços.

A última grande desvantagem desse modelo organizacional está no controle das instalações e equipamentos. O conflito mais frequente ocorre quando dois projetos demandam o uso do mesmo equipamento ou das mesmas instalações ao mesmo tempo. A alta administração deve, então, atribuir prioridades a esses projetos. Isso normalmente é realizado por meio da definição de certos projetos como estratégicos, táticos ou operacionais – as mesmas definições geralmente dadas aos planos.

As Tabelas 3-3 e 3-4 resumem as vantagens e desvantagens desse modelo organizacional.

TABELA 3.3 Vantagens do modelo organizacional de produtos

- Fornece autoridade de linha completa sobre o projeto (ou seja, controle rígido por meio de uma única autoridade do projeto.
- Os participantes trabalham diretamente para o gerente do projeto. Linhas de produtos não lucrativas são facilmente identificadas e podem ser eliminadas.
- Canais de comunicação sólidos.
- As equipes podem manter o conhecimento especializado de um dado projeto sem dividir profissionais importantes.
- Um tempo muito rápido de reação pode ser proporcionado.
- O pessoal demonstra lealdade ao projeto; moral maior com a identificação do produto.
- Desenvolve-se um ponto focal para relações externas com o cliente.
- Flexibilidade na determinação de compensações de tempo (cronograma), custos e desempenho.
- O gerenciamento de interface se torna mais fácil conforme o tamanho da unidade diminui.
- A alta administração obtém mais tempo livre para a tomada de decisões estratégicas.

TABELA 3.4 Desvantagens do modelo organizacional de produtos

- O custo de manutenção desse modelo em uma empresa multiprodutos seria um impeditivo devido à duplicação de esforços, instalações e pessoal; uso ineficaz.
- Tendência a manter o pessoal em um projeto muito além do necessário. A alta administração deve equilibrar a carga de trabalho conforme os projetos iniciam e, gradativamente, terminam.
- A tecnologia é impactada porque, sem grupos funcionais sólidos, as perspectivas de futuro para melhorar as capacidades da empresa para novos programas seriam dificultadas (não há perpetuação da tecnologia).
- O controle dos especialistas funcionais (organizacionais) requer coordenação de alto escalão.
- Falta de oportunidades para o intercâmbio técnico entre os projetos.
- Ausência de continuidade e de oportunidades de carreira para o pessoal do projeto.

3.6 MODELO ORGANIZACIONAL MATRICIAL

Guia PMBOK®, 5. ed.
Estruturas organizacionais matriciais
Figuras 2-3, 2-4, 2-5

O modelo organizacional matricial é uma tentativa de combinar as vantagens da estrutura funcional com as vantagens da estrutura organizacional por produtos. Esse modelo é idealmente adequado para empresas de construção, que possuem "orientação a projetos". A Figura 3-6 mostra uma estrutura matricial típica. Cada gerente de projetos se reporta diretamente ao vice-presidente e ao diretor. Como cada projeto representa um centro de lucros potencial, o poder e a autoridade utilizados pelo gerente de projetos vêm diretamente do diretor. O gerente de projetos tem dever e responsabilidade totais com o sucesso do projeto. Os departamentos funcionais, por outro lado, têm a responsabilidade funcional de manter a excelência técnica do projeto. Cada unidade funcional é chefiada por um gerente de departamento cuja obrigação principal é garantir que a base técnica unificada seja mantida e que todas as informações disponíveis possam ser trocadas para cada projeto. Os gerentes de departamentos também devem manter seu pessoal informado das últimas realizações técnicas no setor.

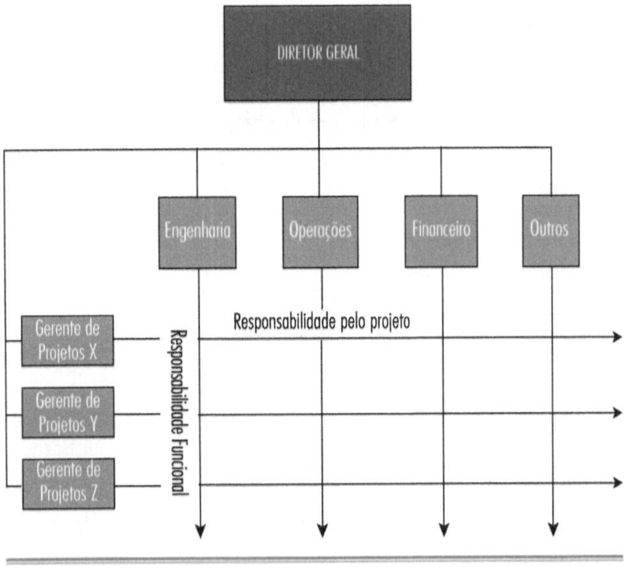

FIGURA 3-6 Estrutura matricial típica.

O gerenciamento de projetos é uma função "coordenativa", enquanto o gerenciamento matricial é uma divisão da função colaborativa do gerenciamento de projetos. Na organização coordenativa ou por projetos, o trabalho geralmente é designado a pessoas específicas ou unidades que "fazem seu próprio trabalho". Na organização colaborativa ou matricial, o compartilhamento de informações pode ser obrigatório e várias pessoas podem ser solicitadas para a mesma parte do trabalho. Em uma organização projetizada, a autoridade para a tomada de decisões e a coordenação fica com o líder do projeto; enquanto na matricial, está com a equipe.

Existem algumas regras básicas para o desenvolvimento matricial:

- Os participantes devem passar tempo integral no projeto, isso garante um grau de lealdade
- Devem existir canais horizontais, bem como verticais, para se assumir compromissos
- Devem existir métodos rápidos e eficazes para a resolução de conflitos
- Deve haver bons canais de comunicação e acesso livre entre os gerentes
- Todos os gerentes devem contribuir com o processo de planejamento
- Ambos os gerentes, orientados horizontalmente e verticalmente, devem estar dispostos a negociar os recursos
- A linha horizontal deve ser autorizada a operar como uma entidade separada, exceto para efeitos administrativos

Antes de descrever as vantagens e desvantagens dessa estrutura, os conceitos da organização devem ser apresentados. A base para a abordagem matricial é a tentativa de criar sinergia entre as responsabilidades compartilhadas entre a gerência do projeto e a gerência funcional. Ainda assim, isso é mais fácil na teoria do que na prática. *Não há dois ambientes iguais de trabalho e, portanto, não há duas empresas com o mesmo modelo matricial.* As seguintes perguntas devem ser respondidas antes que uma estrutura matricial possa ser bem-sucedida:

- Se cada unidade funcional é responsável por um aspecto do projeto e outras partes são conduzidas em outro lugar (possivelmente terceirizadas para outras empresas), como pode ser criado um ambiente sinérgico?
- Quem decide qual elemento do projeto é mais importante?
- Como uma unidade funcional (que opera em uma estrutura vertical) pode responder questões e cumprir metas e objetivos de projeto que sejam compatíveis com outros projetos?

As respostas para essas perguntas dependem do entendimento mútuo entre os gerentes, o funcional e o de projetos. Como ambos os indivíduos mantêm algum grau de autoridade, dever e responsabilidade em cada projeto, eles devem negociar constantemente. Infelizmente, o gerente de programas pode considerar apenas o que é melhor para o seu projeto (desconsiderando todos os outros), enquanto o gerente funcional pode considerar sua organização mais importante do que cada projeto.

Para conseguir realizar o trabalho, os gerentes de projetos precisam de *status* organizacional e autoridade. Um executivo da empresa sustenta que o organograma ilustrado na Figura 3-6 pode ser modificado para mostrar que os gerentes de projetos possuem autoridade organizacional adequada, colocando as caixas dos gerentes de departamento no topo das setas de responsabilidades funcionais. Com essa abordagem, os gerentes de projetos parecem estar hierarquicamente acima dos correspondentes departamentais, mas estão equivalentes em *status*. Os executivos que preferem esse método devem tomar cuidado, pois os gerentes de linha e de projetos podem achar que ainda não há um equilíbrio de poder.

A resolução de problemas nesse ambiente é fragmentada e difusa. O gerente de projetos atua como um agente unificador para o controle dos recursos e da tecnologia do projeto. Ele deve manter os canais de comunicação abertos para prevenir a subutilização de projetos individuais.

Em várias ocasiões, os gerentes funcionais têm o poder de fazer o gerente de projetos ficar bem visto, se eles forem motivados a pensar sobre o que é melhor para o projeto. Infelizmente, isso nem sempre acontece. Como dito por Mantell[6]:

> Há uma tendência inevitável das unidades organizadas hierarquicamente em buscar soluções e identificar problemas em termos do escopo das obrigações das unidades, em vez de olhar além delas. Esse fenômeno existe sem levar em conta a competência do executivo em questão. Ele existe por causa da delegação de autoridade e do funcionalismo.

O ambiente de projetos e o ambiente funcional não podem ser separados, eles devem interagir. A interface da localização do projeto e da unidade funcional é o ponto focal para todas as atividades.

O gerente funcional controla os recursos departamentais (ou seja, pessoas). Isso gera um problema porque, embora o gerente de projetos mantenha o máximo de controle sobre os recursos (por intermédio dos gerentes de linha), incluindo custos e pessoal, o gerente funcional deve fornecer os funcionários para as necessidades do projeto. É, portanto, inevitável que ocorram conflitos entre o gerente funcional e o de projetos[7].

> Esses conflitos giram em torno de itens como prioridade do projeto, custos de mão de obra e designações de pessoal funcional para o gerente de projetos. Cada gerente de projetos vai, naturalmente, querer os melhores operadores funcionais designados ao seu programa. Além desses problemas, a responsabilidade por lucros e prejuízos é muito mais difícil em uma organização funcional do que em uma organização projetizada. Os gerentes de projetos tendem a culpar os gerentes funcionais pelos sobrecustos, declarando que o custo da função era excessivo. Enquanto isso, os gerentes funcionais tendem a culpar os gerentes de projetos pelos sobrecustos com o argumento de que ocorreram muitas mudanças, mais trabalho solicitado do que o definido inicialmente e outros argumentos parecidos.

O indivíduo alocado na posição de interface possui dois chefes: ele deve receber ordens tanto do gerente de projetos quanto do gerente funcional. A avaliação de desempenho e as responsabilidades de contratação e demissão ainda ficam com o gerente do departamento. As avaliações de desempenho geralmente são feitas pelo gerente funcional, após discussões com o gerente de programas. O gerente funcional pode não ter tempo de medir o progresso dos indivíduos de maneira contínua. Ele deve confiar na palavra do gerente de programas para as avaliações de desempenho e para as promoções. Os membros de interface geralmente são leais à pessoa que assina suas avaliações de desempenho. Isso gera um problema, especialmente se ordens conflitantes forem dadas por ambos os gerentes, o funcional e o de projetos. A solução mais simples para o indivíduo na interface é pedir que os gerentes conversem para resolver o problema. Esse tipo de situação caracteriza um problema para os gerentes de projetos:

- Como o gerente de projetos motiva um indivíduo que está trabalhando no projeto (seja em tempo parcial ou integral) para que a sua lealdade seja com o projeto?
- Como o gerente de projetos convence um indivíduo a realizar um trabalho de acordo com as especificações e orientações do projeto quando essas solicitações estão em conflito com as políticas do departamento, especialmente se o indivíduo acha que o seu chefe funcional pode não considerá-las favoráveis?

Existem muitas vantagens nas estruturas matriciais, conforme mostra a Tabela 3-5. As unidades funcionais existem principalmente para apoiar um projeto. Por isso, colaboradores essenciais podem ser compartilhados e os custos podem ser diminuídos. As pessoas podem ser designadas para uma variedade de problemas desafiadores. Cada pessoa, portanto, tem uma "casa" depois da conclusão do projeto e um plano de carreira. As pessoas nessas organizações são especialmente responsivas à motivação e à identificação de um ponto final. Os gerentes funcionais acham fácil desenvolver e manter uma base técnica sólida e podem, dessa forma, gastar mais tempo na resolução de problemas complexos. O conhecimento pode ser compartilhado para todos os projetos.

A estrutura matricial pode fornecer uma resposta rápida a mudanças, conflitos e outras necessidades do projeto. Os conflitos geralmente são mínimos, mas aqueles que demandam resolução são facilmente resolvidos, utilizando-se o encaminhamento hierárquico.

---

6 MANTELL, Leroy H. *The systems approach and good management.* Reproduzido com permissão de *Business Horizons*, out. 1972. p. 50. Copyright 1972 pelo Conselho de Curadores da Universidade de Indiana.

7 KILLIAN,William P. Project management – future organizational concepts. *Marquette Business Review.* 1971. v. 2, p. 90-107.

TABELA 3.5 Vantagens de um modelo organizacional matricial

- O gerente de projetos mantém o máximo de controle sobre todos os recursos do projeto (por intermédio dos gerentes de linha), incluindo custos e pessoal.
- Políticas e procedimentos podem ser estabelecidos de forma independente para cada projeto, contanto que não conflitem com políticas e procedimentos da empresa.
- O gerente de projetos possui autoridade para comprometer os recursos da empresa, contanto que o cronograma não entre em conflito com os cronogramas de outros projetos.
- Há possibilidade de respostas rápidas para mudanças, resolução de conflitos e necessidades do projeto.
- As organizações funcionais existem principalmente como apoio para o projeto.
- Cada pessoa possui uma "casa" após a conclusão do projeto. As pessoas são suscetíveis à motivação e à identificação de um ponto final. Cada pessoa pode ser orientada a um plano de carreira.
- Como profissionais importantes podem ser compartilhados, o custo do programa diminui. As pessoas podem trabalhar em uma variedade de problemas, ou seja, possibilita um melhor controle das pessoas.
- Uma sólida base técnica pode ser desenvolvida e muito mais tempo pode ser dedicado à resolução de problemas complexos. O conhecimento está disponível para todos os projetos de maneira igual.
- Os conflitos são mínimos e aqueles que requerem encaminhamentos hierárquicos são mais fáceis de resolver.
- Há um melhor equilíbrio entre tempo, custos e desempenho.
- Ocorre um desenvolvimento rápido de especialistas e generalistas.
- A autoridade e a responsabilidade são compartilhadas.
- O estresse é distribuído entre a equipe (e os gerentes funcionais).

Essa resposta rápida é um resultado da autoridade do gerente de projetos em comprometer os recursos da empresa, contanto que os conflitos de cronograma com outros projetos possam ser eliminados. Ademais, o gerente de projetos tem autoridade de estabelecer, de forma independente, as políticas e os procedimentos próprios para o projeto, contanto que não entrem em conflito com as políticas da empresa. Isso pode acabar com a burocracia e permitir um equilíbrio melhor entre tempo, custos e desempenho.

A estrutura matricial nos dá o melhor dos mundos: a estrutura tradicional e a estrutura projetizada. As vantagens da estrutura matricial eliminam quase todas as desvantagens da estrutura tradicional. A palavra "matricial" geralmente põe medo nos corações dos executivos porque implica mudança radical, ou ao menos eles pensam que implica. Se olharmos com atenção a Figura 3-6, podemos ver que a estrutura tradicional ainda está lá. A matriz é composta simplesmente das linhas horizontais sobrepostas à estrutura tradicional. As linhas horizontais aparecem e desaparecem conforme os projetos começam e terminam, mas a estrutura tradicional permanecerá.

As estruturas matriciais não existem sem desvantagens, conforme o exposto na Tabela 3-6. Os três primeiros elementos se devem aos requisitos de fluxo de trabalho horizontal e vertical de uma matriz. Na verdade, o fluxo pode até mesmo ser multidimensional se o gerente de projetos tiver de se reportar aos clientes, a empresas ou outros profissionais além de seu superior e dos gerentes de linha funcional.

TABELA 3.6 Desvantagens de um modelo organizacional matricial

- Fluxo de informações multidimensional.
- Fluxo de trabalho multidimensional.
- Subordinação dupla.
- Mudança contínua de prioridades.
- Metas da administração diferentes das metas do projeto.
- Potencial de conflitos e resolução de conflitos constantes.
- Dificuldade no monitoramento e no controle.
- Em toda a empresa, a estrutura organizacional não é econômica porque são solicitadas mais pessoas do que o necessário, principalmente no administrativo.
- Cada organização de projeto opera independentemente. Deve-se tomar cuidado para que não ocorra duplicação de esforços.
- Mais tempo e esforços são necessários no início para a definição de políticas e procedimentos, comparativamente à forma tradicional.
- Os gerentes funcionais podem ser tendenciosos segundo seu próprio conjunto de prioridades.
- Deve ser observado um equilíbrio de poder entre as organizações funcionais e de projetos.
- O equilíbrio de tempo, custos e desempenho deve ser monitorado.
- Embora seja possível um tempo rápido de resposta para a resolução de problemas individuais, o tempo de reação pode se tornar bastante lento.
- Empregados e gerentes são mais suscetíveis à ambiguidade do papel do que no modelo tradicional.
- Os conflitos e suas resoluções podem ser contínuos (eventualmente precisando do apoio de um especialista em desenvolvimento organizacional).
- As pessoas não sentem que possuem controle algum sobre seu próprio destino quando se reportam permanentemente a vários gerentes.

A maioria das empresas acredita que se elas possuem recursos suficientes para alocar em todos os projetos que surgirem, então há excesso de funcionários. Como resultado dessa filosofia, as prioridades podem mudar continuamente, talvez até diariamente. As metas da administração para um projeto podem ser drasticamente diferentes das metas do projeto, especialmente se o envolvimento executivo for ausente durante a definição dos requisitos do projeto na fase de planejamento. Em uma matriz, os conflitos e suas resoluções podem ser um processo contínuo, principalmente se as prioridades mudarem continuamente. Independentemente do quão madura a organização se torne, sempre haverá dificuldades no monitoramento e no controle, devido ao fluxo de trabalho complexo e multidirecional. Uma outra desvantagem da organização matricial é que mais funcionários com funções administrativas são necessários para desenvolver políticas e procedimentos e, portanto, os custos administrativos diretos e indiretos aumentarão. Além disso, é impossível gerenciar projetos com uma matriz se houver pirâmides íngremes verticais ou horizontais para supervisão e subordinação, pois cada gerente na pirâmide vai querer reduzir a autoridade dos gerentes que estiverem operando dentro da matriz. Cada organização de projetos opera de maneira independente. Pode facilmente ocorrer duplicação de esforços; por exemplo, dois projetos devem estar desenvolvendo o mesmo procedimento de contabilidade de custos, ou os trabalhadores funcionais podem estar realizando esforços parecidos de P&D em diferentes projetos. Tanto a comunicação vertical como a comunicação horizontal são necessidades da organização matricial do projeto.

Uma das vantagens da matriz é o tempo rápido de resposta para a resolução de problemas. Essa resposta rápida geralmente se aplica aos projetos lentos em que os problemas acontecem dentro de cada unidade funcional. Em projetos ágeis, o tempo de reação pode se tornar bem lento, principalmente se o problema atingir mais de uma unidade funcional. Esse tempo lento de reação existe porque os trabalhadores funcionais designados ao projeto não têm autoridade para tomar decisões, alocar recursos funcionais ou modificar o cronograma. Apenas os gerentes de linha possuem essa autoridade. Portanto, em tempos de crise, os gerentes funcionais devem ser ativamente incluídos na "grande cena" e convidados para as reuniões de equipe.

Middleton listou mais quatro resultados indesejados das organizações matriciais, resultados que podem afetar as capacidades da empresa[8]:

- As prioridades do projeto e a competição por talentos podem interromper a estabilidade da organização e interferir nos interesses de longo prazo, perturbando os negócios tradicionais das organizações funcionais.
- Planos de longo prazo podem sofrer conforme a empresa se envolve mais em cumprir prazos e requisitos funcionais de projetos.
- A mudança de pessoas de projeto para projeto pode interromper o treinamento dos funcionários e especialistas, dificultando o crescimento e o desenvolvimento em seus campos de especialização.
- As lições aprendidas de um projeto podem não ser comunicadas a outros projetos.

Davis e Lawrence identificaram mais nove patologias da matriz[9]:

- Lutas pelo poder: a hierarquia horizontal *versus* a hierarquia vertical.
- Anarquia: formação de ilhas organizacionais durante os períodos de estresse.
- Grupite[NT2]: confundir a matriz como sinônimo de tomada de decisões em grupo.
- Colapso durante uma crise econômica: próspera durante períodos de crescimento e decadente durante os períodos de vacas magras.
- *Overhead* excessivo: quanta supervisão matricial é, de fato, necessária?
- Estrangulamento de decisões: muitas pessoas envolvidas na tomada de decisões.
- Submersão: levar a matriz para as profundezas da organização.
- Sobreposição: uma matriz dentro de uma matriz.
- Umbiguismo: tornar-se excessivamente envolvido nos relacionamentos internos da organização.

A organização matricial, portanto, se torna um compromisso na tentativa de obter o melhor dos dois mundos. No gerenciamento por produtos, a tecnologia sofria porque não havia um único grupo para planejamento e integração. Na organização funcional, o tempo e o cronograma eram sacrificados. O gerenciamento matricial de projetos é uma tentativa de obter o máximo de tecnologia e desempenho de uma forma econômica e dentro das restrições de tempo e cronograma.

Devemos notar que, com o planejamento e controle adequados em nível executivo, todas as desvantagens podem ser eliminadas. Esse é o único modelo organizacional em que tal controle é possível. Mas as empresas devem resistir à criação de mais cargos do que o realmente necessário na administração executiva, pois isso vai elevar as taxas de *overhead*. Porém, existe um ponto em que a matriz se torna mais madura e menos pessoas serão necessárias nos níveis superiores de gestão.

Anteriormente, identificamos a necessidade de o gerente de projetos ser capaz de estabelecer suas próprias políticas, procedimentos, regras e diretrizes. Obviamente, com os funcionários se reportando a duas direções e a vários gerentes, podem facilmente ocorrer conflitos relacionados à administração.

A maioria dos profissionais considera a matriz como um sistema bidimensional em que cada projeto representa um centro de lucros potencial e cada departamento funcional representa um centro de custos. (Essa interpretação também pode gerar conflitos porque os departamentos funcionais podem achar que não têm mais contribuição nos lucros corporativos). Para grandes corporações, com várias divisões, a matriz já não é mais bidimensional, mas multidimensional.

[8] Reproduzido com permissão de *Harvard Business Review*. MIDDLETON, C. J. How to set up a project organization. *Harvard Business Review*, mar.-abr. 1967. © 1967 por Harvard Business School Publishing Corporation. Todos os direitos reservados.

[9] DAVIS, Stanley M.; LAWRENCE, Paul R. *Matrix* (adaptado das páginas 129-144), © 1977. Adaptado com permissão de Pearson Education, Inc., Upper Saddle River, NJ.

[NT2] Excesso de dependência da tomada de decisões em grupo, mesmo em situações onde não houver essa necessidade.

William C. Goggin descreveu a área geográfica e o espaço e o tempo como terceira e quarta dimensões da matriz da Dow Corning[10]:

> Áreas geográficas... O desenvolvimento de negócios variava enormemente de área para área, e as dimensões do centro de lucros e do centro de custos não podiam ser realizadas em todos os lugares, da mesma maneira.... As organizações da área da Dow Corning são padronizadas conforme nossas principais organizações nos Estados Unidos. Embora, de alguma forma autônomas em suas operações, elas se submetem aos objetivos, às diretrizes operacionais e aos critérios de planejamento gerais da corporação. Durante o ciclo de planejamento anual, por exemplo, há uma troca mútua das projeções de vendas, despesas e lucro entre os gerentes de negócios e os gerentes funcionais sediados nos Estado Unidos, e os gerentes de área ao redor do mundo.
>
> Espaço e tempo... Uma quarta dimensão da organização denota a fluidez e o movimento ao longo do tempo... A organização multidimensional está longe de ser rígida; está sempre mudando. Diferentemente dos sistemas centralizados e descentralizados, que estão muitas vezes no passado profundo, a organização multidimensional é orientada para o futuro: o planejamento de longo prazo é uma parte inerente de sua operação.

Goggin então, continuou a descrever as vantagens que a Dow Corning esperava obter com a organização multidimensional:

- Geração maior de lucro mesmo em uma indústria (a de silicones) de preços achatados pela competição. (Muito de nosso retrato de lucros favoráveis se deve a um melhor entendimento geral e à prática de controle de gastos pela empresa.)
- Capacidade competitiva aumentada com base em inovação tecnológica e qualidade de produto sem um sacrifício na lucratividade.
- Tomada de decisões rápida e segura em todos os níveis da organização, facilitadas por canais de comunicação sobrepostos, mas abertos e por um ambiente de trabalho totalmente participativo.
- Um equilíbrio saudável e eficaz entre negócios, funções e áreas.
- Progresso no desenvolvimento de planejamentos de curto e longo prazo com o apoio de todos os funcionários.
- Alocações de recursos que sejam proporcionais aos resultados esperados.
- Mais treinamentos práticos, estimulantes e eficazes.
- Responsabilidades que sejam mais estreitamente relacionadas aos deveres e à autoridade.
- Resultados que sejam visíveis e mensuráveis.
- Mais tempo para a alta administração no planejamento de longo prazo e menor necessidade de que ela se envolva nas operações do dia a dia.

Obviamente, a estrutura matricial é a mais complexa de todos os modelos organizacionais. Grinnell e Apple definem quatro ocasiões onde é mais fácil considerar uma matriz[11]:

- Quando produtos complexos e de curto prazo compõem o resultado principal da organização.
- Quando um modelo complicado requer tanto inovação, quanto conclusão oportuna.
- Quando vários tipos de habilidades sofisticadas são necessários no design, no desenvolvimento e no teste de produtos – habilidades que precisam de atualização e desenvolvimento constantes.
- Quando um mercado de mudanças rápidas demanda modificações significativas em produtos, talvez entre o momento em que são concebidos e o momento em que são entregues.

A implementação da matriz demanda:

- Treinamento em operações matriciais
- Treinamento em como manter as comunicações abertas
- Treinamento em resolução de problemas
- Sistemas compatíveis de recompensa
- Definição de papéis

3.7 MODIFICAÇÃO DAS ESTRUTURAS MATRICIAIS

A matriz pode ter vários modelos, mas existem basicamente três variedades comuns. Cada tipo representa um grau diferente de autoridade atribuído ao gerente do programa e identifica indiretamente o tamanho relativo da empresa. Como um exemplo, na matriz da Figura 3-6, todos os gerentes de programas se reportam diretamente ao diretor. Esse tipo de organização funciona melhor para pequenas empresas que possuem poucos projetos e que presumem que o diretor tem tempo suficiente para

---

10 Reimpresso com permissão de *Harvard Business Review*. GOGGIN, William C. How the multidimensional structure works at dow corning. *Harvard Business Review*, jan.-fev. 1974. p. 56-57. Copyright 1973 por Harvard Business School Publishing Corporation; todos os direitos reservados.

11 GRINNELL, S. K.; APPLE, H. P. When two bosses are better than one. *Machine Desing*, jan. 1975. p. 84-87.

coordenar as atividades entre seus gerentes de projetos. Nesse tipo de organização, todos os conflitos entre os projetos são remetidos ao diretor para resolução.

Conforme as empresas crescem em tamanho e número de projetos, o diretor vai achar extremamente difícil atuar como ponto focal para todos os projetos. Uma nova posição deve ser criada, a de diretor de programas ou gerente de programas ou projetos, que é o responsável por todo o gerenciamento de programas. Ver Figura 3-7.

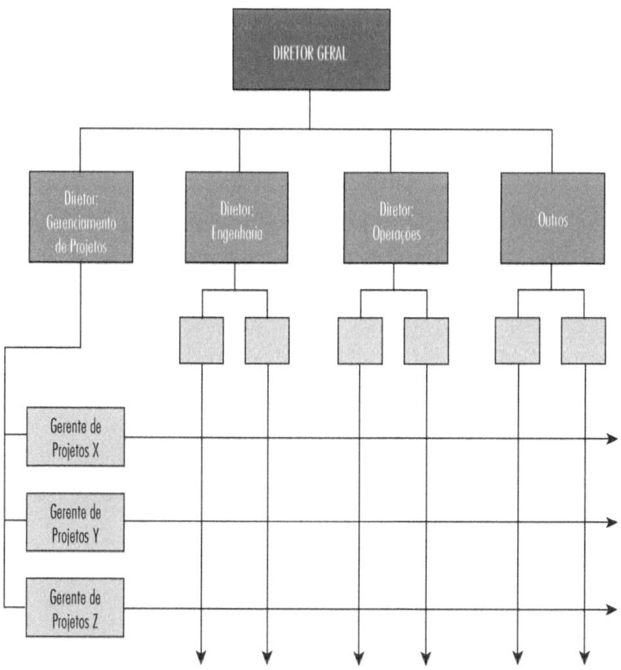

FIGURA 3-7 Desenvolvimento de um diretor de gerenciamento de projetos.

Os executivos argumentam que um alcance eficaz de controle se dá entre cinco e sete pessoas. Isso também se aplica ao diretor de gerenciamento de projetos? Considere uma empresa que tem 15 projetos em andamento, ao mesmo tempo. Existem três projetos acima de $ 5 milhões, sete estão entre $ 1 e $ 3 milhões e cinco projetos estão abaixo de $ 700.000. Cada projeto possui um gerente de projetos em tempo integral. Podem todos os quinze gerentes de projetos se reportarem à mesma pessoa? A empresa resolveu esse problema criando um vice-diretor de gerenciamento de projetos. Todos os projetos acima de $ 1 milhão se reportavam ao diretor, e todos os projetos abaixo de $ 1 milhão iam para o vice-diretor. A lógica do diretor logo caiu no esquecimento quando ele percebeu que os problemas mais graves que estavam ocupando o seu tempo estavam ocorrendo em projetos com menor valor monetário, em que a flexibilidade no tempo, nos custos e no desempenho era inexistente e as escolhas eram quase impossíveis. Se o gerente de projetos é, na verdade, um diretor, então o diretor de gerenciamento de projetos deve ser capaz de supervisionar de forma eficaz mais de sete gerentes de projetos. O alcance desejado de controle, é claro, vai variar de empresa para empresa e precisa levar em conta:

- As demandas impostas na organização pela complexidade das tarefas
- A tecnologia disponível
- O ambiente externo
- As necessidades dos membros organizacionais
- Os tipos de clientes e/ou produtos

Conforme as empresas expandem, é inevitável que conflitos novos e mais complexos surjam. O controle das funções de engenharia gera tal problema:

> O gerente de projetos deve ter responsabilidade final pelas funções de engenharia de um projeto, ou deve haver um gerente de projetos adjunto que se reporte ao diretor de engenharia e que controle todas as atividades técnicas?

Embora existam prós e contras para ambas as disposições, o problema se resolveu na organização aqui descrita quando os projetos ficaram tão grandes que o gerente de projetos ficou incapacitado de lidar tanto com as funções de gerenciamento de projetos, quanto com as funções de engenharia de projetos. Então, como mostra a Figura 3-8, foi designado um engenheiro chefe de projetos para cada projeto, atuando como gerente de projetos adjunto, mas que permanecia designado funcionalmente

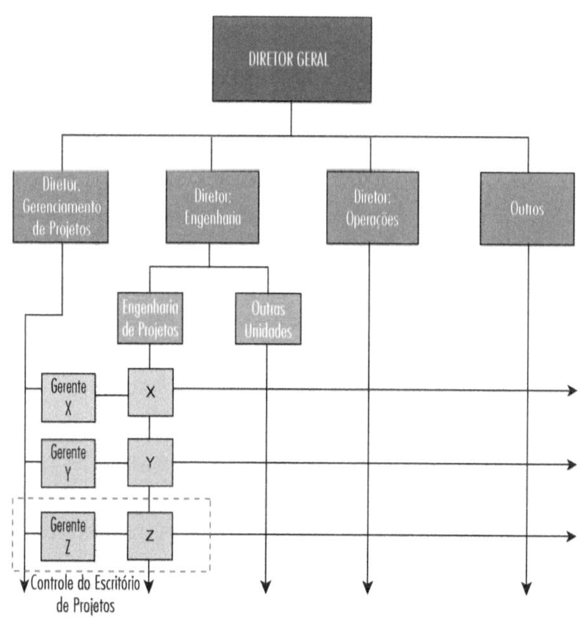

FIGURA 3-8 Classificação da engenharia de projetos no escritório de projetos.

ao diretor de engenharia. O gerente de projetos era agora responsável pelas considerações de tempo e custos, enquanto o engenheiro de projetos estava relacionado ao desempenho técnico. O engenheiro de projetos pode, hierarquicamente, estar subordinado tanto em linha "sólida" verticalmente e "pontilhada" horizontalmente ou vice-versa. Também há situações em que o engenheiro de projetos é subordinado em linha "sólida" em ambas as direções. A decisão geralmente fica com o diretor de engenharia. É claro que em um projeto em que o engenheiro de projetos fosse necessário apenas durante tempo parcial, ele estaria subordinado em linha sólida verticalmente e pontilhada horizontalmente.

Diretores de engenharia geralmente exigem que o engenheiro de projetos esteja subordinado em linha sólida verticalmente para dar orientações técnicas. Como um diretor de engenharia declarou: "Apenas engenheiros que se reportam a mim terão a autoridade de dar orientações técnicas a outros engenheiros. Afinal de contas, de que outra forma eu posso ser responsável pela integridade técnica do produto quando as orientações vêm de fora da minha organização?"

Essa subdivisão de funções é necessária para controlar grandes projetos adequadamente. Contudo, para projetos pequenos, digamos $ 100.000 ou menos, é bastante comum em projetos de P&D que o engenheiro de projetos atue como gerente do projeto, bem como engenheiro do projeto. Nesse caso, o gerente do projeto deve ser um especialista técnico, e não apenas ter conhecimento. Além disso, esse indivíduo pode ainda estar ligado a uma unidade de apoio funcional da engenharia, além da engenharia de projetos. Como exemplo, o departamento de engenharia mecânica recebe um contrato de governo de $ 75.000 para realizar testes em um novo material. A proposta é escrita por um engenheiro ligado ao departamento. Quando o contrato for concedido, esse indivíduo, embora não esteja no departamento de engenharia de projetos, pode ocupar o papel de gerente do projeto e de engenheiro do projeto enquanto se reporta ainda ao departamento de engenharia mecânica. Essa disposição funciona melhor (e é mais econômica) para projetos de curta duração que atravessam um número mínimo de unidades funcionais.

Finalmente, devemos discutir as características de um engenheiro de projetos. Na Figura 3-9, a maioria das pessoas colocaria o gerente de projetos à direita do centro, com mais habilidades humanas do que técnicas, e o engenheiro de projetos à esquerda do centro, com mais habilidades técnicas do que humanas. A que distância do ponto central está o gerente de projetos e o engenheiro de projetos? Hoje, muitas empresas estão fundindo o gerenciamento de projetos e a engenharia de projetos em um único cargo.

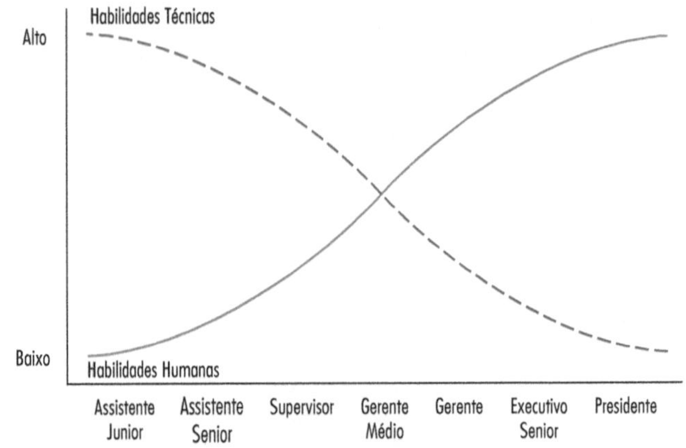

FIGURA 3-9 Filosofia de gestão.

Podemos ver isso na Tabela 3-7. O gerente de projetos e o engenheiro de projetos possuem funções similares acima da linha, mas diferentes abaixo da linha[12]. A razão principal para a separação do gerenciamento de projetos e da engenharia de projetos é que o engenheiro de projetos permanecerá hierarquicamente subordinado em linha "sólida" ao diretor de engenharia para ter a autoridade total para dar orientações técnicas à engenharia.

TABELA 3.7 Gerenciamento de projetos comparado com engenharia de projetos

Gerenciamento de Projetos	Engenharia de Projetos
• Planejamento total do projeto • Controle de custos • Controle de cronograma • Especificações de sistema • Apoio logístico	• Planejamento total do projeto • Controle de custos • Controle de cronograma • Especificações de sistema • Apoio logístico
• Controle de contrato • Elaboração e distribuição de relatórios • Aquisições • Identificação de confiabilidade e preservação dos requisitos • Alocação de pessoal • Programação de prioridades • Sistemas de informação gerencial	• Controle de configuração • Apoio à liderança técnica de fabricação, testes e produção

3.8 AS MATRIZES FORTE, FRACA E BALANCEADA

Guia PMBOK®, 5. ed.
Estruturas organizacionais matriciais
Figuras 2-3, 2-4, 2-5

As estruturas matriciais podem ser fortes, fracas ou balanceadas. A força da matriz é baseada em quem exerce maior influência sobre o desempenho diário dos trabalhadores: o gerente de projetos ou os gerentes de linha. Se o gerente de projetos exerce maior influência sobre

12 Em algumas empresas, aquisições, engenharia de confiabilidade e manutenibilidade podem ficar sob a responsabilidade do engenheiro de projetos.

o trabalhador, então a estrutura matricial funciona como uma matriz forte, sob o ponto de vista do gerente de projetos. Se o gerente de linha exerce maior influência do que o gerente de projetos, então a organização funciona como uma matriz fraca, sob o ponto de vista do gerente de projetos.

O diferenciador mais comum entre uma matriz forte e uma matriz fraca é com quem está o domínio de tecnologia: com os gerentes de projetos ou com os gerentes de linha. Se o gerente de projetos tem o domínio de tecnologia e é reconhecido pelos gerentes de linha e pelos trabalhadores como um especialista técnico, então os gerentes de linha permitirão que os trabalhadores recebam orientações técnicas do gerente de projetos. Isso resulta em uma estrutura matricial forte. Os trabalhadores buscarão as soluções para seus problemas primeiro com o gerente do projeto e depois com o gerente de linha. O contrário é válido para uma matriz fraca. Gerentes de projetos em uma matriz forte geralmente possuem mais autoridade do que em uma matriz fraca.

Quando uma empresa deseja ser uma matriz forte, o gerente de projetos geralmente é promovido a partir do quadro da organização e pode ter designações em várias funções de linha em toda a organização. Em uma matriz fraca, a empresa pode contratar externamente, mas deve ao menos exigir que a pessoa selecionada tenha conhecimento da tecnologia e do setor.

3.9 CENTRO DE COMPETÊNCIAS EM GERENCIAMENTO DE PROJETOS

Guia PMBOK®, 5. ed.
1.4.4 Escritório de projetos

Em empresas orientadas a projetos, a criação da divisão de gerenciamento de projetos é prontamente aceita como uma necessidade para conduzir os negócios. A reestruturação organizacional pode ocorrer frequentemente com base nas mudanças organizacionais e nas necessidades do cliente. Em organizações não orientadas a projetos, os funcionários são menos tolerantes às mudanças organizacionais. O poder, a autoridade e os feudos se tornam importantes. A implementação de uma divisão separada para gerenciamento de projetos é extremamente difícil. A resistência pode se tornar tão forte que todo o processo de gerenciamento de projetos pode ser impactado.

Recentemente, empresas não orientadas a projetos criaram centros de competências em gerenciamento de projetos. Esses centros não são necessariamente organizações formais de linha, são mais como comitês informais cujos membros podem vir de cada unidade funcional da empresa. A designação do centro de competências pode ser em tempo parcial ou integral, pode ser apenas por seis meses ou por um ano, pode ou não requerer um indivíduo que gerencie projetos. Geralmente, o centro de competências tem em seu estatuto:

- Desenvolver e atualizar a metodologia de gerenciamento de projetos. A metodologia geralmente defende o gerenciamento de projetos informal.
- Atuar como facilitador ou instrutor na condução de programas de treinamento em gerenciamento de projetos.
- Fornecer assistência de gerenciamento de projetos a qualquer funcionário que esteja gerenciando projetos no momento e que precise de apoio no planejamento, na programação do cronograma e no controle de projetos.
- Desenvolver ou manter arquivos das lições aprendidas e constatar se essas informações estão disponíveis a todos os gerentes de projetos.

Como esses centros não geram ameaças a nenhum poder ou autoridade dos gerentes de linha, o apoio é geralmente fácil de ser obtido.

3.10 SOBREPOSIÇÃO MATRICIAL

A sobreposição matricial pode ser definida como a criação de uma matriz dentro de uma segunda matriz. Por exemplo, uma empresa pode ter uma matriz total da empresa, e cada divisão ou departamento (por exemplo, engenharia de projetos), pode ter a sua própria matriz interna. Na situação de uma matriz dentro de uma matriz, todas as matrizes são operações formais.

A sobreposição matricial também pode ser um misto de organizações formais e informais. A matriz formal existe para o fluxo de trabalho, mas também pode existir uma matriz informal para o fluxo de informações. Há também matrizes de autoridade, de liderança, de subordinação e matrizes informais de orientação técnica.

Um exemplo de sobreposição seria a matriz multidimensional, vista na Figura 3-10, em que cada fatia representa tempo, distância ou área geográfica. Por exemplo, um banco de Nova York utiliza uma matriz multinacional para controlar as operações estrangeiras. Nesse caso, cada país representa uma fatia diferente da matriz total.

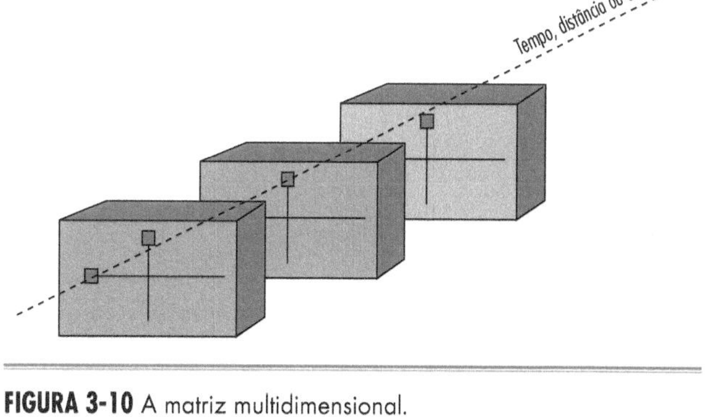

FIGURA 3-10 A matriz multidimensional.

3.11 SELEÇÃO DO MODELO ORGANIZACIONAL

PMBOK® Guide, 5. ed.
2.4. Influências oganizacionais no gerenciamento de projetos

O gerenciamento de projetos amadureceu como consequência da necessidade de desenvolver e produzir projetos complexos e/ou grandes no menor tempo possível, dentro dos custos antecipados, com a confiabilidade e o desempenho necessários e (quando aplicável) gerar lucros. Dado que as organizações se tornaram tão complexas que as estruturas organizacionais tradicionais e os relacionamentos não permitem mais o gerenciamento eficaz, como os executivos podem determinar qual modelo organizacional é o melhor, principalmente visto que alguns projetos duram apenas algumas semanas ou meses, enquanto outros podem levar anos?

Para responder a essa questão, devemos primeiro determinar se existem as características necessárias para garantir um modelo organizacional de gerenciamento de projetos. Falando de forma geral, a abordagem de gerenciamento de projetos pode ser aplicada de maneira eficaz a um empreendimento único que seja[13]:

- Definível, em termos de uma meta específica
- Raro, único ou desconhecido da organização atual
- Complexo em relação à interdependência das tarefas detalhadas
- Crítico para a empresa

Uma vez que um grupo de tarefas é selecionado e considerado um projeto, o próximo passo é definir tipos de projetos, descritos na Seção 2.5. Isso inclui projetos individuais, de equipe, especiais e projetos matriciais ou de agregação.

Infelizmente, muitas empresas não possuem uma definição clara do que é um projeto. Como resultado, grandes equipes de projeto são frequentemente construídas para projetos pequenos quando poderiam ser gerenciadas mais rápida e eficazmente por outro tipo de modelo estrutural. Todos os modelos estruturais têm suas vantagens e desvantagens, mas a abordagem de gerenciamento de projetos parece ser a melhor alternativa possível.

Os fatores básicos que influenciam a seleção de um modelo organizacional de projetos são:

- Tamanho do projeto
- Duração do projeto
- Experiência com a organização do gerenciamento de projetos
- Filosofia e visibilidade da alta administração
- Localização do projeto
- Recursos disponíveis
- Aspectos únicos do projeto

O último item requer um comentário adicional. O gerenciamento de projetos (principalmente em uma matriz) geralmente funciona melhor para o controle dos recursos humanos e, portanto, deve ser mais indicado para projetos de trabalho intensivo do que para projetos de capital intensivo. Organizações com trabalho intensivo possuem gerenciamento de projetos formal, enquanto organizações com capital intensivo podem utilizar o gerenciamento de projetos informal. A Figura 3-11 mostra como o gerenciamento matricial foi implementado por uma fabricante de equipamentos elétricos. A empresa decidiu utilizar o gerenciamento matricial fragmentado para projetos de desenvolvimento de instalações. Depois de observar o sucesso da matriz fragmentada, os executivos expandiram as operações matriciais para incluir projetos de bens de capital provisórios e em andamento. Os três primeiros níveis foram fáceis de implementar. O quarto nível, negócios em andamento, foi mais difícil para converter para matricial por causa da resistência da gerência funcional e do medo de perda de autoridade.

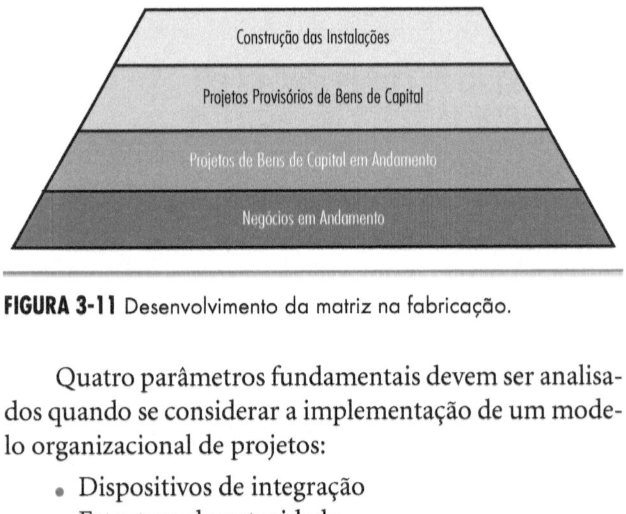

FIGURA 3-11 Desenvolvimento da matriz na fabricação.

Quatro parâmetros fundamentais devem ser analisados quando se considerar a implementação de um modelo organizacional de projetos:

- Dispositivos de integração
- Estrutura de autoridade
- Distribuição de influência
- Sistema de informação

O gerenciamento de projetos é um meio de integração dos esforços da empresa, principalmente pesquisa e desenvolvimento, por meio da seleção de um modelo organizacional adequado. Duas perguntas surgem quando pensamos na modelagem da organização para facilitar o trabalho dos integradores[14]:

[13] STEWART, John M. Making project management work. Reimpresso com permissão de *Business Horizons*, outono de 1965. p. 54. Copyright 1964 pelo Conselho de Curadores da Universidade de Indiana.

[14] KILLIAN, William P. Project management – future organizational concepts. *Marquette Business Review*, 1971. p. 90-107, v. 2.

- É melhor estabelecer um departamento formal de integração ou simplesmente definir posições de integração independentes umas das outras?
- Se são estabelecidas posições individuais de integração como elas devem estar relacionadas à estrutura maior?

A integração informal funciona melhor se, e somente se, puder ser realizada a colaboração eficaz entre as unidades conflitantes. Sem uma autoridade clara definida, o papel do integrador é o de simplesmente atuar como um mediador de trocas por meio da interface de duas unidades funcionais. Conforme o tamanho da organização cresce, devem existir posições formais de integração especialmente nas ocasiões onde podem ocorrer conflitos intensos (pesquisa e desenvolvimento).

Nem todas as organizações precisam de uma estrutura matricial para conseguir essa integração. Muitos problemas podem ser resolvidos simplesmente por meio da cadeia de comando, dependendo do tamanho da organização e da natureza do projeto. A organização necessária para conseguir o controle do projeto pode variar, em tamanho, de uma pessoa para vários milhares. A estrutura organizacional necessária para o controle eficaz do projeto é governada pelos desejos da alta administração e das circunstâncias do projeto.

A alta administração deve decidir sobre a estrutura de autoridade que controlará o mecanismo de integração. Essa estrutura pode variar de funcional (gestão tradicional) a autoridade por produtos (gestão de produtos), e finalmente autoridade dupla (gestão matricial). Essa variação é ilustrada na Figura 3-12. De um ponto de vista da administração, os modelos organizacionais frequentemente são selecionados com base em quanta autoridade a alta administração deseja delegar ou de quanta deseja abdicar.

A integração de atividades entre as fronteiras funcionais também pode ser realizada pela influência. A influência inclui fatores como participação no planejamento e na aprovação do orçamento, mudanças de design, localização e tamanho dos escritórios, salários e assim por diante. A influência também pode diminuir a burocracia e desenvolver uma organização informal muito mais unificada.

As estruturas matriciais são caracterizadas como forte ou fraca com base na influência relativa que o gerente de projetos possui sobre os recursos funcionais designados. Quando o gerente de projetos possui mais "influência relativa" sobre o desempenho dos recursos designados do que o gerente de linha, a estrutura matricial é uma ma-

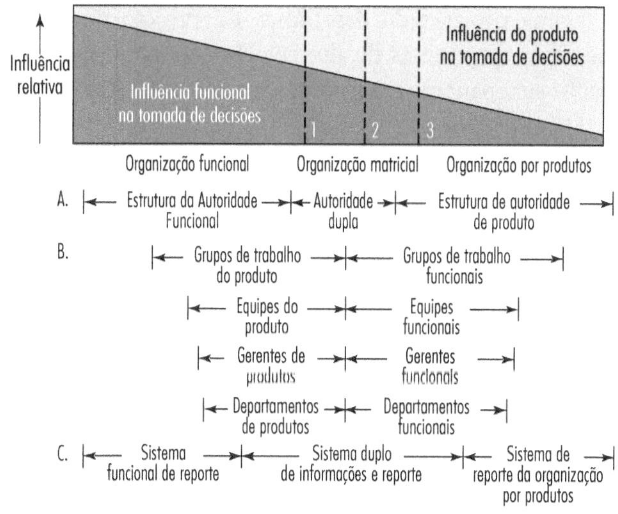

FIGURA 3-12 O leque de alternativas.

Fonte: Galbraith, Jay R. Matrix organization designs. Reproduzido com a permissão de Business Horizons, fev. 1971. p. 37. Copyright 1971 pelo Conselho de Curadores da Universidade de Indiana.

triz forte. Nesse caso, o gerente de projetos geralmente possui conhecimentos para fornecer orientação técnica, delegar responsabilidades, e pode até dar uma forte contribuição na avaliação do desempenho do pessoal designado. Se o equilíbrio de influência se inclina a favor do gerente de linha, então a matriz é considerada uma matriz fraca.

Os sistemas de informação também têm um papel importante. Anteriormente declaramos que uma das vantagens das várias estruturas de gerenciamento de projetos é a capacidade de tomar decisões tão rápidas quanto oportunas com respostas quase imediatas às mudanças ambientais. Sistemas de informação são feitos para conseguir a informação certa para a pessoa certa, na hora certa e com um bom custo-benefício. As funções organizacionais devem facilitar o fluxo de informações pela rede de gestão.

Galbraith descreveu fatores adicionais que podem influenciar a seleção organizacional. Esses fatores são[15]:

- Diversidade das linhas de produtos
- Ritmo de mudança das linhas de produtos
- Interdependências entre as subunidades
- Nível de tecnologia
- Presença de economias de escala
- Tamanho organizacional

[15] GALBRAITH, Jay. R. Matrix organization designs. Reproduzido com permissão de Business Horizons, fev. 1971. p. 29-40. Copyright 1971 pelo Conselho de Curadores da Universidade de Indiana.

Uma diversidade das linhas do projeto demanda que tanto os gerentes de alto escalão quanto os gerentes funcionais mantenham o conhecimento em todas as áreas. A diversidade torna mais difícil para os gerentes realizarem estimativas realistas relacionadas às alocações de recursos e controle de tempo, custos, cronograma e tecnologia. A abordagem sistêmica de administração requer que informações e alternativas suficientes estejam disponíveis para que possam ser estabelecidas escolhas eficazes. Para a diversidade em uma ambiente de alta tecnologia, a escolha organizacional deve, de fato, ser uma compensação entre o fluxo de trabalho e o fluxo de informações. A diversidade tende a uma rígida autoridade e controle sobre os produtos.

Muitas organizações funcionais se consideram empresas dentro de uma empresa e se orgulham de sua independência. Essa atitude gera um problema grave na tentativa de desenvolver uma atmosfera de sinergia. O gerenciamento de projetos bem-sucedido requer que as unidades funcionais reconheçam a interdependência que deve existir para que a tecnologia seja compartilhada e os prazos do cronograma sejam cumpridos. A interdependência também é necessária para desenvolver sólidos canais de comunicação e coordenação.

O uso de novas tecnologias gera um sério problema, pois o conhecimento técnico deve ser estabelecido em todas as especialidades, incluindo engenharia, produção, controle de materiais e segurança. Manter o conhecimento técnico funciona melhor em disciplinas funcionais rígidas, desde que as informações não sejam adquiridas externamente à organização. O principal problema, no entanto, é como comunicar esse conhecimento entre as linhas funcionais. Unidades independentes de P&D podem ser estabelecidas, ao contrário de integrar a P&D nos esforços de rotina de cada departamento funcional. As necessidades organizacionais por controle são muito mais difíceis nos setores de alta tecnologia com pesquisas e desenvolvimentos em andamento do que com grupos puramente de produção.

Economias de escala e tamanho também podem afetar a seleção organizacional. As economias de escala são mais frequentemente controladas pela quantidade de recursos físicos disponíveis que uma empresa possui. Por exemplo, uma empresa com instalações e recursos limitados pode achar impossível competir com outras empresas em concorrências de licitações ou de produção para produtos de valor monetário maior. Tal empresa deve contar fortemente com a manutenção de vários projetos (ou produtos), cada um com baixo custo ou volume, enquanto organizações maiores podem precisar apenas de três ou quatro projetos grandes o suficiente para sustentar a organização. Quanto maiores as economias de escala, mais a organização tende a favorecer a gestão puramente funcional.

O tamanho da organização é importante, na medida em que pode limitar a quantidade de conhecimento técnico nas economias de escala. Enquanto o tamanho possa ter pouco efeito na estrutura organizacional, tem um impacto severo nas economias de escala. Pequenas empresas, por exemplo, não podem manter equipes grandes de especialistas e, portanto, estão sujeitas a um custo maior pela perda especialização e de economias de escala.

Middleton conduziu uma pesquisa por correio nas empresas do setor aeroespacial em uma tentativa de determinar o quanto as empresas que utilizam gerenciamento de projetos alcançavam seus objetivos. Foram recebidas 47 respostas. As Tabelas 3-8 e 3-9 identificam os resultados. Middleton declarou: "Na avaliação dos resultados da pesquisa, aparece que uma empresa que utiliza a abordagem da organização por projetos pode estar razoavelmente certa de que melhorará os controles e as relações com o cliente (fora da empresa), mas as operações internas ficarão mais complexas".[16]

TABELA 3.8 Principais vantagens do gerenciamento de projetos para a empresa

Vantagens	Percentual de Respondentes
• Melhor controle dos projetos	92%
• Melhores relações com o cliente	80%
• Tempo menor de desenvolvimento do produto	40%
• Custos menores do programa	30%
• Qualidade e confiabilidade aumentadas	26%
• Maiores margens de lucro	24%
• Melhor controle sobre a segurança do programa	13%
Outros Benefícios	
• Maior visibilidade e foco nos resultados do projeto	
• Melhor coordenação entre as divisões da empresa que trabalham no projeto	
• Moral maior e melhor orientação das missões para os empregados que trabalham no projeto	
• Desenvolvimento acelerado dos gerentes em virtude da extensão das responsabilidades do projeto	

Fonte: Reproduzido com permissão de *Harvard Business Review*. MIDDLETON, C. J. How to set up a project organization, mar.-abr. 1967. p. 73-82. Copyright 1967 pela Harvard Business School Publishing Corporation. Todos os direitos reservados.

[16] Reproduzido com permissão de *Harvard Business Review.* MIDDLETON, C. J. How to set up a project organization. Harvard Business Review, mar.-abr. 1967. p. 73-82. Copyright 1967 por Harvard Business School Publishing Corporation. Todos os direitos reservados.

TABELA 3.9 Principais desvantagens do gerenciamento de projetos para a empresa

Desvantagens	Percentual de Respondentes
• Operações internas mais complexas	51%
• Inconsistência na aplicação da política da empresa	32%
• Menor utilização de pessoal	13%
• Custos mais altos de programa	13%
• Mais difícil de gerenciar	13%
• Menores margens de lucro	2%
Outras desvantagens	
• Tendência dos grupos funcionais de negligenciar seus trabalhos e deixar a organização do projeto fazer tudo	
• Muita mudança de pessoal de projeto para projeto	
• Duplicação das habilidades funcionais na organização do projeto	

Fonte: Reproduzido com permissão de *Harvard Business Review*. MIDDLETON, C. J. How to set up a project organization, mar.-abr. 1967. p. 73-82. Copyright 1967 pela Harvard Business School Publishing Corporation. Todos os direitos reservados.

A forma como as empresas operam sua organização de projetos vai afetar a empresa, tanto durante a operação do projeto quanto depois que o projeto for concluído e os funcionários forem liberados. Os efeitos gerais na empresa devem ser compreendidos do ponto de vista do controle de pessoal e de custos. Isso será visto, em profundidade, em capítulos posteriores. Embora o gerenciamento de projetos esteja crescendo, a criação de uma organização de projetos não garante necessariamente que um objetivo designado seja realizado com sucesso. Além disso, as fraquezas podem se desenvolver nas áreas de manutenção da capacidade e de mudanças estruturais.

Embora a organização de projetos seja uma entidade especializada e orientada a tarefas, ela raramente, ou nunca, existe fora da estrutura tradicional da organização. Todas as estruturas de gerenciamento de projetos são sobrepostas à estrutura tradicional. Além disso, as empresas podem ter mais de um modelo organizacional de projetos. Um grande produto de aço, por exemplo, tem uma estrutura para P&D e uma estrutura para o produto em outro lugar.

Aceitar uma estrutura de gerenciamento de projetos é um passo gigante do qual pode não haver retorno. A empresa poderá ter de criar mais cargos de gestão sem mudar o nível total de empregos. E ainda, a incorporação de uma organização de projetos vem quase sempre acompanhada de uma modernização dos postos de trabalho. De qualquer forma, a administração deve perceber que qualquer que seja a estrutura de gerenciamento de projetos selecionada, será necessário um estado dinâmico de equilíbrio.

3.12 A ESTRUTURAÇÃO DA PEQUENA EMPRESA

Pequenas e médias empresas geralmente preferem que o gerente de projetos se reporte ao alto da cadeia de comando, mesmo que esteja trabalhando em um projeto de baixa prioridade. Os gerentes de projetos são menos vistos como ameaça nas organizações pequenas do que nas grandes, desse modo criam-se menos problemas se eles se reportarem à alta administração.

Organizar a pequena empresa para projetos envolve duas grandes questoes:

- Onde o gerente de projetos deve ser colocado dentro da organização?
- A maioria dos projetos é interna ou externa à organização?

Essas duas questões estão implicitamente relacionadas. Tanto para projetos grandes e complexos quanto para os projetos que envolvem clientes externos, o gerente de projetos geralmente se reporta a um nível elevado na organização. Para projetos pequenos ou internos, ele se reporta a um gerente de nível médio ou baixo.

Pequenas e médias empresas têm sido muito bem-sucedidas no gerenciamento de projetos internos utilizando o gerenciamento de projetos departamental (ver Figura 3-2), principalmente quando apenas poucos grupos funcionais devem fazer interface uns com os outros. Muitas vezes, os gerentes de linha podem utilizar vários chapéus e atuar também como gerentes de projetos, reduzindo, assim, a necessidade de contratação adicional de gerentes de projetos.

Os clientes externos à organização geralmente ficam favoravelmente impressionados se uma pequena empresa indica um gerente de projetos para ficar dedicado e comprometido com o seu projeto, mesmo que seja em tempo parcial. Dessa forma, os clientes externos, principalmente em um ambiente de concorrência de licitação, respondem favoravelmente à estrutura matricial, mesmo que ela seja apenas uma enganação. Por exemplo, considere a estrutura matricial apresentada na Figura 3-13. Ambas as empresas, grandes e pequenas, que operam em uma matriz, geralmente desenvolvem um organograma separado para cada cliente. A Figura 3-13 representa o organograma que seria apresentado à empresa Alpha. O projeto da empresa Alpha seria identificado com linhas em negrito e seria colocado imediatamente abaixo do vice-presidente, independente da prioridade do projeto. Afinal de contas, se você fosse o cliente da empresa Alpha, você gostaria que seu projeto aparecesse no final da lista?

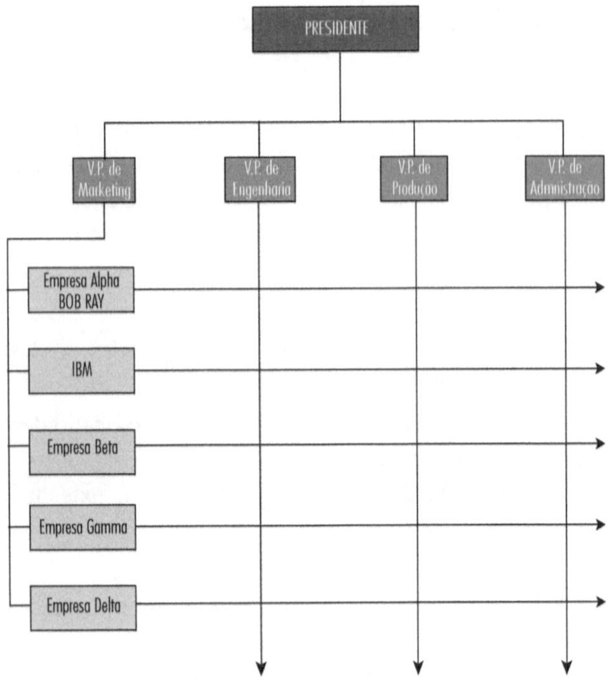

FIGURA 3-13 Matriz para uma pequena empresa.

A Figura 3-13 também identifica outros dois pontos vitais que são importantes para as pequenas empresas. Primeiro, apenas o nome do gerente do projeto da empresa Alpha, Bob Ray, precisa ser identificado. A razão para isso é que Bob Ray também pode ser o gerente para um ou mais dos outros projetos e, normalmente, não é uma boa prática permitir que o cliente saiba que Bob Ray terá a fidelidade dividida entre vários projetos. Na verdade, o organograma ilustrado na Figura 3-13 é para uma empresa de máquinas-ferramenta que emprega 280 pessoas, com cinco projetos grandes e 30 projetos pequenos. A empresa possui apenas dois gerentes de projetos que atuam em tempo integral. Bob Ray gerencia os projetos das empresas Alpha, Gama e Delta; o projeto da empresa Beta é gerenciado pelo segundo gerente de projetos que atua em tempo integral; e o projeto da IBM está sendo gerenciado pessoalmente pelo vice-presidente de engenharia que, pelo visto, está usando dois chapéus.

O segundo ponto importante é que pequenas empresas, de forma geral, não deviam identificar os nomes dos trabalhadores funcionais porque:

- Os trabalhadores funcionais geralmente atuam em tempo parcial.
- Normalmente, é melhor que as comunicações nas pequenas empresas sejam transmitidas por meio do gerente de projetos.

Um outro exemplo de como uma simples estrutura matricial pode ser utilizada para impressionar os clientes está ilustrada na Figura 3-14. A empresa identificada aqui emprega apenas 38 pessoas. Empresas muito pequenas normalmente definem que o departamento de estimativas deve se reportar diretamente ao presidente, como apresentado na Figura 3-14. Além disso, engenheiros seniores, que parecem estar no papel de gerentes de projetos, podem ser apenas os gerentes de departamento de anteprojeto, inicialização e/ou engenharia de projetos. Ainda de uma perspectiva do cliente externo, a empresa possui um gerente de projetos dedicado e comprometido para o projeto.

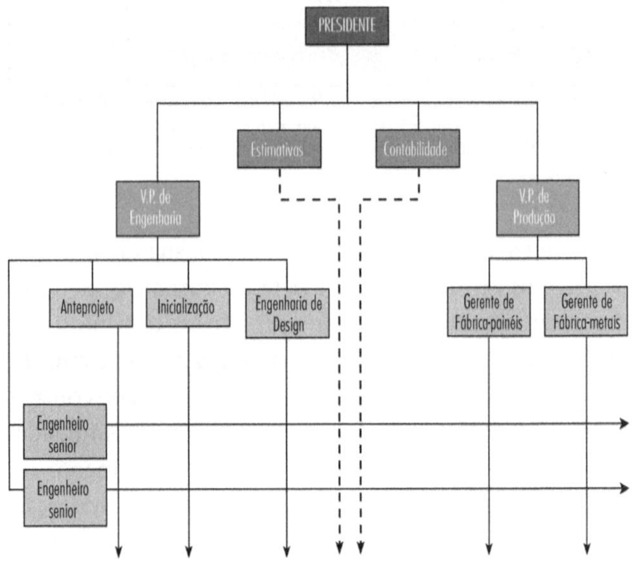

FIGURA 3-14 Matriz para uma pequena empresa.

3.13 GERENCIAMENTO DE PROJETOS POR UNIDADES ESTRATÉGICAS DE NEGÓCIOS (UEN)

Durante os últimos dez anos, grandes empresas se reestruturaram em unidades estratégicas de negócios (UEN). Uma UEN é o agrupamento de unidades funcionais responsáveis por lucros (ou perdas) de parte da atividade principal da organização. A Figura 3-15 mostra como um dos fornecedores automotivos se reestruturou em três UENs; Ford, Chrysler e General Motors. Cada unidade estratégica de negócios é grande o suficiente para manter seus próprios gerentes de programas e de projetos. O executivo responsável pela unidade estratégica de negócio pode atuar como patrocinador para todos os gerentes de programas e de projetos dentro da UEN. O maior benefício desses tipos de UEN de gerenciamento de projetos é que permitem que a UEN trabalhe mais perto do cliente. É uma estrutura organizacional com foco no cliente.

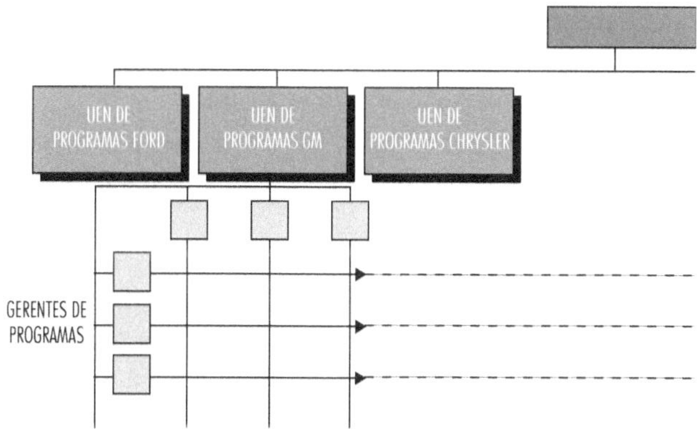

FIGURA 3-15 Gerenciamento de projetos por unidades estratégicas de negócio.

É possível que alguns recursos sejam compartilhados entre várias UENs. Fábricas podem acabar dando suporte a mais de uma UEN. A empresa também pode fornecer os recursos para contabilidade de custos, gerenciamento dos recursos humanos e treinamento.

Uma estrutura organizacional mais recente, e mais complexa, pode ser vista na Figura 3-16. Nessa estrutura, cada UEN pode utilizar a mesma plataforma (por exemplo, trem de força, chassis e outros componentes baixos). Os gerentes de plataformas são responsáveis pelo design e melhorias de cada plataforma, enquanto os gerentes de programas das UENs devem adaptar essa plataforma a um novo modelo de automóvel. Esse tipo de matriz é multidimensional, contanto que cada UEN possa ter uma matriz interna. Cada fábrica também pode estar localizada fora dos Estados Unidos, tornando essa estrutura uma matriz multinacional e multidimensional.

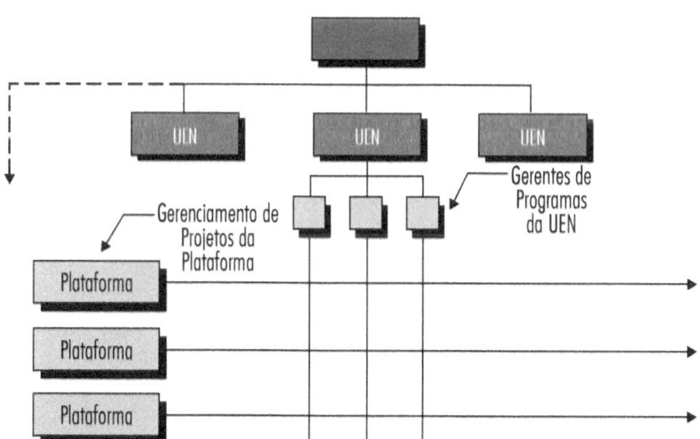

FIGURA 3-16 Gerenciamento de projetos de UEN utilizando o gerenciamento por plataformas.

3.14 GESTÃO DE TRANSIÇÃO

O redesenho organizacional está acontecendo em um ritmo rápido por causa dos ciclos de vida mais curtos dos produtos, dos ambientes que mudam rapidamente, do desenvolvimento acelerado de sistemas sofisticados de informação e do aumento da competitividade no mercado. Por causa desses fatores, mais empresas estão considerando as organizações de gerenciamento de projetos como uma solução.

Por que algumas empresas foram capazes de implementar essa mudança em um período curto de tempo enquanto outras empresas precisam de anos? A resposta é que a implementação bem-sucedida requer uma boa gestão de transição.

Gestão de transição é a arte e ciência de gerenciar o período de conversão de um modelo organizacional para outro. A gestão de transição necessita de um entendimento das novas metas, objetivos, papéis, expectativas e medos dos funcionários.

Uma pesquisa foi conduzida com executivos, gerentes e funcionários em 38 empresas que haviam implementado o gerenciamento matricial. Quase todos os executivos achavam que o grande sucesso poderia ser alcançado por meio de treinamento e capacitação adequados, tanto durante quanto depois da transição. Além de treinamento, os executivos declararam que os 15 desafios a seguir deveriam ser contabilizados durante a transição:

- **Transferência de Poder:** alguns gerentes de linha vão achar extremamente difícil aceitar outra pessoa gerenciando seus projetos, enquanto alguns gerentes de projetos vão achar difícil dar ordens a funcionários que pertencem a outra pessoa.
- **Confiança:** o segredo para uma transição bem-sucedida sem autoridade executiva formal será a confiança entre os gerentes de linha, entre os gerentes de projetos e entre os gerentes de linha e de projetos. A confiança leva tempo para se desenvolver. A alta administração deve incentivá-la durante o ciclo de vida da transição.
- **Políticas e Procedimentos:** o estabelecimento de políticas e procedimentos bem recebidos é um processo lento e tedioso. Tentar estabelecer políticas e procedimentos rígidos na iniciação do projeto levará a dificuldades.
- **Considerações Hierárquicas:** durante a transição, todas as tentativas devem ser feitas para diminuir as considerações hierárquicas que possam afetar a maturidade organizacional bem-sucedida.
- **Programação de Prioridades:** prioridades devem ser estabelecidas apenas quando necessárias, não de forma contínua. Se a mudança de prioridades for contínua podem ocorrer confusões e desilusões.
- **Problemas de Pessoal:** durante a transição, problemas de pessoal ocorrerão devido às mudanças de localização, de *status* e de novas organizações

informais. Esses problemas devem ser abordados de forma contínua.

- **Comunicações:** durante a transição, novos canais de comunicação devem ser construídos, mas não à custa dos antigos. As fases de transição devem mostrar aos funcionários que a comunicação pode ser multidirecional, por exemplo, um gerente de projetos pode falar diretamente com os trabalhadores funcionais.
- **Aceitação do Gerente de Projetos:** a resistência à posição do gerente de projetos pode ser controlada por meio de treinamento adequado. As pessoas tendem a resistir ao que não entendem.
- **Competição:** embora um pouco de competição dentro da empresa seja saudável, durante a transição pode ser prejudicial. A competição não deve ser incentivada à custa de toda a organização.
- **Ferramentas:** é uma prática comum que cada organização de linha estabeleça suas próprias ferramentas e técnicas. Durante a transição, não se deve tentar forçar as organizações de linha a abandonar suas práticas em curso. Em vez disso, é melhor que o gerente de projetos desenvolva ferramentas e técnicas que possam ser integradas às ferramentas e técnicas dos grupos funcionais.
- **Demandas Conflitantes:** durante a transição e após a maturidade, as demandas conflitantes farão parte da rotina. Quando ocorrerem durante a transição, devem ser tratadas em um "clima de trabalho", em vez de em "clima de crise".
- **Relatórios:** se um tipo de padronização tiver de ser desenvolvido, que seja a padronização dos relatórios de andamento do projeto, independentemente do tamanho do projeto.
- **Trabalho em Equipe:** o planejamento sistemático com forte colaboração funcional produzirá trabalho em equipe. A utilização de grupos de planejamento durante a transição não trará o comprometimento necessário do pessoal funcional e de projetos.
- **Teoria X – Teoria Y:** durante a transição, os trabalhadores funcionais podem logo se ver gerenciados pelas as abordagens da Teoria X ou da Teoria Y. As pessoas devem perceber (por meio do treinamento) que isso é rotina em gerenciamento de projetos, principalmente durante as crises.
- **Custos com Excesso de Gerenciamento:** um erro muitas vezes cometido pelos executivos é achar que os projetos podem ser gerenciados com menos recursos. Isso geralmente leva ao desastre porque os custos com gerenciamento deficiente podem ter uma ordem de grandeza maior do que os custos com excesso de gerenciamento.

A transição para uma organização matricial orientada a projetos não é fácil. Os gerentes e os profissionais considerando esse passo devem saber que:

- O planejamento adequado e a organização da transição, em termos do ciclo de vida, facilitarão o sucesso da mudança.
- O treinamento dos executivos, dos gerentes de linha e dos funcionários em conhecimento, habilidades e atitudes em gerenciamento de projetos é crítico para uma transição de sucesso e provavelmente encurtará o tempo de transição.
- O envolvimento e a aceitação dos empregados pode ser o trabalho mais importante durante a transição.
- A força condutora mais forte para o sucesso durante a transição é a demonstração de comprometimento e envolvimento dos executivos seniores.
- O comportamento organizacional se torna importante durante a transição.
- Os compromissos feitos pelos executivos seniores antes da transição devem ser preservados durante e após a transição.
- Concessões maiores pela alta administração virão aos poucos.
- Concessões em cronograma e desempenho não são aceitas durante a transição, sobrecustos podem ser aceitáveis.
- Os conflitos entre os participantes aumentam durante a transição.
- Se os gerentes de projetos estão dispostos a gerenciar apenas com autoridade implícita durante a transição, o tempo total de transição pode ser drasticamente reduzido.
- Não é claro quanto tempo levará a transição.

A transição de uma organização clássica ou por produtos para uma organização orientada a projetos não é fácil. Com adequados entendimento treinamento, comprometimento manifestado e paciência, a transição terá uma boa chance de sucesso.

3.15 OBSTÁCULOS PARA IMPLEMENTAR GERENCIAMENTO DE PROJETOS EM MERCADOS EMERGENTES

O crescimento da tecnologia computacional e as equipes virtuais tornaram o mundo menor. Países de primeiro mundo estão se voltando para os mercados de países emergentes para ter acesso à abundância de capital humano altamente qualificado e relativamente barato, e querem participar de equipes de gerenciamento de projetos virtuais. Não há dúvida de que existe uma ampla oferta de talentos nesses mercados emergentes. Essas pessoas talentosas têm um entendimento razoável de gerenciamento de projetos e alguns consideram uma honra trabalhar em equipes de projetos virtuais.

Mas trabalhar em equipes virtuais de gerenciamento de projetos pode trazer dores de cabeça. Enquanto a relativa aceitação de gerenciamento de projetos pode ser notada nos níveis de trabalho em que operam os membros da equipe, mais acima na hierarquia pode haver resistência à implementação e aceitação do gerenciamento de projetos. Em virtude do crescimento do gerenciamento de projetos no mundo todo, muitos executivos declaram abertamente sua aceitação e, no entanto, nos bastidores, criam barreiras significativas para impedi-lo de funcionar adequadamente. Isso cria dificuldades significativas para a parcela das equipes virtuais nos países de primeiro mundo, que devem confiar no apoio dos outros membros de sua equipe. O resultado final são frustrações decorrentes da má circulação de informação, processos de tomada de decisão extremamente longos, controle de custos ruim, e uma abundância de dependências externas que arrastam o cronograma além das datas contratuais do comprador. Nesta seção, usaremos, em geral, os Estados Unidos como exemplo dos países de primeiro mundo.

Barreiras à implementação eficaz de gerenciamento de projetos existem no mundo todo, não apenas em países emergentes. Mas nesses mercados as barreiras são mais aparentes. Para simplificar, as barreiras podem ser classificadas em quatro categorias:

- Barreiras culturais
- Barreiras políticas e de status
- Barreiras de gerenciamento de projetos
- Outras barreiras

Cultura

A cultura é um conjunto de crenças que as pessoas seguem. Cada empresa pode ter sua própria cultura. Algumas empresas podem até ter várias culturas. Algumas culturas são fortes, enquanto outras são fracas. Em alguns países emergentes, existem culturas nacionais que podem ser tão fortes que ditam as culturas corporativas. Existem inúmeros fatores que podem influenciar a cultura de uma organização. Apenas os fatores que podem ter impacto na implementação e aceitação do gerenciamento de projetos são discutidos aqui, e incluem:

- Centralização burocrática do poder nas mãos de poucos
- Falta de patrocínio executivo real ou significativo
- Importância da hierarquia organizacional
- Leis impróprias
- Potencial para corrupção

Centralização da autoridade

Muitos países mantêm uma cultura em que poucas pessoas têm a autoridade para tomar decisões. A tomada de decisão está nas mãos de poucos, e serve como fonte de grande poder. Esse fator existe tanto em empresas privadas como em organizações governamentais. O gerenciamento de projeto defende a descentralização da autoridade e da tomada de decisão. Em muitos países, o nível mais alto de hierarquia de gerenciamento nunca vai ceder sua autoridade, poder ou direito de tomar decisões para os gerentes de projeto. Nesses países, uma nomeação para os níveis superiores de gestão não é necessariamente baseada em desempenho. Em vez disso, é com base na idade, em pertencer ao partido político correto, em ter contatos pessoais dentro do governo. O resultado pode ser executivos que possuem pouco conhecimento de seu próprio negócio e, possivelmente, sem capacidade de liderança.

Patrocínio executivo

O patrocínio de projeto pode existir em algum lugar da empresa, mas certamente não nos níveis executivos. Há duas razões para isso. Em primeiro lugar, a alta administração sabe de suas limitações e pode não ter absolutamente nenhum conhecimento sobre o projeto. Por isso, seus membros podem estar propensos a cometer erros graves que podem tornar-se visíveis para as pessoas que os colocaram no poder. Em segundo lugar, e talvez mais importante, atuar como patrocinador executivo em um projeto que pode falhar poderia sinalizar o fim da carreira política do executivo. Portanto, o patrocínio, se é que existe, deve estar em um nível mais baixo da hierarquia organizacional e em um nível no qual as pessoas são dispensáveis se o projeto falhar. O resultado é que os gerentes de projetos acabam com patrocinadores que não podem ou não ajudá-los em momentos de dificuldades.

Hierarquia organizacional

Nos Estados Unidos, os gerentes de projeto geralmente têm o direito de falar com qualquer pessoa na empresa para obter informações relativas ao projeto. A intenção é fazer com que o trabalho flua tanto horizontal como verticalmente. Em alguns países emergentes, o gerente de projeto deve seguir a cadeia de comando. A hierarquia organizacional é sagrada. Seguir a cadeia de comando, certamente, alonga o processo de tomada de decisão até o ponto em que o gerente de projeto não tem ideia de quanto tempo vai levar para obter acesso às informações necessárias ou para uma decisão a ser tomada, mesmo que exista um patrocinador. Não há uma infraestrutura madura para apoiar a gestão do projeto. A infraestrutura existe para filtrar as más notícias dos níveis executivos e para justificar a existência de cada gerente funcional.

Nos Estados Unidos, a responsabilidade para no patrocinador. Os patrocinadores têm a autoridade final na tomada de decisão e devem auxiliar os gerentes de projeto durante uma crise. O papel do patrocinador é claramente definido e pode ser descrito detalhadamente na metodologia empresarial de gerenciamento de projeto. Mas em alguns países emergentes, mesmo o patrocinador pode não estar autorizado a tomar decisões. Algumas decisões precisam chegar a uma escala tão alta como a de um ministro do governo. Simplificando, não se sabe onde e quando a decisão precisa ser tomada e onde será tomada. Além disso, nos Estados Unidos relatar más notícias acaba nas mãos do patrocinador do projeto. Em alguns países, as notícias chegam a uma escala tão alta como ministros de governo. Portanto, não há como ter certeza de onde as informações do projeto vão acabar.

Leis impróprias

Nem todas as leis em países emergentes são vistas por outras nações como sendo legais. No entanto, os gerentes de projeto norte-americanos, em parceria com esses países, devem obedecer a essas leis. Como exemplo, contratos de aquisição podem ser atribuídos não ao fornecedor mais qualificado ou àquele que tem o melhor preço, mas em vez disso, a um licitante que está em uma cidade que tem um elevado nível de desemprego. Como outro exemplo, alguns países têm leis que implicam que propinas são uma prática aceitável na adjudicação de contratos. Alguns contratos também podem ser concedidos a parentes e amigos, em vez serem concedidos ao fornecedor mais qualificado.

Potencial para corrupção

A corrupção existe em alguns países, e causa estragos para gerentes de projeto que se concentram em restrições competitivas. Os gerentes de projeto tradicionalmente estabelecem um plano para cumprir os objetivos e as restrições competitivas. Também presumem que tudo será feito sistematicamente e de forma ordenada, sem considerar a corrupção. Mas, em alguns países, há indivíduos ou organizações potencialmente corruptas, que vão fazer todo o possível para parar ou desacelerar o projeto, até que eles possam ser beneficiados pessoalmente.

Status e Política

Status e política são predominantes em todos os lugares e podem causar impacto negativo no gerenciamento de projetos. Em alguns países emergentes, *status* e política, na verdade, sabotam o gerenciamento de projetos e evitam que funcione corretamente. Fatores que podem afetar o gerenciamento de projetos incluem:

- Formalidades legais e restrições do governo
- Insegurança nos níveis executivos
- Consciência do *status*
- Obrigações sociais
- Políticas internas
- Desemprego e pobreza
- Atitude para com os trabalhadores
- Ineficiências
- Falta de dedicação em todos os níveis
- Falta de honestidade

Formalidades legais e restrições do governo

Aqui nos Estados Unidos, acreditamos que os empregados que executam mal seu trabalho podem ser removidos do projeto ou até mesmo ser demitidos. Mas, em alguns países emergentes, os empregados têm o direito de manter um emprego, mesmo que seu desempenho seja inferior. Ter um emprego e um salário regular é um luxo. Pode haver leis que dizem claramente em que condições o trabalhador pode ser demitido, caso isso aconteça.

Há também leis sobre o uso de horas extras. Horas extras podem não ser permitidas, porque pagar a alguém para trabalhar além do horário poderia eventualmente criar uma nova classe social. Portanto, horas extras não podem ser utilizadas como um meio para manter ou acelerar um cronograma que está em risco.

Insegurança

Os executivos, muitas vezes, sentem insegurança mais do que os gerentes abaixo deles, porque suas posições podem ser o resultado de uma escolha política. Como tal, os gerentes de projeto podem ser vistos como as estrelas do futuro e como uma ameaça para os executivos. Permitir que gerentes de projeto que estão em projetos de grande sucesso façam apresentações para os níveis mais altos de gestão no governo pode ser uma situação desagradável. Se o projeto está com problemas, o gerente de projeto pode ser forçado a fazer a apresentação. Os executivos têm medo de gerentes de projeto.

Consciência de status

Diretores corporativos em países emergentes são altamente conscientes de seu *status*. Eles realmente têm medo de que a implementação do gerenciamento de projetos possa forçá-los a perder seu status, ainda que se recusem a ser patrocinadores de projeto ativos. *Status* muitas vezes é acompanhado por benefícios adicionais, tais como um carro da empresa e outros privilégios especiais.

Obrigações sociais

Em países emergentes, obrigações sociais devidas a crenças religiosas (e possivelmente crenças supersticiosas) e política podem ser mais importantes do que em nações de primeiro mundo. Obrigações sociais são formas de manter alianças com as pessoas que colocaram um executivo ou um gerente de projetos no poder. Como tal, os gerentes de projeto podem não ser autorizados a interagir socialmente com determinados grupos. Isso também pode ser uma ameaça à implementação do gerenciamento de projeto.

Política interna

Política interna existe em todas as empresas do mundo. Antes que os executivos considerem a possibilidade de dar seu apoio a uma abordagem, tal como gerenciamento de projetos, eles se preocupam se vão se tornar mais fortes ou mais fracos, ter mais ou menos autoridade, e ter maior ou menor chance de avanço. Esta é uma das razões pelas quais apenas uma pequena porcentagem de empresas de mercados emergentes tem escritórios de gerenciamento de projetos (PMOs). Qualquer executivo que tenha o controle do PMO pode se tornar mais poderoso do que os outros executivos. Nos Estados Unidos, resolvemos esse problema permitindo que vários executivos tenham seu próprio PMO. Mas nos mercados emergentes isso é visto como pessoal em excesso.

Desemprego e restrições governamentais

Praticamente todos os executivos entendem o gerenciamento de projeto e os benefícios que acompanham, ainda que permaneçam em silêncio, ao invés de mostrar visivelmente seu apoio. Um dos benefícios da aplicação do gerenciamento de projetos é que pode tornar as organizações mais eficientes, a ponto de necessitarem de menos recursos para executar o trabalho. Isto pode ser uma ameaça aos executivos, porque, a não ser que um negócio adicional possa ser encontrado, a eficiência pode resultar em reduzir o tamanho da empresa, reduzir o poder e a autoridade do executivo, aumentar o nível de desemprego e, possivelmente, aumentar a pobreza na comunidade. Portanto, o aumento de eficiência do gerenciamento de projetos pode não ser encarado favoravelmente.

Atitude em relação a empregos

Em algumas nações, os empregados podem ser vistos como degraus para a construção de um império. Contratar três trabalhadores abaixo da média para fazer o mesmo trabalho que dois trabalhadores medianos fariam é melhor para a construção do império, ainda que à custa do orçamento do projeto e do cronograma. É verdade, porém, que encontrar recursos humanos adequados pode ser difícil, mas, às vezes, as empresas simplesmente não colocam muito esforço em sua busca. Amigos e familiares podem ser contratados primeiro, independentemente das suas qualificações. O problema é ainda mais complicado quando é preciso encontrar pessoas com experiência em gestão de projetos.

Ineficiências

Anteriormente, dissemos que as empresas podem considerar difícil contratar pessoas altamente eficientes em gerenciamento de projetos. Nem todas as pessoas são eficientes. Algumas pessoas simplesmente não estão comprometidas com o seu trabalho, ainda que entendam de gestão de projetos. Outras pessoas podem ficar frustradas quando percebem que não têm o poder, a autoridade ou a responsabilidade de seus colegas em países de primeiro mundo. Às vezes, novos contratados, que querem ser trabalhadores eficientes, são pressionados pela cultura a permanecer ineficientes ou seus colegas serão identificados como trabalhadores medíocres. A pressão dos colegas existe e pode impedir as pessoas de demonstrar o seu verdadeiro potencial.

Falta de dedicação

É difícil deixar as pessoas motivadas quando elas acreditam que não podem perder seu emprego. As pessoas simplesmente não são dedicadas às restrições competitivas. Algumas pessoas preferem ver o cronograma se desviar porque isso fornece algum grau de segurança por um maior período de tempo. Há também uma falta de dedicação para o encerramento do projeto. Conforme o projeto começa a desacelerar, os colaboradores vão começar a procurar espaço em algum outro projeto. Eles podem até mesmo deixar o seu projeto atual prematuramente, antes que o trabalho seja finalizado, para garantir emprego em outro lugar.

Honestidade

Pessoas que trabalham em países emergentes têm uma tendência a esconder fatos de seus colegas e gerentes de projeto, especialmente más notícias, seja para manter o seu prestígio ou para manter seu poder e autoridade. Isso cria uma enorme barreira para os gerentes de projetos que dependem de informações em tempo oportuno, sejam boas ou más, a fim de gerenciar o projeto com sucesso. Atrasos na notificação podem significar perder um tempo precioso, quando ações corretivas poderiam ter sido tomadas.

Implementação do Gerenciamento de Projetos

Enquanto cultura, *status*, e política podem criar obstáculos para qualquer nova filosofia de gestão, existem outras barreiras que estão diretamente relacionadas ao gerenciamento de projetos. Essas barreiras de implementação de gerenciamento de projetos incluem:

- Custo de implementação do gerenciamento de projetos
- Riscos de falha de implementação
- Custo de treinamento e limitações de treinamento

- Necessidade de sofisticação
- Falta de fechamento em projetos
- Ética de trabalho
- Planejamento ruim

Custo de implementação

Há um custo associado à implementação do gerenciamento de projetos. A empresa deve comprar hardware e software, criar uma metodologia de gerenciamento de projetos, e desenvolver técnicas de notificação de desempenho do projeto. Isso exige um dispêndio financeiro significativo, que a empresa pode não ser capaz de suportar, e também requer que recursos significativos estejam vinculados à implementação por um longo período de tempo. Com recursos limitados e com o fato de que os melhores recursos podem ser removidos do trabalho em curso por serem necessários para a implementação, as empresas evitam o gerenciamento de projetos, mesmo sabendo dos benefícios.

Risco de fracasso

Mesmo que uma empresa esteja disposta a investir tempo e dinheiro para a implementação de gerenciamento de projeto, há um risco significativo de que a implementação falhe. E mesmo que a implementação seja bem-sucedida, mas os projetos comecem a falhar por uma série de razões, a culpa será colocada na implementação deficiente. Os executivos podem achar que a sua posição na hierarquia agora é incerta, uma vez que têm de explicar o tempo e o dinheiro gastos para nenhum resultado real. É por isso que alguns executivos se recusam a aceitar e tampouco apoiam a gestão de projetos.

Limitações de treinamento

A implementação do gerenciamento de projetos é difícil sem programas de treinamento para os trabalhadores. Isto cria três problemas adicionais. Em primeiro lugar, quanto dinheiro deve ser alocado para o treinamento? Em segundo lugar, quem vai fornecer o treinamento e quais são as credenciais dos instrutores? Em terceiro lugar, eu posso liberar as pessoas do projeto para participar de treinamentos? É demorado e caro treinar pessoas em gerenciamento de projetos, sejam gerentes de projeto ou membros da equipe. Os custos de implementação somados aos custos de treinamento podem assustar os executivos, dificultando sua aceitação do gerenciamento de projetos.

Necessidade de sofisticação

O gerenciamento de projetos exige sofisticação, não só com a tecnologia limitada ou com as ferramentas disponíveis, mas também na capacidade das pessoas para trabalharem juntas. Essa sofisticação de trabalho em equipe geralmente é carente em países emergentes. As pessoas podem não ver benefícios no trabalho em equipe, porque os outros podem reconhecer sua falta de competências e erros. Elas não foram treinadas para trabalhar adequadamente em equipes e não são recompensadas por sua contribuição para a equipe.

Falta de encerramento de projetos

Os funcionários, muitas vezes, têm medo estarem atrelados ao projeto no momento do fechamento, quando as lições aprendidas e melhores práticas são capturadas. Lições aprendidas e melhores práticas podem basear-se no que fizemos bem e no que fizemos mal. Os funcionários podem não querer ver nada por escrito que indique que as melhores práticas foram descobertas a partir de seus erros.

Ética de trabalho

Em alguns países, a impossibilidade de demitir pessoas cria uma ética de trabalho relativamente ruim, o que é contrário às práticas eficazes de gerenciamento de projetos. Há falta de pontualidade na vinda ao trabalho e na participação de reuniões. Quando as pessoas aparecem nas reuniões, somente boas notícias são discutidas em grupo, enquanto as más notícias são discutidas um a um. As habilidades de comunicação são fracas, assim como a comunicação escrita. Há falta de responsabilidade, porque a responsabilidade significa explicar suas ações se as coisas vão mal.

Planejamento ruim

Planejamento ruim é predominante em países emergentes. Existe uma falta de compromisso com o processo de planejamento. Em virtude da falta de padrões – atribuída talvez à ética de trabalho ruim – estimar duração, esforço e custo, é muito difícil. O resultado final do mau planejamento é o prolongamento do cronograma. Para os trabalhadores que não estão certos de sua próxima atribuição, isto pode ser visto como uma segurança no emprego pelo menos no curto prazo.

Outras Barreiras

Existem outras barreiras que são demasiadamente numerosas para mencionar. Contudo, algumas das mais importantes são mostradas a seguir. Essas barreiras não são necessariamente universais em países emergentes e muitas delas podem ser superadas.

- Ineficiências de conversão de moeda
- Incapacidade de receber pagamentos em dia
- Crenças supersticiosas
- Leis contra importação e exportação de propriedade intelectual
- Falta de tolerância com as crenças religiosas dos parceiros da equipe virtual

- Risco de sanções por parte dos governos dos parceiros
- Uso de tecnologias ruins ou desatualizadas

Recomendações

Embora tenhamos pintado um quadro desolador, há grandes oportunidades futuras nesses países. Países de mercado emergente têm uma abundância de talentos que ainda está por ser totalmente colhida. As verdadeiras capacidades desses trabalhadores ainda são desconhecidas. Equipes de gerenciamento de projetos virtuais podem ser o ponto de partida para a plena implementação da gestão de projetos.

À medida que gerenciamento de projetos começar a crescer, a alta direção irá reconhecer e aceitar seus benefícios, e ver o sua base de negócios aumentar. Parcerias e *joint ventures* utilizando equipes virtuais se tornarão mais prevalentes. As barreiras que impedem a implementaçao bem-sucedida do gerenciamento de projetos continuarão a existir, mas vamos começar a nos destacar em como viver e trabalhar dentro das barreiras e restrições impostas às equipes virtuais continuamente emergentes.

Maiores oportunidades são previstas para as grandes economias emergentes. Elas estão começando a ver mais valor no gerenciamento de projetos e estão dando passos para expandir sua utilização. Algumas das economias em rápido desenvolvimento são ainda mais agressivas em fornecer o apoio necessário para quebrar muitas das barreiras abordadas aqui. A medida que mais histórias de sucesso surgem, as economias irão se fortalecer, tornar-se mais conectadas, e começar a utilizar plenamente o gerenciamento de projetos pelo que realmente ele é.

3.16 SETE FALÁCIAS QUE ATRASAM A MATURIDADE DO GERENCIAMENTO DE PROJETOS

Com muita frequência, as empresas embarcam em uma jornada para implementar o gerenciamento de projetos apenas para descobrir que o caminho que achavam ser claro e direto é, na verdade, cheio de obstáculos e falácias. Sem compreensão suficiente das barreiras que aparecem e de como superá-las, uma organização pode nunca atingir um alto nível de maturidade em gerenciamento de projetos. Seus concorrentes, por outro lado, podem levar apenas alguns anos para implementar uma estratégia em escala organizacional que, de forma previsível e consistente, entregue projetos de sucesso.

Um dos principais obstáculos para a maturidade em gerenciamento de projetos é que as atividades de implementação, muitas vezes, são encabeçadas por pessoas em posições de autoridade dentro da organização. Essas pessoas geralmente têm uma má compreensão de gerenciamento de projetos, contudo não estão dispostas a participar de programas de treinamento, mesmo os curtos, para capturar uma compreensão básica do que é necessário para levar, com sucesso, a implementação de gerenciamento de projetos à maturidade. Um segundo obstáculo fundamental é que essas mesmas pessoas, muitas vezes, tomam decisões de implementação baseadas em interesses pessoais ou agendas ocultas. Ambos os obstáculos fazem a implementação de gerenciamento de projetos padecer.

As falácias que afetam a maturidade de uma implementação de gerenciamento de projetos não necessariamente impedem que ela ocorra. Em vez disso, essas crenças equivocadas alongam o prazo de implementação e criam frustrações significativas nas linhas de gerenciamento de projetos. As sete falácias mais comuns são explicadas a seguir.

Falácia 1: Nosso objetivo final é implementar gerenciamento de projetos. Objetivo errado! O objetivo final deve ser o desenvolvimento progressivo de sistemas de gerenciamento de projetos e processos que resultem em um fluxo contínuo de projetos bem-sucedidos, de forma consistente e previsível. Uma implementação bem-sucedida ocorre no menor espaço de tempo e não causa perturbações no fluxo de trabalho existente. Qualquer um pode comprar um pacote de software e implementar gerenciamento de projetos de forma fragmentada. Mas o resultado não será necessariamente sistemas de gerenciamento de projetos e processos eficazes. E concluir com sucesso um ou dois projetos não significa que apenas projetos gerenciados com sucesso irão continuar.

Além disso, a compra do melhor software de gerenciamento de projetos do mundo não pode e não vai substituir a necessidade de pessoas trabalhando em conjunto em um ambiente de gerenciamento de projetos. Software de gerenciamento de projetos não é:

- Uma panaceia ou uma correção rápida para problemas de gerenciamento de projetos
- Uma alternativa para o lado humano do gerenciamento de projetos
- Uma substituição para conhecimento, habilidades e experiências necessárias para gerenciar projetos
- Uma substituição para a tomada de decisão humana
- Uma substituição à atenção gerencial, quando necessária

O objetivo correto é essencial para alcançar a maturidade de gerenciamento de projetos no menor tempo possível.

Falácia 2: Precisamos estabelecer um número obrigatório de formulários, modelos, guias e listas de verificação em um determinado momento. Critérios errados! A maturidade em gerenciamento de projetos pode ser avaliada apenas estabelecendo níveis de maturidade baseados em tempo e utilizando instrumentos de avaliação para a medição. Embora seja verdade que formulários, diretrizes, modelos e listas de verificação são necessidades, maximizar seu número ou colocá-los em prática não resulta em maturidade no gerenciamento de projetos. Muitos praticantes de gerenciamento de projetos — eu inclusive — acreditam que a maturidade em gerenciamento de projetos pode ser acelerada se o foco é colocado no desenvolvimento de uma metodologia de gerenciamento de projetos em nível organizacional, que todos aderem e apoiam.

As metodologias devem ser projetadas para racionalizar a forma como a organização lida com projetos. Por exemplo, quando um projeto é concluído, a equipe deve ser ouvida para capturar as lições aprendidas e as melhores práticas. Neste momento, muitas vezes, são descobertas maneiras de minimizar ou combinar processos e melhorar a eficiência e eficácia sem aumentar os custos.

Falácia 3: Precisamos comprar o software de gerenciamento de projeto para acelerar o processo de maturidade. Abordagem errada! A aquisição de software apenas pelo fato de ter software de gerenciamento de projetos é uma má ideia. Muitas vezes, os tomadores de decisão compram pacotes de software com base nas *funcionalidades* contidas nele, acreditando que um maior pacote de software de gerenciamento de projetos pode acelerar a maturidade. Talvez um pacote de software de $ 200.000 seja benéfico para uma empresa de construção de usinas nucleares, mas qual o percentual de projetos que requerem recursos elaborados? Os gerentes de projeto em meus seminários admitem prontamente que usam menos de 20% da capacidade do seu software de gerenciamento de projetos. Eles parecem ver o software como uma ferramenta de cronograma e não como uma ferramenta para gerenciar projetos proativamente.

A seleção do software deve objetivar os benefícios para o projeto e para a organização, tais como a redução de custos por meio de eficiência, eficácia, padronização e consistência. Na maioria das vezes, um pacote de software de $ 500 pode reduzir os custos do projeto tão eficazmente como um pacote de $ 200.000. O que é lamentável é que as pessoas que encomendam o software se concentram mais no número de recursos do que em quanto dinheiro será economizado com o uso do software.

Falácia 4: Precisamos implementar gerenciamento de projetos em pequenos passos, com um pequeno projeto-piloto que todos possam acompanhar. Método errado! Isso funciona se o tempo não for uma restrição. A melhor aposta é usar um grande projeto como projeto-piloto. Um grande projeto gerenciado com sucesso implica que os mesmos processos podem funcionar em pequenos projetos, ao passo que o inverso não é necessariamente verdadeiro.

Em pequenos projetos-piloto, algumas pessoas sempre argumentam contra a implementação do gerenciamento de projetos e encontram inúmeros exemplos de motivos pelos quais ele não vai funcionar. O uso de um grande projeto geralmente vem com menos resistência, especialmente se a execução do projeto prossegue sem problemas.

Existem riscos com o uso de um grande projeto como projetos-piloto. Se o projeto encontra problemas ou falha em decorrência de um gerenciamento de projetos mal implementado, poderão ocorrer danos significativos à empresa. É um argumento válido para iniciar com pequenos projetos, mas a preferência do autor é por projetos maiores.

Falácia 5: Precisamos acompanhar e divulgar os resultados do projeto-piloto. Procedimento errado! Expor o sucesso de um projeto beneficia apenas a esse projeto em vez de beneficiar a empresa toda. Esclarecer como o gerenciamento de projetos produziu um projeto de sucesso beneficia toda a organização. As pessoas, então, entenderão que o gerenciamento de projetos pode ser usado em uma infinidade de projetos.

Falácia 6: Precisamos de apoio executivo. Quase verdade! Precisamos de apoio executivo *visível*. As pessoas podem diferenciar facilmente entre apoio genuíno e conversa fiada. Os executivos devem *agir mais do que falar*. Eles devem realizar reuniões para demonstrar seu apoio ao gerenciamento de projetos e participar de várias reuniões da equipe do projeto. Eles devem manter uma política de portas abertas para os problemas que ocorrem durante a implementação do gerenciamento de projetos.

Falácia 7: Precisamos de um curso de gerenciamento de projetos para que os nossos trabalhadores possam se tornar Project Management Professionals (PMPs). Mais uma vez, quase verdade! O que realmente precisamos é de educação continuada em gerenciamento de projetos. Tornar-se PMP é apenas o ponto de partida. Existe vida além do Guia PMBOK®. Educação continuada em gerenciamento de projetos em nível organizacional é a maneira mais rápida para acelerar a maturidade em gerenciamento de projetos.

É desnecessário dizer que, além das discutidas aqui, muito mais falácias estão presentes lá fora, esperando para bloquear a implementação de gerenciamento de projetos e atrasar sua maturidade. O que é fundamental é que sua organização implemente gerenciamento de projetos por meio de um plano bem pensado, que receba apoio e comprometimento de toda a organização. Falácias criam atrasos desnecessários. Identificar e superar pensamentos defeituosos pode ajudar a acelerar a maturidade de gerenciamento de projetos da sua organização.

3.17 DICAS DE ESTUDO PARA O EXAME DE CERTIFICAÇÃO EM GERENCIAMENTO DE PROJETOS PMI®

Esta seção aplica-se à revisão dos princípios de apoio às áreas de conhecimento e grupos de processos do Guia PMBOK®.

Este capítulo aborda:

- Gerenciamento dos Recursos Humanos
- Planejamento

A compreensão dos princípios a seguir é benéfica se o leitor estiver utilizando este livro como estudo para o Exame de Certificação PMP®:

- Diferentes tipos de estruturas organizacionais
- Vantagens e desvantagens de cada estrutura
- Em qual estrutura o gerente de projetos possui mais autoridade
- Em qual estrutura o gerente de projetos possui menos autoridade
- Três tipos de estruturas matriciais

No apêndice C, os seguintes miniestudos de caso Dorale Products se aplicam:

- Dorale Products (G) [Gerenciamento dos Recursos Humanos]
- Dorale Products (H) [Gerenciamento dos Recursos Humanos]
- Dorale Products (J) [Gerenciamento dos Recursos Humanos]
- Dorale Products (K) [Gerenciamento dos Recursos Humanos]

As seguintes questões de múltipla escolha ajudarão na revisão dos conceitos deste capítulo:

1. Em qual modelo organizacional é mais difícil integrar as atividades do projeto?
   a. Clássica/tradicional
   b. Projetizada
   c. Matriz forte
   d. Matriz fraca
2. Em qual modelo de organização o gerente de projetos possui mais autoridade?
   a. Clássica/tradicional
   b. Projetizada
   c. Matriz forte
   d. Matriz fraca
3. Em qual modelo organizacional o gerente de projetos geralmente possui menos autoridade?
   a. Clássica/tradicional
   b. Projetizada
   c. Matriz forte
   d. Matriz fraca
4. Em qual modelo organizacional é menos provável que o gerente de projetos compartilhe recursos com outros projetos?
   a. Clássica/tradicional
   b. Projetizada
   c. Matriz forte
   d. Matriz fraca
5. Em qual modelo organizacional os gerentes de projetos têm maior probabilidade de recompensar e de administrar remunerações e salários? (O gerente do projeto e o gerente de linha são a mesma pessoa.)
   a. Clássica/tradicional
   b. Projetizada
   c. Matriz forte
   d. Matriz fraca
6. Em qual modelo organizacional o trabalhador tem maior risco de perder o emprego se o projeto for cancelado?
   a. Clássica/tradicional
   b. Projetizada
   c. Matriz forte
   d. Matriz fraca
7. Em qual tipo de estrutura matricial o gerente de projetos mais provavelmente teria o domínio da tecnologia?
   a. Clássica/tradicional
   b. Projetizada
   c. Matriz forte
   d. Matriz fraca

RESPOSTAS

1. A 2. B 3. D 4. B 5. A 6. B 7. A

EXERCÍCIOS

3-1 Muito se escreveu sobre como identificar e interpretar os sinais que indicam que um novo modelo organizacional é necessário. Grinnell e Apple identificaram cinco sinais além dos que foram descritos na Seção 3.6[17]:

[17] Ver nota 11.

- A administração está satisfeita com suas habilidades técnicas, mas os projetos não estão cumprindo o prazo, os custos e outros requisitos.
- Há um grande comprometimento em realizar o trabalho do projeto, mas grandes flutuações sobre o quanto as especificações de desempenho são atendidas.
- Especialistas muito talentosos envolvidos no projeto se sentem explorados e mal utilizados.
- Indivíduos ou grupos técnicos específicos culpam constantemente uns aos outros pelo fracasso em atender às especificações ou datas de entrega.
- Os projetos estão no prazo e dentro das especificações, mas os grupos e indivíduos não estão satisfeitos com a realização.

Grinell e Apple declaram que há uma boa chance de que a estrutura matricial eliminará ou aliviará esses problemas. Você concorda ou discorda? Sua resposta depende do tipo de projeto? Dê exemplos ou contraexemplos para defender suas respostas.

3-2 Um dos problemas mais difíceis que a administração enfrenta é como diminuir o tempo de transição entre a mudança de um modelo organizacional tradicional para um modelo organizacional por projetos. Gerenciar a mudança é difícil, pois a administração deve constantemente "fornecer treinamento individual sobre trabalho em equipe e resolução de problemas em grupo; também, fornecer as atribuições aos grupos funcionais e de projetos para ajudar a construir o trabalho em equipe.".

3-3 Você acha que os funcionários que estão trabalhando em uma estrutura organizacional por projetos devem submeter-se a sessões de "terapia" ou seminários regularmente para melhor entender seu ambiente de trabalho? Se sim, com que frequência? A frequência dependerá do modelo organizacional por projetos selecionado ou todos devem ser tratados de forma igual?

3-4 Qual modelo organizacional seria melhor para as seguintes estratégias corporativas?

a. Desenvolver, produzir e comercializar vários produtos e materiais tecnológicos e diversos, mas inter-relacionados
b. Possuir interesses de mercado que alcancem praticamente cada grande setor
c. Tornar-se multinacional com um negócio global e rapidamente em expansão
d. Trabalhar em um ambiente de negócios de mudanças rápidas e drásticas e com forte competição

3-5 Você acha que é necessário documentar os relacionamentos para operar de maneira eficaz em qualquer estrutura organizacional por projetos? Como você relacionaria sua resposta à declaração feita no capítulo anterior de que cada projeto pode estabelecer suas próprias políticas, procedimentos, regras e instruções, contanto que atendam às diretrizes da empresa?

3-6 No geral, como poderia cada um dos parâmetros a seguir influenciar a sua escolha por uma estrutura organizacional? Explique as suas respostas com a maior profundidade possível.

a. Os custos do projeto
b. O cronograma do projeto
c. A duração do projeto
d. Os requisitos tecnológicos
e. As localizações geográficas
f. Os relacionamentos necessários de trabalho com o cliente

3-7 De forma geral, quais são as vantagens e desvantagens de sobrepor um modelo organizacional a outro?

3-8 Na decisão de partir para um novo modelo organizacional, que impacto a capacidade dos grupos seguintes deveria causar na sua decisão?

a. Alta administração
b. Média gerência
c. Gerência de nível baixo

3-9 Uma empresa deve querer aceitar um projeto que demanda reestruturação organizacional imediata? Se sim, quais fatores ela deve considerar?

3-10 A Tabela 2-6 identifica os diferentes ciclos de vida de programas, projetos, sistemas e produtos. Para cada uma das fases do ciclo de vida, selecione um modelo organizacional de projeto que você acha que funcionaria melhor. Defenda sua resposta com exemplos, vantagens e desvantagens.

3-11 Um grande produtor de aço nos Estados Unidos utiliza uma estrutura matricial para P&D. Uma vez que o produto estiver desenvolvido, a estrutura organizacional de produto será utilizada. Existe alguma vantagem nessa configuração?

3-12 Um grande produtor norte-americano de peças de automóveis tem uma divisão que existiu com sucesso durante os últimos dez anos com vários produtos, uma seção altamente sofisticada de P&D e uma estrutura tradicional. A taxa de crescimento dos últimos cinco anos foi de 12%. Quase todos os gerentes de nível médio e alto que trabalharam nessa divisão receberam promoções ou transferências, seja para outra divisão ou para a sede da empresa. Conforme as "regras", essa divisão tem todos os pré-requisitos que indicam que deveriam ter alguma forma de modelo organizacional de projetos e, mesmo assim, eles são extremamente bem-sucedidos sem esse modelo. Apenas com a quantidade de informação apresentada, como você pode contribuir para o seu sucesso continuado? Quais você acha que seriam os maiores obstáculos no convencimento dos funcionários de que um novo modelo organizacional seria melhor? Você acha que o sucesso contínuo pode ser conseguido por meio da estrutura atual?

3-13 Vários autores defendem que a tecnologia é impactada no modelo organizacional por produtos porque não há nenhum grupo responsável pelo planejamento de longo prazo, enquanto a organização funcional tende a sacrificar o tempo e o cronograma. Você concorda ou discorda dessa declaração? Defenda sua escolha com exemplos.

3-14 A seguir estão três declarações que geralmente são utilizadas para descrever o ambiente de uma matriz. Você concorda ou discorda? Defenda sua resposta.
   a. O gerenciamento de projetos em uma matriz permite a utilização mais completa do pessoal.
   b. O gerente de projetos e o gerente funcional devem concordar nas prioridades.
   c. A tomada de decisões em uma matriz requer escolhas contínuas sobre tempo, custos, riscos técnicos e incertezas.

3-15 Supondo que você tenha de selecionar um modelo organizacional de projetos para uma pequena empresa. Para cada modelo descrito neste capítulo, discuta a aplicabilidade e declare as vantagens e desvantagens que se aplicam a essa pequena empresa. (Você pode achar necessário determinar primeiro a base de negócios da pequena empresa.)

3-16 Como cada pessoa identificada abaixo responderia à pergunta: "Quantos chefes você tem?"
   a. Gerente de projetos
   b. Membro de equipe funcional
   c. Gerente funcional
   (Repita para cada modelo organizacional discutido neste capítulo.)

3-17 Se um projeto fosse grande o suficiente para conter seus próprios recursos, seria aceitável um modelo organizacional matricial?

3-18 Um dos motivos mais comuns para não querer adotar uma matriz são os excessivos custos administrativos e as taxas de *overhead* que os acompanham. Você esperaria que as taxas de *overhead* diminuíssem conforme a matriz amadurecesse? (Desconsidere outros fatores que possam influenciar as taxas de *overhead*, como base de negócios, taxa de crescimento etc.)

3-19 Qual tipo de estrutura organizacional é melhor para o pessoal de P&D manter contato com outros pesquisadores?

3-20 Qual tipo de estrutura organizacional fomenta da melhor maneira o trabalho em equipe?

3-21 Banqueiros canadenses têm utilizado a estrutura organizacional matricial para criar "gerentes gerais de banco" para todos os níveis de um banco. Será que a estrutura matricial se encaixa prontamente em um ambiente bancário voltado para criar futuros gerentes? Podemos considerar um gerente de filial como um gerente de projetos matricial?

3-22 Uma grande empresa de serviços públicos de Cleveland possui o que é normalmente chamado de gerenciamento de projetos "fragmentado", no qual cada departamento mantém os gerentes de projetos por meio de posições de apoio. Os gerentes de projetos devem ocasionalmente integrar atividades que envolvem outros departamentos, além do seu. Cada projeto geralmente demanda o envolvimento de várias pessoas. A empresa também possui gerentes de produtos que operam fora de uma estrutura organizacional bruta de projetos (produtos). Recentemente, os gerentes de produtos e de projetos estavam competindo pelos mesmo recursos dentro dos mesmos departamentos.
   Para complicar mais ainda, a administração congelou as contratações. Na semana passada, a alta administração identificou 120 projetos diferentes que poderiam ser realizados. Infelizmente, não há gerentes de projetos o suficiente na estrutura atual para gerenciar esses projetos. Também a administração gostaria de fazer um melhor uso dos escassos recursos funcionais.
   O pessoal de apoio defende que a solução para os problemas acima seja o estabelecimento de uma divisão de gerenciamento de projetos, sob a qual haveria um departamento de gerenciamento de projetos e um departamento de gerenciamento de produtos. O pessoal de apoio acredita que, nessa configuração, será feito um melhor uso do pessoal de linha e que cada projeto poderá ser executado com menos gente, fornecendo, assim, a oportunidade para mais projetos. Você concorda ou discorda e quais problemas você antevê?

3-23 Algumas estruturas organizacionais são consideradas orientadas a projetos. Defina o que significa "orientação a projetos". Quais modelos organizacionais descritos nesse capítulo se encaixariam nessa definição?

3-24 Existe alguma vantagem em ter um único engenheiro de projetos, em oposição a ter um comitê de trabalhadores funcionais essenciais que se reportem ao diretor de engenharia?

3-25 A maior dificuldade na seleção do modelo organizacional de projetos envolve a localização do gerente de projetos. No processo evolutivo, o gerente de projetos começou se reportando a um chefe de departamento e finalmente terminou se reportando a um executivo sênior. De forma geral, quais foram as maiores razões para que o gerente de projetos fosse se reportando a níveis cada vez mais altos na estrutura organizacional?

3-26 Ralph é um gerente de departamento que está bastante preocupado com o desempenho das pessoas abaixo dele. Depois de vários meses de análise, Ralph obteve aceitação de seus superiores por estabelecer uma estrutura de gerenciamento de projetos em seu departamento. De 23 departamentos na empresa, o dele será o único com gerenciamento de projetos formal. Essa situação pode ser bem-sucedida, mesmo com vários projetos demandando interface com outros departamentos?

3-27 Uma grande empresa de eletrônicos tem um projeto multimilionário, do qual 90% do trabalho está dentro de uma divisão. O gerente da divisão quer ser o gerente do projeto. Isso deve ser permitido, mesmo existindo uma divisão de gerenciamento de projetos?

3-28 O funcionamento interno de uma organização deve considerar:

- As demandas impostas na organização pela complexidade das tarefas
- A tecnologia disponível
- O ambiente externo
- As necessidades dos membros organizacionais

Considerando esses fatores, a organização deve buscar por uma única melhor forma de se organizar sob todas as condições? Os gerentes devem examinar o funcionamento de uma organização em relação a suas necessidade, ou vice-versa?

3-29 Gerentes de projetos, para conseguir realizar o trabalho, precisam de *status* e autoridade organizacional adequados. Um executivo da empresa sustenta que o organograma ilustrado na Figura 3-6, pode ser modificado para mostrar que os gerentes de projetos possuem autoridade organizacional adequada colocando as caixas dos gerentes de departamento na ponta das setas de responsabilidades funcionais. O executivo ainda defende que, com essa abordagem, os gerentes de projetos parecem estar hierarquicamente acima dos correspondentes departamentais, mas estão equivalentes em *status*. Você concorda ou discorda com a ideia do executivo? Existirá um equilíbrio adequado de poder entre os gerentes de projetos e de departamento com essa estrutura organizacional?

3-30 Defenda ou critique as duas declarações seguintes relacionadas à operação de uma matriz:

- Não deve haver ruptura causada pela dupla responsabilidade.
- Uma diferença de opinião não deve atrasar o trabalho em andamento.

3-31 Uma empresa possui 15 projetos que estão acontecendo ao mesmo tempo. Três projetos são acima de \$ 5 milhões, sete projetos estão entre \$ 1 milhão e \$ 3 milhões e cinco projetos estão entre \$ 500.000 e \$ 700.000. Cada projeto possui um gerente de projetos em tempo integral. Apenas com base nessas informações, qual modelo organizacional seria melhor? Todos os gerentes de projetos podem se reportar à mesma pessoa?

3-32 Uma grande empresa de seguros está considerando a possibilidade de implementar o gerenciamento de projetos. A maioria dos projetos da empresa tem duração de duas semanas, com alguns poucos durando mais de um mês. O gerenciamento de projetos pode funcionar nesse caso?

3-33 A definição de gerenciamento de projetos na Seção 1.9 identifica equipes de projetos e forças-tarefa. Como você distinguiria entre uma equipe de projeto e força-tarefa e quais setores e/ou projetos seriam aplicáveis a cada um?

3-34 Pode o gerenciamento de projetos informal funcionar em um ambiente estruturado em paralelo com o gerenciamento de projetos formal e compartilhar os mesmos recursos?

3-35 Várias pessoas acreditam que a estrutura matricial pode ser multidimensional (como pode ser visto na Figura 3-12). Explique a utilidade de tal estrutura.

3-36 Muitas empresas adotam o gerenciamento de projetos informal no qual o trabalho flui horizontalmente, mas de uma maneira informal. Quais são as características do gerenciamento de projetos informal? Que tipo de empresa pode operar de modo eficaz com o gerenciamento de projetos informal?

3-37 Algumas empresas tentaram desenvolver uma matriz dentro da matriz. É possível ter uma matriz para o controle formal dos projetos e uma matriz interna de autoridade, uma matriz de comunicações, uma matriz de responsabilidades ou uma combinação de todas dessas?

3-38 É possível que uma matriz saia do controle devido a excesso de projetos pequenos, cada um competindo pelos mesmos recursos compartilhados? Se sim, quantos projetos caracterizam um excesso de projetos? Como a administração pode controlar o número de projetos? Sua resposta depende da organização ser ou não orientada a projetos?

3-39 Uma empresa terceirizada que trabalha para o governo opera com uma estrutura organizacional de gerenciamento especializado de produtos e possui quatro linhas de produtos. Todos os funcionários devem ter um certificado confidencial de segurança. A fábrica da terceirizada está estruturada de forma que cada um dos quatro produtos ocupa uma área protegida no prédio. Os funcionários utilizam crachás de segurança que dão acesso a diferentes áreas. A maioria dos funcionários está autorizada a ter acesso apenas à sua área. Apenas os executivos possuem acesso às quatro áreas. Por razões de segurança, os trabalhadores funcionais não podem discutir as linhas de produtos uns com os outros.
A maioria dos projetos realizados em cada linha de produtos é idêntica, e estão acontecendo duplicações graves de esforços. A administração está interessada em converter para uma estrutura matricial para diminuir a duplicação de esforços. Quais problemas devem ser superados antes e durante a implementação da matriz?

3-40 Uma empresa decidiu implementar totalmente o gerenciamento de projetos utilizando uma estrutura matricial. A implementação pode ser feita em estágios? A matriz pode ser parcialmente implementada, digamos, em uma parte da organização e depois, gradualmente, expandida para o resto da empresa?

3-41 Uma empresa possui duas grandes divisões, ambas localizadas sob o mesmo teto. Uma divisão é o grupo aeroespacial, no qual todas as atividades são realizadas dentro de uma matriz formal. A segunda divisão é o grupo industrial, que opera com gerenciamento de produtos, exceto para o departamento de SI, que possui uma matriz informal. Se as duas divisões tiverem de compartilhar recursos corporativos, quais problemas podem ocorrer?

3-42 Várias empresas que estão entre as 100 da revista *Fortune* possuem um grupo de engenharia corporativa que assume as responsabilidades do trabalho de gerenciamento de projetos – engenharia de projetos para os grandes projetos de capital em todas as divisões ao redor do mundo. Explique como o trabalho de engenharia corporativa deve funcionar, bem como suas vantagens e desvantagens.

ESTUDO DE CASO

*JONES AND SHEPHARD ACCOUNTANTS, INC.**

Em 1990, a Jones and Shephard Accountants, Inc. (J&S) era uma empresa de tamanho médio classificada como 38ª colocada em tamanho pela Associação Americana de Contadores. Para competir com empresas maiores, a J&S formou uma Divisão de Serviços de Informação projetada principalmente para estudos e análises. Em 1995, a Divisão de Serviços de Informação (DSI) tinha 15 empregados.

Em 1997, a DSI adquiriu três computadores de grande porte. Com sua capacidade aumentada, a J&S expandiu seus serviços para ajudar a satisfazer as necessidades de clientes externos. Em setembro de 1998, a carga de trabalho interna e externa cresceu a um ponto em que a DSI empregava agora mais de 50 pessoas.

O diretor da divisão estava muito desapontado com a forma com que as atividades estavam sendo realizadas. Não havia uma única pessoa designada a avançar com um projeto e os clientes externos não sabiam a quem chamar para ter respostas sobre o andamento dos projetos. O diretor achou que muito do seu tempo estava sendo gasto em atividades do dia a dia como resolução de conflitos, em vez de planejamento estratégico e formulação de políticas.

Os maiores problemas que o diretor enfrentava eram os dois projetos internos contínuos (chamados Projeto X e Projeto Y, para simplificar), que demandavam agrupamento de dados e relatórios de final de mês. O diretor sentiu que esses dois projetos eram importantes o suficiente para demandar um gerente de projetos em tempo integral para cada esforço.

Em outubro de 1998, a administração da empresa anunciou que o diretor da DSI seria realocado em 1º de fevereiro de 1999, e que o anúncio de sua substituição não seria feito até a metade de janeiro. Na mesma semana que o anúncio foi feito, dois indivíduos de fora da empresa foram contratados para assumir o Projeto X e o Projeto Y. A demonstração 3-1 mostra a estrutura organizacional da DSI.

* Revisado em 2007.

DEMONSTRAÇÃO 3-1 Organograma da dsi

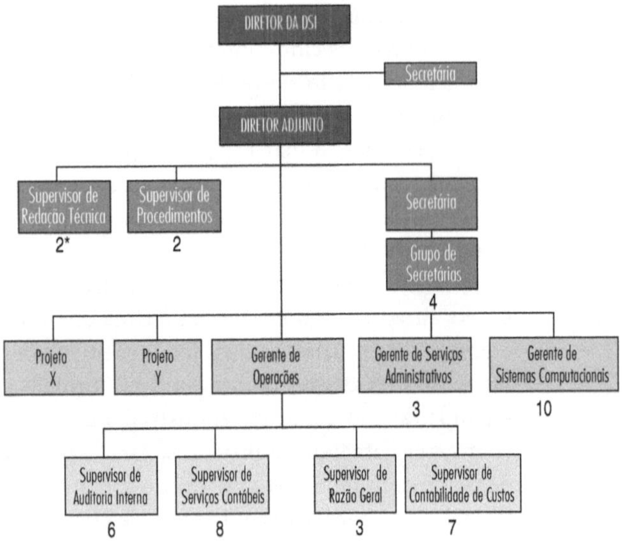

*Denota o número de colaboradores funcionais adicionais

DEMONSTRAÇÃO 3-2 Memorando confidencial

De: diretor da dsi
Para: gerente de sistemas
Data: 3 de janeiro de 1999

Parabéns pela sua promoção para diretor de divisão. Espero sinceramente que sua gestão seja produtiva tanto pessoalmente, quanto para a empresa. Eu preparei uma pequena lista dos principais obstáculos que você terá de considerar quando assumir o controle.

1. Os gerentes dos projetos x e y são indivíduos altamente competentes. Nos últimos quatro ou cinco dias, no entanto, parece que eles criaram mais conflitos para nós do que tínhamos anteriormente. Isso poderia ser culpa minha por não lhes ter delegado autoridade suficiente, ou poderia ser um resultado do fato de que vários de nossos colaboradores consideraram esses dois indivíduos como os principais candidatos para a minha posição. Além disso, o gerente de operações não gosta que outros gerentes entrem em seu "império" e deem ordens.
2. Não tenho certeza se nós ainda precisamos de um diretor adjunto. Essa decisão caberá a você.
3. A empresa tem estado muito descontente com a nossa incapacidade de trabalhar com clientes externos. Você deve considerar esse problema em qualquer estrutura organizacional que escolher.
4. O plano estratégico corporativo para a nossa divisão dá uma maior ênfase, em especial, aos projetos internos. A empresa quer limitar nossas atividades externas por algum tempo até colocarmos nossos assuntos internos em ordem.
5. Eu cometi o erro de mudar a nossa estrutura organizacional periodicamente. Talvez tivesse sido melhor desenhar uma estrutura que pudesse satisfazer as necessidades avançadas, especialmente uma a qual pudéssemos amadurecer.

Dentro dos 30 dias seguintes, rumores se espalharam pela empresa sobre quem seria o novo diretor. A maioria das pessoas achava que a posição seria preenchida de dentro da divisão e que prováveis candidatos seriam os dois novos gerentes de projetos. Além disso, o diretor adjunto deveria se aposentar em dezembro criando, assim, a abertura de duas vagas.

Em 3 de janeiro de 1999, uma reunião confidencial foi realizada entre o diretor da DSI e o gerente de sistemas.

Diretor da DSI: "A empresa aprovou minha solicitação de promovê-lo a diretor da divisão. Infelizmente, seu trabalho não será fácil. Você terá de reestruturar a organização de modo que os funcionários não tenham tantos conflitos quanto enfrentaam agora. Minha secretária está digitando um memorando confidencial para você, explicando minhas observações sobre os problemas dentro de nossa divisão."

"Lembre-se, sua promoção deve ser tratada com confidencialidade até o anúncio final, ainda neste mês. Estou dizendo isso agora para que você possa começar a planejar a reestruturação. Meu memorando deve ajudá-lo." (Ver demonstração 3-2 para o memorando.)

O gerente de sistemas lê o memorando e, depois das devidas considerações, decide que algum modelo matricial seria melhor. Para ajudá-lo a estruturar a organização adequadamente, um consultor externo foi contratado para dar asssitência na identificação dos problemas de uma mudança para uma matriz. As seguintes áreas problemáticas foram identificadas pelo consultor:

1. O gerente de operações controla mais de 50% dos recursos humanos. Você deve querer interromper esse império. Isso deverá ser feito muito cuidadosamente.
2. O grupo de secretárias está localizado em nível muito alto na hierarquia da organização.
3. Os supervisores, que agora se reportam ao diretor adjunto, terão de ser posicionados em um nível mais baixo na hierarquia da organização, caso a posição de diretor adjunto seja abolida.
4. Uma das áreas de maior problema será tentar convencer a administração da empresa de que suas mudanças serão benéficas. Você deve convencê-los que essa mudança pode ser realizada sem ter de aumentar a mão de obra da divisão.
5. Você pode querer estabelecer um departamento separado ou um projeto separado para o relacionamento com o cliente.
6. A introdução de seus funcionários à matriz será um problema. Cada funcionário verá a mudança de forma diferente. A maioria das pessoas tende a olhar primeiro para a mudança em termos de poder – ganhei ou perdi poder e *status*?

O gerente de sistemas avaliou os comentários do consultor e então preparou uma lista de questões para perguntar ao consultor em sua próxima reunião:

1. Como deve ser a nova estrutura organizacional? Onde devo colocar cada pessoa, principalmente os gerentes?
2. Quando devo anunciar a nova mudança organizacional? Deve ser no mesmo momento da minha nomeação ou mais tarde?

3. Devo convidar qualquer um dos meus funcionários para dar uma contribuição para a reestruturação organizacional? Isso pode ser usado para amenizar os jogos de poder?
4. Devo providenciar seminários internos ou externos para treinar meu pessoal para a nova estrutura organizacional? Em quanto tempo eles devem ser realizados?

CORONADO COMMUNICATIONS[1]

Plano de Fundo

A Coronado Communications, Inc. (CCI) foi uma empresa de consultoria de médio porte com sede em Nova York e divisões-satélite em mais de 25 das maiores cidades dos Estados Unidos. A CCI foi principalmente uma empresa de consultoria para pequenas e grandes empresas que queriam melhorar seus sistemas de comunicação, incluindo hardware de computadores e sistemas de rede. Cada uma das 25 divisões atendia a sua área geográfica. Sempre que um pedido de proposta era enviado à CCI, a empresa decidia qual escritório-satélite iria licitar o trabalho.

Em 2009, Fred Morse assumiu o cargo de presidente e CEO da CCI. Embora a CCI tenha tido sucesso e tenha ganhado boa parte de seus contratos por meio de concorrência licitatória, Morse sentiu que a CCI poderia ganhar mais contratos se ele criasse um clima de concorrência interna. Antes que Morse chegasse à empresa como CEO, a CCI decidia qual escritório-satélite iria licitar o trabalho. Morse decidiu que todas e quaisquer filiais da CCI poderiam concorrer a cada um dos contratos. Esse processo significava que cada escritório-satélite estaria competindo com os demais.

Sistema Competitivo

No passado, a CCI incentivava o escritório satélite, que estivesse licitando um trabalho, a utilizar recursos internos, sempre que possível. Se o escritório em Chicago estivesse licitando um contrato, e ganhasse o contrato, então o escritório de Chicago poderia usar recursos do escritório de Boston para cumprir o contrato. Os trabalhadores do escritório de Boston, então, cobrariam do escritório de Chicago a taxa de horas cheia ou a taxa com encargos, mas excluindo os lucros. Todos os lucros seriam mostrados nas demonstrações financeiras do escritório que ganhou o contrato. Essa técnica promoveu a cooperação entre os escritórios-satélite, porque o escritório de Chicago obteria crédito por todo o lucro e o escritório de Boston poderia manter alguns de seus funcionários recebendo pelos contratos, em vez de tornarem-se despesas administrativas, quando estivessem entre dois trabalhos.

Com o novo sistema competitivo, Boston teria o direito de cobrar de Chicago um lucro para cada hora trabalhada, e o lucro sobre essas horas seria creditado à demonstração financeira de Boston. Com efeito, Chicago trataria Boston tão rigorosamente quanto trataria um contratado. Se Chicago sentisse que poderia conseguir recursos a um preço melhor com a contratação de recursos de fora da CCI, então seria autorizado a fazê-lo.

O sistema de bônus também mudou. No passado, os bônus eram pagos igualmente para cada escritório--satélite, com base na rentabilidade total da CCI. Agora, os bônus pagos a cada escritório-satélite seriam baseados inteiramente na rentabilidade de cada escritório. Os aumentos salariais também estariam fortemente atrelados à rentabilidade individual de cada escritório-satélite.

Ao longo dos anos, a empresa desenvolveu uma extraordinária metodologia de gestão de projetos com um histórico comprovado de sucesso. Agora, cada escritório satélite ainda era convidado a usar a metodologia, mas poderia fazer suas próprias modificações para satisfazer sua base de clientes.

Dois anos mais tarde

Os seguintes fatos surgiram após o uso do novo sistema competitivo, por dois anos:

- A receita bruta da empresa aumentou em 40%, mas a margem de lucro foi de apenas 9%, 15% abaixo em relação a antes da implementação do novo sistema competitivo.
- Os escritórios-satélite estavam diminuindo suas margens de lucro, a fim de conquistar novos negócios.
- A maioria dos escritórios-satélite terceirizou alguns dos seus trabalhos com fornecedores de baixo custo, em vez de usar os recursos disponíveis em outros escritórios-satélite.
- Alguns dos escritórios-satélite tiveram de demitir alguns de seus talentos por causa da falta de trabalho.
- Os funcionários pediam transferência para os escritórios-satélite, onde existiam melhores oportunidades.
- As relações de cooperação no trabalho que existiam entre os escritórios-satélite se transformaram em uma relação de concorrência com retenção de informações e falta de comunicação.
- Não havia mais, em vigor, um processo uniforme para as promoções e prêmios; tudo era baseado na rentabilidade anual do escritório-satélite.

- Cada escritório-satélite criou sua própria metodologia de gerenciamento de projetos. As alterações eram concebidas para reduzir a papelada e reduzir o custo geral para uso da metodologia.
- Os clientes que tinham se acostumado a ver a metodologia antiga ficaram um pouco insatisfeitos com as mudanças, porque estava sendo apresentada menos informação aos clientes, durante as reuniões de revisão de *status*. Os clientes também estavam descontentes pelo fato de as atualizações e mudanças na metodologia não terem sido feitas tão rápido quanto necessário, e a CCI parecia estar ficando mais para trás na capacidade de gestão de projetos.

QUESTÕES

1. Você poderia ter previsto que esses resultados ocorreriam?
2. O que aconteceu com a cultura corporativa?
3. As práticas de gerenciamento de projetos podem ser melhoradas com uma grande correção da cultura corporativa?
4. É realista esperar que cada escritório-satélite tenha sua própria metodologia de gerenciamento de projetos? O que acontece quando dois ou mais escritórios-satélite precisam trabalhar juntos?
5. A CCI pode ser corrigida? Caso possa, o que você faria e quanto tempo você estima que seria necessário para fazer os reparos?

4

ORGANIZAÇÃO E SELEÇÃO DE PESSOAL PARA O ESCRITÓRIO DE PROJETOS E EQUIPE

Estudos de Caso Relacionados (de Kerzner/*Project Management Case Studies*, 4. ed.)	Livro de Exercícios Relacionado (de Kerzner/*Project Management Workbook and PMP®/CAPM® Exam Study Guide*, 11. ed.)	Guia PMBOK® – 5. ed., Seção de Referência para o Exame de Certificação PMP®
• Government Project Management • Falls Engineering • White Manufacturing • Martig Construction Company • Ducor Chemical • The Carlson Project	• The Bad Apple • Multiple Choice Exam	• Gerenciamento dos Recursos Humanos

4.0 INTRODUÇÃO

Guia PMBOK®, 5. ed.
Capítulo 9 Gerenciamento dos Recursos Humanos do Projeto

O gerenciamento de projetos bem-sucedido, independentemente da estrutura organizacional, é simplesmente tão bom quanto os indivíduos e líderes que estão gerenciando os trabalhos mais importantes. O gerenciamento de projetos não é uma operação de uma pessoa só demanda um grupo de indivíduos dedicados a alcançar uma meta específica. O gerenciamento de projetos inclui:

- Um gerente de projetos
- Um gerente de projetos assistente
- Um escritório de projetos
- Uma equipe de projeto

De modo geral, os colaboradores do escritório de projetos são designados em tempo integral aos projetos e trabalham fora do escritório de projetos, enquanto os membros da equipe do projeto trabalham em unidades funcionais e podem dedicar apenas parte de seu tempo ao projeto. Geralmente, os funcionários do escritório de projetos se reportam diretamente ao gerente de projetos, mas também podem estar ligados ao seu trabalho funcional apenas para controle administrativo. Normalmente, não é necessário um escritório de projetos para projetos pequenos, que às vezes podem ser realizados por apenas uma pessoa ocupando todas as posições de um escritório de projetos.

Antes que a seleção de pessoal para os trabalhos comece, cinco questões básicas geralmente devem ser consideradas:

- Quais são os requisitos para um indivíduo se tornar um gerente de projetos bem-sucedido?
- Quem deve ser membro da equipe do projeto?
- Quem deve ser membro do escritório de projetos?
- Quais problemas podem ocorrer durante as atividades de recrutamento?
- O que pode acontecer lá na frente para causar a perda de membros essenciais da equipe?

A princípio, essas perguntas podem não parecer especialmente complexas. Mas, quando as aplicamos a um ambiente de projetos (que é, por definição, uma situação "temporária"), onde é necessário um fluxo constante de projetos para o crescimento da empresa, os problemas com pessoal tornam-se complexos, especialmente se a organização estiver com falta de pessoal.

4.1 O AMBIENTE DE SELEÇÃO DE PESSOAL

Guia PMBOK®, 5. ed.
9.1 Desenvolver o plano de recursos humanos

Para entender os problemas que ocorrem durante a seleção de pessoal, é preciso primeiro investigar as características do gerenciamento de projetos, incluindo o ambiente do projeto, o processo de gerenciamento de projetos e o gerente de projetos.

Dois grandes tipos de problemas estão relacionados com o ambiente do projeto: os problemas com o desempenho do pessoal e os problemas de política de pessoal. O desempenho é difícil para muitas pessoas no ambiente de projetos porque representa uma mudança na maneira de trabalho. Os indivíduos, independentemente da sua competência, têm dificuldades em adaptar-se continuamente a uma situação de mudanças, na qual se reportam a vários gerentes.

Por outro lado, muitas pessoas prosperam em trabalhos temporários, porque elas têm uma oportunidade de "vitória". Infelizmente, alguns funcionários podem considerar a oportunidade de vitória mais importante que o projeto. Por exemplo, um empregado pode não dar nenhuma atenção às instruções do gerente do projeto e, em vez disso, realizar a tarefa à sua própria maneira. Nesse caso, o empregado só quer ser reconhecido como um realizador e realmente não se importa se o projeto for um sucesso ou um fracasso, enquanto ele ainda tem uma "casa" funcional para retornar, onde vai ser identificado como um realizador com boas ideias.

O segundo maior problema de desempenho reside na interface entre o projeto e o departamento funcional, em que um indivíduo, de repente, se vê subordinado a dois chefes, o gerente funcional e o gerente do projeto. Se o gerente funcional e o gerente do projeto estão de acordo com relação ao trabalho a ser realizado, então o desempenho pode não ser prejudicado. Mas, se são recebidas instruções conflitantes, então o indivíduo pode deixar seu desempenho ser abalado por causa de sua situação comprometedora. Nesse caso, o empregado "se dobrará" em direção ao gerente que controla o seu salário.

Problemas de política de pessoal podem criar confusão em uma organização, especialmente se a "grama for mais verde" em um ambiente de projetos do que no ambiente funcional. As organizações funcionais normalmente especificam as categorias salariais e os salários para os funcionários. Escritórios de projetos, por outro lado, não têm esses requisitos, e podem promover e pagar de acordo com as realizações. A dificuldade aqui é que se pode distinguir entre os funcionários das categorias 7, 8, 9, 10 e 11 em uma organização de linha, enquanto, para um gerente de projetos a distinção pode aparecer apenas no tamanho do projeto ou na quantidade de responsabilidade. Os bônus também são mais fáceis de conseguir no escritório de projetos, mas podem criar conflitos e ciúmes entre os elementos horizontais e verticais.

Como cada projeto é diferente, o processo de gerenciamento de projetos permite que cada projeto tenha suas próprias políticas, procedimentos, regras e padrões, desde que se mantenham dentro das diretrizes da empresa. Cada projeto deve ser reconhecido como um projeto pela alta administração, para que o gerente de projetos tenha a autoridade necessária delegada para executar as políticas, procedimentos, regras e padrões.

O gerenciamento de projetos apenas é bem-sucedido se o gerente de projetos e sua equipe estiverem totalmente dedicados à conclusão bem-sucedida do projeto. Isso exige que cada membro da equipe e do escritório do projeto tenha uma boa compreensão dos requisitos fundamentais do projeto, que incluem:

- Ligação com o cliente
- Direção do projeto
- Planejamento do projeto
- Controle do projeto
- Avaliação do projeto
- Relatório do projeto

Finalmente, a pessoa com a maior influência durante a fase de seleção de pessoal é o gerente de projetos. Os atributos pessoais e as habilidades dos gerentes de projetos vão tanto atrair como deter indivíduos altamente desejáveis. Características básicas incluem:

- Honestidade e integridade
- Compreensão dos problemas de pessoal
- Entendimento da tecnologia do projeto
- Competência em gestão de negócios
  - Princípios de gestão
  - Comunicações
- Prontidão e rapidez
- Versatilidade
- Energia e tenacidade
- Capacidade na tomada de decisões
- Capacidade para avaliar o risco e a incerteza

Os gerentes de projetos devem apresentar honestidade e integridade para promover uma atmosfera de confiança. Eles não devem fazer promessas impossíveis, como promoções imediatas para todos se um contrato posterior for recebido. Além disso, em atividades temporárias, como um projeto, os gerentes não podem esperar que o pessoal resolva seus próprios problemas, porque o tempo, os custos e os requisitos de desempenho não serão satisfeitos.

Os gerentes de projetos devem ter conhecimentos tanto de gestão de negócios quanto conhecimentos técnicos. Eles devem compreender os princípios fundamentais de gestão, especialmente aqueles que envolvem o rápido desenvolvimento de canais de comunicação temporários. Os gerentes de projetos devem entender as implicações técnicas de um problema, já que eles são responsáveis por todas as tomadas de decisões. No entanto, muitos bons gerentes orientados tecnicamente falharam porque ficaram muito envolvidos com o lado técnico, e não com o lado do gerenciamento do projeto. Há fortes argumentos para se ter um gerente de projetos que tenha mais do que apenas um entendimento da tecnologia necessária.

Como um projeto tem uma duração de tempo relativamente curta, a tomada de decisões deve ser rápida e eficaz. Os gerentes devem ser atentos e rápidos em sua capacidade de perceber "sinais vermelhos" que possam, eventualmente, levar a problemas graves. Eles devem demonstrar sua versatilidade e tenacidade, a fim de manter os subordinados dedicados à realização do objetivo. Os executivos devem perceber que os objetivos do gerente de projetos durante a seleção de pessoal são os seguintes:

- Adquirir os melhores ativos disponíveis e tentar melhorá-los
- Proporcionar um bom ambiente de trabalho para todo o pessoal
- Certificar-se de que todos os recursos sejam aplicados de forma eficaz e eficiente para que todas as restrições sejam cumpridas, se possível

4.2 SELEÇÃO DO GERENTE DE PROJETOS: UMA DECISÃO EXECUTIVA

Guia PMBOK®, 5. ed.
9.2.1 Mobilizar a equipe do projeto: entradas
9.3.1.1 Desenvolver a equipe do projeto: entradas

Provavelmente, a decisão mais difícil que a alta administração enfrenta é a seleção de gerentes de projetos. Alguns gerentes trabalham melhor em projetos de longa duração, em que a tomada de decisões pode ser lenta; outros podem prosperar em projetos de curta duração que podem resultar em um ambiente de constante pressão. Um diretor foi questionado sobre quem escolheria para uma posição importante de gerente de projetos – um indivíduo que tenha sido um gerente de projetos em programas anteriores, nos quais houve graves problemas e sobrecustos ou um indivíduo novo e ousado que pudesse ter a capacidade de ser um bom gerente de projetos, mas que nunca tenha tido a oportunidade. O diretor respondeu que ele ficaria com o veterano, presumindo que os erros anteriores não ocorressem novamente. O argumento aqui é que o gerente de projetos deve aprender com seus próprios erros, para que eles não ocorram novamente. O novo indivíduo está apto a cometer os mesmos erros que o veterano cometeu. No entanto, isso pode limitar as oportunidades de carreira para o pessoal mais jovem. Stewart comentou sobre a importância da experiência[1]:

> Embora a experiência anterior do gerente de projetos tenda a ficar confinada a uma única área funcional do negócio, ele deve ser capaz de trabalhar no projeto como uma espécie de diretor em miniatura. Ele deve, não só acompanhar o que está acontecendo, mas também ter o papel fundamental de defender o projeto. Mesmo para um gerente experiente, essa tarefa provavelmente não deve ser fácil. Por isso, é importante designá-la a um indivíduo, cujas capacidades gerenciais e habilidades nas relações pessoais tenham sido convincentemente demonstradas sob pressão.

O processo de seleção para gerentes de projetos não é fácil. Cinco perguntas básicas devem ser consideradas:

- Quais são as fontes internas e externas?
- Como selecionar?
- Como podemos permitir o desenvolvimento de carreira em gerenciamento de projetos?
- Como podemos desenvolver habilidades de gerenciamento de projetos?
- Como podemos avaliar o desempenho do gerenciamento de projetos?

O gerenciamento de projetos não pode ser bem-sucedido, a não ser que um bom gerente de projetos esteja no controle. É muito mais provável que os gerentes de projetos sejam bem-sucedidos se ficar óbvio para os subordinados que o diretor os tenha nomeado. Normalmente, um breve memorando para os gerentes de linha será suficiente.

[1] STEWART, John. M. Making project management work. Reproduzido com permissão de *Business Horizons*, out. 1965. p. 63. Copyright 1965 pelo Conselho de Curadores da Universidade de Indiana.

As principais responsabilidades do gerente de projetos incluem:

- Produzir o item final com os recursos disponíveis e dentro das limitações de tempo, custos e desempenho/tecnologia
- Cumprir com os objetivos contratuais de lucro
- Tomar todas as decisões necessárias, sejam elas de alternativas ou de cancelamento
- Agir como ponto focal entre o cliente (externo), a alta administração e a gerência funcional
- "Negociar" com todas as disciplinas funcionais para a realização dos pacotes de trabalho necessários dentro das limitações de tempo, custos e desempenho/tecnologia
- Resolver todos os conflitos

Se essas responsabilidades fossem aplicadas para toda a organização, elas deveriam refletir na descrição de trabalho do diretor. Essa analogia entre o projeto e os diretores é uma das razões pelas quais futuros diretores são solicitados a desempenhar funções que estão implícitas, e não explicitas, na descrição de trabalho. Por exemplo, você é o gerente de um projeto de alta tecnologia. Como o projeto está tranquilo, o executivo pede para você escrever um artigo para que ele possa apresentá-lo em uma reunião técnica, em Tóquio. O nome dele aparecerá primeiro no artigo. Isso deve ser parte de seu trabalho? Como este autor vê, você realmente não tem muita escolha.

Para que os gerentes de projetos cumpram suas responsabilidades com sucesso, eles são constantemente exigidos a demonstrar suas habilidades no gerenciamento de interface, de recursos e de planejamento e controle. Essas responsabilidades implícitas são mostradas a seguir:

- Gerenciamento de Interface
  - Interfaces de Produto
    - Desempenho das partes ou subsecções
    - Conexão física das partes ou subsecções
  - Interfaces de Projeto
  - Cliente
  - Gerências (funcional e de nível superior)
  - Mudança de responsabilidades
  - Fluxo de informações
  - Interfaces de materiais (controle de estoque)
- Gerenciamento de Recursos
  - Tempo (cronograma)
  - Mão de obra
  - Dinheiro
  - Instalações
  - Equipamentos
  - Materiais
  - Informação/tecnologia
- Gerenciamento do Planejamento e do Controle
  - Aumento da utilização de equipamentos
  - Aumento da eficiência de desempenho
  - Redução dos riscos
  - Identificação de alternativas para os problemas
  - Identificação de resoluções alternativas aos conflitos

Considere o seguinte anúncio para um gerente de projetos de planejamento e construção de instalações (adaptado de *The New York Times*, 2 jan. 1972):

> Bem-apessoado, bem-educado, indivíduo letrado, com diploma universitário em Engenharia para trabalhar em uma empresa de pequeno porte. Longas horas, sem benefícios, sem segurança, pouca chance de crescimento estão entre os incentivos oferecidos. O trabalho exige amplo conhecimento e experiência em fabricação, materiais, técnicas de construção, economia, gestão e matemática. Competência no uso do inglês falado e escrito é obrigatória. Devem estar dispostos a sofrer indignidades pessoais dos clientes, escárnio profissional de seus pares em empregos mais convencionais, calúnias e insultos por parte dos colegas.
>
> O trabalho envolve frequentes viagens a locais inacessíveis espalhados pelo mundo todo, trabalhos manuais e extrema frustração com a falta de dados sobre os quais se fundamentam as decisões.
>
> O candidato deve estar disposto a arriscar futuro pessoal e profissional sobre as decisões baseadas em informações inadequadas e total falta de controle sobre a aceitação das recomendações pelos clientes. As responsabilidades para o trabalho são claras e pouca ou nenhuma orientação é oferecida. Não é fornecida autoridade compatível com a responsabilidade, quer por parte da empresa ou seus clientes.
>
> O candidato deverá enviar currículo, lista de publicações, referências e outros documentos de apoio para...

Felizmente, esses tipos de descrições de trabalho são muito raros hoje em dia.

Encontrar a pessoa com as qualificações corretas não é uma tarefa fácil porque a seleção de gerentes de projetos se baseia mais em características pessoais do que na descrição de trabalho. Na Seção 4.1 foi apresentada uma breve descrição das características desejadas. Russell Archibald define uma classificação mais extensa de características pessoais desejadas[2]:

Guia PMBOK®, 5. ed.
9.3 Desenvolver a equipe do projeto

- Flexibilidade e adaptabilidade
- Preferência por iniciativas importantes e liderança
- Agressividade, confiança, persuasão, fluência verbal
- Ambição, atividade, força
- Eficácia como comunicador e integrador
- Amplo escopo de interesses pessoais
- Equilíbrio, entusiasmo, imaginação, espontaneidade
- Capacidade de equilibrar as soluções técnicas com tempo, custos e os fatores humanos
- Boa organização e disciplina
- Generalista e não especialista
- Capacidade e disposição para dedicar parte do seu tempo ao planejamento e ao controle
- Capacidade de identificar problemas
- Disposição para tomar decisões
- Capacidade de manter o equilíbrio adequado na utilização do tempo

Esse gerente de projetos ideal provavelmente teria doutorado em engenharia, administração e psicologia e experiência em dez empresas diferentes em uma variedade de posições em escritórios de projetos e teria cerca de 25 anos de idade. Bons gerentes de projetos no mercado de hoje seriam provavelmente "sortudos" em ter de 70 a 80% dessas características. Os melhores gerentes de projetos estão dispostos e aptos a identificar suas próprias falhas e saber quando pedir ajuda.

A dificuldade na seleção de pessoal, especialmente para gerente de projetos ou gerente de projetos assistente, está em determinar quais perguntas fazer durante uma entrevista para ver se um indivíduo possui as características necessárias ou desejadas. Os indivíduos podem ser qualificados para serem promovidos verticalmente, mas não horizontalmente. Um indivíduo com baixa capacidade de comunicação e habilidades interpessoais pode ser promovido para uma vaga de gerência de linha por causa de sua competência técnica, mas essa mesma pessoa não está qualificada para uma promoção em gerenciamento de projetos.

Uma das melhores maneiras para entrevistar é ler cada elemento da descrição de trabalho para o potencial candidato. Muitas pessoas querem um plano de carreira em gerenciamento de projetos, mas são totalmente desinformadas sobre quais são as funções do gerente de projetos.

Até agora discutimos as características pessoais do gerente de projetos. Há também questões a serem consideradas relacionadas com o trabalho, tais como:

- São necessárias análises de viabilidade e análises econômicas?
- São necessários conhecimentos técnicos complexos? Se assim for, o indivíduo está dentro das capacidades?
- Se o indivíduo não possui conhecimentos especializados, haverá apoio suficiente nas organizações de linha?
- Esta é a primeira exposição da empresa ou do indivíduo a esse tipo de projeto e/ou cliente? Em caso afirmativo, quais são os riscos a considerar?
- Qual é a prioridade para esse projeto e quais são os riscos?
- Com quem o gerente de projetos deve fazer interface, dentro e fora da organização?

A maioria dos bons gerentes de projetos sabe como realizar estudos de viabilidade e análises de custo-benefício. Às vezes, esses estudos geram conflitos organizacionais. Uma grande empresa de serviços públicos começa cada projeto de TI com um estudo de viabilidade no qual uma análise de custo-benefício é realizada. Os gerentes de projetos, todos os quais se reportam a uma divisão de gerenciamento de projetos, realizam o estudo sem qualquer apoio funcional direto. Os gerentes funcionais argumentam que os resultados são muito imprecisos, pois os especialistas funcionais não estão envolvidos. Os gerentes de projetos, por outro lado, argumentam que não têm tempo ou dinheiro suficiente para realizar uma análise completa. Algumas empresas resolvem a situação por meio de um grupo especialista em realizar esses estudos.

A maioria das empresas prefere encontrar gerentes de projetos internamente. Infelizmente, isso é melhor na teoria do que na prática.

Há também boas razões para o recrutamento externo à empresa. Um gerente de projetos recém-contratado externamente está menos propenso a ter fortes laços informais com qualquer pessoa na organização de linha e, portanto, poderá ser imparcial. Algumas empresas ainda exigem que o indivíduo passe por um período de aprendizagem de 12 a 18 meses em uma organização de linha para descobrir como a empresa funciona, para se familiarizar com as pessoas e para entender as políticas e os procedimentos da empresa.

[2] ARCHIBALD, Russell D. *Managing high-technology programs and projects*. New York: John Wiley, 1976, p. 55. Copyright © 1976 por John Wiley & Sons, Inc. Reproduzido com permissão da editora.

Uma das mais importantes, mas comumente menos compreendidas características de um bom gerente de projetos é a capacidade de conhecer os pontos fortes e fracos seus e dos seus empregados. Os gerentes precisam entender que, para um desempenho eficiente, os empregados devem:

- Saber o que fazer
- Ter uma compreensão clara da autoridade e de seus limites
- Saber qual é o seu relacionamento com outras pessoas
- Saber o que constitui um trabalho benfeito em termos de resultados específicos
- Saber onde e quando eles estão insatisfatórios
- Estar cientes do que pode e deve ser feito para corrigir resultados insatisfatórios.
- Sentir que seus superiores têm um interesse por eles como indivíduos.
- Sentir que os seus superiores acreditam neles e querem que eles prosperem

4.3 REQUISITOS ORGANIZACIONAIS E COMPORTAMENTAIS DA EMPRESA PARA GERENTES DE PROGRAMAS E DE PROJETOS

Guia PMBOK®, 5. ed.
Capítulo 9 Gerenciamento dos Recursos Humanos do Projeto 9.3.2.1 Habilidades interpessoais 1.4.1 Gerenciamento de programas

O gerenciamento de programas complexos representa um desafio que exige competências em construção de equipes, liderança, resolução de conflitos, conhecimento técnico, planejamento, organização, empreendedorismo, administração, apoio da administração e alocação de recursos. Esta seção examina essas habilidades em relação à eficácia do gerenciamento de programas. Um fator importante para o bom desempenho do programa é a capacidade do gerente do programa para integrar o pessoal de várias disciplinas em uma equipe de trabalho eficaz.

Para obter resultados, o gerente de programas deve compreender (1) as pessoas a serem gerenciadas, (2) a tarefa a ser cumprida, (3) as ferramentas disponíveis (4), a estrutura organizacional e (5) o ambiente organizacional, incluindo a comunidade de clientes.

Com um entendimento da interação dos elementos, o gerente pode criar um ambiente propício para as necessidades da equipe de trabalho. As forças internas e externas que incidem sobre a organização do projeto devem ser conciliadas aos objetivos mútuos. Assim, o gerente de programas deve ter consciência, tanto socialmente como tecnicamente, para entender como a organização funciona e como essas funções vão afetar a organização do programa para o trabalho específico a ser realizado. Além disso, ele deve entender a cultura e o sistema de valores da organização em que está trabalhando. O gerenciamento de programas eficaz está diretamente relacionado à proficiência nestas dez competências:

- Construção da equipe
- Liderança
- Resolução de conflitos
- Conhecimento técnico
- Planejamento
- Organização
- Empreendedorismo
- Administração
- Apoio da administração
- Alocação de recursos

É importante que o estilo pessoal de gestão implícito nessas competências facilite a integração dos recursos multidisciplinares de programas para uma operação sinérgica. Os dias do gerente que sobrevive apenas com o conhecimento técnico ou com habilidades puramente administrativas ficaram para trás.

Habilidades de Construção da Equipe

Construir a equipe de programas é uma das principais responsabilidades do gerente do programa. A formação da equipe envolve todo um espectro de habilidades gerenciais necessárias para identificar, comprometer e integrar os vários grupos de trabalho da organização funcional tradicional em um único sistema de gerenciamento do programa.

Para ser eficaz, o gerente do programa deve proporcionar um ambiente propício ao trabalho em equipe. Ele deve cultivar um clima com as seguintes características:

- Membros da equipe comprometidos com o programa
- Boas relações interpessoais e espírito de equipe
- Conhecimento especialista e recursos necessários
- Metas e objetivos do programa claramente definidos
- Alta administração envolvida e apoiadora
- Boa liderança do programa
- Comunicação aberta entre os membros da equipe e as organizações de apoio
- Um baixo nível de conflitos interpessoais e intergrupais prejudiciais

Três considerações principais estão envolvidas em todos os fatores acima: (1) comunicação eficaz, (2) interesse sincero no crescimento profissional dos membros da equipe e (3) compromisso com o projeto.

Habilidades de Liderança

Um pré-requisito para o sucesso do programa é a capacidade de seu gerente em liderar a equipe dentro de um ambiente relativamente não estruturado. Trata-se de lidar de maneira eficaz com os gerentes e com o pessoal de apoio por meio das linhas funcionais e da capacidade de coletar e filtrar os dados relevantes para a tomada de decisões em um ambiente dinâmico. Envolve a capacidade de integrar demandas, requisitos e limitações individuais em decisões e resolver os conflitos intergrupais.

Tal como acontece com um diretor, a liderança de qualidade depende muito da experiência pessoal e da credibilidade do gerente de programas dentro da organização. Um estilo de gerenciamento eficaz pode ser caracterizado da seguinte maneira:

- Liderança clara e direção do projeto
- Assistência na resolução de problemas
- Facilitação para integração de novos membros na equipe
- Habilidade para lidar com conflitos interpessoais
- Facilitação para as decisões do grupo
- Capacidade de planejar e obter comprometimento
- Capacidade de comunicar com clareza
- Apresentação da equipe para a alta administração
- Capacidade de equilibrar soluções técnicas com fatores econômicos e humanos

Os traços pessoais desejáveis e que suportam as habilidades acima são:

- Experiência em gerenciamento de projetos
- Flexibilidade e orientação à mudança
- Pensamento inovador
- Iniciativa e entusiasmo
- Carisma e poder de persuasão
- Organização e disciplina

Habilidades de Resolução de Conflitos

O conflito é fundamental para o gerenciamento de tarefas complexas. O entendimento das causas dos conflitos é importante para a capacidade do gerente do programa em lidar com conflitos de forma eficaz. Quando o conflito se torna disfuncional, muitas vezes resulta em tomadas de decisões ruins, atrasos em relação às questões e em uma ruptura dos esforços da equipe, todas influências negativas para o desempenho do programa. No entanto, os conflitos podem ser benéficos quando geram envolvimento e novas informações e quando aumentam o espírito competitivo.

Para resolver os conflitos com sucesso e melhorar o desempenho geral do programa, os gerentes de programas devem:

- Compreender a interação dos elementos organizacionais e comportamentais, a fim de construir um ambiente propício para as necessidades de motivação da sua equipe. Isso irá reforçar a participação ativa e diminuir os conflitos improdutivos.
- Comunicar-se eficazmente com todos os níveis organizacionais, tanto a respeito dos objetivos do projeto quanto sobre as decisões. Reuniões de avaliação do andamento, regularmente programadas, representam um veículo de comunicação importante.
- Reconhecer as causas do conflito e seu momento no ciclo de vida do projeto. O planejamento eficaz do projeto, o planejamento de contingências, a garantia dos compromissos e o envolvimento da alta administração podem ajudar a evitar ou diminuir muitos conflitos antes que eles dificultem o desempenho do projeto.

O gerente realizado precisa de um "sexto sentido" para indicar quando o conflito é desejável, que tipo de conflito pode ser útil e o quão ideal é o conflito para uma dada situação. Em última análise, ele tem a responsabilidade única pelo seu programa e sobre como o conflito contribuirá para o seu sucesso ou fracasso.

Habilidades Técnicas

O gerente de programas raramente possui todos os conhecimentos técnicos, administrativos e de marketing necessários para direcionar o programa sozinho. Porém, é essencial que ele entenda a tecnologia, os mercados e o ambiente de negócios. Sem essa compreensão, as consequências das decisões localizadas sobre todo o programa, as ramificações de crescimento potencial e as relações com outras oportunidades de negócios podem não ser previstas pelo gerente. É necessário conhecimento técnico adicional para avaliar conceitos técnicos e soluções, comunicar-se eficazmente em termos técnicos com a equipe do projeto, avaliar os riscos e fazer as compensações entre custos, cronograma e questões técnicas. É por isso que, em situações complexas de resolução de problemas, muitos gerentes de projetos devem possuir conhecimentos em engenharia. O conhecimento técnico é composto do entendimento:

- Da tecnologia envolvida
- Das ferramentas e técnicas de engenharia empregadas
- De mercados específicos, seus clientes e requisitos
- Das aplicações dos produtos
- Das tendências e evoluções tecnológicas

- Das relações entre tecnologias de apoio
- Das pessoas que fazem parte da comunidade técnica

O conhecimento técnico necessário para um gerenciamento eficaz dos programas de engenharia é normalmente desenvolvido por meio de um crescimento progressivo em engenharia ou por designações de apoio ao projeto em uma área específica de tecnologia. Frequentemente, o projeto começa com uma fase de estudo exploratório que conduz a uma proposta. Isso é, normalmente, um excelente campo de testes para o futuro gerente de programas. E também permite que a alta administração avalie a capacidade do novo candidato para gerenciar as inovações tecnológicas e a integração de soluções.

Habilidades de Planejamento

As habilidades de planejamento são úteis para qualquer iniciativa, pois são absolutamente essenciais para o gerenciamento bem-sucedido de programas grandes e complexos. O plano do projeto é o mapa que define como começar desde o início até os resultados finais.

O planejamento do programa é uma atividade contínua em todos os níveis organizacionais. No entanto, a elaboração de um plano resumido do projeto, antes de seu início, é de responsabilidade do gerente do programa. O planejamento eficaz de projetos exige habilidades específicas muito além de redigir um documento com cronogramas e orçamentos. É uma atividade que requer comunicação e habilidades de processamento das informações para definir as reais necessidades de recursos e o apoio administrativo necessário. E exige a capacidade de negociar os recursos necessários e o comprometimento de profissionais importantes em várias organizações de apoio, com pouca ou nenhuma autoridade formal.

O planejamento eficaz requer habilidades nas áreas de:

- Processamento das informações
- Comunicação
- Negociação dos recursos
- Garantia de comprometimento
- Planejamento incremental e modular
- Garantia de marcos mensuráveis
- Facilitação do envolvimento da alta administração

Além disso, o gerente do programa deve garantir que o plano continue a ser um documento viável. As mudanças no escopo e na abrangência do projeto são inevitáveis. O plano deve refletir alterações necessárias por meio da revisão formal e deve ser o documento orientador durante todo o ciclo de vida do programa. Um plano obsoleto ou irrelevante se torna inútil.

Finalmente, os gerentes de programas precisam estar cientes de que o planejamento pode ser exagerado. Se não for controlado, o planejamento pode tornar-se um fim em si mesmo e um fraco substituto para o trabalho inovador. É responsabilidade do gerente de programas criar flexibilidade no plano e monitorar contra o seu uso indevido.

Competências Organizacionais

O gerente de programas deve ser um arquiteto social, isto é, ele deve compreender como a organização funciona e como trabalhar com a organização. As competências organizacionais são particularmente importantes durante a formação do projeto e seu início, quando o gerente de programas está integrando as pessoas de várias disciplinas diferentes em uma equipe de trabalho eficiente. Isso requer a definição de relações de hierarquia, responsabilidades, linhas de controle e necessidades de informação. Um bom plano de programa e uma matriz de tarefas são ferramentas organizacionais úteis. Além disso, o esforço organizacional é facilitado pela clareza dos objetivos definidos do programa, por canais de comunicação abertos, pela boa liderança do programa e pelo apoio da alta administração.

Habilidades Empreendedoras

O gerente de programas também precisa de uma perspectiva de gestão geral. Por exemplo, considerações econômicas afetam o desempenho financeiro da organização, mas os objetivos geralmente são mais amplos do que os lucros. A satisfação do cliente, o crescimento futuro, o cultivo de atividades relacionadas de mercado e o mínimo de perturbações organizacionais de outros programas podem ser metas igualmente importantes. O gerente de programas eficaz preocupa-se com todas essas questões.

As competências empreendedoras são desenvolvidas por meio da experiência real. No entanto, um treinamento formal do tipo MBA, seminários especiais e programas multifuncionais de treinamento podem ajudar a desenvolver as competências empreendedoras necessárias aos gerentes de programas.

Habilidades Administrativas

As habilidades administrativas são essenciais. O gerente de programas deve ter experiência em planejamento, seleção de pessoal, orçamentação, programação de cronograma e outras técnicas de controle. Ao lidar com o pessoal técnico, o problema raramente é fazer as pessoas compreenderem as técnicas administrativas, como orçamentação e programação de cronograma, mas convencê-las de que os custos e o cronograma são tão importantes quanto soluções técnicas elegantes.

Principalmente em programas maiores, os gerentes raramente possuem todas as habilidades administrativas necessárias. Embora seja importante que os gerentes de programas compreendam os procedimentos operacionais e as ferramentas disponíveis da empresa, muitas vezes é necessário que se livrem dos detalhes administrativos, independentemente de sua capacidade de lidar com eles. Eles devem delegar um número considerável de tarefas administrativas aos grupos de apoio ou contratar um administrador de projetos.

Algumas ferramentas úteis para o gerente na administração de seu programa incluem: (1) reunião, (2) relatório, (3) revisão e (4) controles de orçamento e de cronograma. Os gerentes de programas devem estar completamente familiarizados com essas ferramentas disponíveis e devem saber como utilizá-las de maneira eficaz.

Habilidades de Construção de Apoio da Administração

O gerente de programas é cercado por uma miríade de organizações que, ou o apoiam, ou controlam suas atividades. A compreensão dessas interfaces é importante para os gerentes de programas, uma vez que aumenta a sua capacidade de construir relações favoráveis com a alta administração. As organizações dos projetos são sistemas de poder compartilhado com pessoal com interesses muito diversos e que possuem suas "formas de trabalho." Apenas um líder forte, apoiado pela alta administração pode impedir o desenvolvimento de tendências desfavoráveis.

Quatro principais variáveis influenciam a capacidade do gerente de projetos de criar relações favoráveis com a alta administração: (1) sua credibilidade atual, (2) a visibilidade de seu programa (3), a prioridade do seu programa em relação a outras iniciativas organizacionais, e (4) a sua própria acessibilidade.

Habilidades na Alocação de Recursos

A organização do programa tem vários chefes. As linhas funcionais, muitas vezes protegem as organizações de apoio do controle financeiro direto pelo escritório de projetos. Uma vez que uma tarefa tenha sido autorizada, frequentemente é impossível controlar as designações de pessoal, as prioridades e os custos indiretos de mão de obra. Além disso, a responsabilidade de lucro fica dificultada em virtude da interdependência dos vários departamentos de apoio e à mudança frequente no escopo e no conteúdo do trabalho.

O planejamento eficaz e detalhado do programa pode facilitar o compromisso e reforçar o controle. Parte do plano é a "Declaração do Trabalho (DT)"[NT1], que estabelece uma base para a alocação de recursos. Também é importante elaborar acordos específicos com todos os contribuintes importantes e seus superiores sobre as tarefas a serem executadas e os respectivos orçamentos e cronogramas. Marcos mensuráveis não são importantes apenas para os componentes físicos, mas também para os componentes "invisíveis" do programa, como as tarefas de sistemas e software. Teoricamente, esses compromissos com especificações, cronogramas e orçamentos deveriam ser estabelecidos por meio do envolvimento de profissionais-chave nas fases iniciais de formação do projeto, como a fase de proposta. Esse é o momento em que os requisitos ainda são flexíveis e em que ainda são possíveis compensações entre parâmetros de desempenho, cronograma e orçamento. Além disso, esse é, normalmente, o momento em que o espírito competitivo entre os potenciais contribuintes é maior, muitas vezes levando a um plano de trabalho mais coeso e desafiador.

4.4 SITUAÇÕES ESPECIAIS DURANTE A SELEÇÃO DO GERENTE DE PROJETOS

Até agora partimos do pressuposto de que o projeto é grande o suficiente para que um gerente de projetos em tempo integral seja nomeado. Esse nem sempre é o caso. Há quatro grandes problemas na seleção de pessoal para o projeto:

- Designações em tempo parcial *versus* designações em tempo integral
- Vários projetos designados a um gerente de projetos
- Projetos designados aos gerentes funcionais
- A função de gerente de projetos é mantida pelo diretor

O primeiro problema está geralmente relacionado ao tamanho do projeto. Se o projeto é pequeno (em duração de tempo ou em custos), pode ser selecionado um gerente de projetos em tempo parcial. Muitos executivos têm caído na armadilha de deixar o pessoal de linha atuar como gerentes de projetos em tempo parcial, enquanto ainda desempenham suas funções de linha. Se o funcionário tem um conflito entre o que é melhor para o projeto e o que é melhor para sua organização de linha, o projeto será impactado. É natural que o empregado favoreça o lugar de onde os aumentos salariais vêm.

É uma prática comum para um gerente de projetos controlar vários projetos, principalmente se eles são relacio-

[NT1] Termo em inglês, *Statement of Work* (SOW).

nados ou semelhantes. Os problemas aparecem quando os projetos têm prioridades drasticamente diferentes. Os esforços de baixa prioridade serão negligenciados.

Se o projeto é um esforço de alta tecnologia que requer especialização e que pode ser realizado por apenas um departamento, então não é incomum que o gerente de linha assuma um duplo papel e atue também como gerente do projeto. Isso pode ser difícil de executar, especialmente se o gerente do projeto tiver de estabelecer prioridades para o trabalho sob sua supervisão. O gerente de linha pode manter os melhores recursos para o projeto, independentemente da prioridade. Então esse projeto será um sucesso, à custa de todos os outros projetos para os quais ele deve fornecer recursos.

Provavelmente a pior situação é aquela em que um executivo preenche o papel de gerente de projetos para um esforço especial. O executivo pode não ter o tempo necessário para dedicação total à realização do projeto. Ele não pode tomar decisões eficazes como gerente do projeto enquanto ainda cumpre seus deveres normais. Além disso, o executivo pode acumular os melhores recursos para seu projeto.

4.5 A SELEÇÃO DO GERENTE DE PROJETOS ERRADO

Mesmo que os executivos conheçam as características pessoais e os traços que os gerentes de projetos devem possuir, e mesmo que as descrições de trabalho muitas vezes sejam claramente definidas, os executivos da administração podem, ainda assim, selecionar a pessoa errada, pois eles tomam decisões com base nos seguintes critérios.

Maturidade

Alguns executivos consideram cabelo grisalho como um indício seguro de maturidade, mas esse não é o tipo de maturidade necessária para o gerenciamento de projetos. A maturidade em gerenciamento de projetos geralmente vem da exposição a vários tipos de projetos em uma variedade de posições no escritório de projetos. Na indústria aeroespacial e de defesa, é possível que um gerente de projetos gerencie o mesmo tipo de projeto durante dez anos ou mais. Quando alocado para um novo projeto, o indivíduo pode tentar forçar o pessoal e os requisitos de projeto para aderir às mesmas políticas e procedimentos que existiam no projeto de dez anos. Esse gerente pode conhecer apenas uma forma de gerenciar de projetos.

Táticas Rígidas

Utilizar táticas rígidas com os subordinados pode ser muito desmoralizante. Os gerentes de projetos devem dar às pessoas liberdade suficiente para realizar o trabalho sem fornecer contínuas vigilância e direção. Um funcionário de linha que tenha "liberdade" fornecida pelo seu gerente de linha, mas de repente encontra-se supervisionado de perto pelo gerente de projetos será muito infeliz.

Os gerentes de linha, em virtude de sua capacidade de controlar o salário de um empregado, só precisam de um estilo de liderança e podem forçar os empregados a se adaptarem. O gerente de projetos, por outro lado, não consegue controlar os salários e deve ter uma grande variedade de estilos de liderança. Ele deve adaptar um estilo de liderança aos funcionários do projeto, enquanto o inverso é verdade na organização de linha.

Disponibilidade

Os executivos não devem designar indivíduos como gerentes de projetos simplesmente por causa da disponibilidade. As pessoas têm uma tendência a se retrair quando você sugere que os gerentes de projetos sejam trocados no meio de um projeto. Por exemplo, o gerente X está no meio do seu projeto. O gerente Y está esperando por uma designação. Um novo projeto surge e o executivo troca os gerentes X e Y. Existem várias razões para isso. A fase mais importante de um projeto é o planejamento, e, se for feito corretamente, o projeto poderia funcionar sozinho de forma concebível. Portanto, o gerente Y deve ser capaz de lidar com o projeto do gerente X.

Há várias outras razões para que essa troca possa ser necessária. O novo projeto pode ter uma prioridade maior e exigir um gerente mais experiente. Em segundo lugar, nem todos os gerentes de projetos são iguais, especialmente quando se trata de planejamento. Quando um executivo encontra um gerente de projetos que demonstra talento extraordinário no planejamento, há uma tendência natural de o executivo querer que esse gerente planeje todos os projetos.

Conhecimento Técnico

Executivos frequentemente promovem os gerentes de linha técnica sem perceber as consequências. Especialistas técnicos podem não ser capazes de divorciar-se do lado técnico da empresa para tornarem-se gerentes de projetos, em vez de executores de projetos. Há também razões fortes para se promoverem especialistas técnicos como gerentes de projetos. Essas pessoas, muitas vezes:

- Possuem um melhor relacionamento com colegas pesquisadores
- Podem evitar a duplicação de esforços
- Podem fomentar o trabalho em equipe
- Evoluíram pelos escalões técnicos
- São conhecedores em muitos campos técnicos

- Compreendem o significado da filosofia da rentabilidade e do gerenciamento geral
- São interessados em treinamento e ensino
- Sabem como trabalhar com os perfeccionistas

Promover um empregado ao gerenciamento de projetos em virtude de sua especialização técnica pode ser aceitável se, e somente se, o projeto exige esse conhecimento e orientação técnica, como nos esforços de P & D. Para os projetos em que um "generalista" é aceitável como um gerente de projetos, pode haver um grande perigo na designação de pessoal altamente técnico. De acordo com Wilemon e Cicero[3]:

- Quanto maior for o conhecimento técnico do gerente de projetos, maior será a sua propensão em envolver-se demais com os detalhes técnicos do projeto.
- Quanto maior for a dificuldade do gerente de projetos em delegar responsabilidades de tarefas técnicas, mais será provável que ele se envolva demais com os detalhes técnicos do projeto (dependendo de seu conhecimento para assim o fazer).
- Quanto maior for o interesse do gerente de projetos nos detalhes técnicos do projeto, mais será provável que defenda o papel do gerente de projetos como o de um especialista técnico.
- Quanto menor for o conhecimento técnico do gerente de projetos, mais será provável que ele venha a enfatizar muito as funções não técnicas do projeto (funções administrativas).

Orientação ao Cliente

Os executivos frequentemente designam indivíduos como gerentes de projetos simplesmente para atender a uma solicitação do cliente. Porém, ser capaz de comunicar-se com o cliente não garante o sucesso do projeto. Se a escolha do gerente de projetos for simplesmente uma concessão ao cliente, então, o executivo deve insistir em fornecer uma sólida equipe de apoio.

Nova Exposição

Os executivos correm o risco de um fracasso do projeto se um indivíduo for nomeado gerente simplesmente para ganhar exposição no gerenciamento de projetos. Um executivo de uma empresa de serviços públicos queria alternar seu pessoal de linha de 12 a 18 meses em gerenciamento de projetos e depois devolvê-los para a organização de linha, onde seriam indivíduos com experiência mais ampla e variada e compreenderiam melhor a relação de trabalho entre o gerenciamento de projetos e a gerência de linha. Existem dois grandes problemas com isso. Primeiramente, o indivíduo pode se tornar tecnicamente obsoleto após 18 meses de gerenciamento de projetos. Segundo, e mais importante, os indivíduos que experimentam o gerenciamento de projetos geralmente não querem voltar para a organização de linha.

Exposição da Empresa

O simples fato de que os indivíduos trabalharam em várias divisões não garante que serão bons gerentes de projetos. Suas experiências em várias divisões podem indicar que eles não conseguiriam aguentar nenhum trabalho. Nesse caso, eles teriam chegado ao seu verdadeiro nível de incompetência, e colocá-los em gerenciamento de projetos só irá aumentar o dano que podem causar à empresa. Alguns executivos afirmam que a melhor maneira de treinar um gerente de projetos é por meio da alternância pelas diversas disciplinas funcionais de duas semanas a um mês em cada organização. Outros executivos sustentam que isso é inútil porque o indivíduo não pode aprender nada em período tão curto de tempo.

As Tabelas 4-1 e 4-2 identificam o pensamento atual sobre os métodos de treinamento de gerentes de projetos.

TABELA 4.1 Métodos e técnicas para o desenvolvimento de gerentes de projetos

I	Treinamento/prática experiencial
	Trabalho com um líder profissional experiente
	Trabalho com membro da equipe de projeto
	Designação de uma variedade de responsabilidades de gerenciamento de projetos, consecutivamente
	Revezamento
	Treinamento prático formal
	Apoio às atividades multifuncionais
	Atividades de ligação com o cliente
II	Treinamento/capacitação conceitual
	Cursos, seminários, *workshops*
	Simulações, jogos, casos
	Grupo de exercícios
	Exercícios práticos na utilização de técnicas de gerenciamento de projetos
	Reuniões profissionais
	Convenções, simpósios
	Leituras, livros, revistas especializadas, revistas profissionais
III	Desenvolvimento organizacional
	Função de gerenciamento de projetos formalmente estabelecida e reconhecida
	Organização de projetos adequada
	Sistemas de apoio a projetos
	Termo de abertura do projeto
	Instruções, políticas e procedimentos de gerenciamento de projetos

[3] WILEMON, D. L.; CICERO, J. P. The project manager – anomalies and ambiguities. *Academy of Management Journal*, 1970. v. 13, p. 269-282.

TABELA 4.2 Como treinar gerentes de projetos

A administração da empresa diz que gerentes de projetos podem ser treinados de várias formas:	
Aprendizagem experiencial e prática	60%
Capacitação formal e cursos especiais	20%
Atividades profissionais, seminários	10%
Leituras	10%

Finalmente, há três pontos especiais a considerar:

- Os indivíduos não devem ser promovidos a gerentes de projetos simplesmente porque estão no topo da sua categoria de salário.
- Gerentes de projetos devem ser promovidos e pagos com base no desempenho, não no número de pessoas supervisionadas.
- Não é necessário que o gerente de projetos seja o indivíduo da equipe do projeto com o maior salário ou posição, com a lógica de que é preciso "peso" suficiente.

4.6 GERENTES DE PROJETOS DA PRÓXIMA GERAÇÃO

As habilidades necessárias para ser um gerente de projetos eficaz, do século XXI, são diferentes das que eram necessárias durante a década de 1980. Historicamente, apenas os engenheiros tiveram a oportunidade de tornarem-se gerentes de projetos. A crença era de que o gerente de projetos tinha de ter um domínio da tecnologia, a fim de tomar todas as decisões técnicas. Conforme os projetos se tornaram maiores e mais complexos, ficou evidente que os gerentes de projetos podem apenas ter que entender, e não dominar, a tecnologia. O verdadeiro conhecimento técnico ficaria com os gerentes de linha, exceto para situações especiais, tais como gerenciamento de projetos de P&D.

Como o gerenciamento de projetos começou a crescer e amadurecer, o gerente de projetos passou de um responsável técnico para um gerente de negócios. As principais habilidades necessárias para ser um gerente de projetos eficaz no século XXI são:

- Conhecimento do negócio
- Gerenciamento dos riscos
- Habilidades de integração

A habilidade crítica é o gerenciamento dos riscos. No entanto, para realizar o gerenciamento dos riscos de forma eficaz, é necessário um bom conhecimento do negócio. A Figura 4-1 mostra as mudanças nas habilidades necessárias de gerenciamento de projetos entre 1985 e 2012.

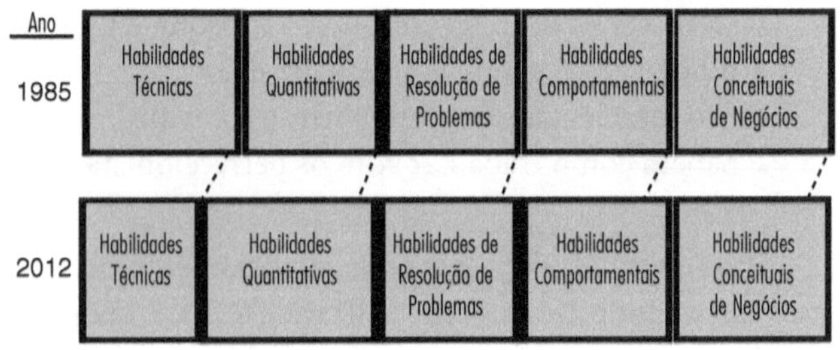

FIGURA 4-1 Habilidades de gerenciamento de projetos.

Conforme os projetos se tornam maiores, a complexidade do gerenciamento da integração torna-se mais evidente. A Figura 4-2 ilustra a importância do gerenciamento da integração. Em 1985, os gerentes de projetos passaram a maior parte do tempo planejando e replanejando com sua equipe. Isso era necessário porque o gerente de projetos era o especialista técnico. Hoje, os gerentes de linha são os especialistas técnicos e realizam a maior parte do planejamento e do replanejamento dentro do seu departamento. Os esforços do gerente de projetos são fortemente orientados para a integração dos planos de trabalho em um plano total do projeto. Algumas pessoas alegam que, com o aumento dos riscos e das complexidades do gerenciamento da integração, o gerente de projetos do futuro se tornará um especialista em controle de danos.

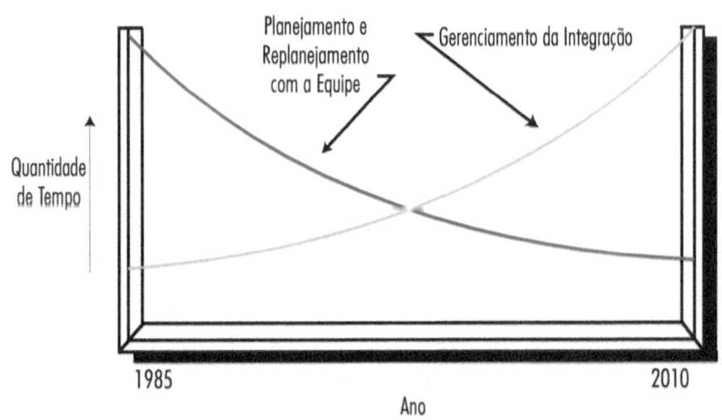

FIGURA 4-2 Como os gerentes de projetos utilizam seu tempo?

4.7 DEVERES E DESCRIÇÕES DE TRABALHO

Como os projetos, ambientes e organizações são diferentes de empresa para empresa, bem como de projeto para projeto, não é incomum que as empresas se esforcem em fornecer descrições de trabalho razoáveis para o gerente de projetos e pessoal relacionado. A seguir está uma lista simples para identificar os deveres de um gerente de projetos na indústria da construção[4]:

[4] Fonte desconhecida.

- Planejamento
  - Tornar-se completamente familiarizado com todos os documentos contratuais
  - Desenvolver o plano básico para a execução e controle do projeto
  - Conduzir a elaboração dos procedimentos do projeto
  - Conduzir a elaboração do orçamento do projeto
  - Conduzir a elaboração do cronograma do projeto
  - Conduzir a elaboração de critérios básicos de design para o projeto e especificações gerais
  - Conduzir a elaboração do plano para organizar, executar e controlar as atividades no setor de construção
  - Revisar os planos e procedimentos periodicamente e instituir mudanças, se necessário
- Organização
  - Elaborar o organograma para o projeto
  - Revisar as descrições de cargos, definindo deveres, responsabilidades e restrições para os supervisores do projeto
  - Participar na seleção dos principais supervisores do projeto
  - Desenvolver requisitos de mão de obra para o projeto
  - Rever constantemente a organização do projeto e recomendar mudanças à estrutura organizacional e ao pessoal, se necessário
- Direção
  - Dirigir todo o trabalho do projeto necessário para o cumprimento das obrigações contratuais
  - Desenvolver e manter um sistema de tomada de decisões dentro da equipe de projeto, segundo o qual as decisões sejam tomadas em nível adequado
  - Promover o crescimento dos principais supervisores do projeto
  - Estabelecer objetivos para o gerente de projetos e metas de desempenho para os principais supervisores do projeto
  - Promover e desenvolver um espírito de esforço de equipe para o projeto
  - Auxiliar na resolução de problemas ou diferenças entre os departamentos ou grupos em projetos designados
  - Antecipar e evitar ou diminuir os potenciais problemas, preservando o conhecimento atual do andamento global do projeto
  - Desenvolver diretrizes estratégicas claramente escritas para todos os grandes problemas, com definições claras de responsabilidades e restrições
- Controle
  - Monitorar as atividades do projeto para adequação ao propósito e à filosofia da empresa e às políticas gerais corporativas
  - Interpretar, comunicar e exigir a adequação ao contrato, ao plano aprovado, aos procedimentos do projeto e às instruções do cliente
  - Manter o controle pessoal da aderência à garantia do contrato à cobertura da garantia
  - Acompanhar de perto as atividades do projeto para adequação às provisões do escopo do contrato. Estabelecer um procedimento de aviso de mudança para avaliar e comunicar as mudanças no escopo
  - Verificar se os planos de controle e relatório de custos, cronograma e qualidade estão sendo utilizados de maneira eficaz
  - Manter a comunicação eficaz com o cliente e todos os grupos que realizam o trabalho do projeto

Uma descrição mais detalhada do trabalho de um gerente de projetos de construção (para uma empresa de serviços públicos) aparece abaixo:

Deveres

Sob supervisão mínima estabelece as prioridades e direciona os esforços do pessoal (incluindo seus consultores ou empreiteiros) envolvidos ou a serem envolvidos nas tarefas controladas do projeto, para suprir a necessidade de realização de um conjunto integrado e aprovado de requisitos técnicos, mão de obra, custos e de cronograma.

1. Conduz o desenvolvimento das descrições detalhadas iniciais e revisadas das tarefas e das previsões de seus requisitos técnicos, de mão de obra, de custos e de cronograma associados às tarefas designadas à Divisão.
2. Conduz a integração regular das previsões iniciais e revisadas das tarefas nos relatórios técnicos, de mão de obra, de custos e de cronograma da Divisão e inicia o ciclo de aprovação para os relatórios.
3. Revisa as recomendações de tarefas ou ações conflitantes internas e externas à Divisão que possam ocorrer a partir de descrição inicial da tarefa e do desenvolvimento de previsões até a conclusão final da tarefa e conduz métodos uniformes para a sua resolução.
4. Analisa adições disponíveis e planejadas aos recursos humanos da Divisão, incluindo suas apli-

cações de tarefas, com os relatórios técnicos integrados e de mão de obra e inicia ações para garantir que as necessidades de recursos humanos da Divisão sejam atendidas por meio da melhor combinação econômica de consultoria qualificada e pessoal contratado disponível.

5. Avalia os relatórios de custos e de cronograma da Divisão à luz de novas tarefas e mudanças em tarefas existentes e inicia ações para garantir que os aumentos ou reduções de custos e prazos da tarefa sejam aceitáveis e sejam devidamente aprovados.
6. Prioriza, ajusta, e direciona os esforços de alocação de recursos do pessoal da Divisão (incluindo consultores e empreiteiros) conforme necessário, tanto para garantir a realização dos compromissos regulamentares estaduais e federais programados, como para manter a aderência da Divisão aos relatórios integrados de mão de obra, de custos e de cronograma.
7. Comunica regularmente os resultados das avaliações de mão de obra, custos e cronograma à alta administração.
8. Conduz regularmente o desenvolvimento e a emissão de relatórios de tarefas individuais e integradas dos programas do projeto.
9. Recomenda estratégias, metas e objetivos novos ou revisados da Divisão, levando em conta a antecipação de mão de obra em longo prazo e as necessidades orçamentais.
10. Supervisiona diretamente o pessoal do projeto na elaboração regular e na emissão das descrições individuais de tarefas e suas previsões associadas, relatórios integrados de mão de obra, custos e cronograma da Divisão e ambos os relatórios de tarefas e de progresso do projeto.
11. Estabelece requisitos básicos organizacionais e de qualificação de pessoal para o desempenho das tarefas da Divisão (incluindo os seus consultores ou empreiteiros).
12. Estabelece os requisitos, conduz o desenvolvimento e aprova programas de controle para padronizar os métodos utilizados para controlar os tipos similares de atividades no projeto e em outros Departamentos da Divisão.
13. Estabelece os requisitos, conduz o desenvolvimento e aprova programas de treinamentos administrativos e técnicos para o pessoal da Divisão.
14. Aprova as recomendações para a atribuição de serviços ou ordens de compra de materiais pelo pessoal da Divisão e garante que os dados de custos e cronograma associados com tais ordens sejam coerentes com os valores aprovados nos relatórios integrados de custos e de cronograma.
15. Promove relações harmoniosas entre as organizações da Divisão envolvidas nas tarefas do Projeto.
16. Exerce outros deveres relacionados aos controles de projetos da Divisão, como designado pelo gerente do projeto

Qualificações

1. Bacharelado em Engenharia ou em Administração com especialização em Engenharia ou Ciências Exatas em curso de quatro anos em uma faculdade ou universidade credenciada.
2. a. Para Graduados em Engenharia, dez anos ou mais de experiência em Engenharia e Construção, incluindo um mínimo de cinco anos de experiência em supervisão e dois anos de experiência gerencial e serviços de fornecimento de energia elétrica.
   b. Para Graduados em Administração, dez anos ou mais de experiência gerencial, incluindo um mínimo de cinco anos de experiência em supervisão de uma área de gestão relacionada à engenharia e construção e dois anos de experiência como gerente ou gerente assistente em grandes projetos de engenharia e construção e dois anos de experiência recente em serviços de fornecimento de energia elétrica.
3. Conhecimento prático dos regulamentos e exigências estaduais e federais que se aplicam a grandes projetos de design e construção, tais como estações de energia fóssil e nuclear.
4. Capacidade comprovada para desenvolver programas de controles de gestão de alto nível.
5. Experiências relacionadas com o processamento de dados de custos e informações de cronograma.
6. É desejável (mas não necessário) que o engenheiro seja um profissional credenciado pelas devidas associações técnicas e de gestão.
7.[5] Pelo menos quatro anos de experiência como membro da equipe de gestão em uma estação de energia nuclear operante, ou na capacidade de apoio local ou externo à engenharia.
8.[5] Conhecimento detalhado das exigências federais de licenciamento para as estações nucleares.
9.[5] Orador razoavelmente eficaz.

[5] As qualificações de 7 a 9 se aplicam apenas a Diretores de Projetos Nucleares.

Guia PMBOK®, 5. ed.
Capítulo 9 Gerenciamento dos Recursos Humanos do Projeto

TABELA 4-3 Posições e responsabilidades em gerenciamento de projetos

Posição de Gerenciamento de Projetos	Responsabilidade Típica	Habilidades Necessárias
Administrador de Projetos Coordenador de Projetos Assistente Técnico	Coordenação e integração das tarefas do subsistema. Assistência na determinação de requisitos técnicos e de mão de obra, cronogramas e orçamentos. Medição e análise do desempenho do projeto com relação ao progresso técnico, cronogramas e orçamentos.	Planejamento Coordenação Análise Compreensão da organização
Gerente de Tarefas Engenheiro de Projetos Gerente de Projetos Assistente	Mesmo papel que o anterior, mas com ênfase no estabelecimento e manutenção dos requisitos do projeto. Condução das compensações. Condução de implementação técnica de acordo com os cronogramas e orçamentos estabelecidos.	Conhecimentos técnicos Avaliação de compensações Gerenciamento da implementação de tarefas Condução dos especialistas das tarefas
Gerente de Projetos Gerente de Programas	Mesmo papel que o anterior, mas com ênfase forte no planejamento e controle do projeto. Coordenação e negociação de requisitos entre o patrocinador e as organizações executoras. Desenvolvimento de proposta para licitação e precificação. Estabelecimento da organização do projeto e seleção do pessoal. Liderança global na implementação do plano do projeto. Lucro do projeto. Desenvolvimento de novos negócios.	Liderança global do programa Construção da equipe Resolução de conflitos Gerenciamento de tarefas multidisciplinares Planejamento e alocação de recursos Interface com clientes e patrocinadores
Gerente Executivo de Programas	Título reservado para grandes programas relacionados à organização realizadora. Mesmas responsabilidades que o anterior. O foco está em dirigir o programa inteiro na direção dos resultados desejados do negócio. Ligação com o cliente. Desempenho de lucro. Desenvolvimento de novos negócios. Desenvolvimento organizacional.	Liderança do negócio Gerenciamento global dos negócios por meio de programas Construção das organizações do programa Desenvolvimento do pessoal Desenvolvimento de novos negócios
Diretor de Programas Vice-Presidente de Desenvolvimento de Programas	Responsável pelo gerenciamento de vários negócios por meio de programas, por intermédio de várias organizações de projetos, cada uma liderada por um gerente de projetos. O foco e em planejamento e desenvolvimento de negócios, desempenho dos lucros, desenvolvimento de tecnologia, estabelecimento de políticas e procedimentos, diretrizes para o gerenciamento de programas, desenvolvimento do pessoal, desenvolvimento organizacional.	Liderança Planejamento estratégico Direção e gerenciamento dos negócios por meio de programas Construção das organizações Seleção e desenvolvimento do pessoal Identificação e desenvolvimento de novos negócios

Em virtude da potencial natureza de sobreposição das descrições de cargos em um ambiente de gerenciamento de projetos, algumas empresas tentam definir as responsabilidades para cada posição, como mostra a Tabela 4-3.

4.8 O PROCESSO ORGANIZACIONAL DE SELEÇÃO DE PESSOAL

Guia PMBOK®, 5. ed.
Capítulo 9 Gerenciamento dos Recursos Humanos do Projeto 9.2 Mobilizar a equipe do projeto

Selecionar o pessoal da organização do projeto pode tornar-se um esforço longo e tedioso, especialmente em projetos de engenharia grandes e complexos. Três principais questões devem ser respondidas:

- Quais recursos humanos são necessários?
- De onde as pessoas virão?
- Que tipo de estrutura organizacional de projetos será melhor?

Para determinar os recursos humanos necessários, os tipos de profissionais (possivelmente descrições de cargos) devem ser decididos, bem como quantos indivíduos de cada categoria de trabalho serão necessários e quando esses indivíduos serão necessários.

Considere a seguinte situação: como gerente de projetos, você tem uma atividade que requer três tarefas distintas, todas realizadas dentro da mesma organização de linha. O gerente de linha oferece a você os melhores recursos disponíveis para a primeira tarefa imediatamente, mas não pode se comprometer para além disso. Pode ser que o gerente de linha tenha disponíveis apenas recursos abaixo da média para a segunda e terceira tarefas. No entanto, o gerente de linha está disposto a fazer um acordo com você. Ele pode lhe oferecer um funcionário que pode fazer o trabalho, mas que terá apenas um desempenho médio. Se você aceitar o funcionário médio, o gerente de linha irá garantir que o empregado estará disponível para você para todas as três tarefas. O quão importante é a continuidade para você? Não existe uma resposta claramente definida para essa pergunta. Algumas pessoas querem sempre os melhores recursos e estão dispostas a lutar por eles, enquanto outras preferem a continuidade e não gostam de ver novas pessoas entrando e saindo. O autor prefere a continuidade, desde que o colaborador designado tenha a capacidade de fazer o planejamento prévio necessário durante a primeira tarefa. O perigo em selecionar o melhor funcionário é que um projeto de prioridade mais alta pode surgir e você perderá o funcionário ou, se o empregado é um trabalhador excepcional, ele pode simplesmente ser promovido e sair do seu projeto.

Às vezes, um gerente de projetos pode ter de fazer concessões para conseguir as pessoas certas. Por exemplo, durante o sétimo, oitavo e nono meses do seu projeto você precisa de dois indivíduos com qualificações específicas. O gerente funcional diz que eles estarão disponíveis dois meses antes e que, se você não selecioná-los, não haverá garantia de disponibilidade durante o sétimo mês. Obviamente, o gerente de linha o está pressionando e você pode ter que ceder. Há também a situação na qual o gerente de linha diz que ele vai ter de emprestar as pessoas de outro departamento, a fim de cumprir os compromissos que fez para o seu projeto. Você pode ter de conviver com essa situação, mas seja muito cuidadoso – esses empregados trabalharão em um nível baixo na curva de aprendizagem e horas extras não vão necessariamente resolver o problema. Você deve esperar por erros nessa situação.

Os gerentes de linha muitas vezes colocam novos empregados em projetos para que eles possam aprender. Os gerentes de projetos geralmente se ressentem disso e vão imediatamente até a alta administração para pedir ajuda. Se o gerente de linha diz que ele pode realizar o trabalho com pessoal de nível mais baixo, então o gerente de projetos deve acreditar no gerente de linha. Afinal, é o gerente de linha, e não os funcionários designados, que tem o compromisso de realizar o trabalho e é o pescoço dele que está em jogo.

A confiança mútua entre gerentes de projetos e de linha é crucial, especialmente durante as sessões de alocação de pessoal. Uma vez que um gerente de projetos desenvolva um bom relacionamento de trabalho com os empregados, ele prefere manter esses indivíduos designados a suas atividades. Não há nada de errado em um gerente de projetos solicitar o mesmo pessoal administrativo e/ou técnico de antes. Os gerentes de linha percebem isso e, geralmente, concordam com ele.

Também deve haver confiança mútua entre os próprios gerentes de projetos. Eles devem trabalhar em equipe, reconhecer mutuamente as necessidades e estar dispostos a tomar decisões que representem os melhores interesses da empresa.

Uma vez que os recursos são definidos, a próxima questão deve ser se a seleção do pessoal será feita dentro da organização existente ou a partir de fontes externas, tais como novas contratações ou consultores. Os consultores externos são aconselháveis se, e somente se, os recursos humanos internos estiverem sendo totalmente utilizados em outros programas ou se a empresa não possuir as habilidades necessárias para o projeto. A resposta a essa questão vai indicar qual é o melhor modelo de organização para a realização dos objetivos. O modelo pode ser uma estrutura de gerenciamento matricial, por produtos ou *linha-staff*.

Nem todas as empresas permitem que existam vários modelos de organização de projetos dentro da estrutura principal da empresa. Aqueles que permitem, no entanto, consideram as questões básicas do gerenciamento clássico antes de tomar uma decisão, que incluem:

- Como é a especialização da mão de obra?
- Qual deveria ser a abrangência da gestão?
  - Quanto planejamento é necessário?
  - As relações de autoridade são delegadas e compreendidas?
  - Existem padrões de desempenho estabelecidos?
  - Qual é o ritmo de mudança dos requisitos do trabalho?
- Devemos ter uma organização horizontal ou vertical?
  - Quais são os aspectos econômicos?
  - Quais são as implicações no moral?
- Precisamos de uma posição de unidade de comando?

Como em qualquer organização, os subordinados podem fazer o seu superior ficar bem visto no desempenho de seus deveres. Infelizmente, o ambiente de projetos é simbolizado por designações temporárias em que o principal esforço feito pelo gerente de projetos é motivar seus subordinados (temporários) rumo à dedicação ao projeto e fazê-los compreender totalmente que:

- Trabalho em equipe é vital para o sucesso
- O *esprit de corps*[NT2] contribui para o sucesso
- Podem ocorrer conflitos entre o projeto e os níveis funcionais.
- A comunicação é essencial para o sucesso.
- Ordens conflitantes podem ser dadas pelo:
  - Gerente do projeto
  - Gerente funcional
  - Diretor

[NT2] Em tradução livre da língua francesa, *esprit de corps* significa "espírito de equipe".

- O desempenho malsucedido pode resultar na transferência ou demissão do projeto, bem como em ação disciplinar

Previamente, afirmamos que um projeto funciona como uma entidade separada, mas continua ligado à empresa por meio das políticas e procedimentos de administração da empresa. Embora os gerentes de projetos possam estabelecer suas próprias políticas, procedimentos e regras, os critérios para promoção devem ser baseados nos padrões da empresa. Os gerentes de projetos devem ser cuidadosos em se comprometer com o que não podem cumprir. Depois de promessas não cumpridas em projetos anteriores, um gerente de projetos vai encontrar dificuldades para conseguir que pessoal de alta qualidade se ofereça para outro projeto. Mesmo se a alta administração ordenar que profissionais essenciais sejam designados ao seu projeto, eles serão sempre céticos sobre todas as promessas que o gerente de projetos pode fazer.

Selecionar o gerente do projeto é apenas um terço do problema de pessoal. O próximo passo, selecionar o pessoal para o escritório de projetos e os membros da equipe, pode levar muito tempo. O escritório de projetos consiste de pessoas que são normalmente designadas como membros do projeto em tempo integral. O processo de avaliação deve incluir membros ativos da equipe do projeto, membros da equipe funcional disponíveis para a promoção ou transferência e os candidatos externos.

Após a conclusão do processo de avaliação, o gerente de projetos reúne-se com a alta administração. Essa coordenação é necessária para assegurar que:

- Todas as designações estejam dentro das políticas atuais em classificação, salário e promoção
- Os indivíduos selecionados possam trabalhar bem tanto com o gerente de projetos (subordinação formal) quanto com a alta administração (comunicação informal)
- Os indivíduos selecionados tenham boas relações de trabalho com a equipe funcional

Bons profissionais do escritório de projetos, normalmente, têm experiência com vários tipos de projetos e são autodisciplinados.

O terceiro e último passo na alocação do escritório de projetos é uma reunião entre o gerente de projetos, a alta administração e o gerente de projetos em cujo projeto os indivíduos solicitados estão atualmente designados. Os gerentes de projetos são muito relutantes em abrir mão de pessoal qualificado para outros projetos, mas, infelizmente, esse procedimento é comum em um ambiente de projetos. A alta administração frequenta essas reuniões para mostrar a todas as partes que está preocupada com a manutenção da melhor combinação possível de indivíduos a partir dos recursos disponíveis e para ajudar a resolver os conflitos de pessoal. A alocação interna é um processo de negociação em que a alta administração estabelece as regras básicas e as prioridades.

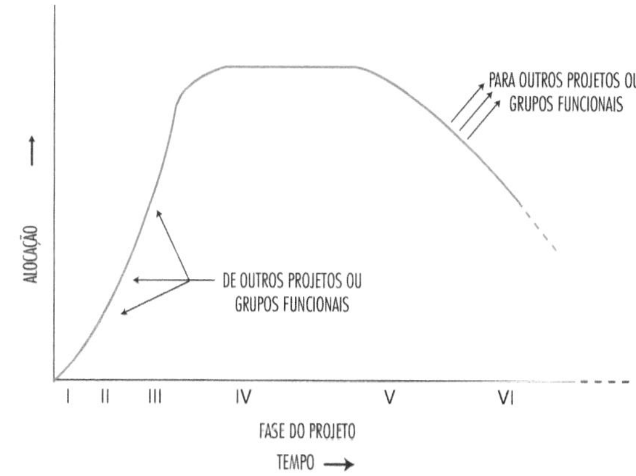

FIGURA 4-3 Padrão de alocação *versus* tempo.

Os indivíduos selecionados são, então, notificados da alteração antecipada e solicitados a dar opiniões. Se os indivíduos têm um forte ressentimento em serem transferidos ou realocados, outros profissionais podem ser selecionados para evitar potenciais problemas.

A Figura 4-3 mostra o padrão típico de alocação em função do tempo. Há um acúmulo da mão de obra nas fases iniciais e um declínio, nas fases posteriores. Isso significa que o gerente de projetos deve trazer as pessoas a bordo, conforme a necessidade e liberá-las o mais cedo possível.

Há várias abordagens psicológicas que o gerente de projetos pode utilizar durante o processo de recrutamento e alocação. Considere o seguinte:

- Gerentes de linha geralmente não recebem visibilidade ou crédito por um trabalho benfeito. Esteja disposto a apresentar os gerentes de linha para o cliente.
- Certifique-se de mostrar às pessoas como elas podem se beneficiar em trabalhar para você ou em seu projeto.
- Todas as promessas feitas durante o recrutamento devem ser documentadas. A organização funcional vai lembrar delas por muito tempo após o término do projeto.
- Por mais estranho que possa parecer, o gerente de projetos deve incentivar que os conflitos aconte-

çam durante o recrutamento e a seleção de pessoal. Esses conflitos devem ser trazidos à tona e resolvidos. É melhor que os conflitos sejam resolvidos durante os estágios iniciais de planejamento do que ter grandes confrontos posteriores.

É lamentável que o recrutamento e a retenção de bons profissionais sejam mais difíceis em uma estrutura organizacional de projetos do que em uma estrutura tradicional. Clayton Reeser identifica nove problemas potenciais que podem existir nas organizações de projetos[6]:

- Funcionários ligados a modelos de organização de projetos se preocupam mais com uma possível perda de emprego do que membros de organizações funcionais.
- Indivíduos temporariamente designados a organizações matriciais ficam mais frustrados pela ambiguidade da autoridade do que os membros de organizações funcionais.
- Funcionários ligados a modelos de organização de projetos que estão perto de serem liberados ficam mais frustrados pelo que eles consideram ser designações improdutivas do que os membros de organizações funcionais.
- Funcionários ligados a modelos de organização de projetos ficam mais frustrados pela falta de procedimentos formais e de definições de papéis do que os membros de organizações funcionais.
- Funcionários ligados a modelos de organização de projetos se preocupam mais em estarem retrocedendo em suas carreiras do que os membros de organizações funcionais.
- Funcionários ligados a modelos de organização de projetos se sentem menos leais à sua organização do que os membros de organizações funcionais.
- Funcionários ligados a modelos de organização de projetos têm mais preocupações com o sentimento de que ninguém está interessado em seu desenvolvimento pessoal do que os membros de organizações funcionais.
- Membros permanentes do modelo de organização de projetos ficam mais frustrados com os múltiplos níveis de gestão do que os membros de organizações funcionais.
- As frustrações causadas por conflitos são levadas mais a sério pelos funcionários ligados a modelos de organização de projetos do que pelos membros de organizações funcionais.

6 REESER, Clayton. Some potential human problens of the project form organization. *Academy of management Journal*, 1969. v. XII. p. 462-466.

Os empregados têm mais probabilidade de serem motivados a trabalhar em um projeto se o colaborador tiver o direito de aceitar ou recusar a designação. Embora os funcionários não costumem recusar as designações, ainda há a questão sobre o quanto de permissividade deve ser dada ao colaborador. A seguir, uma lista de possíveis graus de permissividade:

- O gerente de linha (ou gerente do projeto) explica o projeto para o colaborador e este tem o direito de recusar a designação. O colaborador não precisa explicar o motivo para recusar a designação e a recusa não limita a oportunidade de crescimento ou a designação para outras equipes de projetos.
- Com esse grau de permissividade, o colaborador tem o direito de recusar a designação, mas deve fornecer um motivo para a recusa. A razão pode ser devida a considerações pessoais ou de preferência profissional, como ter de viajar, mudar de local, questões de saúde, talvez muitas horas extras envolvidas, simplesmente o fato de a designação não ser vista como um avanço na carreira do indivíduo, ou de o empregado querer uma designação em algum outro projeto.
- Com esse grau de permissividade, o trabalhador não tem outra escolha senão aceitar a designação. Apenas uma emergência seria considerada como uma razão válida para a recusa. Nesse caso, recusar a designação pode ser prejudicial para a carreira do funcionário.

Grinnell e Apple identificaram mais quatro problemas principais associados com alocações[7]:

- As pessoas treinadas em organizações com uma linha única de comando têm dificuldade em servir a mais de um chefe.
- As pessoas podem falar da boca para fora sobre trabalho em equipe, mas realmente não sabem como desenvolver e manter uma boa equipe de trabalho.
- Os gerentes funcional e de projetos, por vezes, tendem a competir, ao invés de cooperar uns com os outros.
- Os indivíduos devem aprender a fazer mais a "gestão" de si mesmos.

Até agora discutimos a alocação do projeto. Infelizmente, há também situações em que funcionários devem ser desligados do projeto em virtude de:

- Não aceitação de regras, políticas e procedimentos
- Não aceitação da autoridade formal estabelecida
- Profissionalismo ser mais importante para eles do que a lealdade à empresa

7 GRINNELL, S. K.; APPLE, H. P. When two bosses are better than one. *Machine Design*, jan. 1975. p. 84-87.

- Foco nos aspectos técnicos, em detrimento do orçamento e do cronograma
- Incompetência

Existem três soluções possíveis para o trabalho com pessoas incompetentes. Primeiro, o gerente de projetos pode fornecer uma avaliação *in loco* do colaborador. Isso inclui identificação dos pontos fracos, medidas corretivas a serem tomadas e ameaça de punição, caso a situação continue. A segunda solução é redesignar o colaborador para atividades menos críticas. Essa solução geralmente não é a preferida dos gerentes de projetos. A terceira solução e a mais frequente é a remoção do colaborador.

Embora os gerentes de projetos possam desligar diretamente as pessoas do escritório de projetos (que se reportam ao gerente de projetos), a remoção de um funcionário de linha é um processo indireto e deve ser realizado por intermédio do gerente de linha. A remoção do colaborador de linha deve ser vista como uma transferência, caso contrário, o gerente do projeto será marcado como um indivíduo que despede as pessoas.

Os executivos devem estar prontos para lidar com os problemas de pessoal que podem ocorrer em um ambiente de projetos. C. Ray Gullett resumiu esses problemas principais[8]:

- Os níveis de alocação são mais variáveis em um ambiente de projetos.
- A avaliação do desempenho é mais complexa e mais sujeita a erros em um modelo de organização matricial.
- Os salários e as categorias salariais são mais difíceis de serem mantidos em um modelo de organização matricial. As descrições de cargos são, muitas vezes, de menor valor.
- O treinamento e o desenvolvimento são mais complexos e, ao mesmo tempo, mais necessários no modelo de organização de projetos.
- Problemas com o moral são potencialmente maiores em uma organização matricial.

4.9 O ESCRITÓRIO DE PROJETOS

Guia PMBOK®, 5. ed.
1.4.4 Escritório de projetos

A equipe do projeto é uma combinação do escritório de projetos e dos colaboradores funcionais, como ilustrado na Figura 4-4. Embora a figura identifique as pessoas do escritório de projetos como gerentes de projetos assistentes, alguns empregados não podem ter qualquer título parecido. A vantagem desses títulos é que eles dão ao empregado o direito de falar diretamente com o cliente. Por exemplo, o engenheiro de projetos também pode ser chamado de gerente de projetos assistente de engenharia. O título é importante, porque quando o gerente de projetos assistente fala com o cliente, ele representa a empresa, ao passo que o colaborador funcional representa a si mesmo.

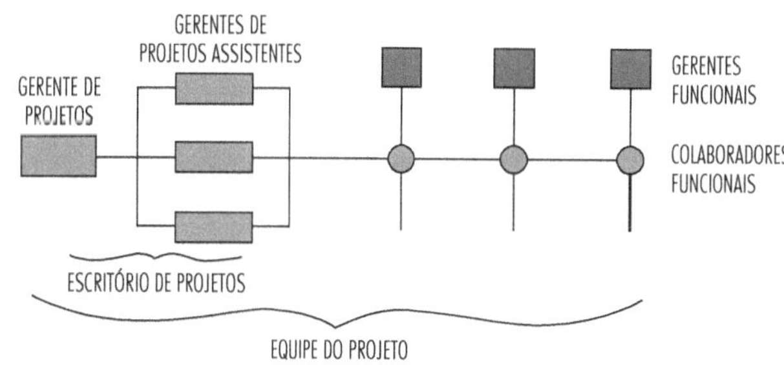

FIGURA 4-4 Organização do projeto.

O escritório de projetos é uma organização desenvolvida para apoiar o gerente de projetos na execução das suas funções. O pessoal do escritório de projetos deve ter a mesma dedicação com o projeto que o gerente do projeto e devem ter boas relações de trabalho tanto com o gerente do projeto, quanto com o gerente funcional. As responsabilidades do escritório de projetos incluem:

- Atuação como o ponto focal das informações, tanto de controle interno quanto no relatório ao cliente
- Controle de tempo, custos e desempenho para atender às exigências contratuais
- Garantia de que todo o trabalho necessário seja documentado e distribuído para todos os principais empregados
- Garantia de que todo o trabalho realizado esteja tanto autorizado como financiado pela documentação contratual

A principal responsabilidade do gerente de projetos e do pessoal do escritório de projetos é a integração do trabalho através das linhas funcionais da organização. As unidades funcionais, tais como engenharia, P&D e produção, juntamente com os subcontratados externos à empresa, devem trabalhar rumo às mesmas especificações, designs, e até mesmo objetivos. A falta de integração adequada dessas unidades funcionais é a causa mais comum de fracasso nos projetos. Os membros da equipe devem se dedicar a todas as atividades necessárias para o sucesso do projeto e não apenas às suas próprias responsabilidades funcionais. Os problemas resultantes da falta de integração podem ser mais bem resolvidos com a participação em tempo integral e envolvimento do pessoal do escritório de projetos. Nem todos os membros da

[8] GULLETT, C. Ray. Personnel management in the project environment. *Personnel Administration/Public Personnel Review*, nov.-dez. 1972. p. 17-22.

equipe fazem parte do escritório de projetos. Os representantes funcionais, que atuam na posição de interface, também agem como integradores, mas em uma posição mais próxima de onde o trabalho é finalmente realizado (ou seja, a organização de linha).

Um dos maiores desafios que os gerentes de projetos enfrentam é a determinação do tamanho do escritório de projetos. O tamanho ideal é determinado por uma compensação entre o número máximo de membros necessários para garantir o cumprimento dos requisitos e o número máximo para manter os custos administrativos totais sob controle. A participação é determinada por fatores, tais como o tamanho do projeto, os requisitos de apoio interno, tipo de projeto (ou seja, P&D, qualificação, produção), o nível de competência técnica necessária e requisitos de suporte ao cliente. O tamanho da composição também é influenciado pela maneira como a administração estratégica entende que o projeto deve ser. Há uma tendência de aumentar os escritórios de projetos se o projeto for considerado estratégico, especialmente se for possível obter trabalhos posteriores.

Em projetos grandes, e mesmo em alguns esforços menores, muitas vezes é impossível alcançar o sucesso do projeto, sem ter pessoas permanentemente designadas. As quatro principais atividades do escritório de projetos mostradas a seguir indicam a necessidade do uso de pessoas em tempo integral:

- Integração de atividades
- Comunicação interna e externa
- Programação de cronograma com riscos e incertezas
- Controle eficaz

Essas quatro atividades demandam um acompanhamento contínuo por meio de pessoal treinado. A capacitação de bons membros do escritório de projetos pode levar semanas, ou mesmo meses, e pode se estender além do tempo alocado para um projeto. Como funcionários importantes são sempre solicitados, os gerentes de projetos devem fazer a si mesmos e à alta administração uma pergunta essencial na tentativa de selecionar funcionários para o escritório de projetos:

Existe algum projeto a caminho que poderia me fazer perder membros importantes da minha equipe?

Se a resposta a esta pergunta for sim, então ele pode beneficiar o projeto com a segunda ou terceira pessoa escolhida para a posição ou até mesmo alocar a posição em tempo parcial. Outra alternativa, é claro, seria designar os membros importantes para atividades que não sejam tão importantes e que podem ser facilmente executadas pelo pessoal substituto. Isso, no entanto, é impraticável, porque esse pessoal não vai ser empregado de forma eficiente.

Os gerentes de programas não gostariam de nada mais além de ter todos os seus funcionários importantes designados em tempo integral durante a vigência do programa. Infelizmente, isso é indesejável, se não impossível, para muitos projetos, pois[9]:

- As habilidades exigidas pelo projeto variam consideravelmente conforme ele amadurece através de cada uma das fases do ciclo de vida.
- Construir grandes escritórios de projetos designados permanentemente para cada projeto, inevitavelmente, provoca a duplicação de certas habilidades (geralmente aquelas habilidades escassas), a manutenção de pessoas que não são necessárias em tempo integral, ou por um longo período, e as dificuldades na realocação de pessoal.
- O gerente do projeto pode ser desviado de sua atividade principal e pode se tornar o engenheiro do projeto, por exemplo, além das funções de supervisão e administração; e pode ter de lidar com os problemas de pessoal de um grande escritório, em vez de se concentrar no gerenciamento de todos os aspectos do projeto em si.
- As pessoas treinadas profissionalmente, muitas vezes, preferem trabalhar dentro de um grupo dedicado à sua área profissional, com uma gerência permanente que possua qualificações no mesmo campo, em vez de se isolar de seus colegas de especialidade, sendo designadas para uma equipe de projeto.
- Os projetos estão sujeitos a mudanças bruscas nas prioridades, ou mesmo ao cancelamento, e os membros permanentes de um escritório de projetos ficam, dessa maneira, expostos a ameaças potencialmente graves à sua segurança no emprego, o que, muitas vezes, provoca certa relutância por parte de algumas pessoas em aceitar uma designação em um projeto.

Todos esses fatores colaboram para manter o escritório de projetos o menor possível e dependente dos departamentos funcionais estabelecidos e das equipes especializadas. A abordagem coloca grande ênfase nos procedimentos de planejamento e controle utilizados no projeto. Por outro lado, existem razões válidas para a designação de determi-

9 ARCHIBALD, Russell D. *Managing high-technology programs and projects*. New York: John Wiley, 1976. p. 82. Copyright 1976 por John Wiley & Sons, Inc. Reproduzido com permissão da editora.

nadas pessoas de diversas especialidades para escritório de projetos. Essas especialidades geralmente incluem:

- Análise de Sistemas e Engenharia (ou disciplina técnica equivalente) e controle de qualidade e configuração do produto, se o produto demandar tal esforço
- Planejamento, programação, controle e apoio administrativo para o projeto

Muitas vezes um escritório de projetos é composto por meio da promoção de especialistas funcionais. Essa situação é bastante comum em empresas de engenharia, com um percentual elevado de funcionários técnicos, mas não é livre de problemas.

> Em empresas profissionalizadas, os funcionários geralmente são promovidos à gerência com base em sua competência profissional ou técnica, em detrimento da sua capacidade gerencial. Embora essa prática possa ser inevitável, tende a promover homens com um conhecimento insuficiente das técnicas de gestão e cria um ambiente frustrante para o profissional subordinado[10].

Há uma tendência infeliz de os executivos criarem um ambiente em que os colaboradores de linha achem que a "grama é mais verde" no gerenciamento de projetos e na engenharia de projetos do que na organização de linha. Como um executivo deve lidar com uma situação em que especialistas de linha continuamente se candidatam para mudar para o gerenciamento de projetos? Uma solução é o desenvolvimento de um sistema de escada dupla, com uma escala de pagamento chamada "consultor". Uma determinada empresa criou a posição de consultor, porque:

- Havia vários especialistas técnicos que valiam mais dinheiro para a empresa, mas que se recusavam a aceitar um cargo de gerência para obtê-lo.
- Os especialistas técnicos não podiam receber mais do que os gerentes de linha.

Promover os especialistas técnicos para uma posição de gerência simplesmente para dar-lhes mais dinheiro pode:

- Criar um gerente de linha medíocre
- Transformar um especialista em um generalista
- Criar uma grande lacuna técnica na organização de linha

Os gerentes de linha, muitas vezes, argumentam que não podem exercer as suas funções de gestão e controlam essas "primas-donas" que ganham mais dinheiro e possuem uma categoria de salário mais elevada do que os gerentes de linha. Esse raciocínio é defeituoso. Cada vez que os consultores fazem algo bom, isso reflete em toda a organização de linha e não apenas neles mesmos.

O conceito de ter colaboradores funcionais com uma categoria de salário maior do que a do gerente de linha também pode ser aplicado ao projeto horizontal. É possível que um gerente de projetos júnior descubra, de repente, que os gerentes de linha têm uma categoria de salário maior do que a do gerente de projetos. Também é possível que os gerentes de projetos assistentes (como engenheiros de projetos) tenham uma categoria de salário superior à do gerente de projetos. O gerenciamento de projetos é designado a reunir a melhor combinação de pessoas para atingir o objetivo. Se essa melhor combinação exige que uma pessoa de categoria 7 se reporte a uma de categoria 9 (em um projeto "temporário"), então que assim seja. Os executivos não devem deixar que os salários e as categorias de salários interfiram no caminho da construção de uma boa organização de projeto.

Outra grande preocupação é a relação que existe entre o pessoal do escritório de projetos e os gerentes funcionais. Em muitas organizações, a adesão ao escritório de projetos é considerada mais importante do que a adesão ao departamento funcional. Membros funcionais tendem a se ressentir com um indivíduo que acaba de ser promovido de um departamento funcional para o gerenciamento de projetos. Killian descreveu formas de resolver potenciais conflitos[11]:

> Deve-se ter em mente que não se pode esperar que os gerentes funcionais veteranos recebam prontamente as ordens de um executivo menos importante que, de repente, é rotulado como um gerente de projetos. A administração pode evitar esse problema por meio de:
>
> - Seleção de um homem que já tenha uma alta posição de responsabilidade ou colocá-lo suficientemente acima na hierarquia da organização
> - Atribuir-lhe um título que soe tão importante como os dos gerentes funcionais
> - Apoiá-lo nas suas relações com os gerentes funcionais
>
> Se o gerente de projetos deve exercer o controle do projeto sobre os departamentos funcionais, então ele deve se reportar no mesmo nível dos departamentos, ou acima deles.

[10] KILLIAN, William P. Project management – future organizational concept. *Marquette Business Review*, 1971. p. 90-107.

[11] KILLIAN, William P. Project management – future organizational concept. *Marquette Business Review*, 1971. p. 90-107.

Os executivos podem prejudicar gravemente os gerentes de projetos, limitando a sua autoridade para selecionar e organizar (quando necessário) um escritório de projetos e a equipe. Segundo Cleland[12]:

> O seu pessoal [do gerente do projeto] deve estar qualificado para fornecer pessoal de apoio administrativo e técnico. Ele deve ter autoridade suficiente para aumentar ou diminuir o seu pessoal, conforme a necessidade, durante todo o ciclo de vida do projeto. Essa autorização deve incluir o aumento seletivo para períodos variáveis de tempo das áreas funcionais de apoio.

Muitos executivos têm uma concepção errada sobre a composição e a utilidade do escritório de projetos. As pessoas que trabalham no escritório de projetos devem ser indivíduos cuja primeira preocupação é o gerenciamento de projetos, não o reforço das suas competências técnicas. É quase impossível que os indivíduos atuem durante qualquer período de tempo no escritório de projetos sem serem treinados em segundas ou terceiras funções diferentes. Por exemplo, o gerente de projetos de custos poderia adquirir experiência suficiente para eventualmente atuar como gerente de projetos assistente para aquisições. Essa técnica de treinamento cruzado do escritório de projetos é um excelente mecanismo para a criação de bons gerentes de projetos.

Mencionamos dois fatos importantes relativos ao processo de seleção do pessoal de gerenciamento de projetos:

- O indivíduo que aspira se tornar um gerente de projetos deve estar disposto a abrir mão dos conhecimentos técnicos para se tornar um generalista
- Os indivíduos podem ser qualificados e promovidos verticalmente, mas não horizontalmente

Uma vez que um empregado tenha demonstrado os atributos necessários para ser um bom gerente de projetos, existem três maneiras de o indivíduo poder se tornar um gerente de projetos ou fazer parte do escritório de projetos. O executivo pode:

- Promover o indivíduo no salário e na categoria de salário e transferi-lo para o gerenciamento de projetos.
- Transferir lateralmente o indivíduo para gerenciamento de projetos, sem qualquer aumento no salário ou categoria. Se, depois de três a seis meses, o empregado demonstrar que pode atuar, ele vai receber um aumento adequado de salário e categoria.
- Dar ao empregado um pequeno aumento de salário sem aumento de categoria, ou um aumento de categoria sem qualquer aumento de salário, com a estipulação de que haverá recompensas adicionais após o período de observação, supondo que o empregado possa atuar na posição.

Muitos executivos acreditam na filosofia de que, quando um indivíduo entra no mundo do gerenciamento de projetos, só há dois caminhos: subir na organização ou sair porta afora. Se um indivíduo recebe uma promoção e um aumento salarial e é colocado no gerenciamento de projetos e fracassa, seu salário pode não ser compatível com a sua organização de linha anterior e, agora, não há lugar para onde ir. A maioria dos executivos e funcionários prefere o segundo método porque ele proporciona, de fato, alguma proteção para o colaborador.

Muitas empresas não percebem até que seja tarde demais, que as promoções para o gerenciamento de projetos podem ser embasadas em um conjunto diferente de critérios das promoções para a gerência de linha. As promoções na linha horizontal são fortemente baseadas nas habilidades comunicativas, enquanto as promoções para a gerência de linha são baseadas nas competências técnicas.

4.10 A EQUIPE FUNCIONAL

Guia PMBOK®, 5. ed.
Capítulo 9 Gerenciamento dos Recursos Humanos do Projeto
2.3 Definição de equipe do projeto

A equipe do projeto consiste do gerente do projeto, do escritório de projetos (cujos membros podem ou não se reportar diretamente ao gerente do projeto) e dos membros funcionais ou de interface (que devem se reportar tanto horizontal como verticalmente para o fluxo de informações). Os membros da equipe funcional são frequentemente apresentados em organogramas como membros da equipe do escritório de projetos. Isso normalmente é feito para atender às necessidades do cliente.

A alta administração pode contribuir para o processo de seleção de membros funcionais da equipe, mas não deve ter um papel ativo a não ser que ambos os gerentes, o de projetos e o funcional, não estejam entrando em acordo. A gerência funcional deve ser representada em todas as reuniões de pessoal porque a seleção de colaboradores funcionais depende diretamente dos requisitos do projeto e porque:

- Os gerentes funcionais geralmente têm mais experiência e podem identificar áreas de alto risco.
- Os gerentes funcionais devem desenvolver uma atitude positiva em relação ao sucesso do projeto.

[12] CLELAND, David I. Why Project Management? Reproduzido com a permissão de *Business Horizons*, inverno 1964. p. 85. Copyright © 1964 pelo Conselho de Curadores da Universidade de Indiana.

A melhor maneira de conseguir isso é convidando-os para participar das atividades iniciais da fase de planejamento.

Os membros da equipe funcional nem sempre atuam em tempo integral. Eles podem ser alocados em tempo integral ou parcial, tanto para a duração do projeto como apenas para fases específicas.

O processo de seleção para os membros da equipe funcional e para os membros do escritório de projetos deve incluir a avaliação de quaisquer requisitos especiais. Os requisitos especiais mais comuns se desenvolvem a partir de:

- Alterações nas especificações técnicas
- Solicitações especiais dos clientes
- Reestruturação organizacional por causa de desvios das políticas existentes
- Compatibilidade com o escritório de projetos do cliente

Um típico escritório de projetos pode incluir entre dez e trinta membros, enquanto a equipe total do projeto pode ser superior a uma centena de pessoas, fazendo com que a informação seja compartilhada lentamente. Para projetos grandes, é desejável ter um representante funcional em tempo integral de cada departamento ou divisão principal designada permanentemente para o projeto, e até mesmo para o escritório de projetos. Essa representação pode incluir:

- Gerenciamento de programas
- Engenharia de projetos
- Operações de engenharia
- Operações de produção
- Aquisições
- Controle de qualidade
- Contabilidade de custos
- Publicações
- Marketing
- Vendas

Tanto o gerente do projeto quanto os membros da equipe devem compreender plenamente as responsabilidades e funções de cada membro da equipe, de modo que a integração total possa ser alcançada rapidamente e de maneira eficaz. Em programas de alta tecnologia, o engenheiro chefe do projeto assume o papel de gerente de projetos adjunto. Gerentes de projetos devem entender os problemas que os gerentes de linha têm na seleção e nomeação do pessoal do projeto. Os gerentes de linha tentam alocar pessoas que entendem a necessidade do trabalho em equipe.

Quando os colaboradores estão ligados a um projeto, o gerente do projeto deve identificar as "estrelas". Estrelas são os funcionários que são vitais para o sucesso do projeto e que podem construir ou demolir o gerente do projeto. Na maioria das vezes, as estrelas são encontradas na organização de linha, não no escritório de projetos.

Para finalizar, os gerentes de projetos podem designar responsabilidades adicionais aos funcionários de linha, dentro do escopo do projeto. Se as responsabilidades adicionais puderem resultar em uma atualização, então o gerente do projeto deve consultar o gerente de linha antes que tais situações ocorram. Muitas vezes, os gerentes de linha (ou até mesmo os representantes) enviam pessoas para "verificação" aos projetos para checar se os colaboradores estão atuando em sua categoria adequada de salário. Isso é muito importante quando se trabalha com operários que, por acordos sindicais contratuais, devem ser pagos de acordo com o nível em que estão atuando.

Além disso, os gerentes de projetos devem estar dispostos a liberar recursos quando estes não são mais necessários. Se o gerente de projetos soar alarme falso constantemente em uma situação em que um problema não existe realmente, o gerente de linha simplesmente afastará os recursos (isso é um direito do gerente de linha), o que causará uma deterioração das relações de trabalho.

4.11 O ORGANOGRAMA DO PROJETO

Um dos primeiros requisitos da fase de início do projeto é desenvolver o organograma para o projeto e determinar a sua relação com a estrutura organizacional principal.

A Figura 4-5 mostra, de forma abreviada, os seis principais programas da Dalton Corporation. Nossa preocupação é com o Programa Midas. Embora o Programa Midas possa ter a menor prioridade dos seis programas, ele é colocado na parte superior, e em negrito, para dar a impressão que é de alta prioridade. Esse tipo de representação geralmente faz com que o cliente sinta que seu programa é importante para a contratada.

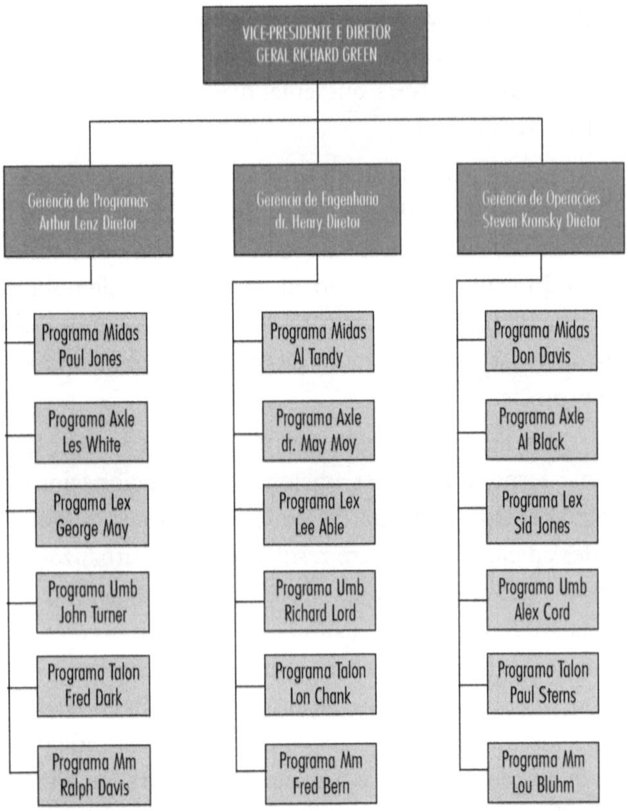

FIGURA 4-5 Dalton Corporation.

Os empregados apresentados na Figura 4-5 podem ser alocados em tempo parcial ou integral, dependendo dos requisitos do projeto. Preocupações na Figura 4-5 podem incluir o nome de um funcionário identificado em duas ou mais posições verticais (ou seja, engenheiro de projetos em dois projetos) ou o mesmo nome em duas caixas horizontais (isto é, para um projeto pequeno, a mesma pessoa pode ser gerente de projetos e engenheiro de projetos). Lembre-se, esse tipo de organograma é voltado para o cliente e pode não mostrar as verdadeiras relações "pontilhadas/sólidas" de hierarquia da empresa.

O próximo passo é mostrar a estrutura do escritório de programas, como ilustrado na Figura 4-6. Note que o chefe de operações e o engenheiro-chefe têm responsabilidade dupla de subordinação, pois eles se reportam diretamente ao gerente do programa e, indiretamente, aos diretores. Novamente, isso pode ser apenas para apresentação ao cliente, com a verdadeira estrutura de subordinação sendo revertida. Abaixo do engenheiro-chefe, há três posições. Embora essas posições apareçam como linhas sólidas, na verdade elas podem ser linhas pontilhadas. Por exemplo, Ed White pôde trabalhar apenas em tempo parcial no Programa Midas, mas ainda é apresentado no gráfico como um membro permanente do escritório de programas. Jean Flood, que está em contratos, poderia estar usando apenas dez horas por semana no Programa Midas.

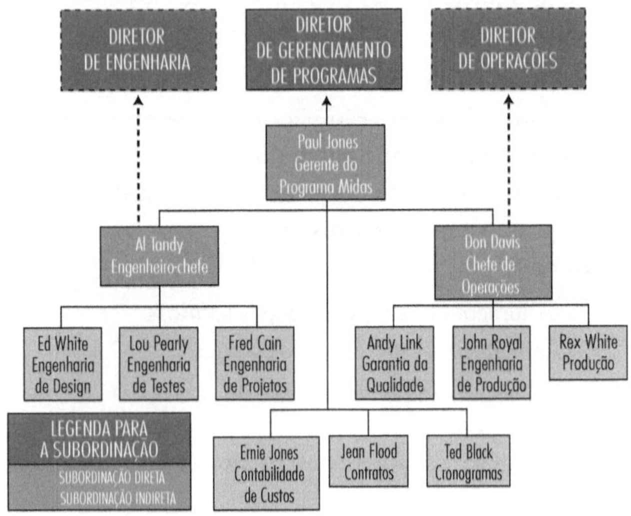

FIGURA 4-6 Escritório do Programa Midas.

Se a função de duas posições no organograma ocorrer em momentos diferentes, então ambas as posições podem ser indicadas como dirigidas pela mesma pessoa. Por exemplo, Ed White pode ter seu nome tanto em projetos de engenharia como em engenharia de testes se as duas atividades estiverem tão separadas de forma que ele possa realizá-las de maneira independente.

As pessoas apresentadas no organograma do escritório de projetos, seja em tempo integral ou parcial, podem não estar fisicamente estabelecidas no escritório de projetos. Para designações em tempo integral de longo prazo, como em projetos de construção, os empregados podem estar sentados lado a lado, enquanto para designações parciais, pode ser obrigatório que estejam em seu grupo funcional. Lembre-se, esses tipos de organogramas podem ser apenas um ardil para o cliente ver.

A maioria dos clientes sabe que o pessoal de alta qualidade pode ser compartilhado com outros programas e projetos. Organogramas de alocações para projetos, como visto na Figura 4-7, podem ser usados com essa finalidade. Esses organogramas de alocação também são úteis na elaboração do volume de gestão de propostas para mostrar ao cliente que profissionais importantes estarão prontamente disponíveis em seu projeto.

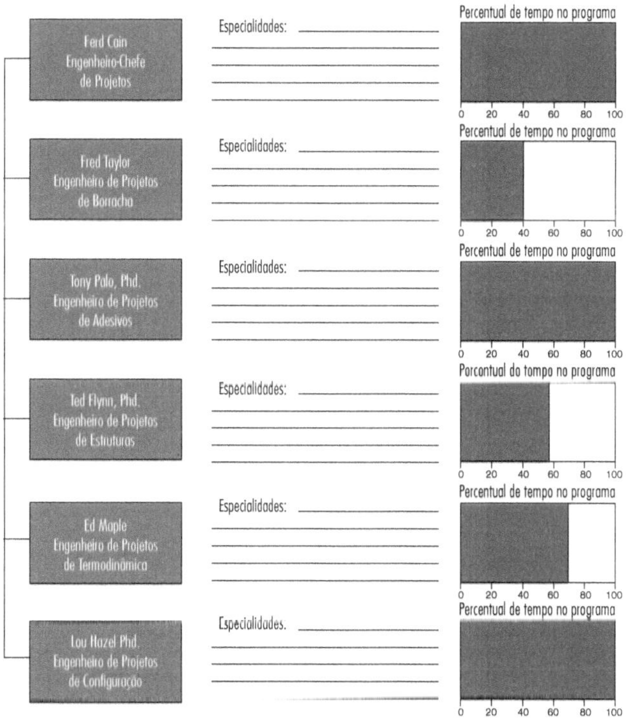

FIGURA 4-7 Alocação do departamento de engenharia de projetos para o Programa Midas.

4.12 PROBLEMAS ESPECIAIS

Sempre há problemas especiais que influenciam o processo organizacional de seleção de pessoal. Por exemplo, o departamento ilustrado na Figura 4-8 tem uma matriz departamental. Todas as atividades ficam dentro do departamento. Os projetos X e Y são gerenciados por colaboradores de linha que foram designados temporariamente aos projetos, enquanto o projeto Z é encabeçado pelo supervisor B. As atividades do departamento envolvem a engenharia de alta tecnologia, bem como P&D.

O maior problema que os gerentes de departamento enfrentam é o treinamento dos seus novos empregados. O processo de treinamento requer de nove a doze meses. Os trabalhadores ficam familiarizados com o funcionamento de todas as três seções e somente após o treinamento é que um trabalhador é designado a uma das seções. Os gerentes de linha reclamam que não têm tempo suficiente para supervisionar o treinamento. Como resultado, o gerente do departamento do exemplo achou que o profissional de apoio C era a pessoa mais competente para supervisionar o treinamento. Foi estabelecido um projeto especial de treinamento para o departamento, como apresentado na Figura 4-8.

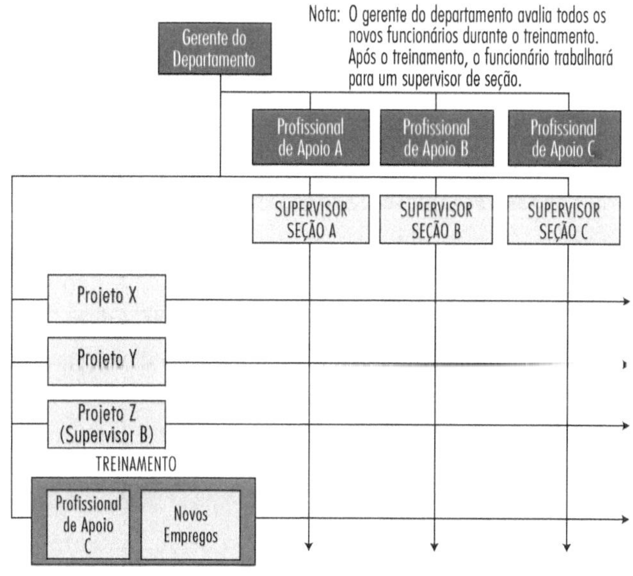

FIGURA 4-8 O problema do treinamento.

A Figura 4-9 mostra uma companhia de serviços públicos que tem três gerentes de projetos em tempo integral controlando três projetos, todos eles atravessam a divisão central. Infelizmente, os três gerentes de projetos permanentes não podem obter recursos suficientes da divisão central porque os gerentes de linha também estão atuando como gerentes de projetos da divisão e estão guardando os melhores recursos para seus próprios projetos.

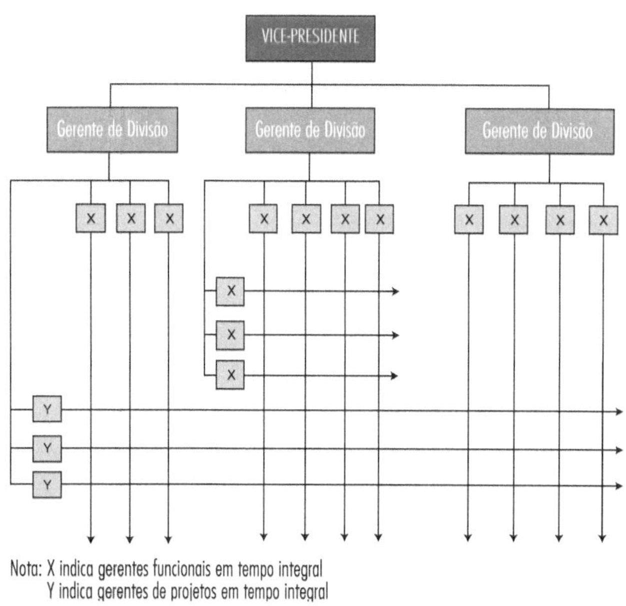

FIGURA 4-9 Organização de serviços públicos.

A solução óbvia para o problema é que os gerentes de linha da divisão central não sejam autorizados a usar os dois chapéus. Em vez disso, um gerente de projetos permanente pode ser adicionado à esquerda da divisão para gerenciar todos os três projetos da divisão central. Geralmente, é melhor para todos os gerentes de projetos se reportarem à mesma divisão para o estabelecimento de prioridades e resolução de conflitos.

Gerentes de linha tendem a se sentir rebaixados quando, de repente, são informados de que já não podem usar os dois chapéus. Por exemplo, o Sr. Adams era um gerente de departamento com 30 anos de experiência em uma empresa. Durante os últimos vários anos, ele utilizou os dois chapéus e atuou como gerente de projetos e gerente funcional em uma variedade de projetos. Ele era considerado um especialista em seu campo. A empresa decidiu incorporar o gerenciamento de projetos e criou um departamento de gerenciamento de projetos. Bell, funcionário de 30 anos, com três anos de experiência na empresa, foi designado como o gerente de projetos. A fim de selecionar pessoal para o seu projeto, Bell solicitou a Adams que o Sr. Cane (amigo de Bell), fosse designado para o projeto, como representante funcional. Cane estava na empresa havia dois anos. Adams aceitou o pedido e informou a Cane sobre sua nova designação, fechando com as observações: "Este projeto é todo seu. Eu não quero ter nada a ver com isso. Estarei muito ocupado com a burocracia resultante da nova estrutura organizacional. Apenas envie-me um memorando de vez em quando me dizendo o que está acontecendo".

Durante a reunião de *kickoff*[NT3] do projeto, ficou óbvio para todos que a única pessoa com a competência necessária era Adams. Sem o seu apoio, o projeto poderia durar o dobro do esperado.

O verdadeiro problema aqui é que Adams queria se sentir importante e necessário, e estava esperando que o gerente do projeto viesse pedir a sua ajuda. O gerente do projeto analisou corretamente a situação, mas se recusou a pedir a ajuda do gerente de linha. Em vez disso, ele pediu a um executivo para intervir e forçar o gerente de linha a ajudar. O gerente de linha deu a sua ajuda, mas com grande relutância. Hoje, Adams fornece um apoio medíocre para os projetos que passam pela sua organização de linha.

[NT3] Reunião de *kickoff* ou *kickoff meeting* é a reunião que representa o lançamento ou o pontapé inicial do projeto e que envolve as principais partes do projeto responsáveis pelo planejamento. Para mais detalhes, consulte, no Capítulo 11, a Seção 11.5.

4.13 SELEÇÃO DA EQUIPE DE IMPLEMENTAÇÃO DO GERENCIAMENTO DE PROJETOS

Guia PMBOK®, 5. ed.
Capítulo 9 Gerenciamento dos Recursos Humanos do Projeto
9.2 Mobilizar a equipe do projeto

A implementação do gerenciamento de projetos dentro de uma organização requer forte apoio executivo e uma equipe de implementação que esteja dedicada a fazer o trabalho de gerenciamento de projetos. Selecionar os atores errados para a equipe pode alongar o processo de implementação ou baixar o moral dos funcionários. Alguns trabalhadores podem desempenhar um papel destrutivo sobre uma equipe de projeto. Esses papéis, que comprometem a implementação do gerenciamento de projetos, são mostrados na Figura 4-10 e descritos a seguir:

- O agressor
  - Critica tudo e todos no gerenciamento dos projetos
  - Diminui o *status* e o ego dos outros membros da equipe
  - Sempre age de forma agressiva
- O dominador
  - Sempre tenta assumir o controle
  - Afirmasabertudosobregerenciamentodeprojetos
  - Tenta manipular as pessoas
  - Desafiará os responsáveis pelo papel de liderança
- O advogado do diabo
  - Encontra defeitos em todas as áreas de gerenciamento de projetos
  - Recusa-se a apoiar o gerenciamento de projetos, a menos que seja ameaçado
  - Age mais como um diabo do que como um advogado
- O trocador de assuntos

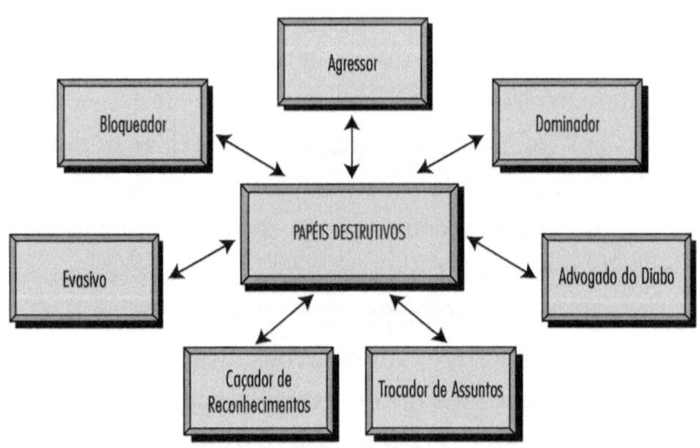

FIGURA 4-10 Papéis que as pessoas representam e que enfraquecem a implementação do gerenciamento de projetos.

- Deve ser o primeiro com uma nova ideia ou abordagem para o gerenciamento de projetos
- Muda constantemente de assunto
- Não consegue focar nas ideias por muito tempo, a menos que a ideia seja dele
- Tenta manter a implementação do gerenciamento de projetos como um item de ação infinito

- O caçador de reconhecimentos
  - Sempre argumenta em favor das próprias ideias
  - Sempre demonstra consciência de *status*
  - Prontifica-se a ser o gerente do projeto se o *status* for reconhecido
  - Gosta de se ouvir falar
  - Gosta de se vangloriar, em vez de fornecer informações significativas
- O evasivo
  - Tem medo de ser criticado
  - Não participa abertamente, a menos que seja ameaçado
  - Pode reter informações
  - Pode ser tímido
- O bloqueador
  - Gosta de criticar
  - Rejeita opiniões alheias
  - Cita exemplos não relacionados e experiências pessoais
  - Conhece vários motivos pelos quais o gerenciamento de projetos não irá funcionar

Esses tipos de pessoas não devem ser designadas para as equipes de implementação do gerenciamento de projetos. Os tipos de pessoas que deveriam ser designadas para as equipes de implementação estão apresentados na Figura 4-11 e descritos a seguir. Seus papéis são indicados por suas palavras:

- Os iniciadores
  - "Existe uma chance de que isso possa funcionar?"
  - "Vamos tentar isso."
- Os caçadores de informações
  - "Já tentamos algo assim antes?"
  - "Sabemos de outras empresas em que isso tenha funcionado?"
  - "Podemos obter essa informação?"
- Os doadores de informações
  - "Outras empresas descobriram que..."
  - "A literatura diz que..."
  - "Os estudos de *benchmarking* indicam que..."
- Os incentivadores
  - "Sua ideia tem muito mérito."
  - "A ideia é viável, mas talvez tenhamos de fazer pequenas modificações."
  - "O que você disse vai realmente nos ajudar."
- Os esclarecedores
  - "Estamos dizendo que. . . ?"
  - "Permitam-me dizer com minhas próprias palavras o que estou ouvindo da equipe."
  - "Vamos ver se podemos colocar isso em perspectiva."
- Os harmonizadores
  - "Nós concordamos de certa forma, não é?"
  - "As suas ideias e as minhas estão juntas."
  - "Não estamos dizendo a mesma coisa?"
- Os consensuais
  - "Vamos ver se a equipe está de acordo."
  - "Vamos fazer uma votação sobre isso."
  - "Vamos ver como o resto do grupo se sente sobre isso."
- Os porteiros
  - "Quem ainda não deu a sua opinião?"
  - "Devemos manter as nossas opções em aberto?"
  - "Estamos preparados para tomar uma decisão ou fazer uma recomendação, ou existem informações adicionais que devem ser revistas?"

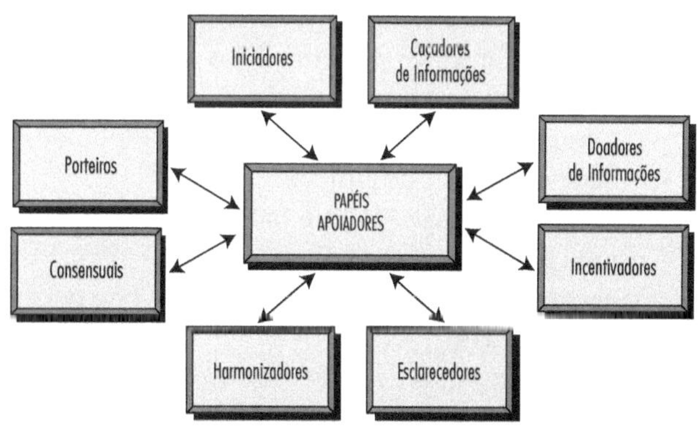

FIGURA 4-11 Papéis que as pessoas representam e que apoiam a implementação do gerenciamento de projetos.

4.14 ERROS COMETIDOS POR GERENTES DE PROJETOS INEXPERIENTES

Estamos todos propensos a cometer erros como gerentes de projetos ou membro da equipe. Você já leu o Guia PMBOK® várias vezes, fez o exame de certificação para gerente de projeto, e passou. Agora você é PMP®. No entanto, você ainda comete erros. Gerentes de projetos não são infalíveis. A maioria dos treinamentos de gerenciamento de projetos, mesmo aqueles com foco no

Guia PMBOK®, enfatiza "as melhores práticas geralmente aceitas". O que não é ensinado são as discussões sobre o que não fazer como gerente de projetos.

A lista a seguir relaciona 20 dos erros mais comuns que gerentes de projetos jovens ou inexperientes cometem. Obviamente, há mais que 20 erros, e muitos deles podem ser exclusivos de indústrias específicas. No entanto, a lista é um bom ponto de partida para entender por que muitos gerentes de projetos entram em apuros por causa de suas próprias ações[13].

- Acreditar que o excesso de detalhes é necessário para ser um líder eficaz
- Fingir que sabe mais do que você realmente sabe, afastando assim os verdadeiros especialistas no assunto
- Tentar impressionar as pessoas, preparando um cronograma ambicioso que os gerentes de linha podem achar difícil de apoiar
- Ter excesso de confiança em processos repetitivos que não têm flexibilidade
- Ignorar os problemas, na crença de que eles irão embora
- Deixar de compartilhar a responsabilidade pelo sucesso e pelo fracasso com os gerentes funcionais
- Embelezar as entregas, adicionando funcionalidades desnecessárias (Gold Plating)
- Falhar em entender o que as partes interessadas e os patrocinadores querem ouvir
- Não compreender plenamente os requisitos
- Recusar-se a pedir ajuda
- Ignorar problemas cuja resolução é responsabilidade do gerente de projetos
- Acreditar em salvadores e milagres, em vez de em uma liderança eficaz
- Tentar motivar fazendo promessas que não podem ser mantidas
- Falhar em ver as dependências entre seu projeto e os demais projetos da empresa
- Recusar-se a dizer ao cliente que ele está errado
- Lembrar continuamente a todos quem é o chefe
- Não compreender os efeitos resultantes da política interna e externa sobre o projeto
- Não querer dizer "não"
- Não ser capaz de determinar quais batalhas vale a pena lutar e quando

[13] Para informações adicionais, ver: KERZNER, H. *Twenty common mistakes made by inexperienced project managers*. Disponível em: <https://learningcenter.iil.com/Saba/Web/Main/goto/Catalog>. © 2012 pelo International Institute for Learning, New York City. Reproduzido com permissão.

4.15 DICAS DE ESTUDO PARA O EXAME DE CERTIFICAÇÃO EM GERENCIAMENTO DE PROJETOS PMI®

Esta seção aplica-se à revisão dos princípios de apoio às áreas de conhecimento e grupos de processos do Guia PMBOK®. Este capítulo aborda:

- Gerenciamento dos Recursos Humanos
- Planejamento
- Seleção de Pessoal para o Projeto

A compreensão dos princípios a seguir é benéfica se o leitor estiver utilizando este livro como estudo para o Exame de Certificação PMP®:

- O que se entende por uma equipe de projetos
- O processo e o ambiente de seleção de pessoal
- O papel do gerente de linha na seleção de pessoal
- O papel do executivo na seleção de pessoal
- As habilidades necessárias para ser um gerente de projetos
- Que o gerente do projeto é responsável por ajudar os membros da equipe a crescer e aprender enquanto trabalham no projeto

No Apêndice C, os seguintes miniestudos de caso Dorale Products se aplicam:

- Dorale Products (G) [Gerenciamento dos Recursos Humanos]
- Dorale Produtos (H) [Gerenciamento dos Recursos Humanos]
- Dorale Products (I) [Gerenciamento dos Recursos Humanos]
- Dorale Produtos (J) [Gerenciamento dos Recursos Humanos]
- Dorale Produtos (K) [Gerenciamento dos Recursos Humanos]

As seguintes questões de múltipla escolha ajudarão na revisão dos conceitos deste capítulo:

1. Durante a seleção de pessoal para o projeto, o **principal** papel da alta administração está na seleção de:
   a. Gerente do projeto
   b. Gerentes de projetos assistente
   c. Equipe funcional
   d. Executivos não se envolvem na seleção de pessoal
2. Durante a seleção de pessoal para o projeto, o **principal** papel da gerência de linha é:
   a. Aprovação da seleção do gerente do projeto
   b. Aprovação da seleção dos gerentes de projetos assistentes
   c. A designação de recursos funcionais com base em quem estiver disponível

d. A designação de recursos funcionais com base na disponibilidade e no conjunto de habilidades necessárias

3. Um gerente de projetos tem muito mais probabilidade de êxito se ficar óbvio para todos que:
   a. Ele possui domínio da tecnologia.
   b. Ele está em uma categoria de salário mais elevada do que todo mundo na equipe.
   c. Ele tem mais de 45 anos de idade.
   d. A administração executiva nomeou oficialmente o gerente do projeto.
4. A maioria das pessoas acredita que a melhor maneira de treinar alguém em gerenciamento de projetos é por meio de:
   a. Treinamento prático
   b. Seminários universitários
   c. Pós-graduações em gerenciamento de projetos
   d. Seminários e reuniões profissionais
5. Durante as negociações com o gerente de linha para a seleção de pessoal, você identifica um pacote de trabalho que requer um conjunto de habilidades de um funcionário de categoria 7. O gerente de linha informa que irá designar um funcionário de categoria 6 e outro de categoria 8. Você deve:
   a. Se recusar a aceitar o empregado de categoria 6, porque você não é responsável pelo treinamento
   b. Solicitar duas pessoas diferentes
   c. Pedir ao patrocinador para interferir
   d. Ficar feliz! Você tem dois trabalhadores.
6. Você precificou um projeto em 1000 horas, considerando que um empregado de categoria 7 fosse designado. O gerente de linha designa um funcionário de categoria 9. Isso resultará em sobrecusto significativo. O gerente do projeto deve:
   a. Reagendar a data de início do projeto com base na disponibilidade de um empregado de categoria 7
   b. Solicitar ao patrocinador uma maior prioridade para o seu projeto
   c. Reduzir o escopo do projeto
   d. Verificar se o empregado de categoria 9 pode fazer o trabalho em menos tempo
7. Conforme um projeto começa a diminuir o ritmo, o gerente do projeto deve:
   a. Liberar todo o pessoal não necessário, para que possam ser designados a outros projetos
   b. Esperar até que o projeto esteja oficialmente concluído antes de liberar qualquer pessoa
   c. Aguardar até que o gerente de linha oficialmente solicite que o pessoal seja liberado
   d. Conversar com outros gerentes de projetos, para ver quem deseja o seu pessoal

RESPOSTAS

1. A 2. D 3. D 4. A 5. D 6. D 7. A

EXERCÍCIOS

4-1 De S. K. Grinnell e H. P. Apple (When Two Bosses Are Better Than One. *Machine Design*, jan. 1975. p. 84-87):

- As pessoas treinadas em organizações com uma única linha de comando têm dificuldade em servir a mais de um chefe.
- As pessoas podem falar da boca para fora sobre trabalho em equipe, mas realmente não sabem como desenvolver e manter uma boa equipe de trabalho.
- Os gerentes funcional e de projetos, por vezes, tendem a competir em vez de cooperar uns com os outros.
- Os indivíduos devem aprender a fazer mais a "gestão" de si mesmos.

Os autores identificam os quatro grandes problemas acima como relacionados com a seleção de pessoal. Discutir cada problema e identificar o tipo de pessoa com maior probabilidade de se envolver (ou seja, engenheiro, administrador de contratos, analista de custos etc.) e em qual modelo organizacional esse problema teria mais probabilidade de ocorrer.

4-2 David Cleland (Why Project Management? *Business Horizons*, p. 85, inverno 1964. Copyright © 1964 pela Escola de Negócios da Universidade de Indiana. Usado com permissão) fez as seguintes observações:

O seu pessoal [do gerente do projeto] deve estar qualificado para fornecer pessoal de apoio administrativo e técnico. Ele deve ter autoridade suficiente para aumentar ou diminuir o seu pessoal, conforme a necessidade, durante todo o ciclo de vida do projeto. Essa autorização deve incluir o aumento seletivo para períodos variáveis de tempo das áreas funcionais de apoio.

Você concorda ou discorda dessas declarações? O tipo de projeto ou o tipo de organização devem ter um papel dominante em sua resposta?

4-3 O escritório de projetos do fornecedor geralmente é estruturado para ser compatível com o escritório de projetos do cliente, às vezes em uma base de um para um. Alguns clientes veem a organização de projetos do fornecedor apenas como uma extensão da sua própria empresa. A seguir, três declarações sobre esse relacionamento. Essas declarações são verdadeiras ou falsas? Defenda suas respostas.

- Deve existir confiança mútua entre o cliente e o fornecedor, juntamente com uma relação próxima no trabalho diário.
- O gerente do projeto e o cliente devem concordar em relação à hierarquia de decisões que cada um

deve tomar, de forma independente ou em conjunto. (Que decisões cada um pode tomar independentemente ou em conjunto?)

- Tanto o cliente quanto o pessoal de projetos do fornecedor devem estar dispostos a tomar decisões o mais rápido possível.

4-4 C. Ray Gullet (Personal Management in Project Organization. *Personnel Administration/Public Personnel Review*, p. 17-22, nov.-dez. 1972) identificou cinco problemas de pessoal. Como você, como um gerente de projetos, lida com cada problema?

- Os níveis de alocação são mais variáveis em um ambiente de projetos.
- A avaliação do desempenho é mais complexa e mais sujeita a erros em um modelo de organização matricial.
- Os salários e as categorias salariais são mais difíceis de serem mantidos em um modelo de organização matricial. As descrições de cargos são, muitas vezes, de menor valor.
- O treinamento e o desenvolvimento são mais complexos e, ao mesmo tempo, mais necessários no modelo de organização de projetos.
- Problemas com o moral são potencialmente maiores em uma organização matricial.

4-5 Algumas pessoas acreditam que um gerente de projetos funciona, em alguns aspectos, como um médico. Há alguma validade nisso?

4-6 Paul é um gerente de projetos de um esforço que requer 12 meses. Durante os meses sétimo, oitavo e nono ele precisa de dois indivíduos com qualificações específicas. O gerente funcional prometeu que essas pessoas estarão disponíveis dois meses antes de serem necessárias. Se Paul não designá-las ao seu projeto nesse momento, elas serão designadas para outro lugar e ele terá de lidar com quem estiver disponível mais tarde. O que Paul deve fazer? Você tem de fazer qualquer consideração para defender sua resposta.

4-7 Alguns dos motivos mais fortes para a promoção dos engenheiros funcionais a engenheiros de projetos são:

- Melhores relacionamentos com colegas pesquisadores
- Melhor prevenção da duplicação de esforços
- Melhor promoção do trabalho em equipe

Essas razões geralmente são aplicadas em situações de P&D. Poderiam também ser aplicadas a outras fases do ciclo de vida do produto, além de P&D?

4-8 A seguir, foram apresentadas qualificações para um gerente de projetos bem-sucedido para projetos de alta tecnologia:

- Sua carreira evoluiu pelos escalões técnicos
- É conhecedor em muitos campos da engenharia
- Compreende o significado da filosofia da rentabilidade e do gerenciamento geral
- É interessado em treinar e ensinar seus superiores
- Sabe como trabalhar com os perfeccionistas

Essas mesmas qualificações podem ser modificadas para o gerenciamento de projetos não relacionados à P&D? Se sim, como?

4-9 W. J. Taylor e T. F. Watling (*Successful project management*, London: Business Books. 1972. p. 32) declaram:

É frequentemente o caso, portanto, que o Gerente de Projetos seja mais conhecido por seu conhecimento em técnicas de gestão, a sua capacidade de "fazer com que as coisas sejam feitas" e sua capacidade em "lidar com as pessoas" do que pela sua simples proeza técnica. No entanto, pode ser perigoso minimizar esse último talento ao escolher Gerentes de Projetos dependentes do tipo e tamanho do projeto. O Gerente de Projetos deve ser preferencialmente um especialista, seja na área do projeto ou em um assunto relacionado a ela.

O quão perigoso pode ser se esse último talento for minimizado? Será perigoso em todas as circunstâncias?

4-10 Frank Boone é o engenheiro mais experiente em tubulação da empresa. Durante cinco anos a empresa recusou seu pedido de transferência para a engenharia de projetos e para o gerenciamento de projetos, afirmando que ele é muito valioso para a empresa em sua posição atual. Se você fosse um gerente de projetos, gostaria de ter esse indivíduo como parte de sua equipe funcional? Como uma organização deve lidar com essa situação?

4-11 Tom Weeks é gerente do grupo de isolamento. Durante uma recente reunião de grupo, Tom comentou: "A empresa está em apuros. Como sabem, estamos em licitação de três programas agora. Se vencermos apenas um deles, provavelmente podemos manter o nosso nível de trabalho atual. Se, por alguma chance pequena, nós vencermos todos os três, vocês todos se tornarão gerentes amanhã." A empresa ganhou todos os três programas, mas o grupo de isolamento não contratou ninguém e não houve promoções. Como você, como um gerente de projetos em um dos novos projetos, esperaria que fossem as suas relações de trabalho com o grupo de isolamento?

4-12 Você é um engenheiro de projetos em um programa de alta tecnologia. Conforme o projeto vai terminando, o seu patrão lhe pede para escrever um *paper* para que ele possa apresentá-lo em uma reunião técnica. O nome dele aparecerá primeiro no *paper*. Isso deve ser parte de seu trabalho? Como você se sente sobre essa situação?

4-13 Pesquisas indicaram que a estrutura matricial é frequentemente confusa porque requer múltiplas funções para as pessoas, com consequentes confusões sobre esses papéis (DAVIS, Keith. *Human relations at work.* New York: McGraw-Hill, 1967. p. 296-297). Infelizmente, nem todos os gerentes de programas, gerentes de projetos e engenheiros de projetos possuem as habilidades necessárias para operar nesse ambiente. Stuckenbruck declarou: "O caminho para o sucesso é coberto com os corpos de gerentes de projetos que originalmente eram gerentes de linha funcional e, em seguida, foram para o gerenciamento de projetos". (STUCKENBRUCK, Linn. The effective project manager. *Project Management Quarterly*, mar. 1976. v. VII, n. 1, p. 26-27.). O que você acha que é a principal causa dessa queda do gerente funcional?

4-14 Para cada um dos modelos organizacionais apresentados abaixo, quem determina quais recursos são necessários, quando são necessários e como eles serão utilizados? Quem tem a autoridade e a responsabilidade de mobilizar esses recursos?
a. Organização tradicional
b. Organização matricial
c. Organização de linha de produtos
d. Organização de projetos *linha-staff*

4-15 Você concorda ou discorda que os modelos organizacionais de projetos incentivam as comunicações entre os pares e a resolução dinâmica de problemas?

4-16 A Companhia XYZ opera em uma estrutura tradicional. A empresa acaba de receber um contrato para desenvolver uma nova linha de produtos para um grupo especial de clientes. Ela decidiu extrair o pessoal selecionado a partir dos departamentos funcionais e criar uma única estrutura organizacional de produtos para operar em paralelo com os departamentos funcionais.
a. Estabeleça o organograma.
b. Você acha que essa configuração pode funcionar? A sua resposta depende de quantos anos esta situação deve existir?

4-17 Você é o engenheiro de um programa similar a outro que você dirigiu anteriormente. Você deve tentar obter o mesmo pessoal administrativo e/ou técnico que teve anteriormente?

4-18 Uma pessoa designada ao seu projeto está desempenhando de forma insatisfatória. O que você deve fazer? Será que vai fazer diferença se ela estiver no escritório de projetos ou como colaboradora funcional?

4-19 Você foi designado para o escritório de projetos como um engenheiro de projetos assistente. Você deve se reportar ao engenheiro chefe do projeto que se reporta formalmente ao gerente do projeto e informalmente ao vice-presidente de engenharia. Você nunca trabalhou com o engenheiro chefe desse projeto antes. Durante a execução do projeto, fica claro para você que o engenheiro chefe do projeto está tomando decisões que não parecem ser do melhor interesse para o projeto. O que você deve fazer em relação a isso?

4-20 Os indivíduos devem ser promovidos ao gerenciamento de projetos porque estão no topo da categoria funcional?

4-21 Um departamento funcional pode ter a permissão de "emprestar" (numa base temporária) pessoas de outro departamento funcional, a fim de cumprir os requisitos de mão de obra do projeto? Isso deve ser permitido se estiverem envolvidas horas extras?

4-22 Um gerente de projetos deve ser pago pelo desempenho ou pelo número de pessoas que supervisiona?

4-23 Um gerente de projetos deve tentar atualizar o seu pessoal?

4-24 Por que um gerente funcional deve designar seus melhores recursos para você em um projeto de longo prazo?

4-25 Uma empresa de carvão adotou a filosofia de que o gerente de projetos para projetos de inicialização de novas minas será o indivíduo que acabará por se tornar o superintendente da mina. A empresa acredita que esse tipo de filosofia de "propriedade" é boa. Você concorda?

4-26 Um gerente de projetos pode ser considerado um "mercenário"?

4-27 Organizações produtoras estão usando gerenciamento de projetos/engenharia de projetos estritamente para dar aos novos funcionários exposição a todas as operações da empresa. Depois de trabalhar em um ou dois projetos, cada um com cerca de um a dois anos de duração, o empregado é transferido para a gerência de linha de sua carreira e para oportunidades de crescimento. Pode uma situação como essa, em que não existe plano de carreira nem em gerenciamento de projetos nem na engenharia de projetos, ser bem-sucedida? Poderia haver algum efeito negativo sobre os projetos?

4-28 Um gerente de projetos pode criar dedicação e um verdadeiro espírito vencedor e ainda ser odiado por todos?

4-29 Qualquer pessoa pode ser treinada para ser um gerente de projetos?

4-30 Uma companhia de luz e energia possui gerenciamento de projetos em tempo parcial, no qual um indivíduo atua como um gerente de projetos e como colaborador funcional, ao mesmo tempo. A empresa de serviços públicos afirma que esse processo impede que um empregado fique "tecnicamente obsoleto" e que, quando o empregado retorna aos seus deveres funcionais em tempo integral, ele é uma pessoa mais bem desenvolvida.

Você concorda ou discorda? Quais são as vantagens e desvantagens dessa configuração?

4-31 Alguns setores consideram o principal critério para a promoção e o crescimento como sendo cabelos grisalhos e/ou calvície. Esse tipo de maturidade é vantajoso?

4-32 Na Figura 4-8 mostramos que a Al Tandy e Don Davis (assim como outros profissionais do escritório de projetos) se reportavam diretamente ao gerente do projeto e indiretamente à gerência funcional. Essa situação poderia ser revertida, com o pessoal do escritório de projetos se reportando indiretamente ao gerente do projeto e diretamente à gerência funcional?

4-33 A maioria das organizações possui "estrelas", pessoas que geralmente são identificadas como aqueles indivíduos que são a chave para o sucesso. Como é que um gerente de projetos identifica essas pessoas? Elas podem estar no escritório de projetos ou devem ser colaboradores ou gerentes funcionais?

4-34 Considerando seu próprio setor, quais fatores relacionados ao cargo ou ao colaborador você gostaria de saber antes de escolher alguém para ser um gerente de projetos ou um engenheiro de projetos em um esforço no valor de:

a. $ 30.000?
b. $ 300.000?
c. $ 3.000.000?
d. $ 30.000.000?

4-35 Uma das grandes polêmicas que ocorrem no gerenciamento de projetos é sobre se o gerente de projetos precisa dominar a tecnologia para ser eficaz. Considere a seguinte situação:

Você é o gerente de um projeto de pesquisa e desenvolvimento. O departamento de marketing o informa que encontraram um cliente para seu produto e que você deve fazer grandes modificações para atender aos requisitos do cliente. Os gerentes funcionais de engenharia lhe dizem que essas modificações são impossíveis. Um gerente de projetos sem o domínio da tecnologia pode tomar uma decisão viável sobre arriscar recursos financeiros adicionais e apoiar a comercialização, ou acreditar nos gerentes funcionais e dizer ao departamento de marketing que as modificações são impossíveis? Como um gerente de projetos, com ou sem domínio da tecnologia, pode dizer se os gerentes funcionais estão lhe dando um parecer otimista ou pessimista?

4-36 Como um colaborador funcional, você demonstra que possui habilidades excepcionalmente boas de redação. Você é, então, promovido ao cargo de assistente especial do gerente da divisão e é avisado de que deve assumir total responsabilidade por todo o trabalho de propostas que deve fluir pela sua divisão. Como você se sente sobre isso? É uma promoção? Para onde você pode ir a partir daí?

4-37 Os formuladores das políticas governamentais alegam que apenas indivíduos altamente classificados (de alto grau de categoria) podem ser gerentes de projetos, pois um bom gerente de projetos precisa de "peso" suficiente para fazer o projeto seguir adiante. No governo, o gerente de projetos geralmente possui o salário mais alto da equipe do projeto. Como os problemas de salário podem ser superados? A política do governo é eficaz?

4-38 Uma grande empresa de serviços públicos está preocupada com gerentes de projetos promovendo colaboradores funcionais. Em um projeto de oito meses, que emprega 400 empregados de projeto em tempo integral, os gerentes de departamento instalaram pessoas para "verificação" cuja responsabilidade é checar se os colaboradores funcionais não possuem designações de trabalho (ou seja, não foram aprovados pelo gerente funcional) para designações acima do seu nível e categoria atuais. Esse sistema pode funcionar? E se o trabalho estiver em uma posição abaixo de seu nível e categoria?

4-39 Uma grande empresa de serviços públicos começa cada projeto de TI com um estudo de viabilidade em que uma análise de custo-benefício é realizada. Os gerentes de projetos se reportam a uma divisão de gerenciamento de projetos e realizam o estudo de viabilidade sem qualquer apoio funcional. Os colaboradores funcionais argumentam que o estudo de viabilidade é impreciso porque os "especialistas" funcionais não estão envolvidos. Os gerentes de projetos, por outro lado, argumentam que nunca possuem tempo ou dinheiro suficiente para envolver os colaboradores funcionais. Essa situação pode ser resolvida?

4-40 Como você procederia no treinamento de indivíduos dentro da sua empresa ou setor para serem bons gerentes de projetos? Quais suposições você está fazendo?

4-41 As equipes de projetos deveriam ter permissão para evoluírem por si mesmas?

4-42 Em qual momento ou fase do ciclo de vida de um projeto um gerente de projetos deve ser nomeado?

4-43 A alta administração geralmente possui duas escolas de pensamento em relação a gerenciamento de projetos. Uma escola que afirma que o gerente de projetos deve ser utilizado como um meio para a coordenação das atividades que atravessam vários departamentos funcionais. A segunda escola afirma que o cargo de gerenciamento de projetos deve ser usado como um meio para a criação de futuros gerentes gerais. Qual escola de pensamento está correta?

4-44 Alguns executivos acham que o pessoal que trabalha em um escritório de projetos deva ser treinado em diversas funções de assistência ao gerenciamento de projetos. O que você pensa sobre isso?

4-45 Uma empresa tem uma política a qual se os colaboradores pretendem ser gerentes de projetos devem primeiro passar de um ano a um ano e meio no lado do colaborador funcional da casa, para que possam chegar a conhecer os colaboradores e a política da empresa. O que você acha disso?

4-46 O seu projeto cresceu de tal forma que já existem três vagas em tempo integral para gerente de projetos assistente. Infelizmente, não há pessoal experiente disponível. Você foi avisado pela alta gerência de que irá preencher essas três posições por meio de promoções internas. Onde você deve procurar dentro da organização? Durante uma entrevista, quais perguntas você deve fazer aos candidatos em potencial? É possível que você possa encontrar candidatos que estejam qualificados para serem promovidos verticalmente e não horizontalmente?

4-47 Um colaborador funcional demonstrou os atributos necessários de um potencial gerente de projetos de sucesso. A alta administração pode:

- Promover o indivíduo em salário e categoria e transferi-lo para o gerenciamento de projetos.
- Transferir lateralmente o trabalhador para gerenciamento de projetos, sem qualquer aumento de salário ou categoria. Se, depois de três a seis meses, o empregado demonstrar que pode desempenhar, ele receberá um aumento adequado de salário e categoria.
- Dar ao empregado ou um aumento de categoria sem qualquer aumento salarial, ou um pequeno aumento salarial sem aumento de categoria, sob a condição de que recompensas adicionais serão fornecidas no final do período de observação, admitindo que o empregado possa manter a posição.

Se você estivesse na alta administração, qual método você preferiria? Se você não gosta das três escolhas acima, desenvolva sua própria alternativa. Quais são as vantagens e desvantagens de cada escolha? Para cada opção, discuta as ramificações, caso o trabalhador não consiga lidar com a posição no gerenciamento de projetos.

5

FUNÇÕES DE GESTÃO

Estudos de Caso Relacionados (de Kerzner/*Project Management Case Studies*, 4. ed.)	Livro de Exercícios Relacionado (de Kerzner/*Project Management Workbook and PMP®/CAPM® Exam Study Guide*, 11. ed.)	Guia PMBOK® – 5. ed., Seção de Referência para o Exame de Certificação PMP®
• Wynn Computer Equipment (WCE) • O Projeto Trophy* • Falhas de Comunicação • McRoy Aerospace* • O Funcionário Ruim* • A Prima Donna* • A Reunião de Equipe	• The Communication Problem • Meetings, Meetings, and Meetings • The Empowerment Problem • Project Management Psychology • Multiple Choice Exam • Crossword Puzzle on Human Resource Management • Crossword Puzzle on Communications Management	• Gerenciamento dos Recursos Humanos • Gerenciamento das Comunicações

* *Estudo de caso também aparece no final do capítulo.*

5.0 INTRODUÇÃO

Guia PMBOK®, 5. ed.
1.7.2 Habilidades de gerenciamento de projetos
1.4.4 Papel do PMO

Como já dissemos, o gerente de projetos mede seu sucesso pela maneira como pode negociar com a alta administração e com a gerência funcional pelos recursos necessários para atingir o objetivo do projeto. Além disso, o gerente de projetos pode ter muita autoridade delegada, mas pouquíssimo poder. Assim, as habilidades gerenciais das quais ele necessita para o bom desempenho podem ser drasticamente diferentes das habilidades dos seus colegas da gerência funcional.

O aspecto difícil do ambiente de gerenciamento de projetos é que os indivíduos na interface entre o projeto e o departamento funcional devem se reportar a dois chefes. Os gerentes funcionais e os gerentes de projetos, em virtude de seus diferentes níveis de autoridade e responsabilidade, tratam o seu pessoal de maneiras diferentes, dependendo das filosofias de suas "escolas de administração". Há geralmente cinco escolas de administração, conforme descrito a seguir:

- **A Escola Clássica / Tradicional:** administração é o processo de fazer as coisas (isto é, atingir os objetivos), trabalhando com e por meio de pessoas que operam em grupos organizados. A ênfase é dada ao item final ou objetivo, com pouca consideração pelas pessoas envolvidas.
- **A Escola Empírica:** as habilidades de administração podem ser desenvolvidas por meio do estudo das experiências de outros gerentes, indiferentemente a situações serem semelhantes ou não.
- **A Escola Comportamental:** duas classes são consideradas dentro dessa escola. Primeiro, temos a classe das relações humanas, na qual destacamos o relacionamento interpessoal entre os indivíduos e seu trabalho. A segunda classe inclui o sistema social do indivíduo. A administração é considerada um sistema de relações culturais que envolve a mudança social.
- **A Escola da Teoria da Decisão:** a administração é uma abordagem racional para a tomada de

decisões utilizando um sistema de modelos matemáticos e processos, tais como investigação operacional e ciência da administração.
- **A Escola Sistêmica da Administração:** administração é o desenvolvimento de um modelo de sistemas, caracterizado pela entrada, processamento e saída, e identifica diretamente o fluxo de recursos (dinheiro, equipamentos, instalações, pessoal, informações e materiais) necessários para obter algum objetivo, seja pelo aumento ou pela diminuição de alguma função do objetivo. A escola sistêmica da administração também inclui a teoria da contingência, que enfatiza que cada situação é única e deve ser otimizada separadamente dentro das restrições do sistema.

Em um ambiente de projetos, os gerentes funcionais são geralmente praticantes das três primeiras escolas de administração, enquanto os gerentes de projetos utilizam as duas últimas. Isso impõe dificuldades tanto nos representantes dos gerentes de projetos quanto nos representantes dos gerentes funcionais. O gerente de projetos deve motivar os representantes funcionais para a dedicação ao projeto na linha horizontal, utilizando a teoria sistêmica da administração e ferramentas quantitativas, muitas vezes com pouca consideração com o empregado. Afinal, o colaborador pode ser designado para um esforço de prazo muito curto, enquanto o item final é o objetivo mais importante. O gerente funcional, no entanto, manifesta mais interesse pelas necessidades individuais do colaborador na utilização das escolas tradicionais ou comportamentais de administração.

Os profissionais modernos ainda tendem a identificar as responsabilidades e habilidades de gestão em termos dos princípios e funções desenvolvidas nas escolas iniciais de administração, a saber:

- Planejamento
- Organização
- Seleção de pessoal
- Controle
- Direção

Embora essas funções de gestão tenham sido geralmente aplicadas às estruturas tradicionais de gerenciamento, elas foram recentemente redefinidas para cargos temporários de gestão. Seus significados fundamentais permanecem os mesmos, mas as aplicações são diferentes.

5.1 CONTROLE

O controle é um processo de três etapas de medição do progresso em direção a um objetivo, avaliando o que resta a ser feito e tomando as ações corretivas necessárias para alcançar ou exceder os objetivos. Essas três etapas de medição, avaliação e correção são definidas conforme a seguir:

- **Medição:** determinar, por meio de relatórios formais e informais, o grau do progresso que está sendo feito em direção aos objetivos.
- **Avaliação:** determinar a causa e as possíveis formas de agir sobre desvios significativos do desempenho planejado.
- **Correção:** tomar ação de controle para corrigir uma tendência desfavorável ou tirar vantagem de uma tendência excepcionalmente favorável.

O gerente de projetos é responsável por garantir a realização de metas e objetivos de grupo e organizacionais. Para isso, ele deve ter um conhecimento profundo das normas e políticas de controle de custos e dos procedimentos para que seja possível a comparação entre os resultados operacionais e os padrões preestabelecidos. O gerente de projetos deve, então, tomar as ações corretivas necessárias. Os últimos capítulos fornecem uma análise mais profunda do controle, especialmente a função de controle de custos.

No Capítulo 1, afirmamos que os gerentes de projetos devem entender o comportamento organizacional, a fim de serem eficazes, e devem possuir sólidas habilidades interpessoais. Isso é especialmente importante durante a função de controle. Os gerentes de linha podem ter o luxo de possuir tempo para construir relacionamentos com cada um dos seus colaboradores. Mas, para um gerente de projetos, o tempo é uma restrição e nem sempre é fácil prever o quão bem ou mal um indivíduo vai interagir com o grupo, principalmente se o gerente do projeto nunca trabalhou com esse empregado antes. A compreensão do comportamento fisiológico e social sobre como as pessoas atuam em um grupo não pode ser alcançada da noite para o dia.

5.2 DIREÇÃO

Direção é a implementação e execução (por meio dos outros) dos planos aprovados que são necessários para alcançar ou exceder objetivos. Dirigir envolve etapas como:

- **Seleção de Pessoal:** verificar se uma pessoa qualificada foi selecionada para cada posição.
- **Treinamento:** ensinar os indivíduos e grupos a cumprirem seus deveres e responsabilidades.
- **Supervisão:** fornecer instruções, orientações e disciplina diárias aos outros, conforme a necessidade, para que possam cumprir seus deveres e responsabilidades.

- **Delegação:** designar trabalho, responsabilidade e autoridade para que outros possam fazer utilização máxima de suas capacidades.
- **Motivação:** incentivar os outros a atuar por meio da satisfação ou apelo às suas necessidades.
- **Aconselhamento:** realizar discussões privadas com o outro sobre como ele poderia realizar um trabalho melhor, resolver um problema pessoal, ou realizar suas ambições.
- **Coordenação:** verificar se as atividades são realizadas com relação à sua importância e com um mínimo de conflito.

A direção de subordinados não é uma tarefa fácil, tanto por causa da curta duração do projeto quanto pelo fato de que os empregados ainda podem estar designados a um gerente funcional ao mesmo tempo em que estejam designados temporariamente ao seu projeto. O luxo de "conhecer" os subordinados de alguém pode não ser possível em um ambiente de projetos.

Os gerentes de projetos devem ser decisivos e devem avançar rapidamente sempre que forem necessárias instruções. É melhor decidir uma questão e estar 10% errado do que esperar pelos últimos 10% de colaboração para um problema e causar um atraso no cronograma e um uso indevido de recursos. As instruções são mais eficazes quando a regra KISS (*keep it simple, stupid*)[NT1] é aplicada. As instruções devem ser escritas com um objetivo simples e claro para que os subordinados possam trabalhar de forma eficaz e fazer as coisas direito na primeira vez. Ordens devem ser emitidas de um modo que presuma a adequação imediata. Se as pessoas vão ou não obedecer a uma ordem depende principalmente da quantidade de respeito que tenham por você. Portanto, nunca emita uma ordem que não se possa fazer cumprir. Ordens verbais e instruções devem ser disfarçadas de sugestões ou solicitações. O solicitante deve pedir ao receptor para repetir as ordens verbais para que não haja nenhum mal-entendido.

Guia PMBOK®, 5. ed.
Capítulo 9 Gerenciamento dos Recursos Humanos do Projeto
9.4 Gerenciar a equipe do projeto

Gerentes de projetos devem compreender o comportamento humano, a fim de motivar as pessoas rumo à realização bem-sucedida dos objetivos do projeto. Douglas McGregor defendeu que a maioria dos colaboradores podem ser categorizados de acordo com duas teorias[1]. A primeira, muitas vezes chamada de Teoria X, pressupõe que o trabalhador médio é inerentemente preguiçoso e exige supervisão. A Teoria X supõe ainda que:

- O trabalhador médio não gosta de trabalho e evita trabalhar sempre que possível.
- Para induzir o esforço adequado, o supervisor deve ameaçar de punição e exercer supervisão cuidadosa.
- O trabalhador médio evita o aumento da responsabilidade e tenta ser dirigido.

O gerente que aceita a Teoria X normalmente exerce o tipo de controle autoritário sobre os trabalhadores e permite pouca participação no processo decisório. Os funcionários da Teoria X geralmente favorecem a falta de responsabilidade, especialmente na tomada de decisões.

Segundo a Teoria Y, os funcionários estão dispostos a fazer o trabalho sem supervisão constante. A Teoria Y ainda supõe que:

- O trabalhador médio quer ser ativo e acha satisfatório o esforço físico e mental no trabalho.
- Grandes resultados vêm da participação voluntária, que tendem a gerar um autodirecionamento rumo aos objetivos sem o uso de coerção e controle.
- O trabalhador médio busca a oportunidade de melhoria pessoal e o respeito próprio.

O gerente que aceita a Teoria Y normalmente defende a participação e um relacionamento entre a gerência e o colaborador. No entanto, no trabalho com os profissionais, principalmente com engenheiros, cuidados especiais devem ser tomados, pois esses indivíduos, muitas vezes, se orgulham de sua capacidade em encontrar um caminho melhor para atingir o resultado final, independentemente dos custos. Se isso ocorre, os gerentes de projetos devem se tornar líderes autoritários e tratar os colaboradores da Teoria Y como se fossem da Teoria X.

William Ouchi identificou uma Teoria Z, que enfatiza os valores culturais japoneses e o comportamento dos trabalhadores japoneses[2]. De acordo com a Teoria Z, existem diferenças significativas entre a cultura japonesa e a cultura norte-americana e a maneira como os trabalhadores são tratados. Os japoneses focam no emprego para a vida toda enquanto os americanos buscam por empregos de curto prazo. Os japoneses focam na tomada de decisões coletiva, tal como nos círculos de qualidade,

[NT1] Em tradução livre, "mantenha simples, estúpido". É um princípio que valoriza a simplicidade e defende que toda complexidade desnecessária seja evitada.

[1] MCGREGOR, Douglas. *The human side of enterprise*. New York: McGraw-Hill, 1960. p. 33-34.

[2] OUCHI, W. G.; JAEGER, A. M. Type Z organization: stability in the midst of mobility. *Academy of Management Review*, abr. 1978. p. 305-314.

já os americanos focam na tomada de decisões individual. Os japoneses enfatizam o controle administrativo informal, enquanto os americanos inclinam-se para um controle mais formal. Empresas japonesas colocam os trabalhadores em carreiras não especializadas com avaliações e promoções lentas, ao passo que os americanos preferem oportunidades em carreiras especializadas com avaliações e promoções rápidas. Finalmente, os gerentes japoneses têm mais interesse na vida pessoal dos seus trabalhadores do que os gerentes americanos.

Guia PMBOK®, 5. ed.
Capítulo 9 Gerenciamento dos Recursos Humanos do Projeto
9.3 Desenvolver a equipe

Muitos psicólogos têm demonstrado a existência de uma hierarquia priorizada das necessidades que motivam os indivíduos ao desempenho satisfatório. Maslow foi o primeiro a identificar essas necessidades[3]. A hierarquia das necessidades de Maslow está ilustrada na Figura 5-1. O primeiro nível é o das necessidades básicas ou fisiológicas, ou seja, alimentos, água, vestuário, abrigo, sono e satisfação sexual. Falando simplesmente, o desejo primordial humano para satisfazer essas necessidades básicas motiva o indivíduo a fazer um bom trabalho.

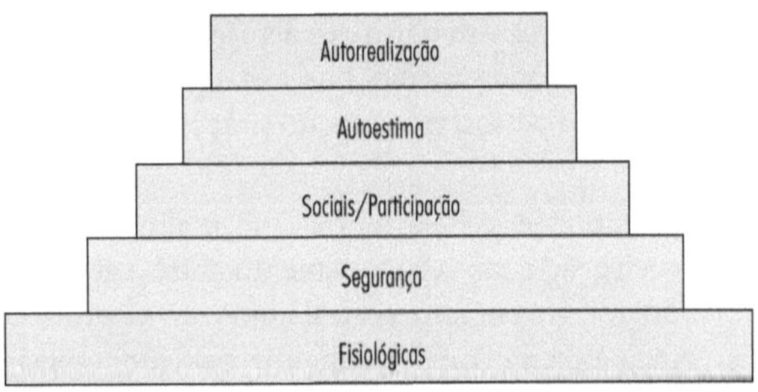

FIGURA 5-1 Hierarquia das necessidades de Maslow.

Depois que o empregado atendeu às suas necessidades fisiológicas, ele se vira para a outra necessidade menor, a segurança. Necessidades de segurança incluem segurança econômica, contra danos, doença e violência. Segurança também pode incluir proteção. É importante que os gerentes de projetos percebam isso porque esses gerentes podem achar que conforme um projeto se aproxima da conclusão, os colaboradores funcionais estão mais interessados em encontrar um novo papel para si do que em dar o seu melhor à situação atual.

O nível seguinte contém as necessidades sociais, incluindo amor, participação, união, aprovação e associação no grupo. Nesse nível, a organização informal desempenha um papel dominante. Muitas pessoas recusam promoções para gerenciamento de projetos (como gerentes de projetos, membros do escritório de projetos ou representantes funcionais) porque temem perder sua "participação" na organização informal. Esse problema pode ocorrer mesmo em projetos de curta duração. Em um ambiente de projetos, os gerentes de projetos geralmente não pertencem à qualquer organização informal e, portanto, tendem a olhar para fora da organização para cumprir essa necessidade. Os gerentes de projetos consideram autoridade e recursos financeiros muito importantes para conseguir apoio para o projeto. A equipe funcional, entretanto, prefere a amizade e as designações de trabalho. Em outras palavras, o gerente de projetos pode utilizar o próprio projeto como um meio de ajudar a atender ao terceiro nível para os funcionários de linha (isto é, o espírito de equipe).

As duas necessidades mais altas são autoestima e autorrealização. A estima inclui autoestima (autorrespeito), reputação, estima dos outros, reconhecimento e autoconfiança. Profissionais altamente técnicos, muitas vezes, não são felizes a menos que as necessidades de estima sejam satisfeitas. Por exemplo, muitos engenheiros se esforçam para publicar e inventar coisas como forma de satisfazer essas necessidades. Essas pessoas, muitas vezes, recusam promoções para o gerenciamento de projetos porque acreditam que não podem satisfazer suas necessidades de estima nessa posição. Ser chamado de gerente de projetos não traz tanta importância como ser considerado pelos seus pares um especialista em sua área. A necessidade mais alta é a autorrealização e inclui fazer o que se pode fazer melhor, o desejo de utilizar o próprio potencial, a realização total do potencial próprio, o autodesenvolvimento constante e um desejo de ser verdadeiramente criativo. Muitos bons gerentes de projetos acham que esse nível é o mais importante e consideram cada novo projeto como um desafio pelo qual podem alcançar a autorrealização.

Frederick Herzberg e seus colaboradores realizaram os estudos da pesquisa motivacional[4]. Herzberg concluiu que os três níveis mais baixos de Maslow (fisiológico, segurança e necessidades sociais) eram fatores de higiene que estavam satisfeitos ou insatisfeitos. Os únicos fatores motivacionais reais eram as necessidades de autoestima e de autorrealização. Herzberg acreditava que as necessidades fisiológicas eram fatores de higiene e eram necessidades extremamente de curto prazo. Autoestima e autorrealização são necessidades mais a longo prazo e poderiam ser potencializadas por meio do rodízio de funções, que inclui o enriquecimento do trabalho.

---

3 MASLOW, Abraham. *Motivation and personality*. New York: Harper and Brothers, 1954.

4 HERZBERG, F.; MAUSNER, B.; SNYDERMAN, B. B. *The motivation to work*. New York: John Wiley & Sons, 1959.

Outra técnica motivacional pode ser relacionada ao conceito da teoria da expectativa (também conhecida como organização imatura-madura), a qual foi desenvolvida pelo behaviorista Chris Argyris. A teoria da expectativa diz que quando as necessidades da organização e as necessidades do indivíduo são congruentes, ambas as partes se beneficiam e a motivação aumenta. Quando há incongruência entre as necessidades do indivíduo e as necessidades da organização, o indivíduo vai experimentar:

- Frustração
- Fracasso psicológico
- Perspectivas de curto prazo
- Conflito

Os gerentes de projetos devem motivar os indivíduos temporariamente designados apelando aos seus desejos de atender aos dois níveis mais baixos, mas não fazendo promessas que não possam ser cumpridas. Os gerentes de projetos devem motivar, fornecendo:

- Um sentimento de orgulho e satisfação para o próprio ego
- Segurança de oportunidade
- Segurança de aprovação
- Segurança de progresso, se possível
- Segurança da promoção, se possível
- Segurança do reconhecimento
- Um meio de fazer um trabalho melhor e não um meio de manter o emprego

Compreender as necessidades profissionais é um fator importante para ajudar as pessoas a perceber seu verdadeiro potencial. Tais necessidades incluem:

- Um trabalho interessante e desafiador
- Um ambiente de trabalho profissionalmente estimulante
- Crescimento profissional
- Liderança total (capacidade de liderar)
- Recompensas tangíveis
- Conhecimento técnico (dentro da equipe)
- Assistência da gerência na resolução de problemas
- Objetivos claramente definidos
- Controle adequado de gestão
- Segurança no emprego
- Apoio da alta administração
- Boas relações interpessoais
- Planejamento adequado
- Definição clara de papéis
- Comunicações abertas
- Mudanças mínimas

Motivar os funcionários para que eles se sintam seguros no trabalho não é fácil, especialmente porque um projeto tem uma duração finita. Métodos específicos para a geração de segurança em um ambiente de projetos incluem:

- Permitir que as pessoas saibam o porquê de estarem onde estão
- Fazer os indivíduos sentirem que pertencem onde estão
- Colocar as pessoas em posições para as quais estão devidamente treinadas
- Permitir que os funcionários saibam como os seus esforços se encaixam no quadro geral

Uma vez que os gerentes de projetos não podem motivar por meio de promessas de ganhos materiais, eles devem apelar para o orgulho de cada pessoa. As orientações para a devida motivação são:

- Adotar uma atitude positiva
- Não criticar a administração
- Não fazer promessas que não possam ser mantidas
- Circular os relatórios do cliente
- Dar a cada pessoa a atenção de que ela necessita

Existem várias formas de motivar o pessoal do projeto. Algumas maneiras eficazes incluem:

- Atribuir responsabilidades que ofereçam desafios
- Definir claramente as expectativas de desempenho
- Fazer a crítica devida, bem como dar o devido crédito
- Fazer avaliações honestas
- Proporcionar um bom ambiente de trabalho
- Desenvolver uma atitude de equipe
- Mostrar a direção correta (mesmo para o caso de Teoria Y)

5.3 AUTORIDADE DO PROJETO

Guia PMBOK®, 5. ed.
9.1.3 Desenvolver o plano de recursos humanos

As estruturas de gerenciamento de projetos criam uma teia de relações que podem causar o caos na delegação de autoridade e na estrutura interna de autoridade. Quatro questões devem ser consideradas na descrição da autoridade do projeto:

- O que é autoridade do projeto?
- O que é poder e como ele é alcançado?
- Quanta autoridade deve ser concedida ao gerente de projetos?
- Quem resolve os problemas de interface da autoridade do projeto?

Um modelo de autoridade para o gerente de projetos pode ser definido como o poder legal ou legítimo de comandar, atuar ou dirigir as atividades dos outros. A autoridade pode ser delegada pelos superiores. O poder, por outro lado, é concedido a um indivíduo por seus subordinados e é uma medida de seu respeito por ele. A autoridade de um gerente é uma combinação de seu poder e influência de tal forma que seus subordinados, pares e colegas aceitem de bom grado o seu julgamento.

Na estrutura tradicional, o espectro de poder é percebido por intermédio da hierarquia; enquanto, na estrutura de projetos, o poder vem da credibilidade, do conhecimento, ou em ser um tomador de decisões seguro.

A autoridade é a chave para o processo de gerenciamento de projetos. O gerente de projetos deve gerenciar por meio das linhas funcionais e organizacionais, reunindo atividades necessárias para o cumprimento dos objetivos de um projeto específico. A autoridade do projeto fornece a lógica necessária para unificar todas as atividades organizacionais para a realização do projeto, independentemente de onde elas estão localizadas. O gerente de projetos que não consegue construir e manter suas alianças, em breve encontrará oposição ou indiferença para com os requisitos do seu projeto.

A quantidade de autoridade conferida ao gerente de projetos varia de acordo com o tamanho do projeto, a filosofia da administração e a interpretação da administração sobre os conflitos potenciais com os gerentes funcionais.

De modo geral, um gerente de projetos deve ter mais autoridade do que a sua responsabilidade demanda, com o grau exato de autoridade geralmente dependendo do grau de risco que ele deve correr. Quanto maior o risco, maior o grau de autoridade. Um bom gerente de projetos sabe onde termina a sua autoridade e não mantém um empregado responsável por funções que ele (o gerente do projeto) não tem autoridade para fazer cumprir. Alguns projetos são dirigidos por gerentes de projetos que só possuem autoridade para o monitoramento. Esses gerentes de projetos são chamados de gerentes de projetos de influência.

O fracasso em estabelecer relações de autoridade pode resultar em:

- Canais de comunicação ruins
- Informações enganosas
- Antagonismo, principalmente da organização informal
- Relações ruins de trabalho com superiores, subordinados, pares e associados
- Surpresas para o cliente

A seguir, as fontes mais comuns de problemas de poder e autoridade em um ambiente de projetos:

- Autoridade mal documentada ou não formalizada
- O poder e a autoridade percebidos de forma incorreta
- Dupla responsabilidade de pessoal
- Dois chefes (que muitas vezes discordam)
- A organização do projeto incentivando o individualismo
- Relações subordinadas mais fortes do que as relações entre colegas ou superiores
- Mudança da lealdade dos empregados das linhas verticais para as linhas horizontais
- A tomada de decisões em grupo com base no grupo mais forte
- Capacidade de influenciar ou administrar recompensas e punições
- Compartilhamento de recursos entre vários projetos

O gerente de projetos não possui autoridade unilateral no esforço do projeto. Ele frequentemente negocia com o gerente funcional. Ele possui a autoridade para determinar o "quando" e o "o quê" das atividades do projeto, enquanto o gerente funcional possui autoridade para determinar "como o apoio será fornecido". O gerente de projetos realiza seus objetivos trabalhando com pessoal altamente profissionalizado. Para o pessoal profissionalizado, a liderança do projeto deve incluir a explicação da lógica do esforço, bem como as funções mais óbvias de planejamento, organização, direção e controle.

Existem algumas regras básicas para o controle da autoridade, por meio das negociações:

- As negociações devem ocorrer no nível mais baixo de interação
- A definição do problema deve ser a primeira prioridade:
  - A questão
  - O impacto
  - A alternativa
  - As recomendações
- A autoridade de nível superior deve ser utilizada se, e somente se, um acordo não puder ser alcançado

A fase crítica de qualquer projeto é o planejamento. Isso inclui mais do que apenas o planejamento das atividades a serem realizadas, mas também o planejamento e o estabelecimento de relacionamentos de autoridade que devem existir para a duração do projeto. Como o ambiente de gerenciamento de projetos é um ambiente em constante mutação, cada projeto estabelece suas próprias políticas e procedimentos, uma situação que pode finalmente resultar em uma variedade de relacionamentos de autoridade.

Assim, é possível para os colaboradores funcionais possuírem responsabilidades diferentes em projetos diferentes, mesmo que as tarefas sejam as mesmas.

Durante a fase de planejamento, a equipe do projeto desenvolve uma matriz de responsabilidades (MR)[NT2], que contém elementos tais como:

- A responsabilidade pelo gerenciamento geral
- A responsabilidade pelo gerenciamento das operações
- A responsabilidade especializada
- Quem deve ser consultado
- Quem pode ser consultado
- Quem deve ser notificado
- Quem deve aprovar

A matriz de responsabilidades (MR) é, muitas vezes, chamada de organograma linear de responsabilidade (OLR)[T3]. Os organogramas lineares de responsabilidade identificam os participantes e em que grau uma atividade será realizada ou uma decisão será tomada. O OLR busca esclarecer as relações de autoridade que podem existir quando as unidades funcionais compartilham trabalhos em comum.

A Figura 5-2 mostra um típico organograma linear de responsabilidade. As linhas, que indicam as atividades, responsabilidades ou funções necessárias, podem ser todas as tarefas na estrutura analítica do projeto. As colunas identificam tanto posições, títulos ou mesmo as próprias pessoas. Se o organograma será fornecido a um cliente externo, então apenas os títulos devem aparecer, ou o cliente contatará os colaboradores diretamente, sem passar pelo gerente do projeto. Os símbolos indicam os graus de autoridade ou de responsabilidade existentes entre as linhas e as colunas.

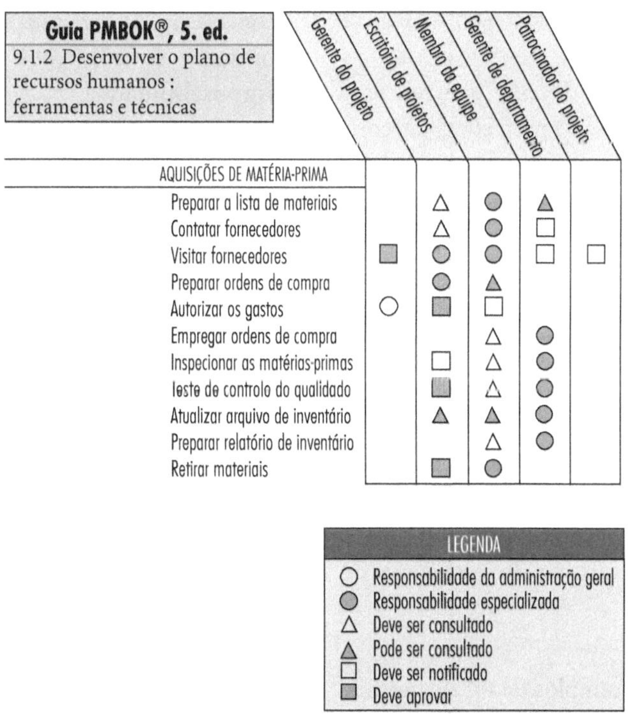

FIGURA 5-2 Organograma linear de responsabilidade (matriz de responsabilidades).

[NT2] *Responsibility and assignment matrix (RAM)*, em tradução oficial da quarta edição do Guia PMBOK®, "Matriz de Responsabilidades (MR)".

[NT3] Tradução para "Linear Responsability Chart (LRC)".

INICIADO POR	REPORTADO A: INTERNO — Gerente do projeto	Escritório de projetos	Membro da equipe	Membros de departamento	Colaboradores funcionais	Gerente da divisão	Administração executiva	EXTERNO (CLIENTE)** — Gerente do projeto	Escritório de projetos	Membro da equipe	Membros de departamento	Colaboradores funcionais	Gerente da divisão	Administração executiva
Gerente do projeto	//////	○	◆	◺	▲	▲	◆	○	○	■	■	■	■	◺
Escritório de projetos	○	//////	○	○	▲	▲	▲	○	○	◺	◺	■	■	◺
Membro da equipe	◆	○	//////	◆	⬡	■	■	■	■	▲	▲	▲	■	■
Membros de departamento	▲	◺	○	//////	○	◆	■	◺	◺	◺	◺	◺	■	■
Colaboradores funcionais	▲	▲	○	○	//////	■	■	▲	▲	▲	▲	▲	■	■
Gerente da divisão	◺	▲	▲	▲	▲	//////	◺	■	■	■	■	■	◺	◺
Administração executiva	◺	▲	▲	▲	▲	▲	//////	◺	◺	▲	▲	■	◺	◺

*Não inclui reuniões de intercâmbio agendadas regularmente
**Pode variar de tarefa para tarefa e pode ser escrita ore oral

LEGENDA
○ Diariamente
◆ Semanalmente
⬡ Mensalmente
▲ Conforme necessidade
◺ Informal
■ Nunca

FIGURA 5-3 Matriz de responsabilidades de comunicação.

Outro exemplo de um OLR está ilustrado na Figura 5-3. Nesse caso, o OLR é usado para descrever como as comunicações internas e externas deverão ocorrer. Esse tipo de organograma pode ser usado para eliminar conflitos de comunicação. Considere um cliente que está infeliz por ter toda a sua informação filtrada pelo gerente do projeto e solicita que o seu próprio pessoal de linha seja autorizado a falar com o pessoal de linha do gerente do projeto, diretamente um a um. Você pode não ter escolha senão permitir isso, mas você deve se certificar de que o cliente entende que:

- Os colaboradores funcionais não podem se comprometer com trabalhos ou recursos adicionais
- Os colaboradores funcionais apresentam suas próprias opiniões, e não a opinião da empresa
- A política da empresa passa pelo escritório de projetos

As Figuras 5-4 e 5-5 são exemplos de OLRs modificados. A Figura 5-4 é usada para mostrar a distribuição de itens de dados, e a Figura 5-5 identifica a distribuição de competências no escritório de projetos.

A matriz de responsabilidades tenta responder a perguntas como: "Quem tem autoridade para assinar?" "Quem deve ser notificado?" "Quem pode tomar a decisão?" As perguntas só podem ser respondidas por meio de definições claras de autoridade, dever e responsabilidade:

- *Autoridade* é o direito de um indivíduo tomar as decisões necessárias para alcançar seus objetivos e deveres
- *Dever* é a designação para a realização de um evento ou atividade específica
- *Responsabilidade* é a aceitação do sucesso ou fracasso

MATRIZ DE DISTRIBUIÇÃO DE ITENS DE DADOS: ITEM DE DADOS	DESCRIÇÃO DE RELATÓRIO	PESSOAL DO CLIENTE E DO FORNECEDOR: Gerente do projeto	Escritório de projetos	Membro da equipe	Gerente de linha	Administração executiva
1	Resumos mensais dos custos	X	X			X
2	Relatórios de marcos	X	X	X	X	X
3	Curvas de mão de obra	X	X		X	
4	Utilização de inventário	X	X			
5	Relatório de teste de pressão	X	X		X	
6	Testes de umidade	X	X		X	
7	Relatórios de linha direta	X	X	X	X	X
8	Resumos de cronograma	X	X	X	X	

FIGURA 5-4 Matriz de distribuição de dados.

ÁREAS FUNCIONAIS DE CONHECIMENTO / EQUIPE DO PROJETO	ABLE, J.	BAKER, P.	COOK, D.	DIRK, L.	EASLEY, P.	FRANKLIN, W.	GREEN, C.	HENRY, L.	IMHOFF, R.	JULES, C.	KLEIN, W.	LEDGER, D.	MAYER, O.	NEWTON, A.	OLIVER, G.	PRATT, L.
Gestão administrativa		a				a		a			a	a			a	
Controle de custos		b	b		b	b	b				b	b		b	b	
Análise econômica	c			c				c	c				c			c
Sistemas de energia		d	d		d		d			d			d		d	d
Avaliação do impacto ambiental	e	e	e						e		e		e			
Engenharia industrial	f				f					f						
Instrumentação	g			g		g					g				g	
Tubulação e esboço do design	h		h		h	h				h			h			
Planejamento e programação do cronograma		i		i	i			i				i		i		i
Gerenciamento do projeto	j			j		j					j				j	
Relatório do projeto		k	k		k			k	k			k		k		k
Controle de qualidade		l	l			l	l	l	l							
Avaliação do local		m				m			m	m				m		
Preparação da especificação			n	n			n				n		n			n
Design do sistema		o	o		o		o	o		o		o			o	

FIGURA 5-5 Matriz das habilidades pessoais.

O organograma linear de responsabilidade, apesar de ferramenta valiosa para a gestão, tem um ponto fraco que é não descrever como as pessoas interagem dentro do programa. O OLR deve ser considerado com a organização para um pleno entendimento de como ocorrem as interações entre os indivíduos e as organizações.

Os organogramas lineares de responsabilidade podem resultar de requisitos impostos pelo cliente que estejam acima e além das operações normais. Por exemplo, o cliente pode exigir, como parte de seu controle de qualidade, que um determinado engenheiro fiscalize e aprove todos os testes de certo item ou que outro indivíduo aprove todos os dados divulgados para o cliente, acima e além da aprovação do escritório de programas. Tais requisitos do cliente necessitam de OLRs e podem causar rupturas e conflitos dentro de uma organização.

Diversos fatores importantes afetam a delegação de autoridade e dos deveres, tanto da alta administração para o gerenciamento de projetos quanto do gerenciamento de projetos para o gerenciamento funcional. Esses fatores incluem:

- A maturidade da função do gerenciamento de projetos
- Tamanho, natureza e base de negócios da empresa
- Tamanho e natureza do projeto
- O ciclo de vida do projeto
- As capacidades de gestão em todos os níveis

Uma vez que se chegou a um acordo quanto à autoridade e o dever do gerente de projetos, os resultados devem ser documentados para delinear claramente seu papel no que se refere a:

- Sua posição focal
- Conflitos entre o gerente de projetos e os gerentes funcionais
- Influência para atravessar as linhas funcionais e organizacionais
- Participação na gestão principal e nas decisões técnicas
- Colaboração na seleção do pessoal do projeto
- Controle sobre a alocação e aplicação de recursos financeiros
- Seleção de empresas terceiras
- Direitos na resolução de conflitos
- Voz na manutenção da integridade da equipe de projeto
- Estabelecimento de planos de projeto

- Fornecimento de um sistema de informações econômico para o controle
- Fornecimento de liderança na elaboração de requisitos operacionais
- Manutenção da ligação e do contato primários com o cliente
- Promoção de melhorias tecnológicas e gerenciais
- Estabelecimento da organização do projeto durante a vigência
- Redução da burocracia

Talvez a melhor maneira de documentar a autoridade do gerente de projetos seja por meio do termo de abertura do projeto, que é um dos três métodos, ilustrado na Figura 5-6, pelo qual o gerente de projetos obtém autoridade. Documentar a autoridade do gerente de projetos é necessário porque:

- Todas as interfaces devem ser mantidas da forma mais simples possível
- O gerente de projetos deve possuir autoridade para "forçar" os gerentes funcionais a renunciar aos padrões existentes e, eventualmente, estarem sujeitos a riscos
- O gerente de projetos deve receber autoridade sobre os elementos de um programa que não estejam sob seu controle. Isso normalmente acontece por meio do respeito recebido dos indivíduos em questão
- O gerente de projetos não deve tentar descrever completamente a autoridade e os deveres exatos do seu pessoal do escritório de projetos ou dos membros da equipe. Como alternativa, ele deve incentivar a resolução de problemas, em vez da definição de papéis

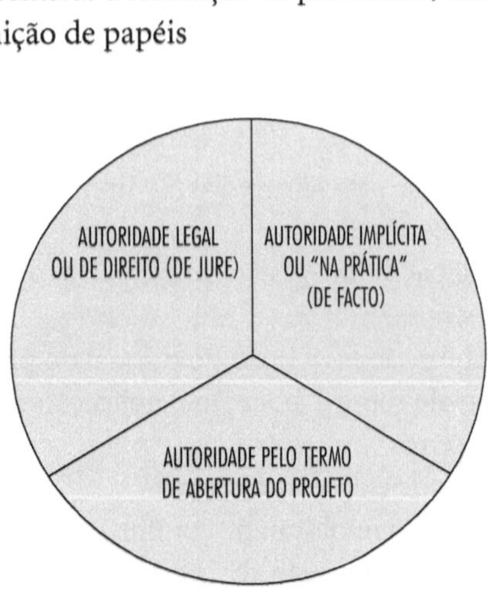

FIGURA 5-6 Tipos de autoridade do projeto.

5.4 INFLUÊNCIAS INTERPESSOAIS

Guia PMBOK®, 5. ed.
9.1.2 Desenvolver o plano de recursos humanos: ferramentas e técnicas

Existe uma variedade de relações (embora elas nem sempre sejam claramente definíveis) entre poder e autoridade. Essas relações geralmente são medidas pelo poder "relativo" de decisão como uma função da estrutura de autoridade e são fortemente dependentes do modelo organizacional do projeto.

Considere as seguintes afirmações feitas por gerentes de projetos:

- "Eu tenho tido boas relações de trabalho com o departamento X. Eles gostam de mim e eu gosto deles. Eu geralmente consigo avançar com qualquer coisa antes do prazo."
- "Eu sei que é contra a política do departamento, mas os testes devem ser conduzidos de acordo com esses critérios ou então o resultado não fará sentido" (observação feita a um membro da equipe por um cientista pesquisador que foi promovido temporariamente ao gerenciamento de projetos para um projeto de tecnologia avançada).

Os gerentes de projetos geralmente são conhecidos por terem uma grande quantidade de autoridade delegada, mas pouquíssimo poder formal. Eles devem, portanto, fazer com que o trabalho seja realizado por meio do uso de influências interpessoais. Existem cinco influências interpessoais:

- **O Poder Legítimo:** a capacidade de obter o apoio porque o pessoal do projeto vê o gerente do projeto como oficialmente autorizado a emitir ordens.
- **O Poder de Recompensa:** a capacidade de obter apoio porque o pessoal do projeto vê o gerente do projeto como capaz de, direta ou indiretamente, distribuir recompensas organizacionais importantes (ou seja, salário, promoção, bônus, designações para trabalhos futuros).
- **O Poder de Punição:** a capacidade de obter apoio porque o pessoal do projeto vê o gerente do projeto como capaz de, direta ou indiretamente distribuir punições que eles querem evitar. O poder de punição normalmente deriva da mesma fonte que o poder de recompensa, com um sendo uma condição necessária para o outro.
- **O Poder Especialista:** a capacidade de obter apoio porque o pessoal vê o gerente do projeto como dono de um conhecimento especial ou como um especialista (o que os colaboradores funcionais consideram importante).

- **O Poder de Referência:** a capacidade de obter apoio porque o pessoal do projeto se sente pessoalmente atraído pelo gerente do projeto ou pelo seu projeto.

Os poderes especialista e de referência são exemplos de poder pessoal que vem das qualidades ou características pessoais às quais os membros da equipe são atraídos. Os poderes de recompensa, legítimo, e de punição são muitas vezes citados como exemplos de poder pela posição, os quais estão diretamente relacionados a uma posição dentro da organização. Os gerentes de linha geralmente detêm grande poder pela posição. Mas em um ambiente de projetos, esse poder pode ser difícil de alcançar. Segundo Magenau e Pinto[5]:

> Dentro da arena de gerenciamento de projetos, toda a questão do poder pela posição fica mais problemática. Em muitas organizações, os gerentes de projetos atuam fora do padrão da hierarquia funcional. Embora essa posição permita-lhes certa liberdade de ação sem supervisão direta, ela possui algumas desvantagens importantes e concomitantes, principalmente no que diz respeito ao poder pela posição. Primeiro, porque os relacionamentos multifuncionais entre o gerente do projeto e outros departamentos funcionais podem ser mal definidos, os gerentes de projetos rapidamente descobrem que possuem pouco ou nenhum poder legítimo para simplesmente forçar as suas decisões pelo sistema organizacional. Os departamentos funcionais geralmente não têm de reconhecer os direitos dos gerentes de projetos de interferir nas responsabilidades funcionais; consequentemente, os gerentes de projetos iniciantes que esperam contar com o poder pela posição para implementar os seus projetos são rapidamente desiludidos.
>
> Como um segundo problema no uso do poder pela posição, em muitas organizações, os gerentes de projetos possuem autoridade mínima para recompensar os membros da equipe que, em virtude de serem subordinados temporários, mantêm laços diretos e lealdade aos seus departamentos funcionais. Na realidade, os gerentes de projetos podem nem mesmo ter a oportunidade de concluir uma avaliação de desempenho sobre esses membros temporários da equipe. Igualmente, por razões semelhantes, os gerentes de projetos podem ter pouca autoridade para punir comportamentos inadequados. Portanto, eles podem descobrir que não podem nem oferecer a cenoura, nem ameaçar com o chicote. Como resultado, além do poder pela posição, muitas vezes é necessário que os gerentes de projetos eficazes procurem desenvolver as suas bases de poder pessoal.

As seis situações seguintes são exemplos de poder de referência (as duas primeiras são também poder de recompensa):

- O colaborador pode ser capaz de obter favores pessoais do gerente do projeto
- O colaborador sente que o gerente do projeto é um vencedor e que as recompensas serão repassadas a ele.
- O colaborador e o gerente do projeto têm laços fortes, como as duplas de golfe durante as partidas *foursome*[NT4]
- O colaborador gosta da forma como o gerente do projeto trata as pessoas
- O colaborador quer identificação com um determinado produto ou linha de produto
- O colaborador tem problemas pessoais e acredita que pode obter empatia ou compreensão do gerente do projeto

Assim como o poder relativo, as influências interpessoais podem ser identificadas com vários modelos organizacionais de projeto quanto ao seu valor relativo. Isso pode ser visto na Figura 5-7.

Para qualquer estrutura temporária de gerenciamento ser eficaz, deve haver um equilíbrio racional de poder entre o gerenciamento funcional e de projetos. Infelizmente, um equilíbrio de poder em igualdade é, muitas vezes, impossível de se obter, pois cada projeto é inerentemente diferente de outros, e os gerentes de projetos possuem diferentes habilidades de liderança.

O alcance desse equilíbrio é um desafio sem fim para a administração. Se as restrições de tempo e custos

---

5 MAGENAU, John M.; PINTO, Jeffrey K. Power. Influence, and negotiation in project management. In: MORRIS, Peter G.; PINTO, Jeffrey (eds.). *Project organization and project competencies*. Wiley, 2007. p. 91. Reproduzido com permissão da John Wiley.

NT4 No golfe, a partida *foursome* (quarteto, em tradução livre), é uma competição entre duas equipes que consistem de dois jogadores cada. Os jogadores alternam os buracos, mas cada dupla compartilha a mesma bola.

de um projeto não puderem ser cumpridas, a influência do projeto na tomada de decisões aumenta, como pode ser visto na Figura 5-7. Se as restrições de tecnologia ou desempenho precisarem de reavaliações, então prevalecerá a influência funcional no processo decisório.

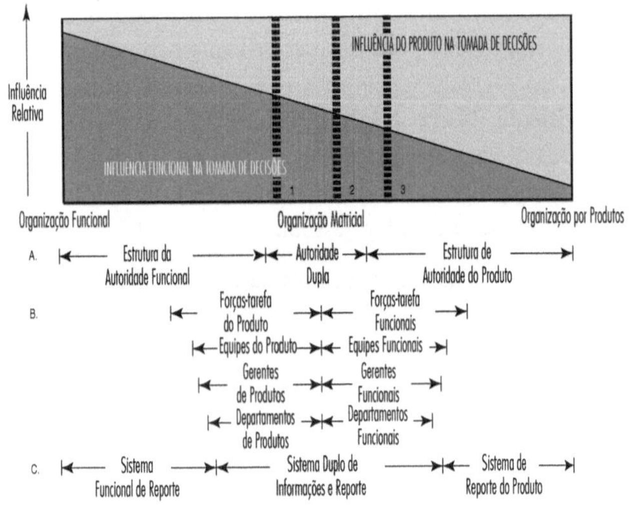

FIGURA 5-7 O leque de alternativas.

Fonte: GALBRAITH, Jay R. Matrix organization designs. Reproduzido com a permissão de *Business Horizons*, fev. 1971. p. 37. Copyright © 1971 pelo Conselho de Curadores da Universidade de Indiana.

Independentemente de quanta autoridade e poder um gerente de projetos desenvolva ao longo do curso do projeto, o fator principal na sua capacidade de conseguir com que o trabalho seja realizado é o seu estilo de liderança. O desenvolvimento de laços de confiança, amizade e respeito com os colaboradores funcionais pode promover o sucesso.

5.5 BARREIRAS AO DESENVOLVIMENTO DA EQUIPE DO PROJETO

Guia PMBOK®, 5. ed.
9.3 Desenvolver a equipe do projeto

A maioria das pessoas nas organizações orientadas e não orientadas a projetos tem diferentes pontos de vista sobre o gerenciamento de projetos. A Tabela 5-1 compara os pontos de vista funcionais e de projetos em relação ao gerenciamento de projetos. Esses diferentes pontos de vista podem criar barreiras cruéis para as operações bem-sucedidas do gerenciamento de projetos.

A compreensão de barreiras à construção da equipe do projeto pode ajudar no desenvolvimento de um ambiente propício para o trabalho eficaz em equipe. As seguintes barreiras são comuns em muitos ambientes de projetos.

Perspectivas, Prioridades e Interesses Diferentes: existe uma grande barreira quando os membros da equi-

TABELA 5-1 Comparação dos pontos de vista funcional e de projetos

Fenômenos	Ponto de Vista de Projetos	Ponto de Vista Funcional
Dicotomia organizacional *linha-staff*	Vestígios do modelo hierárquico permanecem: as funções de linha são colocadas em uma posição de apoio. Há uma teia de autoridade e responsabilidade.	As funções de linha possuem responsabilidade direta pela realização dos objetivos; a linha comanda e a assessoria (staff) aconselha.
Princípio escalar	Existem elementos da cadeia vertical, mas a ênfase principal é dada ao fluxo de trabalho horizontal e diagonal. O trabalho importante é conduzido conforme a legitimidade da tarefa exige.	A cadeia dos relacionamentos de autoridade ocorre do superior para o subordinado em toda a organização. O trabalho central, crucial e importante é conduzido para cima e para baixo na hierarquia vertical.
Relação chefe-subordinado	Relacionamentos entre pares, entre gerente e especialistas técnicos, entre colaboradores etc. Os relacionamentos são utilizados para conduzir boa parte dos negócios proeminentes.	Essa é a relação mais importante; se mantida sadia, haverá sucesso. Todos os negócios importantes são conduzidos em uma estrutura piramidal de chefes e subordinados.
Objetivos organizacionais	O gerenciamento de um projeto se torna uma joint venture de várias organizações relativamente independentes. Dessa forma, o objetivo se torna multilateral.	Os objetivos da organização são buscados pela unidade principal (um conjunto de suborganizações) que trabalha em seu ambiente. O objetivo é unilateral.
Unidade de direção	O gerente de projetos gerencia por intermédio das linhas organizacionais e funcionais para alcançar um objetivo interorganizacional comum.	O diretor geral atua como um chefe único para um grupo de atividades que estão no mesmo plano.
Paridade de autoridade e responsabilidade	Existem oportunidades consideráveis para que as responsabilidades do gerente de projetos excedam a sua autoridade. Os profissionais de apoio geralmente respondem a outros gerentes (funcionais) quanto a salário, relatórios de desempenho, promoções etc.	Consistente com o gerenciamento funcional, a integridade do relacionamento chefe-subordinado é mantida por meio da autoridade funcional e dos serviços de aconselhamento da assessoria (staff).
Duração de tempo	O projeto (e, consequentemente, a sua organização) é finito em sua duração.	Tende a se perpetuar para fornecer apoio facilitador contínuo.

Fonte: CLELAND, David I. Project Management. In: CLELAND, David I.; KING, William R. (eds.). *Systems organizations, analysis, management: a book of readings*. New York: McGraw-Hill, 1969. p. 281-290. © 1969 por McGraw-Hill Reproduzido com permissão da editora.

pe têm objetivos e interesses profissionais que são diferentes dos objetivos do projeto. Esses problemas são agravados quando a equipe precisa apoiar organizações que têm interesses e prioridades diferentes.

Conflitos de Papéis: os esforços de desenvolvimento da equipe são frustrados quando existem conflitos de papéis entre os membros da equipe, como ambiguidade sobre quem faz o quê dentro da equipe do projeto e nos grupos externos de apoio.

Objetivos/Resultados do Projeto não Claros: objetivos não claros de projeto frequentemente geram conflitos, ambiguidades e lutas por poder. Torna-se difícil, senão impossível, definir claramente os papéis e as responsabilidades.

Ambientes Dinâmicos de Projeto: muitos projetos operam em um estado constante de mudança. Por exemplo, a alta administração pode ficar mudando o escopo, os objetivos e a base de recursos do projeto. Em outras situações, mudanças regulatórias ou demandas do cliente podem afetar drasticamente as operações internas de uma equipe de projeto.

Competição Pela Liderança da Equipe: os líderes de projetos frequentemente mencionaram que essa barreira ocorre preferencialmente nas fases iniciais de um projeto ou se o projeto estiver com graves problemas. Obviamente, tais casos de desafio da liderança podem resultar em barreiras à construção da equipe. Frequentemente, esses são desafios disfarçados para a capacidade do líder do projeto.

Falta de Definição da Equipe e de Estrutura: muitos diretores se queixam de que o trabalho em equipe é severamente prejudicado porque não há deveres claramente definidos das tarefas e estruturas de subordinação. Encontramos essa situação mais prevalentemente em ambientes de trabalho dinâmicos e desestruturados organizacionalmente, tais como em projetos de sistemas de informação e P&D. Um padrão comum é que um departamento de apoio é encarregado de uma tarefa, mas nenhum líder é claramente delegado para o dever. Como consequência, alguns funcionários estão trabalhando no projeto, mas não estão totalmente esclarecidos sobre a extensão dos seus deveres. Em outros casos, os problemas resultam quando um projeto é apoiado por vários departamentos, sem coordenação interdisciplinar.

Seleção do Pessoal da Equipe: essa barreira se desenvolve quando os colaboradores se sentem tratados injustamente ou ameaçados durante a seleção de pessoal para um projeto. Em alguns casos, o pessoal do projeto é designado a uma equipe pelos gerentes funcionais, e o gerente do projeto pode oferecer pouca ou nenhuma contribuição ao processo de seleção. Isso pode impedir os esforços de desenvolvimento da equipe, principalmente quando o líder do projeto recebe o pessoal que está disponível, em vez dos melhores membros, escolhidos a dedo. A designação de "pessoal disponível" pode causar vários problemas (por exemplo, baixos níveis de motivação, membros de equipe descontentes e descompromissados). Descobrimos que, via de regra, quanto mais poder o líder do projeto tem sobre a seleção dos membros de sua equipe e, quanto mais houver acordos negociados relativos às tarefas designadas, maior será a probabilidade de que os esforços de construção da equipe sejam frutíferos.

Credibilidade do Líder do Projeto: os esforços de construção da equipe são prejudicados quando o líder do projeto tem baixa credibilidade na equipe ou entre os outros gerentes. Em tais casos, os membros da equipe muitas vezes são relutantes em se comprometer com o projeto ou com o líder. Problemas de credibilidade podem vir de habilidades gerenciais ruins, decisões técnicas ruins, ou falta de experiência relevante para o projeto.

Falta de Comprometimento dos Membros da Equipe: falta de comprometimento pode ter várias fontes. Por exemplo, os membros da equipe possuem interesses profissionais em outros lugares, o sentimento de insegurança que está associado aos projetos, a natureza pouco clara das recompensas que podem vir após a conclusão bem-sucedida e conflitos interpessoais intensos dentro da equipe.

A falta de comprometimento dos membros da equipe pode ser resultado de atitudes suspeitas existentes entre o líder do projeto e um gerente funcional de apoio, ou entre dois membros da equipe pertencentes a dois departamentos funcionais em guerra. Por fim, baixos níveis de comprometimento podem ocorrer quando uma "estrela" "exige" esforço demasiado de outros membros ou exige muita atenção do líder da equipe. Um líder de equipe colocou dessa maneira: "Muitas equipes possuem suas estrelas e você aprende a viver e trabalhar com elas. Elas podem ser fundamentais para o sucesso global. Mas algumas estrelas podem ser tão exigentes com todo mundo que acabam minando a motivação da equipe".

Problemas de Comunicação: não surpreendentemente, a má comunicação é um inimigo importante para o desenvolvimento de equipes eficazes. A má comunicação existe em quatro níveis principais: problemas de comunicação entre os membros da equipe, entre o líder do projeto e os membros da equipe, entre a equipe do projeto e a alta administração e entre os líderes do projeto e o cliente. Muitas vezes, o problema é causado por membros da equipe que simplesmente não mantêm os outros informados sobre importantes desenvolvimentos do projeto. No entanto, os porquês de padrões ruins de comunicação são muito mais difíceis de determinar. O problema pode ser resultado de baixos níveis de motivação, baixo moral ou descuido. Também foi descoberto que padrões ruins de comunicação entre a equipe e os grupos de apoio geram graves problemas de construção da equipe, bem como má comunicação com o cliente. Práticas ruins de comunicação muitas vezes levam a objetivos obscuros e a deficiências no controle, na coordenação e no fluxo de trabalho do projeto.

Ausência de Apoio da Alta Administração: os líderes de projetos, muitas vezes sugerem que o apoio e o comprometimento da alta administração não são claros e estão sujeitos a crescer e a minguar durante o ciclo de vida do projeto. Esse comportamento pode causar uma sensação desconfortável entre os membros da equipe e diminuir os níveis de entusiasmo e comprometimento com o projeto. Dois outros problemas comuns são que a alta administração muitas vezes não ajuda a definir o ambiente certo para a equipe do projeto no início, nem forneca à ela *feedbacks* periódicos sobre o seu desempenho e suas atividades durante a vida do projeto.

Os gerentes de projetos que estão realizando com sucesso o seu papel não só reconhecem essas barreiras, mas também sabem quando elas são mais suscetíveis a ocorrer durante o ciclo de vida do projeto. Além disso, esses gerentes realizam ações preventivas e, normalmente, promovem um ambiente que contribui para o trabalho em equipe. O construtor eficaz da equipe é geralmente um arquiteto social que compreende a interação das variáveis organizacionais e de comportamento e que pode fomentar um clima de participação ativa e de conflito mínimo. Isso requer habilidades cuidadosamente desenvolvidas em liderança, administração, organização e conhecimento técnico sobre o projeto. Contudo, além das competências delicadamente equilibradas de gestão, a sensibilidade do gerente de projetos para as questões fundamentais subjacentes a cada barreira pode ajudar a aumentar o sucesso no desenvolvimento de uma equipe eficaz para o projeto. As sugestões específicas para a construção da equipe são antecipadas na Tabela 5-2.

5.6 SUGESTÕES PARA LIDAR COM A EQUIPE RECÉM-FORMADA

O maior problema enfrentado por muitos líderes de projetos é gerenciar a ansiedade que comumente se desenvolve quando uma nova equipe é formada. A ansiedade vivida pelos membros da equipe é normal e previsível, mas é uma barreira para conseguir ter uma equipe rapidamente focada na tarefa.

Essa ansiedade pode vir de várias fontes. Por exemplo, se os membros da equipe nunca trabalharam com o líder do projeto, eles podem estar preocupados com o seu estilo de liderança. Alguns membros da equipe podem estar preocupados com a natureza do projeto e se o projeto irá condizer com seus interesses e capacidades profissionais, ou se ajudará ou prejudicará suas aspirações de carreira. Além disso, os membros da equipe podem estar altamente preocupados com rupturas do estilo de vida/estilo de trabalho. Conforme um gerente de projetos observou, "mudar a mesa de um membro da equipe de um lado da sala para o outro, às vezes, pode ser quase tão traumático como deslocar alguém de Chicago para Manila."

Outra preocupação comum entre as equipes recém-formadas é se haverá uma distribuição equitativa da carga de trabalho entre os membros da equipe e se cada membro será capaz de carregar o seu próprio peso. Em algumas equipes recém-formadas, os membros não só devem realizar o seu próprio trabalho, como também devem treinar outros membros da equipe. Com certeza, isso é suportável, mas quando se torna demais, aumenta a ansiedade.

Certas medidas tomadas no início da vida de uma equipe podem diminuir os problemas aqui citados. Primeiro, recomendamos que o líder do projeto converse com cada membro da equipe, um de cada vez, sobre o seguinte:

1. Quais são os objetivos do projeto.
2. Quem estará envolvido e por quê.
3. A importância do projeto para a organização geral ou unidade de trabalho.
4. Por que o membro da equipe foi selecionado e designado para o projeto. Qual o papel que ele vai desempenhar.
5. Quais vantagens poderiam ser concretizadas se o projeto for concluído com sucesso.
6. Quais problemas e restrições podem ser encontrados.
7. As regras do caminho que será seguido no gerenciamento do projeto (por exemplo, reuniões periódicas de avaliação do andamento).
8. Quais são as sugestões do membro da equipe para alcançar o sucesso.
9. Quais são os interesses profissionais dos membros da equipe.
10. Qual desafio o projeto vai apresentar aos membros individuais e à toda a equipe.
11. Por que o conceito de equipe é tão importante para o sucesso do gerenciamento do projeto e como ele deve funcionar.

TABELA 5-2 Barreiras à construção eficaz da equipe e abordagens sugeridas de tratamento

Barreira	Sugestões para o Gerenciamento Eficaz das Barreiras (Como Diminuir ou Eliminar as Barreiras)
Diferentes perspectivas, prioridades, interesses e julgamentos dos membros da equipe	Fazer um esforço no início do ciclo de vida do projeto para descobrir essas diferenças conflitantes. Explicar totalmente o escopo do projeto e as recompensas que podem surgir na conclusão bem sucedida do projeto. Promover o conceito de "equipe" e explicar as responsabilidades. Tentar combinar os interesses individuais com os objetivos gerais do projeto.
Conflitos de papéis	O mais cedo possível, perguntar aos membros da equipe onde eles se veem no projeto. Determinar como todo o projeto pode ser dividido em subsistemas e tarefas (ou seja, a estrutura analítica do projeto). Designar/negociar papéis. Conduzir reuniões regulares de andamento para manter a equipe informada sobre o progresso e ficar atento para antecipar conflitos de papéis ao longo da vida do projeto.
Objetivos/resultados de projeto não claros	Garantir que todas as partes compreendam os objetivos gerais e interdisciplinares do projeto. A comunicação clara e frequente com a alta administração e com o cliente se torna criticamente importante. As reuniões de avaliação do andamento podem ser utilizadas para feedback. Finalmente, um nome adequado para a equipe pode ajudar a reforçar os objetivos do projeto.
Ambientes dinâmicos de projetos	O grande desafio é estabilizar as influências externas. Primeiro, colaboradores importantes devem organizar um acordo sobre a direção principal do projeto e "promover" essa direção para toda a equipe. Também, educar a alta administração e o cliente sobre as consequências prejudiciais de mudanças não justificadas. É extremamente importante prever o "ambiente" dentro do qual o projeto será desenvolvido. Desenvolver planos de contingência.
Competição pela liderança da equipe	A alta administração deve ajudar a estabelecer o papel de liderança do gerente do projeto. Por outro lado, o gerente do projeto deve cumprir as expectativas dos membros da equipe. A definição clara de papel e responsabilidade muitas vezes diminui a competição pela liderança.
Falta de definição da equipe e de estrutura	Os líderes de projetos devem "promover" o conceito de equipe para a alta administração, bem como para os membros. Reuniões regulares vão reforçar o sentido de equipe, assim como tarefas, papéis e responsabilidades claramente definidos. Também, a visibilidade de memorandos e outros formulários escritos, assim como a participação da alta administração e do cliente, podem unificar a equipe.
Seleção do pessoal para o projeto	Tentar negociar as designações do projeto com os potenciais membros da equipe. Discutir claramente com eles sobre a importância do projeto, o papel de cada um, quais recompensas podem resultar após a conclusão e as "regras gerais do jogo" para o gerenciamento do projeto. Finalmente, se os membros da equipe permanecerem desinteressados, então deve ser considerada a substituição.
Credibilidade do líder do projeto	A credibilidade do líder do projeto entre os membros da equipe é crucial. Ela cresce com a imagem de um tomador de decisões seguro, tanto na gestão geral, quanto no conhecimento técnico de relevância. A credibilidade pode aumentar através do relacionamento do líder do projeto com outros gerentes importantes que apoiem os esforços da equipe.
Falta de comprometimento do membro da equipe	Tentar determinar a falta de comprometimento do membro da equipe no início da vida do projeto e tentar mudar possíveis visões negativas. Muitas vezes, a insegurança é o principal motivo para a falta de comprometimento; tentar determinar por que ela existe e, então, trabalhar na diminuição dos receios dos membros da equipe. Os conflitos com outros membros podem ser outro motivo para a falta de comprometimento. É importante que o líder do projeto intervenha e intermedeie o conflito rapidamente. Finalmente, se os interesses profissionais de um membro da equipe estiverem em outro lugar, o líder do projeto deve procurar maneiras de satisfazer parte desses interesses ou considerar a substituição.
Problemas de comunicação	O líder do projeto deve dedicar um tempo considerável para a comunicação com os membros individuais da equipe sobre as suas necessidades e preocupações. Além disso, ele deve prover uma forma de sessões periódicas para incentivar as comunicações entre os contribuintes individuais da equipe. Ferramentas para melhorar a comunicação incluem reuniões de andamento, revisões, cronogramas, sistemas de relatório e agrupamento. Semelhantemente, o líder do projeto deve estabelecer comunicação regular e completa com o cliente e com a alta administração. A ênfase é dada à comunicação escrita e verbal, com questões importantes e acordos via comunicação escrita.
Falta de apoio da alta administração	O apoio da alta administração é absolutamente necessário para lidar de maneira eficaz com os grupos de interface e para o comprometimento adequado dos recursos. Portanto, um dos principais objetivos para os líderes de projetos é manter o interesse e o comprometimento contínuos da alta administração em seus projetos. Sugerimos que a alta administração se torne parte integrante das avaliações do projeto. Igualmente importante, é crucial que ela forneça o ambiente adequado para que o projeto funcione de maneira eficaz. Aqui, o líder do projeto precisa dizer à administração, no início do programa, quais são os recursos necessários. O relacionamento do gerente do projeto com a alta administração e a capacidade em desenvolver o apoio da alta administração são vitalmente impactados por sua própria credibilidade e pela visibilidade e prioridade do seu projeto.

Lidar com essas ansiedades e ajudar os membros a sentirem que são parte integrante da equipe podem render dividendos valiosos. Em primeiro lugar, como observado na Figura 5-8, os membros da equipe estão mais propensos a compartilhar abertamente as suas ideias e abordagens. Segundo, é mais provável que a equipe seja capaz de desenvolver processos eficazes de tomada de decisões. Em terceiro lugar, a equipe está propensa a desenvolver procedimentos mais eficazes de controle do projeto, incluindo os controles tradicionalmente utilizados para monitorar o desempenho do projeto (PERT / CPM, redes, estruturas analíticas de projeto etc.) e aqueles em que os membros da equipe fornecem *feedback* uns aos outros em relação ao desempenho.

5.7 A CONSTRUÇÃO DA EQUIPE COMO UM PROCESSO CONTÍNUO

Enquanto é fundamental dar a atenção adequada para a construção da equipe durante as fases iniciais de um projeto, esse é um processo que nunca termina. O gerente de proje-

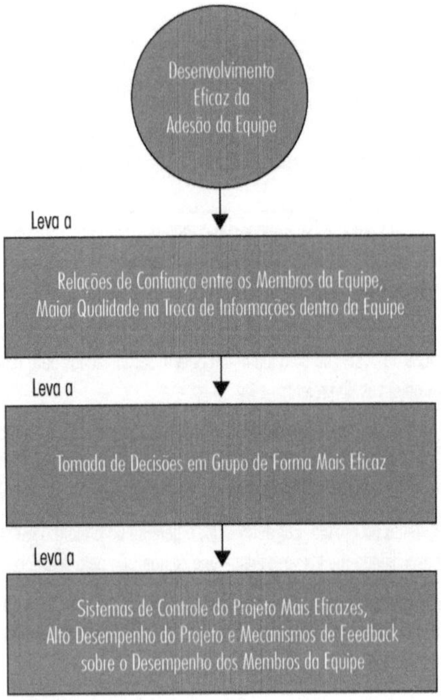

FIGURA 5-8 Resultados da construção da equipe.

TABELA 5-3 Indicadores de eficácia-ineficácia

As Prováveis Características da Equipe Eficaz	As Prováveis Características da Equipe Ineficaz
• Alto desempenho e eficiência nas tarefas • Comportamento inovador e criativo • Comprometimento • Objetivos profissionais dos membros da equipe coincidentes com os requisitos do projeto • Membros da equipe altamente interdependentes, realizando o papel de interface de maneira eficaz • Capacidade de resolução de conflitos, porém conflitos são incentivados quando levam a resultados positivos • Comunicação eficaz • Altos níveis de confiança • Orientação a resultados • Interesse na adesão ao grupo • Níveis altos de energia e entusiasmo • Moral alto • Orientação à mudança	• Desempenho baixo • Baixo comprometimento com os objetivos do projeto • Objetivos de projeto não claros e níveis fluidos de comprometimento por parte de participantes importantes • Práticas improdutivas, manipulação dos outros, sentimentos ocultos, evitar o conflito a qualquer custo • Confusão, conflitos, ineficiência • Sabotagem sutil, medo, desinteresse ou protelação • Feudos, conluio, isolamento de membros • Letargia, apatia

tos está constantemente monitorando o funcionamento e o desempenho da equipe para verificar quais ações corretivas podem ser necessárias para prevenir ou corrigir os diversos problemas da equipe. Vários barômetros (resumidos na Tabela 5-3) fornecem bons indícios de potenciais disfunções da equipe. Primeiro, mudanças visíveis nos níveis de desempenho da equipe e/ou de seus membros individuais devem sempre ser investigadas. Tais mudanças podem ser sintomas de problemas mais graves (por exemplo, conflitos, ausência de integração do trabalho, problemas de comunicação e objetivos não claros). Em segundo lugar, o líder do projeto e os membros da equipe devem estar cientes da mudança nos níveis de energia de seus membros. Essas mudanças, também, podem sinalizar problemas mais graves ou que a equipe está cansada e estressada. Às vezes, mudar o ritmo de trabalho ou dar uma folga pode energizar novamente os membros da equipe. Terceiro, os indícios verbais e não verbais dos membros da equipe podem ser uma fonte de informação sobre o funcionamento da equipe. É importante ouvir as necessidades e preocupações dos membros (indícios verbais) e observar como eles agem na execução dos seus deveres (indícios não verbais). Finalmente, o comportamento negativo de um membro da equipe com outro pode ser um sinal de que um problema interno merece atenção.

Recomendamos fortemente que os líderes de projetos realizem reuniões regulares para avaliar o desempenho global da equipe e tratar os problemas de funcionamento. O foco dessas reuniões pode ser direcionado para "o que estamos fazendo bem como equipe" e "quais áreas precisam de nossa atenção como equipe". Essa abordagem traz muitas surpresas positivas na medida em que toda a equipe é informada sobre os progressos em diversas áreas do projeto (por exemplo, um avanço no desenvolvimento de tecnologia, um subsistema de cronograma realizado antes da meta original ou uma mudança positiva no comportamento do cliente em relação ao projeto). Depois que as questões positivas forem discutidas, as sessões de avaliação devem focar em áreas com problemas reais ou potenciais. O líder da reunião deve solicitar a cada membro da equipe as suas observações e, em seguida, abrir a discussão para verificar o quão significativos os problemas realmente são. As suposições devem, naturalmente, ser separadas dos fatos de cada situação. Em seguida, devem ser acordadas designações para o melhor tratamento desses problemas. Finalmente, deve ser desenvolvido um plano para o acompanhamento dos problemas. O processo deve resultar em um melhor desempenho global e promover um sentimento de participação e moral elevado da equipe.

5.8 AS DISFUNÇÕES DE UMA EQUIPE

Em uma organização de linha, os gerentes possuem o luxo do "tempo" para construir relacionamentos com seus subordinados e fornecer orientações graduais sobre como os empregados devem trabalhar na equipe. Mas em um ambiente de projetos, o tempo é uma restrição, e o gerente de projetos deve agir ou reagir rapidamente para conseguir a equipe de trabalho desejada.

Compreender as disfunções de uma equipe e ser capaz de corrigir os problemas rapidamente é essencial em um ambiente de projetos. Patrick Lencioni é autor de um best-seller que descreve as cinco disfunções mais comuns de uma equipe. Em seu texto, ele descreve as cinco disfunções como:[6]

- Falta de confiança
- Medo do conflito
- Falta de comprometimento
- Fuga da responsabilidade
- Negligência com os resultados

Em seu texto, ele identifica as diferenças entre as equipes que possuem essas disfunções e aquelas que não as têm:

- Membros de uma equipe com falta de confiança...
  - Ocultam suas fraquezas e erros uns dos outros
  - Hesitam em pedir ajuda ou fornecer feedback construtivo
  - Hesitam em oferecer ajuda fora de sua área de responsabilidade
  - Tiram conclusões sobre as intenções e as aptidões dos outros sem tentar esclarecê-las
  - Falham em reconhecer e recorrer a outras habilidades e experiências
  - Desperdiçam tempo e energia administrando os seus comportamentos de efeito
  - Guardam rancores
  - Temem as reuniões e encontram motivos para evitar companhia
- Membros de equipes confiantes...
  - Admitem fraquezas e erros
  - Pedem ajuda
  - Aceitam perguntas e sugestões sobre suas áreas de responsabilidade
  - Dão um ao outro o benefício da dúvida, antes de chegar a uma conclusão negativa
  - Assumem os riscos de oferecer feedback e assistência
  - Apreciam e recorrem às habilidades e experiências uns dos outros
  - Focam tempo e energia em questões importantes, não em política
  - Pedem e aceitam desculpas sem hesitação
  - Anseiam pelas reuniões e suas oportunidades de trabalhar em grupo
- Equipes que temem o conflito...
  - Fazem reuniões entediantes
  - Criam ambientes em que prosperam políticas subversivas e ataques pessoais
  - Ignoram temas controversos que são críticos para o sucesso da equipe
  - Falham em recorrer a todas as opiniões e perspectivas dos membros da equipe
  - Desperdiçam tempo e energia em tentar impressionar e com o gerenciamento dos riscos interpessoais
- Equipes que se engajam em conflitos...
  - Possuem reuniões animadas e interessantes
  - Extraem e exploram as ideias de todos os membros da equipe
  - Resolvem os problemas reais rapidamente
  - Diminuem a política
  - Colocam os temas críticos sobre a mesa para discussão
- Uma equipe que falha em se comprometer...
  - Cria ambiguidade na equipe quanto à direção e às prioridades
  - Vigia rigorosamente as janelas e oportunidades devido ao excesso de análise e do atraso desnecessário
  - Cultiva a falta de confiança e o medo do fracasso
  - Revisita discussões e decisões repetidamente
  - Incentiva presunções entre os membros da equipe
- Uma equipe que se compromete...
  - Propricia clareza em torno da direção e das prioridades
  - Alinha toda a equipe em torno de objetivos comuns
  - Desenvolve a capacidade de aprender com os erros
  - Aproveita as oportunidades antes que os concorrentes o façam
  - Segue adiante sem hesitação
  - Muda de direção sem hesitação ou culpa
- Uma equipe que evita a responsabilidade...
  - Cria ressentimento entre os membros da equipe que possuem padrões ou desempenho diferentes
  - Incentiva a mediocridade
  - Perde prazos e entregas importantes
  - Coloca uma carga excessiva sobre o líder da equipe como a única fonte de disciplina
- Uma equipe que considera um ao outro responsável
  - Garante que os maus executores se sintam pressionados a melhorar
  - Identifica problemas potenciais rapidamente, questionando as abordagens uns dos outros sem hesitação

---

6 LENCIONI, P. *The five dysfunctions of a team.* New York: Jossey-Bass, 2002. p. 197-218. Reproduzido com autorização da John Wiley.

- Estabelece o respeito entre os membros da equipe que são mantidos nos mesmos padrões altos
- Evita a burocracia excessiva em torno do gerenciamento do desempenho das ações corretivas
- Uma equipe que não é focada em resultados...
  - Fica estagnada/falha em crescer
  - Raramente derrota os concorrentes
  - Perde os colaboradores orientados à realização
  - Incentiva os membros da equipe a se concentrarem em suas próprias carreiras e objetivos individuais
  - Distrai-se facilmente
- Uma equipe que foca nos resultados coletivos...
  - Mantém os colaboradores orientados à realização
  - Minimiza o comportamento individualista
  - Goza o sucesso e sofre o fracasso agudamente
  - Beneficia-se de indivíduos que subjugam os seus próprios objetivos/interesses pelo bem da equipe
  - Evita distrações

Outro item que pode levar a um comportamento de disfunção entre os membros da equipe é quando o gerente do projeto e a equipe não têm os mesmos valores compartilhados. Segundo Kouzes e Posner:[7]

> Os valores compartilhados são os alicerces para a construção de relações de trabalho verdadeiras e produtivas. Embora os líderes dignos de confiança honrem a diversidade de suas várias bases eleitorais, eles ressaltam seus valores comuns. Líderes constroem acordos. Eles não tentam fazer com que todos concordem sobre tudo – essa meta não é realista, talvez mesmo impossível. Além disso, consegui-la anularia as muitas vantagens da diversidade. Mas, para dar um primeiro passo, e depois um segundo, e depois um terceiro, as pessoas devem ter alguma base comum de entendimento. Afinal, se não há nenhum acordo sobre os valores, então o que exatamente o líder – e todo mundo – vai modelar? Se as divergências em relação aos valores fundamentais continuarem, o resultado será um conflito intenso, falsas expectativas e capacidade reduzida.

Kouzes e Posner também mostram, por meio de sua própria pesquisa, que os valores compartilhados podem fazer diferença:

- Eles promovem fortes sentimentos de eficácia pessoal
- Eles promovem altos níveis de fidelidade à empresa
- Eles facilitam o consenso sobre importantes objetivos organizacionais e partes interessadas
- Eles incentivam o comportamento ético
- Eles promovem normas sólidas sobre trabalho duro e cuidado
- Eles reduzem os níveis de estresse e tensão no trabalho
- Eles promovem o orgulho na empresa
- Eles facilitam o entendimento sobre as expectativas do trabalho
- Eles fomentam o trabalho em equipe e o *esprit de corps*

5.9 A LIDERANÇA EM UM AMBIENTE DE PROJETOS

A liderança pode ser definida como um estilo de comportamento para integrar tanto os requisitos organizacionais quanto os interesses pessoais, em busca de algum objetivo. Todos os gerentes possuem algum tipo de responsabilidade de liderança. Se o tempo permitir, podem ser desenvolvidas técnicas e práticas de liderança.

A liderança é composta de vários elementos complexos, sendo os três mais comuns:

- A pessoa que lidera
- As pessoas que estão sendo lideradas
- A situação (ou seja, o ambiente do projeto)

Os gerentes de projetos, muitas vezes, são ou não selecionados por causa de seus estilos de liderança. A razão mais comum para não selecionar um indivíduo é sua incapacidade de equilibrar as funções técnicas e as funções gerenciais do projeto. Wilemon e Cicero definiram quatro características desse tipo de situação:[8]

- Quanto maior o conhecimento técnico do gerente do projeto, maior será sua propensão a se envolver demais nos detalhes técnicos do projeto.
- Quanto maior a dificuldade do gerente do projeto em delegar as responsabilidades de tarefas técnicas, mais será provável que ele se envolva demais nos detalhes técnicos do projeto (dependendo da sua capacidade de assim o fazer).
- Quanto maior for o interesse do gerente do projeto nos detalhes técnicos do projeto, mais será provável que ele venha a defender o papel do gerente do projeto como o de um especialista técnico.

---

[7] KOUZES, James M.; Posner, Barry Z. *The leadership challenge*. 4. ed. New York: Jossey-Bass, 2007. p. 60, 62.

[8] WILEMON, D. L.; CICERO, John P. The project manager: anomalies and ambiguities. *Academy of Management Journal*, 1970. v. 13, p. 269-282.

- Quanto menor for o conhecimento técnico do gerente do projeto, mais será provável que ele enfatize demais as funções não técnicas do projeto (funções administrativas).

Foram realizadas várias pesquisas para determinar quais são as melhores técnicas de liderança. A seguir os resultados de uma pesquisa realizada por Richard Hodgetts:[9]

- Técnicas de liderança orientadas às relações humanas
  - "O gerente do projeto deve fazer todos os membros da equipe sentirem que os seus esforços são importantes e têm um efeito direto sobre os resultados do programa."
  - "O gerente do projeto deve educar a equipe a respeito do que deve ser feito e do quão importante é o seu papel."
  - "Dar crédito aos participantes do projeto."
  - "Os membros do projeto devem ter o reconhecimento e o prestígio da nomeação."
  - "Fazer os membros da equipe sentirem e acreditarem que desempenham um papel vital no sucesso (ou fracasso) da equipe."
  - "Ao trabalhar muito estreitamente com a minha equipe eu acredito que é possível ganhar a lealdade ao projeto e ao mesmo tempo diminuir em grande escala a frequência de problemas de hiatos de autoridade."
  - "Eu acredito que uma grande motivação pode ser criada apenas por conhecer as pessoas em um sentido pessoal. Conheço muitas pessoas de linha melhor do que seus próprios supervisores. Além disso, tento fazê-las compreender que elas são partes indispensáveis da equipe."
  - "Eu consideraria a técnica mais importante para a superação do hiato de autoridade como o máximo entendimento possível das necessidades dos indivíduos com quem você está lidando e sobre os quais você não possui autoridade direta."
- Técnicas de liderança orientadas à autoridade formal
  - "Apontar como o prejuízo será grande se a cooperação não for iminente."
  - "Colocar toda a autoridade nas declarações funcionais."
  - "Usar de pressão, começando com uma abordagem diplomática e aplicação mínima justificada pela situação e depois aumentá-la."
  - "Ameaçar antecipar a intervenção da alta administração e assim fazê-lo, se necessário."
  - "Convencer os membros de que o que é bom para a empresa é bom para eles."
  - "Usar autoridade com as pessoas designadas em tempo integral na divisão operacional para ter o trabalho necessário realizado."
  - "Manter o controle sobre os gastos."
  - "Utilizar ameaça implícita de ir até a administração geral para a resolução."
  - "É de máxima importância que os membros da equipe reconheçam que o gerente do projeto possui o termo de abertura para dirigir o projeto."

5.10 A LIDERANÇA NO CICLO DE VIDA

Guia PMBOK®, 5. ed.
9.3 Desenvolver a equipe do projeto

Na opinião do autor deste livro, Hersey e Blanchard desenvolveram o melhor modelo para analisar a liderança em um ambiente de gerenciamento de projetos. Ao longo dos anos, o modelo foi expandido por Paul Hersey, e é mostrado na Figura 5-9, como o Modelo de Liderança Situacional®. Ele defende que existem quatro estilos básicos

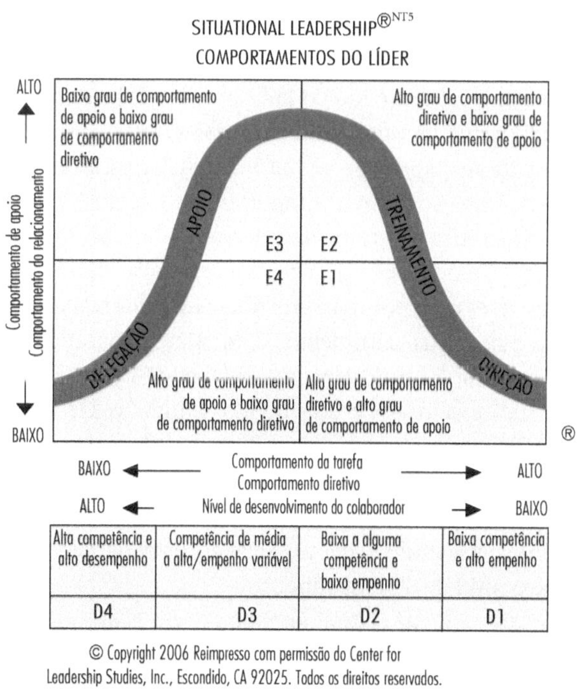

FIGURA 5-9 Modelo Expandido de Liderança Situacional.

[9] HODGETTS, Richard M. Leadership techniques in project organizations. *Academy of Management Journal*, 1968. v. 11, p. 211-219.

[NT5] Conforme traduzido para o português no livro *Liderança de alto nível* – como criar e liderar organizações de alto desempenho", de BLANCHARD, Ken. Copyright 2007, Prentice Hall, p. 111.

de liderança e que utilizá-los de forma mais eficaz implica combinar o estilo de liderança mais adequado ao desenvolvimento do subordinado. O desenvolvimento é definido como a experiência relacionada ao trabalho, a disponibilidade para aceitar a responsabilidade do trabalho e o desejo de realizar. É não apenas sobre **realizar** um bom trabalho, mas também sobre **querer** realizar um bom trabalho. Mais importante ainda é o conceito de que esse é um modelo situacional. Isso é importante, pois significa que a mesma pessoa pode estar mais preparada para realizar uma tarefa do que para realizar outra e que o estilo que um líder utiliza terá de se adequar para ser o mais eficaz e bem-sucedido em influenciar os comportamentos desejados naquela pessoa.

No que se refere à Figura 5-9, suponha que um subordinado não estava executando uma determinada tarefa e, por meio de seu comportamento, deu todas as indicações de que não queria executá-la (D1). Segundo o modelo, o estilo de liderança que tem a maior probabilidade de êxito e eficácia em fazer com que a pessoa desempenhe é aquele que envolve alto grau de comportamento estruturado da tarefa, que geralmente poderia ser descrito como diretivo em sua natureza (E1). Isso implicaria dizer a um subordinado quem, o quê, quando, onde e como proceder para realizar uma tarefa específica. Também seria adequado nesse estilo reconhecer os passos dados na direção correta em relação ao desempenho, mas esse tipo de comportamento de apoio deve coincidir com a magnitude das medidas tomadas ou o subordinado pode ficar com a falsa impressão de que o seu nível atual de desempenho é, de fato, aceitável. Alguns foram tão longe a ponto de igualar estilo de liderança de "direção" com o comportamento de uma abordagem autocrática e puramente orientada a tarefas, em que a principal preocupação do líder é a realização do objetivo, muitas vezes com pouquíssimo interesse pelos trabalhadores ou pelos seus sentimentos. Um líder autocrático, por sua natureza, é muito enérgico e depende muito de suas próprias capacidades e julgamento, muitas vezes à custa das opiniões de outras pessoas. Entretanto, note na Figura 5-10 que a curva em formato de sino no modelo não vai até a zero, indicando algum comportamento de apoio presente nesse estilo e que aumenta apropriadamente conforme o nível de desempenho.

Conforme ilustrado na Figura 5-9, suponha que um funcionário estava começando a realizar a tarefa em questão, mas ainda não estava realizando em um nível sustentado e aceitável, mesmo que ele realmente parecesse querer fazer um bom trabalho (D2). O estilo de liderança com a maior probabilidade de influenciar o comportamento desejado desse empregado de maneira bem-sucedida e eficaz está no quadrante E2. Esse empregado necessita de tudo do seu líder. O colaborador precisa de estrutura para mantê-lo sob controle e de apoio, não apenas para construir os alicerces de confiança que o ajudam a continuar a desenvolver, mas também para dar o panorama de como as ações pessoais contribuem para o sucesso da equipe. E aí que o líder partilha o "porquê" que está por trás dos comportamentos que ele pede aos subordinados para se comprometerem.

Em algum momento, espera-se que os subordinados comecem a executar a tarefa em questão em um nível sustentado e aceitável (D3). Quando isso ocorre, o subordinado já não precisa ser informado sobre quem, o quê, quando, onde e como realizar a tarefa, mas busca por autonomia e liberdade como recompensas pelo seu bom desempenho. Eles desejam mais um relacionamento colegial com o seu superior, que reflita o fato de terem triunfado, mas eles também estarão receosos em deixar completamente o envolvimento do líder que os fez sentir tão seguros no passado. Para um líder, o estilo apropriado para esse nível de desenvolvimento seria o E3. Isso implicaria exercer um comportamento de apoio que faz com que os subordinados admitam de suas próprias bocas estarem desempenhando, de fato, em um nível sustentado e aceitável e que realmente não precisam que o líder esteja tão intrinsecamente envolvido no processo. Para alguns essa etapa ocorre rapidamente, para outros, eles nunca dão o salto. Eles devem aprender a ter confiança em si mesmos e em suas habilidades, e o trabalho do líder nesse ponto é o de ajudar nesse processo por meio do uso de comportamentos de apoio que evitem fazer com que os subordinados se sintam mais inseguros. Isso significa que os subordinados devem confiar no líder e que eles podem ganhar a confiança fazendo coisas como correr riscos calculados, o que não apenas propicia aos subordinados pequenas vitórias, mas também lhes permite aprender com seus erros, sem serem massacrados por eles. É uma linha muito fina aquela em que o líder caminha. Ele deve ser apoiador sem ser capacitador.

Alguns líderes são abençoados com subordinados que não apenas desempenham em um nível elevado e sustentado, mas são totalmente e legitimamente confiantes na sua capacidade de assim fazer (D4). Em tal exemplo, o estilo de liderança adequado está no quadrante E4. Trata-se de comportamentos liderança como monitoramento e observação, que são caracterizados por baixos graus de comportamentos orientados à direção ou apoio. O líder é mantido informado sobre o que está bom ou ruim, de maneira periódica por uma pessoa nesse nível de desenvolvimento, mas que não é o tomador de decisões. A responsabilidade recai sobre o subordinado que toma posse de suas ações e espera que o líder gaste a sua energia na obtenção de recursos para ele e protegendo-o ou defendendo-o de outras influências da organização que poderiam prejudicar seu desempenho.

Vamos ver em que alguns descritores do estilo comum de liderança ficam dentro do modelo.

- **Liderança Democrática ou Participativa:** esse estilo de liderança incentiva os trabalhadores a se comunicar uns com os outros e a se envolver na tomada de decisões, seja por si mesmos ou com a ajuda do gerente do projeto. Uma grande parte da autoridade é delegada aos membros da equipe e eles são incentivados a exercer um papel ativo no gerenciamento do projeto. O estilo de liderança é frequentemente encontrado no quadrante E3 com alguma dispersão para o quadrante E4, conforme o gerente torna-se menos envolvido no processo.
- **Liderança Liberal (*Laissez-Faire*[NT6]):** com esse estilo de liderança, o gerente do projeto transfere as coisas para os subordinados. Isso pode parecer um abandono para os subordinados se eles não estiverem desempenhando a um nível elevado e dispostos a fazê-lo. O gerente do projeto pode fazer uma aparição ocasional com esse estilo apenas para ver como as coisas estão indo, mas na maior parte não há participação ativa do gerente do projeto. Esse estilo de liderança é encontrado no quadrante E4.
- **Liderança Autocrática:** com esse estilo de liderança, o gerente do projeto coloca o foco fortemente sobre a tarefa, com pouca preocupação com os subordinados. Com a liderança autocrática, toda a autoridade está nas mãos do gerente do projeto e ele tem a palavra final em todas e quaisquer decisões. Esse estilo de liderança é encontrado no quadrante E1.

Esse tipo de abordagem situacional para a liderança é extremamente importante para os gerentes de projetos porque implica que uma liderança eficaz deve ser dinâmica e flexível, ao invés de estática e rígida. Os líderes eficazes reconhecem que quando se trata de comportamento humano, não há uma forma melhor que se encaixe em todas as circunstâncias. Eles precisam tanto de comportamento de apoio como de comportamento diretivo para poderem ser mais eficazes. Felizmente, não é necessário que seja uma combinação perfeita para funcionar. Às vezes, o poder é bom o suficiente e, outras vezes, os subordinados do gerente de projetos estão dispostos a demonstrar um estilo menos apropriado, porque aquele gerente investiu tempo para ganhar a confiança deles ou até mesmo os advertiu sobre a necessidade de aparecer caso uma crise ocorresse. Apenas seja cauteloso ao "viver" neste modo, pois o líder pode estar causando a crise e o único incêndio que precisa ser apagado pode acabar sendo ele mesmo.

NT6 Expressão em língua francesa que, em tradução literal, significa "deixar fazer".

No gerenciamento de projetos puro, a situação é ainda mais complexa. Não basta ter um estilo de liderança diferente para cada membro da equipe. Lembre-se que alguns estão mais dispostos a fazer algumas tarefas do que outros. Por exemplo, alguém pode ser realmente bom no treinamento dos outros, mas detesta e evita redigir relatórios. O líder dessa pessoa terá de usar um estilo diferente, dependendo de qual tarefa está pedindo que seus subordinados realizem. Para ilustrar graficamente, os quadrantes da Figura 5-9 devem ser tridimensionais, com o terceiro eixo sendo a fase do ciclo de vida do projeto. Em outras palavras, a liderança depende não apenas da situação, mas também da fase do ciclo de vida do projeto.

5.11 LIDERANÇA EM PROJETOS BASEADA EM VALOR

A importância do valor teve um impacto significativo sobre o estilo de liderança dos gerentes de projetos de hoje. Historicamente, a liderança em gerenciamento de projetos foi percebida como o inevitável conflito entre valores individuais e valores organizacionais. Hoje, as empresas estão procurando maneiras de fazer com que os funcionários alinhem seus valores pessoais com os valores da organização. Ao fazê-lo, as empresas criam culturas que apoiam o gerenciamento de projetos e, muitas delas, movidas por mudança nos valores percebidos.

Vários livros foram escritos sobre esse assunto e um dos melhores, na opinião deste autor, é o *Balancing individual and organizational values* de Ken Hultman e Bill Gellerman[10]. A Tabela 5-4, adaptada de Hultman e Geller-

TABELA 5-4 Mudando valores

Afastando-se de: Valores Ineficazes	Caminhando para: Valores Eficazes
Desconfiança	Confiança
Descrições de cargos	Modelos de competência
Poder e autoridade	Trabalho em equipe
Foco interno	Foco nas partes interessadas
Segurança	Assumir riscos
Conformidade	Inovação
Previsibilidade	Flexibilidade
Concorrência interna	Colaboração interna
Gerenciamento reativo	Gerenciamento proativo
Burocracia	Ausência de limites
A educação tradicional	Educação continuada
Liderança hierárquica	Liderança multidirecional
Pensamento tático	Pensamento estratégico
Observância	Compromisso
Cumprimento de normas	Melhorias contínuas

10 HULTMAN, K.; GELLERMAN, B. *Balancing individual and organizational values*. San Francisco: Jossey-Bass/Pfeiffer, 2002.

man, mostra como o nosso conceito de valor tem mudado ao longo dos anos[11]. Se você olhar atentamente para os itens da Tabela 5-4, verá que os valores em mudança afetam mais do que apenas valores individuais versus valores da organização. Em vez disso, é mais provável que seja um conflito de quatro grupos, a saber, o gerente do projetos, a equipe do projeto, a organização de origem, e as partes interessadas. As necessidades de cada grupo podem ser:

- Gerente de projetos:
  - Realização de objetivos
  - Demonstração de criatividade
  - Demonstração de inovação

- Os membros da equipe:
  - Realização
  - Progresso
  - Ambição
  - Referências
  - Reconhecimento

- Organização
  - Melhoria contínua
  - Aprendizado
  - Qualidade
  - Foco estratégico
  - Moral e ética
  - Rentabilidade
  - Reconhecimento e imagem

- Partes Interessadas
  - Partes interessadas organizacionais: segurança no trabalho
  - Partes interessadas de produto/mercado: desempenho de qualidade e utilidade do produto
  - Mercados capital: crescimento financeiro

Existem várias razões pelas quais o papel do gerente de projetos e o estilo de liderança que o acompanha mudaram. Algumas razões são:

- Estamos agora gerenciando nosso negócio como se fosse uma série de projetos.
- O gerenciamento de projetos é visto agora como uma profissão de tempo integral.
- Os gerentes de projetos são agora vistos como gerentes de negócio e gerentes de projeto, e devem tomar decisões em ambas as áreas.
- O valor de um projeto é medido mais em termos de negócios, em vez de somente em termos técnicos.
- O gerenciamento de projetos está sendo aplicado agora a partes do negócio que tradicionalmente não utilizavam gerenciamento de projetos.

Este último ponto requer mais comentários. Gerenciamento de projeto funciona bem para os tipos "tradicionais" de projeto, que incluem:

- O tempo de duração é de seis a 18 meses.
- Não é esperado que as premissas mudem ao longo da duração do projeto.
- A tecnologia é conhecida e não vai mudar ao longo da duração do projeto.
- As pessoas que começam no projeto permanecerão até a conclusão.
- A Declaração do Trabalho está razoavelmente bem definida.

Infelizmente, os novos tipos de projeto são menos tradicionais e têm as seguintes características:

- O tempo de duração é de vários anos.
- As premissas podem e vão mudar ao longo da duração do projeto.
- A tecnologia vai mudar ao longo da duração do projeto.
- As pessoas que aprovaram o projeto podem não estar lá na conclusão.
- A Declaração do Trabalho é mal definida e sujeita a mudanças numerosas.

Os tipos não tradicionais de projetos já deixaram claro por que o gerenciamento de projetos tradicional deve mudar. Existem áreas que necessitam de mudanças:

- Os novos projetos tornaram-se:
  - Altamente complexos e com maior aceitação de riscos que podem não ser totalmente compreendidos durante a aprovação do projeto
  - Mais incertos nos resultados dos projetos e sem garantias de valor no final
  - Pressionados pela velocidade do mercado, independentemente dos riscos

- A Declaração do Trabalho (DT) é:
  - Nem sempre bem definida, especialmente em projetos de longo prazo
  - Com base em premissas possivelmente erradas, irracionais ou irrealistas
  - Imprudente em relação às mudanças desconhecidas e rápidas das condições econômicas e ambientais
  - Baseada em um alvo estático, ao invés de em um alvo móvel, para valor final

[11] Nota 10. p. 105-106.

- Os sistemas de custo e controle do gerenciamento [metodologias empresariais de gerenciamento de projetos (EPM)] concentram-se em:
  - Uma situação ideal (como no Guia PMBOK®)
  - Teorias, em vez de entendimento do fluxo de trabalho
  - Processos inflexíveis
  - Reportar periodicamente na conclusão o tempo e o custo, mas não o valor (ou os benefícios) na conclusão
  - Continuidade do projeto ao invés de no cancelamento de projetos com pouco ou nenhum valor

Ao longo dos anos, temos dado vários pequenos passos para planejar o uso do gerenciamento de projetos em projetos não tradicionais. Isto incluiu:

- Os gerentes de projeto recebem mais conhecimento sobre o negócio e estão autorizados a fornecer entradas durante o processo de seleção dos projetos.
- Por causa do item anterior, os gerentes de projetos são introduzidos no projeto no começo da fase inicial, ao invés de no seu final.
- Os gerentes de projetos agora parecem ter mais compreensão da tecnologia.

5.12 O IMPACTO ORGANIZACIONAL

Na maioria das empresas, sejam elas ou não orientadas a projetos, o impacto da ênfase da gestão sobre a organização é bem conhecido. No ambiente de projetos, existe também um nítido impacto devido à ênfase na liderança. A ênfase na liderança é mais perceptível pelas contribuições dos colaboradores, pela ordem organizacional, pelo desempenho do colaborador e pelo desempenho do gerente do projeto:

- Contribuições das Pessoas
  - Um bom gerente de projetos incentiva a cooperação ativa e a participação responsável. O resultado é que boas e más informações recebem contribuições livremente.
  - Um gerente de projetos ruim mantém uma atmosfera de resistência passiva com apenas participação reativa. Isso resulta em informações sendo retidas.
- Ordem Organizacional
  - Um bom gerente de projetos desenvolve políticas e estimula a aceitação. Um baixo preço é pago pelas contribuições.
  - Um gerente de projetos ruim vai além das políticas e tenta desenvolver procedimentos e medições. Um preço alto geralmente é pago pelas contribuições.
- Desempenho do Colaborador
  - Um bom gerente de projetos mantém as pessoas informadas e satisfeitas (se possível) por meio do alinhamento de motivos com objetivos. O pensamento positivo e a cooperação são incentivados.Um bom gerente de projetos está disposto a dar mais responsabilidade àqueles que estão dispostos a aceitá-la.
  - Um gerente de projetos ruim mantém as pessoas desinformadas, frustradas, defensivas e negativas. Os motivos são alinhados com incentivos, em vez de objetivos. O gerente de projetos ruim desenvolve uma atmosfera de "ficar longe do problema".
- Desempenho do Gerente do Projeto
  - Um bom gerente de projetos assume que equívocos por parte do colaborador podem e vão ocorrer e, portanto, culpa a si mesmo. Um bom gerente de projetos busca constantemente melhorar e ser mais comunicativo. Ele depende fortemente de persuasão do moral.
  - Um gerente de projetos ruim pressupõe que os colaboradores não estão dispostos a cooperar e, portanto, culpa os subordinados. O gerente de projetos ruim exige mais por meio de atitudes autoritárias e depende fortemente de incentivos materiais.

A ênfase da gestão também impacta a organização. As quatro categorias seguintes mostram essa ênfase de gestão, que resulta tanto do bom quanto do mau gerenciamento de projetos:

- Gerenciamento de Resolução de Problemas
  - Um bom gerente de projetos executa a sua própria resolução de problemas em um nível no qual ele é responsável pela delegação de responsabilidades para a resolução de problemas.
  - Um gerente de projetos ruim fará a resolução de problemas subordinados em áreas conhecidas. Para as áreas que ele não conhece, ele exige que a sua aprovação seja dada antes da implementação da ideia.
- Ordem Organizacional
  - Um bom gerente de projetos desenvolve, mantém e utiliza um sistema único de gestão integrada em que a autoridade e a responsabilidade são delegadas aos subordinados. Além disso, ele sabe que atrasos e sobrecustos ocasionais ocorrerão e simplesmente tenta diminuir seus efeitos.
  - Um gerente de projetos ruim delega o mínimo de autoridade e responsabilidade possível e corre o risco de atrasos contínuos e sobrecustos. Um gerente de projetos ruim mantém dois sistemas de informação da gestão: um sistema informal

para si mesmo e um sistema formal (maquiagem) apenas para impressionar seus superiores.

- Desempenho das Pessoas
  - Um bom gerente de projetos acha que os subordinados aceitam de bom grado a responsabilidade, são decisivos em suas atitudes para com o projeto e estão satisfeitos.
  - Um gerente de projetos ruim acha que seus subordinados são relutantes em aceitar responsabilidades, são indecisos em suas ações, e parecem frustrados.
- Desempenho do Gerente do Projeto
  - Um bom gerente de projetos considera que os seus colaboradores mais importantes podem "tocar o barco". Ele exibe confiança naqueles indivíduos que trabalham em áreas em que ele não tem conthecimento especializado e demonstra paciência com as pessoas que trabalham em áreas em que ele possui familiaridade. Um bom gerente de projetos nunca está ocupado demais para ajudar a resolver problemas pessoais ou profissionais do seu pessoal.
  - Um gerente de projetos ruim se considera indispensável, é cauteloso com o trabalho realizado em áreas desconhecidas e torna-se extremamente interessado no trabalho que conhece. Um gerente de projetos ruim está sempre preso em reuniões.

5.13 OS PROBLEMAS ENTRE O COLABORADOR E O GERENTE

As duas áreas mais problemáticas no ambiente de projetos incluem a questão "quem tem qual autoridade e responsabilidade" e os conflitos resultantes associados ao indivíduo na interface entre o projeto e a área funcional. Quase todos os problemas do projeto, de uma forma ou de outra, envolvem essas duas grandes áreas. Outras áreas problemáticas encontradas no ambiente do projeto incluem:

- A estrutura piramidal
- Relações entre o superior e o subordinado
- Departamentalização
- Cadeia escalar de comando
- Cadeia organizacional de comando
- Poder e autoridade
- Planejamento de metas e objetivos
- Tomada de decisões
- Recompensas e punições
- Extensão do controle

Os dois problemas mais comuns com empregados envolvem os processos de designação e de avaliação resultante. As designações de pessoal foram discutidas no Capítulo 4. Em resumo:

- As pessoas devem ser designadas a tarefas compatíveis com suas habilidades
- Sempre que possível, a mesma pessoa deve ser designada a tarefas relacionadas
- As tarefas mais críticas devem ser designadas às pessoas mais responsáveis

O processo de avaliação em um ambiente de projetos é difícil para um funcionário que está na interface entre o projeto e a área funcional, principalmente se surgirem hostilidades entre os gerentes funcional e do projeto. Nessa situação, o empregado da interface quase sempre é impactado em virtude de uma má classificação, seja pelo gerente do projeto ou pelo seu supervisor. A menos que o empregado mantenha continuamente seu superior a par do seu desempenho e de suas realizações, o supervisor deve depender exclusivamente da contribuição (muitas vezes distorcida) que recebeu do pessoal do escritório de projetos.

Três perguntas devem ser respondidas no que diz respeito à avaliação dos colaboradores:

- Qual é o valor das descrições de cargos?
- Como mantemos salários e categorias salariais?
- Quem fornece treinamento e desenvolvimento, especialmente sob condições em que possa existir mão de obra variável?

Se cada projeto é, de fato, diferente de todos os outros, então torna-se quase impossível a tarefa de desenvolver descrições de cargos precisas. Em muitos casos, as categorias salariais e os salários são funções de um documento de unidade de alocação que especifica o número, o tipo e a categoria de todos os funcionários necessários em um determinado projeto. Embora isso possa ser uma necessidade para se controlar os custos, também é difícil de conseguir, porque a mão de obra variável muda as prioridades do projeto e cria várias dificuldades para os gerentes de projetos, especialmente se forem incluídos novos funcionários. Os gerentes de projetos gostariam de ter veteranos designados às suas atividades porque geralmente não existe tempo suficiente para a supervisão próxima e adequada do treinamento e desenvolvimento de novos empregados. Os gerentes funcionais, no entanto, alegam que o treinamento tem de ser feito no projeto de alguém e que, mais cedo ou mais tarde, todos os gerentes de projetos devem chegar a essa conclusão.

No nível do gerente, os dois problemas mais comuns envolvem valores pessoais e conflitos. Os valores pessoais são frequentemente atribuídos à "mudança de defesa". Os gerentes novos possuem um senso de valores diferente de gerentes mais velhos e mais experientes. Miner identifica alguns desses valores pessoais atribuídos aos novos gerentes:[12]

- Menos confiança, principalmente das pessoas em posições de autoridade.
- Forte sensação de serem controlados por forças e eventos externos e por isso acreditam que não podem controlar seus próprios destinos. Esse é um tipo de mudança que contribui menos para o início de suas atividades próprias e uma maior probabilidade de resposta, em termos de pressões externas. Há uma sensação de impotência, embora não necessariamente uma diminuição do desejo de poder.
- Atitudes menos autoritárias e mais negativas em relação às pessoas que ocupam posições de poder.
- Mais independência, muitas vezes, ao ponto de rebeldia e provocação.
- Mais liberdade, menos controle em expressar seus sentimentos, impulsos e emoções.
- Inclinação maior para viver no presente e deixar o futuro cuidar de si mesmo.
- Mais autoindulgência.
- Valores morais que são relativos à situação, menos absolutos e menos presos à religião formal.
- Uma identificação forte e crescente com seus pares e grupos de idade, com a cultura juvenil.
- Uma maior preocupação social e um maior desejo de ajudar os menos afortunados.
- Atitude mais negativa em relação aos negócios, particularmente em relação ao papel da administração. Uma posição profissional é claramente preferível para a gestão.
- Uma vontade de contribuir menos e receber mais de uma organização empregadora.

Anteriormente, definimos um dos atributos de um gerente de projetos como o gosto para os riscos. Infelizmente, a quantidade de risco que os gerentes de hoje estão dispostos a aceitar não varia apenas com os seus valores pessoais, mas também com o impacto das condições econômicas atuais e com as filosofias da alta administração. Se a alta administração vê um determinado projeto como vital para o crescimento da empresa, então o gerente do projeto pode ser direcionado a não assumir praticamente nenhum risco durante a execução do projeto. Nesse caso, o gerente do projeto pode tentar passar toda a responsabilidade para um escalão maior ou menor, alegando que está "de mãos atadas". Wilemon e Cicero detectam problemas com a identificação dos riscos[13]:

- A ansiedade do gerente do projeto sobre os riscos varia em relação à sua vontade de aceitar a responsabilidade final pelo sucesso técnico do seu projeto. Alguns gerentes de projetos podem estar dispostos a aceitar a plena responsabilidade pelo sucesso ou fracasso de seus projetos. Outros, pelo contrário, podem estar mais dispostos a compartilhar as responsabilidades e os riscos com seus superiores.
- Quanto maior o tempo de permanência em gerenciamento de projetos, maior será a tendência de os gerentes de projetos permanecerem em cargos administrativos dentro de uma organização.
- O grau de ansiedade quanto à obsolescência profissional varia de acordo com a duração de tempo que o gerente de projetos passa em cargos de gerenciamento de projetos.

A quantidade de risco que os gerentes aceitarão também varia com a idade e com a experiência. Gerentes mais velhos e mais experientes tendem a assumir alguns riscos, enquanto os gerentes mais jovens e mais agressivos podem adotar uma política de atração ao risco, na esperança de conseguir um nome para si.

Os conflitos existem na interface das áreas funcional e de projetos, independentemente do quanto tentamos estruturar o trabalho. Segundo Cleland e King, essa interface pode ser definida pelas seguintes relações[14]:

- Gerente do Projeto
  - **O que** deve ser realizado?
  - **Quando** a tarefa será realizada?
  - **Por que** a tarefa deve ser realizada?
  - **Quanto** dinheiro está disponível para realizar a tarefa?
  - **O quão** bem está indo todo o projeto?
- Gerente Funcional
  - **Quem** vai realizar a tarefa?
  - **Onde** a tarefa será realizada?
  - **Como** a tarefa será realizada?
  - **O quão bem** a contribuição funcional tem sido integrada ao projeto?

---

12 MINER, John B. The OD-management development conflict. *Business Horizons*, dez. 1973. p. 32. Reproduzido com permissão. Copyright © 1973 pela Diretoria de Curadores da Universidade de Indiana.

13 WILEMON, D. L.; CICERO, John P. The project manager: anomalies and ambiguities. *Academy of Management Journal*, 1970. v. 13, p. 269-282.

14 De CLELAND, David I.; KING, William Richard. *Systems analysis and project management*. New York: McGraw-Hill. p. 237.

O resultado dessas divergências é um conflito inevitável entre o gerente funcional e o gerente do projeto, como descrito por William Killian[15]:

> Os conflitos giram em torno de itens como prioridade do projeto, custos de mão de obra e designação do pessoal funcional para o gerente do projeto. Cada gerente de projetos, é claro, quer os melhores trabalhadores funcionais designados ao seu projeto. Além desses problemas, a responsabilidade por lucros e prejuízos é muito mais difícil em uma organização matricial do que em uma organização projetizada. Os gerentes de projetos tendem a culpar os gerentes funcionais pelos sobrecustos, declarando que o custo da função foi excessivo. Ao passo que, os gerentes funcionais tendem a culpar os gerentes de projetos pelos custos excessivos com o argumento de que houve muitas mudanças, mais trabalho necessário do que o que foi definido inicialmente, e outros argumentos semelhantes.

Também podem surgir grandes conflitos durante as sessões de resolução de problemas, porque as restrições de tempo impostas ao projeto muitas vezes impedem que as partes utilizem uma abordagem lógica. Uma das principais causas de resolução prolongada de problemas é a ausência de informação pertinente. As seguintes informações devem ser comunicadas pelo gerente do projeto[16]:

- O problema
- A causa
- O impacto esperado no cronograma, no orçamento, nos lucros, ou outra área pertinente
- A ação tomada ou recomendada e os resultados esperados dessa ação
- O que a alta administração pode fazer para ajudar

5.14 AS ARMADILHAS DE GESTÃO

O ambiente de projetos oferece inúmeras oportunidades para os gerentes de projetos e os membros de equipe entrarem em apuros. Os tipos comuns de armadilhas de gestão são:

- A falta de autocontrole (autoconhecimento)
- Armadilhas da atividade
- Gestão *versus* realização
- Pessoas *versus* habilidades para a tarefa
- Comunicação ineficaz
- Administração do tempo
- Gargalos na gestão

Conhecer alguém, principalmente as capacidades, os pontos fortes e os pontos fracos de alguém, é o primeiro passo na direção do gerenciamento de projetos bem-sucedido. Várias vezes, os gerentes vão achar que são "pau pra toda obra", vão "dar um passo maior que as pernas"e, então, vão descobrir que o tempo é insuficiente para o treinamento de pessoal adicional.

As linhas que se seguem ilustram o autoconceito:

> *Quatro Homens*
> Aconteceu em uma noite de inverno,
> Abrigados das intempéries.
> O tabuleiro foi servido apenas para um,
> No entanto, quatro homens jantaram juntos.
> Lá estava sentado o homem que eu queria ser.
> Em glória, motivado e beneficiado.
> E perto dele, à direita.
> O homem pelo qual sou conhecido.
> O homem que eu acho que eu sou.
> Seu lugar estava ocupado.
> Pelo homem que eu realmente sou.
> Estava tentando se segurar.
> E sob um telhado todos nos encontramos.
> No entanto, ninguém chamou o seu
> companheiro de irmão.
> Nenhum sinal de reconhecimento passou.
> Eles não conheciam um ao outro.
> *Autor desconhecido*

As armadilhas de atividade ocorrem quando os meios se tornam o fim, e não os meios para alcançar um fim. As armadilhas de atividade mais comuns são as reuniões de equipe, reuniões de intercâmbio técnico com o cliente, bem como o desenvolvimento de cronogramas e gráficos especiais que não podem ser utilizados no relatório para o cliente, mas que são utilizados para informar a alta administração sobre o andamento do projeto. Os documentos de aprovação formam outra armadilha de atividade e os gerentes devem avaliar se toda essa burocracia vale o esforço.

Nós definimos anteriormente uma característica da má liderança como a incapacidade de obter um equilíbrio entre as funções de gestão e as funções técnicas. Isso pode facilmente se desenvolver para uma armadilha de atividade na qual o indivíduo se torna um executor e não um gerente. Infelizmente, muitas vezes existe uma linha muito tênue entre a gestão e a execução. Como um exemplo, considere um gerente de projetos que foi solicitado por um de seus técnicos a fazer uma ligação telefônica para ajudá-lo a resolver um problema. Simplesmente realizar a ligação

[15] KILLIAN, William P. Project management – future organizational concepts. *Marquette Business Review*, 1971. v. 2, p. 90-107.

[16] ARCHIBALD, Russell D. *Managing high-technology programs and projects*. New York: Wiley, 1976. p. 230.

é fazer o trabalho que deve ser feito pelos membros da equipe ou até mesmo pelo gerente funcional. No entanto, se a pessoa que está recebendo a ligação exigir que alguém com total autoridade seja incluído na conversa, então isso pode ser considerado gestão em vez de execução.

Há vários outros casos em que alguém deve virar um executor para ser um gerente eficaz e impor a lealdade e o respeito dos subordinados. Considere uma situação especial em que você deve programar os subordinados para trabalhar horas extras em feriados ou finais de semana. Ao aparecer na planta durante esses períodos, apenas para fazer uma breve aparição, você pode criar um ambiente melhor de trabalho e entendimento com os subordinados.

Outra grande armadilha é a decisão de utilizar ou as habilidades das pessoas ou as habilidades para as tarefas. É melhor utilizar os subordinados com quem você pode obter uma boa relação de trabalho ou empregar pessoas altamente qualificadas para simplesmente ter o trabalho realizado? Obviamente, o gerente de projetos não gostaria de mais nada além de ter o melhor dos dois mundos, mas isso nem sempre é possível. Considere as seguintes situações:

- Há uma tarefa que levará três semanas para ser concluída. John já trabalhou para você antes, mas não em uma tarefa como essa. John, porém, sabe como trabalhar com você. Paul é muito competente, mas gosta de trabalhar sozinho. Ele pode realizar o trabalho dentro das restrições. Você deve empregar as habilidades das pessoas ou as habilidades para a tarefa? (Sua resposta mudaria se a tarefa fosse de três meses, em vez de três semanas?)
- Existem três tarefas, cada uma exigindo dois meses de trabalho. Richard possui as habilidades necessárias para lidar com todas as três tarefas, mas não será capaz de realizá-las tão eficazmente quanto um especialista técnico. A opção alternativa é utilizar três especialistas técnicos.

Com base na quantidade de informações fornecidas, o autor prefere as habilidades para a tarefa de modo a não prejudicar as restrições de tempo ou de desempenho no projeto. De modo geral, para projetos de longa duração que requerem comunicação constante com o cliente, poderia ser melhor ter empregados designados permanentemente que pudessem executar uma variedade de tarefas. Os clientes não gostam de ver um fluxo constante de novos rostos.

Costuma-se dizer que um bom gerente de projetos deve estar disposto a trabalhar de 60 a 80 horas por semana para ter o trabalho realizado. Isso pode ser verdade, se ele estiver constantemente apagando incêndios ou se as restrições de orçamento o impedirem de contratar pessoal adicional. Porém, a razão principal vem da administração ineficaz do tempo. Os principais exemplos podem incluir o fluxo contínuo de papelada, reuniões desnecessárias, telefonemas desnecessários e a atuação como um guia de turismo para os visitantes.

- Para ser eficaz, o gerente de projetos deve estabelecer regras de administração do tempo e, em seguida, fazer a si mesmo quatro perguntas:
  - O que estou fazendo que não preciso absolutamente fazer?
  - O que estou fazendo que pode ser mais benfeito por outra pessoa?
  - O que estou fazendo que poderia ser suficientemente benfeito por outra pessoa?
  - Estou estabelecendo as prioridades certas para as minhas atividades?
- As regras para a administração do tempo
  - Realizar uma análise do tempo (registro do tempo)
  - Planejar espaços de tempo certos para coisas importantes
  - Classificar suas atividades
  - Estabelecer prioridades
  - Estabelecer o custo de oportunidade das atividades
  - Treinar o seu sistema (chefe, subordinados, pares)
  - Praticar a delegação
  - Praticar a negligência calculada
  - Praticar a gestão por exclusão
  - Focar em oportunidades, não em problemas

5.15 AS COMUNICAÇÕES

Guia PMBOK®, 5. ed.
Capítulo 10 Gerenciamento das Comunicações do Projeto

A comunicação eficaz no projeto garante que tenhamos as informações certas para a pessoa certa, no momento certo e de maneira rentável. A comunicação adequada é vital para o sucesso de um projeto. Definições típicas de comunicação eficaz incluem:

- Uma troca de informações
- Uma instância ou um ato de transmissão de informações
- Uma mensagem verbal ou escrita
- Uma técnica para a expressão eficaz de ideias
- Um processo pelo qual os significados são trocados entre os indivíduos por intermédio de um sistema de símbolos comum

O ambiente das comunicações pode ser considerado como uma rede de canais. Em sua maior parte, os canais são de duas vias. O número de canais de duas vias, N, pode ser calculado a partir da fórmula

$$N = \frac{X(X-1)}{2}$$

Nessa fórmula, X representa o número de pessoas se comunicando umas com as outras. Por exemplo, se quatro pessoas estão se comunicando (ou seja, $X = 4$), então há seis canais de duas vias.

Quando ocorre um colapso nas comunicações, sucede o desastre, como demonstra a Figura 5-10.

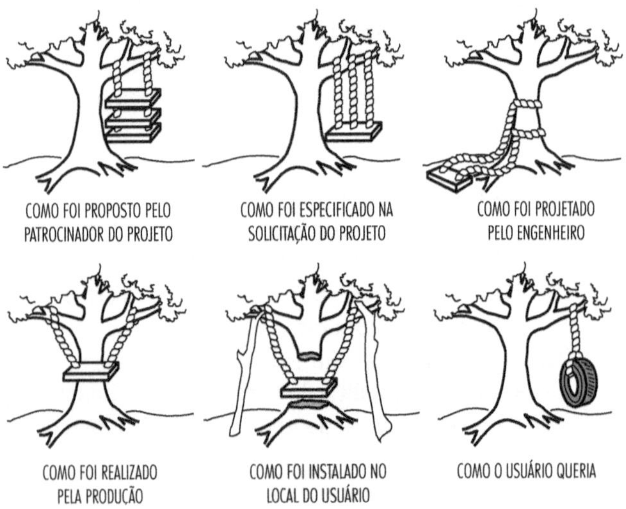

FIGURA 5-10 Um colapso nas comunicações.
Fonte: Desconhecida.

As Figuras 5-11 e 5-12 mostram padrões típicos de comunicação. Algumas pessoas consideram a Figura 5-11 "politicamente incorreta" porque os gerentes de projetos não devem realizar comunicação descendente. A maioria dos gerentes de projetos se comunica lateralmente, enquanto os gerentes de linha se comunicam de forma vertical e descendente com os subordinados. A Figura 5-13 mostra o modelo completo de comunicação. As telas ou barreiras são de percepção, personalidade, atitudes, emoções e preconceitos da pessoa.

Guia PMBOK®, 5. ed.
10.2 Planejar as comunicações

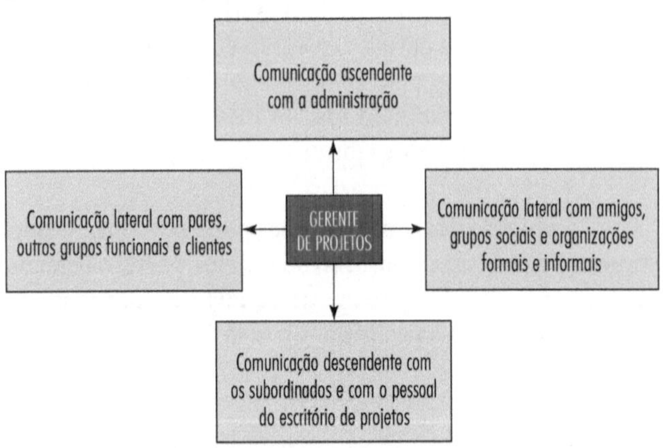

FIGURA 5-11 Canais de comunicação.
Fonte: CLELAND, D. I.; KERZNER, H. *Engineering team management*. Melbourne, Florida: Krieger, 1986. p. 39.

Guia PMBOK®, 5. ed.
10.2 Planejar as comunicações

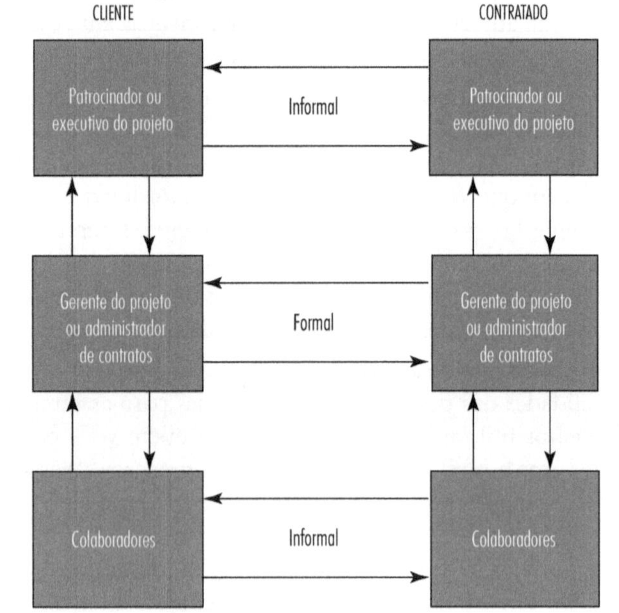

FIGURA 5-12 Comunicações com o cliente.
Fonte: CLELAND, D. I.; KERZNER, H. *Engineering team management*. Melbourne, Florida: Krieger, 1986. p. 64.

Guia PMBOK®, 5. ed.
Figura 10-4 Modelo básico de comunicação

- **As barreiras de percepção** ocorrem porque as pessoas podem ver a mesma mensagem de maneiras diferentes. Fatores que influenciam a percepção incluem o nível de educação do indivíduo e a região de experiência. Problemas de percepção podem ser minimizados usando-se palavras que tenham significado preciso.

Guia PMBOK®, 5. ed.
Figura 10-4 Modelo básico de comunicação

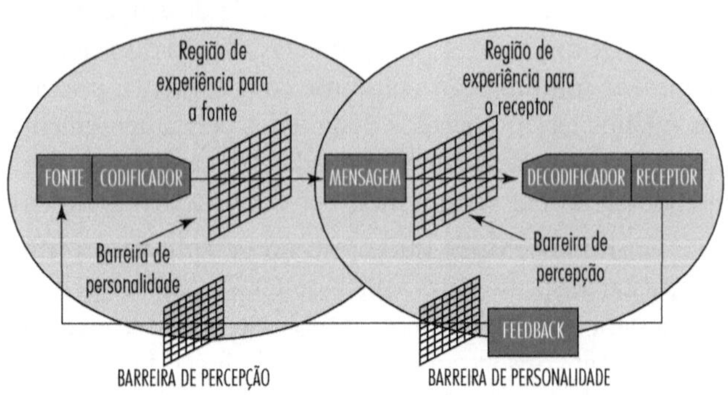

FIGURA 5-13 Processo completo de comunicação.
Fonte: CLELAND, D. I.; KERZNER, H. *Engineering team management*. Melbourne, Florida: Krieger, 1986. p. 46.

- **A personalidade e os interesses**, como as preferências e aversões dos indivíduos, impactam as comunicações. As pessoas tendem a ouvir com atenção temas de interesse, mas ficam surdas a temas desconhecidos ou maçantes.
- **As atitudes, emoções e preconceitos** distorcem o nosso senso de interpretação. Indivíduos medrosos ou que sentem forte amor ou ódio tenderão a se proteger distorcendo o processo da comunicação. As emoções fortes subtraem a capacidade de compreensão dos indivíduos.

Guia PMBOK®, 5. ed.
10.1.3 Plano de gerenciamento das comunicações

Barreiras típicas que afetam o processo de codificação incluem:

- Objetivos da comunicação
- Habilidades de comunicação
- Quadro de referência
- Credibilidade do emissor
- Necessidades
- Personalidade e interesses
- Sensibilidade interpessoal
- Atitude, emoção e interesse próprio
- Posição e *status*
- Suposições (sobre os receptores)
- Relações existentes com os receptores

Barreiras típicas que afetam o processo de decodificação incluem:

- Tendência avaliativa
- Ideias preconcebidas
- Habilidades de comunicação
- Quadro de referência
- Necessidades
- Personalidade e interesse
- Atitudes, emoções e interesse próprio
- Posição e status
- Suposições sobre o emissor
- Relação existente com o emissor
- Ausência de feedback
- Escuta seletiva

A recepção da informação pode ser impactada pela forma como a informação é recebida. As formas mais comuns incluem:

- Ato de ouvir
- Habilidades de leitura
- Atividade visual
- Sensibilidade tátil
- Sensibilidade olfativa
- Percepção extrassensorial

O ambiente da comunicação é controlado por forças internas e externas, que podem agir individualmente ou coletivamente. Essas forças podem ajudar ou restringir a realização dos objetivos do projeto.

Fatores internos típicos incluem:

- Jogos de poder
- Retenção de informações
- Gerenciamento por meio de memorandos
- Comportamento emocional reativo
- Mensagens mescladas
- Comunicações indiretas
- Estereotipação
- Transmissão parcial de informações
- Percepção bloqueadora ou seletiva

Fatores externos típicos incluem:

- O ambiente de negócios
- O ambiente político
- O clima econômico
- Agências reguladoras
- Tecnologia de ponta

O ambiente da comunicação também é impactado por:

- Separação logística/geográfica
- Requisitos de contato pessoal
- Reuniões em grupo
- Telefone
- Correspondência (frequência e quantidade)
- Correio eletrônico

O ruído tende a distorcer ou destruir as informações contidas na mensagem. Os ruídos se originam de nossas próprias barreiras de personalidade, que ditam a nossa forma de apresentar a mensagem, e das barreiras de percepção, que podem nos levar a "perceber" o que nós pensamos que foi dito. Portanto, o ruído pode causar ambiguidade:

- A ambiguidade nos faz ouvir o que queremos ouvir.
- A ambiguidade nos faz ouvir o que o grupo quer.
- A ambiguidade faz com que nos identifiquemos com experiências passadas, de forma indiscriminada.

Em um ambiente de projetos, um gerente de projetos pode muito bem gastar 90% ou mais do seu tempo se comunicando. Aplicações funcionais típicas incluem:

- Fornecimento de direção ao projeto
  - Tomada de decisões
  - Autorização de trabalho
  - Atividades de direção
  - Negociação

- Relatórios (incluindo resumos)
- Presença em reuniões
- Gerenciamento geral do projeto
- Marketing e vendas
- Relações públicas
- Gerenciamento dos registros
  - Atas
  - Memorandos / cartas / boletins informativos
  - Relatórios
  - Especificações
  - Documentos de contrato

Guia PMBOK®, 5. ed.
10.2 Gerenciar as comunicações

Os gerentes de projetos são obrigados a fornecer informações aos clientes internos e externos. Os recursos visuais podem melhorar uma apresentação. Suas vantagens incluem:

- Animação de uma apresentação, o que ajuda a capturar e prender o interesse de um público.
- Adição de uma dimensão visual para um público ouvinte, o que permite a ele perceber a mensagem por meio de dois sentidos distintos, reforçando assim o processo de aprendizagem.
- Compreensão de palavras desconhecidas por meio da apresentação de fotos, diagramas ou objetos, e por meio da retratação gráfica das relações, o que ajuda na introdução de material complexo ou novo.
- Permanência mais longa de exposição do que as declarações orais podem sustentar, o que pode servir ao mesmo propósito que a repetição na familiarização do público com o desconhecido e pode trazer de volta os ouvintes que se afastam da apresentação.

As reuniões podem ser classificadas de acordo com sua frequência de ocorrência:

- A reunião diária, em que as pessoas trabalham juntas no mesmo projeto com um objetivo comum e tomam decisões informalmente por meio de um consenso geral.
- A reunião semanal ou mensal, em que os membros trabalham em projetos diferentes, mas paralelos e em que há certo elemento competitivo e com maior probabilidade de que o presidente tome a decisão final por si mesmo.
- A reunião irregular, ocasional, ou especial do projeto, composta por pessoas cujo trabalho normal não as mantém em contato e cujo trabalho tem pouca ou nenhuma relação com o trabalho dos outros. Elas estão unidas apenas pelo projeto que a reunião está promovendo e motivadas pelo desejo de que ele tenha êxito. Embora a votação efetiva seja incomum, cada membro possui efetivamente um veto.

Existem três tipos de comunicações escritas utilizadas nas organizações:

Guia PMBOK®, 5. ed.
10.2 Gerenciar as comunicações

- Comunicações individualmente orientadas: incluem cartas, memorandos e relatórios.
- Comunicações legalmente orientadas: incluem contratos, acordos, propostas, políticas, ordens, diretrizes e procedimentos.
- Comunicações organizacionalmente orientadas: incluem manuais, formulários e brochuras.

Em virtude do tempo gasto com o meio de comunicação, o gerente de projetos pode muito bem assumir o processo de *gerenciamento das comunicações* como responsabilidade sua. O gerenciamento das comunicações é o processo formal ou informal de condução ou de supervisão do intercâmbio das informações, sejam elas ascendentes, descendentes, laterais ou diagonais. Parece haver uma correlação direta entre a capacidade do gerente de projetos em gerenciar o processo de comunicação e o desempenho do projeto.

O processo de comunicação é mais do que simplesmente transmitir uma mensagem, é também uma fonte de controle. Comunicações adequadas deixam os funcionários por dentro dos fatos, pois eles precisam conhecer e compreender. A comunicação deve transmitir informação e motivação. O problema, portanto, é como se comunicar. A seguir, seis etapas simples:

- Pense sobre o que você deseja obter
- Determine a forma como você vai se comunicar
- Recorra ao interesse das pessoas afetadas
- Forneça a reprodução sobre o sentido do que os outros comunicam a você
- Obtenha a reprodução sobre o que você comunica
- Teste a eficácia por meio da confiança nos outros para executar as suas instruções

Saber se comunicar não garante que será gerada uma mensagem clara. Existem técnicas que podem ser utilizadas para melhorar as comunicações. Essas técnicas incluem:

- Obtenção de feedback, possivelmente em mais de uma forma
- Estabelecimento de canais múltiplos de comunicação
- Utilização de comunicações face a face, se possível
- Determinação do quão sensível é o receptor às suas comunicações

- Conscientização do significado simbólico, como expressões faciais
- Comunicação no momento adequado
- Fortalecimento das palavras com ações
- Utilização de uma linguagem simples
- Uso de redundância (ou seja, dizer a mesma coisa de duas formas diferentes) sempre que possível

Mesmo com todos os esforços para se comunicar sempre há barreiras. As barreiras incluem:

- O receptor ouvir o que quer ouvir. Isso vem de pessoas que fazem o mesmo trabalho há tanto tempo que já não ouvem mais.
- Emissor e receptor com diferentes percepções. Isso é extremamente importante na interpretação de requisitos contratuais, declarações de trabalho e solicitações de informações de propostas.
- O receptor que avalia a fonte antes de aceitar a comunicação.
- O receptor que ignora informações contraditórias e faz o que quer.
- Palavras que significam coisas diferentes para pessoas diferentes.
- Comunicadores que ignoram sinais não verbais.
- O receptor estar emocionalmente perturbado.

A cadeia escalar de comando também pode se tornar um entrave no que diz respeito às comunicações internas. O gerente de projetos deve ter o direito de ir ao diretor ou equivalente para comunicar-se eficazmente. Caso contrário, filtros podem se desenvolver e distorcer a mensagem final.

Três conclusões importantes podem ser tiradas sobre técnicas de comunicação e barreiras:

Guia PMBOK®, 5. ed.
Capítulo 10 Gerenciamento de comunicação

- Não presuma que a mensagem que você enviou será recebida da forma que você a enviou.
- As comunicações mais rápidas e eficazes ocorrem entre pessoas com pontos de vista comuns. O gerente que promove um bom relacionamento com seus colaboradores terá pouca dificuldade em se comunicar com eles.
- As comunicações devem ser estabelecidas no início do projeto.

Em um ambiente de projetos, as comunicações frequentemente são filtradas. Há várias razões para a filtragem das comunicações ascendentes:

- Aborrecimento para o emissor
- O receptor não consegue obter informações de nenhuma outra fonte
- Constranger um superior
- Ausência de mobilidade ou de *status* para o emissor
- Insegurança
- Desconfiança

Comunicação é também ouvir. Bons gerentes de projetos devem estar dispostos a ouvir os seus empregados, tanto profissionalmente como pessoalmente. As vantagens de ouvir adequadamente são as seguintes:

- Os subordinados sabem que você está sinceramente interessado
- Você obtém *feedback*
- A aceitação do empregado é alimentada

O gerente bem-sucedido deve estar disposto a ouvir a história de um indivíduo do início ao fim, sem interrupções e a ver o problema pelos olhos do subordinado. Finalmente, antes de tomar uma decisão, ele deve solicitar ao subordinado as suas soluções para o problema.

Guia PMBOK®, 5. ed.
Capítulo 10 Gerenciamento de comunicação

Os gerentes de projetos devem se fazer quatro perguntas:

- Eu facilito para os funcionários conversarem comigo?
- Eu sou simpático aos seus problemas?
- Eu tento melhorar as relações humanas?
- Eu faço um esforço extra para me lembrar de nomes e rostos?

As habilidades de comunicação do gerente de projetos e a barreira de personalidade muitas vezes ditam o estilo de comunicação. Os estilos típicos de comunicação incluem:

- Autoritário: fornece expectativas e orientação específica
- Promotor: cultiva o espírito de equipe
- Facilitador: fornece orientações conforme o necessário, sem interferência
- Conciliatório: simpático e agradável, constrói equipe compatível
- Imparcial: usa o bom senso
- Ético: honesto, justo, segue as regras
- Secreto: fechado ou introvertido (em detrimento do projeto)
- Intrometido: rompe a unidade do grupo, agitador
- Intimidador: "cara durão", pode baixar o moral
- Combativo: ânsia em lutar ou ser desagradável

Guia PMBOK®, 5. ed.
Capítulo 10 10.3.2.1 Sistemas de gerenciamento de informação

As reuniões da equipe são muitas vezes utilizadas para o intercâmbio valioso e necessário de informações. A seguir, são apresentadas orientações gerais para a realização de reuniões mais eficazes:

- Inicie no horário. Se você esperar pelas pessoas, recompensará o comportamento indolente.
- Desenvolva "objetivos" de agenda. Gere uma lista e prossiga, evite se desligar da ordem dos tópicos.
- Conduza um assunto de negócios por vez.
- Permita que cada membro contribua à sua maneira. Apoie, desafie e oponha-se; veja as diferenças de opinião como úteis; busque por motivos ou visões.
- O silêncio nem sempre significa concordância. Procure opiniões: "Qual é a sua opinião sobre isso, Peggy?"
- Esteja pronto para enfrentar o falador: "Ok, nós ouvimos Mike sobre este assunto, agora que tal alguns outros pontos de vista?"
- Avalie a prontidão para tomar uma decisão.
- Tome a decisão.
- Avalie o comprometimento com a decisão.
- Designe papéis e responsabilidades (somente após a tomada de decisões).
- Combine datas para acompanhamento ou prestação de contas.
- Indique o próximo passo para esse grupo.
- Defina a hora e o local da próxima reunião.
- Termine no horário.
- Pergunte a si mesmo se a reunião foi necessária.

Muitas vezes, políticas e procedimentos da empresa podem ser estabelecidos para o desenvolvimento de canais de comunicação. A Tabela 5-5 ilustra essas diretrizes de comunicação.

5.16 AS REUNIÕES DE AVALIAÇÃO DO PROJETO

As reuniões de avaliação são necessárias para mostrar que está havendo progresso em um projeto. Existem três tipos de reuniões de avaliação:

- Reuniões de avaliação com a equipe do projeto
- Reuniões de avaliação com a administração executiva
- Reuniões de avaliação com o cliente do projeto

A maioria dos projetos possui reuniões semanais, quinzenais ou mensais, a fim de manter o gerente do projeto e sua equipe informados sobre o andamento do trabalho. Essas reuniões são flexíveis e devem ser agendadas somente se beneficiarem a equipe.

A administração executiva tem o direito de solicitar reuniões mensais de avaliação do andamento. No entanto, se o gerente do projeto acredita que outras datas são melhores (porque ocorrem em um ponto em que o progresso pode ser identificado), então ele deve solicitá-las.

As reuniões de avaliação com o cliente são geralmente as mais críticas e inflexíveis que são agendadas. Os gerentes de projetos devem conceder tempo para preparar folhetos e outros materiais bem antes da reunião.

TABELA 5.5 Política de comunicação

Gerente do Programa	Gerente Funcional	Relacionamento
O gerente do programa utiliza ao máximo os meios de comunicação existentes em vez de criar outros.		As comunicações ascendentes, descendentes e laterais são elementos essenciais para o sucesso de programas em uma organização de vários programas e também ao moral e à motivação das organizações funcionais de apoio. A princípio, a comunicação do gerente do programa deve ser canalizada desde o membro da equipe do programa até o gerente funcional.
Aprova planos do programa, descrições subdivididas de trabalho e/ou autorizações de trabalho e programa definições específicas de requisitos do programa.	Assegura a aderência da sua organização a todas as direções recebidas do programa.	A definição do programa deve estar dentro do escopo do contrato como expresso no plano do programa e na estrutura analítica do projeto.
Assina correspondências que fornecem direção do programa para as organizações funcionais. Assina correspondências endereçadas ao cliente que pertence ao programa, exceto aquelas que tenham sido assinadas pelo gerente geral, pelas organizações funcionais ou pela alta administração, de acordo com a política da divisão.	Assegura a aderência da sua organização a todas as direções recebidas do programa. O gerente funcional fornece ao gerente do programa as cópias de todas as correspondências do "Programa" liberadas pela sua organização e que possam afetar o desempenho do programa. Garante que o gerente do projeto esteja ciente das correspondências de conteúdo incomum, ou de forma excepcional, por meio do membro competente de equipe ou diretamente, se tal ação for justificada pela gravidade da situação.	Na ausência do gerente do programa, a autoridade para assinatura é transferida para o superior, a não ser que um gerente de programas ativo tenha sido designado. A autoridade de assinatura para correspondências será consistente com a política estabelecida da divisão.
Comunica os resultados do programa e as realizações ao cliente e ao gerente geral, mantendo-os informados de problemas e eventos importantes.	Participa das avaliações do programa, estando ciente e preparado em termos relacionados à sua especialidade funcional. Mantém seu pessoal de linha e assessoria e os membros competentes da equipe informados de problemas e eventos importantes relacionados a qualquer programa no qual o seu pessoal esteja envolvido.	O relatório de andamento é de responsabilidade dos especialistas funcionais. O gerente do programa utiliza as organizações especialistas. Os especialistas preservam seus próprios canais até o gerente geral, mas mantêm o gerente do programa informado.

5.17 OS GARGALOS DO GERENCIAMENTO DE PROJETOS

A comunicação deficiente pode facilmente gerar gargalos de comunicação. O gargalo mais comum ocorre quando todas as comunicações entre o cliente e a organização principal devem fluir pelo escritório de projetos. Exigir que todas as informações passem pelo escritório de projetos pode ser necessário, mas diminui o tempo de reação. Independentemente das qualificações dos membros do escritório de projetos, o cliente tem sempre receio de que as informações que ele recebe sejam "filtradas" antes da divulgação.

Os clientes não apenas gostam de informações em primeira mão, como também preferem que os seus especialistas técnicos sejam capazes de se comunicar diretamente com os especialistas técnicos da organização principal. Muitos gerentes de projetos não gostam dessa configuração, pois temem que os especialistas técnicos possam dizer ou fazer algo contrário à estratégia ou lógica do projeto. Esses receios podem ser dissipados dizendo-se ao cliente que essa situação será permitida se, e somente se, o cliente perceber que as observações feitas pelos especialistas técnicos não reflitam, em nada, a posição do escritório de projetos ou da empresa.

Para projetos de longa duração o cliente pode exigir que o fornecedor tenha um escritório de representação em suas instalações. A ideia por trás disso é transparecer que todas as informações para o cliente devem fluir pelo escritório de projetos do cliente nas instalações do fornecedor. Isso gera um problema em que ele tenta cortar canais diretos de comunicação entre o cliente e os gerentes de projetos do fornecedor. O resultado é a criação de um escritório de projetos local para satisfazer as exigências contratuais, enquanto as comunicações reais partem do cliente para o fornecedor, embora o escritório de projetos local não exista. Isso cria um escritório de projetos antagônico e local do cliente.

Outro gargalo ocorre quando o gerente de projetos do cliente considera que está em uma posição mais alta que o gerente de projetos do fornecedor e, portanto, procura por alguma autoridade superior para se comunicar. Os gerentes de projetos que buscam *status* podem, muitas vezes, comprometer o sucesso do projeto pela criação de canais de comunicação rígidos.

A Figura 5-14 identifica o porquê de gargalos de comunicação como esses ocorrerem. Quase sempre existe um mínimo de dois caminhos para o fluxo de comunicações de e para o cliente que podem causar confusão.

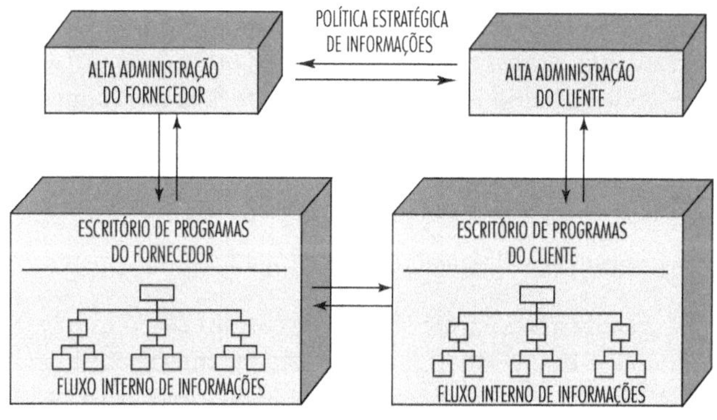

FIGURA 5-14 Padrão do fluxo de informações do escritório de programas do fornecedor.

5.18 HABILIDADES TRANSVERSAIS

Sempre que discutimos liderança e motivação, todos parecem entender que essas habilidades são necessárias em todas as fases do ciclo de vida de um projeto, em todas as áreas de domínio do Guia PMBOK®. As habilidades que são necessárias no decorrer do projeto são referidas como habilidades transversais. Algumas habilidades são usadas ao longo de cada fase do ciclo de vida, ou a área de domínio, enquanto outras podem ser utilizadas de forma esporádica. As competências transversais típicas incluem:

- Escuta ativa
- *Brainstorming*
- Comunicação
- Resolução de conflitos
- Sensibilidade cultural
- Técnicas de coleta de dados
- Técnicas de facilitação
- Gerenciamento da informação, incluindo repositórios de conhecimento
- Liderança
- Técnicas de motivação
- Negociação
- Habilidades de apresentação
- Técnicas de priorização
- Resolução de problemas
- Gerenciamento de relacionamento
- Identificação de partes interessadas e análise de impacto

Várias dessas habilidades foram discutidas anteriormente neste capítulo. A maioria das outras competências transversais será discutida em seções posteriores deste capítulo e em outros capítulos.

5.19 ESCUTA ATIVA

Parte da boa habilidade de comunicação está na escuta eficaz ou ativa. Uma escuta inadequada pode resultar em falha de comunicação, erros numerosos e dispendiosos, retrabalho, atrasos no cronograma, e a criação de um ambiente de trabalho ruim. O resultado da falta de escuta são mais reuniões de equipe do que se pensava inicialmente e uma abundância de itens de ação. Isto pode acontecer em qualquer uma das áreas de domínio do PMBOK®.

Segundo a *Wikipedia*, a enciclopédia livre:

> **Escuta ativa** é uma técnica de comunicação que exige que o ouvinte compreenda, interprete e avalie o que ouve. A capacidade de ouvir ativamente pode melhorar as relações pessoais por meio de redução de conflitos, fortalecendo a cooperação e promovendo a compreensão.
>
> Ao interagir, as pessoas muitas vezes não estão ouvindo atentamente. Elas podem se distrair, pensar em outras coisas, ou pensar sobre o que vão dizer em seguida (este último caso é particularmente verdadeiro em situações de conflito ou divergência). A escuta ativa é uma forma estruturada de ouvir e responder aos outros, focando a atenção no falante. Suspender sua própria estrutura de referência, suspender o julgamento e evitar outras atividades mentais internas é importante para atender plenamente ao falante.

A escuta ativa envolve mais do que apenas ouvir as palavras que o falante diz. Envolve também a leitura da linguagem corporal. Às vezes, a linguagem corporal da pessoa proporciona ao ouvinte uma compreensão muito mais precisa da intenção da mensagem.

Todos os elementos da comunicação, incluindo a escuta ativa, podem ser afetados por barreiras que impedem o fluxo da conversa. Tais barreiras incluem distrações, palavras-gatilho, má escolha de vocabulário e atenção limitada. As barreiras à escuta podem ser psicológicas (por exemplo, emoções) ou físicas (por exemplo, ruído e distração visual). As diferenças culturais, incluindo sotaque do falante, vocabulário e má compreensão devida a pressupostos culturais, muitas vezes obstruem o processo de escuta. Frequentemente, as interpretações pessoais do ouvinte, atitudes, predisposições e preconceitos levam a comunicação ineficaz.

Embora muitas vezes falemos sobre o ouvinte quando discutimos as barreiras à escuta ativa, deve-se notar que, por vezes, as barreiras à escuta ativa são criadas pelo falante. Isso pode ocorrer quando o orador muda continuamente de assunto, usa palavras e expressões que confundem o falante, distrai o ouvinte com a linguagem corporal inadequada ou desnecessária, e deixa de solicitar *feedback* para saber se o ouvinte realmente entendeu a mensagem.

Barreiras típicas à escuta ativa criadas pelo falante incluem:

- Criação de um ambiente de comunicações no qual anotações excessivas são necessárias, de modo que o ouvinte nunca chegue a digerir o material ou veja a linguagem corporal
- Permitir que interrupções constantes aconteçam pode levar a conflitos e discussões ou desviar o assunto principal da comunicação
- Permitir que as pessoas o cortem, mudem de assunto, e/ou defendam suas posições
- Permitir interrupções concorrentes
- Falar em um ambiente no qual pode haver ruído excessivo ou distrações
- Falar sem pausas ou falar muito rápido
- Não parafrasear ou resumir os pontos críticos
- Deixar de solicitar *feedback* fazendo as perguntas certas
- Responder a perguntas com respostas pouco assertivas

Barreiras típicas à escuta ativa, criadas pelo ouvinte, incluem:

- Olhar para distrações, em vez de focar no falante
- Deixar a mente vagar e olhar ao longe, em vez de ficar focado
- Não pedir esclarecimentos de informações que você não entende
- Ser multitarefa; fazer algumas tarefas, tais como leitura, enquanto o falante está passando sua mensagem
- Não tentar ver a informação através dos olhos do falante
- Permitir que as emoções embacem a escuta e o pensamento
- Ficar ansioso por sua vez de falar
- Ficar ansioso para chegar ao final da reunião

As barreiras à escuta ativa podem ser superadas. De acordo com a *Wikipedia*, a enciclopédia livre:

> Para utilizar a técnica de escuta ativa para melhorar a comunicação interpessoal, devem-se colocar as emoções pessoais de lado durante a conversa, dirigir perguntas e paráfrases de volta ao falante para esclarecer o entendimento, e também tentar superar todos os tipos de distração do ambiente. Não julgue ou argumente prematuramente. Além disso, o ouvinte deve considerar o *background* do falante, tanto cultural como pessoal, para se beneficiar tanto quanto possível do processo de comunicação. Contato visual e linguagem corporal adequados também são úteis. É importante se concentrar no que o

falante está dizendo; às vezes você pode se deparar com algumas palavras-chave que certamente irão ajudá-lo a entender o falante. O estresse e a entonação também irão mantê-lo ativo e longe de distrações. Tomar notas sobre a mensagem ajudará na retenção.

Algumas técnicas para a eficácia da escuta ativa podem incluir:

- Sempre olhar para o falante.
- Manter contato visual.
- Observar a linguagem corporal do falante.
- Minimizar as distrações, sejam internas ou externas.
- Focar no que o falante está dizendo, sem avaliar a mensagem ou defender sua posição.
- Manter a mente aberta sobre o que está sendo discutido e tentar criar empatia com o falante mesmo que você discorde.
- Não interromper o falante, mesmo que você tenha uma posição diferente.

5.20 RESOLUÇÃO DE PROBLEMAS EM PROJETOS

Quando temos problemas e tomadas decisões em nossas vidas pessoais, geralmente adotamos uma atitude de "vamos viver com isso". Se a decisão for errada, podemos tentar mudar a decisão. Mas em um ambiente de projeto, mudar uma decisão é mais complicado e pode haver um custo significativo relacionado à mudança. Algumas decisões de projeto são irreversíveis. Mas há uma coisa que sabemos com certeza em um ambiente de negócios; alguém que sempre toma a decisão correta, provavelmente não está tomando decisões suficientes. Esperar sempre tomar a decisão certa é uma ilusão.

Resolução de problemas e tomada de decisão andam de mãos dadas. A resolução de problemas envolve a compreensão do problema, reunir os fatos, e desenvolver alternativas. As decisões são tomadas quando selecionamos a alternativa adequada. Há um forte argumento de que a tomada de decisão também é necessária e usada como parte da ação de identificar o problema e desenvolver alternativas.

Hoje, parece haver uma abundância de informações disponíveis para qualquer pessoa. Todos nós parecemos sofrer de sobrecarga de informação, graças aos avanços nas tecnologias de sistemas de informação. Nosso problema principal é ser capaz de discernir qual informação é fundamental para entender o problema. Para simplificar, a informação pode ser dividida em informação primária e secundária. A informação primária é a informação que está prontamente disponível para nós. É uma informação que podemos acessar diretamente do nosso *desktop* ou *laptop*. As informações confidenciais da empresa ou as consideradas como informações proprietárias podem ser protegidas por senha, mas ainda assim são acessíveis. Informações secundárias são informações que devem ser coletadas a partir de outra pessoa.

Mesmo com a sobrecarga de informação, gerentes de projeto geralmente não têm todas as informações de que precisam para resolver um problema e tomar uma decisão em tempo hábil. Isto ocorre principalmente em virtude da complexidade dos nossos projetos, bem como a complexidade dos problemas que precisam ser resolvidos. Em geral, dependemos de uma equipe de resolução de problemas para nos fornecer informações secundárias. A informação secundária é geralmente mais crítica para a tomada de decisões do que a informação primária. Muitas vezes a informação secundária é controlada pelos especialistas no assunto, e eles devem dizer-nos qual informação é diretamente pertinente a este problema.

As restrições atrapalham tanto o processo de tomada de decisão como o de resolução de problemas. A restrição de tempo provavelmente tem o maior impacto sobre a tomada de decisão. O tempo não é um luxo. A decisão pode ter de ser feita, mesmo que o gerente de projetos tenha apenas informações parciais e não compreenda totalmente o problema. Tomar decisões com informações completas é um luxo que a equipe do projeto geralmente não possuirá. E para piorar a situação, muitas vezes temos pouco conhecimento sobre o impacto que as decisões terão.

Para entender a resolução de problemas, devemos primeiro compreender o que se entende por problema. Um problema é um desvio entre uma situação real e a desejada. É um obstáculo, impedimento, dificuldade ou desafio ou qualquer situação que convide à resolução, identificada como uma solução ou contribuição em direção a um objetivo ou uma meta conhecida. O problema pode ser acrescentar algo que no momento está ausente, mas é desejável, remover algo que é potencialmente ruim, ou corrigir algo que não está funcionando como o esperado. Portanto, os problemas podem ser formulados de uma forma positiva ou negativa. Problemas são formulados de uma forma positiva se o problema é determinar como tirar proveito de uma oportunidade.

Nós tendemos a identificar alternativas como sendo boas ou más escolhas. Se o tomador de decisão tivesse todas as alternativas rotuladas como boas ou ruins, então seu trabalho ou do gerente de projetos seria fácil. Infelizmente, um problema implica que existe dúvida ou incerteza, do contrário o problema não existiria. Essa incerteza pode acontecer em todos os projetos e, portanto, torna-se difícil classificar todas as alternativas como somente boas ou ruins.

Problemas implicam que existem algumas alternativas. Problemas que não têm alternativas são chamados de problemas abertos. Nem todos os problemas podem ser resolvidos ou devem ser resolvidos. Há projetos que precisam ser criados para resolver problemas que exigem o cumprimento de regulamentos governamentais. Para esses projetos, que são geralmente muito caros, todas as alternativas são, muitas vezes, consideradas más escolhas. Quando forçados a cumprir, selecionamos a melhor dentre as piores. Mas na maioria das vezes, nós os deixamos como problemas em aberto até o último minuto, esperando que o problema seja esquecido ou desapareça.

As empresas incentivam os membros da equipe do projeto a trazer todos os problemas rapidamente. Quanto mais rápido o problema for exposto, mais tempo haverá para encontrar uma solução, mais alternativas geralmente estarão disponíveis, e maior será o número de recursos que poderão ajudar na solução. Infelizmente, algumas pessoas simplesmente podem não querer identificar o problema, com a esperança de que possam resolvê-lo por si mesmos antes que alguém o descubra. Isto é verdadeiro para as pessoas que estiveram envolvidas na criação do problema. As razões para isso incluem:

- Danos à sua reputação e imagem
- Danos à carreira
- Perda de emprego
- Capacidade de resolver o problema com suas próprias ideias e não com as ideias dos outros
- Não gostar de pedir ajuda de outros
- Não confiar na solução que os outros possam escolher
- Medo de oposição dos colegas e membros da equipe
- Preferência para trabalhar sozinho ao invés de trabalhar em equipe

Nesses casos, as pessoas tentam resolver o problema por si só em segredo, antes que alguém o descubra. Na realidade, o problema é geralmente difícil de esconder. Às vezes, toda a equipe de resolução de problemas está em conluio para esconder o problema. Infelizmente, as sessões de resolução de problemas identificam claramente que um problema existe e isso por si só tornaria difícil esconder. É mais fácil uma pessoa tentar resolver um problema em segredo do que uma equipe inteira. Há várias razões para que a equipe queira que o problema seja resolvido em silêncio:

- O cliente e/ou partes interessadas podem reagir ao problema e ditar a solução.
- O cliente e/ou partes interessadas podem reagir ao problema e retirar o apoio financeiro.
- O cliente pode cancelar o projeto.
- A resolução de problemas exige a discussão de informações proprietárias ou confidenciais.
- Abrir a identificação do problema pode levar à demissão de pessoas.
- Abrir a identificação do problema pode causar danos à imagem e reputação de sua empresa.
- Abrir a identificação do problema pode resultar em possíveis ações judiciais.
- A causa do problema é desconhecida.
- O problema pode ser resolvido rapidamente, sem qualquer impacto sobre as restrições concorrentes e as entregas.

Existem inúmeras técnicas disponíveis para coleta de dados. A seleção da técnica se baseia na informação que está sendo procurada, no momento adequado da informação, em quem irá fornecer a informação, na criticidade da informação, e no tipo de decisões que a informação deve apoiar. Cada técnica vem com pontos fortes e fracos. Algumas técnicas de coleta de dados podem ser aplicadas rapidamente. A Tabela 5-6 ilustra algumas das técnicas mais comumente usadas[17]. Em sua maioria, as técnicas de coleta de dados são demoradas. Usar apenas uma técnica pode não ser suficiente. Pode ser necessário utilizar várias técnicas, a fim de capturar todos os dados necessários.

Uma coleta de dados eficaz requer compreensão de quais perguntas fazer. Embora seja verdade que as perguntas vão ser regidas pelo tipo de problema, perguntas típicas podem incluir:

- Existem outros recursos ou especialistas no assunto que podem nos ajudar com esse problema?
- Quantos problemas nós temos?
- Há problemas escondidos abaixo da superfície?
- Qual é a extensão do problema?
- O problema está piorando, melhorando ou mantendo-se estável?
- Esse problema existia anteriormente?
- O problema pode ser quantificado?
- Podemos determinar a gravidade do problema?
- Que evidência física existe para identificar o problema?
- Quem identificou o problema?
- Para quem foi relatado pela primeira vez?
- Existe um plano de ação para coletar informação adicional?
- Temos os membros de equipe certos para tratar esse problema?

[17] Adaptado de: WYSOCKI, R. K. *Effective project management: traditional, agile, extreme*. 5. ed. Hoboken: Wiley, 2009. p. 62-63.

TABELA 5-6 Pontos fortes e riscos de várias técnicas

Método	Pontos fortes	Riscos
Análise da causa raiz	Procura pela causa raiz em vez de apenas pelos sintomas Projetada para evitar a recorrência do problema Fornece uma análise aprofundada do problema	Altamente sistemática Processo iterativo Muito demorado
Sessões de grupo facilitadas	Excelente para os processos multifuncionais Requisitos detalhados podem ser documentados e verificados imediatamente	O uso de facilitadores inexperientes pode levar a uma resposta negativa dos usuários O tempo e o custo do planejamento e/ou sessões em execução podem ser elevados
Painéis de especialistas	Resolve os problemas com um facilitador imparcial Seleção do melhor entre os melhores em pessoas Bom quando não existe uma solução correta	As personalidades podem influenciar nas decisões Muita defesa de posições próprias
Entrevistas	Melhor se em sessões individuais Permite entrevistas de acompanhamento, se necessário Os entrevistados costumam falar livremente	A relação entre entrevistador e entrevistado pode esconder a verdade As pessoas podem ter medo de que a verdade seja usada contra elas
Pesquisas	Podem ser formais ou informais As respostas geralmente são honestas As pessoas vão defender suas posições	Muitas vezes é difícil que um número suficiente de pessoas responda É caro projetar um questionário A confiabilidade estatística pode ser necessária
Observações	São fornecidas descrições específicas e completas das ações Eficazes quando as atividades de rotina são difíceis de descrever	Documentar e gravar pode ser demorado e caro Informações confusas ou contraditórias devem ser esclarecidas Pode levar a erros de interpretação do que é observado
Reúso de requisitos	Requisitos são gerados e refinados rapidamente Esforços redundantes são reduzidos A satisfação do cliente é reforçada por prova anterior A qualidade é elevada Minimiza-se a "reinvenção da roda"	Requer um investimento significativo para desenvolvimento de arquivos, manutenção e funções de biblioteca Pode violar direitos de propriedade intelectual A similaridade de um requisito arquivado para um novo requisito pode ser mal interpretada
Diagramação do processo de negócio	Excelente para os processos multifuncionais Comunicação visual por meio de diagramas de processo Verificação de "o que é" e de "o que não é"	A implementação de melhoria depende de uma empresa estar aberta a mudanças Boa facilitação, coleta de dados e interpretação são necessárias Demorado
Protótipos	Ideias inovadoras podem ser geradas Os usuários esclarecem o que querem Os usuários identificam os requisitos que podem ser perdidos Focado no cliente Estimula o processo de pensamento	O cliente pode querer implementar o protótipo Difícil saber quando parar São necessárias habilidades especializadas Ausência de documentação
Cenários de casos de uso	O estado do sistema é descrito antes que o cliente interaja com o ele Cenários completos são utilizados para descrever a situação dos sistemas O fluxo normal de eventos e/ou exceções é revelado Melhoria da satisfação do cliente e design	A inovação resultou em algumas inconsistências As informações podem ainda estar faltando da descrição do cenário É necessário muito tempo de interação O treinamento é caro
Revisão de dados de desempenho	Disponível a partir de arquivos Os dados são geralmente confiáveis para a situação em questão	Podem não descrever como os dados foram coletados Os dados podem estar desatualizados

O pessoal do projeto se orgulha em pensar de forma racional. Pensadores racionais preferem uma abordagem analítica para coleta de dados, resolução de problemas, e tomada de decisão usando etapas sequenciais. Há vários passos que uma empresa pode escolher na criação de uma abordagem estruturada:

- Reconhecer o problema
- Compreender o problema
- Coletar os dados
- Compreender os impactos ambientais
- Compreender as premissas
- Compreender as restrições
- Compreender os limites sobre o problema e a solução
- Convocar da equipe de resolução de problemas, se isso ainda não foi feito
- Gerar de alternativas
- Redefinir a premissas e restrições
- Avaliar as compensações
- Avaliar o impacto da solução
- Selecionar a melhor opção
- Obter aprovação da opção
- Implementar alternativa
- Monitorar e controlar a solução

A maioria das empresas executa todas essas etapas, mas nem todas as etapas podem estar claramente definidas como parte da abordagem da empresa. Além disso, muitos dos passos podem ser realizados em paralelo, em vez de sequencialmente.

Em geral, acreditamos que a maioria dos problemas é real e precisa ser resolvida. Mas nem sempre esse é o caso. Alguns problemas são criados com base nas personalidades dos indivíduos. Algumas pessoas criam problemas desnecessariamente enquanto podem se beneficiar de alguma forma, talvez por serem as únicas pessoas capazes de resolver o problema. Alguns exemplos incluem:

- A resolução do problema irá trazer mais poder a você.
- A resolução do problema irá trazer mais autoridade a você.
- A resolução do problema irá diminuir o poder e a autoridade dos outros.
- Você é o único com capacidade para resolver o problema, e isso vai melhorar sua imagem e reputação.
- Você será considerado uma "mente criadora".
- Isso vai ficar bem em seu currículo.
- Isso vai ficar bem durante as avaliações de desempenho.
- Isso vai garantir seu emprego.

Os problemas não são resolvidos em um vácuo. As reuniões são necessárias e a parte mais difícil é determinar quem deve participar. Se as pessoas não estão envolvidas com o problema, ou o problema não está relacionado com o trabalho que fazem, então fazê-las participar dessas reuniões pode ser um desperdício de seu tempo. Isso vale para alguns dos membros da equipe também. Como exemplo, se o problema é com os contratos, então pode não ser necessário que o pessoal de elaboração esteja presente.

Para simplificar, vamos considerar apenas dois tipos de reuniões: de resolução de problemas e de tomada de decisão. O objetivo da reunião de resolução de problemas é obter uma compreensão clara do problema, coletar os dados necessários, e desenvolver uma lista de alternativas viáveis, acompanhada por recomendações. Provavelmente, será necessária mais que uma reunião.

O envio de uma pauta é importante. Ela deve incluir uma declaração do problema que explique claramente por que a reunião está sendo convocada. Se as pessoas souberem do problema com antecedência, terão a oportunidade de pensar sobre ele e trazer as informações necessárias, reduzindo assim um pouco do tempo necessário para a coleta de dados. Também é possível que a informação coletada identifique que o problema real é muito diferente do que foi considerado em um primeiro momento.

É essencial que especialistas no assunto, familiarizados com o problema, estejam presentes. Esses especialistas podem não ser parte da equipe de projeto original, mas podem ser trazidos apenas para resolver. Os especialistas no assunto também podem ser prestadores de serviço contratados para ajudar com o problema. As pessoas trazidas para a identificação do problema e coleta de dados geralmente permanecem para o desenvolvimento de alternativas. Mas há situações em que mais pessoas podem participar apenas para a avaliação de alternativas.

A reunião de tomada de decisão pode ser diferente da reunião de resolução de problemas. Em geral, todos os participantes que estiveram envolvidos na reunião de resolução de problemas provavelmente estarão presentes na reunião de tomada de decisão, mas pode haver um número significativo de outros participantes. Membros da equipe do projeto devem ter a habilidade de resolver problemas, mas nem todos os membros da equipe têm autoridade para tomar decisões para suas unidades funcionais. Normalmente, é uma boa ideia que no início do projeto o gerente de projetos determine quais membros da equipe possuem essa autoridade e quais não possuem. Os membros da equipe que não possuem autoridade para tomada de decisão ainda poderão participar das sessões de tomada de decisão, mas podem ter de ser acompanhados por seus respectivos gerentes funcionais quando as decisões são necessárias e ocorrerem votações.

A participação das partes interessadas é praticamente obrigatória nas reuniões de tomada de decisão. As pessoas que tomam as decisões devem ter a autoridade para comprometer recursos para a solução do problema. O compromisso pode envolver recursos adicionais ou a designação de especialistas no assunto e funcionários com nível salarial mais elevado.

Os gerentes de projetos são responsáveis pela implementação da solução. Portanto, o gerente de projetos deve ter autoridade para obter os recursos necessários para uma solução oportuna para o problema.

Reuniões de equipe que envolvem resolução de problemas e tomada de decisões, muitas vezes levam as pessoas a agir de forma irracional, especialmente caso o resultado da reunião possa ter um impacto negativo sobre elas pessoalmente. Isto é particularmente verdadeiro para pessoas que estão intimamente identificadas com a causa do problema. Você também pode estar convidando pessoas com quem nunca trabalhou anteriormente e não tem ideia de como elas vão reagir ao problema ou à solução.

Uma parte importante da resolução de problemas e, em última análise, da tomada de decisão envolve a identificação e análise de um conjunto finito de alternativas descritas em termos de alguns critérios de avaliação. Esses critérios podem ser benefício ou custo por natureza, ou podem ser simplesmente a aderência às linhas de base de custos, cronograma e escopo do projeto. Em seguida, o problema pode ser classificar essas alternativas em termos de quanto são atraentes para o(s) decisor(es), quando todos os critérios são considerados simultaneamente. Outro objetivo pode ser apenas encontrar a melhor alternativa ou determinar a prioridade total relativa de cada alternativa.

O número de alternativas é muitas vezes limitado pelas restrições impostas sobre projeto. Por exemplo, se o cronograma está excedendo a linha de base do cronograma, então o gerente de projeto pode ter cinco alternativas: horas extras, realizar o trabalho em paralelo e não em série, adicionar mais recursos ao projeto, terceirizar parte do trabalho para um fornecedor de baixo custo ou reduzir o escopo do projeto. Cada alternativa será acompanhada por vantagens e desvantagens. Se o objetivo é reduzir os custos, então pode haver apenas uma alternativa viável, isto é, a redução do escopo.

Há diversas variáveis que devem ser consideradas ao identificar e selecionar alternativas. As variáveis são geralmente específicas do projeto, e baseiam-se em tamanho, natureza e complexidade do problema. No entanto, podemos identificar uma lista de variáveis fundamentais que geralmente se aplicam à identificação e avaliação da maioria das alternativas:

- **Custo:** existe um custo associado a cada alternativa. Isso inclui não apenas o custo de implementação da alternativa, mas também o impacto financeiro sobre o trabalho restante do projeto.
- **Cronograma:** implementar uma alternativa leva tempo. Se o tempo de implementação é muito longo ou não pode ser feito em paralelo com o outro trabalho do projeto, então pode haver um impacto significativo sobre a data de término do projeto.
- **Qualidade:** deve-se tomar cuidado para que a velocidade de resolução de um problema não resulte em uma degradação da qualidade das entregas do projeto.
- **Recursos:** implementar uma solução requer recursos. O problema é que as pessoas com as habilidades necessárias podem não estar disponíveis.
- **Viabilidade:** algumas alternativas podem parecer plausíveis no papel, mas podem ser inviáveis quando precisam ser implementadas. Deve ser considerada a viabilidade ou a complexidade da alternativa. Caso contrário, você pode piorar o problema.
- **Riscos:** algumas alternativas expõem a empresa a riscos acrescidos. Estes podem ser riscos futuros (ou até mesmo oportunidades) que aparecem bem depois que o projeto for concluído.

Também devemos olhar para os atributos que compõem as alternativas. Muitas vezes, há vários atributos que podem ser incluídos em cada uma das alternativas e podemos decidir sobre a inclusão deles. Parte da compreensão das condições limite é conhecer a importância de cada um. Os atributos podem ser classificados como:

- **Obrigatórios:** qualquer alternativa que não incluir esse atributo deve ser descartada.
- **Desejáveis:** atributos que, na maioria das situações, devem ser incluídos nas alternativas que estão sendo consideradas. Falhar em considerá-los poderia resultar em uma degradação do desempenho. Alguns destes atributos podem ser omitidos, caso sua inclusão resulte em consequências desfavoráveis ao se tentar satisfazer as restrições de concorrência.
- **Opcionais:** estes são geralmente são complementos para melhorar o desempenho, mas não necessariamente são parte das exigências do projeto. São itens úteis, mas não uma necessidade na decisão sobre uma solução final. Atributos opcionais são, muitas vezes, caracterizados como adereços desnecessários que são parte dos esforços de *Gold Plating*.

Depois de olhar para as variáveis e avaliar todas as alternativas, a conclusão pode ser que nenhuma das alternativas é aceitável. Neste caso, o gerente de projeto pode ser forçado a escolher a "melhor das piores". Como exemplo, considere um serviço que deve respeitar as normas impostas pela Agência de Proteção Ambiental. Neste caso, a empresa está bastante insatisfeita com todas as alternativas. Mas, por lei, o problema deve ser resolvido e uma das alternativas tem de ser selecionada.

É possível que, depois de avaliar as alternativas, a melhor abordagem possa ser uma combinação delas. Isto é conhecido como alternativa híbrida. A alternativa "A" pode ter um risco alto, mas um baixo custo de implementação. A alternativa "B" pode ter um risco baixo, mas um alto custo de implementação. Ao combinar as alternativas "A" e "B", podemos chegar a uma alternativa híbrida, com um fator de custo e risco aceitável.

Às vezes, é necessário ter criatividade para desenvolver alternativas. Nem todas as pessoas são criativas, mesmo quando estão no topo de seu nível salarial. As pessoas podem fazer a mesma tarefa repetitiva por tanto tempo que são consideradas especialistas no assunto. Elas podem subir ao topo de seu nível salarial com base na experiência e anos de trabalho. Mas só isso não significa que elas têm habilidades criativas. A maioria das pessoas pensa que é criativa quando na verdade não é. As empresas também não costumam fornecer treinamento em pensamento criativo aos trabalhadores.

Em um ambiente de projeto, a criatividade é a capacidade de se usar a imaginação para chegar a ideias novas e originais ou a recursos para atender aos requisitos e/ou resolver problemas. As pessoas são alocadas às equipes de projeto com base na experiência. É impossível para o gerente do projeto, e às vezes até mesmo para os gerentes funcionais, saber se essas pessoas têm as habilidades criatividade necessárias para resolver os problemas que podem surgir durante um projeto. A menos que você tenha trabalhado com essas pessoas anteriormente, é difícil saber se elas têm imaginação, inspiração, engenhosidade, inventividade, visão e desenvoltura, sendo todas características comuns de criatividade.

A criatividade é a capacidade de pensar em ideias para produzir algo novo por meio de habilidades imaginativas, seja uma nova solução para um problema ou um novo método ou dispositivo. Inovação é a capacidade de resolver o problema por meio da conversão da ideia em realidade, seja um produto, serviço ou qualquer forma de entrega para o cliente. A inovação vai além do pensamento criativo. A criatividade e a inovação não necessariamente andam de mãos dadas. Qualquer equipe de resolução de problemas pode chegar a soluções criativas que não podem ser implementadas. Qualquer equipe de engenharia pode projetar um produto (ou uma modificação de um produto) que a produção não pode construir.

A inovação é mais do que simplesmente transformar uma ideia em realidade. É um processo que cria valor. Os clientes estão pagando por algo de valor. Independentemente da solução a que se chega, é preciso que o cliente reconheça seu valor. A melhor de todas as possibilidades é quando o valor real pode ser, de alguma forma, compartilhado entre as necessidades do cliente e a estratégia de sua empresa. A alternativa final selecionada pode aumentar ou diminuir o valor das entregas finais, como visto pelo cliente, mas sempre deve haver algum valor reconhecível na solução selecionada.

Por causa de restrições e limitações, algumas soluções para um problema podem necessitar uma redução no valor em comparação com os requisitos originais do projeto. Isto é conhecido como inovação negativa. Em tais casos, a inovação para uma solução que reduz valor pode ter um efeito negativo ou destrutivo sobre a equipe. As pessoas podem ver a inovação negativa como um dano a sua reputação e carreira.

Se os riscos de inovação forem muito grandes, a equipe do projeto poderá recomendar algum tipo de inovação aberta. A inovação aberta é uma parceria com aqueles que estão fora de sua empresa, por meio do compartilhamento de riscos e recompensas do resultado. Muitas empresas têm ideias criativas para solucionar problemas, mas falta o talento inovador para implementar uma solução. Parcerias e *joint ventures* podem ser a solução final.

Às vezes, começamos projetos com a melhor das intenções e mais tarde descobrimos que ocorreu algum problema que poderia resultar no cancelamento do projeto. Em vez de cancelar o projeto totalmente, a solução poderia ser reduzir seu tamanho e reajustar nossas tentativas de inovação. Fatores que podem levar a um reajuste em inovação incluem:

- O mercado para a entrega encolheu.
- A entrega será muito cara e demanda não existirá.
- O avanço técnico pode não ser alcançado em tempo hábil.
- Há uma perda de fé e entusiasmo pela equipe e eles não acreditam mais que a solução é viável.
- Há uma possível perda de interesse pela alta administração e o cliente.
- Existem obstáculos técnicos insuperáveis.
- Há uma diminuição significativa na probabilidade de sucesso.

Se esses fatores existem, então é perfeitamente possível que uma alternativa deva ser selecionada a fim de salvar o projeto. Enquanto o cliente está disposto a aceitar uma possível redução no valor final, o projeto pode ser autorizado a continuar.

Existem quatro tipos de inovação. Cada tipo vem com vantagens:

- **Complementos, aprimoramentos, melhorias de produto/qualidade, e esforços de redução de custos:** esse tipo de inovação pode ser realizado rapidamente e com os recursos existentes na empresa. A intenção é resolver um problema e adicionar valor incremental ao resultado final.
- **Avanço radical de tecnologia:** esse tipo de inovação tem riscos. Você pode não ser capaz de determinar quando o avanço será feito e o respectivo custo. Mesmo que o avanço possa ser feito, não há qualquer garantia de que o cliente receberá valor adicionado a partir dessa solução. Se o avanço não puder ser feito, o cliente ainda poderá ficar feliz com a solução parcial. Esse tipo de inovação pode requerer as habilidades de apenas uma ou duas pessoas.
- **Novos membros da família:** é a criação de novos produtos e pode exigir um grande avanço tecnológico.
- **Sistema ou plataforma totalmente complexos (projetos de próxima geração):** essa é a solução com maior risco. Se o sistema complexo não puder ser desenvolvido, então o projeto provavelmente será considerado uma perda total. Para esse tipo de inovação é necessário um grande número de recursos altamente talentosos.

Algumas pessoas têm bloqueios que as impedem de ser criativas. Esses bloqueios incluem:

- Não entender o problema bem o suficiente e atacar o problema errado
- Fazer avaliações e decisões muito rapidamente
- Aproveitar a primeira ideia que é aceitável para a equipe
- Ter uma equipe que o considera um estranho
- Ter uma equipe que se recusa a apoiar quaisquer de suas ideias
- Ter uma equipe que não tem fé em sua capacidade de ser parte do grupo

Esses obstáculos não necessariamente se aplicam apenas a resolução de problemas que requerem inovação. As soluções para alguns problemas simplesmente não requerem inovação.

5.21 *BRAINSTORMING*

Ao longo da vida de qualquer projeto, a equipe será testada em sua capacidade de encontrar a melhor solução possível para um problema dentro das limitações e fronteiras impostas. Isso pode ocorrer durante o planejamento do projeto, onde devemos chegar com o melhor plano possível, ou pode ocorrer em quaisquer momentos posteriores onde os problemas surgem e a melhor solução deve ser encontrada. Essas são situações em que as técnicas de *brainstorming* podem não ser apropriadas. A maioria das pessoas parece ter ouvido falar de *brainstorming*, mas poucas fizeram parte de equipes de *brainstorming*. Embora normalmente se discuta *brainstorming* como um meio para identificar soluções alternativas para um problema, o *brainstorming* também pode ser utilizado para identificar a causa raiz do problema.

Há quatro regras básicas de *brainstorming*. Estas regras destinam-se a estimular a geração de ideias e aumentar a criatividade global do grupo, minimizando as inibições que as pessoas podem ter sobre trabalhar em grupo.

- **Quantidade importa:** esta regra se concentra na maximização de possíveis ideias, tanto boas como más. O pressuposto é de que, quanto maior for o número de ideias, maior é a probabilidade de se encontrar a solução ótima para o problema.
- **Críticas são rejeitadas:** no *brainstorming*, a crítica de ideias cria conflito e desperdiça um tempo precioso que é necessário para gerar o maior número de ideias. Quando as pessoas veem ideias sendo criticadas, tendem a reter suas próprias ideias para evitar ser alvo de críticas. As críticas devem ocorrer, mas após a conclusão da sessão de *brainstorming*. Sessões típicas de *brainstorming* duram cerca de uma hora ou menos.
- **Criatividade é bem-vinda:** todas as ideias devem ser incentivadas, sejam boas ou ruins. As pessoas devem ser encorajadas a ter ideias inusitadas e isso pode gerar novas perspectivas e uma nova forma de pensar. Por vezes, o que parece uma solução radical inicialmente pode ser a melhor solução possível no final.
- **Combinar e aperfeiçoar ideias:** a melhor solução possível pode ser uma combinação de ideias. Novas ideias devem ser incentivadas a partir da combinação de ideias já apresentadas.

Há vários passos críticos que devem ocorrer para que o *brainstorming* tenha sucesso. Os passos a seguir foram adaptados da *Wikipedia*, a enciclopédia livre:

- **Defina o problema:** antes de iniciar uma sessão de *brainstorming*, é fundamental definir o problema. O problema deve ser claro, não muito grande, e capturado em uma pergunta específica. Se o problema for grande demais, o facilitador deverá dividi-lo em componentes menores, cada um com sua própria pergunta.
- **Criar uma nota de fundo:** a nota de fundo é o convite e a carta informativa para os participantes, contendo o nome da sessão, o problema, a hora, a data e o lugar. O problema é descrito em forma de pergunta, e alguns exemplos de ideias são dadas. A nota é enviada aos participantes com boa antecedência, para que possam pensar sobre o problema antecipadamente.
- **Selecionar os participantes:** o facilitador compõe o painel de *brainstorming*, composto pelos participantes e um coletor de ideias. Um grupo de dez ou menos membros geralmente é mais produtivo. Muitas variações são possíveis, mas é sugerida a seguinte composição:
  - Vários membros centrais do projeto que tenham provado
  - Vários convidados de fora do projeto que tenham afinidade com o problema
  - Um coletor de ideias que registra as ideias sugeridas
- **Condução da sessão:** o facilitador conduz a sessão de *brainstorming* e garante que as regras básicas sejam seguidas. As etapas de uma sessão típica são:
  - Uma sessão de aquecimento para expor os participantes novatos ao ambiente livre de críticas. Um problema simples é submetido a um *brainstorming*, por exemplo, "*Podemos minimizar o número de relatórios deste projeto?*" ou "*O que pode ser melhorado na forma como fazemos a verificação e validação?*".

- O facilitador apresenta o problema e dá uma explicação adicional, se necessário.
- O facilitador solicita as ideias ao grupo de *brainstorming*.
- Se as ideias não estiverem aparecendo, o facilitador sugere uma conduta para incentivar a criatividade.
- Todos os participantes apresentam suas ideias, e o coletor de ideias as registra.
- Para garantir a clareza, os participantes poderão discorrer sobre suas ideias.
- Quando o tempo acabar, o facilitador organiza as ideias com base no objetivo do tópico e incentiva a discussão.
- As ideias são categorizadas.
- A lista inteira é revista para garantir que todos entendam as ideias.
- Ideias duplicadas e as soluções inviáveis obviamente são removidas.
- O facilitador agradece a todos os participantes e dá um sinal de apreciação a cada um.

O processo de condução de uma sessão de *brainstorming* inclui o seguinte:

O processo:

- Os participantes que têm ideias, mas não foram capazes de apresentá-las, são incentivados a anotar as ideias e apresentá-las mais tarde.
- O coletor de ideias deve numerar as ideias, de modo que o presidente possa usar o número para incentivar uma meta de geração de ideias, por exemplo: "*Temos 14 ideias agora, vamos buscar 20!*".
- O coletor de ideias deve repetir a ideia nas palavras que ele ou ela as escreveu na íntegra para confirmar que expressa o significado pretendido pelo autor.
- Quando muitos participantes estão tendo ideias, aquele com a ideia mais afim deve ter prioridade. Isto incentiva a elaboração de ideias anteriores.
- Durante uma sessão de *brainstorming*, gerentes e outros superiores devem ser desencorajados a participar, uma vez que podem inibir e reduzir o efeito das quatro regras básicas, especialmente a geração de ideias inusitadas.

Avaliação:

O *brainstorming* não é apenas a geração de ideias para que outros avaliem e selecionem. Normalmente, o próprio grupo vai, em sua fase final, avaliar as ideias e selecionar uma delas como a solução para o problema proposto para o grupo.

- A solução não deve exigir recursos ou habilidades que os membros do grupo não tenham ou não possam adquirir.
- Se for necessário adquirir recursos ou habilidades adicionais, essa deverá ser a primeira parte da solução.
- Deve haver uma maneira de medir o progresso e sucesso.
- Os passos para realizar a solução devem ser claros para todos, e passíveis de serem atribuídos aos membros, para que cada um tenha um papel importante.
- Deve haver um processo de tomada de decisão comum que permita um esforço coordenado para prosseguir e transferir tarefas, enquanto o projeto se desdobra.
- Deve haver avaliações, em marcos específicos, para decidir se o grupo está no caminho certo, em direção a uma solução final.
- Deve haver incentivos à participação, para que os participantes mantenham seus esforços.

Existem muitas variações na forma como sessões de *brainstorming* são realizadas.

Técnica de grupo nominal:

- A técnica de grupo nominal é um tipo de *brainstorming* que incentiva todos os participantes a ter um discurso igual no processo. É também utilizada para gerar uma lista ordenada de ideias.
- Os participantes são convidados a escrever suas ideias de forma anônima. Em seguida, o moderador recolhe as ideias e cada uma é votada pelo grupo. A votação pode simplesmente levantar mãos em favor de uma determinada ideia. Este processo é chamado de destilação.
- Após a destilação, as ideias mais bem classificadas podem ser enviadas de volta ao grupo ou subgrupos para mais *brainstormings*. Por exemplo, um grupo pode trabalhar na cor desejada para um produto. Outro grupo pode trabalhar no tamanho, e assim por diante. Cada grupo voltará ao grupo original para classificar as ideias listadas. Às vezes, ideias que foram abandonadas anteriormente podem ser trazidas de volta, caso o grupo as reavalie.
- É importante que o facilitador seja treinado neste processo, antes de tentar facilitar esta técnica. O grupo deve ser preparado e incentivado a abraçar o processo. Como todos os esforços de equipe, podem ser necessárias algumas sessões de prática para treinar a equipe no método antes de abordar as ideias importantes.

Técnica de passagem do grupo:

- Cada pessoa em um grupo circular escreve uma ideia e, em seguida, passa o pedaço de papel em sentido horário para a próxima pessoa, que acrescenta alguns pensamentos. Isso continua até que cada um receba de volta seu pedaço de papel original. A essa altura, é provável que o grupo tenha elaborado extensivamente cada ideia.
- O grupo pode também criar um "Livro de Ideias" e postar uma lista de distribuição na parte da frente do livro. Na primeira página estará uma descrição do problema. A primeira pessoa que receber o livro apresenta as suas ideias e, em seguida, direciona o livro para a próxima pessoa na lista de distribuição. A segunda pessoa pode registrar novas ideias ou complementar as ideias da pessoa anterior. Isso continua até que a lista de distribuição seja esgotada. Uma reunião de acompanhamento para "leitura" é então realizada para discutir as ideias registradas no livro. Esta técnica leva mais tempo, mas dá às pessoas tempo para pensar profundamente sobre o problema.

Método de mapeamento de ideia em equipe:

- Este método de *brainstorming* funciona pelo método de associação. Pode melhorar a colaboração e aumentar a quantidade de ideias, e é projetado de modo que todos os participantes contribuam e nenhuma das ideias seja rejeitada.
- O processo começa com um tópico bem definido. Cada participante faz um *brainstorm* individualmente, e depois todas as ideias são mescladas em um grande mapa de ideias. Durante essa fase de consolidação, os participantes podem descobrir um entendimento comum das questões, enquanto compartilham os significados por trás de suas ideias. Durante essa troca, novas ideias podem surgir por associação, e elas também são adicionadas ao mapa. Uma vez que todas as ideias são capturadas, o grupo pode priorizar e/ou agir.

***Brainstorming* eletrônico:**

- O *brainstorming* eletrônico é uma versão computadorizada da técnica manual de *brainstorming*. Ele, normalmente, tem como suporte um sistema de reunião eletrônica (EMS), mas formas mais simples também podem ser realizadas via e-mail, com base em navegadores ou utilizando software *peer-to-peer*.
- Com um sistema de reunião eletrônica, os participantes compartilham uma lista de ideias através da Internet. As ideias são introduzidas de forma independente. As contribuições se tornam imediatamente visíveis para todos, e são geralmente anônimas, para incentivar a abertura e reduzir o preconceito pessoal. EMS's modernos também suportam sessões assíncronas de *brainstorming* durante longos períodos de tempo, bem como atividades típicas de acompanhamento do processo criativo de resolução de problemas, tais como categorização de ideias, de eliminação de ideias duplicadas, e avaliação e discussão de ideias priorizadas ou controversas.
- O *brainstorming* eletrônico elimina muitos dos problemas do *brainstorming* tradicional, o bloqueio de produção, e medo de avaliação. Outra vantagem deste método é que todas as ideias podem ser arquivadas eletronicamente, em sua forma original, e recuperadas posteriormente para maior reflexão e discussão. O *brainstorming* eletrônico também permite que debatam sobre um assunto grupos muito maiores do que normalmente seria produtivo em uma sessão de tradicional de *brainstorming*.
- Algumas técnicas de *brainstorming* com base na Web permitem que os colaboradores postem seus comentários de forma anônima por meio do uso de avatares. Essa técnica também permite que os usuários acessem, durante um período de tempo prolongado, normalmente uma semana ou duas, dando aos participantes um "tempo de imersão" antes de postarem suas ideias e *feedbacks*. Esta técnica tem sido utilizada, em particular, no campo do desenvolvimento de novos produtos, mas pode ser aplicada em qualquer área em que a coleta e avaliação de ideias sejam úteis.

***Brainstorming* dirigido:**

- *Brainstorming* dirigido é uma variação do *brainstorming* eletrônico (descrito aqui). Pode ser feito manualmente ou com computadores. O *brainstorming* dirigido funciona quando o "espaço de solução" (isto é, o critério para avaliar uma boa ideia) é conhecido antes da sessão. Se conhecidos, esses critérios podem ser usados para restringir intencionalmente o processo de formação de ideias.
- No *brainstorming* dirigido, cada participante recebe uma folha de papel (ou formulário eletrônico) e é informado sobre a questão para debate. As pessoas são convidadas a produzir uma resposta e parar; em seguida, todos os papéis (ou formulários) são trocados aleatoriamente entre os participantes. Os participantes são convidados a olhar para a ideia que receberam e a criar uma nova ideia que melhore essa ideia, com base nos critérios iniciais. Os formulários são, então, trocados novamente, e os respondentes são convidados a aperfeiçoar as ideias, e o processo é repetido por três ou mais ciclos.

- Em laboratório, descobriu-se que o *brainstorming* dirigido quase triplica a produtividade dos grupos em relação ao *brainstorming* eletrônico.

Brainstorming individual

- "*Brainstorming* Individual" é o uso do *brainstorming* de forma solitária. Geralmente, inclui técnicas como escrita livre, fala livre, associação de palavras e elaboração de um mapa mental, que é uma técnica de anotação visual em que as pessoas diagramam seus pensamentos. O *brainstorming* individual é um método útil em escrita criativa e tem se mostrado superior ao tradicional *brainstorming* em grupo.

Brainstorming de perguntas

- Este processo envolve *brainstorming* das perguntas, em vez de tentar encontrar respostas imediatas e soluções de curto prazo. Esta técnica estimula a criatividade e promove a participação de todos, porque ninguém terá de elaborar respostas. As respostas às perguntas formam a estrutura para a construção de futuros planos de ação. Uma vez que a lista de perguntas é definida, pode ser necessário priorizá-las para chegar à melhor solução, de forma ordenada. Outro dos problemas do *brainstorming* pode ser encontrar os melhores métodos de avaliação para um problema.
- A *Wikipedia* oferece uma excelente lista de referências para *brainstorming*.

5.22 TOMADA DE DECISÃO EM PROJETOS[18]

Temos agora de decidir qual das alternativas resolve melhor o problema, esperançosamente usando alguma forma de pensamento lógico. A tomada de decisão tem algum grau de estrutura para isso. A tomada de decisão lógica, como discutido brevemente na Seção 2.21, é uma parte importante de todo o gerenciamento de projetos, e isso inclui todas as áreas de conhecimento do Guia PMBOK®. É uma necessidade para tomar de decisões esclarecidas. No entanto, em situações com pressão de tempo, grandes valores em jogo ou aumento de ambiguidades, os gerentes de projetos frequentemente usam abordagens intuitivas de tomada de decisão, em vez de abordagens estruturadas, e chegam imediatamente a um curso de ação satisfatório, sem ponderar alternativas. Em virtude de limitações de tempo, as decisões podem ter de ser feitas com apenas informações parcialmente disponíveis.

A tomada de decisão envolve o seguinte:

- Devem ser estabelecidos os objetivos.
- Os objetivos devem ser classificados e colocados em ordem de importância.
- Ações alternativas devem ser desenvolvidas.
- As alternativas devem ser avaliadas em relação a todos os objetivos.
- A alternativa que é capaz de alcançar todos os objetivos é a decisão provisória.
- A decisão provisória é avaliada para mais consequências possíveis.
- As ações decisivas e ações adicionais são tomadas para evitar que quaisquer consequências adversas tornem-se problemas e acionem os dois sistemas (análise de problemas e tomada de decisão) novamente.

As atividades de tomada de decisão podem ser mais demoradas e mais caras de executar do que atividades de resolução de problemas. Isto ocorre principalmente em virtude do número de alternativas que podem ser identificadas e aos métodos utilizados para avaliar e priorizá-las. Ter um número significativo de alternativas razoáveis pode parecer bom, mas ser incapaz de chegar a uma decisão sobre qual realmente adotar pode ser problemático.

Existem vários modelos disponíveis para as equipes de projeto sobre como tomar decisões. Um modelo típico de quatro fases pode incluir:

- **Familiarização:** é a fase na qual a equipe se reúne para entender o problema e a(s) decisão/decisões que devem ser tomadas.
- **Identificação de opções:** é a fase em que a equipe realiza o *brainstorming* e enumera possíveis alternativas para uma solução.
- **Seleção da opção:** é a fase em que a equipe decide sobre a melhor opção.
- **Justificação:** É a fase na qual equipe pondera se tomou a decisão certa e possivelmente avalia os resultados.

Existem vários tipos de estilos de tomada de decisão que as pessoas podem usar. Há também diversas ferramentas que podem ajudar nos processos de tomada de decisão. Antes de participar das reuniões de resolução de problemas e de tomada de decisão, as pessoas devem entender como as decisões serão tomadas. Existem várias opções disponíveis e a abordagem de entendimento conjunto do problema pode ser diferente da decisão por qual alternativa será adotada. As opções incluem:

- **Maioria ou consenso:** todos os participantes da reunião são autorizados a votar. Os critérios podem ser maioria simples, ou outro número como maioria de 75%.

[18] Parte do material desta seção foi adaptado da *Wikipédia*, a enciclopédia livre.

- **Maioria qualificada ou consenso:** se a maioria não for atingida, então o gerente do projeto, o cliente, ou outra pessoa designada, tomará a decisão final.
- **Dirigida ao gerente de projetos:** o gerente de projeto toma a decisão e informa à equipe qual alternativa foi selecionada. Esta abordagem é mais eficaz em projetos de crise.
- **Dirigida ao cliente:** a equipe identifica as alternativas, faz uma recomendação, e apresenta os dados ao cliente. O cliente, então, toma a decisão final e informa a equipe. O cliente pode ter o direito de não selecionar as alternativas da equipe e desenvolver sua própria solução para o problema.

Cada pessoa tem seu estilo próprio de tomar decisões e isso pode conflitar com a forma como a equipe deseja tomar uma decisão. Uma lista parcial pode incluir:

- **Estilo intuitivo:** tomar uma decisão sobre o tópico com base em seu próprio instinto. Essa é, muitas vezes, uma abordagem aleatória.
- **Estilo sistemático:** envolve avaliar cada alternativa usando uma abordagem estruturada.
- **Estilo de adiamento parcial:** é esperar por informação suficiente (ou pelo menos uma quantidade mínima), de modo que uma decisão possa ser tomada. Isto não significa evitar uma decisão.
- **Estilo individual:** este estilo ocorre quando as pessoas se sentem melhor em tomar decisões por si mesmas, sem qualquer entrada de outros.
- **Estilo de consenso em grupo:** ocorre quando o indivíduo se sente melhor com a decisão tomada por votação entre os membros do grupo.

Todo gerente de projeto tem a sua própria abordagem para tomada de decisão e isso pode variar de projeto para projeto. O modelo selecionado baseia-se na definição do problema e no tipo de decisão que deve ser tomada. A principal diferença aqui é que o gerente de projeto geralmente tem a autoridade para aplicar seu estilo preferido. Embora algumas abordagens funcionem bem, há abordagens que muitas vezes fazem mais mal do que bem, especialmente se o estilo de tomada de decisão do gerente de projeto está em conflito com o estilo preferido pelos membros da equipe. Os livros didáticos sobre tomada de decisão fornecem vários estilos diferentes que são apropriados para gerentes de projeto. Há também cinco estilos que o gerente de projeto ou líder do grupo pode usar. Estes cinco estilos mais comuns para gerentes de projetos são:

- O decisor autocrático
- O decisor temeroso
- O decisor circular
- O decisor democrático
- O decisor interesseiro

O decisor autocrático normalmente não confia em ninguém da equipe e dita a decisão, mesmo que os riscos sejam grandes e tenha sido consumido muito pouco tempo na discussão do problema. Os membros da equipe, muitas vezes têm medo de apresentar alternativas e recomendações, porque podem ser ridicularizados pelo gerente de projeto, que acredita que a sua decisão é a única. Os membros da equipe podem não contribuir com ideias, mesmo quando solicitados.

O estilo autocrático pode funcionar se o gerente de projeto for considerado um especialista na área em que a decisão deve ser tomada. Mas, em geral, os gerentes de projeto de hoje parecem possuir mais compreensão da tecnologia do que domínio da tecnologia. Como tal, usar o estilo autocrático quando se tem conhecimento limitado sobre a tecnologia do problema e da solução pode levar a uma decisão rápida, mas muitas vezes uma decisão que não é a escolha ideal. Na maioria das vezes, decisores autocráticos se sentem melhor em tomar uma decisão por si mesmos, sem qualquer participação de outros. Eles tomam a decisão sobre um tópico com base em um sentimento instintivo. Esta é muitas vezes uma abordagem aleatória.

Enquanto o decisor autocrático se fortaleça ao tomar a decisão, certa ou errada e em tempo hábil, o decisor temeroso tem medo de tomar a decisão errada. Esta é conhecida como a abordagem "avestruz" de tomar decisão. Nesse caso, o gerente de projeto vai "enterrar" sua cabeça na areia e esperar que o problema desapareça ou que as pessoas esqueçam o problema. O gerente de projeto também confia que ao esperar, uma solução milagrosa aparecerá por si só, de forma que a decisão não tenha de ser tomada.

Às vezes, o decisor temeroso adota uma atitude de postergação, e fica à espera de informações suficientes (ou pelo menos de uma quantidade mínima), para que uma decisão possa ser tomada. Isso não significa necessariamente evitar a decisão. O decisor temeroso sabe que uma decisão deve ser tomada ao final, e tem medo de que a decisão errada possa ter um sério impacto sobre sua reputação e carreira. A equipe pode não ser convidada a apresentar alternativas e recomendações, porque isso poderia indicar que existe um problema e que uma decisão deve ser tomada. Informações sobre o problema podem até mesmo ser omitidas pela gerência sênior, pelo menos, temporariamente. O gerente de projeto pode tentar levar outros a tomar a decisão. Ele pode preferir ter alguém agindo como moderador do grupo de tomada de decisão e, se uma decisão tiver que ser tomada, sempre irá argumentar que é uma decisão do grupo, e não uma decisão pessoal. Pode ainda evitar, se possível, ter que prestar contas e ter responsabilidade pessoal pela decisão.

Como exposto anteriormente, o tempo é uma restrição em projetos, não um luxo. Adotar uma abordagem do tipo "esperar para ver" na tomada de decisões faz com que um tempo precioso seja perdido, no qual o problema poderia ter sido facilmente resolvido. Além disso, quanto mais tempo esperarmos para tomar uma decisão, menos opções haverá.

O decisor circular é semelhante ao decisor temeroso. O gerente do projeto não quer apenas tomar a decisão, mas quer também tomar a decisão perfeita. Inúmeras reuniões de equipe são realizadas para discutir o mesmo problema. Cada reunião de equipe parece discutir o problema e as possíveis soluções a partir de uma perspectiva diferente. Os membros da equipe recebem itens de ação que os mantêm correndo à procura de informações adicionais para embasar a decisão perfeita. E parece que sempre encontramos as mesmas respostas e alternativas.

O decisor circular está disposto a tomar uma decisão, mas sacrifica uma grande parte do tempo procurando a decisão perfeita com a qual todos irão concordar. O decisor está disposto a violar as restrições de tempo em um projeto para alcançar esse objetivo. Pode também acreditar que o problema pode desaparecer se pensarem sobre isso por muito tempo.

O gerente de projeto pode adotar o estilo de tomada de decisão circular mesmo se for um especialista na área em que o problema existe. Ele projeto precisa de revalidação da equipe e, possivelmente, dos superiores, de que a melhor decisão foi tomada. Aos seus olhos, a decisão pode ser considerada mais importante do que o resultado do projeto.

O decisor democrático permite que os membros da equipe participem da decisão final. A participação no grupo por meio da votação é crítica, e pode até mesmo ser obrigatória. A empresa pode inclusive ter uma abordagem estruturada para isso utilizando diretrizes ou modelos. Isso pode acontecer mesmo quando o gerente de projeto é especialista na área em que há o problema, e mesmo que o gerente de projeto tenha autoridade para tomar a decisão por si mesmo.

O decisor democrático pode criar problemas em longo prazo. Os membros da equipe podem sentir que devem estar envolvidos também em todas as decisões futuras, mesmo naquelas em que têm um conhecimento limitado sobre os problemas. Pedir a eles para dar um voto prematuramente para a solução de um problema poderá deixá-los apreensivos, caso se sintam desconfortáveis em tomar decisões com base em informações incompletas. Esperar muito tempo para tomar a decisão pode limitar as opções disponíveis e frustrar a equipe do projeto, em virtude do tempo gasto pensando demais sobre o problema e a solução.

A tomada de decisão democrática é uma forte ferramenta de motivação, se usada corretamente. Por exemplo, se o gerente de projeto acredita que já sabe qual decisão deve ser tomada, pedir a opinião da equipe e dar crédito ao membro da equipe que teve a mesma ideia é uma boa abordagem. Isso incentiva as pessoas a participar da tomada de decisões e as faz acreditar que suas contribuições receberão crédito.

Mais cedo ou mais tarde todos são colocados em uma posição em que devem decidir o que é mais importante na tomada de decisão: seus valores individuais ou os valores organizacionais. Essa situação, muitas vezes, obriga as pessoas a tomar decisões em favor ou de si mesmas, ou da organização. Um acordo pode ser impossível.

Esses tipos de conflitos de "interesse próprio" podem permear todos os níveis de gestão. Os executivos podem tomar decisões com mais interesse em sua aposentadoria do que nos interesses da sua empresa. Um executivo queria ser lembrado nos livros de história como o pioneiro no trânsito de alta velocidade. Ele chegou perto de levar sua empresa à falência durante o processo de tentar atingir suas ambições pessoais às custas dos projetos que estava apoiando a custa da corporação.

Decisores interesseiros parecem focar-se em seus interesses pessoais no curto prazo e, muitas vezes ignoram o que poderia ser mais interessante para o projeto. Em um ambiente de projeto, isso pode tornar-se um processo bastante complexo, caso os membros da equipe, partes interessadas, e patrocinador do projeto queiram que as decisões sejam feitas com base em seu interesse próprio. Soluções abaixo do ideal são atingidas, com vários grupos ficando bastante descontentes com o resultado final. Infelizmente, as decisões interesseiras quase sempre são feitas para melhor servir aos interesses do maior contribuidor financeiro do projeto, temendo que, se o contribuidor remover o apoio do projeto, o projeto possa ser cancelado.

Qualquer pessoa pode tomar uma decisão, mas o difícil é tomar a decisão correta. Os tomadores de decisão muitas vezes não têm a habilidade de como avaliar os resultados ou o impacto da decisão. O que o gerente de projeto acreditava ser a decisão correta pode ser visto de forma diferente pelo do cliente e pelas partes interessadas.

Algumas decisões são fáceis de tomar, enquanto outras necessitam de equipes de especialistas. As ferramentas e técnicas utilizadas dependem do tipo de decisão. Como exemplo, vamos considerar quatro tipos de decisões:

- Decisões de rotina
- Decisões adaptativas
- Decisões inovadoras
- Decisões sob pressão

Decisões de rotina são muitas vezes tratadas exclusivamente pelo gerente de projeto. Podem envolver simplesmente assinar ordens de compra, selecionar com qual fornecedor trabalhar, e decidir se deve ou não autorizar horas extras. Geralmente são baseadas em políticas e procedimentos da empresa.

Embora as decisões de rotina pareçam relativamente fáceis de serem tomadas, o número de decisões desse tipo pode ser problemático. Decisões de rotina em número elevado podem tornar-se um "ladras de tempo" e impedir que o gerente de projeto atue efetivamente. Se as decisões são de rotina por natureza, então muitas delas podem ser delegadas aos membros da equipe do projeto.

A tomada de decisões adaptativa pode exigir algum grau de intuição. O problema geralmente é bem compreendido e a equipe do projeto pode ser capaz de tomar a decisão sem apoio externo ou ferramentas e técnicas sofisticadas. Essa é a forma mais comum de tomada de decisão utilizada em projetos.

Geralmente considera-se inovação uma nova maneira de fazer algo. A tomada de decisão inovadora é mais frequentemente usada em projetos envolvendo P&D, desenvolvimento de novos produtos, e melhorias significativas de produto. Essas decisões envolvem especialistas no assunto que podem não fazer parte da equipe do projeto e podem requerer o uso de ferramentas e técnicas mais avançadas de tomada de decisão. Elas podem exigir um desvio radical dos objetivos originais do projeto. Nem todos os gerentes de projeto são capazes de gerir projetos que envolvam decisões de inovação.

Embora o objetivo de uma inovação bem-sucedida seja adicionar valor, o efeito de uma falha em uma decisão inovadora pode ser negativo ou até mesmo destrutivo, se tiver um impacto negativo sobre o moral da equipe, causar uma mudança cultural desfavorável, ou um desvio radical das formas existentes de fazer o trabalho. O fracasso de um projeto de inovação pode desmoralizar a organização e fazer com que pessoas talentosas passem a evitar riscos no futuro, ao invés de assumi-los.

O tempo é uma restrição crítica nos projetos e isso pode ter um sério impacto sobre o tempo necessário para compreender o problema e encontrar uma solução. Como exemplo, vamos supor que um teste crítico falhe e o cliente diga que fará uma reunião com você no dia seguinte à falha, para discutir como você irá corrigir o problema. Eles estão esperando alternativas e uma recomendação. Normalmente, você precisaria de uma semana ou mais para se reunir com a equipe e diagnosticar a situação. No entanto, dadas as circunstâncias, você poderá ter de tomar uma decisão, certa ou errada, com base no tempo disponível. Essa é uma tomada de decisão sob forte pressão. Com tempo suficiente, podemos analisar ou mesmo superanalisar um problema e chegar a uma lista de alternativas viáveis.

A tomada de decisão sob forte pressão também pode fazer parte das tomadas de decisão adaptativa e inovadora. Ser pressionado a tomar uma decisão pode dar resultados favoráveis se obrigar os decisores a olhar apenas os atributos que são críticos para o problema. Mas, mais frequentemente, a tomada de decisão sob forte pressão leva a resultados abaixo do ideal.

Considerando que essas situações irão acontecer, você deve esperar que nem sempre terá a informação completa ou perfeita para tomar uma decisão. A maioria das equipes de tomada de decisão deve lidar com informações parciais.

Como dito anteriormente, há situações, como decisões de rotina, em que a decisão final é tomada apenas pelo gerente de projeto. Os grupos não são necessários nestas situações. Mas, na maioria das vezes, os problemas que aparecem em projetos requerem pensamento em grupo. Existem várias vantagens na tomada de decisão em grupo, a saber:

- Os grupos proporcionam decisões melhores do que indivíduos.
- Discussões em grupo levam a um melhor entendimento do problema.
- Discussões em grupo levam a um melhor entendimento da solução.
- Os grupos fazem melhores julgamentos na seleção de alternativas.
- Os grupos tendem a aceitar mais riscos na resolução de problemas do que os indivíduos.
- Os clientes parecem menos propensos a questionar decisões em grupo, em comparação à decisão individual.
- As pessoas estão mais dispostas a aceitar a decisão final caso tenham participado do processo de tomada de decisão.

Existem também várias desvantagens na tomada de decisão em grupo, a saber:

- As discussões podem ser dominadas pela personalidade de uma pessoa, independentemente de essa pessoa ser reconhecida como especialista no assunto.

- Os grupos podem aceitar um risco muito grande, sabendo que a culpa pela falha seria distribuída igualmente entre todos os seus membros.
- Existe pressão para aceitar a decisão do grupo, mesmo que você saiba que outras decisões poderiam ser melhores.
- Muito tempo pode ser gasto para chegar-se a um consenso.
- Os grupos tendem a pensar demais sobre problemas e soluções.
- Pode ser impossível liberar as pessoas adequadas de seus deveres para que possam participar da reunião.
- Encontrar um horário comum para a reunião que satisfaça a todos pode ser difícil.
- Se pessoas externas estão envolvidas, os custos com viagem podem se tornar muito grandes, especialmente se for necessária mais que uma reunião de tomada de decisão.

Nem todos querem tomar decisões ou são capazes de tomá-las. Algumas pessoas preferem que outros tomem todas as decisões, especialmente decisões críticas. As razões para este comportamento podem incluir:

- História prévia de decisões erradas
- Medo de tomar a decisão errada
- Medo dos riscos associados
- Falta de convicção em suas próprias crenças
- Altos níveis de ansiedade
- Incapacidade de lidar com a política de tomada de decisão
- Desconhecimento dos fatos que cercam o problema e não estar disposto a aprender
- Falta de familiaridade com os membros da equipe
- Pouca habilidade para enfrentamento
- Falta de motivação
- Falta de perspectiva
- Ser trazido para a discussão muito após seu início
- Incapacidade para trabalhar sob altos níveis de estresse e pressão
- Medo de trabalhar com as partes envolvidas no problema
- Medo de trabalhar com certas partes interessadas envolvidas no problema
- Medo de contribuir por medo de ser ridicularizado
- Medo de expor as deficiências de alguém
- Medo de danificar a carreira e/ou reputação de alguém

Essas barreiras, muitas vezes, são divididas em cinco áreas:

- Bloqueios emocionais
- Bloqueios culturais
- Bloqueios perceptivos
- Bloqueios intelectuais
- Bloqueios de expressão

Os preconceitos podem se propagar em nossos processos de tomada de decisão. Uma lista parcial pode ser:

- Acreditar de antemão que sua solução é a única solução possível
- Ignorar evidências que suportam uma conclusão diferente da sua
- Negligenciar o entendimento da causa raiz do problema
- Recusar-se a procurar dados de suporte para a decisão
- Negligenciar o entendimento de como a decisão errada pode impactar o projeto
- Ter medo de expor sua opinião e se aliar à pessoa que você acha que vai fornecer a melhor abordagem
- Ter medo de tomar uma decisão por temer tomar a decisão errada
- Ter medo de suas ideias serem criticadas
- Recusar-se a pensar de maneira diferente ou inusitada
- Utilizar pensamentos ilusórios para tomar uma decisão
- Adotar uma abordagem de percepção seletiva e olhar apenas para as informações e alternativas que estão dentro de sua zona de conforto
- Tomar a decisão que os outros esperam que você tome, mesmo quando você acredita fortemente que pode ser a decisão errada
- Tomar uma decisão que é de seu interesse pessoal, e não de interesse do projeto
- Passar muito tempo em coisas pequenas ou sem importância que estão em sua zona de conforto, em vez de se concentrar no que é crítico

Nem todas as decisões são fáceis de tomar. Às vezes, você deve tomar uma decisão estando pronto ou não, e quando tem informações parciais, ao invés de informações completas disponíveis. Além disso, a decisão de não fazer nada de forma diferente pode ser a melhor, em determinadas circunstâncias. Se a equipe acredita que pode viver com o problema em questão, então pode esperar e ver se ele fica pior antes de tomar uma decisão.

Finalmente, devemos discutir as ferramentas disponíveis para tomada de decisões. Algumas das ferramentas e técnicas que as pessoas usam no dia a dia são:

- Determinar os prós e contras de uma situação

- Escolher a alternativa com maior probabilidade de ocorrência
- Aceitar a primeira opção que parece alcançar o resultado desejado
- Seguir o conselho de um especialista no assunto
- Jogar uma moeda, cortar um baralho de cartas, e outros métodos aleatórios ou de coincidência
- Oração, cartas de tarô, astrologia, profetas, revelação, ou outras formas de adivinhação

Algumas das ferramentas de tomada de decisão mais complexas são:

- **Análise SWOT:** olhar os pontos fortes, pontos fracos, oportunidades, e ameaças em uma determinada situação
- **Análise de Pareto:** obter o máximo de seu dinheiro usando a regra 80/20, onde você pode obter 80 por cento dos resultados desejados por meio da realização de 20 por cento do trabalho
- **Análise de decisão por múltiplos critérios:** combinação de intuição e abordagem sistemática
- **Análise de comparação pareada:** alternativas de decisão são comparadas duas de cada vez para verificar a importância relativa
- **Árvores de decisão:** ajuda a visualizar os resultados
- **Diagramas de influência:** apresenta o problema e seus impactos graficamente
- **Diagramas de afinidade:** útil quando há grandes quantidades de dados
- **Teoria dos jogos:** considera respostas de participantes externos
- **Análise de custo-benefício:** útil para decisões financeiras
- **Grupos nominais:** todos os especialistas sentam juntos em uma sala, listam as ideias e avaliam as abordagens uns dos outros
- **Técnica Delphi:** os membros da equipe estão localizados remotamente e podem não saber quem mais está na equipe; ideias e votações são, na maioria das vezes, feitas eletronicamente
- **Aplicações de programação linear:** incluem a aplicação das ciências de administração e modelos de pesquisa de operação para a tomada de decisão
- **Soluções de tentativa e erro:** útil para problemas pequenos, quando as relações de causa e efeito são razoavelmente bem conhecidas
- **Soluções heurísticas:** semelhantes às soluções de tentativa e erro, mas a experimentação é feita para reduzir a lista de alternativas
- **Métodos científicos:** utilizados para a resolução de problemas envolvendo questões científicas, nos quais pode ser feita uma experimentação adicional para confirmar o problema e/ou hipótese

As sessões de resolução de problemas normalmente envolvem apenas uma ferramenta de tomada de decisão. A maioria das ferramentas mais complexas são demoradas e dispendiosas de se utilizar, e combinar várias delas pode ser proibitivo

5.23 PREVENDO O RESULTADO DE UMA DECISÃO

Parte da tomada de decisão requer que o gerente de projetos preveja como os afetados pela decisão vão reagir à alternativa selecionada. Solicitar *feedback* antes da implementação da solução parece bom, mas o impacto real da decisão pode não ser conhecido até a plena implementação da solução. Como exemplo, durante o desenvolvimento de um novo produto, o marketing informa ao gerente de projetos que a concorrência acaba de lançar um produto similar, e acredita que alguns recursos adicionais devem ser incorporados ao produto que você está desenvolvendo. A equipe do projeto adiciona um número significativo de "embelezadores" a tal ponto que o preço de venda do produto fica maior que o da concorrência, e o tempo de retorno é estendido. Quando o produto é finalmente lançado, o consumidor não acredita que as características acrescentadas valem o custo adicional.

Nem sempre é possível avaliar ou prever o impacto de uma decisão ao fazer uma escolha entre as alternativas. Mas é útil solicitar *feedback* antes da implementação total.

Uma ferramenta útil para auxiliar na seleção de alternativas é uma tabela de consequências, como a mostrada na Tabela 5-7. Para cada alternativa, as consequências são medidas contra uma variedade de fatores, tais como

TABELA 5-7 Tabela de consequências

Restrições Concorrentes					
Alternativa	Tempo	Custo	Qualidade	Segurança	Impacto Global
1	A	C	B	B	B
2	A	C	A	C	B
3	A	C	C	C	C
4	B	A	C	A	B
5	A	B	A	A	A

Notas: A = alto impacto, B = impacto moderado, C = baixo impacto cada uma das restrições concorrentes. Por exemplo, uma alternativa poderia ter uma consequência favorável na qualidade, mas uma consequência desfavorável em tempo e custo. A maioria das tabelas de consequência tem os impactos identificados quantitativamente e não qualitativamente. O risco também é um fator considerado, mas o impacto sobre o risco é geralmente definido qualitativamente, em vez de quantitativamente.

Se existem três alternativas e cinco restrições, então pode haver 15 linhas na tabela de consequências. Uma vez que as 15 consequências são identificadas, são então classificadas. Elas podem ser classificadas como consequências favoráveis ou desfavoráveis. Se nenhuma das consequências é aceitável, pode ser necessário efetuar compensações entre as alternativas. Isso pode tornar-se um processo iterativo até que uma alternativa acordada seja encontrada. A tabela pode ser preparada quantitativamente ou qualitativamente. Com uma tabela quantitativa, os fatores de ponderação podem ser usados para a importância relativa de cada uma das restrições concorrentes.

Quem prepara a tabela são pessoas que compõem a equipe do projeto, ao invés de pessoas externas que tenham sido trazidas como especialistas no assunto para um problema particular. Os membros da equipe do projeto conhecem as técnicas de estimativa, bem como as ferramentas que fazem parte dos processos da organização, que podem ser usadas para determinar os impactos.

É bom ter várias alternativas possíveis para a solução de um problema.

Infelizmente, a alternativa que é finalmente selecionada tem de ser implementada, e isso pode criar problemas adicionais.

Uma das maneiras de analisar o impacto é criar uma matriz de impacto da implementação, como mostrado na Figura 5-15. Cada alternativa considerada pode ter impacto alto ou baixo no projeto. Da mesma forma, a implementação de cada alternativa pode ser fácil ou difícil.

Cada alternativa é identificada em seu quadrante adequado. A escolha mais óbvia seriam as alternativas de baixo impacto, que são fáceis de implementar. Mas, na realidade, geralmente não encontramos muitas alternativas nesse quadrante.

5.24 FACILITAÇÃO

Um bom facilitador ajuda as pessoas a compreender seus objetivos comuns e os auxilia no planejamento para atingir esses objetivos, mas sem tomar uma posição particular na discussão. Isto pode ser difícil para um gerente de projetos. Algumas pessoas identificam um facilitador como:

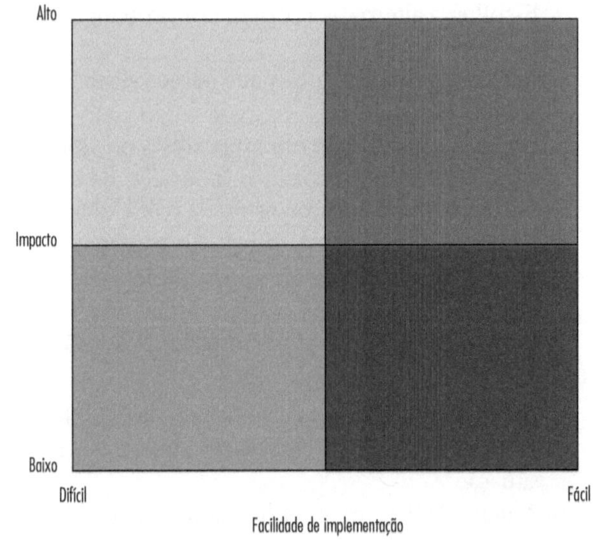

FIGURA 5-15 Matriz de análise de impacto.

- Um possibilitador
- Alguém que ajuda as pessoas a se comunicar e trabalhar em conjunto
- Uma pessoa que acrescenta estrutura e processo à tomada de decisão e à resolução de problemas
- Uma pessoa que cria sinergia no processo de tomada de decisão
- Uma pessoa que pode fazer com que todos deem suas melhores opiniões
- Alguém que pode explorar o potencial criativo de cada pessoa

O facilitador não vai levar o grupo para a resposta que ele considere a melhor, mesmo que tenha uma opinião sobre o assunto. O facilitador não avalia ideias. Seu papel é facilitar para que o grupo chegue a sua própria resposta, decisão, solução ou entrega de resultado. O facilitador às vezes age como um recurso para o grupo na área de ferramentas de análise de dados e técnicas de resolução de problemas. Ele deve estar confortável com técnicas de construção de equipe e processos de grupo, a fim de auxiliar o grupo na realização de tarefas e manter as funções essenciais para a formação da equipe. O facilitador intervém para ajudar o grupo a manter o foco e construir coesão, realizando o trabalho com excelência durante o desenvolvimento do produto final.

Para manter a reunião no caminho certo, o facilitador deve ficar atento à programação, ao tempo, e ao fluxo de trabalho. Habilidades de facilitação são usadas para garantir participação total. Os facilitadores observam o desenvolvimento do grupo, notando tarefas e papéis de manutenção, e incentivam os membros do grupo a realizá-las. Eles lidam com comportamentos inadequados de participantes com habilidade e sensibilidade.

As habilidades básicas de um facilitador envolvem seguir boas práticas de reunião: pontualidade, seguir a agenda que foi combinada, e manter um registro claro. Os facilitadores também precisam de uma variedade de habilidades cruzadas, que incluem escuta ativa, capacidade de paráfrase, chamar as pessoas para a discussão, equilibrar a participação, e abrir espaço para membros do grupo mais reticentes. É fundamental para o papel de facilitador ter conhecimento e habilidade para intervir de uma forma que some à criatividade do grupo ao invés de subtrair.

Os facilitadores devem entender como o ambiente físico pode afetar a dinâmica de grupo. Isso inclui o layout da sala (circular ou em forma de "U", por exemplo), o espaçamento entre as cadeiras, a temperatura, *flip charts*, recursos audiovisuais, e, até mesmo, alimento ou bebida.

Fran Rees fornece uma descrição das principais habilidades e métodos de que os facilitadores podem necessitar[19]:

> Os facilitadores devem ter uma variedade de habilidades e técnicas para que sejam eficazes. Habilidades verbais e analíticas fortes são essenciais. Os facilitadores devem saber o que perguntar, quando perguntar, e como as questões devem ser estruturadas para obter boas respostas sem evasivas. Devem saber como sondar para obter mais informações quando as respostas iniciais não são suficientes. Também devem saber como reformular ou "reestruturar" as afirmações para melhorar a compreensão, e para destacar as áreas de concordância e discordância, conforme elas se desenvolvem. Outras habilidades incluem redirecionar perguntas e comentários, dar reforço positivo, encorajar pontos de vista contrastantes, incluir os membros mais silenciosos do grupo, e lidar com participantes dominadores ou hostis. Técnicas não verbais incluem elementos como contato visual, atenção, expressões faciais, linguagem corporal, entusiasmo e manter uma perspectiva positiva. Um facilitador também deve desenvolver a capacidade de ler e analisar a dinâmica do grupo no local, a fim de orientá-lo de maneira produtiva.

A facilitação envolve reuniões. A reunião é um processo de se reunir com um propósito. Os participantes normalmente seguem uma pauta e interagem uns com os outros. Realizamos reuniões de projetos para diferentes fins: atualizar os membros da equipe, trocar informações, tomar decisões de rotina, identificar problemas, completar uma tarefa, chegar a um consenso, desenvolver planos estratégicos e operacionais, tomar decisões em grupo, resolver conflitos ou resolver problemas. Quer você esteja realizando uma reunião de equipe pequena, grande, corriqueira ou especial, é fundamental ter alguém encarregado de planejar, facilitar e fazer acompanhamento após a reunião. O ideal seria que o gerente de projetos possuísse todas essas habilidades.

Algumas das habilidades aparentes de bons facilitadores incluem:

- Saber como lidar com pessoas difíceis
- Saber como minimizar ou prevenir o uso de manipulações ou manobras duvidosas durante as reuniões
- Saber quando e como intervir de forma eficaz
- Saber da importância de um bom ambiente para a reunião
- Ser capaz de identificar quando os participantes estão se tornando preguiçosos, entediados ou frustrados
- Ser capaz de proteger os membros da equipe contra ataque

Bons facilitadores são capazes de ver não apenas o óbvio, mas também o que mais está acontecendo que pode não ser aparente para o resto das pessoas na reunião. Em outras palavras, os facilitadores devem ser especialistas na identificação de dinâmicas ou de ações negativas por pessoas que podem prejudicar o objetivo da reunião.

Parte do papel do facilitador é estabelecer regras básicas para um processo eficaz. Regras básicas são semelhantes a um código de conduta que o grupo aceita no início do processo. Elas são baseadas em uma suposição de igualdade e justiça. A ideia é que nenhum indivíduo está autorizado a dominar a discussão ou ter privilégio especial. De acordo com Carpenter e Kennedy[20]:

> Há geralmente três tipos de regras básicas. O primeiro tipo define o comportamento dos participantes, por exemplo, "as pessoas vão se tratar com respeito". O segundo tipo se aplica

[19] Adaptado de: REES, F. *The facilitator excellence handbook*: helping people work creatively and productively together. San Francisco: Jossey-Bass, a John Wiley Imprint, 1998.

[20] CARPENTER, S. L.; KENNEDY, W. J. D. *Managing public disputes*. San Francisco: Jossey-Bass, a John Wiley Imprint, 1988. p. 118-119.

aos procedimentos a serem utilizados pelo grupo, como "todas as decisões serão tomadas por consenso". O último tipo de regra básica poderá também definir os limites de discussões sobre certas questões, por exemplo, "a discussão hoje irá concentrar-se apenas na questão do uso da água, e não deverá entrar no mérito de direitos minerais".

Fran Rees forneceu uma lista de alguns dos benefícios da facilitação[21]:

- Os membros do grupo são frequentemente mais motivados a apoiar as decisões por causa de seu investimento no processo.
- Os esforços dos grupos costumam produzir melhores resultados do que os esforços individuais.
- Aumento da participação dentro do grupo aumenta a produtividade.
- É possível para os gerentes e líderes atrair mais pessoal como recursos, o que contribui para o sucesso global da organização.
- Todos os envolvidos têm a oportunidade de contribuir e sentem que são parte integrante da equipe.
- As pessoas percebem e respeitam o fato de que a responsabilidade pela implementação das decisões é de todos.
- Constrói-se a capacidade de inovação e resolução de problemas.
- As pessoas são encorajadas a pensar e agir para o benefício geral do grupo.
- Resultam normalmente decisões de mais qualidade.
- É criado um fórum para resolver conflitos e esclarecer mal-entendidos de forma construtiva.
- Atitudes negativas, moral baixo, baixo envolvimento e retenção de informações são menos prováveis, porque todos estão envolvidos em um processo conjunto.

Outros resultados da facilitação eficaz, mais alinhados a um ambiente de equipe do projeto, são:

- Melhor trabalho em equipe e cooperação entre seus membros
- Ideias mais realistas sendo trazidas à mesa
- Resolução de problemas e tomadas de decisão mais rápidas
- Acordo entre pessoas com pontos de vista conflitantes
- Entendimento comum sobre quais devem ser os passos seguintes
- Cultura de confiança e comunicação aberta
- Uma cultura em que as pessoas se sintam confortáveis em manifestar sua opinião
- Uma cultura em que as pessoas estão dispostas a assumir a responsabilidade pelas decisões

O facilitador é o protetor dos processos utilizados em dinâmicas de grupo, mais especificamente como se relacionam com as competências cruzadas requeridas no projeto. O kit de ferramentas do facilitador é um conjunto de técnicas, conhecimentos e experiências que são aplicadas para proteger o processo no qual o grupo está trabalhando. A função de facilitação é manter uma reunião focada e progredindo, e assegurar participação equilibrada. O facilitador garante que estas coisas ocorram, seja agindo ou monitorando o grupo e intervindo quando necessário. O facilitador é o guardião da tarefa e não influencia o conteúdo ou o produto do grupo. Ele presta atenção à forma como o grupo trabalha – o processo. O facilitador ajuda a criar o processo, ajustá-lo, mantê-lo indo na direção correta, e o mais importante mantendo as pessoas ligadas a ele.

Mais projetos hoje estão sendo geridos com equipes de projeto virtuais. As pessoas ocupam posições dentro e fora das organizações. Elas estão presentes ao longo da hierarquia e vêm de diferentes áreas funcionais. Quando são designadas como parte da equipe, trazem consigo além de seu conhecimento, seu *background*, crenças, cultura organizacional, jargões técnicos e comportamentos pessoais. O facilitador pode nunca ver todos face a face, ainda que façam parte da reunião. Compreender a diversidade cultural é essencial. Isto inclui:

- Compreender que cada pessoa aprende de maneira diferente
- Ter tolerância para ambiguidade e reconhecer a necessidade de explicar as coisas, talvez, mais de uma vez
- Demonstrar senso de humildade, quando necessário
- Compreender as diferenças culturais
- Demonstrar paciência
- Demonstrar sensibilidade interpessoal
- Possuir senso de humor

Existem riscos quando o gerente de projetos assume o papel de facilitador. O ele pode tentar levar a discussão para a resposta que deseja. Isso é perigoso quando o gerente de projetos atua como facilitador e tem expectativas preconcebidas. Bons facilitadores não têm expectativas

21 Veja nota 19, p. 13.

preconcebidas ou interesses pessoais Outro problema pode ocorrer se as pessoas tiverem medo de contribuir com ideias, porque o gerente do projeto está levando a discussão e atuando como facilitador. Esta situação se torna ainda mais complicada se o gerente de projeto tem responsabilidade sobre salários e renumerações das pessoas na reunião.

Infelizmente, os orçamentos dos projetos nem sempre permitem custear um facilitador sempre que uma reunião é necessária. Os gerentes de projeto devem aprender habilidades de facilitação para serem eficazes. O escritório de gerenciamento de projetos pode ter pessoas com habilidades de facilitação e essas pessoas podem estar aptas a fornecer algum suporte para várias equipes de projeto.

5.25 LIDANDO COM DINÂMICAS DE EQUIPE NEGATIVAS

Livros didáticos parecem acentuar os atributos da dinâmica de equipe eficazes. Isso é uma necessidade para ensinar as pessoas sobre como construir o moral e o orgulho entre os membros da equipe do projeto. Infelizmente, existem dinâmicas de equipe negativas que também devem ser reconhecidas e tratadas. As pessoas podem aprender com os fracassos na dinâmica organizacional e com o que não funciona, assim como com o que funciona.

Como dissemos anteriormente, bons facilitadores são capazes de ver não apenas o óbvio, mas também o que mais está acontecendo que pode não ser aparente para o resto das pessoas na reunião. Em outras palavras, os facilitadores devem ser especialistas na identificação de dinâmicas ou ações negativas de pessoas que podem prejudicar o objetivo da reunião. Infelizmente, às vezes os gerentes de projeto e facilitadores criam situações de dinâmicas negativas sem perceber. Itens que são promotores de dinâmicas negativas de equipe incluem:

- Ter canais de comunicação ruins que podem criar um espírito entre alguns membros do grupo em que eles não se sentem parte da equipe
- Solicitar às pessoas para sejam criativas em atividades que não exigem criatividade
- Solicitar às pessoas para realizar desnecessariamente atividades fora de sua zona de conforto
- Não isolar a equipe da política e de culturas possivelmente conflitantes
- Solicitar à equipe para criar uma cultura de projeto que possa estar em conflito com a cultura corporativa tradicional
- Solicitar às pessoas para agir de forma antiética ou violando normas
- Durante os conflitos com a equipe, falhar em se colocar no lugar dela e ver seu lado da questão
- Não reconhecer que os membros da equipe não estão compartilhando informações livremente entre si
- Não reconhecer que alguns membros da equipe têm suas próprias agendas pessoais em relação ao projeto
- Permitir que a equipe acredite que está em concorrência com outros projetos na empresa
- Não resolver conflitos em tempo hábil
- Não definir claramente os papéis e responsabilidades da equipe
- Não fornecer *feedback* sobre o desempenho
- Fazer crítica pessoal, em vez de dar um *feedback* construtivo
- Sempre questionar as decisões tomadas pelos membros da equipe
- Acreditar que sua solução é a única abordagem correta, e impor a solução à equipe sem solicitar *feedback*
- Não ouvir ou valorizar a opinião dos membros de sua equipe, mesmo que você não acredite em suas soluções para um problema

Há certamente mais itens que podem ser incluídos nesta lista. Mas deve ser evidente que existem inúmeras maneiras de promover dinâmicas negativas de equipe.

5.26 AS ARMADILHAS DE COMUNICAÇÃO

Guia PMBOK®, 5. ed.
Capítulo 10 Gerenciamento das comunicações 10.1.3.2 Plano de gerencamento de comunicações

Os projetos são executados por meio da comunicação. O trabalho é definido pela ferramenta de comunicação conhecida como estrutura analítica do projeto. Na verdade, essa é a parte mais fácil das comunicações, onde tudo está bem definido. Infelizmente, os gerentes de projetos não podem documentar tudo o que desejam dizer ou informar para as outras pessoas, independentemente do nível da empresa. A pior situação possível ocorre quando um cliente externo perde a confiança no fornecedor. Quando uma situação de desconfiança prevalece, a sequência lógica de eventos seria:

- Mais documentação
- Mais reuniões de intercâmbio
- Representação do cliente no seu local

Em cada uma dessas situações, o gerente de projetos torna-se muito sobrecarregado com o trabalho. Essa situação também pode ocorrer internamente quando um gerente de linha começa a desconfiar de um gerente de projetos ou vice-versa. De repente, pode ocorrer um aumento exponencial do fluxo de documentação e todo mundo começa a escrever memorandos, por "segurança". Anteriormente, tudo era verbal.

As armadilhas de comunicação ocorrem mais frequentemente nas relações cliente-fornecedor. A seguir, exemplos disso:

- A Fase I do programa acabou de ser concluída com êxito. O cliente, entretanto, estava descontente porque teve de esperar de três semanas a um mês após todos os testes serem concluídos antes que os dados fossem apresentados. Para a Fase II, o cliente insistiu para que o pessoal dele recebesse os dados brutos ao mesmo tempo que o seu pessoal.
- O cliente está insatisfeito com a informação técnica que está sendo fornecida pelo gerente do projeto. Como resultado, quer que o pessoal técnico dele possa se comunicar com o seu pessoal técnico, individualmente, sem ter de passar pelo escritório do projeto.
- Você é um fornecedor terceirizado pelo fornecedor principal, que está um pouco nervoso sobre quais informações você pode vir a apresentar durante uma reunião técnica de intercâmbio em que o cliente terá um representante e que, portanto, pretende rever todo o material antes da reunião.
- Os colaboradores funcionais deveriam ser especialistas. Na frente do cliente (ou mesmo da alta administração), um empregado faz uma declaração que você, gerente do projeto, não acha que esteja completamente certa ou exata.
- Na manhã de terça-feira, o gerente de projetos do cliente telefona para o seu gerente de projetos e faz-lhe uma pergunta. Na terça-feira à tarde, o engenheiro de projetos do cliente telefona para o seu engenheiro de projetos e faz-lhe a mesma pergunta.

As armadilhas de comunicação também podem surgir entre o escritório do projeto e os gerentes de linha. Abaixo estão vários exemplos:

- O gerente do projeto realiza muitas ou poucas reuniões de equipe.
- As pessoas se recusam para tomar decisões e, finalmente, as reuniões de equipe são cheias de itens irrelevantes.
- No mês passado, Larry completou uma tarefa como um gerente de projetos assistente em uma atividade em que o gerente do projeto o manteve continuamente informado sobre o andamento do projeto. Agora, Larry está trabalhando para um gerente de projetos diferente, que lhe diz apenas o que ele precisa saber para realizar o trabalho.

Em um ambiente de projetos, o gerente de linha não faz parte de nenhuma equipe de projeto; caso contrário, ele gastaria 40 horas por semana, simplesmente assistindo às reuniões da equipe. Portanto, como será que o gerente de linha fica sabendo do andamento real do projeto? Os memorandos escritos não informam isso. A informação deve vir em primeira mão pelo gerente do projeto ou pelo colaborador funcional designado ao projeto. Os gerentes de linha preferem ouvir do gerente do projeto, porque os colaboradores de linha tendem a censurar as más notícias ao respectivo gerente de linha. Eles devem receber o andamento real por meio do escritório do projeto.

Às vezes, os gerentes de projetos esperam demais de seus empregados durante as resoluções de problemas ou sessões de *brainstorming*[NT7], e as comunicações ficam inibidas. Existem várias causas possíveis para a obtenção de reuniões de equipe improdutivas:

- A criatividade é inibida por causa dos relacionamentos chefe-subordinado (ou seja, ordens hierárquicas).
- Todas as ideias aparentemente loucas ou não convencionais são ridicularizadas e, eventualmente, descartadas. Os contribuintes não desejam mais contribuir em nada.
- As reuniões são dominadas pelo pessoal da alta administração.
- Muitas pessoas não recebem a notificação adequada sobre os horários das reuniões e sobre os assuntos.

5.27 PROVÉRBIOS E LEIS

A seguir estão 20 provérbios de gerenciamento de projetos que mostram o que pode dar errado[22]:

- Não é possível gerar um bebê em um mês engravidando nove mulheres.
- O mesmo trabalho, sob as mesmas condições, será estimado de forma diferente por dez especialistas diferentes ou por um especialista em dez vezes diferentes.
- A palavra mais valiosa e menos utilizada do vocabulário de um gerente de projetos é "NÃO".
- Você pode ir contra um otário que se compromete com um prazo irracional, mas não pode ameaçá-lo a cumprir esse prazo.
- Quanto mais ridículo o prazo, maior é o custo para tentar cumpri-lo.

NT7 Em tradução livre, "tempestade cerebral". Termo da língua inglesa para a técnica utilizada para a geração de ideias em grupo.

22 Fontes desconhecidas.

- Quanto mais desesperadora é a situação, mais otimista é quem está nela.
- Poucas pessoas em um projeto não conseguem resolver os problemas e muitas geram mais problemas do que resolvem.
- Você pode congelar as especificações do usuário, mas ele não vai parar de supor.
- Especificações congeladas e o abominável homem das neves são iguais: ambos são mitos e ambos derretem quando é aplicado calor suficiente.
- As condições associadas a uma promessa são esquecidas, mas a promessa é lembrada.
- O que você não sabe o fere.
- Um usuário lhe dirá tudo o que você perguntar e nada mais.
- Das várias interpretações possíveis de uma comunicação, a menos conveniente é a única que está correta.
- O que não está no papel não foi dito.
- Nenhum projeto grande é implantado no prazo, dentro do orçamento, com o mesmo pessoal que o iniciou.
- Os projetos avançam rapidamente até ficarem 90% concluídos e, então, eles permanecem 90% concluídos para sempre.
- Se o conteúdo do projeto pode ser modificado livremente, o ritmo de mudanças será superior ao ritmo do progresso.
- Nenhum grande sistema é jamais completamente depurado; as tentativas para depurar um sistema inevitavelmente geram novos defeitos que são ainda mais difíceis de achar.
- As equipes de projetos detestam os relatórios de progresso porque eles demonstram vividamente a sua ausência de progresso.
- Parkinson e Murphy estão bem e vivos – no seu projeto.

Há milhares de leis engraçadas que abordam todos os assuntos, incluindo economia, negócios em geral, engenharia, gestão e política. A lista a seguir mostra algumas dessas leis que são aplicáveis a gerenciamento de projetos:

- **Conselhos de Abbott**
  1. Se você tem de perguntar, você não tem direito de saber.
  2. Se você não gosta da resposta, não deveria ter feito a pergunta.
- **Regra da Burocracia de Acheson:** um memorando não é escrito para informar o leitor, mas para proteger o escritor.
- **Lei de Anderson:** eu ainda não vi nenhum problema de tal maneira complicado que, quando visto do modo correto, não ficou ainda mais complicado.
- **Lei de Benchley:** qualquer um pode fazer qualquer quantidade de trabalho desde que não seja o trabalho que deveria estar fazendo naquele momento.
- **Lei de Bok:** Se você acha que a educação é cara, tente a ignorância.
- **Princípio de Boling:** se você está se sentindo bem, não se preocupe. Você vai superar isso.
- **Primeira Lei de Brook:** a adição de mão de obra a um projeto de software atrasado o torna ainda mais atrasado.
- **Segunda Lei de Brook:** sempre que um sistema fica completamente definido, algum idiota descobre algo ou que anula o sistema ou que o expande até ficar irreconhecível.
- **Lei de Brown do Sucesso Empresarial:** a burocracia do nosso cliente é o lucro. Nossa própria burocracia é o prejuízo.
- **Segunda Lei de Chisholm:** quando as coisas estão indo bem, algo vai dar errado.

  Corolários
  1. Quando as coisas simplesmente não podem ficar piores, elas vão ficar.
  2. Sempre que as coisas parecem estar melhorando, é porque você deixou passar alguma coisa.
- **Lei de Cohn:** quanto mais tempo você gasta relatando o que está fazendo, menos tempo você tem para fazer qualquer coisa. A estabilidade é alcançada quando você gasta todo o seu tempo fazendo nada além de informar o nada que está fazendo.
- **Lei de Connolly para o Controle de Custos:** o preço de qualquer produto produzido para uma agência governamental não será inferior ao quadrado do contrato de preço fixo inicial.
- **Lei de Cooke:** em qualquer situação decisiva, a quantidade de informações relevantes disponível é inversamente proporcional à importância da decisão.
- **Lei do Sr. Cooper:** se você não entender uma determinada palavra em um trecho de texto técnico, ignore-o. O trecho fará sentido sem ele.
- **Lei Cornuelle:** a autoridade tende a designar trabalho aos menos capazes de realizá-lo.
- **Regra Courtois:** se as pessoas ouvissem a si mesmas com mais frequência, falariam menos.
- **Primeira Lei do Debate:** nunca discuta com um idiota. As pessoas podem não saber a diferença.
- **Lei de Donsen:** o especialista aprende mais e mais sobre cada vez menos, até que, finalmente, ele sabe tudo sobre nada, enquanto os generalistas aprendem

cada vez menos sobre mais e mais até que, finalmente, ele não sabe nada sobre tudo.

- **Lei de Douglas sobre Aeronáutica Prática:** quando o peso da burocracia é igual ao peso do avião, o avião voará.
- **Lei da Dualidade de Dude:** de dois eventos possíveis, só o indesejado ocorrerá.
- **Lei dos Economistas**
  1. O que os homens aprendem da história é que os homens não aprendem com a história.
  2. Se numa base atuarial há uma chance de 50-50 de algo dar errado, na realidade dará errado em nove de cada dez vezes.
- **Lei do Engenheiro Experiente:** quanto maior o projeto ou trabalho, menos tempo há para fazê-lo.
- **Leis Não Recíprocas das Expectativas**
  1. Expectativas negativas produzem resultados negativos.
  2. Expectativas positivas produzem resultados negativos.
- **Princípio de Fyffe:** o processo de resolução de problemas sempre vai se desmembrar ao ponto em que seja possível determinar quem causou o problema.
- **Leis Golub do Computerdom**
  1. Objetivos vagos de projeto são utilizados para evitar o constrangimento de estimar os custos correspondentes.
  2. Um projeto negligentemente planejado demora três vezes mais do que o esperado para ser concluído; um projeto cuidadosamente planejado leva apenas o dobro do tempo.
  3. O esforço necessário para corrigir o curso aumenta geometricamente com o tempo.
  4. As equipes de projetos detestam o relatório semanal de progresso porque ele demonstra de forma vívida sua ausência de progresso.
- **Lei de Gresham:** assuntos triviais são prontamente tratados; questões importantes nunca são resolvidas.
- **Lei de Hoare para Grandes Programas:** dentro de cada grande programa existe um pequeno programa lutando para sair.
- **Lei Issawi dos Cínicos:** os cínicos estão certos em nove vezes de dez, o que os arruína é a sua convicção de que estão certos em dez vezes de dez.
- **Primeira Lei de Johnson:** quando qualquer dispositivo mecânico falhar, ele o fará na hora mais inconveniente possível.
- **Lei de Malek:** qualquer ideia simples será expressa da maneira mais complicada.
- **Lei de Patton:** um bom plano hoje é melhor do que um plano perfeito amanhã.
- **Prognóstico de Peter:** gaste tempo suficiente para confirmar a necessidade e a necessidade desaparecerá.
- **Lei da Erosão Política:** uma vez que a erosão do poder começa, ela tem uma força toda própria.
- **Lei de Pudder:** tudo o que começa bem termina mal. Tudo o que começa mal termina pior.
- **Lei de Putt:** a tecnologia é dominada por dois tipos de pessoas: aquelas que entendem o que não gerenciam e aquelas que gerenciam o que não entendem.
- **Lei de Truman:** se você não pode convencê-los, confunda-os.
- **Lei da Gravidade de Von Braun:** nós podemos vencer a gravidade, mas às vezes a burocracia é irresistível.

5.28 EDUCAÇÃO DO COMPORTAMENTO HUMANO

Se há uma fraqueza em alguns dos programas de capacitação em gerenciamento de projetos, ela está na área de educação do comportamento humano. O possível problema é que há uma abundância de cursos sobre planejamento, programação do cronograma e controle de custos, mas não muitos cursos sobre ciências comportamentais que sejam diretamente aplicáveis a um ambiente de gerenciamento de projetos. Com demasiada frequência, as palestras sobre comportamento humano focam na aplicação de teorias e princípios baseados em um relacionamento entre o superior (gerente de projetos) e o subordinado (membro da equipe). Essa abordagem falha porque:

- Os membros da equipe podem estar em uma categoria salarial mais elevada do que o gerente de projetos.
- Na maioria das vezes, o gerente de projetos possui pouca autoridade global
- Na maioria das vezes, o gerente de projetos possui pouco poder formal de recompensa
- Os membros da equipe podem estar trabalhando em vários projetos ao mesmo tempo
- Os membros da equipe podem receber instruções conflitantes dos gerentes de projetos e do seu gerente de linha
- Em virtude da duração do projeto, o gerente de projetos pode não ter o tempo necessário para conhecer adequadamente as pessoas da equipe em termos pessoais
- O gerente de projetos pode não ter qualquer autoridade para designar ou remover colaboradores da equipe do projeto

Tópicos que os gerentes e os executivos acreditam que devam ser abordados com mais profundidade nos cursos comportamentais incluem:

- Gestão de conflitos com todos os níveis de pessoal
- Gestão de facilitação
- Habilidades de aconselhamento
- Habilidades de *mentoring*
- Habilidades de negociação
- Habilidades de comunicação com todas as partes interessadas
- Habilidades de apresentação

O problema pode emanar do número limitado de livros sobre utilizações do comportamento humano diretamente aplicáveis ao ambiente de gerenciamento de projetos. Um dos melhores livros no mercado foi escrito por Steven Flannes e Ginger Levin[23]. Ele salienta a utilização da capacitação em gerenciamento de projetos, fornecendo numerosos exemplos a partir da experiência dos autores em gerenciamento de projetos.

5.29 POLÍTICAS E PROCEDIMENTOS DE GESTÃO

Embora os gerentes de projetos possuam autoridade e responsabilidade de estabelecer políticas e procedimentos, eles devem estar dentro das diretrizes gerais definidas pela alta administração. A Tabela 5-8 identifica diretrizes da alta administração. As diretrizes também podem ser estabelecidas para planejamento, programação do cronograma, controle e comunicações.

TABELA 5-8 Diretrizes do projeto

Gerente do Programa	Gerente Funcional	Relacionamento
O gerente do programa é responsável pela direção geral, controle e coordenação do programa e é o contato principal com o gerenciamento de programas do cliente. Para atingir os objetivos do programa, ele utiliza os serviços das organizações funcionais, de acordo com as políticas e os procedimentos prescritos da divisão que afetam as organizações funcionais. Estabelece políticas técnicas e de programa, conforme definido pela política de gestão. O gerente do programa é responsável pelo progresso que está sendo realizado, bem como pela eficácia de todo o programa. Integra pesquisa, desenvolvimento, produção, aquisições, garantia da qualidade, suporte ao produto, teste e aspectos financeiros e contratuais. Aprova especificações de desempenho detalhadas, características físicas pertinentes e critérios funcionais de design para atender ao desenvolvimento do programa ou aos requisitos operacionais. Assegura a preparação e aprova o plano global, os orçamentos e as declarações de trabalho essenciais à integração dos elementos do sistema. Orienta a preparação e a manutenção de um cronograma, custos e desempenho para garantir o progresso ordenado do programa. Coordena e aprova declarações de trabalho, cronogramas, tipo de contrato e preço para os principais itens de "compra" do fornecedor terceirizado. Coordena e aprova a avaliação dos fornecedores e a seleção de fontes juntamente com o representante de aquisições da equipe do programa. A autoridade de decisão no programa fica com o gerente do programa para todos os assuntos relacionados ao seu programa, consistentes com as políticas e responsabilidades designadas pelo gerente geral.	Os gerentes das organizações funcionais são responsáveis por apoiar o gerente do programa no desempenho do(s) contrato(s) e em conformidade com os termos do(s) contrato(s) e respondem aos seus gerentes competentes pelo desempenho global. As organizações funcionais de apoio realizam todo o trabalho dentro de suas áreas funcionais para todos os programas dentro de custos, cronograma, qualidade e especificações estabelecidas no contrato para o programa de forma a assistir o gerente na realização dos objetivos do programa. O gerenciamento da organização funcional de apoio busca ou inicia inovações, métodos, melhorias ou outros meios que capacitarão a função para melhor comprometer-se com o cronograma, redução de custos, melhoria na qualidade ou outra forma de tornar o desempenho exemplar, como aprovado pelo gerente do programa.	O gerente do programa determina o que será feito: ele obtém, por meio dos membros de equipe designados, a assistência e cooperação das organizações funcionais de apoio na determinação de requisitos e objetivos definitivos para o programa. As organizações funcionais determinam *como* o trabalho será feito. O gerente do programa opera dentro das políticas e procedimentos da divisão, exceto onde os requisitos de um programa específico necessitam de desvios ou modificações, conforme aprovação do gerente geral. As organizações funcionais de apoio oferecem apoio sólido e agressivo aos gerentes de programas. O gerente do programa conta com o apoio funcional dos membros da equipe para lidar com designações específicas do programa. Os gerentes de programas e os membros funcionais de apoio da equipe são conjuntamente responsáveis por garantir que conflitos não resolvidos entre os requisitos cobrados das organizações funcionais por diferentes gerentes de programas chamem a atenção da administração. Os gerentes de programas não tomam decisões que sejam de responsabilidade das organizações funcionais de apoio, como definido nas políticas e procedimentos da divisão e/ou atribuído pelo gerente geral. Os gerentes das organizações funcionais não solicitam decisões do gerente do programa que não estejam dentro da autoridade e responsabilidade delineadas e que não afetem os requisitos do programa. As organizações funcionais não tomam decisões que sejam de responsabilidade do gerente do programa. A participação conjunta na resolução de problemas é essencial no fornecimento de decisões satisfatórias que cumpram os objetivos gerais da empresa e do programa e que sejam realizadas pelo gerente do programa e pelos membros designados a ele. Na tomada de decisões, o gerente do programa recebe assistência e cooperação dos competentes gerentes funcionais de apoio, por meio do membro competente da equipe do programa, já que eles são responsáveis pelo apoio a cada programa e pelo desempenho funcional geral da divisão.

[23] FLANNES, Steven W.; LEVIN, Ginger. *People skills for project managers*. Vienna, VA: Management Concepts, 2001.

5.30 DICAS DE ESTUDO PARA O EXAME DE CERTIFICAÇÃO EM GERENCIAMENTO DE PROJETOS PMI®

Esta seção aplica-se à revisão dos princípios de apoio às áreas de conhecimento e grupos de processos do Guia PMBOK®. Este capítulo aborda:

- Gerenciamento dos Recursos Humanos
- Gerenciamento das Comunicações
- Encerramento

A compreensão dos princípios a seguir é benéfica se o leitor estiver utilizando este livro como estudo para o Exame de Certificação PMP®:

- Como as várias teorias da administração se relacionam com o gerenciamento de projetos
- Os vários estilos de liderança
- Os diferentes tipos de poder
- Os diferentes tipos de autoridade
- A necessidade de documentar a autoridade
- As contribuições de Maslow, McGregor, Herzberg, e Ouchi
- A importância do gerenciamento dos recursos humanos no gerenciamento de projetos
- A necessidade de identificar claramente o papel e a responsabilidade de cada membro da equipe
- As várias maneiras de motivar os membros da equipe
- Que tanto o gerente do projeto quanto os membros da equipe devem resolver seus próprios problemas
- Que o desenvolvimento da equipe é um processo contínuo ao longo do ciclo de vida do projeto
- As barreiras à codificação e à decodificação
- A necessidade de feedback de comunicação
- Os vários estilos de comunicação
- Os tipos de reuniões

No Apêndice C, os seguintes miniestudos de caso *Dorale Products* se aplicam:

- Dorale Products (I) [Gerenciamento dos Recursos Humanos e da Comunicação]

As seguintes questões de múltipla escolha ajudarão na revisão dos conceitos deste capítulo:

1. Qual das seguintes alternativas não é uma das fontes de autoridade para um gerente de projetos?
   a. Termo de abertura do projeto
   b. Descrição de cargo para um gerente de projetos
   c. Delegação da alta administração
   d. Delegação de subordinados
2. Qual forma de poder os gerentes de projetos que têm um domínio de tecnologia e que estão liderando projetos de P&D mais utilizam?
   a. Poder de recompensa
   b. Poder legítimo
   c. Poder especialista
   d. Poder de referência
3. Se um gerente de projetos possui poder de punição (ou coercitivo), ele provavelmente também possui:
   a. Poder de recompensa
   b. Poder legítimo
   c. Poder especialista
   d. Poder de referência
4. Um gerente de projetos com um histórico de cumprir as entregas e trabalhar com os membros da equipe, muito provavelmente possui uma grande quantidade de:
   a. Poder de recompensa
   b. Poder legítimo
   c. Poder especialista
   d. Poder de referência
5. A maioria dos gerentes de projetos é motivada por qual nível da hierarquia das necessidades humanas, de Maslow?
   a. Segurança
   b. Socialização
   c. Autoestima
   d. Autorrealização
6. Você foi designado para o comando de uma equipe de projeto. A maioria dos membros da equipe tem menos de dois anos de experiência de trabalho em equipes de projetos e a maioria das pessoas nunca trabalhou com você anteriormente. O estilo de liderança que você provavelmente selecionaria é:
   a. Direção
   b. Treinamento
   c. Apoio
   d. Delegação
7. Você foi designado para o comando de uma nova equipe de projetos e está feliz por ter as mesmas pessoas que trabalharam para você em seus dois últimos projetos designadas para esse projeto. Ambos os projetos anteriores foram muito bem sucedidos e a equipe rendeu como grupo de alto desempenho. O estilo de liderança que você mais provavelmente utilizaria no novo projeto é:
   a. Direção
   b. Treinamento
   c. Apoio
   d. Delegação
8. Cinco pessoas estão presentes em uma reunião e estão se comunicando umas com as outras. Quantos canais de comunicação de duas vias estão presentes?
   a. 4
   b. 5
   c. 10
   d. 20
9. Um gerente de projetos fornece um conjunto de instruções verbais a dois membros da equipe sobre

como realizar um determinado teste. Sem concordar ou discordar com o gerente do projeto, os dois empregados saem da sala. Mais tarde, o gerente do projeto descobre que o teste não foi realizado de acordo com suas instruções. A causa mais provável da falha seria:
   a. Codificação incorreta
   b. Decodificação incorreta
   c. Formato inadequado da mensagem
   d. A ausência de feedback sobre as instruções
10. O gerente de projetos que permite que os trabalhadores participem ativamente com ele na tomada de decisões estaria usando qual estilo de liderança?
   a. Passiva
   b. Participativa/democrática
   c. Autocrática
   d. *Laissez-Faire*
11. Um gerente de projetos que determina todas as decisões e não permite qualquer participação dos funcionários estaria usando qual estilo de liderança?
   a. Passive
   b. Participativa/democrática
   c. Autocrática
   d. *Laissez-Faire*
12. Um gerente de projetos que permite à equipe tomar praticamente todas as decisões sem qualquer participação dele estaria usando o estilo de liderança:
   a. Passiva
   b. Participativa/democrática
   c. Autocrática
   d. *Laissez-faire*

RESPOSTAS

1. D 2. C 3. A 4. D 5. D 6. A 7. D 8. C 9. D 10. B 11. C 12. D

EXERCÍCIOS

5-1 Um gerente de projetos descobre que nao possui poder direto de recompensa sobre os salários, bônus, designações de trabalho ou de financiamento do projeto para os membros da equipe do projeto com os quais ele se relaciona. Isso significa que ele é totalmente deficiente em poder de recompensa? Explique sua resposta.

5-2 Para cada uma das observações feitas a seguir, quais tipos de influências interpessoais poderiam existir?
a. "Eu tenho tido boas relações de trabalho com o departamento X. Eles gostam de mim e eu gosto deles. Eu geralmente consigo avançar com qualquer coisa antes do prazo."
b. Um cientista pesquisador foi promovido temporariamente ao gerenciamento de projetos para um projeto de tecnologia avançada. Ele foi visto fazendo a seguinte declaração a um membro da equipe: "Eu sei que é contra a política do departamento, mas os testes devem ser conduzidos de acordo com esses critérios ou então o resultado não fará sentido."

5-3 Você concorda ou discorda que os cientistas e engenheiros tendem a ser mais criativos se eles sentirem que possuem liberdade suficiente em seu trabalho? Essa condição pode produzir efeitos negativos?

5-4 A quantidade de riscos e incertezas no projeto deve ter uma influência direta sobre o grau de autoridade que deve ser concedido a um gerente de projetos?

5-5 Alguns projetos são dirigidos por gerentes de projetos que só possuem autoridade de controle. Esses indivíduos são chamados de gerentes de projeto de influência. Que tipos de projetos estariam sob seu controle? Que estrutura organizacional pode ser melhor para essa situação?

5-6 Conforme um projeto se aproxima da conclusão, o gerente do projeto pode achar que o pessoal funcional está mais interessado em encontrar um novo papel para si do que em dar o seu melhor à situação atual. Como isso se relaciona com a hierarquia das necessidades de Maslow e o que o gerente do projeto deveria fazer?

5-7 Richard M. Hodgetts (Leadership Techniques in the Project Organization. *Academy of Management Journal*, p. 211-219, jun. 1968) conduziu uma pesquisa com trabalhadores da indústria aeroespacial, química, do setor de construção e com trabalhadores do governo do estado sobre se eles classificariam as seguintes técnicas de liderança como muito importante, importante ou não importante:
- Negociação
- Personalidade e/ou capacidade de persuasão
- Competência
- Favores recíprocos

Como você acha que cada indústria ou setor respondeu aos questionários?

5-8 Em um ambiente de projetos, o tempo é uma restrição e não um luxo, e isso cria uma problema para o gerente de projetos que nunca trabalhou com certos membros de equipe. Algumas pessoas afirmam que o gerente de projetos deve criar uma espécie de teste para medir, no início, a capacidade de as pessoas trabalharem juntas como uma equipe.
Esse teste é possível para as pessoas que trabalham em um ambiente de projetos? Existe algum modelo organizacional de projetos que seria propício para tais testes?

5-9 Os gerentes de projetos consideram autoridade e financiamento muito importantes para receber apoio. Os colaboradores funcionais, entretanto, preferem a amizade e as designações de trabalho. Como essas duas perspectivas podem estar relacionadas com as teorias de Maslow e McGregor?

5-10 Em projetos grandes, algumas pessoas se tornam especialistas em planejamento, enquanto outros se tornam especialistas em implementação. Os planejadores nunca parecem colocar outro chapéu e ver os problemas das pessoas que fazem a implementação, enquanto as pessoas responsáveis pela implementação nunca parecem compreender os problemas dos planejadores. Como esse problema pode ser resolvido de maneira contínua?

5-11 Que tipo de relações de trabalho resultariam se o gerente do projeto tivesse maior poder de recompensa do que os gerentes funcionais?

5-12 Para cada uma das seguintes afirmações, declare a situação possível e as suposições associadas que você faria.

a. "Um bom gerente de projetos deve gerenciar concentrando-se em manter as pessoas felizes."

b. "Um bom gerente de projetos deve estar disposto a gerenciar a tensão."

c. "A responsabilidade pelo sucesso ou fracasso cabe à alta administração. O filho é deles."

d. Observações de um colaborador funcional: "E se eu falhar neste projeto? O que ele (o gerente do projeto) pode fazer comigo?"

5-13 É possível que cada uma das seguintes situações levem ao fracasso?

a. Ausência de poder especialista
b. Ausência de poder de referência
c. Ausência de poder de recompensa e punição
d. Não possuir autoridade suficiente

5-14 Um de seus colaboradores entra em seu escritório e diz que tem um problema técnico e gostaria da sua ajuda para fazer uma ligação telefônica.

a. Isso é gestão ou execução?
b. A sua resposta depende de quem deve ser chamado? (Ou seja, é possível que tenham sido consideradas as relações de autoridade?)

5-15 No OLR, podemos estruturar a coluna de responsabilidade em responsabilidades primárias e secundárias?

5-16 Discuta o significado de cada um dos dois poemas listados abaixo:

Vamos ter de evoluir
Os solucionadores de problemas abundam
Já que a cada problema que eles resolvem
Mais dez problemas se geram.

Autor desconhecido

Jack e Jill subiram o morro
Para um balde de água buscar
Jack caiu e quebrou sua coroa
E Jill veio a cair logo atrás.
Jack poderia ter evitado esse inchaço horrível
E outras alternativas buscar
Como instalar alguns canos e uma bomba bem grande
E as contas à Jill entregar[24]

5-17 Qual é a maneira correta de um gerente de projetos convidar os gerentes de linha para participar das reuniões da equipe?

5-18 Um gerente de projetos pode sentar e esperar que as coisas aconteçam, ou ele deve fazer com que as coisas aconteçam?

5-19 A empresa acaba de contratar um engenheiro sênior, de 54 anos, que possui dois mestrados em engenharia. O engenheiro é muito competente e tem atuado bem de forma solitária ao longo dos últimos 20 anos. Esse mesmo engenheiro acaba de ser designado à fase de P&D do seu projeto. Você, como gerente do projeto ou engenheiro do projeto, deve certificar-se de que esse engenheiro atue como um membro da equipe com os outros colaboradores funcionais e não como um solitário. Como se propõe a fazer isso? Se o indivíduo insistir em querer atuar sozinho, você deverá demiti-lo?

5-20 Suponha que o organograma linear de responsabilidade seja construído com os nomes verdadeiros das pessoas envolvidas, em vez de apenas com seus cargos. Esse organograma deve ser fornecido ao cliente?

5-21 Como um gerente funcional deveria lidar com uma situação em que o gerente do projeto:

a. Continuamente faz alarde sobre algum aspecto do projeto, quando, na verdade, o problema ou não existe ou não é tão grave como ele o transforma?
b. Se recusa a desistir de certos recursos que não são mais necessários no projeto?

5-22 Como você lida com um gerente de projetos ou engenheiro de projetos que tenta continuamente "dar um passo maior que a perna"? E se ele fosse eficaz em fazer isso, pelo menos temporariamente, sua resposta mudaria?

5-23 Um gerente funcional diz que tem 15 pessoas designadas para trabalhar em seu projeto na próxima semana (de acordo com o plano e o cronograma do projeto). Infelizmente, você ficou sabendo que o protótipo não está disponível e que essas 15 pessoas não terão o que fazer. E agora? De quem é a culpa?

5-24 Os requisitos de mão de obra indicam que um grupo funcional específico irá aumentar drasticamente de oito para 17 pessoas nas próximas duas semanas e depois volta para oito pessoas. Você deve questionar isso?

24 HOLCOMB, Stacer. OSD (SA), citado em *The C/E Newsletter*, publicação da seção de rentabilidade de Operations Research Society of America, jan. 1967. v. 2, n. 1.

5-25 A seguir, estão listadas várias fontes das quais a autoridade legal pode ser derivada. Declare se cada fonte fornece ao gerente de projetos a autoridade suficiente com a qual ele possa gerenciar de maneira eficaz o projeto.

a. O termo de abertura ou o organograma do projeto
b. A posição do gerente do projeto na organização
c. A descrição do cargo e as especificações para os gerentes de projetos
d. Documentos das políticas
e. A classificação "executiva" dos gerentes de projetos
f. Valor monetário do contrato
g. Controle dos recursos financeiros

5-26 Isso é gestão ou execução? [25]

GESTÃO EXECUÇÃO

_________ 1. Fazer uma ligação telefônica com um de seus colaboradores para ajudá-lo a resolver um problema técnico.

_________ 2. Assinar um cheque para aprovar uma despesa de rotina.

_________ 3. Conduzir a entrevista de triagem inicial de um candidato a emprego.

_________ 4. Fornecer a um de seus colaboradores experientes a sua solução para um novo problema sem primeiro pedir uma sugestão a ele.

_________ 5. Fornecer a sua solução que um de seus novos colaboradores acabou de lhe solicitar para um problema recorrente.

_________ 6. Realizar uma reunião para explicar ao seu pessoal um novo procedimento.

_________ 7. Telefonar para um departamento para solicitar ajuda na resolução de um problema que um membro de seu pessoal está tentando resolver.

_________ 8. Preenchimento de um formulário para dar a um de seus colaboradores um aumento de salário.

_________ 9. Explicar para um seus colaboradores por que ele está recebendo um aumento salarial por mérito.

_________ 10. Decidir se deseja adicionar uma posição.

_________ 11. Perguntar a um de seus colaboradores o que ele pensa sobre uma ideia que você tem, a qual afetará o seu pessoal.

_________ 12. Transferir uma designação desejável do funcionário A para o funcionário B porque o funcionário A não dedicou o esforço necessário.

_________ 13. Rever relatórios periódicos para determinar o progresso do seu pessoal em direção aos objetivos.

_________ 14. Fornecer um relatório de progresso regular por telefone ao seu supervisor.

_________ 15. Proporcionar um passeio a um visitante importante externo à sua organização.

_________ 16. Elaboração de um layout melhorado das instalações.

_________ 17. Discutir com colaboradores importantes do seu pessoal a extensão em que eles devem utilizar os serviços de assessoria (*staff*) durante o próximo ano.

_________ 18. Decidir qual será a sua solicitação de orçamento para a sua área de responsabilidade.

_________ 19. Participar em uma reunião profissional ou setorial para conhecer desenvolvimentos técnicos detalhados.

_________ 20. Dar uma palestra sobre suas atividades de trabalho para um grupo comunitário local.

5-27 A seguir, três declarações genéricas que descrevem as funções de gestão. Para cada declaração, estamos nos referindo à alta administração, ao gerenciamento de projetos ou ao gerenciamento funcional?

a. Adquirir os melhores ativos disponíveis e tentar melhorá-los.
b. Proporcionar um bom ambiente de trabalho para todo o pessoal.
c. Certificar-se de que todos os recursos sejam aplicados de forma eficaz e eficiente de tal modo que todas as restrições sejam atendidas, se possível.

5-28 Decida se você concorda ou discorda que, na gestão de pessoas, o gerente de projetos:

- Deva converter erros em experiências de aprendizagem.
- Atue como o lubrificante que facilita a fricção (por exemplo, conflitos) entre as partes de funcionamento.

5-29 Os trabalhadores funcionais supostamente devem ser os especialistas. Um colaborador funcional faz uma declaração que o gerente do projeto não acredita ser completamente verdadeira ou exata. O gerente do projeto deve apoiar o membro da equipe? Se sim, por quanto tempo? A sua resposta depende de para quem as observações estão sendo endereçadas, como a alta administração ou o cliente? Em que momento um gerente de projetos deve deixar de apoiar os membros da sua equipe?

5-30 A seguir estão quatro declarações: duas declarações descrevem uma função e as outras duas descrevem um propósito. Quais declarações se referem ao gerenciamento de projetos e quais se referem ao gerenciamento funcional?

[25] LEON, De Raymond O. *Manage more by doing less*. New York: McGraw-Hill, 1971. p. 4. Copyright 1971 por McGraw-Hill, New York. Utilizado com permissão de McGraw-Hill Book Company.

- Função
- Reduzir ou eliminar a incerteza
- Minimizar e avaliar os riscos
- Propósito
- Criar o ambiente (usando transformações)
- Realizar tomada de decisões no ambiente transformado

5-31 O gerente A é um gerente de departamento com 30 anos de experiência na empresa. Durante os últimos anos, ele tem usado dois chapéus e atuado como gerente de projetos e gerente funcional em uma variedade de projetos. Ele é um especialista em seu campo. A empresa decidiu incorporar gerenciamento de projetos formal e criou um departamento de gerenciamento de projetos. O gerente B, um funcionário de 30 anos de idade, com três anos de experiência na empresa, foi designado como gerente de projetos. A fim de alocar pessoal para o seu projeto, o gerente B solicita ao gerente A que o gerente C (um amigo pessoal do gerente B) seja designado ao projeto como o representante funcional. O gerente C tem 26 anos de idade e está na empresa há dois. O gerente A aceita o pedido e informa ao gerente C da sua nova missão, fechando com as observações: "Esse projeto é todo seu. Eu não quero ter nada a ver com ele. Estarei muito ocupado com a burocracia resultante da nossa nova estrutura organizacional. Apenas me envie um memorando de vez em quando me dizendo o que está acontecendo".
Durante a reunião de *kickoff* do projeto, ficou óbvio para ambos os gerentes B e C que a única pessoa com a competência necessária era o gerente A. Sem o apoio do gerente A, o projeto poderia durar o dobro do esperado.
Essa situação é ideal para o jogo de papéis. Coloque-se no lugar dos gerentes A, B e C e discuta as razões para suas ações. Como esse problema pode ser superado? Como você consegue que o gerente A apoie o projeto? Quem deve informar a alta administração dessa situação? Quando a alta administração deve ser informada? Alguma de suas respostas seria modificada se o gerente B e o gerente C não fossem amigos próximos?

5-32 É possível que um gerente de produtos possua o mesmo grau de visão focada que um gerente de projetos? Se sim, em quais circunstâncias?

5-33 Sua empresa tem uma política na qual os funcionários podem participar de programa de reembolso de despesas educacionais, desde que o grau obtido vá beneficiar a empresa e que o superior hierárquico do empregado dê a sua permissão. Como gerente de projetos, você autoriza George, o gerente de projetos assistente que se reporta diretamente a você, a fazer cursos que darão um diploma de MBA. No meio do projeto, você descobre que serão necessárias horas extras nas noites de segunda-feira e quarta-feira, as mesmas noites em que George tem aulas. George não pode alterar as noites em que suas aulas são oferecidas. Você tenta, sem sucesso, reagendar as horas extras para o início das manhãs ou para outras noites. De acordo com a política da empresa, o escritório de projetos deve supervisionar todas as horas extras. Como o escritório de projetos consiste somente de você e George, você deve realizar as horas extras, se George não o fizer. Como você deve lidar com essa situação? Sua resposta mudaria se você achasse que George poderia deixar a empresa após receber seu diploma?

5-34 Estabelecer boas relações de interface entre o gerente de projetos e o gerente funcional pode levar um bom tempo, especialmente durante a conversão de um modelo organizacional tradicional para um modelo organizacional de projetos. A seguir, cinco declarações que representam as diferentes fases do desenvolvimento de uma boa relação de interface. Coloque estas declarações na ordem correta e discuta o significado de cada uma.
a. O gerente do projeto e o gerente funcional se encontram face a face e tentam resolver o problema.
b. Tanto o gerente do projeto quanto o gerente funcional negam os problemas existentes entre eles.
c. O gerente do projeto e o gerente funcional começam a antecipar formal e informalmente os problemas que podem ocorrer.
d. Ambos os gerentes admitem prontamente a responsabilidade por vários dos problemas.
e. Cada gerente culpa o outro pelo problema.

5-35 John é um gerente funcional de apoio, com 14 pessoas altamente competentes abaixo dele. A principal preocupação de John é o desempenho. Ele tem uma tendência a deixar os problemas de cronograma e de custos para os gerentes de projetos. Durante os últimos dois meses, John tem recebido intermitentemente telefonemas e visitas ocasionais da alta administração e dos executivos seniores perguntando-lhe sobre os custos e os cronogramas de seu departamento para uma variedade de projetos. Embora ele possa responder quase todas as questões de desempenho, ele tem tido grande dificuldade em responder a questões de tempo e custos. John está um pouco apreensivo, pois se essa situação continuar, poderá afetar sua avaliação e seu aumento salarial por mérito. Quais são as alternativas de John?

5-36 Os projetos têm uma forma de dar uma "chance de vitória" para muitas pessoas. Infelizmente, muitas vezes eles dão a indivíduos "não tão criativos" uma oportunidade para demonstrar a sua incompetência. Exemplos disso são o *designer*, que sempre acha que tem uma maneira melhor de esboçar um desenho técnico, ou o indivíduo que intencionalmente fecha uma porta quando é solicitado a abri-la, ou vice-versa. Como um gerente de projetos deve lidar com essa situação? Sua resposta mudaria se o indivíduo fosse bastante competente, mas sempre fez o oposto apenas para mostrar a sua individualidade? Esses indivíduos deveriam sofrer um controle rigoroso? Se um controle rigoroso é necessário, deveria ser de responsabilidade do gerente funcional, do escritório de projetos, ou de ambos?

5-37 Existem situações em que um gerente de projetos pode esperar por mudanças a longo prazo, em vez de uma resposta imediata às ações?

5-38 É possível que os colaboradores funcionais tenham realizado um trabalho tão longo ou tão frequentemente que deixem de ouvir as instruções dadas pelos gerentes de projetos ou pelo gerente funcional?

5-39 Na manhã de terça-feira, o gerente de projetos do cliente telefona para o gerente de projetos do fornecedor e faz-lhe uma pergunta. Na terça-feira à tarde, o engenheiro de projetos do cliente telefona para o engenheiro de projetos do fornecedor e faz-lhe a mesma pergunta. Como você explica isso? Isso pode ser "planejado" pelo cliente?

5-40 A seguir, oito métodos comuns que o gerente de projetos e o gerente funcional podem utilizar para fornecer informações:

a. Sessões de aconselhamento
b. Conversa por telefone
c. Conversa individual
d. Carta formal
e. Memorando do escritório de projetos
f. Instruções do escritório de projetos
g. Reunião da equipe do projeto
h. Relatório formal

Para cada uma das seguintes ações, selecione um e apenas um dos meios de comunicação da lista anterior que você utilizaria na realização da ação:

1. Definição da estrutura organizacional do projeto para os gerentes funcionais
2. Definição da estrutura organizacional do projeto para os membros da equipe
3. Definição da estrutura organizacional do projeto para os executivos
4. Explicação a um gerente funcional sobre as razões para o conflito entre o colaborador dele e seu gerente de projetos assistente
5. Solicitação de horas extras por causa de atrasos no cronograma
6. Relatório da violação de um funcionário à política da empresa
7. Relatório da violação de um funcionário à política do projeto
8. Tentativa de resolver uma queixa funcional do empregado
9. Tentativa de resolver uma queixa de um membro da equipe do escritório de projetos
10. Orientação aos funcionários para aumentar a produção
11. Orientação aos funcionários para executar o trabalho de uma forma que viola a política da empresa
12. Explicação do novo sistema indireto de avaliação do projeto para os membros da equipe
13. Solicitação de comprometimento funcional dos recursos adiante
14. Comunicação do andamento diário para os executivos ou cliente
15. Comunicação do andamento semanal para os executivos ou cliente
16. Comunicação do andamento mensal ou trimestral para os executivos ou cliente
17. Explicação do motivo para os sobrecustos
18. Estabelecimento de diretrizes de planejamento para o projeto
19. Solicitação a um vice-presidente para participar da reunião da equipe
20. Informação aos gerentes funcionais sobre o andamento do projeto
21. Informação aos membros da equipe funcional sobre o andamento do projeto
22. Solicitação a um gerente funcional para realizar trabalhos não orçados inicialmente
23. Explicação das queixas dos clientes para o seu pessoal
24. Informação aos colaboradores sobre os resultados das reuniões de intercâmbio com o cliente
25. Solicitação para que um colaborador funcional seja removido de seu projeto por incompetência

5-41 No mês passado, Larry completou uma missão como engenheiro chefe de projetos para o projeto X. Foi uma designação agradável. Larry e todo o pessoal do projeto eram continuamente informados (pelo gerente do projeto) sobre todas as atividades do projeto. Larry está trabalhando agora para um novo gerente de projetos que diz aos membros de sua equipe apenas o que eles devem saber para realizar o seu trabalho. O que Larry pode fazer sobre isso? Essa é uma situação boa?

5-42 A Fase I do programa acabou de ser concluída com êxito. O cliente, entretanto, estava descontente porque teve de esperar de três semanas a um mês após todos os testes serem concluídos antes que os dados fossem apresentados pelo fornecedor.

Para a Fase II do programa, o cliente está exigindo que sejam adotados procedimentos avançados de controle da qualidade. Isso permite que o pessoal do controle de qualidade do cliente observe todos os testes e obtenha todos os dados brutos ao mesmo tempo que o fornecedor. Há algo de errado com esse acordo?

5-43 Você é um terceirizado da empresa Z que, por sua vez, é fornecedora principal para a empresa Q. Antes de qualquer revisão de design ou da reunião de intercâmbio técnico, a empresa Z exige que eles revejam todo o material a ser apresentado tanto internamente como na empresa Q antes da reunião. Por que uma situação como essa ocorre? Isso é benéfico?

5-44 Referindo-se ao exercício 5-43, durante as negociações contratuais entre a empresa Q e a empresa Z, você, como gerente de projetos da empresa terceirizada, está sentado em seu escritório quando o telefone toca. É a empresa Q solicitando informações para apoiar a sua posição de negociação. Você deve fornecer as informações?

5-45 Como é que um gerente de projetos descobre se os membros funcionais da equipe do projeto possuem autoridade para tomar decisões?

5-46 Um de seus colaboradores funcionais foi designado para realizar um determinado teste e documentar os resultados. Durante duas semanas, você "persegue" esse indivíduo apenas para descobrir que ele está continuamente procrastinando o trabalho com outro programa. Mais tarde você fica sabendo por um de seus colegas de trabalho que ele odeia escrever. O que você deve fazer?

5-47 Durante uma crise, você percebe que todos os gerentes funcionais, bem como os membros da equipe estão escrevendo cartas e memorandos para você, quando antes tudo era verbal. Como você explica isso?

5-48 Abaixo estão vários problemas que geralmente ocorrem nas organizações de projetos. Declare, se possível, o efeito que cada problema poderia ter sobre o gerenciamento das comunicações e do tempo:

a. As pessoas tendem a resistir à exploração de novas ideias.

b. As pessoas tendem a desconfiar umas das outras em situações de gestão temporária.

c. As pessoas tendem a se proteger.

d. Os profissionais funcionais tendem a olhar para as atividades do dia a dia, em vez de olhar para os esforços de longo prazo.

e. Tanto o pessoal funcional quanto o pessoal de projetos buscam frequentemente o reconhecimento individual em vez de o reconhecimento em grupo.

f. As pessoas tendem a criar posições ganha-ou-perde.

5-49 Como os executivos podem obter lealdade e comprometimento dos funcionários das linhas hierárquicas horizontal e vertical em uma estrutura organizacional de projetos?

5-50 O que se entende por polarização das comunicações? Quais são as causas mais comuns?

5-51 Muitos gerentes de projetos alegam que as reuniões da equipe do projeto são inundadas com itens de agenda, muitos dos quais podem ser irrelevantes. Como você explica isso?

5-52 Paul O. Gaddis (The Project Manager. *Harvard Business Review*, p. 90, maio-jun. 1959. Copyright 1959 pelo Presidente e Membros do Harvard College. Todos os direitos reservados.) declarou que: Ao aprender a gerenciar um grupo de colaboradores profissionais, a relação típica chefe-subordinado deve ser modificada. De especial importância, o como – os detalhes ou métodos de desempenho do trabalho pelo colaborador profissional – deve ser estabelecido pelo empregado. Significa que ele deve receber os fatos necessários para lhe permitir desenvolver uma compreensão lógica do porquê das tarefas designadas a ele.
Como você relaciona essa informação ao trabalhador?

5-53 O cliente pediu para ter um escritório de representação do cliente estabelecido no mesmo prédio do escritório de projetos. Como gerente do projeto, você colocou o escritório do cliente no extremo oposto do edifício de onde você está, e em um piso diferente. O cliente declara que quer seu escritório ao lado do de vocês. Isso deve ser permitido, e, em caso afirmativo, em quais condições?

5-54 Durante uma reunião de intercâmbio com o cliente, um dos colaboradores funcionais faz uma apresentação afirmando que ele, pessoalmente, não concorda com a solução da empresa para um determinado problema em discussão e que a empresa está "por fora" em sua abordagem. Como você, como gerente do projeto, lida com essa situação?

5-55 Você concorda ou discorda da afirmação de que documentar os resultados "força" as pessoas a aprender?

5-56 Um gerente de projetos deve estimular o fluxo de problemas até ele? Se sim, ele deve ser seletivo em relação a quais irá resolver?

5-57 É possível que um gerente de projetos realize poucas reuniões de avaliação do projeto?

5-58 Se todos os projetos são diferentes, deve existir um manual uniforme das políticas e procedimentos da empresa?

5-59 Dos dez itens abaixo, quais são considerados parte da direção e quais fazem parte do controle?

a. Supervisão
b. Comunicação
c. Delegação
d. Avaliação
e. Medição
f. Motivação
g. Coordenação
h. Seleção de pessoal

i. Aconselhamento
j. Correção

5-60 Qual dos itens a seguir não são considerados um dos sete M's da gestão?
a. Mão de obra
b. valor Monetário
c. Máquinas
d. Métodos
e. Matéria-prima
f. Minutos (tempo)
g. Missão

5-61 Combine os seguintes estilos de liderança (fonte desconhecida):
1. Gerenciamento por inércia
2. Gerenciamento pelo detalhe
3. Gerenciamento pela invisibilidade
4. Gerenciamento pelo consenso
5. Gerenciamento pela manipulação
6. Gerenciamento pela rejeição
7. Gerenciamento pela sobrevivência
8. Gerenciamento pelo despotismo
9. Gerenciamento pela criatividade
10. Gerenciamento pela liderança

_________ a. Tem um executivo que gerencia com talento, sabedoria e visão. Ele ouve ao seu pessoal, incita-os e os lidera.

_________ b. Brota do medo e da ansiedade.

_________ c. Pode ser justo ou injusto, eficiente ou ineficiente, legítimo ou ilegítimo. Algumas pessoas são manipuladoras de outras pelo poder. As pessoas não são fantoches.

_________ d. É o estilo rudemente negativo. O executivo tem sempre ideias; advogado do diabo. Proponentes bem preparados podem vencer – portanto, um chefe assim pode ser estimulante.

_________ e. Tem um executivo que precisa de todo fato concebível; é metódico e ordeiro, muitas vezes é tímido, inadequado ou atrasado.

_________ f. É bom, contanto que seja baseado na realidade. O executivo tem um instinto treinado.

_________ g. Tem um executivo que fará qualquer coisa para sobreviver, o lutador da selva. Se for feito de forma construtiva, o executivo vai construir em vez de destruir.

_________ h. É totalitário. Não há conflitos de ideias. A organização se move. As pessoas criativas fogem. Os empregados sempre sabem quem é o chefe.

_________ i. Tem um executivo que não está por perto, tem bons subordinados e trabalha em um escritório, fora dos holofotes.

_________ j. Pode ser importante para lidar com o desconhecido (P&D). Os subordinados são independentes e poderosos. Esse estilo pode ser uma alternativa para a tomada de decisões. É importante para o estabelecimento de políticas.

ESTUDOS DE CASO

O PROJETO TROPHY

O malfadado Projeto Trophy estava com problemas desde o início. Reichart, que tinha sido um gerente de projetos assistente, estava envolvido com o projeto desde a sua concepção. Quando o Projeto Trophy foi aceito pela empresa, Reichart foi designado como gerente do projeto. O cronograma do programa começou a ter desvios desde o primeiro dia e os gastos eram excessivos. Reichart constatou que os gerentes funcionais estavam cobrando o tempo de trabalho direto para o seu projeto, mas que estavam trabalhando em seus próprios projetos "de estimação". Quando Reichart reclamou disso, disseram a ele para não interferir na alocação de recursos e nos gastos de orçamento do gerente funcional. Após cerca de seis meses, Reichart foi solicitado a fazer um relatório de progresso para equipes corporativas e da divisão.

Reichart aproveitou essa oportunidade para lavar a alma. O relatório fundamentava que o projeto estava previsto para ser concluído com um ano de atraso no cronograma. Os recursos de Reichart, fornecidos pelos gerentes de linha, eram inadequados para permanecer no ritmo necessário e, piores ainda para compensar qualquer tempo que já havia sido perdido. O custo estimado no término nesse intervalo mostrou um sobrecusto de pelo menos 20%. Essa foi a primeira oportunidade que Reichart teve de contar sua história para as pessoas que estavam em posição para corrigir a situação. O resultado da avaliação franca e sincera de Reichart sobre o Projeto Trophy era muito previsível. Os descrentes finalmente viram a luz, e os gerentes de linha perceberam que tinham um papel a desempenhar na realização do projeto. A maioria dos problemas estava agora aberta e poderia ser corrigida por meio do fornecimento de pessoal e recursos adequados. A corporação ordenou ações corretivas imediatas e pessoal de apoio para fornecer a Reichart uma chance de salvar o seu programa.

Os resultados não foram de forma alguma o que Reichart esperava. Ele não se reportava mais ao escritório de projetos, mas diretamente ao gerente de operações. O interesse da corporação no projeto tornou-se muito intenso, exigindo uma reunião às 7:00 de cada manhã das segundas-feiras para uma avaliação completa do andamento e dos planos de recuperação do projeto. Reichart se viu gastando mais tempo preparando a papelada, os relatórios e as projeções para suas reuniões das segundas-feiras de manhã do que gastava administrando o Projeto Trophy. A principal preocupação da empresa era trazer o projeto de volta ao cronograma. Reichart passou muitas horas preparando o plano de recuperação e estabelecendo os requisitos de mão de obra para trazer o programa de volta para o cronograma original.

A corporação, a fim de acompanhar de perto o andamento do Projeto Trophy, designou um gerente de programas assistente. O gerente assistente determinou que uma cura certa para o Projeto Trophy seria informatizar os vários problemas e acompanhar o progresso por meio de um programa computacional muito complexo. A empresa forneceu a Reichart 12 membros adicionais para trabalhar no programa computacional. Entretanto, nada mudou. Os gerentes funcionais ainda não forneciam pessoal suficiente para a recuperação, presumindo que os recursos adicionais que Reichart recebeu da empresa realizariam essa tarefa.

Depois que cerca de $ 50.000 foram gastos com o programa computacional para acompanhar os problemas, descobriu-se que os objetivos do programa não poderiam ser tratados pelo computador. Reichart discutiu esse problema com um fornecedor do programa e verificou que mais $ 15.000 seriam necessários para a programação e capacidade de armazenamento adicional. Seriam necessários dois meses para a instalação da capacidade de armazenamento adicional e conclusão da programação. Nesse ponto, foi tomada a decisão de abandonar o programa computacional.

Reichart estava agora havia um ano e meio no programa, sem unidades de protótipos concluídos. O programa ainda estava nove meses atrasado, com sobrecustos projetados em 40% do orçamento. O cliente vinha recebendo os seus relatórios de forma periódica e estava bem consciente do fato de que o Projeto Trophy estava atrasado. Reichart havia gasto bastante tempo com o cliente, explicando os problemas e o plano de recuperação. Outro problema que Reichart teve de enfrentar era que os fornecedores que estavam suprindo os componentes para o projeto também estavam atrasados.

Numa manhã de domingo, enquanto Reichart estava em seu escritório preparando um relatório para o cliente, um vice-presidente corporativo veio até ele. "Reichart", disse ele, "em qualquer projeto, olho na primeira folha de papel e o homem cujo nome aparece no início da folha é o homem ao qual eu delego a responsabilidade. Para esse projeto, o seu nome aparece no início da folha. Se você não pode salvar essa coisa, você tem sérios problemas nesta corporação". Reichart não sabia para onde olhar ou o que dizer. Ele não tinha nenhum controle sobre os gerentes funcionais que estavam criando os problemas, mas era a pessoa que estava sendo responsabilizada.

O cliente, depois de mais três meses, ficando impaciente, percebeu que Projeto Trophy estava com sérios problemas e solicitou que o gerente geral da divisão e sua equipe inteira visitasse suas instalações para fornecer um relatório de progresso e de "reestabelecimento" no prazo de uma semana. O gerente geral da divisão chamou Reichart em seu escritório e disse: "Reichart, vá visitar o nosso cliente. Leve três ou quatro pessoas da linha funcional com você e tente acalmá-lo com o que você achar necessário". Reichart e quatro pessoas visitaram a linha funcional do cliente e fizeram uma apresentação de quatro horas e meia definindo os problemas e os progressos até aquele momento. O cliente era muito educado e até comentou que era uma excelente apresentação, mas o conteúdo foi totalmente inaceitável. O programa ainda estava de seis a oito meses atrasado e o cliente exigiu relatórios de progresso em uma base semanal. O cliente se preparou para designar um representante ao departamento de Reichart para ficar localmente no projeto diariamente e para interagir com Reichart e sua equipe, conforme necessário. Após essa sequência de eventos, o programa ficou muito agitado.

O representante do cliente exigia atualizações constantes e identificação dos problemas e, em seguida, se envolvia na tentativa de resolver esses problemas. Esse envolvimento gerou muitas mudanças no programa e no produto a fim de eliminar alguns dos problemas. Reichart tinha problemas com o cliente e não concordava com as mudanças no programa. Ele expressou seu desacordo em voz alta quando, em muitos casos, o cliente achou que as mudanças não tinham nenhum custo. Isso causou a deterioração da relação entre cliente e fornecedor.

Certa manhã, Reichart foi chamado pelo escritório do gerente geral da divisão e apresentado ao Sr. "Red" Baron. Reichart foi informado para entregar as rédeas do Projeto Trophy a Red imediatamente. "Reichart, você será transferido temporariamente para alguma outra divisão dentro da corporação. Eu sugiro que você comece a olhar para fora da empresa e a procurar por um outro trabalho." Reichart olhou para Red e perguntou: "Quem fez isso? Quem me atirou para baixo?"

Red foi o gerente de programas do Projeto Trophy durante cerca de seis meses, depois dos quais, por acordo mútuo, ele foi substituído por um terceiro gerente de projetos. O cliente designou o seu gerente de programas local para outro projeto. O Projeto Trophy foi finalmente concluído, com a nova equipe, com um ano de atraso e com um sobrecusto de 40%.

FALHAS DE COMUNICAÇÃO[1]

Plano de Fundo

Herb estava na empresa por mais de oito anos e havia trabalhado em vários projetos de P&D e melhoria de produtos para clientes externos. Ele tinha PhD em engenharia

[1] ©2010 por Harold Kerzner. Reproduzido com permissão. Todos os direitos reservados.

e desenvolveu a reputação de ser especialista no assunto. Por causa de suas habilidades especializadas, ele trabalhou sozinho a maior parte do tempo, e interagia com as diversas equipes de projeto apenas durante as reuniões da equipe. Tudo isso estava prestes a mudar.

A empresa de Herb tinha acabado de ganhar um contrato de dois anos de um de seus melhores clientes. O primeiro ano do contrato seria de P&D e o segundo ano seria de fabricação. A empresa decidiu que a pessoa qualificada para ser o gerente do projeto seria Herb por causa de seu conhecimento em P&D e fabricação. Infelizmente, Herb nunca tinha tido qualquer curso em gerenciamento de projetos, e por causa de seu envolvimento limitado com equipes de projetos anteriores, havia riscos em nomeá-lo como o gerente de projeto. Mas a gerência acreditava que ele poderia fazer o trabalho.

A equipe é formada

A equipe de Herb consistia de 14 pessoas, a maioria delas em tempo integral, pelo menos no primeiro ano do projeto. As quatro pessoas com quem Herb faria interface diariamente eram Alice, Bob, Betty, e Frank.

- Alice era uma veterana que trabalhou com Herb em P&D. Ela estava na empresa havia mais tempo que Herb, e iria coordenar os esforços do pessoal de P&D.
- Bob também estava na empresa havia mais tempo que Herb, e passara toda sua carreira na engenharia. Bob iria coordenar os esforços de engenharia e elaboração.
- Betty era relativamente nova na empresa. Ela seria responsável por todos os relatórios, pelo gerenciamento de registros e pelas aquisições.
- Frank, um funcionário com cinco anos de empresa, era engenheiro de produção. Ao contrário de Alice, Bob e Betty, Frank estaria no projeto em tempo parcial até a hora de preparar os planos de fabricação.

Nos dois primeiros meses do programa, o trabalho parecia estar progredindo como planejado. Todos entenderam seus papéis no projeto e não houve problemas críticos.

Sexta-feira, 13

Herb fazia reuniões de equipe semanais toda sexta-feira das 14h às 15h. Infelizmente a reunião seguinte da equipe iria cair na sexta-feira, dia 13, o que incomodou Herb, porque ele era um pouco supersticioso. Ele estava pensando em cancelar a reunião apenas nessa semana, mas decidiu não cancelar.

Às 9 horas na sexta-feira, dia 13, Herb reuniu-se com o patrocinador do projeto, como sempre fazia no passado. Dois dias antes, Herb havia conversado informalmente com o patrocinador no corredor, e ele disse a Herb que, na sexta-feira, gostaria de discutir as projeções de fluxo de caixa para os seis meses seguintes, e discutir formas de reduzir algumas das despesas. O patrocinador tinha visto algumas despesas que o incomodavam. Assim que Herb entrou no escritório do patrocinador, ele disse:

> Parece que não há nenhum relatório com você. Eu lembro especificamente de pedir-lhe um relatório sobre as projeções de fluxo de caixa.

Herb ficou um pouco descontente por isso. Lembrou-se que essa era para ser apenas uma discussão e nenhum relatório tinha sido solicitado. Mas Herb sabia que havia uma hierarquia, e questionar as habilidades de comunicação do patrocinador seria errado. Obviamente, este não foi um bom começo para sexta-feira, 13.

Às 10 horas, Alice entrou no escritório de Herb e ele podia ver pela expressão em seu rosto que ela estava um pouco perturbada. Alice então falou:

> Herb, na segunda-feira passada eu lhe disse que a empresa estava me considerando para a promoção, e os anúncios seriam feitos esta manhã. Bem, eu não fui promovida. Como é que você nunca escreveu uma carta de recomendação para mim?

Herb lembrou-se da conversa vividamente. Alice disse que estava sendo considerada para a promoção, mas nunca lhe pediu para escrever uma carta de recomendação. Será que Alice esperava que Herb lesse nas entrelinhas e tentasse descobrir o que ela realmente queria dizer?

Herb expressou suas sinceras desculpas para o que aconteceu. Infelizmente, isso não fez Alice se sentir melhor quando ela saiu brava do escritório de Herb. Obviamente, o dia de Herb estava piorando, e era sexta-feira, 13.

Alice nem bem tinha saído pela porta do escritório de Herb, quando Bob entrou. Herb podia ver que Bob tinha um problema. Bob, em seguida, declarou:

> Em uma de nossas reuniões de equipe no mês passado, você disse que havia contatado pessoalmente alguns dos meus técnicos de engenharia e havia dito a eles para realizar os testes desta semana a 70°F, 90°F e 110°F. Você e eu sabemos que as especificações exigiam testes a 60°F, 80°F e 100°F. Esse é o jeito que sempre foi feito e você estava pedindo-lhes para realizar os testes em intervalos diferentes do que as especificações exigiam.
>
> Bem, parece que os técnicos de engenharia esqueceram a conversa que você teve com eles e

> fizeram os testes de acordo com os critérios da especificação. Eu achava que você havia registrado sua conversa com eles por meio de um memorando, mas não foi o caso. Parece que eles se esqueceram.
>
> Ao lidar com os meus técnicos de engenharia, a regra padrão é: "se não está escrito, então não foi dito". De agora em diante, eu recomendo que você me deixe dar as orientações aos meus técnicos de engenharia. Minha responsabilidade é a engenharia e todas as demandas do meu pessoal de engenharia devem passar por mim.

Sim, a sexta-feira, 13, tornara-se um dia muito ruim para Herb. "O que mais poderia dar errado?", Herb pensou. Eram agora 11h30 e quase hora do almoço. Herb estava pensando em trancar a porta do escritório para que ninguém pudesse encontrá-lo e, depois, desconectar o telefone. Mas Betty e Frank entraram, e, mais uma vez, ele podia dizer pelas expressões em seus rostos que eles tinham um problema. Frank falou primeiro:

> Acabei de receber a confirmação do pessoal de aquisições que eles compraram alguns materiais dos quais vamos precisar quando começar a fabricação. Estamos a um ano de iniciar a fabricação e caso o *design* mude o mínimo, ficaremos empacados com matérias-primas dispendiosas, que não poderão ser usadas. Além disso, meu orçamento de produção não tem fluxo de caixa para aquisição antecipada. Eu deveria estar envolvido em todas as decisões de aquisição envolvendo produção. Eu teria conseguido comprar mais barato do que Betty. Então, como a decisão foi tomada sem mim?

Antes que Herb pudesse dizer qualquer coisa, Betty falou:

> No mês passado, Herb, você me pediu para levantar o custo de aquisição desses materiais. Achei um ótimo preço em um dos vendedores e tomei a decisão de comprá-los. Eu pensei que era isso que você queria que eu fizesse. Era assim que fazíamos na última empresa que eu trabalhava.

Herb, em seguida, comentou:

> Eu queria apenas que você determinasse qual seria o custo, e não que tomasse a decisão final de aquisição, que não é responsabilidade sua.

A sexta-feira 13 foi se tornando, possivelmente, o pior dia da vida de Herb. Ele decidiu não arriscar mais. Assim que Betty e Frank saíram, imediatamente enviou e-mails a todos os membros da equipe cancelando a reunião de equipe prevista para das 14 às 15 horas.

PERGUNTAS

1. Quão importantes são as habilidades de comunicação em gerenciamento de projetos?
2. Herb era a pessoa certa a ser designada como o gerente de projeto?
3. Havia problemas de comunicação com Alice, Bob, Betty, e Frank. Para cada problema de comunicação, onde estava a quebra na comunicação (codificação, decodificação, feedback, e assim por diante)?

McROY AEROSPACE[2]

A McRoy Aerospace era uma empresa altamente rentável que construía aviões de carga e aviões-tanque para as forças armadas. Ela vinha fazendo isso havia mais de 50 anos, e era muito bem-sucedida. Mas por causa de uma queda nos gastos do governo com esses tipos de aviões, McRoy decidiu entrar no negócio de aeronaves para aviação comercial, especificamente aviões *wide-body*[NT1] que acomodam até 400 passageiros, e competir de frente com a Boeing e a Airbus Industries.

Durante a fase de projeto, a McRoy constatou que a maioria das companhias aéreas comerciais consideraria a compra de seu avião, já que os custos eram mais baixos do que os de outros fabricantes de aeronaves. Embora o preço real de compra fosse um fator a ser considerado pelos compradores, seu maior interesse era no custo do ciclo de vida para manter a prontidão operacional da aeronave, especificamente os custos de manutenção.

Os custos de suporte e operações eram uma despesa considerável e as necessidades de manutenção eram reguladas pelo governo, por razões de segurança. As companhias aéreas ganham dinheiro quando os aviões estão no ar, e não quando estão parados em um hangar de manutenção. Cada centro de manutenção mantinha um estoque de peças de reposição para que, caso uma peça não funcionasse corretamente, pudesse ser removida e substituída por uma nova. A peça danificada seria enviada para o fabricante para reparo ou substituição. Os custos dos estoques poderiam ser significativos, mas foram considerados uma despesa necessária para manter os aviões voando.

Um dos problemas enfrentados pela McRoy eram os mecanismos para as oito portas da aeronave. Cada par

---

[2] ©2010 por Harold Kerzner. Reproduzido com permissão. Todos os direitos reservados.

[NT1] Aeronaves de fuselagem larga.

de portas tinha seus próprios mecanismos que pareciam ser restringidos por sua localização no avião. Se a McRoy pudesse inventar um mecanismo de design único para os quatro pares de portas, isso reduziria significativamente os custos dos estoques para as companhias aéreas, bem como a necessidade de treinamento sobre um único mecanismo, em vez de quatro. Nos aviões de carga e aviões-tanque, cada par de portas tinha um mecanismo único. Para aeronaves comerciais, encontrar um projeto único para todas as portas seria um desafio.

Mark Wilson, um dos gerentes de departamento no centro de *design* da McRoy, designou Jack como a melhor pessoa que poderia pensar para trabalhar nesse projeto extremamente desafiador. Se alguém poderia realizá-lo, era Jack. Se Jack não conseguisse fazê-lo, Mark sinceramente acreditava que não poderia ser feito.

A conclusão bem-sucedida deste projeto seria vista como uma oportunidade de valor agregado para os clientes da McRoy, e faria uma enorme diferença do ponto de vista de custo e eficiência. A McRoy seria vista como líder da indústria no custeio do ciclo de vida, e isso faria a diferença na obtenção de clientes para comprar aviões comerciais da Aerospace McRoy.

O plano era conceber um projeto de mecanismo de abertura/fechamento que fosse o mesmo para todas as portas. Até agora, cada porta tinha um conjunto diferente de mecanismos de abertura/fechamento, que faziam do *design*, fabricação, manutenção e instalação processos mais complexos, pesados e caros.

Sem dúvida, Jack era o melhor – e provavelmente o único – que poderia fazer isso acontecer, embora todos os engenheiros de equipamentos e designers concordassem que isso não poderia ser feito. Mark colocou todas as cartas na mesa quando apresentou o desafio a Jack. Disse-lhe, de todo o coração, que sua única esperança era que Jack assumisse o projeto e o explorasse de todos os possíveis ângulos inusitados que pudesse imaginar. Mas Jack disse logo de cara que isso poderia não ser possível. Mark não ficou feliz ao ouvir Jack dizer isso imediatamente, mas sabia que ele faria o melhor que pudesse.

Jack passou dois meses pensando no problema e simplesmente não conseguia chegar à solução necessária. Ele decidiu informar Mark que a solução não era possível. Tanto Jack como Mark ficaram desapontados com o fato de que a solução não poderia ser encontrada.

"Eu sei que você é o melhor, Jack", afirmou Mark. "Eu não consigo imaginar qualquer outra pessoa, nem mesmo chegando perto de resolver este problema crítico. Eu sei que você se empenhou ao máximo e que o problema era muito desafiador. Obrigado por tentar. Mas se eu tivesse de escolher um de seus colegas de trabalho para dar mais uma olhada neste projeto, quem poderia ter a menor chance de fazer isso acontecer? Quem você sugere? Eu apenas quero ter certeza de que nós não deixamos pedra sobre pedra", disse ele melancolicamente.

As palavras de Mark pegaram Jack de surpresa. Jack pensou por um momento e você praticamente poderia ver as engrenagens girando em sua mente. Jack estava pensando em quem poderia assumir este projeto e perder mais tempo tentando encontrar uma solução? Não, as engrenagens de Jack estavam girando sobre o tema do problema desafiador em si. Um vislumbre de uma ideia passou pelo seu cérebro e ele disse: "Você pode me dar alguns dias para pensar sobre algumas coisas, Mark?", Perguntou ele, pensativo.

Mark teve de impedir o pequeno vislumbre de um sorriso de entrar em erupção total em seu rosto. "Claro, Jack", disse ele. "Como eu disse antes, se alguém pode fazer isso, é você. Leve o tempo que precisar".

Algumas semanas depois, o problema foi resolvido e a reputação de Jack subiu para alturas ainda mais elevadas do que antes.

PERGUNTAS

1. Mark foi correto no que disse para conseguir que Jack continuasse investigando o problema?
2. Mark deveria ter desistido da ideia antes do que disse a Jack?
3. Mark deveria ter atribuído o desafio a outra pessoa, em vez de dar uma segunda chance a Jack, e caso sim, como Jack reagiria?
4. O que Mark deveria fazer se Jack ainda não fosse capaz de resolver o problema?
5. Faria sentido para Mark atribuir o problema a outra pessoa agora, depois que Jack não pôde resolver o problema pela segunda vez?
6. Que outras opções, se houver, estavam agora disponíveis para Mark?

O FUNCIONÁRIO RUIM[3]

Paula, gerente do projeto, estava razoavelmente feliz com a forma como o trabalho estava progredindo no projeto. O único problema era o trabalho feito por Frank. Paula sabia, desde o início do projeto, que Frank era um funcionário medíocre e, muitas vezes, considerado criador de problemas. As tarefas que Frank deveria desempenhar não eram excessivamente complexas e o gerente de linha

[3] ©2010 por Harold Kerzner. Reproduzido com permissão. Todos os direitos reservados.

assegurou a Paula, durante a seleção de pessoal, que Frank poderia fazer o trabalho. O gerente de linha também informou a Paula que Frank havia revelado problemas comportamentais em outros projetos e, por vezes, teve de ser retirado do projeto. Frank era um reclamão crônico e encontrava falhas em tudo e em todos. Mas o gerente de linha também assegurou a Paula que a atitude de Frank estava mudando, e que ele mesmo se envolveria ativamente se algum desses problemas começasse a surgir no projeto de Paula. Relutantemente, Paula concordou em permitir que Frank fosse designado para o seu projeto.

Infelizmente, o trabalho de Frank no projeto não estava sendo realizado de acordo com os padrões de Paula. Paula disse a Frank, em mais de uma ocasião, o que esperava dele, mas Frank insistia em fazer as coisas da sua própria maneira. Paula estava, agora, convencida de que a situação estava piorando. Os pacotes de trabalho de Frank estavam chegando atrasados e, por vezes, acima do orçamento. Frank criticava continuamente o desempenho de Paula como gerente de projetos, e sua atitude estava começando a afetar o desempenho de alguns membros da equipe. Frank estava baixando o moral da equipe. Obviamente, Paula teve de tomar algumas medidas.

PERGUNTAS

1. Quais opções estão disponíveis para Paula?
2. Se Paula decidir tentar primeiramente lidar com a situação por si mesma, em vez de abordar o gerente de linha, o que deve fazer e em que ordem?
3. Se todas as tentativas de Paula para mudar a atitude do funcionário falharem, e o gerente de linha se recusar a retirar o funcionário, quais opções estão disponíveis para Paula?
4. Quais são os direitos, se houver, que Paula tem com relação a renumerações e administração salarial, em relação a esse funcionário?

A PRIMA-DONA[4]

Ben foi colocado no comando de um projeto de um ano. Muitos dos pacotes de trabalho tiveram de ser realizados pelo Departamento de Engenharia Mecânica, e exigiram que três pessoas fossem designadas em tempo integral durante o projeto. Quando o projeto foi originalmente proposto, o gerente do Departamento de Engenharia Mecânica estimou que cederia três de seus funcionários "nível 7" para realizar o trabalho. Infelizmente, a data de início do projeto foi adiada por três meses, e o gerente do departamento foi forçado a ceder os recursos que planejava usar para outro projeto. Os recursos que estariam disponíveis para o projeto de bem, na nova data de início, eram dois "nível 6" e um "nível 9".

O gerente do departamento assegurou a Ben que esses três funcionários poderiam desempenhar adequadamente o trabalho necessário, e que Ben teria esses três funcionários em tempo integral no período de duração do projeto. Além disso, no caso de ocorrer algum problema, o gerente do departamento deixou claro para Ben que ele, pessoalmente, se envolveria para se certificar que os pacotes de trabalho e as entregas fossem concluídas corretamente.

Ben não conhecia qualquer um dos três funcionários pessoalmente. Mas já que o "nível 9" era considerado um nível salarial de especialista sênior, designou o funcionário "nível 9" como engenheiro chefe representando seu departamento em seu projeto. Era uma prática comum que a pessoa de maior senioridade designada de cada departamento atuasse como líder e mesmo como gerente de projeto assistente. O líder era, muitas vezes, autorizado a interagir com os clientes nas reuniões de troca de informações.

Ao final do primeiro mês do projeto, o trabalho estava progredindo como planejado. Embora a maior parte da equipe parecesse feliz em estar alocada ao projeto e de o moral da equipe estar alto, os dois membros "nível 6" do Departamento de Engenharia Mecânica estavam desencantados com o projeto. Ben entrevistou os dois funcionários "nível 6" para ver por que eles estavam infelizes. Um dos dois funcionários disse:

> O "nível 9" quer fazer tudo sozinho. Ele simplesmente não confia em nós. Todas as vezes que usamos certas equações para chegar a uma solução, ele tem de rever tudo o que fizemos com detalhes microscópicos. Ele tem de aprovar tudo. O único momento em que ele não nos microgerência é quando temos de fazer cópias de relatórios. Nós não sentimos que fazemos parte da equipe.

Ben não sabia ao certo como lidar com essa situação. Os recursos são alocados pelos gerentes de departamento e, geralmente, não podem ser removidos de um projeto sem a permissão dos gerentes de departamento. Ben se reuniu com o gerente do Departamento de Engenharia Mecânica, que afirmou:

> O "nível 9" que eu designei é provavelmente o melhor funcionário do meu departamento. Infelizmente, é uma "prima-dona". Ele não confia nos números e equações de ninguém, apenas nos seus. Sempre que seus colegas executam o trabalho, ele se sente obrigado a rever tudo o que eles fizeram. Sempre que possível, eu

[4] ©2010 por Harold Kerzner. Reproduzido com permissão. Todos os direitos reservados.

tento atribuir-lhe atividades de uma só pessoa para que ele não tenha de interagir com ninguém. Mas não tenho nenhuma atividade de uma só pessoa no momento, e é por isso que eu o designei para o seu projeto. Eu esperava que ele fosse mudar seus modos e trabalhar como um verdadeiro membro de equipe, juntamente com os dois funcionários "nível 6", mas suponho que não. Não se preocupe com isso. O trabalho será feito, e será feito direito. Nós vamos ter apenas que permitir que os dois funcionários "nível 6" fiquem infelizes por um tempo.

Ben entendeu o que o gerente do departamento disse, mas não estava feliz com a situação. Forçar o "nível 9" a ser removido poderia resultar na designação de alguém com menor capacidade, e isso poderia impactar na qualidade das entregas do Departamento de Engenharia Mecânica. Deixar o "nível 9" alocado no período de duração do projeto vai alienar os dois funcionários "nível 6" e sua frustração e problemas de moral poderão infectar outros membros da equipe.

PERGUNTAS

1. Quais são as opções disponíveis para Ben?
2. Existe risco em deixar a situação como está?
3. Existe risco na em remover o "nível 9"?

A REUNIÃO DE EQUIPE[5]

Plano de fundo

Toda equipe de projeto tem reuniões de equipe. A parte difícil é decidir em que parte do dia fazer a reunião da equipe.

Conheça o seu ciclo da energia

Vince era uma "pessoa da manhã" desde que se formou na faculdade. Ele gostava de acordar cedo. Ele conhecia seu ciclo de energia e o fato de que era obviamente mais produtivo na parte da manhã do que à tarde.

Vince vinha para o trabalho às 6h da manhã, duas horas antes que a força de trabalho normal aparecia. Entre 6h e 12h, ele mantinha a porta do escritório fechada e, muitas vezes, não atendia ao telefone. Isso impedia que as pessoas lhe roubassem seu tempo mais produtivo. Vince considerava os "ladrões de tempo", tais como telefonemas desnecessários, letais para o sucesso do projeto. Isso deu a ele 6 horas de tempo produtivo cada dia para fazer o trabalho de projeto necessário. Após o almoço, Vince abria a porta de seu escritório e qualquer um poderia, então, conversar com ele.

Uma decisão difícil

O ciclo de energia de Vince funcionava bem, pelo menos para ele. Mas Vince havia acabado de se tornar gerente de projeto em um grande projeto. Ele sabia que poderia ter de sacrificar parte do seu precioso tempo matinal para reuniões de equipe. Era costume que cada equipe de projeto tivesse uma reunião semanal de equipe, e a maioria das reuniões parecia ser realizada no período da manhã.

Inicialmente, Vince decidiu ir contra a tradição e realizar reuniões de equipe entre 14h e 15h. Isso permitiria a ele manter seu precioso tempo matinal para seu trabalho produtivo. Ele ficava um tanto perturbado quando havia pouca discussão sobre algumas questões críticas, e parecia que as pessoas estavam olhando para seus relógios. Finalmente, Vince entendeu o problema. Uma grande parte dos membros da equipe era pessoal de manufatura, que começava a trabalhar bem mais cedo, às 5h da manhã. O pessoal de produção estava pronto para ir para casa às 14h e estava cansado.

Na semana seguinte, Vince mudou o horário da reunião de equipe para 11h às 12h. Era evidente para ele que teria de sacrificar um pouco do seu tempo da manhã. Porém mais uma vez, durante as reuniões de equipe, realmente não havia muita discussão sobre as questões críticas do projeto, e o pessoal da produção ficava olhando para o relógio. Vince estava decepcionado e, quando saiu da sala de reuniões, um dos funcionários da produção comentou com ele: "Você não sabe que o pessoal da produção geralmente almoça em torno de 11h?".

Vince pensou em um plano para a reunião seguinte. Enviou e-mails a todos os membros da equipe, declarando que a reunião da equipe seria das 11h às 12h como antes, mas o projeto iria pagar o custo para fornecer almoço em forma de pizzas e saladas. Para surpresa dele, isso funcionou bem. A atmosfera na reunião da equipe melhorou significativamente. Havia discussões significativas e as decisões estavam sendo tomadas em vez de criar itens de ação para reuniões de equipe no futuro. De repente, tornou-se um encontro informal, ao invés de uma reunião formal de equipe.

Embora o projeto de Vince certamente pudesse arcar com os custos de pizzas, saladas e refrigerantes para reuniões de equipe, isso poderia abrir um precedente ruim, caso acontecesse em cada reunião de equipe. Na reunião seguinte, a equipe decidiu que seria bom se isso pudesse acontecer uma ou duas vezes por mês. Para as demais reuniões, foi decidido manter o mesmo horário de reunião, entre 11h e 12h, mas seriam reuniões de equipe "*brown bag*"[NT2], nas

[5] ©2010 por Harold Kerzner. Reproduzido com permissão. Todos os direitos reservados.

[NT2] A expressão *brown bag*, em língua inglesa, refere-se a um saco feito de papel marrom, geralmente utilizado para transportar o almoço embalado.

quais os membros da equipe poderiam trazer seu almoço, e o projeto forneceria apenas refrigerantes e, talvez, alguns biscoitos ou *brownies*.

PERGUNTAS

1. Como um gerente de projeto deve determinar quando (ou seja, a hora do dia) para realizar uma reunião de equipe? Quais fatores devem ser considerados?
2. Quais erros Vince cometeu inicialmente?
3. Se você fosse executivo nessa empresa, permitiria que Vince continuasse fazendo isso?

EFICÁCIA DA LIDERANÇA (A)

Instruções

Este formulário de tabulação, na página 172 está relacionado com a comparação de estilos pessoais de supervisão. Indique a sua preferência para as duas alternativas após cada item, escrevendo os valores adequados nos espaços em branco. Algumas das alternativas podem parecer igualmente atraentes ou não para você. No entanto, por favor, tente escolher a alternativa que corresponda melhor a suas características. Para cada questão dada, você tem três (3) pontos que pode distribuir em qualquer das seguintes combinações:

A. Se você concorda com a alternativa (a) e discorda da alternativa (b), escreva 3 no espaço em branco superior e 0 no espaço em branco inferior.
   a. 3
   b. 0

B. Se você concorda com (b) e discorda de (a), escreva:
   a. 0
   b. 3

C. Se você tem uma ligeira preferência por (a) sobre (b), escreva:
   a. 2
   b. 1

D. Se você tem uma ligeira preferência por (b) sobre (a), escreva:
   a. 1
   b. 2

Importante – Utilize apenas as combinações acima. Tente relacionar cada item com a sua própria experiência pessoal. Por favor, faça uma escolha de cada par de alternativas.

1. No trabalho, um gerente de projetos deve tomar uma decisão e ...
   a. ___ informar à sua equipe para realizá-la.
   b. ___ "informar" à sua equipe sobre a decisão e, em seguida, tentar "promovê-la".
2. Depois que um gerente de projetos chegou a uma decisão ...
   a. ___ ele deve tentar reduzir a resistência dos membros da equipe à sua decisão, indicando o que eles têm a ganhar.
   b. ___ ele deve fornecer uma oportunidade para que sua equipe obtenha uma explicação completa das suas ideias.
3. Quando um gerente de projetos apresenta um problema para seus subordinados...
   a. ___ ele deve receber sugestões deles e depois tomar uma decisão.
   b. ___ ele deve definir o problema e pedir que o grupo tome uma decisão.
4. Um gerente de projetos ...
   a. ___ é pago para tomar todas as decisões que afetam o trabalho de sua equipe.
   b. ___ deve comprometer-se com antecedência em ajudar na implementação de quaisquer decisões que os membros de sua equipe escolham quando eles forem solicitados a resolver um problema.
5. Um gerente de projetos deve ...
   a. ___ conceder à sua equipe uma oportunidade de exercer alguma influência sobre as decisões, mas deixar a decisão final para si mesmo.
   b. ___ participar com sua equipe na tomada de decisões em grupo, mas tentar fazê-lo com um mínimo de autoridade.
6. Na tomada de decisões relacionada à situação do trabalho, um gerente de projetos deve ...
   a. ___ apresentar a sua decisão e ideias e envolver-se em uma sessão de diálogo com os membros de sua equipe, para permitir a eles explorar plenamente as implicações da decisão.
   b. ___ apresentar o problema para sua equipe, obter sugestões e, depois, tomar uma decisão.
7. Uma boa situação de trabalho é aquela em que o gerente de projetos ...
   a. ___ "informa" sua equipe sobre uma decisão e, em seguida, tenta "promovê-la" a eles.
   b. ___ reúne a sua equipe, apresenta um problema, define o problema e solicita a ela que resolva o problema com o entendimento de que ele apoiará suas decisões.
8. Um projeto bem executado incluirá ...
   a. ___ esforços do gerente do projeto em reduzir a resistência da equipe às suas decisões, indicando o que eles têm a ganhar com elas.
   b. ___ sessões de diálogo para permitir que o gerente do projeto e a equipe explorem totalmente as implicações das decisões do gerente do projeto.
9. Uma boa maneira de lidar com pessoas em uma situação de trabalho é ...
   a. ___ apresentar os problemas para a sua equipe à medida que eles surgirem, obter sugestões e, em seguida, tomar uma decisão.
   b. ___ autorizar os membros da equipe a tomar decisões, com o entendimento de que o gerente do projeto irá ajudar na implementação de qualquer decisão que eles tomem.
10. Um bom gerente de projetos é aquele que assume ...
   a. ___ a responsabilidade por localizar os problemas e chegar a soluções, em seguida, tentar persuadir sua equipe a aceitá-las.

b. ___ a oportunidade de coletar ideias de sua equipe sobre os problemas e, então, tomar a sua decisão.

11. Um gerente de projetos ...
 a. ___ deve tomar as decisões em sua organização e dizer à sua equipe para realizá-las.
 b. ___ deve trabalhar de perto com sua equipe na resolução de problemas, e tentar fazê-lo com um mínimo de autoridade.
12. Para fazer um bom trabalho, um gerente de projetos deve ...
 a. ___ apresentar soluções para a reação da sua equipe.
 b. ___ apresentar o problema e coletar as soluções sugeridas da equipe e então tomar uma decisão com base na melhor solução oferecida.
13. Um bom método para um gerente de projetos é ...
 a. ___ "informar" e, então, "promover" a sua decisão.
 b. ___ definir o problema para os membros de sua equipe, em seguida, dar-lhes o direito de tomar decisões.
14. No trabalho, um gerente de projetos ...
 a. ___ não precisa considerar o que sua equipe irá pensar ou sentir sobre suas decisões.
 b. ___ deve apresentar suas decisões e envolver-se em uma sessão de troca de ideias para permitir a todos os interessados explorar, de forma mais completa, as implicações das decisões.
15. Um gerente de projetos ...
 a. ___ deve tomar todas as decisões por si mesmo.
 b. ___ deve apresentar o problema para sua equipe, receber sugestões e, em seguida, tomar uma decisão.
16. É bom ...
 a. ___ permitir à equipe uma oportunidade de exercer alguma influência sobre as decisões, mas o gerente do projeto deverá reservar para si as decisões finais.
 b. ___ para o gerente do projeto participar com sua equipe na tomada de decisões em grupo, com o mínimo de autoridade possível.
17. O gerente de projetos que recebe o máximo de sua equipe é aquele que ...
 a. ___ exerce autoridade direta.
 b. ___ busca possíveis soluções com a equipe e depois toma uma decisão.
18. Um gerente de projetos eficaz deve ...
 a. ___ tomar as decisões em seu projeto e dizer à sua equipe para realizá-las.
 b. ___ tomar as decisões e, em seguida, tentar convencer a sua equipe a aceitá-las.
19. Uma boa maneira para um gerente de projetos lidar com os problemas de trabalho é...
 a. ___ implementar decisões sem considerar o que sua equipe vai achar ou sentir.
 b. ___ permitir à equipe uma oportunidade de exercer alguma influência sobre as decisões, mas reservar a decisão final para si mesmo.
20. Os gerentes de projetos ...
 a. ___ devem procurar reduzir a resistência da equipe às decisões deles, indicando o que ela tem a ganhar com elas.
 b. ___ devem buscar soluções com as suas equipes quando os problemas surgirem e, depois, tomar uma decisão a partir da lista de alternativas.

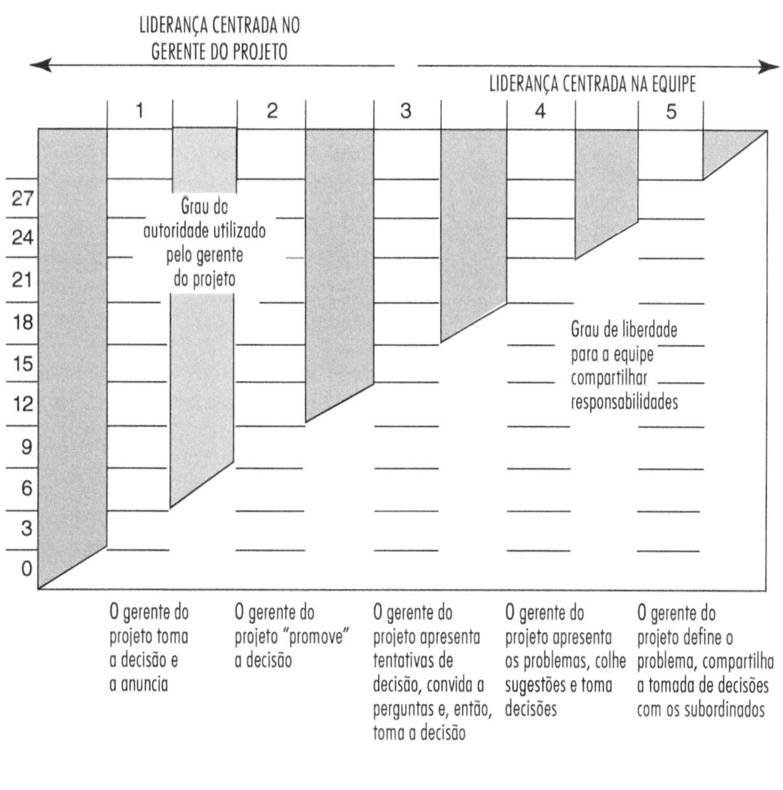

Questionário de Liderança
Formulário de Tabulação

	1	2	3	4	5
1	____ a	____ b			
2		____ a	____ b		
3				____ a	____ b
4	____ a				____ b
5			____ a		____ b
6			____ a	____ b	
7		____ a			____ b
8		____ a	____ b		
9				____ a	____ b
10	____ a		____ b		
11	____ a				____ b
12			____ a	____ b	
13		____ a			____ b
14	____ a		____ b		
15	____ a			____ b	
16			____ a		____ b
17	____ a			____ b	
18	____ a	____ b			
19	____ a		____ b		
20		____ a		____ b	
TOTAL	____	____	____	____	____

EFICÁCIA DA LIDERANÇA (B)
O Projeto

Guia PMBOK®, 5. ed.
Capítulo 9 Gerenciamento dos Recursos Humanos do Projeto Capítulo 10 Gerenciamento das Comunicações do Projeto

Sua empresa acaba de obter um contrato de um cliente externo. O contrato é de um ano, dividido da seguinte forma: P&D: seis meses; testes de protótipos: um mês; fabricação: cinco meses. Além dos riscos envolvidos na fase de P&D, tanto a sua administração quanto a do cliente declararam que não haverá absolutamente nenhuma compensação em tempo, custos ou desempenho.

Quando elaborou a proposta, seis meses atrás, você planejou e orçou uma equipe de cinco pessoas em tempo integral, além do apoio dos colaboradores funcionais. Infelizmente, em virtude da limitação de recursos, sua equipe (ou seja, o escritório do projeto) será o seguinte:

Tom: Um engenheiro excelente, um tanto quanto "estrela", mas que trabalhou muito bem com você em projetos anteriores. Você especificamente solicitou Tom e teve a sorte de ele ter sido designado, embora o projeto não seja considerado de alta prioridade. Tom é reconhecido como um líder de técnicos e especialista e talvez seja considerado o melhor engenheiro na empresa. Tom estará em tempo integral para a duraçao do projeto.

Bob: começou na empresa há pouco mais de um ano e pode ser um pouco "verde". O seu gerente de linha tem grandes expectativas para ele no futuro, mas, por enquanto, quer que você dê um treinamento prático de como atuar como um membro da equipe do escritório de projetos. Bob estará em tempo integral no seu projeto.

Carol: está na empresa há 20 anos e faz um trabalho aceitável. Nunca trabalhou em seus projetos antes. Ela estará em tempo integral no projeto.

George: está na empresa há seis anos, mas nunca trabalhou em quaisquer dos seus projetos. O superior dele diz a você que George estará alocado apenas meio período em seu projeto até que termine um trabalho de compressão em outro projeto. Em um ou dois meses, ele deve estar disponível para trabalhar em tempo integral. George é considerado um excelente funcionário.

A administração informa a você que não há mais ninguém disponível para preencher a quinta posição.

Você terá de distribuir o aumento da carga de trabalho sobre os outros membros. Obviamente, o cliente pode não ficar muito feliz com isso.

Em cada situação que se segue, circule a melhor resposta. O sistema de classificação será fornecido depois.

Lembre-se: nas linhas de hierarquia, esses indivíduos da equipe se reportam em linha pontilhada a você e em sólida aos seus superiores hierárquicos, apesar de estarem no seu escritório de projetos.

Situação 1: os membros da equipe do escritório do projeto foram avisados para se reportarem a você nesta manhã. Eles receberam o seu memorando sobre a hora e o local da reunião de *kickoff*. No entanto, eles não receberam nenhum detalhe específico sobre o projeto, exceto que será de, pelo menos, um ano de duração. Para sua empresa, isso é considerado um projeto de longo prazo. Uma boa estratégia para a reunião seria:

a. A equipe já deve estar motivada, ou eles não teriam sido designados. Basta recebê-los e designar a lição de casa.
b. Motivar os funcionários, mostrando-lhes como eles se beneficiarão: orgulho, autorrealização estima. Minimizar a discussão sobre aspectos específicos.
c. Explicar o projeto e solicitar a eles sua contribuição. Tentar direcioná-los a identificar alternativas e incentivar a tomada de decisões.
d. Identificar os detalhes técnicos do projeto: os requisitos, padrões de desempenho e expectativas.

Situação 2: você oferece aos membros da equipe uma cópia da proposta vencedora e um memorando "confidencial" descrevendo as premissas e as restrições que você considerou na elaboração da proposta. Você manda a sua equipe revisar o material e preparar-se para realizar o planejamento detalhado na reunião que você agendou para a próxima segunda-feira. Durante a reunião de planejamento de segunda-feira, você acha que Tom (que trabalhou com você antes) estabeleceu um papel responsável e realizou alguns planejamentos que deveriam ter sido de responsabilidade de outros membros da equipe. Você deve:

a. Não fazer nada. Essa pode ser uma situação benéfica. No entanto, você pode querer perguntar se os outros membros do escritório do projeto desejam rever o planejamento de Tom.
b. Perguntar a cada membro da equipe individualmente como ele se sente sobre o papel de Tom. Se eles reclamarem, conversar com Tom.
c. Pedir a cada membro da equipe para desenvolver seus próprios cronogramas e, então, comparar os resultados.
d. Falar com Tom em particular sobre os efeitos a longo prazo de seu comportamento.

Situação 3: os membros de sua equipe parecem estar tendo problemas em expor cronogramas realistas que atendam aos marcos do cliente. Eles continuam a fazer perguntas pertinentes e parecem estar tomando as decisões certas, mas com dificuldade.

a. Não fazer nada. Se a equipe é boa, acabará solucionando o problema.
b. Incentivar a equipe a continuar, mas dar algumas ideias sobre possíveis alternativas. Deixar que eles resolvam o problema.
c. Envolver-se ativamente e ajudar a equipe a resolver o problema. Supervisionar o planejamento até a sua conclusão.
d. Assumir o comando e resolver o problema para a equipe. Você pode ter de fornecer orientação contínua.

Situação 4: a sua equipe utilizou uma abordagem otimista para o cronograma. Os gerentes funcionais revisaram os cronogramas e enviaram à sua equipe memorandos duros indicando que não há a menor possibilidade de apoiarem os seus cronogramas. O moral da sua equipe parece estar muito baixo. Ela esperava que os cronogramas retornassem para iterações e compensações adicionais, mas não com tais palavras duras dos gerentes de linha. Você deve:

a. Não fazer nada. Isso é comum para esses tipos de projetos e a equipe deve aprender a lidar com isso.
b. Convocar uma reunião especial de equipe para discutir o problema do moral e solicitar as recomendações da equipe. Tentar resolver o problema.
c. Reunir-se com cada membro da equipe individualmente para reforçar o seu comportamento e desempenho. Fazer com que eles saibam quantas outras vezes isso aconteceu antes e foi resolvido por meio de compensações e iterações adicionais. Declarar a sua disponibilidade para oferecer aconselhamento e apoio.
d. Assumir o controle e procurar formas de melhorar o moral, alterando os cronogramas.

Situação 5: os departamentos funcionais começaram a trabalhar, mas ainda estão criticando os cronogramas. Sua equipe está extremamente descontente com alguns dos colaboradores designados de um departamento funcional. Ela acha que esses colaboradores não estão qualificados para executar os trabalhos necessários. Você deve:

a. Não fazer nada até que esteja absolutamente certo (com provas) de que o pessoal designado não pode desempenhar conforme o necessário.

b. Solidarizar-se com sua equipe e incentivá-la a viver com essa situação até que uma alternativa seja encontrada.
c. Avaliar os riscos potenciais com a equipe e pedir a sua contribuição e sugestões. Tentar desenvolver planos de contingência se o problema for tão grave como a equipe indica.
d. Abordar o gerente funcional e manifestar a sua preocupação. Pedir para ter colaboradores diferentes designados.

Situação 6: o desempenho de Bob como um membro da equipe do escritório do projeto começou a se deteriorar. Você não tem certeza se ele simplesmente não possui as habilidades, se não consegue suportar a pressão ou se não consegue assumir a parte do trabalho adicional que resultou da quinta posição no projeto ter ficado vaga. Você deve:

a. Não fazer nada. O problema pode ser temporário e você pode não estar certo de que existe impacto mensurável sobre o projeto.
b. Ter uma conversa pessoal com o Bob, procurar a causa e solicitar a ele uma solução.
c. Convocar uma reunião da equipe e discutir como a produtividade e o desempenho estão diminuindo. Solicitar recomendações da equipe e esperar que Bob receba a mensagem.
d. Entrevistar os outros membros da equipe e ver se eles podem explicar as ações de Bob recentemente. Pedir aos outros membros para ajudá-lo a falar com Bob.

Situação 7: George, que está em seu projeto por meio período, acaba de submeter para a sua aprovação o relatório trimestral dele de progresso para o projeto. Após a sua assinatura ser obtida, o relatório é enviado para a alta administração e para o cliente. O relatório está minimamente aceitável e não é, de forma alguma, o que você esperaria de George. George pede desculpas a você pelo relatório e coloca a culpa em seu outro projeto, que está em suas duas últimas semanas. Você deve:

a. Ser compreensivo com George e solicitar que ele reescreva o relatório.
b. Dizer a George que o relatório está totalmente inaceitável e que refletirá sobre sua capacidade como membro da equipe do escritório do projeto.
c. Pedir à equipe para ajudar George a refazer o relatório, pois um relatório ruim reflete sobre todo mundo.
d. Solicitar a um dos outros membros da equipe para reescrever o relatório para George.

Situação 8: você concluiu o estágio de P&D de seu projeto e está entrando na fase II: Testes de Protótipos. Você está começando o sétimo dos 12 meses de projeto. Infelizmente, os resultados da fase I de P&D indicam que você foi muito otimista em sua estimativa para a fase II e que é altamente provável que haja um desvio de cronograma de, pelo menos, duas semanas. O cliente não pode estar feliz. Você deve:

a. Não fazer nada. Esses problemas ocorrem e têm uma forma de se resolverem. A data final do projeto ainda pode ser alcançada.
b. Convocar uma reunião de equipe para discutir o problema com o moral resultante do desvio no cronograma. Se o moral for melhorado, o desvio pode ser superado.
c. Convocar uma reunião de equipe e buscar formas de melhorar a produtividade para a fase II. Com esperança, a equipe irá encontrar alternativas.
d. Esta é uma crise e você deve exercer uma liderança forte. Você deve assumir o controle e assistir sua equipe na identificação de alternativas.

Situação 9: seus esforços de reprogramação do cronograma foram bem-sucedidos. Os gerentes funcionais têm lhe fornecido um apoio adequado e você está novamente com o cronograma em dia. Você deve:

a. Não fazer nada. Sua equipe amadureceu e está fazendo o que é paga para fazer.
b. Tentar proporcionar algum tipo de recompensa monetária ou não monetária para a sua equipe (por exemplo, um tempo de folga concedido pela administração ou um encontro da equipe em um jantar).
c. Fornecer *feedback*/reforço positivo para a equipe e buscar ideias para encurtar a fase III.
d. Obviamente, a sua forte liderança foi eficaz. Continue com esse papel durante a fase III do cronograma.

Situação 10: você está agora no final do sétimo mês e tudo está indo como planejado. A motivação parece estar alta. Você deve:

a. Não interferir.
b. Procurar por melhores maneiras de aprimorar o funcionamento da equipe. Conversar com os membros da equipe e fazer com que se sintam importantes.
c. Convocar uma reunião de equipe e rever os cronogramas restantes para o projeto. Buscar planos de contingência.
d. Certificar-se de que a equipe ainda esteja focando nas metas e objetivos do projeto.

Situação 11: o cliente informalmente avisa que sua empresa tem um problema e pode ter de mudar as especificações de *design* antes que a produção realmente comece. Isso seria uma catástrofe para o seu projeto. O cliente quer uma reunião em sua fábrica dentro dos próximos sete dias. Essa será a primeira visita do cliente à sua fábrica. Todos os encontros anteriores eram informais e nas instalações do cliente, com apenas a sua presença e a do cliente. Essa reunião será formal. Para se preparar para a reunião, você deve:

a. Certificar-se de que os cronogramas estejam atualizados e assumir um papel passivo já que o cliente não o informou oficialmente sobre o seu problema.
b. Pedir à equipe para melhorar a produtividade antes da reunião. Isso deve agradar o cliente.
c. Convocar uma reunião imediata de equipe e solicitar que seus membros preparem uma agenda e identifiquem os itens a serem discutidos.
d. Designar responsabilidades específicas para cada membro da equipe para a elaboração de material para a reunião.

Situação 12: sua equipe, obviamente, não está contente com os resultados da reunião com o cliente, pois ele pediu uma alteração nas especificações de *design*. Os planos e os cronogramas de fabricação devem ser novamente desenvolvidos. Você deve:

a. Não fazer nada. A equipe já está muito motivada e vai assumir o comando, como antes.
b. Enfatizar o espírito de equipe e incentivar o seu pessoal a continuar. Diga lhes que nada é impossível para uma boa equipe.
c. Arregaçar as mangas de sua camisa e ajudar a equipe a identificar alternativas. Algum grau de orientação é necessário.
d. Proporcionar uma liderança forte e uma supervisão estreita. Sua equipe terá de contar com você para assistência.

Situação 13: você agora está no nono mês. Enquanto o seu replanejamento está acontecendo (como resultado das mudanças nas especificações), o cliente telefona e pede uma avaliação dos riscos em cancelar imediatamente esse projeto e começar outro. Você deve:

a. Aguardar um pedido formal. Talvez você possa atrasar tempo suficiente para que o projeto termine.
b. Dizer à equipe que o seu desempenho excelente pode resultar em um contrato seguinte.
c. Convocar uma reunião de equipe para avaliar os riscos e procurar alternativas.
d. Assumir uma liderança forte para isso e com o **mínimo** de, se houver algum, envolvimento da equipe.

Situação 14: um dos gerentes funcionais pediu sua avaliação de todos os seus colaboradores funcionais atualmente trabalhando em seu projeto (excluindo o pessoal do escritório de projetos). O seu pessoal do escritório de projetos parece estar trabalhando mais próximo aos colaboradores funcionais do que você. Você deve:

a. Retornar a solicitação ao gerente funcional, pois isso não faz parte da descrição do seu trabalho.
b. Conversar com cada membro da equipe individualmente, dizendo-lhes como a contribuição deles é importante e solicitar as suas avaliações.
c. Como uma equipe, avaliar cada um dos membros da equipe funcional e tentar chegar a algum tipo de acordo.
d. Não sobrecarregar sua equipe com essa solicitação. Você pode fazer isso sozinho.

Situação 15: você está no décimo mês do projeto. Carol informa que ela tem a oportunidade de ser a líder em um projeto com início em duas semanas. Ela está na empresa há 20 anos e essa é sua primeira oportunidade como líder de projetos. Ela quer saber se pode ser liberada do seu projeto. Você deve:

a. Deixar Carol ir. Você não quer ficar no caminho de sua carreira.
b. Pedir à equipe para se encontrar em particular e conduzir uma votação. Dizer que você vai respeitar a votação da equipe.
c. Discutir o problema com os membros da equipe, uma vez que eles devem assumir a carga de trabalho extra, se necessário. Pedir a contribuição deles no cumprimento das restrições.
d. Aconselhá-la e explicar o quão importante é a sua permanência. Você já está com falta de pessoal.

Situação 16: a sua equipe o informa que um dos gerentes funcionais de produção construiu um muro em torno de seu departamento e que todas as solicitações de informação devem passar por dele. O muro já existe há dois anos. Os membros da sua equipe estão tendo problemas com os relatórios de andamento, mas sempre conseguem as informações depois de satisfazer alguma necessidade do gerente funcional. Você deve:

a. Não fazer nada. Essa é, obviamente, a forma como o gerente de linha quer conduzir seu departamento. Sua equipe está recebendo a informação de que necessita.
b. Pedir aos membros da equipe para utilizarem suas habilidades comportamentais para a obtenção das informações.
c. Convocar uma reunião de equipe para discutir formas alternativas de obter a informação.

d. Assumir uma liderança forte e exercer a sua autoridade, chamando o gerente de linha e solicitando-lhe as informações.

Situação 17: os executivos forneceram um novo colaborador para substituir Carol durante os dois últimos meses do projeto. Nem você nem sua equipe trabalharam com esse colaborador antes. Você deve:

a. Não fazer nada. Carol, obviamente, forneceu as informações essenciais sobre o que ele deve fazer e o que está envolvido no projeto.
b. Aconselhar o novo colaborador individualmente, colocá-lo no ritmo e designar-lhe o trabalho de Carol.
c. Convocar uma reunião e pedir a cada membro para explicar seu papel no projeto para o novo colaborador.
d. Pedir a cada membro da equipe para conversar com o colaborador, o mais rapidamente possível, e ajudá-lo a participar. Pedir para que sejam utilizadas conversas individuais.

Situação 18: um dos membros da sua equipe pretende fazer um curso de fim de tarde na faculdade local. Infelizmente, esse curso pode entrar em conflito com a sua carga de trabalho. Você deve:

a. Adiar a sua decisão. Pedir ao empregado para esperar até que o curso seja oferecido novamente.
b. Analisar a solicitação junto com o membro da equipe e discutir o impacto no seu desempenho.
c. Discutir a solicitação com a equipe e pedir a sua aprovação. A equipe pode ter de cobrir a carga de trabalho para esse empregado.
d. Discutir individualmente com cada membro da equipe para se certificar de que os requisitos da tarefa ainda serão cumpridos.

Situação 19: seus colaboradores funcionais têm utilizado os materiais errados para fazer um teste de produção. O custo para o projeto foi significativo, mas absorvido em um pequeno "colchão" que você economizou para emergências como essa. Os membros da sua equipe lhe dizem que o teste será feito novamente, sem qualquer atraso no cronograma. Você deve:

a. Não fazer nada. Sua equipe parece ter a situação sob controle.
b. Entrevistar os colaboradores que criaram esse problema e destacar a importância da produtividade e de seguir as instruções.
c. Solicitar à sua equipe que desenvolva planos de contingência para o caso de essa situação acontecer novamente.
d. Assumir um papel de liderança forte para o novo teste para que as pessoas saibam da sua preocupação.

Situação 20: todos os bons projetos devem chegar ao fim, geralmente com um relatório final. Seu projeto possui um requisito para um relatório final. Este relatório final poderá muito bem se tornar a base para um trabalho posterior. Você deve:

a. Não fazer nada. Sua equipe tem tudo sob controle e sabe que um relatório final é necessário.
b. Dizer aos membros de sua equipe que eles têm feito um trabalho maravilhoso e que há apenas mais uma tarefa a fazer.
c. Solicitar a sua equipe para se reunir e fornecer um esboço para o relatório final.
d. Você deve fornecer algum grau de liderança para o relatório final, pelo menos a estrutura. O relatório final poderá facilmente refletir sobre a sua capacidade como gerente.

Preencha a tabela abaixo. As respostas aparecem no Apêndice B.

Situação	Resposta	Pontos		Situação	Resposta	Pontos
1				11		
2				12		
3				13		
4				14		
5				15		
6				16		
7				17		
8				18		
9				19		
10				20		
					TOTAL	

QUESTIONÁRIO MOTIVACIONAL

Parte 1

Nas várias páginas seguintes, você vai encontrar 40 declarações sobre o que o motiva e sobre como você tenta motivar os outros. Ao lado de cada declaração, circule o número que corresponda à sua opinião. No exemplo a seguir, a escolha é "Concordo Ligeiramente".

-3	Discordo Totalmente
-2	Discordo
-1	Discordo Ligeiramente
0	Sem Opinião
(+1)	Concordo Ligeiramente
+2	Concordo
+3	Concordo Totalmente

As 20 declarações seguintes envolvem **o que o motiva**. Por favor, classifique cada uma das afirmações da forma mais honesta possível. Marque com um círculo o valor que você considerar correto, e **não** aquele que você considera que o instrutor esteja desejando:

1. Minha empresa me paga um salário razoável pelo trabalho que faço.	−3	−2	−1	0	+1	+2	+3
2. Minha empresa acredita que cada trabalho que eu faço pode ser considerado como um desafio.	−3	−2	−1	0	+1	+2	+3
3. A empresa me fornece os equipamentos mais recentes (ou seja, hardware, software etc.) para que eu possa realizar o meu trabalho de maneira eficaz.	−3	−2	−1	0	+1	+2	+3
4. A minha empresa reconhece o meu trabalho benfeito.	−3	−2	−1	0	+1	+2	+3
5. A senioridade no trabalho, a segurança no emprego e os direitos adquiridos são fornecidos pela empresa.	−3	−2	−1	0	+1	+2	+3
6. Os executivos fornecem aos gerentes *feedback* das informações estratégicas ou de longo prazo que possam afetar o trabalho do gerente.	−3	−2	−1	0	+1	+2	+3
7. Minha empresa oferece clubes e organizações extraexpediente para que os empregados possam se socializar, bem como patrocina eventos sociais.	−3	−2	−1	0	+1	+2	+3
8. Os funcionários são autorizados ou a estabelecer seus próprios padrões de trabalho/desempenho ou, pelo menos, a aprovar ou rever os padrões estabelecidos pela administração.	−3	−2	−1	0	+1	+2	+3
9. Os funcionários são incentivados a manter a participação em sociedades de profissionais e/ou a participar de seminários e simpósios sobre assuntos relacionados ao trabalho.	−3	−2	−1	0	+1	+2	+3
10. A empresa sempre me faz lembrar de que a única maneira de ter segurança no emprego é competir de forma eficaz no mercado.							

11. Os funcionários que desenvolvem uma reputação de "excelência" têm permissão para aumentar ainda mais a sua reputação, se estiver relacionada ao trabalho.	–3	–2	–1	0	+1	+2	+3
12. Os supervisores permitem um ambiente de trabalho amigável e cooperativo para os funcionários.	–3	–2	–1	0	+1	+2	+3
13. Minha empresa me fornece uma descrição de cargo detalhada, identificando o meu papel e minhas responsabilidades.	–3	–2	–1	0	+1	+2	+3
14. Minha empresa concede aumentos automáticos de salário e de categorias salariais para o empregados.	–3	–2	–1	0	+1	+2	+3
15. A minha empresa me dá a oportunidade para fazer o que faço melhor.	–3	–2	–1	0	+1	+2	+3
16. Meu trabalho me dá a oportunidade para ser verdadeiramente criativo, a ponto de eu poder resolver problemas complexos.	–3	–2	–1	0	+1	+2	+3
17. Minha eficiência e minha eficácia estão aumentado, porque a empresa me propiciou melhores condições físicas de trabalho (ou seja, iluminação, baixo nível de ruído, temperatura adequada, banheiros etc.).	–3	–2	–1	0	+1	+2	+3
18. Meu trabalho me fornece um autodesenvolvimento constante.	–3	–2	–1	0	+1	+2	+3
19. Nossos supervisores têm sentimentos pelos empregados em vez de simplesmente tratá-los como "ferramentas inanimadas".	–3	–2	–1	0	+1	+2	+3
20. A participação na opção de compra de ações da empresa e no plano de aposentadoria está disponível para os funcionários.	–3	–2	–1	0	+1	+2	+3

Parte 2

As declarações 21-40 envolvem a forma como os gerentes de projetos motivam os membros da equipe. Novamente, é importante que as suas classificações reflitam honestamente a maneira que você acha que **você**, como gerente de projetos, tenta motivar os empregados. **Não** indique as formas como os outros ou o instrutor podem recomendar para a motivação dos empregados. Seus pensamentos são o que importa neste exercício.

21. Os gerentes de projetos devem incentivar os empregados a aproveitar os benefícios da empresa, como os planos de compra de ações e os planos de aposentadoria.	–3	–2	–1	0	+1	+2	+3
22. Os gerentes de projetos devem certificar-se de que os membros da equipe possuam um bom ambiente de trabalho (ou seja, temperatura adequada, iluminação, baixos níveis de ruídos, banheiros, cafeterias etc.).	–3	–2	–1	0	+1	+2	+3
23. Os gerentes de projetos devem designar aos membros da equipe trabalhos que possam aumentar a reputação de cada integrante.	–3	–2	–1	0	+1	+2	+3
24. Os gerentes de projetos devem criar um ambiente descontraído e cooperativo para os membros da equipe.	–3	–2	–1	0	+1	+2	+3

25. Os gerentes de projetos devem lembrar **continuamente** à equipe que a segurança do emprego é uma função de competitividade, de permanecer dentro das restrições e das boas relações com os clientes.	–3	–2	–1	0	+1	+2	+3
26. Os gerentes de projetos devem tentar convencer os membros da equipe que cada nova designação é um desafio.	–3	–2	–1	0	+1	+2	+3
27. Os gerentes de projetos devem estar dispostos a reprogramar as atividades, se possível, em torno da convivência da equipe e das funções sociais fora da empresa.	–3	–2	–1	0	+1	+2	+3
28. Os gerentes de projetos devem lembrar continuamente os funcionários de como eles se beneficiarão, monetariamente, pelo seu desempenho bem-sucedido no projeto.	–3	–2	–1	0	+1	+2	+3
29. Os gerentes de projetos devem estar dispostos a dar "tapinha nas costas" e providenciar o reconhecimento quando aplicável.	–3	–2	–1	0	+1	+2	+3
30. Os gerentes de projetos devem incentivar a equipe a manter constante autodesenvolvimento em cada designação.	–3	–2	–1	0	+1	+2	+3
31. Os gerentes de projetos devem permitir que os membros da equipe definam os seus próprios padrões, quando aplicável.	–3	–2	–1	0	+1	+2	+3
32. Os gerentes de projetos devem designar trabalhos aos empregados funcionais, de acordo com a senioridade do cargo.	–3	–2	–1	0	+1	+2	+3
33. Os gerentes de projetos devem permitir que os membros da equipe utilizem tanto a organização formal, quanto a informal, para que o trabalho seja realizado.	–3	–2	–1	0	+1	+2	+3
34. Como gerente de projetos, eu gostaria de controlar os salários dos colaboradores em tempo integral no meu projeto.	–3	–2	–1	0	+1	+2	+3
35. Os gerentes de projetos devem compartilhar as informações com a equipe. Isso inclui informações sobre o projeto que podem não ser diretamente aplicáveis às designações dos membros da equipe.	–3	–2	–1	0	+1	+2	+3
36. Os gerentes de projetos devem incentivar os membros da equipe a serem criativos e a resolverem seus próprios problemas.	–3	–2	–1	0	+1	+2	+3
37. Os gerentes de projetos devem fornecer descrições detalhadas de trabalho para os membros da equipe, que descrevam o papel e a responsabilidade de cada integrante.	–3	–2	–1	0	+1	+2	+3
38. Os gerentes de projetos devem dar a cada membro da equipe a oportunidade de fazer o que pode fazer melhor.	–3	–2	–1	0	+1	+2	+3
39. Os gerentes de projetos devem estar dispostos a interagir informalmente com os membros da equipe e conhecê-los, contanto que exista tempo suficiente no projeto.	–3	–2	–1	0	+1	+2	+3
40. A maioria dos empregados no meu projeto recebe salário proporcional às suas habilidades.							

PARTE 1 Tabela de Pontuação

(**O que motiva você?**)

Coloque suas respostas (os valores numéricos que você circulou) às questões 1-20 nos espaços correspondentes da tabela a seguir.

Necessidades Básicas	*Necessidades de Segurança*	*Necessidades de Participação*
#1 _____	#5 _____	#7 _____
#3 _____	#10 _____	#9 _____
#14 _____	#13 _____	#12 _____
#17 _____	#20 _____	#19 _____
Total _____	Total _____	Total _____

Necessidades de Estima/Ego	*Necessidades de Autorrealização*
#4 _____	#2 _____
#6 _____	#15 _____
#8 _____	#16 _____
#11 _____	#18 _____
Total _____	Total _____

Transfira a sua pontuação total para cada categoria na tabela a seguir marcando um "X" na área correta para as necessidades motivacionais.

PARTE 2 Tabela de Pontuação

(**O que motiva você?**)

Coloque suas respostas (os valores numéricos que você circulou) às questões 21-40 nos espaços correspondentes da tabela a seguir.

Necessidades Básicas	*Necessidades de Segurança*	*Necessidades de Participação*
#22 _____	#21 _____	#24 _____
#28 _____	#25 _____	#27 _____
#34 _____	#32 _____	#33 _____
#40 _____	#37 _____	#39 _____
Total _____	Total _____	Total _____

Necessidades de Estima/Ego	*Necessidades de Autorrealização*
#23 _____	#26 _____
#29 _____	#30 _____
#31 _____	#36 _____
#35 _____	#38 _____
Total _____	Total _____

Transfira a sua pontuação total para cada categoria na tabela a seguir marcando um "X" na área correta para as necessidades motivacionais.

Questões 1-20

Pontuação																									
Necessidades	-12	-11	-10	-9	-8	-7	-6	-5	-4	-3	-2	-1	0	+1	+2	+3	+4	+5	+6	+7	+8	+9	+10	+11	+12
Autorrealização																									
Estima/Ego																									
Participação																									
Segurança																									
Básicas																									

Questões 21-40

Pontuação																									
Necessidades	-12	-11	-10	-9	-8	-7	-6	-5	-4	-3	-2	-1	0	+1	+2	+3	+4	+5	+6	+7	+8	+9	+10	+11	+12
Autorrealização																									
Estima/Ego																									
Participação																									
Sogurança																									
Básicas																									

6

ADMINISTRAÇÃO DO SEU TEMPO E ESTRESSE

Estudos de Caso Relacionados (de Kerzner/*Project Management Case Studies*, 4. ed.)	Livro de Exercícios Relacionado (de Kerzner/*Project Management Workbook and PMP®/CAPM® Exam Study Guide*, 11. ed.)	Guia PMBOK® – 5. ed., Seção de Referência para o Exame de Certificação PMP®
• The Reluctant Workers* • Time Management Exercise	• Multiple Choice Exam	• Gerenciamento dos Recursos Humanos • Gerenciamento dos Riscos

* *Estudo de caso também aparece no final do capítulo.*

6.0 INTRODUÇÃO

Guia PMBOK®, 5. ed.
Capítulo 9 Gerenciamento dos Recursos Humanos do Projeto
Capítulo 6 Gerenciamento do Tempo do Projeto

O gerenciamento de projetos dentro do prazo, dos custos e do desempenho é mais fácil na teoria do que na prática. O ambiente de gerenciamento de projetos é extremamente turbulento e composto de inúmeras reuniões, elaboração de relatórios, resolução de conflitos, planejamento e replanejamento contínuos, comunicação com o cliente e gerenciamento de crises. Teoricamente, o gerente de projetos eficaz é um gerente, não um executor; mas, no "mundo real", os gerentes de projetos, muitas vezes, comprometem o seu tempo fazendo as duas coisas.

A administração disciplinada do tempo é uma das chaves para o gerenciamento de projetos eficaz. Costuma-se dizer que, se o gerente do projeto não pode controlar seu próprio tempo, então ele não irá controlar mais nada no projeto.

6.1 ENTENDIMENTO DA ADMINISTRAÇÃO DO TEMPO[1]

Para a maioria das pessoas, o tempo é um recurso que, quando perdido ou mal utilizado, se vai para sempre. Para um gerente de projetos, no entanto, o tempo é mais uma restrição, e princípios eficazes de administração do tempo devem ser empregados para torná-lo um recurso.

A maioria dos executivos prefere alocar menos pessoas para os projetos, na crença equivocada de que o gerente do projeto vai assumir a carga de trabalho adicional. O gerente do projeto pode já estar sobrecarregado com reuniões, elaboração de relatórios, comunicações internas e externas, resolução de conflitos e planejamento/replanejamento de crises. No entanto, a maioria dos gerentes de projetos administra o seu tempo de alguma forma para fazer com que o trabalho seja feito. Profissionais experientes logo aprendem a delegar tarefas e empregar os princípios de administração eficaz de tempo. As seguintes questões deverão ajudar os gerentes a identificar áreas problemáticas:

- Você tem dificuldade para concluir os trabalhos dentro dos prazos atribuídos?
- Quantas interrupções acontecem todos os dias?
- Você tem um procedimento para lidar com as interrupções?
- Se você precisar de um grande espaço de tempo ininterrupto, esse tempo estará disponível? Com ou sem horas extras?
- Como você lida com visitantes e telefonemas repentinos?

[1] As Seções 6.1, 6.2 e 6.3 são adaptadas de: CLELAND, David; KERZNER, Harold. *Engineering team management*. Melbourne, Florida: Krieger, 1986. Capítulo 8.

- Como são tratadas as correspondências recebidas?
- Você possui procedimentos estabelecidos para os trabalhos de rotina?
- Você está realizando mais ou menos do que há três meses? E do que há seis meses atrás?
- O quão difícil é para você dizer não?
- Como você aborda trabalho detalhado?
- Você executa trabalhos que deveriam ser realizados por seus subordinados?
- Você possui tempo suficiente todos os dias para interesses pessoais?
- Você ainda pensa sobre o seu trabalho quando está fora do escritório?
- Você elabora uma lista de coisas a fazer? Se sim, a lista é priorizada?
- O seu cronograma possui algum grau de flexibilidade?

O gerente do projeto que pode lidar com essas questões tem uma maior oportunidade de converter o tempo de uma restrição para um recurso.

6.2 LADRÕES DE TEMPO

Guia PMBOK®, 5. ed.
Capítulo 6 Gerenciamento do Tempo do Projeto Capítulo 11 Gerenciamento dos Riscos do Projeto

O problema mais desafiador que os gerentes de projetos enfrentam é a incapacidade de dizer não. Considere a situação em que um colaborador chega a seu escritório com um problema. Ele pode ser sincero quando diz que simplesmente quer o seu conselho, mas, na maioria das vezes, o empregado quer tirar o peso das próprias costas e colocá-lo nas suas. O problema do funcionário é agora problema **seu**.

Para lidar com tais situações, primeiro exclua os problemas com os quais você não deseja se envolver. Segundo, se a situação não necessitar do seu envolvimento, então você deve certificar-se de que, quando o empregado deixar o seu escritório, ele perceba que o problema ainda é dele, e não seu. Em terceiro lugar, se você considera que o problema vai exigir sua atenção continuada, lembre o empregado que todas as decisões futuras serão decisões conjuntas e que o problema ainda estará sobre os ombros dele. Uma vez que os colaboradores percebem que não podem colocar os próprios problemas sobre os seus ombros, eles aprendem a tomar as próprias decisões.

Existem inúmeros ladrões de tempo no ambiente de gerenciamento de projetos. Eles incluem:

- Trabalho incompleto
- Um trabalho malfeito que deve ser refeito
- Ligações telefônicas, correspondências e correio eletrônico
- Ausência de responsabilidade adequada e autoridade proporcional
- Mudanças sem notificação/explicação direta
- Espera pelas pessoas
- Falha em delegar ou delegação imprudente
- Sistemas ruins de recuperação
- Ausência de informação em um formato disponível
- Administração do dia a dia
- Reivindicações sindicais
- Ter de explicar o "pensamento" para os superiores
- Muitos níveis de revisão
- Conversas casuais no escritório
- Informações desencontradas
- Mudança de prioridades
- Indecisão em qualquer nível
- Procrastinação
- Agendamento de compromissos
- Excesso de reuniões
- Acompanhamento de trabalho delegado
- Papéis/descrições de cargos não claros
- Intromissão dos executivos
- Requisitos de aderência ao orçamento
- Clientes mal-educados
- Insuficiência de gerentes experientes
- Metas e objetivos vagos
- Ausência de uma descrição de cargo
- Muitas pessoas envolvidas em pequenas tomadas de decisões
- Falta de conhecimento técnico
- Falta de autorização para tomar decisões
- Relatórios funcionais deficientes sobre o andamento
- Sobrecarga de trabalho
- Restrições de tempo não razoáveis
- Excesso de viagens
- Ausência de ferramentas adequadas de gerenciamento de projetos
- Acusações departamentais
- Política dentro da empresa
- Crises constantes
- Ordens conflitantes
- Barreiras burocráticas ("ego")
- Gerentes de linha criadores de impérios
- Falta de comunicação entre vendas e engenharia
- Documentação excessiva
- Falta de apoio material e/ou administrativo
- Lidar com empresas terceirizadas não confiáveis
- Empregados não dispostos a assumir riscos
- Demanda por resultados de curto prazo
- Ausência de planejamento de longo prazo
- Aprendizado sobre novos sistemas da empresa
- Prazos ruins em projetos
- Documentação (relatórios/burocracia)

- Número grande de projetos
- Ânsia por perfeição
- Falta de organização no projeto
- Pressão constante
- Interrupções constantes
- Trocas de pessoal funcional
- Falta de disciplina dos colaboradores
- Ausência de mão de obra qualificada

6.3 FORMULÁRIOS PARA ADMINISTRAÇÃO DO TEMPO

Existem dois formulários básicos que os gerentes e engenheiros de projetos podem usar para exercer uma melhor administração do tempo. O primeiro formulário é o formulário "a fazer", como apresentado na Figura 6-1. O gerente do projeto ou uma secretária prepara a lista de coisas a fazer. O gerente do projeto, em seguida, decide quais as atividades ele mesmo deve realizar e atribui as prioridades adequadas.

Em seguida, as atividades com as prioridades maiores são transferidas para o "registro de calendário diário" como ilustrado na Figura 6-2. O gerente do projeto atribui essas atividades para os espaços de tempo, baseado em seu próprio ciclo de energia. Os espaços de tempo vagos são, então, utilizados para crises inesperadas ou para atividades de menor prioridade.

Se houver mais elementos prioritários do que espaços de tempo, o gerente do projeto pode tentar agendar com bastante antecedência. Isso normalmente não é uma boa prática, pois cria uma reserva de atividades de alta prioridade. Além disso, uma atividade que hoje é de prioridade "B" poderia facilmente tornar-se uma prioridade "A" em um ou dois dias. A moral aqui é não deixar para amanhã o que você ou sua equipe podem fazer hoje.

6.4 ADMINISTRAÇÃO EFICAZ DO TEMPO

Existem várias técnicas que os gerentes de projetos podem praticar, a fim de fazer um melhor uso do próprio tempo[2]:

- Delegar
- Seguir o cronograma
- Decidir rápido
- Decidir quem deve participar
- Aprender a dizer não
- Iniciar agora
- Fazer a parte mais difícil primeiro
- Viajar com pouca bagagem
- Trabalhar nas paradas de viagens
- Evitar memorandos inúteis
- Recusar-se a fazer coisas sem importância
- Olhar para frente
- Perguntar: Esta viagem é necessária?
- Conhecer o seu ciclo de energia
- Controlar o tempo para telefone e correio eletrônico
- Enviar a agenda da reunião
- Superar a procrastinação
- Gerenciar por exclusão

Como vimos no Capítulo 5, para ser eficaz, o gerente de projetos deve estabelecer regras de administração do tempo e, em seguida, fazer a si mesmo quatro perguntas:

2 Fonte desconhecida.

Data ______________

Atividades	Prioridade	Iniciada em	Em processo	Concluída

FIGURA 6-1 Formulário "a fazer".

Data ______________

Horário	Atividade	Prioridade
8:00-9:00		
9:00-10:00		
10:00-11:00		
11:00-12:00		
12:00-13:00		
13:00-14:00		
14:00-15:00		
15:00-16:00		
16:00-17:00		

FIGURA 6-2 Registro de calendário diário.

- As regras de administração do tempo
  - Realizar uma análise do tempo (registro do tempo)
  - Planejar espaços certos de tempo para coisas importantes
  - Classificar suas atividades
  - Estabelecer prioridades
  - Estabelecer o custo de oportunidade das atividades
  - Treinar o seu sistema (chefe, subordinados, pares)
  - Praticar a delegação
  - Praticar a negligência calculada
  - Praticar a gestão por exclusão
  - Focar em oportunidades, não em problemas
- Perguntas
  - O que estou fazendo que não preciso absolutamente fazer?
  - O que estou fazendo que pode ser mais benfeito por outra pessoa?
  - O que estou fazendo que poderia ser feito suficientemente bem por outra pessoa?
  - Estou estabelecendo as prioridades certas para as minhas atividades?

6.5 ESTRESSE E ESGOTAMENTO

Os fatores que servem para fazer qualquer atividade profissional especialmente estressante são responsabilidade sem autoridade ou capacidade de exercer o controle, necessidade de perfeição, pressão de prazos, ambiguidade de papéis, conflito de papéis, sobrecarga de papéis, cruzamento de fronteiras organizacionais, responsabilidade pelas ações dos subordinados e a necessidade de manter o contato com as explosões de informação ou com os avanços tecnológicos. Os gerentes de projetos possuem todos esses fatores em seus empregos.

Um gerente de projetos tem seus recursos controlados pela gerência de linha, mas a responsabilidade de levar um projeto para a conclusão dentro de um prazo fixado é dele. Um gerente de projetos pode ser ordenado a aumentar o rendimento do trabalho, enquanto a força de trabalho está simultaneamente sendo cortada. Os gerentes de projetos supostamente devem realizar o trabalho dentro do cronograma, mas muitas vezes não são autorizados a pagar horas extras. Um gerente de projetos descreveu assim: "Eu tenho de implementar planos que não projetei, mas se o projeto falhar, sou responsável".

Os gerentes de projetos estão sujeitos a estresse devido a várias facetas de seus trabalhos. O estresse pode se manifestar de diversas maneiras, tais como:

1. **Ficar cansado:** ficar cansado é uma consequência de ter sua força e energia drenadas, talvez por meio de esforço físico, tédio ou impaciência. A definição aqui se aplica mais a um efeito de curto prazo, ao invés de longo prazo. As causas normais para a sensação de cansaço incluem reuniões, elaboração de relatórios e outras formas de preparação de documentos.

2. **Sentir-se deprimido:** sentir-se deprimido é uma condição emocional normalmente caracterizada pelo desânimo ou um sentimento de inadequação. Geralmente é resultado de uma situação que está fora do controle ou da capacidade do gerente de projetos. Existem várias fontes de depressão em um ambiente de projetos: a administração ou o cliente considera o seu relatório inaceitável, você não consegue obter os recursos designados de forma oportuna, a tecnologia não está disponível ou as restrições do projeto são irreais e não podem ser cumpridas.

3. **Ficar física e emocionalmente esgotado:** os gerentes de projetos são tanto gerentes como executores. É bastante comum para eles realizar uma grande quantidade de trabalho por si mesmos, seja porque considerem o pessoal designado não qualificado para realizar o trabalho, seja porque são impacientes e consideram-se capazes de realizar o trabalhar mais rápido. Além disso, os gerentes de projetos frequentemente trabalham uma grande quantidade de horas extras autoinfligidas. A causa mais comum de exaustão emocional é a elaboração de relatórios e a preparação de materiais para as reuniões de intercâmbio.

4. **Esgotamento:** ficar esgotado é mais do que apenas um sentimento, é uma condição. Implica que alguém está totalmente exausto, tanto física como emocionalmente e que tempo de descanso, de recuperação, ou de férias pode não remediar a situação. A causa mais comum é trabalhar horas extras prolongadas, ou a necessidade de trabalhar horas extras e uma incapacidade de aguentar ou desempenhar sob constante pressão e estresse. O esgotamento pode ocorrer quase do dia para a noite, muitas vezes sem aviso. A solução é quase sempre uma mudança na designação de funções, de preferência com outra empresa.

5. **Ficar infeliz:** há vários fatores que produzem infelicidade no gerenciamento de projetos. Tais fatores incluem planejamento muito otimista, expectativas não razoáveis pela administração, corte de recursos por causa de uma aquisição ou simplesmente exigências do cliente por itens adicionais de dados. Uma grande fonte de infelicidade é a frustração causada por ter autoridade limitada e não compatível com a responsabilidade designada.

6. **Sentir-se preso:** a situação mais comum em que os gerentes de projetos se sentem aprisionados é quando não têm controle sobre os recursos alocados no projeto e sentem como se estivessem à mercê dos gerentes de linha. Os funcionários tendem a favorecer o gerente que pode lhes oferecer mais recompensas, e que geralmente é o gerente de linha. Proporcionar ao gerente de projetos algum tipo de poder de recompensa direta pode resolver a situação.

7. **Sentir-se inútil:** sentir-se inútil implica que alguém não possui validade ou mérito, isto é, é sem valor. Essa situação ocorre quando os gerentes de projetos se sentem gerenciando projetos abaixo da sua dignidade. A maioria deles espera pela morte de seu projeto desde o início e espera que o próximo projeto seja mais importante, com talvez o dobro do custo e mais complexo. Infelizmente, sempre há situações em que é preciso dar um passo para trás.

8. **Sentir-se magoado e desiludido com as pessoas:** essa situação ocorre com frequência nas relações do gerente de projetos (ou seja, as negociações) com os gerentes de linha. Durante a fase de planejamento de um projeto, os gerentes de linha, muitas vezes, fazem promessas relativas a comprometimentos futuros de recursos, mas renegam as suas promessas durante a execução. Então a desilusão ocorre e pode facilmente gerar conflitos graves. Outra fonte potencial desses sentimentos é quando os gerentes de linha parecem estar tomando decisões que não são do melhor interesse para o projeto.

9. **Sentir-se desesperado:** a fonte mais comum de desesperança são projetos de P&D nos quais o objetivo final está além do alcance do empregado ou mesmo das tecnologias de ponta. A desesperança significa não dar sinais de um resultado favorável. É mais uma consequência da restrição de desempenho do que das restrições de tempo ou de custos.

10. **Sentir-se rejeitado:** sentir-se rejeitado pode ser o resultado de um mau relacionamento com executivos, gerentes de linha ou clientes. A rejeição ocorre muitas vezes quando as pessoas com autoridade sentem que as suas opções e opiniões são melhores do que as do gerente de projetos. A rejeição tem um efeito desmoralizante sobre o gerente de projetos, porque ele acha que é o "presidente" do projeto e o verdadeiro "campeão" da empresa.

11. **Sentir-se ansioso:** quase todos os gerentes de projetos têm algum grau de foco, em que eles anseiam pelo final do projeto, mesmo quando o projeto está em sua infância. Essa sensação de ansiedade não é só para ver o fim do projeto, mas para vê-lo concluído com sucesso.

O estresse nem sempre é negativo, no entanto. Sem certa quantidade de estresse, os relatórios nunca teriam sido escritos ou distribuídos, os prazos nunca seriam cumpridos e ninguém nem mesmo chegaria ao trabalho no horário. Mas o estresse pode ser uma poderosa força, resultando em enfermidades e até mesmo doenças fatais e deve ser entendido e administrado para que possa ser controlado e utilizado para fins construtivos.

A mente, o corpo e as emoções não são entidades separadas como já se pensou. Um afeta o outro, positiva ou negativamente. O estresse se torna prejudicial quando é prolongado além do que um indivíduo pode confortavelmente aguentar. Em um ambiente de projetos, com os requisitos em constante mudança, prazos impossíveis e cada projeto sendo considerado como uma entidade única em si, nós devemos perguntar: quanto estresse prolongado um gerente de projetos pode aguentar confortavelmente?

Os estresses do gerenciamento de projetos podem parecer excessivos diante de quaisquer recompensas que o cargo possa oferecer. No entanto, o gerente de projetos que está consciente dos esforços inerentes ao trabalho e conhece técnicas de gerenciamento de estresse pode enfrentar esse desafio objetivamente e torná-lo uma experiência gratificante.

6.6 DICAS DE ESTUDO PARA O EXAME DE CERTIFICAÇÃO EM GERENCIAMENTO DE PROJETOS PMI®

Esta seção aplica-se à revisão dos princípios de apoio às áreas de conhecimento e grupos de processos do Guia PMBOK®. Este capítulo aborda:

- Gerenciamento dos Recursos Humanos
- Gerenciamento dos Riscos
- Execução

A compreensão dos princípios a seguir será benéfica se o leitor estiver utilizando este livro como estudo para o Exame de Certificação PMP®:

- Como o estresse pode afetar a maneira com a qual o gerente de projetos trabalha com a equipe
- Como o estresse afeta o desempenho dos membros da equipe

As seguintes questões de múltipla escolha ajudarão na revisão dos conceitos deste capítulo:

1. Qual dos seguintes estilos de liderança mais frequentemente cria "ladrões de tempo" adicionais para um gerente de projetos?
   a. Direção
   b. Treinamento
   c. Apoio
   d. Delegação
2. Qual dos seguintes estilos de liderança mais frequentemente cria "ladrões de tempo" adicionais para a equipe do projeto?
   a. Direção
   b. Treinamento
   c. Apoio
   d. Delegação
3. Com qual dos seguintes ladrões de tempo um gerente de projetos provavelmente desejaria lidar por

si mesmo e não por meio de delegação para membros da equipe igualmente qualificados?

a. Aprovação dos gastos de aquisições
b. Relatório de andamento para um cliente
c. Ordens conflitantes do patrocinador executivo
d. Relatório de andamento do valor agregado

RESPOSTAS

1. A 2. D 3. C

EXERCÍCIOS

6-1 Os ladrões de tempo deveriam ser adicionados aos padrões de mão de obra direta para precificar um trabalho?

6-2 É possível que um gerente de projetos melhore suas habilidades de administração do tempo por conhecer o "ciclo de energia" do seu pessoal? Esse ciclo de energia pode ser em função da hora do dia, do dia da semana ou no caso de serem necessárias horas extras?

ESTUDO DE CASO

OS TRABALHADORES RELUTANTES

Tim Aston tinha mudado de empregadores havia três meses. Seu novo cargo foi o de gerente de projetos. De início, ele tinha brilho nos olhos por se tornar o melhor gerente de projetos que sua empresa jamais viu. Agora, ele não tinha certeza se o gerenciamento de projetos havia compensado o esforço. Ele agendou para ver Phil Davies, diretor de gerenciamento de projetos.

Tim Aston: "Phil, estou um pouco descontente com a forma como as coisas estão indo. Simplesmente não consigo motivar meu pessoal. Todo dia, às 16:30, todos os meus funcionários limpam suas mesas e vão para casa. Vi pessoas saírem das reuniões de equipe no final da tarde porque tinham medo de perder o rodízio de automóveis. Tive de agendar reuniões de equipe pela manhã".

Phil Davies: "Olha, Tim. Você vai ter de perceber que, em um ambiente de projetos, as pessoas acham que vêm em primeiro lugar e que o projeto está em segundo. Isso é rotina em nosso modelo organizacional".

Tim Aston: "Pedi continuamente ao meu pessoal para falar comigo se eles tivessem problemas. Acho que as pessoas não pensam que precisam de ajuda e, portanto, não a querem. Simplesmente não consigo fazer com que minha equipe se comunique mais".

Phil Davies: "A idade média dos nossos empregados é de cerca de 46 anos. A maioria de nosso pessoal está aqui há 20 anos. Eles estão estabelecidos em seus métodos. Você é a primeira pessoa que contratamos nos últimos três anos. Alguns de nossos funcionários podem se ressentir em ver um gerente de projetos de 30 anos".

Tim Aston: "Encontrei um cara no departamento de contabilidade que tem uma cabeça muito boa. Ele está muito interessado em gerenciamento de projetos. Perguntei ao chefe dele se ele poderia liberá-lo para uma posição em gerenciamento de projetos e o chefe apenas riu de mim, dizendo algo no sentido de que, enquanto aquele cara estiver fazendo um bom trabalho, ele nunca vai ser liberado para uma designação em nenhum outro lugar da empresa. O chefe parece mais preocupado com o império pessoal dele do que com o que é melhor para a empresa.

Nós tivemos um teste agendado para a semana passada. A alta administração do cliente estava planejando pegar um voo para obter observações em primeira mão. Dois de meus colaboradores disseram que tinham programado férias nos próximos dias e que não mudariam sob nenhuma condição. Um cara iria pescar e o outro estava planejando passar alguns dias trabalhando com órfãos em nossa comunidade. Certamente, esses caras poderiam mudar seus planos para o teste."

Phil Davies: "Muitos de nossos funcionários possuem responsabilidades sociais e interesses externos. Encorajamos as responsabilidades sociais e apenas esperamos que os interesses externos não interfiram em seus empregos.

Há uma coisa que você deve entender sobre o nosso pessoal. Com uma média de idade de 46, muitos dos nossos colaboradores estão no topo das suas categorias salariais e não têm nenhum lugar para ir. Devem procurar em outro lugar pelos seus interesses. Essas são as pessoas com as quais você tem de trabalhar e as quais tem de motivar. Talvez você deva fazer algumas leituras sobre comportamento humano."

7

CONFLITOS

Estudos de Caso Relacionados (de Kerzner/*Project Management Case Studies*, 4. ed.)	Livro de Exercícios Relacionado (de Kerzner/*Project Management Workbook and PMP®/CAPM® Exam Study Guide*, 11. ed.)	Guia PMBOK® – 5. ed., Seção de Referência para o Exame de Certificação PMP®
• Facilities Scheduling at Mayer Manufacturing* • Scheduling the Safety Lab • Telestar International* • The Problem with Priorities	• Multiple Choice Exam	• Gerenciamento dos Recursos Humanos

* *Também aparece no final do capítulo.*

7.0 INTRODUÇÃO

Guia PMBOK®, 5. ed.
Capítulo 9.4 Gerenciar a equipe do projeto
Capítulo 9.4.2.3 Gerenciamento de conflitos

Na discussão sobre o ambiente do projeto, evitamos propositadamente o que pode ser sua característica mais importante: os conflitos. Os opositores do gerenciamento de projetos afirmam que a principal razão pela qual muitas empresas evitam mudar para uma estrutura organizacional de gerenciamento de projetos é tanto o medo quanto a incapacidade de lidar com os conflitos resultantes. Os conflitos são a rotina de uma estrutura de projetos e geralmente podem ocorrer em qualquer nível da organização, geralmente como resultado de objetivos conflitantes.

O gerente de projetos, muitas vezes, tem sido descrito como um gerente de conflitos. Em muitas organizações, ele constantemente combate incêndios e crises geradas de conflitos, e delega a responsabilidade do dia a dia da execução do projeto para os membros da equipe. Embora essa não seja a melhor situação, nem sempre pode ser evitada, principalmente após a reestruturação organizacional ou o início de projetos que exijam novos recursos.

A capacidade de lidar com conflitos requer uma compreensão do porquê de eles ocorrerem. Fazer estas quatro perguntas e respondê-las pode ajudar a tratar e prevenir conflitos:

- Quais são os objetivos do projeto e esses objetivos conflitam com outros projetos?
- Por que os conflitos ocorrem?
- Como resolver conflitos?
- Existe algum tipo de análise que possa identificar possíveis conflitos antes que eles ocorram?

7.1 OBJETIVOS

Cada projeto deve ter pelo menos um objetivo. Os objetivos do projeto devem ser conhecidos por todo o pessoal do projeto e por todos os gerentes, em todos os níveis da organização. Se essas informações não são comunicadas com precisão, então é perfeitamente possível que os gerentes de alto escalão, os gerentes de projetos e os gerentes funcionais, todos possam ter uma interpretação diferente do objetivo final, uma situação que provoca conflitos. Como exemplo, foi concedido à empresa X um contrato de $ 100.000 do governo para a inspeção de um componente que parece estar se desgastando. A administração pode ver o objetivo desse projeto como de o descobrir a causa do desgaste e eliminá-la na produção de futuros componentes. Essa empresa X poderia dar um "salto" na concorrência. O gerente da divisão pode ver o objetivo apenas como um meio de manter as pessoas empregadas, sem possibilidades futuras. O gerente do departamento pode considerar o objetivo ou como um outro trabalho que tem de ser cumprido, ou como um meio de criação de novas tecnologias de inspeção. O gerente do departamento, portanto, pode alocar as posições necessárias com qualquer dado grau de especialização, em virtude da importância e da definição do objetivo.

Os objetivos do projeto devem ser/estar:

- Específicos e não gerais
- Não muito complexos
- Mensuráveis, tangíveis e verificáveis
- Em níveis adequados, desafiadores
- Realistas e atingíveis
- Estabelecidos dentro dos limites de recursos
- De acordo com os recursos disponíveis ou previstos
- Consistentes com planos, políticas e procedimentos organizacionais

Alguns profissionais usam a abordagem mais simplista de definição de um objetivo, dizendo que o objetivo do projeto deve seguir a regra SMART[NT1], onde:

- S = *Specific* (Específico)
- M = *Measurable* (Mensurável)
- A = *Attainable* (Atingível)
- R = *Realistic or Relevant* (Realista ou Relevante)
- T = *Tangible or Time Bound* (Tangível ou de Prazo Definido)

Infelizmente, essas características nem sempre são evidentes, principalmente se considerarmos que o projeto pode ser único para a organização em questão. Por exemplo, projetos de pesquisa e desenvolvimento, às vezes começam genéricos, ao invés de específicos. Os objetivos de pesquisa e desenvolvimento são restabelecidos com o passar do tempo, porque o objetivo inicial pode não ser atingível. Por exemplo, a empresa Y acredita que possa desenvolver um motor propulsor de foguete de alta voltagem. Uma proposta é enviada ao governo e, após um período de revisão, o contrato é concedido. No entanto, como é o caso de todos os projetos de P&D, existe sempre a questão de saber se o objetivo é atingível dentro das restrições de prazo, custos e desempenho. Pode ser possível atingir o objetivo inicial, mas com custos incrivelmente altos de produção. Nesse caso, as especificações do propulsor (ou seja, os objetivos iniciais) podem ser modificadas de modo a alinhá-las com um objetivo mais próximo dos recursos financeiros disponíveis para a produção.

Muitos projetos são dirigidos e controlados por meio da abordagem de Administração por Objetivos (APO). A filosofia da administração por objetivos:

- É uma administração proativa, e não reativa
- É orientada a resultados, enfatizando a realização
- Foca a mudança para melhorar a eficácia individual e organizacional

A administração por objetivos é uma abordagem sistêmica para alinhar os objetivos do projeto aos objetivos organizacionais, aos objetivos de outras subunidades da organização e aos objetivos individuais. Além disso, a abordagem pode ser considerada:

- Uma abordagem sistêmica para planejamento e obtenção de resultados do projeto para uma organização
- Uma estratégia para satisfazer as necessidades individuais, ao mesmo tempo em que as necessidades do projeto são atendidas
- Um método de esclarecimento sobre qual deve ser a contribuição de cada indivíduo e unidade organizacional para o projeto

Independentemente de a APO ser utilizada, os objetivos do projeto devem ser estabelecidos.

7.2 O AMBIENTE DE CONFLITO

No ambiente de projeto, conflitos são inevitáveis. Os conflitos ocorrem porque as pessoas na equipe do projeto podem ter valores, interesses, sentimentos e objetivos diferentes. Os gerentes de projeto que não conseguem resolver esses conflitos em tempo hábil estão fadados ao fracasso. Alguns conflitos podem ser resolvidos rapidamente, enquanto outros podem levar muito mais tempo para resolver. Em geral, quanto menor o número de pessoas envolvidas no conflito, menor é o tempo necessário para resolver as questões. Determinar a quantidade de tempo necessária para resolver um problema é difícil.

Resolver conflitos com subordinados diretos é mais fácil do que resolver conflitos com membros da equipe que ainda estão presos administrativamente a outros gerentes funcionais.

[NT1] Sigla que compõe uma palavra da língua inglesa que, em tradução para o português, significa "esperto", "inteligente".

Existem várias causas para conflitos. Em primeiro lugar, historicamente os gerentes de projetos têm sido trazidos a bordo do projeto após a elaboração do *business case*. Como resultado, o *business case*, cronograma, custos, premissas e outras restrições são impostas a equipe do projeto. Tudo isso ocorre bem antes que um plano detalhado do projeto seja preparado. Depois que o plano do projeto é finalmente preparado, muito frequentemente ocorre que os resultados não podem ser alcançados em tempo hábil dentro dos requisitos e restrições impostos.

Em segundo lugar, as empresas costumam aprovar projetos sem dar nenhuma consideração à capacidade de planejamento e se haverá ou não recursos qualificados disponíveis uma vez que o projeto começar. Isso é particularmente verdadeiro para empresas que sobrevivem a uma licitação. Essas empresas podem não ter nenhuma ideia de quantos contratos irá ganhar, caso ganhe. O resultado é geralmente uma escassez de recursos qualificados.

Em terceiro lugar, os projetos frequentemente são aprovados e adicionados à fila sem que se saiba quando irão começar. Cronogramas de alto nível são estabelecidos a partir de uma data de *go-ahead*, e não a partir de uma data do calendário e, mais uma vez, com pouca atenção em relação a recursos disponíveis ou qualificados. Uma vez que o projeto oficialmente começa, as qualificações ou hábitos de trabalho dos membros atribuídos à equipe do projeto podem não se adequar às necessidades do projeto. E, como esperado, você é então informado de que estes são os únicos recursos disponíveis.

Em quarto lugar, o projeto deve ser realizado sem perturbar o negócio em andamento da sua empresa e nem os outros projetos que estão sendo realizados. Se o seu projeto tem baixa prioridade, então você deve esperar que seus recursos mais críticos podem ser retirados temporariamente para "apagar incêndios" em outras partes da empresa. Esses conflitos são altamente prováveis em empresas não orientadas em projeto.

Em quinto lugar, o tipo de estrutura organizacional pode criar conflitos. Como exemplo, os gerentes de linha que atuam em estrutura matricial estão sob tremenda pressão para compor equipes de uma infinidade de projetos possivelmente ao mesmo tempo. Um atraso em um projeto pode resultar na liberação tardia de pessoal necessário para compor novos projetos que estão prestes a começar.

Aqui, descrevemos cinco causas comuns de conflitos que podem ocorrer quando o projeto começa. Há também inúmeros outros conflitos que podem ocorrer durante a execução do projeto. Ginger Levin oferece uma boa discussão sobre os tipos de conflitos que podem existir em cada fase do ciclo de vida, bem como maneiras de lidar com eles.[1]

Bons gerentes de projeto compreendem que os conflitos vão acontecer e tentam planejar sua resolução. Por exemplo, gerentes de projetos sabem que os membros da equipe podem ter mal-entendidos sobre os papéis e responsabilidades de cada um, e, portanto, uma matriz de responsabilidades ou um gráfico de responsabilidade linear pode evitar que o conflito ocorra.

7.3 TIPOS DE CONFLITOS

É impossível desenvolver uma lista de todos os diferentes tipos de conflitos que podem existir em cada projeto. Os projetos diferem em tamanho, escopo e complexidade.

Os tipos mais comuns de conflitos envolvem:

- Recursos de mão de obra
- Equipamentos e instalações
- Despesas de capital
- Custos
- Opiniões técnicas e compensações
- Prioridades
- Procedimentos administrativos
- Cronograma
- Responsabilidades
- Choques de personalidade

Cada um desses conflitos pode variar com relativa intensidade ao longo do ciclo de vida de um projeto. No entanto, gerentes de projeto acreditam que os conflitos mais frequentes são relativos a cronogramas, mas os conflitos potencialmente prejudiciais podem ocorrer sobre choques de personalidade. A intensidade relativa pode variar em virtude:

- De aproximar-se das restrições do projeto
- De haver apenas duas restrições, em vez de três (ou seja, tempo e desempenho, mas não custos)
- Do ciclo de vida do projeto em si
- Da pessoa com a qual o conflito ocorre

Às vezes, o conflito é "significativo" e produz resultados benéficos. Esses conflitos significativos devem ser autorizados a continuar enquanto as restrições do projeto não sejam violadas e resultados benéficos sejam recebidos. Um exemplo disso seria dois especialistas técnicos argumentando que cada um tem uma forma melhor de resolver um problema, e cada um tenta encontrar mais dados de suporte para a sua hipótese.

---

1 G. Levin, *Interpersonal Skills for Portfolio, Program, and Project Managers* (Management Concepts, Leesburg Pike, VA, 2010), Capítulo 8.

Os conflitos podem ocorrer com qualquer pessoa e sobre qualquer coisa. Algumas pessoas afirmam que conflitos de personalidade são os mais difíceis de resolver. A seguir, estão algumas situações. O leitor deve ponderar o que faria se estivesse nessas situações.

- Dois de seus membros funcionais da equipe parecem ter conflitos de personalidade e quase sempre assumem pontos de vista opostos durante a tomada de decisões. Ambos são da mesma linha organizacional.
- A produção diz que não pode entregar o produto final de acordo com especificações de engenharia.
- O controle de qualidade de P&D e o controle de qualidade das operações de produção discutem a respeito de quem deve realizar um teste em um determinado projeto de P&D. O pessoal de P&D reclama que o projeto é seu, os funcionários da produção argumentam que, afinal, farão a produção e desejam ser envolvidos o mais cedo possível.
- O "Sr. X" é o gerente de um projeto de $ 65 milhões, dos quais $ 1 milhão foi terceirizado para outra empresa, na qual o "Sr. Y" é o gerente de projeto. O "Sr. X" não considera "Sr. Y" como seu equivalente e continuamente se comunica com o diretor de engenharia da empresa do "Sr. Y".

Idealmente, o gerente de projetos deve se reportar a um nível alto o suficiente para que possa obter assistência em tempo hábil na resolução de conflitos. Infelizmente, isso é mais fácil na teoria do que na prática. Portanto gerentes de projeto devem se planejar para a resolução de conflitos. Como exemplos disso:

- O gerente de projetos pode querer ceder em um conflito de baixa intensidade se souber que um conflito de alta intensidade está previsto para ocorrer em um momento posterior do projeto.
- A Jones Construction Company ganhou recentemente um projeto de $ 120 milhões de uma empresa local. O esforço inclui três projetos de construção distintos, iniciados ao mesmo tempo. Dois dos projetos têm duração de 24 meses e o terceiro, de 36 meses. Cada projeto tem o seu próprio gerente de projetos. Quando ocorrem conflitos de recursos entre os projetos, o cliente normalmente é consultado.
- Richard é um gerente de departamento que deve fornecer recursos para quatro projetos diferentes. Embora cada projeto tenha uma prioridade estabelecida, os gerentes de projetos constantemente argumentam que os recursos departamentais não estão sendo alocados de forma eficaz. Richard passou a realizar uma reunião mensal com todos os quatro gerentes de projetos e permite que eles determinem como os recursos devem ser alocados.

Muitos executivos acham que a melhor maneira de resolver conflitos é estabelecendo prioridades. Isso pode ser verdade, desde que as prioridades não sejam constantemente modificadas. Por exemplo, a empresa Minnesota Power and Light estabeleceu as prioridades como:

- Nível 0: sem data de conclusão
- Nível 1: para ser concluído em ou antes de uma data específica
- Nível 2: para ser concluído em ou antes de um determinado trimestre fiscal
- Nível 3: para ser concluído dentro de um determinado ano

Esse tipo de técnica vai funcionar enquanto não houver um grande número de projetos em qualquer um dos níveis.

Os fatores mais comuns que influenciam o estabelecimento das prioridades dos projetos incluem:

- Os riscos técnicos no desenvolvimento
- Os riscos aos quais a empresa estará sujeita, financeira ou competitivamente
- A proximidade da data de entrega e a urgência
- As penalidades que podem acompanhar as entregas atrasadas
- As economias esperadas, o aumento do lucro e o retorno sobre o investimento
- A quantidade de influência que o cliente possui, possivelmente em virtude do tamanho do projeto
- O impacto em outros projetos ou linhas de produtos
- O impacto nas organizações afiliadas

A responsabilidade final pelo estabelecimento de prioridades está com a alta administração. No entanto, mesmo com o estabelecimento de prioridades, os conflitos ainda se desenvolvem. David Wilemon identificou várias razões pelas quais os conflitos ainda ocorrem[2]:

- Quanto maior a diversidade de conhecimentos disciplinares entre os participantes de uma equipe de projeto, maior o potencial para o desenvolvimento de conflitos entre os membros da equipe.

---

2 WILEMON, David L. "Managing Conflict in Temporary Management Situations. *The Journal of Management Studies*, p. 282-296, 1973.

- Quanto menor o grau de autoridade do gerente do projeto e o poder de recompensa e punição sobre os indivíduos e unidades organizacionais que apoiam o seu projeto, maior o potencial para o desenvolvimento de conflitos.
- Quanto menos os objetivos específicos de um projeto (custos, cronograma e desempenho técnico) forem compreendidos pelos membros da equipe do projeto, maior a probabilidade de que os conflitos se desenvolvam.
- Quanto maior o papel de ambiguidade entre os participantes de uma equipe de projeto, maior a probabilidade de que os conflitos se desenvolvam.
- Quanto maior a concordância sobre as metas superordenadas pelos participantes do projeto da equipe, menor o potencial para conflitos prejudiciais.
- Quanto mais os membros de áreas funcionais percebem que a implementação de um sistema de gerenciamento de projetos irá usurpar negativamente suas funções tradicionais, maior o potencial de conflito.
- Quanto menor o percentual de necessidade de interdependência entre as unidades organizacionais que apoiam um projeto, maior o potencial de conflito disfuncional.
- Quanto maior o nível gerencial dentro de um projeto ou área funcional, maior a probabilidade de que os conflitos sejam baseados em profundos ressentimentos provincianos. Por outro lado, no nível do projeto ou das tarefas, é mais provável que a cooperação seja facilitada pela orientação para a tarefa e pelo profissionalismo que um projeto demanda para a sua conclusão.

7.4 RESOLUÇÃO DE CONFLITOS

Guia PMBOK®, 5. ed.
Capítulo 9.4.2.3 Gerenciamento de conflitos

Embora cada projeto dentro da empresa possa ser inerentemente diferente, a empresa pode querer que os conflitos resultantes sejam resolvidos da mesma forma. Os quatro métodos comuns são:

1. O desenvolvimento de políticas e procedimentos organizacionais de resolução de conflitos
2. O estabelecimento de procedimentos de resolução de conflitos para o projeto durante o início das atividades de planejamento
3. A utilização do encaminhamento hierárquico
4. A exigência de um contato direto

Muitas empresas tentaram desenvolver políticas e procedimentos organizacionais de resolução de conflitos, mas esse método está, muitas vezes, fadado ao fracasso, pois cada projeto e cada conflito é diferente. Além disso, os gerentes de projetos, em virtude de sua individualidade e, por vezes, diferentes níveis de autoridade e responsabilidade, preferem resolver os conflitos da sua própria maneira.

Um segundo método de resolução de conflitos que, muitas vezes, é bastante eficaz, é o de se "planejar" para os conflitos durante as atividades de planejamento. Isso pode ser feito por meio de organogramas lineares de responsabilidade. O planejamento para a resolução de conflitos é semelhante ao primeiro método, exceto que cada gerente de projetos pode desenvolver suas próprias políticas, regras e procedimentos.

O encaminhamento hierárquico para a resolução de conflitos, em teoria, aparece como o melhor método porque nem o gerente do projeto nem o gerente funcional vai dominar. Sob essa combinação, o gerente do projeto e o gerente funcional concordam que, para haver um bom equilíbrio, o superior em comum deve resolver o conflito para proteger o interesse da empresa. Infelizmente, isso não é realista, porque o superior comum não pode ser solicitado constantemente para resolver os conflitos de níveis inferiores e isso dá a impressão de que o gerente funcional e o gerente do projeto não conseguem resolver seus próprios problemas.

O último método é o contato direto, no qual as partes em conflito se encontram e resolvem a sua diferença. Infelizmente, esse método não funciona sempre e, se constantemente enfatizado, pode resultar em condições nas quais os indivíduos ou suprimem a identificação de problemas ou desenvolvem problemas novos durante o confronto.

Muitos conflitos podem ser reduzidos ou eliminados por meio da comunicação constante dos objetivos do projeto aos membros da equipe. Essa repetição contínua pode impedir os indivíduos de irem longe demais na direção errada.

7.5 ENTENDIMENTO DOS CONFLITOS DE ORIGEM SUPERIOR, SUBORDINADA E FUNCIONAL[3]

Guia PMBOK®, 5. ed.
Capítulo 9.4.2.3 Gerenciamento de conflitos

Para que o gerente de projetos seja eficaz, ele deve entender como trabalhar com os vários empregados que interagem com o projeto. Esses empregados incluem a alta gerência, os membros subordinados da equipe do projeto e o pessoal funcional. Muitas vezes, o gerente do projeto deve demonstrar uma capacidade de adaptação contínua, criando um

[3] A maior parte desta seção, incluindo as figuras, foi adaptada de *Seminar in project management workbook*, © 1977 por Hans J. Thamhain. Reproduzido com permissão do Dr. Hans J. Thamhain.

ambiente de trabalho diferente com cada grupo de empregados. A necessidade disso foi apresentada na seção anterior pelo fato de que a intensidade relativa dos conflitos pode variar durante o ciclo de vida de um projeto.

O tipo e a intensidade dos conflitos também pode variar de acordo com o tipo de empregado, como apresentado na Figura 7-1. Ambas as causas e as fontes dos conflitos são classificadas de acordo com a relação de intensidade do conflito. Os dados da Figura 7-1 foram obtidos para um nível de confiança de 75%.

Na seção anterior, discutimos os métodos básicos de resolução de conflitos. O método específico que um gerente de projetos utilizará pode facilmente depender de com quem há o conflito, como visto na Figura 7-2. Os dados da Figura 7-2 não necessariamente mostram os métodos que os gerentes de projetos prefeririam, mas identificam os métodos que aumentam ou diminuem a intensidade do conflito potencial. Por exemplo, embora os gerentes de projetos considerem, em geral, que a retirada seja o método menos favorito, ele pode ser usado bastante eficazmente com os gerentes funcionais. Ao lidar com os superiores, os gerentes de projetos prefeririam se preparar para uma concessão imediata do que para o confronto face a face que poderia favorecer a alta gerência.

A Figura 7-3 identifica os vários estilos de influência que os gerentes de projetos acham eficazes para ajudar a reduzir os conflitos potenciais. O poder de recompensa, a autoridade e o conhecimento especialista são considerados como associações fortemente desfavoráveis com relação a conflitos de baixa intensidade. Como esperado, o desafio do trabalho e as promoções (se o gerente do projeto possuir a autoridade) são fortemente favoráveis.

CAUSAS DE CONFLITOS	FONTES: OS CONFLITOS OCORRERAM EM MAIORIA COM				
	GERENTES FUNCIONAIS	COLABORADORES FUNCIONAIS	ENTRE OS COLABORADORES DO PROJETO	SUPERIORES	SUBORDINADOS
CRONOGRAMAS	■	■			
PRIORIDADES	■	■	■		
MÃO DE OBRA	■	■			
TÉCNICAS	■	■	■		
PROCEDIMENTOS	■	■		■	■
PERSONALIDADES	■	■	■	■	■
CUSTOS	■	■		■	

ALTA ⟵ INTENSIDADE RELATIVA DO CONFLITO ⟶ BAIXA

FIGURA 7-1 Relação entre causas e fontes de conflitos.

Intensidade do conflito percebida pelo gerente de projetos (G.P.)	ESTILO VIGENTE DE RESOLUÇÃO DE CONFLITOS				
	Imposição	Confronto	Concessão	Retirada	Evasão
Entre o G.P. e Seu Pessoal	■	▲	▲	▲	■
Entre o G.P. e Seu Superior		■	▲		
Entre o G.P. e os Departamentos Funcionais de Apoio	■	■			▲

▲ Associação extremamente favorável em relação a conflitos de baixa intensidade (-)

■ Associação extremamente desfavorável em relação a conflitos de baixa intensidade (+)

• Correlação de Kendall

FIGURA 7-2 Associação entre a intensidade percebida do conflito e o método de resolução do conflito.

(A figura mostra apenas as associações que são estatisticamente significativas com nível percentual de 95)

Intensidade do conflito percebida pelo gerente de projetos (G.P.)	MÉTODOS DE INFLUÊNCIA PERCEBIDOS PELOS GERENTES DE PROJETOS						
	Conhecimento especialista	Autoridade	Desafio do trabalho	Amizade	Promoção	Salário	Punição
Entre o G.P. e seu pessoal	■	■	▲		▲		■
Entre o G.P. e seu superior			▲				■
Entre o G.P. e os departamentos funcionais de apoio		■					■

▲ Associação extremamente favorável em relação a conflitos de baixa intensidade (-)

■ Associação extremamente desfavorável em relação a conflitos de baixa intensidade (+)

• Correlação de Kendall

FIGURA 7-3 Associação entre os métodos de influência dos gerentes de projetos e da intensidade percebida do conflito.

7.6 O GERENCIAMENTO DE CONFLITOS[4]

Guia PMBOK®, 5. ed.
Capítulo 9.4.2.3 Gerenciamento de conflitos

Os bons gerentes de projetos percebem que os conflitos são inevitáveis, mas que bons procedimentos ou técnicas podem ajudar a resolvê-los. Uma vez que ocorre um conflito, o gerente do projeto deve:

- Estudar o problema e coletar todas as informações disponíveis
- Desenvolver uma abordagem situacional ou uma metodologia
- Definir o ambiente ou clima apropriado

Se for necessária uma reunião de confronto entre as partes em conflito, então o gerente do projeto deve estar

4 Ver nota 3.

ciente dos passos lógicos e da sequência de eventos que devem ocorrer. Eles incluem:

- Definição do clima: estabelecimento do desejo de participar
- Análise das imagens: como você vê a si e aos outros, e como eles veem você?
- Coleta da informação: expor os sentimentos abertamente
- Definição do problema: definição e esclarecimento de todas as posições
- Compartilhamento das informações: disponibilização das informações para todos
- Estabelecimento das prioridades certas: desenvolvimento de sessões de trabalho para definir prioridades e calendários
- Organização do grupo: formação de grupos multifuncionais para a resolução do problema
- Resolução de problemas: obtenção de um envolvimento multifuncional, garantia de comprometimento e definição das prioridades e do calendário
- Desenvolvimento do plano de ação: obtenção de comprometimento
- Implementação do trabalho: execução do plano
- Acompanhamento: obtenção de feedback sobre a implementação do plano de ação

O gerente de projetos ou líder de equipe também deve entender os procedimentos para a diminuição de conflitos. Esses procedimentos incluem:

- Parar e pensar antes de reagir
- Criar confiança
- Tentar entender os motivos de conflito
- Manter a reunião sob controle
- Ouvir todas as partes envolvidas
- Manter uma atitude de diálogo
- Educar os outros diplomaticamente sobre as suas observações
- Estar disposto a dizer quando estava errado
- Não agir como um super-homem e nivelar a discussão apenas de vez em quando

Assim, o gerente eficaz nas situações de resolução de problemas em conflitos:

- Conhece a organização
- Escuta com compreensão, em vez de avaliação
- Esclarece a natureza do conflito
- Entende os sentimentos dos outros
- Sugere os procedimentos para resolver as diferenças
- Mantém relações com as partes em disputa
- Facilita o processo de comunicação
- Procura por resoluções

7.7 MÉTODOS DE RESOLUÇÃO DE CONFLITOS

Guia PMBOK®, 5. ed.
Capítulo 9.4.2.3 Gerenciamento de conflitos

O gerenciamento de conflitos coloca o gerente do projeto na precária situação de ter de escolher um método de resolução de conflitos (previamente definido na Seção 7.4). Com base na situação, no tipo de conflito e em com quem é o conflito, qualquer um desses métodos pode ser justificado.

Confronto (ou Colaboração)

Com essa abordagem, as partes em conflito se encontram e tentam resolver suas divergências. Essa abordagem deve focar mais em resolver o problema e menos em ser combativo. Envolve colaboração e integração, em que ambas as partes precisam vencer. Esse método deve ser utilizado:

- Quando você e a parte em conflito podem ao me nos obter o que queriam e talvez até mais
- Para reduzir os custos
- Para criar uma base comum de poder
- Para atacar um adversário comum
- Quando as habilidades são complementares
- Quando não há tempo suficiente
- Quando há confiança
- Quando você tem confiança na capacidade da outra pessoa
- Quando o objetivo básico é o de aprender

Concessão

Conceder é barganhar ou buscar soluções para que ambas as partes saiam com algum grau de satisfação. A concessão é, muitas vezes, o resultado do confronto. Algumas pessoas argumentam que a concessão é uma abordagem "toma lá, dá cá" que leva a uma posição "ganha-ganha". Outras argumentam que a concessão é uma posição "perde-perde", uma vez que nenhuma parte consegue tudo o que deseja ou precisa. A concessão deve ser usada:

- Quando ambas as partes precisam ser vencedoras
- Quando você não pode ganhar
- Quando os outros são tão fortes quanto você
- Quando você não tem tempo para ganhar
- Para manter o relacionamento com o seu adversário
- Quando você não tiver certeza de que está certo
- Quando você não ganha nada se não fizer concessão
- Quando as chances são moderadas
- Para evitar dar a impressão de "estar brigando"

Suavização (Conciliação ou "Panos Quentes")

Esta abordagem é uma tentativa de reduzir as emoções que existem em um conflito. Isso é conseguido por meio da exaltação das áreas em acordo e da minimização das áreas em desacordo. Um exemplo de suavização seria dizer a alguém: "Chegamos ao acordo em três dos cinco pontos e não há nenhuma razão para que não possamos concordar com os dois últimos pontos". A suavização não significa necessariamente resolver um conflito, mas tentar convencer ambas as partes a permanecer na mesa de negociação, pois a solução é possível. Nesse método, alguém pode sacrificar um de seus próprios objetivos, a fim de satisfazer as necessidades da outra parte. A suavização deve ser usada:

- Para alcançar um objetivo global
- Para criar uma obrigação de concessão em uma data posterior
- Quando os riscos forem baixos
- Quando a obrigação for limitada
- Para manter a harmonia
- Quando qualquer solução pode ser adequada
- Para criar boa vontade (ser magnânimo)
- Quando você vai perder de qualquer maneira
- Para ganhar tempo

Imposição (ou Competição, Não Cooperação, Assertividade)

Isso é o que acontece quando uma parte tenta impor a solução à outra parte. A resolução de conflitos funciona melhor quando a resolução é conseguida nos níveis mais baixos possíveis. Quanto mais o conflito ascende, maior a tendência para que ele seja forçado, com o resultado podendo ser uma situação "ganha-perde", na qual uma parte ganha à custa da outra. A força deve ser usada:

- Quando você está certo
- Quando há uma situação de vida ou morte
- Quando as chances são altas
- Quando princípios importantes estão em jogo
- Quando você é mais forte (nunca comece uma batalha que não possa ganhar)
- Para ganhar status ou poder
- No curto prazo, em acordos únicos
- Quando o relacionamento não é importante
- Quando é compreendido que um jogo está sendo jogado
- Quando uma decisão rápida deve ser tomada

Evasão (ou Retirada)

A evasão é frequentemente considerada uma solução temporária para um problema. O problema e os conflitos resultantes podem ressurgir constantemente. Algumas pessoas veem a evasão como covardia e falta de vontade de reagir a uma situação. A evasão deve ser usada:

- Quando você não pode ganhar
- Quando as chances são baixas
- Quando as chances são altas, mas você ainda não estiver pronto
- Para ganhar tempo
- Para enervar o adversário
- Para preservar a neutralidade ou reputação
- Quando você acha que o problema vai sumir
- Quando você vence pela demora

7.8 DICAS DE ESTUDO PARA O EXAME DE CERTIFICAÇÃO EM GERENCIAMENTO DE PROJETOS PMI®

Esta seção aplica-se à revisão dos princípios de apoio às áreas de conhecimento e grupos de processos do Guia PMBOK®. Este capítulo aborda:

- Gerenciamento dos Recursos Humanos
- Execução

A compreensão dos princípios a seguir é benéfica se o leitor estiver utilizando este livro como estudo para o Exame de Certificação PMP®:

- Os componentes de um objetivo
- O que se entende por critérios SMART para um objetivo
- Diferentes tipos de conflitos que podem ocorrer em um ambiente de projetos
- Diferentes métodos de resolução de conflitos e quando cada um deve ser utilizado

As seguintes questões de múltipla escolha ajudarão na revisão dos conceitos deste capítulo:

1. Ao falar sobre objetivos SMART, o "S" significa:
   a. *Satisfactory* (Satisfatório)
   b. *Static* (Estático)
   c. *Specific* (Específico)
   d. *Standard* (Padrão)
2. Ao falar sobre objetivos SMART, o "A" significa:
   a. *Accurate* (Preciso)
   b. *Acute* (Perspicaz)
   c. *Attainable* (Atingível)
   d. *Able* (Competente)
3. Os gerentes de projetos acreditam que o conflito que mais comumente ocorre é o de:
   a. Prioridades
   b. Cronogramas
   c. Personalidades
   d. Recursos
4. O conflito que geralmente é mais prejudicial para o projeto é o de:
   a. Prioridades

b. Cronogramas
c. Personalidades
d. Recursos

5. O método mais comumente preferido pelos gerentes de projetos na resolução de conflitos é:
a. Concessão
b. Confronto
c. Suavização
d. Retirada

6. Qual método de resolução de conflitos é equivalente à resolução de problemas?
a. Concessão
b. Confronto
c. Suavização
d. Retirada

7. Qual método de resolução de conflitos evita um conflito temporariamente em vez de solucioná-lo?
a. Concessão
b. Confronto
c. Suavização
d. Retirada

RESPOSTAS

1. C 2. C 3. B 4. C 5. B 6. B 7. D

EXERCÍCIOS

7-1 É possível estabelecer procedimentos organizacionais formais (tanto no nível do projeto quanto em toda a empresa) para a resolução de conflitos? Se um procedimento está estabelecido, o que pode dar errado?

7-2 Sob quais condições resultaria um conflito entre membros de um grupo sobre má compreensão dos papéis de cada um?

7-3 É possível ter uma situação na qual os conflitos não sejam controlados de maneira eficaz e ainda ter um processo decisório que não seja longo ou complicado?

7-4 Se os conflitos se transformam em uma situação em que a desconfiança prevalece, você espera que a atividade de documentação aumente ou diminua? Por quê?

7-5 Se ocorrer uma situação que possa se transformar em um conflito significativo, o gerente do projeto deve deixar que o conflito continue enquanto ele produz contribuições benéficas ou ele deveria tentar resolvê-lo o mais rapidamente possível?

7-6 Considere as seguintes observações feitas por David L. Wilemon (Managing Conflict in Temporary Management Situations. *Journal of Management Studies*, p. 296, out. 1973):

O valor do conflito produzido depende da eficácia do gerente de projetos em promover o conflito benéfico, enquanto concomitantemente diminui seus potenciais aspectos disfuncionais. Um bom gerente de projetos precisa de um "sexto sentido" para indicar quando o conflito é desejável, qual tipo de conflito pode ser útil e quanto conflito é ideal para uma dada situação. Na análise final, ele tem total responsabilidade pelo seu projeto e pelo impacto do conflito no sucesso ou no fracasso de seu projeto.

Com base nessas observações, a sua resposta ao exercício 7-5 seria modificada?

7-7 O Sr. X é o gerente de projetos de um projeto de $ 65 milhões, dos quais $ 1 milhão foi terceirizado para outra empresa em que o Sr. Y é o gerente de projetos. Infelizmente, o Sr. X não considera o Sr. Y seu equivalente e constantemente se comunica com o diretor de engenharia na empresa do Sr. Y. Que tipo de conflito é esse e como deve ser resolvido?

7-8 As negociações contratuais podem facilmente se transformar em conflitos. Durante um desentendimento, o vice-presidente da empresa A mandou o seu diretor de finanças, o negociador do contrato, romper as negociações do contrato com a empresa B porque o negociador do contrato da empresa B não se reporta diretamente ao vice-presidente. Como essa situação pode ser resolvida?

7-9 Para cada parte a seguir há duas declarações; uma representa a visão tradicional e a outra representa a visão organizacional de projetos. Identifique cada uma.
a. O conflito deve ser evitado; o conflito é parte da mudança e, portanto, inevitável.
b. O conflito é o resultado de baderneiros e egoístas; o conflito é determinado pela estrutura do sistema e as relações entre os componentes.
c. O conflito pode ser benéfico; o conflito é ruim.

7-10 Na utilização dos métodos de resolução de conflitos definidos na Seção 7.6, quais seriam extremamente favoráveis e desfavoráveis para a resolução de conflitos entre:
a. Gerente de projetos e seu pessoal do escritório de projetos?
b. Gerente de projetos e os departamentos funcionais de apoio?
c. Gerente de Projetos e seus superiores?
d. Gerente de projetos e outros gerentes de projetos?

7-11 Quais métodos de influência devem aumentar e quais devem diminuir as possibilidades de conflito entre o seguinte:
- Gerente de projetos e seu pessoal do escritório de projetos?
- Gerente de projetos e os departamentos funcionais de apoio?
- Gerente de Projetos e seus superiores?
- Gerente de projetos e outros gerentes de projetos?

7-12 Você concorda ou discorda com a afirmação de que "A resolução de conflitos por meio da colaboração precisa de confiança; as pessoas devem confiar umas nas outras".

7-13 Davis e Lawrence (*Matrix*, © 1977. Adaptado com permissão de Pearson Education Inc., Upper Saddle River, New Jersey) identificam várias situações comuns à matriz que podem facilmente se desenvolver em conflitos. Para cada situação, qual seria o remédio recomendado?
 a. Colaboradores compatíveis e incompatíveis devem trabalhar juntos
 b. Lutas por poder desfazem o equilíbrio de poder
 c. Anarquia
 d. Grupite (as pessoas confundem o comportamento da matriz com a tomada de decisões)
 e. Um colapso durante a crise econômica
 f. Processos de estrangulamento das decisões
 g. Forçar a organização matricial para os níveis organizacionais mais baixos
 h. Olhar para o próprio umbigo (gastar tempo resolvendo as disputas internas em vez de desenvolver melhores relações de trabalho com o cliente)

7-14 Determine o melhor método de resolução de conflitos para cada uma das seguintes situações:
 a. Dois de seus membros da equipe funcional parecem ter choques de personalidade e quase sempre assumem pontos de vista opostos durante a tomada de decisões.
 b. O controle de qualidade de P&D e o controle de qualidade das operações de produção discutem a respeito de quem deve realizar um teste em um determinado projeto de P&D. O pessoal de P&D reclama que o projeto é deles, o pessoal da produção argumenta que eventualmente fará a produção e que deseja ser envolvido o mais cedo possível.
 c. Dois gerentes funcionais de departamento constantemente argumentam a respeito de quem deve realizar um determinado teste. Você sabe que essa situação existe e que os gerentes de departamento estão tentando resolver por eles mesmos, muitas vezes com muito sofrimento. No entanto, você não tem certeza de que eles serão capazes de resolver o problema por eles mesmos.

7-15 Forçar um confronto a ocorrer garante que ações serão tomadas. É possível que, pelo uso da força, se desenvolva uma falta de confiança entre os participantes?

7-16 Quanto à resolução de conflitos, importa a quem o gerente de projetos se reporta na organização?

7-17 Um dos conflitos mais comuns em uma organização ocorre com matérias-primas e produtos acabados. Por que finanças/contabilidade, marketing/vendas e produção possuem discordâncias?

7-18 Explique como a intensidade relativa de um conflito pode variar em função de:
 a. Se aproximar das restrições vigentes
 b. Ter apenas duas restrições, em vez de três (ou seja, tempo e desempenho, mas não custos)
 c. O ciclo de vida do projeto
 d. A pessoa com a qual o conflito ocorre

7-19 Os conflitos apresentados na Figura 7-1 têm intensidades relativas, conforme percebidas nas organizações orientadas a projetos. Será que essa lista seria organizada de forma diferente para organizações não orientadas a projetos?

7-20 Considere as respostas dadas pelos gerentes de projetos nas Figuras 7-1 até 7-3. Com quais você concorda e de quais você discorda? Justifique suas respostas.

7-21 Como um bom gerente de projetos, você tenta se planejar para a evasão de conflitos. Você agora tem um conflito de baixa intensidade com um gerente funcional e, como no passado, lida com o conflito por meio do confronto. Se você soubesse que haveria um conflito de alta intensidade, pouco depois, você estaria disposto a usar o método de evasão para o conflito de baixa intensidade, a fim de estabelecer as bases para o conflito de alta intensidade?

7-22 A empresa Jones Construction Company ganhou recentemente um projeto de $ 120 milhões de uma empresa local. O esforço inclui três projetos de construção distintos, todos iniciando ao mesmo tempo. Dois dos projetos possuem duração de 18 meses e o terceiro, de 30 meses. Cada projeto tem o seu próprio gerente de projetos. Como resolvemos os conflitos quando cada projeto pode ter uma prioridade diferente, mas todos eles são para o mesmo cliente?

7-23 Vários anos atrás, a empresa Minnesota Power and Light estabeleceu as prioridades como:
 Nível 0: nenhuma prioridade
 Nível 1: para ser concluído em ou antes de uma data específica
 Nível 2: para ser concluído em ou antes de um determinado trimestre fiscal
 Nível 3: para ser concluído dentro de um determinado ano
 O que você acha desse sistema de estabelecimento de prioridades?

7-24 Richard é um gerente de departamento que deve fornecer recursos para quatro projetos diferentes. Embora cada projeto tenha uma prioridade estabelecida, os gerentes de projetos constantemente argumentam que os recursos departamentais não estão sendo alocados de forma eficaz. Richard passou a realizar uma reunião mensal com todos os quatro gerentes de projetos e permite que eles determinem como os recursos devem ser alocados. Essa técnica pode funcionar? Se sim, sob quais condições?

ESTUDO DE CASO

PROGRAMAÇÃO DAS INSTALAÇÕES NA MAYER MANUFACTURING

Eddie Turner estava entusiasmado com a boa notícia de que estava sendo promovido a supervisor de seção responsável pela programação de todas as atividades no novo laboratório de pesquisas de engenharia. O novo laboratório era uma necessidade para a Mayer Manufacturing. As diretorias de engenharia, produção e controle de qualidade estavam todas desesperadas pela necessidade de uma nova instalação de testes. A alta gerência achava que essa nova instalação aliviaria muitos dos problemas que existiam anteriormente.

A nova estrutura organizacional (como apresentada na Demonstração 7-1) exigiu uma mudança na política sobre o uso do laboratório. O novo supervisor da seção, com a aprovação de seu gerente de departamento, teria plena autoridade para estabelecer as prioridades para a utilização das novas instalações. A nova mudança da política foi uma necessidade porque a alta gerência achava que haveria conflitos inevitáveis entre produção, engenharia e controle de qualidade.

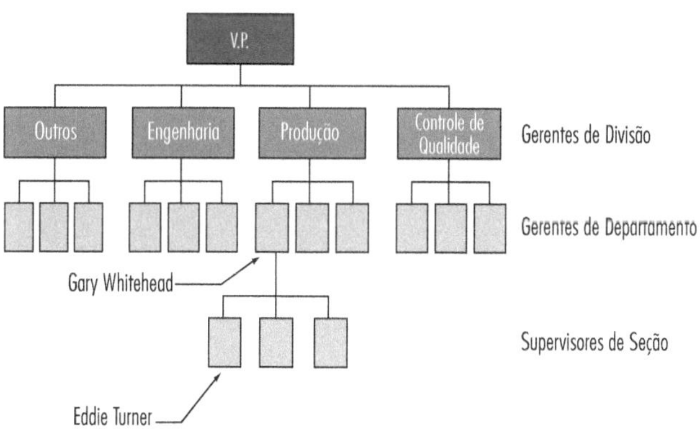

DEMONSTRAÇÃO 7-1 Estrutura organizacional da *Mayer Manufacturing*.

Após um mês de operações, Eddie Turner estava achando seu trabalho impossível, então ele tem uma reunião com Gary Whitehead, o gerente do departamento.

Eddie: "Estou comendo o pão que o diabo amassou tentando satisfazer todos os gerentes de departamento. Se dou à engenharia o melhor horário para a utilização das instalações, em seguida, o controle de qualidade e a produção dizem que eu estou favorecendo. Imagine só! Até o meu pessoal diz que eu estou favorecendo as outras diretorias. Eu simplesmente não posso satisfazer a todos."

Gary: "Bem, Eddie, você sabe que esse problema vem com o trabalho. Você vai realizar o trabalho."

Eddie: "O problema é que sou um supervisor de seção e tenho de trabalhar com o os gerentes de departamento. Esses gerentes de departamento olham para mim de cima como se eu fosse seu servo. Se eu fosse um gerente de departamento, então eles teriam algum respeito por mim. O que estou tentando dizer de fato é que eu gostaria que você enviasse memorandos semanais para esses gerentes de departamento informando-os das novas prioridades. Eles não discutiriam com você como discutem comigo. Posso lhe fornecer todas as informações necessárias. Tudo o que você tem de fazer é colocar o seu nome."

Gary: "A determinação das prioridades e a programação das instalações é seu trabalho, não meu. Essa é uma nova posição e quero que você lide com isso. Sei que você pode porque selecionei você. Não pretendo interferir."

Durante as duas semanas seguintes, os conflitos ficaram progressivamente piores. Eddie sentiu que era incapaz de lidar com a situação sozinho. Os gerentes de departamento não respeitaram a autoridade delegada a ele por seus superiores. Nessas duas semanas, Eddie enviou memorandos para Gary no início da semana perguntando se Gary concordava com a lista de prioridades. Não houve resposta aos dois memorandos. Eddie, em seguida, reuniu-se com Gary para discutir a situação que estava se deteriorando.

Eddie: "Gary, eu te enviei dois memorandos para verificar se não estou fazendo nada de errado no estabelecimento das prioridades semanais e da programação. Você recebeu meus memorandos?"

Gary: "Sim, recebi seus memorandos. Mas como eu disse antes, tenho problemas suficientes para me preocupar sem ter de fazer o seu trabalho por você. Se você não consegue lidar com o trabalho me avise e eu vou encontrar alguém que possa fazê-lo."

Eddie retornou à sua mesa e pensou sobre a sua situação. Finalmente, tomou uma decisão. Na semana seguinte, ele iria colocar um bloco de assinatura abaixo da sua para Gary assinar, com cópias carbono para todos os gerentes de divisão. "Agora, vamos ver o que acontece", comentou Eddie.

*TELESTAR INTERNATIONAL**

Em 15 de novembro de 1998, o Departamento de Recursos de Energia concedeu à Telestar um contrato de $ 475.000 para o desenvolvimento e teste de duas estações de tratamento de resíduos. A Telestar havia passado boa parte dos dois anos anteriores no desenvolvimento da tecnologia de tratamento de resíduos dentro das suas próprias atividades de P&D. Esse novo contrato daria à

* Revisado em 2008.

Telestar a oportunidade de "entrar em um novo campo", o de tratamento de resíduos.

O contrato foi negociado como preço fixo garantido. Qualquer sobrecusto teria de ser bancado pela Telestar. A licitação original teve o preço fixado em $ 847.000. A administração da Telestar, porém, queria ganhar esse contrato. Decidiu-se que a Telestar bancaria $ 475.000 para que pudessem, pelo menos, colocar o pé no novo mercado.

A estimativa inicial de $ 847.000 era muito "grosseira" porque a Telestar não possuía nenhum bom padrão de homem-hora na área de tratamento de resíduos para basear as suas projeções. A administração da empresa estava disposta a gastar até $ 400.000 de seus próprios recursos financeiros para compensar a oferta de $ 475.000.

Em 15 de fevereiro de 1999, os custos foram aumentando a tal ponto que os sobrecustos estavam sujeitos a ocorrer muito além do previsto. Os custos previstos para a conclusão agora eram de $ 943.000. O gerente do projeto decidiu interromper todas as atividades em determinados departamentos funcionais, um dos quais era o departamento de análise estrutural. O gerente do departamento de análise estrutural se opôs fortemente ao encerramento do trabalho antes do teste dos sistemas pneumáticos e elétricos de alta pressão da primeira fábrica.

Gerente de Análise Estrutural: "Você estará correndo riscos se encerrar essa ordem de trabalho. Como você vai saber se o equipamento pode suportar as pressões que serão impostas durante o teste? Afinal de contas, o teste está agendado para o próximo mês e eu provavelmente posso concluir a análise até então."

Gerente do Projeto: "Entendo sua preocupação, mas não posso correr o risco de um sobrecusto. Meu chefe espera que eu faça o trabalho dentro dos custos. O *design* da fábrica é semelhante a um que nós testamos anteriormente, sem que nenhum problema estrutural tenham sido detectados. Sendo assim, considero sua análise desnecessária."

Gerente de Análise Estrutural: "O fato de duas usinas serem semelhantes, não significa que elas serão idênticas no desempenho. Pode haver grandes deficiências estruturais."

Gerente do Projeto: "Acho que o risco é meu."

Gerente de Análise Estrutural: "Sim, mas fico preocupado quando uma falha pode refletir sobre a integridade do meu departamento. Você sabe, nós estamos desempenhando dentro do prazo e do orçamento. Você está estabelecendo um mau exemplo, cortando o nosso orçamento sem qualquer justificativa real."

Gerente do Projeto: "Entendo a sua preocupação, mas é preciso retirar todas as paradas quando os sobrecustos são inevitáveis."

Gerente de Análise Estrutural: "Não tenho dúvida que essa análise deve ser concluída. No entanto, não vou concluí-la com o meu orçamento para *overhead*. Vou redesignar o pessoal amanhã. Aliás, é melhor ter cuidado, o meu pessoal não está muito contente em trabalhar para um projeto que pode ser cancelado imediatamente. Posso ter problemas em conseguir voluntários da próxima vez."

Gerente do Projeto: "Bem, eu tenho certeza que você será capaz de tratar adequadamente qualquer trabalho futuro. Eu vou reportar ao meu chefe que emiti uma ordem de paralisação do trabalho para o seu departamento."

Durante o teste do mês seguinte, a usina explodiu. Uma análise pós-evento indicou que a falha ocorreu em virtude de uma deficiência estrutural.

a. De quem é a culpa?
b. O gerente de análise estrutural deveria ter sido dedicado o bastante e continuado o trabalho por conta própria?
c. Pode um gerente funcional, que considera a sua organização como estritamente de apoio, ainda se dedicar ao sucesso total do projeto?

TRATAMENTO DE CONFLITOS NO GERENCIAMENTO DE PROJETOS

As próximas páginas contêm um estudo de caso de seis partes sobre gerenciamento de conflitos. Leia cuidadosamente as instruções sobre como manter a pontuação e usar as caixas na tabela da página 199 como planilha para registrar a sua escolha e a escolha do grupo; após o estudo de caso ter sido concluído, seu instrutor vai lhe fornecer o sistema de classificação adequado para registrar a sua pontuação.

Parte 1: Enfrentamento do conflito

Como parte dos seus principais deveres oficiais, o novo gerente do departamento informa a você, por memorando, que ele mudou os requisitos de entrada e de saída para o projeto de SIG (no qual você é o gerente de projetos), por causa de várias queixas dos seus empregados do departamento. Isso é contraditório com o plano do projeto que você desenvolveu com o gerente anterior que está atualmente em execução. O gerente do departamento afirma que já discutiu esse assunto com o vice-presidente e com o gerente geral, ao qual vocês dois se reportam, e considera que o ex-gerente do departamento tomou uma decisão ruim e que não recebeu contribuições suficientes dos funcionários que estariam usando o sistema conforme as especificações ideais desse sistema. Você liga para ele e tenta convencê-lo a adiar a solicitação de alteração dele até mais tarde, mas ele se recusa.

Alterar os requisitos de entrada e saída a essa altura vai exigir uma revisão importante e vai atrasar a implementação total do sistema em três semanas. Isso também vai afetar outros gerentes de departamento que esperam ver esse sistema operacional de acordo com o cronograma original. Você pode explicar isso aos seus superiores, mas será difícil absorver os custos aumentados do projeto. Pode ser difícil explicar os potenciais sobrecustos em uma data posterior.

Nesse ponto, você está um pouco descontente consigo mesmo por ter estado no comitê de pesquisa que encontrou esse gerente do departamento e, principalmente, por tê-lo recomendado para esse cargo. Você sabe que algo precisa ser feito, a seguir estão as suas alternativas:

a. Você pode lembrar o gerente do departamento que você estava no comitê de pesquisa que o recomendou e, em seguida, pedir-lhe para retribuir o favor, já que ele "te deve uma".
b. Você pode dizer ao gerente do departamento que formará um novo comitê de pesquisa para substituí-lo se ele não mudar sua posição.
c. Você pode tomar um calmante e depois falar com o seu pessoal para tentar realizar o trabalho adicional dentro do prazo original e das restrições de custos.
d. Você pode ir até o vice-presidente e o gerente geral e solicitar que os requisitos anteriores sejam mantidos, pelo menos temporariamente.
e. Você pode enviar um memorando para o gerente do departamento explicando o seu problema e pedindo a ele para ajudá-lo a encontrar uma solução.
f. Você pode dizer ao gerente do departamento que o seu pessoal não pode lidar com a solicitação e que o pessoal dele terá de encontrar formas alternativas de resolver seus problemas.
g. Você pode enviar um memorando para o gerente do departamento solicitando uma reunião, o mais breve possível, para ajudar a resolver o seu problema.
h. Você pode ir ao escritório do gerente do departamento no final da tarde e ter uma discussão mais aprofundada.
i. Você pode enviar um memorando ao gerente do departamento dizendo que decidiu utilizar os requisitos antigos, mas que irá honrar o seu pedido em um momento posterior.

Embora existam outras alternativas, considere que essas são as únicas abertas para você no momento. Sem discutir a resposta com o seu grupo, registre a letra que representa a sua escolha no espaço apropriado na linha 1 da planilha, abaixo de "Pessoal".

Assim que todos do seu grupo tiverem terminado, discuta o problema em conjunto e determine a alternativa que o grupo considera ser a melhor. Registre essa resposta na linha 1 da planilha, abaixo de "Grupo". Permita o tempo de dez minutos para esta parte.

Linha	Parte	Pessoal		Grupo	
		Escolha	Pontuação	Escolha	Pontuação
1	1. Enfrentamento do Conflito				
2	2. Entendimento das Emoções				
3	3. Estabelecimento das Comunicações				
4	4. Resolução do Conflito				
5	5. Entendimento das suas Escolhas				
6	6. Influências Interpessoais				
	TOTAL				

Parte 2: Entendimento das Emoções

Como nunca trabalhou com esse gerente de departamento antes, você tentará prever quais serão as reações dele quando confrontado com o problema. Obviamente, ele pode reagir de diversas maneiras:

a. Ele pode **aceitar** a solução em sua totalidade, sem fazer nenhuma pergunta.
b. Ele pode discutir algum tipo de justificativa para **defender** a sua posição.
c. Ele pode ficar extremamente aborrecido por ter de discutir o problema de novo e demonstrar **hostilidade.**
d. Ele pode demonstrar uma vontade de **cooperar** com você na resolução do problema.
e. Ele pode evitar tomar qualquer decisão nesse momento, **evadindo-se** da discussão.

No quadro, estão as várias declarações possíveis que poderiam ser feitas pelo gerente do departamento, quando confrontado com o problema. Sem discutir com seu grupo, marque uma seleção ao lado da emoção adequada que poderia descrever essa declaração. Quando cada membro do grupo concluir a sua escolha, determine a escolha do grupo. Os valores numéricos serão atribuídos às suas escolhas no debate que se segue. Não marque a planilha no momento. Reserve dez minutos para esta parte.

	Sua Escolha					Escolha do Grupo				
	Aceitar	Defender	Hostilizar	Cooperar	Evadir-se	Aceitar	Defender	Hostilizar	Cooperar	Evadir-se
a. Eu já dei minha resposta. Se você não está feliz, procure o gerente geral.										
b. Entendo o seu problema. Vamos fazer do seu jeito.										
c. Entendo o seu problema, mas vou fazer o que é melhor para o meu departamento.										
d. Vamos discutir o problema. Talvez haja alternativas.										
e. Deixe-me explicar a você por que precisamos dos novos requisitos.										
f. Procure meus supervisores de seção. Isso foi recomendação deles.										
g. Novos gerentes supostamente devem trazer alternativas novas e melhores, não devem?										

Parte 3: Estabelecimento das Comunicações

Infeliz com o memorando do gerente do departamento e da resultante conversa de acompanhamento ao telefone, você decide ir até o gerente de departamento. Você diz a ele que você terá um problema ao tentar honrar o pedido dele. Ele diz a você que está muito ocupado com os próprios problemas de reestruturação do departamento dele e que os seus problemas de cronograma e custos não são de nenhum interesse para ele nesse momento. Você sai enfurecido da sala dele, deixando-o com a impressão de que as ações e observações dele não são do interesse nem do projeto e nem da empresa.

As ações do gerente de departamento, é claro, não parecem ser de um gerente dedicado. Ele deveria estar mais preocupado com o que é de interesse da companhia. Conforme pensa na situação, você se pergunta se poderia ter recebido uma resposta melhor dele se o tivesse abordado de maneira diferente. Em outras palavras, qual é a sua melhor abordagem para abrir as comunicações entre você e o gerente do departamento? Da lista de alternativas apresentada a seguir, e trabalhando sozinho, marque a alternativa que melhor represente como você lidaria com essa situação. Quando todos os membros do grupo tiverem feito suas escolhas pessoais, repita o processo e faça uma escolha do grupo. Registre as suas escolhas pessoais e do grupo na linha 3 da planilha. Reserve dez minutos para esta parte.

a. Respeitar o pedido e documentar todos os resultados de modo que você será capaz de defender-se posteriormente, a fim de mostrar que o gerente do departamento deve ser responsabilizado.
b. Imediatamente enviar-lhe um memorando reiterando sua posição e dizer-lhe que em um momento posterior você vai reconsiderar os novos requisitos dele. Diga-lhe que o momento é de suma importância, e que você precisa de uma resposta imediata, se ele estiver descontente.
c. Enviar-lhe um memorando informando que você o está responsabilizando por todos os sobrecustos e atrasos no cronograma.
d. Enviar-lhe um memorando afirmando que está considerando o pedido dele e que pretende vê-lo novamente posteriormente para discutir a mudança dos requisitos.
e. Vê-lo o mais rapidamente possível. Diga-lhe que ele não precisa se desculpar pelas observações e ações dele e que você reconsiderou a própria posição e gostaria de discutir com ele.
f. Evitar falar com ele por alguns dias na esperança de que ele vá se acalmar bastante e depois vê-lo na esperança de que você possa reabrir as discussões.
g. Esperar um ou dois dias para que todo mundo se acalme e tentar vê-lo por meio de um compromisso agendado; pedir desculpas por ter perdido a calma e perguntar-lhe se ele gostaria de ajudá-lo a resolver o problema.

Parte 4: Métodos de Resolução de Conflitos

Por nunca ter trabalhado com esse gerente antes, você não tem certeza sobre o método de resolução de conflitos que iria funcionar melhor. Você decide esperar alguns dias e depois marcar um encontro com o gerente de departamento sem declarar qual assunto será discutido. Você, então, tenta determinar qual método de resolução de conflitos parece ser dominante, com base nas observações de abertura do gerente do departamento. Negligenciando o fato de que sua conversa com o gerente do departamento já pode ser considerada um confronto,

	Escolha Pessoal					Escolha do Grupo				
	Evasão	Suavização	Concessão	Imposição	Confronto	Evasão	Suavização	Concessão	Imposição	Confronto
a. Os requisitos são decisão minha e vamos fazer do meu jeito..										
b. Eu pensei sobre isso e você está certo. Vamos fazer do seu jeito.										
c. Vamos discutir o problema. Talvez haja alternativas.										
d. Deixe-me explicar novamente por que precisamos dos novos requisitos.										
e. Procure os meus supervisores de seção. Eles estão lidando com isso agora.										
f. Eu dei uma olhada no problema e posso ser capaz de flexibilizar em alguns dos requisitos.										

para cada afirmação a seguir, selecione o método de resolução de conflitos que o **gerente do departamento** parece preferir. Depois que cada membro do grupo tiver registrado as respectivas escolhas pessoais na tabela a seguir, determine as escolhas do grupo. Os valores numéricos serão ligados às suas respostas em um momento posterior. Reserve dez minutos para esta parte.

a. **Evasão** significa recuar de um potencial conflito.
b. **Suavização** significa enfatizar as áreas de concordância e minimizar as áreas de discordância.
c. **Concessão** significa a vontade de dar e receber.
d. **Imposição** significa direcionar a resolução para uma direção ou outra, uma posição ganha-perde.
e. **Confronto** é uma reunião face a face para resolver o conflito.

Parte 5: Entendimento das suas Escolhas

Suponha que o gerente do departamento se recusou a vê-lo novamente para discutir os novos requisitos. O tempo está acabando e você gostaria de tomar uma decisão antes que os custos e o cronograma saiam do controle. Da lista a seguir, força a sua escolha pessoal e, em seguida, depois que cada membro do grupo tiver concluído, encontre uma escolha do grupo.

a. Desconsiderar os novos requisitos, desde que não façam parte do plano do projeto original.
b. Cumprir os novos requisitos e absorver o aumento dos custos e os atrasos.
c. Pedir ao vice-presidente e ao gerente geral para intervirem e tomarem a decisão final.
d. Pedir a outros gerentes de departamento que podem vir a ter um atraso para tentar convencer esse gerente de departamento a facilitar a sua solicitação ou mesmo retardá-la.

Grave a sua resposta na linha 5 da planilha. Reserve cinco minutos para esta parte.

Parte 6: Influências Interpessoais

Suponha que a alta gerência resolva o conflito em seu favor. A fim de completar os requisitos originais de trabalho, você vai precisar do apoio desse gerente de departamento da organização. Infelizmente, você não tem certeza a respeito de qual tipo de influência interpessoal usar. Embora seja considerado um especialista em sua área, você tem medo de que os colaboradores funcionais desse gerente possam ter uma forte obediência ao gerente de departamento e possam não querer aderir às suas solicitações. Qual dos seguintes estilos de influência interpessoal seria melhor, dado o conjunto de condições?

a. Você ameaçar os colaboradores com poder de punição, dizendo-lhes que você vai apresentar um relatório de mau desempenho para seu gerente de departamento.
b. Você pode usar o poder de recompensa e prometer aos empregados uma boa avaliação, uma possível promoção e aumento de responsabilidades em seu próximo projeto.
c. Você pode continuar a sua técnica de tentar convencer o pessoal funcional a aceitar a sua oferta porque você é o especialista na área.
d. Você pode tentar motivar os funcionários a fazer um bom trabalho, convencendo-os de que o trabalho é desafiador.
e. Você pode garantir que eles entendam que a sua autoridade foi delegada a você pelo vice-presidente e pelo gerente geral e que eles devem fazer o que você diz.
f. Você pode tentar construir amizades e relacionamentos fora do trabalho com essas pessoas e confiar no poder de referência.

Registre as suas escolhas pessoais e as do grupo na linha 6 da planilha. Reserve dez minutos para concluir esta parte.

A solução para este exercício aparece no Apêndice A.

8

TÓPICOS ESPECIAIS

Estudos de Caso Relacionados (de Kerzner/*Project management case studies*, 4. ed.)	Livro de Exercícios Relacionado (de Kerzner/*Project Management workbook and PMP®/CAPM® Exam study guide*, 11. ed.)	Guia PMBOK® – 4. ed., Seção de Referência para o Exame de Certificação PMP®
• American Electronics International • The Tylenol Tragedies • Photolite Corporation (A) • Photolite Corporation (B) • Photolite Corporation (C) • Photolite Corporation (D) • First Security Bank of Cleveland • Jackson Industries • Is it Fraud?*	• The Potential Problem Audit • The Situational Audit • Multiple Choice Exam	• Gerenciamento da Integração do Projeto • Gerenciamento dos Recursos Humanos do Projeto • Papéis e Responsabilidades do Gerenciamento de Projetos

* *Estudo de caso também aparece no final do capítulo.*

8.0 INTRODUÇÃO

Há várias situações ou tópicos especiais que merecem atenção. Esses tópicos especiais incluem:

- Medição do desempenho
- Compensação e recompensas
- Gerenciamento de pequenos projetos
- Gerenciamento de megaprojetos
- Moralidade, ética e cultura corporativa
- Parcerias internas
- Parcerias externas
- Treinamento e capacitação
- Equipes integradas de projetos
- Equipes virtuais

8.1 MEDIÇÃO DO DESEMPENHO

Guia PMBOK®, 5. ed.
9.3.2.6 Reconhecimento e recompensas
9.4 Gerenciar a equipe do projeto

Um bom gerente de projetos irá tornar mais claro para todos os novos colaboradores funcionais que se eles tiverem um bom desempenho no projeto, ele (o gerente do projeto) informará o gerente funcional dos progressos e realizações deles. Isso pressupõe que o gerente funcional não está fornecendo supervisão próxima aos colaboradores funcionais e, em vez disso, está transferindo um pouco da responsabilidade para o gerente do projeto, uma situação comum nas estruturas organizacionais de gerenciamento de projetos.

Vários projetos bons, bem como estruturas de gerenciamento de projetos falharam por causa da incapacidade do sistema de avaliar corretamente o desempenho dos colaboradores funcionais. Em uma estrutura de gerenciamento de projetos, existem basicamente seis maneiras de um colaborador funcional ser avaliado durante um projeto:

- **O gerente do projeto prepara uma avaliação por escrito, confidencial e a entrega para o gerente funcional.** O gerente funcional irá avaliar a validade dos comentários do gerente de projetos e preparar a sua própria avaliação. Apenas a avaliação do gerente de linha será apresentada para o funcionário. A utilização de formulários confidenciais não é preferida porque pode ser contrária às normas governamentais e não fornece o *feedback* necessário para que um empregado melhore.

- **O gerente do projeto prepara uma avaliação não-confidencial e a entrega para o gerente funcional.** O gerente funcional prepara o seu próprio formulário de avaliação e mostra as duas avaliações para o colaborador funcional. Essa técnica é a preferida pela maioria dos gerentes de projetos e gerentes funcionais. No entanto, existem várias grandes dificuldades com essa técnica. Se o colaborador funcional é um trabalhador médio ou abaixo da média, e se esse empregado ainda está para ser designado ao projeto depois da sua avaliação, então o gerente do projeto pode classificar o trabalhador como acima da média simplesmente para evitar qualquer sabotagem ou ressentimentos durante o fluxo do projeto. Nessa situação, o gerente funcional pode querer uma avaliação confidencial como alternativa, sabendo que o colaborador funcional verá os dois formulários de avaliação. Os colaboradores funcionais tendem a culpar o gerente de projetos se receberem um aumento salarial por mérito que fique abaixo da média, mas dão crédito ao gerente funcional se o aumento ficar acima. A melhor opção, nesse caso, é o gerente do projeto informar periodicamente aos colaboradores funcionais como eles estão desempenhando e oferecer-lhes uma avaliação honesta. Várias empresas que utilizam essa técnica permitem que o gerente de projetos mostre o formulário primeiramente para o gerente de linha (para evitar conflitos posteriores) e, em seguida, para o empregado.
- **O gerente do projeto fornece ao gerente funcional uma avaliação verbal sobre o desempenho do funcionário.** Embora essa técnica seja comumente utilizada, a maioria dos gerentes funcionais prefere a documentação sobre a evolução do empregado. Novamente, a falta de *feedback* pode impedir o empregado de melhorar.
- **O gerente funcional faz a avaliação completa sem qualquer participação do gerente do projeto.** Para que essa técnica seja eficaz, o gerente funcional deve ter tempo suficiente para supervisionar o desempenho de cada subordinado de forma contínua. Infelizmente, a maioria dos gerentes funcionais não possui esse luxo em virtude de seu vasto raio de controle e, portanto, depende muito da participação do gerente do projeto.
- **O gerente do projeto faz a avaliação completa para o gerente funcional.** Essa técnica pode funcionar se o colaborador funcional gastar 100% de seu tempo em um projeto ou se ele estiver fisicamente alocado em um local remoto onde ele não possa ser observado por seu gerente funcional.
- **Todos os gerentes de projetos e gerentes funcionais, em conjunto, avaliam todos os colaboradores funcionais de projetos ao mesmo tempo.** Essa técnica deve ser limitada a pequenas empresas com menos de 50 funcionários, caso contrário o processo de avaliação poderá tomar muito tempo de profissionais importantes. Uma avaliação ruim será conhecida por todos.

Os formulários de avaliação podem ser preenchidos ou quando o empregado estiver pronto para a avaliação ou após a conclusão do projeto. Se tiver de ser preenchido quando o empregado estiver elegível para uma promoção ou um aumento por mérito, então, o gerente do projeto deve estar disposto a fornecer uma avaliação **honesta** sobre o desempenho do empregado. Evidentemente, ele não deverá preencher o formulário de avaliação, caso não tenha tido tempo suficiente para observar o empregado no trabalho.

O formulário de avaliação pode ser preenchido no término do projeto. Isso, no entanto, pode causar um problema, no caso de o projeto terminar no mês após o empregado ser considerado para uma promoção. A vantagem dessa técnica é que o gerente do projeto pode ter sido capaz de encontrar tempo suficiente, tanto para observar o trabalhador em ação como para ver o resultado de seu trabalho.

A Figura 8-1 representa, de forma cômica, como o pessoal do projeto interpreta um formulário de avaliação. Infelizmente, o processo de avaliação é muito grave e pode facilmente ter um impacto severo na carreira de um indivíduo na empresa, embora a avaliação final caiba ao gerente funcional.

Fatores de desempenho	Excelente (1 de 15)	Muito bom (3 de 15)	Bom (8 de 15)	Razoável (2 de 15)	Insatisfatório (1 de 15)
	Supera muito as exigências do cargo	Supera as exigências do cargo	Atende às exigências do cargo	Precisa de alguma melhoria	Não atende aos padrões mínimos
Qualidade	Pula prédios altos com um único salto	Deve tomar um impulso para pular um prédio alto	Apenas consegue pular um prédio pequeno ou médio e sem torres	Colide no prédio	Não sabe o que são prédios
Oportunidade	É mais rápido que uma bala	É tão rápido quanto uma bala	Não tão rápido quanto uma bala	Você acredita em uma bala lenta?	Se fere com a bala
Iniciativa	É mais forte que uma locomotiva	É mais forte que um elefante adulto	É mais forte que um touro	Mata o touro	Cheira a touro
Adaptabilidade	Constantemente anda sobre a água	Anda sobre a água em emergências	Lava-se com a água	Bebe a água	Distribui a água em emergências
Comunicações	Conversa com Deus	Conversa com os anjos	Conversa consigo mesmo	Discute consigo mesmo	Perde o debate consigo mesmo

FIGURA 8-1 Guia para avaliação de desempenho.

A Figura 8-2 mostra um tipo simples de formulário de avaliação em que o gerente de projetos identifica a melhor descrição do desempenho do funcionário. Esse tipo de formulário geralmente é utilizado sempre que o empregado for candidato à avaliação.

NOME DO FUNCIONÁRIO ____ DATA ____

TÍTULO DO PROJETO ____ NÚMERO DO CARGO ____

DESIGNAÇÃO DO EMPREGADO ____

TEMPO TOTAL DO EMPREGADO NO PROJETO ATÉ O MOMENTO ____ TEMPO RESTANTE DO EMPREGADO NO PROJETO ____

OPINIÃO TÉCNICA				
☐ Rapidamente chega a conclusões prudentes	☐ Geralmente chega a conclusões prudentes	☐ Capacidade mínima para a tomada de decisões	☐ Precisa de assistência técnica	☐ Chega a conclusões erradas
PLANEJAMENTO DO TRABALHO				
☐ Bom planejador	☐ Planeja bem com assistência	☐ Planeja bem ocasionalmente	☐ Precisa de instruções detalhadas	☐ Não consegue planejar de jeito nenhum
COMUNICAÇÕES				
☐ Sempre entende as instruções	☐ Às vezes precisa de esclarecimentos	☐ Sempre precisa de esclarecimentos	☐ Precisa de acompanhamento	☐ Precisa de instruções constantes
ATITUDE				
☐ Sempre interessado no trabalho	☐ Mostra interesse na maioria das vezes	☐ Não mostra interesse pelo trabalho	☐ Mais interessado em outras atividades	☐ Não se importa com o trabalho
COOPERAÇÃO				
☐ Sempre entusiasmado	☐ Trabalha bem até que o trabalho seja concluído	☐ Geralmente trabalha bem com os outros	☐ Trabalha mal com os outros	☐ Quer o trabalho feito do seu jeito
HÁBITOS DE TRABALHO				
☐ Sempre orientado ao projeto	☐ Frequentemente orientado ao projeto	☐ É geralmente consistente com as solicitações	☐ Trabalha mal com os outros	☐ Sempre trabalha só

COMENTÁRIOS ADICIONAIS ____

FIGURA 8-2 Avaliação da designação de trabalho do projeto.

A Figura 8-3 mostra um outro formulário típico que pode ser utilizado para avaliar um empregado. Em cada categoria, o funcionário é avaliado em uma escala subjetiva. A fim de diminuir o tempo e a burocracia, também é possível ter um único formulário de avaliação ao término do projeto para a avaliação de todos os empregados. Isso é ilustrado na Figura 8-4. Todos os funcionários são avaliados em cada categoria em uma escala de 1 a 5. Os totais são obtidos para proporcionar uma comparação relativa dos trabalhadores.

NOME DO FUNCIONÁRIO ____ DATA ____

TÍTULO DO PROJETO ____ NÚMERO DO CARGO ____

DESIGNAÇÃO DO EMPREGADO ____

TEMPO TOTAL DO EMPREGADO NO PROJETO ATÉ O MOMENTO ____ TEMPO RESTANTE DO EMPREGADO NO PROJETO ____

	Excelente	Acima da média	Dentro da média	Abaixo da média	Inadequado
Opinião técnica					
Planejamento do trabalho					
Comunicações					
Atitude					
Cooperação					
Hábitos de trabalho					
Contribuição para os lucros					

Comentários adicionais ____

FIGURA 8-3 Avaliação da designação de trabalho do projeto.

DESIGNAÇÃO DO EMPREGADO ____ NÚMERO DO CARGO ____

TÍTULO DO PROJETO ____ DATA ____

Código:
Excelente = 5
Acima da média = 4
Dentro da média = 3
Abaixo da média = 2
Inadequado = 1

Nomes	Opinião técnica	Planejamento do trabalho	Comunicações	Atitude	Cooperação	Hábitos de trabalho	Contribuição para os lucros	Automotivação	Total de pontos

FIGURA 8-4 Avaliação da designação de trabalho do projeto.

Obviamente, os formulários de avaliação, como o mostrado na Figura 8-4, possuem limitações severas, assim como uma comparação individual de todo o pessoal funcional do projeto é de pouco valor se os empregados forem de departamentos diferentes. Como um engenheiro de projetos pode ser comparado a um analista de custos?

Várias empresas estão utilizando esse formulário, atribuindo os coeficientes de importância para cada tópico. Por exemplo, em um tópico de julgamento técnico, o engenheiro de projetos pode ter um coeficiente de importância de 0,90, enquanto o coeficiente do analista de custos poderia ser de 0,25. Esses coeficientes podem ser revertidos para um tópico sobre a consciência dos custos. Infelizmente, tais comparações têm validade questionável, e esse tipo de formulário de avaliação é, normalmente, de natureza confidencial.

Embora o gerente de projetos preencha uma ficha de avaliação, não há garantia de que o gerente funcional acreditará na avaliação dele. Sempre há situações nas quais o gerente de projetos e o gerente funcional entram em desacordo quanto à qualidade ou direção do trabalho.

Outro problema que pode existir é a situação em que o gerente de projetos é um "generalista", digamos que, de categoria nível 7, e pede que o gerente funcional designe o seu melhor empregado para o projeto. O gerente funcional concorda com o pedido e designa seu melhor empregado, um especialista de categoria 10. Uma solução para esse problema é que o gerente de projetos avalie o especialista apenas em certas categorias, como comunicações, hábitos de trabalho e resolução de problemas, mas não na área de sua especialidade técnica.

Para finalizar, às vezes é discutido que os colaboradores funcionais devam ter algum tipo de participação indireta sobre a avaliação de um gerente de projetos. Isso levanta algumas questões interessantes sobre até onde podemos ir com o procedimento de avaliação indireta.

De uma perspectiva da alta administração, o processo de avaliação indireta traz com ele várias dores de cabeça. Gerentes de remunerações e salários prontamente aceitam a necessidade de utilização de diferentes formulários de avaliação tanto para trabalhadores de escritório quanto para operários. Mas agora, temos uma situação em que pode haver mais de um tipo de sistema de avaliação apenas para trabalhadores de escritório. Aqueles funcionários que trabalham nos departamentos funcionais orientados a projetos serão avaliados direta e indiretamente, mas com base em procedimentos formais. Os funcionários que contabilizam seu tempo em contas de *overhead* e departamentos não orientados a projetos podem simplesmente ser avaliados por um único e direto procedimento de avaliação.

Muitos gerentes de remunerações e salários alegam que não podem conviver com um sistema de avaliação para funcionários de escritório e, portanto, têm tentado combinar os formulários de avaliações direta e indireta em um, como mostrado na Figura 8-5. Alguns gerentes têm ido tão longe ao ponto de adotar um formulário único para toda a empresa, independentemente de um indivíduo ser um funcionário de escritório ou um operário.

O design do formulário de avaliação do empregado depende de qual método ou procedimento de avaliação está sendo utilizado. De um modo geral, há nove métodos disponíveis para a avaliação de pessoal:

- Relatório de desempenho
- Escalas gráficas de classificação
- Pesquisa de campo
- Escolha e distribuição forçada
- Avaliação de incidentes críticos
- Administração por objetivos
- Abordagem de padrões de desempenho
- Métodos de classificação
- Centro de avaliação

I. INFORMAÇÕES DO EMPREGADO

1. Nome ________ 2. Data da avaliação ________
3. Designação do trabalho ________ 4. Data da última avaliação ________
5. Categoria salarial ________
6. Superior imediato do empregado ________
7. Nível do supervisor: ☐ Seção ☐ Depart. ☐ Divisão ☐ Executivo

II. INFORMAÇÕES DO AVALIADOR

1. Nome do avaliador ________
2. Nível do avaliador ☐ Seção ☐ Depart. ☐ Divisão ☐ Executivo
3. Classificar o empregado em:

	Excelente	Muito bom	Bom	Razoável	Ruim
Capacidade de assumir reponsabilidades					
Trabalha bem com os outros					
Atitude leal em relação à empresa					
Documenta bem o trabalho e é consciente em relação a custos e lucros					
Confiabilidade em enxergar completamente o trabalho					
Capacidade de aceitar críticas					
Disposição para trabalhar horas extras					
Planeja cuidadosamente a execução do trabalho					
Conhecimento técnico					
Habilidades comunicativas					
Classificação geral					

4. Classificar o empregado em comparação aos seus contemporâneos

ABAIXO DE 10%	ABAIXO DE 25%	ABAIXO DE 40%	INTERMEDIÁRIO	ACIMA DE 40%	ACIMA DE 25%	ACIMA DE 10%

5. Classificar o empregado em comparação aos seus contemporâneos

Deve ser promovido imediatamente	Candidato à promoção para o ano seguinte	Candidato à promoção juntamente com seus contemporâneos	Precisa amadurecer na categoria	Definitivamente não deve ser promovido

6. Comentários do avaliador ________

Assinatura ________

III. Seção de concordância

1. Nome ________
2. Posição: ☐ Departamento ☐ Divisão ☐ Executivo
3. Concordância ☐ Concordo ☐ Discordo
4. Comentários: ________

Assinatura ________

IV. Seção de pessoal (a ser preenchido apenas pelo Departamento Pessoal)

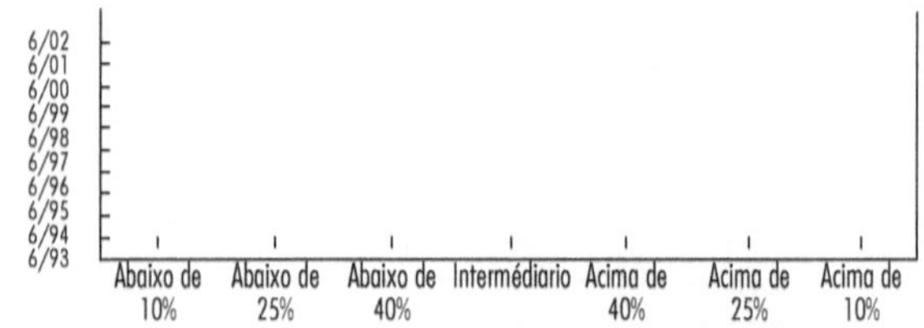

V. Assinatura do empregado ________ DATA: ________

FIGURA 8-5 Avaliação do trabalho.

As descrições desses métodos podem ser encontradas em praticamente qualquer texto sobre administração de salários e remunerações. Qual é o método mais adequado para uma estrutura organizacional orientada a projetos?

Para responder a essa questão, devemos analisar as características do modelo organizacional, bem como as características do pessoal que deve desempenhar dentro desse modelo. Por exemplo, o gerenciamento de projetos pode ser descrito como uma arena de conflitos. Qual dos procedimentos de avaliação aqui apresentados pode ser mais bem utilizado para avaliar a capacidade de um funcionário para trabalhar e progredir em um ambiente de conflitos? A Figura 8-6 compara os nove processos de avaliação acima, contra os seis conflitos mais comuns em projetos. Esse tipo de análise deve ser realizado para todas as variáveis e características que descrevem o ambiente de gerenciamento de projetos. A maioria dos gerentes de compensação concordam que a técnica da administração por objetivos (APO) oferece a maior promessa para uma avaliação justa e equitativa de todos os empregados. Apesar de a APO implicar que os trabalhadores funcionais terão voz no estabelecimento de suas próprias metas e objetivos, esse pode não ser o caso. No gerenciamento de projetos, talvez o gerente do projeto ou o gerente funcional irá definir os objetivos e o colaborador funcional será informado de que terá de aceitar isso. Obviamente, haverá vantagens e desvantagens para qualquer procedimento de avaliação que for selecionado.

	Relatório de desempenho	Escalas gráficas de classificação	Pesquisa de campo	Escolha e distribuição forçada	Avaliação de incidentes críticos	Administração por objetivos	Abordagem de padrões de desempenho	Métodos de classificação	Centro de avaliação
Conflito sobre cronogramas	●	●		●	●		●	●	
Conflito sobre prioridades	●	●		●	●		●	●	
Conflito sobre questões técnicas	●			●			●		
Conflito sobre administração	●	●	●	●			●	●	●
Conflito de personalidades	●	●		●			●		
Conflitos sobre custos	●		●	●	●		●	●	●

Os círculos definem as áreas em que pode ser difícil implementar a técnica de avaliação.

FIGURA 8-6 Classificação das técnicas de avaliação contra os tipos de conflito.

8.2 COMPENSAÇÃO FINANCEIRA E RECOMPENSAS

Guia PMBOK®, 5. ed.
9.3.2.6 Reconhecimento e recompensas

As compensações financeiras e as recompensas adequadas são importantes para o moral e para a motivação das pessoas em qualquer organização. No entanto, existem várias questões que muitas vezes tornam necessário tratar as práticas de remuneração do pessoal do projeto separadamente do restante da organização:

- **A classificação do cargo e as descrições do cargo** para o pessoal do projeto normalmente não são compatíveis com as já existentes para outros trabalhos profissionais. Muitas vezes, é difícil escolher uma classificação existente e adaptá-la ao pessoal do projeto. Sem o devido ajuste, a pequena quantidade de autoridade formal do projeto e o pequeno número de subordinação direta podem distorcer o nível de posição do pessoal do projeto, apesar de seu amplo espectro de responsabilidades de negócio.
- **A dupla responsabilidade** e a dupla subordinação do pessoal do projeto levantam a questão sobre quem deve avaliar o desempenho e controlar as recompensas.
- **As bases para as recompensas financeiras** muitas vezes são difíceis de serem estabelecidas, quantificadas e administradas. Os critérios para "fazer um bom trabalho" são difíceis de quantificar.
- **As compensações especiais** por horas extras, por viagens extensivas, ou por viver longe de casa devem ser consideradas, além do pagamento de bônus para os resultados preestabelecidos. O pagamento de bônus é uma questão particularmente difícil e delicada porque, frequentemente, muitas pessoas contribuem para os resultados de tais incentivos. Práticas arbitrárias de bônus podem ser desmoralizantes para a equipe do projeto.

Algumas diretrizes específicas são fornecidas aqui para ajudar os gerentes a estabelecer sistemas de compensação para as suas organizações de projetos. Os fundamentos dessas práticas de compensação são baseados em quatro sistemas: (1) classificação do cargo, (2) salário base, (3) avaliações de desempenho e (4) aumento por mérito.

Classificações e Descrições de Cargos

Todo esforço deve ser feito para se adequar as novas classificações para o pessoal de projetos à classificação padrão existente que já tenha sido estabelecida para a organização.

O primeiro passo é definir cargos para o pessoal do projeto e as suas várias responsabilidades correspondentes. Os títulos são dignos de atenção, pois implicam certas responsabilidades, nível de poder da posição, status organizacional e nível salarial. Além disso, os títulos podem indicar certas responsabilidades funcionais, como, por exemplo, o título de gerente de atividades técnicas[1].

[1] Na maioria das organizações, o título de gerente de atividades técnicas corresponde a ser responsável pelo gerenciamento do conteúdo técnico de um subsistema do projeto dentro de uma unidade funcional, havendo dupla prestação de contas, ao superior funcional e ao escritório de projetos.

Portanto, os títulos devem ser cuidadosamente selecionados e cada um deles apoiado por uma descrição formal do cargo. A descrição do cargo fornece a designação de base para o cargo e para o indivíduo responsável por ele. Uma boa descrição de cargo é breve e concisa, não excedendo uma página. Normalmente, é dividida em três seções: (1) responsabilidades gerais, (2) deveres específicos e (3) qualificações. Um exemplo de descrição de cargo é fornecido na Tabela 8-1.

TABELA 8.1 Exemplo de descrição de cargo

Descrição de cargo:
Engenheiro líder do projeto de desenvolvimento de processador

Responsabilidade geral

Responsável por dirigir o desenvolvimento técnico do novo processador central, incluindo o gerenciamento do pessoal técnico designado para esse desenvolvimento. O engenheiro líder do projeto possui duas responsabilidades, (1) com o seu superior funcional, pela implementação técnica e qualidade de engenharia (2) com o gerente do projeto, pelo gerenciamento do desenvolvimento, dentro do orçamento e do cronograma estabelecido.

Deveres e responsabilidades específicos

1 Fornecer direção necessária ao programa para o planejamento, organização, desenvolvimento e integração do esforço de engenharia, incluindo o estabelecimento de objetivos, cronogramas e orçamentos específicos para o subsistema do processador.
2 Fornecer liderança técnica para análise e estabelecimento dos requisitos, do *design* preliminar, do *design*, da prototipação e dos testes do subsistema do processador.
3 Dividir o trabalho em tarefas distintas e claramente definidas. Designar tarefas ao pessoal técnico dentro da área de responsabilidade do engenheiro líder e de outras unidades organizacionais.
4 Definir, negociar e alocar orçamentos e cronogramas de acordo com as tarefas específicas e os requisitos gerais do programa.
5 Medir e controlar os custos, o cronograma e o desempenho técnico em comparação com o plano do programa.
6 Relatar os desvios ao plano ao escritório do programa.
7 Replanejar as compensações e redirecionar os esforços de desenvolvimento em caso de contingências, como utilizar melhor os recursos disponíveis para os objetivos gerais do programa.
8 Planejar, manter e utilizar as instalações de engenharia para atender aos requisitos de longo prazo do programa.

Qualificações

1 Sólida experiência técnica no desenvolvimento de processadores centrais de última geração.
2 Experiência anterior no gerenciamento de tarefas com registro comprovado de controle eficaz dos custos e do cronograma de tarefas multidisciplinares de base tecnológica, além de SIM.
3 Habilidades pessoais para liderar, dirigir e motivar o pessoal sênior da engenharia.
4 Excelente capacidade de comunicação, tanto verbal como escrita.

Classificações de Salários-base e Incentivos

Depois que as descrições dos cargos foram desenvolvidas, pode-se delinear categorias salariais consistentes com os deveres e responsabilidades para os resultados de negócios. Se for deixado para o especialista de pessoal, essas categorias salariais podem escorregar para o limite inferior de uma compensação equitativa. Isso é compreensível porque, aparentemente, as posições em projetos parecem menos altas que a de seus equivalentes funcionais, já que a autoridade formal sobre os recursos e os relatórios diretos é menos necessária para posições de gerenciamento de projetos do que para as tradicionais posições funcionais. O impacto de tal sistema distorcido de compensação é que a organização do projeto vai atrair o pessoal menos qualificado e pode ser vista como um plano de carreira inferior.

Muitas empresas que lutaram com esse problema o resolveram por meio de (1) elaboração de esquemas de compensação com uma equipe de gerentes seniores e especialistas de pessoal, e (2) aplicação de critérios de deveres e responsabilidades pelo negócio e/ou pelos lucros para o estabelecimento de categorias salariais para o pessoal de projetos, em acordo com outros cargos na organização. Os gerentes que estão contratando podem escolher um salário a partir da classificação estabelecida com base no seu julgamento das responsabilidades reais do cargo, das qualificações do candidato, do orçamento disponível e outras considerações.

Avaliações de Desempenho

Tradicionalmente, o propósito da avaliação de desempenho é:

- Avaliar o desempenho do trabalho do empregado, de preferência em comparação aos objetivos preestabelecidos
- Fornecer uma justificativa para decisões sobre salário
- Estabelecer novas metas e objetivos para o próximo período de revisão
- Identificar e lidar com problemas relacionados ao trabalho
- Servir como base para as discussões da carreira

Na realidade, porém, os dois primeiros objetivos estão em conflito. Como resultado, as avaliações tradicionais de desempenho tornam-se, essencialmente, uma discussão salarial com o objetivo de justificar as ações administrativas subsequentes. Além disso, as discussões dominadas por ações salariais geralmente não são propícias para a definição de metas futuras, resolução de problemas, ou planejamento de carreira.

A fim de contornar esse dilema, muitas empresas já separaram a discussão salarial de outras partes da avaliação de desempenho. Ademais, os gerentes de sucesso analisaram cuidadosamente as questões complexas envolvidas e construíram um sistema de avaliação de desempenho fortemente baseado no conteúdo, na mensurabilidade e na fonte de informação.

O primeiro desafio está no conteúdo, ou seja, decidir "o que revisar" e "como medir o desempenho". As práticas modernas de gestão tentam individualizar a responsabilidade o máximo possível. Além disso, incentivos ou aumentos por mérito subsequentes estão vinculados ao desempenho dos lucros. Embora a maioria das empresas aplique esses princípios às suas organizações de projetos, elas fazem isso com uma grande dose de ceticismo. As práticas, muitas vezes, são modificadas para garantir equilíbrio e equidade para as responsabilidades realizadas em conjunto. Existe um dilema similar na área de responsabilidade pelos lucros. O comentário de um gerente de projetos da General Electric Company é típico da situação enfrentada pelos gerentes de negócios: "Embora eu seja responsável pelos resultados de negócio de um grande programa, eu realmente não posso controlar mais de 20% dos seus custos". Reconhecendo os fatos, as organizações estão medindo o desempenho dos seus **gerentes de projetos**, em pelo menos duas áreas:

- **Resultados de negócio**, medido pelos lucros, margem de contribuição, retorno sobre o investimento, novos negócios e receita; também, a entrega no prazo, cumprimento dos requisitos contratuais e desempenho do orçamento.
- **Desempenho gerencial**, medido pela eficácia, organização, direção e liderança e desempenho da equipe no gerenciamento de todo o projeto.

A primeira área aplica-se apenas se o gerente do projeto for, de fato, responsável pelos resultados de negócio, tais como o desempenho contratual ou aquisições de novos negócios. Muitos gerentes de projetos trabalham com patrocinadores internos da empresa, assim como com o desenvolvimento de novos produtos ou estudos de viabilidade internos da empresa. Nesses casos, a geração de resultados no prazo acordado das restrições de cronograma e orçamento se torna a principal medida de desempenho. A segunda área é claramente mais difícil de avaliar. Além disso, se tratada incorretamente, leva à manipulação e ao jogo de esquemas. A Tabela 8-2 fornece algumas medições específicas de desempenho em gerenciamento de projetos. Independentemente de o patrocinador ser interno ou externo à empresa, os gerentes de projetos estão constantemente sendo avaliados quanto ao tempo que levaram para organizar a equipe, se o projeto está progredindo conforme o acordado em cronogramas e orçamentos e o quão estreitamente eles atendem aos objetivos globais e aos objetivos definidos pelos seus superiores.

TABELA 8.2 Medidas de Desempenho para Gerentes de Projetos

Quem realiza a avaliação
- Superior funcional do gerente de projetos

Fonte dos dados de desempenho
- Superior funcional, gerentes de recursos, gerentes gerais

Medidas primárias

1. O sucesso do gerente de projetos na condução geral do projeto em direção aos objetivos preestabelecidos.
- Metas de custos
- Marcos importantes
- Lucro, receita líquida, retorno sobre o investimento, margem de contribuição
- Qualidade
- Realizações técnicas
- Medidas de mercado, novos negócios, contratos posteriores

2. A eficácia do gerente de projetos na direção e liderança geral do projeto durante todas as fases, incluindo o estabelecimento de:
- Objetivos e requisitos do cliente
- Orçamentos e cronogramas
- Políticas
- Medidas e controles de desempenho
- Sistema de avaliação e relatório

Medidas secundárias

1. Capacidade de utilizar recursos organizacionais
- Redução de custos de *overhead*
- Trabalho com o pessoal existente
- Decisões rentáveis de fazer ou comprar

2. Capacidade de construir uma equipe de projeto eficaz
- Seleção do pessoal do projeto
- Comunicações interfuncionais
- Equipe com baixas reclamações de conflitos e aborrecimentos
- Membros da equipe profissionalmente satisfeitos
- Trabalho com grupos de apoio

3. Planejamento eficaz do projeto e implementação do plano
- Planejamento dos detalhes e da mensurabilidade
- Comprometimento de profissionais importantes e da administração
- Envolvimento da administração
- Provisões para contingências
- Relatórios e avaliações

4. Satisfação do cliente/consumidor
- Percepção do desempenho geral do projeto pelo patrocinador
- Comunicações, contato
- Capacidade de resposta às mudanças

(Continua)

(Continuação)

5. Participação no gerenciamento do negócio
- Administração constantemente informada sobre novas oportunidades de projetos/produtos/negócios
- Trabalho de propostas de licitações
- Planejamento de negócios, desenvolvimento de políticas

Considerações adicionais

1. Dificuldade das tarefas envolvidas
- Tarefas técnicas
- Complexidade administrativa e organizacional
- Natureza multidisciplinar
- Seleção de pessoal e inicialização

2. Escopo do projeto
- Orçamento total do projeto
- Número de pessoas envolvidas
- Número de organizações e subcontratados envolvidos

3. Ambiente de trabalho em constante mudança
- Natureza e grau das mudanças e redirecionamentos do cliente
- Contingências

Do outro lado da organização do projeto, os gerentes de recursos ou o pessoal do projeto estão sendo avaliados, principalmente pela capacidade em dirigir a execução de um subsistema específico do projeto:

- **Implementação técnica**, medição em relação às metas de requisitos, qualidade, cronogramas e custos
- **Desempenho da equipe**, medido pela capacidade de selecionar pessoal, criar um grupo eficaz de trabalho, interagir com outros grupos e pela capacidade de integração entre as várias funções

As medições específicas de desempenho são apresentadas na Tabela 8-3. Além disso, o desempenho real do projeto, tanto do gerente do projeto quanto do pessoal de seus recursos, deve ser avaliado sob as condições em que ele foi realizado: o grau de dificuldade, complexidade, tamanho e mudanças das tarefas e as condições gerais do negócio.

Finalmente, é preciso decidir quem deve realizar a avaliação de desempenho e fazer o reajuste salarial. Onde a dupla responsabilidade estiver envolvida, as boas práticas exigem participações de ambos os chefes. Tal situação poderia existir para gerentes de projetos que se reportam funcionalmente a um superior, mas que também são responsáveis pelos resultados específicos de negócios a outra pessoa. Embora a responsabilidade dupla de gerentes de projetos seja uma exceção para a maioria das organizações, é comum que o pessoal do projeto responda ao seu superior funcional pela qualidade da obra e ao seu gerente de projetos pelo cumprimento dos requisitos dentro do prazo e do orçamento. Além disso, o pessoal do projeto pode ser compartilhado com vários projetos. Somente o gerente funcional ou o gerente de recursos pode julgar o desempenho global dos seus recursos.

TABELA 8-3 Medidas de desempenho para o pessoal do projeto

Quem realiza a avaliação

Superior funcional do profissional do projeto

Fonte dos dados de desempenho

Gerente do projeto e gerentes de recursos

Medidas primárias

1. Sucesso no direcionamento da tarefa acordada para a sua conclusão
- Implementação técnica de acordo com os requisitos
- Qualidade
- Marcos importantes/cronogramas
- Custos-alvo, *design-to-cost*[NT1]
- Inovação
- Compensações

2. Eficácia como membro da equipe ou líder de equipe
- Construção de uma equipe eficaz de trabalho
- Trabalho em conjunto com os outros, participação, envolvimento
- Interface com as organizações de apoio e terceirizadas
- Coordenação interfuncional
- Bom relacionamento com os outros
- Orientação às mudanças
- Realização de compromissos

Medidas secundárias

1. Sucesso e eficácia na execução de tarefas funcionais além do trabalho do projeto, de acordo com as designações funcionais
- Designações especiais
- Avanço da tecnologia
- Desenvolvimento da organização
- Planejamento de recursos
- Direção e liderança funcional

2. Serviços de apoio administrativo
- Relatórios e avaliações
- Grupos de trabalho e comitês especiais
- Planejamento do projeto
- Desenvolvimento de procedimentos

3. Desenvolvimento de novos negócios
- Apoio às propostas de licitação
- Apresentações ao cliente

4. Desenvolvimento profissional
- Acompanhamento da área profissional
- Publicações
- Ligação com a sociedade, fornecedores, clientes e instituições educacionais

(Continua)

NT1 Termo em língua inglesa utilizado para designar um processo para a concepção de um produto ou serviço a um custo ideal, em proporção ao valor.

(Continuação)

Considerações adicionais

1. Dificuldade de tarefas envolvidas
- Desafios técnicos
- Considerações do estado da arte
- Mudanças e contingências

2. Responsabilidades gerenciais
- Líder de tarefas para uma série de colaboradores do projeto
- Integração multifuncional
- Responsabilidade no orçamento
- Responsabilidade na seleção de pessoal
- Responsabilidades específicas

3. Envolvimento em vários projetos
- Número de projetos diferentes
- Número e magnitude das tarefas e deveres funcionais
- Carga total de trabalho

Aumentos por Mérito ou Bônus

Os profissionais passam a esperar aumentos por mérito como uma recompensa por um trabalho benfeito. No entanto, sob condições inflacionárias, ajustes de salários raramente acompanham o aumento do custo de vida. Para lidar com essa compressão de salário e dar incentivo para o desempenho da gestão, as empresas introduziram os bônus. O problema é que esses planos padronizados para aumentos por mérito e bônus baseiam-se na responsabilidade individual, enquanto o pessoal do projeto trabalha em equipes com responsabilidades, deveres e controles compartilhados. É geralmente muito difícil creditar o sucesso ou o fracasso do projeto a um único indivíduo ou a um pequeno grupo.

A maioria dos gerentes com esses dilemas se voltou para o remédio tradicional da avaliação de desempenho. Se benfeita, a avaliação deve prever medições especiais de avaliação de desempenho que avaliam o nível e a dimensão nos quais o indivíduo contribuiu para o sucesso do projeto, incluindo o desempenho gerencial e os componentes de desempenho da equipe. Portanto, uma avaliação de desempenho adequadamente bem concebida e executada é uma boa base para futuras revisões salariais, que inclui a participação de todos os elementos gerenciais responsáveis e a concordância básica do trabalhador com as conclusões.

8.3 QUESTÕES CRÍTICAS SOBRE A RECOMPENSA ÀS EQUIPES DE PROJETOS

Guia PMBOK®, 5. ed.
Capítulo 9.3.2.6 Reconhecimento e recompensas

Hoje, a maioria das empresas está utilizando equipes de projetos. No entanto, ainda existem desafios sobre a forma de recompensar as equipes de projetos pelo desempenho bem-sucedido. A importância de como as equipes são recompensadas é identificada por Parker, McAdams, e Zielinski[2]:

> Algumas organizações gostam de dizer "Nós somos todos parte da equipe", mas muitas vezes é apenas conversa da administração. Isso é particularmente comum em organizações hierárquicas convencionais; eles dizem as palavras, mas não as confirmam com ações significativas. Seus funcionários podem ler os artigos e assistir às conferências e passam a acreditar que muitas empresas se tornaram colaborativas. Na verdade, porém, poucas organizações hoje são verdadeiramente baseadas em equipes.
>
> Outras, que querem usar de subterfúgios, apontam a forma como recompensam ou reconhecem as equipes com bônus formidáveis ou planos de participação nos lucros. Mas isso por si só não representa um comprometimento com as equipes; isso está mais para um presente de um tio rico. Se a alta gerência acredita que apenas dinheiro e alguns poucos programas de reconhecimento ("equipe do ano" e esse tipo de coisa) reforçam o trabalho em equipe, ela está errada. Isso por si só não causa uma mudança fundamental na forma como pessoas e equipes são gerenciadas.
>
> Mas, em algumas poucas organizações, a formação de equipes é um componente importante da estratégia corporativa, o envolvimento com as equipes é natural e a colaboração acontece sem grandes pensamentos ou bravatas. Existem grupos naturais de trabalho (equipes de pessoas que fazem o mesmo trabalho ou um trabalho similar no mesmo local), equipes multifuncionais permanentes, equipes específicas de projetos, equipes de melhoria de processos e equipes reais de gerenciamento. O envolvimento simplesmente acontece.

Por que é tão difícil recompensar as equipes de projetos? Para responder a essa questão, temos de entender o que é e o que não é uma equipe. Segundo Parker et al.[3]:

> Considere a seguinte afirmação: uma unidade organizacional pode agir como uma equipe, mas uma equipe não é necessariamente uma unidade organizacional, pelo menos para a des-

---

2 PARKER, G.; Mcadams, J.; ZIELINSKI, D. *Rewarding teams*. San Francisco: Jossey-Bass, uma marca de John Wiley & Sons, 2000. p. 17; reproduzido com permissão de John Wiley & Sons.

3 Ver nota 2, Parker et.al., p. 17.

crição dos planos de recompensa. Uma unidade organizacional é apenas isso, um grupo de empregados organizados em uma unidade de negócio identificável que aparece no organograma. Eles podem se comportar com um espírito de equipe, mas para os propósitos dos planos de recompensa, não são uma "equipe". A unidade organizacional pode ser uma empresa inteira, uma unidade estratégica de negócios, uma divisão, um departamento ou um grupo de trabalho.

Uma "equipe" é um pequeno grupo de pessoas unidas por um projeto comum e compartilhando objetivos de desempenho. Elas geralmente possuem habilidades ou conhecimentos complementares e uma interdependência que requer que elas trabalhem juntas para alcançar os objetivos do seu projeto. Os membros da equipe são mutuamente responsáveis pelos seus resultados. Essas equipes não são encontradas em um organograma.

Os incentivos são difíceis de se aplicar porque as equipes de projetos podem não aparecer em um organograma. A Figura 8-7 mostra o modelo de reforço para os empregados[4]. Para as equipes de projetos, a ênfase é composta pelas três setas ao lado direito da Figura 8-7.

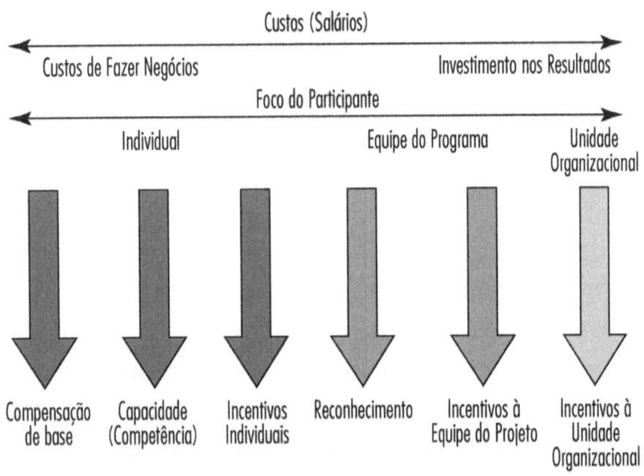

FIGURA 8-7 O modelo de reforço.

Os incentivos à equipe do projeto são importantes porque os membros da equipe esperam recompensas e reconhecimento devidos pelo trabalho benfeito. Segundo Parker et. al.[5]:

> As equipes de projetos normalmente, mas não sempre, são formadas pela administração para realizar projetos ou desafios específicos, com um prazo definido – a revisão da eficácia dos processos ou recomendações para economia de custos, o lançamento de um novo produto de software, ou a implementação de sistemas de planejamento de recursos empresariais são apenas alguns exemplos. Em outros casos, as equipes se formam em torno de questões específicas ou como parte de iniciativas de melhoria contínua, como sistemas de sugestões baseados em equipes.
>
> As equipes de projetos podem ter participação multifuncional ou ser simplesmente um subconjunto de uma unidade organizacional existente. A pessoa que patrocina a equipe – normalmente o seu "campeão" – cria um plano de incentivo com medidas objetivas específicas e um cronograma de prêmios vinculado à realização dessas medidas. Para qualificar-se como um incentivo, o plano deve incluir metas pré-anunciadas, com uma garantia "faça isso, ganhe aquilo" para as equipes. O incentivo varia geralmente com o valor adicionado pelo projeto.

Os planos de incentivo a equipes de projetos normalmente têm alguma combinação dessas medidas básicas:

- **Marcos do Projeto:** atinja um marco, no orçamento e no prazo, e todos os membros da equipe ganham uma quantidade definida. Embora boa na teoria, existem problemas inerentes em amarrar incentivos financeiros para atingir metas. Os marcos muitas vezes mudam por uma boa razão (avanços tecnológicos, mudanças no mercado, outros desenvolvimentos) e você não quer que a equipe e a administração entrem em uma negociação sobre atrasar datas para acionar o incentivo. A menos que sejam marcos definitivos, e alcançá-los seja simplesmente uma questão de a equipe fazer o seu trabalho normal e quotidiano, o melhor geralmente é utilizar a celebração do reconhecimento após alcançar as metas – em vez de associar incentivos financeiros a elas.
- As recompensas não precisam ser sempre baseadas no prazo, tal que, quando a equipe atingir um marco em determinada data, ela receba uma recompensa. Se, por exemplo, uma equipe de desenvolvimento do produto depura uma nova porção de software no prazo, isso não é necessariamente um motivo para recompensá-la. Mas, se descobre e resolve um problema inesperado ou escreve um código melhor antes de uma data de entrega, as recompensas são devidas.

[4] Ver nota 2, Parker et. al., p. 29.

[5] Ver nota 2, Parker et.al., p. 38-39.

- **Conclusão do Projeto:** todos os membros da equipe recebem uma quantia definida quando concluem o projeto dentro do orçamento e do prazo (ou dentro dos padrões de qualidade do campeão da equipe).
- **Valor Adicionado:** esse prêmio é uma função do valor adicionado pelo projeto, e depende fortemente da capacidade da organização em criar e monitorar as medições de objetivos. Exemplos incluem a redução do tempo de resposta aos pedidos dos clientes, melhoria nos tempos de ciclo de desenvolvimento de produtos, redução de custos em virtude de eficiências de um novo processo ou lucros incrementais, ou fatia de mercado criada pelo produto ou serviço desenvolvido ou implementado pela equipe do projeto.

Um aviso sobre os planos de incentivo em projetos: eles podem ser muito eficazes para ajudar as equipes a ficarem focadas, cumprirem as metas e sentirem que são recompensadas por seu trabalho árduo, mas tendem a ser excludentes. Nem todos podem estar em uma equipe de projetos. Alguns empregados (membros da equipe) terão uma oportunidade de receber um incentivo que os outros (não membros da equipe), não terão. Há uma ausência de equidade interna. Uma forma de lidar com isso é recompensar os principais membros da equipe com incentivos para alcançar as metas da equipe e reconhecer os atores periféricos que apoiaram a equipe, seja por oferecer aconselhamento, recursos ou ajuda, ou por substituir os integrantes da equipe em seus trabalhos habituais.

Alguns projetos são de tal importância estratégica que você pode viver com esses problemas internos de equidade e com a lamentação dos não membros da equipe sobre os incentivos excludentes. No final das contas, porém, essa ferramenta deve ser usada com cautela.

Algumas organizaçoes se concentram apenas em prêmios em dinheiro. No entanto, Parker et. al. concluíram em suas pesquisas que prêmios não financeiros podem funcionar igualmente bem, se não melhor, do que prêmios em dinheiro[6].

Muitas das organizações de nossos estudos de casos utilizam prêmios não financeiros por causa de seu poder de permanência. Todo mundo adora dinheiro, mas os pagamentos em dinheiro podem perder o seu impacto motivacional com o tempo. No entanto, os prêmios não financeiros transportam o valor de "troféu" porque possuem um grande poder de permanência, pois cada vez que você olhar para aquele aparelho de televisão ou placa você se lembra do que você ou sua equipe fizeram para merecê-lo. Cada um dos planos incentiva prêmios que são cobiçados pelos beneficiários e que, portanto, serão memoráveis.

Se você perguntar aos funcionários o que eles querem, eles sempre vão dizer dinheiro. Mas, fornecer dinheiro pode ser difícil se o orçamento for pequeno ou o se as metas de ganhos de um plano de incentivo forem modestas. Se você pagar mais do que anualmente e tirar os impostos, o montante líquido pode parecer muito pequeno, até mesmo barato. Os prêmios não financeiros tendem a ser mais dependentes de seu valor simbólico do que financeiro.

Os prêmios não financeiros vêm sob todas as formas: um simples obrigado, uma carta de agradecimento, tempo livre remunerado, um troféu, uma mercadoria da empresa, uma placa, certificados, serviços especiais, um jantar para dois, um almoço grátis, um cartão de crédito emitido pela empresa para aquisições em lojas locais, itens ou mercadorias específicos, mercadorias de um extenso catálogo, viagens de negócios ou de férias com a família e opções de ações. Apenas a criatividade e a imaginação dos criadores do plano limitam as opções.

8.4 GERENCIAMENTO DE PROJETOS EFICAZ NA ORGANIZAÇÃO DE PEQUENO PORTE

A definição de um projeto pequeno pode ser:

- Duração total normalmente de três a 12 meses.
- Valor monetário total de $ 50.000 a $ 1,5 milhão (o limite superior geralmente é para projetos de bens de capital).
- Há uma comunicação contínua entre os membros da equipe, e não mais do que três ou quatro centros de custos envolvidos.
- O controle de custos manual em vez de informatizado pode ser aceitável.
- Os gerentes de projetos trabalham estreitamente com o pessoal funcional e com os gerentes funcionais diariamente, de modo que relatórios desgastantes e detalhados não são necessários.
- A estrutura analítica do projeto não passa do nível três.

Aqui, estamos discutindo gerenciamento de projetos tanto nas pequenas empresas quanto nas pequenas organizações dentro de uma grande corporação. Nas pequenas organizações, as grandes diferenças a partir das grandes empresas devem ser levadas em conta:

- **Nas empresas pequenas, o gerente de projetos tem de usar vários chapéus e pode atuar como gerente de projetos e gerente de linha ao mesmo tempo.**

6 Ver nota 2, Parker et al., p. 190-191.

Grandes empresas podem se dar o luxo de ter um único gerente de projetos em tempo integral durante a vigência de um projeto. Pequenas empresas podem não ser capazes de arcar com um gerente de projetos em tempo integral e, portanto, podem exigir que os gerentes funcionais usem dois chapéus. Isso gera um problema em que os gerentes funcionais poderão ser mais dedicados à sua própria unidade funcional do que ao projeto, e o projeto pode ser impactado. Há também o risco de que o gerente de linha que também atua como gerente do projeto mantenha os melhores recursos em seu próprio projeto. O projeto do gerente de linha pode ser um sucesso à custa de todos os outros projetos para os quais ele deve fornecer recursos.

Em uma situação ideal, o gerente de projetos trabalha horizontalmente e fornece dedicação ao projeto, enquanto o gerente de linha trabalha verticalmente e fornece dedicação à empresa (ou dedicação funcional). Se a relação de trabalho entre o gerente de projetos e o gerente funcional é boa, então as decisões serão tomadas de forma que seja melhor tanto para o interesse do projeto quanto para o interesse da empresa. Infelizmente, isso pode ser difícil de realizar em pequenas empresas quando uma pessoa usa vários chapéus.

- **Em uma empresa pequena, o gerente de projetos lida com vários projetos, talvez cada um com uma prioridade diferente.** Em grandes empresas, os gerentes de projetos normalmente lidam com apenas um projeto de cada vez. O gerenciamento de vários projetos se torna um problema grave se as prioridades não estiverem próximas. Por essa razão, muitas empresas pequenas evitam o estabelecimento de prioridades por medo de que as atividades de menor prioridade nunca sejam realizadas.
- **Em uma empresa pequena, o gerente de projetos possui recursos limitados.** Em uma grande empresa, se o gerente de projetos está descontente com os recursos que são fornecidos, ele pode ter o luxo de voltar para o gerente funcional tanto para solicitar quanto para negociar por outros recursos. Em uma pequena organização, os recursos designados podem ser simplesmente os únicos recursos disponíveis.
- **Em uma empresa pequena, geralmente os gerentes de projetos devem ter uma melhor compreensão das habilidades interpessoais do que em uma empresa grande.** Isso é uma necessidade porque um gerente de projetos da pequena empresa possui recursos limitados e deve fornecer a melhor motivação que puder.
- **Na empresa pequena, o gerente de projetos geralmente possui linhas mais curtas de comunicação.** Nas pequenas organizações os gerentes de projetos quase sempre se reportam a um executivo, enquanto nas grandes organizações os gerentes de projetos podem se reportar a qualquer nível de gestão. As pequenas empresas tendem a ter menos níveis de gestão.
- **As empresas pequenas não possuem um escritório de projetos.** As grandes empresas, principalmente no setor aeroespacial ou de construção, podem facilmente arcar com um escritório de projetos de 20 a 30 pessoas; enquanto, na pequena empresa o gerente de projetos pode ser todo o escritório de projetos. Isso implica que o gerente de projetos em uma pequena empresa pode ser obrigado a ter mais informações gerais e específicas sobre todas as atividades, políticas e procedimentos da empresa do que seus pares das empresas maiores.
- **Em uma empresa pequena, pode haver um risco muito maior para toda a empresa com o fracasso de apenas um projeto.** Grandes empresas podem ser capazes de suportar a perda de um programa multimilionário, enquanto a pequena empresa pode ficar em sérios problemas financeiros. Assim, muitas empresas de menor porte evitam a licitação de projetos que exigiriam a contratação de recursos adicionais ou a desistência de algumas das suas contas menores.
- **Em uma empresa pequena, poderia haver controles monetários mais rigorosos, mas com técnicas de controle menos sofisticadas.** Como a pequena empresa corre riscos maiores com o fracasso (ou com os sobrecustos) de apenas um projeto, os custos geralmente são controlados muito mais firmemente e mais frequentemente do que nas grandes empresas. No entanto, as empresas menores geralmente contam com sistemas manuais ou parcialmente informatizados, ao passo que as grandes organizações contam fortemente com pacotes de software sofisticados.
- **Em uma empresa pequena, normalmente há mais interferência da diretoria.** Isso é esperado, pois na pequena empresa há um risco muito maior com o fracasso de um único projeto. Além disso, os executivos de empresas de menor porte se "intrometem" mais do que os executivos das grandes empresas e muitas vezes delegam o mínimo possível aos gerentes de projetos.
- **Os procedimentos de avaliação para os indivíduos são geralmente mais fáceis em uma empresa menor.** Isso é verdade pois o gerente de projetos consegue conhecer melhor as pessoas, e, como já dito aqui, existe

uma maior necessidade de habilidades interpessoais na linha horizontal em uma empresa menor.

- **Em uma empresa menor, as estimativas para o projeto são geralmente mais precisas e baseadas tanto em históricos quanto em padrões. Esse tipo de processo de planejamento normalmente é manual, em vez de informatizado.** Além disso, os gerentes funcionais em uma pequena empresa geralmente se sentem obrigados a honrar os seus compromissos, enquanto nas grandes empresas, há muito mais papo furado.

8.5 MEGAPROJETOS

Os megaprojetos podem ter um conjunto diferente de regras e diretrizes do que os projetos menores. Por exemplo, em grandes projetos:

- Pode ser necessário um número vasto de pessoas, muitas vezes por períodos de tempo curtos ou intensos
- Pode ser necessária a constante reestruturação organizacional, conforme cada projeto passa por uma fase diferente do ciclo de vida
- O modelo organizacional por projetos e o modelo matricial podem ser usados alternadamente
- Os seguintes elementos são cruciais para o sucesso:
  - Treinamento em gerenciamento de projetos
  - Regras e procedimentos claramente definidos
  - Comunicações em todos os níveis
  - Planejamento antecipado da qualidade

Muitas empresas sonham em ganhar contratos de megaprojetos apenas para encontrar desastres, em vez de um pote de ouro. A dificuldade no gerenciamento de megaprojetos decorre principalmente das restrições de recursos:

- Ausência de trabalhadores disponíveis no local (ou de mão de obra local)
- Ausência de trabalhadores qualificados
- Ausência de supervisão local devidamente treinada
- Falta de matérias-primas

Como resultado de tais problemas, a empresa designa imediatamente seus melhores funcionários para o megaprojeto, criando assim sérios riscos para os projetos menores, muitos dos quais poderiam dar origem a negócios posteriores. Geralmente são exigidas horas extras de forma prolongada e isso resulta em menor eficiência e funcionários insatisfeitos.

Conforme o cronograma do projeto se desvia, a gerência contrata recursos adicionais do escritório central para apoiar o projeto. No momento em que o projeto estiver concluído, a organização total está com excesso de pessoal, muitos clientes menores transferiram os seus negócios para outras empresas, e a empresa encontra-se na situação de precisar de um outro megaprojeto, a fim de sobreviver e apoiar o pessoal existente.

Os megaprojetos nem sempre são tão gloriosos como as pessoas pensam que são. A estabilidade organizacional, acompanhada por uma taxa de crescimento moderada, pode ser mais importante do que a quantidade de passos até os megaprojetos. A lição aqui é que os megaprojetos devem ser deixados para as empresas que dispõem de instalações, conhecimento especializado, recursos e know-how da gerência para lidar com a situação.

8.6 MORALIDADE, ÉTICA E CULTURA CORPORATIVA

Guia PMBOK®, 5. ed.
Responsabilidade profissional e Código de Conduta do PMP®

As empresas que promovem a moralidade e a ética nos negócios costumam ter mais facilidade em desenvolver uma cultura de cooperação do que aquelas que incentivam o comportamento antiético ou imoral. As adversidades geradas por atos antiéticos podem ser dirigidas interna ou externamente. Adversidades internamente orientadas ocorrem quando os funcionários ou gerentes em sua própria empresa pedem-lhe para tomar medidas que podem ser do interesse de sua empresa, mas que violam a sua própria moral e suas crenças éticas. Exemplos típicos podem incluir:

- Você é solicitado a mentir para o cliente em uma proposta para ganhar o contrato
- Você é solicitado a reter as más notícias da sua própria administração
- Você é solicitado a reter as más notícias do cliente.
- Você é instruído a entregar uma unidade potencialmente defeituosa ao cliente, a fim de manter as quotas de produção
- Você é solicitado a violar práticas contábeis éticas para fazer os seus números terem uma "boa aparência" para a alta administração
- Você é solicitado a encobrir atos de peculato, ou utilizar centros de custos equivocados
- Você é solicitado a violar a confiança de uma decisão particular por um membro da equipe

As adversidades externas ocorrem quando o cliente pede-lhe para tomar medidas que possam ser do melhor interesse do cliente (e, possivelmente, da sua empresa), mas mais uma vez viola a sua moral e suas crenças éticas pessoais. Exemplos típicos podem incluir:

- Você é solicitado a ocultar ou destruir informações que poderiam ser prejudiciais para o cliente durante uma ação judicial contra ele
- Você é solicitado a mentir aos consumidores para ajudar a manter a imagem pública do seu cliente
- Você é solicitado a liberar informações duvidosas que seriam prejudiciais a um dos concorrentes do seu cliente
- O gerente de projetos do cliente pede para você mentir em sua proposta para que ele tenha mais facilidade na aprovação da concessão do contrato

Os gerentes de projetos muitas vezes são colocados em posições em que uma ação do interesse da empresa e de seus clientes deve ser tomada e, contudo, a mesma ação pode ser perturbadora para os trabalhadores. Considere o seguinte exemplo como uma forma positiva de lidar com isso:

- Um projeto tinha uma data de entrega, em que um número específico de unidades concluídas teria de estar no cais da empresa do principal cliente em 5 de janeiro. Esse cliente representava 30% das vendas da empresa e 33% dos seus lucros. Em virtude de problemas de desenvolvimento do produto e atrasos, o projeto não pôde ser concluído mais cedo. Os funcionários, muitos dos quais estavam dispensados, foram informados de que teriam de trabalhar 12 horas por dia, incluindo Natal e Ano Novo, para manter o cronograma. O gerente do projeto trabalhou as mesmas horas que a sua equipe de produção e isso era visível a todos. A empresa permitiu que os membros da família visitassem os trabalhadores durante o almoço e o jantar durante esse período. Depois que a entrega foi realizada, o gerente do projeto organizou para que todos os membros da equipe recebessem duas semanas de folga remunerada. Ao término do projeto, os membros da equipe estavam se oferecendo voluntariamente para trabalhar mais uma vez para esse gerente de projetos.

O gerente do projeto percebeu que pedir à sua equipe para trabalhar naqueles dias poderia ser visto como imoral. No entanto, como ele também trabalhava, seu comportamento reforçou a importância de cumprir o cronograma. As ações do gerente do projeto realmente fortaleceram a natureza cooperativa da cultura dentro da empresa.

Nem todas as mudanças são do melhor interesse da empresa e dos trabalhadores. Às vezes a mudança é necessária apenas para sobreviver e isso poderia forçar os trabalhadores a sair de suas zonas de conforto. Os funcionários podem até ver a mudança como imoral. Considere o seguinte exemplo:

- Por causa de uma recessão, uma empresa de máquinas-ferramenta mudou de uma empresa não orientada a projetos para uma empresa orientada a projetos. A administração reconheceu a mudança e tentou convencer os funcionários que os clientes agora queriam produtos especiais, em vez de produtos padronizados e que a sobrevivência da organização poderia estar em jogo. A empresa contratou uma consultoria para ajudar a trazer o gerenciamento de projetos, uma vez que o negócio agora era orientado a projetos. Os funcionários resistiram vigorosamente tanto à mudança quanto ao treinamento, com a crença equivocada de que, uma vez que a recessão terminasse, os clientes, mais uma vez, iriam querer os produtos padronizados e de prateleira e que o gerenciamento de projetos era um desperdício de tempo. A empresa não está mais no negócio e, conforme os funcionários deixavam a fábrica pela última vez, culpavam o gerenciamento de projetos pela perda do emprego.

Algumas empresas desenvolvem "Manuais de Práticas Padronizadas", que descrevem em detalhes o que se entende por conduta ética no trato com clientes e fornecedores. No entanto, mesmo com a existência desses manuais, indivíduos bem-intencionados podem criar consequências involuntárias que causem estragos.

Considere o seguinte exemplo:

- O patrocinador executivo do projeto para um projeto de P&D financiado pelo governo decidiu manipular os dados brutos para tornar os números melhores antes de apresentar os dados a um cliente. Quando o cliente percebeu o que havia acontecido, sua relação, que tinha sido baseada na confiança e na comunicação aberta, agora estava baseada na desconfiança e na documentação formal. A equipe inteira do projeto sofreu por causa da conduta egoísta de um executivo.

Às vezes, os gerentes de projetos se encontram em situações em que o resultado mais provavelmente será uma condição ganha-perde em vez de uma situação ganha-ganha. Considere as três situações seguintes:

- Uma gerente de projetos assistente, Mary, teve a oportunidade de ser promovida e gerenciar um novo projeto de grandes dimensões que estava prestes a começar. Ela precisava da permissão de seu gerente para aceitar a nova designação, mas, se ela saísse, o gerente teria de executar o seu trabalho, além do trabalho dele, por pelo menos três meses. O gerente de projetos se recusou a liberá-la, e criou a reputação de evitar que as pessoas fossem promovidas enquanto estivessem trabalhando em seu projeto.

- No primeiro mês de um projeto de doze meses, o gerente do projeto percebeu que a data final estava otimista, mas propositadamente ocultou a informação do cliente, na esperança de que ocorresse um milagre. Dez meses depois, o gerente do projeto ainda estava retendo a informação à espera do milagre. No décimo primeiro mês, o cliente foi informado da verdade. As pessoas, então, rotularam o gerente do projeto como um indivíduo que prefere mentir a dizer a verdade, porque assim era mais fácil.
- Para manter o cronograma do cliente, o gerente do projeto exigiu que os empregados realizassem excessivas horas extras, sabendo que isso, muitas vezes, levava a mais erros. A empresa demitiu um trabalhador cansado que, inadvertidamente, retirou as matérias-primas erradas do inventário, resultando em um erro de produção de $ 55.000.

Nas três situações, o gerente do projeto acreditava que sua decisão era, naquele momento, do melhor interesse da empresa. No entanto, o resultado final em cada caso foi que o gerente do projeto foi rotulado como antiético ou imoral.

Costuma-se dizer que "o dinheiro é a raiz de todos os males". Às vezes, as empresas acreditam que o reconhecimento das realizações de um indivíduo por meio de um sistema financeiro de recompensas é apropriado, sem considerar o impacto sobre a cultura. Considere o seguinte exemplo:

- Ao final de um projeto bem-sucedido, o gerente do projeto foi promovido e recebeu um bônus de $ 5.000 e férias remuneradas. Os membros da equipe que foram fundamentais para o sucesso do projeto e que recebiam salário mínimo, foram a um restaurante *fast-food* para comemorar a sua contribuição para a empresa e o seu apoio mútuo. O gerente do projeto comemorou sozinho.

A empresa deixou de reconhecer que o gerenciamento do projeto foi um esforço de equipe. Os trabalhadores viram a política de recompensa da administração como imoral e antiética, pois o gerente do projeto foi bem-sucedido devido aos esforços de toda a equipe.

A conduta moral e ética dos gerentes de projetos, dos patrocinadores de projetos e dos gerentes de linha pode melhorar a cultura corporativa. Da mesma forma, decisões ruins podem destruir uma cultura, muitas vezes, em muito menos tempo do que essa cultura levou para ser desenvolvida.

8.7 RESPONSABILIDADES PROFISSIONAIS

Guia PMBOK®, 5. ed.
Responsabilidade profissional e Código de Conduta do PMP®

As responsabilidades profissionais dos gerentes de projetos têm se tornado cada vez mais importantes nos últimos anos em razão da divulgação desfavorável nos negócios da América corporativa. Essas responsabilidades profissionais estão conosco há algum tempo, especialmente no trato com agências governamentais. As responsabilidades profissionais de um gerente de projetos são tanto amplas como abrangentes.

As responsabilidades profissionais cobrem duas áreas principais: nossas responsabilidades para com a profissão de gerenciamento de projetos e nossas responsabilidades para com os clientes e o público.

Em 2010, o PMI® lançou a conclusão da mais recente versão do Estudo de Delineação da Função (*Role Delineation Study* – RDS). Além disso, o PMI® atualizou seu Código de Conduta Profissional e rebatizou-o de Código de Ética e Conduta Profissional. O PMI® também eliminou a área de domínio de Responsabilidade Profissional do exame PMP® e incluiu questões de responsabilidade profissional em outras áreas de domínio quando apropriado.

O Código de Ética e Conduta Profissional aplica-se a todos os que trabalham em ambiente de projetos, e não apenas ao gerente de projetos. Dessa forma, o código enfatiza que os PMP®s devem atuar como "modelos" e demonstrar características como honestidade, integridade e comportamento ético. O código orienta os membros da profissão de gerenciamento de projetos sobre como lidar com questões éticas, assim como proporcionar aos clientes e às partes interessadas algum grau de segurança de que o pessoal do projeto irá tomar as decisões corretas.

O Código de Ética e Conduta Profissional é dividido em quatro seções que foram consideradas importantes pelo Estudo de Delineação da Função (*Role Delineation Study* – RDS). São elas:

- Responsabilidade: inclui assumir a propriedade pelas decisões que tomamos, ou pela incapacidade de tomar decisões, bem como pelas consequências, sejam elas boas ou ruins.

- Respeito: inclui a maneira como consideramos a nós mesmos, bem como os recursos que nos foram confiados.
- Justiça: foca-se na forma como tomamos decisões. As decisões devem ser tomadas de forma imparcial e objetiva, e serem livres de conflitos de interesse, favoritismos, e preconceitos.
- Honestidade: afirma que devemos agir de maneira verdadeira.

Cada uma das quatro seções inclui tanto padrões desejáveis como padrões obrigatórios. Um padrão desejável é uma forma estabelecida, uma maneira reproduzível de se fazer algo. Pode ser um documento publicado projetado para ser usado consistentemente como uma regra geral, diretriz, ou definição. Padrões desejáveis são muitas vezes um resumo de boas e melhores práticas ao invés de práticas gerais. Embora haja uma tendência em dizer que seguir os padrões desejáveis não é opcional, esses padrões são na verdade concebidos para uso voluntário, no sentido que são feitos para serem colocados em prática e não podem impor qualquer regulamentação. No entanto, leis e regulamentos podem referir-se a determinados padrões desejáveis e fazer com que seu cumprimento seja obrigatório.

Padrões obrigatórios podem ser ditados por leis, exigências legais e regulamentos. Nesse caso, a aderência a eles é essencial e violações podem ser objeto de revisão por comitês de ética. Como exemplo, se um gerente de projeto é colocado em uma situação em que pode haver conflito de interesse, nós naturalmente esperamos que ele tome a decisão correta, talvez, por conta própria, sem informar a ninguém. Isso seria um exemplo de padrão desejável. Mas se a empresa tem uma política de que todos os conflitos de interesse devem ser documentados e levados ao departamento jurídico corporativo para resolução, aí seria um padrão obrigatório. Algumas pessoas acham difícil diferenciar um padrão desejável de um padrão obrigatório.

Existem inúmeras situações que podem criar problemas para os gerentes de projetos no relacionamento com as expectativas das responsabilidades profissionais. Essas situações incluem:

- Manutenção da integridade profissional
- Adesão a padrões éticos
- Reconhecimento da diversidade
- Evasão a/comunicação de conflitos de interesse
- Evitar tomar decisões no projeto que busquem obter ganhos pessoais
- Recebimento de presentes de clientes e fornecedores
- Fornecimento de presentes aos clientes e fornecedores
- Comunicação honesta das informações
- Disposição para identificar violações
- Equilíbrio das necessidades das partes interessadas
- Não resistência à pressão das partes interessadas
- Gerenciamento da propriedade intelectual da sua empresa
- Gerenciamento da propriedade intelectual do seu cliente
- Adesão às exigências de segurança e confidencialidade
- Fidelidade ao Código de Ética e Conduta Profissional
- Relatar omissões e erros
- Fazer jus aos compromissos
- Não se envolver em práticas enganosas
- Comunicações confiáveis e precisas
- Uso adequado de poder e autoridade
- Demonstrar comportamento honesto

Vários desses temas são explicados a seguir.

Conflito de Interesses

Um conflito de interesses é uma situação em que o indivíduo é colocado em uma posição comprometedora na qual pode obter ganhos pessoais sobre as decisões tomadas. Isso também é chamado de enriquecimento pessoal. Há inúmeras situações nas quais um gerente de projetos é colocado em tal situação. Alguns exemplos poderiam ser:

- Conhecimento privilegiado de que as ações subirão ou cairão
- Ser solicitado a, indevidamente, permitir que funcionários utilizem centros de custos do seu projeto, mesmo que eles não estejam trabalhando em seu projeto
- Receber ou fornecer presentes inapropriados (pelo valor monetário)
- Receber compensações indevidas ou propinas
- Fornecer ao cliente informações falsas apenas para manter o projeto vivo

Os gerentes de projetos devem respeitar o Código de Ética e Conduta Profissional do PMI®, que deixa claro que eles devem se comportar de uma maneira ética. Compensações ou ganhos indevidos não são apenas desaprovados, como são inaceitáveis. A não ser que essas situações de conflitos de interesse sejam entendidas, os legítimos interesses de ambos, cliente e empresa, podem não estar apresentados.

Conexões Inadequadas

Nem todas as partes interessadas são iguais na capacidade de influenciar as decisões tomadas pelo gerente de projetos. Algumas partes interessadas podem fornecer influências/compensações inadequadas, tais como:

- Um empréstimo, com uma taxa de juros muito baixa
- Capacidade de adquirir um produto/serviço a um preço que pode parecer equivalente a um presente
- Capacidade de receber brindes, como passagens aéreas, ingressos para eventos esportivos, refeições e entretenimento grátis ou até mesmo dinheiro

Outra forma de conexão inadequada estaria com a família ou amigos. Esses indivíduos podem lhe fornecer informações ou influências das quais você poderia se favorecer pessoalmente em uma situação de negócio. Exemplos de conexões por associação podem ser:

- Receber informações confidenciais
- Receber informações privilegiadas
- Abrir portas que você não conseguiu abrir por si mesmo, pelo menos sem alguma dificuldade

Recebimento de Presentes

Hoje, todas as empresas possuem regras sobre o recebimento de presentes e sua divulgação. Embora possa ser habitual em alguns países dar ou aceitar presentes, a regra padrão é, geralmente, evitar todos os presentes. Algumas empresas podem estipular limites sobre quando os presentes são permitidos e sobre a sua adequação. Os presentes podem ser em dinheiro, refeições gratuitas, ou outros itens similares.

Responsabilidade com a Sua Empresa (e com as Partes Interessadas)

As empresas, hoje mais do que nunca, estão sob pressão para manter práticas éticas com clientes e fornecedores. Isso poderia ser interpretado como um código de ética da empresa, que estipula o comportamento profissional esperado do gerente de projetos e dos membros da equipe. Isso se aplica especificamente às ações tanto do gerente de projetos, como dos membros da equipe. Algumas empresas vão até mais longe e desenvolvem "manuais de práticas padronizadas" sobre como agir de forma profissional. As seções típicas de tais manuais poderiam ser:

- Representação honesta de todas as informações
- Divulgação integral de todas as informações
- Proteção das informações proprietárias da empresa
- Responsabilidade para denunciar violações
- Total complacência com os grupos de auditoria de violações
- Divulgação integral e de forma oportuna de todos os conflitos de interesse
- Garantia de que todos os membros da equipe cumpram os itens acima

8.8 PARCERIAS INTERNAS

A parceria é um grupo de duas ou mais pessoas trabalhando juntas para alcançar um objetivo comum. Em gerenciamento de projetos, a manutenção de relações de trabalho excelentes com os parceiros internos é essencial. Internamente, o relacionamento crítico ocorre entre o gerente do projeto e o gerente de linha.

Nos primórdios do gerenciamento de projetos, a seleção do indivíduo para trabalhar como gerente do projeto era mais frequentemente dependente de quem possuía o maior domínio de tecnologia. O resultado, como ilustrado na Figura 8-8 era uma relação de trabalho muito ruim entre o gerente do projeto e o gerente de linha. Os gerentes de linha viam os gerentes de projetos como uma ameaça, e esse relacionamento evoluiu para um relacionamento competitivo, de superior para subordinado. O modelo mais comum de estrutura organizacional era uma matriz muito forte em que o gerente do projeto, reconhecido por ter um domínio de tecnologia, tinha uma influência maior sobre os empregados designados do que seu gerente de linha.

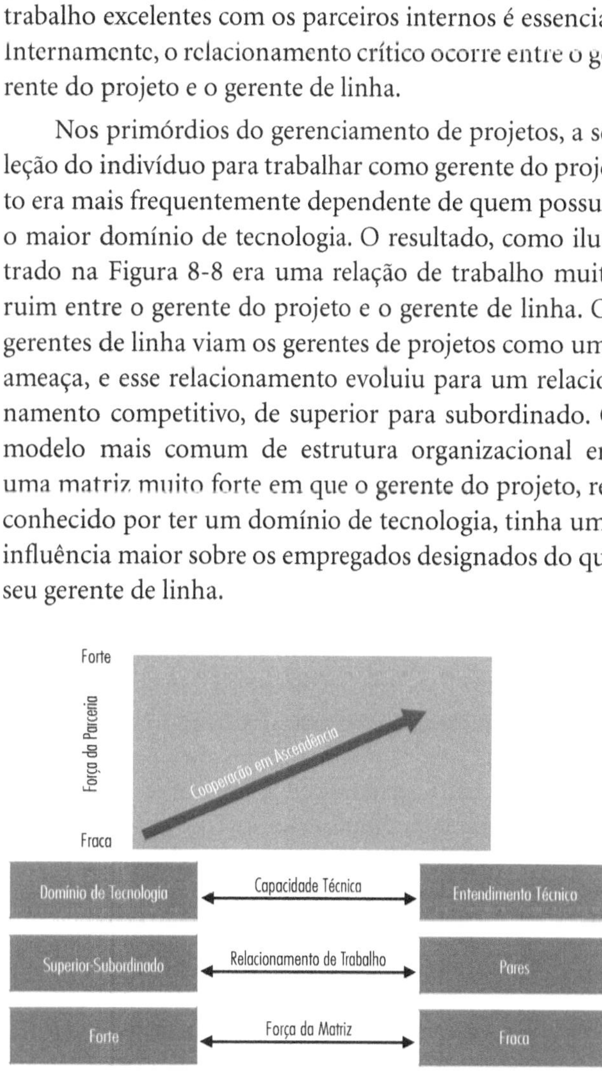

FIGURA 8-8 Força da parceria.

Como a magnitude e a complexidade técnica dos projetos cresceu, ficou evidente que os gerentes de projetos não poderiam manter o domínio da tecnologia em todos os aspectos do projeto. Os gerentes de projetos ficaram vistos mais como possuidores de um entendimento, em vez de domínio da tecnologia. Tornaram-se mais dependentes dos gerentes de linha para o apoio técnico. O gerente de projetos logo se viu no meio de uma matriz fraca, em que os funcionários estavam recebendo a maioria das orientações técnicas dos gerentes de linha.

Conforme a parceria entre o gerente do projeto e o gerente de linha se desenvolveu, a administração reconheceu que as parcerias funcionavam melhor na base da igualdade. Ambos, gerente de projetos e gerente de linha, começaram a ver um ao outro como iguais e a compartilhar a autoridade, os deveres e a responsabilidade necessários para garantir o sucesso do projeto. Boas metodologias de gerenciamento de projetos enfatizam a relação cooperativa de trabalho que deve existir entre o gerente de projetos e o gerente de linha.

8.9 PARCERIAS EXTERNAS

Guia PMBOK®, 5. ed.
2.2.1 Partes interessadas do projeto

As metodologias de gerenciamento de projetos também enfatizam as relações de trabalho com organizações externas, como fornecedores. A terceirização se tornou uma tendência importante porque permite às empresas colocar os seus produtos e serviços no mercado mais rapidamente e, muitas vezes, a um preço mais competitivo. Portanto, as parcerias externas podem se tornar benéficas para ambos, fornecedores e clientes. Existem três categorias de fornecedores:

- **Fornecedor externo:** são fornecedores com os quais você pode ou não ter trabalhado anteriormente. Não tem havido investimento em um relacionamento com esses fornecedores. Se eles ganham um contrato, mesmo que desempenhem bem, não há garantia de que receberão outro. Normalmente um fornecedor externo deve passar por todas as exigências do processo de licitação para cada projeto.
- **Fornecedor homologado:** geralmente é considerado o nível mais baixo de parceria externa. Fornecedores homologados fazem parte de uma lista aprovada de licitação e são convidados a participar em projetos selecionados. Se o fornecedor homologado ganha um contrato, não há garantia de quaisquer contratos posteriores. Algum relacionamento mínimo entre o cliente e o fornecedor pode existir, mas o fornecedor ainda pode ser obrigado a passar por todos os protocolos padronizados de uma concorrência de licitação.
- **Fornecedores preferidos:** os fornecedores normalmente obtêm a primeira chance de receber um contrato, mas podem ainda ter de passar por todo o processo de concorrência de licitação; porém, com um montante mínimo de burocracia. As informações sobre propostas de históricos anteriores, experiência passada com o cliente ou o tipo de projeto, e outras informações similares, podem não ser exigidas como parte do processo de licitação contratual, a fim de se reduzirem tempo e custos. Existe uma relação entre o cliente e o fornecedor. As informações sobre as lições aprendidas, melhores práticas e mudanças tecnológicas muitas vezes são trocadas livremente.
- **Um fornecedor de parceria estratégica:** existe um relacionamento sólido entre o cliente e o fornecedor e eles trocam informações livremente, especialmente informações estratégicas. Cada um vê o relacionamento como uma parceria de longo prazo com benefícios em longo prazo. Os fornecedores estratégicos muitas vezes recebem contratos de fonte única, sem ter de elaborar uma proposta formal, gerando economias de custos para ambas as empresas. Os fornecedores estratégicos podem não ser os fornecedores de menor custo, mas as economias que o cliente poupa em não ter de realizar a licitação vale bem a pena o esforço.

As parcerias externas, se forem adequadamente gerenciadas, podem proporcionar benefícios significativos no longo prazo para o cliente e o fornecedor.

O Departamento de Defesa tem conduzido pesquisas sobre o que constitui um relacionamento eficaz com o fornecedor[7]. Cada fornecedor Chrysler tinha uma pessoa da Chrysler, conhecedora do negócio do fornecedor, para contatar em todas as negociações com o fornecedor para essa mercadoria. Essas empresas também interagiam com os principais fornecedores em acordos de equipes próximas que facilitavam o compartilhamento de informações. Comumente chamadas de equipes integradas de produto (IPT)[NT2], os membros trabalhavam em conjunto para que o design, a produção e as questões sobre custos fossem consideradas conjuntamente. Os membros da equipe eram incentivados a participar como parceiros no cumprimento dos objetivos do projeto e a interagir com frequência. Além disso, algumas empresas agrupavam os fornecedores em conjunto com seu próprio pessoal ou estabeleciam instalações centrais

[7] *DoD Can Help Suppliers Contribute More to Weapon System Programs*, Best Practices Series, GAO/NSIAD-98-87, Escritório de Contabilidade do Governo dos Estados Unidos, p. 38, 48, 51, mar. 1998.

[NT2] Da língua inglesa "Integrated Product Teams (IPT)", as equipes integradas de produto consistem de grupos interdisciplinares de pessoas responsáveis pela entrega de um produto ou processo definido, com o objetivo de envolver as partes interessadas de forma colaborativa.

de trabalho com os fornecedores para resolver as questões sobre como um produto pode ser melhorado ou se tornar menos caro. A Motorola e a Xerox viram essas equipes como veículos fundamentais para facilitar o envolvimento antecipado do fornecedor em seus produtos – uma de suas estratégias principais. A Motorola dizia que os principais fornecedores tinham acesso ao edifício e vinham várias vezes durante a semana para trabalhar com os engenheiros da Motorola.

Essas empresas também solicitavam que os fornecedores atendessem a altos padrões, então diferenciavam os tipos de relacionamentos no seu conjunto de fornecedores. Muitos tratavam os fornecedores principais – aqueles que contribuíam mais para o seu produto, tais como áreas críticas ou processos únicos – diferentemente de fornecedores de peças não críticas ou padronizadas. Por exemplo, uma divisão da Corning categorizou os fornecedores e desenvolveu relacionamentos com eles baseando-se na extensão do impacto que causavam sobre o cliente e o desempenho. Fornecedores Nível 1 exerciam um impacto direto sobre a satisfação do cliente, fornecedores nível 2 eram importantes para as operações do dia a dia e fornecedores nível 3 forneciam produtos comumente disponíveis. A DuPont diferenciava entre parceiros de alianças – fornecedores com metas e objetivos semelhantes que desejam trabalhar com a DuPont para um benefício mútuo – e todos os outros fornecedores.

Talvez mais significativamente, o relacionamento da Chrysler com seus fornecedores tinha evoluído a um ponto em que já não precisava fazer grandes investimentos em algumas áreas tecnológicas fundamentais. Em vez disso, os fornecedores faziam o investimento em tecnologia e tinham confiança suficiente na sua relação com a Chrysler, que não temia o compromisso de longo prazo que isso implicava. Da sua parte, a Chrysler confiava nos fornecedores para fazer investimentos que ajudariam a manter os seus veículos competitivos. Nesse caso, tanto o fornecedor quanto o desenvolvedor de produtos viam seu sucesso como o produto final e uma relação contínua e mutuamente benéfica.

8.10 TREINAMENTO E CAPACITAÇÃO

Guia PMBOK®, 5. ed.
Responsabilidade Profissional – Melhorar a competência individual

Dado que a maioria das empresas utiliza as mesmas ferramentas básicas como parte de sua metodologia, o que torna uma empresa melhor do que outra? A resposta encontra-se na execução da metodologia. O treinamento e a capacitação podem não só acelerar o processo de maturidade em gerenciamento de projetos, mas também a capacidade de execução da metodologia.

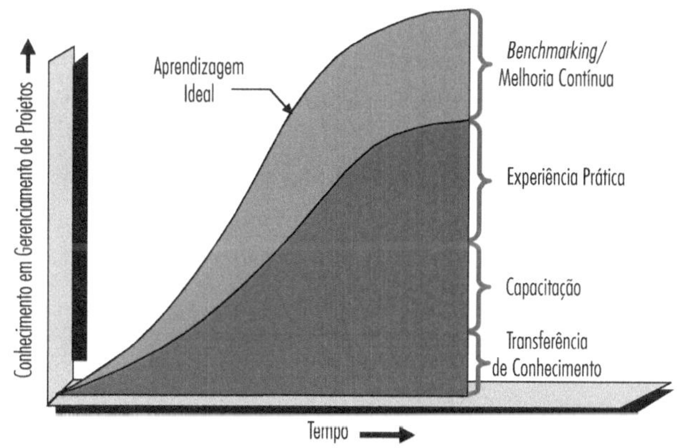

FIGURA 8-9 A curva de aprendizagem do gerenciamento de projetos.

A aprendizagem real ocorre em três áreas, conforme mostra a Figura 8-9: experiência prática, capacitação e transferência de conhecimento. O conhecimento ideal de gerenciamento de projetos seria obtido com a permissão para cada funcionário ser capacitado nos estudos dos resultados das lições aprendidas pela empresa, incluindo gerenciamento de riscos, bechmarking e melhoria contínua. Infelizmente, isso raramente é feito e a aprendizagem ideal dificilmente é alcançada. Para piorar a situação, a aprendizagem efetiva é menor do que a maioria das pessoas acredita, por causa do conhecimento perdido. Esse conhecimento perdido está ilustrado na Figura 8-10 e ocorrerá até mesmo em empresas que mantêm baixos índices de rotatividade de funcionários. Essas duas figuras também ilustram a importância da manutenção do mesmo pessoal no projeto pelo período de duração do esforço.

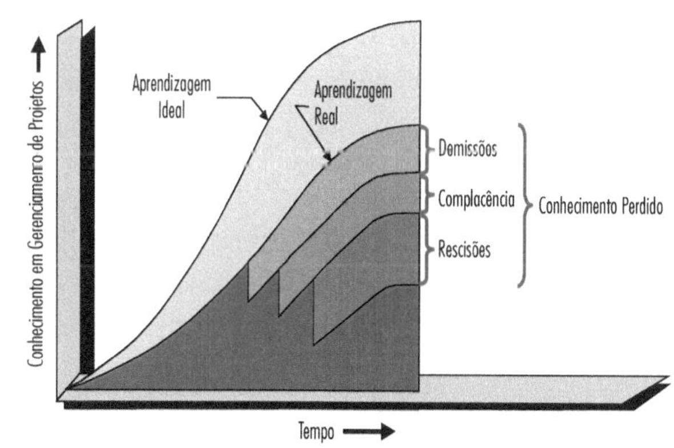

FIGURA 8-10 A curva de aprendizagem do gerenciamento de projetos.

Muitas vezes as empresas se encontram em uma situação de ter de fornecer uma iniciativa importante para uma multidão de pessoas, ou simplesmente treinamento especializado para uma equipe do programa prestes a embarcar em um novo esforço de longo prazo. Nesses casos, é necessário o treinamento especializado, com metas e resultados estabelecidos que sejam especificamente planejados. Os elementos comuns para o treinamento para uma iniciativa ou prática importante incluem[8]:

- Uma análise inicial das necessidades da equipe do programa e dos requisitos de treinamento
- O envolvimento das equipes do programa nas decisões principais
- Treinamento personalizado para atender às necessidades específicas da equipe do programa
- Treinamento orientado para a implementação de práticas específicas
- Resultados melhorados do treinamento, incluindo melhor profundidade, oportunidade e alcance do curso

A análise inicial é utilizada para determinar as necessidades e os requisitos do escritório do programa que implementará a prática. A análise também é usada para identificar e eliminar as barreiras que cada escritório de programas enfrenta na implementação de novas práticas. Segundo o diretor do fórum de *benchmarking* para a Sociedade Americana de Treinamento e Desenvolvimento (American Society of Training and Deselopment), este tipo de análise é crucial para que uma organização seja capaz de instituir medidas de melhoria de desempenho. Ao utilizar as informações da análise inicial, as empresas de treinamento personalizam o treinamento para garantir que ele ajude diretamente as equipes do programa na implementação de novas práticas. Para garantir que o treinamento abordará as necessidades das equipes do programa, as empresas de treinamento envolvem o pessoal na tomada de decisões importantes. A equipe do programa ajuda a decidir a quantidade de treinamento a ser fornecida para certas descrições de cargos, os objetivos e a profundidade de cobertura do curso. Empresas que fazem isso acreditam que sua abordagem de treinamento, a qual inclui o pessoal do programa, resulta na quantidade certa de profundidade, oportunidade e cobertura de pessoal para o curso.

Os funcionários da organização de Treinamento e Desenvolvimento dos Empregados da Boeing declaram que seu objetivo principal é apoiar os seus clientes, os funcionários designados para o Grupo de Aviação Comercial. Os representantes de treinamento desenvolvem uma parceria com o pessoal no início do programa para projetar e fabricar um novo avião. Os representantes de treinamento formam as "equipes de visita" que conferem o programa para realizar uma análise inicial e aprender o máximo possível sobre o processo de negócio e sobre as preocupações dos funcionários. A análise permite que a equipe de visita determine qual treinamento é necessário para apoiar a equipe na implementação da nova prática.

Os funcionários de treinamento da Boeing disseram que trabalharam lado a lado com o pessoal do programa para criar um programa de treinamento da equipe que fornecesse técnicas de construção de equipe e resolução de conflitos e o treinamento em habilidades técnicas, voltado especificamente para a melhoria das competências de trabalho que mudariam como resultado do novo ambiente digital do Boeing 777. Para garantir que todos os funcionários do programa 777 fossem igualmente treinados, os empregados foram obrigados a completar o treinamento antes de se reportarem ao programa. Por exemplo, os funcionários profissionais – engenheiros e desenhistas – precisavam completar 120 horas de treinamento inicial em diversas práticas fundamentais do programa 777, incluindo equipes de construção de design e aplicações de software interativas e tridimensionais assistidas por computador[9]. As equipes eram frequentemente treinadas juntas, no local de trabalho. Os funcionários da Boeing afirmaram que o treinamento foi fundamental para a implementação de importantes práticas do programa 777, como equipes de construção de design do programa – basicamente equipes integradas do programa (IPTs). Os funcionários declararam que as equipes de construção de design estavam em desacordo com a cultura da empresa porque não foram acostumados a trabalhar em um ambiente de equipe e com o compartilhamento de informações por meio das áreas funcionais.

O diretor de desenvolvimento do programa de aprendizagem da Boeing resumiu a estratégia corporativa de treinamento para a implementação de novas práticas como uma estratégia que inclui uma visão claramente declarada ou uma declaração de missão, metas bem definidas, e facilitadores, como treinamento e bons processos, para apoiar os implementadores. Essa filosofia permitiu à Boeing ter um ano para desenvolver o programa de treinamento sob medida para o programa 777 – que visava alterar a cultura corporativa e incentivar os funcionários a repensar a forma como realizavam seus trabalhos. Tanto os funcionários de treinamento da Boeing quanto os funcionários do programa acreditavam que o investimento em treinamento resultou na implementação bem-sucedida das principais práticas do programa 777.

8 Adaptado de *DoD Training Can Do More to Help Weapon System Programs Implement Best Practices*, Best Practices Series, GAO/NSIAD-99-206, Escritório de Contabilidade do Governo dos Estados Unidos, p. 40-41, 51, ago. 1999.

9 Essa aplicação é uma ferramenta de *design* baseada em computação que permite aos *designers* a oportunidade de visualizar de forma tridimensional os rascunhos de desenhos e a interface de milhões de partes de uma aeronave.

Enquanto os funcionários da empresa reconheceram que o treinamento foi fundamental na implementação das principais práticas, todos também afirmaram que foi apenas um dos componentes necessários. A criação do ambiente certo também é fundamental para o sucesso da implementação de novas práticas e a qualidade do treinamento dependia do ambiente. Os funcionários da Boeing salientaram que uma liderança forte é muitas vezes uma outra força importante. Na criação de programas importantes na IBM, os executivos líderes fornecem financiamento suficiente para treinamento, expectativas bem definidas, direção clara, supervisão, interesse continuado e incentivos para garantir que novas práticas sejam possíveis de serem implementadas. O gerente do programa 777 afirmou que a administração da Boeing trabalha em equipes – uma prática fundamental. Ele acreditou que foi a capacidade da administração em liderar pelo exemplo que ajudou a evitar um retorno ao modo funcional anterior de operação. Essas empresas acreditam que outros fatores, tais como uma estrutura organizacional adaptável, uma boa comunicação interna, aplicações consistentes e tecnologia de apoio, são necessários para fomentar a implementação das principais novas práticas.

8.11 EQUIPES INTEGRADAS DE PRODUTO/PROJETO

Guia PMBOK®, 5. ed.
Capítulo 4 Gerenciamento da Integração do Projeto Capítulo 9 Gerenciamento dos Recursos Humanos do Projeto

Nos últimos anos, tem havido um esforço para melhorar substancialmente a formação e a composição das equipes necessárias para desenvolver um novo produto ou implementar uma nova prática. Essas equipes têm participação de toda a organização e são chamadas de equipes integradas de produto/projeto (Integrated Product/Project Teams – IPTs). As equipes integradas de produto/projeto consistem de um patrocinador, gerente do programa, e a equipe central. Na maior parte do tempo, os membros da equipe central são designados em tempo integral para a equipe, mas podem não estar na equipe por todo o período de duração do projeto.

As habilidades necessárias para ser um membro da equipe central incluem:

- Possuir capacidade de iniciativa
- Trabalhar sem supervisão
- Possuir boas habilidades de comunicação
- Ser cooperativo
- Possuir entendimento técnico
- Estar disposto a desenvolver habilidades de apoio
- Ser capaz de realizar estudos de viabilidade e análises de custo-benefício
- Ser capaz de realizar ou oferecer assistência em estudos de mercado
- Ser capaz de avaliar a utilização de ativos
- Ser um tomador de decisões
- Ser conhecedor de gerenciamento de riscos
- Compreender a necessidade de validação contínua

Cada IPT recebe um termo de abertura do projeto que identifica a missão do projeto e identifica o gerente de projetos designado. No entanto, ao contrário dos termos de abertura tradicionais, o termo de abertura da IPT também pode identificar os membros principais pelo nome ou responsabilidade do trabalho.

Ao contrário das equipes tradicionais de projetos, as IPTs prosperam no compartilhamento de informações entre a equipe e na tomada de decisões coletiva. As IPTs eventualmente desenvolvem sua própria cultura e, como tal, podem funcionar em capacidade formal ou informal.

Como o conceito de uma IPT é bem adequado para grandes projetos de longo prazo, não é nenhuma surpresa que o Departamento de Defesa dos EUA venha pesquisando as melhores práticas para uma IPT[10]. O governo analisou quatro projetos, em ambos os setores, público e privado, que eram altamente bem-sucedidos com a utilização da abordagem das IPTs e quatro projetos do governo que possuíam resultados abaixo do aceitável. Os projetos bem-sucedidos das IPTs são vistos na Tabela 8-4.

[10] *DoD Teaming Practices Not Achieving Potential Results*, Best Practices Series, GOA-01-501, Escritório de Contabilidade do Governo dos Estados Unidos, abr. 2001.

TABELA 8.4 IPTs eficazes

Programa	Situação dos Custos	Situação do Cronograma	Situação do Desempenho
Daimler-Chrysler	O custo do produto foi diminuído	Meses do ciclo de desenvolvimento diminuídos em 50%	*Design* dos veículos melhorado
Hewlett-Packard	Custo diminuído em mais de 60%	Cronograma de desenvolvimento encurtado em mais de 60%	Sistema de integração e *design* de produto melhorados
3M	Metas de custos superadas	Entregas do produto encurtadas de 12 a 18 meses	Desempenho melhorado em 80%
Veículo Avançado de Assalto Anfíbio	Custo unitário de produtos menor do que a estimativa original	Adiantamento do cronograma original de desenvolvimento	Demonstrou aumento da velocidade em cinco vezes

TABELA 8.5 IPTs ineficazes

Programa	Situação dos Custos	Situação do Cronograma	Situação do Desempenho
Helicóptero CH-60S	Aumento de custos, porém devido a aquisições	Cronograma atrasado	Dificuldades estruturais e de software
Munições Guiadas de Longo Alcance	Aumento nos custos de desenvolvimento	O cronograma atrasou em três anos	Redesenho devido a dificuldades técnicas
Serviço de Transmissão Global	Experimentando aumento dos custos	O cronograma atrasou em um ano e meio	Deficiências no *design* de software e hardware
Guerreiro Terrestre	Aumento por volta de 50% nos custos	O cronograma atrasou em quatro anos	Equipamento sobrecarregado, energia e *design* da bateria inadequados

Os projetos malsucedidos das IPTs são apresentados na Tabela 8-5. Na análise dos dados, o governo surgiu com os resultados mostrados na Figura 8-11. Cada linha vertical da Figura 8-11 representa uma situação em que a IPT deve sair de seu próprio domínio para buscar informações e aprovações. Cada vez que isso acontece, é chamado de "golpe". A pesquisa do governo indicou que quanto maior o número de golpes, maior a probabilidade de que o tempo, os custos e as restrições de desempenho não sejam atingidos. A pesquisa confirmou que, se a IPT tiver o conhecimento necessário e também a autoridade para tomar decisões, então o desempenho desejado será alcançado. Os golpes vão atrasar decisões e causar atrasos no cronograma.

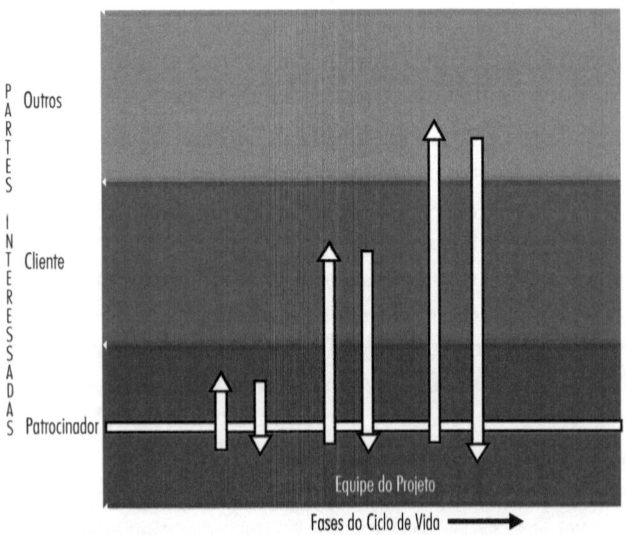

FIGURA 8-11 Conhecimento e autoridade.

8.12 EQUIPES VIRTUAIS DE PROJETOS

Historicamente, o gerenciamento de projetos era um ambiente face a face, em que as reuniões de equipe envolviam a convocação de todos os atores juntos em uma sala. A equipe em si pode até ser agrupada. Hoje, por causa do tamanho e da complexidade dos projetos, é impossível encontrar todos os membros da equipe sob o mesmo teto. Outras características possíveis de uma equipe virtual são apresentadas na Tabela 8-6.

TABELA 8.6 Características das equipes virtuais

Característica	Equipes Tradicionais	Equipes Virtuais
Participação	Os membros da equipe são todos da mesma empresa	Os membros da equipe podem ser multinacionais e todos de empresas ou países diferentes
Proximidade	Os membros da equipe trabalham com proximidade uns com os outros	Os membros da equipe podem nunca se encontrar face a face
Utilização da Metodologia	Existe uma abordagem, talvez uma metodologia de gerenciamento de projetos	Cada unidade pode ter sua própria metodologia
Estrutura da Metodologia	Uma abordagem, que é baseada tanto em políticas e procedimentos ou formulários, diretrizes, modelos e listas de verificação	A metodologia de cada unidade pode ter sua própria estrutura
Confiança	Pode existir pouquíssima confiança	A confiança é essencial
Autoridade	A liderança pode focar em autoridade	A liderança pode focar no poder de influência

Duarte e Snyder definem sete tipos de equipes[11]. Elas são apresentadas na Tabela 8-7. A cultura e a tecnologia podem ter um impacto importante sobre o desempenho das equipes virtuais. Duarte e Snyder identificaram alguns desses relacionamentos na Tabela 8-8.

A importância da cultura não pode ser subestimada. Duarte e Snyder identificam quatro pontos importantes a lembrar sobre o impacto da cultura nas equipes virtuais. Os quatro pontos são[12]:

1. Existem culturas nacionais, organizacionais, funcionais e de equipe. Elas podem ser fontes de vantagens competitivas para as equipes virtuais que sabem como usar as diferenças culturais para criar sinergias. Os líderes e membros de equipe

[11] DUARTE, D. L.; SNYDER, N. T. *Mastering virtual teams*. San Francisco: Jossey-Bass, uma marca de John Wiley & Sons, 2001. p. 10; reproduzido com permissão de John Wiley & Sons.

[12] Ver nota 11, Duarte e Snyder, p. 70.

TABELA 8.7 Tipos de equipes virtuais

Tipo de Equipe	Descrição
Rede	A participação na equipe é difusa e fluida; os membros vêm e vão, conforme necessário. A equipe carece de limites claros dentro da organização.
Paralela	A equipe tem limites claros e participação distinta. A equipe trabalha no curto prazo para desenvolver recomendações para a melhoria de um processo ou sistema.
Desenvolvimento de Produtos ou Projetos	A equipe tem participação fluida, limites claros, uma base de clientes, requisitos técnicos e um resultado definidos. Uma equipe de longo prazo não é rotineira e tem autoridade para tomar decisões.
Trabalho ou produção	A equipe possui participação distinta e limites claros. Os membros desempenham um trabalho regular e de saída, geralmente em uma área funcional.
Serviços	A equipe possui participação distinta e apoia as atividades contínuas de rede do cliente.
Gestão	A equipe possui participação distinta e trabalha de forma constante para liderar as atividades corporativas.
Ações	A equipe lida com ação imediata, geralmente em uma situação de emergência. A participação pode ser fluida ou distinta.

TABELA 8.8 Tecnologia e cultura

Fator Cultural	Considerações Tecnológicas
Distância do poder	Os membros de culturas de alta distância do poder podem participar mais livremente com tecnologias que sejam assíncronas e que permitam a participação anônima. Essas culturas às vezes usam a tecnologia para indicar diferenças de *status* entre os membros da equipe.
Aversão à incerteza	Pessoas de culturas com alta aversão à incerteza podem ser adeptas mais lentas de tecnologias. Elas também podem preferir a tecnologia que seja capaz de produzir mais registros permanentes dos debates e decisões.
Individualismo – coletivismo – masculinidade – feminilidade	Membros de culturas altamente coletivistas podem preferir interações face a face. As pessoas de culturas com as orientações mais "femininas" estão mais propensas a usar tecnologia de forma criativa, especialmente durante o início da equipe.
Contexto	Pessoas de culturas de alto contexto podem preferir tecnologias de informações ricas, assim como as que oferecem oportunidades para o sentimento de presença social. Elas podem resistir à utilização de tecnologias com baixa presença social para se comunicar com pessoas que nunca conheceram. Pessoas de culturas de baixo contexto podem preferir comunicações mais assíncronas.

Fonte: Duarte, D. L.; Snyder, N. T. Mastering virtual teams. San Francisco: Jossey-Bass, 2001. p. 60.

que compreendem e que são sensíveis às diferenças culturais podem criar resultados mais robustos do que os membros de equipes homogêneas com pessoas que pensam e agem de forma parecida. As diferenças culturais podem criar vantagens distintas para as equipes, se forem compreendidas e utilizadas de formas positivas.

2. O aspecto mais importante da compreensão e do trabalho com as diferenças culturais é criar uma cultura de equipe em que os problemas possam emergir e as diferenças possam ser abordadas de forma produtiva e respeitosa.
3. É essencial distinguir entre problemas que resultam das diferenças culturais e problemas baseados em desempenho.
4. As práticas comerciais e a ética nos negócios variam em diferentes partes do mundo. As equipes virtuais precisam articular claramente as abordagens às práticas comerciais e à ética nos negócios, para que cada membro as compreenda e as adote.

8.13 PROJETOS DE AVANÇO

Uma vez que a decisão de implementar o gerenciamento de projetos estiver tomada, é necessário o apoio do resto da organização. Isso pode ser conseguido por meio de um projeto de avanço em que os gerentes e os empregados possam acompanhar para ver o gerenciamento de projetos em ação. O projeto de avanço deve ter uma alta probabilidade de sucesso, caso contrário os funcionários podem erroneamente culpar o gerenciamento de projetos pelo fracasso quando, na verdade, o fracasso pode ser devido a outras causas.

Algumas pessoas acreditam que o projeto de avanço deve ser um pequeno esforço, de tal forma que os funcionários possam facilmente ver os benefícios do gerenciamento de projetos. Outros alegam que um grande projeto seja usado como o projeto de avanço porque o sucesso em um projeto pequeno não é garantia de que o mesmo sucesso possa ser alcançado em um projeto grande.

Existem estratégias e táticas que devem ser cuidadosamente consideradas durante a execução de um projeto de avanço:

- **O impulso para a mudança:** a implementação do gerenciamento de projetos exige, muitas vezes, um impulso para a mudança. O impulso para mudanças excessivas, como a implementação de novas políticas e procedimentos complexos, pode gerar mais inimigos do que aliados. Além disso, as mudanças recomendadas devem ser aplicáveis a uma ampla gama de projetos, devem ser fáceis de aceitar e consideradas necessárias para a realização dos objetivos.
- **Retenção de autoridade e poder:** as pessoas são mais propensas a aceitar o gerenciamento de projetos se não se sentirem ameaçadas por uma mudança no equilíbrio de poder e autoridade.
- **Foco nas entregas:** muitas vezes, as pessoas erroneamente focam nas ferramentas e no software de gerenciamento de projetos, e não no resultado final.

Isso é um erro. Inicialmente, o foco deve ficar nas entregas e no fato de que um processo estruturado de gerenciamento de projetos pode melhorar as chances de sucesso em cada projeto.

- **Fluxo de informações:** as pessoas precisam ver o fluxo das informações do gerenciamento de projetos para fazer uma avaliação. As informações sobre o projeto devem fluir de acordo com os canais tradicionais.

8.14 GERENCIANDO PROJETOS DE INOVAÇÃO

Entendendo Inovação

Considera-se geralmente que inovação é uma nova maneira de fazer algo. A nova maneira de fazer algo deve ser substancialmente diferente da forma como era feito antes, em vez de uma pequena mudança incremental, como em atividades de melhoria contínua. O objetivo final da inovação é esperançosamente criar valor adicional duradouro para a empresa, os usuários e à entrega em si. A inovação pode ser vista como a conversão de uma ideia em dinheiro ou algo equivalente.

Embora o objetivo da inovação bem-sucedida seja agregar valor, o efeito pode ser negativo ou até mesmo destrutivo se resultar em baixo moral da equipe, uma mudança cultural desfavorável, ou uma ruptura radical com as formas existentes de fazer o trabalho. O fracasso de um projeto de inovação pode desmoralizar a organização e fazer com que pessoas talentosas passem a evitar riscos no futuro, ao invés de assumir riscos.

Nem todos os gerentes de projetos são capazes de gerir projetos que envolvam inovação. As características de projetos de inovação incluem uma compreensão de que:

- Ferramentas específicas de inovação e técnicas de tomada de decisão podem ser necessárias
- Pode ser impossível preparar um cronograma detalhado mostrando quando a inovação vai realmente ocorrer
- Pode ser impossível determinar um orçamento realista para inovação
- A inovação pode não ser possível, e chega um momento em que se deve simplesmente "desistir"
- A entrega do projeto de inovação pode não precisar de "adereços" extras, que tornariam o projeto muito caro para os usuários

O fracasso é uma parte inevitável de muitos projetos de inovação. Quanto maior o grau de inovação desejada, maior será a necessidade de estabelecer práticas de gestão de riscos. Sem uma gestão de riscos eficaz, pode ser impossível dentro de um período de tempo razoável "tirar da tomada" um projeto que é um "evasor de dinheiro" e sem possibilidade de alcançar sucesso.

Metodologias de gerenciamento de projetos padrão não necessariamente se prestam a projetos que requerem inovação. *Frameworks* podem ser mais apropriados. Metodologias funcionam bem quando existe uma declaração bem definida de trabalho e estimativas razoáveis. Desenvolvimento de cronograma e EAP baseiam-se normalmente em ondas sucessivas ou planejamento progressivo, pois é improvável que possamos desenvolver um plano detalhado e cronograma para o projeto inteiro.

Seleção de Projetos

Sua empresa tem uma lista de 20 projetos que gostaria de realizar, e cada projeto pode ou não exigir um grau diferente de inovação. Se o financiamento atual suporta apenas alguns projetos, então como a empresa decide em qual dos 20 projetos trabalhar primeiro? Este é o processo de priorização e seleção de projetos. A seleção de projetos é uma necessidade para todos os projetos, mas geralmente é mais difícil de executar, caso algum grau de inovação seja necessário. Prever o grau de complexidade é difícil. Com base na saúde financeira da empresa, ela pode selecionar projetos que não necessitam de inovação, mas têm uma alta expectativa de geração de fluxo de caixa em curto prazo.

As decisões de seleção de projetos não são feitas no vácuo. A decisão geralmente está relacionada a outros fatores, como limitações de financiamento, prazos de financiamento, criticidade do projeto e alinhamento com o plano estratégico, prazo do fluxo de caixa esperado após a conclusão do projeto, ajuste a outros projetos do portfólio, disponibilidade ou recursos necessários e, talvez, o mais importante, disponibilidade de gerentes de projetos e membros de equipe qualificados.

A seleção de um projeto de inovação pode ser baseada na finalização de outros projetos que possam liberar os recursos necessários para o novo projeto. Além disso, o projeto selecionado pode ser limitado pela data de conclusão, de modo que os recursos possam ser liberados para outras atividades. Em qualquer caso, algum tipo de processo de seleção é necessário, e isso pode muito bem envolver o PMO. O que é lamentável é que os gerentes de projetos geralmente são trazidos a bordo depois que a seleção já foi feita, portanto, têm muito pouco a dizer no processo de seleção.

Obstáculos para a Seleção de Projetos

Os tomadores de decisão na seleção de projetos geralmente têm bem menos informações para avaliar os projetos de inovação candidatos do que gostariam, especialmente se não consultam o gerente do projeto. Incertezas muitas vezes cercam a probabilidade de sucesso de um projeto e resposta do mercado, o valor final de mercado do projeto, o custo total para a conclusão e a probabilidade de sucesso e/ou avanço técnico. Esta falta de uma base de informações adequada, muitas vezes leva a outra dificuldade: a falta de uma abordagem sistemática para seleção e avaliação de projetos. Critérios de consenso e métodos para avaliar cada projeto candidato contra estes critérios são essenciais para a tomada de decisão racional. Embora a maioria das organizações tenha metas e objetivos organizacionais estabelecidos, estes geralmente não são detalhados o suficiente para serem usados como critérios de tomada de decisão em seleção de projetos. No entanto, são um ponto de partida essencial.

As decisões de seleção e avaliação de projetos muitas vezes são confundidas por vários fatores comportamentais e organizacionais. Lealdade departamental, conflitos sobre desejos, diferenças de perspectivas, e uma falta de vontade de compartilhar abertamente informações podem frustrar a seleção do projeto e o processo de avaliação. Somando-se a estas, a incerteza da inovação e, possivelmente, uma falta de compreensão das complexidades do projeto de inovação, podem tornar a tomada de decisões mais arriscada do que em projetos nos quais a inovação é desnecessária. Muitos dados de avaliação e informações do projeto são necessariamente subjetivos por natureza. Assim, a vontade das partes de compartilhar abertamente e confiar nas opiniões uns dos outros se torna um fator importante.

O clima para assumir riscos ou a cultura da organização também podem influenciar decisivamente no processo de seleção de projetos, bem como na criação de problemas adicionais para o gerente de projeto durante sua execução. Se o clima é avesso ao risco, então projetos de alto risco que exigem inovação podem nunca emergir. Atitudes dentro da organização em relação a ideias, e o volume de ideias sendo geradas, irão influenciar na qualidade dos projetos selecionados. Em geral, quanto maior o número de ideias criativas geradas, maiores as chances de seleção de projetos que irão produzir o maior valor.

Identificação de Projetos

Como o número de ideias possíveis pode ser grande, algum tipo de sistema de classificação é necessário. Existem três métodos comuns de classificação. O primeiro método consiste em colocar os projetos em duas categorias principais, como sobrevivência e crescimento. As fontes e tipos de fundos para essas duas categorias podem ser e vão ser diferentes. O segundo método vem dos modelos de planejamento estratégico típicos de P&D. Usando essa abordagem, os projetos para desenvolvimento de novos produtos ou serviços são classificados como projetos ofensivos ou defensivos. Os projetos ofensivos são projetados para capturar novos mercados ou expandir a participação nos mercados existentes. Os projetos ofensivos requerem o desenvolvimento contínuo de novos produtos e serviços baseados em inovação.

Os projetos defensivos são projetados para estender a vida útil de produtos ou serviços existentes. Isto poderia incluir complementos ou aperfeiçoamentos voltados a manter os clientes atuais, ou encontrar novos clientes para os produtos ou serviços existentes. Os projetos defensivos são geralmente mais fáceis de gerir do que projetos ofensivos e têm uma maior probabilidade de sucesso. Alguns outros métodos para a classificação de projetos são:

- Projetos de inovação técnica radical
- Projetos de última geração
- Novos membros da família
- Complementos e projetos de melhoria

Projetos de avanço tecnológico radical são os mais difíceis de gerenciar por causa da necessidade de uma possível inovação extensiva. Estes projetos, se bem-sucedidos, podem levar a lucros que são muito maiores do que os custos de desenvolvimento originais. Projetos de inovação malsucedidos podem levar a perdas igualmente drásticas, o que é uma das razões pelas quais a alta administração deve ter o devido cuidado na aprovação de projetos de inovação. Devem ser tomados cuidados para que sejam identificados e filtrados os projetos candidatos inferiores, antes de comprometer recursos significativos para eles.

Não há dúvida de que os projetos de inovação são os mais caros e mais difíceis de gerenciar. Algumas empresas erroneamente acreditam que a solução é minimizar ou limitar o número total de ideias para novos projetos, ou limitar o número de ideias em cada categoria. Isso pode ser um erro caro para o crescimento no longo prazo.

8.15 GERENCIAMENTO ÁGIL DE PROJETOS

Quando as empresas se envolvem pela primeira vez em gerenciamento de projetos, há uma tendência de se concentrar em uma abordagem de gerenciamento de projetos formalizada, estruturada em torno de uma metodologia de gerenciamento de projetos que contém políticas e procedimentos rígidos quanto à forma como o trabalho do projeto deve ocorrer. Desvios do plano inicial são desencorajados porque há um medo inerente aos níveis executivos de que sem processos formalizados poderia haver uma perda de controle.

Conforme as empresas se tornam razoavelmente maduras em gestão de projetos, há uma tendência de ir da gestão formal à gestão informal de projetos, minimizar a necessidade de documentação excessiva (até mesmo esperando um gerenciamento de projetos sem papel), e confiar que a equipe do projeto irá tomar as decisões corretas. A fim de apoiar a existência de uma abordagem mais informal para gerenciamento de projetos, vieram à

TABELA 8-9 Comparação de gerenciamento de projetos ágil *versus* tradicional

Fator	Gerenciamento de Projetos Tradicional	Gerenciamento de Projetos Ágil
Foco da estrutura	Ferramentas e processos	Pessoas
Foco da conclusão	Papelada e documentação contractual	Resultados e Entregas
Estilo de liderança	Autoritária	Participativa
Quantidade de documentação	Extremamente pesada	Mínima
Confiança	A desconfiança prevalence	Confiança
Interface com o cliente	Negociação	Colaboração
Feedback do cliente	Mínimo, talvez apenas no término do projeto	Durante o projeto
Direção do projeto	Seguir o exatamente o plano	Responder às mudanças
Solução do projeto	Seguir os requisitos contratuais à risca	Solução de envolvimento constante
Entrega	Geralmente atrasada	Tempo de entrega menor
Funcionalidades sem uso	Muito "*gold plating*"	Mínimo
Número de funcionalidades	Muitas	Quanto o cliente precisa
Aceitação	Geralmente alta rejeição às entregas	Número mínimo de entregas rejeitadas
Melhores práticas e lições aprendidas	Descobertas a partir dos sucessos	Descobertas a partir do sucessos e falhas

tona técnicas como gerenciamento ágil de projetos. Existem várias formas de gerenciamento ágil de projetos. A maioria dessas formas são projetados para aliviar alguns dos problemas com gerenciamento de projetos tradicional, como visto na Tabela 8-9.

Embora as práticas ágeis de gerenciamento de projetos possam, afinal, substituir as práticas tradicionais, há o temor de que falhas de implementação possam ocorrer. Na opinião do autor, deve-se aprender a engatinhar antes de andar. Desta forma, pode ser difícil ir diretamente para o gerenciamento ágil, sem antes ter alguma forma de gerenciamento de projetos tradicional em prática.

8.16 DICAS DE ESTUDO PARA O EXAME DE CERTIFICAÇÃO EM GERENCIAMENTO DE PROJETOS PMI®

Esta seção aplica-se à revisão dos princípios de apoio às áreas de conhecimento e grupos de processos do Guia PMBOK®. Estet capítulo aborda:

- Gerenciamento dos Recursos Humanos
- Responsabilidade Profissional
- Planejamento
- Execução

A compreensão dos princípios a seguir será benéfica se o leitor estiver utilizando este livro como estudo para o Exame de Certificação PMP®:

- Princípios e tarefas sob a responsabilidade profissional
- Fatores que afetam a responsabilidade profissional, tais como conflitos de interesse e recebimento de presentes
- Código de Ética e Conduta Profissional do PMI® (que pode ser baixado pelo website do PMI®, pmi.org)
- Que as avaliações de desempenho de pessoal, sejam formais ou informais, fazem parte da responsabilidade de um gerente de projetos
- Diferenças entre o gerenciamento de projetos em uma grande empresa e o gerenciamento de projetos em uma pequena empresa

As seguintes questões de múltipla escolha ajudarão na revisão dos conceitos deste capítulo:

1. Você foi enviado para uma viagem de negócios para visitar uma das empresas em licitação de um contrato a ser concedido por sua empresa. Você está ali para determinar a validade das informações em sua proposta. Eles levam você para um jantar em um restaurante muito caro. Quando a conta vem, você deve:
   a. Agradecer-lhes pela generosidade e deixá-los pagar a conta
   b. Agradecer-lhes pela generosidade e dizer-lhes que você prefere pagar a sua própria refeição
   c. Oferecer-se para pagar a refeição para todos e lançar no cartão de crédito da sua empresa
   d. Oferecer-se para pagar a conta, lançar no cartão de crédito da sua empresa e fazer o ajuste devido no preço de licitação da empresa para cobrir o custo das refeições
2. Você está preparando uma proposta em resposta a uma solicitação de propostas de um cliente potencialmente importante. O vendedor da sua empresa, que está trabalhando na proposta, lhe diz para "mentir" para melhorar as chances da empresa de ganhar o contrato. Você deve:

a. Fazer o que foi dito
b. Recusar-se a trabalhar na proposta
c. Relatar a questão ao seu superior, ao patrocinador do projeto, ou ao grupo jurídico da empresa
d. Demitir-se da empresa

3. Você está se preparando para uma reunião de interface com o cliente e seu patrocinador do projeto pede-lhe para mentir para o cliente sobre determinados resultados. Você deve:
a. Fazer o que foi dito
b. Recusar-se a trabalhar no projeto a partir desse ponto
c. Relatar a questão ou para o seu superior ou ao grupo jurídico da empresa para aconselhamento
d. Demitir-se da empresa

4. Um dos gerentes de projetos na sua empresa se aproxima de você pedindo para utilizar alguns dos centros de custos do seu projeto (que está sendo executado dentro do orçamento) para trabalhar no projeto dele (que está atualmente sendo realizado com sobrecustos). Seu contrato é um contrato de custos reembolsáveis para um cliente externo à sua empresa. Você deve:
a. Fazer o que foi solicitado
b. Recusar-se a fazer isso, a menos que o gerente de projetos permita que você utilize os centros de custos dele mais tarde
c. Relatar a questão ao seu superior, ao patrocinador do projeto, ou ao grupo jurídico da empresa
d. Pedir ao gerente de projetos da empresa para se demitir

5. Você enviou uma proposta para um cliente como parte de um esforço para uma licitação competitiva. Uma das pessoas avaliando a sua proposta informa que é costume enviarem a eles alguns presentes para terem uma melhor chance de ganhar o contrato. Você deve:
a. Enviar-lhes alguns presentes
b. Não enviar nenhum presente e ver o que acontece
c. Reportar a questão ao seu superior, ao patrocinador do projeto, ou ao grupo jurídico da empresa para aconselhamento
d. Retirar a proposta

6. Você acabou de descobrir que a empresa na qual o seu cunhado é empregado apresentou uma proposta para a sua empresa. Seu cunhado pediu-lhe para fazer todo o possível para garantir que a empresa dele ganhe o contrato porque o emprego dele pode estar em perigo. Você deve:
a. Fazer o que o seu cunhado está pedindo
b. Recusar-se a estudar o assunto e fingir que nunca aconteceu
c. Reportar o conflito de interesses para o seu superior, para o patrocinador do projeto ou para o grupo jurídico da empresa
d. Contratar um advogado para aconselhamento

7. Como parte de uma equipe de avaliação de propostas, você descobriu que o contrato será concedido à empresa Alpha e que um anúncio formal será feito em dois dias. O preço das ações da Companhia Alpha pode subir às alturas em virtude dessa concessão de contrato. Você deve:
a. Comprar quantas ações puder da Empresa Alpha nos próximos dois dias
b. Informar aos membros da família para comprar ações
c. Informar aos funcionários da empresa para comprar ações
d. Não fazer nada sobre as compras de ações até que o anúncio formal seja feito

8. Sua empresa decidiu cancelar um contrato com a Empresa Beta. Apenas alguns empregados sabem sobre esse cancelamento próximo. O anúncio do cancelamento será feito em cerca de dois dias. Você possui várias ações da Empresa Beta e sabe muito bem que as ações irão afundar com a má notícia. Você deve:
a. Vender suas ações o mais rápido possível
b. Vender suas ações e informar aos outros que você sabe que possuem ações da empresa para fazer a mesma coisa
c. Dizer aos executivos para venderem suas ações, se eles forem acionistas
d. Não fazer nada até que o anúncio formal seja feito

9. Você está realizando uma auditoria de qualidade de dois dias para um dos seus fornecedores. O fornecedor solicita que você permaneça mais alguns dias para que possam levá-lo para uma pesca de alto mar e para jogar no cassino local. Você deve:
a. Aceitar, contanto que você conclua a auditoria no prazo de dois dias
b. Aceitar, mas tirar um tempo de férias para a pesca e os jogos de azar
c. Aceitar o convite, mas em um momento posterior, de modo que não interfira na auditoria
d. Gentilmente declinar o convite

10. Você foi designada como gerente de projetos para um grande projeto na Orla do Pacífico. Esse projeto é muito importante, tanto para a sua empresa quanto para o cliente. Em sua primeira reunião com o cliente, você recebe um presente muito caro para você e outro para o seu marido. Você foi informada pela sua empresa que isso é considerado um costume aceitável ao fazer negócios nesse país. Você deve:
a. Gentilmente aceitar os presentes
b. Gentilmente aceitar os presentes, mas reportar apenas o seu presente para a sua empresa
c. Gentilmente aceitar os presentes e reportar ambos os presentes para a sua empresa
d. Gentilmente recusar os presentes

11. Sua empresa está procurando adquirir alguma propriedade para uma nova fábrica. Você faz parte do comitê que tomará a decisão final. Você descobre que o proprietário de uma concessionária local, da qual você compra os carros da família, é dono de uma das propriedades. O proprietário da concessionária o informa em segredo que ele lhe dará um novo modelo de carro para usar gratuitamente por até três anos se a sua empresa adquirir a propriedade dele para a nova fábrica. Você deve:
    a. Agradecer e aceitar a oferta
    b. Retirar-se do comitê por conflito de interesses
    c. Reportar a questão ao seu superior, ao patrocinador do projeto ou ao grupo jurídico da empresa para aconselhamento
    d. Aceitar a oferta, contanto que o carro fique em nome da sua esposa
12. Sua empresa deu início a um grande projeto (com você como gerente de projetos) e como resultado do projeto haverá alguns resíduos tóxicos, como resíduos das operações de produção. Um plano auxiliar foi desenvolvido para a contenção e remoção dos resíduos tóxicos e não existe qualquer risco ambiental. Essa informação sobre os resíduos tóxicos ainda não foi disponibilizada ao público em geral, que parece não saber sobre esse problema dos resíduos. Durante uma entrevista com o pessoal do jornal local, você está discutindo o novo projeto e a questão das preocupações ambientais vem à tona. Você deve:
    a. Dizer que não existem problemas com preocupações ambientais
    b. Dizer que você ainda não olhou para os problemas das questões ambientais
    c. Não dizer nada e solicitar a próxima pergunta
    d. Ser sincero e responder o mais delicadamente possível
13. Como gerente de projetos, você estabelece uma política de projeto em que você, antes da reunião, examine todas as apostilas apresentadas ao seu cliente externo durante as reuniões de avaliação do andamento do projeto. Ao analisar os materiais, você percebe que um slide contém informações confidenciais da empresa. Apresentar esta informação ao cliente certamente reforçaria a boa vontade. Você deve:
    a. Apresentar as informações para o cliente
    b. Retirar imediatamente as informações confidenciais
    c. Discutir a possível violação com a alta administração e o departamento jurídico antes de tomar qualquer medida
    d. Primeiro discutir a situação com o membro da equipe que criou o slide e, em seguida, discutir a possível violação com a alta administração e o departamento jurídico antes de tomar qualquer ação
14. Você está gerenciando um projeto para um cliente externo. Sua empresa desenvolveu um novo procedimento de testes para validar certas propriedades de um produto e o novo procedimento de testes foi desenvolvido totalmente com recursos internos. Sua empresa possui todos os direitos de propriedade intelectual associados com o novo teste. Os trabalhadores que desenvolveram o novo teste utilizaram os componentes desenvolvidos para o seu cliente atual, como parte do processo experimental. Os resultados obtidos com o novo teste mostraram que o componente seria realmente superior às expectativas do cliente. Você deve:
    a. Mostrar os resultados para o cliente, mas não discutir o fato de que eles vieram do novo procedimento de testes
    b. Não mostrar os resultados do novo procedimento de testes já que as especificações do cliente demandam o uso dos procedimentos antigos de testes
    c. Primeiro alterar as especificações do cliente e, em seguida, mostrar ao cliente os resultados
    d. Discutir a divulgação dessa informação com o seu departamento jurídico e com a alta administração antes de tomar qualquer ação
15. Utilizando o mesmo cenário da questão anterior, suponha que o novo procedimento de testes, que deve ser mais preciso do que o procedimento de testes antigo, indica que o desempenho não atenderá às especificações do cliente, enquanto o teste antigo indica que as especificações do cliente serão apenas atendidas. Você deve:
    a. Apresentar os resultados do teste antigo para o cliente mostrando que os requisitos de especificação serão cumpridos
    b. Mostrar os dois conjuntos de resultados dos testes e explicar que o novo procedimento é uma tecnologia não comprovada
    c. Primeiro alterar as especificações do cliente e, em seguida, mostrar ao cliente os resultados
    d. Discutir a divulgação dessa informação com o seu departamento jurídico e com a alta administração antes de tomar qualquer ação
16. Seu cliente pediu para ver os dados "brutos" dos resultados dos testes da semana passada. Normalmente, os resultados dos testes não são liberados para os clientes, até que a empresa chegue a uma conclusão sobre o significado dos seus resultados. Seu cliente ouviu rumores de que os testes mostraram resultados ruins. A administração deixou toda a decisão por sua conta. Você deve:
    a. Mostrar os resultados e explicar que são simplesmente dados brutos e que sua empresa interpretará os resultados a seguir
    b. Reter a informação até que os resultados sejam verificados
    c. Protelar, mesmo que isso signifique mentir para o cliente

d. Explicar ao cliente a política da sua empresa de não liberar os dados brutos

17. Um dos membros da sua equipe joga golfe com o gerente de projetos do seu cliente externo. Você descobre que o empregado tem alimentado a empresa do cliente com informações sigilosas. Você deve:
   a. Informar ao cliente que as informações vindas de alguém que não seja o gerente do projeto não são oficiais até que sejam liberadas pelo gerente do projeto
   b. Alterar os termos e condições contratuais e liberar as informações
   c. Remover o funcionário de sua equipe de projeto
   d. Explicar para o empregado os desdobramentos de suas ações e que ele ainda representa a empresa quando não está no trabalho; e então reportar isso como uma violação
18. Sua empresa tem uma política a qual todos os materiais delicados devem ser armazenados em armários trancados no final de cada dia. Um de seus empregados recebeu vários avisos do escritório de segurança por violar essa política. Você deve:
   a. Repreender o empregado
   b. Retirar o empregado de seu projeto
   c. Solicitar ao Grupo de Recursos Humanos para que o empregado seja demitido
   d. Aconselhar o empregado, bem como outros membros da equipe sobre a importância da confidencialidade e as possíveis consequências para as violações
19. Você acabou de receber as informações de valor agregado do mês passado que devem ser mostradas ao cliente na reunião mensal de avaliação do andamento do projeto. Os dados do mês passado mostraram variâncias desfavoráveis, que ultrapassaram o limite do admissível em variações de tempo e custos. Isso foi resultado de uma falha de energia prolongada na área de produção. Seu engenheiro de produção diz que isso não é um problema e no próximo mês você estará dentro dos prazos e custos, como tem sido nos últimos cinco meses. Você deve:
   a. Fornecer os dados para o cliente e ser verdadeiro na explicação das variações
   b. Ajustar os desvios para que se enquadrem dentro dos valores-limite, uma vez que esse problema será corrigido no próximo mês
   c. Não reportar quaisquer desvios este mês
   d. Expandir os limites das variações aceitáveis, mas não informar o cliente
20. Você está trabalhando em um país estrangeiro, onde é habitual para um cliente presentear o gerente de projetos do fornecedor durante todo o projeto como uma forma de mostrar reconhecimento. Recusar os presentes seria percebido pelo cliente como um insulto. Sua empresa tem uma política sobre como reportar presentes recebidos. A **melhor** forma de lidar com essa situação seria:
   a. Recusar todos os presentes
   b. Enviar ao cliente uma cópia da política da nossa empresa sobre o recebimento de presentes
   c. Aceitar os presentes e reportará-los de acordo com a política
   d. Relatar todos os presentes, embora a política diga que alguns presentes não precisam ser comunicados
21. Você está entrevistando uma candidata para preencher uma posição de gerenciamento de projetos em sua empresa. Em seu currículo, ela afirma que é PMP®. Um de seus funcionários que conhece a candidata informa que ela não é PMP® ainda, mas está planejando fazer o teste no próximo mês e certamente espera que passe. Você deve:
   a. Esperar até que ela passe o exame antes de entrevistá-la
   b. Entrevistá-la e perguntar por que ela mentiu
   c. Informar ao PMI® sobre a violação
   d. Esquecer isso e contratá-la se ela parecer ser a pessoa certa para o trabalho
22. Você está gerenciando um projeto multinacional a partir de seu escritório em Chicago. Metade da sua equipe é de um país estrangeiro, mas está vivendo em Chicago enquanto trabalha em seu projeto. Essas pessoas informam que dois dias durante a próxima semana são feriados religiosos nacionais no país delas e que celebrarão o feriado, não comparecendo ao trabalho. Você deve:
   a. Respeitar suas crenças e não dizer nada
   b. Forçá-los a trabalhar, porque eles estão no seu país, onde o feriado deles não é comemorado
   c. Dizer-lhes que eles devem trabalhar horas extras não remuneradas quando retornarem ao trabalho, para compensar o tempo perdido
   d. Retirá-los da equipe do projeto, se possível
23. O PMI® informa que um de seus membros da equipe, que realizou o exame PMP® na semana passada e que passou no exame, pode ter tido as respostas das perguntas antecipadamente fornecidas a ele por alguns dos seus outros membros da equipe que também são PMPs®, e que estavam ensinando a ele. O PMI® está pedindo o seu apoio no inquérito. Você deve:
   a. Assistir o PMI® no inquérito da violação
   b. Chamar o empregado para interrogatório e aconselhamento
   c. Chamar os outros membros da equipe para interrogatório e aconselhamento
   d. Dizer ao PMI®, que o problema é dele, não seu
24. Um dos membros da sua equipe esteve com você durante o ano passado desde a sua graduação na faculdade. O membro da equipe informa que ela é agora PMP® e mostra-lhe o seu certificado do PMI®, que reconhece isso. Você se pergunta como ela foi qualificada para realizar o exame, já que

não tinha nenhuma experiência anterior de trabalho antes de se juntar à sua empresa, há um ano. Você deve:

a. Relatar ao PMI® como uma possível violação
b. Chamar a funcionária para aconselhamento
c. Solicitar à funcionária que desista da credencial PMP®
d. Não fazer nada

25. Quatro empresas responderam à sua RFP. Cada proposta possui uma solução técnica diferente para o seu problema e cada proposta declara que as informações contidas na proposta representam conhecimento proprietário da empresa e não devem ser compartilhadas com ninguém. Após a avaliação das propostas, você descobre que a melhor solução técnica é do licitante com o maior preço. Você fica descontente com isso. Você decide mostrar a proposta do licitante mais caro para o licitante mais barato para ver se a proposta mais barata pode fornecer a mesma solução técnica, mas com custos menores. Esta situação é:

a. Aceitável, pois uma vez que as propostas são submetidas à sua empresa, você possui acesso ilimitado à propriedade intelectual nelas contidas
b. Aceitável, pois todas as empresas fazem isso
c. Aceitável, desde que você informe o licitante mais caro que você está mostrando a sua proposta ao licitante mais barato
d. Inaceitável e constitui uma violação ao Código de Ética e Conduta Profissional

RESPOSTAS

1. B 2. C 3. C 4. C 5. C 6. C 7. D 8. D 9. D 10. C
11. C 12. D 13. D 14. D15. D 16. A 17. D 18. D 19. A
20. D 21. C 22. A 23. A 24. A 25. D

EXERCÍCIOS

8-1 A Empresa Beta decidiu modificar seu programa de administração de remunerações e salários, no qual os gerentes de linha são avaliados para promoção e aumentos por mérito, com base em quão bem eles têm cumprido com o que se comprometeram com os gerentes de projetos. Quais são as vantagens e desvantagens dessa abordagem?

8-2 Como um gerente de projetos deve lidar com uma situação na qual o colaborador funcional (ou o gerente funcional) parece ter mais lealdade à sua profissão, disciplina ou especialidade do que ao projeto? Um gerente de projetos também pode ter essa lealdade, por exemplo, em um projeto de P&D?

8-3 A maioria dos gerentes de remunerações e salários alega que as estruturas organizacionais de gerenciamento de projetos devem estar "casadas" com o processo de avaliação de pessoal, pois os empregados estão sempre preocupados em como serão avaliados. Além disso, a conversão de uma estrutura tradicional para uma estrutura de gerenciamento de projetos não pode ser realizada sem antes considerar a avaliação de desempenho. O que você acha sobre isso?

8-4 Como parte do processo de avaliação dos colaboradores funcionais, cada gerente de projetos encaminha um relatório escrito de avaliação confidencial ao gerente de departamento do funcionário que, por sua vez, faz o julgamento final. O funcionário está autorizado a ver apenas a avaliação do seu gerente de departamento. Suponha que a média do aumento por mérito no departamento seja de 7% e que o trabalhador poderia receber os aumentos por mérito apresentados na tabela a seguir. Como ele deveria responder, em cada caso?

AVALIAÇÃO DO GERENTE DO PROJETO	AUMENTO POR MÉRITO, %	CRÉDITO OU CULPA POR		MOTIVO
		G. P.	G. F.	
Excelente	5			
Excelente	7			
Excelente	9			
Dentro da média	5			
Dentro da média	7			
Dentro da média	9			
Ruim	5			
Ruim	7			
Ruim	9			

8-5 O formulário de avaliação da Figura 8-4 deveria ser mostrado aos empregados?

8-6 Um colaborador funcional tem o direito de impugnar qualquer um dos itens do formulário de avaliação não confidencial do gerente do projeto?

8-7 Algumas pessoas argumentam que os colaboradores funcionais deveriam poder avaliar a eficácia do gerente do projeto após o término do projeto. Elabore um formulário de avaliação com essa finalidade.

8-8 Alguns executivos acham que os formulários de avaliação não deveriam incluir a cooperação e a atitude. Eles acham que um colaborador funcional sempre seguirá as instruções do gerente funcional e, portanto, atitude e cooperação são tópicos desnecessários. Será que esse tipo de raciocínio também se aplica aos formulários de avaliação indireta, que são preenchidos pelos gerentes de projetos?

8-9 Considere uma situação em que o gerente de projetos (um generalista) é solicitado a fornecer uma avaliação de um colaborador funcional (um especialista). O gerente de projetos pode efetivamente avaliar o colaborador funcional no desempenho técnico? Se não, então que tipo de informação o gerente de projetos pode usar como base para a sua avaliação? Um generalista nível 7 pode avaliar um especialista nível 12?

8-10 Gary foi designado como gerente de projetos assistente em período parcial. As funções de Gary estão divididas entre ser o assistente no gerenciamento do projeto e ser um colaborador funcional. Além disso, Gary responde, tanto verticalmente ao seu gerente funcional quanto horizontalmente ao gerente do projeto. Como parte das suas responsabilidades no projeto, Gary deve integrar as atividades entre seu departamento e outros dois departamentos dentro da sua divisão. Suas responsabilidades incluem também escrever uma avaliação não confidencial de desempenho para todos os colaboradores funcionas de todos os três departamentos que estão designados ao seu projeto. Gary pode avaliar de forma eficaz e honesta os colaboradores funcionais do seu próprio departamento, as pessoas com quem ele vai trabalhar lado a lado quando o projeto acabar? O gerente do projeto deve vir em seu socorro? Suponha que Gary é um gerente de projetos em tempo parcial em vez de gerente de projetos assistente em tempo parcial. Alguém pode vir ajudá-lo agora?

8-11 A seguinte pergunta foi feita a executivos: como você sabe quando interromper uma pesquisa? As respostas dadas foram: é uma boa pergunta, uma pergunta muito boa e algumas pessoas não sabem quando interrompê-la. Você tem que ponderar; em alguns casos depende de quantos recursos você tem e se você tem recursos suficientes para ter uma chance de sustentar uma pesquisa que parecer estar caminhando para um beco sem saída. Às vezes, você não sabe se está indo em direção ao caminho errado ou não; às vezes, é bastante óbvio que você deveria mudar a direção – você já foi até onde podia ou já foi longe demais para que possa demonstrar a si mesmo que simplesmente não pode chegar lá a partir de onde está, ou isso vai sair muito caro. Você pode descobrir que há maneiras mais produtivas para contornar o obstáculo; você está sempre buscando por maneiras mais rápidas. E isso depende inteiramente do quão criativa a pessoa é, se ela tem foco, uma visão muito estreita ou se é bastante flexível em seu pensamento conceitual, para que possa conceber melhores maneiras de resolver o problema. Discuta a validade dessas observações.

8-12 Em uma pequena empresa, um gerente funcional pode atuar como diretor de engenharia e diretor de gerenciamento de projetos, ao mesmo tempo?

8-13 Em 2002, uma fabricante de equipamentos elétricos descentralizou a organização, permitindo a cada gerente de divisão definir as prioridades para o trabalho em sua divisão. O gerente da Divisão de P&D selecionou o seu projeto de prioridade número 1 o desenvolvimento de métodos de baixo custo de fabricação. Esse projeto exigia o suporte da divisão de produção. O gerente da divisão de produção não designou os recursos adequados, alegando que os resultados de tal projeto não seriam realizados em até, pelo menos, cinco anos, e que ele (o gerente de produção) estava preocupado apenas com o lucro imediato. Esse problema pode ser resolvido e a descentralização divisional ainda ser mantida?

8-14 Os executivos de uma empresa que produz equipamentos eletro-ópticos para uso militar consideram necessário implementar o gerenciamento de projetos usando uma matriz. Os gerentes de projetos se reportavam ao departamento de vendas corporativas, e os engenheiros com mais conhecimentos foram promovidos à engenharia de projetos. Após o primeiro ano de operações, ficou evidente para os executivos que os gerentes funcionais de engenharia não estavam comprometidos com os projetos. Os executivos, então, tomaram uma decisão crítica. Os colaboradores funcionais selecionados pelos gerentes de linha para atuar nos projetos se reportariam na hierarquia com uma linha sólida ao engenheiro de projetos e, com uma linha pontilhada, ao gerente de linha. Os engenheiros de projetos, que foram escolhidos por seus conhecimentos técnicos, foram autorizados a fornecer orientações técnicas e recompensas monetárias para os trabalhadores. Essa situação pode funcionar? O que acontece se um funcionário tem uma dúvida técnica? Ele pode recorrer ao seu gerente de linha? Os colaboradores devem retornar aos seus antigos gerentes de linha na conclusão do projeto? Quais são os problemas de autoridade/responsabilidade com essa estrutura? Quais são as implicações no longo prazo?

8-15 Considere os quatro itens listados na página 78 que descrevem o que acontece quando uma matriz fica fora de controle. Qual desses itens acabam por criar maior dificuldade para a empresa? E para os gerentes de projetos? E para os gerentes de linha? E para os executivos?

8-16 O gerente do projeto informa a você que está atuando na qualidade de colaborador funcional, "Assine esses documentos ou eu vou demiti-lo deste projeto". Como essa situação deve ser tratada?

8-17 O quão eficiente o gerenciamento de projetos pode ser em um ambiente sindicalizado, com mão de obra estática?

8-18 As estruturas salariais corporativas e as alocações limitadas a aumentos anuais, muitas vezes, impedem recompensas devidas de desempenho no gerenciamento de projetos. Explique como cada uma das seguintes opções poderia servir como um fator motivacional:

a. Satisfação no trabalho
b. Reconhecimento pessoal
c. Crescimento intelectual

ESTUDO DE CASO

ISSO É FRAUDE?[1]

Plano de Fundo

Paul era consultor em gerenciamento de projetos e muitas vezes ajudou o Judge Advocate General's Office (JAG), atuando como perito em processos movidos pelo governo dos Estados Unidos contra fornecedores do setor de defesa. Enquanto a maioria das ações era baseada no desempenho inaceitável dos fornecedores, esse processo era diferente, tinha base no desempenho supostamente superior.

Encontro com Coronel Jensen

Paul sentou-se no escritório do coronel do exército Jensen para ouvir a descrição da história por trás desse contrato. O Coronel Jensen afirmou:

Temos trabalhado com a Welton Company há quase dez anos. Esse contrato foi um dos muitos que tivemos com eles ao longo dos anos. Era um contrato de um ano para produzir 1.500 unidades para o Departamento da Marinha. O pessoal da Welton disse-nos durante as negociações que precisaria de dois trimestres para desenvolver seus planos de fabricação e realizar as aquisições. Eles então enviariam à Marinha as 750 unidades ao final do terceiro trimestre, e as 750 unidades restantes ao final do quarto trimestre. Em outros contratos, o planejamento de fabricação e aquisição havia sido feito em menos de um trimestre.

Em outros casos similares a este, a Marinha negociaria um contrato de preço fixo garantido, pois o risco tanto para o comprador quanto para o vendedor era bastante baixo. A proposta de declaração de trabalho do governo também afirmava que este deveria ser um contrato de preço fixo garantido. Mas, durante as negociações finais, a Welton tornou-se inflexível, e queria que o contrato fosse do tipo incentivo, com um bônus por ficar abaixo do orçamento e/ou ser entregue antes do prazo.

Estávamos um tanto perplexos sobre o porquê de quererem um contrato de incentivo. As condições econômicas dos Estados Unidos à época da licitação estavam ruins, e empresas como a Welton estavam lutando para obter contratos com o governo e manter seu pessoal empregado. Sob essas condições, acreditamos que eles iriam querer levar o maior tempo possível para terminar o contrato, apenas para manter seu pessoal trabalhando.

Seu pedido de um contrato de incentivo não fazia sentido para nós, mas relutantemente concordamos. Muitas vezes nós mudamos o tipo de contrato sob circunstâncias especiais. Emitimos um de preço fixo com renumeração de incentivo, com uma cláusula especial de incentivo, para um grande bônus eles deveriam terminar o trabalho antes e enviar todas as 1.500 unidades para a Marinha. O custo-alvo para o contrato, incluindo $ 10 milhões em aquisições, foi $ 35 milhões, com uma relação de participação de 90%-10% e uma meta de lucro de $ 4 milhões. O ponto de premissa total estava a um preço de contrato de $ 43,5 milhões.

A Welton afirmou que terminaram as aquisições e planos de produção no primeiro trimestre do ano. Enviaram as 750 unidades da Marinha no final do segundo trimestre, e as 750 unidades restantes no final do terceiro trimestre. De acordo com suas faturas, que nós auditamos, gastaram $ 30 milhões em trabalho nos primeiros nove meses do contrato, e $ 10 milhões em aquisições. O Governo emitiu cheques totalizando $ 49,5 milhões. Isso incluiu $ 43.5 milhões mais o bônus de incentivo de $ 6 milhões para a entrega antecipada das unidades.

O escritório JAG acredita que a Welton se aproveitou do Departamento da Marinha quando exigiu e recebeu um contrato de preço fixo com renumeração de incentivo. Queremos que você examine a proposta deles e o que fizeram no contrato, e verifique se algo parece suspeito.

Auditoria do consultor

A primeira coisa que Paul fez foi rever os custos finais do contrato.

Trabalho: $ 30.000.000

Material: $ 10.000.000

\-\-\-\-\-\-\-\-\-\-\-\-\-\-\-\-

$ 40.000.000

Custo excedente: $ 5.000.000

Custo da Welton: $ 500.000

Lucro final: $ 3.500.000

A Welton concluiu o contrato exatamente no teto do preço do contrato, e também o ponto de premissa total de $ 43,5 milhões.

O custo excedente, de $ 5 milhões, foi gasto inteiramente em trabalho. A Welton esperava originalmente fazer a tarefa em doze meses por $ 25 milhões em trabalho. Isso totalizou uma despesa média mensal de $ 2.083.333 milhões. Mas a Welton realizou $ 30 milhões em trabalho ao longo de nove meses, o equivalente a um custo médio mensal de $ 3.333.333. A Welton estava gastando cerca de $ 1.25 milhões a mais por mês do que o planejado durante os primeiros nove meses. A Welton explicou que parte do excedente do trabalho deveu-se a horas extras e a utilização de mais pessoas do que o previsto.

Ficou muito claro na mente de Paul o que a Welton havia feito. Eles realizaram um sobregasto de $ 5 milhões com trabalho, e apenas $ 500.000 do excedente foi pago

[1] ©2010 por Harold Kerzner. Reproduzido com permissão. Todos os direitos reservados.

por eles em virtude da relação de participação. Além disso, a Welton recebeu um bônus de $ 6 milhões pela entrega antecipada. Simplificando, a Welton recebeu $ 6 milhões para um investimento de $ 500.000.

Paul sabia que acreditar que isso era verdade era uma coisa, mas ser capaz de provar isso em tribunal exigiria informações mais sustentáveis. O próximo passo de Paul foi ler a proposta que a Welton havia submetido. Na parte inferior da primeira página da proposta havia um parágrafo intitulado "Verdade das negociações", que afirmava que tudo na proposta era verdade. A carta foi assinada por um executivo sênior da Welton.

Paul então começou a ler a seção de gerenciamento da proposta. Na seção de gerenciamento, a Welton se gabava de contratos anteriores quase idênticos a esse com o Departamento da Marinha e outras organizações governamentais. A Welton também afirmava que a maioria das pessoas empregadas nesse contrato havia trabalhado sob os contratos anteriores. Paul encontrou outras declarações na proposta que implicavam que os planos de produção para o presente contrato eram semelhantes aos de outros contratos, e Paul agora se perguntava por que dois trimestres seriam necessários para desenvolver os planos de produção para esse projeto. Ele agora estava convencido de que havia algo errado.

PERGUNTAS

1. Quais informações Paul tem para sustentar sua crença de que algo está errado?
2. Considerando que você não é advogado, lhe aparece sob uma perspectiva de gerenciamento de projetos, que existem informações suficientes para uma possível ação judicial para recuperar a totalidade ou parte do bônus de incentivo pago pela entrega adiantada?
3. Como você acha que este estudo de caso terminou? (É um caso verídico e o autor foi o consultor.)

9

AS VARIÁVEIS PARA O SUCESSO

Estudos de Caso Relacionados (de Kerzner/*Project Management case studies*, 4. ed.)	Livro de Exercícios Relacionado (de Kerzner/*Project Management Workbook and PMP®/CAPM® Exam study guide*, 11. ed.)	Guia PMBOK®, 5. ed., Seção de Referência para o Exame de Certificação PMP®
• Como Tool and Die (A) • Como Tool and Die (B) • Radiance International	• Multiple Choice Exam	• Todos os processos do PMBOK®

* *Estudo de caso aparece no final do capítulo.*

9.0 INTRODUÇÃO

O gerenciamento de projetos não pode ser bem-sucedido a menos que o gerente de projetos esteja disposto a empregar a abordagem sistêmica, por meio da análise daquelas variáveis que levam ao sucesso e ao fracasso. Este breve capítulo discute os prós e os contras do gerenciamento de projetos e oferece uma lista de verificação, como "esqueleto" das variáveis fundamentais para o sucesso. Os cinco tópicos seguintes estão incluídos:

- Como prever o sucesso do projeto
- A eficácia do gerenciamento de projetos
- Expectativas
- Lições aprendidas
- Melhores práticas

9.1 COMO PREVER O SUCESSO DO PROJETO

Guia PMBOK®, 5. ed.
3.4 Grupo de processos de planejamento Capítulo 4 Gerenciamento da Integração do Projeto 5.3 Definir o escopo

Uma das tarefas mais difíceis é prever se o projeto será bem-sucedido. A maioria dos gerentes orientados a metas olha apenas para tempo, custos e parâmetros de desempenho. Se existe uma condição fora da tolerância, uma análise adicional é necessária para identificar a causa do problema.

Olhar apenas para tempo, custos e desempenho pode identificar imediata contribuição para os lucros, mas não irá identificar se o projeto em si foi gerenciado corretamente. Isso assume uma importância primordial se a sobrevivência da organização for baseada em um fluxo constante de projetos bem-sucedidos. Uma ou duas vezes um gerente de programas pode ser capaz de forçar um projeto ao sucesso, balançando continuamente um grande taco de beisebol. Depois de algum tempo, no entanto, ou o efeito do grande taco se tornará tolerável, ou as pessoas vão evitar trabalhar em seus projetos.

O sucesso do projeto é frequentemente medido pelas "ações" de três grupos: o gerente do projeto e a equipe, a organização de origem e a organização do cliente. Existem algumas ações que o gerente do projeto e a equipe podem tomar a fim de estimular o sucesso do projeto. Essas ações incluem:

- Insistir no direito de selecionar os principais membros da equipe do projeto

- Selecionar os principais membros da equipe com registros comprovados de experiência em suas áreas
- Desenvolver o comprometimento e um sentido de missão, desde o início
- Buscar autoridade suficiente e um modelo organizacional projetizado
- Coordenar e manter um bom relacionamento com o cliente, com a organização de origem e com a equipe
- Procurar melhorar a imagem pública do projeto
- Possuir membros de equipe fundamentais na assistência à tomada de decisões e à resolução de problemas
- Desenvolver estimativas e metas realistas para custos, cronogramas e desempenho
- Possuir estratégias de apoio, em antecipação a problemas potenciais
- Fornecer uma estrutura de equipe que seja adequada, porém flexível e enxuta
- Ir além da autoridade formal para aumentar a influência sobre as pessoas e sobre as principais decisões
- Empregar um conjunto viável de planejamento do projeto e de ferramentas de controle
- Evitar o excesso de confiança em um tipo de ferramenta de controle
- Enfatizar a importância em cumprir as metas de custos, cronogramas e desempenho
- Dar prioridade a cumprir a missão ou função do item final
- Manter as mudanças sob controle
- Procurar encontrar formas de garantir a segurança do emprego para os membros eficazes da equipe do projeto

No Capítulo 4, declaramos que um projeto não pode ser bem-sucedido a menos que seja reconhecido como um projeto e tenha o apoio da alta administração, que deve estar disposta a comprometer os recursos da empresa e fornecer o apoio administrativo necessário para que o projeto se adapte facilmente à rotina diária dos negócios. Além disso, a organização de origem deve desenvolver um ambiente propício para as boas relações de trabalho entre gerente de projetos, organização de origem e organização do cliente.

No que se refere à organização de origem, existe um número de variáveis que pode ser utilizado para avaliar o seu apoio. Essas variáveis incluem:

- Desejo de coordenar os esforços
- Desejo de manter a flexibilidade estrutural
- Desejo de se adaptar às mudanças
- Planejamento estratégico eficaz
- Manutenção do *rapport*[NT1]
- Ênfase adequada na experiência do passado
- Proteção externa
- Comunicação rápida e precisa
- Apoio entusiástico
- Identificação com todas as partes relacionadas para as quais o projeto, de fato, contribui para as capacidades da organização de origem

A mera identificação e existência dessas variáveis não garantem o sucesso do projeto no relacionamento com a organização de origem. Em vez disso, implicam na existência de uma boa base para trabalhar para que, se o gerente do projeto e a equipe, além da organização de origem, tomarem as medidas apropriadas, o sucesso do projeto será provável. As seguintes ações devem ser efetuadas:

- Selecionar antecipadamente um gerente de projetos com um histórico comprovado de habilidades técnicas, humanas e administrativas (não necessariamente nessa ordem) para liderar a equipe do projeto
- Desenvolver diretrizes claras e viáveis para o gerente do projeto
- Delegar autoridade suficiente para o gerente do projeto, e deixá-lo tomar decisões importantes em conjunto com os principais membros da equipe
- Demonstrar entusiasmo e comprometimento com o projeto e com a equipe
- Desenvolver e manter linhas curtas e informais de comunicação
- Evitar pressionar excessivamente o gerente do projeto para conquistar contratos
- Evitar diminuir ou aumentar arbitrariamente a estimativa de custos da equipe do projeto
- Evitar as adesões de partes interessadas nas decisões
- Desenvolver um relacionamento de trabalho próximo, e não interveniente, com o contato principal do cliente e com o gerente do projeto

Tanto a organização de origem quanto a organização da equipe do projeto devem empregar técnicas gerenciais adequadas para garantir que possa ser feita a utilização criteriosa e devida, porém não excessiva, de sistemas de planejamento, controle e comunicação. Essas técnicas adequadas de gerenciamento também devem incluir o pré-condicionamento, tais como:

- Especificações e *designs* claramente estabelecidos
- Cronogramas realistas
- Estimativas de custos realistas
- Prevenção de adesões de partes interessadas nas decisões
- Prevenção de otimismo excessivo

[NT1] Termo de origem francesa, utilizado para descrever a interação humana que gera sintonia entre as pessoas que estão interagindo, desenvolvendo, assim, uma relação de confiança. Existem várias técnicas para o desenvolvimento de *rapport* como combinação da linguagem corporal, contato visual etc.

A organização do cliente pode ter uma grande influência sobre o sucesso do projeto por meio da diminuição de reuniões de equipe, do fornecimento de respostas rápidas às solicitações de informações, e simplesmente ao deixar a contratada "fazer o seu trabalho", sem qualquer interferência. As variáveis que existem para organização do cliente incluem:

- Desejo de coordenar os esforços
- Manutenção do *rapport*
- Estabelecimento de objetivos e critérios específicos e razoáveis
- Procedimentos bem estabelecidos para as mudanças
- Comunicação rápida e precisa
- Comprometimento dos recursos do cliente
- Diminuição da burocracia
- Fornecimento de autoridade suficiente ao contato do cliente (em especial para a tomada de decisões)

Com essas variáveis como alicerce básico, deve ser possível:

- Incentivar a franqueza e a honestidade em todos os participantes desde o início
- Criar um ambiente que incentiva a concorrência saudável, mas não situações impiedosas ou debates "mentirosos"
- Planejar o financiamento adequado para completar o projeto inteiro
- Desenvolver a compreensão clara da importância relativa das metas de custos, cronograma e desempenho técnico
- Desenvolver linhas curtas e informais de comunicação e uma estrutura organizacional achatada
- Delegar autoridade suficiente para o principal contato do cliente e permitir a rápida aprovação ou rejeição de decisões importantes do projeto
- Rejeitar adesões de partes interessadas nas decisões
- Tomar decisões rápidas sobre concessões de contratos ou autorizações
- Desenvolver relações de trabalho próximas, sem intromissões, com os participantes do projeto
- Evitar relações distantes
- Evitar esquemas excessivos de relatórios
- Tomar decisões rápidas sobre as mudanças

Ao combinar as ações relevantes da equipe de projeto, da organização de origem e da organização do cliente, podemos identificar as lições fundamentais para o gerenciamento. Essas lições incluem:

- Ao iniciar no gerenciamento de projetos, planeje percorrer todo o caminho.
  - Reconheça os conflitos de autoridade – resolva-os.
  - Reconheça o impacto das mudanças – seja um agente de mudança
- Combine as pessoas certas com os trabalhos certos
  - Nenhum sistema é melhor do que as pessoas que o implementam
- Conceda o tempo e o esforço adequados para o estabelecimento dos alicerces do projeto e para a definição do trabalho:
  - Estrutura analítica do projeto
  - Planejamento da rede
- Garanta que os pacotes de trabalho sejam do tamanho adequado:
  - Gerenciáveis, com contabilização organizacional
  - Realistas, em termos de esforço e tempo
- Estabeleça e utilize sistemas de planejamento e controle como o ponto focal da implementação do projeto:
  - Saiba aonde você está indo
  - Saiba quando você tiver chegado lá
- Certifique-se de que o fluxo de informações seja realista:
  - A informação é a base para a resolução de problemas e tomada de decisões
  - As "armadilhas" da comunicação são as maiores contribuidoras para as dificuldades do projeto
- Esteja disposto a replanejar – e faça-o:
  - Os melhores planos estabelecidos muitas vezes podem se extraviar
  - A mudança é inevitável
- Amarre juntos a responsabilidade, o desempenho e as recompensas:
  - Administração por objetivos
  - Harmonize motivação e produtividade
- Muito antes da conclusão do projeto, planeje para o seu término:
  - Disposição de pessoal
  - Disposição de materiais e outros recursos
  - Transferência de conhecimento
  - Encerramento de ordens de trabalho
  - Pagamentos financeiros cliente/fornecedor e relatórios

A última lição, o término do projeto, tem sido a ruína de muitos bons gerentes de projetos. Conforme os projetos se aproximam da conclusão, há uma tendência natural de diminuir os custos por meio da transferência de pessoal o mais rapidamente possível e do encerramento das ordens de trabalho. Isso, muitas vezes, deixa o gerente de projetos com a responsabilidade pela redação do relatório final e pela transferência de matérias-primas para outros programas. Muitos projetos levam um ou dois meses após a conclusão de trabalho apenas para o relatório administrativo e resumo dos custos finais.

Tendo definido o sucesso do projeto, podemos agora identificar algumas das principais causas de fracasso em gerenciamento de projetos:

- **Seleção de um conceito que não é aplicável.** Uma vez que cada solicitação é única, a seleção de um projeto que não tem uma base sólida, ou a imposição de uma mudança quando o tempo não é adequado, pode levar ao fracasso imediato.
- **Seleção da pessoa errada como gerente do projeto.** O indivíduo selecionado deverá ser mais um gerente do que um executor. Ele deve colocar ênfase em todos os aspectos do trabalho, não apenas nos aspectos técnicos.
- **Uma alta administração que não é apoiadora.** A alta administração deve concordar no conceito e deve agir de acordo.
- **Tarefas inadequadamente definidas.** Deve existir um sistema adequado para planejamento e controle de tal forma que possa ser mantido um bom equilíbrio entre custos, cronograma e desempenho técnico.
- **Má utilização de técnicas de gestão.** Existe uma tendência inevitável nas comunidades técnicas de tentar fazer mais do que o inicialmente exigido pelo contrato. A tecnologia deve ser observada e as pessoas devem comprar apenas o que é necessário.
- **Término do projeto não planejado.** Por definição, todo projeto deve parar. O término deve ser planejado de modo que o impacto possa ser identificado.

9.2 A EFICÁCIA NO GERENCIAMENTO DE PROJETOS[1]

Guia PMBOK®, 5. ed.
Capítulo 4 Gerenciamento da integração do projeto Capítulo 9 Gerenciamento dos recursos humanos do projeto Capítulo 10 Gerenciamento das comunicações do projeto

Os gerentes de projetos interagem constantemente com a alta administração, talvez mais do que com os gerentes funcionais. Não só o sucesso do projeto, mas até mesmo a carreira do gerente de projetos pode depender das relações de trabalho e das expectativas estabelecidas com a alta administração. Há quatro variáveis principais para medir a eficácia do relacionamento com a alta administração. Essas variáveis são credibilidade, prioridade, acessibilidade e visibilidade:

- Credibilidade
  - Credibilidade vem de ser um tomador de decisões de seguro
  - Normalmente baseada na experiência em uma variedade de designações
  - É reabastecida pelo gerente e pelo andamento de seu projeto
  - Tornar o sucesso visível aos outros aumenta a credibilidade
  - Ser verossímil, enfatizar os fatos em vez de opiniões
  - Dar crédito aos outros, pois eles podem devolver esse favor
- Prioridade
  - Promover a importância específica do projeto para os objetivos de toda a organização
  - Enfatizar o aspecto competitivo, se for relevante
  - Enfatizar as mudanças para o sucesso
  - Proteger o apoio testemunhal dos outros – departamentos funcionais, outros gerentes, clientes, fontes independentes
  - Enfatizar os subprodutos que podem resultar dos projetos
  - Antecipar "problemas prioritários".
  - Promover a prioridade com base na comunicação direta
- Acessibilidade
  - A acessibilidade envolve a habilidade de se comunicar diretamente com a alta administração
  - Mostrar que suas propostas são boas para toda a organização, não apenas para o projeto
  - Pesar cuidadosamente os fatos, explicar os prós e contras
  - Ser lógico e polido em suas apresentações
  - Tornar-se pessoalmente conhecido pelos membros da alta administração
  - Criar um desejo no "cliente" pelas suas habilidades e pelo seu projeto
  - Fazer a curiosidade trabalhar para você
- Visibilidade
  - Estar ciente da quantidade de visibilidade de que você realmente precisa
  - Criar um impacto positivo ao apresentar o projeto à alta administração
  - Adotar um estilo contrastante de gerenciamento, quando viável e possível
  - Usar os membros da equipe para ajudar a regular a visibilidade de que você precisa
  - Conduzir reuniões "informativas" oportunas com aqueles que importam
  - Utilizar as mídias publicitárias disponíveis

[1] Esta seção e a Seção 9.3 são adaptadas de *Seminar in project management workbook*, copyright 1977, por Hans J. Thamhain. Reproduzido com permissão do Dr. Hans J. Thamhain.

9.3 EXPECTATIVAS

Guia PMBOK®, 5. ed.
Capítulo 9 Gerenciamento dos Recursos Humanos do Projeto Capítulo 10 Gerenciamento das Comunicações do Projeto

No ambiente de gerenciamento de projetos, os gerentes de projetos, os membros da equipe e os gerentes superiores, cada um tem expectativas de como as suas relações com as outras partes devem ser. Para ilustrar isso, a alta administração espera que os gerentes de projetos:

- Assumam a responsabilidade total pelo sucesso ou fracasso em fornecer os resultados
- Forneçam relatórios e informações eficazes
- Causem perturbação organizacional mínima durante a execução de um projeto
- Apresentem recomendações e não apenas as alternativas
- Tenham a capacidade de lidar com a maioria dos problemas interpessoais
- Demonstrem capacidade de tomar iniciativas
- Demonstrem crescimento com cada designação

À primeira vista, pode parecer que essas qualidades são esperadas de todos os gerentes, não necessariamente dos gerentes de projetos. Mas isso não é verdade. Os quatro primeiros itens são diferentes. Os gerentes de linha não são responsáveis pelo sucesso total do projeto, apenas pela parte realizada pela sua organização de linha. Os gerentes de linha podem ser promovidos por sua capacidade técnica, nao necessariamente por sua capacidade de redigir relatórios eficazes. Gerentes de linha não podem desmembrar toda uma organização, mas o gerente de projetos pode. Gerentes de linha não devem necessariamente ter de tomar decisões, apenas fornecer alternativas e recomendações.

Assim como a alta administração possui expectativas sobre os gerentes de projetos, os gerentes de projetos têm certas expectativas quanto à alta administração. O gerenciamento de projetos espera que a alta administração:

- Forneça canais de decisão claramente definidos
- Tome medidas sobre as solicitações
- Facilite o contato com os departamentos de apoio
- Auxilie na resolução de conflitos
- Disponibilize recursos suficientes e o termo de abertura do projeto
- Forneça informações estratégicas/de longo prazo suficientes
- Forneça *feedback*
- Dê conselhos e apoio na fase de definição
- Defina claramente as expectativas
- Forneça proteção contra brigas políticas
- Proporcione a oportunidade de crescimento pessoal e profissional

A equipe do projeto também tem expectativas quanto ao seu líder, o gerente do projeto. A equipe do projeto espera que o gerente do projeto:

- Ajude no processo de resolução de problemas por meio da apresentação de ideias
- Forneça orientação adequada e liderança
- Proporcione um ambiente descontraído
- Interaja informalmente com os membros da equipe
- Estimule o processo de grupo
- Facilite a adoção de novos membros
- Reduza os conflitos
- Defenda a equipe contra pressões externas
- Resista às mudanças
- Atue como porta-voz do grupo
- Forneça representação para a alta administração

A fim de proporcionar eficiência e alta produtividade de tarefas, uma equipe de projeto deve ter certos traços e características. Um gerente de projetos espera que a equipe do projeto:

- Demonstre adesão ao autodesenvolvimento
- Demonstre potencial para o comportamento inovador e criativo
- Comunique-se eficazmente
- Esteja comprometida com o projeto
- Demonstre capacidade de resolução de conflitos
- Seja orientada a resultados
- Seja orientada a mudanças
- Interaja de forma eficaz e com o moral elevado

Os membros da equipe querem, de forma geral, atender a algumas necessidades primárias. O gerente do projeto deve entender essas necessidades antes de exigir que a equipe corresponda às suas expectativas. Os membros da equipe do projeto precisam:

- De um senso de participação
- De interesse no próprio trabalho
- De respeito pelo trabalho a ser feito
- De proteção contra brigas políticas
- De segurança no emprego e de continuidade do trabalho
- De potencial de crescimento na carreira

Os gerentes de projetos devem se lembrar de que os membros da equipe nem sempre são capazes de verbalizar essas necessidades, mas, no entanto, elas existem.

9.4 LIÇÕES APRENDIDAS

Guia PMBOK®, 5. ed.
Responsabilidade Profissional – Contribuir para a Base de Conhecimento de GP

As lições podem ser aprendidas em todo e qualquer projeto, mesmo que este seja um fracasso. Mas muitas empresas não documentam as lições aprendidas porque os empregados ficam relutantes em assinar seus nomes nos documentos que indicam que cometeram erros. Assim, os trabalhadores acabam por repetir os erros que outros já cometeram.

Hoje, há uma ênfase crescente em documentar as lições aprendidas. A Boeing mantém diários de lições aprendidas em cada projeto de aeronave. Outra empresa realiza uma reunião de pós-implementação em que a equipe é obrigada a elaborar um estudo de caso de três a cinco páginas documentando os sucessos e fracassos no projeto. O estudo de caso é, então, utilizado pelo departamento de treinamento na capacitação das pessoas que se tornarão gerentes de projetos. Algumas empresas ainda exigem que os gerentes de projetos mantenham agendas do projeto que documentem todas as decisões, bem como um arquivo com toda a correspondência do projeto. Em grandes projetos, isso pode ser impraticável.

A maioria das empresas parece preferir as reuniões de pós-implementação e a documentação de estudos de casos. O problema é quando realizar a reunião de pós-implementação. Uma empresa utiliza o gerenciamento de projetos para o desenvolvimento de novos produtos e para a produção. Quando o primeiro ciclo de produção está completo, a empresa realiza uma reunião para discutir a pós-implementação do que foi aprendido. Aproximadamente seis meses depois, a empresa realiza uma segunda reunião de pós-implementação para discutir a reação dos clientes ao produto. Houve situações em que a reação do cliente indicou que o que a empresa pensou que fez certo acabou se tornando uma decisão errada. Um estudo de caso de acompanhamento é agora preparado durante a segunda reunião.

9.5 ENTENDIMENTO DAS MELHORES PRÁTICAS

Guia PMBOK®, 5. ed.
Capítulo 9 Gerenciamento dos Recursos Humanos 9.4 Gerenciar a equipe do projeto

Um dos benefícios do entendimento da variável de sucesso é que ela fornece os meios para a captura e retenção das melhores práticas. Infelizmente, isso é mais fácil na teoria do que na prática. Há várias definições para uma melhor prática, tais como:

Guia PMBOK®, 5. ed.
Responsabilidade Profissional – Contribuir para a Base de Conhecimento de GP

- Algo que funciona
- Algo que funciona bem
- Algo que funciona bem de forma repetitiva
- Algo que leva a uma vantagem competitiva
- Algo que pode ser identificado em uma proposta para gerar negócios

Na opinião do autor, *melhores práticas são aquelas ações ou atividades realizadas pela empresa ou pelos indivíduos, que levam a uma vantagem competitiva sustentável no gerenciamento de projetos.*

Apenas nos últimos anos é que a importância das boas práticas tem sido reconhecida. Nos primeiros anos do gerenciamento de projetos, havia concepções equivocadas quanto ao gerenciamento de projetos. Alguns dos equívocos incluíam:

- O gerenciamento de projetos é uma ferramenta para programação do cronograma, tal como a programação PERT/CPM
- O gerenciamento de projetos se aplica apenas a grandes projetos
- O gerenciamento de projetos é direcionado apenas para os projetos do governo
- Os gerentes de projetos devem ser engenheiros e, de preferência, com diplomas avançados
- Os gerentes de projetos precisam ter o "domínio da tecnologia" para serem bem-sucedidos
- O sucesso do projeto é medido somente em termos técnicos

Conforme o gerenciamento de projetos evoluiu, as melhores práticas se tornaram importantes. E elas podem ser aprendidas tanto a partir dos sucessos quanto dos fracassos. Nos primeiros anos do gerenciamento de projetos, a indústria privada focou na aprendizagem das melhores práticas dos sucessos. O governo, no entanto, focou em aprender sobre as melhores práticas dos fracassos. Quando o governo finalmente focou na aprendizagem dos sucessos, o conhecimento sobre as melhores práticas veio de seu relacionamento com ambos os seus fornecedores principais e subcontratados. Algumas das melhores práticas que vieram do governo incluem:

- Utilização das fases do ciclo de vida
- Padronização e consistência
- O uso de modelos para planejamento, programação do cronograma, controle e riscos
- Fornecimento de militares para cargos de gerenciamento de projetos com turnos estendidos de trabalho no mesmo local
- Uso de equipes integradas de projeto (IPTs)
- Controle de mudanças no escopo geradas pelo fornecedor
- Utilização de medição do valor agregado (discutido no Capítulo 15)

O que Fazer com uma Melhor Prática?

Com a definição de que uma melhor prática conduz a uma vantagem competitiva sustentada, não é de admirar que algumas empresas tenham sido relutantes em tornar suas melhores práticas conhecidas do público em geral. Portanto, o que uma empresa deve fazer com as suas melhores práticas, se não divulgá-las? As opções mais comuns disponíveis incluem:

- **Compartilhar o conhecimento apenas internamente:** isso pode ser feito usando a intranet da empresa para compartilhar informações com os empregados. Pode haver um grupo separado dentro da empresa responsável pelo controle das informações, talvez até o gerente do escritório de projetos (PMO).
- **Esconder de todos, exceto de alguns poucos escolhidos:** algumas empresas gastam grande quantidade de dinheiro na elaboração de formulários, diretrizes, modelos e listas de verificação para o gerenciamento de projetos. Esses documentos são vistos tanto como informações da empresa proprietária quanto como melhores práticas e são fornecidos apenas para um grupo seleto, somente de acordo com a necessidade. Um exemplo de uma melhor prática "restrita" poderia ser formulários e modelos especializados para aprovação do projeto em que a informação contida pode ser sobre dados financeiros sigilosos da empresa ou sobre a posição da empresa quanto à rentabilidade ou participação de mercado.
- **Informar aos seus clientes:** nessa abordagem, as empresas podem desenvolver uma brochura com as melhores práticas de mercado para as suas realizações e também pode manter uma biblioteca extensiva de melhores práticas que seja compartilhada com seus clientes depois da concessão do contrato.

Embora as empresas coletem as melhores práticas, nem todas as melhores práticas são compartilhadas fora da empresa, mesmo durante os estudos de *benchmarking*, em que todas as partes devem compartilhar informações. Muitas vezes os alunos perguntam por que os livros didáticos não incluem mais informações detalhadas sobre as melhores práticas, tais como formulários e modelos. Uma empresa comentou com o autor:

> Devemos ter gastado pelo menos $ 1 milhão ao longo dos últimos anos com o desenvolvimento de um modelo extenso sobre como avaliar os riscos associados à transição de um projeto de engenharia para a produção. Nossa empresa não ficaria feliz em distribuir esse modelo para todos aqueles que desejam comprar um livro por $ 80. Alguns modelos de melhores práticas são de conhecimento comum e nós certamente compartilharíamos essa informação. Mas consideramos o modelo de transição como conhecimento proprietário que não deve ser compartilhado.

Questões Críticas

Há várias questões que devem ser abordadas antes que uma atividade seja reconhecida como uma melhor prática. Três questões mais frequentes são:

- Quem determina que uma atividade é uma melhor prática?
- Como você avalia corretamente o que pensa que é melhor prática para validar que, de fato, é uma melhor prática realmente?
- Como você consegue fazer com que os executivos reconheçam que as melhores práticas são atividades de verdadeiro valor agregado e que devem ser defendidas pela administração executiva?

Algumas organizações possuem comitês que têm como função principal a avaliação de possíveis melhores práticas. Outras organizações usam o PMO para realizar esse trabalho. Esses comitês, na maioria das vezes, se reportam aos níveis superiores da administração.

Há uma diferença entre as lições aprendidas e as melhores práticas. Lições aprendidas podem ser favoráveis ou desfavoráveis, enquanto as melhores práticas são geralmente resultados favoráveis.

Avaliar se alguma coisa é ou não uma melhor prática não é algo demorado, mas é complexo. Simplesmente crer que uma ação é uma melhor prática não significa que ela seja. Os PMOs atualmente estão desenvolvendo modelos e critérios para determinar se uma atividade pode ser qualificada como uma melhor prática. Alguns itens que podem ser incluídos no modelo são:

- É uma métrica mensurável?
- Identifica a eficiência mensurável?
- Identifica a eficácia mensurável?
- Agrega valor à empresa?
- Agrega valor aos clientes?
- É transferível para outros projetos?
- Tem potencial para a longevidade?
- É aplicável a vários usuários?
- Diferencia-nos dos nossos concorrentes?
- A melhor prática exigirá governança?
- A melhor prática exigirá treinamento dos trabalhadores?
- A melhor prática é um conhecimento proprietário da empresa?

Uma empresa possuía duas características únicas em seu modelo de melhores práticas:

- Ajuda a evitar o fracasso
- Em uma crise, ajuda a resolver uma situação crítica

Os executivos devem perceber que essas práticas são, na verdade, propriedade intelectual para beneficiar toda a organização. Se as melhores práticas podem ser quantificadas, é geralmente mais fácil convencer a alta administração.

Níveis de Melhores Práticas

As melhores práticas podem ser descobertas em qualquer lugar, dentro ou fora de uma organização. A Figura 9-1 mostra vários níveis de melhores práticas. O nível inferior é o nível dos padrões profissionais, o que incluiria os padrões profissionais definidos pelo PMI®. Esse nível contém o maior número de melhores práticas, mas elas são gerais e não específicas, e possuem um baixo nível de complexidade.

O nível dos padrões do setor identifica as melhores práticas relacionadas ao desempenho desse setor. Por exemplo, a indústria automobilística estabeleceu padrões e melhores práticas específicas para a indústria automobilística.

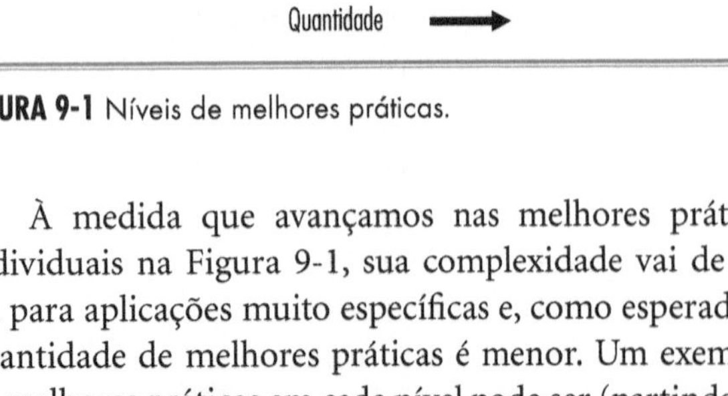

FIGURA 9-1 Níveis de melhores práticas.

À medida que avançamos nas melhores práticas individuais na Figura 9-1, sua complexidade vai de geral para aplicações muito específicas e, como esperado, a quantidade de melhores práticas é menor. Um exemplo de melhores práticas em cada nível pode ser (partindo do geral para o específico):

- **De padrões profissionais:** elaboração e utilização de um plano de gerenciamento de riscos, incluindo modelos, diretrizes, formulários e listas de verificação para o gerenciamento dos riscos.
- **Específicas do setor:** o plano de gerenciamento dos riscos inclui melhores práticas do setor, como a melhor forma de fazer a transição da engenharia para a produção.
- **Específicas da empresa:** o plano de gerenciamento dos riscos identifica os papéis e as interações de engenharia, produção e grupos de garantia da qualidade durante a transição.
- **Específicas do projeto:** o plano de gerenciamento dos riscos identifica os papéis e as interações dos grupos impactados conforme eles se relacionam a um produto ou serviço para um cliente.
- **Individuais:** o plano de gerenciamento dos riscos identifica os papéis e as interações de grupos impactados com base em sua tolerância pessoal ao risco, possivelmente por meio da utilização de uma matriz de responsabilidades elaborada pelo gerente do projeto.

As melhores práticas podem ser extremamente úteis durante as atividades de planejamento estratégico. Como mostrado na Figura 9-2, os dois últimos níveis podem ser mais úteis para a formulação da estratégia do projeto, enquanto os três primeiros níveis são os mais adequados para a execução de uma estratégia.

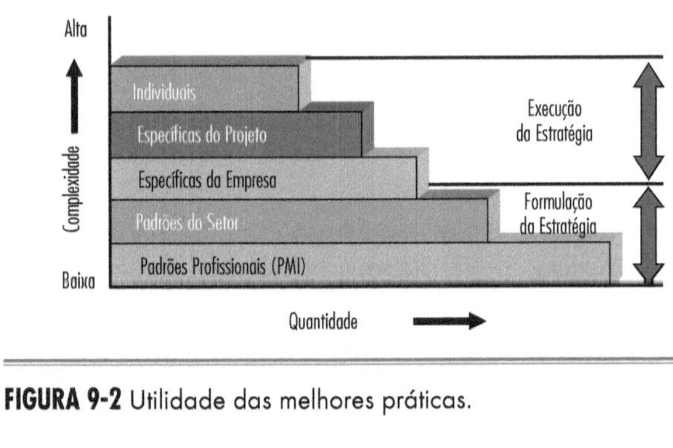

FIGURA 9-2 Utilidade das melhores práticas.

Crenças Comuns

Existem várias crenças comuns sobre as melhores práticas. Uma lista parcial inclui:

- Como as melhores práticas podem ser inter-relacionadas, a identificação de uma melhor prática pode levar à descoberta de outra, especialmente na mesma categoria ou nível de melhores práticas.
- Por causa das dependências que podem existir entre as melhores práticas, muitas vezes é mais fácil identificar as categorias de melhores práticas do que melhores práticas individuais.
- As melhores práticas podem não ser transferíveis. O que funciona bem para uma empresa pode não funcionar para outra.

- Embora algumas melhores práticas pareçam simplistas e de senso comum na maioria das empresas, a lembrança constante e a utilização dessas melhores práticas levam à excelência e à satisfação do cliente.
- As melhores práticas não são limitadas exclusivamente às empresas em boa situação financeira.

Cuidados devem ser tomados para que a implementação de uma melhor prática não leve a resultados prejudiciais. Uma empresa decidiu que a organização deve reconhecer o gerenciamento de projetos como profissão, a fim de aumentar o desempenho e reter as pessoas qualificadas. Uma carreira de gerenciamento de projetos foi criada e integrada ao sistema de recompensas da empresa.

Infelizmente, a empresa cometeu um erro grave. Os gerentes de projetos tiveram aumentos de salário significativamente maiores do que os gerentes de linha e os trabalhadores. As pessoas ficaram com ciúmes dos gerentes de projetos e pediram transferência para o gerenciamento de projetos, achando que a "grama era mais verde". A proeza técnica da empresa diminuiu e algumas pessoas se demitiram quando não receberam a oportunidade de se tornarem gerentes de projetos.

As empresas podem ter a melhor das intenções quando da implementação das melhores práticas e, ainda assim, ocorrerem resultados negativos. A Tabela 9-1 identifica algumas possíveis expectativas e os resultados negativos que podem ocorrer. Os maus resultados poderiam ter sido resultado de más expectativas ou da não compreensão plena das possíveis implicações após a implementação.

TABELA 9-1 Resultados da implementação de melhores práticas

Tipo de Melhor Prática	Vantagem Esperada	Potencial Desvantagem
Utilização de Relatórios de Semáforos	Velocidade e simplicidade	Baixa precisão das informações
Utilização de formulários e modelos de gerenciamento de riscos	Prospecção e precisão	Inabilidade de visualizar alguns possíveis riscos críticos
EAP[NT2] altamente detalhada	Controle, precisão e plenitude	Controle excessivo e custo de relatórios
Utilização de EPM[NT3] em todos os projetos	Padronização e consistência	Muito caro em alguns projetos
Utilização de software especializado	Melhor tomada de decisões	Excesso de confiança nas ferramentas

[NT2] EAP – Estrutura Analítica do Projeto. Em inglês, WBS – Work Breakdown Structure.

[NT3] Siglas em língua inglesa para Enterprise Project Management, campo de desenvolvimento organizacional que trata do gerenciamento de projetos no âmbito empresarial, por meio da criação de processos de gerenciamento de projetos da empresa para o gerenciamento, monitoramento e avaliação de todos os projetos da empresa.

Existem outras razões pelas quais as melhores práticas podem falhar ou apresentar resultados insatisfatórios. Essas razões incluem:

- Falta de estabilidade, clareza e compreensão das melhores práticas
- Falha na utilização correta das melhores práticas
- Identificação de uma melhor prática que carece de rigor
- Identificação de uma melhor prática baseada em julgamento errôneo

Biblioteca de Melhores Práticas

Com a premissa de que o conhecimento de gerenciamento de projetos e as melhores práticas são propriedade intelectual, como uma empresa retém essas informações? A solução geralmente é a criação de uma biblioteca de melhores práticas. A Figura 9-3 mostra os três níveis de melhores práticas que parecem mais adequados para o armazenamento em uma biblioteca de melhores práticas.

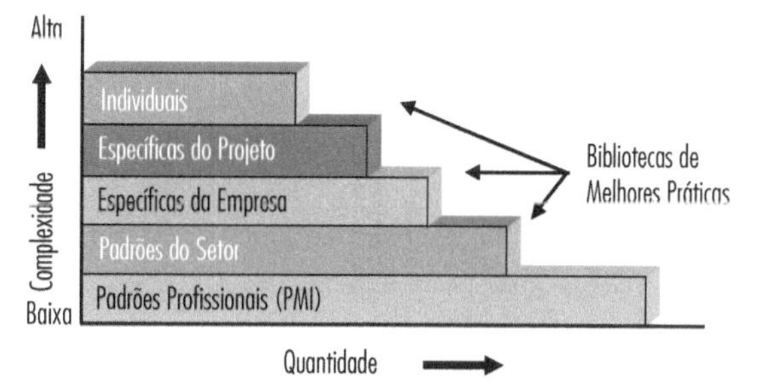

FIGURA 9-3 Níveis de melhores práticas.

A Figura 9-4 mostra o processo de criação de uma biblioteca de melhores práticas. O nível inferior é a descoberta e compreensão do que é ou não é uma "possível" melhor prática. As fontes para potenciais melhores práticas podem ter origem em qualquer lugar dentro da organização.

FIGURA 9-4 Criação de uma biblioteca de melhores práticas.

O próximo nível é o nível de avaliação para confirmar que ela é uma melhor prática. O processo de avaliação pode ser feito pelo PMO ou por um comitê, mas deve ter o envolvimento dos níveis superiores da administração. O processo de avaliação é muito difícil porque uma única ocorrência positiva pode não refletir uma melhor prática. Devem existir critérios estabelecidos para a avaliação de melhores práticas.

Uma vez que é concordado que existe uma melhor prática, ela deve ser classificada e armazenada em algum sistema de recuperação, como uma biblioteca de melhores práticas na intranet da empresa.

A Figura 9-1 mostra os níveis de melhores práticas, mas o sistema de classificação para propósitos de armazenamento podem ser significativamente diferentes. A Figura 9-5 mostra um típico sistema de classificação para uma biblioteca de melhores práticas.

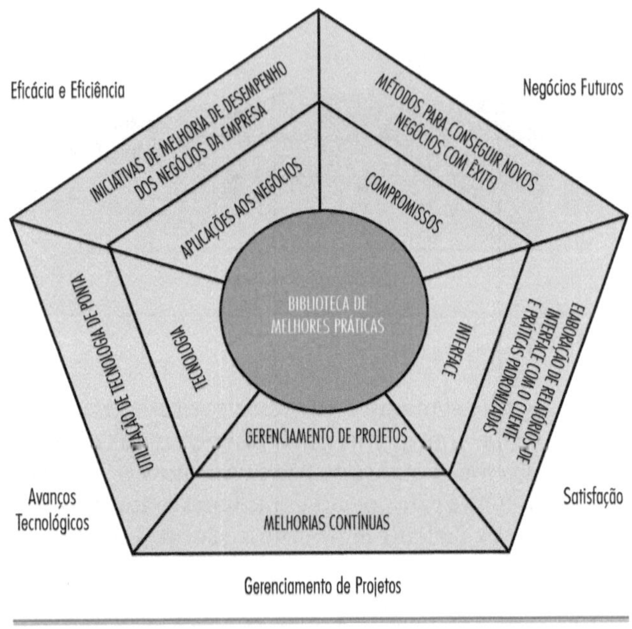

FIGURA 9-5 Biblioteca de melhores práticas.

O objetivo da criação de uma biblioteca de melhores práticas é transferir conhecimento para os funcionários. O conhecimento pode ser transferido por intermédio da intranet da empresa, de seminários sobre melhores práticas e de estudos de casos. Algumas empresas exigem que a equipe do projeto elabore estudos de casos sobre as lições aprendidas e melhores práticas antes que a equipe seja dissolvida. Essas empresas, então, utilizam os estudos de caso em seminários patrocinados pela própria empresa. As melhores práticas e as lições aprendidas devem ser comunicadas em toda a organização. O problema é determinar a forma de fazer isso de modo eficaz.

Outro problema crítico é a sobrecarga de melhores práticas. Uma empresa iniciou uma biblioteca de melhores práticas e, após alguns anos, tinha reunido centenas das que haviam sido consideradas serem as melhores práticas. Ninguém se preocupou em reavaliar se todas aquelas ainda eram ou não, melhores práticas. Após ter ocorrido a reavaliação, determinou-se que menos de um terço ainda eram consideradas melhores práticas. Algumas já não eram melhores práticas, outras precisavam ser atualizadas, e outras tiveram de ser substituídas por melhores práticas mais recentes.

9.6 MELHORES PRÁTICAS *VERSUS* PRÁTICAS COMPROVADAS

Por mais de uma década, as empresas tornaram-se fascinadas pela expressão "melhores práticas". Mas agora, após uma década ou mais de uso, estamos começando a examinar o termo mais a fundo, e talvez existam expressões melhores.

Uma "melhor prática" começa com a ideia de que há uma técnica, processo, método ou atividade que pode ser mais eficaz para produzir um resultado do que qualquer outra abordagem, e nos fornece o resultado desejado com menos problemas e complicações imprevistas. Como resultado, acabamos por ficar com as formas mais eficientes e eficazes de realizar uma tarefa, com base em um processo repetitivo que foi comprovado ao longo do tempo para um grande número de pessoas e/ou projetos.

Uma vez que essa ideia provou-se eficaz, normalmente integramos a "melhor prática" em nossos processos para que se torne uma forma padrão de fazer negócios. Portanto, após a aceitação e utilização comprovada da ideia, a melhor expressão, possivelmente, deve ser "prática comprovada" em vez de "melhor prática".

Este é apenas um argumento pelo qual "melhores práticas" pode ser apenas uma expressão da moda e deve ser substituída por "prática comprovada".

Outro argumento é que a identificação de uma "melhor prática" pode levar alguns a acreditar que estavam realizando algumas atividades incorretamente no passado, o que pode não ter sido o caso. Essa pode ser simplesmente uma forma mais eficiente e eficaz de realizar uma entrega. Outro problema é que algumas pessoas acreditam que o uso de "melhores práticas" implica que há uma e apenas uma maneira de realizar uma tarefa. Isto também pode ser uma interpretação errônea.

Talvez, no futuro, a expressão "melhores práticas" seja substituída por "práticas comprovadas". No entanto, no restante deste texto, vamos nos referir à expressão como "melhores práticas", mas o leitor deve entender que outros termos podem ser mais apropriados.

9.7 DICAS DE ESTUDO PARA O EXAME DE CERTIFICAÇÃO EM GERENCIAMENTO DE PROJETOS PMI®

Esta seção aplica-se à revisão dos princípios de apoio às áreas de conhecimento e grupos de processos do Guia PMBOK®. Este capítulo aborda:

- Gerenciamento das Comunicações
- Iniciação
- Planejamento
- Execução
- Monitoramento
- Encerramento

A compreensão dos princípios a seguir será benéfica se o leitor estiver utilizando este livro como estudo para o Exame de Certificação PMP®:

- A importância de capturar e relatar as melhores práticas, como parte de todos os processos de gerenciamento de projetos
- As variáveis para o sucesso

As seguintes questões de múltipla escolha ajudarão na revisão dos conceitos deste capítulo:

1. As lições aprendidas e as melhores práticas são coletadas:
   a. Somente no final do projeto
   b. Somente após a execução estar concluída
   c. Somente quando houver orientação do patrocinador do projeto para realizar a coleta
   d. Em todos os momentos, mas principalmente no encerramento de cada fase do ciclo de vida
2. A pessoa responsável pela identificação de uma melhor prática é o(a):
   a. Gerente do Projeto
   b. Patrocinador do projeto
   c. Membro da equipe
   d. Todas as anteriores
3. A principal vantagem de coletar as lições aprendidas é:
   a. Satisfazer o cliente
   b. Satisfazer o patrocinador
   c. Beneficiar toda a empresa de forma contínua
   d. Seguir os requisitos do PMBOK® para relatórios

RESPOSTAS

1. D 2. D 3. C

EXERCÍCIOS

9-1 O que é uma relação de trabalho eficaz entre os gerentes de projetos?

9-2 Todos na organização devem entender "as regras do jogo" para que o gerenciamento de projetos seja eficaz?

9-3 Defenda a afirmação de que o primeiro passo para fazer o gerenciamento de projetos funcionar deve ser uma definição completa dos limites por meio dos quais o gerente de projetos deve interagir.

ESTUDO DE CASO

RADIANCE INTERNATIONAL[1]

Plano de Fundo

A Radiance International (RI) passou mais de meia década tornando-se líder mundial na gestão de poluição, perigo, e projetos de proteção ambiental para seus clientes no mundo todo. Manteve dez escritórios pelo mundo, com cerca de 150 pessoas em cada escritório. Seus projetos variavam de algumas centenas de milhares de dólares até alguns milhões de dólares, e duravam de seis meses a dois anos.

Quando a recessão nos gastos corporativos começou em 2008, a RI viu seu crescimento se estagnar. Os gerentes de linha, que anteriormente usavam a maior parte do tempo fazendo interface com várias equipes de projeto, estavam agora gastando seu tempo escrevendo relatórios e memorandos para tentar justificar sua posição, no caso de uma redução de pessoal. As equipes de projeto foram convidadas a gerar informações adicionais que os gerentes de linha precisavam para justificar sua existência. Isso teve um preço sobre as equipes de projeto, e obrigou os membros da equipe a fazer "trabalho pesado", que por vezes não era relacionado às suas responsabilidades no projeto.

Plano de Reorganização

A administração decidiu reorganizar a empresa, principalmente por causa do nível de maturidade de gerenciamento de projetos. Ao longo dos anos, o gerenciamento de projetos amadureceu ao ponto em que a gerência sênior confiava explicitamente nos gerentes de projeto para tomar decisões tanto baseadas em projetos como baseadas em negócios sem orientação contínua da alta administração ou da gerência de linha. O papel da gerência de linha era simplesmente alocar pessoas e, em seguida, "sair do caminho". Alguns gerentes de linha permaneceram envolvidos em alguns dos projetos, mas, na verdade, mais prejudicaram do que ajudaram com a sua interferência. O patrocínio executivo também era muito fraco, porque se confiava nos gerentes de projeto para tomar as decisões corretas.

Foi tomada a decisão de eliminar toda a gerência de linha e partir para o conceito de gerenciamento de *pool*. Um dos gerentes de linha foi designado como gerente de *pool* e ficou administrativamente responsável pelos 150 funcionários que estavam agora atribuídos ao *pool*. Alguns dos antigos gerentes de linha foram dispensados, enquanto outros tornaram-se gerentes de projeto ou especialistas dentro do *pool*. Os gerentes de linha que ficaram na empresa não foram convidados a aceitar cortes na remuneração.

No centro do *pool* estavam os gerentes de projeto. Sempre que um novo projeto vinha para a empresa, a gerência sênior e o gerente do *pool* decidiam qual gerente de projeto seria alocado para encabeçar o novo projeto. O gerente de projeto teria então autoridade para falar com qualquer pessoa no *pool* que tivesse o conhecimento necessário para o projeto. Se a pessoa afirmasse que estava disponível para trabalhar no projeto, o gerente de projetos daria a essa pessoa um número de cobrança autorizando orçamentos e cronogramas para seus pacotes de trabalho. Se a pessoa excedesse o orçamento ou alongasse o cronograma desnecessariamente, os gerentes de projeto não pediriam a essa pessoa para trabalhar novamente em seu projeto. Os funcionários do *pool* que ficassem sem número de cobrança ou não estivessem sendo utilizados pelos gerentes de projeto eram, então, desligados da empresa. Os gerentes de projeto deveriam preencher um formulário de avaliação de desempenho de cada trabalhador no final do projeto, e enviá-lo ao gerente do *pool*. Este tomaria a decisão final sobre a administração de salário e remuneração, mas dependia fortemente das informações fornecidas pelos gerentes de projeto.

A cultura promovia trabalho em equipe eficaz, comunicação, cooperação e confiança. Sempre que um problema ocorria em um projeto, o gerente de projeto se levantava no meio do *pool* e expunha sua crise, e 150 pessoas corriam em seu auxílio perguntando o que poderiam fazer para ajudar. A organização se orgulhava de ter soluções e pensamento em grupo eficazes para projetos complexos. O sistema funcionou tão bem que o patrocínio foi virtualmente eliminado. Uma vez por semana ou até mais, um patrocinador entrava no escritório de um gerente de projeto e perguntava: "Existem problemas que eu precise saber?" Se o gerente de projeto respondesse "Não", então o patrocinador diria: "Volto a falar com você em uma semana ou duas" e, em seguida, saía.

Dois Anos Depois

Após dois anos, o conceito de gerenciamento de *pool* estava funcionando melhor do que o esperado. Os projetos estavam caminhando à frente do cronograma e abaixo do orçamento. O trabalho em equipe era abundante em toda a organização e o moral estava em alta constante em todas os escritórios da RI. Todos abraçaram a nova cultura e ninguém foi desligado da empresa após o primeiro ano da reorganização. O negócio estava crescendo apesar de a economia estar fraca. Não havia dúvida de que a abordagem da RI para a gerenciamento de *pool* tinha funcionado, e funcionado bem!

Em meados do terceiro ano, a história de sucesso da RI apareceu em revistas de negócios ao redor do mundo. Ao passo que toda a notoriedade foi favorável e trouxe mais negócios, a RI tornou-se cobiçada por parte de grandes empresas de construção, que viram sua aquisição como uma oportunidade. Ao final do terceiro ano, a RI foi adquirida por uma grande empresa de construção. Essa empresa acreditava em uma forte gestão de linha com extensão de controle de cerca de dez empregados por supervisor. O conceito de gerenciamento de *pool* da RI foi eliminado, várias posições de gerência de linha foram criadas em cada localidade da RI, e preenchidas com funcionários da empresa de construção. Dentro de um ano, vários funcionários deixaram a empresa.

PERGUNTAS

1. É uma boa ideia remover todas as posições do gerenciamento de linha?
2. Se o gerenciamento de *pool* não funcionar, as posições de gerenciamento de linha podem então ser reinstaladas?
3. Quão importante é a cultura corporativa para o conceito de gerenciamento de *pool*?
4. Há patrocinadores de projeto na RI?

10

COMO TRABALHAR COM EXECUTIVOS

Estudos de Caso Relacionados (de Kerzner/*Project Management Case Studies*, 4. ed.)	Livro de Exercícios Relacionado (de Kerzner/*Project Management Workbook and PMP®/CAPM® Exam Study Guide*, 11. ed.)	Guia PMBOK® – 5. ed., Seção de Referência para o Exame de Certificação PMP®
• Greyson Corporation • The Blue Spider Corporation • Corwin Corporation* • The Prioritization of Projects* • The Irresponsable Sponsars* • Selling Executives on Project Management*	• Multiple Choico Exam	• Gerenciamento da Integração • Gerenciamento do Escopo • Gerenciamento dos Recursos Humanos

* *Estudo de caso também aparece no final do capítulo.*

10.0 INTRODUÇÃO

Guia PMBOK®, 5. ed.
Capítulo 4 Gerenciamento da Integração Capítulo 9 Capítulo sobre o Gerenciamento dos Recursos Humanos

Em qualquer ambiente de gerenciamento de projetos, os gerentes de projetos devem se relacionar constantemente com os executivos, tanto durante o estágio de planejamento quanto de execução. A menos que o gerente do projeto compreenda o papel e a forma de pensar do executivo, uma relação de trabalho ruim se desenvolverá. A fim de compreender o relacionamento do executivo com o projeto, dois tópicos são discutidos:

- O patrocinador do projeto
- Os representantes internos

10.1 O PATROCINADOR DO PROJETO

Guia PMBOK®, 5. ed.
2.2.1 Patrocinadores do Projeto

Durante mais de duas décadas, o papel tradicional da alta administração, em se tratando dos projetos, era funcionar como patrocinadora. O patrocinador do projeto vem geralmente dos níveis executivos e tem a principal responsabilidade de manter o contato executivo-cliente. O patrocinador garante que a informação correta da organização fornecedora esteja chegando aos executivos na organização do cliente, que não haja uma filtragem das informações do fornecedor para o cliente e que alguém em nível executivo esteja se certificando de que o dinheiro do cliente está sendo gasto com sabedoria. O patrocinador do projeto, normalmente transmite informações sobre custos e resultados para o cliente, enquanto dados sobre o andamento do cronograma e do desempenho partem do gerente do projeto.

Além do contato do executivo com o cliente, o patrocinador também fornece orientações sobre:

- Estabelecimento de objetivos
- Estabelecimento de prioridades
- Estrutura organizacional do projeto
- Políticas e procedimentos do projeto
- Planejamento principal do projeto
- Planejamento prévio

- Seleção dos principais profissionais
- Monitoramento da execução
- Resolução de conflitos

O papel do patrocinador do projeto possui dimensões diferentes com base em qual fase do ciclo de vida o projeto está. Durante a fase de planejamento/iniciação de um projeto, o patrocinador normalmente desempenha um papel ativo, que inclui atividades como:

- Assistência ao gerente do projeto no estabelecimento de objetivos corretos para o projeto
- Fornecimento de informações ao gerente de projetos sobre os fatores ambientais e políticos que poderiam influenciar a execução do projeto
- Estabelecimento da prioridade para o projeto (individualmente ou por meio de consulta a outros executivos) e informar ao gerente do projeto sobre a prioridade estabelecida e sobre o **motivo** dessa prioridade
- Fornecimento de orientação para o estabelecimento de políticas e procedimentos por meio dos quais governar o projeto
- Atuação como ponto de contato executivo-cliente

Durante a fase de iniciação ou de *kickoff* de um projeto, o patrocinador do projeto deve estar ativamente envolvido no estabelecimento de objetivos e prioridades. É absolutamente imperativo que os executivos estabeleçam as prioridades, tanto em termos técnicos quanto de negócios.

Ao longo da fase de execução do projeto, o papel do patrocinador executivo é mais passivo do que ativo. Ele fornecerá assistência ao gerente de projetos conforme a necessidade, exceto para reuniões de rotina sobre o andamento.

Durante a fase de execução de um projeto, o patrocinador deve ser **seletivo** quanto aos problemas que pretende ajudar a resolver. A tentativa de se envolver em todos os problemas não só irá resultar em um grave microgerenciamento, como vai minar a capacidade do gerente do projeto em conseguir que o trabalho seja feito.

O papel do patrocinador é semelhante ao de um árbitro. A Tabela 10-1 mostra a relação de trabalho entre o gerente de projetos e os gerentes de linha em organizações maduras e imaturas. Quando os conflitos ou problemas existentes na interface entre o projeto e a área funcional não podem ser resolvidos nesse nível, o patrocinador

TABELA 10-1 A interface entre o projeto e a área funcional

Organização Imatura	Organização Madura
• O gerente de projetos tem poder e autoridade sobre os gerentes de linha. • O gerente de projetos negocia pelas melhores pessoas. • O gerente de projetos trabalha diretamente com os colaboradores funcionais. • O gerente de projetos não participa das avaliações de desempenho dos colaboradores. • A liderança é centrada no gerente de projetos.	• O gerente de projetos e os gerentes de linha compartilham autoridade e poder. • O gerente de projetos negocia o comprometimento do gerente de linha. • O gerente de projetos trabalha por intermédio dos gerentes de linha. • O gerente de projetos faz recomendações aos gerentes de linha. • A liderança é centrada na equipe.

TABELA 10-2 A interface do executivo

Organização Imatura	Organização Madura
• O executivo está ativamente envolvido em projetos. • O executivo atua como o campeão do projeto. • O executivo questiona as decisões do gerente de projetos. • A mudança de prioridades ocorre frequentemente. • O executivo vê o gerenciamento de projetos como um mal necessário. • Há muito pouco apoio ao gerenciamento de projetos. • O executivo desestimula o encaminhamento de problemas para o alto escalão. • O executivo não está comprometido com o patrocínio de projetos. • O apoio executivo existe apenas durante o início do projeto. • O executivo incentiva para que decisões do projeto sejam tomadas. • Não existem procedimentos para a atribuição de patrocinadores de projetos. • O executivo busca a perfeição. • O executivo desestimula a utilização do termo de abertura do projeto. • O executivo não está envolvido na elaboração do termo de abertura. • O executivo não compreende o que compõe o termo de abertura. • O executivo não acredita que a equipe do projeto esteja desempenhando.	• O envolvimento do executivo é passivo. • O executivo atua como patrocinador do projeto. • O executivo confia nas decisões do gerente de projetos. • A mudança de prioridades é evitada. • O executivo vê o gerenciamento de projetos como benéfico. • Há apoio visível e contínuo. • O executivo assume a responsabilidade de elaboração do termo de abertura. • O executivo compreende o conteúdo de um termo de abertura. • O executivo confia que o desempenho esteja acontecendo. • O executivo incentiva o encaminhamento de problemas para o alto escalão. • O executivo está comprometido com o patrocínio (e com a propriedade). • O apoio executivo existe de forma contínua. • O executivo incentiva para que decisões de negócio sejam tomadas. • Os procedimentos para a designação de patrocinadores são visíveis. • O executivo busca o que é possível. • O executivo reconhece a importância do termo de abertura do projeto.

pode achar necessário intervir e fornecer assistência. A Tabela 10-2 mostra as formas maduras e imaturas que um patrocinador utiliza para se relacionar com o projeto.

Deve ficar claro que o patrocinador existe para todos no projeto, incluindo os gerentes de linha e seus colaboradores. Os patrocinadores de projetos devem manter políticas de portas abertas, embora manter uma política de portas abertas possa ter efeitos prejudiciais. Em primeiro lugar, os empregados podem inundar o patrocinador com itens triviais. Em segundo lugar, os empregados podem achar que podem ignorar os níveis de gestão e conversar diretamente com o patrocinador. A moral aqui é que os trabalhadores, incluindo o gerente do projeto, devem ser incentivados a ter cuidado em relação a quantas vezes e em quais circunstâncias eles podem "ir até a fonte".

Além de seu trabalho normal e funcional, o patrocinador deve estar disponível para fornecer a assistência para os projetos, conforme a necessidade. O patrocínio pode se tornar um esforço demorado, principalmente se ocorrerem problemas. Portanto, os executivos são limitados a quantos projetos podem patrocinar efetivamente, ao mesmo tempo.

Se um executivo tem de atuar como patrocinador de várias questões de uma só vez, podem ocorrer problemas, tais como:

- Tomada de decisões lenta, resultando em atrasos na resolução de problemas
- Questões sobre políticas que permanecem não resolvidas e que impactam nas decisões
- Incapacidade de priorizar os projetos, quando for necessário

Conforme uma organização amadurece em gerenciamento de projetos, os executivos começam a confiar nas gerências de nível médio e inferior para atuar como patrocinadores. Há vários motivos que embasam isso:

- Os executivos não possuem tempo para atuar como patrocinadores em cada um dos projetos
- Nem todos os projetos requerem patrocínio dos níveis executivos
- A média gerência está mais perto de onde o trabalho está sendo realizado
- A média gerência está em melhor posição para dar conselhos sobre determinados riscos
- O pessoal do projeto tem acesso mais fácil à média gerência

Às vezes, executivos de corporações grandes e diversificadas são extremamente ocupados com atividades de planejamento estratégico e simplesmente não têm tempo para poder atuar corretamente como patrocinadores. Em tais casos, a responsabilidade cai um nível abaixo da alta gerência.

A Figura 10-1 mostra as principais funções de um patrocinador de projetos. No início de um projeto, um comitê sênior se reúne para decidir se um determinado projeto deve ser considerado prioritário ou não. Se o projeto for crítico ou estratégico, então o comitê poderá designar um gerente sênior como o patrocinador, talvez até mesmo um membro do comitê. É prática comum que os executivos dos comitês diretores atuem como patrocinadores para os projetos que o comitê diretor supervisiona.

Para projetos de rotina, de manutenção ou projetos não críticos, um patrocinador pode ser designado por meio dos níveis médios de gestão. Uma organização que fortemente prefere ter a média gerência designada para o patrocínio cita o benefício de gerar uma atmosfera de aprovação nos níveis médios críticos. Nem todos os projetos precisam de um patrocinador. O patrocínio é geralmente necessário para aqueles projetos que requerem uma grande quantidade de recursos, ou de integração entre as linhas funcionais, ou que possuam potencial de conflitos prejudiciais, ou a necessidade de comunicação intensa com o cliente. Esse último item

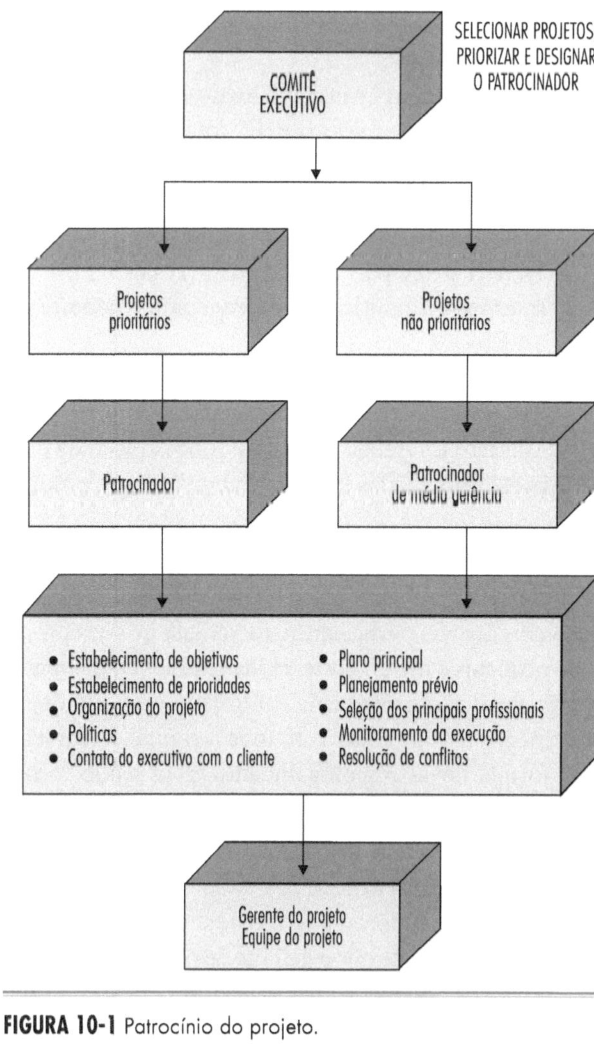

FIGURA 10-1 Patrocínio do projeto.

requer mais comentários. Muitas vezes os clientes desejam se certificar de que o gerente de projetos do fornecedor esteja gastando os recursos financeiros de forma prudente. Os clientes, por sua vez, gostam quando um patrocinador executivo supervisiona a alocação de recursos financeiros do gerente de projetos.

É prática comum que as empresas que se envolvem intensamente em concorrências de licitações identifiquem em suas propostas não apenas o currículo do gerente do projeto, mas também o currículo do patrocinador executivo do projeto. Isso pode dar ao licitante uma vantagem competitiva se todos os outros itens forem iguais, pois os clientes acreditam que possuem um caminho direto de comunicação com a administração executiva. Um fornecedor identificou as funções do patrocinador executivo do projeto do seguinte modo:

- Grande participação no esforço de vendas e nas negociações de contrato
- Estabelece e mantém relações de alto nível com clientes
- Auxilia o gerente do projeto em manter o projeto em andamento (planejamento, procedimentos, seleção de pessoal etc.)
- Mantém conhecimento atualizado sobre as principais atividades do projeto (recebe cópias das principais correspondências e relatórios, comparece a reuniões importantes com o cliente e reuniões de avaliação do projeto, visita o projeto regularmente etc.)
- Trata as principais questões contratuais
- Interpreta a política da empresa para o gerente do projeto
- Auxilia o gerente do projeto na identificação e resolução dos principais problemas
- Mantém a gerência geral e a administração da empresa informadas sobre os principais problemas

Historicamente, o papel do patrocinador foi quase que exclusivamente fazer interface apenas com o gerente de projetos. Isso foi particularmente verdadeiro para projetos de pequeno e médio porte. Hoje, estamos trabalhando em projetos que são altamente complexos, exigindo que o patrocinador faça interface com toda a equipe do projeto. Dessa forma, novas responsabilidades estão sendo incorporadas ao papel do patrocinador. Algumas delas são:

- Manter contato próximo com toda a equipe ao longo do projeto
- Preparar e endossar o termo de abertura do projeto
- Certificar-se de que o gerente de projetos tem a autoridade adequada para as decisões que devem ser tomadas ao longo do projeto
- Certificar-se de que o projeto tem a prioridade adequada
- Explicar as razões da prioridade para a equipe do projeto
- Estabelecer e reforçar os objetivos de negócio do projeto, bem como os objetivos técnicos
- Certificar-se de que todos os prazos são realistas
- Reafirmar a importância do cumprimento dos prazos
- Explicar os fatores ambientais da empresa e os fatores políticos que podem influenciar o projeto
- Auxiliar na concepção da estrutura organizacional para o projeto
- Desenvolver um plano de emergência de *backup* dos recursos do projeto
- Fornecer orientação para o desenvolvimento de políticas e procedimentos específicos para o projeto
- Atuar como ponto focal do status do projeto para os outros executivos
- Delinear as expectativas que eles têm em relação ao gerente de projetos e à equipe
- Delinear as habilidades que eles esperam que os gerentes de projetos tenham ou desenvolvam como parte da aprendizagem contínua
- Explicar como informações proprietárias devem ser tratadas
- Estabelecer uma política estruturada para mudanças de escopo
- Fornecer tutoria para gerentes de projetos inexperientes
- Dar *feedback* construtivo ao invés de críticas pessoais
- Atuar como elo de comunicação com a mídia
- Incentivar que boas e más notícias sejam expostas, mas sem reagir exageradamente às más notícias
- Reconhecer os sinais que denunciam que há pressão excessiva sobre a equipe do projeto
- Compreender o custo da burocracia
- Praticar gerenciamento *walk-the-halls*[NT1]
- Aplacar clientes nervosos
- Estabelecer um sistema de reconhecimento ou recompensa, mesmo que seja um sistema de recompensa não monetário

[NT1] A expressão "walk-the-halls" que pode ser traduzida como "caminhando pelos corredores", remete-se a abordagem conhecida como MBWA ("*Management by Walking Around*"), que sugere basicamente que os gestores devem "passear" pelas áreas de produção da empresa para conhecer a realidade do seu negócio, ouvindo sugestões, reclamações e oferecendo soluções. Esta interação permite ter uma maior percepção do clima organizacional e aferir sobre a "saúde" da organização.

- Manter uma política de portas abertas para toda a equipe do projeto, e não apenas para o gerente de projetos

Considere um projeto que é dividido em duas fases do ciclo de vida: planejamento e execução. Para projetos de curta duração, digamos dois anos ou menos, é aconselhável que o patrocinador seja o mesmo indivíduo para o projeto inteiro. Para projetos de longo prazo, de cinco anos ou mais, é possível ter um patrocinador diferente para cada fase do ciclo de vida, mas, de preferência, com o mesmo nível de gestão. O patrocinador não precisa ser da mesma organização de linha em que a maioria do trabalho ocorrerá. Algumas empresas chegaram ao ponto de exigir que o patrocinador fosse de uma organização de linha que não possuísse interesse permanente no projeto.

O patrocinador do projeto é, na verdade, um "irmão mais velho" ou conselheiro do gerente do projeto. Em hipótese alguma ele deve tentar atuar como o gerente do projeto. Ele deverá ajudar o gerente a resolver aqueles problemas que não pode resolver sozinho.

Em uma organização governamental, o gerente de projetos queria abrir uma nova vaga em seu projeto e já tinha uma mulher identificada para preencher a posição. Infelizmente, o tamanho do escritório de projetos do governo era limitado por um documento de alocação da unidade que ditava o número de vagas disponíveis.

O gerente de projetos obteve o apoio de um patrocinador executivo que, trabalhando com o departamento de recursos humanos, criou um novo cargo dentro de 30 dias. Sem o patrocínio executivo, o sistema burocrático de criar uma nova posição teria levado meses. Até lá, o projeto teria terminado.

Em um segundo estudo de caso, o presidente de uma fabricante de médio porte, subsidiária de uma grande corporação, queria atuar como patrocinador de um projeto especial. O gerente do projeto decidiu fazer pleno uso desse patrocinador de alto nível, designando-lhe certas funções críticas. Como parte do cronograma do projeto, quatro meses foram alocados para obter a aprovação corporativa de verbas para aquisições. O gerente de projetos "designou" o patrocinador do projeto para essa tarefa, que aceitou com relutância ir para a sede da empresa. Ele voltou dois dias depois, com autorização para as aquisições. A empresa, de fato, reduziu o tempo de conclusão do projeto em quatro meses, graças ao patrocinador do projeto.

A Figura 10-2 representa uma situação em que havia dois patrocinadores para um projeto. A Empresa Alpha recebeu um projeto de 25 milhões como fornecedor principal da Força Aérea e terceirizou $ 2 milhões para a Empresa Beta. O gerente de projetos da Empresa Alpha ganhava $ 175.000 por ano e se recusava a se comunicar diretamente com o gerente de projetos da Empresa Beta porque seu salário era de apenas $ 90.000 por ano. Afinal, como disse um executivo, "Os elefantes não se comunicam com os ratos". O gerente de projetos da empresa Alpha, em vez disso, procurou alguém em sua própria categoria salarial na empresa Beta para atuar como patrocinador do projeto, e a carga caiu sobre o diretor de engenharia.

O gerente de projetos da empresa Alpha se reportava a um coronel da Força Aérea. O coronel considerava o seu

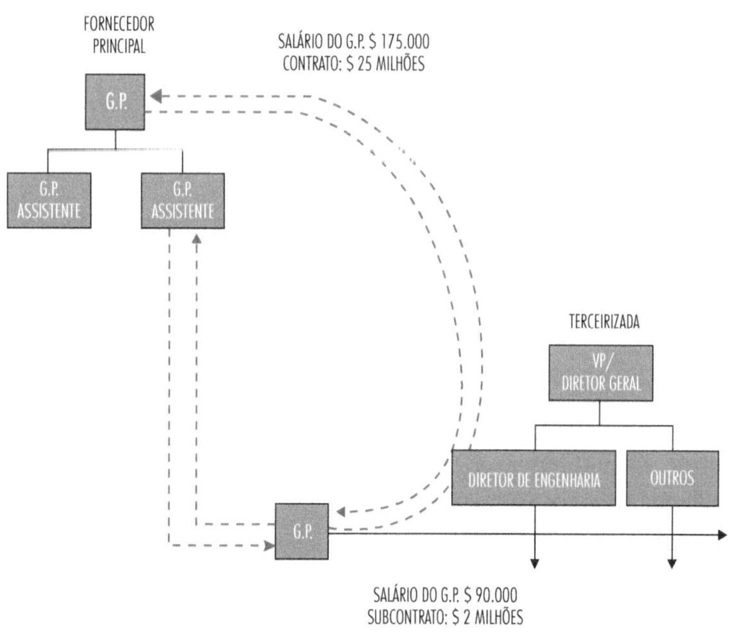

FIGURA 10-2 Vários patrocinadores de projeto.

homólogo na empresa Beta o vice-presidente e gerente geral. Aqui, o poder e o cargo eram mais importantes que o diferencial de $ 100.000 em seus salários. Assim, havia um patrocinador do projeto para o fornecedor principal e um segundo patrocinador do projeto para o cliente.

Em algumas indústrias, como a de construção, o patrocinador do projeto é identificado na proposta e, assim, todo mundo sabe quem ele é. Infelizmente, há situações em que o patrocinador do projeto é "oculto" e o gerente do projeto pode não perceber quem ele é, ou não saber se o cliente percebe quem ele é. Esse conceito de patrocínio invisível ocorre com mais frequência no nível executivo e é chamado de patrocínio ausente.

Há várias maneiras pelas quais o patrocínio invisível pode ocorrer. A primeira é quando o gerente apontado como patrocinador se recusa a agir como um patrocinador por medo de que decisões ruins ou de que um projeto malsucedido possam ter um impacto negativo em sua carreira. A segunda maneira resulta de quando um executivo realmente não compreende o patrocínio ou o gerenciamento de projetos e apenas exerce a função de patrocínio da boca para fora. A terceira maneira envolve o executivo que já está sobrecarregado e simplesmente não tem tempo para atuar de forma significativa como patrocinador. A quarta forma ocorre quando o gerente do projeto se recusa a manter o patrocinador informado e envolvido. O patrocinador pode crer que tudo está fluindo sem problemas e que ele não é necessário.

Algumas pessoas afirmam que a melhor maneira para o gerente de projetos trabalhar com um patrocinador invisível é o gerente de projetos tomar uma decisão e, em seguida, enviar um memorando para o patrocinador dizendo: "Esta é a decisão que eu tomei e, a não ser que você entre em contato nas próximas 48 horas, vou presumir que você concorda com ela".

O extremo oposto é o patrocinador que faz microgerenciamento. Uma maneira para o gerente de projetos lidar com essa situação é inundar o patrocinador de trabalho na esperança de que ele irá se distrair. Infelizmente, isso pode acabar reforçando a crença do patrocinador de que o que ele está fazendo é correto.

A melhor alternativa para lidar com um patrocinador que faz microgerenciamento é solicitar o esclarecimento de papéis. O gerente de projetos deve tentar trabalhar com o patrocinador para definir de forma mais clara os papéis do gerente do projeto e do patrocinador do projeto.

O patrocinador invisível e o patrocinador autoritário não são tão prejudiciais como o patrocinador "não sei dizer 'não'". Em uma empresa, o patrocinador executivo conduziu as comunicações entre o nível executivo e o cliente no campo de golfe, jogando com o patrocinador do cliente. Depois de cada jogo de golfe, o patrocinador executivo retornava com as solicitações do cliente, que eram na realidade mudanças no escopo e que eram consideradas como alterações sem custos para o cliente. Quando um patrocinador constantemente diz "sim" para o cliente, todos na organização fornecedora eventualmente são impactados.

Às vezes, a existência de um patrocinador pode fazer mais mal do que bem, principalmente se o patrocinador focar em objetivos errados em torno dos quais tomar as decisões. Duas observações a seguir foram feitas por dois gerentes de projetos de uma fabricante de aparelhos:

- Os projetos, aqui, enfatizam medidas de tempo: prazos! Devemos ressaltar marcos alcançados e qualidade. Nós dizemos: "Vamos conseguir um sistema para você dentro de um prazo". Deveríamos estar dizendo: "Vamos conseguir um bom sistema para você".
- A alta administração pode não permitir que o verdadeiro gerenciamento do projeto ocorra. Muitos executivos são "orientados a datas" em vez de "orientados a requisitos". Os marcos iniciais deveriam ser apenas para o planejamento geral. Marcos específicos devem ser definidos utilizando o conceito completo de gerenciamento de projetos (ou seja, recursos disponíveis, separação dos requisitos básicos e das melhorias, restrições técnicas e de equipamentos, atividades não planejadas, contingências etc.).

Essas observações mostram a necessidade de ter um patrocinador que compreenda o gerenciamento de projetos, mais do que apenas auxilie na tomada de decisões. As metas e os objetivos do patrocinador devem estar alinhados com as metas e os objetivos do projeto, e eles devem ser realistas. Se o patrocínio deve existir nos níveis de execução, o patrocinador deve ser visível e constantemente informado sobre o andamento do projeto.

Patrocínio por Comitê

Durante anos as empresas designaram um único indivíduo como o patrocinador para um projeto. O risco era que o patrocinador mostrasse favoritismo pelo seu grupo de linha e ocorressem que tomadas de decisões abaixo do ideal. Recentemente, as empresas começaram a buscar patrocínio por meio de comitês para corrigir isso.

O patrocínio por comitê é comum nas organizações comprometidas com a engenharia simultânea e com o encurtamento do tempo de desenvolvimento de produtos. Os comitês são compostos de médios gerentes de marketing, P&D e operações. A ideia é a de que o comitê será capaz de tomar decisões no melhor interesse da empresa mais facilmente do que um único indivíduo.

O patrocínio por comitê também tem suas limitações. Nos níveis executivos, é quase impossível encontrar tempo para que os gerentes seniores possam se reunir. Para uma empresa com um grande número de projetos, o patrocínio por comitê pode não ser uma abordagem viável.

No momento de crise, gerentes de projetos podem precisar de acesso imediato aos seus patrocinadores. Se o patrocinador for um comitê, então como é que o gerente do projeto consegue reunir rapidamente o comitê? Além disso, os patrocinadores individuais do projeto podem ser mais dedicados do que os comitês. O patrocínio por comitê tem mostrado funcionar bem, se um, e apenas um, membro do comitê agir como o patrocinador principal para um determinado projeto.

Quando Buscar Ajuda

Durante o relatório de andamento, um gerente de projetos pode levantar a bandeira vermelha, amarela ou verde. Isso é conhecido como o sistema "semáforo" de relatório, graças, em parte, às impressoras coloridas. Para cada elemento do relatório de andamento, o gerente do projeto acenderá uma das três luzes, de acordo com os seguintes critérios:

- **Luz verde:** o trabalho está progredindo conforme planejado. A participação do patrocinador não é necessária.
- **Luz amarela:** um possível problema pode existir. O patrocinador é informado, mas nenhuma ação do patrocinador é necessária neste momento.
- **Luz vermelha:** um problema existente que pode impactar tempo, custos, escopo ou qualidade. A participação do patrocinador é necessária.

As bandeiras amarelas são advertências que devem ser resolvidas nos níveis médios ou inferiores de gestão.

Se o gerente do projeto levanta uma bandeira vermelha, então, o patrocinador provavelmente desejará ser ativamente envolvido. Problemas de bandeira vermelha podem impactar tempo, custos, desempenho ou restrições do projeto e uma decisão imediata deve ser tomada. A principal função do patrocinador é oferecer assistência para tomar a melhor decisão possível em tempo hábil.

Os patrocinadores de projetos e os gerentes de projetos não devem incentivar os funcionários a trazer-lhes problemas, a menos que também tragam alternativas e recomendações. Geralmente, os trabalhadores vão resolver a maioria dos seus próprios problemas, uma vez que preparam alternativas e recomendações.

As boas culturas corporativas incentivam as pessoas a trazer os problemas à tona rapidamente para resolução. Quanto mais rápido o possível problema for identificado, mais oportunidades estarão disponíveis para a resolução.

Um problema atual que assola os executivos é a definição de quem determina a cor da luz. Considere o seguinte problema: um gerente de departamento tinha planejado executar mil horas de trabalho em um determinado período de tempo, mas concluiu apenas 500 horas ao final do período. Segundo os cálculos do gerente de projetos, o projeto está atrasado, e ele preferiria ter o semáforo de cor amarela ou vermelha. O gerente de linha, no entanto, sente que ainda tem flexibilidade suficiente em seu cronograma e que seu esforço ainda será concluído dentro do prazo e dos custos, portanto, ele quer o semáforo de cor verde. A maioria dos executivos parece favorecer o gerente de linha que possui a responsabilidade pela entrega. Embora o gerente de projetos possua a palavra final sobre a cor do semáforo, ele se baseia geralmente na relação prévia de trabalho entre os dois e no nível de confiança.

Algumas empresas utilizam mais de três cores para indicar o andamento do projeto. Uma empresa também possui uma luz laranja para as atividades que ainda estão sendo realizadas após a data do marco.

O Novo Papel do Executivo

Conforme o gerenciamento de projetos amadurece, os executivos descentralizam o patrocínio do projeto para os níveis médios e baixos de gestão. A gerência sênior, portanto, assume novas funções, tais como:

- Criação de um centro de excelência em gerenciamento de projetos
- Criação de um escritório de projetos ou de um cargo centralizado de gerenciamento de projetos
- Criação de um plano de carreira em gerenciamento de projetos
- Criação de um programa de orientação para os gerentes de projetos recém-nomeados
- Criação de uma organização comprometida com o *benchmarking* das melhores práticas de gerenciamento de projetos em outras organizações
- Fornecimento de informações estratégicas para o gerenciamento dos riscos

Esse último ponto requer mais comentários. Por causa da pressão exercida sobre o gerente de projetos por compressão de cronograma, o gerenciamento dos riscos poderia muito bem tornar-se a habilidade única mais crítica para os gerentes de projetos. Os executivos acharão necessário prover o gerenciamento de projetos com inteligência de negócios estratégicos, ajudar na identificação dos riscos, e avaliar ou priorizar as opções de tratamento dos riscos.

Envolvimento Ativo *versus* Envolvimento Passivo

Uma das questões que a gerência sênior enfrenta na designação de um patrocinador de projetos é quanto ao patrocinador dever ou não possuir um interesse permanente no projeto ou ser um intruso imparcial. A Tabela 10-3 mostra os prós e contras disso. Patrocinadores que não possuem interesse permanente no projeto parecem funcionar mais como campeões de saída em vez de patrocinadores do projeto.

TABELA 10-3 Interesse adquirido ou não?

Interesse Adquirido	Imparcial
• Financiar o projeto que precisa de recursos financeiros • Manter o projeto vivo • Oferecer proteção máxima dos obstáculos • Proteger dos inimigos internos • Envolver-se ativamente • Envolver-se nas designações de pessoal	• Não fornecer financiamento e oferecer apoio limitado • Deixar o projeto morrer • Oferecer proteção limitada dos obstáculos • Evitar políticas ou inimigos • Verificar de forma mecânica • Envolver-se parcialmente nas designações

Como Gerenciar o Scope Creep[NT2]

Guia PMBOK®, 5. ed.
5.6 Controlar o *scope*

Membros de equipe tecnicamente orientados são motivados não apenas por atender às especificações, mas também por superá-las. Infelizmente, superar as especificações pode ser bastante oneroso. Os gerentes de projetos devem monitorar o *scope creep* e desenvolver planos para controlar as mudanças de escopo.

Mas e se for o gerente de projetos quem inicia o *scope creep*? O patrocinador do projeto deve reunir-se periodicamente com o gerente de projetos para revisar as mudanças na linha de base do escopo ou podem ocorrer mudanças não autorizadas e resultar em aumentos significativos de custos, como apresentado na Situação 10-1 a seguir:

SITUAÇÃO 10-1: PARQUE DE DIVERSÕES *PINE LAKE*

Após seis anos de debate, o Conselho de Administração do Parque de Diversões Pine Lake finalmente chegou a um acordo sobre o novo aquário do parque. Ele será construído com um custo estimado de $ 30 milhões e, entre a captação de recursos e empréstimos bancários, o financiamento se tornou possível.

Depois que os desenhos foram concluídos e aprovados, o projeto foi estimado em um esforço de construção de dois anos. Em virtude da complexidade do projeto, uma decisão foi tomada para trazer o gerente do projeto a bordo desde o início dos esforços de design, e mantê-lo até seis meses após o dia da abertura. O gerente de projetos designado era bem conhecido por sua ênfase aos detalhes e pelos seus fortes sentimentos pela beleza estética de um passeio ou espetáculo.

Os desenhos foram concluídos e realizou-se uma estimativa detalhada dos custos de construção. Quando a estimativa final de custos de $ 40 milhões foi anunciada, o conselho de administração foi confrontado com três alternativas: cancelar o projeto, buscar um financiamento adicional de $ 10 milhões, ou reduzir o escopo (isto é, reduzir as funcionalidades) do projeto. O financiamento adicional era inaceitável e os anos de publicidade do futuro aquário ficariam embaraçosos para o conselho, se o projeto fosse cancelado. A única alternativa razoável era reduzir o escopo do projeto.

Após dois meses de replanejamento intensivo, a equipe do projeto propôs um aquário de $ 32 milhões. O conselho de administração concordou com o novo design e a fase de construção do projeto começou. O gerente do projeto recebeu instruções específicas de que sobrecustos não seriam tolerados.

Ao final do primeiro ano, mais de $ 22 milhões haviam sido gastos. O gerente do projeto não apenas havia reinserido o escopo que tinha sido removido durante os esforços de redução do escopo, como também um *scope creep* adicional tinha aumentado o escopo ao ponto em que o custo final ultrapassaria $ 62 milhões. O novo cronograma indicava agora um esforço de três anos. Até que a administração realizasse as reuniões de avaliação com a equipe do projeto, as mudanças haviam sido feitas.

O Campeão Executivo

Os campeões executivos são necessários para aquelas atividades que exigem a implementação da mudança, como uma nova metodologia corporativa para o gerenciamento de projetos. Eles "dirigem" a implementação do gerenciamento de projetos para dentro da organização e aceleram a sua aceitação, pois o seu envolvimento implica o apoio e o interesse em nível executivo.

10.2 COMO LIDAR COM AS DISCORDÂNCIAS COM O PATROCINADOR

Durante anos, acreditávamos que o patrocinador possuía a palavra final sobre todas as decisões que afetavam o projeto. O patrocinador geralmente tinha um grande interesse permanente e era responsável pela obtenção de

[NT2] *Scope creep* (arrastamento, aumento ou alastramento de escopo, em tradução literal) se refere à adição de recursos e funcionalidades (escopo do projeto) sem consideração dos efeitos sobre tempo, custos ou recursos, ou sem a aprovação do cliente (Seção 3 – Glossário da versão em português do Guia PMBOK® – Quarta Edição).

financiamento para o projeto. Mas, e se o gerente do projeto acha que o patrocinador tomou a decisão errada? O gerente do projeto deveria ter um caminho para um recurso de ação em tal situação?

Há vários motivos pelos quais as divergências entre o gerente do projeto e o patrocinador ocorrerão. Primeiro, os patrocinadores de projetos podem não ter conhecimento técnico ou informações suficientes para avaliar os riscos de qualquer decisão em potencial. Em segundo lugar, os patrocinadores podem estar sobrecarregados com outras atividades e incapacitados de dedicar tempo suficiente para o patrocínio. Em terceiro lugar, algumas empresas preferem designar patrocinadores que não tenham nenhum interesse permanente no projeto, na esperança de obter tomadas de decisões imparciais. Finalmente, o patrocínio pode ser empurrado abaixo, a um nível médio de gestão, em que o patrocinador designado pode não ter todo o conhecimento necessário do negócio para tomar as melhores decisões.

Os gerentes de projetos devem desafiar continuamente as premissas do projeto. Isso pode levar a compensações. Também pode levar a discordâncias e conflitos entre o gerente do projeto e o seu patrocinador. Em tais casos, o conflito será levado ao comitê diretor para resolução. Os patrocinadores devem compreender que suas decisões como patrocinador podem e devem ser desafiadas pelo gerente do projeto.

Por reconhecer que esses conflitos podem existir, as empresas estão instituindo comitês diretores ou comitês do conselho executivo de políticas para resolver rapidamente essas disputas. Poucos conflitos chegam ao comitê diretor, mas aqueles que chegam são graves e podem expor a empresa a riscos indesejados.

Um conflito comum que pode acabar no nível do comitê diretor ocorre quando uma parte quer cancelar o projeto e a segunda parte quer continuar. Essa situação surgiu em uma empresa de telecomunicações, em que o gerente do projeto sentiu que o projeto deveria ser cancelado, mas o patrocinador queria que o projeto continuasse porque o cancelamento refletiria negativamente sobre ele. Infelizmente, o comitê diretor ficou ao lado do patrocinador e deixou que o projeto continuasse. A empresa desperdiçou recursos preciosos por vários meses antes de, finalmente, encerrar o projeto.

10.3 A CRENÇA COLETIVA

Alguns projetos, especialmente projetos de prazo muito longo, frequentemente exigem que haja uma crença coletiva. Essa crença coletiva é um desejo fervoroso e, talvez, cego, de realização que pode permear toda a equipe, o patrocinador do projeto e até os níveis mais altos de gestão. Ela pode fazer uma organização racional agir de maneira irracional. Isso é particularmente verdade se o patrocinador do projeto liderar a crença coletiva.

Quando existe uma crença coletiva, as pessoas são selecionadas com base em seu apoio à essa crença. Os descrentes são pressionados a apoiar a crença coletiva e os membros da equipe não são autorizados a contestar os resultados. Como a crença coletiva cresce, tanto os defensores quanto os descrentes são ignorados. A pressão da crença coletiva pode pesar mais que a realidade dos resultados.

Há várias características da crença coletiva, razão pela qual alguns projetos grandes, de alta tecnologia são muitas vezes difíceis de matar:

- Incapacidade ou recusa em reconhecer o fracasso
- Rejeição em ver os sinais de alerta
- Visão apenas do que você quer ver
- Medo de expor erros
- Percepção de notícias ruins como fracasso pessoal
- Percepção do fracasso como sinal de fraqueza
- Percepção do fracasso como dano para a carreira
- Percepção do fracasso como dano à reputação

10.4 O CAMPEÃO DE SAÍDA

Os patrocinadores de projetos e os campeões de projetos fazem todo o possível para tornar seus projetos bem-sucedidos. Mas, e se os campeões do projeto, bem como a equipe do projeto, possuem uma fé cega no sucesso do projeto? O que acontece se as convicções firmemente defendidas e a crença coletiva ignoram os sinais de alerta de perigo iminente? O que acontece se a crença coletiva suprime as dissidências?

Em tais casos, um campeão de saída deve ser designado. O campeão de saída, algumas vezes precisa ter algum envolvimento direto no projeto para ter credibilidade, mas o envolvimento direto nem sempre é uma necessidade. Os campeões de saída devem estar dispostos a colocar sua reputação em jogo e, eventualmente, enfrentar a probabilidade de serem expulsos da equipe do projeto. Segundo Isabelle Royer[1]:

> Às vezes, é necessário um indivíduo, em vez de evidências crescentes, para chacoalhar a crença coletiva de uma equipe de projeto. Se o problema com o entusiasmo desenfreado começa

1 ROYER, Isabelle. Why bad projects are so hard to kill. *Harvard Business Review*, p. 11, fev. 2003. Copyright 2003 por Harvard Business School Publishing Corporation. Todos os direitos reservados.

como uma consequência involuntária do trabalho legítimo de um campeão do projeto, então o que pode ser necessário é uma força compensatória – um campeão de saída. Essas pessoas são mais do que advogados do diabo. Em vez de simplesmente levantar questões sobre um projeto, elas procuram evidências objetivas que mostrem que os problemas existem de fato. Isso lhes permite contestar – ou, dada a ambiguidade dos dados existentes, até mesmo sendo concebível confirmar – a viabilidade de um projeto. Eles então agem com base nos dados.

Quanto maior o projeto e quanto maior o risco financeiro para a empresa, mais ao alto o campeão de saída deve estar. Se o campeão do projeto por acaso for o CEO[NT3], então alguém da diretoria ou até mesmo todo o conselho de administração deve assumir o papel do campeão de saída. Infelizmente, há situações em que a crença coletiva permeia todo o conselho de administração. Nesse caso, a crença coletiva pode forçar o conselho de administração a se esquivar de sua responsabilidade pela supervisão.

Os grandes projetos incorrem em sobrecustos e grandes atrasos no cronograma. Tomar a decisão de cancelar um projeto desses, uma vez iniciado, é muito difícil, de acordo com David Davis[2]:

> A dificuldade de abandonar um projeto depois de vários milhões de dólares terem sido comprometidos tende a impedir a revisão objetiva e o replanejamento de custos. Por essa razão, teoricamente, uma equipe de gestão independente – não envolvida no desenvolvimento do projeto – deve fazer o replanejamento dos custos e, se possível, a revisão inteira... Se os números não se sustentarem na revisão e no replanejamento dos custos, a empresa deve abandonar o projeto. O número de projetos ruins que chegam à fase operacional serve como prova de que os seus apoiadores, muitas vezes relutam em tal decisão...
>
> Os gerentes seniores precisam criar um ambiente que recompense a honestidade e a coragem e que propicie mais tomadas de decisões por parte dos gerentes de projetos. As empresas devem possuir uma atmosfera que incentive os projetos ao sucesso, mas os executivos devem permitir que eles fracassem.

Quanto maior o projeto, maior a necessidade dos campeões de saída e dos patrocinadores do projeto em se certificar de que o plano de negócio possui "rampas de saída", pelas quais o projeto possa ser cancelado antes que enormes recursos sejam empenhados e consumidos. Infelizmente, quando existe uma crença coletiva, as rampas de saída são propositadamente omitidas no projeto e nos planos de negócio. Outra razão para possuir campeões de saída é permitir que o processo de encerramento do projeto possa ocorrer o mais rapidamente possível. Conforme os projetos se aproximam de seu fim, frequentemente os membros da equipe ficam apreensivos sobre suas próximas designações e tentam esticar o projeto existente até que estejam prontos para sair. Nesse caso, o papel do campeão saída é acelerar o processo de encerramento, sem afetar a integridade do projeto.

Algumas organizações utilizam membros de um conselho de revisão de portfólio para atuar como campeões de saída. Os conselhos de revisão de portfólio dão a palavra final na escolha do projeto. Eles também dão a palavra final sobre se um projeto deve ou não ser cancelado. Geralmente, um membro do conselho atua como o campeão de saída e faz a apresentação final para o restante do conselho.

10.5 OS REPRESENTANTES INTERNOS

Em projetos de alto risco e alta prioridade ou durante períodos de desconfiança, os clientes podem desejar alocar representantes internos nas instalações do fornecedor. Esses representantes, se tratados corretamente, são como pessoal adicional do escritório do projeto que não são apoiados pelo seu orçamento. São recursos inestimáveis para a leitura de rascunhos de relatórios e para fazer recomendações sobre a forma como a empresa deles pode desejar ver o relatório organizado.

Os representantes internos normalmente não estão situados dentro ou perto do escritório de projetos do fornecedor, por causa da necessidade de algum grau de privacidade para o gerente do projeto. A exceção estaria na fase de design de um projeto de construção, em que é imperativo conceber o que o cliente quer e para obter decisões rápidas e aprovações.

A maioria dos representantes internos sabe onde a sua autoridade começa e termina. Algumas empresas exigem que eles tenham o acompanhamento do escritório de projetos quando forem visitar as instalações, conversar com

---

NT3 Sigla para *Chief Executive Officer*, equivalente a Diretor Executivo, em português.

2 DAVIS, David. New projects: beware of false economics. *Harvard Business Review*, p. 100-101, mar.-abr. 1985; Copyright 1985 pelo Presidente e Membros do Conselho Diretor da Faculdade de Harvard. Todos os direitos reservados.

os colaboradores funcionais, ou simplesmente observar os testes e fabricação de componentes.

É possível que um representante interno indisciplinado seja removido da empresa. Isso geralmente requer um forte apoio do patrocinador do projeto do fornecedor. O ponto importante aqui é que os executivos e patrocinadores de projetos devem manter contato adequado e controle sobre os representantes internos, talvez até mais do que o gerente do projeto.

10.6 GERENCIAMENTO DO RELACIONAMENTO COM AS PARTES INTERESSADAS[3]

À medida que os projetos tornam-se maiores e mais complexos, o papel do patrocinador é realizado por um comitê de governança, no qual o patrocinador do projeto é apenas um dos membros. A relação entre o patrocinador e as outras partes interessadas torna-se crítica.

As partes interessadas são, de um modo ou de outro, indivíduos, empresas ou organizações que podem ser afetadas pelo resultado do projeto ou pela maneira como projeto é gerenciado. Elas podem estar direta ou indiretamente envolvidas ao longo do projeto, ou podem funcionar simplesmente como observadores. As partes interessadas podem mudar de um papel passivo para tornarem-se membros ativos da equipe, e participar de decisões críticas. As partes interessadas ativas funcionam basicamente como patrocinadores.

Em projetos pequenos ou tradicionais, os gerentes de projeto geralmente interagem apenas com o patrocinador do projeto como a parte interessada primária, e o patrocinador geralmente é designado pela empresa que financia o projeto. Isto é verdade tanto para projetos internos como externos. Mas quanto maior o projeto, maior o número de partes interessadas com as quais você deve interagir. A situação se torna potencialmente mais problemática se você tiver um grande número de partes interessadas geograficamente dispersas, em diferentes níveis de gestão na sua respectiva hierarquia, cada uma com diferentes níveis de autoridade, e com diferenças culturais e de idioma. Tentar interagir com todas essas pessoas regularmente e tomar decisões, especialmente em um projeto grande e complexo, é muito demorado.

Uma das complexidades do gerenciamento do relacionamento com as partes interessadas é descobrir como fazer tudo isso sem sacrificar a missão ou a visão de longo prazo da sua empresa. Além disso, sua empresa pode ter objetivos de longo prazo em mente para este projeto, e esses objetivos podem não necessariamente estar alinhados com os objetivos do projeto e os objetivos de cada um dos interessados. Alinhar todas as partes interessadas e fazê-las concordar uniformemente com todas as decisões é mais ilusão do que realidade. Você pode descobrir ser impossível que todas as partes interessadas concordem, e deve esperar simplesmente conciliar o quanto for possível em um determinado momento.

O gerenciamento do relacionamento com as partes interessadas não pode funcionar de forma eficaz sem o compromisso de todos. Obter esses compromissos pode ser difícil caso as partes interessadas não consigam enxergar o que ganharão ao final do projeto, ou seja, o valor que esperam ou outros interesses pessoais. O problema é que o que uma parte interessada percebe como valor pode ser percebido como tendo um valor diferente para outra parte interessada. Por exemplo, uma parte interessada pode ver o projeto como um símbolo de prestígio. Outra pode perceber que o valor é simplesmente manter seu pessoal empregado. Uma terceira parte interessada pode ver valor nas entregas finais do projeto e na qualidade inerente a ela. E uma quarta parte interessada pode ver o projeto como uma oportunidade para trabalho futuro com clientes particulares.

Outra forma de acordo envolve o desenvolvimento de um consenso sobre a forma como as partes interessadas vão interagir umas com as outras. Pode ser necessário para alguns interagir e apoiar-se mutuamente no que diz respeito ao compartilhamento de recursos, apoio financeiro em tempo hábil, e no compartilhamento da propriedade intelectual. Embora todas as partes interessadas reconheçam a necessidade desses acordos, eles podem ser impactados por política, condições econômicas e outros fatores ambientais da empresa, que estão fora do controle do gerente de projeto. Alguns países podem não estar dispostos a trabalhar com outros países por causa de cultura, religião, opiniões sobre os direitos humanos, e outros fatores do tipo.

Para o gerente de projeto, obter esses acordos logo no início do projeto é essencial. Alguns gerentes de projeto têm a sorte de conseguir fazer isso, enquanto outros não têm. Mudanças de liderança em certos governos podem tornar difícil aplicar esses acordos em projetos complexos.

É importante para o gerente de projeto compreender inteiramente as questões e desafios de cada uma das partes interessadas. Embora pareça irreal, algumas partes interessadas podem ter visões diferentes sobre as exigências de tempo do projeto. Em alguns países em desenvolvimento, a construção de um novo hospital em uma área altamente povoada pode conduzir o compromisso para o

[3] Adaptado de: KERZNER, H.; BELACK, C. *Managing complex projects*. Hoboken, NJ: Wiley and IIL, co-publishers, 2010. Capítulo 10.

projeto, mesmo que o projeto atrase por um ano ou mais. As pessoas só querem saber se o hospital será eventualmente construído.

Em algumas culturas, os trabalhadores não podem ser demitidos. Como acreditam que têm estabilidade no trabalho, pode ser impossível levá-los a trabalhar mais rápido ou melhor. Em alguns países, pode haver algo como 50 feriados pagos para os trabalhadores, e isso pode ter um impacto sobre o cronograma do gerente de projeto.

Nem todos os trabalhadores de cada país têm o mesmo nível de habilidade, apesar de terem o mesmo título. Por exemplo, um engenheiro sênior em uma nação emergente pode parecer ter as mesmas habilidades que um engenheiro de menor nível em outro país. Em alguns lugares com escassez de mão de obra, os trabalhadores são designados para tarefas com base na disponibilidade, em vez da capacidade. Ter funcionários suficientes não é uma garantia de que o trabalho será feito em tempo hábil e que haverá qualidade.

Em alguns países, o poder e a autoridade, bem como pertencer ao partido político correto, são símbolos de prestígio. Pessoas nessas posições podem não ver o gerente de projeto como seu equivalente, e direcionar todas suas comunicações ao patrocinador do projeto. Neste caso, é possível que o salário seja menos importante do que o poder relativo e a autoridade.

É importante perceber que nem todas as partes interessadas podem querer que o projeto tenha sucesso. Isso acontecerá se os interessados acreditarem que, após a conclusão do projeto, poderão perder poder, autoridade e posições hierárquicas em sua empresa, ou, no pior caso, perder o emprego. Às vezes, essas partes interessadas ou vão permanecer em silêncio, ou serão até mesmo apoiadores do projeto, até que a data final se aproxime. Se o projeto não for considerado bem-sucedido, essas partes interessadas podem reagir dizendo "Eu avisei". Se parecer que o projeto terá sucesso, os que antes eram silenciosos ou apoiadores podem, repentinamente, se transformar em adversários.

É muito difícil identificar partes interessadas com agendas escondidas. Essas pessoas podem esconder seus verdadeiros sentimentos e hesitar em compartilhar informações. Muitas vezes não há indícios ou sinais de alerta que indiquem sua verdadeira crença no projeto. No entanto, se as partes interessadas estão relutantes em aprovar alterações de escopo, prover investimento adicional, ou alocar recursos altamente qualificados, estes são indícios de que podem ter perdido a confiança no projeto.

Nem todas as partes interessadas compreendem gerenciamento de projetos. Nem todos entendem o papel de um patrocinador do projeto. E nem todos entendem como interagir com o projeto ou com o gerente do projeto, embora possam prontamente aceitar e apoiar o projeto e sua missão. Simplificando, a maioria das partes interessadas nunca foi treinada em como atuar corretamente como tal. Infelizmente, isso pode não ser detectado no início, mas se torna evidente no decorrer do projeto.

Algumas partes interessadas podem ter impressão de que são apenas observadores e não precisam participar das tomadas de decisões ou da autorização de mudanças no escopo. Para alguns que desejam ser apenas observadores, isto pode ser um despertar abrupto. Alguns vão aceitar o novo papel, enquanto outros não. Aqueles que não aceitam o novo papel geralmente têm medo de que participar em uma decisão que acabe se mostrando errada possa ser o fim de sua carreira política.

Algumas partes interessadas veem seu papel como o de microgerenciadores, muitas vezes usurpando a autoridade do gerente de projeto, tomando decisões que não necessariamente estão autorizadas a fazer, pelo menos não sozinhas. Partes interessadas que tentam microgerenciar podem causar mais danos ao projeto do que aquelas que permanecem como observadoras.

Pode ser uma boa ideia que o gerente de projeto prepare uma lista de expectativas que ele tem das partes interessadas. Isto é essencial, mesmo que as partes interessadas apoiem a existência do projeto. O esclarecimento do papel das partes interessadas deve ser realizado no início, da mesma forma como o gerente de projeto faz o esclarecimento do papel dos membros da equipe na reunião de "pontapé inicial" do projeto.

A visão atual de gerenciamento de relacionamento com partes interessadas mudou, como resultado da implementação de práticas de "gerenciamento de projetos de engajamento". No passado, sempre que uma venda era feita para o cliente, o vendedor então seguia em frente em busca de um novo cliente. Os vendedores se viam como fornecedores de produtos e/ou serviços. Hoje, os vendedores se veem como provedores de soluções de negócios. Em outras palavras, os vendedores agora dizem ao cliente que podem fornecer a eles a solução para todas as suas necessidades de negócio, e que o que quer em troca é ser tratado como um parceiro estratégico de negócios. Isso beneficia tanto ao comprador como ao vendedor, porque:

- Nem todas as empresas (compradores) têm a capacidade de gerenciar a complexidade.
- Os provedores de soluções devem aprender enquanto gerenciam o projeto.
- Os provedores de soluções podem trazer anos de história para a mesa.

- Os provedores de soluções têm uma maior compreensão sobre mudança cultural, capacidade de trabalhar em praticamente qualquer cultura, e uma compreensão de equipes virtuais.

Portanto, como provedor de soluções, o gerente de projeto concentra-se fortemente no futuro, e em um acordo de parceria de longo prazo com o cliente e as partes interessadas. Este foco é fortemente orientado para valor, em vez de rentabilidade em curto prazo.

Em um nível micro, podemos definir o gerenciamento de relacionamento com partes interessadas utilizando seis processos:

- **Identificar as partes interessadas:** Este passo pode requerer o apoio do patrocinador do projeto, de vendas e da equipe de gestão executiva. Mesmo assim, não há garantia de que todas as partes interessadas serão identificadas.
- **Análise das partes interessadas:** Isto requer uma compreensao de quais partes interessadas são as principais, com influência, capacidade e autoridade para tomar decisões, e fazer funcionar ou arruinar o projeto. Isto também inclui o desenvolvimento de estratégias de gerenciamento de relacionamento com as partes interessadas, com base nos resultados da análise.
- **Executar "engajamento" das partes interessadas:** Esta etapa ocorre quando o gerente de projeto e a equipe do projeto passam a conhecer as partes interessadas.
- **Fluxo de informações das partes interessadas:** Esta etapa é a identificação da rede de fluxo de informações e elaboração dos relatórios necessários para cada parte interessada.
- **Respeitar acordos:** Este passo reforça os acordos com as partes interessadas, feitos durante o início e a fase de planejamento do projeto.
- **Entrevista das partes interessadas:** Esta etapa ocorre após o encerramento do contrato ou do ciclo de vida, e é usada para capturar as lições aprendidas e melhores práticas para melhorias no próximo projeto envolvendo essas partes interessadas ou a próxima fase do ciclo de vida.

O gerenciamento do relacionamento com as partes interessadas começa com sua identificação. Isto é mais fácil de dizer do que fazer, especialmente se o projeto é multinacional. Partes interessadas podem existir em qualquer nível de gestão. As corporativas são mais fáceis de identificar do que as políticas ou governamentais. Cada parte interessada é uma peça essencial do quebra-cabeça do projeto. Elas devem trabalhar juntas e geralmente interagir com o projeto por meio do processo de governança. Por isso, é essencial saber quais partes interessadas vão participar da governança e quais não.

Como parte da identificação das partes interessadas, o gerente de projeto deve saber se tem autoridade ou status percebido para interagir com as partes interessadas. Algumas partes interessadas percebem-se como tendo posição hierárquica mais elevada em relação ao gerente do projeto e, neste caso, o patrocinador do projeto pode ser a pessoa a manter as interações.

Existem várias maneiras pelas quais as partes interessadas podem ser identificadas. Mais que uma forma pode ser usada em projetos:

- **Grupos:** Podem incluir instituições financeiras, credores, agências reguladoras, e afins.
- **Indivíduos:** Pode ser por nome ou título, como CIO, COO, CEO, ou apenas o nome da pessoa de contato na empresa da parte interessada.
- **Contribuição:** Pode ser de acordo com o colaborador financeiro, de recursos ou de tecnologias.
- **Outros fatores:** Podem ser de acordo com a autoridade para tomar decisões ou outros fatores.

É importante entender que nem todas as partes interessadas têm as mesmas expectativas em relação ao projeto. Algumas podem querer que o projeto tenha sucesso a qualquer custo, enquanto outras podem preferir ver o projeto falhar, mesmo que pareçam apoiá-lo abertamente. Algumas partes interessadas enxergam sucesso como a conclusão do projeto, independentemente de existirem custos excedentes, enquanto outras podem definir o sucesso apenas em termos financeiros. Algumas partes interessadas são fortemente orientadas para o valor que esperam ver no projeto, e esta é a única definição de sucesso para elas. O valor real pode não ser visto até meses depois de o projeto ter sido concluído. Algumas partes interessadas podem ver o projeto como sua oportunidade de ser notado publicamente e aumentar sua posição hierárquica e, portanto, querem estar ativamente envolvidas. Outras podem preferir uma participação mais passiva.

Em projetos grandes e complexos, com um grande número de partes interessadas, pode ser impossível para o gerente de projeto cuidar adequadamente de todas. Portanto, o gerente de projeto deve saber quem são as partes interessadas mais influentes e quais podem fornecer o maior apoio ao projeto. Perguntas típicas podem incluir:

- Quem é poderoso e que não é?
- Quem terá ou exige participação direta ou indireta?

- Quem tem poder de matar o projeto?
- Qual é a urgência das entregas?
- Quem pode requerer mais ou menos informações do que os outros?

Nem todas as partes interessadas são iguais em termos de influência, poder ou autoridade para tomar decisões em tempo hábil. É imperativo que o gerente de projeto saiba quem está no topo da lista dessas capacidades.

Finalmente, é importante lembrar que as partes interessadas podem mudar ao longo da vida de um projeto, especialmente se for um projeto de longo prazo. Além disso, a importância de certas partes interessadas pode mudar ao longo da vida de um projeto e em cada fase do ciclo de vida. A lista de partes interessadas é, portanto, um documento orgânico sujeito a alteração.

O mapeamento das partes interessadas é frequentemente exibido em uma grade comparando seu poder e seu grau de interesse. Isto é mostrado na Figura 10-3. As quatro células podem ser definas como:

- **Gerenciar de perto:** essas são pessoas interessadas, de grande poder, que podem elevar ou arruinar seu projeto. Você deve aplicar o maior esforço para satisfazê-los. Esteja ciente de que existem fatores que podem levá-los a mudar de quadrante rapidamente.
- **Manter satisfeito:** essas são pessoas de grande poder, mas menos interessadas, que também podem elevar ou arruinar seu projeto. Você deve aplicar algum esforço para satisfazê-los, mas não com pormenores excessivos que podem levar ao tédio e desinteresse total. Eles podem não se envolver até que o final do projeto se aproxime.
- **Manter informado:** são pessoas com poder limitado, mas muito interessadas no projeto. Elas podem funcionar como um sistema de alerta precoce de problemas eminentes, e podem ser tecnicamente astutas para ajudar com alguns problemas técnicos. Essas pessoas são partes interessadas que, muitas vezes, oferecem oportunidades escondidas.
- **Apenas monitorar:** são pessoas com poder limitado, que podem não estar interessadas no projeto, a menos que um desastre ocorra. Forneça-lhes alguma informação, mas não com muitos detalhes para que não fiquem desinteressadas ou entediadas.

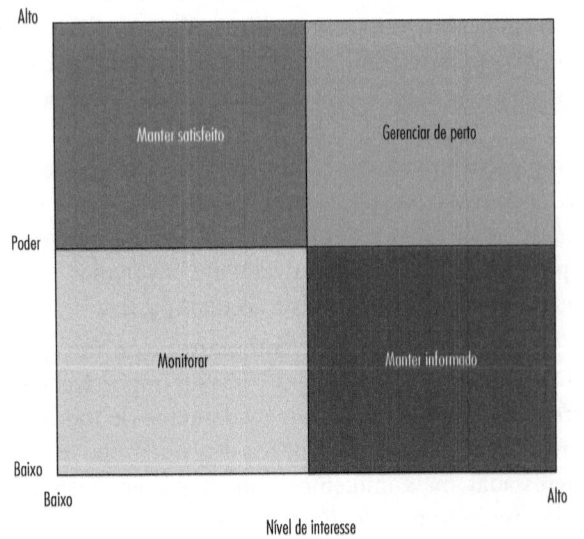

FIGURA 10-3 Grade de interesse-poder das partes interessadas.

Quanto maior o projeto, mais importante se torna saber quem é e quem não é uma parte interessada influente ou chave. Embora você deva ganhar apoio de todas as partes interessadas, ou ao menos tentar fazê-lo, as partes interessadas chave vêm em primeiro lugar. Partes interessadas chave podem ser capazes de fornecer ao gerente de projeto auxílio com a identificação dos fatores ambientais da empresa que podem impactar o projeto. Isso pode incluir a previsão das condições políticas e econômicas do país anfitrião, a identificação de potenciais fontes de financiamento adicional, e outras questões. Em alguns casos, as partes interessadas podem ter ferramentas de software que podem complementar os ativos de processos organizacionais disponíveis do gerente de projeto.

Até agora, discutimos a importância de conquistar as partes interessadas influentes ou chave. Há também um argumento válido para conquistar as partes interessadas consideradas sem importância. Embora possam parecer sem importância, isso pode mudar rapidamente. Por exemplo, certa parte interessada sem importância, de repente, pode descobrir que uma mudança de escopo está prestes a ser aprovada, e que essa mudança pode impactá-la seriamente, talvez politicamente. Agora, a parte interessada sem importância (originalmente julgada dessa forma pela aparente falta de preocupação com o projeto) se torna uma das partes interessadas chave.

Outro exemplo ocorre em projetos de longo prazo, nos quais as partes interessadas podem mudar ao longo do tempo, talvez por causa de política, promoções, aposentadorias, ou remanejamentos. A nova parte interessada pode, de repente, querer ser importante, enquanto seu predecessor era mais observador. Finalmente, as partes interessadas podem ser relativamente tranquilas em uma fase do ciclo de vida, por causa do envolvimento limitado, mas tornam-se mais ativas em outra fase onde devem participar. O mesmo pode ser verdade para pessoas que são partes interessadas chave nas fases iniciais do ciclo de vida, e apenas observadores em fases posteriores. A equipe do projeto deve saber quem são as partes interessadas. A equipe também deve ser capaz de determinar quais são as partes interessadas críticas em determinados pontos no tempo.

O engajamento das partes interessadas ocorre quando você se encontra fisicamente com elas, e determina suas necessidades e expectativas. Para isso, você deve:

- Compreender a parte interessada suas expectativas
- Entender suas necessidades
- Valorizar suas opiniões
- Encontrar maneiras de ganhar seu apoio continuamente
- Identificar antecipadamente quaisquer problemas que possam influenciar o projeto

Mesmo que o engajamento ocorra após a identificação das partes interessadas, muitas vezes é por meio do engajamento que determinamos quais partes interessadas são apoiadoras, defensoras, neutras ou adversárias. Isso também pode ser visto como o primeiro passo na construção de uma relação de confiança entre o gerente do projeto e as partes interessadas.

Como parte do engajamento, é necessário que o gerente de projeto entenda os interesses de cada uma das partes interessadas. Uma das maneiras de conseguir isso é perguntar às partes interessadas (geralmente às principais) quais informações gostariam de ver em relatórios de desempenho. Essa informação irá ajudar a identificar os indicadores chave de desempenho (KPI) necessários para atender a essa parte interessada.

Cada parte interessada pode ter um conjunto diferente de interesses no KPI. Manter o acompanhamento de múltiplos fluxos de acompanhamento e reporte de KPIs torna-se um esforço custoso para o gerente de projeto, mas é uma necessidade para o sucesso do gerenciamento de relacionamento com as partes interessadas. Conseguir que todos cheguem a um acordo sobre um conjunto uniforme de relatórios de KPIs e painéis pode ser quase impossível.

Deve haver um acordo sobre qual informação é necessária para cada parte interessada, quando a informação é necessária, e em que formato as informações serão apresentadas. Algumas partes interessadas podem querer um fluxo de informação diário ou semanal, enquanto outros podem ficar felizes com dados mensais. Para a maior parte, as informações serão fornecidas via Internet.

Os gerentes de projetos devem usar uma matriz de comunicação para esquematizar cuidadosamente as comunicações planejadas com as partes interessadas. As informações contidas neste matriz podem incluir a definição ou o título da comunicação (por exemplo, relatório de status, registro de riscos), o originador, os destinatários pretendidos, o meio a ser utilizado, regras de acesso e frequência de publicação ou atualizações.

Anteriormente, discutimos as complexidades de determinar o KPI para cada parte interessada. Algumas questões que precisam ser abordadas são:

- A potencial dificuldade em conseguir um acordo entre clientes e partes interessadas sobre o KPI
- Determinar se os dados do KPI estão no sistema ou precisam ser coletados
- Determinar o custo, complexidade e tempo para a obtenção dos dados
- Considerar os riscos de mudanças no sistema de informação e/ou obsolescência que podem impactar na coleta dos dados de KPI ao longo da vida do projeto

O KPI tem que ser mensurável, mas algumas informações de KPI podem ser difíceis de quantificar. Por exemplo, a satisfação dos clientes, boa vontade e reputação podem ser importantes para algumas partes interessadas, mas são difíceis de quantificar. Alguns dados de KPI podem precisar ser medidos em termos qualitativos ao invés de em termos quantitativos.

A necessidade de uma comunicação eficaz com as partes interessadas é clara:

- Comunicar-se com as partes interessadas regularmente é uma necessidade.
- Conhecendo as partes interessadas você pode ser capaz de antecipar suas ações.
- Comunicação eficaz com as partes interessadas constrói confiança.
- As equipes virtuais prosperam com a comunicação eficaz com as partes interessadas.
- Apesar de classificar as partes interessadas por grupos ou organizações, ainda nos comunicamos com pessoas.
- Comunicações ineficazes com as partes interessadas podem fazer um apoiador tornar-se um bloqueador.

Parte do processo de engajamento envolve o estabelecimento de acordos entre partes interessadas individuais e o gerente de projeto, e entre outras partes interessadas também. Esses acordos devem ser executados ao longo do projeto. O gerente de projeto deve:

- Identificar todos e quaisquer acordos entre as partes interessadas (por exemplo, limitações de finan-

ciamento, compartilhamento de informação, ciclo de aprovação para mudanças)
- Identificar como a política pode mudar os acordos das partes interessadas
- Identificar quais partes interessadas podem ser substituídas durante o projeto (por exemplo, por aposentadoria, promoção, mudança de atribuição, política)

O gerente de projeto deve estar preparado para o fato de que nem todos os acordos serão honrados.

Há três fatores críticos adicionais que devem ser considerados para o sucesso do gerenciamento de relacionamento com partes interessadas:

- Gerenciamento eficaz de relacionamento com partes interessadas leva tempo. Pode ser necessário compartilhar essa responsabilidade com o patrocinador, os executivos, e os membros da equipe do projeto.
- Com base no número de partes interessadas, pode não ser possível tratar de suas preocupações face a face. Você deve maximizar sua capacidade de se comunicar via Internet. Isso também é importante no gerenciamento de equipes virtuais.
- Independentemente do número de partes interessadas, deve-se arquivar documentação sobre o relacionamento profissional com elas. Isso é fundamental para o sucesso em projetos futuros.

O gerenciamento eficaz de relacionamento com partes interessadas pode ser a diferença entre um sucesso notável e um fracasso terrível. Um relacionamento bem-sucedido pode resultar em acordos vinculativos. Os benefícios resultantes podem ser:

- Melhor tomada de decisão e em tempo mais oportuno
- Melhor controle de mudanças no escopo; prevenção de mudanças desnecessárias
- Acompanhamento do trabalho pelas partes interessadas
- Satisfação e lealdade do usuário final
- Minimizar o impacto que a política pode ter sobre o seu projeto

Às vezes, independentemente do quanto tentamos, nós falharemos no gerenciamento de relacionamento com as partes interessadas. Razões típicas incluem:

- Convidar as partes interessadas a participar muito cedo, encorajando mudanças de escopo e atrasos onerosos
- Convidar as partes interessadas a participar muito tarde, de tal forma que as suas opiniões não possam ser consideradas sem atrasos custosos
- Convidar as partes necessárias erradas a participar de decisões críticas, levando desse modo a mudanças desnecessárias e a críticas por parte das partes interessadas chave
- Partes interessadas chave se tornarem desinteressadas no projeto
- Partes interessadas chave ficarem impacientes com a falta de progresso
- Permitir que as partes interessadas chave acreditem que suas contribuições não têm sentido
- Gerenciar o projeto com um estilo de liderança antiético ou interagir com as partes interessadas de forma antiética

10.7 POLÍTICA

Todo gerente de projetos jovem e/ou inexperiente embarca em seu primeiro projeto com "brilho nos olhos" pensando que essa será uma grande conquista para ele. Então, muitas vezes sem aviso, a realidade da política de projetos, a política externa, ou ambas conjuntamente se estabelecem, e os delírios de grandeza são substituídos por "Em que eu fui me meter?". É natural que as pessoas tomem decisões com base no que ganharão. Como exemplo, a política pode ocorrer quando:

- Tenta-se definir os requisitos do projeto e existem desencontros entre as partes interessadas
- Cria-se a declaração de trabalho
- Negociam-se recursos que devem atender a múltiplos projetos
- É necessário preparar um cronograma em torno das preferências dos membros da equipe
- Há conflitos sobre as prioridades
- Tentam-se explicar as razões para variações desfavoráveis

A lista poderia continuar indefinidamente. A política ocorrerá e os patrocinadores do projeto são limitados em relação a quanto podem isolar a equipe da política. Os patrocinadores, muitas vezes, são a primeira linha de defesa do projeto contra influências externas. A política pode existir em qualquer fase do ciclo de vida de um projeto. Para que ocorra a política, tudo o que é preciso são duas ou mais pessoas ou um grupo de pessoas.

A maioria das pessoas acredita que a política nos projetos é algo ruim. Isso não é necessariamente verdade. A política pode ser boa ou ruim, ou pelo menos levar o projeto a resultados positivos ou negativos. Pedir ao patrocinador para exercer sua influência política, para ajudar você a obter os recursos qualificados de que você ou para pedir alta prioridade para seu projeto, certamente pode levar a um resultado positivo.

Resultados desfavoráveis ocorrem quando as pessoas fazem política por mais poder, autoridade, controle ou oportunidades de promoção. Jogos políticos deste tipo podem tornar um projeto disruptivo ou disfuncional. Estes tipos de má política ocorrem com mais frequência do que uma boa política. Se os jogos políticos ruins não forem controlados, o resultado poderá ser um "ganha e perde" de posições durante os conflitos e tomadas de decisão. O resultado geral pode ser baixo moral da equipe.

10.8 DICAS DE ESTUDO PARA O EXAME DE CERTIFICAÇÃO EM GERENCIAMENTO DE PROJETOS PMI®

Esta seção aplica-se à revisão dos princípios de apoio às áreas de conhecimento e grupos de processos do Guia PMBOK®. Este capítulo aborda:

- Gerenciamento da Integração
- Gerenciamento do Escopo
- Gerenciamento dos Recursos Humanos
- Iniciação
- Planejamento
- Execução
- Monitoramento
- Encerramento

A compreensão dos princípios a seguir será benéfica se o leitor estiver utilizando este livro como estudo para o Exame de Certificação PMP®:

- O papel do patrocinador executivo ou do patrocinador do projeto
- Que o patrocinador do projeto não precisa estar no nível executivo
- Que alguns projetos possuem comitês de patrocínio
- Quando levar um problema para o patrocinador e quais informações levar com você

No Apêndice C, os seguintes miniestudos de casos Dorale Products se aplicam:

- Dorale Products (G) [Gerenciamento da Integração e do Escopo]

As seguintes questões de múltipla escolha ajudarão na revisão dos conceitos deste capítulo:

1. O papel do patrocinador do projeto durante o início do projeto é auxiliar:
   a. Na definição dos objetivos do projeto, tanto em termos de negócios quanto em termos técnicos
   b. No desenvolvimento do plano do projeto
   c. Na realização do estudo de viabilidade do projeto
   d. Na realização da análise de custo-benefício do projeto
2. O papel do patrocinador do projeto durante a execução do projeto é o de:
   a. Validar os objetivos do projeto
   b. Validar a execução do plano
   c. Tomar todas as decisões do projeto
   d. Resolver problemas/conflitos que não podem ser resolvidos em outras partes da organização
3. O papel do patrocinador do projeto, durante o encerramento do projeto ou de uma fase do ciclo de vida do projeto é:
   a. Validar que as margens de lucro estejam corretas
   b. Assinar a aceitação das entregas
   c. Administrar as avaliações de desempenho dos membros da equipe de projeto
   d. Todas as anteriores

RESPOSTAS

1. A 2. D 3. B

EXERCÍCIOS

10-1 A idade deve ter um peso sobre quanto tempo um executivo leva para aceitar o gerenciamento de projetos?

10-2 Você foi chamado pela administração executiva de uma grande empresa de serviços públicos e solicitado a fazer um discurso convincente sobre por que a empresa deve partir para o gerenciamento de projetos. O que você vai dizer? Quais áreas você vai destacar? Quais perguntas você espera que os executivos façam? Quais temores você acha que os executivos podem ter?

10-3 Alguns executivos prefeririam que seus gerentes de projetos se tornassem *workaholics* de visão estreita, com os gerentes de projetos se apaixonando pelo seu trabalho e vivendo para trabalhar em vez de trabalhar para viver. Como você se sente sobre isso?

10-4 O gerenciamento de projetos foi concebido para fazer o uso eficaz e eficiente dos recursos. A maior parte das empresas que adotam o gerenciamento de projetos acha mais fácil empregar abaixo da necessidade e planejar um cronograma com horas extras, em vez de empregar acima da necessidade e ter de demitir pessoas ou subir a taxa de *overhead*. Uma grande fabricante de equipamentos elétricos afirma que, com a utilização adequada do conceito de gerenciamento de projetos, a maioria dos empregados que deixam a empresa, seja por meio de rescisão ou aposentadoria, não precisa ser substituída. Essa lógica é razoável?

10-5 O diretor de serviços de engenharia da RP Corporation acredita que uma estrutura organizacional de projetos de algum tipo ajudaria a resolver vários de seus problemas. Como parte da discussão, o diretor fez a seguinte observação: "Todas as nossas atividades (ou os chamados projetos, se desejar) são preenchidas com engenharia prévia. No passado, descobrimos que o tempo é o parâmetro importante, não o controle de qualidade ou custos. Às vezes, entramos nos projetos tão rapidamente que não temos escolha, além de aparar as arestas, e, naturalmente, a qualidade deve sofrer o impacto". Quais perguntas, se houver, gostaria de fazer antes de recomendar um modelo organizacional de projetos? Qual modelo você recomendaria?

10-6 Como um gerente de projetos deve reagir quando encontra a ineficiência nas linhas funcionais? A administração executiva deve se envolver?

10-7 Uma empresa de fabricação de equipamentos elétricos acabou de contratará-lo para realizar um seminário de três dias sobre gerenciamento de projetos para 60 trabalhadores. O presidente da empresa pede para você almoçar com ele no primeiro dia do seminário. Durante o almoço, o executivo ressalta: "Eu herdei a estrutura matricial, quando assumi. Na verdade eu não acho que ela possa funcionar aqui, e não tenho certeza de quanto tempo eu vou apoiá-la". Nesse momento, como você deve continuar?

10-8 Os gerentes de projetos devem ser autorizados a estabelecer pré-requisitos para a alta administração sobre os procedimentos padronizados da empresa?

10-9 Durante a implementação do gerenciamento de projetos, você acha que os gerentes de linha estão relutantes em liberar qualquer informação que mostre a utilização dos recursos em sua área de trabalho. Como e por quem essa situação deve ser tratada?

10-10 A engenharia corporativa de uma grande empresa geralmente assume o controle de todos os projetos de expansão em cada uma de suas fábricas para todos os projetos acima de $ 25 milhões. Para cada caso abaixo, discuta as ramificações disso, considerando que existem vários outros projetos em andamento em cada fábrica simultaneamente ao respectivo projeto de expansão.

a. O gerente de projetos é fornecido pela engenharia corporativa e se reporta à engenharia corporativa, mas todos os outros recursos são fornecidos pelo gerente da fábrica.
b. O gerente de projetos é fornecido pelo corporativo, mas responde ao gerente da fábrica durante o projeto.
c. O gerente da fábrica fornece o gerente de projetos, este se reporta hierarquicamente em linha "sólida" ao corporativo e, em linha "pontilhada", ao gerente da fábrica durante o projeto.

10-11 Uma companhia de aviação requer sete anos, desde a ideia inicial, para a produção completa de uma aeronave militar. Considere os seguintes fatos: o *design* de engenharia requer um mínimo de dois anos de P&D, a produção tem um papel passivo durante esse tempo, e a engenharia constrói o seu próprio protótipo, durante o terceiro ano.

a. A quem, na organização, devem o gerente do programa, o gerente de projetos e a engenharia de projetos se reportar? A sua resposta depende da fase do ciclo de vida?
b. Os engenheiros de projetos podem se reportar hierarquicamente em linha "sólida" ao gerente do projeto e ainda ser autorizados pelo vice-presidente de engenharia a fornecer orientação técnica?
c. Qual deve ser o papel do marketing?
d. Deve existir um patrocinador do projeto?

10-12 O patrocinador do projeto tem o direito de ter um representante interno removido da sua empresa?

10-13 Certa vez, um executivo comentou que sua empresa estava tendo problemas no gerenciamento de projetos, não por causa de ausência de ferramentas e técnicas, mas pelo fato de que eles (os empregados) não sabiam como gerenciar o que tinham. Como isso se relaciona com o gerenciamento de projetos?

10-14 A Ajax National é a maior fabricante de equipamentos de máquinas-ferramenta do mundo. Seu sucesso baseia-se na experiência do seu pessoal. A maioria dos seus gerentes de departamento possui entre 45 e 55 anos de idade, são pessoas não graduadas que ascenderam das linhas organizacionais. A Ajax acabou de contratar vários engenheiros bacharéis e mestres para controlar as funções de gerenciamento de projetos e de engenharia de projetos. Isso pode ser um problema? As pessoas com diplomas avançados são necessárias por causa do ritmo rápido de mudança de tecnologia?

10-15 Quando o gerenciamento de projetos se transforma em excesso de gerenciamento?

10-16 *Brainstorming* no United Central Bank (Parte I): como parte do plano de políticas estratégicas de 1989 para o United Central Bank, o presidente, Joseph P. Keith, decidiu lançar "sessões de *brainstorming*" semanais, na esperança de desenvolver ideias criativas que pudessem levar a soluções para os problemas do banco. O vice-presidente executivo do banco atuaria como presidente permanente do comitê de *brainstorming*. A representação do pessoal seria selecionada aleatoriamente sob a restrição de que 10% deveriam vir dos gerentes de divisão; 30%, dos gerentes de departamento; 30%, dos supervisores de seção e os 30% restantes, de funcionários assistentes e não isentos[NT4]. O presidente Keith ainda decretou que o comitê de *brainstorming* criticaria todas as ideias e apresentaria para revisão da alta administração apenas aquelas que passassem com sucesso no teste de críticas.

Após seis meses, com apenas duas ideias apresentadas para a alta administração (ambas geradas por gerentes de divisão), Joseph Keith formou uma comissão para investigar as razões para a falta de interesse dos participantes pelo comitê de *brainstorming*. Qual das seguintes declarações puderam ser encontradas no relatório da comissão de inquérito? (É possível que haja mais do que uma resposta.)

a. Em virtude do relacionamento entre os superiores e os subordinados (ou seja, ordem hierárquica), a criatividade é inibida.
b. A crítica e a ridicularização tendem a inibir a espontaneidade.
c. Os bons gerentes podem se tornar muito conservadores e não querem arriscar o seu pescoço.
d. A ordem hierárquica, salvo se devidamente controlada, pode inibir o trabalho em equipe e a resolução de problemas.
e. Todas as ideias aparentemente loucas ou não convencionais foram ridicularizadas e acabaram descartadas.
f. Muitas pessoas dos níveis mais baixos da hierarquia, e que poderiam ter tido boas ideias para contribuir, sentiam-se inferiores.
g. As sessões eram dominadas pelo pessoal da alta administração.
h. As sessões eram realizadas em locais e horários inadequados.
i. Muitas pessoas não receberam notificação adequada sobre o horário das sessões e sobre o assunto.

10-17 *Brainstorming* no United Central Bank (Parte II): após a leitura do relatório da comissão de inquérito, o presidente Keith decidiu reavaliar seu modo de pensar sobre o *brainstorming*, listando as vantagens e desvantagens. Quais são os prós e os contras do *brainstorming*? Se você fosse Joseph Keith, votaria a favor ou contra a continuação das sessões de *brainstorming*?

10-18 *Brainstorming* no United Central Bank (Parte III): o presidente Keith avaliou todos os dados e resolveu dar à sessão de *brainstorming* mais uma chance. Que mudanças Joseph Keith pode implementar a fim de evitar que os problemas anteriores se repitam?

10-19 Explique o significado do seguinte provérbio: "Os primeiros 10% do trabalho são realizados com 90% do orçamento. Os 90% restantes do trabalho são realizados com os 10% restantes do orçamento."

10-20 Você é um gerente de linha e dois gerentes de projetos (cada um se reportando a um vice-presidente de divisão) entram em seu escritório solicitando recursos. Cada gerente de projetos alega que seu projeto é de alta prioridade, conforme atribuído pelo seu próprio vice-presidente. Como você, como o gerente de linha, deve tratar essa situação? Quais são as soluções recomendadas para prevenir que essa situação ocorra repetidamente?

10-21 A Figura 10-4 mostra a estrutura organizacional para um novo projeto de uma Agência de Proteção Ambiental. A empresa Alpha foi uma das três terceirizadas escolhidas para o contrato. Como esse era um trabalho novo, o gerente do projeto se reportava hierarquicamente em linha "pontilhada" ao presidente do conselho de administração, que atuava como patrocinador do projeto. O vice-presidente era o superior imediato para o gerente do projeto.

Como o gerente do projeto não acreditava que a empresa Alpha possuía o conhecimento técnico para fazer o trabalho, contratou um consultor externo de uma das faculdades locais. Tanto a Agência de Proteção Ambiental como o fornecedor principal aprovaram o consultor, e a contribuição do consultor foi excelente.

O chefe do gerente do projeto, o vice-presidente, desaprovou o consultor, argumentando continuamente que a empresa possuía competência internamente. Como você, o gerente do projeto, deveria lidar com essa situação?

10-22 Você é o cliente para um projeto de 12 meses. Você tem reuniões de equipe agendadas mensalmente com o fornecedor terceirizado. O contrato possui um requisito contratual de elaborar um material de 25 a 30 páginas para cada reunião de equipe. Existe algum benefício para você, o cliente, em ver esse material em, pelo menos, três a quatro dias antes da reunião da equipe?

10-23 Você tem uma estrutura analítica do projeto (EAP), que está detalhada até o nível 5. Um pacote de trabalho de nível 5 exige que uma empresa

NT4 Referente ao termo em inglês, *nonexempt*, que está relacionado a alguns tipos de empregados que recebem por salário-hora e que se encaixam, pela lei norte-americana, em determinada situação com relação a obrigações e impostos. Muitos assalariados e funcionários administrativos não se encaixam nessa situação e estão, portanto, isentos dessas obrigações.

técnica terceirizada seja selecionada para dar apoio a uma das organizações técnicas de linha. Quem deve ser responsável pela comunicação cliente-fornecedor: o escritório de projetos ou o gerente de linha? A sua resposta depende da fase do ciclo de vida? Do nível da EAP? Da "confiança" do gerente do projeto no gerente de linha?

10-24 Um cliente deveria ter o direito de comunicar-se diretamente com o pessoal do projeto (ou seja, o escritório do projeto) e não diretamente com o gerente de projetos, ou isso deveria ficar a critério do gerente do projeto?

10-25 Sua empresa designou um dos seus vice-presidentes para atuar como seu patrocinador de projeto. Infelizmente, ele se recusa a tomar quaisquer decisões críticas, sempre "passando a bola" de volta para você. O que você deve fazer? Quais são as suas alternativas e os prós e os contras de cada uma? Por que um patrocinador executivo pode agir dessa maneira?

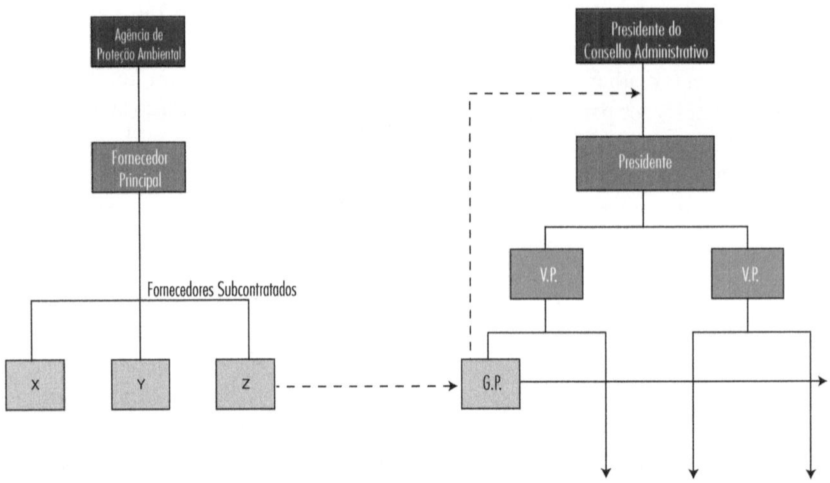

FIGURA 10-4 Organograma do projeto da Agência de Proteção Ambiental.

ESTUDOS DE CASO

*CORWIN CORPORATION**

Em junho de 2003, a Corwin Corporation tinha crescido para ser uma empresa de $ 950 milhões por ano com uma reputação internacional para a fabricação de componentes de borracha de baixo custo e alta qualidade. A Corwin mantinha mais de 12 linhas de produtos diferentes, todas vendidas como itens de prateleira em lojas de departamento, lojas de equipamentos e distribuidores de peças automotivas. O nome "Corwin" era agora sinônimo de "qualidade". Isso proporcionou à administração o luxo de ter produtos que mantinham ciclos de vida extremamente longos.

Organizacionalmente, a Corwin havia mantido a mesma estrutura por mais de 15 anos (ver a Demonstração 10-1). A alta administração da Corwin Corporation era muito conservadora e acreditava em uma abordagem de marketing para encontrar novos mercados para as linhas de produtos existentes, em vez de explorar novos produtos. Sob essa filosofia, a Corwin mantinha um pequeno grupo de P&D, cuja missão era simplesmente avaliar as tecnologias de ponta e a sua aplicação às linhas de produtos existentes.

A reputação da Corwin era tão boa que eles recebiam constantemente consultas sobre a produção de produtos especiais. Infelizmente, a natureza conservadora de gestão da Corwin criou uma atmosfera de "em time que está ganhando não se mexe", em oposição a correr qualquer tipo de risco. Uma política da administração foi estabelecida para avaliar todas as solicitações por produtos especiais. A política exigia responder às seguintes perguntas:

- O produto especial fornecerá a mesma margem de lucro (20%), como as linhas de produtos existentes?
- Qual é a rentabilidade total projetada para a empresa em termos de contratos posteriores?
- O produto especial pode ser desenvolvido para uma linha de produtos?
- O produto especial pode ser produzido com o mínimo de interrupção para as linhas de produtos existentes e para as operações de produção?

Esses requisitos rigorosos forçaram a Corwin a ofecer não mais de 90% de todas as solicitações por produtos especiais.

* Revisado em 2007.

DEMONSTRAÇÃO 10-1 Organograma da Corwin Corporation

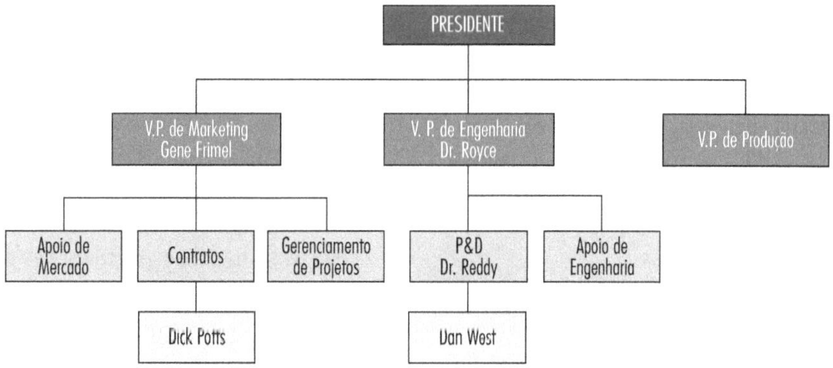

A Corwin Corporation era uma organização voltada para marketing, embora muitas vezes a produção tivesse ideias diferentes. Quase todas as decisões eram tomadas pelo marketing, com exceção da precificação e estimativas para o produto, que era uma organização conjunta entre produção e marketing. A engenharia era considerada apenas um grupo de apoio à comercialização e produção.

Para os produtos especiais, os gerentes de projetos sempre vinham da área de marketing, mesmo durante a fase de desenvolvimento de P&D. A abordagem da empresa era que, se o produto especial amadurecesse para se tornar uma linha completa de produtos, então um gerente de linha de produtos deveria ser designado logo no início.

O Projeto Peters Company

Em 2000, a Corwin aceitou uma atribuição de produto especial da Peters Company em virtude do potencial para trabalhos posteriores. Em 2001 e 2002, e novamente em 2003, foram recebidos contratos posteriores rentáveis e uma boa relação de trabalho se desenvolveu, apesar da reputação que a Peter tinha, de ser um cliente difícil para trabalhar.

Em 7 de dezembro de 2002, Gene Frimel, o vice-presidente de marketing da Corwin, recebeu um telefonema bastante incomum do Dr. Frank Delia, o vice-presidente de marketing da Peters Company.

Delia: "Gene, estou com um problema muito estranho em minhas mãos. Nosso grupo de P&D tem $ 250.000 comprometidos com pesquisa para o desenvolvimento de um novo produto de material de borracha e nós simplesmente não temos pessoal à disposição ou talento para realizar o projeto. Temos de procurar externamente. Gostaríamos que a sua empresa fizesse o trabalho. As nossas instalações de testes e de P&D já estão sobrecarregadas".

Frimel: "Bem, como você sabe, Frank, não somos um grupo de pesquisa, mesmo que tenhamos feito isso uma vez anteriormente para você. E, além disso, eu nunca seria capaz de vender nosso serviço de gestão para tal empreendimento. Deixe alguma outra empresa fazer o trabalho de P&D e depois nós assumiremos ao final da produção".

Delia: "Deixe-me explicar a nossa posição sobre esse assunto. Nós nos queimamos várias vezes no passado. Projetos assim geram diversas patentes e a empresa de P&D quase sempre exige que nossos contratos lhes deem *royalties*[NT5] ou preferência pelos direitos de fabricação".

Frimel: "Eu entendo o seu problema, mas não está dentro de nossas capacidades. Esse projeto, se empreendido, poderia desordenar partes de nossa organização. Já estamos operando de forma enxuta na engenharia".

Delia: "Olha, Gene! O negócio é o seguinte: nós temos total confiança na sua capacidade de produção, a tal ponto que estamos querendo fechar um contrato de cinco anos, se o produto puder ser desenvolvido. Isso se torna extremamente lucrativo para você".

Frimel: "Você acabou de me deixar interessado. Quais detalhes adicionais você pode me fornecer?".

Delia: "Tudo o que posso dar é um conjunto bruto de especificações de desempenho que gostaria de alcançar. Obviamente, algumas compensações são possíveis".

Frimel: "Quando você consegue a folha de especificações para mim?".

Delia: "Você a receberá amanhã de manhã. Vou postá-la como correspondência noturna expressa".

Frimel: "Muito bom! Meu pessoal vai analisar, mas nós não poderemos dar uma resposta até depois do primeiro dia do ano. Como você sabe, a nossa fábrica estará fechada durante as duas últimas semanas de dezembro e a maioria do nosso pessoal já partiu em férias prolongadas".

[NT5] Direitos autorais ou direitos de exploração de patentes.

Delia: "Isso não é aceitável! Minha administração quer um contrato assinado, selado e entregue até o final deste mês. Se isso não for feito, a empresa reduzirá nosso orçamento para 2003 em $ 250.000, pensando que demos o passo maior que as pernas. Na verdade, eu preciso da sua resposta no prazo de 48 horas, para que eu tenha algum tempo para encontrar outra fonte".

Frimel: "Você sabe, Frank, hoje é 7 de dezembro, Dia de Pearl Harbor. Por que eu acho que o céu está prestes a desabar?"

Delia: "Não se preocupe, Gene! Eu não vou jogar nenhuma bomba em você. Basta lembrar, tudo o que temos disponível são $ 250.000 e o contrato deverá ser um esforço de preço fixo garantido. Nós antecipamos um período de seis meses do projeto com $ 125.000 pagos no momento da assinatura do contrato e o restante ao término do projeto".

Frimel: "Eu ainda estou com uma sensação sinistra, mas vou falar com meu pessoal. Vamos entrar em contato com uma decisão *go/no-go*[NT6] no prazo de 48 horas. Agendei um cruzeiro no Caribe e eu e minha esposa estaremos partindo esta noite. Alguém do meu pessoal vai retornar para você sobre o assunto".

Gene Frimel tinha um problema. Todas as decisões sobre licitar ou não eram tomadas por um comitê de quatro homens, composto pelo presidente e os três vice-presidentes. O presidente e o vice-presidente de produção estavam de férias. Frimel reuniu-se com o Dr. Royce, o vice-presidente de engenharia, e explicou a situação.

Royce: "Você sabe, Gene, apoio totalmente projetos como este porque ajudaria o nosso pessoal técnico a crescer intelectualmente. Infelizmente, o meu voto nunca parece ter algum peso".

Frimel: "O potencial de rentabilidade, bem como o desenvolvimento de boas relações com o cliente tornam o projeto atrativo, mas não tenho certeza de que pretendemos aceitar tal risco. Um fracasso poderia facilmente destruir a nossa boa relação de trabalho com a Peters Company".

Royce: "Eu teria de olhar para as folhas de especificação antes de avaliar os riscos, mas gostaria de tentar".

Frimel: "Vou tentar chegar ao nosso presidente por telefone".

Ao final da tarde, Frimel teve a sorte de conseguir entrar em contato com o presidente e recebeu uma autorização relutante para prosseguir. O problema agora era como elaborar uma proposta dentro dos dois ou três dias seguintes e estar preparado para fazer uma apresentação para a Peters Company.

Frimel: "O chefe deu a sua bênção, Royce, e a bola está em suas mãos. Eu estou saindo de férias e você terá a responsabilidade total sobre a proposta e a apresentação. Delia quer a apresentação neste fim de semana. Você deve receber as folhas de especificações amanhã de manhã".

Royce: "O nosso diretor de P&D, Dr. Reddy, saiu de férias nesta manhã. Eu gostaria que ele estivesse aqui para me ajudar a precificar o trabalho e a selecionar o gerente do projeto. Presumo que, neste caso, o gerente do projeto virá da área de engenharia, em vez da de marketing".

Frimel: "Sim, eu concordo. O marketing não deveria ter qualquer papel nesse esforço. O filho é todo seu. E quanto ao trabalho de precificação, você sabe que nossa oferta será de $ 250.000. Basta trabalhar de trás para frente para justificar os números. Vou designar alguém do nosso pessoal de contratos para ajudá-lo na fixação do preço. Espero que possa encontrar alguém que tenha experiência nesse tipo de projeto. Vou ligar para o Delia e dizer-lhe que vamos ofertar como uma proposta não solicitada".

Royce selecionou Dan West, um dos cientistas de P&D, para atuar como o líder do projeto. Royce tinha sérias reservas sobre como fazer isso sem o diretor de P&D, Dr. Reddy, ser ativamente envolvido. Com Reddy em férias, Royce tinha de tomar uma decisão imediata.

Na manhã seguinte, as folhas de especificações chegaram e Royce, West e Dick Potts, um homem de contratos, começaram a elaborar a proposta. West preparou o esforço direto de homem-hora e Royce forneceu os dados de custos e as classes de preços. Potts, estando completamente familiarizado com esse tipo de projeto, simplesmente agiu como um observador e prestou assessoria jurídica, quando necessário. Potts permitiu que Royce tomasse todas as decisões, embora o homem de contratos fosse considerado o representante oficial do presidente.

Finalmente concluída dois dias depois, a proposta era, na verdade, uma carta de dez páginas que simplesmente continha os resumos dos custos (ver a Demonstração 10-2) e o propósito da engenharia. West estimou que seriam necessários **30 testes**. A matriz de testes descrevia apenas as condições para os primeiros cinco testes. As condições para os 25 testes restantes seriam determinadas em uma data posterior, em conjunto pelo pessoal da Corwin e da Peters.

No domingo de manhã, foi realizada uma reunião na Peters Company e a proposta foi aceita. Delia deu a Royce

[NT6] Decisão que aprova a continuação ou recomenda a descontinuação de uma estratégia de negócios. Em tradução literal, "prosseguir/não prosseguir".

DEMONSTRAÇÃO 10-2 Resumos dos custos da proposta

Mão de obra direta e de apoio	$ 30.000
Testes (30 testes a $ 2.000 cada)	60.000
Overhead em 100%	90.000
Materiais	30.000
Despesas Gerais e Administrativas 10%	21.000
Total	$ 231.000
Lucro	$ 19.000
Total	$ 250.000

uma carta de intenções, autorizando a Corwin Corporation a começar a trabalhar no projeto imediatamente. O contrato final não estaria disponível para assinatura até o final de janeiro e a carta de intenções simplesmente declarava que a Peters Company assumiria todas as despesas até ao momento em que o contrato fosse assinado ou que o trabalho fosse encerrado.

West estava verdadeiramente animado por ter sido selecionado como o gerente do projeto e poder se relacionar com o cliente, um luxo que geralmente era dado apenas ao pessoal de marketing. Embora a Corwin Corporation estivesse fechada por duas semanas durante o Natal, West ainda ia ao escritório para elaborar o cronograma do projeto e identificar o apoio que precisaria ter em outras áreas, pensando que se apresentasse essa informação para a administração no primeiro dia de volta ao trabalho, eles estariam convencidos de que ele tinha tudo sob controle.

O Trabalho Começa...

No primeiro dia de trabalho de janeiro de 2003, foi realizada uma reunião com os três vice-presidentes e com o Dr. Reddy para discutir o apoio necessário para o projeto. (West não estava presente nessa reunião, embora todos os participantes tivessem uma cópia de seu memorando.)

Reddy: "Acho que estamos caminhando para um problema em aceitar este projeto. Eu trabalhei anteriormente com a Peters Company em projetos de P&D, e é difícil lidar com eles. West é um homem bom, mas eu nunca o teria designado como o líder do projeto. Sua especialidade é o gerenciamento de projetos internos, não externos. Mas, não importa o que aconteça, darei a West o melhor apoio que eu puder".

Royce: "Você está muito pessimista. Você possui boas pessoas em seu grupo e eu estou certo de que poderá oferecer o apoio de que ele precisa. Eu tentarei visitar o projeto ocasionalmente. West ainda se reportará a você para este projeto. Tente não sobrecarregá-lo muito com outros trabalhos. Este projeto é importante para a empresa."

West passou os primeiros dias após as férias solicitando o apoio que precisava de grupos de outras áreas. Muitos dos outros grupos estavam chateados por não terem sido informados previamente, e estavam inseguros quanto ao apoio que poderiam fornecer. West se reuniu com Reddy para discutir os cronogramas finais.

Reddy: "Seus cronogramas parecem muito bons, Dan. Acho que você tem uma boa noção do problema. Você não precisará muito da minha ajuda. Tenho muito trabalho a fazer em outras atividades, portanto vou ficar apenas nos bastidores deste projeto. Apenas solte uma nota de vez em quando me dizendo o que está acontecendo. Não preciso de nada formal. Apenas um parágrafo ou dois serão suficientes".

Ao final da terceira semana, todas as matérias-primas haviam sido compradas e tanto as formulações como os testes iniciais estavam prontos para começar. Além disso, o contrato estava pronto para assinatura. O contrato continha uma cláusula especificando que a Peters Company tinha o direito de enviar um representante interno para a Corwin Corporation durante o projeto. A Peters Company informou à Corwin que Patrick Ray seria o representante interno, subordinado a Delia, e assumiria as suas responsabilidades em, ou por volta de, 15 de fevereiro.

No momento em que Pat Ray apareceu na Corwin Corporation, West tinha concluído os três primeiros testes. Os resultados não foram o que se esperava, mas indicavam que a Corwin estava indo na direção certa. A interpretação de Pat Ray para os testes foi completamente oposta à de West. Ray achava que a Corwin estava bastante equivocada e que era necessário um redirecionamento.

Ray: "Olha, Dan, temos apenas seis meses para realizar este trabalho e não devemos desperdiçar nosso tempo com dados marginalmente aceitáveis. Estes são os próximos cinco testes que eu gostaria de ver realizados".

West: "Deixe-me examinar o seu pedido e revisá-lo com o meu pessoal. Isso vai levar dois dias e, enquanto isso, vou realizar os outros dois testes, conforme o planejado".

A atitude arrogante de Ray incomodou West. No entanto, West decidiu que o projeto era demasiado importante para "bater cabeça" com Ray e simplesmente decidiu atendê-lo o melhor que pudesse. Não era exatamente esta a relação de trabalho que West esperava ter com o representante interno.

West revisou os dados de teste e a nova matriz de testes com o pessoal de engenharia, que achava que os dados do teste ainda eram inconclusivos e preferiam aguardar o seu parecer até que os resultados do quarto e do quinto teste estivessem disponíveis. Embora isso desagradasse Ray, ele concordou em esperar mais alguns dias, se isso significasse colocar a Corwin Corporation no caminho certo.

O quarto e o quinto testes pareciam estar marginalmente aceitáveis, assim como os três primeiros. O pessoal de engenharia da Corwin analisou os dados e fez as suas recomendações.

West: "Pat, meu pessoal acha que estamos indo na direção certa e que o nosso caminho promete mais do que a sua matriz de testes".

Ray: "Enquanto estivermos pagando as contas, nós dizemos quais testes são realizados. Sua proposta declarava que iríamos trabalhar juntos no desenvolvimento de outras condições de testes. Vamos utilizar minha matriz de testes. Já relatei ao meu chefe que os cinco primeiros testes falharam e que estamos mudando a direção do projeto".

West: "Eu já adquiri o equivalente a $ 30.000 em matérias-primas. Sua matriz utiliza outros materiais e exigirá gastos adicionais de $ 12.000".

Ray: "Isso é problema seu. Talvez você não devesse ter comprado todas as matérias-primas até concordarmos sobre a matriz completa de testes".

Durante o mês de fevereiro, West conduziu 15 testes, todos sob a direção de Ray. Os testes foram disseminados por uma gama tão vasta que nenhuma conclusão válida podia ser elaborada. Ray continuava a enviar relatórios para a Delia, confirmando que a Corwin não estava produzindo resultados benéficos e que não havia nenhuma indicação de que a situação se reverteria. Delia ordenou que Ray tomasse todas as medidas necessárias para garantir a conclusão bem-sucedida do projeto.

Ray e West reuniram-se novamente como haviam feito em cada um dos últimos 45 dias para discutir o andamento e a direção do projeto.

Ray: "Dan, meu chefe está me colocando uma enorme pressão por resultados, e até agora eu não dei nada a ele. Estou para ser promovido em dois meses e não posso deixar esse projeto ficar no meu caminho. É hora de redirecionar completamente o projeto".

West: "O redirecionamento das atividades vai arruinar o meu cronograma. Tenho pessoas em outros departamentos que simplesmente não podem se comprometer com essa constante reprogramação. Eles me culpam por não me comunicar com eles, quando, na verdade, estou desconfortável".

Ray: "Todo mundo tem seus problemas. Nós vamos resolver esse problema. Passei esta manhã trabalhando com algumas pessoas do laboratório na concepção dos próximos 15 testes. Aqui estão as condições dos testes".

West: "Eu certamente gostaria de ter sido envolvido nisso. Afinal, eu achava que era o gerente do projeto. Eu não deveria estar na reunião?".

Ray: "Olhe, Dan, eu gosto mesmo de você, mas não estou certo de que você possa lidar com esse projeto. Precisamos de alguns resultados bons imediatamente ou o meu pescoço vai ficar exposto durante os próximos quatro meses. Eu não quero isso. Apenas faça com que o seu pessoal do laboratório comece com esses testes e nós nos daremos bem. Além disso, estou planejando gastar uma grande parte do tempo na sua área de laboratório. Quero observar os testes pessoalmente e falar com o seu pessoal do laboratório".

West: "Nós já realizamos 20 testes e você está programando outros 15 testes. Eu precifiquei apenas 30 testes na proposta. Estamos caminhando para uma condição de sobrecustos".

Ray: "Nosso contrato é de um trabalho a preço fixo garantido. Portanto, os sobrecustos são problema seu".

West se reuniu com o Dr. Reddy para discutir a nova direção do projeto e os potenciais sobrecustos. West trouxe um memorando projetando as despesas até o final do terceiro mês do projeto (ver a Demonstração 10-3).

DEMONSTRAÇÃO 10-3 Resumo dos custos projetados ao final do terceiro mês

	Resumo da Proposta Original para o Projeto de Seis Meses	Custos Totais Projetados ao final do Terceiro Mês
Mão de obra direta/ de apoio	$ 30.000	$ 15.000
Testes	60.000 (30 tests)	70.000(35tests)
Overhead	90.000 (100%)	92.000 (120%)
Materiais	30.000	50.000
Despesas Gerais e Administrativas	21.000 (10%)	22.700 (10%)
Totais	$231.000	$ 249.700

**O overhead total de engenharia foi estimado em 100%, enquanto o overhead de P&D foi estimado em 120%.*

Dr. Reddy: "Eu já estou sobrecarregado em outros projetos e não serei capaz de ajudá-lo. Royce escolheu você para ser o gerente do projeto porque ele sentiu que poderia realizar o trabalho. Agora, não o decepcione. Envie-me um memorando breve no próximo mês, explicando a situação, e vou ver o que eu posso fazer. Talvez a situação se corrija".

Durante o mês de março, o terceiro mês do projeto, West recebeu telefonemas quase diariamente de pessoas do laboratório afirmando que Pat Ray estava interferindo no trabalho delas. Na verdade, um telefonema dizia que Ray tinha mudado as condições dos testes a partir do que foi acordado na última matriz de testes. Quando West confrontou Ray sobre sua intromissão, Ray declarou que o pessoal da Corwin foi muito antiprofissional por sua atitude e que ele havia considerado que isso estava sendo transportado também para os testes. Além disso, Ray exigiu que um dos colaboradores funcionais fosse imediatamente retirado do projeto por causa de incompetência. West afirmou que falaria com o gerente de departamento do colaborador. Ray, no entanto, achou que isso seria inútil e disse: "Remova-o independentemente disso!". O colaborador funcional foi removido do projeto.

Ao final do terceiro mês, a maioria dos funcionários da Corwin estava se desencantando com o projeto e estava à procura de outras designações. West atribuiu isso ao assédio de Ray aos trabalhadores. Para agravar ainda mais a situação, Ray encontrou-se com Royce e Reddy e exigiu que West fosse removido e que um novo gerente de projetos fosse designado.

Royce recusou-se a remover West como gerente do projeto e designou Reddy para assumir e ajudar West a trazer o projeto de volta aos trilhos.

DEMONSTRAÇÃO 10-4 Estimativa dos custos totais de conclusão do projeto.

Mão de obra direta/de apoio	$ 47.000*
Testes (60 testes)	120.000
Overhead	200.000
Materiais	103.000
Despesas Gerais e Administrativas	47.000
	$ 517.000
Contrato da Peters	250.000
Sobrecustos	$ 267.000

**Inclui o Dr. Reddy.*

Reddy: "Você me deixou às cegas a respeito deste projeto, West. Se você quer que eu o ajude, como Royce pediu, vou precisar de toda a informação amanhã, especialmente os dados de custos. Vou esperar você no meu escritório amanhã de manhã às 8h00. Vou salvá-lo dessa confusão".

West preparou os dados de custos projetados para o restante do trabalho e apresentou os resultados ao Dr. Reddy (ver a Demonstração 10-4). Ambos concordaram que o projeto estava agora fora de controle e que medidas severas seriam necessárias para corrigir a situação, além de mais de $ 250.000 de financiamento corporativo.

Reddy: "Dan, convoquei uma reunião para as 10h00 com várias pessoas do nosso pessoal de P&D para construir completamente uma nova matriz de testes. Isso é o que deveríamos ter feito desde o início".

West: "Não deveríamos convidar Ray para participar desta reunião? Tenho certeza de que ele gostaria de ser envolvido na elaboração da nova matriz de testes".

Reddy: "Eu estou comandando esse espetáculo agora, não Ray! Diga a Ray que estou instituindo novas políticas e procedimentos para os representantes internos. Ele não está mais autorizado a visitar os laboratórios segundo sua própria vontade. Ele deve estar acompanhado por você ou por mim. Se ele não gostar dessas regras, ele pode sair. Não vou permitir que esse cara perturbe a nossa organização. Estamos gastando nosso dinheiro agora, não o dele".

West se encontrou com Ray e informou-o da nova matriz de testes, bem como sobre as novas políticas e procedimentos para representantes internos. Ray ficou furioso com o novo rumo dos acontecimentos e afirmou que estava voltando para a Peters Company para uma reunião com Delia.

Na segunda-feira seguinte, Frimel recebeu uma carta de Delia informando que a Peters Company estava oficialmente cancelando o contrato. As razões dadas por Delia foram as seguintes:

1. A Corwin não produziu absolutamente nenhum dado que parecesse promissor.
2. A Corwin mudou continuamente a direção do projeto e não parecia ter um plano sistemático de ataque.
3. A Corwin não forneceu um gerente de projetos capaz de lidar com tal projeto.
4. A Corwin não forneceu apoio suficiente ao representante interno.
5. A alta administração da Corwin não pareceu estar sinceramente interessada no projeto e não forneceu apoio suficiente em nível executivo.

Royce e Frimel se reuniram para decidir sobre um curso de ação a fim de manter boas relações de trabalho com a Peters Company. Frimel escreveu uma carta forte refutando todas as acusações na carta da Peters, mas sem sucesso. Mesmo o fato de a Corwin estar disposta a gastar $ 250.000 de seus recursos próprios não teve nenhum peso sobre a decisão de Delia. O estrago estava feito. Frimel estava agora fortemente convencido de que um contrato não deve ser aceito no dia de "Pearl Harbor".

PRIORIZAÇÃO DE PROJETOS[1]

Plano de Fundo

As diretorias de Engenharia, Marketing, Manufatura e P&D tinham projetos nos quais estavam trabalhando e cada diretoria estabelecia suas próprias prioridades para os projetos. O problema é que os funcionários estavam trabalhando em vários projetos e tinham de lidar com prioridades concorrentes.

Problemas de Priorização

A Lynx Manufacturing era um produtor de baixo custo de cabos e fios. A própria indústria era considerada como sendo de baixa tecnologia, e alguns de seus produtos vinham sendo fabricados da mesma maneira havia décadas. Havia alguns projetos para melhorar os processos de fabricação, mas eram poucos e distantes entre si.

Cada uma das quatro diretorias, a saber, Engenharia, Marketing, Manufatura e P&D tinha projetos, mas os projetos eram geralmente muito pequenos e usavam recursos apenas de sua própria diretoria.

Na virada do século, as tecnologias de produção começaram a crescer, e a Lynx teve de se preparar para a revolução tecnológica que estava prestes a afetar seus negócios. Cada diretoria começou preparando as listas de projetos nos quais precisariam trabalhar melhorias, e algumas das listas continham cerca de 200 projetos. Esses projetos eram mais complexos do que projetos trabalhados anteriormente e membros de equipe de projeto de todas as diretorias foram alocados em tempo integral ou em tempo parcial.

Cada diretor deveria estabelecer as prioridades para os projetos originários de sua diretoria, mesmo que os projetos precisassem de recursos de outras diretorias. Isso criou problemas significativos de pessoal e numerosos conflitos:

- Cada diretoria reservava seus melhores recursos de projeto, mesmo que projetos de fora da diretoria fossem considerados mais importantes para o sucesso global da empresa.
- Cada diretoria apagava incêndios, usando pessoas alocadas a projetos fora de sua diretoria, em vez de usar pessoas que estavam trabalhando em projetos internos.
- Cada diretoria parecia ter pouca preocupação com os projetos realizados em outras diretorias.
- As prioridades do projeto dentro de cada diretoria poderiam mudar diariamente em função dos caprichos pessoais do chefe daquela diretoria.
- Os únicos custos e cronogramas importantes eram aqueles relacionados a projetos originados dentro daquela diretoria.
- A gerência sênior em nível corporativo recusou-se a envolver-se na resolução de conflitos entre as diretorias.

As relações de trabalho entre as diretorias deterioraram-se ao ponto em que a gerência sênior relutantemente concordou em entrar em cena. O número total de projetos que as quatro diretorias queriam completar nos próximos anos ultrapassava 350, a maioria exigindo uma equipe com membros vindos de mais de uma divisão.

PERGUNTAS

1. Por que é necessário que a gerência sênior entre em cena, em vez de deixar que os chefes das diretorias lidem com os conflitos?
2. O que a equipe da gerência sênior deve fazer para resolver o problema?
3. Vamos supor que a decisão foi a criação de uma lista incluindo todos os projetos das quatro diretorias. Quantos dos projetos na lista devem ter um número de prioridade ou código de prioridade?
4. Os chefes de diretoria podem atribuir prioridade ou isso deve ser feito com o envolvimento da alta gerência?
5. Com que frequência a lista de projetos priorizados deve ser revista, e quem deve estar presente nas reuniões de avaliação?
6. Suponha que alguns chefes de diretoria se recusem a alocar recursos de acordo com a lista de prioridades, e ainda mantenham o foco em seus próprios "projetos de estimação". Como essa questão deve ser resolvida agora?

O PATROCINADOR IRRESPONSÁVEL[2]

Plano de Fundo

Dois executivos dessa empresa financiaram um projeto "de estimação" cada um, com pouca chance de sucesso. Apesar dos repetidos pedidos dos gerentes de projeto para cancelar os projetos, os patrocinadores decidiram desperdiçar o dinheiro. Os patrocinadores tiveram então de encontrar uma maneira de evitar que o constrangimento de tal tolice se tornasse evidente para todos.

---

[1] ©2010 por Harold Kerzner. Reproduzido com permissão. Todos os direitos reservados.

[2] ©2010 por Harold Kerzner. Reproduzido com permissão. Todos os direitos reservados.

Enredo da História

Dois vice-presidentes vieram com ideias para projetos "de estimação" e financiaram os projetos internamente usando o dinheiro de suas áreas funcionais. Ambos os projetos tiveram orçamentos perto de $ 2 milhões e cronogramas de aproximadamente um ano. Esses projetos eram de alto risco, pois ambos precisavam que fosse feito um avanço técnico similar. Não havia nenhuma garantia de que o avanço técnico poderia ser feito. E mesmo que pudesse, os dois executivos estimaram que a vida útil de ambos os produtos seria de cerca de um ano, antes de se tornarem obsoletos, mas que poderiam facilmente recuperar seus custos de P&D.

Esses dois projetos eram considerados "de estimação", porque foram criados a pedido pessoal de dois gerentes seniores e sem nenhum *business case* real. Se esses dois projetos tivessem sido obrigados a passar pelo processo formal de seleção de portfólio de projetos, nenhum dos dois teria sido aprovado. Os orçamentos para esses projetos estavam muito fora da linha para o valor que a empresa receberia, e o retorno sobre o investimento seria abaixo dos níveis mínimos, mesmo que o avanço técnico pudesse ser feito. O pessoal do escritório de projetos (PMO), que está ativamente envolvido na seleção de portfólio de projetos, também afirmou que nunca recomendaria a aprovação de um projeto no qual o resultado final teria uma vida útil de um ano ou menos. Simplificando, esses projetos existiam para a autossatisfação dos dois executivos e para obter prestígio com seus colegas.

No entanto, ambos os executivos encontraram dinheiro para seus projetos e estavam dispostos a tocá-los em frente sem o processo de aprovação do padrão. Cada executivo conseguiu obter um gerente de projeto experiente de seu grupo para gerenciar seu projeto "de estimação".

Reuniões de *Gate-Review*

Na primeira reunião de *gate-review*, os dois gerentes de projeto posicionaram-se e recomendaram que seus projetos fossem cancelados, e os recursos alocados a outros projetos mais promissores. Ambos afirmaram que o avanço técnico necessário não poderia ser alcançado em tempo hábil. Em circunstâncias normais, ambos os gerentes de projeto teriam recebido medalhas de bravura por se levantar e recomendar que seus projetos fossem cancelados. Essa certamente era uma recomendação que defendia os melhores interesses da empresa.

Mas ambos os executivos não estavam dispostos a desistir tão facilmente. Cancelar os dois projetos seria humilhante para os dois executivos que estavam patrocinando esses projetos. Em vez disso, ambos afirmaram que os projetos deveriam continuar até a próxima reunião de *gate-review*, momento em que uma decisão deveria ser tomada para possível cancelamento de ambos os projetos.

Na segunda reunião de *gate-review*, os dois gerentes de projeto novamente recomendaram que seus projetos fossem cancelados. E, como antes, os dois executivos afirmaram que os projetos deveriam continuar até a próxima reunião *gate-review*, antes que uma decisão fosse tomada.

Por sorte, o avanço técnico necessário foi finalmente atingido, mas com seis meses de atraso. Isso significava que a janela de oportunidade para vender os produtos e recuperar os custos de P&D seria de seis meses e não de um ano. Infelizmente, o pensamento no mercado era de que esses produtos estariam obsoletos em seis meses e nenhuma venda ocorreu para os dois produtos.

Ambos os executivos tiveram de encontrar uma maneira de "manter as aparências" e evitar a humilhação de ter de admitir que haviam esbanjado alguns milhões de dólares em dois projetos de P&D inúteis.

Isso poderia muito bem afetar seus bônus de fim de ano.

PERGUNTAS

1. É habitual que as empresas permitam que os executivos tenham projetos "de estimação" ou projetos "secretos" que não seguem o processo normal de aprovação?
2. Quem foi promovido e quem foi demitido? Em outras palavras, como os executivos fizeram para manter as aparências?

VENDENDO EXECUTIVOS NO GERENCIAMENTO DE PROJETOS[3]

Plano de Fundo

Os executivos da Levon Corporation observaram como seu fluxo de receita diminuiu e recusaram-se a ouvir seus próprios funcionários, que estavam argumentando que a implementação de gerenciamento de projetos era necessária para o crescimento. Finalmente, os executivos concordaram em assistir a uma apresentação feita por um consultor em gerenciamento de projetos.

Necessidade de Gerenciamento de Projetos

A Levon Corporation tinha sido razoavelmente bem-sucedida por quase 20 anos como fabricante de componentes eletrônicos. A empresa era um híbrido entre negócios orientados a projeto e não orientados a projeto. Uma grande parte de seu negócio vinha do desenvolvimento de produtos customizados para as agências governamentais e empresas de setor privado, em todo o mundo.

[3] ©2010 por Harold Kerzner. Reproduzido com permissão. Todos os direitos reservados.

A parcela do negócio customizada ou orientada a projeto estava começando a se deteriorar. Mesmo a reputação da Levon sendo boa, a maioria desses contratos havia sido adjudicada por meio de licitação. Cada solicitação de proposta do cliente pedia por uma seção sobre a capacidade de gerenciamento de projetos do fornecedor. A Levon não tinha capacidade de gerenciamento de projeto real. Como a maioria dos contratos havia sido adjudicada por pontos e não pelo menor lance, a Levon era constantemente rebaixada na avaliação das propostas, por causa da falta de capacidade de gerenciamento de projetos.

O pessoal de vendas e marketing expressava continuamente as suas preocupações para a gerência sênior, mas suas preocupações não foram ouvidas. A gestão tinha medo de que o seu apoio ao gerenciamento de projetos resultasse em uma mudança no equilíbrio de poder na empresa. Além disso, qualquer executivo que ficasse com o controle da função de gerenciamento de projetos poderia se tornar mais poderoso que os demais executivos.

Análise de Lacunas

Relutantemente, os executivos concordaram em contratar um consultor de gerenciamento de projetos. Solicitaram ao consultor que identificasse as lacunas entre a Levon e o resto do setor, e mostrasse como o gerenciamento de projetos poderia beneficiar a empresa. O consultor também foi convidado a identificar as responsabilidades da gerência sênior uma vez que o gerenciamento de projetos fosse implementado.

Após algumas semanas de investigação, o consultor estava pronto para fazer a sua apresentação perante a gerência sênior. O primeiro *slide* que o consultor apresentou foi a Demonstração 10-5, que mostrava que o fluxo de receitas da Levon não era tão bom quanto eles pensavam. A Levon certamente estava ficando atrás da média do setor, e a lacuna entre a Levon e o líder do setor estava aumentando.

O consultor então exibiu a Demonstração 10-6. Ele havia desenvolvido um fator de maturidade de gerenciamento de projetos com base em elementos como tempo, custo, escopo, capacidade de lidar com riscos, fornecimento de produtos de qualidade e relacionamento e fornecimento de informações ao cliente. Usando o fator de maturidade em gerenciamento de projetos, o consultor mostrou que a compreensão e utilização de gerenciamento de projetos da Levon estavam atrás da tendência do setor.

Em seguida o consultor apresentou a Demonstração 10-7, que claramente ilustrava que a menos que a Levon tomasse medidas decisivas para melhorar a sua capacidade de gerenciamento de projetos, a lacuna certamente aumentaria. Os executivos pareciam entender isso, mas o consultor ainda podia perceber seu receio em apoiar o gerenciamento de projetos.

PERGUNTAS

1. Por que os executivos se recusam a ouvir seus próprios funcionários, mas estavam dispostos a ouvir um consultor?
2. O consultor foi correto em começar a apresentação mostrando a lacuna entre a Levon e o resto do setor?
3. Por que os executivos ainda pareciam apreensivos, mesmo após a apresentação do consultor?
4. O que o consultor deveria dizer em seguida para obter compreensão e apoio dos executivos para o gerenciamento de projetos?

DEMONSTRAÇÃO 10-5 Análise de Lacunas da Levon

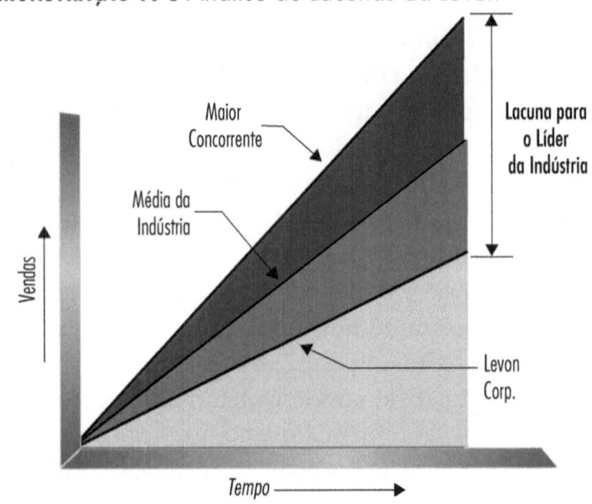

DEMONSTRAÇÃO 10-6 Tendência de desempenho do gerenciamento de projeto

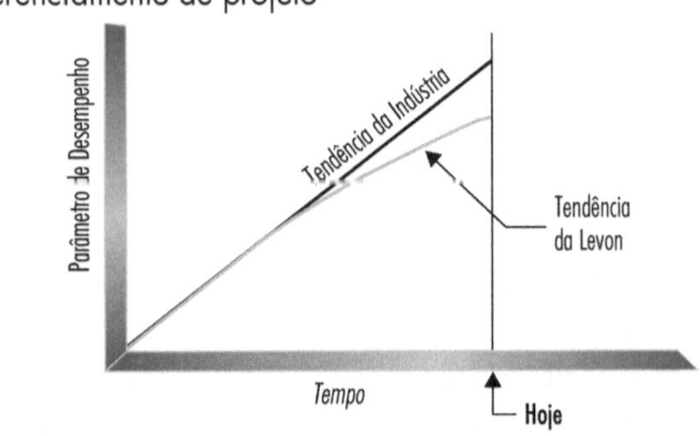

DEMONSTRAÇÃO 10-7 Lacuna de Aumento de Desempenho

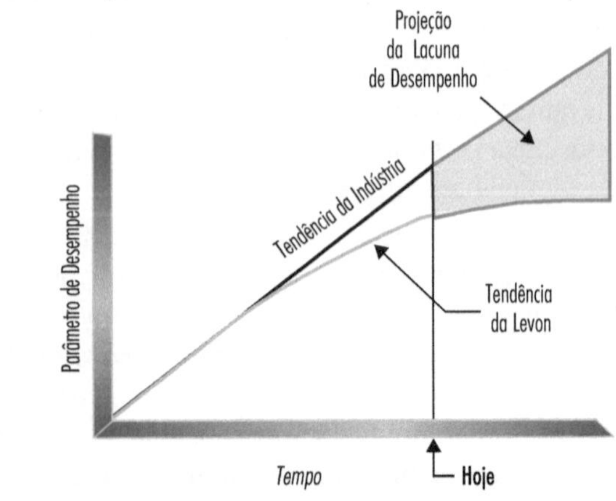

11

PLANEJAMENTO

Estudos de Caso Relacionados (de Kerzner/*Project management case studies*, 4. ed.)	Livro de Exercícios Relacionado (de Kerzner/*Project management workbook and PMP®/CAPM® Exam study guide*, 11. ed.)	Guia PMBOK® – 5. ed. Seção de Referência para o Exame de Certificação PMP®
• *Quantum Telecom* • *Concrete Masonry Corporation** • *Margo Company* • *Project Overrun* • *The Two-Boss Problem* • *Denver International Airport* (DIA)	• *The Statement of Work* • *Technology Forecasting* • *The Noncompliance Project* • *Multiple Choice Exam* • *Crossword Puzzle on Scope Management*	• Gerenciamento do Escopo

* *Estudo de caso também aparece no final do capítulo.*

11.0 INTRODUÇÃO

Guia PMBOK®, 5. ed.
Capítulo 5 Gerenciamento do Escopo do Projeto 5.3 Definir o escopo

As responsabilidades mais importantes de um gerente de projetos são o planejamento, a integração e a execução de planos. Quase todos os projetos, em virtude de sua duração relativamente curta e do controle frequentemente priorizado dos recursos, requerem um planejamento formal e detalhado. A integração das atividades de planejamento é necessária, pois cada unidade funcional pode desenvolver a sua própria documentação de planejamento sem se preocupar muito com as outras unidades funcionais.

O planejamento, em geral, pode ser mais bem descrito como a função de seleção dos objetivos empresariais e o estabelecimento de políticas, procedimentos e programas necessários para alcançá-los. O planejamento em um ambiente de projetos pode ser descrito como o estabelecimento de um curso de ação predeterminado em um ambiente previsto. Os requisitos do projeto definem os principais marcos. Se os gerentes de linha não podem se comprometer, pois os marcos são vistos como irreais, o gerente do projeto pode ter de desenvolver alternativas, uma das quais pode ser deslocar os marcos. A alta administração deve se envolver na seleção de alternativas.

O gerente do projeto é a chave para o planejamento bem-sucedido. É desejável que ele esteja envolvido desde a concepção até a execução do projeto. O planejamento do projeto deve ser **sistemático, flexível** o suficiente para lidar com atividades únicas, **disciplinado** nas revisões e controles, e capaz de aceitar participações **multifuncionais.** Gerentes de projetos bem-sucedidos percebem que o planejamento do projeto é um processo iterativo e que deve ser realizado durante toda a vida do projeto.

Guia PMBOK®, 5. ed.
5.3 Definir o escopo

Um dos objetivos do planejamento do projeto é definir completamente todo o trabalho necessário (possivelmente por meio do desenvolvimento de um plano de projeto documentado) para que ele seja prontamente identificável a cada participante do projeto. Essa é uma necessidade em um ambiente de projetos porque:

- Se a tarefa é bem compreendida antes de ser executada, a maior parte do trabalho pode ser planejada antecipadamente.
- Se a tarefa não é compreendida, então, durante a sua execução real, mais conhecimento é adquirido, o que, por sua vez, leva a mudanças na alocação de recursos, nos cronogramas e nas prioridades.
- Quanto mais incerta a tarefa, maior a quantidade de informações que devem ser tratadas de forma a garantir um desempenho eficaz.

Essas considerações são importantes em um ambiente de projetos, pois cada projeto pode ser diferente dos outros, exigindo uma variedade de recursos diferentes, mas tendo de ser realizados sob as restrições de tempo, custos e desempenho, com pouca margem para erro. A Figura 11-1 identifica o tipo de planejamento do projeto necessário para estabelecer um sistema eficaz de monitoramento e controle. As caixas superiores representam as atividades de planejamento, e as caixas inferiores identificam o "rastreamento" ou o monitoramento das atividades planejadas.

Há dois provérbios que afetam o planejamento do projeto:

- O fracasso em planejar é o planejamento para o fracasso.
- O principal benefício em não planejar é que o fracasso, assim, virá como uma total surpresa, em vez de ser precedido por períodos de preocupação e depressão.

Sem o planejamento adequado, os programas e projetos podem iniciar em uma situação desfavorável. As consequências do mau planejamento incluem:

- Iniciação do projeto sem requisitos definidos
- Forte entusiasmo
- Desilusão
- Caos
- Busca pelo culpado
- Punição dos inocentes
- Promoção dos não participantes

Existem quatro razões fundamentais para o planejamento do projeto:

- Eliminar ou reduzir a incerteza
- Melhorar a eficiência da operação
- Obter uma melhor compreensão dos objetivos
- Fornecer uma base para o monitoramento e o controle do trabalho

O planejamento é um processo contínuo de tomada de decisões empreendedoras que visam o futuro e a organização metódica do esforço necessário para executar essas decisões. Além disso, o planejamento sistemático

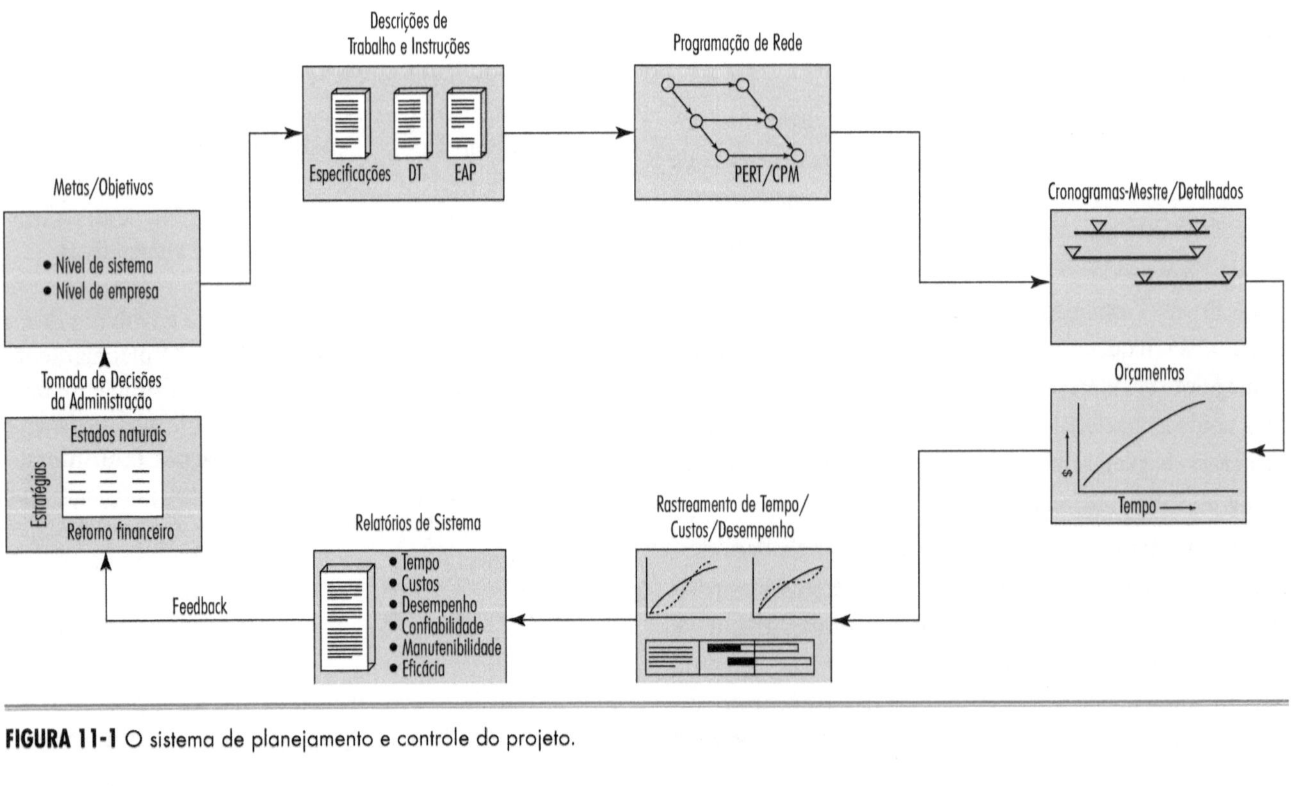

FIGURA 11-1 O sistema de planejamento e controle do projeto.

permite uma organização das metas estabelecidas. A alternativa ao planejamento sistemático é a tomada de decisões com base no histórico. Isso geralmente resulta em um gerenciamento reativo, que leva ao gerenciamento de crises, ao gerenciamento de conflitos e a "apagar incêndios".

11.1 VALIDAÇÃO DAS PREMISSAS

O planejamento começa com a compreensão das premissas. Muitas vezes, as premissas são criadas pelo pessoal de marketing e vendas e, em seguida, aprovadas pela alta administração, como parte do processo de seleção e aprovação do projeto. As expectativas para os resultados finais são baseadas nas premissas criadas.

Por que, muitas vezes, os resultados finais de um projeto não satisfazem as expectativas da alta administração? No início de um projeto, é impossível garantir que os benefícios esperados pela alta administração serão percebidos na sua conclusão. Embora a duração do projeto seja um fator crítico, o verdadeiro vilão é a mudança das premissas.

As premissas devem ser documentadas no início do projeto, utilizando o termo de abertura como um meio possível. Durante todo o projeto, o gerente do projeto deve revalidar e desafiar as premissas. A mudança das premissas pode exigir que o projeto seja cancelado ou redirecionado para um outro conjunto de objetivos.

Um plano de gerenciamento do projeto é baseado nas premissas descritas no termo de abertura do projeto. Mas existem premissas adicionais, criadas pela equipe, que são insumos para o plano do projeto[1]. Uma das principais razões para as empresas utilizarem o termo de abertura do projeto é que os gerentes de projetos muitas vezes eram selecionados bem depois do processo de seleção e do processo de aprovação de projetos serem concluídos. Como resultado, os gerentes de projetos precisavam saber quais premissas haviam sido consideradas.

Fatores Ambientais da Empresa

Estas são premissas sobre as condições ambientais externas que podem impactar o sucesso do projeto, tais como taxas de juros, condições de mercado, mudanças nas necessidades e nos requisitos do cliente, mudanças de tecnologia e até mesmo políticas governamentais.

Ativos de Processos Organizacionais

São premissas sobre os ativos presentes ou futuros da empresa, que podem impactar o sucesso do projeto, como a capacidade da sua metodologia empresarial de gerenciamento de projetos, do sistema de informações do gerenciamento de projetos, formulários, modelos, diretrizes, listas de verificação e a capacidade de capturar e utilizar os dados de lições aprendidas e as melhores práticas.

Exemplos de premissas que são propensas a mudar ao longo da duração de um projeto, especialmente em um projeto de longo prazo, podem ser:

- O custo de empréstimos de dinheiro e financiamento do projeto permanecerão fixos
- Os custos de aquisição não vão aumentar
- O avanço na tecnologia acontecerá como previsto
- Os recursos com as competências necessárias estarão disponíveis quando necessário
- O mercado aceitará prontamente o produto
- Nossos concorrentes não vão nos alcançar
- Os riscos são baixos e podem ser facilmente mitigados
- O ambiente político no país anfitrião não vai mudar

O problema de ter premissas equivocadas é que elas podem levar a conclusões erradas, resultados ruins e clientes insatisfeitos. A melhor defesa contra premissas ruins é uma boa preparação no início do projeto, incluindo o desenvolvimento de estratégias de mitigação de risco. Uma forma possível de se fazer isso é com uma *checklist* de validação, como mostrado na Tabela 11-1.

TABELA 11-1 *Checklist* de Validação de Premissas

Checklist para Validação de Premissas	Sim	Não
A premissa está fora do controle do projeto		
A premissa está fora do controle da(s) parte(s) interessada(s)		
A premissa pode ser validada como correta		
As mudanças nas premissas podem ser controladas		
A condição assumida não é fatal		
A probabilidade da premissa permanecer verdadeira é clara		
As consequências desta premissa representam um sério risco para o projeto		
Mudanças desfavoráveis na premissa podem ser fatais para o projeto		

11.2 VALIDANDO OS OBJETIVOS

Quando os gerentes de projetos são alocados a um projeto e analisam o *business case*, eles olham primeiro para os objetivos do projeto. Objetivos claramente escritos bem compreendidos são essenciais para que a equipe do projeto saiba quando o projeto acaba. Infelizmente, os objetivos são geralmente impostos ao gerente de projeto, em

[1] Ver Um guia do conhecimento em gerenciamento de projetos (Guia PMBOK®, 4. ed.), 2008, Figura 4-4.

vez de se fazersua designação com antecedência suficiente, de modo a permitir a ele participar no estabelecimento dos objetivos.

Objetivos claramente escritos seguem a regra SMART, como definido na Seção 7.1:

- S = Specific (Específico)
- M = Measurable (Mensurável)
- A = Attainable (Atingível)
- R = Realistic or Relevant (Realista ou Relevante)
- T = Tangible or Time Bound (Tangível ou de Prazo Definido)

Afirmar que o objetivo é "reduzir os defeitos" não satisfaz a regra SMART. Da mesma forma, afirmar que o objetivo é "reduzir os defeitos em 10%" também é uma violação da regra SMART. No entanto, se dizemos que o objetivo é "reduzir os defeitos em 10% em relação aos níveis atuais dentro dos próximos seis meses", estamos mais perto de satisfazer a regra SMART.

É um raciocínio válido dizer que os gerentes de projeto podem não ser capazes de estabelecer os objetivos por si, talvez, sem alguma assistência do patrocinador do projeto. A maioria dos gerentes de projetos pode ser capaz de estabelecer os componentes técnicos dos objetivos, mas devem confiar pesadamente no patrocinador do projeto para os componentes de negócios. Independentemente de onde os objetivos vêm, o gerente de projeto deve validar os objetivos para ter certeza de que eles podem ser alcançados. Objetivos que são impossíveis de atingir podem ter um efeito desmoralizador sério sobre o desempenho da equipe.

Durante a execução do projeto, os gerentes de projeto devem revalidar os objetivos da mesma forma como revalidam as premissas. Se os fatores ambientais da empresa mudam, então os objetivos podem não mais ser válidos, e o projeto pode ter de ser encerrado ou redirecionado para objetivos diferentes.

11.3 PLANEJAMENTO GERAL

Guia PMBOK®, 5. ed.
Capítulo 5 Gerenciamento do Escopo
1.7 Papel de um gerente de projetos

Planejar é determinar o que precisa ser feito, por quem e quando, a fim de cumprir uma responsabilidade designada. Há nove grandes componentes da fase de planejamento:

- **Objetivo:** uma meta, alvo ou quota a ser atingida em um determinado tempo
- **Programa:** a estratégia a ser seguida e as principais ações a serem tomadas a fim de alcançar ou exceder os objetivos
- **Cronograma:** um plano mostrando quando as atividades ou realizações individuais ou grupais serão iniciadas e/ou concluídas
- **Orçamento:** despesas planejadas necessárias para alcançar ou exceder os objetivos.
- **Previsão:** uma projeção do que vai acontecer durante um determinado período de tempo
- **Organização:** desenho do número e dos tipos de posições, juntamente com os deveres e responsabilidades correspondentes, necessários para alcançar ou exceder os objetivos
- **Política:** um guia geral para a tomada de decisões e ações individuais
- **Procedimento:** um método detalhado para a condução de uma política
- **Padrão:** um nível de desempenho de um indivíduo ou grupo, definido como adequado ou aceitável

Um item que se tornou importante nos últimos anos é a documentação das premissas que aparecem nos objetivos ou nos planos do projeto ou planos auxiliares. Conforme o projeto avança, mesmo para projetos de curto prazo, as premissas podem mudar em virtude da economia, dos avanços tecnológicos, ou das condições de mercado. Essas mudanças podem invalidar as premissas originais ou exigir que novas premissas sejam criadas. Essas mudanças também podem exigir que projetos sejam cancelados. As empresas estão agora validando as premissas durante as reuniões de *gate review*. Hoje, os termos de abertura dos projetos contêm seções para a documentação das premissas.

Vários desses fatores exigem comentário adicional. A previsão do que vai acontecer pode não ser fácil, especialmente se forem necessárias previsões de reações ambientais. Por exemplo, o planejamento é habitualmente definido como estratégico, tático ou operacional. O planejamento estratégico, geralmente, é para cinco anos ou mais, o tático pode ser para um a cinco anos, e o operacional é o aqui e agora, de seis meses a um ano. Embora a maioria dos projetos seja operacional, eles podem ser considerados estratégicos, principalmente se prometerem trabalhos posteriores ou derivados. A previsão também exige uma compreensão das forças e das fraquezas, conforme encontradas:

- Na situação competitiva
- No marketing
- Em pesquisa e desenvolvimento
- Na produção
- No financiamento
- No pessoal
- Na estrutura da administração

Se o planejamento do projeto é estritamente operacional, então esses fatores podem ser claramente definidos. No entanto, se for necessário o planejamento estratégico ou de longo prazo, então as perspectivas econômicas podem variar, por exemplo, de ano para ano, e o replanejamento pode ser feito em intervalos regulares, pois as metas e os objetivos podem mudar (o procedimento para isso pode ser visto na Figura 11-1).

Os três últimos fatores, políticas, procedimentos e padrões podem variar de projeto para projeto, em virtude de sua singularidade. Cada gerente de projetos pode estabelecer políticas de projeto, desde que se enquadrem dentro dos limites gerais estabelecidos pela alta administração.

As políticas de projeto devem frequentemente estar em conformidade com as políticas da empresa e geralmente serem similares por natureza, de projeto para projeto. Os procedimentos, por outro lado, podem ser drasticamente diferentes de projeto para projeto, mesmo que a mesma atividade seja realizada. Por exemplo, a aprovação dos planos de produção pode exigir assinaturas diferentes em dois projetos selecionados, mesmo que o mesmo item final esteja sendo produzido.

O planejamento varia em cada nível da organização. Em nível individual, ele é necessário para que a simulação cognitiva possa ser estabelecida antes de ações irrevogáveis serem tomadas. No grupo de trabalho ou no nível funcional, o planejamento deve incluir:

- Concordância sobre o propósito
- Designação e aceitação de responsabilidades individuais
- Coordenação das atividades de trabalho
- Maior compromisso com as metas do grupo
- Comunicações laterais

Em nível organizacional ou do projeto, o planejamento deve incluir:

- Reconhecimento e resolução de conflitos do grupo sobre os objetivos
- Designação e aceitação das responsabilidades do grupo
- Aumento da motivação e do compromisso com as metas organizacionais
- Comunicações verticais e laterais
- Coordenação das atividades entre os grupos

A lógica do planejamento requer respostas a várias perguntas para que as alternativas e as premissas sejam plenamente compreendidas. Uma lista de questões incluiria:

- Preparar a análise ambiental
  - Onde estamos?
  - Como e por que chegamos aqui?
- Definir objetivos
  - É aqui que queremos estar?
  - Onde gostaríamos de estar? Em um ano? Em cinco anos?
- Listar estratégias alternativas
  - Aonde iremos se continuarmos como antes?
  - É aonde queremos ir?
  - Como poderíamos chegar aonde queremos ir?
- Listar ameaças e oportunidades
  - O que pode nos impedir de chegar lá?
  - O que pode nos ajudar a chegar lá?
- Preparar previsões
  - Aonde somos capazes de ir?
  - Do que precisamos para nos levar aonde queremos ir?
- Selecionar estratégia de portfólio
  - Qual é o melhor caminho para seguirmos?
  - Quais são os potenciais benefícios?
  - Quais são os riscos?
- Elaborar os programas de ação
  - O que precisamos fazer?
  - Quando precisamos fazer?
  - Como vamos fazer?
  - Quem vai fazer?
- Monitoramento e controle
  - Estamos no caminho certo? Se não, por quê?
  - O que precisamos fazer para estar no caminho certo?
  - Podemos fazê-lo?

Uma das atividades mais difíceis no ambiente de projetos é manter o planejamento no prazo. Esses procedimentos podem auxiliar os gerentes de projetos durante o planejamento de atividades:

- Deixe os gerentes funcionais fazerem seu próprio planejamento. Muito frequentemente operadores são operadores, planejadores são planejadores e os dois nunca devem se encontrar.
- Estabeleça metas antes de planejar. Caso contrário, o pensamento no curto prazo prevalece.
- Defina metas para os planejadores. Isso irá evitar o desnecessário e colocar o seu esforço onde houver retorno.
- Seja flexível. Utilize o contato pessoal e enfatize a resposta rápida.
- Mantenha uma perspectiva equilibrada. Não faça escândalo, e posicione-se para uma retomada.
- Receba bem a participação da alta administração. Ela tem a capacidade de construir ou demolir um plano, e pode muito bem ser a variável mais importante.

- Cuidado com os planos de gastos futuros. Isso pode eliminar a tendência de subestimar.
- Teste as premissas por trás das previsões. Isso é necessário porque os profissionais geralmente são otimistas demais. Não dependa de apenas um conjunto de dados.
- Não foque nos problemas de hoje. Tente ficar longe do gerenciamento de crises e evite ter que "apagar incêndios".
- Recompense aqueles que dissipam as ilusões. Evite a síndrome do mensageiro persa (ou seja, a decapitação do portador de más notícias). Recompense o primeiro que chegar com uma má notícia.

11.4 FASES DO CICLO DE VIDA

Guia PMBOK®, 5. ed.
Capítulo 2 Ciclo de Vida e Organização do Projeto 2.4 Ciclo de vida do projeto

O planejamento do projeto acontece em dois níveis. O primeiro nível é a abordagem cultural corporativa, o segundo método é a abordagem do indivíduo. A abordagem cultural corporativa divide o projeto em fases do ciclo de vida, tais como aquelas apresentadas na Tabela 2-6. A abordagem de fases do ciclo de vida *não* é uma tentativa de colocar algemas no gerente do projeto, mas de fornecer uma metodologia para a uniformidade no planejamento do projeto. Muitas empresas, incluindo agências governamentais, preparam listas de verificação das atividades que devem ser consideradas em cada fase. Essas listas de verificação servem para a consistência no planejamento. O gerente do projeto pode ainda exercer as suas próprias iniciativas de planejamento dentro de cada fase.

Um segundo benefício das fases do ciclo de vida é o controle. Ao final de cada fase há uma reunião com o gerente do projeto, o patrocinador, a alta administração, e mesmo com o cliente, para avaliar os resultados dessa fase do ciclo de vida e obter a aprovação para a fase seguinte. Essas reuniões são frequentemente chamadas de revisões críticas de *design*, revisões de "entrada-saída" e *gate reviews*. Em algumas empresas, essas reuniões servem para consolidar os orçamentos e cronogramas para as fases subsequentes. Além das considerações monetárias, as fases do ciclo de vida podem ser utilizadas para a implantação da força de trabalho e utilização de equipamentos e instalações. Algumas empresas chegam ao ponto de elaborar políticas de gerenciamento de projetos e manuais de procedimentos, em que todas as informações são subdivididas de acordo com as fases do ciclo de vida. Os pontos de decisão nas fases do ciclo de vida eliminam o problema de os gerentes de projetos não solicitarem o financiamento da fase, e sim de todo o projeto antes que o verdadeiro escopo do projeto seja conhecido. Várias empresas sequer chegam a identificar os tipos de decisões que podem ser tomadas em cada reunião de revisão de fim de fase. Esses tipos de decisões incluem:

- Seguir para a próxima fase com base em um nível de financiamento aprovado
- Seguir para a próxima fase, mas com um conjunto de objetivos novo ou modificado
- Adiar a aprovação para prosseguir com base em uma necessidade de informações adicionais
- Cancelar o projeto

Considere uma empresa que utiliza as seguintes fases do ciclo de vida:

- Conceituação
- Viabilidade
- Planejamento preliminar
- Planejamento detalhado
- Execução
- Testes e comissionamento

A fase de conceituação inclui *brainstorming* e senso comum e envolve dois fatores críticos: (1) identificar e definir o problema, e (2) identificar e definir potenciais soluções.

Em uma sessão de *brainstorming*, *todas* as ideias são registradas e nenhuma é descartada. A sessão de *brainstorming* funciona melhor se não houver autoridade formal presente e se durar de 30 a 60 minutos. Sessões acima de 60 minutos irão produzir ideias que podem se assemelhar à ficção científica.

A fase de estudo de viabilidade considera os aspectos técnicos das alternativas conceituais e fornece uma base mais firme sobre a qual decidir se o projeto será ou não realizado.

O propósito da fase de viabilidade é:

- Planejar as atividades de desenvolvimento e implementação do projeto
- Estimar o tempo provável decorrido, a seleção de pessoal e os requisitos de equipamentos
- Identificar os custos e as consequências prováveis de investir no novo projeto

Se forem exequíveis, os resultados do estudo de viabilidade deverão avaliar as soluções conceituais alternativas, juntamente com os benefícios e custos associados.

O objetivo dessa etapa é fornecer à administração resultados previsíveis de implementação de um projeto específico e fornecer os requisitos gerais do projeto. Isso, na forma de um relatório de estudo de viabilidade, é usado como base para decidir se deve-se prosseguir com as fases dispendiosas de requisitos, desenvolvimento e implementação.

O envolvimento do usuário durante o estudo de viabilidade é fundamental. O usuário deve fornecer muito do esforço necessário e das informações e, além disso, deve ser capaz de julgar o impacto das abordagens alternativas. As soluções devem ser operacional, técnica e economicamente viáveis. Grande parte da avaliação econômica deve ser fundamentada pelo usuário. Portanto, o usuário principal deve ser altamente qualificado e intimamente familiarizado com o funcionamento da organização e deve vir das operações de linha.

O estudo de viabilidade também trata dos aspectos técnicos do projeto proposto e exige o desenvolvimento de soluções conceituais. Experiência considerável e conhecimento técnico são necessários para obter a informação adequada, analisá-la e chegar a conclusões práticas.

Decisões técnicas ou operacionais indevidas feitas durante essa etapa podem passar despercebidas ou incontestadas durante todo o restante do processo. No pior caso, esse erro poderia resultar no cancelamento de um projeto válido – ou na continuação de um projeto que não é economicamente ou tecnicamente viável.

Na fase de estudo de viabilidade, é necessário definir abordagens básicas do projeto e seus limites ou escopo. Uma lista de verificação para um típico estudo de viabilidade pode incluir:

- Nível resumido
  - Avaliar alternativas
  - Avaliar o potencial do mercado
  - Avaliar a relação custo-efetividade
  - Avaliar a produtibilidade
  - Avaliar a base técnica
- Nível detalhado
  - Uma determinação mais específica do problema
  - Análise da tecnologia de ponta
  - Avaliação das capacidades técnicas internas
  - Testar a validade das alternativas
  - Quantificar as fraquezas e os desconhecidos
  - Conduzir análise de compensações sobre tempo, custos e desempenho
- Elaborar metas e objetivos iniciais do projeto
- Elaborar estimativas preliminares de custos e o plano de desenvolvimento

O resultado final do estudo de viabilidade é uma decisão da administração sobre a oportunidade de encerrar o projeto ou de aprovar a sua próxima fase. Embora a administração possa parar o projeto em várias fases posteriores, a decisão é especialmente crítica nesse momento, porque as fases posteriores requerem um maior comprometimento de recursos. Com demasiada frequência, os comitês de avaliação de gestão aprovam a continuação de projetos, simplesmente porque o cancelamento nesse momento poderia colocar em dúvida o julgamento do grupo em dar a aprovação anterior.

A decisão tomada ao final do estudo de viabilidade deve identificar os projetos que estão para ser cancelados. Uma vez que um projeto é considerado viável e é aprovado para o desenvolvimento, deve ser priorizado com projetos previamente aprovados à espera de desenvolvimento (dada uma disponibilidade limitada de capital ou outros recursos). Conforme o desenvolvimento entra em curso, a administração recebe uma série de pontos de controle para monitorar o progresso real do projeto, em comparação com o plano.

A terceira fase do ciclo de vida é o planejamento preliminar ou a "definição dos requisitos". Essa é a fase em que o esforço é oficialmente definido como um projeto. Nessa fase devemos considerar o seguinte:

- O escopo geral do trabalho
- Os objetivos e os conceitos associados
- As tarefas do fornecedor
- Os requisitos de desempenho do item final do fornecedor
- A referência a estudos relacionados, documentação e especificações
- Os itens de dados (documentação)
- Os equipamentos de apoio para o item final do contrato
- As propriedades, as instalações, os equipamentos e os serviços fornecidos pelo cliente
- A documentação fornecida pelo cliente
- O cronograma de desempenho
- As exibições, os anexos e os apêndices

Esses elementos podem ser condensados em quatro documentos essenciais, como será mostrado na Seção 11.8. Além disso, deve-se notar que a palavra "cliente" pode ser um cliente interno, tal como o grupo de usuários ou seus próprios executivos.

A tabela a seguir mostra o percentual de horas/dólares de mão de obra *direta* que são gastos em cada fase:

Fase	Percentual de Dólares de Mão de Obra Direta
Conceitualização	5
Estudo de Viabilidade	10
Planejamento Preliminar	15
Planejamento Detalhado	20
Execução	40
Comissionamento	10

O fato interessante dessa tabela é que quase 50% das horas e dólares de mão de obra direta podem ser gastos antes que a execução comece. A razão para isso é simples: a qualidade deve ser planejada e projetada. Ela não pode ser inspecionada no projeto. Empresas que gastam menos do que esses percentuais costumam encontrar problemas de qualidade na execução.

11.5 ELABORAÇÃO DE PROPOSTAS

Há sempre uma dúvida sobre o que fazer com um gerente de projetos entre as designações. Para as empresas que sobrevivem de licitações, a designação é clara: o gerente de projetos elabora propostas para trabalhos futuros. Isso ocorre durante o estudo de viabilidade, quando a empresa deve decidir se oferta ou não o trabalho. Há quatro maneiras pelas quais a elaboração de propostas pode ocorrer:

- **O gerente de projetos elabora toda a proposta.** Isso ocorre com frequência em empresas pequenas. Em grandes organizações, o gerente de projetos pode não ter acesso a todos os dados disponíveis, alguns dos quais podem ser de propriedade da empresa, e pode não ser do interesse da empresa que o gerente de projetos gaste todo o seu tempo fazendo isso.
- **O gerente de propostas elabora toda a proposta.** Isso pode funcionar, contanto que o gerente de projetos seja autorizado a rever a proposta antes da entrega ao cliente e se sinta comprometido com o seu rumo.
- **O gerente de projetos elabora a proposta, mas é assistido por um gerente de propostas.** Isso é comum, mas mais uma vez coloca uma enorme pressão sobre o gerente de projetos.
- **O gerente de propostas elabora a proposta, mas é assistido por um gerente de projetos.** Esse é o método preferido. O gerente de propostas mantém a autoridade máxima e controle até o momento em que a proposta é enviada ao cliente, quando o gerente de projetos assume o comando. O gerente de projetos está a bordo desde o início, embora o seu único esforço possa ser elaborar o conteúdo técnico da proposta e, talvez, parte do conteúdo de gestão.

11.6 REUNIÕES DE *KICKOFF*

Guia PMBOK®, 5. ed.
5.1.2.1 Reuniões?

O lançamento típico de um projeto começa com uma reunião de *kickoff* envolvendo os principais atores responsáveis pelo planejamento, incluindo o gerente do projeto, gerentes de projeto assistentes de determinadas áreas de conhecimento, especialistas SME[NT1] e lideranças funcionais. Uma sequência típica é mostrada na Figura 11-2.

[NT1] SME – Sigla para Subject Matter Expert. De acordo com o Seis Sigma, um especialista SME demonstra o mais alto nível de conhecimento em um trabalho especializado.

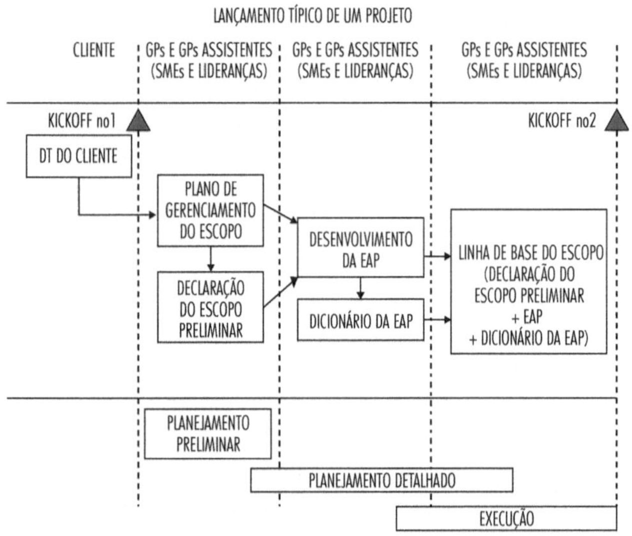

FIGURA 11-2 Lançamento típico de um projeto.

Podem ser realizadas várias reuniões de *kickoff* com base nos requisitos de tamanho, complexidade e tempo para o projeto. Os grandes atores geralmente são autorizados por suas áreas funcionais a tomar decisões relativas aos prazos, custos e recursos necessários. Alguns dos itens discutidos na reunião de *kickoff* incluem:

- Administração de salários e remunerações, se aplicáveis
- Deixar os funcionários saberem que seu chefe vai ser informado a respeito de o quão bem ou mal eles desempenham
- Discussão inicial do escopo do projeto, incluindo tanto o objetivo técnico, quanto o objetivo de negócio
- A definição de sucesso nesse projeto
- As premissas e as restrições, conforme identificadas no termo de abertura do projeto
- O organograma do projeto (se conhecido no momento)
- Os papéis e as responsabilidades dos participantes

Para um projeto pequeno ou de curto prazo, as estimativas de custos e duração podem ser estabelecidas na reunião de *kickoff*. Nesse caso, pode haver pouca necessidade de estabelecer um cronograma para as estimativas de custos. Mas quando se espera que o ciclo de estimativas leve várias semanas e, quando serão necessárias contribuições de várias organizações e/ou disciplinas, um cronograma de estimativas é uma ferramenta essencial. Nesse caso, pode haver a necessidade de uma reunião pré-*kickoff* simplesmente para determinar as estimativas. Os marcos fundamentais mínimos em um cronograma de estimativas de custos são (1) uma reunião de *kickoff*;

(2) uma reunião de "avaliação das regras básicas"; (3) uma reunião de "entrada e avaliação de recursos" e (4) reuniões de síntese e apresentações. As descrições dessas reuniões e os seus lugares no ciclo de estimativas estão a seguir[2].

A Reunião Pré-*Kickoff*

O primeiríssimo marco formal em um cronograma de estimativas é a reunião de *kickoff* de estimativas. Essa é uma reunião de todos os indivíduos que devem participar das estimativas de custos. Ela geralmente inclui indivíduos que são peritos em disciplinas técnicas relacionadas ao trabalho a ser estimado, indivíduos orientados a negócios que estão cientes dos fatores financeiros a serem considerados na realização das estimativas, indivíduos orientados a projetos que estão familiarizados com as regras básicas e com as restrições do projeto e, finalmente, o analista de custos ou a equipe de estimativa de custos. A equipe de estimativas não pode incluir qualquer um dos membros da equipe responsáveis pela execução do projeto.

Na reunião de *kickoff*, deve ser concedido tempo suficiente para descrever todas as regras básicas do projeto, restrições e premissas; distribuir as especificações técnicas, desenhos, cronogramas e descrições dos elementos de trabalho e formulários de estimativas de recursos; discutir esses itens e responder a quaisquer perguntas que possam surgir. É também um momento apropriado para esclarecer, entre as diversas disciplinas representadas no evento, as designações para as estimativas cujos termos de abertura organizacionais não estejam claros quanto a quem deve apoiar qual parte das estimativas. Essa reunião de *kickoff* pode acontecer entre 6 semanas a 3 meses antes da data de conclusão das estimativas para permitir tempo suficiente para todo o processo de estimativa. Se a estimativa for feita em resposta a uma solicitação de cotação ou solicitação de licitação, cópias do documento de solicitação de cotação serão distribuídas e os seus pontos principais serão discutidos.

A Reunião de Avaliação das Regras Básicas

Vários dias depois da reunião de *kickoff* das estimativas, quando os participantes tiveram a oportunidade de estudar o material, deve ser conduzida uma reunião de avaliação das regras básicas. Nela, o gerente de estimativas responde perguntas sobre a condução das estimativas de custos, premissas, regras básicas e designações de estimativas. Se os membros da equipe de estimativas são experientes no desenvolvimento de estimativas de recursos para suas respectivas disciplinas, pouca discussão pode ser necessária. No entanto, se esse é o primeiro ciclo de estimativas para um ou mais membros da equipe de estimativas, pode ser necessário fornecer a eles informações, orientações e instruções adicionais sobre ferramentas e métodos de estimativas. Se os indivíduos que, de fato, realizarão o trabalho estiverem fazendo as estimativas (o que realmente é a melhor situação para se obter uma estimativa realista), podem ser necessários mais tempo e apoio do que com analistas de custos experientes.

A Reunião de Entrada e Avaliação de Recursos

Várias semanas após o *kickoff* e a reunião de avaliação das regras básicas, cada membro da equipe que possui uma entrada de recursos (homem-hora e/ou materiais) é convidado a apresentar a sua entrada antes de toda a equipe de estimativas. Assim começa uma das partes mais importantes do processo de estimativa: a interação dos membros da equipe para reduzir as duplicações, sobreposições e omissões nos dados de recursos.

O aspecto mais valioso de uma estimativa da equipe é o efeito sinérgico da interação. Em qualquer atividade multidisciplinar, é a síntese de informações e ações que produz decisões sábias, e não o mero volume de dados. Nessa reunião de avaliação, o analista de custos de cada área disciplinar tem a oportunidade de justificar e explicar a lógica para suas estimativas em vista de seus pares, uma atividade que tende a resolver as inconsistências, os exageros e as incompatibilidades nas estimativas de recursos. Ocasionalmente, inconsistências, sobreposições, duplicações e omissões serão tão significativas que será necessária uma segunda reunião de entrada e avaliação para coletar e sintetizar corretamente todas as entradas para uma estimativa.

Reuniões de Síntese e Apresentações

Uma vez que as entradas de recursos foram coletadas, ajustadas e "precificadas", a estimativa de custos é apresentada à equipe de estimativas como um "exercício" para a apresentação final à administração da empresa ou à organização solicitante. Esse exercício pode evidenciar mais inconsistências ou erros que possam ter ocorrido nas estimativas durante o processo de consolidação e reconciliação. Uma revisão final com a organização solicitante ou com a administração da empresa também pode trazer alguns desafios às estimativas, em virtude de alterações de última hora nas regras básicas ou nos limites máximos de orçamento para os custos.

---

2 STEWART, R. D. *Cost estimating*. New York: Wiley, 1982. p. 56-57.

11.7 ENTENDIMENTO DOS PAPÉIS DOS PARTICIPANTES

As empresas que possuem históricos de planos bem-sucedidos também possuem empregados que compreendem totalmente seus papéis no processo de planejamento. O bom planejamento prévio pode não eliminar a necessidade de mudanças, mas pode reduzir o número de mudanças necessárias. As responsabilidades dos atores principais são as seguintes:

- O gerente do projeto definirá:
  - Metas e objetivos
  - Principais marcos
  - Requisitos
  - Regras básicas e premissas
  - Restrições de tempo, custos e desempenho
  - Procedimentos operacionais
  - Política administrativa
  - Requisitos de relatórios
- O gerente de linha definirá:
  - As descrições detalhadas das tarefas para implementar os objetivos, requisitos e marcos
  - Cronogramas detalhados e alocações de mão de obra para apoiar o orçamento e o cronograma
  - Identificação de áreas de riscos, incertezas e conflitos
- A alta administração (o patrocinador do projeto):
  - Atuará como negociador de divergências entre a gerência do projeto e a gerência de linha
  - Fornecerá esclarecimentos sobre questões críticas
  - Fornecerá um elo de comunicação com a alta administração do cliente

O planejamento bem-sucedido exige que o gerente do projeto, o gerente de linha e a alta administração estejam de acordo com o plano.

11.8 PLANEJAMENTO DO PROJETO

Guia PMBOK®, 5. ed.
Capítulo 5 Gerenciamento do Escopo do Projeto 5.3 Definir o escopo

O gerenciamento de projetos bem-sucedido, seja em resposta a um projeto interno ou a uma solicitação do cliente, deve utilizar técnicas eficazes de planejamento. O primeiro passo é a compreensão dos objetivos do projeto.

Esses objetivos podem ser: desenvolver o conhecimento em uma determinada área; tornar-se competitivo, modificar uma instalação existente para uso posterior ou simplesmente manter pessoas importantes empregadas.

Geralmente, os objetivos não são independentes, todos eles estão interligados, tanto implícita, quanto explicitamente. Muitas vezes não é possível satisfazer todos os objetivos. Nesse momento, a administração deve priorizar os objetivos entre os que são estratégicos e os que não são. Problemas típicos no desenvolvimento de objetivos incluem:

- Os objetivos/metas do projeto não são concordantes entre todas as partes.
- Os objetivos do projeto são rígidos demais para acomodar a mudança de prioridades.
- Há tempo insuficiente para definir bem os objetivos.
- Os objetivos não estão adequadamente quantificados.
- Objetivos não estão suficientemente bem documentados.
- Os esforços do cliente e do pessoal do projeto não estão coordenados.
- A rotatividade de pessoal está elevada.

Uma vez que os objetivos estejam claramente definidos, quatro questões devem ser consideradas:

- Quais são os principais elementos do trabalho necessário para satisfazer os objetivos, e como esses elementos estão inter-relacionados?
- Quais divisões funcionais assumirão a responsabilidade pela realização desses objetivos e pelos requisitos de trabalho do elemento principal?
- Os recursos corporativos e organizacionais necessários estão disponíveis?
- Quais são os requisitos para o fluxo de informações do projeto?

Se o projeto for grande e complexo, então, devem ser realizados planejamento e análise cuidadosos, pelas unidades organizacionais de cobrança, da mão de obra direta e indireta. A estrutura organizacional do projeto deve ser projetada para se adaptar ao projeto; os planos de trabalho e os cronogramas devem ser estabelecidos de forma que possa ser feita a alocação máxima de recursos; os sistemas de custeio e de contabilidade de recursos devem ser desenvolvidos e um sistema de gestão de informações e relatórios deve ser estabelecido.

O planejamento total e eficaz do programa não pode ser conseguido a não ser que todas as informações necessárias estejam disponíveis na iniciação do projeto. Esses requisitos de informação são:

- A declaração do trabalho (DT)
- As especificações do projeto
- O cronograma de marcos
- A estrutura analítica do projeto (EAP)

A declaração do trabalho (DT) é uma descrição do trabalho a ser realizado. Ela inclui os objetivos do projeto, uma breve descrição do trabalho, a restrição de financiamento, caso exista, as especificações e o cronograma. O cronograma é um cronograma "geral" e inclui dados tais como:

- Data de início
- Data de término
- Principais marcos
- Relatórios escritos (itens de dados)

Os relatórios escritos sempre devem ser identificados de modo que, se a participação funcional for necessária, o gerente funcional irá designar um indivíduo que possua habilidades de redação.

O último item importante é a estrutura analítica do projeto. A EAP é a divisão da declaração do trabalho em elementos menores para uma melhor visibilidade e controle. Cada um desses itens de planejamento está descrito nas seções seguintes.

11.9 A DECLARAÇÃO DO TRABALHO[NT2]

Guia PMBOK®, 5. ed.
5.3 Definição do escopo
5.3.3.1 Declaração do escopo do projeto
12.1.3.2 Declarações do trabalho das aquisições

O Guia PMBOK® aborda quatro elementos relacionados ao escopo:

- **Escopo:** soma de todas as entregas exigidas como parte do projeto. Isso inclui todos os produtos, serviços e resultados.
- **Escopo do Projeto:** trabalho que deve ser concluído para realizar o escopo final do projeto, ou seja, os produtos, serviços e resultados finais (anteriormente, na Seção 2.7, nós abordamos a diferença entre escopo do projeto e escopo do produto).
- **Declaração do Escopo:** documento que fornece a base para a futura tomada de decisões, tais como mudanças do escopo. O uso intencional do documento é garantir que todas as partes interessadas possuam um conhecimento comum do escopo do projeto. Incluídos nesse documento estão os objetivos, a descrição das entregas, o resultado ou produto final e a justificativa para o projeto. A declaração do escopo contempla sete perguntas: quem, o que, quando, por que, onde, como e quantos(as). Esse documento valida o escopo do projeto com a declaração do trabalho fornecida pelo cliente.
- **Declaração do Trabalho:** descrição narrativa dos resultados finais a serem fornecidos pelo contrato. Para o restante desta seção, vamos concentrar a nossa atenção na declaração do trabalho.

[NT2] Tradução oficial da versão em português da quinta edição do Guia PMBOK® para *Statement of Work* (SOW).

A declaração do trabalho (DT) é uma descrição narrativa do trabalho necessário para o projeto. A complexidade da DT é determinada pelos desejos da alta administração, do cliente e/ou dos grupos de usuários. Para projetos internos da empresa, a DT é elaborada pelo escritório de projetos com a colaboração de grupos de usuários, pois, geralmente, o escritório de projetos é composto de pessoal com habilidades de redação.

Para projetos externos à organização, como na licitação, o fornecedor pode ter de elaborar a DT para o cliente, pois o cliente pode não possuir pessoal treinado na elaboração da DT. Nesse caso, como antes, o fornecedor enviaria a DT ao cliente para aprovação. Também é muito comum que o gerente do projeto reescreva a DT do cliente para que os gerentes de linha do fornecedor possam estimar o esforço.

Em um ambiente de licitação, há duas DT's – a DT utilizada na proposta e uma declaração do trabalho do contrato[NT3]. Também pode haver uma EAP da proposta e a estrutura da decomposição do trabalho contratado[NT4]. Um cuidado especial deve ser tomado pelas equipes de contrato e negociação para descobrir todas as discrepâncias entre DT/EAP e DT do contrato/EAP do contrato, ou podem estar sujeitas a custos adicionais. Uma boa proposta (ou uma proposta vencedora) **não é garantia** de que o cliente ou o fornecedor entendem a DT. Para projetos grandes, normalmente é exigida a averiguação antes das negociações finais porque é **essencial** tanto para o cliente quanto para o fornecedor entender e concordar com a DT, com qual trabalho é necessário, com qual é o trabalho proposto, com a base real para os custos e com outros elementos relacionados. Além disso, é imperativo que haja concordância entre a DT final do contrato e a EAP final do contrato.

[NT3] Termo em inglês, *Contract Statement of Work* (CSOW), que estava presente na Seção 12.1.3.2 da terceira edição do Guia PMBOK®, em inglês e português (conforme tradução no texto). Porém, na quarta edição do Guia PMBOK®, ele não mais aparece, devido à sua substituição pelo termo *Procurement Statement of Work*, que na versão oficial em português está traduzido como Declaração do Trabalho da Aquisição.

[NT4] Termo em inglês, *Contract Work Breakdown Structure* (CWBS). Este termo estava presente no glossário da terceira edição do Guia PMBOK® e foi traduzido como 'Estrutura Analítica do Projeto Contratado (EAPC).' Porém, na quarta edição do Guia PMBOK®, o termo desaparece do glossário. Há apenas uma citação na Seção 5.3.2.1, onde o termo em inglês permanece idêntico. Porém, em português, ele foi modificado para 'Estrutura da Decomposição do Trabalho Contratado'. Para facilitar a leitura e para efeito de comparação e entendimento dos conceitos apresentados no texto, utilizaremos o termo 'EAP do contrato' alternadamente ou em conjunto com o termo 'Estrutura da Decomposição do Trabalho Contratado'.

A elaboração da DT não é tão fácil como parece. Considere o seguinte:

- A DT diz que você deve realizar um **mínimo** de 15 testes para determinar as propriedades materiais de uma nova substância. Você estima 20 testes apenas por segurança. Ao final do 15º teste, o cliente diz que os resultados são inconclusivos e que você deve executar outros 15 testes. O sobrecusto é de $ 40.000.
- A Marinha concede-lhe um contrato no qual a DT declara que o protótipo deve ser testado na "água". Você mergulha o protótipo em uma piscina para testá-lo. Infelizmente, a definição da Marinha para "água" é o Oceano Atlântico, o que custa a você $ 1 milhão para o transporte de todos os engenheiros e equipamentos de teste para o Oceano Atlântico.
- Você recebe um contrato no qual a DT diz que você deve transportar mercadorias por todo o país utilizando furgões arejados. Você seleciona furgões que possuem tetos abertos para que o ar possa circular. Durante a viagem, o comboio passa por uma área de chuvas torrenciais e as mercadorias são danificadas.

Esses três exemplos mostram que erros de interpretação da DT podem resultar em perdas de centenas de milhões de dólares. As causas comuns de erros de interpretação são:

- A mistura de tarefas, especificações, aprovações, e instruções especiais
- A utilização de linguagem imprecisa ("quase", "ótimo", "aproximadamente" etc.)
- Falta de padrão, estrutura ou ordem cronológica
- Grande variação no tamanho das tarefas
- Grande variação na forma de descrever os detalhes do trabalho
- Falha em conseguir revisões de terceiros

Erros de interpretação da declaração do trabalho podem e vão ocorrer, não importa o quão cuidadoso todo mundo tenha sido. O resultado é o *scope creep*, ou, como uma empresa de telecomunicações chama, *"creeping elegance"*[NT5]. A melhor maneira para controlar o *scope creep* é por meio de uma boa definição prévia dos requisitos, se possível.

Hoje, tanto setores privados quanto agências governamentais estão desenvolvendo manuais sobre a elaboração da DT. O seguinte texto foi adaptado de uma publicação da NASA sobre a elaboração da DT[3]:

- O gerente do projeto ou seus representantes deverão analisar os documentos que autorizam o projeto e definem seus objetivos, e também rever os contratos e estudos que levam ao nível real de desenvolvimento. Como uma conveniência, uma bibliografia de estudos relacionados deverá ser elaborada juntamente com as amostras de quaisquer DT's semelhantes e com especificações de conformidade.
- Uma cópia da EAP deve ser obtida. Nesse ponto, deve ser iniciada a coordenação entre os elementos da EAP do contrato e da DT. Cada elemento de tarefa da EAP preliminar do contrato deve ser explicado na DT e o código correspondente deve ser utilizado.
- O gerente do projeto deve estabelecer uma equipe de elaboração da DT que consista de pessoal do escritório de programas ou de projetos que ele considere adequado e que seja especialista nas áreas técnicas envolvidas e representante das áreas de contratos, gestão financeira, fabricação, testes, logística, gerenciamento de configuração, operações, segurança, confiabilidade, garantia da qualidade, bem como de qualquer outra área que possa estar envolvida no contrato contemplado.
- Antes que a equipe comece realmente a elaboração da DT, o gerente do projeto deve resumir o gerenciamento do programa quanto à estrutura da EAP preliminar do contrato e a natureza da DT contemplada. Esse resumo é utilizado como uma linha de base, a partir da qual deve-se prosseguir.
- O gerente do projeto pode designar tarefas identificadas aos membros da equipe e identificar especificações de conformidade, os critérios de *design* e outras documentações de requisitos que devem ser incluídas na DT e designá-las ao pessoal responsável pela elaboração. Membros designados da equipe identificarão e obterão cópias de especificações e de documentos de requisitos técnicos, desenhos de engenharia e os resultados dos estudos preliminares e/ou relacionados que possam se aplicar a vários elementos da aquisição proposta.
- O gerente do projeto deve preparar uma lista de verificação detalhada mostrando os itens obrigatórios e os itens opcionais selecionados, conforme se aplicam ao corpo principal ou aos apêndices da DT.
- O gerente de projeto deve enfatizar o uso de listas de partes preferenciais; *designs* padronizados de subsistemas, tanto existentes quanto em desenvolvimento; equipamentos disponíveis em inventário; equipamentos de prateleira; dados de qualificação de componentes; manuais de critérios de

[NT5] Em tradução literal, "elegância rastejante".

[3] Adaptado de *Statement of work handbook* NHB5600.2, Agência Espacial Norte-Americana (NASA), fev. 1975.

design e outras informações técnicas disponíveis para os engenheiros de projeto evitarem desvios em relação às melhores práticas de *design*.

- As estimativas de custos (necessidades de alocação, custos de materiais, requisitos de software etc.) desenvolvidas por especialistas em estimativas de custos devem ser revisadas pelos contribuintes da DT. Essas revisões permitirão a consideração de compensações antecipadas sobre a conveniência de requisitos que não estão diretamente relacionados com os objetivos técnicos essenciais.
- O gerente do projeto deve estabelecer cronogramas para a submissão de fragmentos coordenados da DT de cada membro de equipe da tarefa. Ele deve assegurar que esses cronogramas sejam compatíveis com o cronograma para a emissão da solicitação de proposta (*Request for Proposal* – RFP). A declaração do trabalho deve ser elaborada com antecedência suficiente para permitir coordenação total do projeto e para assegurar que todos os requisitos do projeto sejam incluídos. Ela deve ser concluída antes da elaboração da RFP.

Os manuais de elaboração da DT também contêm orientações para editores e escritores[4]:

- Cada DT que exceder duas páginas de extensão deve conter um índice de conteúdo, de acordo com a estrutura de codificação da estrutura da decomposição do trabalho contratado (EAP do contrato). Dificilmente deve haver itens na DT que não estejam apresentados na EAP do contrato, no entanto, não é absolutamente necessário restringir os itens àqueles citados na estrutura da decomposição do trabalho contratado.
- Descrições de tarefas claras e precisas são essenciais. O redator da DT deve perceber que os seus esforços terão de ser lidos e interpretados por pessoas com várias experiências (como advogados, compradores, engenheiros, analistas de custos, contadores, especialistas em produção, transporte, segurança, auditoria, qualidade, finanças e gerenciamento de contratos). Uma boa DT declara precisamente o produto ou serviço desejado. A clareza da DT afetará a administração do contrato, uma vez que define o escopo do trabalho a ser realizado. Qualquer trabalho que esteja fora desse escopo envolverá novas aquisições com provável aumento dos custos.
- O mais importante a se ter em mente ao redigir uma DT é o efeito mais provável que o trabalho escrito terá sobre o leitor. Portanto, todo esforço deve ser feito para evitar ambiguidade. Todas as obrigações do governo devem ser cuidadosamente enunciadas. Se ações de aprovação devem ser fornecidas pelo governo, estabeleça um tempo limite. Se os equipamentos e/ou serviços, pelo governo devem ser fornecidos, declare a natureza, a condição e o tempo de entrega, se viável.
- Lembre-se de que qualquer provisão que tire o controle do trabalho do fornecedor, ainda que temporariamente, pode resultar em desobrigar o fornecedor da responsabilidade.
- Na definição de requisitos, utilize a terminologia ativa, em vez da passiva. Diga que o fornecedor deve realizar um teste, em vez de que um teste deve ser realizado. Em outras palavras, quando um requisito firme é exigido, utilize o termo obrigatório "deve", em vez do termo permissivo "deveria".
- Limite as abreviações para aquelas de uso comum. Forneça uma lista de todas as abreviações e siglas pertinentes no início da DT. Ao usar um termo pela primeira vez, apresente-o e mostre a abreviação ou sigla entre parênteses, em seguida à palavra ou palavras.
- Quando for importante definir uma divisão de responsabilidades entre o fornecedor, outros órgãos etc., uma seção separada da DT deve ser incluída (em um local apropriado) e deve delinear tais responsabilidades.
- Inclua procedimentos. Quando decisões imediatas não podem ser tomadas, pode ser impossível incluir um procedimento para tomá-las (por exemplo, "conforme aprovado pelo funcionário fornecedor", ou "o fornecedor deve apresentar um relatório cada vez que ocorrer uma falha").
- Não especifique em excesso. Dependendo da natureza do trabalho e do tipo de contrato, a situação ideal pode ser especificar os resultados necessários ou itens finais a serem entregues e deixar que o fornecedor proponha o seu melhor método.
- Descreva os requisitos em detalhe suficiente para assegurar a clareza, não só pelos motivos legais, mas pela aplicação prática. É fácil deixar passar vários detalhes. É igualmente fácil ser repetitivo. Evite ambos. Para cada pedaço de entrega física, para cada relatório, para cada ação imediata, não especifique que algo seja feito "na medida do necessário". Pelo contrário, especifique se um julgamento deve ser feito pelo fornecedor ou pelo governo. Esteja ciente de que esses tipos de ações contingentes podem ter um impacto sobre o preço, bem como sobre o cronograma. Nos casos em que serviços caros, tais como conexão técnica, devem ser fornecidos, não diga "conforme necessário". Forneça

4 Ver nota 3.

um teto para a extensão de tais serviços, ou elabore um processo (por exemplo, um nível de esforço, um conjunto de homens-horas), que irá garantir o controle adequado.

- Evite incorporar materiais e requisitos irrelevantes. Eles podem adicionar custos desnecessários. Os requisitos de dados são exemplos comuns de problemas nessa área. Exclua os requisitos de dados desnecessários e especifique somente o que é essencial e quando. Recomenda-se que os requisitos de dados sejam especificados separadamente em um apêndice de requisitos de dados, ou equivalente.
- Não repita os requisitos ou especificações detalhadas que já estejam enunciados nos documentos aplicáveis. Em vez disso, incorpore-os por referência. Se forem necessárias amplificações, modificações ou exceções, faça referência específica às partes aplicáveis e descreva a mudança.

Alguns documentos de elaboração também possuem listas de verificação para a elaboração da DT[5]. Uma lista de verificação é fornecida abaixo trazendo considerações que os escritores da DT deve manter em mente na elaboração das declarações de trabalho:

- A DT (quando usada em conjunto com a EAP preliminar do contrato) é específica o suficiente para permitir a um fornecedor fazer a tabulação e síntese da força de trabalho e dos recursos necessários para realizar cada elemento de tarefa da DT?
- Os deveres específicos do fornecedor devem ser declarados para que ele saiba o que é necessário, e pode o representante do escritório do fornecedor, que assina o relatório de aceitação, dizer se o fornecedor cumpriu com seus deveres?
- Todas as partes da DT estão escritas para que não haja dúvidas quanto ao que o fornecedor é obrigado a fazer e quando?
- Quando for necessário fazer referência a outros documentos, o documento adequado de referência está descrito? É devidamente citado? Todo o documento é realmente pertinente para a tarefa, ou apenas partes do documento devem ser mencionadas? O documento é uma referência cruzada ao elemento de tarefa aplicável da DT?
- Existe alguma especificação ou apresentação aplicável no todo ou em parte? Se assim for, ela está devidamente citada e referenciada ao elemento adequado da DT?
- As orientações estão claramente distinguíveis das informações gerais?
- Existe uma exigência temporal para cada item de entrega? Se o tempo decorrido for utilizado, ele especifica o calendário ou os dias de trabalho?
- As quantidades adequadas estão apresentadas?
- Os títulos foram verificados quanto ao formato e à gramática? Os subtítulos são equivalentes? O texto está compatível com o título? Foi utilizado um sistema multidecimal ou alfanumérico na DT? Ele pode ser cruzado com a EAP preliminar do contrato?
- As partes devidas de regulamentação das aquisições foram seguidas?
- Os materiais irrelevantes foram eliminados?
- Os itens de linha da tarefa/contrato e a divisão dos itens de configuração em níveis inferiores podem ser identificados e definidos em detalhe suficiente para que possam ser resumidos em elementos distintos no terceiro nível da estrutura preliminar da decomposição do trabalho contratado (EAP do contrato)?
- Todos os requisitos de dados foram especificados separadamente em um apêndice de requisitos de dados ou equivalente? Todos os requisitos de dados irrelevantes foram eliminados?
- Os requisitos de segurança estão adequadamente cobertos, se necessário?
- Foi especificada a sua disponibilidade para os fornecedores?

Finalmente, deve haver uma revisão da interpretação da elaboração da DT pela administração[6]:

> Durante o desenvolvimento da Declaração do Trabalho, o gerente do projeto deve assegurar a adequação de conteúdo, mantendo revisões frequentes com especialistas funcionais e do projeto para determinar que os requisitos e os dados técnicos especificados estejam em conformidade com as diretrizes incluídas e suportem adequadamente o objetivo do sistema comum. A matriz para EAP do contrato/DT deve ser utilizada para analisar a DT em sua plenitude. Depois que todos os comentários e contribuições foram incorporados, deve ocorrer uma revisão final da equipe para produzir um rascunho da DT para revisão dos gerentes funcional e do projeto. Problemas específicos devem ser resolvidos e as mudanças devem ser

[5] Ver nota 3.

[6] *Statement of work handbook* NHB5600.2, Agência Espacial Norte-Americana (NASA), fev. 1975.

feitas de modo adequado. Um rascunho final deve ser preparado e revisto com o gerente do programa, o agente contratante ou com a alta administração, se for uma aquisição maior. A revisão final deve incluir um resumo sobre o pacote total da RFP. Se outros escritórios de programas ou outras agências governamentais estiverem envolvidos na aquisição, obter também a sua concordância.

11.10 AS ESPECIFICAÇÕES DO PROJETO

Guia PMBOK®, 5. ed.
5.3 Definir o escopo
12.1.3.2 Declarações do trabalho das aquisições

Uma lista de especificações, como mostra a Tabela 11-2 é separadamente identificada ou definida como parte da declaração do trabalho. As especificações são utilizadas para estimativas de homens-horas, equipamentos e materiais. Pequenas mudanças em uma especificação podem causar grandes sobrecustos.

Outra razão para a identificação das especificações é garantir que não haja surpresas para o cliente no caminho. As especificações devem estar na revisão mais atual. Não é incomum um cliente contratar agências externas para avaliar a proposta técnica para se certificar de que as especificações adequadas estão sendo utilizadas.

TABELA 11-2 Especificação para a declaração do trabalho

Descrição	N. Especificação
Civil	100 (Índice)
• Concreto	101
• Equipamentos de campo	102
• Empilhamento	121
• Telhados e tapume	122
• Testes de solo	123
• Desenho estrutural	124
Elétrica	200 (Índice)
• Testes elétricos	201
• Rastreamento de calor	201
• Motores	209
• Sistemas de energia	225
• Comutadores	226
• Geradores síncronos	227
Aquecimento, ventilação e condicionamento de ar	300 (Índice)
• Ambiente perigoso	301
• Isolamento	302
• Refrigeração da tubulação	318
• Canalização de chapa metálica	319
Instalação	400 (Índice)
• Transportadores e tubos	401
• Aquecedores e caldeiras	402
	(Continua)
(Continuação)	
• Trocadores de calor	403
• Reatores	414
• Torres	415
• Vasos	416
Instrumentos	500 (Índice)
• Sistemas de alarme	501
• Válvulas de controle	502
• Instrumentos de fluxo	503
• Medidores de nível	536
• Instrumentos de pressão	537
• Instrumentos de temperatura	538
Equipamentos mecânicos	600 (Índice)
• Bombas centrífugas	601
• Compressores	602
• Engrenagens de alta velocidade	603
• Equipamentos de movimentação de material	640
• Agitadores mecânicos	641
• Turbinas a vapor	642
Tubulação	700 (Índice)
• Juntas de expansão	701
• Testes de pressão de campo	702
• Instalação de tubulação	703
• Especificações de fabricação da tubulação	749
• Suportes da tubulação	750
• Rastreamento de vapor	751
Administração do projeto	800 (Índice)
• Desenhos de projeto	801
• Normas de desenho técnico	802
• Requisitos gerais	803
• Coordenação do projeto	841
• Procedimentos de relatórios	842
• Dados do fornecedor	843
Vasos	900 (Índice)
• Proteção contra incêndio	901
• Pintura	902
• Tanques reforçados	948
• Trocadores de calor do casco e do tubo	949
• Caldeiras a vapor	950
• Revestimento dos vasos	951

As especificações são, na verdade, os padrões para estimar uma proposta. Se as especificações não existem ou não são necessárias, então os padrões de trabalho devem ser incluídos na proposta. Os padrões de trabalho também podem aparecer no volume de custos da proposta. Folhas reservas de justificativa do trabalho podem ou não ser incluídas na proposta, dependendo dos requisitos da RFP/RFQ (solicitação de cotação)[NT6].

Vários anos atrás, uma agência governamental consultou fornecedores a respeito do porquê de alguns programas de governo estarem custando tanto dinheiro. A culpa principal acabou sendo atribuída às especificações.

[NT6] Na expressão em inglês, *Request for Quotation (RFQ)*.

Especificações típicas contêm o dobro de páginas necessárias, não salientam a qualidade suficientemente, são carregadas com desenhos e esquemas desnecessários, são difíceis de ler e atualizar e estão obsoletas antes de serem publicadas. A racionalização das especificações existentes é um esforço dispendioso e demorado. A melhor alternativa é educar as pessoas envolvidas na elaboração de especificações, de modo que as futuras especificações sejam razoavelmente corretas.

11.11 CRONOGRAMAS DE MARCOS

Guia PMBOK®, 5. ed.
Capítulo 6 Gerenciamento do Tempo do Projeto

Os cronogramas de marcos do projeto contêm informações, como:

- Data de início do projeto
- Data de término do projeto
- Outros marcos principais
- Itens de dados (entregas ou relatórios)

As datas inicial e final do projeto, se forem conhecidas, devem ser incluídas. Outros marcos principais, como reuniões de avaliação, protótipo disponível, aquisições, testes, e assim por diante, também devem ser identificados. O último tópico, itens de dados, frequentemente é negligenciado. Existem dois bons motivos para a elaboração de um cronograma separado para os itens de dados. Primeiro, o cronograma separado indicará aos gerentes de linha que o pessoal com habilidades de redação pode ser designado. Segundo, os itens de dados requerem mão de obra direta de homens-horas para a redação, digitação, revisão, nova digitação, verificação, artes gráficas e reprodução. Muitas empresas identificam nos cronogramas de itens de dados o número aproximado de páginas por item de dado e cada item de dado é estimado a um custo por página de, digamos, $ 500. A precificação separada de itens de dados frequentemente induz os clientes a exigirem menos relatórios.

Os passos necessários para elaborar um relatório, após a descoberta inicial do trabalho ou da coleta de informações, incluem:

- Organização do relatório
- Redação
- Digitação
- Edição
- Nova digitação
- Verificação
- Artes gráficas
- Envio para aprovação
- Reprodução e distribuição

Normalmente, são necessárias de 6 a 8 horas de trabalho por página. A uma carga horária de $ 80, é fácil que os custos de documentação se tornem exorbitantes.

11.12 A ESTRUTURA ANALÍTICA DO PROJETO[NT7]

Guia PMBOK®, 5. ed.
5.4 Criar a EAP

A implementação bem-sucedida tanto do contrato quanto dos objetivos corporativos exige um plano que defina todo o esforço a ser despendido, atribua a responsabilidade a um elemento organizacional especialmente identificado e estabeleça os cronogramas e os orçamentos para a realização do trabalho. A elaboração desse plano é de responsabilidade do gerente do programa, que é assistido pela equipe do programa designada de acordo com as diretrizes do sistema de gerenciamento de programas. O planejamento detalhado também é estabelecido de acordo com a política orçamentária da empresa antes que os esforços contratuais sejam iniciados.

No planejamento de um projeto, o gerente do projeto deve estruturar o trabalho em pequenos elementos que sejam:

- Gerenciáveis, de modo que possam ser designadas autoridade e responsabilidade específicas
- Independentes, ou com o mínimo de interface e dependência de outros elementos em curso
- Integráveis, para que o pacote completo possa ser visto
- Mensuráveis em termos de progresso

Existem certas características fundamentais que toda a Estrutura Analítica do Projeto (EAP) deve possuir. Ao conhecer essas características, o processo de desenvolvimento da EAP pode ser mais fácil. De acordo com Norman, Brotherton e Fried, algumas das características fundamentais são[7]:

Características fundamentais são o conjunto mínimo de atributos específicos que devem estar presentes em toda EAP. Se uma EAP adere a estas características, diz-se que possui Qualidade Fundamental. Esses atributos fundamentais são muito "preto no branco" e não contêm tons de cinza. Ou a EAP possui estas características fundamentais ou não. Uma EAP com Qualidade Fundamental:

[NT7] Tradução oficial da versão em português da quarta edição do Guia PMBOK® para Work Breakdown Structure (WBS).

[7] NORMAN, E. S.; BROTHERTON, S. A., FRIED, R. T. *Work Breakdown Structures.* Hoboken, NJ: Wiley, 2008. p. 20-21.

- É orientada à entrega
- É hierárquica e construída de modo que (a) cada nível de decomposição contém 100% do trabalho de seu elemento pai e (b) cada elemento pai tem, pelo menos, dois elementos filhos
- Define o escopo total do projeto e inclui todos os elementos de trabalho relacionados com o projeto, incluindo todas as entregas internas, externas e intermediárias
- Inclui apenas os elementos a serem entregues pelo projeto (e nada que seja considerado fora do escopo)
- Usa substantivos e adjetivos para descrever as entregas, e não verbos
- Emprega um esquema de codificação que retrata claramente a natureza hierárquica do projeto
- Contém pelo menos dois níveis de decomposição
- É criada por aqueles que executam o trabalho com o apoio técnico de especialistas bem informados no assunto e de outras partes interessadas no projeto
- Inclui Gerenciamento de Projetos ou de Programas no nível 2 da hierarquia
- Inclui um Dicionário da EAP que descreve e define os limites dos elementos da EAP
- Contém pacotes de trabalho que apoiam claramente a identificação das tarefas, atividades e metas que devem ser realizadas a fim de entregar o pacote de trabalho
- Comunica o escopo do projeto a todas as partes interessadas
- É atualizada de acordo com os procedimentos de gerenciamento de mudanças do projeto

O primeiro grande passo no processo de planejamento, após a definição dos requisitos do projeto é o desenvolvimento da estrutura analítica do projeto, (EAP). A EAP é uma árvore genealógica subdividida orientada aos produtos de entregas físicas aos serviços e aos dados necessários para produzir o produto final. Ela é estruturada de acordo com a forma como o trabalho será realizado e reflete o modo em que os custos e os dados do projeto serão resumidos e eventualmente relatados. A elaboração da EAP considera também outras áreas que necessitam de dados estruturados, como a programação do cronograma, o gerenciamento de configuração, o financiamento de contrato e os parâmetros de desempenho técnico. A EAP é o único elemento mais importante porque fornece uma estrutura comum da qual:

- O programa total possa ser descrito como um somatório de elementos subdivididos
- O planejamento possa ser realizado
- Os custos e orçamentos possam ser estabelecidos
- Tempo, custos e desempenho possam ser monitorados
- Os objetivos possam ser ligados a recursos da empresa de uma forma lógica
- Procedimentos para os cronogramas e os relatórios de andamento possam ser estabelecidos
- A construção de rede e o planejamento de controle possam ser iniciados
- As designações de responsabilidade para cada elemento possam ser estabelecidas

A estrutura analítica do projeto age como um veículo para dividir o trabalho em elementos menores, proporcionando, assim, uma maior probabilidade de que todas as atividades principais e secundárias serão contabilizadas. Embora exista uma variedade de estruturas analíticas de projeto, a mais comum é a estrutura endentada em seis níveis, mostrada a seguir:

	Nível	Descrição
Níveis Gerenciais	1	Total do Programa
	2	Projeto
	3	Tarefa
Níveis Técnicos	4	Subtarefa
	5	Pacote de Trabalho
	6	Nível de Esforço

O nível 1 é o total do programa e é composto por um conjunto de projetos. O somatório das atividades e dos custos associados a cada projeto deve ser igual ao total do programa. Cada projeto, entretanto, pode ser dividido em tarefas, em que o somatório de todas elas é igual ao somatório de todos os projetos, os quais, por sua vez, compreendem o total do programa. A razão para essa subdivisão de esforço é simplesmente a facilidade de controle. O gerenciamento de programas, portanto, torna-se sinônimo de integração de atividades e o gerente de projetos atua como integrador, utilizando a estrutura analítica do projeto como a estrutura comum.

Deve-se tomar cuidado na concepção e no desenvolvimento da EAP. Conforme a Figura 11-3, a estrutura analítica do projeto pode ser usada para fornecer a base para:

- A matriz de responsabilidades
- A programação da rede do cronograma
- O custeio
- A análise dos riscos
- A estrutura organizacional
- A coordenação dos objetivos
- O controle (incluindo administração de contratos)

Guia PMBOK®, 5. ed.
Figura 5-10 Exemplo de EAP

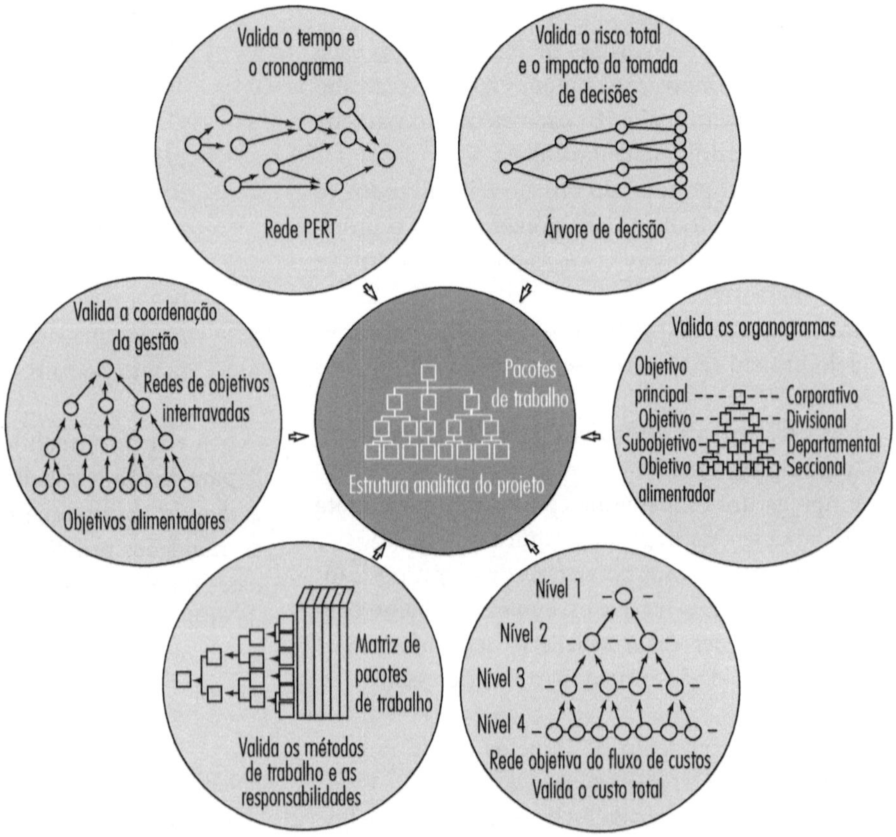

FIGURA 11-3 Estrutura analítica de projeto para controle e avaliação de objetivos.

Fonte: MALI, Paul. *Managing by objectives.* New York: Wiley, 1972. p. 163. © 1972 por John Wiley & Sons. Reproduzido com permissão da editora.

Os três níveis superiores da EAP normalmente são estabelecidos pelo cliente (se parte de uma RFP/RFQ), como os níveis de resumo para efeitos de relatório. Os níveis mais baixos são gerados pelo fornecedor para o controle interno. Cada nível tem uma função vital: o nível 1 é geralmente utilizado para a autorização e liberação de todo o trabalho, os orçamentos são elaborados no nível 2, e os cronogramas são elaborados no nível 3. Certas características podem agora ser generalizadas por esses níveis:

- Os três primeiros níveis da EAP refletem os esforços integrados e não devem ser relacionados a um departamento específico. O esforço exigido pelos departamentos ou seções devem ser definidos em subtarefas e pacotes de trabalho.
- O somatório de todos os elementos de um nível deve ser a soma de todos os trabalhos no nível inferior seguinte.
- Cada elemento de trabalho deve ser atribuído a um, e somente um, nível de esforço. Por exemplo, a construção da fundação de uma casa deve ser incluída em um projeto (ou tarefa), não estendido ao longo de dois ou três. (No nível 5, os pacotes de trabalho devem ser identificáveis e homogêneos.)
- O nível a que o projeto é gerenciado é geralmente chamado de nível de pacote de trabalho. Na verdade, o pacote de trabalho pode existir em qualquer nível abaixo do nível um.
- A EAP deve ser acompanhada por uma descrição do escopo do esforço necessário, ou então apenas aqueles indivíduos que emitem a EAP terão um entendimento total do trabalho que tem de ser realizado. É prática comum reproduzir a declaração do trabalho do cliente como a descrição para a EAP.
- Muitas vezes é a melhor política para o gerente do projeto, independentemente da sua competência técnica, permitir que todos os gerentes de linha avaliem os riscos na DT. Afinal, os gerentes de linha geralmente são os especialistas reconhecidos na organização.

Os gerentes de projetos, normalmente gerenciam os três primeiros níveis da EAP e preferem fornecer relatórios de andamento para a administração sobre esses níveis também. Algumas empresas estão tentando a padronização de relatórios para a administração, exigindo que os três primeiros níveis da EAP sejam os mesmos para cada projeto, as únicas diferenças ficando nos níveis de 4 a 6. Para empresas com uma grande semelhança entre os projetos, essa abordagem tem seu mérito. Para a maioria das empresas, contudo, as diferenças entre os projetos tornam quase impossível padronizar os níveis superiores da EAP.

O pacote de trabalho é o nível crítico para gerenciar uma estrutura analítica do projeto, como mostrado na Figura 11-4. No entanto, é possível que o gerenciamento real dos pacotes de trabalho seja supervisionado e executado pelos gerentes de linha com o relatório de andamento fornecido ao gerente do projeto em níveis mais altos da EAP.

Os pacotes de trabalho são subdivisões naturais das contas de custos e constituem os blocos de construção básicos utilizados pelo fornecedor no planejamento, no controle e na medição do desempenho do contrato. Um pacote de trabalho é simplesmente uma tarefa de baixo nível ou uma designação de trabalho. Ele descreve o trabalho a ser realizado por uma organização executora específica ou por um grupo de centros de custos e serve como um veículo para o monitoramento e para o relatório do progresso do trabalho. Os documentos que autorizam e designam o trabalho a uma organização executora são designados por vários nomes em toda a indústria. "Pacote de trabalho" é o termo genérico utilizado nos critérios para identificar tarefas distintas que têm resultado final definível. Os pacotes de trabalho ideais possuem 80 horas e entre duas a quatro semanas. No entanto, isso pode não ser possível em grandes projetos.

Não é necessário que a documentação do pacote de trabalho contenha descrições completas e independentes. A documentação complementar pode aumentar as descrições dos pacotes de trabalho. No entanto, as descrições dos pacotes de trabalho devem possibilitar aos gerentes das contas de custos e aos supervisores dos pacotes de trabalho compreender e distinguir claramente um esforço de pacote de trabalho de outro. Na revisão da documentação do pacote de trabalho, pode ser necessário obter explicações do pessoal rotineiramente envolvido no trabalho, em vez de exigir que as descrições dos pacotes sejam completamente autoexplicativas.

Os pacotes de trabalho de curto prazo podem ajudar a avaliar as realizações. Eles devem ser subdivisões naturais do esforço planejado de acordo com a forma como o trabalho será feito. No entanto, quando os paco-

Guia PMBOK®, 5. ed.
Figura 5-11 Decomposição de CAP
Associações com procedimentos organizacionais

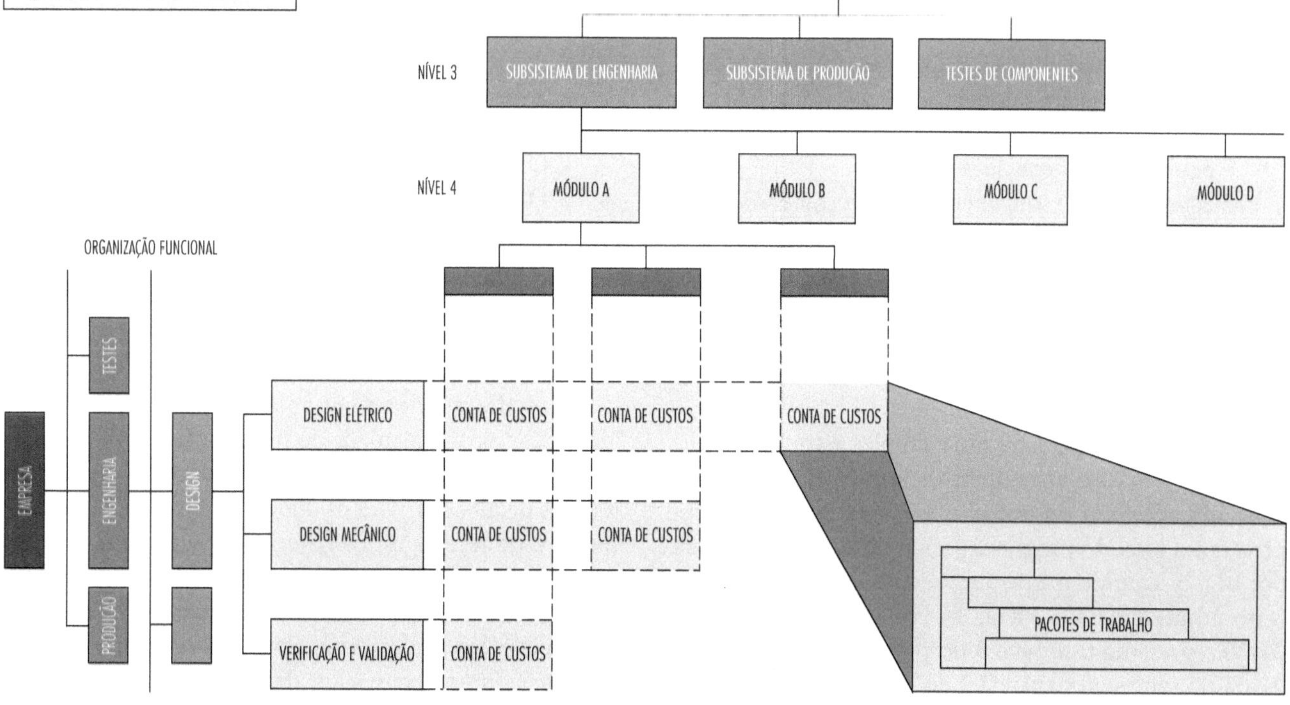

FIGURA 11-4 A intersecção das contas de custos.

tes são relativamente curtos, pouca ou nenhuma avaliação do trabalho em processo é necessária, e a avaliação do andamento é possível principalmente em virtude das conclusões dos pacotes de trabalho. Quanto mais longos os pacotes de trabalho, mais difícil e subjetiva fica a avaliação do trabalho em processo, a menos que os pacotes sejam subdivididos por indicadores objetivos, tais como marcos distintos com valores de orçamento predeterminados ou percentuais de conclusão.

Na criação da estrutura analítica do projeto, as tarefas devem:

- Possuir datas de início e término claramente definidas
- Ser úteis como ferramentas de comunicação em que os resultados possam ser comparados com as expectativas
- Ser estimadas em um tempo de duração total, e não quando a tarefa deve iniciar ou terminar
- Ser estruturadas de modo que um mínimo de controle e documentação do escritório de projetos (ou seja, modelos) seja necessário

Para grandes projetos, o planejamento será disposto em fases no tempo no nível dos pacotes de trabalho da EAP. O pacote de trabalho tem as seguintes características:

- Representa unidades de trabalho no nível em que o trabalho é realizado
- Distingue claramente um pacote de trabalho de todos os outros designados a um único grupo funcional
- Contém datas de início e término claramente definidas, que sejam representantes da realização física (isso é realizado após o desenvolvimento do cronograma estar concluído)
- Especifica um orçamento, em termos monetários, de homens-horas ou de outras unidades mensuráveis
- Limita o trabalho a ser realizado em períodos de tempo relativamente curtos para minimizar o esforço dos trabalhos em processo

A Tabela 11-3 mostra uma simples estrutura analítica de projeto com um sistema de numeração associado, seguindo a divisão do trabalho. O primeiro número representa o total do programa (nesse caso, é representada por 01), o segundo número representa o projeto e o terceiro número identifica a tarefa. Portanto, o número 01-03-00 representa o projeto 3 do programa 01, enquanto 01-03-02 representa a tarefa 2 do projeto 3. Esse tipo de sistema de numeração não é padrão; cada empresa pode ter o seu próprio sistema, dependendo de como os custos devem ser controlados.

A elaboração da estrutura analítica do projeto não é fácil. A EAP é uma ferramenta de comunicação, fornecendo informações detalhadas a diferentes níveis da administração. Se ela não possuir níveis suficientes, então a integração das atividades pode ser difícil. Se existirem muitos níveis, então levará um tempo improdutivo para ter o mesmo número de níveis para todos os projetos, tarefas e assim por diante. Cada elemento principal de trabalho deve ser considerado por si só. Lembre-se, a EAP estabelece o número de redes necessárias para o controle dos custos.

TABELA 11-3 Estrutura analítica de projeto para a construção e inicialização de uma nova fábrica

Programa: Construção e Inicialização de Nova Fábrica	01-00-00
Projeto 1: Estudo Analítico	01-01-00
Tarefa 1: Estudo de Mercado/Produção	01-01-01
Tarefa 2: Análise de Custo/Eficácia	01-01-02
Projeto 2: *Design* e *Layout*	01-02-00
Tarefa 1: Esboços de Processamento de Produto	01-02-01
Tarefa 2: Plano do Processamento de Produto	01-02-02
Projeto 3: Instalação	01-03-00
Tarefa 1: Fabricação	01-03-01
Tarefa 2: Configuração	01-03-02
Tarefa 3: Testes e Operação	01-03-03
Projeto 4: Apoio ao Programa	01-04-00
Tarefa 1: Gerenciamento	01-04-01
Tarefa 2: Aquisição de Matéria-prima	01-04-02

Para muitos programas, a estrutura analítica do projeto é estabelecida pelo cliente. Se o fornecedor for obrigado a desenvolver uma EAP, então algumas orientações devem ser consideradas, incluindo:

- A complexidade e os requisitos técnicos do programa (ou seja, a declaração do trabalho)
- O custo do programa
- O intervalo de tempo do programa
- Os requisitos de recursos do fornecedor
- A estrutura interna do fornecedor e do cliente para o controle de gestão e para relatórios
- O número de subcontratos

A aplicação dessas orientações serve apenas para identificar a complexidade do programa. Esses dados devem ser subdivididos e liberados, juntamente com informações detalhadas, para os diferentes níveis da organização. A EAP deve seguir os critérios especificados, porque, embora a sua elaboração seja realizada pelo escritório do programa, o trabalho real é realizado pelos executores, e não pelos planejadores. Tanto os executores quanto os planejadores devem estar de acordo quanto ao que é esperado. Um exemplo de listagem dos critérios para o desenvolvimento de uma estrutura analítica de projeto é mostrado a seguir:

- A EAP e a descrição de trabalho devem ser de fácil compreensão.
- Todos os cronogramas devem seguir a EAP.
- Nenhuma tentativa deve ser feita para subdividir o trabalho de forma arbitrária ao menor nível possível. O menor nível de trabalho não deve acabar por ter um custo ridículo em comparação a outros esforços.
- Como o escopo do esforço pode mudar durante um programa, todos os esforços devem ser feitos para manter a flexibilidade da EAP.
- A EAP pode atuar como uma lista de marcos distintos e tangíveis para que todos saibam quando os marcos foram alcançados.
- O nível da EAP pode refletir a "confiança" que você tem em determinados grupos de linha.
- A EAP pode ser usada para segregar os custos recorrentes dos não recorrentes.
- A maioria dos elementos da EAP (no menor nível de controle) varia entre 0.5 e 2.5% do orçamento total do projeto.

11.13 PROBLEMAS NA DECOMPOSIÇÃO DA EAP

Existe um equívoco comum de que a decomposição da EAP é uma tarefa fácil de realizar. No desenvolvimento da EAP, os três níveis superiores ou níveis de gestão são geralmente níveis de recuo. A elaboração de modelos nesses níveis está se tornando uma prática comum. No entanto, nos níveis de 4 a 6 da EAP, os modelos podem não ser adequados. Há motivos para isso.

- A divisão do trabalho em pacotes extremamente pequenos e detalhados pode exigir a criação de centenas ou mesmo de milhares de contas de custos e números de cobrança. Isso poderia aumentar os custos de gerenciamento, controle e de relatórios desses pequenos pacotes a um ponto em que os custos excedam os benefícios. Embora um pacote de trabalho típico possa ter de 200 a 300 horas e cerca de duas semanas de duração, considere o impacto em um projeto grande, que pode ter mais de um milhão de horas diretas de trabalho.
- A divisão do trabalho em pequenos pacotes pode proporcionar um controle preciso de custos se, e somente se, os gerentes de linha puderem determinar os custos nesse nível de detalhe. Os gerentes de linha devem ter o direito de dizer aos gerentes de projetos que os custos **não podem** ser determinados no nível de detalhe solicitado.
- A estrutura analítica do projeto é a base para as técnicas de desenvolvimento do cronograma, como o Método do Diagrama de Setas[NT8] e o Método do Diagrama de Precedência[NT9]. Nos níveis baixos da EAP, as interdependências entre as atividades podem se tornar tão complexas que as redes importantes não conseguem ser construídas.

Uma solução para esses problemas é a criação de atividades de "resumo", que englobam várias atividades em que a identificação exata dos custos não consegue ou não pode ser precisamente determinada. Alguns projetos identificam uma atividade de "resumo" chamada de apoio ao gerenciamento (ou ao escritório de projetos), que inclui o gerenciamento global do projeto, os itens de dados, as reservas de gerenciamento e, possivelmente, as aquisições. A vantagem desse tipo de atividade de resumo é que os números de cobrança estão sob o controle **direto** do gerente do projeto.

Há um conceito errado comum de que as dimensões típicas de um pacote de trabalho são de aproximadamente 80 horas e de menos do que entre duas semanas a um mês. Embora isso possa ser verdade em pequenos projetos, precisaria de milhões de pacotes de trabalho em grandes esforços e isso pode ser impraticável, mesmo que os gerentes de linha pudessem controlar pacotes de trabalho desse tamanho.

De um ponto de vista do controle de custos, a análise de custos até o quinto nível é vantajosa. No entanto, deve notar-se que o custo necessário para elaborar os dados para análise de custos de cada nível mais baixo pode aumentar exponencialmente, especialmente se o cliente necessita de dados a serem apresentados em um formato especificado que não faça parte dos procedimentos operacionais padronizados da empresa. Os pacotes de trabalho de nível 5 normalmente são apenas para o controle interno. Algumas empresas cobram separadamente dos clientes por cada nível de relatório de custos abaixo do nível 3.

A EAP pode ser subdividida em subobjetivos com divisões mais refinadas do esforço, conforme descemos em seus níveis. Por meio da definição de subobjetivos, nós adicionamos uma maior compreensão e, espera-se, clareza das ações para aqueles indivíduos que serão necessários para concluir os objetivos. Sempre que o trabalho for estruturado, compreendido, facilmente identificável e estiver dentro das capacidades dos indivíduos, quase sempre existirá um elevado grau de confiança de que o objetivo pode ser alcançado.

NT8 Na expressão em inglês, *Arrow Diagramming Method* (ADM).

NT9 Na expressão em inglês, *Precedence Diagramming Method* (PDM).

As estruturas analíticas de projeto podem ser utilizadas para estruturar o trabalho para o alcance de tais objetivos, como redução de custos, redução do absenteísmo, aumento do moral e diminuição dos fatores de descarte. A menor subdivisão agora se torna um item final ou subobjetivo, não necessariamente um pacote de trabalho, conforme descrito aqui. No entanto, uma vez que estamos descrevendo o gerenciamento de projetos, para o restante do texto vamos considerar como o nível mais baixo o pacote de trabalho.

Uma vez que a EAP está estabelecida e que o programa é iniciado, torna-se um procedimento muito dispendioso tanto adicionar quanto excluir atividades, ou modificar os níveis de relatório, por causa do controle de custos. Muitas empresas não dão atenção preventiva à importância de uma EAP adequadamente desenvolvida, e, finalmente, arriscam-se a ter problemas de controle de custos mais adiante. Um uso importante da EAP é que ela serve como um padrão de controle de custos para quaisquer atividades futuras que possam se seguir ou que apenas podem ser parecidas. Um erro comum cometido pela administração é a combinação de atividades de apoio direto com atividades administrativas. Por exemplo, o gerente do departamento de engenharia de produção pode ser obrigado a fornecer apoio administrativo (possivelmente por meio da participação em reuniões de equipe) durante toda a duração do programa. Se o apoio administrativo for estendido a cada um dos projetos, é obtida uma falsa imagem quanto às horas reais necessárias para realizar cada projeto no programa. Se um dos projetos for cancelado, então a quantidade de homens-horas de apoio para o programa total seria reduzida quando, na verdade, as funções administrativas e de apoio podem ser constantes, independentemente do número de projetos e tarefas.

Muitas vezes as estruturas analíticas de projeto que acompanham as RFPs do cliente contêm muito mais escopo do trabalho, como especificado pela declaração do trabalho, do que o financiamento existente irá suportar. Isso é feito intencionalmente pelo cliente na esperança de que um fornecedor possa querer aceitar. Se o preço do fornecedor exceder as limitações de financiamento do cliente, então o escopo do trabalho deve ser reduzido, por meio da eliminação de atividades da EAP. Por intermédio do desenvolvimento de um projeto separado para as atividades administrativas e indiretas de apoio, o cliente pode facilmente modificar os seus custos, eliminando as atividades diretas de apoio do trabalho cancelado.

Antes de prosseguirmos, deve haver uma breve discussão sobre a utilidade e a aplicabilidade do sistema da EAP. Muitas empresas e indústrias têm sido bem-sucedidas no gerenciamento de programas sem o uso de estruturas analíticas de projeto, especialmente em programas de tipo repetitivo. Como foi o caso com a DT, também existem orientações para a elaboração da EAP[8]:

- Desenvolva a disposição da EAP, por meio da subdivisão do esforço total em subelementos distintos e lógicos. Normalmente um programa se divide em projetos, sistemas principais, subsistemas principais e vários níveis inferiores, até que um nível de elemento de tamanho gerenciável seja alcançado. Podem ocorrer grandes variações, dependendo do tipo de esforço (por exemplo, desenvolvimento de grandes sistemas, serviços de apoio etc.). Incluir mais de um centro de custos e mais de um fornecedor, se isso refletir a situação real.
- Verifique a EAP proposta e os esforços contemplados quanto à integralidade, compatibilidade e continuidade.
- Determine que a EAP atenda tanto aos requisitos funcionais (engenharia/produção/testes) quanto aos requisitos de programa/projeto (equipamentos, serviços etc.), incluindo os custos recorrentes e não recorrentes.
- Verifique para determinar se a EAP fornece a subdivisão lógica de todo o trabalho do projeto.
- Estabeleça a designação de responsabilidades para todos os esforços identificados para as organizações específicas.
- Verifique a EAP proposta em relação aos requisitos de relatório das organizações envolvidas.

Guia PMBOK®, 5. ed.
5.4.2.1 EAP

Há também listas de verificação que podem ser utilizadas na elaboração da EAP[9]:

- Desenvolva uma EAP preliminar não inferior aos três níveis superiores para propósitos de solicitação (ou inferior se for considerado necessário por alguma razão especial).
- Assegure-se de que o fornecedor seja obrigado a estender a EAP preliminar em resposta à solicitação, para identificar e estruturar todo o trabalho do fornecedor como sendo compatível com sua organização e sistema de gerenciamento.
- Na sequência das negociações, a estrutura da decomposição do trabalho contratado EAP do contrato) incluída no contrato, normalmente não deve se estender além do terceiro nível.

8 *Handbook for preparation of work breakdown structures*, NHB5610.1, Agência Espacial Norte-Americana, fev. 1975.

9 Ver nota 8.

- Assegure-se de que a estrutura da decomposição do trabalho contratado negociada seja compatível com os requisitos de relatório.
- Assegure-se de que a estrutura da decomposição do trabalho contratado negociada seja compatível com a organização e com o sistema de gerenciamento do fornecedor.
- Reveja os elementos da estrutura da decomposição do trabalho contratado para garantir a correlação com:
  - A árvore de especificações
  - Os itens de linha do contrato
  - Os itens finais do contrato
  - Os itens de dados necessários
  - As tarefas da declaração do trabalho
  - Os requisitos do gerenciamento de configuração
- Defina os elementos da estrutura da decomposição do trabalho contratado até o nível em que tais definições sejam significativas e necessárias para fins de gerenciamento (dicionário da EAP).
- Especifique os requisitos de relatório para os elementos selecionados da estrutura da decomposição do trabalho contratado, se forem desejadas variações dos requisitos padronizados de relatório.
- Assegure-se de que a estrutura da decomposição do trabalho contratado abranja esforços, níveis de esforço, esforços divididos e subcontratos mensuráveis, se aplicável.
- Assegure-se de que os custos totais de um determinado nível serão iguais à soma dos custos dos elementos constituintes do nível imediatamente inferior.

Em projetos simples, a EAP pode ser construída como um "diagrama de árvore" (ver a Figura 11-5), ou de acordo com o fluxo lógico. Na Figura 11-5, o diagrama de árvore pode acompanhar o trabalho ou mesmo a estrutura organizacional da empresa (ou seja, divisão, departamento, seção, unidade). O segundo método é criar um fluxo lógico (ver Figura 12-21) e agrupar determinados elementos para representar tarefas e projetos. No método de árvore, as unidades funcionais de nível mais baixo podem ser atribuídas a um, e somente um, elemento de trabalho; enquanto no método do fluxo lógico, as unidades funcionais de nível mais baixo podem servir vários elementos da EAP.

Existe uma tendência para desenvolver diretrizes, políticas e procedimentos para o gerenciamento de projetos, mas não para o desenvolvimento da EAP. Algumas empresas têm sido ligeiramente bem-sucedidas no desenvolvimento de uma metodologia "genérica" para os níveis 1, 2 e 3 da EAP para aplicar em todos os projetos. As diferenças aparecem nos níveis 4, 5 e 6.

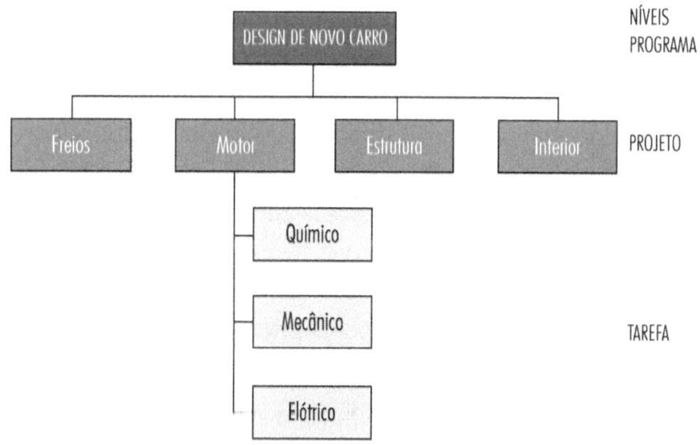

FIGURA 11-5 Diagrama de árvore da eap.

A tabela a seguir mostra os três métodos mais comuns para a estruturação da EAP:

Nível	Método: Fluxo	Método: Ciclo de Vida	Método: Organização
Programa	Programa	Programa	Programa
Projeto	Sistema	Ciclo de Vida	Divisão
Tarefa	Subsistema	Sistema	Departamento
Subtarefa	Pessoas	Subsistema	Seção
Pacote de Trabalho	Pessoas	Pessoas	Pessoas
Nível de Esforço	Pessoas	Pessoas	Pessoas

O método do fluxo divide o trabalho em sistemas e subsistemas principais. Esse método é adequado para projetos de menos de dois anos de duração. Para projetos mais longos, usamos o método do ciclo de vida, que é semelhante ao método de fluxo. O método da organização é usado para projetos que podem ser repetitivos ou exigir muito pouca integração entre as unidades funcionais.

11.14 DICIONÁRIO DE ESTRUTURA ANALÍTICA DO PROJETO

As estruturas analíticas do projeto (EAP) são na verdade sistemas de numeração como o da última coluna da Tabela 11-3. Muitas vezes, textos são adicionados à EAP para dar clareza. Como exemplo, softwares de gerenciamento de projetos tratam a EAP como um sistema de numeração, mas podem pedir uma descrição do pacote de trabalho e o nome ou as iniciais da pessoa responsável por aquele pacote de trabalho.

Talvez a melhor maneira de entender o significado e a intenção de cada pacote de trabalho seja usar um dicionário da EAP. Para cada elemento na EAP, o dicionário fornece uma breve descrição, o nome da pessoa ou do centro de custos responsável por aquele elemento, tal como numa matriz de responsabilidade, de marcos do elemento e a entrega final. O dicionário da EAP pode também identificar o custo associado àquele elemento, o número de cobrança a ser utilizado, e os recursos necessários, por nome ou nível de habilidade. O dicionário também pode fornecer uma descrição técnica detalhada de cada elemento e listagem cruzada com outros elementos da EAP, requisitos de qualidade e documentação contratual. O dicionário da EAP também é ligado ao formulário de autorização de trabalho do projeto, discutido no Capítulo 15.

A EAP e o dicionário da EAP podem ser usados para embasar o processo de verificação do escopo. Norman, Brotherton, e Fried afirmam que[10]:

> Durante a execução do projeto, a validação das entregas pode ser feita referenciando as entregas da forma como foram descritas na EAP e no Dicionário da EAP. Uma vez que a EAP e Dicionário da EAP descrevem as entregas do projeto, incluindo os critérios de aceitação e conclusão, estes se tornam então o ponto de referência para a validação e aceitação das entregas concluídas. A EAP e o Dicionário da EAP, muitas vezes são utilizados adicionalmente como linha de base para monitorar e medir "desejos" e "necessidades" versus o escopo do projeto que foi acordado. Isso garante que o projeto não tente produzir resultados que não estão incluídos nos requisitos. A EAP e o Dicionário da EAP ajudam a garantir que a equipe do projeto tente entregar resultados ou qualidade que não excedam os limites dos requisitos, enquanto também contêm e controlam o *scope creep*.
>
> A EAP e o Dicionário da EAP ajudam a apoiar as comunicações entre o gerente do projeto, a equipe de projeto, o(s) patrocinador(es) e as partes interessadas, em relação ao conteúdo e aos critérios de conclusão para as entregas do projeto. Sem antes desenvolver a EAP, frequentemente os critérios para aceitação e conclusão da entrega são mal definidos, levando a mal-entendidos e discordância sobre a conclusão dos resultados específicos do projeto.
>
> À medida que o trabalho prossegue no projeto, a EAP pode ser usada como uma lista de verificação para determinar quais entregas foram ou não foram concluídas ou aceitas. Quando comunicada por meio do relatório de status ou por meio de outros veículos constantes no Plano de Comunicação do projeto, isso ajuda a garantir que todas as partes interessadas do projeto entendem claramente o estado atual do projeto.
>
> Ao final do projeto, a verificação do escopo apoia a transição do projeto para operações continuadas, bem como o encerramento de quaisquer contratos ou subcontratos em aberto. Aqui, novamente, a EAP é usada como a base para verificação e como entrada chave para os processos de encerramento de contrato e de projeto.

[10] Veja nota 7, p. 338.

11.15 O PAPEL DOS EXECUTIVOS NA SELEÇÃO DE PROJETOS

Guia PMBOK®, 5. ed.
Capítulo 4 Integração 4.1.2 Desenvolver o termo de abertura do projeto: ferramentas e técnicas

Uma responsabilidade primordial da alta administração (e possivelmente dos patrocinadores de projetos) é a seleção de projetos. A maioria das organizações possui critérios de seleção estabelecidos, que podem ser subjetivos, objetivos, quantitativos, qualitativos ou simplesmente uma aposta baseada na intuição. Em qualquer caso, deve haver um motivo válido para a seleção do projeto.

De uma perspectiva financeira, a seleção de projetos é basicamente um processo de duas partes. Primeiro, a organização irá realizar um estudo de viabilidade para determinar se o projeto **pode** ser realizado. A segunda parte é realizar uma análise de custo-benefício para ver se a empresa **deve** realizá-lo.

O objetivo do estudo de viabilidade é confirmar que o projeto atende às viabilidades de custos, tecnológica, de segurança, de comercialização e facilidade para a execução dos requisitos. A empresa pode usar consultores externos ou especialistas SME para ajudar tanto nos estudos de viabilidade quanto nas análises de custo-benefício. Um gerente de projetos não pode ser designado até que o estudo de viabilidade esteja concluído.

Como parte do processo de viabilidade durante a seleção de projetos, a alta administração muitas vezes solicita a participação de SMEs e de gerentes de nível inferior pelos modelos de classificação. Os modelos de classificação normalmente identificam as empresas e/ou critérios técnicos em relação ao qual as classificações serão feitas. A Figura 11-6 mostra um modelo de escala para um único projeto. A Figura 11-7 mostra um sistema de classificação de lista de verificação para avaliar três projetos ao mesmo tempo. A Figura 11-8 mostra um modelo de pontuação para vários projetos utilizando as médias ponderadas.

	CRITÉRIOS	ESCALA −2	−1	0	+1	+2
ALTA ADMINISTRAÇÃO	Requisitos de Capital				X	
	Reação Competitiva			X		
	Retorno sobre o Investimento				X	
	Período de Retorno	■			X	■
	Impactos em Wall Street				X	
ENGENHARIA	Equipamentos Necessários					X
	Disponibilidade de Pessoal				X	
	Know-How					X
	Dificuldade de Design	■	■	■	■	■
	Disponibilidade de Equipamentos				X	
	Layouts de Tubulação				X	
PESQUISA	Patenteabilidade			X		
	Probabilidade de Sucesso					X
	Know-How					X
	Custos do Projeto		X			
	Disponibilidade de Pessoal	X				
	Disponibilidade de Laboratório	X				
MARKETING	Extensão de Vida do Produto		X			
	Vantagem do Produto	■	X	■		■
	Adequação à Força de Vendas	X				
	Tamanho de Mercado	X				
	Número de Concorrentes	X				
PRODUÇÃO	Processabilidade					X
	Know-How					X
	Disponibilidade de Equipamentos					X
	QUANTIDADE DE Xs	5	3	2	7	7

CÓDIGOS: +2 = EXCELENTE
+1 = BOM
0 = RAZOÁVEL
-1 = RUIM
-2 = INACEITÁVEL

■ = NÃO APLICÁVEL
X = PONTUAÇÃO PARA O PROJETO A

FIGURA 11-6 Ilustração de um modelo de escala para um projeto, Projeto A.

Fonte: Souder, William E. Project selection and economic appraisal. p. 66

CRITÉRIOS	Lucratividade			Comercialidade			Probabilidade de Sucesso			
Projetos	3	2	1	3	2	1	3	2	1	Pontuação Total
Projeto A	✓				✓			✓		7
Projeto B		✓		✓					✓	6
Projeto C			✓			✓			✓	3

FIGURA 11-7 Ilustração de uma lista de verificação para três projetos.

Fonte: Souder, William. *Project selection and economic appraisal.* p. 68

CRITÉRIOS	LUCRATIVIDADE	PATENTEABILIDADE	COMERCIABILIDADE	PRODUTIBILIDADE
CRITÉRIOS DE PONDERAÇÃO	4	3	2	1

PROJETOS	PONTUAÇÃO DOS CRITÉRIOS*				PONTUAÇÃO TOTAL PONDERADA
PROJETO D	10	6	4	3	69
PROJETO E	5	10	10	5	75
PROJETO F	3	7	10	10	63

PONTUAÇÃO TOTAL PONDERADA = Σ(PONTUAÇÃO DOS CRITÉRIOS X PONDERAÇÃO DOS CRITÉRIOS)
*ESCALA: 10 = EXCELENTE; 1 = INACEITÁVEL

FIGURA 11-8 Ilustração de um modelo de pontuação.

Fonte: Souder, William. Project selection and economic appraisal. p. 69.

Se o projeto for considerado viável e com um bom ajuste ao plano estratégico, então o projeto é priorizado para desenvolvimento, juntamente com outros projetos. Uma vez que a viabilidade está determinada, uma análise de custo-benefício é realizada para confirmar que o projeto, se executado corretamente, fornece os benefícios financeiros e não financeiros exigidos. As análises de custo-benefício exigem significativamente mais informações para serem examinadas do que geralmente estão disponíveis durante um estudo de viabilidade. Isso pode ser uma proposta cara.

> **Guia PMBOK®, 5. ed.**
> 5.3 Definir o escopo
> 5.3.2.2 Análise do produto

A estimativa dos benefícios e dos custos de forma oportuna é muito difícil. Os benefícios são frequentemente definidos como:

- Benefícios tangíveis para os quais o dinheiro pode ser razoavelmente quantificado e medido,
- Benefícios intangíveis que podem ser quantificados em unidades diferentes da monetária ou podem ser identificados e descritos subjetivamente,

Os custos são significativamente mais difíceis de quantificar. Os custos mínimos que devem ser determinados são aqueles que são utilizados especificamente para comparação com os benefícios. Isso inclui:

- Os custos atuais de operação ou os custos de operação nas circunstâncias de hoje.
- Custos de períodos futuros que são esperados e que podem ser planejados.
- Custos intangíveis que podem ser difíceis de quantificar. Esses custos são muitas vezes omitidos se a quantificação contribuir pouco para o processo decisório.

Deve haver uma documentação cuidadosa de todas as restrições e premissas conhecidas que foram feitas no desenvolvimento dos custos e dos benefícios. Premissas irrealistas ou não reconhecidas são frequentemente a causa de benefícios irreais. A decisão *go/no-go* de continuar com um projeto poderia muito bem se basear na confirmação das premissas.

A Tabela 11-4 mostra as principais diferenças entre os estudos de viabilidade e as análises de custo-benefício.

TABELA 11-4 Estudo de viabilidade e análise de custo-benefício

	Estudo de Viabilidade	Análise de Custo-Benefício
Questão Básica	*Podemos Fazer?*	*Devemos Fazer?*
Fase do Ciclo de Vida	Preconceitual	Conceitual
GP selecionado	Geralmente ainda não	Geralmente identificado, mas com envolvimento parcial
Análise	Qualitativa	Quantitativa
Fatores críticos para o *Go/No-go*	• Técnicos • Custos • Qualidade • Segurança • Facilidade de desempenho • Econômicos • Legais	• Valor presente líquido • Fluxo de caixa descontado • Taxa interna de retorno • Retorno sobre o investimento • Probabilidade de sucesso • Realidade das premissas e restrições
Critérios de decisão dos executivos	Aderência estratégica	Os benefícios excedem os custos pela margem exigida

Hoje, o gerente de projetos pode acabar participando do processo de seleção de projetos. No Capítulo 1, discutimos a nova classe de gerente de projetos, ou seja, uma pessoa que tem excelentes habilidades para negócios, bem como competências em gerenciamento de projetos. Essas habilidades para os negócios agora nos permite trazer o gerente de projetos a bordo no projeto no começo da fase de iniciação, em vez de no final dessa fase, porque o gerente de projetos pode agora fornecer uma valiosa contribuição para o processo de seleção de projetos. Ele pode ser útil durante a seleção de projetos, fornecendo conhecimento do negócio, incluindo:

- Opções de oportunidades (volume de vendas, participação de mercado e negócios posteriores)
- Requisitos dos recursos (requisitos do conjunto de conhecimentos e habilidades da equipe)
- Custos refinados do projeto
- Economias refinadas
- Benefícios (financeiros, estratégicos, *payback*[NT10])
- Métricas do projeto (indicadores-chave de desempenho e fatores críticos de sucesso)
- Realização de benefícios (consistência com o plano corporativo de negócios)
- Riscos
- Estratégias de saída
- Prontidão e pontos fortes organizacionais
- Cronograma/marcos
- Complexidade geral
- Complexidade tecnológica e restrições, se houver[11]

11.16 O PAPEL DOS EXECUTIVOS NO PLANEJAMENTO

Executivos são responsáveis pela seleção do gerente do projeto, e a pessoa escolhida deve possuir conhecimentos em planejamento. Nem todos os especialistas técnicos são bons planejadores. Da mesma forma, algumas pessoas que são excelentes na execução possuem habilidades mínimas de planejamento. Os executivos devem ter certeza de que quem for designado como o gerente do projeto possua tanto habilidades de planejamento quanto de execução. Além disso, os executivos devem ter um papel ativo durante as atividades de planejamento do projeto, especialmente se eles funcionam também como patrocinadores de projetos.[12]

Os executivos não devem arbitrariamente definir marcos irreais e, em seguida, "forçar" os gerentes de linha

[NT10] Termo de finanças que representa o tempo decorrido entre o momento do investimento inicial e aquele no qual o lucro líquido acumulado se iguala ao valor do investimento.

[11] Para fatores adicionais que podem influenciar a tomada de decisões na seleção de projetos, ver: MEREDITH, J. R.; MANTEL Jr., S. J. Project management. 3. ed. New York: Wiley, 1995. p. 44-46.

[12] Embora essa seção se chame "O Papel dos Executivos no Planejamento", ela também se aplica à gerência de linha, se o patrocínio do projeto for direcionado para o nível da média gerência ou inferior. Isso é bastante comum em organizações altamente maduras em gerenciamento de projetos, onde a alta administração possui confiança suficiente na capacidade da gerência de linha em atuar como patrocinadores de projetos.

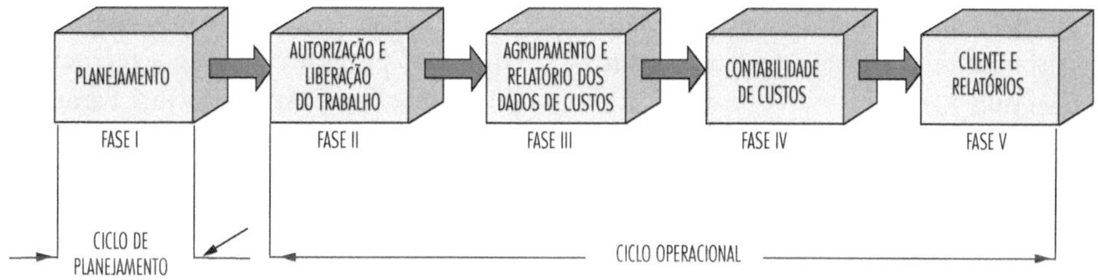

FIGURA 11-9 Fases de um sistema de controle e gestão de custos.

a cumpri-los. Tanto o gerente do projeto quanto o gerente de linha devem tentar aderir a marcos irreais, mas se um gerente de linha disser que não pode, os executivos devem concordar porque o gerente de linha é, supostamente, o especialista.

Os executivos devem se relacionar com o pessoal do projeto e de linha durante a fase de planejamento, a fim de definir os requisitos e estabelecer prazos razoáveis. Os executivos devem perceber que a criação de prazos irracionais pode exigir a redefinição das prioridades e, naturalmente, a mudança de prioridades pode atrasar os marcos.

11.17 O CICLO DE PLANEJAMENTO

Anteriormente, dissemos que talvez a razão mais importante para a estruturação de projetos em fases do ciclo de vida é fornecer à administração um controle dos pontos críticos de decisão, a fim de:

- Evitar o comprometimento de grandes recursos prematuramente
- Preservar opções futuras
- Maximizar os benefícios de cada projeto em relação a todos os outros projetos
- Avaliar os riscos

Em projetos de longo prazo, o estabelecimento de fases pode ser excessivo, resultando em custos extras e atrasos. Para evitar isso, muitas empresas orientadas a projetos recorrem a outros tipos de sistemas, como um sistema de controle e gestão de custos[NT11]. Nenhum programa ou projeto pode ser eficientemente organizado e gerenciado, sem algum tipo de sistema de controle e gestão de custos. A Figura 11-9 mostra as cinco fases desse sistema. A primeira fase constitui o ciclo de planejamento, e as quatro fases seguintes identificam o ciclo operacional.

A Figura 11-10 mostra as atividades incluídas no ciclo de planejamento. A estrutura analítica do projeto serve como controle inicial da qual emana todo o planejamento. A EAP atua como uma artéria vital para as

[NT11] Na expressão em inglês, *Management Cost and Control System* (MCCS).

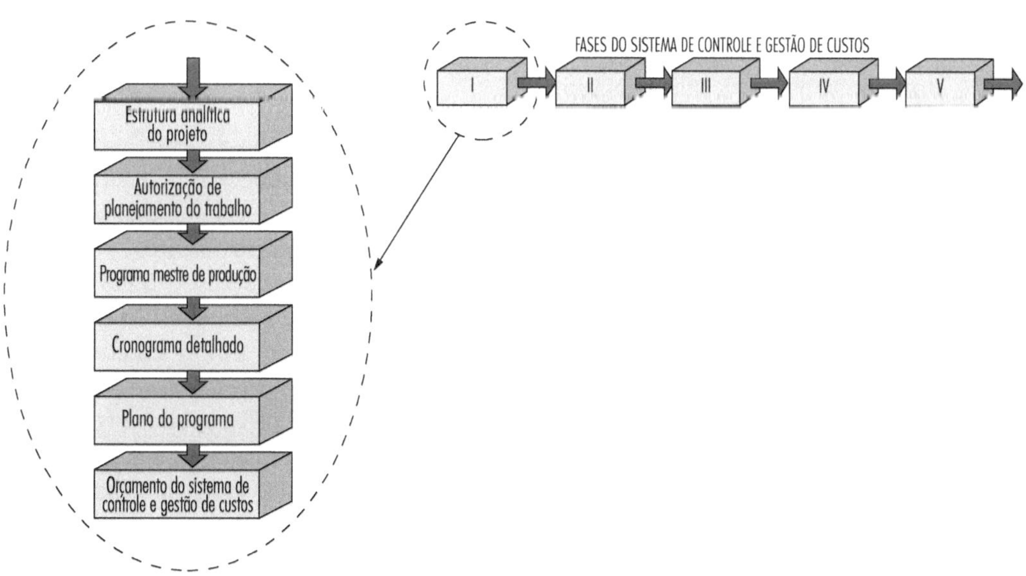

FIGURA 11-10 Ciclo de planejamento de um sistema de controle e gestão de custos.

comunicações e operações em todas as fases. Uma análise compreensiva dos sistemas de controle e gestão de custos é apresentada no Capítulo 15.

11.18 AUTORIZAÇÃO DE PLANEJAMENTO DO TRABALHO

Guia PMBOK®, 5. ed.
4.3.2 Orientar e gerenciar a execução do projeto

Após o recebimento de um contrato, alguma forma de autorização é necessária antes que o trabalho possa começar, mesmo no estágio de planejamento. Tanto a autorização do trabalho quanto a autorização de planejamento do trabalho são usadas para liberar recursos, mas para propósitos diferentes. A autorização de planejamento do trabalho libera recursos (principalmente para a gerência funcional), de modo que a programação do cronograma, os custos, os orçamentos e todos os outros tipos de planos possam ser elaborados antes da liberação dos recursos do ciclo operacional, que doravante serão chamados simplesmente de autorização do trabalho. Ambas as formas de autorização exigem os mesmos documentos. Em muitas empresas, essa autorização do trabalho é identificada como uma descrição do trabalho subdividido[NT12], que é uma descrição narrativa do esforço a ser realizado pelo centro de custo (nível mínimo de divisão). Esse pacote estabelece o trabalho a ser executado, o período de desempenho e, possivelmente, o número máximo de horas disponíveis. A descrição do trabalho subdividido tem propósitos múltiplos, de forma que pode ser usada para liberar verbas do contrato, autorizar o planejamento, descrever atividades identificadas na EAP e, por último, mas não menos importante, para a liberação do trabalho.

A descrição do trabalho subdivido é um dos elementos principais no planejamento de um programa como mostrado na Figura 11-10. O controle e a administração do contrato liberam os recursos por meio da emissão de uma descrição do trabalho subdividido, que estabelece os requisitos contratuais gerais e autoriza a gerência do programa a prosseguir. A gerência do programa emite uma descrição do trabalho subdivido para estabelecer as diretrizes e os requisitos contratuais para as unidades funcionais. Essa descrição do trabalho subdividido especifica como o trabalho será realizado, as organizações funcionais que serão envolvidas e quem possui quais responsabilidades específicas e autoriza a utilização dos recursos dentro de um determinado período de tempo.

[NT12] Na expressão em inglês, *Subdivided Work Description.*

A descrição do trabalho subdivido autoriza tanto a equipe do programa quanto a gerência funcional a começar o trabalho. Como mostra a Figura 11-10, ela fornece uma entrada direta para a Fase II do sistema de controle e gestão de custos. A Fase I e a Fase II podem funcionar e funcionam simultaneamente, porque geralmente é impossível para o pessoal do escritório do programa estabelecer planos, procedimentos e cronogramas sem a participação das unidades funcionais.

O pacote da descrição do trabalho subdividido é utilizado pelas organizações operacionais para subdividir ainda mais o esforço definido pela EAP em pequenos segmentos ou pacotes de trabalho.

Muitas pessoas alegam que se os dados no documento de autorização do trabalho são diferentes do que foi originalmente definido na proposta, o projeto está com problemas logo no início. Esse pode não ser o caso, porque a maioria dos projetos é estimada considerando recursos "ilimitados", enquanto as horas e os valores monetários no documento de autorização do trabalho se baseiam em recursos "limitados". Essa situação é comum para as empresas que prosperam em concorrências de licitações.

11.19 POR QUE OS PLANOS FRACASSAM?

Não importa o quanto tentemos, o planejamento não é perfeito, e às vezes os planos fracassam. Razões típicas incluem:

- As metas corporativas não são compreendidas nos níveis inferiores da organização
- Os planos englobam muita coisa em muito pouco tempo
- As estimativas financeiras são deficitárias
- Os planos são baseados em dados insuficientes
- Nenhuma tentativa está sendo feita para sistematizar o processo de planejamento
- O planejamento é realizado por um grupo de planejamento
- Ninguém conhece o objetivo final
- Ninguém conhece as necessidades de pessoal
- Ninguém sabe as datas dos marcos principais, incluindo relatórios escritos
- As estimativas do projeto são suposições e não são baseadas em padrões ou no histórico
- Não foi dado tempo suficiente para estimativas adequadas
- Ninguém se preocupou em verificar se haverá pessoal disponível com as habilidades necessárias
- As pessoas não estão trabalhando para as mesmas especificações
- As pessoas são constantemente arrastadas para dentro e para fora do projeto, com pouca consideração ao cronograma

Por que essas situações ocorrem? Se os objetivos da empresa não são compreendidos, é porque os executivos da empresa têm sido negligentes no fornecimento de informações estratégicas necessárias e no *feedback*. Se um plano fracassa por causa de otimismo extremo, então a responsabilidade recai tanto sobre o gerente do projeto quanto sobre o gerente de linha por não avaliar os riscos. Os gerentes de projetos devem perguntar aos gerentes de linha se as estimativas são otimistas ou pessimistas, e devem esperar uma resposta honesta. Estimativas financeiras erradas são de responsabilidade do gerente de linha. Se o projeto fracassa por causa de uma má definição dos requisitos, então o gerente do projeto está totalmente em falta.

Às vezes, planos de projetos fracassam porque detalhes simples são esquecidos ou ignorados. Exemplos disso podem ser:

- Negligência em dizer a um gerente de linha antecipadamente o bastante que o protótipo não está pronto e que é necessária uma mudança no cronograma
- Negligência em verificar se o gerente de linha ainda pode fornecer os funcionários adicionais para as próximas duas semanas, como foi possível fazê-lo há seis meses

Às vezes, os planos fracassam porque o gerente do projeto "dá o passo maior que a perna" e, então, algo acontece, como ele ficar doente. Muitos projetos fracassaram porque o gerente do projeto era o único que sabia o que estava acontecendo e, então, ele ficou doente.

11.20 INTERRUPÇÃO DE PROJETOS

Guia PMBOK®, 5. ed.
4.6 Encerrar projetos

Há sempre situações em que os projetos têm de ser interrompidos. Nove razões para a interrupção são:

- Realização final dos objetivos
- O mau planejamento inicial e o prognóstico do mercado
- Uma alternativa melhor é encontrada
- Uma mudança no interesse e na estratégia da empresa
- O tempo alocado for excedido
- Os custos orçados forem excedidos
- Pessoas importantes deixam a organização
- Caprichos pessoais da administração
- O problema é complexo demais para os recursos disponíveis

Hoje a maioria das razões pelas quais os projetos não são concluídos dentro do prazo e dos custos é comportamental e não quantitativa. Essas razões incluem:

- Moral ruim
- Relações humanas ruins
- Baixa produtividade de trabalho
- Não há comprometimento dos envolvidos no projeto

O último item parece ser a causa dos três primeiros itens em muitas situações.

Uma vez que as razões para o cancelamento são definidas, o problema seguinte diz respeito a como interromper o projeto. Algumas das formas são:

- Conclusão planejada ordenadamente
- "Machadinho" (retirada de recursos financeiros e remoção de pessoal)
- Transferência de pessoas para tarefas de maior prioridade
- Redirecionamento dos esforços para objetivos diferentes
- Enterrá-lo ou deixá-lo morrer na videira (ou seja, não tomar qualquer medida oficial)

Existem três problemas principais a serem considerados na interrupção de projetos:

- Moral do trabalhador
- Transferência de pessoal
- Documentação adequada e conclusão

11.21 COMO LIDAR COM FINALIZAÇÕES E TRANSFERÊNCIAS DE PROJETOS

Guia PMBOK®, 5. ed.
4.4 Monitorar e controlar o trabalho do projeto

Por definição, os projetos (e até mesmo as fases do ciclo de vida) têm um ponto final. O encerramento é uma fase muito importante no ciclo de vida do projeto, que deve seguir disciplinas e procedimentos específicos com o objetivo de:

- Eficazmente levar o projeto para o encerramento, de acordo com o acordado nos requisitos do contrato
- Preparar a transição do projeto para a fase operacional seguinte, tal como da produção para a instalação em campo, operação de campo, ou de treinamento
- Analisar o desempenho global do projeto em relação aos dados financeiros, cronogramas e esforços técnicos
- Encerrar o escritório do projeto, e transferir ou vender todos os recursos originalmente designados ao projeto, incluindo pessoal
- Identificar e buscar negócios resultantes

Embora a maioria dos gerentes de projetos esteja totalmente ciente da necessidade de planejamento adequado para o início do projeto, muitos deles negligenciam o planejamento do encerramento do projeto. O planejamento do encerramento do projeto inclui:

- Transferência de responsabilidade
- Conclusão dos registros do projeto
  - Relatórios históricos
  - Análise pós-projeto
- Documentação dos resultados para refletir o produto ou a instalação "*as built*"
- Aceitação pelo patrocinador/usuário
- Satisfação dos requisitos contratuais
- Liberação dos recursos
  - Novas designações para os membros da equipe do escritório do projeto
  - Disposição do pessoal funcional
  - Disposição de materiais
- Encerramento de ordens de trabalho (liquidação financeira)
- Elaboração de pagamentos financeiros

O sucesso ou o fracasso do projeto depende muitas vezes da capacidade da administração em lidar adequadamente com as questões de pessoal durante essa fase final. Se as designações de trabalho além do projeto atual parecem indesejáveis ou incertas para os membros da equipe do projeto, pode se desenvolver uma grande dose de ansiedade e conflitos que desviam a energia necessária para a caça ao emprego, atrasos ou até mesmo sabotagem. O pessoal do projeto pode se envolver na busca de emprego por conta própria e pode deixar o projeto prematuramente. Isso cria um vazio evidente que, muitas vezes, é difícil de corrigir.

Dada a realidade empresarial, é difícil a transferência de pessoal do projeto sob condições ideais. As sugestões a seguir podem aumentar a eficácia organizacional e diminuir o estresse do pessoal quando do encerramento de um projeto:

- Planejar cuidadosamente o encerramento do projeto por parte de ambos os gerentes, funcional e do projeto. Usar uma lista de verificação para elaborar o plano.
- Estabelecer um processo simples de encerramento do projeto que identifique as principais etapas e responsabilidades.
- Tratar a fase de encerramento como qualquer outro projeto, com tarefas claramente delineadas, responsabilidades, cronogramas, orçamentos e itens de entregas ou resultados acordados.
- Compreender a interação de elementos comportamentais e organizacionais, a fim de construir um ambiente favorável para o trabalho em equipe durante essa fase final do projeto.
- Enfatizar as metas, aplicações e utilidades gerais do projeto, bem como seu impacto nos negócios.
- Garantir o envolvimento e o apoio da alta administração.
- Estar ciente dos conflitos, da fadiga, das mudanças de prioridades, e dos problemas técnicos ou logísticos. Tentar identificar e lidar com esses problemas assim que eles começarem a se desenvolver. A comunicação do progresso por meio de reuniões regulares de andamento é a chave para o gerenciamento desses problemas.
- Manter o pessoal do projeto informado sobre as próximas oportunidades de trabalho. Os gerentes de recursos devem discutir e negociar novas designações com o pessoal e envolver as pessoas que já estão no próximo projeto.
- Estar ciente dos boatos. Se uma reorganização ou demissão for inevitável, a situação deve ser descrita de forma profissional ou, então, as pessoas irão presumir o pior.
- Designar um administrador do contrato dedicado aos projetos orientados à empresa. Ele vai proteger a sua posição financeira e os interesses de negócio, buscando as aprovações do cliente e o pagamento final.

11.22 CRONOGRAMAS E GRÁFICOS DETALHADOS

A programação das atividades é o primeiro requisito principal do escritório de programas após a autorização do programa. O escritório de programas normalmente assume total responsabilidade pela programação se a atividade não for muito complexa. Para programas de grande porte, a participação da gerência funcional é necessária antes que a programação possa ser concluída. Dependendo do tamanho do programa e dos requisitos contratuais, o escritório de programas pode ter um agente, cuja única responsabilidade é continuamente desenvolver e atualizar os cronogramas das atividades para rastrear o trabalho do programa. A informação resultante é fornecida ao pessoal do escritório de programas, à gerência funcional, aos membros da equipe e ao cliente.

A programação de atividades é provavelmente a ferramenta mais importante para determinar como os recursos da empresa devem ser integrados. Os cronogramas de atividades são inestimáveis para a projeção dos requisitos de utilização de recursos ao longo das fases, fornecendo uma base para rastrear visualmente o desempenho e as estimativas de custos. Os cronogramas servem como planos principais a partir dos quais tanto o cliente quanto a administração possuem um quadro atualizado das operações.

Algumas orientações devem ser seguidas na elaboração dos cronogramas, independentemente da utilização projetada ou da complexidade:

- Todos os eventos e datas principais devem ser claramente identificados. Se uma declaração do trabalho é fornecida pelo cliente, as datas indicadas nos cronogramas associados devem estar incluídas. Se, por qualquer motivo, as datas dos marcos do cliente não puderem ser cumpridas, o cliente deve ser notificado imediatamente.
- A sequência exata de trabalho deve ser definida por meio de uma rede, na qual as relações entre os eventos possam ser identificadas.
- Os cronogramas devem ser diretamente relacionáveis com a estrutura analítica do projeto. Se a EAP é desenvolvida de acordo com uma sequência específica de trabalho, então torna-se uma tarefa fácil identificar as sequências de trabalho nos cronogramas, utilizando o mesmo sistema de numeração da EAP. O requisito mínimo deve ser mostrar onde e quando todas as tarefas iniciam e terminam.
- Todos os cronogramas deverão identificar as restrições de tempo e, se possível, os recursos necessários para cada evento.

Embora essas quatro orientações se refiram à elaboração do cronograma, elas não definem o quão complexos os cronogramas devem ser. Antes de elaborar os cronogramas, três questões devem ser consideradas:

- Quantos eventos ou atividades cada rede deveria ter?
- O quanto de divisão técnica detalhada deve ser incluído?
- Quem é o público-alvo desse cronograma?

A maioria das organizações desenvolve vários cronogramas: cronogramas resumidos para a administração e para os planejadores e cronogramas detalhados para os executores e para o controle dos níveis mais baixos. Os cronogramas detalhados podem ser estritamente para atividades interdepartamentais. A gerência do programa deve aprovar todos os cronogramas até os três primeiros níveis da estrutura analítica do projeto. Para cronogramas de níveis mais baixos (ou seja, interdepartamentais detalhados), a gerência do programa pode ou não solicitar um sinal de aprovação.

Um dos problemas mais difíceis de identificar nos cronogramas é uma posição de cobertura. Uma posição de cobertura é uma situação em que o fornecedor pode não ser capaz de atender um marco do cliente sem ficar sujeito a um risco, ou pode não ser capaz de atender aos requisitos da atividade, de acordo com a data de um marco, em virtude dos requisitos contratuais. Para ilustrar uma típica posição de cobertura, considere o Exemplo 11-1 a seguir.

Exemplo 11-1. A Condor Corporation está atualmente trabalhando em um projeto que tem três fases: *design*, desenvolvimento e qualificação de um determinado componente. Os requisitos contratuais com o cliente especificam que nenhum componente será fabricado para a fase de desenvolvimento até que a reunião de revisão de *design* seja realizada após a fase de *design*. A Condor determinou que, caso não comece a fabricação de componentes antes da reunião de revisão de *design*, então, as fases 2 e 3 atrasarão. A Condor está disposta a aceitar o risco de que se as especificações forem inaceitáveis durante a reunião de revisão de *design*, estará sujeita aos custos associados com a pré-autorização de fabricação. Como isso deve ser mostrado em um cronograma? (Os problemas associados com a realização de trabalhos não autorizados não estão sendo considerados aqui.)

A solução não é fácil. A Condor deve mostrar no plano mestre de produção que a fabricação de componentes começará antecipadamente, no risco do fornecedor. Isso deve ser acompanhado por uma carta contratual, na qual tanto o cliente quanto o fornecedor entendam os riscos e as implicações.

Cronogramas detalhados são desenvolvidos para quase todas as atividades. É de responsabilidade do escritório de programas unir todos os cronogramas detalhados em um cronograma mestre para verificar que todas as atividades possam ser concluídas conforme o planejado. A sequência de elaboração para cronogramas (e também para planos do programa) é apresentada na Figura 11-11. O escritório de programas apresenta uma solicitação para cronogramas detalhados aos gerentes funcionais e esses preparam cronogramas resumidos, cronogramas detalhados e, se o tempo permitir, cronogramas interdepartamentais. Cada gerente funcional, então, revisa os seus cronogramas com o escritório de programas. Este, juntamente com os membros da equipe funcional do programa, integra todos os planos e cronogramas e verifica que todas as datas contratuais podem ser cumpridas.

Antes de os cronogramas serem submetidos para publicação, os rascunhos de cada cronograma e de cada

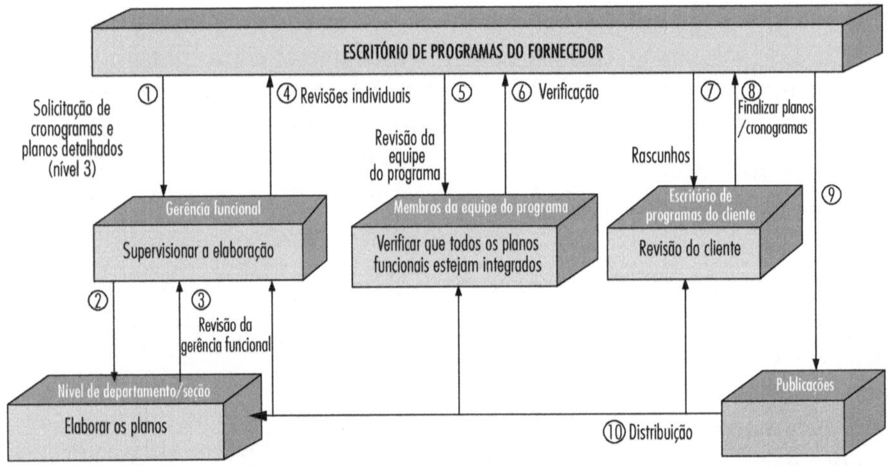

FIGURA 11-11 Sequência de elaboração para cronogramas e planos de programas.

plano devem ser revistos com o cliente. Esse procedimento realiza o seguinte:

- Verifica que nada passou despercebido
- Evita revisões imediatas de um documento publicado e pode evitar momentos constrangedores
- Reduz os custos de produção, por meio da redução do número de revisões antecipadas
- Mostra aos clientes no início do programa que você recebe bem a sua ajuda e contribuição para a fase de planejamento

Depois que o documento é publicado, ele deve ser distribuído a todo o pessoal do escritório de programas, aos membros da equipe funcional, à gerência funcional e ao cliente. Exemplos de cronogramas detalhados são mostrados no Capítulo 13.

Além dos cronogramas detalhados, o escritório de programas, com contribuição da gerência funcional, deve desenvolver os organogramas. Eles mostram quem tem responsabilidade por cada atividade e mostram as linhas formais (e muitas vezes informais) de comunicação. Exemplos foram mostrados na Seção 4.11.

O escritório de programas também pode criar organogramas lineares de responsabilidade (OLR). Apesar das melhores tentativas da administração, muitas funções em uma organização podem se sobrepor entre as unidades funcionais. Além disso, a administração pode desejar ter a responsabilidade por determinadas atividades designadas a uma unidade funcional que normalmente não teria essa responsabilidade. Isso é uma ocorrência comum em programas de curta duração, em que a administração deseja diminuir custos e burocracia.

O pessoal do projeto deve ter em mente o porquê de o cronograma ter sido desenvolvido. O principal objetivo é geralmente coordenar as atividades para concluir o projeto com:

- O melhor prazo
- Os menores custos
- O mínimo de riscos

Há também objetivos secundários da programação do cronograma:

- Estudo de alternativas
- Desenvolvimento de um cronograma ideal
- Utilização eficaz de recursos
- Comunicação
- Refinamento dos critérios para as estimativas
- Obtenção de um bom controle do projeto
- Viabilização de revisões fáceis

Os grandes projetos, especialmente os esforços de longo prazo, podem precisar de uma *war room*[NT13]. As *war rooms* geralmente possuem apenas uma porta e nenhuma janela. Todas as paredes são cobertas com grandes cronogramas, talvez impressos em papel fotográfico, e cada parede pode ter vários painéis deslizantes. Os cronogramas e gráficos em cada parede podem ser atualizados diariamente. A sala pode ser utilizada para reuniões de instrução com o cliente, reuniões de equipe, e quaisquer outras atividades relacionadas especificamente a esse projeto.

[NT13] Em tradução literal, "sala de guerra". Termo militar que representa o centro de comando e controle, que serve como ponto de controle para as atividades militares.

11.23 A PROGRAMAÇÃO MESTRE DE PRODUÇÃO[NT14]

A liberação das descrições do trabalho subdividido planejadas, como mostrado na Figura 11-10, autoriza as unidades de produção a elaborar um plano mestre de produção a partir do qual uma análise detalhada da utilização dos recursos da empresa pode ser vista e rastreada.

A programação mestre da produção não é um conceito novo. Sistemas recentes de controle de materiais utilizavam um "sistema de pedidos trimestrais" para elaborar um programa mestre de produção – PMP (Master Production Schedule MPS) para a produção da fábrica. Esse sistema utiliza o acúmulo de pedidos de clientes para desenvolver um plano de produção ao longo de um período de três meses. O plano de produção é, então, desmembrado manualmente para determinar quais partes devem ser compradas ou fabricadas no momento adequado. No entanto, requisitos do cliente em constante mudança e tempos de espera flutuantes, combinados com uma resposta lenta a essas mudanças, podem resultar na interrupção da programação mestre da produção[13].

Definição de Programa Mestre de Produção

Um programa mestre de produção é uma declaração do que será produzido, quantas unidades serão produzidas, e quando serão produzidas. É um plano de produção, e não um plano de vendas. O programa mestre de produção considera a demanda total de recursos de uma fábrica, incluindo as vendas de produtos acabados, necessidades de peças sobressalentes (reposição) e necessidades internas da fábrica. O PMP também deve considerar a capacidade da fábrica e os requisitos impostos aos fornecedores. As provisões são feitas no plano global para cada operação das instalações de produção. Todo o planejamento de materiais, mão de obra, fábrica, equipamentos e financiamento para a instalação é impulsionado pelo plano mestre de produção.

Objetivos da Programação Mestre de Produção

Os objetivos da programação mestre de produção são:

- Fornecer à alta administração um meio de autorizar e controlar os níveis de mão de obra, o investimento em inventário e o fluxo de caixa
- Coordenar as atividades de marketing, produção, engenharia e finanças por meio de um objetivo comum de desempenho
- Conciliar as necessidades de marketing e produção
- Fornecer uma medida geral de desempenho
- Fornecer dados para o planejamento de materiais e de capacidade

O desenvolvimento de um programa mestre de produção é um passo muito importante em um ciclo de planejamento. Eles unem diretamente pessoal, materiais, equipamentos e instalações, conforme mostra a Figura 11-12. Eles também identificam importantes datas para o cliente, caso ele queira visitar o fornecedor durante períodos operacionais específicos.

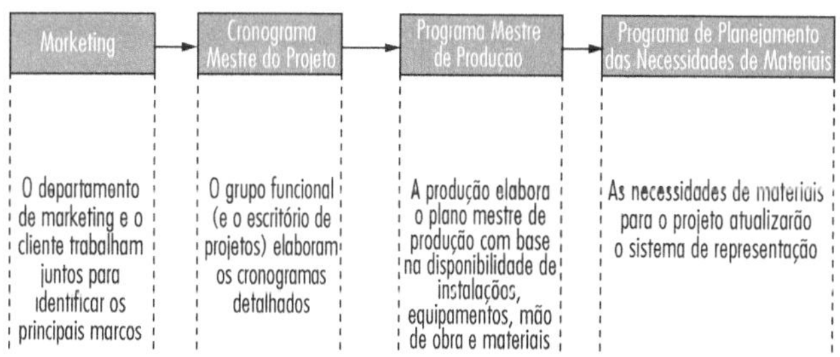

FIGURA 11-12 Inter-relacionamentos do planejamento de necessidades de materiais.

11.24 O PLANO DO PROJETO

Guia PMBOK®, 5. ed.
Capítulo 5 Gerenciamento do Escopo do Projeto
Capítulo 4 Gerenciamento da Integração do Projeto
3.4 Grupo de processos de planejamento

Um plano de projeto é fundamental para o sucesso de qualquer projeto. Para projetos grandes e muitas vezes complexos, os clientes podem exigir um plano de projeto que documente todas as atividades dentro do programa. O plano do projeto, então, serve como uma orientação para a vida do projeto e pode ser revisado com frequência de uma vez por mês, dependendo das circunstâncias e do tipo de projeto (ou seja, projetos de pesquisa e desenvolvimento exigem mais revisões ao plano do projeto do que projetos de produção ou construção). O plano do projeto fornece a seguinte estrutura:

- Elimina os conflitos entre os gerentes funcionais
- Elimina os conflitos entre a gerência funcional e a gerência do programa
- Fornece uma ferramenta de comunicação padrão durante toda a vigência do projeto (ele deve ser orientado para a estrutura analítica do projeto)
- Fornece a confirmação de que o fornecedor entende os objetivos e requisitos do cliente
- Fornece um meio para a identificação de inconsistências na fase de planejamento

[NT14] Termo em inglês, *Master Production Scheduling* (MPS).

[13] O programa mestre de produção é discutido aqui por causa de sua importância no ciclo de planejamento. Ele não pode ser plenamente utilizado sem procedimentos eficazes de controle de inventário.

- Fornece um meio para a identificação antecipada de problemas e riscos para que não ocorram surpresas no caminho
- Contém todos os cronogramas definidos na Seção 11.18 como uma base para a análise e o relatório do progresso

O desenvolvimento de um plano de projeto pode ser demorado e dispendioso. Todos os níveis da organização participam. Os níveis superiores fornecem informações resumidas, e os níveis inferiores fornecem os detalhes. O plano do projeto, como os cronogramas das atividades, não impede que os departamentos desenvolvam seus próprios planos.

O plano do projeto deve identificar como os recursos da empresa serão integrados. O processo é similar à sequência de eventos para a elaboração do cronograma, apresentado na Figura 11-11. Como o plano do projeto deve explicar os eventos na Figura 11-11, são necessárias iterações adicionais, o que pode provocar mudanças no projeto. Isso pode ser visto na Figura 11-13.

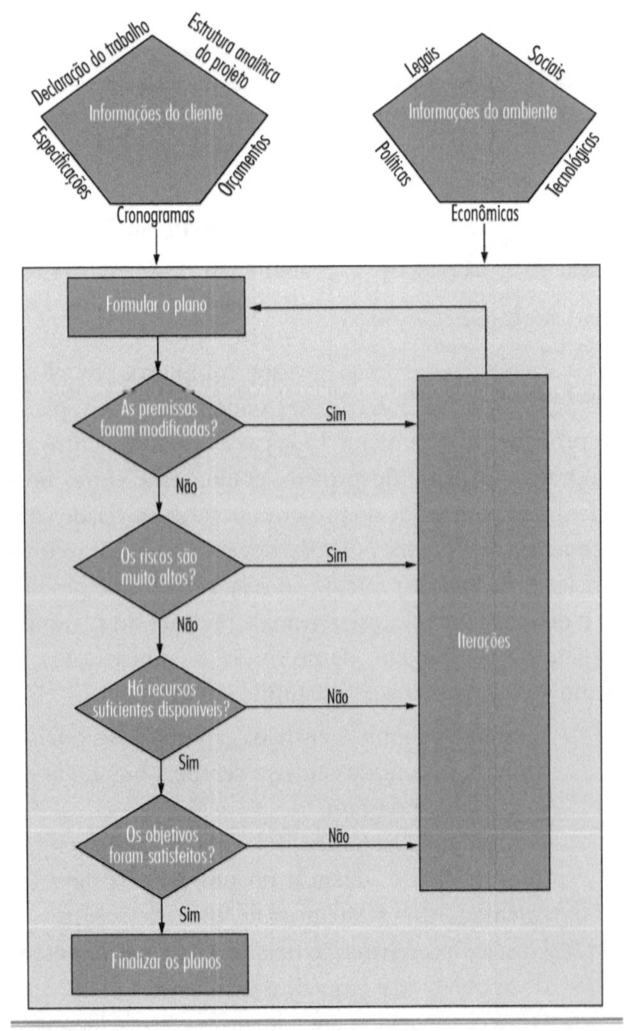

FIGURA 11-13 Iterações para o processo de planejamento.

O plano do projeto é um padrão, a partir do qual o desempenho pode ser medido pelo cliente e por ambos os gerentes, funcional e do projeto. O plano funciona como um livro de receitas ao responder essas perguntas para todo o pessoal identificado com o projeto:

- O que será realizado?
- Como será realizado?
- Onde será realizado?
- Quando será realizado?
- Por que será realizado?

As respostas para essas perguntas forçam tanto o fornecedor quanto o cliente a dar uma boa olhada:

- Nos requisitos do projeto
- No gerenciamento do projeto
- Nos cronogramas do projeto
- Nos requisitos das instalações
- No apoio logístico
- No apoio financeiro
- Na força de trabalho e na organização

O plano do projeto é mais do que apenas um conjunto de instruções. É uma tentativa de eliminar as crises, impedindo que qualquer coisa passe despercebida. O plano é documentado e aprovado pelo cliente e pelo fornecedor para determinar os dados que estiverem faltando, se for o caso, e o provável efeito resultante. Conforme o projeto amadurece, o plano do projeto é revisado para contabilizar novos dados ou dados em falta. As razões mais comuns para a revisão de um plano são:

- Compressão[NT15] de atividades para atender às datas de término
- Decisões sobre compensações que envolvem recursos humanos, programação do cronograma e desempenho
- Ajuste e nivelamento de solicitações de mão de obra

A composição do plano do projeto pode variar de fornecedor para fornecedor[14]. A maioria dos planos de projetos pode ser subdividida em quatro seções principais: introdução, sumário e conclusões, gerenciamento e

[NT15] Tradução oficial da versão em português da quarta edição do Guia PMBOK® para a técnica de compressão do cronograma. Do termo oficial em inglês, *Crashing*.

[14] Cleland e King definem 14 subseções para o plano de um programa. Esse detalhe parece mais aplicável aos conteúdos técnicos e gerenciais de uma proposta. Eles, no entanto, fornecem um quadro mais detalhado do que o apresentado aqui. Ver CLELAND, David I.; KING, William R. *Systems analysis and project management*. New York: McGraw-Hill, 1975. p. 371-380.

técnica. A complexidade das informações geralmente fica a critério do fornecedor, contanto que os requisitos do cliente, conforme pode estar especificado na declaração do trabalho, sejam satisfeitos.

A seção introdutória contém a definição do projeto e as principais partes envolvidas. Se o projeto vem depois de outro, ou é um resultado de atividades similares, isso é indicado, juntamente com um breve resumo do histórico por trás do projeto.

A seção de resumo e conclusão identifica as metas e os objetivos do projeto e inclui o "discurso" necessário sobre como o projeto será bem-sucedido e como todos os problemas podem ser superados. Essa seção deve incluir também o cronograma mestre do projeto, mostrando como todos os projetos e atividades estão relacionados. O cronograma mestre de todo o projeto deve incluir o seguinte:

- Um sistema adequado de programação (gráficos de barras, gráfico de marcos, rede etc.)
- Uma listagem das atividades no nível do projeto ou inferior
- As possíveis inter-relações entre as atividades (podem ser realizadas por meio de redes lógicas, redes de caminho crítico, ou redes PERT)
- Estimativas de tempo das atividades (um resultado natural do item anterior)

O capítulo de resumo e conclusão geralmente é a segunda seção do plano do projeto, de modo que a alta administração do cliente possa ter uma visão completa do projeto sem ter de procurar nas informações técnicas.

A seção de gerenciamento do plano do projeto contém procedimentos, gráficos e cronogramas, conforme a seguir:

- A designação de funcionários importantes para o projeto é indicada. Isso normalmente se refere apenas ao pessoal do escritório de projetos e aos membros da equipe, já que sob operações normais estes serão os únicos a se relacionar com os clientes.
- A força de trabalho, o planejamento e o treinamento são discutidos para garantir aos clientes que pessoas qualificadas estarão disponíveis a partir das unidades funcionais.
- Um organograma linear de responsabilidades também pode ser incluído para identificar aos clientes as relações de autoridade que existirão no programa.

Existem situações em que a seção de gerenciamento pode ser omitida da proposta. Para um programa de acompanhamento, o cliente não precisará dessa seção se os cargos de gestão mantiverem-se inalterados. As seções de gerenciamento também não são necessárias se as informações de gerenciamento foram fornecidas anteriormente na proposta ou se o cliente e o fornecedor possuem transações comerciais contínuas.

A seção técnica pode incluir quase de 75 a 90% do plano do programa, principalmente se inclui o esforço de pesquisa e desenvolvimento, e pode exigir atualizações constantes, conforme o projeto amadurece. Os seguintes itens podem ser incluídos como parte da seção técnica:

- Uma divisão detalhada dos gráficos e cronogramas utilizados no cronograma mestre do projeto, possivelmente incluindo estimativas de cronograma e custos.
- Uma listagem dos testes a serem realizados para cada atividade. (É melhor incluir as matrizes exatas de testes.)
- Procedimentos para a realização dos testes. Isso também pode incluir uma descrição dos elementos principais dos planos de operações ou de produção, bem como uma listagem dos requisitos de instalações e de logística.
- Identificação de materiais e especificações de materiais. (Isso também pode incluir especificações de sistema.)
- Tentativa de identificar os riscos associados aos requisitos técnicos específicos (normalmente não incluída). Essa avaliação tende a assustar o pessoal da administração que não estiver familiarizado com os procedimentos técnicos, portanto, deve ser omitida, se possível.

O plano do projeto, como usado aqui, contém uma descrição de todas as fases do projeto. Para muitos projetos, especialmente os grandes, o planejamento detalhado é necessário para todos os eventos e atividades principais. A Tabela 11-5 identifica o tipo de planos individuais que podem ser exigidos no lugar de um plano de projeto (total). Esses planos são frequentemente chamados de planos auxiliares.

TABELA 11-5 Tipos de planos

Tipo de Plano	Descrição
Orçamento	Quanto dinheiro está alocado para cada evento?
Gerenciamento da Configuração	Como as mudanças técnicas são feitas?
Instalações	Quais recursos de instalações estão disponíveis?
Apoio Logístico	Como as substituições serão tratadas?
Gestão	Como está organizado o escritório do programa?
Produção	Quais são os eventos periódicos da produção?
Aquisições	Quais são as minhas fontes? Devo fazer ou comprar? Se os fornecedores não estiverem qualificados, como devo qualificá-los?
Garantia da Qualidade	Como garantirei que as especificações serão atendidas?
Pesquisa/Desenvolvimento	Quais são as atividades técnicas?
Programação do Cronograma	Todas as datas críticas estão contabilizadas?
Ferramental	Quais são os requisitos periódicos de ferramental?
Treinamento	Como manterei o pessoal qualificado?
Transporte	Como as mercadorias e serviços serão entregues?

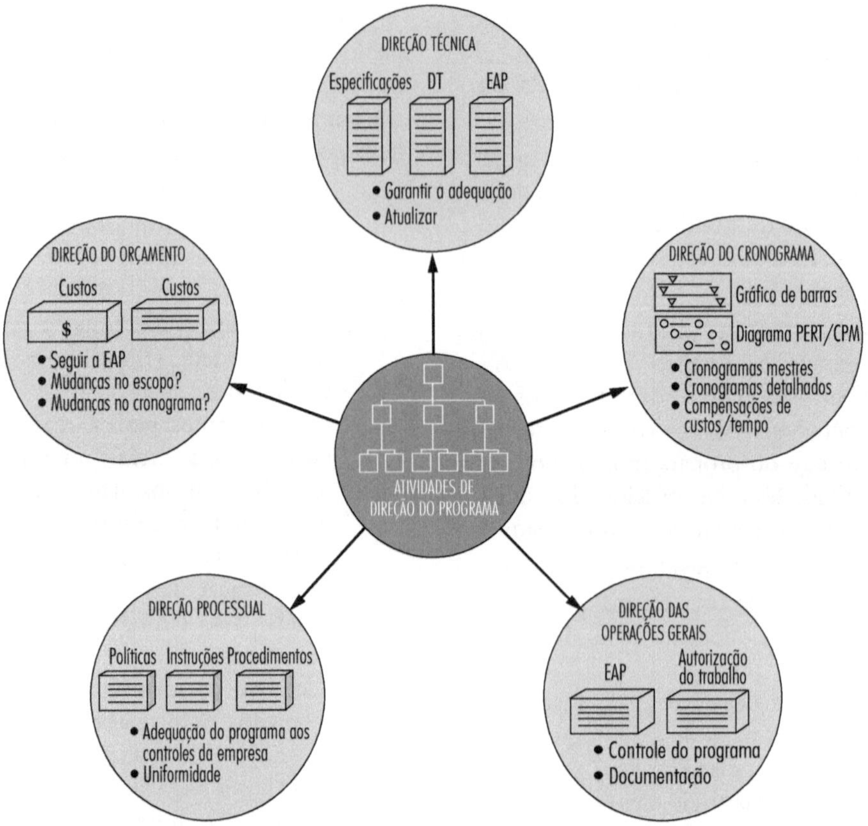

FIGURA 11-14 Atividades de direção do projeto.

O plano do projeto, uma vez aprovado pelo fornecedor e pelo cliente, é então utilizado para dar orientação ao projeto. Isso é apresentado na Figura 11-14. Se o plano do projeto é escrito de forma clara, então qualquer gerente ou supervisor funcional deve ser capaz de identificar o que é esperado dele. O plano do projeto deve ser distribuído a cada membro da equipe do projeto, a todos os gerentes e supervisores funcionais que se relacionam com o projeto, e a todos os principais colaboradores funcionais.

Uma nota final precisa ser mencionada sobre a legalidade do plano do projeto. Ele pode ser especificado contratualmente para satisfazer determinados requisitos, conforme identificados na declaração do trabalho do cliente. O fornecedor se reserva o direito de decidir como realizar isso, a não ser, claro, que isso também esteja identificado na DT. Se a DT especifica que os testes de garantia da qualidade serão realizados em 15 itens finais da linha de produção, então 15 é o número mínimo que deve ser testado. O plano do projeto pode mostrar que 25 itens estão para ser testados. Se o fornecedor desenvolve problemas de sobrecustos, ele pode querer reverter para DT e testar apenas 15 itens. Contratualmente, ele pode fazer isso sem informar o cliente. Na maioria dos casos, no entanto, o cliente é notificado e o projeto é revisado.

11.25 PLANEJAMENTO TOTAL DO PROJETO

Guia PMBOK®, 5. ed.
Capítulo 5 Gerenciamento do Escopo do Projeto
Capítulo 4 Gerenciamento da Integração do Projeto
3.4 Grupo de processos de planejamento

A diferença entre o gerente de projetos bom e o ruim é muitas vezes descrita em uma palavra: planejamento. O planejamento do projeto envolve o planejamento para:

- O desenvolvimento do cronograma
- O desenvolvimento do orçamento
- A administração do projeto (ver Seção 5.3)
- Estilos de liderança (influências interpessoais; ver Seção 5.4)
- Gerenciamento de conflitos (ver Capítulo 7)

Os dois primeiros itens envolvem aspectos quantitativos do planejamento. O planejamento para a administração do projeto inclui o desenvolvimento do organograma linear de responsabilidade.

Embora cada gerente de projetos possua a autoridade e a responsabilidade de estabelecer políticas e procedimentos para o projeto, eles devem estar dentro das diretrizes gerais definidas pela alta administração.

Os organogramas lineares de responsabilidade podem resultar de requisitos impostos pelo cliente que estejam acima e além das operações normais. Por exemplo, o cliente pode exigir como parte de seu controle de qualidade, que um determinado engenheiro fiscalize e aprove todos os testes de um determinado item, ou que um outro indivíduo aprove todos os dados divulgados para o cliente, além e acima da aprovação do escritório de programas. Os requisitos do cliente semelhantes aos identificados aqui exigem OLRs e podem causar rupturas e conflitos dentro de uma organização.

Diversos fatores importantes afetam a delegação de autoridade e responsabilidade, tanto da alta administração para o gerenciamento de projetos, quanto do gerenciamento de projetos para a gerência funcional. Esses fatores incluem:

- A maturidade da função de gerenciamento de projetos
- O tamanho, a natureza e a base de negócios da empresa
- O tamanho e a natureza do projeto
- O ciclo de vida do projeto
- As capacidades da administração em todos os níveis

Uma vez que se chegou a um acordo sobre a autoridade e a responsabilidade do gerente do projeto, os resultados podem ser documentados para delinear esse papel no que diz respeito a:

- Posição focal
- Conflito entre o gerente de projetos e os gerentes funcionais
- Influência para atravessar linhas funcionais e organizacionais
- Participação nas principais decisões gerenciais e técnicas
- Colaboração na seleção do pessoal do projeto
- Controle sobre a alocação e a aplicação dos recursos financeiros
- Seleção de subcontratados
- Direitos na resolução de conflitos
- Participação em manter a integridade da equipe do projeto
- Estabelecimento de planos de projeto
- Fornecimento de um sistema de informações rentável para o controle
- Fornecimento de liderança na elaboração de requisitos operacionais
- Manutenção de ligação e contato com o cliente principal
- Promoção de melhorias tecnológicas e gerenciais
- Estabelecimento da organização do projeto durante a vigência
- Eliminação de burocracia

A documentação da autoridade do gerente de projetos é necessária em algumas situações, porque:

- Todas as interfaces devem ser mantidas o mais simples possível.
- O gerente de projetos deve ter a autoridade para "forçar" os gerentes funcionais a abandonar os padrões existentes e, eventualmente, ficar sujeitos a riscos.
- É essencial possuir a autoridade sobre os elementos de um programa que não estão sob o controle do gerente de projetos. Isso é normalmente realizado por meio da obtenção do respeito dos indivíduos envolvidos.
- O gerente de projetos não deve tentar descrever completamente a autoridade e a responsabilidade exatas do pessoal do escritório de projetos ou dos membros da equipe. Deve ser incentivada a resolução de problemas, em vez da definição de papéis.

Embora a documentação da autoridade do projeto seja indesejável, ela pode ser necessária, principalmente se a iniciação e o planejamento do projeto exigem uma termo de abertura formal. Nesse caso, uma carta como a apresentada na Tabela 11-6 pode ser suficiente.

Poder e autoridade são frequentemente discutidos como se andassem de mãos dadas. A autoridade vem de pessoas acima de você, talvez, por delegação, ao passo que o poder vem de pessoas abaixo de você. Você pode ter autoridade sem poder ou o poder sem autoridade.

Em uma estrutura organizacional tradicional, a maioria dos indivíduos mantém o poder do cargo. Quanto mais acima você estiver, mais poder você tem. Mas, no gerenciamento de projetos, o nível de subordinação do projeto pode ser irrelevante, especialmente se houver um patrocinador do projeto. No gerenciamento de projetos, a base de poder do gerente de projetos emana de seu (sua):

- Conhecimento (técnico ou de gestão)
- Credibilidade com empregados
- Capacidade sólida de tomada de decisões

O último item é geralmente preferido. Se o gerente de projetos é considerado como um tomador de decisões seguro, então, os funcionários normalmente dão ao gerente de projetos uma grande quantidade de poder sobre eles.

Os estilos de liderança se referem aos modos de influência interpessoal que um gerente de projetos pode utilizar. Os gerentes de projetos podem ter de usar vários estilos de liderança diferentes, dependendo da composição do pessoal do projeto. O gerenciamento de conflitos é importante porque, se o gerente de projetos puder prever quais conflitos ocorrerão e quando eles estarão mais propensos a ocorrer, ele pode ser capaz de planejar para uma resolução dos conflitos por meio da administração do projeto.

TABELA 11-6 Termo de abertura do projeto

Guia PMBOK®, 5. ed.
4.1 Dsenvolver o Termo de Abertura do Projeto

ELETRODYNAMICS
12 Oak avenue
Cleveland, Ohio 44114

11 de junho de 2008

Para: Distribuição
De: I. White, Vice-Presidente Executivo
Assunto: termo de abertura do projeto para o Projeto Acme
O Sr. Robert L. James foi designado como gerente do projeto para o Projeto Acme.

Responsabilidade

O Sr. James será responsável por assegurar que todos os marcos importantes sejam alcançados dentro do prazo, dos custos e das restrições de desempenho de seu projeto, enquanto aderindo aos padrões de controle de qualidade apropriados. Além disso, o gerente do projeto deve trabalhar em estreita colaboração com os gerentes de linha para garantir que todos os recursos designados sejam utilizados de forma eficaz e eficiente, e que o projeto esteja devidamente alocado.

Adicionalmente, o gerente do projeto será responsável por:

1. Todas as comunicações formais entre o cliente e o fornecedor.
2. Elaboração de um plano de projeto que seja realista e aceitável tanto pelo cliente quanto pelo fornecedor.
3. Elaboração de todos os itens de dados do projeto.
4. Manter a administração executiva informada quanto ao andamento do projeto, por meio de relatórios de andamento semanais (detalhados) e mensais (resumidos).
5. Assegurar que todos os colaboradores e gerentes funcionais sejam informados quanto a suas responsabilidades no projeto e quanto a todas as revisões impostas pelo cliente ou organização principal.
6. Comparação de custos e desempenho reais e previstos, e tomada de ações corretivas, quando necessário.
7. Manutenção de um plano que exiba continuamente os prazos, custos e desempenho do projeto, bem como os comprometimentos de recursos feitos pelos gerentes funcionais.

Autoridade

Para garantir que o projeto alcance seus objetivos, o sr. James está autorizado a gerenciar o projeto e emitir as instruções, em conformidade com a seção de políticas e procedimentos do manual de gerenciamento de projetos da empresa. Instruções adicionais podem ser emitidas por meio do escritório do vice-presidente executivo.

A autoridade do gerente do programa também inclui:

1. O acesso direto ao cliente sobre todos os assuntos relativos ao projeto acme.
2. Acesso direto à administração executiva da Electrodynamics sobre todos os assuntos relativos ao Projeto Acme.
3. Controle e distribuição de todos os valores monetários do projeto, incluindo aquisições, contanto que as limitações de fluxo de caixa da empresa e do projeto sejam respeitadas.
4. Revisar o plano do projeto, conforme necessário e com a aprovação do cliente.
5. Exigir relatórios periódicos funcionais de andamento.
6. Monitorar as atividades de tempo, custos e desempenho dos departamentos funcionais e garantir que todos os problemas sejam prontamente identificados, relatados e resolvidos.
7. Atravessar todas as linhas funcionais e interagir com todos os níveis da administração, conforme a necessidade, para atender aos requisitos do projeto.
8. Renegociar com gerentes funcionais pelas mudanças nas designações de pessoal.
9. Delegar responsabilidades e autoridade ao pessoal funcional, desde que o gerente de linha aprove que o empregado possa lidar com esse nível de autoridade/responsabilidade.

Quaisquer dúvidas quanto às políticas acima devem ser direcionadas para o assinado abaixo.

L. White
Vice-Presidente Executivo

A Figura 11-15 mostra a fase de planejamento total do projeto para as partes quantitativas. O objetivo, é claro, é desenvolver um plano de projeto que mostre a distribuição completa dos recursos e dos custos correspondentes. A figura representa um processo iterativo. O gerente do projeto começa com um diagrama de rede grosseiro (diagrama de setas) e, em seguida, decide sobre a estrutura analítica do projeto. A EAP é essencial para o diagrama de setas e deve ser construída de modo que os elementos e os níveis de subordinação sejam facilmente identificáveis. Eventualmente, haverá um diagrama de setas e um gráfico detalhado para cada elemento da EAP. Se não houver muitos detalhes, o gerente do projeto pode refinar o diagrama, por meio da combinação de toda a lógica em um plano e pode, então, decidir sobre as designações de trabalho. Existe aqui um risco que, por meio da condensação dos diagramas tanto quanto possível, pode haver uma perda de clareza. Como mostra a Figura 11-15, todos os diagramas e cronogramas podem ser integrados em uma figura em nível de resumo. Isso pode ser realizado em cada nível da EAP até que o plano desejado seja alcançado.

Finalmente, as gerências de projeto, de linha e executiva devem analisar outras variáveis internas e externas antes de finalizar esses cronogramas. Essas variáveis incluem:

- Introdução ou aceitação do produto no mercado
- Disponibilidade atual ou prevista da força de trabalho
- Restrições econômicas do projeto
- Grau de dificuldade técnica
- Disponibilidade da força de trabalho
- Disponibilidade de treinamento de pessoal
- Prioridade do projeto

Em empresas e projetos pequenos, alguns itens na Figura 11-15 podem ser omitidos, como o OLR.

11.26 O TERMO DE ABERTURA DO PROJETO[NT16]

Guia PMBOK®, 5. ed.
4.1 Desenvolver o termo de abertura do projeto

O conceito original do termo de abertura do projeto era documentar a autoridade e a responsabilidade do gerente do projeto, especialmente para projetos implementados fora do escritório. Hoje, o termo de abertura do projeto é mais um documento legal interno que identifica aos gerentes de linha e ao seu pessoal a autoridade e responsabilidade do gerente do projeto e o escopo do projeto aprovado pelo cliente e/ou pela administração.

[NT16] Tradução oficial da versão em português da quarta edição do Guia PMBOK® para Project Charter.

Guia PMBOK®, 5. ed.
Capítulo 4 Gerenciamento da Integração do Projeto

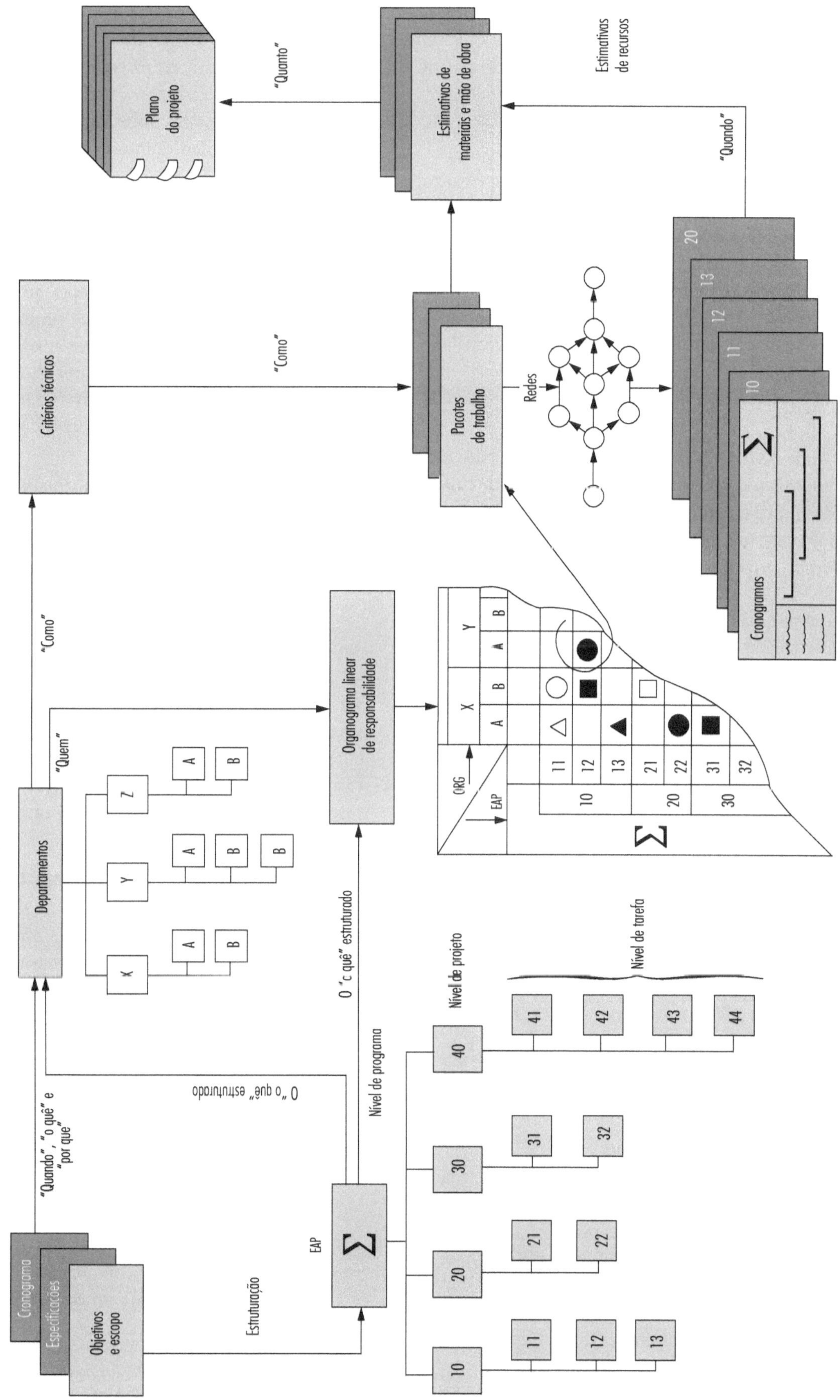

FIGURA 11-15 Planejamento do projeto.

Teoricamente, o patrocinador elabora o termo de abertura e afixa sua assinatura, mas, na verdade, o gerente do projeto pode elaborá-lo para a assinatura do patrocinador. No mínimo, o termo de abertura deve incluir:

- A identificação do gerente do projeto e de sua autoridade para aplicar recursos para o projeto
- A finalidade do negócio que o projeto foi feito para atender, incluindo todas as premissas e restrições
- Uma síntese das condições de definição do projeto
- A descrição do projeto
- Os objetivos e as restrições do projeto
- O escopo do projeto (inclusões e exclusões)
- As principais partes interessadas e seus papéis
- Os riscos
- O envolvimento de algumas partes interessadas

O Guia PMBOK® fornece uma estrutura para o termo de abertura do projeto. O que é um pouco lamentável é que cada empresa parece ter sua própria ideia do que deve ser incluído em um termo de abertura. O conteúdo de um termo de abertura é, muitas vezes, dependente de onde, na evolução e no ciclo de vida de um projeto, o termo de abertura é elaborado. (Ver: KERZNER, Harold. *Advanced project management:* best practices on implementation. New York: John Wiley & Sons, 2004. p. 101-102, 120, 629-630.) Algumas empresas como a Computer Associates utiliza tanto um termo de abertura completo (alinhado ao Guia PMBOK®), quanto um termo de abertura resumido, com base na dimensão e complexidade do projeto.

O termo de abertura é um acordo "legal" entre o gerente do projeto e a empresa. Algumas empresas complementam o termo de abertura com um "contrato" que funciona como um acordo entre o projeto e as organizações de linha.

Algumas empresas têm convertido o termo de abertura em um documento altamente detalhado, contendo:

- A linha de base do escopo/declaração do escopo
  - Escopo e objetivos do projeto (DT)
  - Especificações
  - EAP (modelo de níveis)
  - Gerenciamento do tempo
  - Plano de gastos (curva S)
- O plano de gerenciamento
  - Requisitos de recursos e de alocação de mão de obra (se conhecido)
  - Currículo das principais pessoas
  - Relacionamentos e estrutura organizacionais
  - Matriz de responsabilidades
  - Apoio necessário de outras organizações
  - Políticas e procedimentos do projeto
  - Plano de gerenciamento de mudanças
  - Aprovação da administração para os itens acima

Quando um termo de abertura do projeto contém uma linha de base do escopo e o plano de gerenciamento, o termo de abertura do projeto pode funcionar como o plano do projeto. Esse não é realmente um uso eficaz do termo de abertura, mas pode ser aceitável em certos tipos de projetos para clientes internos.

11.27 LINHAS DE BASE DO PROJETO

Executivos e clientes esperam que os gerentes de projeto monitorem e controlem projetos de forma eficaz. Como parte do monitoramento e controle, os gerentes de projeto devem preparar relatórios de progresso, status e de previsão que articulem claramente o desempenho do projeto. Mas, para medir o desempenho é necessário um ponto de referência ou linha de base a partir da qual podem ser feitas as medições. A necessidade de uma linha de base é clara:

- Sem uma linha de base, o desempenho não pode ser medido.
- Se o desempenho não pode ser medido, não pode ser gerenciado.
- O desempenho que pode ser medido é vigiado.
- O que é vigiado é realizado.

Para que um projeto possa ser controlado, ele deve ser organizado como um sistema fechado. Isto requer que sejam estabelecidas linhas de base para escopo, tempo e custo, no mínimo. Sem essas linhas de base, o projeto é considerado fora de controle, e pode ser impossível de se rastrear o que mudou sem saber por onde você começou.

Linha de Base da Medição de Desempenho

O ponto de referência para a medição do desempenho é a linha de base de medição de desempenho (PMB)[NT17]. Ela serve como uma referência métrica contra a qual o desempenho é medido em termos de tempo, custo e escopo. É também usada como base para o rastreamento de valor comercial.

As principais razões para a criação, aprovação, controle e documentação da PMB são:

- Garantir que os objetivos do projeto sejam atingidos
- Gerenciar e monitorar o progresso durante a execução do projeto
- Garantir informações precisas sobre o cumprimento das entregas e requisitos
- Estabelecer critérios de medição de desempenho

[NT17] *Sigla para Performance Measurement Baseline* (PMB), em português, Linha de Base da Medição de Desempenho.

O PMB é finalizado no término da fase de planejamento, uma vez que os requisitos tenham sido definidos, os custos iniciais desenvolvidos e aprovados, e o cronograma definido. Uma vez estabelecido, o PMB serve como um ponto de referência a partir do qual é possível medir e avaliar o andamento do projeto. A linha de base é usada para medir o progresso real quando comparado ao desempenho planejado. A medição de desempenho pode não ter sentido sem uma referência precisa como ponto de partida. Infelizmente, os gerentes de projeto tendem a criar linhas de base com base apenas nos elementos de trabalho que consideram importantes, e isso pode ou não estar em alinhamento total com as necessidades do cliente. *A linha de base é o que o gerente do projeto planeja fazer, não necessariamente o que o cliente pediu.*

O PMB pode ser exibido em formato de planilha ou como um gráfico. Em notação gráfica, é representado como uma curva em S, ou curva de gastos. O PMB pode ser combinado com o sistema de medição de valor agregado para destacar o desempenho medido contra os planos originais para o custo e o cronograma. O resultado irá exibir qualquer custo e/ou variações de cronograma, que são um desvio do plano. O desvio pode ser favorável ou desfavorável. Isto será explicado mais detalhadamente no Capítulo 15.

A decisão de realizar ou aceitar um projeto é o desejo de atingir algum objetivo comercial ou alvo. Também pode ser um objetivo técnico ou alvo técnico. Acertar o alvo bem no centro pode ser impossível. Mas chegar perto do centro pode ser aceitável. Em outras palavras, desvios negativos podem não exigir uma ação corretiva ou alterações de escopo, desde que estejam dentro de valores-limite aceitáveis dos alvos. Se desempenharmos abaixo (ou em alguns casos, até mesmo acima) dos valores-limite, devemos determinar se as metas de desempenho eram excessivamente agressivas, e neste caso pode ser necessária uma alteração na linha de base de desempenho.

Atualização das Linhas de Base (*Rebaselining*)

Guia PMBOK®, 5. ed.
5.6 Controlar escopo

Projetos sofrem alterações de escopo por várias razões, incluindo:

- Solicitações de alterações do cliente ou de componentes
- Solicitações de alterações da equipe ou de componentes
- Mau entendimento inicial ou má interpretação dos requisitos do cliente
- Desempenho mal definido ou linha de base falha
- Variações desfavoráveis que não podem ser corrigidas

Quando mudanças à linha de base são solicitadas, passamos por um comitê de controle de mudanças (CCM), composto por partes interessadas tanto do cliente como das empresas fornecedoras. Nessa reunião do comitê de controle de mudanças, são abordadas, no mínimo, as três seguintes questões:

- O custo da mudança
- O impacto sobre o cronograma
- O valor adicionado para o cliente

Se o CCM aprova a alteração, então o primeiro documento a ser atualizado é a linha de base de desempenho. Isto é conhecido como "*rebaselining*" do projeto. Uma vez que o *rebaselining* ocorre, a nova linha de base é redefinida como a original, ou como linha de base anterior mais as mudanças aprovadas. Registros de todas as alterações são mantidas em arquivos para mostrar como o plano foi alterado ao longo do tempo. É importante lembrar que os projetos raramente são executados exatamente conforme o planejado e a rastreabilidade das mudanças é essencial.

Desenvolvendo a PMB

Os seguintes passos mostram uma abordagem lógica para a criação de uma PMB:

- *Rever business case do projeto e acompanhar as restrições e premissas*: Esta é uma necessidade, a fim de compreender os limites de negócio da PMB.
- *Estabelecer uma linha de base de requisitos*: Acontece a partir de uma revisão dos requisitos do cliente e da declaração contratual de trabalho (CSOW)[NT18]. A linha de base de requisitos é o que o gerente de projetos pretende alcançar e pode conter inclusões e exclusões da documentação original de requisitos do cliente. Isto estabelece o limite técnico para a PMB e alimenta a declaração do escopo do projeto.
- *Converter a linha de base de requisitos em uma EAP*: Decompor o trabalho em pacotes de trabalho. Cada pacote de trabalho deve ter marcos mensuráveis de forma que a realização das entregas e o desempenho possam ser medidos. Criar um dicionário da EAP. A linha de base de escopo agora pode ser definida como a declaração do escopo, mais a EAP, mais o dicionário da EAP.
- *Organizar os pacotes de trabalho em uma rede lógica de atividades*: Isso se torna, então, a linha de base do cronograma.

[NT18] Sigla em inglês para *Contractual Statement of Work* (*CSOW*) – Declaração Contratual de Trabalho.

- *Preço fora da programação cíclica, incluindo custos diretos e indiretos*: Isso se torna o orçamento distribuído. Se o projeto for plurianual, então o trabalho para os anos seguintes pode não ser dividido em pacotes de trabalho ainda, apesar de um orçamento ter sido estabelecido para cada ano. Isso é chamado de orçamento não distribuído. A soma dos orçamentos distribuídos e não distribuídos compõem a linha de base de custo para o projeto.
- A linha de base de custo não inclui a reserva de gerenciamento. A linha de base de custos é baseada em orçamentos distribuídos e não distribuídos que você está planejando gastar ao longo da vida do projeto. A reserva de gerenciamento é um dinheiro que você espera não gastar.
- *Finalizar a PMB*: A PMB é a soma do escopo, cronograma e linhas de base de custo.
- *Preparar uma matriz de rastreabilidade de requisitos (RTM)*[NT19]: A RTM liga os requisitos de projeto à EAP e à PMB.
- *Identificar as principais métricas ou indicadores chave de desempenho (KPIs)*: Essas métricas são o que será monitorado para determinar o desempenho e cumprimento de requisitos e entregas.

Uma vez que, hoje, se espera que os gerentes de projeto tomem tanto decisões de negócios como decisões técnicas, devemos ter KPIs técnicos e de negócios que indiquem a conformidade com esses dois limites. Se o projeto é de longo prazo e o ambiente de negócios é dinâmico, os KPIs relacionados a negócios estão sujeitos a mudanças, e podem indicar que o limite de negócios deve se mover, causando mudanças no escopo na PMB.

Essas linhas de base são uma necessidade para a mudança/controle de versão. Sem essas linhas de base, o status e a medição do progresso podem tornar-se sem sentido. E se a medição não puder ser determinada com algum grau de precisão, então nenhuma informação objetiva poderá ser encontrada, e poderá ser impossível determinar o verdadeiro valor do que foi realizado.

Embora a linha de base sirva como um excelente ponto de referência, os projetos ainda podem descarrilhar, resultando em mudanças contínuas na PMB. As causas típicas incluem:

- Falhar em administrar as ordens de trabalho corretamente
- Falhar em controlar o orçamento
- Ter um sistema de informação de gerenciamento de projetos que não fornece dados significativos
- Compreensão e uso inadequado do sistema de medição de valor agregado
- Uso inadequado da reserva de gerenciamento
- Constante replanejamento e flutuações da linha de base
- Mudanças desnecessárias ou indesejadas por parte da gerência

Tipos de Linhas de Base

Anteriormente, discutimos três linhas de base: de escopo (também conhecida como a linha de base técnica), de custo, e de programação. No entanto, com base em práticas de negócios da empresa e tipo de setor, pode haver outras linhas de base. Uma breve lista inclui:

- **Linha de Base Funcional:** Sistema e/ou requisitos funcionais, tais como especificações, contratos etc.
- **Linha de Base Alocada:** Estado dos produtos de trabalho uma vez que os requisitos são aprovados
- **Linha de Base do Desenvolvimento:** Estado do trabalho e produtos durante o desenvolvimento
- **Linha de Base do Produto:** Características funcionais e físicas do projeto
- **Linha de Base de Recursos:** Número e qualidade dos recursos ao longo da duração do projeto
- **Linha de Base Fixa:** Linha de base que permanece fixa durante a vigência do projeto
- **Linha de Base Revisável:** Linha de base que pode variar ao longo da vida do projeto
- **Linha de Base de Projeto Específico:** Linha de base projetada para um e apenas um projeto
- **Linha de Base de Multiprojetos:** Linha de base que pode ser aplicada a vários projetos similares

11.28 VERIFICAÇÃO E VALIDAÇÃO

Os termos verificação e validação (V&V) são, muitas vezes, utilizados em conjunto com a PMB. Segundo a *Wikipedia*, a enciclopédia livre, o processo de verificação e validação envolve verificar se um produto, serviço ou sistema atende às especificações e cumpre com sua finalidade. Algumas vezes, isto é realizado por um terceiro imparcial.

A verificação, algumas vezes, é vista como um processo de controle de qualidade que é utilizado para avaliar se um produto, serviço ou sistema está ou não em conformidade com regulamentações, especificações, ou condições impostas no início da fase de desenvolvimento. A verificação pode ocorrer no desenvolvimento, na expansão ou na produção. Geralmente, é um processo de avaliação realizado internamente.

[NT19] Sigla em inglês para *Requirements Traceability Matrix (RTM)* – Matriz de Rastreabilidade de Requisitos.

TABELA 11-7 Comparação entre verificação e validação

Verificação	Validação
Estamos construindo o produto corretamente?	Estamos construindo o produto certo?
Realizada internamente, possivelmente pela equipe do projeto	Realizada internamente e pelo cliente
Mede a adequação e a conformidade com as especificações, requisitos, regulamentos e outras condições impostas	Mede a conformidade com os critérios de aceitação do cliente
Uso de inspeções, auditorias, revisões, homologações e análises	Testado pelo cliente ou pelos usuários quanto à funcionalidade da entrega

A verificação é, na verdade, a aceitação das entregas ao passo que o controle de qualidade refere-se à correção das entregas. Por vezes, a verificação e o controle de qualidade podem ser feitos em paralelo, mas é mais comum que o controle de qualidade venha primeiro.

A validação é um processo de garantia de qualidade que estabelece evidências ou garantias de que um produto, serviço ou sistema irá corresponder aos requisitos pretendidos. Isso, muitas vezes, envolve atingir critérios de aceitação ou adequação à finalidade. Ao fornecer uma lista dos requisitos do projeto, as partes interessadas e os clientes podem fornecer critérios de aceitação do produto, que estabelecem critérios e processos para aceitar as entregas finalizadas. Os critérios de aceitação podem incluir informações sobre:

- Prazos
- Funcionalidade
- Aspecto
- Níveis de desempenho
- Facilidade de uso
- Capacidade
- Disponibilidade
- Facilidade de manutenção
- Confiabilidade
- Custos operacionais
- Segurança

Costuma-se dizer que a verificação pode ser expressa pela pergunta "Você está construindo certo a coisa?" E validação por "Você está construindo a coisa certa?" "Construir a coisa certa" remete às necessidades do usuário, enquanto "construir certo a coisa" verifica que as especificações estão implementadas corretamente pelo sistema. Em alguns contextos, é necessário ter requisitos escritos para ambos, bem como procedimentos formais ou protocolos para determinar a conformidade.

A verificação não necessariamente detecta especificações de entrada incorretas. Por isso, a verificação e a validação devem ser realizadas para assegurar que o sistema ou entrega estão operacionais. Na conclusão da verificação e da validação, muitas vezes obtemos um certificado ou garantia por escrito de que o sistema, componente ou entrega está em conformidade com os requisitos especificados e é aceitável para uso da operação.

11.29 MATRIZ DE RASTREABILIDADE DE REQUISITOS

Guia PMBOK®, 5. ed.
5.2.3.2 Matriz de Rastreabilidade de Requisitos

Existem muitas razões pelas quais uma linha de base pode mudar. Se a mudança é o resultado de requisitos alterados, então devemos identificar quando e por que a mudança ocorreu. Isso é feito usando-se uma matriz de rastreabilidade. De acordo com a *Wikipedia*:

> A **matriz de rastreabilidade** é um documento, geralmente sob a forma de tabela que correlaciona dois documentos quaisquer que tenham linha de base e que requeiram uma relação de "muitos para muitos" para determinar a integridade da relação. É frequentemente usada com requisitos de alto nível (estes, muitas vezes, consistem de requisitos de marketing) e os requisitos detalhados do produto de software para as partes correspondentes do design de alto nível, design detalhado, plano de teste e casos de teste.
>
> Por exemplo, uma **matriz de rastreabilidade de requisitos** é usada para verificar se os requisitos atuais do projeto estão sendo cumpridos, e para ajudar na criação da solicitação de proposta, vários documentos de entrega e planos de tarefa do projeto.
>
> Para facilitar a criação de matrizes de rastreabilidade, é aconselhável adicionar as relações com os documentos fonte, tanto para a rastreabilidade "regressiva" como "progressiva". Em outras palavras, quando um item é alterado em um documento com linha de base, é fácil ver o que precisa ser mudado no outro.
>
> A forma mais comum de rastreabilidade é a Matriz de Rastreabilidade de Requisitos. Ela pode ser usada em todas as fases de um projeto para determinar se requisitos estão sendo cumpridos ou não. É também uma ferramenta importante para os processos de validação e verificação.

Anteriormente, nos passos necessários para criar uma PMB, afirmamos a necessidade de criar uma matriz de rastreabilidade de requisitos que ligue os requisitos do projeto para o PMB e para a EAP. Como um exemplo de uma matriz de rastreabilidade, vamos supor que você tenha sido colocado no comando de um projeto para criar uma metodologia empresarial de gerenciamento de projeto, em que os funcionários devem entrar com suas horas trabalhadas a cada dia para os pacotes de trabalho nos quais trabalharam. Requisitos de usuário são definidos como "UR", seguido por uma designação numérica, e os requisitos do sistema são designações numéricas precedidas por "SR". A Tabela 11-8 mostra os requisitos de usuário, e a Tabela 11-9 mostra os requisitos do sistema.

Se rastrearmos a SR-22 de volta para os requisitos funcionais, fica evidente que um erro foi cometido. Temos de corrigir a rastreabilidade ou reescrever/eliminar os requisitos do usuário ou do sistema no qual o erro ocorre.

TABELA 11-8 Requisitos do usuário

Número de Identificação	Requisitos do Usuário	Rastreabilidade Progressiva
UR-7	O usuário deverá processar suas horas trabalhadas contra um determinado pacote de trabalho	SR-18, SR-19, SR-20, SR-22
UR-8	O usuário deverá processar requisições de aquisição por ordem de trabalho	SR-21

TABELA 11-9 Requisitos do usuário

Número de Identificação	Número EAP	Requisitos funcionais	Rastreabilidade Regressiva
SR-18	1-3-8	O sistema deve aceitar números de identificação dos empregados e registrar as horas trabalhadas nesse número de cobrança	UR-7
SR-19	1-3-12	O sistema deve avaliar se o número de identificação é válido para este número de cobrança	UR-7
SR-20	1-3-17	O sistema deve calcular os valores faturados contra este número de cobrança	UR-7
SR-21	1-4-5	O sistema deve resumir as compras de matérias-primas para esse elemento EAP	UR-8
SR-22	1-5-9	O sistema deve determinar o lucro para os pacotes de trabalho fechados	UR-7

11.30 CONTROLE DE GESTÃO

> **Guia PMBOK®, 5. ed.**
> 4.5 Realizar o controle integrado de mudanças

Como a fase de planejamento fornece diretrizes fundamentais para o restante do projeto, o controle cuidadoso da gestão deve ser estabelecido. Além disso, uma vez que o planejamento é uma atividade contínua para uma variedade de programas diferentes, as diretrizes da administração devem ser estabelecidas em uma base ampla pela empresa para alcançar a unidade e coerência.

Todas as organizações e indivíduos funcionais que trabalham direta ou indiretamente em um programa são responsáveis pela identificação, ao gerente do projeto, de problemas de cronograma e planejamento que exigem ação corretiva, tanto durante o ciclo de planejamento quanto durante o ciclo de operação. O gerente do programa tem a responsabilidade final e definitiva pela identificação de requisitos para ações corretivas. As políticas e diretivas da administração são escritas especificamente de forma a ajudar o gerente do programa na definição dos requisitos. Sem definições claras durante a fase de planejamento, muitos projetos percorrem diversas direções.

Muitas empresas estabelecem políticas de gestão de planejamento e de cronograma para os gerentes de projetos e gerentes funcionais, bem como uma breve descrição de como devem se relacionar. A Tabela 11-10 identifica uma típica política de gestão para o planejamento e para os requisitos, e a Tabela 11-11 descreve políticas de gestão da programação do cronograma.

11.31 A INTERFACE ENTRE O GERENTE DE PROJETOS E O GERENTE DE LINHA

> **Guia PMBOK®, 5. ed.**
> 1.7 Habilidades interpessoais

A utilização de controles de gestão, tais como aqueles descritos na Seção 11.25, não necessariamente garante o planejamento de projeto bem-sucedido. O bom planejamento do projeto, assim como outras funções de projeto, requer uma boa relação de trabalho entre o gerente do projeto e o gerente de linha. Nessa interface:

- O gerente de projetos responde a estas perguntas:
  - O que deve ser realizado? (usando a DT, a EAP)
  - Quando a tarefa será realizada? (usando o cronograma resumido)
  - Por que a tarefa deve ser realizada? (usando a DT)
  - Quanto dinheiro está disponível? (usando a DT)
- O gerente de linha responde estas perguntas:
  - Como a tarefa será realizada? (ou seja, os critérios técnicos)
  - Onde a tarefa será realizada? (ou seja, os critérios técnicos)
  - Quem realizará a tarefa? (ou seja, o pessoal)

Os gerentes de projetos podem ser capazes de dizer aos gerentes de linha "como" e "onde", desde que as informações apareçam na DT como um requisito para o projeto. Mesmo assim, o gerente de linha pode se opor, com base em sua experiência técnica.

TABELA 11-10 Políticas de planejamento e de requisitos

Gerente do Programa	Gerente Funcional	Relacionamento
Solicita a elaboração dos cronogramas mestres do programa e os fornece para integração aos cronogramas compostos da divisão. Define o trabalho a ser realizado por meio da elaboração do pacote da descrição do trabalho subdividido.	Desenvolve os detalhes dos planos e requisitos do programa em conjunto com o gerente do programa. Fornece ação proposta em apoio aos requisitos do gerente do programa e ao cronograma mestre do programa.	O planejamento e a programação do cronograma do programa é uma especialidade funcional; o gerente do programa utiliza os serviços das organizações especialistas. Os especialistas mantêm seus próprios canais com o gerente geral, mas devem manter o gerente do programa informado.
Fornece orientação e direção para a elaboração dos planos do programa que estabelecem os custos, o cronograma e o desempenho técnico e define os principais eventos e tarefas para garantir o progresso regular do programa.	Com orientação fornecida pelo gerente do programa, participa da elaboração dos planos, cronogramas e documentos de liberação do trabalho do programa, que cobrem os custos, cronograma e desempenho técnico, e que definem os principais eventos e tarefas. Fornece planos e cronogramas detalhados de apoio.	O planejamento do programa é também uma operação consultiva e as diretrizes são fornecidas pelo gerente do programa. As organizações funcionais iniciam os planos de apoio para aprovação do gerente do programa, ou reagem para modificar os planos para manter o curso. As organizações funcionais também iniciam os estudos de planejamento que envolvem compensações e cursos alternativos de ação para apresentação ao gerente do programa.
Estabelece as prioridades no âmbito do programa. Obtém prioridades relativas do programa entre os programas gerenciados por outros programas do diretor, da gerência de programas, do administrador, de marketing e desenvolvimento de produtos, ou do gerente geral, conforme especificado pela política.	Negocia as prioridades com os gerentes de programas para eventos e tarefas a serem realizados pela sua organização.	O gerente do programa e os membros da equipe do programa são orientados para o seu programa, enquanto as organizações funcionais e os gerentes funcionais são orientados a "funções" e a vários programas. A orientação de cada diretor, gerente, e membro de equipe deve ser mutuamente reconhecida para evitar demandas irracionais e prioridades conflitantes. Os conflitos de prioridades que não puderem ser resolvidos devem ser levados ao gerente geral.
Aprova os requisitos de dados contratuais do programa.	Conduz a análise dos requisitos de dados contratuais. Desenvolve planos de dados, incluindo a lista de requisitos de dados do fornecedor e obtém a aprovação do gerente do programa.	
Permanece alerta a novos requisitos de contrato, regulamentações e instruções governamentais que possam afetar o trabalho, os custos ou o gerenciamento do programa.	Permanece alerta a novos requisitos de contrato, regulamentações e instruções governamentais que possam afetar o trabalho, os custos ou o gerenciamento de sua organização ou de qualquer programa.	
Fornece definições prévias de requisitos técnicos e substancia as recomendações de fazer ou comprar. Participa da formulação do plano de fazer ou comprar para o programa.	Fornece os dados necessários de fazer ou comprar; substancia as estimativas e recomendações na área de especialidade funcional.	A concordância e as aprovações sobre fazer ou comprar são obtidas de acordo com as Políticas e Procedimentos atuais.
Aprova a lista de materiais para o programa para a necessidade e adequação às necessidades e aos requisitos do programa.	Prepara a lista de materiais do programa.	
Dirige o gerenciamento dos dados, incluindo a manutenção de arquivos atuais e históricos sobre os requisitos de dados contratuais programados.		

TABELA 11-11 políticas de programação do cronograma

Gerente do Programa	Gerente Funcional	Relacionamento
Fornece requisitos de dados contratuais e orientações para a construção dos cronogramas mestres do programa.	A direção das operações deve construir o cronograma mestre do programa. Os dados devem incluir, mas não se limitar a planos de engenharia, de produção, de aquisições, de testes e de qualidade, e devem fornecer intervalos de tempo para a realização dos elementos de trabalho definidos na estrutura analítica do projeto em nível de definição visível no pacote planejado da descrição do trabalho subdividido.	A direção das operações constrói o cronograma mestre do programa com os dados recebidos das organizações funcionais e com a direção do gerente do programa. As operações devem coordenar o cronograma mestre do programa com as organizações funcionais e garantir ao gerente do programa a aprovação antes da liberação.
Coopera com a construção de cronogramas detalhados pelas organizações funcionais. Fornece decisões e orientações sobre ações corretivas, conforme necessário, sempre que uma organização funcional falha em atender aos requisitos do cronograma mestre do programa ou quando, por análise, o desempenho indicado pelo monitoramento do cronograma detalhado ameaçar impactar o cronograma mestre do programa.	Constrói cronogramas de programa detalhados e cronogramas de trabalho em consonância com o cronograma mestre do programa aprovado pelo gerente do programa. Garante concordância ao gerente do programa e encaminha cópias ao gerente do programa.	O gerente do programa monitora os cronogramas detalhados das organizações funcionais para a adequação ao cronograma mestre do programa e relata ao diretor, ou ao gerenciamento de projetos, os itens de variação que possam impactar as operações da divisão.

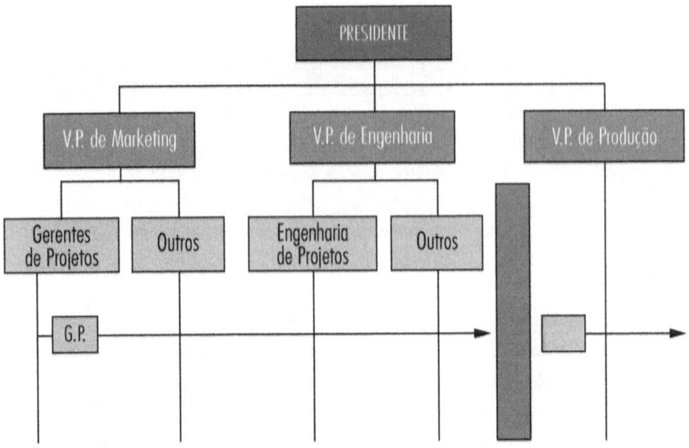

FIGURA 11-16 A parede de tijolos.

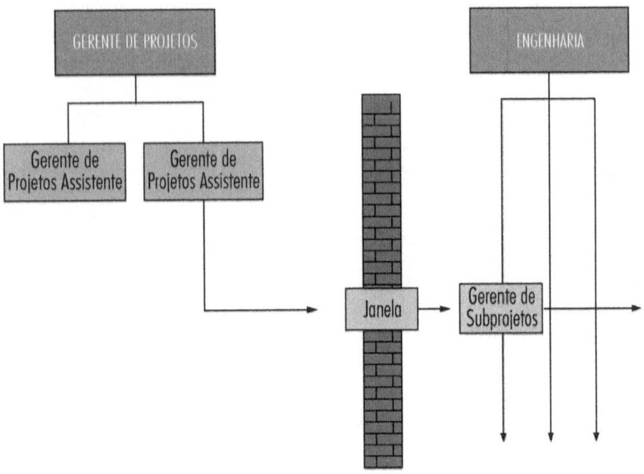

FIGURA 11-17 Modificação da parede de tijolos.

As Figuras 11-16 e 11-17 mostram o que pode acontecer quando os gerentes de projetos ultrapassam os seus limites. Na Figura 11-16, o gerente de produção construiu uma parede de tijolos para manter os gerentes de projetos longe de seu pessoal porque aqueles estavam dizendo a este como fazer o trabalho. Na Figura 11-17, os gerentes dos subprojetos (para simplificar, equivalente aos engenheiros de projetos) teriam, em sua carreira, promoções para gerentes de projetos assistentes. Infelizmente, os gerentes de projetos assistentes ainda achavam que eram competentes o suficiente para dar uma orientação técnica, e isso criou um caos para os gerentes de engenharia.

A solução mais simples para todos esses problemas é que o gerente de projetos forneça orientação técnica **por intermédio** dos gerentes de linha. Afinal, os gerentes de linha são supostamente os verdadeiros especialistas técnicos.

11.32 PARALELISMO[NT20]

> **Guia PMBOK®, 5. ed.**
> 2.4 Características do ciclo de vida do projeto

Às vezes, não importa o quão bem nós planejamos, acontece algo que gera confusão no projeto. Esse é o caso quando o cliente ou a administração modificam as restrições do projeto. Considere a Figura 11-18 e vamos supor que o tempo de execução para a construção do projeto é de um ano. Elaborar os desenhos técnicos e as especificações até o nível 5 da EAP exigiria um adicional de 35% ao tempo de execução esperado e, se for necessário um estudo de viabilidade, então, um adicional de 40% será acrescentado. Em outras palavras, se a fase de execução do projeto é de um ano, então o projeto inteiro é de quase dois anos.

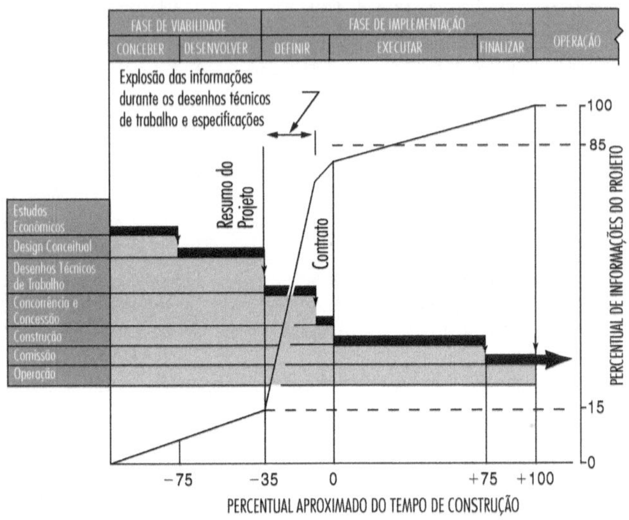

FIGURA 11-18 A explosão das informações.

Fonte: Wideman, R. M. Cost *control of capital projects*, Vancouver, B.C.: A.E.W. Services of Canada, 1983. p. 22.

Agora, vamos supor que a administração pretenda manter a data de término fixa, mas a data de início é atrasada em virtude da falta de financiamento adequado. Como isso pode ser realizado *sem* sacrificar a qualidade? A resposta é aplicar o paralelismo ao projeto. O paralelismo em um projeto significa que as atividades que normalmente são feitas em série serão feitas em paralelo. Um exemplo disso é quando a construção começa antes que o desenho detalhado esteja concluído (ver Capítulo 2, Tabela 2-5, sobre fases do ciclo de vida).

Aplicar o paralelismo a um trabalho pode acelerar o cronograma, mas exige correr riscos adicionais. Se os riscos

[NT20] Tradução oficial da versão em português da quarta edição do Guia PMBOK® para a técnica de compressão do cronograma. Termo oficial em inglês, *Fast tracking*.

se materializarem, então, ou a data final será atrasada, ou será necessário um dispendioso retrabalho. Quase todas as empresas orientadas a projetos empregam o paralelismo, mas é perigoso quando ele se torna rotina.

11.33 GERENCIAMENTO DE CONFIGURAÇÃO

Guia PMBOK®, 5. ed.
4.5 Realizar o controle integrado de mudanças

Uma ferramenta crucial empregada pelo gerente de projetos é o gerenciamento de configuração ou o controle de mudanças de configuração. Conforme os projetos progridem através das várias fases do ciclo de vida, os custos das mudanças de engenharia podem crescer ilimitadamente. Não é incomum para as empresas ofertarem propostas em 40% abaixo de seu próprio custo, na esperança de fazer a diferença adiante, com as mudanças de engenharia. É também muito comum que os executivos "incentivem" os gerentes de projetos a procurarem as mudanças de engenharia em virtude de sua rentabilidade.

O gerenciamento de configuração é uma técnica de controle, por meio de um processo ordenado, para revisão e aprovação formal das alterações na configuração. Se for devidamente implementado, o gerenciamento de configuração proporciona:

- Níveis adequados de revisão e aprovação de mudanças
- Pontos focais para aqueles que procuram fazer mudanças
- Um único ponto de entrada para os representantes contratuais dos escritórios do cliente e do fornecedor para mudanças aprovadas

No mínimo, o comitê de controle da configuração deve incluir a representação do cliente, do fornecedor e do grupo da linha a iniciar a mudança. As discussões deverão responder as seguintes perguntas:

- Qual é o custo da mudança?
- As mudanças melhoram a qualidade?
- O custo adicional por essa qualidade é justificável?
- A mudança é necessária?
- Existe um impacto sobre a data de entrega?

Mudanças custam dinheiro. Portanto, é imperativo que o gerenciamento de configuração seja implementado corretamente. Os seguintes passos podem melhorar o processo de implementação:

- Definir o ponto de partida ou "linha de base" da configuração
- Definir as "classes" de mudanças
- Definir os controles necessários ou limitações tanto do cliente quanto do fornecedor
- Identificar as políticas e os procedimentos, tais como
  - Presidente do comitê
  - Votantes/alternativas
  - Hora da reunião
  - Agenda
  - Fóruns de aprovação
  - Processos passo a passo
  - Processos de expedição em caso de emergências

O controle eficaz da configuração agrada tanto ao cliente quanto ao fornecedor. Dentre os benefícios globais, destacam-se:

- Melhor comunicação entre os funcionários
- Melhor comunicação com o cliente
- Melhor inteligência técnica
- Reduzida confusão por mudanças
- Triagem de mudanças frívolas
- Evidências escritas

Como nota final, deve ser entendido que o controle de configuração, como usado aqui, não é um substituto para as reuniões de revisão de *design* ou reuniões de interface com o cliente. Essas reuniões ainda são partes integrantes de todos os projetos.

11.34 METODOLOGIAS DE GERENCIAMENTO DE PROJETOS DA EMPRESA

As metodologias de gerenciamento de projetos da empresa podem melhorar o processo de planejamento do projeto, bem como fornecer algum grau de padronização e consistência.

As empresas começaram a perceber que as metodologias de gerenciamento de projetos da empresa funcionam melhor se forem baseadas em modelos, em vez de políticas e procedimentos rígidos. O International Institute for Learning criou a *Unified Project Management Methodology* (UPMMTM), uma metodologia unificada de gerenciamento de projetos com modelos categorizados de acordo com as áreas de conhecimento[15] do Guia PMBOK®:

Comunicações

Termo de Abertura do Projeto
Documento de Procedimentos do Projeto
Registro de Solicitações de Mudança no Projeto
Relatório de Andamento do Projeto

[15] Unified Project Management Methodology (UPMM)™ é registrada, possui direitos autorais e é de propriedade do International Institute for Learning, Inc. © 2005. Reproduzido com permissão.

Relatório de Garantia da Qualidade do GP
Resumo do Gerenciamento das Aquisições
Registro de Questões do Projeto
Plano de Gerenciamento do Projeto
Relatório de Desempenho do Projeto

Custos

Cronograma do Projeto
Plano de Resposta aos Riscos e Registro dos Riscos
Estrutura Analítica do Projeto (EAP)
Pacote de Trabalho
Documento de Estimativas de Custos
Orçamento do Projeto
Lista de Verificação do Orçamento do Projeto

Recursos Humanos

Termo de Abertura do Projeto
Estrutura Analítica do Projeto (EAP)
Plano de Gerenciamento das Comunicações
Organograma do Projeto
Diretório da Equipe do Projeto
Matriz de Responsabilidades (MR)
Plano de Gerenciamento do Projeto
Documento de Procedimentos do Projeto
Lista de Verificação da Reunião de *Kickoff*
Avaliações do Desempenho da Equipe do Projeto
Avaliações do Desempenho do Gerente do Projeto

Integração

Visão Geral dos Procedimentos do Projeto
Proposta do Projeto
Plano de Gerenciamento das Comunicações
Plano de Aquisições
Orçamento do Projeto
Documento de Procedimentos do Projeto
Cronograma do Projeto
Matriz de Responsabilidades (MR)
Plano de Resposta aos Riscos e Registro dos Riscos
Declaração do Escopo
Estrutura Analítica do Projeto (EAP)
Plano de Gerenciamento do Projeto
Registro de Solicitações de Mudança no Projeto
Registro de Questões do Projeto
Registro de Mudanças no Plano de Gerenciamento do Projeto
Relatório de Desempenho do Projeto
Documento de Lições Aprendidas
Feedback do Desempenho do Projeto
Documento de Aceitação do Produto
Termo de Abertura do Projeto
Lista de Verificação da Avaliação do Processo de Encerramento
Relatório de Arquivos do Projeto

Aquisições

Termo de Abertura do Projeto
Declaração do escopo
Estrutura Analítica do Projeto (EAP)
Plano de Aquisições
Lista de Verificação do Planejamento de Aquisições
Declaração do Trabalho da Aquisição (DT)
Esboço do Documento de Solicitação de Proposta
Registro de Solicitações de Mudança no Projeto
Lista de Verificação para a Constituição de Contrato
Resumo do Gerenciamento das Aquisições

Qualidade

Termo de Abertura do Projeto
Visão Geral dos Procedimentos do Projeto
Plano da Qualidade do Trabalho
Plano de Gerenciamento do Projeto
Estrutura Analítica do Projeto (EAP)
Relatório de Garantia da Qualidade do GP
Documento de Lições Aprendidas
Feedback do Desempenho do Projeto
Avaliações do Desempenho da Equipe do Projeto
Documento de Melhoria de Processos do GP

Riscos

Plano de Aquisições
Termo de Abertura do Projeto
Documento de Procedimentos do Projeto
Estrutura Analítica do Projeto (EAP)
Plano de Resposta aos Riscos e Registro dos Riscos

Escopo

Declaração do Escopo do Projeto
Estrutura Analítica do Projeto (EAP)
Pacote de Trabalho
Termo de Abertura do Projeto

Tempo

Planilha de Estimativa da Duração da Atividade
Documento de Estimativas de Custos
Plano de Resposta aos Riscos e Registro Intermediário dos Riscos

Estrutura Analítica do Projeto (EAP)
Pacote de Trabalho
Cronograma do Projeto
Lista de Verificação da Revisão do Cronograma do Projeto

11.35 AUDITORIAS DE PROJETOS

Nos últimos anos, a necessidade por uma revisão estruturada independente das várias partes de um negócio, incluindo projetos, tem assumido um papel mais importante. Parte disso pode ser atribuída às exigências de conformidade da Lei Sarbanes-Oxley. Essas revisões independentes são auditorias que incidem sobre qualquer descoberta ou tomada de decisão. As auditorias podem ser programadas ou aleatórias e ser realizadas por pessoal interno ou examinadores externos.

Existem vários tipos de auditorias. Alguns tipos comuns incluem:

- **Auditorias de Desempenho:** utilizadas para avaliar o progresso e o desempenho de um determinado projeto. O gerente do projeto, o patrocinador do projeto, ou um comitê diretor pode realizar essa auditoria.
- **Auditorias de Conformidade:** normalmente realizadas pelo escritório de gerenciamento de projetos (PMO) para confirmar se o projeto está utilizando a metodologia de gerenciamento de projetos adequadamente. Normalmente, o PMO possui autoridade para realizar a auditoria, mas pode não ter autoridade para garantir o cumprimento.
- **Auditorias de Qualidade:** garantem que a qualidade planejada do projeto está sendo cumprida e que todas as leis e regulamentações estão sendo seguidas. O grupo de garantia da qualidade realiza essa auditoria.
- **Auditorias de Saída:** geralmente são para os projetos que estão em dificuldades e que podem precisar ser cancelados. Pessoal externo ao projeto, como um campeão de saída ou um comitê diretor, conduz essa auditoria.
- **Auditorias de Melhores Práticas:** podem ser realizadas no final de cada fase do ciclo de vida ou no final do projeto. Algumas empresas descobriram que os gerentes de projetos podem não ser os melhores indivíduos para realizar a auditoria. Em tais situações, a empresa pode ter facilitadores profissionais treinados na condução de revisões de melhores práticas.

11.36 DICAS DE ESTUDO PARA O EXAME DE CERTIFICAÇÃO EM GERENCIAMENTO DE PROJETOS PMI®

Esta seção aplica-se à revisão dos princípios de apoio às áreas de conhecimento e grupos de processos do Guia PMBOK®. Este capítulo aborda:

- Gerenciamento do Escopo
- Iniciação
- Planejamento
- Execução
- Monitoramento
- Encerramento

A compreensão dos princípios a seguir será benéfica se o leitor estiver utilizando este livro como estudo para o Exame de Certificação PMP®:

- Necessidade de planejamento eficaz
- Componentes de um plano de projeto e planos auxiliares
- Necessidade de componentes de uma declaração do trabalho (tanto de proposta, quanto contratual)
- Como desenvolver uma estrutura analítica do projeto e as vantagens e desvantagens de níveis altamente detalhados
- Tipos de estruturas analíticas de projeto
- Propósito de um pacote de trabalho
- Propósito do gerenciamento de configuração e do papel do comitê de controle de mudanças
- Necessidade de um termo de abertura do projeto e os componentes de um termo de abertura do projeto
- Necessidade de a equipe do projeto ser envolvida nas atividades de planejamento do projeto
- Que as mudanças no plano ou na linha de base devem ser gerenciadas

No Apêndice C, os seguintes miniestudos de caso *Dorale Products* se aplicam:

- Dorale Products (C) [Gerenciamento do Escopo]
- Dorale Products (D) [Gerenciamento do Escopo]
- Dorale Products (E) [Gerenciamento do Escopo]

As seguintes questões de múltipla escolha ajudarão na revisão dos conceitos deste capítulo:

1. O documento que oficialmente autoriza o projeto é:
   a. Termo de abertura do projeto
   b. Plano do projeto
   c. Estudo de viabilidade
   d. Análise de custo-benefício
2. Os “pontos de controle” da estrutura analítica do projeto para o gerenciamento de um projeto são:
   a. Marcos

b. Pacotes de trabalho
c. Atividades
d. Restrições

3. Uma das razões mais comuns pelas quais os projetos são submetidos a mudanças no escopo é:
a. Estrutura analítica do projeto deficitária
b. Declaração do trabalho mal definida
c. Falta de recursos
d. Falta de financiamento

4. Qual dos itens seguintes geralmente não pode ser validado usando uma estrutura analítica do projeto?
a. Controle do cronograma
b. Controle dos custos
c. Controle da qualidade
d. Gerenciamento dos Riscos

Responda às questões 5-8 usando a estrutura analítica do projeto (EAP) a seguir (números em parênteses indicam o valor monetário para um determinado elemento):

1.00.00	
1.1.0	($ 25K)
1.1.1	
1.1.2	($ 12K)
1.2.0	
1.2.1	($ 16K)
1.2.2.0	
1.2.2.1	($ 20K)
1.2.2.2	($ 30K)

5. O custo do elemento da EAP 1.2.2.0 é:
a. $ 20K
b. $ 30K
c. $ 50K
d. Não pode ser determinado

6. O custo do elemento da EAP 1.1.1 é:
a. $ 12K
b. $ 13K
c. $ 25K
d. Não pode ser determinado

7. O custo de todo o programa (1.00.00) é:
a. $ 25K
b. $ 66K
c. $ 91K
d. Não pode ser determinado

8. Os pacotes de trabalho da EAP estão no(s) nível(is) da EAP:
a. 2 apenas
b. 3 apenas
c. 4 apenas
d. 3 e 4

9. A linha de base da medição do desempenho é mais frequentemente composta por três linhas de base:
a. Linhas de base de custo, cronograma e risco
b. Linhas de base de custo, cronograma e escopo
c. Linhas de base de custo, risco e qualidade
d. Linhas de base de cronograma, risco e qualidade

10. Qual (Quais) das seguintes é (são) benefício(s) de se desenvolver uma EAP até os níveis mais baixos?
a. Melhor estimativa de custos
b. Melhor controle
c. Menos provável que algo vá passar despercebido
d. Todas as anteriores

11. As linhas de base, uma vez estabelecidas, identificam:
a. O que o cliente e o contratado acordaram
b. O que o patrocinador e o cliente acordaram
c. O que o cliente quer que seja feito, mas não necessariamente o que o gerente de projetos planeja fazer
d. O que o gerente de projetos planeja fazer, mas não necessariamente o que o cliente pediu

12. O encerramento financeiro, que é muitas vezes parte seguinte do processo de verificação do escopo, é utilizado para:
a. Encerrar todos os números de cobrança
b. Encerrar todos os números de cobrança para o trabalho realizado e concluído
c. Alterar os formulários de autorização do trabalho
d. Nenhuma das anteriores

13. Um de seus fornecedores lhe enviou um e-mail solicitando que sejam autorizados apenas oito testes, em vez dos dez exigidos pela especificação. O que o gerente do projeto deve fazer primeiro?
a. Alterar a linha de base do escopo
b. Pedir ao fornecedor para publicar uma solicitação de mudança
c. Procurar por cláusulas de penalização no contrato
d. Pedir a opinião do seu patrocinador

14. Um de seus fornecedores lhe envia, por e-mail, uma solicitação para utilizar matérias-primas de alta qualidade em seu projeto, declarando que isso será valor adicionado e que melhorará a qualidade. O que o gerente do projeto deve fazer primeiro?
a. Alterar a linha de base do escopo
b. Pedir ao fornecedor para publicar uma solicitação de mudança
c. Pedir a opinião do seu patrocinador
d. Mudar a EAP

15. Qual é o número máximo de planos auxiliares que um plano de gerenciamento do programa pode conter?
a. 10
b. 15
c. 20
d. Número ilimitado

16. O comitê de controle de mudanças, do qual você é um membro, aprova uma mudança significativa no escopo. O primeiro documento que o gerente do projeto deveria atualizar seria o (a):
a. Linha de base do escopo
b. Cronograma
c. EAP
d. Orçamento

RESPOSTAS

1. A 2. B 3. B 4. C 5. C 6. B 7. C 8. D 9. B 10. D
11. D 12. B 13. B 14. B 15. D 16. A

EXERCÍCIOS

11-1 Sob quais condições cada uma das seguintes alternativas não estaria disponível ou não seria necessária para fins de planejamento inicial?
a. Estrutura analítica do projeto
b. Declaração do trabalho
c. Especificações
d. Cronogramas de marcos

11-2 Que medidas de planejamento devem preceder a programação do cronograma total do programa? Quais passos são necessários?

11-3 Como é que um gerente de projetos determina a complexidade de fazer um plano de programa ou quantos cronogramas incluir?

11-4 Os objetivos podem ser sempre identificados e programados?

11-5 Uma EAP pode ser sempre estabelecida para atingir um objetivo?

11-6 Quem determina o trabalho necessário para realizar um objetivo?

11-7 Quais papéis um gerente funcional desempenha no estabelecimento dos três primeiros níveis da EAP?

11-8 A duração de um programa deveria ter um impacto sobre o estabelecimento de um projeto separado ou de tarefas de apoio administrativo? E quanto às matérias-primas?

11-9 É possível que a EAP seja projetada de modo que a alocação de recursos seja mais fácil de identificar?

11-10 Se o escopo do esforço de um projeto muda durante a execução das atividades, qual deve ser o papel do gerente funcional?

11-11 Que tipos de conflitos podem ocorrer durante o ciclo de planejamento, e quais modos devem ser utilizados para a resolução desses conflitos?

11-12 Qual seria a eficácia da Figura 11-3 se os pacotes de trabalho fossem substituídos por tarefas?

11-13 Sob quais circunstâncias ou projetos a autorização de planejamento do trabalho não será necessária?

11-14 Em que tipos de projetos as posições de cobertura poderiam ser facilmente identificadas em um cronograma?

11-15 As atividades 5 e 6 da Figura 11-11 podem ser eliminadas? Quais são os riscos a que um gerente de projetos está sujeito se essas atividades forem eliminadas?

11-16 Quando, no ciclo de planejamento, os organogramas de responsabilidade devem ser preparados? Você consegue identificar esse ponto na Figura 11-11?

11-17 Para cada um dos pontos de decisão na Figura 11-13, quem toma a decisão? Quem deve fornecer informações? Qual é o papel do gerente funcional e do membro da equipe funcional? Onde estão identificadas as variáveis estratégicas?

11-18 Considere um projeto em que todo o planejamento seja realizado por um grupo. Após todo o planejamento ser concluído, incluindo o plano do programa e os cronogramas, um gerente de projetos é selecionado. Há algo de errado com essa configuração? Isso pode funcionar?

11-19 Como é que o cliente e o fornecedor sabem se cada um tem plena consciência da declaração do trabalho, da estrutura analítica do projeto e do plano do programa?

11-20 Um bom plano de projeto deveria formular métodos para antecipar problemas?

11-21 Alguns gerentes de projetos agendam reuniões de equipe como o principal meio para o planejamento e o controle. Você concorda com esta filosofia?

11-22 Paul Mali (*Managemet by objectives*. New York: John Wiley, 1972. p. 12) define a APO como um processo de cinco etapas:
- Descobrimento do objetivo
- Definição do objetivo
- Validação do objetivo
- Implementação do objetivo
- Controle e relatório de andamento do objetivo

Como pode a estrutura analítica do projeto ser utilizada para realizar cada um dos passos acima? Você concordaria ou discordaria que quanto mais níveis a EAP tiver, maior a compreensão e a clareza dos passos necessários para completar os objetivos?

11-23 Muitos livros de administração declaram que você deve planejar como trabalha, fazendo uma coisa de cada vez. Essa mesma prática pode ser aplicada ao nível de projeto, ou um gerente de projetos deve planejar todas as atividades de uma vez?

11-24 É verdade que os gerentes de projetos estabelecem os marcos e os gerentes funcionais esperam poder atendê-los?

11-25 Você foi convidado a desenvolver uma estrutura analítica para um projeto. Como você deve proceder para realizar isso? A EAP deve ser baseada nas fases do tempo, dos departamentos, das divisões ou em alguma combinação?

11-26 Você acaba de ser encarregado de elaborar um cronograma para a introdução de um novo produto no mercado. A seguir estão os elementos que devem aparecer em seu cronograma. Organize esses elementos em uma estrutura analítica de projeto (até o nível 3) e, em seguida, desenhe o diagrama de seta. Fique à vontade para acrescentar tópicos adicionais, conforme necessário.

- *Layout* de Produção
- Testes de mercado
- Análise do custo de venda
- Análise das reações dos clientes
- Armazenagem e custos de embarque
- Seleção de vendedores
- Treinamento de vendedores
- Treinamento de distribuidores
- Material impresso para os vendedores
- Material impresso para os distribuidores
- Impressão de material
- Promoção de vendas
- Manual de vendas
- Anúncio comercial
- Revisão dos custos de fábrica
- Seleção de distribuidores
- *Layout* da arte
- Aprovação da arte
- Apresentação em uma feira
- Distribuição para vendedores
- Estabelecimento do procedimento para faturamento
- Estabelecimento do procedimento para crédito
- Revisão do custo de produção
- Revisão do custo de venda
- Aprovações*
- Reuniões de revisão*
- Especificações finais
- Requisições de material

*(*Reuniões de aprovação e de revisão podem aparecer várias vezes.)*

11-27 Assim que um projeto começa, um bom gerente de projetos criará pontos de controle. Como isso deve ser realizado? A duração do projeto importará? Os pontos de controle podem ser integrados em um cronograma? Se sim, como eles devem ser identificados?

11-28 Os cronogramas detalhados (pelos níveis 3, 4, 5... da EAP) são elaborados pelos gerentes funcionais. Esses cronogramas devem ser apresentados para o cliente?

11-29 A fase de lançamento do projeto está completa e agora você está pronto para finalizar o plano operacional. A seguir estão seis passos que geralmente fazem parte do processo de finalização. Coloque-os na ordem apropriada.

1. Desenhar diagramas para cada elemento individual da EAP.
2. Estabelecer a estrutura analítica do projeto e identificar os elementos e níveis de subordinação.
3. Criar um diagrama de rede grosseiro (diagrama de setas) e decidir sobre a EAP.
4. Refinar o diagrama por meio da combinação de toda a lógica em um plano. Em seguida, decidir sobre as designações de trabalho.
5. Se necessário, tentar condensar o diagrama ao máximo, sem perder a clareza.
6. Integrar os diagramas em cada nível, até que reste apenas um nível. Então, começar a integração dos níveis mais elevados da EAP até que o plano desejado seja alcançado.

11-30 A seguir, são listados sete fatores que devem ser considerados antes da finalização de um cronograma. Explique como o cronograma de um caso de base pode mudar como resultado de cada um destes:

- Introdução ou aceitação do produto no mercado
- Disponibilidade atual e prevista de pessoal
- Restrições econômicas do projeto
- Grau de dificuldade técnica
- Disponibilidade da mão de obra
- Disponibilidade de treinamento de pessoal
- Prioridade do projeto

11-31 Você é o gerente de projetos de um esforço de nove meses. Você está agora no quinto mês do projeto e está mais de duas semanas atrasado, com muito pouca esperança de recuperação. A barragem rompe em uma cidade perto de você e ocorrem inundações enormes e deslizamentos de terra. Quinze dos seus principais colaboradores funcionais solicitam tirar três dias a partir da semana seguinte para ajudar os membros da igreja a cavar. O gerente funcional deseja-lhes boa sorte e deixa toda a decisão a seu critério. Você deveria deixá-los ir?

11-32 Uma vez que o gerente funcional e o gerente do projeto concordam com um cronograma do projeto, quem é responsável por realizar o trabalho? Quem é o responsável por ter o trabalho realizado? Qual é a diferença, se houver?

11-33 Discuta a validade das seguintes declarações sobre autoridade:

a. Um bom gerente de projetos terá mais autoridade do que a sua responsabilidade exige.
b. Um bom gerente de projetos não deve responsabilizar um subordinado por deveres os quais ele (o gerente do projeto) não possui autoridade para impor.

11-34 A seguir, há 12 instruções. Quais são mais bem descritas como planejamento e quais são mais bem descritas como previsão?

a. Dê uma definição completa do trabalho.
b. Estabeleça um cronograma proposto.
c. Estabeleça marcos do projeto.
d. Determine a necessidade por recursos diferentes.
e. Determine as competências necessárias para cada tarefa ou elemento da EAP.

f. Altere o escopo do esforço e obtenha novas estimativas.
g. Estime o tempo total para completar o trabalho necessário.
h. Considere a mudança de recursos.
i. Designe pessoal adequado para cada elemento da EAP.
j. Programe novamente os recursos do projeto.
k. Comece a programação dos elementos da EAP.
l. Altere as prioridades do projeto.

11-35 Uma empresa de serviços públicos possui um grupo de planejamento, que elabora orçamentos (com a ajuda de grupos funcionais) e seleciona os projetos a serem concluídos dentro de um determinado período. Você está designado como gerente de projetos para um dos projetos e descobre que ele deveria ter sido iniciado no "mês passado" a fim de cumprir a data de conclusão. O que você, o gerente do projeto, pode fazer a respeito disso? Você deve atrasar o início do projeto para replanejar o trabalho?

11-36 O diretor de gerenciamento de projetos o chama em seu escritório e informa que um de seus colegas gerentes de projetos teve um ataque cardíaco grave no meio do projeto. Você será encarregado do projeto dele, que está bem atrasado e com sobrecustos. O diretor de gerenciamento de projetos, então, "ordena" que você termine o projeto dentro do prazo e dos custos. Como você se propõe a fazer isso? Por onde você começa? Você deve interromper o projeto para replanejá-lo?

11-37 Planejamento é frequentemente descrito como estabelecimento, orçamento, programação e alocação de recursos. Identifique esses quatro elementos na Figura 11-1.

11-38 Uma empresa está empreendendo um grande projeto de desenvolvimento que exige que uma enorme "impressão da árvore do projeto" seja desenvolvida. Que tipo de esboço da EAP seria o melhor para minimizar o impacto de ter dois sistemas, um para impressão e um para o trabalho da EAP?

11-39 Uma empresa permite que cada organização de linha execute suas próprias atividades de aquisições (por meio de um escritório centralizado de aquisições), contanto que recursos financeiros de aquisições tenham sido alocados durante a fase de planejamento do projeto. O escritório de projetos não autoriza essas requisições de aquisições funcionais e podem até mesmo desconhecê-las. Esse sistema pode funcionar eficazmente? Se sim, sob quais condições?

11-40 Como parte de um estudo de viabilidade, você é solicitado a elaborar, com o auxílio de gerentes funcionais, um cronograma e um resumo de custos para um projeto que irá ocorrer três anos adiante, se o projeto for mesmo aprovado. Suponha que em três anos o projeto seja aprovado. Como é que o gerente do projeto consegue fazer com que os gerentes funcionais aceitem o cronograma e a soma de custos que eles mesmos prepararam três anos atrás?

11-41 "Esperando por problemas". Bons gerentes de projetos sabem que tipo de problema pode ocorrer nas diferentes etapas de desenvolvimento de um projeto. As atividades na lista numerada a seguir indicam as várias fases de um projeto. A lista com as letras que se segue identifica os principais problemas. Para cada fase do projeto, selecione e liste todos os problemas que lhe são aplicáveis.

1. Solicitação de proposta ______________
2. Apresentação para o cliente ____________
3. Concessão do contrato________________
4. Reuniões de revisão de design__________
5. Teste do produto____________________
6. Aceitação do cliente _________________

a. A engenharia não solicita a contribuição da produção para a produtibilidade do item final.
b. A estrutura analítica do projeto está mal definida.
c. O cliente não percebe totalmente o impacto que uma mudança técnica terá sobre os custos e sobre o cronograma.
d. As restrições de tempo e custos não são compatíveis com o estado da arte.
e. A interface entre o projeto e a área funcional é deficitária.
f. A integração inadequada de sistemas gerou conflitos e um colapso nas comunicações.
g. Vários gerentes funcionais não perceberam que eram responsáveis por determinados riscos.
h. O impacto das mudanças de design não é sistematicamente avaliado.

11-42 A Tabela 11-12 identifica 26 passos no planejamento e controle do projeto. A seguir, há uma descrição de cada um dos 26 passos. Usando essa informação, preencha nas colunas 1 e 2 (a coluna 2 é uma resposta do grupo). Após o seu instrutor lhe fornecer a coluna 3, preencha o restante da tabela.

1. **Desenvolver o organograma linear de responsabilidade.** Esse gráfico identifica a estrutura analítica do projeto e atribui autoridade/responsabilidade específica a vários indivíduos como grupos, para garantir que todos os elementos da EAP sejam contabilizados. O organograma linear de responsabilidade pode ser elaborado tanto com

os títulos como com os nomes das pessoas. Suponha que ele seja elaborado após você negociar pessoal qualificado, de modo que você possa saber ou os nomes ou as capacidades dos indivíduos que serão designados.

2. **Negociar por pessoal funcional qualificado.** Uma vez que o trabalho tenha sido decidido, o gerente de projetos tenta identificar as qualificações para o pessoal desejado. Isso se torna, então, a base para o processo de negociação.
3. **Desenvolver as especificações.** Esse é um dos quatro documentos necessários para definir inicialmente os requisitos do projeto. Suponha que se tratem de especificações de desempenho ou de material, e sejam fornecidas a você no estágio de planejamento inicial, tanto pelo cliente quanto pelo usuário.
4. **Determinar os meios para a medição do progresso.** Antes que o plano do projeto seja finalizado e que a execução do projeto possa começar, o gerente do projeto deve identificar os meios para a medição do progresso; especificamente, o que se entende por condição "fora de tolerância" e quais são as tolerâncias/variações/ limites para cada elemento do caso de base da EAP?
5. **Elaborar o relatório final.** Esse é o relatório final a ser elaborado na finalização do projeto.
6. **Autorizar os departamentos a começar o trabalho.** Isso autoriza os departamentos a iniciar a real execução do projeto, e não o planejamento. Essa etapa ocorre geralmente depois que o plano do projeto foi estabelecido, finalizado e, talvez, até mesmo aprovado pelo cliente ou grupo de usuários. Esse é o início das ordens de trabalho para a implementação do projeto.

TABELA 11-12 Passos no planejamento e controle do projeto

Atividade	Descrição	Coluna 1: Sua sequência	Coluna 2: Sequência do Grupo	Coluna 3: Sequência do Especialista	Coluna 4: Diferença entre 1 e 3	Coluna 5: Diferença entre 2 e 3
1.	Desenvolver o organograma linear de responsabilidade					
2.	Negociar por pessoal funcional qualificado					
3.	Desenvolver as especificações					
4.	Determinar os meios para a medição do progresso					
5.	Elaborar o relatório final					
6.	Autorizar os departamentos a começar o trabalho					
7.	Desenvolver a estrutura analítica do projeto					
8.	Encerrar as ordens de trabalho funcionais					
9.	Desenvolver a declaração do escopo e estabelecer objetivos					
10.	Desenvolver o cronograma geral					
11.	Desenvolver as prioridades para cada elemento do projeto					
12.	Desenvolver cursos alternativos de ação					
13.	Desenvolver a rede PERT					
14.	Desenvolver cronogramas detalhados					
15.	Estabelecer qualificações para o pessoal funcional					
16.	Coordenar as atividades em andamento					
17.	Determinar os requisitos de recursos					
18.	Medir o progresso					
19.	Decidir sobre um curso básico de ação					
20.	Estabelecer os custos de cada elemento da EAP					
21.	Revisar os custos da EAP com cada gerente funcional					
22.	Estabelecer um plano do projeto					
23.	Estabelecer as variações de custos para os elementos do caso de base					
24.	Estimar a EAP					
25.	Estabelecer uma rede lógica com pontos de controle					
26.	Rever os custos do caso de base com o diretor					

7. **Desenvolver a estrutura analítica do projeto.** Esse é um dos quatro documentos necessários para a definição do projeto no início do estágio de planejamento do projeto. Suponha que a EAP seja construída usando uma abordagem bottom-up. Em outras palavras, a EAP é construída a partir da rede lógica (diagrama de setas) e dos pontos de controle que eventualmente se tornarão a base para os diagramas PERT/CPM (ver Atividade 25).
8. **Encerrar as ordens de trabalho funcionais.** É quando o gerente do projeto tenta evitar a cobrança excessiva para seu projeto, encerrando as ordens de trabalho funcionais (ou seja, Atividade 6), conforme o trabalho termine. Isso inclui o cancelamento de todas as ordens de trabalho, exceto aquelas necessárias para administrar o encerramento do projeto e a elaboração do relatório final.
9. **Desenvolver a declaração do escopo e estabelecer objetivos.** Essa é a declaração do trabalho e é um dos quatro documentos necessários, a fim de identificar os requisitos do projeto. Normalmente, a EAP é a estruturação da declaração do trabalho.
10. **Desenvolver o cronograma geral.** Esse é o cronograma resumido ou de marcos necessários no início do projeto, a fim de definir os quatro documentos de requisitos para o projeto. O cronograma geral inclui datas inicial e final (se conhecidas), outros marcos importantes e itens de dados.
11. **Desenvolver as prioridades para cada elemento do projeto.** Depois que o caso de base for identificado e os cursos alternativos de ação considerados (isto é, planejamento de contingência), a equipe do projeto realiza uma análise de sensibilidade para cada elemento da EAP. Isso pode exigir atribuir prioridades para cada elemento da EAP e as prioridades mais altas podem não necessariamente ser atribuídas a elementos do caminho crítico.
12. **Desenvolver cursos alternativos de ação.** Uma vez que o caso de base é conhecido e que os cursos de ação detalhados (ou seja, o cronograma detalhado) estejam elaborados, os gerentes de projetos conduzem os jogos "e se" para desenvolver possíveis planos de contingência.
13. **Desenvolver a rede PERT.** Essa é a finalização da rede PERT/CPM e se torna a base do cronograma detalhado que será realizado. A lógica para a rede PERT pode ser realizada no início do ciclo de planejamento (ver Atividade 25), mas a finalização da rede, juntamente com as durações de tempo, geralmente se baseia em quem foi (ou será) designado, e a autoridade/responsabilidade resultante do indivíduo. Em outras palavras, a duração do tempo da atividade é uma função, não apenas de padrão de desempenho, mas também de conhecimento técnico do indivíduo e autoridade/responsabilidade.
14. **Desenvolver cronogramas detalhados.** Esses são os cronogramas de projeto detalhados, e são construídos do diagrama PERT/CPM e das capacidades dos indivíduos designados.
15. **Estabelecer qualificações para o pessoal funcional.** Uma vez que a alta administração revisa os custos do caso de base e aprova o projeto, o gerente do projeto começa a tarefa de conversão de planejamento geral para planejamento detalhado. Isso inclui a identificação dos recursos requeridos e, em seguida, das respectivas qualificações.
16. **Coordenar as atividades em andamento.** São as atividades em curso para a execução do projeto e não para o planejamento do projeto. Essas são as atividades que foram autorizadas a começar na Atividade 6.
17. **Determinar os requisitos de recursos.** Depois que a alta administração aprova os custos estimados do caso de base durante o planejamento global, o planejamento detalhado começa por meio da determinação dos requisitos de recursos, incluindo recursos humanos.
18. **Medir o progresso.** Conforme a equipe do projeto coordena as atividades em andamento durante a execução do projeto, a equipe monitora o progresso e elabora relatórios de andamento.
19. **Decidir sobre um curso básico de ação.** Uma vez que o gerente do projeto obtém as estimativas aproximadas de custos para cada elemento da EAP, ele reúne todas as peças e determina o curso básico de ação.
20. **Estabelecer os custos de cada elemento da EAP.** Depois de decidir sobre o caso de base, o gerente do projeto estabelece os custos do caso de base para cada elemento da EAP, a fim de preparar-se para a reunião de avaliação da precificação com a alta administração. Esses custos são normalmente os mesmos daqueles que foram fornecidos pelos gerentes de linha.
21. **Revisar os custos da EAP com cada gerente funcional.** Cada gerente funcional recebe a

EAP e é avisado para determinar seu papel e estimar o seu envolvimento funcional. O gerente do projeto, em seguida, revê os custos da EAP para se certificar de que tudo foi contabilizado e sem duplicação de esforços.

22. **Estabelecer um plano do projeto.** Este é o último passo no planejamento detalhado. Após essa etapa, começa a execução do projeto. (Ignorar a situação em que o desenvolvimento do plano do projeto possa ser executado concomitantemente com a execução do projeto.)
23. **Estabelecer as variações de custos para os elementos do caso de base.** Uma vez que as prioridades são conhecidas para cada elemento do caso de base, o gerente do projeto define as variações admissíveis de custos que serão utilizadas como um meio para a medição do progresso. O relatório dos custos é mínimo, contanto que os custos reais permaneçam dentro dessas variações admissíveis.
24. **Estimar a EAP.** Isso é feito quando o gerente do projeto fornece a EAP a cada gerente funcional para a precificação inicial das atividades.
25. **Estabelecer uma rede lógica com pontos de controle.** É a abordagem *bottom-up*, que muitas vezes é utilizada como base para o desenvolvimento tanto da EAP quanto – mais tarde – da rede PERT/CPM.
26. **Rever os custos do caso de base com o diretor.** Aqui o gerente do projeto reúne os custos aproximados obtidos durante a precificação funcional da EAP, revisa-os e busca a aprovação da administração para iniciar o planejamento detalhado.

11-43 Considere a estrutura analítica do projeto apresentada na Figura 11-19. O projeto pode ser gerenciado a partir dessa única folha de papel presumindo-se que, ao final de cada mês, o gerente do projeto recebe também um resumo dos custos e do percentual concluído?

11-44 Durante 1992 e 1993, a General Motors economizou mais de $ 2 bilhões, em virtude dos esforços de corte de custos do Sr. Lopez. Rumores se espalharam por toda a indústria automobilística de que a General Motors estava considerando um plano para oferecer às subcontratadas contratos de dez anos em troca de uma redução de 20% nos custos. Esses contratos de longo prazo forneceram tanto à GM quanto às subcontratadas a chance de desenvolver uma relação informal de gerenciamento de projetos com base na confiança, na comunicação eficaz e nos requisitos mínimos de documentação.

a. É concebível que as economias de custos de 20% pudessem ter sido percebidas totalmente com a diminuição de documentação formalizada?
b. Filosoficamente, o que você acha que aconteceu quando o Sr. Lopez saiu da GM na primavera de 1993, por um alto cargo na Volkswagen? O seu sistema de gerenciamento de projetos informal continuou sem ele? Explique sua resposta.

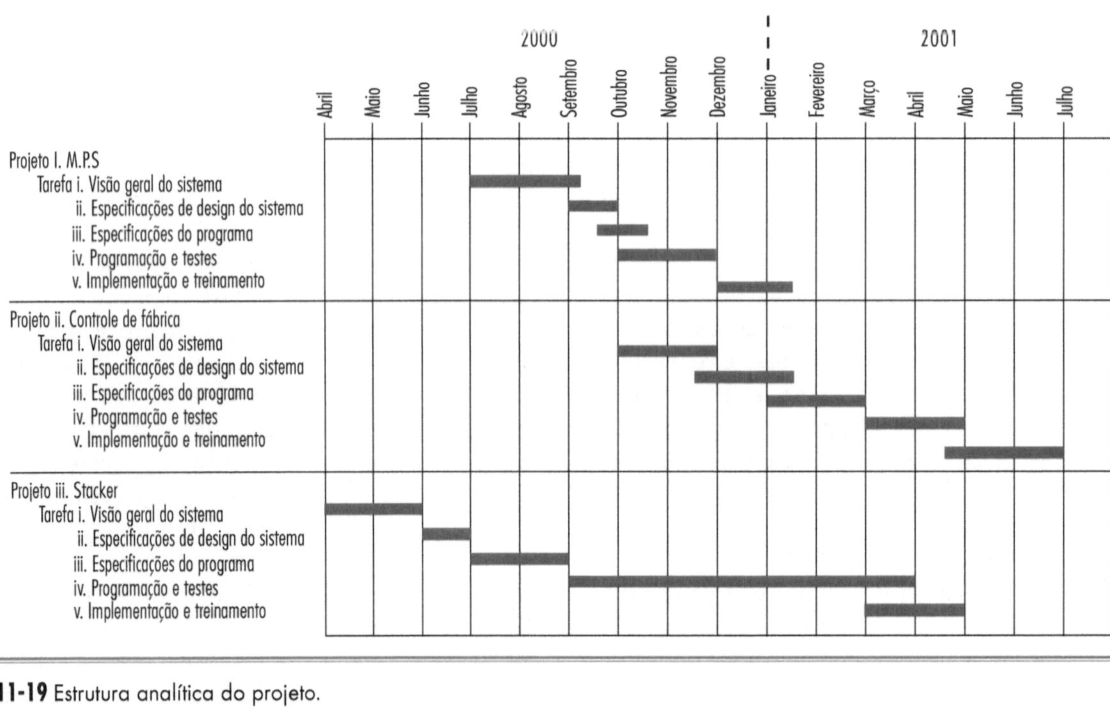

FIGURA 11-19 Estrutura analítica do projeto.

11-45 Durante a recessão de 1989-1993, a indústria automobilística começou a tomar medidas extremas de corte de custos por meio do *downsizing*[NT21]. Os esforços de *downsizing* criaram problemas de gerenciamento de projetos para os engenheiros de projetos em plantas industriais. Com menos recursos disponíveis, mais e mais trabalho teve de ser terceirizado, principalmente para os serviços. As fábricas tinham anos de experiência em negociações de peças, mas experiência limitada nas negociações de serviços. Como resultado, os contratos de serviços tiveram sobrecustos drásticos com mudanças de engenharia e desvios de cronograma. Qual é o verdadeiro problema e qual é a sua recomendação de solução?

11-46 Quando trazer o gerente do projeto a bordo sempre foi um problema. Para cada uma das seguintes situações, identifique as vantagens e desvantagens.

a. O gerente do projeto é trazido a bordo no início da fase conceitual, mas atua apenas como um observador. Ele nunca responde perguntas nem fornece suas ideias até que a sessão de *brainstorming* seja concluída.
b. Quando o *brainstorming* for concluído durante a fase conceitual, a alta administração nomeia um dos membros da equipe do *brainstorming* para atuar como o gerente do projeto.

[NT21] Termo em inglês para a técnica da administração contemporânea que implica na diminuição dos níveis hierárquicos e da burocracia dentro da organização, visando à agilidade na tomada de decisão. Em tradução literal, "achatamento".

12

TÉCNICAS DE PROGRAMAÇÃO DE REDE

Estudos de Caso Relacionados (de Kerzner/*Project Management Case Studies*, 4. ed.)	Livro de Exercícios Relacionado (de Kerzner/*Project Management Workbook and PMP®/CAPM® Exam study Guide*, 11. ed.)	Guia PMBOK® – 5. ed., Seção de Referência para o Exame de Certificação PMP®
• *Crosby Manufacturing Corporation** • *The Invisible Sponsor**	• *Crashing the Effort* • *Multiple Choice Exam* • *Crossword Puzzle on Time (Schedule) Management*	• Gerenciamento de Tempo do Projeto

** Estudo de caso também aparece ao final do capítulo.*

12.0 INTRODUÇÃO

> **Guia PMBOK®, 5. ed.**
> Capítulo 6 Gerenciamento do Tempo do Projeto

A administração está continuamente à procura de novas e melhores técnicas de controle para lidar com as complexidades, as massas de dados e os prazos apertados que são característicos de setores altamente competitivos. Os gerentes também querem melhores métodos para a apresentação de dados técnicos e de custos para os clientes.

> **Guia PMBOK®, 5. ed.**
> 6.2.3.3 Lista dos marcos

As técnicas de programação ajudam a alcançar essas metas. As mais comuns são:

- Gráficos de Gantt ou de barras

> **Guia PMBOK®, 5. ed.**
> 6.3 Sequenciar as atividades

- Gráficos de marcos
- Linha de equilíbrio[1]
- Redes
- Técnica de Avaliação e Revisão de Programa (Program Evaluation and Review Technique – PERT)
- Método do Diagrama de Setas (Arrow Diagram Method – ADM) [Às vezes chamado de Método do Caminho Crítico (Critical Path Method – CPM)][2]
- Método do Diagrama de Precedência (Precedence Diagram Method – PDM)
- Técnica de Avaliação e Revisão Gráfica (Graphical Evaluation and Review Technique – GERT)

Dentre as vantagens das técnicas de programação de rede, destacam-se:

- Elas formam a base para todo o planejamento e previsão e ajudam a administração a decidir como utilizar seus recursos para atingir metas de tempo e custos.
- Elas fornecem visibilidade e permitem à administração controlar programas "únicos".
- Elas ajudam a administração a avaliar alternativas, respondendo questões em relação a temas como:

[1] A linha de equilíbrio é mais aplicável às operações de manufatura para produção de atividades de linha. Contudo, pode ser utilizada no gerenciamento de projetos onde um número finito de entregas devem ser produzidas em um determinado período de tempo. O leitor pode encontrar mais informações sobre essa técnica em inúmeros textos sobre gestão da produção.

[2] O texto usa o termo CPM ao invés de ADM. O leitor deve compreender que eles são intercambiáveis.

de que forma os atrasos influenciarão a conclusão do projeto, onde existem folgas entre os elementos e quais elementos são cruciais para cumprir a data de término.

- Elas fornecem uma base para a obtenção de dados para tomada de decisão.
- Elas utilizam uma chamada análise da rede do tempo como o método básico para determinar a mão de obra, os materiais e os requisitos de capital, bem como para fornecer um meio para verificar o progresso.
- Elas fornecem a estrutura básica para a comunicação de informações.
- Elas revelam as interdependências das atividades.
- Elas facilitam os exercícios "e-se".
- Elas identificam o caminho mais longo ou os caminhos críticos.
- Elas auxiliam na análise de riscos do cronograma.

A PERT foi desenvolvida originalmente em 1958 e 1959 para atender às necessidades da "era da engenharia maciça" em que as técnicas de Taylor e Gantt eram inaplicáveis. O Escritório de Projetos Especiais da Marinha dos Estados Unidos, preocupado com as tendências de desempenho em grandes programas de desenvolvimento militar, introduziu a PERT no seu Sistema de Mísseis Polaris em 1958, após a técnica ter sido desenvolvida com o apoio da empresa de consultoria de gestão Booz, Allen e Hamilton. Desde aquela época, a técnica espalhou-se rapidamente em quase todos os setores. Quase ao mesmo tempo, a DuPont iniciou uma técnica similar conhecida como método do caminho crítico (CPM), que também se espalhou amplamente e é particularmente concentrada nos setores de construção e de processos.

No início dos anos 1960, os requisitos básicos da PERT/tempo, conforme estabelecido pela Marinha foram os seguintes:

- Todas as tarefas individuais para completar um programa devem estar suficientemente claras para serem colocadas em uma rede, que inclui eventos e atividades, ou seja, segue a estrutura analítica do projeto.
- Os eventos e as atividades devem ser sequenciados na rede em um conjunto muito lógico de regras básicas que permitem a determinação dos caminhos crítico e subcrítico. As redes podem ter mais de cem eventos, mas nunca menos de dez.
- As estimativas de tempo devem ser feitas para cada atividade em três pontos. Otimista, mais provável e pessimista. Os cálculos de tempo decorrido são estimados pela(s) pessoa(s) mais familiarizada(s) com a atividade.
- O caminho crítico e os tempos de folga são computados. O caminho crítico é a sequência de atividades e eventos cuja realização exige o maior tempo.

Uma grande vantagem da PERT está no seu planejamento abrangente. O desenvolvimento da rede e a análise do caminho crítico revelam interdependências e problemas que não são óbvios com outros métodos de planejamento. A PERT, dessa forma, determina onde o maior esforço deve ser feito para manter um projeto dentro do prazo.

A segunda vantagem da PERT é que se pode determinar a probabilidade de cumprimento dos prazos pelo desenvolvimento de planos alternativos. Se o tomador de decisão é estatisticamente sofisticado, ele pode analisar o desvio-padrão e a probabilidade dos dados de término bem-sucedido. Se existe um mínimo de incerteza, pode-se usar a abordagem de uma única vez e, é claro, mantendo a vantagem da análise de rede.

Uma terceira vantagem é a capacidade de avaliar o efeito de mudanças no programa. Por exemplo, a PERT pode avaliar o efeito de uma mudança prevista de recursos das atividades menos críticas para as atividades classificadas como prováveis pontos de gargalos. A PERT também pode avaliar o efeito de um desvio no tempo real necessário para uma atividade em comparação ao que havia sido previsto anteriormente.

Finalmente, a PERT permite que uma grande quantidade de dados sofisticados seja apresentada em um diagrama bem organizado a partir do qual fornecedores e clientes podem tomar decisões conjuntas.

A PERT, infelizmente, também possui desvantagens. A complexidade da técnica traz problemas de implementação. Existem mais exigências de dados para um sistema de comunicação organizado pela PERT do que para a maioria dos outros.

Portanto, a PERT torna-se caro para se manter e é utilizado mais frequentemente em programas grandes e complexos.

Várias empresas estão dando muita atenção à utilidade da PERT em projetos pequenos. O resultado tem sido o desenvolvimento de procedimentos PERT/LOB, que podem fazer o seguinte:

- Cortar custos e tempo do projeto
- Coordenar e agilizar o planejamento
- Eliminar o tempo ocioso
- Proporcionar uma melhor programação e controle das atividades de subcontratação
- Desenvolver melhores procedimentos de resolução de problemas

- Cortar o tempo necessário para as decisões rotineiras e permitir mais tempo para a tomada de decisão

Mesmo com essas vantagens, muitas empresas devem se perguntar se realmente precisam da PERT porque incorporá-la pode ser difícil e caro, mesmo com os pacotes de software de prateleira. As críticas à PERT incluem:

- Uso intensivo de tempo e trabalho
- Redução na capacidade de tomada de decisão
- Ausência de propriedade funcional nas estimativas
- Ausência de dados históricos para estimativas de tempo e custos
- Considera que os recursos são ilimitados
- Exige muito detalhamento

Um estudo em profundidade de PERT demandaria um ou dois cursos por si só. A intenção deste capítulo é familiarizar o leitor com a terminologia, a capacidade e as aplicações de redes.

12.1 FUNDAMENTOS DE REDE

Guia PMBOK®, 5. ed.
6.3 Sequenciar as atividades
6.3.2 Sequenciar as atividades: ferramentas e técnicas

A maior discrepância com os gráficos Gantt, de marcos ou de bolha, é a incapacidade de mostrar as interdependências entre os eventos e atividades. Essas interdependências devem ser identificadas de modo que um plano mestre possa ser desenvolvido para fornecer uma fotografia atualizada das operações em todos os momentos.

As interdependências são mostradas por meio da construção de redes. A análise de rede pode fornecer informações valiosas para o planejamento, a integração dos planos, os estudos do tempo, a programação e o gerenciamento de recursos. O objetivo principal do planejamento de rede é eliminar a necessidade do gerenciamento de crises fornecendo uma representação pictórica do programa total. A gestão da informação a seguir pode ser obtida como uma representação de:

- Interdependências de atividades
- Tempo de conclusão do projeto
- Impacto de inícios mais cedo
- Impacto de inícios mais tarde
- Compensações entre os recursos e o tempo
- Exercícios "e-se"
- Custo de um programa de emergência
- Desvios no planejamento/desempenho
- Avaliação de desempenho

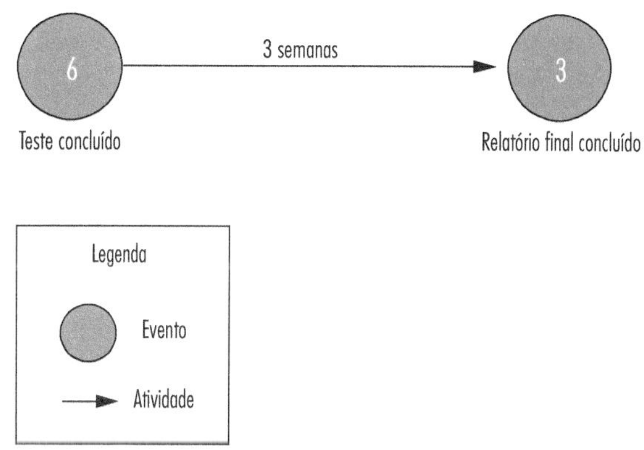

FIGURA 12-1 Nomenclatura padrão PERT.

As redes são compostas por eventos e atividades. Os seguintes termos são úteis no entendimento de redes:

- **Evento:** equivalente a um marco que indica quando uma atividade inicia ou termina.
- **Atividade:** o elemento de trabalho que deve ser realizado.
- **Duração:** o tempo total necessário para completar a atividade.
- **Esforço:** a quantidade de trabalho que realmente é realizado dentro da duração. Por exemplo, a duração de uma atividade pode ser de um mês, mas o esforço pode ser apenas um período de duas semanas na duração.
- **Caminho Crítico:** esse é o caminho mais longo através da rede e determina a duração do projeto. É também o mais curto espaço de tempo necessário para concluir o projeto.

A Figura 12-1 mostra a nomenclatura padrão para redes PERT. Os círculos representam eventos e as setas representam as atividades. Os números nos círculos significam os eventos específicos ou realizações. O número sobre a seta especifica o tempo necessário (horas, dias, meses), para ir do evento 6 para o evento 3. Os eventos não precisam ser numerados em uma ordem específica. No entanto, o evento 6 deve ser realizado antes que o evento 3 possa ser concluído (ou iniciado). Na Figura 12-2A, o evento 26 deve ocorrer antes dos eventos 7, 18 e 31. Na Figura 12-2B, o oposto é verdadeiro e os eventos 7, 18 e 31 devem ocorrer antes do evento 26. A Figura 12-2B é semelhante a portas "E" usadas nos diagramas lógicos.[3]

[3] Os diagramas PERT podem, de fato, ser considerados diagramas lógicos. Muitos dos símbolos usados na PERT foram adaptados da nomenclatura de fluxo lógico.

Guia PMBOK®, 5. ed.
6.3.2.2 Determinação de dependência

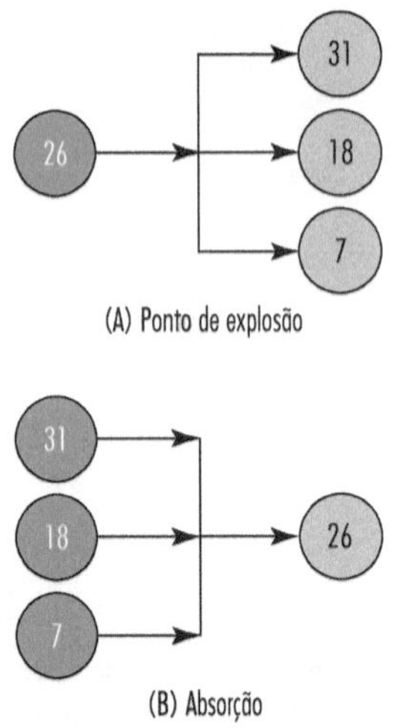

FIGURA 12-2 Fontes PERT (pontos de explosão) e absorções.

Guia PMBOK®, 5. ed.
6.3 Sequenciar as atividades

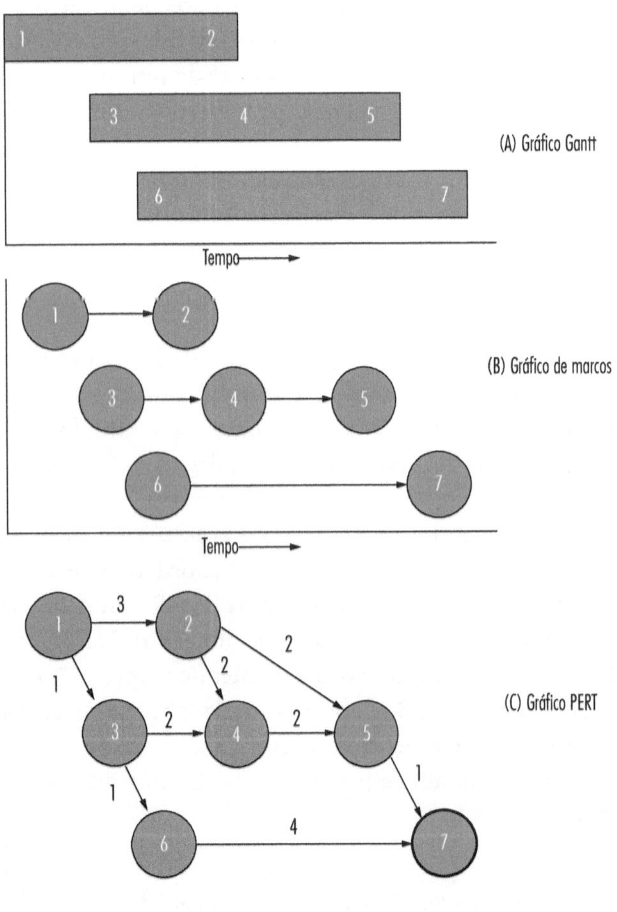

FIGURA 12-3 Conversão do gráfico de barras para o gráfico PERT.

Na introdução deste capítulo, resumimos as vantagens e desvantagens dos gráficos de Gantt e de marcos. Esses gráficos, entretanto, podem ser usados para desenvolver a rede PERT, como mostrado na Figura 12-3. O gráfico de barras na Figura 12-3A pode ser convertido para o gráfico de marcos na Figura 12-3B. Então, definindo a relação entre os eventos em barras diferentes no gráfico de marcos, podemos construir o gráfico PERT na Figura 12-3C.

PERT é basicamente uma ferramenta de planejamento e controle gerencial. Ela pode ser considerada um roteiro para um determinado programa ou projeto em que todos os principais elementos (eventos) tenham sido completamente identificados juntamente com as suas inter-relações correspondentes.[4] Os gráficos PERT são geralmente construídos de trás para frente porque, para muitos projetos, a data final é fixa e o fornecedor tem maior flexibilidade no início do projeto.

Um dos objetivos da construção do gráfico PERT é determinar quanto tempo é necessário para completar o projeto. A PERT, portanto, utiliza o tempo como um denominador comum para analisar os elementos que influenciam diretamente o sucesso do projeto, ou seja, tempo, custos e desempenho. A construção da rede requer duas entradas. Em primeiro lugar, os eventos representam o início ou a conclusão de uma atividade? Conclusões de eventos são geralmente preferenciais. O passo seguinte é definir a sequência de eventos, como mostra a Tabela 12-1, que relaciona cada evento com seu antecessor imediato. Grandes projetos podem ser facilmente convertidos em redes PERT, uma vez que as seguintes perguntas sejam respondidas:

- Que trabalho precede imediatamente esse trabalho?
- Que trabalho segue imediatamente esse trabalho?
- Que trabalhos podem ser executados simultaneamente?

A Figura 12-4 mostra uma típica rede PERT. A linha em negrito na Figura 12-4 representa o caminho crítico, que é estabelecido pelo período mais longo através do sistema total de eventos. O caminho crítico é composto de eventos 1-2-3-5-6-7-8-9. O caminho crítico é vital para o controle bem-sucedido do projeto, pois ele informa dois aspectos à gerência:

- Como não há tempo de folga em qualquer um dos eventos sobre esse caminho, qualquer desvio causará um desvio correspondente à data final do programa, a menos que esse desvio possa ser recuperado durante qualquer um dos eventos do fluxo (no caminho crítico).

[4] Esses eventos nos gráficos PERT podem ser divididos, ao menos, nos mesmos níveis definidos na estrutura analítica do projeto.

TABELA 12-1 Sequência de eventos

Atividade	Título	Predecessoras Imediatas	Tempo da Atividade, Semanas
1–2	A	—	1
2–3	B	A	5
2–4	C	A	2
3–5	D	B	2
3–7	E	B	2
4–5	F	C	2
4–8	G	C	3
5–6	H	D,F	2
6–7	I	H	3
7–8	J	E,I	3
8–9	K	G,J	2

- Como os eventos nesse caminho são os mais críticos para o sucesso do projeto, os gerentes devem dar atenção a esses eventos a fim de melhorar o programa total.

Ao usar PERT, podemos agora identificar as datas mais cedo possíveis às quais podemos esperar que um evento ocorra ou que uma atividade inicie ou termine. Não há nada muito misterioso sobre esse tipo de cálculo, mas sem uma análise da rede as informações podem ser difíceis de obter.

Guia PMBOK®, 5. ed.
6.3 Sequenciar as atividades

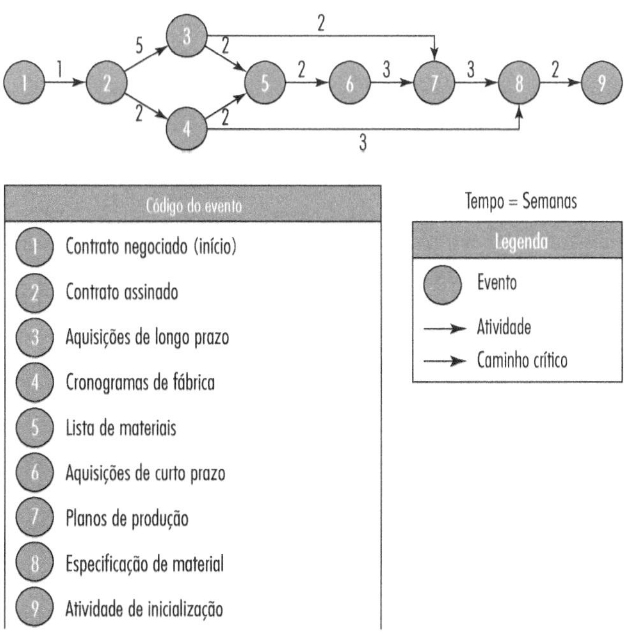

FIGURA 12-4 Rede PERT simplificada.

Os gráficos PERT podem ser gerenciados tanto a partir dos eventos quanto das atividades. Para os níveis de 1 a 3 da Estrutura Analítica do Projeto (EAP), as principais preocupações do gerente de projetos são os marcos, portanto, os eventos são de suma importância. Para os níveis de 4 a 6 da EAP, as preocupações do gerente do projeto são as atividades.

Os princípios que nós discutimos até agora também se aplicam ao CPM. A nomenclatura é a mesma e ambas as técnicas são, muitas vezes, chamadas de métodos de diagramação de seta ou de redes de atividade na seta. As diferenças entre a PERT e o CPM são:

- A PERT usa três estimativas de tempo (otimista, mais provável e pessimista, como mostrado na Seção 12.7) para obter um tempo esperado. O CPM utiliza uma estimativa de tempo que representa o tempo normal (isto é, melhor precisão de estimativa com CPM).
- A PERT é probabilística por natureza, baseada em uma distribuição beta para o tempo de cada atividade e uma distribuição normal de duração do tempo esperado (ver Seção 12.7). Isso nos permite calcular o "risco" de concluir um projeto. O CPM é baseado em uma única estimativa de tempo e é determinista por natureza.
- Tanto a PERT como o CPM permitem o uso de atividades fantasmas para desenvolver a lógica.
- A PERT é usada em projetos de P&D, cujos riscos no cálculo de duração de tempo têm uma alta variabilidade. O CPM é usado para projetos de construção, que são dependentes de recursos e baseados em estimativas exatas de tempo.
- A PERT é utilizada em projetos como os de P&D, em que o percentual concluído é quase impossível de se determinar, com exceção das etapas concluídas. O CPM é utilizado em projetos como os de construção, em que o percentual concluído pode ser determinado com precisão razoável e o faturamento do cliente pode ser realizado com base no percentual concluído.

12.2 TÉCNICA DE AVALIAÇÃO E REVISÃO GRÁFICA (GERT)

Guia PMBOK®, 5. ed.
6.6.2. Análise da rede do cronograma

A técnica de avaliação e revisão gráfica é similar à da PERT, mas tem a distinta vantagem de permitir laços, desvios e múltiplos resultados finais do projeto. Com a PERT é possível mostrar facilmente que, se um teste falhar, teremos de repeti-lo várias vezes. Com a PERT, não podemos mostrar que, com base nos resultados de um teste, podemos selecionar um entre os vários desvios diferentes para continuar o projeto. Esses problemas são facilmente superados usando GERT. [Para obter informações adicionais sobre a técnica GERT, ver: MEREDITH, Jack R.; MANTEL Jr., Samuel J. *Project management*. 3. ed. New York: Wiley, 1995. p. 364-367.]

12.3 DEPENDÊNCIAS

Guia PMBOK®, 5. ed.
6.3 Sequenciar as atividades
6.3.2.2 Determinação de dependência

Existem três tipos básicos de inter-relações ou dependências:

- **Dependências obrigatórias (ou seja, lógica rígida ou hard logic):** são as dependências que não podem mudar, como erguer as paredes de uma casa antes de colocar o telhado.
- **Dependências arbitradas (ou seja, lógica preferencial ou soft logic):** trata-se de dependências que podem ser definidas a critério do gerente do projeto ou podem simplesmente mudar de projeto para projeto. Como um exemplo, não é necessário completar toda a lista de materiais antes de iniciar as aquisições.
- **Dependências externas:** dependências que podem estar fora do controle do gerente do projeto, como ter fornecedores em seu caminho crítico.

Às vezes, é impossível extrair dependências de rede sem incluir atividades fantasmas. Atividades fantasmas são atividades artificiais, representadas por uma linha pontilhada e que não consomem recursos nem precisam de tempo. Elas são adicionadas à rede, simplesmente para completar a lógica.

Na Figura 12-5, a atividade C é precedida apenas pela atividade B. Agora, vamos supor que exista uma atividade D, precedida por ambas as atividades, A e B. Sem desenhar uma atividade fantasma (isto é, a linha tracejada), não há maneira de mostrar que a atividade D é precedida pelas atividades A e B. Usando duas atividades fantasmas, uma da atividade A para a atividade D e outra da atividade B para a atividade D, podemos obter essa representação. Programas de software inserem o número mínimo de atividades fantasmas e a direção da seta é importante. Na Figura 12-5, a seta deve estar apontada para cima.

Guia PMBOK®, 5. ed.
6.3 Sequenciar as atividades

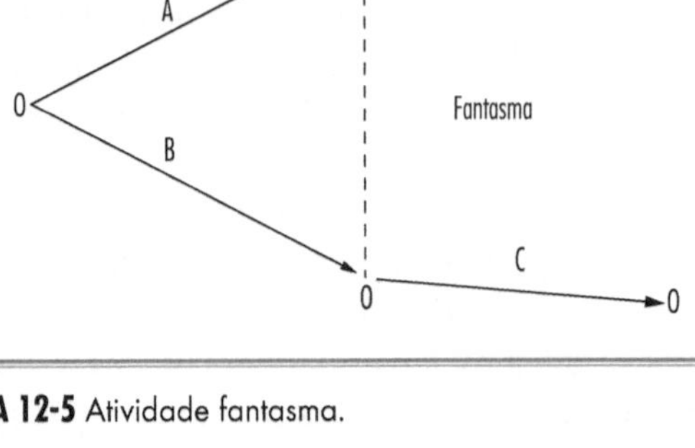

FIGURA 12-5 Atividade fantasma.

12.4 TEMPO DE FOLGA

Guia PMBOK®, 5. ed.
6.6.2 Desenvolver o cronograma
6.6.2.2 Método do caminho crítico

Uma vez que existe apenas um caminho pela rede que é o mais longo, os outros caminhos devem ser de comprimento igual ou inferior a ele. Portanto, devem existir eventos e atividades que podem ser concluídos antes do momento em que são realmente necessários. A diferença de tempo entre a data de conclusão prevista e a data para satisfazer o caminho crítico é chamada de tempo de folga. Na Figura 12-4, o evento 4 não é o caminho fundamental. Ir do evento 2 ao evento 5 pelo caminho crítico exige sete semanas tomando a rota 2-3-5. Se a rota 2-4-5 for tomada, apenas quatro semanas são necessárias. Portanto, o evento 4, que exige duas semanas para a conclusão, deve começar em qualquer lugar de zero a três semanas após a conclusão do evento 2. Durante essas três semanas, a gerência pode encontrar um outro uso para os recursos de pessoas, dinheiro, equipamentos e instalações necessárias para completar o evento 4.

O caminho crítico é vital para a programação e a alocação de recursos, porque o gerente do projeto, com a coordenação do gerente funcional, pode reprogramar esses eventos fora do caminho crítico para que sejam realizados durante outros períodos de tempo, quando a utilização máxima dos recursos for alcançada, desde que o tempo do caminho crítico não seja prorrogado. Esse tipo de renegociação com o uso dos tempos folga prevê um melhor equilíbrio de recursos em toda a empresa e pode, eventualmente, reduzir os custos do projeto, eliminando tempo ocioso ou de espera.

A folga pode ser definida como a diferença entre a última data permitida e a data mais cedo prevista com base na nomenclatura abaixo:

T_E = tempo mais cedo (data) em que um evento pode ocorrer

T_L = tempo mais tarde (data) em que um evento pode ocorrer sem estender a data de conclusão do projeto

Tempo de folga = $T_L - T_E$

O cálculo do tempo de folga é realizado para cada evento na rede, como apresentado na Figura 12-6, por meio da data de início mais cedo e a data de início mais tarde. Para o evento 1, $T_L - T_E = 0$. O evento 1 serve de ponto de referência para a rede e pode ser facilmente definido como uma data de calendário. Como antes, o caminho crítico é representado por uma linha em negrito. Os eventos no caminho crítico não têm folga (ou seja, $T_L = T_E$) e fornecem os limites para os eventos em caminho não crítico.5 Como o evento 2 é crítico, $T_L = T_E = 3 + 7 = 10$ para o evento[5]. O evento 6 termina o caminho crítico com um tempo de conclusão de 15 semanas.

O tempo mais cedo para o evento 3, que não está no caminho crítico, pode ser duas semanas ($T_E = 0 + 2 = 2$), pressupondo-se que ele tenha iniciado o mais cedo possível. A data mais tarde permitida é obtida subtraindo-se o tempo necessário para completar a atividade dos eventos 3 a 5 pela data mais tarde do evento 5. Portanto, T_L (para o evento 3) = 10 – 5 = 5 semanas. O evento 3 agora pode ocorrer em qualquer lugar entre as semanas 2 e 5 sem interferir na data de término programada do projeto. Esse mesmo procedimento pode ser aplicado ao evento 4, nesse caso, $T_E = 6$ e $T_L = 9$.

A Figura 12-6 contém uma rede PERT simples e, portanto, o cálculo do tempo de folga não é muito difícil. Para redes complexas, contendo vários caminhos, as datas de início mais cedo devem ser encontradas seguindo do início ao fim através da rede, enquanto a data de início mais tarde deve ser calculada por meio do caminho de volta, do fim para o início.

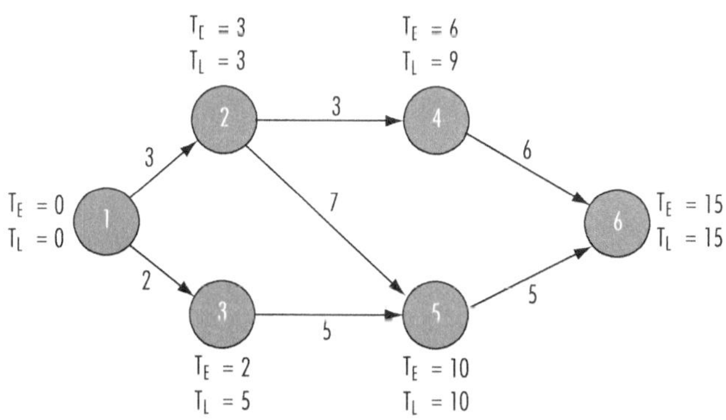

FIGURA 12-6 Rede com tempo de folga.

A importância de saber exatamente onde existe a folga não pode ser exagerada. O uso apropriado do tempo de folga permite um melhor desempenho técnico. Donald Marquis observou que as empresas que fizeram uso adequado do tempo de folga eram 30% mais bem-sucedidas do que a média na conclusão de requisitos técnicos[6].

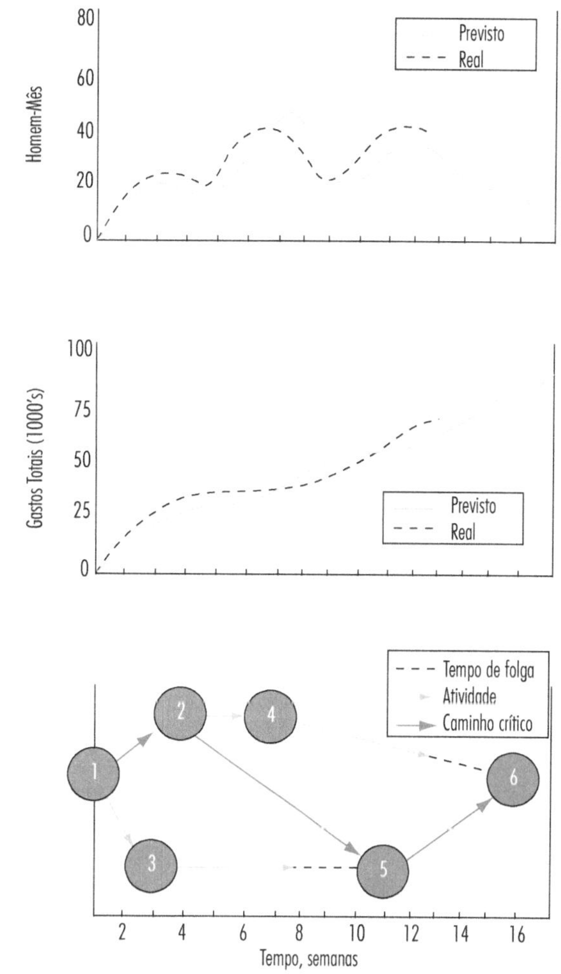

FIGURA 12-7 Comparação de modelos para um gráfico PERT para as fases do tempo.

Em virtude desses tempos de folga, as redes PERT muitas vezes não são representadas com uma escala de tempo. Os requisitos de planejamento, no entanto, podem exigir que os gráficos PERT sejam reconstruídos com escalas de tempo, situação em que uma decisão deve ser tomada sobre se queremos requisitos de tempo mais cedo ou mais tarde para as variáveis de folga. Isso é mostrado na Figura 12-7 para comparação com os custos totais do programa e planejamento de mão de obra. Os requisitos de tempo mais cedo para variáveis de folga são utilizados nessa figura.

Os tempos mais cedo e os tempos mais tarde podem ser combinados para determinar a probabilidade de atender com sucesso ao cronograma. Uma amostra da informação necessária é mostrada na Tabela 12-2. Os tempos mais cedo e mais tarde são considerados como variáveis aleatórias. O cronograma original refere-se ao

5 Existem situações especiais em que o caminho crítico pode incluir alguma folga. Esses casos não serão considerados aqui.

6 MARQUIS, Donald. Ways of Organizing Projects, *Innovation*, 1969.

TABELA 12-2 Informação de saída do controle PERT

Número do Evento	Tempo Mais Cedo		Tempo Mais Tarde		Folga	Cronograma Original	Probabilidade de Atender o Cronograma
	Esperado	Variação	Esperado	Variação			

cronograma de ocorrências de eventos que foi estabelecido no início do projeto. A última coluna na Tabela 12-2 fornece a probabilidade de que o tempo mais cedo não seja maior do que o tempo original programado para esse evento. O método exato para determinação dessa probabilidade, bem como as variações, é descrito na Seção 12.5.

No exemplo apresentado na Figura 12-6, os tempos mais cedo e mais tarde foram calculados para cada evento. Algumas pessoas preferem calcular os tempos mais cedo e mais tarde para cada atividade. Além disso, os tempos mais cedo e mais tarde foram identificados apenas como a data esperada que um evento ocorra. Para fazer uso pleno das capacidades do PERT/CPM, podemos identificar quatro valores:

- O tempo mais cedo em que uma atividade pode iniciar (ES – Early Start)
- O tempo mais cedo em que uma atividade pode terminar (EF – Early Finish)
- O tempo mais tarde em que uma atividade pode iniciar (LS – Late Start)
- O tempo mais tarde em que uma atividade pode terminar (LF – Late Finish)

A Figura 12-8 mostra os tempos mais cedo e mais tarde identificados com a atividade.

Guia PMBOK®, 5. ed.
6.3.2 Sequenciar as atividades

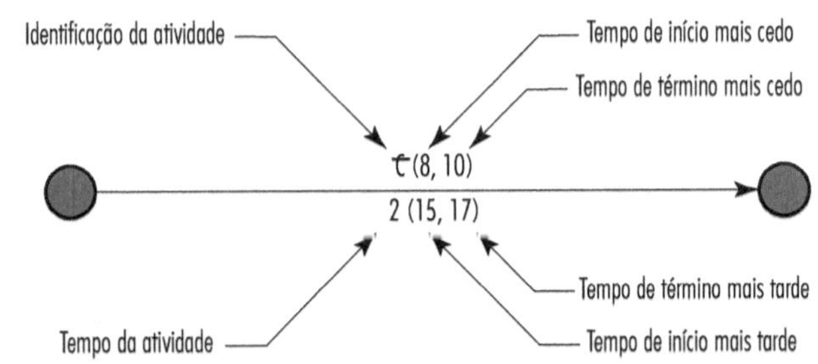

FIGURA 12-8 Identificação de folga.

Para calcular os tempos de início mais cedo, temos de fazer um caminho de ida[NT1] através da rede (ou seja, da esquerda para a direita). O tempo de início mais cedo de uma atividade sucessora é a última das datas de término mais cedo das predecessoras. O tempo de término mais cedo é a soma do tempo de início mais cedo e a duração da atividade.

[NT1] Tradução oficial do termo em inglês, de acordo com o glossário da quarta edição do Guia PMBOK®, *Forward Pass*. Em citação à definição do glossário: "É o cálculo das datas de início mais cedo e de término mais cedo para as partes incompletas de todas as atividades da rede."

Para calcular os tempos mais tarde de cada atividade, temos de fazer um caminho **de volta**[NT2] através da rede com o cálculo do tempo de término mais tarde. Uma vez que o tempo da atividade é conhecido, o tempo de início mais tarde pode ser calculado subtraindo o tempo da atividade do tempo de término mais tarde. O tempo de término mais tarde para uma atividade que entra em um nó é o tempo de início mais cedo das atividades que saem do nó. A Figura 12-9 mostra os tempos de início e o término mais cedo para uma rede típica.

A identificação do tempo de folga pode funcionar como um sistema de alerta antecipado para o gerente de projetos. Como exemplo, se o tempo de folga total disponível começa a diminuir de um período para o seguinte, isso poderia indicar que o trabalho está levando mais tempo do que o previsto ou é necessária mão de obra mais qualificada. Um novo caminho crítico pode estar se formando.

A observação dos tempos de início e término mais cedo e mais tarde nos permite identificar a folga. Como exemplo, veja as duas situações a seguir:

[20,26]	[30,36]
[24,30]	[25,31]
Situação a	Situação b

Na Situação a, a folga é facilmente identificada como quatro unidades de trabalho, onde as unidades de trabalho podem ser expressas em horas, dias, semanas ou até mesmo meses. Na Situação b, a folga é negativa em quatro unidades de trabalho. Isso é chamado de folga negativa[NT3].

O que pode levar a folga a ser negativa? Observe a Figura 12-10. Ao realizar um caminho de ida através de uma rede, trabalhamos da esquerda para a direita começando no marco inicial do cliente (posição 1). O caminho de volta, por outro lado, começa no marco da data final do cliente (posição 2) e **não**, como é frequentemente ensinado em sala de aula, onde o caminho de ida termina. Se o caminho de ida termina na posição 3, que é antes da data final do cliente, é possível ter folga no caminho crítico. Essa folga é, muitas vezes, chamada de tempo reserva e pode ser adicionada a outras atividades ou preenchida com atividades como escrever relatório, de modo que o caminho de ida se estenderá até a data de conclusão do cliente.

Guia PMBOK®, 5. ed.
6.3.2 Sequenciar as atividades

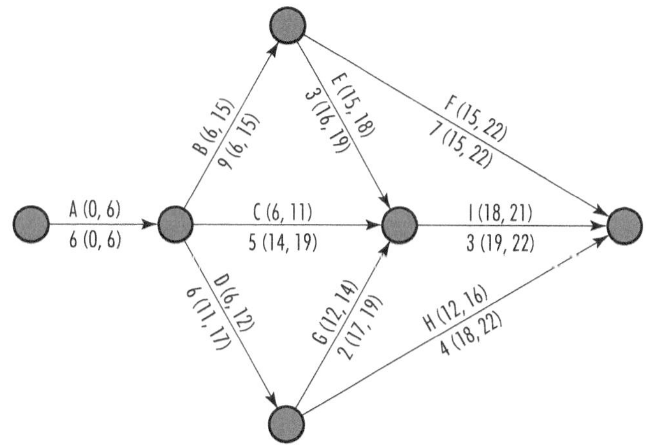

FIGURA 12-9 Um típico gráfico PERT com tempos de folga.

A folga negativa normalmente ocorre quando o caminho de ida se estende para além da data final do cliente, conforme mostrado pela posição 4 na figura. No entanto, o caminho de volta é ainda medido a partir da data de conclusão do cliente, criando folga negativa. Isso é mais provável acontecer quando:

- O plano original é otimista demais, senão irrealista
- A data final do cliente não é realista
- Uma ou mais atividades derraparam durante a execução do projeto
- Os recursos designados não possuem o nível de qualificação adequado
- Os recursos necessários não estão disponíveis para uma data posterior

Em qualquer caso, a folga negativa é um indicador de alerta em que a ação corretiva é necessária para manter a data final do cliente.

Nesse ponto, é importante compreender o significado físico de folga. A folga mede o quão cedo ou o quão tarde um evento pode iniciar ou terminar. Na Figura 12-6, os círculos representavam eventos e a folga foi medida nos eventos. Hoje, no entanto, a maioria das redes foca na atividade em vez de no evento[NT4], como mostrado na Figura 12-9. Para a atividade C na Figura 12-9, a folga é de oito unidades. Se a folga em uma atividade é zero, então é uma atividade do caminho crítico, como visto na ativi-

[NT2] Tradução oficial do termo em inglês, de acordo com o glossário da quarta edição do Guia PMBOK®, *Backward Pass. Em citação à definição do glossário:* "É o cálculo das datas de início mais tarde e de término mais tarde para as partes incompletas de todas as atividades da rede. É determinado trabalhando-se em retrospectiva pela lógica de rede do cronograma, a partir da data de conclusão do projeto."

[NT3] Em inglês, *negative slack* ou *negative float*.

[NT4] Quando a folga é calculada sobre a atividade, ela é normalmente chamada na língua inglesa de *float* em vez de *slack*, mas a maioria dos gerentes de projetos usa os termos indistintamente.

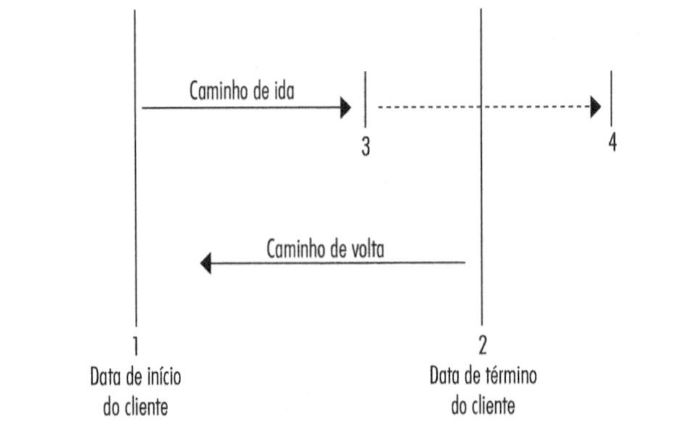

FIGURA 12-10 Tempo de folga.

dade F. Se a folga em um evento é zero, então o evento é do caminho crítico.

Outro termo é folga máxima. A equação para a folga máxima é:

Folga máxima = término mais tarde
– início mais cedo – duração

Para a atividade H na Figura 12-9, a folga máxima é de seis unidades.

12.5 REPLANEJAMENTO DA REDE

Guia PMBOK®, 5. ed.
6.6.2 Desenvolver o cronograma
6.6.2.7 Compressão do cronograma

Uma vez construídos, os gráficos PERT/CPM fornecem a estrutura a partir da qual o planejamento detalhado pode ser iniciado e os custos podem ser controlados e rastreados. Muitas iterações, porém, normalmente são feitas durante a fase de planejamento antes que o gráfico PERT/CPM esteja concluído. A Figura 12-11 mostra esse processo de iteração. Os tempos de folga formam a base a partir da qual as iterações adicionais, ou o replanejamento da rede, podem ser realizados. O replanejamento da rede é feito tanto na concepção do programa, a fim de reduzir o comprimento do caminho crítico, quanto durante o programa, quando pode ocorrer o inesperado. Se tudo ocorresse de acordo com o cronograma, então, o gráfico original PERT/CPM ficaria inalterado durante a vigência do projeto. Mas, quantos programas ou projetos seguem um cronograma exato do início ao fim?

Suponha que as atividades de 1-2 e 1-3 na Figura 12-6 exijam mão de obra da mesma unidade funcional. Ao receber a solicitação do gerente de projetos, o gerente funcional afirma que pode reduzir a atividade 1-2 em uma semana se deslocar recursos da atividade 1-3 para a atividade 1-2. Caso isso aconteça, contudo, a atividade 1-3 aumentará seu comprimento em uma semana. Ao reconstruir a rede PERT/CPM como mostrado na Figura 12-12, o comprimento do caminho crítico é reduzido em uma semana e os eventos com folgas correspondentes são igualmente alterados.

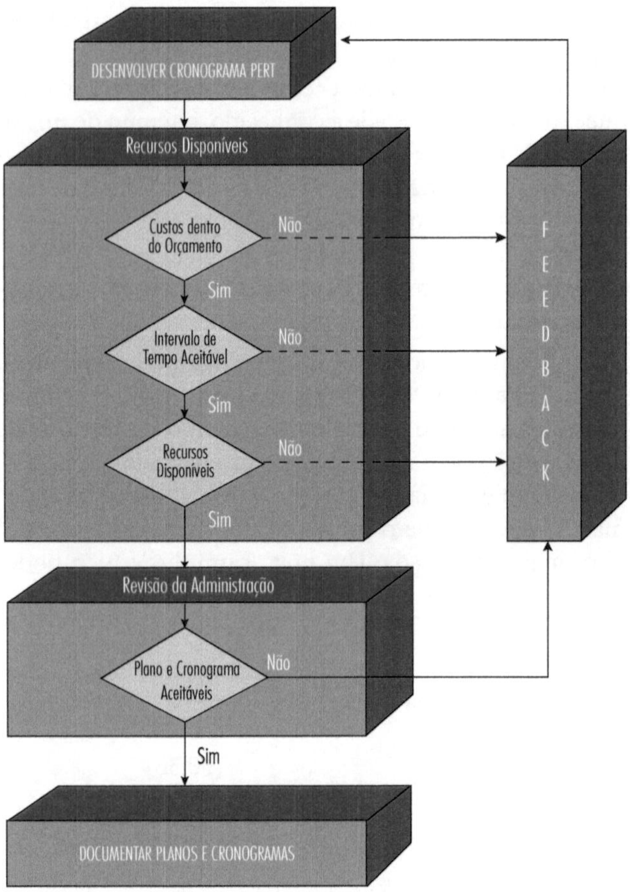

FIGURA 12-11 Processo de iteração para o desenvolvimento do cronograma PERT.

Existem duas técnicas de replanejamento de rede baseadas quase inteiramente em recursos: nivelamento de recursos e alocação de recursos.

Guia PMBOK®, 5. ed.
6.6.2.4 Nivelamento de recursos

- O nivelamento de recursos é uma tentativa de eliminar os altos e baixos de mão de obra, suavizando os requisitos de recursos período-a-período. A situação ideal é fazer isso sem mudar a data final. No entanto, na realidade, a data final move-se e incorrem-se em custos adicionais são incorridos.
- A alocação de recursos (também chamada de planejamento de recursos limitados) é uma tentativa de encontrar o caminho crítico mais curto possível baseado nos recursos disponíveis ou fixos. O problema com essa abordagem é que os funcionários podem não estar qualificados tecnicamente para realizar mais de uma atividade em uma rede.

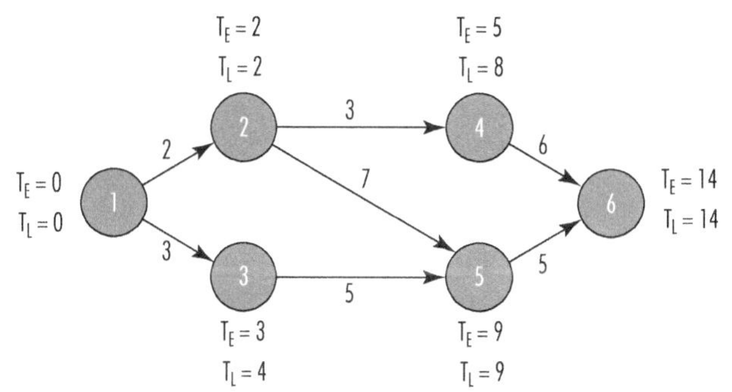

FIGURA 12-12 Replanejamento de rede da Figura 12-6.

Infelizmente, nem todas as redes PERT/CPM permitem uma reprogramação tão fácil de recursos. Os gerentes de projetos devem fazer todos os esforços para redistribuir recursos com o objetivo de reduzir o caminho crítico, desde que a folga não seja intencionalmente planejada como uma válvula de segurança.

A transferência de recursos dos caminhos de folga para caminhos críticos é apenas um método para reduzir o tempo esperado do projeto. Vários outros métodos estão disponíveis:

- Eliminação de algumas partes do projeto
- Adição de mais recursos (ou seja, compressão)
- Substituição de componentes ou atividades que consomem menos tempo
- Paralelização de atividades
- Redução das atividades do caminho crítico
- Redução das atividades antecipadas
- Redução das atividades mais longas
- Redução das atividades mais fáceis
- Redução das atividades que são menos dispendiosas para acelerar
- Redução das atividades para as quais você tem mais recursos
- Aumentar o número de horas de trabalho por dia

Na situação ideal, as datas de início e fim do projeto são fixas e o desempenho dentro dessa escala de tempo deve ocorrer dentro das orientações definidas pela declaração de trabalho. Se o escopo do esforço precisar ser reduzido para cumprir outros requisitos, o fornecedor corre um sério risco de ter o projeto cancelado ou de não ser mais possível atender as expectativas de desempenho.

A adição de recursos nem sempre é possível. Se as atividades que exigem esses recursos adicionais também exigem certa experiência, é possível que o fornecedor não tenha pessoal qualificado ou experiente e deva evitar o risco. O fornecedor poderá ainda rejeitar essa ideia, mesmo se o tempo e o dinheiro estiverem disponíveis para o treinamento de novos funcionários, porque no término do projeto ele pode não ter outros projetos para essas pessoas adicionais. No entanto, se o projeto é a construção de uma nova instalação, o fornecedor de mão de obra deve ser capaz de fornecer pessoal experiente adicional.

A paralelização de atividades pode ser considerada como aceitação do risco, admitindo-se que um determinado evento pode começar em paralelo com um segundo que, normalmente, estaria na sequência do primeiro. Isso é mostrado na Figura 12-13. Uma das maiores dores de cabeça, no início de qualquer projeto, é a aquisição de ferramentas e matérias-primas. Conforme apresentado na Figura 12-13, quatro semanas podem ser economizadas ao enviar as ordens de compra após o término das negociações do contrato, porém, antes do período de espera de um mês, necessário para assinar o contrato. Aqui, o fornecedor corre um risco. Se o esforço for cancelado ou se a declaração do trabalho mudar antes da assinatura do contrato, o cliente assume os custos dos gastos do cancelamento do fornecedor. Esse risco é normalmente superado pela emissão de um documento de aquisição de longo prazo imediatamente após as negociações do contrato.

Guia PMBOK®, 5. ed.
2.4 Características do ciclo de vida do projeto

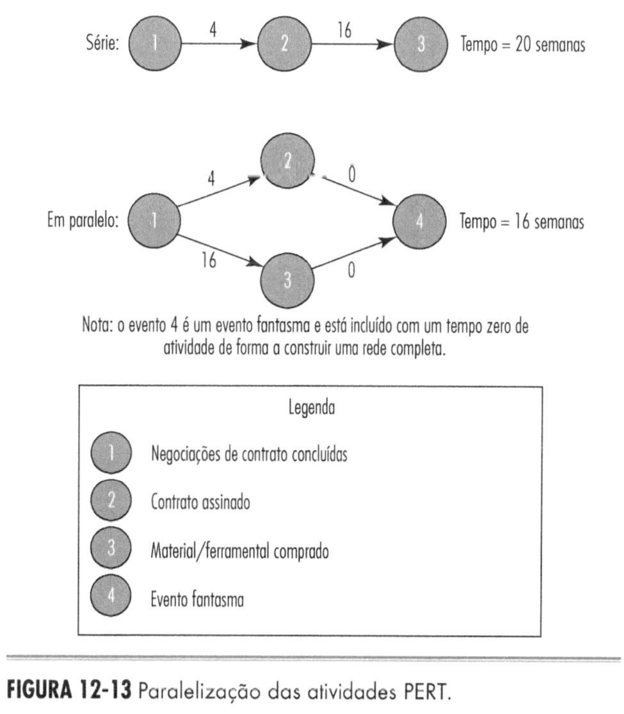

FIGURA 12-13 Paralelização das atividades PERT.

Há dois outros tipos de risco que são comuns. Na primeira situação, a engenharia ainda não terminou o protótipo e a fábrica deve fazer o pedido do ferramental a fim de manter a data-limite fixada. Nesse caso, a engenharia pode finalmente projetar o protótipo para ajustar o ferramental. Na segunda situação, o subcontratado tem dificuldade de trabalhar de acordo com os *blueprints* originais. Para poupar tempo, o cliente pode autorizar o subcontratado a trabalhar sem os *blueprints* e modificá-los para representar o item final, conforme construído.

Em virtude da complexidade de grandes programas, o replanejamento de rede pode tornar-se uma tarefa quase impossível quando analisado nas atividades do programa total. Muitas vezes, é melhor que cada departamento ou divisão desenvolva suas próprias redes PERT/CPM, sob aprovação do escritório de projetos e baseadas na estrutura analítica do projeto. Os gráficos PERT individuais são, então, integrados em um gráfico mestre para identificar os caminhos críticos do programa total, como mostra a Figura 12-14. O leitor não deve inferir da Figura 12-14 que o departamento D não interage com outros departamentos ou que o departamento D é o único participante desse elemento do projeto.

Gráficos PERT segmentados também podem ser utilizados quando um número de empresas trabalham no mesmo programa. Cada fornecedor (ou subcontratado) desenvolve o seu próprio gráfico PERT. Torna-se, então, responsabilidade do fornecedor principal integrar todos os gráficos PERT dos fornecedores e subcontratados para garantir que os requisitos do programa total sejam atingidos.

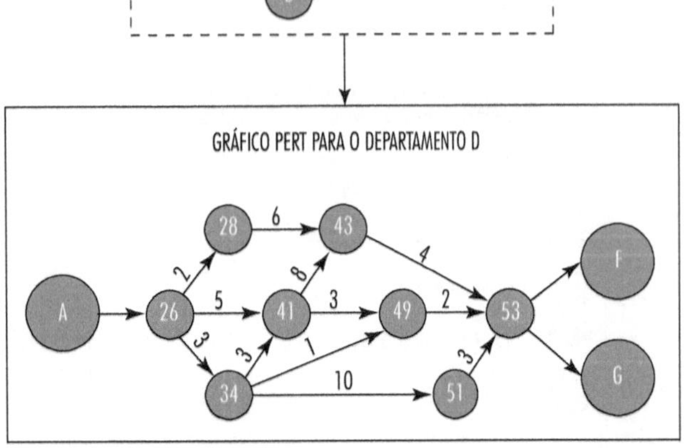

FIGURA 12-14 Divisão do gráfico PERT mestre por departamento.

12.6 ESTIMATIVA DO TEMPO DA ATIVIDADE

Guia PMBOK®, 5. ed.
6.5 Estimar as durações das atividades

Determinar o tempo decorrido entre eventos exige que os gerentes funcionais responsáveis avaliem a situação e apresentem as suas melhores estimativas. Os cálculos para os caminhos críticos e os tempos de folga nas seções anteriores foram baseados nessas melhores estimativas.

Nessa situação ideal, o gerente funcional teria à sua disposição um grande volume de dados históricos com os quais fazer suas estimativas. Obviamente, quanto mais dados históricos disponíveis, mais confiável é a estimativa. Muitos programas, no entanto, incluem eventos e atividades que não são repetitivos. Nesse caso, os gerentes funcionais devem apresentar as suas estimativas utilizando três premissas de conclusão possíveis:

Guia PMBOK®, 5. ed.
6.5.2.4 Estimativas de três pontos

- **Tempo de conclusão otimista.** Esse tempo pressupõe que tudo estará de acordo com plano e com dificuldades mínimas. Isso deve ocorrer em cerca de 1% do tempo.
- **Tempo de conclusão pessimista.** Esse tempo pressupõe que tudo não ocorrerá de acordo com o plano e as dificuldades irão se desenvolver ao máximo. Isso também deve ocorrer em cerca de 1% do tempo.
- **Tempo de conclusão mais provável.** Esse é o tempo que, na mente do gerente funcional, deve ocorrer com maior frequência caso esse esforço seja comunicado constantemente.[7]

Antes que os três tempos possam ser combinados em uma única expressão para um momento esperado, duas premissas devem ser estabdecidas. A primeira é que o desvio padrão, δ, é um sexto da variação do requisito de tempo. Essa premissa decorre da teoria da probabilidade, em que os pontos finais de uma curva são três desvios-padrão da média. A segunda premissa exige que a distribuição necessária da probabilidade do tempo para uma atividade seja expressa como uma distribuição beta.[8]

[7] Supõe-se que o gerente funcional realiza toda a estimativa. O leitor deve estar ciente de que há exceções em que o escritório de programas ou de projetos faz a sua própria estimativa.

[8] Veja: HILLIER, F. S.; LIEBERMAN, G. J. *Introduction to operations research*. San Francisco: Holden-Day, 1967. p. 229.

Guia PMBOK®, 5. ed.
6.5.2.4 Estimativas de três pontos

O tempo esperado entre os eventos pode ser extraído da expressão:

$$t_e = \frac{a + 4m + b}{6}$$

onde t_e = tempo esperado, a = tempo mais otimista, b = tempo mais pessimista, e m = tempo mais provável.

Por exemplo, se $a = 3$, $b = 7$ e $m = 5$ semanas, o tempo esperado t_e deve ser de 5 semanas. Esse valor para t_e pode ser usado com o tempo da atividade entre dois eventos na construção do gráfico PERT. Esse método para obter melhores estimativas contém um alto grau de incerteza. Se mudarmos os tempos das variáveis para $a = 2$, $b = 12$ e $m = 4$ semanas, t_e continuará sendo 5 semanas. O último caso, no entanto, tem um grau de incerteza muito mais elevado por causa da ampla difusão entre os tempos otimista e pessimista. Deve-se tomar cuidado na avaliação de riscos dos tempos esperados.

12.7 ESTIMATIVA DO TEMPO TOTAL DO PROJETO

Guia PMBOK®, 5. ed.
6.5 Estimar as durações das atividades

Para calcular a probabilidade de conclusão do projeto no prazo, os desvios-padrão de cada atividade devem ser conhecidos. Isso pode ser encontrado a partir da expressão:

$$\sigma_{t_e} = \frac{b - a}{6}$$

Onde σ_{t_e} é o desvio-padrão em um tempo esperado, t_e. Outra expressão útil é a variância, v, que é o quadrado do desvio-padrão. A variância é útil principalmente para comparação com os valores esperados. No entanto, o desvio padrão pode ser utilizado com a mesma facilidade, exceto que é preciso identificar quando o desvio limite é um, dois ou três sigma. A Figura 12-15 mostra o caminho crítico da Figura 12-6, junto com os valores correspondentes onde os tempos esperados foram calculados, assim como os desvios-padrão. O desvio-padrão do caminho total é calculado pela raiz quadrada da soma dos quadrados dos desvios-padrão das atividades por meio da expressão:

$$\begin{aligned}\sigma_{total} &= \sqrt{\sigma^2_{1-2} + \sigma^2_{2-5} + \sigma^2_{5-6}} \\ &= \sqrt{(0.33)^2 + (1.0)^2 + (0.67)^2} \\ &= 1.25\end{aligned}$$

A finalidade de calcular δ é que nos permite estabelecer um intervalo de confiança para cada atividade e o caminho crítico. Pela estatística, utilizando-se uma distribuição normal, sabemos que há uma chance de 68% de conclusão do projeto dentro de um desvio-padrão, uma chance de 95% dentro de dois desvios-padrão, e uma chance de 99,73% dentro de três desvios-padrão.

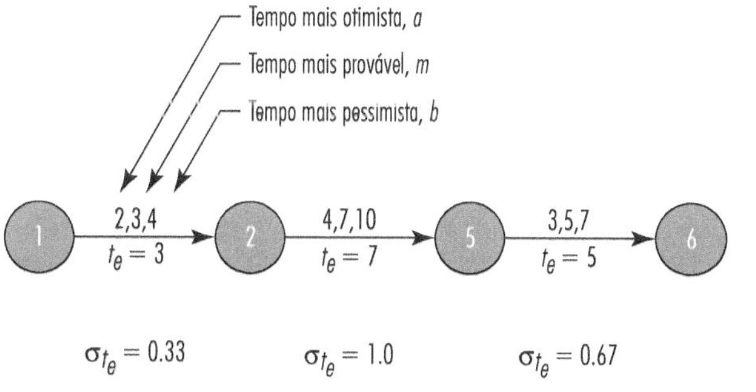

FIGURA 12-15 Análise do tempo esperado para os eventos do caminho crítico da Figura 12-6.

Esse tipo de análise pode ser usado para medir os riscos nas estimativas, os riscos em concluir cada atividade e os riscos para concluir o projeto inteiro. Em outras palavras, o desvio-padrão, serve como uma medida do risco. Essa análise, contudo, pressupõe que a distribuição normal seja aplicável, o que nem sempre é o caso.

Como um exemplo de medição de risco, considere uma rede que tem apenas três atividades no caminho crítico, conforme mostrado a seguir (todos os tempos em semanas):

Atividade	Tempo Otimista	Tempo Mais Provável	Tempo Pessimista	T_{ex}	σ	$σ^2$
A	3	4	5	4	2/6	4/36
B	4	4,5	8	5	4/6	16/16
C	4	6	8	6	2/6	16/36
				15		1,0

A partir da tabela acima, o comprimento do caminho crítico é de 15 semanas. Uma vez que a variação (ou seja, $δ^2$) é 1,0, então $δ_{caminho}$, que é a raiz quadrada da variação, deve ser 1 semana.

Agora podemos calcular a probabilidade de conclusão do projeto dentro de determinados limites de tempo:

- A probabilidade de começar o trabalho feito no prazo de 16 semanas é 50% + (1/2) x (68%) ou 84%
- Dentro de 17 semanas, temos 50% + (1/2) x (95%) ou 97,5%

- Dentro de 14 semanas, temos 50% – (1/2) x (68%) ou 16%
- Dentro de 13 semanas, temos 50% – (1/2) x (95%) ou 2,5%

12.8 PLANEJAMENTO DO PERT/CPM TOTAL

Antes de prosseguir, é necessário discutir a metodologia para a elaboração de cronogramas PERT. A programação PERT é um processo de seis passos. Os passos um e dois começam com o gerente de projetos, que estabelece uma lista de atividades a serem realizadas e, em seguida, coloca essas atividades em ordem de precedência e identifica, dessa forma, as inter-relações. Esses gráficos elaborados pelo gerente de projetos são chamados de gráficos lógicos, diagramas de setas, fluxo de trabalho ou simplesmente redes. Os diagramas de setas aparecerão como na Figura 12-6, com duas exceções: o tempo de atividade não é identificado, nem o caminho crítico.

O terceiro passo é a revisão dos diagramas de seta com os gerentes de linha (isto é, os verdadeiros especialistas) para obter a garantia de que não foram identificadas nem muitas nem poucas atividades e que as inter-relações estão corretas.

No quarto passo, o gerente funcional converte o diagrama de seta para um gráfico PERT identificando a duração do tempo para cada atividade. Deve-se notar aqui que as estimativas de tempo que os gerentes de linha fornecem são baseadas na *premissa de recursos ilimitados* porque as datas do calendário ainda não foram definidas.

O quinto passo é a primeira iteração no caminho crítico. É aqui que o gerente de projetos olha para as datas críticas do calendário na definição dos requisitos do projeto. Se o caminho crítico não satisfaz os requisitos do calendário, o gerente de projetos deve tentar encurtar o caminho crítico usando métodos explicados na Seção 12.3 ou pedir ao gerente de linha que retire a "gordura" de suas estimativas.

O sexto passo, muitas vezes, é o mais negligenciado. Aqui, o gerente de projetos coloca datas de calendário em cada evento no gráfico PERT, convertendo o planejamento com recursos ilimitados em planejamento com *recursos limitados*. Mesmo que o gerente de linha tenha lhe fornecido uma estimativa de tempo, não há garantia de que os recursos corretos estejam disponíveis quando necessários. É por isso que esse passo é fundamental. Se o gerente de linha não pode comprometer-se com as datas de calendário, o replanejamento será necessário. A maioria das empresas que sobrevivem em concorrências de licitações coloca cronogramas de propostas com base em recursos ilimitados. Após a adjudicação do contrato, os cronogramas são novamente analisados porque agora a empresa possui recursos limitados. Afinal, como pode uma empresa licitar em três contratos simultaneamente e colocar um cronograma detalhado para cada proposta, se não está definido quantos contratos, se algum, ela ganhará? Por esse motivo, os clientes exigem que os cronogramas e planos formais do projeto sejam fornecidos entre 30 e 90 dias após a adjudicação do contrato.

Finalmente, o replanejamento PERT deve ser uma função contínua durante a execução do projeto. Os melhores gerentes de projetos tentam continuamente avaliar o que pode dar errado e realizar a análise de perturbação no cronograma. (Isso deve ser óbvio, porque as limitações e objetivos do projeto podem mudar durante a execução.) Os objetivos primários em um cronograma são:

- Melhor tempo
- Menor custo
- Menor risco

Os objetivos secundários incluem:

- Estudo de alternativas
- Cronogramas ideais
- Uso eficaz de recursos
- Comunicações
- Refinamento do processo de estimativa
- Facilidade de controle do projeto
- Facilidade de revisões de tempo ou de custos

Obviamente, esses objetivos são limitados por restrições, tais como:

- Conclusão do calendário
- Restrições de dinheiro ou de fluxo de caixa
- Recursos limitados
- Aprovações da administração

12.9 COMPRESSÃO DOS TEMPOS

Guia PMBOK®, 5. ed.
6.6.2.7 Compressão de cronograma

Nas seções anteriores, nenhuma distinção foi feita entre PERT e CPM. A diferença básica entre PERT e CPM reside na capacidade de calcular o percentual concluído. A PERT é usada em P&D ou apenas em atividades de desenvolvimento, em que uma determinação de percentual concluído é praticamente impossível. Portanto, a PERT é orientada a eventos em vez de atividades. Na PERT, o financiamento é normalmente previsto para cada marco atingido (ou seja, evento) porque o financiamento incremental, ao longo da linha de atividade, tem de ser baseado em percentual concluído. O CPM, por outro lado, é orientado a atividades, pois, em atividades como a construção, o percentual concluído ao longo da linha de atividade pode ser determinado. O CPM pode ser usado como uma rede de diagramas de setas sem a PERT. A diferença entre os dois métodos reside no ambiente em que eles evoluíram e como eles são aplicados. Segundo Archibald e Villoria[9]:

> Os fatores ambientais que tiveram um papel importante na determinação dos elementos das técnicas de CPM foram:
>
> (a) Projetos bem definidos
>
> (b) Uma única organização dominante
>
> (c) Incertezas relativamente pequenas
>
> (d) Apenas uma única localização geográfica para um projeto

CPM (rede do tipo atividade) tem sido amplamente utilizado nos segmentos de processos, em construção e em projetos únicos de atividades industriais. Os problemas mais comuns incluem a inexistência de local para armazenar chegadas antecipadas de matérias-primas e atrasos no projeto para chegadas tardias.

Ao usar estritamente a abordagem CPM, os gerentes de projetos podem considerar o custo da aceleração, ou compressão, em algumas fases de um projeto. Para obter isso, é necessário calcular um custo de compressão por unidade tempo, bem como o tempo normal esperado para cada atividade. Os gráficos CPM, que estão intimamente relacionados com gráficos PERT, permitem a representação visual dos efeitos da compressão. Existem estes requisitos:

- Para um gráfico CPM, a ênfase está em atividades, e não em eventos. Portanto, o gráfico PERT deve ser redesenhado com cada círculo, que representa uma atividade em vez de um evento.
- Em CPM, o tempo e o custo de cada atividade são considerados.[10]
- Somente as atividades no caminho crítico são consideradas, a começar pelas atividades para as quais o custo de compressão por unidade tempo é menor.

A Figura 12-16 mostra uma rede CPM com o tempo de compressão correspondente para cada atividade dentro e fora do caminho crítico. As atividades são representadas por círculos e incluem um número de identificação e o tempo estimado. Os custos expressos na figura geralmente são apenas os custos diretos.

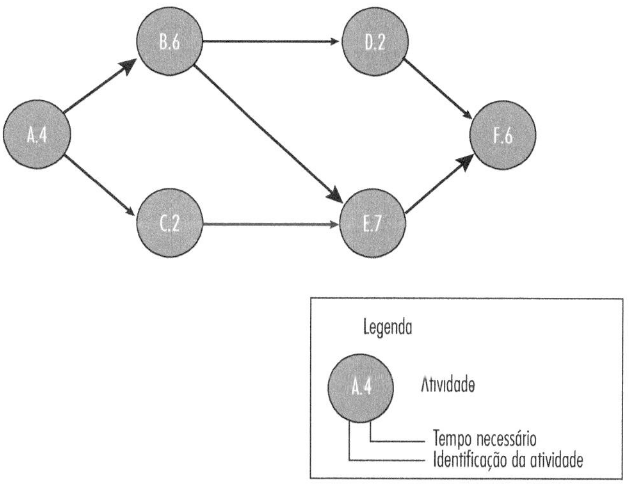

ATIVIDADE	TEMPO NECESSÁRIO, SEMANAS		CUSTOS $		CUSTOS DE COMPRESSÃO POR SEMANA, $
	NORMAL	COMPRIMIDA	NORMAL	COMPRIMIDA	
A	4	2	10.000	14.000	2.000
B	6	5	30.000	42.500	12.500
C	2	1	8.000	9.500	1.500
D	2	1	12.000	18.000	6.000
E	7	5	40.000	52.000	6.000
F	6	3	20.000	29.000	3.000

FIGURA 12-16 Rede CPM.

Para determinar os custos de compressão, começamos com o menor custo de compressão semanal, atividade A, a $ 2.000 por semana. Embora a atividade C tenha um custo de compressão menor, ela não está no caminho crítico. Somente as atividades do caminho crítico são consideradas para a compressão. A atividade A será a primeira a ser comprimida por um período máximo de duas semanas, em $ 2.000 por semana. A atividade seguinte a ser considerada seria a F em $ 3.000 por semana para um máximo de três semanas. Esses custos de compressão são despesas adicionais acima das estimativas normais.

Uma palavra de cautela sobre a seleção e ordem das atividades que receberão a compressão: existe uma boa possibilidade de que, à medida que cada atividade é comprimida, um novo caminho crítico se desenvolva. Ele pode ou não incluir aqueles elementos que foram ignorados porque não estavam no caminho crítico original.

Ao retornar à Figura 12-16 (e assumindo que nenhum caminho crítico novo seja desenvolvido), as atividades A, F, E e B seriam comprimidas nessa ordem. O custo de compressão aumentaria, então, em $ 37.500 a partir de uma base de $ 120.000 para $ 157.500. O tempo correspondente seria reduzido de 23 para 15 semanas. Isso é mostrado na Figura 12-17 para ilustrar como uma compensação entre tempo e custos pode ser obtida. O que também é apresentado na Figura 12-17 é o aumento

[9] ARCHIBALD, R. D.; VILLORIA, R. L. *Network-based management systems* (PERT/CPM), New York: Wiley, 1967. p. 14.

[10] Embora a PERT considere principalmente o tempo, modificações por meio da análise PERT/custo podem ser feitas para considerar os fatores de custo.

do custo de compressão de elementos que não estão no caminho crítico. Comprimir esses elementos resultará em um aumento de custo de $ 7.500, sem reduzir o tempo total do projeto. Há também a possibilidade de que esse número represente condições irrealistas, porque os recursos não são suficientes ou não podem ser disponibilizados para o período de compressão.

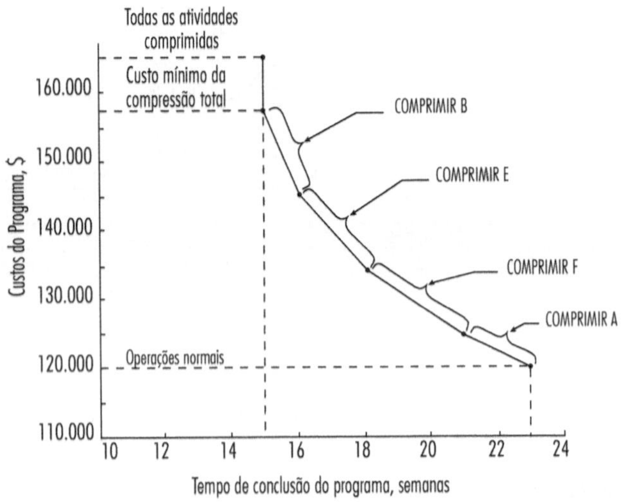

FIGURA 12-17 Custos de compressão CPM.

O objetivo de equilibrar o tempo e os custos é evitar o desperdício de recursos. Se os custos diretos e indiretos podem ser obtidos com precisão, uma região de orçamentos viáveis pode, então, ser encontrada, delimitada pelas atividades de início mais cedo (compressão) e de início mais tarde (ou normal). Isso é mostrado na Figura 12-18.

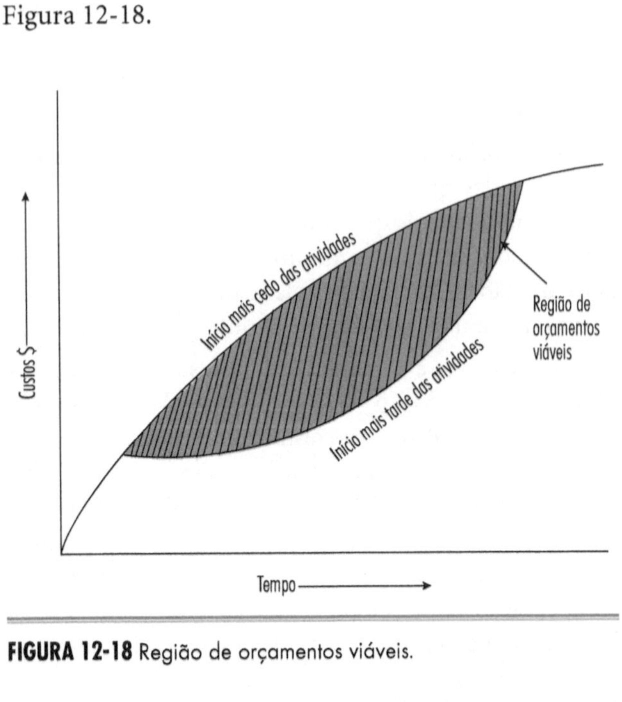

FIGURA 12-18 Região de orçamentos viáveis.

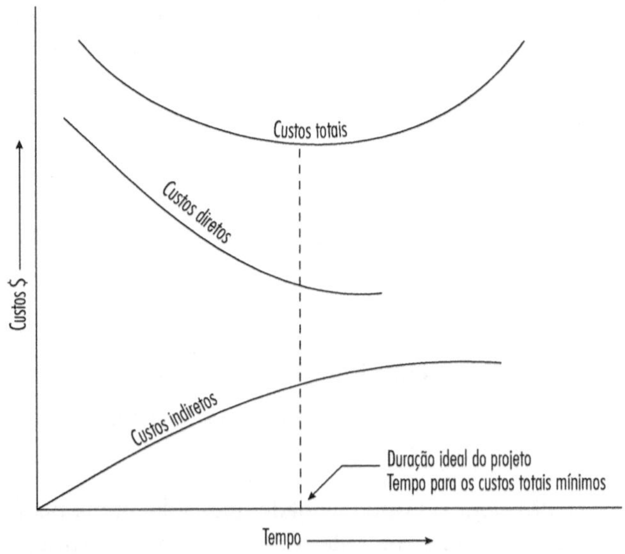

FIGURA 12-19 Determinação da duração do projeto.

Dado que os custos diretos e indiretos não são necessariamente expressos como funções lineares, os relacionamentos de compensação de tempo e custos são feitos por meio da busca pelo menor custo total possível (isto é, diretos e indiretos) que satisfaça do mesmo modo a região dos orçamentos viáveis. Esse método é mostrado na Figura 12-19.

Assim como PERT, CPM também contém o conceito de tempo de folga, o montante máximo de tempo que uma tarefa pode ser adiada para depois de seu início mais cedo, sem atrasar o tempo de conclusão do projeto. A Figura 12-20 mostra uma representação típica do tempo de folga usado de um gráfico CPM. Além disso, a figura mostra também como os custos-alvo da atividade podem ser identificados. A Figura 12-20 pode ser modificada para incluir os tempos, normal e comprimido, bem como os custos, normal e comprimido. Nesse caso, a caixa de custo na figura conteria dois números: o primeiro número seria o custo normal e o segundo seria o custo comprimido. Esses números também podem aparecer como totais em andamento.

12.10 ÁREAS PROBLEMÁTICAS NO PERT/CPM

Os modelos de PERT/CPM possuem suas desvantagens e problemas. Mesmo as maiores organizações com anos de experiência na utilização de PERT e CPM têm os mesmos problemas que as empresas mais novas ou menores.

Muitas empresas têm dificuldade em integrar os sistemas PERT porque são orientados por item finalizado. Muitos gerentes de nível superior sentem que a adoção de PERT/CPM retira boa parte de seu poder e capacidade de tomar decisões. Isso é particularmente evidente nas empresas que foram forçadas a aceitar PERT/CPM, como parte dos requisitos contratuais.

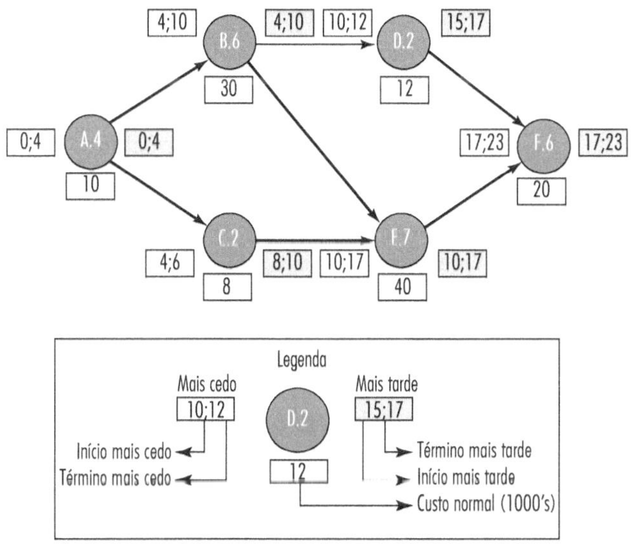

FIGURA 12-20 Rede CPM com folga.

Em sistemas PERT existem planejadores e executores. Na maioria das organizações, o planejamento PERT é realizado pelo escritório de programas e pelo gerente funcional. No entanto, uma vez que a rede é construída, os planejadores e gerentes tornam-se observadores e contam com os executores para realizar o trabalho dentro das limitações de tempo e custos. Os gerentes devem convencer os executores de que eles têm uma obrigação com a conclusão bem-sucedida dos planos PERT/CPM estabelecidos.

A menos que o projeto seja repetitivo, geralmente há pouca informação histórica sobre a qual baseiam-se as estimativas de custos e tempos, mais otimistas, mais pessimistas e mais prováveis. Os problemas também podem envolver previsões pobres para os custos de *overhead* e outros custos indiretos, fatores de escalonamento de mão de obra e de materiais e custos de compressão. Também é possível que cada divisão funcional da organização tenha seu próprio método para calcular os custos. A engenharia, por exemplo, pode usar dados históricos, enquanto as operações da produção podem preferir curvas de aprendizagem. PERT funciona melhor se todas as organizações tiverem o mesmo método para a previsão de custos e desempenho.

As redes PERT são baseadas na premissa de que todas as atividades começam logo que possível. Isso pressupõe que o pessoal qualificado e os equipamentos estão disponíveis. Independentemente da forma como planejamos, quase sempre há diferenças nos tempos de desempenho mais do que seria normalmente aceitável. Para o modelo selecionado, o tempo e os custos devem ter estimativas bem ponderadas, sem decisões tomadas no calor do momento.

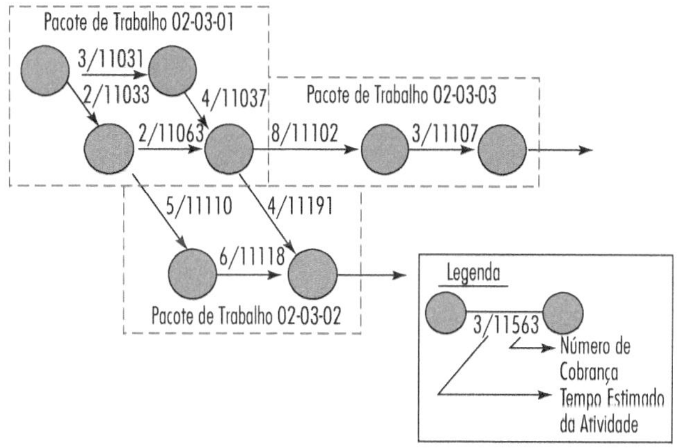

FIGURA 12-21 Utilização de PERT para o controle de pacotes de trabalho.

Os problemas de controle de custos surgem quando o custo do projeto e o sistema de controle não são compatíveis com as políticas da empresa. Os custos orientados por projetos podem ser vinculados a trabalhos não controlados pela PERT para desenvolver o orçamento anual. Isso se torna uma tarefa difícil para o relatório dos custos, especialmente quando cada projeto pode ter seu próprio método para analisar e controlar os custos.

Várias pessoas esperam muito de redes do tipo PERT. A Figura 12-21 ilustra uma rede PERT/CPM por pacotes de trabalho com a identificação dos números de cobrança para cada atividade. Grandes projetos podem conter centenas de números de cobrança. Subdividir ainda mais os pacotes de trabalho (que são supostamente os elementos mais baixos) e identificar todas as subatividades tem a vantagem de que os números de cobrança diretos podem ser facilmente identificados, mas o tempo e o custo para esse tipo de detalhe podem ser proibitivos. As redes PERT/CPM são ferramentas para controle de programa e os gerentes devem entender que o plano original do jogo de utilizar redes para identificar e apoiar os objetivos principais e secundários ainda está sendo atingido. Os detalhes adicionais podem mascarar o propósito mais importante. Lembre-se, as redes são construídas como um meio para a compreensão de relatórios do programa. A administração não deve ser obrigada a ler relatórios para compreender as redes PERT/CPM.

12.11 MODELOS PERT/CPM ALTERNATIVOS

Por causa das muitas vantagens do PERT/tempo, vários setores têm encontrado aplicações para esse tipo de rede. Uma lista parcial dessas vantagens inclui recursos para:

- Estudos de compensação para controle de recursos
- Fornecimento de planejamento de contingência nas fases iniciais do projeto

- Rastreamento visual do desempenho atualizado
- Demonstração de planejamento integrado
- Fornecimento de visibilidade por meio dos níveis mais baixos da estrutura analítica do projeto
- Fornecimento de uma estrutura arregimentada com fins de controle para garantir o cumprimento da estrutura analítica do projeto e da declaração do trabalho
- Ampliação da capacidade dos membros funcionais em identificarem-se com o programa total, e, como consequência, dar aos participantes um sentimento de participação.

Mesmo com essas vantagens, em muitas situações, PERT/tempo revelou-se ineficaz no controle de recursos. No início deste capítulo, definimos três parâmetros necessários para o controle dos recursos: tempo, custos e desempenho. Com esses fatores em mente, as empresas começaram a reconstruir modelos PERT/tempo em PERT/custos e em PERT/desempenho

PERT/custos é uma extensão do PERT/tempo e tenta superar os problemas associados com o uso dos tempos mais otimistas e mais pessimistas para estimar a conclusão. PERT/custos pode ser considerado como um modelo de rede de contabilização de custos, com base na estrutura analítica do projeto, e capaz de ser subdividido em elementos mais baixos, chamados pacotes de trabalho. As vantagens do PERT/custos são que ele:

- Contém todas as características de PERT/tempo
- Permite o controle de custos em qualquer nível da EAP

A principal razão para o desenvolvimento de PERT/custos foi que os gerentes de projetos poderiam identificar desvios no cronograma e sobrecustos críticos a tempo de corrigi-los.

Muitas tentativas foram feitas para o desenvolvimento de modelos eficazes de PERT/cronograma. Em quase todos os casos, os gráficos são construídos da esquerda para a direita.[11] Um exemplo dessas tentativas atuais é o *accomplishment/cost procedure* (ACP)[NT5]. Conforme descrito por Block[12]:

ACP informa os custos com base na realização do cronograma, em vez de basear-se na passagem do tempo. Para determinar como uma tarefa incompleta está progredindo em relação aos custos, ACP compara (a) a orçamentação da relação custo/progresso com (b) o gasto da relação custo/progresso para a tarefa. Ele utiliza os dados acumulados a partir de relatórios periódicos e, a partir da mesma base de dados, gera o seguinte:

- A relação entre os custos e o desempenho agendado
- As relações contábeis entre os custos e os requisitos de contabilidade fiscal
- A previsão das necessidades de fluxo de caixa corporativo

Infelizmente, o desenvolvimento de técnicas de PERT/cronograma ainda está na sua infância. Embora suas aplicações tenham sido identificadas, muitas empresas sentem-se travadas com os seus métodos atuais de controle, sejam eles PERT, CPM ou alguma outra técnica.

12.12 REDES DE PRECEDÊNCIA

Guia PMBOK®, 5. ed.
6.3.2.1 Método do diagrama de precedência (MDP)

Nos últimos anos, tem havido uma explosão de pacotes de software de gerenciamento de projetos. Os pacotes pequenos podem ser vendidos por alguns milhares de dólares, enquanto os preços para os pacotes maiores podem chegar a dezenas de milhares de dólares. O gerenciamento de projetos computadorizado pode fornecer respostas para perguntas como:

- Como o projeto será afetado por recursos limitados?
- Como o projeto será afetado por uma mudança nos requisitos?
- Qual é o fluxo de caixa para o projeto (e para cada elemento da EAP)?
- Qual é o impacto das horas extras?
- Que recursos adicionais são necessários para satisfazer as restrições do projeto?
- Como uma alteração na prioridade de um determinado elemento da EAP pode afetar o projeto total?

Os pacotes mais sofisticados podem fornecer respostas ao desenvolvimento do cronograma e custo baseados em:

- Condições climáticas adversas
- Atividades de fim de semana
- Requisitos de mão de obra desnivelados
- Tamanho variável da equipe
- Divisão das atividades
- Designação de recursos não utilizados

[11] Ver: WHITEHOUSE, Gary E. Project management techniques. *Industrial engineering*, mar. 1973, p. 24-29, para uma descrição da técnica.

[NT5] Em tradução livre, procedimento de realização/custos.

[12] Reproduzido com permissão de *Harvard Business Review*. De: BLOCK, Ellery B. Accomplishment/Cost: Better Project Control. *Harvard Business Review*, maio-jun. 1971. p. 110-124. ©1971 por the Harvard Business School Publishing Corporation. Todos os direitos reservados.

Independentemente da sofisticação dos sistemas de computadores, as impressoras e os plotters preferem desenhar linhas retas em vez de círculos. A maioria dos sistemas de software de hoje utiliza redes de precedência, como mostrado na Figura 12-22, que tenta apresentar as inter-relações em gráficos de barras. Na Figura 12-22, as tarefas 1 e 2 estão relacionadas por causa da linha sólida entre elas. As tarefas 3 e 4 podem começar quando a 2 estiver concluída pela metade. (Isso não pode ser mostrado facilmente em PERT, sem dividir atividades.) As linhas pontilhadas indicam folga. O caminho crítico pode ser identificado ao colocar um asterisco (*) ao lado dos elementos críticos ou ao colocar as conexões críticas em uma cor diferente ou em negrito.

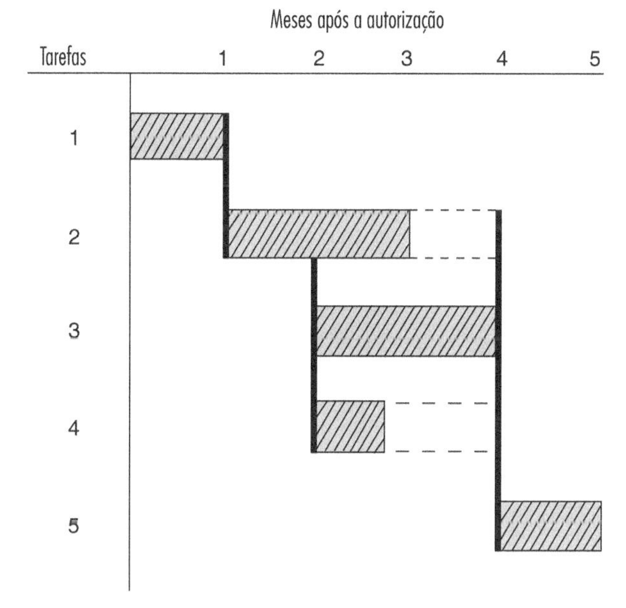

FIGURA 12-22 Rede de precedência.

Os pacotes de software mais sofisticados mostram redes de precedência no formato apresentado na Figura 12-23. Em cada um desses números, o trabalho é realizado durante a atividade. Essa forma é muitas vezes chamada de método de atividade-no-nó. A seta representa a relação ou restrição entre as atividades.

A Figura 12-23A ilustra uma restrição término para início. Nesta figura, a atividade 2 não vai começar antes da conclusão da atividade 1. Todos os gráficos PERT são restrições término para início. A Figura 12-23B ilustra uma restrição início para início. A atividade 2 não pode iniciar antes do início de atividade 1. A Figura 12-23C ilustra uma restrição término para término. Nesta figura, a atividade 2 não pode terminar até que a atividade 1 seja concluída. A Figura 12-23D ilustra uma restrição início para término.

Um possível exemplo é que você deve começar a estudar para um exame algum tempo antes da sua realização. Esse é o tipo menos comum de gráfico de precedência. A Figura 12-23E ilustra uma restrição percentualmente concluída. Nessa figura, os últimos 20% da atividade 2 não podem ser iniciados até que 50% da atividade 1 estejam concluídos.[13]

Guia PMBOK®, 5. ed.
6.3.2.1 Método do diagrama de precedência (MDP)

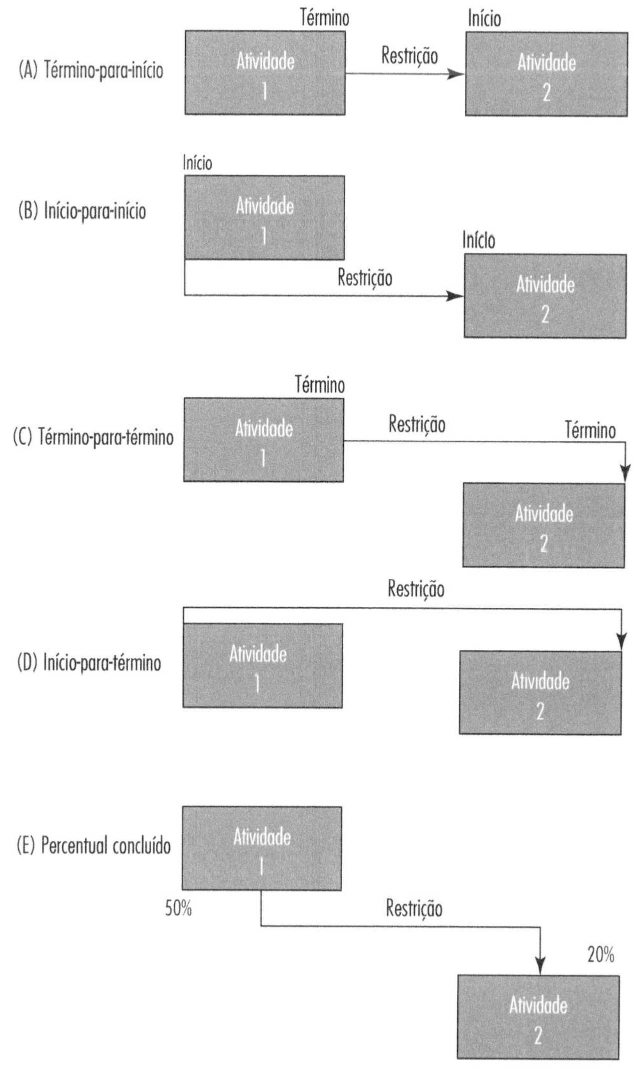

FIGURA 12-23 Típicos relacionamentos de precedência.

[13] Meredith e Mantel categorizam relacionamentos de precedência em três amplas categorias; Precedências Naturais, Precedências Ambientais e Precedências Preferenciais. Para informações adicionais sobre esses relacionamentos de precedência, ver: MEREDITH, Jack R.; MANTEL Jr., Samuel J. *Project management*. 3. ed. New York: Wiley; 1995. p. 385-386.

A Figura 12-24 mostra as informações típicas que aparecem em cada uma das caixas de atividade mostradas na Figura 12-23. A caixa identificada como "centro de custo responsável" também poderia ter sido identificada como nome, iniciais, ou número do crachá da pessoa responsável por essa atividade.

Guia PMBOK®, 5. ed.
6.2.3.2 Atributos das atividades

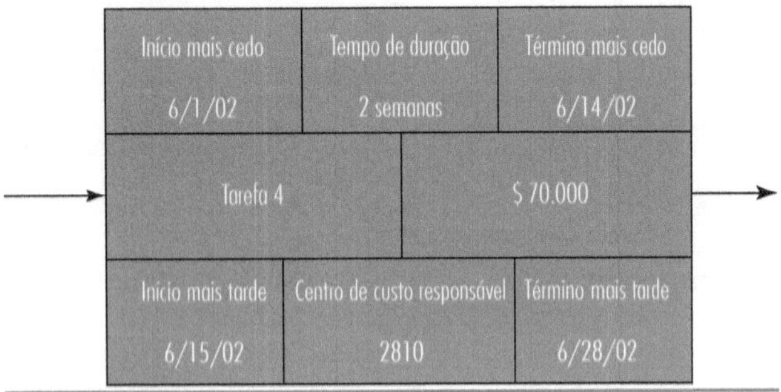

FIGURA 12-24 Fluxo computadorizado de informações.

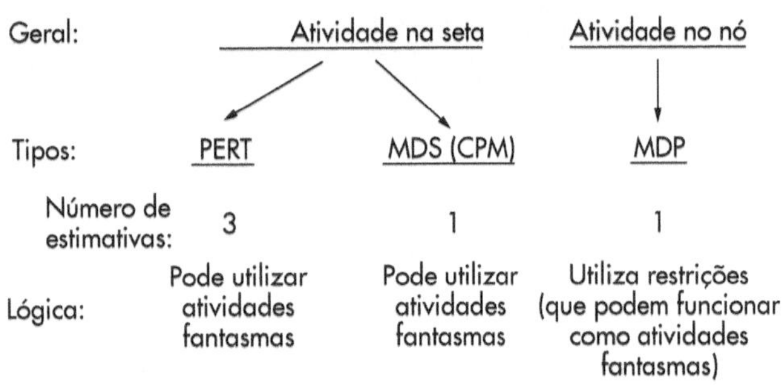

FIGURA 12-25 Comparação de redes.

A Figura 12-25 mostra a comparação de três técnicas da rede.

12.13 ESPERA[NT6]

Guia PMBOK®, 5. ed.
6.3.2.3 Antecipações e esperas
6.3.2.1 Método do diagrama de precedência (MDP)

O período de tempo entre o início ou o término mais cedo de uma atividade e o início ou o término mais cedo de outra atividade na cadeia sequencial é chamado de espera. A espera é mais comumente usada em conjunto com as redes de precedência. A Figura 12-26 mostra cinco diferentes maneiras de identificar esperas em restrições.

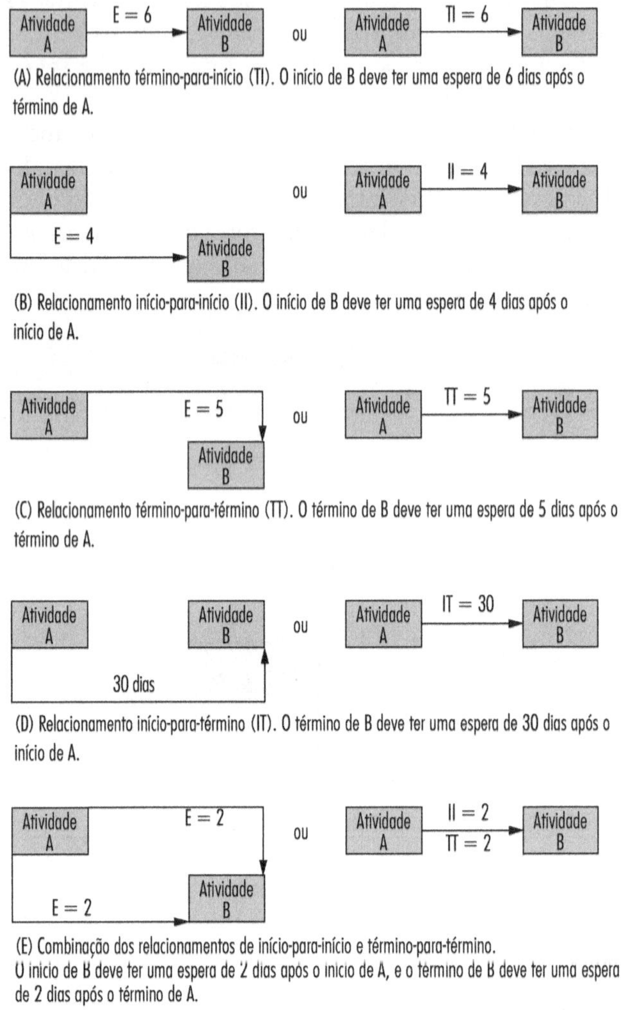

FIGURA 12-26 Gráficos de precedência com espera.

A folga é medida dentro das atividades enquanto a espera é medida entre as atividades. Como exemplo, veja a Figura 12-26A. Suponha que a atividade A termine no final da primeira semana de março. Uma vez que este é um gráfico de precedência término para início, seria de esperar que o início da atividade B estivesse no início da segunda semana de março. Mas, se a atividade B não pode começar até o início da terceira semana de março, isso indicaria uma semana de atraso entre a atividade A e a atividade B, embora ambas as atividades possam ter folga na atividade. Conforme a definição, a folga é medida no interior das atividades enquanto a espera é medida entre as atividades. A espera pode ser o resultado de limitações de recursos.

[NT6] Tradução oficial, de acordo com o glossário da quarta edição do Guia PMBOK®, onde o termo equivalente em inglês é *Lag*. Em citação ao glossário, a definição de espera é: "Uma modificação de um relacionamento lógico que gera um atraso na atividade sucessora."

Um termo comum é antecipação[NT7]. Novamente, ao observar a Figura 12-26A, suponha que a atividade A termina em 15 de março, mas o gráfico de precedência mostra a atividade B com início em 8 de março, sete dias antes da realização da atividade A. Neste caso, E = –7, um valor negativo que indica que o início da atividade B antecipa a conclusão da atividade A em sete dias. Para ilustrar como isso pode acontecer, considere o seguinte exemplo: o gerente de linha, responsável pela atividade B, prometeu-lhe que os recursos estarão disponíveis em 16 de março, um dia após o término esperado para a atividade A. Então, o gerente de linha informa que esses recursos estarão disponíveis em 8 de março e se você não alocá-los ao seu número de cobrança naquele momento, eles podem ser designados para outro lugar e não estar mais disponíveis no dia 16. A maioria dos gerentes de projetos tomaria recursos nos dias 8 e encontraria algum trabalho para eles, embora a lógica diga que o trabalho não pode começar até que a atividade A esteja concluída.

12.14 PROBLEMAS DE PROGRAMAÇÃO

Toda técnica de programação possui vantagens e desvantagens. Alguns problemas de programação são o resultado de indecisão organizacional, tal como ter um patrocinador que se recusa a fornecer ao gerente de projeto orientação sobre se o cronograma deve ser baseado em um objetivo de programação de menor tempo, menor custo ou menor risco. Como resultado, tempo precioso é desperdiçado em ter de refazer os cronogramas.

No entanto, existem alguns problemas de programação que podem impactar todas as técnicas de programação. Esses problemas incluem:

- Uso de estimativas irrealistas para o esforço e a duração
- Incapacidade de lidar com desequilíbrios de carga de trabalho do empregado
- Ter de compartilhar recursos críticos em vários projetos
- Recursos superalocados
- Reajustes contínuos na EAP, principalmente a partir de mudanças no escopo
- Gargalos imprevistos

12.15 OS MITOS DA COMPRESSÃO DO CRONOGRAMA

Simplesmente pelo fato de as técnicas de compressão de cronograma existirem não significa que elas vão funcionar. Há uma tendência de os gerentes serem agressivamente positivos em seu pensamento no início de um projeto, acreditando que as técnicas de compressão podem ser aplicadas de forma eficaz. Conforme discutido por Grey[14]:

> Há uma tendência comum, especialmente entre as pessoas que foram convencidas que devem "pensar positivo", de não estarem dispostas a aceitar que uma atividade pode levar mais tempo do que o planejado. A pergunta "Qual é o tempo máximo que a atividade pode ser realizada?", elas respondem com: "Ela será finalizada no tempo previsto, pois não permitiremos que leve mais tempo", ou palavras com o mesmo efeito. As palavras "não permitiremos que leve mais tempo" ou "não deve levar mais tempo" são tão consistentes que devem refletir uma característica comum da forma como as empresas gerenciam seus funcionários.
>
> Enquanto a maioria das pessoas está disposta a aceitar que os custos possam exceder as expectativas, e teria um prazer perverso em relatar exemplos do passado, o mesmo não é verdade em relação aos prazos. Isso é devido provavelmente ao fato de que sobrecustos são resolvidos em casa, enquanto as questões de cronograma estão abertas e visíveis para o cliente.
>
> Pode haver maneiras pelas quais um cronograma possa ser mantido, não importa o que aconteça. Tarefas de estudo são quase sempre concluídas no tempo, pois o escopo do trabalho pode variar de acordo com o que o estudo encontrou. No entanto, essa é a exceção e não a regra. Em geral, você pode ter a certeza de que uma tarefa será concluída a tempo se:
>
> - O escopo de trabalho for flexível, pelo menos em certa medida
> - For possível calibrar a tarefa da parte inicial do trabalho para dizer se o ritmo de trabalho previsto é adequado
> - Você puder elevar o ritmo de trabalho e/ou reduzir o escopo do trabalho para trazer a tarefa de volta ao alvo no tempo restante após perceber que ela está caminhando para um atraso

Existem cinco técnicas comuns de compressão de cronograma e cada técnica tem limitações importantes que podem torná-la mais um mito do que realidade. Isso é mostrado na Tabela 12-3.

[NT7] Tradução oficial, de acordo com o glossário da quarta edição do Guia PMBOK®, em que o termo equivalente em inglês é *Lead*. Em citação ao glossário, a definição de antecipação é: "Uma modificação de um relacionamento lógico que permite uma antecipação da atividade sucessora."

[14] GREY, Stephen. *Practical risk assessment for project management*. West Sussex, England: Wiley, 1995. p. 108-109.

TABELA 12-3 Mitos e verdades sobre a compressão do cronograma

Técnica de Compressão	Mito	Verdade
Utilização de horas extras	O trabalho seguirá no mesmo ritmo nas horas extras.	O ritmo do progresso é menor nas horas extras; podem ocorrer mais erros; horas extras prolongadas podem conduzir ao esgotamento.
Adição de mais recursos (ou seja, compressão)	O ritmo de desempenho aumentará por causa dos recursos adicionados.	Leva tempo para encontrar recursos; leva tempo para que eles entrem no ritmo; os recursos utilizados para treinamento devem vir dos recursos existentes.
Redução de escopo (ou seja, necessidade de redução de funcionalidade)	O cliente sempre solicita mais trabalho do que o realmente necessário.	O cliente precisa de todas as tarefas acordadas na declaração do trabalho.
Terceirização	Existem vários fornecedores qualificados.	A qualidade do trabalho dos fornecedores pode prejudicar a sua reputação; o fornecedor pode sair do negócio; e o fornecedor pode demonstrar pouco interesse pelos seus prasos programados.
Realização do trabalho em série em paralelo	Uma atividade pode iniciar antes que a atividade anterior tenha terminado.	Os riscos aumentam e o retrabalho se torna caro, pois pode envolver múltiplas atividades.

12.16 ENTENDIMENTO DO SOFTWARE DE GERENCIAMENTO DE PROJETOS

Guia PMBOK®, 5. ed.
6.4.2.5 Software de gerenciamento de projetos

O gerenciamento de projetos eficiente exige mais do que um bom planejamento, exige que informações relevantes sejam obtidas, analisadas e revisadas de forma oportuna. Isso pode fornecer um alerta antecipado de problemas pendentes e avaliações de impacto sobre outras atividades, o que pode levar a planos alternativos e ações de gestão. Hoje, os gerentes de projetos têm um grande conjunto de software disponível, capaz de ajudar na difícil tarefa de rastreamento e controle de projetos. Embora seja claro que mesmo os pacotes de software mais sofisticados não são um substituto para a liderança competente do projeto – e que por si só não identificam ou corrigem quaisquer problemas relacionados com a tarefa –, podem ser uma ajuda fantástica para o gerente de projetos no rastreamento das muitas variáveis e tarefas inter-relacionadas que entram em jogo em um projeto. Exemplos específicos dessas capacidades são:

- Resumo de dados do projeto: despesas, acompanhamento do tempo e atividade
- Capacidades de gerenciamento de projetos e gráficos de negócio
- Capacidades de gerenciamento de dados e de informação de relatórios
- Análise do caminho crítico
- Formatos de relatórios padronizados e específicos
- Rastreamento de vários projetos
- Elaboração de sub-redes
- Análise de impacto (e se...)
- Sistemas de alerta rápido
- Análise on-line de alternativas de recuperação
- Representação gráfica de dados de custos, tempo e de atividades
- Planejamento e análise de recursos
- Análise de custos, análise da variação
- Calendários múltiplos
- Nivelamento de recursos

Além disso, muitos dos pacotes de software mais sofisticados já estão disponíveis para computadores pessoais e utilizam principalmente as redes de precedência. Isso proporciona às grandes e pequenas empresas muitas vantagens que vão desde a interação real do usuário ao pronto acesso e disponibilidade, a interfaces mais simples e amigáveis e a custos de software consideravelmente menores.

12.17 CARACTERÍSTICAS DE SOFTWARE OFERECIDAS

As capacidades e as características do software de gerenciamento de projetos variam bastante. No entanto, a variação é mais na profundidade e sofisticação das características, como armazenamento, disposição, análise, interoperabilidade e facilidade de uso, em vez de no tipo de recursos oferecidos, os quais são muito semelhantes para a maioria dos programas de software. A maioria dos pacotes de software de gerenciamento de projetos oferece as seguintes características:

1. **Planejamento, rastreamento e monitoramento.** Essas características possibilitam o planejamento e rastreamento das atividades, recursos e custos dos projetos. O formato de dados para a descrição do projeto para o computador é geralmente baseado em tipologias padronizadas de rede, como o Método do Caminho Crítico (CPM), Técnica de Avaliação e Revisão de Programa (PERT) ou o Método do Diagrama de Precedência (PDM). Os elementos de tarefas, com seus tempos estimados de início e término, seus recursos designados e dados reais de custos, podem ser inseridos e atualizados no decorrer do projeto. O software fornece uma análise dos dados e documenta o andamento técnico e financeiro do projeto em comparação com o seu cronograma e com o plano original. Normal-

mente, o software também fornece avaliações de impacto dos desvios ao plano e projeções de recursos e cronograma. Muitos sistemas também fornecem o nivelamento de recursos, uma característica que calcula a média dos recursos disponíveis para determinar a duração da tarefa e gera um cronograma nivelado para comparação.

2. **Relatórios.** Os relatórios do projeto geralmente são obtidos por meio de um sistema gerador de relatórios orientado por um menu que permite ao usuário solicitar diversos relatórios-padrão em um formato-padrão. O usuário também pode modificar esses relatórios ou criar relatórios novos. Dependendo da sofisticação do sistema e de seus equipamentos periféricos, esses relatórios são apoiados por uma gama completa de gráficos de Gantt, diagramas de rede, resumos tabulares e gráficos de negócio. As capacidades de informação de relatórios incluem:

Guia PMBOK®, 5. ed.
7.3.2 Controlar os custos: ferramentas e técnicas

- Custo orçado para o trabalho agendado (BCWS) ou valor planejado do trabalho (PV)
- Custo orçado para o trabalho realizado (BCWP) ou valor agregado do trabalho (EV)
- Despesas reais *versus* planejadas
- Análise de valor agregado
- Índices de desempenho de custos e de prazos
- Fluxo de caixa
- Análise do caminho crítico
- Pedido de mudança
- Relatórios governamentais padronizados (Departamento de Defesa, Departamento de Energia, NASA), formatados para o sistema de monitoramento de desempenho (PMS)[NT8]

Além disso, muitos pacotes de software possuem um gerador de relatórios orientado ao usuário, com formato livre para relatórios de projeto sob medida.

3. **Calendário do projeto.** Permite ao usuário estabelecer semanas de trabalho com base nos dias úteis reais. Assim, o usuário pode especificar períodos sem trabalho, tais como finais de semana, feriados e férias. O calendário do projeto pode ser impresso em formato detalhado ou resumido e é automaticamente a base para toda a programação de recursos assistida por computador.
4. **Análise e-se.** Alguns softwares são projetados para simplificar a análise e-se. É estabelecido um banco de dados duplicado do projeto e as mudanças desejadas são inseridas. Então, o software realiza uma análise comparativa e apresenta o novo plano do projeto, em comparação ao antigo, na forma tabular ou gráfica para uma rápida e fácil análise e revisão da gerência.
5. **Análise de vários projetos.** Alguns dos softwares mais sofisticados possuem um banco de dados único e abrangente que facilita a análise cruzada dos projetos e dos relatórios. Módulos de custos e cronograma compartilham arquivos comuns que permitem a integração entre os projetos e minimizam os problemas de inconsistências de dados e redundâncias.

12.18 CLASSIFICAÇÃO DE SOFTWARE

Para fins de uma fácil classificação, os produtos de software de gerenciamento de projetos foram divididos em três categorias com base no tipo de funções e características que eles fornecem.[15]

Softwares de nível I. Projetados para o planejamento de um único projeto, esses pacotes de software são simples, fáceis de usar e suas saídas são fáceis de entender. Eles preveem, no entanto, apenas uma análise limitada dos dados. Eles não fornecem um reagendamento automático baseado nas alterações específicas. Portanto, os desvios do plano do projeto original exigem um replanejamento completo do projeto e uma entrada completa de novos dados no computador.

Softwares de nível II. Projetados para gerenciamento de projetos individuais, esses pacotes de software auxiliam os líderes de projeto no planejamento, rastreamento e relatórios de projetos. Eles fornecem uma análise detalhada do projeto, relatórios de progresso e revisões no plano, com base no desempenho real. Esse tipo de software é projetado para gerenciar projetos além do estágio de planejamento e para fornecer controle semiautomático do projeto.

Softwares de nível III. Esses pacotes apresentam o planejamento, o monitoramento e o controle de múltiplos projetos, utilizando um banco de dados comum e um software sofisticado de informação de relatórios e monitoramento através dos projetos.

A maioria dos pacotes de software em níveis II e III tem as seguintes capacidades extensivas para o monitoramento e controle dos projetos:

1. **Capacidade do sistema.** O número de atividades e/ou número de sub-redes que podem ser utilizadas.

[NT8] Na expressão em inglês, *Performance Monitoring System* (PMS).

[15] Alguns padrões foram inicialmente estabelecidos pela revista *PC Magazine*, Project Management with the PC, v. 3, n. 24, 11 dez. 1984.

2. **Desenhos de rede.** São o relacionamento e/ou o diagrama de atividade (AD) e/ou a relação de precedência (PRE).
3. **Datas de calendário.** Um calendário interno fica disponível para programar as atividades do projeto. As variações e opções de diferentes algoritmos de calendário são numerosas.
4. **Gráficos de barras ou Gantt.** Está disponível uma exibição gráfica do resultado da produção em uma escala de tempo, se desejado.
5. **Gerador de relatório flexível.** O usuário pode especificar os formatos de saída, dentro das diretrizes definidas.
6. **Atualização.** O programa aceitará estimativas revisadas de tempo e datas de conclusão e irá recalcular o cronograma revisado.
7. **Controle de custos.** O programa aceita valores de custos orçados para cada atividade e, em seguida, o custo real incorrido, e resume os valores orçados em reais em cada atualização executada. O objetivo principal é ajudar a gerência a produzir um plano de custos realista, antes que o projeto seja iniciado, e auxiliar no controle das despesas do projeto, conforme o trabalho progride.
8. **Datas agendadas.** Uma data é especificada para a realização de qualquer uma das atividades para fins de planejamento e controle. Os cálculos são realizados com essas datas como restrições.
9. **Ordenação.** O programa lista as atividades em uma sequência especificada pelo usuário.
10. **Alocação de recursos.** O programa tenta alocar recursos de forma ideal por meio da utilização de um dos muitos algoritmos heurísticos.
11. **Disponibilidade do plotter.** Um *plotter* fica disponível para imprimir o diagrama de rede.
12. **Requisitos de máquina.** São os requisitos mínimos de memória de hardware para o programa (em unidades de bytes).
13. **Custo.** Indica se o programa é vendido e/ou alugado e o preço de compra e/ou da locação (quando disponível).

12.19 PROBLEMAS DE IMPLEMENTAÇÃO

De modo geral, os pacotes de software de mainframe são mais difíceis de implementar do que pacotes menores, porque todos são solicitados a usar o mesmo pacote, talvez até mesmo da mesma forma. A seguir estão dificuldades comuns durante a implementação:

- **A alta administração pode não gostar da realidade do resultado.** O resultado normalmente mostra à alta administração que são necessários mais tempo e recursos do que previsto originalmente. Isso também pode ser uma nota positiva para o gerente do projeto, que é forçado a lidar com severas restrições de recursos.
- **A alta administração pode não usar os pacotes para planejamento, orçamentação e tomada de decisões.** O pessoal da alta administração, em geral, prefere os métodos mais tradicionais ou simplesmente se recusa a olhar a realidade por causas políticas. Como resultado, os planos que eles enviaram para a diretoria são baseados em uma abordagem de agradar aos olhos, visando uma rápida aceitação, em vez de baseados na realidade.
- **Os planejadores de projetos do dia a dia podem não utilizar os pacotes para os seus próprios projetos.** Os gerentes de projetos frequentemente confiam em outros métodos e ferramentas de planejamento de designações anteriores. Eles confiam muito em instinto e em tentativa e erro.
- **A alta administração pode não demonstrar o apoio e comprometimento para treinamento.** O treinamento contínuo e personalizado é obrigatório para a implementação bem-sucedida, embora cada projeto possa variar.
- **O uso de software de mainframe demanda fortes linhas de comunicação internas para o apoio.** Os gerentes que compartilham recursos devem conversar uns com os outros continuamente.
- **Relatórios claros e concisos estão ausentes.** Grandes pacotes de mainframe podem gerar volumes de dados, mesmo se os pacotes possuírem um pacote de gerador de relatórios.
- **Os pacotes de mainframe nem sempre fornecem o cruzamento imediato das informações.** Esse é frequentemente o resultado de não entender como utilizar os novos sistemas.
- **A entidade empresarial pode não ter qualquer padrão de gerenciamento de projetos em vigor antes da implementação.** Isso se refere à falta de esquemas de numeração da EAP, ausência de fases no ciclo de vida e uma má compreensão das dependências entre as tarefas.
- **A implementação pode destacar a inexperiência da média gerência no planejamento de projetos e em competências organizacionais.** O medo de seu uso é um fator-chave para a não obtenção de apoio adequado.
- **O ambiente de negócios e a estrutura organizacional podem não ser adequados para atender as necessidades de gerenciamento de projetos/planejamento.** Se existe compartilhamento extensivo dos

recursos, então, a estrutura organizacional deve ser uma matriz formal ou informal. Se a organização está profundamente enraizada em uma estrutura tradicional, então, há uma incompatibilidade organizacional e o sistema de software pode não ser aceito.

- **São necessários recursos vastos/suficientes (pessoal, equipamentos etc.).** Grandes pacotes de mainframe consomem uma quantidade significativa de recursos na fase de execução.
- **A entidade empresarial deve determinar a extensão e o uso adequado dos sistemas dentro da organização.** Eles devem ser usados por todas as organizações? Devem ser utilizados apenas em projetos de alta prioridade?
- **O sistema pode ser visto como um substituto para as várias habilidades interpessoais demandadas pelo gerente de projetos.** Os sistemas de software não substituem a necessidade de gerentes de projetos com fortes habilidades de comunicações e negociação.
- **A implementação do software tem menor probabilidade de êxito se a organização não tiver treinamento suficiente nos princípios de gerenciamento de projetos.** Essa barreira é talvez o problema subjacente a todas as outras barreiras.

12.20 CORRENTE CRÍTICA[16]

Guia PMBOK®, 5. ed.
6.6.2.3 Desenvolver o cronograma – método da corrente crítica

A seleção e a conclusão de projetos suficientes para melhorar a organização são, muitas vezes, uma questão de sobrevivência para os executivos. Veja a estatística da empresa de terceirização Drake, Beam, Morin, afirmando que 57% das 367 grandes empresas pesquisadas substituíram seus CEOs nos últimos três anos.[17] Os executivos usam os projetos como principal meio para atingir suas metas. Portanto, podemos supor que muitos desses executivos foram incapazes de concluir projetos suficientes de forma bem-sucedida, em um período de tempo de medição para manterem seus empregos.

Na tentativa de atingir suas metas, os executivos frequentemente descrevem três grandes desafios em gerenciamento de projetos:

- A escolha dos projetos certos dentre um grande conjunto de projetos
- A condução de cada projeto até a sua conclusão de forma mais rápida
- Um afunilamento de mais projetos pela organização, sem adição de recursos

A Corrente Crítica é uma metodologia de gerenciamento de projetos destinada a resolver as duas últimas metas. Ela é baseada em uma metodologia de melhoria geral chamada de Teoria das Restrições, que aborda a primeira meta executiva – escolha dos melhores projetos. A escolha dos melhores projetos faz parte do planejamento estratégico, que é discutido em profundidade em outros livros.[18]

Conforme os executivos tentam deliberar novos projetos na organização, frequentemente ouvem reclamações de que as pessoas estão sobrecarregadas. Inevitavelmente, eles enfrentam um conflito entre a transferência de recursos para o novo projeto e a permissão para os recursos continuarem trabalhando nos projetos em vigor. As pessoas na organização também podem instar o executivo a adiar o início do novo projeto, enquanto ele se sente obrigado a seguir em frente.

A maioria dos executivos aceita esse conflito como um fato da vida. Eles acreditam que seu papel é pressionar as pessoas o máximo que puderem para desempenharem em padrões elevados. Como resultado, a reação de muitos executivos para o conflito de recursos é a de exigir que os projetos existentes sejam concluídos mais cedo, de modo que os seus novos projetos possam começar mais cedo. Essas exigências deixam os gerentes de projetos com um conflito próprio enorme. A fim de concluir um projeto mais cedo, a maioria dos gerentes de projetos acha que é forçada a reduzir o escopo ou qualidade, ou adicionar recursos, o que vai ultrapassar o orçamento. Nenhuma dessas alternativas é aceitável para os executivos.

O comportamento resultante, que agora é prevalente em muitas organizações, é o assunto para uma nova abordagem chamada Gerenciamento de Projetos por Corrente Crítica (CCPM)[NT9]. Quando os gerentes de projetos e de recursos não conseguem convencer os executivos a atrasar o início de um novo projeto, eles muitas vezes tomam três ações que levam a muitos outros efeitos negativos:

- Multitarefas de recursos
- Trabalhar para reduzir as estimativas de tarefas
- Gerenciar as pessoas muito de perto para garantir que elas cumpram as suas datas devidas

---

[16] Autor da Seção: Gerald I. Kendall, PMP, Diretor, TOC International, www.tocinternational.com, e-mail Gerrykendall@cs.com, 850-939-9006.

[17] Scandals, Setbacks Topple CEOs Formerly Golden Image. *USA Today*, p. B1, 8 abr. 2002.

[18] Ver: KENDALL, Gerald I. *Viable vision*. Boca Raton, FL: J. Ross Publishing, 2004.

[NT9] Na expressão em inglês, *Critical Chain Project Management* (CCPM).

Uma vez que os executivos são uma parte importante do sistema de projetos dentro das organizações, a Corrente Crítica reconhece que os executivos são parte do problema. Para resolver o problema e ter um grande impacto nos resultados do projeto, os executivos devem, portanto, ser parte da solução.

A solução da Corrente Crítica para a programação e o gerenciamento de projetos foi derivada de uma metodologia chamada de Teoria das Restrições. O Dr. Eliyahu M. Goldratt é o indivíduo mais frequentemente creditado pela criação e aprimoramento dessa metodologia ao longo dos últimos 25 anos. Para obter a solução da Corrente Crítica, Goldratt aplicou os cinco passos de focalização, identificados em seus textos.[19] Esses passos são:

1. **Identificar** a restrição do sistema.
2. Decidir como **explorar** a restrição.
3. **Submeter** todo o resto à decisão acima.
4. **Elevar** a restrição do sistema.
5. Se, em um passo anterior, a restrição do sistema for quebrada, **voltar** para o passo 1.

Dentro de qualquer projeto, a Corrente Crítica é definida como a maior cadeia de eventos dependentes onde a dependência está relacionada ou a tarefas ou a recursos. Essa definição pressupõe que a corrente mais longa é a que tem maior probabilidade de impactar negativamente a duração total do projeto. A Corrente Crítica não é necessariamente equivalente à duração do projeto, dado que, algumas vezes, existem tarefas não críticas que começam antes da Corrente Crítica.

A solução da Corrente Crítica reconhece a Corrente Crítica como o ponto de alavancagem para a redução da duração do projeto. O primeiro passo de focalização, **identificar**, reconhece que os gerentes colocam práticas em jogo que bloqueiam a redução da Corrente Crítica. Os passos **explorar** e **subordinar** implementam mudanças para condensar a corrente crítica (em outras palavras, para encurtar a quantidade de tempo que leva para concluir um projeto).

A Corrente Crítica implementa importantes mudanças comportamentais nos gerentes de projetos, gerentes de recursos, membros da equipe e executivos. A única maneira de tantas pessoas em uma organização poderem aceitar tais mudanças fundamentais é por meio de uma profunda compreensão dos comportamentos atuais, dos novos comportamentos necessários e dos benefícios. Isso é normalmente realizado por meio da educação de executivos, gerentes de projetos, gerentes de recursos e membros da equipe, seguido por mudanças políticas e de medição. Essas mudanças incluem:

- Um fim à prática de medir as pessoas de alguma forma pela exatidão das suas estimativas.
- Um fim à prática de medir as pessoas quanto ao cumprimento das datas devidas para tarefas individuais do projeto.
- Uma substituição das duas práticas anteriores pela "ética de trabalho da corrida de revezamento", explicada mais adiante neste capítulo.
- Um sistema, acordado por todos os executivos e gerentes seniores, de autorização para que novos projetos comecem apenas quando um "recurso estratégico" estiver disponível.
- O reconhecimento da necessidade de proteger estrategicamente projetos das variações de tempo das tarefas, utilizando pulmões devidamente colocados. Isso se encaixa na filosofia de W. Edwards Deming, o advogado de grande qualidade, sobre a manipulação da variação e da previsibilidade da "causa comum" e da "causa especial".
- A redução significativa da prática de multitarefas, por meio do avanço de trabalho dedicado nas tarefas de projeto.
- A implementação de software multiprojetos, com os dados realmente sendo usado por executivos, gerentes de recursos e gerentes de projetos. Os relatórios da Corrente Crítica um quadro comum e preciso dos projetos da organização e uma maneira sistemática e lógica para gerenciar as variações.
- A implementação do gerenciamento dos pulmões como um importante processo executivo e de gerenciamento para a identificação de problemas do projeto durante a execução.

A implementação bem-sucedida da Corrente Crítica tem resultado em melhorias significativas nas organizações, cujos exemplos estão documentados nos estudos de caso neste Capítulo. A fim de compreender a magnitude da mudança cultural e dos problemas a serem superados, esta Seção explica os fundamentos da abordagem da Corrente Crítica, tanto nos ambientes individuais dos projetos quanto por toda a organização.

12.21 DICAS DE ESTUDO PARA O EXAME DE CERTIFICAÇÃO EM GERENCIAMENTO DE PROJETOS PMI®

Esta seção aplica-se à revisão dos princípios de apoio às áreas de conhecimento e grupos de processos do Guia PMBOK®. Este capítulo aborda:

- Gerenciamento de Tempo
- Planejamento
- Controle

[19] GOLDRATT, Eliyahu M. *Theory of constraints*. Croton-on-Hudson, NY: North River Press, 1990.

A compreensão dos princípios a seguir será benéfica se o leitor estiver utilizando este livro como estudo para o Exame de Certificação PMP®:

- Como identificar os três tipos de técnicas de programação e suas respectivas vantagens e desvantagens
- A diferença entre redes de atividade-na-seta e redes de atividade-no-nó
- Os quatro tipos de redes de precedência
- Terminologia básica de rede, tal como atividades, eventos, caminho crítico e folga (*slack* ou *float*)
- A diferença entre folgas positivas e negativas
- Técnicas de compressão de cronograma, como compressão e paralelismo (engenharia simultânea)
- Importância da estrutura analítica do projeto no desenvolvimento da rede
- Os passos, e sua ordem, para o desenvolvimento de uma rede
- Os três tipos de dependências
- Como é possível executar um caminho de ida e um caminho de volta
- Nivelamento de recursos
- Planejamento de recursos limitados
- Diferença entre esforço e duração
- Qual técnica de rede utiliza estimativas otimista, mais provável e pessimista
- Uso de atividades fantasmas
- Espera
- Diferença entre o planejamento/programação de recursos ilimitados *versus* limitados

As seguintes questões de múltipla escolha ajudarão na revisão dos conceitos deste capítulo:

1. O menor tempo necessário para concluir todas as atividades em uma rede é chamado de:
   a. Extensão de duração das atividades
   b. Caminho crítico
   c. Caminho de folga máxima
   d. Caminho de compressão
2. Qual dos itens seguintes **não** pode ser identificado após a realização de um caminho de ida e de um caminho de volta?
   a. Atividades fantasma
   b. Tempo de folga
   c. Atividades do caminho crítico
   d. Quantas horas extras foram planejadas
3. Qual das seguintes **não** é uma técnica comumente usada para a compressão de cronograma?
   a. Redução de recursos
   b. Redução de escopo
   c. Atividades paralelas
   d. Uso de horas extras
4. Um cronograma baseado em rede tem quatro caminhos, ou seja, 7, 8, 9 e 10 semanas. Se o caminho de 10 semanas for comprimido para 8 semanas, então:
   a. Agora temos dois caminhos críticos.
   b. O caminho de 9 semanas agora é o caminho crítico.
   c. Somente o caminho de 7 semanas possui folga.
   d. Não há informação suficiente fornecida para fazer uma determinação.
5. A principal desvantagem do uso de gráficos de barras para gerenciar um projeto é que os gráficos de barras:
   a. Não mostram as dependências entre as atividades
   b. São ineficazes para projetos com menos de um ano de duração
   c. São ineficazes para projetos de menos de $ 1 milhão
   d. Não identificam as datas de início e término de um cronograma
6. O primeiro passo no desenvolvimento de um cronograma é um(a):
   a. Listagem das atividades
   b. Determinação de dependências
   c. Cálculo de esforços
   d. Cálculo das durações
7. A redução de altos e baixos nas designações de pessoal, a fim de obter uma curva relativamente suave de mão de obra, chama-se:
   a. Alocação de mão de obra
   b. Nivelamento de mão de obra
   c. Alocação de recursos
   d. Planejamento de comprometimento de recursos
8. Atividades sem tempo de duração são chamadas:
   a. Atividades reserva
   b. Atividades fantasma
   c. Atividades com folga zero
   d. Atividades de supervisão
9. Prazos otimistas, pessimistas e mais prováveis de uma atividade estão associadas com:
   a. PERT
   b. GERT
   c. PDM
   d. ADM
10. O relacionamento ou "restrição" mais comum em uma rede de precedência é:
    a. Início-para-Início
    b. Início-para-Término
    c. Término-para-Início
    d. Término-para-Término
11. Uma técnica baseada em rede que permite a ramificação e o *looping* é:
    a. PERT
    b. GERT
    c. PDM
    d. ADM

12. Se uma atividade no caminho crítico leva mais tempo do que o previsto, então:
    a. As atividades que não estão no caminho crítico possuem folga adicional
    b. As atividades que não estão no caminho crítico possuem menos folga
    c. Aparecerão atividades adicionais no caminho crítico
    d. Nenhuma das anteriores
13. Qual das seguintes não é um dos três tipos de dependências?
    a. Obrigatórias
    b. Arbitradas
    c. Internas
    d. Externas
14. Você tem uma atividade em que o início mais cedo é na semana 6, o término mais cedo é na semana 10, o início mais tarde é na semana 14, e o término mais tarde é na semana 18. A folga desta atividade é:
    a. 4 semanas
    b. 6 semanas
    c. 8 semanas
    d. 18 semanas

RESPOSTAS

1. B 2. D 3. A 4. D 5. A 6. A 7. B 8. B 9. A 10. C 11. B
12. A 13. C 14. C

EXERCÍCIOS

12-1 Uma rede PERT/CPM deveria se tornar um meio de compreensão de relatórios e cronogramas, ou deveria ser o contrário?

12-2 Antes de os diagramas PERT serem elaborados, a pessoa que executa o trabalho deve ter uma clara definição dos requisitos e objetivos, tanto principais quanto de apoio? Isso é uma necessidade absoluta?

12-3 Quem elabora os diagramas PERT? Quem é responsável pela integração dos diagramas?

12-4 As redes PERT devem seguir a estrutura analítica do projeto?

12-5 Como uma rede PERT pode ser utilizada para aumentar a capacidade funcional de se relacionar com o programa total?

12-6 Quais problemas estão relacionados com a aplicação de PERT em programas pequenos?

12-7 O desenho da rede PERT deve ser dependente do número de elementos na estrutura analítica do projeto?

12-8 Os gráficos de barras e os diagramas PERT podem ser utilizados para suavizar os requisitos de mão de obra departamental?

12-9 Os marcos principais devem ser estabelecidos em pontos onde as compensações são mais prováveis de ocorrer?

12-10 Você concorda ou discorda que os custos da aceleração de um projeto aumentam de forma exponencial, especialmente conforme o projeto se aproxima da conclusão?

12-11 Quais são as principais dificuldades com PERT, e como podem ser superadas?

12-12 As estimativas PERT/custos são projetadas para identificar desvios de cronograma críticos e sobrecustos cedo o suficiente para que ações corretivas possam ser tomadas?

12-13 Desenhe a rede e identifique o caminho crítico. Também calcule os prazos mais cedo e mais tarde de início e término para cada atividade:

Atividade	Atividade Predecessora	Tempo (semanas)
A	—	7
B	—	8
C	—	6
D	A	6
E	B	6
F	B	8
G	C	4
H	D,E	7
I	F,G,H	3

12-14 Desenhe a rede e identifique o caminho crítico. Também calcule os prazos mais cedo e mais tarde de início e término para cada atividade:

Atividade	Atividade Predecessora	Tempo (semanas)
A	—	4
B	—	6
C	A,B	7
D	B	8
E	B	5
F	C	5
G	D	7
H	D,E	8
I	F,G,H	4

12-15 Considere a seguinte rede para um pequeno projeto de manutenção (todos os prazos estão em dias; a rede segue do nó 1 ao nó 7):
   a. Desenhe um diagrama de setas que represente o projeto.
   b. Qual é o caminho crítico e o tempo associado?
   c. Qual é o tempo de folga total na rede?
   d. Qual é o tempo esperado para os limites de conclusão de 68%, 95% e 99%?
   e. Se a atividade G tivesse um tempo estimado de 15 dias, qual impacto teria sobre a sua resposta para a parte b?

Atividade de Trabalho	Rede: Nó Inicial	Rede: Nó Final	Tempo Otimista	Tempo Pessimista	Mais Provável
A	1	2	1	3	2
B	1	4	4	6	5
C	1	3	4	6	5
D	2	6	2	4	3
E	2	4	1	3	2
F	3	4	2	4	3
G	3	5	7	15	9
H	4	6	4	6	5
I	4	7	6	14	10
J	4	5	1	3	2
K	5	7	2	4	3
L	6	7	6	14	10

12-16 Identifique o caminho crítico para a rede a seguir para um pequeno projeto de sistema de informação (todos os prazos estão em dias; a rede segue do nó 1 ao nó 10):

Atividade de Trabalho	Rede: Nó Inicial	Rede: Nó Final	Tempo Estimado
A	1	2	2
B	1	3	3
C	1	4	3
D	2	5	3
E	2	9	3
F	3	5	1
G	3	6	2
H	3	7	3
I	4	7	5
J	4	8	3
K	5	6	3
L	6	9	4
M	7	9	4
N	8	9	3
O	9	10	2

12-17 Em 1 de maio, Arnie Watson enviou um memorando a seu chefe, o diretor de gerenciamento de projetos, afirmando que o projeto MX exigiria 13 semanas para a conclusão de acordo com a figura mostrada a seguir.

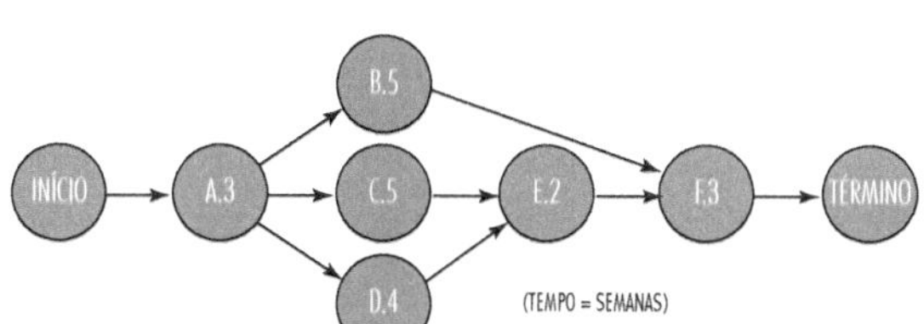

Arnie percebeu que o cliente queria o trabalho concluído em menos tempo. Após discussões com os gerentes funcionais, Arnie desenvolveu a tabela a seguir:

Atividade	Normal: Tempo	Normal: Custos	Compressão: Tempo	Compressão: Custos	Custo/Semana Adicional (Compressão)
A	3	6.000	2	8.000	2.000
B	5	12.000	4	13.000	1.500
C	5	16.000	3	22.000	3.000
D	4	8.000	2	10.000	1.000
E	2	6.000	1	7.500	1.500
F	3	14.000	1	20.000	3.000
		$ 62.000			

a. Segundo o contrato, há um pagamento de penalidade de $ 5.000 por semana para cada semana ao longo de seis semanas. Qual é o valor mínimo de financiamento adicional que Arnie deve solicitar?

b. Suponha que a sua resposta à parte A forneça o mesmo custo adicional mínimo tanto para um projeto de oito semanas quanto para um projeto de nove semanas. Quais os fatores que você consideraria antes de se decidir sobre realizar o projeto em oito ou nove semanas?

12-18 Em 1º de março, o gerente do projeto recebeu três relatórios de andamento indicando a utilização de recursos até o momento. Os três relatórios estão expostos abaixo, bem como o diagrama PERT.

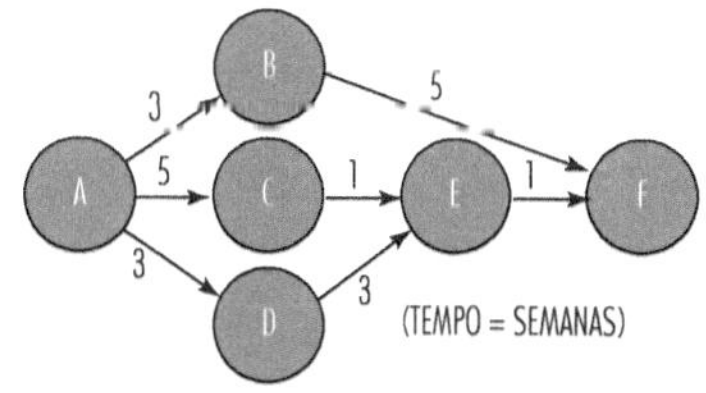

Relatório do percentual de conclusão

Atividade	Data Iniciada	% Concluído	Tempo para Terminar
AB	2/1	100%	-
AC	2/1	60%	2
AD	2/1	100%	-
DE*	Não iniciada	—	3
BF	2/14	40%	3

*Nota: Em virtude das prioridades, os recursos para a atividade DE não estarão disponíveis até 3/14. A administração estima que essa atividade possa ser comprimida de três semanas para duas semanas a um custo adicional de $ 3.000.

Orçamento do planejamento do projeto: semanas após a autorização

Atividade	1	2t	3	4	5	6	7	8	Total $
AB	2.000	2.000	2.000	—	—	—	—	—	6.000
AC	3.000	4.000	4.000	4.000	5.000	—	—	—	20.000
AD	2.000	3.000	2.500	—	—	—	—	—	7.500
BF	—	—	—	2.000	3.000	4.000	3.000	3.000	15.000
CE	—	—	—	—	—	2.500	—	—	2.500
DE	—	—	—	3.500	3.500	3.500	—	—	10.500
EF	—	—	—	—	—	—	3.000	—	3.000
Total	7.000	9.000	8.500	9.500	11.500	10.000	6.000	3.000	64.500

Resumo de custos

	Encerramento da semana			Cumulativo até o momento		
Atividade	Custos de Orçamento	Real	(Acima) Abaixo	Custos de Orçamento	Real	(Acima) Abaixo
AB	—	—	—	6.000	6.200	(200)
AC	4.000	4.500	(500)	15.000	12.500	2.500
AD	—	2.400	(2.400)	7.500	7.400	100
BF	2.000	2.800	(800)	2.000	4.500	(2.500)
DE	3.500	—	3.500	3.500	—	3.500
Total	9.500	9.700	(200)	34.000	30.600	3.400

a. A partir do final da semana 4, quanto tempo é necessário para completar o projeto (ou seja, o tempo para terminar)?

b. No final da semana 4, você está acima/abaixo do orçamento, e em quanto, para o trabalho (parcial ou integral), que tenha sido concluído até a data? (Este não é o custo para terminar.)

c. Em que momento a decisão deve ser tomada para comprimir as atividades?

d. Construa uma tabela única na qual os dados de custos e desempenho são mais facilmente vistos, ou modifique os quadros mencionados acima.

Para resolver esse problema, você deve fazer uma suposição sobre a relação entre percentual concluído e tempo/custos. Na tabela de orçamento do planejamento do projeto, considere que o percentual concluído seja linear quanto ao tempo e não linear quanto aos custos (ou seja, o custo deve ser lido da tabela).

12-19 Os diagramas PERT podem ter mais profundidade do que a EAP?

12-20 Estimar o tempo da atividade não é uma tarefa fácil, especialmente se as suposições devem ser feitas. Declare se cada item identificado abaixo pode ser contabilizado na construção de uma rede PERT/CPM:

a. Consideração das condições meteorológicas
b. Consideração das atividades de fim de semana
c. Requisitos de mão de obra não nivelados
d. Verificação da alocação dos recursos
e. Tamanho variável da equipe
f. Separação (ou interrupção) de atividades
g. Designação de recursos não utilizados
h. Contabilização das prioridades do projeto

12-21 A programação da mão de obra departamental para um projeto é uma tarefa muito difícil, mesmo com tempo de folga disponível. Muitos gerentes preferem fornecer mão de obra a um ritmo constante a constantemente transferir pessoas em um projeto.

a. Usando as informações apresentadas a seguir, construa a rede PERT, identifique o caminho crítico e determine o tempo de folga para cada nó.

Atividade	Semanas	Pessoal Necessário Tempo integral
A – B	5	3
A – C	3	3
B – D	2	4
B – E	3	5
C – E	3	5
D – F	3	5
E – F	6	3

b. A rede que acabou de criar é um diagrama departamental PERT. Construa um lote semanal de mão de obra, considerando que todas as atividades começam o mais cedo possível. (Nota: As horas extras não podem ser usadas para encurtar o tempo de atividade.)

c. O gerente do departamento pretende designar oito pessoas em tempo integral durante o período do projeto. No entanto, se um empregado não for mais necessário no projeto, ele pode ser designado a outros lugares. Usando a base de oito pessoas, identifique o modo de espera (ou inativo), e os períodos de horas extras.

d. Determine o modo de espera e os custos com horas extras, supondo que cada empregado é pago $ 300 por semana e que as horas extras são pagas para o período e meio. Durante o tempo ocioso o trabalhador tem o seu salário integral.

e. Repita as partes *c* e *d* e tente considerar o tempo de folga, a fim de suavizar a curva de mão de obra. (Dica: algumas atividades devem começar o mais cedo possível, enquanto outras começam o mais tarde possível.) Identifique o nível de mão de obra ideal, de modo a diminuir o tempo de espera e os custos com horas extras. Suponha que todos os funcionários devem trabalhar em tempo integral.

f. A sua resposta para as partes *d* e *e* mudaria se os empregados devessem permanecer durante toda a duração do projeto, mesmo que eles não sejam mais necessários?

12-22 Como um gerente decide se a estrutura analítica do projeto deve basear-se em um diagrama de "árvore" ou no diagrama PERT?

TABELA 12-4 Dados para o gráfico CPM do projeto

Atividade	Atividade Precedente	Tempo Normal (Semanas)
A	—	4
B	A	6
C	B,U,V,N	3
D	C	2
E	C	2
F	C	7
G	C	7
H	D,E	4
I	—	2
J	I,R	1
K	J	1
L	K	2
M	L	1
N	M	1
O	N	2
P	O	1
Q	—	4
R	Q	1
S	—	1
T	—	1
U	S	2
V	T	2
W*	—	*
X	—	2

**Permanece em toda a duração do projeto. É atividade de apoio administrativo*

12-23 Usando a Tabela 12-4, desenhe o gráfico CPM para o projeto. Nesse caso, faça todas as identificações sobre as setas (atividades) em vez de nos eventos. Mostre que o caminho crítico é de 21 semanas.
Usando a Tabela 12-5, desenhe o gráfico de precedência para o projeto, mostrando a inter-relações. Tente usar uma cor diferente ou sombrear o caminho crítico.
Calcule o fluxo de caixa **mínimo** necessário para as primeiras quatro semanas do projeto, considerando a seguinte distribuição.

Atividade	Custo Total para Cada Atividade
A – H	16.960
I – P	5.160
Q – V	40.960
W	67.200
X	22.940

Além disso, suponha que todos os custos são lineares com o tempo, e que o custo da atividade X deve ser gasto nas duas primeiras semanas. Prove que o fluxo de caixa mínimo é de $ 92.000.

12-24 Para a rede mostrada na Figura P12-24 com todos os tempos indicando semanas, responda as seguintes perguntas:

a. Qual é o impacto na data de término do projeto se a atividade B atrasar em duas semanas?
b. Qual é o impacto sobre a data de término do projeto se a atividade E atrasar em uma semana?
c. Qual é o impacto na data de término do projeto se a atividade D atrasar em duas semanas?
d. Se o cliente lhe ofereceu um bônus pela conclusão do projeto em 16 semanas ou menos, quais atividades você focaria primeiro como parte da análise de compressão (*crashing*)?

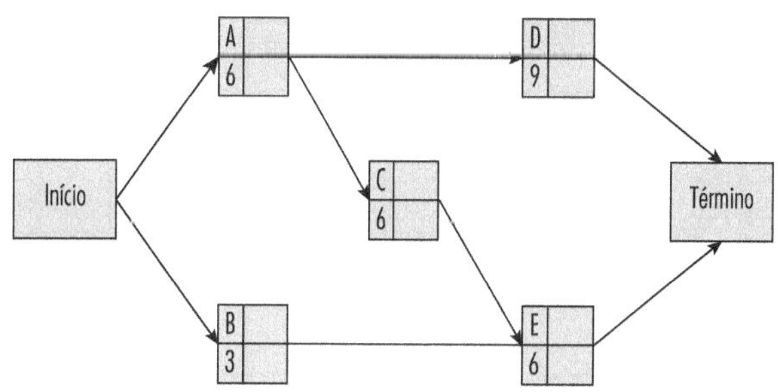

FIGURA P12-24

12-25 Para a rede mostrada na Figura P12-25 com todos os prazos indicando semanas, responda as seguintes perguntas:

a. Qual é o impacto sobre a data de término do projeto se a atividade F atrasar em sete semanas?
b. Qual é o impacto sobre a data de término do projeto se a atividade E atrasar em uma semana?
c. Qual é o impacto sobre a atividade H se a atividade C atrasar em duas semanas?
d. Qual é o impacto na data de término do projeto se a atividade B atrasar em duas semanas?

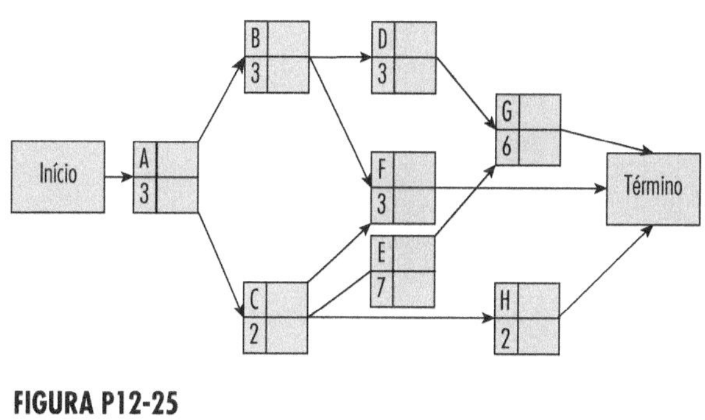

FIGURA P12-25

TABELA 12-5 Gráfico de precedência do projeto*

	Semanas																				
Atividade	1	2	3	4	5	6	7	8	9	10	11	12	13	14	15	16	17	18	19	20	21
A																					
B																					
C																					
D																					
E																					
F																					
G																					
H																					
I																					
J																					
K																					
L																					
M																					
N																					
O																					
P																					
Q																					
R																					
S																					
T																					
U																					
V																					
W																					
X																					

*Desenhe as devidas barras na figura, considerando que cada atividade inicia o mais cedo possível (identifique a folga). Tente mostrar os inter-relacionamentos, como em uma rede de precedência.

12-26 Para a rede mostrada na figura P12-26 com todos os tempos indicando semanas, responda as seguintes perguntas:

a. Qual é o impacto na data de término do projeto se a atividade I atrasar em três semanas?
b. Em quantas semanas a atividade D pode atrasar antes que a data de término seja prorrogada?
c. Se a atividade A atrasar em uma semana, como a folga na atividade G será impactada?
d. Se a atividade H puder ser de alguma forma comprimida de sete semanas para duas semanas, talvez por meio da adição de um número significativo de recursos, qual será o impacto, se houver, sobre a data de término do projeto?

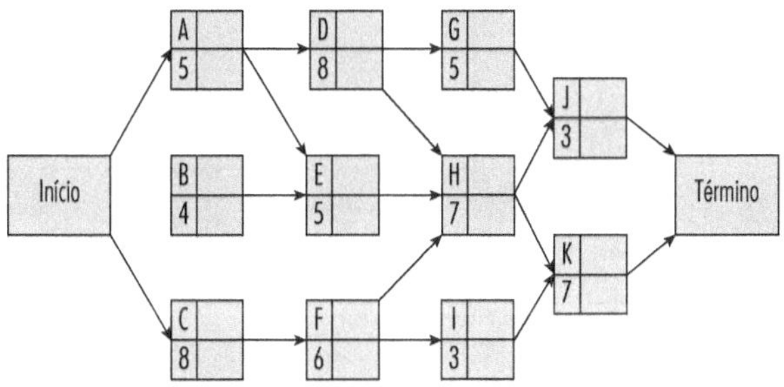

FIGURA P12-26

12-27 Um gerente de projetos descobre que sua equipe negligenciou em completar o diagrama de rede para o projeto. O diagrama de rede é mostrado na Figura P12-27. Entretanto, o gerente de projetos tem alguma informação disponível, especificamente a de que cada atividade, identificada de A a G, possui durações diferentes entre uma e sete semanas. Além disso, o tempo de folga para cada uma das atividades é conhecido como mostrado na Figura P12-27 em ordem crescente.

Duração (semanas)	1,2,3,4,5,6,7
Tempo de folga (semanas)	0,0,0,2,4,4,7

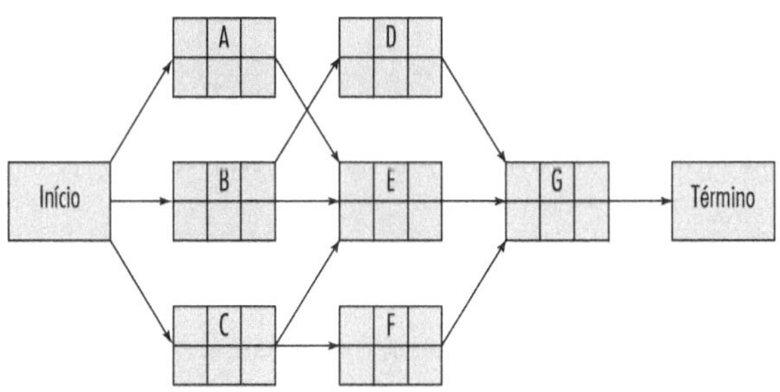

FIGURA P12-27

Usando as dicas abaixo, determine a duração de cada atividade, bem como o início mais cedo, término mais cedo, o início mais tarde e término mais tarde para cada atividade.

Dicas

1. Atividade E está no caminho crítico.
2. O início mais cedo (ES) para a atividade F é de cinco semanas.
3. A duração da atividade B é de sete semanas.
4. Atividade D tem quatro semanas de folga, mas a atividade F tem uma maior quantidade de folga.
5. O término mais cedo (EF) para a atividade G é 17 semanas.
6. O término mais tarde (LF) para a atividade E é 13 semanas.

Atividade	Duração	Início Mais Cedo	Término Mais Cedo	Início Mais Tarde	Término Mais Tarde
A	—	—	—	—	—
B	—	—	—	—	—
C	—	—	—	—	—
D	—	—	—	—	—
E	—	—	—	—	—
F	—	—	—	—	—
G	—	—	—	—	—

12-28 Um gerente de projetos descobre que sua equipe negligenciou em completar o diagrama de rede para o projeto. O diagrama de rede é mostrado na Figura P12-28. Entretanto, o gerente de projetos tem alguma informação disponível, especificamente a de que cada atividade, identificadas de A a G, possui durações diferentes entre uma e sete semanas. Além disso, o tempo de folga para cada uma das atividades é conhecido como mostrado a seguir.

Duração (semanas)	1,2,3,4,5,6,7
Tempo de folga (semanas)	0,0,0,1,1,3,7

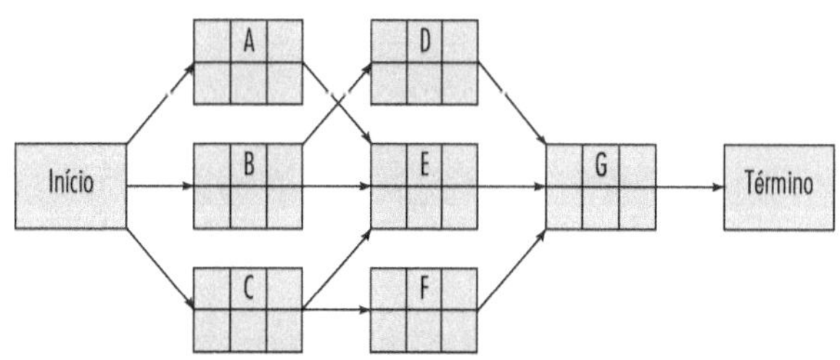

FIGURA P12-28

Usando as dicas a seguir, determine a duração de cada atividade, bem como o início mais cedo, o término mais cedo, o início mais tarde e o término mais tarde para cada atividade.

Dicas

a. A atividade E é a atividade de mais longa duração e está no caminho crítico, que é o número do azar 13; e também só existe um caminho crítico.

b. O término mais cedo (EF) para a atividade F é de 11 semanas.

c. O início mais tarde (LS) para a atividade D é de nove semanas.

d. Se a atividade A atrasar em uma semana, ela estará em um caminho crítico.

Atividade	Duração	Início Mais Cedo	Término Mais Cedo	Início Mais Tarde	Término Mais Tarde
A	—	—	—	—	—
B	—	—	—	—	—
C	—	—	—	—	—
D	—	—	—	—	—
E	—	—	—	—	—
F	—	—	—	—	—
G	—	—	—	—	—

12-29 Um gerente de projetos descobre que sua equipe negligenciou em completar o diagrama de rede para o projeto. O diagrama de rede é mostrado na Figura P12-29. Entretanto, o gerente de projetos tem alguma informação disponível, especificamente a de que cada atividade, identificada de A a G, possui durações diferentes entre uma e sete semanas. Além disso, o tempo de folga para cada uma das atividades é conhecido como mostrado a seguir:

Duração (semanas)

Tempo de folga (semanas)

Usando as dicas a seguir, determine a duração de cada atividade, bem como o início mais cedo, o término mais cedo, o início mais tarde e o término mais tarde para cada atividade.

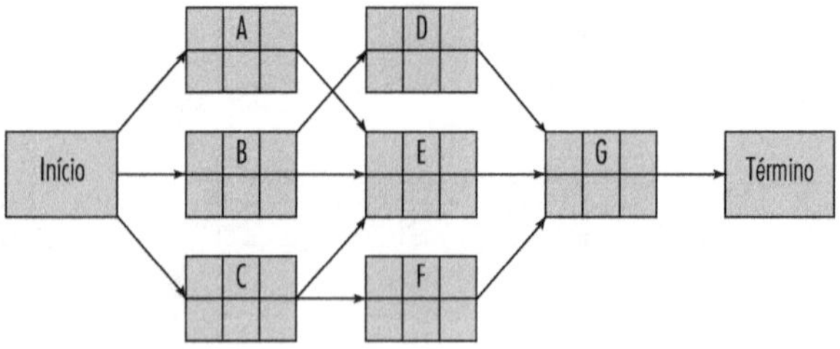

FIGURA P12-29

Dicas

a. Existe apenas um caminho crítico, e é o maior número possível, dadas as durações possíveis mostradas.
b. Atividade E tem a menor quantidade de folga que é maior que zero.
c. O término mais cedo (EF) para a atividade A é de quatro semanas, e isso não é igual ao tempo de término mais tarde (LF). (Nota: não há folga negativa na rede.)
d. A folga na atividade C é de oito semanas.
e. A duração da atividade de F é maior que a duração da atividade C por pelo menos duas semanas.

Atividade	Duração	Início Mais Cedo	Término Mais Cedo	Início Mais Tarde	Término Mais Tarde
A	—	—	—	—	—
B	—	—	—	—	—
C	—	—	—	—	—
D	—	—	—	—	—
E	—	—	—	—	—
F	—	—	—	—	—
G	—	—	—	—	—

ESTUDOS DE CASO

CROSBY MANUFACTURING CORPORATION

"Convoquei esta reunião para resolver um grande problema com o nosso sistema de controle e gestão de custos", comentou Wilfred Livingston, presidente. "Nós estamos passando por um inferno tentando alcançar a concorrência com os nossos procedimentos inadequados de relatório do sistema de controle e gestão de custos. No ano passado, fomos considerados não responsivos para três grandes contratos com o governo porque não podíamos aderir aos requisitos de relatórios financeiros do cliente. O governo demonstrou recentemente um interesse renovado na Crosby Manufacturing Corporation. Se formos capazes de informatizar o nosso procedimento de relatório financeiro do projeto, estaremos em grande forma para enfrentar a concorrência de frente. O cliente pode até dispensar os requisitos de relatório financeiro se mostrarmos a nossa intenção imediata de mudar."

A Crosby Manufacturing era uma empresa de fabricação de componentes eletrônicos que gerava $ 250 milhões por ano em 2005, momento em que Wilfred "Willy" Livingston se tornou presidente. Seu primeiro ato importante foi o de reorganizar 700 funcionários, em uma estrutura matricial modificada. Essa reorganização foi o primeiro passo no plano de longo prazo de Livingston para obter grandes contratos governamentais. A matriz forneceu ao cliente uma política de ponto focal que as agências governamentais preferem. Depois de três anos, a matriz parecia estar funcionando. Agora, eles poderiam começar a segunda fase, uma política melhorada para os sistemas de controle e gestão de custos.

Em 20 de outubro de 2007, Livingston convocou uma reunião com os gerentes de departamento de gerenciamento de projetos, contabilidade de custos, SIG, processamento de dados e planejamento.

Livingston: "Nós temos que substituir o nosso computador atual por um modelo mais avançado de modo a atualizar nossos procedimentos de relatório do sistema de controle e gestão de custos. Para que possamos crescer, vamos ter de desenvolver capacidades de manutenção de dois ou até três diferentes conjuntos de registros para nossos clientes. Nosso computador atual não tem essa capacidade. Estamos falando de um esforço considerável em dinheiro, não necessariamente para impressionar os nossos clientes, mas para aumentar a nossa base de negócios e crescer. Precisamos de dados de custos semanais, ou mesmo diários, de forma a controlar melhor os nossos projetos."

Gerente de SIG: "Acho que o primeiro passo para os processos de concepção, desenvolvimento e implementação seria o estudo de viabilidade. Eu preparei uma lista dos principais tópicos que são normalmente incluídos em um estudo de viabilidade desse tipo." (Veja a Demonstração 12-1.)

DEMONSTRAÇÃO 12-1 Estudo de viabilidade

- Objetivos do estudo
- Custos
- Benefícios
- Solução manual ou computadorizada?
- Objetivos do sistema
- Requisitos de entrada
- Requisitos de saída
- Requisitos de processamento
- Descrição preliminar do sistema
- Avaliação das propostas de fornecedores
- Análise financeira
- Conclusões

Livingston: "Que tipo de custos você está considerando no estudo de viabilidade?"

Gerente de SIG: "Os principais itens de custos incluem demandas de entrada-saída, processamento, armazenamento, capacidade, aluguéis, compras ou arrendamento de um sistema, despesas não recorrentes; despesas recorrentes; custos de suprimento, requisitos de instalação e requisitos de treinamento. Vamos ter de obter muitas dessas informações do departamento de processamento de dados."

Gerente de Processamento de Dados: "Você deve se lembrar que, por um curto período de tempo, nós vamos ter dois sistemas de computadores em operação simultaneamente. Isso não pode ser evitado. No entanto, preparei por mim mesmo um cronograma típico (abreviado) (veja a Demonstração 12-2). Você notará a partir da coluna da direita que eu sou um pouco otimista quanto ao tempo que devemos levar."

DEMONSTRAÇÃO 12-2 Cronograma Típico (em meses)

Atividade	Prazo Normal para Concluir	Prazo Comprimido para Concluir
Autorização da administração	0	0
Liberação das especificações preliminares de sistema	6	2
Recebimento de propostas para as especificações	2	1
Pedido de hardware e software de sistema	2	1
Fluxogramas concluídos	2	2
Programas de aplicações concluídos	3	6
Recebimento de hardware e software de sistema	3	3
Testes e depuração realizados	2	2
Documentação, se necessário	2	2
Mudança concluída	22	15*

*Isso presume que algumas atividades podem ser realizadas em paralelo, em vez de em série.

Livingston: "Já preparamos uma lista de verificação sobre como avaliar o vendedor?"

Gerente de Processamento de Dados: "Além do teste de '*benchmark*', eu preparei uma lista de tópicos que devemos incluir na avaliação de qualquer fornecedor (veja a Demonstração 12-3). Devemos planejar, convidar ou visitar outras instalações que tenham comprado o mesmo equipamento e ver o sistema em ação. Infelizmente, vamos ter de nos comprometer bem cedo e começar a desenvolver pacotes de software. Na verdade, usando o princípio da concorrência, devemos começar a desenvolver nossos pacotes de software agora."

DEMONSTRAÇÃO 12-3 Fatores de avaliação do apoio dos fornecedores

- Disponibilidade de hardware e de pacotes de software
- Desempenho do hardware, entrega e histórico passado
- Proximidade do fornecedor e registro de serviços e suporte
- Procedimento de backup de emergência
- Disponibilidade de programas aplicativos e sua compatibilidade com os nossos outros sistemas
- Capacidade para expansão
- Documentação
- Disponibilidade de Consultores para programação de sistemas e de treinamento geral
- Quem é responsável pelos custos de treinamento?
- Risco de obsolescência
- Facilidade de uso

Livingston: "Por causa da importância desse projeto, eu vou violar a nossa estrutura normal e nomear Tim Emary, do nosso grupo de planejamento, como líder do projeto. Ele não é tão conhecedor como vocês são em relação aos computadores, mas ele sabe como definir um cronograma e conseguir que o trabalho seja feito. Eu tenho certeza que o seu pessoal dará todo o apoio necessário de que ele precisa. Lembrem-se, eu vou estar por trás desse projeto até o fim. Nós vamos nos reunir de novo em uma semana, momento em que eu espero ver uma lista detalhada com todos os marcos importantes, reuniões de equipe, reuniões de revisão de *design* etc., apresentados e identificados. Eu gostaria que o projeto fosse concluído em 18 meses, se possível. Se há riscos no cronograma, identifiquem esses riscos. Alguma pergunta?"

O PATROCINADOR INVISÍVEL[1]

Plano de Fundo

Alguns executivos preferem microgerenciar projetos, enquanto outros têm medo de tomar decisões, pois se tomarem a decisão errada isso poderia afetar suas carreiras. Neste estudo de caso, o presidente da empresa designou um dos vice-presidentes para atuar como patrocinador do projeto, em um projeto concebido para construir ferramentas para um cliente. O patrocinador, no entanto, estava relutante em tomar quaisquer decisões.

Designação do VP

A Moreland Company era muito respeitada como empresa de design e fabricação de ferramental. A Moreland era orientada a projetos porque toda a sua renda vinha de projetos. A empresa também era razoavelmente madura em gestão de projetos.

Quando o vice-presidente de engenharia anterior se aposentou, a Moreland contratou um executivo de uma empresa de fabricação para substituí-lo. O novo vice-presidente de engenharia, Al Zink, tinha excelente conhecimento sobre engenharia de ferramental, mas tinha trabalhado para empresas que não eram orientadas a projetos. Al tinha muito pouco conhecimento sobre gerenciamento de projetos e nunca tinha atuado como patrocinador. Em virtude da falta de experiência de Al como patrocinador, o presidente decidiu que ele deveria "pôr a mão na massa" o mais rápido possível, e designou-o como patrocinador em um projeto de médio porte. O gerente de projeto nesse projeto era Fred Cutler. Fred era um engenheiro com mais de 20 anos de experiência em design e fabricação de ferramental. Ele se reportava administrativamente diretamente a Al Zink.

O Dilema de Fred

Fred entendeu a situação: ele teria de treinar Al Zink sobre como atuar como patrocinador do projeto. Essa era uma nova experiência para Fred, porque subordinados não costumam treinar funcionários de alto escalão sobre como fazer seu trabalho. Será que Al Zink seria receptivo?

Fred explicou o papel do patrocinador e sobre a existência de certos documentos do projeto que exigem as assinaturas tanto do gerente do projeto como do patrocinador. Tudo parecia estar indo bem, até que Fred informou a Al que o patrocinador do projeto é a pessoa que o presidente considera responsável pelo sucesso ou fracasso do projeto. Fred pode perceber que Al ficou bastante chateado com essa afirmação.

Al percebeu que o fracasso do projeto no qual ele era patrocinador poderia prejudicar sua reputação e carreira. Agora ele estava desconfortável por ter de atuar como patrocinador, mas sabia que poderia vir a ser designado como patrocinador em outros projetos. Ele também sabia que esse projeto tinha um risco um tanto elevado. Se pudesse atuar como patrocinador invisível, Al poderia evitar ter de tomar quaisquer decisões críticas.

No primeiro encontro entre Fred e Al, no qual Al era o patrocinador, Al pediu a Fred uma cópia do cronograma do projeto. Fred respondeu:

> Estou trabalhando no cronograma agora. Não posso terminá-lo até que você me diga se quer que eu organize o cronograma com base no melhor tempo, menor custo ou menor risco.

Al afirmou que iria pensar no assunto e retornar a Fred o mais breve possível. No meio da semana seguinte, Fred e Al encontraram-se no refeitório da empresa. Al perguntou novamente a Fred: "Como está indo o cronograma?" E Fred respondeu como antes:

> Não posso terminar o cronograma até que você me diga se você que eu o organize com base no melhor tempo, no menor custo ou no menor risco.

Al ficou furioso, virou-se e afastou-se de Fred. Fred já estava ficando nervoso com as reações de Al, e começou a se preocupar com o fato de que Al pudesse removê-lo como gerente de projeto. Mas Fred decidiu manter sua posição e fazer com que Al tomasse uma decisão.

Na reunião semanal entre Fred e Al, mais uma vez Al fez a mesma pergunta, e mais uma vez Fred deu a mesma resposta de antes. Agora Al ficou bastante irritado e gritou:

> Apenas me dê um cronograma baseado no menor tempo.

[1] ©2010 por Harold Kerzner. Reproduzido com permissão. Todos os direitos reservados.

Fred fez com que Al tomasse sua primeira decisão. Fred finalizou seu cronograma, e dois dias depois o cronograma estava na mesa de Al aguardando sua assinatura. Mais uma vez, Al postergou e se recusou a assinar o cronograma. Al acreditava que, se demorasse em tomar a decisão, Fred tomaria a iniciativa e começaria a trabalhar no cronograma sem sua assinatura.

Fred continuou enviando e-mails para Al, perguntando quando pretendia assinar o cronograma ou, se algo não estava correto, quais mudanças precisavam ser feitas. Como esperado, Al não respondeu. Fred decidiu então que teria de pressionar Al de alguma forma a tomar decisões em tempo hábil como patrocinador do projeto. Fred então enviou um e-mail a Al, dizendo:

> Eu lhe enviei o cronograma do projeto na semana passada. Se o cronograma não for assinado até sexta-feira, poderá haver impacto sobre a data de término do projeto. Caso você não responda até sexta-feira, de uma forma ou de outra, vou considerar que você aprovou o cronograma e que posso começar a implementação.

O endereço de *e-mail* do presidente também estava incluído em cópia no e-mail. Na manhã seguinte, Fred encontrou o cronograma em sua mesa, assinado por Al Zink.

PERGUNTAS

1. Por que alguns executivos se recusam a atuar como patrocinadores do projeto?
2. Um executivo pode ser "forçado" a atuar como patrocinador?
3. É correto que o patrocinador seja o responsável final pelo sucesso ou fracasso do projeto?
4. As ações de Al Zink eram ações de alguém tentando ser um patrocinador invisível?
5. Será que Fred Cutler agiu adequadamente em tentar fazer com que Al Zink atuasse como patrocinador?
6. Qual é o seu palpite sobre o que aconteceu com a relação de trabalho entre Al Zink e Fred Cutler?

13

GRÁFICOS DO PROJETO

Estudos de Caso Relacionados (de Kerzner/*Project Management Case Studies*, 4. ed.)	Livro de Exercícios Relacionado (de Kerzner/*Project management workbook and PMP®/CAPM® Exam Study Guide*, 11. ed.)	Guia PMBOK® – 5. ed., Seção de Referência para o Exame de Certificação PMP®
• None	• Multiple Choice Exam	• Gerenciamento do Tempo do Projeto • Gerenciamento das Comunicações do Projeto

13.0 INTRODUÇÃO

Guia PMBOK®, 5. ed.
Capítulo 9 Gerenciamento do Tempo do Projeto Capítulo 10 Gerenciamento das Comunicações do Projeto 6.7.1.4 Cronograma do projeto – gráficos de barras

No Capítulo 11 definimos os passos envolvidos no estabelecimento de um plano de programa formal com cronogramas detalhados para gerenciar todo o programa. Qualquer plano, cronograma, desenho ou especificação que será lido por mais de uma pessoa devem ser expressos em uma linguagem que seja compreendida por todos os destinatários.

A situação ideal é construir gráficos e cronogramas em notação adequada que possam ser utilizados tanto para o controle interno quanto para o relatório de andamento para o cliente. Infelizmente, isso é mais fácil na teoria do que na prática. Clientes e fornecedores estão interessados principalmente nos três parâmetros vitais de controle:

- Tempo
- Custos
- Desempenho

Todos os cronogramas e gráficos devem considerar esses três parâmetros e sua relação com os recursos corporativos.

As informações para garantir uma avaliação adequada do projeto são geralmente obtidas por meio de quatro métodos:

- Observação direta
- Relatórios orais e escritos
- Reuniões de avaliação e intercâmbio técnico
- Demonstrações gráficas

As observações diretas são uma excelente ferramenta para a obtenção de informações não filtradas, mas elas podem não ser possíveis em grandes projetos. Embora os relatórios orais e escritos sejam rotina, eles muitas vezes contêm detalhes demais ou insuficientes, e as informações importantes podem ser disfarçadas. As reuniões de avaliação e intercâmbio técnico fornecem comunicações face-a-face e podem resultar em acordo imediato sobre definições ou soluções de problemas, tais como a mudança de um cronograma. A dificuldade está na seleção dos representantes dos clientes e das organizações do fornecedor. Boas demonstrações gráficas tornam as informações fáceis de identificar e são os principais meios para controlar custos, cronogramas e desempenho. Demonstrações gráficas adequadas podem resultar em:

- Corte dos custos do projeto e redução do tempo de escala
- Coordenação e expedição do planejamento
- Eliminação de tempo ocioso
- Obtenção de uma melhor programação e controle das atividades dos subcontratados
- Desenvolvimento de melhores procedimentos de solução de problemas
- Diminuição do tempo para as decisões de rotina, mas permissão de mais tempo para a tomada de decisões

13.1 RELATÓRIO PARA O CLIENTE

Guia PMBOK®, 5. ed.
10.2.2.5 Relatórios de desempenho

Há mais de 30 métodos visuais para representar atividades. O método escolhido deve depender do público-alvo. Por exemplo, a alta administração pode estar interessada nos custos e na integração de atividades, com muito pouco detalhamento. Gráficos resumidos normalmente servem para essa finalidade. Os profissionais que estão no dia a dia, por outro lado, podem exigir considerável detalhamento. Para os clientes, a apresentação deve incluir os dados de custos e desempenho.

Ao apresentar os dados de custos e desempenho, as figuras e os gráficos devem ser facilmente compreendidos e os diagramas deverão transmitir rapidamente a mensagem ou objetivo pretendido. Em muitas organizações, cada departamento ou divisão pode ter o seu próprio método de mostrar as atividades do cronograma. Organizações de pesquisa e desenvolvimento preferem mostrar a lógica das ações e não a integração das atividades que, normalmente, seriam representantes de uma unidade de produção.

A capacidade de comunicar é um pré-requisito para o gerenciamento bem-sucedido de um programa. As reuniões de avaliação do programa, as reuniões de intercâmbio técnico, as reuniões de síntese com o cliente e as reuniões internas de controle da gestão exigem diferentes modelos de representação do andamento do desempenho atual do programa. O formato final do cronograma pode ser na forma de gráficos de barras, outros esquemas, tabelas, gráficos de bolhas ou diagramas lógicos. Estes estão descritos nas seções que se seguem.

13.2 GRÁFICO DE BARRAS (GANTT)

Guia PMBOK®, 5. ed.
6.7.1.4 Cronograma do projeto – gráficos de barras

O tipo mais comum de exibição é o gráfico de barras ou gráfico de Gantt, nomeado por Henry Gantt, que utilizou esse procedimento pela primeira vez no início de 1900. O gráfico de barras é um meio de mostrar as atividades ou eventos simples enredados em tempo ou dinheiro. Uma atividade representa a quantidade de trabalho necessário para passar de um momento a outro. Os eventos são descritos como o ponto de início ou de término tanto para uma como para várias atividades.

Os gráficos de barras são mais comumente utilizados para a exibição do progresso do programa ou para a definição do trabalho específico necessário para cumprir um objetivo. Eles geralmente incluem itens como listagem das atividades, duração das atividades, datas de cronograma e o progresso até o momento. A Figura 13-1 apresenta nove atividades necessárias para iniciar uma linha de produção de um novo produto. Cada barra na figura representa uma única atividade. A Figura 13-1 é um típico gráfico de barras que seria desenvolvido pelo escritório de programas no início do programa.

Os gráficos de barras são vantajosos na medida em que são simples de entender e fáceis de alterar. Eles são o meio mais simples e menos complexo de retratar o progresso (ou a ausência dele) e podem facilmente ser expandidos para identificar elementos específicos que possam estar tanto adiantados como atrasados no cronograma.

Os gráficos de barras fornecem apenas uma descrição vaga de como todo o programa ou projeto reage como um sistema e possuem três grandes limitações. Primeiro, os gráficos de barras não mostram as interdependências das atividades e, portanto, não representam uma "rede" de atividades. Esse relacionamento entre as atividades é fundamental para controlar os custos

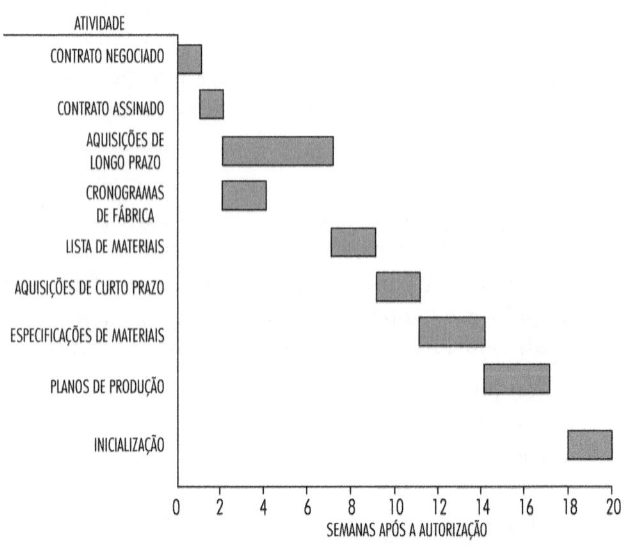

FIGURA 13-1 Gráfico de barras para atividades únicas.

do programa. Sem esse relacionamento, os gráficos de barras têm pouco valor prognóstico. Por exemplo, a atividade de aquisições de longo prazo na Figura 13-1 exige que o contrato seja assinado antes que as aquisições possam começar? Os planos de produção podem ser escritos sem que a atividade de especificações de materiais seja concluída? A segunda grande diferença é que o gráfico de barras não pode mostrar os resultados de um início mais cedo ou mais tarde da atividade. Como é que um desvio da atividade de cronogramas de fábrica na Figura 13-1 afeta a data de conclusão do programa? A atividade de cronogramas de fábrica pode começar duas semanas mais tarde do que é mostrado e ainda servir como uma entrada para a atividade lista de materiais? Qual será o resultado de um programa de compressão para concluir as atividades em 16 semanas depois da autorização, em vez das 19 semanas originalmente planejadas? Os gráficos de barras não refletem o andamento verdadeiro do projeto porque os elementos por trás do cronograma não significam que o programa ou projeto esteja atrasado no cronograma. A terceira limitação é que o gráfico de barras não mostra o grau de incerteza envolvido em realizar a atividade e, portanto, não se admite facilmente para a análise de sensibilidade. Por exemplo, qual é o menor tempo que uma atividade pode levar? Qual é o maior tempo? Qual é o tempo médio ou esperado para a conclusão da atividade?

Mesmo com essas limitações, os gráficos de barras, de fato, servem como ferramentas úteis para a análise do programa. Algumas das limitações dos gráficos de barras podem ser superadas por meio da combinação de atividades únicas, como mostrado na Figura 13-2. O ponto fraco desse método é que o número representando cada uma das atividades não indica se esse é o começo ou o fim da atividade. Portanto, os números devem representar

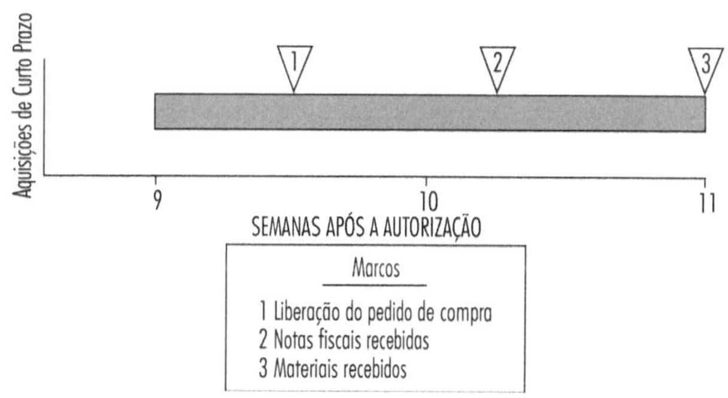

FIGURA 13-3 Gráfico de barras/marcos.

eventos em vez de atividades, juntamente com a identificação apropriada. Como antes, nenhuma distinção é feita quanto a se o evento 2 deve ser concluído antes do início dos eventos 3 ou 4. O gráfico também falha em definir claramente a relação entre as múltiplas atividades em uma única barra. Por exemplo, o evento 3 deve ser concluído antes do 5? Muitas vezes, gráficos de barras de atividades combinadas podem ser convertidos para gráficos de barras de marcos colocando pequenos triângulos em locais estratégicos nas barras para indicar a conclusão de determinados objetivos dentro de cada atividade ou agrupamento de atividades, como mostrado na Figura 13-3. A definição exata de um marco difere de empresa para empresa, mas, geralmente, implica algum ponto em que a atividade principal ou começa ou termina, ou se os dados de custos se tornam críticos.

Os gráficos de barras podem ser convertidos em gráficos de inter-relacionamento parcial, indicando (com setas) a ordem em que as atividades devem ser executadas. A Figura 13-4 representa o inter-relacionamento parcial das atividades nas Figuras 13-1 e 13-2. Um cronograma completo de inter-relacionamentos está incluído na discussão das redes PERT no Capítulo 12.

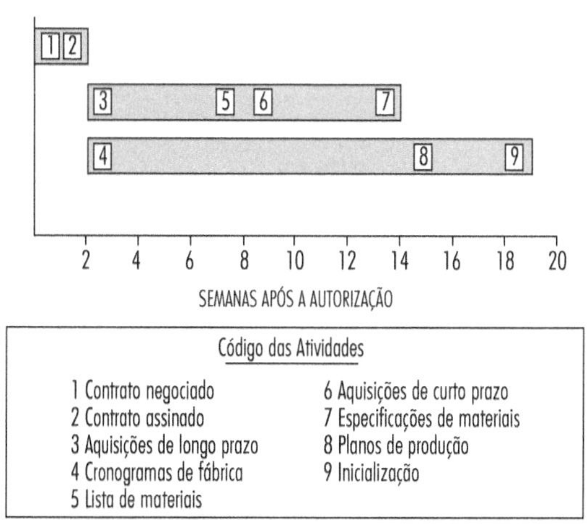

FIGURA 13-2 Gráfico de barras para atividades combinadas.

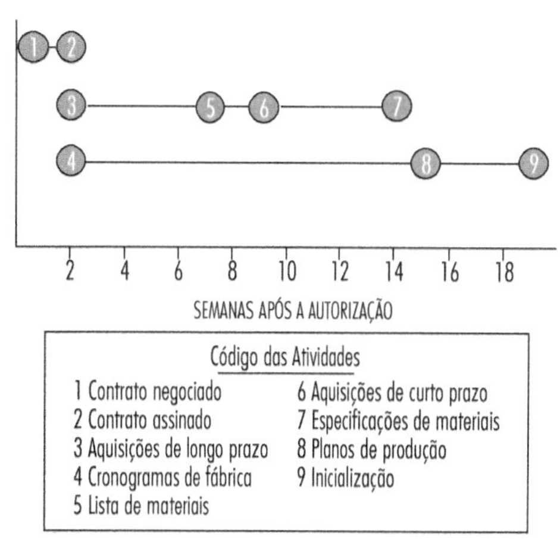

FIGURA 13-4 Gráfico de inter-relacionamento parcial.

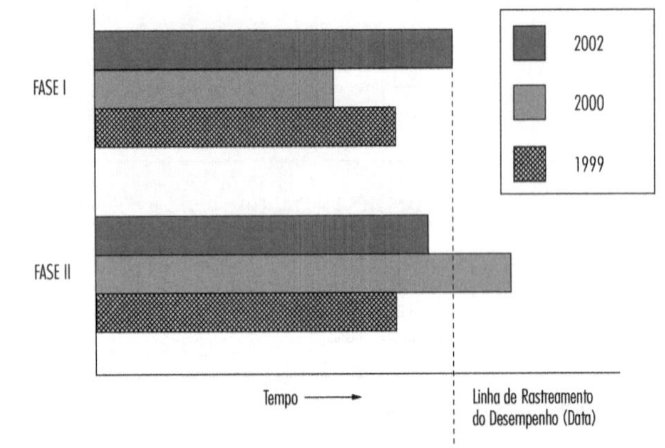

FIGURA 13-5 Gráfico de barras agrupadas para comparação de desempenho.

O método mais comum de apresentação de dados, tanto para o gerenciamento interno, quanto para o cliente, é por meio do uso de gráficos de barras. Devem ser tomados cuidados para não tornar as figuras tão complexas que mais de uma interpretação possa existir. Uma grande quantidade de informações e cores pode ser incluída em gráficos de barras. A Figura 13-5 mostra um gráfico de barras agrupadas, para a comparação de três projetos realizados em anos diferentes. Ao utilizar técnicas de sombreamento diferentes, cada área deve ser facilmente definível e nenhum contraste maior deve existir entre as áreas sombreadas, exceto, possivelmente, para o projeto atual. Quando as barras aparecem agrupadas em um gráfico, barras não sombreadas devem ser evitadas. Cada barra deve ter algum tipo de sombreamento, seja com traços cruzados ou codificada por cores.

Áreas sombreadas contrastantes e áreas não sombreadas são utilizadas normalmente para comparar o progresso projetado com o progresso real, como mostrado na Figura 13-6. A linha da data de acompanhamento indica o momento em que os dados de custos/dados de desempenho foram analisados. O projeto 1 está atrasado, o 2 está adiantado no cronograma e o 3 está na previsão. Infelizmente, a parte superior da Figura 13-6 não indica os custos atribuídos para o andamento dos três projetos. Ao traçar o custo total do programa em relação ao mesmo eixo de tempo (como mostrado na Figura 13-6), uma comparação entre custos e desempenho pode ser feita. Na seção superior da Figura 13-6, é impossível dizer a posição atual de custos do programa. A partir da seção inferior, no entanto, torna-se evidente que o programa está caminhando para um sobrecusto, possivelmente devido ao projeto 1. É geralmente aceitável que a mesma técnica de sombreamento represente situações diferentes, desde que apareça a separação clara entre as regiões sombreadas, como na Figura 13-6.

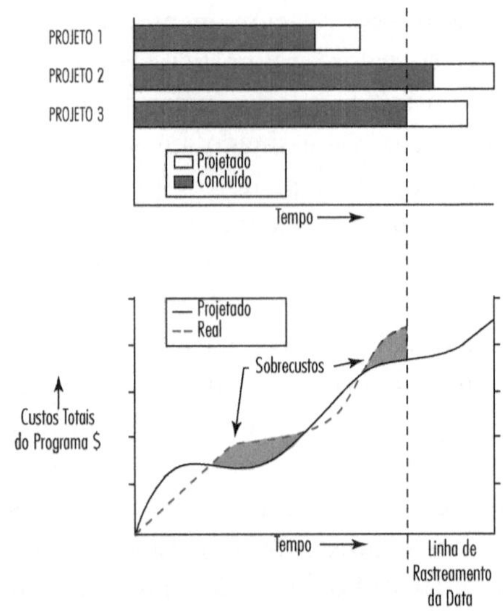

FIGURA 13-6 Cronograma de rastreamento de custos e desempenho.

Outro meio comum para a comparação de atividades ou projetos é por meio do uso de gráficos de barras para a disposição das etapas. A Figura 13-7 mostra um gráfico de barras da disposição de etapas para uma divisão percentual dos custos para cinco projetos incluídos em um programa. A Figura 13-7 pode também ser utilizada para acompanhamento, por meio do sombreamento de certas partes das etapas que identificam cada projeto. No entanto, isso normalmente não é feito, uma vez que esse tipo de disposição de etapas tende a indicar que cada etapa deva ser concluída antes de que a etapa seguinte possa começar.

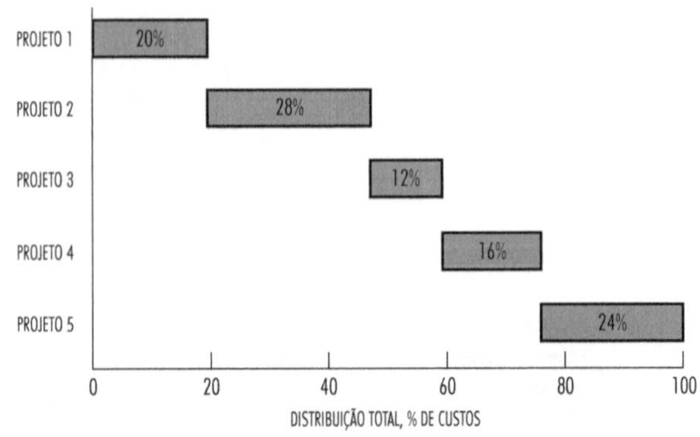

FIGURA 13-7 Gráfico de barras da disposição de etapas para o custo total como percentual dos cinco projetos do programa.

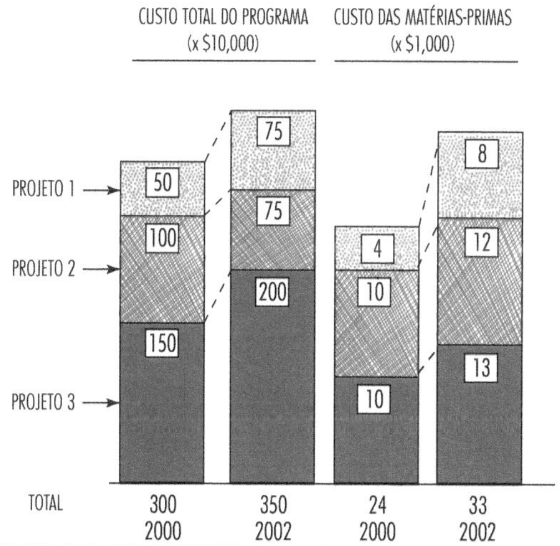

FIGURA 13-8 Comparação de custos, 2000 *versus* 2002.

Os gráficos de barras não precisam ser representados horizontalmente. A Figura 13-8 indica a comparação entre os custos de 2000 e 2002 para todo o programa e matérias-primas. Gráficos de barras verticais tridimensionais são frequentemente bonitos de se ver. A Figura 13-9 mostra um típico gráfico de barras tridimensional para a repartição de custos diretos e indiretos de mão de obra e de materiais.

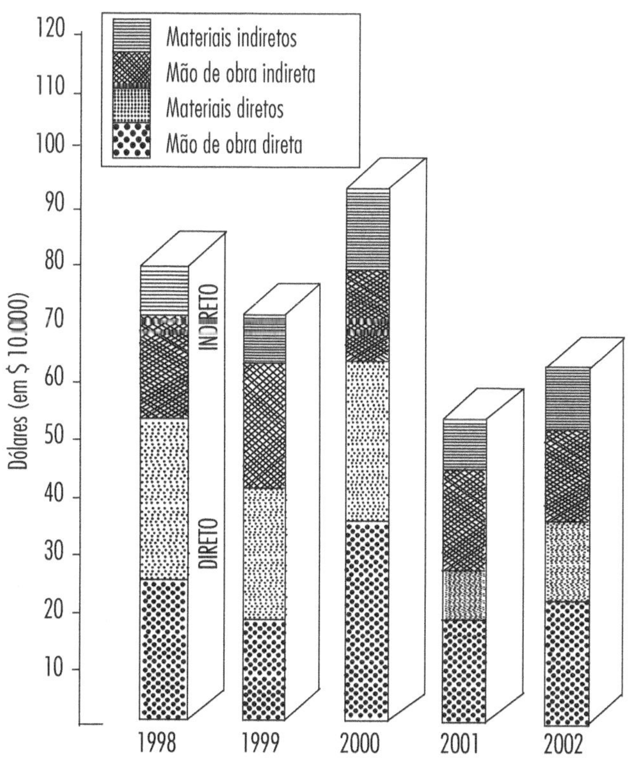

FIGURA 13-9 Repartição de custos diretos e indiretos de mão de obra e materiais para todos os programas por ano.

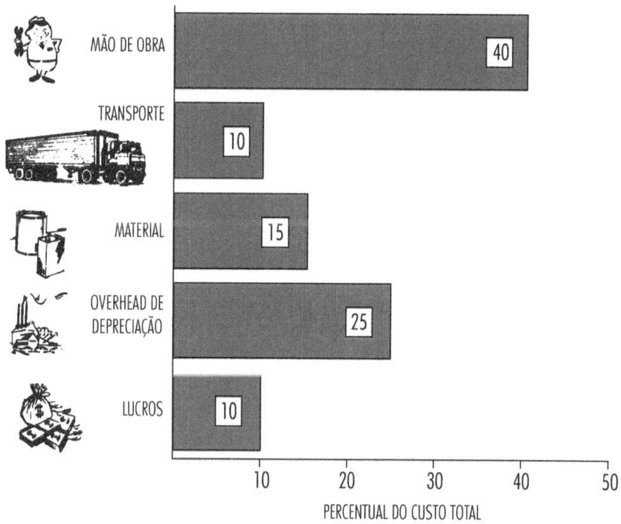

FIGURA 13-10 Distribuição do custo total do programa (gráfico de barras quantitativo-ilustrativo).

Os gráficos de barras podem ser feitos coloridos e atraentes, por meio da combinação com outras técnicas gráficas. A Figura 13-10 mostra um gráfico de barras quantitativo ilustrado para a distribuição do custo total do programa. A Figura 13-11 mostra a distribuição dos mesmos custos, como na Figura 13-10, mas representados com a técnica de pizza comumente utilizada. A Figura 13-12 ilustra como dois gráficos de barras quantitativos podem ser utilizados lado a lado para criar uma comparação rápida. O lado direito mostra os percentuais de horas de trabalho. A Figura 13-12 funciona melhor se a escala de cada eixo for a mesma, caso contrário, as comparações podem aparecer distorcidas quando, na verdade, elas não são.

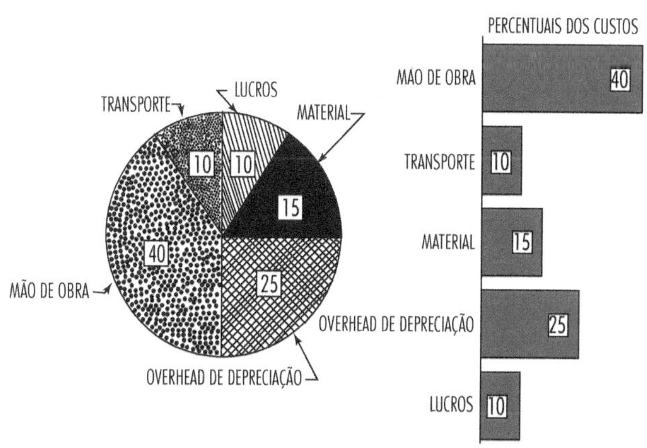

FIGURA 13-11 Distribuição do dinheiro do programa.

As figuras apresentadas nesta seção não representam, de forma alguma, os únicos métodos de apresentação de

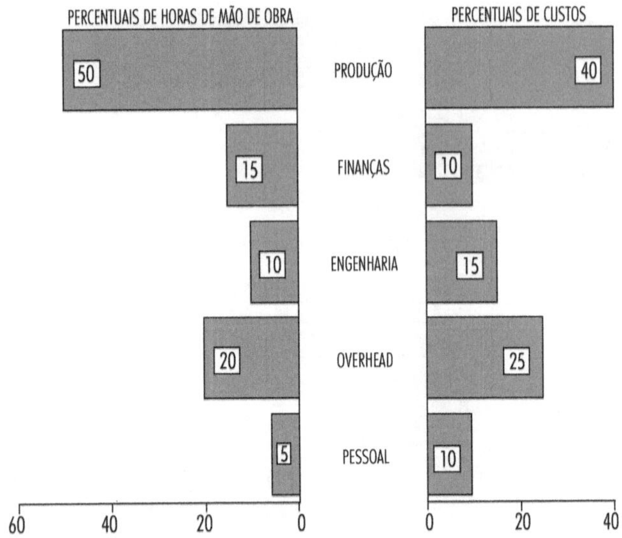

FIGURA 13-12 Repartição divisional de custos e horas de mão de obra.

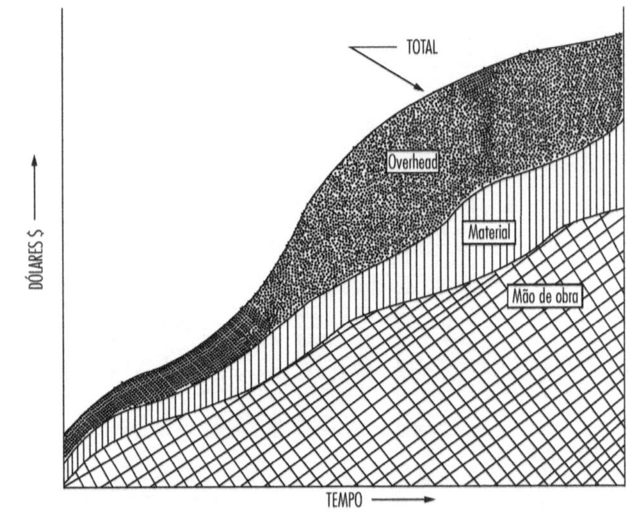

FIGURA 13-13 Repartição de custos do programa total.

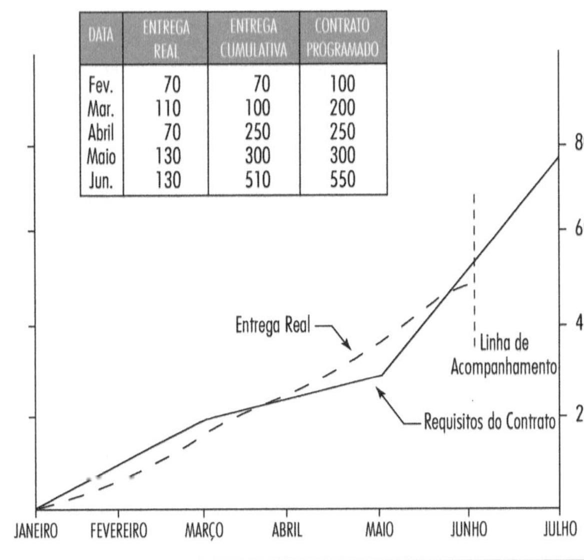

FIGURA 13-14 Rastreamento do cronograma de entregas (linha de equilíbrio).

dados em formato de gráfico de barras. Vários outros métodos são mostrados nas seções que se seguem.

13.3 OUTRAS TÉCNICAS CONVENCIONAIS DE APRESENTAÇÃO

Os gráficos de barrassão são uma ferramenta útil para a apresentação de dados em reuniões técnicas. Infelizmente, os programas devem ser ganhos competitivamente ou organizados internamente antes que apresentações de reuniões técnicas possam ser feitas. As propostas concorrentes ou as solicitações para projetos internos devem conter figuras e gráficos descritivos, não necessariamente representando as atividades, mas mostrando ou planejamento, organização, monitoramento ou procedimentos técnicos projetados para o programa atual ou utilizados anteriormente em outros programas. As propostas geralmente contêm figuras que exigem alguma interpolação ou extrapolação. A Figura 13-13 mostra a repartição dos custos totais do programa. Embora essa figura também necessite normalmente de interpretação, uma tabela mensal de custos a acompanha. Se a tabela não for muito extensa, então ela pode ser incluída na figura. Isso é mostrado na Figura 13-14. Durante as atividades propostas, as colunas de entregas reais e cumulativas, bem como a linha pontilhada na Figura 13-14, seriam omitidas, mas seriam incluídas após a atualização para o uso em reuniões técnicas de intercâmbio. Normalmente é uma boa prática a utilização de dados e tabelas anteriores, sempre que possível, porque a administração se acostuma com a maneira pela qual os dados são apresentados.

Outra técnica comumente utilizada é a de modelos esquemáticos. Gráficos organizacionais são modelos esquemáticos que mostram os inter-relacionamentos entre os indivíduos, organizações ou funções dentro de uma organização. Um organograma normalmente não basta para descrever todos os inter-relacionamentos do programa. A Figura 4-8 identificou o Programa Midas em relação a outros programas dentro da Dalton Corporation. O Programa Midas é indicado pelas linhas em negrito. O gerente do programa para o Programa Midas foi colocado no topo da coluna, embora o seu programa possa ter a menor prioridade. Cada unidade principal de gerenciamento para o Programa Midas deve ser colocada o mais próximo possível da alta administração para indicar ao cliente a "implícita" importância relativa do programa.

Outro tipo de representação esquemática é o fluxograma de trabalho, sinônimo da aplicação de fluxogramas para a programação de computadores. Fluxogramas são projetados para descrever, seja simbolicamente ou ilustrativamente, a sequência de eventos necessários para completar uma atividade. A Figura 13-15 mostra a lógica de fluxo para a produção do molde VZ-3. Os símbolos mostrados na Figura 13-15 são universalmente aceitos por diversas indústrias.

A representação ilustrada, embora muitas vezes um processo caro, pode adicionar cor e qualidade a qualquer proposta, e elas são mais fáceis de entender do que uma lógica ou um gráfico de bolhas. Como os clientes poderão solicitar visitas durante as atividades para se relacionarem com as figuras ilustradas, a gerência do programa deve evitar a representação ilustrada de atividades que possam ser fechadas para a visão do cliente, possivelmente em virtude da proteção ou segurança.

Os diagramas de blocos também podem ser usados para descrever o fluxo de atividades. A Figuras 4-8 e 4-9 são exemplos de diagramas de blocos. Eles podem ser utilizados para mostrar como a informação é distribuída por toda uma organização, ou como um processo ou atividade é montado. A Figura 13-16 mostra a matriz de testes para amostras de propelentes. Figuras semelhantes a esta são desenvolvidas quando as visitas são programadas durante a fase de produção ou testes de um programa. A Figura 13-16 mostra ao cliente não só onde o teste será realizado, mas quais testes serão conduzidos.

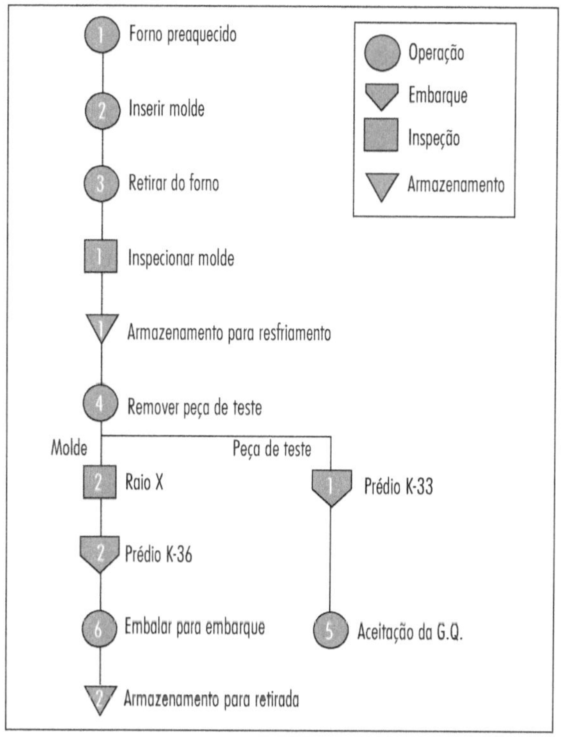

FIGURA 13-15 Fluxo lógico para a produção do molde VZ-3.

Diagramas de blocos, diagramas esquemáticos, ilustrações e fluxos lógicos, todos atendem a uma necessidade precisa para descrever a grande variedade de atividades dentro de uma empresa. As figuras e os gráficos são mais do que técnicas descritivas. Eles também podem fornecer à administração as ferramentas necessárias para a tomada de decisões.

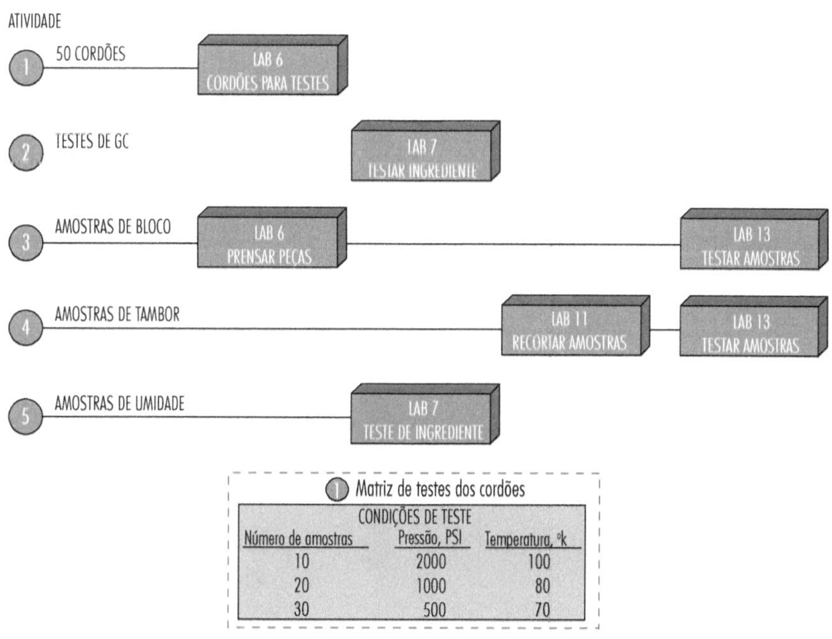

FIGURA 13-16 Matriz de testes para amostras propelentes.

13.4 REDES E DIAGRAMAS LÓGICOS

Provavelmente a figura mais difícil de construir é o diagrama lógico. Diagramas lógicos são desenvolvidos para ilustrar o raciocínio indutivo e dedutivo, necessário para atingir algum objetivo dentro de um prazo determinado. A maior dificuldade no desenvolvimento de diagramas lógicos é a incapacidade de resposta a questões importantes como: o que acontece se algo der errado? Eu posso quantificar qualquer parte dos elementos principais do diagrama?

Diagramas lógicos são construídos da mesma forma que os gráficos de barras, na suposição de que nada vai dar errado, e normalmente são acompanhados de perguntas detalhadas, possivelmente em um formato de lista de verificação, que precisa de respostas. As seguintes perguntas seriam semelhantes àquelas feitas para um projeto de P&D:

- Qual é a documentação liberada para iniciar a atividade descrita e, possivelmente, os elementos dentro de cada atividade?
- Que informações são necessárias antes que essa documentação possa ser liberada? (Quais atividades anteriores deverão ser concluídas, trabalho projetado, estudos finalizados etc.?)
- Quais são os critérios de conclusão ou sucesso para a atividade?
- Quais são as alternativas para cada fase do programa se o sucesso não for alcançado?
- Que outras atividades são diretamente dependentes do resultado dessa atividade?
- Que outras atividades ou entradas são necessárias para realizar essa atividade?
- Quais são os principais pontos de decisão, se houver, durante a atividade?
- Qual documentação indica a conclusão da atividade (ou seja, relatório, desenho etc.)?
- Qual é a aprovação necessária da gerência para a documentação final?

Esses tipos de perguntas são aplicáveis a muitas outras formas de apresentação dos dados, não apenas aos diagramas lógicos.

13.5 DICAS DE ESTUDO PARA O EXAME DE CERTIFICAÇÃO EM GERENCIAMENTO DE PROJETOS PMI®

Esta seção aplica-se à revisão dos princípios de apoio às áreas de conhecimento e grupos de processos do Guia PMBOK®. Este capítulo aborda:

- Gerenciamento de Tempo
- Gerenciamento das Comunicações
- Execução
- Controle

A compreensão dos princípios a seguir será benéfica se o leitor estiver utilizando este livro como estudo para o Exame de Certificação PMP®:

- Como identificar as diferentes formas pelas quais a informação pode ser exibida para relatar propósitos
- Diferentes tipos de técnicas de geração de relatórios gráficos e suas vantagens e desvantagens

As seguintes questões de múltipla escolha ajudarão na revisão dos conceitos deste capítulo:

1. Qual das seguintes alternativas constitui uma forma válida de obter informação correta da execução do projeto?
   a. Observações diretas
   b. Relatórios orais e escritos
   c. Reuniões de avaliação e análise técnica
   d. Todas as anteriores
2. A exibição adequada do gráfico da informação pode resultar em:
   a. Redução dos custos de documentação
   b. Redução dos custos de comunicação
   c. Redução do tempo para as decisões de rotina
   d. Todas as anteriores

RESPOSTAS

1. D 2. D

EXERCÍCIOS

13-1 Para cada tipo de cronograma definido neste capítulo, responda as seguintes perguntas:
   a. Quem elabora o cronograma?
   b. Quem atualiza o cronograma?
   c. Quem deve apresentar os dados para os clientes?

13-2 Os clientes devem ter o direito de impor ao fornecedor como o cronograma deve ser elaborado e apresentado? E se essa solicitação contrariar as políticas e procedimentos da empresa?

13-3 Deve ser mantido um conjunto diferente de cronogramas e gráficos para relatórios externos e internos? Cronogramas separados devem ser feitos para cada nível de gestão? Existe uma forma mais eficaz para amenizar esses tipos de problemas?

14

DEFINIÇÃO DE PREÇOS E ESTIMATIVAS

Estudos de Caso Relacionados (de Kerzner/*Project Management Case Studies*, 4. ed.)	Livro de Exercícios Relacionado (de Kerzner/*Project Management Workbook and PMP®/CAPM® Exam Study Guide*, 11. ed.)	Guia PMBOK® – 5. ed., Seção de Referência para o Exame de Certificação PMP®
• Capital Industries • Polyproducts Incorporated • Small Project Cost Estimating at Percy Company • Cory Electric • Camden Construction Corporation • Payton Corporation • The Estimating Problem*	• The Automobile Problem • Life-Cycle Costing • Multiple Choice Exam	• Gerenciamento da Integração do Projeto • Gerenciamento do Escopo do Projeto • Gerenciamento dos Custos do Projeto

* *Estudo de caso aparece também no final do capítulo.*

14.0 INTRODUÇÃO

Guia PMBOK®, 5. ed.
6.4.2.4 Estimativa *Bottom-Up* 6.5.2 Estimar as durações das atividades

Com as complexidades envolvidas, não é de estranhar que muitos gerentes de negócios considerem a definição de preços como uma arte. A posse de informações sobre os orçamentos de custos do cliente e da definição de preços competitivos certamente ajuda. No entanto, a realidade é que quaisquer informações que estejam disponíveis a um concorrente geralmente estão disponíveis para os outros.

Uma abordagem disciplinada ajuda no desenvolvimento de todos os insumos para uma recomendação racional de preços. Um aspecto do benefício da utilização de um processo disciplinado de gestão é que ele leva à documentação de vários fatores e premissas envolvidos em um momento posterior. Estes podem ser comparados e analisados, contribuindo para experiências de aprendizagem que compõem as habilidades gerenciais necessárias para decisões comerciais eficazes.

As estimativas **não** são pura sorte. Elas são decisões bem pensadas baseadas tanto na melhor informação disponível, quanto em algum tipo de relação de estimativa de custos, ou em algum tipo de modelo de custos. As relações de estimativas de custos (CER)[NT1] são geralmente os resultados dos modelos de custos.

Relações de estimativas de custos típicas poderiam ser:

- Equações matemáticas com base em análise de regressão
- Relações entre custo e quantidade, tais como curvas de aprendizagem
- Relações entre custo e custo
- Relações entre custo e não custo, com base em características físicas, parâmetros técnicos, ou características de desempenho

[NT1] Na expressão em inglês, *Cost Estimating Relationships* (CER).

14.1 ESTRATÉGIAS GLOBAIS DE PRECIFICAÇÃO

Estratégias específicas de preços devem ser desenvolvidas para cada situação individual. No entanto, frequentemente, uma de duas situações prevalece quando estão se buscando as aquisições do projeto competitivamente. Primeiro, a nova oportunidade negócios pode ser um programa único com pouco ou nenhum potencial posterior, numa situação classificada como tipo I de aquisição. Segundo, a nova oportunidade de negócio pode ser um ponto de entrada para um negócio posterior maior ou repetido, ou pode representar uma penetração prevista em um novo mercado. Essa aquisição é classificada como tipo II.

Obviamente, em cada caso, temos objetivos específicos de negócio, mas diferentes. O objetivo para uma aquisição de tipo I é ganhar o programa e executá-lo lucrativamente e satisfatoriamente, em função dos acordos contratuais. O objetivo para uma aquisição do tipo II é, muitas vezes, ganhar o programa e desempenhar bem, ganhando assim uma base em um novo segmento de mercado ou em uma nova comunidade de negócios, em vez de gerar lucro. Desse modo, cada tipo de aquisição possui a sua própria e única estratégia de definição de preços, conforme resumido na Tabela 14-1.

A comparação das duas estratégias de preços para as duas situações gerais (como mostra a Tabela 14-1) revela uma grande semelhança nos primeiros cinco pontos. A diferença fundamental é que, para a aquisição de um rentável novo negócio, o preço de compra é determinado de acordo com o custo real, enquanto em uma situação de realização obrigatória, o preço é determinado pelas forças de mercado. Deve-se ressaltar que um dos insumos mais importantes na decisão da definição de preços é a estimativa de custos da linha de base proposta. A concepção dessa linha de base para os requisitos mínimos deve ser iniciada precocemente, de acordo com regras básicas bem definidas, modelos de custos, e metas estabelecidas de custos. Várias vezes a concepção inicial é realizada em paralelo com o desenvolvimento da proposta. No estágio da proposta é tarde demais para revisar e sintonizar a linha de base para um custo mínimo. Além disso, um início tão tardio não dá muita opção para uma decisão de oferta final. Mesmo que o preço pareça fora do alcance competitivo, faz pouco sentido encerrar o desenvolvimento da proposta. Como todos os recursos foram enviados de qualquer forma, alguém poderia muito bem apresentar uma oferta, apesar da remota chance de vitória.

Claramente, a definição de preços eficaz começa muito antes do desenvolvimento da proposta. Ela começa com os requisitos preliminares do cliente, com subtarefas bem compreendidas e uma estimativa *top-down* com metas exequíveis. Isso permite que a organização funcional conceba uma linha de base para atender as necessidades dos clientes e as metas de custos, e dá à administração tempo para revisar e redirecionar o modelo antes que a proposta seja apresentada. Além disso, oferece à administração uma oportunidade antecipada de avaliar as chances de vitória durante o ciclo de aquisição, em um ponto, quando os recursos adicionais podem ser designados ou o esforço de aquisição pode ser rescindido antes que um excesso de recursos esteja comprometido em um esforço desesperado.

Uma sessão final de avaliação da definição de preços deve ser uma integração e revisão das informações já conhecidas no seu contexto básico. O processo e as ferramentas de gestão aqui descritas devem ajudar a fornecer uma estrutura e uma disciplina para as decorrentes decisões de definição de preços de uma forma ordenada e eficaz.

TABELA 14-1 Duas estratégias globais de precificação

Aquisição de Tipo I: Programa único com pouco ou nenhum negócio posterior	Aquisição de Tipo II: Novo programa com potencial para grande negócio posterior ou representando uma penetração desejada em novos mercados
1. Desenvolver o modelo de custos e as diretrizes de estimativas; conceber a linha de base para custos mínimos para o projeto/programa proposto, para um mínimo de requisitos do cliente. 2. Estimar os custos realisticamente para um mínimo de requisitos. 3. Limpar a linha de base. Retirar custos desnecessários. 4. Determinar custos mínimos realistas. Obter o comprometimento das organizações executoras. 5. Ajustar a estimativa de custos aos riscos. 6. Adicionar margens desejadas. Definir o preço. 7. Comparar o preço ao orçamento do cliente às informações de custos da concorrência. 8. Ofertar apenas se o preço estiver dentro da faixa competitiva.	1. Conceber a linha de base proposta para o projeto/programa adequada aos requisitos do cliente, com características adicionais, mas com riscos mínimos. 2. Estimar os custos de forma realista. 3. Limpar a linha de base. Retirar os custos desnecessários. 4. Determinar custos mínimos realistas. Obter o comprometimento das organizações executoras. 5. Determinar estimativas exequíveis incluindo ajustes de riscos. 6. Comparar sua estimativa total de custos ao orçamento do cliente e ao preço mais provável de vitória. 7. Determinar a margem bruta de lucro necessária para vencer a proposta. Essa margem pode ser negativa! 8. Decidir se a margem bruta é aceitável de acordo com o desejo de realização obrigatória. 9. Dependendo da sua força de vontade em vencer, ofertar o preço de vitória mais provável ou um pouco abaixo. 10. Se o preço de oferta está abaixo do custo, muitas vezes é necessário fornecer uma explicação ao cliente sobre de onde virá financiamento adicional. A fonte pode ser os lucros da empresa ou o compartilhamento de atividades relacionadas. Em qualquer caso, um quadro claro dos recursos deve ser fornecido ao cliente para garantir a credibilidade dos custos.

14.2 TIPOS DE ESTIMATIVAS

Guia PMBOK®, 5. ed.
6.5.2 Estimar as durações das atividades
7.2.2 Estimar os custos: ferramentas e técnicas

Qualquer empresa ou corporação que queira permanecer lucrativa deve melhorar continuamente suas metodologias de definição de preços e estimativas. Embora seja verdade que algumas empresas têm tido sucesso sem boas definições de estimativas de custos e preços, muito poucas permanecem bem-sucedidas sem elas.

TABELA 14-2 Padrão para estimativas de projetos

Método de Estimativa	Tipo Genérico	Relacionamento com a EAP	Exatidão	Tempo para Elaborar
Paramétrica	ROM*	Top-down	-25% a +75%-	Dias
Analogia	Orçamento	Top-down	-10% a +25%	Semanas
Engenharia (base)	Definitiva	Bottom-up	-5% a +15%	Meses

*ROM = Rough Order of Magnitude. Em tradução literal, "Ordem de grandeza aproximada"

Boas estimativas requerem que as informações sejam coletadas antes do início do processo de estimativa. Informações típicas incluem:

- Experiência recente em trabalhos similares
- Material profissional e de referência
- Pesquisas de mercado e de setor
- Conhecimento das operações e processos
- Estimativas de software e de bases de dados, se disponíveis
- Entrevistas com especialistas no assunto

Os projetos podem variar de um estudo de viabilidade, até a modificação de instalações existentes, ou um desenho completo, aquisições e construção de um grande complexo. Como quer que o projeto seja, grande ou pequeno, a estimativa e o tipo de informação desejado pode diferir radicalmente.

O primeiro tipo de estimativa é uma análise de **ordem de grandeza**, que é feita sem quaisquer dados detalhados de engenharia. Ela deve ter uma exatidão de ± 35% dentro do escopo do projeto. Esse tipo de estimativa pode usar a experiência passada (não necessariamente similar), fatores de escala, curvas paramétricas ou estimativas de capacidade (isto é, $/nº de produto ou $/kW de eletricidade).

Estimativas por ordem de grandeza são estimativas *top-down* geralmente aplicadas para o nível 1 da EAP e, em algumas indústrias, o uso de estimativas paramétricas é incluído. Uma estimativa paramétrica é baseada em dados estatísticos. Por exemplo, suponha que você vive em um subúrbio de Chicago e deseja construir a casa dos seus sonhos. Você entra em contato com um empreiteiro que informa que o custo paramétrico ou estatístico para uma casa nesse bairro é de $ 120 por metro quadrado. Em Los Angeles, o custo pode ser de $ 4.150 por metro quadrado.

A seguir, há a **estimativa aproximada** (ou estimativa *top-down*), que também é feita sem dados detalhados de engenharia, e pode ter uma exatidão de ± 15%. Esse tipo de estimativa é rateada de projetos anteriores que são semelhantes em escopo e capacidade, e pode ser intitulada como estimativa por analogia, curvas paramétricas, regra prática[NT2] e custo indexado de atividades similares ajustadas para a capacidade e tecnologia. Nesse caso, o analista de custos pode dizer que essa atividade é 50% mais difícil do que a anterior (ou seja, a referência) e que exige 50% a mais de tempo, homens-horas, dinheiro, materiais e assim por diante.

A **estimativa definitiva**, ou estimativa de formação de base, é preparada a partir de dados de engenharia bem definidos, incluindo (no mínimo) as cotações dos fornecedores, planos bastante completos, especificações, preços unitários e estimativa para terminar. A estimativa definitiva, também conhecida como estimativa detalhada, tem uma exatidão de ± 5%.

Outro método para estimativa é o uso de **curvas de aprendizagem**. As curvas de aprendizagem são representações gráficas de funções repetitivas em que as operações contínuas conduzirão a uma redução do tempo, recursos e dinheiro. A teoria por trás das curvas de aprendizagem é geralmente aplicada às operações de produção.

Cada empresa pode ter uma abordagem única para as estimativas. No entanto, para as práticas normais de gerenciamento de projetos, a Tabela 14-2 seria suficiente como ponto de partida.

Muitas empresas tentam padronizar os seus procedimentos de estimativa por meio do desenvolvimento de um **manual de estimativas**. Ele é então utilizado para estabelecer o preço do esforço, talvez tanto quanto 90%. Os manuais de estimativas geralmente fornecem melhores estimativas do que as normas de engenharia industrial, porque incluem grupos de tarefas e levam em consideração itens como o tempo de inatividade, o tempo de limpeza, almoço e pausas. A Tabela 14-3 mostra o índice analítico de um manual de estimativas de construção.

[NT2] Na expressão em inglês, *rule of thumb*. É uma abordagem prática, baseada na experiência, em vez de em um método científico ou preciso, baseado em uma teoria.

TABELA 14-3 Índice analítico do manual de estimativas

Introdução
Propósitos e tipos de estimativas
Principais Ferramentas de Estimativas
Custos de equipamentos catalogados
Sistema automatizado de dados de investimento
Sistema automatizado de estimativas
Métodos e procedimentos computadorizados
Classes de Estimativas
Estimativa definitiva
Estimativa de custo de capital
Estimativa de apropriação
Estimativa de viabilidade
Ordem de grandeza
Gráficos – quantidade de especificações da estimativa e diretrizes para a definição de preços.
Dados Necessários
Gráfico – Comparação dos dados necessários para a elaboração das classes de estimativas
Especificações da Apresentação
Procedimento de estimativas – geral
Procedimento de estimativas da estimativa definitiva
Procedimento de estimativas para estimativa de custo de capital
Procedimento de estimativas para estimativa de apropriação
Procedimento de estimativas para estimativa de viabilidade

Os manuais de estimativas, como o nome indica, fornecem estimativas. A questão, claro, é "o quão boas são as estimativas". A maioria dos manuais de estimativas fornece limitações de exatidão por meio da definição do tipo de estimativa (mostrado na Tabela 14-3). Usando a Tabela 14-3, podemos criar as Tabelas 14-4, 14-5 e 14-6 que ilustram o uso do manual de estimativas.

Nem todas as empresas podem utilizar manuais de estimativas. Esses manuais funcionam melhor para tarefas repetitivas ou tarefas semelhantes que possam utilizar uma estimativa anterior, ajustada por um fator de grau de dificuldade. Atividades como as de P&D não se prestam ao uso de manuais de estimativas, exceto para referência, e testes repetitivos de laboratório. Os gerentes de propostas devem considerar cuidadosamente se o manual de estimativas é uma abordagem viável. A literatura está cheia de exemplos de empresas que gastaram milhões tentando desenvolver esses manuais para situações que simplesmente não se prestam à abordagem.

TABELA 14-4 Classes de estimativas

Classe	Tipos	Exatidão
I	Definitiva	± 5%
II	Custo de capital	± 10%-15%
III	Apropriação (com algum custo de capital)	± 15%-20%
IV	Apropriação	± 20%-25%
V	Viabilidade	± 25%-35%
VI	Ordem de grandeza	> ± 35%

TABELA 14-5 Lista de verificação para trabalho geralmente necessário para as várias classes de estimativas (I-VI)

Classes de Estimativas	I	II	III	IV	V	VI
1. Consulta	X	X	X	X	X	X
2. Legibilidade	X	X	X			
3. Cópias	X	X				
4. Cronograma	X	X	X	X		
5. Consultas ao fornecedor	X	X	X			
6. Pacotes de subcontrato	X	X				
7. Listagem	X	X	X	X	X	
8. Visita local	X	X	X	X		
9. Estimar a maior parte	X	X	X	X	X	
10. Taxas de mão de obra	X	X	X	X	X	
11. Equipamentos e seleção de subcontratos	X	X	X	X	X	
12. Impostos, seguros e direitos autorais	X	X	X	X	X	
13. Custos com escritório central	X	X	X	X	X	
14. Custos indiretos de construção	X	X	X	X	X	
15. Bases das estimativas	X	X	X	X	X	X
16. Lista de equipamentos	X					
17. Folha de resumo	X	X	X	X	X	
18. Avaliação da administração	X	X	X	X	X	X
19. Custo final	X	X	X	X	X	X
20. Aprovação da administração	X	X	X	X	X	X
21. Estimativa computadorizada	X	X	X	X		

Durante a licitação, é importante que o tipo de estimativa seja consistente com os requisitos do cliente. Para projetos internos, o tipo de estimativa pode variar ao longo do ciclo de vida de um projeto:

- **Estágio Conceitual:** orientação ao risco ou estudos de viabilidade para a avaliação do trabalho futuro. Essa estimativa é muitas vezes baseada em informações mínimas do escopo.
- **Estágio de Planejamento:** estimativa para a autorização de financiamento parcial ou total. Essas estimativas são baseadas no projeto e no escopo preliminares.
- **Estágio Principal:** estimativa para o trabalho detalhado.
- **Estágio de Conclusão:** refazer estimativas para grandes mudanças no escopo ou variações além do limite de autorização.

TABELA 14-6 Dados necessários para a elaboração de estimativas

	Classes de Estimativas					
	I	II	III	IV	V	VI
Geral						
Produto	X	X	X	X	X	X
Descrição do processo	X	X	X	X	X	X
Capacidade	X	X	X	X	X	X
Localização – geral					X	X
Localização – específica	X	X	X	X		
Critérios básicos de *design*	X	X	X	X		
Especificações gerais de *design*	X	X	X	X		
Processo						
Diagrama do fluxo de bloqueio do processo						X
Diagrama do fluxo do processo (com tamanho e material do equipamento)				X	X	
Tubulações e instrumentação mecânicos	X	X	X			
Lista de equipamentos	X	X	X	X	X	
Catalisador/especificações químicas	X	X	X	X	X	
Local						
Condições do solo	X	X	X	X		
Apuramento do local	X	X	X			
Dados geológicos e meteorológicos	X	X	X			
Estradas, pavimentação e paisagismo	X	X	X			
Proteção da propriedade	X	X	X			
Acessibilidade ao local	X	X	X			
Frete e condições de entrega	X	X	X			
Os custos mais importantes são contabilizados					X	X
Principais Equipamentos						
Tamanhos e materiais preliminares			X	X	X	
Tamanhos, materiais e pertences finalizados	X	X				
Quantidade de Material Avulso						
Quantificação de desenhos finalizados		X				
Quantificação de desenhos preliminares	X		X	X		
Engenharia						
Plano terreno e elevações	X	X	X	X		
Encaminhamento de diagramas		X	X	X		
Índice de linha de tubulação	X	X				
Linha elétrica única	X	X	X	X		
Proteção contra incêndios	X	X	X			
Sistemas de esgoto	X	X	X			
Serviços profissionais – estimativa detalhada	X	X				
Serviços profissionais – estimativa racionada				X	X	X
Quantidades de catalisadores/produtos químicos	X	X	X	X	X	
Construção						
Remuneração da mão de obra, alimentação e bebidas, cálculos de viagens	X	X	X	X	X	
Produtividade do trabalho e práticas da área	X	X				
Plano detalhado de execução de construção	X	X				
Campos indiretos – estimativa detalhada	X	X				
Campos indiretos – estimativa racionada			X	X	X	
Cronograma						
Tempo total de execução				X	X	
Cronograma de execução detalhado	X	X	X			
Cronograma de elaboração de estimativas	X	X	X			

14.3 PROCESSO DE PRECIFICAÇÃO

Essa atividade programa o desenvolvimento da estrutura analítica do projeto e fornece à administração dois dos três instrumentos operacionais necessários para o controle de um sistema ou projeto. O desenvolvimento dessas duas ferramentas é normalmente de responsabilidade do escritório de programas com a colaboração das unidades funcionais.

A integração da unidade funcional no ambiente de projetos ou do sistema ocorre por meio da atribuição de preços à estrutura analítica do projeto. Os custos totais do programa, obtidos por meio da definição de preços das atividades programadas durante o período de desempenho, fornecem à administração a terceira ferramenta necessária para gerenciar com êxito o projeto. Durante as atividades de definição de preços, as unidades funcionais têm a opção de consultar a gerência do programa sobre possíveis mudanças nos cronogramas das atividades e na estrutura analítica do projeto.

A estrutura analítica do projeto e os cronogramas das atividades são precificados pelas menores unidades de precificação da empresa. É de responsabilidade dessas unidades, sejam elas seções, departamentos ou divisões, fornecer dados de custos precisos e significativos (com base em padrões históricos, se possível). Todas as informações são precificadas no menor nível de desempenho exigido, que, a partir da premissa do Capítulo 11, será o nível da tarefa. As informações de custos são recolhidas ao nível do projeto e, em seguida, recolhidas em mais um passo para o nível do programa total.

Em condições ideais, o trabalho necessário (isto é, homens-horas) para completar uma determinada tarefa pode ser baseado em padrões históricos. Infelizmente, muitos setores, projetos e programas são tão diversificados que pode não ser possível a comparação realista entre as atividades anteriores. As informações de custos obtidas de cada unidade de precificação, sejam ou não baseadas em padrões históricos, devem ser consideradas apenas como uma estimativa. Como uma empresa pode prever a estrutura salarial para três anos a partir de agora? Qual será o custo das matérias-primas em dois anos? A base do negócio (e, portanto, as taxas de overhead) muda durante a duração do programa? A resposta definitiva para essas questões mostra que os dados de custos são explicitamente relacionados a um ambiente que não pode ser previsto com qualquer grau de certeza. A abordagem sistêmica de gerenciamento, no entanto, fornece uma resposta mais rápida ao ambiente do que abordagens menos estruturadas.

Uma vez que os dados de custos são montados, eles devem ser analisados pelo seu potencial impacto sobre os recursos de pessoas, dinheiro, equipamentos e instalações da empresa. É somente por meio de uma análise total de custos do programa que as alocações de recursos podem ser analisadas. A análise de alocação de recursos é realizada em todos os níveis de gestão, que vão desde o supervisor de seção até o vice-presidente e o diretor geral. Para a maioria dos programas, o executivo chefe deve aprovar os dados finais de custos e a alocação de recursos.

A análise adequada dos custos totais do programa pode fornecer à administração (tanto do programa quanto da empresa) um modelo de planejamento estratégico para a integração do programa atual com outros programas, a fim de obter uma estratégia global da empresa. Modelos significativos de planejamento e definição de preços incluem análises para cronogramas mensais de alocação por departamento, custos mensais e anuais do total do programa, as despesas mensais com materiais e o fluxo de caixa total do programa e os requisitos de homens-horas por mês.

Anteriormente, identificamos vários dos problemas que ocorrem nos nós em que a hierarquia horizontal de gerenciamento do programa se relaciona com a hierarquia vertical do gerenciamento funcional. A definição de preços da estrutura analítica do projeto fornece a base para a comunicação eficaz e aberta entre as gerências funcional e do programa, em que ambas as partes têm um objetivo comum. Isso é mostrado na Figura 14-1. Depois que o esforço da definição de preços estiver concluído e o programa for iniciado, a estrutura analítica do projeto ainda constitui a base de uma ferramenta de comunicação, por meio da documentação do desempenho acordado no esforço da definição de preços, bem como no estabelecimento de critérios contra os quais os custos de desempenho serão medidos.

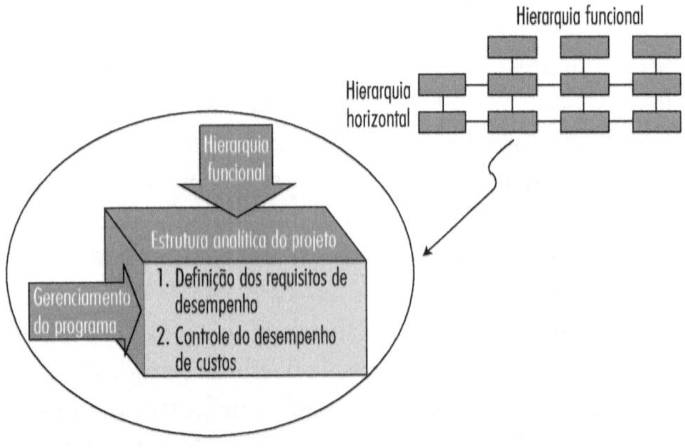

FIGURA 14-1 A comunicação vertical-horizontal.

14.4 REQUISITOS DE COLABORAÇÃO ORGANIZACIONAL

Uma vez que a estrutura analítica do projeto e os cronogramas de atividades são estabelecidos, o gerente do programa convoca uma reunião com todas as organizações que apresentarão informações sobre a definição de preços. É imperativo que todos os representantes de custeio de mão de obra ou de definição de preços estejam presentes para a primeira reunião. Durante essa reunião de *kickoff*, a estrutura analítica do projeto é descrita em profundidade, para que cada gerente da unidade de precificação saiba exatamente quais são as suas responsabilidades durante o programa. A reunião de *kickoff* também resolve a luta de poder entre os gerentes funcionais cujas responsabilidades possam ser semelhantes. Um exemplo disso seria as atividades de controle de qualidade. Durante a fase de pesquisa e desenvolvimento de um programa, o pessoal de pesquisa pode ser autorizado a realizar seus próprios esforços de controle de qualidade, enquanto durante as atividades de produção, o departamento ou divisão de controle de qualidade teria responsabilidade total. Infelizmente uma reunião nem sempre é suficiente para esclarecer todos os problemas. Reuniões de acompanhamento ou de andamento são realizadas, normalmente, apenas com os interessados pelos problemas que surgiram. Algumas empresas preferem que todos os membros compareçam às reuniões de andamento para que todo o pessoal esteja familiarizado com todo o esforço e com os problemas associados. A vantagem de não ter todo o pessoal relacionado com o programa participando é que o tempo é fundamental para a precificação das atividades. Muitas divisões funcionais levam essa política um passo à frente ao ter um representante divisional, possivelmente em conjunto com os importantes gerentes de departamento ou supervisores de seção como os únicos participantes da reunião de *kickoff*. O representante de divisão, então, assume toda a responsabilidade em assegurar que todos os dados de custeio sejam apresentados no prazo. Essa configuração pode ser benéfica pelo fato de que o gerente do programa precisa entrar em contato com apenas um indivíduo na divisão para saber o andamento da atividade, mas isso pode se tornar um gargalo se o representante falhar em manter a boa comunicação entre as unidades funcionais e o escritório de programas, ou se o indivíduo simplesmente não estiver familiarizado com os requisitos de precificação da estrutura analítica do projeto.

Durante as atividades propostas, o tempo pode ser extremamente importante. Há muitas situações em que uma solicitação de proposta (RFP) exige que todos os respondentes apresentem suas propostas até uma data específica. Em um ambiente de proposta, as atividades do escritório de programas, bem como aquelas das unidades funcionais, estão sob um cronograma estabelecido pelo gerente da proposta. O cronograma do gerente da proposta tem muito pouca, ou nenhuma, flexibilidade e geralmente está sob restrições de prazos apertados para que a proposta possa ser digitada, editada e publicada antes da data de apresentação. Neste caso, a RFP indiretamente define quanto tempo as unidades de precificação têm para identificar e justificar os custos de mão de obra.

A justificativa para os custos de mão de obra pode levar mais tempo do que as estimativas iniciais de custos, especialmente se os padrões históricos não estiverem disponíveis. Muitas propostas exigem muitas vezes que uma justificativa abrangente para a mão de obra seja apresentada. Outras propostas, especialmente aquelas que solicitam resposta quase imediata, podem permitir que os fornecedores apresentem as justificativas para a mão de obra em data posterior.

Em última análise, é de responsabilidade dos supervisores das menores unidades de precificação manter padrões adequados, de modo que uma resposta quase imediata possa ser dada a uma solicitação de precificação de um escritório de programas.

14.5 DISTRIBUIÇÕES DE MÃO DE OBRA

As unidades funcionais fornecem a sua contribuição ao escritório de programas na forma de homens-horas, como mostrado na Figura 14-2. A contribuição pode ser acompanhada da justificativa de mão de obra, se for necessário. As quantidades de homens-horas são apresentadas para cada tarefa, considerando-se que a tarefa é o menor elemento de preço, e que as tarefas estão dispostas por mês. As quantidades de homens-horas por mês para cada tarefa são convertidas para dinheiro, após a multiplicação de taxas adequadas de mão de obra. As taxas de mão de obra são geralmente conhecidas com certeza durante um período de 12 meses, mas a partir daí são apenas estimativas. Como

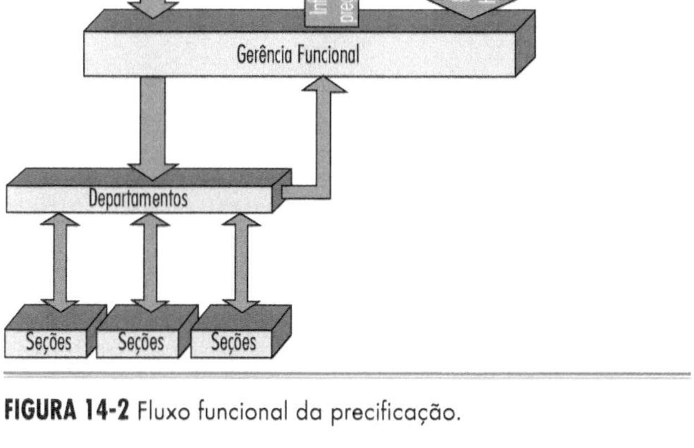

FIGURA 14-2 Fluxo funcional da precificação.

uma empresa pode prever estruturas salariais para cinco anos depois? Se a empresa subestimar a estrutura salarial, haverá aumento dos custos e diminuição dos lucros. Se a estrutura salarial for superestimada, a empresa pode não ser competitiva, se o projeto é financiado pelo governo, então, a estrutura salarial se torna um item em negociações de contratos.

O desenvolvimento das taxas de mão de obra a serem utilizadas na projeção é baseado em custos históricos na base de negócios de horas e de valores monetários para o mês ou trimestre mais recente. As taxas de média por hora são fixadas para cada unidade de mão de obra por meio de esforços diretos nas operações no nível de departamento. As taxas são apenas médias, e incluem os funcionários mais bem pagos e os funcionários menos bem pagos, juntamente com o gerente do departamento e o apoio administrativo[1]. Essas taxas de base são, então, escaladas como um fator percentual baseado na experiência passada, no orçamento tal como foi aprovado pela gerência, e nas perspectivas locais e indústrias similares. Se a empresa tem uma base de negócios predominante da indústria aeroespacial ou de defesa, então, esses salários são negociados com órgãos do governo local antes da apresentação de propostas.

As horas de mão de obra apresentadas pelas unidades funcionais são, muitas vezes, superestimadas por medo de que a administração irá "manipular" e reduzir as horas de mão de obra, enquanto tentará manter o mesmo escopo de esforço. Muitas vezes a administração é obrigada a reduzir os valores de homens-horas, ou por causa do financiamento insuficiente, ou apenas para se manter competitiva no ambiente. A redução de homens-horas muitas vezes provoca discussões acaloradas entre os gerentes funcional e de programas. Os gerentes de programas tendem a pensar em termos dos interesses do programa, enquanto os gerentes funcionais inclinam-se a manter sua equipe atual.

A solução mais comum para esse conflito está com o gerente do programa. Se ele seleciona membros para a equipe do programa que conheçam os padrões de homens-horas para cada um dos departamentos, então, uma atmosfera de confiança pode se desenvolver entre o gerente do programa e o departamento funcional para que os valores de homens-horas possam ser reduzidos de maneira a representar os interesses da empresa. Essa é uma das razões pelas quais membros da equipe do programa muitas vezes são promovidos de dentro das categorias funcionais.

1 Podem ocorrer problemas se os salários das pessoas designadas ao programa ultrapassarem as médias do departamento. Métodos para minimizar esse problema serão discutidos posteriormente. Também, em muitas empresas os gerentes de departamento são incluídos na estrutura da taxa de *overhead*, e não em mão de obra direta e, portanto, seus salários não são incluídos como parte da média do departamento.

Os valores de homens-horas apresentados pelas unidades funcionais fornecem a base para a análise do custo total do programa e para o controle de custos do programa. Para ilustrar este processo, considere o Exemplo 14-1 a seguir.

Exemplo 14-1. Em 15 de maio, a Apex Manufacturing decidiu entrar em uma concorrência de licitação para a modificação e atualização de um programa de linha de montagem. Uma estrutura analítica de projeto foi desenvolvida, como apresentado a seguir:

- PROGRAMA (01-00-00): Modificação de Linha de Montagem
  - PROJETO1 (01-01-00): Planejamento Inicial
    - Tarefa 1 (01-01-01): Controle de Engenharia
    - Tarefa 2 (01-01-02): Desenvolvimento de Engenharia
  - PROJETO 2 (01-02-00): Montagem
    - Tarefa 1 (01-02-01): Modificação
    - Tarefa 2 (01-02-02): Testes

Em 1º de junho, cada unidade de precificação recebeu a estrutura analítica do projeto em conjunto com o cronograma apresentado na Figura 14-3. De acordo com o cronograma desenvolvido pelo gerente de propostas para esse projeto, todos os dados de mão de obra devem ser apresentados ao escritório de programas para revisão, o mais tardar em 15 de junho. Deve-se notar aqui que, em muitas empresas, as horas de mão de obra são enviadas diretamente para o departamento de precificação para o envio ao computador do caso de base. Nesse caso, o escritório de programas iria "manipular" as horas de mão de obra somente depois que os números do caso de base estiverem disponíveis. Esse procedimento pressupõe que existe tempo suficiente para a análise e modificação do caso de base. Se o escritório de programas tem pessoal suficiente capaz de criticar a entrada de mão de obra antes da apresentação para o caso de base, então um tempo precioso pode ser economizado, sobretudo se forem necessários dois ou três dias para obter o resultado do computador para o caso de base.

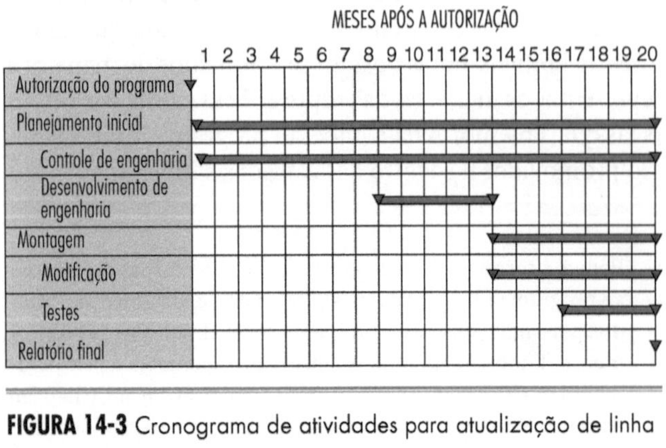

FIGURA 14-3 Cronograma de atividades para atualização de linha de montagem.

Durante as atividades da proposta, o gerente de propostas, gerente de preços e o gerente do programa devem todos trabalhar juntos, apesar de o gerente do programa possuir a palavra final. A principal responsabilidade do gerente de propostas é integrar as atividades propostas em um sistema operacional para que a proposta seja submetida ao solicitante no prazo. Um cronograma típico desenvolvido pelo gerente de propostas é apresentado na Figura 14-4. O cronograma inclui todas as atividades necessárias para ter a proposta enviada, com o primeiro grande passo sendo a apresentação de valores de homens-horas por parte das organizações de precificação. A Figura 14-4 também indica o rastreamento dos custos da proposta. O cronograma de atividades da proposta normalmente é acompanhado de um cronograma de tempo com uma lista detalhada de verificação das estimativas, se a complexidade da proposta justificar. A lista de verificação geralmente fornece explicações detalhadas para o cronograma de atividades da proposta.

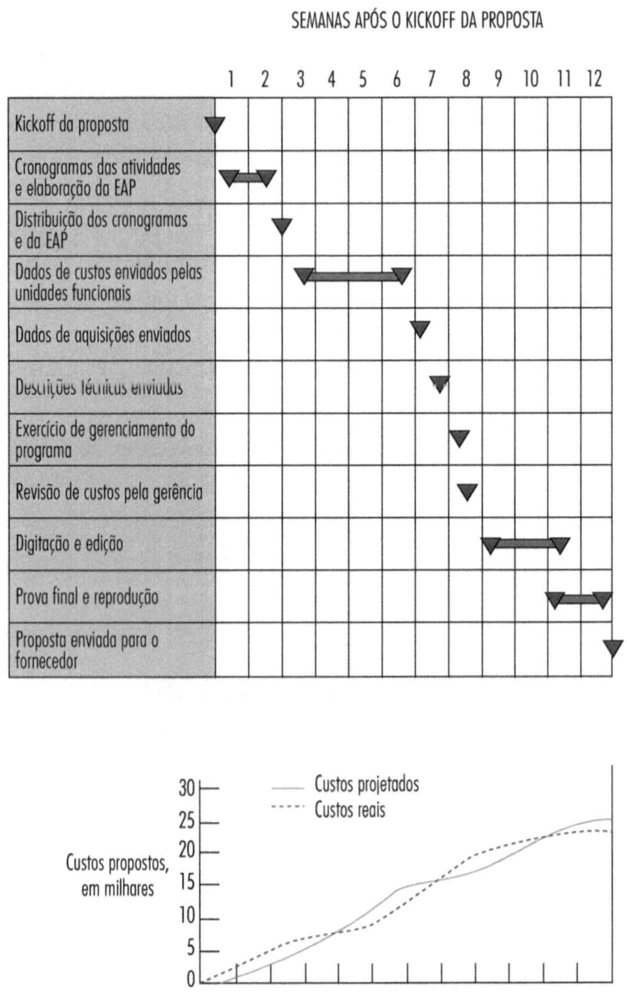

FIGURA 14-4 Cronograma de atividades da proposta.

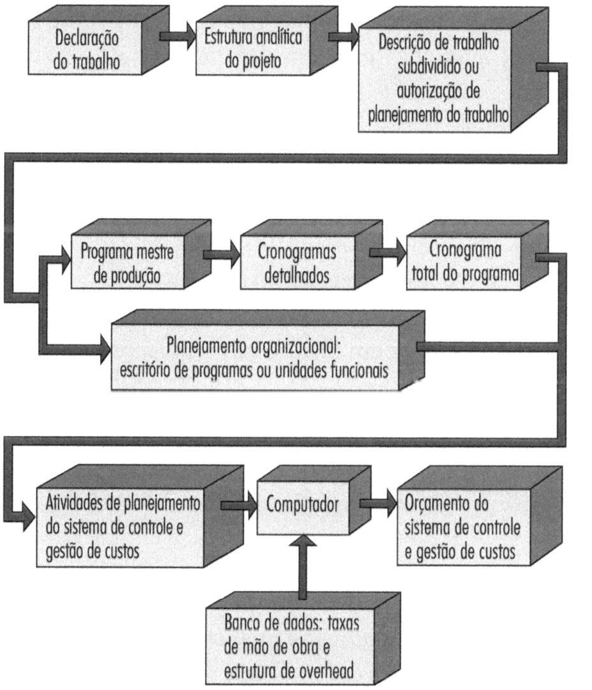

FIGURA 14-5 Fluxograma de planejamento de mão de obra.

Depois que os gráficos de planejamento e definição de preços são aprovados pelos membros da equipe e pelos gerentes do programa, eles são inseridos em um sistema de processamento de dados como visto na Figura 14-5. O computador, então, define os preços das horas nos gráficos de planejamento utilizando as taxas de departamento aplicáveis para a elaboração do plano direto de tempo e orçamento e dos relatórios da estimativa no término. Os relatórios dos planos diretos de tempo e orçamento, uma vez estabelecidos, permanecem os mesmos por todo o contrato, exceto para mudanças dirigidas pelo cliente ou mudanças aprovadas ou quando a administração do fornecedor determina que é aconselhável uma redução do orçamento. No entanto, se um orçamento é reduzido pela administração, ele não pode ser aumentado sem a aprovação do cliente.

O plano de tempo é, normalmente, um impresso mecânico mensal de todo o esforço planejado por pacote de trabalho e elemento organizacional ao longo da vida do contrato e serve como banco de dados para a elaboração dos relatórios de conclusão do andamento.

Inicialmente, o relatório de estimativa no término é idêntico ao relatório do orçamento, mas muda ao longo da vida de um programa para refletir a degradação ou melhoria no desempenho ou em quaisquer outros eventos que irão mudar os custos ou o cronograma do programa.

14.6 TAXAS DE *OVERHEAD*

Guia PMBOK®, 5. ed.
7.2.1 Estimar os custos: entradas

A capacidade de controlar os custos do programa envolve mais do que o acompanhamento do dinheiro e das horas da mão de obra; o dinheiro de *overhead*, uma das maiores dores de cabeça, também deve ser monitorado. Embora a maioria dos programas tenha um gerente de projetos assistente, cujas responsabilidades incluem a análise da taxa mensal de *overhead*, o gerente do programa pode aumentar drasticamente o sucesso de seu programa, insistindo para que cada membro da equipe do programa compreenda as taxas de *overhead*. Por exemplo, se as taxas de overheadse aplicam-se apenas às primeiras 40 horas de trabalho, então, dependendo da taxa de overhead, o dinheiro do programa pode ser economizado por meio da realização de trabalho em horas extras, em que o salário aumentado sofre menos encargos. Isso pode ser visto no Exemplo 14-2 a seguir.

Exemplo 14-2. Suponha que a Apex Manufacturing deve escrever um relatório provisório para a tarefa 1 do projeto 1 durante o turno regular ou durante horas extras. O projeto vai exigir 500 homens-horas a $ 15,00 por hora. O encargo *do overhead* é de 75% no turno regular, mas de somente 5% sobre as horas extras. No entanto, as horas extras são pagas à taxa de 1 período e meio. Supondo que o relatório pode ser escrito em qualquer tempo, o que é rentável – o período regular ou as horas extras?

- No período regular o custo total é:
  (500 horas) x ($ 15,00/hora) x (100% + 75% de sobrecarga) = $ 13.125,00
- Nas horas extras, o custo total é:
  (500 horas) x ($ 15,00/hora x 1,5 hora extra) x (100% + 5% de sobrecarga) = $ 11.812,50

Portanto, a empresa pode economizar $ 1.312,50 por meio da realização do trabalho em horas extras. A programação de horas extras pode produzir lucros se os encargos da taxa de *overhead* das horas extras for muito menor do que os encargos no período regular. Essa diferença pode ser muito grande nas divisões de produção, em que taxas de *overhead* entre 300 e 450% são comuns.

Independentemente de se analisar um projeto ou um sistema, todos os custos deverão ter taxas de *overhead* associadas. Infelizmente, muitos gerentes de programas e de sistemas consideram as taxas de *overhead* um número mágico tirado do nada. A elaboração e atribuição do *overhead* de cada uma das divisões funcionais é uma ciência. Embora a **reserva total de dinheiro** para as taxas de *overhead* seja relativamente constante, a gerência mantém a possibilidade de decidir como distribuir o *overhead* entre as divisões funcionais. Uma empresa que apoia a sua equipe de P&D por meio de projetos de licitação pode querer manter a taxa de *overhead* de P&D a menor possível. Porém, deve-se ter o cuidado de que outras divisões não absorvam os custos adicionais de forma que a empresa deixe de ser competitiva naqueles produtos fabricados que podem ser seu feijão com arroz.

O desenvolvimento das taxas de *overhead* é uma função de três elementos distintos: taxas de mão de obra direta, as projeções diretas da base de negócios e a projeção do *overhead*. As taxas de mão de obra direta já foram discutidas. As projeções diretas da base de negócio envolvem a determinação de horas e dinheiro antecipados de mão de obra direta, junto com os materiais necessários e outros custos diretos necessários para realizar e concluir os esforços do programa incluídos na base de negócio. Esses itens utilizados na projeção da base de negócio incluem todos os programas contratados, bem como os esforços propostos ou previstos. O fundamento para a determinação da base de negócios necessária para cada programa pode ser um ou mais dos seguintes:

- Os custos reais até o momento e as estimativas para conclusão
- Dados propostos
- Inteligência de mercado
- Metas da administração
- O desempenho passado e as tendências

A projeção do *overhead* é feita por meio da análise de cada um dos elementos que constituem as despesas de *overhead*. Uma lista parcial desses itens é apresentada na Tabela 14-7.

TABELA 14-7 Elementos das taxas de *overhead*

Manutenção do edifício	Diretores de novos negócios
Aluguel do edifício	Material de escritório
Lanchonete	Impostos da folha de pagamento
Administrativo	Recrutamento de pessoal
Clubes/associações	Postagem
Serviços de consultoria	Reuniões profissionais
Despesas com auditoria corporativa	Instalações de reprodução
Salários da empresa	Planos de aposentadoria
Depreciação de equipamentos	Licenças médicas
Salários dos executivos	Suprimentos/ferramentas manuais
Benefícios adicionais	Supervisão
Despesas do razão geral	Instalações telefônicas/telegráficas
Seguro do grupo	Transporte
Feriados	Serviços públicos
Despesas de mudança/armazenamento	Férias

A projeção das despesas nos elementos individuais é, então, feita com base em um ou mais dos seguintes fatores:

- Histórico das relações de mão de obra direta/indireta
- Análise de regressão e correlação
- Requisitos de mão de obra e taxas de rotatividade
- Alterações nas leis públicas
- Mudanças antecipadas nos benefícios da empresa
- Custos fixos em relação aos requisitos de ativos de capital
- Alterações na base de negócio
- Acordos triplos de serviço de licitação e proposta
- Acordos triplos de serviço de pesquisa e desenvolvimento interno

Para muitos setores, como o aeroespacial e de defesa, o governo federal americano financia uma grande percentagem das atividades de licitação e proposta e de pesquisa e desenvolvimento interno. Esse financiamento federal se tornou uma necessidade, uma vez que muitas empresas não conseguiam ser competitivas de outra forma dentro do setor. O governo federal emprega essa técnica para estimular a pesquisa e a competição. Portanto, as atividades de licitação e proposta e de pesquisa e desenvolvimento interno estão incluídas na lista apresentada aqui.

O fator principal no controle dos custos de *overhead* é o orçamento anual. Esse orçamento, que é resultado das metas e objetivos estabelecidos pelo diretor executivo, é revisado e aprovado em todos os níveis de gestão. Ele é estabelecido no nível de departamento e o gerente do departamento possui responsabilidade direta pela identificação e pelo controle de custos contra o plano aprovado.

Os orçamentos departamentais são sumarizados, em detalhe, por níveis superiores de gestão. Essa sumarização permite à administração, nestes níveis superiores de gestão, estar ciente do orçamento indireto autorizado em sua área de responsabilidade.

Os relatórios são publicados mensalmente indicando o mês atual e o orçamento atual, resultados reais e as variações. Esses relatórios são publicados para cada nível de gestão, e é feita uma análise pelo departamento de orçamento por meio da coordenação e revisão com a administração. Cada organização total da diretoria é, então, revisada com o analista de orçamento que é designado para a responsabilidade sobre os custos de *overhead*. Uma reunião conjunta ocorre com os diretores, o vice-presidente e o diretor geral, na qual o desempenho do *overhead* é revisado.

14.7 CUSTOS DE MATERIAIS E DE APOIO

Guia PMBOK®, 5. ed.
7.2.1 Estimar os custos: entradas

A estrutura salarial, a estrutura de *overhead* e as horas de mão de obra atendem a três das quatro necessidades principais de entrada para a definição de preços. A quarta maior entrada é o custo de materiais e de apoio. Seis subtópicos estão incluídos em materiais e apoio: materiais, peças compradas, subcontratos, fretes, viagens e outros. Fretes e viagens podem ser tratados de uma de duas maneiras, ambas normalmente dependem do tamanho do programa. Para os pequenos programas em volume de dinheiro, são feitas estimativas para viagens e fretes. Para os grandes programas em volume de dinheiro, as viagens são normalmente expressas como entre 3 e 5% dos custos de mão de obra direta, e o frete é igualmente entre 3 e 5% de todos os custos de materiais, peças compradas e subcontratos. A categoria denominada "outros custos de apoio" pode incluir temas como horas de computador ou consultores especiais.

A determinação dos custos de materiais é muito demorada, mais do que a determinação dos custos de horas de mão de obra. Os custos de materiais são apresentados por meio de uma lista de materiais, que inclui todos os fornecedores dos quais as compras serão feitas, os custos projetados ao longo do programa, os fatores de descarte e a validade para aqueles produtos que podem ser perecíveis.

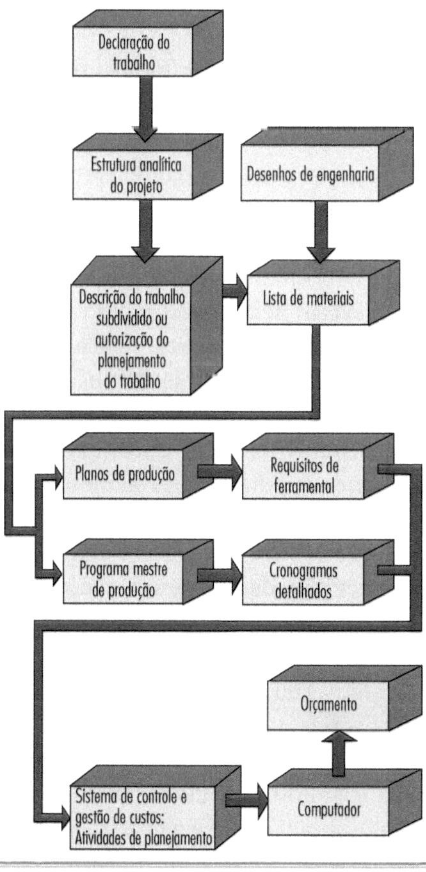

FIGURA 14-6 Fluxograma de planejamento dos materiais.

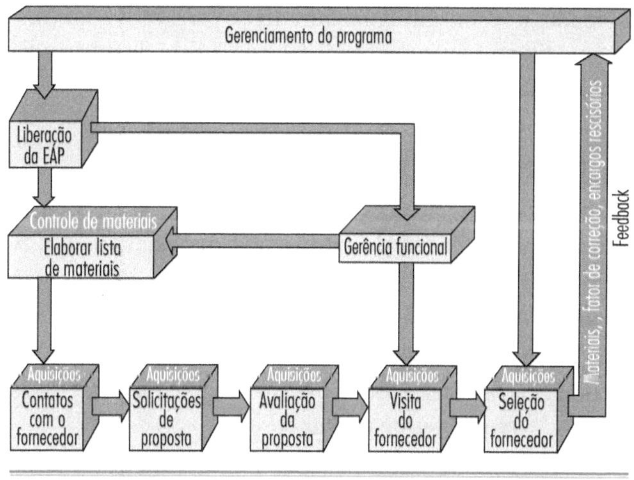

FIGURA 14-7 Atividade de aquisição.

Após a liberação da declaração do trabalho, da estrutura analítica do projeto e da descrição do trabalho subdividido, a lista de materiais do item final e os planos de produção são elaborados como apresentado na Figura 14-6. Os materiais do item final são os materiais identificados como parte integrante do item final de produção. Os materiais de apoio consistem daqueles materiais necessários pela área de engenharia e operações para dar apoio à fabricação dos itens finais, e estão identificados no plano de produção.

Uma requisição do plano de aquisições/compras é elaborada o mais rapidamente possível após as negociações do contrato (utilizando uma metodologia, como mostrado na Figura 14-7). Esse plano é usado para monitorar as aquisições de materiais, prever os níveis de estoque e identificar desvios de preço dos materiais.

Os planos de produção elaborados após a liberação das descrições do trabalho subdividido são utilizados para preparar as listas de ferramental para a produção, garantia da qualidade e engenharia. Desses planos, é preparada uma divisão especial de ferramental pela engenharia de ferramentas, que define os instrumentos a serem adquiridos e os requisitos dos materiais das ferramentas a serem fabricadas internamente. Esses itens são estimados por elemento de custo para entrada nos gráficos de planejamento.

Os materiais e custos de apoio são submetidos por mês, para cada mês do programa. Se o financiamento em longo prazo dos materiais é antecipado, então, ele deve ser atribuído aos primeiros meses do programa. Além disso, um fator de correção dos custos para os itens de materiais e de apoio deve ser aplicado a todos os custos dos materiais e de apoio. Alguns fornecedores podem oferecer preços fixos por longos períodos de tempo superiores a um período de 12 meses. Como exemplo, o fornecedor Z pode cotar um preço fixo garantido de $ 130,50 por unidade para 650 unidades a serem entregues durante os próximos 18 meses, se o pedido for feito dentro de 60 dias. Existem fatores adicionais que influenciam o custo dos materiais.

14.8 PRECIFICAÇÃO DO TRABALHO

A utilização de técnicas lógicas de definição de preços ajudará na obtenção de estimativas mais detalhadas. A seguir, 13 etapas fornecem uma sequência lógica para ajudar uma empresa a controlar os seus recursos limitados. Esses passos podem variar de empresa para empresa.

Passo 1: Fornecer uma definição completa dos requisitos de trabalho.

Passo 2: Estabelecer uma rede lógica com pontos de controle.

Passo 3: Desenvolver a estrutura analítica do projeto.

Passo 4: Precificar a estrutura analítica do projeto.

Passo 5: Revisar a EAP com cada gerente funcional.

Passo 6: Decidir sobre o curso básico de ação.

Passo 7: Estabelecer custos razoáveis para cada elemento da EAP.

Passo 8: Revisar os custos do caso de base com a alta administração.

Passo 9: Negociar pessoal qualificado com os gerentes funcionais.

Passo 10: Desenvolver o organograma linear de responsabilidade.

Passo 11: Desenvolver os cronogramas PERT/CPM finais detalhados.

Passo 12: Estabelecer relatórios de resumo de preços de custo.

Passo 13: Documentar o resultado em um plano de programa.

Embora a definição de preços de um projeto seja um processo iterativo, o gerente do projeto deve ainda desenvolver relatórios de resumo de custos em cada ponto de iteração para que as decisões importantes do projeto sejam tomadas durante o planejamento. Os resumos detalhados de preços são necessários ao menos duas vezes: na preparação para a reunião de revisão de preços com a gerência e na conclusão de preços. Em todas as outras vezes é possível que uma "cirurgia cosmética simples" seja realizada nos resumos de custos anteriores, tais como perturbações nos fatores de escalada e custos de aquisição de matérias-primas. A lista a seguir mostra os relatórios de preços típicos:

- **Uma decomposição de custos detalhada para cada elemento EAP.** Se o trabalho for estimado no nível de tarefa, então deve haver uma folha de resumo de custos para cada tarefa, bem como um conjunto de folhas para cada projeto e do programa total.
- **Uma curva de mão de obra do programa total para cada departamento.** Essas curvas de mão de obra mostram como cada departamento tem contrato com o escritório de projetos para o abastecimento de recursos funcionais. Se as curvas de mão de obra departamentais contêm vários "altos e baixos", então, o gerente do projeto pode ter de alterar alguns dos seus cronogramas para obter algum grau de suavização da mão de obra. Os gerentes funcionais sempre preferem alocações de recursos com suavização de mão de obra.
- **Um resumo mensal equivalente aos custos de mão de obra.** Essa tabela geralmente mostra a carga total de custos para o empregado médio departamental realizado durante todo o período de execução do projeto. Se os custos do projeto tiverem de ser reduzidos, o gerente do projeto realiza um estudo paramétrico entre essa tabela e as tabelas de curva de mão de obra.
- **Uma tabela de distribuição de custos anuais.** Essa tabela é decomposta pelos elementos da EAP e mostra os custos anuais (ou trimestrais) que serão necessários. Essa tabela, em essência, é um resumo por atividade do fluxo de caixa do projeto.
- **Um resumo dos custos e horas funcionais.** Essa tabela fornece à alta administração uma descrição geral de quantas horas e dinheiro serão gastos em cada unidade funcional principal, como uma divisão. A alta administração usaria isso como parte do processo de planejamento para se certificar de que não existem recursos disponíveis suficientes para todos os projetos. Isso também inclui horas e valores indiretos.
- **Uma previsão de despesas mensais de horas e valores de mão de obra.** Essa tabela pode ser combinada com a distribuição do custo anual, exceto que ela é decomposta por mês, e não por atividade ou departamento. Além disso, essa tabela inclui, normalmente, informações sobre os encargos rescisórios de mão de obra para o cancelamento prematuro do projeto por clientes externos.
- **Uma previsão das despesas e matérias-primas.** Isso mostra o fluxo de caixa para matérias-primas, com base em prazos de entrega do fornecedor, cronogramas de pagamento, compromissos e multas rescisórias.
- **Encargos rescisórios totais do programa por mês.** Essa tabela mostra ao cliente os custos mensais de todo o programa. Esse é o fluxo de caixa do cliente, e não do fornecedor. A diferença é que cada custo mensal contém os encargos rescisórios para

homens-horas e valores monetários, com mão de obra e matérias-primas. Essa tabela é, na verdade, os custos mensais atribuídos ao término prematuro do projeto.

Essas tabelas são utilizadas pelos gerentes de projetos como base para o controle de custos do projeto e pelos executivos de nível superior para a seleção, aprovação e priorização de projetos.

14.9 SUAVIZAÇÃO[NT3] DA CURVA DE HOMENS-HORAS DO DEPARTAMENTO

A curva pontilhada na Figura 14-8 indica os requisitos projetados de mão de obra para um determinado departamento como resultado de um cronograma típico de alocação para o programa. Os gerentes de departamento, no entanto, tentam suavizar a curva de mão de obra, como mostrado pela linha sólida na Figura 14-8. A suavização da demanda de mão de obra beneficia os gerentes de departamento, por meio da eliminação da quantidade fracionária de homens-horas por dia. O gerente do programa deve compreender que se os departamentos estão autorizados a eliminar os altos e baixos e as funções pequenas no planejamento de mão de obra, podem ocorrer variações pequenas na quantidade de homens-horas (e nos custos) do projeto ou tarefa, mas não devem, em geral, afetar o custo total do programa de forma significativa.

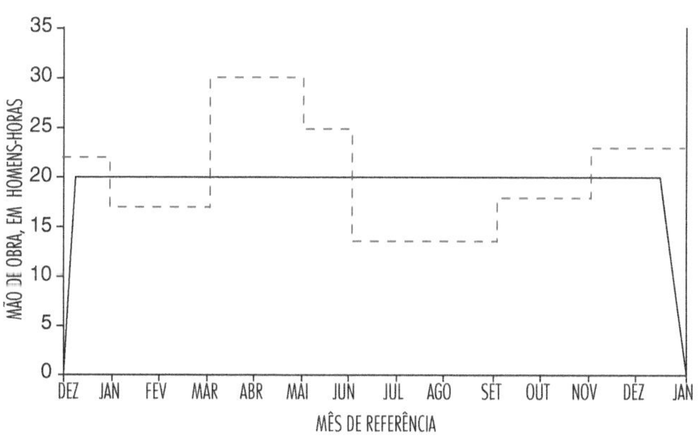

FIGURA 14-8 Alocação típica de mão de obra.

Duas perguntas são importantes: se o departamento tem pessoal suficiente disponível para cumprir a demanda de mão de obra e qual é a taxa com a qual os departamentos funcionais podem alocar para o programa? Por exemplo, a engenharia de projetos demanda aproximadamente 23 pessoas em janeiro de 2002. O gerente funcional, entretanto, pode ter apenas 15 pessoas disponíveis para uma nova designação imediata, com o restante a ser ou transferido de outros programas, ou contratado de fora da empresa. A mesma situação ocorre durante a finalização de atividade. A engenharia de projetos ainda demandará 23 pessoas em agosto de 2002 ou algumas dessas pessoas podem começar a ser transferidas gradualmente para outros programas, digamos, logo em junho de 2002? Essa questão, especificamente dirigida a projetos/tarefas administrativas e de apoio, devem ser respondidas antes das negociações do contrato. A Figura 14-9 indica os tipos de problemas que podem ocorrer. A curva mostra os requisitos de mão de obra para um dado departamento depois da suavização de tempo. A Curva B representa a alteração da curva do período para contabilizar taxas razoáveis de alocação e liberação do programa. A diferença entre essas duas curvas (ou seja, a área sombreada) reflete, portanto, a quantidade de dinheiro que o fornecedor pode ter de perder, em virtude das atividades de alocação e liberação. Esse problema pode ser parcialmente superado por meio do aumento dos níveis de mão de obra após a suavização de tempo (ver curva C), de tal forma que a diferença entre as curvas B e C seja igual à quantidade de dinheiro que seria perdida das curvas A e B. Claro, a gerência do programa teria de ser capaz de justificar esse aumento da demanda média de mão de obra, especialmente se os ajustes fossem feitos em um período de maiores salários e taxas de *overhead*.

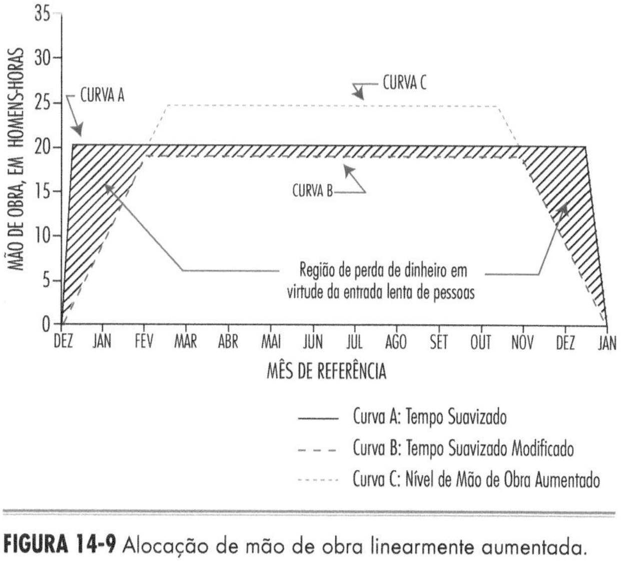

FIGURA 14-9 Alocação de mão de obra linearmente aumentada.

[NT3] A suavização (em inglês, *smoothing*) visa determinar uma demanda por recursos que elimine os "altos e baixos" do cronograma. É parte do processo de nivelamento de recursos (em inglês, *resource leveling*).
O nivelamento de recursos é uma técnica de análise de rede do cronograma na qual as decisões de elaboração de cronograma (datas de início e término) se baseiam em restrições de recursos. (*Fonte*: Guia PMBOK® – 4. ed., Glossário, *Resource Leveling* – Nivelamento de Recursos.)

14.10 O PROCEDIMENTO DE REVISÃO DA PRECIFICAÇÃO

A capacidade de projetar, analisar e controlar problemas de custos requer a coordenação das informações de definição de preços e a cooperação entre as unidades funcionais e a alta administração. Uma típica política da empresa para análise e revisão de custos é apresentada na Figura 14-10. A administração da empresa pode ser exigida para iniciar ou autorizar as atividades, se os recursos coorporativos/da empresa estão ou podem ficar extenuados pelo programa, se são necessárias despesas de capital para novas instalações ou equipamentos ou, simplesmente, se é necessária a aprovação da empresa para todos os projetos acima de uma determinada quantidade de dinheiro.

A alta administração, mediante aprovação do executivo-chefe da empresa, aprova e autoriza o início do projeto ou programa. As atividades de desempenho real, no entanto, não começam até que o diretor de gerenciamento de programas selecione um gerente do programa e autorize a oferta ou orçamento da proposta (se o programa for competitivo), ou o financiamento do planejamento do projeto.

Então, o recém-nomeado gerente do programa, seleciona a equipe desse programa. Os membros da equipe, que são também membros do escritório de programas, podem vir de outros programas; nesses casos o gerente do programa pode ter de negociar com outros gerentes de programas e com a alta administração para a obtenção desses indivíduos. Os membros do escritório de programas, geralmente, são indivíduos de apoio. A fim de obter os membros de equipe representantes dos departamentos funcionais, o gerente do programa deve negociar diretamente com os gerentes funcionais. Os membros funcionais da equipe podem não ser selecionados ou designados para o programa até que o trabalho real seja contratado. Muitas propostas, no entanto, exigem que todos os membros da equipe funcional sejam identificados, caso em que a seleção deve ser feita durante a fase de proposta de um programa.

A primeira responsabilidade do escritório de programas (não necessariamente incluindo membros funcionais da equipe) é o desenvolvimento de cronogramas de atividade e da estrutura analítica do projeto. O escritório de programas, em seguida, fornece uma autorização de trabalho às unidades funcionais para precificarem as atividades. As unidades funcionais, em seguida, apresentam as horas de mão de obra, os custos de materiais e a justificativa, se necessário, ao membro da equipe de definição de preços. O membro da equipe de definição de preços normalmente é ligado ao escritório de programas até que os custos finais sejam estabelecidos, e se torna parte da equipe de negociação, se o projeto for competitivo.

Uma vez que o caso de base é formulado, o membro da equipe de definição de preços, juntamente com os outros membros da equipe do escritório de programas, realiza análises de perturbação. Essas análises são concebidas como abordagens sistêmicas para resolução de problemas, onde as alternativas são desenvolvidas para responder as questões da administração durante a revisão final.

O caso de base, com os custos da análise das perturbações é, então, analisado com a alta administração a fim de formular uma posição da empresa para o programa e examinar cuidadosamente a alocação de recursos necessários para o programa. A posição da empresa pode ser para cortar custos, autorizar o trabalho ou apresentar uma proposta. A aprovação corporativa pode ser necessária se o diretor executivo da empresa tiver um limite na quantidade que pode autorizar.

Se os custos de mão de obra devem ser cortados, o gerente do programa deve negociar com os gerentes funcionais quanto ao tamanho e ao método para a redução de custos. Caso contrário, essa etapa simplesmente implicaria a autorização aos gerentes funcionais para iniciar as atividades.

A Figura 14-10 representa a abordagem sistêmica para a determinação dos custos totais do programa. Esse procedimento geralmente cria um ambiente de sinergia, oferece canais abertos de comunicação entre todos os níveis de gestão e garante um acordo entre todos os indivíduos quanto aos custos do programa.

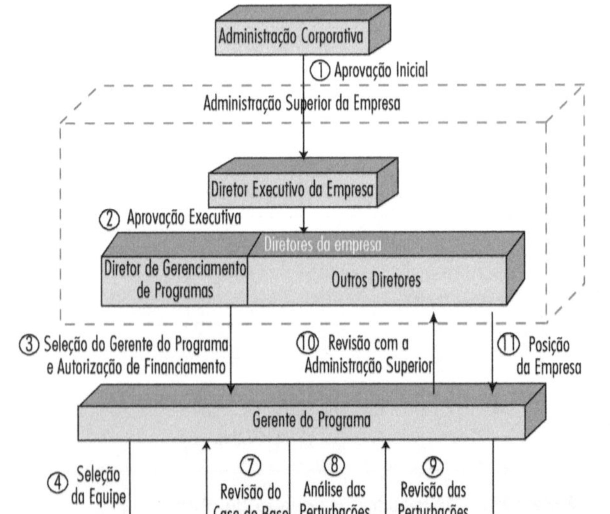

FIGURA 14-10 O procedimento de revisão da precificação.

14.11 PROCESSO SISTÊMICO DE PRECIFICAÇÃO

A abordagem sistêmica para a definição de preços dos cronogramas de atividades e da estrutura analítica do projeto fornece um meio para a obtenção de unidade dentro da empresa. O fluxo de informações prontamente admite a participação de todos os membros da organização do programa, mesmo que seja em tempo parcial. Os gerentes funcionais obtêm um melhor entendimento de como seu trabalho se encaixa no total do programa e como suas atividades se relacionam com as de outros departamentos. Pela primeira vez, os gerentes funcionais podem prever com exatidão como suas atividades podem conduzir aos lucros da empresa.

O modelo de definição de preços do projeto (às vezes chamado de modelo de planejamento estratégico do projeto) atua como um sistema de informação gerencial, formando a base para a abordagem sistêmica para o controle de recursos, como mostra a Figura 14-11. As folhas de resumo que resultam do computador do modelo estratégico de definição de preços ajudam a administração a selecionar programas que utilizarão melhor os recursos. O modelo estratégico de definição de preços também oferece à administração uma ferramenta valiosa para a realização da análise de perturbações sobre os custos do caso de base e uma oportunidade para a concepção e avaliação de planos de contingência, caso seja necessário.

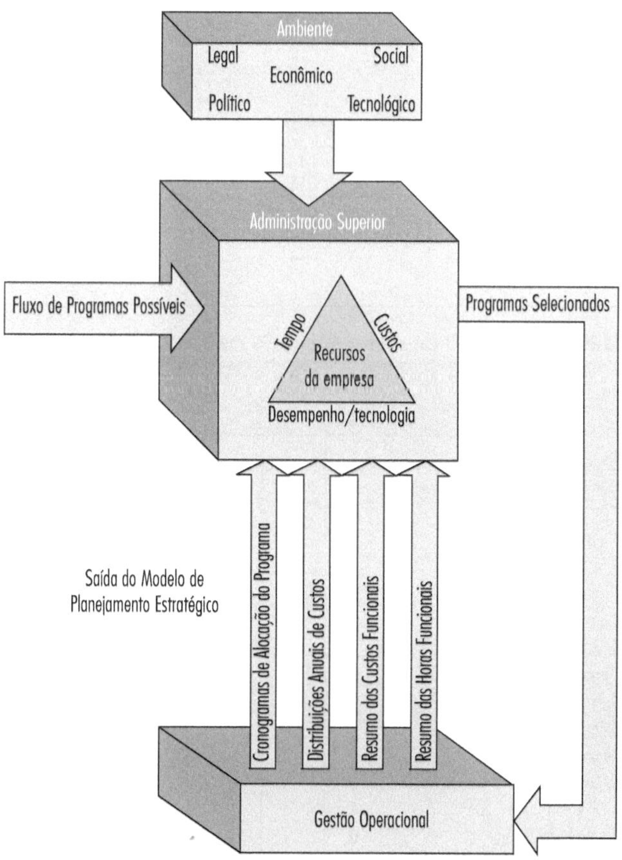

FIGURA 14-11 Abordagem sistêmica para o controle de recursos.

14.12 DESENVOLVIMENTO DOS CUSTOS DE APOIO/RESERVA

Guia PMBOK®, 5. ed.
7.2.2.6 Análise de reservas

Nem todas as propostas de custos exigem apoio reserva, mas para aquelas que o fazem, este deve ser desenvolvido juntamente com os preços. Os preços discriminados devem ser compatíveis com os dados de apoio. As exigências governamentais de definição de preços são um caso especial.

A maioria dos dados de apoio é composta por cotações externas (fornecedor ou vendedor externo). Dados internos devem ser baseados em dados históricos que devem ser atualizados continuamente a cada novo projeto que é concluído. Os dados de apoio devem ser rastreáveis por meio de números de cobrança discriminados.

Os clientes podem desejar auditar a proposta de custos. Nesse caso, o ponto de partida pode ser os dados de apoio. Não é incomum em uma fonte única de propostas ter os dados de apoio auditados antes que a proposta final de custos seja apresentada ao cliente.

Nem todas as propostas requerem dados de apoio, o fator determinante é geralmente o tipo de contrato. Em um esforço de preço fixo, o cliente pode não ter o direito de auditar seus livros. No entanto, para um pacote de custos reembolsáveis, seus custos são um livro aberto, e o cliente geralmente compara seus custos exatos com os do apoio reserva.

A maioria das empresas geralmente tem a escolha de mais de uma estimativa a ser utilizada para o apoio reserva. Na decisão de qual estimativa utilizar, deve-se considerar a possibilidade de trabalhos posteriores:

- Se seus custos reais excedem grosseiramente as suas estimativas de apoio reserva, você pode perder a credibilidade para trabalhos posteriores.
- Se os seus custos reais são inferiores aos custos de reserva, você deve usar os novos custos reais em trabalhos posteriores.

A moral aqui é que os custos do apoio reserva fornecem credibilidade futura. Se você estiver bem documentado, com estimativas "suportáveis" de custos, então poderá desejar incluí-las no custo da proposta, mesmo que elas não sejam necessárias.

Uma vez que tanto os custos diretos quanto os indiretos podem ser negociados separadamente, como parte de um contrato, os dados de apoio, tais como os das Tabelas 14-8 a 14-11 e os da Figura 14-12, podem ser necessários para justificar eventuais custos que podem variar dos padrões da empresa (ou aprovados pelo cliente).

TABELA 14-8 Matriz das habilidades operacionais

Áreas Funcionais de Especialidade \ Pessoal Técnico	J. Able	P. Baker	D. Cook	L. Dirk	P. Easley	W. Franklin	C. Green	L. Henry	R. Imhoff	C. Jules	W. Klein	D. Ledger	Q. Mayer	A. Newton	G. Oliver	L. Pratt
Gestão administrativa		a				a		a			a	a			a	
Controle e comunicações	b		b	b	b		b	b		b	b	b		b	b	b
Avaliação de impacto ambiental	c	c	c						c		c		c			
Administração das instalações		d					d				d		d			
Gestão financeira	e					e			e	e	e				e	e
Gestão de recursos humanos	f							f				f				
Engenharia industrial	g				g					g						
Inteligência e segurança								h				h		h		
Controle de estoque	i						i								i	i
Logística			j		j			j				j				
Segurança do trabalho	k									k			k			
Gerenciamento de projetos	l			l		l					l				l	
Controle da qualidade		m	m			m	m	m	m							
P&D			n	n							n		n			n
Administração de salários e remunerações		0			o				o	o		o		o	o	

TABELA 14-9 Disponibilidade de mão de obra do fornecedor

	Número de Pessoal			
	Total atual de Profissionais		Disponíveis para Este Projeto e para Novos Trabalhos em 1/02 Permanentes + Terceiros	Crescimento Antecipado em 1/02 Permanente + Terceiros
	Funcionários Permanentes	Profissionais Terceirizados		
Engenheiros de Processos	93	–	70	4
Gerentes/Engenheiros de projetos	79	–	51	4
Estimativas de custos	42	–	21	2
Controle de custos	73	–	20	2
Programação de cronograma/Controle de cronograma	14	–	8	1
Aquisições/Compras	42	–	20	1
Inspeção	40	–	20	2
Expedição	33	–	18	1
Gerenciamento de construções do escritório central	9	–	6	0
Tubulação	90	13	67	6
Rede elétrica	31	–	14	2
Instrumentação	19	–	3	1
Vasos e trocadores de pressão	74	–	19	1
Civil e estrutural	30	–	23	2
Outros	13	–	8	0

TABELA 14-10 Dados de rotatividade de pessoal

Contratados	Para um Período de 12 Meses 1/1/01 a 1/1/02	
	Número de Demitidos	Número
Engenheiros de Processos	5	2
Gerentes/Engenheiros de projetos	1	1
Estimativas de custos	1	2
Controle de custos	12	16
Desenvolvimento de cronograma/Controle de cronograma	2	5
Aquisições/Compras	13	7
Inspeção	18	6
Expedição	4	5
Gerenciamento de construções do escritório central	0	0
Projeto e desenho técnico – total	37	29
Especialistas de engenharia – total	26	45
Total	**119**	**118**

TABELA 14-11 Perfil de experiência do pessoal

Contratados	Número de Anos de Emprego com o Fornecedor				
	0-1	1-2	2-3	3-5	5 ou mais
Engenheiros de processos	2	4	15	11	18
Gerentes/Engenheiros de projetos	1	2	5	11	8
Estimativas de custos	0	4	1	5	7
Controle de custos	5	9	4	7	12
Desenvolvimento de cronograma/Controle de cronograma	2	2	1	3	6
Aquisições/Compras	4	12	13	2	8
Inspeção	1	2	6	14	8
Expedição	6	9	4	2	3
Tubulação	9	6	46	31	22
Rede elétrica	17	6	18	12	17
Instrumentação	8	8	12	13	12
Mecânica	2	5	13	27	19
Civil e estrutural	4	8	19	23	16
Controle ambiental	0	1	1	3	7
Especialistas de engenharia	3	3	3	16	21
Total	**64**	**81**	**161**	**180**	**184**

14.13 O DILEMA DA OFERTA BAIXA

Guia PMBOK®, 5. ed.
12.3.2.1 Selecionar o contrato

Há pouco argumento sobre a importância do preço da proposta. A questão é qual preço vai ganhar o trabalho. O processo de decisão que conduz ao preço final da sua proposta é altamente complexo, com muitas incertezas. No entanto, os gerentes da proposta, motivados pelo desejo de conquistar o trabalho, podem pensar que um preço muito baixo na proposta vai ajudar. Mas ganhar é apenas o começo. As empresas possuem objetivos de curto e longo prazo sobre lucros, penetração de mercado, desenvolvimento de novos produtos e assim por diante. Esses objetivos podem ser incompatíveis ou irrelevantes com uma estratégia de preços baixos. Por exemplo:

- Um preço baixo duvidoso, particularmente em propostas do tipo custo mais incentivo, pode ser percebido pelo cliente como irrealista, afetando a credibilidade de custos do licitante ou até mesmo a capacidade técnica de desempenho.
- O preço da oferta pode ser desnecessariamente baixo, em relação à concorrência e ao orçamento do cliente, corroendo, assim, os lucros.
- O preço pode ser irrelevante para o objetivo da oferta, como a entrada em um novo mercado. Portanto, o fornecedor deve vender a proposta de uma forma verossímil, por exemplo, utilizando o compartilhamento de custos.
- Preço baixo sem informação de mercado é algo sem sentido. O nível de preços é sempre relacionado (1) a preços competitivos, (2) ao orçamento do cliente e (3) à estimativa de custos do licitante.
- A proposta e o seu preço devem abranger apenas parte do programa total. A capacidade de ganhar a fase II ou negócios posteriores depende do desempenho da fase I e do preço da fase II.
- Os objetivos financeiros do cliente podem ser mais complexos do que apenas encontrar o menor preço. Eles podem incluir objetivos de custo para o total do custo do ciclo de vida (LCC)[NT4] do sistema, para a projeção dos custos por produção unitária (DTUPC)[NT5], ou para itens específicos de apoio logístico. A apresentação de abordagens seguras para conseguir esses parâmetros e objetivos de custos-desempenho do sistema pode ser tão importante quanto, se não ainda mais, uma baixa oferta para o desenvolvimento do sistema.

[NT4] Da expressão em inglês, *Life Cycle-Cost* (LCC).

[NT5] Da expressão em inglês, *Design to Unit Production Cost* (DTUPC).

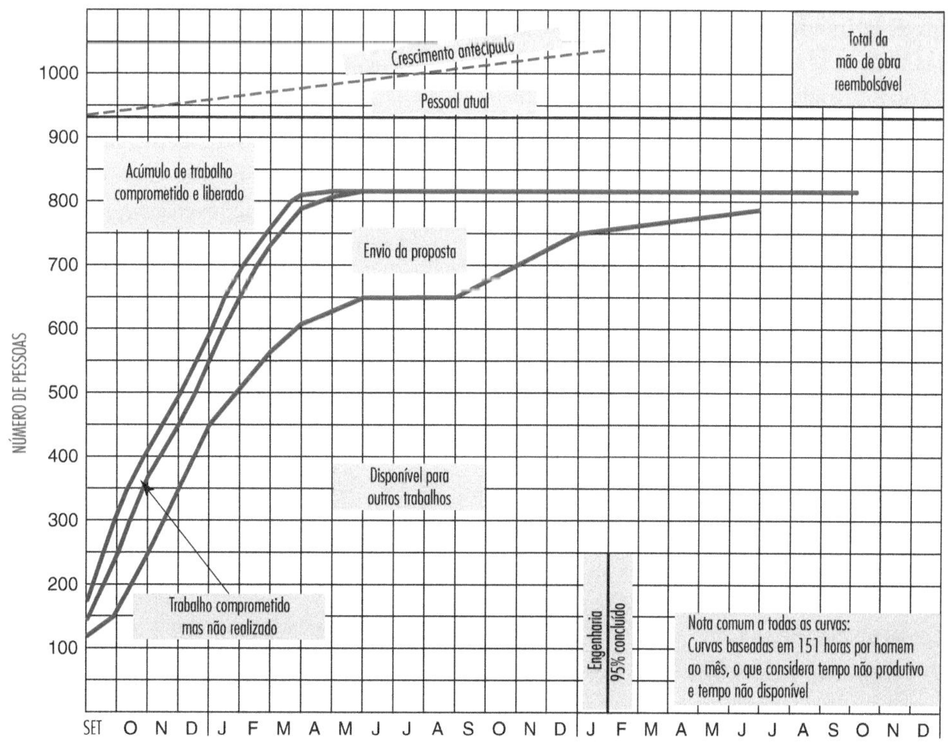

FIGURA 14-12 Total da mão de obra reembolsável.

Além disso, é revigorante perceber que, apesar das pressões do cliente por baixos custos e preço fixo, a oferta mais baixa não é certamente uma vencedora automática. Tanto clientes comerciais quanto o governo estão cada vez mais preocupados com o realismo de custos e com a capacidade de desempenhar de acordo com o contrato. Uma proposta técnica e de gestão compatível e firme, baseada em experiência anterior e com valores de custos bem documentados e realistas, é muitas vezes escolhida no lugar da proposta mais baixa, que pode projetar uma imagem de risco em relação ao desempenho técnico, de custos ou de cronograma.

14.14 PROBLEMAS ESPECÍFICOS

Existem sempre problemas específicos que, se negligenciados, podem ter um impacto grave sobre o esforço de definição de preços. Como exemplo, o preço deve incluir uma compreensão do controle de custos – especificamente, como os custos são faturados de volta para o projeto. Há três situações possíveis:

- **O trabalho é estimado pela média do departamento e todo o trabalho realizado é faturado para o projeto pelo salário médio do departamento, independentemente de quem realizou o trabalho.** Essa técnica é, obviamente, mais fácil, mas incentiva os gerentes de projetos a lutar por recursos de maior salário, uma vez que apenas os salários médios são faturados no projeto.
- **O trabalho é estimado pela media do departamento, mas todo o trabalho realizado é faturado de volta para o projeto pelo salário real dos trabalhadores que executam o trabalho.** Esse método pode criar uma grande dor de cabeça para o gerente do projeto, se ele tentar usar só os melhores empregados em seu projeto. Se esses trabalhadores estão ganhando substancialmente mais dinheiro do que a média do departamento, então, ocorrerá um sobrecusto, a menos que os trabalhadores possam executar o trabalho em menos tempo. Algumas empresas são forçadas por agências do governo a usar esse método e possuem problemas com as estimativas quando o projeto que deve ser precificado for um projeto de curta duração, em que apenas os empregados com maiores salários podem ser utilizados. Em tal situação é comum "inflar" as horas de mão de obra direta para compensar os custos acrescidos.
- **O trabalho é estimado pelo salário real dos funcionários que realizarão o trabalho e o custo é faturado de volta da mesma maneira.** Esse método é a situação ideal, contanto que as pessoas possam ser identificadas durante o esforço de definição de preços.

Algumas empresas utilizam uma combinação dos três métodos. Nesse caso, o escritório de projetos é precificado utilizando o método de terceiros (porque essas pessoas são identificadas precocemente), enquanto os empregados funcionais são precificados, utilizando o primeiro ou o segundo método.

14.15 ARMADILHAS DO PROCESSO DE ESTIMATIVA

Guia PMBOK®, 5. ed.
7.2.1 Estimar os custos: entradas

Várias armadilhas podem impedir o trabalho da definição de preços. Provavelmente a armadilha mais séria, e aquela que está geralmente fora do controle do gerente do projeto é a decisão de "persuadir", que se baseia na premissa de que haverá mudanças de recuperação ou contratos posteriores. Essas alterações e/ou contratos podem ser de peças de reposição, manutenção, manuais de manutenção, inspeção de equipamentos, equipamentos opcionais, serviços opcionais e fatores de descarte. Outros tipos de armadilhas durante o processo de estimativas incluem:

- Interpretação equivocada da declaração do trabalho
- Escopo definido inadequadamente ou omissões
- Cronograma mal definido ou excessivamente otimista
- Estrutura analítica do projeto inexata
- Aplicação inadequada dos níveis de qualificação para as tarefas
- Falha em contabilizar os riscos
- Falha em compreender ou contabilizar o aumento de custos e a inflação
- Falha no uso da técnica correta de estimativas
- Falha na utilização da taxa de preços futuros para os custos de *overhead*, administrativos e custos indiretos

Infelizmente, muitas dessas armadilhas não se tornam evidentes até serem detectadas pelo sistema de controle de custos, durante o projeto.

14.16 COMO ESTIMAR PROJETOS DE ALTO RISCO

Guia PMBOK®, 5. ed.
6.2.2.2 Planejamento em ondas sucessivas Capítulo 11 Gerenciamento dos Riscos do Projeto

Se um projeto é de alto ou baixo risco, depende da validade do histórico de estimativas. As empresas de construção possuem padrões históricos bem definidos, o que reduz seus riscos, enquanto muitos projetos de P&D e sistemas de informações gerenciais são de alto risco. A exatidão comum para cada nível da EAP é mostrada na Tabela 14-12.

TABELA 14-12 Exatidões para alto risco *versus* baixo risco

EAP		EXATIDÃO	
Nível	Descrição	Projetos de Baixo Risco	Projetos de Alto Risco
1	Programa	35	75-100
2	Projeto	20	50-60
3	Tarefa	10	20-30
4	Subtarefa	5	10-15
5	Pacote de Trabalho	2	5-10

Uma técnica comum utilizada para estimar projetos de alto risco é a abordagem em "ondas sucessivas" ou "janela móvel". Isso é apresentado na Figura 14-13 para um projeto de P&D de alto risco. O projeto tem a duração de doze meses. O esforço em P&D a ser realizado durante os seis primeiros meses está bem definido e pode ser estimado ao nível 5 da EAP. No entanto, o esforço para os últimos seis meses é baseado nos resultados dos primeiros seis meses e pode ser estimado apenas ao nível 2, incorrendo em um risco elevado. Agora considere a parte B da Figura 14-13, que mostra uma janela móvel de seis meses. Ao final do primeiro mês, a fim de manter uma janela móvel de seis meses (nível 5 da EAP), as estimativas para o sétimo mês devem ser melhoradas de uma estimativa em nível-2 para uma estimativa em nível-5. Do mesmo modo, nas partes C e D da Figura 14-13, vemos os efeitos da realização do segundo e terceiro meses.

Há dois pontos essenciais a serem considerados na utilização dessa técnica. Em primeiro lugar, o comprimento da janela móvel pode variar de projeto para projeto e, geralmente, aumenta em comprimento conforme as fases se adiantam do ciclo de vida. Em segundo lugar, essa técnica funciona melhor quando a alta administração compreende seu funcionamento. Muito frequentemente, o gerente sênior ouve apenas um orçamento e um número de cronograma durante a aprovação do projeto e pode não perceber que pelo menos metade do projeto pode estar exata apenas em 50-60% do tempo e dos custos. Isso posto, ao usar essa técnica, a palavra "aproximada" não é sinônimo da palavra "detalhada".

FIGURA 14-13 O conceito de janela móvel/ondas sucessivas.

Podem ser desenvolvidas metodologias para a avaliação de riscos. As Figuras 14-14 e 14-15 e a Tabela 14-13 mostram tais metodologias.

14.17 RISCOS DO PROJETO

Guia PMBOK®, 5. ed.
11.2 Identificar os riscos

Os planos do projeto são "documentos vivos" e, portanto, sujeitos a alterações. As mudanças são necessárias para prevenir ou corrigir situações desafortunadas que podem ser chamadas de riscos do projeto.

Risco refere-se às atividades ou fatores perigosos que, se ocorrerem, **aumentarão** a probabilidade de que os objetivos do projeto para tempo, custos e desempenho não sejam cumpridos. Muitos riscos podem ser previstos e controlados. Além disso, o gerenciamento de riscos deve ser parte integrante do gerenciamento de projetos durante todo o ciclo de vida do projeto. Alguns riscos comuns incluem:

- Requisitos mal definidos
- Ausência de recursos qualificados
- Ausência de apoio da administração
- Estimativas ruins
- Gerente de projetos inexperiente

A identificação de riscos é uma arte. Ela exige que o gerente de projetos examine, penetre e analise todos os dados. As ferramentas que podem ser utilizadas pelo gerente de projetos incluem:

- Sistemas de apoio à decisão
- Medições do valor esperado
- Análise das tendências/projeções
- Avaliações e auditorias independentes

O gerenciamento de riscos do projeto não é tão difícil como pode parecer. Existem seis etapas no processo de gerenciamento dos riscos:

- Identificação dos riscos
- Quantificação dos riscos
- Priorização dos riscos
- Desenvolvimento de uma estratégia para o gerenciamento dos riscos
- Revisão do patrocinador/executivo do projeto
- Tomada de ações

As Figuras 14-14 e 14-15 e a Tabela 14-13 identificam o processo de avaliação dos riscos em projetos de

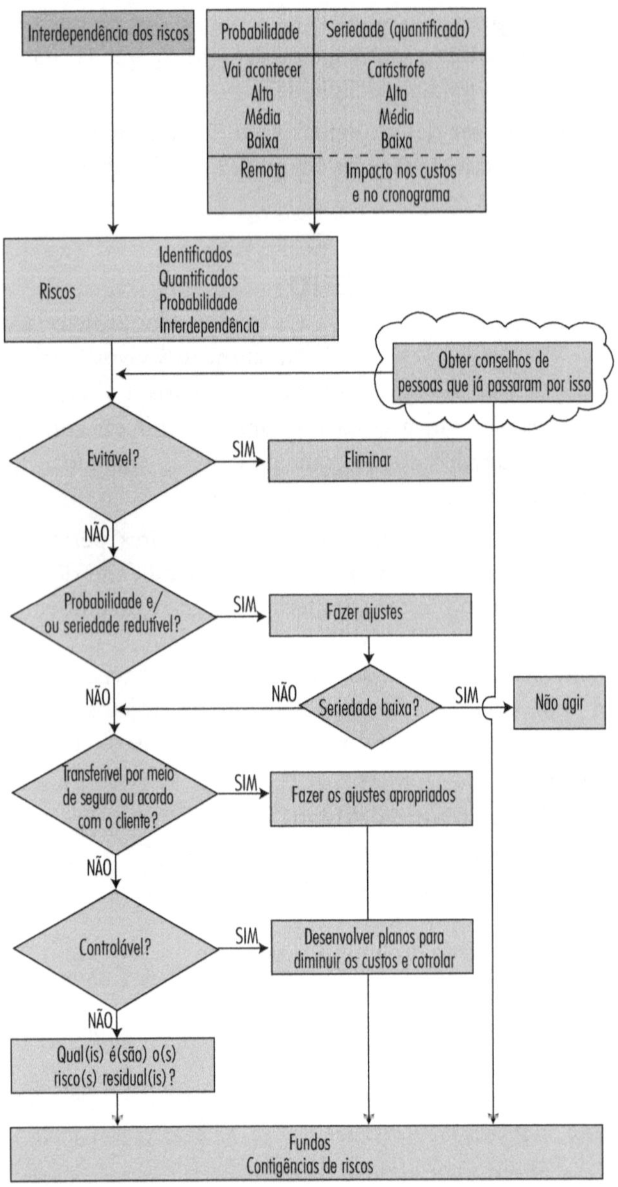

FIGURA 14-14 Elementos de decisão para contingências de riscos.

capital. Em todas as três exposições, é fácil verificar que a tentativa é quantificar os riscos, possivelmente por meio do desenvolvimento de um fundo de contingência.

14.18 O DESASTRE DA APLICAÇÃO DA "SOLUÇÃO 10%" NAS ESTIMATIVAS DO PROJETO

Crises econômicas podem e criam o caos em todas as organizações. Para o gerente do projeto, a pior situação é quando a alta administração emprega arbitrariamente a "solução 10%", que é uma redução orçamental de 10% para cada projeto, especialmente aqueles que já começaram. A solução 10% é utilizada para "criar" fundos para atividades complementares para as quais os orçamentos são inexistentes. A solução 10%, muito raramente, é bem-sucedida. Na maioria das vezes, o resultado é simplesmente o caos, resultando em desvios de cronograma, uma degradação da qualidade e do desempenho, e eventuais aumentos orçamentais em vez das reduções esperadas.

A maioria dos projetos é iniciada por meio de um comitê diretor, comitê regente, ou comitê de seleção. As duas principais funções desses comitês são selecionar os projetos a serem empreendidos e priorizar os esforços. Considerações orçamentais também podem ser incluídas, já que dizem respeito à seleção de projetos. Os orçamentos reais, no entanto, são estabelecidos pelos níveis médios de gerência e enviados para a aprovação superior.

Embora o papel do comitê diretor seja frequentemente mal definido, no que diz respeito ao orçamento, o verdadeiro problema é que o comitê não percebe o impacto da adoção da solução 10%. Se o orçamento do projeto é honesto, então uma redução no orçamento **deve** ser acompanhada de uma compensação, seja em tempo ou desempenho. Costuma-se dizer que 90% do orçamento gera 10% do primeiro serviço desejado ou dos níveis de qualidade, e que os restantes 10% do orçamento produzirão 90% dos objetivos de requisitos restantes. Se isso for verdade, então uma redução de 10% no orçamento, deve ser acompanhada por uma perda de desempenho muito maior do que a meta de redução de custos.

É verdade que alguns projetos possuem estimativas com "colchões", e que a redução de orçamento força o "acolchoamento". A maioria dos gerentes de projetos, porém, fornece estimativas realistas e cronogramas com um acolchoamento marginal. Da mesma forma, uma compensação entre tempo e custos é improvável que ajude, uma vez que o aumento da duração do projeto aumentará os custos.

Custos *versus* Qualidade

Todo mundo sabe que a redução de custos, muitas vezes, resulta em uma redução de qualidade. Inversamente, se o cronograma é inflexível, então, as únicas compensações possíveis e disponíveis para o gerente de projetos podem ser as de custos *versus* qualidade. Se o orçamento estimado para um projeto é muito alto, então, muitas vezes, os executivos estão dispostos a sacrificar algum grau de qualidade para manter o orçamento em dia. O problema, claro, é decidir o quanto de degradação da qualidade é aceitável.

Com demasiada frequência, os executivos acreditam que o custo e a qualidade são linearmente relacionados: se o orçamento é cortado em 10%, então teremos uma degradação da qualidade acompanhando os 10%. Nada

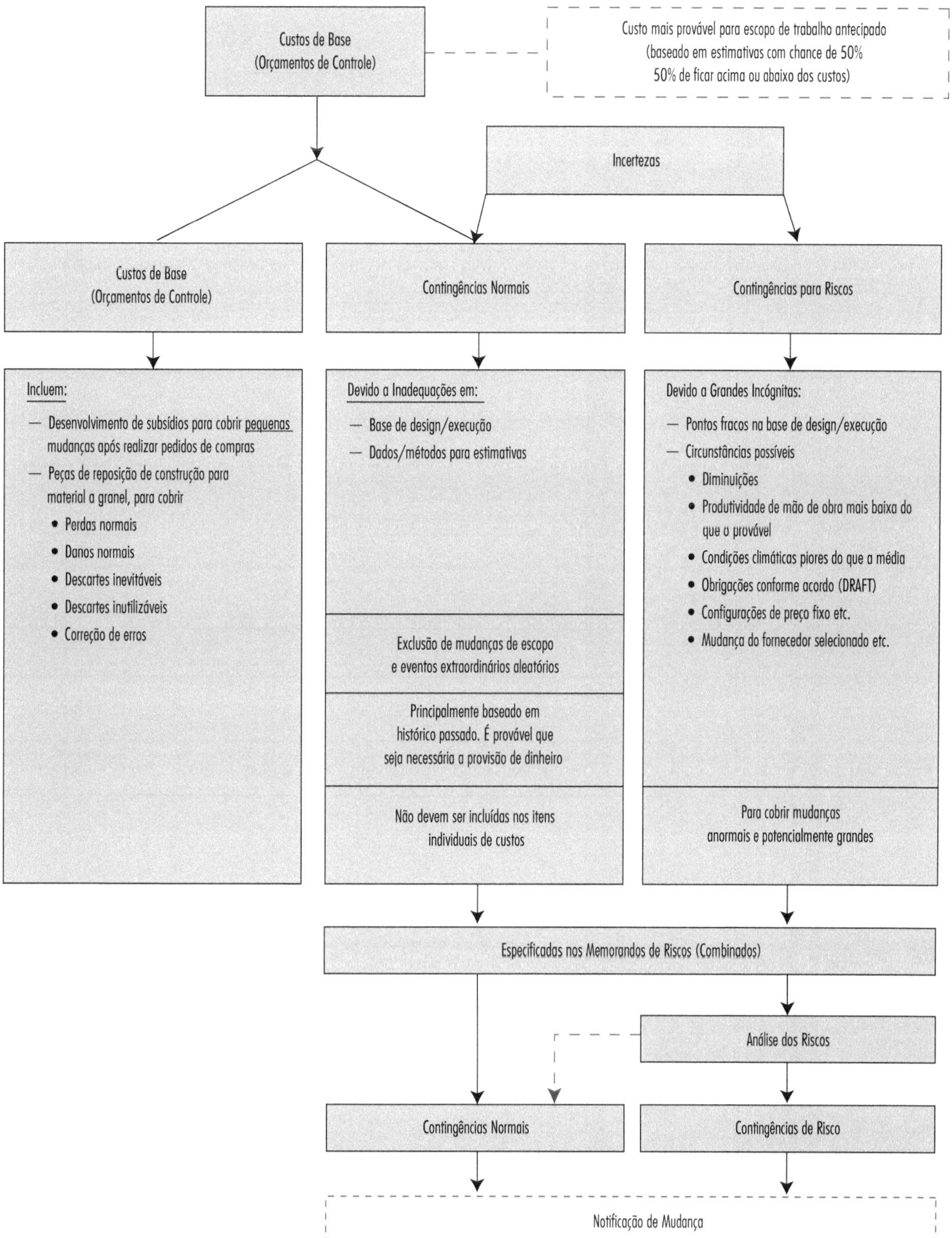

FIGURA 14-15 Elementos dos custos de base e das contingências de riscos.

TABELA 14-13 Formulário padrão para a análise dos riscos do projeto e para contingências de riscos

ANÁLISE DOS RISCOS DO PROJETO E CONTINGÊNCIAS DE RISCOS																				Proposta/Pedido Nº	
CONTINGÊNCIA DE RISCOS = 2 VALORES ESPERADOS						REF: PROCEDIMENTO 0110E														Div./Dept.	
																				Data	Emissão nº
					Risco Máximo		Resultado Possível				Transferir Para										RISCO
Sequência	Item	Valor	Risco: Sim/Não	Descrição da Mudança Máxima Possível no Item de Valor do Risco em %	Quantidade	Probabilidade	Quantidade	Interdependência dos Riscos	Seriedade Cat./Alta/Média/Baixa	Fazer Ajustes	Seguro	Acordos	Subcontratado ou Fornecedor	Exclusão do Escopo	Inclusão nas Estimativas	Desenvolvimetno de Subsídios	Peças de Construção	Plano para Controle	Aceitar como Risco Residual	Contingência Normal	VALOR ESPERADO

poderia estar mais longe da verdade. Na tabela a seguir podemos ver a relação entre custos, qualidade e tempo.

Custos do Projeto	85-90%	10-15%
Qualidade Tangível	10%	90%

Tempo

Os primeiros 85%-90% do orçamento (ou seja, o orçamento de mão de obra direta) são necessários para gerar os primeiros 10% da qualidade. Os últimos 10%-15% do orçamento, muitas vezes, produzem os restantes 90% da qualidade. Ninguém precisa de um grau avançado de matemática para perceber que uma redução de custos de 10% facilmente poderia vir acompanhada de uma redução de 50% na qualidade, dependendo, é claro, de onde os 10% foram cortados.

O cenário a seguir mostra a cadeia de eventos que poderiam ocorrer em uma organização comum:

- No início do ano fiscal, o comitê diretor escolhe os projetos que serão empreendidos, de forma que todos os recursos disponíveis sejam consumidos.
- Logo no ano fiscal, o comitê diretor autoriza projetos adicionais que devem ser empreendidos. Esses projetos são adicionados à fila.
- O comitê diretor reconhece que os recursos disponíveis são insuficientes para o serviço da fila. Uma vez que os orçamentos são apertados, a contratação de pessoal adicional é descartada. (Mesmo se os funcionários pudessem ser contratados, o prazo final do projeto estaria próximo antes que os novos funcionários estivessem devidamente treinados e no ritmo.)
- O comitê diretor se recusa a cancelar qualquer um dos projetos e toma o caminho mais "fácil", adotando a solução 10% em cada projeto. Além disso, o comitê diretor afirma que o desempenho inicial **deve** ser seguido em todos os custos.
- O moral no projeto e nas áreas funcionais, que pode ter levado meses para construir, agora é destruído do dia para a noite. Os colaboradores funcionais perdem a fé na capacidade do comitê diretor em trabalhar corretamente e tomar decisões seguras. Os funcionários procuram transferências para outras organizações.
- As prioridades funcionais são alteradas diariamente e os recursos são continuamente transferidos entre os projetos, com muito pouca consideração ao cronograma.
- Como cada projeto começa a sofrer, os gerentes de projetos começam a acumular recursos, se recusando a liberar pessoal para outros projetos, mesmo se o trabalho estiver concluído.
- Como a qualidade e o desempenho começam a se deteriorar, os gerentes em todos os níveis começam a escrever memorandos de "proteção".
- Desvios no cronograma e na qualidade tornam-se tão grandes que vários projetos são prorrogados para o ano fiscal seguinte, reduzindo, assim, o número de novos projetos que poderiam ser empreendidos.

A solução 10% simplesmente não funciona. No entanto, há duas alternativas viáveis. A primeira é usar a solução 10%, mas apenas em projetos selecionados e **depois** que um "estudo de impacto" tiver sido realizado, de modo que o comitê diretor compreenda o impacto sobre as restrições de tempo, custos e desempenho. A segunda opção, de longe a melhor, é o comitê diretor cancelar ou diminuir o escopo de projetos selecionados. Uma vez que é impossível reduzir o orçamento, sem redução de escopo, cancelar um projeto ou simplesmente atrasá-lo até o ano fiscal seguinte é uma opção viável. Afinal, por que todos os projetos têm que sofrer?

Cancelar um ou dois projetos na fila permite que os recursos existentes sejam utilizados de forma mais eficaz, mais produtiva, e com o moral mais elevado da organização. No entanto, é necessária uma forte liderança no nível da comissão diretora para seus participantes cancelarem um projeto em vez de "passar a bola" para os níveis inferiores da organização com a solução 10%. Os comitês diretores, muitas vezes, funcionam melhor se forem responsáveis pela seleção de projetos, priorização e acompanhamento, e se a média gerência for responsável pelo orçamento.

14.19 O CUSTO DO CICLO DE VIDA (LCC)

Guia PMBOK®, 5. ed.
7.2.1 Estimar os custos – entradas

Durante anos, muitas organizações de P&D têm operado em um vácuo em que as decisões técnicas feitas durante P&D eram inteiramente baseadas na parte do plano de P&D, com pouca consideração para o que acontece depois que a produção começa. Hoje, as empresas industriais estão adotando a abordagem do custo do ciclo de vida que foi desenvolvida e utilizada por organizações militares. Isso exposto, o LCC exige que as decisões tomadas durante o processo de P&D sejam avaliadas contra o custo total do ciclo de vida do sistema. Como exemplo, o grupo de P&D tem duas configurações de *design* possíveis para um novo produto. Ambas as configurações de *design* exigirão o mesmo orçamento de P&D e os mesmos custos de produção. No entanto, os custos de manutenção e apoio podem ser substancialmente maiores para um dos produtos. Se estes custos que se seguem não forem considerados na fase de P&D, grandes despesas não antecipadas podem resultar em um ponto em que não existem alternativas.

Os custos do ciclo de vida são os custos totais para a organização da propriedade e aquisição do produto durante sua vida útil. Isso inclui o custo de P&D, produção, operação, apoio e, se for o caso, custos de eliminação. Uma descrição de divisão comum pode incluir:

- **Custos de P&D:** os custos dos estudos de viabilidade; análises de custo-benefício; análises de sistema; *design* detalhado e desenvolvimento; fabricação; montagem e modelos de testes de engenharia; avaliação inicial do produto e documentação associada.
- **Custo de Produção:** o custo de fabricação, montagem e modelos de testes de produção; operação e manutenção da capacidade de produção e requisitos de apoio de logística interna associados, incluindo desenvolvimento de equipamentos suporte de teste e apoio, provisionamento de peças de reposição/reparação, desenvolvimento de dados técnicos, treinamento e entrada de itens em estoque.
- **Custo de Construção:** o custo de novas instalações de produção ou readaptação das estruturas existentes para acomodar a produção e operação dos requisitos de suporte.
- **Custo de Operação e Manutenção:** o custo de manter o pessoal operacional e o suporte de manutenção, peças de reposição/reparação e estoques relacionados, teste e suporte de manutenção de equipamentos, transporte e manipulação, instalações, modificações e mudanças de dados técnicos, e assim por diante.
- **Custo de Retirada e Redução Gradual (também chamado de Custo de Eliminação):** o custo de redução gradual do estoque do produto, em virtude de obsolescência ou desgaste, e subsequente reciclagem e recuperação de itens de equipamentos, conforme apropriado.

A análise do custo do ciclo de vida é o processo analítico e sistemático de avaliação de vários cursos alternativos de ação no início de um projeto, com o objetivo de escolher a melhor forma de empregar os recursos escassos. O custo do ciclo de vida é empregado na avaliação de configurações alternativas de *design*, de métodos alternativos de produção, esquemas alternativos de apoio, e assim por diante. Esse processo inclui:

- Definição do problema (qual informação é necessária)
- Definição dos requisitos do modelo de custos a ser utilizado
- Coleta de relações históricas entre custos e dados
- Desenvolvimento de estimativas e resultados de testes

A aplicação bem-sucedida de LCC irá:

- Fornecer visibilidade do impacto de recursos durante o curso
- Proporcionar o gerenciamento do custo do ciclo de vida
- Influenciar a tomada de decisões de P&D
- Apoiar o orçamento estratégico em curso

Existem também várias limitações às análises de custos do ciclo de vida. Elas incluem:

- A premissa de que o produto, como é conhecido, tem um ciclo de vida finito
- Um alto custo para executar, que não pode ser apropriado para produção de baixo custo/baixo volume
- Alta sensibilidade às mudanças nos requisitos

O custo do ciclo de vida exige que as primeiras estimativas sejam feitas. O método de estimativa selecionado baseia-se no contexto do problema (ou seja, decisões a serem tomadas, exatidão necessária, complexidade do produto e andamento do desenvolvimento do produto) e considerações operacionais (ou seja, data de introdução no mercado, tempo disponível para análise e recursos disponíveis).

Os métodos de estimativa disponíveis podem ser classificados como segue:

- Métodos informais de estimativa
  - Julgamento baseado na experiência
  - Analogia
  - Método SWAG[NT6]
  - Método ROM (ordem de grandeza)
  - Método da regra prática (*rule of thumb)*
- Métodos formais de estimativa
  - Detalhada (dos padrões da engenharia industrial)
  - Paramétrica

A Tabela 14-14 mostra as vantagens e desvantagens de cada método.

Guia PMBOK®, 5. ed.
7.2.2 Estimar os custos – ferramentas e técnicas

[NT6] Acrônimo para a expressão em inglês, *Sophisticated Wild Ass Guess* ou *Scientific Wild Ass Guess*, que significam literal e respectivamente "Estimativa Burra Sofisticada" ou "Estimativa Burra Científica".

TABELA 14-14 Métodos de estimativa

TÉCNICA DE ESTIMATIVA	APLICAÇÃO	VANTAGENS	DESVANTAGENS
Técnicas de engenharia (empíricas)	Reaquisições Produção Desenvolvimento	• Técnica mais detalhada • Melhor exatidão inerente • Fornecem melhor base de estimativas para estimativas de mudança futura do programa	• Requer em definição detalhada do programa e do produto • Demoradas e podem ser caras • Sujeitas ao viés de engenharia • Podem omitir os custos de integração do sistema
Estimativas paramétricas e escala (estatística)	Produção Desenvolvimento	• Aplicação é simples e de custo baixo • Banco de dados estatístico que pode fornecer os valores esperados e intervalos de previsão • Podem ser utilizadas para equipamentos ou sistemas anteriores ao *design* detalhado ou ao planejamento do programa	• Requerem que relações paramétricas de custos sejam estabelecidas • Muitas vezes são limitadas a subsistemas específicos ou equipamentos funcionais de sistemas • Dependem da quantidade e da qualidade dos dados • São limitadas pelos dados e números de variáveis independentes
Estimativas por analogia de equipamentos/subsistemas (comparativa)	Reaquisições Produção Desenvolvimento Planejamento do programa	• Relativamente simples • Têm custo baixo • Enfatizam mudanças incrementais no programa e no produto • Boa exatidão para sistemas similares	• Exigem dados análogos de produto e de programa • São limitadas à tecnologia estável • Faixa estreita de aplicações eletrônicas • Podem ser limitadas a sistemas e equipamentos construídos pela mesma empresa
Opinião especializada	Todas as fases do programa	• Disponível quando houver dados, relações paramétricas de custos ou definição do programa/produto insuficientes	• Sujeita a parcialidades • O aumento da complexidade do produto ou do programa pode degradar as estimativas • A justificativa da estimativa não é quantificável

A Figura 14-16 mostra as várias fases do ciclo de vida para os projetos do Departamento de Defesa. Ao final da fase de demonstração e validação (que é a conclusão de P&D), 85% das decisões que afetam o custo do ciclo de vida total terao sido tomadas, e a oportunidade de redução de custos é limitada a um máximo de 22% (excluindo os efeitos das experiências da curva de aprendizagem). A Figura 14-17 mostra que, ao final da fase de P&D, 95% do custo do ciclo de vida cumulativo está comprometido pelo governo. A Figura 14-18 mostra que, para cada $ 12 que o Departamento de Defesa aplica em P&D, $ 28 são necessários adiante para a produção e $ 60 para a operação e apoio.

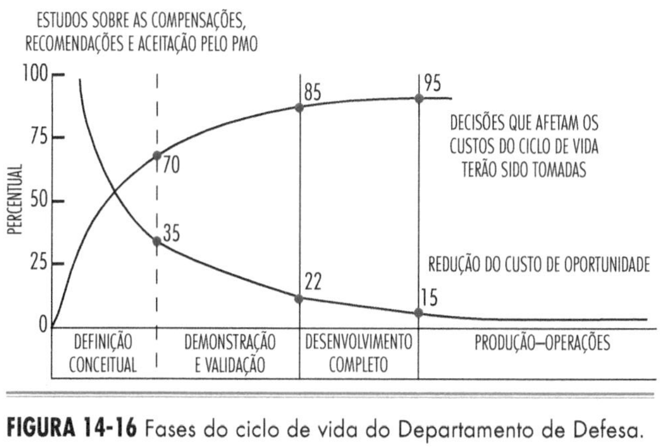

FIGURA 14-16 Fases do ciclo de vida do Departamento de Defesa.

A análise do custo do ciclo de vida é uma parte integrante do planejamento estratégico, já que a decisão de hoje afetará as ações de amanhã. No entanto, há erros comuns cometidos durante análise do custo do ciclo de vida:

- Perda ou omissão de dados
- Ausência de estrutura sistemática
- Interpretação errada dos dados
- Técnicas erradas ou mal utilizadas
- Concentração nos fatos insignificantes
- Falha em avaliar a incerteza
- Falha em verificar os trabalhos
- Estimativa de itens errados

14.20 APOIO LOGÍSTICO

Há uma classe de projetos chamados de projetos "materiais" em que a entrega pode exigir manutenção, assistência técnica e apoio após o desenvolvimento. Esse apoio continuará durante o ciclo de vida da entrega. O fornecimento de serviços para essas entregas é chamado de apoio logístico.

Na seção anterior, mostramos que cerca de 85% dos custos do ciclo de vida da entrega haviam sido comprometidos até o final da fase de *design* (ver Figuras 14-16 e 14-17). Também mostramos que a maioria do custo total do ciclo de vida de um sistema está em operação e apoio, e poderia contabilizar acima dos 60% do custo total. Claramente, as decisões com maior chance de afetar o custo do ciclo de vida e a iden-

Guia PMBOK®, 5. ed.
Capítulo 2 Ciclo de Vida e Organização do Projeto
2.4 Características das fases do projeto
7.2.1 Estimar os custos: entradas

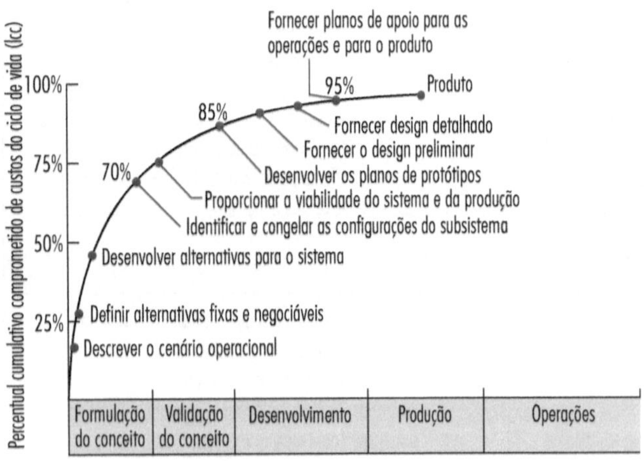

FIGURA 14-17 Ações que afetam o custo do ciclo de vida (LCC).

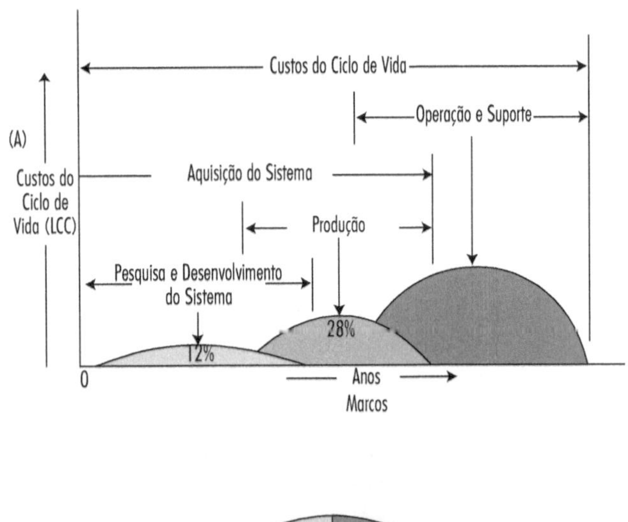

FIGURA 14-18 (A) Perfil típico de custos do ciclo de vida (LCC) do Departamento de Defesa para a aquisição de um sistema.
(B) Perfil típico de custos do ciclo de vida (LCC) para aquisição de um sistema de comunicação.

tificação de economias de custos são aquelas que influenciam o *design* da entrega. Isso exposto, o planejamento e o *design* adequados podem economizar para uma empresa centenas de milhões uma vez que a entrega seja colocada em uso.

Os dois parâmetros principais utilizados para avaliar o desempenho dos sistemas materiais são suportabilidade e prontidão. A suportabilidade é a capacidade de manter ou adquirir os recursos humanos e não humanos necessários para apoiar o sistema. Prontidão é uma medida de quão bem estamos em manter o sistema funcionando como planejado e quão rapidamente nós podemos fazer reparos durante o encerramento. Claramente, um planejamento adequado durante a fase de concepção de um projeto pode reduzir a suportabilidade, aumentar a prontidão operacional e minimizar ou diminuir os custos de apoio logístico.

Os dez elementos de apoio logístico são:

- **Planejamento da Manutenção:** o processo realizado para evoluir e estabelecer os conceitos e requisitos de manutenção para a vida de um sistema material.
- **Mão de Obra e Pessoal:** a identificação e aquisição de pessoal com as habilidades e qualidades necessárias para operar e fornecer apoio a um sistema material durante o seu tempo de vida.
- **Fornecimento de Apoio/Suporte:** todas as ações, procedimentos e técnicas de gestão, utilizadas para determinar os requisitos para adquirir, catalogar, receber, armazenar, transferir, expedir e descartar itens secundários. Isso inclui o provisionamento para o apoio inicial, bem como o fornecimento de apoio de reabastecimento.
- **Equipamentos de Suporte:** todos os equipamentos (móveis ou fixos) necessários para apoiar a operação e a manutenção de um sistema material. Isso inclui itens multiuso associados; assistência em escala e equipamentos de manutenção, ferramentas, metrologia e equipamentos de calibragem e equipamentos de teste e de teste automático. Isso inclui a aquisição de apoio logístico para o suporte e teste dos equipamentos em si.
- **Dados Técnicos:** informações arquivadas, independentemente da forma ou característica (como manuais e desenhos) de natureza científica ou técnica. Os programas de computador e os softwares relacionados não são os dados técnicos; a documentação de programas de computador e dos softwares relacionados, sim. E também outras informações relacionadas à administração do contrato.
- **Treinamento e Apoio ao Treinamento:** os processos, procedimentos, técnicas, dispositivos de trei-

namento e os equipamentos usados para treinar pessoal para operar e fornecer apoio ao sistema material. Isso inclui treinamento individual e de equipe; novos equipamentos de treinamento; treinamento inicial, formal e no local de trabalho; planejamento do apoio logístico para aquisições e instalações de equipamentos e dispositivos de treinamento.

- **Suporte aos Recursos de Computador:** as instalações, hardware, software, documentação, mão de obra e pessoal necessário para operar e dar suporte aos sistemas incorporados de computador.
- **Instalações:** os ativos imobiliários permanentes ou semipermanentes necessários para apoiar o sistema material. A gestão de instalações inclui a realização de estudos para definir os tipos de instalações ou de melhoria das instalações, locais, necessidade de espaço, exigências ambientais e equipamentos.
- **Acondicionamento, Manuseio, Armazenamento e Transporte:** os recursos, processos, procedimentos, considerações de *design* e métodos para garantir que todos os sistemas, equipamentos e itens de apoio sejam preservados, embalados, manuseados e transportados adequadamente. Isso inclui considerações ambientais e requisitos de preservação de equipamentos para armazenamento e viabilidade de transporte de curto e longo prazos.
- **Interface de Design:** a relação de parâmetros de *design* relacionados à logística com os requisitos de recursos de prontidão e apoio. Esses parâmetros de *design* relacionados à logística são expressos em termos operacionais e não como valores inerentes e, especificamente, se relacionam com os objetivos de prontidão do sistema e com os custos de apoio do sistema de material.

14.21 CRITÉRIOS ECONÔMICOS DE SELEÇÃO DE PROJETOS: ORÇAMENTO DE CAPITAL

Guia PMBOK®, 5. ed.
4.1.1.2 *Business case*

Os gerentes de projetos são frequentemente ordenados a serem participantes ativos durante a análise de custo-benefício da seleção de projetos. É altamente improvável que empresas aprovarão um projeto em que os custos excedam os benefícios. Os benefícios podem ser medidos tanto em termos financeiros, como não financeiros.

O processo de identificação dos benefícios financeiros é chamado de orçamento de capital, que pode ser definido como **o processo de tomada de decisão** pelo qual as organizações avaliam projetos que incluem a compra de ativos fixos importantes, tais como prédios, máquinas e equipamentos. Técnicas sofisticadas de orçamento de capital levam em consideração cronogramas de depreciação, informações fiscais e fluxo de caixa. Uma vez que apenas os princípios de orçamento de capital serão discutidos nesse texto, vamos nos restringir aos seguintes tópicos:

- Período de *Payback*
- Fluxo de Caixa Descontado (FCD)
- Valor Presente Líquido (VPL)
- Taxa Interna de Retorno (TIR)

14.22 PERÍODO DE *PAYBACK*

Guia PMBOK®, 5. ed.
4.1.1.2 *Business case*

O período de *payback* é a duração exata do tempo necessário para que uma empresa recupere seu investimento inicial, conforme calculado a partir das entradas de caixa. O período de *payback* é o **menos** preciso de todos os métodos de orçamento de capital, porque os cálculos estão em dinheiro e não ajustados para o valor do dinheiro no tempo. A Tabela 14-15 mostra o fluxo de caixa para o Projeto A.

Da Tabela 14-15, o Projeto A irá durar exatamente cinco anos, com as entradas de caixa mostradas. O período de *payback* será exatamente de quatro anos. Se o fluxo de caixa no ano 4 for de $ 6.000, em vez de $ 5.000, então o período de *payback* seria de três anos e dez meses.

O problema com o método *payback* é que os $ 5.000 recebidos no ano 4 não equivalem aos $ 5.000 de hoje. Essa abordagem não refinada exige que o método *payback* seja usado como uma ferramenta complementar para acompanhar os outros métodos.

14.23 O VALOR DO DINHEIRO NO TEMPO

Guia PMBOK®, 5. ed.
4.1.1.2 *Business case*

Todos sabem que um dólar hoje vale mais do que valerá em um ano. A razão para isso é o valor do dinheiro no tempo. Para ilustrar o valor do dinheiro no tempo, vejamos a seguinte equação:

$$FV = PV\,(1 + k)^n$$

onde

FV[NT7] = Valor futuro de um investimento

PV[NT8] = Valor presente

k = Taxa de juros do investimento (ou custo de capital)

n = Número de anos

TABELA 14-15 Dados de despesas de capital para o projeto A

Investimento Inicial	Entradas Esperadas de Caixa				
	Ano 1	Ano 2	Ano 3	Ano 4	Ano 5
$ 10.000	$ 1.000	$ 2.000	$ 2.000	$ 5.000	$ 2.000

NT7 Termo em inglês, future value (FV).

NT8 Termo em inglês, present value (PV).

Usando essa fórmula, podemos ver que um investimento de \$ 1.000 hoje (isto é, PV) investidos a 10% (ou seja, k) por um ano (ou seja, n) nos dará um valor futuro de \$ 1.100. Se o investimento for de dois anos, então o valor futuro seria o equivalente a \$ 1.210.

Agora, vamos olhar para a fórmula de uma perspectiva diferente. Se um investimento rende \$ 1.000 por ano a partir de agora, então quanto ele vale **hoje** se o custo do dinheiro é de 10%? Para resolver o problema, devemos descontar os valores futuros para o presente para efeitos de comparação. Isso é chamado de "fluxo de caixa descontado".

A equação anterior pode ser escrita como:

$$PV = \frac{FV}{(1+k)^n}$$

Utilizando os dados fornecidos:

$$PV = \frac{\$1.000}{(1+0,1)^1} = \$909$$

Portanto, \$ 1.000 em um ano valem apenas \$ 909 hoje. Se a taxa de juros, k, é de 10%, então você **não** deve investir mais de \$ 909 para obter o retorno \$ 1.000 em um ano. No entanto, se você pudesse comprar esse investimento a \$ 875, sua taxa de juros seria maior do que 10%.

O desconto de fluxos de caixa para o presente para efeitos de comparação é uma maneira viável para avaliar o valor de um investimento. Como exemplo, você tem uma escolha entre dois investimentos. O Investimento A irá gerar \$ 100.000 daqui a dois anos e o investimento B irá gerar \$ 110.000 daqui a três anos. Se o custo de capital é de 15%, qual investimento é o melhor?

Utilizando a fórmula para o fluxo de caixa descontado, vemos que:

$$PV_A = \$\ 75.614$$

$$PV_B = \$\ 72.327$$

Isso implica que um retorno de \$ 100.000 em dois anos vale mais para a empresa do que um retorno de \$ 110.000 em três anos.

14.24 VALOR PRESENTE LÍQUIDO (VPL)

Guia PMBOK®, 5. ed.
4.1.1.2 *Business case*

O método do valor presente líquido (VPL) é uma técnica sofisticada de orçamento de capital que iguala os fluxos de caixa descontados com o investimento inicial. Matematicamente,

$$VPL = \sum_{t=1}^{n} \left[\frac{FV_t}{(1+k)^t} \right] = -II$$

onde FV é o valor futuro das entradas de caixa, II representa o investimento inicial, e k é a taxa de desconto igual ao custo de capital da empresa.

A Tabela 14-16 calcula o VPL para os dados apresentados anteriormente na Tabela 14-15 usando uma taxa de desconto de 10%.

Isso indica que as entradas de caixa descontadas para o presente **não** vão recuperar o investimento inicial. Isso, na verdade, é um mau investimento a considerar. Anteriormente, dissemos que o fluxo de caixa resultou um período de retorno de quatro anos. No entanto, utilizando o fluxo de caixa descontado, o *payback* real é superior a cinco anos, supondo que haverá ingresso de dinheiro nos anos 6 e 7.

Se na Tabela 14-16 o investimento inicial foi de \$ 5.000, então o valor presente líquido seria \$ 3.722. Os critérios de tomada de decisões usando VPL são:

- Se o VPL é maior ou igual a zero dólar, aceitar o projeto
- Se o VPL é menor que zero dólar, rejeitar o projeto

Um valor positivo de VPL indica que a empresa vai ter um rendimento igual ou superior ao seu custo de capital.

14.25 TAXA INTERNA DE RETORNO (TIR)

Guia PMBOK®, 5. ed.
4.1.1.2 *Business case*

A taxa interna de retorno (TIR) é talvez a técnica mais sofisticada de orçamento de capital e também mais difícil de calcular que o VPL. A taxa interna de retorno é a taxa de desconto em que o valor presente das entradas de caixa é exatamente igual ao investimento inicial. Em outras palavras, a TIR é a taxa de desconto em que o VPL = 0. Matematicamente,

$$\sum_{t=1}^{n} \left[\frac{FV_t}{(1+TIR)^t} \right] - II = 0$$

TABELA 14-16 Cálculo do VPL para o projeto A

Ano	Entradas de Caixas	Valor Presente
1	\$ 1.000	\$ 909
2	2.000	1.653
3	2.000	1.503
4	5.000	3.415
5	2.000	1.242
	Valor presente das entradas de caixa \$ 8.722	
	Menos o investimento 10.000	
	Valor Presente Líquido <1.278>	

TABELA 14-17 Cálculo da TIR para as entradas de caixa do projeto A

TIR	VPL
10%	$ 3,722
20%	1,593
25%	807
30%	152
31%	34
32%	<78>

A solução para problemas que envolvem a TIR é basicamente a solução tentativa e erro. A Tabela 14-17 mostra que com as entradas de caixa fornecidas e com o investimento inicial de $ 5.000, uma TIR de 10% rendeu um valor de $ 3.722 de VPL. Portanto, como segunda hipótese, nós deveríamos tentar um valor maior do que 10% para a TIR para gerar um valor zero de VPL. A Tabela 14-17 mostra o cálculo final.

A tabela implica que as entradas de caixa são equivalentes a 31% do retorno sobre o investimento. Portanto, se o custo de capital fosse de 10%, esse seria um investimento excelente. Também, esse projeto é "provavelmente" superior a outros projetos com um valor menor da TIR.

14.26 COMPARAÇÃO ENTRE TIR, VPL E *PAYBACK*

Guia PMBOK®, 5. ed.
4.1.1.2 *Business case*

Para a maioria dos projetos, tanto a TIR como o VPL irão gerar a mesma decisão aceitar-rejeitar. No entanto, existem diferenças que podem existir nas premissas básicas que podem fazer com que os projetos sejam classificados de maneira diferente. O grande problema são as diferenças de magnitude e momento das entradas de caixa. O VPL considera que as entradas de caixa são reinvestidas ao custo de capital, enquanto a TIR considera o reinvestimento na TIR do projeto. O VPL tende a ser uma abordagem mais conservadora.

Os momentos das entradas de caixa também são importantes. Entradas de caixa nos anos iniciais tendem a estar em um menor custo de capital e são mais previsíveis do que entradas de caixa nos anos finais. Em virtude da incerteza adiante, as empresas preferem maiores entradas de caixa nos primeiros anos do que nos últimos.

Magnitude e momento são extremamente importantes na seleção de projetos de capital. Considere a Tabela 14-18.

TABELA 14-18 Projetos de capital

Projeto	TIR	Período de Payback com Fluxo de Caixa Descontado
A	10%	1 Ano
B	15%	2 Anos
C	25%	3 Anos
D	35%	5 Anos

Se a empresa possui fundos suficientes para um e apenas um projeto, as hipóteses naturais seriam selecionar o projeto D, com uma TIR de 35%. Infelizmente, as empresas evitam períodos de *payback* de longo prazo por causa das incertezas relativas das entradas de caixa após o Ano 1. Uma indústria química/de plásticos não irá considerar nenhum projeto de capital, a menos que o período de *payback* seja inferior a um ano e tenha uma TIR superior a 50%!

14.27 ANÁLISE DE RISCOS

Guia PMBOK®, 5. ed.
11.4.2.2 Técnicas de modelagem e análise quantitativa dos riscos

Suponha que você tenha uma escolha entre dois projetos, ambos exigem o mesmo investimento inicial, possuem o valor presente líquido idêntico, e requerem as mesmas entradas anuais de caixa para o equilíbrio. Se o fluxo de caixa do primeiro investimento tem uma probabilidade de ocorrência de 95% e o do segundo investimento tem uma probabilidade de 70%, então a análise de riscos indicaria que o primeiro investimento é melhor.

A análise de riscos refere-se à possibilidade de que a seleção desse projeto se mostrará inaceitável. No orçamento de capital, a análise de riscos é quase totalmente baseada em quão bem nós podemos prever as entradas de caixa, já que o investimento inicial geralmente é conhecido com algum grau de certeza. As entradas, é claro, são baseadas em projeções de vendas, impostos, custos de matérias-primas, materiais, as taxas de mão de obra e condições econômicas gerais.

A análise de sensibilidade é uma maneira simples de avaliar os riscos. Uma abordagem comum é estimar o VPL com base em uma abordagem otimista (melhor caso), uma abordagem mais provável (esperado) e uma abordagem pessimista (pior caso). Isso pode ser ilustrado utilizando a Tabela 14-19. Ambos os projetos, A e B, demandam o mesmo investimento inicial de $ 10.000, com um custo de capital de 10%, e com entradas anuais esperadas de caixa de cinco anos de $ 5.000 por ano. A

TABELA 14-19 Análise de sensibilidade

Investimento Inicial	Projeto A $ 10.000	Projeto B $ 10.000
	Entradas Anuais de Caixa	
Otimista	$ 8.000	$ 10.000
Mais provável	5.000	5.000
Pessimista	3.000	1.000
Variação	$ 5.000	$ 9.000
	Valor Presente Líquido	
Otimista	$ 20.326	$ 27.908
Mais provável	8.954	8.954
Pessimista	1.342	<6.209>
Variação	$ 18.984	$ 34.117

variação para o VPL do Projeto A é substancialmente menor do que a do Projeto B, implicando, portanto, que o Projeto A é menos arriscado. Um amante do risco selecionaria o Projeto B por causa da potencial recompensa de $ 27.908, enquanto alguém avesso a riscos selecionaria o Projeto A, que talvez não ofereça nenhum risco de perda.

14.28 RACIONAMENTO DE CAPITAL

Guia PMBOK®, 5. ed.
11.4.2.2 Técnicas de modelagem e análise quantitativa de riscos

O racionamento de capital é o processo de seleção do melhor grupo de projetos, de forma que resultará no valor presente líquido total mais alto sem exceder o orçamento total disponível. Uma premissa para o racionamento de capital é que os projetos em análise sejam mutuamente exclusivos. Há duas abordagens frequentemente consideradas para o racionamento de capital.

A abordagem da taxa interna de retorno traça as TIRs, em ordem decrescente com o investimento cumulativo em dólar. O número resultante é frequentemente chamado de cronograma de oportunidades de investimento. Como exemplo, suponha que uma empresa tenha $ 300.000 comprometidos em projetos e deve selecionar os projetos identificados na Tabela 14-20. Além disso, suponha que o custo de capital é de 10%.

A Figura 14-19 mostra o cronograma de oportunidades de investimento. O Projeto G não deve ser considerado, pois a TIR é menor que o custo de capital da empresa, mas devemos selecionar os Projetos, A, B e C, que irão consumir $ 280.000 de um orçamento total de $ 300.000. Isso nos permite ter as três maiores TIRs.

O problema com a abordagem TIR é que ela não garante que os projetos com as maiores TIRs irão maximizar o retorno total do dinheiro. A razão é que nem todos os fundos foram consumidos.

Uma abordagem melhor é o método do valor presente líquido. Nele, os projetos são novamente classificados de acordo com suas TIRs, mas a combinação dos projetos selecionados será baseada no maior valor presente líquido. Como exemplo, a seleção dos projetos A, B, e C da Tabela 14-20 requer um investimento inicial de $ 280.000, com fluxos de caixa descontados resultando em $ 446.000. O valor presente líquido dos projetos A, B e C é, portanto, $ 166.000. Isso pressupõe que as partes não utilizadas do orçamento original de $ 300.000 não ganham nem perdem dinheiro. Porém, se agora selecionarmos os projetos A, B e D, investiremos $ 300.000, com um valor presente líquido de $ 170.000 ($ 470.000 menos $ 300.000). Portanto, a seleção dos Projetos A, B e D irá maximizar o valor presente líquido.

TABELA 14-20 Projetos sob consideração

Projeto	Investimento	TIR	Fluxo de Caixa Descontado em 10%
A	$ 50.000	20%	$ 116.000
B	120.000	18%	183.000
C	110.000	16%	147.000
D	130.00	15%	171.000
E	90.000	12%	103.000
F	180.000	11%	206.000
G	80.000	8%	66.000

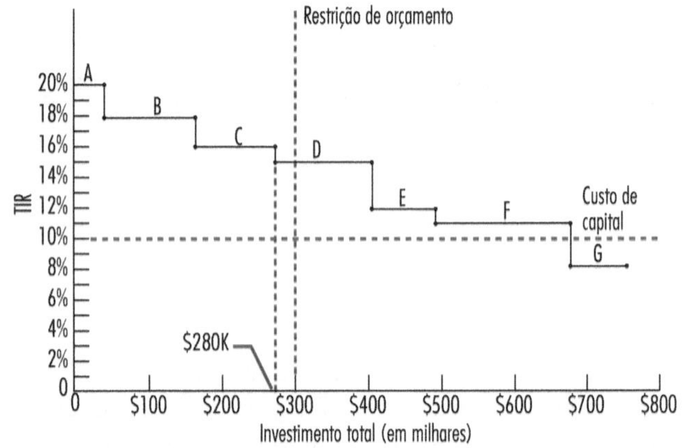

FIGURA 14-19 Cronograma de Oportunidades de Investimento (IOS)[NT9] para a Tabela 14-20.

14.29 FINANCIAMENTO DE PROJETOS[2]

O financiamento de projetos envolve o estabelecimento de uma empresa de projetos juridicamente independentes, geralmente para investimentos em larga escala (LSI)[NT10] e em longo prazo, em que os provedores de fundos são reembolsados a partir do fluxo de caixa e dos lucros, e em que os ativos da unidade (e apenas da unidade) são usados como garantia para os empréstimos. O reembolso da dívida viria da empresa do projeto apenas e não de qualquer outra entidade. Um risco com o financiamento de projetos é que os ativos de capital podem ter uma vida limitada. A restrição potencial de vida limitada, muitas vezes, difulta conseguir que os credores concordem com acordos financeiros de longa duração.

[2] O financiamento de projetos é um tema relativamente novo e agora está sendo ensinado em programas de pós-graduação em negócios. Na Universidade de Harvard, é ensinado pelo professor Benjamin C. Esty com o título de Large Scale Investment. Muitos exemplos excelentes aparecem no texto do Professor Esty, *Modern project finance* (Hoboken, NJ: Wiley, 2004).

[NT9] Da expressão em inglês, *Large-Scale Investments* (LSI).

[NT10] Da expressão em inglês, *Investment Opportunity Schedule* (IOS).

Outra questão crítica com o financiamento de projetos, especialmente para aqueles de alta tecnologia, é que os projetos geralmente são de longo prazo. Pode levar cerca de oito a dez anos antes de o serviço iniciar e, em termos de tecnologia, oito anos podem ser uma eternidade. O financiamento de projetos, muitas vezes, é considerado uma "aposta no futuro". E se o projeto vier a falhar, a empresa poderia não valer nada, após a liquidação.

Há vários riscos que devem ser considerados para compreender o financiamento de projetos. Os riscos geralmente considerados são:

- **Riscos Financeiros**
  - Uso do financiamento do projeto *versus* financiamento corportativo
  - Uso de títulos, ações, títulos de cupom zero e cédulas da empresa
  - Uso da dívida garantida *versus* dívida sem garantias
  - A melhor sequência ou o momento para o levantamento de capital
  - Mudanças nas classificações de títulos
  - Determinação do risco de refinanciamento, se necessário
- **Riscos de Desenvolvimento**
  - Realidade das premissas
  - Realidade da tecnologia
  - Realidade do desenvolvimento da tecnologia
  - Riscos de obsolescência
- **Riscos Políticos**
  - Riscos de soberania
  - Instabilidade política
  - Terrorismo e guerra
  - Disponibilidade de mão de obra
  - Restrições comerciais
  - Riscos macroeconômicos, como inflação, conversão de moeda e transferência de financiamento e tecnologia
- **Riscos Organizacionais**
  - Membros do conselho de administração
  - Incentivos para os diretores
  - Incentivos para os membros do conselho
  - Bônus como um percentual de compensação da base
  - Processo de resolução de disputas
- **Riscos de Execução**
  - Momento em que a execução começará
  - Expectativa de vida da execução
  - Capacidade de trabalhar a dívida durante a execução

14.30 DICAS DE ESTUDO PARA O EXAME DE CERTIFICAÇÃO EM GERENCIAMENTO DE PROJETOS PMI®

Esta seção aplica-se à revisão dos princípios de apoio às áreas de conhecimento e grupos de processos do Guia PMBOK®. Este capítulo aborda:

- Gerenciamento da Integração
- Gerenciamento do Escopo
- Gerenciamento do Tempo
- Gerenciamento dos Custos
- Iniciação
- Planejamento

A compreensão dos princípios a seguir será benéfica se o leitor estiver utilizando este livro como estudo para o Exame de Certificação PMP®:

- O que se entende por relações de estimativas de custos (CER)
- Três tipos básicos de estimativas
- Exatidão relativa de cada tipo de estimativa e o tempo aproximado para elaborar as estimativas
- A informação que é necessária para elaborar as estimativas (ou seja, mão de obra, material, taxas de *overhead* etc.)
- Importância dos dados de apoio para os custos
- Armadilhas das estimativas
- Conceito de planejamento em ondas sucessivas
- O que se entende por custo do ciclo de vida
- Diferentes maneiras de avaliar a viabilidade financeira de um projeto ou benefícios (ou seja, o ROI, período de *payback*, valor presente líquido, taxa interna de retorno, depreciação, modelos de pontuação)

As seguintes questões de múltipla escolha ajudarão na revisão dos conceitos deste capítulo:

1. Qual das seguintes é uma forma válida de se avaliar a viabilidade financeira de um projeto?
   a. O retorno sobre o investimento
   b. O valor presente líquido
   c. Taxa interna de retorno
   d. Todas as anteriores
2. Os três sistemas de classificação comum para as estimativas inclui todas as seguintes, exceto:
   a. Estimativas paramétricas
   b. Estimativas rápidas e práticas
   c. Estimativas por analogia
   d. Estimativas de engenharia
3. As estimativas mais exatas são as seguintes:
   a. Estimativas paramétricas
   b. Estimativas rápidas e práticas
   c. Estimativas por analogia
   d. Estimativas de engenharia
4. Qual das seguintes é considerada uma estimativa *bottom-up*, e não *top-down*?
   a. Estimativas paramétricas
   b. Estimativas por analogia
   c. Estimativas de engenharia
   d. Nenhuma das anteriores
5. Qual das seguintes alternativas seria considerada como uma relação de estimativas de custos (CER)?
   a. Equações matemáticas com base em análise de regressão

b. Curvas de aprendizagem
c. Relações entre custo e custo ou entre custo e quantidade
d. Todas as anteriores

6. Se um trabalhador ganha $ 30 por hora no salário, mas o projeto é cobrado a $ 75 para cada hora que o indivíduo trabalha, então a taxa de *overhead* é:
a. 100%
b. 150%
c. 250%
d. Nenhuma das anteriores

7. Informações fornecidas a um cliente para apoiar os dados financeiros apresentados na proposta são comumente chamadas de:
a. Dados de reserva
b. Dados de apoio da engenharia
c. Estimativas de justificativa da mão de obra
d. Estimativas legais de direito

8. Armadilhas do processo de estimativas podem resultar de:
a. Declaração do trabalho mal definida
b. Falha em contabilizar os riscos nas estimativas
c. Utilização de técnicas erradas de estimativa
d. Todas as anteriores

9. A fonte de muitos riscos de estimativas é:
a. Requisitos mal definidos
b. Um gerente de projetos inexperiente
c. Falta de apoio da administração durante o processo de estimativa
d. Todas as anteriores

10. Um projeto no qual o escopo evolui conforme o trabalho se realiza é chamado também de planejamento progressivo ou:
a. Planejamento sincronizado
b. Planejamento contínuo
c. Planejamento em ondas sucessivas
d. Planejamento contínuo de reestimativas

11. O cálculo do custo total de um produto, desde P&D até apoio operacional e eliminação, chama-se:
a. Custeio do nascimento-a-morte
b. Custo do ciclo de vida
c. Custos resumidos
d. Custeio de depreciação

RESPOSTAS

1. D 2. B 3. D 4. C 5. D 6. B 7. A 8. D 9. D 10. C 11. B

EXERCÍCIOS

14-1 Como um gerente de projetos estima um trabalho no qual as especificações não são elaboradas até que o trabalho esteja na metade?

14-2 A Beta Corporation está em processo de conclusão de um contrato para produzir 150 unidades para um dado cliente. O contrato consistia em P&D, testes e qualificação e a produção total. O departamento de engenharia industrial havia determinado que o seguinte número de horas eram necessárias para produzir algumas unidades:

Unidade	Horas necessárias por unidade
1	100
2	90
4	80
8	70
16	65
32	60
64	55
128	50

a. Traçar os pontos de dados em papel gráfico comum com o eixo Y como as horas e o eixo X como o número de unidades produzidas.
b. Traçar os pontos de dados em papel gráfico e determinar a inclinação da linha.
c. Comparar as partes A e B. Quais são as suas conclusões?
d. Quanto tempo deve levar para produzir a 150ª unidade?
e. Quanto tempo deve levar para produzir a 1000ª unidade? Explique sua resposta. É realista? Se não, por quê?
f. Como está produzindo a unidade 150, você imediatamente recebe um contrato posterior para mais 150 unidades. Quantas horas de fabricação você deve estimar para o esforço posterior (usando apenas as curvas de aprendizagem)?
g. Vamos supor que a engenharia industrial determina que o número ideal de horas de produção (para 100% de eficiência) é de 45. A que fator de eficiência você está agora realizando na conclusão da 150ª unidade? Depois de quantas unidades no contrato posterior você vai chegar ao nível ideal?
h. Ao final do primeiro contrato posterior, sua equipe e o pessoal ainda estão juntos e desempenhando a uma posição de eficiência de 100% (da parte g). Você recebeu um segundo contrato posterior, mas a obra apenas vai começar em até seis meses a partir de agora. Supondo que você possa montar a mesma equipe, qual quantidade de homens-horas por unidade você estimará para as 150 próximas unidades do contrato posterior?
i. A sua resposta à parte h mudaria se você não pudesse reunir a mesma equipe? Explique sua resposta quantitativamente.
j. Você está agora na equipe de negociação do contrato para o segundo contrato posterior de 150 unidades (que não está programado para começar durante seis meses). Com base nas pessoas disponíveis e na "perda de aprendizagem" entre

os contratos, o seu departamento de engenharia industrial estima que você estará desempenhando a um fator de eficiência de 60%. O cliente diz que seu fator de eficiência deve ser de, pelo menos, 75%. Se a sua empresa é onerada em $ 40/hora, quanto dinheiro está envolvido entre os fatores de eficiência de 60 e de 75%?

k. Quais considerações devem ser feitas quanto à decisão de comprometer o fator de eficiência?

14-3 Em referência à Figura 14-10, em quais condições **cada** uma das seguintes situações poderia ocorrer:

a. O gerente do programa e o escritório de programas determinam horas de mão de obra por meio da precificação da estrutura analítica do projeto sem coordenação com a gerência funcional.

b. A alta administração determina o preço de uma proposta sem formar um escritório de programas ou sem consultar a gerência funcional.

c. Não são executadas perturbações sobre o caso de base.

d. O diretor executivo seleciona o gerente do programa sem consultar seus conselheiros.

e. A alta administração não deseja ter uma reunião de análise dos custos antes do envio da proposta.

14-4 A Figura 14-20 pode ser utilizada eficazmente para precificar os custos de elaboração de relatórios?

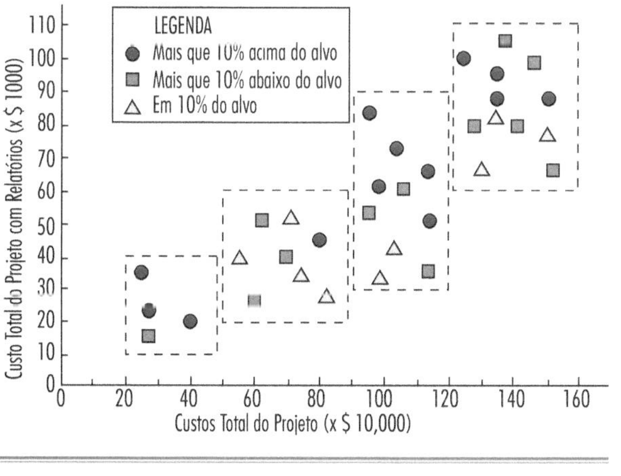

FIGURA 14-20 Custo de documentação do projeto.

14-5 Responda às seguintes perguntas em referência à Figura 14-10.

a. O caso de base para um programa é estimado em $ 22 milhões. O diretor executivo da empresa é necessário para obter autorização por escrito da empresa para participar de licitações de programas acima de $ 20 milhões. Durante a reunião de revisão de preços, o diretor executivo afirma que a proposta será enviada em $ 19,5 milhões. Você, como gerente do programa, deveria questionar isso?

b. A sua resposta à parte a mudaria se esse programa fosse consequência de um programa anterior?

c. As propostas normalmente consistem de conteúdos de gestão, técnicos e de custos. Indique na Figura 14-10 onde esses volumes podem ser impressos, supondo que cada um pode ser impresso de forma independente.

14-6 Em que tipo de projeto cada um dos seguintes parâmetros seriam selecionados:

a. Fator de correção salarial de 0%.

b. Encargos rescisórios de materiais de 0% ou 100%.

c. Comprometimentos de material para 20 meses em um programa de 24 meses.

d. Taxa de desalocação de 0% ou 100% da mão de obra dos meses seguintes.

14-7 Como a alta administração utiliza os resumos de custos e horas funcionais para determinar o planejamento de mão de obra para toda a empresa? Como você esperaria que a gerência reagisse se o resumo de custos e as horas funcionais indicassem uma escassez ou uma abundância de pessoal treinado?

14-8 Qual das seções apresentadas neste capítulo a gestão do programa deveria disponibilizar aos gerentes funcionais? Explique sua resposta.

14-9 A Jennings Construction Company decidiu licitar a construção de cada uma das duas fases de um projeto de grande porte. Os requisitos de licitação são de que os custos para cada fase sejam apresentados separadamente, juntamente com um custo de transição para passar a primeira fase do programa para um segundo fornecedor, caso a Jennings não receba as duas concessões ou desempenhe de forma insatisfatória na primeira fase. A avaliação para a adjudicação da segunda fase não será feita até que a primeira fase esteja quase concluída. Como os custos de transição serão identificados no modelo do planejamento estratégico?

14-10 Dois fornecedores decidem entrar em uma *joint venture* em um projeto. Quais dificuldades podem ocorrer se eles decidiram quem faz qual trabalho, mas mudanças podem ocorrer se existirem problemas? O que acontece se um fornecedor possui níveis mais altos de salários e taxas de *overhead*?

14-11 A Jones Manufacturing Company está competindo por um contrato de produção que requer que os trabalhos comecem em janeiro de 2003. O pacote de custos para a proposta deve ser apresentado até julho de 2002. A base de negócio e, portanto, as taxas de *overhead*, são incertas porque a Jones tem a possibilidade de ganhar um outro contrato, a ser anunciado em setembro de 2002. Como o impacto do anúncio pode ser incluído na proposta? Como você lidaria com uma situação em que outro contrato pode não ser renovado após janeiro de 2003, ou seja, suporia que o anúncio não seria feito até março?

14-12 Muitos programas competitivos contêm duas fases: pesquisa e desenvolvimento, e produção. Os lucros de produção são muito superiores aos lucros de P&D. A empresa que vence o contrato de P&D normalmente torna-se favorita para o contrato de produção, bem como para qualquer trabalho posterior. Como os números em dólares, inseridos no trabalho posterior, podem influenciar o pacote de custos que você envia para a fase de P&D? Se o valor de homens-horas apresentados para a fase de P&D virasse a base para a fase de produção, você mudaria a sua resposta?

14-13 Durante as atividades iniciais de definição de preços, um dos gerentes funcionais descobre que a estrutura analítica do projeto demanda dados de custos a um nível que não é feito normalmente, e que vai, sem dúvida, incorrer em custos adicionais. Como você, como gerente do programa, deve responder a essa situação? Quais são as suas alternativas?

14-14 O gerente do projeto deveria dar as curvas finais de alocação de mão de obra para o os gerentes funcionais? Se sim, em que momento?

14-15 Você foi solicitado para estimar o preço de um projeto para um cliente externo. O projeto será executado por oito meses. A mão de obra direta é de $ 100.000 para cada mês e a taxa de *overhead* é fixada em 100% ao mês. O encargo rescisório sobre a mão de obra direta e as despesas gerais é de 80% das despesas do mês seguinte. As despesas materiais são as seguintes:

Material A: O custo é de $ 100.000 a pagar em 30 dias corridos. O material é necessário, no final do quinto mês. O tempo de ciclo é de quatro meses, com multas rescisórias da seguinte forma:

30 dias: 25%

60 dias: 75%

90 dias: 100%

Material B: O custo é de $ 200.000, pago na entrega. O material é necessário, no final do sétimo mês. O tempo de ciclo é de três meses com multas rescisórias da seguinte forma:

30 dias: 50%

60 dias: 100%

Complete a tabela a seguir, desconsiderando os lucros.

	Mês							
	1	2	3	4	5	6	7	8
Mão de obra direta								
Overhead								
Materiais								
Fluxo de caixa mensal								
Fluxo de caixa cumulativo								
Encargos rescisórios mensais: mão de obra								
Encargos rescisórios cumulativos: mão de obra								
Multas rescisórias mensais: materiais								
Multas rescisórias cumulativas: materiais								
Encargos rescisórios totais para o projeto								

14-16 O gerente de projetos deve ser nomeado na etapa de licitação de um projeto? Se assim for, que autoridade ele deve ter, e quem é responsável por vencer o contrato?

14-17 Explique a utilidade de cada um dos seguintes durante a estimativa dos custos do projeto:

a. Planejamento e estimativa de contingência
b. Utilização de dados históricos
c. Utilidade da estimativa computadorizada
d. Utilidade dos fatores de desempenho para contabilizar as ineficiências e incertezas

ESTUDO DE CASO

O PROBLEMA DE ESTIMATIVA[1]

Bárbara acabou de receber a boa notícia: ela foi designada como gerente de projeto em um projeto que sua empresa ganhou como parte de uma licitação. Sempre que uma Solicitação de Proposta (SDP) chega à empresa de Bárbara, uma comissão composta principalmente de gerentes sênior faz uma revisão da SDP. Se a decisão é por licitar o trabalho, a SDP é entregue ao Departamento de Proposta. Parte do Departamento de Proposta é composto por um grupo de estimativas, que é responsável por estimar todo o trabalho. Se o grupo de estimativas não tem histórico anterior a respeito de algumas das entregas pacotes de trabalho e não tem certeza sobre o tempo e o custo para o trabalho, solicitam então aos gerentes funcionais que deem assistência na estimativa.

Os gerentes de projeto como Bárbara não costumam participar do processo de licitação. Normalmente, seu primeiro conhecimento sobre o projeto vem depois da concessão contratual à sua empresa e da sua designação como o gerente de projeto. Alguns gerentes de projeto são muito otimistas e confiam implicitamente nas estimativas que foram submetidas na licitação, a menos, é claro, que um período significativo de tempo tenha decorrido entre a data de apresentação da proposta e a data de concessão do contrato final. Bárbara, no entanto, é um pouco pessimista. Ela acredita que aceitar as estimativas como foram apresentadas na proposta é como jogar roleta russa. Desta forma, Bárbara prefere rever as estimativas.

Um dos pacotes de trabalho mais críticos do projeto foi estimado em 12 semanas, utilizando um funcionário nível 7 em tempo integral. Bárbara tinha realizado essa tarefa em projetos anteriores, e necessitou de uma pessoa em tempo integral durante 14 semanas. Bárbara solicitou ao grupo de estimativas que informasse como chegou a esse prazo. O grupo de estimativas respondeu que havia utilizado a estimativa de três pontos, na qual o prazo otimista era de quatro semanas, o prazo mais provável era de 13 semanas, e o prazo mais pessimista era de 16 semanas.

Bárbara acreditava que a estimativa de três pontos estava muito fora do real. A única forma possível de completar este pacote de trabalho em quatro semanas seria em um projeto muito pequeno, o que nem de perto chegava à complexidade do projeto que ela iria gerenciar. Portanto, o grupo de estimativas não estava considerando quaisquer fatores de complexidade ao utilizar a estimativa de três pontos. Se o grupo tivesse utilizado distribuição triangular, em que cada uma das três estimativas tem uma probabilidade igual de ocorrência, a estimativa final teria sido de 13 semanas. Isto estaria mais próximo das 14 semanas que Bárbara pensava que o pacote de trabalho iria consumir. Embora a diferença de uma semana pareça pequena, poderia ter um sério impacto sobre seu projeto, e incorrer em penalidades por atraso na entrega.

Bárbara ainda estava confusa, e decidiu falar com Peter, o funcionário que foi designado para realizar esta tarefa. Ela tinha trabalhado com Peter em projetos anteriores. Ele era um funcionário nível 9, e considerado especialista nesse pacote de trabalho. Durante as discussões com Bárbara, Peter fez os seguintes comentários:

> Eu vi as bases de dados de estimativas que incluem este tipo de pacote de trabalho e todas estimam o pacote de trabalho em cerca de 14 semanas. Eu não entendo por que o nosso grupo de estimativas prefere usar a estimativa de três pontos.

Bárbara perguntou: "Será que a base de dados típica leva em conta a complexidade do projeto quando pondera as estimativas?". Peter respondeu:

> Algumas bases de dados têm técnicas para considerar a complexidade, mas a maioria simplesmente considera um nível médio de complexidade. Quando a complexidade é importante, como em nosso projeto, a estimativa análoga seria melhor. Utilizando estimativa análoga e comparando a complexidade do pacote de trabalho neste projeto com pacotes de trabalhos similares que já completei, eu diria que 16-17 semanas seria o mais próximo da realidade, e vamos torcer para que eu não seja removido do projeto para apagar incêndio em algum outro lugar da empresa. Isso seria terrível. É impossível para mim terminar o trabalho em 12 semanas. E adicionar mais pessoas para esse pacote de trabalho não vai encurtar o cronograma. Poderia até piorar a situação.

Bárbara então fez a Peter mais uma pergunta:

> Peter, você é nível 9 e considerado especialista no assunto. Se um nível 7 tivesse sido designado, como o grupo de estimativas havia dito, quanto tempo ele levaria para fazer o trabalho?

> "Provavelmente cerca de 20 semanas ou mais", respondeu Peter.

PERGUNTAS

1. Quantas técnicas diferentes de estimativa foram discutidas no caso?
2. Se cada estimativa é diferente, como um gerente de projeto decide que uma estimativa é melhor do que a outra?
3. Se você fosse o gerente do projeto, qual estimativa você usaria?

15

CONTROLE DOS CUSTOS

Estudos de Caso Relacionados (de Kerzner/*Project Management Case Studies*, 3. ed.)	Livro de Exercícios Relacionado (de Kerzner/*Project Management Workbook and PMP®/CAPM® Exam Study Guide*, 11. ed.)	Guia PMBOK® – 5. ed., Seção de Referência para o Exame de Certificação PMP®
• O Período na "Goladeira"* • Problemas no Paraíso*	• Using the 50/50 Rule • Multiple Choice Exam • Crossword Puzzle on Cost Management	• Gerenciamento dos Custos • Gerenciamento do Escopo

** Estudo de caso também aparece no final do capítulo.*

15.0 INTRODUÇÃO

Guia PMBOK®, 5. ed.
7.4 Controlar os Custos

O controle de custos é igualmente importante para todas as empresas, independentemente do tamanho. As pequenas empresas geralmente possuem controles monetários mais rígidos, porque o fracasso de até mesmo um único projeto pode colocar a empresa em risco. Porém, possuem técnicas menos sofisticadas de controle. As grandes empresas podem se dar ao luxo de espalhar os prejuízos do projeto por vários projetos, enquanto a pequena empresa provavelmente terá poucos projetos.

Muitas pessoas têm uma má compreensão do controle de custos. O controle de custos não é apenas o "monitoramento" dos custos e o registro de dados, mas também a análise dos dados, a fim de tomar ações corretivas antes que seja tarde demais. Ele deve ser realizado por todo o pessoal envolvido com custos, e não apenas pelo escritório de projetos.

O controle de custos implica o bom gerenciamento dos custos, que deve incluir:

- A estimativa dos custos
- A contabilidade de custos
- O fluxo de caixa do projeto
- O fluxo de caixa da empresa
- O custeio de mão de obra direta
- O custeio da taxa de *overhead*
- Outras táticas, como incentivos, penalizações e participação nos lucros

O controle de custos é, na realidade, um subsistema do sistema de controle e gestão de custos (MCCS), em vez de um sistema completo por si só. Isso é mostrado na Figura 15-1, em que o MCCS é representado como um processo de dois ciclos: um ciclo de planejamento e um ciclo de operações. O ciclo operacional é o que é comumente chamado de sistema de controle de custos. A falha de um sistema de controle de custos em descrever exatamente a verdadeira posição de um projeto não implica necessariamente que o sistema de controle de custos seja falho. Qualquer sistema de controle de custos é tão bom quanto o plano inicial, contra o qual o desempenho será medido. Portanto, a concepção de um sistema de planejamento deve levar em conta o sistema de controle de custos. Por esse motivo, é comum que o ciclo de planejamento seja chamado de planejamento e controle, enquanto o ciclo operacional seja chamado de custos e controle.

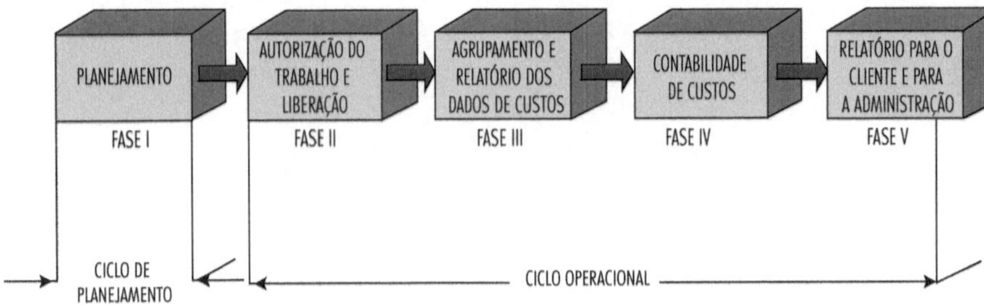

FIGURA 15-1 Fases de um sistema de controle e gestão de custos.

O sistema de planejamento e controle deve ajudar a administração a projetar o posicionamento rumo à conclusão do objetivo. Sua finalidade é estabelecer as políticas, procedimentos e técnicas que podem ser utilizados no gerenciamento e controle do dia a dia de projetos e programas. Ele deve, portanto, prover informações que:

- Forneçam um quadro do real progresso do trabalho
- Informem o desempenho dos custos e do cronograma
- Identifiquem problemas potenciais com relação a suas fontes
- Forneçam informações aos gerentes de projetos com um nível prático de resumo
- Demonstrem que os marcos são válidos, oportunos e auditáveis

O sistema de planejamento e controle, além de ser um instrumento pelo qual os objetivos podem ser definidos (isto é, hierarquia de objetivos e responsabilidade da organização), existe como uma ferramenta para desenvolver o planejamento, medir o progresso e controlar as mudanças. Como uma ferramenta para o planejamento, o sistema deve ser capaz de:

- Planejar e programar o trabalho
- Identificar os indicadores que serão utilizados para a medição
- Estabelecer orçamentos de mão de obra direta
- Estabelecer orçamentos de *overhead*
- Identificar a reserva de gerenciamento

O orçamento do projeto, que resulta do ciclo de planejamento do MCCS, deve ser razoável, exequível e baseado nos custos negociados contratualmente e na declaração do trabalho. A base para o orçamento é tanto os custos históricos, quanto as melhores estimativas ou os padrões de engenharia industrial. O orçamento deve identificar requisitos planejados de mão de obra, de fundos alocados do contrato e de gerenciamento de reservas.

O estabelecimento de orçamentos requer que o planejador compreenda plenamente o significado dos padrões. Há duas categorias de padrões. Os padrões de resultados de desempenho são medidas quantitativas e incluem tais itens como a qualidade do trabalho, a quantidade de trabalho, o custo do trabalho e o tempo para terminar. Os padrões de processo são qualitativos, incluindo relações de fatores de pessoal, fatores funcionais e físicos. Os padrões são vantajosos, no sentido de que fornecem um meio de unidade, uma base para o controle efetivo e um incentivo para os outros. A desvantagem dos padrões é que o desempenho é geralmente congelado e os empregados são muitas vezes incapazes de se adaptarem às diferenças.

Como uma ferramenta para a medição do progresso e controle da mudança, os sistemas devem ser capazes de:

- Medir os recursos consumidos
- Medir o andamento e as realizações
- Comparar as medições com as projeções e padrões
- Fornecer a base para o diagnóstico e o replanejamento

Ao utilizar o MCCS, as seguintes orientações geralmente se aplicam:

- O nível de detalhamento é especificado pelo gerente de projetos com a aprovação da alta administração
- A autoridade centralizada e o controle sobre cada projeto são de responsabilidade da divisão de gerenciamento de projetos
- Para grandes projetos, o gerente de projetos pode ser apoiado por uma equipe do projeto para a utilização do MCCS

Quase todos os sistemas de planejamento e controle de projetos possuem requisitos identificáveis de *design*. Esses requisitos incluem:

- Uma estrutura comum, a partir da qual integrar tempo, custos e desempenho técnico
- Capacidade de rastrear o progresso de parâmetros importantes
- Resposta rápida
- Capacidade de previsão do valor final

- Dados exatos e adequados para a tomada de decisões por cada nível de gestão
- Relatórios completos de exceção com capacidade de análise do problema
- Avaliação quantitativa imediata de soluções alternativas

As atividades de planejamento MCCS incluem:

- Recebimento do contrato (se aplicável)
- Autorização de trabalho para o planejamento do projeto
- Estrutura analítica do projeto
- Descrição do trabalho subdividido
- Cronogramas
- Gráficos de planejamento
- Orçamentos

Os gráficos de planejamento MCCS são planilhas utilizadas para criar o orçamento. Esses gráficos incluem a mão de obra planejada em horas e os materiais, em dólares. O planejamento MCCS é realizado de uma das seguintes formas:

- Um nível abaixo do nível mais baixo da EAP
- No nível mais baixo de gestão
- Por elemento de custos ou conta de custos

Mesmo com um sistema de planejamento e controle totalmente desenvolvido, existem inúmeros benefícios e custos. O sistema adequado deve considerar uma análise custo-benefício e incluir itens como:

- Benefícios do projeto
  - Técnicas de planejamento e controle facilitam:
    - — A derivação de especificações de saída (objetivos do projeto)
    - — A delineação das atividades necessárias (trabalho)
    - — A coordenação e comunicação entre as unidades organizacionais
    - — A determinação do tipo, quantidade e tempo dos recursos necessários
    - — O reconhecimento de elementos de alto risco e avaliação de incertezas
    - — Sugestões de cursos alternativos de ação
    - — A realização do efeito das mudanças no nível de recursos sobre o cronograma e o desempenho de saída
    - — A medição e o relatório do real progresso
    - — A identificação de problemas potenciais
    - — A base para a resolução de problemas, tomada de decisões e ações corretivas
    - — Garantia de ligação entre planejamento e controle
- Custos do projeto
  - Técnicas de planejamento e controle demandam:
    - — Novas formas (novos sistemas) de informações de fontes adicionais e processamento incremental (tempo gerencial, despesas do computador etc.)
    - — Pessoal adicional ou menor amplitude de controle de tempo para liberar o tempo gerencial para tarefas de planejamento e controle (aumento do *overhead*)
    - — Treinamento na utilização de técnicas (tempo e materiais).

Um MCCS bem disciplinado produzirá os seguintes resultados:

- Políticas e procedimentos que irão minimizar a capacidade de distorcer o relatório
- Forte ênfase da gerência no cumprimento dos compromissos
- Reuniões semanais da equipe com uma agenda formalizada, itens de ação e minutas
- Revisão periódica pela alta administração do andamento técnico e financeiro
- Auditoria interna simplificada para verificar a adequação dos procedimentos.

Para o MCCS ser eficaz, ambos os sistemas, de programação e orçamentação, devem ser disciplinados e formais, a fim de evitar orçamento inadvertido ou arbitrário ou mudanças no cronograma. Isso **não** significa que o orçamento e o cronograma da linha de base, uma vez estabelecidos, sejam estáticos ou inflexíveis. Pelo contrário, isso significa que as mudanças devem ser controladas e devem resultar apenas de ações deliberadas da gerência.

O uso disciplinado do MCCS destina-se a fazer pressão sobre o gerente de projetos, a fim de realizar um planejamento de projeto excepcionalmente bom para que as mudanças sejam minimizadas. Como exemplo, os subcontratados do governo não podem:

- Fazer mudanças retroativas aos orçamentos ou custos para o trabalho que já foi concluído
- Fazer novo orçamento para o trabalho em andamento
- Transferir trabalho ou o orçamento de forma independente um do outro
- Reabrir pacotes de trabalho fechados

Em algumas indústrias, o MCCS deve ser usado em todos os contratos de $ 2 milhões ou mais, incluindo esforços de preço fixo garantido. O teste fundamental quanto a utilizar ou não ou MCCS é determinar se os contratos estabeleceram entregas de itens finais ou não, sejam as entregas hardware ou software de computador, que devem ser realizadas por meio de esforços mensuráveis.

Dois programas são utilizados pelo governo e pela indústria em conjunto com o MCCS como uma tentativa de melhorar a eficácia no controle de custos. O programa de orçamento base zero proporciona melhores técnicas de estimativa para a parte de verificação de controle. O programa *design-to-cost*[NT1] auxilia na parte de tomada de decisões do processo de controle por meio da identificação de uma estrutura de tomada de decisões, da qual o replanejamento possa acontecer.

15.1 COMPREENSÃO DE CONTROLE

Guia PMBOK®, 5. ed.
3.6 Grupo de processos de monitoramento e controle

A gestão eficaz de um programa durante o ciclo operacional requer que um sistema bem organizado de custos e controle seja concebido, desenvolvido e implementado para que o feedback imediato possa ser obtido, mediante o qual o uso atualizado de recursos possa ser comparado aos objetivos estabelecidos durante o ciclo de planejamento. Os requisitos para um sistema de controle eficaz (tanto para custos e cronograma, quanto para desempenho) devem incluir[1]:

- Planejamento minucioso do trabalho a ser realizado para concluir o projeto
- Boas estimativas de tempo, mão de obra e custos
- Comunicação clara do escopo das tarefas necessárias
- Orçamento disciplinado e autorização de despesas
- Contabilização oportuna do progresso físico e dos gastos
- Reestimativas periódicas de tempo e custos para terminar o trabalho restante
- Comparação frequente e periódica do progresso real e das despesas aos cronogramas e orçamentos, tanto no momento da comparação quanto na conclusão do projeto

A administração deve comparar tempo, custos e desempenho do programa com tempo, custos e desempenho orçados, não independentemente, mas de uma forma integrada. Estar dentro de um orçamento na hora certa não tem qualquer utilidade se o desempenho estiver apenas em 75%. Da mesma forma, ter uma linha de produção resultando em 200 itens, como previsto, perde seu significado se incorrer em sobrecustos de 50%. Todos os três parâmetros de recursos (tempo, custos e desempenho) devem ser analisados como um grupo, ou então podemos "vencer a batalha, mas perder a guerra". O uso da expressão "sistema de controle e gestão de custos" é vago no sentido de que apenas os custos são controlados. Isso não é verdade, um sistema de controle eficaz monitora o cronograma e o desempenho, bem como os custos, por meio da criação de orçamentos, da medição dos gastos em relação aos orçamentos e da identificação de variações, assegurando que os gastos são adequados, e tomando ações corretivas, quando necessário.

Anteriormente definimos a estrutura analítica do projeto como o elemento que atua como a fonte da qual todos os custos e controles devem emanar. A EAP é o total do projeto divido sucessivamente em menores níveis até que os níveis desejados de controle sejam estabelecidos. A estrutura analítica do projeto, portanto, serve como ferramenta, da qual o desempenho pode ser subdividido em objetivos e subobjetivos. Conforme o trabalho progride, a EAP fornece a estrutura, na qual custos, tempo e cronograma/desempenho podem ser comparados com o orçamento de cada nível da EAP.

O primeiro propósito do controle, portanto, torna-se um processo de verificação realizado por meio da comparação do desempenho real até o momento com os planos e padrões predeterminados e estabelecidos na fase de planejamento. A comparação serve para verificar que:

- Os objetivos foram traduzidos com êxito em padrões de desempenho
- Os padrões de desempenho são, na verdade, uma representação fiel das atividades e eventos do programa
- Orçamentos significativos foram estabelecidos, de forma que possam ser realizadas comparações entre o real *versus* o planejado

Em outras palavras, a comparação verifica que os padrões corretos foram selecionados e que eles são devidamente utilizados.

A segunda finalidade do controle é a tomada de decisões. Três relatórios úteis são solicitados pela administração para tomar decisões eficazes e oportunas:

- O plano do projeto, o cronograma e o orçamento elaborados durante a fase de planejamento
- Uma comparação detalhada entre os recursos gastos até o momento e aqueles predeterminados. Isso inclui uma estimativa do trabalho restante e o impacto sobre a conclusão da atividade
- Uma projeção dos recursos a serem gastos até a conclusão do programa

[NT1] Processo para projetar um produto ou serviço a um custo ideal à relação de valor. Em tradução literal, "projetar para o custo".

[1] ARCHIBALD, Russell D. *Managing high-technology programs and projects*. New York: John Wiley & Sons, 1976. p. 191.

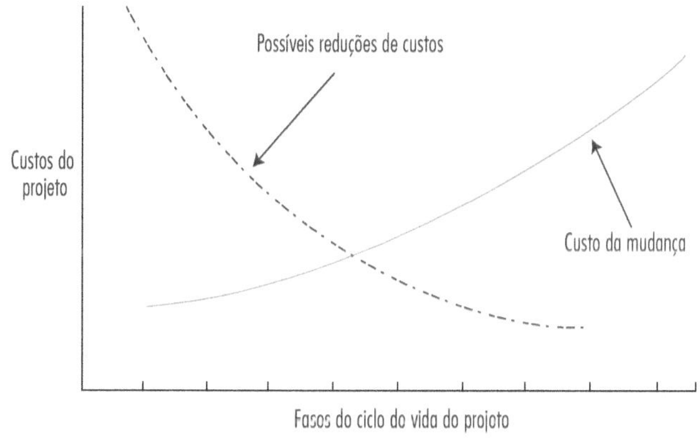

FIGURA 15-2 Análise da redução de custos.

Esses relatórios, fornecidos para os gerentes e os executores, proporcionam três resultados úteis:

- *Feedback* para a administração, planejadores e executores
- Identificação de eventuais desvios significativos em relação ao plano atual do programa, cronograma, ou orçamento
- A oportunidade de iniciar o planejamento de contingências cedo o suficiente para que os requisitos de custos, desempenho e tempo possam ter ações corrigidas sem perda de recursos

Esses relatórios fornecem à administração a oportunidade de diminuir mudanças adiante, por meio de correções adequadas aqui e agora. Como mostrado nas Figuras 15-2 e 15-3, as reduções de custos estão mais disponíveis nas fases iniciais do projeto, mas são reduzidas à medida que avançamos adiante nas fases do ciclo de vida do projeto. A Figura 15-3 identifica as pessoas que mais provavelmente

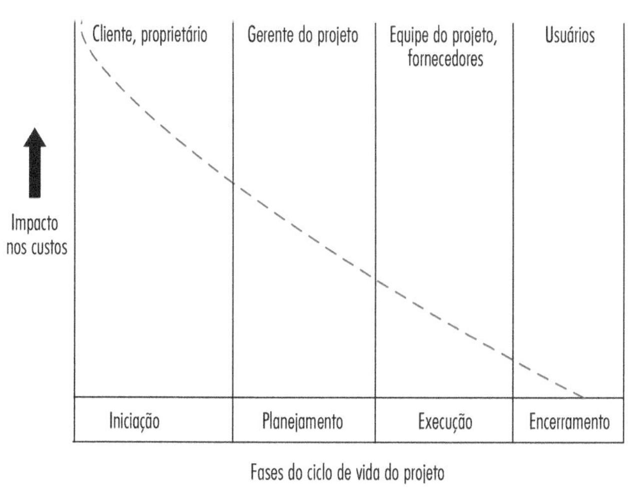

FIGURA 15-3 Pessoas com capacidade de influenciar os custos.

possuem maior influência em possivelmente iniciar mudanças em um projeto. No curso do projeto, os custos das mudanças poderiam facilmente exceder o custo inicial do projeto. Esse é um exemplo da síndrome do *iceberg*, em que os problemas se tornam evidentes tarde demais no projeto para poderem ser resolvidos facilmente, resultando em um custo muito elevado para corrigi-los.

15.2 O CICLO OPERACIONAL

O sistema de controle e gestão de custos (MCCS) assume importância primordial durante o ciclo operacional do projeto. O ciclo operacional é composto por quatro fases:

- Autorização e liberação do trabalho (fase II)
- Coletas e relatórios dos dados de custos (fase III)
- Análise dos custos (fase IV)
- Relatórios: cliente e administração (fase V)

Essas quatro fases, quando combinadas com o ciclo de planejamento (fase I), constituem uma rede fechada do sistema que forma a base para o sistema de controle e gestão de custos. A Fase II é considerada como a liberação de trabalho. Após o planejamento ser concluído e um contrato ser recebido, o trabalho é autorizado por meio de um documento de descrição do trabalho. A descrição do trabalho, ou formulário de autorização de trabalho do projeto, é um contrato que contém a descrição narrativa, a organização e o período de tempo para cada nível da EAP. Esse formulário polivalente é utilizado para liberar o contrato, autorizar o planejamento, registrar a descrição detalhada do trabalho delineado na estrutura analítica do projeto e liberar o trabalho aos departamentos funcionais.

Os serviços do contrato podem exigir um formulário de descrição do trabalho para liberação do contrato. O formulário da descrição do trabalho do contrato estabelece os requisitos contratuais gerais e autoriza a gerência do programa a prosseguir.

A gerência do programa pode então emitir um formulário da descrição do trabalho subdividido para as unidades funcionais para que o trabalho possa começar. A descrição do trabalho subdividido também pode ser emitida por meio dos esforços combinados da equipe do projeto, e pode ser revisada ou alterada quando o escopo ou o prazo mudar. A descrição do trabalho subdividido geralmente não é utilizada para esforços além de 90 dias e deve ser "rastreada" como um projeto em si. Esse formulário da descrição do trabalho subdividido estabelece adiante os requisitos contratuais e as orientações de planejamento para as organizações executoras aplicáveis. O pacote da descrição do trabalho subdividido, estabelecido durante a proposta e atualizado após as negociações com a equipe do programa, é crescentemente liberado pela gerência do programa para os centros de controle do trabalho na produção, na engenharia, nas publicações e na gerência do programa como a autoridade para a liberação de ordens de serviço para as organizações executoras. A descrição do trabalho subdividido especifica como os requisitos contratuais devem ser cumpridos, como as organizações funcionais devem ser envolvidas e suas responsabilidades específicas, bem como autoriza os gastos de recursos dentro de um período de tempo específico.

O centro de controle do trabalho atribui um número de ordem de serviço para o formulário da descrição do trabalho subdividido, se não forem necessárias instruções adicionais, e libera o documento para as organizações executoras. Se forem necessárias instruções adicionais, o centro de controle do trabalho pode preparar um documento de liberação de trabalho mais detalhado (ordem de serviços interna, pedido de ferramentas, liberação de ordem de serviço), atribuir o número de ordem de serviço aplicável e liberá-lo para a organização executora.

Um número de ordem de serviço é necessário para todas as cobranças internas diretas e indiretas. Ele também serve como um número de referência cruzada para a atribuição automática do número endentado da estrutura analítica do projeto para os registros de dados de mão de obra e materiais no computador.

Pequenas empresas podem evitar esses custos com documentação adicional, partindo diretamente de um contrato adjudicado para uma ordem de trabalho única, que pode ser a única ordem de trabalho necessária para todo o contrato.

15.3 CÓDIGOS DE CONTAS DE CUSTOS

Guia PMBOK®, 5. ed.
7.3.2.1 Agregação de custos

Uma vez que os gerentes de projetos controlam os recursos por intermédio dos gerentes de linha e não diretamente, eles acabam controlando os custos da mão de obra direta por meio da abertura e encerramento de ordens de serviço. As ordens de serviço definem os números de cobrança para cada conta de custos. Por definição, uma conta de custos é um nível identificado em um ponto de intersecção natural da estrutura analítica do projeto e da estrutura analítica organizacional (EAO)[NT2], na qual a responsabilidade funcional para o trabalho é designada e os custos diretos de mão de obra e materiais e outros custos diretos são comparados com o trabalho real executado para propósitos de controle da administração.

Contas de custos são o ponto focal do MCCS e podem incluir vários pacotes de trabalho, como mostrado na Figura 15-4. Os pacotes de trabalho são itens de trabalho ou de material de curto alcance detalhados e identificados para a realização do trabalho necessário. Para ilustrar isso, considere a divisão do código de contas de custos apresentado na Figura 15-5 e o formulário de autorização do trabalho mostrado na Figura 15-6. O formulário de autorização do trabalho identifica especificamente os centros de custos que estão "abertos" para esse número de cobrança, os valores de homens-horas disponíveis para cada centro de custos e o período de tempo operacional para o número de cobrança. Como as datas exatas de operação são completamente definidas, o número de cobrança pode ser atribuído, talvez, com um ano de antecedência da data de início do trabalho. Isso pode ser demonstrado ilustradamente, como na Figura 15-7.

Se a quantidade de homens-horas é atribuída ao Centro de Custos 2400, então qualquer centro de custos 24xx pode usar esse número de cobrança. Se o formulário de autorização do trabalho especifica o Centro de Custos 2610, então qualquer centro de custo 261x pode usar o número de cobrança. No entanto, se o Centro de Custos 2623 é especificado, então não existem contas de custos menores e ele é o único centro de custo que pode utilizar esse número de cobrança da ordem de serviço. Em outras palavras, se um número de cobrança é aberto no nível de departamento, então o gerente do departamento tem o direito de subdividir a quantidade de homens-horas atribuída entre as várias seções e subseções. A política da empresa geralmente identifica os níveis de centro de custos admissíveis que podem ser atribuídos no formulário de autorização do trabalho. Esses níveis admissíveis estão relacionados ao nível da estrutura analítica do projeto. Por exemplo, o Centro de Custos 5000 (ou seja, divisional) pode ser atribuído ao nível de projeto da estrutura analítica do projeto, mas apenas contas de custos do departamento, secionais, ou subsecionais, podem ser atribuídas no nível de tarefa da estrutura analítica do projeto.

Se um centro de custos precisa de tempo adicional ou de quantidade adicional de homens-horas, então um formulário de notificação de mudança da conta de custos deve ser iniciado, geralmente pelo centro de custos solicitante, e aprovado pelo escritório de projetos. A Figura 15-8 mostra um formulário típico de notificação de mudança de conta de custos.

As grandes empresas possuem sistemas computadorizados de controle de custos e relatório. As pequenas empresas possuem sistemas manuais ou parcialmente computadorizados. A maior dificuldade na utilização da divisão do código de contas de custos e do formulário de

[NT2] Tradução oficial da versão em português da quarta edição do Guia PMBOK® para *Organizational Breakdown Structure* (OBS).

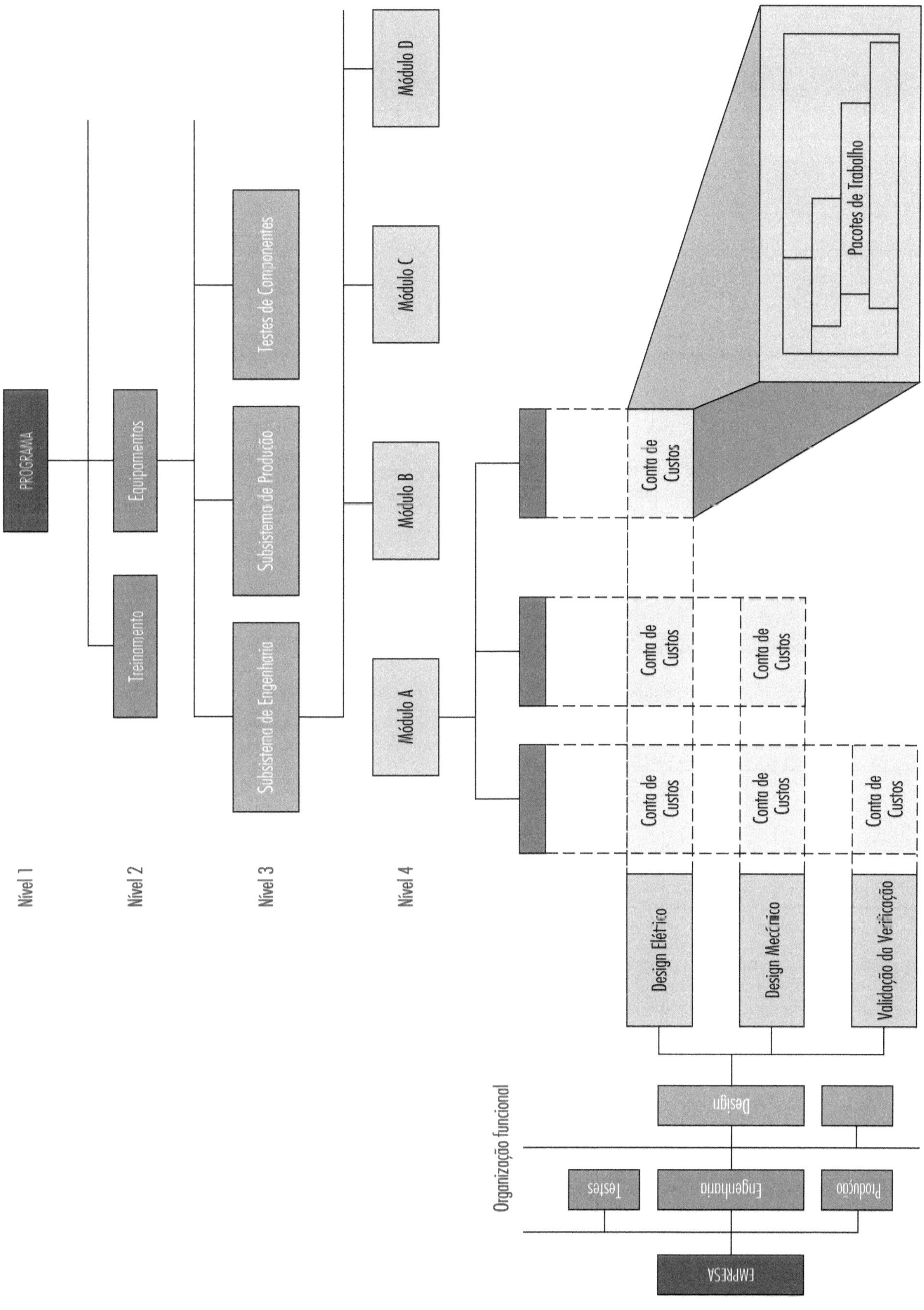

FIGURA 15-4 A intersecção da conta de custos.

Guia PMBOK®, 5. ed.
7.3.2.1 Agregação de custos

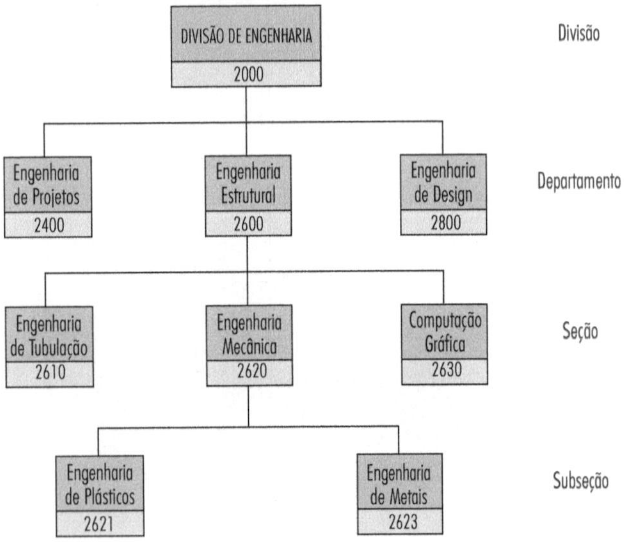

FIGURA 15-5 Divisão do código de contas de custos.

Guia PMBOK®, 5. ed.
4.4 Monitorar e controlar o trabalho do projeto

FORMULÁRIO DE AUTORIZAÇÃO DO TRABALHO

Nº da EAP: 31-03-02 Ordem de trabalho nº: D1385
Data da liberação inicial: 03/fev/01
Data da revisão: 18/mar/01
Número da revisão: C

DESCRIÇÃO	CENTROS DE CUSTOS	HORAS	TRABALHO COMEÇA EM	TRABALHO TERMINA EM
Testar material vb-2, de acordo com o plano do programa e com o padrão mil g1483-52. Esta tarefa inclui um relatório escrito.	2400 2610 2621 2623 5000*	150 160 140 46 600	1 AGO 01 ↓	15 SET 01 ↓

Assinatura de autorização do escritório de projetos ____________

Nota: algumas empresas não permitem que os centros de custos da divisão façam cobranças no nível 3 da eap.

FIGURA 15-6 Formulário de autorização do trabalho.

autorização do trabalho (Figuras 15-5 e 15-6) está relacionada a se os empregados preenchem cartões de ponto e à frequência com que os cartões de ponto são preenchidos. Organizações orientadas a projetos preenchem os cartões de ponto pelo menos uma vez por semana, e os cartões são introduzidos em um sistema computadorizado. Organizações não orientadas a projetos preenchem os cartões de ponto mensalmente, com a informatização dependendo do tamanho da empresa.

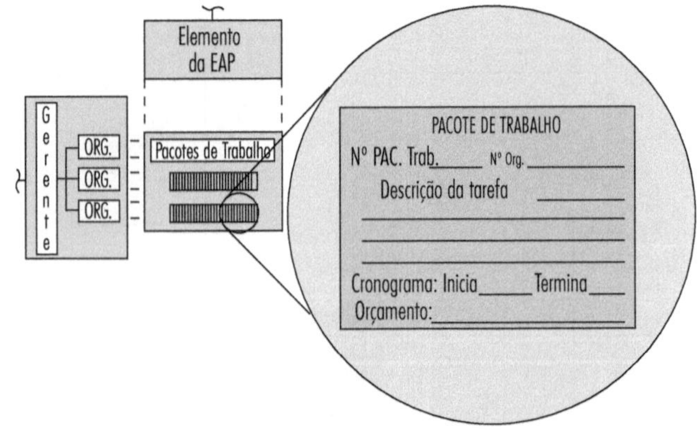

FIGURA 15-7 O planejamento e a orçamentação descrevem, planejam e agendam o trabalho.

A coleta e o relatório dos dados de custos constituem a segunda fase do ciclo operacional do MCCS. O custo real (CRTR)[NT3] e o custo orçado do trabalho realizado (COTR)[NT4] para cada contrato ou projeto interno são acumulados em contas de custos detalhadas por centro de custos e por elemento de custos, e reportados de acordo com o fluxograma mostrado na Figura 15-9. Esses elementos detalhados, para ambos os custos reais incorridos e os custos orçados do trabalho realizado, geralmente são impressos mensalmente para todos os níveis da estrutura analítica do projeto. Além disso, relatórios complementares semanais de mão de obra direta podem ser impressos mostrando a cobrança real de mão de obra incorrida, e podem ser comparados com os esforços previstos.

A maioria dos relatórios semanais de mão de obra fornece os subtotais do mês corrente e os totais do mês anterior. Embora esses dados também apareçam no relatório mensal detalhado, eles são incluídos nos relatórios semanais para uma comparação rápida e geral. Os totais até o momento geralmente não estão no relatório semanal, a menos que os usuários os solicitem para uma comparação imediata com a estimativa no término (ENT)[NT5] e com a liberação da ordem de serviço.

O resultado da mão de obra semanal é uma ferramenta vital para os membros do escritório de programas, pois esses relatórios podem indicar tendências de custos e desempenho em tempo suficiente para que os planos

NT3 Custo Real do Trabalho Realizado (CRTR). Tradução oficial da versão em português da quarta edição do Guia PMBOK® para *Actual Cost of Work Performed* (ACWP).

NT4 Custo Orçado do Trabalho Realizado (COTR). Tradução oficial da versão em português da quarta edição do Guia PMBOK® para *Budgeted Cost of Work Performed* (BCWP).

NT5 Tradução oficial da versão em português da quarta edição do Guia PMBOK® para *Estimate at Completion* (EAC).

Nº da NACC ____________ Revisão para Conta de Custo Nº ________ Data ________

Descrição da Alteração:

Motivo da Alteração:

	Orçamento Solicitado	Orçamento Autorizado	Período de Desempenho:
Horas de Mão de Obra	________	________	
$ de Materiais	________	________	De ________
$ Indiretos	________	________	Até ________

Fonte de orçamento:

- ☐ Mudança Financiada pelo Contrato
- ☐ Reserva de Gerenciamento
- ☐ Orçamento Não Alocado
- ☐ Outros ________

Iniciado por: ________________

Aprovaçoes: Gerente do Programa ________
Controle do Programa ________

FIGURA 15-8 Notificação de alteração na conta de custos (NACC).

Guia PMBOK®, 5. ed.
7.4 Controlar os custos 10.2.2.4 Sistemas de gerenciamento da informação

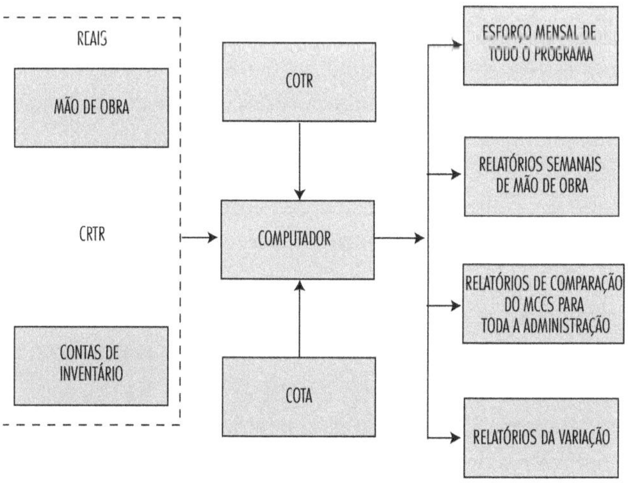

FIGURA 15-9 Fluxograma de armazenamento e informação dos dados de custos.

de contingência sejam estabelecidos e implementados. Se esses relatórios não estiverem disponíveis, os desvios nos custos e no desempenho não ficam aparentes até o mês seguinte, quando o resultado mensal detalhado sobre mão de obra, custos e materiais for obtido.

As liberações de ordens de serviço são usadas para autorizar determinados centros de custos a começar a cobrar o seu tempo em um elemento específico de relatório de custos. As ordens de serviço especificam horas, não dólares. As horas indicam os "alvos" que o escritório de programas gostaria que o departamento acertasse. Se o escritório de programas pretendesse ser mais específico e "obrigar" os departamentos a viver dentro dessas horas, o custo orçado do trabalho agendado (COTA)[NT6] deve ser mudado para refletir as horas reduzidas.

Quatro categorias de dados de custos são normalmente acumuladas:

- Mão de obra
- Materiais

[NT6] Custo Orçado do Trabalho Agendado (COTA). Tradução oficial da versão em português da quarta edição do Guia PMBOK® para Budgeted Cost of Work Scheduled (BCWS).

- Outros custos diretos
- *Overhead*

Os gerentes de projetos podem manter um controle razoável sobre mão de obra, materiais e outros custos diretos. Os custos de *overhead*, por outro lado, são calculados anual ou mensalmente e aplicados retroativamente a todos os programas aplicáveis. As reservas de gerenciamento são frequentemente usadas para contrabalançar os efeitos de mudanças adversas nas taxas de *overhead*.

15.4 ORÇAMENTOS

O orçamento do projeto, que é o resultado final do ciclo de planejamento do MCCS, deve ser razoável, exequível e baseado nos custos contratualmente negociados e na declaração do trabalho. A base para o orçamento é tanto os custos históricos, quanto as melhores estimativas ou os padrões de engenharia industrial. O orçamento deve identificar os requisitos previstos de mão de obra, os fundos alocados do contrato e as reservas de gerenciamento.

Todos os orçamentos devem ser rastreáveis por meio do "registro" do orçamento, que inclui:

- Orçamento distribuído
- Reserva de gerenciamento
- Orçamento não distribuído
- Alterações do contrato

O orçamento distribuído ou de desempenho normal é o orçamento ao longo do tempo que é liberado por meio de contas de custos e pacotes de trabalho. A reserva de gerenciamento geralmente é a quantidade de dinheiro estabelecido para as categorias de problemas imprevistos e contingências, resultando em trabalho fora do escopo para os executores. Às vezes, as pessoas interpretam a reserva de gerenciamento como o seu próprio "porquinho" de fundos para um propósito especial. A seguir, várias interpretações sobre como o controle da reserva de gerenciamento deve ser usado:

1. A reserva de gerenciamento é, na verdade, excesso de lucros e não deve ser usada, de fato. Ela deve ser contabilizada como lucro adicional o mais cedo possível. (Contabilidade)
2. A reserva de gerenciamento deve ser gasta em quaisquer atividades que adicionem características ou funcionalidades ao produto. Nossos clientes vão gostar disso. Ela também construirá boas relações com os clientes para trabalhos futuros. (Marketing)
3. A reserva de gerenciamento deve ser utilizada para as atividades que agregam valor à nossa empresa, especialmente à nossa imagem na comunidade. (A alta administração)
4. A reserva de gerenciamento deve ser utilizada como parte do gerenciamento dos riscos no desenvolvimento de estratégias de mitigação para os riscos que ocorrem durante a execução do projeto. As mudanças no escopo que não foram originalmente acordadas devem ser faturadas separadamente para o cliente. (Gerente de projetos)
5. A reserva de gerenciamento deve ser utilizada para as horas adicionais necessárias para mostrar que a nossa comunidade técnica pode exceder as especificações, em vez de meramente atendê-las. Essa é a nossa força. A reserva de gerenciamento também deve ser utilizada como "dinheiro de investimento" para a exploração de ideias descobertas durante o trabalho desse projeto. (Engenharia e P&D)

Algumas pessoas confundem a reserva de gerenciamento com a definição de uma "reserva" ou fundo de "contingência". Na opinião do autor, a reserva de gerenciamento é controlada pelo gerente de projetos da organização executora e utilizada para aumentos nos salários, nos preços de matérias-primas e nas taxas de *overhead*. A reserva de gerenciamento também pode ser usada para problemas imprevistos que possam ocorrer. Ela não deve ser usada para encobrir as estimativas ruins do plano ou sobrecustos no orçamento.

Além disso, a reserva de gerenciamento não deve ser utilizada para mudanças no escopo. Estas deverão ser pagas por meio da reserva do cliente ou do fundo de contingência. Em outras palavras, a reserva de gerenciamento geralmente se aplica à organização executora, enquanto a reserva de contingência é controlada pelo cliente para as alterações de escopo que podem ser solicitadas pela organização executora. Há uma exceção: se a organização executora estiver solicitando uma pequena mudança de escopo, o custo da convocação do comitê de controle de mudanças, pagamento de passagens aéreas, refeições e alojamento podem ser proibidos. Nesse caso, a reserva de gerenciamento pode ser utilizada e considerada como uma atividade de boa vontade para a organização executora.

A reserva de gerenciamento deve ser estabelecida com base nos riscos do projeto. Alguns projetos podem nem exigir uma reserva de gerenciamento, enquanto outros podem exigir uma reserva de 15%.

Sempre há a questão de quem deveria ficar com qualquer reserva de gerenciamento não utilizada ao final do projeto. Se o projeto estiver em um contrato de preço fixo garantido, a reserva de gerenciamento se torna lucro extra para a organização executora. Se o contrato for do tipo custos reembolsáveis, a totalidade ou parte da reserva de gerenciamento não utilizada pode ter de ser devolvida ao cliente.

Embora a reserva de gerenciamento possa parecer um item de linha na estrutura analítica do projeto, ela não é nem parte do orçamento distribuído, nem parte da linha de base de custos. Os orçamentos são estabelecidos com a premissa de que serão gastos, enquanto a reserva de gerenciamento é o dinheiro que você tenta não gastar. Seria inapropriado considerar a reserva de gerenciamento como um orçamento não distribuído.

Além do orçamento de desempenho "normal" e do orçamento da reserva de gerenciamento, há dois outros orçamentos:

- Orçamento não distribuído, que é o orçamento associado a mudanças do contrato, em que as restrições de tempo impedem o planejamento necessário para incorporar a mudança ao orçamento de desempenho. (Esse esforço pode ser limitado em tempo.)
- Orçamento não alocado, que representa um agrupamento lógico de tarefas do contrato que ainda não foram identificadas e/ou autorizadas.

15.5 O SISTEMA DE MEDIÇÃO DO VALOR AGREGADO (EVMS)[NT7]

Nos primeiros anos do gerenciamento de projetos, tornou-se evidente que os gerentes de projetos estavam tendo dificuldade em determinar a situação do projeto. Algumas pessoas acreditavam que a situação poderia ser determinada apenas por meio de uma abordagem mística, como mostra a Figura 15-10.

FIGURA 15-10 Determinação do andamento.

A questão crucial era se os gerentes de projetos estavam gerenciando os custos ou apenas monitorando os custos. O governo queria que os custos fossem gerenciados, e não apenas monitorados, contabilizados, ou relatados. Essa necessidade resultou na criação do EVMS.

A base para o EVMS, que alguns consideram ser um componente do MCCS, é a determinação de valor agregado. O valor agregado é uma técnica de gerenciamento que relaciona o planejamento de recursos aos cronogramas e requisitos de desempenho técnico. O gerenciamento do valor agregado (GVA)[NT8] é um processo sistemático que usa o valor agregado como a principal ferramenta para a integração de custos, cronograma, gerenciamento de desempenho técnico e gerenciamento de riscos.

Sem a utilização do EVMS, a determinação do andamento do projeto pode ser difícil. Considere o seguinte:

- O projeto
  - Um orçamento total de $ 1,2 milhões
  - Um esforço de 12 meses
  - Produção de 10 entregas
- Andamento relatado
  - Tempo decorrido: 6 meses
  - Dinheiro gasto até o momento: $ 700.000
  - Entregas produzidas: 4 completas, 2 parciais

Qual é o andamento real do projeto? Como o projeto está progredindo: 40, 50, 60% etc.? Outro problema era como relacionar com exatidão os custos com o desempenho. Se você gastou 20% do orçamento, isso significa que o projeto está 20% concluído? Se o projeto está 30% concluído, então você gastou 30% do orçamento?

O EVMS oferece os seguintes benefícios:

- Exibição exata do andamento do projeto
- Identificação precoce e exata de tendências
- Identificação precoce e exata dos problemas
- Base para correções de curso

O EVMS pode responder às seguintes perguntas:

- Qual é o verdadeiro andamento do projeto?
- Quais são os problemas?
- O que pode ser feito para corrigir os problemas?
- Qual é o impacto de cada problema?
- Quais são os riscos presentes e futuros?

O EVMS enfatiza a prevenção em vez de curas, identificando e resolvendo problemas antecipadamente.

[NT7] Da expressão em inglês, *Earned Value Measurement System* (EVMS).

[NT8] Tradução oficial da versão em português da quarta edição do Guia PMBOK® para *Earned Value Management* (EVM).

O EVMS é um sistema de alerta precoce que permite a identificação precoce de tendências e desvios ao plano. Ele fornece um sistema de alerta precoce, permitindo, assim, tempo suficiente ao gerente do projeto para fazer correções de curso em pequenos incrementos. Geralmente, é mais fácil corrigir pequenos desvios, ao contrário de grandes variações. Portanto, o EVMS deve ser usado continuamente durante todo o projeto, a fim de detectar os desvios enquanto eles são pequenos e, possivelmente, fáceis de corrigir. As grandes variações são mais difíceis de corrigir e corre-se o risco de que os custos para corrigir a grande variação possam desagradar à administração a tal ponto em que o projeto possa ser cancelado.

15.6 VARIAÇÃO E VALOR AGREGADO

Uma variação é definida como qualquer desvio de cronograma, desempenho técnico, ou custos de um plano específico. As variações devem ser monitoradas e comunicadas. Elas devem ser mitigadas por meio de ações corretivas e não devem ser eliminadas por meio de uma mudança da linha de base, a menos que haja um bom motivo. As variações são utilizadas por todos os níveis de gestão a fim de verificar o sistema de orçamentação e o sistema de programação. A variação dos sistemas de orçamentação e programação deve ser comparada porque:

- A variação de custos compara apenas os desvios do orçamento e não fornece uma medida de comparação entre o trabalho agendado e o trabalho realizado.
- A variação de prazos fornece uma comparação entre o desempenho planejado e o desempenho real, mas não inclui os custos.

Há dois métodos principais de medição:

- **Esforços Mensuráveis:** incrementos distintos de trabalho com um cronograma definível para a sua realização, cuja conclusão produz resultados tangíveis.
- **Nível de Esforço:** trabalho que não se presta à subdivisão em incrementos distintos de trabalho programado, tais como apoio ao projeto e controle do projeto.

As variações são utilizadas em ambos os tipos de medição.

A fim de calcular as variações, temos de definir as três variações básicas para o orçamento e os custos reais para o trabalho agendado e realizado.

- O custo orçado do trabalho agendado (COTA) é o montante de custos orçado para o trabalho agendado a ser realizado, acrescido da quantidade, do nível de esforço ou do esforço distribuído agendado para ser realizado em um determinado período de tempo.
- O custo orçado do trabalho realizado (COTR) é o montante de custos orçado para o trabalho concluído, acrescido do nível de esforço ou do esforço distribuído orçado, concluído dentro de um determinado período de tempo. Isso, muitas vezes, é chamado de "valor agregado".
- O custo real do trabalho realizado (CRTR) é o montante reportado como efetivamente gasto na conclusão do trabalho realizado dentro de um determinado período de tempo.

Guia PMBOK®, 5. ed.
7.4.2 Controlar os custos: ferramentas e técnicas
7.4.2.4 Análise de desempenho

Nota: O *Project Management Institute* mudou a nomenclatura em sua nova versão do Guia PMBOK®, onde COTA é agora VP[NT9], COTR é agora VA[NT10], e CRTR é agora CR[NT11]. No entanto, a maioria dos usuários frequentes dessas siglas, especificamente os fornecedores do governo, ainda utiliza as siglas antigas. Até que as siglas PMI sejam aceitas em todos os setores, vamos continuar a focar nas siglas mais comumente utilizadas.

O COTA representa o plano do orçamento em fases do tempo contra o qual o desempenho é medido. Para o total do contrato, o COTA é normalmente o contrato negociado, acrescido dos custos estimados do trabalho autorizado, mas não precificado (menos qualquer reserva de gerenciamento). É baseado nas fases do tempo por meio da atribuição de orçamentos aos incrementos de trabalho agendados. Para qualquer dado período de tempo, o COTA é determinado em nível de contas de custos por meio da totalização de todos os pacotes de trabalho, mais o orçamento para a parte do trabalho em andamento (pacotes de trabalho abertos), mais o orçamento para o nível de esforço e do esforço distribuído.

Um fornecedor deve utilizar a aprendizagem antecipada no desenvolvimento do COTA baseado em fases do tempo. Qualquer método reconhecido usado para aplicar a aprendizagem é geralmente aceitável, desde que o COTA seja criado para representar, tanto quanto possível, o custo real esperado (CRTR) que será cobrado na conta de custos ou no pacote de trabalho.

[NT9] Valor Planejado. Tradução oficial da versão em português da quarta edição do Guia PMBOK® para *Planned Value* (PV).

[NT10] Valor Agregado. Tradução oficial da versão em português da quarta edição do Guia PMBOK® para *Earned Value* (EV).

[NT11] Custo Real. Tradução oficial da versão em português da quarta edição Guia PMBOK® para *Actual Cost* (AC).

Esses custos podem, então, ser aplicados a qualquer nível da estrutura analítica do projeto (ou seja, programa, projeto, tarefa, subtarefa e pacote de trabalho) para o trabalho que está concluído, dentro do programa, ou antecipado. Por meio da utilização dessas definições, as seguintes definições de variação são obtidas:

- Cálculo da variação de custos (VC)[NT12]:

$$VC = COTR - CRTR$$

Uma variação negativa indica uma condição de sobrecustos.

- Cálculo da variação de prazos (VPR)[NT13]:

$$VPR = COTR - COTA$$

Uma variação negativa indica uma condição de atraso no cronograma.

Na análise de ambos, custos e cronograma, os custos são utilizados como o denominador comum mais baixo. Em outras palavras, a variação de prazos é dada como uma função de custos. Para atenuar esse problema, as variações geralmente são convertidas em porcentagens:

$$\text{\% de variação de custos (PVC)} = \frac{VC}{COTR}$$

$$\text{\% de variação de prazos (PVPR)} = \frac{VPR}{COTA}$$

A variação do cronograma pode ser representada em horas, dias, semanas ou mesmo dólares.

Como exemplo, considere um projeto que está programado para gastar \$ 100 mil para cada uma das quatro primeiras semanas do projeto. Os gastos reais ao final da quarta semana são de \$ 325 mil. Portanto, o COTA é igual a \$ 400 mil e o CRTR é igual a \$ 325 mil. A partir desses dois parâmetros isolados, há várias explicações possíveis para o andamento do projeto. No entanto, se o COTR é agora desconhecido, digamos \$ 300 mil, então o projeto está atrasado no cronograma e incorrendo em sobrecustos.

É importante compreender o significado físico da VC e da VPR. Considere o seguinte exemplo:

- COTA = \$ 1.000
- COTR = \$ 800
- CRTR = \$ 700

Neste exemplo, as unidades estão em dólares. As unidades poderiam facilmente estar em horas, dias ou semanas. Neste exemplo, VC = \$ 800 – \$ 700 = + \$ 100. Como VC é um valor positivo, isso indica que o progresso físico foi realizado a um custo menor do que o custo previsto. Essa é uma situação favorável. Se VC tivesse sido negativa, isso indicaria que o progresso físico foi realizado a um custo maior do que o custo previsto. Se VC fosse igual a 0, então, a realização física estaria de acordo com o orçado.

Embora VC seja medida em horas ou em dólares, ela é, na verdade, uma medição da eficiência com a qual o progresso físico foi realizado em comparação com o plano. Para corrigir uma variação negativa de custos, a ênfase deve ser colocada sobre a taxa de produtividade (isto é, a taxa de queima), à qual o trabalho está sendo realizado.

Voltando ao exemplo apresentado aqui, a VPR = \$ 800 – \$ 1000 = – \$ 200. Neste exemplo, a variação do cronograma é um valor negativo, indicando que o progresso físico está sendo realizado a um ritmo mais lento do que o planejado. Essa é uma condição desfavorável. Se a variação do cronograma fosse positiva, isso indicaria o progresso físico sendo realizado a uma taxa mais rápida que o previsto. Se VPR fosse igual a 0, o progresso físico estaria sendo realizado conforme o planejado.

A variação de prazos, VPR, mede a oportunidade do progresso físico em relação ao plano enquanto a variação de custos, VC, mede a eficiência. Para corrigir uma variação negativa de prazos, a ênfase deve ser colocada sobre a melhoria da velocidade pela qual o trabalho está sendo realizado.

A variação de custos refere-se ao custo real. No entanto, o problema com VPR está em como ela se relaciona com o cronograma real. A variação de prazos é determinada a partir dos números financeiros da conta de custos ou do pacote de trabalho e não necessariamente em relaçao ao cronograma real. A variação de prazos não faz distinção entre pacotes de trabalho do caminho crítico e do caminho não crítico. Ela por si só não mede o tempo. Uma variação de prazos negativa indica uma condição de atraso no cronograma, mas não significa que o caminho crítico atrasou. Pelo contrário, o cronograma real (isto é, redes de precedência ou redes do diagrama de setas), pode indicar que o projeto estará adiantado. Uma análise detalhada do cronograma real ainda é necessária, independentemente do valor para a variação de prazos.

As variações são quase sempre identificadas como itens críticos e são relatadas a todos os níveis organizacionais na estrutura organizacional. Variações críticas são estabelecidas para cada nível da organização, de acordo com as políticas de gestão.

[NT12] Variação de Custos. Tradução oficial da versão em português da quarta edição do Guia PMBOK® para *Cost Variance* (CV).

[NT13] Variação de Prazo. Tradução oficial da versão em português da quarta edição do Guia PMBOK® para *Schedule Variance* (SV).

Nem todas as empresas possuem uma metodologia uniforme para os limites de variações. As variações permitidas podem ser dependentes de fatores como:

- Fase do ciclo de vida
- Extensão da fase do ciclo de vida
- Duração do projeto
- Tipo de estimativa
- Exatidão da estimativa

Os controles das variações podem ser diferentes de programa para programa. A Tabela 15-1 identifica amostras de critérios de variação para o programa X.

Para muitos programas e projetos, as variações são autorizadas a mudar ao longo da duração do programa. Para programas de produção rigorosos (gerenciamento de produtos), as variações podem ser fixas ao longo do período do programa utilizando critérios como na Tabela 15-1. Para programas que incluem pesquisa e desenvolvimento, variações maiores podem ser autorizadas durante as fases iniciais em vez de serem autorizadas durante as fases posteriores. A Figura 15-11 mostra as variações de custos ao longo do tempo para um programa de que demanda as fases de pesquisa e desenvolvimento, qualificação e produção. Como o risco deve diminuir com o passar do tempo, as fronteiras das variações são reduzidas. A Figura 15-12 mostra que o leque de variação em tal caso pode ser dependente do tipo de estimativa.

TABELA 15-1 Controle das variações para o Programa X

Nível Organizacional	Limites da Variação*
Seção	Variações maiores do que $ 750 que excedam 25% dos custos
Seção	Variações maiores do que $ 2.500 que excedam 10% dos custos
Seção	Variações maiores do que $ 20.000
Departamento	Variações maiores do que $ 2.000 que excedam 25% dos custos
Departamento	Variações maiores do que $ 7.500 que excedam 10% dos custos
Departamento	Variações maiores do que $ 40.000
Divisão	Variações maiores do que $ 10.000 que excedam 10% dos custos

* Os limites são geralmente menores no sistema de relatório dentro da empresa do que o exigido externamente para o governo. Os limites para os relatórios externos geralmente são ajustados durante as várias fases do programa (% menor ao final).

Por meio da variação tanto de custos quanto de prazos, podemos desenvolver um sistema de relatório de custos/prazos que forneça a base para a análise da variação, por meio da medição do desempenho de custos em relação ao trabalho realizado. Esse sistema garante que ambas, a orçamentação dos custos e a programação do desempenho, sejam construídas sobre a mesma base de dados.

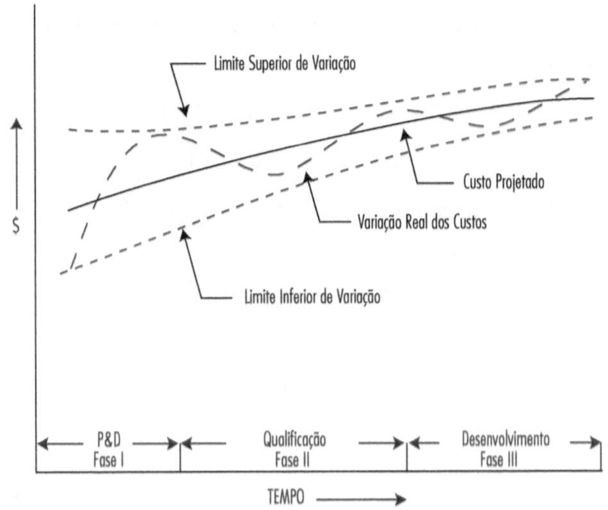

FIGURA 15-11 Projeção da variação do projeto.

Além de calcular as variações de custos e prazos em termos de dólares ou porcentagens máximas, nós também queremos saber a eficiência com que o trabalho tem sido realizado. As fórmulas utilizadas para calcular a eficiência de desempenho como uma porcentagem do VA é:

$$\text{Índice de Desempenho de Custos (IDC)}^{NT14} = \frac{\text{COTR}}{\text{CRTR}}$$

$$\text{Índice de Desempenho de Prazos (IDP)}^{NT15} = \frac{\text{COTR}}{\text{COTA}}$$

Se o IDC for igual a 1.0, temos um desempenho de

NT14 Índice de Desempenho de Custos. Tradução oficial da versão em português da quarta edição do Guia PMBOK® para *Cost Performance Index* (CPI).

NT15 Índice de Desempenho de Prazo. Tradução oficial da versão em português da quarta edição do Guia PMBOK® para *Schedule Performance Index* (SPI).

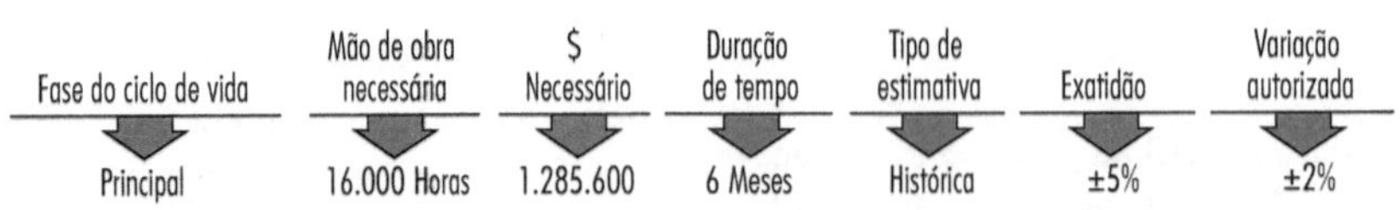

FIGURA 15-12 Metodologia para as variações.

custos perfeito. Se o IDC for menor que 1,0, o progresso físico, está sendo realizado a um custo maior do que o previsto. Isso é desfavorável. Se o CPI for maior que 1,0, o progresso físico está sendo realizado abaixo do custo previsto, o que é favorável. Semelhante à VC, o IDC mede a eficiência pela qual o progresso físico foi realizado em comparação com o plano ou linha de base. Para um valor desfavorável do IDC, a ênfase deve ser colocada na melhoria da produtividade por meio da qual o trabalho estava sendo realizado.

Se o IDP for igual a 1,0, temos um desempenho de prazos perfeito. Se o IDP for menor que 1,0, o progresso físico foi realizado a um ritmo mais lento do que o que foi planejado. Isso é desfavorável. Se o IDP for maior que 1,0, o progresso físico foi realizado a um ritmo mais rápido do que aquele que foi planejado, o que é favorável. Para um valor desfavorável do IDP, a ênfase deve ser colocada na melhoria da oportunidade do progresso físico.

O IDC e o IDP são expressos como proporções em relação ao fator de desempenho de 1,0, enquanto VC e VPR são expressas em horas ou em dólares. Uma razão histórica para isso é que o IDP e o IDC podem ser usados para mostrar o desempenho para um período específico de tempo ou tendências para um horizonte de longo prazo, sem divulgar números sensíveis reais da empresa. Isso torna o IDP e o IDC ferramentas valiosas para o relatório de andamento para o cliente, sem revelar números concretos.

Os índices de desempenho de custos e prazos são mais frequentemente utilizados para a análise das tendências, como mostrado na Figura 15-13. As empresas utilizam médias móveis tanto de três, quanto de quatro ou de seis meses para prever as tendências. A análise das tendências fornece um sistema de alerta precoce e permite aos gerentes tomar ações corretivas. Infelizmente, a sua utilização pode ser limitada a projetos de longo prazo, em virtude do tempo necessário para corrigir a situação.

A Figura 15-14 mostra um sistema integrado de custos e prazos. A figura identifica um desvio no desempenho até o momento. Isso pode não ser uma situação ruim se os custos estiverem proporcionalmente abaixo do orçamento. No entanto, na parte superior da Figura 15-14, vemos que os custos estão ultrapassando (em comparação com os custos do orçamento), contribuindo, assim, para a gravidade da situação.

Na Figura 15-14 também é mostrada a reserva de gerenciamento. Ela é identificada como a diferença entre o custo contratado para o desempenho projetado para a data e o custo orçado. As reservas de gerenciamento são os fundos de contingência estabelecidos pelo gerente do programa para compensar atrasos inevitáveis que podem afetar o caminho crítico do projeto. As reservas de gerenciamento cobrem eventos imprevistos **dentro** de um escopo de projeto definido, mas não são utilizadas para improváveis grandes eventos ou mudanças no escopo. Essas mudanças são financiadas separadamente, talvez por meio de fundos de contingência estabelecidos pela administração. Na verdade, existe uma diferença entre as reservas de gerenciamento (que vêm do orçamento do projeto) e fundos de contingência (que vêm de fontes externas), embora a maioria das pessoas não as diferencie. É uma tendência natural para um gerente funcional (e alguns gerentes de projetos), substancialmente inflarem as estimativas para proteger a organização específica e fornecer certa quantidade de colchão. Além disso, se o

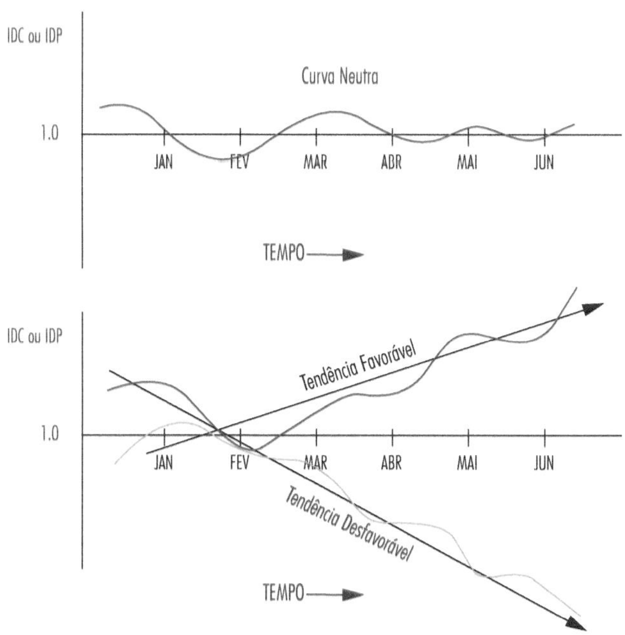

FIGURA 15-13 O índice de desempenho.

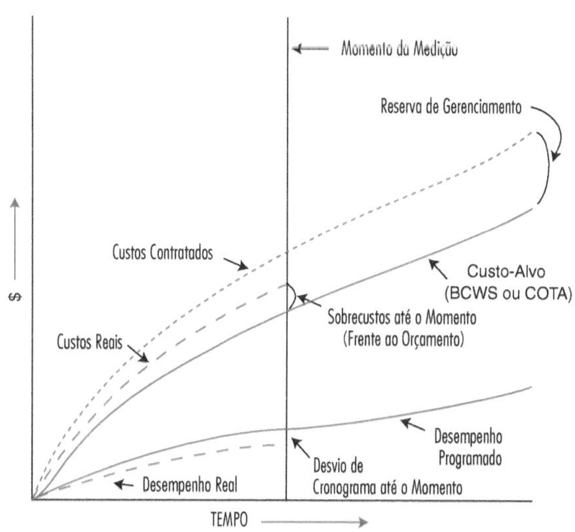

FIGURA 15-14 Sistema integrado de custos e prazos.

orçamento inflado for aprovado, os gerentes, sem dúvida, utilizarão todos os recursos financeiros atribuídos, incluindo as reservas. Segundo Parkinson[2]:

- O trabalho iminente se expande para preencher o tempo disponível
- Os gastos aumentam para cumprir o orçamento

Os gerentes devem identificar todas as tais reservas para planos de contingência, em tempo, custos e desempenho (ou seja, tempo de folga PERT).

A linha indicada como custo real na Figura 15-14 mostra sobrecustos em relação ao orçamento. No entanto, os custos ainda estão dentro do requisito contratual, se considerarmos a reserva de gerenciamento. Portanto, as coisas podem não estar tão ruins quanto parecem.

Os subcontratados do governo são obrigados a ter um sistema de controle de custos e prazos aprovado pelo governo. Os requisitos de informação que devem ser demonstrados por tais sistemas incluem:

- O custo orçado do trabalho agendado (COTA)
- O custo orçado do trabalho realizado (COTR)
- O custo real do trabalho realizado (CRTR)
- Custo estimado no término
- Custo orçado no término
- Variações e explicações de custos e prazos
- Rastreabilidade

Os dois últimos itens implicam que devem existir políticas e procedimentos padronizados para o relatório e controle das variações. Quando as variações permitidas são ultrapassadas, são exigidos os relatórios de análise da variação da conta de custos, como mostrados na Figura 15-15. As assinaturas exigidas podem incluir:

- Assinaturas dos colaboradores funcionais responsáveis pelo trabalho
- Assinaturas dos gerentes funcionais responsáveis pelo trabalho
- Assinatura do analista de custos e/ou do gerente de projetos assistente para o controle de custos
- Assinatura do gerente do projeto, gerente do elemento da estrutura analítica do projeto, ou alguém do escritório de projetos com autoridade para assinatura

2 PARKINSON, C. N. *Parkinson's law*. Boston: Houghton Mifflin, 1975.

Nº da conta de custos/Gerente da conta de custos						Nível de reporte		
EAP/Descrição						A partir de		
Dados do desempenho de custos				Variação		No término		
	COTA	COTR	CRTR	PRAZO	CUSTOS	ORÇAMENTO	ENT	VARIAÇÃO
Meses até o momento ($)								
Contrato até o momento ($ em milhares)								
Causa e impacto do problema								
Ação corretiva (inclui data esperada de recuperação)								
Gerente da conta de custos	Data	Gerente do centro de custo	Data	Gerente do elemento da EAP	Data		Data	

FIGURA 15-15 Relatório da análise de variação da conta de custos.

Para a análise da variação, o objetivo do gerente da conta de custos (seja ele empregado do projeto ou empregado funcional) é realizar ações que corrigirão o problema dentro do orçamento original ou justificar uma nova estimativa. Cinco questões devem ser abordadas durante a análise da variação:

- Qual é o problema que está causando a variação?
- Qual é o impacto sobre tempo, custos e desempenho?
- Qual é o impacto sobre outros esforços, se existirem?
- Qual ação corretiva está planejada ou em andamento?
- Quais são os resultados esperados da ação corretiva?

Um dos principais parâmetros utilizados na análise da variação é o conceito de "valor agregado", que é o mesmo que o COTR. O valor agregado é uma variável de previsão utilizada para prever se o projeto terminará acima ou abaixo do orçamento. Como exemplo, em 1 de junho, o orçamento mostrou que 800 horas deveriam ter sido gastas em uma dada tarefa. No entanto, apenas 600 horas apareceram no relatório de mão de obra. Portanto, o desempenho é (800/600) x 100, ou 133%, e a tarefa está abaixo em desempenho. Se as horas reais fossem 1.000, o desempenho seria de 80% e estaria ocorrendo um excesso em desempenho.

A maior dificuldade encontrada na determinação do COTR é a avaliação do trabalho em andamento (pacotes de trabalho que foram iniciados e que não foram concluídos no momento de corte do relatório). A utilização de pacotes de trabalho de curto prazo ou o estabelecimento de marcos de valores distintos dentro dos pacotes de trabalho reduzirão significativamente o problema da avaliação de trabalho em andamento e os procedimentos utilizados irão variar, dependendo da extensão do pacote de trabalho. Por exemplo, alguns fornecedores preferem não considerar o COTR para um pacote de trabalho de curto prazo até que ele esteja concluído, enquanto outros consideram 50% do orçamento do pacote de trabalho quando ele inicia e os restantes 50% na sua conclusão. Alguns fornecedores utilizam fórmulas que aproximam o período no tempo do esforço, outros utilizam padrões agregados, enquanto outros preferem ainda fazer avaliações físicas do trabalho concluído para determinar o orçamento agregado aplicável. Para pacotes de trabalho maiores, muitos fornecedores utilizam marcos distintos com orçamento preestabelecido ou valores de progresso para medir o trabalho realizado.

A dificuldade na realização da análise da variação é o cálculo do COTR porque deve-se prever o percentual concluído. A fórmula mais simples para o cálculo do COTR é:

COTR = (% concluído) x ONT[NT16]

A maioria das pessoas calcula o "percentual concluído" com base na duração das tarefas. No entanto, uma representação mais exata seria calcular o "percentual do trabalho concluído". Porém, isso demanda um cronograma que seja abundante em recursos. Para eliminar esse problema, muitas empresas utilizam os gastos normais em dólares para o projeto, independentemente do percentual concluído. Por exemplo, poderíamos dizer que 10% dos custos devem ser "reservados" para cada 10% do intervalo de tempo. Outra técnica, e talvez a mais comum, é a regra 50/50:

Metade do orçamento para cada elemento é registrada no momento em que o trabalho está agendado para começar e a outra metade, no momento em que o trabalho está agendado para ser concluído. Para um projeto com um grande número de elementos, a quantidade de distorção de tal procedimento é mínima. As Figuras 15-16 e 15-17 ilustram essa técnica.

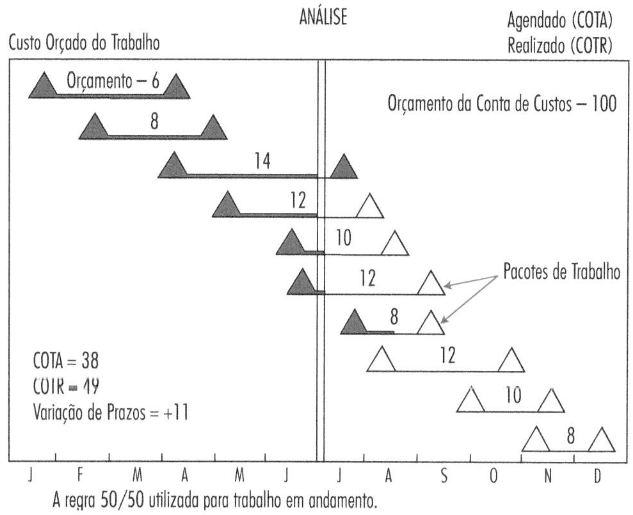

FIGURA 15-16 Análise demonstrando a utilização da regra 50/50.

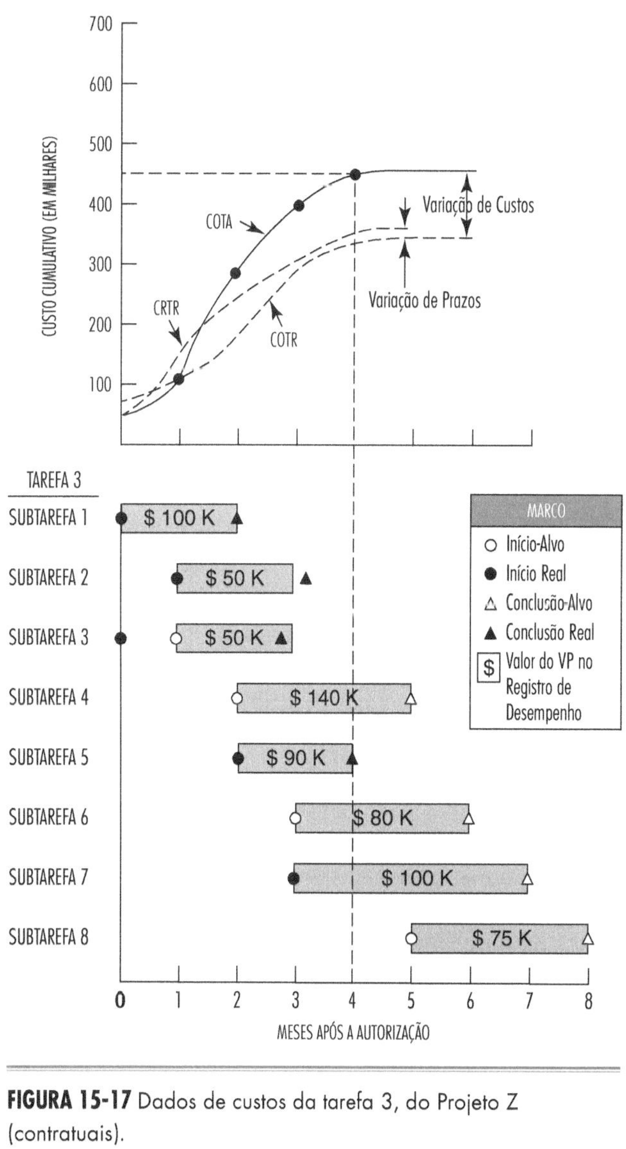

FIGURA 15-17 Dados de custos da tarefa 3, do Projeto Z (contratuais).

[NT16] Orçamento no Término. Tradução oficial da versão em português da quarta edição do Guia PMBOK® para *Budget at Completion* (BAC).

Uma vantagem de se utilizar a regra 50/50 é que ela elimina a necessidade da contínua determinação do percentual concluído. No entanto, se o percentual concluído pode ser determinado, então ele pode ser traçado em função do tempo gasto, como mostra a Figura 15-18.

Existem outras técnicas disponíveis, além da regra 50/50[3]:

- **0/100:** normalmente, limitada a pacotes de trabalho (atividades) de pequena duração (ou seja, menos de um mês). Nenhum valor é agregado até que a atividade seja concluída.
- **Marco:** é utilizado para pacotes de trabalho longos com marcos provisórios associados, ou um grupo funcional de atividades com um marco estabelecido em pontos de controle identificados. O valor é agregado quando o marco for concluído. Nesses casos, um orçamento é atribuído ao marco, e não aos pacotes de trabalho.
- **Percentual Concluído:** normalmente recorridos para pacotes de trabalho de longa duração (ou seja, três meses ou mais), em que os marcos não podem ser identificados. O valor agregado seria o percentual relatado do orçamento.
- **Unidades Equivalentes:** usado para vários pacotes de trabalho unitários semelhantes, em que os ganhos estão nas unidades concluídas, e não no trabalho.
- **Fórmula de custos (80/20):** Uma variação do percentual concluído para pacotes de trabalho de longa duração.
- **Nível de Esforço:** esse método é baseado na passagem do tempo, muitas vezes utilizado para a supervisão e o gerenciamento de pacotes de trabalho. O valor agregado é baseado no tempo despendido ao longo do tempo total programado. Ele é medido em termos de recursos consumidos durante um determinado período de tempo e não resulta em um produto final.
- **Esforço Distribuído:** uma técnica raramente utilizada para pacotes de trabalho especiais relacionados. Como exemplo, um pacote de trabalho de produção pode ter um pacote de trabalho de inspeção distribuído de 20%. Existem apenas algumas aplicações dessa técnica. Muitas pessoas tentarão utilizá-la para supervisão, o que não é uma aplicação válida. Essa técnica é utilizada para o esforço que não é facilmente divisível em pacotes de trabalho pequenos, mas que seja proporcional a algum outro esforço medido.

[3] Essas técnicas, além do método 50/50 para a determinação do trabalho em andamento, estão disponíveis em pacotes de software.

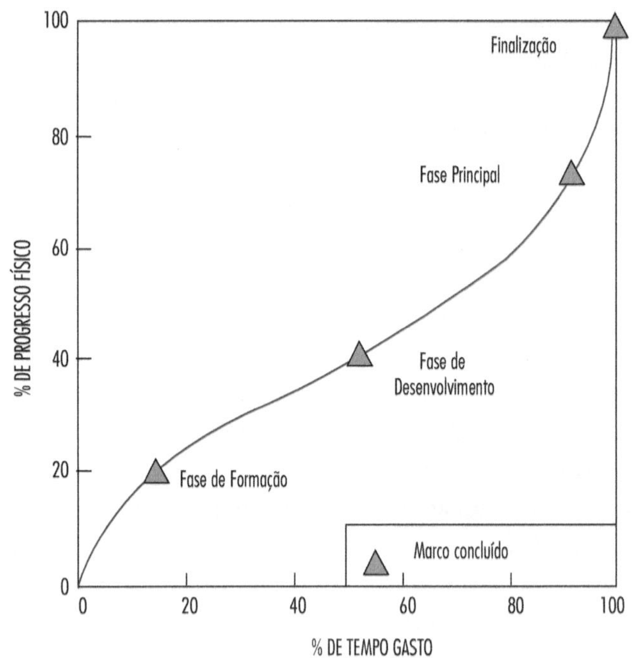

FIGURA 15-18 Progresso físico *versus* tempo gasto.

De um modo geral, o conceito de valor agregcado pode não ser uma ferramenta eficaz de controle se for utilizado nos níveis mais baixos da EAP. Os níveis de tarefas e os níveis acima das tarefas geralmente compensam o esforço para o cálculo do valor agregado. Como exemplo, considere a Figura 15-17, a qual mostra os dados dos custos contratuais para a tarefa 3 do projeto Z, e a Tabela 15-2, que mostra o andamento dos dados de custos, ao final do quarto mês. A seguir, um breve resumo dos dados de custos para cada subtarefa da tarefa 3 ao final do quarto mês:

- **Subtarefa 1:** todos os recursos financeiros contratuais foram orçados. Os custos e o desempenho estavam no prazo, conforme indicado pela posição do marco. a subtarefa está concluída.
- **Subtarefa 2:** todos os recursos financeiros contratuais foram orçados. Foram obtidos sobrecustos de $ 5.000, e o marco foi concluído depois do esperado. A subtarefa está concluída.
- **Subtarefa 3:** a subtarefa está concluída. Os custos ficaram abaixo em $ 10.000, provavelmente por causa do início mais cedo.
- **Subtarefa 4:** o trabalho está atrasado. Na verdade, o trabalho ainda não começou.
- **Subtarefa 5:** o trabalho foi concluído na data prevista, mas com sobrecustos de $ 50.000.
- **Subtarefa 6:** o trabalho ainda não começou. O esforço está atrasado.
- **Subtarefa 7:** o trabalho começou e parece estar 25% concluído.
- **Subtarefa 8:** o trabalho ainda não começou.

TABELA 15-2 Andamento dos custos de dados da tarefa 3, do Projeto Z, ao final do quarto mês (custos em milhares)

Subtarefas	Andamento	Cota	COTR	CRTR
1	Concluída	100	100	100
2	Concluída	50	50	55
3	Concluída	50	50	40
4	Não iniciada	70	0	0
5	Concluída	90	90	140
6	Não iniciada	40	0	0
7	Iniciada	50	50	25
8	Não iniciada	—	—	—
Total		450	340	360

Nota: Os dados consideram uma relação 50/50 para os valores de orçamento planejados e agregados.

Para completar a nossa análise do andamento de um projeto, temos de determinar o orçamento no término (ONT) e a estimativa no término (ENT)[NT17]. A Tabela 15-3 mostra os parâmetros para a análise da variação.

- O orçamento no término é a soma de todos os orçamentos (COTA), atribuídos ao projeto. Isso é, muitas vezes, sinônimo de linha de base do projeto. Isso é quanto o esforço total deve custar.
- A estimativa no término identifica tanto os dólares quanto as horas que representam uma avaliação realista do trabalho, quando realizado. É a soma de todos os custos diretos e indiretos até o momento, mais a estimativa de todo o trabalho autorizado remanescente (EAC = resultados reais cumulativos + a estimativa para terminar).

TABELA 15-3 Os parâmetros para a análise da variação

Questão	Resposta	Sigla
Quanto trabalho **deveria ser**	Custo orçado do trabalho	COTA
realizado?	agendado	COTR
Quanto trabalho **está** concluído?	Custo orçado do trabalho realizado	CRTR
Quanto o trabalho que "está	Custo real do trabalho realizado	ONT
concluído" **custou**?	Orçamento no término (orçamento	ENT ou LRE[NT18]
Quanto o trabalho inteiro **estava**	total)	
previsto custar?	Estimativa no término ou a última	
O que nós esperamos a partir de	estimativa revisada	
agora que seja o custo de todo o trabalho?		

Utilizando as definições aqui apresentadas, podemos calcular a variação no término (VNT)[NT19]:

$$VNT = ONT - EN$$

[NT17] Estimativa no Término. Tradução oficial da versão em português da quarta edição do Guia PMBOK® para *Estimate at Completion* (EAC).

[NT18] Da expressão em inglês, *Latest Revised Estimate* (LRE).

[NT19] Variação no Término. Da expressão em inglês, *Variance at Completion* (VAC).

A estimativa no término (ENT) é a melhor estimativa do custo total na conclusão do projeto. Ela é uma avaliação periódica do andamento do projeto, geralmente em uma base mensal ou até que uma mudança significativa seja identificada. Frequentemente, é de responsabilidade da organização executora elaborar a ENT.

O cálculo de uma nova ENT e a revisão posterior não implicam que uma ação corretiva tenha sido tomada. Considere uma tarefa de três meses que esteja 99% concluída e que foi orçada para gastar $ 400 mil (COTA). Os custos reais até o momento (CRTR) são de $ 395 mil. Usando a regra 50/50, o COTR é de $ 200 mil. A relação estimada do custo para terminar (ENT) é $ 395 mil/ $ 200 mil, o que significa que estamos caminhando para sobrecustos de 100%. Obviamente, esse não é o caso.

Utilizando os dados da Tabela 15-4, podemos calcular a estimativa no término (ENT), por meio da expressão

$$\begin{aligned} ENT &= (CRTR/COTR) \times ONT = ONT/IDC \\ &= (360/340) \times 579.000 \\ &= \$\ 613.059 \end{aligned}$$

onde o ONT é o valor da COTA na conclusão.

A discussão sobre qual valor a ser usado para o ONT é argumentativa. No cálculo apresentado aqui, utilizamos os dólares dos encargos sociais de mão de obra direta. Algumas pessoas preferem usar mão de obra sem encargos sociais com o argumento de que o gerente do projeto controla apenas horas e dólares de mão de obra direta. Além disso, o cálculo para a ENT não inclui custos de materiais ou despesas gerais e administrativas.

O cálculo da ENT, aqui apresentado, implica que nós estamos excedendo os custos de mão de obra em 6,38% e que os custos finais dos encargos sociais de mão de obra poderão ultrapassar os custos orçados de encargos sociais de mão de obra em $ 34.059. Para um cálculo mais preciso da ENT, precisaríamos incluir os custos de materiais (considerados em $ 70.000) e as despesas gerais e administrativas. Isso nos daria um custo final, excluindo os lucros, de $ 751.365, que corresponde a um sobrecusto de $ 37.365. O lucro resultante seria $ 86.000 menos $ 37.365, ou $ 48.635. A análise final é que o trabalho está sendo realizado quase dentro do cronograma, exceto pela subtarefa 4 e pela subtarefa 6, mas os custos estão sendo excedidos.

A pergunta que fica é: onde os sobrecustos estão ocorrendo? Para respondê-la, devemos analisar a folha de resumo de custos para a tarefa 3, do projeto Z. A Tabela 15-4 representa um caso hipotético para os elementos de custos da tarefa 3, do projeto Z. Da Tabela 15-4 nós vemos que existem variações negativas (excedentes) para dinheiro de mão de obra, dinheiro de *overhead* e custos de materiais. Como o *overhead* de mão de obra é medido como uma porcentagem de dinheiro de mão de obra direta, o problema parece estar com o dinheiro de mão de obra direta.

TABELA 15-4 Resumo de custos da tarefa 3, do projeto Z, para o trabalho concluído ou em andamento (custo em milhares)

	Contratual	Cumulativo na Data Cota	COTR	CRTR	Variação de Custos	Variação de Prazos
Horas de mão de obra direta	8650	6712	5061	4652	409	(46)
Dólares de mão de obra direta	241	187	141	150	(9)	(64)
Despesas gerais de mão de obra (140%)	338	263	199	210	(11)	
Subtotal	579	450	340	360	(20)	
Dólares em materiais	70	66	26	30	(4)	
Subtotal	649					
Despesas gerais e administrativas (10%)	65					
Subtotal	714					
Comissão (12%)	86					
Total	800					

Nota: Essa tabela considera uma relação de 50/50 para os valores de orçamento planejados e agregados.

A partir da coluna contratual na Tabela 15-4, o projeto foi estimado em $ 27,86 por hora de mão de obra direta ($ 241.000/8.650 horas), mas os valores reais até o momento são $ 150.000/4.652 horas, ou $ 32,24 por hora. Portanto, estão sendo empregadas pessoas com salários maiores do que o previsto. Esse aumento de salário é parcialmente compensado pelo fato de que existe uma variação positiva de 409 horas de mão de obra direta, indicando que esses funcionários mais bem pagos estão desempenhando em uma posição mais favorável do que o esperado na curva de aprendizagem. Como os marcos (da Figura 15-17) parecem estar no alvo, o trabalho está progredindo conforme planejado, exceto pela subtarefa 4.

A taxa de *overhead* de mão de obra não mudou. As taxas de *overhead* do contrato, do COTA e do COTR foram estimadas em 140%. Os valores reais, obtidos a partir dos relatórios de final de mês, indicam que a taxa real de *overhead* está como previsto.

As seguintes conclusões podem ser tiradas:

- O trabalho está sendo realizado conforme planejado (quase no prazo, embora em uma posição mais favorável na curva de aprendizagem), exceto pela subtarefa 4, que está nos dando um atraso no cronograma.
- Os custos de mão de obra direta estão aumentando com a utilização de funcionários com salários mais altos.
- As taxas de *overhead* estão conforme o previsto.
- As horas de mão de obra direta devem ser reduzidas ainda mais para compensar o aumento de custos ou os lucros serão drasticamente reduzidos.

Esse tipo de análise poderia ter sido realizado para um nível a mais, identificando exatamente os departamentos que estavam usando os trabalhadores mais caros. Esse passo provavelmente deveria ser concluído de qualquer forma para verificar se funcionários com menores salários estariam disponíveis e poderiam trabalhar na posição necessária na curva de aprendizagem. Como os custos de mão de obra foram um resultado do aumento nas horas de mão de obra, esse passo certamente teria sido necessário para identificar o motivo dos sobrecustos internos. Talvez uma estimativa ruim fosse a causa.

Na Tabela 15-4, também aparece uma variação positiva de materiais. Isso, igualmente, deveria ser submetido a uma análise mais aprofundada. A causa poderia ser resultado de equipamentos inadequadamente identificados, aumento crescente nos custos de materiais, além do que foi planejado, aumento de fatores de descarte ou uma mudança de subcontratados.

Deveria ser evidente, a partir da análise acima, que uma investigação aprofundada das causas das variações parece ser o melhor método para identificar as causas. O conceito de valor agregado, embora uma estimativa grosseira, identifica tendências relacionadas ao andamento de determinados elementos da EAP. Utilizando esse conceito, o custo orçado do trabalho agendado (COTA) pode ser chamado de valor agregado planejado (VAP)[NT20], e o custo orçado do trabalho realizado (COTR) pode ser chamado de valor agregado real (VAR)[NT21]. Os valores agregados são utilizados para determinar se os custos estão sendo efetuados mais rápida ou mais lentamente do que o planejado. No entanto, os sobrecustos não necessariamente significam que haverá um eventual excesso, porque o trabalho pode estar sendo feito mais rapidamente do que o planejado.

[NT20] Valor Agregado Planejado. Da expressão em inglês, *Planned Earned Value* (PEV).

[NT21] Valor Agregado Real. Da expressão em inglês, *Actual Earned Value* (AEV).

Existem várias fórmulas que podem ser utilizadas para calcular a ENT. Usando os dados mostrados a seguir, podemos ilustrar a forma como cada uma das três fórmulas diferentes pode dar um resultado diferente. Suponha que seu projeto consista de apenas três atividades.

CRTR da atividade	% Concluído	Cota	COTR	
A	100	1.000	1.000	1.200
B	50	1.000	500	700
C	0	1.000	0	0

$$\text{Fórmula I. ENT} = \frac{\text{CRTR}}{\text{COTR}} \text{ X ONT}$$

$$= \frac{1.900}{1.500}\,(3.000) = \$\ 3.800$$

$$\text{Fórmula II. ENT} = \frac{\text{COTR}}{\text{CRTR}} \text{ X [trabalho concluído e}$$

em andamento] + [todo o trabalho restante a estar no custo planejado, incluindo o trabalho restante em andamento]

$$= \frac{1.900}{1.500}\,(2.000) + \$\ 1.000 = \$\ 3.533$$

Fórmula III. ENT = [real até o momento] + [todo o trabalho restante a estar no custo planejado, incluindo o trabalho restante em andamento]

$$= 1.900 + [\,\underset{\text{B}}{\underline{500}} + \underset{\text{C}}{\underline{1.000}}\,] = \$\ 3.400$$

Existem vantagens e desvantagens para cada fórmula. A Fórmula I presume que a taxa de queima (ou seja, CRTR/COTR) será a mesma para o restante do projeto. Essa é a fórmula mais fácil de usar. A taxa de queima é atualizada a cada período de relatório.

A Fórmula II considera que todos os pacotes de trabalho ainda não abertos serão concluídos ao custo planejado. No entanto, é possível que o custo planejado seja revisto com base no histórico dos pacotes de trabalho concluídos.

A Fórmula III considera que todo o trabalho restante é independente da taxa de queima incorrida até agora. Isso pode ser irrealista, a não ser que todo o trabalho restante possa ser novamente estimado, se necessário.

Outras técnicas estão disponíveis para determinar os custos finais de conclusão[4]. O valor da técnica selecionada é baseado no valor em dólar do projeto, nos riscos, na qualidade do sistema de contabilidade de custos, e na exatidão das estimativas. As técnicas de estimativa aqui utilizam apenas os custos de mão de obra. Os custos de materiais podem ser adicionados em cada equação para se obter o custo total.

Treze casos para comparar o desempenho planejado *versus* o real são apresentados na Tabela 15-5. Cada caso é descrito a seguir, usando as relações:

- Variação de custos = valor agregado real – valores reais
- Variações de desempenho e prazos = valor agregado real – valor agregado planejado

TABELA 15-5 Estudos de caso para análise da variação

Caso	Valor Agregado Planejado (Cota)	Valores Reais (CRTR)	Valor Agregado Real (COTR)
1	800	800	800
2	800	600	400
3	800	400	600
4	800	600	600
5	800	800	600
6	800	800	1.000
7	800	1.000	1.000
8	800	600	800
9	800	1.000	800
10	800	1.000	600
11	800	600	1.000
12	800	1.200	1.000
13	800	1.000	1.200

Caso 1: essa é a situação ideal de planejamento, em que tudo corre conforme o cronograma.

Caso 2: os custos estão atrasados no cronograma, e o programa parece estar abaixo do previsto. O trabalho está sendo realizado a menos de 100%, já que os valores reais excedem o VAR (ou o COTR). Isso indica que um sobrecusto pode ser antecipado. Essa situação piora ainda mais quando vemos que também estamos com 50% de atraso no cronograma. Esse é um dos piores casos possíveis.

Caso 3: nesse caso, há boas e más notícias. A boa notícia é que estamos realizando o trabalho de forma eficiente (eficiência superior a 100%). A má notícia é que estamos atrasados no cronograma.

Caso 4: o trabalho não está sendo realizado de acordo com o cronograma (ou seja, está atrasado), mas os custos estão sendo mantidos para o que foi realizado.

Caso 5: os custos estão no alvo com o cronograma, mas o trabalho está 25% atrasado, porque o trabalho está sendo realizado a 75% da eficiência.

Caso 6: como estamos trabalhando a uma eficiência de 125%, o trabalho está adiantado em 25%, mas dentro dos custos agendados. Estamos desempenhando em uma posição mais favorável na curva de aprendizagem.

[4] FLEMING, W. Q.; Koppelman, J. M. *Forecasting the Final Cost and Schedule Results*, PM Network, jan. 1996. p. 13-18.

Caso 7: estamos trabalhando a uma eficiência de 100% e o trabalho está sendo realizado antes do previsto. Os custos estão sendo mantidos de acordo com o orçamento.

Caso 8: o trabalho está sendo realizado corretamente e os custos estão abaixo do previsto.

Caso 9: o trabalho está sendo realizado corretamente, mas os custos estão acima do previsto.

Caso 10: os custos estão acima do previsto, enquanto estamos realizando abaixo do previsto no plano. O trabalho está sendo realizado de forma ineficiente. Essa situação é muito ruim.

Caso 11: o desempenho está adiantando no cronograma e os custos estão mais baixos do que o planejado. Essa situação resulta em uma grande gratificação de Natal.

Caso 12: o trabalho está sendo feito de forma eficiente, e um possível excedente de custos pode ocorrer. Contudo, o desempenho está adiantado no cronograma. O resultado geral pode ficar tanto acima dos custos ou adiantado no cronograma.

Case 13: embora os custos sejam maiores que os orçados, o desempenho está adiantado em relação ao previsto e o trabalho está sendo realizado de forma muito eficiente. Essa também é uma boa situação.

Em cada um desses casos, o conceito de valor agregado foi utilizado para prever as tendências de custos e a análise da variação. Esse método tem seus prós e contras.

Cada uma das variações críticas (ou valores agregados) identificados normalmente requer uma análise formal para determinar a causa da variação, a ação corretiva a ser tomada e os efeitos sobre a estimativa no término. Essas análises são realizadas pela organização que foi atribuída ao orçamento (COTA) no nível de acumulação dirigido pela gerência do programa.

Análise em Nível Organizacional

Cada variação crítica identificada nos relatórios do MCCS organizacional pode exigir a conclusão de procedimentos de análise da variação do MCCS pelo supervisor do centro de custos envolvido. Na anál ise tanto da estrutura analítica quanto da estrutura organizacional, o supervisor sistematicamente concentra seus esforços em problemas de custos e cronograma que aparecem dentro da sua organização.

A análise começa pelo supervisor envolvido com o menor nível organizacional. As variações críticas são anotadas na conta de custos, no relatório MCCS. Se uma variação de prazos estiver envolvida e a subtarefa for composta de uma série de pacotes de trabalho, o supervisor pode referir-se a um relatório separado que divide cada conta de custos em vários pacotes de trabalho que estão adiantados ou atrasados no cronograma. O supervisor, então, pode analisar a variação com base no pacote de trabalho envolvido e, com o auxílio de organizações de apoio, determinar a causa da variação, a ação corretiva a ser tomada ou o possível efeito sobre esforços associados planejados ou futuros.

As variações de custos que envolvem a mão de obra são analisadas pelo supervisor, com base no desempenho da sua organização no cumprimento do trabalho designado, dentro do valores orçados de homens-horas e da taxa planejada de mão de obra. A causa de qualquer variação para esse desempenho é determinada e a ação corretiva é, então, implementada.

As variações de custos sobre os esforços não relacionados à mão de obra são analisadas pelo supervisor com o auxílio do membro da equipe do programa e de outras organizações de apoio.

Todas as análises da variação de materiais são normalmente iniciadas pela contabilidade de custos como um serviço para a organização usuária. Essas análises de variação são concluídas, incluindo as causas e ações corretivas, à medida que possam ser explicadas pela contabilidade de custos. Elas são, então, enviadas para a organização usuária, que revê as análises e conclui as que resultam de desempenho do cronograma ou utilização. Se a variação é reconhecida como uma mudança no preço de aquisição do material, essa informação é fornecida pela contabilidade de custos à organização responsável e uma mudança na estimativa para terminar é iniciada pela organização usuária.

O supervisor deve encaminhar cópias de cada formulário de alteração concluído da análise da variação do MCCS/mudança na ENT ao seu gerente superior e ao membro da equipe do programa.

Análise da Equipe do Programa

O membro da equipe do programa poderá receber um relatório de variação crítica da equipe que relaciona as variações na sua organização ao nível mais baixo da estrutura analítica do projeto no nível de centro de custos da divisão por elemento de custos. A pedido do gerente do programa, as análises das variações que contribuem para as variações no relatório de variação crítica da equipe são resumidas pelo membro da equipe do programa responsável e revistas com o gerente do programa.

A elaboração dos relatórios de andamento, sejam eles para a gestão interna ou para o cliente, deve, no mínimo, responder a duas questões fundamentais:

- Onde estamos hoje (em relação a tempo e custos)?
- Onde vamos terminar (em relação a tempo e custos)?

As informações necessárias para responder a essas perguntas podem ser obtidas das seguintes fórmulas:

- Onde estamos hoje?
  - Variações de custos (em dólares/hora e percentual concluído)
  - Variações de prazos (em dólares/hora e percentual concluído)
  - Percentual concluído
  - Percentual de dinheiro gasto
- Onde iremos terminar?
  - Estimativa no término (ENT)
  - O caminho crítico restante
  - IDP (análise das tendências)
  - IDC (análise das tendências)

Como o IDP e o IDC são utilizados para análises de tendências, podemos utilizá-los para a previsão do custo final esperado e da data de término esperada para o projeto. Podemos expressar o custo no término, ENT, como:

$$\text{ENT} = \frac{\text{ONT}}{\text{IDC}}$$

O prazo no término usa o IDP para a previsão e pode ser expresso como:

$$\text{Nova duração do projeto} = \frac{\text{duracão do inicial do projeto}}{\text{IDP}}$$

Deve-se tomar cuidado com a utilização do IDP para calcular a nova duração do projeto porque um valor favorável para o IDP (ou seja, menor que 1,0) poderia ser o resultado de pacotes de trabalho que não estão no caminho crítico.

Uma vez que a ENT e a nova duração do projeto são calculadas, podemos calcular a variação no término (VNT) e o custo estimado para terminar (EPT)[NT22], utilizando as duas fórmulas seguintes:

$$\text{VNT} = \text{ONT} = \text{ENT} \quad \text{e} \quad \text{EPT} = \text{ENT} - \text{CRTR}$$

[NT22] Da expressão em inglês, *Estimate to Complete* (ETC). Tradução oficial da versão em português da quarta edição do Guia PMBOK® "Estimativa para Terminar (EPT)".

O percentual concluído e o percentual de dinheiro gasto pode ser obtido das seguintes fórmulas:

$$\text{Percentual concluído} = \frac{\text{COTR}}{\text{ONT}}$$

$$\text{Percentual de dinheiro gasto} = \frac{\text{COTR}}{\text{ONT}}$$

onde ONT é o orçamento no término.

O gerente do programa usa essas informações para revisar o andamento do programa com a alta administração. Essa revisão normalmente ocorre em uma base mensal, em grandes projetos. Além disso, os resultados dessas análises são utilizados para explicar as variações nos relatórios para o cliente exigidos contratualmente.

Depois que as análises das variações foram feitas, os relatórios devem ser desenvolvidos tanto para o cliente quanto para a gerência interna (de nível superior) de gestão. Os procedimentos e especificações de relatório para o cliente podem ser mais detalhados do que os relatórios internos e, muitas vezes, são regidos por contrato. As exigências contratuais especificam os relatórios exigidos, a frequência de envio e distribuição e o regulamento do cliente que especifica as instruções de elaboração para o relatório.

Os tipos de relatórios exigidos pelo cliente e pela administração dependerão do tamanho do programa e da magnitude da variação. A maioria dos relatórios contém o rastreamento dos parâmetros técnicos vitais. Esses parâmetros podem incluir:

- Os principais marcos necessários para o sucesso do projeto
- A comparação com as especificações
- Tipos ou condições de testes
- Correlação do desempenho técnico para a rede de atividades e da estrutura analítica do projeto

Uma nota final sobre relatórios: para poupar tempo e dinheiro, os relatórios devem consistir de apenas uma ou duas páginas ou de formulários para preenchimento.

15.7 A LINHA DE BASE DOS CUSTOS

Guia PMBOK®, 5. ed.
7.3.3 Linha de base de custos

Uma vez que o projeto é iniciado, a equipe do projeto estabelece a linha de base financeira ou de custos, contra a qual o andamento será relatado e as variações serão medidas. A Figura 15-19 representa uma linha de base de custos. Cada bloco representa uma conta de custos ou elemento de pacote de trabalho. A soma de todas as contas de custos ou pacotes de trabalho seriam, então, iguais ao orçamento em fases do tempo. Cada pacote de trabalho, então, seria descrito por meio do formulário de autorização do trabalho para aquele pacote de trabalho.

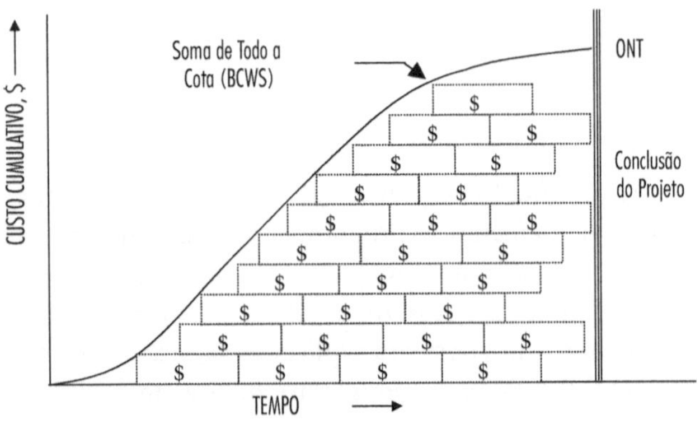

FIGURA 15-19 A linha de base de custos.

A linha de base de custos na Figura 15-19 é apenas parte da divisão dos custos. Uma ilustração de uma divisão dos custos aparece na Figura 15-20.

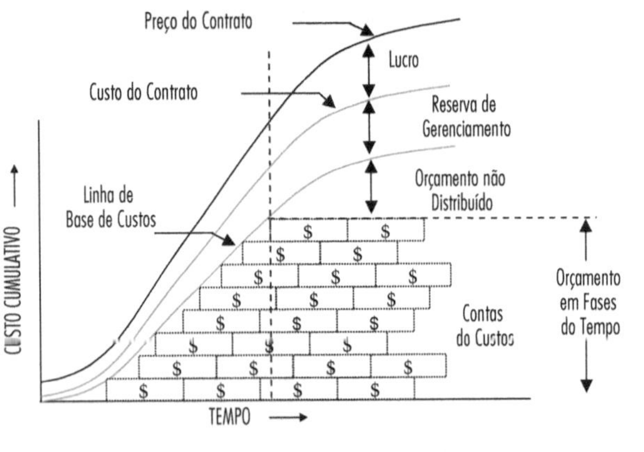

FIGURA 15-20 Divisão de custos no nível 1 da EAP.

Há certas características distintivas da Figura 15-20:

- O orçamento em fases do tempo, que é o orçamento liberado, é a soma de todos os elementos COTA.
- A linha de base de custos é a soma do orçamento em fases do tempo (ou seja, o orçamento distribuído) e do orçamento não distribuído. Essa soma será igual ao orçamento no término (ONT) liberado e planejado.
- Os custos contratuais para concluir o projeto é a soma do custo da linha de base e da reserva de gerenciamento, considerando que existe uma reserva de gerenciamento.
- O preço do contrato é o custo do contrato, acrescido do lucro, se houver.

15.8 COMO JUSTIFICAR OS CUSTOS

O preço do projeto, muitas vezes, é baseado em previsões mais otimistas do que nas estimativas concretas. Isso é particularmente verdadeiro para as empresas que sobrevivem de licitação e quando o custo de elaboração de uma proposta pode variar entre $ 50.000 e $ 500.000. Se a probabilidade de vencer uma licitação é baixa, então a empresa pode gastar uma quantidade mínima de tempo e custos durante a elaboração da proposta.

A Tabela 15-6 mostra um resumo típico da definição de preços do projeto.

Nela, cada área funcional ou divisão pode ter sua própria taxa de *overhead*. Nesse resumo, a taxa de *overhead* para a engenharia é de 110%, enquanto a taxa de *overhead* para a produção é de 200%. Se a empresa é uma subsidiária de uma empresa maior, então os custos gerais e administrativos da empresa (G&A) podem ser incluídos. Se o projeto é para um cliente externo, então uma margem de lucro será incluída.

Uma vez concluído o resumo dos preços do projeto, os custos devem ser justificados diante de um comitê diretor. Isso é mostrado na Figura 15-21.

TABELA 15-6 Resumo típico de preços do projeto

	Mão de Obra Direta			*OVERHEAD*		
Departamento	Horas	Taxa	Dólares	%	Dólares	Total
Engenharia	1000	$ 42.00	42.000	110	46.200	$ 88.200
Produção	500	$ 35.00	17.500	200	35.000	$ 52.500
					Total de Mão de Obra	$140.700
				Outros: Subcontratos	$ 10,000	
				Consultores	$ 2,000	$ 12.000
				Total de Mão de Obra e Materiais		$ 152.700
				Custos Gerais e Administrativos da Empresa: 10%		$ 15.270
						$ 167.970
				Lucro: 15%		$ 25.196
						$ 193.166

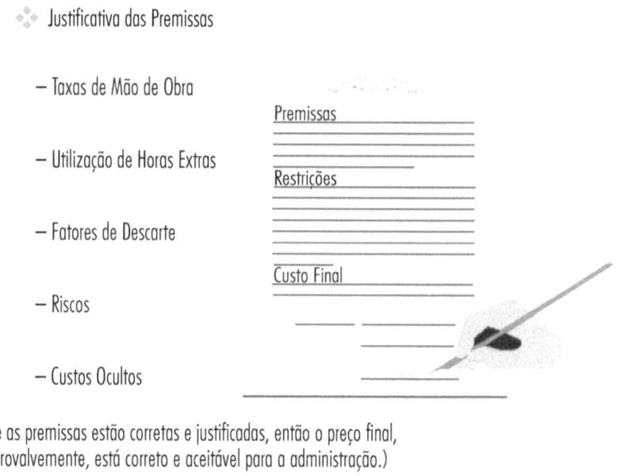

FIGURA 15-21 Justificativa dos custos (e obtenção de aprovação).

Toda empresa possui seus próprios critérios de avaliação para o processo de aprovação do resumo de custos. Os elementos típicos que devem ser justificados ou apoiados por dados concretos incluem:

- **Taxas de Mão de Obra:** para fins de estimativa, as médias do departamento ou as médias ponderadas do conjunto de habilidades podem ser utilizadas. Isso às vezes é chamado de taxa mista. O cenário de melhor caso seria a estimativa do salário real ou do conjunto de habilidades dos trabalhadores a serem designados. Isso pode ser impossível durante a licitação, porque não sabemos quem vai estar disponível ou quem será designado, considerando que o contrato seja concedido. Além disso, se o projeto é um esforço de vários anos, podemos precisar de taxas antecipadas de preços, as quais são os salários previstos, com todos os encargos sociais, antecipados para os próximos poucos anos. Isso é ilustrado na Tabela 15-7.

TABELA 15-7 Taxas de preços futuros: salário (estrutura departamental de pagamento)

Faixa Salarial	Título	Salário (Por hora) 2009	2010*	2011*
9	Engenheiro Consultor	$53	$56	$60
8	Engenheiro Sênior	48	50	53
7	Engenheiro	39	42	45
6	Engenheiro Júnior	34	36	39
5	Engenheiro Aprendiz	29	31	34

*Taxas projetadas.

- **Horas Extras:** se os recursos são escassos e a empresa não tem a intenção de contratar recursos adicionais, então alguma parte do trabalho deve ser realizada em horas extras. Isso poderia aumentar o custo do projeto e um subsídio deve ser feito para possíveis erros cometidos durante o período de horas extras em excesso.
- **Fatores de Descarte:** se o projeto inclui a aquisição de matérias-primas, então pode ser necessário algum subsídio para fatores de descarte. Esse cálculo pode ser afetado pelo conjunto de habilidades dos recursos designados e pela quantidade dos materiais, pela experiência anterior com esses materiais e experiências nesses tipos de projetos.
- **Riscos:** a análise de riscos pode ser baseada na qualidade das estimativas e na experiência daqueles que fizeram as estimativas. Outros riscos considerados incluem a capacidade da empresa em alcançar os benefícios antecipados ou os lucros designados e, se ocorrer um desastre, a exposição da empresa e a responsabilidade por ações judiciais.
- **Custos ocultos:** esses custos, alguns dos quais estão ilustrados na Figura 15-22, podem corroer toda a lucratividade esperada em um projeto. Outro custo potencialmente oculto é a disponibilidade anual ou mensal da carga de trabalho. Um cálculo típico aparece na Tabela 15-8. Se usarmos a Tabela 15-8 e todos os trabalhadores forem empregados em longo prazo, pode haver menos do que 1.840 horas disponíveis por ano, porque as pessoas experientes podem ter ganhado mais de três semanas de férias por ano.

TABELA 15-8 Horas disponíveis para o trabalho

Horas Disponíveis por Ano (52 x 40)	2080 horas
Férias (3 semanas)	-120 horas
Licença Médica (3 dias)	-24 horas
Férias Remuneradas (11 dias)	-88 horas
Dever de Júri (1 dia)	-8 horas
	1840 horas
(1.840 horas/ano) / 12 meses = 153 horas/mês	

FIGURA 15-22 Outros custos ocultos frequentes.

15.9 O DILEMA DOS SOBRECUSTOS

A sobrevivência da maioria das organizações é um fluxo contínuo de novos produtos ou serviços. Por causa da palavra "novo", os dados históricos podem ser mínimos e sobrecustos são esperados. A Figura 15-23 mostra a extensão típica dos sobrecustos.

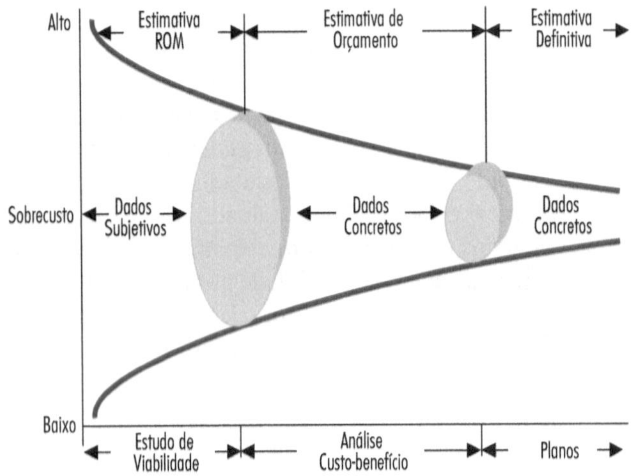

FIGURA 15-23 Extensão dos sobrecustos.

As estimativas por ordem de grandeza aproximada (ROM) muitas vezes são feitas de dados "subjetivos", que podem resultar em uma ampla gama de sobrecustos, e são utilizadas na fase de iniciação de um projeto. Conforme passamos de dados "subjetivos" para dados "concretos" e entramos na fase de planejamento de um projeto, a precisão das estimativas melhora e a extensão dos sobrecustos diminui.

Quando ocorrem desvios, o gerente de projetos procura formas de reduzir os custos. A maneira mais simples é reduzir o escopo. Isso começa com uma busca por itens que são fáceis de cortar, ou seja, aqueles que foram mal compreendidos durante o processo de estimativa e, portanto, subestimados. Os itens típicos que são cortados ou reduzidos em magnitude incluem:

- Supervisão do gerenciamento do projeto
- Supervisão do gerenciamento de linha
- Controles de processo
- Garantia da qualidade
- Testes

Se os itens de fácil corte não proporcionam redução de custos suficiente, então começa uma busca desesperada entre os itens de difícil corte. Esses itens incluem:

- Horas de mão de obra direta
- Materiais
- Equipamentos
- Instalações
- Outros

Se as reduções de custos forem inaceitáveis para a administração, esta deve decidir se deve ou não puxar a tomada e cancelar o projeto. Puxar a tomada pode parecer uma decisão fácil, mas acaba sendo uma das decisões mais difíceis para os executivos tomarem. Razões típicas para não puxar a tomada incluem:

- Razões quantitativas
  - Grandes barreiras de saída
  - Gastos significativos foram feitos e são irrecuperáveis
  - Cláusulas de multas
  - Processos por quebra de contrato
  - Pagamentos aos trabalhadores demitidos
  - Baixo valor residual de bens e propriedades
  - Custos elevados no fechamento de fábrica
  - Transferir as pessoas pode acabar violando acordos de senioridade e de mão de obra
- Razões qualitativas
  - Ver o fracasso como um sinal de fraqueza
  - Ver o fracasso como dano para a carreira
  - Ver o fracasso como um dano à reputação
  - Ver o fracasso como um obstáculo à promoção
  - Medo de expor os erros aos outros
  - Ver uma notícia ruim como um fracasso pessoal
  - Recusa em admitir a derrota ou o fracasso
  - Ver o que quer ver em vez de ver a realidade

15.10 REGISTRO DOS CUSTOS DE MATERIAIS UTILIZANDO A MEDIÇÃO DO VALOR AGREGADO

Na utilização da medição do "valor agregado", o custo real do trabalho realizado representa aqueles custos diretos e indiretos identificados especificamente para o projeto (contrato) iminente. Tanto os custos registrados quanto os custos relatados devem incidir especificamente para esse esforço. O registro dos custos de mão de obra direta geralmente não apresenta nenhum problema, já que os custos de mão de obra geralmente são registrados conforme o trabalho é realizado. Portanto, a mão de obra registrada e a mão de obra relatada serão as mesmas.

Custos de materiais, por outro lado, podem ser registrados em vários momentos. Podem ser registrados como custos de comprometimento de materiais, despesas, acréscimos e custos aplicados. Todos fornecem informações úteis e são importantes para fins de controle.

Por causa das escolhas disponíveis para a análise de custos de materiais, estes devem ser relatados **separada-**

mente do padrão de relatório de valor agregado hora de mão de obra/dólares de mão de obra. Por exemplo, as variações de custos associados com a aquisição de materiais podem ser determinadas no momento em que os pedidos de compra são negociados e realizados com os vendedores, uma vez que essa informação fornece a visibilidade **mais antecipada possível** de problemas potenciais de variação de custos. Variações significativas nos custos previstos e reais de materiais podem ter um sério efeito sobre o custo total do contrato e devem ser refletidas imediatamente no custo estimado no término (ENT) e explicadas na parte narrativa do relatório de andamento do projeto.

A separação dos custos de mão de obra dos custos de materiais é essencial. Considere o seguinte exemplo:

Exemplo 15-1. Você tem um orçamento para gastar $ 1.000.000 em mão de obra e encargos sociais e $ 600.000 em materiais. Ao final do primeiro mês do seu projeto, a seguinte informação é disponibilizada para você:

Mão de obra: CRTR = $ 90.000
COTR = $ 100.000
ONT = $ 1.000.000

Materiais: CRTR = $ 450.000
COTR = $ 400.000
ONT = $ 600.000

Para efeito de simplicidade, vamos utilizar a seguinte fórmula para a ENT:

$$\text{ENT} = (\text{CRTR}/\text{COTR}) \times \text{ONT}$$

Portanto,

$$\text{ENT(mão de obra)} = \$\ 900.000$$
$$\text{ENT(materiais)} = \$\ 675.000$$

Se adicionarmos as duas ENTs, o custo estimado no término será de $ 1.575.000, que é $ 25.000 **abaixo** do orçamento planejado. Se os custos são combinados antes de calcularmos a ENT, então

$$\text{ENT} = [(\$\ 450.000 + \$\ 90.000) / \$\ 500.000] \times (\$\ 1.600.000) = \$\ 1.728.000$$

que é um sobrecusto de $ 128.000. Portanto, geralmente é melhor separar materiais de mão de obra no relatório de andamento.

Outro grande problema é como contabilizar os custos de materiais com pedidos de compra realizados, o que **não** reflete o custo do trabalho realizado e que normalmente não é utilizado no relatório de andamento. Para fins de medição de desempenho, é desejável que os custos dos materiais sejam registrados no momento em que são recebidos, pagos, ou utilizados, e não no momento em que o pedido de compra é realizado. Portanto, os custos reais relatados para os materiais devem ser derivados de acordo com os procedimentos estabelecidos e normalmente serão registrados para fins de medição do valor agregado durante ou após o recebimento dos materiais. Além disso, os custos devem ser sempre registrados na mesma base em que os orçamentos são elaborados para tornar significativas as comparações entre os custos orçados e os custos reais. Por exemplo, os materiais não devem ser orçados com base em quando são utilizados e depois ter seus custos coletados/relatados com base em quando são recebidos. Considere as seguintes situações:

Situação I: um fabricante de equipamento recebe um contrato para construir cinco máquinas para o **mesmo** cliente, mas cada máquina é um pouco diferente. O fabricante compra e recebe cinco dos mesmos motores elétricos, um para cada máquina. Qual é o momento mais antecipado possível em que o fabricante deve contabilizar os motores elétricos?

a. Quando tiver feito o pedido
b. Quando tiver recebido
c. Quando tiver pagado
d. Quando tiverem sido retirados do estoque
e. Quando tiverem sido instalados

Situação II: o mesmo fabricante adquiriu grandes quantidades de chapa de aço para as cinco máquinas, bem como para máquinas de outros clientes. Ao encomendar em grandes quantidades, o fabricante recebeu um desconto substancial no preço. Qual é o momento mais antecipado possível em que o fabricante deve contabilizar as chapas de aço?

a. Quando tiver feito o pedido
b. Quando tiver recebido
c. Quando tiver pagado
d. Quando tiverem sido retiradas do estoque
e. Quando tiverem sido instaladas

Situação III: suponha que o fabricante da Situação II compre chapas de aço para um único cliente e não para vários clientes. Qual é o momento mais antecipado possível em que o fabricante deve contabilizar as chapas de aço?

a. Quando tiver feito o pedido
b. Quando tiver pagado
c. Quando tiver recebido
d. Quando tiverem sido aplicadas

Nas situações I e III, a resposta recomendável é "quando tiver recebido". Na situação II, qualquer resposta pode ser discutida, mas a melhor resposta é "quando tiverem sido instaladas".

15.11 O CRITÉRIO DA CONTABILIDADE DE MATERIAIS[5]

No mínimo, o sistema de contabilidade de materiais do fornecedor deve oferecer o seguinte:

a. Acumulação exata dos custos e atribuição de custos para as contas de custos de forma consistente com os orçamentos, utilizando técnicas de custos reconhecidas e aceitas.
b. Determinação das variações de preços dos materiais, por meio da comparação dos compromissos planejados *versus* reais.
c. Medição do desempenho de custos no momento mais adequado para a categoria dos materiais envolvidos, mas não antes do momento do recebimento efetivo do material.
d. Determinação das variações de custos dos materiais atribuíveis ao excesso de quantidade de materiais.
e. Determinação dos custos unitários ou de lote, quando for o caso.
f. Responsabilidade total por todos os materiais adquiridos para o projeto, incluindo estoque residual.

A fim de satisfazer esses seis requisitos de sistema, as seguintes práticas contábeis devem estar aderentes:

a. Os custos reais dos materiais (CRTR) devem equivaler aos seus planos de materiais (COTA) e ser transferidos até o nível de conta de custos da EAP.
b. As variações de preços dos materiais devem ser determináveis, por meio da comparação dos comprometimentos planejados (valor estimado de materiais) com os comprometimentos reais (custos reais de materiais).
c. O progresso do trabalho físico ou valor agregado (COTR) deve ser determinável, mas não antes que os materiais tenham sido recebidos.
d. As variações de custos de quantidade (a ser discutido na próxima seção) deve ser determinável a partir do uso excessivo de materiais.
e. Os custos unitários e/ou custos de lote de materiais devem ser determináveis, conforme aplicável.
f. Deve haver contabilidade total de todos os materiais adquiridos, incluindo qualquer estoque de materiais residuais.

Embora esta tarefa pareça ser difícil, será facilitada se a organização focar em duas áreas:

1. **Os planos de materiais** (COTA): estes frequentemente começam no ponto em que a engenharia ou a produção ou outros, tenham fornecido uma definição suficiente para iniciar uma ordem para os itens, independentemente de quando tais itens serão realmente pedidos ou recebidos.
2. **Os custos reais de materiais** (CRTR): este, normalmente, é o ponto no qual os custos das peças são registrados nos livros contábeis da empresa, isto é, quando a fatura é paga.

Aquelas empresas que possuem um sistema de consignação de materiais em uso como parte do sistema de contabilidade de materiais, geralmente são capazes de estabelecer e atualizar os custos para as suas mercadorias adquiridas em vários pontos: como um passivo estimado quando a engenharia ou a produção definir os requisitos; ainda como um passivo estimado quando alguém iniciar formalmente o pedido de compra; atualizado como um passivo acumulado quando um pedido de compra for realizado, mais tarde atualizado para um passivo real quando as partes forem recebidas e aceitas; e atualizado pela última vez quando a fatura for paga e os custos registrados nos livros contábeis.

15.12 VARIAÇÕES DE MATERIAIS: PREÇO E QUANTIDADE[6]

Um dos requisitos de um sistema de contabilidade de materiais é que ele seja capaz de determinar simplesmente por que os orçamentos dos materiais foram excedidos; isso é chamado de análise da variação. Quando os custos reais de materiais ultrapassam um orçamento de materiais, normalmente há duas causas:

1. Os artigos comprados custam mais do que o planejado, chamado de "variação de preço".
2. Mais artigos foram consumidos do que o planejado, chamado de "variação de quantidade".

Variações de preços (PV)[NT23] ocorrem quando o valor do preço orçado (COTA) dos materiais é diferente

[5] Adaptado de: FLEMING, Quentin W. *Cost/schedule control systems criteria*. Chicago: Probus Publishers, 1992. p. 144-145.

[6] Adaptado de: FLEMING, Quentin W. *Cost/chedule control systems criteria*. Chicago: Probus Publishers, 1992. p. 151-152.

[NT23] Variações de Preços. Da expressão em inglês, *Price Variances* (PV).

do que foi realmente vivenciado (CRTR). Essa condição pode ocorrer por causa de uma série de razões: estimativas iniciais ruins, inflação, utilização de materiais diferentes dos que foram planejados, muito pouco dinheiro disponível para o orçamento, e assim por diante.

A fórmula para a variação de preços (PV) é:

PV = (Preço orçado – Preço real) x (Quantidade real)

A variação de preços é a diferença entre o custo orçado para a lista de materiais e o preço pago pela lista de materiais.

Por sua vez, as variações de quantidade (UV)[NT24] ocorrem quando é consumida uma quantidade maior de materiais do que estava previsto. A fórmula para a variação de quantidade (UV) é:

UV = (Quantidade orçada = Quantidade real)
X (Preço orçado)

Normalmente, as variações de quantidade são os custos decorrentes de materiais utilizados acima da quantidade requerida na lista de materiais.

Considere o seguinte exemplo: o gerente de projetos estabelece um orçamento de materiais de 100 unidades (o qual inclui 10 unidades de fator de descarte) a um preço de $ 150 por unidade. Portanto, o orçamento de materiais foi fixado em $ 15.000. Ao final do pequeno projeto, os custos reais dos materiais (CRTR) ficaram em $ 15.950, que estava $ 950 acima do orçamento. O que aconteceu?

Aplicando as fórmulas definidas anteriormente,

Variação de preço (PV)

= (preço COTA – preço CRTR) x Quantidade real

= ($ 150 por unidade – $ 145 por unidade) x 110 unidades

= $ 550 favoráveis

Variação de quantidade (UV)

= (qtd. COTA – qtd. CRTR) x Preço COTA

= (100 unidades – 110 unidades) x $ 150 por unidade

= $ 1.500 desfavoráveis

A análise indica que seu preço de compra foi menor do que o previsto, portanto, gerando uma economia de custos. No entanto, você usou 10 unidades a mais do que o planejado, gerando, assim, uma variação de quantidade desfavorável. Uma investigação mais profunda indicou que o seu gerente de linha tinha aumentado o fator de descarte de 10 para 20 unidades.

[NT24] Variações de Quantidade. Da expressão em inglês, *Usage Variances* (UV).

Boas práticas de negócios indicam que tais análises da variação ocorrem para determinar porque os custos reais de materiais excedem os valores orçados de materiais.

15.13 VARIAÇÕES RESUMIDAS

As variações resumidas podem ser calculadas tanto para a mão de obra quanto para os materiais. Considere as informações mostradas a seguir:

	Materiais Diretos	Mão de Obra Direta
Preço/Unidade Planejados	$ 30,00	$ 24,30
Unidades Reais	17.853	9.000
Preço/Unidades Reais	$ 31,07	$ 26,24
Custo Real	$ 554,630	$ 236,200

Nós agora podemos calcular a variação total de preço para os materiais diretos e a taxa da variação de custos:

- Variação de preço **total** para os materiais diretos
  = Unidades reais x (COTR – CRTR)
  = 17.853 x ($ 30,00 – $ 31,07)
  = $ 19.102,71 (desfavorável)

- **Taxa** da variação de custos de mão de obra
  = Taxa orçada – Taxa real
  = $ 24,30 – $ 26,24
  = $ 1,94 (desfavorável)

15.14 RELATÓRIO DE ANDAMENTO

Guia PMBOK®, 5. ed.
10.2.2.5 Relatórios de desempenho

Uma das melhores formas de reduzir a intromissão executiva nos projetos é fornecer aos executivos relatórios de andamento frequentes e significativos. A Figura 15-24 mostra um relatório de andamento relativamente simples, baseado no acúmulo de dados no formato das Figuras 15-25 e 15-26. Esses tipos de relatório de andamento devem ser curtos e concisos, contendo apenas informações pertinentes. O andamento também pode ser mostrado graficamente como na Figura 15-27. A diferença entre a Figura 15-27 e a Figura 15-17 é que as estimativas no término foram identificadas.

Da mesma forma que o software de gerenciamento de projetos disponível se torna mais sofisticado, assim também ocorre com os relatórios do projeto. Existem quatro tipos de relatórios que geralmente são impressos a partir do sistema de medição do valor agregado:

- **Relatórios de Desempenho:** indicam a evolução física até o momento, ou seja, COTA, COTR e CRTR. O relatório também pode incluir informações sobre aquisições de materiais, entrega e quantidade, mas a maioria das empresas possui relatórios separados sobre os materiais.

1. ANÁLISE DA VARIAÇÃO (custos em milhares)

Subtarefa	Andamento dos Marcos	Custo Orçado do Trabalho Agendado	Custo Orçado do Trabalho Realizado	Custo Real	Variação, %	
					Prazos	Custos
1	Concluído	100	100	100	0	0
2	Concluído	50	50	55	0	-10
3	Concluído	50	50	40	0	20
4	Não iniciado	70	0	0	-100	—
5	Concluído	90	90	140	0	55.5
6	Não iniciado	40	0	0	-100	—
7	Iniciado	50	50	25	0	50
8	Não iniciado	0	0	0	—	—
Total		450	340	360	-24.4	-5.9

2. ESTIMATIVA NO TÉRMINO (ENT)

ENT = (360/340) x $ 579.000 = $ 613.059
Sobrecusto = 613.059 – 579.000 = $ 34.059

3. RESUMO DE CUSTOS

Os custos estão sendo executados 5,9% acima do orçamento da mão de obra de salários mais altos.

4. RESUMO DE CRONOGRAMA

A condição de atraso de 24,4% no cronograma se deve às subtarefas 4 e 6, que ainda não começaram em virtude da falta de matéria-prima e do método 50/50 para reserva de custos. As horas extras nos trarão de volta ao cronograma, mas a um custo adicional de 2,5% de custos de mão de obra direta

5. RELATÓRIO DE MARCOS

Marco/Subtarefa	Conclusão Agendada	Conclusão Projetada	Conclusão Real
1	4/1/10		4/1/10
2	5/1/10		5/8/10
3	5/1/10		4/23/10
4	7/1/10	7/1/10	
5	6/1/10		6/1/10
6	8/1/10	8/1/10	
7	9/1/10	9/1/10	
8	10/1/10	10/1/10	

6. RELATÓRIO DE EVENTOS

Problema Atual	Impacto Potencial	Ação Corretiva
(a) Falta de matéria-prima	Condição de sobrecusto e atraso no cronograma	Horas extras estão agendadas. Tentaremos utilizar pessoas com salários menores. As matérias-primas devem chegar ao porto na próxima semana.
(b) O cliente está infeliz com os resultados do teste, e quer trabalho adicional.	Pode precisar de planejamento adicional.	O cliente irá nos fornecer uma declaração do trabalho revisada em 15/6/10.

FIGURA 15-24 Projeto Blue Spider, 4º relatório mensal do projeto.

- **Relatórios de Andamento:** identificam onde estamos hoje e utiliza as informações dos relatórios de desempenho VPR e VC.
- **Relatórios de Projeção:** calculam ENT, EPT, IDP e IDC, bem como quaisquer outras projeções futuras. Esses relatórios enfatizam onde vamos terminar.
- **Relatórios de Exceção:** identificam exceções, problemas ou situações que excedam os valores-limite em itens como variações, fluxo de caixa, recursos designados e outros tópicos.

Os procedimentos de relatório para a análise da variação devem ser os mais breves possíveis. A razão para isso é simples: quanto mais curto e conciso for o relatório, mais rápido o *feedback* pode ser gerado e as respostas desenvolvidas. O tempo é crítico se uma reprogramação tiver de ser realizada com recursos limitados. As duas situações mais comuns que geram restrições na reprogramação de recursos são as seguintes:

- A data final está fixada
- Os recursos disponíveis são constantes (ou limitados)

Com uma data final fixada, a reprogramação do programa geralmente exige que recursos adicionais sejam fornecidos. Na segunda situação, um atraso no programa pode ser a única alternativa, a menos que um fluxo constante de recursos possa ser redistribuído de forma a encurtar a duração do caminho crítico.

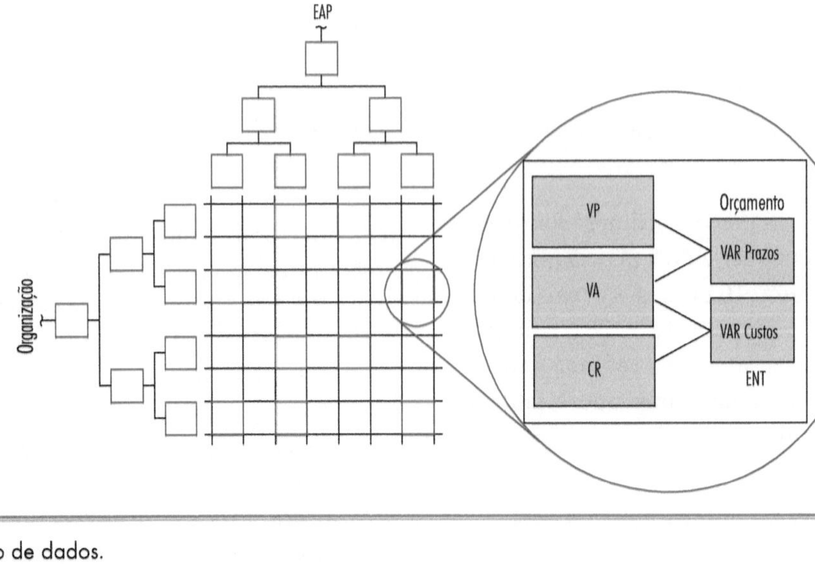

FIGURA 15-25 Acúmulo de dados.

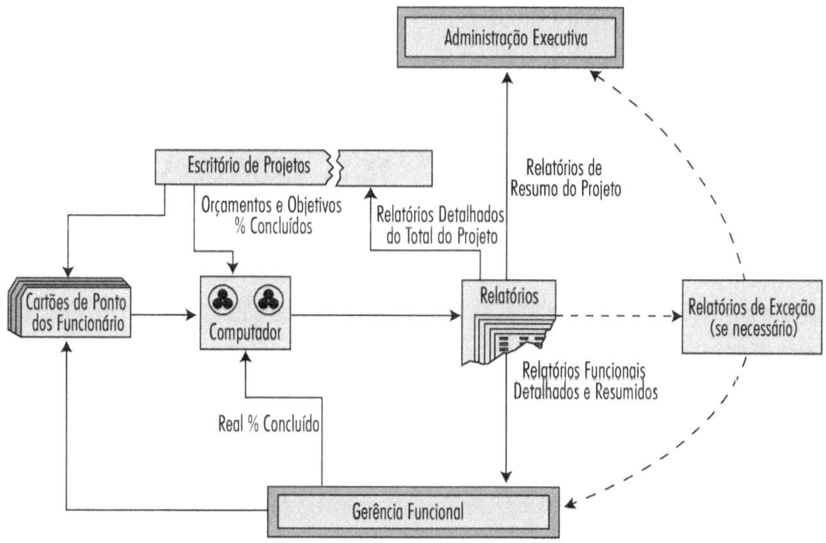

FIGURA 15-26 Fluxo do controle de custos e de relatório.

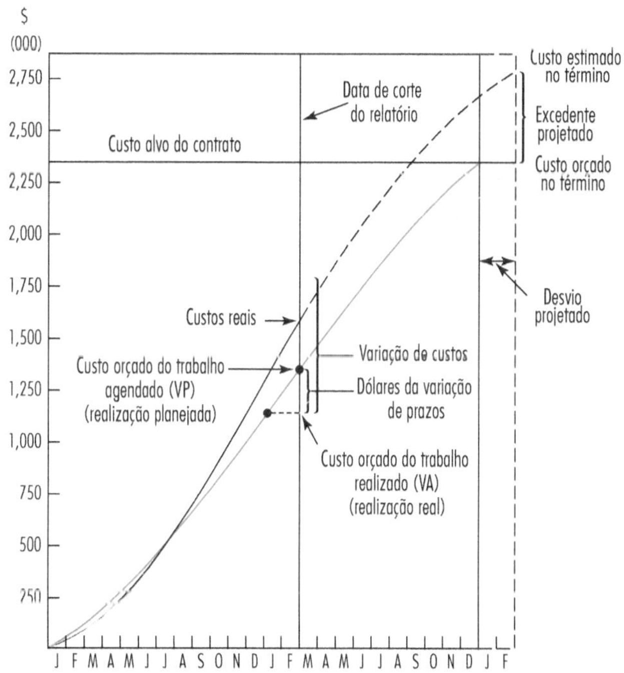

FIGURA 15-27 Relatório gráfico de andamento.

Uma vez que a análise da variação esteja concluída, ambas as gerências, funcional e do projeto, devem diagnosticar o problema e buscar por ações corretivas. Isso inclui:

- Encontrar a cura para o problema
- Desenvolver um plano para recuperar a posição

Isso não implica, de forma alguma, que todas as variações exigem uma ação corretiva. Há quatro principais respostas a um relatório de variação:

- Ignorar o relatório
- Modificações funcionais
- Replanejamento
- Redesenho do sistema

Existem variações permitidas para todos os níveis da organização. Se a variação estiver dentro desses desvios permitidos, então não haverá resposta e a variação pode ser ignorada. Em algumas situações onde a variação é marginal (ou mesmo dentro de limites), uma ação corretiva pode ser necessária. Isso normalmente ocorre no nível funcional e pode simplesmente envolver o uso de outro procedimento de testes ou, eventualmente, considerar algumas alternativas não delimitadas no plano do programa.

Se ocorrerem grandes variações, deve ocorrer o redesenho ou replanejamento, ou do sistema. O processo de replanejamento requer a redefinição e o restabelecimento das metas do projeto, conforme o trabalho progride, mas sempre dentro das especificações do sistema. Isso pode incluir a realização de compensações entre tempo, custos e desempenho ou a definição de novas atividades e métodos para seguir com o projeto, tais como novas redes PERT. Se os recursos são limitados, então deve ser feita uma redistribuição ou realocação adequada. Se os recursos não são limitados, pode ser necessário pessoal, financiamento, equipamentos, instalações, ou informações adicionais.

Se o replanejamento não puder ser realizado sem o redesenho do sistema, então, as especificações do sistema podem ter de ser alteradas[7]. Esse é o pior caso possível,

[7] Aqui nós estamos discutindo especificações de sistema. As respostas de modificação funcional também podem precisar de mudanças nas especificações, mas não no nível do sistema. Exemplos de modificações funcionais podem ser mudanças nas tolerâncias de testes ou nas aquisições de matérias-primas.

porque o desempenho pode ser sacrificado para satisfazer as restrições de tempo e dinheiro.

Sempre que as empresas operam em uma estrutura matricial, as informações devem ser cuidadosamente elaboradas e distribuídas para todos os indivíduos-chave na organização. Para evitar duplicação de padrões e burocracia, a administração deve estabelecer as políticas de tomada de decisões relacionadas com o sistema de custos e controle. A seguir, orientações para a política:

- Aprovação de todas as estimativas, e negociação de todas as estimativas e definição dos requisitos de trabalho com as respectivas organizações.
- Aprovação do orçamento, e direção da distribuição e orçamentação dos recursos financeiros disponíveis para todos os níveis organizacionais por elemento de programa.
- Definição do trabalho necessário e do cronograma.
- Autorização da liberação do trabalho. O gerente não pode, no entanto, autorizar o trabalho além do escopo do contrato.
- Aprovação da lista de materiais do programa, dos planos detalhados e dos cronogramas do programa para a necessidade e o cumprimento dos requisitos do programa.
- Aprovação da declaração do trabalho da aquisição, dos cronogramas, da seleção de fontes, do preço negociado e do tipo de contrato das aquisições principais.
- Monitoramento do desempenho da organização funcional, em relação aos orçamentos liberados, cronogramas e requisitos do programa.
- Quando o desempenho de custos for inaceitável, tomar as ações apropriadas com as organizações afetadas para modificar os requisitos de trabalho ou para estimular a ação corretiva dentro da organização funcional, de modo a reduzir os custos sem alterar o escopo do trabalho contratado.
- Ser responsável por todas as comunicações e questões políticas sobre os programas contratados para que nenhuma diretiva de comunicação seja emitida sem a assinatura ou anuência do gerente do programa.

A descrição das responsabilidades de um gerente é apenas uma parte da política de gestão. Como o gerente do programa deve cruzar as fronteiras funcionais para realizar todos os itens relacionados aqui, também é necessário descrever as responsabilidades do gerente funcional e a relação entre os dois. A Tabela 15-9 é um exemplo disso. Tabelas semelhantes podem ser desenvolvidas para o planejamento e o desenvolvimento do cronograma, das comunicações, das relações com o cliente e da administração do contrato.

15.15 PROBLEMAS DE CONTROLE DE CUSTOS

Guia PMBOK®, 5. ed.
7.4 Controlar os custos

Não importa quão bom o sistema de custos e controle seja, poderão ocorrer problemas. As causas mais comuns de problemas de custos incluem:

- Técnicas e/ou padrões ruins de estimativa, resultando em orçamentos irrealistas
- Início e conclusão de atividades e eventos fora de sequência
- Estrutura analítica do projeto inadequada
- Ausência de política de gestão sobre o processo de relatório e as práticas de controle
- Má definição do trabalho nos níveis inferiores da organização
- A administração reduzindo orçamentos ou propostas para ser competitiva ou para eliminar "gordura"
- Planejamento formal inadequado que resulte em aumentos despercebidos, ou muitas vezes não controlados, do escopo do esforço
- Comparação deficiente dos custos reais e planejados
- Comparação dos custos reais e planejados em nível errado de gestão
- Problemas técnicos imprevistos
- Atrasos no cronograma que demandam custos de horas extras ou de tempo ocioso
- Fatores de escalonamento de materiais que são irrealistas

Podem ocorrer sobrecustos em qualquer fase de desenvolvimento do projeto. As causas mais comuns dos sobrecustos são:

- Fase da proposta
  - Falha em compreender os requisitos dos clientes
  - Avaliação irrealista das capacidades internas
  - Subestimação dos requisitos de tempo
- Fase de planejamento
  - Omissões
  - Inexatidão da estrutura analítica do projeto
  - Interpretação errada das informações
  - Uso de técnicas equivocadas de estimativa
  - Falha em identificar e focar os principais elementos de custos
  - Falha em avaliar e preparar-se para os riscos
- Fase de negociação

TABELA 15-9 Inter-relacionamentos do programa

Gerente do Programa	Gerente Funcional	Relacionamento
Toma ou aprova todas as decisões que afetem o alvo dos requisitos de tempo, custos e desempenho ou os objetivos do programa, comprometidos contratualmente.	Reúne e fornece as informações necessárias para dar assistência ao gerente do programa na tomada de decisões. Envia ao gerente do programa, por meio do membro da equipe do programa, todas as mudanças propostas que afetam alvos de requisitos de custos, cronograma e os requisitos técnicos e objetivos.	Controles de gestão, administração do contrato, orçamentação, estimativa e controles financeiros são especialidades funcionais. O gerente do programa utiliza os serviços das organizações especialistas. Os especialistas mantêm seus próprios canais até o gerente geral, mas devem manter o gerente do programa informado por intermédio do membro da equipe do programa.
Aprova todas as decisões de controle de mudanças de engenharia que afetem o alvo dos requisitos de tempo, custos e desempenho ou os objetivos do programa, comprometidos contratualmente.	Implementa as decisões de mudança na engenharia aprovadas pelo gerente do programa. Informa ao gerente do programa quaisquer impasses de programação resultantes e negocia ajustes por meio do membro da equipe do programa.	
Estabelece orçamentos para o programa em conjunto com os membros da equipe competentes monitora e negocia mudanças.		Em todos os assuntos relativos ao orçamento e ao controle de custos, o gerente do programa utiliza os serviços do membro da equipe do programa representante da organização de controle financeiro.
Autoriza a liberação do orçamento e a autorização do trabalho para a realização do trabalho aprovado, e negocia e direciona internamente a realocação acima do nível de seção com as organizações funcionais, por intermédio dos membros da equipe do programa.	Dentro do orçamento alocado, fornece as habilidades da força de trabalho, instalações e outros recursos pertencentes à sua especialidade funcional em grau e nível necessários para atender aos requisitos de cronograma, custos e requisitos de desempenho técnico do contrato.	
Solicita a atribuição de membros de equipe ao programa e aprova a liberação do membro da equipe do programa.	Coordena com o gerente do programa a seleção e atribuição de um membro de equipe ao programa ou a liberação de um membro da equipe do programa.	O gerente do programa não contrata nem demite o pessoal funcional. Os membros da equipe do programa não devem ser removidos sem a anuência do gerente do programa.
Estabelece os requisitos de relatório e os controles necessários, consistentes com políticas e procedimentos eficazes, para a avaliação do desempenho do programa em todas as fases.	Trabalha em conjunto com outras organizações funcionais para garantir que estejam procedendo satisfatoriamente na conclusão de tarefas e eventos do programa mutuamente interdependentes.	Na medida do possível, os controles do programa devem ser satisfeitos a partir de controles e dados existentes, conforme definido pelas políticas e procedimentos da divisão.
Mede e avalia o desempenho das tarefas em relação aos planos estabelecidos. Identifica problemas atuais e potenciais. Decide sobre e autoriza ações corretivas.	Acompanha todas as atividades da sua organização para garantir desempenho satisfatório aos requisitos do programa. Detecta problemas atuais e potenciais. Toma ação corretiva oportuna em sua organização e quando os problemas envolvem a interface com outras organizações funcionais, notifica-as e coordena a iniciação de ação reparadora. Mantém o gerente do programa informado (por intermédio do membro da equipe do programa) das condições que afetam o programa, problemas existentes ou esperados, problemas resolvidos e ações corretivas necessárias ou realizadas.	O gerente do programa direciona ou redireciona as atividades das organizações funcionais apenas por intermédio do membro da equipe competente. Os gerentes funcionais são responsáveis pelo desempenho das suas organizações. Os gerentes funcionais não implementam decisões que envolvam o aumento dos custos totais do programa, mudanças no cronograma ou mudanças no desempenho técnico, sem a aprovação prévia dos membros da equipe do programa e do gerente do programa.
Informa aos membros da equipe do programa e/ou às organizações funcionais sobre as mudanças no programa que afetem as suas funções.		
Assegura o estabelecimento, a coordenação e a execução de programas de apoio, na extensão necessária ou permitida por contrato.		Isso inclui programas como engenharia de valor, gerenciamento de dados e gerenciamento da configuração.

- Forçar um compromisso rápido
- Limite máximo dos custos de aquisição
- Equipe de negociação que deve "ganhar mais essa"
- Fase contratual
  - Discrepâncias contratuais
  - DT diferente dos requisitos da RFP
  - Equipe da proposta diferente da equipe do projeto
- Fase de design
  - Aceitação das solicitações do cliente sem a aprovação da gerência
  - Problemas nos canais de comunicação do cliente e nos itens de dados
  - Problemas nas reuniões de revisão de design
- Fase de produção
  - Custos excessivos de materiais
  - Especificações que não são aceitáveis
  - Discordância entre engenharia e produção

15.16 SISTEMAS DE INFORMAÇÃO DE GERENCIAMENTO DE PROJETOS

Um sistema de informação de gerenciamento de projetos (SIGP) contém todas as informações essenciais e de apoio para a aprovação do projeto, iniciação, planejamento, programação, execução, monitoramento e controle, e encerramento. Enquanto um sistema de medição do valor agregado (EVMS) é um componente crítico do SIGP, os SIGP's de hoje contém um número significativamente maior de métricas do que apenas de tempo e custo. Se projetados adequadamente os SIGP's podem proporcionar benefícios significativos, tais como:

- Satisfazer as necessidades de informação de várias partes interessadas em tempo hábil
- Fornecer a informação correta para a tomada de decisões esclarecidas
- Ter a quantidade correta de informações, em vez de informações demais ou insuficientes
- Reduzir o custo para coletar as informações corretas
- Fornecer informações sobre como o projeto interage com diversas iniciativas que fazem parte do negócio em curso
- Fornecer informações sobre como um projeto interage com outros projetos que estão sendo apoiados por gerentes de linha
- Fornecer valor para a empresa

Um bom SIGP pode impedir que os projetos falhem em decorrência de derrapagens nas suas comunicações. O SIGP também torna mais fácil para os membros da equipe e gerentes funcionais a entrada das informações necessárias para relatórios de status eficazes.

15.17 SISTEMAS DE GESTÃO EMPRESARIAL

Durante várias décadas, os SIGPs eram vistos como geradores de relatório que forneciam informações sobre tempo, custo e o trabalho que faltava realizar no projeto. Tempo e custo eram as duas principais métricas que eram rastreadas. Hoje, isso mudou.

As empresas têm chegado à conclusão de que tudo o que fazem pode ser considerado como um projeto. Estamos gerindo nosso negócio por meio de projetos. Desta forma, os tomadores de decisão têm necessidade de informação tanto sobre o negócio como sobre os processos de gerenciamento de projetos, e ambos estão agora relacionados. Igualmente, estamos olhando agora para significativamente mais métricas do que apenas tempo e custo.

Informação é a chave para a tomada de decisão eficaz. As empresas têm desenvolvido sistemas integrados de gestão empresarial (ERP)[NT25], que são sistemas de informação que abrangem toda a empresa, projetados para coordenar todos os recursos, informações e tarefas necessárias para completar vários processos de negócios e de projetos. O ERP suporta a gestão da cadeia de suprimentos, finanças e contabilidade, gestão de recursos humanos e gestão de projetos. Os SIGPs agora são parte dos sistemas de ERP.

Uma das razões mais importantes para a integração dos SIGPs ao ERP é o planejamento de capacidade. Os gerentes funcionais devem fornecer recursos tanto para projetos como para as atividades de negócios em andamento. Os sistemas ERP são de valor inestimável nesse sentido. O planejamento de capacidade é uma atividade essencial na seleção de portfólio de projetos. Como exemplo, os sistemas ERP informam que um determinado departamento funcional tem 15 funcionários disponíveis para atribuições de trabalho e dez desses trabalhadores estão comprometidos com o trabalho em andamento. O sistema ERP, em seguida, transmite a informação para o SIGP afirmando que os cinco funcionários restantes estão disponíveis para atribuições de trabalho no projeto. As informações também podem conter o nível salarial dos trabalhadores disponíveis, caso habilidades específicas devam estar disponíveis para a seleção de determinados projetos.

15.18 MÉTRICAS DO PROJETO

As métricas mantêm as partes interessadas informadas sobre o status do projeto. As partes interessadas devem ter

[NT25] Sigla em inglês para *Enterprise Resource Planning* (ERP) como é mais conhecido, ou *Sistemas Integrados de Gestão Empresarial* (SIGE ou SIG) em português.

confiança de que métricas corretas estejam sendo usadas, e que a medição retrate uma representação clara e verdadeira da situação. No início de um projeto, o gerente de projeto e as partes interessadas adequadas devem chegar a um acordo sobre quais métricas utilizar e como as medições serão feitas. Estamos usando agora mais métricas do que apenas tempo e custo. Isto se deve parcialmente ao crescimento da tecnologia SIGP e ERP, bem como a partes interessadas que agora possuem uma maior compreensão sobre gerenciamento de projetos.

Hoje, parte do novo papel do gerente de projeto é entender quais são as métricas críticas que precisam ser identificadas e gerenciadas para que o projeto seja visto como um sucesso por todas as partes interessadas. Os gerentes de projetos têm chegado à conclusão de que a definir métricas e indicadores chave de desempenho específicos do projeto, é um esforço conjunto entre o gerente do projeto, o cliente e as partes interessadas. Chegar a um acordo com as partes interessadas sobre as métricas é difícil, isso deve ser feito o mais cedo possível no projeto.

Ao contrário de métricas financeiras, as métricas baseadas em projeto podem mudar durante cada fase do ciclo de vida, bem como de projeto para projeto. Portanto, o estabelecimento e medição de métricas pode ser uma necessidade cara para validar os fatores críticos de sucesso (FCS) e manter a satisfação do cliente. Muitas pessoas acreditam que o futuro será de gerenciamento de projetos orientado a métricas.

Entendendo as Métricas

Embora a maioria das empresas utilize algum tipo de métrica para medição, elas parecem ter uma má compreensão do que constitui uma métrica, pelo menos para uso em gerenciamento de projetos. Você não pode gerenciar um projeto de forma eficaz sem ter métricas e medição de acompanhamento capazes de fornecer informações completas ou quase completas. Assim, a definição mais simples de métrica é algo que é medido. Considere o seguinte:

- Se algo não pode ser medido, então não pode ser gerenciado.
- O que é medido é feito.
- Você nunca entende algo completamente de fato a menos que possa ser medido.

As métricas podem ser medidas e registradas como:

- Números
- Percentuais
- Moeda
- Contas
- Classificações (boa, ruim, ou neutra)
- Qualitativamente ou quantitativamente

Se você não pode oferecer às partes interessadas algo que possa ser medido, então como você pode prometer que suas expectativas serão atendidas? Você não pode controlar o que não pode medir. Boas métricas levam ao gerenciamento proativo de projetos, ao invés de reativo, se as métricas forem oportunas e informativas.

Durante anos, a medição em si não foi bem compreendida. Evitamos o gerenciamento de métricas porque não as compreendíamos. Mas autores como Douglas Hubbard ajudaram a resolver o problema[8]:

- Seu problema não é tão único quanto você pensa.
- Você tem mais dados do que pensa.
- Você precisa de menos dados do que pensa.
- Existe uma medição útil que é muito mais simples do que você pensa.

Ao longo dos anos, numerosos benefícios têm surgido da utilização de gestão de métricas. Alguns benefícios da utilização de métricas são:

- As métricas nos dizem se estamos atingindo os objetivos/marcos, melhorando, ou piorando.
- As métricas nos permitem identificar erros antes que eles levem a outros erros; identificação precoce de problemas.
- As boas métricas levam a tomada de decisões informadas, enquanto métricas ruins ou imprecisas levam a decisões de gerenciamento ruins.
- As boas métricas podem avaliar o desempenho com precisão.
- As métricas permitem uma gestão proativa em tempo hábil.
- As métricas melhoram estimativas futuras.
- As métricas melhoram o desempenho para o futuro.
- As métricas tornam mais fáceis a validação e manutenção das linhas de base com o mínimo de interrupções.
- As métricas podem avaliar, com mais precisão, o sucesso e o fracasso.
- As métricas podem melhorar a satisfação do cliente.
- As métricas são um meio de avaliar a saúde do projeto.
- As métricas rastreiam a capacidade de atender a fatores críticos de sucesso do projeto.
- As boas métricas permitem que a definição de sucesso do projeto seja feita em termos de outros fatores que não o tradicional fator das restrições triplas.

---

[8] HUBBARD, D. W. *How to measure anything*; finding the value of intangibles in business. Hoboken, NJ: Wiley, 2007. p. 31.

Embora as métricas sejam mais frequentemente utilizadas para validar a saúde de um projeto, também podem ser usadas para descobrir melhores práticas nos processos. Capturar melhores práticas e lições aprendidas é uma necessidade para a melhoria contínua em longo prazo. Sem o uso eficaz de métricas, as empresas poderiam gastar anos tentando alcançar melhorias contínuas. A este respeito, as métricas são uma necessidade porque:

- Aprovações de projeto muitas vezes são baseadas em informações insuficientes e estimativas ruins.
- Aprovações de projeto são baseadas em cálculos irrealistas de retorno sobre o investimento (ROI), valor presente líquido (VPL) e período de payback.
- Aprovações de projeto são muitas vezes baseadas no cenário mais favorável.
- Os verdadeiros requisitos de custo e tempo podem ou estar escondidos ou não totalmente compreendidos durante o processo de aprovação do projeto.

As métricas exigem:

- Uma necessidade ou propósito
- Um alvo, linha de base ou ponto de referência
- Uma forma de medição
- Uma forma de interpretação
- Uma estrutura de relatórios

Mesmo com boas métricas, o gerenciamento de métricas pode falhar. As causas mais comuns de falha são:

- Má governança, especialmente das partes interessadas
- Processos decisórios lentos
- Planos de projeto excessivamente otimistas
- Tentar realizar muito em pouco tempo
- Práticas ruins de gerenciamento de projetos e/ou metodologias
- Má compreensão de como as métricas serão utilizadas

Às vezes, o fracasso do gerenciamento de métricas é devido à má gestão das relações com as partes interessadas. Problemas típicos que podem conduzir a falhas incluem:

- Falhar em resolver divergências entre as partes interessadas
- Falhar em resolver desconfianças entre as partes interessadas
- Falhar em definir CSFs
- Falhar em conseguir acordo sobre a definição de sucesso do projeto
- Falhar em conseguir acordo sobre as métricas necessárias para apoiar os CSFs e a definição de sucesso
- Falhar em verificar se os CSFs estão sendo atendidos
- Falhar em conseguir acordo sobre como medir as métricas
- Falhar em compreender as métricas
- Falha em usar as métricas corretamente

Causas para a Falta de Apoio à Gestão de Métricas

Durante os últimos anos, um dos maiores impulsionadores para a gestão eficaz de métricas tem sido o crescimento de projetos complexos. Quanto maior e mais complexo o projeto, maior é a dificuldade em medir e determinar o sucesso. Portanto, quanto maior e mais complexo o projeto, maior é a necessidade de métricas.

Mas determinar métricas requer responder a determinadas questões críticas:

- Coleta de informações e elaboração de relatórios
  - Quem vai coletar as informações?
  - Quando a informação será coletada?
  - Quando e como a informação será reportada?
- Medições
  - O que deve ser medido?
  - Quando deve ser medido?
  - Como deve ser medido?
  - Quem vai realizar a medição?

Para muitas empresas, responder a estas questões, especialmente em projetos complexos, era um desafio. Como resultado, as métricas foram frequentemente ignoradas porque eram difíceis de definir e coletar.

Outras razões para a falta de apoio incluíam:

- A gestão de métricas era vista como um trabalho extra e desperdício de tempo produtivo.
- Não havia nenhuma garantia de que as métricas corretas seriam selecionadas.
- Se métricas erradas são selecionadas, então estamos perdendo tempo coletando dados errados.
- A gestão de métricas é cara e os benefícios não justificam o custo.
- Métricas são caras e inúteis.

A gestão de métricas, muitas vezes, é vista como um complemento para o trabalho existente da equipe do projeto. Mas sem essas métricas, muitas vezes, nos concentramos em gerenciamento reativo ao invés de gerenciamento proativo. O resultado é foco no cumprimento de pacotes de trabalho individuais, em vez de foco sobre a conclusão da solução de negócio para o cliente.

Todos entendem o valor no uso de métricas. Mas ainda há um medo inerente entre os membros da equipe de que métricas serão vistas como "O Big Brother está de olho em você!" Os funcionários não vão apoiar um esforço de gestão de métricas que se pareça com uma máquina de espionagem.

Características de uma Métrica

Existem algumas características básicas que uma métrica deve possuir. Estas incluem:

- Ter uma necessidade ou um propósito
- Fornecer informações úteis
- Focar em direção a um alvo
- Poder ser medida com razoável precisão
- Refletir o verdadeiro status do projeto
- Suportar gerenciamento proativo
- Auxiliar na avaliação da probabilidade de sucesso ou fracasso
- Ser aceita pelas partes interessadas como uma ferramenta para a tomada de decisão informada

Ao contrário de ambientes de negócios de longo prazo, os ambientes de projeto são muito mais curtos e, portanto, mais suscetíveis à mudança das métricas. Em um ambiente de projeto, as métricas podem mudar de projeto para projeto, durante cada fase do ciclo de vida e a qualquer momento, em virtude de:

- Forma como a empresa define valor internamente
- Forma como o cliente e o fornecedor definem conjuntamente sucesso e valor na iniciação do projeto
- Forma como o cliente e o fornecedor chegam a um acordo no início do projeto sobre quais métricas devem ser usadas em um determinado projeto.
- Versões novas ou atualizadas de softwares de rastreamento
- Melhorias na metodologia empresarial de gerenciamento de projeto e no sistema de informação de gerenciamento de projeto que o acompanha
- Alterações nos fatores ambientais da empresa
- Mudanças nas premissas do *business case* do projeto

As métricas podem ser classificadas. Como exemplo, abaixo estão sete tipos de métricas ou indicadores de métricas que podem aparecer em uma biblioteca de métricas:

- Métricas quantitativas (planejamento de dólares ou horas como uma percentagem do trabalho total)
- Métricas práticas (melhoria da eficiência)
- Métricas direcionais (classificações de risco melhorando ou piorando)
- Métricas acionáveis (afetam a mudança, como o número de horas sem pessoal)
- Métricas financeiras (margens de lucro, ROI etc.)
- Métricas de marcos (número de pacotes de trabalho em tempo)
- Métricas de resultado final ou sucesso (satisfação do cliente)

Entrar em acordo sobre o número correto de métricas não é fácil, mas é preciso determinar quantas métricas são necessárias para um projeto em particular.

- Com muitas métricas:
  - O gerenciamento de métricas rouba tempo de outros trabalhos.
  - Acabamos fornecendo muita informação às partes interessadas, de forma que elas não podem determinar qual informação é crítica.
  - Acabamos fornecendo informações que têm valor limitado.
- Com poucas métricas:
  - Não são fornecidas informações críticas suficientes.
  - Torna-se difícil a tomada de decisões bem informadas.

Há certas regras básicas que podemos estabelecer como parte do processo de seleçao métricas:

- Certifique-se de que as métricas são dignas de coleta
- Certifique-se de que usamos o que coletamos
- Certifique-se de que as métricas são informativas
- Treine a equipe sobre o uso e valor das métricas

A seleçao de métricas é muito mais fácil quando você tem linhas de base competentes para fazer as medições. É muito difícil ou mesmo impossível usar o gerenciamento de métricas de forma eficaz quando as linhas de base passam por transformação contínua. Para o trabalho que ainda não tenha sido planejado, *benchmarks* e padrões podem ser usados, em vez de linhas de base.

As métricas por si só são apenas números ou tendências resultantes de medições. As métricas não têm nenhum valor real, a menos que possam ser interpretadas corretamente pelas partes interessadas ou por especialistas no assunto, e um plano corretivo, se necessário, pode ser desenvolvido. É importante saber quem vai se beneficiar de cada métrica. O nível de importância pode variar de parte interessada para parte interessada.

Há várias questões que podem ser abordadas durante a seleção métrica:

- Quão bem informadas são as partes interessadas em gerenciamento de projetos?
- Quão bem informadas são as partes interessadas em gestão de métricas?
- Temos os ativos de processos organizacionais necessários para medição de métricas?
- As linhas de base e padrões sofrerão transformações durante o projeto?

Há dois fatores adicionais que devem ser considerados ao selecionar métricas. Em primeiro lugar, existe um custo envolvido na realização das medições, e com base na frequência das medições os custos podem ser bastante grandes. Em segundo lugar, devemos reconhecer que as métricas precisam ser atualizadas. Métricas são como melhores práticas; elas envelhecem e podem já não fornecer o valor ou a informação que era esperada. Há várias razões, portanto, para reverem-se as métricas periodicamente:

- Os clientes podem desejar relatórios em tempo real, em vez de relatórios periódicos, tornando assim algumas métricas inadequadas.
- O custo e a complexidade da medição pode fazer uma métrica inadequada para utilização.
- A métrica não se encaixa bem nos ativos de processos organizacionais disponíveis para uma medição precisa.
- Os limites de financiamento do projeto podem restringir o número de métricas que podem ser usadas.

Ao revisar as métricas, existem três resultados possíveis:

- Atualizar a métrica.
- Deixar a métrica como está, mas possivelmente colocá-la em espera.
- Retirar a métrica de uso.

Por fim, as métricas devem ser determinadas depois que o projeto for selecionado e a aprovação for obtida. Selecionar um projeto com base em métricas disponíveis ou fáceis de usar, geralmente resulta ou na seleção do projeto errado, ou em métricas que fornecem dados inúteis.

15.19 INDICADORES-CHAVE DE DESEMPENHO

Como foi dito na seção anterior, parte do papel do gerente de projeto é entender quais métricas críticas precisam ser identificadas, medidas, reportadas e gerenciadas de forma que o projeto seja considerado um sucesso por todas as partes interessadas, se possível. O termo "métrica" é genérico, enquanto "KPI" é específico. Os KPIs servem como sinais precoces de alerta, que indicam que, se uma condição desfavorável existir e não for tratada, os resultados podem ser ruins. KPIs e métricas podem ser exibidos em *dashboards*, *scorecards* e relatórios.

Definir as métricas ou KPIs corretos é um esforço conjunto entre o gerente do projeto, cliente e partes interessadas, e são necessidades a fim de conseguir um acordo. Uma das chaves para um projeto de sucesso é a gestão eficaz e oportuna de informações. Isso inclui os KPIs. Eles nos dão informações para tomar decisões esclarecidas por meio da redução de incertezas.

Obter a aprovação das partes interessadas nos KPIs é difícil. Se você fornecer às partes interessadas 50 métricas para selecionar, irão de alguma forma justificar a necessidade de todas as 50. Se você mostrar cem métricas, vão encontrar uma razão para que todas as cem sejam relatadas. A parte mais difícil é escolher, na biblioteca de métricas, quais são as métricas críticas que podem funcionar como KPIs.

Durante anos, métricas e KPIs foram utilizados principalmente como parte de técnicas de *business intelligence*. Quando aplicados a projetos, os KPIs respondem à pergunta: "O que é realmente importante para as diferentes partes interessadas monitorar no projeto?". Nos negócios, uma vez que um KPI é estabelecido, torna-se difícil mudar, à medida que fatores ambientais da empresa mudam, por medo de que dados de comparação históricos sejam perdidos. Mas o *benchmarking* de KPIs da indústria ainda é possível, pois os KPIs são de longo prazo. Em gerenciamento de projetos, em virtude da singularidade dos projetos, o *benchmarking* é mais complexo, por causa da expectativa de vida relativamente curta dos KPIs.

A Necessidade de KPIs

Na maioria das vezes, os itens que aparecem nos *dashboards* e relatórios são elementos que tanto clientes como gerentes de projeto acompanham. Esses itens são chamados de indicadores chave de desempenho. De acordo com Eckerson[9]:

> Um KPI é uma medição métrica de quão bem a organização ou um indivíduo executa uma atividade operacional, tática ou estratégica que é fundamental para o sucesso atual e futuro da organização.

Embora o comentário de Eckerson seja mais apropriado para métricas orientadas a negócios, em vez de

---

9 ECKERSON, W. W. *Performance dashboards*: measuring, monitoring and managing your business. Hoboken, NJ: Wiley, 2006. p.294.

métricas orientadas a projetos, a aplicação para o ambiente de projetos ainda existe. Os KPIs são fotos de alto nível de como o projeto está progredindo em direção a alvos pré-definidos. Algumas pessoas confundem os KPIs com indicadores de tendência. Um indicador de tendência é, na verdade, um KPI que mede como o trabalho que você está fazendo agora irá afetar o futuro. KPIs podem ser tratados como indicadores, mas não necessariamente como indicadores de tendência.

Embora algumas métricas possam se parecer com indicadores de tendência, deve-se tomar cuidado com a forma como são interpretadas. A má interpretação de uma métrica ou a crença equivocada de que uma métrica é um indicador de tendência pode levar a conclusões erradas.

KPIs são componentes críticos de todos os sistemas de medição de valor agregado. Termos como variação de custos, variação de cronograma, índice de desempenho de prazo, índice de desempenho de custo e tempo/custo na conclusão são, na verdade, KPIs se usados corretamente, mas nem sempre são referidos como tal. A necessidade desses KPIs é simples: "O que é medido, é feito!". Se o objetivo de um sistema de medição de desempenho é melhorar a eficiência e eficácia, então o KPI deve refletir fatores controláveis. Não faz sentido algum medir uma atividade se os usuários não podem modificar o resultado.

Por mais de quatro décadas, os únicos KPIs que verificávamos eram tempo e custo, ou derivados de tempo e custo. Hoje, percebemos que o estado real do projeto não pode ser medido apenas por tempo e custo isoladamente. Desta forma, a necessidade de KPIs adicionais aumentou. KPIs típicos que os gerentes de projeto podem usar incluem:

- Percentual de pacotes de trabalho aderindo ao cronograma
- Percentual de pacotes de trabalho aderindo ao orçamento
- Número de recursos alocados versus recursos planejados
- Percentual real versus planejado de linhas de base concluídas na data
- Percentual real versus planejado de melhores práticas utilizadas
- Fator de complexidade do projeto
- Tempo para atingir valor
- Avaliações de satisfação dos clientes
- Número de premissas críticas feitas
- Percentual de premissas críticas que foram alteradas
- Número de revisões de custos
- Número de revisões do cronograma
- Número de reuniões de revisão de mudança de escopo
- Número de restrições críticas
- Percentual de pacotes de trabalho com designação de risco crítico
- Margens operacionais líquidas
- Nível de graduação dos recursos alocados contra recursos planejados

Os gerentes de projeto devem explicar às partes interessadas as diferenças entre métricas e KPIs, e por que apenas KPIs devem ser reportados em *dashboards*. Como exemplo, as métricas se concentram no cumprimento dos pacotes de trabalho, no cumprimento de marcos, e no cumprimento de objetivos de desempenho. KPIs focam em resultados futuros e essa é a informação de que as partes interessadas precisam para a tomada de decisões. Nem métricas nem KPIs podem realmente prever se o projeto será bem-sucedido, mas os KPIs fornecem informações mais precisas sobre o que pode acontecer no futuro se as tendências existentes continuarem. Tanto métricas como KPIs fornecem informações úteis, mas nenhuma das duas podem dizer-lhe qual a ação tomar, ou se um projeto em dificuldades pode ser recuperado.

Uma vez que as partes interessadas entendem a necessidade de KPIs corretos, outras questões devem ser discutidas, incluindo:

- Quantos KPIs são necessários?
- Com que frequência devem ser medidos?
- O que deve ser medido?
- Quão complexo o KPI vai se tornar?
- Quem será responsável pelo KPI (ou seja, o proprietário do KPI)?
- O KPI servirá como *benchmark*?

Afirmamos anteriormente que o que é medido é feito, e é por meio da medição que uma compreensão verdadeira das informações é obtida. Se o objetivo de um sistema de medição de métricas é melhorar a eficiência e a eficácia, então o KPI deve refletir fatores controláveis. Não faz sentido algum medir uma atividade se os usuários não podem modificar o resultado. Tais KPIs não seriam aceitáveis para as partes interessadas.

Usando os KPIs

Embora a maioria das empresas utilize métricas e realize medições, as empresas parecem ter uma compreensão ruim do que constitui um KPI para projetos e como deve ser usado. Alguns princípios gerais incluem:

- Os KPIs são acordados antecipadamente e refletem os CSFs do projeto.

- Os KPIs indicam quanto progresso foi feito em direção ao cumprimento dos alvos, metas e objetivos do projeto.
- Os KPIs não são metas de desempenho.
- O objetivo final de um KPI é a medição de itens diretamente relevantes para o desempenho, e fornecer informações sobre fatores controláveis apropriados para a tomada de decisões, de forma a levar a resultados positivos.
- Bons KPIs guiam a mudança, mas não prescrevem um curso de ação. Eles indicam o quão perto você está de um alvo, mas não dizem o que deve ser feito para corrigir desvios do alvo.
- Os KPIs auxiliam no estabelecimento de objetivos a serem alcançados, com o propósito final tanto de adicionar valor ao projeto como de atingir o valor prescrito.

Algumas pessoas argumentam que os objetivos de alto nível de um KPI são incentivar medições eficazes. A este respeito, os três objetivos de alto nível são:

- Medições que levam a motivação da equipe
- Medições que levam à conformidade com o uso de ativos de processos organizacionais e alinhamento com os objetivos de negócios
- Medições que levam a melhorias de desempenho e à captura de lições aprendidas e melhores práticas

Algumas empresas colocam informações de KPI em quadros de avisos, no refeitório da empresa, nas paredes das salas de conferência ou em boletins informativos da empresa, como forma de motivar a organização mostrando o progresso em direção ao alvo. No entanto, KPIs desfavoráveis podem ter um efeito adverso sobre o moral.

Anatomia de um KPI

Algumas métricas, tais como a de rentabilidade do projeto, podem nos dizer se as coisas parecem boas ou ruins, mas não necessariamente fornecem informações significativas sobre o que devemos fazer para melhorar o desempenho. Portanto, um KPI típico deve fazer mais do que apenas funcionar como uma métrica. Se dissecarmos os KPIs, veremos o seguinte:

- KEY = um grande colaborador para o sucesso ou fracasso do projeto. Uma métrica KPI é portanto apenas "chave" quando pode edificar ou destruir o projeto.
- PERFORMANCE = uma métrica que pode ser medida, quantificada, ajustada e controlada. A métrica deve ser controlável para melhorar o desempenho.
- INDICATOR = representação razoável do desempenho presente e futuro.

Um KPI é parte de um objetivo mensurável. Definir e selecionar os KPIs é muito mais fácil se você definir os CSFs primeiro. KPIs não devem ser confundidos com CSFs. CSFs são coisas que devem estar no lugar para atingir um objetivo. Um KPI não é um CSF, mas pode fornecer uma indicação importante de que a CSF pode ser cumprida. Selecionar os KPIs corretos, bem como número correto de KPIs, irá:

- Permitir uma tomada de decisão melhor
- Melhorar o desempenho no projeto
- Ajudar a identificar as áreas problemáticas mais rápido
- Melhorar as relações cliente-fornecedor-partes interessadas

David Parmenter[10] define três categorias de métricas:

- Indicadores de Resultados (RIs): o que temos realizado?
- Indicadores de Desempenho (PIs): o que devemos fazer para aumentar ou atingir desempenho?
- Indicadores Chave de Desempenho (KPIs): quais são os indicadores críticos de desempenho que podem aumentar drasticamente o desempenho ou a realização dos objetivos?

A maioria das empresas usa uma mistura inadequada dessas três categorias e classificam como KPIs. Ter muitos KPIs pode retardar os projetos em decorrência de medições excessivas e exigências de relatórios. Ter muitos KPIs também pode embaçar a visão sobre o desempenho real. Poucos KPIs podem, da mesma forma, causar atrasos por causa da falta de informações críticas. Normalmente, acabamos com muitos KPIs, ao invés de poucos.

O número de KPIs pode variar de projeto para projeto e pode ser impactado pelo número de partes interessadas. Algumas pessoas selecionam o número de KPIs com base no princípio de Pareto, que afirma que 20% dos indicadores totais terão impacto sobre 80% do projeto. David Parmenter afirma que a regra 10/80/10 é normalmente aplicada para selecionar o número de KPIs[11]:

- RIs: 10
- PIs: 80
- KPIs: 10

---

10 PARMENTER, D. *Key performance indicators*. Hoboken, NJ: Wiley, 2007. p. 1.

11 Veja a obra indicada na nota 10, p. 9.

Normalmente, é padrão selecionar de seis a dez KPIs. Fatores que influenciam o número de KPIs são:

- O número de sistemas de informação que o gerente de projeto utiliza (ou seja, um, dois, ou três)
- O número de partes interessadas e seus requisitos de informação
- A capacidade de medir a informação
- Os ativos de processos organizacionais disponíveis para coletar as informações
- O custo de medição e de coleta
- Limitações de relatório em *dashboard*

Características do KPI

A literatura está repleta de artigos que definem as características de métricas e KPIs. Com demasiada frequência, os autores usam a regra "SMART" como meio de identificar as características:

- S = (*Specific*) – Específico: claro e focado em direção a metas de desempenho ou uma finalidade de negócios
- M = (*Measurable*) – Mensurável: pode ser expresso quantitativamente
- A = (*Attainable*) – Atingível: as metas são razoáveis e exequíveis
- R = (*Realistic or Relevant*) – Realista ou Relevante: o KPI é pertinente diretamente ao trabalho realizado no projeto
- T = (*Tangible or Time Bound*) – Tangível ou de Prazo Definido: o KPI é mensurável dentro de um determinado período de tempo

A regra SMART foi originalmente desenvolvida para o estabelecimento de objetivos significativos para os projetos, e mais tarde adaptada para a identificação de métricas e KPIs. Embora o uso da norma SMART tenha algum mérito, sua aplicabilidade a KPIs é questionável.

O atributo mais importante de um KPI provavelmente é de ser "acionável". Se a tendência da métrica é desfavorável, então os usuários devem saber qual ação é necessária para corrigir a tendência desfavorável. O usuário deve ser capaz de controlar o resultado. Este é um ponto fraco quando se utiliza a regra SMART para selecionar KPIs.

Wayne Eckerson desenvolveu um conjunto mais sofisticado de características para KPIs. A lista é mais apropriada para KPIs orientados a negócio do que para KPIs orientados a projeto, mas pode ser adaptada para o uso em gerenciamento de projetos. A Tabela 15-10 mostra as 12 características de Eckerson[12].

[12] Veja a obra indicada na nota 9, p. 201.

TABELA 15-10 Doze Características de KPIs Eficazes

Alinhados. Os KPIs estão sempre alinhados com a estratégia e os objetivos da empresa.
Pertencentes a alguém. Todo KPI é propriedade de um indivíduo ou grupo no lado do negócio que é responsável pelo seu resultado.
Preditivos. KPIs são condutores de medição do valor de negócios. Assim, são indicadores de "tendência" do desempenho desejado pela organização.
Acionáveis. KPIs apresentam dados acionáveis em tempo hábil, para que os usuários possam intervir para melhorar o desempenho antes que seja tarde demais.
Em número reduzido. KPIs devem focar os usuários em algumas tarefas de alto valor, e não dispersar sua atenção e energia em muitas coisas.
Fáceis de entender. KPIs devem ser simples e fáceis de entender, e não baseados em índices complexos que os usuários não sabem como influenciar diretamente.
Equilibrados e ligados. KPIs devem equilibrar-se e reforçar-se mutuamente, e não enfraquecer uns aos outros e subotimizar processos.
Engatilhar mudanças. O ato de medir um KPI deve provocar uma reação em cadeia de mudanças positivas na organização, especialmente quando se é monitorado pelo CEO.
Padronizados. KPIs são baseados em definições padrão, regras e cálculos para que possam ser integrados por meio de dashboards ao longo da organização.
Orientados ao contexto. KPIs colocam o desempenho no contexto por meio da aplicação de metas e limiares para o desempenho, para que os usuários possam aferir seu progresso ao longo do tempo.
Reforçados com incentivos. As organizações podem aumentar o impacto dos KPIs vinculando compensações ou incentivos a eles. No entanto, devem fazer isso com cautela, aplicando incentivos apenas para KPIs bem compreendidos e estáveis.
Relevantes. Os KPIs perdem gradualmente seu impacto ao longo do tempo, então eles devem ser periodicamente revisados e atualizados.

Métricas de negócios ou financeiras são geralmente resultado de muitos fatores, portanto pode ser difícil isolar o que deve ser feito para implementar a mudança. Para KPIs orientados a projeto, as seis características seguintes podem muito bem ser suficientes:

- **Preditivo:** capaz de prever o futuro dessa tendência
- **Mensurável:** pode ser expresso quantitativamente
- **Acionável:** desencadeia modificações que podem ser necessárias para ação corretiva
- **Relevante:** o KPI está diretamente relacionado com o sucesso ou o fracasso do projeto
- **Automatizado:** relatórios automatizados minimizam a possibilidade de erro humano
- **Em número reduzido:** apenas o necessário

Às vezes, os KPIs são classificados de acordo com o que têm intenção de indicar, similar às categorias de métricas discutidas na seção anterior:

- KPIs quantitativos: valores numéricos
- KPIs práticos: interface com os processos da empresa
- KPIs direcionais: melhorar ou piorar
- KPIs acionáveis: efetuar mudanças
- KPIs financeiros: medidas de desempenho

Outra forma de classificação pode ser indicadores ou KPIs indutores e de resultado:

- KPIs de resultado medem o desempenho passado.
- KPIs indutores medem os condutores para o desempenho futuro.

A maioria dos *dashboards* tem um ajuste tanto de métricas indutoras como de métricas de resultado.

Falhas do KPI

Existem várias razões pelas quais o uso de KPIs frequentemente falha nos projetos. Algumas das razões são:

- As pessoas acreditam que o acompanhamento de um KPI termina no nível de gerência de primeira linha.
- As ações necessárias para regular indicações desfavoráveis estão fora do controle dos empregados que fazem o monitoramento ou rastreamento.
- Os KPIs não estão relacionados com as ações ou trabalho dos funcionários que fazem o monitoramento.
- A taxa de variação dos KPIs é muito lenta, tornando-os impróprios para gerenciar o trabalho diário dos funcionários.
- As ações necessárias para corrigir KPIs desfavoráveis demoram muito.
- A medição dos KPIs não fornece significado suficiente ou dados para torná-los úteis.
- A empresa identifica muitos KPIs ao ponto em que a confusão reina entre as pessoas que fazem as medições.

Alguns anos atrás, as únicas métricas que algumas empresas utilizavam eram aquelas identificadas como parte do sistema de medição de valor agregado. As métricas geralmente focavam apenas em tempo e custo, e negligenciavam métricas relacionadas ao sucesso do negócio, em oposição ao sucesso do projeto. Como tal, as métricas de medição eram as mesmas em cada projeto, e as mesmas para cada fase do ciclo de vida. Hoje, as métricas podem mudar de uma fase para outra e de projeto para projeto. A parte mais difícil é obviamente decidir sobre quais métricas usar. É preciso ter cuidado para que sejam quais forem as métricas estabelecidas, não acabem comparando maçãs com laranjas. Felizmente, existem vários livros bons no mercado que podem ajudar a identificar métricas adequadas e significativas[13].

[13] Três livros que fornecem exemplos de identificação de métricas são: RAD, P. F.; LEVIN, G. *Metrics for project management.* Vienna, VA: Management Concepts, 2006; SCHNAPPER, M.; ROLLINS, S. *Value-based metric for improving results.* Ft. Lauderdale, FL: J. Ross Publishing, 2006; HUBBARD, D. W. *How to measure anything.* Hoboken, NJ: Wiley, 2007.

15.20 MÉTRICAS BASEADAS EM VALOR

Durante anos, clientes e fornecedores têm trabalhado em direção a diferentes definições de sucesso do projeto. A definição de sucesso do gerente de projeto era rentabilidade, e era monitorada por meio de métricas financeiras. A definição de sucesso do cliente, geralmente, era a qualidade das entregas. Infelizmente, a qualidade era medida no encerramento do projeto, porque era difícil de rastreá-la durante o projeto. No entanto, a qualidade era muitas vezes considerada a única medida de sucesso.

Hoje, clientes e partes interessadas parecem ter mais interesse no valor que irão receber no final do projeto. Se você perguntasse a dez pessoas, incluindo pessoal do projeto, o significado de valor, você provavelmente obteria dez respostas diferentes. Da mesma forma, se você perguntasse qual CSF tem o maior impacto sobre o valor, você obteria respostas diferentes. Cada resposta estaria relacionada ao ambiente de trabalho e ao setor do indivíduo. Hoje, as empresas parecem ter mais interesse em valor do que em qualidade. Isso não significa que estamos desistindo da qualidade. A qualidade é parte do valor. Algumas pessoas acreditam que o valor é simplesmente a qualidade dividida pelo custo para obtenção dessa qualidade. Em outras palavras, quanto menos que se paga para a obtenção do nível desejado de qualidade do cliente, maior será o valor para o cliente.

O problema com este argumento é que consideramos que a qualidade é o único atributo de valor importante para o cliente e, portanto, precisamos determinar melhores formas de medir e prever apenas a qualidade. Infelizmente, existem outros atributos de valor e muitos desses outros atributos são igualmente difíceis de medir e prever. Os clientes podem ter muitos atributos que consideram como valor, mas nem todos são de igual importância.

Ao contrário do uso da qualidade como parâmetro solitário, o valor permite que uma empresa meça melhor o grau em que o projeto irá satisfazer os seus objetivos. A qualidade pode ser considerada um atributo de valor, juntamente com outros atributos. Hoje, todos têm qualidade e produzem qualidade de alguma forma. Isto é necessário para a sobrevivência. Mas, o que diferencia uma empresa da outra são outros atributos, componentes ou fatores usados para definir valor. Alguns desses atributos podem incluir preço, tempo, imagem, reputação, atendimento ao cliente e sustentabilidade.

No mundo de hoje, os clientes tomam a decisão de contratar um fornecedor com base no valor que esperam receber e no preço que devem pagar para receber esse valor. Na verdade, trata-se do valor "percebido" que pode ser baseado nas compensações sobre os atributos de definição de valor do cliente. *O cliente pode perceber o valor de seu projeto como algo a ser usado internamente em sua empresa ou passá-lo adiante para seus clientes por meio do seu programa de gerenciamento de valor para o cliente.* Se sua empresa não tem ou não pode oferecer valor reconhecido para seus clientes e partes interessadas, então você não será capaz de extrair valor (ou seja, lealdade) deles em troca. Com o tempo, eles vão desertar para outros fornecedores.

A importância do valor é clara. De acordo com um estudo realizado pela *American Productivity e Quality Center* (APQC):

> Embora a satisfação do cliente ainda seja medida e usada na tomada de decisões, a maioria das organizações parceiras [utilizadas neste estudo] mudou seu foco de satisfação do cliente para valor para o cliente[14].

Os gerentes de projeto, no futuro, devem considerar-se como os criadores de valor. A definição de projeto que uso nos meus cursos é "um conjunto de valores programados para realização sustentável". Como gerente de projeto, você deve estabelecer métricas para que o cliente e as partes interessadas possam acompanhar o valor que você estará criando. Medir e reportar o valor para o cliente ao longo do projeto é agora uma necessidade competitiva. Se isso for feito corretamente, irá construir vínculos emocionais com seus clientes.

Durante anos, os princípios da gestão de valor foram aplicados às atividades de engenharia e fabricação, mas só recentemente os mesmos princípios foram aplicados ao gerenciamento de projetos. De acordo com Venkataraman e Pinto[15]:

> O valor pode ser adicionado aos projetos de várias maneiras. Estas incluem fornecer maiores níveis de satisfação do cliente, manter níveis aceitáveis de satisfação ao mesmo tempo em que se reduzem despesas com recursos, ou alguma combinação entre ambas. Também é possível melhorar o valor aumentando simultaneamente a satisfação e os recursos, desde que a satisfação aumente mais do que os recursos utilizados para alcançá-la.

Ao gerenciar projetos por valor, devem ser adotados cinco conceitos fundamentais:

- Conceito n. 1: Os projetos derivam seu valor dos benefícios que a empresa obtém pela consecução de seus objetivos estabelecidos
- Conceito n. 2: Os projetos podem ser vistos como investimentos realizados pela gerência
- Conceito n. 3: Os investidores e patrocinadores toleram risco
- Conceito n. 4: O valor do projeto está relacionado a investimento e riscos
- Conceito n. 5: O valor é um equilíbrio entre os três elementos chave do projeto: desempenho, uso de recursos e risco

Tradicionalmente, os planos de negócio identificavam os benefícios e o valor resultante esperado do projeto. Os planos de negócio eram geralmente preparados por um analista de negócios (AN), e tudo isso era feito antes que o gerente de projeto fosse designado e trazido a bordo do projeto. Infelizmente, uma vez que o projeto começava, as métricas monitoradas e reportadas geralmente eram focadas em tempo e custo, em vez de serem focadas no valor que o cliente estava ou deveria estar recebendo. Métricas baseadas em valor não eram reportadas porque simplesmente não sabíamos como realizar as medições.

Hoje, podemos definir projeto como uma coleção de valores programados para realização. O papel de AN e de GP estão se unindo. Como afirma Robert Wisocki[16]:

> Atingir as restrições de tempo e custo tem muito pouco a ver com o sucesso do projeto. O sucesso do projeto é medido em termos do valor de negócio esperado em comparação com o valor de negócio entregue. Tanto o GP como o AN devem fazer todos os esforços para maximizar o valor do negócio para o tempo e o custo investido. Isso coloca os objetivos do GP e do AN em alinhamento.

Podemos agora definir o sucesso do projeto como a capacidade de atingir o valor desejado dentro das restrições concorrentes impostas sobre projeto.

Hoje, com o crescimento das técnicas de gerenciamento de medição, as métricas baseadas em valor são uma necessidade para determinar o sucesso do projeto, e estão sendo consideradas KPIs críticos a serem monitorados e reportados para o cliente. Um fornecedor reporta a seu cliente em base mensal quanto tempo resta antes que o cliente atinja o valor esperado, e a data pode estar

14 "Customer Value Measurement: Gaining Strategic Advantage". Portland, OR: The American Productivity and Quality Center (APQC), 1999. p. 8.

15 Adaptado de: VENKATARAMAN, R. R.; Pinto, J. K. *Cost and value management in projects.* Hoboken, NJ: Wiley, 2008. p. 164-165.

16 WYSOCKI, R. K. *The business analyst/project manager.* Hoboken, NJ: Wiley, 2011. p. 2. O autor oferece uma excelente discussão sobre o relacionamento entre o GP e o AN.

além da data de término do projeto. Porém, muitas das métricas baseadas em valor ainda são consideradas uma medida desafiadora, como mostrado na Tabela 15-11.

TABELA 15-11 Complexidade de medição de métricas

Métrica ou KPI	Complexidade da Medição
Rentabilidade	Fácil
Satisfação do cliente	Difícil
Boa vontade	Difícil
Penetração em novos mercados	Fácil
Desenvolvimento de nova tecnolgia	Média
Transferência de tecnologia	Média
Reputação	Difícil
Estabilização da força de trabalho	Fácil
Uso de capacidade não utilizada	Fácil

Nem todas as métricas são baseadas em valor, e as métricas podem mudar de projeto para projeto, bem como em cada fase do ciclo de vida. Tempo e custo podem ser tratados como métricas baseadas em valor, caso o fato de ficar abaixo do orçamento possa aumentar a rentabilidade e adiantar o cronograma permita entrar no mercado antes para gerar receita.

Mesmo com as melhores métricas possíveis, medir o valor pode ser difícil. Alguns valores são mais fáceis de medir, enquanto outros são mais difíceis. Os valores fáceis de medir geralmente são chamados de valores suaves ou tangíveis enquanto os valores difíceis, muitas vezes, são considerados valores intangíveis. A Tabela 15-12 ilustra algumas das métricas de valor fáceis e difíceis de medir. A Tabela 15-13 mostra alguns dos problemas associados à medição de métricas de valor fáceis e difíceis.

TABELA 15-12 Medições de valor

Valores Fáceis (Suaves/Tangíveis)	Valores Difíceis (Intangíveis)
Cálculo de ROI	Satisfação das partes interessadas
Valor líquido atual	Satisfação das partes interessadas
Taxa interna de retorno	Satisfação do cliente
Fluxo de caixa	Retenção de funcionários
Período de *payback*	Fidelidade à marca
Rentabilidade	*Time-to-market*
Market share	Relações de negócio
	Segurança
	Confiança
	Reputação
	Boa vontade
	Imagem

TABLE 15-13 Problemas associados a medições de valor

Valores Fáceis (Suaves/Tangíveis)	Valores Difíceis (Intangíveis)
Suposições frequentemente não são divulgadas e podem afetar tomadas de decisão	Valores quase sempre fundamentados de forma subjetiva pela pessoa que faz a medição
A medição é muito genérica	É mais uma arte que uma ciência
A medição nunca captura os dados corretos de forma significativa	Poucos modelos estão disponíveis para se fazer a medição

Os elementos ou métricas intangíveis são considerados atualmente por alguns, mais importantes do que os elementos tangíveis. Isso parece estar acontecendo em projetos de TI, os quais os executivos estão dando muito mais atenção para métricas de valor intangíveis. A questão crítica com métricas de valor intangíveis não está necessariamente no resultado final, mas na forma como foram calculadas[17]. Os valores tangíveis são geralmente expressos quantitativamente, enquanto os valores intangíveis são expressos por meio de uma avaliação qualitativa.

Há três escolas de pensamento para a mensuração de valor:

- **Escola 1:** A única coisa importante é o ROI.
- **Escola 2:** O ROI nunca pode ser calculado de forma eficaz, apenas os valores intangíveis são importantes.
- **Escola 3:** Se você não pode medir, então não é importante.

As três escolas de pensamento parecem ter uma abordagem "tudo ou nada", na qual o valor é ou 100% quantitativo ou 100% qualitativo. A melhor abordagem é provavelmente um acordo entre uma avaliação quantitativa e qualitativa do valor.

O momento da mensuração do valor é absolutamente crítico. Durante o ciclo de vida de um projeto, pode ser necessário alternar entre a avaliação qualitativa e a quantitativa e, como afirmado anteriormente, as métricas ou KPIs reais também podem mudar. Certas questões críticas devem ser tratadas:

- Quando ou quão longe no ciclo de vida do projeto podemos estabelecer métricas concretas, admitindo que isso possa ser feito afinal?
- O valor pode ser percebido facilmente e, portanto, nenhuma métrica de valor é necessária?

[17] Para obter informações adicionais sobre a complexidade de medição de intangíveis, ver: PHILLIPS, J.J.; BOTHELL, T.W.; SNEAD, G.L. *The project management scorecard*. Oxford: Butterworth Heinemann, impresso pela Elsevier, 2002. Capítulo 10. Os autores enfatizam que o verdadeiro impacto em um negócio deve ser medido em unidades de negócios.

- Mesmo que tenhamos métricas de valor, elas são concretas o suficiente para prever razoavelmente o valor real?
- Será que vamos ser obrigados a usar gerenciamento de projetos orientado a valor em todos os projetos ou existem alguns projetos em que esta abordagem não é necessária?
  - Bem definido *versus* mal definido
  - Estratégico *versus* tático
  - Interno *versus* externo
- Podemos desenvolver um critério para quando usar gerenciamento de projetos orientado a valor, ou devemos usá-lo em todos os projetos, mas em um nível menor de intensidade?

Para alguns projetos, avaliar o valor no fechamento do projeto pode ser difícil. Devemos estabelecer um prazo para quanto tempo estamos dispostos a esperar para medir o valor ou o benefício de um projeto. Isto é particularmente importante se o valor real não puder ser identificado até algum tempo depois de o projeto ter sido concluído. Portanto, pode não ser possível avaliar o sucesso de um projeto no encerramento se os verdadeiros valores econômicos não podem ser realizados em algum momento no futuro.

Alguns praticantes de medição de valor questionam se a medição é melhor usando caixas delimitadoras em vez de fases do ciclo de vida. Para projetos orientados a valor, os problemas potenciais com as fases do ciclo de vida incluem:

- Métricas podem mudar entre as fases e mesmo durante uma fase.
- A incapacidade de explicar as mudanças nos fatores ambientais da empresa.
- O foco deve ser sobre o valor no final da fase, em vez de sobre o valor no final do projeto.
- Os membros da equipe podem ficar frustrados por não serem capazes de calcular o valor quantitativamente.

Caixas delimitadoras, como mostrado na Figura 15-28, têm algum grau de semelhança com os gráficos de controle de processos estatísticos. Nós estabelecemos uma meta de desempenho para a métrica de valor. O objetivo é ficar entre +/– 10% do valor ideal. Se forem superiores a 10% acima do valor ideal, estamos excedendo o valor esperado. Se forem inferiores a 10% do valor ideal, o desempenho é ruim. Se forem superiores a 20% abaixo do valor ideal, será necessária atenção urgente.

Os projetos que se concentram fortemente em métricas baseadas em valor devem ser submetidos a exames de saúde de valor para confirmar que trarão uma contribuição de valor para a empresa. Métricas de valor, como KPIs, indicam o valor atual. O que também é necessário é uma extrapolação do presente para o futuro. Ao usar o gerenciamento de projetos tradicional combinado com a metodologia empresarial de gerenciamento de projetos tradicional, podemos calcular o tempo no término e o custo no término. Esses são termos comuns que fazem parte dos sistemas de medição de valor agregado. Mas, como dito anteriormente, estar dentro do tempo e do orçamento não é garantia de que o valor percebido vai existir na conclusão do projeto.

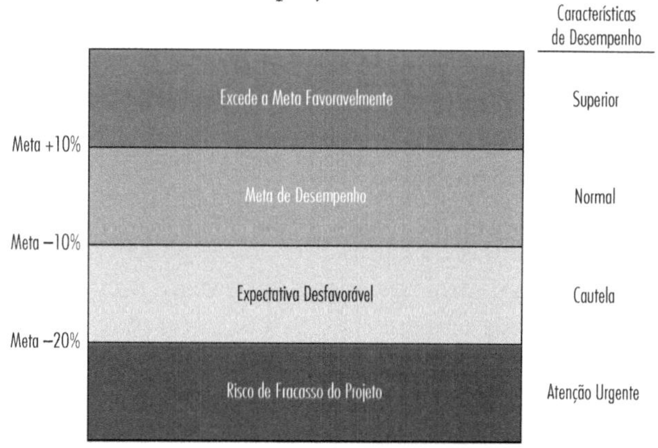

FIGURA 15-28 A caixa delimitadora.

Portanto, em vez de usar uma metodologia empresarial de gerenciamento de projeto que se concentre na medição de valor agregado, talvez seja necessário criar uma metodologia de gerenciamento de valor (VMM) que estresse as variáveis de valor. Com o VMM, o tempo no término e custo no término ainda são usados, mas introduzimos um novo termo intitulado valor (ou benefícios) no término. A determinação do valor no término deve ser feita periodicamente durante todo o projeto. No entanto, a reavaliação periódica dos benefícios e do valor no término pode ser difícil porque:

- Não pode haver nenhum processo de reexame.
- A administração não está comprometida e acredita que o processo de reexame é irreal.
- A administração é muito otimista e complacente com o desempenho existente.
- A administração está cega por altos lucros incomuns em outros projetos (interpretações erradas).
- A administração acredita que o passado é uma indicação do futuro.

Uma avaliação do valor no término pode nos dizer se são necessárias compensações no valor. Razões para compensações no valor incluem:

- Alterações nos fatores ambientais da empresa

- Mudanças nas premissas
- Melhores abordagens foram encontradas, possivelmente com menor risco
- Disponibilidade de mão de obra altamente qualificada
- Um avanço na tecnologia

Como afirmado anteriormente, a maioria das compensações em valor é acompanhada por um alongamento do cronograma. Dois fatores críticos que devem ser considerados antes que o alongamento do cronograma ocorra são:

- Prolongar um projeto para um valor desejado ou adicionado pode incorrer em riscos.
- Prolongar um projeto consome recursos que já podem ter sido comprometidos com outros projetos no portfólio.

Ferramentas e técnicas tradicionais podem não funcionar bem em projetos orientados a valor. A criação de um VMM pode ser necessário para alcançar os resultados desejados. Um VMM pode incluir as funcionalidades de um sistema de gerenciamento de valor agregado (EVMSs) e de sistemas empresariais de gerenciamento de projetos (EPMs), mas outras variáveis devem ser incluídas para a captação, medição e comunicação de valor.

15.21 *DASHBOARDS* E *SCORECARDS*

Em nossa tentativa de migrar para o gerenciamento de projetos sem papel, a ênfase tem sido dada em apresentações visuais, como *dashboards* e *scorecards*. Executivos e clientes desejam uma apresentação visual das informações de desempenho mais críticas do projeto no mínimo espaço. Técnicas simples de *dashboard*, tais como relatórios de semáforo, podem transmitir informações críticas desempenho. Como exemplo,

- Sinal vermelho: Existe um problema que pode afetar tempo, custo, qualidade ou escopo. É necessário o envolvimento do patrocinador.
- Sinal amarelo ou âmbar: Cautela. Talvez, no futuro, poderá existir um problema potencial, se não for monitorado. O patrocinador é informado, mas nenhuma ação é necessária nesse momento.
- Sinal verde: O trabalho está progredindo conforme o planejado. Nenhum envolvimento do patrocinador é necessário.

Embora o *dashboard* de semáforo com apenas três cores seja o mais comum, algumas empresas utilizam muito mais cores. O grupo de TI de um revendedor tinha um *dashboard* de oito cores para os projetos de TI. A cor âmbar significava que a data-alvo de término tinha passado e o projeto ainda não estava completo. A cor roxa significava que aquele pacote de trabalho estava passando por uma mudança de escopo que poderia ter impacto sobre as restrições triplas.

Algumas pessoas confundem *dashboards* com *scorecards*. Há uma diferença entre *dashboards* e *scorecards*. De acordo com Eckerson[18]:

- *Dashboards* são mecanismos de apresentação visual utilizados em um sistema de medição de desempenho orientado **operacionalmente**, que mede o desempenho em relação a metas e limites, utilizando dados em tempo certo.
- *Scorecards* são mecanismos de apresentação visual utilizados em um sistema de medição de desempenho orientado **estrategicamente**, que mapeiam o progresso no sentido de alcançar as metas e os objetivos estratégicos, comparando o desempenho em relação às metas e limites.

Tanto *dashboards* como *scorecards* são mecanismos de apresentação visual dentro de um sistema de medição de desempenho que transmitem informações críticas. A principal diferença entre eles é que *dashboards* monitoram processos operacionais, tais como os usados em gerenciamento de projetos, enquanto os *scorecards* mapeiam o progresso dos objetivos táticos. A Tabela 15-14 e a descrição seguinte mostram como Eckerson compara as características de *dashboards* e *scorecards*[19].

TABELA 15-14 Comparando características

Característica	*Dashboard*	*Scorecard*
Propósito	Mede o desempenho	Mapeia o progresso
Usuários	Supervisores, especialistas	Executivos, gerentes e pessoal
Atualizações	Atualizações em tempo certo	Fotografias periódicas
Dados	Eventos	Sumários
Visualização	Gráficos visuais, dados brutos	Gráficos visuais, comentários

Dashboards. *Dashboards* são como painéis de automóveis. Eles permitem que especialistas operacionais e seus supervisores monitorem os eventos gerados por processos chave de negócios. Mas diferentemente de automóveis, a maioria dos *dashboards* de negócios não exibem os eventos em "tempo real", à medida que ocorrem; eles

[18] Veja a obra mencionada na nota 9, p. 293, 295. O Capítulo 12 fornece uma abordagem excelente para projetar telas de *dashboard*.

[19] Veja a obra mencionada na nota 9, p. 13.

são exibidos em "tempo certo", à medida que os usuários precisam visualizá-los. Isto poderia ser a cada segundo, minuto, hora, dia, semana ou mês, dependendo do processo de negócio, da sua volatilidade, e de quão crítico é para o negócio. No entanto, a maioria dos elementos em um *dashboard* é atualizada em uma base intradia, com latência medida em minutos ou horas.

Os *dashboards* muitas vezes exibem o desempenho visualmente, usando tabelas ou gráficos simples, como indicadores e medidores. No entanto, os gráficos do *dashboard* são frequentemente atualizados no local, fazendo com que o gráfico "pisque" ou se altere dinamicamente. Ironicamente, as pessoas que monitoram processos operacionais, muitas vezes acham o brilho visual perturbador e preferem ver os dados em sua forma original, como números ou texto, talvez acompanhados por gráficos visuais.

Scorecards. *Scorecards*, por outro lado, parecem mais com gráficos de desempenho, utilizados para acompanhar o progresso em direção ao cumprimento das metas. Os *scorecards* normalmente exibem retratos mensais de dados resumidos para os executivos que acompanham os objetivos estratégicos e de longo prazo, ou retratos diários e semanais de dados para os gerentes que precisam traçar o progresso do seu grupo de projeto para atingir as metas. Em ambos os casos, os dados são bastante resumidos para que os usuários possam ver rapidamente seu status de desempenho.

Como os *dashboards*, os *scorecards* também fazem uso de tabelas e gráficos visuais para indicar o estado do desempenho, tendências e variância em relação às metas. Quanto mais alto são os usuários estão na organização, mais eles preferem ver o desempenho codificado visualmente. No entanto, a maioria dos *scorecards* também contém (ou deve conter) uma grande quantidade de comentários em texto, que interpretam os resultados de desempenho, descrevem a ação tomada, e as previsões de resultados futuros.

Resumo. No final, realmente não importa se você usa o termo *dashboard* ou *scorecard*, desde que a ferramenta ajude os usuários e as organizações a manterem o foco no que realmente importa. Tanto os *dashboards* como os *scorecards* precisam exibir informações críticas de desempenho em uma única tela para que os usuários possam acompanhar os resultados com uma olhada rápida.

Embora os termos sejam usados indistintamente, a maioria dos gerentes de projetos prefere usar *dashboards* e/ou relatórios de *dashboard*. Eckerson define três tipos de *dashboards*, como mostrado na Tabela 15-15 e na descrição a seguir[20]:

> Os ***dashboards operacionais*** monitoram processos operacionais essenciais e são usados principalmente por trabalhadores da linha de frente e seus supervisores, que lidam diretamente com clientes ou gerenciam a criação ou a entrega dos produtos e serviços da organização. Os *dashboards* operacionais entregam essencialmente informações detalhadas que estão apenas levemente resumidas. Por exemplo, um comerciante web pode monitorar as transações em relação ao produto, em vez de monitorá-las por cliente. Além disso, a maioria das métricas em um *dashboard* operacional são atualizadas em uma base intradia, variando de minutos a horas, dependendo da aplicação. Como resultado, os *dashboards* operacionais enfatizam o monitoramento mais que a análise e gerenciamento.
>
> Os ***dashboards táticos*** acompanham processos departamentais e projetos que são de interesse de um segmento da organização ou de um grupo limitado de pessoas. Gerentes e analistas de negócios usam os *dashboards* táticos para comparar o desempenho de suas áreas ou projetos a planos de orçamento, previsões, ou os resultados do último período. Por exemplo, para reduzir o número de erros em um banco de dados de cliente, um projeto pode usar um *dashboard* tático para exibir, monitorar e analisar o progresso durante os 12 meses anteriores até atingir 99,9% de dados de clientes livres de defeitos até 2007.
>
> ***Dashboards estratégicos*** monitoram a execução dos objetivos estratégicos e, muitas vezes, são implementados por meio da abordagem de *Balanced Scorecard*, embora a Gestão da Qualidade Total, Six Sigma e outras metodologias também sejam utilizadas. O objetivo de um *dashboard* estratégico é alinhar a organização em torno de objetivos estratégicos e fazer com que cada grupo marche na mesma direção. Para fazer isso, as organizações lançam *scorecards* personalizados para cada grupo na organização e, por vezes, para cada indivíduo também. Esses *scorecards*

[20] Veja a obra mencionada na nota 9, p. 17-18.

"em cascata", que normalmente são atualizados semanalmente ou mensalmente, dão aos executivos uma ferramenta poderosa para comunicar a estratégia, ganhar visibilidade das operações e identificar os fatores chave de desempenho e o valor do negócio. Os *dashboards* estratégicos enfatizam o gerenciamento mais que monitoramento e análise.

TABELA 15-15 Três tipos de *dashboard* e desempenho

	Operacional	Tático	Estratégico
Propósito	Monitorar as operações	Medir o progresso	Executar a estratégia
Usuários	Supervisores, especialistas	Gerentes, analistas	Executivos, gerentes, pessoal
Escopo	Operacional	Departamental	Empresa
Informação	Detalhada	Detalhada/resumida	Detalhada/resumida
Atualizações	Intradia	Diárias/semanais	Mensais/ trimestrais
Ênfase	Monitoramento	Análise	Gerenciamento

Há três passos críticos que devem ser considerados ao se utilizar *dashboards*: (1) o público-alvo do *dashboard*, (2) o tipo de *dashboard* a ser utilizado, e (3) a frequência em que os dados serão atualizados. Alguns *dashboards* de projeto focam nos indicadores chave de desempenho que fazem parte da medição de valor agregado. Esses *dashboards* podem precisar ser atualizados diariamente ou semanalmente. Os *dashboards* relacionados com a saúde financeira da empresa podem ser atualizados semanalmente ou trimestralmente.

15.22 *BUSINESS INTELLIGENCE*[NT26]

As empresas têm utilizado o conceito de *business intelligence* (BI) por mais de duas décadas. Nos últimos anos, as aplicações de *business intelligence* foram substituídas por aplicações de inteligência estratégica (SI). Ambas são projetadas em torno do controle e vigilância das métricas de negócios. De acordo com Corine Cohen[21]:

> O campo geral de vigilância abrange noções de observação, digitalização, inteligência, inteligência competitiva, vigilância, inteligência de negócios, inteligência econômica, inteligência econômica e estratégica etc.
>
> SI é definida aqui como um processo formal de investigação, coleta, processamento de informação e distribuição de conhecimento útil para o gerenciamento estratégico. Além de sua função de informação, os principais objetivos do SI são antecipar ameaças e oportunidades ambientais (função antecipatória), ajudar na tomada de decisões estratégicas e melhorar a competitividade e o desempenho da organização. Isso requer uma estrutura de rede organizacional e recursos humanos, técnicos e financeiros.
>
> Deve ser feita uma distinção entre *Strategic Watch* e SI. SI vai além de *Strategic Watch* com a sua protividade e envolvimento mais profundo no processo de decisão estratégica. O *Strategic Watch* pode (e deve) indicar os impactos de um evento detectado, por exemplo. No entanto, apenas torna-se inteligência quando produz recomendações e fornece instruções para o destinatário (e ainda mais quando as implementa).

As aplicações de BI e SI nos ensinaram que a nossa forma de tentar monitorar e controlar os projetos deve mudar. Em um ambiente de gerenciamento de projetos, o BI seria representado por métricas, e o SI seria representado por indicadores chave de desempenho (KPIs). Indicadores chave de desempenho são as métricas "estratégicas" que nos fornecem informações críticas para a tomada de decisão informada. Métricas de BI simplesmente monitoram as métricas, enquanto métricas de SI, ou KPIs, fornecem informações sobre o futuro e não apenas do presente, e indicam as mudanças que possam ser necessárias. Já que os gerentes de projeto de hoje e do futuro se tornarão mais orientados a negócios, o relacionamento entre métricas, BI e SI vai se tornar mais importante.

15.23 INFOGRÁFICOS

O crescimento da importância das métricas, KPIs, *dashboards* e aplicações de *business intelligence* têm sido espetacular. Infelizmente, o resultado tem sido muitas vezes sobrecarga de informações, principalmente com sistemas de relatórios de *dashboard*. Hoje, temos a tendência de adicionar mais arte do que precisamos, uma tendência que resultou em um novo termo "infográfico". Alguns problemas com o crescimento de infográficos incluem o seguinte:

- Há um foco pesado sobre *design*, cores, imagens e texto, em vez da na qualidade da informação que está sendo apresentada.
- O declínio na qualidade da informação faz com que seja difícil para as partes interessadas utilizar os dados corretamente.
- Há muitos gráficos bonitos que podem ser enganosos e difíceis de entender.

[NT26] *Business Intelligence* (BI) pode ser traduzido como inteligência de negócios, ou inteligência empresarial.

[21] COHEN, C. *Business intelligence*. Hoboken, NJ: Wiley e ISTE Publishers Ltd, 2009. pg. xiii.

- O *dashboard* foi convertido de uma ferramenta de gerenciamento de desempenho do projeto para uma ferramenta de *marketing*/vendas.
- Alguns artistas gráficos não entendem ou não utilizam as melhores práticas de visualização da informação.

Devemos ter uma representação melhor e mais clara das métricas que selecionamos.

15.24 DICAS DE ESTUDO PARA O EXAME DE CERTIFICAÇÃO EM GERENCIAMENTO DE PROJETOS PMI®

Esta seção aplica-se à revisão dos princípios de apoio às áreas de conhecimento e grupos de processos do Guia PMBOK®. Este capítulo aborda:

- Gerenciamento do Escopo
- Gerenciamento dos Custos
- Iniciação
- Planejamento
- Controle

A compreensão dos princípios a seguir será benéfica se o leitor estiver utilizando este livro como estudo para o Exame de Certificação PMP®:

- O que se entende por sistema de controle e gestão de custos
- O que se entende por medição do valor agregado
- O significado de controle
- O código das contas de custos
- Autorização do trabalho e sua relação com o código de contas
- Fontes de financiamento para um projeto ou mudanças em um projeto
- Quatro elementos primários de monitoramento e controle de custos: COTA, COTR, CRTR e ONT
- Como calcular as variações de custos e prazos, em horas, dólares e porcentagens
- Importância do IDP e do IDC na análise das tendências
- Maneiras de prever o tempo e o custo no término, bem como as variações no término
- Diferentes tipos de relatórios: desempenho, andamento, previsões e exceção
- Utilização da reserva de gerenciamento
- Fatores de escalonamento e como eles afetam um projeto
- O que é uma linha de base financeira ou de custos de um projeto
- Diferentes formas de calcular ou COTR ou o percentual concluído

As seguintes questões de múltipla escolha ajudarão na revisão dos conceitos deste capítulo:

1. Na medição do valor agregado, o valor agregado é representado por:
   a. COTA
   b. COTR
   c. CRTR
   d. Nenhuma das anteriores

2. Se o COTA = 1.000, COTR = 1.200 e o CRTR = 1.300, o projeto está
   a. Adiantado no cronograma e abaixo do orçamento
   b. Adiantado no cronograma e acima do orçamento
   c. Atrasado no cronograma e acima do orçamento
   d. Atrasado no cronograma e abaixo do orçamento

3. Se o ONT = $ 20.000 e o projeto está 40% concluído, então o valor agregado é:
   a. $ 5.000
   b. $ 8.000
   c. $ 20.000
   d. Não pode ser determinado

4. Se o ONT = $ 12.000 e o IDC = 1,2, então a variação no término é:
   a. –$ 2.000
   b. +$ 2.000
   c. –$ 3.000
   d. +$ 3.000

5. Se o ONT = $ 12.000 e o IDC = 0,8, entao a variação no término é:
   a. –$ 2.000
   b. +$ 2.000
   c. –$ 3.000
   d. +$ 3.000

6. Se o ONT para um pacote de trabalho é $ 10.000 e o COTR = $ 4.000, então o pacote de trabalho está:
   a. 40% concluído
   b. 80% concluído
   c. 100% concluído
   d. 120% concluído

7. Se o IDC = 1,1 e o IDP = 0,95, então a tendência para o projeto é:
   a. Ficar acima do orçamento e adiantado no cronograma
   b. Ficar acima do orçamento e atrasado no cronograma
   c. Ficar abaixo do orçamento e adiantado no cronograma
   d. Ficar abaixo do orçamento e atrasado no cronograma

8. O documento que descreve um pacote de trabalho identifica os centros de custos autorizados a cobrar pelo pacote de trabalho e estabelece um número de cobrança para esse pacote de trabalho é:
   a. O código de contas
   b. A estrutura analítica do projeto
   c. O formulário de autorização do trabalho
   d Nenhuma das anteriores

9. Problemas desconhecidos, como fatores de escalonamento são geralmente orçados para utilizar o:
   a. Número de cobrança do gerente do projeto
   b. Número de cobrança do patrocinador do projeto
   c. A reserva de gerenciamento
   d. A conta de custos do gerenciamento da configuração

10. ENT, EPT, IDP e IDC aparecem mais frequentemente em que tipo de relatório?
    a. Desempenho
    b. Andamento
    c. Previsões
    d. Exceção

11. Se o ONT = \$ 24.000, o COTR = 12.000, o CRTR = \$ 10.000 e o IDC = 1,2, então o custo que falta para concluir o projeto é:
    a. \$ 10.000
    b. \$ 12.000
    c. \$ 14.000
    d. Não pode ser determinado

12. Existem vários propósitos para a regra 50/50, mas o propósito **principal** da regra 50/50 é calcular:
    a. COTA
    b. COTR
    c. CRTR
    d. ONT

13. Quando um projeto é concluído, qual das seguintes alternativas *deve* ser verdadeira?
    a. ONT = CRTR
    b. CRTR = COTR
    c. VPR = 0
    d. Todas acima

14. Em março a VC = –\$ 20.000 e em abril a VC = –\$ 30.000. Para determinar se uma situação está ou não realmente deteriorada por causa de uma grande variação desfavorável de custos, precisaríamos calcular:
    a. o percentual da VC
    b. os dólares da VPR
    c. O percentual da VPR
    d. Todas as anteriores

15. Se um gerente de projetos está buscando uma receita para uma mudança de escopo de valor adicionado, a primeira escolha do gerente de projetos seria:
    a. A reserva de gerenciamento
    b. Uma mudança de escopo financiada pelo cliente
    c. O orçamento não distribuído
    d. Lucros retidos

16. Um projeto foi programado originalmente em 20 meses. Se o IDC é 1,25, então a nova data de cronograma é:
    a. 16 meses
    b. 20 meses
    c. 25 meses
    d. Não pode ser determinada

17. A linha de base financeira ou de custos de um projeto é composta de:
    a. Apenas do orçamento distribuído
    b. Apenas dos orçamentos distribuído e não distribuído
    c. Apenas do orçamento distribuído, do orçamento não distribuído e da reserva de gerenciamento
    d. Apenas do orçamento distribuído, do orçamento não distribuído, da reserva de gerenciamento e do lucro

RESPOSTAS

1. B 2. B 3. B 4. B 5. C 6. A 7. D 8. C 9. C 10. C
11. A 12. B 13. C 14. A 15. B 16. D 17. B

EXERCÍCIOS

15-1 Os sobrecustos simplesmente ocorrem ou são provocados?

15-2 Os cemitérios estão cheios de projetos que ficaram fora de controle. Abaixo estão várias causas que podem facilmente se transformar em condições de perda de controle. Em qual fase de um projeto cada uma dessas condições deve ser detectada e, se possível, remediada?
   a. Os requisitos do cliente não são compreendidos
   b. A equipe de projeto formada após a licitação estava despreparada
   c. Aceitação de termos e condições incomuns
   d. Permissão de um prazo de carência para alterar as especificações
   e. Falta de tempo para pesquisar as especificações
   f. Superestimação das capacidades da empresa

15-3 A seguir estão vários fatores que podem resultar em atrasos no projeto e desvios nos custos. Explique como esses problemas podem ser superados.
   a. Marcos mal definidos
   b. Técnicas de estimativa deficientes
   c. Ausência de um gráfico PERT/CPM

d. Os gerentes funcionais não terem um entendimento claro do que tem de ser feito
e. Procedimentos e técnicas de programação deficientes
f. Mudanças sendo feitas constantemente dentro do ciclo de vida do projeto

15-4 Em quais circunstâncias cada uma das figuras do Capítulo 13 seriam aplicáveis para o relatório ao cliente? E para o relatório interno? E para o relatório para a alta administração?

15-5 Qual impacto haveria no COTA, no COTR, no CRTR, e nas variações de custos e prazos como resultado do:
a. Início mais cedo de uma atividade em um gráfico PERT?
b. Início mais tarde de uma atividade em um gráfico PERT?

15-6 A Alpha Company implementou um plano pelo qual os gerentes funcionais seriam totalmente responsáveis por todos os sobrecustos (dos gerentes funcionais) em relação às suas estimativas iniciais. Além disso, todos os sobrecustos devem sair dos orçamentos dos gerentes funcionais, fossem eles *overhead* ou não, e não do orçamento do projeto. Quais são as vantagens e desvantagens dessa abordagem?

15-7 Karl decidiu manter uma reserva de gerenciamento em um projeto de $ 400.000, que inclui um lucro de $ 60.000. No término do projeto, Karl descobre que a reserva de gerenciamento contém $ 40.000. Karl deveria registrar a reserva de gerenciamento como excedente de lucros (ou seja, $ 100.000), ou deveria registrar apenas o lucro-alvo de $ 60.000 e deixar os gerentes funcionais se "protegerem" no "caixa dois" até que ele se esgote?

15-8 A ABC Corporation encaminhou recentemente um contrato de nove meses a um empreiteiro subcontratado. Ao final do primeiro mês, fica evidente que o subcontratado não está relatando os custos de acordo com um nível adequado da EAP. A ABC Corporation pede ao subcontratado para mudar seus procedimentos de relatório de custos. O subcontratado declara que isso não pode ser feito sem financiamento adicional. Esse problema também já ocorreu com outros subcontratados. O que a ABC Corporation pode fazer a respeito disso?

15-9 Qual seria o resultado se todos os gerentes de projetos decidissem reter reserva de gerenciamento? Quais critérios deveriam ser utilizados para a determinação de quando uma reserva de gerenciamento é necessária?

15-10 A Alpha Company, uma organização orientada a projetos, paga aos seus gerentes de departamento um bônus trimestral que é dependente de dois fatores: da taxa de overhead do departamento e do dinheiro de mão de obra direta. O valor exato do bônus é proporcional ao quanto esses dois fatores estão abaixo do planejado. A quantidade de homens-horas do departamento é estimada contra a média do departamento, que não inclui o salário do gerente do departamento. Seu salário é incluído em sua taxa de overhead do departamento, mas ele tem a opção de cobrar seu próprio tempo como mão de obra direta aos projetos para os quais deve fornecer recursos.
O que você acha desse método? Trata-se de um incentivo adequado para um gerente funcional controlar os recursos mais eficazmente? Como você se sentiria, como gerente de projetos, sabendo que os gerentes funcionais tem bônus trimestrais e você não tem nenhum?

15-11 Muitos executivos são relutantes em permitir que os gerentes de projetos tenham o controle completo dos custos do projeto porque assim eles devem saber exatamente os salários de quase todo o pessoal do projeto. Essa situação poderá ser evitada se o contrato exigir o informe dos custos como reais?

15-12 Como uma taxa de inflação de um país pode influenciar a política de pagamento contratual?

15-13 Considere uma situação em que várias tarefas podem ter de um a dois anos em vez das 200 horas normalmente utilizadas para o nível de pacote de trabalho da EAP.
a. Como isso afetará o controle de custos?
b. Ainda podemos usar a regra 50/50?
c. Com que frequência os custos devem ser atualizados?

15-14 Agora você deve estar familiarizado com as várias ferramentas que podem ser utilizadas para o planejamento, o controle, a programação e a direção das atividades do projeto. A Tabela 15-16 contém uma lista parcial de ferramentas e como elas se relacionam com funções específicas de gerenciamento do projeto. Complete a tabela (usando a legenda na parte inferior) para indicar quais ferramentas são muito úteis e quais são mais ou menos úteis.

TABELA 15-16 Planejamento, controle e direção do projeto

Ferramenta	ÚTIL PARA			
	Planejamento	Controle	Direção	Relacionamentos de Interface
Organogramas do projeto				
Estrutura analítica do projeto				
Descrições das tarefas				
Pacotes de trabalho				
Orçamento do projeto				
Plano do projeto				
Gráficos/cronogramas				
Relatórios de progresso				
Reuniões de avaliação				

○ mais ou menos útil ● muito útil

Obviamente haverá algumas perguntas sobre o que é muito útil e o que é mais ou menos útil. Seja capaz de defender as suas respostas.

15-15 Complete a tabela a seguir e trace a ENT como uma função de tempo. Quais são as suas conclusões?

Custo Cumulativo (em milhares)				Variação $		
Semana	COTA	COTR	CRTR	Prazos	Custos	ENT
1	50	50	25			
2	70	60	40			
3	90	80	67			
4	120	105	90			
5	130	120	115			
6	140	135	130			
7	165	150	155			
8	200	175	190			
9	250	220	230			
10	270	260	270			
11	300	295	305			
12	350	340	340			
13	380	360	370			
14	420	395	400			
15	460	460	450			

15-16 Utilizando as informações no Capítulo 12, Exercício 12-18, preencha a Tabela 15-17.

15-17 Em 12 de junho de 2002, a Delta Corporation recebeu a concessão de um contrato de $ 160.000 para o teste de um produto. O contrato consistia de $ 143.000 para mão de obra e materiais, e os restantes $ 17.000 eram lucro. O contrato tinha uma data de início agendada para 3 de julho. A rede lógica, conforme definida pelo gerente do projeto e aprovada pelo cliente, consistia do seguinte:

Atividade	Tempo (Semanas)
AB	7
AC	10
AD	8
BC	4
BE	2
CF	3
DF	5
EF	2
FG	1

Em 27 de agosto de 2002, o comitê diretor recebeu o seguinte relatório indicando o andamento do projeto ao final da oitava semana:

Atividade	% Concluído	Custo Real	Tempo Restante (Semanas)
AB	100	$23,500	0
AC	60	19,200	4
AD	87,5	37,500	1
BC	50	8,000	2
BE	50	5,500	1

O comitê diretor não conseguiu identificar o andamento real do projeto a partir desse breve relatório. Mesmo depois de compará-lo ao orçamento do planejamento do projeto (ver Tabela 15-18), o andamento real não estava facilmente aparente.

A administração incumbiu o gerente do projeto de elaborar um relatório melhor que mostrasse o verdadeiro andamento do projeto, bem como a quantidade de lucro que poderia ser esperada no término do projeto. Sua atribuição é elaborar uma tabela como a Tabela 15-12.

TABELA 15-17 Custos do projeto

1	2	3	4	5	6	7
Atividade	Percentual Concluído	Custo Orçado do Trabalho Agendado	Custo Orçado do Trabalho Realizado	Custo Real do Trabalho Realizado	Variação de Custos = 4 – 5	Variação de Prazos = 4–3
Total						

Variação de Custos ($) = Coluna 4 – Coluna 5 = ____________

Variação de Prazos ($) = Coluna 4 – Coluna 3 = ____________

Tempo para terminar =

Custo no término = taxa de gastos x orçamento total = $\frac{\text{Coluna 5}}{\text{Coluna 4}}$ x ( ) = ______________

Custo para terminar = (Custo no término) – CRTR = ________________

TABELA 15-18 Orçamento do planejamento do projeto

	Semana														
Atividade	1	2	3	4	5	6	7	8	9	10	11	12	13	14	15
AB	2000	2000	3000	3000	4000	4000	3000								
AC	3000	3000	3000	4000	4000	4000	4000	2000	2000	1000					
AD	5000	5000	6000	4000	4000	4000	3000	1000							
BC								3000	4000	4000	5000				
BE								6000	6000						
CF												2000	3000	3000	
DF									3000	3000	3000	4000	4000		
EF											2000	2000			
FG															3000

Nota: A tabela considera que o percentual é linear em tempo e não linear em custos.

15-18 *O Projeto da Máquina-Ferramenta Alpha*
A Acme Corporation recebeu um pedido contratual para construir uma máquina-ferramenta nova para a Alpha Corporation. O projeto começou há vários meses. A Tabela 15-19 representa o resumo dos custos mensais para junho de 2002. Algumas das entradas na tabela foram propositadamente omitidas, mas as seguintes informações adicionais são fornecidas para ajudá-lo a responder as perguntas a seguir:

a. Suponha que o *overhead* de 100% é fixo durante o período de execução.
b. O relatório que você está recebendo é de um final de mês, de 30 de junho de 2002.
c. A relação de divisão 80/20 diz que o cliente (ou seja, a Alpha) pagará 80% dos dólares acima do custo-alvo e até o custo máximo. Da mesma forma, 80% das economias de custos inferiores ao custo-alvo retornam para a Alpha.
d. A EAP revisada é revista a partir do COTA liberado.
e. O preço máximo é baseado no custo (ou seja, sem lucros).

Responda as seguintes perguntas, por meio da extração de dados do relatório de resumos mensal do Projeto da Máquina-Ferramenta Alpha.

1. Qual o valor-alvo total **negociado** do contrato?
2. Qual é o valor-alvo orçado para **todo o trabalho autorizado** sob esse contrato?
3. Qual o valor orçamentário total que a Acme tinha originalmente alocado/liberado para o Projeto Alpha?
4. Qual o valor novo/revisado orçamentário total que a Acme liberou para o Projeto Alpha?

TABELA 15-19 Resumo mensal de custos – junho de 2002

Contrato:	Alpha Machine Tool	Custo Negociado:	$ 2.500.000	Razão da divisão:	80/20
GP:	Gary Jones	Remuneração-alvo:	12%	Limite máximo:	3.000.000 em custos (=$ 3,2 M no preço)
Período do Relatório:	1 de junho-30 de junho de 2010	Preço-alvo:	2.800.000	Contrato:	preço fixo com remuneração de incentivo
Período do Contrato:	1 de fev.-30 de outubro de 2010				

Nível 2 Itens da EAP	Mês Atual, $					Cumulativo até a data, $					No Término, $			
	COTA	COTR	CRTR	VPR	VC	COTA	COTR	CRTR	VPR	VC	COTA Contratado	COTA Original Liberado	COTA Revisado	Var.
Gerenciamento do Programa	19300	19300	19300	0	0	108000	108000	108000	0	0	200000	200000	200000	
Subsistema A	23000	16600	24200	<6400>	<7600>	158000	181700	234700	23700	<53000>	250000	200000	225000	<25000>
Subsistema B	14000	15200	16800	1200	<1600>	96000	94200	93000	<1800>	1200	200000	200000	200000	
Subsistema C	0	0	0	0	0	0	0	0	0	0	300000	275000	275000	
Apoio à produção	11600	10400	12000	<1200>	<1600>	73000	74300	75600	1300	<1300>	200000	190000	190000	
Controle da qualidade	5900	6000	6000	100	0	5900	6000	6000	100	0	100000	100000	100000	
CUSTO DIRETO TOTAL	73800	67500	78300								1250000	1165000	1190000	
OVERHEAD, 100%	73800	67500	78300								1250000	1165000	1190000	
TOTAL	147600	135000	156600								2500000	2330000	2380000	

5. Quanto dinheiro, caso houvesse, a Acme teria estipulado como reserva de gerenciamento, com base no orçamento original liberado? (com encargos)
6. A reserva de gerenciamento foi revisada e, em caso afirmativo, em quanto? (com encargos)
7. Quais elementos do nível-2 da EAP compõem a reserva de gerenciamento revisada?
8. Com base nos custos de término do COTA revisado, quanto lucro a Acme pode esperar fazer com o Projeto Alpha? (Dica: não se esqueça da razão de partilha)
9. Quanto do orçamento distribuído que foi identificado para a realização do trabalho está atribuído apenas **indiretamente** para esse contrato? (ou seja, despesas gerais).

Responda as seguintes perguntas apenas para mão de obra direta

10. Do esforço total direto no orçado para esse contrato, quanto trabalho a Acme programou para ser realizado este mês?
11. Quanto do trabalho programado para realização este mês foi realmente agregado (ou seja, valor agregado)?
12. A Acme realizou mais ou menos trabalho do que estava planejado para este mês? Quanto foi a variação de prazos (VPR)? [$ e %]
13. Quanto realmente custou à Acme o trabalho realizado este mês?
14. Qual é a diferença entre o montante que a Acme orçou para o trabalho realizado neste mês e o custo real? (ou seja, VC) [$ e %]
15. Quais elementos do nível-2 da EAP são as principais causas para as variações de custos e prazos deste mês?
16. Quantas variações de custos a Acme vivenciou até o momento? [$ e %]
17. Quantas variações de prazos a Acme sofreu até o momento? [$ e %]
18. A variação de custos está melhorando ou piorando?
19. A variação de prazos está melhorando ou piorando?
20. Parece que a data final programada será cumprida?
21. Qual é o novo custo estimado com encargos no término?
22. Quanto lucro/perda a Acme pode esperar do novo custo estimado no término?
23. Se o custo total final da Acme para o programa era $ 3.150.000, quanto lucro/perda ela teria?

15-19 Calcule a variação de preços total para a mão de obra direta e a taxa da variação de custos de mão de obra a partir dos seguintes dados:

	Materiais Diretos	Mão de Obra Direta
Preço/unidade planejado	$ 10,00	$ 22.00
Unidades reais	$ 9.300	12,000
Preço/unidade real	$ 9,25	$ 22.50
Custo real	$ 86.025,00	$ 270,000

15-20 Um de seus gerentes de projetos assistente forneceu-lhe um relatório de valor agregado que está concluído apenas parcialmente. Você pode preencher as informações que faltam? (Todos os números são em milhares de dólares)

Pacotes de Trabalho da EAP	COTA	COTR	CRTR	VPR	VC
A	103	115	—	12	<91>
B	0	—	40	—	—
C	42	12	33	<30>	<21>
D	66	—	94	189	161
H	87	77	116	10	<39>
P	175	—	184	<115>	<124>
S	473	—	—	—	<144>

15-21 O seguinte problema exige uma compreensão da EAP, dos elementos da conta de custos e da análise de controle de custos. Suponha que todos os custos estejam em milhares de dólares. Dada a EAP parcial mostrada a seguir, qual é o custo total para o elemento da EAP 4.0? Considere que todos os custos previstos são apenas custos diretos de mão de obra e que a taxa de *overhead* é de 100%.

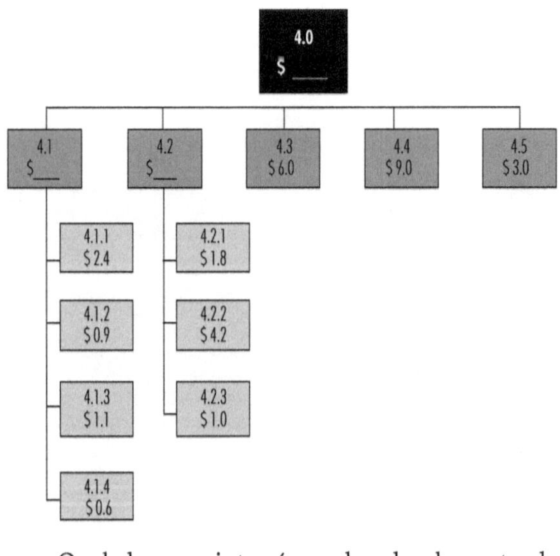

Qual dos seguintes é o valor do elemento da EAP 4.0?

a. $ 60.0
b. $ 30.0
c. $ 24.0
d. $ 54.0

Utilizando os dados da Figura 15-29, e os custos reais fornecidos a seguir para os elementos da EAP 5.1 a 5.4 e os elementos 4.1 e 4.2, responda as perguntas a seguir:

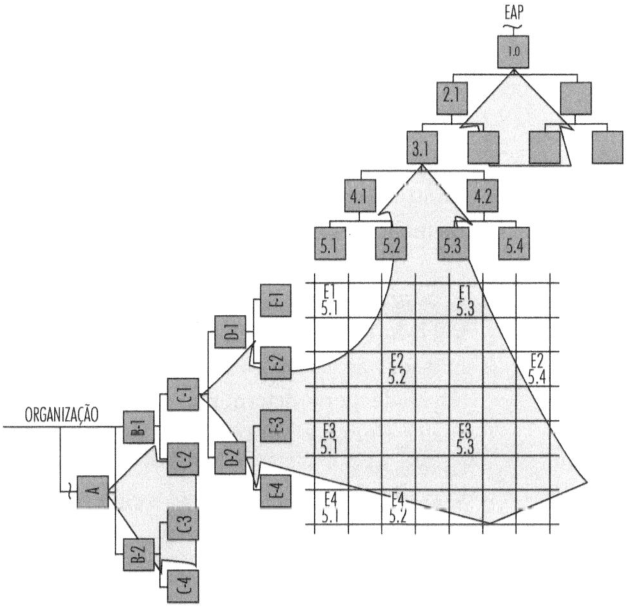

FIGURA 15-29 Demonstração de contas de custos.

Custos Reais	
E.1-5.1	$ 1.0
E.1-5.3	$ 1.5
E.2-5.2	$ 1.0
E.2-5.4	$ 2.0
E.3-5.1	$ 1.0
E.3-5.3	$ 2.5
E.4-5.3	$ 3.0
E.4-5.2	$ 3.5

Elemento da EAP 5.1 $____
Elemento da EAP 5.2 $____
Elemento da EAP 5.3 $____
Elemento da EAP 5.4 $____
Elemento da EAP 4.1 $____
Elemento da EAP 4.2 $____

Elemento funcional E-1 $____
Elemento funcional E-2 $____
Elemento funcional E-3 $____
Elemento funcional E-4 $____
Elemento funcional D-1 $____
Elemento funcional D-2 $____

15-22 As empresas geralmente estimam o trabalho com base na quantidade de homens-meses. Se o trabalho deve ser estimado em homens-semanas, a quantidade de homens-meses é então convertida para o homens-semanas. O problema está na determinação do número de homens-horas por mês que estão realmente disponíveis para o trabalho real de mão de obra direta.

Sua empresa recebeu uma solicitação de proposta (RFP) de um de seus clientes e a administração decidiu apresentar uma oferta. Apenas um departamento em sua empresa será necessário para realizar o trabalho e o gerente do departamento estima que serão necessárias 3.000 horas de mão de obra **direta**.

Seu primeiro passo é calcular o número de horas disponíveis em um típico homens-meses. O Departamento de Recursos Humanos fornece os seguintes históricos anuais para o empregado médio na empresa:

- Férias (3 semanas)
- Licença médica (4 dias)
- Férias remuneradas (10 dias)
- Dever de Júri (1 dia)

a. Quantas horas de mão de obra direta estão disponíveis por mês por pessoa?
b. Se apenas um empregado pode ser designado ao projeto, qual será a duração do esforço, em meses?
c. Se o cliente quiser que o trabalho seja concluído dentro de um ano, quantos funcionários devem ser designados?

15-23 Em um relatório de andamento, os executivos querem saber não só onde estamos hoje, mas também onde vamos terminar. O cálculo de onde vamos terminar financeiramente não é tão fácil como parece. A seleção da fórmula errada pode deixar os executivos e os clientes com uma impressão errada.

Existem várias fórmulas disponíveis para o cálculo do custo estimado no término (ENT). Para simplificar, considere as três seguintes fórmulas:

I. ENT = (CRTR/COTR) X (orçamento no término)
II. ENT = [(CRTR/COTR) X (COTA para o trabalho concluído e em andamento)] + (custos planejados ou custos planejados revisados dos pacotes de trabalho que ainda não iniciaram)
III. ENT = (real até a data) + (todo o trabalho restante, incluindo trabalho em andamento, a ser realizado aos custos planejados ou orçados)

a. Utilizando a tabela a seguir, determine o valor de ENT para cada uma das três fórmulas. Considere que A, B e C são os únicos pacotes de trabalho no projeto, e que o COTA (Total) é o valor total para VP para cada pacote de trabalho, em vez de o VP ser para o período do relatório. Use a seguinte fórmula para calcular o VA:

VA = [% concluído] x COTA(Total)

Atividade	% Concluído	COTA (Total)	CRTR
A	100	1000	1100
B	50	1000	800
C	0	1000	0

b. Considerando apenas a atividade B, se a razão para o sobrecusto é atribuída a uma ocorrência única, qual das três fórmulas seria melhor utilizar?

c. Se o que provoca o sobrecusto na atividade B são salários maiores do que o esperado dos trabalhadores designados e esses mesmos trabalhadores serão designados também para a atividade C, qual das três fórmulas seria melhor utilizar?

d. Considerando apenas a atividade B, se a razão para o sobrecusto é atribuída às horas extras e as horas extras continuarão, mas apenas até a conclusão da atividade B, qual das três fórmulas seria melhor utilizar?

e. Considerando suas respostas para as quatro partes anteriores, uma empresa deve estar disposta a alterar a fórmula de cálculo da ENT, durante a execução do projeto, bem como em cada período de relatório ou da reunião de *gate review*?

15-24 Os gerentes de projetos não só devem calcular as variações, mas também determinar a causa raiz da variação. Algumas variações podem ser permitidas enquanto outras devem ser explicadas, juntamente com um plano de correção para a recuperação. Na tabela a seguir, você deve demonstrar sua capacidade de calcular as variações de custos e prazos, bem como determinar a causa raiz das variações, se possível. Considere a seguinte tabela, a qual mostra um relatório parcial de andamento para um projeto composto por cinco pacotes de trabalho (ou seja, atividades):

Atividade	COTA	COTR	CRTR	VPR	VC
A	\$800	\$1000	\$1100		
B	1200	1000	900		
C	800	1000	700		
D	1200	1000	1100		
E	1000	1000	800		

a. Calcule as variações de custos e prazos, em dólares, para cada atividade.

b. Para cada atividade, qual das seguintes pode ser a causa raiz para a variação? Selecione quantas você achar que se aplicam.

- Cronograma acelerado em virtude de pessoal com maiores salários
- Cronograma acelerado por causa da sobreposição de atividades
- Cronograma acelerado em virtude das horas extras
- Cronograma acelerado em virtude de recursos adicionais
- Desvio por causa da falta de recursos
- Desvio por causa de pessoas trabalhando em outros projetos
- Desvio em virtude de erros
- As pessoas estão trabalhando, mas o progresso é deficiente
- Dentro do cronograma
- Dentro do orçamento
- Acima do orçamento

c. A administração quer saber o andamento total do projeto no nível 1 da EAP. Adicione todas as variações de custos e prazos da atividade para determinar as variações de custos e prazos do nível 1. Quais são as suas conclusões?

d. Será que as suas conclusões sobre a parte c mudariam se as atividades B e D fossem as únicas duas atividades no caminho crítico?

15-25 Às vezes, a causa da raiz de uma variação exige que a análise da variação seja realizada tanto em horas quanto em dólares. É possível que o cálculo das variações tanto em horas quanto em dólares seja a única maneira de determinar a causa raiz de um problema.

Problema: na Tabela 15-20, as variações de custos e prazos são medidas em dólares com encargos apenas para o Centro de Custos 2834.

TABELA 15-20 Centro de custos 2834, junho

COTA	Dólares	29.750	VPR = +\$ 4250 (COTA–COTR)
	Horas		
COTR	Dólares	34.000	
	Horas		VC = -\$ 4400 (COTR–CRTR)
CRTR	Dólares	38.400	
	Horas		

Pela Tabela 15-20, você está adiantado no cronograma e acima do orçamento. Há várias possíveis causas para isso, incluindo a compressão do cronograma, a utilização de mão de obra com maiores salários, horas extras, recursos adicionais ou outras causas. Como podemos determinar quais dessas causas é o motivo real para as variações?

A Tabela 15-21 mostra os dados de variação tanto em horas quanto em dólares.

TABELA 15-21 Centro de custos 2834, junho

COTA	Dólares	29.750
	Horas	350
COTR	Dólares	34.000
	Horas	400
CRTR	Dólares	38.400
	Horas	320
VC ($$$) = negativa VC (horas) = positiva		

a. Calcule as variações de custos tanto em horas quanto em dólares. Compare os resultados. Quais são suas conclusões?
b. Calcule a taxa planejada de mão de obra com encargos usando o COTA (ou o COTR).
c. Calcule a taxa real de mão de obra com encargos usando o CRTR.
d. Explique as possíveis razões para as diferenças nas taxas de mão de obra e como isso afeta a sua resposta para a parte a.
e. A Tabela 15-22 mostra a estrutura salarial do departamento do Centro de Custos 2834. Determine a taxa de *overhead* do departamento, em porcentagem.
f. Como a Tabela 15-22 afeta a sua resposta para a parte d?

TABELA 15-22 Estrutura salarial do departamento

Categoria Salarial	Título	Salário Sem Encargos	Salário com Encargos
9	Consultor de Engenharia	$53/hora	$132,50
8	Engenheiro Sênior	48	120,00
7	Engenheiro	39	97,50
6	Engenheiro Jr.	34	85,00
5	Engenheiro Aprendiz	29	72,50

15-26 Os projetos que abrangem mais de um ano ou que atravessam a data de vencimento dos aumentos de salário das empresas podem exigir a utilização de taxas de preços futuros. As taxas de preços futuros são determinadas a partir de dados econômicos, pesquisas nos setores e previsões adivinhadas. Como exemplo, considere a Tabela 15-22 no exercício anterior, que mostra a estrutura salarial para um departamento de engenharia. Para simplificar, vamos considerar os seguinte pressupostos:

- As promoções e aumentos de salários, incluindo os ajustes do custo de vida, sejam efetivadas em 1º de Janeiro e, então, são mantidas constantes durante todo o ano.
- A taxa de *overhead* é de 150% e fixada para o ano inteiro.
- Todos os projetos têm os preços estipulados utilizando o salário da categoria 7.
- A maioria dos trabalhadores do departamento é composta por funcionários da categoria 7.

Situação: A empresa acaba de ganhar um contrato de um ano. O contrato foi planejado para começar em 1º de janeiro de 2006 e estar concluído até 31 de dezembro de 2006. O trabalho que deveria ser realizado por este departamento foi estimado em 1.000 horas por mês para a duração dos 12 meses do projeto usando funcionários da categoria salarial 7. O cliente informa que deseja iniciar o projeto em 1º de julho, em vez de 1º de janeiro, e considera que não existe impacto financeiro sobre o custo total do projeto.
O Departamento Financeiro fornece-lhe os dados do índice de preços futuros na Tabela 15-23 e informa que a taxa de *overhead* para 2007 deve aumentar para 155%. Existe um impacto financeiro sobre o custo total do projeto e, em caso afirmativo, impacto de quanto?

TABELA 15-23 Estrutura salarial do departamento (dólares/hora)

		Salário		
Categoria Salarial	Título	2006	2007*	2008*
9	Consultor de Engenharia	53	56	60
8	Engenheiro Sênior	48	50	53
7	Engenheiro	39	42	45
6	Engenheiro Jr.	34	36	39
5	Engenheiro Aprendiz	29	31	34

Taxas projetadas.

15-27 Precificar uma solicitação de proposta do cliente é uma compensação entre tempo, custos e precisão. Se o tempo e o dinheiro não são um problema, então poderíamos determinar uma proposta muito precisa. Mas se a empresa está relutante em investir fortemente na elaboração da oferta, é preciso que se tenha cuidado para que não existam custos ocultos.
Situação: Você foi solicitado para precificar um projeto para um cliente, e a definição de preços é uma atividade com a qual você tem muito pouca experiência anterior. A Tabela 15-24 mostra os números aos quais você chegou na determinação de que a oferta de $ 193.166 deveria ser apresentada.

Antes que uma oferta seja enviada a um cliente potencial, ela deve ser analisada por um comitê de gerentes seniores que possam questionar a validade dos números, bem como procurar os custos "ocultos" que podem ter sido omitidos. Para cada uma das situações a seguir, qual item de linha no resumo de preços seria mais provavelmente impactado, considerando que esses custos ocultos ainda não foram incluídos?

TABELA 15-24 Resumo de preços do projeto

Departamento	Mão de Obra Direta			Overhead		Total
	Horas	Taxa	Dólares	%	Dólares	
Engenharia	1.000	$ 42,00	42.000	110	46.200	$ 88.200
Produção	500	$ 35,00	17.500	200	35.000	$ 52.500
					Total de Mão de Obra	$ 140.700
			Outros: Subcontratos			
			$ 10.000			
			Consultores			
			$ 2.000			$ 12.000
			Total de mão de obra e materiais			$ 152.700
			Custos gerais e administrativos da empresa: 10%			$ 15.270
						$ 167.970
			Lucro: 15%			$ 25.196
						$ 193.166

a. A administração informa que, durante a execução do projeto, o cliente irá querer três reuniões de interface realizadas nas instalações do cliente. O Grupo de Viagem dentro da sua empresa informa que as passagens aéreas, os transportes terrestres, as refeições e a hospedagem deverão custar aproximadamente $ 2.000 por reunião.

b. Um dos executivos comenta, "Os custos de transporte para as entregas, incluindo seguros, embalagens e manuseio, serão de cerca de $ 1.000. Eu não vejo isso incluído no seu resumo".

c. A RFP para o projeto declara que o contrato seria de preço fixo garantido com um pagamento do preço global no final do projeto após a aprovação/aceitação das entregas finais. O custo de capital deverá ser de aproximadamente $ 6.000.

d. A engenharia acredita que suas horas no resumo poderiam diminuir em cerca de 10% se os riscos nas estimativas fornecidas realmente ocorressem. Os executivos acreditam que uma reserva de gerenciamento de 10% deverá ser incluída no resumo dos custos.

e. Utilizando as informações dos itens de a a d anteriores, qual preço final deveria ser apresentado para o cliente?

15-28 Um proprietário de um imóvel contrata um empreiteiro para construir uma cerca de quatro lados em volta de sua casa. O proprietário fornece os materiais e o empreiteiro fornece a mão de obra. O empreiteiro estima que cada lado custará $ 2.000 e demandará uma semana de duração.

Ao final da semana 1, o primeiro lado foi concluída a um custo de $ 2.000. Durante a semana 2, o segundo lado foi concluído, mas a um custo de $ 2.400, porque o empreiteiro danificou um duto de água, que teve de consertar. Durante a semana 3, o empreiteiro concluiu apenas metade da cerca a $ 1.000 porque choveu durante a metade restante da semana.

Ao final da semana 3, o empreiteiro deve preparar um relatório de andamento de medição de valor agregado. Calcule o seguinte:

COTA:____________________

COTR:____________________

CRTR:____________________

ONT:____________________

VPR ($):____________________

VC ($):____________________

ENT ([CRTR / COTR] X ONT):____________________

EPT:____________________

VNT:____________________

% Concluído____________________

% $ $ Gast____________________

IDC:____________________

IDP:____________________

15-29 Os dados identificados a seguir foram listados no mais recente relatório de andamento de um projeto:

- COTA = $ 36.000
- COTR = $ 30.000
- CRTR = $ 33.000
- ONT = $ 120.000
- Duração inicial do projeto = 10 meses

Usando esses dados, calcule o seguinte:

a. Quais são os valores para o IDC e para o IDP?

b. Qual é o custo esperado no término (ENT)?

c. Quanto dinheiro será necessário a partir do momento do relatório para terminar o projeto?

d. Qual é a variação de custos no término (VNT)?

e. Usando o IDP, qual é a nova duração esperada para o projeto?

15-30 No exercício na Figura P15-30, a regra 50%/50% está sendo usada para determinar o andamento do projeto. Considere que todos os valores são em dólares.

Supondo que o CRTR = $ 40.000, determine COTA, COTR, ONT, VPR e VC.

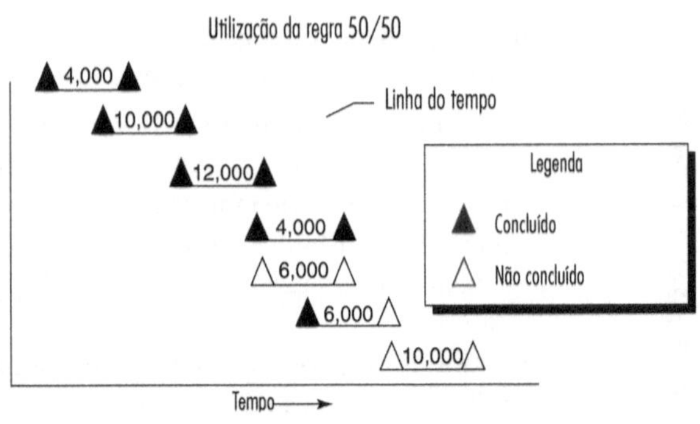

FIGURA P15-30

15-31 Nas Figuras P15-31A a P15-31C identifique o andamento parcial de um projeto utilizando a técnica gráfica (ou seja, curvas S), em vez de tabelas. Para cada uma das três figuras, selecione uma das cinco opções seguintes, quanto a o que cada figura ilustra:

a. Acima do orçamento
b. Abaixo do orçamento
c. Adiantado
d. Atrasado
e. O andamento não pode ser determinado

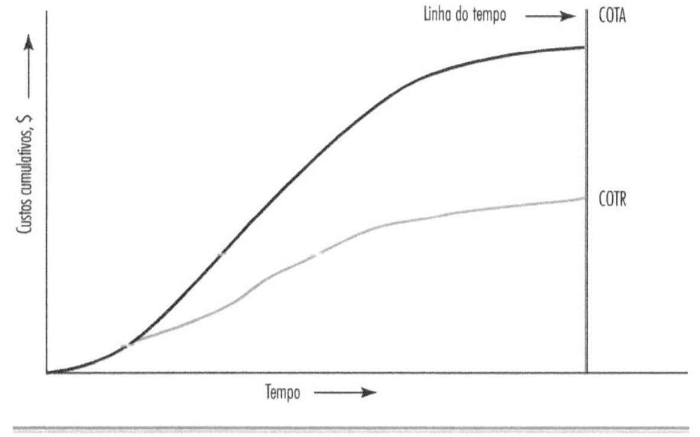

FIGURA P15-31A

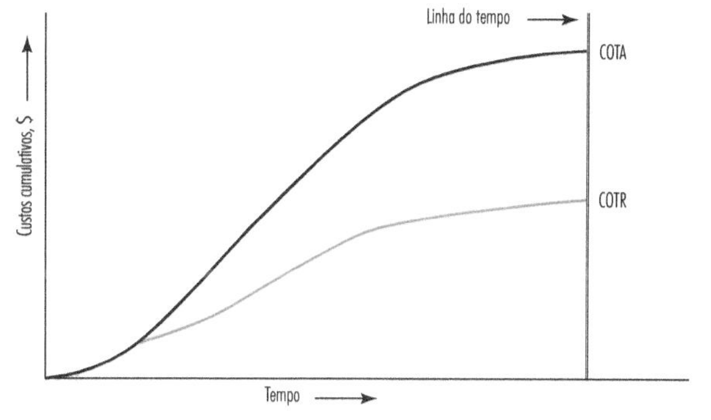

FIGURA P15-31B

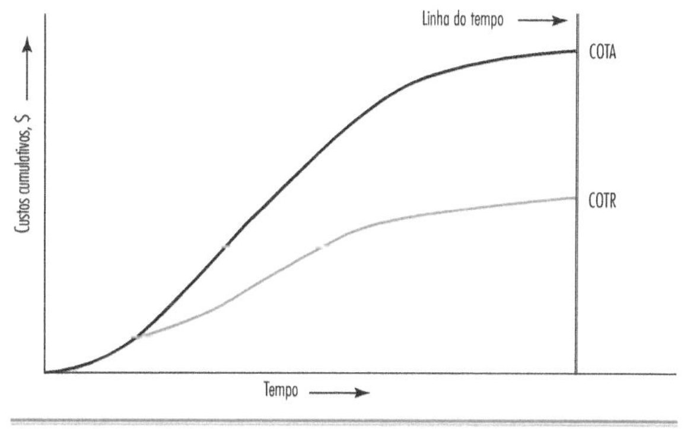

FIGURA P15-31C

ESTUDOS DE CASO

O PERÍODO NA "GELADEIRA"

A adjudicação do contrato Scott em 3 de janeiro de 1987 deixou a Park Industries exultante. O Projeto Scott, se administrado corretamente, oferecia enormes oportunidades para trabalhos posteriores durante vários anos. A administração da Park considerava o projeto estratégico por natureza.

O Projeto Scott era um empreendimento de dez meses para desenvolver um novo produto para a Scott Corporation. A Scott informou à Park Industries que ocorreriam contratos de produção de fonte única na sequência, durante pelo menos cinco anos, considerando que o esforço inicial de P&D se mostrasse satisfatório. Todos os contratos posteriores seriam negociados em uma base anual.

Jerry Dunlap foi selecionado como gerente do projeto. Embora fosse jovem e ansioso, ele compreendia a importância do esforço para o crescimento futuro da empresa. Dunlap recebeu alguns dos melhores funcionários para preencher o seu escritório de projetos, como parte da organização matricial da Park. O Projeto Scott manteve um escritório de projetos de sete pessoas em tempo integral, incluindo Dunlap, durante toda a duração do projeto. Além disso, oito pessoas do departamento funcional foram selecionadas para a representação de membros funcionais da equipe do projeto, quatro em tempo integral e quatro em meio período.

Embora a carga de trabalho oscilasse, o nível da força de trabalho para o escritório de projetos e para os membros da equipe era constante em 2.080 horas por mês durante a vigência do projeto. A empresa considerava que cada hora trabalhada incorria em um custo de $ 60,00 por pessoa, com os encargos.

Ao final de junho, com quatro meses restantes do projeto, a Scott Corporation informou à Park Industries que, em virtude de um problema de fluxo de caixa projetado, o trabalho posterior não seria concedido até a primeira semana de março (1988). Isso gerou um enorme problema para Jerry Dunlap, porque ele não queria dividir o escritório de projetos. Se ele permitisse que seus colaboradores-chave fossem designados a outros projetos, não haveria nenhuma garantia de que ele poderia trazê-los de volta no início do trabalho posterior. O pessoal do escritório de projetos está sempre em demanda.

Jerry estimou que precisaria de $ 40.000 por mês durante o período na "geladeira" para apoiar e manter o seu pessoal-chave. Felizmente, o período na geladeira ocorreu durante o Natal e o Ano Novo, um momento em que a fábrica estaria fechada por 17 dias. Entre os dias de férias de seus funcionários-chave e os pequenos projetos especiais aos quais o seu pessoal poderia estar temporariamente designado a outros programas, Jerry revisou sua estimativa de $ 125.000 para todo o período na geladeira.

Na reunião semanal da equipe, Jerry disse aos membros da equipe do programa que eles teriam que "apertar os cintos", a fim de estabelecer uma reserva de gerenciamento de $ 125.000. A equipe do projeto entendeu a necessidade para essa ação e começou a reprogramação e o replanejamento até que pudesse ser realizada uma reserva de gerenciamento desse tamanho. Como o contrato era de preço fixo garantido, todos os cronogramas para apoio administrativo (ou seja, escritório de projetos e membros da equipe do projeto) foram estendidos até 28 de fevereiro na suposição de que esse tempo adicional era necessário para a contabilidade dos dados finais de custos e documentação do relatório do programa.

Jerry informou seu chefe, Frank Howard, o chefe da divisão de gerenciamento de projetos, sobre os problemas com o período de geladeira. Ele era o intermediário entre Jerry e o diretor geral. Frank concordou com a abordagem de Jerry para o problema e pediu para ser mantido informado. Em 15 de setembro, ele disse a Jerry que queria "registrar" a reserva de gerenciamento de $ 125.000 como lucro adicional, uma vez que isso influenciaria a sua gratificação de Natal (de Frank). Ambos discutiram por um tempo, com Frank constantemente dizendo: "Não se preocupe! Você receberá seu pessoal-chave de volta. Cuidarei disso. Mas quero essas verbas não alocadas contabilizadas como lucro e o programa concluído em 1º de novembro."

Jerry ficou furioso com a falta de interesse de Frank em manter a adesão da organização atual.

a. Jerry deveria recorrer ao gerente geral?
b. O pessoal-chave deveria ser suportado pelo *overhead*?
c. Se este fosse um programa de custos mais remuneração, você consideraria abordar o cliente com o seu problema na esperança de um alívio?
d. Se você fosse o cliente desse programa de custos mais remuneração, qual seria a sua resposta, para financiamento adicional para o período geladeira, considerando os sobrecustos?
e. Sua resposta anterior mudaria se o programa tivesse dinheiro disponível como um resultado na gastos abaixo do previsto?
f. Como você evita que essa situação se repita em todos os contratos anuais posteriores?

FRANKLIN ELECTRONICS

Em outubro de 2003, a Franklin Electronics ganhou um contrato de desenvolvimento de produto de 18 meses de mão de obra intensiva, adjudicado pela Spokane Industries. A concessão era um contrato de custos reembolsáveis com um custo-alvo de $ 2,66 milhões e uma taxa fixa de 6,75% do alvo. Esse contrato seria a primeira tentativa da Franklin em usar o gerenciamento de projetos formal, incluindo uma metodologia de gerenciamento de projetos recém-desenvolvida.

A Franklin recebeu vários contratos anteriores da Spokane Industries, mas eram todos contratos de preço fixo, sem o requisito de usar o gerenciamento de projetos formal com relatório de valor agregado. Os termos e condições desse contrato incluíam os seguintes pontos-chave:

- Era para ser utilizado o gerenciamento de projetos (formalizado).
- O relatório do valor agregado para prazos e custos era um requisito.
- O primeiro relatório do valor agregado era devido ao final do segundo mês do esforço e mensalmente, a partir de então.
- Haveria duas reuniões de intercâmbio técnico, uma no final do 6º mês e outra no final do 12º mês.

O relatório do valor agregado era novidade para a Franklin Electronics. A fim de responder à solicitação de proposta (RFP) inicial, um consultor foi contratado para realizar um seminário de quatro horas sobre o gerenciamento de valor agregado. Estavam presentes o gerente de projetos que foi designado para a à RFP da Spokane e que iria gerenciar o contrato após a adjudicação, todo o departamento de contabilidade de custos e dois gerentes de linha. O grupo de contabilidade de custos não estava contente em ter de aprender técnicas de gerenciamento de valor agregado, mas concordou relutantemente em apresentar a proposta para

Pacotes de Trabalho	Totais ao Final do Mês 2					Totais ao Final do Mês 3				
	VP	VA	CR	VC	VPR	VP	VA	CR	VC	VPR
A	38K	30K	36K	<6K>	<8K>	86K	74K	81K	<7K>	<12K>
B	17K	16K	18K	<2K>	<1K>	55K	52K	55K	<3K>	<3K>
C	26K	24K	27K	<3K>	<2K>	72K	68K	73K	<5K>	<4K>
D	40K	20K	23K	<3K>	<20K>	86K	60K	70K	<10K>	<26K>

Nota: COTA = VP, COTR = VA e CRTR = CR

a RFP da Spokane. Em projetos anteriores com a Spokane Industries, eram realizadas reuniões mensais de intercâmbio. Parecia que, para o contrato atual, a Spokane Industries acreditava que seriam necessárias menos reuniões de intercâmbio porque as informações necessárias poderiam ser facilmente obtidas por meio dos relatórios de andamento de valor agregado. Ela parecia ter bastante confiança na capacidade do sistema de medição de valor agregado em fornecer informações significativas. No passado, a Spokane nunca havia mencionado que estava considerando uma possível implementação de um sistema de medição de valor agregado como requisito em todos os contratos futuros.

A Franklin Electronics ganhou o contato por ser a proposta mais baixa. Durante a fase de planejamento, uma estrutura analítica do projeto foi desenvolvida contendo 45 pacotes de trabalho, dos quais apenas quatro pacotes de trabalho ocorreriam durante os primeiros quatro meses do projeto.

A Franklin desenvolveu um relatório de andamento muito simples para o projeto. A tabela a seguir contém os dados financeiros apresentados à Spokane, no final do terceiro mês.

Uma semana após o envio do relatório de andamento para a Spokane Industries, o gerente de projetos da Franklin foi convidado a participar de uma reunião de emergência, solicitada pelo vice-presidente de engenharia da Spokane, que estava atuando como o patrocinador do projeto. O vice-presidente estava ameaçando cancelar o projeto por causa do mau desempenho. Na reunião, o vice-presidente comentou: "No mês passado, o estouro na variação de custos aumentou 78%, de $ 14.000 para $ 25.000, e o desvio na variação do cronograma aumentou 45%, de $ 31.000 para $ 45.000. A essas taxas, estamos facilmente olhando para um sobrecustos de 500% e um desvio de cronograma de pelo menos um ano. Nós não podemos permitir que esse projeto continue a essa taxa de fraco desempenho. Se não pudermos desenvolver um plano para controlar o tempo e os custos de forma melhor do que temos feito nos últimos três meses, então simplesmente vou cancelar o contrato agora, e vamos encontrar outro fornecedor que possa realizar."

PERGUNTAS

1. Os comentários do vice-presidente sobre a variação de custos e prazos estão corretos?
2. Quais informações o vice-presidente deixou de analisar?
3. Que informação adicional deveria ter sido incluída no relatório de andamento?
4. A Franklin Electronics entende a medição de valor agregado? Se não, então, o que deu errado?
5. A Spokane Industries entende de gerenciamento de projetos?
6. A medição adequada de valor agregado serve como um substituto para as reuniões de intercâmbio?
7. O que o gerente de projetos da Franklin deveria dizer em sua defesa?

PROBLEMAS NO PARAÍSO

Como recompensa por se tornar o primeiro PMP da Acme Corporation, a Acme designa ao novo PMP, Wiley Coiote, o papel de liderança de um importante projeto, no qual o prazo das entregas era fundamental para o sucesso do projeto. Um atraso no cronograma poderia custar à Acme uma perda de pelo menos $ 100.000 por mês. A primeira responsabilidade de Wiley Coiote como gerente do projeto era a elaboração de um pacote de solicitação para a seleção de um fornecedor de engenharia.

Oito empresas elaboraram propostas com base no pacote de solicitação. Wiley Coiote decidiu negociar somente com o licitante mais barato, que passou a estar a um custo final significativamente menor do que os outros candidatos. O gerente de projetos do fornecedor, Ima Papa-Léguas, trataria das negociações para o fornecedor. Era um fornecedor com o qual Wiley Coiote nunca havia trabalhado anteriormente. Wiley Coiote analisou as informações críticas na oferta do fornecedor:

- Todo o trabalho seria realizado pela engenharia.
- O total de mão de obra com encargos era de 2.000 horas a $ 120/hora.
- A duração do projeto seria de aproximadamente seis meses e seria concluído em 2006 (as taxas de mão de obra poderiam ser diferentes em 2007).
- A taxa aplicada de *overhead* do fornecedor era de 150% para a engenharia.
- Todos os trabalhadores designados estariam na mesma categoria de salário e seriam designados em tempo integral durante a vigência do projeto.
- O lucro solicitado era de 12,5%, mas sujeito a negociações.
- O salário de Ima Papa-Léguas seria incluído na estrutura de *overhead*.
- Nenhum material seria necessário.

Durante as negociações, Ima Papa-Léguas forneceu a Wiley Coiote a estrutura salarial para a engenharia, mostrada na Demonstração 15-1.

Demonstração 15-1 Estrutura salarial do departamento

Categoria Salarial	Título	Salário Sem Encargos	Salário com Encargos
9	Consultor de Engenharia	$ 53/hora	$132,50
8	Engenheiro Sênior	48	120,00
7	Engenheiro	39	97,50
6	Engenheiro Jr.	34	85,00
5	Engenheiro Aprendiz	29	72,50

Wiley Coiote perguntou a Ima Papa-Léguas pelo período (ou seja, curva de mão de obra,) quando os recursos seriam atribuídos. O resultado, fornecido por Ima Papa-Léguas, é mostrado na Demonstração 15-2, no formato de uma curva-S, que também mostra o plano de pagamento do cliente ao fornecedor.

Demonstração 15-2 Curva-S ou curva de gastos

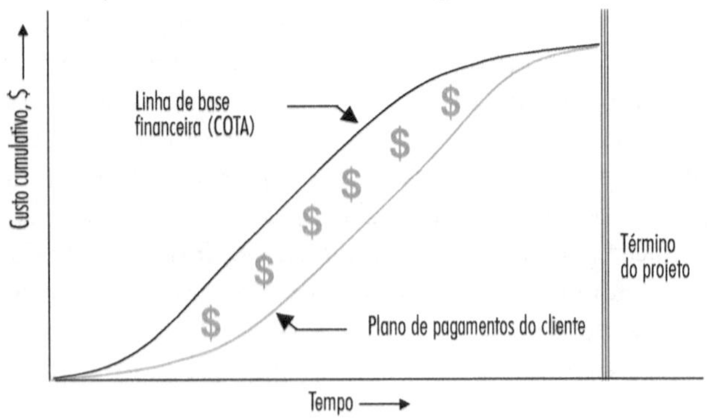

O pacote de solicitação identificava o contrato como de preço fixo com penalidades para a entrega atrasada. Ima Papa-Léguas alegou que as cláusulas de penalidades eram injustas em sua redação atual, e que uma margem de lucro maior seria necessária para compensar o riscos. Nesse ponto, o intelecto superior de Wiley Coiote ficou evidente; ele concordou em eliminar as cláusulas de penalidade se Ima Papa-Léguas concordasse em reduzir a margem de lucro de 12,5 para 10%. Ima Papa-Léguas contra-argumentou que o contrato deveria então ser um contrato de preço fixo com remuneração de incentivo para que Ima Papa-Léguas pudesse compensar a perda de 2,5% de lucro, concluindo o projeto abaixo do orçamento. Ambas as partes concordaram com isso e o acordo foi feito.

O contrato não exigia qualquer tipo de informação de valor agregado, mas Ima Papa-Léguas, que tinha um conhecimento muito limitado de medição de valor agregado e que nunca havia utilizado isso antes, concordou em fornecer um relatório mensal que simplesmente mostraria o valor planejado (COTA), o valor agregado (COTR) e os custo reais (CRTR). Wiley Coiote concordou com isso. Afinal, agora que ele era um PMP, sabia como extrair todas as informações restantes, tais como análises de variação, o custo no término, e o custo para terminar, a partir desses três valores do relatório mensal.

Ao final do primeiro mês, Wiley Coiote recebeu o altamente simplificado relatório de andamento de valor agregado mostrado na Demonstração 15-3. Wiley Coiote ficou encantado com os resultados até o momento. Agora parecia que o projeto seria concluído pelo menos um mês antes do cronograma e significativamente abaixo do orçamento. Wiley Coiote proporcionou à Acme economias significativas de custos, escolhendo o fornecedor de menor custo, reduziu a margem de lucro em 20% e, muito provavelmente, terminaria adiantado no cronograma e com economias adicionais de custos. Ele estava prestes a se tornar uma "estrela" aos olhos dos executivos da Acme. **Todo mundo iria perceber que Wiley Coiote finalmente superou o Papa-Léguas.** Coiote já começava a planejar como iria gastar o enorme bônus que esperava receber na conclusão do projeto.

Demonstração 15-3 Final do 1º Mês

Centro de Custos de Engenharia	COTA	Dólares	$ 42.000
		Horas	350
	COTR	Dólares	$ 48.000
		Horas	400
	CRTR	Dólares	$ 34.000
		Horas	400

Ao final do quinto mês, Ima Papa-Léguas informou Wiley Coiote as boas notícias de que o projeto seria concluído dentro dos custos, mas também havia más notícias de que a data de conclusão seria no final do 8º mês, tornando o projeto dois meses atrasado e com uma perda significativa para a Acme Corporation. Os pensamentos de Wiley Coiote sobre como gastar o seu bônus eram agora substituídos com ideias criativas sobre como atualizar seu currículo. Hoje, Wiley Coiote está no circuito de palestras para discutir maneiras de identificar os sinais de alerta de um potencial desastre no projeto.

Mais uma vez, o Papa-Léguas enganou Wiley Coiote. Você foi contratado como um consultor na Acme Corporation para analisar o que deu errado e elaborar uma lista de lições aprendidas para os outros gerentes de projetos. Usando as informações do caso e todas as três demonstrações, identifique o que deu errado. Além disso, houve algum sinal de alerta precoce, especialmente no final do primeiro mês, que deveria ter avisado Wiley Coiote que o desastre poderia ser iminente?

16

ANÁLISE DE COMPENSAÇÕES EM UM AMBIENTE DE PROJETO

"Quando tentamos pegar algo por si só,
o encontramos atrelado a tudo no universo."
LEI DE MUIR

Estudos de Caso Relacionados (de Kerzner/*Project Management Case Studies*, 4. ed.)	Livro de Exercícios Relacionado (de Kerzner/*Project Management Workbook and PMP®/CAPM® Exam Study Guide*, 11. ed.)	Guia PMBOK® – 5. ed., Seção de Referência para o Exame de Certificação PMP®
Nenhum	• Multiple Choice Exam	• Gerenciamento da Integração do Projeto • Gerenciamento das Aquisições do Projeto • Gerenciamento do Escopo do Projeto

16.0 INTRODUÇÃO

Guia PMBOK®, 5. ed.
Definição das Restrições Triplas

O gerenciamento de projetos bem-sucedido é tanto uma arte quanto uma ciência e tenta controlar os recursos da empresa dentro das restrições de tempo, custos e desempenho. A maioria dos projetos é única e possui atividades exclusivas para as quais não existem padrões razoáveis para o planejamento. Como resultado, o gerente de projetos pode achar extremamente difícil permanecer dentro do triângulo tempo-custos-desempenho da Figura 16-1.

O triângulo tempo-custos-desempenho é a "combinação mágica" que é constantemente perseguida pelo gerente de projetos ao longo do ciclo de vida do projeto. Se o projeto flui sem problemas, de acordo com o plano, pode não haver a necessidade de uma análise de compensações. Infelizmente, isso raramente acontece.

As compensações são ilustradas na Figura 16-2, onde os Δ representam desvios em relação às estimativas originais. Os desvios de tempo e custos são normalmente acima do previsto, enquanto os erros de desempenho são abaixo do previsto. Não existem dois projetos exatamente iguais e a análise de compensações será um esforço contínuo durante toda a vida do projeto, continuamente influenciado tanto pelo ambiente interno quanto pelo externo. Os gerentes de projetos experientes têm pré-compensações na reserva, reconhecendo que as compensações são parte de um processo de pensamento contínuo.

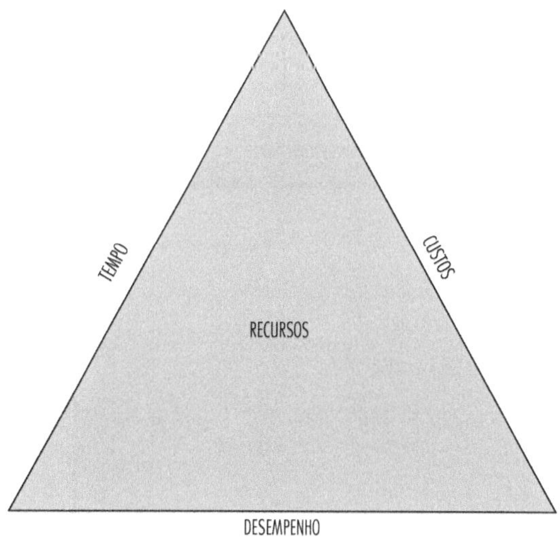

FIGURA 16-1 Visão geral do gerenciamento de projetos.

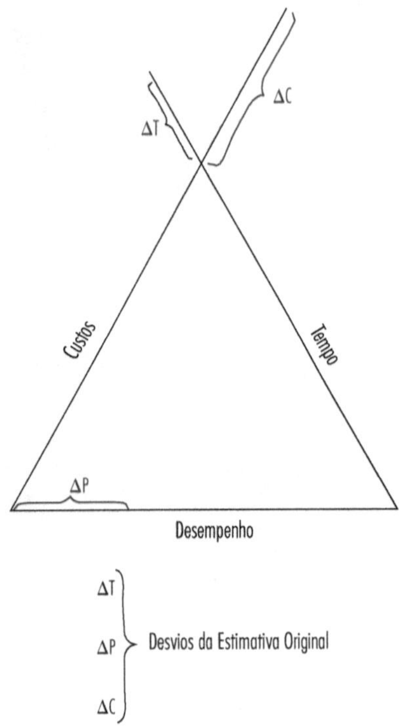

FIGURA 16-2 Gerenciamento de projetos com compensações.

As compensações são sempre baseadas nas restrições do projeto. A Tabela 16-1 ilustra os tipos de restrições normalmente impostas. As situações A e B são as compensações típicas encontradas no gerenciamento de projetos. Por exemplo, a situação A-3 retrata a maioria dos projetos de pesquisa e desenvolvimento. O desempenho de um projeto de P&D é geralmente bem definido e possui custos e tempo que podem ser autorizados a excederem o orçamento e o cronograma. A determinação de escolher o que sacrificar baseia-se nas alternativas disponíveis. Se não há alternativas ao produto em desenvolvimento e o uso potencial é grande, então os custos e o tempo são as compensações.

TABELA 16-1 Categorias de restrições

	Tempo	Custos	Desempenho
A. Um Elemento Fixo por Vez			
A-1	Fixo	Variável	Variável
A-2	Variável	Fixo	Variável
A-3	Variável	Variável	Fixo
B. Dois Elementos Fixos por Vez			
B-1	Fixo	Fixo	Variável
B-2	Fixo	Variável	Fixo
B-3	Variável	Fixo	Fixo
B. Três Elementos Fixos ou Variáveis			
C-1	Fixo	Fixo	Fixo
C-2	Variável	Variável	Variável

A maioria dos projetos de equipamento de capital cairia na situação A-1 ou B-2, em que o tempo é a essência. Quanto mais cedo o equipamento entra em produção, mais cedo o retorno do investimento pode ser obtido. Muitas vezes, há restrições de desempenho que determinam o potencial de lucro do projeto. Se o potencial do projeto é determinado para ser grande, o custo será o fator de desvio, como na situação B-2.

Equipamentos que não estão em processos produtivos, tais como equipamentos de controle de poluição, geralmente desenvolvem um cenário em torno da situação B-3. O desempenho é fixado pela Agência de Proteção Ambiental. O prazo para o cumprimento pode ser retardado por meio de litígio, mas, caso os processos falhem, a maioria das empresas tenta a adequação com o equipamento mais acessível que atenda aos requisitos mínimos.

A empresa de consultoria profissional atua principalmente sob a situação B-1. Na situação C, a análise de compensações será completada com base nos critérios de seleção e restrições. Se tudo é fixo (C-1), não há espaço para qualquer outro resultado que não o sucesso total e se tudo é variável (C-2), não há nenhuma restrição e, portanto, nenhuma compensação.

Muitos fatores conduzem para a decisão de sacrificar tempo, custos ou desempenho. Convém notar, porém, que nem sempre é possível sacrificar um desses itens, sem afetar os outros. Por exemplo, reduzir o tempo poderia ter um sério impacto sobre o desempenho e sobre os custos (especialmente se as horas extras são obrigatórias).

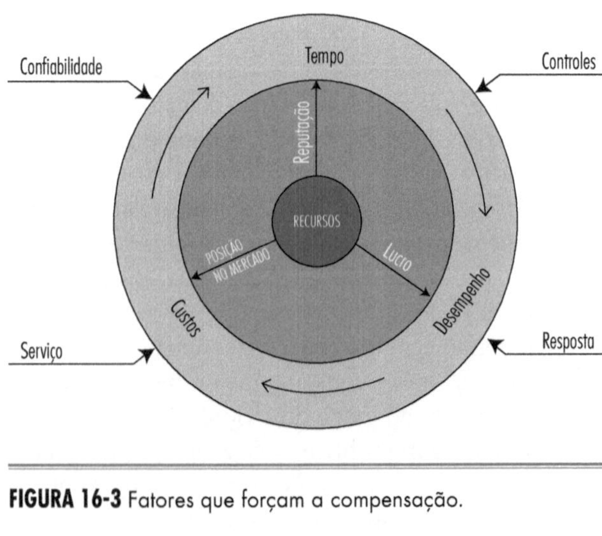

FIGURA 16-3 Fatores que forçam a compensação.

Há vários fatores, tais como os mostrados na Figura 16-3, que tendem a "forçar" as compensações. Documentos mal escritos (por exemplo, declarações de trabalho, contratos e especificações) são quase sempre forças internas para o conflito em que o gerente de projetos tende a procurar como ajuda no desempenho. Em muitos projetos, a venda e negociação iniciais, bem como a elaboração da especificação, são feitas por pessoas altamente técnicas que são levadas a criar um monumento em vez de atender às necessidades operacionais do cliente. Quando as forças operacionais dominam a ida do projeto para o cliente, os gerentes de projetos tendem a procurar auxílio nos custos.

16.1 METODOLOGIA PARA ANÁLISE DE COMPENSAÇÕES

Guia PMBOK®, 5. ed.
3.6 Grupo de Planejamento do Projeto
Triângulo do Grupo de Planejamento do Processo
Capítulo 4 Gerenciamento da Integração do Projeto
Capítulo 5 Gerenciamento do Escopo do Projeto

Qualquer processo de gerenciamento de compensações de tempo, custos e desempenho deve enfatizar a abordagem de sistemas, reconhecendo que mesmo a menor mudança em um projeto ou sistema pode facilmente afetar todos os sistemas da organização. Um modelo de sistemas típicos é mostrado na Figura 16-4. Por causa disso, muitas vezes, é melhor desenvolver um processo de tomada de decisão/análise de compensações, em vez de manter regras rígidas para compensações. Os seis passos seguintes podem ajudar:

- Reconhecimento e compreensão da base para os conflitos no projeto
- Revisão dos objetivos do projeto
- Análise do ambiente e do andamento do projeto
- Identificação dos cursos alternativos de ação
- Análise e seleção da melhor alternativa
- Revisão do plano do projeto

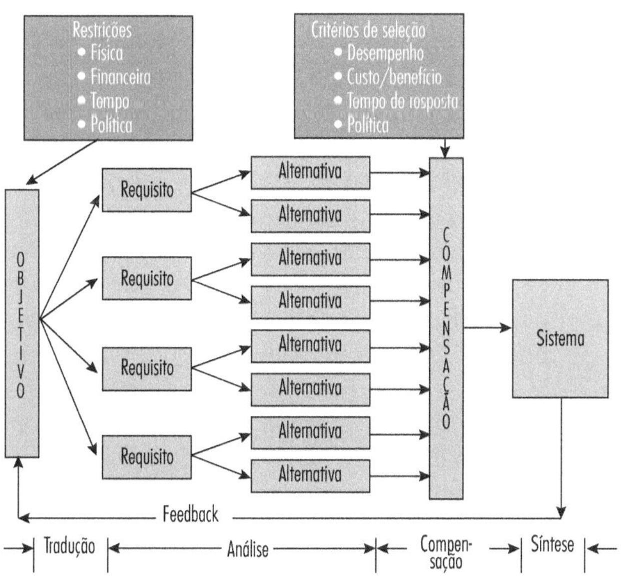

FIGURA 16-4 A abordagem sistêmica.

O primeiro passo, em qualquer processo de decisão, deve ser o reconhecimento e a compreensão do conflito. A maioria dos projetos possui sistemas de custos e de gestão que comparam resultados reais com os planejados, examinam os resultados por meio da análise da variação e fornecem relatórios de andamento para que medidas corretivas possam ser tomadas para resolver os problemas. Os gerentes de projetos devem avaliar cuidadosamente as informações sobre os problemas do projeto, pois nem sempre é o que parece ser. Perguntas típicas a fazer são:

- A informação é pertinente?
- A informação é atual?
- Os dados estão completos?
- Quem determinou a existência dessa situação?
- Como ele sabe que essa informação é correta?
- Se essa informação for verdadeira, quais são as implicações para o projeto?

A finalidade desse primeiro passo é entender a causa do conflito e a necessidade de compensações. A maioria das causas pode ser classificada como erros ou falhas humanos, problemas incertos e problemas totalmente inesperados, como mostrado a seguir:

- Falhas/erros humanos
  - Compromissos impossíveis de cronograma
  - Controle pobre das alterações de design
  - Contabilidade deficiente dos custos do projeto
  - Falhas de máquina
  - Falhas de teste
  - Falha ao receber uma entrada crítica
  - Falha ao receber aprovação antecipada
- Problemas incertos
  - Muitos projetos simultâneos
  - Vencimento do contrato de trabalho
  - Mudança na liderança do projeto
  - Possibilidade de cancelamento do projeto
- Problemas inesperados
  - Recursos da empresa superalocados
  - Prioridades do projeto em conflito
  - Problemas de fluxo de caixa
  - Disputas de contrato de trabalho
  - Atraso no envio de material
  - Promoções externas ao projeto de pessoas em atividades de "paralelismo"
  - Devolução de colaboradores "temporários" às suas bases
  - Previsões originais imprecisas
  - Mudança nas condições de mercado
  - Novos padrões em desenvolvimento

O segundo passo no processo de decisão é uma revisão completa dos objetivos do projeto como visto por vários participantes nos projetos, desde a alta administração até os membros da equipe do projeto. Esses objetivos e/ou prioridades foram originalmente definidos após considerar vários fatores ambientais, alguns dos quais podem ter mudado ao longo da vida do projeto.

A natureza desses objetivos normalmente irá determinar o grau de rigidez que foi estabelecido entre tempo, custos e desempenho. Isso pode exigir a revisão da documentação do projeto, incluindo:

- Objetivos do projeto
- Integração do projeto aos objetivos do patrocinador e ao plano estratégico
- Declaração do trabalho
- Especificações de cronograma, custos e desempenho
- Recursos consumidos e projetados

O terceiro passo é a análise do ambiente e do andamento do projeto, incluindo uma medição detalhada dos resultados de tempo, custos e desempenho reais com o plano do projeto original ou revisado. Essa etapa não deve se transformar em uma "caça às bruxas", mas centrar-se nos resultados, problemas e obstáculos do projeto. Fatores como o risco financeiro, potenciais contratos de acompanhamento, situação de outros projetos e relativas posições competitivas são apenas alguns dos fatores ambientais que devem ser revistos. Algumas empresas criaram políticas para a análise de compensações como "nunca comprometer o desempenho". Mesmo essas políticas, no entanto, são conhecidas por mudarem quando os fatores ambientais aumentam o risco financeiro da empresa. Os tópicos a seguir podem ser aplicados no passo 3:

- Discutir o projeto com o escritório de gerenciamento de projetos para:
  - Determinar as prioridades relativas a tempo, custos e desempenho
  - Determinar o impacto sobre a rentabilidade da empresa e sobre o plano estratégico
  - Fazer uma avaliação da gestão (mesmo um palpite quanto aos problemas)
- Se o projeto é um contrato com um cliente externo, reunir-se com o gerente de projetos do cliente para avaliar seus pontos de vista em relação ao andamento do projeto e avaliar as prioridades do cliente de tempo, custos e desempenho.
- Reunir-se com os gerentes funcionais para determinar seus pontos de vista sobre o problema e obter uma visão quanto ao comprometimento deles com um projeto bem-sucedido. Onde este projeto se situa na lista de prioridades deles?
- Revisar em detalhes a situação de cada pacote de trabalho do projeto. Obter uma avaliação clara e detalhada pelo pessoal do escritório de projetos responsável, quanto a:
  - Tempo para terminar
  - Custo para terminar
  - Trabalho para terminar
- Revisar os dados passados para avaliar a credibilidade das informações de custos e cronograma na etapa anterior.

O gerente de projetos pode ter experiência suficiente para avaliar rapidamente o significado de uma variação particular e o impacto provável dessa variação no desempenho da equipe do projeto. O conhecimento dos requisitos do projeto (possivelmente com o apoio do patrocinador do projeto) geralmente ajudará um gerente de projetos a determinar se alguma ação corretiva deve ser tomada ou se o projeto deve simplesmente ser autorizado a continuar conforme concebido originalmente.

Seja ou não necessária uma ação imediata, deve-se fazer uma análise rápida do porquê de um problema potencial que se desenvolveu estar em ordem. Obviamente, isto não vai ajudar a "curar os sintomas" se a "doença" em si não for resolvida. O gerente de projetos deve permanecer objetivo na identificação desses problemas, uma vez que ele próprio é um dos principais membros da equipe do projeto e pode ser pessoalmente responsável por problemas que estão ocorrendo. As áreas suspeitas tipicamente incluem:

- **Planejamento Inadequado.** Ou o planejamento não foi feito em detalhes suficientes ou não foram definidos controles para determinar que o projeto esteja avançando de acordo com o plano aprovado.
- **Mudanças de Escopo.** Variações nos custos e no cronograma são uma consequência normal de mudanças de escopo que são permitidas sem incorporação formal no plano de projeto ou aumento dos recursos autorizados para o projeto.
- **Desempenho Ruim.** Em virtude do elevado grau de interdependências que existe dentro de qualquer estrutura de equipe de projeto, o desempenho inaceitável de um indivíduo pode rapidamente minar o desempenho de toda a equipe.
- **Excesso de Desempenho.** Frequentemente, um membro da equipe com excesso de zelo irá distorcer não intencionalmente o equilíbrio previsto entre custos, cronograma e desempenho no projeto.
- **Restrições Ambientais.** Especialmente em projetos que envolvem "aprovações de terceiros", ou dependentes de recursos externos. Alterações, atrasos

ou não cumprimento por partes externas à equipe do projeto pode ter um impacto adverso sobre o desempenho da equipe.

Alguns projetos parecem estar fora de tolerância quando, na verdade, não estão. Por exemplo, alguns projetos de construção são tão carregados na fase inicial com os custos que parece haver uma grande discrepância quando ela, de fato, não existe. A carga *inicial* dos custos foi planejada.

O quarto passo do processo de compensação do projeto é listar os cursos alternativos de ação. Essa etapa normalmente significa levantar os métodos possíveis de realização do projeto, comprometendo uma combinação de tempo, custos ou desempenho. Espera-se que esse passo refinará essas alternativas possíveis em três ou quatro cenários mais prováveis para a conclusão do projeto. Nesse ponto, alguma tomada de decisão intuitiva pode ser obrigada a manter a lista de alternativas em uma ordem administrável.

Para identificar totalmente as alternativas, o gerente de projetos deve ter respostas concretas a questões essenciais que envolvem tempo, custos e desempenho:

Guia PMBOK®, 5. ed.
3.6 Grupo de processos de monitoramento e controle

- **Tempo**
  - O atraso de tempo é aceitável para o cliente?
  - O atraso de tempo irá alterar a data de término para outros projetos e outros clientes?
  - Qual é a causa para o atraso de tempo?
  - Os recursos podem ser replanejados para atender ao novo cronograma?
  - Qual será o custo para o novo cronograma?
  - O tempo acrescido nos trará melhorias?
  - Uma extensão desse projeto causará atrasos em outros projetos no cliente?
  - Qual será a resposta do cliente?
  - O tempo acrescido mudará a nossa curva de aprendizagem?
  - Isso prejudicará a capacidade da nossa empresa em adquirir contratos futuros?
- **Custos**
  - O que está causando os sobrecustos?
  - O que pode ser feito para reduzir os custos restantes?
  - O cliente aceitará um custo adicional?
  - Devemos absorver os custos extras?
  - Podemos renegociar o tempo ou padrões de desempenho para permanecer dentro dos custos?
  - Os custos orçados para o restante do projeto estão precisos?
  - Haverá ganhos de valor líquido para o aumento do custeio?
  - Essa é a única maneira de satisfazer o desempenho?
  - Isso prejudicará a capacidade da nossa empresa em adquirir contratos futuros?
  - Essa é a única forma de manter o cronograma?
- **Desempenho**
  - As especificações originais podem ser cumpridas?
  - Se não, qual custo que podemos garantir atender?
  - As especificações são negociáveis?
  - Quais são as vantagens das mudanças de especificação para a empresa e para o cliente?
  - Quais são as desvantagens das alterações de desempenho para a empresa e para o cliente?
  - Estamos aumentando ou diminuindo o desempenho?
  - Será que o cliente aceita uma mudança?
  - Alguma obrigação sob o produto ou empregado será contraída?
  - A alteração nas especificações causará uma redistribuição dos recursos do projeto?
  - Essa mudança prejudicará a capacidade da nossa empresa para adquirir contratos futuros?

Uma vez que as respostas a essas perguntas são obtidas, o melhor geralmente é plotar os resultados graficamente. Os métodos gráficos foram utilizados durante as últimas duas décadas para determinar os custos de compressão para encurtar a duração de um projeto. Ao usar as técnicas gráficas, devemos decidir sobre qual dos três parâmetros devemos manter fixo.

SITUAÇÃO 1: O Desempenho é a Constante Fixa (para Especificações)

Com um desempenho fixo, os custos podem ser expressos em função do tempo. Exemplos de curvas aparecem nas Figuras 16-5 e 16-6. Na Figura 16-5, o círculo X indica o custo-alvo e o tempo-alvo. Infelizmente, o custo para completar o projeto no tempo-alvo é superior ao custo orçado. É possível adicionar recursos e horas extras de trabalho para que os prazos possam ser cumpridos. Dependendo da forma em que as horas extras são oneradas, é possível encontrar um ponto mínimo na curva em que os atrasos adicionais causarão a escalada do custo total.

A Curva A na Figura 16-6 mostra o caso em que "tempo é dinheiro" e qualquer tempo adicional aumentará os custos para terminar. Fatores como o tempo de apoio à gestão sempre aumentarão o custo para terminar. Há, no entanto, algumas situações em que o aumento dos custos ocorre em períodos de estabilidade. Isso é mostrado na curva B da Figura 16-6. Isso poderia resultar na espera pelo condicionamento

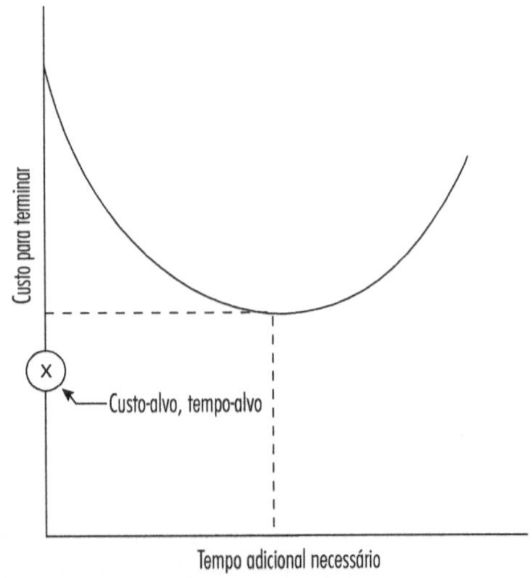

FIGURA 16-5 Compensações com desempenho fixo.

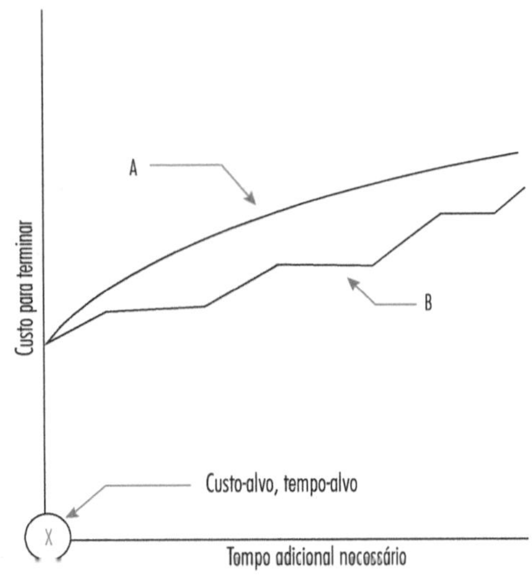

FIGURA 16-6 Compensações com desempenho fixo.

de temperatura de um componente antes que o trabalho suplementar possa ser concluído ou, simplesmente, esperar que recursos não classificados estejam disponíveis. Nesse último caso, os pontos de decisão de compensação podem estar no final de cada período de estabilidade.

Com um desempenho fixo, existem quatro métodos disponíveis para construir e analisar as curvas tempo-custos:

- Recursos adicionais podem ser necessários. Isso geralmente eleva os custos muito rápido. Considerando que os recursos estejam disponíveis, os problemas de controle de custos podem ocorrer como resultado da adição de recursos após o orçamentação do projeto inicial.
- O escopo do trabalho pode ser redefinido e alguns trabalhos suprimidos, sem alterar os requisitos de desempenho do projeto. Os padrões de desempenho podem ter sido definidos como muito altos ou a probabilidade de sucesso exigido da equipe do projeto pode ter sido simplesmente irrealista. Reduções de custos e melhorias nos cronogramas podem normalmente surgir do relaxamento nas especificações de desempenho, desde que o menor nível de qualidade ainda satisfaça os requisitos do cliente.
- Os recursos disponíveis podem ser deslocados a fim de equilibrar os custos do projeto ou para acelerar as atividades que estão no elemento de trabalho do caminho "crítico" que está com problemas. Esse processo de replanejamento desloca elementos de atividades não críticas para atividades críticas.
- Dado um problema de cronograma, pode ser necessária uma alteração no diagrama de lógica para mover da posição atual para a posição desejada. Essa mudança poderia facilmente resultar em replanejamento e realocação de recursos. Um exemplo disso seria converter os esforços de trabalho de "serial" para "paralelo", o que é, muitas vezes, arriscado.

As compensações com níveis de desempenho fixos devem levar em conta a confiança entre a empresa e o cliente, a prioridade do projeto dentro da empresa e o potencial para futuros negócios. A premissa básica aqui é que a empresa nunca pode sacrificar a sua reputação por oferecer um produto que não cumpre com as especificações. A exceção pode ser uma mudança que melhore o desempenho e puxe o projeto de volta ao cronograma. É sempre importante investigar antes de entrar em compensações de tempo-custos.

O tempo e os custos estão interligados em um projeto de trabalho intensivo. Quando há desvios na entrega, os custos geralmente aumentam. O desvio dos prazos de entrega e a diminuição do crescimento dos custos geralmente são as alternativas recomendadas para projetos em que a confiança entre a empresa e o cliente, a prioridade do projeto dentro do fluxo de projetos da empresa e o potencial de negócios futuros em termos de vendas representam um risco entre baixo e médio. Mesmo em algumas situações de alto risco, o fornecedor pode ter de absorver o custo adicional. Essa decisão baseia-se frequentemente na estimativa dos projetos futuros para esse cliente, de modo que a perda é amortizada contra futuros negócios. Nem todos os projetos são sucessos financeiros.

A reputação da empresa pela excelência é, muitas vezes, difícil de estabelecer e pode ser extremamente frágil. Ela é, provavelmente, um dos maiores ativos do fornecedor. Isso é particularmente verdadeiro em contratos de grande responsabilidade civil, em que as consequências do fracasso são extremamente graves. Existem empresas que foram muito bem-sucedidas em adquirir contratos na indústria aeroespacial e de tecnologia avançada, mas raramente fizeram as propostas mais baixas. Quando o governo é o fornecedor, o desempenho é avaliado muito acima dos custos. Da mesma forma, as consequências de um acidente de aviação comercial são de tal magnitude que os custos e o tempo são relativamente insignificantes em comparação com o que é praticado na manufatura de precisão e confiabilidade extremamente alta.

Às vezes, os projetos podem ter tempo e custos fixos, deixando apenas a variável de desempenho para compensações. No entanto, como mostra o cenário a seguir, o resultado final pode modificar a restrição de custos "fixos".

A situação hipotética envolve um subcontrato de equipamentos para o governo, com preço fixo e entrega ao fornecedor principal do governo. O fornecedor principal tinha um calendário muito apertado e o equipamento a ser fornecido possuía apenas a "janela" de uma semana para a entrega ou o fornecedor principal sofreria um grande atraso. Qualquer atraso nesse momento colocaria o fornecedor geral em sérios apuros. O gerente do contrato do governo e o gerente de compras do fornecedor geral tinham destacado a importância de fazer o cronograma de entrega. Não havia nenhuma sanção financeira por estar atrasado, mas o gerente do contrato tinha afirmado por escrito que quaisquer contratos posteriores, fortemente esperados pela alta gerência da empresa, seriam colocados com outros fornecedores caso houvesse atraso na entrega.

A qualidade (desempenho) era crítica, mas nunca tinha sido um problema sério. De fato, o desempenho tinha ultrapassado as exigências contratuais, porque era política da empresa ser a "melhor" na indústria. Essa política tinha, às vezes, causado problemas de custos, mas garantiu pedidos posteriores.

Esse projeto estava em apuros no meio do caminho, no terceiro mês em um cronograma de seis meses. O último relatório indicava que a entrega seria adiada por três semanas. Os custos estavam dentro do previsto até a data, mas o atraso de entrega deveria resultar em custos extras equivalentes a 20% do lucro previsto.

O projeto ficou fora do cronograma quando o fluxo de matérias-primas de um grande fabricante foi interrompido durante três semanas por um problema de qualidade descoberto apenas quando o material foi colocado em produção. Como o tempo de fabricação era um processo controlado, foi muito difícil compensar o tempo perdido.

A primeira decisão foi que tudo seria feito para fazer a entrega no prazo de uma semana do cronograma original. A receita potencial perdida de pedidos futuros era tão grande que a entrega deveria ser feita "a todo custo", como costumava dizer o presidente da empresa.

O sistema de qualidade foi, então, exaustivamente estudado. Constatou-se que, eliminando duas operações de inspeção redundantes, uma semana poderia ser poupada no cronograma total. Essas duas operações de inspeção consumidoras de tempo foram adicionadas quando um problema de qualidade desenvolveu-se em um contrato anterior. O problema havia sido resolvido e, com os controles, não existia mais razão para acreditar que as inspeções ainda seriam necessárias. Elas seriam eliminadas sem risco determinável no desempenho.

Outras duas semanas foram compensadas com o trabalho de três pessoas de produção, sete dias por semana, para o restante do projeto. Isso permitiria a entrega na data especificada no contrato e permitiria uma semana para outros problemas imprevistos. Assim, haveria uma alta probabilidade de entrega dentro da "janela" necessária.

O custo dos sete dias de trabalho por semana resultou na redução do lucro projetado em 40%. Ao eliminar as duas operações de inspeção manteve-se 10% do lucro.

O plano descrito acima atendeu ao tempo e às especificações de desempenho com custo maior que, consequentemente, reduziu o lucro em cerca de 30%. A solução para essa situação foi a de que só eram custos fixos o trabalho, o material e os custos de *overhead* do projeto, e o fornecedor estava disposto a aceitar um lucro reduzido.

SITUAÇÃO 2: O Custo é Fixo

Com um custo fixo, o desempenho vai variar em função do tempo, como mostrado na Figura 16-7. A decisão de aderir ou não aos dados do cronograma previsto é geralmente determinada pelo nível de desempenho. Na curva A, o desempenho pode aumentar rapidamente para o nível de 90% no início do projeto. Um aumento de 10% no tempo

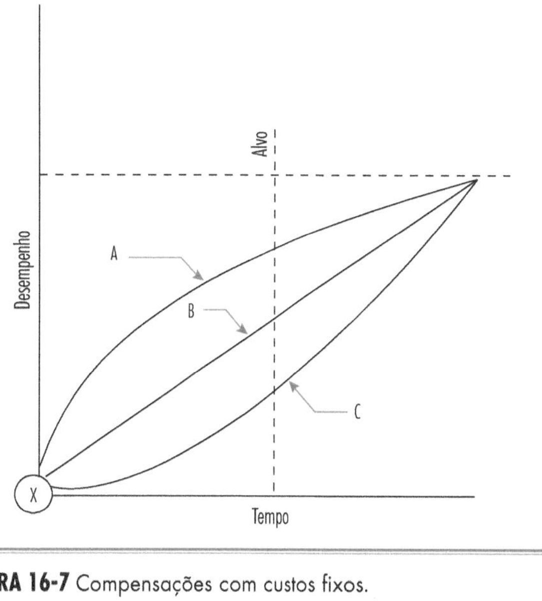

FIGURA 16-7 Compensações com custos fixos.

pode dar um aumento de 20% no desempenho. Depois de certo ponto, um aumento de 10% no tempo pode fornecer apenas um aumento de 1% no desempenho. A empresa pode não querer arriscar o tempo adicional necessário para atingir o nível de desempenho de 100%, se for possível fazê-lo. Na curva C, o tempo adicional deve ser sacrificado, pois é improvável que o cliente ficará satisfeito com um nível de desempenho de 30 a 40%. A Curva B é a curva mais difícil de analisar, a menos que o cliente tenha especificado exatamente qual o nível de desempenho que será aceitável.

Se o custo é fixo, então é imperativo que o projeto tenha um contrato cuidadosamente redigido e compreendido com especificações claras quanto ao nível de desempenho exigido e declarações muito claras de inclusão e de exclusão. A atenção cuidadosa com os custos suportados por causa das mudanças de clientes ou requisitos adicionais pode ajudar a reduzir a possibilidade de um sobrecusto. Experiência na contratação garante que os custos que podem ser ignorados pelo gerente de projetos inexperiente estão incluídos, minimizando, assim, a necessidade dessas compensações durante o percurso. Itens negligenciados que podem aumentar os custos incluem:

- Excesso de relatórios detalhados
- Documentação desnecessária
- Excesso de documentação de monitoramento de tempo, custos e desempenho
- Desenvolvimento de especificações detalhadas de equipamentos que poderiam ser comprados externamente por menos custo
- Tipo errado de contrato para esse tipo de projeto

Muitas vezes, com uma restrição de custo fixo, o primeiro item sacrificado é o desempenho. Mas essa abordagem pode conter desastres escondidos sobre a vida de um projeto se o desempenho sacrificado tiver se tornado essencial para atender algum requisito não especificado, como a manutenção em longo prazo. No longo prazo, uma degradação do desempenho pode realmente aumentar os custos em vez de diminuí-los. Portanto, o gerente do projeto deve ter certeza que tem uma boa compreensão dos custos reais associados com compensações de desempenho.

SITUAÇÃO 3: O Tempo é Fixo

A Figura 16-8 identifica a situação em que o tempo é fixo e o custo varia de acordo com o desempenho. A Figura 16-8 é similar à Figura 16-7, em que a taxa de variação do desempenho com o custo é o fator de controle. Se o desempenho está no nível de 90% do custo-alvo, o fornecedor pode solicitar a desobrigação de desempenho. Isso é mostrado na curva A. No entanto, se a situação atual reflete a curva B ou C, os custos adicionais devem ser efetuados com as mesmas considerações da situação 1 – a saber, qual é a importância do cliente e que ênfase deve ser colocada em seus negócios futuros?

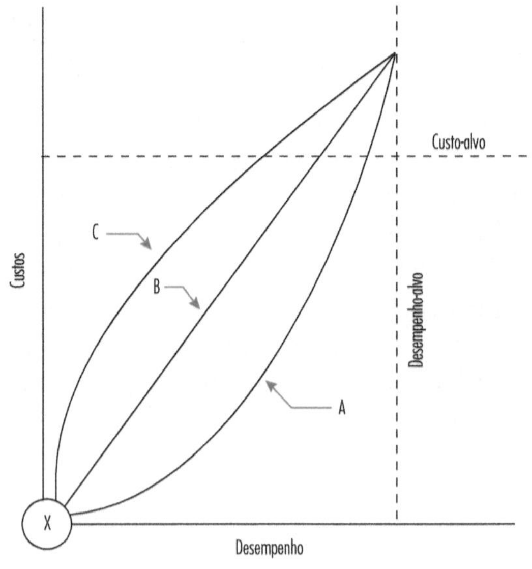

FIGURA 16-8 Compensações com tempo fixo.

Concluir o projeto dentro do cronograma pode ser extremamente importante em determinados casos. Por exemplo, se uma bomba de combustível de um avião não é entregue quando o motor está pronto para o embarque, ela pode segurar o fabricante do motor, o fabricante de estruturas e, finalmente, o cliente. Todos os três podem sofrer perdas substanciais por causa do atraso de um único componente. Além disso, os clientes que possuem baixo desempenho e que lidam com grandes custos imprevistos tendem a ter memórias de longo prazo. Um vice-presidente enraivecido na loja do cliente pode exterminar novos contratos de qualquer proporção diante da falha real de entregar dentro do prazo.

Às vezes, mesmo que o tempo seja supostamente fixo, pode existir liberdade sem inconvenientes para o cliente. Isso poderia acontecer porque o programa inteiro (do qual o seu projeto é apenas um subcontrato) está atrasado e o cliente não está pronto para o seu projeto particular.

Outro aspecto do fator tempo é que o "alerta precoce" de um desvio de tempo muitas vezes pode atenuar os danos causados ao cliente e aumentar grandemente a resposta favorável dele. O planejamento e o acompanhamento cuidadosos, a coordenação estreita com todas as funções envolvidas e o tratamento realista com cronogramas de tempo antes e durante o projeto podem garantir a notificação antecipada para o cliente e a possibilidade de negociação de uma compensação de tempo e dinheiro, ou mesmo, desempenho técnico. A última coisa que um cliente quer é ter um relatório de progresso favorável até o fim do tempo agendado e então ser surpreendido com um atraso sério de cronograma.

Quando o tempo é fixo, o cliente pode achar que tem certa flexibilidade na determinação de como chegar ao nível de desempenho desejado. Como mostra a Figura 16-9, o fornecedor pode estar disposto a aceitar os custos adicionais para maximizar a segurança do empregado.

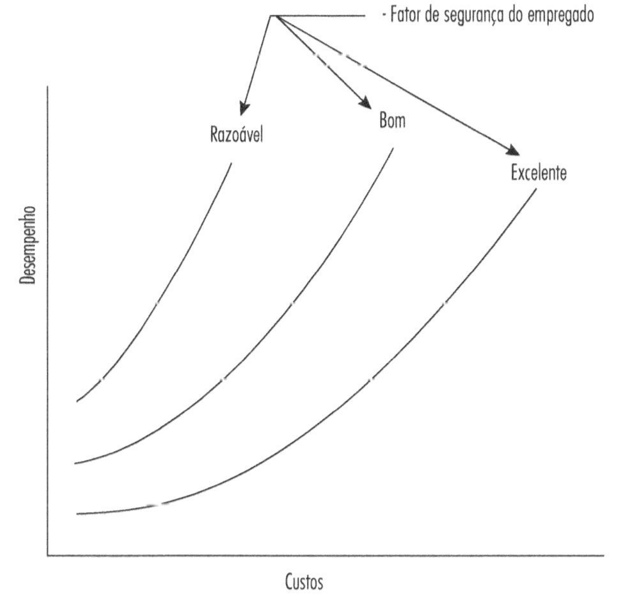

FIGURA 16-9 Desempenho *versus* custos.

SITUAÇÃO 4: Nenhuma Restrição é Fixa

Outra situação comum é aquela em que nem o tempo, nem o custo, nem o desempenho são fixos. O melhor método para mostrar graficamente as relações de compensações é o desenvolvimento de curvas paramétricas, como na Figura 16-10. As compensações de custos e

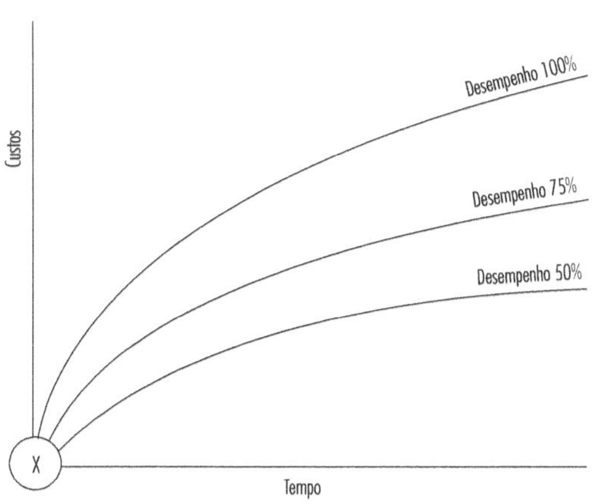

FIGURA 16-10 Análise de compensação com família de curvas.

tempo podem agora ser analisadas para diferentes níveis de desempenho. As curvas também podem ser redesenhadas para vários níveis de custos (isto é, 100, 120, 150% do custo-alvo) e níveis de tempo.

Outro método para mostrar uma família de curvas é ilustrado na Figura 16-11. Aqui, o fornecedor pode ter vários caminhos de custo diferentes para atingir o tempo desejado e as restrições de desempenho. O caminho final selecionado depende do tamanho do risco que o fornecedor deseja tomar.

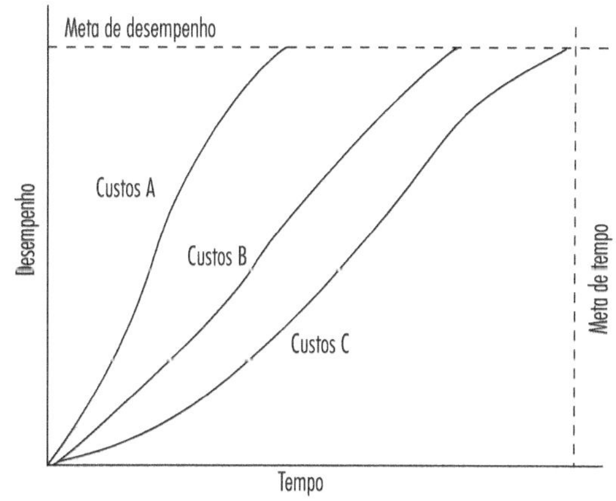

FIGURA 16-11 Família de curvas custos-tempo-desempenho.

Houve várias tentativas para mostrar o problema de compensação graficamente. Infelizmente, tal procedimento é bastante complexo e difícil de seguir. Uma abordagem mais comum é usar algum tipo de modelo de computador e manipular a compensação, como se fosse um problema de programação linear e programação dinâmica. Isso também é, muitas vezes, difícil de executar e gerenciar.

As compensações podem também ser necessárias em qualquer momento durante o ciclo de vida de um projeto. A Figura 16-12 identifica como a importância relativa das

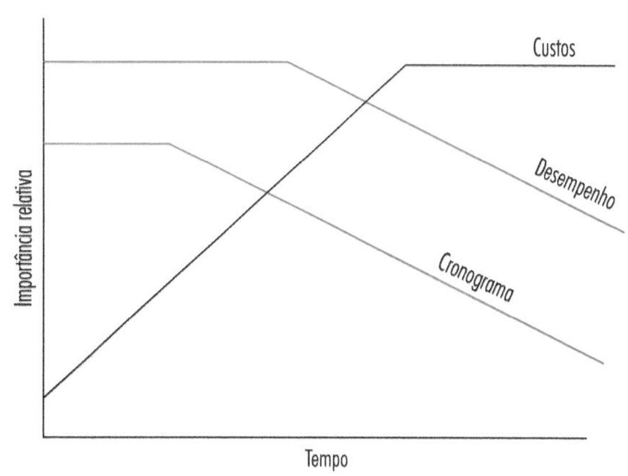

FIGURA 16-12 Compensações no ciclo de vida. (Cronograma não necessariamente comum.)

limitações de tempo, custos e desempenho podem mudar ao longo do ciclo de vida do projeto. No início do projeto, os custos não puderam ser acumulados a um ponto em que fossem importantes. Por outro lado, o desempenho do projeto pode se tornar ainda mais importante do que o previsto. Nesse ponto, os desempenhos adicionais podem ser "comprados". Quando o projeto aproxima-se do seu término, a importância relativa da restrição de custos pode aumentar drasticamente, especialmente se os lucros do projeto são a maior fonte de receita da empresa. Da mesma forma, é provável que o impacto do desempenho e do cronograma seja menor.

Uma vez que os cursos alternativos de ação são determinados, o passo 5 na metodologia é empregado, a fim de analisar e selecionar as alternativas viáveis. Ao analisar as alternativas deve-se incluir a preparação dos objetivos do projeto revisados para custos, desempenho e tempo, juntamente com uma análise dos recursos necessários, os cronogramas em geral e dos planos do projeto revisados que são necessários para suportar cada cenário. É, então, a função da alta gerência, em conjunto com os gerentes de projetos e os gerentes funcionais, escolher a solução que minimize o impacto global da empresa. Esse impacto não deve ser medido apenas em resultados financeiros de curto prazo, mas deve incluir considerações estratégicas e de mercado em longo prazo.

As seguintes tarefas podem ser incluídas nessa etapa:

- Elaborar um relatório de atualização formal do projeto, incluindo os escopos de trabalho, cronogramas e custos alternativos a atingir.
  - Sobrecusto mínimo
  - Conformidade com os objetivos do projeto
  - Atraso mínimo no cronograma
- Construir uma árvore de decisão, incluindo custos, objetivos de trabalho e cronogramas, bem como uma estimativa da probabilidade de sucesso para cada condição que conduz ao ponto de decisão.
- Apresentar às gerências interna e externa do projeto as várias alternativas juntamente com uma estimativa da probabilidade de sucesso.
- Com o consentimento da administração, selecionar a estratégia de execução adequada e iniciar a implementação. Isso pressupõe que a administração não insistirá em uma tarefa impossível.

O último item exige mais esclarecimentos. Muitas empresas usam uma lista de verificação para estabelecer os critérios para avaliação alternativa, bem como para a avaliação do potencial de problemas futuros. As perguntas a seguir podem fazer parte dessa lista como:

- Será que outros projetos serão afetados?
- O retrabalho será exigido em tarefas anteriores?
- A reparação e/ou manutenção será mais difícil?
- As tarefas adicionais serão necessárias no futuro?
- Como o pessoal do projeto reagirá?
- Qual é o efeito sobre o ciclo de vida do projeto?
- A flexibilidade do projeto será reduzida?
- Qual é o efeito sobre os principais funcionários?
- Qual é o efeito sobre o (s) cliente(s)?

A probabilidade de ocorrência e a gravidade desta devem ser avaliadas para todos os potenciais problemas futuros. Se há uma alta probabilidade de que o problema volte a ocorrer e que será grave, um plano deve ser desenvolvido para reduzir essa probabilidade. As restrições internas, tais como mão de obra, materiais, máquinas, dinheiro, gerenciamento, tempo, políticas, qualidade e requisitos em mudança, podem causar problemas ao longo do ciclo de vida de um projeto. As restrições externas como o capital, as datas de término e as responsabilidades também limitam a flexibilidade de projeto.

Um dos melhores métodos para a comparação das alternativas é listá-las e, em seguida, classificá-las em ordem de importância percebida em relação a determinados fatores, tais como clientes, potencial de continuidade do negócio, déficit de custo e perda da reputação. Isso é mostrado na Tabela 16-2. Na tabela, cada um dos objetivos é

TABELA 16-2 Ponderação das alternativas

Objetivos / Pesos / Alternativas	Ampliar Negócios Futuros	Manter Dentro do Prazo	Atingir Custo Atual	Atingir Especificações Atuais	Maximizar Lucros
	0,4	0,25	0,10	0,20	,05
Adicionar recursos	100%	90%	30%	90%	10%
Reduzir escopo de trabalho	60%	90%	90%	30%	95%
Reduzir mudança na especificação	90%	80%	95%	5%	80%
Terminar projeto atrasado	80%	0%	20%	95%	0%
Faturar para o cliente pelos custos adicionais	30%	85%	0%	60%	95%

ponderado de acordo com algum método estabelecido pela gerência. Os percentuais representam o grau de conclusão satisfatória de cada alternativa. Esse tipo de análise, muitas vezes chamado de tomada de decisões sob risco, é comumente ensinado em cursos de pesquisas operacionais e em ciências administrativas. Os fatores de ponderação são, muitas vezes, utilizados como auxiliares no processo decisório. Infelizmente, isso pode acrescentar confusão em massa para o processo que já é confuso.

A Tabela 16-3 mostra que algumas empresas efetuam a análise de compensações igualando todas as alternativas a um mínimo denominador comum – unidades monetárias. Embora essa conversão possa ser muito difícil, ela não garante que estamos comparando "maçãs com maçãs". Todos os recursos, tais como equipamento de capital, podem ser expressos em termos de dólares, euros ou reais. As dificuldades surgem na atribuição de valores em unidades monetárias de itens como a poluição ambiental, normas de segurança ou a possível perda de vida.

Há, com frequência, vários tipos de ações corretivas que podem ser utilizados, incluindo:

- Horas extras
- Turnos dobrados
- Expedição
- Mão de obra adicional
- Mais dinheiro
- Troca de fornecedores
- Mudança das especificações
- Transferência de recursos do projeto
- Adiamento de inspeções de equipamentos
- Mudança na declaração do trabalho
- Mudança na estrutura analítica do projeto
- Substituição de equipamentos
- Substituição de materiais
- Uso de fornecedores externos
- Pagamento de bônus aos fornecedores
- Contratação de fonte única (sem licitação)
- Adiamento das aprovações de desenhos

As ações corretivas definidas acima podem ser usadas para tempo, custos e desempenho. No entanto, há algumas alternativas específicas para cada área. Supondo que uma análise PERT/CPM foi feita inicialmente para desenvolver o cronograma do projeto, então as seguintes opções estão disponíveis para a manipulação de cronograma:

- Priorizar todas as tarefas e ver o efeito no caminho crítico de eliminar os esforços de baixa prioridade
- Usar nivelamento de recursos
- Decompor a estrutura analítica do projeto em mais um nível e reavaliar as estimativas de tempo para cada tarefa

As compensações de desempenho podem ser obtidas como a seguir:

- Especificações excessivas ou justas que não sejam críticas para o projeto podem ser simplificadas. (Muitas vezes, as especificações padrão, como as especificações militares, são usadas sem levar-se em conta a sua necessidade.)
- Os requisitos para teste podem ser alterados para acomodar automação (como testes de vida acelerados) para minimizar os custos.
- Definir um requisito absoluto mínimo aceitável de desempenho, abaixo do qual você não vai avançar o projeto. Isso põe um limite na extremidade baixa do desempenho que não pode ser cruzado na escolha entre alternativas de compensação.
- Desistir apenas dos requisitos de desempenho que tiverem pouco ou nenhum suporte nas metas gerais do projeto (incluindo metas implícitas) e na realização delas. Isso pode exigir que o gerente de projetos enumere e priorize objetivos maiores e menores.
- Considerar a absorção de tarefas com o pessoal dedicado do escritório de projetos. Essa é uma compensação de recursos que pode ser eficaz quando as tarefas a serem executadas requerem conhecimento aprofundado do projeto. Um exemplo seria a utilização de pessoal dedicado à realização de levantamento

TABELA 16-3 Análise de compensação para aumento da capacidade de desempenho

Premissa	Descrição	Despesas de Capital, $	Tempo para Terminar, Meses	Lucro do Projeto, $	Classificação em Lucro, $
1	Sem alteração	0	6	100.000	5
2	Contratar pessoas com maiores salários	0	5	105.000	3
3	Renovar equipamentos	10.000	7	110.000	2
4	Adquirir novos equipamentos	85.000	9	94.000	6
5	Alterar especificações	0	6	125.000	1
6	Subcontratar	0	6	103.000	4

de informações sobre projetos de reabilitação. O aumento do desempenho dessas pessoas nas fases de design e testes devido à sua forte experiência pode economizar tempo e esforço consideráveis.

As áreas mais promissoras para a análise de custos incluem:

- Custeio incremental (usando análise de sensibilidade)
- Realocação de recursos
- A substituição de materiais, em que os materiais de menor custo são utilizados sem alterar as especificações de projeto

Dependendo da magnitude do problema, o momento da sua identificação, e o potencial impacto sobre os resultados do projeto, pode ser que não existam ações que vão trazer o projeto dentro do tempo, dentro do orçamento e em um nível aceitável de desempenho. As seguintes alternativas viáveis geralmente permanecem:

- Poderia ser tentada a renegociação dos critérios de desempenho do projeto com o patrocinador do projeto. Tal ação seria baseada em uma visão pragmática da aceitabilidade do resultado provável. A conveniência pessoal do gerente de projetos não é um fator. O respeito profissional e a responsabilidade legal para o gerente do projeto, a equipe de projeto ou a organização podem ser preocupações muito importantes.
- Se a renegociação não é considerada uma alternativa viável, ou se for rejeitada, a única opção restante é o *stop loss*[NT1], uma ordem de parada para a conclusão do projeto. Esse planejamento deve envolver tanto a gerência de linha quanto a de projetos, pois a organização-mãe está tentando se defender nesse momento. As opções incluem:
  - Concluir o projeto dentro do cronograma, com o nível mínimo de qualidade exigido pelo patrocinador do projeto. Isso resulta em sobrecustos (perdas financeiras), mas deve produzir um patrocinador do projeto razoavelmente satisfeito. (Os patrocinadores de projetos não ficam muito tranquilos quando sabem que uma equipe de projeto está operando em modo *stop-loss*!)
  - Controlar os custos e o desempenho, mas permitir que o cronograma atrase. O grau de insatisfação que essa alternativa gera no patrocinador do projeto será determinado pela situação específica. Os riscos incluem a perda de trabalho futuro ou danos consequentes.
  - A manutenção do desempenho do cronograma e dos custos, permitindo que a qualidade seja menor que a planejada. A abordagem de alto risco tem uma baixa probabilidade de alcançar o sucesso total e uma alta probabilidade de alcançar o fracasso total. Um trabalho de qualidade realizado no projeto será perdido se os resultados finais estiverem abaixo dos padrões mínimos.
  - Buscar alcançar os resultados desejados de custos, cronograma e desempenho à luz das circunstâncias impossíveis. Essa abordagem "espera" que o inevitável não aconteça e oferece a oportunidade de falhar simultaneamente em todas as áreas. A responsabilidade penal poderia se tornar um problema.
  - Cancelamento do projeto, em um esforço para limitar a exposição além da já encontrada. Essa abordagem pode encerrar a carreira de um gerente de projetos, mas melhoraria a carreira do advogado trabalhista!

O sexto e último passo na metodologia do gerenciamento das compensações do projeto é obter a aprovação da administração e replanejar o projeto. O gerente de projetos geralmente identifica as alternativas e prepara a sua recomendação. Ele, então, envia sua recomendação à alta gerência para aprovação. O envolvimento da alta administração é necessário porque o gerente de projetos pode tentar tomar ações corretivas no vácuo. Ela normalmente toma decisões com base no seguinte:

- As políticas da empresa sobre a qualidade, integridade e imagem
- A capacidade de desenvolver um relacionamento com o cliente em longo prazo
- Tipo de projeto (P&D, modernização, novo produto)
- Tamanho e complexidade do projeto
- Outros projetos em curso ou planejados
- Fluxo de caixa da empresa
- Resultado financeiro – ROI
- Riscos competitivos
- Riscos técnicos
- Impacto nas organizações afiliadas

Depois de escolher um novo curso de ação a partir da lista de alternativas, a gerência e, especialmente, a equipe do projeto deve se concentrar em atingir os objetivos revistos. Isso pode exigir um replanejamento detalhado do projeto, incluindo os novos cronogramas, gráficos PERT, estruturas analíticas de projeto e outros indicadores mais importantes. Toda a equipe administrativa (ou seja, a alta administração, gerentes funcionais e gerentes de projetos) deve estar comprometida com a realização do plano de projeto revisado.

[NT1] Em tradução literal, parada de perda.

TABELA 16-4 Sequência de recursos sacrificados baseado no tipo de contrato

	Preço Fixo Garantido (PFG)	Preço Fixo com Remuneração de Incentivo (PFRI) $	Contrato de Custos	Partilha de Custos	Custo Mais Remuneração de Incentivo (CMRI)	Custo Mais Remuneração Concedida (CMRC)	Custo Mais Remuneração Fixa (CMRF)
Tempo	2	1	2	2	1	2	2
Custos	1	3	3	3	3	1	1
Desempenho	3	2	1	1	2	3	3

1 = primeiro a ser sacrificado. 2 = segundo a ser sacrificado. 3 = terceiro a ser sacrificado.

16.2 OS CONTRATOS E SUAS INFLUÊNCIAS EM PROJETOS

Guia PMBOK®, 5. ed.
Capítulo 12 Gerenciamento das Aquisições do Projeto 12.3 Administrar as aquisições

A decisão final quanto à compensação de custos, tempo ou desempenho pode variar dependendo do tipo de contrato. A Tabela 16-4 identifica sete tipos comuns de contratos e a ordem em que as compensações serão feitas.

Contrato de preço fixo garantido (PFG)[NT2]. Tempo, custos e desempenho são especificados no contrato e são de responsabilidade do fornecedor. Como todas as restrições são igualmente importantes no que diz respeito a esse tipo de contrato, a sequência de recursos sacrificados é a mesma que para a organização orientada a projetos, mostrada anteriormente na Tabela 16-1.

Contrato de preço fixo com remuneração de incentivo (PFRI)[NT3]. O custo é medido para determinar a remuneração de incentivo e, portanto, é a última restrição a ser considerada para a compensação. Como o desempenho é geralmente mais importante que o cronograma para a conclusão do projeto, o tempo é considerado a primeira restrição para a compensação e o desempenho, o segundo.

Contrato de custo mais remuneração de incentivo (CMRI)[NT4]. Os custos são reembolsados e medidos para determinação da remuneração de incentivo. Assim, o custo é a última restrição a ser considerada para a compensação. Tal como acontece com o contrato de PFRI, o desempenho é geralmente mais importante que o cronograma para a conclusão do projeto e, por isso, a sequência é a mesma para o contrato de PFRI.

Contrato de custo mais remuneração concedida (CMRC)[NT5]. As despesas são reembolsadas ao fornecedor, mas a remuneração é baseada no desempenho do fornecedor. Assim, o custo seria a primeira restrição a ser considerada para a compensação e o desempenho seria a última restrição a ser considerada.

Contrato de custo mais remuneração fixa (CMRF)[NT6]. Os custos são reembolsados ao fornecedor. Assim, o custo seria a primeira restrição a ser considerada para a compensação. Embora não haja incentivos para a eficiência de tempo ou desempenho, pode haver sanções para o desempenho ruim. Assim, o tempo é a segunda restrição a considerar para a compensação e o desempenho é o terceiro.

16.3 PREFERÊNCIAS DE COMPENSAÇÕES NOS SETORES

A Tabela 16-5 identifica 21 setores que foram entrevistados sobre o seu processo preferencial para as compensações. Obviamente, existem variáveis que afetam cada decisão. Os dados da tabela refletem as respostas dos entrevistados em geral, negligenciando considerações externas, o que poderia ter alterado a ordem de preferência.

A Tabela 16-6 mostra o agrupamento relativo da Tabela 16-5 em quatro categorias: conduzido por projetos, não conduzido por projetos, sem fins lucrativos e bancos.

Em todos os projetos no setor bancário, regulamentados ou não, o custo é o primeiro recurso a ser sacrificado. A principal razão para essa compensação é que os bancos em geral não têm uma estimativa quantitativa de quais custos reais em que incorrem ao fornecer um determinado serviço. Um exemplo desse fenômeno é que certo número de bancos comerciais enfatizam fortemente o uso de **Análise de Custo Funcional**, uma publicação do Federal Reserve (Banco Central dos Estados Unidos) para fixar o preço de seus serviços. Essa publicação é uma síntese dos dados recebidos dos bancos membros, o usuário entre eles. Isso resulta em saída questionável por causa da imprecisão da entrada.

NT2 Preço Fixo Garantido. Tradução oficial da quinta edição do Guia PMBOK®. Em inglês, Firm Fixed Price (FFP).

NT3 Preço Fixo com Remuneração de Incentivo. Tradução oficial da quinta edição do Guia PMBOK®. Em inglês, Fixed Price Incentive Fee (FPIF).

NT4 Custo Mais Remuneração de Incentivo. Tradução oficial da quinta edição do Guia PMBOK®. Em inglês, Cost Plus Incentive Fee (CPIF).

NT5 Tradução oficial da quinta edição do Guia PMBOK®. Em inglês, Cost Plus Award Fee (CPAF).

NT6 Custo Mais Remuneração Fixa. Tradução oficial da quarta edição do Guia PMBOK®. Em inglês, *Cost Plus Fixed Fee* (CPFF).

TABELA 16-5 Preferências gerais de compensações por setores

Setor	Tempo	Custos	Desempenho
Construção	1	3	2
Químico	2	1	3
Eletrônico	2	3	1
Ind. Automotiva	2	1	3
Processamento de Dados	2	1	3
Governo	2	1	3
Saúde (público)	2	3	1
Medicina (privado)	1	3	2
Nuclear	2	1	3
Ind. de Plásticos	2	3	1
Ind. de Metais	1	2	3
Consultoria (gestão)	2	1	3
Consultoria (engenharia)	3	1	2
Produtos de escritório	2	1	3
Máquinas-ferramenta	2	1	3
Petróleo	2	1	3
Baterias não recarregáveis	1	3	2
Serviços públicos	1	3	2
Aeroespacial	2	1	3
Varejo	3	2	1
Serviços financeiros	2	1	3

Nota: Os números na tabela indicam a ordem (primeiro, segundo, terceiro) em que os três parâmetros são sacrificados.

Nos casos em que os regulamentos federais prescrevem restrições de tempo, o custo é o único recurso em consideração, uma vez que os padrões de desempenho são também definidos por órgãos reguladores.

Em projetos bancários não regulamentados, o próximo recurso a ser sacrificado depende do ambiente competitivo. Quando os outros concorrentes desenvolvem um novo serviço ou produto que um determinado banco ainda não oferece, o recurso de tempo será menos crítico do que os critérios de desempenho. Um caso específico é o desenvolvimento da máquina de caixa eletrônico (ATM – automatic teller machine). Após a introdução inicial do sistema por alguns bancos (líderes), o restante dos concorrentes (seguidores) escolheu fornecer um ATM mais avançado com pouca consideração em relação ao tempo necessário para a aquisição e instalação. Por outro lado, com a introdução de contas de ordem negociável de retirada (NOW – *Negotiable Order of Withdrawal*), em 1º de janeiro de 1981, a mudança na regulamentação federal americana permitiu que os bancos de poupança e crédito oferecessem contas correntes com a cobrança de juros. A luta que se seguiu para oferecer o serviço até essa data levou a diferentes níveis de desempenho, especialmente por parte das poupanças e empréstimos. Nesse caso, os concorrentes sacrificaram o desempenho, a fim de prestar um serviço oportuno.

Em alguns projetos bancários, o fator tempo é extremamente importante. Uma série de projetos depende de leis federais. A data em que uma lei específica entra em vigor estabelece o prazo para o projeto.

Geralmente, em uma organização sem fins lucrativos, o desempenho é o primeiro recurso que será comprometido. United Way, Free Clinics, March of Dimes, American Cancer Society e Goodwill Industries estão entre as muitas agências sem fins lucrativos, que atendem às necessidades da comunidade. Elas derivam os seus rendimentos a partir de doações e/ou subvenções federais e, esse mecanismo de financiamento, coloca uma grande restrição em suas operações. Os sobrecustos são proibidos pela própria natureza da organização. Pessoal inexperiente e restrições de tempo resultam em mau serviço ao cliente.

A organização não orientada a projetos é estruturada nos moldes da hierarquia vertical tradicional. Os gerentes funcionais em áreas como marketing, engenharia, contabilidade e vendas, estão envolvidos no planejamento, organização, recursos humanos e controle de suas áreas funcionais. Muitos dos projetos que se materializam, especificamente em uma preocupação de fabricação, são resultados de uma necessidade de melhorar um

TABELA 16-6 Casos especiais

	Tipo de Organização					
	Organizações Orientadas a Projetos				Bancos	
	Fases Iniciais do Ciclo de Vida	Fases Finais do Ciclo de Vida	Organizações Não Orientadas a Projetos	Organizações sem Fins Lucrativos	Líder	Seguidor
Tempo	2	1	1	2	3	2
Custos	1	3	3	3	1	1
Desempenho	3	2	2	1	2	3

produto ou um processo e podem ser iniciados por solicitação do cliente, clima competitivo ou operações internas. O primeiro recurso a ser sacrificado na organização não orientada a projetos é o tempo, seguido de desempenho e custo. Na maioria das preocupações com a fabricação, as restrições orçamentárias superam os critérios de desempenho.

Em uma organização não orientada a projetos, os novos projetos terão uma importância menor que as operações do dia a dia dos departamentos funcionais. Os recursos organizacionais são alocados a departamentos individuais e não ao próprio projeto. Quando os gerentes funcionais são necessários para manter certo nível de produtividade aos projetos suportados, a ênfase será sobre as operações, em detrimento do desenvolvimento do projeto. Quando necessário para a empresa reduzir custos, os projetos especiais serão eliminados de forma a manter as margens de lucro.

As compensações de recursos em uma organização orientada a projetos dependem da fase do ciclo de vida de um determinado projeto. Durante as fases de conceito, definição e produção e na fase operacional do projeto, as prioridades de compensação são: custos em primeiro lugar, tempo em segundo, finalmente, desempenho. Essas fases de planejamento inicial do projeto são projetadas para atender aos padrões de desempenho e tempo. Nesse ponto, as estimativas de custos são baseadas em dados fornecidos ao gerente de projetos pelos gerentes funcionais.

Durante a fase operacional, o fator custos aumenta em importância, ao contrário de tempo e desempenho, que começam a diminuir. Nessa fase, a organização tenta recuperar o seu investimento no projeto e, portanto, enfatiza o controle de custos. Os padrões de desempenho podem ter sido comprometidos e o projeto pode ser atrasado, mas a administraçao vai analisar os valores de custos para julgar o sucesso do projeto.

A organização orientada a projetos é a única em que as compensações de recursos podem variar em prioridade, dependendo do projeto específico. Os projetos de pesquisa e desenvolvimento podem ter um nível de desempenho fixo, enquanto os projetos de construção normalmente estão condicionados por uma data de conclusão.

16.4 CONCLUSÃO

É evidente, a partir da discussão acima, que um gerente de projetos tem opções para controlar um projeto durante a sua execução. Os gerentes de projetos devem estar dispostos a controlar compensações menores, bem como outras mais importantes. No entanto, a disponibilidade de opções específicas é uma função do ambiente específico do projeto.

Neste capítulo, discutimos as compensações unicamente na restrição tripla. Na realidade, o problema das compensações é muito mais complicado porque hoje temos restrições concorrentes, incluindo tópicos como qualidade, imagem, risco, reputação, boa vontade e responsabilidade legal.

Provavelmente a maior contribuição que um gerente de projetos faz a uma organização da equipe do projeto é a estabilidade em condições adversas. As relações interpessoais têm muito a ver com as alternativas disponíveis e a sua probabilidade de sucesso quando o desempenho da equipe for exigido. Por meio de uma combinação de habilidade de gestão e de sensibilidade, os gerentes de projetos podem fazer as compensações, incentivar os membros da equipe e tranquilizar o patrocinador do projeto a fim de produzir um projeto satisfatório.

Deve-se notar neste capítulo que estamos discutindo apenas as restrições triplas, de tempo, custo e escopo. No mundo atual de gerenciamento de projetos, há várias restrições entre as quais compensações podem ocorrer, além das restrições triplas.

16.5 DICAS DE ESTUDO PARA O EXAME DE CERTIFICAÇÃO EM GERENCIAMENTO DE PROJETOS PMI®

Esta seção aplica-se à revisão dos princípios de apoio às áreas de conhecimento e grupos de apoio no Guia PMBOK®. Esse capítulo aborda:

- Gerenciamento da Integração
- Gerenciamento do Escopo
- Gerenciamento das Aquisições
- Iniciação
- Planejamento
- Execução
- Controle

A compreensão dos princípios a seguir será benéfica se o leitor estiver utilizando este livro como estudo para o Exame de Certificação PMP®:

- O que se entende por uma compensação
- Quem são os principais agentes na realização de compensações
- Que premissas e circunstâncias podem mudar a determinação da ocorrência de compensações

As seguintes questões de múltipla escolha ajudarão na revisão dos conceitos deste capítulo:

1. As compensações são quase sempre necessárias porque:
   a. Os gerentes de projetos são incapazes de planejar corretamente
   b. Os gerentes de linha são incapazes de fornecer estimativas precisas
   c. Os executivos são incapazes de definir adequadamente os objetivos do projeto
   d. As circunstâncias podem mudar, determinando, assim, a ocorrência de compensações

2. A pessoa que pode ser, em última instância, responsável pela aprovação de compensações é o:
   a. Gerente de projetos
   b. Gerente de linha
   c. Patrocinador do projeto
   d. Cliente

3. As compensações mais comuns ocorrem em:
   a. Tempo, custos e qualidade
   b. Risco, custos e qualidade
   c. Risco, tempo e qualidade
   d. Escopo, qualidade e risco

4. Se a data de início de um projeto está atrasada, mas o orçamento e as especificações permanecem fixos, o que o gerente do projeto provavelmente compensaria primeiro?
   a. Escopo
   b. Tempo
   c. Qualidade
   d. Risco

RESPOSTAS

1. D 2. D 3. A 4. C

17

GERENCIAMENTO DE RISCOS[1]

Estudos de Caso Relacionados (de Kerzner/*Project Management Case Studies*, 4. ed.)	Livro de Exercícios Relacionado (de Kerzner/*Project Management Workbook and PMP®/CAPM® Exam Study Guide*, 11. ed.)	Guia PMBOK® – 5. ed., Seção de Referência para o Exame de Certificação PMP®
• Teloxy Engineering (A)* • Teloxy Engineering (B)* • The Space Shuttle • Challenger Disaster • Packer Telecom • Luxor Technologies • Altex Corporation • Acme Corporation • The Risk Management Departament	• Multiple Choice Exam • Crossword Puzzle on Risk Management	• Gerenciamento dos Riscos do Projeto

* *Estudo de caso também aparece ao final do capítulo.*

17.0 INTRODUÇÃO

Nos primórdios do gerenciamento de projetos em muitos programas comerciais, a maioria das decisões de projeto favorecia fortemente os custos e o cronograma. Isso ocorria porque sabíamos mais sobre custos e cronograma do que sabíamos sobre os riscos técnicos. A previsão de tecnologia era executada muito raramente além da extrapolação do conhecimento técnico passado para o presente.

Hoje, o estado da arte da previsão de tecnologia está sendo forçado aos limites em muitos projetos. Para projetos com uma duração de tempo inferior a um ano, normalmente consideramos que o ambiente é conhecido e estável, em especial o ambiente tecnológico. Para projetos acima de um ano de duração ou mais, a previsão de tecnologia deve ser considerada. A tecnologia dos computadores dobra de desempenho a cada dois anos. Dizem que a tecnologia da engenharia dobra de três em três anos ou mais. Dada a mudança tão rápida, além da inerente necessidade de equilibrar os custos, o desempenho técnico e o cronograma, como um gerente de projetos pode definir e planejar com precisão o escopo de três ou quatro anos de projeto, sem esperar algumas mudanças incertas resultantes da melhoria da tecnologia? Com a engenharia, a tecnologia e os ambientes de produção provavelmente incertos e em mudança, quais são os riscos?

[1] Este capítulo foi atualizado pelo Dr. Edmund H. Conrow, CMC, CPCM, CRM, PMP. Dr. Conrow possui vasta experiência no desenvolvimento e implementação de gerenciamento de riscos em uma grande variedade de projetos. É consultor técnico e de gestão e autor de *Effective risk management: some keys to success*, 2. ed. Reston, VA: American Institute of Aeronautics and Astronautics, 2003. Ele pode ser contatado pelo fone (310) 374-7975 e pelo site www.risk-services.com.

Uma fábrica do meio-oeste embarcou em um projeto de oito anos para construir a fábrica de produção do futuro. Como podemos projetar a fábrica do futuro, sem a previsão de tecnologia? Por exemplo, que tecnologia de computação existirá? Que tipos de materiais existirão e quais os tipos de componentes nossos clientes exigirão? De que taxa de produção precisaremos e haverá tecnologia para apoiar esse nível de produção?

Os economistas e as instituições financeiras preveem as taxas de juros. As previsões aparecem nos noticiários públicos e jornais. No entanto, toda empresa envolvida com alta tecnologia faz algum tipo de previsão de tecnologia, mas pode ser relutante em publicar os dados. A previsão de tecnologia é considerada como informação de propriedade da empresa e pode fazer parte do processo de planejamento estratégico da empresa.

Nós lemos no jornal sobre sobrecustos e desvios de cronograma em uma grande variedade de projetos de desenvolvimento de média a grande escala. Várias questões dentro do controle do comprador, vendedor, ou das principais partes interessadas podem levar ao crescimento de custos e ao desvio do cronograma em projetos de desenvolvimento. Essas causas incluem, mas não se limitam a[2]:

- Iniciação de um projeto com um orçamento e/ou cronograma que seja inadequado ao nível desejado de desempenho técnico (ou substitutos, como complexidade de integração)
- Iniciação de um projeto antes que um fluxo descendente adequado das informações de requisitos e uma verificação dos requisitos tenham ocorrido e/ou antes que os recursos tiverem sido designados
- Obtenção de um processo de desenvolvimento global (ou partes importantes desse processo), que favoreça uma ou mais variáveis em detrimento de outras (por exemplo, desempenho técnico em detrimento de custos e cronograma)
- Estabelecimento de um plano que esteja perto do limite viável de desempenho técnico possível em um determinado momento
- Tomada de decisões importantes de *design* do projeto antes que a relação entre custos, desempenho técnico, cronograma e riscos seja compreendida

Essas cinco causas contribuirão para a incerteza na previsão de tecnologia e no *design* associado necessários para atender os requisitos de desempenho técnico. E a incapacidade de prever com precisão a tecnologia e o *design* associado contribuirá para um risco técnico no projeto e também pode levar a riscos de custos e/ou de cronograma.

Hoje, a concorrência por realização técnica tornou-se feroz. As empresas passaram por fases do ciclo de vida de centralizar todas as atividades, especialmente as funções de gestão, mas estão descentralizando o conhecimento técnico. Em meados da década de 1980, muitas empresas reconheceram a necessidade de integrar os riscos técnicos com os riscos de custos e de cronograma e outras atividades (por exemplo, qualidade). Os processos de gerenciamento de riscos foram desenvolvidos e implementados onde a informação sobre os riscos foi disponibilizada aos principais tomadores de decisões.

O processo de gerenciamento de riscos, entretanto, deve ser projetado para fazer mais do que apenas identificar os riscos potenciais. O processo também deve identificar uma atividade formal de **planejamento**, uma **análise** para estimar a probabilidade e prever o impacto de riscos identificados sobre o projeto, uma estratégia de **resposta aos riscos** para aqueles selecionados, e a capacidade de **monitorar e controlar** o progresso de redução desses riscos selecionados ao nível desejado.

Um projeto, por definição, é um esforço temporário utilizado para criar algo que não fizemos anteriormente e que não vamos fazer novamente no futuro. Em virtude dessa singularidade, desenvolvemos uma atitude de "convivência" em relação aos riscos e a atribuímos como parte do trabalho. Se o gerenciamento de riscos é definido como um processo contínuo e disciplinado de planejamento, identificação, análise, desenvolvimento de respostas aos riscos, monitoramento e controle, então o sistema facilmente apoiará outros processos, como planejamento, orçamento, controle de custos, qualidade e programação. Surpresas que se tornam problemas serão diminuídas porque a ênfase será agora no gerenciamento proativo em detrimento de um gerenciamento reativo.

O gerenciamento de riscos pode ser justificado em quase todos os projetos. O nível de implementação pode variar de projeto para projeto, dependendo de fatores como tamanho, tipo de projeto, quem é o cliente, requisitos contratuais, a relação com o plano estratégico corporativo e a cultura corporativa. O gerenciamento de riscos é particularmente importante quando as apostas globais são altas e/ou quando há uma grande dose de incerteza. No passado, tratávamos o risco como "vamos conviver com isso". Hoje, o gerenciamento de riscos é uma parte fundamental do gerenciamento total do projeto. Ele obriga a nos concentrarmos no futuro, em que existe incerteza, e desenvolver planos adequados de ação para evitar que questões potenciais se tornem problemas e impactem negativamente o projeto.

[2] CONROW, Edmund H. Some Long-Term Issues and Impediments Affecting Military Systems Acquisition Reform. *Acquisitions Review Quarterly,* Defense Acquisition University, p. 199-212, v. 2, n. 2, verão 1995.

17.1 DEFINIÇÃO DE RISCO

O risco é uma medida da probabilidade e consequência de não se atingir uma meta definida do projeto. A maioria das pessoas concorda que o risco envolve a noção de incerteza. Essa variedade de aeronaves especificadas pode ser realizada? O computador pode ser produzido dentro dos custos orçados? A data de lançamento do novo produto será cumprida? Uma medida de probabilidade pode ser utilizada para questões desse tipo, por exemplo, a probabilidade de não cumprir a data de introdução do novo produto é de 0,15. No entanto, quando o risco é considerado, as consequências ou danos associados à ocorrência do evento também devem ser considerados.

A meta A, com uma probabilidade de ocorrência de apenas 0,05, pode apresentar uma situação muito mais séria (arriscada) do que a meta B, com uma probabilidade de ocorrência de 0,20, se as consequências de não atingir a meta A forem, nesse caso, acima de quatro vezes mais graves do que a incapacidade de atingir a meta B. O risco não é sempre fácil de avaliar porque a probabilidade de ocorrência e as consequências da ocorrência normalmente não são parâmetros diretamente mensuráveis e devem ser estimadas pelo julgamento, por estatística ou por outros procedimentos.

O risco possui dois componentes principais para um determinado evento:

- Uma probabilidade de ocorrência desse evento
- Impacto (ou consequência) da ocorrência do evento (o montante em jogo)

A Figura 17-1 mostra os componentes do risco.

Conceitualmente, o risco de cada evento pode ser definido como uma função da probabilidade e consequência (impacto), que é

$$\text{Risco} = f(\text{probabilidade, consequência})$$

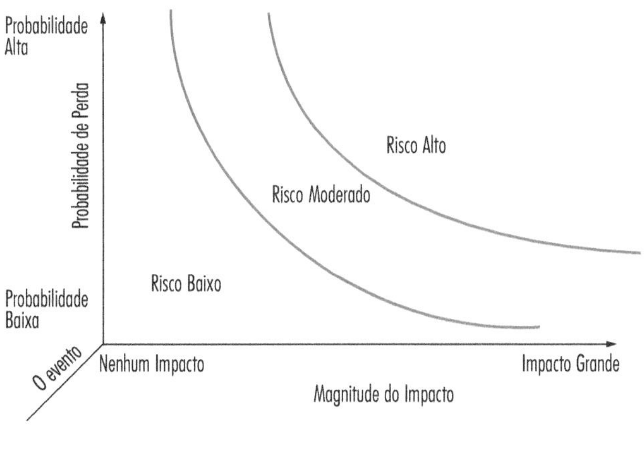

FIGURA 17-1 O risco geral é uma função de seus componentes.

De forma geral, conforme a probabilidade e o impacto aumentam, o risco também aumenta. Ambas, probabilidade e consequência, devem ser consideradas no gerenciamento de riscos.

O risco constitui uma ausência de conhecimento de eventos futuros. Normalmente, os eventos futuros (ou resultados) que são favoráveis são chamados de oportunidades, enquanto eventos desfavoráveis são chamados riscos. Note, entretanto, que os riscos e as oportunidades podem não estar correlacionados ou podem estar apenas parcialmente correlacionados em um determinado projeto, e os riscos e as oportunidades, bem como seu gerenciamento, não são simplesmente imagens de espelho um para o outro. Isso porque, por meio da teoria da perspectiva (desenvolvida pelo prêmio Nobel de Economia, Daniel Kahneman, e seu colega falecido, Amos Tversky), as pessoas tendem a valorizar de forma diferente o mesmo nível de ganhos e perdas (ver o Apêndice E do livro citado de Conrow na nota 1 para uma discussão sobre risco e oportunidade). Observe também que potenciais oportunidades podem ter riscos associados. Estas "consequências não intencionais" podem aparecer mais tarde como questões ou problemas da mesma forma que outros riscos que não foram devidamente tratados em tempo hábil. Como resultado, todos os candidatos a oportunidades devem ser cuidadosamente triados para riscos potenciais.

Algo, ou a ausência de algo, pode induzir a uma situação de perigo. Denotamos essa fonte de perigo como ameaça. Algumas ameaças podem ser superadas, em grande parte, por meio do conhecimento delas e da tomada de ações para superá-las. Por exemplo, um grande buraco em uma estrada é uma ameaça muito maior para o condutor que não está informado sobre ele do que para aquele que viaja na estrada com frequência e a conhece o suficiente para desacelerar e contornar o buraco. Isso leva à segunda representação de risco:

$$\text{Risco} = f(\text{ameaça, proteção})$$

O risco aumenta com a ameaça, mas diminui com a proteção. A implicação dessa equação é que o bom gerenciamento do projeto deve ser estruturado para identificar as ameaças e permitir proteções que serão desenvolvidas para superá-las. Se estiverem disponíveis proteções adequadas, então o risco pode ser reduzido a um nível aceitável.

Finalmente, há frequente confusão quanto à natureza dos riscos, questões e problemas dentro do contexto do gerenciamento de projetos. Todos os três itens estão parcialmente relacionados por meio da dimensão da consequência (C), mas diferentes tanto na dimensão de probabilidade

(*P*), quanto no período de tempo. Na Tabela 17-1 é fornecido um resumo de risco, questão, problema e oportunidade no que diz respeito à probabilidade, consequência e período de tempo.

TABELA 17-1 Definições concisas de risco, questão e problema

Item	Probabilidade	Consequência	Período de tempo
Risco	$0 < P < 1$	$C > 0$	Futuro
Questão	$P = 1$	$C > 0$	Futuro
Problema	$P = 1$	$C > 0$	Agora
Oportunidade	Obscura ($0 < P \leq 1$?)	Obscura ($C > 0$ ou $C < 0$?)	Obscuro (agora, futuro?)

Fonte: CONROW, Edmund h. Risk analysis for space systems. *Proceedings of the space systems engineering and risk management symposium* 2008, Los Angeles, 28 fev. 2008.© 2008, Edmund H. Conrow. Utilizado com permissão do autor.

Ambos, questões e problemas, têm uma probabilidade de ocorrência igual a 1 – eles ocorrerão, enquanto um risco pode não ocorrer ($P < 1$). No entanto, uma questão aparecerá no futuro, enquanto um problema ocorre no presente. A dimensão de probabilidade para uma oportunidade não é clara porque não há diferenciação equivalente, como na dimensão de probabilidade para risco, questão e problema. Além disso, não é possível definir a dimensão da consequência de uma maneira única, já que uma oportunidade pode representar, de acordo com as três definições simples, um resultado positivo, um resultado menos negativo e um resultado melhor do que o esperado. Finalmente, o período de tempo associado a uma oportunidade também não é claro, já que pode ser agora ou no futuro. Fica claro, a partir da discussão acima, que enquanto foram desenvolvidas definições precisas para risco, não podem ser determinadas definições precisas para oportunidade que tenham aplicabilidade universal. Assim, o risco e a oportunidade não são imagens espelhadas uma da outra, seja em termos de definições ou de ganhos e perdas.

17.2 TOLERÂNCIA AOS RISCOS

Não há uma resposta de livro única sobre como gerenciar o risco – uma medida não serve para todos os projetos ou circunstâncias. O gerente de projetos deve contar com o bom senso e com a utilização de ferramentas adequadas para lidar com os riscos. A decisão final sobre como lidar com os riscos é baseada, em parte, na tolerância do gerente de projetos a riscos, juntamente com requisitos contratuais, preferências das partes interessadas e, subsequentemente, na fé.

As três classificações comumente usadas de tolerância a riscos aparecem na Figura 17-2. Elas incluem o avesso ao risco ou conservador, o tomador de risco neutro e o tomador de risco ou propenso ao risco. O eixo *Y* na Figura 17-2 representa a utilidade, que pode ser definida como a quantidade de satisfação ou prazer que o indivíduo recebe de uma recompensa. O eixo *X*, nesse caso, é a quantidade de dinheiro em jogo (mas pode também vir a representar o desempenho técnico ou o cronograma). Curvas desse tipo podem representar a tolerância a riscos do gerente de projetos ou de outros importantes tomadores de decisões.

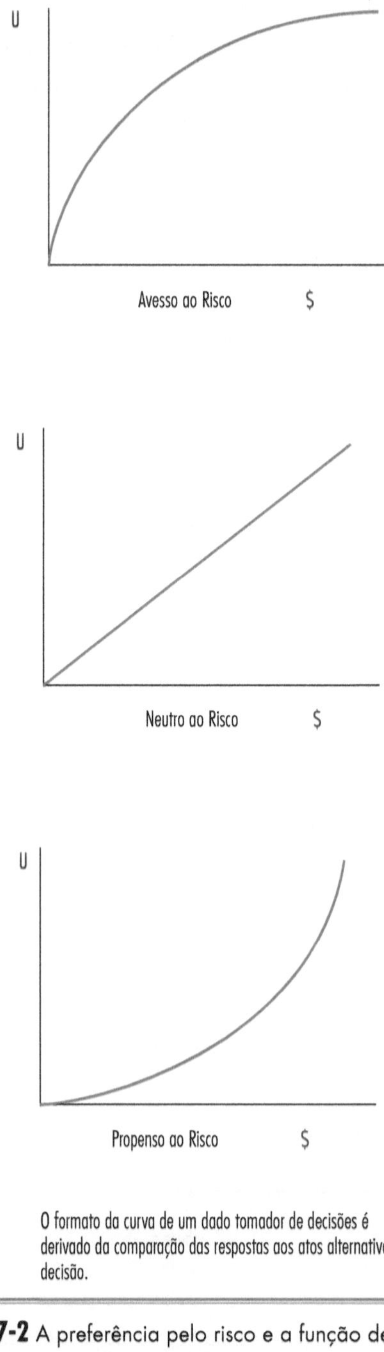

O formato da curva de um dado tomador de decisões é derivado da comparação das respostas aos atos alternativos de decisão.

FIGURA 17-2 A preferência pelo risco e a função de utilidade.

Com o avesso a riscos, a utilidade surge a uma taxa **decrescente**. Em outras palavras, quando mais dinheiro está em jogo, a satisfação do gerente de projetos diminui. Com uma posição neutra a riscos, a utilidade aumenta a uma taxa **constante**. (Nota: A posição neutra a riscos é um curso de ação específico, e não a média das posições do avesso a riscos e do tomador de riscos, como é erradamente alegado às vezes.) Com o tomador de riscos, a satisfação do gerente de projetos aumenta a uma taxa crescente quando mais dinheiro estiver em jogo. Um avesso a riscos prefere um resultado mais certo e vai exigir um prêmio para aceitar o risco. O tomador de riscos prefere os resultados mais incertos e pode estar disposto a pagar uma multa para correr um risco. Enquanto a tolerância a riscos do gerente de projetos ou de outros importantes tomadores de decisões pode variar com o tempo, diferentes representações dessa tolerância (por exemplo, o avesso a riscos e o tomador de riscos) não deveriam existir ao mesmo tempo em que decisões inconsistentes podem ser tomadas.

17.3 DEFINIÇÃO DE GERENCIAMENTO DE RISCOS

O gerenciamento de riscos é o ato ou prática de lidar com os riscos. Inclui o planejamento de riscos, a identificação dos riscos, a análise dos riscos, o desenvolvimento de estratégias de respostas aos riscos, bem como o monitoramento e controle dos riscos para determinar o quanto mudaram.

O gerenciamento de riscos não é uma atividade separada do escritório de projetos, designada a um departamento de gerenciamento de riscos, mas um aspecto do bom gerenciamento de projetos. O gerenciamento de riscos deve ser estreitamente associado aos principais processos do projeto, incluindo, mas não limitados a: gerenciamento global de projetos, engenharia de sistemas, gerenciamento de configuração, custos, *design*/engenharia, valor agregado, produção, qualidade, cronograma, escopo e teste. (O gerenciamento de projetos e a engenharia de sistemas são normalmente os dois principais processos de projeto de alto nível. Embora o gerenciamento de riscos possa ser ligado a qualquer um desses processos, ele é normalmente associado ao gerenciamento de projetos.)

O gerenciamento de riscos adequado é proativo, em vez de reativo; positivo, em vez de negativo, e visa aumentar a probabilidade de sucesso do projeto. Como exemplo, um item em uma rede (por exemplo, o roteador) exige que uma nova tecnologia seja desenvolvida. O cronograma indica seis meses para esse desenvolvimento, mas os engenheiros de projeto acham que nove meses é um prazo muito mais provável. Se o gerente de projetos é proativo, ele pode desenvolver um plano de resposta aos riscos **imediatamente**. Se o gerente de projetos é reativo (por exemplo, um "solucionador de problemas"), então ele pode não fazer nada até que o problema realmente ocorra. Nesse momento, o gerente de projetos deve reagir rapidamente à crise e pode ter perdido um tempo valioso durante o qual as contingências poderiam ter sido desenvolvidas e, ao menos, algumas soluções possíveis poderiam ter sido estabelecidas antecipadamente. (A amplitude resultante das soluções de *design* de custos, desempenho técnico, cronograma e riscos também terá, provavelmente, diminuído consideravelmente em comparação a quando o projeto foi iniciado.) Assim, o gerenciamento de riscos adequado tentará reduzir a probabilidade de uma ocorrência e/ou a magnitude do seu impacto, bem como aumentar a probabilidade de sucesso do projeto.

17.4 CERTEZA, RISCO E INCERTEZA

A tomada de decisões se divide em três categorias: certeza, risco e incerteza. [Tomada de decisões, incluindo, mas não limitada a matrizes de pagamentos, valor (monetário) esperado, e árvores de decisão que podem ser vagamente relacionados com a análise quantitativa dos riscos, discutida na Seção 17.10.] A tomada de decisões sob certeza é o caso mais fácil de trabalhar. Com a certeza, consideramos que todas as informações necessárias estão disponíveis para nos ajudar a tomar a decisão correta, e podemos prever o resultado com um alto nível de confiança.

Tomada de Decisões Sob Certeza

A tomada de decisões sob certeza implica que sabemos com 100% de exatidão quais serão as condições e quais serão os pagamentos esperados para cada condição. Matematicamente, isso pode ser mostrado com matrizes de pagamento.

Para construir uma matriz de pagamentos, devemos identificar (ou selecionar) as condições sobre as quais **não temos controle**. Então, selecionamos nossa própria ação a ser tomada para cada uma das condições. Nossas ações são chamadas de estratégias. Os elementos na tabela de pagamento são os resultados para cada estratégia.

Uma matriz de pagamentos com base na tomada de decisões sob certeza tem duas características de controle:

- Independentemente de qual condição existir, haverá uma estratégia que irá produzir maiores ganhos ou menores perdas do que qualquer outra estratégia para todas as condições.
- Não há probabilidades atribuídas para cada condição. (Isso também poderia ser declarado como: cada condição tem igual probabilidade de ocorrência.)

EXEMPLO 17-1. Considere uma empresa que pretende investir $ 50 milhões para desenvolver um novo produto. A empresa decide que as condições serão ou uma forte demanda de mercado, ou uma demanda de mercado constante, ou uma baixa demanda de mercado. As condições serão representadas como N1 = um mercado forte (para cima), N2 = um mercado constante, e N3 = uma baixa demanda de mercado. A empresa também estreitou suas escolhas a uma das três formas de desenvolver o produto: A, B ou C. Existe também uma estratégia S4, não desenvolver o produto em absoluto, caso em que não haveria nem lucro nem prejuízo. Vamos supor que a decisão seja tomada para desenvolver o produto. A matriz de pagamentos para esse exemplo é mostrada na Tabela 17-2. Olhando para as características de controle na Tabela 17-2, vemos que, independentemente de como o mercado reage, a estratégia S3 sempre renderá lucros maiores do que as outras duas estratégias. O gerente de projetos, portanto, selecionará sempre a estratégia S3 de desenvolvimento do novo produto. Essa é a melhor opção a fazer.

TABELA 17-2 Matriz de pagamentos (lucro em milhões)

Estratégia	Condições		
	N_1 = Alta	N_2 = Constante	N_3 = Baixa
S_1 = A	$ 50	$ 40	-$ 50
S_2 = B	$ 50	$ 50	$ 60
S_3 = C	$ 100	$ 80	$ 90

A Tabela 17-2 também pode ser representada em notação subscrita. Deixe $P_{i,j}$ serem os elementos da matriz, em que *P* representa o lucro. O *i* subscrito é a linha (estratégia), e *j* é a coluna (condição). Por exemplo, $P_{2,3}$ = o lucro de escolher a estratégia 2 com a ocorrência da condição N_3. Deve ser notado que não há restrição de que a matriz seja quadrada, mas, no mínimo, será um retângulo (ou seja, o número de condições não precisa igualar o número de estratégias possíveis).

Tomada de Decisões Sob Risco

Na maioria dos casos, geralmente não existe uma estratégia que prevaleça para todas as condições. Em uma situação real, os lucros mais elevados geralmente são acompanhados de riscos maiores e, portanto, de maiores perdas prováveis. Quando não existe uma estratégia dominante, deve ser atribuída uma probabilidade para a ocorrência de cada condição.

Os riscos podem ser vistos como resultados (ou seja, condições) que podem ser descritos dentro dos limites de confiança estabelecidos (ou seja, as distribuições de probabilidade). Essas distribuições de probabilidades deveriam teoricamente ser estimadas ou definidas a partir de dados experimentais.

Considere a Tabela 17-3, na qual os pagamentos para as estratégias 1 e 3 da Tabela 17-2 são trocadas para a condição N_3.

TABELA 17-3 Tabela de pagamentos (lucro em milhões)

Estratégia	Condições*		
	N_1	N_2	N_3
	0,25	0,25	0,50
S_1	50	40	90
S_2	50	50	60
S_3	100	80	-50

**Os números têm probabilidades de ocorrência atribuídas para cada condição.*

Pela Tabela 17-3, fica óbvio que não existe uma estratégia dominante. Quando isso ocorre, as probabilidades devem ser atribuídas à possibilidade de ocorrência de cada condição. A melhor escolha de estratégia é, portanto, a estratégia com o maior **valor esperado**, onde este é o somatório dos períodos de pagamento e a probabilidade de ocorrência do pagamento para cada condição. Em formulação matemática,

$$E_i = \sum_{j=1}^{N} P_{i,j}\, p_j$$

onde E_i é o pagamento esperado para estratégia *i*, $P_{i,j}$ é o elemento de pagamento e p_j é a probabilidade de ocorrência de cada condição. O valor esperado para a estratégia S_l é, portanto,

$$E_l = (50)\ (0{,}25) + (40)\ (0{,}25) + (90)\ (0{,}50) = 67{,}50$$

Repetindo o procedimento para as estratégias 2 e 3, vemos que $E_2 = 55$, e $E_3 = 20$. Portanto, com base no valor esperado, o gerente de projetos deveria sempre escolher a estratégia S_1. Se duas estratégias de valor igual ocorrerem, a decisão deve incluir outras considerações possíveis (por exemplo, a frequência de ocorrência, a disponibilidade de recursos, o tempo de impacto). (Nota: Os cálculos do valor esperado exigem que exista uma relação de utilidade de risco neutro. Se o tomador de decisões não for neutro ao risco, tais cálculos podem ou não ser úteis e os resultados devem ser avaliados para ver como são afetados por diferenças na tolerância ao risco.)

Para quantificar os possíveis pagamentos, devemos identificar a estratégia que estamos dispostos a assumir, o resultado esperado (elemento da tabela de pagamentos) e a probabilidade de que o resultado irá ocorrer. No exemplo anterior, devemos aceitar o risco associado à estratégia S_1, já que ela nos dá o maior valor esperado (todo o resto mantido constante). Se o valor esperado for positivo, então, essa estratégia deve ser considerada. Se o valor esperado for negativo, então essa estratégia deve ser gerenciada de forma proativa. Um fator importante na tomada de decisões sob risco é a atribuição das probabilidades para cada uma das condições. Se as probabilidades são erroneamente atribuídas, diferentes valores esperados resultarão, dando-nos uma percepção diferente sobre a melhor estratégia a tomar. Considere na Tabela 17-3 que as probabilidades atribuídas às três condições são 0,6, 0,2 e 0,2. Os respectivos valores esperados são:

$$E_1 = 56$$
$$E_2 = 52$$
$$E_3 = 66$$

Nesse caso, o gerente de projetos sempre escolheria a estratégia S_3 (todo o resto mantido constante).

Tomada de Decisões sob Incerteza

A diferença entre risco e incerteza é que sob risco existem probabilidades específicas atribuídas e sob incerteza, não são possíveis atribuições significativas de probabilidades específicas. Assim como acontece com a tomada de decisão sob risco, a incerteza também implica que pode não existir uma única estratégia dominante. O tomador de decisões, no entanto, tem à sua disposição quatro critérios básicos a partir dos quais tomar uma decisão gerencial. A utilização de cada critério dependerá do tipo de projeto, bem como da tolerância do gerente de projetos ao risco.

O primeiro é o critério de Hurwicz, muitas vezes chamado de critério maximax. (Esse critério foi desenvolvido pelo prêmio Nobel de Economia Leonid Hurwicz.) Sob o critério de Hurwicz, o tomador de decisões é sempre otimista e tenta maximizar seu lucro por meio de uma estratégia de arriscar tudo. Esse resultado pode ser visto a partir do exemplo na Tabela 17-3. O critério maximax diz que o tomador de decisões sempre escolherá a estratégia S3 porque o lucro máximo é 100. No entanto, se a condição fosse N3, então a estratégia S3 resultaria em uma perda máxima em vez de um ganho máximo. O uso do critério maximax ou Hurwicz, deve, então, se basear no quanto um risco pode ser assumido e no quanto se pode dar-se o luxo de perder. Uma grande empresa com ativos sólidos pode utilizar o critério de Hurwicz, enquanto a pequena empresa privada pode estar mais interessada em minimizar as possíveis perdas.

Uma pequena empresa pode ser mais propensa a usar o Wald, ou critério maximin, em que o tomador de decisões está preocupado com o quanto ele pode se dar ao luxo de perder. Nesse critério, posição pessimista em vez de otimista é tomada com o ponto de vista de minimizar as perdas máximas.

Na determinação do critério de Hurwicz, nós olhamos somente para os pagamentos máximos de cada estratégia na Tabela 17-3. Pelo critério de Wald, nós consideramos apenas pagar os pagamentos mínimos. Estes são de 10, 50 e –50 para as estratégias S_1, S_2 e S_3, respectivamente. Como o gerente de projetos deseja minimizar sua perda máxima, ele sempre selecionará a estratégia S_2. Se todos os três pagamentos mínimos fossem negativos, o gerente de projetos selecionaria a menor perda, se essas fossem as opções disponíveis. Dependendo da posição financeira da empresa, existem situações em que o projeto não seria empreendido se todos os pagamentos mínimos fossem negativos.

O terceiro critério é o Savage, ou critério minimax. Sob esse critério, consideramos que o gerente de projetos é um mau perdedor. Para minimizar o arrependimento do mau perdedor, o gerente de projetos tenta minimizar o arrependimento máximo; ou seja o critério minimax.

O primeiro passo para o critério de Savage é a criação de uma tabela de arrependimentos, por meio da subtração de todos os elementos em cada coluna a partir do elemento maior. Com a aplicação dessa abordagem na Tabela 17-3, nós obtemos a Tabela 17-4.

TABELA 17-4 Tabela de arrependimentos

	Condições			
Estratégia	N_1	N_2	N_3	Arrependimentos Máximos
S_1	50	40	0	50
S_2	50	30	30	50
S_3	0	0	140	140

Os arrependimentos são obtidos para cada coluna, subtraindo-se cada elemento em uma dada coluna do elemento da coluna maior. O arrependimento máximo é o maior arrependimento para cada estratégia, isto é, em cada linha. Em outras palavras, se o gerente de projetos seleciona a estratégia S_1 ou S_2, ele apenas sentirá arrependimento para uma perda de 50. No entanto, dependendo da condição, a seleção da estratégia S_3 pode resultar em um arrependimento de 140. O critério de Savage selecionaria tanto a estratégia S_1 quanto a estratégia S_2 nesse exemplo.

O quarto critério é o critério de Laplace. O critério de Laplace é uma tentativa de transformar a tomada de decisões sob incerteza em tomada de decisões sob risco. Lembre-se que a diferença entre o risco e a incerteza é o conhecimento da probabilidade de ocorrência de cada condição. O critério de Laplace faz uma suposição *a priori* baseada em estatísticas Bayesianas: se as probabilidades de cada condição não são conhecidas, podemos considerar que cada condição possui igual probabilidade de ocorrência. O procedimento, então, segue a tomada de decisões sob risco, em que a estratégia com o valor máximo esperado é selecionada. Usando o critério de Laplace aplicado à Tabela 17-3 e, portanto, considerando que $P_1 = P_2 = P_3 = 1/3$, obtemos a Tabela 17-5. O critério de Laplace, nesse exemplo, selecionaria a estratégia S_1.

TABELA 17-5 Critério de Laplace

Estratégia	Valor Esperado
S_1	60
S_2	53,3
S_3	43,3

A conclusão importante a se tirar da tomada de decisões sob incerteza é o risco que o gerente de projetos deseja correr. Para os quatro critérios anteriormente mencionados, mostramos que qualquer estratégia pode ser escolhida, dependendo de quanto dinheiro podemos nos dar ao luxo de perder e de quais riscos estamos dispostos a assumir.

O conceito de valor esperado também pode ser combinado com "probabilidade" ou árvores de "decisão" para identificar e quantificar os riscos potenciais. Outro termo comum é o diagrama de análise e impacto. Árvores de decisão são usadas quando uma decisão não pode ser vista como uma ocorrência única e isolada, mas como uma sequência de várias decisões inter-relacionadas. Nesse caso, o tomador de decisões toma toda uma série de decisões simultaneamente. (Novamente, é considerada uma relação de utilidade neutra de risco.)

Considere o seguinte problema. Um produto pode ser fabricado utilizando a máquina A ou a máquina B. A máquina A possui uma chance de 40% de ser utilizada e a máquina B, 60% de chance. Ambas as máquinas usam tanto o processo C quanto o D. Quando a máquina A é selecionada, o processo C é selecionado em 80% do tempo e o processo D, em 20%. Quando a máquina B é selecionada, o processo C é selecionado em 30% do tempo e o processo D, em 70% do tempo. Qual é a probabilidade de o produto ser produzido por várias combinações?

A Figura 17-3 mostra a árvore de decisão para esse problema. A probabilidade ao final de cada ramo (mais à direita) é obtida multiplicando-se as probabilidades do ramo juntas.

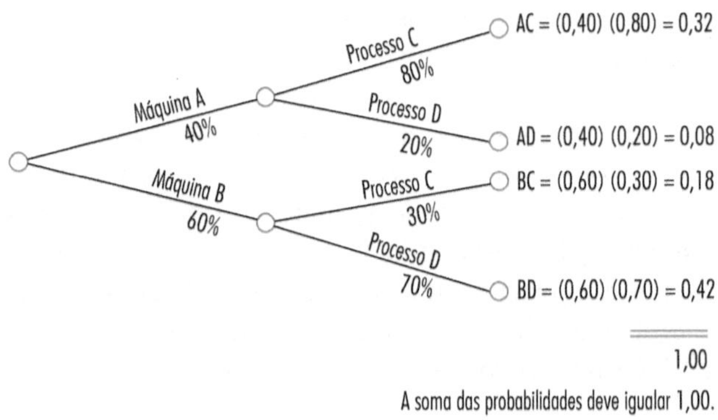

FIGURA 17-3 Árvore de decisão.

Para problemas mais sofisticados, o processo de construção de uma árvore de decisão pode ser complicado. Árvores de decisão contêm pontos de decisão, normalmente representados por caixas ou quadrados, em que o tomador de decisões deve selecionar uma das várias alternativas disponíveis. Os pontos de chance, designados por um círculo, indicam que um acontecimento possível é esperado nesse momento. [Um pressuposto fundamental necessário para as árvores de decisões é uma posição neutra ao risco (discutido na Seção 17.2). Note que o valor esperado calculado em árvores de decisão não é o resultado médio, é o resultado de neutro risco.]

Os três passos seguintes são necessários para construir um diagrama de árvore:

- Construir uma árvore lógica, geralmente da esquerda para a direita, incluindo todos os pontos de decisão e pontos de possibilidade
- Colocar as probabilidades das condições nos ramos, formando, assim, uma árvore de probabilidade.
- Por último, acrescentar os pagamentos condicionais, completando, então, a árvore de decisão

Considere o seguinte problema. Você tem a chance de fazer ou comprar determinados itens para revenda. Se você mesmo fizer os itens, deverá adquirir uma nova máquina a \$ 35.000. Se a demanda for boa, o que é esperado para 70% do tempo, ocorrerá um lucro de \$ 80.000 sobre a venda dos itens. Com condições ruins de mercado, haverá \$ 30.000 de lucro, não incluindo o custo da máquina. Se subcontratar o trabalho, nossos custos de administração do contrato serão de \$ 5.000. Se o mercado estiver bom, o lucro será de \$ 50.000, para um mercado ruim, o lucro será de $ 15.000. A Figura 17-4 mostra o diagrama de árvore para esse problema. Nesse caso, o valor esperado da estratégia que subcontrata o trabalho é maior em $ 4.500 do que o valor esperado para a estratégia que fabrica os elementos. Por isso, devemos selecionar a estratégia que subcontrata os itens.

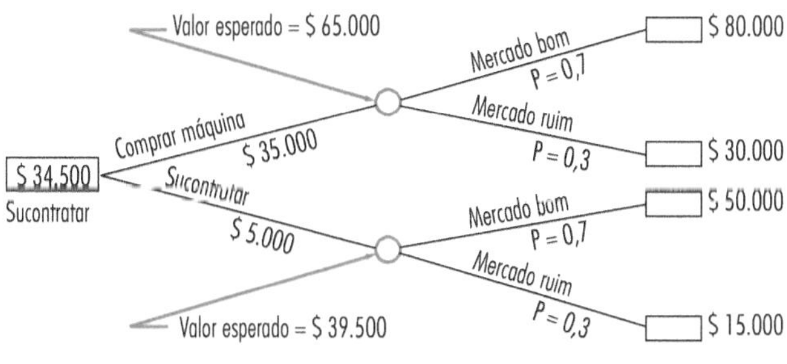

FIGURA 17-4 Diagrama de árvore expandido.

17.5 PROCESSOS DE GERENCIAMENTO DOS RISCOS

É importante que uma estratégia de gerenciamento dos riscos seja estabelecida no início de um projeto e que os riscos sejam constantemente tratados ao longo do ciclo de vida do projeto. O gerenciamento dos riscos inclui diversas ações relacionadas, incluindo: planejamento, identificação, análise e resposta (tratamento) e monitoramento e controle dos riscos. (Os números referem-se a seções da quarta edição do *Guia PMBOK®*.)

- Planejar o Gerenciamento dos Riscos (11.1): processo de desenvolvimento e documentação de uma estratégia organizada, abrangente e interativa e de métodos para a identificação e análise dos riscos, desenvolvimento de planos de resposta aos riscos, monitoramento e controle do quanto os riscos mudaram.
- **Identificar os Riscos (11.2)**: processo de examinar as áreas do programa e cada processo técnico crítico para identificar e documentar os riscos associados.
- **Realizar a Análise dos Riscos (11.3, 11.4)**: processo de análise de cada risco identificado para estimar a probabilidade e prever o impacto sobre o projeto. Inclui tanto a análise qualitativa dos riscos (11.3), quanto a análise quantitativa dos riscos (11,4).
- **Planejar as Respostas aos Riscos (11.5)**: processo que identifica, avalia, seleciona e implementa uma ou mais estratégias a fim de estabelecer níveis aceitáveis de risco, dadas as restrições e objetivos do programa. Isso inclui os detalhes sobre o que deve ser feito, quando deve ser realizado, quem é o responsável, bem como custos e cronograma associados. Uma estratégia de resposta aos riscos ou oportunidades é composta de uma abordagem de opção e implementação. As opções de respostas para os riscos incluem a aceitação, a eliminação, a mitigação (também conhecida como controle) e a transferência. Opções de respostas para oportunidades incluem a aceitação, a melhoria, exploração e o compartilhamento. A opção de resposta mais desejável é selecionada e uma abordagem específica de implementação é, então, desenvolvida para essa opção.
- **Monitorar e Controlar os Riscos (11,6)**: processo que sistematicamente rastreia e avalia o desempenho das ações de resposta aos riscos em relação a métricas estabelecidas durante todo o processo de aquisição e fornece insumos para a atualização das estratégias de resposta aos riscos, conforme o caso.

17.6 PLANEJAR O GERENCIAMENTO DOS RISCOS (11.1)

Planejar o gerenciamento dos riscos (planejamento de riscos) é realizar a formulação detalhada de um programa de ação para o gerenciamento de riscos. É o processo para:

- Desenvolver e documentar uma estratégia organizada, abrangente e interativa de gerenciamento dos riscos
- Determinar os métodos que serão utilizados para executar a estratégia de gerenciamento dos riscos de um programa
- Planejar os recursos adequados

O planejamento dos riscos é iterativo e inclui todo o processo de gerenciamento dos riscos, com atividades para identificar, analisar, responder e monitorar e controlar os riscos. Saídas importantes do processo de planejamento dos riscos é o plano de gerenciamento dos riscos e o treinamento de gerenciamento de riscos. (*Nota*: O plano de gerenciamento dos riscos é uma saída do planejamento dos riscos e **não** o planejamento dos riscos em si.)

O planejamento dos riscos desenvolve uma estratégia de gerenciamento dos riscos, que inclui ambas as abordagens, de processo e de implementação para o projeto. Cada uma dessas duas considerações é de fundamental importância para alcançar um gerenciamento de riscos eficaz. No entanto, é geralmente muito mais fácil melhorar um processo deficiente do que remediar um ambiente de projeto problemático que está sem apoio ou que é hostil para o gerenciamento dos riscos. Os primeiros esforços devem estabelecer propósito e objetivo, designar responsabilidades em áreas específicas, identificar o conhecimento técnico adicional necessário, descrever o processo de avaliação e as áreas a considerar, definir uma abordagem de classificação dos riscos, delinear os procedimentos para a consideração de estratégias de resposta, estabelecer métricas de monitoramento e controle (onde for possível) e definir as necessidades de relatório, documentação e comunicação.

O plano de gerenciamento dos riscos é o roteiro relacionado a riscos que diz à equipe do projeto como chegar, de onde o programa está hoje, aonde o gerente do programa quer que ele esteja no futuro. A chave para elaborar um bom plano de gerenciamento dos riscos é fornecer as informações necessárias para que a equipe do programa conheça objetivos; metas; ferramentas e técnicas; relatório, documentação e comunicação; papéis e responsabilidades organizacionais, bem como clima comportamental para a realização eficaz do gerenciamento dos riscos. O plano de gerenciamento dos riscos deve incluir definições adequadas, regras básicas e premissas associadas à execução do gerenciamento dos riscos no projeto, com as categorias dos riscos candidatos, com metodologias adequadas de identificação e análise dos riscos, com uma implementação organizacional adequada do gerenciamento de riscos e com a documentação adequada por exemplo, modelos ou *links* para uma ferramenta/banco de dados *online*) das atividades de gerenciamento dos riscos. O plano de gerenciamento dos riscos nunca deve incluir resultados (por exemplo, pontuações da análise dos riscos) porque esses resultados podem mudar frequentemente, necessitando de atualizações ao plano. Em vez disso, os resultados relacionados aos riscos devem ser incluídos em documentos de risco distintos (por exemplo, o registro dos riscos e suas atualizações) para evitar atualizações desnecessárias ao plano de gerenciamento dos riscos.

Como o plano de gerenciamento dos riscos é um roteiro, ele pode ser específico em algumas áreas, tais como a designação de responsabilidades para o pessoal do projeto e definições, e generalista em outras áreas para permitir que os usuários escolham o caminho mais eficaz para prosseguir. Por exemplo, uma descrição de técnicas que sugerem diversos métodos para realizar uma análise dos riscos é adequada, já que cada técnica possui vantagens e desvantagens, dependendo da situação.

Outro aspecto importante do planejamento dos riscos é o fornecimento de treinamento em gerenciamento de riscos para o pessoal do projeto. A grande maioria dos instrutores e professores atuais de gerenciamento de riscos ou nunca teve a responsabilidade de longo prazo de fazer o gerenciamento de riscos funcionar em um projeto real, ou foca nos passos genéricos do processo e ignora as considerações de implementação, ou foca em um subconjunto menor do gerenciamento de riscos (por exemplo, simulações de Monte Carlo), ou possui uma base de conhecimentos que está muito abaixo do estado da arte. É importante que o treinamento em gerenciamento de riscos seja realizado por indivíduos com substancial experiência real em fazer o gerenciamento de riscos funcionar em projetos reais, seja dentro ou fora do projeto; caso contrário o treinamento pode ser nada mais do que um exercício acadêmico com pouco ou nenhum valor. Finalmente, o treinamento em gerenciamento de riscos deve ser adaptado a vários grupos dentro do projeto, conforme necessário, e deve haver uma ênfase diferente aos tomadores de decisões *versus* o pessoal de nível operacional e ao pessoal técnico *versus* o pessoal não técnico.

17.7 IDENTIFICAÇÃO DOS RISCOS (11.2)

O segundo passo no gerenciamento dos riscos é identificar os riscos (identificação de riscos). Isso pode resultar de uma pesquisa no projeto, entre clientes e usuários, por potenciais preocupações.

Sempre existe algum grau de risco no projeto, tal como na parte técnica, em testes, logística, produção, engenharia e outras áreas. Os riscos do projeto incluem o negócio, relação contratual, custos, financiamento, gestão, política e riscos de cronograma. (Os riscos de custos e cronograma são muitas vezes tão importantes para um projeto que podem ser tratados como categorias separadas de risco.) Os riscos técnicos, como os relacionados à engenharia e tecnologia, podem envolver o risco de cumprir um requisito de desempenho técnico, mas também riscos na viabilidade de um conceito de design ou os riscos associados à utilização de equipamentos ou software de última geração. Os riscos de produção incluem preocupação com embalagem, fabricação, tempo de espera e disponibilidade de material. Os riscos de apoio incluem preocupações com manutenção, operacionalidade e treinamento. Os riscos de ameaça incluem uma variedade de subcategorias, tais como segurança, sobrevivência e vulnerabilidade – todos itens de maior importância nos últimos anos.[3] O entendimento de riscos nessas e em outras áreas evolui com o tempo. Consequentemente, a identificação dos riscos deve continuar em todas as fases do projeto.

Os riscos do projeto devem ser analisados e dissecados até um nível de detalhe que permita a um avaliador compreender o significado dos riscos e suas causas e, quando possível, potencialmente examinar a(s) causa(s) raiz.

3 Em um sentido mais amplo, risco técnico pode incluir engenharia (geralmente chamada de *design*), além de tecnologia, produção, apoio e riscos de ameaça. Em alguns casos, todos os riscos externos aos do projeto são chamados de riscos técnicos.

Existem inúmeros métodos para classificação, identificação e documentação de riscos potenciais.

Uma prática comum é classificar o risco do projeto de acordo com sua fonte, a qual é geralmente objetiva ou subjetiva.

- Fontes objetivas: experiência registrada de projetos anteriores e do projeto atual, conforme ele avança
  - Arquivos de lições aprendidas
  - Avaliações da documentação do programa
  - Dados atuais de desempenho
- Fontes subjetivas: experiências baseadas em conhecimentos de especialistas
  - Entrevistas e outros dados de especialistas no assunto

Outra prática comum usada em um contexto simples de negócio para categorização de riscos inclui:

- Risco de negócio
- Risco segurável

Os riscos de negócios nos fornecem oportunidades de lucros e prejuízos. Exemplos de riscos de negócio seriam as atividades dos concorrentes, mau tempo, inflação, recessão, resposta do cliente e disponibilidade de recursos. Os riscos seguráveis nos fornecem apenas uma chance para uma perda. Os riscos seguráveis incluem elementos como:

- **Danos diretos à propriedade:** incluem seguros de ativos, tais como o seguro de incêndio, seguro de colisão e seguro de projeto para materiais, equipamentos e imóveis.
- **Perda de consequência indireta:** inclui proteção para os fornecedores por perdas indiretas em virtude das ações de terceiros, como a substituição de equipamentos e remoção de detritos.
- **Responsabilidade legal:** trata-se da proteção pela responsabilidade legal resultante de um design ruim de produto, de erros de design, da suscetibilidade do produto e falha no desempenho do projeto. Isso não inclui a proteção contra perda de reputação.
- **Pessoal:** proteção resultante de lesão corporal do trabalhador (indenização do trabalhador), perda de funcionários fundamentais, custo de substituição dos principais funcionários e vários outros tipos de perdas do negócio, em virtude das ações dos trabalhadores.

Em projetos de construção, o proprietário/cliente geralmente fornece um seguro global ou "pacote", que agrupa o proprietário, o empreiteiro e os subempreiteiros em um pacote de seguridade. O empreiteiro pode receber a responsabilidade de fornecer o pacote, que ainda é pago ao ou pelo proprietário/cliente.

O *Project Management Institute* (PMI) categorizou os riscos como a seguir:

- **Externos-imprevisíveis:** regulamentações de governo, ameaças naturais, força maior[NT1]
- **Externos-previsíveis:** custo do dinheiro, taxas de empréstimo, disponibilidade de matéria-prima

Os riscos externos estão fora do controle do gerente do projeto, mas podem afetar a direção do projeto.

- **Internos (não técnicos):** paralisações de trabalho, problemas de fluxo de caixa, questões de segurança, planos de saúde e benefícios

Os riscos internos podem estar dentro do controle do gerente do projeto e apresentam incertezas que podem afetar o projeto.

- **Técnicos:** mudanças na tecnologia, mudanças no estado da arte, questões de *design*

Os riscos técnicos são relacionados com a utilização da tecnologia e com o impacto que ela tem na direção do projeto. (*Nota:* Como mencionado anteriormente, o risco técnico também pode incluir produção, apoio, ameaça e todos os outros riscos externos ao projeto).

- **Legais:** licenças, direitos de patentes, processos, desempenho do subcontratado, falhas contratuais

Os riscos também podem ser categorizados de acordo com as fases do ciclo de vida, como mostrado na Figura 17-5. Nas fases iniciais do ciclo de vida, o risco total do projeto é alto, em parte, em virtude da falta de informações, o que pode impedir a identificação abrangente e precisa de riscos, e porque os planos de resposta aos riscos ainda precisam ser desenvolvidos e implementados. Nas fases finais do ciclo de vida, o risco financeiro é geralmente substancial, tanto por causa dos investimentos realizados (tais como custos), quanto por causa de opções excluídas (custo de oportunidade).

[NT1] Em tradução à expressão *acts of God*. A tradução dessa expressão encontra várias possibilidades, dentre elas, *Caso Fortuito* e *Força Maior*. Como não identificamos um consenso quanto à definição das expressões, tendo, em alguns casos, encontrado o emprego de ambas como sinônimas, utilizaremos a expressão *Força Maior*, mais conhecida e empregada pela comunidade de gerenciamento de projetos.

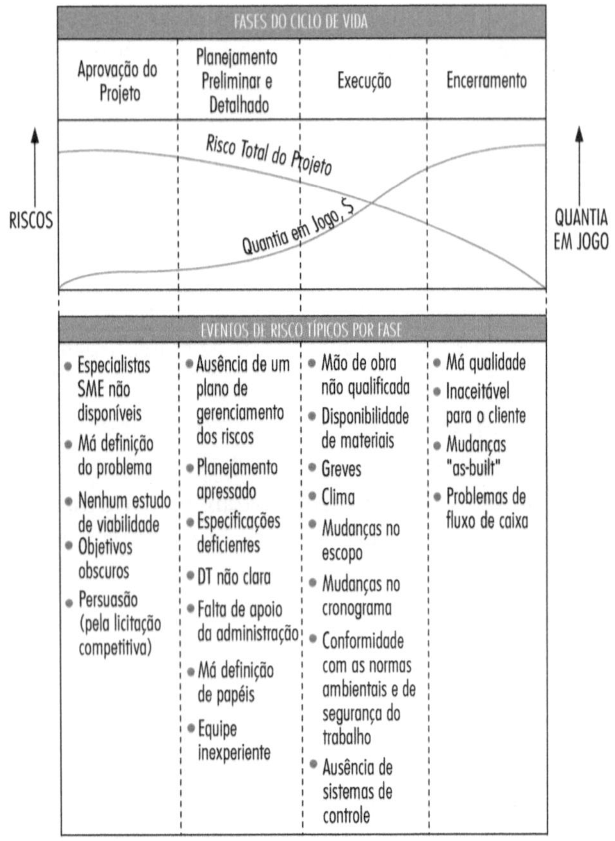

FIGURA 17-5 Análise de riscos no ciclo de vida.

Uma abordagem estruturada para a identificação de riscos inclui uma ou mais abordagens de alto nível, juntamente com uma ou mais abordagens de baixo nível. Algumas abordagens de alto nível comuns são descritas a seguir, seguidas por abordagens de baixo nível.

Abordagens comuns de alto nível incluem a estrutura analítica do projeto (EAP), processos chave, e requisitos chave. Para ajudar na identificação dos riscos, elementos, processos e requisitos do programa devem ser quebrados a um nível em que avaliações válidas possam ser realizadas. (As informações necessárias para fazer isso variam de acordo com a fase do programa. Durante as fases iniciais, os documentos de requisitos e de escopo e os planos de aquisições podem ser os únicos dados específicos do programa disponíveis.) Uma abordagem é baseada na EAP do projeto e é usada para avaliar elementos/produtos. Uma segunda abordagem é a abordagem de processos, que é utilizada para avaliar os processos fundamentais (por exemplo, *design*, produção e testes). Uma terceira abordagem utiliza o fluxo descendente das informações de requisitos em uma tentativa de isolar especificações que provavelmente serão difíceis de cumprir.

A abordagem da EAP utiliza a EAP em um nível adequado de endentação através do projeto. Normalmente, os riscos do projeto tenderão a existir em dois ou três agrupamentos dos níveis da EAP. O primeiro é o nível 1 ou 2 da EAP, abrangendo riscos de nível de sistema (ou riscos de alto nível). (Por exemplo, o risco associado com a disponibilidade do sistema, em virtude da utilização de uma tecnologia fundamental não testada). Muitos riscos de alto nível simplesmente não existirão nos níveis inferiores da EAP e podem ser difíceis de definir. Para ser eficaz na identificação de tais riscos, é necessário utilizar a proverbial "visão ampliada" do projeto. O segundo agrupamento de riscos potenciais em um projeto com escala de médio a grande normalmente existirá nos níveis de 3 a 6 da EAP. Aqui, por exemplo, os subsistemas individuais, caixas, códigos de software (por exemplo, item de configuração de software de computador), ou montagens poderão incluir riscos potenciais. Nesse nível mais baixo da EAP (frente aos riscos de alto nível), mais pessoas do projeto devem possuir conhecimentos específicos sobre os riscos potenciais. Embora isso possa ser muito útil, é importante não excluir os riscos potenciais por meio de uma análise míope que esteja intencionalmente ou inadequadamente excluindo determinados riscos. Finalmente, os riscos podem existir mesmo em níveis ainda mais baixos da EAP (por exemplo, do nível 7 para baixo), mas esses riscos, muitas vezes, são muito difíceis de se identificar, a não ser que existam informações específicas que apontem para os componentes adequados. (Por exemplo, um componente eletrônico foi definido separadamente como tendo questões de confiabilidade.)

A abordagem de processos avalia os riscos associados a alguns processos fundamentais (por exemplo, *design*, produção e testes), que existirão em um projeto[4]. A estrutura é voltada para programas que estão do meio para o final na fase de desenvolvimento, mas que, com modificações, poderiam ser utilizados para outros programas. Os modelos são utilizados para cada atividade técnica principal. Cada modelo identifica áreas potenciais de risco. A sobreposição de cada modelo em um projeto permite a identificação de áreas incompatíveis, que são identificadas como "em risco" e, portanto, riscos candidatos.

[4] Informações sobre essa abordagem estão contidas na Diretiva 4245.7-M do Departamento de Defesa do Governo Americano, *Transition from development to production*, de setembro de 1985, que fornece uma estrutura padrão para a identificação de áreas técnicas de risco na transição do desenvolvimento para a produção. *Nota*: O material desse documento é, de certa forma, antigo, mas, ao menos parcialmente, aplicável aos programas atuais. Além disso, o material foi desenvolvido antes de o Departamento de Defesa adotar as equipes integradas de produto (IPTs) nos anos 1990, o que pode, em alguns casos, proporcionar maior foco a processos fundamentais do programa.

A abordagem de requisitos incorpora o fluxo descendente das informações de requisitos para isolar especificações que provavelmente serão difíceis de cumprir. Por exemplo, um computador necessário para ter um aumento de dez vezes na taxa de processamento *versus* uma unidade de última geração que pode ter questões desafiadoras relacionadas com escalabilidade, arquitetura, *design* de componentes, *design* da embalagem, produção, e assim por diante. O seguinte exemplo hipotético demonstra ainda mais esse tipo de análise. Suponha que um veículo aeroespacial deve ser concebido para voar em velocidade muito alta, em uma altitude relativamente baixa. Nesse caso, em que a resistência do ar é potencialmente muito elevada, é necessária uma usina de energia de alta pressão para superar essa resistência. Além disso, a alta velocidade adicionará consideráveis requisitos de resfriamento térmico para a parte eletrônica do veículo devido ao aquecimento aerotérmico na atmosfera. Isso pode levar a restrições de *design* e tecnologia, por causa da necessidade de refrigeração e afins (todo o resto mantido constante). A chave para realizar esse tipo de identificação de riscos é possuir um fluxo descendente exato, claro e potencialmente abrangente das informações de requisitos, juntamente com pessoal de projeto experiente que possa comparar aspectos importantes dos requisitos contra possíveis soluções do nível de arquitetura para o nível de tecnologia.

Exemplos de abordagens de baixo nível de identificação de riscos incluem, mas não estão limitadas a:

- Afinidade
- Análise das premissas
- Estimativas de custos da linha de base
- *Brainstorming*
- Diagramas de causa/efeito
- Listas de verificação
- Análise de custos
- Caminho crítico e quase crítico (análise de cronograma)
- Condutores de decisões
- Técnicas de diagramação (por exemplo, diagramas de influência)
- Análise de valor agregado
- Opinião/julgamento especializado[NT2]
- Análise de falhas
- Diagramas de influência
- Lições aprendidas de programas análogos
- Análise do custo do ciclo de vida
- Avaliações de saúde da logística
- Métricas
- Modelos
- Decomposição do plano/EAP
- Investigações de causas raiz
- Análise do cronograma
- Pontos fortes, pontos fracos, oportunidades e ameaças (SWOT[NT3])
- Documentação de engenharia de sistemas
- Medição/planejamento/análise do desempenho técnico
- Análise da tecnologia
- Projetos de desenvolvimento/inserção de tecnologia
- Análises/estudos de mercado
- Perguntas gatilho
- Gatilhos de escalas de risco

Como mencionado aqui, uma ou mais abordagens de alto nível e uma ou mais abordagens de baixo nível devem ser usadas em conjunto para fornecer uma metodologia de identificação de riscos estruturada e abrangente. Por exemplo, com a abordagem de EAP, um produto (por exemplo, computador) é decomposto em montagens de nível inferior, como a placa-mãe, placa de vídeo, fonte de alimentação e sistema de arrefecimento. A placa-mãe pode ainda ser decomposta em uma variedade de circuitos integrados, tais como o processador, memória, circuitos de entrada/saída, e modem. Essa decomposição de alto nível (EAP neste caso) juntamente com uma ou mais abordagens de baixo nível (neste caso, os resultados da análise de falhas e lições aprendidas de programas análogos) são, então, usadas para examinar se os riscos potenciais estão presentes.

Usar apenas abordagens de alto nível ou de baixo nível aumenta a chance de riscos potenciais não serem identificados porque a avaliação é frequentemente realizada de forma *ad hoc*, não abrangente, e/ou de forma não estruturada. Da mesma forma, uma mistura das abordagens alto nível e baixo nível é provavelmente melhor do que a utilização de qualquer método único. Note, entretanto, que a utilização de qualquer método na forma de "livro de receitas" pode fazer com que aspectos únicos dos riscos do projeto sejam ignorados, e o gerente do projeto deve revisar os pontos fortes e fracos da abordagem e identificar outros fatores que possam introduzir riscos técnicos, de cronograma, de custos, de programa e outros.

[NT2] Opinião especializada. Tradução oficial, de acordo com a quinta edição do Guia PMBOK® para a técnica *Expert Judgment*.

[NT3] Análise SWOT (*Strengths* = Pontos fortes, *Weaknesses* = Pontos fracos, *Opportunities* = Oportunidades, *Threats* = Ameaças).

As técnicas de opinião especializada são aplicáveis não apenas para a identificação de riscos, mas também para a previsão e tomada de decisões. Duas técnicas de opinião especializada são o método Delphi[NT4] e a técnica de grupo nominal[NT5]. O método Delphi tem as seguintes etapas gerais:

Passo 1: um painel de especialistas é selecionado, tanto dentro como fora da empresa. Os especialistas não interagem face a face e podem nem mesmo saber quem mais participa no painel.

Passo 2: cada especialista é convidado a fazer uma previsão anônima sobre um assunto particular.

Passo 3: cada especialista recebe um *feedback* composto das respostas do painel inteiro e é convidado a fazer novas previsões com base no *feedback*. O processo é, então, repetido conforme necessário.

Intimamente relacionada com o método Delphi está a técnica de grupo nominal, que permite contato face a face e comunicação direta. Os passos na técnica de grupo nominal são os seguintes:

Passo 1: um painel é convocado e solicitado para gerar ideias por escrito.

Passo 2: as ideias são listadas em um quadro ou em um *flip chart*. Cada ideia é discutida entre os debatedores.

Passo 3: cada debatedor prioriza as ideias, que são, então, ordenadas por classificação. Os passos 2 e 3 podem ser repetidos, conforme necessário.

As técnicas de opinião especializada têm o potencial de parcialidade na identificação e na análise de riscos, bem como na seleção das estratégias de resposta aos riscos. Essas parcialidades variam caso a caso, e podem afetar diferentemente as estimativas da probabilidade de ocorrência e da consequência da ocorrência.

Fatores cognitivos podem introduzir uma parcialidade e/ou condição de ruído que podem afetar a identificação de risco e/ou os resultados da análise de risco. Esses fatores cognitivos incluem, mas não estão limitados a:

- Ajustes a partir de um valor inicial
- Ancoragem (com tendência para o valor inicial)
- Disponibilidade (de eventos passados)
- Adequar evidências ambíguas em predisposições
- A falta de sensibilidade para o problema ou risco
- Motivação
- Excesso de confiança na confiabilidade da análise
- Excesso de confiança na própria capacidade
- Proximidade com o projeto
- Relacionamento com outros especialistas
- Representatividade (o grau em que A se assemelha a B)
- Sistematicamente omitir componentes de risco

Os riscos candidatos resultantes são então devidamente documentados em um registro de riscos ou outro relatório apropriado. Enquanto a documentação não deve ser enciclopédica por natureza, deve, no entanto, fornecer informações suficientes para permitir que os tomadores de decisão determinem com precisão quando ou não um risco candidato deve ser aprovado. Por exemplo, um formulário de identificação de riscos que tem de meia a uma página de comprimento pode fornecer um detalhamento amplo sobre o risco potencial para que os tomadores de decisão avaliem sem que isso seja pesado demais para ser concluído.

A documentação de identificação de riscos deve conter uma declaração de risco clara e cuidadosamente escrita, idealmente no formato "se-então"; especificamente: "se" o risco ocorrer, "então" qual será o impacto (consequência da ocorrência)?[5]. Para o exemplo do computador discutido anteriormente uma declaração "se-então" candidata poderia ser: Se uma capacidade insuficiente de refrigeração do computador está presente, então o processador e outros circuitos de consumo de alta potência podem exceder a temperatura de operação segura, levando a um aumento da taxa *failure-in-time* (FIT)[NT6].

Às vezes é mais fácil admitir uma probabilidade = 1 para a parte "se" da declaração ao desenvolver a parte "então" da declaração. Utilizar esta abordagem evita confusão relacionada ao nível de probabilidade de ocorrência (e seus componentes) e consequência da ocorrência (custo, desempenho técnico, cronograma). (*Nota*: As estimativas

[NT4] Método Delphi. Em tradução da expressão em inglês, *Delphi Method*. No Guia PMBOK® – 4. ed., o termo utilizado é *Delphi Technique*, e a tradução oficial *Técnica Delphi*.

[NT5] Técnica de Grupo Nominal. Em tradução oficial, de acordo com a quarta edição do Guia PMBOK®, para *Nominal group technique*.

[5] Modificações à declaração comumente usada "se-então" são possíveis, tais como "se-então-porque" [que pode apontar para a(s) causas (s) raiz]. Enquanto que declarações expandidas para além do "se-então" podem ser úteis, tais declarações podem também confundir os entrevistados e levar à diminuição da qualidade da declaração de risco. Por exemplo, incluir termo "porque" para resolver a potencial causa raiz, levou em alguns casos a respostas que eram uma explicação adicional do termo "então", apesar de treinamento específico a respeito da natureza dos componentes da declaração "se-então-porque".

[NT6] A taxa Failures-in-time (FIT), ou "falhas no tempo" em português, é o número de falhas que podem ser esperadas em um bilhão de horas de operação de um dispositivo. Este termo é utilizado principalmente pela indústria de semicondutores.

de probabilidade e consequência devem ser realizadas como parte da análise de risco se o risco candidato identificado for aprovado pela gerência e não for incluído na identificação de riscos).

Os itens que devem ser incluídos na documentação de identificação de risco incluem, mas não estão limitados a: (1) Número do risco, (2) data de identificação inicial, (3) atual proprietário do risco, supervisor, e organização; (4) declaração "se", (5) declaração "então"; (6) causa(s) potencial ou causa(s) raiz (quando conhecida)[6], (7) categorias de risco relevantes; (8) informações de fundo (incluindo quaisquer ações de tratamento realizadas até a data), (9) relação de todos os (outros) riscos existentes; (10) fase do projeto; (11) *status* de aprovação de riscos, e (12) data de aprovação do risco. A documentação do risco deve ser atualizada conforme justificado, quando existirem mudanças significativas em qualquer um dos itens relacionados aqui.

Uma vez que um risco candidato é identificado, o risco é o primeiro revisto pelo nomeador e pela gerência adequada (por exemplo, o gerente de riscos) e a documentação de identificação do risco (ou banco de dados) é atualizada conforme necessário. O risco deve então ser revisto pela gerência de projetos adequada, que então determina se o risco será aprovado ou não, e quem será designado ou aprovado como proprietário do risco (que pode ser ou não o nomeador de risco). Potenciais resultados da decisão no que diz respeito ao risco candidato incluem, mas não estão limitados a: deferido, pendente, necessita informações adicionais, aprovado, fechado, rejeitado, ação do gerenciamento e item de processos/prática de engenharia. (Todas as decisões associadas aos riscos candidatos e outras ações devem ser documentadas e mantidas para fornecer um registro de gerenciamento de risco durante o projeto e programa associado). Muitas vezes os riscos candidatos serão na verdade ações de gerenciamento potenciais (por exemplo, atenção necessária para fornecer recursos, requisitos completos) ou itens de processos/práticas de engenharia (trabalho de engenharia normal) que podem não subir para o nível risco, mas no entanto, precisam ser tratados para garantir que não afetarão negativamente o programa[7].

Finalmente, é importante que todo o pessoal do projeto esteja envolvido com a identificação de riscos. A designação de um pequeno grupo de pessoas para realizar a identificação de riscos, quase sempre diminui os resultados, tanto técnicos (número de riscos identificados válidos) quanto da perspectiva comportamental (envia a "mensagem errada" para outros funcionários do projeto) e pode levar à diminuição da eficácia do gerenciamento dos riscos. Essa prática deficiente de identificação de riscos deve ser evitada sempre que possível. (*Nota:* isso é diferente de ocasionalmente ter um pessoal de fora trazido para auxiliar o projeto de forma independente na identificação de riscos candidatos, o que se mostra benéfico em projetos desafiadores.)

17.8 ANÁLISE DE RISCOS (11.3, 11.4)

A análise de riscos é um processo sistemático para estimar o nível de risco para os riscos identificados e aprovados. Isso envolve a estimativa da probabilidade de ocorrência e da consequência da ocorrência e a conversão dos resultados em um nível de risco correspondente. A abordagem utilizada depende da disponibilidade dos dados e dos requisitos levantados no projeto. A forma mais comum de abordagem qualitativa é a utilização de escalas de probabilidade de ocorrência e de consequência de ocorrência, juntamente com uma matriz de mapeamento de riscos para converter os valores para níveis de risco. Abordagens quantitativas incluem, mas não estão limitadas a, valor esperado [também conhecido como valor (monetário) esperado para cálculos baseados em custos], análise da árvore de decisão (com ramos especificados pelas probabilidades específicas e/ou distribuições), matrizes de pagamentos, e modelagem e simulação. É de fundamental importância a utilização de uma metodologia aprovada, estruturada e reproduzível, em vez de uma abordagem subjetiva, que possa render resultados incertos e/ou inexatos.

A análise de riscos começa com uma avaliação detalhada dos riscos que foram identificados e aprovados pelos tomadores de decisão para avaliação futura. O objetivo é reunir informações suficientes sobre os riscos para estimar a probabilidade de ocorrência e a consequência de ocorrência, e converter valores resultantes para um nível de risco correspondente. (*Nota*: É importante que apenas riscos aprovados sejam analisados para evitar que

[6] Em alguns casos a(s) causa(s) raiz exata(s) pode(m) nunca ser conhecida(s), apesar de enormes quantidades de recursos gastos durante as investigações.

[7] Tanto as ações de gerenciamento como os itens de processos/práticas de engenharia devem ter (1) proprietário atribuído, (2) plano de fechamento sumarizado desenvolvido, e (3) uma data de encerramento prevista. Esta informação deve ser documentada em um "rastreador de ação" ou equivalente (menos formal do que uma base de dados de gestão de risco, mas, no entanto, um item que pode ser categorizado regularmente). Se qualquer um destes componentes se tornarem "quebrados" (por exemplo, o proprietário não está disponível ou o plano de fechamento ou a data não são mais válidos), a ação da gerência ou itens de processos/práticas de engenharia devem ser reavaliados como risco candidato, para impedir que o item acabe se tornando uma questão ou problema.

os recursos sejam gastos em questões que possam não ser realmente riscos.)

As análises de riscos baseiam-se frequentemente em informações detalhadas que podem vir de uma variedade de técnicas, incluindo, mas não limitadas a:

- Análise dos planos e documentos relacionados
- Comparações com sistemas similares
- Dados de engenharia ou de outros modelos
- Experiência e entrevistas
- Modelagem e simulação
- Estudos relevantes das lições aprendidas
- Resultados do desenvolvimento de testes e protótipos
- Análise de sensibilidade de alternativas e de insumos
- Opiniões de especialistas e peritos

Cada categoria de risco (por exemplo, custos, desempenho técnico, e cronograma) inclui um conjunto de tarefas de avaliação e está relacionada a outras duas categorias. Esse relacionamento requer análise de apoio entre as áreas para garantir a integração do processo de avaliação. Algumas características de avaliações de custos, cronograma e avaliações técnicas são:

Avaliação de Custos

- Baseia-se nos resultados de avaliações técnicas e de cronograma
- Traduz riscos técnicos e de cronograma em custos
- Deriva a estimativa de custos por meio da integração de riscos técnicos, riscos de cronograma e dos impactos da incerteza da estimativa de custos sobre os recursos
- Prioriza os riscos pelo impacto no programa
- Documenta a base e os riscos de custos para a avaliação de riscos

Avaliação de Cronograma

- Avalia as entradas de cronograma na linha de base
- Reflete a base técnica, a definição das atividades, e as entradas das áreas técnicas e de custos
- Incorpora as avaliações técnicas e de custos e as entradas de incerteza no cronograma do modelo de cronograma do programa
- Realiza a análise da programação no cronograma do programa
- Prioriza os riscos pelo impacto no programa
- Documenta a base e os riscos de cronograma para a avaliação de riscos

Avaliação Técnica

- Fornece base técnica
- Identifica e descreve os riscos do programa (por exemplo, de tecnologia)
- Analisa os riscos e os relaciona a outros riscos internos e externos
- Prioriza os riscos pelo impacto no programa
- Analisa entradas para a avaliação de custos e de cronograma
- Analisa as atividades de programa associadas à duração de tempo e aos recursos
- Documenta a base e os riscos técnicos para a avaliação de riscos

A descrição e quantificação de um risco específico e sua magnitude normalmente exigem alguma análise ou modelagem. Ferramentas típicas para utilização nas análises qualitativa e/ou quantitativa de riscos são:

- Análise dos planos e de outros documentos para estimar as variações
- Análise da decisão (incluindo árvores de decisão, valor esperado etc.)
- Técnicas Delphi
- Relações das estimativas
- Opinião especializada
- Análise do modo e efeito de falha (relacionada com a confiabilidade)
- Análise de árvore de falhas (relacionada com a confiabilidade)
- Análise gráfica
- Análise do custo do ciclo de vida
- Análise lógica
- Análise de rede
- Matrizes de pagamentos
- Análise probabilística dos riscos (relacionada à con-fiabilidade)
- Modelos de processos (por exemplo, Diretiva 4245,7-M do Departamento de Defesa)
- Análise de impacto da taxa/quantidade de reação rápida
- Escalas de risco (normalmente "probabilidade" ordinal e escalas de consequência)
- Matriz de mapeamento dos riscos com resultados de escala dos riscos
- Análise do cronograma
- Análise de sensibilidade
- Simulação (por exemplo, Monte Carlo) para custos, desempenho técnico e cronograma
- Tendências do estado da arte em tecnologia
- Análise dos custos totais de avaliação dos riscos (TRACE)[NT7]
- Simulação da estrutura analítica do projeto

[NT7] Da expressão em inglês, *Total risk-assessing cost analysis* (TRACE).

Após realizar uma análise de riscos, muitas vezes é necessário converter os resultados em níveis de risco. Quando uma metodologia de análise quantitativa de riscos é utilizada, os resultados podem ser agrupados por risco de custos, risco de cronograma, ou limites de riscos técnicos existentes que foram especificamente adaptados para o programa, ou pela realização de uma análise de cluster (estatística) sobre os resultados.

Quando uma análise qualitativa dos riscos é realizada, as classificações dos riscos podem ser utilizadas como uma indicação da importância potencial dos riscos de um programa. Essas classificações são, normalmente, uma medida da probabilidade de ocorrência e das consequências de ocorrência e, muitas vezes são expressas em baixo, médio e alto (ou, eventualmente, baixo, médio baixo, médio, médio alto e alto). A seguir, um conjunto representativo (capcioso) das definições de classificação de riscos:

- Risco Alto: impacto substancial nos custos, no desempenho técnico ou no cronograma. São necessárias ações substanciais para aliviar a questão. É necessária a atenção de alta prioridade da administração.
- Risco Médio: algum impacto nos custos, no desempenho técnico ou no cronograma. Pode requerer uma ação especial para aliviar o problema. Pode ser necessária uma atenção adicional da administração.
- Risco Baixo: impacto mínimo nos custos, no desempenho técnico ou no cronograma. É suficiente uma supervisão normal da administração.

É importante usar as definições acordadas (como as definições "capciosas" apresentadas aqui) e procedimentos para estimar os níveis de risco, em vez de atribuí-los subjetivamente, uma vez que cada pessoa poderia facilmente ter um entendimento diferente das palavras normalmente usadas para descrever tanto probabilidade quanto risco (por exemplo, baixa[o], média[o] e alta[o]). A Figura 17-6 mostra o que algumas declarações sobre probabilidade significam para pessoas diferentes. (Esta figura é um subconjunto de resultados Conrow obtidos a partir de uma pesquisa de 50 declarações de probabilidade subjetivas comuns com 151 pesquisas concluídas). Existe um intervalo de probabilidade não trivial entre os percentis 5 e 95 (por exemplo, 0,4 ou mais) para 9 das 11 declarações apresentadas. No entanto, são possíveis intervalos de probabilidade maiores do que os mostrados na Figura 17-6.

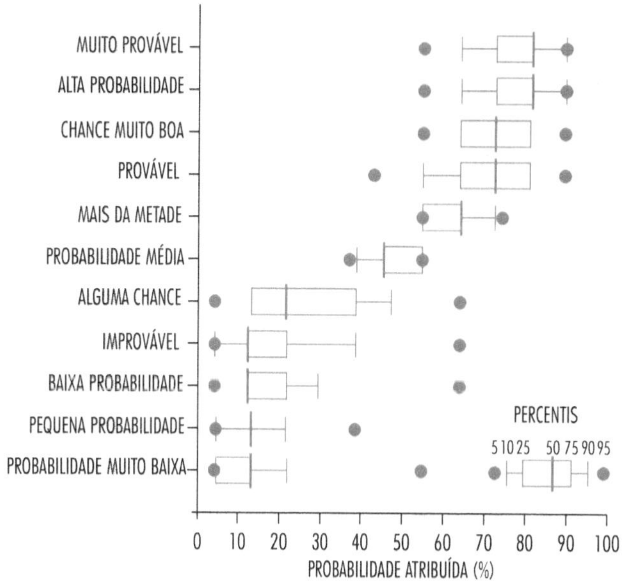

FIGURA 17-6 O que as declarações de incerteza significam para diferentes pessoas.

Por exemplo, 49 das 50 declarações subjetivas sobre probabilidade tiveram um intervalo de respostas (máximo-mínimo) maior ou igual a 0,70! Isso enfatiza o ponto em que as declarações subjetivas de probabilidade podem ter significados substancialmente diferentes para pessoas diferentes e escalas de probabilidade baseadas nessas declarações devem ser evitadas para reduzir as chances de má classificação. Sempre que possível, escalas de probabilidade ordinal (por exemplo, Figura 17-6) devem ser desenvolvidas e utilizadas como alternativa[8].

A priorização dos riscos do programa deve ser realizada depois que uma abordagem estruturada de classificação dos riscos tenha sido aplicada. Aqui, muitas vezes serão necessárias as contribuições de gerentes e técnicos para separar os riscos analisados dentro de um nível de classificação (por exemplo, priorizar vários riscos altos). A metodologia utilizada para gerar a lista priorizada de riscos irá variar um pouco com a metodologia utilizada. Por exemplo, com escalas de risco, a classificação dos níveis de risco dependerá da probabilidade e da consequência de ocorrência mais, eventualmente, da frequência de ocorrência, do tempo de impacto, e das inter-relações com outros riscos. Para uma análise dos do custo do risco usando uma simulação de Monte Carlo, a classificação pode envolver a magnitude percentual do custo do risco no nível de confiança desejado (por exemplo, 70º percentil). Para os resultados da análise de decisão envolvendo

[8] Veja Conrow, 2003, Nota 1, Apêndice J, pg. 491-513.

o valor monetário esperado (EMV)[NT8], a classificação pode ser simplesmente uma lista de resultados do maior resultado positivo para o menor resultado negativo. Nenhum desses métodos de geração de uma lista priorizada de riscos é necessariamente superior a qualquer outro – todos eles são potencialmente úteis. O desafio, nesses casos, é integrar eficazmente os resultados do que pode ser um conjunto diversificado de resultados em uma lista de riscos única. Não há um "melhor" algoritmo para realizar isso em um projeto do mundo real. Os gerentes de projetos devem derivar essa lista a partir de um consenso associado a uma avaliação estruturada dos resultados da análise de riscos e, na medida do possível, documentar a sua lógica.

Um risco visto como facilmente gerenciável por parte de alguns gerentes pode ser considerado difícil de gerenciar por gerentes menos experientes ou com menos conhecimento. Consequentemente, os termos risco "alto", "médio" ou "baixo", são um pouco relativos, mesmo quando comparados às definições "capciosas". Alguns gerentes podem ser avessos ao risco e escolher evitar os riscos reconhecidos a todo custo possível. Outros gerentes podem ser propensos ao risco e realmente preferir utilizar uma abordagem mais arriscada. Os termos risco "alto", "médio" ou "baixo" podem mudar com a rotatividade dos gerentes e de seus superiores, tanto quanto com os eventos do projeto.

Os gerentes de programas podem utilizar as classificações de riscos para identificar problemas que requerem gerenciamento prioritário (por exemplo, planos de resposta ao risco podem ser necessários para todos os riscos médios ou altos). As classificações de riscos também ajudam a identificar as áreas que devem ser relatadas, dentro e fora do programa. Assim, é importante que as classificações sejam retratadas da forma mais precisa possível.

As áreas de alto risco podem refletir em falta de capacidades na organização do gerente do projeto ou nas organizações de apoio. Elas também podem refletir as dificuldades técnicas no design ou no processo de desenvolvimento. Em ambos os casos, o "gerenciamento" de riscos envolve a utilização de ativos de gerenciamento do projeto para reduzir o nível de riscos presentes.

É possível que exista várias saídas diferentes para ambas as análises qualitativa e/ou quantitativa dos riscos. Essas saídas incluem, mas não estão limitadas a: (1) uma avaliação do risco global do projeto, (2) uma lista priorizada de riscos, (3) a probabilidade de exceder os custos e/ou o prazo do projeto, (4) probabilidade de não cumprir os requisitos de desempenho do projeto, (5) resultados da análise da decisão, (6) modos e efeitos de falha (confiabilidade), (7) caminhos de falha (confiabilidade), e (8) probabilidade de falha (confiabilidade).

17.9 ANÁLISE QUALITATIVA DE RISCOS (11.3)

Uma metodologia comumente utilizada de análise qualitativa de riscos envolve escalas de risco (modelos) para estimar a probabilidade de ocorrência e a consequência de ocorrência, juntamente com uma matriz de mapeamento de riscos. O risco é avaliado por meio de opinião especializada contra todas as escalas de probabilidades de ocorrência relevantes, bem como contra as três consequências das escalas de ocorrência (custos, desempenho técnico e cronograma), e os resultados são, então, transferidos para uma matriz de mapeamento de riscos para conversão em um nível de risco correspondente. O risco é incluído em uma lista priorizada, com base no nível de risco, bem como em outras considerações (por exemplo, a frequência de ocorrência, momento de impacto e inter-relações com outros riscos).

Existem várias classes diferentes de escalas de risco[9]. O primeiro tipo de escala é nominal, detentora de coeficientes sem significado matemático e os valores são geralmente variáveis (por exemplo, números de autoestrada). As escalas nominais não são utilizadas nas análises de risco.

O segundo tipo de escala é de intervalo. Escalas de intervalo, como Fahrenheit e Celsius, são cardinais por natureza. No entanto, as escalas não possuem nenhum ponto zero significativo, e as relações entre escalas semelhantes não são equivalentes. As escalas de intervalo não são comumente usadas em análises de riscos.

O terceiro tipo de escala é ordinal. Escalas ordinais têm níveis que são apenas ordenados por classificação – eles não têm significado cardinal **porque os valores reais de intervalo da escala são desconhecidos.** Não há justificativa probabilística ou matemática para executar operações matemáticas (por exemplo, adição, multiplicação, média) nos resultados obtidos a partir de escalas ordinais, e quaisquer resultados podem ter grandes erros. Por exemplo, foram desenvolvidos exemplos relativamente simples que contêm erros de 600% ou mais na comparação dos coeficientes reais *versus* os coeficientes considerados na escala ordinal[10]. Essa escala ordinal pode ser usada para representar os diferentes aspectos da probabilidade de ocorrência (por exemplo, tecnologia, design, produção) e da conse-

NT8 Valor Monetário Esperado. Tradução oficial da versão em português da quarta edição do Guia PMBOK® para Expected Monetary Value (EMV).

9 Esta seção é derivada de: CONROW, 2003. Nota 1, p. 237-245. © 2003, Edmund H. Conrow. Utilizado com permissão do autor.

10 Ibidem, p. 258-268.

quência de ocorrência (por exemplo, custos, cronograma e aspectos técnicos). As escalas ordinais são comumente usadas em análises de riscos. Tais escalas e uma matriz de mapeamento de riscos correspondente podem ser uma metodologia útil para estimar os riscos. No entanto, pelas razões discutidas aqui, deve ser tomado muito cuidado na utilização dessa abordagem.

O quarto tipo de escala é ordinal calibrado. São escalas ordinais cujos coeficientes de nível de escala são estimados por meio da avaliação de uma função de utilidade aditiva (ou abordagem similar). Esses coeficientes cardinais estimados substituem os valores variáveis ordinais. São possíveis operações matemáticas limitadas que rendem resultados válidos. No entanto, os valores são, muitas vezes, relativos e não absolutos, e o ponto zero pode não ser significativo. Escalas ordinais calibradas não são comumente utilizadas na análise de riscos, em parte, por causa da dificuldade em estimar com precisão os coeficientes associados.

O quinto tipo de escala é de razão. Escalas de razão, como Kelvin e Rankine, possuem coeficientes cardinais, indicam posição e importância absoluta e o ponto zero é significativo. Além disso, os intervalos entre as escalas são consistentes e os valores da relação entre as escalas são significativos. Operações matemáticas podem ser realizadas em escalas de razão e rendem resultados válidos. Embora as escalas de razão sejam as ideais para utilização em análises de riscos, elas raramente existem ou são utilizadas. [Alegações de que as escalas de probabilidade e consequência são escalas de razão verdadeiras ou de que os resultados são derivados de escalas de razão são quase universalmente falsas. Por exemplo, em um caso amplamente distribuído os coeficientes são alegadamente derivados de um impacto (escala de razão), mas a relação matemática entre os coeficientes está quase certamente incorreta e não é representante de uma escala de razão significativa.]

O sexto tipo de escala é baseado em estimativas subjetivas atribuídas a diferentes declarações de probabilidade (por exemplo, alta), aqui denominada de estimativa de probabilidade. Escalas de estimativa de probabilidade podem ser ordinais (mais comuns) ou cardinais (menos comuns) por natureza, dependendo da origem dos dados de base e da estrutura da escala. No pior dos casos, as estimativas de probabilidade são pontuais ou intervalos desenvolvidos pelo autor da escala, sem qualquer base rigorosa para fundamentar os valores. No melhor dos casos, as estimativas de probabilidade são derivadas de uma análise estatística dos dados da pesquisa de um número substancial de entrevistados e incluem as estimativas pontuais e intervalos em torno das estimativas para cada declaração de probabilidade. As escalas de estimativas de probabilidade às vezes são utilizadas em análises de riscos. No entanto, esse tipo de escala nunca deve ser a primeira escolha ao realizar-se uma análise de riscos porque as diferentes pessoas podem atribuir diferentes valores de probabilidade para a mesma palavra subjetiva. Isso pode levar a erros não triviais, tanto no valor de probabilidade estimada como no nível de risco resultante.

Uma matriz de mapeamento de riscos é normalmente usada para converter a probabilidade ordinal de ocorrência e os valores de escala da consequência de ocorrência a um nível de risco correspondente. Embora não haja nenhum tamanho predefinido para essa matriz, suas dimensões devem ser menores ou iguais ao número dos níveis de escala usado nas duas dimensões, de probabilidade e consequência. Com escalas de cinco níveis de probabilidade de ocorrência e de consequência de ocorrência, isso corresponde a uma matriz 5 × 5 ou menor. (Isso é ilustrado no Exemplo 17-2).

Embora as matrizes de mapeamento de riscos sejam valiosas para converter as pontuações de probabilidade e consequência em riscos, elas possuem várias limitações e, se não forem cuidadosamente utilizadas, podem levar a erros[11]. Primeiro, tais matrizes são geralmente ilustradas com o triângulo superior, e não o triângulo inferior refletido, como definido por uma linha desenhada da origem para a localização da probabilidade e consequência mais alta. A lógica para a utilização de limites assimétricos é, por exemplo, que a célula de menor probabilidade e maior consequência tenha a garantia de ser um risco médio e não um risco baixo. Ainda, essa abordagem viola a teoria de utilidade, a qual exigiria que os limites entre alto/médio e médio/baixo deveriam ser similares no formato. Segundo, não há melhor forma de mapear os resultados de escala de probabilidade e consequência na matriz se houver mais de uma escala de probabilidade e/ou escala de consequência. Embora a escolha do resultado máximo para cada categoria seja uma resposta conservadora, não é necessariamente a resposta correta. (E, lembre-se, como essas escalas são ordinais, você não pode tirar a média da probabilidade e da consequência e inserir esses valores na matriz.)

Terceiro, as preferências de utilidade são diferentes entre compradores e vendedores, e até mesmo diferentes entre diferentes tipos de compradores e vendedores. Por isso, não fica claro quais preferências de utilidade a matriz representa. Quarto, as organizações são avessas, neutras ou propensas ao risco? E, o mais importante, qual é o comportamento de risco dos participantes nessas organizações? Isso é importante

[11] CONROW, Edmund H. Risk Analysis for Space Systems. *Proceedings of the space systems engineering and risk managment symposium 2008*. Los Angeles, 28 fev. 2008. © 2008, Edmund H. Conrow. Utilizado com permissão do autor.

porque diferentes organizações e seus indivíduos podem ter diferentes preferências de utilidade, o que pode levar a variações nos limites alto/médio e médio/baixo e/ou a erros de pontuação dos resultados. Quinto, a ordenação dos riscos contidos dentro das células de uma matriz de mapeamento de riscos 5 × 5, ou em qualquer outra, é apenas ordinal e não pode ser cardinal. Tentativas para incluir probabilidade fracionada e/ou consequência de resultados em escala ordinal (por exemplo, 3.4, quando existirem valores ordinais de 1 a 5) em uma matriz ordinal de mapeamento de risco, muitas vezes levará a resultados errados, caso a célula da matriz seja escolhida de forma incorreta, e no pior caso, esta célula incorreta pode cruzar um limite de nível de risco (por exemplo, médio a alta). Em razão destes e de outros problemas similares, sob nenhuma circunstância resultados fracionários obtidos a partir de escalas ordinais devem ser incluídos em uma matriz ordinal de mapeamento de riscos.

Existem duas limitações adicionais para o mapeamento de matrizes, quando aplicadas a oportunidades. Primeiro, é necessário um conjunto diferente de escalas de consequência para oportunidade *versus* risco. Como consequência, não fica claro o que essas escalas de consequência devem representar, uma vez que (como mencionado na Seção 17.1) não existe uma definição universal de oportunidade e, assim, uma consequência de ocorrência (ou equivalente) associada a ela. Portanto, a própria natureza de uma matriz de oportunidade é imatura e problemática por causa da dificuldade subjacente na especificação da dimensão das consequências. Isso pode levar a resultados errados. Em segundo lugar, da teoria da perspectiva (Seção 17.1), as pessoas tendem a valorizar o mesmo nível de ganhos e perdas de forma diferente. Ainda, é errada a criação de matrizes de oportunidades e riscos que sejam idênticas umas às outras ou espelho umas das outras e pode levar a decisões erradas.

Uma questão final sobre a utilização de uma matriz de mapeamento de riscos está relacionada à priorização dos resultados. É evidente que os riscos baixos *versus* médios *versus* altos podem facilmente ser priorizados. No entanto, a priorização de resultados dentro de um nível de risco (por exemplo, médio) não é tão simples. Isso porque as células contidas na matriz quase sempre possuem limites ordinais, não cardinais. Isso é particularmente importante para as células que têm valores similares idênticos (por exemplo, P = 4, C = 3 *versus* P = 3, C = 4). Esses casos requerem atenção adicional da gerência para priorizar os riscos. É claro que, se os resultados são obtidos a partir de escalas ordinais calibradas, então o fator de risco resultante, RF = P × C classifica diretamente os riscos sem a necessidade de uma matriz de mapeamento de riscos. Outros fatores como frequência de ocorrência, tempo de impacto (quando o plano de resposta aos riscos deve ser iniciado ou quando o risco irá ocorrer), e as inter-relações com os outros riscos também podem ser levadas em consideração pela gerência quando do desenvolvimento de uma lista priorizada de riscos, a partir de uma matriz de mapeamento de riscos. (Quando escalas ordinais calibradas são utilizadas, essas considerações podem se tornar "desempates" para as pontuações dos fatores de risco que são muito próximas ou idênticas umas às outras).

O exemplo simples a seguir ilustra o uso de escalas ordinais de probabilidade de ocorrência e escalas ordinais de consequência de ocorrência, uma matriz de mapeamento de riscos na análise de riscos do projeto fornece algumas recomendações para a correta representação dos resultados[12]. Observe que essas escalas não devem ser usadas em seu projeto – elas são fornecidas apenas como ilustração.

EXEMPLO 17-2. Uma única escala de "probabilidade" de ocorrência, relacionada à maturidade tecnológica é usada e apresentada na Tabela 17-6. (*Nota*: Uma vez que as escalas ordinais de probabilidade quase nunca representam a probabilidade verdadeira, mas apenas um indicador de probabilidade, as pontuações derivadas de tais escalas são indicadas como valores de "probabilidade"). Na realidade, o risco técnico normalmente envolverá um número de categorias adicionais de risco além da maturidade da tecnologia, como design, e manufatura. No entanto, o uso de uma única categoria de risco simplifica os cálculos posteriores e é suficiente para fins de ilustração. Para a escala de "probabilidade" de maturidade da tecnologia, considere que baixa = níveis de escala A e B, média = níveis de escala C e D e alta = nível de escala E. (*Nota*: Essa informação não corresponde ao risco baixo, médio e alto e é apenas um indicador de onde as interrupções ocorrerão quando utilizadas no desenvolvimento da matriz de mapeamento de riscos mais adiante, nesta seção. Letras são fornecidas para os níveis de escala, em vez de números, para desencorajá-lo a tentar executar operações matemáticas inválidas sobre os resultados.)

TABELA 17-6 Exemplo de escala ordinal de "probabilidade" relacionada à maturidade de tecnologia

Definição	Nível de Escala
Princípios básicos observados	E
Design conceitual para o desempenho analisado	D
Validação dos protótipos *breadboard* e *brassboard* nos ambientes relevantes	C
O protótipo passa nos testes de desempenho	B
Item implantado e em operação	A

[12] Este exemplo é derivado de Conrow, 2003, Nota 1, Apêndice I, p. 485-489. Copyright © 2003, E. H. Conrow. Usado com permissão do autor.

Três escalas de consequência das ocorrências – para custos, cronograma e aspectos técnicos são usadas e apresentadas na Tabela 17-7. Para cada uma das três escalas de consequência de ocorrência, considere que baixo = níveis de escala A e B, médio = níveis de escala C e D, e alto = nível de escala E. (*Nota*: Essa informação não corresponde ao risco baixo, médio e alto e é apenas um indicador de onde as interrupções ocorrerão quando utilizadas no desenvolvimento da matriz de mapeamento de riscos mais adiante nesta seção.)

TABELA 17-7 Exemplo de escala ordinal de consequência de ocorrência relacionada a custos, cronograma e aspectos técnicos

C_C	C_S	C_T	Nível de escala
≥ 10%	Não poder cumprir a um marco fundamental de equipe ou a um marco principal do programa	Desempenho inaceitável	E
7% a <10%	Grande desvio em um marco importante ou caminho crítico impactado	Desempenho aceitável, mas sem margem remanescente	D
5 % a < 7%	Pequeno desvio em marcos importantes, capaz de atender à data necessária	Desempenho aceitável com redução significativa na margem	C
< 5%	Recursos adicionais necessários, capazes de atender à data necessária	Desempenho aceitável com alguma redução na margem	B
Impacto mínimo ou nulo	Impacto mínimo ou nulo	Impacto mínimo ou nulo no desempenho	A

Dadas as informações de mapeamento associadas às escalas de probabilidade de ocorrência e de consequência de ocorrência, uma matriz de mapeamento foi desenvolvida e é apresentada na Tabela 17-8. [Nota: O estabelecimento de limites de riscos muitas vezes não é exato, uma vez que foram utilizadas três divisões, tanto para a escala de probabilidade de ocorrência quanto para a escala de consequência de ocorrência contra os cinco níveis possíveis (um por nível de escala).] Uma matriz de mapeamento com diferentes relacionamentos de probabilidades de ocorrência e/ou consequência de ocorrência (por exemplo, baixo = níveis de escala A e B, médio = nível de escala C, e alto = níveis de escala D e E, tanto para as pontuações de probabilidade quanto para as de consequência de ocorrência), ou cinco níveis de risco resultantes (baixo, médio baixo, médio, médio alto e alto), ou diferentes limites de risco também poderiam ter sido utilizados para este exemplo.) (Como mencionado anteriormente, eu recomendo usar uma matriz simétrica de mapeamento de riscos, como a Tabela 17-8, a não ser que existam informações específicas, precisas e quantitativas que justifiquem uma matriz assimétrica.)

TABELA 17-8 Exemplo de matriz de mapeamento de riscos

probabilidade → maior (horizontal); probabilidade → maior (vertical)

	A	B	C	D	E
E	M	M	A	A	A
D	B	M	M	A	A
C	B	B	M	M	A
B	B	B	B	M	M
A	B	B	B	B	M

Vamos agora avaliar dois itens diferentes associados a uma câmera digital comercial de alta qualidade usando a metodologia de análise de riscos citada aqui. Lembre-se, esses riscos são hipotéticos e serão utilizados apenas para ilustrar como aplicar a metodologia de análise de riscos.

No primeiro caso, há um dispositivo comercial de carga acoplada de alto desempenho que está em desenvolvimento pré-protótipo. O dispositivo de carga acoplada será incluído em uma câmera digital de alta qualidade. O risco é de a relação sinal-ruído desejada poder ou não ser atingida para atender requisitos operacionais de pouca luz e evitar um aumento do nível de "granulação" de imagem durante a operação. O potencial custo de consequência de isso acontecer é um impacto de 6% nos custos, para uma terceira iteração de design, produção e teste (duas iterações estão na linha de base). A potencial consequência de cronograma de isso ocorrer é a necessidade de recursos adicionais, mas capazes de atender à necessidade de data. A potencial consequência técnica de isso ocorrer é aceitável, mas não há margem remanescente. Nesse exemplo, a pontuação da probabilidade resultante de ocorrência da Tabela 17-6 é o nível C (de maturidade do pré-protótipo), e da Tabela 17-7 C_C = nível C, C_S = nível B e C_T = nível D. Dada essa informação e a matriz de mapeamento de riscos na Tabela 17-8, o nível de risco em relação a custos, cronograma e aspectos técnicos é médio, baixo e médio, respectivamente. Tomar o máximo das três pontuações de riscos gera um nível global de risco médio para o desempenho de pouca luz do dispositivo de carga acoplada.

No segundo caso, um cartão de armazenamento digital de alta densidade está no estágio de formulação do conceito. Esse cartão de armazenamento será incluído na mesma câmera digital de alta qualidade, assim como o dispositivo de carga acoplada discutido anteriormente. O risco é a capacidade de atingir a densidade de bits desejada para o cartão armazenar o número desejado de imagens de alta resolução. Aqui, a densidade de bits é presumida como um fator cinco vezes maior que o estado da arte atual. O custo potencial da consequência de não se atingir a densidade de bits desejada é um impacto de custos de 20% para o avanço tecnológico adicional da mídia de armazenamento, além de retrabalhar em design, produção e iterações de testes uma ou mais vezes adicionais. A potencial consequência de cronograma dessa ocorrência é um grande atraso na introdução da câmera digital com o desejado cartão de memória de alta densidade. A potencial consequência técnica dessa ocorrência é o desempenho inaceitável, porque o desejado número de intervalo de imagens de alta resolução e altamente dinâmicas não pode ser armazenado com os cartões de armazenamento de densidades existentes. (Supõe-se aqui que vários cartões de armazenamento de baixa densidade não podem ser substituídos por um cartão único de alta densidade.) Nesse exemplo, a pontuação da probabilidade de ocorrência resultante da Tabela 17-6 é o nível D (design de conceito analisado para o desempenho) e, a partir da Tabela 17-7 C_C = nível E, C_S = nível D, e C_T = nível E. Dadas essa informação e a matriz de mapeamento de riscos na Tabela 17-8, o nível de risco em relação a custos, cronograma e desempenho técnico, é alto, alto e alto, respectivamente. Tomar o máximo das três pontuações de risco produz um alto nível de risco global para o cartão de armazenamento digital de densidade de bits.

Dos resultados para os dois riscos candidatos, o item de maior risco é o cartão de armazenamento digital.

Se houvesse *n* categorias de risco de tecnologia em vez de uma única usada aqui (maturidade de tecnologia), então teria havido $n \times 3$ pontuações totais para relatar para cada risco. Se desejado, isso poderia ser reduzido a *n* pontuações de risco por meio da utilização de uma abordagem conservadora de mapeamento e tirando o máximo das três pontuações de consequência por item. As $n \times 3$ pontuações totais também poderiam ter sido reduzidas a três pontuações de risco por risco, por meio da utilização de uma abordagem conservadora de mapeamento, e tirando a pontuação máxima das *n* pontuações de categoria de risco de tecnologia por item, juntamente com cada pontuação de consequência. De forma similar, se desejado, as pontuações $n \times 3$ para a consequência de custos, consequência do desempenho técnico e consequência do cronograma, poderiam ser reduzidas a uma pontuação de risco por risco, por meio da utilização de uma abordagem conservadora de mapeamento e tirando o máximo das *n* pontuações da categoria de risco de tecnologia por item, juntamente com as pontuações máximas das consequências de custos, desempenho técnico e cronograma por item.

[*Nota*: Eu geralmente **não** recomendo relatar pontuações separadas de risco associadas às consequências de ocorrência de custos, desempenho técnico e cronograma. Isso foi apenas apresentado como uma ilustração, uma vez que uma única escala de probabilidade (maturidade da tecnologia) foi utilizada nesse exemplo. Caso tenha *n* escalas de probabilidade, juntamente com três escalas de consequência, e use uma abordagem conservadora de mapeamento, você deverá, em geral, reportar o conjunto completo de $n \times 3$ níveis de risco (o que eu não prefiro) ou um único nível de risco (que é normalmente melhor). Se você relatar um único nível de risco e utilizar a abordagem conservadora de mapeamento (seleção da probabilidade máxima: par de consequências), será importante identificar qual categoria de probabilidade e consequência de ocorrência levou a qual nível de risco para auxiliar no desenvolvimento de um plano de resposta aos riscos.]

Finalmente, uma vez que existe um nível médio ou alto de risco, tanto para a câmera de vídeo de dispositivo de carga acoplada com desempenho em baixa luminosidade quanto para o cartão de armazenamento digital de densidade de bits, os planos de resposta aos riscos (discutidos na Seção 17.12) devem ser desenvolvidos para ambos os riscos.

Nota: Todos os riscos devem ser analisados antes de se escolherem estratégias de resposta aos riscos.

17.10 ANÁLISE QUANTITATIVA DE RISCOS (11.4)

Várias metodologias são comumente utilizadas nas análises quantitativas de riscos. Essas metodologias incluem, mas não se limitam a matrizes de pagamentos, análises de decisão (geralmente árvores de decisão), valor esperado (discutidos na Seção 17.4) e o processo Monte Carlo (discutido na Seção 17.11). Se as probabilidades potenciais das condições podem ser representadas por ponto de valor, como nas Figuras 17-3 e 17-4, então a abordagem da árvore de decisão (que se baseia na expectativa de cálculos do valor considerando participantes neutros ao risco) é, muitas vezes, adequada. Por outro lado, se as condições não podem ser representadas por um ou mais pontos de valor, então, em vez disso, devem ser utilizadas as distribuições de probabilidade. Uma metodologia comum que incorpora uma estrutura de modelo e distribuições de probabilidade é o processo de Monte Carlo (comumente chamado de simulação de Monte Carlo).

Dois pontos importantes na produção de resultados precisos de análise quantitativa de riscos incluem o desenvolvimento de uma estrutura de modelo precisa e a incorporação de informações de probabilidade precisas. No gerenciamento dos riscos do projeto há, muitas vezes, pouca atenção dada a cada um desses itens, e os resultados podem ser imprecisos. A estrutura do modelo deve ser cuidadosamente desenvolvida e validada, antes que qualquer resultado seja utilizado para propósitos de tomada de decisão. Embora isso seja fácil para árvores de decisão simples (por exemplo, aquelas nas Figuras 17-3 e 17-4), pode ser muito mais complexo quando pontuações ou centenas de ramos e resultados potenciais estão envolvidos. O mesmo é o caso das simulações de Monte Carlo que modelam estimativas complexas de custos, itens técnicos ou cronogramas. Da mesma forma, embora possa ser relativamente fácil estimar probabilidades ou distribuições de probabilidade, essa informação pode, frequentemente, conter condições, tanto de ruídos aleatórios quanto de ruídos enviesados, que podem ser muito difíceis de quantificar e eliminar. Esse é particularmente o caso quando as informações de probabilidade são extraídas por indivíduos e não quando são obtidas por medições físicas. Conforme mencionado na Seção 17.7, uma série de fatores pode afetar a probabilidade de ocorrência e/ou consequência de ocorrência por meio da introdução de um viés e/ou condição de ruído. Esses componentes de ruído podem levar a erros na escolha da distribuição de valores críticos (por exemplo, valores baixos e altos para um triângulo de distribuição, dado o valor determinístico mais provável).

Saídas da análise quantitativa de riscos podem ser usadas de várias maneiras, incluindo – mas não se limitando a – o desenvolvimento de: (1) listas priorizadas de riscos (similares àquelas escalas ordinais calibradas), (2) estimativas de custos probabilísticos no término por fase do projeto e estimativas probabilísticas de cronograma para marcos importantes para ajudar o gerente de projetos a alocar a reserva adequadamente, (3) estimativas probabilísticas de atender parâmetros desejados de desempenho técnico (por exemplo, precisão de mísseis) e validação do desempenho técnico de componentes fundamentais (por exemplo, operação em tempo real do circuito integrado), e (4) as estimativas da probabilidade em cumprir os objetivos de custos, desempenho técnico e cronograma (por exemplo, determinar a probabilidade de cumprir a estimativa planejada no término, um marco importante de cronograma, ou requisitos de desempenho técnico de alto nível). As tendências em função do tempo também podem ser desenvolvidas a partir dos resultados citados aqui, por meio da repetição das análises quantitativas de riscos durante o curso da fase do projeto. [Note, no entanto, que as informações atuais das tendências serão frequentemente mascaradas por incertezas na análise que devem se reduzir em função do tempo (todo o resto ficando constante).]

17.11 DISTRIBUIÇÕES DE PROBABILIDADE E O PROCESSO DE MONTE CARLO

Uma ampla variedade de distribuições de probabilidade pode ser utilizada na realização de análises quantitativas de riscos. Essas distribuições em geral se dividem em duas classes – contínuas e discretas (em que apenas podem existir valores finitos). A pergunta óbvia que alguns podem levantar é: "que tipo de distribuição devo usar na simulação?". Na verdade, não existe uma resposta simples porque os diferentes fenômenos modelados tenderão a ser representados por diferentes tipos de distribuições. (E, sim, quando você possuir os dados reais, nos quais confia, que representem a distribuição de probabilidade, então, crie uma distribuição geral a partir desses dados ou utilize os dados em si como distribuição de probabilidade.) O tema da seleção de distribuições de probabilidade é realmente complexo e você deve consultar um ou mais textos sobre esse assunto como garantia.[13] A seguir, são apresentadas três heurísticas para a seleção de distribuições de probabilidade.

Primeira, os dados devem ditar a distribuição de probabilidade e a distribuição de probabilidade nunca deve definir os dados subjacentes. Embora isso soe banal, muitas vezes os analistas selecionam um tipo específico de distribuição de probabilidade, enquanto não fazem ideia de qual tipo de distribuição deveria ser associado ao item que está sendo modelado. Se você escolher um tipo particular de distribuição de probabilidade, sem um argumento convincente, ou se o software limitá-lo a um determinado tipo de distribuição, então, pelo menos, declare o seu raciocínio e as suas limitações. Nesse caso, os revisores terão uma melhor compreensão das limitações da análise e de como ela pode afetar os resultados. Segunda, deve existir um forte argumento do mundo real para apoiar a seleção de um tipo particular de distribuição de probabilidade. O contrário também é verdadeiro, uma distribuição não deveria ser selecionada se for contraintuitiva em argumentos convincentes no mundo real. Terceira, não acredite cegamente em distribuições que se ajustam às estatísticas e utilize essa informação isoladamente como a lógica para escolher um determinado tipo de distribuição de probabilidade.

Por exemplo, uma distribuição incluída em papel se ajusta aos resultados da análise de riscos do cronograma associado a diversas atividades. Essas distribuições resultantes

[13] Por exemplo: EVANS, Merran; HASTINGS, Nicholas; PEACOCK, Brian. *Statistical distributions.*, 3. ed. New York: Wiley-Interscience, 2000. Esse livro fornece um resumo para a aplicação de uma dada distribuição, mas o mais importante é que contém uma excelente análise das propriedades estatísticas fundamentais para várias distribuições.

foram incluídas em uma análise de riscos de custos. No entanto, a justificativa para a escolha de uma distribuição em cada caso foi selecionar "a distribuição de melhor ajuste" (por exemplo, a distribuição com as estatísticas de melhor ajuste). Isso não é nada mais do que "balançar os ombros" e violar todas as três heurísticas acima indicadas. Pior ainda, os autores nunca reconheceram quaisquer potenciais limitações ou problemas com essa abordagem. Primeiro, não havia nenhuma indicação de que os dados subjacentes representavam, de fato, a "melhor" distribuição baseada nas estatísticas de ajuste. Segundo, não havia nenhum argumento real apresentado de que uma dada distribuição era melhor, muito menos, correta. Terceiro, não havia nível de probabilidade associado com as três estatísticas ajustadas estimadas para cada distribuição. Daí que, não se sabe se alguma das distribuições de melhor ajuste era ou não estatisticamente significativa. E nos casos em que cada estatística de ajuste resultou em uma classificação de distribuição diferente, então como a distribuição de melhor ajuste deveria ser selecionada quando não existiam os níveis de probabilidade?

ALGUMAS TÍPICAS DISTRIBUIÇÕES CONTÍNUAS DE RISCO

As distribuições beta, log-normal, normal, triangular e uniforme são comumente usadas em uma variedade de aplicações. No entanto, essas distribuições podem não ser apropriadas para seu uso. A distribuição beta é definida por dois parâmetros de forma. É possível uma variedade de diferentes distribuições beta e de formas resultantes. Em geral, as distribuições têm um intervalo finito e, em alguns casos, os valores mínimos e máximos são especificados. Uma forma restrita da distribuição beta, conhecida como Técnica de Avaliação e Revisão de Programa (PERT) é utilizada às vezes na realização de análises do cronograma e de análises dos riscos do cronograma. A média da distribuição e o desvio padrão são limitados por baixo (B), mais provável (MP, que também é conhecida como a moda), e alto (A) e os valores A e B, respectivamente. Os resultados de uma análise de cronograma PERT geralmente não são tão significativos ou precisos quanto os realizados a partir de uma simulação de Monte Carlo. Muitos pacotes de software de simulação apenas aproximam a distribuição beta-PERT (como pode ser verificado por meio do cálculo da média e do desvio padrão dos dados amostrados de distribuição resultantes). Além disso, as estimativas B e A estão sujeitas a erros de ruídos aleatórios e de vieses que podem levar a erros tanto na especificação de valores para uma análise PERT, quanto para as distribuições beta-PERT e suas saídas. Finalmente, de modo geral, a média da distribuição beta-PERT é ponderada ao valor MP (4/6) sobre o B (1/6) e A (1/6), enquanto, para uma distribuição triangular, a média é ponderada igualmente para os valores MP (1/3), B (1/3) e A (1/3).

A distribuição log-normal pode ser apropriada quando o valor B de dados é maior do que ou igual a zero, e a extremidade superior dos dados contém relativamente poucos pontos de dados extremos.[14] Além disso, a distribuição log-normal é, muitas vezes, adequada para modelar uma variável que seja um produto multiplicativo de muitas variáveis independentes em que nenhuma variável domina.[15] O usuário normalmente especifica a distribuição média (ou mediana) e o desvio padrão. A distribuição (função de densidade de probabilidade) é normalmente inclinada à direita.

A distribuição normal é aplicável para a modelagem de uma grande variedade de fenômenos naturais. A variável é especificada pela média e pelo desvio padrão e é delimitada por ± infinito nas extremidades B/A. Isso pode ser adequado para alguns casos de simulação de gerenciamento de projetos, mas não para outros. Por exemplo, por definição, o termo residual (erro) na regressão normal dos mínimos quadrados, que, às vezes, é usado para gerar relações de estimativas de custos paramétricas e lineares, é normalmente distribuída.[16] A distribuição normal é simétrica e a média = mediana = moda. Por último, a distribuição normal apenas pode ser aproximada por uma estimativa de três pontos que possa incluir uma força de ajuste para os valores B, MP e A especificados pelo usuário.

A distribuição triangular pode ser adequada quando os valores de B e A são conhecidos (ou podem ser estimados com precisão), a variável sem risco pode ser modelada como o MP e a relação entre B, MP e A é conhecida, e os dados estendem-se continuamente a partir dos valores B a MP e de MP a A. (*Nota:* O MP deve ser maior ou igual a B. Também deve ser menor ou igual a A). A distribuição triangular é ou inclinada à esquerda, simétrica, ou inclinada à direita, dependendo dos valores associados a B, MP e A. Tal como no caso beta-PERT, as estimativas

---

14 Veja a nota 13.

15 EVANS, Merran; HASTINGS, Nicholas; PEACOCK, Brian., *Log-normal Distribution*. Wikipedia Foundation, Inc., http://en.wikipedia.org/wiki/Lognormal_distribution. Modificado pela última vez em 12 de maio de 2012.

16 *Nota:* O desvio padrão ± n da média é aproximadamente 68,3, 95,4 e 99,7% da área de distribuição total para n = 1, 2 e 3 desvios padrão. Consequentemente, enquanto as caudas da distribuição se estendem até o infinito, as chances de isso ocorrer dimunui consideravelmente conforme o número de desvios padrão aumenta. Por exemplo, a probabilidade de que um valor estabelecido fora de ± 3 desvios padrão da média é apenas de três chances em mil. Isso diminui para até quatro chances em cem mil para ± 5 desvios padrão da média.

B e A estão sujeitas a erros de ruídos aleatórios e vieses que podem levar a erros tanto na especificação de valores para as distribuições triangulares, quanto nas suas saídas. Estimar o valor de B a partir do valor do 10º percentil e o valor de A, a partir do valor do 90º percentil, dados os valores do 10º percentil, de MP e do 90º percentil. Isso é, às vezes, realizado para reduzir os erros de vieses associados diretamente às estimativas das extremidades. (Isso envolve uma solução iterativa para um polinômio de quarto grau.) (Apesar da possibilidade de redução da condição de erro de viés associada à estimativa dos valores de B e A, não fica claro o quanto desse erro é realmente reduzido em aplicações do mundo real.) A distribuição triangular às vezes é utilizada como um padrão de distribuição em aplicações de gerenciamento de riscos em projetos – muitas vezes, porque faltam dados adicionais teóricos e de medição para especificar, de forma mais precisa, a verdadeira distribuição de uma variável. O perigo óbvio é que uma distribuição triangular pode ser especificada sem nenhum conhecimento exato sobre se ela se aplica ou não. Em tais casos, a magnitude dos erros *versus* a distribuição real de dados subjacentes pode ser muito grande – de "várias centenas por cento".[17]

A distribuição uniforme é delimitada pelos valores de B e A, e presume-se que os valores são distribuídos igualmente entre as extremidades. (Na prática, todos os valores são igualmente prováveis de ocorrer entre os limites de B e A). As distribuições uniformes são simples de modelar e visualizar, mas podem não ser adequadas para elementos e atividades bem definidas nas estimativas de custos e de cronograma, respectivamente.

O PROCESSO DE MONTE CARLO

O processo de Monte Carlo, aplicado ao gerenciamento de riscos, é uma tentativa de criar uma série de distribuições de probabilidades para riscos potenciais, amostrar aleatoriamente essas distribuiçoes e, em seguida, transformar esses números em informações úteis que reflitam a quantificação dos riscos associados de custos, desempenho técnico ou cronograma. Embora muitas vezes utilizadas em aplicações técnicas (por exemplo, desempenho de circuito integrado ou resposta estrutural a um terremoto), as simulações de Monte Carlo também foram utilizadas para estimar o risco na concepção de centros de serviço; o tempo para terminar marcos importantes de um projeto; o custo de desenvolvimento, produção e manutenção de um item; a gestão de estoque; e em milhares de outras aplicações. O número equivalente de horas de computador gastas em todas as plataformas em simulações de Monte Carlo não relacionadas a custos e cronograma é provavelmente da ordem de 100.000 a 10.000.000 vezes maior do que as simulações associadas a custos e cronograma juntas. (Por exemplo, mais de um milhão de horas equivalentes de um computador *desktop* foram gastas para modelar o desempenho técnico de um único circuito integrado). Infelizmente, isso normalmente não é reconhecido nem declarado em alguma literatura de gerenciamento de projetos que enfatiza as simulações de custos e cronograma. (Isso também é desafortunadamente consistente com uma quase ausência ou menção da dimensão do desempenho técnico em alguma literatura de gerenciamento de projetos.)

A estrutura das simulações das estimativas de custos é geralmente aditiva – o que significa que os custos se somam por meio dos elementos ou entradas de mão de obra e materiais da EAP, independentemente da abordagem de estimativa utilizada por um elemento ou entrada específico da EAP. A estrutura das simulações de cronograma é geralmente baseada em uma rede de programação, que inclui marcos ou durações para atividades conhecidas que estão ligadas em uma configuração predefinida, usando a lógica do modelo. Assim, uma análise de riscos de cronograma geralmente não será representada por um simples modelo aditivo. Os modelos de desempenho podem assumir uma variedade de estruturas diferentes que muitas vezes são únicas para o item que está sendo simulado e que, portanto, não seguem um padrão simples, mas são em grande parte não representadas por simples modelos aditivos.

A seguir, um resumo dos passos utilizados na realização de uma simulação de Monte Carlo para custos e cronograma. (Simulações de desempenho técnico podem ter uma estrutura de modelo muito diferente e, portanto, podem não se encaixar no esquema a seguir). Embora os detalhes da implementação da simulação de Monte Carlo variem entre as aplicações, muitos casos utilizam um pro cedimento semelhante a este.

1. Desenvolver e validar um modelo determinístico adequado para custos ou cronograma sem risco e/ou incerteza.
2. Desenvolver a estimativa do ponto de referência (por exemplo, duração de custos ou cronograma) para cada elemento da EAP ou atividade contida no modelo.
3. Verificar e voltar a verificar a lógica do modelo (de custos e cronograma) e as restrições (de cronograma), visto que lógicas e restrições incorretas no modelo são surpreendentemente comuns e conduzirão a resultados incorretos da simulação. Por exemplo, o percentual de tempo gasto na validação da lógica e das restrições determinísti-

[17] Veja a nota 11.

cas de cronograma deve aumentar com o número de tarefas presentes. Para cronogramas com vários milhares de tarefas, mais da metade do tempo deve ser gasto na validação do cronograma, e menos da metade do tempo deve ser gasto na obtenção das distribuições de probabilidade e na interpretação dos resultados.

4. Identificar os níveis mais baixos da EAP ou da atividade pela qual as distribuições de probabilidade serão construídas. O nível selecionado dependerá da fase do programa – frequentemente níveis mais baixos conforme o projeto amadurece.
5. Identificar quais os elementos da EAP ou atividades contêm incerteza e/ou risco na estimativa. (Por exemplo, o risco técnico pode estar presente na estimativa de custo de alguns elementos da EAP ou atividades do cronograma.)
6. Desenvolver distribuições de probabilidade adequadas para cada elemento da EAP ou atividade com incerteza e/ou risco na estimativa. Para as análises de risco de custos da incerteza na estimativa de custos, o risco de cronograma e o risco técnico devem ser considerados como distribuições separadas. Para análises de risco do cronograma da incerteza na estimativa do cronograma, o risco técnico e, possivelmente, o risco de custos devem ser considerados como distribuições separadas. Com algumas ferramentas (por exemplo, alguns softwares de desenvolvimento de cronogramas de projetos), apenas uma única distribuição de probabilidade pode ser usada para um determinado elemento da EAP ou atividade. Em outros casos, podem ser usadas distribuições múltiplas, mas os profissionais podem utilizar apenas uma única distribuição. Essa é uma deficiência distinta já que a agregação de distribuições é quase sempre subjetiva e pode levar a resultados errados. (Nota: Teoricamente, para as análises de risco de custos e cronograma, o risco deveria ser modelado, em vez dos elementos e atividades que são impactados pelo risco.[18] No entanto, vários métodos disponíveis de implementação dessa abordagem são subjetivos e deveriam ser evitados.)
7. Agregar as funções de distribuição da probabilidade dos elementos da EAP ou da atividade utilizando uma simulação de Monte Carlo. Quando realizados para os custos, os resultados desse passo serão tipicamente uma estimativa probabilística dos custos no término ao nível de probabilidade desejado e uma função distribuição acumulada (CDF)[NT9] de custos *versus* probabilidade para o nível 1 da EAP. Esses resultados são, então, analisados para determinar o nível de risco de custos e identificar os condutores específicos de custos. Quando realizados para o cronograma, os resultados desse passo serão funções de distribuição acumulada das datas de término (e, possivelmente, das durações) para as tarefas selecionadas do cronograma. Esses resultados são, então, analisados para determinar o nível de risco do cronograma no nível de probabilidade desejado e identificar os condutores específicos do cronograma. É também importante examinar a função densidade de probabilidade (PDF)[NT10] ou representação de histograma) dos resultados selecionados para identificar se eles são ou não multimodais ou irregularmente moldados por natureza. Se assim for, uma investigação adicional é justificada. Primeiro, tentar executar a simulação para um número maior de iterações (o que, mantendo todo o resto constante, tende a suavizar as irregularidades). Se as irregularidades permanecem, investigar os insumos que alimentam os resultados sob avaliação, a lógica do modelo associado e outras considerações (por exemplo, o calendário utilizado para uma análise de riscos do cronograma).
8. Análises de sensibilidade e de cenário também devem ser consideradas para análises de riscos de custos e cronograma. No entanto, devem ser realizadas no modelo de simulação (probabilístico), e não no modelo determinístico. Se o modelo determinístico é utilizado, as considerações probabilísticas não serão levadas em consideração. (Por exemplo, um pacote de software de análise de riscos de cronograma executa uma análise de sensibilidade antes de realizar a simulação de Monte Carlo). Para a análise de riscos dos custos, a análise de sensibilidade identifica as variáveis que mais afetam os resultados (por exemplo, o custo total do programa, custos por fase do programa). Para as análises de riscos do cronograma, o percentual de tempo que uma

[18] Ver CONROW, nota 1, p. 298-299.

[NT9] Função Distribuição Acumulada. Da expressão em inglês, *Cumulative Distribution Function* (CDF).

[NT10] Função Densidade de Probabilidade. Da expressão em inglês, *Probability Density Function* (PDF).

tarefa está no caminho crítico probabilístico (por exemplo, a criticidade, o índice crítico), aliado à influência que a tarefa tem sobre o resultado especificado (sensibilidade, geralmente proveniente da correlação) são de considerável valor, dado que nenhum tipo de informação pode ser obtido a partir de uma análise determinística. Além disso, o produto da multiplicação da criticidade pela sensibilidade gera crucialidade, que é uma medida da sensibilidade multiplicada pelo percentual de tempo em que a tarefa está no caminho crítico.

Nota: Deve-se reconhecer que a qualidade dos resultados da simulação de Monte Carlo são apenas tão bons quanto a estrutura do modelo, a qualidade das estimativas de pontos de referência, a seleção das distribuições de probabilidade utilizadas na simulação, e em como a simulação é implementada [por exemplo, os tipos de distribuições, o número de distribuições por elemento ou atividade, os valores críticos específicos que definem a distribuição (por exemplo, a média e o desvio padrão para uma distribuição normal) e o número de iterações com que a simulação é executada][19]. Se esses dados não são obtidos com cuidado e precisão, os resultados podem ser enganosos, se não incorretos. Por exemplo, existe uma tendência por parte de alguns analistas que realizam simulações de custos e cronograma em padronizar para uma distribuição de probabilidade triangular, porque o software não oferece suporte a outras distribuições de probabilidades (o que aponta para software inadequado) ou que não existe uma justificativa específica para selecionar uma distribuição de probabilidade diferente. Isso também é um argumento pobre. Como mencionado anteriormente, os dados devem ditar a distribuição de probabilidade e a distribuição de probabilidade nunca deve definir os dados subjacentes. Levando-se em conta essas e outras considerações relacionadas, os tomadores de decisões são alertados quanto a acreditar nos resultados das simulações de Monte Carlo apresentadas com diversas casas decimais, quando há, muitas vezes, incerteza incomum na primeira casa decimal!

EXEMPLO 17-3. O gerente de um posto de serviços está considerando a possibilidade de adição de um segundo balcão de serviços. Ele observou que as pessoas normalmente estão esperando na fila. Se o balcão de serviços opera 12 horas por dia e o custo de um funcionário do caixa é de $ 60,00 (com encargos) por hora, simule o problema do gerente utilizando o método de Monte Carlo supondo que a perda de clientela seja de aproximadamente $ 50,00 por hora.

O primeiro passo no processo é o desenvolvimento de procedimentos para definir os índices de chegada e os índices de serviço. O uso da simulação implica que as expressões de distribuição ou são inexistentes para esse tipo de problema ou não se aplicam a esse caso. Em qualquer caso, devemos construir expressões ou gráficos para os índices de chegada e de serviço.

Os índices de chegada e de serviço são obtidos a partir de observações da amostra ao longo de um determinado período de tempo e transformados em histogramas. Vamos supor que passamos algum tempo observando e gravando dados de um balcão de serviços. Os dados registrados serão o tempo entre as chegadas dos clientes e o número de ocorrências dessas chegadas. O mesmo procedimento será repetido para serviços. Vamos registrar a quantidade de tempo que cada pessoa gasta nos caixas e o número de vezes que isso ocorre. Esses dados são mostrados na Tabela 17-9 e transformados em histogramas nas Figuras 17-7 e 17-8. A partir da Tabela 17-9 e das Figuras 17-7 e 17-8, cinco pessoas entraram na loja em um intervalo de cinco minutos de outros clientes. Os cinco clientes podem ter chegado ao mesmo tempo ou em tempos diferentes. Da mesma forma, 18 pessoas entraram em um intervalo de 16 minutos de outros clientes. Os índices de serviço são tratados da mesma maneira. Quinze pessoas demandaram 14 minutos de serviço e 20 pessoas demandaram 18 minutos de serviço.

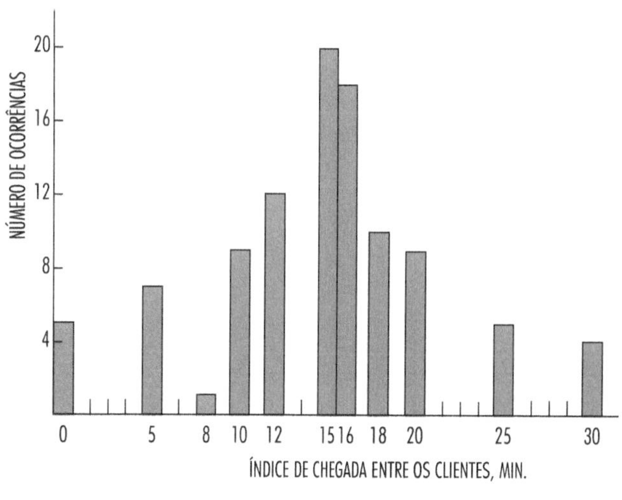

FIGURA 17-7 Histograma dos índices de chegada.

[19] Veja LAW, A.M. *Simulation modeling and analysis*, 4. ed. New York: McGraw Hill, 2007, para considerações adicionais sobre simulações Monte Carlo. Veja também CONROW, 2003, nota 1, Capítulo 6.

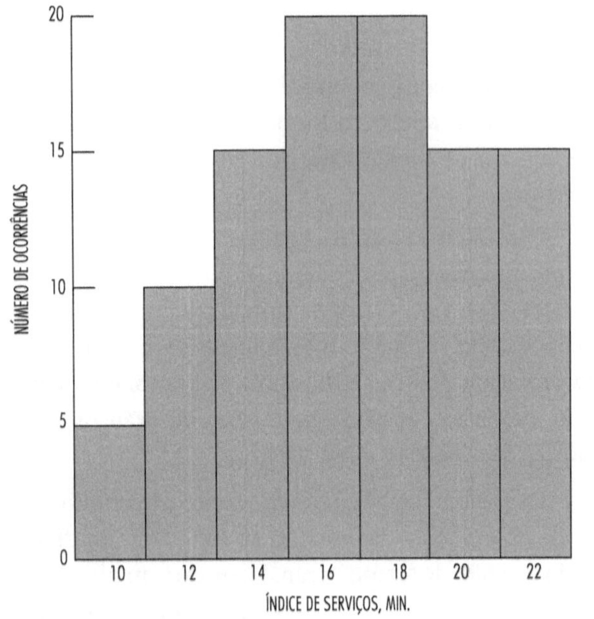

FIGURA 17-8 Dados dos índices de serviços.

O segundo passo transforma os histogramas de chegada e de serviço em um tipo de gráfico função degrau em que para cada número corresponde a um, e apenas um, índice de chegada e serviço. Para desenvolver esses gráficos, o melhor é obter 100 observâncias tanto para chegadas quanto para serviços, discutidos no primeiro passo e na Tabela 17-9.

TABELA 17-9 Dados dos índices de chegada e de serviços

Chegadas		Serviços	
Tempo de Chegada Entre os Clientes (min)	Número de Ocorrências	Tempo de Serviço no Balcão do Caixa (min)	Número de Ocorrências
0	5	10	5
5	7	12	10
8	1	14	15
10	9	16	20
12	12	18	20
15	20	20	15
16	18	22	15
18	10		
20	9		
25	5		
30	4		
Total	100		100

Os gráficos de função degrau são baseados em 100 números. Considere os dados de serviço na Tabela 17-9. Vamos deixar os números de 1 a 5 representarem dez minutos de serviço, uma vez que existiam cinco observações. Dez observações foram tabuladas para 12 minutos de serviço. Isso é representado pelos números de 6 a 15. Da mesma forma, os números de 16 a 30 representam as 15 observações de 14 minutos de serviço. Os dados restantes podem ser tabulados da mesma forma para completar o gráfico de serviços. O gráfico função degrau de serviços é mostrado na Figura 17-9 e o gráfico em função degrau das chegadas é mostrado na Figura 17-10. Alguns pontos sobre estes gráficos são de planalto, como o número 15 na tabela de serviços. O número 15 refere-se ao ponto mais à esquerda. Portanto, 15 implica 12 minutos de serviço, e não 14 minutos.

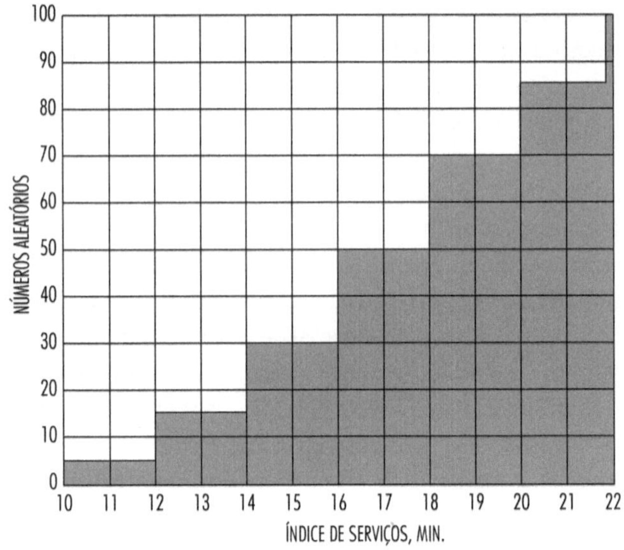

FIGURA 17-9 Gráfico de função degrau para números aleatórios dos índices de serviços.

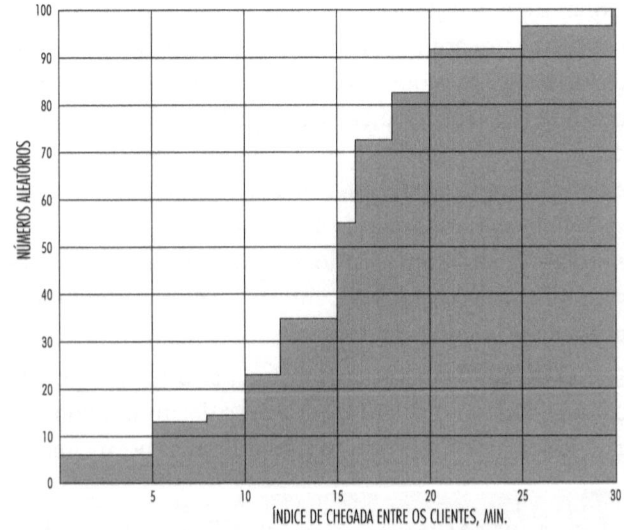

FIGURA 17-10 Gráfico de função degrau para números aleatórios dos índices de chegada.

TABELA 17-10 Modelo de Simulação de Monte Carlo para fila única

Número Aleatório (Chegada)	Incremento do Tempo de Chegada (min)	Hora de Chegada (Serviços)	Número Aleatório de Serviços (min)	Incremento do Tempo de Serviços	Espera pelos Serviços Inicia (min)	Termina	Tempo
1	0,0	8:00	8	12,00	8:00	8:12	0,0
32	12,00	8:12	1	10,00	8:12	8:22	0,0
4	0,0	8:12	15	12,00	8:22	8:34	10,00
53	15,00	8:27	80	20,00	8:34	8:54	7,00
68	16,00	8:43	82	20,00	8:54	9:14	11,00
87	20,00	9:03	83	20,00	9:14	9:34	11,00
17	10,00	9:13	47	16,00	9:34	9:50	21,00
32	12,00	9:25	64	18,00	9:50	10:08	25,00
99	30,00	9:55	10	12,00	10:08	10:20	13,00
72	16,00	10:11	39	16,00	10:20	10:36	9,00
82	18,00	10:29	41	16,00	10:36	10:52	7,00
7	5,00	10:34	65	18,00	10:52	11:10	18,00
30	12,00	10:46	92	22,00	11:10	11:32	24,00
77	18,00	11:04	32	16,00	11:32	11:48	28,00
96	25,00	11:29	82	20,00	11:48	12:08	19,00
30	12,00	11:41	41	16,00	12:08	12:24	27,00
Tempo total de espera = 230,00 min							

O terceiro passo requer a geração de números aleatórios e análise (ver Tabela 17-10). Os números aleatórios podem ser obtidos a partir de tabelas de números aleatórios ou de programas de computador que contenham geradores de números aleatórios. Esses números aleatórios são utilizados para simular os índices de chegada e de serviço de clientes, a partir dos gráficos de função degrau nas Figuras 17-9 e 17-10. Números aleatórios são gerados entre 0 e 1. No entanto, é prática comum multiplicar esses números por 100, de modo a ter números inteiros entre 0 e 99 ou 1 e 100. Como exemplo, considere os seguintes 10 números aleatórios: 1, 8, 32, 1, 4, 15, 53, 80, 68 e 82. Os números são lidos em grupos de 2 com o primeiro número representando chegadas e o segundo número representando serviço. Da Figura 17-10, o número 1 corresponde a um índice de chegada 0. Da Figura 17-9, o número 8 corresponde a 12 minutos de serviço. Portanto, considerando que a loja abre às 8h00 da manhã, o primeiro cliente chega ao balcão do caixa aproximadamente às 8h00 e sai às 8h12, depois de demandar 12 minutos de serviço no balcão de caixa. O segundo par de pontos é 32 e 1. O primeiro número, 32, indica que o segundo chega 12 minutos depois do primeiro, às 8h12. Mas, como o primeiro cliente está no balcão de serviços às 8h12, o segundo não terá que esperar. Seus 10 minutos de serviço no balcão do caixa terão início às 8h12 e terminarão às 8h22. O terceiro cliente chega ao mesmo tempo em que o segundo e demanda 12 minutos de serviço. Mas, como o segundo cliente está no balcão de serviços, o terceiro deve aguardar na fila até 8h22 antes de entrar no balcão de serviços. Portanto, seu tempo de espera é de 10 minutos e ele deixa o balcão de serviços às 8h34 (8h22 + 12 minutos de serviço). O quarto chega 15 minutos após o terceiro cliente (às 8h27) e demanda 20 minutos de serviço. Como o balcão de serviços está ocupado até que o terceiro cliente saia às 8h34, o quarto cliente deve aguardar 7 minutos na fila. Esse processo é repetido para 16 clientes e os resultados são apresentados na Tabela 17-10.

O quarto passo no processo é a análise final dos dados. Os dados apresentados na Tabela 17-10 consistiram de 16 clientes processados nas primeiras quatro horas. A soma do tempo de espera para as quatro horas é de 230 minutos. Como a loja fica aberta durante 12 horas, o tempo de espera total é 3 x 230, ou 690 minutos. A $ 50,00 por hora perdida de clientela, o gerente perde cerca de $ 575 por 12 horas por dia deviso aos custos de espera na fila. O gerente pode colocar um segundo balcão de serviços. Se ele paga ao trabalhador $ 60,00 por hora com encargos por 12 horas ao dia, o custo será de $ 720,00. Portanto, é mais econômico para o gerente permitir que as pessoas esperem do que colocar um segundo balcão de caixa.

17.12 PLANEJAR RESPOSTAS AOS RISCOS (11.5)

O planejamento de respostas aos riscos (tratamento de riscos) inclui métodos e técnicas específicos para lidar com riscos conhecidos e oportunidades, identificar quem é responsável pelo risco ou oportunidade e fornecer uma estimativa sobre os recursos associados com o tratamento do risco ou oportunidade, se houver. Envolve planejamento e execução com o objetivo de reduzir os riscos a um nível aceitável e explorar oportunidades potenciais. Há vários fatores que podem influenciar a nossa resposta a um risco ou oportunidade, incluindo, mas não se limitando a:

- Quantidade e qualidade das informações sobre as ameaças reais que causaram o risco (incerteza descritivo)
- Quantidade e qualidade das informações sobre a magnitude do dano (incerteza medida)
- Benefício pessoal para o gerente de projetos em aceitar o risco ou oportunidade (risco ou oportunidade voluntários)
- Risco ou oportunidade impostos ao gerente de projetos (risco ou oportunidade involuntários)
- A existência de alternativas economicamente viáveis (riscos ou oportunidades justas)
- A existência de alternativas de alto custo ou, possivelmente, a falta de opções (riscos ou oportunidades injustas)
- O tempo de exposição ao risco, ou tempo disponível para a oportunidade

O planejamento das respostas aos riscos deve ser compatível com o plano de gerenciamento de riscos e com qualquer orientação adicional que o gerente do programa forneça. Uma parte crítica do planejamento das respostas aos riscos envolve o refinamento e a seleção da(s) opção(ões) de resposta mais adequada(s) e abordagem(ns) específica(s) de aplicação para os riscos e oportunidades selecionados (geralmente aqueles com níveis de médio ou alto risco). A opção selecionada de resposta aos riscos, associada à abordagem específica de implementação, é conhecida como estratégia de resposta (tratamento) aos riscos, a qual é documentada no plano de respostas (tratamento). O procedimento para desenvolver uma estratégia de resposta aos riscos é simples. Primeiro, a opção de resposta aos riscos mais desejável [aceitação, eliminação, controle (mitigação), e a transferência[NT11] para os riscos e aceitação, melhoria, exploração e compartilhamento[NT12] para as oportunidades] é selecionada; então a melhor abordagem de implementação é escolhida para essa opção. Nos casos em que uma ou mais estratégias substitutas podem ser justificadas (por exemplo, os riscos altos), o procedimento acima é repetido. (Embora a opção selecionada para uma estratégia substituta possa ser a mesma para a estratégia primária, a abordagem de implementação será sempre diferente; caso contrário a estratégia principal e a substituta seriam idênticas.). Do mesmo modo, respostas de contingência podem ser desenvolvidas para os riscos e oportunidades em que a ação seja tomada apenas se determinadas condições previamente definidas ocorrerem.

Os funcionários que avaliam as estratégias candidatas de resposta aos riscos podem utilizar os seguintes critérios como ponto de partida para a avaliação:

- A estratégia pode ser facilmente implementada e ainda atender às necessidades do usuário?
- Qual é a eficácia esperada da estratégia de resposta na redução dos riscos do programa para um nível aceitável?
- A estratégia é acessível em termos de valores monetários e outros recursos (por exemplo, a utilização de materiais críticos e as instalações de teste)?
- O tempo está disponível para desenvolver e implementar a estratégia, e qual efeito isso tem na grade de programação do cronograma global do programa?
- Qual efeito a estratégia tem sobre o desempenho técnico do sistema?

Um resumo das opções de respostas aos riscos e às oportunidades é fornecido na Tabela 17-11. Para riscos, isso inclui a aceitação, a eliminação, a mitigação (controle) e a transferência, enquanto para as oportunidades isso inclui a aceitação, a melhoria, a exploração e o compartilhamento. Além disso, são possíveis respostas de contingência para ambos, riscos e oportunidades.

Segue um breve debate sobre as quatro opções de resposta aos riscos:

- **Aceitação (ou seja, a retenção)**: o gerente do projeto diz: "Sei que o risco existe e estou ciente das possíveis consequências. Estou disposto a esperar e ver o que acontece. Aceito o risco caso ele ocorra".

[NT11] Tradução, conforme padrão oficial da versão em português da quarta edição do Guia PMBOK® para *Accept* = Aceitar, *Avoid* = Eliminar, *Mitigate* = Mitigar e *Transfer* = Transferir, como estratégias para riscos negativos ou ameaças. Cabe ressaltar que, no glossário da quarta edição do Guia PMBOK®, em português, consta também a tradução "Prevenção de Riscos" para o termo *Risk Avoidance*. Utilizaremos o termo "Eliminar" ou "Eliminação", empregados durante o processo de Gerenciamento dos Riscos do Projeto.

[NT12] Tradução, conforme padrão oficial da versão em português da quarta edição do Guia PMBOK® para *Accept* = Aceitar, *Enhance* = Melhorar, *Exploit* = Explorar e *Share* = Compartilhar, como estratégias para riscos positivos ou oportunidades.

TABELA 17-11 Resumo das opções de resposta para riscos e oportunidades

Tipo de Resposta	Uso do Risco ou Oportunidade	Descrição
Eliminação	Risco	Eliminar o risco por meio da aceitação de outra alternativa, mudança no design ou em um requisito. Pode afetar a probabilidade e/ou o impacto.
Mitigação (Controle)	Risco	Reduzir a probabilidade e/ou impacto por meio de medidas ativas.
Transferência	Risco	Reduzir a probabilidade e/ou impacto por meio da transferência total ou parcial de responsabilidade para outra parte, ou por meio do redesign através de interfaces de hardware/software ou outras interfaces.
Exploração	Oportunidade	Tirar vantagem das oportunidades.
Compartilhamento	Oportunidade	Compartilhar com outra parte, que pode aumentar a probabilidade e/ou impacto das oportunidades.
Melhoria	Oportunidade	Aumentar a probabilidade e/ou impacto das oportunidades.
Aceitação	Risco e Oportunidade	Adotar uma atitude de "esperar para ver" e tomar ações quando os gatilhos são acionados. O orçamento, o cronograma e outros recursos devem ser segurados em reservas para o caso de o risco ocorrer ou de a oportunidade ser selecionada.

- **Eliminação:** o gerente do projeto diz: "Não vou aceitar esta opção por causa dos resultados potencialmente desfavoráveis. Vou mudar ou o design para impedir a questão ou os requisitos que levam ao problema".
- **Controle (por exemplo, a mitigação):** o gerente do projeto diz: "Vou tomar as medidas necessárias para controlar esse risco, por meio da reavaliação contínua e do desenvolvimento de planos de contingência ou posições alternativas. Vou fazer o que é esperado".
- **Transferência:** o gerente do projeto diz: "Vou compartilhar este risco com outros por meio de seguro ou de uma garantia ou então transferir todo o risco para eles. Também posso vir a considerar a possibilidade de dividir o risco por meio de interfaces físicas e/ou de conteúdo ou utilizar outras abordagens que compartilhem o risco".

Segue um breve debate sobre as quatro opções de resposta às oportunidades:

- **Aceitação (ou seja, a retenção):** o gerente do projeto diz: "Sei que a oportunidade existe e estou ciente das possíveis consequências. Estou disposto a esperar e ver o que acontece. Aceito a oportunidade caso ela ocorra".
- **Melhoria:** o gerente do projeto diz: "Esta é uma oportunidade. O que podemos fazer para aumentar a probabilidade de ocorrência da oportunidade, tais como o uso de publicidade mais agressiva?".
- **Exploração:** o gerente do projeto diz: "Esta é uma oportunidade. Como podemos tirar o máximo disso? Será que a designação de recursos mais talentosos nos permitirá chegar mais rapidamente ao mercado?".
- **Compartilhamento:** o gerente do projeto diz: "Esta é uma oportunidade, mas não podemos maximizar os benefícios sozinhos. Devemos considerar a possibilidade de compartilhar a oportunidade com um parceiro".

Vamos agora explorar cada uma das quatro opções de resposta aos riscos em um pouco mais de detalhamento.[20]

A aceitação de riscos é um reconhecimento ativo da existência de uma situação específica de risco e uma decisão consciente de aceitar o nível associado de risco, sem se engajar em qualquer esforço especial para controlá-lo. No entanto, uma reserva geral de custos e de cronograma pode ser definida para lidar com quaisquer problemas que possam ocorrer como resultado das várias decisões sobre as premissas dos riscos. Essa opção de resposta aos riscos reconhece que nem todos os riscos de programa identificados demandam tratamento especial; como tal, é mais adequada para essas situações que foram classificadas como de baixo risco. (*Nota*: A aceitação de riscos não deve ser um comportamento passivo da gerência do projeto. Pelo contrário, ela deve ser uma decisão consciente envolvendo o comportamento ativo para garantir que existam recursos adequados para tratar o risco, caso ele ocorra. Caso contrário, a gerência do projeto está efetivamente em negação e, provavelmente, não se preparará adequadamente para o risco que possa ocorrer.)

A chave do sucesso para a aceitação de riscos é dupla:

- Identificar os recursos (por exemplo, dinheiro, pessoas e tempo) necessários para superar um risco,

[20] O material para a discussão sobre as quatro opções de resposta aos riscos foi derivado, em parte, de: Risk Management Guide for DoD Acquisition, 5. ed. v. 2.0. *Defense Acquisition University*, p. 70-78, jun. 2003. O texto citado é um excelente resumo e se aplica a uma vasta variedade de projetos e indústrias.

caso ele ocorra. Isso inclui a identificação de ações de gerenciamento específicas (como retestes, e mais tempo para atividades adicionais de *design*) que podem ocorrer.
- Assegurar que as ações administrativas necessárias sejam tomadas para identificar uma reserva de gerenciamento para realizar essas ações de gerenciamento.

A eliminação de riscos envolve uma mudança no conceito (incluindo o *design*), requisitos, especificações e/ou práticas que reduzam o risco para um nível aceitável. Simplesmente, ela elimina as fontes de riscos altos ou médios e os substitui por uma solução com menor risco. Esse método pode ser aplicado em paralelo com a análise antecipada de requisitos, apoiado por estudos de compensações de custos/requisitos. Também pode ser usado mais tarde na fase de desenvolvimento, quando os resultados dos testes indicam que alguns requisitos não podem ser cumpridos e que o impacto potencial nos custos e/ou no cronograma seriam severos.

O controle dos riscos não tenta eliminar a fonte do risco, mas visa reduzir o risco. Ele gerencia o risco de uma forma que reduz a probabilidade e/ou consequência de sua ocorrência sobre o programa. Essa opção pode aumentar os custos de um programa, e a abordagem selecionada deve fornecer uma combinação ideal entre as abordagens candidatas de redução de risco, de custo-eficácia e impacto no cronograma. Um resumo de algumas ações comuns de controle de riscos inclui:

- **Modelo Alternativo:** criar uma opção alternativa de *design* que deve usar uma abordagem de menor risco.
- **Eventos de Demonstração:** são pontos no programa (normalmente testes) que determinam se os riscos estão sendo reduzidos com sucesso.
- **Projeto de Experimentos:** essa ferramenta de engenharia identifica os fatores críticos de *design* que são sensíveis, portanto, a riscos potencialmente médios ou maiores, para cumprir um determinado requisito de usuário.
- **Prototipagem Inicial:** construir e testar os primeiros protótipos para o desenvolvimento do sistema.
- **Desenvolvimento Incremental:** projeto com a intenção de atualizar partes do sistema no futuro.
- **Conselho de Controle de Parâmetros Essenciais:** a prática da criação de um conselho de controle para um parâmetro pode ser apropriada quando uma característica particular (como o sistema de ponderação) é crucial para alcançar os requisitos do programa global.
- **Triagem de Fabricação:** para programas a partir da metade para o final da fase de desenvolvimento, várias triagens de fabricação (incluindo a triagem de tensão ambiental) podem ser incorporadas em artigos de teste para produção inicial de baixa taxa para identificar processos deficientes de fabricação.
- **Modelagem/Simulação:** modelagem e simulação podem ser usadas para investigar várias opções de *design* e níveis de requisitos do sistema.
- **Esforços Múltiplos de Desenvolvimento:** cria sistemas que atendam aos mesmos requisitos de desempenho. (Essa abordagem também é conhecida como desenvolvimento paralelo.)
- **Sistemas Abertos:** especificações e padrões comerciais cuidadosamente selecionados cuja utilização pode resultar em níveis mais baixos de risco.
- **Verificação de Processos:** processos especiais, especialmente de fabricação e de apoio, que são críticos para atingir os requisitos do sistema.
- **Revisões, Homologações e Inspeções:** ações que podem ser usadas para reduzir a probabilidade e as potenciais consequências de riscos por meio da avaliação oportuna dos eventos reais ou planejados.
- **Projeto Robusto:** esta abordagem utiliza *design* avançado e técnicas de fabricação que promovam a qualidade e a capacidade por meio do *design*.
- **Esforços de Maturação de Tecnologia:** normalmente, a maturação da tecnologia é utilizada quando a tecnologia desejada irá substituir uma tecnologia existente, que está disponível para uso no sistema.
- **Test-Analize-and-Fix (TAAF)**[NT13]: TAAF é o uso de um período de testes dedicados para identificar e corrigir as deficiências em um *design*.
- **Estudos de Compensações:** chegar a um equilíbrio nos requisitos de engenharia no *design* de um sistema. Teoricamente, isso também inclui considerações de custos, cronograma e riscos.
- **Uso de Maquetes:** o uso de maquetes, especialmente maquetes de interface homem-máquina, pode ser utilizado para realizar a exploração inicial das opções de *design*.
- **Utilização de Artigos-Padrão/Reutilização de Software:** o uso de hardware e software provados existentes, onde for aplicável, pode reduzir potencialmente os riscos.

A transferência de riscos pode realocar o risco de uma parte do sistema para outra, reduzindo, assim, o risco global do sistema e/ou o risco de menor nível, ou

[NT13] Em tradução literal, "Testar-Analisar-e-Corrigir".

redistribuindo os riscos entre o comprador (por exemplo, o governo) e o vendedor (por exemplo, o fornecedor principal), ou entre as equipes do comprador ou vendedor. Isso deveria ser realizado inicialmente como parte do processo de análise de requisitos, mas depois considerado como uma opção no desenvolvimento de planos de resposta aos riscos para os riscos aprovados. A transferência de riscos é uma forma de compartilhamento de riscos, e não de anulação de riscos por parte do comprador ou do vendedor, e pode influenciar os objetivos de custos. Um exemplo é a transferência de uma função de implementação de hardware para a implementação de software ou vice-versa. (A transferência de risco também não está desviando o risco, porque existem informações suficientes sobre ele.) A eficácia da transferência de riscos depende do uso de técnicas bem-sucedidas de *design* de sistemas. O particionamento modular e funcional são duas técnicas de *design* que apoiam a transferência de riscos. Em alguns casos, a transferência de riscos pode concentrar os riscos em uma área de *design*. Isso permite à gerência concentrar a atençao e os recursos nessa área. Outros exemplos de transferência de riscos incluem o uso de seguro, garantias, seguros-garantia (por exemplo, do concorrente, do executante, ou seguro-garantia de pagamento) e acordos semelhantes. Esses acordos são normalmente entre o comprador e o vendedor, de tal forma que o consequente "custo" da falha será assumido pelo vendedor, para alguns preços acordados. Esse preço pode ser em termos de unidades monetárias de lucro, mudanças de cronograma, modificações de desempenho do produto, ou outras considerações.

Os itens que devem ser incluídos no plano de resposta a riscos incluem, mas não estão limitados a: (1) Número do risco, (2) data atual, (3) proprietário do risco, supervisor, e organização; (4) descrição do risco; (5) opção(ões) selecionada(s) de resposta ao risco (e porque selecionada); (6) abordagem de implementação selecionada (e porque selecionada); (7) atividades detalhadas, incluindo as ações específicas que são planejadas para reduzir o nível do risco ou eliminá-lo; (8) métricas selecionadas para monitorar o progresso após a implementação, e (9) data de aprovação do plano de resposta ao risco. O plano de resposta ao risco deve ser atualizado conforme garantido quando existem mudanças significativas em qualquer um dos itens acima.

Cada uma das atividades incluídas no plano de resposta ao risco deve ser claramente escrita e objetiva (e não subjetiva) e representar um evento mensurável de modo que a realização do evento possa ser medida e o status resultante possa ser inequivocamente determinado. Embora o critério pode não necessariamente ser quantitativo, deve ser específico e mensurável, e não vago e/ou subjetivo. (Itens como "participou de uma reunião" ou "entregou um documento" são subjetivos, não mensuráveis, ou não específicos e precisam ser reformulados e/ou substituídos por uma atividade mais adequada.)

Métricas adequadas devem ser incluídas no plano de resposta ao risco para monitorar o progresso depois que o plano for implementado. Métricas típicas incluem variância de custos (custo), variância de cronograma (cronograma), e medidas de desempenho técnico (TPMs, desempenho), juntamente com o nível de risco (tanto probabilidade como consequência). Essas métricas devem ser avaliadas em momentos predeterminados para permitir uma determinação do progresso real versus o planejado para cada atividade de manipulação de risco, bem como o progresso global na redução do risco para um nível aceitável. (Nota: Em projetos pequenos pode ser possível implementar apenas um subconjunto dessas métricas).

As informações que devem, idealmente, ser incluídas para as atividades de resposta a riscos individuais incluem (1) recursos estimados (orçamento, pessoal, equipamentos, instalações), (2) cronograma para a realização da atividade [data de início, data de término, carga de recursos, precedência (por exemplo, terminar para começar) e lógica de rede (antecessores, sucessores, e restrições não rígidas)], (3) classificações de probabilidade e consequência para o risco sobre o início e conclusão (bem-sucedida) de cada atividade, (4) abordagens de resposta a riscos secundários ou planos de contingência para lidar com o risco e os marcos/datas associados para a implementação desses planos, e (5) o ponto de contato de resposta ao risco atribuído a cada atividade (que pode ou não ser o mesmo que o proprietário do risco).

Além de desenvolver o plano de resposta aos riscos (inclui a estratégia selecionada) e identificar os recursos necessários para implementar esse plano, as métricas apropriadas também devem ser identificadas para cada risco que permitirá o rastreamento do progresso durante a fase do processo de controle de riscos. Isso pode incluir, por exemplo, a variação de custos (custos), a variação de prazos (cronograma), as medições de desempenho técnico (desempenho), a variação dos riscos (riscos), e outras métricas (por exemplo, processo) como garantia.

As opções de resposta aos riscos e as abordagens implementadas podem ter custos gerais e outras implicações nos recursos. A magnitude desses custos e recursos depende das circunstâncias. A aprovação e o financiamento das opções de resposta e as abordagens específicas devem ser feitos pelo gerente do projeto ou pelo conselho de gerenciamento de riscos (ou equivalente) e devem fazer parte do processo que estabelece as metas de custos, desempenho técnico e cronograma do programa. A opção de resposta selecionada e a abordagem para cada risco selecionado deve ser incluída na estratégia de aquisições do projeto, e as atividades detalhadas de resposta aos riscos devem ser incluídas no cronograma mestre integrado do projeto (ou equivalente).

Uma vez que a estratégia de aquisições inclui a estratégia de resposta aos riscos, para cada risco selecionado, os impactos nos custos, cronograma e outros recursos podem ser identificados e incluídos no plano do programa e no cronograma do programa, respectivamente. Os recursos para implementar o plano de resposta aos riscos devem ser aprovados e alocados pela gerência do projeto, se não o processo de gerenciamento de riscos será visto pelos participantes dentro e fora do projeto como um "tigre de papel".

Finalmente, embora os riscos e as respostas desenvolvidas para tratá-los possam identificar possíveis oportunidades, a busca por oportunidades, muitas vezes, levará a riscos imprevistos. Esse resultado é raramente ou nunca discutido pelos proponentes de oportunidades, contudo, pode levar a impactos adversos no programa se os riscos inesperados resultantes ocorrerem. Um exemplo recente envolveu a utilização de uma classe de componentes eletrônicos (oportunidade) como substituta para outra classe de peças que possuía riscos de *design*, fabricação e tecnologia. Uma quantidade substancial de equipamentos caros foi fabricada usando as peças substituídas que foram rejeitadas pelo fornecedor pelo baixo risco técnico. Infelizmente, um defeito complexo, associado à forma como as peças eram fabricadas, e que não foi previamente identificado, conduziu a um índice de falha 1.000 vezes superior ao inicialmente estimado. A ironia é que a classe inicial de peças, cujos riscos tinham sido gradualmente reduzidos para um nível aceitável ao longo de alguns anos, foi utilizada juntamente com duas outras abordagens para substituir a classe de peças substituta em uma atividade de redução de riscos de grande escala, para excluir potenciais falhas iniciais em bilhões de dólares em equipamentos.

17.13 MONITORAR E CONTROLAR OS RISCOS (11.6)

O processo de monitoramento e controle rastreia e avalia sistematicamente a eficácia das ações de resposta aos riscos em relação às métricas estabelecidas[21]. Os resultados do monitoramento também podem fornecer uma base para o desenvolvimento de estratégias adicionais de resposta aos riscos ou a atualização das estratégias existentes de resposta aos riscos, e a repetição da análise de riscos conhecidos. Em alguns casos, os resultados do monitoramento também podem ser utilizados para identificar novas facetas de um risco existente (ou novos riscos) e revisar alguns aspectos do planejamento dos riscos. A chave para o processo de monitoramento e controle dos riscos é estabelecer um sistema de indicadores de gestão de custos, desempenho técnico e cronograma do programa, que o gerente do programa e outras pessoas-chave utilizem para avaliar o andamento do programa. O sistema indicador deve ser concebido para fornecer alerta precoce de problemas potenciais e permitir ações de gestão.

O monitoramento e o controle dos riscos não é uma técnica de resolução de problemas, mas uma técnica proativa para obter informações objetivas sobre o progresso até o momento na redução dos riscos para níveis aceitáveis. Algumas técnicas adequadas para o monitoramento e o controle dos riscos, que podem ser utilizadas em um sistema de indicadores de todo o programa, incluem:

- **Valor Agregado (VA):** utiliza os dados padrão de custos/cronograma para avaliar o desempenho de custos de um programa (e fornecer um indicador de desempenho do cronograma) de uma forma integrada. Como tal, fornece uma base para determinar se as ações de resposta aos riscos estão atingindo os resultados previstos.
- **Métricas do Programa:** são avaliações de desempenho formais e periódicas dos processos de desenvolvimento selecionados, avaliando o quão bem o processo de desenvolvimento está atingindo o seu objetivo. Essa técnica pode ser utilizada para monitorizar as ações corretivas que surgiram a partir da avaliação de processos críticos do programa.
- **Monitoramento do Desempenho do Cronograma:** é a utilização dos dados do cronograma do programa para avaliar como o programa está progredindo para o seu término.
- **Medição do Desempenho Técnico (TPM)**[NT14]: é uma avaliação de *design* de produto que estima, por meio de análises e testes de engenharia, os valores de parâmetros essenciais de desempenho técnico do *design* atual, conforme efetuado pelas ações de resposta aos riscos.

[21] O material que discute o monitoramento e o controle de risco foi derivado, em parte, do *Risk management guide for DoD acquisition*, p. 23-24, referenciado, aqui, na nota 20.

[NT14] Da expressão em inglês, *Technical Performance Measurement* (TPM).

O sistema de indicadores e as reavaliações periódicas dos riscos do programa devem fornecer ao programa meios de incorporar o gerenciamento de riscos na estrutura global de gerenciamento do programa. Finalmente, um programa bem definido de teste e avaliação é, muitas vezes, um elemento fundamental no monitoramento do desempenho das estratégias selecionadas de resposta aos riscos, na atualização das análises e identificação de riscos candidatos.

17.14 ALGUMAS CONSIDERAÇÕES SOBRE IMPLEMENTAÇÃO

Embora seja importante enfatizar um processo de gerenciamento de riscos estruturado e abrangente, é igualmente importante que existam considerações organizacionais e comportamentais adequadas para que o processo seja devidamente implementado. Embora nenhum conjunto de orientações seja suficiente, pois as considerações de implementação variam de projeto para projeto, é importante que os papéis e as responsabilidades no gerenciamento de riscos sejam definidos no plano de gerenciamento dos riscos e realizados no programa. Por exemplo, você precisa decidir (antecipadamente) no âmbito do projeto:

- Qual grupo de gerentes possui a responsabilidade pela tomada de decisões no gerenciamento dos riscos?
- Qual grupo é "proprietário" e mantém o processo de gerenciamento de riscos?
- Qual grupo ou indivíduo é responsável pelo treinamento em gerenciamento de riscos e pela assistência aos outros durante a implementação do gerenciamento de riscos?
- Quem identifica riscos candidatos? (Todos deveriam fazê-lo!)
- Como são atribuídos os pontos focais de um risco específico aprovado?
- Como são realizadas e aprovadas as análises de riscos?
- Como foram desenvolvidos e aprovados os planos de respostas aos riscos?
- Como os dados para as métricas de monitoramento dos riscos são coletados?
- Como são realizadas as revisões de riscos independentes para assegurar que os riscos do projeto estejam devidamente identificados, analisados, tratados e monitorados?

Essa é apenas uma breve lista de algumas considerações organizacionais para a implementação do gerenciamento de riscos, as quais irão variar dependendo do tamanho do projeto, da cultura organizacional, do grau em que o gerenciamento de riscos eficaz já é praticado dentro da organização, dos requisitos contratuais etc. Da mesma forma, embora as considerações comportamentais para o gerenciamento de riscos eficaz também irão variar de projeto a projeto, algumas poucas características fundamentais devem ser aplicáveis a todos os projetos.

O gerenciamento de riscos deve ser implementado dentro do projeto tanto de forma "*top-down*" quanto "*bottom-up*". O gerente do projeto e outros tomadores de decisões devem, ambos, utilizar os princípios de gerenciamento de riscos na tomada de decisões e apoiar e incentivar todos os outros dentro do projeto a aplicar o gerenciamento dos riscos. O gerente do projeto geralmente não deve ser o gerente dos riscos (exceto talvez em projetos muito pequenos). Contudo, a alta administração deve tanto estimular quanto fomentar uma atmosfera positiva de gerenciamento de riscos dentro do projeto. Além disso, devem participar ativamente nas atividades de gerenciamento de riscos e utilizar os seus princípios na tomada de decisões. Sem tal apoio ativo os outros empregados do projeto, muitas vezes, verão o gerenciamento de riscos como sem importância, e pode haver incentivo insuficiente para criar ou manter, dentro do projeto, uma cultura de abraçar o gerenciamento de riscos. Do mesmo modo, embora seja importante para os principais tomadores de decisões no projeto não "atirarem no mensageiro" pela notificação de riscos, por exemplo, eliminar esse comportamento por si só não cria um ambiente positivo para a realização do gerenciamento de riscos eficaz, porque, como mencionado acima, uma atmosfera positiva que seja favorável à realização de gerenciamento de riscos precisa estar em andamento.

O pessoal de nível operacional geralmente é rápido para decidir se os tomadores de decisões estão comprometidos com o gerenciamento de riscos e, se o aspecto for percebido como papo furado, então, quase certamente, existirá um gerenciamento de riscos ineficiente. Mas o pessoal de nível operacional também deve estar ativamente comprometido para que o gerenciamento de riscos seja eficaz, em que os seus princípios sejam assimilados como parte de sua função.

Uma meta comportamental fundamental associada ao gerenciamento de riscos não vai transformar cada pessoa em um "gerente de riscos", mas tornar os componentes do projeto sensíveis aos princípios de gerenciamento de riscos e fazê-los aplicar esses princípios como parte de seu trabalho. Conseguir isso é muitas vezes difícil, mas importante, no entanto, para alcançar gerenciamento de riscos eficaz.

17.15 A UTILIZAÇÃO DAS LIÇÕES APRENDIDAS

Os riscos que são analisados como médios ou mais altos devem ser tratados à extensão que os ativos permitirem, para reduzir o seu potencial de afetar adversamente o programa. Todos os níveis de gestão devem estar sensíveis às "armadilhas" ocultas que podem induzir uma falsa sensação de segurança. Se devidamente interpretados, esses sinais realmente indicam um problema de desenvolvimento em uma área conhecida de risco. Cada armadilha é geralmente acompanhada por vários "sinais de alerta" que mostram um problema se aproximando e a probabilidade de falha em tratar o problema no seu início.

A capacidade de transformar armadilhas em vantagens sugere que grande parte do risco técnico de um programa pode ser ativamente tratada por meio do controle de resposta aos riscos ou da opção de transferência, e não apenas sendo observada e resolvida depois que um problema ocorre. Em alguns casos, pode-se pagar para ver e esperar. Se a probabilidade de que um determinado problema irá surgir for baixa ou se o custo for superior aos benefícios de "corrigir" o problema antes que ele aconteça, a aceitação do risco pode ser aconselhável. O gerenciamento de riscos eficaz torna a seleção da opção de aceitação do risco uma decisão consciente e não um descuido e pode engatilhar uma adição apropriada à "lista de observação" de riscos.

As "melhores práticas" reconhecem que nem todas as armadilhas foram identificadas para cada risco. As armadilhas são destinadas a serem sugestivas, e outras questões potenciais devem ser examinadas, conforme surgirem. Também é importante reconhecer que as fontes e os tipos de risco evoluem ao longo do tempo. Os riscos podem levar um longo tempo para ocorrer em um determinado projeto. A atenção deve ser devidamente focada em examinar os riscos e as lições aprendidas.

As lições aprendidas devem ser documentadas de modo que os futuros gerentes de projetos possam aprender com os erros do passado. A experiência é uma excelente professora no gerenciamento de riscos. Contudo, não importa o quanto tentemos, os riscos vão ocorrer e os projetos podem sofrer. Como exemplo, a comunidade de gerenciamento de projetos possui conhecimento considerável em partir do desenvolvimento de novos produtos para a produção.[22] Nós nos planejamos para o gerenciamento de riscos, identificamos e analisamos os riscos, e desenvolvemos formas de tratamento e monitoramento dos riscos, mas alguns tipos de riscos comumente ocorrem em projetos que estão do meio para o final na fase de desenvolvimento. Alguns exemplos desses riscos são fornecidos agora. (*Nota:* Embora esses riscos estejam estreitamente alinhados com a abordagem do processo de identificar os riscos, discutida na Seção 17.7, o material é fornecido aqui para ilustrar como as melhores práticas podem ser úteis para uma variedade de projetos.)

Risco: Processo de *Design*. O processo de *design* deve refletir uma política de *design* sólida e disciplinas e práticas de engenharia adequadas – uma integração dos fatores que influenciam a produção, operação e suporte de um sistema ao longo do seu ciclo de vida. Todavia, os conceitos são frequentemente selecionados, demonstrados e validados com pouca atenção dada à viabilidade de produção de um sistema que empregue esses conceitos. Essa omissão é, então, levada adiante para o *design*, com lacunas que aparecem na tecnologia de fabricação e na ausência de métodos e processos comprovados de fabricação para produzir o sistema dentro de um custo acessível. Uma das fontes mais comuns de risco na transição do desenvolvimento para a produção é a falha em planejar para a produção. Alguns engenheiros de *design* não consideram em seus projetos as limitações de pessoal e os processos de fabricação. O resultado previsível é que um *design* aparentemente bem-sucedido, montado por engenheiros e técnicos de fábrica altamente qualificados, se desfaz em pedaços no ambiente de fábrica quando sujeito ao ritmo de produção. Um *design* não deve ser produzido se não puder sobreviver a um ritmo de produção sem degradação.

Eliminação. O potencial para produzir um sistema deve ser investigado com cuidado durante a fase de planejamento, por meio de análises adequadas de produtibilidade. Lacunas em projetos de tecnologia de fabricação e nos métodos e processos de fabricação peculiares ao *design* do sistema, do subsistema e dos componentes específicos devem ser abordados durante o desenvolvimento da engenharia.

Risco: Revisões de *Design*. Enquanto a maioria dos projetos de desenvolvimento de engenharia geralmente demanda revisões formais de *design*, eles muitas vezes carecem de orientação específica e disciplina no requisito de revisão de *design*, resultando em um processo de revisão não estruturado que falha em atender a qualquer um dos dois objetivos principais da revisão de *design*, que são (1) trazer conhecimento adicional ao processo de *design* para aumentar o *design* básico do programa e a atividade de análise e (2) desafiar a execução satisfatória de tarefas específicas de *design* e de análise necessárias para a aprovação para prosseguir com o próximo passo no processo.

---

[22] Adaptado de: *Transition from development to production*, DoD 4245.7-M, Departamento de Defesa, setembro de 1985. Essas áreas de risco podem ocorrer em uma variedade de projetos, mas pode não ser possível tomar uma ação decisiva para lidar com algumas delas até a metade da fase de desenvolvimento.

Eliminação

- O cliente e seus fornecedores reconhecem que as revisões de *design* representam a "linha de frente", em que a disponibilidade para a transição do desenvolvimento para a produção é decidida em última instância. A política de revisão de *design*, o cronograma, o orçamento, a agenda, os participantes, as ações e o acompanhamento são decididos levando-se em conta essa necessidade primordial.
- As revisões de *design* devem ser incluídas em todos os projetos, de acordo com os requisitos existentes do cliente. Um plano de revisão de *design* deve ser desenvolvido pelo fornecedor e aprovado pelo cliente.

Risco: Vida. Os testes de vida são destinados a avaliar a adequação do *design* de um equipamento específico quando submetido por longa exposição a certos ambientes operacionais. Por causa da natureza demorada desses testes, vários métodos têm sido utilizados para acelerar o tempo de teste por meio da exposição a ambientes mais rigorosos do que o esperado no uso operacional real. Esses métodos podem produzir resultados enganosos, em virtude da falta de compreensão dos fatores de aceleração envolvidos.

Muitos projetos são forçados à realização de testes de vida depois que os sistemas são colocados em uso e antes que os requisitos de confiabilidade sejam atingidos. Como resultado, os testes de vida são realizados após o início da produção, e onerosas propostas de mudança de engenharia (ECP)[NT15] e programas de *retrofit*[NT16] devem ser iniciados na tentativa de "melhorar", com soluções de *design* menos que ideais.

Eliminação

- Incluir testes de vida no plano integrado de testes do sistema global para garantir que eles sejam realizados a uma relação custo-eficácia e para cumprir cronogramas do programa.
- Utilizar dados de teste de outras fases do programa de teste para aumentar o teste de vida do sistema e do subsistema, por meio da redução do tempo necessário para provar que os requisitos de confiabilidade estejam satisfeitos.
- Utilizar dados do teste de vida de equipamentos similares que operam no mesmo ambiente para aumentar o teste de vida do equipamento, a fim de ganhar a confiança no *design*.

[NT15] Propostas de mudança de engenharia. Da expressão em inglês *Engineering Change Proposals* (ECP).

[NT16] Retrofit. Termo de engenharia utilizado para designar o processo de modernização de algum equipamento considerado utrapassado de alguma forma.

Risco: Plano de Produção. O envolvimento das engenharias de produção e de manufatura apenas **depois** que o processo de *design* tiver sido concluído é um erro fundamental e uma importante transição de risco. As consequências do envolvimento tardio são (1) um esforço de desenvolvimento prolongado necessário para refazer o *design* e os testes do item final para a compatibilidade com os processos e procedimentos necessários para produzir o item e (2) taxas mais baixas e ineficientes de produção em virtude do excesso de mudanças na configuração do produto introduzido no chão de fábrica. Aumento de custos e atrasos no cronograma são o resultado dessa abordagem.

Eliminação. Os itens a seguir representam os elementos fundamentais de um plano de produção:

- Cronograma principal de entrega que identifique por cada subconjunto importante os intervalos de tempo, as datas necessárias e quem é responsável
- Requisitos ferramentais duráveis para atender a taxas de produção aumentadas conforme o programa progride
- Ferramentas especiais
- Equipamentos especiais de teste
- Fluxogramas de montagem

Risco: Processo de Fabricação da Qualidade. A introdução de um item recém-desenvolvido à linha de produção traz novos processos e procedimentos para o chão de fábrica. Alterações em equipamentos ou no fluxo de trabalho por meio das instalações de fabricação aumentam a possibilidade de parada durante o ritmo de produção. A falha em qualificar os processos de fabricação antes de avaliar a produção com a mesma ênfase que a qualificação de *design* – confirmar a adequação do planejamento da produção, ferramentas de *design*, processo de fabricação e procedimentos – pode resultar em aumento do custo unitário, desvio de cronograma e desempenho de produção degradado.

Eliminação

- A estrutura analítica do projeto, a declaração do trabalho da produção e os planos de transição e produção não contêm nenhuma abordagem conflitante. Quaisquer discrepâncias entre esses documentos são identificadas e resolvidas antes que a produção seja iniciada.
- Uma operação de turno único de oito horas por dia, cinco dias por semana, está prevista para todos os cronogramas de produção durante o começo da inicialização. A programação da mão de

obra subsequente é ajustada para a capacidade de produção e a capacidade compatível com os acordos de ritmo de produção.

- O sistema de liberação de desenhos técnicos deve ser controlado e disciplinado.
- O fluxo de transformação deve minimizar as alterações de ferramental e ajustes de máquina e assegurar que planos de fluxo alternativos foram desenvolvidos.
- Deve ser estabelecido um mecanismo que garanta a entrega dos itens críticos com tempo de longo prazo, de quatro a seis semanas antes do necessário.
- Todos os novos equipamentos ou processos que serão utilizados para produzir o item devem ser identificados.

Risco: Mão de Obra e Pessoal. O desenvolvimento de produtos e sistemas de apoio deve ser projetado com uma compreensão mais completa possível da mão de obra usuária e dos perfis de qualificação do pessoal. Rendimentos desencontrados geram confiabilidade de campo reduzida, aumentos no treinamento para os equipamentos, nos custos de manuais técnicos e no *redesign*, conforme os problemas nessas áreas são descobertos durante os testes de demonstração e de campo inicial. A descoberta de requisitos de qualificação e treinamento no final do processo de aquisição cria um problema difícil de alcançar e, muitas vezes, leva a mau desempenho do sistema.

Eliminação

- Requisitos de mão de obra e qualificações devem ser baseados na análise formal das experiências anteriores sobre sistemas comparáveis e conceitos de manutenção.
- Fatores de custo de mão de obra utilizados na análise de compensações de *design* e apoio. Devem ser levados em conta os custos para treinar ou substituir pessoal experiente, bem como os verdadeiros custos de *overhead*.

Risco: Treinamento, Materiais e Equipamentos. Em alguns programas, os requisitos de treinamento não são tratados de forma adequada, resultando em grande dificuldade de operação e suporte dos equipamentos. Os programas, materiais e equipamentos de treinamento, como os simuladores, podem ser mais complexos e onerosos do que os equipamentos que suportam. A entrega de materiais e equipamentos eficazes de treinamento depende da compreensão da configuração de *design* da produção final, dos conceitos de manutenção e dos níveis de qualificação do pessoal a ser treinado. Em muitos programas, os cronogramas de entrega de materiais e equipamentos de treinamento são excessivamente ambiciosos. Os resultados incluem treinamento deficiente, imprecisões no conteúdo técnico dos materiais e um *redesign* oneroso e modificação dos equipamentos de treinamento:

Eliminação

- Os fornecedores devem ser abastecidos com descrições claras das qualificações do pessoal usuário e dos programas atuais de treinamento dos sistemas comparáveis, para serem usadas no equipamento principal e na concepção e desenvolvimento dos sistemas de treinamento.
- A capacidade de treinamento prático deve ser incorporada no *design* principal do equipamento como um método para reduzir a necessidade de equipamentos adicionais de treinamento.

17.16 DEPENDÊNCIAS ENTRE OS RISCOS

Guia PMBOK®, 5. ed.
11.5.3.1 Planejar as respostas aos riscos – atualizações do registro dos riscos

Se os gerentes de projetos tivessem financiamento ilimitado, eles geralmente poeriam identificar uma multiplicidade de eventos de risco, tanto significativos quanto insignificantes. Com um grande número de eventos de risco possíveis, é impossível tratar cada situação e, portanto, pode ser necessário priorizar os riscos.

Suponha que o gerente de projetos classifique os riscos de acordo com as restrições de tempo, custos e desempenho do projeto, conforme ilustrado na Figura 17-11. Segundo a figura, o gerente do projeto deveria concentrar seus esforços na redução dos riscos relacionados ao cronograma. No entanto, deve ser reconhecido que, mesmo se o cronograma tiver a mais alta prioridade, você também pode ter de começar a trabalhar em questões relacionadas a custos e desempenho técnico ao mesmo tempo, mas as questões relacionadas ao cronograma podem ter o maior número de recursos aplicados.

	Cronograma	Custos	Desempenho Técnico
Prioridade Um (Mais alta)	✓		
Prioridade Dois			✓
Prioridade Três		✓	

FIGURA 17-11 Priorização dos riscos.

A priorização de riscos poderia ser estabelecida tanto pelo gerente do projeto quanto pelo patrocinador do projeto, ou mesmo pelo cliente. A priorização de riscos também pode ser específica da indústria, ou mesmo específica de países, como mostrado na Figura 17-12. É altamente improvável que qualquer metodologia de gerenciamento de projetos dite a priorização dos riscos. Uma metodologia bem planejada de análise de riscos **de fato** dita, ou, pelo menos, revela, a prioridade dos riscos, mas, em seguida, os insumos do gerenciamento de projetos podem alterar a prioridade resultante. É simplesmente impossível desenvolver a padronização nesta área, de forma que a aplicação possa ser uniformemente empregada em cada projeto.

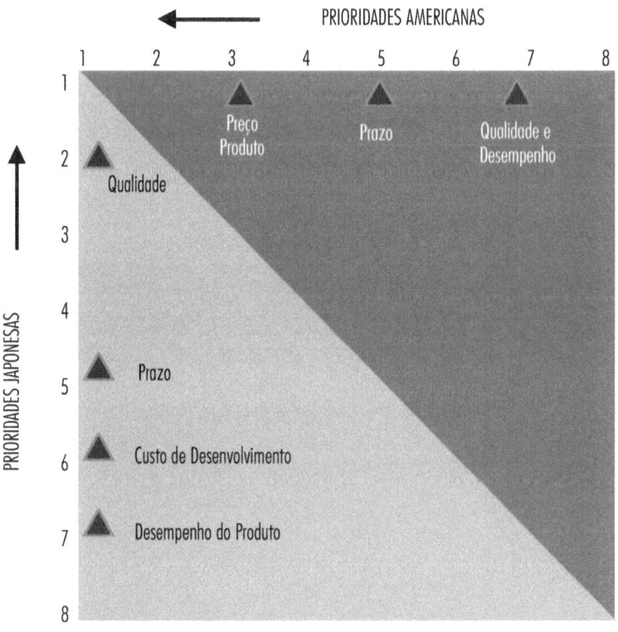

FIGURA 17-12 Ordenação das compensações.
Nota: Prioridades mais baixas passam mais frequentemente por compensações.

A priorização dos riscos para um projeto individual é um bom ponto de partida e poderia funcionar bem se a maioria dos riscos não fosse inter-relacionada. Por meio da análise das compensações, nós sabemos que as mudanças em um cronograma podem induzir a mudanças nos custos e/ou no desempenho. As mudanças podem não ocorrer em ambas as dimensões, pois isso depende das funções de objetivo e das restrições de mercado do comprador e do vendedor. Portanto, embora os cronogramas tenham prioridade máxima na Figura 17-11, a resposta de risco para os eventos de risco do cronograma podem causar avaliação imediata dos eventos de risco do desempenho técnico. Sim, os riscos são inter-relacionados.

As interdependências entre os riscos também podem ser vistas na Tabela 17-12. A primeira coluna identifica determinadas ações que o gerente de projetos pode tomar na busca de possíveis benefícios listados na coluna 2. Cada um desses possíveis benefícios, por sua vez, pode causar riscos adicionais, como mostrado na coluna 3. Em outras palavras, as estratégias de mitigação de riscos, que são designadas para tirar proveito de um possível benefício, poderiam criar outro evento de risco mais grave. Por exemplo, as horas extras de trabalho poderiam economizar $ 15.000 por meio da compressão do cronograma. Mas, se os trabalhadores cometerem mais erros durante as horas extras, novos testes podem ser necessários, mais materiais deverão ser comprados e pode ocorrer um desvio no cronograma, causando, assim, uma perda de $ 100.000. Portanto, vale a pena arriscar uma perda de $ 100.000 para salvar $ 15.000?

TABELA 17-12 Interdependências dos riscos

Ação	Possível Benefício	Risco
• Trabalhar horas extras	• Compressão do cronograma	• Mais erros; custo maior e cronograma mais longo
• Adicionar recursos	• Compressão do cronograma	• Custo maior e mudança na curva de aprendizagem
• Trabalho paralelo	• Compressão do cronograma	• Retrabalho e custos maiores
• Reduzir o escopo	• Compressão do cronograma e custos menores	• Cliente infeliz e nenhum trabalho posterior
• Contratar recursos de baixo custo	• Custos menores	• Mais erros e período de tempo maior
• Terceirizar trabalhos críticos	• Custos menores e compressão do cronograma	• O fornecedor tem posse de conhecimento crítico às suas custas

Para responder essa questão, podemos usar o conceito de valor esperado, considerando que podemos determinar as probabilidades associadas aos erros que estão sendo cometidos e aos custos desses erros. Sem qualquer conhecimento dessas probabilidades, as ações tomadas para alcançar os possíveis benefícios seriam dependentes de tolerância do gerente do projeto ao risco.

A maioria dos profissionais de gerenciamento de projetos parece concordar que os riscos mais graves, e aqueles sobre os quais parece que sabemos menos, são os riscos técnicos. A pior situação é ter vários riscos técnicos que interagem de forma imprevisível ou desconhecida. Por exemplo, você está gerenciando um projeto de desenvolvimento de novos produtos. A área de marketing lhe forneceu duas características técnicas que tornariam o produto altamente desejável no mercado.

A relação exata entre essas duas características é desconhecida. No entanto, seus técnicos especialistas no assunto elaboraram a curva mostrada na Figura 17-13. De acordo com a curva, as duas características podem acabar se movendo em direções opostas. Em outras palavras, maximizar uma característica pode exigir a degradação da segunda característica.

Trabalhando com a área de marketing, você elabora limites de especificação, de acordo com a característica B na Figura 17-13. Como essas características interagem de formas muitas vezes desconhecidas, o limite de especificação da característica B pode forçar a característica A para uma região que tornaria o produto menos desejável para o consumidor final. A Figura 17-13 é uma representação de utilidade da característica de produto A *versus* a característica de produto B e a curva ótima de Pareto – o que significa que você não pode ter mais da característica de produto A sem ter menos da característica de produto B.

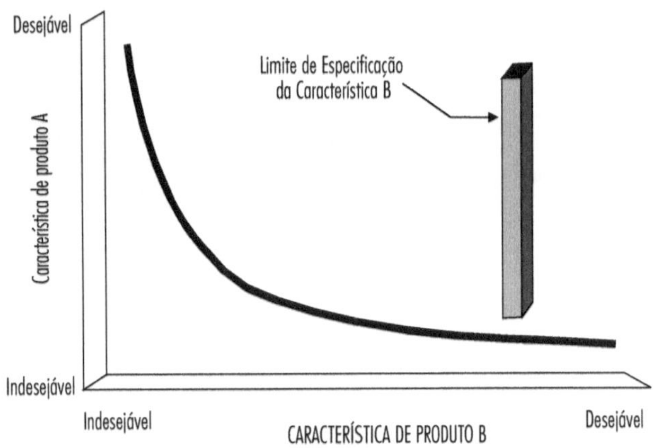

FIGURA 17-13 Riscos interagindo.

Embora as metodologias de gerenciamento de projetos forneçam uma estrutura para o gerenciamento dos riscos e o desenvolvimento de um plano de gerenciamento dos riscos, é altamente improvável que qualquer metodologia seja suficientemente sofisticada para contabilizar a identificação de riscos de dependência técnica. O tempo e os custos associados com a identificação, análise e tratamento das dependências de riscos técnicos poderiam taxar gravemente o projeto, financeiramente.

Conforme as empresas se tornam bem-sucedidas em gerenciamento de projetos, o gerenciamento de riscos evolui em um processo estruturado que é realizado de forma contínua durante todo o ciclo de vida do projeto. Os quatro fatores mais comuns que apoiam a necessidade contínua do gerenciamento de riscos são quanto tempo dura o projeto, quanto dinheiro está em jogo, o grau de desenvolvimento de maturidade, e as interdependências entre os diferentes riscos. Por exemplo, considere os projetos de aviões Boeing, em que o *design* e a entrega de um novo avião poderiam exigir dez anos e um investimento financeiro de mais de $5 bilhões.

A Tabela 17-13 mostra as características dos riscos na Boeing. A tabela não tem a finalidade de implicar que os riscos são mutuamente excludentes entre si. As novas tecnologias podem apaziguar os clientes, mas os riscos de produção aumentam porque a curva de aprendizagem pode ser estendida com a nova tecnologia, em relação à tecnologia aceita. A curva de aprendizagem pode ser estendida ainda mais quando as características são personalizadas para clientes individuais. Além disso, a perda de fornecedores ao longo da vida de um avião pode afetar o nível de risco técnico e de produção. As relações entre esses riscos demandam a utilização de uma matriz de gerenciamento de riscos e a avaliação contínua dos riscos.

Guia PMBOK®, 5. ed.
11.2 Identificar os riscos

TABELA 17-13 Categorias de risco na Boeing

Tipo de Risco	Descrição do Risco	Estratégia de Tratamento do Risco
Financeiro	Investimento adiantado e período de payback no número de aeronaves vendidas	• Financiamento por meio das fases do ciclo de vida • Gerenciamento contínuo dos riscos financeiros • Compartilhamento dos riscos com os subcontratados • Reavaliação dos riscos com base nos compromissos de venda
Mercado	Previsão das expectativas dos clientes em custos, configuração e amenidades com base em uma vida de 30-40 anos da aeronave	• Contato próximo com o cliente e colaboração • Desejo de adaptar o design ao cliente • Desenvolver uma linha de base de design que permita a adaptação (personalização)
Técnico	Em virtude da longa vida de uma aeronave, deve-se prever a tecnologia e o seu impacto em custos, segurança, confiabilidade e manutenibilidade	• Um processo estruturado de gerenciamento de mudanças • Utilização de design e tecnologias comprovados em vez de designs não comprovados e tecnologias de altor risco • Processos paralelos de melhoria de produtos e desenvolvimento de novos produtos
Produção	Coordenação da fabricação e montagem de um grande número de subcontratados sem impactos nos custos, cronograma, qualidade ou segurança	• Relação de trabalho próxima com os subcontratados • Um processo estruturado de gerenciamento de mudanças • Lições aprendidas de outros programas de aeronave • Utilização de curvas de aprendizagem

Outra interdependência crítica é a relação entre o gerenciamento de mudanças e o gerenciamento de riscos, sendo que ambos fazem parte da metodologia única de gerenciamento de projetos. Cada estratégia de gerenciamento de riscos pode resultar em mudanças que geram riscos adicionais. Os riscos e as mudanças caminham lado a lado, o que é uma das razões pelas quais as empresas geralmente integram o gerenciamento de riscos e o gerenciamento de mudanças em uma única metodologia. A Tabela 17-14 mostra a relação entre as mudanças gerenciadas e não gerenciadas. Se as mudanças não são gerenciadas, então são necessários mais tempo e dinheiro para realizar o gerenciamento dos riscos, o que muitas vezes adquire a forma e o comportamento de gerenciamento de crises. E o que torna a situação ainda pior é que são necessários profissionais de salários mais altos e tempo adicional para avaliar os riscos adicionais resultantes de mudanças não gerenciadas. Mudanças gerenciadas, por outro lado, permitem que um plano de gerenciamento de riscos de menor custo seja desenvolvido.

TABELA 17-14 Mudanças gerenciadas *versus* não gerenciadas

	Onde o Tempo é Investido	Como a Energia é Investida	Quais Recursos são Utilizados
Mudança Não Gerenciada	Etapas finais	• Retrabalho • Coação • Adequação • Supervisão	• Gerência sênior e atores principais apenas
Mudança Gerenciada	Etapas iniciais	• Educação • Comunicação • Planejamento • Melhorias • Valor adicionado	• Partes interessadas (internas) • Fornecedores • Clientes

As metodologias de gerenciamento de projetos, não importa o quão boas sejam, não podem definir com precisão as dependências entre os riscos. Geralmente, é de responsabilidade da equipe do projeto fazer essas determinações.

17.17 O IMPACTO DAS MEDIDAS DE TRATAMENTO DE RISCOS

A maioria das metodologias de gerenciamento de projetos inclui o gerenciamento dos riscos, que pode ser usado para:

- Criar uma compreensão dos potenciais riscos e seus efeitos
- Fornecer um sistema de alerta quando o evento de risco estiver iminente
- Proporcionar uma orientação clara sobre como controlar e conter o evento de risco, se possível
- Restaurar o sistema/processo depois que o evento de risco ocorre
- Fornecer um meio de fuga e resgate no caso de todas as tentativas falharem

FIGURA 17-14 Tolerância ao risco.

É necessária alguma orientação em gerenciamento de riscos porque cada parte interessada pode ter uma tolerância diferente ao risco. Políticas, procedimentos e diretrizes de riscos e segurança do sistema existem principalmente para os três níveis inferiores na Figura 17-14. A tolerância ao risco do cliente pode ser significativamente maior ou menor que a tolerância da empresa. Além disso, com base nos requisitos do projeto, qualquer projeto poderia aceitar significativamente mais ou menos risco do que os procedimentos organizacionais normalmente permitem.

A metodologia de gerenciamento de projetos pode muito bem ditar a magnitude das medidas de tratamento dos riscos a serem empreendidas. As medidas de tratamento de riscos à aceitação de riscos podem ser significativamente mais complexas do que as medidas de eliminação. A Figura 17-15 mostra a extensão da estratégia de tratamento de risco contra a magnitude do risco. Conforme a magnitude do risco aumenta, pode ocorrer uma reação exagerada que coloque uma pressão indevida sobre o processo de gerenciamento de riscos e a metodologia de gerenciamento de projetos. Os custos de manutenção dessas medidas de tratamento de riscos não devem onerar demais o projeto. Procedimentos excessivos de gerenciamento de riscos podem exigir que o gerente do projeto gaste mais tempo e dinheiro do que o apropriado.

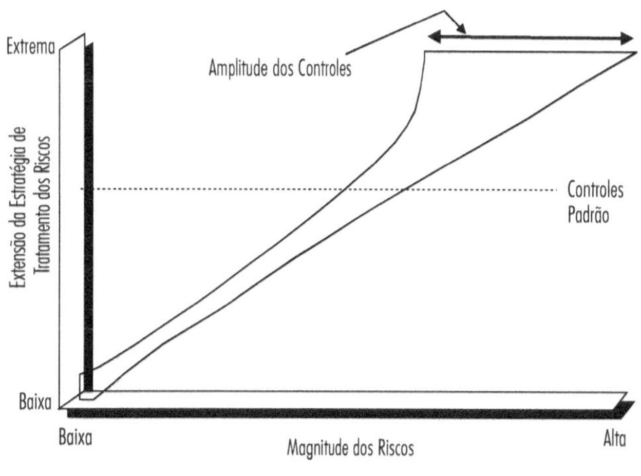

FIGURA 17-15 Medidas de tratamento de riscos.

Se uma empresa exagera nos seus investimentos em gerenciamento de riscos, os resultados podem ser devastadores, como mostra a Figura 17-16. Excesso de investimento em gerenciamento de riscos poderia levar ao desastre financeiro se os eventos de risco do projeto não pedem medidas ou despesas substanciais. No entanto, o investimento insuficiente em gerenciamento de riscos para um projeto com vários eventos de risco complexos pode levar a perdas e danos, possivelmente levando a um fracasso no projeto. É necessário algum tipo de posição de paridade.

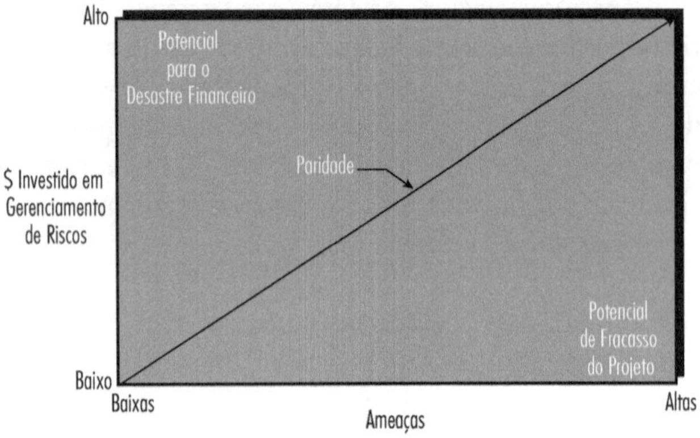

FIGURA 17-16 Investimento em gerenciamento de riscos.

A determinação da quantidade adequada de medidas de controle de riscos não é fácil. Isso pode ser visto na Figura 17-17, a qual ilustra o impacto sobre a restrição de cronograma. Se estiverem em vigor medidas insuficientes de tratamento de riscos ou se simplesmente não existe plano de tratamento de riscos, o resultado pode ser um cronograma alongado em virtude das medidas ineficazes de tratamento de riscos. Se estiverem em vigor medidas excessivas de tratamento de riscos, tais como muitos filtros e *gates*, o cronograma pode, igualmente, ser alongado porque os trabalhadores estão gastando muito tempo no planejamento de contingências. O mesmo pode ser dito para um processo de gerenciamento de riscos com excesso de relatórios, documentação e reuniões de gerenciamento de riscos (isto é, muitos *gates*). Isso resulta em progresso lento. É necessário um equilíbrio apropriado.

Da mesma forma, o investimento em gerenciamento de riscos não é uma garantia de que as perdas e os danos serão prevenidos. A Figura 17-18 ilustra um planejamento perfeito para o gerenciamento dos riscos. A organização elabora um plano primário e, possivelmente, um plano secundário de tratamento dos riscos para cada perigo potencial. Infelizmente, o planejamento do mundo real é muitas vezes imperfeito, como mostrado na Figura 17-19, e algumas perdas e danos ainda podem ocorrer, mesmo para questões de riscos conhecidos.

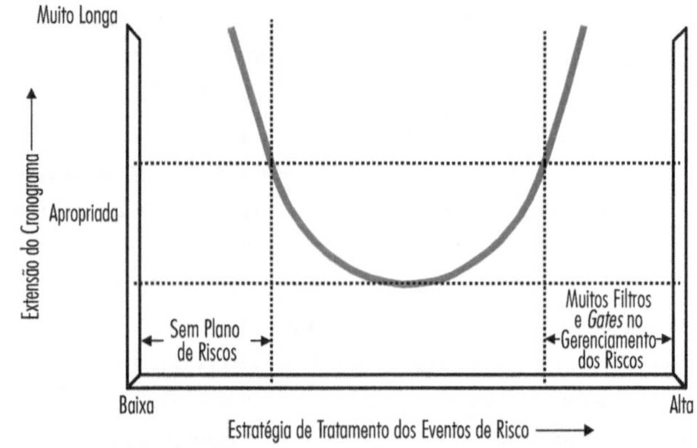

FIGURA 17-17 Tratamento dos riscos *versus* extensão do cronograma.

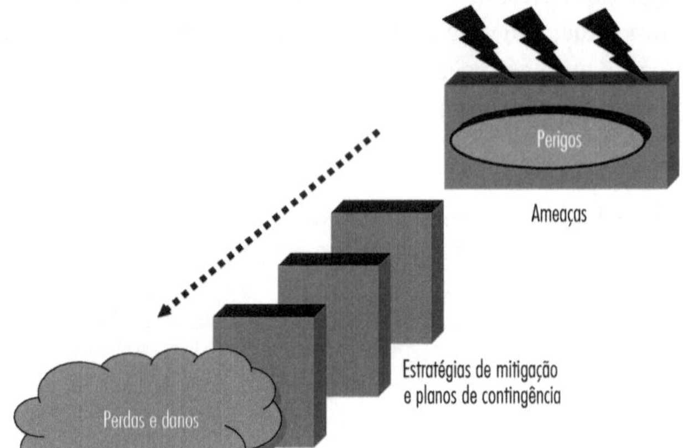

FIGURA 17-18 O planejamento perfeito.

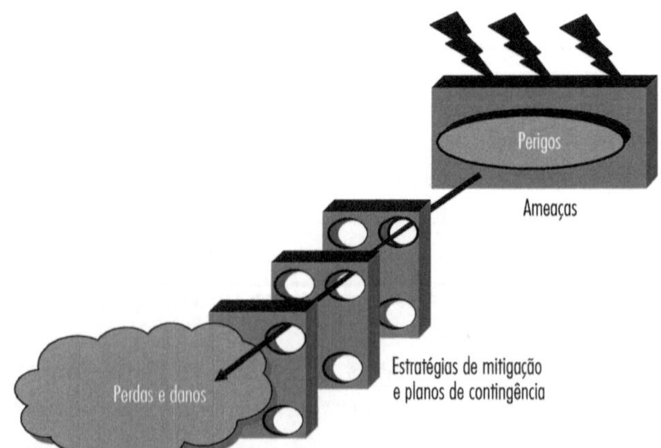

FIGURA 17-19 Planejamento imperfeito.

17.18 OS RISCOS E A ENGENHARIA SIMULTÂNEA

Guia PMBOK®, 5. ed.
11.6 Monitorar e controlar os riscos

A maioria das empresas deseja chegar ao mercado de forma oportuna porque as recompensas por ser o primeiro no mercado podem ser enormes, tanto em lucratividade quanto em participação de mercado. Chegar ao mercado rapidamente, muitas vezes implica a utilização de atividades de engenharia simultânea ou atividades sobrepostas. A questão crucial é: "Quanta sobreposição podemos ter antes de obtermos rendimentos decrescentes?"

Os riscos envolvidos com a sobreposição de atividades são mostrados na Figura 17-20. A sobreposição de atividades pode levar à compressão do cronograma e a custos mais baixos. No entanto, o excesso de sobreposição pode levar ao excesso de retrabalho e a problemas imprevistos que possam gerar desvios significativos no cronograma e sobrecustos. É difícil encontrar o ponto ideal de sobreposições que aumente os benefícios, enquanto diminui o retrabalho.

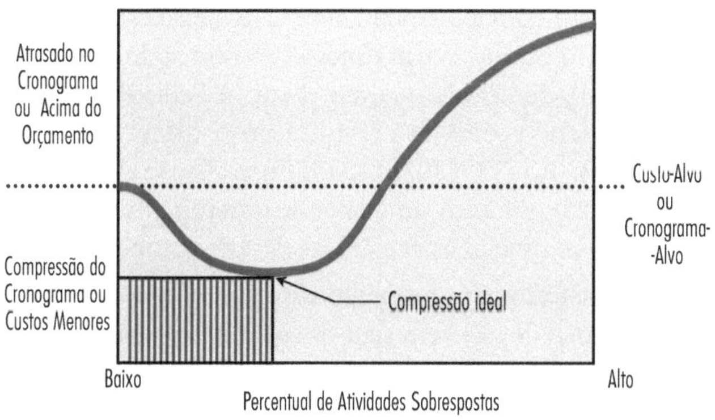

FIGURA 17-20 Riscos sobrepostos.

Embora possam existir inúmeras razões para o retrabalho, dois problemas comuns são:

- A combinação do desenvolvimento de novas tecnologias e de tecnologias de desenvolvimento de produtos
- Um programa insuficiente de testes e avaliação

Para ilustrar por que esses problemas ocorrem, considere uma situação em que a força de vendas e o marketing prometem ao mercado um novo produto com tecnologia avançada que ainda não foi desenvolvido. Para comprimir o cronograma, a equipe de desenvolvimento do produto começa o *design* do produto sem saber se a tecnologia pode ou não (e quando) ser desenvolvida. As equipes de produção são solicitadas a desenvolver planos de produção, sem ter quaisquer desenhos técnicos. Isso resulta em grandes mudanças quando o produto chega à produção.

Há três questões que precisam ser continuamente abordadas:

- A nova tecnologia pode ser desenvolvida?
- Podemos demonstrar a nova tecnologia no produto?
- O produto pode ser fabricado dentro das restrições de tempo, custos e desempenho (ou seja, confiabilidade)?

O desenvolvimento simultâneo de tecnologias e produtos tornou-se trivial. Para diminuir os riscos de retrabalho, deve haver uma demonstração de que a tecnologia pode funcionar como esperado. As principais empresas que utilizam a engenharia simultânea não incluem uma nova tecnologia em um produto até que a tecnologia atinja um determinado nível de maturidade. Elas possuem processos disciplinados que combinam os requisitos com a capacidade tecnológica antes que o desenvolvimento do produto seja lançado. Essas empresas têm aprendido a dura lição de não se comprometer com novos produtos que ultrapassem o seu *know-how* tecnológico. Essas práticas provêm de seu reconhecimento de que a resolução de problemas tecnológicos, depois que o desenvolvimento do produto tem início, pode resultar em um aumento do custo em dez vezes; a resolução desses problemas na produção poderia aumentar os custos em cem vezes.

Algumas práticas comumente aceitas para reduzir os riscos incluem:

- A flexibilidade, tanto nos recursos fornecidos quanto nos requisitos de desempenho do produto, permite que as incertezas técnicas progridam
- Caminhos disciplinados para a tecnologia a ser incluída nos produtos, com fortes porteiros para decidir quando permiti-la em um programa de desenvolvimento de produto
- Altos padrões para o julgamento da maturidade da tecnologia
- A imposição de rigorosos tempos de ciclo no desenvolvimento do produto
- Regras sobre quanta inovação pode ser aceita em um produto antes que a próxima geração deva ser lançada (essas regras são, muitas vezes, chamadas de níveis de prontidão de tecnologia[NT17])

Em conjunto, esses fatores criam um ambiente saudável para o desenvolvimento de tecnologia e para boas tomadas de decisões sobre o que incluir em um produto.

[NT17] Da expressão em inglês, *Technology Readiness Level* (TRL). Metodologia desenvolvida pela NASA durante os anos 1980. As traduções em português encontradas incluem "Níveis de Prontidão da Tecnologia" e "Níveis de Maturidade Tecnológica", sem, porém, haver predomínio de uma delas. Nesse sentido, utilizaremos a tradução mais fiel ao texto do autor, "Níveis de Prontidão de Tecnologia".

A sobreposição de atividades pode ser muito arriscada se os problemas forem descobertos no final do ciclo. Um erro comum é começar a produção antes que uma quantidade suficiente de desenhos de engenharia estejam disponíveis para revisão. Isso normalmente é de responsabilidade do pessoal de integração de sistemas. A integração de sistemas deve concluir com uma revisão de *design* crítica dos desenhos de engenharia e confirmação de que o *design* do sistema irá atender aos requisitos – um ponto de conhecimento fundamental. Também deve resultar em alvos sólidos de custos e um conjunto final de requisitos para a versão atual do produto. Os tomadores de decisões devem insistir em um *design* maduro, apoiado por desenhos de engenharia completos, antes mesmo de prosseguir com a produção limitada. Possuir tal conhecimento nesse momento muito para o sucesso do produto e diminui o retrabalho oneroso.

Como exemplo, a Boeing havia liberado mais de 90% dos desenhos de engenharia de sua aeronave 777-200 na metade do seu programa de desenvolvimento de produto. Isso permitiu à empresa ter quase certeza de que o projeto para a aeronave 777-200 atenderia aos requisitos. Por outro lado, um programa diferente tinha liberado apenas cerca de metade dos desenhos de engenharia, aproximadamente no mesmo ponto de desenvolvimento. O outro programa encontrou vários problemas técnicos nos testes que resultaram em *redesign*, aumentos de custos e atrasos no cronograma.

A intenção das empresas em diminuir os riscos de engenharia simultânea, encontrou maneiras de empregar os testes de uma forma a evitar os agitos de final de ciclo, que ainda as permita gerar produtos de forma eficiente em menos tempo, com maior desempenho e com menores custos. Geralmente, essas práticas são provocadas por problemas – e agitos de final de ciclo – encontrados em produtos anteriores. Tanto a Boeing quanto a Intel foram afetadas por novos produtos em que os testes encontraram problemas significativos de atraso no desenvolvimento ou na produção que podiam ter sido evitados. A Boeing absorveu os aumentos de custos em uma linha de aeronaves e a entregou com atraso para o primeiro cliente; a Intel teve de substituir mais de um milhão de microprocessadores que continham uma falha pequena, mas, todavia, bem divulgada. Nos produtos seguintes, essas empresas foram capazes de reduzir tais problemas, alterando sua abordagem para testes e avaliação e foram capazes de oferecer produtos mais sofisticados dentro do tempo, do orçamento e com alta qualidade.

A Boeing encontrou dificuldades significativas no final do desenvolvimento da sua aeronave 747-400, o que atrasou a sua entrega ao cliente e aumentou os custos. Quando o 747-400 foi entregue a United Airlines em 1990, a Boeing teve de ceder 300 engenheiros para resolver problemas que os testes não tinham revelado anteriormente. O atrasos na entrega e os problemas de serviço inicial resultantes irritaram o cliente e envergonharam a Boeing. Os funcionários da Boeing afirmaram que essa experiência levou a empresa a alterar a sua abordagem de testes a bordo dos aviões seguintes, culminando com o programa 777-200 de meados dos anos 1990. De acordo com funcionários da empresa, os testes do 777-200 foram os mais extensos realizados em qualquer aeronave comercial da Boeing. Como resultado, a Boeing entregou uma aeronave 777-200 pronta para o serviço, certificada pela Federal Aviation Administration, dentro da entrega inicial e reduziu as mudanças, os erros e o retrabalho em mais de 60%.

A marca do sucesso do 777-200 foi a certificação de alcance estendido para operações bimotor para voos transoceânicos que a Boeing recebeu da Federal Aviation Administration com a primeira aeronave. Essa certificação é significativa porque normalmente leva cerca de dois anos de serviço operacional real antes que a Federal Aviation Administration conceda a certificação de alcance estendido. No caso do 777-200, os testes e a avaliação de esforço, forneceram confiança suficiente no desempenho da aeronave para renuncias às exigências de serviço operacional.

A Intel também empregou os testes para reduzir o agito de final de ciclo em seus novos microprocessadores. De acordo com funcionários da Intel, a empresa aprendeu essa lição da maneira mais difícil – liberando inadvertidamente o microprocessador Pentium® inicial com um defeito. Após o lançamento, a Intel descobriu uma falha em uma das funções matemáticas de alto nível do microprocessador Pentium®. Utilizando técnicas analíticas, a Intel concluiu que essa falha não afetaria significativamente o público em geral porque ela poderia ocorrer muito raramente. A Intel, no entanto, calculou mal o efeito sobre o consumidor e foi obrigada a substituir mais de um milhão microprocessadores a um custo de cerca de $ 500 milhões. A Intel passou por uma mudança corporativa significativa na sua abordagem de testes para assegurar que erros como esse não "escapassem" para o público novamente. Como resultado, o desempenho dos microprocessadores posteriores, como o Pentium® Pro e os microprocessadores Pentium® III, melhorou significativamente. Apesar de adotar uma abordagem de testes e avaliação muito mais rigorosa, a Intel não aumentou a quantidade de tempo que levou ao desenvolvimento de novos microprocessadores mais sofisticados. Na verdade, a velocidade de lançamento de produtos da Intel aumentou ao longo do tempo.[23]

[23] A More Constructive Test Approach Is Key to Better Weapon System Outcomes, *Best Practice Series*, GAO/NSIAD-00-199, Government Accounting Office, p. 23-25, jul. 2000.

17.19 DICAS DE ESTUDO PARA O EXAME DE CERTIFICAÇÃO EM GERENCIAMENTO DE PROJETOS PMI®

Esta seção aplica-se à revisão dos princípios de apoio às áreas de conhecimento e grupos de processos do Guia PMBOK®. Este capítulo aborda:

- Gerenciamento dos Riscos
- Planejamento
- Execução
- Controle
- Responsabilidade Profissional

A compreensão dos princípios a seguir será benéfica se o leitor estiver utilizando este livro como estudo para o Exame de Certificação PMP®:

- O que significa um risco
- Os componentes de um risco
- Que o gerenciamento dos riscos é realizado durante todo o projeto e envolve possivelmente toda a equipe
- Tipos de riscos
- O que se entende por tolerância ao risco
- Fontes de um risco
- Qual o significado de um evento de risco
- Componentes de um plano de gerenciamento de riscos
- Técnicas de coleta de riscos, tais como a técnica Delphi e *brainstorming*
- Análise quantitativa dos riscos, como o valor esperado e a simulação de Monte Carlo
- Avaliação qualitativa dos riscos
- O que se entende por árvores de decisão
- Métodos de resposta aos riscos

As seguintes questões de múltipla escolha ajudarão na revisão dos conceitos deste capítulo:

1. Os dois componentes principais de um risco são:
   a. Tempo e custos
   b. Incerteza e danos
   c. Qualidade e tempo
   d. Custos e circunstâncias da tomada de decisão
2. O gerenciamento dos riscos é normalmente realizado por meio de:
   a. Desenvolvimento de planos de contingência
   b. Pedir ao cliente para obter ajuda
   c. Pedir ao patrocinador para ajudar
   d. Desenvolvimento de soluções de contorno [NT18]
3. Resultados futuros que fornecem oportunidades favoráveis são chamados:
   a. Riscos favoráveis
   b. Oportunidades
   c. Contingências
   d. Surpresas
4. A causa de um evento de risco é normalmente chamada de:
   a. Uma oportunidade
   b. Um perigo
   c. Um resultado
   d. Uma surpresa indesejada
5. Se há uma chance de 40% de fazer $ 100.000 e uma chance de 60% de perder $ 150.000, então, o resultado monetário esperado é:
   a. $ 50.000
   b. –$ 50.000
   c. $ 90.000
   d. –$ 90.000
6. Aceitação, mitigação e transferência são exemplos de:
   a. Contingências
   b. Incertezas
   c. Expectativas
   d. Respostas
7. Em qual fase do ciclo de vida a incerteza do projeto seria maior?
   a. Iniciação
   b. Planejamento
   c. Execução
   d. Encerramento
8. Em qual fase do ciclo de vida os riscos financeiros de um projeto seriam maiores?
   a. Iniciação
   b. Planejamento
   c. Execução
   d. Encerramento
9. Identificar um risco como alto, moderado ou baixo seria um exemplo de qual avaliação de riscos?
   a. Arriscar tudo
   b. Adversa
   c. Qualitativa
   d. Quantitativa
10. A Simulação de Monte Carlo é um exemplo de qual a avaliação de riscos?
    a. Arriscar tudo
    b. Adversa
    c. Qualitativa
    d. Quantitativa
11. Qual das seguintes alternativas **não** é um motivo válido para gerenciar um risco?
    a. Redução ao mínimo da probabilidade do risco
    b. Redução das consequências desfavoráveis do risco
    c. Maximização da probabilidade das consequências favoráveis do risco
    d. Fornecimento de um sistema de alerta o mais tardio possível

[NT18] Solução de contorno. Em tradução oficial da versão em português da quarta edição do Guia PMBOK® para *Workaround*, cuja definição no glossário é: "Resposta a um risco negativo que ocorreu. Diferentemente do plano de contingência, uma solução de contorno não é planejada antecipando-se à ocorrência do evento de risco".

12. Qual das seguintes alternativas normalmente **não** faz parte do gerenciamento de riscos geral?
    a. Definição dos papéis e responsabilidades dos membros da equipe
    b. Estabelecimento de um formato de relatório de risco
    c. Escolha do gerente de projetos
    d. Pontuação e interpretação dos riscos
13. Uma técnica de avaliação de riscos que utiliza um questionário, uma série de rodadas, e relatórios confidenciais apresentados e, em seguida, circulados com a fonte não identificada é chamada:
    a. Técnica Delphi
    b. Grupo de trabalho
    c. Respostas não solicitadas da equipe
    d. Uma equipe de gerenciamento de riscos
14. Os sintomas de risco ou sinais de alerta são chamados:
    a. Vetores
    b. Gatilhos
    c. Pré-eventos
    d. Eventos de contingência
15. Qual das seguintes alternativas **não** é uma ferramenta ou técnica de quantificação de riscos?
    a. Entrevistas
    b. Análise da árvore de decisão
    c. Definição de objetivos
    d. Simulação
16. Uma técnica que descreve as interações entre as decisões e eventos associados é chamada:
    a. Análise da árvore de decisão
    b. Sistema de medição do valor agregado
    c. Sistema de programação de rede
    d. Matriz de pagamentos
17. A variação de um condutor de risco por vez, seja em pequenos incrementos ou estimativas de otimista para pessimista, enquanto mantém todos os outros condutores fixos, é chamada:
    a. Análise da árvore de decisão
    b. Análise de sensibilidade
    c. Análise de rede
    d. Análise de valor agregado
18. Uma estratégia de resposta a um risco que geralmente reduz a probabilidade ou impacto do evento, sem alterar os objetivos do projeto é chamada:
    a. Eliminação
    b. Aceitação
    c. Mitigação
    d. Transferência
19. A medição do valor agregado é um exemplo de:
    a. Planejamento das comunicações de riscos
    b. Planejamento da identificação de riscos
    c. Resposta aos riscos
    d. Monitoramento e controle dos riscos
20. A diferença entre ser proativo e reativo é o desenvolvimento de:
    a. Tabela de pagamentos
    b. Intervalo de probabilidades
    c. Intervalo de pagamentos
    d. Plano de contingência

RESPOSTAS

1. B 2. A 3. B 4. B 5. B 6. D 7. A 8. D 9. C 10. D 11. D
12. C 13. A 14. B 15. C 16. A 17. B 18. C 19. D 20. D

EXERCÍCIOS

17-1 Você tem $ 1.000.000 válidos em equipamentos para o local de trabalho e deseja diminuir o seu risco de danos diretos à propriedade por meio da contratação de uma apólice de seguro. A companhia de seguros fornece os seus dados estatísticos, conforme mostrado a seguir:

Tipo de Dano	Probabilidade (%)	Quantidade de Dano (Perda) (%)
Total	0,02	100
Médio	0,08	40
Baixo	0,10	20
Nenhum	99,8	0

Se a companhia de seguros usa o valor esperado para o cálculo dos prêmios, então quanto você espera que seja o prêmio, considerando-se que a companhia de seguros acrescenta $ 300 para o tratamento ao risco e os lucros?

17-2 Você foi solicitado a usar o modelo de valor esperado para avaliar o risco no desenvolvimento de um novo produto. Cada estratégia exige uma soma diferente de dinheiro a ser investido e produz uma recompensa diferente de lucro, conforme mostrado a seguir:

	Condições		
Estratégia	Fracasso Total	Sucesso Parcial	Sucesso Total
S_1	<$50K>	<30K>	70K
S_2	<80K>	20K	40K
S_3	<70K>	0	50K
S_4	<200K>	<50K>	150K
S_5	0	0	0

Considere que as probabilidades para cada condição são de 30%, 50% e 20%, respectivamente.

a. Usando o conceito de valor esperado, qual risco (ou seja, estratégia) deve ser escolhido?
b. Se o gerente de projetos adota uma atitude de arriscar tudo, que estratégia deve ser selecionada?

c. Se o gerente de projetos é um pessimista, e não tem a opção de estratégia S_5, qual risco seria escolhido?

d. Sua resposta à parte c mudaria se a estratégia S_5 fosse uma opção?

17-3 Sua empresa pediu-lhe para determinar os riscos financeiros de fabricação de 6.000 unidades de um produto em vez de comprá-los de um fornecedor a $ 66,50 por unidade. A linha de produção irá manusear exatamente 6.000 unidades e exige um custo único de instalação de $ 50.000. O custo de produção é de $ 60/unidade.

Seu pessoal de fabricação informa que algumas das unidades podem estar com defeito, como mostrado a seguir:

% defeituoso	0	1	2	3	4
probabilidade de ocorrência (%)	40	30	20	6	4

Os itens com defeito devem ser removidos e substituídos a um custo de $ 145/unidade defeituosa. Contudo, 100% das unidades compradas de fornecedores estão livres de defeitos.

Construa uma tabela de pagamentos e, utilizando o modelo de valor esperado, e determine o risco financeiro e qual é a melhor opção entre fazer e comprar.

17-4 A seguir, há quatro categorias de risco e as formas com as quais uma empresa está atualmente tratando os riscos. De acordo com a Seção 17.11, quais opções de tratamento de riscos estão sendo usadas? Mais de uma resposta pode se aplicar.

a. Uma empresa está tratando seu alto risco financeiro em P&D, por meio da aceitação de parceiros e contratação de empresas terceiras. Os parceiros/terceiros deverão investir parte de seus próprios recursos financeiros no esforço de P&D em troca de contratos de produção de longo prazo e com fonte única, se o produto passar por uma comercialização bem-sucedida.

b. Uma empresa decidiu tratar os seus riscos de marketing, oferecendo uma família de produtos à sua base de clientes. Existem características diferentes para cada produto oferecido.

c. Uma empresa possui linhas de produtos com uma expectativa de vida de dez anos ou mais. A empresa está tratando seus riscos técnicos por meio da realização de testes exaustivos sobre os novos componentes e realizando esforços de desenvolvimento técnico em paralelo para melhorias durante o curso.

d. Uma empresa possui grandes custos de produção para seus produtos de alta tecnologia. A empresa não vai começar a produção até que tenha um compromisso firme para certa quantidade. A empresa utiliza curvas de aprendizagem e gerenciamento de projetos para controlar seus custos.

17-5 Uma empresa de telecomunicações acredita que a maioria das suas receitas ao longo dos próximos dez anos virá de empresas fora dos Estados Unidos. Mais especificamente, a receita virá de países do terceiro mundo que podem ter muito pouca compreensão ou experiência em gerenciamento de projetos. A empresa elaborou a Figura 17-21. O que provoca o aumento dos riscos na Figura 17-21?

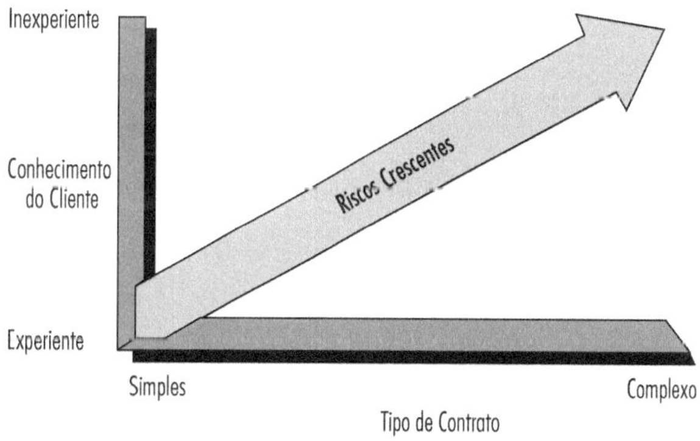

FIGURA 17-21 Riscos futuros.

17-6 Nas décadas de 1970 e 1980, as organizações militares assumiram a liderança no desenvolvimento de maneiras de avaliar o risco total do programa. Uma abordagem foi desenvolver um rigoroso processo de identificação de riscos técnicos específicos em nível funcional e tradução dessa informação detalhada por meio de vários passos. Dessa forma, acreditava-se que os riscos poderiam ser facilmente monitorados e corrigidos, como mostra a Figura 17-22. Por que esse método não está sendo apoiado hoje em dia?

17-7 Como exemplo da situação no Exercício 17-6, a Figura 17-23 mostra as categorias de risco no programa, subsistema e níveis funcionais. Começando na parte inferior, os dados são desenvolvidos para cinco indicadores de engenharia e avaliado de acordo com risco "alto", "médio" ou "baixo". Os resultados dessa avaliação são, então, resumidos para cada subsistema para fornecer uma visão geral do sistema. Isso é, muitas vezes, considerado um modelo para o método de análise de riscos. Quais são as vantagens e desvantagens dessa abordagem? Por que esse método não é amplamente utilizado hoje em dia?

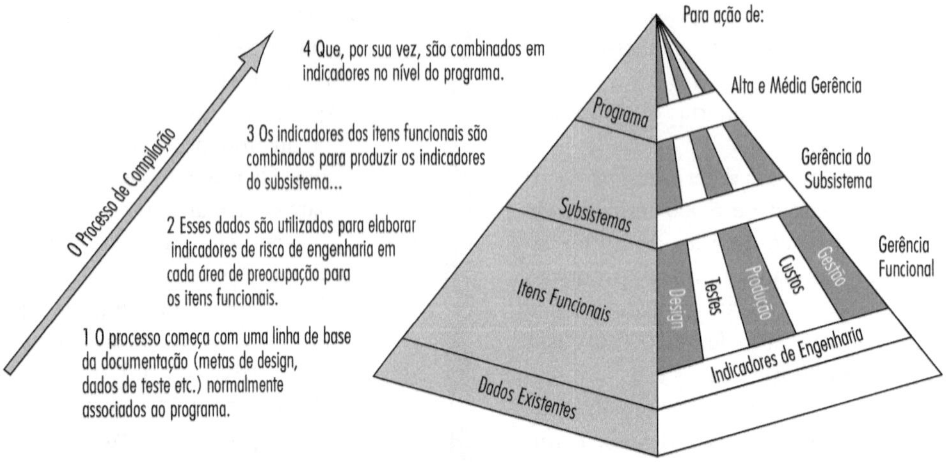

FIGURA 17-22 Identificação de riscos técnicos nos níveis adequados de gestão (ONAS P 4855-x).

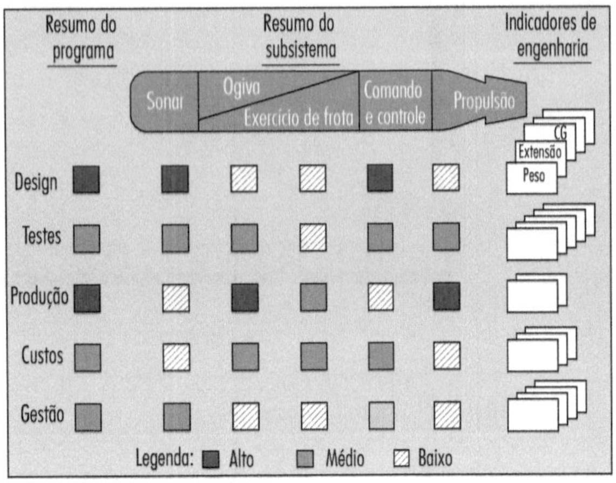

FIGURA 17-23 Variação dos produtos da identificação dos riscos com o nível de gestão (ONAS P4855-X).

17-8 Com a explosão de hardware e software de computadores durante os anos 1970 e 1980, as empresas começaram a desenvolver modelos para avaliar os riscos técnicos para os esforços de hardware e software de computador. Um modelo parecido é discutido neste exercício. Embora algumas pessoas aleguem que ainda pode existir utilização aplicável para esse modelo, outras argumentam que o modelo é obsoleto e falho no que diz respeito ao pensamento atual. Depois de ler os parágrafos a seguir, explique por que o modelo pode ter um uso limitado para o gerenciamento de riscos técnicos atualmente.

Anteriormente, nós mostramos que a quantificação do risco pode ser encontrada por meio da utilização de um cálculo de valor esperado. No entanto, existem abordagens mais sofisticadas, que envolvem modelos combinados com o valor esperado. Aqui, podemos desenvolver expressões matemáticas para as falhas e riscos para tipos **específicos** de projetos.

O risco pode ser modelado simplesmente como a interação de duas variáveis: probabilidade de falha (P_f) e o efeito ou consequência da falha (C_f). As consequências podem ser medidas em termos de desempenho técnico, custos ou cronograma. Um modelo simples pode ser usado para identificar áreas em que a probabilidade de falha (P_f) é elevada (mesmo se houver uma baixa probabilidade de ocorrência). Matematicamente, esse modelo pode ser expresso como a união de dois conjuntos, P_f e C_f. A Tabela 17-15 mostra um modelo matemático para avaliação de riscos em projetos de hardware-software. Em outras palavras, o fator de risco (definido como P_f x C_f) será maior quando ambas P_f e C_f forem grandes, e pode ser elevado se qualquer um dos fatores for grande.

Neste caso, P_f é estimada por meio da observação da maturidade, complexidade e dependência em relação a pontos de interface de hardware e software. A probabilidade de falha, P_f, é, então, quantificada por taxas semelhantes aos elementos na Tabela 17-15. A C_f é calculada por meio da observação das implicações técnicas, de custos e de cronograma da falha. Por exemplo, considere um item com as seguintes características:

- Utiliza hardware de prateleira, com pequenas modificações no banco de dados de software
- É baseado em um *design* de hardware simples
- Requer software com algum pequeno aumento na complexidade
- Envolve um novo banco de dados a ser desenvolvido por uma empresa subcontratada

TABELA 17-15UM modelo matemático para avaliação de riscos

(1) Fator de risco = $P_f + C_f - P_f * C_f$

(2) $P_f = a * PM_{HW} + b * PM_{SW} + c * PC_{HW} + d * PC_{SW} + e * PD$

onde:
PM_{HW} = Probabilidade de fracasso devido ao grau de maturidade do hardware
PM_{SW} = Probabilidade de fracasso devido ao grau de maturidade do software
PC_{HW} = Probabilidade de fracasso devido ao grau de complexidade do hardware
PC_{SW} = Probabilidade de fracasso devido ao grau de complexidade do hardware
P_D = Probabilidade de fracasso devido à dependência de outros itens

E onde: *a, b, c, d* e *e* são fatores de ponderação, cuja soma é igual a 1.

(3) $C_f = f * C_t + g * C_c + h * C_s$

onde:
C_t = Consequência do fracasso devido a fatores técnicos
C_c = Consequência do fracasso devido a mudanças nos custos
C_s = Consequência do fracasso devido a mudanças no cronograma

E onde: *f, g*, e *h* são fatores de ponderação, cuja soma é igual a 1.

Magnitude	Fator de Maturidade (P_M)		Fator de Complexidade (P_C)		Fator de Dependência (P_D)
	Hardware $P_{M_{hw}}$	Software $P_{M_{sw}}$	Hardware $P_{C_{hw}}$	Software $P_{C_{sw}}$	
0,1	Existente	Existente	Design Simples	Design Simples	Independente dos atuais sistema, instalação ou fornecedor associado
0,3	Pequeno redesign	Pequeno redesign	Pequeno aumento na complexidade	Pequeno aumento na complexidade	Cronograma dependente dos atuais sistema, instalação ou fornecedor associado
0,5	Grande mudança viável	Grande mudança viável	Aumento moderado	Aumento moderado	Desempenho dependente do atuais desempenho do sistema, instalações ou fornecedor associado
0,7	Tecnologia disponível, design complexo	Novo software, similar ao existente	Aumento significativo	Aumento significativo/ aumento grande no número de módulos	Cronograma dependente dos novos sistema, cronograma, instalação ou fornecedor associado
0,9	De última geração, alguma pesquisa concluída	De última geração, nunca feito antes	Extremamente complexo	Extremamente complexo	Desempenho dependente dos novos sistema, cronograma, instalação ou fornecedor associado

Magnitude	Fator Técnico (C_t)	Fator de Custos (C_c)	Fator de Cronograma (C_s)
0,1 (baixo)	Mínimo ou sem consequências, não importante	Estimativas de orçamento não excedidas, alguma transferência de dinheiro	Impacto desprezível no programa, pequena mudança no cronograma de desenvolvimento compensada por folga disponível no cronograma
0,3 (pequeno)	Pequena redução no desempenho técnico	Estimativas de custos excedem o orçamento entre 1 e 5%	Pequeno desvio no cronograma (menos de um mês), algum ajuste nos marcos necessários
0,5 (moderado)	Alguma redução no desempenho técnico	Estimativas de custos aumentadas entre 5 e 20%	Algum desvio no cronograma
0,7 (significativo)	Degradação significativa no desempenho técnico	Estimativas de custos aumentadas entre 20 e 50%	O cronograma de desenvolvimento atrasa acima de três meses
0,9 (alto)	As metas técnicas não podem ser alcançadas	Estimativas de custos aumentadas para mais de 50%	Grande desvio no cronograma que afeta os marcos do segmento ou que tem efeitos possíveis nos marcos do sistema

Usando a Tabela 17-15, a probabilidade de fracasso, P_f, será calculada da seguinte forma:

Considere que os fatores de ponderação para *a*, *b*, *c*, *d*, e *e* são 20%, 10%, 40%, 10% e 20%, respectivamente.

$$\begin{array}{lll} P_M\text{ (hardware)} = 0{,}1 & & 0{,}2\,P_M\text{ (h)} = 0{,}02 \\ P_M\text{ (software)} = 0{,}3 & & 0{,}1\,P_M\text{ (s)} = 0{,}03 \\ P_C\text{ (hardware)} = 0{,}1 & & 0{,}4\,P_C\text{ (h)} = 0{,}04 \\ P_C\text{ (software)} = 0{,}3 & & 0{,}1\,P_C\text{ (s)} = 0{,}03 \\ P_D = 0{,}9 & & 0{,}2\,P_D = 0{,}18 \\ & & \overline{\quad 0{,}30} \end{array}$$

Então, considerando que os fatores de ponderação indicados na equação (2) da Tabela 17-15 são os indicados acima, a P_f sobre esse item seria de 0,30.

Se a consequência de fracasso do item, por causa de fatores técnicos, causasse alguns problemas de natureza corrigível, mas a correção resultasse em um aumento do custo de 8% e dois meses de desvio no cronograma, a consequência do fracasso, C_f, seria calculada a partir da Tabela 17-15, como segue:

$$\begin{array}{lll} C_t = 0{,}3 & & 0{,}4\,C_t = 0{,}12 \\ C_c = 0{,}5 & & 0{,}5\,C_c = 0{,}25 \\ C_s = 0{,}5 & & 0{,}1\,C_s = 0{,}12 \\ & & \overline{\quad 0{,}42} \end{array}$$

Então a C_f para este item [considerando que os fatores de ponderação na equação (3) da Tabela 17-15 são conforme os indicados aqui], seria de 0,42.

A partir da equação (1) da Tabela 17-14, o fator de risco seria

$$0{,}30 + 0{,}42 - (0{,}30)(0{,}42) = 0{,}594$$

Em outras palavras, o risco associado a esse item é médio. Porque a maioria dos riscos associados a esse exemplo vem de mudanças de software, em especial o uso de um subcontratado nessa área, podemos concluir que o risco pode ser reduzido quando o desenvolvedor do software de computador for "responsável pela qualidade do trabalho e estiver sujeito tanto a incentivos quanto a penalidades, durante todas as fases do ciclo de vida do sistema."

Análises de risco similares seriam realizadas para todos os outros itens e um fator de risco seria obtido para cada área de risco identificada. As áreas de risco seriam então priorizadas de acordo com a fonte do risco (por exemplo, outros itens estão apresentando um risco excessivo devido à subcontratação do desenvolvimento do software?).

17-9 A Figura 17-24 mostra uma matriz de probabilidade e impacto (ou um mapeamento de riscos) que é frequentemente usada como parte do processo de priorização da análise de riscos. Aqui, as escalas de risco ordinais de probabilidade de ocorrência e consequência de ocorrência são usadas (5, 4, 3, 2, 1 correspondem a E, D, C, B, A já que os coeficientes da escala real são desconhecidos). Nesta figura, B representa um risco baixo, o que, em geral, seria um risco aceitável para o gerente do projeto. A letra M representa um risco moderado, o que provavelmente pedirá uma resposta aos riscos. A letra A representa um risco alto, que terá uma ou mais respostas de risco. Quais são as vantagens da utilização de uma designação de risco alta-moderada-baixa (ou vermelho-amarelo-verde) em oposição à atribuição de números quantitativos para cada célula e nível de risco (por exemplo, 5 x 5 = 25 para 1 x 1 = 1)?

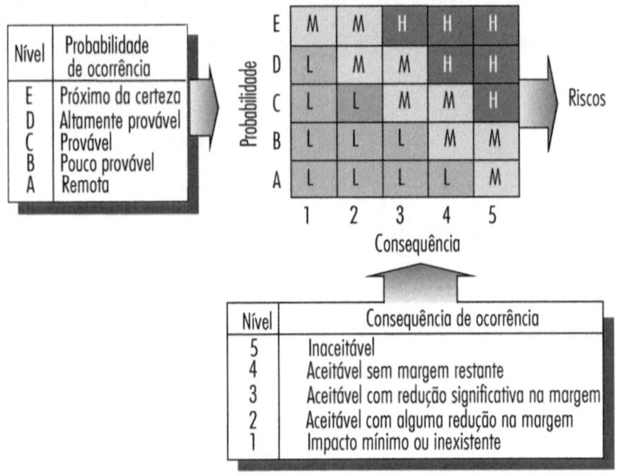

FIGURA 17-24 Priorização da análise de riscos.

17-10 Existem muitas definições de gestão de riscos. Considere a seguinte definição de R.B. Duffey e J.W. Saull, *Managing Risk* (Wiley, Hoboken, NJ, 2008), p. 4:

A gestão de riscos é uma atividade humana, que visa definir e prever limites, procedimentos ou fronteiras sobre a probabilidade de futuro prejuízo, perda ou dano com base em nosso conhecimento dos resultados relacionados de atividades humanas anteriores.

Na definição acima, qual é o significado de "atividades humanas anteriores"?

17-11 Considere os seguintes comentários de R. B. Duffey e J. W. Saull, *Managing Risk* (Wiley, Hoboken, NJ, 2008), p. 1:

Vivemos em um mundo cheio de riscos, resultados e oportunidades. Enquanto tentamos evitar as coisas que podem nos matar ou nos ferir, seguimos a sobrevivência do mais apto. Se tomarmos um risco, uma chance, esperamos que o resultado seja favorável, seja ele qual for. Podemos confiar na sorte, mas há sempre uma chance, uma probabilidade de que algo desagradável, algo doloroso possa acontecer, e podemos ser prejudicados fisicamente, mentalmente ou financeiramente. Não apenas por nossas próprias ações, mas por danos de uma falha inesperada de qualquer um dos sistemas tecnológicos com os quais contamos. Como resultado de decisões humanas, somos simplesmente incertos quanto à forma como as coisas irão se desenrolar, ou mesmo se vão ocorrer.

Nos primeiros anos de tentativas de se compreender a gestão de risco, nos concentramos fortemente em compreender os riscos que podem ocorrer a partir de nossas próprias ações. Considerando os comentários acima, será que parece que agora estamos tentando gerenciar os riscos que ocorrem a partir da ação dos outros?

17-12 A Figura 17-25 mostra uma matriz de probabilidade de impacto de um projeto que envolve operações militares. A figura foi retirada da Y.Y. Haimes, *Risk Modeling, Assessment and Management*, 3. ed. (Wiley, Hoboken, NJ, 2009), p. 312. Esta mesma figura pode ser usada na indústria farmacêutica para o desenvolvimento de novas drogas, substituindo-se a palavra "missão" pela palavra "saúde"?

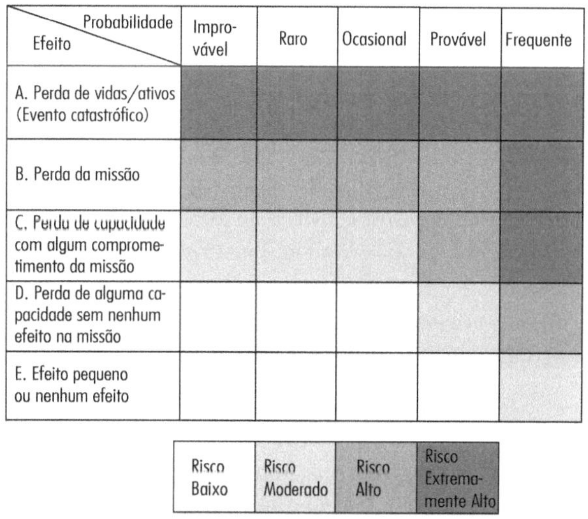

FIGURA 17-25 Matriz de probabilidade de impacto de operação militar

ESTUDOS DE CASO

TELOXY ENGINEERING (A)

A Teloxy Engineering recebeu um contrato único para projetar e construir 10.000 unidades de um novo produto. Durante o processo de propostas, a gerência achou que o novo produto poderia ser projetado e fabricado a um custo baixo. Um dos ingredientes necessários para construir o produto era um pequeno componente que poderia ser comprado por $ 60 no mercado, incluindo os descontos pela quantidade. Assim, a gerência orçou $ 650.000 para a compra e manuseio de 10.000 componentes, mais descarte.

Durante a fase de *design*, sua equipe de engenharia informa que o *design* final exigirá um componente de qualidade um pouco maior, que se vende por $ 72, com descontos de quantidade. O novo preço é substancialmente mais elevado do que você tinha orçado. Isso criará sobrecustos.

Você se reúne com sua equipe de fabricação para verificar se o seu pessoal pode fabricar o componente a um preço mais barato do que o necessário para comprá-lo de fora. Sua equipe de produção informa que pode produzir um máximo de 10.000 unidades, apenas o suficiente para cumprir o seu contrato. O custo de instalação será de $ 100.000 e os custos de matéria-prima, $ 40 por componente. Como a Teloxy nunca produziu esse componente antes, a fabricação espera os seguintes defeitos:

Percentual defeituoso	0	10	20	30	40
Probabilidade de ocorrência	10	20	30	25	15

Todas as peças com defeito devem ser removidas e reparadas a um custo de $ 120 cada uma.

1. Aplicando o valor esperado, é economicamente melhor fazer ou comprar o componente?
2. Pensando estrategicamente, por que a gerência optaria por outra escolha que não fosse a mais econômica?

TELOXY ENGINEERING (B)

Sua equipe de fabricação informa que encontrou uma maneira de aumentar o tamanho da série de fabricação de 10.000 para 18.000 unidades em incrementos de 2.000 unidades. No entanto, o custo estabelecido será de $ 150.000, em vez de $ 100.000 para todas as séries de produção superiores a 10.000 unidades e os defeitos custarão os mesmos $ 120 para a remoção e reparo.

1. Calcule a viabilidade econômica de fazer ou comprar.
2. A probabilidade de defeitos deve mudar, se produzirmos 18.000 unidades, em oposição às 10.000 unidades?
3. A sua resposta à questão 1 mudaria, se a administração da Teloxy acredita que contratos posteriores

estão perto de ocorrer? O que aconteceria se a probabilidade de defeitos mudasse para 15%, 25%, 40%, 15% e 5% em virtude das eficiências na curva de aprendizagem?

O DEPARTAMENTO DE GERENCIAMENTO DE RISCO[1]

Plano de Fundo

Em 1946, logo após o fim da Segunda Guerra Mundial, a Cooper Manufacturing Company foi criada. A empresa fabricava pequenos eletrodomésticos. Em 2010, a Cooper Manufacturing possuía mais de 30 unidades fabris, todas localizadas nos Estados Unidos. O negócio agora incluía pequenos e grandes eletrodomésticos. Quase todo o crescimento veio de aquisições que foram pagas por meio do fluxo de caixa e de empréstimos nos mercados financeiros.

O plano estratégico da Cooper estava voltado para uma expansão global a partir de 2003. Com isso em mente e com grandes reservas financeiras, a Cooper planejava adquirir de cinco a seis empresas por ano. Isto além das aquisições nacionais que estivessem disponíveis. Quase todas as aquisições foram de empresas de fabricação que produziam produtos relacionados ao mercado de utensílios domésticos. No entanto, algumas das aquisições incluíam empresas de ar-condicionado e fornalhas, bem como empresas de sistemas de segurança doméstica.

O Departamento de Gerenciamento de Risco

Durante os anos 1980, quando a Cooper Manufacturing começou sua rápida abordagem de aquisições, estabeleceu um Departamento de Gerenciamento de Risco. O Departamento de Gerenciamento de Risco se reportava ao *Chief Financial Officer* (CFO)[NT1] e era considerado como parte da disciplina financeira da empresa. O objetivo geral do departamento era coordenar a proteção dos ativos da empresa. Isso era feito, principalmente, por meio da implementação de programas de prevenção de perdas. O departamento trabalhou em estreita olaboração com outros departamentos internos, como o de Saúde e Segurança Ambiental. Consultores externos foram trazidos, conforme a necessidade, para dar suporte a essas atividades.

Um método empregado pela empresa para assegurar a cooperação e envolvimento de toda a empresa no processo de gestão de risco foi tornar cada divisão de fabricação responsável por quaisquer perdas específicas até um nível designado de retenção autossegurada. Se houvesse uma perda significativa, a divisão deveria absorver a perda e seu impacto sobre a base mínima de margem de lucro da divisão. Isto envolvia diretamente a divisão, tanto em prevenção de perdas como em gestão de sinistros. Quando um sinistro ocorria, o Departamento de Gerenciamento de Risco mantinha contato regular com o pessoal da divisão para estabelecer um protocolo sobre o sinistro e as reservas de caixa e disposição final.

Como parte da gestão de risco, a empresa comprou um seguro acima dos níveis designados de retenção. Os prêmios dos seguros foram alocados para cada divisão. Os prêmios eram calculados com base no volume de vendas e histórico de reivindicações de perdas, com o percentual mais significativo alocado para o histórico de reivindicações de perdas.

O gerenciamento de risco foi considerado parte integrante do processo de diligência prévia para aquisições e alienações. Iniciava-se no início do processo em vez de no final, e tinha-se como resultado um relatório escrito e em uma apresentação para os níveis mais altos da administração.

Um Novo Risco se Materializa

A intenção original do Departamento de Gerenciamento de Risco era proteger os ativos da empresa, especialmente de reivindicações (*claims*) e ações judiciais. O departamento focava pesadamente em riscos financeiros e de negócios, muitas vezes com pouca consideração em relação aos ativos humanos. Tudo isso estava prestes a mudar.

A dos processos de fabricação da Cooper era composta por processos da linha de montagem de trabalho intensivo. Embora a Cooper tenha modernizado suas plantas com novos equipamentos para apoiar as linhas de montagem com a expectativa de acelerar o trabalho, os processos ainda eram fortemente de trabalho intensivo.

A modernização das plantas fez aumentar a produção. No entanto, mais pessoas estavam ficando feridas e doentes. Custos de compensação aos trabalhadores da Cooper e prêmios de planos de saúde foram subindo astronomicamente, causando um impacto inesperado na base inferior das demonstrações financeiras de muitas divisões.

A gerência sênior reconheceu a gravidade da situação e pediu ao Departamento de Gerenciamento de Risco para encontrar maneiras de reduzir as lesões, diminuir o número de dias de licença por doença que as pessoas estavam precisando, e reduzir os custos de compensação com trabalhadores. Para fazer isso, o Departamento de Gerenciamento de Risco teve de olhar para a forma como cada trabalhador realizava sua tarefa e melhorar onde fosse possível a interação entre os trabalhadores e os equipamentos. O nome do departamento foi então alterado para Gerenciamento de Riscos e Ergonomia.

---

[1] ©2010 por Harold Kerzner. Reproduzido com permissão. Todos os direitos reservados.

[NT1] Chefe do Setor Financeiro, diretor financeiro.

Ergonomia

De acordo com a *Wikipedia*:

> Ergonomia é a ciência de projetar o ambiente de trabalho para se adequar ao usuário. Um design ergonômico adequado é necessário para evitar lesões por esforços repetitivos, que podem se desenvolver ao longo do tempo e podem levar à incapacidade em longo prazo.
>
> A Associação Internacional de Ergonomia define ergonomia como se segue:
>
> Ergonomia (ou fatores humanos) é a disciplina científica preocupada com a compreensão das interações entre seres humanos e outros elementos de um sistema, e a profissão que aplica teoria, princípios, dados e métodos para projetar a fim de otimizar o bem-estar do ser humano e o desempenho global do sistema.
>
> A ergonomia é empregada para cumprir as duas metas de saúde e produtividade. É relevante no projeto de coisas, como móveis seguros e interfaces com máquinas fáceis de usar.
>
> A ergonomia se preocupa com o "encaixe" entre as pessoas e suas ferramentas tecnológicas e ambientes. Leva em conta as capacidades e limitações do usuário na tentativa de garantir que as tarefas, equipamentos, informações e ambiente sirvam a cada usuário.
>
> Para avaliar o ajuste entre uma pessoa e as tecnologias utilizadas, os ergonomistas consideram o trabalho (atividade) que está sendo feito e as demandas sobre o usuário, o equipamento utilizado (seu tamanho, forma, e quão apropriado é para a tarefa), e as informações utilizadas (como são apresentadas, acessadas e alteradas). A ergonomia se baseia em muitas disciplinas em seu estudo dos seres humanos e seus ambientes, incluindo antropometria, biomecânica, engenharia mecânica, engenharia industrial, *design* industrial, cinesiologia, fisiologia e psicologia.

A Ergonomia no Local de Trabalho

A ergonomia inclui os fundamentos para a variabilidade e compatibilidade de um local de trabalho flexível, com componentes de mesa que vão de atividades de trabalho individual até configurações de equipe. Estações de trabalho oferecem ergonomia de apoio para ambientes de trabalho intensivo.

Fora da disciplina, o termo "ergonomia" é geralmente utilizado para se referir à ergonomia física no que se refere ao local de trabalho (como, por exemplo, cadeiras ergonômicas e teclados). Ergonomia no local de trabalho tem a ver, em grande parte, com a segurança dos trabalhadores, tanto em longo como em curto prazo. A ergonomia pode ajudar a reduzir os custos, melhorando a segurança. Isso diminuiria o dinheiro pago a título de indenização dos trabalhadores. Por exemplo, mais de cinco milhões de trabalhadores têm lesões por esforço excessivo por ano. Por meio da ergonomia, os locais de trabalho podem ser projetados para que os trabalhadores não tenham de se exceder fisicamente e a indústria de manufatura possa economizar bilhões em indenizações aos trabalhadores.

Os locais de trabalho podem assumir uma abordagem tanto reativa como proativa ao aplicar práticas de ergonomia. Ergonomia é considerada reativa quando algo precisa ser corrigido e uma ação corretiva é tomada. Ergonomia proativa é o processo de buscar áreas que poderiam ser melhoradas e corrigir as questões antes que se tornem um grande problema. Os problemas podem ser corrigidos por meio de *design* de equipamentos, *design* de tarefas ou *design* ambiental. O *design* de equipamento modifica os dispositivos físicos reais usados pelas pessoas. O *design* de tarefa modifica o que as pessoas fazem com o equipamento. O *design* ambiental modifica o ambiente no qual as pessoas trabalham, mas não o equipamento físico que utilizam.

PERGUNTAS

1. A intenção original de criar o Departamento de Gerenciamento de Risco estava correta, no sentido de estar projetada para proteger os ativos corporativos? Em outras palavras, isso era realmente gestão de riscos?
2. As novas responsabilidades do departamento, especificamente ergonomia, são uma interpretação válida de gerenciamento de riscos?
3. A redução dos custos de cuidados com saúde e dos custos de compensações aos trabalhadores pode ser considerada um projeto?
4. Quão bem-sucedida você acha que a Cooper foi na redução de custos?

18

CURVAS DE APRENDIZAGEM

Estudos de Caso Relacionados (de Kerzner/*Project Management Case Studies*, 4. ed.)	Livro de Exercícios Relacionado (de Kerzner/*Project Management Workbook and PMP®/CAPM® Exam Study Guide*, 11. ed.)	Guia PMBOK® – 5. ed., Seção de Referência para o Exame de Certificação PMP®
Nenhum	• Multiple Choice Exam	• Gerenciamento do Tempo do Projeto • Gerenciamento dos Custos do Projeto

18.0 INTRODUÇÃO

Guia PMBOK®, 5. ed.
6.5 Estimar as durações das atividades

A licitação tornou-se uma parte integrante da responsabilidade do gerenciamento de projetos em muitos setores. A multiplicidade de técnicas de estimativa está disponível em áreas como construção, aeroespacial e de defesa para ajudar os gerentes de projetos a chegar a uma oferta competitiva. Se a proposta final é muito alta, a empresa pode não ser competitiva. Se a proposta for muito baixa, a empresa pode ter de arcar de seu próprio bolso com os custos dos desvios. Para uma empresa pequena, esse desvio pode levar ao desastre financeiro.

Talvez os projetos mais difíceis de estimar sejam aqueles que envolvem o desenvolvimento e fabricação de uma grande quantidade de unidades. Por exemplo, uma empresa é convidada a fazer uma proposta para o desenvolvimento e fabricação de 15.000 componentes. A empresa é capaz de desenvolver um custo para a fabricação de sua primeira unidade, mas qual será o custo para a décima, centésima ou milésima unidade? Obviamente, o custo de produção de cada unidade sucessiva deve ser inferior à unidade anterior, mas em quanto? Felizmente, existem técnicas de estimativas de alta precisão chamadas de curvas de "aprendizagem" ou de "experiência".

18.1 TEORIA GERAL

As curvas de experiência são baseadas no velho ditado que diz que a prática leva à perfeição. Um produto pode sempre ser mais bem fabricado e em um período mais curto de tempo, não apenas uma segunda vez, mas em sucessivas vezes. Esse conceito é altamente aplicável a projetos com mão de obra intensiva, como em uma fábrica, em que a previsão de trabalho é um esforço tedioso e demorado.

Não foi até a década de 1960 que as verdadeiras implicações das curvas de experiência tornaram-se evidentes. O pessoal do Boston Consulting Group mostrou que cada vez que a produção cumulativa dobrou, o tempo e o custo de produção total caíram por um valor **constante** e **previsível**. Além disso, o Boston Consulting Group mostrou que esse efeito se estendia a uma variedade de indústrias, tais como produtos químicos, metais e componentes eletrônicos.

Os executivos de hoje, muitas vezes, medem a rentabilidade de uma empresa em função da sua participação de mercado. Com o aumento da participação de mercado, a rentabilidade vai aumentar, mais por causa dos custos de produção menores do que pelas margens aumentadas. Este é o efeito da curva de experiência. As participações de mercado elevadas permitem às empresas construir fábricas grandes de modo que os custos de capital fixo estejam espalhados por mais unidades, reduzindo, assim, o custo unitário. Esse aumento na eficiência é chamado de **economia de escala** e pode ser a principal razão pela qual as organizações de grande porte podem ser mais eficientes que as menores.

Os custos de equipamentos de capital seguem a regra do poder de capacidade de 60%. Por exemplo, considere uma fábrica que tem a capacidade de produzir 35.000 unidades por ano. O custo de construção da fábrica foi de $ 10 milhões. Se a empresa pretende construir uma nova fábrica, com capacidade para 70.000 unidades, qual será o custo de construção?

$$\frac{\$\ novo}{\$\ velho} = \left(\frac{70.000}{35.000}\right)^{0,6}$$

Ao calcularmos $ novo, constatamos que a nova unidade vai custar cerca de $ 15 milhões ou uma vez e meia o custo da antiga fábrica (para uma determinação mais precisa, os custos devem ser corrigidos pela inflação).

18.2 O CONCEITO DE CURVA DE APRENDIZAGEM

As curvas de aprendizagem estipulam que a quantidade de homens-horas de produção (trabalho especificamente direto) vai diminuir cada vez que uma empresa dobra suas saídas. Normalmente, as curvas de aprendizagem produzem um custo e economia de tempo de 10 a 30% cada vez que a experiência de uma empresa em produzir um produto dobra. Por exemplo, considere os dados apresentados na Tabela 18-1, que representa uma empresa que opera em uma curva de aprendizagem de 75%. O tempo para a segunda unidade é de 75% do tempo da primeira unidade. O tempo para a quadragésima unidade é de 75% do tempo para a vigésima unidade. O tempo para a unidade 800 é de 75% do tempo para a unidade 400. Da mesma forma, podemos **prever** o tempo para a unidade de número 1.000 em 75% do tempo para a unidade 500. Nesse exemplo, o tempo diminuiu um montante fixo de 25%. Na teoria, essa diminuição pode ocorrer por tempo indeterminado.

Na Tabela 18-1, poderíamos ter substituído homens-horas/unidade de produção por custo/unidade de produção. É mais comum o uso de homens-horas porque os custos exatos nem sempre são conhecidos ou não são divulgados pela empresa. Além disso, a utilização de custos implica a complexidade de se considerar fatores de reajuste de salário, ajustes de custo de vida e, possivelmente, o valor do dinheiro no tempo. Para projetos de menos de um ano ou dois, os custos de valor agregado são, muitas vezes, utilizados em vez de homens-horas.

TABELA 18-1 Dados cumulativos de produção e mão de obra-hora

Produção Cumulativa	Horas Desta Unidade	Horas Totais Cumulativas
1	812	812
2	609	1.421
10	312	4.538
12	289	5.127
15	264	5.943
20	234	7.169
40	176	11.142
60	148	14.343
75	135	16.459
100	120	19.631
150	101	25.116
200	90	29.880
250	82	34.170
300	76	38.117
400	68	45.267
500	62	51.704
600	57	57.622
700	54	63.147
800	51	68.349
840	50	70.354

Esses tipos de custos são, muitas vezes, chamados de custos de valor agregado e também podem aparecer na forma de custos menores de frete e de aquisição por meio de grandes quantidades. Os custos de valor agregado são realmente economias de custos para o cliente e o fornecedor.

A curva de aprendizagem foi adaptada a partir da observação histórica de que os indivíduos que executam tarefas repetitivas exibem uma melhora no desempenho se a tarefa é repetida várias vezes. Os estudos empíricos desse fenômeno resultaram em três conclusões em que a atual teoria e prática são baseadas:

- O tempo necessário para realizar uma tarefa diminui se a tarefa é repetida
- A quantidade de melhoria diminui se mais unidades são produzidas
- A taxa de melhoria tem consistência suficiente para permitir a sua utilização como ferramenta de previsão

A consistência na melhoria foi encontrada sob a forma de uma redução percentual constante no tempo exigido durante sucessivas quantidades dobradas de unidades produzidas.

É importante reconhecer a importância de utilizar a curva de aprendizagem para projetos de fabricação. Considere um projeto em que 75% do trabalho direto total está na montagem (como a montagem de aeronaves) e os restantes 25% são trabalho de máquina. Com mão de obra direta, a melhoria da aprendizagem é possível, ao passo que, com o trabalho de máquina, a produção pode ser limitada em virtude do desempenho da máquina. No exemplo citado aqui, com 75% de mão de obra direta e 25% de trabalho de máquina, uma empresa pode encontrar-se produzindo em uma curva de aprendizagem de 80%. Mas, se o trabalho direto for de 25% e o trabalho de máquina for 75%, então a empresa pode encontrar-se em uma curva de aprendizagem de 90%.

18.3 REPRESENTAÇÃO GRÁFICA

A Figura 18-1 mostra a curva de aprendizagem traçada a partir dos dados da Tabela 18-1. O eixo horizontal representa o número total de unidades produzidas. O vertical, as horas totais de mão de obra (ou o custo) para cada unidade. O gráfico trabalho-hora da Figura 18-1 representa uma hipérbole quando desenhada em papel milimetrado comum (ou seja, com coordenadas retangulares). A curva mostra que a diferença ou a quantidade de redução de mão de obra não é consistente. Pelo contrário, ela diminui em um montante contínuo à medida que as quantidades são dobradas. Mas, a taxa de mudança ou de declínio foi encontrada para ser um percentual constante do custo anterior, por causa da diminuição do valor de base ser proporcional ao declínio na quantidade de mudança. Para ilustrar isso, podemos usar os dados da Tabela 18-1, que foram usados para construir a Figura 18-1. Na duplicação da produção da primeira para a segunda unidade, ocorre uma redução de 203 horas. Na duplicação de 100-200 unidades, ocorre uma redução de 30 horas. No entanto, em ambos os casos, a redução percentual foi de 25%. Novamente, de 400 a 800 unidades, há uma redução de 25% ou resultados de 17 horas. Podemos, assim, concluir que quanto mais unidades são produzidas, a taxa de mudança se mantém constante, mas a magnitude da mudança diminui.

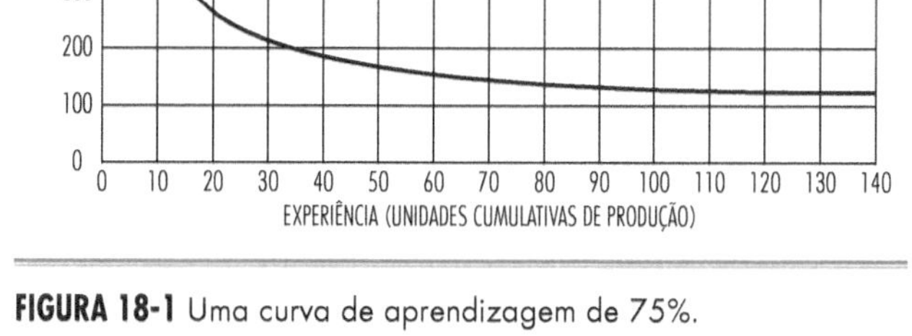

FIGURA 18-1 Uma curva de aprendizagem de 75%.

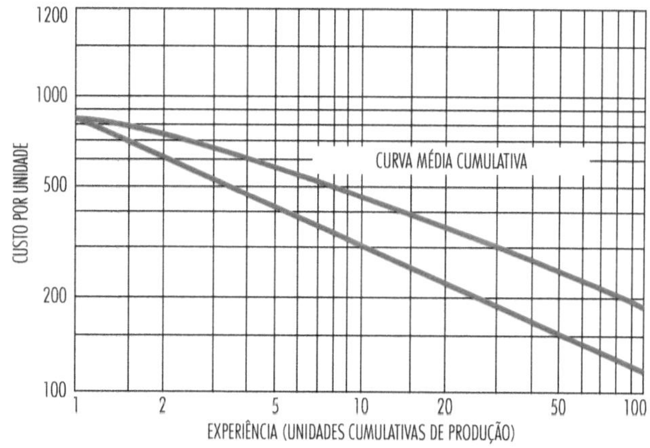

FIGURA 18-2 Traçado logarítmico de uma curva de aprendizagem de 75%.

Quando os dados da Figura 18-1 são traçados em papel log-log[NT1], o resultado é uma linha reta, que representa a curva de aprendizagem, como mostrado na Figura 18-2.

Existem dois modelos fundamentais da curva de aprendizagem de uso geral, a curva unidade e da curva média cumulativa. Ambos são mostrados na Figura 18-2. A curva unidade concentra-se nas horas ou no custo envolvido em unidades específicas de produção. A teoria pode ser declarada como a seguinte: se a quantidade total de unidades produzidas duplica, o custo por unidade diminui em um percentual constante. O percentual constante pelo qual os custos das quantidades dobradas diminuem é chamado de taxa de aprendizagem.

A "inclinação" da curva de aprendizagem está relacionada com a taxa de aprendizagem. É a diferença entre os 100% e a taxa de aprendizagem. Por exemplo, se as horas entre as quantidades dobradas forem reduzidas em 20% (taxa de aprendizagem), elas seriam descritas como uma curva com uma inclinação de 80%.

Para traçar uma linha reta, deve-se saber qualquer um dos dois pontos ou um ponto e a inclinação da linha. De um modo geral, o último é mais comum. A questão é se a empresa sabe o número de homens-horas para a primeira unidade ou usa um número previsto de homens-horas para uma meta ou unidade padrão a ser utilizado para fins de precificação.

A curva média cumulativa na Figura 18-2 pode ser obtida a partir das colunas 1 e 3 na Tabela 18-1. Ao dividir a coluna 3 pela 1, constatamos que a média das horas para as primeiras 100 unidades é de 196. Para 200 unidades, a média é de 149 horas. Isso se torna importante na determinação do custo de um projeto de fabricação.

NT1 Conhecido também por di-log, é um tipo de papel milimetrado cujos eixos são escalas logarítmicas. Utilizado para representar funções do tipo $y = kx^a$.

18.4 PALAVRAS-CHAVE ASSOCIADAS COM CURVAS DE APRENDIZAGEM

A compreensão de algumas frases auxiliará na utilização da teoria da curva de aprendizagem:

- **Inclinação da Curva.** Um percentual que representa a declividade (taxa constante de melhoria) da curva. Usando a teoria da curva unidade, esse percentual representa o valor (por exemplo, horas ou custos) com uma quantidade de produção dobrada em relação à quantidade anterior. Por exemplo, com uma curva de experiência com inclinação de 80%, o valor da unidade dois é de 80% do valor da unidade um, o valor da unidade quatro é de 80% do valor da unidade dois, o valor da unidade 1.000 é de 80% do valor da unidade 500, e assim por diante.
- **Primeira Unidade.** A primeira unidade de produto realmente concluída durante a produção. Não deve ser confundida com uma unidade produzida em qualquer fase de reprodução do programa de aquisição.
- **Média Cumulativa de Horas.** A média de horas gastas por unidade de todas as unidades produzidas por meio de qualquer unidade fornecida. Quando ilustrado em um gráfico por uma linha traçada através de cada unidade sucessiva, os valores formam uma curva média cumulativa.
- **Horas por Unidade.** O total de horas de mão de obra direta gastas para concluir uma unidade específica. Quando uma linha é traçada em um gráfico com os valores para cada unidade sucessiva, os valores formam uma curva unidade.
- **Total Acumulado de Horas.** O total de horas gastas para todas as unidades produzidas por meio de qualquer unidade fornecida. Os dados traçados em um gráfico com cada ponto ligado por uma linha formam uma curva cumulativa total.

18.5 A CURVA MÉDIA CUMULATIVA

É prática comum construir a curva de aprendizagem em papel log-log apenas para calcular a média cumulativa por meio da seguinte fórmula:

$$T_x = T_1 X^{-K}$$

onde

T_x = horas de mão de obra direta por unidade n

T_1 = horas de mão de obra direta para a primeira unidade (unidade um)

X = unidade cumulativa produzida

$-K$ = fator derivado da inclinação da curva de experiência

Valores típicos para o expoente K são:

% Curva de Aprendizagem	K
100	0,0
95	0, 074
90	0, 152
85	0, 235
80	0, 322
75	0, 415
70	0, 515

Por exemplo, considere uma situação em que a primeira unidade exige 812 horas e a empresa está produzindo em uma curva de aprendizagem de 75%. A quantidade de homens-horas necessária para a unidade 250 seria:

$$\begin{aligned} T_{250} &= (812)\,(250)^{-0{,}415} \\ &= 82 \text{ horas} \end{aligned}$$

Isto está de acordo com os dados da Tabela 18-1.

Às vezes, as empresas não sabem o tempo para a primeira unidade. Em vez disso, elas consideram uma unidade-alvo e acompanham sua meta em homens-horas. Por exemplo, considere uma empresa que admite que o padrão de desempenho será a unidade 100, cuja meta é de 120 homens-horas e desempenha em uma curva de aprendizagem de 75%. Resolvendo para T_1, temos:

$$\begin{aligned} T_1 &= T_x X^{-K} \\ &= (120)\,(100) \\ &= 811 \text{ horas} \end{aligned}$$

Isso está de acordo com os dados aproximados na Tabela 18-1. O número médio acumulado de horas de trabalho pode ser aproximado a partir da expressão

$$Tc = \frac{T1X^{-K}}{1-K}$$

onde

T_c = média cumulativa das horas de trabalho para a unidade X

X = unidades cumulativas produzidas

T_1 = horas mão de obra direta para a primeira unidade

Para a unidade 250,

$$\begin{aligned} Tc &= \frac{(812)(250)^{-0{,}415}}{1-0{,}415} \\ &= 135 \text{ horas} \end{aligned}$$

Na Tabela 18-1, a média cumulativa para a unidade 250 é 34.170 homens-horas dividida por 250, ou seja, 137 horas. Devemos lembrar que a expressão acima é uma mera aproximação. Erros significativos podem ocorrer utilizando essa expressão para menos de 100 unidades. Para grandes valores de X, o erro se torna insignificante.

É possível utilizar a equação de curva de aprendizagem para desenvolver a Tabela 18-2, que mostra reduções típicas de custo em virtude do aumento da experiência. Suponha que o nível de produção é quatro vezes maior se você estiver produzindo em uma curva de aprendizagem de 80%. Ao usar a Tabela 18-2, os custos serão reduzidos em 36%.

TABELA 18-2 Amostra de reduções de custo devido ao aumento na experiência

Relação entre Experiência Antiga eExperiência Nova	Curva de Experiência					
	70%	75%	80%	85%	90%	95%
1.1	5%	4%	3%	2%	1%	1%
1.25	11	9	7	5	4	2
1.5	19	15	12	9	6	3
1.75	25	21	16	12	8	4
2.0	30	25	20	15	10	5
2.5	38	32	26	19	13	7
3.0	43	37	30	23	15	8
4.0	51	44	36	28	19	10
6.0	60	52	44	34	24	12
8.0	66	58	49	39	27	14
16.0	76	68	59	48	34	19

Fonte: ABELL, Derek F.; HAMMOND, John S. *Strategic market planning*. Reproduzido sob permissão de Pearson Education (Upper Saddle River, NJ., 1979). p. 109

18.6 FONTES DE EXPERIÊNCIA

Há vários fatores que contribuem para o fenômeno da curva de aprendizagem. Nenhum dos fatores ocorre de forma totalmente independente, mas interligados por meio de uma rede complexa. No entanto, para simplificar, esses fatores serão classificados para fins de discussão.

- **Eficiência do Trabalho.** Este é o fator mais comum, que diz que podemos aprender mais a cada vez que repetirmos a tarefa. À medida que aprendemos, o tempo e os custos de executar a tarefa devem diminuir. Como o funcionário aprende a tarefa, menos supervisão administrativa é necessária, o desperdício e a ineficiência podem ser reduzidos, ou mesmo eliminados, e a produtividade aumentará.

Infelizmente, a eficiência da mão de obra não é alcançada automaticamente. As políticas de gestão de pessoal na área de **estabilidade da força de trabalho** e a **remuneração dos trabalhadores** são de importância vital. Conforme os trabalhadores amadurecem e tornam-se mais eficientes, é cada vez mais importante manter esse grupo de trabalhadores qualificados. A perda de um contrato ou a interrupção entre contratos pode forçar os trabalhadores a procurar emprego em outro lugar. Em certas indústrias, como a aeroespacial e de defesa, os engenheiros são frequentemente considerados como trabalhadores migrantes que se deslocam de contrato a contrato e de empresa a empresa.

Crescimentos e retrações da economia podem gerar um sério impacto na manutenção de curvas de experiência. Durante um período de retração da economia, as pessoas trabalham de forma mais lenta, tentando preservar seus empregos. Consequentemente, a empresa é forçada a assumir a posição de transferir pessoas para outras atividades ou, então, demiti-las. Durante períodos de retomada da economia, podem ser necessários programas de treinamento maciço a fim de acelerar o ritmo de aprendizagem.

Se for esperado que um empregado conclua o trabalho em um curto período de tempo, ele também esperará ser compensado adequadamente. Os incentivos salariais podem produzir um efeito positivo ou negativo, dependendo de como eles são aplicados. Curvas de aprendizagem e produtividade podem tornar-se um instrumento de barganha pelo trabalho se for negociada uma maior remuneração.

Os planos de remuneração fixos, em geral, não motivam os trabalhadores a produzir mais. Se for desejado que eles produzam mais com menor custo, eles podem receber parte das economias de custos como compensação adicionada ou benefícios marginais.

O efeito de aprendizagem vai além do trabalho diretamente envolvido na fabricação. O pessoal de manutenção, supervisores e pessoas em outras linhas e nas posições de fabricação também aumentam a produtividade, assim como o pessoal em marketing, vendas, administração e outras funções.

- **Especialização de Trabalho e Melhorias nos Métodos.**[1] A especialização aumenta a proficiência do trabalhador em uma determinada tarefa. Considere o que acontece quando dois trabalhadores, que anteriormente faziam ambas as partes de uma operação de dois estágios, se especializam cada um em um único estágio. Cada trabalhador agora lida duas vezes com muitos itens e acumula experiência duas vezes mais rapidamente na tarefa mais especializada. O redesenho das operações de trabalho (métodos) também pode resultar em maior eficiência.

[1] Os próximos seis elementos são de: ABELL, Derek F.; Hammond, John S. *Strategic market planning*, 1979. p. 112-113. Reproduzido sob permissão de Pearson Education, Inc., Upper Saddle River, NJ.

- **Novos Processos de Produção.** As inovações e melhorias de processos podem ser uma importante fonte de redução de custos, especialmente em setores de capital intensivo. A indústria de semicondutores, que possui baixa utilização de mão de obra, por exemplo, atinge curvas de experiência de 70 a 80% de tecnologia de produção melhorada e dedica uma grande porcentagem de sua pesquisa e desenvolvimento à melhoria de processos. Melhorias de processos semelhantes foram observadas em refinarias, usinas nucleares e siderúrgicas, para mencionar alguns.
- **Obtenção de Melhor Desempenho do Equipamento de Produção.** Quando o primeiro design é realizado, uma peça do equipamento de produção pode ter um resultado calculado conservador. A experiência pode revelar formas inovadoras de aumentar sua produção. Por exemplo, a capacidade de uma unidade de craqueamento catalítico fluido normalmente "cresce" em cerca de 50% durante um período de dez anos.[2]
- **Alterações no Mix de Recursos.** Conforme a experiência se acumula, o produtor muitas vezes pode incorporar recursos diferentes ou menos caros na operação. Por exemplo, os trabalhadores menos qualificados podem substituir os trabalhadores qualificados ou a automação pode substituir a mão de obra.
- **Padronização do Produto.** A padronização permite a replicação de tarefas necessárias para a aprendizagem do trabalhador. Mesmo quando a flexibilidade e/ou uma linha mais ampla de produtos são considerações importantes de marketing, a padronização pode ser conseguida por modularização. Por exemplo, fazendo apenas alguns tipos de motores, transmissões, chassis, bancos, estilos de corpo e assim por diante, um fabricante de automóveis pode alcançar efeitos de experiência por causa da especialização de cada parte. Essas partes, por sua vez, podem ser montadas em uma grande variedade de modelos.
- **Redesign do produto.** Com a experiência adquirida com o produto, fabricante e clientes ganham uma compreensão clara das suas necessidades de desempenho. Esse entendimento permite ao produto ser remodelado para conservar o material, ter uma maior eficiência na fabricação e substituir materiais e recursos caros, além de, ao mesmo tempo, melhorar o desempenho em dimensões relevantes. A mudança da madeira por bronze dos relógios no início de 1800 é um bom exemplo, assim são os novos designs e a substituição de plásticos, fibras sintéticas e borracha por couro em botas de esqui.
- **Incentivos e desincentivos.** Os planos de compensação e outras fontes de experiência podem ser tanto incentivos quanto desincentivos. Os incentivos podem mudar a inclinação da curva de aprendizagem, como mostrado na Figura 18-3. Isso é chamado de uma curva de aprendizagem toe-down, em que pode ocorrer um processo mais favorável para a aprendizagem. Na Figura 18-4, temos uma curva de aprendizagem toe-up ou scallop, a qual é o resultado de desincentivos. Após a ocorrência do toe-up, a curva de aprendizagem pode ter uma nova inclinação não tão favorável como a inclinação original. Segundo Hirschmann,[3]

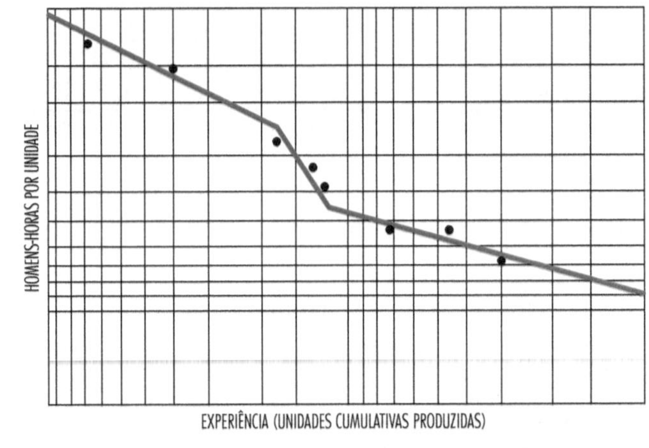

FIGURA 18-3 Uma curva de aprendizagem *toe-down*.

Um aumento na curva também pode ocorrer no meio de um contrato, devido a uma interrupção significativa (como a provocada pela introdução de mudanças em um modelo, transferindo as operações para um novo prédio, ou à suspensão de operações por um tempo para que o esquecimento ocorra). Pouco após o recomeço das operações e a habilidade em lidar com as mudanças ser adquirida, a curva declina

[2] Reproduzido sob permissão de *Harvard Business Review*. De: HIRSCHMANN, Winfred B. Profit from the Learning Curve. *Harvard Business Review*, v. 42, n. 1, p. 125 jan.-fev. 1964. © 1964 por Harvard Business School Publishing Corporation; todos os direitos reservados.

[3] Reproduzido sob permissão de *Harvard Business Review*. De: HIRSCHMANN, Winfred B. Profit from the Learning Curve. *Harvard Business Review*, v. 42, n. 1, p. 126, jan.-fev. 1964. © 1964 por Harvard Business School Publishing Corporation; todos os direitos reservados.

rapidamente para abordar a inclinação antiga. Essa ruptura na curva ocorre com frequência suficiente para ter adquirido o termo descritivo *scallop*. De fato, se, em vez de apenas uma mudança em curso, um novo modelo é introduzido ou um novo tipo de item é colocado em produção, o *scallop* ocorre inicialmente e a curva, essencialmente, começa novamente. Assim, a introdução de mão de obra direta reverte para o que tinha sido quando o primeiro item do tipo anterior foi colocado em produção (supondo que os dois itens fossem do mesmo tipo e configuração).

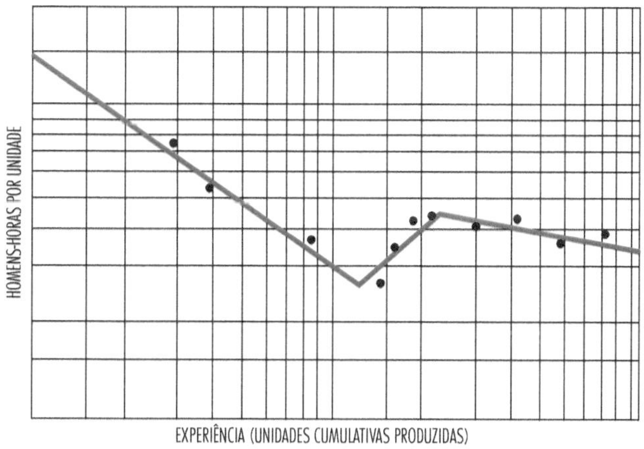

FIGURA 18-4 Uma curva de aprendizagem *toe-up*.

A insatisfação dos trabalhadores também pode criar um nivelamento da curva de aprendizagem, como mostrado na Figura 18-5. Esse nivelamento também pode ocorrer como resultado da ineficiência em virtude do fechamento de uma linha de produção ou transferência de trabalhadores para outras atividades no final de um contrato.

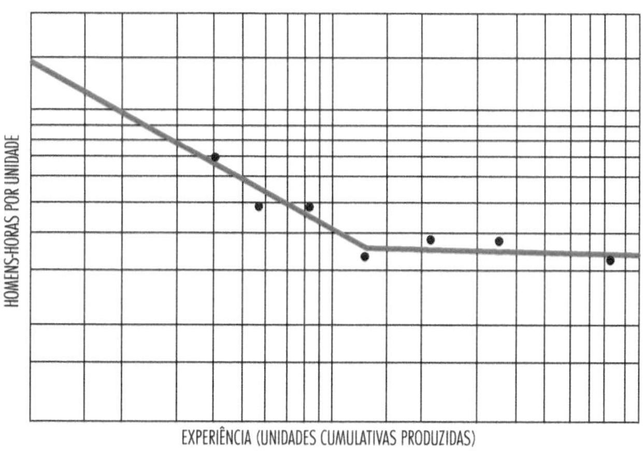

FIGURA 18-5 Um nivelamento da curva de aprendizagem.

18.7 DESENVOLVIMENTO DE MEDIDAS DE INCLINAÇÃO

Uma pesquisa realizada pelo Stanford Research Institute revelou que muitas inclinações diferentes foram experimentadas por diferentes fabricantes, algumas vezes em programas semelhantes de produção. De fato, os dados de produção coletados na indústria de aviação durante a II Guerra Mundial tinham inclinações variando de 69,7% até quase 100%. Essas inclinações tinham como uma média de 80%, dando origem a uma curva média da indústria de 80%. Outras pesquisas desenvolveram medidas para outras indústrias, como 95,6% de uma amostra de 162 programas no setor de produtos eletrônicos. Infelizmente, essa curva média da indústria é frequentemente mal aplicada por profissionais que a usam como um padrão ou norma. Quando estimam-se inclinações sem o benefício dos dados da planta industrial, é melhor usar inclinações de curva de aprendizagem a partir de itens semelhantes da fábrica, em vez da média da indústria.

O analista precisa conhecer a inclinação da curva de aprendizagem por várias razões. Uma é facilitar a comunicação, pois é parte da linguagem da teoria da curva de aprendizagem. Quanto maior a inclinação (inferior ao percentual), mais rapidamente as necessidades de recursos (horas) diminuirão à medida que a produção aumenta. Assim, a inclinação da curva de aprendizagem geralmente é uma questão de negociação de contratos de produção. A inclinação da curva de aprendizagem também é necessária para os custos posteriores do projeto, usando tabelas de aprendizagem ou um computador. Além disso, uma dada inclinação pode ser definida como um padrão baseado na experiência histórica de confiança. As curvas de aprendizagem desenvolvidas a partir da experiência real na produção atual podem ser comparadas a essa inclinação padrão para determinar se a melhoria em um determinado contrato é ou não é razoável.

18.8 CUSTOS UNITÁRIOS E UTILIZAÇÃO DE PONTOS CENTRAIS

A utilização da curva de aprendizagem é dependente dos métodos de armazenamento de custos que as empresas empregam. Um sistema de registro contábil ou estatístico deve ser concebido por uma empresa para que os dados estejam disponíveis para os objetivos da curva de aprendizagem. Caso contrário, poderá ser impossível construir uma curva de aprendizagem. Os custos, tais como as horas de mão de obra por unidade ou unidade monetária por unidade, devem ser identificados com a unidade de produto. É preferível usar horas de mão de obra em vez de unidade monetária porque essa última opção contém uma variável adicional – o efeito de inflação ou deflação (ambos mudam, taxas salariais e custos do material) – que a primeira não contém. Em qualquer caso, o sistema de registro deve ter pontos de corte definidos para esses custos que permitam a identificação dos custos com as unidades envolvidas. A maioria das empresas utiliza um sistema de liberação de lote, em que os custos são acumulados em uma ordem de serviço na qual o número de unidades concluídas é especificado e os custos são cortados na conclusão do número de unidades. Nesse caso, porém, os custos normalmente são equiparados a unidades equivalentes, em vez de unidades reais. Como o sistema de ordem de serviço é comumente utilizado, o custo unitário não é o custo real por unidade do lote. Isso significa que quando os lotes são traçados em papel milimetrado, o valor unitário correspondente ao valor médio do custo deve ser encontrado.

18.9 SELEÇÃO DE CURVAS DE APRENDIZAGEM

As curvas de experiência existentes, por definição, refletem a experiência passada. As linhas de tendência são desenvolvidas a partir de dados acumulados traçados em papel logarítmico (de preferência) e "suavizadas" para retratar a curva. O tipo de curva pode representar um dos vários conceitos. Os dados podem ter sido acumulados por produto, processo, departamento ou por outras segregações funcionais ou organizacionais, dependendo das necessidades do usuário. Mas, qualquer conceito de curva de experiência ou método de acumulação de dados é selecionado para o uso com base na adequação ao padrão de experiência e os dados devem ser aplicados de forma coerente a fim de tornar a informação significativa para a gestão. A coerência no conceito de curva e de acumulação de dados não pode ser subestimada, pois as curvas de experiência já desempenham um papel importante na determinação da curva de experiência do projeto de um novo item ou produto.

Ao selecionar a curva adequada para um item de produção, quando apenas um ponto de dados está disponível e a inclinação é desconhecida, o seguinte, em ordem decrescente de magnitude, deve ser considerado:

- A semelhança entre o novo item e um item ou itens produzidos anteriormente
- As comparações físicas
  - A adição ou supressão de processos e componentes
  - As diferenças no material, se houver
  - O efeito das mudanças de engenharia em itens anteriormente produzidos
- A duração de tempo desde que um item semelhante tenha sido produzido
  - A condição das ferramentas e equipamentos
  - A rotatividade do pessoal
  - As alterações nas condições de trabalho ou no moral
- Outros fatores comparáveis entre elementos semelhantes
  - Os horários de entrega
  - A disponibilidade de materiais e componentes
  - A rotatividade do pessoal durante o ciclo de produção do item produzido anteriormente
  - A comparação dos dados de produção real com o previamente extrapolado ou curvas teóricas para identificar desvios

É possível atribuir pesos a esses fatores, bem como para quaisquer outros fatores que sejam de natureza comparável, numa tentativa de quantificar as diferenças entre os itens. Esses fatores são mais de natureza histórica e apenas a comparação de várias curvas existentes e de seus valores reais revelariam sua importância.

Se pelo menos dois pontos de dados estão disponíveis, a inclinação da curva pode ser determinada. Naturalmente, a distância entre esses dois pontos deve ser considerada quando se avalia a confiabilidade da inclinação. A disponibilidade de pontos de dados adicionais vai aumentar a confiabilidade da curva. Independentemente do número de pontos e da confiabilidade presumida da inclinação, as comparações com itens semelhantes são consideradas o método mais desejável e devem ser feitas sempre que possível.

Um valor para a unidade um pode ser alcançado, quer por acumulação de dados ou derivação estatística. Quando a produção está em andamento, os dados disponíveis podem ser facilmente traçados e as curvas podem ser extrapoladas a uma unidade desejada. No entanto, se a produção ainda tivesse que ser iniciada, os dados reais da unidade 1 não estariam disponíveis e um valor teórico para a unidade 1 teria de ser desenvolvido. Isto pode ser feito de uma das três maneiras seguintes:

- Um relacionamento estatisticamente derivado entre unidades de horas de pré-produção e horas da primeira unidade pode ser aplicado a horas reais da fase de pré-produção.
- Uma relação de estimativas de custos (CER) para o custo da primeira unidade baseado em parâmetros físicos ou de desempenho pode ser usado para desenvolver uma estimativa de custo da primeira unidade.
- A inclinação e o ponto em que a curva e o valor padrão de mão de obra convergem são conhecidos. Nesse caso, um valor da unidade 1 pode ser determinado. Isso é feito dividindo-se o padrão de trabalho pelo valor de unidade adequada.

18.10 PEDIDOS POSTERIORES

Uma vez que a curva de experiência inicial foi desenvolvida tanto para o pedido inicial quanto para a série de produção, os valores podem ser determinados por meio da última unidade, em média cumulativa e unidade de curvas. Os pedidos posteriores e as continuações de séries de produção, que são consideradas extensões aos pedidos ou séries originais, são traçados como extensões na curva apropriada. No entanto, o valor da média cumulativa através do ponto final da curva estendida não é a média cumulativa para o pedaço posterior dessa curva. É a média cumulativa para as duas partes da curva, pressupondo-se que não haja quebra de produção. Assim, estimar o custo para a continuação do esforço apenas exige a avaliação das diferenças entre o custo médio cumulativo para a série inicial e posterior. Da mesma forma, o valor da última unidade, para ambas as partes da curva unidade representaria o valor da última unidade, para a curva combinada.

18.11 PARADAS DE PRODUÇÃO

A parada de produção é o lapso de tempo entre a conclusão de um pedido ou de uma série de fabricação de algumas unidades de equipamento e um reinício da produção do pedido seguinte para uma série de unidades idênticas. Esse lapso de tempo interrompe o fluxo contínuo de produção e constitui um impacto definitivo sobre os custos. O lapso de tempo em discussão aqui se refere aos períodos significativos de tempo (semanas e meses), ao contrário dos minutos ou horas em autorizações de pessoal, atrasos de máquina, falhas de potência e assim por diante.

É lógico supor que, como a curva de experiência possui uma relação custo-tempo, uma parada afetará ambos, tempo e custos. Portanto, o tamanho da parada se torna tao significativo quanto o tamanho do pedido inicial ou da série inicial de fabricação. Como a ruptura é quantificável, o fator restante a ser determinado é o custo desse lapso na produção (ou seja, os custos adicionais adquiridos além daqueles adquiridos tanto se o pedido ou a série inicial continuasse, por meio da duração do pedido seguinte, quanto se a série reiniciasse).

Quando um fabricante conta com curvas de experiência como ferramentas de gestão da informação, pode-se considerar que os dados precisos necessários para determinar as curvas iniciais foram acumulados, registrados e devidamente validados. Portanto, se o fabricante vivenciar paradas, os dados da curva de experiência para os pedidos (lotes) ou séries envolvidos devem estar disponíveis de forma que curvas apropriadas possam ser desenvolvidas.

George Anderlohr sugere um método que pressupõe que a perda de aprendizagem é dependente de cinco fatores[4]:

- **Aprendizagem do Pessoal de Fábrica.** Nessa área, a perda física de pessoal, por meio de movimentos regulares ou dispensa, deve ser determinada. Os registros de pessoal da empresa geralmente podem fornecer evidência para se estabelecer a perda de aprendizagem. O percentual de aprendizagem perdido pelo pessoal retido em outros projetos da planta também deve ser apurado. Essas pessoas vão perder a sua destreza física e a familiaridade com o produto e o impulso da repetição.
- **Aprendizagem de Supervisão.** Mais uma vez, uma porcentagem de pessoal de supervisão será perdida como resultado da quebra na repetição. A gestão fará um esforço maior para manter esse maior calibre de pessoal, de modo que a perda física, na maioria dos casos, será muito menor do que na área de pessoal de produção. No entanto, o pessoal de supervisão retido perderá sua total familiaridade com o trabalho, de modo que a orientação que pode fornecer será reduzida. Além disso, em virtude da perda de pessoal de produção, o supervisor não terá conhecimento dos novos contratados e suas personalidades individuais e capacidades.
- **Continuidade da Produtividade.** Está relacionada com o posicionamento físico da linha, a relação de uma estação de trabalho com a outra e a localização dos dispositivos de iluminação, caixas, peças e ferramentas na estação de trabalho. Também inclui o ajuste da posição para otimizar as necessidades do indivíduo. Além disso, um dos principais fatores que afeta essa área é a linha de equilíbrio ou o acúmulo de trabalho em processo. De todos os elementos de aprendizagem, a maior perda inicial é sofrida nessa área.
- **Métodos.** Essa área é menos afetada por uma parada. Enquanto as fichas do método são mantidas em arquivo, o aprendizado nunca pode ser completamente perdido. No entanto, as revisões drásticas para as fichas do método podem ser exigidas como resultado de uma mudança de ferramental leve para pesado.
- **Ferramental Especial.** Ferramentas novas e melhores estão entre os principais contribuintes para a aprendizagem. Ao relacionar a perda em área de ferramental com a aprendizagem, os principais

---

4 ANDERLOHR, George. What product breaks costs. *Industrial engineering*, p. 34-36, set. 1969.

fatores são o desgaste, o extravio físico e a ruptura. Uma consideração adicional deve ser a comparação de curto prazo, ou as chamadas séries curtas, ferramental de longo prazo e o efeito da transição de ferramental leve para pesado.

18.12 LIMITAÇÕES DA CURVA DE APRENDIZAGEM

Existem limitações ao uso de curvas de aprendizagem e devem-se tomar os devidos cuidados para se evitar conclusões incorretas. As limitações comuns incluem:

- A curva de aprendizagem não continua para sempre. O declínio percentual em horas/dinheiro diminui ao longo do tempo.
- A curva de aprendizagem de conhecimentos adquiridos em um produto pode não ser extensível a outros, a menos que existam experiências compartilhadas.
- Os dados de custos podem não estar prontamente disponíveis, a fim de construir uma curva de aprendizagem significativa. Outros problemas podem ocorrer se os custos de overhead são incluídos no custo de mão de obra direta ou se os códigos contábeis não podem separar suficientemente os pacotes de trabalho para identificar aqueles elementos que realmente demonstram os efeitos da experiência.
- Os descontos em quantidade podem distorcer os custos e os benefícios percebidos das curvas de aprendizagem.
- A inflação deve ser expressa em unidades monetárias constantes. Caso contrário, os ganhos realizados com a experiência podem ser neutralizados.
- As curvas de aprendizagem são mais úteis em horizontes de longo prazo (ou seja, anos). Em horizontes de curto prazo, os benefícios percebidos podem não ser o resultado de curvas de aprendizagem.
- Influências externas, tais como as limitações de materiais, patentes ou mesmo regulamentos do governo, podem restringir os benefícios das curvas de aprendizagem.
- A produção anual constante (ou seja, sem crescimento) pode ter o efeito de limitar a experiência depois de alguns anos.

18.13 PREÇOS E EXPERIÊNCIA

Se o mercado competitivo é estável, então, como o custo diminui em função da experiência da curva de aprendizagem, os preços diminuirão de forma semelhante. Isso pressupõe que as margens de lucro são expressas como uma percentagem do preço, e não em termos absolutos. Portanto, a diferença entre preço de venda e o custo continuará a ser uma constante, como mostrado na Figura 18-6.

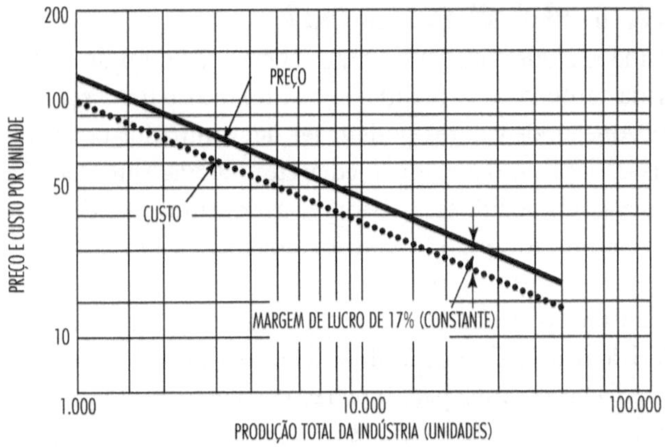

FIGURA 18-6 Um relacionamento preço-custo idealizado quando a margem de lucro é constante.

Fonte: ABELL, Derek F.; HAMMOND, John S. *Strategic market planning*, prentice-hall, 1979. P. 115. Reproduzido sob permissão de Pearson Education, Upper Saddle River, NJ.

Infelizmente, o preço e o custo provavelmente seguirão a relação mostrada na Figura 18-7. As empresas que usam curvas de aprendizagem desenvolvem políticas de preços com base seja no custo médio do setor, seja no custo médio baseado em um volume de produção de destino. Na fase A, os preços dos produtos novos são menores do que os custos da empresa, porque o mercado seria provavelmente relutante em comprar os primeiros itens no **custo de produção real**. Conforme a empresa entra na fase B, os lucros começam a materializar-se assim que a curva de experiência se firma. Os custos fixos são recuperados. Os preços podem permanecer firmes por causa de estratégias adotadas pelo líder de mercado.

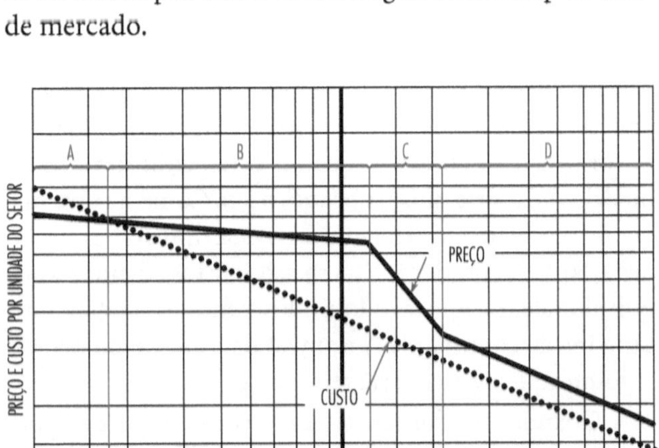

FIGURA 18-7 Típicas Relações preço-custo.

Fonte: ABELL, Derek F.; HAMMOND, John S. *Strategic market planning*. Prentice-Hall, 1979. p. 116. Reproduzido sob permissão de Pearson Education, Upper Saddle River, NJ. Adaptado de perspectives on experience. The Boston Consulting Group, 1972. p. 21.

Quanto mais tempo se permanecer na fase B, maiores são os lucros. Infelizmente, a fase B é relativamente instável. Um ou mais concorrentes diminuirão rapidamente seus preços, porque se o potencial de lucro for muito grande, em breve aparecerão novos participantes no mercado altamente rentável. Na fase C, os preços caem mais rápido do que os custos, forçando, assim, a uma turbulência do mercado na qual os produtores marginais saem. A fase de turbulência termina quando os preços começam a acompanhar os custos do setor abaixo da curva de experiência. Essa é a fase D, que representa uma condição de mercado estável.

O custo médio dos produtores do mercado dominante praticamente regula o setor. Seja qual for a curva de aprendizagem que o líder do setor utiliza, os concorrentes devem igualá-la. Se os custos dos concorrentes ou do volume não podem igualar o líder do setor, então o ritmo mais lento de redução de custos vai forçar os lucros a diminuírem ou desaparecerem, eliminando, assim, esses concorrentes de mercado.

18.14 ARMA COMPETITIVA

As curvas de aprendizagem são uma arma forte e competitiva, especialmente no desenvolvimento de uma estratégia de definição de preços. A estratégia real de definição de preços depende do estágio do ciclo de vida do produto, da posição da empresa no mercado, dos recursos disponíveis do concorrente e da posição do concorrente no mercado, do horizonte de tempo e da posição financeira da empresa. Para ilustrar a filosofia corporativa para a definição de preços, empresas como Texas Instruments (TI) e Digital Equipment (DEC) utilizaram o "preço da curva de experiência" para alcançar uma antecipada participação no mercado e uma forte posição subsequente competitiva, enquanto empresas como a Hewlett-Packard (HP) têm utilizado abordagens completamente diferentes. O ponto focal da estratégia de TI e DEC tem sido precificar um novo produto em relação aos custos de produção que eles esperam conseguir quando o produto estiver maduro. Em contraste, a HP, em vez de competir em preço, se concentra no desenvolvimento de produtos tão avançados que os clientes estão dispostos a pagar a mais por eles. Dr. David Packard nos conduz a essa conclusão, dizendo:

> O principal determinante do nosso crescimento é a eficácia de nossos programas de novos produtos. [...] Qualquer pessoa pode construir uma participação de mercado, e se você definir o seu preço baixo o suficiente, você pode obter o mercado inteirinho. Mas vou dizer-lhe que isso não vai levá-lo a lugar nenhum por aqui.[5]

[5] Hewlett-Packard: When Slower Growth Is Smarter Management, *Business Week*, jun. 1975. p. 50-58, 9.

De uma perspectiva de gerenciamento de projetos, a precificação por meio da curva de aprendizagem pode ser uma arma competitiva. Por exemplo, considere uma empresa que é onerada a $60/hora e está fazendo uma oferta para um trabalho para produzir 500 unidades. Vamos supor que os dados da Tabela 18-1 sejam aplicáveis. Para 500 unidades de produção, as horas totais cumulativas são 51.704, dando-nos uma taxa média de 103,4 horas por unidade. O custo para o trabalho seria 51.704 horas X $60/hora, ou seja, $3.102.240. Se o lucro-alvo é de 10%, a oferta final deve ser $3.412.464. Isso inclui um lucro de $310.224.

Mesmo que um lucro de 10% seja projetado, o lucro **real** pode ser substancialmente menor. Cada produto tem um preço a uma média de 103,4 horas/unidade. A primeira unidade, no entanto, vai exigir 812 horas. A empresa vai perder 708,6 horas X $60/hora, ou seja, $42.516 na primeira unidade produzida. A unidade 100 exigirá 120 horas, nos dando um prejuízo de $996 (ou seja, [120 horas – 103,4 horas] X $60/ hora). O lucro começará quando a unidade 150 for produzida porque a quantidade necessária de horas para produzir a unidade 150 é menor que a média de horas por unidade de 103,4.

Isso dito, as primeiras 150 unidades são um dreno no fluxo de caixa. O dreno do fluxo de caixa pode exigir à empresa "pegar emprestado" o dinheiro para financiar as operações até que a unidade 150 seja produzida, reduzindo, assim, o lucro-alvo.

18.15 DICAS DE ESTUDO PARA O EXAME DE CERTIFICAÇÃO EM GERENCIAMENTO DE PROJETOS PMI®

Esta seção aplica-se à revisão dos princípios de apoio às áreas de conhecimento e grupos de apoio no Guia PMBOK®. Este capítulo aborda:

- Gerenciamento do Tempo
- Gerenciamento dos Custos

A compreensão dos princípios a seguir será benéfica se o leitor estiver utilizando este livro como estudo para o Exame de Certificação PMP®:

- O que é entendido por curva de aprendizagem
- Usos de uma curva de aprendizagem
- De que forma as curvas de aprendizagem podem ser utilizadas para estimativas

As seguintes questões de múltipla escolha ajudarão na revisão dos conceitos deste capítulo:

1. Segundo a teoria da curva de aprendizagem, a aprendizagem ocorre em uma taxa fixa, sempre que os níveis de produção:

a. Aumentam acima do normal
b. Aumentam, mas a uma taxa inferior à normal
c. Duplicam
d. Quadruplicam

2. A teoria da curva de aprendizagem é mais adequada para estimar quais custos?
a. P&D
b. Engenharia
c. Marketing
d. Indústrias de transformação

3. Em uma curva de aprendizagem de 90%, a unidade 100 requer 80 horas. Quantas horas a unidade 200 exige?
a. 200
b. 180
c. 100
d. 90

4. Qual dos seguintes pode ser uma fonte de melhoria para uma curva de aprendizagem?
a. Processos de produção novos e mais eficientes
b. *Redesigns* de produto
c. Maior qualidade de matérias-primas
d. Todas as anteriores

RESPOSTAS

1. C 2. D 3. D 4. D

EXERCÍCIOS

18-1 Quando uma curva de aprendizagem é traçada em papel milimetrado comum, a curva parece estabilizar-se. Mas quando a curva é traçada em papel log-log, parece que as melhorias podem continuar para sempre. Como você explica a diferença? As melhorias podem ocorrer indefinidamente? Caso contrário, quais fatores poderiam limitar a melhoria contínua?

18-2 A empresa está produzindo em uma curva de aprendizagem de 85%. Se a primeira unidade exige 620 horas, quanto tempo será necessário para a unidade 300?

18-3 Uma empresa trabalhando, em uma curva de aprendizagem de 75%, decidiu que o padrão de produção deve ser de 85 horas de produção para a unidade 100. Quanto tempo deve ser exigido para a primeira unidade? Se a primeira unidade exige mais horas do que o previsto, isso significa que a curva de aprendizagem está errada?

18-4 A empresa acaba de receber um contrato de 700 unidades de um determinado produto. O departamento de precificação previu que a primeira unidade deve exigir 2.250 horas e considera que uma curva de aprendizagem de 75% é justificada. Se a curva de aprendizagem real é de 77%, quanto dinheiro a empresa perdeu? Suponha que uma hora cheia é $65. Qual erro percentual no resultado total de horas de um aumento de 2% em percentual da curva de aprendizagem?

18-5 Se a primeira unidade de produção exige 1.200 horas e a unidade de 150 requer 315 horas, então qual é a curva de aprendizagem em que a empresa está desempenhando?

18-6 Uma empresa decidiu dar um lance em um contrato posterior para 500 unidades de um produto. A empresa já produziu 2.000 unidades em 75% de uma curva de aprendizagem. A unidade 2.000 exige 80 horas de tempo de produção. Se uma hora cheia é de $80, a empresa pretende gerar um lucro 12%, quanto deve ser proposto?

18-7 Referindo-se à questão 18-6, quantas unidades do contrato posterior devem ser produzidas antes que um lucro seja realizado?

18-8 Uma empresa de fabricação pretende entrar num novo mercado. Até o final do próximo ano, o líder de mercado terá produzido 16.000 unidades em 80% de uma curva de aprendizagem e o preço final do ano deverá ser de $475/unidade. Seu pessoal de fabricação informou que a primeira unidade exigirá $7.150 para produzi-la e, com a nova tecnologia que você desenvolveu, deverá ser capaz de executar 75% em uma curva de aprendizagem. Quantas unidades você deve produzir e vender no próximo ano a fim de competir com o líder em $475/unidade no final do ano? A sua resposta é realista? Que suposições você fez?

18-9 A Rylon Corporation é uma montadora de componentes elétricos. A empresa estima que, para o próximo ano, a demanda será de 800 unidades. A empresa está desempenhando em 80% de uma curva de aprendizagem. A empresa está considerando a possibilidade de adquirir algumas máquinas de montagem para acelerar o tempo de montagem. A maioria das atividades de montagem corresponde a 85-90% de mão de obra intensiva. No entanto, com as novas máquinas, as atividades de montagem corresponderão apenas a 25-45% de mão de obra intensiva. Se a empresa adquirir e instalar o novo equipamento, isso acontecerá após a unidade 200 ter sido produzida. Portanto, as 600 unidades restantes serão produzidas com o novo equipamento. A unidade 200 exigirá 620 horas de montagem. No entanto, a unidade 201 exigirá apenas 400 horas de montagem, mas em 90% de uma curva de aprendizagem.
a. Será que a nova máquina reduziu o tempo de montagem de produtos para todas as 800 unidades e, em caso afirmativo, em quantas horas?
b. Se a empresa gasta $70 por hora e os novos equipamentos estarão depreciados em cinco anos, quanto a empresa deve pagar pelos novos equipamentos? Que suposições você fez?

19

GERENCIAMENTO DE CONTRATOS[1]

Estudos de Caso Relacionados (de Kerzner/*Project Management Case Studies*, 4. ed.)	Livro de Exercícios Relacionado (de Kerzner/*Project Management Workbook and PMP®/CAPM® Exam Study Guide*, 11. ed.)	Guia PMBOK®, 5. ed., Seção de Referência para o Exame de Certificação PMP®
• The Scheduling Dilemma* • To Bid or Not to Bid* • The Management Reserved*	• Multiple Choice Exam • Crossword Puzzle on Procurement Management	• Gerenciamento das Aquisições

** Estudo de caso também aparece ao final do capítulo.*

19.0 INTRODUÇÃO

Guia PMBOK®, 5. ed.
Capítulo 12 Gerenciamento das Aquisições do Projeto

Em geral, as empresas fornecem serviços ou produtos com base nos requisitos estabelecidos nos convites para licitações emitidos pelo cliente ou nos resultados das negociações do contrato direto com o cliente. Um dos fatores mais importantes na elaboração de uma proposta e na estimativa dos custos e do lucro de um projeto é o tipo de contrato esperado. A confiança pela qual uma oferta é elaborada geralmente depende de quanto risco o fornecedor tomará pelo contrato. Certos tipos de contratos proporcionam alívio ao fornecedor, já que existem riscos onerosos[2]. Os custos, portanto, devem considerar o quão bem o tipo de contrato cobre determinadas áreas de riscos altos e baixos.

Os possíveis clientes estão sempre preocupados quando, durante um processo de licitação, uma oferta é muito menor do que as outras. O cliente pode questionar a validade da oferta e se o contrato pode ser realizado pela baixa oferta. Em casos como esse, o cliente normalmente impõe cláusulas de incentivo e de penalização no contrato para a sua proteção.

Em virtude do fator de risco, os concorrentes devem negociar não apenas pelos números do custo-alvo, mas também pelo tipo de contrato em causa, já que a proteção de riscos é o fator influente predominante. O tamanho e a experiência do próprio pessoal do cliente, a urgência da conclusão, a disponibilidade de fornecedores qualificados, e outros fatores devem ser cuidadosamente avaliados. As vantagens e desvantagens de todos os acordos contratuais básicos devem ser reconhecidas para selecionar o acordo ideal para um determinado projeto.

1 O título deste capítulo foi modificado de Gerenciamento das Aquisições na nona edição, para Gerenciamento de Contratos na décima edição. O gerenciamento de contratos inclui o gerenciamento das aquisições. O gerenciamento das aquisições é o lado do comprador no gerenciamento de contratos, e o gerenciamento das vendas/propostas é o lado do vendedor. Todos aqueles vendedores (fornecedores) que gerenciam contratos de projetos podem achar desnecessário utilizar o Capítulo 12 do Guia PMBOK®, pois podem não realizar nenhuma aquisição.

2 Riscos onerosos são riscos injustos que o fornecedor pode ter de carregar. Muito frequentemente, as negociações de contrato podem não chegar a um acordo sobre o que é ou não um risco oneroso.

19.1 AQUISIÇÕES

Guia PMBOK®, 5. ed.
Capítulo 12 Introdução
12.1 Planejar as aquisições

Uma aquisição pode ser definida como a compra de bens ou serviços. A aquisição (e a contratação) é um processo que envolve duas partes com objetivos diferentes, que interagem em um determinado segmento de mercado. Boas práticas de aquisições podem aumentar a lucratividade das empresas, por meio do aproveitamento dos descontos de quantidade, da diminuição dos problemas de fluxo de caixa, e a busca por fornecedores de qualidade. Como contribuem para a lucratividade, as aquisições são, muitas vezes, centralizadas, o que resulta em práticas padronizadas e menores custos com documentação.

Todas as estratégias de aquisições são estruturas pelas quais uma organização alcança seus objetivos. Existem duas estratégias básicas de aquisições:

- **Estratégia Corporativa de Aquisições:** a relação de ações específicas de aquisições com a estratégia corporativa. Um exemplo seria a centralização das aquisições.
- **Estratégia de Aquisições do Projeto:** a relação de ações específicas de aquisições com o ambiente operacional do projeto. Um exemplo seria quando o gerente do projeto é autorizado a realizar aquisições de fonte única[NT1], sem necessariamente envolver o grupo centralizado de contratos, tais como a compra de 300g de um produto químico especial para um projeto de P&D.

Estratégias de aquisições do projeto podem diferir das estratégias corporativas de aquisições por causa das restrições, da disponibilidade de recursos críticos e dos requisitos específicos do cliente. As estratégias corporativas podem promover a compra de pequenas quantidades de vários fornecedores qualificados, enquanto as estratégias de projeto podem ditar aquisições de fonte única.

O planejamento das aquisições normalmente envolve a seleção de uma das seguintes opções como objetivo primário:

- Adquirir todos os produtos/serviços de uma fonte única
- Adquirir todos os produtos/serviços a partir de múltiplas fontes
- Adquirir apenas uma pequena parte dos produtos/serviços
- Não adquirir nenhum dos produtos/serviços

Guia PMBOK®, 5. ed.
2.1.5 Fatores ambientais da empresa

Outro fator crítico é o ambiente no qual os contratos devem ocorrer. Há dois ambientes: macro e micro. O ambiente macro inclui as variáveis externas que podem influenciar como e quando fazemos as aquisições. O Guia PMBOK® chama isso de "Fatores ambientais da empresa". Esses fatores incluem a recessão, a inflação, o custo de obter dinheiro emprestado, se existe ou não um mercado comprador ou vendedor e o desemprego. Por exemplo, uma empresa estrangeira tinha empreendido um grande projeto que envolvia a contratação de vários fornecedores. Em virtude do alto índice de desemprego do país, a decisão foi tomada para usar somente fornecedores domésticos e dar preferência aos fornecedores nas cidades em que o desemprego foi o maior, embora houvesse outros fornecedores mais qualificados.

O microambiente é o processo de aquisição interna da empresa, em especial as políticas e procedimentos impostos pela empresa, projeto ou cliente sobre a maneira como uma aquisição ocorrerá. Isso inclui um sistema de aquisição/contratação, que contém quatro processos de acordo com a quarta edição do Guia PMBOK®:

- Planejar as Aquisições
- Conduzir as Aquisições
- Administrar as Aquisições
- Encerrar as Aquisições

É importante entender que, em certos ambientes, como os grandes projetos do Departamento de Defesa (DoD), o processo de contratação é usado como veículo para a transição do projeto de uma fase do ciclo de vida para a seguinte. Por exemplo, um contrato pode ser concedido para o *design*, desenvolvimento e teste de um avançado motor de aeronave. O contrato é concluído quando os testes do motor da aeronave estiverem concluídos. Se a decisão for realizada no final de fase (*gate review*) para prosseguir com a produção do motor para aeronaves, o processo de contratação será reiniciado para o novo esforço. Assim, os quatro processos do Guia PMBOK® citados aqui seriam repetidos para cada fase do ciclo de vida. À medida que o projeto progride de uma fase para a outra e o conhecimento adicional do projeto é adquirido por meio de cada fase concluída, o nível de incerteza (e o risco) é reduzido. A redução no risco permite

[NT1] Aquisições de fonte única. Tradução da expressão *sole source procurement*. Designa a contratação direta ou o fornecimento exclusivo por parte de um fornecedor da empresa, sem a diligência dos processos estabelecidos de licitação. Pode ocorrer em situações especiais, como uma contratação de emergência, valores pequenos que isentam o processo de licitação, quando apenas um fornecedor é capaz de entregar o produto ou serviço, ou em outras condições diversas.

a utilização de contratos de menor risco durante todo o ciclo de vida do projeto. Durante as fases de maior risco do projeto, como as fases conceitual, de desenvolvimento e de testes, os contratos do tipo custos são tradicionalmente utilizados. Durante as fases de menor risco do projeto, como produção e sustentação, contratos de preço fixo são normalmente utilizados.

Também é importante notar que os quatro processos do Guia PMBOK® concentram-se apenas do lado do comprador em termos de gerenciamento de contratos.

O gerenciamento de contratos é definido como "a arte e a ciência de gestão de um acordo contratual durante o processo de contratação".[3] Como os contratos envolvem pelo menos duas partes o comprador e o vendedor (fornecedor), os processos de gerenciamento de contratos são realizados tanto pelo comprador quanto pelo vendedor. Os processos de gerenciamento de contratos do vendedor, que correspondem aos processos do comprador, consistem nas seguinte atividades[4]:

- **Atividade de Pré-Venda:** processo de identificação de potenciais e atuais clientes, determinação das necessidades e dos planos dos clientes e avaliação do ambiente competitivo.
- **Tomada de Decisão Ofertar/Não Ofertar:** processo de avaliação da solicitação do comprador, avaliação do ambiente competitivo e dos riscos frente às oportunidades de um negócio potencial e, em seguida, decidir se prossegue ou não.
- **Elaboração de Oferta/Proposta:** processo de elaboração de propostas em resposta a uma solicitação do comprador ou com base nas necessidades percebidas do comprador, com a finalidade de convencer o comprador a entrar no contrato.
- **Negociação e Formação de Contrato:** processo de alcançar uma compreensão comum da natureza do projeto e negociar os termos e condições do contrato com a finalidade de desenvolver um conjunto de expectativas e entendimentos compartilhados.
- **Administração de Contratos:** processo de garantir que o desempenho de cada parte atenda aos requisitos contratuais.
- **Encerramento de Contrato:** processo de verificação de que todos os assuntos administrativos estão concluídos em um contrato que está, de alguma forma, fisicamente concluído. Isso envolve a conclusão e a liquidação do contrato, incluindo a resolução de quaisquer itens em aberto.

Como pode ser visto a partir da discussão anterior, as duas últimas fases do processo de gerenciamento de contratos do vendedor são idênticas aos do comprador. Isso se deve ao fato de que o comprador e o vendedor estão ambos executando as mesmas atividades de gerenciamento de contrato e trabalhando o mesmo documento de contrato.

19.2 PLANEJAR AS AQUISIÇÕES

Guia PMBOK®, 5. ed.
12.1 Planejar as aquisições

O primeiro passo no processo de aquisição é o planejamento de compras e aquisições, especificamente o desenvolvimento de um plano de aquisições que declare o que adquirir, quando e como. Esse processo inclui o seguinte:

- Definição da necessidade do projeto
- Desenvolvimento da declaração do trabalho da aquisição[NT2], especificações e estrutura analítica do projeto
- Elaboração de um dicionário da EAP, se necessário
- Realização de uma análise de fazer ou comprar
- Estabelecimento dos marcos importantes e do prazo/cronograma
- Determinação se são necessárias aquisições de longo prazo
- Estimativa de custos, incluindo o custo do ciclo de vida
- Determinação se existem vendedores qualificados
- Identificação dos critérios para seleção de fontes
- Elaboração de uma listagem de eventuais riscos de projeto/contratos (isto é, um registro dos riscos)
- Desenvolvimento de um plano de aquisições
- Obtenção de autorização e aprovação para prosseguir

Guia PMBOK®, 5. ed.
12.1.3.2 Declarações do trabalho das aquisições

Anteriormente, no Capítulo 11, nós discutimos a declaração do trabalho e a declaração de escopo. Poderia haver declarações de trabalho distintas e diferentes para cada produto a ser adquirido. A declaração do trabalho (DT) é uma descrição narrativa do trabalho a ser realizado e/ou dos recursos a serem fornecidos. A identificação dos recursos a serem fornecidos assumiu importância primordial durante os últimos dez anos ou mais. Durante os anos 1970 e 1980, as pequenas empresas estavam participando de licitações de trabalhos imensos apenas para

[3] GARRETT, Gregory A.; RENDON, Rene G. *Contract management*: organizational assessment tools. Ashburn, VA: National Contract Management Association, 2005. p. 270.

[4] Ver nota 3.

[NT2] Declaração do Trabalho de Aquisição. Tradução oficial da versão em português da quinta edição do Guia PMBOK® para *Procurement Statement of Work*.

subcontratar externamente mais de 99% de todo o trabalho. As ações foram abundantes e a solução foi colocar cláusulas na DT exigindo que o fornecedor identificasse os nomes e currículos dos talentosos recursos **internos** que estariam comprometidos com o projeto, incluindo o percentual de seu tempo no projeto.

Além das DTs, as organizações também utilizam declarações de objetivos (SOOs)[NT3] para projetos que são concebidos como esforço "baseado em desempenho". Projetos baseados em desempenho são agora preferenciais no governo. As SOOs são usadas quando a organização compradora quer aproveitar as tecnologias avançadas, capacidades e conhecimento técnico dos potenciais fornecedores no mercado. Em vez de usar uma DT, que descreve em detalhes específicos para o fornecedor **qual** trabalho tem de ser executado e **como** deve ser realizado, a SOO apenas descreve os objetivos finais do projeto (**quais** são os objetivos finais do projeto). Em resposta a uma solicitação contendo uma SOO, os potenciais fornecedores desenvolvem e propõem as suas próprias DTs que fornecem as especificações detalhadas sobre **como** pretendem realizar o trabalho. O processo de seleção de fontes implica comparar as várias DTs desenvolvidas pelos fornecedores, com cada fornecedor aplicando suas próprias tecnologias exclusivas, capacidades e conhecimento técnico ao esforço do projeto. O processo de avaliação de propostas inclui fazer compensações entre os diferentes níveis de desempenho propostos (como consta na DT do fornecedor), bem como entre o preço proposto.

As especificações são informações escritas, pictóricas ou gráficas que descrevem, definem ou especificam os serviços ou itens a serem adquiridos. Existem três tipos de especificações:

- **Especificações de *Design*:** detalham o que é para ser feito em termos de características físicas. O risco de desempenho está com o comprador.
- **Especificações de Desempenho:** especificam as capacidades mensuráveis que o produto final deve atingir em termos de características operacionais. O risco de desempenho está com o fornecedor.
- **Especificações Funcionais:** é quando o vendedor descreve o uso final do item para estimular a concorrência entre os itens comerciais, a um menor custo global. É um subconjunto da especificação de desempenho e o risco de desempenho está com o fornecedor.

[NT3] Declarações de Objetivos. Da expressão em inglês *Statements of Objectives* (SOOs).

Guia PMBOK®, 5. ed.
12.1.2.1 Análise de fazer ou comprar

Sempre há opções no modo como o produto final pode ser obtido. Alternativas viáveis de aquisição incluem fazer ou comprar, arrendar ou comprar, vender ou alugar, e arrendar ou alugar. Aquisição doméstica ou internacional é também de fundamental importância, principalmente para o United Auto Workers Union[NT4]. Fatores que envolvem a análise de fazer ou comprar são mostrados a seguir:

- A decisão de fazer
  - Menos dispendiosa (mas nem sempre!)
  - Fácil integração das operações
  - Utiliza a capacidade existente que está ociosa
  - Mantém o controle direto
  - Mantém o sigilo de *design*/produção
  - Evita uma base de fornecedores não confiável
  - Estabiliza a força de trabalho existente
- A decisão de comprar
  - Menos dispendiosa (mas nem sempre!)
  - Utiliza as habilidades dos fornecedores
  - Necessidade de pequeno volume (não rentável para a produção)
  - Possuir capacidade ou competência limitada
  - Aumenta a força de trabalho existente
  - Mantém fontes múltiplas (lista de fornecedores qualificados)
  - Controle indireto

A decisão de arrendar ou alugar é normalmente um esforço financeiro. Arrendamentos são geralmente de prazo mais longo do que a locação. Considere o seguinte exemplo. Uma empresa está disposta a alugar para você um equipamento a um custo de \$ 100 por dia. Você pode arrendar o equipamento por \$ 60 por dia acrescido de um custo único de \$ 5.000. Qual é o ponto de equilíbrio, em dias, em que o arrendamento e o aluguel serão iguais?

Considere X o número de dias.

$$\underset{\text{Aluguel}}{\underset{\uparrow}{\$\,100X}} = \$\,5.000 + \underset{\text{Arrendamento}}{\underset{\uparrow}{\$\,60X}}$$

Resolução, $X = 125$ dias

Portanto, se a empresa pretende utilizar o equipamento por mais de 125 dias, seria mais rentável assinar um acordo de arrendamento, em vez de um acordo de locação.

[NT4] Sindicato dos Trabalhadores da Indústria Automobilística Americana.

O planejamento das aquisições deve abordar os riscos do contrato, bem como os riscos da aquisição. Algumas empresas possuem manuais de gerenciamento de projetos com seções que abordam especificamente os riscos de contratos usando modelos. Por exemplo, a seguir está uma lista parcial de riscos de aquisições identificados no Manual de Gerenciamento de Projetos ABB[5]:

- Contratos e acordos (penalidades/danos liquidados, especificações com margem para interpretações erradas, redação vaga, autorizações/licenças documentação de requisitos)
- Responsabilidades e obrigações (força maior, limites das obrigações de cada parte, limitações obscuras de escopo)
- Financeiro (cartas de crédito, planos de pagamento, inflação, câmbio, obrigações)
- Político (estabilidade política, mudanças na legislaçao, restriçoes de importaçao/exportação, leis de arbitragem)
- Garantia (requisitos fora do padrão, reparos)
- Cronograma (prazo de entrega irrealista, trabalho feito por outros e não concluído a tempo, processo de aprovação, limitações nos recursos disponíveis)
- Técnicos e de tecnologia (soluções fora do padrão, regulamentos de garantia de qualidade, inspeções, critérios de aceitação do cliente)
- Recursos (disponibilidade, níveis de qualificação, locais *versus* externos)

O plano das aquisições irá abordar as seguintes questões:

- Quantas aquisições serão necessárias?
- Elas serão atividades de aquisição padronizadas ou especializadas?
- Nós faremos alguns dos produtos ou compraremos todos eles?
- Haverá fornecedores qualificados?
- Precisaremos pré-qualificar alguns dos fornecedores?
- Utilizaremos licitação aberta ou licitaremos de uma lista de fornecedores preferenciais?
- Como vamos gerenciar múltiplos fornecedores?
- Há itens que exigem aquisições de longo prazo?
- Que tipo de contrato será utilizado, considerando os riscos contratuais?
- Precisaremos de diferentes tipos de contrato para múltiplos fornecedores?
- Quais critérios de avaliação serão utilizados para a pontuação das propostas?

19.3 A CONDUÇÃO DAS AQUISIÇÕES

Guia PMBOK®, 5. ed.
12.2 Conduzir as aquisições

Uma vez que os requisitos estejam identificados e um plano de aquisições tenha sido elaborado, um formulário de requisição para cada item a ser adquirido é enviado para o departamento de contratos para iniciar o processo de aquisição ou de requisição. O processo de condução das aquisições inclui:

- A avaliação/confirmação das especificações (elas são atuais?)
- Confirmação das fontes qualificadas
- Revisão do desempenho passado das fontes
- Revisão de acordos de equipe ou de parceria
- Produção do pacote de solicitação

O pacote de solicitação é elaborado durante o processo de planejamento das aquisições, mas utilizado durante o processo seguinte, realizar as aquisições. Na maioria das situações, o mesmo pacote de solicitação para cada entrega deve ser enviado para cada possível fornecedor, para que haja igualdade. Um típico pacote solicitação deve incluir:

- Documentos da proposta (em geral padronizados)
- Listagem de fornecedores qualificados (que devem participar)
- Critérios de avaliação de proposta (critérios para seleção de fontes)
- Reuniões com licitantes
- Como as solicitações de mudança serão gerenciadas
- Plano de pagamento aos fornecedores

Os documentos padronizados de propostas geralmente incluem formulários de adequação à lei de oportunidades iguais de emprego, às ações afirmativas, à Administração de Segurança e Saúde Ocupacional/Agência de Proteção Ambiental[NT5], à contratação de minorias, e assim por diante. Uma lista de fornecedores qualificados aparece a fim de diminuir os custos. Muitas vezes, um fornecedor não vai se candidatar para o trabalho porque sabe que não pode apresentar uma oferta menor do que um dos outros fornecedores. O custo de participar de um processo de licitação para um trabalho é alto.

[5] Adaptado de: KERZNER, Harold. *Advanced project management: best practices on implementation*, 2. ed. Hoboken, NJ: Wiley, 2004. p. 346-348.

[NT5] OSHA – *Ocuppational Safety and Health Administration* – Administração de Segurança e Saúde Ocupacional dos Estados Unidos. EPA– *Environmental Protection Agency* – Agência de Proteção Ambiental dos Estados Unidos.

Guia PMBOK®, 5. ed.
12.2.2.1 Reuniões com licitantes

O pacote de solicitação também descreve a maneira pela qual as questões sobre a solicitação serão abordadas, chamadas de reuniões com licitantes. As reuniões com licitantes são utilizadas de modo que nenhum licitante possua mais conhecimento do que os outros. Se um concorrente potencial tem uma pergunta sobre o pacote de solicitação, então ele deve esperar pelas reuniões com licitantes para fazer a pergunta para que todos os licitantes sejam privilegiados com a mesma informação. Isso é particularmente importante em contratações do governo. Pode haver várias reuniões com licitantes entre a solicitação e a adjudicação. A área de gerenciamento de projetos pode ou não estar envolvida nas reuniões com licitantes, seja pelo lado do cliente ou do fornecedor. Algumas empresas não usam reuniões com licitantes e permitem que eles enviem perguntas. No entanto, a resposta para cada pergunta é fornecida a todos os concorrentes.

O pacote de solicitação normalmente fornece aos candidatos informações sobre como as propostas serão avaliadas. Os contratos não são, necessariamente, concedidos ao licitantes de menor preço. Alguns modelos de pontuação de avaliação de propostas atribuem pontos em relação a cada um dos seguintes itens e a empresa com o maior número de pontos pode receber a adjudicação do contrato:

- Entendimento dos requisitos
- Preço total da oferta
- Superioridade técnica
- Capacidade de gestão
- Desempenho anterior (ou referências)
- Solidez financeira (capacidade de permanecer no negócio)
- Direitos de propriedade intelectual
- Capacidade de produção (com base em contratos existentes e em possíveis novos contratos)

As reuniões com licitantes realizam-se também como parte das sessões de esclarecimento pelas quais os licitantes são informados do motivo pelo qual não ganharam o contrato. Em algumas circunstâncias, os licitantes que sentem que a sua oferta ou proposta não foi avaliada corretamente podem apresentar uma "contestação da licitação", o que pode exigir uma reavaliação detalhada das suas propostas. A contestação da licitação não é necessariamente uma denúncia de que a empresa errada ganhou o contrato, mas uma denúncia de que sua proposta não foi avaliada corretamente.

19.4 CONDUZIR AS AQUISIÇÕES: SOLICITAR RESPOSTAS DOS FORNECEDORES

Guia PMBOK®, 5. ed.
12.2.2.5 Publicidade

A seleção do método de aquisição é o elemento crítico para solicitar respostas dos fornecedores. Existem três métodos comuns de aquisição:

- Publicidade
- Negociação
- Pequenas compras (ou seja, material de escritório)

A publicidade ocorre quando uma empresa busca licitações fechadas. Não há negociações. As forças competitivas do mercado determinam o preço e a concessão vai para a menor oferta.

A negociação ocorre quando o preço é determinado por meio de um processo de barganha. Em tal situação, o cliente pode buscar um(a):

Guia PMBOK®, 5. ed.
12.2.1.4 Propostas de fornecedores

- Solicitação de informações (*Request for information* – RFI)
- Pedido de cotação (*Request for quotation* – RFQ)
- Pedido de proposta (*Request for proposal* – RFP)
- Convite para licitações (*Invitation for bids* – IFB)

A RFP é o esforço mais caro para o fornecedor. Propostas extensas podem conter volumes separados para custos, desempenho técnico, histórico de gestão, qualidade, instalações, gestão de subcontratados, entre outros. Os licitantes podem hesitar em gastar grandes somas de dinheiro em uma licitação de contrato, a não ser que o licitante acredite que possua uma elevada probabilidade de conseguir o contrato ou que ele seja reembolsado pelo comprador em todos os custos da licitação.

Como mencionado anteriormente, algumas empresas utilizam o processo de convite para licitação (IFB). Usando o processo IFB, apenas as empresas selecionadas são autorizadas a ofertar. Todas ou parte das empresas na lista de fornecedor preferenciais do comprador podem ser admitidos na licitação.

Em agências governamentais, os IFBs são utilizados em contratos de licitação fechada. Nas aquisições de licitação fechada do governo, os oferentes concorrentes enviam propostas com preços em resposta ao IFB. Essas IFBs contêm todos os documentos técnicos necessários, especificações e desenhos técnicos necessários para um concorrente desenvolver uma oferta de preço. Assim, nos contratos de licitação fechada, não há discussões ou negociações e o contrato é sempre concedido à menor oferta aceitável, usando-se um contrato de preço fixo garantido.

19.5 CONDUZIR AS AQUISIÇÕES: SELECIONAR FORNECEDORES

Guia PMBOK®, 5. ed.
12.2.3.1 Fornecedores selecionados

Parte do processo de seleção de fontes inclui a aplicação de critérios de avaliação para as propostas dos fornecedores. Como foi mencionado anteriormente, os critérios de avaliação de propostas foram determinados, desenvolvidos e incluídos na solicitação durante a fase de planejamento das aquisições do processo de contratação. Os critérios de avaliação refletem a estratégia de adjudicação do contrato escolhido, que costuma ser uma estratégia baseada em preço ou estratégia no melhor valor. A estratégia de adjudicação baseada em preço é utilizada quando o contrato será adjudicado à proposta de preço mais baixo e tecnicamente aceitável. A estratégia de adjudicação baseada no melhor valor é usada quando o contrato pode ser concedido tanto para a proposta de preço mais baixo e tecnicamente aceitável quanto para uma proposta de preço mais elevado que ofereça um nível mais elevado de desempenho. Durante uma seleção de fonte de melhor valor, a organização fornecedora conduz compensações entre preço, desempenho e outros fatores não relacionados a preço para selecionar a proposta que ofereça o melhor valor to tal para o comprador.

Embora vários critérios possam ser utilizados, os mais comuns são tempo, custos, equipe esperada de gerenciamento do projeto (ou seja, a qualidade dos recursos designados) e o histórico do desempenho anterior. Por exemplo, suponha que possa ser dado o máximo de 100 pontos a cada um dos quatro critérios. O vendedor que for selecionado terá o maior número de pontos totais de 400 pontos. Os fatores de ponderação também podem ser aplicados a cada um dos quatro critérios. Como, por exemplo, o desempenho anterior pode valer 200 pontos, dando assim, no máximo 500 pontos. Portanto, o fornecedor de menor preço pode ser degradado de forma significativa em virtude do desempenho anterior, e não receber o contrato.

A seleção do fornecedor adequado não é necessariamente deixada exclusivamente à avaliação dos critérios. Um processo de negociação pode fazer parte do processo de seleção, pois o comprador pode gostar de várias das ideias entre os licitantes e, então, muitos podem tentar fazer com que o fornecedor preferido assuma trabalho adicional sem nenhum custo adicional para o comprador. O processo de negociação também inclui inclusões e exclusões. Ele pode ser competitivo ou não competitivo. Processos não competitivos são chamados aquisições de fonte única.

Em grandes contratos, o processo de negociação vai muito além da negociação do resultado final.

Negociações separadas podem ser feitas nos seguintes fatores:

- Preço final do contrato
- Margens de lucro
- Tipo de contrato
- Duração do contrato
- Tempo para cada entrega
- Quantidade de entregas
- Qualidade das entregas
- Cronograma de pagamento
- Atribuição de pessoal crítico
- Posse da propriedade intelectual
- Garantias
- Condições e taxas de cancelamento e rescisão
- Quantidade e frequência de relatórios
- Quantidade, frequência e localização das reuniões de interface entre cliente-fornecedor

As relações com o fornecedor são fundamentais durante as negociações de contrato. A integridade do relacionamento e o histórico anterior podem encurtar o processo de negociação. Os três fatores principais das negociações são:

- Capacidade de compromisso
- Adaptabilidade
- Boa-fé

As negociações devem ser planejadas. Uma lista típica de atividades inclui:

- Desenvolver objetivos (ou seja, posições *minimax*)
- Avaliar o seu adversário
- Definir a sua estratégia e táticas
- Reunir os fatos
- Realizar uma análise completa de preço/custos
- Organizar os fatores de "higiene"

Se você é o comprador, qual é o **máximo** que você estará disposto a pagar? Se você é o fornecedor, qual é o **mínimo** que você está disposto a aceitar? Você deve determinar o que motiva seu oponente. O seu oponente está interessado em rentabilidade, em manter as pessoas empregadas, em desenvolver uma nova tecnologia ou em usar seu nome como referência? Esse conhecimento pode certamente afetar a sua estratégia e suas táticas.

Os fatores de higiene incluem o local em que as negociações ocorrerão. Em um restaurante? Hotel? Escritório? Mesa quadrada ou mesa redonda? De manhã ou à tarde? Quem fica de frente para as janelas e quem fica de frente para as paredes?

Deve haver uma apreciação crítica pós-negociações a fim de rever o que foi aprendido. O primeiro tipo de crítica pós-negociações é interna à sua empresa. O segundo tipo de crítica pós-negociações é com todos os licitantes perdedores para explicar por que não receberam o contrato.

Uma vez concluídas as negociações, cada fornecedor selecionado receberá um contrato assinado. Infelizmente, existem vários tipos de contratos. O processo de negociação também inclui a seleção do tipo de contrato, e o tipo de contrato final pode ser diferente do que foi identificado no pacote de solicitação.

Conclusão: o objetivo do processo de conduzir as aquisições é negociar um tipo de contrato e o preço que irão resultar em risco razoável ao fornecedor e proporcionar a ele um grande incentivo para o desempenho eficiente e econômico.

Existem alguns termos contratuais básicos que devem ser entendidos antes de examinar os diversos contratos. Esses termos incluem:

- **Agente:** a pessoa ou grupo de pessoas oficialmente autorizado a tomar decisões e representar a sua empresa. Isso inclui a assinatura do contrato.
- **Arbitragem:** a resolução de uma disputa por um terceiro, que apresenta a decisão. O terceiro não é um tribunal de justiça, bem como a decisão pode ou não estar legalmente vinculativa.
- **Quebra de Contrato:** violar uma lei por um ato ou omissão ou violar uma obrigação legal.
- **Contrato:** um acordo celebrado por duas ou mais partes, o qual pode ser executado em um tribunal de justiça.
- **Contrato Realizado:** um contrato que foi concluído por todos os interessados.
- **Cláusula de Força Maior:** uma provisão em um contrato que exclui as partes envolvidas de quaisquer responsabilidades ou obrigações contratuais por causa de casos fortuitos, guerras, terrorismo ou outros eventos.
- **Boa-Fé:** honestidade e trato justo entre todas as partes envolvidas no contrato.
- **Violação:** uma violação de um direito legalmente reconhecido de alguém.
- **Danos Liquidados:** um valor especificado em um contrato que estipula uma estimativa razoável dos danos que irão ocorrer como resultado de uma violação de contrato.
- **Negligência:** falha em exercer determinada atividade na forma como uma pessoa capaz faria em uma situação semelhante.
- **Cláusula de Não Concorrência:** um convênio colocando restrições para iniciar um negócio concorrente ou trabalhar para um concorrente dentro de um período de tempo especificado.
- **Cláusula de Confidencialidade:** um convênio colocando restrições a certas informações proprietárias que não podem ser divulgadas sem autorização por escrito.
- **Não Conformidade:** execução de um trabalho de tal forma que não esteja de acordo com as especificações ou requisitos contratuais.
- **Cláusula de Penalidade:** um acordo ou convênio, identificado em termos financeiros, para falhas de desempenho.
- **Relação Direta de Consumo:** a relação que existe entre o comprador e o vendedor em um contrato.
- **Rescisão e Multa Rescisória:** um acordo entre o comprador e o fornecedor sobre quanto dinheiro este receberá caso o projeto seja cancelado antes da data de conclusão prevista e sem que todas as entregas contratuais sejam concluídas.
- **Veracidade nas Negociações:** essa cláusula do contrato prevê que o comprador e o vendedor foram verdadeiros nas informações fornecidas durante as negociações de contrato.
- **Renúncia:** uma renúncia intencional de um direito legal.
- **Garantia:** uma promessa, verbal ou escrita, de que certos fatos são verdadeiros conforme apresentados.

Há certos elementos básicos da maioria dos contratos:

Guia PMBOK®, 5. ed.
12.2.3.1 Fornecedores selecionados

- **Acordo Mútuo:** deve haver uma oferta e aceitação.
- **Contraprestação:** deve haver um adiantamento.
- **Capacidade do Contrato:** o contrato é obrigatório apenas se o fornecedor possuir a capacidade de executar o trabalho.
- **Propósito Legal:** o contrato deve existir para uma finalidade legal.
- **Forma Oferecida por Lei:** o contrato deve refletir obrigação legal do fornecedor, ou a falta de obrigação, de entregar o produto final.

As duas formas de contrato mais comum são contratos de conclusão e contratos de longo prazo.

- **Contrato de Conclusão:** o fornecedor é obrigado a entregar um produto final definitivo. Após a entrega e a aceitação formal por parte do cliente, o contrato é considerado completo e o pagamento final pode ser realizado.

- **Contrato a Termo:** o contrato deve fornecer um "nível do esforço" específico, não um produto final. O esforço é expresso em mulher/homem-dia (meses ou anos) durante um determinado período de tempo especificado usando os níveis de habilidade pessoal e instalações. Quando o esforço contratado é realizado, o fornecedor não tem nenhuma obrigação adicional. O pagamento final é feito, independentemente do que é realmente realizado tecnicamente.

O contrato final é normalmente chamado de contrato **definitivo**, que segue procedimentos normais de contratação, tais como a negociação de todos os termos contratuais, a condição custo, e o cronograma antes do início da realização. Infelizmente, a negociação do contrato e a sua elaboração para as assinaturas pode exigir meses de preparação. Se o cliente precisa que o trabalho comece imediatamente ou se forem necessárias aquisições de longo prazo, então o cliente pode fornecer ao vendedor uma **carta de contrato** ou **carta de intenção.** A carta de intenção é instrumento de escrita preliminar que autoriza o fornecedor a começar imediatamente a fabricação dos insumos ou a prestação de serviços. O preço final do contrato **pode** ser negociado após o desempenho começar, mas o fornecedor não pode exceder o valor nominal estipulado no contrato. O contrato definitivo ainda deve ser negociado.

O tipo de contrato escolhido é baseado no seguinte:

- Grau geral de riscos dos custos e do cronograma
- Tipo e complexidade dos requisitos (riscos técnicos)
- Extensão da concorrência de preços
- Análise de custos/preços
- Urgência dos requisitos
- Período de desempenho
- Responsabilidade do fornecedor (e risco)
- Sistema de contabilidade do fornecedor (ele é capaz de reportar o valor agregado?)
- Contratos simultâneos (o meu contrato vai ser deixado de lado pelo trabalho já existente?)
- Extensão da subcontratação (quanto trabalho o fornecedor vai terceirizar?)

19.6 TIPOS DE CONTRATOS

Guia PMBOK®, 5. ed.
12.1.1.9 Tipos de contratos

Antes de analisar os vários tipos de contratos, deve-se estar familiarizado com a terminologia encontrada nesses documentos.

- O **custo-alvo** ou **custo estimado** é o nível de custo que o fornecedor mais provavelmente obterá em condições normais de desempenho. O custo-alvo serve como uma base para a medição do custo real ao final da produção ou do desenvolvimento. Ele pode variar para diferentes tipos de contratos, mesmo que os respectivos objetivos sejam os mesmos. É a variável mais importante que afeta a pesquisa e o desenvolvimento.
- O **lucro-alvo** ou **esperado** é o valor do lucro negociado e estabelecido em contrato. O lucro esperado é geralmente a maior parte do lucro total.
- O **teto de lucro** e o **piso de lucro** são os valores máximos e mínimos, respectivamente, do lucro total. São frequentemente incluídas nas negociações de contrato.
- O **teto de preço** ou **preço-teto** é a quantidade de dinheiro pela qual o governo é responsável. É normalmente medido como um determinado percentual do custo-alvo, e é geralmente maior do que o custo-alvo.
- **Comissão máxima** e **mínima** são percentuais do custo-alvo e estabelecem os limites externos do lucro do fornecedor.
- **Fórmula** ou **acordo de partilha** fornece o custo da responsabilidade do cliente ao custo da responsabilidade do fornecedor para cada dólar gasto. Seja esse dinheiro um sobrecusto ou uma economia, o acordo de partilha tem o mesmo impacto sobre o fornecedor. Esse acordo de partilha pode variar, dependendo de o fornecedor estar desempenhando acima ou abaixo do custo-alvo. O **ponto de produção** é geralmente aquele nível de produção sobre o qual inicia acordo de partilha.
- O **ponto de assunção total** é o ponto (custo ou preço) em que o fornecedor assume toda a responsabilidade por custos adicionais.

Como nenhuma forma única de acordo contratual se adapta a cada situação ou projeto, as empresas nos Estados Unidos normalmente executam o trabalho sob uma variedade de modalidades contratuais, tais como:

- Custo mais remuneração percentual
- Custo mais remuneração fixa
- Custo mais máximo garantido
- Custo mais máximo garantido e economias compartilhadas
- Custo mais incentivo (remuneração concedida)
- Custo e partilha de custos
- Preço fixo ou preço global
- Preço fixo com reapreciação
- Preço fixo com remuneração de incentivo
- Preço fixo com ajuste econômico do preço
- Preço fixo com metas sucessivas de incentivo

- Preço fixo para serviços, materiais e mão de obra pelo custo (ordens de compra, acordos gerais)
- Tempo e material/horas de mão de obra apenas
- Bônus-penalidade
- Combinações
- *Joint venture*

Em uma extremidade da escala estão os custos reembolsáveis, um tipo de contrato de remuneração fixa em que o lucro da empresa, em vez do preço, é fixo e a responsabilidade da empresa, exceto por sua própria negligência, é mínima. No outro extremo da escala está o tipo de contrato **preço global**[NT6] ou ***turnkey***[NT7], em que a empresa assumiu total responsabilidade, na forma de lucros ou prejuízos, para o desempenho oportuno e para todos os custos abaixo ou acima do preço fixado no contrato. Entre as escalas estão vários tipos de contratos, como os tipos de contrato máximo garantido e incentivos, e o contrato tipo bônus-penalidade. Esses contratos proporcionam graus variados de responsabilidade pelos custos e lucros, dependendo do nível de desempenho. Contratos que abrangem o fornecimento de serviços de consultoria são geralmente em uma base diária, em uma extremidade do intervalo e com base num preço fixo na outra extremidade da escala.

Há geralmente cinco tipos de contratos a serem considerados: contratos de preço fixo (PF), de custo mais remuneração fixa (CMRF), ou de custo mais remuneração percentual (CMRP)[NT8], de máximo garantido e economias compartilhadas (MGEC)[NT9], de preço fixo com remuneração de incentivo (PFRI) e de custo mais remuneração de incentivo (CMRI). Cada tipo é discutido separadamente.

- Sob um contrato de **preço fixo** ou **preço global**, o fornecedor deve estimar cuidadosamente o custo-alvo. O fornecedor é obrigado a executar o trabalho dento do valor negociado no contrato. Se o custo-alvo estimado foi baixo, o lucro total é reduzido e pode até mesmo desaparecer. O fornecedor pode não ser capaz de oferecer menos que os concorrentes se o custo esperado é superestimado. Assim, o fornecedor assume um risco grande. Esse contrato prevê a máxima proteção para o proprietário para o custo final do projeto, mas tem a desvantagem de exigir um longo período de preparação e adjudicações das ofertas. Além disso, existe a possibilidade de que, por causa de uma falta de conhecimento das condições locais, todos os fornecedores possam necessariamente incluir uma excessiva quantidade de contingência. Essa forma de contrato nunca deve ser considerada pelo proprietário, salvo se, no momento em que as licitações forem enviadas, os requisitos de construção sejam exatamente conhecidos. As alterações solicitadas pelo proprietário após a adjudicação de um contrato à base de preço global levam a incômodos extras e, às vezes, onerosos.
- Tradicionalmente, o contrato de **custo mais remuneração fixa** tem sido empregado quando se acredita que o preço exato não pôde ser alcançado de outra forma. No contrato CMRF o custo pode variar, mas a remuneração mantém-se firme. Como, em um contrato de custos reembolsáveis, o fornecedor concorda apenas em usar seus melhores esforços para realizar o trabalho, os desempenhos bom e ruim são, de fato, igualmente recompensados. O total de lucro tende a produzir baixas taxas de retorno, o que reflete a pequena quantidade de risco que o fornecedor assume. A remuneração fixa é geralmente uma pequena porcentagem do custo total ou custo verdadeiro. O contrato de custos reembolsáveis exige que os livros da empresa sejam auditados.
  Com essa forma de contrato, a construtora de engenharia faz a sua oferta de uma remuneração fixa ou lucro para os serviços a serem fornecidos pelo fornecedor, com custos de engenharia, materiais e mão de obra de campo a serem reembolsados ao custo real. Essa forma de oferta pode ser elaborada rapidamente a uma despesa mínima ao fornecedor e é uma simples oferta para o proprietário avaliar. Além disso, tem a vantagem de estabelecer incentivo ao fornecedor para a conclusão rápida do trabalho.
  Se for um contrato de **custo mais remuneração percentual**, ele proporciona a máxima flexibilidade para o proprietário e permite a ele e ao fornecedor trabalharem juntos cooperativamente em todos os problemas técnicos, comerciais e financeiros. No entanto, ele não fornece garantia financeira do custo final. Pode resultar em um maior custo de construção, embora não necessariamente, por causa da falta de incentivo financeiro ao

[NT6] Preço Global. Em tradução da expressão *Cump sum*. Não é mencionado no Guia PMBOK®, 4. ed.

[NT7] Turnkey. Em tradução literal, *chave na mão*. Refere-se aos contratos por empreitada ou por serviço completo.

[NT8] Custo mais remuneração percentual. Em tradução da expressão *cost-plus-percentage-fee*. Esse tipo de contrato não é mencionado no Guia PMBOK® 4. ed.

[NT9] Máximo garantia e economias compartilhadas. Em tradução da expressão *guaranteed maximum-shared savings*. Este tipo de contrato não é mencionado no Guia PMBOK® 4. ed.

fornecedor, em comparação com outras formas. O único incentivo significativo evidente hoje é o aumento da concorrência e as perspectivas para contratos seguintes.

- Sob um contrato de **máximo garantido e economias compartilhadas**, o fornecedor recebe uma remuneração fixa para o seu lucro e é reembolsado pelos custos reais de engenharia, materiais, mão de obra de construção, e todos os outros custos de trabalho, mas só até o valor máximo estabelecido como o "máximo garantido". Economias abaixo do máximo garantido são compartilhadas entre o proprietário e o fornecedor, enquanto o fornecedor assume a responsabilidade pelos sobrecustos acima do preço máximo garantido. Essa forma de contrato essencialmente combina as vantagens, bem como algumas das desvantagens de ambos, preço global e custos reembolsáveis. Essa é a melhor forma de contrato negociada, pois estabelece um preço máximo o mais cedo possível e protege o proprietário de ser sobretaxado, mesmo que o contrato seja adjudicado sem licitações. O contrato máximo garantido e economias compartilhadas é o único em que o proprietário e fornecedor compartilham os riscos financeiros e ambos têm um incentivo real para concluir o projeto ao menor custo possível.
- Os contratos de **preço fixo com remuneração de incentivo** são os mesmos contratos de preço fixo, exceto que eles têm uma provisão para ajuste do lucro total por meio de uma fórmula que depende do custo total final no término do projeto e que tenha sido acordada com antecedência, tanto pelo proprietário quanto pelo fornecedor. Para utilizar esse tipo de contrato, os requisitos do projeto ou do contrato devem ser firmemente estabelecidos. Esse contrato fornece um incentivo ao fornecedor para reduzir custos e, portanto, aumentar o lucro. Tanto o proprietário quanto o fornecedor compartilham os riscos e as economias.
- Os contratos de **custos mais remuneração de incentivo** são os mesmos que os contratos de custos reembolsáveis, exceto que eles têm uma provisão para ajuste da remuneração, conforme determinado por uma fórmula que compara os custos totais do projeto em relação ao custo-alvo. Essa fórmula é acordada antecipadamente entre o proprietário e o fornecedor. Esse contrato é normalmente utilizado para projetos de longa duração ou de P&D. A empresa coloca mais riscos para o fornecedor e obriga-o a planejar cuidadosamente e a esforçar-se para manter os custos baixos. Os contratos de incentivo são abordados em maior detalhamento na Seção 19.7.
- Outro tipo de contrato de incentivos é a **remuneração concedida**. Considerando que as remunerações de incentivo são determinadas **objetivamente**, isto é, com base em cálculos objetivos de comparação entre o custo real e o custo-alvo, a entrega real com a entrega-alvo, ou o desempenho real com o desempenho-alvo, as remunerações concedidas são determinadas mais **subjetivamente**. Elas são utilizadas quando não é viável ou eficaz determinar contratos de incentivo objetivos. As remunerações de incentivo são obtidas quando o fornecedor atinge níveis altos de desempenho (além dos requisitos básicos do contrato), qualidade, pontualidade ou responsividade em realizar o esforço de contrato. Contratos de remuneração concedida incluem um plano de remuneração concedida que explique os critérios de avaliação para a remuneração concedida para qualquer dado período de tempo (normalmente um ano), bem como o montante total do conjunto de remunerações concedidas. Normalmente, um conselho de avaliação do contrato de remuneração concedida se reúne ao final de cada período de remuneração concedida para avaliar o desempenho do fornecedor em relação aos critérios de remuneração concedida estabelecidos no plano. O responsável pela deliberação da remuneração concedida, o gerente do projeto ou alguém um nível acima do gerente do projeto, realiza a determinação real do montante da remuneração concedida ganha pelo fornecedor para esse período específico. As provisões das remunerações concedidas podem fazer parte de contratos de custo ou de preço fixo.

  Para grandes contratos de serviços, são utilizados incentivos em termo de concessão como aqueles para o fornecedor atingir níveis mais elevados de desempenho, qualidade, pontualidade ou capacidade de resposta na execução do esforço do contrato de serviços. O termo de concessão é semelhante à remuneração concedida, mas em vez de conceder ao fornecedor bem-sucedido dinheiro adicional (remuneração), o fornecedor ganha mais tempo (períodos de desempenho do contrato) sobre o contrato de serviço. Assim, em vez de terminar o período de desempenho final do contrato, e depois ter de competir novamente para o contrato seguinte, o fornecedor bem-sucedido é premiado com extensões de tempo (períodos adicionais de desempenho) para o período de execução do contrato.

Outros tipos de contratos que não são usados com frequência incluem:

- O contrato de **preço fixo com metas sucessivas de incentivo**[NT10] é um tipo de contrato pouco usado. Foi utilizado no passado na aquisição de sistemas com requisitos de tempo de espera muito longos, em que os contratos seguintes de produção deviam ser adjudicados antes que os custos de *design* ou até mesmo de produção tivessem sido confirmados. Os dados de preços para o contrato posterior são inconclusivos. Esse tipo de contrato pode ser usado no lugar de uma carta de contrato ou de um acordo de custos reembolsáveis.
- O contrato de **preço fixo com reapreciação**[NT11] pode ser tanto prospectivo quanto retroativo. O tipo prospectivo permite futuras negociações de dois ou mais contratos de preço fixo garantido em momentos preestabelecidos. Isso é frequentemente usado quando há a expectativa de que custos e os preços futuros mudem de forma significativa. O contrato de preço fixo com reapreciação do tipo retroativo permite o ajuste de preços do contrato após o desempenho ter sido concluído.
- Os contratos de **custos** (CC)[NT12] e de **partilha de custos** (PC)[NT13] têm uso limitado. Contratos de custos possuem uma característica de "não remuneração" que tem uso limitado, exceto para instituições educacionais sem fins lucrativos, na realização de pesquisas. Contratos de partilha de custos são usados para a pesquisa básica e aplicada em que o fornecedor deverá se beneficiar da P&D por meio da transferência de conhecimento a outras partes da empresa para fins comerciais e melhorar a posição competitiva do fornecedor.

A Tabela 19-1 identifica as vantagens e desvantagens de vários métodos de contratação que são comumente usados.

O tipo de contrato que é aceitável para o cliente e para a empresa é determinado pelas circunstâncias de cada projeto individual e pelas condições econômicas e competitivas vigentes. Geralmente, quando o trabalho é difícil de encontrar, os clientes insistem em ofertas de preço fixo. Esse tipo de proposta é habitualmente um fardo para o fornecedor por causa dos custos envolvidos na proposta (cerca de 1% do custo total instalado do projeto), e dos riscos maiores envolvidos na execução do projeto nessas condições.

Quando há um aumento nos negócios, os clientes não são capazes de insistir em ofertas de preço fixo e mais trabalho é atribuído na base de custos reembolsáveis. De fato, quando existe uma posição de capacidade especial, ou quando o tempo é um fator, o cliente ocasionalmente negocia um contrato de custos reembolsáveis com apenas um fornecedor. Outra técnica é conceder um projeto na base de custos reembolsáveis com o entendimento de que o contrato será convertido em uma data posterior para outra forma, como um preço global de serviços, quando o escopo estiver mais bem definido e o desconhecido for identificado. Essa abordagem é atraente tanto para o cliente quanto para o fornecedor.

Como mencionamos anteriormente, o cliente, muitas vezes, possui um modelo padrão de contrato que é utilizado como base de negociação ou como base para as solicitações de propostas. A empresa deve revisar os documentos do cliente com cuidado para assegurar-se de que compreende como eles diferem do que é a sua posição preferida. Quaisquer deveres ou responsabilidades atribuídos à sua empresa merecem análise cuidadosa se as consequências adicionais legais e o aumento dos riscos financeiros tiverem de ser avaliados corretamente.

É importante que você use uma descrição adequada e realista do trabalho a ser empreendido e uma avaliação cuidadosa e fixação de preços do escopo do trabalho a ser realizado das responsabilidades e obrigações assumidas. A elaboração de uma proposta exige um entendimento claro entre o cliente e sua empresa quanto aos direitos, deveres e responsabilidades de sua empresa. A proposta define o que tende a ser feito e pode ser feito, o que não pretende fazer nem tem competência para realizar, a maneira e a base da sua compensação. A análise minuciosa dessas questões antes, e não depois, da apresentação da proposta, é essencial.

19.7 CONTRATOS DE INCENTIVO

Guia PMBOK®, 5. ed.
12.1.1.9 Tipos de contratos

Para aliviar algumas das áreas com problemas mencionadas anteriormente, os clientes, especialmente o governo, têm colocado objetivos de incentivo em seus contratos. O contrato de preço fixo com remuneração de incentivo (PFRI) é um exemplo disso. A essência do contrato de incentivo é que ele oferece mais lucro a um fornecedor se os custos forem reduzidos ou se o desempenho for melhorado, e menos lucro se os

[NT10] Preço fixo com metas secessivas de incentivo. Em tradução à expressão, *fixed-price incentive successive targets.* Este tipo de contrato não é mencionado no Guia PMBOK® 4. ed.

[NT11] Preço fixo com reapreciação. Em tradução à expressão, *fixed-price with redetermination.* Este tipo de contrato não é mencionado no Guia PMBOK® 4. ed.

[NT12] Custos. Em tradução à expressão, *cost (CR).* Este tipo de contrato não é mencionado no Guia PMBOK® 4. ed.

[NT13] Partilha de custos. Em tradução à expressão, *cost sharing (CS).* Este tipo de contrato não é mencionado no Guia PMBOK® 4. ed.

TABELA 19-1 Comparação de contratos

Tipo de Contrato	Vantagens	Desvantagens
• Custos mais remuneração	• Fornece o máximo de flexibilidade ao proprietário • Minimiza os lucros do fornecedor • Diminui as negociações e os custos preliminares de especificações • Permite um início mais rápido e um término antecipado • Permite a escolha de fornecedores mais bem qualificados, e não com preços mais baixos • Permite utilizar o mesmo fornecedor, da consulta à conclusão, geralmente aumentando a qualidade e a eficiência	• Sem garantia do custo real final • Sem incentivo financeiro para diminuir tempo e custos • Permite especificações de características de alto preço pelo pessoal do proprietário • Permite mudanças excessivas de design pelo pessoal do proprietário, aumentando o prazo e os custos
• Máximo garantido e economias compartilhadas	• Fornece garantia firme do custo final na data mais cedo possível • Garante o pronto aviso ao proprietário sobre atrasos e custos extras resultantes de mudanças • Fornece incentivo para a conclusão mais rápida • Proprietário e fornecedor compartilham os riscos financeiros e possuem incentivo mútuo para possíveis economias • O contrato ideal estabelece a cooperação entre proprietário e fornecedor durante a execução do projeto	• Requer auditoria completa pela equipe do proprietário • Requer a conclusão definitiva de engenharia antes da negociação do contrato
• Preço fixo/preço global	• Fornece garantia firme do custo final • Garante o pronto aviso ao proprietário sobre atrasos e custos extras resultantes de mudanças • Requer o mínimo de acompanhamento do trabalho pelo proprietário • Fornece o máximo incentivo para a conclusão rápida ao menor custo • Envolve auditoria mínima pela equipe do proprietário	• Requer o conhecimento exato do que é desejado antes da concessão do contrato • Requer tempo e custos substanciais para desenvolver as especificações da consulta, solicitar e avaliar as propostas. Atrasa a conclusão em 3 a 4 meses. • Os altos custos e riscos da proposta podem reduzir os fornecedores qualificados • Os custos podem ser elevados por contingências excessivas nas propostas para cobrir os riscos do trabalho
• Preço fixo para serviços, materiais e mão de obra	• É, basicamente, o mesmo que o contrato de custos mais remuneração • Estabelece um percentual levemente maior para o percentual dos custos totais • Elimina a conferência e a verificação dos serviços do fornecedor	• Pode incentinvar a redução de estudos econômicos e o detalhamento de desenhos técnicos: produz maiores custos de operação, construção e manutenção • Outras desvantagens como no contrato de custos mais remuneração
• Preço fixo para mercadorias e serviços importados, custos locais reembolsáveis	• Preço máximo garantido para um alto percentual dos custos de fábrica • Evita contingências excessivas em propostas para custos locais altamente variáveis e imprevisíveis • Permite a seleção de fornecedores locais e subcontratados pelo proprietário	• O mesmo tempo prolongado para as especificações da consulta, cotações e avaliações como no preço global fixo para o projeto total • Requer definição cuidadosa dos itens fornecidos localmente para garantir propostas comparáveis • Sem incentivo financeiro para diminuir os custos locais e de campo

custos forem elevados ou se as metas de desempenho não forem cumpridas. Os incentivos de custo assumem a forma de uma fórmula de partilha geralmente expressa como uma relação. Por exemplo, se foi negociada uma fórmula de 90/10, o governo pagaria 90 centavos e o fornecedor, 10, para cada unidade monetária acima do custo-alvo. Assim, ele beneficia tanto o fornecedor quanto o governo para reduzir os custos, pois o fornecedor deve considerar que 10% de cada unidade monetária deve ser gasto pela empresa. No entanto, os lucros esperados podem ser aumentados por aproveitarem ao máximo as competências gerenciais do fornecedor.

No contrato de PFRI, o fornecedor compromete-se a executar um serviço em um determinado custo fixo. Se o custo total for menor que o custo-alvo, então o fornecedor terá um lucro, de acordo com a fórmula de remuneração de incentivo. Se o custo total exceder o custo-alvo, então, o fornecedor perderá dinheiro.

Considere o seguinte exemplo, que aparece na Figura 19-1. O fornecedor tem um custo-alvo e um lucro-alvo. No entanto, existe um teto de preço de $ 11.500, o máximo que o fornecedor receberá. Se o fornecedor executa o trabalho abaixo do custo-alvo de $ 10.000, o lucro adicional será realizado. Por exemplo, realizando o trabalho a $ 9.000, o fornecedor receberá um lucro de $ 1.150, que é o lucro-alvo de $ 850 mais $ 300 para 30% abaixo dos custos. O fornecedor receberá um valor total de $ 10.150.

Partilha	70/30
Custo-alvo	10.000
Lucro-alvo	850
Preço-alvo	10.850
Teto do preço	11.500
Parte do fornecedor	30%
Parte do comprador	70%

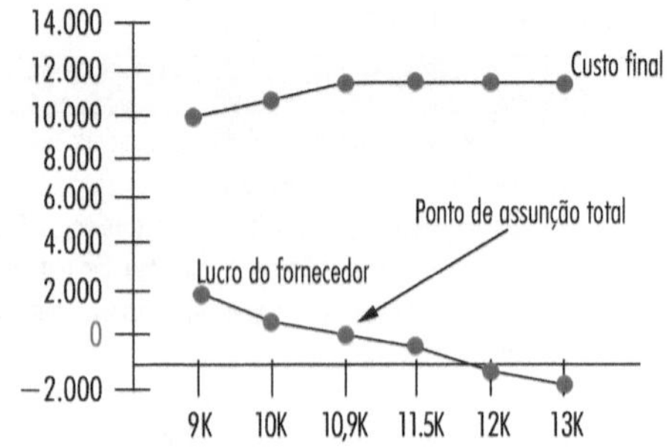

Custo negociado	9.000	10.000	10.928	11.500	12.000	13.000
Lucro	1.150	850	572	0	−500	−1.500
Preço final	10.150	10.850	11.500	11.500	11.500	11.500

Detalhe

(1) 10.000 − 9.000 = 1.000

(2) 1.000 × 30% = 300; 300 + 850 = 1.150

(3) 1.150 + 9.000 = 10.150

FIGURA 19-1 Contrato de preço fixo com remuneração de incentivo (PFRI) com alvo garantido.

Se o custo exceder o custo-alvo, então, o fornecedor deve pagar 30% do sobrecusto, a partir dos lucros do fornecedor. No entanto, o contrato de preço fixo com remuneração de incentivo (PFRI) tem um ponto de total assunção. Nesse exemplo, o ponto de assunção total é o ponto onde todos os custos adicionais são onerados pelo fornecedor. A partir da Figura 19-1, o ponto de assunção total é quando o custo chega a $ 10.928. Nesse ponto, o preço final de $ 11.500 é atingido. Se o custo continua a aumentar, todos os lucros podem desaparecer e o fornecedor pode ser forçado a pagar a maior parte dos sobrecustos.

Quando o contrato é concluído, o fornecedor apresenta uma declaração de despesas obtidas na execução do contrato. Os custos são auditados para determinar mérito e acusações questionáveis são removidas. Isso determina o custo negociado. O custo negociado é, então, subtraído do custo-alvo. Esse número é multiplicado pela taxa de compartilhamento. Se o número for positivo, será adicionado ao lucro pretendido. Se for negativo, será subtraído. O novo número, o lucro final, é adicionado ao custo negociado para determinar o preço final. O preço final nunca ultrapassa o teto de preço.

A Figura 19-2 mostra um contrato típico de custo mais remuneração de incentivo (CMRI). Nesse contrato, o fornecedor é reembolsado em 100% dos custos. No entanto, há uma remuneração máxima (ou seja, lucro) de $ 1350 e uma remuneração mínima de $ 300. O lucro final permitido vai variar entre a remuneração máxima e mínima. Como parece haver mais risco financeiro para o cliente em um contrato CMRI, a meta remuneração é geralmente menor do que em um contrato PFRI e a parte do fornecedor na relação de partilha é menor.

19.8 TIPO DE CONTRATO *VERSUS* RISCO

Guia PMBOK®, 5. ed.
12.1.1.3 e 12.1.1.7 Decisões contratuais relacionadas a riscos

A quantidade de lucro em um contrato é mais frequentemente baseada em como os riscos serão compartilhados entre o fornecedor e o cliente. Por exemplo, em um contrato de preço fixo garantido, o fornecedor absorve 100% dos riscos (especialmente financeiros) e espera receber um lucro maior do que em outros tipos de contratos. Nos contratos de custos, custos reembolsáveis e partilha de custos, o cliente absorve 100% os riscos e espera que o fornecedor trabalhe para uma margem de lucro menor que o esperado ou talvez para nenhum lucro em absoluto.

Todos os outros tipos de contratos podem ter uma fórmula de partilha de risco entre o cliente e o fornecedor. A Figura 19-3 mostra o relativo grau de risco entre o cliente e o fornecedor para uma variedade de contratos.

19.9 O CICLO DE ADMINISTRAÇÃO DO CONTRATO

Guia PMBOK®, 5. ed.
12.3 Administrar o contrato

O administrador do contrato é responsável pelo cumprimento, por parte do vendedor, aos termos e condições contratuais do comprador

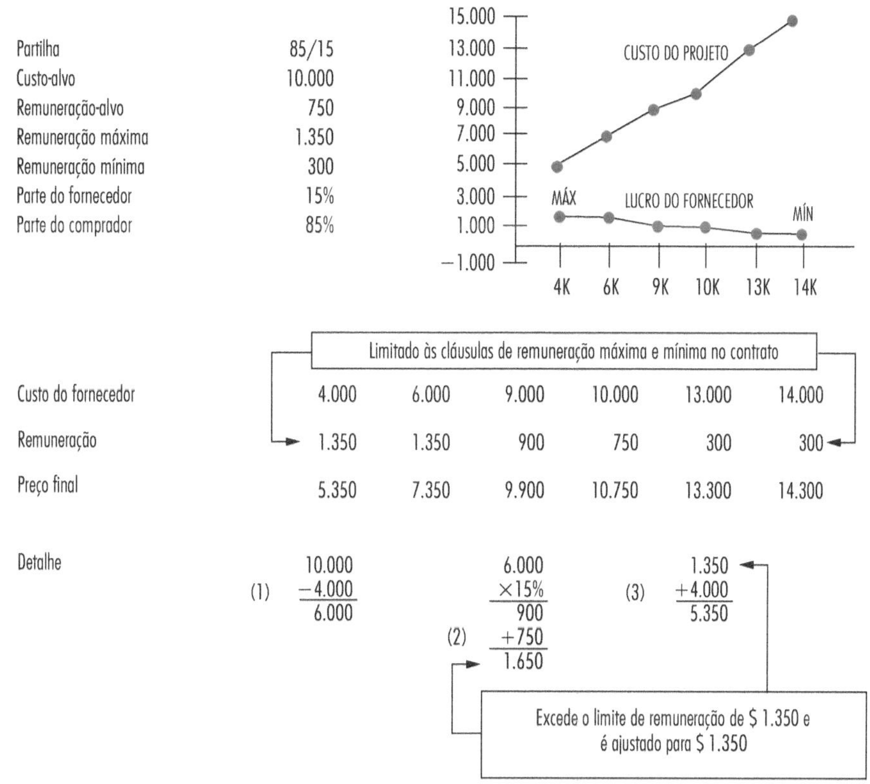

FIGURA 19-2 Contrato de custos mais remuneração de incentivo (CMRI).

para se certificar de que o produto final esteja apto para a utilização. Os administradores do contrato podem fechar uma fábrica, ao permitir que o vendedor faça entregas atrasadas. Apesar de um administrador de contrato ser um membro da equipe do projeto para efeitos de subordinação do projeto (subordinação por linha pontilhada), o administrador do contrato pode ser subordinado a uma função de linha, como o departamento jurídico e pode até mesmo ser um advogado. As funções do administrador da empresa incluem:

- Gerenciamento de mudanças
- Interpretação das especificações

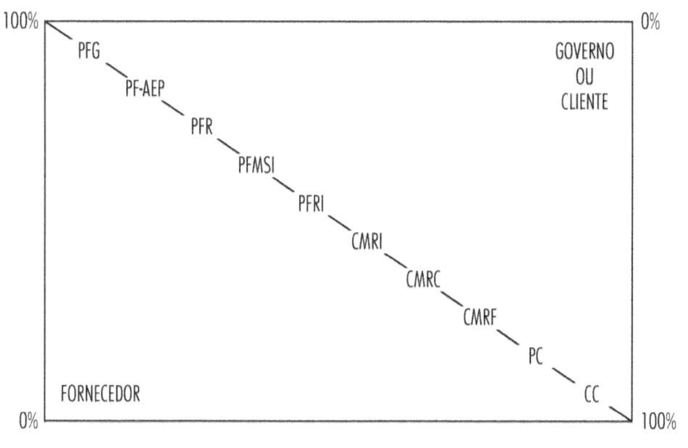

FIGURA 19-3 Tipos de contratos e tipos de riscos.

- Aderência aos requisitos de qualidade
- Inspeções e auditorias
- Garantias
- Relatório de desempenho
- Gerenciamento de registros
- Gestão de fornecedor (vendedor)
- Relatório de desempenho do fornecedor (vendedor)
- Documentação do desempenho do fornecedor (para equipes futuras de seleção de fontes)
- Produção de fiscalização
- Aprovação de renúncia
- Quebra de contrato
- Administração de reivindicações
- Resolução de disputas
- Cronogramas de pagamento
- Término de projeto
- Encerramento de projeto

Quanto maior for o contrato, maior a necessidade de o administrador resolver as ambiguidades no contrato. Às vezes, grandes contratos que são preparados por equipes de advogados contêm uma cláusula de **ordem de precedência.** A ordem de precedência especifica que qualquer inconsistência na solicitação do contrato deve ser resolvida em uma determinada ordem de procedimentos, tal como:

a. Especificações (primeira prioridade)
b. Outras instruções (segunda prioridade)
c. Outros documentos, tais como demonstrações, anexos, apêndices, DT, lista de requisitos de dados contratuais (CDRL) etc. (terceira prioridade)
d. Cláusulas do contrato (quarta prioridade)
e. Cronograma (quinta prioridade)

De modo geral, um contrato ambíguo será interpretado contra a parte que elaborou o documento. No entanto, existe uma medida compensatória chamada **Ambiguidade Patente.** Isso inclui o seguinte:

- O oferente em uma situação de "oferta" deverá estar bem informado sobre práticas comuns e normais setoriais ou de construção ou pertinentes ao seu trabalho.
- A presunção é feita de modo que o oferente tenha feito uma revisão razoável e completa dos documentos contratuais antes de prepará-los e submetê-los.
- A falha em notificar a ambiguidade patente trabalha contra o oferente se a reivindicação for apresentada depois com base na ambiguidade.

Talvez a maior parte do tempo do administrador do contrato seja gasto com o tratamento das mudanças. As definições a seguir descrevem os tipos de mudanças:

- **Mudança Administrativa:** uma alteração contratual unilateral, por escrito, que não afeta os direitos substantivos das partes (ou seja, uma mudança no escritório de pagamento ou na apropriação de financiamento).
- **Pedido de Mudança:** pedido escrito, assinado pelo gerente da contratação, orientando o fornecedor para fazer uma mudança.
- **Alteração do Contrato:** qualquer mudança por escrito, nos termos do contrato.
- **Ação Contratual não Definitiva:** qualquer ação contratual que autoriza o início dos trabalhos antes do estabelecimento de um preço final definitivo.
- **Acordo Suplementar:** alteração contratual que é acompanhada pela ação mútua de ambas as partes.
- **Mudança Construtiva:** qualquer mudança efetiva no contrato causada pelas ações ou inações de pessoal de autoridade, ou por circunstâncias que causam um fornecedor a realizar trabalhos de maneira diferente do que o exigido pelo contrato escrito. O fornecedor pode registrar uma reivindicação para ajuste equitativo no contrato.

Causas típicas de mudanças construtivas incluem:

- Especificação deficiente com impossibilidade de desempenho
- Interpretação errada do contrato
- Excesso de inspeção do trabalho
- Falha em divulgar conhecimento superior
- Aceleração do desempenho
- Propriedade tardia ou inadequada fornecida pelo proprietário ou cliente
- Falha em cooperar
- Opções exercidas impropriamente
- Utilização indevida de dados proprietários

Com base no tipo de contrato, termos e condições, o cliente pode ter o direito de rescindir o contrato por conveniência, a qualquer momento. No entanto, o cliente deve compensar o fornecedor pelas suas elaborações e por qualquer trabalho concluído e aceito relativo à parte rescindida do contrato.

A seguir, motivos para a rescisão por conveniência do cliente:

- Eliminação do requisitos
- Avanços tecnológicos no estado da arte
- Alterações orçamentais
- Requisitos e/ou aquisições de segurança
- Antecipação dos lucros não permitidos

A seguir, motivos para a rescisão por negligência por causa de ações do fornecedor:

- O fornecedor falha em fazer a entrega na data prevista
- O fornecedor falha em progredir de forma a comprometer a execução do contrato e seus termos
- O fornecedor falha em executar quaisquer outras disposições do contrato

Se o contrato for rescindido por negligência, então, o fornecedor pode não ter direito à compensação do trabalho em andamento e ainda não aceito pelo cliente. O cliente pode até mesmo ter direito ao reembolso do fornecedor de quaisquer adiantamentos ou pagamentos progressivos aplicáveis a esse trabalho. Além disso, o fornecedor poderá ser responsabilizado por qualquer custo por aquisições adicionais. No entanto, os fornecedores podem buscar ajuda por meio de negociações, tribunais de apelação ou tribunais de justiça.

O administrador do contrato é responsável pelo controle do desempenho. Isso inclui inspeção, aceitação e quebra do contrato/negligência. Se os bens ou serviços não estão em conformidade com o contrato, o administrador do contrato tem o direito de:

- Rejeitar toda a remessa
- Aceitar toda a remessa (exceto defeitos ocultos)
- Aceitar parte da remessa

Em contratos com o governo, este tem o direito de ter as mercadorias reparadas com os custos cobrados do fornecedor ou corrigir as mercadorias ele mesmo e cobrar os custos dos reparos do fornecedor. Se as mercadorias forem, então, aceitas pelo governo, este poderá reduzir o valor do contrato por um valor adequado para refletir essa redução.

Os gerentes de projetos, muitas vezes, fazem o encerramento financeiro, uma vez que as mercadorias sejam remetidas para o cliente. Isso gera um problema se as mercadorias tiverem de ser reparadas. O faturamento do custo de reparação contra um projeto financeiramente encerrado é chamado *backcharging*[NT14]. A maioria das empresas não realiza o encerramento financeiro até, pelo menos, 90 dias após a entrega das mercadorias.

19.10 ENCERRAMENTO DO CONTRATO

O administrador do contrato é responsável pela verificação de que todo o trabalho e entregas realizados são aceitáveis para o comprador. O encerramento contratual é, então, acompanhado pelo encerramento administrativo, que inclui:

- Verificação documentada de que o resultado foi aceito pelo comprador
- Esclarecimento ao fornecedor sobre o seu desempenho global
- Documentação do desempenho do fornecedor (documentação que será utilizada em futuras seleções de fonte quando for avaliar o desempenho passado do fornecedor)
- Identificação de espaço para melhoria dos contratos futuros
- Arquivamento de toda a documentação necessária do projeto
- Realização de uma análise das lições aprendidas
- Identificação de melhores práticas

O fornecedor também realiza o encerramento administrativo, uma vez que o encerramento contratual seja reconhecido. Para o fornecedor, um importante subconjunto do encerramento administrativo é o encerramento financeiro, que é o fechamento de todos os números de cobrança abertos. Se o encerramento financeiro ocorre antes do encerramento contratual, então, o gerente do projeto corre o risco de que os números de cobrança possam ter de ser reabertos para contabilizar o custo de reparos ou defeitos. Essa situação é conhecida como *backcharging*. Isso pode ser uma dor de cabeça monumental para o gerente do projeto, especialmente se o grupo de contabilidade identificou as verbas não utilizadas no código de contas como lucros excessivos.

19.11 UTILIZAÇÃO DE UMA LISTA DE VERIFICAÇÃO

Para auxiliar uma empresa na avaliação de consultas e elaboração de propostas e contratos, uma lista de verificação e disposições pode ser útil na avaliação de cada proposta e modelo de contrato para garantir que as salvaguardas apropriadas sejam incorporadas. Essa lista é usada também para as cartas e brochuras de vendas que podem representar uma promessa ou compromisso comercial. Seu objetivo principal é lembrar os usuários dos fatores jurídicos e comerciais que devem ser considerados na elaboração de propostas e contratos. A Tabela 19-2 mostra as principais posições comuns que devem ser consideradas em uma lista de verificação. Um conceito de palavra-chave também fornece uma excelente lista de verificação das questões fundamentais a serem consideradas. Ela será útil como um lembrete na elaboração de discussões do acordo fornecedor-cliente.

TABELA 19-2 Típicos títulos princiapais para uma lista de verificação para as disposições de um contrato

I	Definições dos termos do contrato
II	Definição do escopo do projeto
III	Escopo dos serviços e do trabalho a ser realizado
IV	Instalações a serem mobiliadas pelo cliente para utilização da empresa de serviços
V	Mudanças e exceções
VI	Garantias e Avais
VII	Compensação à empresa de serviços
VIII	Termos de pagamentos
IX	Definição da base de renumeração (custo do projeto)
X	Impostos estaduais sobre vendas e/ou serviços
XI	Impostos (outros, além dos impostos sobre vendas)
XII	Coberturas de seguros
XIII	Outras disposições contratuais (inclusas determinadas disposições gerais)
XIV	Disposições Gerais Diversas

As disposições de contrato a seguir minimizam o risco e devem ser incluídas em propostas e contratos:

- Escopo dos serviços e descrição do projeto
- Administração do contrato
- Condições de pagamento
- Obrigações do cliente e itens fornecidos
- Seguranças e garantias

[NT14] Em tradução livre, "cobrança para trás".

- Limitação da responsabilidade por danos consequentes
- Indenização
- Impostos
- Indenização de patentes
- Informações confidenciais
- Condições de rescisão
- Alterações e acréscimos
- Designações
- Atrasos, incluindo **força maior**
- Requisitos de seguros
- Arbitragem
- Aumento (preço global)
- Prazo de conclusão

Em virtude das variações entre as propostas e contratos, não é viável elaborar material especialmente adequado para cada situação. Também não é prático estabelecer um padrão de modelo de contrato ou das disposições relativas às normas a serem incluídas no contrato.

No entanto, um número crescente de clientes têm ideias estabelecidas quanto ao conteúdo da proposta e contrato. Portanto, seria extremamente útil desenvolver uma lista-padrão e registrar um rascunho das cláusulas de contrato que poderiam ser utilizadas, com algumas modificações para cada proposta. Além disso, como os clientes, ocasionalmente solicitam um contrato "comum", os rascunhos das cláusulas podem ser combinados a um contrato "comum" ou "rascunho" que pode ser fornecido a um cliente. Mesmo que esse contrato "comum" possa não ser suficiente para cada situação, poderá ser um ponto de partida. Também seria importante para manter um resumo das políticas comerciais da empresa para referência na análise das disposições contratuais de um cliente.

A negociação pelo tipo de contrato é uma via de mão dupla. O fornecedor quer certo tipo de contrato para reduzir o risco. O cliente quer um determinado tipo de contrato para reduzir os custos. Muitas vezes o cliente e o fornecedor discordam. Não é raro no mercado que projetos prospectivos sejam cancelados por falta de financiamento, divergências nas negociações de contrato ou mudança de prioridades.

19.12 A INTERAÇÃO ENTRE PROPOSTA E CONTRATO

É crítico durante a fase de elaboração de propostas que as cláusulas e condições sejam revisadas e aprovadas antes da apresentação de uma proposta para o cliente. O representante (legal) de contratos é responsável pela elaboração da parte contratual da proposta. Geralmente, os contratos com o departamento jurídico são tratados por meio de ou em coordenação com o grupo da proposta. O representante do contrato determina ou auxilia com o seguinte:

- Tipo de contrato
- Termos e condições necessárias
- Quaisquer requisitos especiais
- Requisitos de fluxo de caixa
- Dados proprietários e patentes
- Seguros e aspectos fiscais
- Finanças e contabilidade

O departamento de vendas, por meio do grupo de proposta, tem a responsabilidade final pelo conteúdo e os resultados de todas as propostas e contratos que controla. No entanto, há determinados aspectos que devem ser revistos com outras pessoas que podem oferecer orientação, aconselhamento e assistência para facilitar o esforço. Em geral, os acordos de contratos devem ser revistos pelos seguintes departamentos:

- Propostas
- Jurídico
- Seguros
- Impostos
- Gerenciamento de projetos
- Engenharia
- Estimativa
- Construção (se necessário)
- Compras (se necessário)

A responsabilidade pela coleta e edição das observações do contrato fica com o gerente da proposta. Na elaboração das observações de contrato, devem ser levados em consideração os comentários apresentados previamente ao cliente para o mesmo modelo de acordo, bem como os acordos anteriores assinados com o cliente.

As observações do contrato deverão ser revistas para a sua importância e risco final para a empresa. É preciso reconhecer que, na maioria dos casos, o cliente não está disposto a fazer um grande número de revisões ao seu modelo de proposta de acordo. O ônus da prova de que uma alteração do contrato é necessária cabe à empresa; por isso, cada comentário deve ter um bom argumento por trás.

De vez em quando, uma empresa é confrontada com uma observação de contrato séria para a qual é muito difícil exprimir a sua posição. Em tais casos, é melhor sinalizar o item para discussão posterior com o cliente na mesa de conferência. Um bom exemplo disso são os impostos sobre projetos estrangeiros do tipo custos reembolsáveis. Normalmente, quando da apresentação de uma proposta para esse trabalho, uma empresa não tem informação suficiente para estabelecer definitivamente a sua posição relativa à forma como gostaria de tratar os impostos, ou seja:

- Qual é a posição do cliente sobre os impostos?
- Será que um ou dois acordos serão utilizados para o trabalho? Quem serão as partes contratantes?
- O tempo não vai permitir nem o custo justifica uma avaliação fiscal completa.
- Os procedimentos contratuais não foram estabelecidos. Nós compraríamos em nome da empresa ou, como agentes, sem responsabilidade para o cliente?

O departamento jurídico deve ser advertido sobre as informações pertinentes às suas funções assim que as negociações se desenvolverem. A equipe da proposta também deve estar familiarizada com os modelos-padrão de contrato que a empresa utiliza, seus termos de contrato, e condições disponíveis, incluindo aquelas desenvolvidas conjuntamente entre o departamento de vendas e o departamento jurídico, bem como as designações, deveres e responsabilidades do departamento jurídico. Além disso, áreas importantes, que normalmente são negociadas, devem ser discutidas para que o pessoal da proposta tenha uma melhor compreensão dos riscos comerciais envolvidos e por que a empresa assume certas posições.

No momento em que o cliente tenha revisado a proposta, a situação jurídica da empresa é ajustada comercialmente, se não legalmente. Portanto, o pessoal de vendas e de proposta deve entender e estar preparado para apresentar a posição da empresa sobre considerações legais comercialmente importantes, tanto em questões gerais, quanto específicas que surjam em conexão com um determinado projeto. Dessa forma, as vendas estarão em condições de afirmar, e vender, a posição da empresa no momento oportuno.

As propostas devem enviar todos os documentos da oferta, incluindo o modelo de contrato do cliente ou informações equivalentes, juntamente com o esboço da proposta ou instruções para o departamento jurídico sobre o recebimento de documentos do cliente. As instruções ou o delineamento devem indicar a atribuição de responsabilidade e incluir a informação de investimento sobre as questões que são pertinentes à estratégia de vendas ou a problemas específicos, tais como garantias, experiência anterior com o cliente, e assim por diante.

As propostas devem discutir brevemente com o departamento jurídico o que está previsto pelo propósito do projeto, o esforço de vendas, e considerações comerciais. Se houver uma reunião de *kickoff*, um representante do departamento jurídico deve comparecer, se for apropriado. O departamento jurídico deve fazer uma análise preliminar dos documentos, antes de qualquer discussão ou reunião.

O departamento jurídico analisa a documentação e prepara um memorando de observação do contrato e quaisquer documentos necessários, obtendo insumo de onde for necessário ou conveniente. Se o cliente tiver incluído um acordo contratual com a consulta, o departamento jurídico o revisa para ver se tem alguma falha ou se é contra algumas políticas estabelecidas da empresa. A menos que um menor nível de esforço seja acordado, esse memorando irá abranger todas as questões jurídicas. Isso não significa necessariamente que todas essas questões devam ser levantadas com o cliente.

O objetivo do memorando é alertar o departamento de proposta para as questões e sugerir soluções, geralmente na forma de observações do contrato. O memorando pode fazer sugestões comerciais adequadas relacionadas. Se necessário, o departamento jurídico irá apresentar um modelo proposto de contrato, acordo de *joint venture*, e assim por diante. Geralmente, o departamento jurídico segue os padrões que foram elaborados com vendas e utiliza modelos padronizados e linguagem contratual que foram definidos como vendáveis no passado e que oferecem proteção suficiente.

Ao mesmo tempo, o departamento de propostas revisa os documentos e informa ao departamento jurídico quaisquer questões pertinentes conhecidas ou determinadas pelas propostas. Isso é essencial não apenas porque o departamento de propostas tem a responsabilidade final, mas também porque é responsável pelo fornecimento de informações para outros departamentos, como compras, engenharia e estimativas e também pela obtenção de comentários deles.

O departamento de propostas revisa e providencia qualquer outra revisão das observações e documentos do departamento jurídico e sugere o modelo final das observações, documentos contratuais e outros documentos relevantes, incluindo a carta de oferta. O departamento de propostas revisa os modelos finais propostos com o departamento jurídico o mais rapidamente possível e antes de qualquer compromisso comercial.

A prática comum é validar propostas por um período de 30 a 60 dias seguintes à data de apresentação. A validação das propostas por períodos superiores pode ser necessária em circunstâncias especiais e só deve ser feita com a cooperação da gerência. Ocasionalmente, é desejável validar uma oferta em menos de 30 dias. O período de validade é especialmente importante em ofertas de preço global. Em tais ofertas, o período de validade deve ser compatível com os períodos de validade das ofertas recebidas para os itens principais de equipamentos. Se esses períodos não forem consistentes, um aumento adicional em equipamentos e materiais pode ter de ser incluído no preço global, e a posição competitiva da empresa poderia ser prejudicada.

Às vezes, você pode ser convidado a apresentar com as suas propostas com um cronograma cobrindo os intervalos de taxa horária para o pessoal a ser reembolsado. Para esse propósito, você deve desenvolver um cronograma padrão para intervalos de taxas horárias e de taxas médias para todo o pessoal na categoria reembolsável. Os intervalos de taxas horárias são baseados na pessoa que recebe menos e na pessoa que recebe mais, em qualquer classificação específica de trabalho. Nesse contexto, se houver quaisquer situações peculiares, o efeito de tal situação não é incluído. As taxas médias são baseadas na média de todo o pessoal em qualquer classificação de determinado trabalho.

Uma área que é fundamental para o desenvolvimento de um bom contrato é a definição do escopo dos trabalhos abrangidos pelo contrato. Isso é de particular importância para o gerente da proposta, que é responsável por ter o pessoal adequado preparado para a descrição do escopo do trabalho. O que é elaborado durante a produção da proposta provavelmente governa a elaboração do contrato e, eventualmente, se torna parte do contrato. O grau em que o escopo do trabalho do projeto deve ser descrito em um contrato depende do mecanismo de preços e do modelo de contrato utilizado.

Um contrato com preço estimado em uma base direta diária ou na base de reembolso de todos os custos mais uma remuneração não exige normalmente uma descrição precisa, quer dos serviços a serem executados, quer do trabalho a ser realizado.

Normalmente, uma descrição geral é adequada. Isso, no entanto, não é o caso se o contrato tem o preço fixado em outros métodos, especialmente com preço fixo, partilha de custos, ou máximo garantido. Para essas formas de contratos, é essencial tomar bastante cuidado para estabelecer nos documentos do contrato a natureza exata do trabalho a ser realizado, bem como dos serviços a serem executados.

Na ausência de uma descrição detalhada do trabalho elaborado pelo cliente, você deve estar preparado para desenvolver essa descrição para inclusão na sua proposta. Ao preparar a descrição do trabalho para a inclusão nos documentos do contrato, a premissa básica a ser seguida deve ser a linguagem em que o contrato será estritamente interpretado durante os vários estágios de desempenho. A elaboração adequada da descrição do trabalho, bem como a avaliação de requisitos, exigem a coordenação entre vendas, administração, custos e pessoal técnico, tanto dentro como fora da organização. O pessoal técnico na organização ou os consultores técnicos externos devem informar à gerência se há ou não capacidade interna de concluir com êxito o trabalho. A determinação também deve ser feita quanto a se devem ou não ser concedidos subcontratos adequados ou ordens de compra. Em áreas maiores, os compromissos firmes devem ser obtidos. Devem ser efetivadas projeções técnicas em relação a uma série de problemas, incluindo entrega ou requisitos de cronograma, a possibilidade de mudanças no escopo de trabalho proposto, o controle do cliente sobre o trabalho, controle de qualidade e procedimentos.

Uma descrição do trabalho a realizar ou uma avaliação dos requisitos do projeto inadequadas ou irrealistas marcam o início de uma infeliz experiência de contrato.

19.13 RESUMO

Embora seja essencial que as empresas obtenham bons contratos com um mínimo de disposições de risco, é igualmente importante que esses contratos sejam administrados de maneira eficaz. As seguintes orientações podem ajudar uma empresa na elaboração de suas propostas e contratos e na administração de operações:

- Utilização de lista de verificação na elaboração de todas as propostas e contratos
- Avaliação dos riscos em referência às disposições do contrato sugerido, sempre que for adequado
- Revisão pelo departamento jurídico antes da apresentação ao cliente de todas as principais propostas e contratos e de outros contratos com disposições questionáveis
- Preços adequados ou assegurar os riscos do contrato
- Melhoria da administração de contratos a níveis adequados
- Revisão periódica e atualização de todo o procedimento de contrato, incluindo áreas básicas de risco, administração, e assim por diante.

19.14 DICAS DE ESTUDO PARA O EXAME DE CERTIFICAÇÃO EM GERENCIAMENTO DE PROJETOS PMI®

Esta seção aplica-se à revisão dos princípios de apoio às áreas de conhecimento e grupos de processos do Guia PMBOK®. Este capítulo aborda:

- Gerenciamento das Aquisições

A compreensão dos princípios a seguir será benéfica se o leitor estiver utilizando este livro como estudo para o Exame de Certificação PMP®:

- O que se entende por planejamento de contratos
- O que se entende por solicitação e pacote de solicitação
- Diferentes tipos de contratos e relativo grau de risco associado a cada um
- Papel do administrador do contrato
- Qual o significado de encerramento ou fechamento contratual

As seguintes questões de múltipla escolha ajudarão na revisão dos conceitos deste capítulo:

1. O documento de declaração do trabalho da aquisição é:
   a. Um documento sem ligação legal utilizado para identificar as responsabilidades do fornecedor
   b. Uma definição do trabalho contratado apenas para contratos com o governo
   c. Uma descrição narrativa do trabalho/entregas a serem realizados e/ou das competências dos recursos necessários
   d. Um formulário de especificação
2. Um documento escrito ou pictórico que descreve, define ou especifica os serviços ou itens a serem obtidos é:
   a. Um documento de especificação
   b. Um Gráfico Gantt
   c. Um plano
   d. Um plano de gerenciamento dos riscos
3. A "ordem de precedência" é:
   a. O documento que especifica a ordem (prioridade) em que os documentos do projeto serão utilizados quando forem necessários para resolver as inconsistências entre os documentos do projeto
   b. A ordem em que as tarefas do projeto devem ser concluídas
   c. A relação que as tarefas do projeto têm umas com as outras
   d. A lista ordenada (por qualidade) da triagem dos fornecedores para uma entrega do projeto
4. Em que tipo de combinação contratual o fornecedor tem **menor probabilidade** de querer controlar os custos?
   a. Custo mais percentual do custo
   b. Preço fixo garantido
   c. Tempo e materiais
   d. Ordem de compra
5. Em que tipo de combinação contratual o fornecedor tem **maior probabilidade** de querer controlar os custos?
   a. Custo mais percentual do custo
   b. Preço fixo garantido
   c. Tempo e materiais
   d. Preço fixo com remuneração de incentivo
6. Em que tipo de combinação contratual o **fornecedor** assume o maior risco de **absorver todos os sobrecustos?**
   a. Custo mais percentual do custo
   b. Preço fixo garantido
   c. Tempo e materiais
   d. Custo mais remuneração de incentivo
7. Em que tipo de combinação contratual o **cliente** assume o maior risco de absorver os sobrecustos excessivos?
   a. Custo mais percentual do custo
   b. Preço fixo garantido
   c. Tempo e materiais
   d. Preço fixo com remuneração de incentivo
8. Qual é o principal objetivo que o gerente de projetos do cliente foca na seleção de um tipo de contrato?
   a. A transferência de todos os riscos ao fornecedor
   b. Geração de risco razoável para o fornecedor com provisões de incentivos para o desempenho eficiente e o desempenho econômico do fornecedor
   c. Retenção de todos os riscos do projeto, reduzindo, assim, os custos do contrato do projeto
   d. Nenhuma das anteriores
9. Que tipo de combinação contratual é projetado especificamente para dar um alívio ao fornecedor para os aumentos de custos com inflação ou materiais/mão de obra em um contrato em longo prazo?
   a. Custo mais percentual do custo
   b. Preço fixo garantido
   c. Tempo e materiais
   d. Preço fixo garantido com ajuste econômico do preço
10. Qual das seguintes não é um fator a considerar na seleção de um tipo de contrato?
    a. Tipo/complexidade do requisito
    b. Urgência do requisito
    c. Extensão da concorrência de preços
    d. Todos são fatores a considerar
11. Em um contrato de preço fixo com remuneração de incentivo, o "ponto de assunção total" refere-se ao ponto na curva de custos do projeto em que:
    a. O cliente assume a responsabilidade por cada dólar adicional que é gasto no cumprimento do contrato
    b. O fornecedor assume a responsabilidade por cada dólar adicional que é gasto no cumprimento do contrato
    c. O teto de preço é atingido após o fornecedor recuperar o lucro-alvo
    d. Nenhuma das anteriores
12. Um instrumento contratual **preliminarmente** escrito, elaborado antes da emissão de um contrato definitivo que autoriza o fornecedor a começar a trabalhar imediatamente, dentro de certas limitações, é conhecido como:
    a. Contrato definitivo
    b. Contrato preliminar
    c. Carta de contrato/carta de intenção
    d. Ordem de compra
13. Um contrato que entra em vigor depois de seguir os procedimentos normais (ou seja, a negociação dos termos, condições, custos e cronograma), mas antes do início da execução é conhecido como:
    a. Contrato definitivo
    b. Contrato concluído
    c. Carta de contrato/carta de intenção
    d. Acordo de preços

14. Qual das seguintes não é uma função da atividade de administração de contratos?
  a. Gerenciamento de mudanças do contrato
  b. Interpretação da especificação
  c. Determinação de quebra do contrato
  d. Seleção do gerente de projetos
15. Um contrato de preço fixo é geralmente procurado pelo gerente de projetos da organização do cliente quando:
  a. O risco e as consequências associadas à tarefa contratada são grandes e o cliente deseja transferir o risco
  b. O gerente do projeto da empresa é competente em lidar com as atividades contratadas
  c. Nem o fornecedor nem o gerente do projeto compreendem o escopo da tarefa
  d. A empresa do gerente do projeto tem capacidade de produção excedente
16. Qual das seguintes ações seria comum que um cliente tomasse se recebesse materiais ou produtos em não conformidade e se o cliente não tivesse a capacidade de tornar as mercadorias em conformidade?
  a. Rejeitar toda a remessa, mas pagar o custo total do contrato
  b. Aceitar toda a remessa, sem perguntas
  c. Aceitar a remessa, com a condição de que os produtos não conformes sejam adequados em conformidade pelo fornecedor, à custa do fornecedor
  d. Aceitar a remessa e revendê-la para um concorrente
17. Se um gerente de projetos demanda o uso de um equipamento, qual é o ponto de equilíbrio no qual o arrendamento e o aluguel são iguais?

Categorias de Custos	Custos do Aluguel	Custos do Arrendamento
Manutenção anual	$ 0,00	$ 3.000,00
Operação diária	$ 0,00	$ 70,00
Aluguel diário	$ 100,00	$ 0,00

  a. 300 dias
  b. 30 dias
  c. 100 dias
  d. 700 dias
18. Em que tipo de contrato de incentivo existe um valor máximo ou mínimo estabelecido sobre os lucros permitidos para o contrato?
  a. Contrato de custo mais remuneração de incentivo
  b. Contrato de preço fixo com remuneração de incentivo
  c. Contrato de tempo e material com remuneração de incentivo
  d. Contrato de divisão de preços com remuneração de incentivo
19. Em que tipo de contrato de incentivo existe um valor máximo ou mínimo estabelecido sobre o preço final do contrato?
  a. Contrato de custo mais remuneração de incentivo
  b. Contrato de preço fixo com remuneração de incentivo
  c. Contrato de tempo e material com remuneração de incentivo
  d. Contrato de divisão de preços com remuneração de incentivo
20. Um contrato de custo mais remuneração de incentivo tem as seguintes características:
  - Razão partilha: 80/20
  - Custo-alvo: $ 100.000
  - Remuneração-alvo: $ 12.000
  - Remuneração máxima: $ 14.000
  - Remuneração mínima: $ 9.000

  Em quanto o fornecedor será reembolsado, caso o custo de executar o trabalho seja $ 95.000?
  a. $ 98.000
  b. $ 100.000
  c. $ 108.000
  d. $ 114.000
21. Usando os mesmos dados do Problema 20 e o mesmo tipo de contrato, em quanto o fornecedor será reembolsado se o custo de executar o trabalho for de $ 85.000?
  a. $ 97.000
  b. $ 99.000
  c. $ 112.000
  d. $ 114.000
22. Usando os mesmos dados do Problema 20 e o mesmo tipo de contrato, em quanto o fornecedor será reembolsado se o custo de executar o trabalho for de $ 120.000?
  a. $ 112.000
  b. $ 119.000
  c. $ 126.000
  d. $ 129.000
23. Um contrato preço fixo com remuneração de incentivo tem as seguintes características:
  - Razão partilha: 70/30
  - Custo-alvo: $ 100.000
  - Remuneração-alvo: $ 8.000
  - Preço-teto: $ 110.000

  Em quanto o fornecedor será reembolsado, caso o custo de executar o trabalho seja de $ 90.000?
  a. $ 91.000
  b. $ 101.000
  c. $ 103.000
  d. $ 110.000
24. Usando os mesmos dados do Problema 23 e o mesmo tipo de contrato, em quanto o fornecedor será reembolsado se o custo de executar o trabalho for de $ 102.000?
  a. $ 104.000

b. $ 107.400
c. $ 109.400
d. $ 110.000

25. Usando os mesmos dados do Problema 23 e o mesmo tipo de contrato, em quanto o fornecedor será reembolsado se o custo de executar o trabalho for de $ 105.000?
a. $ 105.000
b. $ 106.500
c. $ 110.000
d. $ 111.500

RESPOSTAS

1. C 2. A 3. A 4. A 5. B 6. B 7. A 8. B 9. D 10. D 11. B 12. C 13. A 14. D 15. A 16. C 17. C 18. A 19. B 20. C 21. B 22. D 23. B 24. C 25. C

ESTUDOS DE CASO

O DILEMA DE CRONOGRAMA[1]

Plano de Fundo

O projeto de Sarah tinha agora se tornado mais complexo do que ela imaginava. A empresa onde ela trabalhava tinha uma filosofia de que o gerente do projeto deveria ser alocado durante a preparação da proposta, auxiliar na preparação da proposta, e assumir o papel do gerente de projeto após a adjudicação do contrato, considerando-se que a empresa ganhasse o contrato.

Normalmente, o *go-ahead* acontecia dentro de uma semana ou duas após a adjudicação do contrato. Isso fazia com que a seleção de pessoal ficasse relativamente fácil para a maioria dos gerentes de projeto. Isso também permitia que a empresa incluísse na proposta um cronograma detalhado com base nos recursos que seriam alocados sobre a adjudicação e o *go-ahead* do contrato. Durante a preparação da proposta, os gerentes funcionais antecipariam quem estaria disponível para ser alocado a aquele projeto ao longo das semanas seguintes. Os gerentes funcionais poderiam então estimar com razoável precisão a duração e o esforço necessários com base no nível dos recursos a serem alocados. Já que a data de *go-ahead* era geralmente dentro de duas semanas da adjudicação do contrato, e a esta geralmente ocorria dentro de uma semana após a apresentação da proposta, o cronograma era geralmente o mesmo para o projeto real, com poucas mudanças. Todo esse processo era baseado na verdadeira disponibilidade de recursos, em vez de os gerentes funcionais assumirem recursos ilimitados e usarem várias técnicas de estimativa.

Embora essa abordagem funcionasse bem na maioria dos projetos, o novo projeto de Sarah tinha uma data de *go-ahead* de três meses após a adjudicação do contrato. Para os gerentes funcionais isso criou um problema para estimar o esforço e a duração. A estimativa, agora, teria de ser feita com base na premissa de disponibilidade ilimitada, em vez da disponibilidade limitada de recursos. Os gerentes funcionais não tinham certeza de quem estaria disponível três ou quatro meses a partir de então e, no entanto, algum tipo de cronograma tinha de aparecer na proposta.

Sarah sabia dos riscos. Quando a proposta estava sendo preparada, os gerentes funcionais consideraram que funcionários medianos do departamento estariam disponíveis e seriam alocados ao projeto depois do *go-ahead*. O esforço e as estimativas de duração foram feitos com base em funcionários medianos. Se após o *go-ahead* funcionários acima da média fossem alocados ao projeto, ela possivelmente teria uma aceleração do cronograma, mas teria de certificar-se de que não ocorreria extrapolação dos custos, porque o salário integral dos trabalhadores poderia ser maior do que havia sido estimado na proposta. Se fossem alocados funcionários abaixo da média, um deslize no cronograma poderia ocorrer, e Sarah teria de buscar possíveis técnicas de compressão de cronograma, esperançosamente sem incorrer em custos adicionais.

Adjudicação do Contrato

A empresa de Sarah ganhou o contrato. Sarah desejou silenciosamente que a empresa não ganhasse o contrato, mas ganhou. Como esperado, a data do *go-ahead* seria três meses a partir de agora. Isso criou um problema para Sarah, pois ela não tinha certeza de quando começar a preparar o cronograma detalhado. Os gerentes funcionais disseram a ela que não poderiam comprometer o esforço e a duração baseados na limitada disponibilidade real de recursos até algo em torno de duas a três semanas antes da data real de *go-ahead*. Os recursos já estavam distribuídos entre vários projetos, e muitos dos projetos estavam tendo problemas. Sarah estava com medo de que o pior cenário se tornasse realidade, e que a data de conclusão real fosse maior do que a que estava na proposta. Sarah certamente não ficaria feliz em explicar isso para o cliente, caso isso fosse necessário.

[1]

Aproximando-se da Data de *Go-Ahead*

Com a aproximação da data de "*go-ahead*, Sarah negociou recursos com os gerentes funcionais". Infelizmente, seus piores medos se tornaram realidade quando, na maioria das vezes, foram fornecidos apenas recursos medianos ou acima da média. Os melhores recursos estavam alocados em outros lugares e era óbvio que não estariam disponíveis para o seu projeto.

Usando os esforços e tempos fornecidos pelos gerentes funcionais, Sarah preparou o novo cronograma. Para seu desgosto, ela estaria pelo menos duas semanas atrasada em seu projeto de quatro meses. O cliente teria de ser avisado sobre isso. Mas antes de contar ao cliente, Sarah decidiu buscar formas de comprimir o cronograma. Horas extras de trabalho eram uma possibilidade, mas Sarah sabia que as horas extras poderiam levar os funcionários ao esgotamento e a possibilidade de erros aumentaria. Além disso, ela sabia que os funcionários realmente não queriam fazer horas extras. Impactar o projeto adicionando mais recursos era impossível, porque não havia outros recursos disponíveis. Terceirizar parte do trabalho também não era viável, pois a declaração de trabalho identificava informações proprietárias fornecidas pelo cliente, e o contrato não permitiria qualquer terceirização do trabalho a um terceiro. Em razão da natureza do trabalho, realizar parte dele em paralelo e não em série não seria possível. Sempre havia o risco de que os recursos alocados pudessem finalizar o trabalho antes do previsto, mas Sarah acreditava que um atraso no cronograma era inevitável.

Hora de uma Decisão

Sarah teve de tomar uma decisão sobre quando e como informar ao cliente sobre o iminente atraso no cronograma. Se ela dissesse a verdade ao cliente agora, ele poderia entender, mas também poderia pensar que sua empresa havia mentido na proposta. Isso seria embaraçoso para sua empresa. Se ela postergasse informar ao cliente, haveria uma chance de que o cronograma original da proposta fosse respeitado, porém eram mínimas. Se o cliente fosse informado sobre o atraso no último minuto, isso seria dispendioso para o cliente e igualmente embaraçoso para sua empresa.

PERGUNTAS

1. Essa é uma situação comum para a maioria das empresas ou uma exceção à regra?
2. Podem ser estabelecidas políticas como parte da licitação para aliviar o sofrimento de que isso ocorra em outros possíveis contratos nos quais a data de *go-ahead* é definida para vários meses após a adjudicação do contrato?
3. É possível convencer um cliente de que o cronograma (e possivelmente o orçamento) é apenas uma estimativa grosseira, feita durante a licitação, e que a finalização do cronograma (e do orçamento) só pode ser feita depois do *go-ahead*?
4. Quais técnicas de compressão de cronograma foram consideradas no caso? Existe alguma técnica que ela não considerou?
5. Sarah estava correta em sua análise de que estas técnicas provavelmente não iriam funcionar em seu projeto?
6. Se alguma dessas técnicas fosse usada, qual teria a maior probabilidade de uma possível compressão do cronograma?

CONCORRER OU NÃO CONCORRER[2]

Plano de Fundo

Marvin era presidente e executivo-chefe (CEO) de sua empresa. A decisão de concorrer ou não a um trabalho acima de um determinado valor repousava inteiramente sobre seus ombros. No passado, sua empresa poderia concorrer a todos os trabalhos que se ajustavam bem aos objetivos estratégicos da empresa, e a relação perda e ganho da empresa era excelente. Mas concorrer a este trabalho seria difícil. O cliente estava solicitando determinadas informações na solicitação de proposta (SDP) que Marvin não queria liberar. Se Marvin não cumprisse com os requisitos da SDP, a oferta de sua empresa seria considerada não responsiva.

O Processo de Licitação

A empresa de Marvin era muito bem-sucedida em ganhar contratos por meio de licitações. A empresa era orientada a projetos e todas as receitas que entravam na empresa vinham por meio de contratos ganhos. Quase todos os clientes davam à empresa contratos de longo prazo, bem como acompanhamento de contratos. Quase todos os contratos eram de preço fixo garantido. Certamente o negócio era bom, pelo menos até agora.

Marvin estabeleceu uma política em que 5% das vendas seriam usados para responder a SDPs. Isto ficou conhecido como orçamento de licitação e proposta. O custo para licitação em contratos era bastante alto, e os clientes sabiam que exigir da empresa gastar uma grande quantidade de dinheiro em uma licitação poderia forçar a uma "não licitação" para o trabalho. Isso poderia, ao final, prejudicar a indústria, reduzindo o número de licitantes no mercado.

---

[2]

A empresa de Marvin usava estimativa paramétrica e analogia em todos os contratos. Isso permitiu que seu pessoal estimasse o trabalho em nível 1 ou 2 da estrutura analítica do projeto (EAP). Do ponto de vista financeiro, essa era a maneira mais econômica para licitar um projeto, sabendo perfeitamente bem que havia riscos com a precisão das estimativas nesses níveis da EAP. Mas, ao longo dos anos, melhorias contínuas no processo de estimativa da empresa reduziram grande parte da incerteza nas estimativas.

Nova RFP

Um dos clientes mais importantes de Marvin anunciou que estaria buscando propostas para um potencial contrato de dez anos. O contrato era maior do que qualquer outro contrato que a empresa de Marvin já havia recebido e poderia fornecer um excelente fluxo de caixa por dez anos ou até mais. Ganhar o contrato era essencial.

Como a maioria dos contratos anteriores era de preço fixo garantido, apenas a precificação em nível resumido, nos dois níveis mais altos da EAP, era fornecida na proposta. Isso geralmente era suficiente para que os clientes da empresa avaliassem a parte de custos da oferta.

A RFP foi finalmente lançada. Para esse projeto, o tipo de contrato seria de custo reembolsável. A EAP criada pelo cliente foi incluída na RFP, e foi dividida em cinco níveis. Cada concorrente tinha de fornecer informações sobre preços para cada pacote de trabalho da EAP. Fazendo isso, o cliente poderia comparar os custos de cada pacote de trabalho de cada licitante. O cliente então estaria comparando maçãs com maçãs de cada licitante, em vez de comparar maçãs com laranjas. Para piorar a situação, cada licitante teria de concordar em usar a EAP criada pelo cliente durante a execução do projeto, e relatar os custos de acordo com a EAP.

Marvin viu os riscos de imediato. Se ele decidisse concorrer ao trabalho, a empresa estaria liberando sua estrutura detalhada de custos para o cliente. Todos os custos seriam então claramente expostos ao cliente. Se concorresse ao projeto, a liberação de informações detalhadas de custos poderia ter um sério impacto sobre futuras licitações, mesmo que os contratos, no futuro, fossem de preço fixo garantido.

Ele convocou uma equipe composta por seus executivos seniores. Durante as discussões que se seguiram, a equipe identificou os prós e contras de concorrer ao trabalho:

- Prós:
  - Um contrato lucrativo de dez anos (ou mais)
  - A capacidade de o cliente tratar a empresa de Marvin como parceiro estratégico em vez de apenas um fornecedor
  - Margens de lucro possivelmente mais baixas neste e em outros futuros contratos, mas maiores lucros globais e lucros por ação, em decorrência da maior base de negócios
  - Estabelecimento de um padrão viável para ganhar outros grandes contratos
- Contras:
  - Liberação da estrutura de custos da empresa
  - Risco de os concorrentes verem a estrutura de custos e contratarem alguns dos talentos da empresa, oferecendo-lhes melhores salários
  - A incapacidade de competir em preço, e ter toda a estrutura de custos exposta pode ser um fator limitante em futuras licitações
  - Se a empresa não concorrer a esse trabalho, pode ser removida da lista de licitantes do cliente
  - Os clientes devem forçar a empresa de Marvin a aceitar margens de lucro menores

Marvin, então, perguntou à equipe "Devemos concorrer a esse trabalho?"

PERGUNTAS

1. Que outros fatores Marvin e sua equipe devem considerar?
2. Eles devem concorrer a esse trabalho?

A RESERVA DE GERENCIAMENTO[3]

Plano de Fundo

Um patrocinador obriga o gerente de projeto a incluir uma reserva de gerenciamento no custo de um projeto. No entanto, o patrocinador pretende utilizar a reserva de gerenciamento em seu próprio "projeto de estimação" e isso cria problemas para o gerente de projeto.

Contrato de Fonte Única

O Departamento de Engenharia de Estruturas da Avcon, Inc. fez um grande avanço no desenvolvimento de um material composto de alta qualidade e de baixo peso. A Avcon acreditava que o novo material poderia

[3]

ser fabricado de forma barata, e os clientes da Avcon se beneficiariam, diminuindo seus custos de produção e transporte.

A notícia da descoberta se espalhou pelo setor. A Avcon foi solicitada por um de seus clientes mais importantes a apresentar uma proposta não solicitada para design, desenvolvimento e testes de produtos, utilizando o novo material. Jane seria a gerente do projeto. Ela já havia trabalhado com o cliente anteriormente como gerente de projeto, em vários outros projetos que foram considerados sucesso.

Reunião com Tim

Em virtude da relativa novidade da tecnologia, tanto a Avcon como o cliente compreendiam que esse não poderia ser um contrato de preço fixo garantido. Eles finalmente concordaram em um contrato do tipo custo mais renumeração de incentivo. No entanto, os custos alvo ainda tinham de ser determinados.

Jane trabalhou com todos os gerentes funcionais para determinar quais seriam seus esforços nesse contrato. As únicas incógnitas eram o tempo e o custo necessários para o teste estrutural. O teste estrutural seria feito pelo Departamento de Engenharia de Estruturas, que foi responsável pela realização do avanço técnico.

Tim era chefe do Departamento de Engenharia de Estruturas. Jane marcou uma reunião para discutir o custo do teste nesse projeto. Durante a reunião, Tim respondeu:

> Uma matriz de teste completa vai custar cerca de $100.000. Eu acredito que devemos propor a matriz de teste completa e também incluir uma reserva de gerenciamento de, pelo menos, $100.000, caso algo der errado.

Jane estava um pouco perplexa em relação à adição de uma reserva de gerenciamento. O tempo geralmente estava preciso sobre o dinheiro em suas estimativas e Jane sabia, por experiência prévia, que uma matriz de teste completa poderia não ser necessária. Mas Tim era o especialista no assunto e Jane relutantemente concordou em incluir no contrato $100.000 de reserva de gerenciamento. Quando ela estava prestes a sair do escritório de Tim, ele comentou:

> Jane, eu solicitei ser seu patrocinador do projeto neste trabalho, e a gerência me deu o "ok". Você e eu estaremos trabalhando juntos neste esforço. Como tal, eu gostaria de ver todos os custos antes de submeter o lance final para o cliente.

Revendo valores de custo

Jane já havia trabalhado com Tim antes, mas não em uma situação na qual Tim era o patrocinador do projeto. No entanto, era comum, em alguns contratos, que níveis baixos e médios da administração assumissem o papel de patrocinador, em vez de todo o patrocínio estar no topo da organização. Jane encontrou-se com Tim e mostrou-lhe a seguinte informação, que constava da proposta:

- Razão de Partilha: 90%-10%
- Meta de custo contrato: $ 800.000
- Meta de lucro do contrato: $ 50.000
- Reserva de gerenciamento: $ 100.000
- Teto de Lucro: $ 70,000
- Piso de Lucro: $ 35.000

Tim olhou para os números e Jane podia ver que ele estava um pouco insatisfeito. Ele, então, declarou:

> Jane, eu não quero identificar para o cliente que temos uma reserva de gerenciamento. Vamos colocar a reserva junto com os $ 800.000 e alterar a meta de custo para $ 900.000. Eu sei que a linha de base de custos não deve incluir a reserva de gerenciamento, mas, neste caso acredito que é necessário fazê-lo.

Jane sabia que a linha de base de custo de um projeto não inclui a reserva de gerenciamento, mas não havia nada que ela pudesse fazer, Tim era o patrocinador e tinha a palavra final. Jane simplesmente não conseguia entender por que Tim estava tentando esconder a reserva de gerenciamento.

A Execução Começa

Tim instruiu Jane a incluir no pacote de trabalho da matriz de teste estrutural toda a reserva de gerenciamento de $100.000. Jane sabia, por experiência prévia, que uma matriz de teste completo não era necessária e que o custo típico desse pacote de trabalho deveria ficar entre $ 75.000 e $ 90.000. Estabelecer um pacote de trabalho de $ 200.000 significava que Tim teria controle completo sobre a reserva de gerenciamento e de como ela seria usada.

Jane já estava convencida que Tim tinha uma pauta oculta. Incerta sobre o que fazer em seguida, Jane contatou um colega no Escritório de Gerenciamento de Projetos. O colega informou a Jane que Tim havia tentado, sem sucesso, conseguir que alguns de seus "projetos de estimação" fossem incluídos no portfólio de projetos, mas a gerência se recusou a incluir qualquer dos projetos de Tim no orçamento de portfólio.

Agora estava claro do que Tim estava pedindo para Jane fazer parte, e por que Tim tinha pedido para ser o patrocinador do projeto. Tim estava forçando Jane a violar o Código de Ética e Conduta Profissional do PMI®.

PERGUNTAS

1. Por que Tim queria adicionar uma reserva de gerenciamento?
2. Por que Tim queria se tornar o patrocinador do projeto?
3. As ações de Tim são uma violação do Código de Ética e Conduta Profissional?
4. Se Jane seguir as instruções de Tim, ela também está violando o Código de Ética e Conduta Profissional?
5. Quais são as opções de Jane se ela decidir não seguir as instruções de Tim?

20

GERENCIAMENTO DA QUALIDADE[1]

Estudos de Caso Relacionados (de Kerzner/*Project Management Case Studies*, 4. ed.)	Livro de Exercícios Relacionado (de Kerzner/*Project Management Workbook and PMP®/CAPM® Exam Study Guide*, 11. ed.)	Guia PMBOK® – 5. ed., Seção de Referência para o Exame de Certificação PMP®
Nenhum	• Constructing Process Charts • Constructing Cuase-and-effect Charts and Pareto Charts • The Diagnosis of Patterns of Process Instability, Part (A): $\overline{X}$ Charts • The Diagnosis of Patterns of Process Instability, Part (B): $\overline{R}$ Charts • Quality Circles • Quality Problems • Multiple Choice Exam • Crossword Puzzle on Quality Management	• Gerenciamento da Qualidade

20.0 INTRODUÇÃO

Guia PMBOK®, 5. ed.
Capítulo 8 Qualidade
8.1.1 Planejar a qualidade: entradas

Durante os últimos 20 anos, tem havido uma revolução na qualidade. As melhorias têm ocorrido não apenas na qualidade do produto, mas também na qualidade da liderança e do gerenciamento de projetos. As mudanças dos pontos de vista da qualidade aparecem na Tabela 20-1.

Infelizmente, precisa ocorrer um desastre econômico ou uma recessão para que a administração reconheça a necessidade de melhorar a qualidade. Antes da recessão de 1979-1982, Ford, General Motors e Chrysler viam umas à outras como concorrentes, mas não aos japoneses. Antes da recessão de 1989-1994, as empresas de engenharia de alta tecnologia jamais reconheciam plenamente a necessidade de reduzir o tempo de desenvolvimento dos produtos e a relação entre gerenciamento de projetos, gestão da qualidade total e engenharia simultânea.

O impulso para níveis mais elevados de qualidade parece ser dirigido ao cliente. Os clientes agora estão exigindo:

- Requisitos de maior desempenho
- Desenvolvimento mais rápido de produtos
- Níveis mais altos de tecnologia
- Materiais e processos forçados ao limite
- Margens de lucro reduzidas para o fornecedor
- Menos defeitos/refugos

Um dos fatores críticos que podem afetar a qualidade são as expectativas do mercado. As variáveis que afetam essas expectativas incluem:

- **Possibilidades de venda:** o equilíbrio entre qualidade e custos

[1] Agradecemos a Terry Fischer (PMP) e Dr. Frank Anbari (PMP) pela inestimável assistência na elaboração deste capítulo.

TABELA 20-1 Mudanças nas visões sobre qualidade

Passado	Presente
• Qualidade é responsabilidade dos trabalhadores operacionais e dos trabalhadores de mão de obra direta que trabalham no chão de fábrica	• Qualidade é responsabilidade de todos, incluindo operários, força de mão de obra indireta e funcionários de apoio
• Os defeitos de qualidade devem ser escondidos do cliente (e, possivelmente, da gerência)	• Os defeitos devem ser ressaltados e trazidos à superfície para ação corretiva
• Os problemas de qualidade levam à culpa, às justificativas imperfeitas e às desculpas	• Os problemas de qualidade levam a soluções cooperativas
• Os problemas de correção da qualidade devem ser sonados com o mínimo de documentação	• A documentação é essencial para "lições aprendidas" para que os erros não sejam repetidos
• O aumento da qualidade elevará os custos do projeto	• A qualidade melhorada economiza dinheiro e aumenta o negócio
• A qualidade é focada internamente	• A qualidade é focada no cliente
• A qualidade não ocorrerá sem a estreita supervisão das pessoas	• As pessoas querem produzir produtos de qualidade
• A qualidade ocorre durante a execução do projeto	• A qualidade ocorre na iniciação do projeto e deve ser planejada para o projeto

- Produtibilidade: a capacidade de produzir o produto com a tecnologia e com os trabalhadores disponíveis, a um custo aceitável
- Aceitabilidade social: o grau de conflito entre o produto ou processo e os valores da sociedade (ou seja, segurança, ambiente)
- Operabilidade: o grau em que um produto pode ser operado com segurança
- Disponibilidade: a probabilidade de que o produto, quando usado sob determinadas condições, desempenhará satisfatoriamente, quando solicitado
- Confiabilidade: a probabilidade de o produto desempenhar sem falhas sob determinadas condições e por um determinado período de tempo
- Manutenibilidade: a capacidade de o produto ser mantido ou restaurado a um nível de desempenho quando a manutenção prescrita for realizada

As demandas dos clientes estão agora sendo tratadas por meio da gestão da qualidade total (TQM[NT1]). A gestão da qualidade total é um sistema de melhoria contínua para a integração de vários elementos organizacionais nos esforços de *design*, desenvolvimento e produção, fornecendo produtos ou serviços a uma relação custo-eficácia que sejam plenamente aceitáveis para o cliente final. Externamente, a TQM é orientada ao cliente e fornece satisfação mais significativa do cliente. Internamente, a TQM reduz gargalos da linha de produção e custos operacionais, aumentando, assim, a qualidade do produto, enquanto aumenta o moral organizacional.

20.1 DEFINIÇÃO DE QUALIDADE

Guia PMBOK®, 5. ed.
Capítulo 8 Introdução

Organizações maduras admitem prontamente que não podem definir qualidade com precisão. A razão é que a qualidade é definida pelo cliente. A definição de qualidade da Kodak é: aqueles produtos e serviços que são percebidos como produtos que atendem ou excedem as necessidades e expectativas do cliente a um custo que representa valor excepcional. A definição da ISO 9000 é: "a totalidade de recursos e características de um produto ou serviço que impactam sua capacidade de satisfazer necessidades explícitas ou implícitas". Termos como adequação ao uso, satisfação do cliente e zero defeito são metas, em vez de definições.

A maioria das organizações vê a qualidade mais como um processo do que como um produto. Para ser mais específico, é um processo de melhoria contínua em que as lições aprendidas são utilizadas para melhorar futuros produtos e serviços, a fim de

- Manter clientes existentes
- Reconquistar clientes perdidos
- Conquistar novos clientes

Portanto, as empresas estão desenvolvendo processos de melhoria de qualidade. A Figura 20-1 mostra os

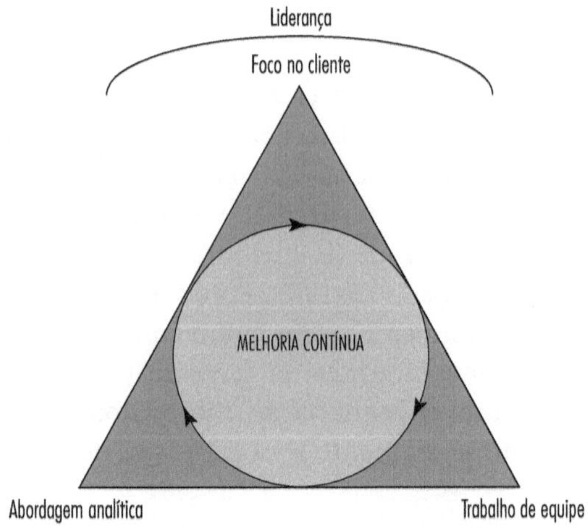

FIGURA 20-1 Os cinco princípios de qualidade da Kodak.

[NT1] Em inglês, *Total Quality Management* (TQM).

Guia PMBOK®, 5. ed.
8.1 Planejar a qualidade

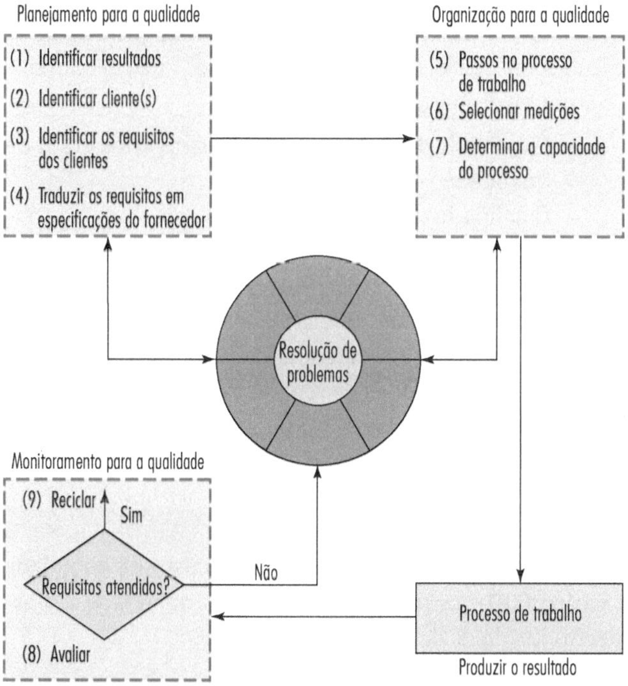

FIGURA 20-2 O processo de melhoria da qualidade.

Fonte: desconhecida.

cinco princípios de qualidade que apoiam a política de qualidade da Kodak. A Figura 20-2 mostra um processo de melhoria da qualidade mais detalhado. Essas duas figuras parecem ilustrar que as organizações estão colocando mais ênfase no processo de qualidade do que na qualidade do produto e, portanto, estão buscando ativamente melhorias de qualidade por meio de um ciclo contínuo.

20.2 O MOVIMENTO DA QUALIDADE

Guia PMBOK®, 5. ed.
Capítulo 8 Introdução

Durante os últimos cem anos, os pontos de vista sobre qualidade têm mudado drasticamente. Antes da Primeira Guerra Mundial, a qualidade era vista predominantemente como inspeção, separação de itens bons dos itens ruins. A ênfase estava na identificação de problemas. Após a Primeira Guerra Mundial e até o início dos anos 1950, a ênfase ainda estava na separação de itens bons dos itens ruins. No entanto, os princípios de **controle da qualidade** estavam agora emergindo sob a forma de:

- Técnicas estatísticas e matemáticas
- Tabelas de amostragem
- Gráficos de controle de processo

Do início dos anos 1950 ao final dos anos 1960, o controle da qualidade evoluiu para garantia da qualidade, com sua ênfase na prevenção de problemas, em vez de detecção de problemas. Surgiram princípios complementares de garantia da qualidade, tais como:

- O custo da qualidade
- Programas de zero defeito
- Engenharia de confiabilidade
- Controle da qualidade total

Hoje, a ênfase está sendo colocada na gestão estratégica da qualidade, incluindo temas como:

- A qualidade é definida pelo cliente
- A qualidade está relacionada com rentabilidade, tanto no lado do mercado quanto no lado do custo
- A qualidade tornou-se uma arma competitiva
- A qualidade é agora uma parte integrante do processo de planejamento estratégico
- A qualidade requer um compromisso de toda organização

Embora muitos especialistas tenham contribuído para o sucesso do movimento da qualidade, os três colaboradores mais influentes são W. Edwards Deming, Joseph M. Juran e Phillip B. Crosby. O Dr. Deming foi pioneiro no uso de estatísticas e métodos de amostragem de 1927 a 1940, no Departamento de Agricultura dos Estados Unidos. Durante esses primeiros anos, o Dr. Deming foi influenciado pelo dr. Shewhart e, posteriormente, aplicou o ciclo Plan/Do/Check/Act, de Shewhart[NT2], às tarefas administrativas. A Figura 20-3 mostra o Ciclo de Deming para a Melhoria.

Deming acreditava que a razão pela qual as empresas não estavam produzindo produtos de qualidade era que a gerência estava preocupada com o "hoje" em vez de se preocupar com o futuro. Deming considerava que 85% de todos os problemas de qualidade exigiam que a gerência tomasse iniciativa e alterasse o processo. Apenas 15% dos problemas de qualidade poderiam ser controlados pelos trabalhadores no chão de fábrica. Por exemplo, os trabalhadores no chão de fábrica não tinham culpa da má qualidade das matérias-primas, resultante da decisão da gerência em procurar menor custo dos fornecedores. A gerência precisava alterar as políticas e procedimentos de compras e desenvolver relacionamentos de longo prazo com os fornecedores.

Os processos tiveram de ser colocados sob análise e controle estatístico para demonstrar a repetibilidade da

[NT2] Na tradução oficial da versão em português do Guia PMBOK©, "ciclo Planejar-Fazer-Verificar-Agir".

Guia PMBOK®, 5. ed.
3.4 Processos de planejamento do projeto

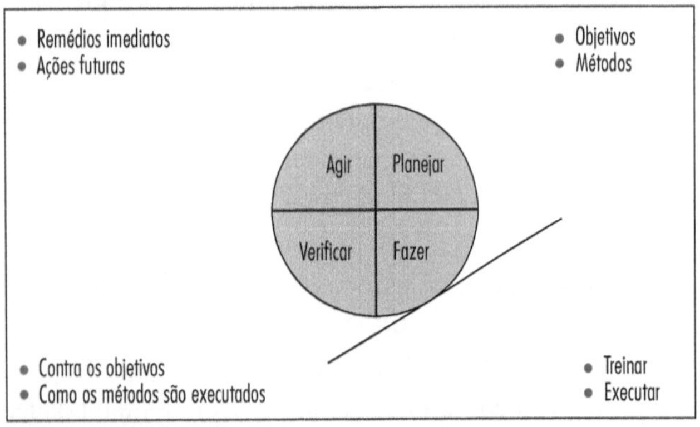

FIGURA 20-3 O ciclo de Deming para a melhoria.

qualidade. Além disso, as metas finais deveriam ser um aperfeiçoamento contínuo dos processos em vez de quotas. Gráficos de controle estatístico de processos (CEP)[NT3] permitiram a identificação das variações de causa comum e de causa especial (atribuível). Variações de causa comum são inerentes a qualquer processo. Elas incluem lotes ruins de matéria-prima, *design* deficiente de produto, condições de trabalho inadequadas e equipamentos que não podem cumprir as tolerâncias de *design*. Essas causas comuns estão além do controle dos trabalhadores no chão de fábrica e, portanto, para que a melhoria ocorra, as ações da gerência são necessárias.

Causas especiais ou atribuíveis incluem a falta de conhecimento por parte dos trabalhadores, erros do trabalhador ou trabalhadores que não prestam atenção durante a produção. As causas especiais podem ser identificadas pelos trabalhadores no chão de fábrica e corrigidas, mas a gerência ainda precisa mudar o processo de fabricação para reduzir a variabilidade da causa comum.

Deming sustentou que os trabalhadores não podem simplesmente fazer o seu melhor. Foi necessário mostrar a eles o que constitui uma qualidade aceitável e que a melhoria contínua não é apenas possível, mas necessária. Para que isso seja realizado, os trabalhadores tiveram que ser treinados no uso de gráficos de controle estatístico de processo. Percebendo que até mesmo o treinamento precisava da aprovação da gerência, as palestras de Deming se tornaram mais e mais orientadas para a gerência e para o que ela deve fazer.

O Dr. Juran começou a realizar cursos de controle da qualidade no Japão, em 1954, quatro anos após do Dr. Deming.

[NT3] Siglas para *Statistical Process Control* (SPC) – Controle estatístico de processos (CEP).

O Dr. Juran desenvolveu seus dez Passos para a Melhoria da Qualidade (ver Tabela 20-2), bem como a Trilogia Juran: Melhoria da Qualidade, Planejamento da Qualidade e Controle da Qualidade. Juran salientou que a visão do fabricante sobre qualidade é a aderência às especificações, mas que a visão do cliente sobre qualidade é "adequação ao uso". Juran definiu cinco atributos de "adequação ao uso".

- Qualidade de *design*: podem existir vários graus de qualidade
- Qualidade de conformidade: proporcionar o treinamento adequado; produtos que mantenham as tolerâncias das especificações; motivação
- Disponibilidade: confiabilidade (ou seja, frequência de reparos) e manutenibilidade (ou seja, a velocidade ou a facilidade de reparação)
- Segurança: os perigos potenciais de uso do produto
- Uso prático: isso se refere à forma como o produto será utilizado pelo cliente

O Dr. Juran também salientou o custo da qualidade (Seção 20.8) e as implicações legais da qualidade. Os aspectos jurídicos da qualidade incluem:

- Responsabilidade penal
- Responsabilidade civil
- Ações corporativas adequadas
- Garantias

Juran considera que a visão do fornecedor sobre qualidade é a conformidade com as especificações, enquanto a visão do cliente sobre qualidade é a adequação ao uso quando entregue e valor. Juran admite também que podem existir muitos graus de qualidade. As características da qualidade podem ser definidas como:

- Estruturais (duração, frequência)
- Sensorial (sabor, beleza, apelo)
- Orientado ao tempo (confiabilidade, manutenibilidade)
- Comercial (garantia)
- Ética (cortesia, honestidade)

O terceiro maior contribuinte para a qualidade foi Phillip B. Crosby que desenvolveu seus 14 Passos para a Melhoria da Qualidade (ver Tabela 20-2) e seus Quatro Absolutos da Qualidade:

- Qualidade significa conformidade com os requisitos.
- Qualidade vem da prevenção
- Qualidade significa que o padrão de desempenho é "zero defeito"
- A qualidade é medida pelo custo de não conformidade

TABELA 20-2 Várias abordagens para a melhoria da qualidade

Os 14 Pontos de Deming para a Gestão	Os 10 Passos de Juran para a Melhoria da Qualidade	Os 14 Passos de Crosby para a Melhoria da Qualidade
1 – Criar constância do propósito para a melhoria do produto e do serviço.	1 – Construir a ciência da necessidade e da oportunidade de melhoria contínua.	1 – Deixar claro que a gerência está comprometida com a qualidade.
2 – Adotar a nova filosofia.	2 – Estabelecer metas para a gerência.	2 – Formar equipes de melhoria da qualidade, com representantes de cada departamento.
3 – Eliminar a dependência da inspeção para alcançar a qualidade.	3 – Organizar para alcançar as metas (estabelecer um conselho de qualidade, identificar problemas, solocionar projetos, apontar equipes, designar facilitadores).	3 – Determinar onde estão os problemas atuais e potenciais de qualidade.
4 – Eliminar a prática de conceder negócios apenas com base no preço de etiqueta. Em vez disso, diminuir o custo total trabalhando com um único fornecedor.	4 – Fornecer treinamento.	4 – Avaliar o custo da qualidade e explicar o seu uso como ferramenta de gestão.
5 – Melhorar constantemente cada processo de planejamento, produção e serviço.	5 – Conduzir os projetos para resolver problemas.	5 – Levantar a consciência da qualidade e a preocupação pessoal de todos os funcionários.
6 – Instituir o treinamento no trabalho.	6 – Relatar o progresso.	6 – Tomar ações para corrigir problemas identificados por meio dos passos anteriores.
7 – Adotar e instituir a liderança.	7 – Oferecer reconhecimento.	7 – Estabelecer um comitê para o programa zero defeito.
8 – Afastar o medo.	8 – Comunicar os resultados.	8 – Treinar supervisores para conduzirem ativamente sua parte do programa de melhoria da qualidade.
9 – Eliminar as barreiras entre as áreas dos funcionários.	9 – Monitorar os resultados.	9 – Realizar um "dia do defeito zero" para que todos os funcionários percebam que houve uma mudança.
10 – Eliminar slogans, advertências e metas para a força de trabalho.	10 – Manter o impulso, tornando a melhoria anual parte dos sistemas e processos regulares da empresa.	10 – Incentivar os indivíduos a definirem metas de melhorias para si mesmos e para seus grupos.
11 – Eliminar cotas numéricas para a força de trabalho e metas numéricas para a gerência.		11 – Incentivar os funcionários a comunicar à gerência os obstáculos que encaram para manter suas metas de melhoria.
12 – Remover barreiras que privem as pessoas do trabalho. Eliminar o sistema anual de classificação ou mérito.		12 – Reconhecer e agradecer àqueles que participam.
13 – Instituir um sistema vigoroso de formação e melhoria pessoal para todos.		13 – Definir conselhos de qualidade para realizarem a comunicação regularmente.
14 – Colocar todos na empresa para trabalhar para atingir a transformação.		14 – Repetir tudo de novo para enfatizar que o programa de melhoria da qualidado nunca acaba.

Crosby constatou que o custo de não fazer as coisas certas da primeira vez pode ser considerável. Na fabricação, o preço de não conformidades soma, em média, 40% dos custos operacionais.

20.3 COMPARAÇÃO ENTRE OS PIONEIROS DA QUALIDADE

A definição de Deming para qualidade é "melhoria contínua". Embora variações não possam ser totalmente eliminadas, podemos aprender mais sobre elas e, eventualmente, reduzi-las. A meta principal é, obviamente, zero defeito, mas esse trabalho livre de erros pode não ser economicamente viável ou prático.

Juran acredita que, para melhorar a qualidade, temos de resolver os problemas "esporádicos" e os problemas "crônicos". Problemas esporádicos são problemas de curto prazo que geram mudanças súbitas para pior em termos de qualidade; existem técnicas para identificar e controlar esses problemas.

Problemas "crônicos", por outro lado, podem exigir descobertas científicas para alcançar níveis mais elevados de qualidade. Problemas crônicos existem porque os trabalhadores não podem aceitar a mudança e se recusam a admitir que possa haver uma maneira melhor de fazer as coisas. A resolução de problemas crônicos exige projetos de inovação, metas específicas comumente estabelecidas em uma base anual, apoio forte e visível da gerência sênior e a utilização de especialistas em qualidade para liderar os programas de melhoria da qualidade por toda a empresa. Ao contrário de Deming, que evita o uso de metas e quotas, o objetivo de Juran é conseguir com que a gerência aceite o hábito de um programa anual de melhoria da qualidade com base em metas bem definidas.

O método de Juran para determinar o custo da qualidade, portanto, sugere que a busca pela qualidade se pagará apenas até certo ponto e, além desse ponto, os custos podem subir significativamente.

Crosby argumenta que o custo da qualidade inclui apenas os custos de não conformidade, enquanto Juran inclui os custos de conformidade e os de não conformidade. O argumento de Crosby é que os custos de conformidade de prevenção e de avaliação não são realmente o custo da qualidade, mas o custo de fazer negócios. Portanto, Crosby argumenta que a qualidade é livre, e os únicos custos associados da qualidade deveriam ser os de não conformidade. Crosby não enfatiza técnicas analíticas além dos métodos de medição para custos de não conformidade e conta fortemente com a motivação e o papel da gerência sênior.

A Tabela 20-3 compara a abordagem à qualidade dos três especialistas. Embora todos os três enfatizem a necessidade da qualidade e a importância/papel da gerência sênior, cada um a aceita de maneira diferente.

TABELA 20-3 Comparação entre os especialistas

	Deming	Juran	Crosby
Definição de qualidade	Melhoria contínua	Adequação ao uso	Conformidade aos requisitos
Aplicação	Empresas orientadas pela produção	Empresas orientadas pela tecnologia	Empresas orientadas por pessoas
Público-alvo	Trabalhadores	Gerência	Trabalhadores
Ênfase em	Ferramentas/ sistema	Medição	Motivação (comportamental)
Tipos de ferramentas	Controle estatístico de processo	Analíticas, tomada de decisões e custo da qualidade	Uso mínimo
Utilização de metas e alvos	Não utilizados	Utilizadas para projetos de inovação	Metas dispostas aos trabalhadores

20.4 ABORDAGEM DE TAGUCHI[2]

Guia PMBOK®, 5. ed.
8.1.2.5 Projeto de experimentos

Após a Segunda Guerra Mundial as forças aliadas descobriram que a qualidade do sistema de telefonia japonês era extremamente pobre e totalmente inadequada para fins de comunicação em longo prazo. Para melhorar o sistema, o comando aliado recomendou que o Japão estabelecesse instalações de pesquisa semelhantes aos dos Laboratórios Bell, nos Estados Unidos, para desenvolver um sistema de comunicação de última geração. Os japoneses encontraram a Electrical Communication Laboratories (ECL) com o dr. Taguchi encarregado de melhorar a produtividade de P&D e melhorar a qualidade do produto. Ele observou que uma grande quantidade de tempo e dinheiro eram gastos em experiências e testes de engenharia. Era dada pouca ênfase ao processo de *brainstorming* criativo para minimizar o gasto de recursos.

O Dr. Taguchi começou a desenvolver novos métodos para otimizar o processo de experiências de engenharia. Ele desenvolveu técnicas que são conhecidas agora como Métodos de Taguchi. Sua maior contribuição não reside na formulação matemática do projeto de experimentos[NT4], mas na filosofia que o acompanhava. Sua abordagem é mais do que um método para dispor os experimentos. É um conceito que tem gerado uma disciplina única e poderosa de melhoria da qualidade que difere de práticas tradicionais.

Esses conceitos são:

1. A qualidade deve ser projetada para o produto e não inspecionada para o produto.
2. A qualidade é mais eficientemente alcançada por meio da diminuição do desvio de um alvo. O produto deve ser concebido de modo que seja imune aos fatores ambientais incontroláveis.
3. O custo da qualidade deve ser medido em função do desvio do padrão e as perdas devem ser medidas pelo sistema inteiro.

Taguchi fundamentou a observação de Deming, de que 85% da má qualidade é imputável ao processo de fabricação e apenas 15% ao trabalhador. Assim, ele desenvolveu sistemas de fabricação que eram "robustos", ou insensíveis às variações diárias e sazonais de ambiente, desgaste da máquina e outros fatores externos. Os três

[2] Retirado de: ROY, Ranjit. *A primer on the Taguchi method*. Dearborn, MI: Society of Manufacturing Engineers, 1990. Capítulo 2. Reproduzido com permissão.

[NT4] Projeto de experimentos. Na tradução oficial da versão em português do Guia PMBOK® para o termo em inglês, *Design of Experiments*.

princípios foram seus guias no desenvolvimento desses sistemas, no teste dos fatores que afetam a produção de qualidade e na especificação dos parâmetros do produto.

Taguchi acreditava que a melhor maneira de melhorar a qualidade era projetá-la e construí-la para o produto. A melhoria da qualidade começa logo no início, isto é, durante os estágios de projeto[NT5] de um produto ou processo, e continua até a fase de produção. Ele propôs uma estratégia "fora de linha" para o desenvolvimento da melhoria da qualidade no lugar de uma tentativa de inspecionar a qualidade em um produto na linha de produção. Ele observou que a má qualidade não pode ser melhorada por meio do processo de inspeção, triagem e recuperação (salvamento). Nenhuma quantidade de inspeção pode colocar de volta qualidade ao produto; ela apenas trata um sintoma. Portanto, os conceitos de qualidade devem ser fundamentados e desenvolvidos em torno da filosofia da prevenção. O projeto de produto deve ser tão robusto que fique imune à influência de fatores ambientais descontrolados nos processos de fabricação.

Seu segundo conceito lida com métodos reais de efetivar a qualidade. Ele alegou que qualidade está diretamente relacionada ao desvio de um parâmetro de *design* do valor-alvo, em não conformidade com algumas especificações fixas. Um produto pode ser produzido com as propriedades desviadas para uma extremidade de um intervalo de aceitação e ainda mostrar uma expectativa de vida mais curta. Contudo, por meio da especificação de um valor-alvo para a propriedade crítica e do desenvolvimento de processos de fabricação para atingir o valor-alvo com pouco desvio, a expectativa de vida pode ser muito melhorada.

Seu terceiro conceito requer a medição de desvios a partir de um determinado parâmetro de projeto, em termos dos custos do ciclo de vida global do produto. Esses custos incluiriam o custo de descarte, retrabalho, inspeção, devoluções, chamadas de serviço de garantia e/ou substituição do produto. Esses custos fornecem orientações sobre os principais parâmetros a serem controlados.

Limitações

A limitação mais grave do método Taguchi é a necessidade de sincronismo em relação ao desenvolvimento de produto/processo. A técnica só pode ser eficaz quando aplicada no início do sistema de projeto do produto/processo. Depois que as variáveis de projeto são determinadas e seus valores nominais são especificados, o projeto experimental pode não ser rentável. Além disso, apesar de o método possuir aplicações abrangentes, há situações em que as técnicas clássicas são mais adequadas; em estudos de simulação envolvendo fatores que variam de forma contínua, tais como a resistência à torção de um eixo em função de seu diâmetro, o método Taguchi, pode não ser uma escolha adequada.

Seleção de Parâmetros de Projeto[NT6] para Variação Reduzida

Taguchi se esforça para atingir a qualidade por meio da redução da variação em torno do alvo. Em um esforço para reduzir as variações, ele procurou por técnicas que permitem a variabilidade de ser reduzida, sem necessariamente eliminar as causas de variação. Muitas vezes, em um ambiente industrial, remover totalmente as causas da variação pode ser caro. Uma solução sem custo ou de baixo custo pode ser obtida ajustando os níveis e controlando a variação de outros fatores. Isso é o que Taguchi tenta fazer por meio de sua abordagem de **parâmetro de projeto** em que não há custo ou há baixo custo na redução da variabilidade. Além disso, as economias de custos realizadas ultrapassam com folga os custos adicionais de experimentos necessários para reduzir as variações.

O método de Taguchi é mais eficaz quando aplicado a experimentos com vários fatores. Mas o conceito de seleção de níveis adequados de fatores de projeto e a redução da variação de desempenho, em torno do valor ideal/alvo, pode ser facilmente ilustrada por meio de um exemplo.

Considere um processo de fornada. Suponha que várias padarias recebem os mesmos ingredientes para assar um bolo, sendo o objetivo produzir o bolo de melhor sabor. Dentro de certos limites, elas podem ajustar a quantidade de ingredientes, mas podem usar apenas os ingredientes fornecidos. Elas irão fazer o melhor bolo dentro dos parâmetros de projeto disponíveis. A abordagem de Taguchi seria projetar um experimento considerando todos os ingredientes para a fornada e outros fatores influenciadores, tal como a temperatura da fornada, o tempo da fornada, o tipo de forno (se for uma variável), e assim por diante.

A ideia é combinar os elementos em níveis adequados, cada um dentro do respectivo intervalo aceitável, para produzir o melhor resultado e ainda apresentar variação mínima em torno do melhor resultado. Nosso objetivo é determinar as proporções corretas dos cinco principais ingredientes – ovos, manteiga, leite, farinha e açúcar – de modo que a receita produza o melhor bolo a maior parte do tempo. Baseado na experiência passada, os intervalos de trabalho desses fatores são estabelecidos nos

[NT5] Na tradução deste capítulo, o emprego da palavra "projeto" pode aplicar-se também à tradução do termo "design". A utilização do termo "projeto", em detrimento à do termo "design" se deve ao fato do termo "projeto" ser reconhecidamente empregado em diversas obras sobre gestão de qualidade.

[NT6] Paramêtros de Projeto. Em tradução da expressão *design parameters.*

níveis indicados na Figura 20-4. Nesse ponto, deparamo-nos com as seguintes perguntas: Como determinamos a combinação certa? Quantos experimentos precisamos executar e em qual combinação? A Figura 20-5 mostra um diagrama de fluxo de experimento de Taguchi.

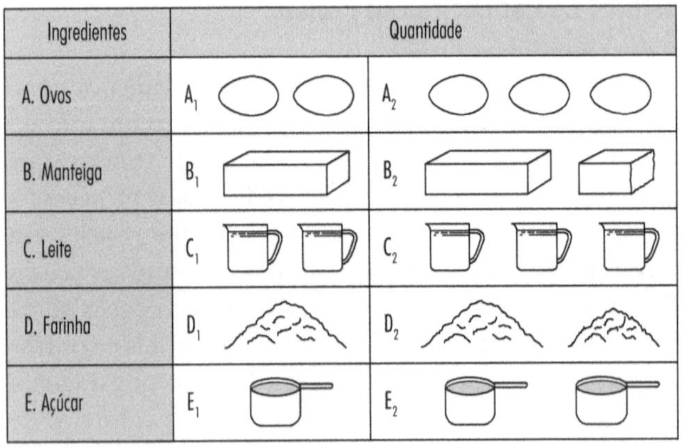

FIGURA 20-4 Fatores e níveis para o experimento de um bolo.

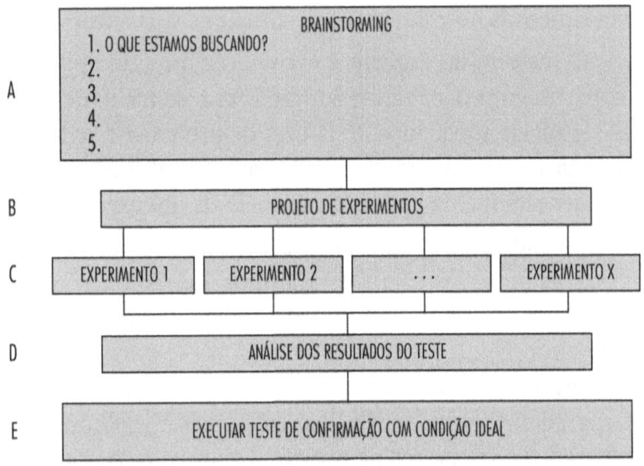

FIGURA 20-5 Um diagrama de fluxo de experimentos de Taguchi.

Fonte: ROY, Ranjit. *A primer on the taguchi method*. Dearborn, MI: Society of Manufacturing Engineers,1990. p. 231. Reproduzido com permissão.

20.5 O PRÊMIO NACIONAL DE QUALIDADE MALCOM BALDRIGE

Guia PMBOK®, 5. ed.
Capítulo 8 Introdução

Para se tornarem concorrentes mundiais, as empresas precisam modelar para integrar ferramentas de melhoria contínua em um sistema que envolva a implementação multifuncional participativa. Em 1987, essa necessidade foi reconhecida em nível nacional com a criação do Malcolm Baldrige National Quality Award. O prêmio é apresentado às empresas que tenham atingido um nível mundial de concorrência por meio da gestão da qualidade dos produtos e serviços.

Os critérios para o prêmio incluem:

- **Categoria de Liderança:** examina principalmente como os altos executivos criam e sustentam um sistema de valores de qualidade claro e visível junto com um sistema de gestão de apoio para orientar todas as atividades da empresa. Também examina os executivos seniores e a liderança da empresa e apoio aos desenvolvimentos em qualidade, tanto dentro como fora da empresa.
- **Categoria de Planejamento Estratégico:** examina como a empresa define direções estratégicas e como ela determina os planos fundamentais de ação. Também examina como os planos são traduzidos em um sistema eficaz de gestão de desempenho.
- **Categoria do Cliente e Foco de Mercado:** examina como a empresa determina os requisitos e as expectativas dos clientes e mercados. Também examina como a empresa reforça relações com clientes e determina a sua satisfação.
- **Categoria de Informações e Análise:** examina a gestão e a eficácia da utilização de dados e informações para apoiar os processos-chave da empresa e o sistema de gestão de desempenho da empresa.
- **Categoria de Desenvolvimento e Gerenciamento dos Recursos Humanos:** examina como a força de trabalho está habilitada a desenvolver e utilizar seu pleno potencial, alinhado com os objetivos da empresa. Também examina os esforços da empresa em construir e manter um ambiente propício à excelência de desempenho, à participação plena e ao crescimento pessoal e organizacional.
- **Categoria de Gestão de Processos:** examina os aspectos essenciais da gestão de processos, incluindo o *design* com foco no cliente, processos de entrega de produto e serviço, processos de apoio e processos com fornecedores e parcerias envolvendo todas as unidades de trabalho. A categoria examina como os processos essenciais são concebidos, gerenciados de forma eficaz e melhorados para obter um melhor desempenho.
- **Categoria de Resultados de Negócio:** examina o desempenho da empresa e melhorias em áreas essenciais do negócio: satisfação do cliente, financeira e desempenho de mercado, recursos humanos, desempenho de fornecedores e parceiros e desempenho operacional. Também são analisados os níveis de desempenho em relação aos concorrentes.

Algumas empresas que foram honradas com o prêmio incluem a IBM, General Motors, Xerox, Kodak, AT&T, Westinghouse, Federal Express, Ritz-Carlton, Armstrong Building Products e Motorola. De modo geral, apenas duas ou três empresas por ano ganham o prêmio.

20.6 ISO 9000

A *International Organization for Standardization* (ISO), localizada em Genebra, Suíça, é um consórcio de aproximadamente cem dos países industrializados no mundo. A *American National Standards Institute* (ANSI) representa os Estados Unidos. A ISO 9000 **não** é um conjunto de normas para produtos ou serviços, nem é específica para qualquer setor. Pelo contrário, é uma norma de sistema de qualidade aplicável a qualquer produto, serviço ou processo, em qualquer lugar do mundo.

As informações contempladas na série ISO 9000 incluem:

- **ISO 9000:** define os principais termos e funciona como um roteiro para as outras normas dentro da série.
- **ISO 9001:** define o modelo para um sistema de qualidade quando um fornecedor demonstra a capacidade de projeto, produção e instalação de produtos ou serviços.
- **ISO 9002:** modelo de sistema de qualidade para garantia da qualidade na produção e na instalação.
- **ISO 9003:** modelo de sistema de qualidade para garantia da qualidade na inspeção e teste finais.
- **ISO 9004:** fornece diretrizes de gestão da qualidade para qualquer organização que pretenda desenvolver e implementar um sistema de qualidade. As diretrizes também estão disponíveis para determinar a extensão em que cada modelo de sistema da qualidade é aplicável.

Existem vários mitos sobre a série ISO 9000. Primeiro, a ISO 9000 **não** é uma norma europeia, embora ela possa ser necessária para fazer negócios na Comunidade Europeia. A ISO 9000 é baseada em normas americanas de qualidade que ainda estão sendo utilizadas. Segundo, a ISO 9000 **não** é um pesadelo de papelada. Embora a documentação seja um requisito necessário, a magnitude da documentação é menor do que a maioria das pessoas acredita. Terceiro, tornar-se certificado ISO 9000 **não** garante que sua organização produzirá produtos ou serviços de qualidade. Em vez disso, confirma que o sistema adequado está em vigor.

A ISO 9000 é, na verdade, um ciclo sem fim de três partes, incluindo planejamento, controle e documentação. O **planejamento** é necessário para garantir que os objetivos, as metas, a autoridade e as relações de responsabilidade de cada atividade sejam adequadamente definidos e compreendidos. O **controle** é necessário para assegurar que as metas e objetivos sejam cumpridos e que os problemas sejam antecipados ou evitados por meio de ações corretivas adequadas. A **documentação** é utilizada predominantemente para *feedback* sobre o quão bem o sistema de gestão da qualidade está sendo realizado para satisfazer as necessidades do cliente e quais mudanças podem ser necessárias.

Há sempre a questão de como a ISO 9000 se relaciona com o Prêmio Malcolm Baldrige. Os requisitos da ISO 9000 se encaixam predominantemente na seção de "garantia da qualidade de produtos e serviços" do Prêmio Malcolm Baldrige. Ela não atinge as outras seis seções em graus variados.

A ISO 9000 estabelece os requisitos mínimos necessários para a certificação. O Malcolm Baldrige National Quality Award (MBNQA) tenta identificar o "melhor da classe". As organizações que desejam melhorar a qualidade são encorajadas a considerar práticas de realizar *benchmark* dos últimos destinatários do MBNQA como "exemplos".

A International Organization for Standardization desenvolveu recentemente as normas da série ISO 14000. A ISO 14000 é uma série em evolução que proporciona uma gestão de negócios com a estrutura para a gestão dos impactos ambientais, incluindo o sistema básico de gestão, avaliação de desempenho, auditoria, classificação e avaliação do ciclo de vida.

20.7 CONCEITOS DE GERENCIAMENTO DA QUALIDADE

Guia PMBOK®, 5. ed.
Capítulo 8 Introdução 8.1.1 Planejar a qualidade: entradas

O gerente de projetos tem a responsabilidade final pelo gerenciamento da qualidade do projeto. O gerenciamento da qualidade tem igual prioridade com o gerenciamento de custos e do cronograma. No entanto, a medição direta da qualidade pode ser da responsabilidade do departamento de garantia da qualidade ou do gerente de projetos assistente para a qualidade. Para um projeto de trabalho intensivo, o apoio ao gerenciamento (ou seja, o escritório de projetos) é geralmente de 12 a 15% do valor total de mão de obra do projeto. Aproximadamente, de 3 a 5% podem ser atribuídos ao gerenciamento da qualidade. Portanto, algo como 20 a 30% de toda a mão de obra no escritório do projeto poderia ser facilmente atribuída ao gerenciamento da qualidade.

Da perspectiva de um gerente de projetos, há seis conceitos de gerenciamento da qualidade que devem existir para apoiar todo e qualquer projeto. Esses conceitos incluem:

- Política da qualidade
- Objetivos da qualidade
- Garantia da qualidade
- Controle da qualidade
- Auditoria da qualidade
- Plano de programa da qualidade

Teoricamente, esses seis conceitos devem ser incorporados à cultura corporativa.

Política da Qualidade

A política da qualidade é um documento que normalmente é criado por especialistas de qualidade e totalmente apoiado pela alta gerência. A política deve declarar os objetivos da qualidade, o nível de qualidade aceitável para a organização e a responsabilidade dos membros da organização pela execução da política e garantia da qualidade. Uma política de qualidade também incluiria declarações pela alta gerência prometendo o seu apoio à política. A política de qualidade é fundamental na criação da reputação da organização e na imagem da qualidade.

Muitas organizações concluem com êxito uma boa política de qualidade, mas imediatamente colocam em segundo plano as boas intenções da política, delegando a implementação da política aos gerentes de nível mais baixo. A implementação da política de qualidade é de responsabilidade da alta gerência. A alta gerência deve falar e fazer. Os empregados logo verão a fraude de uma política de qualidade que é delegada aos gerentes de nível médio enquanto os executivos passam para "questões mais cruciais que realmente impactam o resultado financeiro".

Uma boa política de qualidade:

- Será uma declaração de princípios declarando o quê, e não como
- Promoverá a consistência por toda a organização e pelos projetos
- Fornecerá uma explicação para as pessoas de fora sobre como a organização vê a qualidade
- Fornecerá diretrizes específicas para questões importantes de qualidade
- Estabelecerá disposições para mudanças/atualizações na política

Objetivos da Qualidade

Os objetivos da qualidade são uma parte da política de qualidade de uma organização e consistem de objetivos específicos e dos prazos para a sua conclusão. Os objetivos da qualidade devem ser escolhidos com cuidado. A seleção de objetivos que não são naturalmente possíveis pode causar frustração e desilusão. Exemplos de objetivos de qualidade aceitáveis podem ser: treinar todos os membros da organização na política da qualidade e objetivos antes do final do atual ano fiscal, a definição de medições de linha de base de processos específicos até o final do trimestre em curso, definir a responsabilidade e a autoridade para o cumprimento dos objetivos de qualidade da organização para cada membro da organização até o fim do atual ano fiscal etc.

Bons objetivos da qualidade deveriam:

- Ser alcançáveis
- Definir metas específicas
- Ser compreensíveis
- Declarar prazos específicos

Garantia da Qualidade

Guia PMBOK®, 5. ed.
8.2 Garantia da qualidade

Garantia da qualidade é o termo coletivo para as atividades formais e processos gerenciais que tentam garantir que os produtos e serviços atendam o nível de qualidade exigido. A garantia da qualidade também inclui esforços externos a esses processos que fornecem informações para a melhoria dos processos internos. É a função de garantia da qualidade que tenta assegurar que as funções do escopo, custos e tempo do projeto sejam totalmente integradas.

O Guia PMBOK® do Project Management Institute refere-se à garantia da qualidade como a seção de gestão do gerenciamento da qualidade. Essa é a área em que o gerente de projetos pode ter o maior impacto sobre a qualidade do seu projeto. O gerente de projetos deve estabelecer os processos e procedimentos administrativos necessários para garantir e, muitas vezes, provar que a declaração do escopo está em conformidade com os requisitos reais do cliente. Ele deve trabalhar com sua equipe para determinar quais processos seu pessoal irá usar para garantir que todas as partes interessadas tenham a confiança de que as atividades de qualidade serão devidamente executadas. Todos os requisitos legais e regulatórios pertinentes também devem ser respeitados.

Um bom sistema de garantia da qualidade:

- Identificará os objetivos e as normas
- Será multifuncional e orientado à prevenção
- Planejará para a coleta e utilização de dados em um ciclo de melhoria contínua
- Planejará para o estabelecimento e manutenção de medidas de desempenho
- Incluirá auditorias de qualidade

Controle da Qualidade

O controle da qualidade é um termo coletivo para atividades e técnicas, dentro do processo, que se destinam a criar características específicas de qualidade. Tais atividades incluem o monitoramento contínuo dos processos, identificação e eliminação das causas de problemas, o uso de controle estatístico do processo para reduzir a variabilidade e aumentar a eficiência de processos. O controle da qualidade certifica que os objetivos de qualidade da organização estão sendo cumpridos.

O PMBOK® refere-se ao controle da qualidade como o aspecto técnico do gerenciamento da qualidade. Os membros da equipe do projeto que possuem conhecimentos técnicos específicos sobre os vários aspectos do projeto desempenham um papel ativo no controle da qualidade. Eles estabelecem os processos e procedimentos técnicos que asseguram que cada etapa do projeto fornece um resultado de qualidade desde o projeto e o desenvolvimento até a implementação e a manutenção. O resultado de cada etapa deve estar em conformidade com o conjunto de normas e planos de qualidade, garantindo, assim, que a qualidade seja alcançada.

Um bom sistema de controle da qualidade:

- Selecionará o que controlar
- Definirá normas que forneçam a base para decisões a respeito de possível ação corretiva
- Estabelecerá os métodos de medição utilizados
- Irá comparar os resultados reais aos padrões da qualidade
- Atuará para trazer processos e materiais em não conformidade de volta ao padrão com base em informações coletadas
- Irá monitorar e calibrar os instrumentos de medição
- Incluirá documentação detalhada para todos os processos

Auditoria da Qualidade

Guia PMBOK®, 5. ed.
8.2.2.2 Auditorias de qualidade

Uma auditoria da qualidade é uma avaliaçao independente realizada por pessoal qualificado que assegura que o projeto está em conformidade com os requisitos de qualidade do projeto e está seguindo os procedimentos e políticas de qualidade estabelecidos.

Uma boa auditoria de qualidade irá assegurar que:

- A qualidade planejada para o projeto seja cumprida
- Os produtos estejam seguros e aptos para o uso
- Todas as leis e regulamentos pertinentes sejam seguidos
- Os sistemas de coleta e distribuição de dados sejam precisos e adequados
- A ação corretiva adequada seja tomada quando necessário
- Oportunidades de melhoria sejam identificadas

Plano da Qualidade

Guia PMBOK®, 5. ed.
8.1.3.1 Plano da qualidade

O plano da qualidade é criado pelo gerente do projeto e pelos membros da equipe por meio da divisão dos objetivos do projeto em uma estrutura analítica de projeto. Usando uma técnica de diagramação parecida com uma árvore, as atividades do projeto são divididas em atividades de nível mais baixo até que as ações específicas de qualidade possam ser identificadas. O gerente do projeto, então, assegura que essas ações sejam documentadas e implementadas na sequência que irá satisfazer as necessidades e expectativas do cliente. Isso permite ao gerente de projetos garantir ao cliente que ele tem um roteiro para entregar um produto ou serviço de qualidade e que, portanto, irá satisfazer as necessidades do cliente.

Um bom plano de qualidade deve:

- Identificar todos os clientes externos e internos da organização
- Provocar o *design* de um processo que produz as características desejadas pelo cliente
- Envolver os fornecedores no início do processo
- Fazer a organização responder às novas necessidades dos clientes
- Provar que o processo está funcionando e que as metas de qualidade estão sendo cumpridas

20.8 O CUSTO DA QUALIDADE

Guia PMBOK®, 5. ed.
8.1.2.2 Custo da qualidade (CDQ)

Verificar se um produto ou serviço atende aos requisitos do cliente exige a medição dos custos da qualidade. Para simplificar, os custos podem ser classificados como "custos de conformidade" e "custos de não conformidade". Os custos de conformidade incluem itens como treinamento, doutrinação, verificação, validação, testes, manutenção, calibração e auditorias. Custos de não conformidade incluem itens como descarte, retrabalho, reparos de garantia, produtos recolhidos e tratamento de reclamações.

A tentativa de economizar algum dinheiro do projeto, por meio da redução dos custos de conformidade, poderia se mostrar desastrosa. Por exemplo, uma empresa norte-americana ganhou um contrato como fornecedora de peças japonesas. O contrato inicial exigia a entrega de 10.000 peças. Durante a inspeção e teste nas instalações do cliente (ou seja, cliente japonês), foram descobertos dois refugos. Os japoneses devolveram **todos** os 10.000 componentes para o fornecedor americano, afirmando que o lote não era aceitável. Nesse exemplo, o custo de não conformidade poderia facilmente ser de uma ordem de grandeza maior do que o custo de conformidade. A moral é clara: **Faça certo logo na primeira vez.**

Outro método comum de classificar os custos inclui o seguinte:

- **Custos de prevenção** são os custos adiantados, orientados para a satisfação dos requisitos do cliente, com a primeira e todas as unidades sucessivas de produto sem defeitos. Estão comumente incluídos custos tais como revisão do *design*, treinamento, planejamento da qualidade, pesquisas de fornecedores, fornecedores e subcontratados, estudos de processo e atividades relacionadas com a prevenção.

- **Custos de avaliação** são custos associados com a avaliação do produto ou do processo para verificar o quão bem todos os requisitos do cliente foram atingidos. Estão comumente incluídos custos como inspeção de produto, teste de laboratório, controle de fornecedores, teste em andamento, revisões de *design* internas e externas.
- **Custos de falha interna** são aqueles custos associados com a falha de processos para tornar os produtos aceitáveis para o cliente, antes de deixar o controle da organização. Incluem-se nesta categoria descarte, retrabalho, reparo, tempo de inatividade, avaliação de defeito, avaliação de descarte e ações corretivas para essas falhas internas.
- **Custos de falha externa** são os custos associados pela determinação do cliente de que seus requisitos não foram satisfeitos. Incluem devoluções de clientes e subsídios, avaliação das reclamações de clientes, inspeção no cliente e visitas ao cliente para resolver queixas de qualidade e ações corretivas necessárias.

A Figura 20-6 mostra os resultados esperados do sistema de gestão da qualidade total sobre os custos da qualidade. Os custos de prevenção devem aumentar à medida que mais tempo é gasto nas atividades de prevenção em toda a organização. Conforme os processos melhoram a longo prazo, os custos de avaliação diminuirão, já que a necessidade de inspecionar a qualidade diminui. As maiores economias serão provenientes de falhas internas das áreas de retrabalho, descarte, reengenharia, reexecução e assim por diante. O tempo adicional gasto em *design* e desenvolvimento antecipado realmente vale a pena. E, finalmente, os custos externos também cairão conforme os processos rendem qualidade na primeira vez, de forma regular. As melhorias continuarão a afetar a empresa em uma base de longo prazo, tanto em melhor qualidade quanto em menores custos. Além disso, conforme o gerenciamento de projetos amadurece, deve haver novas reduções nos custos de manutenção da qualidade e nos custos de desenvolvimento de produtos.

A Figura 20-6 mostra que os custos de prevenção podem aumentar. Esse nem sempre é o caso. A prevenção realmente diminui os custos sem sacrificar o objetivo da prevenção, se pudermos identificar e eliminar os custos associados aos resíduos, tais como resíduos devidos a

- Refugos de trabalho concluído
- Falhas no projeto *(design)*

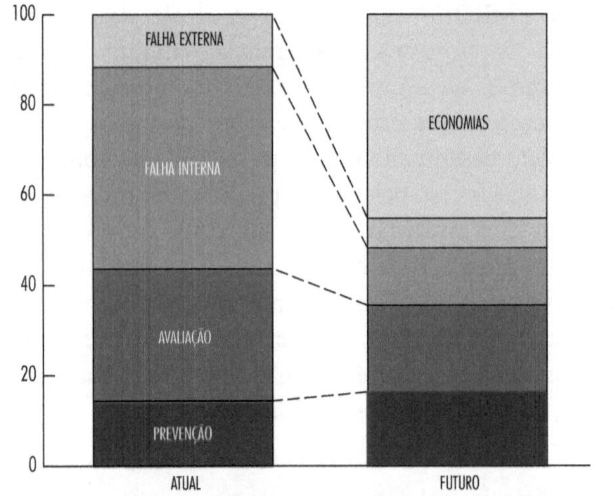

FIGURA 20-6 Custo total da qualidade.

- Trabalho em andamento
- Força de trabalho inadequadamente instruída
- Gerenciamento em excesso ou gerenciamento não contributivo (que ainda cobra tempo ao projeto)
- Força de trabalho inadequadamente designada
- Utilização inadequada de instalações
- Gastos excessivos que não necessariamente contribuem para o projeto (ou seja, reuniões, viagens e hospedagens desnecessárias etc.)

Outro aspecto importante da Figura 20-6 é que 50% ou mais do custo total da qualidade pode ser atribuído aos custos de falhas internas e externas. A eliminação completa de falhas pode parecer uma solução ideal, mas pode não ser rentável. Por exemplo, veja a Figura 20-7. Há premissas para o desenvolvimento desta figura. Primeiro,

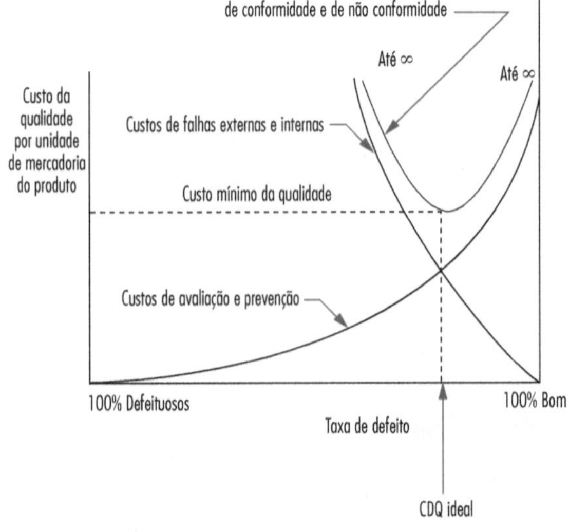

FIGURA 20-7 Diminuição dos custos da qualidade (CDQ).

o custo da falha (isto é, não conformidade) se aproxima de zero conforme os defeitos vão diminuindo. Segundo, os custos de avaliação de conformidade e prevenção se aproximam do infinito conforme os defeitos diminuem.

Se o objetivo final de um programa de qualidade é melhorar continuamente a qualidade, então, do ponto de vista financeiro, a melhoria da qualidade não pode ser aconselhável se o retorno econômico positivo se tornar negativo. Juran argumentou que, contanto que o custo por unidade para prevenção e avaliação fosse menor do que os custos de não conformidades, os recursos devem ser designados para a prevenção e avaliação. Mas quando a prevenção e os custos de avaliação começam a aumentar por custo unitário de qualidade, a política deve ser a de manter a qualidade. A implicação aqui é que o zero defeito pode não ser uma solução prática, uma vez que o custo total da qualidade não seria diminuído.

A Figura 20-6 mostra que os custos de falhas externas são muito mais baixos do que os custos de falhas internas. Isso indica que a maioria das falhas está sendo descoberta **antes** de deixar as áreas funcionais ou fábricas. Isto é particularmente importante se considerarmos o modelo do custo do ciclo de vida discutido na Seção 14.19. Nós mostramos que os custos típicos do ciclo de vida são:

- P&D: 12%
- Aquisição: 28%
- Operações e apoio: 60%

Como 60% do custo do ciclo de vida ocorre **após** o produto ser colocado em serviço, pequenos aumentos nas áreas de P&D e de aquisição poderiam gerar economias importantes de custo em operação e apoio em virtude de um melhor *design*, melhor qualidade, menos manutenção e assim por diante.

20.9 AS SETE FERRAMENTAS DE CONTROLE DA QUALIDADE[3]

Guia PMBOK®, 5. ed.
8.3 Realizar o controle da qualidade

Ao longo dos anos, os métodos estatísticos tornaram-se predominantes em todo comércio, indústria e ciência. Com a disponibilidade de sistemas avançados e automatizados que coletam, tabulam e analisam dados, a aplicação prática desses métodos quantitativos continua a crescer.

Mais importante do que os métodos quantitativos é o seu impacto sobre a filosofia básica de negócios. O ponto de vista estatístico tira a tomada de decisões da arena da tomada de decisões subjetiva e autocrática, fornecendo a base para decisões objetivas baseadas em fatos quantificáveis. Essa mudança prevê alguns benefícios muito específicos:

- Informações de processo melhoradas
- Melhor comunicação
- Discussão baseada em fatos
- Consenso para a ação
- Informações para mudanças no processo

O Controle estatístico de processo (CEP) tira proveito das características naturais de qualquer processo. Todas as atividades podem ser descritas como processos específicos, com tolerâncias conhecidas e variações mensuráveis. A medição dessas variações e as informações resultantes fornecem a base para a melhoria contínua do processo. As ferramentas apresentadas aqui fornecem representações gráficas e medidas dos dados de processo. A aplicação sistemática dessas ferramentas capacita empresários para controlar produtos e processos para se tornarem concorrentes de classe mundial.

As ferramentas básicas de controle estatístico de processo são números de dados, análise de Pareto, análise de causa e efeito, a análise das tendências, histogramas, diagramas de dispersão e gráficos de controle de processo. Essas ferramentas básicas proporcionam a coleta eficiente de dados, a identificação de padrões nos dados e a medição de variabilidade. A Figura 20-8 mostra as relações entre essas sete ferramentas e sua utilização para a identificação e análise das oportunidades de melhoria. Vamos rever essas ferramentas e discutir suas implementações e aplicações.

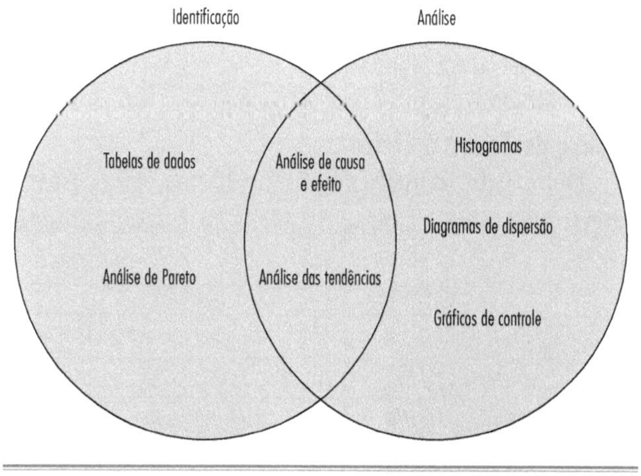

FIGURA 20-8 As sete ferramentas de controle da qualidade.

Tabelas de Dados

Tabelas de dados, ou matrizes de dados, fornecem um método sistemático para a coleta e exibição de dados.

[3] Esta seção foi retirada de: JACKSON, H. K.; FRIGON, N. L. *Achieving the competitive* edge. New York: Wiley, 1996. Capítulos 6 e 7. Reproduzido com permissão.

Na maioria dos casos, as tabelas de dados são formulários projetados para o propósito de coletar dados específicos. Essas tabelas são usadas com mais frequência onde os dados estão disponíveis a partir de um meio automatizado. Eles fornecem uma abordagem consistente, eficaz e econômica para coletar os dados, organizá-los para a análise, e exibi-los para revisão preliminar. As tabelas de dados, por vezes, assumem a forma de folhas de verificação manual, em que dados automatizados não são necessários ou disponíveis. Os números de dados e folhas de verificação devem ser destinados a minimizar a necessidade de entradas complicadas. Tabelas simples de entender e diretas são a chave para a coleta de dados bem-sucedida.

A Figura 20-9 é um exemplo de números de dados de um atributo (aprovação/reprovação) para a correção das faturas. A partir dessa folha de verificação simples, vários pontos de dados se tornam aparentes. O total do número de defeitos é 34. O maior número de defeitos é do fornecedor A, e o defeito mais frequente é a documentação incorreta de testes. Nós podemos submeter esses dados para outras análises, utilizando análise de Pareto, gráficos de controle e outras ferramentas estatísticas.

Nessa folha de verificação, as categorias representam defeitos encontrados durante a função de recebimento e inspeção de materiais. As categorias de defeitos a seguir fornecem uma explicação da folha de verificação:

- **Faturas incorretas:** a fatura não coincide com a ordem de compra
- **Inventário incorreto:** o inventário do material não coincide com a fatura
- **Material danificado:** o material recebido foi danificado e rejeitado
- **Documentação incorreta de teste:** o certificado de teste exigido do fornecedor não foi recebido e o material foi rejeitado

Análise de Causa e Efeito

Depois de identificar um problema, é necessário determinar a sua causa. Às vezes, o relacionamento causa-e-efeito é obscuro. Muitas vezes é necessária uma quantidade considerável de análise para determinar a causa ou as causas do problema.

A análise de causa e efeito utiliza técnicas de diagramação para identificar a relação entre um efeito e suas causas. Diagramas de causa e efeito são também conhecidos como diagramas espinha de peixe. A Figura 20-10 demonstra o diagrama espinha de peixe básico. Seis passos são usados para realizar uma análise de causa e efeito.

Passo 1. Identificar o Problema. Essa etapa frequentemente envolve a utilização de outras ferramentas de controle estatístico de processo, como a análise de Pareto, histogramas e gráficos de controle, bem como *brainstorming*. O resultado é uma declaração clara e concisa do problema.

Passo 2. Selecionar uma Equipe Interdisciplinar de *Brainstorming*. Selecionar uma equipe interdisciplinar, baseada em conhecimentos técnicos, analíticos e gerenciais necessários para determinar as causas do problema.

Passo 3. Desenhar a Caixa do Problema e a Seta Principal. O problema contém a declaração do problema sendo avaliado para causa e efeito. A seta principal funciona como base para suas categorias principais.

Passo 4. Especificar as Categorias Principais. Identificar as principais categorias que contribuem para o problema indicado na caixa do problema. As seis categorias de base para as principais causas dos problemas são, mais frequentemente, pessoal, método, materiais, máquinas, medições e ambiente, conforme mostra a Figura 20-10. Outras categorias podem ser especificadas, com base nas necessidades da análise.

Guia PMBOK®, 5. ed.
8.3.2 Realizar o controle da qualidade: técnicas e ferramentas
8.3.2.1 Diagramas de causa e efeito

Defeito	Fornecedor				
	A	B	C	D	TOTAL
Fatura incorreta	////	/		//	7
Inventário incorreto	/////	//	/	/	9
Material danificado	///		//	///	8
Documentação de testes incorreta	/	///	////	//	10
Total	13	6	7	8	34

FIGURA 20-9 Folha de verificação para o recebimento e a inspeção de materiais.

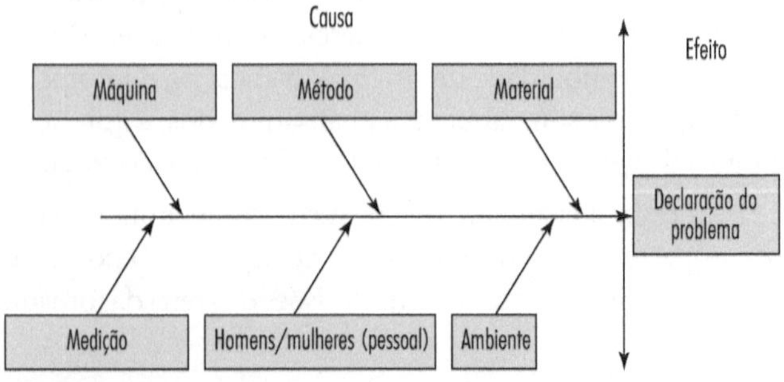

FIGURA 20-10 Folha de verificação para o recebimento e a inspeção de materiais.

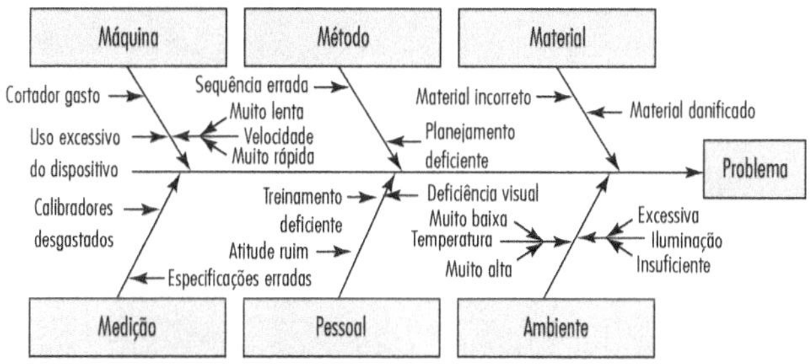

FIGURA 20-11 Método aleatório.

Passo 5. Identificar as Causas do Defeito. Quando você tiver identificado as principais causas que contribuem para o problema, poderá determinar as causas relacionadas a cada uma das categorias principais. Existem três abordagens para essa análise: o método aleatório, o método sistemático e o método de análise do processo.

- **Método Aleatório.** Listar todas as seis principais causas que contribuem para o problema ao mesmo tempo. Identificar as possíveis causas relacionadas a cada uma das categorias, como mostrado na Figura 20-11.
- **Método Sistemático.** Centrar a sua análise em uma categoria principal de cada vez, em ordem de importância descendente. Passar para a próxima categoria mais importante somente após a conclusão da mais importante. Esse processo é representado na Figura 20-12.
- **Método de Análise do Processo.** Identificar cada passo sequencial no processo e realizar a análise de causa e efeito para cada passo, um de cada vez. A Figura 20-13 representa essa abordagem.

Passo 6. Identificar Ações Corretivas. Com base em (1) a análise de causa e efeito do problema e (2) a determinação das causas que contribuem para cada categoria principal, identificar ações corretivas. A análise das ações corretivas é realizada da mesma forma que a análise de causa e efeito. O diagrama de causa e efeito é simplesmente revertido de forma que a caixa do problema torna-se a caixa de ação corretiva. A Figura 20-14 mostra o método para identificação de ação corretiva.

Histograma

Um histograma é uma representação gráfica dos dados como uma distribuição de frequência. Essa ferramenta é útil

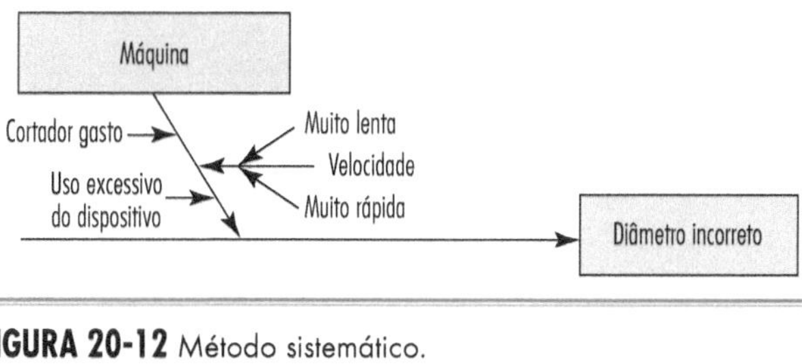

FIGURA 20-12 Método sistemático.

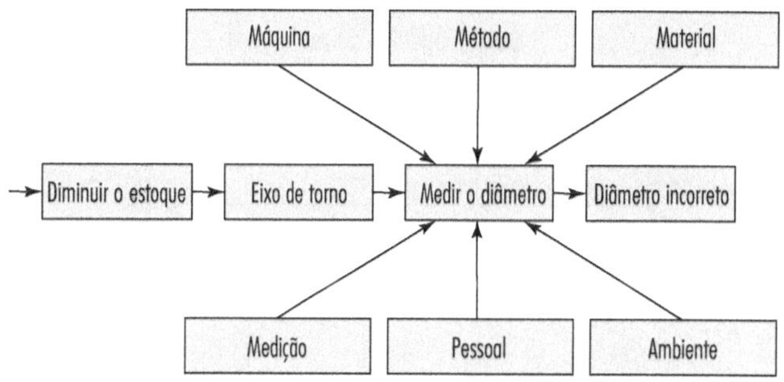

FIGURA 20-13 Método de análise de processo.

na avaliação tanto de atributos (aprovação/reprovação) quanto de dados variáveis (medições). Histogramas oferecem uma visão rápida nos dados em um ponto único no tempo, pois eles não mostram variações ou tendências ao longo do tempo. Um histograma mostra como os dados acumulados estão hoje. É útil na compreensão das frequências relativas (percentuais) ou frequências (números) dos dados e como esses dados são distribuídos. A Figura 20-15 ilustra um histograma de frequência de defeitos em um processo de fabricação.

Análise de Pareto

Um diagrama de Pareto é um tipo especial de histograma que nos ajuda a identificar e priorizar as áreas de problema. A construção de um diagrama de Pareto pode envolver dados coletados a partir de números de dados, dados de manutenção, dados de reparos, taxas de peças de descarte, ou de outras fontes. Ao identificar os tipos de não conformidade de qualquer uma dessas fontes de dados, o diagrama de Pareto dirige a atenção para o elemento que ocorre mais frequentemente.

Guia PMBOK®, 5. ed.
8.3.2.1 Realizar o controle de qualidade: técnicas e ferramentas

Existem três usos e tipos de análise de Pareto. A análise básica de Pareto identifica os poucos contribuintes vitais que são responsáveis pela maioria dos problemas de qualidade em qualquer sistema. A análise comparativa de Pareto incide sobre qualquer número de opções ou ações do programa. A análise ponderada de Pareto dá uma medida da importância de fatores que podem não parecer significativos

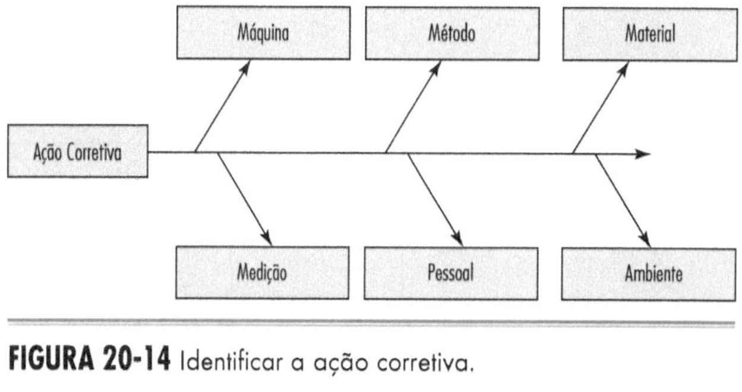

FIGURA 20-14 Identificar a ação corretiva.

Guia PMBOK®, 5. ed.
8.3.2.1 Histograma

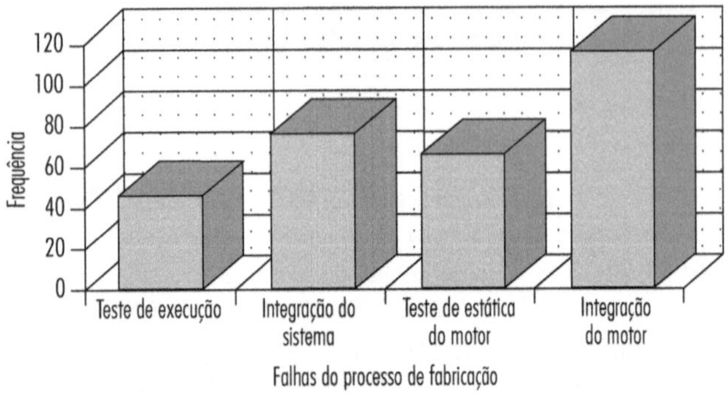

FIGURA 20-15 Histograma para as variáveis.

a princípio – fatores adicionais, tais como custo, tempo e criticidade.

O gráfico da análise básica de Pareto fornece uma avaliação das ocorrências mais frequentes para qualquer conjunto de dados apresentado. Ao aplicar as etapas da análise de Pareto para o processo de recebimento e inspeção de materiais descrito na Figura 20-16, podemos produzir a análise básica de Pareto demonstrada na Figura 20-17. Essa análise básica de Pareto quantifica e representa o gráfico da frequência de ocorrência para o recebimento e inspeção de materiais e ainda identifica as mais significativas, com base na frequência.

A revisão da análise básica de Pareto para a frequência de ocorrências indica que o fornecedor A está enfrentando a maioria das rejeições com 38% de todas as falhas.

Os diagramas da análise de Pareto também são usados para determinar o efeito das ações corretivas, ou para analisar a diferença entre dois ou mais processos e métodos. A Figura 20-18 mostra o uso desse método de Pareto para avaliar a diferença nos defeitos após a ação corretiva.

Frequência de falhas no recebimento e inspeção de materiais			
Fornecedor	Frequência de falhas	Percentual de falhas	Percentual cumulativo
A	13	38	38
B	6	17	55
C	7	20	75
D	9	25	100

FIGURA 20-16 Análise básica de Pareto.

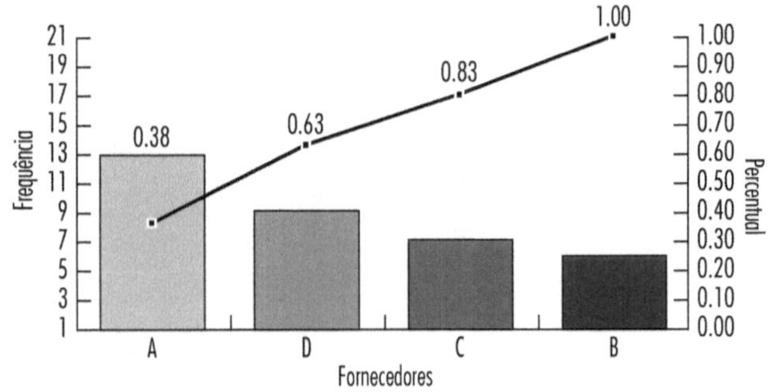

FIGURA 20-17 Análise básica de Pareto.

Diagramas de Dispersão

Guia PMBOK®, 5. ed.
8.3.2.1 Realizar o controle de qualidade: técnicas e ferramentas

Outra representação pictórica de dados de controle do processo é o gráfico de dispersão ou diagrama de dispersão. O diagrama de dispersão organiza dados utilizando duas variáveis: uma variável independente e uma variável dependente. Esses dados são, então, gravados em um gráfico simples com coordenadas *X* e *Y* mostrando a relação entre as variáveis. A Figura 20-19 mostra a relação entre dois dos elementos de dados a partir de pontuações de teste de qualificação de solda. A variável independente, experiência em meses, está listada no eixo *X*. A variável dependente é a pontuação, que está registrada no eixo *Y*.

Essas relações estão divididas em categorias diversas, como mostra a Figura 20-20. No primeiro gráfico de dispersão não há correlação – os pontos de dados são muito dispersos, sem padrão aparente. O segundo gráfico de dispersão mostra uma correlação curvilínea demonstrada pela forma de U do gráfico. O terceiro gráfico de dispersão possui uma correlação negativa, como indicado pelo declive. O gráfico final de dispersão possui uma correlação positiva com uma inclinação ascendente.

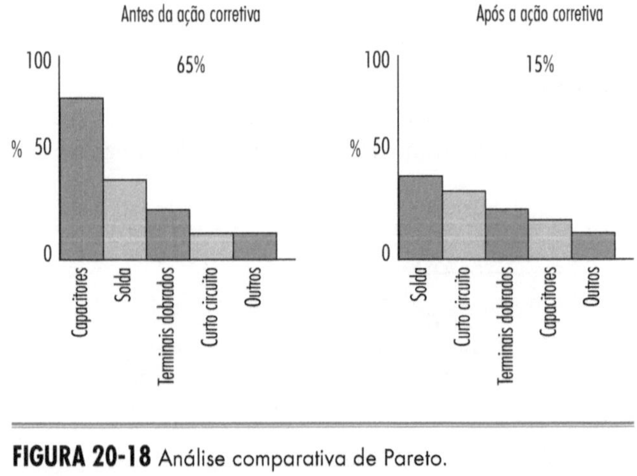

FIGURA 20-18 Análise comparativa de Pareto.

Guia PMBOK®, 5. ed.
8.3.2.1 Realizar o controle de qualidade: técnicas e ferramentas

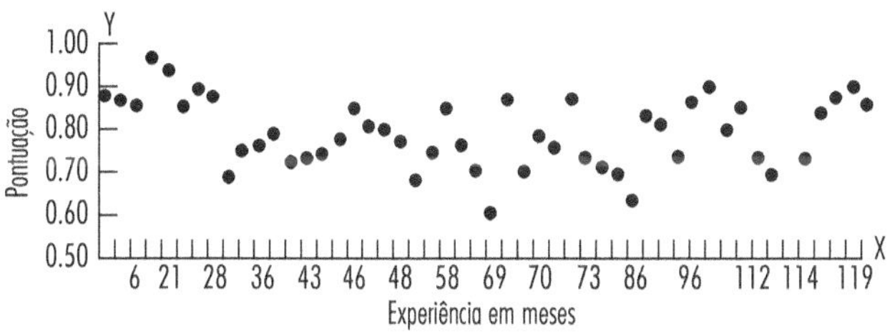

FIGURA 20-19 Pontuação de teste de certificação de soldador.

A partir da Figura 20-19, podemos ver que o gráfico de dispersão para os testes de certificação de solda é um pouco curvilíneo. Os empregados menos e mais experientes pontuaram mais alto, enquanto aqueles com um nível intermediário de experiência foram relativamente mal. A próxima ferramenta, análise das tendências, vai ajudar a esclarecer e quantificar essas relações.

Análise das Tendências

A análise das tendências é um método estatístico para determinar a equação que melhor se ajusta aos dados em um gráfico de dispersão. Ela quantifica as relações dos dados, determina a equação e mede o ajuste da equação aos dados. Esse método também é conhecido como ajuste de curva ou mínimos quadrados.

A análise das tendências pode determinar melhores condições de funcionamento, proporcionando uma equação que descreva a relação entre as variáveis dependente (saída) e independente (entrada). Um exemplo é o

Guia PMBOK®, 5. ed.
8.3.2.1 Realizar o controle de qualidade: técnicas e ferramentas

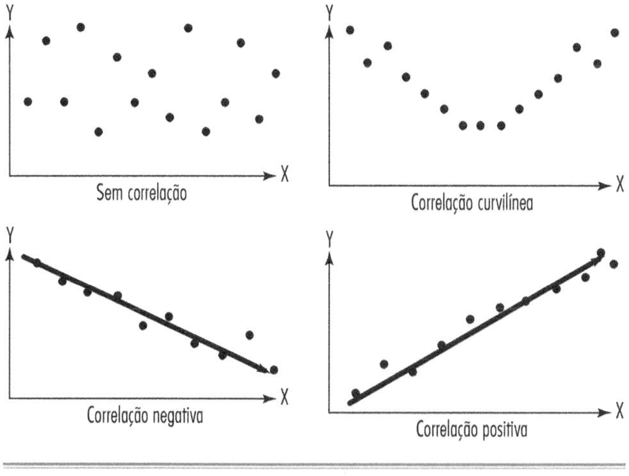

FIGURA 20-20 Correlação de gráfico de dispersão.

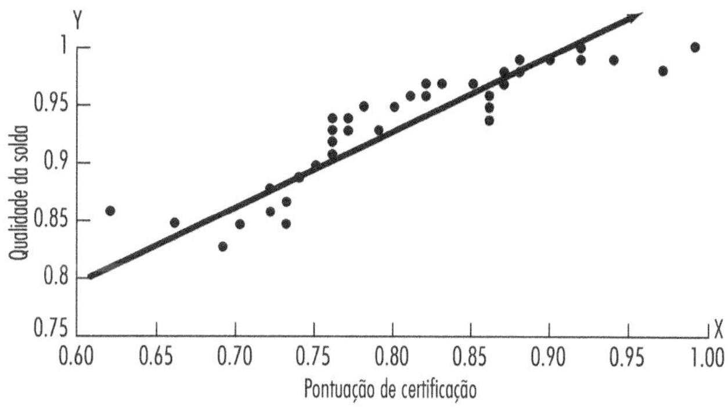

FIGURA 20-21 Gráfico de dispersão de pontuação de certificação e qualidade de solda.

conjunto de dados relativos à experiência e pontuação no teste de certificação da solda (ver Figura 20-21).

A equação da linha de regressão, ou linha de tendência, prevê uma clara e compreensível medida da mudança causada na variável de saída por cada mudança incremental da entrada ou variável independente. Usando esse princípio, podemos prever o efeito das mudanças no processo.

Uma das contribuições mais importantes que podem ser feitas por meio da análise das tendências é a previsão. A previsão nos permite antever o que é provável que ocorra no futuro. Com base na linha de regressão podemos prever o que vai acontecer, pois a variável independente atinge valores além dos dados já existentes.

Gráficos de Controle

Guia PMBOK®, 5. ed.
8.3.2.1 Realizar o controle de qualidade: técnicas e ferramentas

O uso de gráficos de controle foca na prevenção de defeitos, e não na sua detecção e rejeição. No comércio, governo e indústria, a economia e a eficiência são sempre mais bem servidas pela prevenção.

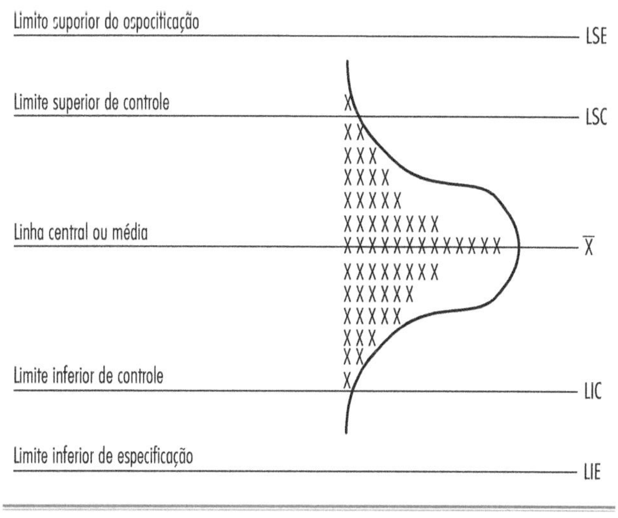

FIGURA 20-22 O gráfico de controle e a curva normal.

Custa muito mais produzir um produto ou serviço insatisfatório do que produzir um produto ou serviço satisfatório. Há muitos custos associados à produção de bens e serviços insatisfatórios. Esses custos estão em mão de obra, materiais, instalações, bem como na perda de clientes. O custo de produção de um produto adequado pode ser significativamente reduzido pela aplicação de gráficos de controle estatístico de processo.

Gráficos de Controle e Distribuição Normal

A construção, utilização e interpretação de gráficos de controle é baseada na distribuição estatística normal, como indicado na Figura 20-22. A linha central do gráfico de controle representa a média dos dados ($\overline{X}$). Os limites de controle superior e inferior (LSC e LIC), respectivamente, representam essa média mais e menos três desvios padrão dos dados ($\overline{X} \pm 3s$). Tanto o "*s*" minúsculo quanto a letra grega "σ" (sigma) representam o desvio padrão dos gráficos de controle.

A distribuição normal e sua relação com os gráficos de controle está representada à direita na Figura. A distribuição normal pode ser descrita inteiramente por sua média e desvio padrão. Ela é uma curva de sino (às vezes, chamada de distribuição de Gauss), que é simétrico em torno da média e inclina-se para baixo em ambos os lados para o infinito e, teoricamente, tem um intervalo infinito. Na distribuição normal, 99,73% de todas as medições encontram-se dentro de $\overline{X} + 3s$ e $\overline{X} - 3s$; é por isso que os limites dos gráficos de controle são chamados de limites de três sigma.

Empresas como a Motorola iniciaram um limite de seis sigma, em vez de um limite de três sigma. O benefício é mostrado na Tabela 20-4. Com um limite de seis sigma, são permitidos apenas dois defeitos por bilhão. A manutenção de um limite de seis sigma pode ser extremamente cara, a menos que o custo possa ser distribuído ao longo de, digamos, 1 bilhão de unidades produzidas.

TABELA 20-4 Atributos da distribuição normal (padrão)

Intervalo de Especificação (em ± Sigma)	Percentual dentro do intervalo	Peças Defeituosas por Bilhão
1	68,27	317.300.000
2	95,45	45.400.000
3	99,73	2.700.000
4	99,9937	63.000
5	99,999943	57
6	99,9999998	2

A análise dos gráficos de controle determina se a variabilidade do processo inerente e a média do processo estão em níveis estáveis, se uma ou ambas estão fora de controle estatístico (não estável), ou se as ações apropriadas devem ser tomadas. Outra finalidade do uso de gráficos controle é distinguir entre a variabilidade inerente e aleatória de um processo e a variabilidade imputada a uma causa atribuível. As fontes de variabilidade aleatória são muitas vezes chamadas de causas comuns. Estas são as fontes que não podem ser alteradas prontamente, sem uma reestruturação significativa do processo. A variabilidade de causa especial, ao contrário, está sujeita à correção no âmbito do processo sob controle.

- **Variabilidade ou variação de causa comum:** essa fonte de variação aleatória está sempre presente em qualquer processo. É aquela parte da variabilidade inerente ao próprio processo. A causa dessa variação pode ser corrigida apenas por uma decisão da gerência para alterar o processo básico.
- **Variabilidade ou variação de causa especial:** essa variação pode ser controlada em nível local ou operacional. Causas especiais são indicadas por um ponto na tabela de controle que está além do limite de controle ou por uma tendência persistente em aproximar-se do limite de controle.

Para usar os dados de medição de controle do processo de forma eficaz, é importante compreender o conceito de variação. Não existem características de produto ou processo que sejam exatamente iguais, porque qualquer processo contém muitas fontes de variabilidade. As diferenças entre os produtos podem ser grandes ou podem ser quase incomensuravelmente pequenas, mas estão sempre presentes. Algumas fontes de variação no processo podem causar diferenças imediatas no produto, tais como uma mudança de fornecedores ou a precisão do trabalho de um indivíduo. Outras fontes de variação, como o desgaste de ferramenta, mudanças ambientais ou aumento do controle administrativo, tendem a causar mudanças no produto ou serviço apenas durante um longo período de tempo.

Para controlar e melhorar um processo, é preciso traçar a variação total de volta às suas fontes: variabilidade de causa comum e de causa especial. As causas comuns são as muitas fontes de variação que sempre existem dentro de um processo que está em estado de controle estatístico. As causas especiais (muitas vezes chamadas de causas atribuíveis) são quaisquer fatores que causam qualquer alteração que não possa ser adequadamente explicada por nenhuma distribuição única do resultado do processo, como seria o caso se o processo estivesse sob controle estatístico. A menos que todas as causas especiais de variação sejam identificadas e corrigidas, elas continuarão a afetar o resultado do processo de forma imprevisível.

Os fatores que causam a maior variabilidade no processo são os principais fatores encontrados nos gráficos de análise de causa e efeito: pessoas, máquinas, metodologias, materiais, medição e meio ambiente. Essas causas podem ser o resultado de causas especiais ou podem ser causas comuns inerentes ao processo.

- A teoria dos gráficos de controle sugere que, se a fonte de variação é apenas por acaso, o processo permanecerá dentro dos limites de três sigma.
- Quando o processo sai do controle, existem causas especiais. Essas causas precisam ser investigadas e ações corretivas devem ser tomadas.

Tipos de Gráficos de Controle

Guia PMBOK®, 5. ed.
8.3.2.1 Realizar o controle de qualidade: técnicas e ferramentas

Assim como existem dois tipos de dados, contínuos e discretos, existem dois tipos de gráficos de controle: gráficos por variáveis para uso com dados contínuos e gráficos por atributos para uso com dados discretos. Cada tipo de gráfico de controle pode ser usado com tipos específicos de dados. A Tabela 20-5 fornece uma visão geral dos tipos de gráficos de controle e suas aplicações.

Gráficos por Variáveis. Os gráficos de controle por variáveis são poderosas ferramentas que podemos usar quando as medições de um processo são variáveis. Exemplos de dados variáveis são o diâmetro de um rolamento, uma saída elétrica ou o torque de um fixador.

Como mostrado na Tabela 20-5, os gráficos $\overline{X}$ e R são usados para medir processos de controle, cujas características são variáveis contínuas, como peso, comprimento, ohms, tempo ou volume. Os gráficos *np* e *p* são usados para medir e controlar processos que mostram características do atributo em uma amostra. Usamos os gráficos *p* quando o número de falhas é expresso como uma fração, ou gráficos *np* quando as falhas são expressas como um número. Os gráficos *u* e *c* são usados para medir o número ou quantidade de defeitos em um único item. O gráfico de controle *c* é aplicado quando o tamanho da amostra ou área é fixo, e o gráfico *u* quando o tamanho da amostra ou área não é fixo.

TABELA 20-5 Tipos de gráficos de controle e suas aplicações

Gráficos por Variáveis	Gráficos por Atributos
Gráficos $\overline{X}$ e R: observar mudanças na média e no intervalo (variação) de um processo.	Gráfico p: para a fração dos atributos não conformes ou defeituosos em uma amostra de tamanho variável.
Gráficos $\overline{X}$ e s: para a média de uma variável e desvio padrão.	Gráficos np: para o número de atributos não conformes ou defeituosos em uma amostra de tamanho constante.
Gráficos $\overline{X}$ e s^2: para a média de uma variável e variação.	Gráficos c: para o número de atributos não conformes ou defeitos em um único item dentro de um subgrupo, lote, ou área de amostra de tamanho constante.
	Gráficos u: para o número de atributos não conformes ou defeitos em um único item dentro de um subgrupo, lote ou área de amostra de tamanho variável.

Gráficos por Atributos. Embora os gráficos de controle sejam mais frequentemente pensados em termos de variáveis, existem também versões por atributos. Os dados de atributos possuem apenas dois valores (conforme/não conforme, aprovação/reprovação, *go/no-go*, presente/ausente), mas eles ainda podem ser contados, registrados e analisados. Alguns exemplos: a presença de um rótulo necessário, a instalação de todos os fixadores exigidos, a presença de gotejamento de solda, ou a continuidade de um circuito elétrico. Utilizamos também gráficos por atributos para características que são mensuráveis, se os resultados forem registrados de uma forma simples sim/não, como a conformidade do diâmetro de um eixo quando medido em um indicador *go/no-go*, ou a aceitabilidade das margens de limite para uma verificação ou indicação visual.

É possível utilizar gráficos de controle para as operações nas quais os atributos são a base para a inspeção, de forma semelhante à das variáveis, mas com algumas diferenças. Se nós lidamos com a fração rejeitada a partir de uma amostra, o tipo de gráfico de controle utilizado é chamado de gráfico *p*. Se lidamos com o número real rejeitado, o gráfico de controle é chamado de um gráfico *np*. Se os artigos podem ter mais de uma não conformidade, e todos são contabilizados para subgrupos de tamanho fixo, o gráfico de controle é chamado de gráfico *c*. Finalmente, se o número de não conformidades por unidade for a quantidade de interesse, o gráfico de controle é chamado de gráfico *u*.

O poder dos gráficos de controle (técnicas de Shewhart) reside na sua capacidade para determinar se a causa de variação é uma causa especial que pode ser afetada no nível do processo ou uma causa comum que exige uma mudança no nível de gestão. As informações do gráfico de controle podem, então, ser usadas para orientar os esforços dos engenheiros, técnicos e gerentes para alcançar ações preventivas ou corretivas.

O uso de gráficos de controle estatístico visa estudar processos específicos em curso para mantê-los em controle satisfatório. Por outro lado, uma inspeção adiante, destina-se a identificar defeitos. Em outras palavras, gráficos de controle focam na prevenção de defeitos, em vez de em detecção e rejeição. Parece razoável, e tem sido confirmado na prática, que a economia e a eficiência são mais bem servidas pela prevenção, em vez da detecção.

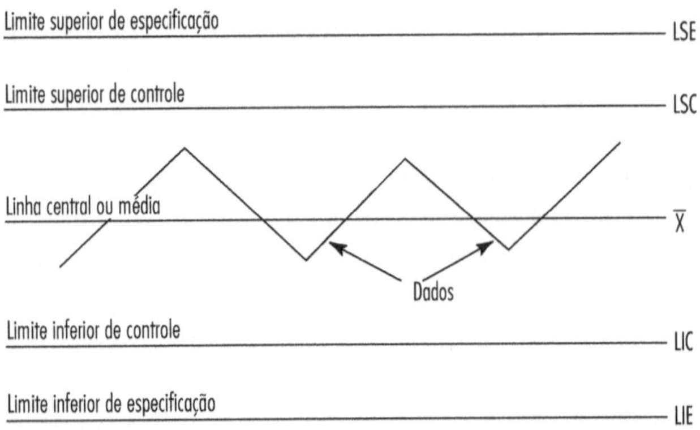

FIGURA 20-23 Elementos do gráfico de controle.

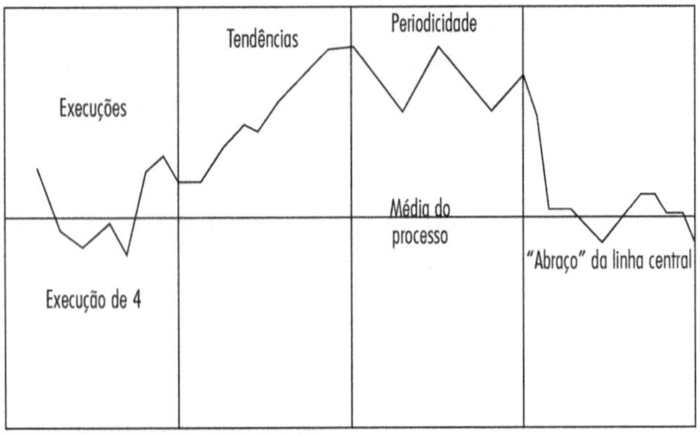

FIGURA 20-24 Interpretação do gráfico de controle.

Componentes do Gráfico de Controle

Todos os gráficos de controle têm algumas características em comum (Figura 20-23). Cada gráfico de controle possui uma linha central, limites de controle estatístico e o atributo calculado ou dados de controle. Alguns gráficos de controle também contêm limites de especificação.

Uma linha central é uma linha sólida (inteira), que representa a média aritmética das medidas ou contagens. Essa linha também é conhecida como a linha de barra X ($\overline{X}$). Há dois limites de controle estatístico: o limite superior de controle para valores maiores que a média e o limite inferior de controle para valores inferiores à média.

Os limites de especificação são usados quando existem requisitos paramétricos específicos para um processo, produto ou operação. Esses limites aplicam-se geralmente aos dados e são o critério de aprovação/reprovação para a operação. Eles diferem dos limites de controle estatístico em que são prescritos por um processo, e não resultantes da medição do processo.

O elemento de dados dos gráficos de controle varia um pouco entre os gráficos de controle por variáveis e os gráficos de controle por atributos. Discutiremos exemplos específicos como parte da abordagem dos gráficos de controle individuais.

Interpretação do Gráfico de Controle

Guia PMBOK®, 5. ed.
8.3.2.1 Realizar o controle de qualidade: técnicas e ferramentas

Há muitas possibilidades para a interpretação de vários tipos de padrões e substituições em gráficos de controle. Se corretamente interpretado um gráfico de controle pode nos dizer muito mais do que se o processo está dentro ou fora de controle. A experiência e o treinamento podem ajudar a extrair pistas sobre o comportamento do processo, tais como as mostradas na Figura 20-24. A orientação estatística é inestimável, mas um conhecimento íntimo do processo que está sendo estudado é fundamental para trazer melhorias.

Um gráfico de controle pode nos informar quando procurar por problemas, mas não pode dizer por si só onde buscar ou qual causa será encontrada. Na verdade, em muitos casos, um dos maiores benefícios de um gráfico de controle é que ele diz quando deixar um processo como está. Às vezes, a variabilidade é desnecessariamente aumentada quando um operador está sempre tentando fazer pequenas correções, em vez de deixar o intervalo natural de variabilidade estabilizar. Os seguintes parágrafos descrevem algumas das maneiras pelas quais os padrões de distribuição subjacentes podem se comportar bem ou mal.

Execuções. Quando vários pontos sucessivos se alinham de um lado da linha central, esse padrão é chamado de execução. O número de pontos nessa execução é chamado de extensão da execução. Como regra prática, se a execução tiver uma extensão de sete pontos, há uma anomalia no processo. A Figura 20-25 demonstra uma execução.

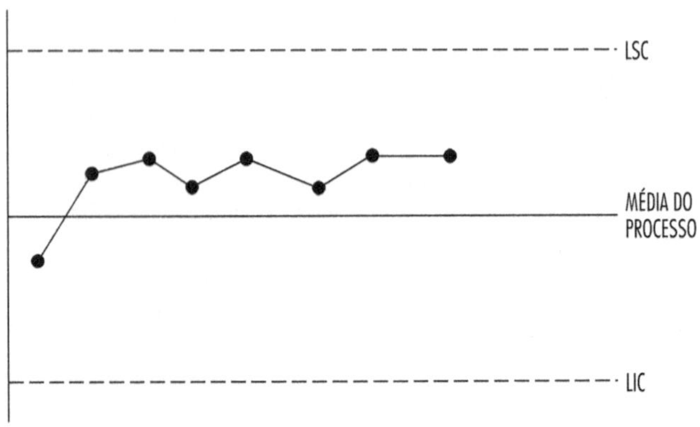

FIGURA 20-25 Execução do processo.

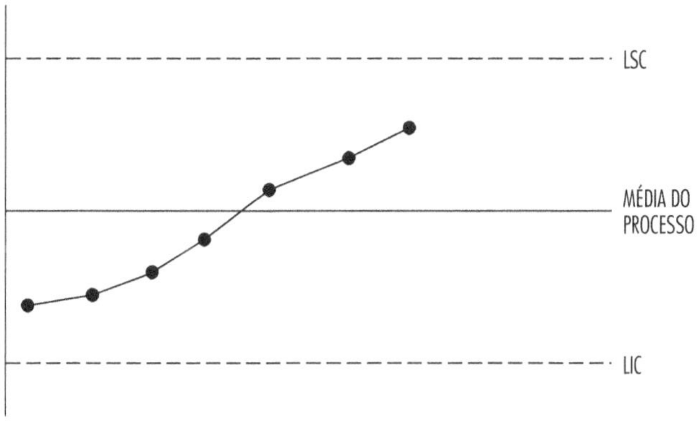

FIGURA 20-26 Tendências do gráfico de controle.

Tendências. Se houver um aumento continuado de todos em uma série de pontos, esse padrão é chamado de tendência. Em geral, se sete pontos consecutivos continuarem a subir ou descer, existe uma anormalidade. Muitas vezes, os pontos vão além dos limites de controle antes de chegar a sete. A Figura 20-26 demonstra uma tendência.

Periodicidade. Pontos que mostram o mesmo padrão de alteração (subida ou descida) durante intervalos iguais denotam periodicidade. A Figura 20-27 demonstra periodicidade.

Abraço na Linha Central ou no Limite de Controle. Diz-se que os pontos no gráfico de controle que estão perto da linha central, ou até o limite de controle, estão "abraçando" a linha. Muitas vezes, nessa situação, um tipo diferente de dados ou dados provenientes de diferentes fatores foram misturados no subgrupo. Nesses casos, é necessário mudar o subagrupamento, remontar os dados e redesenhar o gráfico de controle. Para decidir se há "abraços" da linha central, desenhe duas linhas no gráfico de controle, uma entre a central e o LSC e outra entre a linha central e o LIC. Se a maioria dos pontos está entre essas duas linhas, há uma anormalidade. Para ver se há "abraços" de

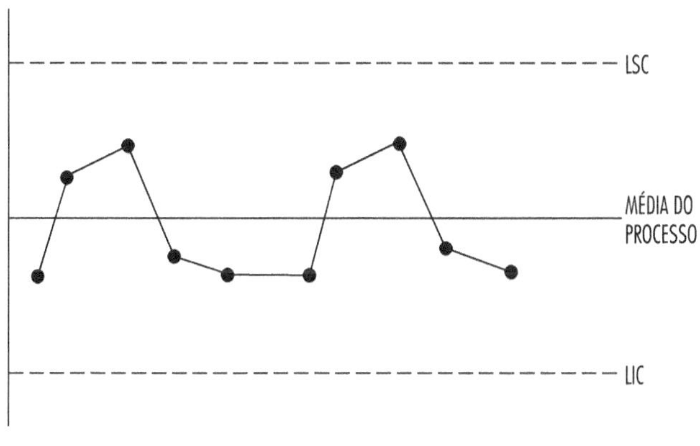

FIGURA 20-27 Periodicidade no gráfico de controle.

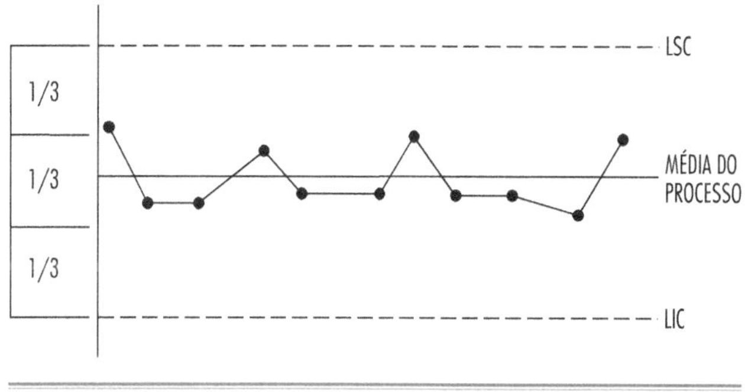

FIGURA 20-28 Abraço da linha central.

um dos limites de controle, desenhe uma linha de dois terços de distância entre a linha central e cada uma das linhas de controle. Existe anormalidade se 2 de 3 pontos, 3 de 7 pontos, ou 4 de 10 pontos estiverem na zona exterior de um terço. As anormalidades devem ser avaliadas por sua(s) causa(s) e as ações corretivas devem ser tomadas. A Figura 20-28 demonstra dados abraçando o LIC.

Fora de Controle. Existe uma anormalidade quando os pontos de dados excedem o limite superior ou inferior de controle. A Figura 20-29 ilustra essa ocorrência.

Sob Controle. Nenhuma anomalia óbvia aparece no gráfico de controle. A Figura 20-30 demonstra esse estado de processo desejável.

20.10 A CAPACIDADE DO PROCESSO (C_p)

A capacidade do processo, para um processo de produção estável, é a capacidade de produzir um produto em conformidade com as especificações de *design*. Como as variações do dia a dia podem ocorrer durante a fabricação, a capacidade do processo é uma declaração sobre a uniformidade do produto. Conforme medido pelas características de qualidade do produto do processo, a capacidade do processo é expressa como o valor médio mais ou menos três desvios padrão. Matematicamente:

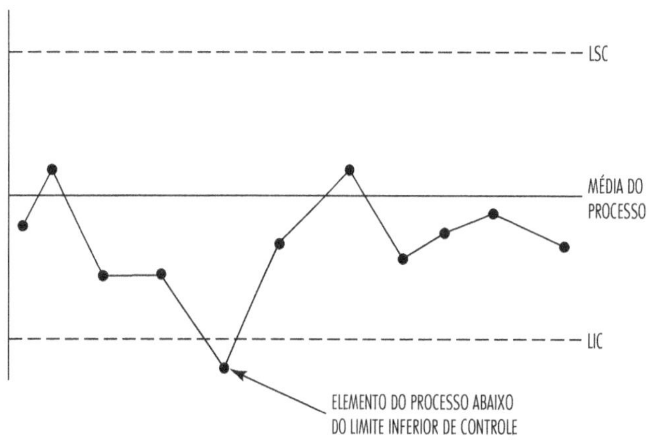

FIGURA 20-29 Gráfico de controle fora do controle.

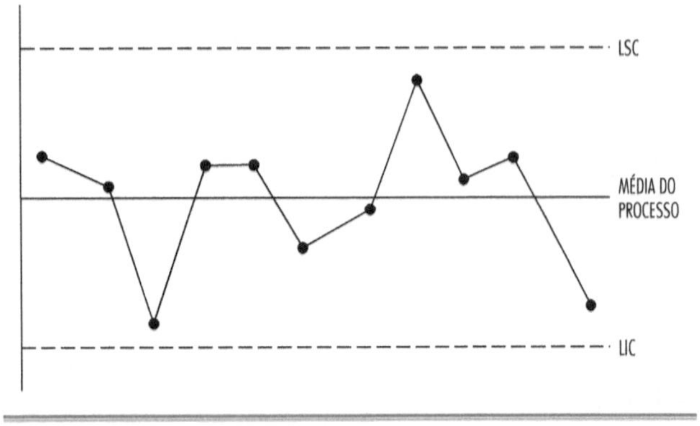

FIGURA 20-30 Processo sob controle.

$$C_p = \frac{LSE - LIE}{6\sigma}$$

É desejável que o C_p seja superior a um. Isso implica que o processo de limite três sigma está dentro dos limites de especificação do cliente, como mostra a Figura 20-31.

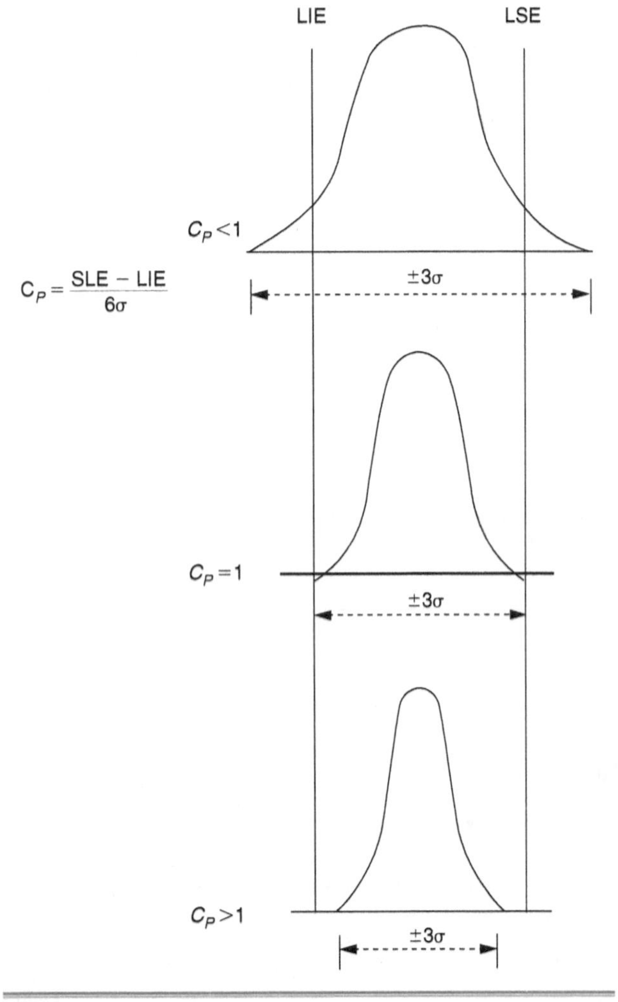

FIGURA 20-31 Cálculo da capacidade do processo.

As seguintes regras são geralmente aceitas para o C_P:

- $C_P > 1{,}33$: o processo C_P está dentro dos requisitos de especificação do cliente.
- $1{,}33 \geq C_P > 1{,}0$: o processo é ligeiramente aceitável. O processo não pode satisfazer completamente os requisitos do cliente. São necessárias melhorias no controle do processo.
- $C_P \leq 1{,}0$: o processo é inaceitável da forma como está. Melhorias são obrigatórias.

Para ilustrar o uso da fórmula, suponha que os requisitos do seu cliente são produzir barras de metal que sejam de 10 polegadas ± 0,5 polegadas. Seu processo de produção tem um sigma de 0,008.

$$C_P = \frac{LSE - LIE}{6}$$
$$= \frac{0{,}05 + 0{,}05}{6(0{,}008)}$$
$$= 2{,}08$$

Observando a Figura 20-31, C_P é a propagação relativa da amplitude do processo dentro da amplitude de especificação. Infelizmente, a propagação da capacidade do processo, mesmo para valores muito bons, poderia ser mal posicionada dentro da amplitude de especificação. A amplitude do processo poderia facilmente abraçar tanto o LSE quanto o LIE. Hoje, a capacidade do processo é medida por ambos C_P e C_{Pk}, onde C_{Pk} é o índice de capacidade com correção (k) para a não centralidade.

Segundo o dr. Frank Anbari, a fórmula para o C_{Pk} pode ser simplificada como:

$$C_{Pk} = \left| \frac{CL - \text{Limite de especificação mais próximo}}{\quad} \right|$$

onde CL é o centro do processo, isto é, sua média.

O dr. Anbari afirma que o C_P fornece um limite superior para o C_{Pk}, que é alcançado quando o processo é totalmente centrado em torno da dimensão nominal.

20.11 AMOSTRAGEM DE ACEITAÇÃO

Guia PMBOK®, 5. ed.
8.3.2.2 Realizar o controle da qualidade

A amostragem de aceitação é um processo estatístico de avaliação de uma parte de um lote com o propósito de aceitar ou rejeitar o lote inteiro. É uma tentativa de monitorar a qualidade do produto ou do material de entrada, após a conclusão da produção.

As alternativas para o desenvolvimento de um plano de amostragem seriam 100% inspeção e 0% inspeção. Os custos associados com 100% são proibitivos e os riscos associados a 0% de inspeção são igualmente grandes. Portanto, é necessária uma espécie de compromisso. Os três planos de amostragem mais comumente usados são:

- **Amostragem única:** é a aceitação ou rejeição de um lote com base na execução de uma amostragem.
- **Amostragem dupla:** uma pequena amostra é testada. Se os resultados não forem conclusivos, então, uma segunda amostra é testada.
- **Amostragem múltipla:** esse processo requer a amostragem de vários pequenos lotes.

Independentemente de qual tipo de plano de amostragem é escolhido, podem ocorrer erros de amostragem. A remessa de itens de boa qualidade pode ser rejeitada se uma parcela grande de unidades defeituosas for selecionada aleatoriamente. Da mesma forma, uma remessa de má qualidade pode ser aceita se a amostra testada contiver um número desproporcionalmente grande de itens de qualidade. Os dois riscos principais são:

- **Risco do Produtor:** é chamado risco □ (alfa) ou erro tipo I. É o risco para o produtor de que um bom lote seja rejeitado.
- **Risco do Consumidor:** é chamado risco □ (beta) ou erro tipo II. É o risco do consumidor de aceitar um lote ruim.

Quando um lote é testado pela qualidade, podemos olhar tanto os dados de qualidade por "atributos" quanto os dados de qualidade por "variáveis". Os dados de qualidade por atributos são dados quantitativos e qualitativos para o qual o produto ou serviço é projetado e construído. Os dados de qualidade de variáveis são processos quantitativos e contínuos tanto para aceitar quanto para rejeitar o lote. A medição exata pode ser a realização de testes destrutivos ou não destrutivos.

20.12 IMPLEMENTAÇÃO DO SEIS SIGMA[4]

Guia PMBOK®, 5. ed.
Capítulo 8 Introdução

O Seis Sigma é uma iniciativa de negócios primeiramente exposta pela Motorola no começo da década de 1990. As histórias recentes de sucesso com Seis Sigma, similares às da General Electric, Sony, AlliedSignal e Motorola têm chamado a atenção de Wall Street e têm propagado o uso dessa estratégia de negócios. A estratégia Seis Sigma envolve o uso de ferramentas estatísticas dentro de uma metodologia estruturada para a obtenção de conhecimento necessário para criar produtos e serviços melhor, mais rapidamente e menos onerosamente do que a concorrência. A aplicação repetida e disciplinada da estratégia principal em projeto após projeto, em que os projetos são selecionados com base em questões essenciais de negócios é o que direciona o dinheiro para o ponto essencial, resultando em margens maiores de lucro e em um impressionante retorno sobre o investimento a partir do treinamento de Seis Sigma. A iniciativa Seis Sigma tem contribuído normalmente uma média de seis dígitos por projeto ao resultado financeiro. Os executores do projeto Seis Sigma são algumas vezes chamados de *black belts*, *top guns*, *change agents*, ou *trailblazers*[NT7], dependendo da empresa que estiver implantando a estratégia. Essas pessoas são treinadas na filosofia e metodologia Seis Sigma e devem realizar pelo menos quatro projetos por ano, que devem entregar pelo menos $ 500.000 anualmente ao resultado financeiro. Uma iniciativa Seis Sigma em uma empresa é projetada para mudar a cultura, por meio da descoberta da melhoria pelo foco no pensamento não convencional, a fim de alcançar metas agressivas e elásticas. Finalmente, o Seis Sigma, se implantado corretamente, infundirá capital intelectual em uma empresa e produzirá ganhos de conhecimento sem precedentes que se traduzem diretamente em resultado financeiro.[5]

O ex-CEO da General Electric (GE) Jack Welch descreve Seis Sigma como "a iniciativa mais desafiadora e potencialmente recompensadora que já enfrentamos na General Electric". O relatório anual de 1997 da GE declarou que o Seis Sigma entregou mais de $300 milhões à sua receita operacional. Em 1998, eles esperavam mais do que duplicar esse impacto no lucro operacional. A GE listou o seguinte em seu relatório anual para exemplificar esses benefícios com Seis Sigma:

- O negócio de Sistemas Médicos descreveu como os projetos Seis Sigma produziram um aumento de dez vezes na vida dos tubos de raios-X do scanner CT – aumentando o tempo de funcionamento dessas máquinas e a rentabilidade e o nível de atendimento ao paciente dada pelos hospitais e outros prestadores de serviços de saúde.
- O negócio de Superabrasivos – nossa indústria de ouro – descreveu como o Seis Sigma quadruplicou o seu retorno sobre o investimento e, por melhorar os rendimentos, está proporcionando o

4 Adaptado de BREYFOGLE, III, Forrest W. *Implementing six sigma*. New York: Wiley, 1999, p. 5-7.

NT7 Respectivamente, "faixas pretas", "os melhores" ou "a elite", "agentes de mudança" e "pioneiros", em tradução livre.

5 As informações deste parágrafo tiveram contribuição de J. Kiemele, Ph. D., da *Air Academy Associates*.

equivalente a uma década completa de capacidade, apesar do volume crescente – sem gastar um níquel com capacidade de fábrica e equipamentos.

- O nosso negócio de locação de vagões descreveu uma redução de 62% no tempo de rotação nas suas oficinas: um enorme ganho de produtividade para os clientes de nossas ferrovias e carregadores e para um negócio que agora é duas ou três vezes mais rápido do que seu rival mais próximo, em virtude de melhorias Seis Sigma. Na fase seguinte, em toda a rede de oficinas, *black belts* e *green belts* trabalhando com suas equipes, redesenharam o processo de vistoria, resultando em uma redução de 50% no tempo de ciclo.
- O negócio de plásticos, por meio de rigoroso processo de trabalho Seis Sigma, adicionou 300 milhões de libras de nova capacidade (equivalente a uma "fábrica grátis"), economizou $400 milhões em investimentos e economizará outros $400 milhões até 2000.[6]

20.13 *LEAN* SEIS SIGMA E DMAIC[7]

O Seis Sigma é uma iniciativa de qualidade que nasceu na Motorola na década de 1980. O foco principal da metodologia de melhoria de processos Seis Sigma, também conhecida como DMAIC[NT8], é reduzir os defeitos que são definidos pelo cliente do processo. Esse cliente pode ser interno ou externo. Ele é quem está no recebimento do resultado do processo. Os defeitos são removidos por meio de um exame cuidadoso pela equipe Seis Sigma composta de posições multifuncionais que possuem diferentes linhas de visão para o processo. A equipe segue o rigor de definir, medir, analisar, melhorar e controlar (DMAIC) a metodologia para determinar a(s) causa(s)-raiz dos defeitos. A equipe usa dados e ferramentas adequadas de análise gráfica e numérica para trazer ao conhecimento as variáveis de processo que estão gerando os defeitos. A coleta de dados e análise é o cerne do Seis Sigma. A frase "extinção por instinto"[NT9] é muitas vezes utilizada para descrever a tomada de decisões e a análise de desempenho intuitivas. O que tem sido conhecido por gerar retrabalho, frustração e soluções ineficazes. O Seis Sigma prescreve a coleta disciplinada e a análise dos dados para efetivamente identificar soluções.

[6] Relatório Anual de 1998 da GE.

[7] A seção foi fornecida por Anne Foley, Diretora de Six Sigma para o *International Institute for Learning.*

[NT8] *Define, Measure, Analyze, Improve and Control* – (DMAIC). Em português, respectivamente, Definir, Medir, Analisar, Melhorar e Controlar.

[NT9] Da expressão em inglês *Extinction by instinct.*

A produção enxuta[NT10] é outro aspecto da melhoria de processos provenientes principalmente do Sistema Toyota de Produção (*Toyota Production System* – TPS). O foco principal é remover os desperdícios e melhorar a eficiência do processo. A produção enxuta é frequentemente associada ao Seis Sigma, pois ambos enfatizam a importância da variação mínima do processo. Ela consiste principalmente de um conjunto de ferramentas projetado para auxiliar na identificação e eliminação constante de desperdícios (muda[NT11]), permitindo a melhoria da qualidade, bem como a redução do tempo de ciclo e de custos. Para resolver o problema do desperdício, a produção enxuta utiliza várias ferramentas. Essas ferramentas incluem projetos DMAIC acelerados conhecidos como eventos *kaizen*, análise de causa e efeito utilizando os "cinco porquês" e a prova de erros com uma técnica conhecida como *poka-yoke.*

Eventos *Kaizen*. A origem da palavra *kaizen* é japonesa: *kai* (desmontar) e *zen* (fazer bem). É uma abordagem de ação orientada para a melhoria de processos. Os membros da equipe dedicam de 3 a 5 dias consecutivos para trabalhar rapidamente por meio da metodologia DMAIC em um estilo de *workshop.*

Cinco Porquês. Essa técnica é usada para mover os sintomas passados de problemas e detalhar até as causas raiz. Para cada resposta vem uma nova pergunta até que você tenha chegado ao fundo do problema. Cinco é uma regra prática. Às vezes, você só precisa de três perguntas, outras vezes pode precisar de sete. O objetivo é identificar a causa raiz dos defeitos e desperdícios do processo.

Poka-Yoke. A origem dessa técnica é japonesa: *yokeru* (evitar) e *poka* (erros inadvertidos). Há três princípios fundamentais do *poka-yoke.* (1) Tornar mais difíceis as ações erradas. (2) Verificar os erros óbvios para a pessoa de modo que possam ser corrigidos. (3) Detectar erros de modo que as consequências adiante possam ser impedidas pela interrupção do fluxo ou por outras ações de correção. A filosofia por trás dessa técnica é que é bom fazer as coisas certo da primeira vez, mas é ainda melhor tornar impossível fazer errado da primeira vez.

Quando o Seis Sigma e a produção enxuta são integrados, a equipe do projeto utiliza a metodologia de gerenciamento de projetos para direcioná-los para a caixa de ferramentas Seis Sigma e fazer melhorias dramáticas nos processos de negócio. A meta global é reduzir os defeitos que impactam o cliente interno e externo e eliminar o desperdício que impacta os tempos de ciclo e os custos.

[NT10] Produção enxuta. Da expressão em inglês *Lean Manufacturing.*

[NT11] Muda. Termo japonês para "desperdício".

20.14 LIDERANÇA DA QUALIDADE[8]

Guia PMBOK®, 5. ed.
Capítulo 9 Gerenciamento dos recursos humanos do projeto

Considere por um momento os seguintes sete itens:

- Trabalho em equipe
- Integração estratégica
- Melhoria contínua
- Respeito às pessoas
- Foco no cliente
- Gestão por fatos
- Resolução estruturada de problemas

Algumas pessoas afirmam que esses sete itens são os princípios de gerenciamento de projetos quando, na verdade, são os sete princípios do programa de gestão da qualidade total na Sprint. Gerenciamento de projetos e TQM têm semelhança na liderança e na tomada de decisões com base na equipe. Segundo Breyfogle[9], os gerentes americanos muitas vezes conduziram grande parte de seus negócios por meio de uma abordagem às vezes chamada de **gestão por resultados**. Esse tipo de gestão tende a concentrar-se apenas no resultado final, isto é, no rendimento do processo, na margem bruta, nas vendas em dinheiro, no retorno sobre o investimento, e assim por diante. A ênfase está em uma cadeia de comando com uma hierarquia de normas, objetivos, controles e responsabilidades. Os objetivos são traduzidos em normas ou cotas de trabalho que orientam o desempenho dos empregados. A utilização dessas metas numéricas pode causar um pensamento de curto prazo, foco mal direcionado, medo, (por exemplo, de uma má classificação de desempenho de trabalho), falsificação dos números, conflito interno e cegueira para os interesses do cliente. Esse tipo de gestão é como tentar manter um cão feliz abanando forçosamente o seu rabo.

A liderança da qualidade é uma alternativa que enfatiza os resultados, trabalhando nos métodos. Nesse tipo de gestão, cada processo de trabalho é estudado e melhorado constantemente para que o produto ou serviço final não só atenda, mas supere as expectativas dos clientes. Os princípios de liderança de qualidade são o foco no cliente, a obsessão com a qualidade, estrutura eficaz de trabalho, controle ainda que com liberdade (por exemplo, a gestão no controle dos empregados ainda que com a liberdade dada a eles), unidade de propósito, identificação de defeito no processo, trabalho em equipe, educação e treinamento. Esses princípios são mais favoráveis ao pensamento de longo prazo, aos esforços corretamente direcionados e a uma consideração aguçada para o interesse do cliente.

A liderança da qualidade tem um efeito positivo sobre o retorno do investimento. Em 1950, Deming descreveu essa reação em cadeia de obter um maior retorno sobre o investimento da seguinte forma: melhorar a qualidade → diminuir os custos → melhorar a produtividade → diminuir preços → aumentar a fatia de mercado no negócio → fornecer empregos → aumentar o retorno sobre o investimento. A qualidade não é algo que pode ser delegado a outros. A gerência deve liderar o processo de transformação.

Para oferecer a liderança da qualidade, a estrutura de gestão hierárquica histórica precisa ser alterada para uma estrutura que tenha uma finalidade mais unificada na utilização de equipes de projeto. Uma única pessoa pode fazer uma grande diferença em uma organização. No entanto, uma pessoa raramente tem conhecimento ou experiência suficiente para entender tudo dentro de um processo. Ganhos maiores em qualidade e produtividade muitas vezes podem resultar quando uma equipe de pessoas une suas habilidades, talentos e conhecimentos.

As equipes precisam ter um plano sistemático para melhorar o processo que cria erros/defeitos, panes/atrasos, ineficiências e variação. Para um determinado ambiente de trabalho, a gerência precisa criar um ambiente que apoie o esforço em equipe em todos os aspectos do negócio. Em algumas organizações, a gerência pode precisar criar um processo que descreva as relações hierárquicas entre as equipes, o fluxo de ordens, como as ordens são transformadas em ação e melhorias e o grau de autonomia e responsabilidade das equipes. A mudança para a liderança da qualidade pode ser muito difícil. São necessárias dedicação e paciência para transformar toda uma organização.

20.15 RESPONSABILIDADE PELA QUALIDADE

Todos em uma organização desempenham um papel importante no gerenciamento da qualidade. Para que uma organização se torne uma organização de qualidade, todos os níveis devem participar ativamente e, de acordo com o dr. Edwards Deming, a chave para a implementação bem-sucedida da qualidade começa no topo.

A alta administração deve retirar o medo do local de trabalho e criar um ambiente em que a cooperação funcional possa florescer. A responsabilidade final pela qualidade na organização está nas mãos da alta gerência. Somente com o seu apoio entusiasta e consistente, a qualidade poderá prosperar em uma organização.

O gerente de projetos é o responsável final pela qualidade do projeto. Isso é verdadeiro pelo mesmo motivo pelo qual o presidente da empresa é responsável pela qualidade em uma corporação. O gerente de projetos seleciona os procedimentos e políticas para o projeto e, por conseguinte, controla a qualidade. O gerente de projetos deve criar

8 Adaptado de BREYFOGLE, III, Forrest W. *Implementing six sigma*. New York: Wiley, 1999. p. 28-29.

9 Adaptado de: BREYFOGLE, III, Forrest W. *Implementing six sigma*. New York: Wiley, 1999. p. 28-29.

um ambiente que promova a confiança e a cooperação entre os membros da equipe. Ele também deve apoiar a identificação e a notificação de problemas pelos membros da equipe, bem como evitar a todo custo uma mentalidade de "matar o mensageiro".

Os membros da equipe de projeto devem ser treinados para identificar problemas, recomendar e implementar as soluções. Eles também devem ter autoridade para limitar o processamento adicional quando um processo estiver fora dos limites especificados. Em outras palavras, eles devem ser capazes de interromper qualquer atividade que estiver fora dos limites de qualidade estabelecidos para o projeto e trabalhar em uma resolução do problema em qualquer momento do projeto.

20.16 CÍRCULOS DE QUALIDADE

Círculos de qualidade são pequenos grupos de trabalhadores que se reúnem frequentemente para ajudar a resolver problemas de qualidade da empresa e fornecer recomendações para a gerência. Os círculos de qualidade foram inicialmente desenvolvidos no Japão e atingiram algum grau de sucesso nos Estados Unidos. Os funcionários envolvidos nos círculos de qualidade se encontram com frequência tanto na casa de alguém quanto na fábrica antes que o turno comece. O grupo identifica problemas, analisa dados, recomenda soluções e conduz as mudanças aprovadas pela gerência. O sucesso da qualidade dos círculos de qualidade é fortemente baseado na vontade da gerência de escutar as recomendações do empregado.

Os elementos fundamentais dos círculos de qualidade incluem:

- Eles oferecem um esforço de equipe
- Eles são completamente voluntários
- Os funcionários são treinados em dinâmicas de grupo, motivação, comunicação e resolução de problemas
- Os membros dependem uns dos outros por ajuda
- O apoio da gerência é ativo, mas conforme a necessidade
- A criatividade é incentivada
- A gerência ouve as recomendações

Os benefícios dos círculos de qualidade incluem:

- Melhoria da qualidade de produtos e serviços
- Melhor comunicação organizacional
- Melhoria do desempenho do trabalhador
- Moral elevado

20.17 PRODUÇÃO *JUST-IN-TIME* (JIT)

A produção *just-in-time* é um processo que continuamente enfatiza a redução de desperdício por meio da otimização dos processos e procedimentos necessários para manter uma operação de produção. Parte desse processo é o inventário ou aquisição JIT em que os materiais necessários aparecem na hora certa para o uso, eliminando, assim, os custos associados com a manipulação de materiais, armazenamento, documentação e até mesmo inspeção. A fim de eliminar a inspeção, o cliente deve estar convencido de que o fornecedor cumpriu com os requisitos de qualidade. Em outras palavras, o inventário JIT empurra a garantia da qualidade e o controle da qualidade para aquele produto para o nível do fornecedor.

O cliente se beneficia com a aquisição JIT por meio do desenvolvimento de relacionamentos de longo prazo com **menos** fornecedores, diminuindo os custos de gestão de subcontratados. Os fornecedor se beneficia por ter contratos de longo prazo. No entanto, o fornecedor deve concordar com condições especiais, tais como inspeções locais pelos executivos do cliente, gerente de projetos, ou equipe da qualidade ou, ainda, permitindo um representante local do cliente nas instalações do fornecedor.

A aquisição JIT tem sido amplamente adotada no Japão, mas apenas um ligeiro sucesso ocorreu nos Estados Unidos. A Tabela 20-6 mostra a comparação relativa das práticas de qualidade americanas *versus* as japonesas.

Outra parte da produção JIT é a identificação e redução contínua de desperdício. Shigeo Shingo da *Toyota Motor Company* identificou sete desperdícios que devem ser alvo de um processo de melhoria contínua. Esses desperdícios aparecem na Tabela 20-7.

Dois novos temas estão sendo discutidos como parte da produção JIT: a produção de valor adicionado e a produção sem estoque. A produção de valor adicionado defende a eliminação de qualquer passo do processo de produção que não adicione valor ao produto para o cliente. Exemplos incluem atrasos no processo, transporte de materiais, inventários do trabalho em andamento e documentação excessiva. A produção sem estoque promove pequenos inventários para matérias-primas, trabalho em andamento e bens acabados. Tudo acaba sendo feito para os pedidos e, então, entregue conforme a necessidade. O desperdício se torna inexistente. O aspecto prático e os riscos dessa abordagem podem não ser viáveis tanto para a empresa quanto para o gerente do projeto.

20.18 GESTÃO DA QUALIDADE TOTAL (TQM)[10]

Guia PMBOK®, 5. ed.
8.1 Planejar a qualidade

Não existe uma definição explícita de gestão da qualidade total. Algumas pessoas a definem como fornecer ao cliente produtos de qualidade no momento certo e no lugar certo. Outros a definem como atender ou exceder os requisitos do cliente. Internamente, a

[10] Esta seção foi adaptada de: PEGELS, C. Carl. *Total quality management*. Danvers, MA: Boyd & Fraser, 1995. p. 4-27.

TABELA 20-6 Análise comparativa da prática de aquisição: tradicional americana e japonesa JIT

Atividade de Aquisição	Aquisição JIT	Aquisição Tradicional
Adquirir tamanho de lote	Adquirir em pequenos lotes com entregas frequentes	Adquirir em lotes de tamanho grande com menos frequência de entrega
Seleção do Fornecedor	Fonte exclusiva de fornecimento para uma determinada peça em uma área geográfica próxima com um contrato a longo prazo	Conta com várias fontes de fornecimento para uma determinada peça e com contratos de curto prazo
Avaliação do Fornecedor	A ênfase é colocada na qualidade do produto, no desempenho de entrega e no preço, mas nenhuma porcentagem de refugo é aceitável	A ênfase é colocada na qualidade do produto, no desempenho de entrega, e no preço, mas por volta de 2% de refugo é aceitável
Recebimento da inspeção	A inspeção de contabilização e recebimento de peças é reduzida e, eventualmente, eliminada	O comprador é responsável pelo recebimento, contabilização e inspeção de todas as peças que chegam
Processo de negociação e licitação	O objetivo principal é alcançar a qualidade do produto por meio de um contrato de longo prazo e a um preço justo	O objetivo principal é conseguir o menor preço possível
Determinação do modo de transporte	A preocupação com os fretes de chegada e de saída e entrega no prazo. O cronograma de entrega é deixado para o comprador	A preocupação com o fretes de saída e com custos menores de saída. O cronograma de entrega é deixado para o fornecedor
Especificação do produto	Especificações "flexíveis". O comprador conta mais com os requisitos de desempenho do que com o design do produto e o fornecedor é incentivado a ser mais inovador	Especificações "rígidas". O comprador conta mais com as especificações de design do que no desempenho do produto e os fornecedores têm menos liberdade nas especificações de design
Documentação	Menos documentação formal. O tempo de entrega e o nível de quantidade podem ser modificados por meio de ligações telefônicas	Exige grande quantidade de tempo e de documentação formal. As mudanças na data de entrega e na quantidade exigem ordens de compra
Embalagem	Pequenos recipientes padronizados utilizados para carregar a quantidade exata e especificar precisamente as especificações	Embalagem regular para cada tipo e número de peça sem especificações claras sobre o conteúdo do produto

Fonte: LEE, Sang M.; Ansari, A. Comparative analysis of japanese just-in-time purchasing and traditional purchasing systems., *International journal of operations and product management*, p. 5-14, V. 5, n. 4, 1985.

TQM pode ser definida como menor variabilidade na qualidade do produto e menos desperdício.

A Figura 20-32 mostra os objetivos básicos e áreas de foco de um processo de TQM. Quase todas as empresas têm uma estratégia primária para obter TQM e a estratégia escolhida geralmente está em vigor durante o longo prazo. As estratégias primárias mais comuns são listadas

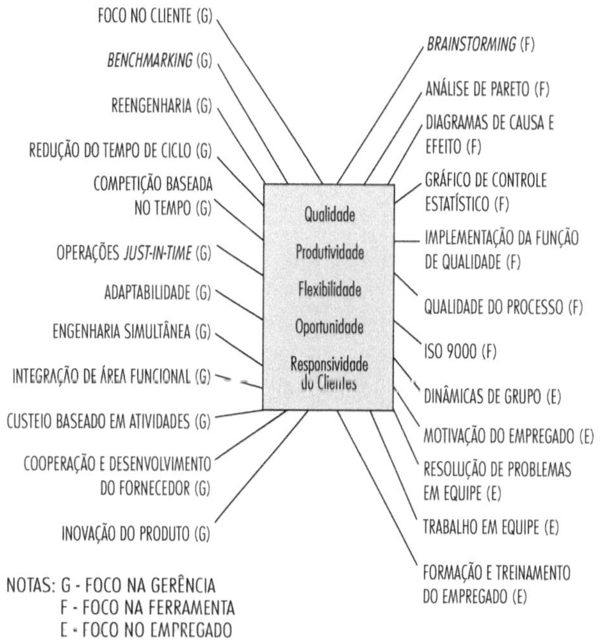

FIGURA 20-32 Objetivos e áreas de foco da TQM.

Fonte: PEGELS, C. Carl. *Total quality management.* Danvers, MA: Boyd & Fraser, 1995. p. 6.

TABELA 20-7 Os sete desperdícios

1. **Desperdício com Excesso de Produção.** Elimine, por meio da redução dos tempos de preparação, sincronizando as quantidades e os períodos entre os processos, compactando o layout, visibilidade e assim por diante. Faça apenas o que for necessário agora.
2. **Desperdício com Espera.** Elimine, por meio da máxima sincronização possível do fluxo de trabalho, e equilibre cargas desiguais com trabalhadores e equipamentos flexíveis.
3. **Desperdício com Transporte.** Estabeleça layouts e localizações para tornar o transporte e o manuseio desnecessários, se possível. Então racionalize o transporte e o manuseio de materiais que não puderem ser eliminados.
4. **Desperdício com o Próprio Processamento.** Questione o porquê dessa peça ou produto precisar ser produzido, e o porquê de cada processo ser necessário. Estenda o pensamento para alem da economia de escala ou velocidade.
5. **Desperdício com Estoque.** Reduza por meio do encurtamento dos tempos de preparação e redução dos tempos de espera, por meio da sincronização dos fluxos de trabalho e melhoria das competências de trabalho, e até mesmo por meio da suavização das flutuações na demanda pelo produto. A redução de todos os outros desperdícios reduz o desperdício com estoque.
6. **Desperdício com Movimento.** Estude os movimentos para a sua economia e consistência. A economia melhora a produtividade e a consistência melhora a qualidade. Primeiro, melhore os movimentos, então, mecanize-os ou automatize-os. Caso contrário, há o perigo do desperdício com automação.
7. **Desperdício com a Produção de Produtos Defeituosos.** Desenvolva um processo de produção para prevenir que os defeitos ocorram, a fim de eliminar a inspeção. Em cada processo, não aceite nenhum defeito e não provoque nenhum defeito. Para isso, torne os processos à prova de falhas. De um processo de qualidade vem um produto de qualidade – automaticamente.

Fonte: HALL, R. *Attaining manufacturing excellence.* Homewood, IL: Dow-Jones-Irwin, 1987. p. 26.

TABELA 20-8 Estratégias primárias de melhoria empregadas pelas corporações listadas

	Estratégia						
	P1	P2	P3	P4	P5	P6	P7
Asea, Brown, Boveri		X					
AT&T				X			
Cigna						X	
DuPont				X			
Eastman Kodak		X					
Eaton Corp.	X	X	X				
Ford Motor Co.	X						
General Motors				X			
Goodyear Tire		X	X				
IBM Rochester							X
ICL Plc							X
Johnson Controls							X
Motorola				X			
New England Corp.					X		
New York Life		X	X				
Pratt and Whitney			X				
Xerox Corp.				X			

Fonte: PEGELS, C. Carl. *Total quality management*. Danvers, MA: Boyd & Fraser, 1995. p. 21.

a seguir. Um resumo das sete principais principais estratégias de melhoria mapeadas em 17 empresas é mostrado na Tabela 20-8.

Estratégias primárias:

- Solicitar dos empregados ideias de melhoria
- Incentivar e desenvolver equipes para identificar e resolver problemas
- Incentivar o desenvolvimento da equipe para realizar operações e atividades de serviços, resultando em liderança participativa
- Realizar *benchmarking* de cada atividade principal na organização para garantir que ela seja feita da forma mais eficiente e eficaz
- Utilizar técnicas de gestão de processos para melhorar o serviço ao cliente e reduzir o tempo de ciclo
- Desenvolver e treinar o pessoal do cliente para ser empreendedor e inovador, a fim de encontrar maneiras de melhorar o serviço ao cliente
- Implementar melhorias para que a organização possa qualificar-se como um fornecedor ISO 9000

Também existem estratégias secundárias que, no longo prazo, focam nas operações e na lucratividade. Estratégias secundárias comuns são mostradas a seguir e a Tabela 20-9 identifica estratégias secundárias de melhoria pelas empresas listadas.

Estratégias secundárias:

- Manter contato permanente com os clientes; compreender e antecipar as suas necessidades
- Desenvolver clientes fiéis, não apenas agradando-os, mas excedendo suas expectativas
- Trabalhar em estreita colaboração com os fornecedores para melhorar a qualidade e a produtividade do seu produto/serviço
- Utilizar tecnologia da informação e da comunicação para melhorar o serviço ao cliente
- Desenvolver a organização em unidades gerenciáveis e focadas no intuito de melhorar o desempenho
- Utilizar engenharia concorrente ou simultânea.
- Incentivar, apoiar e desenvolver programas de formação e treinamento dos funcionários
- Melhorar a oportunidade de todos os ciclos de operação (minimizar todos os tempos de ciclo)
- Foco em qualidade, produtividade e a lucratividade
- Foco em qualidade, oportunidade e flexibilidade

É difícil a obtenção de informações sobre a melhoria da qualidade das corporações. A maior parte das empresas considera essa informação confidencial e não gosta de publicar por medo de oferecer uma vantagem para seus concorrentes. Como resultado, as informações

TABELA 20-9 Estratégias secundárias de melhoria empregadas pelas corporações listadas

	Estratégia									
	S1	S2	S3	S4	S5	S6	S7	S8	S9	S10
AMP Corp.	X	X							X	X
Asea, Brown, Boveri	X	X								
British Telecom	X						X			
Chrysler Corp.					X				X	X
Coca-Cola									X	
Corning							X			
Eastman Kodak	X									
Eaton Corp.									X	
Fidelity Investment	X			X					X	
Ford Motor Co.									X	
Fujitsu Systems	X		X						X	
General Motors					X				X	X
Holiday Inns			X							
IBM Rochester	X			X					X	X
ICL Plc		X								
Johnson Controls	X	X					X			
Motorola								X		
New England Corp.	X									
New York Life	X	X								
Pratt and Whitney						X				
Procter & Gamble		X							X	
The Forum Corp.	X									X
VF Corp.				X						X
Xerox Corp.	X									

Fonte: PEGELS, C. Carl. *Total quality management*. Danvers, MA: Boyd & Fraser, 1995.

na Tabela 20-10 são um esboço. É simplesmente uma fotografia de um número limitado de melhorias quantitativas de desempenho que foram realizadas por empresas como parte de seus programas de gestão de qualidade total. Um resultado digno de nota é a redução da Ford em homens-horas para construir um veículo de 15 para 7,25. Embora isso tenha levado dez anos para acontecer, ainda é um excelente exemplo de melhoria da produtividade. Na IBM de Rochester, Minnesota, a redução de defeitos por milhão por um fator de 32 ao longo de um período de quatro anos também é notável. E a capacidade da Chrysler e da General Motors de reduzir os tempos de desenvolvimento de *design* para os veículos novos de 60 e 48 meses para os atuais 33 e 34 meses, respectivamente, é uma conquista que indica o retorno da competitividade para a indústria automobilística dos Estados Unidos.

TABELA 20-10 Ilustrações resumidas das melhorias quantificadas alcançadas

AMP. Entregas no prazo melhoradas de 65% para 95% e produtos AMP possuem disponibilidade nacional dentro de três dias ou menos em 50% das vendas da AMP.
Asea, Brown, Boveri. Cada meta de melhoria a qual os clientes solicitaram – melhor entrega, responsividade na qualidade, e assim por diante – foi atendida.
Chrysler. Novos veículos agora estão sendo desenvolvidos em 33 meses versus quase 60 meses há dez anos atrás.
Eaton. Aumento nas vendas por empregado de $ 65.000 em 1983 para quase $ 100.000 em 1992.
Fidelity. Lida com 200.000 chamadas de informação em quatro centrais telefônicas; 1.200 representantes lidam com 75.000 chamadas, e o equilíbrio é automatizado.
Ford. Utilização de 7,25 homens-horas de mão de obra por veículo versus 15 homens-horas em 1980; os para-choques do Ford Taurus utilizam 10 peças comparados às 100 peças dos carros similares da GM.
General Motors. Novos veículos agora são desenvolvidos em 34 meses versus os 48 meses durante a década de 1980.
IBM Rochester. As taxas de defeitos por milhão são 32 vezes menores do que há quatro anos atrás e em alguns produtos, excede o seis sigma (3,4 defeitos por milhão).
Pratt & Whitney. A taxa de defeitos por milhão foi diminuída pela metade; um processo de ferramental foi reduzido de dois meses para dois dias; o tempo de espera das peças foi reduzido em 43%.
VF Corp. O sistema de resposta do mercado permite uma taxa de estoque de 97% para as lojas de varejo comparadas com 70% da média do setor.
NCR. O terminal do caixa foi projetado em 22 meses versus 44 meses e continha 85% menos peças do que o seu antecessor.
AT&T. O redesenho de um computador com central telefônica em 18 meses versus 36 meses; defeitos de fabricação reduzidos em 87%.
Deere & Co. Tempo de ciclo de alguns de seus produtos reduzido em até 60%, economizando 30% dos custos normais de desenvolvimento.

Fonte: PEGELS, C. Carl. *Total quality management.* (Danvers, MA: Boyd & Fraser, 1995), p. 27.

20.19 DICAS DE ESTUDO PARA O EXAME DE CERTIFICAÇÃO EM GERENCIAMENTO DE PROJETOS PMI®

Esta seção aplica-se à revisão dos princípios de apoio às áreas de conhecimento e grupos de processos do Guia PMBOK®. Este capítulo aborda:

- Gerenciamento da Qualidade

A compreensão dos princípios a seguir será benéfica se o leitor estiver utilizando este livro como estudo para o Exame de Certificação PMP®:

- Contribuições dos pioneiros da qualidade
- Conceito de gestão da qualidade total (TQM)
- Diferenças entre o planejamento da qualidade, a garantia da qualidade e o controle da qualidade
- Importância da auditoria da qualidade
- Ferramentas de controle de qualidade
- Conceito de custo da qualidade

As seguintes questões de múltipla escolha ajudarão na revisão dos conceitos deste capítulo:

1. Qual das seguintes alternativas não faz parte da opinião geralmente aceita hoje sobre qualidade?
   a. Os defeitos devem ser ressaltados e trazidos à superfície
   b. Podemos inspecionar a qualidade
   c. A melhoria da qualidade economiza dinheiro e aumenta o negócio
   d. A qualidade é focada no cliente
2. Na visão atual sobre qualidade, quem define a qualidade?
   a. A alta administração do fornecedor
   b. O gerenciamento de projetos
   c. Os trabalhadores
   d. Os clientes
3. Qual das seguintes representam ferramentas de controle da qualidade?
   a. Tabelas de amostragem
   b. Gráficos de processos
   c. Técnicas estatísticas e matemáticas
   d. Todas as anteriores

4. Qual das seguintes alternativas é verdadeira sobre o gerenciamento moderno da qualidade?
   a. A qualidade é definida pelo cliente
   b. A qualidade se tornou uma arma competitiva
   c. A qualidade é agora parte integrante do planejamento estratégico
   d. Todas são verdadeiras
5. Uma empresa dedicada à qualidade geralmente fornece treinamento para:
   a. A alta administração e os gerentes de projetos
   b. Os trabalhadores horistas
   c. Os trabalhadores assalariados
   d. Todos os trabalhadores
6. Qual dos seguintes gurus da qualidade acreditam que o "zero defeito" é atingível?
   a. Deming
   b. Juran
   c. Crosby
   d. Todos os citados
7. Quais são os componentes da trilogia de Juran?
   a. Melhoria da Qualidade, Planejamento da Qualidade e Controle da Qualidade
   b. Melhoria da Qualidade, Zero Defeito e Controle da Qualidade
   c. Melhoria da Qualidade, Planejamento da Qualidade e Gráficos PERT
   d. Melhoria da Qualidade, Inspeções da Qualidade e Controle da Qualidade
8. Qual das seguintes alternativas não representa um dos Quatro Absolutos da Qualidade de Crosby?
   a. Qualidade significa conformidade aos requisitos
   b. Qualidade vem da prevenção
   c. Qualidade é medida pelo custo de conformidade
   d. Qualidade significa que o desempenho padrão é "zero defeito"
9. De acordo com Deming, qual percentual dos custos da qualidade é geralmente atribuível à gerência?
   a. 100%
   b. 85%
   c. 55%
   d. 15%
10. A inspeção:
    a. É uma forma adequada de garantir a qualidade
    b. É cara e demorada
    c. Reduz o retrabalho e os custos gerais
    d. É sempre eficaz em impedir que produtos defeituosos alcancem o cliente
11. As filosofias do Método Taguchi se concentram em melhorar a qualidade durante a:
    a. Fase Conceitual
    b. Fase de Projeto
    c. Fase de Implementação
    d. Fase de Encerramento
12. Uma declaração bem escrita de política sobre a qualidade:
    a. Será uma declaração de como, não do quê ou do porquê
    b. Promoverá a coerência por toda a organização e por todos os projetos
    c. Fornecerá uma explicação de como os clientes veem a qualidade em suas próprias organizações
    d. Fornecerá disposições para a alteração da política apenas em uma base anual
13. A garantia da qualidade inclui:
    a. A identificação dos objetivos e normas
    b. A realização de auditorias da qualidade
    c. O planejamento para a coleta contínua de dados
    d. Todas as anteriores
14. Qual é a ordem das quatro etapas do Ciclo de Deming para a Melhoria Contínua?
    a. Planejar, Fazer, Verificar e Agir
    b. Fazer, Planejar, Agir e Verificar
    c. Verificar, Fazer, Agir e Planejar
    d. Agir, Verificar, Fazer e Planejar
15. As auditorias da qualidade:
    a. São desnecessárias se você fizer isso logo na primeira vez
    b. Devem ser realizadas diariamente para cada processo
    c. São caras e, portanto, não vale a pena fazer
    d. São necessárias para a validação de que a política de qualidade está sendo seguida e respeitada
16. Qual das seguintes alternativas são ferramentas comuns do controle estatístico de processo?
    a. Análise de Pareto
    b. Análise de causa e efeito
    c. Gráficos de controle de processo
    d. Todas as anteriores
17. Qual dos métodos a seguir é mais adequado para identificar os "poucos contribuintes vitais?"
    a. Análise de Pareto
    b. Análise de causa e efeito
    c. Análise das tendências
    d. Gráficos de controle de processo
18. Quando um processo é idealmente configurado, os limites superior e inferior de especificação geralmente são:
    a. Definidos igual ao limite superior e inferior de controle
    b. Definidos fora dos limites superior e inferior de controle
    c. Definidos dentro do limite superior e inferior de controle
    d. Definidos a uma distância igual a partir do valor da média
19. Os limites superior e inferior de controle são geralmente definidos:
    a. A um desvio padrão da média em cada sentido
    b. A 3σ (três sigma) da média em cada sentido

c. Fora dos limites superior e inferior de especificação
d. Para detectar e sinalizar quando um processo pode estar fora de controle

20. Qual das seguintes alternativas **não** é indicativo da visão atual sobre o processo de gerenciamento da qualidade aplicado a um determinado projeto?
a. Os defeitos devem ser ressaltados e trazidos à superfície
b. A responsabilidade pela qualidade está principalmente com a alta gerência ou com o patrocinador, mas todos devem estar envolvidos
c. Qualidade economiza dinheiro
d. A identificação do problema leva a soluções cooperativas

21. Se os valores gerados a partir de um processo são normalmente distribuídos em torno do valor da média, qual a percentagem de pontos de dados gerados pelo processo que **não** cairá dentro de mais ou menos três desvios padrão da média?
a. 99,7%
b. 95,4%
c. 68,3%
d. 0,3%

RESPOSTAS

1. B 2. D 3. D 4. D 5. D 6. C 7. A 8. C 9. B 10. B 11. B
12. B 13. D 14. A 15. D 16. D 17. A 18. B 19. B 20. B 21. D

21

DESENVOLVIMENTOS MODERNOS EM GERENCIAMENTO DE PROJETOS

Estudos de Caso Relacionados (de Kerzner/*Project Management Case Studies*, 4. ed.)	Livro de Exercícios Relacionado (de Kerzner/*Project Management Workbook and PMP®/CAPM® Exam Study Guide*, 11. ed.)	Guia PMBOK® – 5. ed., Seção de Referência para o Exame de Certificação PMP®
• Lakes Automotive • Ferris Healthcare, inc. • Clark Faucet Company • Honicker Corporation*	• Project Management Maturity Questionnaire • Multiple Choice Exam	• Nenhuma Referência

* *Estudo de caso apareceu també ao final do capítulo.*

21.0 INTRODUÇÃO

Guia PMBOK®, 5. ed.
Capítulos 1, 2 e 3 do PMBOK

Conforme mais setores aceitam o gerenciamento de projetos como caminho, a mudança nas práticas de gerenciamento de projetos ocorrem a um ritmo espantoso. Mas o que é ainda mais importante é o fato de que essas empresas estão compartilhando suas conquistas com outras empresas durante atividades de *benchmarking*.

Oito áreas de interesse recente estão incluídas neste capítulo:

- O modelo de maturidade de gerenciamento de projetos (PMMM)[NT1]
- O desenvolvimento de documentação processual eficaz
- As metodologias de gerenciamento de projetos
- A melhoria contínua
- O planejamento da capacidade
- Os modelos de competência
- O gerenciamento de vários projetos
- As reuniões de revisão de final de fase

21.1 O MODELO DE MATURIDADE EM GERENCIAMENTO DE PROJETOS (PMMM)

Todas as empresas desejam a excelência no gerenciamento de projetos. Infelizmente, nem todas elas reconhecem que o prazo pode ser encurtado por meio da realização de planejamento estratégico para o gerenciamento de projetos. A simples utilização de gerenciamento de projetos, mesmo que por um longo período de tempo, **não** conduz à excelência. Em vez disso, pode resultar em erros repetitivos e, o que é pior, aprender com seus próprios erros e não com os erros dos outros.

O planejamento estratégico para o gerenciamento de projetos é diferente de outras formas de planejamento estratégico na medida em que é mais frequentemente realizado no nível médio de gestão, e não pelos executivos. Os executivos ainda são envolvidos, principalmente em um papel de apoio, e proveem o financiamento em conjunto com a liberação do tempo do empregado para o

[NT1] Da expressão em inglês, *Project Management Maturity Model* (PMMM).

esforço. O envolvimento dos executivos será necessário para garantir que o que for recomendado pela média gerência não resulte em mudanças indesejadas para a cultura corporativa.

As organizações tendem a realizar um planejamento estratégico para novos produtos e serviços por meio da disposição de um plano bem pensado e, então, executá-lo com a precisão de um cirurgião. Infelizmente, o planejamento estratégico para o gerenciamento de projetos, se for realizado de alguma forma, é feito na base da prova de fogo. No entanto, existem modelos que podem ser utilizados para auxiliar as corporações na realização do planejamento estratégico de gerenciamento de projetos e no alcance da maturidade e excelência em um período razoável de tempo.

A base para alcançar a excelência em gerenciamento de projetos pode ser mais bem descrita como o modelo de maturidade de gerenciamento de projetos (PMMM), que é composto de cinco níveis, como mostrado na Figura 21-1. Cada um dos cinco níveis representa um grau diferente de maturidade em gerenciamento de projetos.

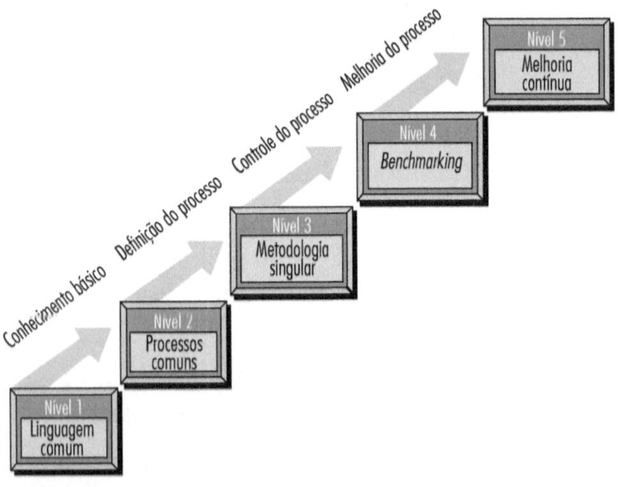

FIGURA 21-1 Os cinco níveis de maturidade.

- **Nível 1 – Linguagem Comum:** nesse nível, a organização reconhece a importância do gerenciamento de projetos e a necessidade de uma boa compreensão do conhecimento básico em gerenciamento de projetos, juntamente com a linguagem/terminologia que o acompanha.
- **Nível 2 – Processos Comuns:** nesse nível, a organização reconhece que precisam ser definidos e desenvolvidos processos comuns de forma que os êxitos em um projeto possam ser repetidos em outros projetos. Nesse nível também está incluído o reconhecimento de que os princípios de gerenciamento de projetos podem ser aplicados a outras metodologias empregadas pela empresa, bem como apoiá-las.
- **Nível 3 – Metodologia Singular:** nesse nível, a organização reconhece o efeito sinérgico da combinação de todas as metodologias corporativas em uma metodologia singular, no centro da qual está o gerenciamento de projetos. Os efeitos sinérgicos também tornam o processo de controle mais fácil com uma metodologia única do que com várias metodologias.
- **Nível 4 – *Benchmarking*:** esse nível contém o reconhecimento de que é necessária a melhoria do processo para manter uma vantagem competitiva. O *benchmarking* deve ser realizado de forma contínua. A empresa deve decidir de quem e do quê realizar o *benchmarking*.
- **Nível 5 – Melhoria Contínua:** nesse nível, a organização avalia as informações obtidas por meio da análise comparativa e deve, então, decidir se essas informações irão ou não melhorar a metodologia singular.

Quando falamos de níveis de maturidade (e até mesmo das fases do ciclo de vida), existe uma descrença comum de que todo o trabalho deve ser realizado sequencialmente (ou seja, em série). Isso não é necessariamente verdade. Determinados níveis podem e sobrepõem-se. A magnitude da sobreposição é baseada na quantidade de risco que a organização está disposta a tolerar. Por exemplo, uma empresa pode iniciar o desenvolvimento de listas de verificação de gerenciamento de projetos para apoiar a metodologia ao mesmo tempo em que ainda fornece treinamento em gerenciamento de projetos para a força de trabalho. Uma empresa pode criar um centro de excelência em gerenciamento de projetos antes que o *benchmarking* seja realizado.

Apesar de ocorrer sobreposição, a ordem na qual as fases são concluídas não pode mudar. Por exemplo, apesar de os níveis 1 e 2 poderem se sobrepor, o Nível 1 ainda *deve* ser concluído antes do Nível 2. A sobreposição de vários níveis pode ocorrer, como mostrado na Figura 21-2.

- **Sobreposição do Nível 1 e do Nível 2:** ocorrerá porque a organização pode começar o desenvolvimento de processos de gerenciamento de projetos ainda enquanto os refinamentos estiverem sendo feitos para a linguagem comum, ou durante o treinamento.

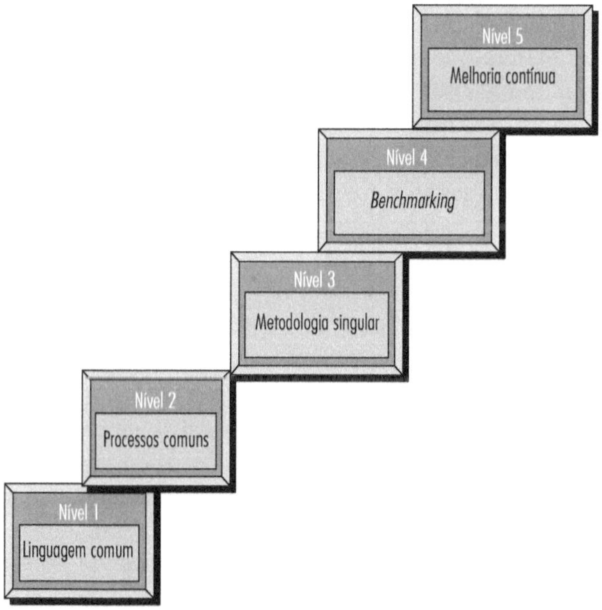

FIGURA 21-2 Níveis de sobreposição.

- **Sobreposição do Nível 3 e do Nível 4:** ocorre porque, enquanto a organização está desenvolvendo uma metodologia singular, os planos estão sendo realizados quanto ao processo de melhoria da metodologia.
- **Sobreposição do Nível 4 e do Nível 5:** conforme a organização se torna mais e mais comprometida com o *benchmarking* e com a melhoria contínua, a velocidade com a qual o organização deseja que as mudanças sejam feitas pode levar esses dois níveis a uma sobreposição significativa. O *feedback* do Nível 5 de volta ao nível 4 e ao nível 3, conforme mostrado na Figura 21-3, implica que esses três níveis formam um ciclo de melhoria contínua, e pode até ser possível que todos esses três níveis se sobreponham.

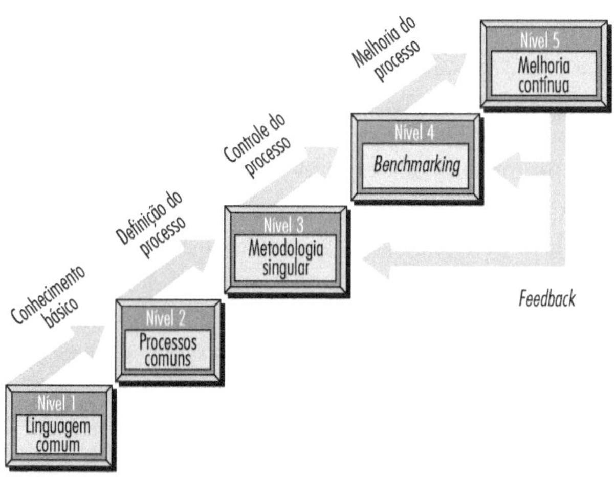

FIGURA 21-3 *Feedback* entre os cinco níveis de maturidade.

O Nível 2 e o Nível 3 geralmente não se sobrepõem. Pode ser possível começar parte do trabalho do Nível 3 antes que o Nível 2 esteja concluído, mas isso é altamente improvável. Uma vez que uma empresa está comprometida com uma metodologia singular, o trabalho em outras metodologias geralmente termina. Além disso, as empresas podem criar um Centro de Excelência em gerenciamento de projetos no início do processo do ciclo de vida, mas não receberão todos os benefícios até mais tarde.

Os riscos podem ser atribuídos a cada nível do PMMM. Para simplificar, os riscos podem ser rotulados como baixo, médio e alto. O nível de risco é mais frequentemente associado com o impacto na cultura corporativa. As seguintes definições podem ser atribuídas a esses três riscos:

- **Risco Baixo:** praticamente nenhum impacto na cultura corporativa, ou a cultura corporativa é dinâmica e prontamente aceita a mudança.
- **Risco Médio:** a organização reconhece que a mudança é necessária, mas pode não estar ciente do impacto da mudança. A subordinação a vários chefes seria um exemplo de um risco médio.
- **Risco Alto:** os riscos altos ocorrem quando a organização reconhece que as mudanças resultantes da implementação do gerenciamento de projetos causarão uma mudança na cultura corporativa. Exemplos incluem a criação de metodologias, políticas e procedimentos de gerenciamento de projetos, bem como a descentralização da autoridade e da tomada de decisões.

O nível 3 tem o maior risco e grau de dificuldade para a organização. Isso é mostrado na Figura 21-4. Uma vez que uma organização está comprometida com o nível 3, o tempo e o esforço necessários para atingir os níveis mais elevados de maturidade têm um baixo grau de dificuldade. Alcançar o Nível 3, no entanto, pode requerer uma grande mudança na cultura corporativa.

Nível	Descrição	Grau de maturidade
1	Linguagem comum	Médio
2	Processos comuns	Médio
3	Metodologia singular	Alto
4	*Benchmarking*	Baixo
5	Melhoria contínua	Baixo

FIGURA 21-4 Graus de dificuldade dos cinco níveis de maturidade.

Esses tipos de modelos de maturidade se tornarão mais comuns no futuro, com modelos genéricos sendo adaptados para cada empresa. Esses modelos vão ajudar a administração na realização do planejamento estratégico para a excelência no gerenciamento de projetos.

21.2 DESENVOLVIMENTO DE UMA DOCUMENTAÇÃO PROCESSUAL EFICAZ

Uma boa documentação processual irá acelerar o processo de maturidade do gerenciamento de projetos, promover o apoio em todos os níveis de gestão e melhorar significativamente as comunicações do projeto. O tipo de documentação processual escolhido é fortemente inclinado para se queremos gerenciar formal ou informalmente, mas deve mostrar como conduzir as atividades orientadas aos projetos e como comunicar-se em um ambiente tão multidimensional. As políticas, procedimentos, formulários e diretrizes de gerenciamento de projetos podem fornecer algumas dessas ferramentas para o delineamento do processo, bem como um formato para a coleta, processamento e comunicação dos dados relacionados ao projeto em um formato organizado e padronizado. O planejamento e o acompanhamento do projeto, no entanto, envolvem mais do que apenas a geração de papelada. Eles exigem a participação de toda a equipe do projeto, incluindo os departamentos de apoio, subcontratados e a alta administração, e esse envolvimento promove a unidade. Os documentos processuais ajudam a:

- Fornecer diretrizes e uniformidade
- Incentivar documentação útil, mas mínima
- Comunicar as informações de forma clara e eficaz
- Padronizar os formatos dos dados
- Unificar as equipes de projetos
- Fornecer uma base para a análise
- Garantir o entendimento dos documentos para referência futura
- Renovar os compromissos
- Diminuir a papelada
- Diminuir conflito e confusão
- Delinear os pacotes de trabalho
- Trazer novos membros de equipe
- Construir uma experiência de acompanhamento e método para projetos futuros

Feito de forma adequada, o processo de planejamento do projeto deve envolver tanto a organização executora quanto a organização cliente. Isso leva à visibilidade do projeto em vários níveis organizacionais e estimula o interesse no projeto e o desejo de sucesso.

Os Desafios

Mesmo que os documentos processuais possam fornecer todos esses benefícios, a gerência, muitas vezes, é relutante em implementar ou apoiar plenamente um sistema formal de gerenciamento de projetos. As preocupações da gerência frequentemente giram em torno de quatro temas: os encargos de *overhead*, atrasos na inicialização, criatividade sufocada e redução do controle da força própria. Primeiro, a introdução de maior formalidade organizacional por meio de políticas, procedimentos e formulários pode custar dinheiro, e o financiamento adicional pode ser necessário para apoiar e manter o sistema. Segundo, o sistema é visto como a causa de atrasos na inicialização, exigindo definição adicional do projeto antes que a implementação possa começar. Terceiro e quarto, o sistema é frequentemente visto como um sufoco à criatividade e como transferência do controle do projeto do indivíduo responsável para um processo impessoal. O comentário de um gerente de projetos pode ser comum: "Meu pessoal de apoio acha que gastamos muito tempo planejando um projeto antecipadamente; isso cria um ambiente muito rígido que sufoca a inovação. O único objetivo parece ser a definição de uma base para controles contra medidas ultrapassadas e para a punição, em vez de ajuda, no caso de uma contingência". Esse comentário ilustra a potencial utilização indevida de um sistema formal de gerenciamento de projetos para estabelecer controles irrealistas e sanções em caso de desvios do plano de programa, em vez de ajudar a encontrar soluções.

Como Fazer Funcionar

Poucas empresas introduziram procedimentos de gerenciamento de projetos com facilidade. A maioria passou por problemas desde o ceticismo à sabotagem do sistema processual. Muitas usam abordagens incrementais para desenvolver e implementar sua metodologia de gerenciamento de projetos. Fazer isso, porém, é um desafio multifacetado para a administração. O problema é raramente de compreensão das técnicas envolvidas, tais como o orçamento e o cronograma, mas um problema de envolvimento da equipe de projetos no processo, obtendo a sua contribuição, apoio e compromisso, e estabelecendo um ambiente de apoio.

As diretrizes e formulários processuais de uma metodologia de gerenciamento de projetos estabelecida podem ser especialmente úteis durante a fase de planejamento/definição do projeto. Não só a metodologia de gerenciamento de projetos ajuda a delinear e comunicar os quatro grandes conjuntos de variáveis para a organização e o gerenciamento do projeto – (1) tarefas, (2) prazo (3), recursos e (4) responsabilidades –, mas também ajuda a definir marcos mensuráveis, bem como requisitos de relatório e de revisão. Isso fornece ao pessoal do projeto a capacidade de medir o andamento e o desempenho do projeto e provê os insumos essenciais para o controle do projeto rumo aos resultados desejados.

O desenvolvimento de uma metodologia eficaz de gerenciamento de projetos compreende mais do que apenas um conjunto de políticas e procedimentos. Exige a integração dessas diretrizes e normas à cultura e ao sistema de valores da organização. A gerência deve liderar os esforços globais e promover um ambiente propício ao trabalho em equipe. Quanto maior for o espírito de equipe, a confiança, o compromisso e a qualidade da troca de informações entre os membros da equipe, mais será provável que a equipe venha a desenvolver processos eficazes de tomada de decisões, firmar compromissos individuais e em grupo, focar na resolução de problemas e operar em um modo de controle de força própria e autocorreção.

Práticas Estabelecidas

Embora os gerentes de projetos possam ter o direito de estabelecer suas próprias políticas e procedimentos, muitas empresas elaboram os formulários de controle do projeto que podem ser usados de maneira uniforme em todos os projetos. Os formulários de controle do projeto servem a dois propósitos essenciais por meio do estabelecimento de uma estrutura comum, a partir da qual:

- O gerente de projetos se comunicará com executivos, gerentes funcionais, empregados funcionais e clientes
- Os executivos e o gerente de projetos poderão tomar decisões significativas sobre a alocação de recursos

Algumas grandes empresas com estruturas maduras de gerenciamento de projetos mantêm uma unidade funcional separada para o controle de formulários. Isso é muito comum nos setores aeroespacial e de defesa, mas também está se tornando prática comum em outras indústrias e em algumas empresas de menor dimensão.

As grandes empresas, com uma infinidade de projetos diferentes, não podem se dar ao luxo de controlar os projetos com três ou quatro formulários. Existem diferentes formulários para planejamento, programação, controle, autorização de trabalho, e assim por diante. Não é raro que as empresas tenham de 20 a 30 formulários diferentes, cada um dependente do tipo de projeto, da duração do projeto, do valor monetário, do tipo de informação ao cliente, e outros argumentos. Os gerentes de projetos muitas vezes são autorizados a criar a sua própria administração para o projeto, o que pode levar a um dano em longo prazo, se cada um elaborar seus próprios formulários de controle do projeto.

O melhor método para limitar o número de formulários parece ser o conceito de força-tarefa, em que ambos, gerentes e executores têm a oportunidade de dar uma contribuição. Isso pode parecer um desperdício de tempo e dinheiro, mas no longo prazo oferece grandes benefícios.

Para ser eficaz, as seguintes regras básicas podem ser utilizadas:

- As forças-tarefa devem incluir os gerentes, bem como os executores
- Os membros da força tarefa devem estar dispostos a aceitar críticas de outros colegas, superiores e, especialmente, dos subordinados que devem "conviver" com esses formulários
- A gerência superior deve manter um envolvimento (ou acompanhamento) bastante passivo
- O mínimo de assinaturas para aprovação deverá ser exigido para cada formulário
- Os formulários devem ser concebidos de modo que possam ser atualizados periodicamente
- Os gerentes funcionais e os gerentes de projetos devem ser dedicados e estar comprometidos com a utilização dos formulários

Categorização do Amplo Espectro de Documentos

A natureza dinâmica do gerenciamento de projetos e de seu envolvimento multifuncional cria a necessidade de uma infinidade de documentos processuais para orientar um projeto por meio das várias fases e estágios de integração. Especialmente para organizações maiores, o desafio não é apenas fornecer diretrizes de gerenciamento para cada atividade do projeto, mas também fornecer uma estrutura processual coerente com a qual os líderes de projetos de todas as disciplinas possam trabalhar e comunicar-se uns com os outros. Especificamente, cada política ou procedimento deve acomodar e estar coerente as várias outras funções que fazem interface com o projeto durante o seu ciclo de vida. Essa complexidade de relações intrincadas é ilustrada na Figura 21-5.

Uma maneira simples e eficaz de categorizar o amplo espectro de documentos processuais é a utilização do conceito de divisão de trabalho, como mostrado na Figura 21-6. Assim, as principais categorias processuais são definidas ao longo das fases principais do ciclo de vida do projeto. Cada categoria é, então, subdividida em (1) diretrizes gerais de gestão, (2) políticas, (3) procedimentos, (4) formulários e (5) listas de verificação. Se necessário, o mesmo conceito pode ser levado um passo adiante para desenvolver políticas, procedimentos, formulários e listas de verificação para os vários subníveis de operação funcionais e do projeto. Embora isso possa ser necessário para os programas muito grandes,

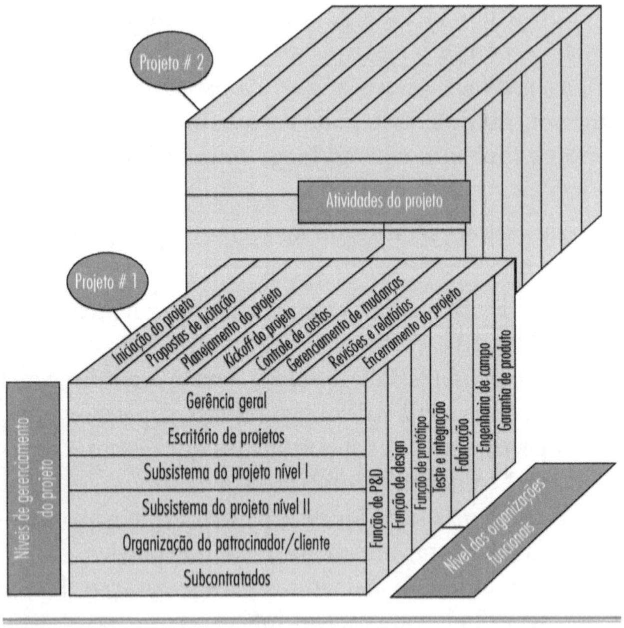

FIGURA 21-5 Inter-relacionamento das atividades do projeto com os vários níveis funcionais/organizacionais e de gerenciamento do projeto.

um esforço deve ser feito para diminuir a "sobreposição" de políticas e procedimentos a fim de evitar novos problemas e custos. Para a maioria dos projetos, um documento único abrange todos os níveis das operações do projeto.

À medida que amadurecemos...

Conforme as empresas se tornam mais maduras na execução da metodologia de gerenciamento de projetos, as políticas e procedimentos de gerenciamento de projetos são desconsiderados e substituídos por diretrizes, formulários e listas de verificação. O gerente de projetos possui mais flexibilidade. Infelizmente, isso leva tempo porque os executivos devem confiar na capacidade de a metodologia de gerenciamento de projetos funcionar sem os rígidos controles previstos pelas políticas e procedimentos. Além disso, todas as empresas parecem passar por estágios evolutivos das políticas e procedimentos antes de chegarem às diretrizes, aos formulários e às listas de verificação.

21.3 METODOLOGIAS DE GERENCIAMENTO DE PROJETOS

O propósito final de qualquer sistema de gerenciamento de projetos é aumentar a probabilidade de que sua organização tenha um fluxo contínuo de projetos gerenciados com sucesso. A melhor forma de alcançar esse objetivo é por meio de boas metodologias de gerenciamento de projetos que sejam baseadas em diretrizes e formulários, em vez de políticas e procedimentos. As metodologias devem ter flexibilidade suficiente para que possam ser facilmente adaptadas a cada projeto.

As metodologias devem ser concebidas para apoiar a cultura corporativa e não vice-versa. É um erro fatal comprar um pacote de uma metodologia enlatada que obrigue você a mudar sua cultura corporativa para apoiá-la. Se a metodologia não oferece apoio à cultura, ela não será aceita. O que converte qualquer metodologia em uma metodologia de nível internacional é a sua adaptabilidade à cultura corporativa. Não há nenhuma razão para que as empresas não possam desenvolver sua própria metodologia. Empresas como a Compaq Services, Ericsson, Nortel Networks, Johnson Controls e Motorola são consideradas detentoras de metodologias de nível internacional para gerenciamento de projetos e, em cada caso, a metodologia foi desenvolvida internamente. O desenvolvimento da sua própria metodologia internamente, para garantir um ajuste à cultura corporativa, geralmente proporciona um retorno sobre o

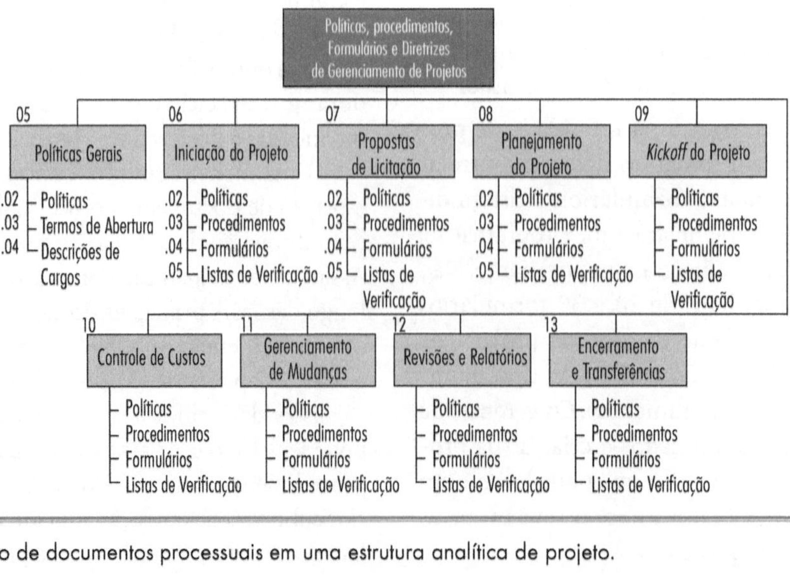

FIGURA 21-6 Categorização de documentos processuais em uma estrutura analítica de projeto.

investimento muito maior do que a aquisição de pacotes enlatados que exigem mudanças massivas.

21.4 MELHORIA CONTÍNUA

Muitas vezes a complacência dita o processo decisório. Isso é particularmente verdade em organizações que atingiram certo grau de excelência em gerenciamento de projetos, tornaram-se complacentes e, em seguida, perceberam tarde demais que perderam a vantagem competitiva. Isso ocorre quando as organizações deixam de reconhecer a importância da melhoria contínua.

A Figura 21-7 ilustra o porquê de existir uma necessidade de melhoria contínua. Conforme as empresas começam a amadurecer em gerenciamento de projetos e a atingir certo grau de excelência, atingem uma vantagem competitiva sustentada. A vantagem competitiva sustentada pode muito bem ser o objetivo singular estratégico mais importante da empresa. A empresa, então, iniciará a exploração de sua vantagem competitiva sustentada.

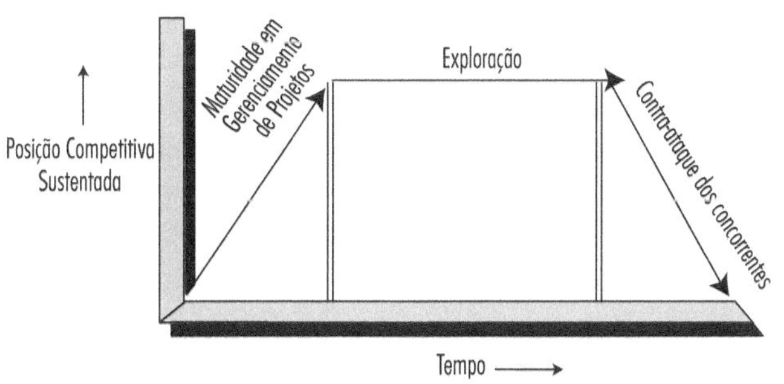

FIGURA 21-7 Porque há a necessidade de melhoria contínua.

Infelizmente, a concorrência não está sentada de braços cruzados assistindo você explorar a sua vantagem competitiva sustentada. À medida que a concorrência começa a contra-atacar, você pode perder uma grande parte de a sua vantagem competitiva sustentada, se não toda ela. Para se manter eficaz e competitiva, a organização deve reconhecer a necessidade de melhoria contínua, como mostrado na Figura 21-8. A melhoria contínua permite a uma empresa manter a sua vantagem competitiva, mesmo quando os concorrentes contra-atacarem.

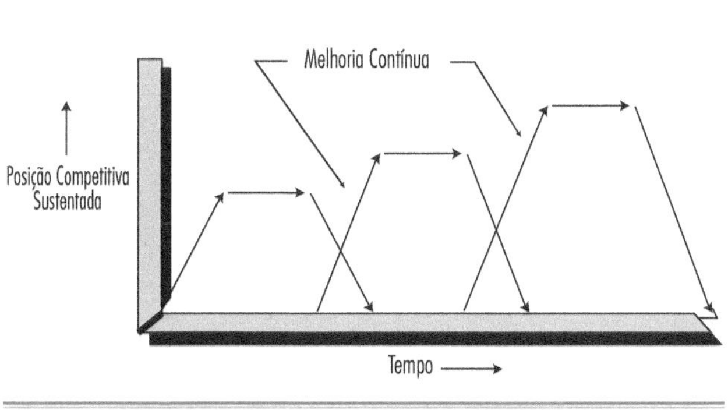

FIGURA 21-8 A necessidade de melhoria contínua.

21.5 PLANEJAMENTO DA CAPACIDADE

Conforme as empresas se tornam excelentes em gerenciamento de projetos, os benefícios da realização de mais trabalho em menos tempo e com menos recursos se tornam aparentes. A questão, é claro, é quanto trabalho a mais a organização pode assumir? As empresas estão agora se esforçando para desenvolver modelos de planejamento da capacidade para ver o quanto de novos trabalhos pode ser realizado dentro das restrições existentes, humanas e não humanas.

A Figura 21-9 ilustra a forma clássica na qual as empresas realizam o planejamento da capacidade. A abordagem descrita nesta figura é válida tanto para organizações orientadas a projetos quanto para organizações não orientadas a projetos. A linha do "horizonte de planejamento" indica o momento para o planejamento da capacidade. As linhas "propostas" indicam a mão de obra necessária para os projetos internos aprovados ou uma porcentagem (talvez quase 100%) para todo o trabalho previsto por meio da concorrência de licitação. A combinação desta linha e da linha dos "requisitos de mão de obra", quando comparados com a alocação atual, nos fornece uma indicação da capacidade. Essa técnica pode ser eficaz se realizada cedo o suficiente, de forma que seja permitido um tempo de treinamento para futura escassez de mão de obra.

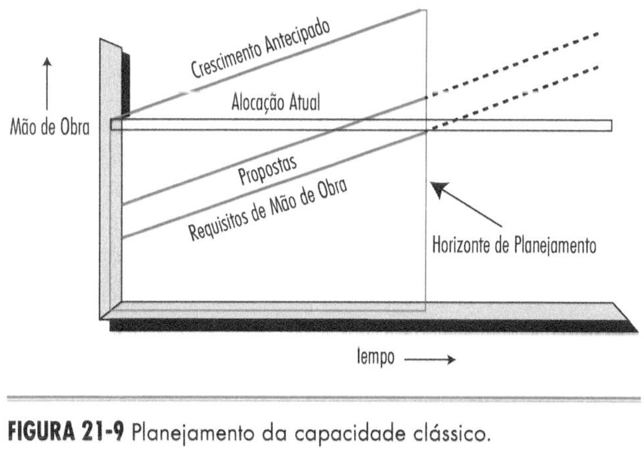

FIGURA 21-9 Planejamento da capacidade clássico.

A limitação desse processo para o planejamento da capacidade é que somente os recursos humanos são considerados. Um método mais realista seria utilizar o método apresentado na Figura 21-10, que também pode ser aplicado a organizações orientadas e não orientadas a projetos. Pela Figura 21-10, os projetos são selecionados com base em fatores como a adequação estratégica, rentabilidade, quem é o cliente e benefícios da empresa. Os objetivos para os projetos selecionados são definidos tanto em termos técnicos, quanto em termos de negócios porque pode haver restrições de capacidade técnica e restrições de negócios.

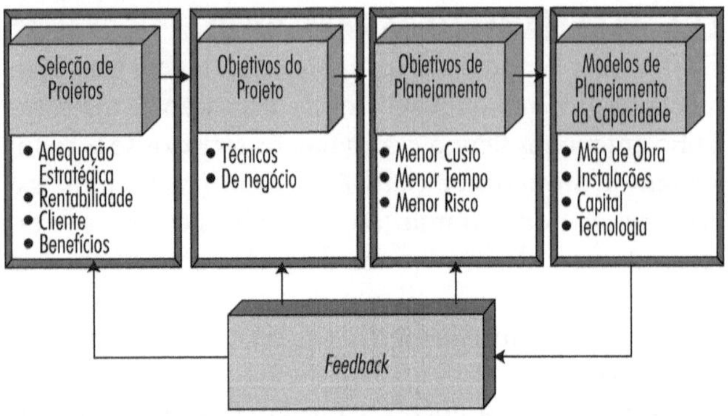

FIGURA 21-10 Planejamento da capacidade clássico.

O passo seguinte é uma diferença fundamental entre as empresas médias e as empresas excelentes. As restrições de capacidade são identificadas a partir do somatório dos cronogramas e planos. Nas empresas excelentes, os gerentes de projetos se reúnem com os patrocinadores para determinar o objetivo do plano, que é diferente do objetivo do projeto. O objetivo do plano é atingir o objetivo do projeto com o menor custo, menor tempo, ou pelo menor risco? Normalmente, apenas um desses se aplica, ao passo que as organizações imaturas acreditam que todos os três podem ser alcançados em cada projeto. Isto, naturalmente, não é realista.

A última caixa na Figura 21-10 é a determinação das limitações de capacidade. Anteriormente, consideramos apenas restrições de capacidade de recursos humanos. Agora, percebemos que o caminho crítico do projeto pode ser restrito não apenas pelo tempo, mas também pela mão de obra disponível, pelas instalações, pelo fluxo de caixa e até mesmo pela tecnologia existente. É possível ter vários caminhos críticos em um projeto para além daqueles identificados pelo tempo. Cada um desses caminhos críticos fornece uma dimensão diferente para os modelos de planejamento de capacidade, e cada uma dessas restrições pode nos levar a uma limitação de capacidade diferente. Por exemplo, a mão de obra pode nos limitar a aceitar apenas quatro projetos adicionais. Com base nas instalações disponíveis, no entanto, nós apenas teríamos capacidade de realizar mais dois projetos e, com base na tecnologia disponível, nós poderíamos realizar apenas um novo projeto.

21.6 MODELOS DE COMPETÊNCIA

No século XXI, as empresas substituirão as descrições de cargos por modelos de competência. As descrições de cargos para gerenciamento de projetos tendem a enfatizar as entregas e as expectativas do gerente de projetos, enquanto os modelos de competência enfatizam as habilidades necessárias específicas para realizar as entregas.

A Figura 21-11 mostra o modelo de competência para a Eli Lilly. Os gerentes de projetos devem possuir competências em três grandes áreas[1]:

- Competências científicas/técnicas
- Competências de liderança
- Competências de processos

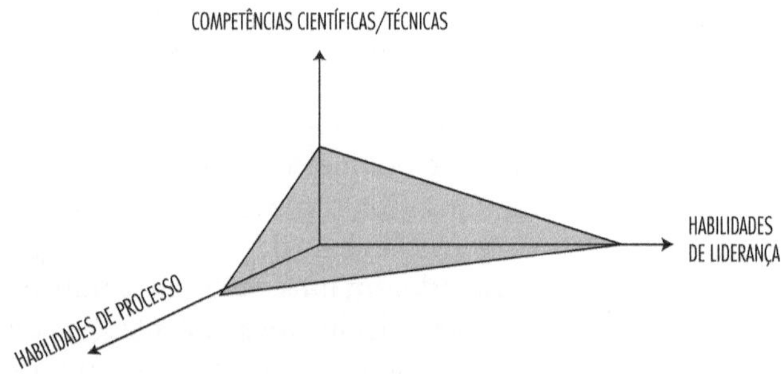

FIGURA 21-11 Modelo de competência.

Para cada uma das três grandes áreas, há subdivisões ou níveis de grau. A vantagem principal de um modelo de competência é que ele permite que o departamento de treinamento desenvolva programas de treinamentos personalizados de gerenciamento de projetos para satisfazer os requisitos de habilidades. Sem modelos de competências, a maioria dos programas de treinamento é genérica e não personalizada.

Os modelos de competência focam em habilidades especializadas a fim de auxiliar o gerente de projetos a fazer um uso mais eficiente de seu tempo. A Figura 21-12, embora argumentativa, mostra que, com o treinamento de competências especializadas, os gerentes de projetos podem aumentar a eficácia de seu tempo, por meio da redução dos ladrões de tempo e do retrabalho.

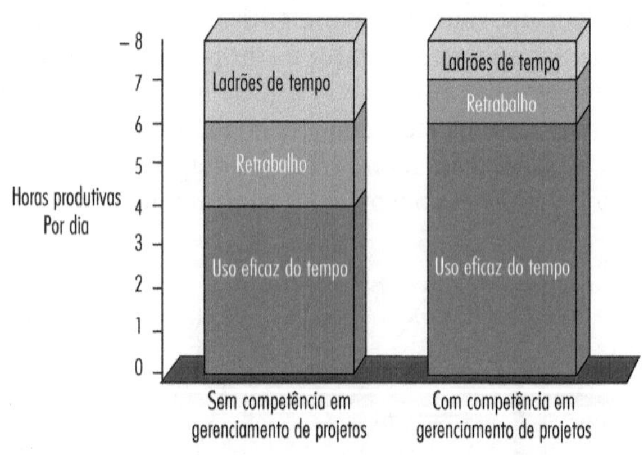

FIGURA 21-12 Principal análise de competência.

[1] Uma descrição detalhada dos modelos de competência da Eli Lilly e da Ericsson pode ser encontrada em: KERZNER, Harold. *Applied project management*. New York: Wiley, 1999. p. 266-283.

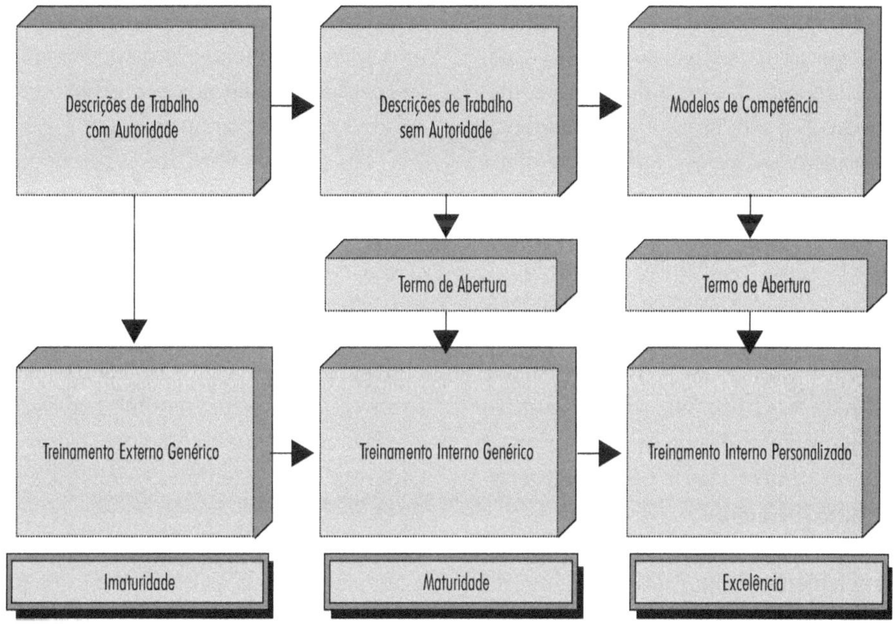

FIGURA 21-13 Modelos de competência e treinamento.

Os modelos de competência tornam mais fácil para as empresas desenvolver um currículo completo de gerenciamento de projetos, em vez de um curso singular. Isso é visto na Figura 21-13. Conforme as empresas amadurecem no gerenciamento dos projetos e desenvolvem um modelo central de competência para toda a empresa, um currículo interno e personalizado será desenvolvido. As empresas, principalmente as grandes, acharão necessário manter um especialista em arquitetura de cursos em seu quadro de funcionários.

21.7 GERENCIAMENTO DE VÁRIOS PROJETOS

Conforme as organizações amadurecem no gerenciamento de projetos, há uma tendência para que uma pessoa gerencie vários projetos. O ímpeto inicial pode vir tanto da empresa patrocinadora dos projetos ou dos próprios gerentes de projetos. Há vários fatores que apoiam o gerenciamento de múltiplos projetos. Primeiro, o custo da manutenção de um gerente de projetos em tempo integral em todos os projetos pode ser proibitivo. A magnitude e os riscos de cada projeto individual ditam se será necessário uma designação em tempo integral ou parcial. Designar um gerente de projetos em tempo integral em uma atividade que não precisa disso é um custo por excesso de gerenciamento. O excesso de gerenciamento dos projetos era considerado uma prática aceitável nos primórdios do gerenciamento de projetos porque tínhamos pouco conhecimento sobre como lidar com o gerenciamento dos riscos. Hoje, existem métodos para o gerenciamento dos riscos.

Segundo, os gerentes de linha estão agora compartilhando a responsabilidade com os gerentes de projetos pela conclusão bem-sucedida do projeto. Os gerentes de projetos estão agora gerenciando nos níveis de modelos da EAP com os gerentes de linha aceitando a responsabilidade pelos pacotes de trabalho nos níveis detalhados da EAP. Os gerentes de projetos agora gastam mais do seu tempo integrando o trabalho, em vez de planejando e programando as atividades funcionais. Com o gerente de linha aceitando mais responsabilidade, o tempo pode estar disponível para o gerente de projetos gerenciar vários projetos.

Terceiro, a alta administração chegou à conclusão de que deve fornecer treinamento de alta qualidade para seus gerentes de projetos para que possam colher os benefícios do gerenciamento de vários projetos. Os gerentes seniores também devem mudar a maneira como atuam como patrocinadores. Há seis grandes áreas em que a empresa como um todo pode ter de mudar para que o gerenciamento de múltiplos projetos seja bem-sucedido.

- **Priorização:** se um sistema de priorização de projetos está em vigor, ele deve ser usado corretamente, de forma que a credibilidade do empregado no sistema seja percebida. Um risco é que o gerente de projetos, tendo vários projetos para gerenciar, possa favorecer os projetos que tenham prioridades mais altas. É possível que nenhum sistema de priorização possa ser a melhor solução. Nem todo projeto precisa ser priorizado, e a priorização pode ser um esforço que demanda muito tempo.

- **Mudanças no escopo:** o gerenciamento de múltiplos projetos é quase impossível se os patrocinadores/clientes estão autorizados a fazer constantes mudanças no escopo. Ao usar o gerenciamento de múltiplos projetos, deve ser entendido que a maioria das mudanças no escopo pode ter de ser realizada por meio de projetos de melhoria e não por meio de um esforço contínuo de mudanças no escopo. Uma grande mudança de escopo em um projeto poderia limitar o tempo disponível do gerente de projetos para servir a outros projetos. Além disso, mudanças contínuas no escopo serão, quase sempre, acompanhadas de nova priorização dos projetos, um prejuízo maior para o gerenciamento de múltiplos projetos.
- **Planejamento da Capacidade:** organizações que apoiam o gerenciamento de múltiplos projetos têm, geralmente, um controle apertado sobre a programação dos recursos. Como resultado, a organização deve ter conhecimento do planejamento da capacidade, da teoria das restrições, do nivelamento de recursos e do planejamento de recursos limitados.
- **Metodologia de Projetos:** as metodologias para o gerenciamento de projetos variam de políticas e procedimentos rígidos a diretrizes e listas de verificação mais informais. Ao gerenciar vários projetos, o gerente de projetos deve ter certo grau de liberdade concedida. Isso requer diretrizes, listas de verificação e formulários. Práticas formais de gerenciamento de projetos criam a exigência de documentação excessiva, minimizando, assim, as oportunidades de gerenciar vários projetos. O tamanho do projeto também é crítico.
- **Iniciação do Projeto:** o gerenciamento de múltiplos projetos tem ocorrido há quase 40 anos. Uma coisa que aprendemos é que pode funcionar bem, desde que os projetos estejam em fases relativamente diferentes do ciclo de vida porque as demandas pelo tempo do gerente de projetos são diferentes para cada fase do ciclo de vida.
- **Estruturas Organizacionais:** Se o gerente de projetos for gerenciar múltiplos projetos, então é altamente improvável que ele seja um técnico especialista em todas as áreas de todos os projetos. Considerando que a responsabilidade é compartilhada com o gerente de linha, a organização provavelmente irá adotar uma estrutura matricial fraca.

21.8 REUNIÕES DE REVISÃO DE FINAL DE FASE

Por mais de 20 anos, as reuniões de revisão de final de fase eram simplesmente uma oportunidade para os executivos darem "sinal verde" à continuação do projeto. Como apenas boas notícias eram apresentadas, as reuniões eram utilizadas para dar aos executivos certo grau de conforto sobre o andamento do projeto.

Hoje, as reuniões de revisão de final de fase têm uma dimensão diferente. Primeiramente, os executivos não têm mais medo de cancelar projetos, especialmente se os objetivos tiverem mudado, se os objetivos forem inacessíveis ou se os recursos puderem ser utilizados em outras atividades que tenham uma maior probabilidade de sucesso. Os executivos agora passam mais tempo avaliando os riscos do futuro em vez de focarem nas realizações do passado.

Uma vez que os gerentes de projetos estão ficando cada vez mais orientados ao negócio, e não orientados à parte técnica, eles devem apresentar informações sobre os riscos do negócio, reavaliação da relação custo-benefício, e quaisquer decisões de negócio que possam afetar os objetivos finais. Sendo assim, as reuniões de revisão de final de fase agora se concentram mais em decisões de negócio, em vez de em decisões técnicas.

ESTUDO DE CASO

HONICKER CORPORATION[1]

Plano de Fundo

A Honicker Corporation era bem reconhecida como fabricante de alta qualidade de painéis para automóveis e caminhões. Embora tenha atendido principalmente a fabricantes de automóveis e de caminhões dos Estados Unidos, a oportunidade de se expandir como fornecedor mundial era bastante evidente. Sua reputação era bem conhecida no mundo todo, mas a empresa foi atormentada, por anos, por uma liderança ultraconservadora na alta administração, que impediu o crescimento no mercado internacional.

Quando a nova diretoria assumiu, em 2009, o conservadorismo desapareceu. O caixa da Honicker era rico, a empresa tinha grande poder de empréstimo e linhas de crédito com as instituições financeiras, e recebia classificação de qualidade AA por sua pequena quantia de dívida corporativa. Em vez de se expandir por meio da construção de instalações de produção em vários países, a Honicker decidiu ir pela via rápida, por meio da aquisição de quatro empresas ao redor do mundo: as empresas Alpha, Beta, Gamma e Delta.

Cada uma das quatro empresas adquiridas atendia principalmente a sua própria área geográfica. A alta direção de cada uma das quatro unidades conhecia a cultura

[1] © 2010 por Harold Kerzner. Reproduzido com permissão. Todos os direitos reservados.

em sua área geográfica e tinha uma boa reputação com seus clientes e partes interessadas locais. A decisão tomada pela Honicker foi deixar as diretorias de cada empresa intacta, desde que as mudanças necessárias, conforme estabelecido pela empresa, pudessem ser implementadas.

A Honicker queria que cada unidade tivesse capacidade de produção para fornecer peças para qualquer cliente mundial. Mas isso era mais fácil dizer do que fazer. A Honicker tinha uma metodologia empresarial de gerenciamento de projetos (EPM) que funcionava bem. A corporação entendia de gerenciamento de projetos, assim como a maioria dos clientes e partes interessadas, nos Estados Unidos. A Honicker reconheceu que o maior desafio seria fazer com que todas as divisões atingissem o mesmo nível de maturidade em gerenciamento de projetos, e utilizassem o mesmo sistema de EPM ou uma versão modificada do mesmo em nível corporativo. Esperava-se que cada uma das quatro empresas adquiridas precisasse que algumas fossem feitas.

As quatro divisões adquiridas estavam em diferentes níveis de maturidade em gerenciamento de projetos. A Alpha tinha um sistema de EPM e acreditava que sua abordagem de gerenciamento de projetos era superior à que a Honicker estava usando. A empresa Beta estava apenas começando a aprender sobre gerenciamento de projetos, e não tinha qualquer sistema formal de EPM, embora tivesse alguns *templates* de gerenciamento de projetos que estavam sendo usados para reportar o status para seus clientes. As empresas Gama e Delta não tinham a menor ideia sobre gerenciamento de projetos.

Para piorar a situação, as leis em cada um dos países onde as empresas adquiridas estavam localizadas criavam outras partes interessadas que tinham de ser atendidas, e cada uma dessas partes interessadas estava em diferentes níveis de maturidade em gerenciamento de projetos. Em alguns países, as partes interessadas do governo estavam envolvidas ativamente por causa das leis trabalhistas, enquanto, em outros países, as partes interessadas do governo eram participantes passivas a menos que leis de saúde, segurança ou meio ambiente fossem desrespeitadas.

Seria sem dúvida uma tarefa formidável desenvolver um sistema EPM que pudesse satisfazer todas as empresas recém-adquiridas, seus clientes e partes interessadas.

Instituindo a Equipe

A Honicker sabia que haveria desafios significativos na obtenção de um acordo sobre o gerenciamento de projetos em um curto espaço de tempo; também sabia que nunca há aquisição entre iguais, há sempre um "senhorio" e os "inquilinos", e a corporação era o senhorio. Mas, agir como senhorio e exercer influência no processo poderia afastar algumas das empresas adquiridas e fazer mais mal do que bem. A abordagem da Honicker era tratar isso como um projeto, e cada empresa, juntamente com seus clientes e partes interessadas locais, seriam tratadas como partes interessadas no projeto. Utilizar práticas de gerenciamento de relacionamento com partes interessadas seria essencial para obter um acordo sobre a abordagem de gerenciamento de projetos.

A Honicker solicitou que cada empresa alocasse três pessoas para a equipe de implementação de gerenciamento de projetos que seria chefiada pelo pessoal da corporação. O membro de equipe ideal, como sugerido pela Honicker, teria algum conhecimento e/ou experiência em gerenciamento de projetos, e seria autorizado pela alta administração a tomar decisões para sua empresa. Os representantes também deveriam compreender as necessidades das partes interessadas de seus clientes e das partes interessadas locais. A Honicker queria que se chegasse o mais rápido possível a um entendimento em que cada empresa concordaria em usar a metodologia que fosse finalmente decidida pela equipe.

A alta administração de cada uma das quatro empresas enviou uma carta de entendimento para a Honicker, prometendo designar o pessoal mais qualificado, e concordando em utilizar a metodologia que fosse acordada. Cada uma afirmou que compreendia a importância deste projeto.

A primeira parte do projeto seria chegar a um acordo sobre a metodologia. A segunda parte do projeto seria convidar clientes e partes interessadas para ver a metodologia e fornecer feedback. Isso era essencial, pois os clientes e as partes interessadas estariam, em última instância, fazendo interface com a metodologia.

Reunião de *Kickoff*

A Honicker esperava que a equipe pudesse chegar a um acordo sobre um sistema EPM global para a empresa dentro de seis meses. Mas antes do fim da reunião de *kickoff*, percebeu que levaria provavelmente dois anos até que um acordo sobre o sistema EPM fosse alcançado. Várias questões se tornaram aparentes no primeiro encontro:

- Cada empresa tinha requisitos de tempo diferentes para o projeto.
- Cada empresa via a importância do projeto de forma diferente.
- Cada empresa tinha sua própria cultura e queria ter certeza de que o design final tivesse um bom ajuste a essa cultura.
- Cada empresa via o status e poder do gerente de projetos de forma diferente.

- Apesar das cartas de entendimento, duas das empresas, a Gama e a Delta, não entenderam seu papel e seu relacionamento com a Honicker nesse projeto.
- A Alpha queria microgerenciar o projeto, acreditando que todos deveriam usar sua metodologia.

A alta administração da Honicker pediu aos seus representantes na reunião de *kickoff* que preparassem um memorando confidencial sobre sua opinião sobre a primeira reunião com a equipe. O pessoal da corporação preparou um memorando, incluindo os seguintes comentários:

- Nem todos os representantes na reunião expressaram abertamente seus verdadeiros sentimentos sobre o projeto.
- Ficou bastante evidente que algumas das empresas gostariam de ver o projeto falhar.
- Algumas das empresas estavam com medo de que a implementação do novo sistema de EPM resultasse em uma mudança de poder e autoridade.
- Algumas pessoas tinham medo de que o novo sistema EPM mostrasse que menos recursos eram necessários na organização funcional, causando assim uma redução de pessoal e redução dos bônus que estavam atualmente baseados no número de funcionários em grupos funcionais.
- Alguns pareciam receosos de que a implementação do novo sistema pudesse causar uma mudança na cultura da empresa e nas relações de trabalho com seus clientes.
- Alguns pareciam com medo de aprender um novo sistema e serem pressionados a usá-lo.

Era óbvio que essa não seria uma tarefa fácil. A Honicker teria de conhecer melhor todas as empresas e compreender suas necessidades e expectativas. A corporação tinha de mostrar a elas que sua opinião tinha valor, e encontrar maneiras de ganhar seu apoio.

PERGUNTAS

1. Quais são as opções da Honicker agora?
2. O que você recomendaria que a Honicker fizesse primeiro?
3. E se depois de todas as tentativas, as empresas Gama e Delta se recusassem a vir a bordo?
4. E se a empresa Alpha estiver convencida de que sua abordagem é a melhor e se recusar a ceder?
5. E se as empresas Gama e Delta argumentarem que seus clientes e partes interessadas não aceitaram prontamente a abordagem de gerenciamento de projetos e querem lidar sozinhas com seus clientes?
6. Sob que condições a Honicker poderia decidir se afastar e deixar que cada unidade empresarial fizesse seu próprio negócio?
7. Quão fácil ou difícil é fazer com que várias unidades dispersas geograficamente concordem com a mesma cultura e metodologia?
8. Se todas as quatro unidades estivessem dispostas a cooperar umas com as outras, quanto tempo você acha que levaria para haver um acordo sobre a aceitação do uso de um novo sistema de EPM?
9. Quais partes interessadas podem ser poderosas e quais não são?
10. Quais partes interessadas podem ter o poder de matar esse projeto?
11. O que a Honicker pode fazer para ganhar seu apoio?
12. Se a Honicker não puder ganhar seu apoio, então como deve gerenciar a oposição?
13. E se todas as quatro empresas concordassem com a metodologia de gerenciamento de projetos e em seguida algumas das partes interessadas do cliente demonstrassem falta de apoio no uso da metodologia?

22

O "NEGÓCIO" DAS MUDANÇAS NO ESCOPO

Estudos de Caso Relacionados (de Kerzner/*Project Management Case Studies*, 4. ed.)	Livro de Exercícios Relacionado (de Kerzner/*Project Management Workbook and PMP®/CAPM® Exam Study Guide*, 11. ed.)	Guia PMBOK® – 5. ed., Seção de Referência para o Exame de Certificação PMP®
• Projeto *Blue Spider* • *Corwin Corporation* • *Denver International Airport* • *Kemko Manufatoring**	• Multiple Choice Exam	• Gerenciamento de Integração • Gerenciamento de Escopo • Gerenciamento de Tempo • Gerenciamento de Custo • Gerenciamento de Partes Interessadas

* *Estudo de caso também aparece ao final do capítulo.*

22.0 INTRODUÇÃO

Guia PMBOK®, 5. ed.
5.5 Verificar o escopo

Pouquíssimos projetos são concluídos de acordo com o plano original. As mudanças no plano resultam do aumento do conhecimento, da necessidade de competitividade ou de mudanças no gosto do cliente/consumidor. Depois que as mudanças são feitas, quase sempre há um aumento significativo no orçamento e/ou um alongamento do cronograma.

O processo de recomendação e aprovação das mudanças no escopo pode variar dependendo de o cliente ser ou não interno ou externo à organização. As mudanças de escopo para clientes externos têm sido vistas como uma fonte de lucratividade adicionada sobre os projetos. Anos atrás, era prática comum em alguns contratos do Departamento de Defesa oferecer um preço mais baixo para o contrato original durante a licitação para garantir a concessão do contrato e, em seguida, avançar com grandes quantidades de mudanças de escopo lucrativas.

Os clientes externos raramente eram informados sobre as lacunas em suas declarações de trabalho que poderiam levar a mudanças no escopo. E, mesmo se a declaração do trabalho fosse escrita claramente, muitas vezes era intencionalmente mal interpretada para buscar mudanças no escopo, fossem elas realmente necessárias ou não. Para algumas empresas, as mudanças no escopo eram a principal fonte de rentabilidade corporativa. Durante a licitação, os executivos apresentavam duas questões críticas à equipe de licitação antes de apresentar uma oferta; (1) Qual é o nosso custo para fazer o trabalho com que estamos nos comprometendo? e (2) O quanto de trabalho adicional podemos forçar em mudanças no escopo, uma vez que o contrato seja adjudicado para nós? Muitas vezes, a resposta à segunda questão determinava a grandeza da oferta.

Para piorar ainda mais, nos primeiros anos do gerenciamento de projetos, o Departamento de Defesa solicitou que os gerentes de projetos dos fornecedores tivessem um domínio da tecnologia, em vez de um entendimento da tecnologia. Os engenheiros com pós-graduações eram designados como gerentes de projetos e seu objetivo, muitas vezes, era exceder, em vez de simplesmente atender às especificações. Isso resultava em mudanças adicionais no escopo e, frequentemente, aumentava os riscos do projeto.

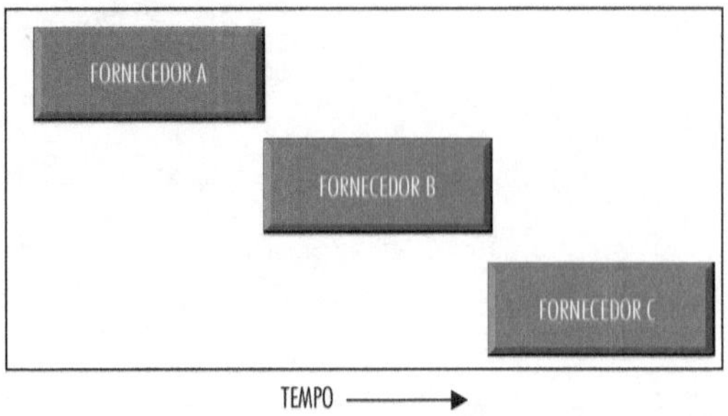

FIGURA 22-1 Fornecedores sequenciais.

Outro problema que surgia era o efeito posterior de mudanças antecessoras no escopo em grandes projetos que envolviam vários fornecedores. Quando os fornecedores trabalham sequencialmente, como mostrado na Figura 22-1, uma mudança no escopo em um fornecedor antecessor pode não ter um sério impacto sobre os fornecedores posteriores. O fornecedor B geralmente precisa do resultado do fornecedor A para começar a trabalhar. Se o fornecedor A inicia uma mudança de escopo, o impacto sobre fornecedor B pode ser mínimo. Se houvesse um impacto sobre o fornecedor B, o cliente estaria sujeito aos custos adicionais. Mas se os fornecedores estão realizando o trabalho parcialmente ou totalmente em paralelo, como mostrado na Figura 22-2, o efeito posterior pode ser devastador. Uma decisão relativamente simples de um fornecedor antecessor de mudar a matéria-prima para uma qualidade superior ou inferior pode causar grandes mudanças nos planos do projeto e nas linhas de base dos fornecedores seguintes.

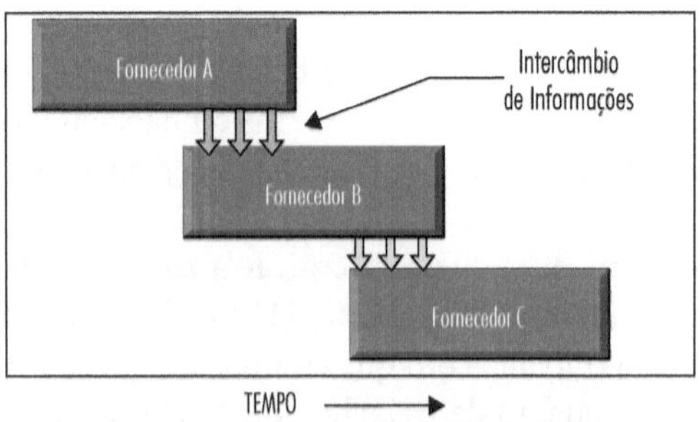

FIGURA 22-2 Sobreposição de fornecedores.

Por exemplo, usando a Figura 22-2, A foi adjudicado para um contrato de desenvolvimento de um foguete de combustível líquido. O combustível líquido já havia sido formulado, testado e acordado pelo cliente. O fornecedor B foi adjudicado para um contrato de construção de um sistema de abastecimento e armazenamento local de lançamento, com base na fórmula acordada. O fornecedor B começou a elaboração dos planos para a construção do sistema de abastecimento e também começou a despejar concreto para a fundação. O fornecedor A constantemente trocava informações com o fornecedor B para garantir que nenhuma mudança significativa estivesse prevista. Mas, quando o fornecedor A apresentou uma solicitação de mudança para modificar a fórmula do combustível líquido para estender o alcance do foguete, o resultado foi uma grande mudança no escopo do trabalho já realizado pelo fornecedor B. A nova fórmula demandava mudanças onerosas no isolamento e nas bombas. Sendo assim, se o cliente vier a aprovar a solicitação de mudança do fornecedor A, então, o cliente pode precisar aprovar também as solicitações de mudança relacionadas de todos os fornecedores seguintes que seriam afetados pela solicitação de mudança do fornecedor A.

22.1 NECESSIDADE DE CONHECIMENTO DO NEGÓCIO

A utilização de mudanças no escopo como uma fonte de receita tem sido uma prática aceitável para projetos financiados por clientes externos à organização. Mas, para os clientes internos, há inúmeras outras razões para mudanças no escopo, como mostrado na Figura 22-3. Para projetos internos, as mudanças no escopo devem ser segmentadas, e esse é o elo mais fraco, porque exige conhecimento do negócio, bem como conhecimento técnico. Por exemplo, as mudanças no escopo não devem ser implementadas à custa da exposição ao risco de ações judiciais de responsabilidade ou questões de segurança do produto. Da mesma forma, mudanças onerosas no escopo exclusivamente em prol do reforço da imagem ou da reputação devem ser evitadas. Além disso, as mudanças no escopo não devem ser implementadas se o período de *payback* para o produto for drasticamente estendido para recuperar os custos das mudanças no escopo.

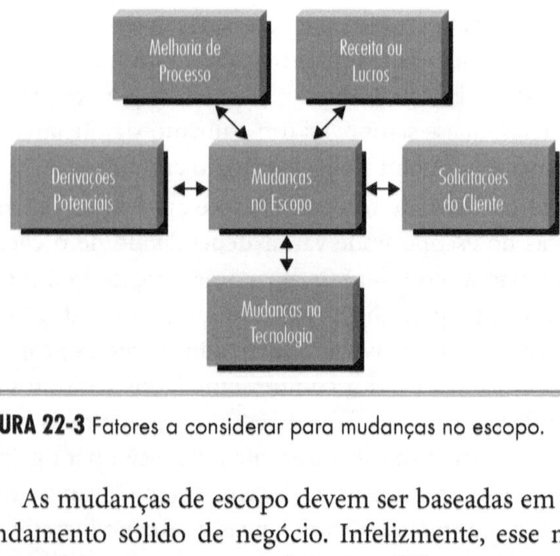

FIGURA 22-3 Fatores a considerar para mudanças no escopo.

As mudanças de escopo devem ser baseadas em um fundamento sólido de negócio. Infelizmente, esse nem sempre foi o caso porque existia uma diferença entre gerenciamento de projetos e de programas. Historicamente, os gerentes de projetos eram responsáveis pelo desenvolvimento do produto e de suas características associadas. As mudanças no escopo, muitas vezes, eram iniciadas pelos gerentes de projetos com base em valor técnico, em detrimento do valor de negócio. Por exemplo, o desenvolvimento de um produto de alta qualidade pode parecer bom no momento, mas deve haver clientes dispostos a pagar o preço mais alto. Era muito comum os gerentes de projetos fazerem mudanças no escopo que não eram bem ajustadas aos objetivos de marketing. O resultado, muitas vezes, era um produto que ninguém queria ou podia comprar.

Uma vez que o produto fosse desenvolvido, ele seria entregue a um gerente de programas para comercialização, marketing e vendas. Os gerentes de programas, funcionando como gerentes de linha de produtos, tomariam todas as decisões relacionadas ao negócio, incluindo a autorização de todas as mudanças caras no escopo. Os gerentes de projetos eram profissionais orientados tecnicamente, enquanto os gerentes de programas eram qualificados em marketing e vendas.

Hoje, os gerentes de projetos devem tomar decisões firmes de negócio, em vez de apenas decisões de projeto ou técnicas. Mas não faz muito tempo que as empresas eram céticas quanto ao gerenciamento de projetos poder beneficiar a empresa como um todo. As empresas estão lentamente percebendo que estão administrando seus negócios por projetos. Os gerentes de projetos devem tomar decisões sólidas de negócio em vez de apenas decisões do projeto, e isso inclui a decisão sobre mudanças no escopo.

22.2 O MOMENTO CERTO PARA MUDANÇAS NO ESCOPO

Todo mundo parece entender que quanto mais avançamos pelas fases do ciclo de vida do projeto, mais caras são as mudanças no escopo. À medida que progredimos pelas fases do ciclo de vida, mais variáveis são introduzidas no sistema, de modo que o impacto financeiro de uma pequena mudança no escopo pode ser bastante grande, em virtude dos custos envolvidos na reversão de decisões anteriores. Fazer mudanças no escopo da produção fica mais caro do que as mudanças no escopo do desenvolvimento de tecnologia.

Para o desenvolvimento de novos produtos, podem ser necessárias quase 60 ideias para desenvolver um novo produto de sucesso. Cada ideia pode sofrer várias mudanças no escopo antes que seja oficialmente abandonada. Quaisquer mudanças no escopo, feitas após os gastos de capital serem comprometidos, podem ter um impacto significativo no custo total e no cronograma.

Outro fator crítico que envolve o momento certo é saber se as mudanças no escopo são radicais. Mudanças radicais no escopo demandam ou um grande avanço na tecnologia ou o *design* de uma plataforma inteiramente nova. Por exemplo, um concorrente lança um novo produto que pode fazer com que o mercado veja o seu produto como obsoleto. Para permanecer competitivo ou para ultrapassar a concorrência, você pode precisar considerar mudanças radicais no escopo. As mudanças radicais no escopo se concentram mais na criatividade do que na execução. Esse tipo de mudança pode exigir um grande avanço na tecnologia associado a um vasto consumo de recursos.

Outra questão sobre o momento certo é se as mudanças no escopo devem ser realizadas de forma incremental ou agrupadas e aprovadas junto aos projetos de melhoria. As mudanças incrementais no escopo são, muitas vezes, chamadas de *scope creep*. Elas podem ser feitas rapidamente e com um custo relativamente baixo. No entanto, se houver um número significativo de mudanças incrementais no escopo, tais como no caso do *scope creep* sem fim, o cronograma do projeto pode ser alongado.

Como um exemplo da diferença entre as mudanças incrementais no escopo e projetos de melhoria, e os riscos que o acompanham, considere a construção do Aeroporto Internacional de Denver. Quando a construção do aeroporto estava praticamente concluída, a United Airlines ainda não tinha assinado um contrato de arrendamento. Antes de finalmente fazê-lo, a United Airlines solicitou mudanças significativas no sistema de manipulação de bagagem. O aeroporto poderia ter sido inaugurado e as mudanças feitas aos poucos. Mas não havia a informação de qual impacto estas mudanças poderiam ter sobre o serviço, a manipulação de bagagem e a segurança dos passageiros. A decisão foi tomada para tratar as mudanças no escopo como mudanças importantes de melhoria, mantendo, assim, o aeroporto fechado até que todas as alterações fossem feitas. O resultado foi quase dois anos de desvio no cronograma e um sobrecusto de quase $ 2 bilhões. De uma perspectiva de segurança, a decisão pode ter sido correta. Hoje, o Aeroporto Internacional de Denver é visto como um sucesso.

Outro exemplo comum de projetos de melhoria ocorre na tecnologia da informação (TI). Um gerente de projetos de TI era responsável pelo desenvolvimento e implementação de um pacote de TI para controle de inventário para as oito fábricas da empresa. A equipe do projeto incluía um representante de cada uma das fábricas. Os representantes foram informados de que deveriam trabalhar em conjunto e articular claramente os seus requisitos no início do projeto e que nenhuma mudança no escopo seria permitida uma vez concluída a declaração do escopo. Logo que o projeto fosse iniciado, todas as solicitações de mudança no escopo seriam realizadas em algum momento futuro, utilizando um projeto de melhoria. A equipe do projeto compreendeu as preocupações do gerente do projeto, e trabalhou diligentemente para articular os requisitos de forma clara.

Depois que o projeto estava quase 70% concluído, as fábricas ficaram preocupadas com o fato de que não tinham definido claramente os seus requisitos e que seriam necessárias mudanças. Sendo assim, as fábricas afirmaram que não poderiam usar o software sem que as mudanças fossem feitas. O gerente do projeto se recusou a fazer as mudanças no escopo, porque os recursos já estavam comprometidos com outro projeto, que começaria imediatamente após o atual ser concluído. A aprovação de mudanças no escopo nesse momento teria um impacto grave nos cronogramas dos dois projetos.

O gerente do projeto manteve-se firme e recusou-se a fazer as mudanças incrementais no escopo, apesar das queixas das fábricas. Uma vez que o projeto foi implementado, as fábricas admitiram que ainda poderiam usar o software existente e o projeto de melhoria começou quatro anos mais tarde. Essa abordagem funcionou bem para o gerente do projeto, mas nem todos os projetos têm o mesmo resultado.

22.3 A NECESSIDADE DO NEGÓCIO POR UMA MUDANÇA NO ESCOPO

Deve haver um propósito válido de negócio para uma mudança no escopo. Isso inclui, no mínimo, os seguintes fatores:

- Uma avaliação das necessidades dos clientes e do valor adicionado que a mudança no escopo proporcionará
- Uma avaliação das necessidades do mercado, incluindo o tempo necessário para fazer a mudança no escopo, o período de *payback*, o retorno sobre o investimento e se o preço de venda do produto final será alto demais para o mercado
- Uma avaliação sobre o impacto na duração do ciclo de vida do produto
- Uma avaliação sobre a capacidade da concorrência em imitar a mudança no escopo
- Há alguma responsabilidade do produto associada à mudança no escopo e isso pode ter impacto na nossa imagem?

As mudanças no escopo podem ocorrer para produtos existentes ou para novos produtos. O apoio para os produtos existentes geralmente é uma mudança defensiva no escopo designada para penetrar em novos mercados com os produtos existentes. O apoio para novos produtos é geralmente uma mudança ofensiva no escopo designada para oferecer novos produtos/serviços aos clientes existentes, bem como para procurar novos mercados.

22.4 A LÓGICA PARA NÃO APROVAR UMA MUDANÇA NO ESCOPO

Algumas solicitações de mudança no escopo são o resultado de pensamento ilusório ou de caprichos pessoais da gerência e não necessariamente têm base em decisões empresariais sólidas. Em tais casos, as mudanças no escopo podem precisar ser canceladas. A racionalização comum para o cancelamento ou não aprovação de uma mudança no escopo inclui:

- O custo da mudança no escopo é excessivo e o custo final da entrega pode nos tornar não competitivos
- O retorno sobre o investimento pode ocorrer tarde demais
- A concorrência é muito acirrada e não vale o risco
- Há obstáculos intransponíveis e complexidade técnica
- Há incertezas legais e regulatórias
- A mudança de escopo pode violar a política da empresa sobre acordos de sigilo, segredos e confidencialidade

ESTUDO DE CASO

KEMKO MANUFACTURING[1]

Plano de Fundo

A Kemko Manufacturing era uma empresa de 50 anos de idade, que tinha reputação de fabricar eletrodomésticos de alta qualidade. O crescimento da Kemko foi rápido, durante a década de 1990. A empresa cresceu por meio da aquisição de outras empresas. A empresa tinha agora mais de 25 fábricas nos Estados Unidos, na Europa e na Ásia.

Originalmente, cada fábrica adquirida queria manter sua própria cultura, e muitas vezes eram autorizadas a permanecer autônomas da corporação Kemko, contanto que o trabalho progredisse como planejado. Mas, conforme a Kemko começou a adquirir mais empresas, as dificuldades decorrentes do crescimento tornaram quase impossível permitir que cada fábrica permanecesse autônoma.

Cada empresa tinha sua própria maneira de lidar com aquisição de matérias-primas e controle de estoque.

[1] ©2010 por Harold Kerzner. Reproduzido com permissão. Todos os direitos reservados.

Todos os pedidos de compra acima de um determinado valor em dólar deveriam ser aprovados pela corporação. Na corporação, muitas vezes, havia confusão sobre as informações em todos os formulários, pois cada fábrica tinha sua própria documentação para a aquisição. A corporação tinha medo de que, a menos que fosse estabelecido um sistema de aquisições e controle de estoque padronizado em todas as fábricas, os efeitos decorrentes de problemas de fluxo de caixa e perda de controle corporativo sobre o estoque poderiam ser sentidos em um futuro próximo.

O Projeto é Iniciado

Em virtude da importância do projeto, a gerência sênior pediu a Janet Adams, Diretora de Tecnologia da Informação (TI), que assumisse o controle do projeto pessoalmente. Janet tinha mais de 30 anos de experiência em TI e entendia completamente como o *scope creep* poderia criar confusão em um grande projeto.

Janet selecionou sua equipe de TI e definiu uma data de kickoff para o projeto. Além da presença obrigatória de todos os membros da sua equipe, ela também exigiu que cada fábrica designasse pelo menos um representante, e que todos os representantes de fábrica deveriam também estar presentes na reunião de *kickoff*. Na reunião de *kickoff*, Janet falou:

> Pedi que todos estivessem aqui porque quero que vocês tenham uma compreensão clara de como pretendo gerenciar este projeto. Nossos executivos nos deram um calendário para este projeto e meu maior medo é o scope creep. Scope creep é o crescimento ou melhorias no escopo do projeto enquanto o projeto está sendo desenvolvido. Em muitos de nossos outros projetos, o scope creep alongou o projeto e elevou o custo: Eu sei que o *scope creep* nem sempre é ruim, e que pode acontecer em qualquer fase do ciclo de vida.
>
> A razão pela qual pedi que todos os representantes de fábrica estivessem presentes nesta reunião são os perigos do *scope creep*. O *scope creep* tem muitas causas, mas geralmente é a falha em realizar um planejamento inicial eficaz. Quando existe *scope creep*, as pessoas geralmente argumentam que isso é uma ocorrência natural e que devemos aceitar o fato de que vai acontecer. Isso é inaceitável para mim!
>
> Não haverá mudanças no escopo neste projeto, e realmente estou falando sério quando digo isso. Os representantes de fábrica deverão se reunir por conta própria e nos fornecer um pacote detalhado de requisitos. Não vou permitir que o projeto comece oficialmente até que tenhamos uma lista detalhada dos requisitos. Minha equipe irá fornecer-lhes alguma orientação para a elaboração dos requisitos, se necessário.
>
> Nenhuma alteração no escopo será permitida depois que o projeto começar. Sei que poderá haver algumas solicitações de alteração de escopo, mas todas as solicitações serão agrupadas e trabalhadas posteriormente, como um projeto de melhoria. Este projeto será implementado de acordo com o conjunto original de requisitos. Se eu permitir que mudanças no escopo ocorram, este projeto será executado para sempre. Eu sei que alguns de vocês não gostam disso, mas este será o caminho neste projeto.

Houve um silêncio mortal na sala. Janet poderia dizer pelas expressões nos rostos dos representantes de fábrica que estavam descontentes com seus comentários. Algumas das fábricas tinham a impressão de que o grupo de TI é que deveria preparar o pacote de requisitos. Agora Janet havia transferido a responsabilidade para eles, o grupo de usuários, e eles não estavam felizes. Janet deixou claro que o envolvimento do usuário seria essencial para a preparação dos requisitos.

Depois de alguns minutos de silêncio, os representantes de fábrica disseram que estavam dispostos a fazer isso e que seria feito corretamente. Muitos dos representantes compreenderam a documentação de requisitos de usuário. Eles iriam trabalhar juntos e chegar a um acordo sobre os requisitos. Janet voltou a afirmar que sua equipe iria apoiar os representantes de fábrica, mas que o peso da responsabilidade repousaria exclusivamente sobre as fábricas. As fábricas vao conseguir o pedirem e nada mais. Portanto, eles devem ser bem claros em seus requisitos.

Enquanto Janet estava falando aos representantes de fábrica, a parcela de TI da equipe estava apenas relaxando e sorrindo. Seu trabalho estava prestes a tornar-se mais fácil, ou pelo menos pensaram assim. Janet, em seguida, dirigiu-se à parcela de TI da equipe:

> Agora, quero abordar o pessoal de TI. A razão pela qual todos estamos presentes nesta reunião é que eu quero que os representantes de fábrica ouçam o que tenho a dizer para a equipe de TI. No passado, as equipes de TI não ficaram sem alguma culpa pelo *scope creep* e alongamento do cronograma. Então, aqui estão os meus comentários para o pessoal de TI:

- É de responsabilidade da equipe de TI certificar-se que compreende os requisitos da forma que foram preparados pelos representantes das fábricas. Não retornem para mim mais tarde dizendo que não entendem os requisitos, porque foram mal definidos. Vou pedir a cada membro da equipe de TI que assine um documento afirmando que leu os requisitos e que os compreende completamente.
- Não é necessário perfeccionismo. Tudo o que quero que façam é terminar o trabalho.
- No passado, fomos atormentados com "*featuritis*"[NT1], nos quais muitos de vocês acrescentaram seus próprios "adereços" desnecessariamente. Se isso acontecer neste projeto, eu pessoalmente vou encarar como um fracasso de vocês e isso irá se refletir em sua próxima avaliação de desempenho.
- Às vezes, as pessoas acreditam que um projeto como este vai alavancar sua carreira, especialmente se buscarem perfeccionismo e funcionalidades adicionais. Confiem em mim quando digo que isso poderá ter o efeito oposto.
- Política de bastidores não será permitida. Se algum dos representantes de fábrica vier até vocês buscando formas de introduzir sorrateiramente mudanças de escopo, quero saber sobre isso. E se vocês fizerem as mudanças sem a minha permissão, poderão não estar trabalhando para mim por muito mais tempo.
- Eu, e somente eu, tenho a autoridade de assinar mudanças no escopo.
- Este projeto será executado por meio de um planejamento detalhado, e não por meio de planejamento progressivo ou em ondas sucessivas. Devemos ser capazes de fazer isso, uma vez que tivermos requisitos claramente definidos.

Agora, alguém tem alguma dúvida?

As linhas de batalha estavam agora desenhadas. Alguns acreditavam que era Janet contra a equipe, mas a maioria entendeu a necessidade de Janet fazer isso. No entanto, ainda era questionável se poderia ou não funcionar dessa forma.

PERGUNTAS

1. Janet foi correta quanto aos comentários que fez aos representantes de fábrica?
2. Janet foi correta nos comentários que fez para os membros da equipe de TI?
3. Em projetos de TI é sempre melhor fazer alterações usando projetos de melhoria, ou devemos permitir que sejam feitas alterações à medida que avançamos?
4. Qual é seu palpite sobre o que aconteceu?

[NT1] *Featuritis* é um termo composto pela mescla do anglicismo *feature* (característica, propriedade, funcionalidade) e a desinência *itis* (com a qual são designadas as inflamações na medicina), para identificar uma aplicação de software na qual se dispõem tantas funcionalidades que complicam demasiadamente a usabilidade da finalidade principal desta aplicação.

23

O ESCRITÓRIO DE PROJETOS

Estudos de Caso Relacionados (de Kerzner/*Project Management Case Studies*, 4. ed.)	Livro de Exercícios Relacionado (de Kerzner/*Project Management Workbook and PMP®/CAPM® Exam Study Guide*, 11. ed.)	Guia PMBOK® – 5. ed., Seção de Referência para o Exame de Certificação PMP®
• A ação judicial de gerenciamento de projetos*	• Multiple Choice Exam	• Gerenciamento de Integração • Gerenciamento de Escopo • Gerenciamento de Custo • Gerenciamento de Partes Interessadas

** Estudo de caso também aparece ao final do capítulo.*

23.0 INTRODUÇÃO

Guia PMBOK®, 5. ed.
1.4.4 Escritório de projetos

Hoje, as empresas estão gerenciando seus negócios por projetos. O resultado tem sido uma grande quantidade de informações sobre o gerenciamento dos projetos emergindo de todas as áreas da empresa. Essas informações centram-se sobre as melhores práticas de gerenciamento de projetos, a utilidade de uma metodologia empresarial de gerenciamento de projetos, os benefícios do gerenciamento de projetos e em como ele está melhorando a rentabilidade da empresa. Conforme as empresas começam a reconhecer o efeito favorável que exerce sobre o desempenho, todo esse conhecimento de gerenciamento de projetos é tratado como propriedade intelectual. A ênfase agora é colocada em alcançar o profissionalismo em gerenciamento de projetos usando o conceito de escritório de projetos (PO)[NT1], em que o escritório de gerenciamento de projetos (PMO)[NT2] torna-se o guardião da propriedade intelectual de gerenciamento de projetos. O conceito de um PO ou PMO poderia muito bem ser a atividade de gerenciamento de projetos mais importante nessa década.

23.1 O ESCRITÓRIO DE PROJETOS ATUAL

A década de 1990 começou com uma recessão que afetou negativamente as posições de colarinho branco. O desejo da administração por eficiência e eficácia a levou a prestar atenção em técnicas não tradicionais de gestão, tais como gerenciamento de projetos. O gerenciamento de projetos começou a se expandir para setores não orientados a projetos. Os benefícios da utilização do gerenciamento de projetos, que antes eram vistos como aplicáveis somente para os setores aeroespacial, de defesa e de construção pesada, são, agora, reconhecidos como sendo aplicáveis a outros setores.

Até o final dos anos 1990, conforme mais benefícios do gerenciamento de projetos ficaram evidentes, a administração entendeu que poderia haver um impacto significativo e favorável no resultado corporativo. Isso levou a administração a duas conclusões importantes:

NT1 Da expressão em inglês, *Project Office* (PO).

NT2 Da expressão em inglês, *Project Management Office* (PMO).

- O gerenciamento de projetos tinha de ser integrado e compatível com os sistemas de recompensas das empresas para o crescimento sustentado do gerenciamento de projetos
- O reconhecimento corporativo do gerenciamento de projetos como profissão foi essencial para aumentar o desempenho

O reconhecimento do profissionalismo em gerenciamento de projetos levou as empresas a aceitar o Programa de Certificação do PMI® como um padrão e a reconhecerem a importância do conceito de PO. Estava sendo feita uma consideração para todas as atividades críticas relacionadas ao gerenciamento de projetos para serem colocadas sob a supervisão do PO. Isso incluiu temas como:

- Padronização na estimativa
- Padronização no planejamento
- Padronização no desenvolvimento do cronograma
- Padronização no controle
- Padronização nos relatórios
- Esclarecimento dos papéis e responsabilidades de gerenciamento de projetos
- Elaboração de descrições de trabalho para gerentes de projetos
- Elaboração de dados de arquivo nas lições aprendidas
- *Benchmarking* contínuo de gerenciamento de projetos
- Desenvolvimento de modelos de gerenciamento de projetos
- Desenvolvimento de uma metodologia de gerenciamento de projetos
- Recomendação e implementação de mudanças e melhorias à metodologia existente de gerenciamento de projetos
- Identificação das normas de gerenciamento de projetos
- Identificação das melhores práticas de gerenciamento de projetos
- Realização de planejamento estratégico para o gerenciamento de projetos
- Estabelecimento de uma linha direta para a resolução de problemas em gerenciamento de projetos
- Coordenação e/ou condução de programas de treinamento em gerenciamento de projetos
- Transferência de conhecimento por meio de coaching e mentoring
- Desenvolvimento de um plano de capacidade/utilização de recursos corporativos
- Avaliação de riscos em projetos
- Planejamento para recuperação de desastres em projetos
- Realização ou participação no gerenciamento de portfólio de projetos
- Atuação como o guardião da propriedade intelectual de gerenciamento gestão de projetos

Com a ocorrência dessas mudanças, as organizações começaram a mudar o nome do PO para Centro de Excelência (COE)[NT3] em gerenciamento de projetos. O COE foi o principal responsável por fornecer informações às partes interessadas, em vez de executar, de fato, os projetos ou fazer correções na metade do curso de um plano.

23.2 OS RISCOS DE IMPLEMENTAÇÃO

Cada atividade designada ao PO traz vantagens e desvantagens. A maioria das desvantagens foi atribuída ao aumento dos níveis de resistência às novas responsabilidades dadas ao PO. Para simplificar, os níveis de resistência podem ser classificados como de baixo risco, de risco moderado e de alto risco de acordo com as seguintes definições:

- **Baixo Risco:** facilmente aceito pela organização com muito pouca mudança no equilíbrio de poder e autoridade. Praticamente nenhum impacto sobre a cultura corporativa.
- **Risco Moderado:** alguma resistência por parte da cultura corporativa e, possivelmente, uma mudança no equilíbrio de poder e autoridade. Os níveis de resistência podem ser superados no médio prazo e com o mínimo de esforço.
- **Alto Risco:** existem fortes grupos de resistência e uma mudança definitiva em algumas relações de poder e autoridade. A forte liderança executiva pode ser necessária para superar a resistência.

Nem todo PO tem as mesmas responsabilidades. Da mesma forma, as mesmas responsabilidades implementadas em dois POs podem ter diferentes graus quanto ao melhor interesse da organização.

A avaliação dos riscos potenciais de implementação é crítica. Pode ser mais fácil obter apoio para o estabelecimento de um PO por meio da implementação de atividades de baixo risco em primeiro lugar. As atividades de baixo risco são as atividades operacionais para apoiar os esforços de gerenciamento de projetos no curto prazo, considerando que as atividades de alto risco estão mais alinhadas com as responsabilidades de planejamento

[NT3] Da expressão em inglês, *Center of Excellence* (COE).

estratégico e, possivelmente, com o controle de informações confidenciais. Por exemplo, atividades de baixo risco incluem *mentoring*, desenvolvimento de padrões e treinamento em gerenciamento de projetos. Atividades de alto risco incluem o planejamento de capacidade, *benchmarking* e divulgação de informações.

Os gerentes seniores estavam agora reconhecendo que o gerenciamento de projetos e o PO tinham se tornado ativos de valor incalculável para a alta administração, bem como para os níveis de execução.

Durante os últimos dez anos, os benefícios para os níveis executivos de gestão com o uso de um PO se tornaram evidentes. Esses benefícios incluem:

- Padronização das operações
- Tomada de decisões da empresa e não do silo
- Melhor capacidade de planejamento (ou seja, alocações de recursos)
- Acesso mais rápido a informações de maior qualidade
- Eliminação ou redução dos silos da empresa
- Operações mais eficientes e eficazes
- Menos necessidade de reestruturação
- Menos reuniões que roubam o tempo valioso dos executivos
- Priorização mais realista do trabalho
- Desenvolvimento de futuros gerentes gerais

Todos os benefícios citados aqui estão direta ou indiretamente relacionados com a propriedade intelectual de gerenciamento de projetos. Para manter a propriedade intelectual de gerenciamento de projetos, o PO deve manter os veículos para capturar e divulgar os dados para as diversas partes interessadas. Esses veículos incluem a intranet de gerenciamento de projetos da empresa, os *websites* dos projetos, bases de dados de projetos e os sistemas de informação de gerenciamento de projetos. Uma vez que grande parte dessa informação é necessária tanto para o gerenciamento de projetos quanto para o planejamento estratégico corporativo, deve existir planejamento estratégico para o PO.

Conforme entramos no século XXI, o PO se tornou comum na hierarquia corporativa. Embora a maioria das atividades atribuídas ao PO não tivesse mudado, havia uma nova missão para ele: o apoio a toda a corporação.

O PO estava, então, a serviço da corporação, especialmente nas atividades de planejamento estratégico, em vez de focar em um cliente específico. O PO foi transformado em um centro corporativo para o controle da propriedade intelectual de gerenciamento de projetos. Essa era uma necessidade, já que a magnitude das informações de gerenciamento de projetos cresceu quase exponencialmente ao longo de toda a organização.

23.3 TIPOS DE ESCRITÓRIOS DE PROJETOS

São comumente utilizados três tipos de POs nas empresas:

- **PO Funcional:** esse tipo de PO é utilizado em uma área funcional ou divisão de uma organização, como sistemas de informação. A responsabilidade principal desse tipo de PO é gerenciar um grupo geral de recursos críticos, ou seja, gerenciamento de recursos. O PMO pode ou não realmente gerenciar os projetos.
- **PO de Grupo do Cliente:** esse tipo de PO é para um melhor gerenciamento do cliente e comunicação com o cliente. Clientes ou projetos comuns são agrupados para um melhor gerenciamento e relacionamento com o cliente. Podem existir vários POs de grupo do cliente ao mesmo tempo e podem acabar funcionando como uma organização temporária. De fato, ele atua como uma empresa dentro de uma empresa. Esse tipo de PMO terá um gerente de projetos permanente designado e gerenciando os projetos.
- **PO Corporativo (ou Estratégico):** esse tipo de PO serve a toda a empresa e centra-se em questões corporativas e estratégicas, em vez de questões funcionais. Se esse tipo de PMO faz o gerenciamento de projetos, é para esforços de redução de custos.

As empresas podem defender mais de um tipo de PO, ao mesmo tempo. Por exemplo, podem existir dois POs, um funcional e um estratégico/corporativo, que trabalhem juntos.

23.4 ESCRITÓRIOS DE GERENCIAMENTO DE PROJETOS EM REDE

Por causa de disputas políticas pelo controle do PMO, muitas empresas têm estabelecido PMOs múltiplos, os quais são ligados entre si por um PMO de "coordenação". Outras empresas que são multinacionais criaram PMOs regionais, que são agrupamentos dos associados ao gerenciamento dos projetos (gerentes de projeto, membros de equipe etc.) que realizam as funções de gerenciamento de projetos dentro de áreas regionais específicas ou áreas específicas aos setores. Nesse caso, as principais responsabilidades do PMO são:

- Promoção da metodologia de gerenciamento de projetos da empresa
- Promoção da utilização de ferramentas de gerenciamento de projetos
- Garantia de padronização na execução e entrega do projeto
- Manutenção de uma fonte especialista em gerenciamento de projetos
- Coordenação de conhecimento multinacional de gerenciamento de projetos

23.5 SISTEMAS DE INFORMAÇÃO DE GERENCIAMENTO DE PROJETOS

Dado o fato de que o PO é agora o guardião da propriedade intelectual de gerenciamento de projetos, deve haver processos e ferramentas para capturar essa informação. Essa informação pode ser coletada por meio de quatro sistemas de informação, como mostrado na Figura 23-1. Cada sistema de informação pode ser atualizado e gerenciado por meio da intranet da empresa.

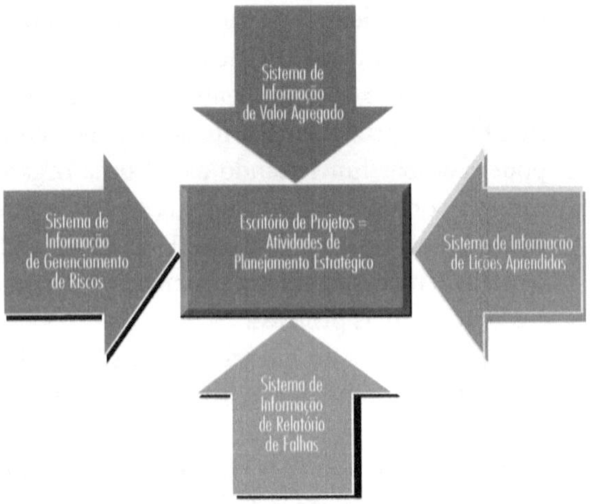

FIGURA 23-1 Sistemas de informação de gerenciamento de projetos.

Sistema de Informação de Medição do Valor Agregado

O sistema de informação de medição do valor agregado é comum a quase todos os gerentes de projetos. Ele fornece informações suficientes para responder a duas perguntas:

- Onde está o projeto hoje?
- Onde o projeto irá terminar?

Esse sistema captura ou calcula os valores planejado e real do trabalho, os custos reais, as variações de custos e cronograma (em horas ou unidades monetárias e em percentual), o custo estimado no término, o tempo estimado no término, a porcentagem concluída e as tendências.

O sistema de informação de medição do valor agregado é fundamental para uma empresa que precisa de informações facilmente disponíveis para a tomada rápida de decisões. Em um plano de projeto, é mais fácil fazer pequenas mudanças em vez de grandes. Portanto, as variações da linha de base da medição do desempenho devem ser identificadas rapidamente, de tal forma que ações corretivas possam ser tomadas em pequenos incrementos.

Sistema de Informação de Gerenciamento de Riscos

O segundo sistema de informação fornece dados sobre o gerenciamento de riscos. O sistema de informação de gerenciamento de riscos (RMIS)[NT4] armazena e permite a recuperação de dados relacionados aos riscos. Ele fornece dados para a criação de relatórios e serve como o repositório de todas as informações atuais e históricas relacionadas aos riscos do projeto. A informação deverá incluir a documentação de identificação de riscos (possivelmente utilizando modelos), documentos de avaliação quantitativa e qualitativa de riscos, entrega de contrato, se adequado, e quaisquer outros dados relacionados a riscos. O PMO irá utilizar os dados do RMIS para criar relatórios para a alta administração e recuperar dados para o dia a dia dos projetos. Ao utilizar modelos de gerenciamento de riscos, cada projeto irá produzir um conjunto de relatórios padronizados para a comunicação periódica e tem a capacidade de criar relatórios específicos em resposta a consultas especiais. Essa informação está diretamente relacionada ao sistema de informação de relatório de falhas e ao sistema de informação de lições aprendidas. Os dois últimos sistemas de informação são abordados com mais detalhes nas próximas duas seções.

Sistema de Informação de Falhas de Desempenho

O PO pode ter a responsabilidade de manter o sistema de informação de falhas de desempenho (PFIS)[NT5]. A falha poderia ser uma falha total do projeto ou simplesmente a falha de determinados testes dentro do projeto. O PFIS deve identificar a(s) causa(s) da falha e, eventualmente, as recomendações para removê-la(s). A(s) causa(s) poderá(ão) ser identificada(s) como proveniente(s) de problemas totalmente internos da organização ou de interações coordenadas com fornecedores.

É responsabilidade do PO desenvolver padrões para a manutenção do PFIS, em vez de validar a falha. A validação é da responsabilidade dos membros da equipe executora do trabalho. O relatório de falhas pode levar à descoberta de problemas adicionais e mais sérios. Em primeiro lugar, pode haver resistência em relatar alguma falha, por medo de que possa refletir negativamente sobre o pessoal associado com a falha, como os patrocinadores do projeto. Em segundo lugar, cada divisão de uma grande empresa pode ter os seus próprios procedimentos para o registro de falhas e pode ficar relutante em tornar a falha

---

[NT4] Da expressão em inglês, *Risk Management Information System* (RMIS).

[NT5] Da expressão em inglês, *Performance Failure Information System* (PFIS).

visível em um banco de dados em nível corporativo. Terceiro, poderia existir muitas definições diferentes do que é ou não é um fracasso. Quarto, o PO pode estar à mercê dos outros para fornecer informações precisas, oportunas e completas.

O relatório de falhas deve identificar o item que falhou, os sintomas, as condições no momento da falha e quaisquer outras evidências pertinentes necessárias para que as ações corretivas ocorram. A análise de falha, que é a análise sistemática das consequências da falha no projeto, não pode ser concluída até que as causas da falha tenham sido completamente identificadas. O PO pode simplesmente funcionar como o guardião de registros para padronizar um formato único para toda a empresa e uma base de dados para o relatório dos resultados de cada projeto. Isso poderia fazer parte da revisão das lições aprendidas, ao final de cada projeto.

Considere o seguinte exemplo: Uma empresa aeroespacial tinha duas divisões que, muitas vezes, competiram entre si por meio de licitação em contratos do governo. Cada uma conduzia suas próprias atividades de P&D, e muito raramente faziam o intercâmbio de dados. Uma das divisões passou seis meses trabalhando em um projeto P&D que foi finalmente encerrado e rotulado como um fracasso (falha). Pouco tempo depois, soube-se que a outra divisão tinha trabalhado exatamente no mesmo projeto, havia um ano, e alcançado os mesmos resultados improdutivos. As informações sobre a falha não haviam sido trocadas, resultando em desperdício de recursos críticos.

Todos reconhecem a necessidade de um sistema de informação corporativo para o armazenamento de dados de falha. Mas existe sempre o risco de que alguns vejam isso como uma perda de poder. Outros podem resistir por medo de que seu nome seja identificado juntamente com a falha. O risco global de dar essa responsabilidade para o escritório de projetos é de baixo a moderado.

Sistema de Informação de Lições Aprendidas (Análise *post-mortem*)

Algumas empresas trabalham em um vasto número de projetos a cada ano, e cada um desses projetos fornece informações valiosas para a melhoria dos padrões, do processo de estimativa para licitações futuras e da forma como os negócios são conduzidos. Toda essa informação é propriedade intelectual e deve ser capturada para uso futuro. As revisões das lições aprendidas são uma maneira de obter essa informação.

Se a propriedade intelectual dos projetos deve ser mantida em um local centralizado, então o PO deve desenvolver conhecimento sobre como conduzir uma reunião de análise *post-mortem*. Nessa reunião, quatro questões críticas devem ser abordadas:

- O que fizemos certo
- O que fizemos de errado
- Quais recomendações futuras podem ser feitas
- Como, quando e para quem as informações devem ser divulgadas

23.6 DIVULGAÇÃO DE INFORMAÇÕES

Um problema que acomete a maioria das organizações é como ter a certeza de que as informações críticas, tais como os KPIs (indicadores-chave de desempenho) e os FCS (fatores críticos de sucesso), sejam conhecidos por toda a organização. As bases de dados de lições aprendidas da intranet seriam uma maneira de compartilhar a informação. No entanto, uma melhor forma pode ser o PO assumir a liderança na elaboração de estudos de casos de lições aprendidas ao final de cada projeto. Os estudos de casos poderiam, então, ser utilizados em futuros programas de treinamento por toda a organização e estar baseados na intranet.

Por exemplo, uma empresa completou um projeto com bastante sucesso e a equipe do projeto entrevista a gerência sênior no final do projeto. A empresa havia feito avanços significativos na fabricação de vários processos utilizados para o projeto e a gerência sênior queria ter a certeza de que esse novo conhecimento estaria disponível a todas as outras divisões.

A decisão foi tomada para dissolver a equipe e transferir as pessoas para várias divisões por toda a organização. Depois que seis meses haviam passado, tornou-se evidente que muito pouco conhecimento tinha sido transferido para as outras divisões. A equipe foi então reagrupada e solicitada para escrever um estudo de caso das lições aprendidas para ser usado durante programas de treinamento de gerenciamento de projetos.

Embora essa abordagem tenha funcionado bem, existem também consequências negativas que tornam essa abordagem difícil de implementar. Outra empresa adotou o conceito de ter de elaborar estudos de casos de lições aprendidas. Embora o resultado final de um dos projetos tenha sido um sucesso, vários erros dispendiosos foram cometidos durante a execução do projeto em virtude da falta de conhecimento de gerenciamento de riscos e tomadas de decisões ruins. Acreditando que os estudos de caso das lições aprendidas deveriam incluir os erros, bem como os sucessos, a equipe do PO que estava elaborando o estudo de caso incluiu todas as informações.

Apesar das tentativas de disfarçar os nomes dos colaboradores que cometeram os erros críticos, todos na organização sabiam quem trabalhou no projeto e eram capazes de descobrir quais eram os empregados. Vários dos colaboradores envolvidos no projeto apresentaram uma queixa à alta gerência sobre a divulgação dessa informação, e os estudos de caso foram então retirados dos programas de treinamento. É preciso uma forte cultura organizacional para aprender com os erros sem a represália aos colaboradores. O risco aqui pode ser de moderado a alto para o PO administrar essa atividade.

23.7 *MENTORING*

O *mentoring* no gerenciamento de projetos é uma atividade crítica do PO. A maioria das pessoas parece concordar que a melhor maneira de treinar alguém em gerenciamento de projetos é o treinamento prático. Tal método seria para os gerentes de projetos inexperientes trabalharem diretamente sob a orientação de um gerente de projetos experiente, especialmente em grandes projetos. Essa abordagem pode se tornar cara se a organização não tem um fluxo de grandes projetos.

Talvez a melhor escolha fosse o PO assumir o papel de *mentoring*, de acordo com o qual os gerentes de projetos inexperientes podem buscar aconselhamento e orientação dos gerentes de projetos mais experientes que se reportam hierarquicamente em linha "sólida"ou "pontilhada" ao PO. Essa abordagem tem três grandes benefícios. Primeiro, o gerente de linha ao qual o gerente do projeto se reporta administrativamente pode não ter o conhecimento necessário de gerenciamento de projetos ou a experiência capaz de auxiliar o colaborador em tempos de dificuldade. Segundo, o gerente de projetos pode não querer discutir certos problemas com seus superiores, por medo de represálias. Em terceiro lugar, dado o fato de que o PO pode ter a responsabilidade de manter os arquivos de lições aprendidas, o programa de *mentoring* de projetos pode usar esses arquivos e fornecer aos gerentes de projetos inexperientes os indicadores de alerta precoce de que problemas potenciais podem ocorrer.

O programa de *mentoring* pode ser feito em regime de tempo integral ou conforme a necessidade, que é a abordagem preferida. O *mentoring* em tempo integral pode parecer uma boa ideia, mas inclui o risco de que o *mentor* acabe gerenciando o projeto. O risco global para o *mentoring* no PO é baixo.

23.8 DESENVOLVIMENTO DE PADRÕES E MODELOS

Um componente crítico de qualquer PO é o desenvolvimento de padrões de gerenciamento de projetos. Os padrões fomentam o trabalho em equipe, criando uma linguagem comum. No entanto, o desenvolvimento de padrões excessivos sob a forma de políticas e procedimentos pode ser um erro, pois pode não ser possível a criação de políticas e procedimentos que cubram todas as situações possíveis em cada projeto possível. Além disso, o tempo, o dinheiro e o pessoal necessário para desenvolver padrões rígidos de políticas e procedimentos tornaria a implementação do PO improvável por causa do requisito do número de pessoas.

Os formulários e as listas de verificação podem ser preparados em um formato modelo tal que as informações possam ser usadas em uma infinidade de projetos. Os modelos devem ser feitos sob medida para uma determinada organização, em vez de copiados de uma outra organização que pode não ter tipos de projetos semelhantes ou uma cultura similar. Modelos reutilizáveis devem ser elaborados **após** a organização ter concluído vários projetos, seja com ou sem sucesso, e onde as informações das lições aprendidas possam ser utilizadas para o desenvolvimento e melhoria dos modelos.

Há um perigo na disponibilização de modelos como substitutos para padrões mais formais. Primeiro, pelo fato de que os modelos servem como um guia para um público geral, podem não satisfazer as necessidades de qualquer programa específico. Segundo, há o risco de que alguns usuários perspectivos dos modelos, especialmente de gerentes de projetos inexperientes, possam simplesmente adotar modelos "conforme o exigido, conforme está escrito", apesar do fato de eles não se ajustarem ao seu programa.

A razão para a disponibilização de modelos **não** é dizer à equipe como fazer o seu trabalho, mas dar ao gerente de projetos e à sua equipe um ponto de partida para os seus próprios processos de iniciação, planejamento, execução, controle e encerramento do projeto. Modelos devem estimular o pensamento proativo sobre o que precisa ser feito e, possivelmente, algumas ideias sobre como fazê-lo. Modelos e padrões muitas vezes contêm muito mais informações do que a maioria dos gerentes de projetos precisa. No entanto, eles devem ser vistos como a chave para manter as coisas simples e os gerentes de projetos devem ser capazes de adequá-los para atender às necessidades do projeto, por meio da concentração nas principais áreas críticas.

Os modelos e padrões devem ser atualizados sempre que necessário. Uma vez que o PO é mais provavelmente responsável pela manutenção dos arquivos de lições aprendidas e pela análise *post-mortem* do projeto, é somente por meio do ajuste que o PO avalia esses dados para procurar indicadores chave de desempenho que possam ditar as melhorias do modelo. Os padrões e os modelos podem ser considerados como uma atividade de baixo risco do PO.

23.9 *BENCHMARKING* DE GERENCIAMENTO DE PROJETOS

Talvez a atividade mais interessante e mais difícil designada a um PO é o *benchmarking*. Assim como o *mentoring*, o *benchmarking* requer a utilização de gerentes de projetos experientes. Os indivíduos designados devem saber o que procuram e quais perguntas fazer, devem ter a capacidade de reconhecer um bom ajuste com a empresa, como avaliar os dados e quais recomendações fazer.

O *benchmarking* está diretamente relacionado com o planejamento estratégico de gerenciamento de projetos e pode ter um efeito destacado sobre o resultado corporativo baseado no quão rapidamente as mudanças são implementadas. Nos últimos anos, as empresas descobriram que as melhores práticas podem ser comparadas com outras organizações, não necessariamente na sua linha de negócios. Por exemplo, uma divisão aeroespacial de uma grande empresa vem utilizando gerenciamento de projetos há mais de 30 anos. Durante a década de 1990, a empresa vinha realizando estudos de *benchmarking*, mas apenas com outras empresas aeroespaciais. A complacência se instalou, em conjunto, com a empresa acreditando que estava em pé de igualdade com os concorrentes no setor aeroespacial. No final dos anos 1990, a empresa começou a realizar *benchmarking* frente a empresas fora do seu setor, especificamente de telecomunicações, computadores, eletrônicos e de entretenimento. A maioria dessas empresas vinha utilizando gerenciamento de projetos por menos de cinco anos e, nesse tempo, tinha alcançado um desempenho em gerenciamento de projetos que excedia a empresa aeroespacial. Agora, a empresa aeroespacial realiza o *benchmarking* frente a todos os setores.

O estabelecimento da rede do escritório de projetos para fins de *benchmarking* poderia muito bem estar no futuro próximo para a maioria das empresas. A rede de escritórios de projetos poderia se estender por setores e continentes. Além disso, pode tornar-se comum, mesmo para os concorrentes, compartilhar conhecimento em gerenciamento de projetos. No entanto, atualmente, parece que a maioria do benchmarking em gerenciamento de projetos está sendo realizada por organizações cuja função é unicamente o *benchmarking*. Essas organizações cobram uma taxa por seus serviços e realizam simpósios para seus associados, nos quais dados das melhores práticas de gerenciamento de projetos são compartilhados. Além disso, oferecem serviços de base de dados com a qual você pode comparar a sua organização:

- Outras organizações no seu setor
- Outras organizações em diferentes setores da indústria
- Outras respostas de colaboradores dentro da sua empresa
- Outras organizações por tamanho da empresa
- Outras organizações por tamanho do projeto

Algumas organizações têm uma forte resistência ao *benchmarking*. Os argumentos contra o *benchmarking* incluem:

- Não se aplica à nossa empresa ou setor.
- Não foi inventado aqui.
- Nós estamos indo muito bem! Não precisamos disso.
- Vamos deixar isso para lá.
- Por que consertar algo que não está quebrado?

Por causa dessas preocupações, o *benchmarking* pode ser uma atividade de alto risco em função do medo do que será encontrado e das mudanças recomendadas.

23.10 O DESENVOLVIMENTO DO *BUSINESS CASE*

Uma das melhores maneiras para um PO apoiar a função de planejamento estratégico corporativo é tornando-se especialista no desenvolvimento de *business case*. Mais especificamente, isso inclui conhecimentos em estudos de viabilidade e análise de custo-benefício. Na seção de gerenciamento da integração do Guia PMBOK®, uma das saídas do processo Desenvolver o Termo de Abertura do projeto é a identificação/nomeação de um gerente de projetos. Isso é realizado após o *business case* ser desenvolvido. Há argumentos válidos para a atribuição do gerente de projetos após o *business case* ser desenvolvido:

- O gerente de projetos pode não ser capaz de contribuir para o desenvolvimento do *business case*.
- O projeto pode não ser aprovado e/ou financiado, e seria um custo adicional ter o gerente de projetos a bordo antecipadamente.
- O projeto pode não estar suficientemente bem definido para determinar numa fase precoce a melhor pessoa a ser designada como o gerente do projetos.

Embora esses argumentos pareçam ter mérito, há um problema mais grave no fato de que o gerente de projetos finalmente designado pode não ter conhecimento suficiente sobre as premissas, restrições e alternativas consideradas durante o processo de desenvolvimento do *business case*. Isso poderia levar a um plano de projeto inferior ao ideal. É uma ilusão acreditar que o termo de abertura do projeto, que pode ter sido elaborado por alguém completamente fora dos esforços de desenvolvimento do *business case*, contenha todas as premissas, alternativas e restrições necessárias.

Um dos axiomas de gerenciamento de projetos é que quanto mais cedo o gerente de projetos é designado, melhor é o plano e maior é o comprometimento com o projeto. As empresas argumentam que a contribuição do gerente do projetos é limitada durante o desenvolvimento do *business case*. A razão para essa crença é que os gerentes de projetos nunca foram treinados para realizar estudos de viabilidade e análises de custo-benefício. Esses cursos são praticamente inexistentes no mercado de seminários como um curso oferecido publicamente, mas algumas empresas possuem cursos feitos sob medida, especificamente para elas.

O desenvolvimento do *business case*, muitas vezes, resulta em uma abordagem muito otimista com pouca consideração ao cronograma e/ou ao orçamento. A pressão é, então, colocada no gerente de projetos para que aceite argumentos e premissas feitas durante o desenvolvimento do *business case*. Se o projeto falhar em atender as expectativas do *business case*, a culpa recai sobre o gerente do projeto.

O PO deve desenvolver conhecimentos em estudos de viabilidade, análises de custo-benefício e desenvolvimento de *business cases*. Essa experiência se presta muito facilmente aos modelos, formulários e listas de verificação. O PO pode se tornar um braço de apoio viável à força de vendas ao ajudá-las a fazer promessas mais realistas para os clientes e, eventualmente, ajudar na geração de vendas adicionais. No futuro, o PO pode muito bem tornar-se o especialista da empresa em estudos de viabilidade e análises custo-benefício e, eventualmente, conduzir o treinamento sob medida para a organização sobre esses temas. O pessoal de marketing e vendas, que tradicionalmente executa essas atividades, pode ver isso como um risco elevado.

23.11 TREINAMENTO SOB MEDIDA (RELACIONADO A GERENCIAMENTO DE PROJETOS)

Durante anos, o braço de treinamento do grupo de recursos humanos teve a responsabilidade de trabalhar com instrutores e consultores na concepção de programas de treinamento sob medida de gerenciamento de projetos. Embora vários desses programas tenham sido muito bem-sucedidos, havia muitos que foram vistos como fracassos. Uma divisão de uma grande empresa reconheceu a necessidade de treinamento em gerenciamento de projetos. O departamento de treinamento, então, partiu para a licitação e selecionou um instrutor. O departamento de treinamento, em seguida, adicionou em suas próprias agendas, após filtragem, todos as informações sobre as metas e entregas procuradas pela divisão que estava solicitando o treinamento. O instrutor nunca se comunicou diretamente com a organização que estava solicitando o treinamento e simplesmente concebeu o curso em torno das informações apresentadas pelo departamento de treinamento. O programa de treinamento foi visto como um fracasso, e o consultor/instrutor nunca mais foi convidado. A análise *post-mortem* indicara as seguintes conclusões:

- O braço de treinamento (e a organização solicitante) nunca reconheceu a necessidade de o instrutor se reunir diretamente com a organização solicitante.
- O grupo de treinamento recebeu a contribuição da alta administração, sem a organização solicitante saber, das informações que eles queriam que fossem cobertas e o caminho resultante não satisfez as expectativas de ninguém.
- O instrutor pediu que algumas informações complementares fossem cobertas, enquanto outras informações foram consideradas inadequadas e deviam ser excluídas. O pedido foi completamente ignorado.
- O departamento de treinamento do instrutor informou que só queria uma palestra, nenhum estudo de caso e poucos exercícios. Essa foi a forma em outros cursos. Nas avaliações, os participantes reclamavam sobre a falta de exercícios e estudos de casos.

Enquanto o grupo de treinamento acreditava que suas ações estavam de acordo com o melhor interesse para a empresa, os resultados eram devastadores. O instrutor também foi culpado por permitir que essa situação ocorresse.

A implementação bem-sucedida do gerenciamento de projetos tem um efeito positivo na rentabilidade corporativa. Dado que isso é verdade, por que permitir a não especialistas a concepção do trabalho de gerenciamento de projetos? Até mesmo os gerentes de linha que acreditam que a sua organização requer conhecimentos em gerenciamento de projetos podem não saber o que ressaltar e o que não ressaltar do Guia PMBOK®.

O PO tem o conhecimento especialista na concepção de conteúdos de cursos de gerenciamento de projetos. O PO mantém a propriedade intelectual sobre os arquivos das lições aprendidas e a análise *post-mortem* do projeto, o que dá ao PO uma visão valiosa sobre como obter o melhor retorno sobre o investimento de dinheiro em treinamentos. Essa propriedade intelectual também pode ser inestimável para ajudar os gerentes de linha na concepção de cursos específicos para suas organizações. Essa atividade é de baixo risco para o PO.

23.12 GERENCIAMENTO DAS PARTES INTERESSADAS

Todas as empresas possuem partes interessadas. Pode haver a apreensão na mente de alguns indivíduos de que o PO será o patrocinador final de projetos, responsável por todas as partes interessadas. Embora isso possa acontecer no futuro, é altamente improvável que venha a ocorrer no curto prazo.

O PO concentra a sua atenção principalmente nas partes interessadas internas (organizacionais). Não é a intenção de um PO substituir o patrocínio executivo. Conforme o gerenciamento de projetos amadurece dentro de uma organização, é possível que nem todos os projetos venham a precisar de patrocínio executivo. Em tais situações, o PO (e, talvez, a média gerência) pode agregar a responsabilidade de algumas atividades de patrocínio, mais provavelmente para projetos internos.

O PO é um bom "ponto de partida" para a construção e manutenção de alianças com as principais partes interessadas. No entanto, as atividades do PO são designadas a beneficiar a empresa como um todo e, dado o patrocínio do PO, a responsabilidade pode criar um conflito de interesse para o seu pessoal. As parcerias com as principais partes interessadas devem ser construídas e nutridas, e isso exige tempo. O gerenciamento das partes interessadas pode roubar tempo valioso do pessoal do PO necessário para outras atividades. O risco total para essa atividade é baixo.

23.13 MELHORIA CONTÍNUA

Dado o fato de que o PO é um repositório de propriedade intelectual de gerenciamento de projetos, ele pode estar em melhor posição para identificar oportunidades de melhoria contínua. O PO não deveria ter autoridade unilateral para a implementação das mudanças, mas deve ter a capacidade de recomendar as mudanças. Algumas organizações mantêm um conselho de política estratégica ou um comitê diretor que, como uma de suas funções, avalia as recomendações de melhoria contínua ao PO.

23.14 PLANEJAMENTO DA CAPACIDADE

De todas as atividades designadas a um PO, a atividade mais importante aos olhos da alta administração pode muito bem ser o planejamento da capacidade. Para os executivos cumprirem as suas responsabilidades como os arquitetos do plano estratégico corporativo, eles devem saber quanto trabalho adicional a organização pode assumir, bem como, quando e onde, sem sobrecarregar a força de trabalho existente. O PO deve trabalhar estreitamente com a alta administração em todas as atividades relacionadas ao gerenciamento de portfólio e seleção dos projetos. O momento estratégico adequado, que é o processo de decidir quais projetos trabalhar e quando, é um componente crítico do planejamento estratégico.

A alta administração pode navegar na intranet da empresa conforme a necessidade para visualizar o andamento de um projeto individual, sem a necessidade de contato pessoal com a equipe. Mas, para satisfazer os requisitos para o momento estratégico adequado, todos os projetos precisariam ser combinados em uma única base de dados que identifica o seguinte:

- Os recursos comprometidos por período de tempo e por área funcional
- Poll de recursos por área funcional
- Recursos disponíveis por período de tempo e por área funcional

Pode haver algumas discussões sobre se o controle dessa base de dados deve ficar sob a administração do PO ou não. O autor acredita que isso deveria ser uma responsabilidade do PO porque:

- Os dados seriam demandados pelo PO para apoiar os esforços de planejamento estratégico e de gerenciamento de portfólio de projetos.
- Os dados seriam demandados pelo PO para determinar prazos e custos realistas de apoio aos esforços de concorrências em licitações.
- O PO pode assumir a responsabilidade de determinar as habilidades necessárias dos recursos para a realização de trabalho adicional.
- Os dados serão demandados pelo PO para atualizações e melhorias a essa base de dados e a outras bases de dados impactadas.
- Os dados podem ser necessários para realizar estudos de viabilidade e análises de custo-benefício.

Esta atividade é um esforço de alto risco para o PO, porque os gerentes de linha podem ver isso como invasão de território.

23.15 OS RISCOS DA UTILIZAÇÃO DE UM ESCRITÓRIO DE PROJETOS

Riscos e recompensas andam de mãos dadas. Os benefícios de um PO pode ser negado se os riscos de manutenção de um PO não forem gerenciados de forma eficaz. A maioria dos riscos não aparece durante a criação do PO, mas muitos aparecem bem após a implementação. Esses riscos incluem:

- **Número de Pessoas:** uma vez que a organização comece a reconhecer os benefícios da utilização de um PO, há uma tendência natural de aumento do número de pessoal no PO com a falsa crença de que os benefícios adicionais virão em breve. Embora essa crença possa ser válida em algumas circunstâncias, os resultados mais comuns são retornos decrescentes. Quanto mais a organização torna-se conhecedora em gerenciamento de projetos, mais o número de pessoas do PO deve diminuir.
- **Esgotamento:** o esgotamento dos empregados é sempre um risco. A utilização de designações rotativas ou em tempo parcial pode minimizar o risco. Não é incomum que as pessoas que trabalham em um escritório de projetos ainda se reportem hierarquicamente em linha "sólida" ao seu gerente de linha, e em linha "pontilhada" ao escritório de projetos.
- **Documentação Excessiva:** a documentação excessiva custa milhões para elaborar e pode gastar um tempo precioso. As atividades do projeto funcionam muito melhor quando se usam formulários, diretrizes e listas de verificação, em vez de políticas e procedimentos mais rígidos. Fazer isso de forma eficaz requer uma cultura baseada na confiança, no trabalho em equipe, na cooperação e na comunicação eficaz.
- **Reestruturação Organizacional:** informação é poder. Dado o fato de que o PO realiza um trabalho mais lateral do que vertical, podem ocorrer brigas de poder pelo controle do PO, especialmente pelos gerentes de projetos. O gerenciamento de projetos e um PO pode funcionar muito bem dentro de uma estrutura organizacional que se baseia na confiança, no trabalho em equipe, na cooperação e na comunicação eficaz.
- **Tentativa de Servir a Todos na Organização:** a empresa deve estabelecer alguns critérios para quando o PO deve estar envolvido. O PO não necessariamente acompanha todos os projetos. Os valores-limite mais comuns para quando envolver o PO incluem:
  - O valor monetário do projeto
  - O tempo de duração do projeto
  - A quantidade e complexidade da multifuncionalidade
  - Os riscos para a empresa
  - A criticidade do projeto (ou seja, reduções de custos)

Uma questão crítica que muitos executivos enfrentam é: " Como nós, enquanto executivos, podemos medir o retorno sobre o investimento, como resultado da implementação de um escritório de projetos?" A medição real pode ser descrita em termos tanto qualitativos quanto quantitativos. Qualitativamente, os executivos podem olhar para o número de conflitos que vêm até o nível executivo para resolução. Com um PO eficaz atuando como um filtro, menos conflitos devem ir até os níveis executivos. Quantitativamente, os executivos podem olhar o seguinte:

- **Revisões de Progresso:** sem um PO, podem existir vários formatos de cronogramas, talvez até um formato diferente para cada projeto. Com um PO e com a padronização, as revisões são mais rápidas e mais significativas.
- **Tomada de Decisões:** sem um PO, as decisões muitas vezes são demoradas e a ênfase é colocada em itens de ações, em vez de decisões significativas. Com um PO, decisões significativas são possíveis.
- **Reuniões Desperdiçadas:** sem um PO, os executivos podem gastar uma grande quantidade de tempo participando de reuniões excessivas e onerosas. Com um PO e com informações mais eficazes, os executivos podem gastar menos tempo em reuniões e mais tempo lidando com questões estratégicas, em vez de questões operacionais.
- **Quantidade de Informação:** sem um PO, os executivos podem acabar com muito poucas ou com informações excessivas sobre o projeto. Isso pode inibir a tomada de decisões eficaz. Com um PO e com a padronização, os executivos acham mais fácil tomar decisões oportunas. A principal responsabilidade da alta administração é o planejamento estratégico, a implantação e a preocupação com o futuro da organização. A principal responsabilidade das gerências de nível médio e baixo é a de se preocupar com questões operacionais. A responsabilidade do PO é atuar como uma ponte entre todos esses níveis e facilitar para que todos os níveis alcancem seus objetivos e metas.

23.16 GERENCIAMENTO DE PORTFÓLIO DE PROJETOS

Sua empresa está atualmente trabalhando em vários projetos e tem uma lista de espera de mais 20 projetos que gostaria de completar. Se o financiamento disponível vai apoiar apenas mais alguns projetos, como uma empresa vai decidir em qual dos 20 projetos vai trabalhar em seguida? Este é o processo de gerenciamento de portfólio de projetos (PPM). Os benefícios do PPM são relativamente claros. O PPM permite que nossos negócios[1] possam:

[1] PENNYPACKER, J.; RETNA, S. (Eds.). *Project portfolio management: a view from the management trenches.* Hoboken, NJ: The Enterprise Portfolio Management Council, Wiley, 2009. p. xvi.

- Fornecer uma estrutura para selecionar os projetos certos e eliminar os errados
- Alocar recursos para os projetos certos, reduzindo assim gastos desnecessários
- Alinhar decisões de portfólio com as metas estratégicas de negócios
- Basear decisões de portfólio na sobre lógica, raciocínio e objetividade
- Criar sentimento de propriedade aos membros equipe por meio de envolvimento nos níveis corretos
- Estabelecer caminhos para os indivíduos identificarem oportunidades e obterem apoio
- Ajudar as equipes de projeto a compreender o valor de suas contribuições

Para maximizar os benefícios, é evidente que o PMO deve ser um participante ativo. No entanto, é importante entender a diferença entre gerenciamento de projetos e gerenciamento de portfólio de projetos, mesmo que o PMO esteja envolvido em ambos. Debra Stouffer e Sue Rachlin fizeram essa distinção para projetos de TI[2]:

> Um portfólio de TI é composto de um conjunto ou coleção de iniciativas ou projetos. O gerenciamento de projetos é um processo contínuo, que se concentra na medida em que uma iniciativa específica estabelece, mantém e alcança seus objetivos pretendidos dentro de linhas de base de custo, cronograma, técnicas e desempenho.
>
> O gerenciamento de portfólio concentra a atenção em um nível mais agregado. Seu objetivo principal é identificar, selecionar, financiar, monitorar e manter a combinação adequada de projetos e iniciativas necessárias para atingir as metas e objetivos organizacionais.
>
> Gerenciamento de portfólio envolve a consideração dos custos agregados, riscos e retornos de todos os projetos dentro do portfólio, bem como as diversas compensações entre eles. Naturalmente, o gerente de portfólio também está preocupado com a "saúde" e o bem-estar de cada projeto que está incluído dentro do portfólio de TI. Afinal de contas, as decisões de portfólio, como quando financiar um novo projeto ou continuar financiando um projeto em curso, são baseadas em informações fornecidas em nível de projeto.

O gerenciamento de portfólio de projetos ajuda a determinar a combinação certa de projetos e o nível correto de investimento a se fazer em cada um deles. O resultado é um melhor equilíbrio entre novas iniciativas estratégicas e as iniciativas em andamento. O gerenciamento de portfólio não é realizar uma série de cálculos específicos de projeto, como ROI, VLP, TIR, período de *payback* e fluxo de caixa e, em seguida fazer o ajuste apropriado para contar o risco. Em vez disso, é um processo de tomada de decisão para o que for de melhor interesse de toda a organização.

Jim Pennypacker e San Retna identificam cinco questões críticas que são úteis para determinar o sucesso dos seus esforços de gerenciamento de portfólio de projetos[3]:

- Estamos investindo nas coisas certas?
- Estamos otimizando nossa capacidade?
- Quão bem estamos executando?
- Podemos absorver todas as mudanças?
- Estamos percebendo os benefícios prometidos?

Jim Pennypacker e San Retna também identificam sete "P's" do PPM, que são os princípios fundamentais: Paixão, Pessoas, Política, Processos, Potencial, Performance e *Payback*[4].

Decisões de gerenciamento de portfólio não são feitas no vácuo. A decisão geralmente está relacionada a outros projetos e a diversos fatores, tais como a disponibilidade de financiamento e alocação de recursos. Além disso, o projeto deve se ajustar bem com outros projetos dentro do portfólio e com o plano estratégico.

A seleção poderia ser baseada no término de projetos, que liberaria recursos para novas iniciativas. Além disso, os projetos selecionados podem ser limitados pela data de conclusão de outros que requeiram entregas necessárias para iniciar novos projetos. Em qualquer caso, alguma forma de processo de gerenciamento de portfólio de projetos é necessária.

Nem todas as empresas atribuem o mesmo grau de importância para o gerenciamento de portfólio. Em algumas empresas, é um processo manual, enquanto em outras demanda o uso de ferramentas sofisticadas. Algumas empresas acreditam que o gerenciamento de portfólio faz parte dos esforços de planejamento estratégico, enquanto outras veem como uma função de suporte para o planejamento de capacidade.

O gerenciamento bem-sucedido de um portfólio de projetos requer uma forte liderança por indivíduos que

[2] STOUFFER, D.; RACHLIN, S. A summary of first practices and lessons learned in information technology portfolio management, preparado pelo Chief Information Officer (CIO) Council, Washington, DC, mar. 2002. p. 7.

[3] Ver p. 4-5 da obra citada na nota 1.

[4] Ibidem, p. 140

reconhecem os benefícios que podem ser acumulados por meio do gerenciamento de portfólio. O compromisso da alta administração é essencial. Stouffer e Rachlin comentam sobre o papel da alta administração em um ambiente de TI em agências do governo[5]:

> O gerenciamento de portfólio exige uma perspectiva global do negócio e de toda a empresa. De qualquer forma, as decisões de investimento de TI devem ser feitas tanto em nível de projeto como em nível de portfólio. Altos funcionários do governo, gerentes de projetos e de portfólio, e outros tomadores de decisão devem rotineiramente responder a dois conjuntos de perguntas.
>
> Em primeiro lugar, em relação aos projetos, há confiança suficiente de que as atividades novas ou em curso que buscam financiamento vão atingir os objetivos pretendidos dentro de parâmetros razoáveis e aceitáveis de custo, cronograma, técnicas e desempenho?
>
> Em segundo lugar, em relação ao portfólio e tendo uma resposta aceitável para a primeira pergunta, o investimento em um projeto ou em um mix de projetos é desejável em relação a outro projeto ou mix de projetos?
>
> Depois de obter respostas a estas perguntas, os altos funcionários da organização, gerentes de portfólio, e outros tomadores de decisão, então devem usar as informações para determinar o tamanho, escopo e composição da carteira de investimentos em TI. As condições em que o portfólio pode ser alterado devem ser claramente definidas e comunicadas. Mudanças propostas para o portfólio devem ser analisadas e aprovadas pela autoridade apropriada de tomada de decisão, como um conselho de revisão de investimentos, e consideradas a partir de uma perspectiva global da organização.

A alta administração é responsável, em última instância, por definir e comunicar claramente as metas e objetivos da carteira de projetos, bem como os critérios e condições considerados para a seleção de projetos para o portfólio. De acordo com Stouffer e Rachlin, isso inclui[6]:

- Definir adequadamente e comunicar amplamente as metas e objetivos do portfólio de TI.
- Articular claramente as expectativas da organização e da gerência sobre os tipos de benefícios que estão sendo buscados e as taxas de retorno a serem alcançadas.
- Identificar e definir os tipos de riscos que podem afetar o desempenho do portfólio de TI, o que a empresa está fazendo para evitar e lidar com o risco, e sua tolerância para a exposição em curso.
- Estabelecer, chegar a um consenso, e consistentemente aplicar um conjunto de critérios que serão utilizados entre os projetos concorrentes e iniciativas de TI.

A alta administração também deve coletar e analisar os dados, a fim de avaliar o desempenho da carteira e determinar se ajustes são necessários ou não. Isso deve ser feito periodicamente, de tal forma que recursos críticos não sejam desperdiçados em projetos que devem ser cancelados. Stouffer e Rachlin fornecem uma visão sobre isso por meio de suas entrevistas[7]:

> De acordo com Gopal Kapur, presidente do Center for Project Management, as organizações devem se concentrar nas avaliações de seu portfólio de TI e em reuniões de controle sobre sinais vitais críticos do projeto. Exemplos desses sinais vitais incluem compromisso do patrocinador e tempo, estado do caminho crítico, taxa de acerto de marcos, taxa de acerto de entregas, custo real versus custo estimado, recursos reais contra recursos planejados, e de alta probabilidade, e eventos de alto impacto. Por meio da utilização uma abordagem de boletim vermelho, amarelo ou verde, bem como de métricas definidas, a empresa pode estabelecer um método consistente para determinar se os projetos estão tendo um impacto negativo sobre o portfólio de TI, se estão falhando e precisam ser desligados.

Critérios e dados específicos a serem coletados e analisados podem incluir o seguinte:

- Medidas financeiras padrão, tais como retorno sobre o investimento, análise de custo e benefício, valor agregado (focando no real contra planejado, quando disponível), aumento da rentabilidade, contenção de custo, ou *payback*. Todas as empresas que participaram das entrevistas incluíram uma ou mais destas medidas financeiras.
- Alinhamento estratégico (definido como apoio à missão), também foi incluído por quase todas as empresas.

[5] Ver a p. 8 da obra citada na nota 2.

[6] Ibidem, p. 13.

[7] Ibidem, p. 18.

- Impacto sobre o cliente, conforme definido nas medidas de desempenho.
- Impacto sobre a tecnologia (medida como "contribuição para" ou "impacto sobre" algum tipo de arquitetura definida).
- Projeto inicial e (em alguns casos) operações e cronogramas, como observado por quase todas as empresas.
- Riscos, prevenção de riscos (e às vezes especificidades de mitigação de risco), como observado por quase todos os participantes.
- Técnicas básicas de gerenciamento de projetos e medição.
- E, finalmente, fontes de dados e mecanismos de coleta de dados também são importantes. Muitas empresas entrevistadas preferem extrair informações a partir de sistemas existentes, as fontes incluem sistemas contábeis, financeiros e de gerenciamento de projetos.

Uma das melhores práticas identificadas por Stouffer e Rachlin para projetos de TI foi cuidadosa consideração de partes interessadas tanto internas como externas[8]:

> Expandir o envolvimento do negócio no gerenciamento de portfólio, muitas vezes inclui o seguinte:
>
> - Reconhecer que os programas do negócio são partes interessadas críticas, e melhorar esse relacionamento ao longo do ciclo de vida
> - Estabelecer acordos de nível de serviço que estejam vinculados à prestação de contas (recompensas e punições)
> - Transferir as responsabilidades para os programas do negócio e envolvê-los nos grupos chave de tomada de decisão
>
> Em muitas empresas, existem mecanismos estabelecidos para permitir a criação, participação e adesão de coligações de partes interessadas. Estes mecanismos são essenciais para garantir que o processo de tomada de decisão seja mais inclusivo e representativo. Ao receber adesão antecipada das partes interessadas no processo de gerenciamento de portfólio, fica mais fácil garantir práticas consistentes e aceitação de decisões ao longo de uma organização. A participação das partes interessadas e a adesão também podem prover sustentabilidade aos processos de gerenciamento de portfólio, quando há mudanças na liderança.
>
> As coligações de partes interessadas têm sido construídas de muitas formas diferentes dependendo da organização, do processo e do tema em questão. Com a inclusão de representantes de cada um dos principais componentes organizacionais responsáveis por priorizar as muitas iniciativas concorrentes que vão sendo propostas ao longo da organização, todas as perspectivas são incluídas. A abordagem, combinada com a objetividade trazida ao processo usando critérios predefinidos e um sistema de apoio à decisão, garante que todos tenham uma participação no processo e que o processo é justo.
>
> Da mesma forma, o alto órgão de tomada de decisão é composto por executivos sênior de toda a empresa. Todos os grandes projetos, ou aqueles que necessitam de uma fonte de financiamento, devem ser votados e aprovados por esse órgão de tomada de decisão. O valor de conseguir a participação das partes interessadas neste nível sênior é no que este órgão trabalha em direção a apoiar a missão global da empresa e as prioridades, em vez de interesses paroquiais.

Mais e mais empresas hoje estão confiando pesadamente no PMO para apoio ao gerenciamento de portfólio. Atividades típicas de apoio incluem o planejamento de capacidade, utilização de recursos, análise plano de negócios e priorização de projetos. O papel do PMO nesse sentido é apoiar a alta administração, e não substituí-la. O gerenciamento de portfólio permanecerá quase sempre como uma responsabilidade primordial da alta administração, mas as recomendações e o apoio do PMO podem tornar o trabalho do executivo um pouco mais fácil. Nesse papel, o PMO pode funcionar mais como um facilitador. Algumas empresas fazem o gerenciamento de portfólio sem envolvimento do PMO. Isso é muito comum quando o gerenciamento de portfólio inclui uma grande quantidade de projetos de despesa de capital.

Há obstáculos para o gerenciamento de portfólio. Os tomadores de decisão de gerenciamento de portfólio geralmente têm muito menos informações para avaliar os projetos candidatos do que desejam. Incertezas muitas vezes cercam a probabilidade de sucesso de um projeto, seu valor final de mercado, e seu custo total para conclusão. Essa falta de uma base de informações adequada, muitas vezes leva a outra dificuldade: a falta de uma abordagem sistemática para a seleção e avaliação de projetos. Critérios de consenso e métodos para avaliar cada projeto candidato contra estes critérios são essenciais para a tomada de decisão racional. Embora a maioria das

[8] Ver p. 22-23 da obra citada na nota 2.

empresas tenha metas e objetivos organizacionais estabelecidos, estes geralmente não estão suficientemente bem detalhados para serem usados como critério para a tomada de decisões em gerenciamento de portfólio de projetos. No entanto, são um ponto de partida essencial.

Decisões de gerenciamento de portfólio são muitas vezes perturbadas por vários fatores comportamentais e organizacionais. Lealdades departamentais, conflitos de aspirações, diferenças de perspectivas, e uma falta de vontade de compartilhar abertamente informações podem frustrar a seleção de projetos, a aprovação e os processos de avaliação. Muitas informações e dados de avaliação de projetos são necessariamente de natureza subjetiva. Assim, a vontade das partes, de compartilhar abertamente e confiar nas opiniões umas das outras, se torna um fator importante.

O clima para assumir riscos ou a cultura de uma empresa podem também ter uma influência decisiva sobre o processo de seleção dos projetos. Se o clima é avesso ao risco, projetos de alto risco podem nunca vir à tona. Atitudes dentro da organização em relação a ideias, e o volume de ideias sendo geradas vão influenciar na qualidade dos projetos selecionados. Em geral, quanto maior o número de ideias criativas geradas, maiores as chances de seleção de projetos de alta qualidade.

ESTUDO DE CASO

A AÇÃO JUDICIAL DE GERENCIAMENTO DE PROJETOS[1]

Plano de Fundo

Um novo presidente foi contratado e, em seguida, reestruturou a empresa da forma que imaginou ser melhor para que o gerenciamento de projetos ocorresse. Ao fazer esta reestruturação, o presidente violou um acordo contratual que tinha sido feito com o vice-presidente de engenharia contratado três anos antes.

A Contratação do Vice-Presidente

Em 2006, a Phoenix Company contratou Jim como vice-presidente de engenharia. Da mesma forma como acontece com todos os diretores, o processo de contratação incluía um contrato escrito que estipulava claramente os critérios para bônus, opções de ação, pacotes de indenização, pacotes de aposentadoria, e indenização por cessação de funções.

A cláusula de bônus de Jim envolvia gerenciamento de projetos. Todos os projetos de engenharia seriam chefiados por gerentes de projeto que se reportariam diretamente a Jim. Enquanto parte do bônus de Jim era baseado na rentabilidade global da empresa, o preço de venda das ações da empresa, e outros fatores, a maior parte do bônus era baseada na rentabilidade dos projetos sob seu controle direto. Jim era experiente em gerenciamento de projetos e acreditava que esse plano de bônus estaria certamente a seu favor.

De 2006 a 2008, seus bônus eram mais do que o seu salário real, e do tamanho do seu bônus aumentava a cada ano. A empresa estava indo muito bem e Jim estava satisfeito com seu próprio desempenho, e se sentia seguro em sua posição na Phoenix Company.

A Contratação do Novo Presidente

Em 2008, o presidente da Phoenix Company anunciou sua aposentadoria, que seria efetivada ao final de dezembro daquele ano. O Conselho de Diretores da Phoenix Company decidiu buscar um substituto fora da empresa e, finalmente, contratou um novo presidente que tinha experiência em gerenciamento de projetos. Inicialmente, Jim via isso como um fator positivo, mas isso estava prestes a mudar.

Uma das primeiras coisas que alguns executivos fazem ao assumir uma empresa é reestruturar a organização de acordo com sua desejada abrangência de controle. Isso normalmente ocorre nos primeiros dois meses depois que o novo presidente assume o cargo. Os funcionários sabem que, se ocorrerem mudanças, isso se dará nos dois primeiros meses.

O novo presidente conhecia gerenciamento de projetos e tinha experiência em escritório de projetos (project management office – PMO). A Phoenix Company tinha gerenciamento de projetos, mas não possuía um PMO. O novo presidente criou um PMO corporativo. Os gerentes de projeto em todas as divisões já não se reportariam aos vice-presidentes de cada divisão, e foram designados em tempo integral ao PMO corporativo. O PMO corporativo se reportava diretamente ao novo presidente. Com a maioria dos PMOs, os gerentes de projeto ainda se reportam sobre uma "linha contínua" para seus respectivos gerentes de divisão, mas se reportam ao PMO sobre uma "linha pontilhada".

A decisão do presidente de alocar os gerentes de projeto permanentemente ao PMO indispôs as três divisões que tinham gerentes de projeto, sendo que e a divisão de engenharia ficou particularmente descontente. A maioria dos gerentes de projeto estava na divisão de engenharia anteriormente. A divisão de engenharia já não tinha mais

[1] ©2010 por Harold Kerzner. Reproduzido com permissão. Todos os direitos reservados.

controle sobre os projetos, nem mesmo sobre aqueles que estavam principalmente dentro da engenharia.

A criação do PMO teve um sério impacto sobre os bônus das divisões que perderam seus gerentes de projeto. Com efeito, o que a criação do PMO fez foi transferir a responsabilidade de lucro e perda dos projetos para o PMO. Isso significava que não haveria nenhum fator de rentabilidade do projeto como parte do bônus de final de ano de Jim.

Em 2009 e 2010, os pagamentos de bônus de Jim foram drasticamente reduzidos. Em janeiro de 2011, Jim se desligou da empresa e entrou com uma ação contra a Phoenix Company pelas perdas de parte de seu pagamento de bônus ao longo dos últimos dois anos. Jim e seu advogado afirmaram que a criação do PMO corporativo e a transferência da responsabilidade de lucros e perdas para o PMO de fato violaram o acordo escrito de Jim, e afetou seu bônus.

PERGUNTAS

1. Por que a maioria dos executivos é contratada nas empresas por meio de contratos escritos e não por meio de uma carta de aceitação de emprego de uma página?
2. O presidente de uma empresa tem o direito de reestruturar a empresa da maneira que mais lhe agradar?
3. O presidente tinha o direito de transferir a responsabilidade de perdas e lucros das divisões funcionais para o PMO?
4. Será que Jim ganhou ou perdeu a ação judicial?

24

GERENCIAMENTO DE PROJETOS DE CRISE

24.0 INTRODUÇÃO

Os gerentes de projetos se acostumaram a gerenciar dentro de uma estrutura de processo, como uma metodologia empresarial de gerenciamento de projetos. A declaração do trabalho havia passado por várias iterações e estava claramente definida. Existia uma estrutura analítica do projeto e todos entendiam seus papéis e responsabilidades, tal como definido na matriz de responsabilidades (MR). Tudo isso levava tempo para ser feito.

Esse é o ambiente que todos nós damos como certo. Agora, vamos mudar o cenário. O presidente da empresa o chama em seu escritório e informa-o que várias pessoas simplesmente morreram apenas ao utilizar um dos produtos da sua empresa. Você está sendo colocado no comando desse projeto de crise. A imprensa lota o átrio do edifício e quer ouvir de você o seu plano para enfrentar a crise. O presidente informa que a mídia sabe que você foi designado como gerente do projeto, e que uma coletiva de imprensa foi agendada para daqui a uma hora. O presidente também afirma que quer ver o seu plano para gerenciar a crise, o mais tardar até as 22h00. Por onde você começa? O que deve fazer primeiro? O tempo agora é uma restrição extremamente inflexível e não apenas uma restrição possível de ser mudada. Não há tempo para realizar todas as atividades que você está acostumado a fazer. Você pode precisar tomar centenas, se não milhares, de decisões rapidamente, e muitas dessas decisões você nunca pensou que teria de tomar. Esse é o gerenciamento de projetos de crise.

24.1 COMPREENSÃO DO GERENCIAMENTO DE CRISES

O campo do gerenciamento de crises é geralmente reconhecido como tendo começado em 1982, quando sete pessoas morreram após ingerir cápsulas de Extra-Strength Tylenol, que estavam com cianureto. A Johnson & Johnson, origem do Tylenol, lidou com a situação de tal forma que se tornou o padrão para o gerenciamento de crises.

Hoje, as crises não são raras, nem aleatórias. Elas fazem parte da nossa vida cotidiana. As crises nem sempre podem ser previstas ou evitadas, mas quando ocorrem, devemos fazer todo o possível para gerenciá-las com rapidez e eficácia. Temos também de identificar as lições aprendidas e as melhores práticas, para que erros não se repitam em crises futuras que, certamente, ocorrerão.

Algumas crises estão tão bem enraizadas em nossas mentes que são continuamente citadas em uma variedade de cursos em escolas de negócios. Algumas crises que se tornaram ícones na sociedade incluem:

- Furacão Katrina
- Doença da vaca louca
- A explosão do ônibus espacial *Challenger*
- O desastre da reentrada do ônibus espacial *Columbia*
- Os envenenamentos por Tylenol
- A controvérsia da fórmula infantil Nestlé
- A explosão da fábrica de produtos químicos da Union Carbide em Bhopal, na Índia
- O derramamento de óleo do Exxon *Valdez*
- O desastre nuclear de Chernobyl

- O desastre nuclear de Three Mile Island
- O desastre do submarino russo *Kursk*
- A falência da Enron e da Worldcom

Algumas crises são o resultado de força maior ou de desastres naturais. O público é, geralmente, clemente quando isso acontece. O gerenciamento de crises, no entanto, trata principalmente de crises provacados pelo homem como a adulteração de produtos, fraude e contaminação ambiental. Ao contrário dos desastres naturais, essas catástrofes provocadas pelo homem não são inevitáveis e o público em geral sabe disso e é completamente implacável. Quando o vazamento de óleo do Exxon *Valdez* ocorreu, a Exxon se recusou a enfrentar a mídia durante cinco dias. No final, a Exxon culpou o capitão do navio pelo acidente e também atacou o Departamento de Meio Ambiente do Alasca por dificultar os esforços de emergência. A obstrução à mídia e a adoção de uma postura defensiva geraram uma publicidade negativa extensa para a Exxon.

A maioria das empresas não possui nem processos em andamento para antecipar essas crises, mesmo apesar de realizar atividades de gerenciamento de riscos, nem sabe como lidar com elas de forma eficaz depois que elas ocorrem. Quando vidas são perdidas por causa de crises provocadas pelo homem, o público, implacável, torna-se extremamente crítico com as empresas responsáveis pela crise. As reputações corporativas são muito frágeis. Reputações que levaram anos para serem firmadas podem ser destruídas em horas ou dias.

Algumas pessoas argumentam que, com práticas eficazes de gerenciamento de riscos, essas crises podem ser evitadas. Embora seja verdade que olhar para os gatilhos de riscos pode impedir algumas crises, nem todas as crises podem ser evitadas. No entanto, melhores práticas em gerenciamento de crises podem ser desenvolvidas e implementadas, de forma que, quando ocorrer uma crise, possamos evitar que uma situação ruim fique pior.

Durante algum tempo, as corporações de setores específicos descobriram que é necessário simular e analisar os piores cenários para os seus produtos e serviços. A adulteração do produto seria um exemplo. Esses piores cenários têm sido chamados de planos de contingência, planos de emergência ou planos de desastre. Esses cenários são projetados em torno dos riscos "conhecidos desconhecidos", quando pelo menos existe informação parcial sobre os eventos que poderiam acontecer.

O gerenciamento de crises exige uma abordagem alerta com um tempo de reação muito rápido, combinado a um esforço orquestrado por parte de, possivelmente, todos os funcionários. No gerenciamento de crises, as decisões têm de ser tomadas rapidamente, muitas vezes sem informação parcial e, talvez, antes que toda a extensão dos prejuízos seja conhecida. Os eventos acontecem tão rapidamente e tão imprevisivelmente, que pode ser impossível realizar qualquer tipo de planejamento. Os papéis e responsabilidades de indivíduos fundamentais podem mudar em uma base diária. Pode haver o envolvimento ativo da maioria das partes interessadas, muitas das quais haviam estado silenciosas anteriormente. A sobrevivência da empresa poderia depender completamente de o quão bem a empresa gerencia a crise.

As crises podem ocorrer dentro de qualquer empresa, independentemente do tamanho. Quanto maior a empresa envolvida na crise, maior será a cobertura da mídia. Além disso, as crises podem ocorrer quando as coisas estão indo muito bem. O guru da administração, Peter Drucker, observou que as empresas que têm sido extremamente bem-sucedidas por um longo tempo tendem a tornar-se complacentes, embora as premissas iniciais e as condições ambientais tenham mudado. Sob essas condições, as crises têm mais probabilidade de ocorrer. Drucker chamou isso de "fracasso do sucesso".

O gerenciamento de crises é agora uma parte integrante dos programas de treinamento sobre responsabilidades profissionais para gerentes de projetos. Isso envolve lidar com uma variedade de partes interessadas, ser honesto com a mídia e com os clientes, e demonstrar uma sincera preocupação com a moralidade e a ética no gerenciamento de projetos.

Antes das discussões sobre o papel do gerente de projetos, é importante examinar as lições aprendidas das crises anteriores. O que é lamentável é que a maioria das lições aprendidas virá do tratamento inadequado da crise.

24.2 FORD *VERSUS* FIRESTONE

Os *recalls* de produtos são caros e embaraçosos para a indústria automobilística. O tratamento inadequado de um *recall* pode ter um efeito adverso na confiança do consumidor e no preço de venda das ações. A Ford e a fabricante de pneus Firestone ainda sofrem as repercussões do seu tratamento ao *recall* de um de produto em 2000-2001.

Em agosto de 2000, a Firestone fez o *recall* de 6,5 milhões de pneus nos Estados Unidos, principalmente por causa de problemas de separação da banda de rodagem no Ford Explorer [veículos utilitários esportivos (SUV)]. Os problemas com os pneus eram conhecidos havia vários anos. Em 1997-1998, a Arábia Saudita informou sobre a separação da banda de rodagem no SUV Explorer. Em agosto de 1999, a Firestone substituiu os pneus na Arábia Saudita. Em fevereiro de 2000, a Firestone substituiu os pneus na Malásia e na Tailândia e, em maio de 2000, os pneus foram substituídos na Venezuela.

Inicialmente, acreditava-se que o problema podia ser restrito a países de clima quente e estradas ruins. No entanto, em maio de 2000, o órgão responsável pela segurança viária dos Estados Unidos, o NHTSA (*National Highway Traffic Safety Administration*) recebeu 90 denúncias envolvendo 27 feridos e 4 mortes. Um recall de 6,5 milhões de pneus ocorreu em agosto de 2000, nos Estados Unidos.

A Ford e a Firestone adotaram uma resposta unificada sobre o *recall*. Infelizmente, os acidentes continuaram após o *recall*. A Ford, então, culpou a Firestone por falhas nos pneus e a Firestone culpou a Ford por falhas de *design* no SUV Explorer. A relação Ford-Firestone se deteriorou rapidamente.

A troca de acusações entre as duas empresas era notícia suculenta para a mídia. Como nenhuma das empresas estava disposta a aceitar a responsabilidade por suas ações, provavelmente por causa das ações judiciais iminentes, a confiança dos consumidores diminuiu em ambas as empresas, assim como os preços de suas ações. O sentimento do consumidor era de que os fatores financeiros eram mais importantes do que a segurança do consumidor.

O CEO da Ford, Jac Nasser, tentou acalmar os receios dos consumidores, mas suas ações não apoiavam suas palavras. Em setembro de 2000, ele se recusou a depor no Senado e na Subcomissão da Câmara de Comércio sobre o *recall* de pneus, informando que estava muito ocupado. Em outubro de 2000, Masatoshi Ono renunciou ao cargo de diretor executivo da Bridgestone, matriz da Firestone. Em outubro de 2001, Jac Nasser renunciou. Ambos os executivos partiram e deixaram para trás mais de 200 ações movidas contra suas empresas.

Lições Aprendidas

1. Os sinais precoces de alerta surgiram, mas foram mediocremente abordados.
2. Uma empresa culpou a outra, deixando o público com a crença de que nenhuma delas poderia ser confiável, no que diz respeito à segurança pública.
3. As ações devem reforçar as palavras, caso contrário, o público vai se tornar descrente.

24.3 O ACIDENTE DO *CONCORDE* DA AIR FRANCE

Em 25 de julho de 2000, um voo *Concorde*, da Air France, caiu na decolagem matando todas as 109 pessoas a bordo e 4 pessoas em solo. A Air France imediatamente suspendeu toda a sua frota de *Concorde* durante uma investigação do acidente. Em resposta à pressão da mídia, a Air France utilizou o seu website para comunicados à imprensa, manifestou o pesar e as condolências da empresa e organizou-se para que alguma contrapartida financeira fosse paga aos familiares das vítimas antes de uma solução legal completa. O presidente da Air France, Jean-Cyril Spinetta, visitou a cena do acidente, no dia do acidente e, mais tarde, participou de um serviço memorial para as vítimas.

O tratamento da Air France para a crise foi caracterizado por uma comunicação rápida e aberta com os meios de comunicação e sensibilidade aos familiares das vítimas. O preço de venda das ações declinou rapidamente no dia do desastre, mas teve uma rápida recuperação.

A British Airways (BA), também voava com o *Concorde*, mas teve uma abordagem diferente imediatamente na sequência do acidente. A BA esperou um mês antes de interromper todas as linhas *Concorde* indefinidamente, e só depois que a Autoridade de Aviação Civil anunciou que a retiraria a certificação de aeronavegabilidade do *Concorde*. No final, a certificação de aeronavegabilidade foi reintegrada, mas demorou significativamente mais tempo para as ações da BA se recuperarem do seu declínio no preço.

Lições Aprendidas

1. A Air France e a British Airways tiveram abordagens diferentes para a crise.
2. O presidente da Air France mostrou compaixão por visitar o local da catástrofe o mais rapidamente possível e assistir a um serviço memorial para as vítimas. A British Airways não fez nenhum dos dois ignorando, assim, sua responsabilidade social.

24.4 A INTEL E O CHIP PENTIUM

A Intel, fabricante dos chips Pentium, sofreu um momento embaraçoso, resultante de um *recall* de produtos. Um professor de matemática, ao realizar cálculos de números primos de dez dígitos, descobriu importantes erros de arredondamento ao utilizar os chips Pentium. A Intel achou que os erros eram insignificantes e que apareceria apenas a cada alguns bilhões de cálculos. Mas o matemático estava executando bilhões de cálculos e os erros eram, agora, significativos.

O professor informou à Intel sobre o problema. A Intel se recusou a tomar medidas, alegando que esses erros eram extremamente raros e que afetariam apenas uma pequena porcentagem de usuários do Pentium. O professor veio a público com a divulgação do erro.

De repente, a pequena porcentagem de pessoas descobrindo o erro não era tão pequena quanto pensado inicialmente. A Intel ainda insistia em sua convicção de que o erro afetaria apenas uma pequena porcentagem da população. A Intel colocou o peso da responsabilidade sobre o usuário para mostrar que suas aplicações exigiam uma substituição de chip. Os protestos dos consumidores ficaram mais fortes. Finalmente, a empresa concordou em substituir todos os chips, sem perguntas, depois que a IBM anunciou que deixaria de usar chips Pentium em seus computadores pessoais.

A Intel criou o seu próprio pesadelo de relações públicas. Sua resposta foi lenta e insincera. A Intel tentou resolver o problema apenas por meio dos canais técnicos e desconsiderou completamente a questão humana da crise. Dizer às pessoas que trabalham em hospitais ou no controle de tráfego aéreo que existe uma falha em seu computador, mas que ela é insignificante, não é uma resposta aceitável. A Intel gastou mais de meio bilhão de dólares no *recall*, significativamente mais do que o custo de uma substituição imediata.

Lições Aprendidas

1. A incapacidade da Intel em assumir a responsabilidade imediata pela crise e desenvolver um plano de gerenciamento de crise piorou a situação.
2. A Intel ignorou totalmente a opinião pública.
3. A Intel falhou em perceber que existia uma crise.

24.5 O SUBMARINO RUSSO *KURSK*

Em agosto de 2000, o naufrágio do submarino nuclear *Kursk* resultou na morte de 118 tripulantes. Talvez a tripulação nunca pudesse ter sido salva, mas a maneira como a crise foi gerenciada foi uma grande derrota, tanto para a Marinha quanto para o governo russos.

Em vez de fornecer declarações honestas e sinceras para a mídia, o Ministério da Defesa Russo tentou minimizar a crise por meio da divulgação de informações enganosas, dizendo ao público que o submarino havia encalhado durante um exercício de treinamento e que a tripulação não corria nenhum perigo imediato. O ministério espalhou um boato de que tinha havido uma colisão com um submarino da NATO[NT1]. Finalmente, a verdade veio à tona e, no momento em que os russos procuraram ajuda para montar uma missão de resgate, já era tarde demais.

Vladimir Putin, presidente da Rússia, recebeu enorme publicidade desfavorável pelo seu tratamento da crise. Ele estava de férias no sul do país no momento e apareceu na televisão russa vestindo roupas informais, afirmando que a situação estava sob controle. Ele, em seguida, desapareceu de vista por vários dias, o que irritou o público e os familiares dos membros da tripulação, indicando sua relutância em envolver-se pessoalmente na crise. Quando ele finalmente visitou a base do *Kursk*, foi recebido com raiva e hostilidade.

[NT1] *North Atlantic Treaty Organization* (NATO), ou Organização do Tratado do Atlântico Norte (OTAN).

Lições Aprendidas

1. Mentir para o público é imperdoável.
2. A Rússia falhou em revelar a gravidade da crise.
3. A Rússia falhou em solicitar ajuda a outros países de forma oportuna.
4. A Rússia demonstrou falta de responsabilidade social pela recusa em comparecer ao local da crise e falta de compaixão pelas vítimas e suas famílias.

24.6 OS ENVENENAMENTOS POR TYLENOL[1]

Em setembro de 1982, sete pessoas morreram após tomar Tylenol Extra-Strength alterado com cianureto. Todas as vítimas eram relativamente jovens. Esses óbitos foram os primeiros a resultar no que veio a ser conhecido como adulteração de produto. Todas as sete pessoas morreram dentro do período de tempo de uma semana. Os sintomas de envenenamento por cianureto são colapso rápido e coma, difíceis de tratar.

Na manhã do dia 30 de setembro de 1982, os jornalistas começaram a ligar para a sede da Johnson & Johnson, perguntando por informações sobre o Tylenol e pela reação da Johnson & Johnson às mortes. Essa foi a primeira vez que a Johnson & Johnson tinha ouvido falar sobre as mortes e a possível ligação com Tylenol.

Desde o início, a empresa viu-se entrando em um relacionamento mais próximo com a imprensa do que de costume. A Johnson & Johnson recordou amargamente de um incidente, nove anos antes, em que a mídia divulgou um relatório sugerindo que alguns talcos para bebê tinham sido contaminados por amianto. Mas, no caso do Tylenol, a Johnson & Johnson abriu as suas portas. Por um lado, a empresa estava recebendo algumas das informações mais precisas e atualizadas sobre o que estava acontecendo em todo o país a partir dos jornalistas que solicitavam comentários. Por outro lado, a Johnson & Johnson precisava da mídia para liberar o máximo de informações para o público o mais rápido possível e evitar pânico.

O *chairman* da Johnson & Johnson era James Burke, 57, um veterano com 30 anos de Johnson & Johnson. O Sr. Burke tinha de proteger a imagem da empresa, afastar os receios que o público pudesse ter na utilização dos produtos Tylenol e trabalhar com uma multiplicidade de partes interessadas, incluindo agências governamentais. Burke decidiu ser o porta-voz para a mídia e encarregou-se pessoalmente do projeto de crise na Johnson & Johnson.

[1] O estudo de caso completo do Tylenol é muito extenso para ser incluído aqui. Para informações adicionais e detalhes sobre a crise do Tylenol, ver: The Tylenol Tragedies. In: KERZNER, Harold. *Project management case studies.* 3. ed. Hoboken, NJ: Wiley, 2006. p. 509-536.

GERENCIAMENTO DAS PARTES INTERESSADAS

Burke tinha várias opções disponíveis sobre como lidar com a crise. A decisão sobre qual opção selecionar seria certamente difícil. Preocupadas com Burke estavam as partes interessadas que seriam afetadas pela decisão da Johnson & de Johnson. Entre elas, estavam os acionistas, as instituições de empréstimos, os trabalhadores, gestores, fornecedores, agências governamentais e consumidores.

Os Consumidores

Os consumidores tinham a maior participação na crise porque suas vidas estavam em jogo. Eles deviam ter confiança nos produtos que compravam e acreditavam ser seguros para a utilização conforme a orientação.

Os Acionistas

Os acionistas tinham um interesse financeiro no preço de venda das ações e nos dividendos. Se os custos de remoção e substituição, ou, no pior cenário, um redesenho do produto, fossem substanciais, isso poderia levar a uma dificuldade financeira para alguns investidores que estavam confiando no rendimento.

As Instituições de crédito

As instituições de crédito concedem empréstimos e linhas de crédito. Se o fluxo de receita presente e/ou futuro é prejudicado, então, os fundos disponíveis podem ser reduzidos e a taxa de juros poderia aumentar. O fluxo de receitas futuras de seus produtos poderia afetar a classificação da qualidade da sua dívida.

O Governo

A principal preocupação do governo era proteger a saúde pública. Em respeito a isso, a polícia estava empenhada em apreender o assassino. Outras agências governamentais forneceriam assistência na promoção e no *design* de embalagens resistentes à adulteração em um esforço para restaurar a confiança dos consumidores.

A Administração

A administração da empresa tinha a responsabilidade de proteger a imagem da empresa, bem como a sua rentabilidade. Para fazer isso, ela deveria convencer o público de que seguiria todos os passos necessários para proteger o consumidor.

Os Funcionários

Os funcionários têm as mesmas preocupações que a administração, mas também são um pouco preocupados com a possível perda de rendimento ou mesmo do emprego.

Seja qual for a decisão que a Johnson & Johnson selecionasse certamente desagradaria a pelo menos algumas das partes interessadas. Portanto, como uma empresa decide quais necessidades das partes interessadas são mais importantes? Como uma empresa prioriza as partes interessadas?

Para Jim Burke e todo o comitê estratégico, a decisão não foi muito difícil – bastou seguir o credo corporativo. Por mais de 45 anos, a Johnson & Johnson tinha um credo corporativo que afirmava claramente que a primeira prioridade da empresa são os usuários dos produtos e serviços da Johnson & Johnson. Todos sabiam o credo, o que ele representava e o fato de que ele devia ser seguido. O credo corporativo orientou o processo da tomada de decisão e todos o conheciam, sem ter de ser avisados. O credo afirmava que as prioridades eram, pela ordem:

1. Os consumidores
2. Os empregados
3. As comunidades servidas
4. Os acionistas

Quando a crise terminou, Burke lembrou que nenhuma reunião havia sido convocada para a primeira decisão crítica: estar aberto à imprensa e colocar o interesse do consumidor em primeiro lugar. "Cada um de nós sabia o que tinha de fazer", comentou o Sr. Burke. "Não havia necessidade de nos reunirmos. Tínhamos a filosofia do credo para nos guiar."

Elogios

Algumas pessoas acreditavam que James Burke salvou o Tylenol praticamente sozinho, principalmente quando Wall Street acreditava que o nome Tylenol estava morto. Burke tomou algumas decisões corajosas contra o conselho de agentes do governo e alguns de seus próprios colegas. Ele apareceu em vários *talk shows*, como o Phil Donahue Show e 60 Minutes. Sua abordagem aberta e honesta para a crise convenceu as pessoas de que a Johnson & Johnson também era uma vítima. Segundo o porta-voz da Johnson & Johnson, Bob Andrews, "O público americano viu que essa empresa também foi vítima de um incidente lamentável e nos deu o nosso mercado de volta".

Tanto a Johnson & Johnson quanto James Burke receberam nada mais que elogios e apoio da mídia e do público em geral sobre a forma como a crise foi tratada. Uma amostragem da opinião dos jornais nos Estados Unidos inclui:

- *Wall Street Journal*: "Johnson & Johnson, a empresa matriz que fabrica o Tylenol, define o padrão de resposta para a indústria. Sem ser solicitada, ela rapidamente retirou o Tylenol Extra-Strength do mercado, a uma despesa muito considerável... A empresa optou por ter uma grande perda, em vez de expor qualquer pessoa a um risco adicional. O movimento anticorporação pode ter dificuldade em enquadrar isso nas teorias diabólicas que propaga."

- *Washington Post:* "Ainda que a histeria e a frustração gerada pelos assassinatos aleatórios tenham, muitas vezes, obscurecido as ações da empresa, a Johnson & Johnson tem demonstrado de forma eficaz como um grande negócio deve lidar com um desastre. A partir do dia em que as mortes foram ligadas ao Tylenol envenenado... a Johnson & Johnson tem obtido êxito em retratar-se ao público como uma empresa disposta a fazer o que é certo, independentemente do custo."
- *Express and News* (San Antonio, Texas): "Apesar da perda de $ 100 milhões que estava enfrentando, a empresa ... nunca colocou os seus interesses antes da resolução dos assassinatos e da proteção ao público. Tal responsabilidade corporativa merece apoio."
- *Evening Independent* (St. Petersburg, Flórida): "A empresa tem sido direta e honesta desde a primeira notícia da possível ligação do Tylenol com as mortes na região de Chicago. Algumas empresas teriam tentado esconder, mentir ou dizer "sem comentários". A Johnson & Johnson sabe como fazer as coisas. Sua primeira preocupação foi salvaguardar o público de maior contaminação, e a melhor maneira de fazer isso era deixar as pessoas saberem o que havia ocorrido, falando francamente com a mídia."
- *Morning News* (Savannah, Geórgia): "Os fabricantes de Tylenol merecem aplausos pela sua corajosa tentativa de se recuperar do golpe terrível que sofreram."

Lições Aprendidas

1. Em projetos de crise, o patrocinador (executivo) do projeto estará envolvido de forma mais ativa e pode acabar atuando como gerente do projeto também.
2. O patrocinador do projeto deve atuar como porta-voz da empresa, responsável por todas as comunicações da crise. Fortes habilidades de comunicação são, portanto, obrigatórias.
3. Comunicações abertas e honestas são essenciais, especialmente com a mídia.
4. A empresa deve mostrar uma consciência social, bem como uma preocupação sincera pelas pessoas, sobretudo as vítimas e suas famílias.
5. O gerenciamento das partes interessadas com demandas conflitantes é essencial.
6. A empresa, e especialmente o patrocinador do projeto, deve manter um relação de trabalho estreita com a mídia.
7. Uma comissão de crise deve ser formada e composta pelos mais altos níveis de gestão.
8. Os credos corporativos podem encurtar o tempo de resposta durante uma crise.
9. A empresa deve estar disposta a procurar a ajuda de todas as partes interessadas e, possivelmente, também agências governamentais.
10. A responsabilidade social corporativa deve ser uma prioridade muito superior à rentabilidade das empresas.
11. A empresa, especificamente o patrocinador do projeto, deve aparecer no cenário da crise e demonstrar uma sincera compaixão para com as famílias das vítimas.
12. A empresa deve tentar evitar que uma má situação se agrave.
13. Gerencie a crise, como se todas as informações fossem de conhecimento público.
14. Aja rapidamente e com sinceridade.
15. Assuma a responsabilidade por seus produtos e serviços e pelo seu envolvimento na crise.

24.7 O MARKETING DA FÓRMULA INFANTIL DA NESTLÉ

Durante uma crise, as empresas têm a obrigação de demonstrar responsabilidade social, com sorte, sem qualquer impacto sobre a rentabilidade. Durante os últimos 40 anos, as leis, diretrizes e códigos foram promulgados; não apenas para mostrar como essa responsabilidade social pode ser aplicada, mas também para garantir que essa aplicação seja feita de forma ética e sem qualquer dano à sociedade. Mas o que acontece se as diretrizes, códigos e leis são inexistentes? O que acontece se a corporação realmente acredita que está fazendo um bom serviço para a humanidade, mas, ao mesmo tempo, parte da sociedade acredita que ocorreu uma injustiça? Tal foi o caso da Nestlé, no qual a administração corporativa acreditava enfaticamente que a empresa estava fazendo um bom serviço para a humanidade com a distribuição da fórmula infantil para as nações do Terceiro Mundo. Contudo, a mortalidade infantil, estimada em milhares, ocorreu em países do Terceiro Mundo como um resultado da campanha agressiva de marketing da Nestlé.

A Fórmula Infantil da Nestlé

A entrada da Nestlé na indústria da fórmula infantil foi derivada de um desejo de aumentar a rentabilidade e conquistar uma maior fatia de mercado. A Nestlé começou a desenvolver e comercializar a sua fórmula infantil na década de 1920, quando as fórmulas infantis foram comprovadas como nutricionalmente melhores do que o leite condensado para o bebê e uma alternativa de sucesso à amamentação. A Nestlé entrou primeiramente nos mercados do Terceiro Mundo, no Brasil, e expandiu ao longo dos 50 anos seguintes em cerca de 20 mercados adicionais de Terceiro Mundo. É importante notar que a Nestlé nunca pretendeu que a fórmula infantil servisse como um substituto ao leite materno, mas como um complemento.

O produto, em si, era de alta qualidade e nutricionalmente superior a outras alternativas de produtos processados. O produto poderia atender a uma necessidade nutricional como um suplemento para a amamentação e como uma segunda melhor alternativa quando as mulheres que eram incapazes ou não desejavam amamentar. Portanto, o produto poderia ser socialmente útil. O produto, em si, não foi o problema, mas seu mau uso. A probabilidade de má utilização do produto era maior para alguns consumidores do que outros. Nesse caso específico, eram os consumidores de baixa renda e baixa escolaridade nos países do Terceiro Mundo que a Nestlé tinha como alvo, os quais eram os mais vulneráveis.

Má Utilização do Produto

O produto é nutricionalmete benéfico para o bebê apenas se for misturado com água e servido em frascos limpos e esterilizados, armazenados em refrigeradores. Muitos consumidores nos países do Terceiro Mundo não poderiam cumprir com esses requisitos do produto. Muitos desses consumidores pobres não tinham acesso à água limpa e potável. Eles, às vezes, utilizavam os abastecimentos principais de água, rios ou lagos, que também eram utilizados para lavar roupa e tomar banho. Não tinham recursos para pagar o combustível necessário para ferver a água. As instalações sanitárias e os sistemas de coleta de detritos, muitas vezes, eram precárias e contaminados. Uma garrafa ou líquido insalubre pode produzir infecções prejudiciais à criança. Alguns pais, nos países do Terceiro Mundo, eram analfabetos e não eram totalmente capazes de seguir as indicações do produto. As mães não misturavam adequadamente as fórmulas ou seguiam os procedimentos sanitários. A falta de recursos financeiros também os impedia de comprar a fórmula adicional necessária, fazendo com que as mães diluíssem a mistura da fórmula para fazer o produto durar mais.

Todas estas formas de uso indevido do produto causaram graves e fatais efeitos sobre a saúde de lactentes. Os consumidores dos países do Terceiro Mundo receberam produtos da Nestlé que não poderiam ser usados corretamente. As restrições ambientais, juntamente com recursos e orientações impróprios, tornaram um mercado muito arriscado para a Nestlé atingir, a menos que os consumidores recebessem informações básicas sobre saneamento e nutrição. A Nestlé não conseguiu garantir esse tipo de consciência e, mais importante ainda, falhou em providenciar responsabilidade social.

A Crescente Oposição

Conforme a notícia se espalhou sobre os trágicos acontecimentos da fórmula infantil que ocorriam em países do Terceiro Mundo, muitos críticos começaram a levantar suas vozes e a exigir mudanças nas práticas de marketing da Nestlé. Finalmente, um grupo de boicote se formou e obteve apoio em grande escala de profissionais médicos e do clero. Os boicotadores nunca questionaram a qualidade, a necessidade e a importância da fórmula infantil. Eles eram simplesmente contra a campanha de marketing agressiva nos países do Terceiro Mundo. A Nestlé manteve a sua posição original, a de que estava fazendo uma boa ação para a sociedade, mas a opinião pública ficou com os boicotadores. No final, a Nestlé cedeu às demandas dos boicotadores.

Lições Aprendidas

As seguintes lições podem ser aprendidas com a crise da Nestlé:

1. A ações da Nestlé não demonstravam que a empresa tinha responsabilidade social. Suas ações podem ter sido legalmente corretas, mas eram também moral e eticamente incorretas.
2. A Nestlé deveria ter usado a mídia em sua vantagem, em vez de atacá-la. Isso tornou a situação ainda pior.
3. A Nestlé permaneceu em um estado de negação sobre a crise e recusou-se a aceitar a responsabilidade por suas ações. Como resultado, a mídia procurava incansavelmente por segredos vergonhosos, encontrava alguns, e relatava os resultados ao público.
4. A Nestlé considerou que o público era ignorante quanto à magnitude da crise.
5. Quanto mais a crise atrai a atenção do público, maior a tendência de a empresa ser retratada como vilã e não como uma vítima.
6. Por causa da inércia da Nestlé, o tamanho e a influência do boicote cresceram.
7. A Nestlé finalmente ficou sem opção e a imagem corporativa ficou manchada por causa da inércia.

8. A Nestlé foi negligente em perceber a importância de demonstrar uma preocupação com as pessoas durante a crise.

24.8 O DESASTRE DO ÔNIBUS ESPACIAL *CHALLENGER*[2]

Em 28 de janeiro de 1986, o ônibus espacial *Challenger* decolou da plataforma de lançamento às 11h38. Em cerca de 74 segundos de voo, a *Challenger* foi envolvida em um incêndio explosivo e toda a comunicação e telemetria foram cessadas. Os sete tripulantes perderam suas bravas vidas. Após o acidente, foi gasta energia significativa tentando verificar se o acidente seria ou não previsível. A controvérsia surgiu do desejo de atribuir ou de evitar a culpa. Algumas publicações chamaram de uma falha de gestão, especificamente em gerenciamento de riscos, enquanto outros chamaram de uma falha técnica.

Lições Aprendidas

As seguintes lições foram aprendidas com o desastre do *Challenger*:

1. A crise foi criada por uma fraca cultura organizacional.
2. Houve significativos sinais de alerta que, se atendidos, poderiam ter evitado a crise. Eles foram ignorados.
3. A cadeia de comando isolou os gerentes e executivos das más notícias.
4. A administração se recusou a ouvir os trabalhadores que estavam implorando por ajuda.
5. Havia uma preocupação questionável pela vida humana indicada pela pressão em manter o cronograma a todo custo.

24.9 O DESASTRE DO ÔNIBUS ESPACIAL *COLUMBIA*[3]

Em 1 de fevereiro de 2003, o ônibus espacial *Columbia* começou a sua reentrada na atmosfera. O ônibus dependia de materiais resistentes ao calor e do escudo contra o calor para protegê-lo do atrito produzido pelo calor encontrado durante a reentrada. Infelizmente, ocorreu um problema e o ônibus espacial se desintegrou durante a reentrada na atmosfera, matando seus sete tripulantes.

Um Conselho de Investigação do Acidente com o *Columbia* foi convocado para tratar do acidente. Sete meses mais tarde, o conselho liberou seus resultados. As causas técnicas do acidente foram rastreadas para a decolagem, quando um grande pedaço de isolamento do tanque de combustível se deslocou, bateu e danificou as placas antitérmicas na borda principal da asa esquerda do *Columbia*, abrindo um buraco. Os componentes de metal do ônibus derreteram a cerca de 1093 °C. As placas antitérmicas derreteram a cerca de 1648 °C. As placas evitam que o calor de reentrada de 5.537 °C penetre o veículo. Durante a reentrada, o calor foi, então, capaz de penetrar a ala esquerda, acabando por fundir a parte da estrutura interna da asa fazendo com que ele entrasse em colapso, e resultando na perda de controle do ônibus durante a reentrada.

Embora o isolamento expelido tenha sido a causa técnica ou física do acidente, o Conselho de Investigação do Acidente concluiu que a cultura da NASA estava igualmente em falta no acidente e que foi um prejuízo para a segurança. Essas conclusões declararam que a NASA se baseou no sucesso do passado como um substituto para a engenharia segura. A NASA mantinha barreiras organizacionais, evitando a comunicação de informações críticas de segurança e abafava as diferenças de opinião profissionais.[4] Em especial, o conselho identificou atitudes na NASA que eram "incompatíveis com uma organização que lida com tecnologia de alto risco."[5]

O conselho também concluiu que a gerência do programa do ônibus espacial demonstrou uma forte resistência a novas informações e tecnologias que poderiam ter sido capazes de evitar o desastre. A gerência também falhou em desenvolver um simples plano de contingência para uma reentrada de emergência. "Eles estavam convencidos, sem estudo, de que nada poderia ser feito em tal emergência. A curiosidade intelectual e o ceticismo que uma cultura de segurança sólida demanda estavam quase totalmente ausentes".[6]

Enquanto essas conclusões estavam prejudicando a credibilidade da NASA, havia ainda mais conclusões prejudiciais. Muitas das questões críticas abordadas pelo Conselho de Investigação do Acidente com o *Columbia* também tinham sido identificadas 17 anos antes pela Comissão Presidencial de investigação do desastre do Ônibus Espacial *Challenger*. As lições aprendidas com a catástrofe do *Chal-*

---

[2] Neste capítulo são fornecidas apenas informações resumidas. Para uma análise mais aprofundada sobre o caso, ver: The Space Shuttle Challenger Disaster.In: KERZNER, Harold. *Project management case studies*. 4. ed. Hoboken, NJ: Wiley, 2012. p. 447-496.

[3] Para uma análise mais aprofundada, ver: The Space Shuttle Columbia Disaster. In: KERZNER, Harold. *Project management case studies*. 4. ed. Hoboken, NJ: Wiley, 2012. p. 457-503.

[4] Ver: Columbia Accident Investigation Board, *Report Volume 1*, p. 9, 1 ago. 2003. Disponível em: <http://www.caib.us/news/report/volume1/chapters.html>.

[5] Ver nota 4, Columbia Accident Investigation Board, p. 8.

[6] Ver nota 4, Columbia Accident Investigation Board, p. 181.

lenger ainda não tinham sido plenamente implementadas cerca de 17 anos depois.

Lições Aprendidas

As seguintes lições foram aprendidas com o desastre do *Columbia*:

1. O planejamento de riscos era praticamente inexistente.
2. Não havia planos de contingência para várias das partes de alto risco do voo espacial.
3. Havia um programa de segurança implícito em vigor.
4. Houve uma transferência deficiente de conhecimento, especialmente das lições aprendidas, do desastre com o *Challenger*.

24.10 VÍTIMAS *VERSUS* VILÕES

O tribunal da opinião pública em geral lança o voto decisivo sobre se a empresa envolvida na crise deve ser tratada como uma vítima ou um vilão quanto à forma como lidou com a crise. Os dois fatores determinantes são, na maioria das vezes, a demonstração de responsabilidade social da empresa durante a crise e como a empresa lidou com a mídia.

Durante o envenenamento por Tylenol, a abertura da Johnson & Johnson com a mídia, a vontade em aceitar a plena responsabilidade por seus produtos e a resposta rápida à crise, independentemente do custo, certamente foram vistos positivamente pelo público em geral. A Johnson & Johnson foi reconhecida como uma vítima da crise. A Nestlé, por outro lado, era vista como vilã, apesar da sua crença de que estivesse fazendo bem para a humanidade com a sua comercialização das fórmulas para lactentes.

A Tabela 24-1 mostra como o público em geral viu o desempenho das empresas durante a crise. Quanto mais tempo durar a crise, maior a tendência de que a empresa será retratada como vilã.

TABELA 24-1 Visão do Público sobre o Desempenho da Empresa

Crise	Visão da Opinião Pública
Envenenamentos por Tylenol	Vítima
Nestlé e a Fórmula Infantil	Vilã
Explosão do *Challenger*	Vilã
Desastre da reentrada do *Columbia*	Vilã
Derramamento de óleo do Exxon *Valdez*	Vilã
Submarino Russo *Kursk*	Vilã
Ford e Firestone	Vilãs
Concorde: Air France	Vítima
Concorde: British Airways	Vilã
Intel e o Pentium	Vilã

24.11 AS FASES DO CICLO DE VIDA

As crises podem ser mostradas por meio dos ciclos de vida ilustrado na Figura 24-1. Ao contrário das fases tradicionais do ciclo de vida do gerenciamento de projetos, cada uma dessas fases pode ser medida em horas ou dias, em vez de meses. O fracasso no gerenciamento de qualquer uma dessas fases pode levar a um desastre corporativo.

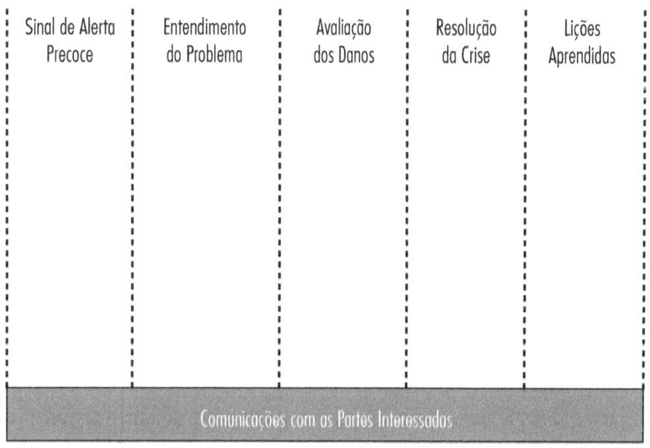

FIGURA 24-1 Fases do ciclo de vida do gerenciamento de crises.

A maioria das crises é precedida por sinais de alerta ou gatilhos de risco que indicam que uma crise pode ocorrer. Essa é a fase de alerta precoce. Sinais de alerta comuns podem incluir violações de protocolos de segurança durante o desenvolvimento de tecnologia, avisos de agências governamentais, o descontentamento do público, as queixas dos clientes e avisos/preocupações dos funcionários de nível mais baixo.

A maioria das empresas é ruim em gerenciamento de riscos, especialmente na avaliação dos primeiros sinais de alerta. A Intel, o caso da Nestlé e os desastres dos ônibus espaciais foram exemplos disso. Hoje, os gerentes de projetos são treinados em conceitos de gerenciamento de riscos, mas especificamente relacionados com o gerenciamento do projeto, ou com o desenvolvimento do produto. Assim que o produto é comercializado, podem aparecer os indicadores mais graves de alerta precoce e, nesse momento, o gerente do projeto pode ser designado para outro projeto. Uma outra pessoa deve, então, avaliar os sinais de alerta precoces.

Sinais de alerta precoces são indicadores de riscos potenciais. Tempo e dinheiro são uma necessidade para a avaliação desses indicadores, o que exclui a possibilidade de avaliar todos os riscos. Portanto, as empresas devem ser seletivas quanto aos riscos que consideram.

A fase seguinte do ciclo de vida é o entendimento do problema que provoca a crise. Por exemplo, durante os envenenamentos por Tylenol, uma vez que as mortes estavam relacionadas com as cápsulas de Tylenol, a primeira preocupação era descobrir se as cápsulas haviam sido contaminadas durante o processo de fabricação (ou seja, um trabalho interno) ou durante a distribuição e a venda (ou seja, um trabalho externo). Sem um entendimento da crise baseado em fatos, a mídia pode formular suas próprias causas do problema e pressionar a empresa a seguir o caminho errado.

A terceira fase do ciclo de vida é a fase de avaliação dos danos. A magnitude dos danos normalmente determinará o método de resolução. A subestimação da magnitude dos danos e a procrastinação podem levar o problema a crescer a um ponto em que o custo de correção pode aumentar em ordens de grandeza. A Intel descobriu isso do jeito mais difícil.

O estágio de resolução da crise ocorre quando a empresa anuncia a sua abordagem para resolver a crise. A forma como o público vê o tratamento da crise pela empresa tem o potencial de construir ou destruir a empresa.

O estágio final, as lições aprendidas, obriga que a empresa aprenda, não apenas a partir de sua própria crise, mas de como os outros trataram suas crises. Aprender com os erros dos outros é melhor do que aprender com os próprios erros.

Talvez o componente mais importante na Figura 24-1 seja o que corresponde às comunicações com as partes interessadas. Quando ocorre uma crise, o gerente de projeto designado pode precisar se comunicar com as partes interessadas, que antes eram de menor importância, como a mídia e as agências governamentais, e todos eles têm interesses concorrentes. Esses interesses concorrentes obrigam os gerentes de projetos a entender as necessidades e os objetivos das partes interessadas e também a possuir fortes habilidades de comunicação, resolução de conflitos e negociação.

24.12 AS IMPLICAÇÕES NO GERENCIAMENTO DE PROJETOS

Embora seja verdade que cada crise tem suas características únicas, há alguns pontos comuns que podem afetar o gerenciamento de projetos. Algumas implicações incluem:

1. **O Líder da Equipe de Crise:** é importante compreender quem irá liderar a equipe de crise. É muito raro que um gerente de projetos receba a responsabilidade de gerenciar uma equipe de crise, pelo menos com a nossa definição de crise. Muitas das decisões que precisam ser tomadas não são aquelas tomadas pelos gerentes de projetos, na execução de suas funções normais. O patrocinador do projeto provavelmente assumirá um duplo papel e será o líder da equipe do projeto, além de atuar como patrocinador. Já no caso do Tylenol, é comum que o CEO assuma a responsabilidade primária de gerenciar a equipe de crise. O líder da equipe de crise deve ter total autoridade para comprometer os recursos da empresa para o projeto. O gerente de projetos, como sabemos, atuará como gerente de projetos assistente.
2. **O Comitê de Crise:** em tempo de crise, deveria existir um comitê de crise composto pelos mais altos níveis de gestão. O comitê de crise também deve adesão multifuncional. Os gerentes de projetos e os gerentes de projetos assistentes irão, então, reportar-se a todos os membros do comitê, em vez de a um único patrocinador.
3. **As Comunicações da Crise:** o líder da equipe de crise será o principal porta-voz para a crise e, em última instância, responsável por todas as comunicações com a mídia. A mídia não pode ser ignorada e tem o poder de retratar a empresa como vítima ou como vilã. Os mais altos níveis de gestão, especialmente os executivos com as habilidades profissionais de comunicação, devem fazer a comunicação da crise com a mídia. É essencial que a empresa fale com uma voz única, acompanhada de rapidez, honestidade, transparência, sinceridade e compaixão para com as vítimas e suas famílias. A informação não deve ser omitida do público. A retenção de informações da mídia com a desculpa de que a informação está incompleta pode ser encarada como obstrução da mídia.
4. **Gerenciamento das Partes Interessadas:** a equipe de crise deve identificar todas as partes afetadas. Isso inclui banqueiros, acionistas, empregados, fornecedores, clientes, executivos, agências governamentais e afins. Cada uma das partes interessadas pode ter um interesse diferente na forma como a crise é resolvida, como interesse financeiro, médico, ambiental, político ou social. A equipe de crise também deve estar disposta a pedir a ajuda de agências externas, como a polícia, a Agência de Proteção Ambiental[NT2], a Agência Federal de Gerenciamento de Emergências[NT3] e a Cruz Vermelha.

[NT2] Environmental Protection Agency (EPA), ou Agência americana de proteção ambiental. O órgão brasileiro equivalente seria o IBAMA – Insituto Brasileiro do Meio Ambiente e dos Recursos Naturais Renováveis.

[NT3] Federal Emergency Management Agency (FEMA), agência do governo americano direcionada para serviços de emergência na ocorrência de desastres naturais ou provocados pelo homem. Foi criada em 1979 e faz parte do Departamento de Segurança Interna (Department of Homeland Security).

A contribuição desses agentes externos pode ser inestimável.

5. **Assumir a Responsabilidade:** a empresa deve aceitar a responsabilidade por suas ações (ou omissões) imediatamente e sem precisar ser coagida a fazê-lo. Isso provavelmente vai se alinhar bem com a mídia.
6. **Tempo de Resposta:** em cada crise, geralmente há uma pequena janela de oportunidade em que a ação rápida e decisiva pode limitar ou mesmo reduzir os danos. Outra razão para uma resposta rápida é a mídia. Quanto mais a empresa demora a agir, maior a probabilidade de a mídia olhar para a empresa desfavoravelmente.
7. **Compaixão:** o respeito pelas pessoas é obrigatório. É essencial que a empresa expresse e demonstre compaixão por todas as partes lesadas e suas famílias, independentemente de quem realmente tenha culpa pela crise. As emoções das vítimas e de suas famílias podem estar extremadas. O público espera que a empresa demonstre compaixão. Isso inclui também visitar a cena da crise o mais rapidamente possível. Atrasar uma visita ao cenário de crise pode ser visto como uma falta de compaixão ou, pior ainda, que a empresa está escondendo algo.
8. **Documentação:** em virtude do grande número de questões jurídicas que podem ser encontradas durante uma crise, a maioria das decisões tomadas terá de ser claramente documentada. O gerente do projeto e os membros da equipe associados devem possuir ótimas habilidades de redação.
9. **Capturar as Lições Aprendidas:** a crise pode ocorrer sem aviso prévio. As empresas devem capturar a lição aprendida de ambas as crises, internas e externas. Isso inclui a análise de gatilhos de riscos, o desenvolvimento de modelos de gerenciamento de riscos e, talvez, até um credo corporativo.

25

O FUTURO DO GERENCIAMENTO DE PROJETOS[1]

25.0 TEMPOS DE MUDANÇA

Por mais de 50 anos, o gerenciamento de projetos tem sido utilizado, mas talvez não em uma abrangência mundial. O que diferenciava as empresas nos primeiros anos era se usavam ou não gerenciamento de projetos, e não como usavam. Hoje, quase todas as empresas usam gerenciamento de projetos, e a diferenciação é se são simplesmente boas ou se realmente se destacam em gerenciamento de projetos. A diferença entre usar gerenciamento de projetos e ser bom em gerenciamento de projetos é relativamente pequena, e a maioria das empresas pode tornar-se boa em gerenciamento de projetos em um período de tempo relativamente curto, especialmente se tiver apoio do nível executivo. Mas a diferença entre ser bom ou ter excelência em gerenciamento de projetos é muito grande.

Empresas como IBM, Microsoft, Siemens, Hewlett-Packard (HP) e Deloitte, só para citar algumas, chegaram à conclusão de que devem se destacar em gerenciamento de projetos. A IBM tem mais de 300.000 funcionários, sendo mais de 70% fora dos Estados Unidos. Isso inclui em torno de 20.000 gerentes de projeto. A HP tem mais de 8.000 gerentes de projeto e 3.500 PMP®s. A HP deseja ter 8.000 gerentes de projeto e 8.000 PMP®s.

TABELA 25-1 Visão executiva do gerenciamento de projetos

Visão Antiga	Visão Nova
O gerenciamento de projetos é um plano de carreira	O gerenciamento de projetos é uma competência estratégica ou central
Precisamos de nosso pessoal certificado como PMP®s	Precisamos de pessoas certificadas em gerenciamento de projetos, processos de negócio, e possivelmente em outras áreas como gerenciamento de programas e gerenciamento de riscos
O gerenciamento de projetos é um processo para o trabalho de execução do projeto	O gerenciamento de projetos evoluiu mais como um processo de negócios do que como puro processo de gerenciamento
Nossos gerentes de projeto precisam de treinamento sobre comportamento organizacional tradicional	Precisamos de treinamento especializado em comportamento organizacional, incluindo temas como equipes virtuais, gerenciamento de relacionamento com partes interessadas e gestão da diversidade

Os Executivos Mudam sua Visão sobre a Importância do Gerenciamento de Projetos

As empresas mencionadas anteriormente estão realizando o planejamento estratégico para gerenciamento de projetos e estão se concentrando fortemente no futuro. Muitas das coisas que essas empresas estão fazendo serão discutidas neste capítulo, começando com a visão de futuro da alta administração. Anos atrás, a alta administração dava conversa fiada ao gerenciamento de projetos. Hoje, a alta administração mantém uma visão diferente do gerenciamento de projetos, como pode ser visto na Tabela 25-1.

O gerenciamento de projetos não é mais considerado uma ocupação de tempo parcial ou até mesmo uma

[1] Para informações adicionais, consulte: KERZNER, H. The future of project management. Disponível em: <https://learningcenter.iil.com/Saba/Web/Main/goto/Catalog>. Copyright © 2010 pelo International Institute for Learning, New York City. Reproduzido com permissão.

posição de carreira tradicional. Ele é visto agora como uma competência estratégica necessária para a sobrevivência da empresa. Capacidades superiores de gerenciamento de projetos podem fazer a diferença entre ganhar e perder um contrato. Para ilustrar como o gerenciamento de projetos é importante para os clientes, considere os cinco requisitos seguintes que agora aparecem nas solicitações de propostas (RFPs):

Apresente-nos o número de PMP®s em sua empresa e identifique quais PMP®s irão gerenciar o presente contrato caso você for o vencedor da licitação:

- Mostre que você tem uma metodologia empresarial de gerenciamento de projetos (EPM), que tenha um histórico de sucessos repetidos.
- Mostre que você está disposto a personalizar a metodologia para se ajustar aos nossos processos de negócio.
- Mostre o nível de maturidade em gerenciamento de projetos de sua empresa e identifique qual modelo de maturidade em gerenciamento de projetos você usou para realizar a avaliação.
- Mostre que você possui uma biblioteca de melhores práticas para gerenciamento de projetos e sua disposição em compartilhar esse conhecimento conosco, assim como as melhores práticas que você descobrir em nosso projeto.

Por mais de 20 anos, tornar-se PMP® foi considerado uma luz no fim do túnel. Hoje, isso mudou. Tornar-se PMP® é a luz na entrada do túnel. A luz no fim do túnel pode exigir múltiplas certificações. Como exemplo, depois de tornar-se PMP®, um gerente de projetos pode desejar certificar-se em:

- Competência como analista de negócios ou em gerência de negócios
- Gerenciamento de programas
- Processos de negócios
- Gerenciamento de projetos complexos
- Six Sigma
- Gestão de riscos

Algumas empresas têm conselhos de certificação que se reúnem com frequência e discutem quais programas de certificação seriam de valor para seus gerentes de projetos no futuro. Programas de certificação que exigem conhecimentos específicos dos processos da empresa ou de propriedade intelectual da empresa podem ser desenvolvidos internamente e ensinados por funcionários da própria empresa.

Os executivos têm chegado à conclusão de que há um retorno sobre o investimento em educação de gerenciamento de projetos. Assim, os executivos estão agora investindo pesadamente em treinamento personalizado de gerenciamento de projetos, especialmente em cursos comportamentais. Como exemplo, um executivo comentou que sentiu que o treinamento em habilidades de apresentação era a mais alta prioridade para seus gerentes de projetos. Se um gerente de projetos faz uma apresentação altamente elegante perante o cliente, o cliente acredita que o projeto está sendo gerenciado da mesma maneira. Se o cliente faz uma apresentação pobre, então o cliente tende a acreditar que o projeto está sendo gerenciado da mesma forma. Outros programas de treinamento que os executivos sentem que seriam benéficos para o futuro incluem:

- Estabelecimento de métricas, indicadores chave de desempenho (KPIs) e *dashboards*
- Gerenciamento de projetos complexos
- Como realizar estudos de viabilidade e análises de custo/benefício
- Como validar e revalidar as premissas do projeto
- Como estabelecer governança de projeto
- Como gerenciar múltiplas partes interessadas
- Como conceber e implementar "*fluid*" ou metodologias de EPM adaptáveis
- Como desenvolver habilidades de enfrentamento e habilidades de gerenciamento de estresse

Nos últimos anos, os livros sobre gerenciamento de projetos estão enfatizando a necessidade de que os gerentes de projetos se tornem mais orientados a negócios. De acordo com Linda Kretz Zaval e Terri Wagner[2]:

> Gerentes de Projetos hoje são munidos de poder e autoridade para estabelecer, manter e prever os resultados do projeto. É um processo proativo em vez de reativo. Os gerentes de projetos hoje compartilham com analistas de finanças e marketing a justificação financeira dos projetos. Sua contribuição para o resultado financeiro corporativo faz da disciplina de gerenciamento de projetos um processo de negócio essencial do século XXI.
>
> Se for usado corretamente, o processo de gerenciamento de projetos pode afetar as relações de receita/despesa de uma forma positiva. Ele pode reduzir despesas e ajudar a alta administração na escolha de um projeto em detrimento de outro, fornecendo uma estrutura de custos realista e defensável projetada para aumentar a vantagem competitiva e maximizar a prosperidade do acionista. Em outras palavras, o gerenciamento de projetos é um poupador de custos, e não um centro de custo.

[2] L. Kretz Zaval e T. Wagner, *Project Manager Street Smarts* (Wiley, Hoboken, NJ, 2009), pg. xxi.

Gerenciando Projetos Não Tradicionais

Durante várias décadas, nos tornamos especialistas em como gerenciar projetos tradicionais. Esses projetos tradicionais podem ser tanto para clientes internos como para clientes externos. Com esses projetos, a declaração de trabalho é razoavelmente bem definida, o orçamento e o cronograma são realistas, técnicas de estimativas razoáveis são utilizadas, e a meta final do projeto é estática. Usamos uma metodologia de gerenciamento de projeto que foi desenvolvida e submetida a melhorias contínuas após o uso em vários projetos. Essa metodologia tradicional se concentra no pensamento linear; seguimos fases do ciclo de vida bem definidas e temos formulários, modelos, listas de verificação e diretrizes para cada fase.

Agora que nos tornamos bons nesses projetos tradicionais, estamos nos concentrando nossa atenção sobre os projetos não tradicionais ou complexos. A Tabela 25-2 mostra algumas das diferenças entre gerenciamento de projetos tradicionais e não tradicionais.

TABELA 25-2 Projetos tradicionais *versus* não tradicionais

Gerenciando Projetos Tradicionais	Gerenciando Projetos Não Tradicionais
Patrocínio de uma única pessoa	Governança por comitê
Possivelmente uma única parte interessada	Várias partes interessadas
Tomada de decisão de projeto	Tomada de decisão de projeto e de negócio
Metodologia de gerenciamento de projeto inflexível	Metodologia de gerenciamento de projeto flexível ou "fluída"
Relatório de status periódico	Relatório em tempo real
O sucesso é definido pelas restrições triplas	O sucesso é definido por restrições concorrentes e valor
Os KPIs são derivados do sistema de medição de valor agregado	KPIs unicamente orientados a valor

Empresas como IBM, HP, Microsoft e Siemens estão investindo pesado para se tornar fornecedoras de soluções e ajudar os clientes em nível mundial no gerenciamento de projetos não tradicionais, projetos complexos. Algumas características distintivas de projetos complexos são:

- Trabalhar com um grande número de partes interessadas e parceiros, todos em diferentes níveis de maturidade em gerenciamento de projetos, muitos dos quais podem nem sequer entender a tecnologia do projeto
- Lidar com várias equipes virtuais localizadas em todo o mundo, nas quais as decisões sobre o projeto podem ser feitas em favor de política, cultura ou crenças religiosas
- Trabalhar em projetos de longo prazo que se iniciam com um escopo mal definido, que se submetem a inúmeras mudanças de escopo, e nos quais o ponto final é um alvo em movimento e não estático
- Trabalhar com parceiros e partes interessadas que podem ter ferramentas de gerenciamento de projetos limitadas e processos antiquados que são incompatíveis com o kit de ferramentas do gerente de projeto
- Ter canais de comunicação complexos que podem ser diferentes para cada parte interessada

Novos Desenvolvimentos em Gerenciamento de Projetos

Para que as empresas tenham sucesso na gestão de projetos complexos de forma repetitiva e funcionando como uma provedora de soluções, a metodologia de gerenciamento de projetos e ferramentas de acompanhamento deve ser fluida ou adaptativa. Isso significa que você pode precisar desenvolver uma metodologia de gerenciamento de projetos diferente para fazer interface com cada parte interessada, devido ao fato de que cada parte interessada pode ter diferentes requisitos e expectativas, e ao fato de que projetos mais complexos têm maiores períodos de tempo. A Figura 25-1 ilustra alguns dos novos desenvolvimentos em gerenciamento de projetos.

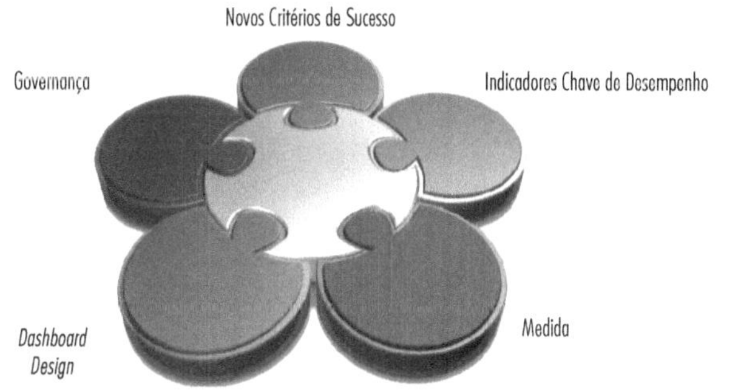

FIGURA 25-1 Alguns novos desenvolvimentos.

Os cinco itens na figura se encaixam quando aplicados corretamente:

- **Novos Critérios de Sucesso:** No início do projeto, o gerente do projeto vai se reunir com o cliente e as partes interessadas para chegar a um acordo sobre o que constitui o sucesso nesse projeto. Inicialmente, muitas das partes interessadas podem ter sua própria definição de sucesso, mas o gerente de projetos deve moldar um acordo.
- **Indicadores Chave de Desempenho:** Uma vez que os critérios de sucesso são acordados, o gerente do projeto e a equipe do projeto irão trabalhar com as partes interessadas para definir os KPIs que cada parte interessada deseja acompanhar. É possível que cada parte interessada tenha diferentes requisitos de KPI.
- **Medição:** A atualização de *dashboards* e KPIs requer medição. Esta é a parte mais difícil, porque

nem todos os membros da equipe ou parceiros estratégicos podem ter a capacidade de rastrear todos os KPIs.

- *Dashboard Design:* Uma vez que os KPIs são identificados, o gerente do projeto, juntamente com os membros de equipe de projeto apropriados, irá projetar um *dashboard* para cada parte interessada. Alguns dos KPIs nos *dashboards* serão atualizados periodicamente, enquanto outros podem ser atualizados em tempo real.
- **Governança:** Uma vez que as medições são feitas, qualquer decisão necessária deve ser tomada ou supervisionada pelo conselho de governança. O conselho de governança pode incluir as principais partes interessadas, bem como partes interessadas que são apenas observadoras.

Conclusões

O futuro do gerenciamento de projetos pode muito bem repousar nas mãos dos provedores de solução. Esses provedores vão personalizar metodologias de gerenciamento de projetos para cada cliente, e possivelmente para cada parte interessada. Eles devem ser capazes de desenvolver habilidades de gerenciamento de projetos que vão bem além do atual Guia PMBOK® e demonstrar vontade de tomar decisões de negócios bem como decisões de projeto. O futuro do gerenciamento de projetos parece muito bom, mas será um desafio.

25.1 PROJETOS COMPLEXOS[3]

Na seção anterior, afirmamos que estaremos gerenciando mais projetos complexos no futuro. Projetos complexos podem diferir de projetos tradicionais por uma infinidade de razões, incluindo:

- Tamanho
- Valor em moeda
- Requisitos incertos
- Escopo incerto
- Entregas incertas
- Interações complexas
- Credenciais incertas da força de trabalho
- Separação geográfica entre vários fusos horários
- O uso de grandes equipes virtuais
- Outras diferenças

Existem inúmeras definições de projeto complexo baseado nas interações entre dois ou mais dos elementos relacionados aqui. Os projetos que você gerencia dentro de sua própria empresa podem ser considerados complexos se o escopo for grande e a declaração de trabalho for apenas parcialmente completa. Algumas pessoas acreditam que projetos de P&D são sempre complexos, pois se você pudesse estabelecer um plano para a P&D, então provavelmente não teria um P&D. P&D é estabelecido quando você não tem 100% de certeza de para onde você está dirigindo, não sabe o que vai custar, e você não sabe quando e se vai chegar lá.

A complexidade pode ser definida de acordo com o número de interações que devem ocorrer para que o trabalho seja executado. Quanto maior o número de unidades funcionais que devem interagir, mais difícil é realizar a integração. A situação se torna mais difícil se as unidades funcionais estão dispersas por todo o mundo e se as diferenças culturais tornam difícil integração. A complexidade também pode ser definida de acordo com o tamanho e comprimento. Quanto maior for o projeto em escopo e custos, e quanto maior o prazo, mais provável será a ocorrência de mudanças no escopo, afetando significativamente o orçamento e o cronograma. Projetos grandes e complexos tendem a ter grandes custos excessivos e desvios de cronograma. Bons exemplos disso são o Aeroporto Internacional de Denver, o canal entre a Inglaterra e França, e o "Big Dig" em Boston.

Compensações

O gerenciamento de projetos é uma tentativa de melhorar a eficiência e eficácia na utilização dos recursos, fazendo com que o trabalho flua multidirecionalmente através de uma organização. Isso vale tanto para projetos tradicionais como para projetos complexos. Inicialmente, isso pode parecer fácil de realizar, mas normalmente há uma série de restrições impostas a um projeto. As restrições mais comuns são tempo, custo e desempenho (também referido como escopo ou qualidade) e são conhecidas como restrições triplas.

Do ponto de vista da alta administração, o objetivo do gerenciamento de projetos pode ser satisfazer as restrições triplas de tempo, custo e desempenho, mantendo boas relações com os clientes. Infelizmente, em virtude do fato de que a maioria dos projetos tem algumas características únicas, estimativas altamente precisas podem não ser possíveis, e compensações entre as restrições triplas ou concorrentes podem ser necessárias. A gerência executiva, a gerência funcional e as principais partes interessadas devem ser envolvidas em quase todas as discussões sobre compensação para garantir que a decisão final seja tomada para servir ao melhor interesse do projeto, da empresa e das partes interessadas.

[3] Adaptado de: KERZNER, H.; BELACK, C. *Managing complex projects*. Hoboken, NJ: Wiley and IIL co-publishers, 2010, Capítulo 1.

Se múltiplas partes interessadas estão envolvidas, como ocorre em projetos complexos, então um acordo de todas as partes interessadas pode ser necessário. Os gerentes de projetos podem possuir conhecimento suficiente para tomar algumas decisões técnicas, mas podem não possuir conhecimento de negócios ou técnicos suficientes para determinar adequadamente o melhor curso de ação para endereçar os interesses da empresa, bem como das partes interessadas individuais do projeto.

Conjunto de Habilidades

Todos os gerentes de projetos têm habilidades, mas nem todos terão as habilidades certas para os trabalhos certos. Para projetos internos de uma empresa, pode ser possível desenvolver um conjunto de habilidades ou conhecimentos universais específicos da empresa. Treinamentos específicos podem ser criados para dar suporte a requisitos de conhecimento baseados na empresa.

Para projetos complexos, com inúmeras partes interessadas de diferentes países com diferentes culturas, encontrar o gerente de projetos perfeito pode ser uma tarefa impossível. Hoje, estamos na fase da infância na compreensão de projetos complexos e podemos não ser capazes de determinar o conjunto de habilidades ideal para o gerenciamento de projetos complexos. Devemos lembrar que o gerenciamento de projetos existe há mais de três décadas antes que o primeiro *Project Management Body of Knowledge* (Guia PMBOK®) fosse criado, e mesmo agora com a última versão do Guia PMBOK®, ele ainda é referido como um "guia".

Podemos, no entanto, concluir que há certas habilidades necessárias para gerenciar projetos complexos. Algumas habilidades adicionais que podem ser necessárias são como gerenciar equipes virtuais, compreender diferenças culturais, gerenciar múltiplas partes interessadas cada qual com uma agenda diferente, e compreender o impacto da política no gerenciamento de projetos.

Governança

O envolvimento do usuário do início ao fim em projetos complexos é essencial. É lamentável que o envolvimento do usuário possa mudar de acordo com a política e a duração do projeto. Nem sempre é possível ter a mesma comunidade de usuários ligada ao projeto do começo ao fim. Promoções, mudanças em posições de autoridade e poder devido a eleições políticas, bem como aposentadorias, podem causar mudanças na participação do usuário.

A governança é o processo de tomada de decisão. Em grandes projetos complexos, a governança aparecerá nas mãos de muitos, em vez de nas mãos de poucos. Cada parte interessada vai ou esperar ou exigir fazer parte de todas as decisões críticas sobre o projeto. Os canais de governança devem ser claramente definidos no início do projeto, possivelmente antes que o gerente de projetos seja designado. Mudanças na governança (que são esperadas quanto mais tempo o projeto dure) podem ter um sério impacto na forma como o projeto é gerenciado.

Tomada de Decisão

Projetos complexos têm problemas complexos. Todos os problemas geralmente têm soluções, mas nem todas as soluções podem ser boas ou mesmo práticas. Além disso, a solução para alguns problemas pode ser mais dispendiosa do que outras soluções. Identificar um problema geralmente é fácil. Identificar alternativas pode exigir a participação de muitas partes interessadas, e cada uma pode ter uma visão diferente do problema real e das alternativas possíveis. Para complicar a questão, alguns países têm ciclos de tomada de decisão muito longos, mesmo para a identificação do problema, bem como para a seleção da melhor alternativa. Cada parte interessada pode selecionar a alternativa que é melhor para si, em vez de selecionar a melhor alternativa para o projeto.

Obter aprovação pode ser muito demorado, especialmente se a solução exigir que seja levantado capital adicional, e se a política tiver um papel ativo. Em alguns países emergentes, cada projeto complexo pode exigir a assinatura da maioria dos ministros e altos líderes do governo. As decisões também podem ser baseadas em política e religião.

Comparando Projetos Tradicionais e Não Tradicionais

Anteriormente, na Tabela 25-2, mostramos as diferenças entre projetos tradicionais e não tradicionais ou projetos complexos. O projeto tradicional, que a maioria das pessoas gerencia é geralmente de duração inferior a 18 meses. Em algumas empresas, um projeto tradicional pode ser de seis meses ou menos. A duração do projeto, geralmente, depende do setor. Na indústria automobilística, por exemplo, um projeto tradicional dura três anos.

Em projetos de 18 meses ou menos, consideramos que a tecnologia é conhecida com algum grau de confiança e que o projeto será submetido a poucas mudanças ao longo da vida. O mesmo vale para as premissas. Tendemos a acreditar que as premissas feitas no início do projeto permanecerão intactas durante o projeto, a menos que ocorra uma crise.

As pessoas que são alocadas ao projeto provavelmente irão permanecer a bordo do início ao fim. As pessoas podem ser alocadas em tempo integral ou parcial. Isso inclui o patrocinador do projeto bem como os membros da equipe.

Em virtude do fato de o projeto durar 18 meses ou menos, a declaração de trabalho é geralmente razoavelmente bem definida, e o plano do projeto se baseia em estimativas razoavelmente bem compreendidas e comprovadas. Podem ocorrer custos excedentes e desvios no cronograma, mas não no mesmo nível em que ocorrem em projetos complexos. Os objetivos do projeto, bem como os marcos críticos ou datas de entregas, são razoavelmente estacionários e não devem mudar, a menos que ocorra uma crise.

As complexidades de projetos não tradicionais parecem ser guiadas por tempo e custo. Os projetos complexos podem chegar a dez anos ou mais. Em virtude do longo prazo de duração, as premissas feitas no início do projeto provavelmente não serão válidas no seu final. As premissas deverão ser revalidadas ao longo da vida do projeto.

Da mesma forma, pode-se esperar que a tecnologia mude ao longo do projeto. Mudanças na tecnologia podem produzir mudanças significativas e caras no escopo, a ponto de o produto final não se parecer com a entrega inicialmente prevista.

As pessoas no comitê de governança e nos papéis de tomada de decisão são mais provavelmente pessoas seniores e podem estar perto da aposentadoria. Com base no tamanho real do projeto, pode-se esperar que a estrutura de governança se altere no decorrer do projeto, se este tiver dez anos de duração ou mais.

Em razão de mudanças de escopo, a declaração de trabalho pode sofrer várias revisões ao longo do ciclo de vida do projeto. Novos grupos de governança e novas partes interessadas podem ter pautas ocultas e exigir que o escopo seja alterado, caso contrário podem até mesmo cancelar seu apoio financeiro ao projeto. Finalmente, sempre que você tem um projeto complexo de longo prazo, no qual são esperadas mudanças de escopo contínuas, o alvo final pode estar se movendo. Em outras palavras, o plano de projeto deve ser construído para atingir um alvo em movimento.

Dada a premissa de que gerentes de projetos estão agora mais ativamente envolvidos no negócio, devemos acompanhar as premissas da mesma forma que acompanhamos os orçamentos e cronogramas. Se as premissas estão erradas ou não são mais válidas, então talvez seja necessário alterar a declaração de trabalho ou mesmo considerar o cancelamento do projeto. Também devemos acompanhar o valor esperado ao final do projeto, pois alterações inaceitáveis no valor final podem ser outra razão para o cancelamento do projeto.

A maioria das empresas tem ou está no processo de desenvolvimento de uma metodologia EPM. Sistemas de EPM são geralmente processos rígidos projetados em torno de políticas e procedimentos e trabalham eficientemente quando a declaração de trabalho é bem definida. Mas com os novos tipos de projetos previstos para a próxima década, esses processos rígidos e inflexíveis podem ser um entrave.

Sistemas de EPM devem tornar-se mais flexíveis, a fim de satisfazer as necessidades de negócios. Os critérios para bons sistemas vão inclinar-se para formulários, diretrizes, modelos e listas de verificação, em vez de políticas e procedimentos. Mais flexibilidade será dada aos gerentes de projetos a fim de tomar as decisões necessárias para satisfazer as necessidades de negócio do projeto. A situação é mais complicada quando todas as partes interessadas ativas precisam usar a metodologia, e ter várias metodologias no mesmo projeto nunca é uma boa ideia. Alguns países podem ser bastante experientes em gerenciamento de projetos enquanto outros podem ter apenas conhecimento superficial.

No futuro, a suposição de que o plano original está correto pode ser uma suposição falha. Como as necessidades de negócio do projeto mudam, a necessidade de alterar o plano também será evidente. Além disso, a tomada de decisão baseada inteiramente sobre as restrições triplas, com pouca atenção para o valor final do projeto, pode ser uma má decisão. Simplificando, a visão de hoje de gerenciamento de projetos é bastante diferente do que as visões no passado, e isso se deve parcialmente ao reconhecimento dos benefícios do gerenciamento de projetos nas últimas duas décadas.

Talvez a principal diferença seja com quem o gerente de projetos deve interagir diariamente. Em projetos tradicionais, o gerente de projetos faz interface com o patrocinador do projeto e o cliente, e ambos podem ser a única governança no projeto. Em projetos complexos, a governança é por comitê e pode haver várias partes interessadas cujas preocupações precisam ser abordadas.

Em projetos complexos, o gerente de projeto precisa de uma metodologia de gerenciamento de projetos fluida ou flexível, capaz de interagir com múltiplas partes interessadas. A metodologia precisa ser mais alinhada aos processos de negócios do que aos processos de gerenciamento de projetos, já que o gerente de projetos pode precisar tomar tanto decisões de negócios como decisões de projeto. Projetos complexos parecem ser ditados mais por decisões de negócios do que por puras decisões de projeto.

Projetos complexos são mais orientados pelo valor final do projeto do que pelas restrições concorrentes. Projetos complexos tendem a demorar mais tempo do que o previsto e custam mais do que o orçado inicialmente, a fim de garantir que o resultado final terá o valor desejado pelos clientes e partes interessadas. Simplificando, projetos complexos tendem a ser orientados a valor, em vez de serem orientados pelas restrições triplas ou concorrentes. A razão é simples: completar um projeto dentro das restrições triplas não é necessariamente sucesso se o valor não existir na conclusão do projeto.

Durante várias décadas, o gerenciamento de projetos tem sido usado para apoiar projetos tradicionais. Projetos tradicionais são fortemente baseados no pensamento linear, temos fases do ciclo de vida bem estruturadas e modelos, formulários, guias e listas de verificação para cada fase. Contanto que o escopo seja razoavelmente bem definido, o gerenciamento de projetos tradicional funciona bem.

Infelizmente, apenas uma pequena porcentagem dos projetos dentro de uma empresa se enquadra nessa categoria. A maioria dos projetos não tradicionais ou complexos é gerenciada "com a cara e a coragem", pois são, em grande parte, baseados em cenários de negócios, nos quais o resultado ou as expectativas podem mudar dia a dia. Desta forma, as técnicas de gerenciamento de projetos não eram nem necessárias nem usadas nesses projetos complexos, que eram mais orientados a negócios, e alinhados a planos estratégicos de cinco ou dez anos, que eram constantemente atualizados.

Agora, estamos finalmente percebendo que o gerenciamento de projetos pode ser utilizado nesses projetos complexos, mas os processos tradicionais de gerenciamento de projetos podem ser inadequados ou devem ser modificados. O estilo de liderança para projetos complexos pode não ser o mesmo que o utilizado em projetos tradicionais. O gerenciamento de risco é significativamente mais difícil em projetos complexos, e é necessário o envolvimento de mais participantes e partes interessadas.

Todos os países do mundo têm projetos complexos, mas nem todos têm recursos qualificados para gerenciar esses projetos. Portanto, as empresas que gastaram tempo e esforço para desenvolver metodologias flexíveis de gerenciamento de projetos e se tornarem provedores de soluções, são empresas que estão competindo no mercado global. Embora essas empresas possam oferecer produtos e serviços como parte de seu negócio principal, elas podem ver seu futuro como fornecedoras globais de soluções para o gerenciamento de projetos complexos.

Para essas empresas, serem boas em gerenciamento de projetos não basta, elas devem se sobressair em gerenciamento de projetos. Devem inovar seus processos ao ponto em que todos os processos e metodologias sejam altamente fluidos. Elas têm uma extensa biblioteca de ferramentas para apoiar os processos de gerenciamento de projetos. A maioria das ferramentas foi criada internamente com ideias descobertas por meio de lições aprendidas e melhores práticas.

25.2 TEORIA DA COMPLEXIDADE

Os gerentes de projetos não podem controlar projetos complexos com o mesmo estilo de gerenciamento e ferramentas que são usadas em projetos tradicionais. Práticas tradicionais de gerenciamento de projetos, especialmente se seguirmos o Guia PMBOK®, incentivam o pensamento linear e muita estrutura e controle. Enquanto alguns projetos podem ter sucesso usando estrutura e rígidas metodologias de EPM, outros projetos irão padecer.

A teoria da complexidade é um resultado da teoria do caos, e argumenta que essa estrutura não necessariamente permite a flexibilidade necessária para lidar com situações complexas ou com um ambiente em que são necessárias interações humanas imprevisíveis. Enquanto a teoria da complexidade ainda está no estágio de infância, os livros estão começando a mostrar a aplicação da teoria da complexidade no gerenciamento de projetos. De acordo com Curlee e Gordon[4]:

> A teoria da complexidade é sobre tirar proveito do caos de modo a permitir que o gerente de projetos aumente sua eficácia ou de sua equipe, permitindo certo grau de individualidade para mover um projeto para frente. Muitas vezes, permitir o caminhar aleatório de um determinado indivíduo permite que um certo nível de criatividade tenha sucesso. Uma equipe eficaz pode ser mais eficaz do que um indivíduo; permitir que um indivíduo abra o caminho muitas vezes pode levar a equipe mais longe e mais rápido. A complexidade é a manifestação do empoderamento e delegação de tarefas para permitir que a individualidade dê suporte à colmeia.

É verdade que algumas pessoas têm medo da teoria da complexidade, pois ela defende menos controle. Este argumento tem algum mérito, mas olhando para o Relatório do Caos, preparado pelo Standish Group, fica óbvio que alterações na forma de gerenciar projetos complexos são necessárias, considerando que, a cada ano, nos últimos 15 anos, quase 70% dos projetos de TI não foram considerados bem-sucedidos.

[4] CURLEE, W., GORDON, R. L. *Complexity Theory and Project Management*. Hoboken, NJ: Wiley, 2011), p. 9. O capítulo 2 do livro contém uma boa discussão sobre as limitações do Guia PMBOK® quando aplicado a projetos mais complexos e as mudanças que podem ser necessárias.

25.3 ESCALADA DE ESCOPO (*SCOPE CREEP*)[5]

Há três coisas que a maioria dos gerentes de projetos sabe que vai acontecer quase que inevitavelmente: a morte, os impostos e *scope creep*. *Scope creep* é a melhoria contínua dos requisitos do projeto enquanto as entregas do projeto estão sendo desenvolvidas. O *scope creep* é visto como o crescimento do escopo do projeto. Quanto maior e mais complexo é o projeto, maiores as chances de um aumento de escopo significativo.

Embora o *scope creep* possa ocorrer em qualquer projeto de qualquer setor, é mais frequentemente associado com projetos de desenvolvimento de sistemas de informação. Mudanças de escopo podem ocorrer em qualquer fase do ciclo de vida do projeto. As mudanças ocorrem porque é da natureza do ser humano não ser capaz de descrever completamente o projeto ou o plano para executar o projeto desde o início. Isto é particularmente verdadeiro em projetos grandes e complexos. Como resultado, ganhamos mais conhecimento no decorrer do projeto, e isso leva à escalada do escopo e mudanças de escopo.

O *scope creep* é uma ocorrência natural para gerentes de projetos. Temos de aceitar o fato de que isso vai acontecer. Algumas pessoas acreditam que existem amuletos mágicos, poções e rituais que podem impedir o *scope creep*. Isso certamente não é verdade. Talvez o melhor que podemos fazer é estabelecer processos, tais como sistemas de gerenciamento de configuração, ou painéis de controle de mudanças para conseguir algum controle sobre o *scope creep*. No entanto, estes processos são projetados não tanto para evitar o *scope creep*, mas sim para evitar que mudanças indesejadas de escopo ocorram.

Portanto, podemos afirmar que o *scope creep* não é apenas permitir que o escopo mude, mas uma indicação de quão bem conseguimos gerenciar as mudanças no escopo. Se todas as partes concordam que a mudança do escopo é necessária, então talvez possamos argumentar que o escopo simplesmente mudou, em vez de ter aumentado. Algumas pessoas encaram o *scope creep* como uma mudança de escopo não aprovada pelo patrocinador ou pelo comitê de controle de mudanças.

O *scope creep* é muitas vezes visto como sendo prejudicial para o sucesso de um projeto, porque aumenta o custo e prolonga o cronograma. Embora isto seja verdade, o *scope creep* também pode produzir resultados favoráveis, como componentes que dão ao seu produto uma vantagem competitiva. O *scope creep* também pode agradar o cliente, se as mudanças forem vistas como um valor adicional para a entrega final.

Definindo o Escopo

Talvez o passo mais crítico na fase de iniciação de um projeto seja a definição do escopo. A primeira tentativa de definição do escopo pode ocorrer tão cedo como na proposta ou na fase de licitação. Nesse ponto, tempo e esforço suficientes podem não ser dedicados a uma determinação precisa ou compreensão do escopo e dos requisitos do cliente. E para piorar as coisas, tudo isso pode ser feito bem antes de o gerente de projeto ser trazido a bordo.

Uma vez que o gerente de projeto for trazido a bordo, ele deverá familiarizar-se com os requisitos de escopo e validá-los, caso já tenham sido preparados, ou entrevistar as várias partes interessadas e coletar as informações necessárias para uma compreensão clara do escopo. Ao fazer isso, preparamos uma lista do que está incluído e excluído do nosso entendimento dos requisitos. Ainda assim não importa o quão meticulosamente o gerente de projetos tente fazer isso, a clareza no escopo nunca é conhecida com 100% de certeza.

O objetivo do gerente de projetos é estabelecer os limites do escopo. Para fazer isso, a visão sobre o projeto tanto do gerente de projetos como de cada parte interessada deve estar alinhada. Também deve haver um alinhamento com os objetivos de negócio da empresa, pois deve haver uma razão de negócio válida para realizar esse projeto. Se os alinhamentos não ocorrerem, então os limites para o projeto se tornarão dinâmicos ou em mudança constante, em vez de haver um limite estacionário.

A Figura 25-2 mostra os limites do projeto. O limite do projeto é concebido para satisfazer tanto aos objetivos de negócio estabelecidos pela sua empresa, como aos objetivos técnicos/de escopo estabelecidos pelo seu cliente, considerando que seja um cliente externo. O gerente do projeto e as diferentes partes interessadas, incluindo o cliente, podem ter uma diferente interpretação do limite do escopo e dos limites do negócio. Da mesma forma, o gerente de projetos pode focar fortemente na tecnologia que o cliente precisa, em vez de focar no valor do negócio que sua empresa deseja. Simplificando, o gerente de projetos pode buscar exceder as especificações enquanto as partes interessadas e sua empresa querem apenas atender aos níveis mínimos de especificação no mais curto espaço de tempo.

---

[5] Para obter informações adicionais, consulte KERZNER, H. *Managing Scope Creep*. Disponível em: <http://learningcenter.iil.com/Saba/Web/Main/goto/Catalog>. Copyright© 2010 pelo *International Institute for Learning*, New York City. Reproduzido com permissão.

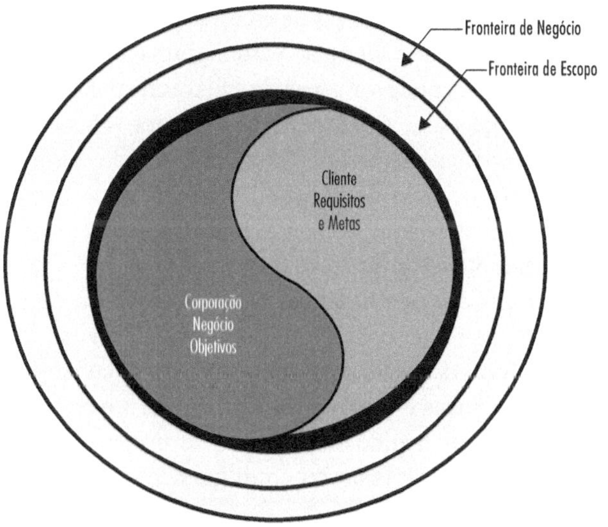

FIGURA 25-2 A fronteira do projeto.

Quando ocorre o *scope creep* e mudanças no escopo são necessárias, o limite do escopo pode se mover. No entanto, o limite do escopo pode não ser capaz de se movimentar, caso altere a fronteira dos negócios e as expectativas da empresa. Como exemplo, uma mudança de escopo que adicione valor a um produto pode não ser aprovada, caso estenda a data de lançamento do produto ou eleve o preço do produto no mercado.

É importante entender que o escopo do projeto não é o que o cliente pediu, mas o que concordamos em entregar. E o que concordamos pode ter inclusões e exclusões, em relação ao que o cliente solicitou.

Há certos fatos que sabemos agora:

- O limite do escopo é o que o gerente de projetos se compromete a entregar.
- O limite geralmente nunca é claramente definido no início do projeto.
- Às vezes, o limite pode não estar claramente definido até que estejamos plenamente dentro do projeto.
- Podemos precisar usar planejamento progressivo ou em ondas sucessivas para articular claramente o escopo.
- Às vezes o escopo não é totalmente conhecido até que as entregas finais sejam concluídas e testadas.
- Por fim, até mesmo depois da aceitação das entregas pelas partes interessadas, a interpretação do limite do escopo ainda pode ser debatida.

O limite do escopo pode flutuar durante a execução do projeto, porque, conforme avançamos no projeto e mais conhecimento é adquirido, identificamos adições não planejadas para o escopo. Este fenômeno de *scope creep* é então acompanhado por aumentos de custo e prolongamento do cronograma. Mas o *scope creep* é realmente mau? Talvez não, é algo com o que devemos conviver como gerentes de projeto. Alguns projetos podem ter a sorte de evitar o *scope creep*. Em geral, quanto maior for o projeto, maior a probabilidade de que ocorra o *scope creep*.

A duração do projeto também impacta o *scope creep*. Se o ambiente de negócios é altamente dinâmico e em constante mudança, produtos e serviços devem ser desenvolvidos para satisfazer as necessidades existentes ou futuras do mercado. Portanto, em projetos de longo prazo, o *scope creep* pode ser visto como uma necessidade para ajustar-se às demandas dos clientes, e componentes de projeto podem ser necessários para obter a aceitação do cliente.

Dependências do *Scope Creep*

Muitas vezes, mudanças de escopo são aprovadas sem avaliar o impacto subsequente que podem ter nos pacotes de trabalho que ainda não foram iniciados. Como exemplo, fazer uma mudança de escopo logo no início do projeto para alterar o *design* de um componente pode resultar em um aumento significativo de custo se as matérias-primas encomendadas e pagas não forem mais necessárias. Além disso, poderia haver outros fornecedores que começaram a trabalhar em seus projetos assumindo que o *design* original foi finalizado. Agora, uma pequena mudança de escopo por um fornecedor pode ter um sério impacto sobre outros fornecedores subsequentes. As dependências devem ser consideradas quando da aprovação de uma mudança de escopo, pois o custo para reverter uma decisão anterior pode ter um impacto financeiro grave no projeto.

Causas do *Scope Creep*

A fim de evitar que o *scope creep* ocorra, deve-se começar por compreender as causas do *scope creep*. As causas são inúmeras e é uma ilusão acreditar que todas as causas podem ser prevenidas. Muitas das causas estão muito além do controle do gerente de projetos. Algumas causas estão relacionadas ao *scope creep* de negócios, e outras são parte do *scope creep* técnico:

- **Mau Entendimento de Requisitos:** Isso ocorre quando aceitamos ou nos apressamos para um projeto sem entender totalmente o que deve ser feito.
- **Requisitos Mal Definidos:** Às vezes, os requisitos são tão mal definidos que devemos fazer inúmeras suposições, e conforme entramos nas fases posteriores do projeto, descobrimos que algumas delas não são mais válidas.
- **Complexidade:** Quanto mais complexo o projeto, maior o impacto do *scope creep*. Ser ambicioso demais e acreditar que podemos entregar mais do que podemos oferecer em um projeto complexo pode ser desastroso.

- **Falhar no Detalhamento:** Quando um projeto é iniciado usando apenas requisitos de alto nível, o aumento do *scope creep* pode ser esperado quando nos envolvemos nas atividades detalhadas da estrutura analítica do projeto.
- **Má Comunicação:** Falta de comunicação entre o gerente do projeto e as partes interessadas pode levar a requisitos mal definidos e má interpretação do escopo.
- **Incompreensão das Expectativas:** Independentemente de como o escopo é definido, as partes interessadas e os clientes têm expectativas quanto aos resultados do projeto. A incapacidade de compreender essas expectativas antecipadamente pode levar a caras mudanças subsequentes.
- **Featuritis:** Também é chamado de "embelezar" um projeto e ocorre quando a equipe do projeto acrescenta por conta própria *features* que, muitas vezes, são desnecessárias, e funcionalidades na forma de "adereços".
- **Perfeccionismo:** Isso ocorre quando a equipe do projeto inicia mudanças no escopo de forma a exceder as especificações e requisitos, em vez de apenas satisfazê-los. As equipes de projeto podem ver isso como uma chance de obter glória.
- **Avanço de Carreira:** *Scope creep* pode exigir recursos adicionais, assim talvez tornando o gerente de projetos mais poderoso aos olhos da alta administração. O *scope creep* também estende os projetos e fornece aos membros da equipe uma casa temporária mais duradoura caso não tenham certeza sobre sua próxima missão.
- **Pressão devida ao Time-to-Market:** Muitos projetos começam com um ponto de vista otimista. Se a empresa exerce pressão sobre o gerente de projetos para se comprometer com uma data de lançamento de produto irrealista, então o gerente de projetos pode precisar reduzir funcionalidades. Isto pode ser mais ou menos dispendioso, dependendo de onde a redução de escopo ocorre.
- **Regulamentações Governamentais:** O cumprimento da legislação e mudanças de regulamentação podem causar *scope creep* dispendiosos.
- **Fraude:** Às vezes, sabemos, com bastante antecedência, que a declaração de trabalho do cliente tem "buracos". Em vez de informar o cliente sobre o trabalho adicional que será necessário, nós oferecemos menos pelo trabalho com base no escopo original e, após a adjudicação do contrato, avançamos com mudanças rentáveis de escopo.
- **Cláusulas de Penalização:** Alguns contratos têm cláusulas de penalização por atraso na entrega. Ao empurrar mudanças de escopo (talvez desnecessárias) que vão alongar o cronograma, o gerente de projetos pode ser capaz de evitar uma penalização.
- **Apaziguar o Cliente:** Alguns clientes vão solicitar mudanças de escopo "boas, mas não necessárias" após o início do contrato. Embora possa parecer bom apaziguar o cliente, sempre dizer "sim" não garante a continuação do trabalho.
- **Controle de Mudanças Ruim:** O objetivo de um processo de controle de mudanças é evitar mudanças desnecessárias. Se o processo de controle de mudanças é meramente um carimbo que aprova todos os pedidos do gerente do projeto, então o *scope creep* irá ocorrer continuamente.

A Necessidade de Conhecimento do Negócio

Mudanças de escopo devem ser devidamente direcionadas antes da aprovação e da execução, e este é o elo mais fraco, porque exige conhecimento do negócio bem como conhecimento técnico. Como exemplo, mudanças de escopo não devem ser implementadas à custa de exposição ao risco de ações judiciais de responsabilidade sobre o produto ou a questões de segurança. Do mesmo modo, mudanças de escopo exclusivamente para melhorar a imagem ou a reputação devem ser evitadas, caso possam resultar em um cliente descontente. Além disso, essas mudanças não devem ser implementadas quando o período de *payback* do produto é drasticamente estendido para capturar os custos de recuperação da mudança escopo.

Mudanças de escopo devem basear-se numa fundação sólida de negócio. Por exemplo, desenvolver um produto de alta qualidade pode parecer bom no momento, mas devem existir clientes dispostos a pagar o preço mais alto. O resultado poderia ser um produto que ninguém quer ou pode pagar.

Deve existir um propósito válido de negócio para uma mudança de escopo. Isso inclui, no mínimo, os seguintes fatores:

- Uma avaliação das necessidades do cliente e do valor adicionado que a mudança de escopo proporcionará
- Uma avaliação das necessidades do mercado, incluindo o tempo necessário para fazer a mudança de escopo, o período de *payback*, o retorno sobre o investimento, e se o preço final de venda do produto será muito caro para o mercado
- Uma avaliação sobre o impacto na duração do projeto e no ciclo de vida do produto
- Uma avaliação da capacidade da competição de imitar a mudança de escopo

- Uma avaliação sobre a responsabilidade legal sobre o produto, associada à mudança de escopo, e do impacto na imagem da empresa

Formas de minimizar o *Scope Creep*

Algumas pessoas acreditam que o *scope creep* deve ser evitado a todo custo. Mas não permitir que o *scope creep* necessário ocorra pode ser perigoso e possivelmente prejudicial aos objetivos de negócio. Além disso, pode ser impossível evitar o *scope creep*. Talvez o melhor que possamos fazer seja controlar o *scope creep*, minimizando sua quantidade e extensão. Algumas das atividades que podem ser úteis incluem:

- **Perceber que o *scope creep* vai acontecer:** É quase impossível evitar o *scope creep*. Em vez disso, devem ser feitas tentativas para controlar o *scope creep*.
- **Conhecer os requisitos:** Você deve compreender plenamente os requisitos do projeto e deve se comunicar com as partes interessadas para se certificar de que vocês têm o mesmo entendimento.
- **Conhecer as expectativas do cliente:** Seu cliente e as partes interessadas podem ter expectativas que podem não estar em alinhamento com a sua interpretação dos requisitos no escopo. Você deve entender as expectativas, e comunicação contínua é essencial.
- **Eliminar a noção de que o cliente tem sempre razão:** Dizer "sim" constantemente para acalmar o cliente pode causar *scope creep* suficiente para transformar um bom projeto em um projeto com dificuldades. Algumas mudanças provavelmente poderiam ser agrupadas e realizadas mais tarde, como um projeto de melhoria.
- **Atuar como advogado do diabo:** Não considere garantido que todos os pedidos de mudança são necessários, mesmo que sejam gerados internamente pela equipe do projeto. Questione a necessidade de mudança. Certifique-se de que há justificativa suficiente para a mudança.
- **Determinar o efeito da mudança:** O *scope creep* vai afetar cronograma, custo, escopo/requisitos e recursos. Veja se algumas datas de marcos podem ou não ser movidas. Algumas datas são difíceis de mover, enquanto outras são fáceis. Veja se são necessários recursos adicionais para realizar a mudança de escopo e se os recursos estarão disponíveis.
- **Obter envolvimento do usuário no início:** O envolvimento precoce do usuário pode evitar alguns *scope creeps* ou pelo menos identificar as mudanças no escopo cedo o bastante de forma que os efeitos das mudanças sejam mínimos.
- **Adicionar flexibilidade:** É possível adicionar alguma flexibilidade no orçamento e no cronograma se uma grande quantidade de *scope creep* é esperada. Isso pode aparecer como uma reserva monetária de gerenciamento/contingência para questões de custo, e uma atividade de "reserva" embutida no cronograma do projeto para as questões de tempo.
- **Saber quem tem autoridade de assinatura:** Nem todos os membros do comitê de controle de mudanças do escopo possuem autoridade de assinatura para aprovar uma mudança de escopo. Você deve saber quem possui essa autoridade.

Conclusões

Em geral, as pessoas que pedem mudanças no escopo não estão tentando tornar sua vida miserável. É um desejo de "agradar" por meio de uma necessidade de perfeição, para adicionar funcionalidade, ou para aumentar o valor aos olhos do cliente. Algumas mudanças no escopo são necessárias por razões de negócios, como componentes para o aumento da competitividade. O *scope creep* é uma necessidade e não pode ser eliminado. Mas pode ser controlado.

25.4 AVALIAÇÕES DA SAÚDE DO PROJETO[6]

Os projetos parecem progredir rapidamente até estarem 60%-70% completos. Durante esse tempo, todos comemoram que o trabalho que está progredindo conforme planejado. Então, talvez sem aviso, a verdade vem à tona, possivelmente em virtude de um *scope creep* significativo, e descobrimos que o projeto está em apuros. Isso ocorre por causa de:

- Nossa descrença no valor do uso correto das métricas de projeto
- Seleção das métricas erradas
- Nosso medo do que as avaliações da saúde do projeto possam revelar

Alguns gerentes de projeto tem uma fixação incrível com métricas e números de projeto, acreditando que métricas são o "Santo Graal" para determinar o *status*. A maioria dos projetos parece se concentrar em apenas duas métricas: tempo e custo. Essas são as métricas primárias em todos os sistemas de gerenciamento de valor agregado (GVA, ou EVM em inglês). Embora essas duas

[6] Para informações adicionais, consulte: KERZNER, H. *Project health checks*. Disponível em: <https://learningcenter.iil.com/Saba/Web/Main/goto/Catalog>. Copyright© 2010 pelo *International Institute for Learning*, New York City. Reproduzido com permissão.

métricas possam dar-lhe uma representação razoável de onde você está hoje, usar essas duas métricas para fazer previsões para o futuro são áreas "cinzentas", e podem não indicar áreas com problemas futuros que poderiam impedir a conclusão bem-sucedida e oportuna do projeto. Na outra ponta do espectro, temos gerentes que não têm fé nas métricas e, portanto, se concentram na visão, na estratégia, na liderança e em orações.

Em vez de confiar apenas nas métricas, a solução mais simples poderia ser realizar avaliações da saúde periódicas sobre o projeto. Ao fazer isso, três questões críticas devem ser abordadas:

- Quem vai realizar a avaliação da saúde?
- Os entrevistados serão honestos em suas respostas?
- A gerência e partes interessadas vão reagir mal à verdade?

O surgimento de problemas até então desconhecidos ou ocultos poderia levar à perda de emprego, rebaixamentos, ou cancelamento do projeto. Desta forma, avaliações da saúde do projeto oferecem uma grande oportunidade para uma ação corretiva antecipada para salvar um projeto potencialmente falho. Elas também podem descobrir oportunidades futuras.

Compreendendo Avaliações da Saúde do Projeto

As pessoas tendem a usar auditorias e avaliações da saúde de forma similar. Ambas são projetadas para garantir resultados de projeto bem-sucedidos e repetíveis, e devem ser executadas em projetos que pareçam estar se encaminhando para um resultado de sucesso, bem como naqueles que pareçam estar destinados a fracassar. Há lições aprendidas e melhores práticas que podem ser descobertas a partir tanto de sucessos como de fracassos. Além disso, uma análise detalhada de um projeto que pareça ser bem-sucedido no momento pode trazer à tona questões que mostrem que o projeto está, na verdade, em apuros.

A Tabela 25-3 mostra algumas das diferenças entre auditorias e avaliações da saúde. Embora algumas das diferenças possam ser sutis, vamos focar nossa atenção nas avaliações da saúde.

Durante uma reunião da equipe, o gerente de projetos pergunta à equipe: "Como o trabalho está progredindo?" A resposta é: "Estamos indo razoavelmente bem. Estamos apenas um pouco acima do orçamento e um pouco atrasados, mas achamos que resolveremos esses dois problemas usando recursos com salários mais baixos para o próximo mês e pedindo que trabalhem horas extras. De acordo com a nossa metodologia empresarial de gerenciamento de projetos, nosso custo desfavorável e as variações no cronograma ainda estão dentro do valor limite e a geração de um relatório de exceção para a gerência não é necessário. O cliente deve ficar satisfeito com nossos resultados até agora".

TABELA 25-3 Auditorias *versus* exames de saúde

Variável	Auditoria	Exames de Saúde
Foco	No presente	No futuro
Intenção	Concordância	Eficácia da execução e entregas
Timing	Geralmente agendado e pouco frequente	Geralmente não agendado e sob demanda
Itens a serem buscados	Melhores práticas	Problemas escondidos, possivelmente destrutivos e possíveis curas
Entrevistador	Geralmente alguém interno	Consultor externo
Como a entrevista é conduzida	Com todo o time	Sessões individuais
Prazo	Curto prazo	Longo prazo
Profundidade da análise	Sumário	Revisão forense

Estes comentários são representativos de uma equipe de projeto que falhou em reconhecer o verdadeiro status do projeto porque estão muito envolvidos nas atividades diárias do projeto. Da mesma forma, temos gerentes de projetos, patrocinadores e executivos que estão envolvidos em suas próprias atividades diárias e prontamente aceitam esses comentários com uma fé cega, deixando de ver o quadro geral. Se uma auditoria tivesse sido realizada, a conclusão poderia ter sido a mesma, ou seja, que o projeto está seguindo a metodologia EPM com sucesso e que as métricas de tempo o custo estão dentro dos limites aceitáveis. Uma avaliação forense da saúde do projeto, por outro lado, poderia revelar a gravidade dos problemas.

Apenas o fato de que um projeto está dentro do tempo e/ou dentro do orçamento alocado não é garantia de sucesso. O resultado final pode ser uma entrega de má qualidade, de forma que seja inaceitável para o cliente. Além do tempo e custo, a saúde do projeto verifica o foco na qualidade, recursos, benefícios e requisitos, apenas para citar alguns. A verdadeira medida do sucesso futuro do projeto é o valor que os clientes veem em sua conclusão. Avaliações da saúde devem, portanto, ser focadas no valor. Auditorias, por outro lado, geralmente não focam sobre o valor.

As avaliações da saúde podem funcionar como uma ferramenta permanente, e serem realizados de forma aleatória quando necessário, ou periodicamente ao longo das várias fases do ciclo de vida. No entanto, existem circunstâncias específicas que indicam que uma avaliação da saúde deve ser realizada rapidamente. Essas circunstâncias incluem:

- *Scope creep* significativo
- Custos crescentes acompanhados por uma deterioração no valor e nos benefícios
- Derrapagens no cronograma que não possam ser corrigidas
- Prazos não atendidos
- Baixo moral acompanhado por mudanças em pessoas chave do projeto

Avaliações da saúde periódicas, se feitas corretamente, eliminam a ambiguidade, de forma que o estado real pode ser determinado. Os benefícios das avaliações da saúde incluem:

- Determinar do *status* atual do projeto
- Identificar os problemas com antecedência suficiente para que exista tempo hábil para a tomada de ações corretivas
- Identificar os fatores críticos de sucesso que irão apoiar um resultado bem-sucedido, ou os problemas críticos que podem impedir uma entrega bem-sucedida
- Identificar as lições aprendidas, melhores práticas e fatores críticos de sucesso que podem ser utilizados em projetos futuros
- Avaliação da conformidade com e melhorias para a metodologia EPM
- Identificar quais atividades podem exigir ou se beneficiar com recursos adicionais
- Identificar riscos presentes e futuros bem como possíveis estratégias de mitigação de risco
- Determinar se os benefícios e o valor vão estar presentes na conclusão
- Determinar se a eutanásia é necessária para tirar o projeto de sua situação
- O desenvolvimento ou recomendação de um plano de correção

Há equívocos sobre as avaliações da saúde do projeto. Alguns deles são:

- A pessoa que faz a avaliação da saúde não entende do projeto ou da cultura corporativa, desperdiçando tempo desta forma.
- A avaliação da saúde é muito cara para o valor que iremos receber por realizá-la.
- A avaliação da saúde retém recursos críticos em entrevistas.
- No momento que obtemos os resultados da avaliação da saúde, ou é tarde demais para fazer mudanças ou a natureza do projeto pode ter mudado.

Quem Executa as Avaliações da Saúde?

Um dos desafios que as empresas enfrentam é saber se a avaliação da saúde deve ser realizada por equipes internas ou por consultores externos. O risco de utilizar pessoal interno é que eles podem ter lealdade ou relacionamento com pessoas da equipe do projeto e, portanto, não podem não ser totalmente honestos em determinar o verdadeiro *status* do projeto ou em decidir de quem foi a culpa.

Usar consultores ou facilitadores externos é, muitas vezes, a melhor escolha. Facilitadores externos podem trazer à mesa:

- Uma infinidade de formulários, diretrizes, modelos e listas de verificação usadas em outras empresas e em projetos semelhantes
- A promessa de imparcialidade e confidencialidade
- Um foco apenas nos fatos e esperançosamente livres de política
- Um ambiente no qual as pessoas podem falar livremente e desabafar seus sentimentos pessoais
- Um ambiente que relativamente livre de outros problemas do dia a dia

Fases do Ciclo de Vida da Avaliação da Saúde

Existem três fases do ciclo de vida para avaliações da saúde de projeto:

- Revisão do *business case* e história do projeto
- Pesquisa e descoberta dos fatos
- Preparação do relatório da avaliação da saúde

Rever o *business case* e a história do projeto pode exigir que o líder da avaliação da saúde tenha acesso a conhecimento proprietário de informações financeiras. O líder pode ter de assinar acordos de confidencialidade e também cláusulas de "não competição" antes de serem autorizados a realizar a avaliação da saúde.

Na fase de investigação e descoberta, o líder prepara uma lista de perguntas que precisam ser respondidas. A lista pode ser preparada a partir das áreas de domínio ou áreas de conhecimento do Guia PMBOK®. As perguntas também podem vir do repositório de conhecimento da empresa de consultoria e podem se apresentar na forma de modelos, diretrizes, listas de verificação, ou formulários. As perguntas podem mudar de projeto para projeto e de setor para setor.

Algumas das áreas críticas que devem ser investigados incluem:

- Desempenho contra as linhas de base
- Capacidade de cumprir as previsões
- Benefícios e análises de valor
- Governança
- O envolvimento das partes interessadas
- Mitigação de risco
- Planos de contingência

Se a avaliação da saúde requer entrevistas individuais, o líder deve ser capaz de extrair a verdade dos entrevistados que têm diferentes interpretações ou conclusões sobre o *status* do projeto. Algumas pessoas vão dizer a verdade, enquanto outras ou vão falar o que acreditam que o entrevistador quer ouvir, ou vão distorcer a verdade como um meio de autoproteção.

A fase final é a elaboração do relatório. Isto deve incluir:

- Uma lista dos problemas
- Análises de causa raiz, possivelmente incluindo a identificação dos indivíduos que criaram os problemas
- Análise de lacunas
- Oportunidades de ação corretiva
- Um plano de *get-well* ou *fix-it*

Avaliações da saúde do projeto não são atividades de *Big Brother*. Em vez disso, são parte da supervisão do projeto. Sem essas avaliações da saúde, as chances de fracasso do projeto são significativamente aumentadas. Elas também nos fornecem uma visão sobre como manter os riscos sob controle e realizar avaliações da saúde e tomar medidas corretivas precoces é certamente melhor do que ter de gerenciar um projeto em crise.

25.5 GERENCIANDO PROJETOS PROBLEMÁTICOS[7]

Os times esportivos profissionais tratam cada nova temporada como um projeto. Para alguns times, a única definição de sucesso é vencer campeonatos, enquanto para outros, sucesso significa uma boa temporada. Nem todos os times podem vencer todos os campeonatos, mas uma temporada com um balanço positivo está ao alcance.

Ao final da temporada, talvez metade das equipes terá ganhado mais jogos do que perdido. Mas, para a metade que perdeu, a temporada (ou seja, o projeto) terá sido um fracasso. Quando uma falha de projeto ocorre em esportes profissionais, os gestores e técnicos são demitidos, há um abalo na liderança executiva, alguns jogadores são negociados ou vendidos para outras equipes, e novos jogadores são trazidos a bordo. Essas mesmas táticas são usadas para recuperar projetos que falham na indústria.

Há alguns fatos gerais sobre projetos problemáticos:

- Alguns projetos estão fadados ao fracasso, independentemente das tentativas de recuperação
- As chances de falha em um determinado projeto podem ser maiores do que as chances de sucesso
- A falha pode ocorrer em qualquer fase do ciclo de vida, o sucesso ocorre no final do projeto
- Projetos problemáticos não vão do "verde" ao "vermelho" de uma hora para outra
- Há sinais de alerta, mas eles, muitas vezes, são negligenciados ou mal compreendidos
- A maioria das empresas tem uma má compreensão de como gerenciar projetos problemáticos
- Nem todos os gerentes de projeto possuem as habilidades necessárias para gerenciar um projeto problemático

Nem todos os projetos serão bem-sucedidos. As empresas que têm um alto grau de sucesso de projetos provavelmente não estão trabalhando em projetos suficientes e certamente não estão assumindo muitos riscos. Esses tipos de empresas, consequentemente, tornam-se seguidoras ao invés de líderes. Para as empresas que desejam ser líderes, o conhecimento sobre como reverter um projeto que está fracassando ou problemático é essencial.

Projetos não se metem em problemas do dia para a noite. Há sinais precoces de alerta, mas a maioria das empresas parece negligenciá-los ou não compreendê-los. Algumas empresas simplesmente ignoram os sinais de alerta e continuam esperando por um milagre. Falhar em reconhecer esses sinais precoces pode tornar o custo de correções subsequentes um esforço muito caro. Além disso, quanto mais tempo você esperar para fazer correções, mais caras as mudanças se tornam.

Algumas empresas realizam avaliações de saúde periódicos do projeto. Essas avaliações de saúde, mesmo quando aplicadas a projetos com aparência saudável, podem levar à descoberta de que o projeto está em apuros, mesmo que, superficialmente, pareça saudável. Consultores externos muitas vezes são contratados para as avaliações de saúde, a fim de obter-se uma avaliação imparcial. O consultor raramente assume o controle do projeto uma vez que a avaliação é concluída, mas pode fazer recomendações para a recuperação.

Quando um projeto sai dos trilhos, o custo de recuperação é enorme e muitos, ou mesmo novos, recursos podem ser necessários para as correções. O objetivo final da recuperação não é mais terminar o projeto a tempo, mas terminar com benefícios e valor razoáveis para o cliente e as partes interessadas. Os requisitos do projeto podem mudar durante a recuperação para atender às novas metas, caso elas tenham mudado. Mas,

[7] Para obter informações adicionais, consulte: KERZNER, H. *Managing scope creep*. Disponível em: <https://learningcenter.iil.com/Saba/Web/Main/goto/Catalog>. Copyright © 2010 pelo *International Institute for Learning*, New York City. Reproduzido com permissão.

independentemente do que é feito, nem todos os projetos problemáticos podem ser recuperados.

Causas Raiz do Fracasso

Existem várias causas de fracasso do projeto. Algumas causas são bastante comuns em setores específicos, como tecnologia da informação, enquanto outras podem aparecer em todos os setores. Segue a seguir uma lista genérica de causas comuns de falha:

- Partes interessadas do usuário final não envolvidas ao longo do projeto
- Apoio mínimo ou nenhum apoio das partes interessadas, falta de propriedade
- Plano de negócios fraco
- Metas corporativas não compreendidas nos níveis organizacionais mais baixos
- O plano requer muito em muito pouco tempo
- Estimativas ruins, especialmente as financeiras
- Requisitos das partes interessadas pouco claros
- Envolvimento passivo das partes interessadas do usuário após o *handoff*
- Expectativas pouco claras
- Premissas não realistas, caso existam
- Planos baseados em dados insuficientes
- Falta de sistematização do processo de planejamento
- O planejamento é realizado por um grupo de planejamento
- Requisitos inadequados ou incompletos
- Falta de recursos
- Falta de experiência dos recursos designados
- Os requisitos de pessoal não são totalmente conhecidos
- Constante mudança de recursos
- Planejamento global do projeto ruim
- Mudanças nos fatores ambientais da empresa causando escopo desatualizado
- Prazos não atendidos e nenhum plano de recuperação
- Orçamentos excedidos e fora de controle
- Falta de replanejamento em base regular
- Falta de atenção dada aos aspectos humanos e organizacionais do projeto
- Estimativas do projeto são apostas e não baseadas em histórico ou padrões
- Tempo insuficiente para estimativa adequada
- Não se sabe quais são as datas exatas do marco principal ou datas de entrega de relatórios
- Membros da equipe trabalhando em requisitos conflitantes
- As pessoas são empurradas para dentro e para fora do projeto com pouca atenção para o cronograma
- Controle de custos ruim ou fragmentado
- Cada parte interessada usa diferentes ativos de processos organizacionais, que podem ser incompatíveis com os ativos dos parceiros do projeto
- Comunicação fraca do projeto com as partes interessadas
- Má avaliação dos riscos, caso tenha sido feita
- Tipo errado de contrato
- Má gestão do projeto; membros da equipe possuem uma má compreensão de gerenciamento de projetos, especialmente os membros de equipe virtuais
- Os objetivos técnicos são mais importantes que os objetivos de negócios

Essas causas de fracasso do projeto podem ser classificadas em três grandes categorias:

- **Erros de gerenciamento:** Estes ocorrem em virtude de falhas no gerenciamento das partes interessadas, talvez por permitir muitas mudanças de escopo desnecessárias, por falha em fornecer governança adequada, recusar-se a tomar decisões em tempo hábil, e por ignorar os pedidos de ajuda do gerente de projetos. Podem ser também o resultado de querer "enfeitar" o projeto. Também são o resultado de não realizar exames de saúde do projeto.
- **Erros de planejamento:** Estes são o resultado de má gestão do projeto, talvez por não seguir os princípios enunciados no Guia PMBOK®, não ter um "botão de emergência" oportuno no plano, não planejar auditorias de projeto ou exames de saúde, e não selecionar as métricas de acompanhamento adequadas.
- **Influências externas:** Normalmente são falhas em avaliar corretamente os fatores ambientais de entrada. Isto inclui o tempo para obter aprovações e autorizações de terceiros e uma má compreensão da cultura e da política do país sede

Definição de Fracasso

Historicamente, a definição de sucesso em um projeto era realizar o trabalho dentro das restrições triplas e obter a aceitação do cliente. Hoje, as restrições triplas ainda são importantes, mas têm tido um papel coadjuvante para os negócios e componentes de valor de sucesso. Na definição de hoje, o sucesso ocorre quando o valor de negócio planejado é alcançado dentro das restrições e premissas impostas, e o cliente recebe o valor desejado.

Embora pareçamos ter uma compreensão razoavelmente boa do sucesso do projeto, temos uma compreensão medíocre sobre o fracasso do projeto. O gerente do projeto e as partes interessadas podem ter diferentes definições de fracasso do projeto. A definição do gerente de projetos pode ser simplesmente não satisfazer as restrições triplas ou concorrentes. As partes interessadas , por outro lado, parecem mais preocupadas com o valor de negócio do que com as restrições triplas ou concorrentes, uma vez que o projeto começa realmente. A percepção de fracasso das partes interessadas pode ser:

- O projeto tornou-se demasiadamente caro para os benefícios ou valor esperado.
- O projeto será concluído muito tarde.
- O projeto não vai atingir os benefícios esperados ou valor.
- O projeto já não satisfaz as necessidades das partes interessadas.

Sinais de Alerta de Problemas

Os projetos não se tornam problemáticos do dia para a noite. Eles normalmente passam pelo "verde", pelo "amarelo" e pelo "vermelho", e ao longo do caminho há sinais de alerta de que a falha pode ser iminente, ou de que mudanças imediatas podem ser necessárias.

Sinais de alerta típicos incluem:

- Deterioração do plano de negócios
- Opiniões diferentes sobre o propósito do projeto e objetivos
- Partes interessadas e membros do comitê de orientação descontentes/ desinteressados
- Crítica contínua das partes interessadas
- Alterações nas partes interessadas sem qualquer aviso
- Já não há mais demanda para as entregas ou produto
- Patrocínio invisível
- Decisões atrasadas, resultando em perda de prazos
- Reuniões de alta tensão com a equipe e as partes interessadas
- Apontar culpados ou má aceitação de responsabilidade
- Falta de ativos de processos organizacionais
- Falhar em fechar as fases do ciclo de vida apro-priadamente
- Alta rotatividade de pessoal, em especial de trabalhadores críticos
- Expectativas irreais
- Falhar em reportar progresso
- Falhas técnicas
- Ter de trabalhar horas excessivas e com cargas pesadas de trabalho
- Marcos e outros requisitos pouco claros
- Baixo moral
- Tudo é uma crise
- Baixa presença nas reuniões de equipe
- Surpresas, identificação lenta de problemas, e retrabalho constante
- Processo de controle de mudanças medíocre

Quanto mais cedo os sinais de alerta são descobertos, mais oportunidades existem para a recuperação. Este é o momento em que um exame de saúde do projeto deve ser conduzido. A identificação bem-sucedida e avaliação dos sinais de alerta podem nos dizer se o projeto:

- Pode ter sucesso de acordo com os requisitos originais, mas algumas pequenas mudanças são necessárias
- Pode ser reparado, mas grandes mudanças podem ser necessárias
- Não pode ter sucesso e deve ser terminado

Há três resultados possíveis no gerenciamento de um projeto problemático:

- O projeto deve ser concluído, ou seja, exigido por lei.
- O projeto pode ser concluído, mas com grandes e custosas mudanças nos requisitos.
- O projeto deveria ser cancelado:
  - Custos e benefícios ou valor não estão mais alinhados.
  - O que antes era uma boa ideia já não tem mais qualquer mérito.

Alguns projetos não podem ser cancelados, porque são exigidos por lei. Estes incluem o cumprimento com leis do governo sobre questões ambientais, de saúde, segurança e poluição. Para esses projetos, o fracasso não é uma opção. A decisão mais difícil de fazer é, obviamente, "apertar o botão de emergência" e cancelar o projeto. As empresas que têm um bom domínio sobre gerenciamento de projetos estabelecem processos para tornar mais fácil matar um projeto que não pode ser salvo. Muitas vezes existe uma grande dose de resistência política e cultural para matar um projeto. O gerenciamento de partes interessadas e a governança de projeto desempenham um sério papel na facilidade com a qual um projeto pode ser encerrado.

Selecionando o Gerente de Recuperação de Projeto (GRP)

As empresas muitas vezes contratam consultores externos para realizar um exame de saúde no projeto. Se o relatório indicar que deve ser feita uma tentativa para recuperar o projeto problemático, então talvez um novo gerente de projeto, com competências em recuperação de projetos, deva ser introduzido. Consultores externos normalmente não assumem projetos problemáticos porque podem não ter uma boa compreensão da cultura da empresa, do negócio e dos processos de gerenciamento de projetos, da política e das relações de trabalho dos empregados. Nem todos os gerentes de projeto possuem as habilidades necessárias para ser um GRP eficaz. Além de possuir conhecimentos de gerenciamento de projetos, habilidades típicas necessárias incluem:

- Forte coragem política forte e experiência política
- Vontade de ser totalmente honesto ao atacar e relatar as questões críticas
- enacidade para ter sucesso, mesmo que isso exija uma mudança nos recursos
- ompreender que uma recuperação eficaz é baseada em informações, não em emoções
- Capacidade de lidar com o estresse, pessoalmente e com a equipe

Recuperar um projeto problemático é como ganhar na "Série Mundial de Pôquer". Além de ter as competências adequadas, também é necessário possuir certa dose de sorte.

Assumir um projeto problemático não é o mesmo que iniciar um novo projeto. Gerentes de recuperação de projeto devem ter uma boa compreensão do que estão prestes a herdar, incluindo altos níveis de estresse. Isso inclui:

- Uma equipe queimada
- Uma equipe emocionalmente esgotada
- Moral baixo
- Êxodo dos membros talentosos da equipe que sempre têm alta demanda em outros lugares
- Um time que pode ter falta de fé no processo de recuperação
- Clientes furiosos
- Administradores nervosos
- Patrocínio e governança invisíveis
- Partes interessadas ou invisíveis ou altamente ativas

Os gerentes de projetos que não entendem o que está envolvido na recuperação de um projeto problemático podem piorar a situação esperando por um milagre, e permitindo que a "espiral da morte" continue até um ponto em que a recuperação não seja mais possível. A espiral de morte continua se:

- Funcionários são forçados a trabalhar horas excessivas desnecessariamente
- For criado trabalho adicional desnecessário
- Os membros da equipe são substituídos em um momento inadequado
- O estresse e a pressão da equipe são aumentados sem entender as ramificações
- Forem buscadas novas ferramentas "miraculosas" para resolver alguns dos problemas
- Forem contratados consultores que não podem ajudar ou que piorem a situação levando muito tempo para compreender as questões

Fases do Ciclo de Vida da Recuperação

A metodologia EPM existente de uma empresa pode não ser capaz de ajudar a recuperar um projeto problemático. Afinal de contas, a metodologia EPM padrão da empresa, que pode não ter sido apropriada para esse projeto, pode ter sido um dos fatores que contribuiu para o declínio do projeto. É um erro acreditar que qualquer metodologia é a cura milagrosa. Os projetos são gerenciados por pessoas, não por ferramentas ou metodologias. Para que o projeto de recuperação tenha sucesso pode ser necessário aplicar uma abordagem diferente.

A Figura 25-3 mostra as fases típicas do ciclo de vida de um projeto de recuperação. Essas fases podem diferir significativamente das fases do ciclo de vida padrão da metodologia da empresa. As primeiras quatro fases da Figura 25-3 são utilizadas para aferição do problema, avaliar e esperançosamente verificar que talvez o projeto possa ser salvo. As duas últimas fases são aquelas nas quais realmente a recuperação ocorre.

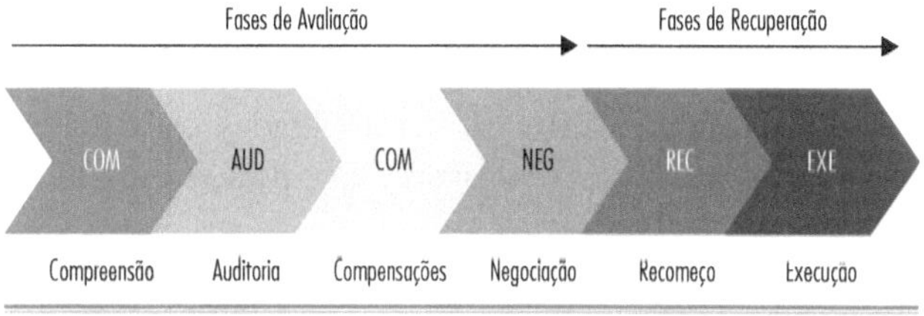

FIGURA 25-3 Fases do ciclo de vida da recuperação.

Fase de Compreensão

O objetivo da fase de compreensão é que o GRP recém-designado revise o projeto e sua história. Para fazer isso, o GRP irá precisar de algum tipo de ordem ou termo de abertura, que pode ser diferente daquele do seu antecessor. Isto deve ser feito tão rápido quanto possível, porque o tempo é uma restrição, em vez de um luxo. Perguntas típicas que podem ser tratadas no termo incluem:

- Que autoridade você terá para acessar informações proprietárias ou confidenciais?
  Isso inclui informações que podem não ter estado disponíveis para o seu antecessor, tais como acordos contratuais e os salários reais.
- Que tipo de apoio será dado pelo patrocinador e pelas partes interessadas? Há indícios de que eles vão aceitar menos do que um desempenho ótimo e uma redução de escopo dos requisitos originais?
- Você terá permissão para entrevistar os membros da equipe em confidencialidade?

- As partes interessadas vão reagir exageradamente a descobertas brutalmente honestas, mesmo que os problemas tenham sido causados pelas partes interessadas e grupos de governança?

Nesta fase, inclui-se o seguinte:

- Compreender a história do projeto
- Rever o plano de negócios, os benefícios esperados e o valor alvo
- Rever os objetivos do projeto
- Rever as premissas do projeto
- Familiarizar-se com as partes interessadas, suas necessidades e sensibilidades
- Verificar se os fatores ambientais da empresa e ativos de processos organizacionais ainda são válidos

Fase de Auditoria

Agora que temos uma compreensão da história do projeto, entramos na fase de auditoria, que é uma avaliação crítica do estado atual do projeto. É parte da fase de auditoria:

- Avaliar o desempenho real até a data
- Identificar as falhas
- Executar uma análise de causa raiz
- Procurar por pontos de falha superficiais (ou fáceis de identificar)
- Procurar pontos de falha ocultos
- Determinar quais são as atividades ou entregas "obrigatórias", "desejáveis", "que podem esperar", e "não necessárias"
- Olhar para o registro de problemas e verificar se as questões são relativas a pessoas. Se houver problemas de pessoas, as pessoas podem ser removidas ou substituídas?

A fase de auditoria também inclui a validação de que os objetivos ainda estão corretos, os benefícios e o valor podem ser atendidos, mas talvez em menor grau, os recursos alocados possuem as competências adequadas, os papéis e responsabilidades estão atribuídos aos membros de equipe corretos, a prioridade do projeto está correta e irá apoiar os esforços de recuperação, e o apoio executivo está estabelecido. A recuperação de um projeto problemático não pode ser feita isoladamente. Ela exige uma equipe de recuperação e forte apoio/patrocínio.

O "*timing*" e a qualidade do suporte executivo necessário para a recuperação são mais comumente baseados na percepção do valor do projeto. Cinco questões importantes que precisam ser consideradas como parte da determinação do valor são:

- O projeto ainda é de valor para o cliente?
- O projeto ainda está alinhado aos objetivos e estratégia corporativa da sua empresa?
- Sua empresa está ainda comprometida com o projeto?
- As partes interessadas ainda estão comprometidas?
- Há motivação geral para o resgate?

Uma vez que a recuperação não pode ser realizada de forma isolada, é importante entrevistar os membros da equipe como parte da fase de auditoria. Isso pode muito bem ser realizado no início da fase de auditoria para responder às perguntas anteriores. Os membros da equipe podem ter opiniões fortes sobre o que deu errado, bem como boas ideias para uma recuperação rápida e bem-sucedida. Você deve obter o apoio da equipe se a recuperação é para ser bem-sucedida. Isto inclui:

- Analisar a cultura
- Coleta de dados e avaliação envolvendo a equipe toda
- Facilitar para a equipe a discussão dos problemas sem apontar o dedo ou atribuir culpa
- Entrevistar os membros da equipe, talvez de um a um
- Reestabelecer o equilíbrio trabalho-vida
- Reestabelecer os incentivos, se possível

Pode ser difícil entrevistar pessoas e obter sua opinião sobre o ponto onde estamos, o que deu errado e como corrigir isso. Isto é especialmente verdadeiro se as pessoas têm agendas escondidas. Se você tem amigos próximos associados ao projeto, como você vai reagir se forem considerados culpados por ser parte do problema? Isto é conhecido como custo emocional.

Outro problema é que as pessoas podem querer esconder informações críticas, se alguma coisa deu errado e puderem ser identificadas com isso. Elas podem ver a verdade como algo impactante para suas chances de progressão na carreira. Você pode precisar de uma lista abrangente de perguntas a fazer para extrair as informações corretas.

Quando um projeto está com problemas, as pessoas tendem a fazer o "Jogo da Culpa", tentando fazer parecer que alguém está em falta. Esta pode ser uma tentativa de turvar a água e desviar o entrevistador das questões reais. Isso é feito como parte de um senso de autopreservação. Pode ser difícil decidir quem está falando a verdade e quem está fabricando informações.

Você pode concluir que certas pessoas devem ser retiradas do projeto se for para ter alguma chance de recuperação. Independentemente do que fizeram, você deve permitir que saiam do projeto com dignidade. Você pode dizer, "Annie está sendo transferida para outro projeto que precisa de suas habilidades. Agradecemos a ela pela valiosa contribuição que deu a este projeto".

Talvez a pior situação seja quando você descobre que os verdadeiros problemas eram com a governança do projeto. Dizer às partes interessadas e aos grupos de governança que eles foram parte do problema pode não ser bem recebido. A preferência do autor é sempre ser honesto em definir os problemas, mesmo que isso doa. Essa resposta deve ser tratada com tato e diplomacia.

Você também deve avaliar o moral da equipe. Isto inclui:

- Olhar para as coisas boas primeiro para levantar o moral
- Determinar se o plano original era excessivamente ambicioso
- Determinar se houve problemas políticos que levaram à resistência ativa ou passiva da equipe
- Determinar se as horas de trabalho e as cargas de trabalho foram desmoralizantes

Fase de Compensação

Neste ponto, esperemos que você tenha as informações necessárias para a tomada de decisão, bem como o apoio da equipe para a recuperação. Pode ser altamente improvável que os requisitos originais ainda possam ser satisfeitos sem algumas importantes compensações. Você deve agora trabalhar com a equipe para determinar as opções de compensação que vai apresentar para as partes interessadas.

Quando o projeto começou, muito provavelmente, as restrições eram as triplas tradicionais. Tempo, custo e escopo eram as principais restrições e compensações teriam sido feitas sobre as restrições secundárias de qualidade, risco, valor e imagem/reputação. Quando um projeto se torna problemático, as partes interessadas sabem que o orçamento e cronograma original podem não mais ser válidos. O projeto pode demorar mais tempo e pode custar muito mais dinheiro do que se pensava inicialmente. Dessa forma, as principais preocupações para as partes interessadas quanto à possibilidade de continuar apoiando ou não o projeto podem mudar para valor, qualidade e imagem/reputação. As compensações que a equipe vai apresentar para o cliente e partes interessadas serão, então, compensações em tempo, custo, escopo e, possivelmente, risco.

Uma maneira de olhar para as compensações é rever a EAP detalhada e identificar todas as atividades restantes a serem realizadas. As atividades são então colocadas na grade da Figura 25-4. Os pacotes de trabalho ou produtos "obrigatórios" e "desejáveis" são geralmente os mais caros e mais difíceis de ser usados nas compensações. Se os fornecedores são obrigados a fornecer suporte a pacotes de trabalho, então também devemos realizar compensações de fornecedores, que incluem:

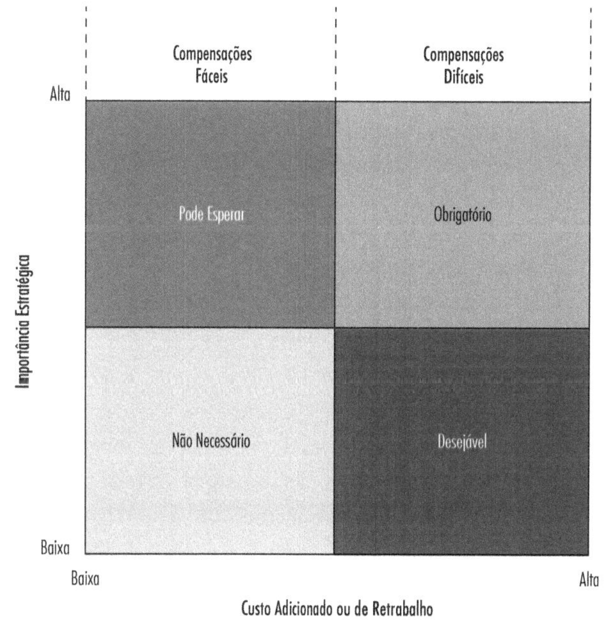

FIGURA 25-4 Opções de compensação.

- Avaliar os acordos contratuais de fornecedores
- Determinar se o fornecedor pode resolver os problemas
- Determinar se concessões e compensações de fornecedores são possíveis
- Estabelecer novos cronogramas e preços de fornecedores

Uma vez que todos os elementos são colocados na grade da Figura 25-4, a equipe irá ajudar o GRP com as compensações, respondendo às seguintes perguntas:

- Onde estão as compensações?
- Quais são as casualidades esperadas?
- O que pode e o que não pode ser feito?
- O que deve ser corrigido primeiro?
- Podemos parar o sangramento?
- As prioridades das restrições mudaram?
- As funcionalidades mudaram?
- Quais são os riscos?

Uma vez que as compensações foram descobertas, o GRP e a equipe devem preparar uma apresentação para as partes interessadas. Há duas questões principais que o GRP terá de discutir com as partes interessadas:

- Vale a pena salvar o projeto? Se não valer a pena salvar o projeto, então você deve ter coragem de dizer isso. A menos que exista uma razão de negócio válida para a continuação, você deve recomendar o cancelamento.
- Se valer a pena salvar o projeto, podemos esperar uma recuperação completa ou parcial, e quando?

Há também outros fatores que provavelmente são preocupações das partes interessadas e devem ser abordadas. Estes fatores incluem:

- Mudanças no ambiente político
- Processos judiciais existentes ou potenciais
- Mudanças nos fatores ambientais da empresa
- Mudanças nos ativos de processos organizacionais
- Mudanças no *business case*
- Mudanças nas premissas
- Mudanças nos benefícios esperados e no valor final

Fase de Negociação

Neste ponto, o GRP está pronto para negociações com as partes interessadas. Os itens que devem ser abordados como parte das negociações com as partes interessadas incluem:

- Itens importantes para as partes interessadas (por exemplo, tempo, custo, valor)
- Priorização das compensações
- Honestidade em suas crenças para a recuperação
- Não fornecer expectativas irreais
- Obter seu aval
- Negociar o patrocínio necessário e apoio das partes interessadas

Fase de Reinício

Considerando que as partes interessadas concordaram com o processo de recuperação, agora você está pronto para reiniciar o projeto. Isto inclui:

- Instruir a equipe sobre as negociações com as partes interessadas
- Garantir que a equipe aprenda com os erros do passado
- Apresentar à equipe o plano de recuperação acordado com as partes interessadas, incluindo os marcos
- Identificar qualquer alteração à forma como o projeto será gerenciado
- Engajar totalmente o patrocinador do projeto bem como as principais partes interessadas por seu apoio
- Identificar qualquer alteração nos papéis e responsabilidades dos membros da equipe

Há três opções de para o reinício:

- **Totalmente Anestésica:** Conduza todo o trabalho a uma paralisação até que o plano de recuperação seja finalizado.
- **Parcialmente Anestésica:** Conduza parte do trabalho a uma paralisação até que o escopo esteja estabilizado.
- **Modificação de Escopo:** Continue o trabalho mas com modificações conforme necessário.

Albert Einstein disse uma vez: "Não podemos resolver problemas usando o mesmo tipo de pensamento que usamos quando os criamos". Pode ser necessário trazer a bordo novas pessoas com novas ideias. No entanto, existem riscos. Você pode querer essas pessoas em tempo integral no projeto, mas pode ser difícil manter trabalhadores altamente qualificados que podem estar com altas demandas em outros lugares. Já que seu projeto provavelmente vai escorregar, alguns dos membros de sua equipe podem estar comprometidos com outros projetos prestes a começar. No entanto, você pode ter a sorte de ter um forte patrocínio em nível executivo e reter essas pessoas. Isso poderia permitir que você usasse uma organização de equipe coalocada.

Fase de Execução

Durante a fase de execução, o gerente de projetos deve se concentrar em determinados fatores de implementação de "retorno ao trabalho". Esses fatores incluem:

- Aprender com os erros do passado
- Estabilizar o escopo
- Aplicar rigidamente o processo de controle de mudança de escopo
- Realizar periodicamente exames críticos de saúde, usando relatórios de medição de valor agregado
- Prover comunicação eficaz e essencial
- Manter o moral positivo
- Adotar gerenciamento proativo das partes interessadas
- Não confiar ou esperar que o sistema EPM da empresa o salve
- Não permitir a intervenções indesejadas das partes interessadas, o que aumenta a pressão
- Gerenciar cuidadosamente as expectativas das partes interessadas
- Isolar a equipe da política

Gerenciar projetos de recuperação não é fácil, e não há nenhuma garantia de que você pode ou irá obter sucesso. Você estará sob estreita supervisão e inspeção por parte de superiores e partes interessadas. Você pode até mesmo ser solicitado a explicar todas suas ações. Mas para salvar do desastre um projeto potencialmente problemático certamente vale o esforço adicional.

26

A ASCENSÃO, QUEDA E RESSURREIÇÃO DO IRIDIUM: Uma Perspectiva do Gerenciamento de Projetos

26.0 INTRODUÇÃO

O Projeto Iridium foi concebido para criar um sistema *wireless*[NT1] mundial de telefone celular *handheld*[NT2] com capacidade de se comunicar em qualquer lugar do mundo a qualquer momento. Os executivos da Motorola consideravam o projeto a oitava maravilha do mundo. Mas, após mais de uma década, e depois do investimento de bilhões de dólares, o Iridium resolveu um problema que poucos clientes precisavam que fosse resolvido. O que deu errado? Como o projeto Iridium se transformou de uma maravilha de vanguarda técnica a um erro de vários bilhões de dólares? A potencial catástrofe poderia ter sido evitada?[1]

> O que parece agora é um projeto científico de vários bilhões de dólares. Existem problemas fundamentais: o dispositivo de mão é grande, o serviço é caro e os clientes não foram realmente identificados.
>
> Chris Chaney, Analista, A. G. Edwards, 1999

> Nunca houve um *business case* para o Iridium. Nunca houve demanda de mercado. A decisão de construir o Iridium não foi uma decisão racional de negócios. Foi mais uma decisão religiosa. O notável é que isso aconteceu em uma grande corporação e que não havia um processo racional de tomada de decisões em vigor para puxar o plugue. A tecnologia pela tecnologia não pode ser um bom *business case*.[2]
>
> Herschel-Shosteck
> Consultor de Telecomunicações

[NT1] Termo que designa a transferência de informações à distância sem a utilização de fios e cabos elétricos.

[NT2] Termo atribuído aos dispositivos portáteis.

[1] Parte do material foi adaptado de: FINKELSTEIN, Sydney; SANFORD, Shade H. Learning from Corporate Mistakes: The Rise and Fall of Iridium. *Organizational Dyamics*, v. 29, n. 2, p. 138-148, 2000. © 2000 por Elsevier Sciences, Inc. Reproduzido com permissão.

[2] PATERIK, Stephanie. Iridium Alive and Well. *The Arizona Republic*, p. D5, 27 abr. 2005.

O Iridium provavelmente será um dos detritos espaciais mais caros de todos os tempos.

William Kidd, Analista, C.E. Unterberg, Towbin (agora parte da Collins Stewart plc)

Em 1985, Bary Bertiger, engenheiro-chefe da divisão estratégica de eletrônicos da Motorola, e sua esposa, Karen, estavam de férias nas Bahamas. Karen tentou sem sucesso fazer uma chamada telefônica celular para sua casa, perto das instalações da Motorola em Chandler, Arizona, para fechar uma transação imobiliária. Sem êxito, ela perguntou ao marido por que não era possível criar um sistema de telefone que funcionasse em qualquer lugar do mundo, mesmo em locais remotos.

Nesse momento, a tecnologia celular estava em sua infância, mas era esperado que crescesse a uma velocidade espantosa. A AT&T havia previsto quase 40 milhões de assinantes para o ano 2000.[3] A tecnologia celular era baseada na transmissão de torre a torre, como mostrado na Figura 26-1. Cada torre ou estação terrestre "*gateway*" alcançava uma área geográfica ou célula limitada e tinha de estar dentro da visão de campo do satélite. Os usuários de telefone celular também tinham de estar perto de um *gateway* que iria fazer a transmissão *uplink*[NT3] para um satélite. O satélite faria então uma transmissão *downlink*[NT4] para um outro *gateway* que conectaria a transmissão para um sistema terrestre de telefonia. Esse tipo de comunicação é, muitas vezes, chamada de arquitetura *bent-pipe*[NT5]. As barreiras físicas entre os emissores/receptores e os *gateways* – como montanhas, túneis e oceanos – criavam problemas de interferência e, portanto, limitavam os serviços a comunidades de alta densidade. Sendo assim, os telefones celulares não podiam sair de casa. E, se o fizessem, haveria cobranças "adicionais" de *roaming*[NT6]. Para piorar a situação, cada país tinha seus próprios padrões e alguns telefones celulares ficavam inoperantes em viagens a outros países.

Os satélites de comunicações, em uso desde 1960, eram geralmente satélites geoestacionários que orbitavam em altitudes de mais de 35.880 quilômetros. Nessa altura,

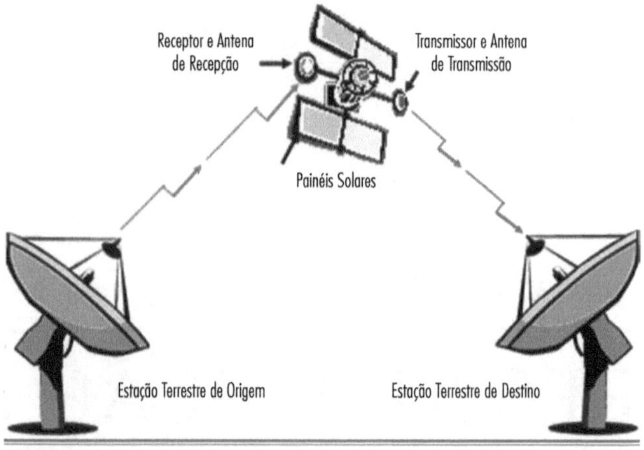

FIGURA 26-1 Arquitetura típica de comunicação via satélite.

três satélites geossíncronos e apenas alguns poucos *gateways* poderiam cobrir a maior parte da Terra. Mas, satélites nessa altitude significavam telefones grandes e irritantes atrasos de um quarto de segundo na voz. O telefone da Comsat, Planet 1, por exemplo, pesava 2,04 quilos em uma caixa do tamanho de um computador. Os satélites geossíncronos demandam sinais com uma grande dose de energia. Pequenos telefones móveis, com sinal de 1 watt, não poderiam funcionar com os satélites posicionados nessa altitude. Aumentar a energia de saída dos telefones celulares prejudicaria o tecido humano. A alternativa foi, portanto, mover os satélites para mais perto da Terra, de forma que seria necessária menos energia. Isso iria demandar consideravelmente mais satélites quanto mais nos aproximamos da Terra e dos *gateways* adicionais. Os satélites geossíncronos, que estão 100 vezes mais distantes da Terra do que os satélites de baixa órbita terrestre (LEO[NT7]), poderiam exigir quase 10.000 vezes mais energia do que os LEOs, se todo o resto permanecesse igual.[4]

Quando Bary Bertiger voltou à Motorola, reuniu-se com o Dr. Raymond Leopold e com Kenneth Peterson para ver se tal sistema mundial poderia ser desenvolvido ao mesmo tempo em que fossem superadas todas as limitações da tecnologia celular. Também havia o problema de que os satélites LEO estariam orbitando a Terra rapidamente e passando por variações de temperatura – do calor do sol à sombra fria da Terra.[5] Os satélites LEO provavelmente teriam de ser substituídos a cada cinco anos. Vários *designs* terrestres alternativos foram discutidos e abandonados. Em 1987, iniciou-se uma pesquisa sobre

[3] BIRD, Judith Cellular Technology in Telephones, *Data Processing*, v. 27, n. 8, p. 37, out. 1985.

[NT3] Parte de um *link* de comunicação utilizado para a transmissão de sinais de uma estação terrestre para um satélite.

[NT4] Ao contrário do *uplink*, o *downlink* é a parte de um *link* de comunicação para a transmissão de sinais de um satélite para uma estação terrestre.

[NT5] Em tradução livre, "tubo encurvado".

[NT6] Termo que designa a capacidade de um usuário de uma rede de telefonia em obter conectividade fora das áreas onde está cadastrado por meio de uma outra rede, como visitante.

[NT7] Baixa órbita terrestre. Tradução para *Low Earth Orbit* (LEO).

[4] Ver nota 3.

[5] GERDING, Bruce. Personal Communications via Satellite: An Overview. *Telecommunications*, v. 30, n. 2, p.35,77, fev. 1996.

uma constelação de satélites LEO que se moviam em órbitas polares e que poderiam se comunicar diretamente com os sistemas de telefonia no solo e uns com os outros.

A inovação do Iridium estava em usar uma grande constelação de satélites de baixa órbita, aproximadamente de 643 a 724 quilômetros de altitude. Como os satélites Iridium estavam mais perto da Terra, os telefones poderiam ser muito menores e o atraso de voz, imperceptível. Mas havia ainda grandes problemas de *design* técnico. Com o *design* já existente, seria necessário um grande número de *gateways*, portanto, aumentando substancialmente o custo do sistema. Um dia, quando saíam do trabalho, em 1988, o Dr. Leopold propôs um elemento crítico de *design*. Todo o sistema seria invertido, por meio do qual a transmissão iria de satélite em satélite até que a transmissão atingisse o satélite diretamente sobre a pessoa que estaria recebendo a mensagem. Com essa abordagem, seria necessária apenas uma estação terrestre *gateway* para conectar chamadas de móvel para fixo para os sistemas terrestres de telefonia. Essa foi considerada uma solução cobiçada e imediatamente foi escrita em formato de esboço em um quadro branco no escritório de um guarda de segurança. Assim surgiu a ideia por trás de um telefone celular *handheld* mundial e sem fio com capacidade de se comunicar em qualquer lugar e a qualquer hora.

26.1 A NOMEAÇÃO DO PROJETO "IRIDIUM"

O engenheiro de sistema de telefonia celular da Motorola, Jim Williams, das instalações da Motorola próximas a Chicago, sugeriu o nome de Iridium. A constelação de 77 satélites proposta o fez lembrar dos elétrons que circundam o núcleo, no modelo clássico de Bohr para o átomo. Quando ele consultou a tabela periódica dos elementos para descobrir qual átomo tinha 77 elétrons, ele encontrou o irídio um nome criativo que soava bem. Felizmente, o sistema ainda não tinha sido reduzido para 66 satélites, ou então, ele poderia ter sugerido o nome Disprósio.

26.2 A OBTENÇÃO DE APOIO EXECUTIVO

Inicialmente, os colegas e superiores de Bertiger na Motorola tinham rejeitado o conceito do Iridium por causa de seu custo. Originalmente, o conceito Iridium era considerado perfeito para o governo dos Estados Unidos. Infelizmente, a era dos projetos lucrativos financiados pelo governo estava chegando ao fim, e era improvável que o governo financiasse um projeto dessa magnitude. No entanto, a ideia por trás do conceito Iridium intrigou Durrell Hillis, o gerente geral do Grupo Espacial e de Tecnologia da Motorola. Hillis acreditava que o Iridium seria viável se pudesse ser desenvolvido como um sistema comercial. Hillis instruiu Bertiger e sua equipe a continuar trabalhando no conceito Iridium, mas em segredo.

> "Eu criei um projeto ilícito com sigilo para que ninguém na empresa soubesse dele", Hillis recorda. Ele estava preocupado que, se a informação vazasse, as unidades de negócio ferozmente competitivas da Motorola, todas as quais tinham que lutar por financiamentos para P&D, iriam abafar o projeto com contrariedades.[6]

Após 14 meses de novas versões sobre o plano de negócio comercializado, Hillis e os líderes da equipe Iridium apresentaram a ideia a Robert Galvin, presidente do conselho de administração da Motorola na época, o qual deu autorização para ir adiante com o projeto. Robert Galvin, e mais tarde seu sucessor e filho, Christopher Galvin, viam o Iridium como um potencial símbolo de valentia tecnológica da Motorola e acreditavam que se tornaria a oitava maravilha do mundo. Em uma das reuniões iniciais, Robert Galvin virou para John Mitchell, presidente e *chief operating officer* da Motorola, e disse: "Se você não preencher um cheque para isso John, eu, o farei, do meu próprio bolso".[7] Para os engenheiros da Motorola, o desafio do lançamento da constelação Iridium proporcionou uma motivação considerável. Eles continuaram o desenvolvimento do projeto que resultou em um serviço inicial em novembro de 1998, a um custo total de mais de $5 bilhões.

26.3 O LANÇAMENTO DO EMPREENDIMENTO

Em 26 de junho de 1990, Hillis e sua equipe formalmente anunciaram o lançamento do Projeto Iridium ao público em geral. A resposta não foi muito agradável para a Motorola, com ceticismo sobre o fato de que esta seria uma nova tecnologia, os mercados-alvo eram muito pequenos, o modelo de receita era questionável, a obtenção de licenças para operar em 170 países poderia ser um problema e o custo de uma chamada telefônica poderia ser alto. As empresas locais de telefonia que a Motorola considerou que apoiariam o projeto viram o Iridium como um potencial concorrente já que o sistema ignorava os telefones fixos tradicionais. Em muitos países, as operadoras de serviços postais, telefônicos e telegráficos (PTT) eram estatais e uma importante fonte de receitas em virtude

---

6 BENNAHUM, David S. The United Nations of Iridium. *Wired*, n. 6, p. 194, 10 out. 1998.

7 HARDY, Quentin. How a Wife's Question Led Motorola to Chase a Global Cell-Phone Plan. *Wall Street Journal*, New York, p. A1, 16 dez. 1996. Edição leste.

das elevadas margens de lucro. Outra questão era que o Projeto Iridium foi anunciado antes que fosse concedida a autorização da Comissão Federal de Comunicações (FCC)[NT8] para operar nas frequências desejadas.

Mitchell e Galvin, deixaram claro que a Motorola não seguiria sozinha e absorveria o risco financeiro inicial pelo robusto custo de cerca de $3,5 bilhões. Os financiamenos teriam de ser obtidos a partir dos mercados públicos e investidores privados. Para diminuir a exposição da Motorola ao risco financeiro, o Iridium teria de ser estabelecido como uma empresa financiada pelo projeto. O financiamento de projetos envolve o estabelecimento de um projeto de sociedade juridicamente independente, em que os fornecedores de capital são reembolsados a partir do fluxo de caixa e dos lucros, e em que os ativos da unidade (e somente da unidade) são usados como garantia para os empréstimos. O pagamento da dívida viria apenas da empresa do projeto, em vez de qualquer outra entidade. Um risco com o financiamento de projetos é que os bens de capital podem ter uma vida limitada. A restrição de uma possível vida limitada, muitas vezes, dificulta conseguir financiadores para concordar com acordos financeiros de longo prazo.

Outra questão crítica com financiamento de projetos, especialmente para projetos de alta tecnologia é que eles geralmente são de longo prazo. Seriam quase oito anos antes de o serviço começar e, em termos de tecnologia, oito anos são uma eternidade. O Projeto Iridium era certamente uma "aposta no futuro". E se o projeto viesse a falhar, a empresa poderia não valer nada após a liquidação.

Em 1991, a Motorola estabeleceu a Iridium Limited Liability Corporation (Iridium LLC) como uma empresa separada. Em dezembro de 1991, a Iridium promoveu Leo Mondale como vice-presidente da Iridium Internacional. O financiamento do projeto era ainda uma questão crítica. Mondale decidiu que, em vez de ter apenas um *gateway*, deveria haver algo como 12 *gateways* regionais que se conectassem a linhas telefônicas fixas locais. Isso tornaria o Iridium um projeto verdadeiramente global, em vez de parecer um projeto baseado na América e desenvolvido para aproveitar a fatia de mercado das empresas telefônicas estatais. Isso também tornaria mais fácil obter aprovação dos órgãos reguladores para operar em 170 países. Os investidores pagariam $ 40 milhões pelo direito de possuir seu próprio *gateway* regional. Como afirmado por Flower:

> O motivo dos investidores é claro: eles estão tendo uma chance de possuir uma fatia de um monopólio mundial de fato. Cada um deles terá não só uma parte da empresa, eles serão proprietários dos *gateways* Iridium e atuarão como distribuidores locais em seus respectivos mercados domésticos. Para eles é um jogo que vale a pena jogar.[8]

Havia ramificações políticas com a venda de *gateways* regionais. E se no futuro o governo dos Estados Unidos proibisse a expedição de peças de reposição para determinados *gateways*? E se fossem impostas sanções? E se o Iridium se tornasse um instrumento político durante a diplomacia internacional por causa do número de postos de trabalho que criava?

Além de incentivos financeiros, os proprietários de *gateways* receberam assentos no conselho de diretores. Conforme descrito por David Bennahum, repórter da *Wired*:

> Quatro vezes por ano, 28 membros do conselho Iridium, de 17 países, se reuniam para coordenar as decisões gerais de negócios. Eles se reuniram ao redor do mundo, viajando entre Moscou, Londres, Quioto, Rio de Janeiro e Roma, rodeados por uma comitiva de assistentes e tradutores. Assemelhando-se a uma Organização das Nações Unidas em miniatura, as reuniões do conselho eram conduzidas com tradução simultânea em russo, japonês, chinês e inglês.[9]

O sócio com a maior quota de capital era a Motorola. Pela sua contribuição de $ 400 milhões, a empresa inicialmente recebeu uma participação acionária de 25%, e seis dos 28 lugares no conselho da Iridium. Além disso, a Motorola fez garantias de empréstimo para a Iridium de $750 milhões, com a Iridium mantendo uma opção para um empréstimo adicional de $350 milhões.

Da sua parte, a Iridium concordou com $6,6 bilhões em contratos de longo prazo com a Motorola, que incluíam $3,4 bilhões para o *design* e lançamento do satélite, e $2,9 bilhões para operações e manutenção. A Iridium também expôs a Motorola ao desenvolvimento da tecnologia de satélite que lhe proporcionaria um conhecimento técnico significativo na construção de sistemas de comunicações por satélite, bem como vasta propriedade intelectual.

[NT8] *Federal Communications Commission* (FCC), órgão regulador da área de telecomunicações e radiodifusão nos Estados Unidos, equivalente à Anatel, no Brasil.

[8] FLOWER, Joe. Iridium. *Wired*, n. 1.05, nov. 1993.

[9] Ver nota 6, Bennahum, p. 136.

26.4 O SISTEMA IRIDIUM[10]

O sistema Iridium é uma rede de comunicação pessoal sem fio baseada em satélite, fornecedora de um conjunto robusto de recursos de voz para praticamente qualquer destino em qualquer lugar na Terra.

Possui três componentes principais: a rede de satélites, a rede terrestre e os produtos Iridium para assinantes, incluindo telefones e *pagers*. O *design* da rede Iridium permite que voz e dados sejam encaminhados para praticamente qualquer lugar do mundo. Chamadas de voz e dados são transmitidos de um satélite para outro até chegar ao satélite acima da unidade do assinante Iridium (telefone) e o sinal é retransmitido de volta à Terra.

26.5 A REDE TERRESTRE E ESPACIAL[11]

A constelação Iridium consiste de 66 satélites operacionais e 11 reservas que orbitam em uma constelação de seis planos polares. Cada plano tem 11 satélites de missão atuando como nós na rede de telefonia. Os 11 satélites restantes orbitam como sobressalentes prontos para substituir qualquer satélite avariado. Essa constelação assegura que cada região do globo esteja coberta por, pelo menos, um satélite em todos os momentos.

Os satélites estão em órbita quase polar, a uma altitude de 485 milhas (780 km). Eles circulam a Terra uma vez a cada 100 minutos viajando a uma velocidade de 27.088 quilômetros por hora. O peso do satélite é de 680 quilos. Cada satélite é de aproximadamente 12 metros de comprimento e 3,5 metros de largura. Além disso, cada satélite possui 48 feixes pontuais, 48 quilômetros de diâmetro por feixe.

Cada satélite é cruzado com outros quatro satélites: dois satélites no mesmo plano orbital e dois em um plano adjacente. A rede terrestre é composta por um sistema de controle de segmento e de *gateways* de telefonia utilizados para se conectar ao sistema de telefonia terrestre. O Segmento de Controle do Sistema é o componente de gerenciamento central para o sistema Iridium. Ele fornece suporte operacional global e serviços de controle para a constelação de satélites, fornece dados de rastreamento por satélite para os *gateways* e realiza a função de controle de encerramento dos serviços de mensagens. O Segmento de Controle do Sistema é formado por três principais componentes: quatro locais de rastreamento e controle de telemetria, rede de suporte operacional e o centro de operações da rede de satélites. A principal ligação entre o segmento de controle do sistema, os satélites e os *gateways* é feita por meio de conexões de alimentação de banda K e conexões cruzadas por meio da constelação de satélites.

Os *gateways* são a infraestrutura terrestre que fornece serviços de telefonia, mensagens e suporte às operações de rede. As principais características dos *gateways* são o seu suporte e gerenciamento dos assinantes de telefonia móvel e a interligação da rede Iridium ao sistema de telefonia terrestre. Os *gateways* também fornecem funções de gerenciamento de redes e conexões de rede para seus próprios elementos.

26.6 A INICIAÇÃO DO PROJETO: DESENVOLVIMENTO DO *BUSINESS CASE*

Para que o Projeto Iridium fosse um sucesso de negócios em vez de apenas um sucesso técnico, teria de existir uma base de clientes estabelecida. Estudos independentes conduzidos por A.T. Kearney, Booz, Allen & Hamilton e Gallup indicaram que 34 milhões de pessoas tinham demonstrado uma necessidade de serviços móveis via satélite, com esse número devendo crescer para 42 milhões até 2002. Desses 42 milhões, a Iridium previa que 4,2 milhões fossem assinantes apenas do serviço por satélite, 15,5 milhões de assinantes de serviço por satélite e de *roaming* mundial terrestre, e 22,3 milhões de assinantes apenas do serviço de *roaming* terrestre.

Uma necessidade universal na condução dos negócios é garantir que você nunca ficará sem contato. A Iridium proporcionaria essa solução única para os negócios com a ferramenta essencial de comunicação. Essa proposta de um telefone, um número com a capacidade de ser acessado em qualquer lugar e a qualquer momento era uma mensagem de que os mercados-alvo – o viajante global, os setores de mineração, rural, marítimo, o governo, entidades de assistência a desastres e grupos de ajuda comunitária – iriam facilmente adotar.

Além disso, ao mesmo tempo da concepção do Iridium, parecia haver outra oportunidade potencialmente lucrativa no mercado de telecomunicações. Quando os usuários de celulares ou telefones móveis cruzavam fronteiras internacionais, logo descobriam que havia a ausência de padrões comuns, o que tornava alguns telefones inoperantes. A Motorola via isso como uma oportunidade de criar um padrão mundial que permitisse que os telefones fossem utilizados em qualquer lugar do mundo.

O equilíbrio de mercado esperado para a Iridium era estimado entre 400.000 e 600.000 clientes globais, considerando uma taxa razoável de utilização por cliente por mês.

[10] Esta é a versão operacional atual do sistema Iridium, tirada do *website* da Iridium, www.Iridium.com.

[11] Ver nota 10.

Com uma data de lançamento do serviço Iridium estabelecida para 1998, a Iridium esperava recuperar todo o seu investimento no prazo de um ano. Para 2002, a Iridium previa uma base de clientes de 5 milhões de usuários. O mercado-alvo inicial era o mercado vertical, de indústria, governo e agências mundiais que defendiam suas necessidades e requisitos de comunicação de longo alcance. Igualmente importantes seriam os clientes industriais e do setor público. Muitas vezes, isolados em locais remotos fora da cobertura de celular, os usuários industriais deveriam utilizar os serviços portáteis via satélite Iridium para complementar ou substituir os seus terminais existentes de comunicações por rádio ou satélite. Os mercados verticais para o Iridium incluiriam:

- Aviação
- Construção
- Emergência/assistência a desastres
- Administração florestal
- Governo
- Viagens de lazer
- Marítimo
- Mídia e entretenimento
- Militar
- Mineração
- Petróleo e gás
- Serviços públicos

Usando seus próprios recursos de marketing, a Iridium pareceu ter identificado um segmento de mercado atrativo, após ter rastreado mais de 200.000 pessoas, entrevistado 23.000 pessoas de 42 países e examinado mais de 3.000 empresas.

A Iridium também precisaria de parceiros estratégicos regionais, não só para fins de investimento e para compartilhar os riscos, mas para fornecer serviços em seus territórios. Os parceiros estratégicos regionais ou empresas operadoras de *gateways* teriam direitos exclusivos em seus territórios e seriam obrigados a comercializar e vender os serviços da Iridium. Os *gateways* também seriam responsáveis pelas vendas ao usuário final, pela ativação e desativação dos serviços Iridium, manutenção da conta e faturamento.

A Iridium precisaria que cada país concedesse licenças plenas para o acesso ao sistema Iridium. A empresa também precisaria identificar os países "prioritários" que representam a maioria do plano de negócio.

Em virtude do número de países envolvidos na rede Iridium, a empresa precisaria estabelecer Centros de Atendimento ao Cliente global para serviços de suporte em todos os idiomas. Não importava onde um usuário Iridium estivesse localizado, ele teria acesso a um representante de serviço ao cliente em sua língua nativa. Os Centros de Atendimento ao Cliente estariam estrategicamente localizados para oferecer suporte 24 horas por dia, 7 dias por semana e 365 dias por ano.

26.7 O *BUSINESS CASE* "OCULTO"

A decisão da Motorola de investir pesadamente no Projeto Iridium pode ter sido impulsionada por um *business case* secundário ou oculto. Ao longo dos anos, a Motorola alcançou uma reputação de ser pioneira (isto é, a primeira a comercializar). Com o projeto Iridium, a Motorola estava prestes a capturar a vantagem do pioneirismo na prestação de serviço de telefonia global, por meio de satélites de baixa órbita terrestre. Além disso, mesmo que o Projeto Iridium nunca resultasse em prestação de serviços, a Motorola ainda teria acumulado valiosa propriedade intelectual que a tornaria possivelmente a principal participante em comunicações via satélite nos anos seguintes. Também pode ter tido o desejo de Robert e Christopher Galvin de ter seus nomes gravados na história como pioneiros na comunicação via satélite.

26.8 O GERENCIAMENTO DOS RISCOS

Bons *business cases* identificam os riscos que o projeto deve considerar. Para simplificar, os riscos iniciais associados ao Projeto Iridium poderiam ser classificados como se segue.

Riscos de Tecnologia

Embora a Motorola tivesse alguma tecnologia disponível para o Projeto Iridium, havia ainda a necessidade de desenvolver tecnologias adicionais, especificamente a tecnologia de comunicações via satélite. O processo de desenvolvimento deveria levar anos e, no final, resultaria em várias patentes.

Mark Gercenstein, vice-presidente de operações da Iridium, explica a complexidade tecnológica do sistema:

> Mais de 26 coisas completamente impossíveis tinham de acontecer primeiro e na sequência correta (antes que pudéssemos iniciar as operações) – como obtenção de capital, acesso ao mercado, espectro global, a mesma banda de frequência em cada país de operação.[12]

Embora ainda houvesse algum risco no desenvolvimento de novas tecnologias, a Motorola tinha a reputação

[12] GRAMS, Peter; ZERBIB, Patrick. Caring for Customers in a Global Marketplace. *Satellite Communications*, p. 25, out. 1998.

de ser uma empresa *high-tech*, e que "fazia acontecer". Os engenheiros da Motorola acreditavam que poderiam produzir milagres em tecnologia. A Motorola também tinha uma reputação de ser uma pioneira, com novas ideias e produtos, e que não havia nenhuma razão para acreditar que isso não aconteceria no Projeto Iridium. Não houve competição pelo Iridium, em seu início.

Como o cronograma do projeto era de mais de uma década de duração, havia o risco de obsolescência tecnológica. Isso exigiu que certas premissas fossem feitas com relação à tecnologia de uma década adiante. O desenvolvimento de um novo produto é relativamente fácil se o ambiente for estável. Mas em um ambiente de alta tecnologia que é tanto turbulento quanto dinâmico, é extremamente difícil determinar como os clientes vão perceber e avaliar o produto dez anos depois.

Riscos de Desenvolvimento

A tecnologia de comunicação via satélite, uma vez desenvolvida, tinha de ser fabricada, testada e instalada em satélites e equipamentos terrestres. Mesmo que a tecnologia já existisse ou fosse existir, ainda havia riscos de transição ou de desenvolvimento a partir da engenharia, até a fabricação e até a implementação, o que traria problemas adicionais associados que não foram contemplados ou previstos.

Riscos Financeiros

O custo do projeto Iridium, mais certamente, seria medido em bilhões de dólares. Isso incluiria os custos de desenvolvimento e implementação da tecnologia, a fabricação e o lançamento de satélites, a construção das instalações de suporte em terra, marketing e supervisão. O levantamento de dinheiro dos mercados de crédito e capital de Wall Street estava a anos de distância. Os investidores provavelmente não colocariam as necessárias centenas de milhões de dólares em uma ideia ou uma visão apenas. A tecnologia precisava ser desenvolvida, e possivelmente acompanhada, pelo lançamento de alguns satélites antes que os mercados de crédito e de capital participassem.

Os investidores privados eram uma possibilidade, mas a maior fonte de financiamento inicial teria de vir dos membros do consórcio Iridium. Embora o compartilhamento de riscos financeiros entre os membros parecesse apropriado, não havia dúvida de que seriam necessários empréstimos bancários e linhas de crédito. Como o Projeto Iridium era basicamente uma ideia, os bancos exigiriam alguma forma de caução ou garantia para os empréstimos. A Motorola, como a maior parte interessada (e também com os "bolsos mais cheios") teria de garantir os empréstimos iniciais.

Riscos de Comercialização

Os riscos de comercialização eram certamente os maiores riscos que se apresentavam para a adesão ao Iridium. Mais uma vez, os riscos são compartilhados entre seus membros, e cada membro deveria cadastrar clientes em sua área geográfica.

Cada membro do consórcio tinha de ser agressivo no cadastramento de clientes para um produto que ainda não existia, não existiam protótipos a serem apresentados para os clientes, as limitações do equipamento ainda eram desconhecidas e poderiam ocorrer mudanças significativas na tecnologia entre o momento do cadastramento do cliente e o momento que o sistema estivesse pronto para uso. As empresas que veem a necessidade pelo Iridium, hoje, podem não ver a mesma necessidade daqui a dez anos.

A motivação dos sócios do consórcio em iniciar a comercialização de imediato seria extremamente difícil, pois o material de comercialização era inexistente. Havia também o medo muito real de que a adesão ao consórcio fosse motivada mais pela tecnologia do que pelo tamanho necessário da base de clientes exigida.

Os riscos eram inter-relacionados. Os riscos financeiros eram altamente dependentes dos riscos de comercialização. Se não pudesse ser cadastrada uma base de clientes suficiente, poderia haver dificuldade significativa no levantamento de capital.

26.9 A CRENÇA COLETIVA

Embora a literatura não identifique claramente, havia provavelmente uma crença coletiva entre os trabalhadores designados para o Projeto Iridium. A crença coletiva é um desejo fervoroso e, talvez, cego, de realização, que pode permear toda a equipe, o patrocinador do projeto e até os níveis mais altos de gestão. Ela pode fazer uma organização racional agir de maneira irracional.

Quando existe uma crença coletiva, as pessoas são selecionadas com base em seu apoio à crença coletiva. Os descrentes são pressionados a apoiar a crença coletiva e os membros da equipe não são autorizados a contestar os resultados. Como a crença coletiva cresce, tanto os defensores quanto os descrentes são ignorados. A pressão da crença coletiva pode pesar mais que a realidade dos resultados.

Há várias características da crença coletiva, razão pela qual alguns projetos grandes, de alta tecnologia, são muitas vezes difíceis de matar:

- Incapacidade ou recusa em reconhecer o fracasso
- Rejeição em ver os sinais de alerta
- Visão apenas do que se quer ver
- Medo de expor erros

- Percepção de notícias ruins como fracasso pessoal
- Percepção do fracasso como sinal de fraqueza
- Percepção do fracasso como dano para a carreira
- Percepção do fracasso como dano à reputação

26.10 O CAMPEÃO DE SAÍDA

Os campeões do projeto fazem todo o possível para tornar seu projeto bem-sucedido. Mas e se os campeões do projeto, bem como a equipe do projeto, têm uma fé cega no sucesso do projeto? O que acontece se as convicções firmemente defendidas e a crença coletiva desconsideram os primeiros sinais de alerta de perigo iminente? O que acontece se a crença coletiva suprime as dissidências?

Em tais casos, um campeão de saída deve ser designado. O campeão de saída, algumas vezes, precisa ter algum envolvimento direto no projeto para ter credibilidade. Os campeões de saída devem estar dispostos a colocar sua reputação em jogo e, possivelmente, enfrentar a probabilidade de serem expulsos da equipe do projeto. Segundo Isabelle Royer[13]:

> Às vezes, é necessário um indivíduo, em vez de evidências crescentes, para chacoalhar a crença coletiva de uma equipe de projeto. Se o problema com o entusiasmo desenfreado começa como uma consequência involuntária do trabalho legítimo de um campeão do projeto, então o que pode ser necessário é uma força compensatória – um campeão de saída. Essas pessoas são mais do que advogados do diabo. Em vez de simplesmente levantar questões sobre um projeto, elas procuram evidências objetivas que mostrem que os problemas existem de fato. Isso lhes permite contestar – ou, dada a ambiguidade dos dados existentes, até mesmo concebivelmente confirmar – a viabilidade de um projeto. Elas então tomam atitudes com base nos dados.

Quanto maior o projeto e quanto maior o risco financeiro para a empresa, mais no alto o campeão de saída deve estar hierarquicamente. No Projeto Iridium, a crença coletiva se originou com Galvin, CEO da Motorola. Portanto, quem poderia atuar como o campeão de saída no Projeto Iridium? Como provavelmente deveria ser alguém superior a Galvin, o campeão de saída deveria ter sido alguém do conselho de administração ou mesmo todo o conselho de administração da Iridium. Infelizmente, todo o conselho de administração da Iridium também fazia parte da crença coletiva e esquivou-se de sua responsabilidade na supervisão do Projeto Iridium. No final, a Iridium não tinha nenhum campeão de saída. Os grandes projetos incorrem em sobrecustos e grandes atrasos no cronograma. Tomar a decisão de cancelar um projeto como esse, uma vez iniciado, é muito difícil, de acordo com David Davis[14]:

> A dificuldade de abandonar um projeto depois de vários milhões de dólares terem sido comprometidos com ele tende a impedir a revisão objetiva e o replanejamento de custos. Por essa razão, teoricamente, uma equipe de gestão independente – não envolvida no desenvolvimento do projeto – deve fazer o replanejamento dos custos e, se possível, a revisão inteira... Se os números não se sustentarem na revisão e no replanejamento dos custos, a empresa deve abandonar o projeto. O número de projetos ruins que chegam à fase operacional serve como prova de que os seus apoiadores, muitas vezes relutam em tal decisão...
>
> ...Os gerentes seniores precisam criar um ambiente que recompense a honestidade e a coragem e que propicie mais tomadas de decisões por parte dos gerentes de projetos. As empresas devem possuir uma atmosfera que incentive os projetos ao sucesso, mas os executivos devem permitir que eles fracassem.

Quanto maior o projeto, maior a necessidade dos campeões de saída e dos patrocinadores do projeto em se certificar de que o plano de negócio possui "rampas de saída", pelas quais o projeto possa ser rescindido antes que enormes recursos sejam empenhados e consumidos. Infelizmente, quando existe uma crença coletiva, as rampas de saída são propositadamente omitidas no projeto e nos planos de negócio.

26.11 OS ANOS DE INFÂNCIA DO IRIDIUM

Em 1992, o Projeto Iridium atraiu empresas robustas como General Electric, Lockheed e Raytheon. Algumas empresas queriam estar envolvidas para fazer parte da

---

[13] ROYER, Isabelle. Why Bad Projects Are So Hard to Kill. *Harvard Business Review*, p. 11, fev. 2003. Copyright © 2003 por Harvard Business School Publishing Corporation. Todos os direitos reservados.

[14] DAVIS, David. New Projects: Beware of False Economics. *Harvard Business Review*, p. 100-101, mar.-abr. 1985. Copyright 1985 pelo Presidente e pelos Membros do Conselho Diretor da Faculdade de Harvard. Todos os direitos reservados.

revolução da tecnologia de satélites, enquanto outras tiveram medo de ficar para trás na curva da tecnologia. De qualquer forma, a Iridium estava organizando parceiros estratégicos, mas lentamente.

O Plano da Iridium, enviado à FCC em agosto de 1992, demandava uma constelação de 66 satélites, que deveriam entrar em funcionamento em 1998, e mais potentes do que o inicialmente proposto, mantendo, assim, o custo do projeto nos $3,37 bilhões estimados anteriormente. Mas o Projeto Iridium, embora baseado em previsões elevadas de clientes disponíveis, estava agora atraindo outras empresas concorrentes pela aprovação da FCC em sistemas semelhantes de satélite, incluindo Loral Corp, TRW Inc. E a Hughes Aircraft Co., uma unidade da General Motors Corp. Havia pelo menos nove empresas concorrendo pelo potencial de bilhões de dólares em receitas inexploradas a partir das comunicações via satélite.

Mesmo com o aumento da concorrência, a Motorola estava inscrevendo parceiros. Ela tinha fixado um prazo interno até 15 de dezembro de 1992, para encontrar o financiamento necessário para a Iridium. Cartas de intenção assinadas foram recebidas do governo brasileiro e da United Communications Co., de Bangkok, Tailândia, para comprar fatias de 5% do projeto, cada uma agora avaliada em cerca de $80 milhões. Os termos do acordo implicavam que o consórcio Iridium financiaria o projeto com cerca de 50% de capital e 50% de dívida.

Quando o prazo de 15 de dezembro chegou, a Motorola estava relativamente calada quanto à inscrição de parceiros financiadores, alimentando especulações de que estava tendo problemas. A Motorola admitiu que o processo foi demorado porque alguns investidores precisavam de aprovação do governo antes de prosseguir. A empresa deveria anunciar em algum momento, talvez na primeira metade de 1993, se estava pronta para prosseguir com o passo seguinte, ou seja, o recebimento de dinheiro suficiente de seus investidores, garantias de empréstimos e compras de equipamentos para os satélites e para o grupo.

Conforme a concorrência aumentava, o otimismo sobre o tamanho potencial da base de clientes também aumentava.

> "Estamos falando de um negócio de geração de bilhões de dólares em receitas", diz John F. Mitchell, Vice-Chairman da Motorola. "Faça uma simples extrapolação de receita", acrescenta Edward J. Nowacki, gerente-geral da TRW Space & Electronics Group, Redondo Beach, Califórnia, que planeja um sistema de 12 satélites, de $1,3 bilhões, chamado Odyssey. "Você conclui que mesmo uma pequena fração das pessoas ao redor do mundo que pode pagar por nossos serviços irá torná-los bem-sucedidos." O Sr. Mitchell diz que, se apenas 1% a 1,5% dos esperados 100 milhões de usuários de celulares no ano de 2000 se tornarem usuários regulares a $ 3 o minuto, a Iridium atingirá o equilíbrio. Como ele sabe disso? "Estudos de Marketing", os quais ele não compartilhará. O Sr. Nowacki, da TRW diz que o Odyssey cobrirá a Terra com um serviço de comunicação de voz de duas vias que custa "apenas um ligeiro prêmio" para celulares. "Com dois milhões de assinantes, podemos obter um substancial retorno sobre o nosso investimento ", diz ele. "A Loral Qualcomm Satellite Services Inc. pretende ser o satélite 'amigável' ao deixar empresas de telefonia parceiras usar e executar as estações terrestres do seu sistema", dizia o Vice-Presidente Executivo, Anthony Navarra. Ele dizia: "Até o ano de 2000 haverá 15 milhões de clientes não atendidos de telefonia celular no mundo".[15]

Mas, embora a Motorola e outros concorrentes estivessem tentando justificar o seu investimento com "projeções de mercado infladas" e um desejo do público pela recepção mais rápida e mais clara, os analistas do mercado financeiro não estavam tão benevolentes. Primeiro, os analistas de mercado questionaram o tamanho da base de clientes que estariam dispostos a pagar $ 3.000 ou mais por um telefone via satélite, além de $ 3 a $ 7 o minuto por uma chamada. Em segundo lugar, o sistema exigia uma transmissão com linha de visada, o que significava que não funcionaria em edifícios ou em carros. Se um homem de negócios estivesse participando de uma reunião em Bangkok e precisasse ligar para sua empresa, ele teria de sair do edifício, levantar a antena de seu aparelho de $ 3.000, apontar a antena para o céu e depois fazer a chamada. Em terceiro lugar, os satélites voando baixo acabariam por colidir com a atmosfera da Terra a cada cinco a sete anos, por causa do arrastamento atmosférico, e precisariam ser substituídos. Isso mais provavelmente resultaria em altos custos de capital. E quarto, alguns analistas de mercado acreditavam que os custos iniciais seriam mais próximos de $ 6 bilhões a $ 10 bilhões em vez dos $ 3,37 bilhões estimados pela Iridium. Além disso, o negócio de telefonia celular terrestre estava se expandindo em mais países, criando, assim, uma outra ameaça competitiva para a Iridium.

[15] KELLER, John J. Telecommunications: Phone Space Race Has Fortune at Stake, *Wall Street Journal*, p. B1, 18 jan. 1993. Edição leste.

O *business case* inicial precisava ser periodicamente reavaliado. Mas com fortes crenças coletivas e nenhum campeão de saída, o medo de uma oportunidade perdida, independentemente do custo, tomou o centro do palco.

Razoavelmente certa de já contar com 18 dos 21 investidores, a Motorola esperava iniciar o lançamento de satélites de teste em 1996 e iniciar o serviço comercial em 1998. Mas os críticos argumentavam que o Iridium poderia estar obsoleto no momento em que realmente começasse a funcionar.

Finalmente, a Iridium foi capaz de atrair o apoio financeiro de 19 parceiros estratégicos:

- AIG Affiliated Companies
- China Great Wall Industry Corporation (CGWIC)
- Iridium Africa Corporation (baseada na Cidade do Cabo)
- Iridium Canada, Inc.
- Iridium India Telecom Private Ltd, (ITIL)
- Iridium Italia S.p.A.
- Iridium Middle East Corporation
- Iridium SudAmerica Corporation
- Khrunichev State Research and Production Space Center
- Korea Mobile TELECOM
- Lockheed Martin
- Motorola
- Nippon Iridium Corporation
- Pacific Electric Wire & Cable Co. Ltd (PEWC)
- Raytheon
- STET
- Sprint
- Thai Satellite Telecommunications Co., Ltd.
- Verbacom

Dezessete dos parceiros estratégicos, também participaram das operações de *gateway* com a criação de empresas operacionais.

O conselho de administração da Iridium consistia de 28 executivos de telecomunicações. Todos, menos um membro do conselho eram também membros do consórcio. Isso tornava muito difícil para o conselho cumprir o seu dever de supervisão de forma eficaz, dado o interesse absoluto e financeiro no projeto Iridium.

Em agosto de 1993, a Lockheed anunciou que receberia $ 700 milhões em receitas para a construção do satélite. A Lockheed construiria a estrutura de satélites, painéis solares, sistemas de altitude e propulsão, junto com outras peças e suporte de engenharia. A Motorola e a Raytheon Corp construiriam os dispositivos e as antenas de comunicação por satélite.

Em abril de 1994, a McDonnell Douglas Corp recebeu da Iridium um contrato de $ 400 milhões para lançar 40 satélites para a Iridium. Outros contratos pelos serviços de lançamento seriam concedidos ao Khrunichev Space Center, da Rússia e ao Great Wall Industry Corporation, da China, ambos membros do consórcio. Os contratos de menor custo com a Rússia e a China estavam colocando uma pressão extraordinária sobre os provedores americanos para reduzir seus custos.

Além disso, ao mesmo tempo, um dos concorrentes da Iridium, o sistema Globalstar, que era um sistema de telefonia móvel de 48 satélites conduzido pela Loral Corporation, anunciou que pretendia cobrar 65 centavos por minuto nas áreas a que servia. Os críticos do Iridium estavam argumentando que o Iridium seria caro demais para atrair um grande volume de usuários.[16]

26.12 O FINANCIAMENTO DA DÍVIDA

Em setembro de 1994, a Iridium disse que tinha concluído o seu financiamento de capital, levantando um adicional de $ 733,5 milhões. Isso levou o capital total comprometido com a Iridium, por meio de financiamento, a $1,57 bilhão. A conclusão do financiamento de capital permitiu à Iridium entrar em financiamento de dívida para construir a rede *wireless* global por satélites.

Em setembro de 1995, a Iridium anunciou que emitiria $300 milhões em cotas seniores e subordinadas de títulos descontados com prazo de dez anos, classificadas como Caa pela Moody's, e CCC+ pela Standard & Poor's, por meio do banco de investimentos Goldman Sachs Inc. Os títulos foram considerados "podres", de alto risco e alta rentabilidade, depois que os investidores concluíram que as recompensas não valeriam o risco.

As agências de classificação citaram como motivos para a baixa classificação a tecnologia sofisticada ainda não comprovada e o fato de que uma parte significativa dos equipamentos do sistema estaria localizada no espaço. Mas havia outras sérias preocupações:

- O custo final do Projeto Iridium seria algo como $ 6 bilhões ou mais, em vez de $3,5 bilhões, e que era improvável que a Iridium recuperasse esse custo.
- O Iridium seria uma hemorragia de dinheiro por vários anos antes que o serviço começasse.
- O número otimista de clientes potenciais para telefones via satélite poderia não escolher o sistema Iridium.
- O número de concorrentes havia aumentado desde que o conceito Iridium foi desenvolvido pela primeira vez.

16 COLE, Jeff. McDonnell Douglas Said to Get Contract to Launch 40 Satellites for Iridium Plan. *Wall Street Journal*, New York, p. A4, 12 abr. 1994. Edição leste.

- Se o projeto Iridium não pagasse sua dívida, os investidores poderiam reivindicar os ativos da Iridium. Mas o que os investidores fariam com mais de 66 satélites no espaço, à espera da desintegração ao reentrar na atmosfera?

O Iridium foi instituído como "financiamento de projeto", caso em que, se ocorresse uma moratória, apenas os ativos da Iridium poderiam ser confiscados. Com o financiamento do projeto, os investidores do consórcio estariam isentos de responsabilidade por qualquer dívida contraída a partir dos mercados de ações e títulos e poderiam simplesmente se retirar da Iridium. Esses riscos, associados ao financiamento do projeto, foram bem compreendidos por aqueles que investiram nos mercados de capital e de crédito.

O Goldman Sachs & Co., *lead underwriter*[NT9] para a oferta de títulos, determinou que, para a emissão de títulos ser concluída com êxito, teria de existir uma garantia de conclusão de investidores de bolsos mais cheios, como a Motorola. O Goldman Sachs citou uma oferta de $ 400 milhões por um dos concorrentes da Iridium, Globalstar, que tinha uma garantia por parte do sócio-gerente, a Loral Corp.[17]

Por causa da preocupação dos investidores, a Iridium retirou a sua oferta de debêntures prevista em $ 300 milhões. Além disso, a Globalstar, mesmo com a sua garantia de empréstimo, acabou por retirar sua oferta de $ 400 milhões. Os investidores queriam tanto uma posição no capital Iridium quanto um retorno de 20%. Além disso, a Iridium teria de voltar ao seu consórcio inicial de 17 membros e se organizar para o financiamento interno.

Em fevereiro de 1996, a Iridium tinha levantado um adicional de $ 315 milhões a partir do consórcio de 17 membros e de investidores privados. Em agosto de 1996, a Iridium havia assegurado uma linha de crédito $ 750 milhões em 62 bancos co-organizada pela Chase Securities Inc., uma unidade do Chase Manhattan Corp, e a divisão de *investment banking* do Barclays Bank PLC. A linha de crédito foi subscrita em excesso por mais do dobro da meta original, pois estava coberta por uma garantia financeira pela Motorola e sua classificação de crédito AAA. Por causa da garantia pela Motorola, a taxa de empréstimo foi ligeiramente superior a 5,5% da linha de base da taxa de empréstimos comerciais internacional e significativamente inferior à taxa da oferta de $300 milhões em títulos que foi, afinal, cancelada.

Apesar desse sucesso inicial, a Iridium ainda enfrentava obstáculos financeiros. Até o final de 1996, a Iridium planejava levantar mais de $ 2,65 bilhões de investidores. Era estimado que mais de 300 bancos de todo o mundo estivessem envolvidos, e que essa seria a maior colocação privada de debêntures da história. A Iridium acreditava que essa campanha de colocação de debêntures poderia não ser tão difícil, já que a data de lançamento dos serviços Iridium estava se aproximando.

26.13 O PROJETO M-STAR

Em outubro de 1996, a Motorola anunciou que estava trabalhando em um novo projeto chamado M-Star, o qual seria uma rede de $ 6,1 bilhões de 72 satélites de baixa órbita com capacidade universal de voz, vídeo e conexões de dados em alta velocidade orientadas para a comunidade internacional. O projeto era separado da empresa Iridium e estava previsto para levar quatro anos para a conclusão, após a aprovação da FCC. Segundo Bary Bertiger, então vice-presidente corporativo e diretor do grupo da Motorola de comunicações via satélite, "Ao contrário da Iridium, a Motorola não tem planos de ter o M-Star como uma entidade separada. Nós não o financiaremos sozinhos, mas teremos menos parceiros do que a Iridium."[18]

O Projeto M-Star arrepiou os cabelos da comunidade de investimento. O Iridium empregava 2.000 pessoas, mas o M-Star tinha apenas 80. O Projeto Iridium gerou quase 1.100 patentes para a Motorola, e essa propriedade intelectual provavelmente seria transferida para o M-Star. Além disso, a Motorola tinha três contratos com a Iridium para a construção e operação do sistema de comunicação global, proporcionando cerca de $ 6,5 bilhões em pagamentos para a Motorola durante um período de dez anos, que começou em 1993. O M-Star estaria sendo desenvolvido à custa da Iridium? O M-Star poderia substituir o Iridium? O que iria acontecer ao consórcio de 17 membros da Iridium se a Motorola retirasse o seu apoio em substituição ao seu próprio sistema interno concorrente?

26.14 UM NOVO CEO

Em 1996, a Iridium começou a formar uma equipe de gestão muito forte com a contratação do Dr. Edward

[NT9] No mercado financeiro, *lead underwriter* é a instituição financeira que lidera a tomada firme de emissão de ações ou títulos. Também chamada de "coordenadora líder".

[17] HARDY, Quentin. Iridium Pulls $300 Million Bond Offer; Analysts Cite Concerns About Projects. *Wall Street Journal*, New York, p. A5, 22 set. 1995. Edição leste.

[18] HARDY, Quentin. Motorola Is Plotting New Satellite Project – M-Star Would Be Faster Than the Iridium System, Pitched to Global Firms. *Wall Street Journal*, New York, p. B4, 14 out. 1996. Edição leste.

Staiano como CEO e Vice Chairman. Antes de entrar para a Iridium, em 1996, Staiano havia trabalhado para a Motorola por 23 anos, período durante o qual desenvolveu uma reputação de ser inflexível e implacável. Durante seus últimos 11 anos na Motorola, Staiano liderou o Setor de Sistemas Gerais da empresa para registrar os níveis de crescimento. Em 1995, a divisão foi responsável por cerca de 40% das vendas totais de $ 27 bilhões da Motorola. Ao deixar a folha de pagamento da Motorola pela da Iridium, Staiano desistiu de um contrato de $ 1,3 milhões por ano com a Motorola por um salário-base de $ 500.000 mais opções de 750.000 em ações da Iridium que tinham sido investidos ao longo de um período de 5 anos. Staiano comentou:

> De qualquer maneira, eu estava gastando de 40 a 50% do meu tempo (na Motorola) com o Iridium... Se eu transformar o sonho do Iridium em realidade, farei uma quantia significativa de dinheiro.[19]

26.15 OS LANÇAMENTOS DOS SATÉLITES

Às 11h28 de uma manhã de sexta-feira da segunda semana de janeiro de 1997, um foguete Delta levando um Sistema de Posicionamento Global (GPS) explodiu no lançamento, espalhando destroços acima de sua plataforma de lançamento em Cabo Canaveral. O lançamento, inicialmente previsto para o terceiro trimestre de 1996, certamente teria um impacto sobre o cronograma da Iridium, enquanto um conselho da indústria composto por representantes da McDonnell-Douglas e da Força Aérea determinavam a causa da explosão. Outros lançamentos já haviam sido adiados por uma variedade de razões técnicas.

Em maio de 1997, após seis tentativas fracassadas, os cinco primeiros satélites Iridium foram lançados. A Iridium acreditava que a data prevista para lançamento do serviço, setembro de 1998, ainda era realizável, mas que todas as folgas do cronograma haviam sido eliminadas, em virtude dos fracassos anteriores.

A essa altura, a Motorola tinha acumulado um enorme conhecimento sobre a forma de produzir satélites em massa. Conforme descrito por Bennahum:

> A constelação Iridium foi construída em uma linha de montagem, com toda a redução associada de risco e custo que se origina ao fazer algo repetidamente até que já não seja mais uma arte, mas um processo. No auge desse empreendimento, em vez de levar de 18 a 36 meses para construir um satélite, as linhas de produção expeliam um satélite pronto a cada quatro dias e meio, lacravam-no em um contêiner e colocavam-no em um caminhão de plataforma que ia em marcha lenta para Califórnia ou Arizona, onde um Boeing 747 à espera o levava para uma plataforma de lançamento nas montanhas de Taiyuan, na China ou nas estepes de Baikonur, no Cazaquistão.[20]

26.16 UMA OFERTA PÚBLICA INICIAL (IPO)[NT10]

A Iridium estava queimando dinheiro a uma velocidade de $ 100 milhões por mês. Ela preencheu um documento preliminar com a Security and Exchange Commission (SEC) para uma oferta pública inicial (IPO) de 10 milhões de ações, oferecidas a $ 19–$ 21 por ação. Por causa dos atrasos no lançamento, o IPO estava atrasado.

Em junho de 1997, depois que os cinco primeiros satélites foram colocados em órbita, a Iridium se registrou para um IPO de 12 milhões de ações, ao preço de $ 20 por ação. Isso cobriria cerca de 3 meses de despesas operacionais, incluindo os custos de aquisições e lançamento de satélites. A maioria do dinheiro iria para a Motorola.

26.17 O CADASTRAMENTO DE CLIENTES

A realidade do conceito Iridium estava agora à mão. Tudo o que restava a fazer era cadastrar de 500.000 a 600.000 clientes, como previsto, para usar o serviço. A Iridium reservou $ 180 milhões para uma campanha de marketing, incluindo publicidade, relações públicas e, globalmente, esforço de mala direta. Parte da campanha de publicidade incluía mala direta traduzida em 13 línguas, comerciais de televisão e nas companhias aéreas, cabines de aeroporto e páginas de Internet.

Como comercializar o Iridium era um desafio. As pessoas certamente odiariam o telefone. Segundo John Windolph, diretor executivo de comunicações de marketing da Iridium, "É enorme! Vai assustar as pessoas. É como um dispositivo do tamanho de um tijolo com uma antena parecida com um palito de pão grosso. Se tivéssemos uma campanha que exibisse nosso produto, nós perderíamos". A decisão foi focalizar no medo de estar fora de área. Assim, a campanha de marketing começou. Mas a Iridium ainda não tinha uma imagem clara de quem iria aderir ao sistema. Um executivo que ganhasse $ 700.000 provavelmente compraria o grande telefone, faria com que os seus assistentes levassem o telefone em sua pasta, seria reembolsado

[19] HARDY, Quentin Staiano Is Leaving Motorola to Lead Firm's Iridium Global Satellite Project. *Wall Street Journal*, New York, p. B8, 10 dez. 1996. Edição leste.

[20] Ver nota 6, Bennahum, 1998.

[NT10] Tradução da expressão *Initial Public Offering (IPO).*

pela sua empresa pelo uso do telefone e pagaria de $ 3 a $ 7 por minuto pelas chamadas, também uma despesa de trabalho. Mas existem 600.000 executivos em todo o mundo que precisem do serviço?

Havia várias outras questões críticas que precisavam ser resolvidas. Como nós ocultamos ou diminuímos o preço de compra de $ 3.400 do aparelho e os custos de utilização de $ 7 por minuto? Como é que vamos evitar discussões sobre os concorrentes que estão oferecendo serviços semelhantes a um custo menor? Com licenças de operação em cerca de 180 países, vamos anunciar em todos esses países? Retiramos os anúncios no *Oil and Gas Daily*? Anunciamos em revistas masculinas? Usamos anúncios de página inteira ou página dupla?

A Iridium tinha de depender fortemente dos seus parceiros de "*gateway*" para a comercialização e o suporte pós-venda. A Iridium em si não seria capaz de atingir todo o público potencial. Será que os parceiros de *gateway* forneceriam o marketing necessário e o suporte de vendas? Eles saberiam como vender o sistema Iridium e os produtos associados?

A resposta a essas questões surgiram rapidamente.

> Em questão de semanas, brotaram mais de um milhão de pedidos de vendas nos escritórios de vendas da Iridium. Eles foram encaminhados para os parceiros da Iridium – e muitos deles desapareceram imediatamente, afirmaram várias pessoas de dentro da Iridium. Sem nenhum canal de comercialização e poucas e preciosas pessoas de vendas a postos, a maioria dos parceiros globais era incapaz de acompanhar os pedidos. Uma montanha de dicas quentes de vendas logo se esfriou. [21]

26.18 A ASCENÇÃO RÁPIDA DO IRIDIUM

Em 1 de novembro de 1998, o sistema Iridium foi lançado oficialmente. Foi realmente um feito notável que o projeto de 11 anos fosse finalmente lançado com apenas pouco mais de um mês de atraso.

> Após 11 anos de trabalho duro, estamos orgulhosos de anunciar que estamos abertos para os negócios. O Iridium vai abrir o mundo dos negócios, do comércio, da assistência a desastres e da ajuda humanitária com o nosso serviço de comunicação global único... O uso potencial dos produtos Iridium é ilimitado. Os homens de negócio que viajam o mundo e querem estar em contato com suas casas e escritórios, indústrias que operam em áreas remotas – todos irão encontrar no Iridium a resposta às suas necessidades de comunicação."[22]

Em 2 de novembro de 1998, a Iridium começou a fornecer serviços. Com o sistema Iridium finalmente instalado e funcionando, a maioria dos analistas financeiros emitiu recomendações para "comprar" ações da Iridium com expectativa de faturamento anual de $ 6 a $ 7 bilhões dentro de cinco anos. Em 25 de janeiro de 1999, a Iridium realizou uma coletiva de imprensa para discutir seus ganhos para o quarto trimestre de 1998. Ed Staiano, CEO da Iridium anunciou:

> No quarto trimestre de 1998, a Iridium fez história já que nós nos tornamos a primeira empresa verdadeiramente global de telefonia móvel. Hoje, uma única rede sem fio, a rede Iridium, cobre o planeta. E nós passamos para 1999 com uma estratégia agressiva para colocar um grande número de clientes em nosso sistema e, rapidamente, transformar o Iridium de um evento tecnológico para um gerador de receita. Pensamos que as perspectivas para fazer isso são excelentes. Nosso sistema está desempenhando em um nível acima das expectativas.
>
> O financiamento está agora em vigor por meio de positivos fluxos de caixa projetados. O interesse do cliente permanece muito elevado e um número de clientes potencialmente grandes já avaliaram nossos serviços e já deram avaliações muito altas. Com tudo isso acontecendo para nós, estamos em posição para vender o serviço e é nisso justamente que estamos concentrando a maior parte de nossos esforços.[23]

Na mesma conferência telefônica, Roy Grant, CFO da Iridium, acrescentou:

> Na semana passada a Iridium levantou aproximadamente $ 250 milhões por meio de uma oferta pública de ações muito bem-sucedida de $ 7,5 milhões. Essa oferta teve três grandes benefícios. Ela proporcionou $ 250 milhões em espécie para o nosso balanço. Aumentou

[21] CAULEY, Leslie. Losses in Space – Iridium's Downfall: The Marketing Took a Back Seat to Science – Motorola and Partners Spent Billions on Satellite Links for a Phone Few Wanted. *Wall Street Journal*, New York, p. A1, 18 ago. 1999. Edição leste.

[22] Trechos do comunicado de imprensa da Iridium, em 1º de novembro de 1998.

[23] Trechos da conferência telefônica da Iridium, em 25 de janeiro de 1999.

nossa reserva pública para cerca de 20 milhões de ações, e liberou as restrições colocadas em $ 300 milhões dos $ 350 milhões de garantias da Motorola. Essas restrições foram colocadas em um determinado nível de garantias pelos nossos banqueiros em nossa linha de crédito garantida de $ 800 milhões.

Com $ 250 milhões combinados aos $ 350 milhões de garantias adicionais da Motorola, significa que temos cerca de $ 600 milhões de fundos em excesso, entre os quais precisamos dividir o equilíbrio do fluxo de caixa. Isso proporciona uma contingência significativa para a empresa.[24]

Dezembro de 1998

A fim de tornar seus produtos e serviços conhecidos para os viajantes, a Iridium concordou em adquirir a Claircom Corporation da AT&T e a Rogers Cantel Mobile Communications por cerca de $ 65 milhões. A Claircom fornecia sistemas de telefonia para aviões para os Estados Unidos, bem como equipamentos para transportadoras internacionais. A aquisição da Claircom seria um impulso de mercado para a Iridium.

Os problemas com grandes projetos de tecnologia de longo prazo estavam agora aparecendo na literatura. Conforme descrito por Bennahum:

> Esse sistema não permite que você faça o que muita gente que se conecta por fios quer fazer", adverte o professor Heather Hudson, que executa o programa de telecomunicações da Universidade de São Francisco e estuda o negócio de comunicações sem fios. "As tecnologias dos anos 1990 estão mudando tão rápido que é difícil manter-se atualizado. O Iridium foi concebido a partir de uma perspectiva dos anos 1980 de um sistema mundial de celulares. Desde então, a Internet tem crescido e a telefonia celular é muito mais abrangente. Há muito mais oportunidades para *roaming* do que foi considerado em 1989. Portanto, há poucos empresários que têm necessidade de procurar por uma alternativa a um telefone celular quando estão na estrada.[25]

Além disso, para o final dos anos 1990, alguns observadores da indústria sentiram que a Motorola tinha um incentivo adicional para garantir que o Iridium fosse bem-sucedido, independentemente dos custos – a saber, proteger a sua reputação. Entre 1994 e 1997, a Motorola tinha sofrido desaceleração do crescimento das vendas, uma queda no lucro líquido e margens em declínio. Ademais, a empresa tinha passado por vários percalços de negócios antes, incluindo uma falha em antecipar a mudança da indústria celular para celulares digitais, o que desempenhou um papel importante em mais 50% da queda de preços das ações da Motorola em 1998.

26.19 A QUEDA RÁPIDA DO IRIDIUM

Demorou mais de uma década para o Projeto Iridium ascender e apenas alguns meses para a sua queda. Na primeira semana de março, quase cinco semanas após a teleconferência de janeiro, os problemas financeiros da Iridium começaram a vir à tona. A Iridium esperava 200.000 assinantes até o final de 1998 e assinantes adicionais a uma taxa de 40.000 por mês. Os acordos de títulos da Iridium declaravam uma meta de 27.000 assinantes no final de março. A falha em cumprir uma meta tão pequena poderia levar a confiança dos investidores a uma queda em espiral. A Iridium tinha apenas 10.000 assinantes. O mercado que existia dez anos antes não era o mercado que existia então. Além disso, dez anos antes havia pouca concorrência para Iridium.

A Iridium citou a principal causa da insuficiência de assinaturas como sendo a escassez de telefones, falhas em parte da tecnologia, problemas de software e, mais importante, a falta treinamento dos canais de vendas. A Iridium percebeu que teria de treinar uma equipe de vendas e que a própria Iridium teria de vender o produto, e não os seus distribuidores. A comunidade de investidores não parecia satisfeita com o problema de vendas que deveria ter sido tratado anos antes, e não com quatro meses de serviço comercial.

A campanha de publicidade da Iridium foi apelidada de "Calling Planet Earth"[NT11] e prometia que você tinha a liberdade de se comunicar a qualquer hora e em qualquer lugar. Isso não era exatamente verdade porque o sistema não poderia funcionar dentro de prédios ou até mesmo em carros. Ademais, a Iridium subestimou a quantidade de tempo que os assinantes precisariam para examinar e testar o sistema antes de assinar. Em alguns casos, seria seis meses.

Muitas pessoas culparam marketing e vendas pela queda rápida do Iridium:

> É verdade, a Iridium cometeu tantos erros de marketing e vendas que suas experiências poderiam formar a base de um livro sobre como

[24] Ver nota 23.

[25] Ver nota 6, Bennehum, 1998.

[NT11] Em português, "Chamando o Planeta Terra".

> não se deve vender um produto. Seus telefones começaram custando $ 3.000, eram do tamanho de um tijolo e não funcionavam como prometido. Eles não estavam disponíveis nas lojas quando a Iridium fez uma campanha publicitária de $ 180 milhões. E os preços da Iridium, que variavam de $ 3,00 a $ 7,50 por chamada, estavam fora da realidade.[26]

O plano de negócios da Iridium era falho. Com o início do serviço em 2 de novembro de 1998, era pouco provável que houvesse 27.000 assinantes em março de 1999, dado o tempo necessário para testar o produto. O plano de negócios inicial exigia que o consórcio comercializasse e vendesse o produto antes do início do serviço. Mas vender o serviço apenas a partir de uma brochura era quase impossível. Os assinantes queriam tocar o telefone, usá-lo e testá-lo antes de se comprometer com uma assinatura.

A Iridium anunciou que estava entrando em negociações com seus credores para alterar os termos de um contrato de crédito garantido de $ 800 milhões, em virtude de os números de assinantes e de receita serem mais fracos do que o esperado. Os acordos no contrato de crédito incluíam o seguinte:[27]

Data	Receita Acumulada em Espécie ($ Milhões)	Receita Recebida Acumulada ($ Milhões)	Número de Assinantes do Telefone via Satélite	Número de Assinantes do Sistema*
31/03/1999	$ 4	$ 4	27.000	52.000
30/06/1999	50	150	88.000	213.000
30/09/1999	220	470	173.000	454.000

*O total de assinantes do sistema inclui os usuários dos serviços Iridium de telefone, fax e *paging*.

As ações, que tinham sido comercializadas a quase $73 cada, estavam agora em, aproximadamente, $20 por ação. E, em mais outro revés, o CFO, Roy T. Grant, se demitiu.

Abril de 1999

O CEO da Iridium, Ed Staiano, demitiu-se na reunião do conselho de administração, em 22 de abril. Fontes acreditam que Staiano se demitiu quando o conselho vetou o seu plano de solicitação de fundos adicionais para o desenvolvimento de uma equipe própria de marketing e de distribuição da Iridium, em vez de confiar em seus parceiros estratégicos. Fontes também relataram outro problema: Staiano tinha cortado os custos não essenciais da Iridium, mas não conseguiu fazer com que a Motorola reduzisse o seu lucrativo contrato de serviços de $ 500 milhões com a Iridium. Algumas pessoas acreditavam que Staiano quisesse reduzir o contrato de serviço com a Motorola em até 50%. John Richardson, o CEO da Iridium Africa Corp, foi designado como CEO interino. A especialidade de Richardson era a reestruturação de empresas. Para o trimestre terminado em março, a Iridium disse que teve uma perda líquida de $ 505,4 milhões ou de $ 3,45 por quota. As ações caíram para $ 15,62 por quota. A Iridium conseguiu atrair apenas 10.294 assinantes cinco meses após o lançamento comercial.

Uma das primeiras tarefas de Richardson era reformular a estratégia de marketing da Iridium. A Iridium não tinha certeza sobre em quais negócios estava inserida. Segundo Richardson:

> A mensagem sobre o que este produto era e aonde devia ir mudava de reunião em reunião... Um dia, falávamos sobre aplicações de telefonia celular, no dia seguinte era um produto de satélite. Quando lançamos, em novembro, eu não tenho certeza se tínhamos uma ideia clara do que queríamos ser.[28]

Maio de 1999

A Iridium anunciou oficialmente que não esperava cumprir as suas metas especificadas no contrato de empréstimo de $ 800 milhões. Os credores concederam à Iridium uma prorrogação de 2 meses. As ações caíram para $ 10,44 cada, em parte por causa de um comentário da Motorola que poderia se retirar da empresa em dificuldade.

Wall Street começou a falar sobre a possibilidade de falência. Mas a Iridium afirmava que estava reformulando o seu plano de negócios e que até o final do mês esperava ter traçado um novo curso para o seu financiamento. A Iridium também declarou em uma solicitação regulatória que estava incerta sobre se teria dinheiro suficiente para concluir o acordo para a compra da Claircom Communications Group Inc., uma provedora de serviços em aviões, para os prometidos $ 65 milhões em dinheiro e dívida.

A Iridium recebeu prorrogações para os pagamentos da dívida porque a comunidade de empréstimo sabia que não era pequena a proeza de transformar um plano de projeto em uma empresa em funcionamento. Outra razão pela qual os bancos e os credores estavam dispostos a conceder

[26] SUROWIECKIPP, James. The Latest Satellite Startup Lifts Off. Will It Too Explode? *Fortune*, p. 237-254, 25 out. 1999.

[27] Relatório anual, de 1998, da Iridium World Communications Ltd.

[28] HAWN, Carleen. High Wireless Act. *Forbes*, p. 60-62, 14 jun. 1999.

prorrogações era o fato de que a falência não era uma alternativa viável. Os parceiros do capital eram proprietários de todas as estações terrestres, de toda a distribuição e de todas as licenças regulatórias. Se os bancos e os credores forçassem a Iridium à falência, eles poderiam acabar proprietários de uma constelação de satélites que não poderia se comunicar com o solo ou com os *gateways*.

Junho de 1999

A Iridium recebeu uma prorrogação adicional de 30 dias além da prorrogação de dois meses que já tinha recebido. Ela recebeu o prazo até 30 de junho para fazer um pagamento de títulos de $ 90 milhões. A Iridium começou a despedir 15% dos seus 550 funcionários, incluindo dois altos executivos. As ações agora tinham afundado para $ 6 por quota e os títulos estavam sendo vendidos a 19 centavos de dólar.

> Nós fizemos bem todas as coisas difíceis, como a construção da rede, e fizemos mal todas as coisas acéfalas, no final.[29]
>
> John Richardson, CEO da Iridium

> O grande erro da Iridium foi um lançamento prematuro de um produto que não estava pronto. As pessoas ficaram tão obcecadas com a grandiosidade técnica do projeto que deixaram passar armadilhas fatais de marketing... A estrutura internacional da Iridium, revelou-se quase impossível de gerenciamento: os 28 membros do conselho falavam várias línguas, transformando as reuniões em completas mini-conferências da ONU – com fones de ouvido e tradução dos acontecimentos em cinco línguas.[30]
>
> John Richardson, CEO da Iridium

> ...Nós somos um clássico estudo de caso de MBA sobre como não se introduzir um produto. Primeiro, criamos um avanço tecnológico maravilhoso. Então, perguntamos como fazer dinheiro com isso.
>
> John Richardson, CEO da Iridium

A Iridium estava fazendo todo o possível para evitar a falência. Tempo era do que a Iridium precisava. Alguns clientes industriais levariam de seis a nove meses para experimentar um novo produto, mas ficariam relutantes em se cadastrar se parecesse que a Iridium estaria fora do negócio em seis meses. Além disso, os concorrentes da Iridium foram baixando seus preços de forma significativa, aumentando ainda mais a pressão sobre a Iridium. Richardson, então, começou a oferecer reduções de preços de até 65% do preço original para alguns produtos e serviços da Iridium.

Julho de 1999

Os bancos e os investidores concordaram em dar à Iridium ainda uma terceira prorrogação para 11 de agosto para cumprir os seus compromissos financeiros. Todos pareciam compreender que o esforço de reestruturação era muito mais amplo do que o inicialmente previsto.

A Motorola, o maior investidor da Iridium e fornecedora geral, admitiu que o projeto poderia ter de ser encerrado e liquidado, como parte do processo de falência, a menos que um acordo de reestruturação pudesse ser alcançado. A Motorola também afirmou que, se a falência ocorresse, continuaria a manter a rede de satélites, mas apenas por um período designado de tempo.

A Iridium havia solicitado ao seu consórcio de investidores e fornecedores para levantarem mais dinheiro. Mas, para muitos membros do consórcio, parecia que estariam jogando o dinheiro bom em cima do dinheiro ruim. Vários parceiros deixaram claro que simplesmente sairiam da Iridium, em vez de fornecer financiamento adicional. Isso poderia ter um efeito de longo alcance no serviço em algumas localidades. Portanto, todos os parceiros tinham de estar envolvidos na reestruturação. Os analistas de Wall Street esperavam que a Iridium pudesse restituir o pagamento em dinheiro de sua dívida ao longo de vários anos ou oferecer aos detentores de debêntures uma posição no capital da Iridium. Era altamente improvável que os satélites da Iridium que orbitam a Terra fossem leiloados no tribunal de falências.

Agosto de 1999

Em 12 de agosto, a Iridium solicitou proteção contra falência. Isso foi como ter "um punhal preso em seu coração" para uma empresa que, alguns anos antes, havia previsto o equilíbrio financeiro logo no primeiro ano de operações. Esse foi um dos 20 maiores pedidos de falência até o momento. As ações, que haviam sido negociadas a menos de $ 3 por quota, foram suspensas da NASDAQ em 13 de agosto de 1999. As chamadas telefônicas da Iridium haviam sido reduzidas para cerca de $ 1,40 a $ 3 por minuto e os celulares foram reduzidos para $ 1.500 por unidade.

---

[29] Ver nota 28.

[30] CAULEY, Leslie. Losses in Space – Iridium's Downfall: The Marketing Took a Back Seat to Science. *Wall Street Journal*. New York, p. A1, 18 ago. 1999. Edição leste.

Havia pouca esperança para o Iridium. Tanto o plano de negócios quanto o plano técnico eram falhos. O plano de negócios para a Iridium parecia que tinha saído do filme *Field of Dreams*[NT12], em que um agricultor de milho de Iowa foi obrigado a construir um campo de beisebol no meio de uma plantação de milho. Uma voz misteriosa em sua cabeça dizia: "Construa e eles virão." No filme, ele construiu, e eles vieram. Enquanto isso virou um bom enredo para um filme de Hollywood, tornou-se um horrível plano de negócios.

> Se você construir o Iridium, as pessoas podem vir. Mas o que é mais provável é que, se você construir algo mais barato, as pessoas irão para este primeiro.
>
> Herschel-Shosteck, Consultor de Telecomunicações, 1992

> O plano técnico foi criado para desenvolver o Santo Graal das telecomunicações. Infelizmente, depois de gastar bilhões, a necessidade pela tecnologia mudou ao longo do tempo. Os engenheiros que projetaram o sistema, muitos dos quais haviam trabalhado anteriormente em projetos militares, não tinham uma compreensão da palavra "acessibilidade" e da necessidade de comercializar um sistema para mais do que apenas um cliente, ou seja, o Departamento de Defesa. Os sistemas de satélites estão sempre muito atrás da curva de tecnologia. O Iridium estava perdendo completamente a capacidade de acompanhar a era da internet.[31]
>
> Bruce Egan, membro sênior do Instituto da Universidade de Columbia para Teleinformação

Setembro de 1999

Leo Mondale renunciou ao cargo de *chief financial officer* da Iridium. Os analistas acreditavam que a renúncia de Mondale era resultado de que uma reestruturação bem-sucedida não seria mais possível. Segundo um analista, "Se eles (Iridium) estivessem perto (de um plano de reestruturação), não estariam trazendo toda uma nova equipe".

26.20 A "GRIPE" DA IRIDIUM

A falência da Iridium estava tendo o efeito de uma gripe sobre todo o mercado. A ICO Global Communications, uma das principais concorrentes da Iridium, também entrou com pedido de falência apenas duas semanas após a apresentação da Iridium. A ICO não conseguiu levantar $ 500 milhões que procurava a partir das ofertas públicas que já tinham sido prorrogadas duas vezes. Outro concorrente, a Globalstar Satellite Communications System, ainda estava financeiramente sólida. Anthony Navarro, *chief operating officer* da Globalstar declarou: "Eles (Iridium) definiram que as expectativas de todos eram altas demais".[32]

26.21 À PROCURA DE UM CAVALEIRO BRANCO[NT13]

A Iridium precisava desesperadamente de um licitante qualificado, que funcionaria como um cavaleiro branco. Cabia ao Tribunal Federal de Falências determinar se alguém era um licitante qualificado. Um licitante qualificado era obrigado a apresentar um depósito reembolsável em dinheiro ou carta de crédito emitida por um banco respeitado que fosse igual ou maior a $ 10 milhões ou 10% do valor do montante da oferta para assumir o controle da Iridium.

De acordo com a ação judicial de falência, a Iridium estava gerando receitas de $ 1,5 milhões por mês. Em 9 de dezembro de 1999, a Motorola concordou com uma infusão de dinheiro de $ 20 milhões para a Iridium. A empresa precisava desesperadamente de um cavaleiro branco rapidamente ou poderia ficar sem dinheiro em 15 de fevereiro de 2000. Com um custo operacional mensal de $ 10 milhões, e um assombroso custo de $ 300 milhões a cada poucos anos para a reposição de satélites, era questionável se alguém poderia fazer um negócio bem-sucedido a partir dos ativos da Iridium, em virtude da especificidade dos ativos.

O empresário de telefonia celular, Craig McCaw, planejava uma infusão de dinheiro em curto prazo, enquanto considerava um investimento muito maior para resgatar a Iridium. Ele também estava liderando um grupo de investidores que prometia $ 1,2 bilhão para resgatar o sistema de satélites da ICO, que solicitou a proteção contra falência pouco depois da solicitação da Iridium.[33]

Vários cavaleiros supostamente brancos apareceram, mas o grupo de Craig McCaw foi considerado o único candidato confiável. Embora o plano de reestruturação

NT12 A versão brasileira do filme tem como título "Campo dos Sonhos".

31 PATERIK, Stephanie. Iridium Alive and Well. *The Arizona Republic*, p. D5, 27 abril 2005.

32 HARDY, Quentin. Surviving Iridium. *Forbes*, p. 216-217, 6 set. 1999.

NT13 Da expressão em inglês, "*White Knight*", que designa uma corporação, empresa privada ou pessoa que pretende ajudar uma outra empresa.

33 Craig McCaw Plans Cash Infusion to Support Cash-Hungry Iridium. *Wall Street Journal*, New York, p. 1, 7 fev. 2000. Edição leste.

proposto de McCaw não tivesse sido totalmente divulgado, era esperado que o envolvimento da Motorola fosse o de uma parte interessada em minoria. Além disso, sob um plano de reestruturação, a Motorola iria reduzir o seu pagamento mensal para a operação e manutenção do sistema Iridium de $ 45 milhões para $ 8,8 milhões.[34]

26.22 A DEFINIÇÃO DO FRACASSO (OUTUBRO DE 1999)

A rede Iridium era uma maravilha da engenharia. A atitude da Motorola de nunca desistir realizou milagres técnicos e superou problemas técnicos do nível da NASA. A Iridium superou questões políticas globais, regulamentações internacionais caóticas e uma série de outras questões geopolíticas em sete continentes. O sistema Iridium era, de fato, o que Galvin, da Motorola, chamava de a oitava maravilha do mundo.

Mas será que a falência indicava um fracasso para a Motorola? Absolutamente não! A Motorola coletou $ 3,65 bilhões em contratos para a Iridium. Considerando $ 750 milhões em lucro desses contratos, o prejuízo líquido da Motorola com o Iridium era de cerca de $ 1,25 bilhão. Assim, a Motorola gastou $ 1,25 bilhão em um projeto que teria custado a ela talvez até $ 5 bilhões de seu próprio bolso, se pretendesse desenvolver a tecnologia por ela mesma. O Iridium proporcionou à Motorola mais de 1.000 patentes na construção de sistemas de comunicação via satélite. O Iridium permitiu à Motorola acumular uma posição de liderança na indústria global por satélite.

A Motorola também era cadastrada como fornecedora principal para construir os 288 satélites "Internet in the Sky"[NT14], chamado de Projeto Teledesic. Apoiadores do Projeto Teledesic, que tinha um preço de $ 15 bilhões para a transmissão de dados, vídeo e voz, incluíam a Boeing, o *chairman* da Microsoft Bill Gates e o magnata da telefonia celular Craig McCaw. O Iridium havia melhorado a reputação da Motorola para as décadas seguintes.

A Motorola afirmou que não tinha a intenção de fornecer financiamento adicional para a doente Iridium, a menos que, é claro, outros membros do consórcio também o fizessem. Vários membros do consórcio afirmaram que não forneceriam qualquer investimento adicional e que estavam considerando a possibilidade de encerrar o seu envolvimento na Iridium.[35]

[34] Iridium Set to Get $75 Million from Investors Led by McCaw. *Wall Street Journal*. New York, p. 1, 10 fev. 2000. Edição do leste.

[NT14] Em português, "Internet no Céu".

[35] THURM, Scott. Motorola Inc., McCaw Shift Iridium Tactics. *Wall Street Journal* New York, p. 1, 18 fev. 2000. Edição do leste.

Em Março de 2000, McCaw retirou sua oferta para socorrer a Iridium, mesmo com um grande desconto, afirmando que, em vez disso, seus esforços seriam gastos na recuperação do sistema de satélites da OIC. Isso, efetivamente, assinava a sentença de morte da Iridium. Uma das razões para a relutância de McCaw em resgatar a Iridium pode ter sido o descontentamento de alguns dos investidores que teriam sido completamente deixados de fora, como parte do esforço de reestruturação, perdendo talvez todo seu investimento.

26.23 O PLANO DE EXORBITAÇÃO DE SATÉLITES

Com a retirada do financiamento de McCaw, a Iridium notificou o Tribunal de Falências dos Estados Unidos de que não tinha sido capaz de atrair um comprador qualificado dentro do prazo atribuído pelo Tribunal. A Iridium encerraria seu serviço comercial após as 23h59 de 17 de março de 2000, e iniciaria o processo de liquidação de seus ativos.

Imediatamente após o anúncio da Iridium, a Motorola emitiu o seguinte comunicado à imprensa:[36]

> A Motorola manterá o sistema de satélites Iridium por um período limitado de tempo, enquanto o plano de exorbitação está sendo finalizado. Durante esse período, também continuaremos a trabalhar com os assinantes em locais remotos para obter comunicação alternativa. No entanto, a continuação dos serviços limitados Iridium durante esse tempo vai depender de as empresas de *gateway*, que são empresas que operam em separado, permanecerem abertas.
>
> A fim de apoiar os clientes que adquiriram o serviço Iridium diretamente da Motorola, foram estabelecidos pela empresa os Call Centers de Suporte ao Cliente e um *web site* que está disponível 24 horas por dia, sete dias por semana. Uma lista de serviços alternativos de comunicações via satélite está incluída na informação aos clientes.

O plano de exorbitação provavelmente levaria dois anos para ser concluído a um custo de $50 a $ 70 milhões. Isso incluiria todos os 66 satélites e os outros 22 em órbita que servem como reposição ou falhas desativadas. A Iridium, mais provavelmente, exorbitaria quatro satélites por meio de disparos em seus propulsores para soltá-los na atmosfera, onde eles queimariam.

[36] Comunicado da Motorola à imprensa, ago. de 1999.

26.24 A IRIDIUM É RESGATADA POR $ 25 MILHÕES

Em Novembro de 2000, um grupo de investidores liderado por um executivo da companhia ganhou aprovação do Tribunal de Falências para formar a Iridium Satellite Corporation e adquirir os ativos restantes da falida Iridium Corporation. A compra foi uma liquidação no preço de $ 25 milhões, o que foi menos do que um centavo de dólar. Como parte da venda proposta, a Motorola iria passar a responsabilidade de funcionamento do sistema para a Boeing. Embora a Motorola mantivesse uma participação de 2% no novo sistema, não teria mais obrigações para operar, manter ou desativar a constelação.

Quase imediatamente após o anúncio, a Iridium Satellite recebeu um contrato de $ 72 milhões a partir da Agência de Sistemas de Informação de Defesa, que faz parte do Departamento de Defesa (DoD).

> A Iridium não só contribuirá para aumentar a nossa capacidade existente, ela fornecerá uma alternativa comercial aos nossos sistemas puramente militares. Isso pode permitir o real uso duplo civil/militar, manter-nos mais perto da vanguarda em termos de tecnologia e oferecer uma alternativa real para o futuro. [37]
>
> Dave Oliver, Diretor Vice-Subsecretário de Defesa para Aquisição

A Iridium havia sido resgatada da beira da extinção. Como parte do acordo, a recém-formada empresa adquiriu todos os ativos da Iridium inicial e de suas filiais. Isso incluiu a constelação de satélites, a rede terrestre, os imóveis da Iridium e a propriedade intelectual desenvolvida originalmente pela Iridium. Por causa da estrutura de custos significativamente reduzida da nova empresa, ela foi capaz de desenvolver um modelo de negócio viável baseado em um mercado-alvo para os produtos e serviços da Iridium.

> "Todo mundo pensa que os satélites Iridium caíram e queimaram, mas tudo ainda está lá em cima."[38]
>
> Weldon Knape, World Communication Center (WCC), Chief Executive Officer, 27 de abril de 2005

Um novo telefone Iridium custa $1.495 e é do tamanho de um telefone fixo sem fio. Modelos mais velhos e maiores custam a partir de $ 699, ou você pode alugar um por cerca de $ 75 por semana. O serviço custa de $ 1 a $ 1,60 por minuto.[39]

26.25 EPÍLOGO

6 de fevereiro de 2006, a Iridium Satellites declarou que 2005 foi o melhor ano de todos. A empresa teve 142.000 assinantes, o que foi um aumento de 24% desde 2004, e a receita de 2005 foi 55% maior que em 2004. Segundo Carmen Lloyd, CEO da Iridium, "A Iridium está sobre um alicerce financeiro excepcionalmente forte com um modelo de negócios que é o autofinanciamento."[40] Para o ano que terminou em 2006, a Iridium teve $ 212 milhões em vendas e $ 54 milhões em lucro. A empresa teve 180.000 assinantes e uma taxa de crescimento prevista de 14 a 20% por ano. A Iridium mudou seu modelo de negócios, focando em vendas e marketing em primeiro lugar e publicidade exagerada em segundo. Isso lhe permitiu chegar a novos clientes e novos mercados.[41]

26.26 PROCESSOS DE ACIONISTAS

O benefício para a Motorola, potencialmente, à custa da Iridium e de seus investidores, não passou despercebido. Pelo menos 20 grupos de investidores entraram com uma ação contra a Motorola e a Iridium, citando:

- A Motorola explorou a Iridium e usou dinheiro dos sócios para financiar a sua própria incursão em tecnologia de comunicação via satélite.
- Ao usar o Iridium, a Motorola assegurou que sua reputação não seria prejudicada se o projeto fracassasse.
- A maior parte do dinheiro arrecadado por meio dos IPOs foram para a Motorola para a concepção da maioria dos equipamentos e software dos satélites e estações terrestres.
- A Iridium utilizou os proventos de seus $ 1,45 bilhão em títulos, com taxas de juros de 10,875 a 14%, principalmente para pagar à Motorola por satélites.
- Os réus falsamente relataram o número possível de assinantes e os valores das receitas.
- Os réus não revelaram a gravidade das questões técnicas.
- Os réus não divulgaram os atrasos nas entregas de aparelhos.

---

37 DoD Awards $72 Million to Revamp Iridium. *Satellite Today*, Potomac, v. 3, n. 227, p. 1, 7 dez. 2000.

38 PATERIK, Stephanie. Iridium Alive and Well. *The Arizona Republic*, 27 abr. 2005.

39 Ver nota 38.

40 Comunicado da Iridium à imprensa em 6 de fevereiro de 2006.

41 Adaptado de: JANA, Reena. Companies Known for Inventive Tech Were Dubbed the Next Big Thing and Then Disappeared. Now They're Back and Growing. *Business Week*, 10 abr. 2007. Innovation.

- Os réus violaram os convênios existentes entre eles próprios e os seus credores.
- Os réus atrasaram a divulgação de informações, forneceram informações enganosas e inflacionaram artificialmente o preço das ações da Iridium.
- Os réus aproveitaram os preços artificialmente inflacionados para vender quantias significativas das suas próprias ações por milhões de dólares em lucro pessoal.

26.27 A DECISÃO DO TRIBUNAL DE FALÊNCIAS

Em 4 de setembro de 2007, após quase dez meses, o Tribunal de Falências de Manhattan decidiu em favor da Motorola e irritou os credores arruinados que tinham esperança de conseguir um julgamento de $ 3,7 bilhões contra a Motorola. O juiz considerou que, embora os mercados de capitais estivessem "terrivelmente errados" sobre as esperanças da Iridium para lucros enormes, a Iridium estava "solvente", durante o período crítico, quando levantou com sucesso impressionante os montantes em dívida e capital próprio nos mercados de capitais.

O tribunal disse que, apesar de especialistas financeiros saberem agora que a Iridium era um caso perdido e de fluxo de caixa sem retorno, de projeto de tecnologia falho, e de um modelo de negócio condenado, a Iridium estava solvente no período crítico de angariação de fundos. Mesmo quando as notícias ruins começaram a aparecer, os investidores e *underwriters* da Iridium ainda acreditavam que ela tinha o potencial para se tornar uma empresa viável.

No dia seguinte à decisão do Tribunal, os jornais relataram que a Iridium LLC, agora de controle privado, se preparava para levantar cerca de $ 500 milhões em uma oferta privada de capitais a ser seguida por um IPO no ano seguinte ou no posterior.

26.28 AUTÓPSIA[42]

Houve várias razões para o colapso da Iridium:

A construção e implementação da telefonia celular reduziu drasticamente a necessidade do mercado-alvo pelo serviço Iridium

A Iridium sabia que seus telefones seriam muito grandes e caros demais para competir com o serviço celular, obrigando a empresa a atuar em áreas em que a telefonia celular não estava disponível. Com essa restrição em mente, a Iridium procurou um mercado-alvo, concentrando-se em executivos de negócios internacionais que viajavam com frequência para áreas remotas onde o serviço de telefonia celular não estava disponível. Embora esse plano antecedesse a ascensão do mercado de telefones celulares, a Iridium permaneceu centrada no grupo viajante de negócios durante o lançamento de seu serviço. Ainda em 1998, o CEO Staiano previu que o Iridium teria 500.000 assinantes no final de 1999.

Um dos principais problemas com a oferta da Iridium era que a telefonia celular terrestre havia se propagado mais rápido do que a empresa esperava inicialmente. No final, a telefonia celular estava disponível. Em virtude da tecnologia elaborada da Iridium, o período do conceito ao desenvolvimento foi de 11 anos – durante esse período, as redes celulares se espalharam para cobrir a esmagadora maioria da Europa e até mesmo migraram para países em desenvolvimento, como China e Brasil. Em suma, o plano de marketing da Iridium mirava um segmento – o de viajantes de negócios – cujas necessidades estavam cada vez mais sendo atendidas pelos telefones celulares que ofereciam um valor significativamente melhor do que o Iridium.

A aceitação reprimida das limitações tecnológicas e de design do Iridium

Como a tecnologia Iridium dependia da linha de visada entre a antena do telefone e o satélite em órbita, os assinantes não conseguiam utilizar o telefone dentro de carros em movimento, dentro de prédios e em muitas áreas urbanas. Ademais, mesmo em campos abertos os usuários tinham de alinhar o telefone perfeitamente a fim de obter uma boa conexão. Como um consultor sênior de mercado nos disse em uma entrevista, "você não pode esperar que um executivo em viagem de negócios a Bangkok deixe um prédio, caminhe em uma esquina e saque um telefone de $ 3000". Além disso, faltava ao Iridium capacidade de dados adequada, um recurso cada vez mais importante para usuários de negócios. Para piorar as coisas havia os incômodos, como o fato de que a recarga da bateria em áreas remotas demandava acessórios especiais movidos a energia solar. Essas limitações tornavam o telefone difícil de vender para o mercado-alvo da Iridium, o de executivos de negócios de alto nível que viajavam com frequência.

O *design* do telefone Iridium também dificultava a aceitação. Em novembro de 1997, John Windolph, diretor de comunicações de marketing da Iridium, descreveu o aparelho da seguinte maneira: "É enorme! Vai assustar as pessoas. Se tivéssemos uma campanha que mostrasse o nosso produto, nós perderíamos". No entanto, um ano depois a Iridium continuou basicamente com o mesmo

[42] FINKELSTEIN, Sydney; SANFORD, Shade H. Learning from Corporate Mistakes: The Rise and Fall of Iridium. *Organizational Dynamics*, v. 29, n. 2, p. 138-148, 2000. © 2000 por Elsevier Sciences, Inc. Reproduzido com permissão.

produto. O aparelho, embora menor do que da concorrente Planet 1, da Comsat, ainda era, literalmente, do tamanho de um tijolo.

A execução operacional ruim atingiu a Iridium

Problemas de fabricação também fizeram com que o lançamento da Iridium tropeçasse portão afora. A administração lançou o serviço antes que quantidades suficientes de telefones estivessem disponíveis de um dos seus dois principais fornecedores, a Kyocera, que estava enfrentando problemas de *software*, no momento. Ironicamente, esse gargalo de produção significava que a Iridium não poderia obter telefones até mesmo para alguns assinantes que realmente quisessem um. A decisão de lançar o serviço em novembro de 1998, apesar dos problemas de fabricação, foi tomada pelo CEO Staiano, embora não sem oposição. Conforme um relatório situava, "[John Richardson] alegou vociferar nas reuniões do conselho, argumentando contra o lançamento de novembro. Nem o serviço, nem os prestadores de serviços, estavam prontos. As dificuldades de abastecimento significavam que havia poucos telefones disponíveis no mercado".

Os sócios da Iridium não forneciam apoio adequado de vendas e marketing

Embora a Motorola, a princípio, tivesse dificuldades para atrair investidores para a Iridium, em 1994, a Iridium LLC tinha sociedade com 18 empresas, incluindo a Sprint, a Raytheon, a Lockheed Martin e uma variedade de empresas da China, do Oriente Médio, da África, da Índia e da Rússia. Em troca de investimentos de $ 3,7 bilhões, os sócios receberam uma participação e assentos no conselho de administração da Iridium LLC. Em 1998, 27 dos 28 diretores eram ou empregados, ou designados diretamente pelos sócios da Iridium.

Os sócios da Iridium finalmente controlariam a comercialização, os preços e a distribuição, quando o serviço entrasse em linha. As receitas da Iridium vinham de preços por atacado para o seu serviço de telefone. Infelizmente para a Iridium, seus sócios, principalmente os sócios fora dos Estados Unidos, demoraram a definir as equipes de comercialização e os canais de distribuição. "Os *gateways* eram muitas vezes grandes empresas de telecomunicações", disse Stephane Chard, analista-chefe da Euroconsult, uma empresa de pesquisas, com sede em Paris. "Para eles, o Iridium era uma coisa pequena." Tão minúscula, de fato, que os sócios da Iridium falharam em criar equipes de vendas, planos de marketing ou definir outros canais de distribuição para seus próprios países. Como o *Wall Street Journal* relatou, "com menos de seis meses antes do lançamento do serviço, o tempo tornou-se crítico... A maioria dos sócios não revelava que estava atrasada no cronograma."

26.29 O IMPACTO FINANCEIRO DA FALÊNCIA

À época da falência, os investimentos de capitais da Iridium totalizaram aproximadamente $ 2 bilhões. A maioria dos analistas, porém, considerava que aos ações não valiam a pena. O IPO foi realizado a $ 20 por quota em junho de 1997, atingiu a maior alta de todos os tempos a $ 72,19 em maio de 1998, e caiu para $ 3,06 por quota no momento que a Iridium declarou falência, em agosto 1999. Além disso, a bolsa de valores NASDAQ reagiu à notícia de falência travando imediatamente a negociação das ações e removeu de fato a Iridium em novembro de 1999. Os sócios da Iridium – que também haviam feito investimentos por meio da construção de estações terrestres, reunião de equipes de gerenciamento e comercialização dos serviços da Iridium – ficaram com pouco a acrescentar ao seu patrimônio. Depois que a Iridium declarou falência, seus $ 1,5 bilhões em títulos foram negociados por cerca de 15 centavos de dólar conforme a empresa entrou em negociações de reestruturação com seus credores.

26.30 O QUE REALMENTE DEU ERRADO?

A Iridium ficará na história como um dos fracassos de negócios mais importantes dos anos 1990. Que a sua tecnologia era incrivelmente elegante e inovadora, isso está fora de questão. De fato, a Motorola e os líderes da Iridium mostraram grande visão para orientar o desenvolvimento e o lançamento de uma constelação de satélites incrivelmente complexa. Igualmente surpreendente, no entanto, foi a maneira como esses mesmos líderes levaram a Iridium à falência por apoiarem um plano de negócio insustentável.

Ao longo dos últimos anos, tem havido talvez milhares de artigos escritos sobre o fracasso da Iridium em atrair clientes e sobre a sua consequente falência. A experiência convencional afirma com frequência que a Iridium foi simplesmente pega de surpresa pela propagação da telefonia celular terrestre. Ao concentrar-se quase que estritamente no que aconteceu, essa análise fornece pouco sobre a forma de aprendizado valioso. Uma questão mais interessante é sobre o porquê de o fracasso do Iridium ter acontecido – ou seja, saber por que a empresa continuou a avançar com um plano de negócio cada vez mais imperfeito.

Três Forças Combinadas para Criar o Fracasso do Iridium

Três forças se uniram para criar o fracasso do negócio Iridium. Primeiro, um "comprometimento crescente"[NT15], particularmente entre os executivos da Motorola que levaram o projeto adiante, apesar dos problemas conhecidos e potencialmente fatais de tecnologia e mercado. Em segundo lugar, por razões pessoais e profissionais, o CEO da Iridium não estava disposto a estancar o prejuízo e abandonar o projeto. E, em terceiro lugar, o conselho da Iridium foi estruturado de uma forma que o impediu de exercer seu papel de governança corporativa.

Problema 1: O comprometimento crescente

Durante os 11 anos que se passaram entre o conceito inicial do Iridium até o seu desenvolvimento real, seu plano de negócio erodiu. Primeiro, o desenvolvimento e implementação gradual da telefonia celular encolheram dramaticamente o mercado-alvo da Iridium – executivos internacionais que viajavam regularmente para áreas não cobertas pela telefonia celular terrestre. Em segundo lugar, ficou evidente ao longo do tempo que os telefones da Iridium teriam problemas significativos de *design*, problemas operacionais e de custos que limitariam ainda mais a sua utilização.

A decisão da Motorola de continuar com o Iridium, apesar de um plano de negócio profundamente falho é um exemplo clássico das armadilhas do "comprometimento em escalada". A teoria por trás do comprometimento em escalada é baseada em parte na "falácia dos custos irrecuperáveis"[NT16] – a tomada de decisões com base no tamanho dos investimentos anteriores e não no tamanho do retorno esperado. As pessoas tendem a aumentar seu comprometimento com um projeto quando (a) acreditam que os ganhos futuros estão disponíveis, (b) acreditam que podem reverter um projeto, (c) estão publicamente comprometidas e identificadas com o projeto e (d) podem recuperar uma grande parte do seu investimento se o projeto falhar.

[NT15] Em tradução da expressão *Escalating Commitment*. A expressão foi mencionada pela primeira vez em um estudo de Barry M. Staw, em 1976, chamado *"Knee deep in the big muddy: a study of escalating commitment to a chosen course of action"*. O estudo descreve o fenônemo em que as pessoas justificam o aumento de investimento em uma decisão, com base nos investimentos passados, apesar de novas evidências sugerirem que as decisões passadas estavam erradas. Maiores informações sobre o assunto: http://en.wikipedia.org/wiki/Escalation_of_commitment (em inglês).

[NT16] Em tradução à expressão *sunk costs fallacy*. Maiores informações em http://en.wikipedia.org/wiki/Sunk_cost_fallacy#Loss_aversion_and_the_sunk_cost_fallacy (em inglês).

O envolvimento da Motorola no projeto Iridium reuniu todas as quatro condições. Apesar de problemas conhecidos, altos executivos mantiveram a fé cega no Iridium. Dizer que a alta administração da Iridium não estava ciente dos problemas potenciais do Iridium seria totalmente impreciso. Na verdade, o prospecto da Iridium, escrito em 1998, listava 25 páginas cheias de riscos, incluindo:

- Uma estrutura de capital altamente alavancada
- Limitações de *design* – incluindo o tamanho do telefone
- Limitações de serviço – incluindo a degradação severa em automóveis, edifícios e áreas
- Alto preço do aparelho e dos serviços
- A construção e implementação das redes celulares
- Falta de controle sobre os esforços de comercialização dos sócios

Durante o longo período do conceito ao desenvolvimento do Iridium, há pouca evidência para sugerir que a Motorola ou a Iridium fizeram quaisquer progressos significativos no tratamento de quaisquer desses riscos. Ainda mais, a Iridium foi em frente, única e exclusivamente concentrando-se na concepção e lançamento do satélite, enquanto desconsiderava os desafios em vendas e marketing dos telefones. A crença de que a tecnologia inovadora acabaria por atrair clientes, de fato, estava profundamente enraizada na cultura da Motorola.

De fato, a história da Motorola, está repleta de exemplos de inovações espetaculares que trouxeram o sucesso e notoriedade da empresa. Na década de 1930, Paul Gavin desenvolveu o primeiro rádio automotivo acessível. Na década de 1940, a Motorola subiu para a primazia quando desenvolveu o primeiro rádio portátil bidirecional, que foi utilizado pelo Corpo de Sinaleiros do Exército dos Estados Unidos durante a Segunda Guerra Mundial. Na década de 1950, a Motorola fabricou os primeiros aparelhos de televisão portáteis. Em 1969, as primeiras palavras de Neil Armstrong da Lua foram enviadas por um transponder projetado e fabricado pela empresa. Na década de 1970 e 1980, a Motorola obteve sucesso por meio do desenvolvimento e fabricação de microprocessadores e de telefones celulares.

No momento em que desenvolveu o conceito Iridium, no início de 1990, a Motorola tinha passado por mais de 60 anos de sucesso em trazer, muitas vezes, novas tecnologias surpreendentes para os consumidores ao redor do mundo. Desse sucesso, no entanto, vieram uma certa arrogância e crença tendenciosa na própria tecnologia da empresa. Assim como a Motorola acreditava, em meados dos anos 1990, que os clientes de telefonia celular demorariam a mudar dos telefones analógicos da Motorola para os celulares digitais produzidos pela Ericsson e Nokia, a na sua fé no Iridium e sua tecnologia era inabalável.

Problema 2: A liderança de Staiano era uma faca de dois gumes

O Dr. Edward Staiano tornou-se CEO da Iridium no final de 1996 – antes que a empresa tivesse lançado a maioria de seus satélites. Durante seu mandato anterior com a Motorola, Staiano tinha firmado uma reputação tão intimidadora quanto exigente – imponente tanto em estatura, 1,95 metro, quanto no temperamento. Staiano combinou seu estilo de liderança com uma antiga ética da Motorola que alegava que os líderes tinham a responsabilidade de apoiar os seus projetos. Staiano também tinha incentivos financeiros significativos para empurrar o projeto adiante, em vez de reduzir as perdas e seguir em frente. Em 1997 e 1998, ele recebeu 750.000 opções de ações da Iridium ao longo de um período de cinco anos. Na verdade, esse fato não escapou aos olhos de Staiano quando ele assumiu a posição de CEO no final de 1996, declarando: "Se eu puder transformar o sonho do Iridium em realidade, farei uma quantidade significativa de dinheiro".

Ironicamente, o estilo exigente de liderança, o comprometimento com o projeto em mãos e os incentivos financeiros que tornaram Ed Staiano um líder tão atraente para uma empresa *startup* como a Iridium acabou por ser uma faca de dois gumes. Na verdade, essas mesmas características também o tornaram relutante a abandonar um projeto com um plano de negócio fracassado e uma tecnologia obsoleta.

Problema 3: O conselho de administração da Iridium não forneceu a governança corporativa adequada

Em 1997, o conselho de administração da Iridium tinha 28 diretores – 27 dos quais eram ou funcionários da Iridium ou diretores designados pelos sócios da Iridium. A composição, para não mencionar o tamanho, do conselho da Iridium criou dois grandes problemas. Primeiro, o conselho não tinha a visão dos diretores de fora que poderiam ter fornecido uma diversidade de conhecimentos e pontos de vista objetivos. Segundo, o fato de a maioria do conselho ser composta por membros nomeados pelos sócios dificultou para a Iridium exercer pressão sobre seus sócios em momentos essenciais – como quando vários sócios foram lentos em estabelecer a infraestrutura necessária de marketing e vendas antes do lançamento do serviço. No final, o conselho da Iridium falhou em prover a supervisão corporativa adequada e limitou a capacidade da Iridium de trabalhar com seus sócios de forma eficaz.

26.31 LIÇÕES APRENDIDAS

Os Executivos Deveriam Avaliar Projetos como o Iridium com Opções Reais

Projetos com longos períodos do conceito ao desenvolvimento para os tempos de desenvolvimento colocam problemas únicos para os executivos. Esses projetos podem parecer bons investimentos durante o desenvolvimento do conceito inicial; mas, no momento em que o produto ou serviço entra em linha, tanto o cenário competitivo quanto a capacidade da companhia em fornecer o serviço ou produto, muitas vezes muda de forma significativa.

Para lidar com longos períodos do conceito ao desenvolvimento, os executivos devem avaliar esses projetos com opções reais. Um modelo simples seria um projeto de dois estágios. O primeiro estágio é de natureza estratégica e proporciona a oportunidade para um investimento adicional e um maior retorno no segundo estágio. Quando o estágio inicial estiver concluído, no entanto, a empresa deverá reavaliar o esperado retorno sobre os investimentos futuros com base em uma melhor compreensão do produto/serviço e do cenário competitivo.

O Iridium é um exemplo clássico de um projeto que teria se beneficiado com esse tipo de análise. O projeto Iridium em si, essencialmente, consistia de dois estágios. Durante o estágio um (1987-1996), a Motorola desenvolveu a tecnologia por trás do Iridium. Durante a fase dois (1996-1999), a Motorola construiu e lançou os satélites – e a maioria dos custos da Iridium ocorreu durante essa parte do projeto.

O Investimento em P&D para o Iridium foi Adequado – O Investimento Subsequente, Não

Olhando para trás, seria injusto afirmar que a decisão inicial de investir em P & D para o Iridium foi um erro. Na década de 1980, a Iridium parecia ter um bom plano de negócio. As viagens entre os executivos de negócios estavam aumentando e as redes terrestres de telefonia celular não cobriam muitos dos destinos. Certamente não era insensato prever uma grande procura por um telefone sem fio que não tivesse fronteiras. Por sua vez, o investimento em P&D era razoável, dado que proporcionava a opção de implantar (ou não implantar) o complexo sistema de satélites Iridium, nove anos depois.

Em 1996, entretanto, quando a Iridium teve de tomar a decisão de investir na construção e lançamento de satélites, muita coisa tinha mudado. Não apenas o crescimento das redes de telefonia celular havia erodido drasticamente o mercado-alvo da Iridium, como a própria tecnologia Iridium nunca foi capaz de superar problemas fundamentais de *design*, custos e problemas operacionais. Simplificando, a Iridium não tinha um plano de negócio viável. Munida desse conhecimento adicional, uma avaliação razoável do projeto teria impedido novos investimentos.

Os Executivos Devem Criar Avaliações do Valor da Opção em Seus Planos de Negócio

A chave para usar a abordagem do valor da opção é incluí-la no plano de negócio. Particularmente, os executivos devem especificar, *a priori*, quando irão reavaliar o projeto e os seus méritos. Durante essa avaliação, a empresa deve avaliar objetivamente os dados de mercado atualizados e a sua própria capacidade de atender as demandas modificadas dos clientes. O conselho de administração desempenha um papel fundamental nesse processo, fazendo com que a inércia não conduza um projeto fracassado além de sua vida útil. Isso é particularmente importante quando os executivos da empresa têm razões auxiliares, tais como a preocupação com a reputação ou compensação pessoal para continuar, apesar de um plano de negócio falho.

Os altos executivos foram publicamente comprometidos e identificados com o Iridium. Tão importante quanto o seu investimento financeiro no Iridium era o investimento psicológico da Motorola no projeto. O *chairman* da Motorola, Robert Galvin, e, mais tarde, seu filho Christopher Galvin, expressaram publicamente o apoio ao Iridium e olhavam para ele como um exemplo do poder tecnológico da Motorola. Na verdade, foi Robert Galvin, *Chairman* da Motorola na época, o primeiro a dar a aprovação à Bary Bertiger para ir em frente com o Iridium, depois que os superiores de Bertiger haviam rejeitado o projeto por ser demasiadamente caro. No final, ambos os Galvins apostaram boa parte da reputação da Motorola no sucesso do Iridium e o projeto proporcionou à Motorola e ao restante dos seus sócios um grande prestígio.

Os Custos de Projetos Muito Arriscados Podem Ser Reduzidos por Meio de Oportunidades de Contratação e Aprendizado

A Motorola obteve benefícios importantes de sua relação com a Iridium. Na verdade, a Motorola assinou $ 6,6 bilhões em contratos para projetar, lançar e operar os 66 satélites da Iridium e fabricar uma parte de seus aparelhos. David Copperstein, da Forrester Research descreveu o negócio da Motorola com a Iridium como "uma forma muito astuta de criar uma situação sem perdas". Outros analistas tinham menos cortesia: "Esse contrato [o acordo da Motorola de $ 50 milhões por mês, com a Iridium para prestar suporte operacional aos satélites] é absurdamente lucrativo para a Motorola", disse Armand Mussey, um analista de mercado que acompanhava o setor para o Bank of America Securities, "a Iridium precisa cortar isso pela metade".

Esses contratos – embora lucrativos – também deram à Motorola um incentivo para empurrar o Iridium adiante, independentemente do seu plano de negócio. Mesmo se o Iridium fracassasse, a Motorola ainda geraria novas receitas significativas ao longo do caminho. Ao quantificar a importância dos contratos da Motorola com a Iridium, em maio 1999, Wojtek Uzdelewicz da SG Cowen estimou que a Motorola já houvesse recebido e arrecadado $ 750 milhões em lucros de suas relações com a empresa. Com base nesses lucros de compensação, ele colocou a exposição total da Motorola ao Iridium entre $ 1,0 e $ 1,15 bilhão – bem menos do que muitos observadores perceberam.

Além disso, a Iridium acabaria por expor a Motorola ao desenvolvimento da tecnologia de satélite e à proteção de patentes que veio com ela. Essa exposição veio num momento em que a Motorola estava interessada em entrar no setor de comunicações por satélite além do Iridium, em projetos como o Teledesic, de Craig McCaw – um projeto de $ 9 bilhões consistindo de uma complexa constelação de satélites LEO projetados para fornecer acesso global à Internet em alta velocidade.

A Liderança Estratégica dos CEOs e dos Conselhos de Administração Podem Construir, ou Destruir, as Iniciativas Estratégicas

Em uma época em que a remuneração dos executivos é dominada pelas opções de ações, a história da Iridium deve dar uma pausa àqueles que veem apenas os benefícios de pagamentos baseados em opções. Os incentivos financeiros são extremamente poderosos e as companhias que dependem deles para a motivação devem ser particularmente cuidadosas para considerar as consequências intencionais e não intencionais. Será que o CEO Staiano teria sido mais atento aos vários sinais de alerta na Iridium se as opções de ações não tivessem um papel tão grande em seu pacote de remuneração? A forte ênfase nas opções deram a Staiano um incentivo para persistir com a estratégia da Iridium, era a única oportunidade que ele tinha de fazer as opções valerem.

As lições do conselho de administração da Iridium são simplesmente gritantes. Certamente, poucos conselhos podem funcionar com 28 membros, a maioria representando diferentes circunscrições que certamente mantinham objetivos diferentes. Todos, exceto um membro do conselho, sendo membros do consórcio Iridium, dão uma ideia do volume de atenção do conselho no cumprimento de suas funções de supervisão. Na verdade, esse tipo de conselho, constituído fundamentalmente por representantes dos investidores, está se tornando mais comum em empresas *startups* de alta tecnologia. Empresas como a General Magic, a Excite At Home e Net2Phone possuem vários investidores, normalmente representados no conselho e que nem sempre concordam com a direção estratégica. Na verdade, o desenvolvimento de um assistente digital pessoal da General Magic foi severamente prejudicado pela sua dependência de investidores como Apple, Sony, IBM e AT&T. Com a Iridium, a magnitude dos benefícios contratuais auxiliares da Motorola derivados da Iridium pareciam mais extravagantes dada a condição financeira da Iridium. Um conselho eficaz deve ser simultaneamente vigilante e apoiador, um grande feito para um conselho dominado pelos membros e com vários investidores.

26.32 CONCLUSÃO

O que é fascinante sobre o estudo de casos como o Iridium é que o que aparentemente tolices incompreensíveis são realmente janelas para o mundo da tomada de decisões gerenciais, imperfeições e tudo o mais. Em exames aprofundados da estratégia em ação podemos destacar como esses processos, tais como o comprometimento crescente, são verdadeiros impulsionadores da ação gerencial. Quando as organizações tropeçam, os observadores geralmente se perguntam por que a empresa, ou a alta administração, fez algo tão "estúpido". Muito mais desafiador é começar a análise, supondo que a administração é tanto competente quanto inteligente e, então, perguntar, por que eles tropeçam. As respostas que se têm com essa abordagem tendem a ser, ao mesmo tempo, tanto mais interessantes quanto reveladoras. Os estudantes de estratégia e das organizações certamente podem se beneficiar de tal análise investigativa.

26.33 EPÍLOGO (2011)

Quando a Iridium entrou em falência, era considerada uma obra-prima técnica, mas um fracasso empresarial. Embora muitas pessoas tenham desejado eliminar a Iridium, a empresa está viva e indo razoavelmente bem. Atendendo a uma decisão judicial em 2007, a Iridium anunciou seus planos para os satélites de segunda geração chamados Iridium NEXT. Os lançamentos dos satélites Iridium NEXT iriam começar em 2015 e ser concluídos em 2017. Os satélites originais que inicialmente esperava-se ter uma expectativa de vida de cinco a sete anos após seu lançamento em 1997-1998, agora deverão estar plenamente operacionais até 2014-2020.

A Iridium conseguiu receber novos contratos do governo dos EUA e também atrair novos usuários. A empresa também criou um consórcio de investidores que forneceria apoio financeiro. Em 2 de junho de 2010, a Iridium anunciou a adjudicação de um contrato de US$ 2,9 bilhões com a Thales Alenia Space para a aquisição de satélite. Ao mesmo tempo, um contrato de US$ 492 milhões foi adjudicado à Space X para o lançamento desses satélites na Base da Força Aérea de Vandenberg, na Califórnia.

Em 2010, as ações da Iridium tiveram uma alta de US$ 11,13 e uma baixa de US$ 6,27. A capitalização de mercado foi de US$656 milhões e o lucro por ação foi de US$ 0,09. Mas enquanto a Iridium estava mantendo seu crescimento, houveram novos riscos que devem ser considerados:

- Existem muitos satélites no espaço e existe o risco de que um satélite Iridium colida com outro satélite. (Um satélite da Iridium colidiu com um satélite russo). Alguns dizem que este é um risco definido e aceitável.
- Há também o risco de nuvens de detritos em órbita atingirem os satélites Iridium.
- Satélites sobressalentes adicionais podem ser necessários e, talvez, nem todo plano terá um sobressalente. Normalmente, o deslocamento de satélites pode levar até duas semanas e consumir uma grande quantidade de combustível, encurtando assim a expectativa de vida do satélite.
- Os satélites Iridium originais eram fabricados em linha de montagem. Em seu pico durante 1997-1998, a Iridium produzia um satélite a cada 4,3 dias, enquanto o desenvolvimento de um único satélite era tipicamente de 21 dias. A Iridium também foi capaz de manter os custos de construção em cerca de US$5 milhões por satélite. Este processo teria que ser repetido novamente ou mesmo ser melhorado.
- Algumas pessoas argumentam que a sobrevivência da Iridium é baseada no grande número de contratos que recebe do governo dos EUA. Se o governo reduzir seu suporte ou mesmo desistir da Iridium, os riscos financeiros podem aumentar significativamente.

A necessidade pela Iridium ainda existe.

APÊNDICE A

SOLUÇÕES PARA O EXERCÍCIO DE CONFLITO EM GERENCIAMENTO DE PROJETOS

PARTE 1: ENFRENTAMENTO DO CONFLITO

Depois de ler as respostas que se seguem, registre a sua pontuação na linha 1 da tabela 5-8, p. 199.

a. Embora muitos gerentes de projetos e gerentes funcionais negociem por meio da "retribuição" de favores, esse costume não é altamente recomendável. O gerente do departamento pode sentir algum grau de endividamento no início, mas certamente ficará na defensiva nos projetos posteriores em que você estiver envolvido e pode até ficar com a impressão de que essa será a única maneira com a qual ele poderá lidar com você no futuro. Se essa foi sua escolha, coloque um ponto na linha 1.

b. Ameaças só podem conduzir ao desastre. Essa é uma maneira infalível de acabar com um possível bom acordo antes de ele começar. Não atribua pontos se você selecionou essa como a sua solução.

c. Se você não disser nada, então você aceita a plena prestação de contas e responsabilidade pelos atrasos no cronograma e aumento nos custos. Você não fez nada para abrir as comunicações com o gerente de departamento. Isso poderia levar a conflitos adicionais em projetos futuros. Insira dois pontos na linha 1, se esta foi a sua escolha.

d. Pedir à alta administração para intervir nesse momento só pode complicar a situação. Os executivos preferem intervir apenas como último recurso. A alta administração provavelmente pedirá para falar com o gerente do departamento primeiro. Atribua dois pontos na linha 1, se essa foi a sua escolha.

e. Embora ele possa ficar na defensiva ao receber seu memorando, será difícil para ele evitar o seu pedido de ajuda. A questão, claro, é quando ele lhe dará essa ajuda. Atribua oito pontos na linha 1, se você fez essa escolha.

f. A tentativa de forçar a sua solução sobre o gerente do departamento irá ameaçá-lo severamente e fornecer a base para conflitos adicionais. Bons gerentes de projetos irão sempre tentar prever as reações emocionais a quaisquer decisões que eles possam ser forçados a tomar. Para essa escolha, atribua dois pontos na linha 1 da planilha.

g. Marcar uma reunião para um momento mais tarde dará a ambas as partes uma oportunidade para esfriar a cabeça e pensar mais a respeito. Ele provavelmente achará difícil recusar o seu pedido de ajuda e será forçado a pensar sobre isso até a reunião. Atribua dez pontos para essa escolha.
h. Uma discussão imediata tenderá a abrir comunicações ou manter a comunicação aberta. Isso será vantajoso. No entanto, também pode ser uma desvantagem se as emoções estão aflorando e se não foi dado tempo suficiente para a seleção de alternativas. Atribua seis pontos na linha 1, se essa foi a sua escolha.
i. Forçar a solução à sua maneira, obviamente, afastará o gerente do departamento. O fato de que você pretende honrar o pedido dele em um momento posterior poderia dar-lhe algum alívio, especialmente se ele entende o seu problema e o possível impacto da decisão dele em outros departamentos. Atribua três pontos na linha 1 para essa escolha.

PARTE 2: ENTENDIMENTO DAS EMOÇÕES

Utilizando a tabela de pontuação indicada na página 224, determine a sua pontuação total. Registre o seu total na caixa apropriada, na linha 2 da tabela na página 199. Não há, "absolutamente", respostas corretas para esse problema, apenas o que parece ser o "mais" correto.

PARTE 3: ESTABELECIMENTO DAS COMUNICAÇÕES

a. Embora suas explicações possam ser aceitáveis e a responsabilidade pelo sobrecusto possa ser atribuída ao gerente do departamento, você não fez qualquer tentativa para abrir a comunicação com o gerente do departamento. Novos conflitos parecem inevitáveis. Se essa foi sua escolha, conceda uma pontuação de zero na linha 3 da planilha.
b. Você não está oferecendo ao gerente do departamento nenhuma escolha, a não ser a de elevar o conflito. Ele provavelmente não teve tempo algum para pensar sobre a mudança de seus requisitos e é extremamente duvidoso que ele vá ceder a você, uma vez que você já o colocou na parede. Conceda zero pontos na linha 3 da planilha.
c. Ameaçá-lo pode fazê-lo mudar de ideia, mas certamente causará a deterioração das relações de trabalho tanto neste projeto quanto em quaisquer outros que exigirão que você se relacione com o seu departamento. Insira zero pontos se essa foi a sua escolha.
d. Enviar-lhe um memorando solicitando uma reunião em uma data posterior dará a ele e a você uma chance de esfriar a cabeça, mas pode não melhorar sua posição de barganha. O gerente do departamento pode, agora, ter tempo de sobra para se certificar novamente de que estava certo porque você provavelmente não está sob uma terrível restrição de tempo, como levou-o a acreditar, já que você pode esperar vários dias para vê-lo novamente. Atribua quatro pontos na linha 3 da planilha, se essa foi a sua escolha.
e. Você está indo na direção certa ao tentar abrir as comunicações. Infelizmente, pode ainda provocá-lo dizendo que ele perdeu a calma e que deveria pedir desculpas para você quando, durante todo o tempo, você pode ter sido o único a perder a calma. Demonstrar arrependimento como parte de suas observações iniciais beneficiaria a situação. Atribua seis pontos na linha 3 da planilha.
f. Adiar o problema pode não ajudá-lo. O gerente do departamento pode considerar o problema resolvido porque ele não teve notícias suas. O confronto não deve ser postergado. Sua escolha tem mérito no sentido de que você está tentando abrir um canal de comunicação. Insira quatro pontos na linha 3, se essa foi a sua escolha.
g. Demonstrar arrependimento e buscar solução imediata é a melhor abordagem. Com sorte, o gerente agora compreenderá a importância desse conflito e a necessidade de urgência. Atribua dez pontos na linha 3 da planilha.

	Reação	Pontuação pessoal ou em grupo
a. Eu lhe dei minha resposta. Procure o gerente geral, se você não está contente.	Hostil ou evasiva	4
b. Eu entendo o seu problema. Vamos fazer do seu jeito.	Aceitação	4
c. Eu entendo o seu problema, mas vou fazer o que é melhor para o meu departamento.	Defensiva ou hostil	4
d. Vamos discutir o problema. Talvez haja alternativas.	Cooperativa	4
e. Deixe-me explicar a você por que precisamos dos novos requisitos.	Cooperativa ou defensiva	4
f. Procure os supervisores da minha seção. Isso foi recomendação deles.	Evasiva	4
g. Novos gerentes devem trazer novas e melhores formas, não devem?	Hostil ou defensiva	4
	Total: Pessoal	
	Total: Grupo	

PARTE 4: RESOLUÇÃO DE CONFLITOS

Use a tabela desta página para determinar o total de pontos. Insira esse total na linha 4 da planilha na página 199.

PARTE 5: ENTENDIMENTO DAS SUAS ESCOLHAS

a. Embora você possa ter uma justificativa "legal" para forçar a solução ao seu modo, você deveria considerar o impacto emocional sobre a organização como resultado de hostilizar o gerente do departamento. Insira dois pontos na linha 5 da planilha.
b. Aceitar os novos requisitos seria um caminho mais fácil se você estiver disposto a explicar o aumento dos custos e os atrasos no cronograma para os outros participantes. Isso certamente agradaria ao gerente do departamento, e pode até mesmo dar a ele a impressão de que ele tem uma posição de poder e que pode sempre resolver os problemas dessa maneira. Atribua quatro pontos na linha 5 da planilha.
c. Se essa situação não pode ser resolvida no seu nível, você não tem escolha a não ser pedir à alta administração para intervir. Nesse ponto você deve ter certeza de que um comprometimento é tudo, menos possível, e de que está disposto a aceitar uma posição de arriscar tudo. Insira dez pontos na linha 5 da planilha se essa foi a sua escolha.

	Método	Pontuação Pessoal ou em Grupo
a. Os requisitos são decisão minha e vamos fazer do nosso jeito.	Imposição	4
b. Eu pensei sobre isso e você está certo. Vamos fazer do seu jeito.	Evasão ou Suavização	4
c. Vamos discutir o problema. Talvez haja alternativas.	Concessão ou Confronto	4
d. Deixe-me explicar por que precisamos dos novos requisitos.	Suavização, Confronto ou Imposição	4
e. Procure os supervisores da minha seção, eles estão tratando disso agora.	Evasão	4
f. Eu analisei o problema e devo ser capaz de ceder em alguns dos requisitos.	Suavização ou Concessão	4
	Total: Pessoal	
	Total: Grupo	

d. Pedir a outros gerentes de departamento para intercederem pelo seu caso não é uma boa situação. Com sorte, a alta administração irá pedir a opinião deles quando decidir sobre a forma de resolver o conflito. Insira seis pontos na linha 5, se essa foi sua escolha, e torça para que os gerentes funcionais não o ameacem, se juntando contra ele.

PARTE 6: INFLUÊNCIAS INTERPESSOAIS

a. Ameaçar os funcionários com poder de punição provavelmente não terá qualquer efeito em absoluto, pois o seu conflito é com o gerente do departamento, que nesse momento, provavelmente, não poderia se desinteressar mais pela sua avaliação sobre o pessoal dele. Insira zero pontos na linha 6 da planilha se você selecionou essa opção.
b. Oferecer recompensas provavelmente vai induzir as pessoas à sua maneira de pensar, desde que elas considerem que você pode manter suas promessas. Promoções e maiores responsabilidades são atribuições funcionais, não de um gerente de projetos. A avaliação do desempenho pode ser eficaz se o gerente do departamento der valor à sua opinião. Nessa situação, é duvidoso que ele vá fazer isso. Não atribua pontos para essa resposta e anote os resultados na linha 6 da planilha.
c. O poder especialista, uma vez estabelecido, é um meio eficaz de obter respeito funcional, contanto que seja utilizado por um período relativamente curto de tempo. Para esforços de longo prazo, o poder especialista pode facilmente criar conflitos entre o gerente do projeto e os gerentes funcionais. Nessa situação, embora de prazo relativamente curto, o gerente do departamento provavelmente não vai considerá-lo um especialista, e isso pode ser conduzido para os seus subordinados funcionais. Insira seis pontos na linha 6 da planilha, se essa foi a sua escolha.
d. O desafio do trabalho é a melhor forma de obter apoio e, em muitas situações, pode superar choques de personalidade e discordâncias. Infelizmente, o problema ocorreu por causa de queixas por parte do pessoal funcional e é, portanto, improvável que o desafio do trabalho seja eficaz aqui. Atribua oito pontos na linha 6 da planilha se essa foi a seu escolha.
e. Pessoas que trabalham em um ambiente de projetos devem respeitar o gerente do projeto por

causa da autoridade delegada a ele pelos níveis superiores de gestão. Mas isso não significa que vão seguir suas orientações. Quando em dúvida, os funcionários tendem a seguir as orientações da pessoa que assina sua ficha de avaliação, ou seja, o gerente de departamento. Contudo, o gerente de projetos tem a autoridade formal para "forçar" o gerente de linha a aderir ao plano original do projeto. Isso deve ser feito apenas como um último recurso e, aqui, parece que pode ser a única alternativa. Atribua dez pontos, se essa foi a sua resposta e anote o resultado na linha 6 da planilha.

f. O poder de referência não pode ser obtido da noite para o dia. Além disso, se o gerente do departamento sente que você está tentando competir com ele pela amizade de seus subordinados, isso poderá resultar em conflitos tradicionais. Insira dois pontos na linha 6 da planilha se essa era a sua escolha.

APÊNDICE B

SOLUÇÕES PARA O EXERCÍCIO DE LIDERANÇA

SITUAÇÃO 1

a. Essa técnica pode funcionar se você possuir credenciais comprovadas de liderança. Uma vez que três dessas pessoas não trabalharam para você antes, alguma ação é necessária.
b. A equipe já deve estar um pouco motivada e um reforço vai ajudar. A construção da equipe deve começar mostrando aos funcionários como eles serão beneficiados. Essa é, geralmente, a melhor abordagem em projetos de longo prazo. (5 pontos)
c. Essa é a melhor abordagem, se os trabalhadores já compreendem o projeto. Nesse caso, porém, você pode estar esperando muito dos funcionários cedo demais. (3 pontos)
d. Essa abordagem é muito forte neste momento, uma vez que a ênfase deve estar na construção da equipe. Em projetos de longo prazo, as pessoas devem ter a oportunidade de se conhecer primeiro. (2 pontos)

SITUAÇÃO 2

a. Não faça nada. Não faça escândalo. Isso pode melhorar a produtividade, sem prejudicar o moral. Veja o impacto sobre a equipe primeiro. Se os outros aceitam Tom como o líder informal porque ele trabalhou para você anteriormente, os resultados podem ser muito favoráveis. (5 pontos)
b. Isso pode levar a equipe a acreditar que existe um problema quando, na verdade, não existe.
c. Isso é duplicação de esforços e pode refletir sobre a sua capacidade como um líder. A produtividade pode ser prejudicada. (2 pontos)
d. Essa é uma decisão precipitada e pode levar Tom a reagir e tornar-se menos produtivo. (3 pontos)

SITUAÇÃO 3

a. Você pode estar sobrecarregando a equipe, deixando que eles façam um grande esforço. A motivação pode ser afetada e resultará em frustração. (1 ponto)
b. Os membros da equipe esperam que o gerente de projetos seja solidário e dê ideias. Isso reforça o seu relacionamento com a equipe. (5 pontos)
c. Essa abordagem é razoável, desde que a sua participação seja mínima. Você deve permitir que a equipe evolua sem esperar uma orientação contínua. (4 pontos)

d. Essa ação é prematura e pode impedir a criatividade futura. A equipe pode deixar que você faça tudo.

SITUAÇÃO 4

a. Se, de fato, o problema existe, uma ação deve ser tomada. Esses tipos de problemas não vão embora por si mesmos.
b. Isso vai aumentar o problema e pode torná-lo pior. Poderia demonstrar o seu apoio a um bom relacionamento com sua equipe, mas também pode sair pela culatra. (1 ponto)
c. Reuniões privadas deveriam permitir a você reavaliar a situação e reforçar as relações com os empregados em forma individual. Você deveria ser capaz de avaliar a magnitude do problema. (5 pontos)
d. Essa é uma decisão precipitada. Alterar os cronogramas da equipe pode agravar o problema do moral. Essa situação implica o replanejamento, e não a força. (2 pontos)

SITUAÇÃO 5

a. A gestão de crises não funciona no gerenciamento de projetos. Por que esperar até que ocorra uma crise e depois perder tempo tendo que replanejar?
b. Essa situação pode exigir sua atenção imediata. Simpatizar com a sua equipe pode não ajudar se eles estão buscando em você a liderança. (2 pontos)
c. Esse é o equilíbrio: a gestão participativa e o planejamento de contingência. Esse equilíbrio é fundamental para essas situações. (5 pontos)
d. Isso pode aumentar seriamente o problema, a menos que tenha provas de que o desempenho está abaixo do padrão. (1 ponto)

SITUAÇÃO 6

a. Os problemas devem ser descobertos e trazidos à superfície para a solução. É verdade que esse problema pode desaparecer, ou que Bob simplesmente não reconheça que seu desempenho é inferior.
b. O *feedback* imediato é o melhor. Bob deve saber sua avaliação do seu desempenho. Isso mostra seu interesse em ajudá-lo a melhorar. (5 pontos)
c. Isso não é um problema da equipe. Por que pedir à equipe para fazer o seu trabalho? O contato direto é o melhor.
d. Tal como anteriormente, esse problema é seu, não da equipe. Você poder querer pedir a contribuição deles, mas não pode pedir-lhes para fazer o seu trabalho.

SITUAÇÃO 7

a. George deve estar sofrendo para terminar o outro projeto. Ele provavelmente precisa de um pouco mais de tempo para desenvolver um relatório de qualidade. Deixe-o fazer isso. (5 pontos)
b. Ameaçar George pode não ser a melhor opção porque ele já entende o problema. A motivação por meio de ameaças normalmente não é boa. (3 pontos)
c. Os outros membros da equipe não devem ser sobrecarregados com isso, a menos que seja um esforço de equipe.
d. Tal como anteriormente, este peso não deve ser colocado sobre outros membros da equipe a menos, é claro, que eles se apresentem como voluntários.

SITUAÇÃO 8

a. Não fazer nada em momentos de crise é a pior decisão que pode ser tomada. Isso pode frustrar a equipe a um ponto em que tudo o que você tiver construído pode ser destruído.
b. O problema é o adiamento de tarefas, e não o moral. Nesse caso, é improvável que eles estejam relacionados.
c. A tomada de decisões em grupo pode funcionar, mas pode ser difícil com restrições apertadas de tempo. A produtividade não pode ser relacionada com o desvio no cronograma. (3 pontos)
d. Esse é o momento em que a equipe busca em você uma liderança forte. Não importa quão boa a equipe seja, seus membros podem não ser capazes de resolver todos os problemas. (5 pontos)

SITUAÇÃO 9

a. Um tapinha nas costas não vai doer. As pessoas precisam saber quando estão indo bem.
b. O reforço positivo é uma boa ideia, mas talvez não por meio de recompensas monetárias. (3 pontos)
c. Você forneceu à equipe um reforço positivo e devolveu a autoridade/responsabilidade para seus integrantes, para a fase III. (5 pontos)
d. A sua equipe tem demonstrado a capacidade de lidar com autoridade e responsabilidade, exceto para essa crise. A liderança dominante não é constantemente necessária.

SITUAÇÃO 10

a. A melhor abordagem. Tudo está bem. (5 pontos)
b. Por que perturbar uma boa relação de trabalho e um ambiente saudável? Seus esforços podem ser contraproducentes.

c. Se os membros da equipe têm feito o seu trabalho, eles já procuraram por contingências. Por que fazê-los sentir que você ainda quer estar no controle? No entanto, se eles não analisaram o cronograma da fase III, esse passo pode ser necessário. (3 pontos)
d. Por que perturbar a equipe? Você pode convencê-los de que algo está errado ou prestes a acontecer.

SITUAÇÃO 11

a. Você não pode assumir um papel passivo quando o cliente identifica um problema. Você deve estar disposto a ajudar. Os problemas do cliente, geralmente acabam por ser os seus problemas. (3 pontos)
b. O cliente não está vindo para a sua empresa para discutir a produtividade.
c. Isso coloca um enorme peso na equipe, especialmente porque é a primeira reunião. Eles precisam de orientação.
d. Reuniões de intercâmbio de informações com o cliente são de sua responsabilidade e não devem ser delegadas. Você é o ponto focal de informações. Isso requer uma liderança forte, especialmente durante uma crise. (5 pontos)

SITUAÇÃO 12

a. Um papel passivo vindo de você pode deixar a equipe com a impressão de que não há urgência.
b. Os membros da equipe estão motivados e têm o controle do projeto. Eles devem ser capazes de lidar com isso por si próprios. O reforço positivo ajudará. (5 pontos)
c. Essa abordagem pode funcionar, mas pode ser contraproducente, se os trabalhadores acharem que você questiona a capacidades deles. (4 pontos)
d. Não exerça uma liderança forte quando a equipe já demonstrou sua capacidade de tomar boas decisões em grupo.

SITUAÇÃO 13

a. Essa é a pior abordagem e pode causar a perda tanto do trabalho existente quanto de trabalhos posteriores.
b. Isso pode resultar em excesso de confiança e pode ser desastroso se um trabalho posterior não ocorrer.
c. Isso pode ser muito desmoralizante para a equipe, porque os membros podem achar que o programa existente está prestes a ser cancelado. (3 pontos)
d. Isso deve ser de inteira responsabilidade do gerente de projetos. Há situações em que as informações podem ter de ser retidas, pelo menos temporariamente. (5 pontos)

SITUAÇÃO 14

a. Essa é uma forma ideal de destruir a interface entre o projeto e a área funcional.
b. Isso consome muito tempo, já que cada membro da equipe pode ter uma opinião diferente. (3 pontos)
c. Essa é a melhor abordagem, já que a equipe pode conhecer o pessoal funcional melhor do que você. (5 pontos)
d. É altamente improvável que você consiga fazer isso.

SITUAÇÃO 15

a. Essa é a solução mais fácil, mas a mais perigosa se sobrecarregar o resto da equipe com trabalho extra. (3 pontos)
b. A decisão deve ser sua, não de sua equipe. Você está evitando sua responsabilidade.
c. Consultar se com a equipe dará apoio à sua decisão. É altamente provável que a equipe queira que Carol tenha essa chance. (5 pontos)
d. Isso poderia causar um ambiente desmoralizante sobre o projeto. Se Carol ficar irritada, o mesmo pode acontecer com outros membros da equipe.

SITUAÇÃO 16

a. Essa é a melhor escolha. Você está à mercê do gerente de linha. Ele pode facilitar um pouco se não for perturbado. (5 pontos)
b. Isso é inútil. Eles, obviamente, já tentaram isso e não tiveram sucesso. Pedir a eles para fazer isso de novo poderia ser frustrante. Lembre-se, o muro está lá há dois anos já. (3 pontos)
c. Esta será, provavelmente, uma reunião perdida. Os muros geralmente não são permeáveis.
d. Isto irá engrossar o muro e pode fazer com que a relação da sua equipe com o gerente de linha se deteriore. Isso deve ser usado como último recurso, apenas se as informações de andamento não puderem ser encontradas de outra forma. (2 pontos)

SITUAÇÃO 17

a. Esta é uma suposição deficiente. Carol pode não ter falado com ele ou pode simplesmente ter dado a ele a versão dela sobre o projeto.
b. O novo colaborador ainda está isolado dos outros membros da equipe. Você pode estar criando duas equipes de projeto. (3 pontos)
c. Isso pode deixar o novo colaborador desconfortável e fazê-lo sentir que o projeto é controlado por meio de reuniões. (2 pontos)
d. Os membros novos sentem-se mais confortáveis em conversas individuais, em vez de ter uma equipe que se junta contra eles. Os resumos devem ser feitos pela equipe, já que o encerramento e a finalização do projeto serão um esforço de equipe. (5 pontos)

SITUAÇÃO 18

a. Isso demonstra a sua falta de preocupação com o crescimento de seus funcionários. Essa é uma escolha ruim.
b. Essa é uma decisão pessoal entre você e o empregado. Contanto que o desempenho dele não seja afetado, ele deve ser autorizado a participar. (5 pontos)
c. Isso não é necessariamente um problema aberto à discussão. Você pode querer consultar informalmente o parecer da equipe. (2 pontos)
d. Essa abordagem é razoável, mas pode deixar os outros membros da equipe sentirem que você está mostrando favoritismo e que simplesmente quer o consenso deles.

SITUAÇÃO 19

a. Essa é a melhor escolha. Seus funcionários têm controle total. Não faça nada. Você tem de considerar que os trabalhadores já receberam o *feedback*. (5 pontos)
b. Os trabalhadores, provavelmente, já foram aconselhados pela sua equipe e pelo seu próprio gerente funcional. Seus esforços podem apenas afastá-los. (1 ponto)
c. Sua equipe já tem a situação sob controle. Solicitar a eles planos de contingência, a essa altura, pode ter um efeito prejudicial. Eles podem já ter desenvolvido planos de contingência. (2 pontos)
d. Um papel de liderança forte agora pode afastar a sua equipe.

SITUAÇÃO 20

a. Uma má escolha. Você, o gerente do projeto, é totalmente responsável por todas as informações fornecidas para o cliente.
b. O reforço positivo pode ser benéfico, mas não faz nada para garantir a qualidade do relatório. Seu pessoal pode ficar excessivamente criativo e pode fornecer informações supérfluas.
c. Solicitar a contribuição deles tem algum mérito, mas a responsabilidade aqui é realmente sua. (3 pontos)
d. Algum grau de liderança é necessário para todos os relatórios. As equipes de projeto tendem a ficar dispersas durante a redação do relatório, a não ser que sejam orientadas. (5 pontos)

APÊNDICE C

ESTUDOS DE CASOS *DORALE PRODUCTS*

DORALE PRODUCTS (A)

ÁREA DO GUIA PMBOK®
Gerenciamento da Integração do Projeto
Gerenciamento do Escopo do Projeto

ÁREA DO TEMA
Definição de um Projeto

HISTÓRICO

A Dorale Products estava passando por problemas favoráveis de crescimento. Os negócios estavam indo bem. O desenvolvimento do novo produto era visto como a força condutora para o crescimento futuro da empresa. A companhia estava agora gastando significativamente mais dinheiro para o desenvolvimento de novos produtos, ainda que o número de produtos novos chegando ao mercado local fosse significativamente menor do que em anos anteriores. Além disso, alguns desses produtos estavam demorando mais do que o esperado para recuperar os custos de P&D, enquanto outros se tornaram obsoletos muito rapidamente.

A administração admitia que algum tipo de processo estruturado de tomada de decisões teria de ser colocado em prática, pelo qual a administração poderia ou cancelar antecipadamente um projeto antes que grandes quantidades de recursos fossem comprometidas, ou redirecionar esforços para objetivos diferentes. David Mathews foi designado como o gerente de projetos responsável pelo desenvolvimento de uma metodologia de desenvolvimento de novos produtos (gerenciamento de projetos) para a Dorale Products.

David entendeu os benefícios de uma metodologia de gerenciamento de projetos especialmente como um processo estruturado de tomada de decisões. Ele serviria como um modelo ou um processo repetitivo, de forma que o sucesso nos projetos pudesse ocorrer repetidamente. A metodologia conteria seções para definição do escopo, planejamento, desenvolvimento do cronograma, monitoramento e controle do projeto. Haveria também uma seção sobre o papel do gerente de projetos, dos gerentes de linha e dos patrocinadores executivos.

Para tornar a metodologia de gerenciamento de projetos fácil de usar e adaptável a todos os projetos, a metodologia seria construída por meio de formulários, diretrizes, modelos e listas de verificação, em vez de políticas e procedimentos mais rígidos. Isso certamente reduziria o custo de utilização da metodologia e a tornaria mais fácil de se adaptar a uma infinidade de projetos. Os gerentes de projetos poderiam, então, decidir se implementariam a metodologia de maneira informal ou de maneira mais formal.

O primeiro esboço da nova metodologia estava concluído e pronto para a revisão do vice-presidente (VP) de operações, que tinha sido designado como patrocinador do projeto. Após uma revisão da metodologia, foi realizada uma reunião entre o patrocinador e o gerente do projeto (GP).

A Reunião

VP: "Eu li a metodologia. Você espera que a metodologia deva ser utilizada em todos os projetos?"

GP: "Nós provavelmente poderíamos justificar o uso da metodologia em cada projeto. Isso nos daria um processo decisório muito bem estruturado."

VP: "A utilização da metodologia é cara e talvez nem todos os projetos devam precisar dela. Posso racionar o uso da metodologia em um projeto de $ 500.000. Mas, e se o projeto for de apenas $ 25.000 ou $ 50.000? E se o projeto tiver 30 dias de duração, em vez de nossos normais 6 a 12 meses de esforço?"

GP: "Eu acho que precisamos definir o limite para quando o gerenciamento de projetos deve ser usado."

VP: "Eu tenho a preocupação de que devemos definir não apenas quando o gerenciamento de projetos deve ser utilizado, mas também o que é um projeto. Se uma atividade permanece inteiramente em uma área funcional, ainda é um projeto de acordo com a sua definição? Deveríamos também definir um limite sobre quantos departamentos funcionais devem ser envolvidos antes de definirmos uma atividade como um projeto?"

GP: "Vou voltar para o esboço e volto a falar com você em mais ou menos uma semana."

Questões

1. Qual é uma definição razoável de um projeto?
2. Toda atividade é um projeto ou deve haver um número mínimo de fronteiras funcionais que precisam ser cruzadas? Se sim, quantas fronteiras?
3. Como podemos determinar quando o gerenciamento de projetos deve ser usado e quando uma atividade pode ser tratada de maneira eficaz por um grupo funcional sem o uso de gerenciamento de projetos?
4. Todos os projetos precisam de gerenciamento de projetos?
5. Como a utilização de uma metodologia formal de gerenciamento de projetos requer tempo e dinheiro, qual deve ser o limite "razoável" para a sua utilização?

DORALE PRODUCTS (B)

ÁREA DO GUIA PMBOK®
Gerenciamento da Integração do Projeto
Gerenciamento do Escopo do Projeto

ÁREA DO TEMA
Definição de um Programa

Histórico

A Dorale Products tinha acabado de desenvolver uma metodologia de gerenciamento de projetos para o desenvolvimento de novos produtos. Embora a metodologia tivesse sido projetada exclusivamente para o desenvolvimento de novos produtos, o vice-presidente de operações acreditava que seriam possíveis outras aplicações para a metodologia. Foi realizada uma reunião entre o gerente de projetos responsável pelo desenvolvimento da metodologia e o vice-presidente de operações.

A Reunião

VP: "A empresa investiu muito tempo e dinheiro no desenvolvimento dessa metodologia. Seria uma vergonha se ela não pudesse ser aplicada em outras partes da organização. Como exemplo, deve haver uma uniformidade entre os projetos de desenvolvimento de novos produtos e de sistemas de informação. Podemos utilizar essa metodologia, ou parte dela, tanto para o desenvolvimento de novos produtos quanto para o desenvolvimento de sistemas de informação?"

GP: "Eu não tenho certeza de que possamos fazer isso. Os requisitos para projetos de sistemas de informação são diferentes, assim como as fases do ciclo de vida. Uma metodologia de gerenciamento de projetos comum teria de ser altamente genérica para ser aplicável a todos os tipos de projetos."

VP: "Você está me dizendo que teremos de investir mais tempo e mais dinheiro para desenvolver uma família de metodologias?"

GP: "A metodologia que nós desenvolvemos pode ser aplicada a todas as nossas atividades, exceto para esforços de tecnologia da informação. Todos os nossos projetos são semelhantes, ou no mesmo grupo de domínio, com exceção de TI. O pessoal de TI pode precisar de sua própria metodologia e eu compreendo as suas razões para quererem dessa forma."

VP: "Suponho, pelos os seus comentários, que a nossa metodologia existente aplica-se igualmente para programas e projetos. Afinal, um programa não é apenas uma continuação de um projeto?"

GP: "Não considerei a aplicação de nossa metodologia tanto para programas quanto para projetos. Deixe-me pensar sobre isso, e volto a falar com você."

Questões

1. Parece prático usar uma metodologia de gerenciamento de projetos e uma metodologia de desenvolvimento de sistemas simultaneamente?
2. Qual é a definição de um programa? Como se difere da definição de um projeto?
3. A metodologia de gerenciamento de projetos se aplica também tanto a programas quanto a projetos?

DORALE PRODUCTS (C)

ÁREA DO GUIA PMBOK®
Gerenciamento da Integração do Projeto
Gerenciamento do Escopo do Projeto

ÁREA DO TEMA
Aplicações do Gerenciamento de Projetos

Histórico

A Dorale Products acabou de concluir o desenvolvimento de uma metodologia de gerenciamento de projetos. Embora a metodologia devesse ser utilizada para desenvolvimento de novos produtos, havia uma expectativa de que a metodologia pudesse ser aplicada a outros produtos também.

A Reunião

VP: "Nós nos restringimos quanto ao tipo de projetos em que podemos usar nossa metodologia?"

GP: "A resposta é sim e não! Toda atividade na empresa, independentemente da área funcional, pode ser considerada um projeto. Mas nem todos os projetos requerem o uso da metodologia ou mesmo do gerenciamento de projetos."

VP: "Quando tivemos aquelas conversas meses atrás, no início desse processo de desenvolvimento, você me convenceu de que estávamos gerenciando nossos negócios por meio de projetos. Você está mudando de ideia agora?"

GP: "De jeito nenhum. O requisito principal de habilidade para nossos gerentes de projetos é o gerenciamento da integração. Quanto maiores os requisitos de integração, maior será a necessidade do gerenciamento de projetos."

VP: "Agora estou realmente confuso. Primeiro você me diz que todos os projetos necessitam de gerenciamento de projetos, e agora você diz que nem todos os projetos precisam da utilização de uma metodologia. O que não estou entendendo aqui?"

Questões

1. Todos os projetos devem exigir a utilização dos princípios de gerenciamento de projetos?
2. Que tipo de projeto deve ou não exigir o uso de uma metodologia de gerenciamento de projetos?
3. Como a magnitude dos requisitos de integração afeta a sua resposta à pergunta anterior?
4. Quais conclusões podem ser tiradas sobre as aplicações do gerenciamento de projetos?

DORALE PRODUCTS (D)

ÁREA DO GUIA PMBOK®
Gerenciamento da Integração do Projeto
Gerenciamento do Escopo do Projeto

ÁREA DO TEMA
Processos do Gerenciamento de Projetos

Histórico

A Dorale Products desenvolveu uma metodologia para o gerenciamento de projetos. O vice-presidente foi designado como o patrocinador do projeto para supervisionar o desenvolvimento da metodologia de gerenciamento de projetos. Era agora o momento de o patrocinador apresentar a metodologia para os níveis executivos de gestão. O vice-presidente se reuniu com o gerente do projeto para preparar as apostilas para as instruções detalhadas ao comitê executivo.

A Reunião

VP: "Examinei a metodologia e estou preocupado porque não posso reconhecer facilmente a estrutura da metodologia. Se eu não puder identificar a estrutura, então como posso efetivamente fazer uma apresentação para os outros executivos?"

GP: "As boas metodologias devem ser baseadas em diretrizes, formulários e listas de verificação, em vez de em políticas e procedimentos. Temos de ter essa flexibilidade para adaptar a metodologia para uma infinidade de projetos."

VP: "Concordo com você. Mas, ainda deve haver alguma estrutura global para o processo de gerenciamento de projetos."

GP: "O gerenciamento da integração envolve três áreas de processo, ou seja, a integração do desenvolvimento do plano, a integração da execução do plano e a integração das mudanças no plano. Nossa metodologia é dividida em fases do ciclo de vida, e esses três processos de integração são incluídos em cada fase do ciclo de vida, embora não especificamente abordados. Tentei usar os princípios do PMBOK®."

VP: "Deixe-me examinar a metodologia de novo e ver se posso identificar o que você disse."

Questões

1. O gerente de projetos está correto em sua definição das áreas do processo de gerenciamento da integração?
2. Pode ser difícil identificar essas áreas de processo em cada fase do ciclo de vida? Se sim, então o que podemos fazer para torná-las mais visíveis?
3. O que o vice-presidente deveria dizer em sua apresentação sobre a estrutura da metodologia?

DORALE PRODUCTS (E)

ÁREA DO GUIA PMBOK®
Gerenciamento da Integração do Projeto
Gerenciamento do Escopo do Projeto

ÁREA DO TEMA
Fases do Ciclo de Vida

Histórico

O vice-presidente fez a sua apresentação para os outros executivos seniores sobre a metodologia. A ênfase foi colocada sobre as 10 fases do ciclo de vida. Os outros executivos tinham várias perguntas sobre a utilização de 10 fases para o ciclo de vida. O vice-presidente voltou para o gerente do projeto para outra reunião.

A Reunião

VP: "Os executivos têm preocupações de que dez fases para o ciclo de vida são demais. Você tem dez *gate reviews* de final de fase, que exigem que a maioria dos nossos executivos compareça. Isso parece excessivo."

GP: "Concordo. Quanto mais penso nisso, mais eu acredito que dez fases são demais. Vou gastar a maior parte do meu tempo me preparando para as reuniões de *gate review*, em vez de gerenciar o projeto."

VP: "Outra preocupação de nossos executivos foi o papel e a responsabilidade deles nas reuniões de *gate review*. A metodologia não é clara a esse respeito."

GP: "Mais uma vez, devo concordar com você. Deveríamos ter um critério estabelecido para o que constitui a aprovação em *gate reviews*".

Questões

1. Quais são os principais benefícios para a utilização de diferentes fases para o ciclo de vida? Há também desvantagens?
2. Quantas fases para o ciclo de vida são adequadas para uma metodologia?
3. Qual é o perigo de haver muitas reuniões de *gate review*?
4. Quem determina quais informações devem ser apresentadas em cada reunião de *gate review*?
5. A quais perguntas as informações da reunião de *gate review* devem estar preparadas para responder?

DORALE PRODUCTS (F)

ÁREA DO GUIA PMBOK®
Gerenciamento da Integração do Projeto
Gerenciamento do Escopo do Projeto

ÁREA DO TEMA
A Definição de Sucesso

Histórico

Quando o comitê executivo fez a revisão final da metodologia de gerenciamento de projetos, identificou a falta de compreensão do que constituiria o sucesso do projeto. A recomendação foi para estabelecer alguns tipos de critérios que permitissem identificar o sucesso do projeto.

A Reunião

VP: "Temos um problema com a identificação do sucesso em um projeto. Precisamos de mais esclarecimentos."

GP: "Considerei que o cumprimento das entregas estabelecidas pelo cliente constituía o sucesso."

VP: "E se cumprirmos apenas 92% das especificações? Isso é um sucesso ou um fracasso? E se excedermos nosso processo de desenvolvimento de novos produtos, mas trouxermos mais clientes novos? E se o projeto basicamente falhar, mas desenvolvermos um bom relacionamento com o cliente durante esse processo?"

GP: "Entendo o que você está dizendo. Talvez devêssemos identificar as contribuições primárias e secundárias para o sucesso."

Questões

1. Qual é a definição padrão de sucesso (ou seja, fatores primários)? Como isso se relaciona à restrição tripla?
2. Quais seriam os exemplos de fatores secundários de sucesso?
3. Qual seria uma definição razoável de fracasso do projeto?
4. Essas definições e fatores deveriam ser incluídos em uma metodologia de gerenciamento de projetos?
5. Há algum risco em relação à inserção de fatores primários e secundários de sucesso na metodologia?

DORALE PRODUCTS (G)

ÁREA DO GUIA PMBOK®
Gerenciamento da Integração do Projeto
Gerenciamento do Escopo do Projeto
Gerenciamento dos Recursos Humanos do Projeto

ÁREA DO TEMA
O Papel do Executivo

Histórico

Embora a alta administração parecesse um pouco satisfeita com a nova metodologia, havia alguma preocupação de que o papel da alta administração tivesse sido mal definido. O vice-presidente considerou que isso tinha de ser abordado rapidamente, para que outros executivos entendessem que têm um papel vital no processo de gerenciamento de projetos.

A Reunião

VP: "Muitos de nossos executivos não possuem conhecimentos em gerenciamento de projetos e precisam de alguma orientação sobre atuar como um patrocinador de projetos. Sem o esclarecimento desse papel, alguns patrocinadores podem ser "invisíveis", enquanto outros podem tender a se envolver demais. Precisamos de um equilíbrio."

GP: "Compreendo as suas preocupações e concordo que alguma descrição de papel é necessária. No entanto, não vejo como a descrição do papel possa impedir que alguém se torne invisível ou autoritário."

VP: "Isso é verdade, mas ainda precisamos de um ponto de partida. Podemos ter de ensiná-los a atuar como patrocinadores."

PM: "Se o patrocinador puder mudar de acordo com a fase do ciclo de vida em que estivermos, então devemos delinear o papel do patrocinador em cada fase."

VP: "Bem pensado. Vamos também nos certificar de definir o papel do patrocinador nas reuniões de gate review."

Questões

1. Qual deve ser o papel principal do patrocinador?
2. O papel mudará com base nas fases do ciclo de vida?
3. É aconselhável que o patrocinador mude com base na fase do ciclo de vida?
4. A delineação do papel na metodologia forçará o patrocinador a desempenhar conforme o esperado?
5. Qual deve ser o papel do patrocinador durante as reuniões de gate review?

DORALE PRODUCTS (H)

ÁREA DO GUIA PMBOK®
Gerenciamento da Integração do Projeto
Gerenciamento do Escopo do Projeto
Gerenciamento dos Recursos Humanos do Projeto

ÁREA DO TEMA
O Papel dos Gerentes de Linha

Histórico

A metodologia de gerenciamento de projetos estava finalmente começando a tomar forma. Contudo, embora a estrutura básica da metodologia estivesse em vigor, ainda havia algumas lacunas que tinham que ser preenchidas. Uma dessas lacunas era um papel bem definido para os gerentes de linha.

A Reunião

VP: "Pelo que li sobre gerenciamento de projetos, no começo, é muito difícil conseguir que os gerentes de linha efetivamente apoiem os projetos. Quero que nossos gerentes de linha se tornem totalmente comprometidos com o gerenciamento de projetos o mais rapidamente possível."

GP: "Concordo com você! Não é bom para um gerente de linha designar as pessoas para um projeto e depois não ter nenhum interesse no projeto".

VP: "Acredito que os gerentes de linha têm o poder de construir ou destruir um projeto. Sendo assim, precisamos deles para compartilhar a responsabilidade depois que designarem os recursos."

GP: "Não sei exatamente como fazer isso. Não há nenhuma forma em que eu, como um gerente de projetos, possa forçar um gerente de linha a compartilhar comigo a responsabilidade pelo sucesso ou fracasso do projeto."

VP: "Sei que isso vai ser difícil no início, mas acredito que possa ser feito. A metodologia deve definir as expectativas que os executivos têm sobre o papel dos gerentes de linha em cada fase do ciclo de vida, bem como as relações de trabalho em cada fase. Veja se você pode conseguir com que alguns de nossos gerentes de linha possam ajudá-lo a esse respeito."

GP: "Na maior parte dos nossos projetos, a orientação técnica aos trabalhadores ainda é fornecida pelos gerentes de linha, mesmo após o empregado ser designado. A maioria dos nossos gerentes de projetos tem uma compreensão da tecnologia, não um domínio da tecnologia. No entanto, temos alguns projetos em que o know-how técnico está com o gerente do projeto, que deve, então, fornecer supervisão técnica diária. Como faço para cobrir as duas bases na concepção da metodologia?"

VP: "Parece-me que na primeira situação o gerente do projeto estaria negociando com o gerente de linha pelas entregas e, na segunda situação, a negociação seria por pessoas específicas. Tenho certeza de que você vai encontrar uma maneira de incorporar isso na metodologia."

Questões

1. Uma metodologia deve incluir também as políticas de seleção de pessoal? Em caso afirmativo, qual seria um exemplo de uma política de seleção de pessoal?
2. Quando um gerente de projetos deve negociar por pessoas, e quando o gerente de projetos deve negociar pelas entregas?
3. Uma política de seleção de pessoal deveria também distinguir entre as designações em tempo integral e as designações em tempo parcial?
4. Como uma empresa deve lidar com uma situação em que os gerentes de linha se recusam a apoiar o gerenciamento de projetos, mesmo que isso esteja definido como parte da metodologia?
5. As políticas de seleção de pessoal e o papel da gerência da linha deveriam ser definidos em termos de políticas e procedimentos, ou simplesmente diretrizes?

DORALE PRODUCTS (I)

ÁREA DO GUIA PMBOK®
Gerenciamento da Integração do Projeto
Gerenciamento do Escopo do Projeto
Gerenciamento dos Recursos Humanos do Projeto

ÁREA DO TEMA
Habilidades Interpessoais para os Gerentes de Projetos

Histórico

Com os papéis do gerente de linha e da alta administração pouco definidos, a Dorale acreditava que apenas indivíduos com habilidades especializadas e interpessoais se tornariam os melhores gerentes de projetos. A empresa contemplou a elaboração de uma lista de habilidades "universais" necessárias para atuação como um gerente de projetos.

A Reunião

VP: "Gostaria de ver uma lista de características pessoais desejadas para gerentes de projetos incluída na nossa metodologia. Certamente isso pode ser feito."

GP: "Acho que podemos definir as áreas de conhecimento com mais facilidade do que as habilidades interpessoais. É mais fácil decidirmos se o gerente de projetos precisa ou não ter um domínio da tecnologia ou compreensão da tecnologia, olhando para os requisitos do projeto. Mas as habilidades interpessoais são mais complicadas."

VP: "Não entendo o porquê. Por favor, explique!"

GP: "Nomeamos gerentes de projetos para gerenciar as entregas, e não as pessoas. Nossos gerentes de linha estão fornecendo significativamente mais orientações diárias aos colaboradores designados do que os nossos gerentes de projetos."

VP: "Você está me dizendo que os gerentes de projetos não precisam de nenhuma habilidade de gerenciamento ou habilidades interpessoais enquanto gerencia um projeto?"

GP: "Isso não é realmente o que estou dizendo. Acredito que as habilidades necessárias para ser um gerente de projetos provavelmente são significativamente diferentes das habilidades necessárias para ser um gerente de linha."

VP: "Concordo! Veja que tipo de lista você pode desenvolver."

Questões

1. Que tipos de habilidades interpessoais são necessárias para ser um gerente de projetos eficaz?
2. Como as habilidades interpessoais de um gerente de projetos diferem das habilidades necessárias para um gerente de linha eficaz?
3. A sua resposta às duas primeiras perguntas depende do fato de que no gerenciamento de projetos é necessário se reportar a vários chefes?
4. A lista que você teria criado seria dependente de se o gerente de projetos possui ou não responsabilidade pela remuneração e salário (ou participação) dos membros da equipe?
5. Por que muitas vezes é difícil para os gerentes de linha experientes se tornar gerentes de projetos em tempo integral? (Ou, em alguns casos, até mesmo gerentes de projeto em tempo parcial?)
6. Alguns gerentes de projetos têm domínio da tecnologia, enquanto outros têm um entendimento da tecnologia. Esse domínio ou comando da tecnologia pode influenciar as habilidades interpessoais necessárias para um gerente de projetos?
7. Os requisitos das habilidades interpessoais podem mudar, se o gerente do projeto se concentrar nas entregas, em vez de nas pessoas?
8. Alguém com habilidades técnicas muito fortes também pode ter habilidades interpessoais indesejáveis de gerenciamento de projetos?
9. Uma metodologia de gerenciamento de projetos deveria identificar as habilidades interpessoais desejadas de um gerente de projetos ou isso deveria somente ser feito de projeto a projeto?

DORALE PRODUCTS (J)

ÁREA DO GUIA PMBOK®
Gerenciamento da Integração do Projeto
Gerenciamento do Escopo do Projeto
Gerenciamento dos Recursos Humanos do Projeto

ÁREA DO TEMA
Políticas e Procedimentos de Seleção de Pessoal Para o Projeto

Histórico

A Dorale esperava que surgissem conflitos durante a seleção de pessoal para os projetos. Havia alguma preocupação sobre se uma metodologia de gerenciamento de projetos deveria ou não conter as políticas e procedimentos para seleção de pessoal para os projetos.

A Reunião

VP: "Precisamos de algum tipo de orientação em nossa metodologia para a seleção de pessoal para os projetos. Se não temos políticas e procedimentos a esse respeito, então não há nenhuma garantia de que o gerente de projetos receberá recursos de forma adequada e oportuna."

GP: "Não tenho certeza de que sei como fazer isso. Neste momento, estamos defendendo que os nossos gerentes de projetos negociem com os gerentes de linha pelas entregas, e não pelas pessoas. É, então, da responsabilidade do gerente de linha fornecer recursos adequados para realizar o trabalho".

VP: "Concordo com você, mas ainda precisamos de orientação. Os gerentes de projetos devem deixar claro o que o trabalho exige especificamente para que o gerente de linha ofereça os recursos adequados. Não quero entrar em uma situação de conflito na qual o gerente de projetos culpe o gerente de linha por não fornecer os recursos adequados e o gerente de linha culpe o gerente de projetos por definir impropriamente o escopo."

GP: "Isso parece mais com aceitar a responsabilidade do que com seleção de pessoal."

VP: "Talvez sim, mas está relacionado com a seleção de pessoal. Quero que os gerentes de linha forneçam aos projetos pessoas com os níveis de qualificação necessários para cumprir os limites orçamentais. Não podemos permitir ter projetos que estejam carregados com os trabalhadores de salários mais altos."

GP: "Essa é uma boa ideia. Também pode ser aconselhável ter alguma política que obrigue os gerentes de projetos a liberar os trabalhadores designados conforme a sua conveniência, de modo que eles possam ser captados para outros projetos."

Questões

1. É apropriado para uma metodologia de gerenciamento de projetos conter as políticas e procedimentos sobre a seleção de pessoal para o projeto?
2. As políticas e procedimentos de seleção de pessoal deveriam ser direcionadas para os gerentes de projetos, gerentes de linha ou ambos?
3. Os patrocinadores de projetos devem ser envolvidos nas decisões que envolvem a seleção de pessoal para o projeto? Se sim, qual é especificamente o seu envolvimento e para a seleção de pessoal para quais posições?
4. Como você desenvolve uma política que "force" um gerente de projetos a liberar as pessoas para outros projetos, considerando que elas não sejam mais necessárias ao projeto já existente?
5. A seleção de pessoal para o projeto é uma decisão de "responsabilidade"?
6. É de responsabilidade do gerente de projetos ou do gerente de linha definir adequadamente o nível de habilidades necessário para completar uma tarefa?
7. As políticas de seleção de pessoal devem ser aplicadas ao pessoal de tempo integral, ao pessoal de tempo parcial ou a ambos?

DORALE PRODUCTS (K)

ÁREA DO GUIA PMBOK®
Gerenciamento da Integração do Projeto
Gerenciamento do Escopo do Projeto
Gerenciamento dos Recursos Humanos do Projeto

ÁREA DO TEMA
O Escritório de Projetos/Programas

Histórico

A metodologia desenvolvida pela Dorale focava em projetos relativamente pequenos com duração de tempo inferior a 18 meses. A mesma metodologia poderá ser utilizada em grandes projetos?

A Reunião

VP: "A maioria dos nossos projetos tem requisitos de mão de obra de 10 a 20 pessoas com duração de tempo de 18 meses ou menos. Na semana passada, na reunião do comitê executivo, nós aprovamos vários projetos de grande porte que podem ser executados por três anos ou mais e demandam mais de 40 pessoas a tempo integral. Como vamos gerenciar esses projetos?"

GP: "Presumo que você esteja falando sobre projetos que serão gerenciados por um escritório de projetos, em vez de simplesmente por um gerente de projetos."

VP: "Em grandes projetos, o gerente de projetos é mais um gerente do escritório de projetos do que um gerente de projetos. Nossa metodologia não deve discutir também o papel de um escritório de projetos e do gerente do escritório de projetos?"

Questões

1. Quais critérios devem existir na decisão de quando usar um escritório de projetos em oposição a apenas um gerente de projetos?
2. As responsabilidades de gerenciamento da integração de um gerente de projetos são diferentes das de um gerente de projetos?
3. O que é um escritório de projetos?
4. Qual é o papel de um gerente do escritório de projetos?
5. Os membros de um escritório de projetos podem ser designados em tempo parcial ou devem ser designados em tempo integral?
6. Se os trabalhadores são designados em tempo integral para um escritório de projetos, eles podem ainda se reportar administrativamente aos seus gerentes de linha?
7. Os colaboradores designados ao escritório de projetos podem ser designados em tempo integral e o gerente de projetos ser designado em tempo parcial?
8. As políticas de seleção de pessoal para o projeto podem ser definidas por um escritório de projetos ou devem ser especificadas pelo projeto?

APÊNDICE D

SOLUÇÕES PARA OS ESTUDOS DE CASOS *DORALE PRODUCTS*

ESTUDO DE CASO (A)

1. Um projeto é uma atividade única, com um objetivo bem definido, com restrições, que consome recursos e que é, geralmente, multifuncional. O projeto geralmente fornece um único produto, serviço ou entrega.
2. Geralmente, não há número mínimo de fronteiras que precisem ser cruzadas.
3. Normalmente, isso é baseado na quantidade de integração necessária. Quanto maior a quantidade de integração, maior será a necessidade do gerenciamento de projetos.
4. Todos os projetos poderiam se beneficiar do uso de gerenciamento de projetos, mas, em alguns projetos muito pequenos, o gerenciamento de projetos pode não ser necessário.
5. Os limites razoáveis para a utilização da metodologia de gerenciamento de projetos são baseados no valor monetário, no risco, na duração e no número de fronteiras funcionais cruzadas.

ESTUDO DE CASO (B)

1. Em muitas empresas, uma metodologia corporativa de projetos pode ser impraticável. Pode existir uma metodologia para o desenvolvimento de um produto ou serviço únicos, e outra para o desenvolvimento de sistemas.
2. Um programa é geralmente mais longo em duração do que um projeto e é composto de vários projetos.
3. Metodologias de gerenciamento de projetos são aplicáveis tanto aos programas quanto aos projetos.

ESTUDO DE CASO (C)

1. Todos os projetos devem utilizar os princípios do gerenciamento de projetos, mas podem não precisar usar a metodologia de gerenciamento de projetos.
2. Os projetos que não exigem a metodologia são aqueles que são de curta duração, baixo valor monetário e que permanecem dentro de um departamento funcional.
3. Metodologias são geralmente necessárias para todos os projetos que precisam de integração em grande escala. No entanto, se o custo associado com o uso da metodologia for baixo ou se a metodologia não for complexa, então pode-se

defender que a metodologia deva ser utilizada em todos os projetos.

4. Esse é um argumento válido de que os princípios do gerenciamento de projetos deveriam ser aplicados a todos os projetos, independentemente das restrições.

ESTUDO DE CASO (D)

1. O gerente de projeto está parcialmente correto em sua definição sobre o processo de gerenciamento da integração. A definição do gerente de projetos está mais alinhada com a versão do Guia PMBOK® 2000 do que com a versão de 2004.
2. Pode ser difícil identificar esses processos em cada fase do ciclo de vida. No entanto, uma boa metodologia de gerenciamento de projetos resolverá esse problema.
3. Uma metodologia de gerenciamento de projetos é baseada em formulários, diretrizes, modelos e listas de verificação, e é aplicável a uma variedade de projetos. Quanto mais estrutura for inserida na metodologia, tem-se um maior controle, mas isso pode levar a um resultado prejudicial de limitação da flexibilidade que as equipes de projetos precisam ter uma metodologia que possa ser adaptada a uma variedade de projetos.

ESTUDO DE CASO (E)

1. Os principais benefícios são a padronização e o controle do processo. A desvantagem ocorre quando isso é feito com políticas e procedimentos, em vez de com formulários, diretrizes, modelos e listas de verificação.
2. A maioria das metodologias não possui mais do que cinco ou seis fases do ciclo de vida.
3. Com demasiadas reuniões de gate review, o gerente de projetos passa a maior parte de seu tempo gerenciando essas reuniões, em vez de gerenciar o projeto.
4. As partes interessadas que estão presentes nas reuniões de gate review determinam quais informações devem ser apresentadas. Modelos e listas de verificação podem ser estabelecidos para as reuniões de gate review, bem como para os estágios.
5. No mínimo, as questões abordadas devem incluir: (1) Onde estamos hoje? (2) Onde vamos parar? e (3) Que problemas especiais existem?

ESTUDO DE CASO (F)

1. A definição padrão do sucesso é dentro do prazo, do custo, do escopo ou da qualidade e aceito pelo cliente.
2. Fatores de sucesso secundários podem incluir a rentabilidade e trabalho posterior.
3. É mais difícil definir o fracasso como oposição ao sucesso. As pessoas acreditam que o fracasso é um cliente insatisfeito. Outros acreditam que o fracasso é um projeto que, quando concluído, não proporcionou nenhum valor ou aprendizagem.
4. Absolutamente, mas podem ser modificados para atender a um determinado projeto ou às necessidades de um determinado patrocinador.
5. Pode resultar em falta de flexibilidade.

ESTUDO DE CASO (G)

1. O principal papel do patrocinador é ajudar o GP a resolver problemas que podem estar fora do controle do GP.
2. O papel do patrocinador pode e vai mudar com base na fase do ciclo de vida.
3. Há duas escolas de pensamento, alguns acreditam que a mesma pessoa deve permanecer como patrocinador para a duração do projeto, enquanto outros acreditam que o patrocinador pode mudar, com base na fase do ciclo de vida. Há vantagens e desvantagens em ambas as abordagens e muitas vezes isso é baseado no tipo de projeto e na importância do cliente.
4. Não necessariamente, mas é um bom ponto de partida para explicar aos novos patrocinadores o seu papel e a sua responsabilidade.
5. Verificar se a fase atual foi concluída corretamente e autorizar o início da próxima fase.

ESTUDO DE CASO (H)

1. As boas metodologias identificam as políticas de seleção de pessoal. Por exemplo, um gerente de projetos pode ter o direito de identificar o nível de habilidades desejado para os trabalhadores, mas isso pode ser aberto às negociações.
2. Os gerentes de projetos que possuem um domínio da tecnologia normalmente negociam pelas pessoas, enquanto os gerentes de projetos sem um domínio da tecnologia negociam pelas entregas.
3. Essa questão é argumentativa porque pode envolver uma discussão sobre o esforço *versus* a duração. O gerente de linha pode carregar mais peso nesse sentido do que o gerente de projetos, uma vez que isso pode muito bem estar baseado na disponibilidade de pessoal.
4. É por isso que os patrocinadores de projetos existem, para atuar como árbitros, quando há divergências e para certificarem-se de que exista o apoio da gerência de linha.
5. As diretrizes são sempre melhores do que as políticas e procedimentos, pelo menos aos olhos do autor.

ESTUDO DE CASO (I)

1. As habilidades essenciais incluem tomada de decisões, comunicação, resolução de conflitos, negociações, orientação, facilitação e liderança sem a obtenção de autoridade.

2. As habilidades da gerência de linha, muitas vezes, focam nas relações superior-subordinado, enquanto as habilidades de GP focam na construção de equipes, em que as pessoas da equipe não estão necessariamente sob o controle do GP (e podem estar, de fato, superiores ao GP na hierarquia).
3. A subordinação a vários chefes também é uma preocupação porque o controle e a supervisão do colaborador podem estar distribuídos por vários indivíduos.
4. A administração de salários e remunerações é um fator importante. Se o GP tiver essa responsabilidade, os colaboradores vão se adaptar ao GP, porque ele/ela tem uma influência sobre a revisão do desempenho e o salário. Sem essa responsabilidade, o GP pode ser forçado a adaptar-se aos colaboradores, e não vice-versa.
5. Gerentes de linha estão habituados a gerenciar com autoridade, ao passo que os gerentes de projetos, não.
6. Quando um GP tem um domínio de tecnologia, ele pode se alinhar mais próximo às habilidades de um gerente de linha, do que de um GP.
7. Os GPs geralmente negociam pelas entregas quando não têm um domínio de tecnologia e isso pode influenciar as habilidades interpessoais necessárias para um determinado projeto.
8. Sim.
9. A identificação deve ser apenas em termos gerais, para que possa ser aplicável a uma variedade de projetos.

ESTUDO DE CASO (J)

1. Sim, mas apenas em termos gerais.
2. Ambos, de forma a minimizar os conflitos.
3. Patrocinadores geralmente exercem um papel ativo na seleção do GP, mas têm um papel passivo na seleção de pessoal funcional de modo a não usurpar a autoridade de seus gerentes de linha.
4. Não há realmente um modo eficaz de fazer isso que não seja encerrando alguns dos números de cobrança funcionais.
5. Sim, se obrigado pela alta administração.
6. O GP pode solicitar qualquer nível de habilidade desejado, mas a decisão final quase sempre fica com o gerente de linha.
7. Ambos.

ESTUDO DE CASO (K)

1. O tamanho do projeto, a duração, o risco e a importância do cliente.
2. Elas são as mesmas e podem até ser mais detalhadas.
3. Uma equipe de gerenciamento de projetos.
4. O papel do GP é coordenar e integrar as atividades da equipe de gerenciamento do projeto.
5. Eles podem estar em tempo parcial ou integral, com base nas necessidades do projeto.
6. Sim. Um exemplo disso pode ser o especialista em qualidade designado ao projeto.
7. Sim.
8. As políticas podem ser estabelecidas para a seleção de pessoal de uma equipe de um escritório de projetos, mas elas podem ser específicas da empresa ou do cliente.

APÊNDICE E

ALINHAMENTO DO GUIA PMBOK® AO TEXTO

Este apêndice faz uma referência cruzada das seções da quinta edição do Guia PMBOK® com este livro. Nem todas as seções do Guia PMBOK® são abordadas neste livro, apenas as principais categorias.

GUIA PMBOK®	PÁGINA
1.0	667
1.2	2
1.3	2, 44
1.4.1	42, 114
1.4.3	18,
1.4.4	87, 127, 143, 685
1.5	38,
1.5.2	16,
1.6	143
1.7	326, 366
1.7.2	3, 6,
2.0	16, 20, 328, 452, 667
2.1.1	44, 49, 60
2.1.3	3, 11, 12, 71

GUIA PMBOK®	PÁGINA
2.1.5	608
2.2.1	9, 13, 266, 295
2.2.3	5
2.3	130
2.4	49, 50, 88, 328, 368, 391, 452
3.0	667
3.4	283, 355, 358, 638
3.6	466, 527, 529
4.0	9, 31, 600, 269, 283, 286, 295, 346, 355, 358, 361, 527
4.1	360
4.1.1	44
4.1.2	346
4.1.1.2	453, 455
4.3.2	350
4.4	351, 470
4.5	60, 366, 369
4.6	351

GUIA PMBOK®	PÁGINA
5.0	323, 326, 332, 355, 358, 527, 679
5.1.2.1	330
5.2.3.2	365
5.3	283, 323, 332, 333, 337, 347
5.3.2.2	347
5.3.3.1	333
5.4	338
5.4.2.1	344
5.6	302, 363
6.0	227, 228, 338, 381
6.2.2.2	444
6.2.3.2	384, 400
6.2.3.3	381
6.3	381, 383, 384, 385, 386
6.3.2	383, 386, 389
6.3.2.1	398, 399, 400
6.3.2.2	386, 388
6.3.2.3	400
6.4.2.4	427
6.4.2.5	402
6.5	392, 393, 595
6.5.2	427, 429
6.5.2.4	392, 393
6.6.2	385, 390
6.6.2.3	405
6.6.2.4	390
6.6.2.7	390, 394
6.7.1.4	419, 420
7.2.1	435, 437, 444, 449, 452
7.2.2	429, 450
7.2.2.6	441
7.3.2.1	468, 470
7.3.2	403, 474
7.3.2.4	474
7.3.3	485
7.4	463, 471, 494
7.4.2	
8.0	635, 636, 637, 642, 643, 657
8.1	637, 660

GUIA PMBOK®	PÁGINA
8.1.1	635, 643
8.1.2.2	645
8.1.2.5	640
8.1.3.1	645
8.2	644
8.2.2.2	645
8.3	647
8.3.2	648
8.3.2.1	648, 649, 650, 651, 653, 654
8.3.2.2	656
9.0	10, 15, 71, 109, 114, 123, 130, 134, 145, 145, 216, 227, 269, 286, 287, 288, 295, 419, 659
9.1	110
9.1.2	10, 149, 152
9.1.3	147
9.2	123, 134
9.2.1	111
9.3	113, 146, 154, 161
9.3.1.1	111
9.3.2.1	114
9.4	145, 233
9.4.2.3	233, 237, 238, 239
9.3.2.6	249, 253, 257
9.4	249,288
10.0	169, 173, 195, 216, 286, 287, 419
10.1.1.5	420
10.2	170, 172
10.1.3	171
10.1.3.2	195
10.2.2.4	471
10.2.2.5	491
10.3.2.1	173
10.4	170
11.0	228, 444
11.2	445, 580
11.4.2.2	455, 456
11.5.3.1	578
11.6	582

GUIA PMBOK®	PÁGINA
12.0	537, 607, 608
12.1	608, 609
12.1.1.3	620
12.1.1.7	620
12.1.1.9	615, 618
12.1.2.1	610
12.1.3.2	333, 337, 609
12.2	611
12.2.1.4	612
12.2.2.1	612
12.2.2.5	612
12.2.3.1	613, 614
12.3	537, 620
12.3.2.1	443

Esta seção do apêndice faz referência cruzada a algumas figuras.

GUIA PMBOK®	PÁGINA
Figura 2-3	
Figura 2-4	
Figura 2-5	
Figura 5-10	
Figura 5-11	
Figura 10-4	

Há várias maneiras de estudar para o Exame PMP® do PMI®. O autor recomenda a seguinte abordagem:

1. Leia um capítulo de uma área de conhecimento específica no Guia PMBOK®.
2. Então, leia os capítulos deste livro que correspondem à área de conhecimento.
3. Em seguida, volte a ler a área de conhecimento do Guia PMBOK® por uma segunda vez. Geralmente as coisas se encaixam melhor após a segunda leitura do Guia PMBOK®.
4. Agora é hora de medir o que você aprendeu. Responda às perguntas de múltipla escolha no final do(s) capítulo(s) em que as informações sobre a área de conhecimento foram encontradas. Colete quaisquer questões práticas que você puder encontrar, como as do caderno de exercícios que acompanha este livro. Quanto mais questões você responder, mais preparado você estará para passar no exame.

Algumas das fontes mencionadas anteriormente para as questões práticas podem ajudar muito o processo de aprendizagem. Por exemplo, o software fornecido pelo International Institute for Learning permite ao usuário:

- Testar todas as questões em uma área de conhecimento
- Testar todas as questões em uma área de domínio, como a iniciação do projeto
- Testar todas as questões relacionadas a uma seção específica do Guia PMBOK®, como a Seção 3.2.